Elektrochemie, ihre Geschichte und Lehre

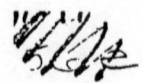

ELEKTROCHEMIE

IHRE GESCHICHTE UND LEHRE

VON

Dr. WILHELM OSTWALD,

PROFESSOR DER CHEMIE AN DER UNIVERSITÄT LEIPZIG

MIT 260 NACHBILDUNGEN GESCHICHTLICHER ORIGINALFIGUREN

LEIPZIG,

VERLAG VON VEIT & COMP

1896

QD
553
O78

Druck von Metzger & Wittig in Leipzig

HERRN GEH. MEDICINALRATH

Dr. PAUL ZWEIFEL

IN AUFRICHTIGER DANKBARKEIT

GEWIDMET

Vorrede.

Bei der Abfassung dieses Werkes habe ich mir eine
doppelte Aufgabe gestellt. Einmal beabsichtigte ich die Entwickelung der wissenschaftlichen Anschauungen auf einem der
schwierigsten und bestrittensten Gebiete in ihrem Zusammenhange
aufzudecken, um aus dieser Entwickelungsgeschichte heraus die
Anhaltspunkte zur Beurtheilung und Klärung des gegenwärtigen
Standes dieser Lehre zu gewinnen. Denn eine stets wiederkehrende
Erfahrung als Forscher wie als Lehrer hat mich überzeugt, dass es
kein wirksameres Mittel zur Belebung und Vertiefung des Studiums
giebt, als das Eindringen in das geschichtliche Werden der Probleme. Wir sehen da oft, dass Anschauungen welche uns gegenwärtig wie unerschütterliche Säulen des wissenschaftlichen Gebäudes
erscheinen, zur Zeit ihrer Entstehung der Gegenstand heftiger Angriffe gewesen sind — meist um so heftigerer, je bedeutender sie
waren —, während wieder andere Dinge die von ihrer Zeit als
nicht in Frage zu ziehende Selbstverständlichkeiten behandelt
wurden, uns gegenwärtig so widersinnig erscheinen dass wir nicht
begreifen können, wie man nur hat auf sie kommen mögen. Solche
Erscheinungen, welche dem Wanderer in der Geschichte der
Wissenschaft beständig entgegentreten, sind von unschätzbarem
Werth für die Beurtheilung der Erscheinungen des Tages und

fordern die Reife und Sicherheit des Urtheils mehr als alles
Andere.

Eine weitere Bedeutung hat das Studium der Wissenschaftsgeschichte für den Forscher auf theoretischem wie praktischem
Gebiete. Es giebt wirklich nicht sehr viel Neues unter der Sonne;
zahllose Dinge, die uns gegenwartig neu erscheinen, sind Gegenstand von Erwägungen und Versuchen früherer Forscher gewesen,
und andererseits liegen in der älteren Litteratur zahllose Beobachtungen und Gedanken verborgen, welche jederzeit zu neuem
Leben erstehen können, sowie die Verhältnisse ihre fruchtbare
Entwickelung gestatten. Auch hierzu gewährt allein die geschichtliche Forschung den Zugang.

Drittens soll die Geschichte der Elektrochemie auch dem Anfänger das Studium dieses Wissensgebietes erleichtern. Während
die anderen Gebiete der Elektrik sich hoher wissenschaftlicher wie
technischer Ausbildung erfreuen, war die Kenntniss und die praktische Anwendung der Elektrochemie unleugbar zurückgeblieben.
Da nun der geschichtliche Entwickelungsgang eines Gebiets im
Allgemeinen stets mit dem logischen zusammenfällt, so ist der
Weg des geschichtlichen Studiums zwar nicht eben der kürzeste,
wohl aber der erfolgreichste und reizvollste zum Eindringen in die
Wissenschaft. Die Form der geschichtlichen Darstellung hat mir
die Möglichkeit gegeben, den Lehrinhalt der Elektrochemie
in aufsteigender Folge, vom Einfachen bis zum Verwickeltsten,
an dem Faden der stufenweisen Entfaltung so zur Darstellung
zu bringen, dass auch der nicht besonders vorgebildete Leser
auf keine Schwierigkeiten des Verständnisses stossen wird und
sich schliesslich im Besitze der wesentlichsten Begriffe und Kenntnisse befinden soll, zu denen die letzte, besonders reiche Entwickelung dieses Gebietes geführt hat.

Die andere Aufgabe, die mir vorgeschwebt hat, war die,
an einem besonders geeigneten Beispiele die Analyse der Entwickelungsgeschichte eines begrenzten Gegenstandes durchzuführen,
um auf diesem Wege einen Beitrag zur Beantwortung der Frage
zu liefern, ob es überhaupt möglich ist, für das geschichtliche

Werden allgemeine Gesetze aufzustellen. Als ein Experiment in dieser Richtung, nicht als eine Entscheidung der Frage selbst mochte ich meinen Versuch angesehen wissen, das Resultat des Experiments glaube ich aber bereits jetzt im bejahenden Sinne deuten zu dürfen.

Um den Leser nach Möglichkeit mit dem Geist und Charakter der betheiligten Forscher vertraut zu machen, habe ich reichliche und ausführliche Citate gegeben, und insbesondere an entscheidenden Stellen stets die Forscher in eigenen Worten reden lassen. Ebenso sind die Abbildungen ausnahmelos getreue Nachbildungen der in den Originalwerken enthaltenen. Auf diese Weise hoffe ich von dem eigenthümlichen Reiz, der den persönlichen Kundgebungen der vergangenen grossen Geister anhaftet, so viel als möglich für den Leser gesichert zu haben. —

Im Laufe der 20 Monate, welche die Herausgabe des Werkes in Anspruch nahm, hat sich die Stellung der Elektrochemie im Bewußtsein der Zeitgenossen ungewöhnlich schnell geändert. Gleichzeitig mit einem rapiden Aufschwunge ihrer praktischen Bedeutung ist ein lebhaftes Interesse nach ihrem wissenschaftlichen Inhalte erwacht: ein Zeugniss davon geben die verschiedenen Lehrbücher und anderen litterarischen Hilfsmittel, wie Zeitschriften, Jahresberichte u. dergl, in unserem Gebiete ab, welche jüngst mit einer selbst für unsere raschlebige Zeit erstaunlichen Geschwindigkeit ans Licht gekommen sind. Da diese Werke ausnahmelos auf dem in diesem Buche vertretenen wissenschaftlichen Standpunkte stehen, so konnte die bezügliche Schilderung wesentlich auf die Arbeiten eingeschränkt werden, welche zur Erreichung dieses Standpunktes dienten, und vieles, was auf dem eroberten Gebiete zu dessen Urbarmachung und Bebauung geschah, durfte übergangen oder kurz behandelt werden, wenn es auch sachlich bedeutsamer war als manche Arbeiten früherer Zeit, die Berücksichtigung gefunden hatten. War uns doch im ganzen Verlauf unserer Geschichte immer wieder die Wahrheit entgegengetreten, dass für den Geschichtsforscher aus

Irrthümern mindestens ebensoviel zu lernen ist, wie aus richtigen Gedanken. —

Der Druck dieses Werkes ist im Februar 1894 begonnen und im October 1895 abgeschlossen worden. Am Lesen der Correkturen hat sich in dankenswerther Weise Herr Dr. Le Blanc betheiligt: auch verdanke ich aufmerksamen Lesern eine Reihe Bemerkungen und Verbesserungen, die thunlichst benutzt worden sind. Mit dem Dank für die geleistete Hilfe spreche ich die Bitte an alle Leser aus, über weitere Fehler und Unvollkommenheiten, die sie bemerken, mir Nachricht geben zu wollen.

Leipzig, October 1895.

W. Ostwald.

Inhalt.

Vierzehntes Kapitel. Die Entwickelung der Elektrochemie bis zur Entdeckung des Energieprinzipes S 596—758

Fünfzehntes Kapitel. Das Energiegesetz in der Elektrochemie S 759—812

Sechzehntes Kapitel   Die Leitung der Elektricität in den Elektrolyten
(S. 813—930)

Siebzehntes Kapitel.   Die elektrochemischen Spannungserscheinungen
(S 931—1042)

Fig. 1. Büschelentladung der grossen TEYLER'schen Elektrisirmaschine. $\frac{1}{4}$ nat. Gr.
Nach VAN MARUM.[1]

Einleitung.

1. Das Problem. Wenn in den ruhigen Fluss der wissenschaftlichen Entwickelung gelegentlich eine den früheren Anschauungen völlig widersprechende Thatsache von erheblicher Bedeutung geworfen wird, so vollzieht sich eine der merkwürdigsten Wandlungen. Während das geringfügigere Neue, wie es der Tag bringt, entweder aufgelöst und angepasst wird, oder, wenn es für den augenblicklichen Zustand zu abweichend ist, als fremder Körper zu Boden sinkt, um dort, vom Niederschlage der Zeiten bedeckt, erst spät oder nie zur Wirkung zu gelangen, übt das bedeutende Neue alsbald einen sichtbaren Einfluss auf den ganzen Zustand aus. Eine heftige Be-

---

[1] Verhandel. uitg. d. TEYLER's tweede Genootschap, 3. St. Haarlem 1785.

wegung der Ideen herüber und hinüber tritt ein, und über kurz oder lang krystallisirt das Produkt der Wechselwirkung in Gestalt einer Theorie aus, welche den Zweck hat, das Neue gedanklich zu bewältigen und dem Bekannten anzuschliessen

Nur in den seltensten Fällen sind die Verhältnisse so günstig und ist die Krystallisationskraft der neuen Gedankenreihe so gross, dass beim ersten Anschuss ein reines und beständiges Produkt erhalten wird In der Regel enthält derselbe vielmehr zahllose Einschlüsse aus der Mutterlauge des zeitgemässen Gedankenkreises, in welchem er entstanden ist oft in solcher Menge, dass die Beschaffenheit der Hauptsubstanz davon ganz verdeckt wird Alsdann bedarf es langer Zeit und wiederholten Umschmelzens, um das fremde Material auszuscheiden, und nicht selten zeigt es sich dann, dass das reinere Produkt ganz andere Gestalt besitzt, als der erste Anschuss, der sich gebildet hatte, nicht weil seine Form absolut genommen die beständigste, sondern weil sie zur Zeit seiner Bildung die nächstliegende, durch die Isomorphie bereits vorhandener ähnlicher Ideen hervorgerufene war

Wenn auch im Laufe der Zeit die Abscheidung der gröbsten Verunreinigungen gelingt, so lehrt doch die Erfahrung, dass, wie zu erwarten, der Reinigungsvorgang nie zu einem absoluten Ergebniss führt, sondern seinem Endziel nur asymptotisch sich nähern kann, dergestalt, dass die Beseitigung des letzten Angehörigen um so schwieriger wird, je weiter die Reinigung selbst schon gediehen ist Gewisse Verunreinigungen lassen sich durch die wiederholte Anwendung ähnlicher Hilfsmittel überhaupt nicht beseitigen, und dann tritt leicht der Fall ein, dass dieselben für einen wesentlichen Bestandtheil des reinen Produktes gehalten werden Dies ist der Zustand, in welchem sich die meisten Gebiete der Wissenschaft befinden Das einzige Hilfsmittel in diesem Falle ist ein völliger Wechsel des Verfahrens, grosse Änderungen in der allgemeinen wissenschaftlichen Anschauung, einer völligen Änderung des Krystallisationsmittels vergleichbar, haben regelmässig den Erfolg, dass sie die Abscheidung erheblicher Irrthümer ermöglichen Freilich währt es meist eine lange Zeit, bis dieses Verfahren auf jeden Theil des Vorhandenen Anwendung gefunden hat, und zahllose Irrthümer dauern fort, nicht weil ihre Beseitigung mit den vorhandenen Mitteln unausführbar wäre, sondern weil man sich noch nicht entschlossen hat, die erforderlichen Operationen vorzunehmen

Diese beiden Faktoren, das Gesetz des Isomorphismus, welches die Neubildung, und das Trägheitsgesetz oder Beharrungsvermögen, welches den Fortbestand der Ideen in den wesentlichsten Zügen bestimmt, lassen sich bei jedem geistigen Entwickelungsvorgang nachweisen, und die Kenntniss ihrer nie ausbleibenden Wirksamkeit ist die wesentlichste Vorbedingung zum Verständniss des Werdens und Seins geistiger Dinge In besonders durchsichtiger Gestalt lassen sich diese Faktoren in der Entwickelung der Wissenschaften, vorwiegend der Naturwissenschaften erkennen Denn im Gegensatz zu den politischen, socialen und künstlerischen Gebieten hat man es hier mit

Erscheinungen zu thun, deren Verlauf, durch wenige durchsichtige Motive bestimmt, auf ein wohlbekanntes, allen gemeinsames Ziel gerichtet ist, und deren Ergebnisse in Gestalt der entdeckten Gesetze spezielleren oder allgemeineren Charakters sich leicht aufweisen und sogar einigermassen zahlenmässig schätzen lassen. Dazu kommt, dass für die meisten dieser Gebiete die eigentliche Entwickelungsgeschichte erst ziemlich spät, vor höchstens drei oder vier Jahrhunderten beginnt, so dass die Quellen zu ihrer Geschichte in der wissenschaftlichen Zeitlitteratur weder schwer zugänglich, noch auch eines ausgedehnteren kritischen Apparates bedürftig sind. Alle diese Umstände vereinigen sich, um das Studium der geschichtlichen Entwickelung der Wissenschaft zu einem besonders werth- und reizvollen zu machen, und es darf die Überzeugung ausgesprochen werden, dass wenn irgendwo die vorbildlichen Fälle gefunden werden können, an welchen einfache und durchgreifende Gesetze des geschichtlichen Werdens nachweisbar sind, die Geschichte der Naturwissenschaften sie darbieten wird.

Ich habe deshalb in dem vorliegenden Buche versucht, einen derartigen Fall in seinen Einzelheiten so sachgemäss und treu zu schildern, als ich es vermag. Die Geschichte der Elektrochemie erscheint unter den angegebenen Gesichtspunkten von besonderem Interesse, weil hier die einzelnen Bestandtheile des Entwickelungsprozesses sich mit besonderer Deutlichkeit sondern, der Beginn der entscheidenden Fortschritte nach lange vorausgegangenem Stillstand, die Erfindung der Volta'schen Säule und die Entdeckung ihrer chemischen Wirksamkeit, lässt sich fast auf den Tag angeben, und das Interesse der wissenschaftlichen Welt wendet sich alsbald so lebhaft den neuen Erscheinungen zu, dass auch die Zufälligkeit, die in der besonderen Beschaffenheit der Personen liegt, die sich zunächst mit der Sache befassen, sehr vollständig ausgeschaltet wird. Auch fehlt es nicht an Berührungen mit anderen grossen Aufgaben, welche die Zeit bewegen, und andererseits sind die neuen Thatsachen so fremdartig und von dem Bekannten verschieden, dass sich der allmähliche Anpassungsprozess des Denkens aus den vorhandenen Formen in die dem Gegenstand angemesseneren nur langsam vollziehen konnte, und weithin eine Unterscheidung der beiden Bestandtheile durchzuführen ist.

Eine derartige Darstellung erscheint gegenwärtig als besonders nützlich, da in jüngster Zeit erhebliche Fortschritte auf dem Gebiet gemacht worden sind, und der Kampf der Meinungen über ihre Bedeutung noch lange nicht abgeschlossen ist. Im Lichte der geschichtlichen Betrachtung wird es uns leichter werden, die Nothwendigkeit, und daher die Berechtigung der letzten Entwickelungen zu begreifen, und andererseits uns gegenwärtig zu halten, dass bei all den glänzenden Erfolgen der gegenwärtigen Anschauungen neben den in ihnen enthaltenen dauerhaften und entwickelungsfähigen Elementen auch vergängliche Bestandtheile angenommen werden müssen, deren Erkennung und Beseitigung ebenso schwierig wie wichtig ist.

2. Was ist Wissenschaft? Ehe indessen an die Schilderung des Ent-

wickelungsganges der wissenschaftlichen Elektrochemie gegangen werden
kann, ist eine Verständigung über die Grundzüge wissenschaftlicher Entwickelung überhaupt erforderlich. Denn es herrscht über diese Frage noch
mancherlei Unklarheit, welche nach Möglichkeit zu beseitigen ist, bevor die
Untersuchung mit Nutzen vorgenommen werden kann.

Als letzter Zweck der Wissenschaft wird meist die Erforschung der
Wahrheit bezeichnet. Insofern als jede wohlbeobachtete Thatsache eine
Wahrheit ist, besagt diese Bestimmung zu wenig, denn die Aufgabe der
Wissenschaft geht weiter, als bis zur blossen Feststellung des Thatsächlichen.
Dieses Weitere hat zu verschiedenen Zeiten sehr verschiedene Benennung
erfahren, von den Platonischen Ideen bis zum mathematisch formulirten
Naturgesetz der modernen Forschung lassen sich alle möglichen Übergänge
erkennen. Insbesondere lässt sich als Rest jener Platonischen Auffassung
noch bis auf unsere Tage die Neigung verfolgen, in den Naturgesetzen etwas
Höheres, über den Erscheinungen Stehendes zu sehen, dem die Erscheinungen „gehorchen" müssen. Dem gegenüber zeigt es sich gegenwärtig
immer klarer, dass das Naturgesetz nicht über, sondern in den Erscheinungen zu suchen ist, dass es nicht den Zweck hat, zu dekretiren, was in
einem gegebenen Falle geschehen soll, sondern anzugeben, was thatsächlich geschieht. In dieser nüchternen Auffassung der Naturgesetze ist ein Mann
vorangegangen, welchem man bei aller Anerkennung seiner Verdienste doch
oft und gern den Vorwurf zu weitgehender Spekulation gemacht hat, Julius
Robert Mayer, der Entdecker des mechanischen Wärmeäquivalents. Seine
Äusserungen[1] lauten in dieser Beziehung ganz unzweideutig.

„Die wichtigste, um nicht zu sagen einzige Regel für die echte Naturforschung ist die, eingedenk zu bleiben, dass es unsere Aufgabe ist, die Erscheinungen kennen zu lernen, bevor wir nach Erklärungen suchen oder
nach höheren Ursachen fragen mögen. Ist einmal eine Thatsache nach allen
ihren Seiten hin bekannt, so ist sie eben damit erklärt, und die Aufgabe
der Wissenschaft ist beendigt."

In besonders eindringlicher Weise ist der gleiche Standpunkt von
G. Kirchhoff[2] in der Vorrede und dem ersten Kapitel seiner klassischen
Mechanik betont worden, und hat zu mancherlei Diskussionen Anlass gegeben. Kirchhoff's Worte sind: „Aus diesem Grunde stelle ich es als die
höchste Aufgabe der Mechanik hin, die in der Natur vor sich gehenden
Bewegungen zu beschreiben, und zwar vollständig und auf die einfachste
Weise zu beschreiben. Ich will damit sagen, dass es sich nur darum handeln soll, anzugeben, welches die Erscheinungen sind, die stattfinden, nicht
aber darum, ihre Ursachen anzugeben."

Was hier von der Aufgabe der Mechanik gesagt ist, gilt für die gesammten messenden und beobachtenden Wissenschaften, wobei freilich die

---

[1] Bemerkungen über das mechanische Äquivalent der Wärme. Heilbronn 1864.
[2] Vorlesungen über mathematische Physik. Mechanik. Leipzig 1876.

Bedeutung des Wortes „beschreiben" noch genauer festzustellen ist. Kirchhoff thut dies in der Folge,[1] nachdem er die Mechanik als die Wissenschaft
von der Bewegung definirt hat, fährt er fort

„Es soll die Beschreibung der Bewegungen eine vollständige sein.
Die Bedeutung dieser Forderung ist vollkommen klar – es soll eben keine
Frage, die in Betreff der Bewegungen gestellt werden kann, unbeantwortet
bleiben. Nicht so klar ist die Bedeutung der zweiten Forderung, dass die
Beschreibung die einfachste sei. Es ist von vorn herein sehr wohl denkbar,
dass Zweifel darüber bestehen können, ob eine oder die andere Beschreibung
gewisser Erscheinungen die einfachere ist, es ist auch denkbar, dass eine
Beschreibung gewisser Erscheinungen, die heute unzweifelhaft die einfachste
ist, die man geben kann, später bei weiterer Entwickelung der Wissenschaft
durch noch einfachere ersetzt wird. Dass Ähnliches stattgefunden hat, dafür
bietet die Geschichte der Mechanik mannigfaltige Beispiele dar."

Entsprechend dem Bestreben, die beiden Forderungen der Vollständigkeit und Einfachheit zu erfüllen, vollzieht sich nun die Entwickelung der
Wissenschaft. Die Vollständigkeit ist ein unbegrenzt entferntes Ziel, für
welches es nur ein Annähern, kein Erreichen giebt, und die Einfachheit ist
dem verdriesslichen Naturgesetz unterworfen, dass man auf das Einfachste
immer erst zuletzt kommt. Indem man die Vollständigkeit in der „Beschreibung" der natürlichen Gegenstände und Vorgänge sucht, hat man den Weg
zwischen den beiden Klippen zu finden, dass einerseits die sicher bekannten
und daher in die „Beschreibung" aufnehmbaren Beziehungen sich nur über
enge Gebiete erstrecken, andererseits die für weite Gebiete versuchten Beschreibungen sich bei genauem Nachsehen als unzutreffend erweisen, indem
Widersprüche und Ausnahmen sich herausstellen, durch welche die auf
Grund der Beschreibung gegebenen Antworten auf gewisse Fragen sich als
falsch erweisen.

Die Hilfsmittel der Beschreibung im Sinne Kirchhoff's, d. h. der wissenschaftlichen Darstellung, sind die Allgemeinbegriffe und die Naturgesetze. Aus
der unendlichen Mannigfaltigkeit unserer Welt, in welcher niemals zwei Dinge
oder Vorgänge in strictem Sinne gleich sind, werden Gruppen von Erscheinungen ausgeschieden, die unter einander möglichst geringe Verschiedenheiten aufweisen, und zunächst unter stillschweigendem oder ausdrücklichem
Verzicht auf die Beachtung der letzteren mit bestimmten Namen belegt. Es
liegt in der Natur der Sache, dass der Antheil des Übereinstimmenden
zwischen den verschiedenen Gliedern einer Gruppe in umgekehrtem Verhältniss zur Grösse der Gruppe stehen wird: in dem Maasse, wie sich der Begriff äusserlich ausdehnt, verarmt er innerlich.[2] Die Wissenschaft hat nun
die Aufgabe, diesen Gegensatz aufzuheben: möglichst umfassende Begriffe mit möglichst bestimmtem Inhalt zu bilden. Es geschieht dies durch

---

[1] A a O S 1

[2] Man betrachte z. B. die Reihe Sperling Vogel Thier Organismus Ding

die Naturgesetze, deren Wesen darin besteht, dass die unendliche Mannigfaltigkeit der formal denkbaren Möglichkeiten sich als thatsächlich mehr oder
weniger eingeschränkt erweist, wodurch die allgemeinen Begriffe einen weit
bestimmteren Inhalt erhalten, als ihnen ursprünglich zukam. So fallen die
astronomischen Erscheinungen unter den Begriff der periodischen Bewegungen; durch das erfahrungsmässige Naturgesetz, dass diese Bewegungen
sich durch die Wirkung einer dem Quadrat der Entfernung umgekehrt proportionalen Kraft darstellen lassen, ist die vollständige Beschreibung derselben
auf die Ermittelung einer kleinen Anzahl constanter Zahlen zurückführbar
geworden, und wir können jeder neu beobachteten derartigen Erscheinung,
die wir als eine Bewegung erkennen, mit der Erwartung gegenübertreten,
dass auch sie sich auf diese besondere Weise wird beschreiben lassen. Wie
bekannt, ist gerade im astronomischen Gebiet diese Erwartung ausnahmslos
in Erfüllung gegangen.

Die Wirksamkeit solcher Naturgesetze in der Einschränkung des Möglichen auf das Thatsächliche ist nun ausserordentlich verschieden, und nach
dem Betrag dieser Reduction bemisst sich die Bedeutung des fraglichen
Gesetzes.

In mathematischer Zeichensprache stellt sich die Bildung des Naturgesetzes so dar, dass zunächst zwischen irgend welchen Grossen a, b, c, ..
ein gegenseitiger Zusammenhang entdeckt wird, so dass man die Existenz
einer Gleichung von der allgemeinen Gestalt

$$f(a, b, c, \quad) = 0$$

erkennt, wo f eine unbekannte Function der dahinter stehenden Grossen
bedeutet. Die erste Aufgabe besteht darin, sämmtliche Glieder a, b, c, ..
kennen zu lernen, welche sich gegenseitig bedingen, derartig, dass bei der
Änderung einer der Grossen die anderen sich gleichzeitig ändern. Die
Kenntniss des Umstandes, dass ein solcher Zusammenhang besteht, bedingt
die Aufstellung eines allgemeinen Begriffs. Gelingt es nun, zwischen zwei
oder mehreren Gliedern a, b, c, einen bestimmten, durch eine Gleichung
mit numerischen Coefficienten darstellbaren Zusammenhang aufzufinden, so
ist dadurch von den zahllosen möglichen Functionen, welche in die ursprüngliche allgemeine Gleichung $f(a, b, c, \quad) = 0$ treten können, die thatsächlich gültige bestimmt, und aus der unbestimmten Gleichung wird eine bestimmte.

Der Weg, um zur Lösung dieses Problems zu gelangen, ist immer der
gleiche: man ändert eine der Grossen, z. B. a, und beobachtet messend die
Änderung, welche eine andere, z. B. b, dabei erfährt, wobei man, um den
etwaigen Einfluss anderer Grossen, c, d . auszuschalten, diese constant erhält. Ist diese Aufgabe erledigt, so untersucht man eine weitere Beziehung,
z. B. die zwischen b und c, und so fort, bis für alle Veränderlichen die
gegenseitige Abhängigkeit gefunden ist. Von diesem normalen Wege finden
sich in der Wissenschaft insofern Abweichungen, als häufig nach der Analogie
oder aus anderen Gründen Beziehungen als vorhanden angenommen werden,

welche thatsächlich ganz andere Form haben, derartige mit dem Schein des „Selbstverständlichen" umkleidete Trugschlüsse sind häufig, und es ist oft schwer, sich auf ihre Beschaffenheit zu besinnen

Wenn man das soeben dargelegte Schema betrachtet, so mag nichts einfacher erscheinen, als durch passende Experimente die fraglichen Beziehungen zu ermitteln, und man fragt sich, wie es kommt, dass die Wissenschaft so langsam fortschreitet, da doch das Rezept gegeben ist, nach welchem auf dem geradesten Wege der Fortschritt zu bewerkstelligen ist Die Antwort liegt in dem zweiten Theil der Forderung, welche Kirchhoff an die Mechanik und somit an die gesammte Wissenschaft stellt die Beschreibung, d h der Nachweis der vorhandenen Beziehungen, soll auf die einfachste Weise erfolgen Da aber, wenn die Grossen a, b, c für ein bestimmtes Erscheinungsgebiet gegeben sind, die Form ihrer Beziehungen feststeht, und nur aufgefunden zu werden braucht, so scheint überhaupt keine Wahl, keine Möglichkeit, eine vorhandene Beziehung zu vereinfachen, gegeben zu sein Die Antwort ist, dass die Wahl, und damit auch die Qual, in der Aufstellung der Grossen a, b, c, selbst gelegen hat Es ist allerdings ausgeschlossen, dass, nachdem die Veränderlichen a, b, c, einmal bestimmt sind, verschiedene Beziehungen von verschiedenen Graden der Einfachheit zwischen ihnen möglich sind, wohl aber bleibt die Frage offen, ob nicht die vorhandenen oder noch aufzufindenden Beziehungen eine einfachere Gestalt annehmen, wenn an die Stelle der Grossen a, b, c, andere, α, β, γ, gesetzt werden, welche sich auf das gleiche Thatsachengebiet beziehen, wie jene ersten

So wissen wir, um dafür ein Beispiel zu geben, dass das Volumen eines Gases durch Änderung seines Wärmezustandes geändert wird Soll das Gesetz hierfür gefunden werden, so kann man etwa als zweite Veränderliche, neben dem Volumen die Wärmemenge wählen, welche man dem Gase zu- oder abführt Führt man die Versuche aus, so findet man bei einzelnen Gasen, dass die Änderungen beider Grossen einander proportional sind, bei anderen sind sie es nicht, der Proportionalitätsfactor ist für einige Gase gleich, für andere verschieden, kurz, es ergiebt sich kein einfaches oder allgemeines Naturgesetz, und unsere „Beschreibung" der Erscheinung muss auf der primitiven Stufe einer Tabelle stehen bleiben Ganz anders wird das Bild wenn wir an Stelle der Wärmemenge eine andere Wärmegrosse setzen, nämlich die Temperatur Vergleicht man die gleichzeitigen Änderungen dieser und des Volumens, so findet man, dass beide einander proportional verlaufen, und dass der Proportionalitätsfactor unabhängig von der Natur des Gases ist An die Stelle der früheren Mannigfaltigkeit ist die grösste Einfachheit getreten, und die wissenschaftliche Beschreibung hat einen sehr erheblichen Fortschritt gemacht

In der geeigneten Wahl des Veränderlichen, d h in der begrifflichen Analyse der Erscheinung, liegt also der wesentlichste Umstand für den wissenschaftlichen Fortschritt, und für diese lassen sich allerdings nicht allgemeine Regeln aufstellen Hier ist das Gebiet, in welchem die Phantasie den Boden absucht, während der kritische Scharfsinn die Beute zu prüfen und zu erlegen hat Wie oft dabei eine Katze für einen Hasen geschossen wird, das wissen die Götter!

3 Die Elektrochemie Die soeben geschilderten allgemeinen Verhältnisse in der Entwickelungsgeschichte der Wissenschaft lassen sich in jedem einzelnen Falle mehr oder weniger deutlich nachweisen Die Geschichte der Elektrochemie bietet aber in dieser Beziehung eine besondere Vielseitigkeit, weil ihre Probleme auf zwei verschiedenen grossen Gebieten, der Elektrik und der Chemie, liegen Hierdurch wird die gegenseitige Abhängigkeit der wissenschaftlichen Fortschritte ungemein deutlich gemacht; wir sehen, wie über dieses Grenzgebiet hinweg die beiden Disciplinen einander immer wieder beeinflussen und befruchten, zunächst ohne dass lebensfähige Produkte erzeugt werden können So tritt die elektrochemische Theorie der chemischen Verbindungen auf, um wieder zu verschwinden, und der Streit um die Kontakttheorie oder die chemische Theorie der Volta'schen Ketten verzehrt eine Unsumme von Zeit, Kraft und Papier, ohne zu einem unzweifelhaften Ende gebracht werden zu können Die schnelle und glänzende Entwickelung der physikalischen Theorie der elektrischen Erscheinungen hat lange Zeit keine andere Wirkung, als die Unklarheiten und Widersprüche der chemischen Probleme zu vermehren, und erst in jüngster Zeit, nachdem endlich auch eine quantitative Theorie der chemischen Wirkungen reif geworden ist, vermögen beide sich in dem Maasse zu befruchten, dass das lange mit zweifelhaftem Erfolg bebaute Feld des Segens die Fülle bringt

Eine zusammenfassende Darstellung der Entwickelungsgeschichte der wissenschaftlichen Anschauungen auf diesem Gebiete darf demnach von vornherein das Interesse sowohl des Chemikers wie des Physikers beanspruchen Dazu kommt, dass kaum ein anderer Theil in der Geschichte der Wissenschaft so viel allgemein Lehrreiches in Bezug auf die Entwickelung der wissenschaftlichen Erkenntnisse enthält Nirgend treten so deutlich die unsäglichen Mühen und Wehen zu Tage, unter denen ein klarer Gedanke sich ans Licht ringt, nirgend kann man so sicher die mannigfaltigen und oft wunderlichen Wege verfolgen, die der menschliche Geist zu gehen verurtheilt ist, bevor er an sein Ziel gelangt, das unserem rückschauenden Auge in unmittelbarster Nähe liegend erscheint

Die Ursache dieser Art der Entwickelung liegt darin, dass die ersten Versuche, die Natur gedanklich zu erfassen, nicht an den Problemen gemacht werden, welche am leichtesten zu lösen sind, sondern an denen, welche sich dem forschenden Geiste am dringendsten entgegenstellen So beginnen die griechischen Philosophen ihre Untersuchungen nicht mit der Frage nach der Entstehung beispielsweise des Regens, sondern mit der nach der Entstehung der Welt So wurde das biologische Problem nicht so gestellt· wie setzt sich das Leben von heute auf morgen fort? sondern was ist das Leben, und wie ist es entstanden?

Auch in dem besonderen Gebiete, das wir betrachten wollen, in der Elektrochemie, sind die Ausgangspunkte äusserst dunkle und schwierige gewesen. Im Jahre 1790 beobachtet der Arzt Aloysio Galvani in Bologna, dass die Schenkel eines todten Frosches zucken, wenn in ihrer Nähe aus dem Conductor einer Elektrisirmaschine ein Funke gezogen wird. Er setzt diese Versuche fort und findet, dass ähnliche Zuckungen hervorgerufen werden, wenn er Nerven und Muskeln eines enthäuteten Frosches durch metallene Bogen verbindet. Alsbald erscheinen ihm diese beiden Theile wie die Belegungen einer Leidener Flasche, und er gelangt zu der Überzeugung, dass der Organismus beständig Elektricität hervorbringe, ja dass die Elektricität das Lebensprincip im Organismus sei. Das Problem, welches er in diesen Erscheinungen sieht, ist ihm ganz und gar ein biologisches.

Es ist bekannt, dass die Frage Galvani's nach dem Zusammenhange der elektrischen Erscheinungen mit denen des Lebens trotz der hundertjährigen Arbeit im Wesentlichen noch unbeantwortet ist, dass aber die Forschung, welche von der Beobachtung Galvani's ihren Ausgang genommen hat, die Lehre von der strömenden Elektricität oder vom Galvanismus, zu den glänzendsten Gebieten der physikalischen Wissenschaften gehört. Es geschah dies durch stufenweises Herabsteigen von der Höhe der ersten Fragestellung.

Volta machte sich zunächst langsam und mühsam von der Herrschaft des präparirten Froschschenkels frei, indem er in seinem früher erfundenen Condensator ein Mittel zur Erkennung der geringen elektrischen Erregungen besass, welche bis dahin nur mittelst jenes physiologischen Hülfsmittels der Beobachtung zugänglich waren. So vermochte er den Galvani'schen Versuch auf die für ihn einfachste Gestalt der Verbindung von drei Leitern, von denen zwei der einen, der dritte der anderen Klasse derselben angehört, zurückzuführen.

Diese Analyse ist dann von Volta weiter zu führen versucht worden, indem er den Sitz der beobachteten elektrischen Spannungen an die Berührungsstelle der Metalle verlegte. Dies Problem, die einzelnen Spannungsunterschiede an den verschiedenen Berührungsflächen zu ermitteln, hat dann seit Volta's Tagen bis heute die Forschung in Athem gehalten.

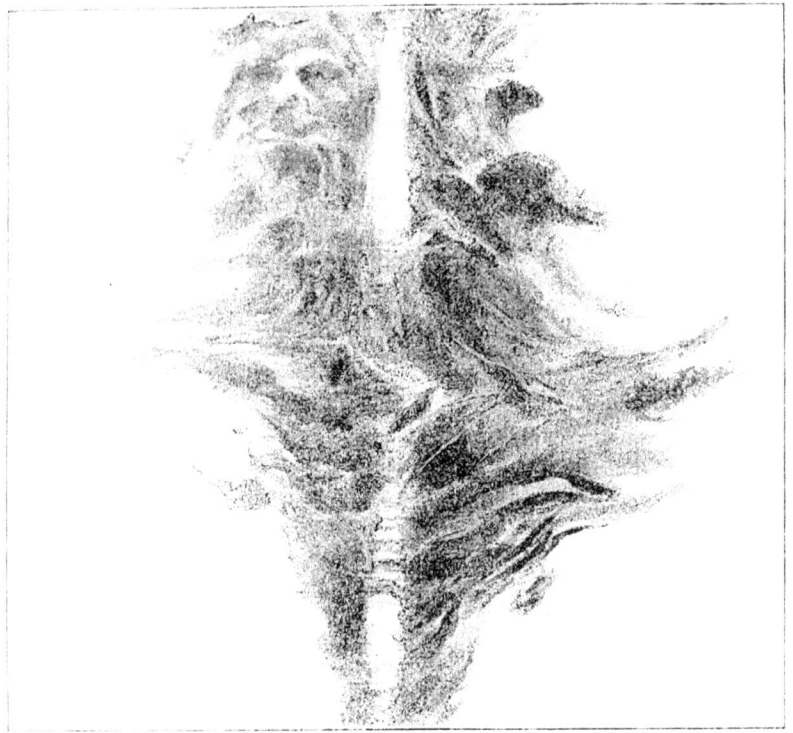

Fig. 2. Zerstäubung von Eisendraht durch den elektrischen Funken nach van Marum.[1]

Erstes Kapitel.

Vorgeschichte der Elektrochemie. Die chemischen Wirkungen der Reibungselektricität.

1. **Älteste Beobachtungen.** Die geringen Elektricitätsmengen, welche die früheren unvollkommenen Elektrisirmaschinen zu liefern vermochten, waren nicht genügend, um irgend welche auffällige chemische Erscheinungen hervorzubringen. So sehen wir die Physiker Jahrhunderte lang elektrische Experimente der mannigfaltigsten Art machen, ohne dass dabei chemische Vorgänge beobachtet wurden.

Die älteste Nachricht, welche ich über chemische Wirkungen der Elektricität aufgefunden habe, ist die „Revivification" einiger Metalle aus ihren Kalken, welche der Pater Beccaria[2] um die Mitte des vorigen Jahrhunderts ausführte,

---

[1] Verhandel. uitg. d. Teyler's tweede Genootschap. 4. St. Haarlem 1787.

[2] Lettere dell' elettricismo, p. 282; nach Priestley, Gesch. der Elektr., deutsch von Krünitz, Berlin 1772, S. 185.

indem er den durch die Leidener Flasche verstärkten elektrischen Funken
zwischen zwei Stücken der metallischen Kalke (Oxyde) überschlagen liess.
So erhielt er verschiedene Metalle, unter anderen Zink in regulinischem Zustande, auch Quecksilber aus Zinnober.

Irgend eine Verwerthung dieser Erscheinung zu weiteren Folgerungen
hat zu jener Zeit nicht stattgefunden, denn die elektrischen Erscheinungen
waren den Forschern jener Tage nach allen Richtungen so neu und wunderbar, dass die sich fast nur mit deren Aufsuchung und Vermehrung beschäftigten, ohne sich um ihre wissenschaftliche Verwerthung viel zu bemühen. So
findet sich bei Gelegenheit dieser Beobachtung kein Versuch, sie in irgend
einem Sinne zur Aufklärung des Wesens der Elektricität oder der chemischen
Verwandtschaft zu verwerthen.

2. Wirkung des Funkens auf atmosphärische Luft. Eine derartige Wechselwirkung beider Wissensgebiete beginnt sich, wenn auch eben

Fig. 3. Aus PRIESTLEY, Exper. and observ. on var. kinds of air.

nicht in hervorragender Weise, bei einer Beobachtung von PRIESTLEY[1] zu
zeigen, dass gewöhnliche atmosphärische Luft durch elektrische Entladungen,
welche sie durchsetzen, in Säure verwandelt wird. Ich lasse den Entdecker reden:

[1] Experiments and observations on various kinds of air, Manchester 1775. Deutsche
Ausgabe, Wien und Leipzig 1778. 1. 178.

„Ich nahm daher eine gläserne Röhre, die ungefähr $\frac{1}{10}$ Zoll im Durchmesser hatte (Fig. 3 a v S, 16). An das eine Ende derselben kittete ich ein Stück
Draht b, worauf ich eine metallene Kugel steckte. Den untersten Theil
von a füllte ich mit Wasser, das ich mit Lackmus oder Orseille blau, oder
vielmehr purpurn färbte. Man kann diese Röhre sehr leicht vermittelst der
Luftpumpe füllen, wenn man das Rohr in ein Gefäss mit dem gefärbten
Wasser setzt.

„Nachdem ich nun Alles so zubereitet hatte und ungefähr ein Minute
lang elektrische Funken zwischen den Draht b und das gefärbte Wasser a
hatte schlagen lassen, so fing der obere Theil desselben an roth durchzu-
scheinen, und in zwei Minuten darauf hatte es sich vollkommen roth gefärbt.

„Allein unter allen diesen Beobachtungen war wohl diese die aller-
wichtigste, aber auch unerwartetste, dass die Flüssigkeit in eben dem Verhältnisse, wie sie roth zu werden anfing, dem Draht näher kam, so dass der
Raum der Luft, in der der Funke geschlagen hatte, vermindert wurde, und
zwar betrug die Verminderung, wie ich endlich noch fand, ungefähr $\frac{1}{5}$ des
ganzen Raumes. Auch fortgesetztes Elektrisiren brachte keine Verminderung
weiter hervor.

„Um nun zu bestimmen, ob die Ursache der veränderten Farbe in der
Luft oder in der elektrischen Materie enthalten wäre, dehnte ich die Luft,
welche in der Röhre vermindert worden war, mittelst einer Luftpumpe so
aus, dass sie das blaue Wasser heraustrieb und liess an dessen Stelle neues
hinein. Nun brachte aber die Elektricität weiter keine merkliche Wirkung
hervor, weder in der Luft, noch in der Flüssigkeit, so dass man augenscheinlich sehen konnte, dass die elektrische Materie die Luft zersetzt und
daraus etwas einer Säure Ähnliches niedergeschlagen habe.

„Um ferner zu bestimmen, ob der Draht etwas zu der Wirkung beigetragen habe, nahm ich Drähte von verschiedenen Metallen, Eisen, Kupfer,
Messing und Silber. Allein bei allen war der Erfolg derselbe.

„Dieses erfolgte auch, als ich den elektrischen Funken ganz ohne Draht
durch eine gebogene Glasröhre auf folgende Art schlagen liess. Ich setzte
einen jeden Schenkel der Röhre (Fig. 3, 19) in ein Gefäss mit Quecksilber, das
ich unter der Luftpumpe zu der Höhe aa in einem jeden Schenkel so steigen
liess, dass der Raum zwischen a und b in jedem Schenkel mit dem blauen
Wasser und der Raum zwischen b und b mit gemeiner Luft angefüllt war.
Nach dieser Vorbereitung liess ich den elektrischen Funken von einem
Schenkel zum anderen überschlagen, so dass er von der Flüssigkeit in dem
einen Schenkel der Röhre bis zu der Flüssigkeit in dem anderen durch den
mit der Luft angefüllten Raum schlug. Es wurde hierauf das Wasser in
beiden Schenkeln roth und der mit Luft angefüllte Raum wurde kleiner,
wie vorher."

Die weiteren Bemerkungen und Versuche Priestley's beziehen sich auf
die Bestimmung der Natur der Säure, welche bei diesem Versuch entstanden

ist. Er gelangt zu dem Ergebniss, dass Kohlensäure gebildet worden sei, und belegt dies durch eine Anzahl Versuche. Wir wissen jetzt, dass sich nicht Kohlensäure, sondern Salpeter- und salpetrige Säure unter diesen Umständen bildet; da sich aus der Darlegung Priestley's ergiebt, dass er die Bildung von Kohlensäure erwartet hat, so zeigt sich, wie leicht selbst ein geübter Experimentator, wie Priestley einer war, Dinge sieht, welche er zu sehen erwartet, auch wenn sie nicht vorhanden sind. –

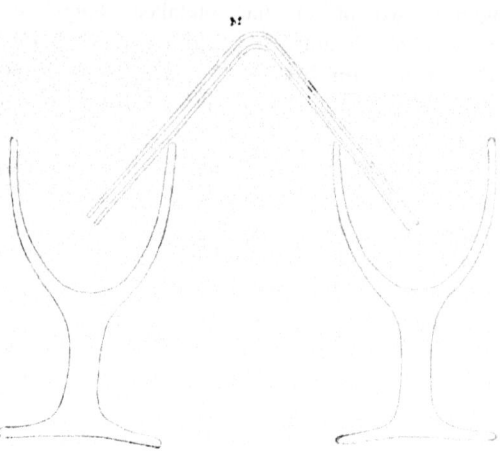

Fig. 4. Nach Cavendish.

3. Versuche von Cavendish. Priestley's Irrthum wurde bald darauf durch Cavendish verbessert, der den merkwürdigen Versuch mit der ihm eigenen Sorgfalt und Genauigkeit wiederholte, und die Natur der Säure, welche dabei gebildet wurde, richtig erkannte. Cavendish schildert[1] seine Beobachtungen folgendermassen.

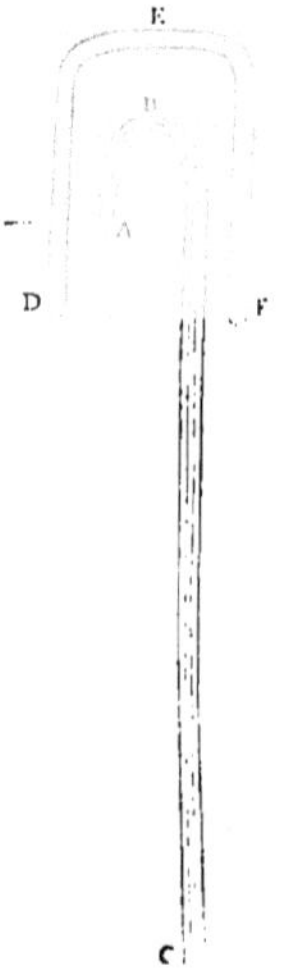

„Der Apparat (Fig. 4), welcher zum Versuch benutzt wurde, war folgender. Die Luft, durch welche der Funke gehen sollte, war in eine Glasröhre M eingeschlossen, die im Winkel gebogen war und nach der Füllung mit Quecksilber, in zwei Gläsern mit derselben Flüssigkeit umgekehrt wurde, wie die Figur zeigt. Die zu untersuchende Luft wurde dann durch eine Röhre, wie solche zu Thermometern benutzt werden, eingeführt, welche in der durch ABC (Fig. 5) angegebenen Form gebogen war, und deren gebogenes Ende, nachdem sie mit Quecksilber gefüllt war, unter das Glas DEF wie in der Figur, geführt wurde, welches in Wasser umgekehrt stand und das gewünschte Gas enthielt, das Ende C der Röhre wurde dabei mit dem Finger verschlossen; wenn der Finger entfernt wurde, senkte sich das Quecksilber in den Arm BC und der Raum wurde durch die Luft aus dem Glase DEF erfüllt. Nachdem so die gewünschte Menge Luft in die Röhre ABC gebracht war, wurde diese mit dem Ende C nach oben gehalten und mit dem Finger verschlossen; und das Ende A, welches zu diesem Zwecke dünner gemacht war, wurde

Fig. 5. Nach Cavendish.

---

[1] Philos. Trans. **65**, B. 372. 1775.

in ein Ende der gebogenen Röhre *M* (Fig. 4) geführt, worauf die Luft, nach Entfernung des Fingers von *C* durch den Druck des Quecksilbers im Arm *B C* in diese Röhre gepresst wurde. Durch dieses Mittel war ich im Stande, jede gewünschte Menge irgend einer Gasart in die Röhre *M* zu schaffen, und auf gleiche Weise konnte ich irgend eine Menge Seifensiederlauge oder eine andere Flüssigkeit, welche mit dem Gase in Berührung sein sollte, aufsteigen lassen.

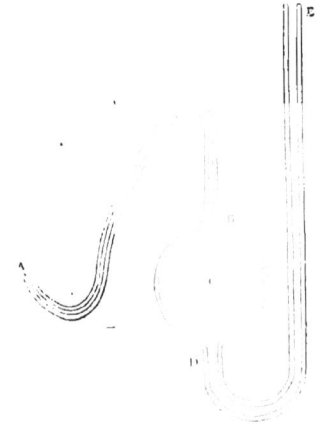

Fig. 6. Nach CAVENDISH.

„In einem Falle indessen, wo ich Luft oftmals während eines Versuches in die Röhre bringen musste, benutzte ich den in Fig. 6 dargestellten Apparat, welcher aus der engen Röhre *A B*, der Kugel *C* und der weiten Röhre *D E* bestand. Dieser Apparat wurde zuerst mit Quecksilber gefüllt, und dann wurde die Kugel *C* und die Röhre *A B* mit dem Gas gefüllt, indem man die Spitze *A* unter ein umgekehrtes in Wasser stehendes Glas brachte, welches das gewünschte Gas enthielt und das Quecksilber aus dem Arm *E D* mittelst eines Hebers entfernte. Nachdem der Apparat so mit Gas beschickt war, wurde er gewogen, und die Spitze *A* in eine Öffnung der Röhre *M* eingeführt und während des Versuches dort belassen; das Mittel, um die Luft aus diesem Apparat in die Röhre *M* zu pressen, bestand darin, dass in die Röhre *E D* ein hölzerner Cylinder eingeführt wurde, welcher die Öffnung fast vollständig ausfüllte; in die Röhre wurde gelegentlich Quecksilber nachgegossen, um das zu ersetzen, welches in die Kugel *C* getrieben war. Nachdem der Versuch geschlossen war, wurde der Apparat wieder gewogen, woraus sich ergab, wie viel Luft während des ganzen Versuches in die Röhre *M* getrieben war; denn ihr Volumen war gleich dem der Quecksilbermenge, deren Gewicht der Gewichtszunahme des Apparates gleich war.

„Das Lumen der Röhre *M*, welche in den meisten der folgenden Versuche benutzt wurde, betrug etwa ein $^1/_{10}$ Zoll und die Länge der Luftsäule, welche den oberen Theil der Röhre einnahm, war im Allgemeinen von $1^1/_2$ bis $^3/_4$ Zoll . . . .

. . . „Wenn der elektrische Funken durch gewöhnliche Luft getrieben wurde, welche durch zwei kurze Säulen von Lackmustinctur abgeschlossen war, so nahm die Lösung eine rothe Farbe an, entsprechend dem, was Dr. PRIESTLEY beobachtet hatte.

„Wurde Kalkwasser statt der Lackmuslösung angewendet und der Funke durchgeleitet, bis keine Verminderung der Luft mehr bewirkt werden konnte, so konnte nicht die leiseste Trübung im Kalkwasser beobachtet werden; die Luft war aber auf zwei Drittel ihres ursprünglichen Volumens vermindert, dies ist eine grössere Verminderung, als sie durch blosse Phlogistisation (Entziehung von Sauerstoff) hatte erfahren können, da diese wenig mehr als ein Fünftel des Ganzen beträgt

„Der Versuch wurde dann mit etwas unreiner dephlogistisirter Luft (Sauerstoff) wiederholt Dies Gas wurde sehr stark vermindert, ohne dass die geringste Trübung im Kalkwasser entstanden wäre. Auch wurde keine Trübung bemerkt, als etwas fixe Luft (Kohlensäure) zugelassen wurde, auf die fernere Zufügung von etwas kaustischem flüchtigem Alkali (Ammoniak) wurde alsbald ein brauner Niederschlag bemerkt

„Daraus können wir schliessen, dass das Kalkwasser durch etwas gesättigt war, was beim Versuch gebildet wurde, denn in diesem Falle ist es offenbar, dass durch die fixe Luft die Erde nicht gefällt werden konnte, während das kaustische flüchtige Alkali beim Hinzutreten die fixe Luft absorbiren musste, mild wurde und unmittelbar die Erde fällte, während sie, wenn die Erde im Kalkwasser nicht mit einer Säure gesättigt gewesen wäre, von der fixen Luft hatte gefällt werden müssen Was die braune Farbe des Niederschlages anlangt, so ist dieselbe sehr wahrscheinlich durch etwas aufgelöstes Quecksilber veranlasst .

„Ist die Luft durch Seifensiederlauge abgeschlossen, so geht die Verminderung erheblich schneller vor sich, als mit Kalkwasser, aus diesem Grunde, und weil die Lauge im Verhältniss zu ihrem Volumen so viel mehr alkalische Substanz enthält, ist die Lauge viel geeigneter, die Natur der entstehenden Säure zu bestimmen, als Kalkwasser Ich machte deshalb einige Versuche, um zu bestimmen, von welchem Grade der Reinheit die Luft sein musste, um am schnellsten und im höchsten Maasse vermindert zu werden, und ich fand, dass, wenn gute dephlogistisirte Luft benutzt wurde, nur eine geringe Verminderung eintrat, wenn vollständig phlogistisirte Luft Stickstoff genommen wurde, fand keine merkliche Verminderung Platz, wenn aber fünf Theile reine dephlogistisirte Luft mit drei Theilen gewöhnlicher Luft gemischt wurde, so konnte fast die ganze Luft zum Verschwinden gebracht werden.

„Es muss berücksichtigt werden, dass gemeine Luft aus einem Theil dephlogistisirter Luft, vermischt mit vier Theilen phlogistisirter besteht, so dass ein Gemenge von fünf Theilen reiner dephlogistisirter Luft und dreien gewöhnlicher Luft dasselbe ist, wie ein Gemenge von sieben Theilen dephlogistisirter Luft auf drei Theile phlogistisirter

„Nach diesen vorläufigen Versuchen brachte ich in die Röhre ein wenig Seifensiederlauge und liess dann etwas dephlogistisirte und gemeine Luft, in dem oben angegebenen Verhältniss vermischt, eintreten, welche beim Aufsteigen zu dem höchsten Punkt der Röhre M die Lauge in die beiden Schenkel drängte Sobald die Luft durch den elektrischen Funken vermindert war, liess ich neue von derselben Beschaffenheit hinzutreten, bis keine weitere Verminderung stattfand worauf ein wenig dephlogistisirte und hernach ein wenig gemeine Luft zugefügt wurde, um zu sehen, ob das Aufhoren der Verminderung nicht in einer Unvollkommenheit in dem Verhaltniss der beiden Arten Luft zu einander begrundet war, jedoch ohne Wirkung. Die Lauge wurde dann aus der Rohre geschuttet und von dem Quecksilber getrennt, sie schien vollig neutralisirt, denn sie verfärbte nicht ein mit dem Saft blauer Blumen gefärbtes Papier. Nach dem Verdunsten zur Trockne liess sie ein wenig eines Salzes, welches offenbar Salpeter war, wie sich aus der Weise, in welcher ein mit der Losung getränktes Papier brannte, ergab.

„Ein Umstand trat indessen auf, welcher zuerst zu zeigen schien, dass dies Salz etwas Salzsaure enthielt; es fand nämlich eine deutliche Fällung statt, wenn zu einer wasserigen Losung desselben etwas Silberlosung gesetzt wurde, obwohl die benutzte Lauge vollig frei von Salzsaure war, und obwohl, um aller Gefahr einer Fällung durch einen Ueberschuss von Alkali darin zuvorzukommen, etwas gereinigte Salpetersaure vor dem Zusatz der Silberlosung zugefugt worden war. Beim Nachdenken vermuthete ich indessen, dass die Fällung daher ruhren konnte, dass die Salpetersaure darin phlogistisirt war, und deshalb versuchte ich, ob stark phlogistisirter Salpeter (salpetrigsaures Kalium) Silber aus seiner Losung fällt. Zu diesem Zweck setzte ich etwas Salpeter in einer irdenen Retorte dem Feuer aus, bis er eine ziemliche Menge dephlogistisirter Luft abgegeben hatte, und dann nachdem ich ihn in Wasser aufgelost und etwas wohlgereinigten Salpetergeist (Salpetersaure) zugefugt hatte, bis er deutlich sauer war, um sicher zu sein, dass das Alkali nicht vorwaltete, tropfte ich etwas Silberlosung dazu, welche unmittelbar einen sehr reichlichen Niederschlag hervorbrachte. Diese Losung verlor ubrigens, nachdem sie von einigem Phlogiston durch Verdampfung zur Trockne und Aussetzung an die Luft während einiger Wochen befreit war, ihre Eigenschaft Silber zu fällen, ein Beweis, dass diese Eigenschaft allein von ihrer Phlogistication und nicht von der Aufnahme von Kochsalz aus der Retorte oder anders woher herruhrte.“

Der letzte Theil dieser durch Sorgfalt und Umsicht ausgezeichneten Abhandlung ist der Erklarung der beobachteten Erscheinungen auf Grundlage der Phlogistontheorie gewidmet und kann daher ubergangen werden. Uber die Frage, worauf die Wirkung des elektrischen Funkens bei diesem Vorgang beruhe, hat CAVENDISH keine Untersuchungen oder Betrachtungen angestellt.

Spater[1] hat CAVENDISH, als Zweifel an dem Gelingen des Versuches ausgesprochen wurden, den damaligen Sekretar der Royal Society, Herrn GILPIN, zur Wiederholung desselben veranlasst. Das erste Experiment dauerte vom 6. December 1777 bis zum 28. Januar 1778, und das entstandene Produkt wurde in Gegenwart der Herren Jos. BANKS, BLAGDEN, DOLLFUSS, FORDYCE, HEBERDEN, J. HUNTER, MACH und WATSON untersucht und erwies sich nach den angegebenen Erscheinungen als ein Gemenge der Nitrate und Nitrite von Kalium und Quecksilber. Es war demnach mehr Salpetersaure erzeugt worden, als zur Sättigung des Kalis nöthig war. Ein zweiter Versuch, der am 29. Februar bis zum 19. März dauerte, gab ähnliche Resultate.

4. Untersuchungen von van Marum. Einen wesentlichen Fortschritt machte die Kenntniss der Abhängigkeit chemischer Erscheinungen von elektrischen durch den Umstand, dass auf Kosten der Teyler'schen Stiftung in Rotterdam eine Elektrisirmaschine von gewaltigen Dimensionen gebaut wurde. Derartige Renommirstücke haben allerdings nicht selten die von ihnen erwarteten Erfolge vermissen lassen; durch einen wissenschaftlichen Glücksfall gerieth aber diese Maschine (Fig. 7) in die Hand eines ebenso

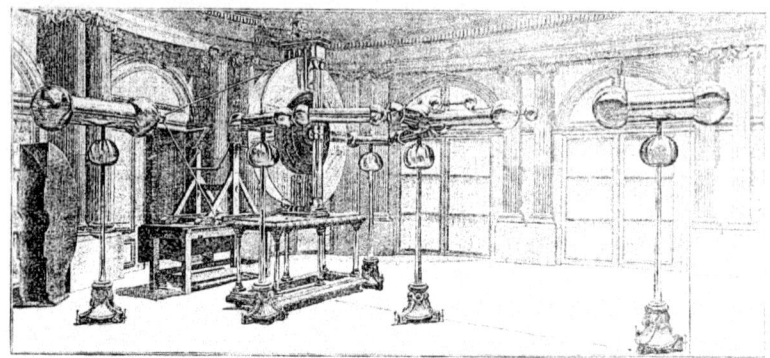

Fig. 7. Die grosse Teyler'sche Elektrisirmaschine. Nach van Marum.

eifrigen wie begabten Experimentators, van Marum, und es konnte nicht fehlen, dass die von dem Apparat gelieferten relativ bedeutenden Elektricitätsmengen auch entsprechende chemische Wirkungen zu Tage treten liessen.

Die hergehörigen Beobachtungen, über welche van Marum in seiner ersten Mittheilung[1] berichtet, sind zunächst von ziemlich geringem Umfange und Interesse. Er untersuchte eine Anzahl Gase auf ihr Verhalten in dem Funkenstrom der Maschine und fand folgendes. Dephlogistisirte Luft (Sauerstoff) erfuhr keine Änderung. Salpetergas (Stickstoffoxyd) verminderte sein Volumen auf die Hälfte und weniger, während das Quecksilber angegriffen wurde. Der Rückstand verhielt sich wie phlogistisirte Luft (Stickstoff). Brennbare Luft mittelst Eisen (Wasserstoff) gab ausser einer auffälligen rothen Färbung des Funkens keine besondere Erscheinung. Brennbare Luft aus Weingeist und Schwefelsäure (Äthylen) vergrösserte ihr Volumen um das Dreifache; das entstandene Gas verhielt sich wie brennbare Luft mittelst Eisen. Fixe Luft (Kohlensäure) vergrösserte ihr Volumen um ein Geringes und verlor zum Theil ihre Fähigkeit, vom Wasser verschluckt zu werden. Luft aus Schwefelsäure, durch Erhitzen mit Holzkohle erhalten (also eine Gemenge von Schwefeldioxyd und Kohlendioxyd), verminderte etwas ihr Volumen, gab schwarze Flecken auf dem Quecksilber und wurde vom Wasser nicht mehr

---

[1] Verhandel. uitg. d. Teyler's II. Genootsch., 3, 116 ff. 1785.

verschluckt Salzsauregas liess keine Einwirkung erkennen, ebensowenig Luft aus dem Spath von DIRENSHIRE (wahrscheinlich Siliciumfluorid). „Akalische Luft" (Ammoniak) vergrösserte ihr Volumen von $^{27}/_8$ Zoll auf $4^1/_4$, verlor ihre Fahigkeit, vom Wasser verschluckt zu werden und explodirte beim Anzunden Atmospharische Luft bildete Spuren von Saure Schlussfolgerungen zieht VAN MARUM aus diesen Versuchen zunachst nicht

In der ersten Fortsetzung dieser Untersuchungen[1] werden zunachst sehr ausfuhrliche Untersuchungen uber das Schmelzen und Verbrennen von Metallen durch den elektrischen Schlag mitgetheilt. Es konnten beim Blei, Zinn, Eisen,[2] Kupfer, Silber und Gold solche Verbrennungen hervorgerufen werden, auch hebt VAN MARUM hervor, dass die Erscheinungen bei den edlen Metallen Silber und Gold ganz denen bei den anderen entsprechen, und somit auch bei diesen eine „Verkalkung" annehmen lassen.

Schon bei dieser Gelegenheit macht sich das spater immer mehr zur Geltung kommende Bestreben sichtbar, die mit Hulfe der Elektricitat beobachteten Erscheinungen fur die Beantwortung chemischer Fragen zu verwerthen Um jene Zeit, in den achtziger Jahren des vorigen Jahrhunderts, war soeben der Streit zwischen STAHL's Phlogistontheorie und der Sauerstofftheorie von LAVOISIER entbrannt VAN MARUM, der wie alle Zeitgenossen bis dahin die Phlogistontheorie angenommen hatte, wurde bald durch seine Versuche ein uberzeugter Anhanger der neuen Anschauungen und richtete seine Forschungen alsbald auf Punkte, an denen ihm eine Entscheidung moglich schien So glaubte er schon in der Thatsache, dass der elektrische Schlag Metalle sowohl verkalken, wie Metallkalke „revivificiren" kann, einen Beweis gegen die Phlogistontheorie zu finden Finden wir auch gegenwartig seine bei dieser Gelegenheit entwickelten Uberlegungen wenig uberzeugend, so hat er doch eine Anzahl von Versuchen uber das Verhalten der Metalle in verschiedenen Gasen beim elektrischen Schlage beigebracht, welche um so entscheidender sind So fand er,[3] dass in Stickstoff die Metalle sich nicht verkalken, sondern nur schmelzen, wahrend Blei in Sauerstoff ein vollstandigeres Verkalken zu einem gelbgefarbten Stoff erkennen liess, als in der Luft, wo das Produkt grau war Beim Eisen und Zinn liess sich kein Unterschied entdecken Auch in „Salpetergas" oder Stickoxyd wurden die Metalle verkalkt, die Thatsache erschien VAN MARUM anfangs sehr schwer verstandlich, wurde aber von ihm richtig aus dem Sauerstoffgehalt dieses Gases gedeutet

Auch Versuche, die Verkalkung der Metalle in Wasser zu bewirken, hat VAN MARUM angestellt Es gelang ihm in der That, die Bildung von Wasserstoff bei der Anwendung eines Zinndrahtes nachzuweisen, doch war die Gasmenge, welche er erhielt, sehr gering, und er verschob weitere Ver-

---

[1] Verhandel ntg d HALER's H Genootsch **4**, 1787

[2] Die Abbildung auf S 10 stellt nach VAN MARUM die Erscheinung dar, welche ein uber einem Papierblatt zerstaubender Eisendraht hinterlasst

[3] A c o S 17

suche, da die Ladung seiner Batterie durch das feuchte Wetter des Herbstes 1786 sehr erschwert war, auf günstigere Zeiten

Versuche über das Verhalten verschiedener Gase gegen den Funken[1] ergaben im Wesentlichen Ähnliches, wie die früher mitgetheilten   Sauerstoff verband sich reichlich mit dem absperrenden Quecksilber, auch wenn der Funke nicht unmittelbar auf dieses, sondern auf ein hervorragendes Stück Eisen schlug   Auch diese Beobachtung verwerthet VAN MARUM als Beweis für die Sauerstofftheorie   Stickstoff schien keine materielle Änderung zu erfahren, zeigte aber eine merkliche Vergrösserung des Volumens, die nach einigen Tagen an dem sich selbst überlassenen Gase wieder verschwand[2] Von Salpetergas (Stickoxyd), welches über Kalilauge elektrisirt wurde, verschwanden drei Viertel dem Volumen nach, und die Lauge erhielt die Fähigkeit, Papier nach dem Tränken und Trocknen verglimmbar zu machen Indessen überzeugte sich VAN MARUM, dass auch ohne die Anwendung der Elektricität das Salpetergas von Lauge verschluckt wurde, wenn auch unvergleichlich viel langsamer   Wasserstoff erfuhr keine Veränderung, Ammoniak die bekannte Zersetzung   Endlich wurde auch der Versuch von CAVENDISH über die Bildung der Salpetersäure aus Luft und Sauerstoff wiederholt, in der Hauptsache zwar mit Erfolg, im Einzelnen indessen mit gewissen Abweichungen.

In der zweiten Fortsetzung[3] seiner Beobachtungen beschäftigt sich VAN MARUM mit der Frage, „ob die Elektricität Wärme enthalt", und beantwortet sie bejahend auf Grund einiger Versuche, welche sich auf die Bildung von Gasen aus Flüssigkeiten unter dem Einflusse elektrischer Funken beziehen   Schon PRIESTLEY[4] hatte angegeben, dass Äther und Öl unter dem Einflusse elektrischer Entladungen gasformige Stoffe ausgeben, doch konnte VAN MARUM bei einer Wiederholung dieser Versuche zuerst keine deutlichen Resultate erhalten   Erst als er die Flüssigkeiten in den leeren Raum eines Barometers brachte, dessen Röhre von einem Platindraht durchsetzt war, gelang ihm die Bildung von Gasen   Er erhielt aus Alkohol und Kampher fast reinen Wasserstoff, aus wässerigem Ammoniak ein Gemenge von Wasserstoff und Stickstoff, ebenso aus Ammoniumcarbonatlösung   Auch mit Wasser stellte er Versuche an   Er erhielt ein Gas, welches, wenn es einige Zeit sich selbst überlassen wurde, sein Volumen verminderte   Der Rückstand verhielt sich wie Wasserstoff, er explodirte für sich nicht durch den Funken, wohl aber nach Zusatz von Luft

VAN MARUM ist sich klar darüber, dass er eigentlich nach der Theorie

----

[1] A a O S 196

[2] In neuester Zeit wurden ähnliche Beobachtungen von J J THOMSON mitgetheilt, doch sind sie von THRELLFALL als von Verunreinigungen herrührend erklärt worden

[3] Verhandel uitg d TEYLER's II Genootsch 9 1795 Expériences, qui font voir qu'il y a de la calorique dans le fluide électrique

[4] Exp and observ. 1, 195 Birmingham 1790. S 54

von Lavoisier ein Gemenge von Wasserstoff und Sauerstoff hatte erhalten
mussen „Die Bildung des Wasserstoffgases aus Wasser, ohne jede Bildung
von Sauerstoffgas, kann im ersten Augenblicke etwas schwer erklarbar erscheinen, da der Wasserstoff nicht ohne Abtrennung des anderen Bestandtheils des Wassers, des Sauerstoffs, aus dem Wasser gebildet werden kann
Woher kommt es denn (konnte man fragen), dass dieser vom Wasserstoff
getrennte Sauerstoff sich nicht ebenso wie jener mit der Warme der elektrischen Flussigkeit vereinigt, und man ihn nicht gleichfalls als Gas, gemengt
mit dem Wasserstoffgas, vorfindet? Vielleicht ist aber diese Verbindung
des Sauerstoffs schwieriger, als die des Wasserstoffs Auch haben wir fruher
gesehen, dass die elektrische Flussigkeit den Sauerstoff zersetzt, und der
Sauerstoff sich mit dem Quecksilber verbindet und es oxydirt, wenn man
den Versuch uber Quecksilber macht, oder dass der Sauerstoff vom Wasser
absorbirt wird, wenn man ihn uber Wasser anstellt Es ist daher wahrscheinlich, dass das eine oder das andere auch bei diesem Versuch stattfindet, wenn auch die Oxydation des Quecksilbers hier nicht so erheblich
ist, als dass sie bemerkt werden konnte "

Wie wir bald sehen werden, ist dieser Versuch bald darauf mit befrie-
digendem Ergebnisse von einem fruheren Mitarbeiter van Marum's, Paets
van Troostwijk in Gemeinschaft mit Deimann, ausgefuhrt und zu Gunsten
der Theorie von Lavoisier verwerthet worden

Auf die Aufforderung Anderer hin hat van Marum die Wirkung der
elektrischen Entladung auf verschiedene Flussigkeiten untersucht. Concentrirte
Schwefelsaure gab keinerlei besondere Wirkung Salpetersaure entwickelte ein
Gas, welches bald wieder absorbirt wurde, ebenso Salzsaure und Chlorwasser.
Potaschelosung erfuhr keinerlei Veranderung, ebensowenig Lackmustinctur,
geschmolzener Salpeter, Chlorsilber, sowie Losungen der Salze von Silber,
Kupfer, Eisen, Blei, Quecksilber, Gold und Zinn Das Kapitel schliesst mit
den charakteristischen Worten „Die Ergebnisse der eben beschriebenen
Versuche haben mich nicht angeregt, sie weiter zu treiben Ich erwahne
sie nur, um die Wunsche derjenigen zu erfullen, welche zu wissen wunsch-
ten, ob diese Versuche, mit Hulfe der grossen Kraft unserer Maschine ausgefuhrt, irgend welche lehrreiche Erscheinung hervorrufen wurden." Wenige
Jahre spater zeigte Ritter die Zersetzung von Silbersalzen mit Hulfe einer
gewohnlichen kleinen Elektrisiermaschine

Eine interessante Wirkung der Elektricitat beobachtete van Marum,[1]
wie schon fruher Beccaria in der „Revivification der Metallkalke." Mennige
liess schon nach wenigen Schlagen Bleikugelchen erkennen, ebenso Bleiweiss Zinn- und Eisenoxyd erfuhren keine Veranderung, Quecksilberoxyd
wurde reducirt. Eine weitere Fortsetzung der Versuche ergab wenig gunstige Resultate, da, nachdem etwas Metall sich gebildet hatte, es die Elektricitat fast allein leitete und das ubrige Oxyd gegen ihre Wirkung schutzte,

_____
[1] A T O S 176.

so dass die Zersetzung in kürzester Frist aufhörte   Deshalb wurden auch diese Versuche aufgegeben

Endlich wurden die Verkalkungsversuche wiederholt und ausgedehnt, ohne indessen viel Neues zu ergeben   Ein Platindraht zeigte ganz dieselben Zerstäubungserscheinungen wie die Drähte von Eisen und Silber, und VAN MARUM spricht seine Überzeugung aus, dass sich unter diesen Umständen das Platin ebenso oxydire, wie jene Metalle

Die vorstehend dargestellten Arbeiten VAN MARUM's hatten, wie ersichtlich, einen wesentlich orientirenden Charakter, sie bahnten vielerlei an, brachten aber keine Ergebnisse allgemeinerer Natur, so werthvoll einige von ihnen sich auch zur Klärung der schwebenden Probleme erwiesen   Insbesondere tritt die polare Beschaffenheit der elektrochemischen Wirkung, welche in der Trennung der Bestandtheile und ihrer Absonderung an verschiedenen Stellen sich zeigt, noch gar nicht in den Vordergrund

5 Die Zerlegung des Wassers durch den Funkenstrom   Die erste unzweideutige Zerlegung eines zusammengesetzten Stoffes durch die Wirkung der Electricität haben PAETS VAN TROOSTWIJK und DEIMANN im Jahre 1789 beobachtet   In einem Briefe an DE LA METHERIE, welchen dieser in der von ihm herausgegebenen Zeitschrift[1] veröffentlichte, theilten sie die merkwürdige Thatsache mit, dass Wasser auf diese Weise in brennbare Luft und Lebensluft geschieden werden kann   Es ist charakteristisch für die Geschichte unseres Gebietes, dass bereits in diesem ihrem ersten Kapitel die beobachtete Erscheinung als bedeutungsvoll für die Lösung schwebender chemischer Fragen erkannt wird   Ich lasse die wichtigsten Theile des Briefes hier folgen

„Wir bitten Sie in Ihrer Zeitschrift die Überlegungen und Versuche zu veröffentlichen, welche wir die Ehre haben Ihnen zu senden, und welche sich auf eine der berühmtesten und wichtigsten Fragen der Physik und Chemie beziehen

„So überzeugend die Versuche sind, aus denen Hr LAVOISIER und die Mehrzahl der französischen Chemiker die Theorie des Wassers abgeleitet haben, so muss man doch gestehen, dass ihnen noch einiges fehlt, um ganz entscheidend zu sein

„Die Vertreter der beiden entgegenstehenden Theorien sind gegenwärtig in Bezug auf folgende Punkte einig   Erstens dass man, wenn man brennbare Luft (Wasserstoffgas) mit Lebensluft Sauerstoff verbrennt, nicht nur Wasser, sondern auch Säure erhält, zweitens, dass diese Säure nicht aus einer Säure stammt, welche zufällig in den angewandten Luftarten vorhanden war, sondern dass sie sich thatsächlich während der Verbrennung bildet   So ist es nicht mit dem Wasser, welches man als vorher in den Gasen vorhanden annehmen kann, namentlich wenn man findet, dass man mit

---

[1] Observations sur la physique etc 35, 369—378, 1789 — Auszug in GREN's Journal der Physik 2, 130, 1790

vorher getrockneten Gasen eine kleinere Wassermenge erhält   Jedenfalls
scheint es, dass die Gegner der neuen Theorie das Wasser mit demselben
Recht als einen zufälligen Stoff ansehen können, wie ihre Vertheidiger es
mit der entstehenden Säure thun

„Die Zersetzung des Wassers, welche diese Frage entscheiden würde,
wenn sie vollkommen bewiesen wäre, ist nicht geringeren Schwierigkeiten
ausgesetzt   Man hat bisher das Wasser nur mittelst Eisen zersetzen können,
aus welchem man durch Wärme allein das Gas erhalten kann, welches man
als eines der Elemente des Wassers ansieht. Man könnte daher vermuthen,
dass das Wasser bei diesem Versuch nur dazu dient, um das Gas leichter
und in grösserer Menge zu entwickeln, als das Metall dies für sich thut.
Ausserdem ist diese Theorie der Zersetzung des Wassers gänzlich auf der
noch nicht allgemein angenommenen Voraussetzung begründet, dass die Verkalkung der Metalle einzig ihrer Verbindung mit der Grundlage der Lebensluft (Sauerstoff) zuzuschreiben ist   Auch die Thatsache selbst, die Verkalkung
des Metalls bei diesem Versuch, scheint nicht völlig sicher gestellt zu sein
Mehrere Naturfoscher sind darüber im Zweifel

„Obwohl wir anerkennen, dass die neue Theorie der französisschen
Chemiker über die Natur des Wassers bisher nicht mit Strenge bewiesen ist,
so sind wir doch weit entfernt, das alte System vertheidigen zu wollen   Wir
glauben im Gegentheil viel zur Bestätigung der neuen Theorie beitragen zu
können, da es uns gelungen ist, ein Mittel zu entdecken, um Wasser gleichzeitig in brennbare Luft (Wasserstoffgas) und Lebensluft (Sauerstoffgas) zu
verwandeln, und es daher in einer Weise zu zerlegen, welche uns nicht zu
gestatten scheint, diese Produkte einem anderen Stoffe zuzuschreiben.

„Indem wir uns gemeinsam mit Hrn CUTHBERTSON, welcher uns im
Verlauf dieser Versuche erhebliche Hilfe geleistet hat, und mit dem wir
gerne die Ehre dieser Entdeckung theilen, damit beschäftigten, die Wirkung
des elektrischen Schlages auf verschiedene Stoffe zu untersuchen, kamen
wir auf den Gedanken, diese Wirkungen auch in Bezug auf das Wasser zu
prüfen   Zu diesem Ende füllten wir mit destillirtem Wasser eine Röhre
von $1/8$ Zoll (englisch) Durchmesser und 12 Zoll Länge   Ein Ende dieser
Röhre war hermetisch geschlossen, doch war beim Zuschmelzen ein Golddraht eingeschlossen, welcher $1^1/2$ Zoll lang in die Röhre hineinragte   In
der Entfernung von $5/4$ Zoll vom Ende dieses Drahtes befand sich in der
Röhre ein anderer Draht, welcher zum offenen Ende heraustrat, und welcher,
ebenso wie dieses Ende, sich in einem kleinen, mit destillirtem Wasser gefullten Glasgefäss befand   Um den elektrischen Schlag von einem Draht
zu anderen und demgemäss durch das zwischen beiden in der Röhre befindliche Wasser gehen zu lassen, stellten wir die Röhre mit ihrem geschlossenen Ende gegen eine isolirte Kugel von Kupfer in einiger Entfernung vom
ersten Conductor unserer Maschine auf, indem wir das Ende des Drahtes,
welches sich in dem mit Wasser gefüllten Gefäss befand, mittelst eines
anderen Leiters mit der äusseren Belegung einer Leidener Flasche verbanden,

deren Knopf mit dem ersten Conductor in Verbindung gesetzt war, und
welche eine Belegung von einem Quadratfuss besass

„Als wir in dieser Weise die Wirkungen des elektrischen Schlages auf
Wasser untersuchten und die kupferne Kugel nur in geringe Entfernung
von dem ersten Conductor gesetzt hatten, bemerkten wir anfänglich gar
keine Entwickelung von Gas   Dadurch, dass wir diese Entfernung und
damit die Stärke des Schlages vermehrten, so dass bei jedem Schlage an
den Enden der Drähte ein Funke erschien, bildeten sich in Wasser bei
jedem Schlage eine Menge sehr feiner Luftblasen, welche wie ein beständiger Strom zwischen beiden Enden erschienen   Diese Bildung von Gas
wurde beträchtlicher und gleichzeitig wurden die Bläschen viel grösser, als
wir die Entfernung zwischen der Kupferkugel und dem Conductor noch
vermehrten, so dass man manchmal einen kleinen Strahl vom Ende des
oberen Drahtes in das Wasser schiessen sah   Die auf diese Weise erhaltene
Luft begab sich an das obere Ende der Röhre, sammelte sich daselbst und
bildete dort eine Luftsäule, welche sich in dem Maasse vermehrte, als wir
fortfuhren, die Schläge durch das Wasser zu senden, bis zu dem Punkte,
dass sie das Ende des oberen Drahtes erreicht hatte, wo plötzlich der elektrische Funke, welcher durch das Gas zu gehen hatte, um vom Ende
des Drahtes zum Wasser zu gelangen, es genau wie brennbare Luft (Wasserstoffgas) entzündete und bis auf einen sehr geringen Rest verschwinden liess
Nachdem wir diesen Rest hatten austreten lassen, leiteten wir von Neuem
die Schläge durch das Wasser   es fand eine neue Entwickelung von Gas statt,
welches nach Erreichung des Endes des oberen Drahtes sich ganz wie früher
entzündete und bis auf eine geringe Menge verschwand   Wir wiederholten
diesen Versuch mehrmals hinter einander und beobachteten jedesmal dieselben Erscheinungen, mit dem einzigen Unterschiede, dass der Gasrückstand
nach jeder Entzündung geringer zu werden schien “

Der weitere Inhalt der Mittheilung bezieht sich auf die Frage, ob das
entstandene Wasserstoffgas allein aus dem Wasser stamme, oder ob die
„elektrische Materie“ in seiner Zusammensetzung enthalten sei   Die Verfasser entschieden sich auf Grund entsprechender Versuche mit Salpetersaure und Schwefelsaure, bei denen sie nur eine Entwickelung von Sauerstoff beobachteten, im ersteren Sinne   „Vergleicht man diese Versuche,
so erscheint es uns bewiesen, dass der elektrische Schlag keine andere Wirkung auf das Wasser hat, als die Grundlage der brennbaren Luft Wasserstoffgas) zu veranlassen, Gasform anzunehmen, ebenso wie er in den Sauren
die Ursache ist, dass die Lebensluft Sauerstoff) diesen Zustand annimmt “

„Es blieb noch nachzuweisen übrig, ob die Lebensluft (Sauerstoff),
deren Existenz sich durch die Explosion der brennbaren Luft zeigte, dem
Wasser zuzuschreiben war, oder einem Reste atmosphärischer Luft, welche
im Wasser aufgelost sein, oder an den Röhren der Wände haften konnte “

Um diesen Zweck zu erreichen, machten die Verfasser das Wasser
unter der Cuthbertson’schen Luftpumpe möglichst luftfrei und versuchten

auch die Zersetzung über Quecksilber vorzunehmen. Letzteres war nicht
durchführbar, da alsdann die Röhren stets durch den Schlag zerbrachen,
es wurde deshalb ein mehrfach gekrümmtes Rohr angewendet, um den
Zutritt aufgelöster Luft aus dem Glasgefässe zu dem Antheil, welcher
der Zersetzung unterlag, möglichst zu beschränken. Es wurde nun der
Versuch in der früher beschriebenen Weise vielmals hintereinander ausgeführt, der Rückstand an unverbrennlichem Gase wurde jedesmal geringer, bis er sich auf eine Blase von $^1/_{80}$ Zoll beschränkte. Die Verfasser glauben sich demnach im Recht, auch den Sauerstoffgehalt des
Gasgemenges gleicherweise dem Wasser zuzuschreiben, und sehen demnach
die Lehre, dass das Wasser aus Sauerstoff und Wasserstoff bestehe, als
sowohl durch Analyse (erste Phase des Versuches) wie durch Synthese
(Verschwinden des Gasgemenges bei der Explosion ohne merklichen Rückstand) bewiesen an.

Während so das vorliegende chemische Problem befriedigend gelöst
wird, bleibt die Frage, auf welche Weise die Elektricität die Zerlegung des
Wassers bewirke, noch sehr dunkel. Die Verfasser erinnern an den Versuch
von CAVENDISH, nach welchem sich aus atmosphärischer Luft durch den Funken
Salpetersäure bildet, und meinen, ihn durch das starke Licht des Funkens erklären zu können. Denn im Licht giebt Salpetersäure, wie BER-
THOLLET gefunden hat, und Schwefelsäure, wie sie selbst durch Anwendung
des Brennglases fanden, Sauerstoff ab, es scheint ihnen nicht unwahrscheinlich, dass das Licht, ebenso wie es in einem Falle Zersetzung bewirkt, auch
im anderen Falle Verbindung bewirken könne.

Über die Ursache, durch welche unter diesen Umständen das Wasser
zersetzt wird, konnten auch die anderen Physiker jener Zeit zu keiner befriedigenden Anschauung gelangen. Meist wurde die Elektricität als eine
Art Materie angesehen, und die aus dem Wasser enthaltenen Produkte als
Verbindungen der Elektricität entweder mit dem Wasser, oder mit dessen
Bestandtheilen. Erstere Meinung vertrat LICHTENBERG[1] in einem geistvollen
Aufsatz, nachdem er die Annahme, der Funke könne die Zersetzung
durch mechanische Erschütterung bewirkt haben, als gegen alle Analogie
verstossend, abgelehnt hatte. Er nahm an, die Elektricität sei ein zusammengesetztes Wesen, welches unter dem Einflusse des Wasserdampfes
zerfalle und damit einerseits Wasserstoff, andererseits Sauerstoff bilde.
PFAFF[2] sagt, eine „fast vollständige Induktion berechtigt uns zuschliessen,
dass Feuer, wenn es nur in hinreichender Stärke und Dichte zugeführt
wird, alle zusammengesetzte Stoffe in ihre Bestandtheile zu trennen vermag." Indem er nun annimmt, die Elektricität sei ein sehr verdichtetes
Feuer, hat er keine Schwierigkeit, die Zersetzung des Wassers zu
erklären.

[1] GILBERTS Ann. 2, 112. 1799.
[2] GILBERTS Ann. 2, 167. 1799. NICHOLSONS Journ. 1797.

Der Versuch der Wasserzerlegung ist in der Folge von G PEARSON[1] wiederholt worden, welcher die Anordnung genau beschrieb, die zum Gelingen erforderlich ist Die Zahl der Entladungen muss sehr bedeutend sein, wenn eine einigermaassen beträchtliche Gasmenge erzeugt werden sollte, um in einer $1/9$ Zoll weiten Röhre eine Blase von $1/3$ Zoll Länge zu erhalten, waren 1200 bis 1600 Entladungen der KLEIST'schen Flaschen erforderlich Mit 14600 Schlägen hatte er $1/3$ Kubikzoll Gas erzeugt

6 Andere Elektrolysen Auch bei den zuletzt beschriebenen Versuchen, welche bereits an eigentliche elektrolytische Erscheinungen erinnern, wurden die Gase nicht gesondert, sondern gemischt erhalten Die Ursache davon liegt, wie wir jetzt wissen, in dem oscillatorischen Verlauf, welchen die elektrischen Ladungen unter den eingehaltenen Umständen aufweisen Als später nach den alsbald zu besprechenden Entdeckungen GALVANI's und VOLTA's die einseitige Wirkung des elektrischen Stromes bekannt wurde, stellte RITTER[2] zur Entscheidung der Frage, ob bei der gewöhnlichen Reibungselektricität ebenso ein polarer Gegensatz in der Ausscheidung der Stoffe an den Poldrähten sich geltend mache, eine Anzahl von Versuchen an, welche bejahend ausfielen Namentlich liess sich bei der Anwendung von Silberlösung zwischen Silberdrähten beobachten, dass der negative Draht bald anlief und nach 50 bis 60 Entladungen einer eingeschalteten Leidener Flasche einen deutlichen Absatz von reducirtem Silber zeigte Beim Umkehren der Pole verschwand dieses, und trat an dem anderen Draht wieder auf

Kurze Zeit vorher hatte VAN MARUM[3] keinerlei Wirkung bei Lackmustinctur, Chlorsilber, den salpetersauren Lösungen von Silber, Kupfer, Eisen, Blei und Quecksilber, sowie bei den Lösungen von Gold und Zinn in Königswasser beobachten können

7 Elektricitätserregung durch chemische Vorgänge Die bisher behandelten Forschungen bezogen sich auf die Hervorrufung chemischer Vorgänge durch elektrische, die umgekehrte Frage, ob durch chemische Vorgänge elektrische Erscheinungen hervorgerufen werden können, hat sich ALESSANDRO VOLTA gestellt, und zwar auf einem ganz anderen Gebiete, als das ist, mit dem er später seinen Namen so eng verknüpft hat

Den Ausgang von VOLTA's Arbeiten nach dieser Richtung bildeten seine Studien über die Luftelektricität, mit der er sich sehr eingehend beschäftigt hatte Da er beim Regen und im Nebel starke Zeichen von elektrischer Ladung beobachtete, so kam er auf die Vermuthung, dass durch die Verdampfung des Wassers, und die Wiederverdichtung des Dampfes Elektricität entstehe Die unempfindlichen Elektrometer, mit denen er arbeiten musste, gaben davon nichts zu erkennen, als er 1782 seinen Condensator erfunden hatte, wiederholte er die Versuche mit etwas besserem Erfolg, gleichzeitig

[1] Philosoph Trans 1797, 142 und GILBERT's Ann 2 154 1799

[2] GILBERT 9, 1, 1801

[3] GILBERT 1, 266, 1799

stellte er[1] gemeinsam mit Lavoisier und de Laplace die Versuche an, uber welche er folgendermaassen berichtet

„Diese Beobachtung wurde am 13 April 1782 (in Paris) auf folgende Weise ausgeführt In einem offenen Garten war eine grosse Metallplatte isolirt, welche durch einen langen Eisendraht mit dem Metalldeckel des Condensators verbunden war, der auf einem Stuck Marmor lag, welches beständig durch untergelegte Kohlen warm gehalten war Alsdann wurden einige Wärmebecken mit brennender Holzkohle auf die grosse isolirte Platte gesetzt Die Verbrennung der Kohle wurde durch einen leichten Wind unterstützt Einige Minuten später wurde der Eisendraht, durch den die Metallplatte mit dem Deckel des Isolators verbunden war, entfernt, als dann der Deckel von der Marmorplatte mittelst seines isolirenden Handgriffes entfernt, und mit Herrn Cavallo's Elektrometer in Berührung gebracht wurde, divergirten dessen Kugeln mit negativer Elektricitat. Der Versuch wurde wiederholt, indem auf die grosse isolirte Platte an Stelle der Kohlenbecken vier Schalen gestellt wurden, welche Eisenfeile und Wasser enthielten, alsdann wurde genügend Vitriolsaure in diese vier Gefässe gegossen, um ein lebhaftes Aufbrausen zu bewirken, und als das starkste Aufsieden stattfand, wurde der Deckel des Condensators vom Marmor entfernt, als er geprüft wurde, elektrisirte er nicht nur das Elektrometer mit negativer Elektricitat, sondern gab einen merklichen Funken Als zur selben Zeit versucht wurde, Elektricitat durch das Verdampfen von Wasser zu erhalten, waren die Ergebnisse zweideutig und kaum merklich, dasselbe geschah einige Tage später, während wir dagegen klare Zeichen von Elektricitat aus den Effervescenzen erhielten, bei denen sich fixe Luft (Kohlendioxyd) und Salpeterluft (Stickstoffoxyd) entwickeln Diese Versuche wurden in einem grossen Zimmer gemacht "

Zur Deutung dieser Versuche entwickelt Volta eine Anschauung, dass, ebenso wie Wärme bei der Verdampfung latent werde, dies auch mit der Elektricitat geschehen könne

[1] Philosoph Trans 1782 274 und XXIX

Zweites Kapitel.

Galvani.

1. GALVANI's Entdeckung. Im Jahre 1791 wurde die wissenschaftliche Welt durch ein dünnes Heft in Quart, von 58 Seiten Umfang und mit vier grossen Kupfertafeln geziert, überrascht, welches unter dem Titel: „ALOYSII GALVANI de Viribus Electricitatis in Motu Musculari Commentarius, Bononiae 1791", als ein Theil der Commentarii der Akademie in Bologna erschien,[1] und nach dem Urtheil der Zeitgenossen eine der schönsten und überraschendsten Entdeckungen enthielt. GALVANI berichtet über seine Entdeckung folgendermaassen:

„Die Sache fing so an. Ich secirte einen Frosch und präparirte ihn, wie in Fig. 9, Ω, und legte ihn mich alles andern versehend auf einen Tisch, auf dem eine Elektrisirmaschine stand, von deren Conductor weit getrennt und durch einen nicht gerade kurzen Zwischenraum geschieden. Wie nun der eine von den Leuten, die mir zur Hand gingen, mit der Spitze des

---

[1] De Bononiensi Scientiarum et Artium Instituto atque Academia Commentarii. Tom. VII. p. 363—415, 1791.

Skalpellmessers die inneren Schenkelnerven DD des Frosches zufällig ganz
leicht berührte, schienen sich alle Muskeln an den Gelenken wiederholt derart
zusammenzuziehen, als wären sie anscheinend von heftigen tonischen Krämpfen
befallen. Der andere aber, welcher uns bei Elektricitätsversuchen behilflich
war, glaubte bemerkt zu haben, dass sich das ereignet hätte, während dem
Conductor der Maschine ein Funken entlockt wurde, Fig. 9, 1 B. Verwundert
über diese neue Erscheinung machte er mich, der ich etwas gänzlich anderes

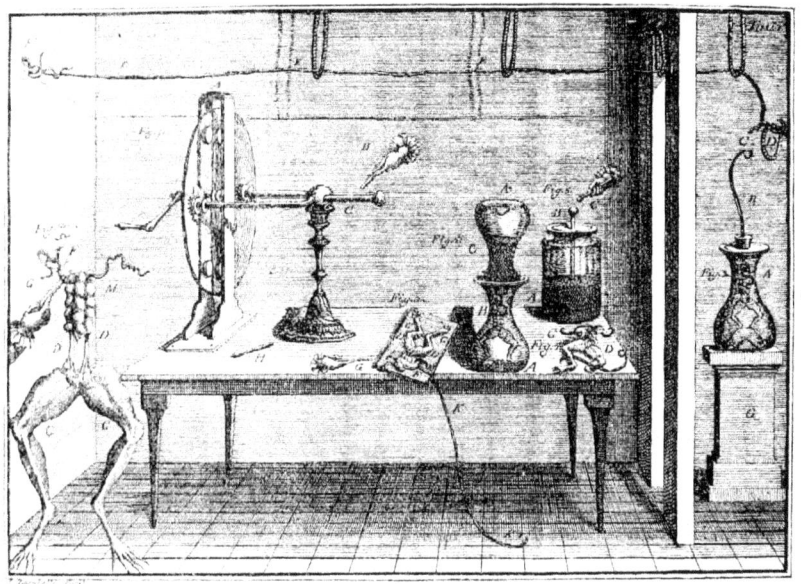

Fig. 9.   Galvani de viribus electricitatis I.

vorhatte und in Gedanken versunken war, darauf aufmerksam. Daraufhin
wurde ich von einem unglaublichen Eifer und Begehren entflammt, dasselbe
zu erproben und das, was darunter verborgen wäre, ans Licht zu ziehen.
Ich berührte daher selbst mit der Messerspitze den einen oder den andern
Schenkelnerv und in dem Momente rief einer von den Anwesenden einen
Funken hervor. Die Erscheinung trat ganz auf dieselbe Weise ein. Unzweifelhaft heftige Contractionen traten in den einzelnen Muskeln der Gelenke
in demselben Momente, in dem der Funken übersprang, ein, wie wenn das
präparirte Thier vom Tetanus befallen wäre."

    Galvani schildert nun weiter die verschiedenen Stufen, welche seine
Bemühungen um Aufklärung der Erscheinungen durchliefen. Zunächst fand
sich, dass die Wirkungen mit demselben Skalpell bald auftraten, bald ausblieben; die Ursache ergab sich darin, dass das Instrument einen beinernen
Griff hatte. Solange es an letzterem gehalten wurde, fehlte die Wirkung;
sowie aber das Metall, seien es nur die Stifte, mittelst deren der beinerne

Stiel befestigt war, mit den Fingern berührt wurde, trat sie ein. Wurde statt des Skalpells ein Glasstab genommen, so fehlte alle Wirkung, ein Eisenstab dagegen liess die Zuckungen regelmässig beim Ziehen des Funkens aus dem Conductor erscheinen. Dies liess die elektrische Natur der Erscheinung sehr wahrscheinlich werden.

Bestätigt wurde dieser Schluss dadurch, dass sich die Wirkung durch lange metallische Leiter, die isolirt aufgehängt waren, fortleiten liess, über hundert Ellen Draht liessen noch Zuckungen hervorrufen, Fig 9, 3 zeigt in *F* den Draht und in *A* den präparirten Frosch, welcher der Bequemlichkeit wegen in ein Glasgefäss gesetzt war, dessen Boden mit einem leitenden Stoffe, Wasser oder feinem Schrot bedeckt wurde. War die Leitung nicht isolirt, so liessen sich zwar einige aber nur geringe Zuckungen beobachten.

Eine Anzahl weiterer Beobachtungen über Leiter und Isolatoren, welche in die Leitung eingeschaltet wurden, bestätigte die Auffassung von der elektrischen Ursache dieser Erscheinungen. Besonders deutlich wurden sie, wenn die Füsse des Froschpräparates leitend mit dem Boden verbunden waren. Ebenso wie die positive Elektricität wirkte die negative, statt der Elektrisirmaschine liess sich der Elektrophor verwenden, auch blieben die Erscheinungen nicht aus, wenn das Froschpräparat völlig isolirt in einen aus zwei Flaschen zusammengesetzten Glasapparat (Fig 9, 6) geschlossen wurde (welcher oben und unten Schrot enthielt, der mit dem Nerv, resp den Beinen in Berührung war) und in dessen Nähe ein elektrischer Funke aus der Maschine gezogen wurde.

Endlich wurde festgestellt, dass die Erscheinungen auch an lebenden Thieren auftraten, und auch nicht auf die kaltblütigen beschränkt waren, auch Warmblüter, wie Hühner und Schafe, gaben die gleichen Zuckungen.

2. Die thierische Elektricität. Eine wichtige neue Beobachtung ergab sich, als Galvani die Frage prüfte, ob auch die atmosphärische Elektricität wirksam sei. Seine Versuchsanordnung ist in Fig 10, S 30 dargestellt, und die Versuche gelangen vollkommen. Sowie Blitze sich entluden, oder Gewitterwolken nahe an dem Leiter *AB* vorüberzogen, zuckten die präparirten Thiere. Aber auch wenn keinerlei Gewittererscheinungen am Himmel sichtbar waren, traten zuweilen Zuckungen auf, und hieran schlossen sich die wichtigsten Versuche Galvani's, welche er in seinem dritten Theil über die Wirkungen der thierischen Elektricität auf die Muskelbewegung mit folgenden Worten beschreibt.

„Die Kräfte der atmosphärischen Elektricität bei Gewittern hatten wir untersucht, die Begierde, was jene bei stillem und heiterem Himmel vermögen, ward nun in uns rege.

„Aus dieser Ursache, da ich manchmal auf dem eisernen Geländer des Gärtchens, welches unser Haus umgab, die Frösche, welche zu den Versuchen zubereitet, mit eisernen Häkchen durch das Rückenmark gestochen waren, in die gewöhnlichen Zusammenziehungen auf diesen Geländern ge-

raten sah, und zwar nicht nur wenn es blitzte, sondern auch bei heiterem
und ruhigem Wetter, so glaubte ich, die Ursache dieser Zusammenziehungen
liege in den Veränderungen, die über Tags in der atmosphärischen Elektricität vorgingen. Ich unternahm also nicht ohne Hoffnung, den Wirkungen
dieser Veränderungen auf die Muskelbewegungen fleissig nachzuforschen und
auf alle möglichen Arten zu versuchen. Ich beobachtete deshalb diese zubereiteten Thiere zu verschiedenen Stunden und an mehreren Tagen nach einander,

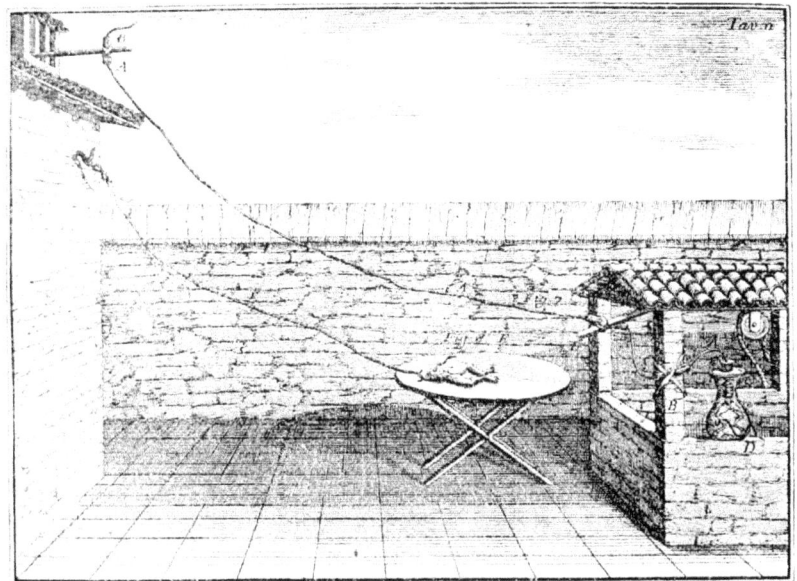

Fig. 10.   Galvani de viribus electricitatis II.

aber ich bemerkte kaum einige Bewegung in ihren Muskeln. Des langen
Wartens müde, bog und drückte ich die metallenen Haken, womit ihr Rückenmark durchstochen war, an das eiserne Geländer, um zu sehen, ob durch
diesen Kunstgriff Muskelbewegungen hervorgebracht würden, und ob nach
dem verschiedenen Stande der Atmosphäre und Elektricität irgend eine Veränderung oder Verschiedenheit sich zeigen würde. Nicht selten bemerkte
ich zwar Zusammenziehungen, aber keine in Rücksicht auf den verschiedenen
Stand der Atmosphäre und der Elektricität.

„Da ich aber diese Zusammenziehungen nur in freier Luft gesehen hatte
(noch hatte ich nirgends anders Versuche angestellt), so fehlte wenig, dass
ich nicht solche Zusammenziehungen der atmosphärischen Elektricität zugeschrieben hätte, die in das Thier strömt, sich in demselben häuft, und sich
durch die Berührung des Hakens mit dem eisernen Geländer heftig entladet.
Aber wie leicht betrügen wir uns in Versuchen; was wir zu sehen und zu
finden wünschen, das glauben wir nur zu oft gesehen und gefunden zu haben.

„Da ich einen Frosch in ein geschlossenes Zimmer gebracht, denselben auf eine eiserne Scheibe gelegt, und den in das Ruckenmark gesenkten Haken dem Eisen genahert hatte, so erschienen die namlichen Zusammenziehungen. Ich versuchte nun also gleich das namliche, mit anderen Metallen an verschiedenen Orten zu verschiedenen Stunden, aber der Erfolg war immer derselbe, ausser dass die Zusammenziehungen nach der Verschiedenheit der Metalle auch verschieden waren, mit einigen namlich heftiger, mit anderen schwacher. Mir fiel es nun aber ein, auch andere wenig oder gar nicht leitende Korper, als da sind Glas, Gummi, Harz, Stein, trockenes Holz u s w, zu diesen Versuchen anzuwenden, es gelang uns aber nicht und wir sahen keine Bewegungen und Zusammenziehungen in den Muskeln. Uber solch einen Erfolg verwunderten wir uns nicht wenig, und allmahlich vermuteten wir eine dem Thiere anklebende Elektricitat. Diese Vermuthung wurde noch vermehrt, da wir von ohngefahr einen scheinbaren Umlauf des dunnsten Nervensaftes zur Zeit der Erscheinung von den Nerven in die Muskeln zu bemerken glaubten, welcher dem Umlaufe, der in der Leidener Flasche geschieht, nahe kommt.

„Denn als ich mit der einen Hand einen zubereiteten Frosch an den durch das Ruckenmark gestochenen Haken so hielt, dass die Fusse eine silberne Schale beruhrten, mit der anderen aber den Oberteil oder die Seiten der silbernen Buchse, worauf die Fusse des Frosches waren, mit einem metallenen Korper beruhrte, so gerieth das Thier wider alle Hoffnung in heftige Bewegungen, und das zwar so oft, als ich mich dieses Kunstgriffes bediente.

„Ich bat nun den Herrn Rialpi, einen sehr gelehrten Spanier, einen ehemaligen Jesuiten, der sich eben damals mit mir auf dem Landhause des Herrn Zambeccari aufhielt, dass er mir, wie er es bei anderen Versuchen sehr gern gethan hatte, auch in diesen beistehen mochte. Ich beruhrte nun die Schale, um die Art des Versuches abzuandern. Aber wider alles Erwarten unterblieben die Zusammenziehungen, nun machte ich einen Versuch wie zuvor ganz allein, und sogleich erschienen sie wieder.

„Dies bewog mich, dass ich mit einer Hand das Thier, mit der anderen aber die Hand des Rialpi nahm, um gewissermaassen eine elektrische Kette zu bilden, ihn zugleich bewog, mit seiner anderen Hand an die silberne Schale zu schlagen, oder nur zu beruhren, und nicht ohne Verwunderung sahen wir die gewohnlichen Zusammenziehungen, die aber sogleich wieder verschwanden oder wiederkamen, sowie wir unsere Hande ausliessen oder ergriffen.

„Um diese Versuche, die eine so wichtige und so grosse Neuheit in sich enthalten, immer mehr und mehr zu bestatigen, verfolgte ich meinen Gegenstand also, dass Rialpi und ich ohne Beruhrung der Hande, mittelst eines elektrischen Korpers, einer Glasstange namlich, und bald mittelst eines leitenden, eines metallenen Cylinders, gleichsam eine Kette bildeten. Nach gemachten Versuchen hatten wir mit Vergnugen wahrgenommen, dass das Phanomen so oft erschien, als wir uns des eisernen Cylinders bedienten,

gänzlich aber bei dem Gebrauche der Glasstange aufhörte, und dass man
alsdann die Schale umsonst mit dem Leiter berührt, oder selbst auch
stärkere Streiche darauführen kann.

„Aus diesem glaubten wir nun erfahren zu haben, dass die Elektricität,
auf welche Art sie auch immer wirke, diese Zusammenziehungen hervorbringe.

„Um dies in ein noch grösseres Licht zu setzen, glaubte ich nichts
Besseres thun zu können, als den Frosch auf eine elektrische Scheibe von

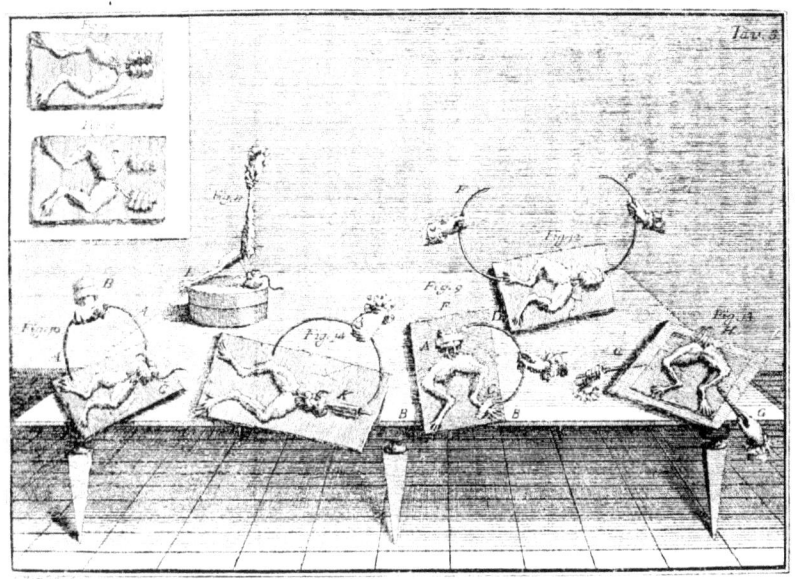

Fig. 11.   Galvani de viribus electricitatis III.

Glas oder Harz zu legen, und mich bald eines leitenden, bald wieder eines
ganz oder nur zum Theil elektrischen Bogens zu bedienen und einen Schenkel
desselben und den Haken des Rückenmarkes, den anderen aber an die
Schenkelmuskeln oder an die Füsse zu bringen. Bei dem Versuche sahen
wir, dass die Zusammenziehungen bei dem Gebrauche des leitenden Bogens
(Fig. 11, 9) sogleich erschienen, hingegen gänzlich unterblieben, als wir uns
des halbelektrischen und halbleitenden Bogens Fig. 11, 10 bedienten. Der
Bogen bestand aus Eisendraht, der Haken aber aus Kupfer.

„Nach dieser Entdeckung erschien es uns, dass die Zusammenziehungen,
die, wie wir gesagt haben, an Fröschen auf einer metallenen Scheibe erscheinen, wenn der ins Rückenmark gesenkte Haken mit der Scheibe in
Berührung kommt, einem ähnlichen Bogen zuzuschreiben sind, dessen
Stelle die metallene Scheibe gewissermaassen vertritt, und daher geschieht es auch, dass sie in Fröschen auf bloss elektrischen Scheiben auch

bei der Anwendung eben derselben Kunstgriffe nicht hervorgebracht werden

„Unsere Meinung wurde durch eine von ohngefähr bemerkte angenehme Erscheinung, wie ich glaube, gänzlich bestätigt Wenn ein Frosch an einem Schenkel mit den Fingern so gehalten wird, dass der Haken des Ruckenmarkes irgend eine silberne Scheibe beruhrt, der andere aber frei auf die namliche Scheibe fällt (Fig 11, 11), so geschieht es, dass, sowie der Schenkel die silberne Flache beruhrt, sich auch die Muskeln zusammenziehen, daher steigt der Schenkel und wird in die Hohe gezogen, lasst aber sogleich wieder nach und fallt wieder zuruck, steigt aber aus eben derselben Ursache sogleich, wie er die Scheibe beruhrt, wieder in die Hohe, und so fahrt er wechselweise fort zu steigen und zu fallen, und gleicht zu nicht geringem Staunen und Vergnugen des Forschers einem elektrischen Pendel

„Bei dieser Erscheinung ist leicht zu sehen, wie fuglich und bequem sie mittelst einer Scheibe wiederholt werden kann, die, wenn der freie Schenkel sie beruhrt, die Stelle eines fur den oben erwahnten Umlauf schicklichen Bogens vertritt, sowie der Schenkel aber sich zuruckzieht, diesen Umlaufe nun stort Von der Metallscheibe, welche die Stelle eines Bogens vertritt, sind dies weder zweifelhafte noch dunkle Anzeigen

„Worin die Fahigkeit und Kraft der metallenen Scheiben, Muskelbewegungen hervorzubringen, besteht, lasst sich kaum sagen, jene Kraft namlich, durch welche starke, haufige und manchmal einige Zeit anhaltende Zusammenziehungen erhalten werden, nicht nur, wenn der im Ruckenmark steckende Haken entweder an die Metallscheibe gedruckt oder an derselben gerieben wird, sondern auch, wenn der Haken die Scheibe nur beruhrt, oder wenn, nachdem er sie beruhrt hat, die Beruhrungspunkte durch einen schwachen Schlag auf die Scheibe selbst, vor den auf das Thier legt, oder auf jene Korper, die mit derselben in Verbindung stehen, verruckt werden

„Ehe wir aber von dem Gebrauche des Bogens, und dessen Kraften reden, durfen wir dasjenige, was sein Vermogen, ich mochte sagen seine Nothwendigkeit zur Hervorbringung dieser Muskelbewegungen am meisten beweist, nicht ubergehen Man erhalt namlich dieselben nicht selten geschwinder und schoner, nicht mit einem, sondern mit zwei Bogen, derer man sich folgendermaassen bedient man setzt das eine Ende des einen Bogens an die Muskeln, das andere des zweiten Bogens an die Nerven, die beiden ubrigen Enden aber beider Bogen werden mit einander zur Beruhrung oder wenn es nothwendig ist, zur Reibung gebracht Fig 11, 12 Hier bemerkt man besonders, dass die Zusammenziehungen hervorbringende Elektricitat weder durch die Beruhrung der Hande mit beiden Bogen, noch durch die wiederholte Beruhrung der Bogen mit den Theilen der Thiere sich vermindert oder zerstreut wird

„Als etwas Besonderes und Bemerkungswurdiges ist anzufuhren, was wir oft in Ansehung der Conductoren der Bogen, und leitenden Scheiben, vorzuglich bei schon ermatteten Kraften der also zubereiteten Thiere

zu bemerken Gelegenheit hatten, dass namlich verschiedene und mannigfaltige zusammen vereinigte metallische Substanzen sehr viel, sowohl bei
der Hervorbringung der Muskelbewegung, als bei der Vermehrung derselben,
vermogen, und zwar ungleich mehr, als eine eben dieselben metallischen
Substanzen fur sich allein   So z B, wenn der ganze Bogen, der Haken, und
die leitende Scheibe allein von Eisen sind, geschieht es ausserst oft, dass die
Bewegungen entweder ganzlich aufhoren, oder ausserst schwach werden, —
wenn aber nur ein Stuck derselben von Eisen, ein anderes aber von Kupfer,
oder Silber ist Silber scheint uns vor allen anderen Metallen zur Leitung
der thierischen Elektricitat am geschicktesten zu sein), so geschehen die Zusammenziehungen alsogleich, starker und von langerer Dauer   Das Namliche geschieht auch, wenn die Oberflache einer und derselben Scheibe an
zwei von einander getrennten Orten, mit Metallblattchen, z B an einem
Orte mit Stanniol und dem anderen aber mit Kupferblattchen, uberzogen wird,
da bekommt man grosstentheils starkere Zusammenziehungen, als wenn
beide Theile mit einerlei Metalle, selbst mit Silber uberzogen, oder wie die
Physiker sagen, belegt waren

   „Nachdem wir diesen, dem elektrischen Feuer ahnlichen Umlauf der
Nervenflussigkeit entdeckt hatten, schien daraus zu folgen, dass eine zweifache, und das zwar ungleiche oder besser entgegengesetzte Elektricitat zugleich diese Erscheinung hervorbringe, so wie jene Elektricitat der Leidener
Flasche, oder des magischen Quadrats zweifach ist, durch welche die elektrische Flussigkeit ihren Kreislauf verrichtet   Der Beweis eines Uberganges
oder Umlaufes der Elektricitat kann von der Wiederherstellung des Gleichgewichts, und zwar einzig oder grosstentheils zwischen entgegengesetzten
Elektricitaten hergenommen werden   Dass sie in einem und ebendemselben
Metalle lagen, schien allerdings der Natur und den Untersuchungen zuwider
zu sein nun war nur noch ubrig zu vermuthen, dass beide im Thiere lagen

   „Damit aber auch nicht der geringste Verdacht ubrig bliebe, als ob ich
selbst den Thieren im Versuchen hatte Elektricitat zufliessen lassen konnen,
liess ich einen kupfernen Bogen mit Silberblattchen uberziehen, befestigte
ihn an eine Glasrohre, die ich zu der Hand hielt, wenn ich den Bogen an die
Thiere setzte, aber trotz dieser Vorsicht erfolgten die Bewegungen dennoch "

   3 Wirkung der Belegungen   Durch diese Versuche war GALVANI
somit zu der Vorstellung gekommen, dass in den thierischen Theilen, welche
durch die Beruhrung mit metallischen Leitern in Zuckungen gerathen, schon
an und fur sich die Elektricitat vorhanden sei, von deren Wirksamkeit in
dieser Hinsicht er sich vorher uberzeugt hatte   Um diese zu entdecken und
ihre Natur festzustellen, machte er verschiedene Versuche, die allerdings in
Bezug auf diese Frage keine Antwort gaben, wohl aber eine neue und unerwartete Erscheinung beobachten liessen   Er berichtet daruber

   „Um diese verborgene und schwere Sache, den Sitz der beiden Elektricitaten zu entdecken, schien mir nichts geschickter, als die Elektricitat
zu vergrossern und zu vermindern, ich dachte also fleissig uber die Mittel

nach, um es zu bewerkstelligen. Die Analogie leitete mich auf eines, nämlich die Nerven, in welchen viel Elektricität zu sein scheint, und deren Beschaffenheit wir schon kannten, mit einen Metallblättchen, vorzüglich mit einem
von Zinn zu belegen, so wie es die Physiker mit ihren magischen Quadraten,
und der Leidener Flasche zu machen gewohnt sind (Fig. 12, 18).

„Durch diesen Versuch wurden die Muskelbewegungen wunderbar verstärkt, so dass dieselben auch ohne Bogen durch die Berührung der belegten

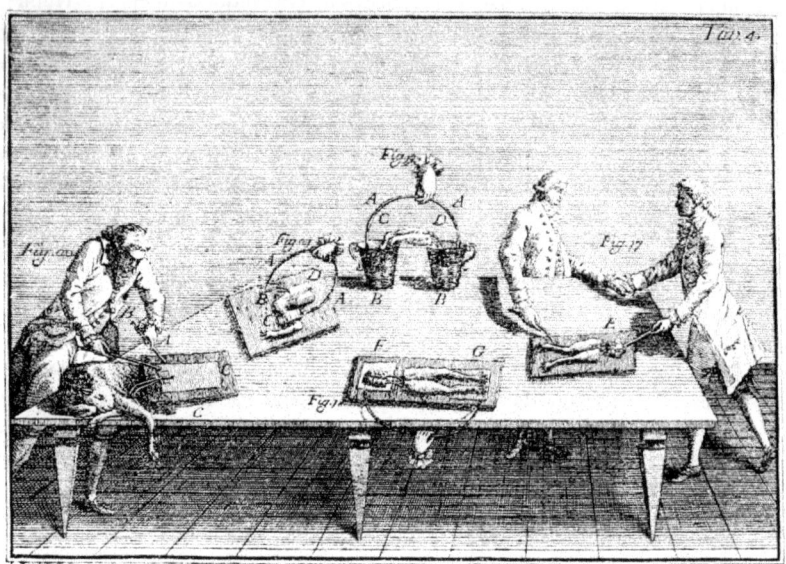

Fig. 12. Galvani de viribus electricitatis IV.

Nerven mit irgend einem andern leitenden oder isolirenden Körper entstanden, wenn nur die Thiere frisch zubereitet waren und Kräfte genug
hatten; dass die Wirkung des angewandten Bogens und der anderen Handgriffe lange andauerte; dass sogar sehr heftige und andauernde Zuckungen
an vor der Section ermatteten Thieren bewirkt wurden, die sogar zuweilen
andauerten, wenn der Bogen, oder die anderen, mit dem armirten Nerven
in Berührung stehenden Körper entfernt werden.

„Noch mehr! Die Eigenschaft und Kraft dieses Versuches in der Vermehrung der Elektricitätskräfte ist so gross, dass die Mittheilung oder der Übergang,
der bei der Anwendung der Haken und des Bogens zuvor kaum sichtbar
war, so glücklich und leicht vor sich ging, dass er nicht nur durch zwei,
sondern auch durch drei und mehrere, eine Kette bildende Menschen in
den Frosch erfolgte und die Muskelbewegung wie gewöhnlich hervorgebracht wurde, und das vorzüglich zu Sommerszeit, mit schon älteren Thieren,
die blosse Muskeln hatten, und besonders bei annahenden Gewittern. Über-

zog ich das entblösste Gehirn oder das Ruckenmark zubereiteter Frosche
zum Theil mit Stanniol, so bekamen wir bei der gewohnlichen Anwendung
des Bogens heftige und geschwinde Zusammenziehungen, was uns sonst
ohne den Kunstgriff weder mit Bogen, noch auf eine andere Art gelungen war"

4 Identitat der thierischen Elektricitat mit der gewohlichen
Eine Prufung, ob auch diese „thierische Elektricitat" die gleichen Leitungsverhaltnisse zeige, wie die gewohnliche oder kunstliche, ergab ein durchaus
bejahendes Resultat Auch hier verandert GALVANI die Versuche in der
mannigfaltigsten Weise, um alle moglichen Einwande und Zweifel zu heben,
und seine Vielseitigkeit in der Ersinnung neuer Anordnungen sowie seine
Geduld in ihrer Ausfuhrung verdienen alles Lob

5 Die Flaschentheorie Schliesslich geht GALVANI dazu uber, die
Gesammtheit seiner Beobachtungen zusammenzufassen, und eine Hypothese
aufzustellen, nach welcher sie zu erklaren sind Bei dem engen Umfang
der damals bekannten Thatsachen der Elektrik wendet er naturgemass sein
Augenmerk auf den interessantesten und merkwurdigsten Apparat jener
Zeit, die KLEIST'sche oder Leidener Flasche, und fasst demgemass den Muskel
als eine Batterie solcher Leidener Flaschen auf Seine Worte uber diesen
Gegenstand sind

„Aus dem bisher Untersuchten und Bekannten, glaube ich, erhellt es
klar, dass die Thiere eine selbstandige Elektricitat besitzen diese erlaube
man uns nach dem beruhmten BERTOLON und Anderen mit dem allgemeinen
Namen einer thierischen zu belegen Sie ist, wenngleich nicht in allen,
dennoch in den meisten Theilen der Thiere enthalten, in den Muskeln und
den Nerven aber zeigt sie sich am deutlichsten. Ihre besondere und vorher
unbekannte Eigenschaft scheint zu sein, dass sie von den Muskeln zu den
Nerven, oder vielmehr von diesen zu jenen ubergeht, und sogleich in einen
Bogen, eine Menschenkette, oder jeden anderen leitenden Korper eindringt,
die sie einen kurzern und leichtern Weg von den Nerven zu den Muskeln leitet, dass sie durch dieselben auf das Schnellste von jenen zu diesen
fliesst Daraus scheint zweierlei zu folgern, namlich, dass in diesen Theilen
eine zweifache, eine positive und eine negative, d h eine von der andern
ganz verschiedene Elektricitat sei, ausser welchen Umstand bei herge-
stelltem Gleichgewicht keine Bewegung, kein Ausfluss der Elektricitat,
keine Erscheinungen von Muskelzusammenziehungen stattfinden

„In welchen aber von diesen genannten Theilen die eine oder die andere
Elektricitat ihren Sitz hat, ob namlich eine im Muskel und die andere im
Nerven, oder beide in eben demselben Muskel, und aus welchem Theile sie
fliesst, ist sehr schwer zu bestimmen Wenn es aber erlaubt ist, in dieser
Dunkelheit einige Muthmassung zu wagen, so bin ich dafur, den Sitz beider
Elektricitaten in den Muskel zu setzen

„Wenn es gleich mehrentheils nothwendig ist, um Muskelzusammenziehungen zu erhalten, dass das eine Ende des Bogens an die Nerven ausser-

halb der Muskeln, das andere an die Muskeln, wie wir gesagt haben, gesetzt
werde, so folgt doch nichts daraus, dass in den Nerven die eine Elektricitat, die andere in den Muskeln ihren Sitz haben wie in der Leidener Flasche.
denn obgleich das eine Ende an die aussere Oberflache dieser Flasche,
das andere aber an den Conductor der Flasche gebracht zu werden pflegt,
so lasst sich doch daraus am wenigsten die Folge ziehen, dass die Elektricitat, die sich im Conductor findet, eine besondere, und von der, welche in
der Flasche auf dem Boden gesammelt worden ist, verschieden sei. Es ist
vielmehr bekannt, dass sie allerdings zur innern gefullten Oberflache gehort
und dass beide, obgleich entgegengesetzte Elektricitaten, in der namlichen
Flasche enthalten sind. Betrachtet man die grosse Zahl der Zusammenziehungen, welche man in einem zubereiteten Thiere erhalt, welcher Zahl
die sehr geringe Menge Elektricitat in den zubereiteten Muskeln, welche
nach der Zerschneidung in den kleinen ubrigbleibenden Nerventheile enthalten sein muss, am wenigsten entsprechen kann, zieht man uberdies
die vielen von den thierischen Verrichtungen hergenommenen Beweise in
Erwagung, welche darthun, dass die von uns schon bewiesene elektrische
Nervenflussigkeit frei und aufs schnellste durch die Nerven ausfliesse, ist
man endlich auf die andere dunkle und schwere Erklarung der Erscheinungen beider in eben demselben Muskel sitzenden Elektricitaten aufmerksam, so wird man nicht ohne Ursache, wie wir zeigen werden, schliessen
dass der Muskel der eigentliche Sitz der von uns entdeckten Elektricitat sei,
der Nerv aber die Stelle des Conductors vertrete.

"Dies vorausgesetzt, wird die Hypothese und Muthmassung weder un-
schicklich, noch der Wahrheit unahnlich sein, die eine Muskelfiber einer
kleinen Leidener Flasche oder einem ahnlichen elektrischen, mit jener zwei-
fachen und entgegengesetzten Elektricitat versehenen Korper vergleicht, den
Nerven fur den Conductor der Flasche nimmt, und folglich den ganzen
Muskel fur eine Menge Leidener Flaschen ansieht. Dass diese zweifache und
entgegengesetzte Elektricitat in einem und eben demselben Muskel ihren Sitz
haben konne, wird jeder der Wahrheit gemass zulassen, welcher eine Muskelfiber genau betrachten wird, die, obgleich dem Anblicke nach ausserst
einfach, dennoch aus verschiedenen sowohl harten als flussigen Theilen zusammengesetzt ist, welche keine geringe Verschiedenheit in dieselbe bringen.
Dass die Substanz der Nerven von jener der Muskeln allerdings verschieden
sei, lehrt sehr deutlich die Empfindlichkeit, welche in jedem Punkte der
Fiber gegenwartig ist. Was verbietet uns nun, diese nervische Substanz
in jedem Theilchen der Fiber, ohngeachtet sie den Nerven nicht ahnlich
noch mit Augen zu entdecken ist, sondern nur durch die Empfindlichkeit erkannt wird, fur eine wenigstens zum Theil von der sichtbaren Substanz des Nerven verschiedene, oder auf eine andere Art geordnete Substanz zu halten, die dieserwegen elektrischer Natur ist, wahrend der aus
der Muskelfiber gezogene Nerv leitender Natur ist. Doch das wird vielleicht durch das, was wir weiter unten zu sagen haben, klarer werden.

Ungleich schwerer wird derjenige die zweifache Elektricität in ebenderselben Muskelfiber leugnen können, welcher sieht, was gewiss weder schwer noch unwahrscheinlich ist, dass diese Fiber zweierlei und zwar entgegengesetzte Oberflächen, eine innere und eine äussere, habe, er nehme nur Rücksicht auf die Höhlung, welche von Einigen in der Muskelfaser angenommen wird, oder aber auf die Verschiedenheit der Bestandtheile, aus welchen, wie wir gesagt haben, sie zusammengesetzt ist

„Endlich, wenn Jemand nur ein wenig den Turmalin betrachtet, in welchem eine solche zweifach entgegengesetzte Elektricität nach den Entdeckungen der Neueren zu finden ist, der wird einen neuen, von der Analogie hergenommenen Grund finden, durch welche diese Hypothese an Gewicht gewinnt Aber wie sich die Sache auch immer verhalte, wir haben eine so grosse Übereinstimmung der Ursachen und Erscheinungen zwischen der Entladung der elektrischen Flüssigkeit aus der Leidener Flasche und unsern Zusammenziehungen bemerkt, dass wir von dieser Vergleichung kaum mehr abweichen und wir uns nicht enthalten können, diese sowohl als jene einer und derselben Ursache zuzuschreiben "

An diese Erörterungen schliesst GALVANI einen erneuten Vergleich der „thierischen" Elektricität mit der gewöhnlichen, wobei er in sechs Punkten Übereinstimmung findet beide zeigen gleiches Verhalten zu Leitern und Nichtleitern, beide suchen den kürzesten Weg, beide zeigen entgegengesetzte positive und negative) Natur, bleiben lange an den Körpern haften, erneuern sich in kürzester Frist, und erfahren endlich durch Belegung mit Metallfolie eine wesentliche Verstärkung

Unterschiede bestehen insofern, als die „elektrische Atmosphäre" (die Fernwirkung und Influenz) fehlt, und als Anziehungen und Abstossungen nicht nachzuweisen waren, weder unmittelbar, noch an Elektrometern

6 Theorie der Lebensgeister Der übrige Theil der Abhandlung GALVANI's enthält physiologische und pathologische Spekulationen von ziemlich phantastischer Beschaffenheit Er glaubt, dass die elektrische Flüssigkeit vom Gehirn bereitet, und zwar aus dem Blut ausgesondert wird, und dass sie von dort durch die Nervenröhren in die Muskeln fliesst.

„Wenn es sich so verhält, so wird endlich die verborgene und seit lange schon umsonst gesuchte Natur der Lebensgeister neue Deutlichkeit bekommen " GALVANI setzt des breiteren auseinander, wie er sich den Vorgang der Muskelcontraction durch elektrische Entladung vom Nerven aus vorstellt, und fährt fort „Wird dies zugelassen, so öffnet sich uns ein Weg, die Muskelbewegungen zu erklären, die im lebenden Thier geschehen, welche wir nun betrachten wollen Was die willkürlichen Bewegungen betrifft, so kann vielleicht die Seele durch ihre wunderbare Kraft entweder dem Hirn, oder, was leichter zu glauben ist, ausser demselben einem ihr beliebigen Nerven einen Anstoss geben, wodurch die elektrische Nervenflüssigkeit sogleich in jenem Theil des Nerven zusammenfliesst, zu welchem sie durch den Antrieb geleitet wird, ist sie dahin gekommen, so wird sie den nicht leitenden Theil der Nervensubstanz durch ihre Anhaufung überwaltigen, und von derselben ausfliessend entweder von der äusseren Feuchtigkeit der Nerven, oder von den Häutchen, oder von anderen benachbarten Theilen, welche die Stelle der leitenden Körper vertreten, aufgefangen, und durch diese wie durch einen Bogen zu den Muskeln, von welchen sie ausgeflossen war, wieder zurückgebracht "

GALVANI verfehlt nicht, auf diese Betrachtungen alsbald auch eine Pathologie zu begründen, und des weiteren auszuführen, welche schädlichen Folgen sowohl eine „übermässig gehäufte, verdorbene" Elektricität, wie auch ein Mangel daran haben muss, woraus sich alsdann eine elektrische Therapie ergiebt Indessen verdient doch die Vorsicht und Zurückhaltung, mit welcher er den hypothetischen Charakter seiner Darlegungen wiederholt betont, alle Anerkennung

7 Rückblick und Kritik Es ist überaus lehrreich, sich den Weg, welchen GALVANI gegangen ist, nochmals kurz zu vergegenwärtigen Nachdem die Zuckungen zunächst in Folge von elektrischen Entladungen in der Nähe der präparirten Froschschenkel beobachtet waren, ergab sich, dass ganz ähnliche Erscheinungen erhalten werden konnten, ohne dass irgend welche äussere elektrische Mittheilung oder Bewegung nachweisbar war Der Schluss, dass somit in dem Präparat selbst elektrische Vorgänge erfolgen mussten, wenn die Zuckungen auftraten, ist ganz wohlbegründet, und erhielt durch den Umstand seine Bestätigung, dass eine Unterbrechung des leitenden Bogens durch Luft oder andere Isolatoren alsbald die Erscheinung aufhob So weit ist Alles in Ordnung

Nun aber entstand die Frage nach dem Sitz elektrischer Ladung Diese Fragestellung scheint völlig unverfänglich, und doch war sie für den Irrthum GALVANI's entscheidend Denn sie setzt voraus, dass im Präparat die elektrische Ladung bereits vorhanden ist Eine solche Annahme wäre an und für sich wissenschaftlich berechtigt gewesen, wenn sie ausdrücklich ausgesprochen und demgemäss geprüft worden wäre, sie wurde aber von GALVANI als „selbstverständlich" vorausgesetzt, d h er untersuchte gar nicht die flüchtig berührte (S 34) Möglichkeit, dass es anders sein könne Wir haben hier eine der ergiebigsten Quellen wissenschaftlicher Irrthümer blossgelegt, deren Wirkung man in unzähligen Fällen nachweisen kann Sie besteht in der Benutzung unausgesprochener, und daher ungeprüfter Voraussetzungen Das Mittel, solche Fehler zu vermeiden, besteht naturgemäss darin, dass man in einer jeden wissenschaftlichen Schlussreihe die gemachten Annahmen ausdrücklich angiebt, und sie dann, zunächst rein formal, daraufhin untersucht, ob sie die einzig denkbaren sind Gewöhnlich sind noch andere Möglichkeiten vorhanden, über welche dann das Experiment oder die Beobachtung zu entscheiden hat Freilich hängt die Wirksamkeit eines solchen Verfahrens davon ab, wie vollständig man die Tabelle der Möglichkeiten entwirft, und da man der Vollständigkeit im Allgemeinen nie völlig sicher sein kann, so bleibt an dieser Stelle stets noch ein Irrthum möglich

Der von GALVANI aufgegriffene Gedanke, dass der Muskel eine Sammlung kleiner Leidener Flaschen sei, entwickelt sich nun völlig naturgemäss. In dieser Vorrichtung hat man die Möglichkeit, dass beträchtliche elektrische Energie ohne hohe Spannung angehäuft werden kann, wodurch der Umstand, dass der Muskel keine elektrischen Erscheinungen zeigt, sehr gut verständlich wird. Auch die ungemeine Verstärkung der Wirkungen durch die „Belegung" des Nerven mit Stanniolblättchen unterstützte diese Meinung, kurz, nachdem einmal der erste Schritt vom Wege geschehen war, lässt sich das weitere Verfahren GALVANI's wissenschaftlich sehr wohl rechtfertigen.

Nur ein Tadel muss noch ausgesprochen werden. GALVANI hatte bei seinen Versuchen nicht übersehen, dass die Entstehung von Zuckungen, wie sie ohne Zuhilfenahme äusserer elektrischer Ladungen, bloss durch Verbindung von Nerv und Muskel durch einen leitenden Bogen erfolgten, in höchstem Maasse von der Natur dieses Bogens abhängig war, und dass sie ganz vorwiegend kräftig erfolgten, wenn der Bogen aus zwei verschiedenen Metallen bestand. Hierfür war bei der Entladung der Leidener Flasche keine Analogie vorhanden, und dieser Umstand hatte GALVANI, wenn er ihn näher untersucht hätte, bald auf Widersprüche gegen seine Hypothese geführt, welche ihm ihre Unhaltbarkeit klar gemacht hätten. Zwar darf man niemals darauf rechnen, wenn man einem neuen Erscheinungsgebiet gegenüber eine erste hypothetische oder theoretische Zusammenfassung versucht, dass nicht an einigen Orten ungelöste Widersprüche nachbleiben werden. Solche Punkte sind aber die wichtigsten für die weitere wissenschaftliche Entwickelung der Frage. Denn es ist eine verhältnissmässig leichte Aufgabe, nachdem einmal ein einigermassen zureichendes Schema gefunden ist, die Fälle zu bearbeiten, welche unter das Schema fallen und durch dessen Führung zugänglich sind, die Dinge aber, welche im Widerspruch mit dem Schema stehen, erfordern bei ihrer Untersuchung ein bedeutend höheres Maass von Vorsicht und Umsicht.

Beide hier hervorgehobenen Punkte haben als Ausgang für die weitere wissenschaftliche Entwickelung der Frage gedient, die wesentlich durch VOLTA bewerkstelligt wurde. GALVANI aber blieb zeitlebens anderen Anschauungen unzugänglich, und hat unzweifelhaft den Widerspruch gegen seine Theorie schmerzlicher empfunden, als ihm die Bestätigung seiner Versuche, welche alsbald von allen Seiten erfolgte, Freude gemacht hat. Hängen wir doch Alle an solchen Dingen weit mehr als an den von uns beobachteten Thatsachen. Denn diese letzteren stehen, sobald sie der Welt mitgetheilt sind, objectiv und ausser uns, zum Gebrauch für Freund und Feind da, in der Form aber, durch welche wir uns die geistige Herrschaft über die Thatsachen gesichert haben, oder zu haben glauben, bleibt viel mehr von unserem eigenem Wesen enthalten, hier sind wir verletzlich und daher empfindlich, während eine gut beobachtete Thatsache unverrückt dasteht, und in ihrer Beschaffenheit durch keinerlei Angriffe geändert werden kann.

8. Biographisches. Was die persönlichen Verhältnisse Aloysius GAL-

vani's anlangt, so ist er am 7 September 1737 in Bologna geboren [1] Er
wurde frühzeitig durch Lehre und Beispiel unterrichtet, denn unter seinen
Verwandten befanden sich mehrere, die sich in der Theologie und Juris-
prudenz hervorgethan hatten   Nach Vollendung seiner Studien widmete er
sich der Medicin und heirathete bald darauf die Tochter des Professor Ga-
leazzi Er kam sehr frühzeitig zu angesehener Stellung   Seine wissenschaftlichen Arbeiten bezogen sich grosstentheils auf vergleichende Anatomie und
Physiologie   Seine Entdeckung machte er 1793, im Alter von 53 Jahren

Galvani's Lebensende war ein vielfach getrübtes   „Dieser berühmte
Mann wurde die Beute alles Unglucks, welches ein empfängliches und zärt-
liches Gemüth betruben kann   Er sah in seinen Armen seine theure Lucia
(wie er seine Gattin zu nennen pflegte) verscheiden, er verlor alle seine
Stellungen, da er sich standhaft weigerte, den von der cisalpinischen Re-
publik geforderten Burgereid zu schwören   Der Tod entriss ihm fast auf
einmal die Seinigen   Er selbst wurde lange durch grausame Schmerzen
in Folge eines Magenleidens gequalt, welches von den Arzten auf eine Ver-
engerung des Pylorus gedeutet wurde, und fiel in einen Zustand des Hin-
siechens und des Marasmus, dessen Fortschritte die sachgemasse und sorgfaltige Pflege der Arzte Cingari und Uttini nicht zu hindern vermochte   Er
starb am 4 December 1798, im Alter von 60 Jahren "

9 Vorganger Galvani's Das Aufsehen, welches die Versuche
Galvani's erregten, war ungemein gross, insbesondere in Italien, Deutschland und England beeilte man sich, sie zu wiederholen, wahrend die franzosischen Gelehrten langere Zeit verstreichen liessen, bevor sie sich mit der
Frage zu beschaftigen anfingen   Wie es bei solchen Gelegenheiten nie ausbleibt, wurden in der alteren Literatur verschiedene Notizen aufgestöbert,
welche mehr oder weniger berechtigt als Vorausnahmen der Entdeckung
Galvani's angesehen wurden   Von diesen alteren Berichten ist am merkwurdigsten eine Beobachtung, welche J G Sulzer 1760 beschrieben hat [2]
„Wenn man zwei Stucke Metall, ein bleiernes und ein silbernes, so mit einander vereinigt, dass ihre Rander eine Flache ausmachen, und man bringt
sie an die Zunge, so wird man einen gewissen Geschmack daran merken,
der dem Geschmack des Eisenvitriols ziemlich nahe kommt, da doch jedes
Stuck besonders nicht die Spur von diesem Geschmack hat   Nun ist es
nicht wahrscheinlich, dass bei dieser Vereinigung der beiden Metalle von
dem einen oder dem anderen eine Auflösung vor sich gehe, und die auf-
gelosten Theilchen in die Zunge eindringen   Man muss also schliessen, dass
die Vereinigung dieser Metalle in einem von ihnen oder in allen beiden eine

---

[1] Die Darstellung folgt Sue, Hist du galvanisme Paris 1802, I 4   Die Angaben sind
dem Nekrolog von C Alibert in den Mem de la soc med d emulation de Paris tome 4
entnommen

[2] Mem de Berlin, 1760 — Theorie der angenehmen und unangenehmen Empfindungen
Berlin 1762 — Im Gottinger Taschenkalender fur 1794 S 186 wurde die Stelle zuerst wieder
nachgewiesen

zitternde Bewegung der Theilchen verursache, und dass diese zitternde Bewegung, welche nothwendig die Nerven der Zunge rege machen muss, den oben erwähnten Geschmack hervorbringe."

Eine andere Historie — wie der Anatomieprofessor Dr Cotugni in Neapel sich von einer Maus am Fusse gebissen fühlte, diese einfing, und zur Strafe bei lebendigem Leibe anatomiren wollte, worauf aber die Maus mit ihrem Schwanze heftig gegen seinen dritten Finger schlug, wovon er einen Schlag durch den ganzen Arm, Zittern, Schmerz in der Schulter und eine Erschutterung des Kopfes empfand, woruber er dann dem Ritter Virenzio in einem Briefe vom 3 Oktober 1784 ausführlich berichtet hat — spielt, da Volta selbst sie erzählt hat, eine gewisse Rolle in den älteren historischen Arbeiten uber den Galvanismus, ohne dass man doch berechtigt ware, die Erscheinung, welche diesem seltsamen Ereigniss zu Grunde liegt, fur eine galvanische zu erklaren

10 **Ausbreitung der Entdeckung Galvani's** In Deutschland wurde die erste Nachricht uber die thierische Elektricitat durch Dr. J F Ackermann in der „Medicinisch-chirurgischen Zeitung" mitgetheilt, und die folgenden Jahre bringen eine ganze Reihe von Schriften C C Crève, E J Schmuck veröffentlichten selbst einige Abhandlungen, Gren und Reil theilten ihre Erfahrungen in dem „Journal der Physik" mit Hier tritt auch zuerst der sorgfältige Historiker des Galvanismus und eifrige Vertheidiger des Voltaismus, der spatere Kieler Professor C H Pfaff, auf, der zuerst in einer lateinischen Dissertation von 1793, spater in einem grosseren Werk[1] sehr brauchbare Zusammenstellungen aus der älteren Litteratur des Galvanismus gab

Es war dies nothig, denn die Zahl der Publikationen, welche unmittelbar durch die Entdeckung Galvani's hervorgerufen wurde, war sehr erheblich, namentlich in Italien Diese Arbeiten enthalten meist Bestatigungen der Versuche Galvani's nebst gelegentlichen Erweiterungen, und haben deshalb keinen Anspruch auf eingehendere Darstellung Was von diesen Untersuchungen wichtig geworden ist, soll an geeigneter Stelle Erwahnung finden Unmittelbar nach dem Bekanntwerden der Galvanischen Versuche in Deutschland wiederholte Gren, der Herausgeber des „Journals der Physik" im Verein mit seinen Freunden Forster, Kugel, Reil und Weber dieselben, und zwar mit dem gleichen Erfolge[2] Was die Deutung anlangt, so urtheilten sie viel nuchterner, als der Entdecker, insbesondere berichtet Gren uber eine von Reil geausserte Auffassung, welche vollig mit der ubereinkommt, von der aus spater Alessandro Volta seine Entdeckungen gemacht hat. Folgender Wortlaut lasst daruber keinen Zweifel

„Wie ware es", meinte mein Freund Reil, „wenn alle die von Herrn Galvani und Valli beobachteten Erscheinungen Wirkungen der schon langst bekannten Reizbarkeit der Muskeln und der schon langst bekannten Reizung

---

[1] Uber thierische Elektricitat und Reizbarkeit Leipzig 1795
[2] Gren's Journ d Phys 6, 402, 1792

der elektrischen Materie auf sie waren? Bedurfte es dann wohl einer eigenen thierischen Elektricitat, um sie zu erklaren? Seiner naheren Bestimmung nach wurde bei der Beruhrung zwischen dem Metalle des Ausladers und dem davon verschiedenen der Belegung des Nerven oder vielmehr durch die Beruhrung zwischen dem mit dem Muskel in Verbindung stehenden Metalle und der Belegung des Nerven Elektricitat erregt, d h das Gleichgewicht der naturlichen Elektricitaten wurde gestort, vielleicht ware der Muskel das empfindlichste Elektroskop, und auch fur die Reizung der elektrischen Materie empfindlicher, als fur andere Reize Folglich wurde auf diese Weise die Crispation der Muskelfaser nur Wirkung der bekannten Irritabilitat derselben, der bekannten Sensibilitat des Nerven und der bekannten Reizung der kunst-lichen Elektricitat sein, die hier erregt wird Die erzahlten Wirkungen der kunstlichen Elektricitat scheinen diese Meinung sehr zu unterstutzen Bei dem Uebergange des Funkens aus dem Conductor in einen benachbarten Leiter wird auch in der umgebenden Luft das Gleichgewicht der Elektricitat plotzlich gestort, so auch plotzlich in dem auf dem Nerven oder dem Muskel stehenden Leiter in dieser Atmosphare, und so erfolgt dadurch ein Reiz, der die Zusammenziehung des Muskels zur Folge hat, so lange dieser Vitalitat besitzt Durch den Funken aus der Leidener Flasche wird unter denselben Umstanden keine Zuckung hervorgerufen, weil dadurch in der umgebenden Luft kein Gleichgewicht der Elektricitat gestort wird "

Aus einem gleichzeitig veroffentlichten Briefe Reil's an Gren² entnehme ich noch folgende Stelle, die den gleichen Gedanken zum Ausdrucke bringt

„Aufschlusse uber die Lebenskraft, die den Muskeln das Vermogen zur Zusammenziehung mittheilet, erwarte ich von diesen Erscheinungen nicht Mir scheinen dieselben weiter nichts anzuzeigen, als dass die Muskeln sehr empfindlich gegen die Elektricitat sind, die als Muskelreiz wirkt und in der kleinsten Quantitat, wie sie sich bei der Beruhrung der verschiedenen Metalle entwickelt, Zusammenziehungen hervorbringen kann Ob diese Versuche in der Folge dazu dienen werden, die Elektricitat der verschiedenen Metalle dadurch zu bestimmen, oder uns auf neue Hilfsmittel gegen paralytische Krankheiten zu leiten, muss die Zeit lehren "

Die Nachricht von den Versuchen Galvani's wurde in Italien und Frank-reich durch Eusebio Valli³ weiter verbreitet, welcher in einer Reihe mehr-fach abgedruckter Briefe die oben berichtete Entdeckungsgeschichte erzahlte, und einen guten Auszug aus den Arbeiten Galvani's und den Ansichten, zu denen er gelangt war, gab Er nennt Vassali als einen Vorganger Galvani's insofern, als jener bereits die Mitwirkung der Elektricitat bei den Vorgangen im lebenden Thiere ins Auge gefasst und durch Versuche verfolgt habe, eine Beschreibung derselben (wo, ist nicht mitgetheilt sei schon 1789 ge-geben worden, doch sei Galvani viel weiter gegangen, als Vassali

¹ Gren s Journ d Physik 6 413, 1792
² Journ de Physique 41, 57, 1792 Gren s Journ d Physik 6 371 1792

In den weiteren Briefen VALLI's ist die Beschreibung zahlreicher Versuche physiologischen Inhaltes enthalten, die für uns kein Interesse bieten Beachtenswerth ist indessen eine Schlussbemerkung, die ich wörtlich hersetze

„Ein Gelehrter machte gegen mich die Bemerkung, dass man, um zu entscheiden, ob das Nervenfluidum wirklich die elektrische Flüssigkeit wäre, einen Elektrometer zu Hülfe nehmen müsse Da ich in dem Augenblicke kein recht empfindliches hatte, so nahm ich meine Zuflucht zu folgendem Versuche

„Ich präparirte vierzehn Frösche, deren Cruralnerven ich in einer Belegung verband Nachdem ich diese Batterie in Ordnung gebracht hatte, und die leitende Verbindung zwischen den Nerven und den Muskeln herstellte, so erweckte ich dadurch die Elektricität und folglich die Erschütterungen In dem Augenblicke der Entladung wurden zwei kleine Strohhalme, die ein wenig von einander entfernt waren und beinahe den Apparat berührten, sogleich einander genähert Beweist dieser Versuch nicht eben das, was ein Elektrometer thun würde?"

Es ist ziemlich unzweifelhaft, dass es sich hier um eine Selbsttäuschung VALLI's handelt Bemerkenswerth ist aber die Nachricht insofern, als sie wohl den ersten Versuch darstellte, die galvanischen Wirkungen durch Vereinigung mehrerer Glieder zu verstärken Das Verfahren war von der Zusammenstellung der Leidener Flaschen zu Batterien her den Elektrikern geläufig, und es hat später in der Hand VOLTA's zur Erfindung der „Säule" geführt

Fig. 13. ALESSANDRO VOLTA.

Drittes Kapitel.

Alessandro Volta.

1. Viel bedeutsamer, als solche gelegentliche Versuche, die die Angelegenheit mehr in die Breite, als in die Tiefe wachsen liessen, sind von vornherein die Arbeiten von ALESSANDRO VOLTA.

Im Gegensatze zu GALVANI, dem Anatomen und Physiologen, war VOLTA ein geschulter Physiker, der seinen Scharfsinn bereits durch die Erfindung des Elektrophors und des Condensators glänzend bewährt hatte. Durch VOLTA's Eingreifen wurde denn auch der Schwerpunkt des Problems bald vom physiologischen Boden auf den physikalischen verlegt.

In seiner ersten Abhandlung,[1] einem Briefe an BARONIO vom 3. April 1792,

---

[1] Giornale Fisico-Medico **2**, 122. 1792. — Collez. dell' opere del Cavaliere Conte ALESSANDRO VOLTA, Firenze 1816.

sehen wir Volta zunächst noch auf fast demselben Boden wie Galvani, insbesondere nimmt er dessen Theorie an, dass die Muskeln als Leidener Flaschen aufzufassen sind. Er weist zunächst darauf hin, dass ein unverletzter Frosch einer ziemlich merklichen Entladung, die der Spannung von vier bis fünf Graden des Henley'schen Quadrantelektrometers entspricht, bedarf, um in Zuckungen versetzt zu werden. Wird dem Thiere der Kopf abgeschnitten und eine Nadel in das Rückenmark gesteckt, so genügen ein bis zwei Grad. Schneidet man den Frosch durch, und präparirt ihn so, dass das Rückenmark nur durch die Cruralnerven mit den Schenkeln zusammenhängt, so genügen Ladungen, die an den empfindlichsten Elektrometern, denen von Cavallo, Bennet und Volta selbst nur eben merklich sind, während wenn man die Nerven mit Zinnfolie belegt, die Schenkel auf Ladungen reagiren, die überhaupt durch kein Elektrometer kenntlich zu machen sind. Je mehr man also die Entladung auf den Nerven concentrirt, um so wirksamer ist die Elektricität.

Dafür, dass den Muskeln eine eigene, natürliche und angeborene Elektricität innewohne, glaubt Volta einen Beweis in folgendem Versuche zu finden.

„Diese eigenthümliche, angeborene, nicht von aussen in den Körper übertragene Elektricität offenbart sich in dem präparirten Frosche und auch in anderen warm- und kaltblütigen Thieren, wenn man den Kunstgriff braucht, die Nerven durch Entblossung gleichsam zu isoliren und durch eine Metallbekleidung zu waffnen, sie offenbart sich, sage ich, wie die künstliche, ohne dass diese, schwach oder stark, dabei im geringsten ins Spiel kommt, durch gleiche, krampfhafte Muskelbewegungen, wenn man mittelst vollkommen leitender Körper eine Verbindung zwischen den Muskeln und Nerven herstellt.

„Ein solcher Körper sei z. B. ein in Form eines C gebogener Messingdraht. Dieser Draht besitzt nicht mehr und nicht weniger als sein natürliches Maass elektrischer Materie, er kann also auch einem anderen Körper, z. B. einem präparirten oder nicht präparirten Frosche, der ebenfalls mit seinem natürlichen Maasse Elektricität begabt ist, elektrische Materie weder geben noch nehmen. Man halte nun diesen Messingdraht mit dem einen Ende an den Muskeln, mit dem anderen an den Nerven, und man wird augenblicklich die vorerwähnten Zuckungen entstehen sehen. Es liegt also am Tage, dass die elektrische Materie dieser Theile in einem gewissen Missverhältnisse gestanden hat, und dass durch den als Entlader wirkenden Messingdraht das Gleichgewicht hergestellt worden ist. Hierauf beschränkt sich seine ganze Wirkung, er kann die elektrische Materie nicht dahin ziehen, wo sie nicht von selbst hinstrebt, ihr einen bequemen Weg darzubieten, ist alles, was er vermag."

Volta geht sogar schliesslich dazu über, das Zeichen der von ihm vermutheten Ladung, die so schwach ist, dass kein Elektrometer sie anzeigt, zu ermitteln. Zu dem Ende stellte er folgende sinnreiche Überlegung an: Verband er einmal die innere, das andere Mal die äussere Belegung einer äusserst schwach positiv geladenen Leidener Flasche mit dem Nerven, so musste in einem Falle das Zeichen der Ladung der Flasche mit dem des Nerven übereinstimmen, im anderen mussten die Zeichen entgegengesetzt sein Im ersten Falle konnte nur eine schwache oder gar keine Entladung und Zuckung erfolgen, im anderen Falle war eine starke zu erwarten Es ergab sich in der That ein derartiger Unterschied, und zwar in dem Sinne, dass, wenn der Nerv mit dem positivem Theile der Flasche zusammengebracht wurde, starke Zuckungen auftraten, wahrend sie ausblieben, wenn die negative Seite den Nerv beruhrte Daraus schloss Volta, im Gegensatze zu Galvani, dass der Nerv negativ, das Aussere des Muskels positiv ist

Wir haben hier ein vorzugliches Beispiel, wie eine vorlaufige hypothetische Erklarung in einem neuen Erscheinungsgebiet durch die Erfahrung „bestatigt" werden kann, obwohl sie falsch ist Es ist in der That, um einen modernen Ausdruck zu brauchen, eine „uberraschende Bestatigung" der Flaschenhyphothese, wenn man die aus ihr fliessende Consequenz, dass die Wirkung einer von aussen angebrachten Elektricitat von dem Zeichen der elektrischen Ladung abhangen musse, thatsachlich nachweisen kann, und Volta ist fur seinen Schluss nicht zu tadeln Im Gegentheil, es verdient die hochste Anerkennung, dass er sich in der Folge von dieser scheinbar so glanzend durch den Versuch bestatigten Theorie loszumachen wusste, und die Augen fur die thatsachlichen Verhaltnisse offen behielt, welche ihn spater lehrten, dass die blosse Schliessung der Kette durch einen Leiter nicht genugt, um Zuckungen hervorzurufen, sondern dass es auf dessen Natur wesentlich ankommt

Galvani antwortete hierauf alsbald in einem Briefe an den Professor Carminati, indem er sich zum Theil Volta anschliesst, zum Theil ihn bekampft Insbesondere glaubt er an seiner Ansicht uber den Sinn der Ladung des Muskels festhalten zu mussen, und entwickelt zu ihren Gunsten eine physikalisch recht unklare Theorie der Uberladung der Elementarflaschen des Muskels Man sieht hier wieder uberaus deutlich den Unterschied zwischen dem Mediciner und dem Physiker wahrend Volta den Frosch als Elektroskop auffasst, und sich fur die Zuckungen nur insofern interessirt, als sie ihm das Stattfinden elektrischer Ladungen erweisen, kummert sich Galvani wenig um die physikalische Abrundung und Vertiefung seiner Anschauungen, und legt das Hauptgewicht auf die Aussicht, das Problem der willkurlichen Muskelbewegung uberhaupt auf diesem Wege zu losen

Volta ging stetig auf seinem Wege weiter, der ihn immer weiter von Galvani entfernte Der wissenschaftliche Streit, welcher in diesem Anlass zwischen beiden entbrannte, hat sein Interesse wesentlich in den stetigen Fortschritten, welche Volta in dem Verstandniss der physikalischen Bedingungen der fraglichen Erscheinungen machte Galvani verharrte durchaus auf seinem Standpunkte, und die Versuche, welche er und seine Anhanger zu ihren Gunsten beibrachten, insbesondere die von ihnen nachgewiesene Moglichkeit, ganz ohne metallischen Leiter zwischen Nerv und Muskel bei sehr empfindlichen Froschpraparaten Zuckungen hervorzurufen, haben zwar nicht unerhebliches Interesse physiologischer Art, sind aber fur die physikalische Seite des Problems ohne Bedeutung geblieben Hier fiel die

Führung unbedingt Volta zu, und dieser hat seine Aufgabe in ausgezeichnetster Weise gelöst Charakteristisch ist schon in der vorerwähnten ersten Mittheilung, wo er noch ganz auf dem Boden der Anschauungen Galvani's steht, der quantitative Zug seiner Experimente, sein Bestreben, wenigstens annähernd die von ihm studirten Verhältnisse nach Maass und Zahl zu übersehen und darzustellen

2 Volta's Fortschritte Gegensatz zu Galvani Sehr bald nach diesem Briefe veröffentlichte Volta zwei lange Abhandlungen, deren erste er als Dissertation am 5 Mai 1792 bei Gelegenheit einer Promotion in der Aula der Universität zu Pavia vorgetragen hat[1] Wiederum von Galvani's Anschauungen ausgehend, gelangt er stufenweise dazu, diese eine nach der anderen zu verwerfen Das Studium dieser lehrreichen Arbeiten ist etwas durch die grosse Ausführlichkeit und Breite erschwert, in welcher Volta seine Gedanken und Versuche vorzutragen pflegt, doch gewährt die experimentelle und logische Stetigkeit der Entwicklung eine Entschädigung dafür

Zunächst fiel die Vorstellung, dass der Muskel als Leidener Flasche oder als ein System solcher aufzufassen sei Der Versuch, welcher die Unhaltbarkeit dieser Annahme erwies, war folgender Ein Frosch wurde so präparirt, dass ein möglichst langes Stück des Cruralnerven frei gemacht wurde Das Ende desselben erhielt die übliche metallische Belegung, die zweite Belegung wurde aber nicht am Muskel, sondern an einer unteren Stelle desselben Nerven, bevor er in den Muskel trat, angebracht Wurden nun durch beide Belegungen die sehr schwache Ladung einer kleinen Leidener Flasche geleitet, so gerieth der Muskel in kräftige Zuckungen Die Muskeln befinden sich bei diesem Versuche ganz ausserhalb des leitenden Kreises, und wenn trotzdem Zuckungen stattfinden, so ist zu schliessen, dass die elektrische Entladung ein Nervenreiz ist, der wie jeder andere die entsprechende Muskelbewegung hervorruft Wurde nun eine ähnliche doppelte Belegung am Schenkelnerven angebracht, wobei aber verschiedene Metalle (z B Zinn und Silber) zur Anwendung kommen mussen, so genügt schon die leitende Verbindung beider durch irgend ein Metall, um Zuckungen hervorzurufen „Es ist nicht leicht begreiflich, wie sich die elektrische Materie zwischen zwei so nahe belegenen Orten desselben Nerven durch die blosse Anwendung von Belegungen und ihre ausseren Verbindung bewege, und warum unähnliche Belegungen erforderlich sind Doch ist dies eine durch Versuche bestätigte Wahrheit, von der wir weiter unten reden werden"

Volta kommt noch an mehreren Stellen seiner Abhandlung auf die Nothwendigkeit zurück, zwei verschiedene Metalle anzuwenden, und verspricht, in Zukunft sich eingehender über den Grund dieses Umstandes zu äussern. Er erwähnt nur, das auch Galvani das Gleiche bemerkt habe, ohne eine Erklärung dafür zu geben

Es muss hier eingeschaltet werden, dass, fast gleichzeitig mit Volta,

---

[1] Brugnatelli Giornale Fisico-Medico, 2, 146 241, 1792

CARL CASPAR CREVE[1] einen ähnlichen Versuch anstellte, den er freilich ganz anders deutete. Er hatte in gewöhnlicher Weise den Nerv mit Stanniol umwickelt, verband aber diese Belegung nicht mit den Muskeln, sondern legte den armirten Nerven bloss auf eine Silbermünze. Jede Berührung und Bewegung des Stanniol's auf der Münze ruft dann Zuckungen hervor. CREVE bemerkt ganz richtig, dass dieser Versuch die Hypothese GALVANI's völlig widerlegt, zieht aber gleichfalls den Schluss, dass auch die „gemeine Elektricität" nicht die Ursache der Erscheinungen sein könne. Auch konnte er bei gemeinsamen Versuchen, die er mit LICHTENBERG anstellte, mittelst eines BENNET'-schen Elektroskops keine Spur von Elektricität beobachten.

Den übrigen Raum in VOLTA's zweitem Brief nimmt die Darlegung ein, dass die Elektricität primär nur auf den Nerven wirkt, und dieser den Reiz auf den Muskel überträgt. Ferner wird der Zungenversuch in der gleichen Art wie bei SULZER (S. 41) beschrieben, und wieder auf die Nothwendigkeit, zwei verschiedene Metalle dabei anzuwenden, hingedeutet.

So schliesst denn VOLTA diese beiden Abhandlungen mit einem Räthsel, an dessen Lösung er alsbald mit einiger Arbeit ging. Er hat schon im Laufe desselben Jahres den entscheidenden Gedanken klar erfasst, vermeidet aber zunächst noch, näher auf ihn einzugehen. Die Fortschritte des Jahres 1792 gehen aus einigen weiteren in diesem Jahre geschriebenen Abhandlungen hervor. Zunächst theilte er seine Ergebnisse an TIBERIUS CAVALLO in einem vom 25 October 1792 datirten, französisch geschriebenen Briefe mit, dieser legte die Arbeit der „Royal Society" in London am 31 Januar 1793 vor, in deren Transactions sie dann[2] veröffentlicht wurde.

In diesem Briefe setzte VOLTA zunächst auseinander, dass die Beobachtung GALVANI's sich auf zwei wohlbekannte Thatsachen zurückführen lasse: erstens, dass in Leitern der Elektricität, welche sich in der Nähe von Conductoren befinden, bei der Entladung der letzteren gleichfalls elektrische Bewegungen stattfinden, und zweitens, dass elektrische Bewegungen in lebenden oder frisch getödteten Muskeln Contractionen hervorrufen. GALVANI's Beobachtungen, die er in den beiden ersten Theilen seines Werkes beschreibt, beweisen nur, dass das Froschpräparat ein ausserordentlich empfindliches Elektroskop sei, welches weit geringere Elektricitätsmengen entdecken lasse, als die empfindlichsten der gebräuchlichen Instrumente. Durch eigene Versuche überzeugte sich VOLTA von der ungemeinen Empfindlichkeit dieses „animalischen Elektrometers", und dies Hilfsmittel führte ihn alsbald zu seiner neuen Entdeckung, die sich auf die von GALVANI in dem anderen Theil seines Werkes geschilderten Versuche bezieht. „Auf diese Weise habe ich ein neues Gesetz entdeckt, welches nicht sowohl ein Gesetz der thierischen Elektricität, sondern eines der gewöhnlichen ist, welcher man die meisten

---

[1] Beyträge zu GALVANI's Versuchen über die Kräfte der thierischen Elektricität auf die Bewegung der Muskeln, Frankf. u. Leipzig 1793 — Auszug in GREN's Journ. d. Physik, 7, 323 1793.

[2] Philos. Trans. 1793, I, S. 10—44.

der Erscheinungen zuschreiben muss, die nach den Versuchen von GAL-
VANI, und denen, die ich im Anschluss an diese selbst angestellt habe,
durch eine wahre spontane thierische Elektricität hervorgerufen schienen,
was sie doch nicht sind, thatsächlich sind es die Wirkungen einer sehr
schwachen künstlichen Elektricität, welche in einer Weise erregt wird, die
man nicht erwartet hatte, nämlich einfach durch die Anbringung zweier Ableitungen von verschiedenen Metallen, wie ich das schon angedeutet habe,
und weiterhin besser darlegen will "

Diese Darlegung findet sich in der angeführten Abhandlung noch nicht,
dieselbe enthält ausserdem eine Reihe von Beobachtungen, welche zwar für
die Elektrophysiologie von grosser Bedeutung sind, mit der Frage nach der
Elektricitätserregung bei der Berührung verschiedener Stoffe aber nichts unmittelbar zu thun haben

3 Anfänge der Theorie der Berührungselektricität Mit völliger
Deutlichkeit findet sich die neue Anschauung, zu welcher VOLTA gelangt
war, in einer kurzen, „vorläufigen Mittheilung" ausgesprochen, welche in
BRUGNATELLI's „Giornale Fisico-Medico" enthalten ist [1] Nachdem er berichtet
hat, dass er in der wohlausgeglühten Kohle ein besonders wirksames Mittel
gefunden hat, Zuckungen und ähnliche physiologische Wirkungen zu erregen,
welches dem Silber und Gold sich noch überlegen gezeigt hat, beschreibt
er, wie man durch Anbringung zweier verschiedener Metalle an Mund und
Auge subjective Lichtwirkungen hervorrufen kann, welche beim Schluss der
Kette auftreten, und giebt noch einen weiteren Versuch an, Geschmacks-
und Lichtempfindungen gleichzeitig auf diese Weise zu erzeugen Geruchs-
und Geschmacksempfindungen hervorzurufen gelang, ihm dagegen nicht.

Alle diese Versuche sprechen gegen eine eigene thierische Elektricität
und für die Entstehung elektrischer Erscheinungen durch die Metalle und
feuchten Leiter „Ich habe Versuche gemacht, welche einen gleichen Übergang der elektrischen Flüssigkeit anzeigen, wenn Metalle verschiedener Art
an alle möglichen nicht animalischen Körper gebracht werden, auch an
andere feuchte Gegenstände, als Papier, Leder, Tuch u s w, welche mit
Wasser getränkt wurden, und noch besser an Wasser selbst Dieses ist
zuletzt der ganze Erfolg einer derartigen Verbindung der Metalle, sie sind unter
diesen Umständen nicht nur Ableiter, wie in anderen Fällen, sondern wahre
Beweger und Erreger der Elektricität, und dies ist eine kapitale Entdeckung "

Mit der wissenschaftlichen Bearbeitung dieser Entdeckung war VOLTA
nun zwei Jahre lang beschäftigt Zwar findet sich in der Zeitschrift von
BRUGNATELLI ein Brief an GIOVANNI ALDINI [2] vom 24 November 1792, derselbe
enthält aber nichts Anderes, als die früheren Mittheilungen, und hat wesentlich den Zweck, auf eine von diesem inzwischen veröffentlichte Neuausgabe
der Abhandlung GALVANI's, welcher ALDINI einige polemische Erörterungen

---

[1] Giornale Fisico-Medico Novembre 1792, S 192
Giornale Fisico-Medico 1793, I, 63

gegen VOLTA hinzugefugt hatte, zur Antwort zu dienen Zu diesem Zweck,
fuhrt VOLTA namentlich den Geschmacks- und Lichtversuch an, welche die
erregende Thatigkeit der Metalle erweisen

Auch die nachstfolgenden zwei Briefe, welche VOLTA diesmal an VASALLI
richtete,[1] enthalten zunachst wesentlich eine Vertheidigung VOLTA's gegen
die Anhanger GALVANI's Doch ist der erste dadurch interessant, dass er
die erste „Spannungsreihe" enthalt VOLTA setzt wiederum auseinander,
dass durch die beiden Metalle eine elektrische Erregung stattfinde, und dass
wenn diese auf Nerven treffe, die entsprechende Thatigkeit, z B eine Zuckung,
hervorgerufen werde „Wenn sich an Stelle der zur Bewegung dienenden
Nerven die am Rande und an der Spitze der Zunge befindlichen, welche
zum Geschmack dienen, oder die, welche zum Sehen dienen, in dem
leitenden Kreise befinden, so wird eine entsprechende Empfindung von
Geschmack oder von Licht erregt, und diese Empfindungen und Bewegungen
sind um so lebhafter, je mehr die angewandten beiden Metalle in der hier
genannten Ordnung von einander abstehen Zink, Stanniol, gewohnliches
Zinn in Platten, Blei, Eisen, Messing und Bronzen verschiedener Art, Kupfer,
Platina, Gold, Silber, Quecksilber, Graphit "

Des Weiteren enthalt der Brief die kritische Aufklarung eines Versuches,
welchen die Anhanger GALVANI's immer wieder der Auffassung VOLTA's ent-
gegensetzten dass es namlich mit einem Bogen von einem einzigen Metall
moglich ist, Zuckungen im Froschpraparat zu erregen VOLTA zeigte, dass
diese Wirkung im Allgemeinen viel schwacher ist, als bei der Anwendung
eines aus zwei Metallen zusammengesetzten Bogens, und dass alle Umstande,
durch welche an den beiden Enden des Bogens aus einem Metall Verschiedenheiten hervorgerufen worden, wie Erhitzen, Hammern u dergl, die
Entstehung von Zuckungen befordern Andererseits ist es moglich, durch
sorgfaltige Zubereitung die beiden Enden so gleichartig zu machen, dass sie
auch bei den empfindlichsten Praparaten keine Zuckung bewirken Durch
dies Alles wird bewiesen, dass auch Ungleichheiten im Zustande eines und
desselben Metalles ebenso wirken, wie zwei verschiedene Metalle, so dass
doch wieder die Ursache der Erscheinung in diesem zu suchen ist, und nicht
in einer „naturlichen Elektricitat" des Frosches

In dem zweiten Briefe an VASALLI werden die Auseinandersetzungen mit
den Anhangern GALVANI's fortgesetzt, und VOLTA fuhrt mit sieghafter Logik
die Unhaltbarkeit der Lehre von der thierschen Elektricitat als die Ursache
der fraglichen Erscheinungen durch, Neues an Thatsachen oder Ideen enthalt aber dieses Schreiben kaum Ahnlich ist der Inhalt des dritten Briefes
an VASALLI,[2] welcher aus Como vom 24 October 1795 datirt ist, und sich
mit dem anderen Einwand beschaftigt, den die Anhanger der thierschen

---

[1] Annali di Chimica del Sig BRUGNATELLI, 11 84 Deutsch herausg v Dr J MAYER
Prag 1796

[2] BRUGNATELLI, Giornale Fisico-Medico, 1794 II, 248 und 1794 III 97 Deutsch
GREN's Neues Journ d Phys 2, 141, 1795

4*

Elektricität geltend gemacht hatten Es ist nämlich möglich, Zuckungen des Froschschenkels ganz ohne Anwendung metallischer Leiter hervorzurufen. Volta zeigt nun, dass diese Erscheinungen nur an sehr empfindlichen Präparaten erhalten werden, und bei diesen auch nur dann, wenn möglichst verschiedenartig beschaffene Theile einander berühren Insbesondere sind Überzüge mit verschiedenen Flüssigkeiten, Blut, Schleim, Urin, Salzwasser u s w. wirksam, und Volta deutet dьmgemäss die Erscheinungen in Übereinstimmung mit seinen anderen Anschauungen dahin, dass auch bei der Berührung verschiedenartiger Flüssigkeiten die Elektricität in Bewegung gesetzt wird, wenn auch in viel geringerem Maasse, als wenn Metalle betheiligt sind

Die Spannungsreihe Ferner ist in diesem Briefe eine ziemlich ausführliche Tabelle der metallischen und metallähnlichen Elektricitätserreger enthalten, über die Volta Folgendes bemerkt

„Seit dieser Zeit (1792) bin ich immer mehr und mehr in der Meinung einer eigentlichen künstlichen, durch eine äussere Ursache hervorgebrachten Elektricität bestärkt worden, welche ich auf mehrere Art bewiesen habe, vorzüglich durch die Versuche über den Geschmack, den ich mittelst der Metalle auf der Zunge zu erregen entdeckt habe Dieser Geschmack ist entweder sauer oder alkalisch, je nachdem die Metalle, z B das Silber oder das Zink, welche mit der Zunge den Leiterkreis bilden, die Spitze derselben berühren Durch diese Versuche habe ich noch die Richtung des durch dergleichen Berührungen hervorgebrachten Laufes der elektrischen Flüssigkeiten entdeckt vom Zinn oder Zink nämlich mittelst des dazwischen gelegten nassen Leiters zum Gold oder Silber und insgemein von dem oberen Metall der Tabelle auf das untere, dadurch dass sie den Leiter zweiter Klasse oder den nassen Leiter durchdringt, und zwar mit um so grosserer Starke, je weiter die Leiter der ersten Klasse, die Metalle, von einander abstehen Und zwar in der Ordnung, wie ich sie hier unten auf einander folgen lasse Diese auf meine Versuche gegründete Ordnung entwarf ich schon zu Anfang des Jahres 1793 Meine Ordnung weicht sehr wenig ab von der, welche der Dr Pfaff ebenfalls im Jahre 1793 ans Licht gestellt hat Freilich war sie dazumal auf wenig Metalle eingeschränkt, gegen Ende 1794 wurde sie dadurch vermehrt, dass verschiedene Halbmetalle, Kiese und Erze in dieselbe aufgenommen wurden" (Vgl Journ der Physik von GREN, Bd 8 1794

Tabelle

„Die Leiter erster Klasse, welche eine besondere Kraft besitzen, die elektrische Flüssigkeit zu reizen, und sie vorwärts in die feuchten Leiter oder vorwärts in die der zweiten Klasse zu treiben

Zink,

Einige Arten Zinnlote, welche fälschlich Schreppapier
genannt werden,

} Verschiedene Arten Zinn,

Blei,
Einige Arten Blei in Platten oder in Staben
Regulus antimonii
Andere Arten Zinn
Einige Arten Eisen,
Regulus bismuthi
Andere Arten Eisen,
Verschiedene Bronze
Messing
Kupfer,
Kobaltregulus
Pyritisches Eisen nicht krystallisirt
Würfelbleierz oder Bleiglanz
Platin,

Quecksilber,
Schwefelkies
Krystallisirter Arsenkies
Gold
Silber
Graues Manganerz (Braunstein),
Kupferkies
Graphit,
Einige Arten Holzkohle

„In Bezug auf diese Tabelle muss ich zwei Anmerkungen machen. Die
erste ist, dass die punktirten Linien unter einigen der genannten Körper
ebenso viele Entfernungsgrade oder den Unterschied der vermehrten Kraft
anzeigen. Im Gegentheil besteht da, wo die hergestellten Körper unmittelbar auf einander folgen, der Unterschied nur in einem Grade, und ist mit-
unter so klein, dass mir noch mancher Zweifel nach so vielen über diesen
Gegenstand angestellten Versuchen übrig bleibt.

„Die zweite Anmerkung ist, dass nicht nur die Metalle, sondern auch
viele Erze, vorzüglich Schwefelverbindungen, obgleich sie viel mehr nichtleitenden Schwefel enthalten, dennoch beinahe ebenso gute Leiter abgeben,
wie reine Metalle. Im Gegensatz dazu zeigen sich andere reiche Erze, ja
selbst die reichsten, wenn sie oxydirt oder in einem kalkartigen Zustande
sind, als sehr schlechte Leiter.

„Ich komme nun auf unseren Gegenstand zurück. So oft zwei solcher
Elektricitätserreger oder Leiter der ersten Klasse von verschiedener Art, der
eine von dieser, der andere von jener Seite, zugleich nasse zusammenhängende Leiter der zweiten Klasse berühren, und endlich einer den anderen
entweder unmittelbar, oder mittelst eines dritten berühren und auf diese Art
einen Kreis von Leitern bilden, so wird die elektrische Flüssigkeit in Bewegung gesetzt und bewegt sich in einem Kreise, und zwar in der Richtung,
dass sie von den in der Tabelle höher stehenden Leitern der ersten Klasse

auf die niedriger stehenden übergeht, indem sie den dazwischen befindlichen nassen Leiter durchdringt. Auf diese Art verfolgt sie ihren Kreislauf so lange, als dieser nicht an irgend einer Stelle unterbrochen wird. Dieser Lauf ist um so stärker, je mehr die Leiter der ersten Klasse von einander verschieden und auf der Tabelle von einander entfernt sind. Alles dies habe ich mit so vielen entscheidenden Versuchen dargethan, dass dieserhalb gar kein Zweifel mehr obwaltet."

Es ist sehr merkwürdig, dass VOLTA seine Tabelle der Reihenfolge der metallischen Erreger nur nebenbei in einer Anmerkung mittheilt, und dass er gar kein Gewicht darauf legt, dass eine solche Reihenfolge überhaupt möglich ist. Denn es ist von vornherein keineswegs nothwendig, dass wenn ein Körper A mit dem Körper B in einem bestimmten Sinne wirkt, und dieser mit dem Körper C in gleichem Sinne, dass dann A auf C ebenfalls in demselben Sinne und in stärkerem Maasse einwirken muss. Umgekehrt beweist die Möglichkeit, eine solche Tabelle aufzustellen, das Statthaben einer bestimmten, zahlenmässig feststellbaren Eigenschaft der Metalle in Beziehung auf ihre electricitätserregenden Fähigkeiten. Es liegt also in der Aufstellung der fraglichen Tabelle nicht nur eine einfache Aufstellung unmittelbar beobachteter Thatsachen, sondern der Ausdruck eines bestimmten Naturgesetzes, welches später von VOLTA auch ausdrücklich erkannt worden ist, und seinen zahlenmässigen Ausdruck erhalten hat.

Dass eine solche einheitliche Tabelle keineswegs selbstverständlich war, geht aus einer gleichzeitigen Arbeit von PFAFF hervor,[1] welcher gleichfalls die verschiedene Stärke der Erregung zu bestimmen versuchte. Er stellte für die Belegung der Nerven mit verschiedenen Metallen die entsprechenden Reihen auf und fand folgende Ordnungen:

Zinn, Blei, Eisen, Kupfer, Silber, Kohle, Gold

Silber, Kupfer, Kohle, Gold, Eisen, Zinn, Blei, Quecksilber

Kupfer, Silber, Kohle, Gold, Eisen, Zinn, Blei, Quecksilber

Blei, Quecksilber, Zinn, Eisen, Kupfer, Silber, Kohle, Gold

Hierbei ist das erste Metall stets dasjenige, mit welchem der Nerv in Berührung gebracht wurde. Man sieht, dass die verschiedenen Reihen keineswegs übereinstimmen.

Die Ursache der Abweichungen dieser an sich richtigen Beobachtungen von der Darstellung VOLTA's liegt in dem Umstande, dass das Froschpräparat das Vorhandensein der elektrischen Erregung sowohl im positiven, wie im negativen Sinne anzeigt. PFAFF hat die einzelnen Reihen nach dem Absolut-werthe der Wirkung geordnet, ohne auf das Zeichen Rücksicht zu nehmen, bei VOLTA findet sich an der fraglichen Stelle noch keinerlei Andeutung über den Weg, auf dem er zu seinem Ergebnisse kam, und es macht fast den Eindruck einer unbewussten Inspiration.

[1] GREN's Neues Journ. d. Phys. 8, 196 1791 nach einer lateinischen Dissertation Stuttgart 1789.

4 Die Volta'sche Theorie Ein systematischer Bericht Volta's über
die Elektricitatsentwickelung bei der Beruhrung verschiedener Stoffe vom physikalischen Standpunkt beginnt mit dem Jahre 1796 in einer Reihe von
Briefen an Gren, den Herausgeber des Neuen Journals fur Physik Dieselben sind zum Theil in dieser Zeitschrift, ausfuhrlicher in den Annali di
Chimica von Brugnatelli von 1796 und 1797, Bd 13 und 14, abgedruckt
Aus diesem sind sie dann von J W Ritter ins Deutsche ubersetzt, und in
dessen „Beitragen zur naheren Kenntniss des Galvanismus", Bd I
drittes Stuck,[1] mitgetheilt worden

Das erste Schreiben an Gren[2] enthalt charakteristisch genug einen
einzigen Versuch zur Erlauterung von Volta's Anschauungen, und dieser
ist wieder physiologischer Natur Ich setze den ganzen Text her

„Man fulle einen zinnernen Becher mit Seifenwasser, Kalkmilch oder
besser mit massig starker Lauge, fasse den Becher mit einer oder beiden
Handen, die man mit blossem Wasser feucht gemacht hat, und bringe die
Spitze der Zunge auf die Flussigkeit im Becher Sogleich wird man die
Empfindung von einem sauren Geschmack auf der Zunge erhalten, welche
die alkalische Flussigkeit beruhrt Der Geschmack ist sehr entscheidend, und
im ersten Augenblick ziemlich stark, er verwandelt sich aber bald nachher
in einen davon verschiedenen, minder sauren, mehr salzigen und stechenden,
bis er endlich scharf und alkalisch wird, so wie die Flussigkeit mehr auf die
Zunge wirkt, und die Wirksamkeit ihres eigenthumlichen Geschmackes und
ihre jetzt mehr entwickelte chemische Thatigkeit mehr und mehr die Empfindung des sauren Geschmackes unterdruckt, der durch den Strom von
elektrischer Flussigkeit veranlasst wird, welcher vom Zinn zum alkalischen
Liquor, und von da zur Zunge, und dann durch die Person zur Wasserschicht und von da zum Zinn durch eine bestandige Circulation ubertritt

„Ich erklare so das Phanomen nach meinen Grundsatzen und kann in
der That keine andere Erklarung geben Alles bestatigt indessen meine
Behauptung und beweist sie auf tausenderlei Weise Die Beruhrung verschiedener Leiter namlich, besonders metallischer, der Kiese und anderer
Erze und die Holzkohle mit einbegriffen, die ich alle trockene Leiter oder
von der ersten Klasse nenne, die Beruhrung dieser Leiter, sage ich, mit
anderen feuchten Leitern, oder mit Leitern der zweiten Klasse, erschuttert
und trubt das elektrische Fluidum und giebt ihm einen gewissen Antrieb
Fragen Sie mich noch nicht nach dem Wie es ist genug, dass dies eine
Thatsache ist, und eine allgemeine Thatsache Dieser Antrieb, sei es nun
Anziehung, Abstossung oder irgend eine Impulsion, ist verschieden und ungleich, sowohl in Ansehung der verschiedenen Metalle, als der verschiedenen
feuchten Leiter, dergestalt, dass, wo nicht die Richtung, doch wenigstens die
Kraft, mit welcher das elektrische Fluidum getrieben oder sollicitirt wird,
da verschieden ist, wo der Leiter A an den Leiter B, und da, wo er an

einen anderen (applicirt wird   Jedesmal also, dass in einem vollstandigen
Kreise von Leitern entweder einer von der zweiten Klasse zwischen zwei
unter einander verschiedenen von der ersten Klasse, oder umgekehrt einer
von der ersten Klasse zwischen zwei auch unter einander verschiedene von
der zweiten Klasse gestellt wird, wird durch die vorwaltende Kraft zur Rechten
oder zur Linken ein elektrischer Strom veranlasst werden, eine Circulation
dieses Fluidums, die nur bei Unterbrechung des Kreises aufhort, und sogleich und jedesmal wieder hergestellt wird, wenn der besagte Kreis wieder
vollstandig wird "

In dem weiteren Verfolg seiner Mittheilung variirt VOLTA in den mannigfaltigsten Weise seine Versuche   Er zeigt, dass aus zwei Leitern niemals
Verbindungen hergestellt werden konnen, welche das Froschpraparat erregen,
es sind dazu mindestens drei erforderlich, wovon allerdings der thierische
Korper selbst einer sein kann   Ferner wird keine Wirkung hervorgebracht,
wenn zwei verschiedene Metalle vorhanden sind, welche sich nicht unter
einander beruhren, sondern von denen jedes an feuchte Leiter grenzt, und
ebensowenig tritt eine solche ein, wenn der Leiter aus drei Stucken Metall
besteht, von denen zwei gleiche den Frosch beruhren, wahrend der dritte
beide verbindet   Sowie aber an einer dieser letzten Verbindungsstellen die
Metalle sich nicht unmittelbar beruhren, sondern eine Spur eines feuchten
Leiters zwischen sich haben, tritt eine Wirkung ein

„Um also bei Froschen Contractionen, auf der Zunge Geschmack, in
den Augen die Empfindung des Lichts u s w zu erregen, ist es schlechterdings nothwendig, dass sich zwei verschiedene Metalle oder Leiter der ersten
Klasse auf einer Seite unter einander beruhren oder einen heterogenen zusammengesetzten Metallbogen bilden, wahrend sie mit ihren gegenuber
stehenden Enden den oder die Leiter der zweiten Klassen beruhren und
zwischen sich fassen, die den anderen Bogen bilden "

Indem VOLTA den Grundsatz anwendet, dass jedesmal eine Wirkung erfolgt, wenn nicht die nach seiner Annahme an den Beruhrungsstellen entstehenden Krafte durch die symmetrische Anordnung der Beruhrungen sich
aufheben, kann er die bei Anordnungen aus vier und mehr Gliedern auftretenden Wirkungen voraussagen   In die grosse Mannigfaltigkeit der hier
erorterten Versuche brauchen wir ihm nicht zu folgen, da sie alle nur den
Grundsatz bestatigen

Von Belang ist die von VOLTA betonte Thatsache, dass man auch
Wirkungen erhalt, wenn man statt eines feuchten Leiters und zweier Metalle
ein Metall und zwei feuchte Leiter anwendet, nur mussen die beiden letzteren
recht verschieden von einander sein, etwa Seife- und Salzlosung   Doch
bemerkt er bereits, dass fur die verschiedenen Metalle auch verschiedene
Flussigkeitspaare die wirksamsten sind   Fur die meisten, aber keineswegs
alle Metalle gilt folgende Reihe   Reines Wasser, ein halbflussiger Brei aus
Thon oder Kreide mit Wasser, Zuckerlosung, Alkohol und Ather, Milch,
schleimige Flussigkeiten, thierische eiweisshaltige Flussigkeiten, verschiedene

Weine, Essig und andere vegetabilische Safte, Speichel, Nasenschleim, Blut, Harn, starkes Salzwasser, Seifenauflosung, die mineralischen Sauren, Kalkmilch, starke alkalische Lauge, gesättigte Kalilosung, Schwefelkali und andere Schwefellebern

In gewissen Fallen erhalt man indessen auch Zuckungen bei der Anwendung eines feuchten Leiters und eines einzigen Metalles, insbesondere des Eisens, wenn dieses an beiden Enden verschiedene Harte besitzt

Auch aus lauter feuchten Leitern lassen sich wirksame Verbindungen zusammenstellen, doch muss, dem Grundsatz gemass, ihre Zahl mindestens drei betragen Indessen sind diese Wirkungen weit schwacher und daher schwieriger nachzuweisen Der Brief schliesst mit folgenden Worten

„Sie sehen jetzt, worin das ganze Geheimniss, die ganze Magie des Galvanismus besteht Sie ist nichts als eine durch die Beruhrung heterogener Leiter in Bewegung gesetzte kunstliche Elektricitat Diese verschiedenen Leiter sind es, welche hierbei thatig, welche die wahren Erreger derselben sind, und dies Gesetz gilt nicht etwa bloss fur die Metalle oder die Leiter der ersten Klasse, wie man hatte glauben sollen, sondern mehr oder weniger fur alle, nachdem sie ihrer Natur und Gute nach mehr oder weniger von einander verschieden sind, und folglich auch in einigem Grade fur die feuchten oder Leiter zweiter Klasse So lange Sie von diesen Gesetzen ausgehen, werden Sie alle bisher angestellten Erfahrungen leicht erklaren konnen, ohne zu irgend einem eingebildeten anderen Prinzip einer activen thierischen und den Organen eigenthumlichen Elektricitat Ihre Zuflucht nehmen zu durfen, Sie werden mit Hilfe desselben sogar neue Versuche erfinden, und ihren Erfolg vorher sagen konnen, wie ich es gethan habe und nachtraglich thue Verlassen Sie aber diese Grundsatze, so werden Sie in diesem weiten Felde von Versuchen nichts als Ungewissheiten Anomalien und Widerspruche ohne Ende antreffen, und alles wird Ihnen ein unlosbares Rathsel werden"

3 Der Sitz der Elektricitatserregung Nachdem Volta nun festgestellt hatte, dass durch die Annahme, dass an den Beruhrungsstellen heterogener Stoffe eine Trennung der Elektricitaten eintrete, die Gesammtheit der beobachteten Erscheinungen sich erklaren lasst, ging er zu der Aufgabe uber, den hauptsachlichen Sitz dieser Kraft zu bestimmen Er hebt ausdrucklich hervor, dass er zunachst geneigt war, ihn an den Beruhrungsstellen zwischen den Metallen und den feuchten Leitern zu suchen, denn das Vorhandensein solcher Krafte wird durch die Zusammenstellungen aus einem Metall und zwei Flussigkeiten sehr wahrscheinlich gemacht Aber Versuche, welche er mittelst seines Condensators,[1] sowie mittelst des von Nicholson erfundenen Duplicators[2] anstellte, brachten ihn zu der Uberzeugung, dass der grosste Theil der Wirkung zwischen den verschiedenen Metallen stattfinden musse

1 Phil Trans 72 1 1782   2 Phil Trans 78 403 1788

Wie sehr Volta geschwankt hat, wo er den wesentlichsten Theil der elektrischen Erregung in der Kette zu suchen habe, ob an der Berührungsstelle der Metalle unter sich, oder an den Stellen, wo Metall und Flüssigkeit sich berühren, geht aus den nachstehenden Stellen eines seiner Briefe an Gren[1] hervor

„Ich gestehe es, dass ich mich im Vorigen sehr zur letzten Voraussetzung geneigt habe, dass ich nämlich die das elektrische Fluidum in Bewegung setzende Action, statt sie vom wechselseitigen Kontakt der beiden Metalle unter einander herzuleiten, in die Berührung eines jeden von ihnen mit den feuchten, oder den Leitern der zweiten Klasse gesetzt habe Auch kann man wirklich nicht leugnen, dass nicht durch die Berührung der Metalle mit diesen feuchten Leitern einige, bald stärkere, bald schwächere Action bestimmt werde, wie alle in den vorigen Paragraphen erzählten Versuche beweisen, dass man in einem Frosch starke Contractionen dadurch erregt, dass man mit einem Bogen von bloss einem homogenen Metalle, auf der einen Seite Wasser oder einen anderen wasserigen Leiter, und auf der anderen eine mucilaginose, salzige . Flüssigkeit in Berührung bringt. Demungeachtet aber haben mich neue, erst vor Kurzem entdeckte Thatsachen überzeugt, dass bei der gewöhnlichen Art, galvanische Versuche anzustellen, indem man nämlich zwei hinlänglich von einander verschiedene Metalle an bloss wasserige oder andere nicht beträchtlich von diesen verschiedene feuchte Leiter appliciert, die erhaltene Wirkung weit mehr auf Rechnung des wechselseitigen Kontakts dieser Metalle unter einander, als ihrer beiderseitigen Berührung mit den genannten feuchten Leitern komme“

„Es erzeugt sich sonach bei der wechselseitigen Berührung, z B des Silbers mit dem Zinn, eine Action, eine Kraft, vermöge welcher das erstere elektrisches Fluidum abgiebt, das zweite hingegen es aufnimmt, oder jenes dasselbe in dieses ergiesst Diese Action erzeugt, wenn übrigens der Kreis durch feuchte Leiter vollständig gemacht wird, einen Strom, eine continuirliche Circulation dieses Fluidums, welches, der oben angezeigten Richtung gemäss, aus dem Silber nach dem Zinn, und von da durch den feuchten Leiter wieder zurück nach dem Silber geht, um so, indem es von Neuem nach dem Zinn strömt, das vorige Spiel zu wiederholen“

Diese letzte Vorstellung, welche uns gegenwärtig undenkbar erscheint, da sie eine Verletzung des Energieprinzipes bedingt, muss Volta ganz besonders gefallen haben, denn er citirt aus einem Gedicht von Mascheroni[2] zum Lobe der Universität Pavia die folgenden Verse

> E quindi in prda e lo stupor li punse
> Chiaro veder quella virtu, che crea
> Fissi per interposti umidi tratti
> Dal vile stagno d ricco argento, e torna
> Di questo e quello con perenne giro

[1] Kru . Beitrage zur Kenntniss des Galvanismus I, drittes Stück, S 47, 1800
[2] Invito a Lesbia Milano 1793

Zu deutsch etwa

> Und eine Beute des Erstaunens glaubt er
> Nun klaren Auges zu schauen die Kraft die bildlings
> Den Weg sich bahnt durch feuchte Zwischenschichten
> Vom schlechten Zinn zum reichen Silber wendend
> Von dem zu jenem sich in ewigem Kreislauf

5 Sind die galvanischen Vorgange elektrischer Natur? Volta hat wie Galvani von vornherein die galvanischen Erscheinungen als elektrische angesehen Diese Meinung stutzte sich vor allen Dingen auf die ersten Beobachtungen Galvani's, nach welchen die Zuckungen durch in der Nahe erfolgende elektrische Bewegungen, also, wie wir jetzt sagen wurden, durch elektrische Induction hervorgerufen wurden Zweifelhaft wurde diese Deutung allerdings zunachst dadurch, dass die Zuckungen auch ohne Elektrisirmaschine hervorgerufen wurden, die hierbei vorausgesetzten elektrischen Ladungen suchte Galvani im Organismus, Volta dagegen im Leiter

Dass es sich hier wirklich um elektrische Erscheinungen handelte, war schliesslich nur durch die Leitungsverhaltnisse wahrscheinlich gemacht, Isolatoren der Elektricitat hemmten die Wirkung, Leiter gestatteten sie

Dieser Beweis wurde sogar vorubergehend durch den von Humboldt[1] angegebenen Unterschied erschuttert, dass einige „gute" Leiter der gewohnlichen Reibungselektricitat die galvanische Wirkung unterbrechen. Von solchen nennt Humboldt die Flamme, trockene thierische Knochen, die Torricellische Leere, Wasserdampf, rothgluhendes Glas Auch eine aus den Burgern Collomb, Sabathier, Pelletan, Charles, Fourcroy, Vauquelin, Guyton und Halle bestehende Commission, welche die Pariser Akademie zur Prufung der Galvani'schen Entdeckungen ernannt hatte, bestatigte[2] dies Ergebniss Indessen wurde in Folge der spateren Entdeckungen Volta's uber diesen Einwand meist hinweggegangen, und gegenwartig wissen wir, dass die fraglichen Leiter entweder thatsachlich sehr schlechte Leiter sind oder, wie die Torricellische Leere, nur eine Funkenentladung bei vorhandener grosser Spannung ermoglichen

Die oben erwahnte Commission der Pariser Akademie, welcher sich spater noch Venturi aus Modena und Alexander von Humboldt anschlossen, hat einen sehr ausgedehnten Bericht[3] uber ihre Arbeiten erstattet, welche ihre Unsicherheit in Bezug auf die Hauptfrage unter einer Fulle wohlklingender aber nicht eben sehr inhaltreicher Auseinandersetzungen erkennen lasst und ein Muster dafur ist, wie mit moglichst vielen Worten moglichst wenig Bestimmtes und Verpflichtendes zu sagen ist Nachstehend sind die Haupt-

---

[1] Versuche uber die gereizte Muskel- und Nervenfaser

[2] Ritter, Beitrage zur naheren Kenntniss des Galv 1 98 1800

[3] Journ de Physique 4. 392 u 441 an 6 (1798) Deutsch in Ritter's Beitragen, 1 98, 1800

stellen aus den zusammenfassenden Schlussbetrachtungen, die der Beschreibung unzähliger Versuche angeschlossen wurden, wiedergegeben

„Es zeigt sich, dass die galvanischen Erscheinungen uns im Organismus ein Prinzip nachweisen, dessen Natur möglicher Weise sehr lange unbekannt bleiben wird, in welchem aber offenbar das Wesen der gegenseitigen Beziehungen zwischen dem Nerven- und dem Muskelsystem besteht

„Aus der Art, wie sich die Wirkungen dieses Prinzips zwischen den
lebenden Theilen fortpflanzen, aus seinem Gang und der augenblicklichen
Schnelligkeit seines Einflusses, aus den künstlichen Mitteln der Mittheilung,
welchen es gehorcht, aus dem Zusammenhange dieser Mittheilung mit zwei
Arten von Stoffen, von denen die einen sie durchlassen, die anderen sie
hemmen, ergiebt sich eine deutliche Analogie zwischen dem Galvanismus
und der Elektricität

„Diese Analogie scheint eine neue Stütze aus der mehr oder weniger
erheblichen Entfernung zu gewinnen, in welcher der Galvanismus sich über
die Oberfläche der Körper auszudehnen scheint, indem es sie mit einer Art
Atmosphäre umgiebt, deren Ausdehnung in geradem Verhältniss mit der
Intensität dieses Einflusses, und mit der mehr oder minder leitenden Beschaffenheit des Mittels steht, durch welches seine Ausstrahlungen sich fortpflanzen

„Sie befestigt sich weiter durch die Bestätigung des Versuches, durch
welchen Humboldt mittelst der Empfindungen und Zuckungen, die gleichzeitig in mehreren Personen in einem und demselben galvanischen Kreise
hervorgerufen wurden, die Transmission dieses Einflusses durch die verschiedenen Theile des erregenden Bogens beweist

„Wie weit aber auch die Analogie gehen mag, so sieht man doch auch,
dass sie noch weit davon entfernt ist, die Charaktere einer völligen Gleichheit erkennen zu lassen, auch scheint die Identität nicht vereinbar mit dem
Bestehenbleiben der galvanischen Erscheinungen innerhalb elektrischer
Atmosphären, und noch weniger mit den Eigenschaften der Stoffe, welche
gleichzeitig Leiter des einen und Nichtleiter des anderen Einflusses sind

„Welcher Natur übrigens dieses Prinzip sein mag, so zeigen doch die
Versuche, durch welche es nachgewiesen wird, mit neuer Evidenz einen
Vorgang der thierischen Ökonomie, welcher zwar bekannt ist, welchen man
aber von nun an besser als bisher wird beurtheilen können es ist die Thatsache, dass die Anzeichen des Lebens in den verschiedenen Theilen des
Thieres lange Zeit bestehen bleiben können, nachdem das gesammte Leben
zerstört ist, und das Thier aufgehört hat zu existiren, weil die Functionen,
welche die Harmonie des Ganzen und der Theile erhalten, die Athmung
und der Blutumlauf, aufgehört haben sich zu vollziehen

„Dies ist nicht Alles Indem die galvanischen Erscheinungen uns vollkommen mit der Wirkung der Ursachen bekannt machen, welche diese
Functionen unterbrechen, und welche das Leben des Thieres durch Ersticken
suspendiren oder vernichten, lassen sie uns zwischen ihren zerstörenden

Eigenschaften Unterschiede entdecken, welche von den Verschiedenheiten der
Angriffe abhangen, welche diese Ursachen den Lebensfahigkeiten gegenuber
entwickeln und deren Grade nicht nur mit der Starke, sondern auch mit
der Art ihrer Wirkung im Zusammenhang stehen, wird diese Kenntniss uns
nicht eines Tages dazu fuhren, sowohl die Diagnose wie die Behandlung der
Asphyxien zu verbessern?

„Ungeachtet der Hoffnungen, welche diese Ausblicke und Ahnlichkeiten
naturgemass entstehen lassen, hemmen uns andere Beobachtungen und begrenzen die Schlusse, zu welchen die grossen Ahnlichkeiten uns das Recht
zu geben scheinen. Aus der Reihe der Thatsachen, welche wir dargelegt
haben, und insbesondere aus dem Bestehenbleiben der galvanischen Wirkungen ungeachtet der Unterbindung oder Durchschneidung des Nervs, aus
der Mittheilung derselben Wirkungen zwischen Nerven und Muskeln aus
verschiedenen Theilen und von verschiedenen Thieren, ergiebt sich ein Verhalten, welches mit dem nicht in Ubereinstimmung zu sein scheint, welches
in der naturlichen Ordnung der Dinge den Einfluss der nervosen Organe
auf den Muskel regelt, da im lebenden Thiere dieser Einfluss untrennbar
an die Unverletztheit und Stetigkeit des Nervs gebunden ist. Auch wird
ersichtlich, wie weit die kunstlichen Mittel, mit deren Hulfe wir die galvanischen Erscheinungen hervorrufen, uns fern von denen lassen, deren sich
die Natur bedient, um die Bewegungen des thierischen Organismus zu bestimmen, abzuandern und zu richten.

„Und wenn man dennoch bei den kunstlichen Versuchen die Weise
betrachtet, wie dieser Einfluss gleichzeitig Empfindungen und Bewegungen
hervorruft, so kann man nicht umhin, in der Gesammtheit von Nerv und
Muskel, und in ihrem Zusammenhang mit dem Blut- und Lymphsystem
eine Gruppe von Apparaten zu vermuthen, deren Wirkungsweise sich uns
von bisher unbekannter Seite zeigen und eines Tages zur Entstehung einer
ganz neuen Physiologie Anlass geben wird, welche uns in den Stand setzt,
dieses bewegende Prinzip, welches das wesentliche und unterscheidende Element in der Physik der organisirten und lebenden Korper bildet, zu erfassen
zu bestimmen und moglicher Weise zu berechnen".

Eine andere Frage ist es, ob das Agens, welches sich im Nerv fortpflanzt und im Muskel Zuckung hervorruft, elektrischer Natur ist. Auch
hierauf hatte GALVANI, wie berichtet, unbedingt bejahend geantwortet. Doch
wurde durch VALLI und PFAFF ein Versuch bekannt, welcher dieser Anschauung eine erhebliche Schwierigkeit bereitete, die von den Forschern auf
diesem Gebiete vielfach empfunden, von HUMBOLDT[1] ausdrucklich als eine
der grossten anerkannt wurde. Der Versuch besteht in Folgendem.

Stellt m n (Fig 14) einen Froschschenkel nebst daran hangendem Nerven
dar, so erhalt man Zuckungen, wenn man zwei Metalle a und b (z B Zink
und Silber) mit einander und mit dem Nerv bei α und β in Beruhrung setzt

---

[1] Versuche uber die gereizte Muskel- und Nervenfaser S. 482

Diese Zuckungen entstehen auch, wenn man an der Stelle $n \, \nu$ zwischen α und β den Nerv unterbindet, durchschneidet und wieder zusammenfügt, ihn mit ätzenden Flüssigkeiten behandelt oder sonst auf irgend eine Weise tödtet, oder seinen organischen Zusammenhang unterbricht; so lange nur elektrische Leitfähigkeit vorhanden ist, lassen sich Zuckungen beobachten.

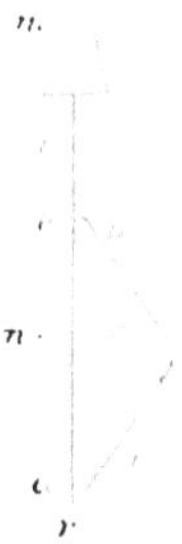

Ganz anders verhält es sich, wenn die todte Stelle $n - \nu$ des Nervs ausserhalb des durch die Metalle eingeschlossenen Theiles nach der Seite des Muskels liegt, wie in Fig. 15 angedeutet ist; alsdann bleiben alle Zuckungen aus.

Den Schluss, welcher aus diesem Versuch mit Nothwendigkeit folgt, hat J. W. Ritter bestimmt gezogen,[1] dass nämlich der Vorgang, welcher durch seinen Verlauf im Muskel Zuckung hervorruft, von dem Vorgang, welcher in einer galvanischen Platte verläuft, verschieden ist. Dadurch wurde in unzweifelhafter

Fig. 14.

Weise das Gebiet der galvanischen Vorgänge aus dem organisch-physiologischen entfernt und in das anorganisch-chemische übertragen. Wie Volta von vornherein erkannt hatte, dient das Froschpräparat nur als ein hochempfindliches Elektroskop, und der physiologische Zusammenhang beschränkt sich darauf, dass die Elektricität sich als besonders leicht und bei geringster Bethätigung wirksamer Reiz erweist, welcher, wenn er den Nerv an irgend einer Stelle trifft, an seinem Ende den im Übrigen noch völlig unbekannten Vorgang veranlasst, durch welchen die Zuckung des Muskels hervorgebracht wird.

6. Unmittelbarer Nachweis der elektrischen Natur des galvanischen Vorganges. Trotz der grossen Übereinstimmung, welche sich zwischen den galvanischen und den elektrischen Erscheinungen in Bezug auf ihre Leitung gezeigt hatte,

Fig. 15.

blieb es eine Aufgabe von grosser Bedeutung, die elektrische Natur jener unmittelbar, mit Hilfe der an der Elektricität wohlbekannten Eigenschaften der Anziehung und Abstossung, sowie der Funkenbildung zu erweisen. Volta hatte die Wichtigkeit dieser Aufgabe wohl erkannt, und sich in den Jahren 1795 bis 1796 mit ihrer Lösung eifrig beschäftigt. Die erste Mittheilung über den günstigen Erfolg seiner Versuche ist in seinem zweiten Briefe an Gren,[2] der vom August 1796 datirt ist, enthalten:

„Ist der Kreis unterbrochen, so entsteht, wenn beide Metalle isolirt sind, in dem Zinn eine Anhäufung des genannten Fluidums auf Kosten des Silbers, eine Elektricität nämlich, die positiv oder plus ist in dem ersteren und

---

[1] Beiträge zur näheren Kenntniss des Galvanismus I, 125 ff. Jena 1800.
[2] Brugnatelli, Annali di Chimica 14, 3, 1797. Deutsch in Ritter's Beiträgen, Bd. 1, 3. Stück, S. 50.

negativ oder minus in dem letzteren eine Elektricität, die zwar sehr gering und weit unter dem Grade ist, welcher nöthig wäre, um sich an den gewöhnlichen Elektrometern durch Zeichen merklich zu machen, mit der es mir aber doch endlich, und besser, als ich erwartete, gelungen ist, sie mit Hilfe meines Condensators der Elektricität, und noch besser mit dem Duplicator des Herrn Nicholsons,[1] einem Instrumente von der sinnreichsten Erfindung, das mit dem Condensator auf gleichen Prinzipien beruht, wirklich bemerkbar zu machen, ja sogar sie bis zum Funken zu verstärken"

Nachdem Volta Einiges über den Gebrauch und die Empfindlichkeit des Duplicators vorausgeschickt hat, beschreibt er seinen

Ersten Versuch „Nachdem ich den Duplicator einige Stunden je einen oder einige Tage in Ruhe, und seine drei messingenen Scheiben unter einander und mit der Erde in Verbindung gelassen habe, bis ich glauben kann, dass aller Rückstand von der in den vorigen Versuchen vorhandenen Elektricität sich völlig daraus verloren habe, hebe ich jene Verbindungen auf, so dass nun die bewegliche Scheibe sowohl, als die beiden anderen unbeweglichen, jede besonders, isolirt sind Hierauf bringe ich mit jener beweglichen, oder mit einer der unbeweglichen messingenen Scheiben eine Silberplatte auf eine beliebige Zeit in Berührung, nehme sie wieder weg, und fange jetzt an, die bewegliche Scheibe in Umdrehung zu versetzen. Nach 20, 30, 40 Umdrehungen schon, je nachdem die Berührung mehr oder weniger vollkommen war und das Instrument in besserem Zustande und die Luft trockener ist erschienen in der beweglichen Scheibe Zeichen von positiver Elektricität, wenn das Silber mit ihr in Berührung gestanden hatte, die unbeweglichen Scheiben hingegen gaben Zeichen von negativer Elektricität, die durch jene veranlasst sind, war aber das Silber mit einer der unbeweglichen Scheiben in Berührung, so ist das Verhältniss umgekehrt diese nämlich geben Zeichen von positiver und jene von negativer Elektricität In beiden Fällen zeigen sich diese Elektricitäten an sehr empfindlichen Elektrometern mit Goldblättchen sowohl, als auch an den minder empfindlichen Strohhalm-Elektrometern, mit denen die genannten Scheiben, jede für sich, in Verbindung gesetzt worden, an, und wachsen, wie die Zahl der Umdrehungen zunimmt

„Zweiter Versuch Statt jene Messingscheibe mit einer Silberplatte zu berühren, bringe man sie mit einer von Zinn in Verbindung, die berührte Scheibe wird vermittelst des gewöhnlichen Spiels, und zwar bei einer minderen Zahl von Umdrehungen als vorhin, Zeichen von negativer, und die unberührte folglich von positiver Elektricität geben

„Das Nämliche erfolgt, und noch weit schneller, wenn die genannte Scheibe von Messing mit einer Zinkplatte berührt wurde

---

[1] Die Beschreibung dieser Instrumente wird weiter unten mitgetheilt werden

„Dritter Versuch Man nehme Scheiben oder Platten von verschiedenen Metallen als von Silber, Messing, Eisen, Blei, Zinn, Zink u s w, die ungefähr drei Zoll im Durchmesser haben Es ist von keinem sonderlichen Vortheil, wenn sie grosser sind, nachtheilig aber würde es sein, wenn sie um ein Beträchtliches kleiner wären, übrigens muss man sie durch gläserne Fussgestelle oder Säulen bequem isoliren können Man bringe also eine isolirte Silberplatte mit der Fläche einer isolirten Zinnplatte auf kurze Zeit, oder auch nur auf einen Augenblick, in möglichst genaue Berührung das Silber wird durch diese kurze Berührung mit dem Zinn eine negative, das letztere aber, das Zinn, eine positive Elektricität erhalten haben·

Volta wurde bei fortgesetzter Beschäftigung mit dem Duplicator indessen mit Recht misstrauisch gegen die von Zufälligkeiten vielfach abhängigen Angaben dieses Instrumentes, und bemühte sich erfolgreich um einfachere Versuchsanordnungen In seinem dritten Briefe an Gren,[1] der im Jahre 1797 geschrieben worden ist, beschreibt er die seitdem unter dem Namen des Volta'schen Fundamentalversuches klassisch gewordene Anordnung folgendermaassen

„Man hat zu diesen Versuchen nichts weiter nothig, als Platten von verschiedenen Metallen, wie ich sie bereits im vorigen Brief beschrieben habe, und ein Bennet'sches Elektrometer mit Streifen des feinsten Goldblattes Um bei dem einfachsten anzufangen, wiederhole man die bereits angeführten Versuche, nur mit dem einzigen Unterschiede, dass man die mit einander in Berührung gestandenen Platten nicht mehr mit dem Duplicator, sondern sogleich unmittelbar mit dem Knopf eines sehr empfindlichen Elektrometers in Berührung bringt, die Pendel desselben, die Goldblättchen, werden etwas divergiren, und damit einige Elektricität anzeigen, welche positiv oder negativ sein wird, je nach der Natur des Metalles, welches man untersucht, und des anderen, mit dem dies vorher in Berührung stand "

7 Sitz der elektromotorischen Kraft Aus dem Umstande, dass mit einem einzigen Metalle im Froschschenkel Zuckungen hervorgebracht werden können, wenn die beiden Enden desselben mit möglichst verschiedenen Flüssigkeiten in Berührung kommen, hatte Volta bereits geschlossen, dass auch zwischen Metallen und Flüssigkeiten Elektricitätserregung stattfindet, die Versuche mit dem Duplicator bestätigten dies Ergebniss, wie er in seinem zweiten Briefe an Gren gleichfalls mittheilte

„Ich gehe jetzt weiter, um durch unmittelbare Versuche zu erweisen, was ich oben bereits erwähnt habe, nämlich dass die Metalle ihre Eigenschaft, durch Berührung mit anderen, vorausgesetzt nur, dass sie verschiedener Art sind, die elektrische Flüssigkeit in Bewegung zu setzen, sie abzugeben oder aufzunehmen u s w, ebenfalls auch äussern, wenn sie mit feuchten Leitern oder solchen zweiter Klasse in Berührung kommen, nur dass unter diesen Umständen der Grad, mit dem es geschieht, im Allgemeinen, und wenn man sie mit wässerigen oder vom Wasser wenig verschiedenen Leitern zusammenbringt, weit geringer ist als mit jenen

„Ich sage im Allgemeinen, und wenn die Leiter, die man mit den Metallen in Berührung bringt, rein oder fast rein wässeriger Art sind, denn die elektrische Wirkung, welche sich bei der Berührung einer Menge salziger Flüssigkeiten, vorzüglich gewisser Säuren mit gewissen Metallen, und der concentrirten Alkalien mit fast allen Metallen erzeugt, ist häufig starker und ausgezeichneter als die, welche die wechselseitige Beziehung zweier wenig von einander verschiedenen Metalle hervorbringt, wie die hierüber bereits an ihrem Orte erzählten Versuche zeigen, in denen ein entweder unvollkommen präparirter oder nur in schwachem Grade erregbarer Frosch, den man auf die gewöhnliche Art in zwei Gläser mit Wasser gebracht hat, in Ruhe bleibt, wenn man den Kreis mit zwei solchen wenig verschiedenen Metallen, wie Silber und Kupfer, Messing und Eisen u s w schliesst, da er im Gegentheil heftig bewegt wird, wenn man beide Gläser durch einen Bogen aus bloss einem Metall, z B aus Eisen allein, oder aus Zinn allein, verbindet, an dessen eines Ende man etwas starkes Salzwasser, Salpetersäure oder Alkahauflosung gebracht hat

„Ich beschränke mich also auf die Leiter der wässerigen oder dieser nahekommenden Art, und wähle dazu grünes Holz, feuchtes Papier mit Wasser getränkte Ziegeln oder andere Steine poröser Natur Alle diese Körper bringe ich einzeln und isolirt mit Platten von Silber, Messing, Zinn, Zink u s w in Berührung, trenne diese hierauf von jenen und nehme dann wie gewöhnlich den Duplicator zu Hülfe So finde ich, dass sie alle von ihren elektrischen Flüssigkeiten verloren oder eine negative Elektricität erhalten haben Diese negative Elektricität ist indessen sehr geringe, vorzüglich beim Zink, und bei weitem kleiner als die, welche eine Silberplatte, die man an eine von Zinn applicirt, oder auch als die, welche dieses Zinn erhält, wenn man es mit einer Zinkplatte verbindet, geschweige denn als die, welche jenes erste Metall bei der Berührung mit diesem letzterem erhält Die Elektricität der Metallplatte, die mit einer von jenen feuchten Materien in Berührung war, ist, die Platte sei übrigens von welchem Metall sie wolle, so klein, dass, um sie entdecken zu können, der Duplicator von aller fremden Elektricität befreit sein muss, und selbst dann sind noch eine Menge Umdrehungen erforderlich, um sie bis zu einem gewissen Grade zu verstarken "

Wir stehen hier an einem Punkte, wo der folgenreichste Irrthum der Elektrochemie beginnt, dessen Bekampfung weiterhin fast den grössten Theil der wissenschaftlichen Arbeit auf diesem Gebiete in Anspruch genommen hat Einen Vorwurf für Volta kann man aus dem Vorstehenden nicht ableiten. Volta hat die Erscheinungen genommen, wie sie sich ihm darboten. Untersuchungen über die Quelle der elektrischen Erregungen, die er beobachtete, anzustellen, war erst die Aufgabe einer späteren Zeit, nachdem ihm der Nachweis gelungen war, dass solche überhaupt unter den von

ihm angegebenen Bedingungen stattfinden. Dass er die Aussagen seiner
Messinstrumente so auffasste, wie sie sich ihm unmittelbar darboten, entspricht
völlig dem regelmässigen Gange der wissenschaftlichen Entwickelung, ebenso
hat man beispielsweise unter dem Einfluss des Augenscheines zu einem
Zweifel, dass die Sonne sich um die Erde bewegt, zunächst keinen Anlass.
Erst die wissenschaftliche Untersuchung der Frage, d. h. das Bedürfniss,
diese Erscheinung mit einer Anzahl anderer im Zusammenhange aufzufassen,
lässt erkennen, dass diese Beschreibung der Beziehung zwischen Sonne und
Erde unzweckmässig ist und durch die umgekehrte ersetzt werden muss.
Ganz in derselben Weise ist erst später mehr und mehr die Nothwendigkeit
in den Vordergrund getreten, die Vorgänge zwischen den Metallen und den
feuchten Leitern in Betracht zu ziehen, und damit sind die Zweifel an der
Bündigkeit des Augenscheines bei diesem Versuche erwacht. Wenn also
ein Vorwurf zu machen ist, so gebührt er den späteren „unentwegten" Anhängern der VOLTA'schen Lehre, die zu Zeiten, wo reichlicheres und ent-
scheidenderes Material gegen diese vorlag, die VOLTA'sche Lehre nicht zu
prüfen, wohl aber zu vertheidigen stets mit Eifer bereit waren.

§ Gleichzeitige Forscher. Unter den zahlreichen Forschern, welche
durch GALVANI's Entdeckungen zu weiteren Untersuchungen angeregt wurden,
nimmt VOLTA, wie das aus der vorangegangenen Darstellung sich ergab,
unbedingt die erste Stellung ein. Er setzte seine Auffassung der fraglichen
Erscheinungen so siegreich gegen GALVANI durch, dass er alsbald die Führung in der weiteren Förderung der Sache übernahm, und in den ersten
Decennien des Galvanismus sehen wir ihn die maassgebenden Entdeckungen
und Ideen so gut wie allein an das Licht bringen. Seine auf gleichem Gebiete strebenden Zeitgenossen stehen daher in völliger Abhängigkeit von
ihm, und was sie bringen, ist neben VOLTA's Arbeiten durchaus zweiter
Ordnung.

Unter diesen gleichzeitigen Mitarbeitern sind insbesondere drei Deutsche
zu nennen. ALEXANDER VON HUMBOLDT, C. H. PFAFF und J. W. RITTER.

HUMBOLDT hatte sich schon als Freiberger Bergstudent eifrig mit dem
Galvanismus zu beschäftigen begonnen, seine ungemein zahlreichen Beobachtungen hat er in einem zweibändigen Werke Versuche über die gereizte Muskel- und Nervenfaser,[1] veröffentlicht. HUMBOLDT nimmt in
seiner Auffassung der Erscheinungen insofern eine abgesonderte Stellung
ein, als er einerseits die elektrische Natur der galvanischen Erscheinungen
in Zweifel zieht, wodurch er als Gegner GALVANI's erscheint, und andererseits durch mannigfaltige Versuche bestätigt, dass auch mit möglichst homogenen Metallen, ja ganz ohne solche der Froschschenkel zum Zucken gebracht werden kann, wodurch er sich mit VOLTA in Gegensatz stellt. Seine

---

[1] Versuche über die gereizte Muskel- und Nervenfaser nebst Vermuthungen über den
chemischen Prozess des Lebens in der Thier- und Pflanzenwelt von FRIDR. ALEXANDER v. HUM-
BOLDT. Posen und Berlin, 1797, 2 Bde.

Untersuchungen sind für die Entwickelung der Lehre von der strömenden Elektricität nicht von Wichtigkeit geworden, wohl aber später für die Elektrophysiologie. Auch an den Zusammenhang der galvanischen Erscheinungen mit chemischen hat Humboldt gedacht (ebenda I, 472, er verhält sich aber der Annahme eines solchen gegenüber wesentlich ablehnend.

CHRISTIAN HEINRICH PFAFF (geb 1773 in Stuttgart, gest 1852 in Kiel) hat sich insbesondere um die Verbreitung der Kenntniss der galvanischen Erscheinungen in Deutschland Verdienste erworben. Er schrieb 1793 eine lateinische Dissertation darüber, welche 1794 in GREN's Annalen deutsch abgedruckt wurde,[1] im folgenden Jahre veröffentlichte er eine sehr erweiterte Ausgabe seiner Arbeit unter dem Titel „Über thierische Elektricität und Reizbarkeit",[2] als Mitarbeiter des „neuen GEHLER"[3] hat er die Geschichte des Galvanismus in GEHLER's physikalischem Wörterbuch später 1828 mit dankenswerther Sorgfalt und Umsicht bearbeitet.

In gleicher Weise wie um die Entdeckungen GALVANIS hat sich PFAFF um diejenigen VOLTA's verdient gemacht. Er ist bis an sein Lebensende ein überzeugter Anhanger der Kontakttheorie VOLTA's geblieben, und hat 1837 und 1845 Streitschriften zur Vertheidigung derselben gegen die inzwischen ausgebildete „chemische Theorie" geschrieben.

9 J. W. RITTER Eine der merkwürdigsten Gestalten aus jener Zeit ist der Jenaer Physiker JOHANN WILHELM RITTER. Aus POGGENDORFF's Handwörterbuch entnehme ich über seine äusseren Schicksale folgende Daten. Er ist 1776 zu Samitz in Schlesien geboren, wurde Pharmaceut, lebte dann in Jena, Gotha und Weimar studirend und als Privatgelehrter, wurde 1804 an die Akademie zu München berufen und starb daselbst am 23 Januar 1810.

Der Eindruck der wissenschaftlichen Persönlichkeit, welchen man aus seinen zahlreichen Schriften erhält, ist der eines Mannes von ungewöhnlicher geistiger Regsamkeit. Eine immerfort auf das Lebhafteste thätige Phantasie veranlasste ihn zunächst zu ungewöhnlich intensiver Arbeit, jeder Gegenstand, den er ergreift, zeigt sich seinem geistigen Auge von so mannigfaltigen Seiten, dass die angestrengteste Thätigkeit der Hand erforderlich ist, um einigermaassen mit dem Fluge des Geistes Schritt zu halten, und eine Fülle experimenteller Untersuchungen kennzeichnet insbesondere seine Theilnahme an der Entwickelung der Lehre vom Galvanismus bis zur Entdeckung der VOLTA'schen Kette. Daneben macht sich eine bemerkenswerthe Kraft und Kühnheit des Denkens geltend. RITTER gehört nicht zu den zahllosen Menschen, die, wenn ihr Denken sie zu unerwarteten Ergebnissen geführt hat, aus Angst vor dem Absurden die unabweislichen Forderungen nicht zu ziehen wagen, er hat im Gegentheil stets die Augen nach möglichst weitgehenden Folgerungen aus den beobachteten Thatsachen offen, und kennt sehr wohl die weittragende Gewalt einer logisch scharfen Fragestellung und

[1] GREN's Ann der Physik 8, 196, 1794 [2] Leipzig 1795
[3] J S T GEHLER's Physikalisches Wörterbuch, neu bearbeitet von BRANDES, GMELIN, HORNER, MUNCKE, PFAFF Leipzig 1825—45

5*

ihrer erfahrungsmässigen Beantwortung So finden wir in seinen Schriften
zahlreiche Beispiele dafur, wie durch ihrem Inhalte nach wohl überlegte, in
ihrer Ausfuhrung einfache Experimente wichtige und weittragende Angelegen-
heiten entschieden werden, und er steht in dieser Beziehung vielfach hoch
uber seinen Zeitgenossen, welche durch unendliches Experimentiren allein
den Weg durch das Labyrinth des Galvanismus zu finden suchen

Neben diesen grossen Vorzugen fällt auch schon in seinen älteren
Schriften als Mangel ein schlechter Stil auf, der durch philosophisch ange-
hauchte Wendungen, endlose Satzbildungen und eine durchgangige Neigung
an Stelle des einfachen und unmittelbaren Ausdruckes umstandliche und ge-
zwungene Perioden zu bevorzugen, das Lesen von Ritter's Arbeiten fur den
modernen Menschen recht unbequem macht. Viel von diesen Untugenden mag
auf die Gewohnheiten jener Zeit zuruckzufuhren sein, in welcher, um nur einen
anzufuhren, Jean Paul die allerhochste litterarische Verehrung genoss. Aber
wir sehen diese Eigenthumlichkeit bei Ritter nicht vorubergehen, sondern
sich steigern Von Jahr zu Jahr wird der Stil schwulstiger, der Inhalt seiner
Schriften unverstandlicher, aus dem exakten Experimentator, dem wir die Entdeckung der Polarisationssaule verdanken, die jetzt in der Gestalt des Accu-
mulators ihre technischen Triumphe feiert, der zuerst die ultravioletten Strahlen
nachgewiesen hat, der experimentell die Verschiedenheit des im gereizten
Nerven verlaufenden Vorganges vom elektrischen Strom ausser Zweifel zu
setzen wusste, wird ein Mystiker, welcher im Verein mit Franz Baader und
Schelling einem Betruger zum Opfer fällt, der mit geheimen Kraften ausgestattet zu sein behauptet J W Ritter ist an der Naturphilosophie jener
Zeit zu Grunde gegangen, und angesichts solcher Opfer findet man den
Ausdruck Lillig's nicht zu hart, wenn er in Erinnerung an seine eigenen
Erlebnisse erklart „Auch ich habe diese an Worten uud Ideen so reiche,
an wahrem Wissen und gediegenen Studien so arme Periode durchlebt, sie
hat mich um zwei kostbare Jahre meines Lebens gebracht, ich kann den
Schreck und das Entsetzen nicht schildern, als ich aus diesem Taumel zum
Bewusstsein erwachte "

Wer ist nicht einverstanden, wenn Ritter sich in der Vorrede einer
Schrift von 1798[1] folgendermaassen aussert

„Ich bemuhte mich daher, alle Versuche und die daraus gezogenen
Resultate einer genauen Prufung zu unterwerfen, verwarf alle Folgerungen,
denen andere Thatsachen widersprachen, und empfand es, dass es schmerzhaft sei, ein schones hypothetisches Gebaude auf einmal niedersturzen zu
sehen Ich wurde immer kraftiger uberzeugt, dass es nur eine wahre
Theorie aller Naturerscheinungen geben konne, und dass diese alle, auch
die kleinsten Umstande erklaren musse Sobald sich der geringste wahre
Widerspruch gegen eine Theorie findet, so kann sie nicht die wahre sein,

---

[1] Beweis, dass ein bestandiger Galvanismus den Lebensprozess im Thierreich begleite.
Weimar 1798

man muss sie verlassen Aber etwas muss sie mit der wahren gemein haben, sonst könnte sie nichts, und je mehr sie mit ihr gemein hat, desto mehr muss sie zu erklären scheinen "

In derselben Schrift aber, welche im Wesentlichen eine Bestätigung und Erweiterung der Volta'schen Arbeiten enthält, die sich durch Scharfsinn und Vielseitigkeit auszeichnet, finden wir gegen den Schluss folgende Sätze

„Bei Aufstellung des Beweises, dass ein beständiger Galvanismus den Lebensprozess in dem Thierreiche begleite, hatten wir gar nicht nöthig zu fragen, ob nothwendig thierische Theile als gegenwärtig in der Kette für eine Action in derselben erfordert wurden, genug, dass wir wussten, dass auch thierische Theile allein wirksame Ketten geben Aber was ist denn ein thierischer Theil und was der Körper, zu dem er gehört? Es ist ein System in einander wirkender Kräfte, sein Theil ist, was es ist, durch sein Ganzes, und das Ganze durch seine Theile begründet, beides ist sich wechsel- seitig Mittel and Zweck, und das Product alle Augenblicke ein anderes und doch wieder dasselbe ein dynamisches durch seine Thätigkeit eben diese Thätigkeit von neuem, und damit Dauer seiner Existenz begründendes System Von diesem nun ist das einzelne Organ ein Theil, ein bestimmtes dynamisches Verhältniss, und drei dergleichen verschiedene sind es, welche wirksame Ketten geben Aber jenes System ist selbst das, was es ist, nicht durch sich allein, nur insofern ist es dies, als es Theil ist eines höheren dynamischen, des vollkommensten, aber organischen Systems, der Natur, und dass es überhaupt ist, verdankt es selbst der Natur Sie ist das Ideal aller organischen Wesen, absolut in sich beschlossen, ewig in sich, und ewig das was sie ist, bleibend, bleibend — Natur Weltkörper sind ihre Blut- kügelchen, Milchstrassen ihre Muskeln, und Himmelsäther durchströmt ihre Nerven Und, o welches Verhältniss' nur in diesen Punkten sich nähend, trillionenmal kleiner, denn jener Blutkügelchen kleinstes, in diesen nur sollte sich Thätigkeit unter jener bestimmten Form der geschlossenen Kette äussern? Fürwahr! ich begreif's nicht, es ist unmöglich, dass sie nicht überall stattfinde in der ganzen Natur Wo ist eine Sonne, wo ist ein Atom das nicht Theil wäre, die nicht gehörte zu diesem organischen **All**, lebend in keiner Zeit, jede Zeit fassend in sich? — Wo bleibt denn der Unterschied zwischen den Theilen des Thieres, der Pflanze, dem Metall und dem Steine? — Sind sie nicht sämmtlich Theile des grossen All- Thiers, der Natur? — — Ein allgemeines, bisher noch nicht gekanntes Naturgesetz scheint uns entgegen zu leuchten' — Doch die Folge wird viel- leicht darthun, dass es mehr sei als Schein "

Versucht man, diesem Wortschwall einen verständlichen Sinn beizulegen, so reducirt sich dieser auf die Vermuthung, dass unter geeigneten Verhält- nissen, nämlich bei der Berührung dreier Leiter, stets galvanische Wirkung stattfinden würde, unabhängig von ihren Dimensionen

Dass bei solchem Spiel mit Worten Sätze entstehen, welche uns jetzt wie geniale Voraussicht kommender Entwickelung erscheinen, ergiebt sich

aus den unmittelbar folgenden Darlegungen über das Verhältniss des Galvanismus zur Elektricität, und dieser zur Chemie.

„Und da im totalen dynamischen Prozess, dem sogenannten chemischen, auch der partielle, der elektrische, enthalten ist, wie im Ganzen
der Theil, darf dann die Ankündigung befremden, dass das System der
Elektricität, nicht wie es jetzt ist, sondern wie es einst sein wird,
zugleich das System der Chemie und umgekehrt werden wird?" —

Sehen wir aber zu, welches der Ideengang ist, der RITTER zu diesem
Ergebniss geführt hat, so finden wir folgende wunderliche Darlegung, die
jenem Ergebniss unmittelbar vorausgeschickt ist:

„Wenn die Aufgabe entstünde, die Bedingungen anzugeben, unter denen
drei ausser einander befindliche, von einander verschiedene Raumerfüllungs-
Individuen, ohne gänzlichen Übergang der Dreiheit in Einheit (der Qualität), ohne sogenannte chemische Einung, und zwar jedes auf das andere
unmittelbar und zugleich mittelbar wirken könnten, wie würde man
diese Aufgabe lösen? Durch die Radical-Formel des Galvanismus. . . .

„Aber auf drei reducirt sich auch die combinirteste galvanische Kette,
so viel aber auch müssen der verschiedenen Glieder zur wirksamen Kette
nothwendig sein.

„Ferner: Wieviel verschiedene Raumerfüllungs-Individuen können auf
einmal unmittelbar allein, indem sie einander berühren, so auf einander
wirken, dynamisches Gleichgewicht herstellen, ohne gänzlichen Übergang
der Differenz zur Einheit? — Zwei. Und das Product ist? — Elektricität.

„Wie aber nennt man den Prozess, wo zwei Raumerfüllungs-Individuen
differenter Qualität gänzlich zur Einheit der Qualität übergehen? — Chemisch.

„Und so ergiebt sich das Verhältniss des Galvanismus zur Elektricität,
und dieser zu der Chemie. Darf man sich nun noch verwundern, beim
Galvanismus so genaue Beziehung auf chemische Verhältnisse zu finden?
Darf man sich noch wundern über den so genauen Zusammenhang zwischen
galvanischen und elektrischen Erscheinungen? . . . Und da im totalen
dynamischen Prozess, dem sogenannten chemischen, auch der partielle, der elektrische, enthalten ist, wie im Ganzen der Theil, darf dann
die Ankündigung befremden, dass das System der Elektricität, nicht
wie es jetzt ist, sondern wie es einst sein wird, zugleich das
System der Chemie und umgekehrt werden wird?" —

Der vorher so geistreich erschienene Schlusssatz ergiebt sich hier in
seinem Zusammenhange als eine Phrase. Denn, wieder aus dem Naturphilosophischen ins Deutsche übersetzt, heisst die Deduction: Weil zum galvanischen Vorgange drei, zum elektrischen zwei Stoffe gehören, und beim
chemischen Vorgange zuweilen ein einziger entsteht, ist zwischen diesen drei
Vorgängen eine Beziehung, wie die vom Theil zum Ganzen, vorhanden.

Es ist psychologisch unmöglich, dass derselbe Kopf, welcher die
S. 68 angeführte meisterhafte Darlegung geliefert hat, die letzte Schluss-

reihe, wie sie ihres Wortschmuckes entkleidet dasteht, in ihrer nackten Sinn-
losigkeit bewusst durchdacht hat. Vielmehr muss man allen Ernstes annehmen, dass RITTER, sowie er in die Denk- oder vielmehr Ausdrucksweise
der Naturphilosophie gerieth, auf die nüchterne Überlegung dessen, was er
schrieb, verzichtete. Die ganze Erscheinung zeigt sich bei ihm und seinen
Geistesgenossen als eine Art von bewusstem Somnambulismus, als eine
Selbsthypnose; in dem Augenblicke, wo den Adepten der Geist überkam,
trug er für nichts mehr Sorge, als dass die Fülle der Gesichte durch keine
Störung von Seiten des trockenen Schleichers Verstand unterbrochen wurde.
Eine nachträgliche Prüfung der Producte solcher Eingebungen auf ihren
sachlichen Inhalt wäre jedem aus der Gilde als ein Sacrilegium erschienen,
für welches als strenge aber gerechte Strafe der ewige Ausschluss aus dem
Heiligthum der Inspiration in Aussicht stand.

Auf die Ergebnisse der wissenschaftlichen Arbeiten RITTER's wird auch
in der Folge wiederholt zurückzukommen sein. Er hat sich wesentliche
Verdienste um die Lehre vom Zusammenhange zwischen chemischen und
galvanischen Erscheinungen erworben, ist aber an der wissenschaftlichen Verwerthung seiner Beobachtungen vielfach dadurch behindert worden, dass er
als eifriger Gegner der eben entstandenen Sauerstofftheorie die von ihm
gesehenen Vorgänge einer meist gezwungenen und zuweilen abenteuer-
lichen Deutung unterwarf. Als Zeitgenosse VOLTA's und Mitstreber auf dem
gleichen Gebiete erscheint er in seinem übertriebenen Wesen recht unvor-
theilhaft neben der ruhigen Genialität des grossen Italieners, doch fügt die
unbedingte Verehrung, die er diesem bei jeder Gelegenheit zollt, und die
völlige Freiheit seiner Schriften von jedem Ausdrucke eines Concurrenzneides
seinem erfolgreicheren Fachgenossen gegenüber einen überaus wohlthuenden
Zug in das Bild, welches die Nachwelt von ihm erhalten hat.

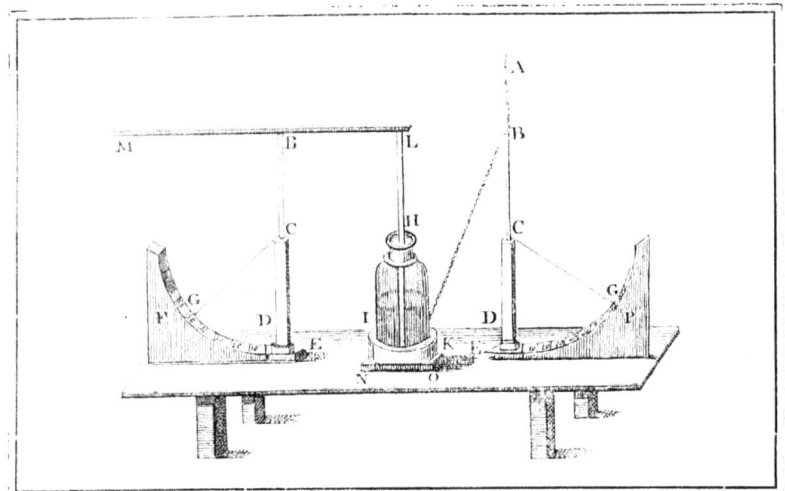

Fig. 16. RICHMANN's elektrisches Gnomon.

Viertes Kapitel.

Die Anfänge der Elektrometrie.

1. RICHMANN's elektrisches Gnomon. Da für die Entwickelung der
Lehre von der Berührungselektricität die Hülfsmittel der Messung insbesondere
schwacher elektrischer Potentiale oder die Elektrometer von grösster Bedeutung waren, so soll eine kurze Geschichte der Elektrometrie hier eingeschaltet werden.

Die Erscheinung, welche man zunächst ausschliesslich zu elektrometrischen
Messungen verwerthet hat, ist die Fernewirkung elektrisch geladener Leiter,
und die davon abhängige Bewegung. Die älteste mir bekannte Nachricht
über ein ausgeführtes Instrument dieser Art führt auf den Physiker RICHMANN
zurück, welcher dasselbe um 1752 bereits besass, und an welchem er am
6. August 1753 seinen Tod fand, als er es zum Behuf der Beobachtung der
Gewitterelektricität mit einer Auffangestange verbunden hatte: eine heftige
elektrische Entladung sprang von dem Apparat auf seine Stirn über, und
todtete ihn sofort.

Die Beschreibung dieses Electritätsmessers oder elektrischen Gnomons
entnehme ich dem Bericht, welchen W. WATSON der Royal Society in London
über RICHMANN's Tod erstattete.[1]

[1] Philos. Transactions 1754. 765.

„Die Beschreibung von Professor Richmann's Apparat wurde von ihm an Professor Heinsius in Leipzig gesendet. Er nannte ihn ein elektrisches Gnomon. Zur Herstellung dieses Gnomons war ein metallener Stab, ein Glasgefäss, ein Leinenfaden von anderthalb Fuss Länge, an dessen einem Ende ein halber Gran Blei befestigt war, und ein Quadrant erforderlich (Fig. 16). Der Metallstab CD stand in dem Glasgefäss E, welches Metallfeilicht enthielt. Der Leinenfaden CG war in C am Stab befestigt und hing, wenn der Apparat nicht elektrisch war, senkrecht an ihm herab. Der Radius des in Grade getheilten Quadranten war zwei Linien länger als anderthalb Fuss. Professor Richmann fügte diesem Apparat zuweilen eine Glasflasche mit Wasser HI nach der Weise von Muschenbroek hinzu, welche in einem Metallgefäss IK stand, das seinerseits auf Glas ruhte. Der Draht von der Mündung der Flasche HL wurde während des Gewitters mit BC verbunden. Durch diesen Zusatz fand er die Elektricität aus der Luft viel stärker als ohne ihn. Links von der Flasche war ein zweites elektrisches Gnomon angebracht. Wenn dieses benutzt wurde, so wurden die Drähte AB und HL mit MBL, dem Conductor einer Elektrisirmaschine oder dergleichen, verbunden. Gleichzeitig war auch an der Kette AB ein Stück Draht BK befestigt, welcher in Berührung mit dem

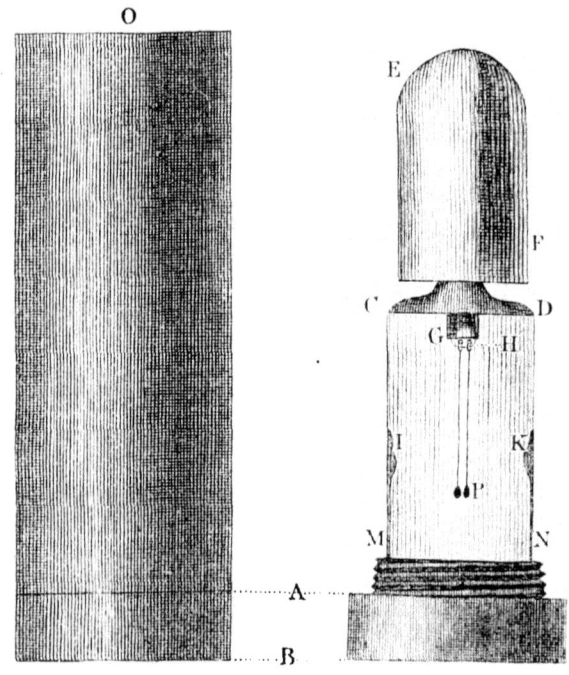

Fig. 17. Cavallo's Elektrometer.

Gefäss IK stand. Hierdurch wurden beide Gnomonen elektrisirt, wenn die Elektrisirmaschine in Bewegung gesetzt wurde.“

2. Cavallo's Elektrometer. Als erster Erfinder des Elektroskops wird häufig John Canton genannt, welcher zwei an Leinenfäden von acht oder neun Zoll Länge hängende Korkkugeln von der Grösse einer kleinen Erbse[1] benutzte, um die Wirkung der elektrischen Influenz nachzuweisen.

---

[1] Philos. Trans. 1753, 350.

Doch handelt es sich hier nur um eine Vorrichtung ad hoc, nicht um ein
eigentliches Elektroskop oder gar Elektrometer. Zu einem solchen wurde
es erst durch Tiberius Cavallo[1] gemacht, welcher die pendelnden Kügelchen
in ein Glasgefäss schloss, und so gegen Zug und andere zufällige Störungen
schützte. Seine Beschreibung lautet folgendermaassen:

„Die Figur (Fig. 17) ist eine geometrische Darstellung meines neuen atmosphärischen Elektrometers in natürlicher Grösse. Ich habe dieses Instrument,
für welches ich die erste Idee von meinem geistreichen Freunde Thomas Ronayne
erhielt, bereits im Jahre 1777 zu dem gegenwärtigen Zustande der Vollendung gebracht, und unmittelbar darauf wurden einige nach diesem Muster durch Hrn.
Adams, Mechaniker in Fleetstreet, angefertigt. Die grosse Schwierigkeit bei
der Herstellung dieses Instrumentes hat mich lange abgehalten, eine Beschreibung davon zu veröffentlichen; auch hätte ich die Royal Society nicht
damit in Anspruch genommen, wenn nicht die Beobachtungen einiger meiner
Freunde, welche es in England und auswärts benutzt haben, sowie meine
eigenen wiederholten Beobachtungen nicht unzweifelhaft seine Überlegenheit
über alle anderen Instrumente dieser Art bewiesen hätten. Seine besonderen
Vortheile sind: 1. Kleinheit, 2. Bereitschaft zum Versuch, ohne Furcht vor
Verwickelung der Fäden oder Entstehung eines zweideutigen Ergebnisses in
Folge von Trägheit der Bewegung, 3. Unabhängigkeit vom Winde, 5. Empfindlichkeit und 5. die Fähigkeit, die mitgetheilte Elektricität länger zu halten
als irgend ein bisher benutztes Elektrometer.

Der Haupttheil des Instrumentes ist eine Glasröhre $CDMN$, die unten
in das hölzerne Stück AB gekittet ist, an welchem Theil das Instrument
gehalten wird, wenn es für die Atmosphäre gebraucht wird; auch dient derselbe dazu, um das Instrument beim Nichtgebrauch in dem hölzernen Gehäuse ABO (Fig. 17) festzuschrauben. Der obere Theil der Röhre verjüngt
sich und ist völlig mit geschmolzenem, nicht in Spiritus aufgelöstem Siegellack überzogen. In diesem verjüngten Theil ist eine schmale
Röhre befestigt, welche mit ihrem unteren Theil das flache
Stück H von Elfenbein berührt, das an der Röhre mit
Kork befestigt ist. Das obere Ende des Drahtes erhebt
sich etwa einen Viertelzoll über die Röhre und lässt sich
in die messingene Kappe EF schrauben, welche unten
offen ist und zum Schutze des Lacküberzuges gegen
Regen u. s. w. dient. In Fig. 18 ist die Kappe durchsichtig gezeichnet, um ihre innere Gestalt und die Art
zu zeigen, wie sie auf den Draht geschraubt ist, der über
die Röhre L hervorragt. Die schmale Röhre L und der
obere Theil der breiten Röhre $CDMN$ erscheinen wie
ein stetiges Stück wegen des Siegellacks, welches beide bedecken. Die
konischen Korke p des Elektrometers, welche durch ihre Abstossung die

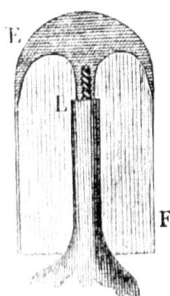

Fig. 18. Cavallo's
Elektrometer.

Elektricität anzeigen, sind so klein, als sie sich nur eben herstellen lassen, und sind mit äusserst feinen Silberdrähten aufgehängt, letztere sind oben zu Ringen gebogen, mittelst deren sie sehr locker in dem flachen Elfenbeinstück *H* hängen, das zwei Löcher zu diesem Zwecke hat. Durch diese Aufhängungsweise ist die Reibung beinahe auf Null herabgebracht, und dadurch ist das Instrument für sehr geringe Grade der Elektricität empfindlich. *I M* und *K N* sind zwei schmale Streifen Zinnfolie, welche an der Innenseite von *C D M N* festgeklebt und mit dem hölzernen Fuss *A B* verbunden sind; sie dienen dazu, die Elektricität abzuleiten, welche dem Glase mitgetheilt werden würde, wenn die Korke es berühren, und welche bei ihrer Anhäufung die freie Bewegung der Korken stören würde."

Die Beschreibung lässt Einiges an Deutlichkeit zu wünschen übrig; so

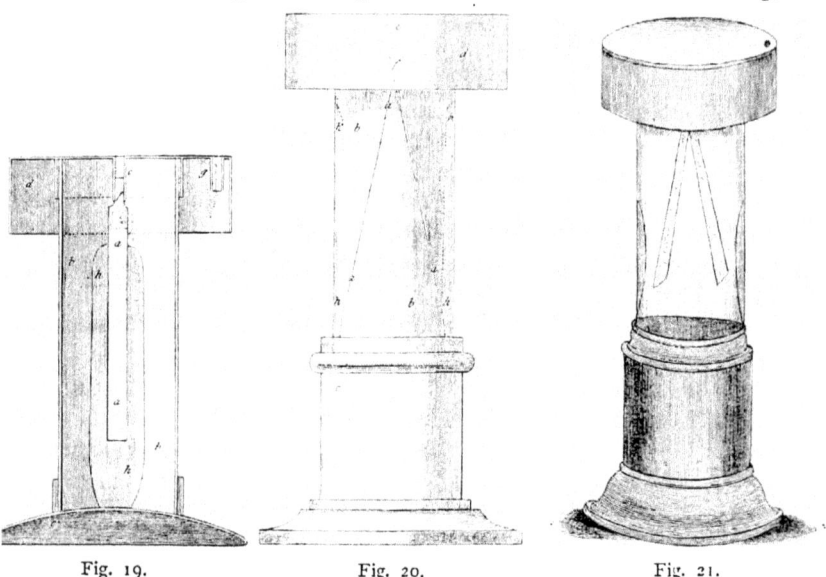

Fig. 19.   Fig. 20.   Fig. 21.
BENNET's Elektrometer.

scheint S. 74 ein Satz ausgefallen zu sein, welcher die Form und Lage des Drahtes beschreibt, auf den die Kappe geschraubt wird; auch erscheint bei der schlecht leitenden Eigenschaft des Elfenbeins der Übergang der Elektricität von der Kappe zu den Korkkugeln nicht sicher.

3. BENNET's Goldblatt-Elektroskop. In der Folge wurden die an Leinenfäden oder Silberdraht befestigten beweglichen Theile durch andere ersetzt. Die gegenwärtig noch gebräuchlichen Goldblättchen wurden vom Rev. ABRAHAM BENNET[1] eingeführt, welcher sein Elektroskop in einem Briefe aus Wicksworth, 14. September 1786, an JACOB PRIESTLEY beschreibt:

[1] Philos. Trans. 1787, 26.

„Ich sende Ihnen die Beschreibung meines Elektrometers, welche der Royal Society vorgelegt werden kann, nachdem es die Ehre Ihrer Anerkennung erlangt hat.

„Es besteht aus zwei Streifen von Goldblatt *a a*, welche in einem Glase *b* aufgehängt sind (Fig. 19—21). Der Fuss *c* kann aus Holz oder Metall sein, die Kappe *d* ist aus Metall. Die Kappe ist oben eben gehalten, damit Platten, Bücher, verdampfendes Wasser und andere zu elektrisirende Dinge bequem darauf gesetzt werden können. Die Kappe ist um etwa einen Zoll grösser im Durchmesser, als das Glas, und ihr Rand ist etwa dreiviertel Zoll breit und liegt parallel dem Glase, um den Regen abzuhalten und das Glas isolirend bleiben zu lassen. Innerhalb dieses Randes ist ein zweiter kreisförmiger Ansatz, etwa halb so breit wie der andere und innen mit Seide oder Sammet überzogen, welcher genau auf die Aussenseite des Glases passt; auf solche Weise sitzt die Kappe fest und kann leicht abgenommen werden, um, wenn irgend ein Unfall mit den Goldblättern geschehen ist, ihn auszubessern. Innerhalb dieses Ansatzes ist eine zinnerne Röhre *e*, welche von dem Mittelpunkt der Kappe herabhängt und etwas länger ist, als der innere Ansatz. In der Röhre ist ein kleiner Pflock *f* befestigt, der nach Bedarf herauszunehmen ist. An dem Pflock, welcher än einem Ende rund und am anderen flach ist, sind zwei Streifen mit Goldblatt mit Kleister, Gummilösung oder Firniss befestigt. Nachdem die Streifen an dem Pflock und dieser in der Röhre im Mittelpnnkt der Kappe befestigt sind, hängen sie inmitten des Glases, etwa drei Zoll lang und einen Viertelzoll breit. Auf einer Seite der Platte befindet sich eine schmale Röhre, um Drähte darein zu setzen. Es ist offenbar, dass ohne das Glas die Goldblättchen durch die geringste Bewegung der Luft so in Bewegung gerathen würden, dass sie unbrauchbar wären;

Fig. 22. Nach BENNET.

und wenn die Elektricität der Oberfläche des Glases mitgetheilt werden sollte, so würde sie die Abstossung der Goldblättchen beeinflussen; deshalb sind zwei lange Stücke *h h* von Zinnfolie mit Firniss an entgegengesetzten Seiten auf der inneren Glas-

Fig. 23. Nach BENNET.

fläche dort befestigt, wo die Goldblättchen anschlagen würden, und sind mit dem Fuss verbunden. Das obere Ende des Glases ist mit Siegellack bis zur Länge des äusseren Randes herab überzogen und bedeckt, um die Isolation zu verbessern. Fig. 21 stellt das Instrument zusammengesetzt und gebrauchsfertig dar.

„Die folgenden Versuche werden die Empfindlichkeit dieses Instrumentes zeigen (vgl. Fig. 22 bis 27).

„1. Gepulverte Kreide war in einen Blasebalg gethan und wurde auf die Kappe geblasen. Diese wurde positiv elektrisirt, wenn die Kappe etwa sechs Zoll von der Öffnung des Blasebalges war; derselbe Strom von Kreidepulver elektrisirte sie aber negativ aus der Entfernung von drei Fuss, wie in Fig. 22 und 23 dargestellt ist. Bei diesem Versuche findet vermöge der Dispersion

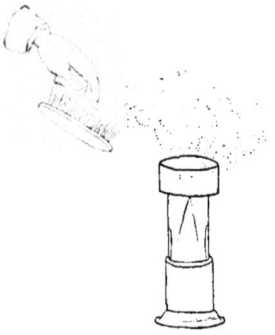

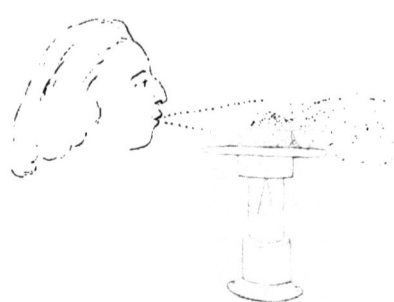

Fig. 24. Nach Bennet.   Fig. 25. Nach Bennet.

oder weiteren Diffusion des Pulvers in der Luft ein Wechsel vom Positiven zum Negativen statt. Das Gleiche wird bewirkt, wenn man ein Bündel feinen Draht, Seide oder Federn in das Mundstück des Blasebalges steckt, und das Pulver ist völlig negativ, wenn man es aus einem Blasebalg ohne das eiserne Rohr bläst, so dass es in einem breiteren Strom herauskommt; der letztere Versuch gelingt nicht so gut bei trockenem Wetter, wie bei feuchtem. Die positive Elektricität der geblasenen Kreide wird mitgetheilt, da ein Theil des Pulvers an der Kappe haftet; die negative wird aber nicht mitgetheilt und die Goldblättchen fallen zusammen, sowie die Kreidewolke sich verzogen hat.

„2. Wird ein Stück Kreide über eine Bürste gezogen, oder wird gepulverte Kreide in die Bürste gethan und auf die Kappe gestäubt, so wird sie negativ elektrisirt; die Elektricität wird aber nicht mitgetheilt (Fig. 24.

„3. Gepulverte Kreide, welche mit dem Mund oder Blasebalg von einer metallenen Platte fortgeblasen wird, die auf der Kappe liegt, elektrisirt sie dauernd positiv (Fig. 25). Wird die Kreide von der isolirten oder nicht isolirten Platte geblasen, so dass das Pulver über die Kappe fortgeht, so wird es auch positiv, wenn es nicht zu weit entfernt ist. Oder wenn eine Bürste auf die Kappe gelegt wird, und ein Stück Kreide wird darüber gezogen, so gehen, wenn die Hand fortgenommen ist, die Goldblättchen stetig mit positiver Elektricität auseinander, sowie die Kreidewolke sich zerstreut.

„4. Gepulverte Kreide, die von einer Platte auf eine andere fällt, die auf dem Instrument liegt, elektrisirt es negativ (Fig. 26).

„Andere Methoden, Elektricität mit Kreide und anderen Pulvern hervorzubringen, sind versucht worden, so die Kreide von einem Gänseflügel zu stäuben, den Schnitt eines Buches zu bekreiden, und dieses plötzlich zu

sammenzuschlagen, das Pulver auf die Kappe zu sieben; alles dies elektrisirte es negativ: als aber das Instrument auf einen staubigen Weg gestellt und der Staub in der Nähe mit einem Stock aufgerührt wurde, nahm es positive Elektricität an. Das Springen einer Glasthräne auf einem Buche elektrisirte es negativ, wahrscheinlich durch die Reibung bei der Erschütterung, denn wenn die Glasthräne in Wasser zerbrochen wurde, elektrisirte sie es nicht.

„Weizenmehl und Mennige sind in allen Fällen stark negativ, wenn Kreide positiv ist. Die folgenden Pulver waren wie Kreide: rother und

Fig. 26. Nach BENNET.

gelber Ocker, Harz, Kohlenasche, gepulverter crocus metallorum, Musivgold, Graphit, Lampenschwarz (welches nur nach den zwei ersten Verfahren merklich war), gepulverter Ätzkalk, Umbra, lapis calaminaris, Spanischbraun,
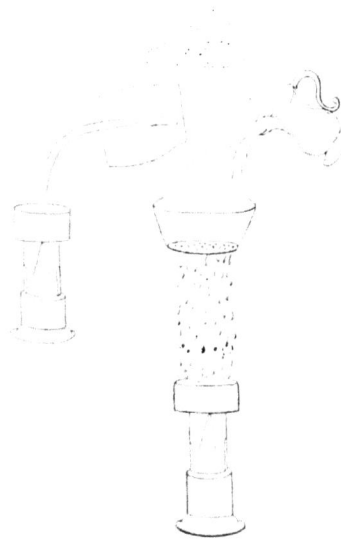
gepulverter Schwefel, Eisenfeile, Eisenrost, Sand. Harz und Kreide, welche einzeln übereinstimmend waren, wurden durch Mischung geändert; dies wurde oft bei trockenem Wetter versucht, gelang aber nicht bei feuchtem; Bleiweiss wurde gleichfalls zuweilen positiv und zuweilen negativ, wenn es von einer Platte geblasen wurde.

„Ist ein Metallgefäss mit rothglühenden Kohlen darin auf die Kappe gestellt und wird ein Löffel Wasser darauf gegossen, so wird das Gefäss negativ elektrisirt: wird ein gebogener Draht mit einem daran zur Vergrösserung der Oberfläche befestigten Papier in die Kappe gesteckt, so kann die Elektricität von Nebel und Regen gut dadurch veranschaulicht werden, dass man Wasser durch einen isolirten Durchschlag giesst, welcher glühende Kohlen enthält,

Fig. 27. Nach BENNET.

wo dann die aufsteigenden Dämpfe positiv, die fallenden Tropfen negativ sind (Fig. 27).

„Die Empfindlichkeit dieses Elektrometers kann erheblich durch Daraufstellen einer Kerze vermehrt werden. Durch dieses Mittel wird eine Kreidewolke, welche sonst die Goldblättchen nur eben öffnet, sie für eine lange

Zeit zum Anschlagen bringen, und die Elektricität, welche vorher nicht mitgetheilt wurde, geht nun in das Elektrometer und veranlasst die Goldblättchen sich abzustossen, wenn es fortgebracht wird. Selbst Siegellack theilt auf diese Weise sein elektrisches Feuer über eine Entfernung von wenigstens zwölf Zoll mit, was es andererseits durch Reiben der Kappe kaum thun würde.

„Eine Wolke von Kreide oder Weizenmehl kann in einem Zimmer hervorgebracht werden, und das Elektrometer kann beliebig aus einem anderen Zimmer herzugebracht werden, und die Wolke wird es elektrisiren, bevor es sehr nahe gekommen ist. Die Luft in einem Zimmer, zunächst einem, in welchem die Elektrisirmaschine benutzt wurde, war sehr merklich elektrisirt, was festgestellt wurde, indem das Instrument mit seiner Kerze hindurchgetragen wurde (Fig. 28).

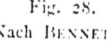

Fig. 28.
Nach Bennet.

„Die Elektricitätsmenge, welche erforderlich ist, um eine Abstossung der Goldblättchen hervorzubringen, ist so gering, dass die schärfsten Spitzen und Kanten sie nicht ohne Berührung herausziehen, daher ist es unnöthig, bei der Construction des Instrumentes Spitzen oder Kanten zu vermeiden.

„Appendix. Die metallische Kappe des Elektrometers muss (zum Zweck der Verbindung mit Volta's Condensator) eben geschliffen und polirt werden, damit ein Stück Marmor darauf passt, welches gleichfalls beiderseits polirt und mit Firniss überzogen ist. In der Seite der Marmorplatte ist ein Handgriff aus Glas oder getrocknetem Holze befestigt. Endlich ist auf der oberen Seite eine kleinere Metallplatte, welche gleichfalls mit einem isolirenden Griff versehen ist. Die ganze Construction ergiebt sich aus der beigefügten Zeichnung (Fig. 29). Wird eine kleine elektrische Ladung dem Metall in A mitgetheilt, während die Marmorplatte B abgeleitet ist, so wird der einfache Condensator geladen und seine Elektricität wird (falls sie in genügender Menge vorhanden ist) ersichtlich, wenn die Marmorplatte an dem Handgriff C aufgehoben wird. Ist noch nichts sichtbar, so berühre man die kleine Platte D nach dem Abheben, entferne sie vom Marmor mittelst ihrer isolirenden Handhabe, und bringe sie an die Kappe des Elektrometers, so

Fig. 29. Elektroskop mit Condensator. Nach Bennet.

wird (falls sie noch immer zu gering ist) ein Auseinandergehen der Goldblättchen mit derselben Elektricität erfolgen, welche ursprünglich der Kappe, in welcher eine kleine Menge Elektricität verbleibt, mitgetheilt wurde. Auf diese Weise ist sowohl der grössere wie der kleinere Condensator Volta's mit dem Elektrometer so verbunden, dass sie auf die einfachste, geschwindeste und bequemste Weise, die ich erdenken kann, zu benutzen sind. Ihre erstaunliche Kraft, die Elektricität zu condensiren, ist in VOLTA's Abhandlung, die früher in den Phil. Trans. abgedruckt worden ist, genügend auseinandergesetzt worden."

4. VOLTA's Condensator. Ein ausgezeichnetes Hilfsmittel, um mittelst dieser Apparate Elektricität geringster Spannung nachzuweisen, ist der soeben erwähnte, von VOLTA erfundene Condensator. Dieser ist fünf Jahre vorher von VOLTA in einer italienisch geschriebenen Abhandlung Del modo di render sensibilissima la più debol Elettricità sia Naturale, sia Artificiale,[1] beschrieben worden. Da eine vollständige Wiedergabe der Abhandlung, die in der von VOLTA beliebten Breite (25 Quartseiten) verfasst ist, nicht angemessen wäre, so begnüge ich mich, die Hauptpunkte mit seinen eigenen Worten mitzutheilen.

„Das ganze Verfahren kann auf die folgenden wenigen Bemerkungen reducirt werden. I. Es muss ein Elektrophor[2] beschafft werden, dessen Harzschicht sehr dünn und nicht elektrisirt, oder von aller Elektricität befreit ist.

II. Sein gewöhnlicher Metalldeckel muss auf diese unelektrisirte Harzplatte gelegt werden, dass er sie vollständig und eben berührt, doch muss Sorge getragen werden, dass er in keinem Punkte die Metallplatte berührt, auf welcher die Harzschicht gewöhnlich befestigt ist.

III. Sind die Platten so vereinigt aufgestellt, so muss eine leitende Verbindung, nämlich ein Draht, von dem atmosphärischen Leiter (im Falle die Elektricität der Luft untersucht wird) bis zur Berührung mit dem metallenen Deckel, und diesem allein, gebracht werden.

IV. Der Apparat muss eine gewisse Zeit in dieser Lage gelassen werden, nämlich bis der Metalldeckel eine genügende Menge Elektricität durch die leitende Verbindung, welche sie sehr langsam vom atmosphärischen Leiter heranbringt, empfangen hat.

V. Schliesslich muss die leitende Verbindung von dem Metalldeckel entfernt werden, dann wird der Deckel von der Harzplatte mittelst des isolirenden Handgriffes abgehoben, worauf er im Zustande ist, Anziehungswirkung zu üben, ein Elektrometer zu laden oder, wenn die Elektrisirung stark genug ist, Funken zu geben u. s. w., während gleichzeitig der atmosphärische Leiter selbst entweder gar keine Elektricität zeigt, oder ausserordentlich kleine Zeichen derselben.

„Was die leitende Verbindung zwischen dem atmosphärischen Leiter und dem Metalldeckel anlangt, so muss Sorge getragen werden, dass sie so wenig Verbindungsstellen als möglich erhält, oder besser aus einem Stück gemacht ist, da die Schwierigkeit, kleine Elektricitätsmengen durchzulassen,

---

[1] Philos. Trans. 1782, 237, englische Übersetzung ebenda Appendix VII.
[2] Der Elektrophor ist gleichfalls von VOLTA im Jahre 1775 erfunden worden.

durch jede Unterbrechung erheblich vergrössert wird und daher völlig Verhinderung eintreten kann, wie es oft bei Anwendung einer Kette der Fall ist.

„Was den zu benutzenden Elektrophor anlangt, so muss weiter bemerkt werden, dass es von grösster Wichtigkeit ist, ihn sehr dünn zu haben, denn es ist bemerkt worden, dass eine um so grössere Elektricitätsmenge in dem metallenen Deckel angehäuft werden kann, je dünner die Harzschicht ist, und dies ist der Fall, ob die Elektricität, wie im obenerwähnten Falle, aus der Atmosphäre gebracht wird, oder aus irgend einer anderen elektrischen Kraft stammt. Die Dicke von $1/20$ Zoll, oder die einer gewöhnlichen Firnissschicht, ist sehr angemessen, während, wenn das Harz einen Zoll oder mehr dick war, der Versuch sehr schlecht entsprach

„Zweitens muss die Fläche der Harzschicht ebenso wie die untere Fläche des Deckels so eben und glatt als möglich sein, damit die beiden Flächen recht vollkommen zusammenfallen, wenn sie auf einander gelegt werden Es ist wohlbekannt, wie sehr dieser Umstand die Wirkung des Elektrophors verbessert, ich habe dies deshalb als eine wesentlich zu beachtende Sache in meiner Veröffentlichung über dies Instrument[1] empfohlen Dieser Umstand ist aber noch viel wesentlicher, wenn derselbe Apparat als Condensator der Elektricität dienen soll

„Schliesslich muss wiederholt werden, dass die Harzplatte, wenn sie für unser Experiment benutzt werden soll, völlig frei von den letzten Spuren Elektricität sein soll, da sonst der Versuch nicht zuverlässig ist Wenn daher die Harzplatte vorher elektrisirt worden war, so muss alle mögliche Sorgfalt darauf gewendet werden, sie von aller Elektricität zu befreien, was indessen nicht leicht zu machen ist Die wirksamste Methode dazu ist, die Harzplatte den heissen Strahlen der Sonne oder eines Feuers auszusetzen, so dass die Oberfläche leicht geschmolzen wird, wodurch sie gänzlich ihre Elektricität verlieren wird Die Flamme einer Kerze oder von brennendem Papier befreit leicht das Harz von seiner Elektricität, wenn es durch die Flamme gezogen wird Um zu beobachten, ob die Harzplatte völlig frei von Elektricität ist, muss der Metalldeckel darauf gelegt, dort mit dem Finger berührt, und dann nach dem Aufheben in gewöhnlicher Weise einem feinen Haar genähert werden, wird das Haar nicht angezogen, so kann man schliessen, dass die Harzplatte keine Elektricität enthält und der Apparat daher geschickt ist, als Condensator der Elektricität zu dienen

„Wenn ich gefragt wurde, in welchem Grade die Elektricität condensirt werden kann, oder um wieviel das elektrische Phänomen durch diesen Apparat gesteigert werden kann, so wurde ich antworten, dass dies nicht leicht zu bestimmen ist, da es von verschiedenen Umständen abhängt. .

„Um die Unbequemlichkeit (dass die Harzschicht elektrisch wird zu vermeiden, habe ich daran gedacht, die Harzplatte durch eine Platte zu ersetzen, welche nicht völlig idioelektrisch, oder völlig undurchlässig für

---

[1] Vgl die beiden Briefe an Dr PRIESTLEY, abgedruckt in der Scelta d opuscoli interessanti di Milano 1775

Elektricität ist, sondern nur ein unvollkommener Leiter, so dass er nur in einem gewissen Grade den freien Durchgang der elektrischen Flüssigkeit durch seine Substanz hindert. Es giebt viele Leiter dieser Art, beispielsweise eine reine und trockene Marmortafel, oder eine Platte von Holz (gleicherweise rein und sehr trocken oder mit einer Schicht Firniss oder Wachs überzogen) und ähnliches. Die Oberfläche solcher Körper nimmt keine Elektricität an, und hängt ihnen einige Elektricität an, so verschwindet sie schnell wegen ihrer halbleitenden Natur; aus diesem Grunde taugen sie nicht zur Anwendung im Elektrophor, mehr aber zu Condensatoren der Elektricität.

„Ausser den oben erwähnten Vortheilen entsteht noch ein anderer durch den Ersatz der Harzplatte durch einen unvollkommenen Leiter, nämlich dass eine daraufgelegte Metallplatte thatsächlich eine grössere Elektricitätsmenge annehmen und condensiren wird, als wenn sie auf eine Harzplatte oder eine vollkommen idioelektrische Platte gelegt wird, da, wie oben bemerkt, die Harzplatte unserem Zwecke um so besser entspricht, je dünner sie ist, und im Falle eines gefirnissten oder mit Wachs gebohnten Brettes diese Schicht ausserordentlich dünn ist, und Null wird, wenn ein unvollkommener Leiter, wie Marmor oder sehr trockenes Holz u. s. w., benutzt wird."

Volta ergeht sich ferner des Breiteren über die besten Arten von Marmor für diesen Zweck, und giebt an, dass auch der schlechte (leitende) Marmor geeignet gemacht werden kann, wenn er mit Kopal-, Bernstein- oder Schellackfirniss lackirt wird.

„Bei der Anwendung von Firniss kann selbst eine Metallplatte an Stelle des Marmor benutzt werden . Hier kann gesagt werden, dass wir that-sächlich zum Elektrophor zurückgekehrt sind. Dies ist wahr . Indessen hat die gefirnisste Metallplatte vor dem Elektrophor den Vorzug, dass der Firniss erstens stets dünner ist, als die gewöhnliche Harzplatte des Elektrophors Zweitens nimmt der Firniss eine glattere und ebenere Oberfläche an, so dass der Metalldeckel leichter und mit besserem Erfolg angepasst werden kann . .

„Die oben erwähnte Tafel aus Marmor oder gefirnisstem Metall kann mit gleichem Vortheil durch irgend eine beliebige Platte ersetzt werden, die mit trockenem und reinem Öltuch oder geölter Seide oder Satin oder anderem, nicht zu dicken Seidenstoff, überzogen ist; dies wird sehr gut wirken, ohne mehr zu erfordern als vielleicht eine kleine Erwärmung. Seidene Stoffe sind geeigneter für den Zweck, als solche aus Wolle, und diese geeigneter als Leinen. Übrigens können durch vorheriges Trocknen und Warmhalten während des Versuches Papier, Leder, Holz, Elfenbein, Knochen und beliebige andere halbleitende Stoffe bis zu einem gewissen Masse brauchbar gemacht werden.

, Ich will nicht unterlassen, zu bemerken, dass der Apparat vereinfacht werden kann, indem man die Seide oder eine andere halbleitende Schicht auf dem mit einem gläsernen Handgriff versehenen Metalldeckel anbringt, an Stelle der Marmortafel oder einer anderen Platte, welche alsdann unnöthig wird, denn an ihrer Stelle kann irgend eine beliebige Platte dienen, wie ein gewöhnlicher Tisch von Holz oder Marmor, selbst wenn er nicht sehr trocken ist, ein Stück Metall, ein Buch oder ein anderer Leiter, ob vollkommen oder unvollkommen, wobei nur eine ebene Oberfläche nöthig ist"

Volta geht nunmehr zur Beschreibung einiger mit dem Condensator anzustellender Versuche über, welche hier übergangen werden können In einem zweiten Theil der Abhandlung setzt er dann seine theoretischen Anschauungen über den Gegenstand auseinander, diese sollen wegen ihrer beachtenswerthen Klarheit hier wiedergegeben werden

„Die ganze Sache kann darauf zurückgeführt werden, dass der Metalldeckel eine viel grössere Capacität, Elektricität zu halten, besitzt, wenn er auf einer passenden Fläche liegt, als wenn er ganz isolirt steht, etwa in der Luft an seidenen Faden oder an seinem isolirenden Griff hangend, oder auf einer dicken Lage von Harz oder ähnlichem liegend

„Es ist leicht zu verstehen, dass je grösser die Capacität, Elektricität zu halten, wird, um so kleiner die Intensität werden muss, es ist nämlich eine grössere Elektricitätsmenge erforderlich, um die Intensität auf einen gegebenen Grad zu bringen, so dass die Capacität der Intensität umgekehrt proportional ist, unter dem letzten Worte verstehe ich das Bestreben, mit welchem die Elektricität von allen Theilen eines elektrisirten Körpers zu entweichen strebt, welchem Bestreben oder Tendenz die elektrischen Erscheinungen der Anziehung, Abstossung und speziell die Grade der Erhebung eines Elektrometers entsprechen"

Diese letzten Auseinandersetzungen sind sehr merkwürdig Sie drücken genau den Standpunkt aus, auf welchem man gegenwärtig, nach mehr als hundert Jahren, wieder angelangt ist, und sogar die benutzte Terminologie zeigt die überraschendste Übereinstimmung mit der gegenwärtigen

Volta zeigt nun an einer grösseren Anzahl von Versuchen die Richtigkeit seiner Sätze, wobei freilich neben vielem Richtigem einiger Irrthum unterläuft Da diese Auseinandersetzungen unserem gegenwärtigen Zwecke fernliegen, sollen sie übergangen werden

5 Bennet's Elektricitätsverdoppler Das Prinzip des Volta'schen Condensators wurde in der Folge vielfach benutzt, um möglichst empfindliche Elektroskope herzurichten So ging zunächst[1] der schon erwähnte Abraham Bennet von der ursprünglich von ihm benutzten, noch etwas plumpen Form mit der Marmorplatte zu dem Condensator mit dünnen Firnisschichten über, und erfand dazu das Prinzip der wiederholten Vervielfältigung der Elektricitätsmengen mit Hülfe des Condensators Die Beschreibung seiner Erfindung theilte er unter dem Titel mit Nachricht von einem Elektricitätsverdoppler oder einer Maschine, mittelst deren die kleinstdenkbare Menge positiver oder negativer Elektricität beständig verdoppelt werden kann, bis sie mit einem gewöhnlichen Elektrometer erkennbar oder in Funken sichtbar wird

---

[1] Philos Trans 1787, 288

„Ich setze auf mein früher beschriebenes Elektrometer (S. 75) eine kreisförmige Messingplatte, von drei oder vier Zoll Durchmesser, polirt und auf der oberen Seite dünn gefirnisst. Auf diese Messingplatte setze ich eine zweite von gleichem Durchmesser, beiderseits polirt und gefirnisst, mit einem isolirenden Handgriff am Rande. Eine dritte Platte wird gleichfalls vorgesehen, von gleichem Durchmesser, polirt und gefirnisst auf der unteren Seite, und mit einem senkrechten Handgriff in der Mitte der oberen Seite versehen, ähnlich der, welche ich im Appendix zu meiner letzten Abhandlung (S. 79) beschrieben habe.

„Das Verfahren, Elektricität aus der Atmosphäre zu sammeln, und sie so oft erforderlich, zu verdoppeln, ist folgendes. Ist das Wetter trocken, so bringe ich in die freie Luft eine brennende Fackel, die nicht leicht aus-zublasen ist, oder eine kleine Laterne mit einer brennenden Kerze darin, an deren Boden mittelst einer Dille ein isolirender Handgriff aus Glas, mit Siegellack überzogen, befestigt ist, in der anderen Hand wird eine Leidener Flasche gehalten; alsdann erhebe ich die Flamme etwas über meinen Kopf, berühre sie mit dem Knopf der Flasche und halte sie in dieser Stellung etwa eine halbe Minute. Ich kehre dann in's Haus zurück (wo der oben beschriebene Verdoppler trocken gehalten wird, indem er in der Nähe des Feuers aufgestellt ist), berühre die untere Seite der ersten Platte, die un-mittelbar auf dem Elektrometer liegt, mit dem Knopf, und gleichzeitig die zweite Platte mit einem Finger der anderen Hand. Dann stelle ich die Flasche zur Seite, hebe die zweite Platte mittelst ihres isolirenden Handgriffes

Fig. 30. Nach Bennet.

auf, und wenn die Elektricität vom Elektrometer noch nicht angegeben wird, so lege ich die dritte Platte mit-telst ihres isoliren-den Handgriffes auf die erhobene zweite Platte. Dann be-rühre ich die dritte Platte, indem ich einen Finger über den Ansatz des iso-lirenden Handgrif-fes hinaus bewege, und nachdem ich den Finger zu-rückgezogen habe, trenne ich wieder die dritte Platte von der zweiten. Dem Elektriker wird klar sein, dass in dieser Lage zwei Platten gleiche Art Elektricität besitzen, und nur eine die andere Art. Ich berühre dann mit der dritten Platte die untere Seite der ersten Platte, welche auf dem

Elektrometer bleibt, und indem ich gleichzeitig diese erste Platte mit der zweiten bedecke, berühre ich diese durch Ausstrecken des Fingers über den Ansatz des isolirenden Handgriffes; indem ich dann zuerst die dritte Platte

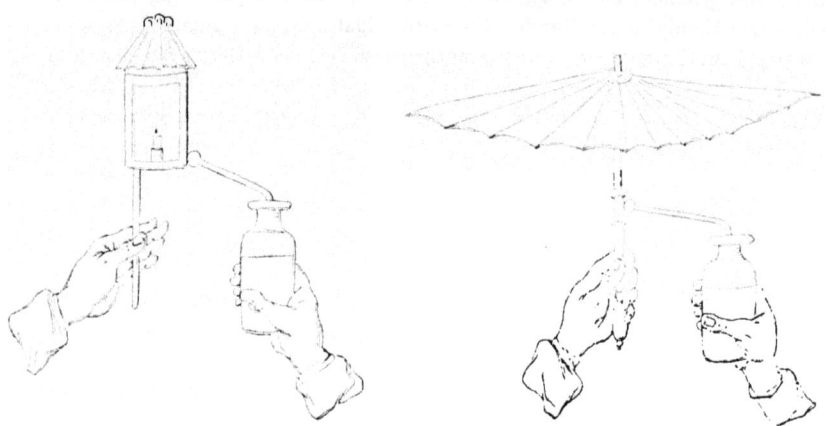

Fig. 31. Nach Bennet.   Fig. 32. Nach Bennet.

fortnehme, den Finger von der zweiten entferne und sie von der ersten abhebe, wird die Elektricität verdoppelt. Wird durch diese erste Operation die Elektricität nicht im Elektrometer sichtbar, so wiederhole ich sie zehn oder zwanzig Mal, wodurch vermöge der jedesmaligen Verdoppelung die kleinst-

denkbare Menge von Elektricität sichtbar gemacht wird, indem sie nach der zwanzigsten Operation auf etwa das 500000fache vermehrt wird. Und obwohl die zwanzigmalige Verdoppelung nach der obenstehenden Beschreibung umständlich erscheinen mag, so nimmt sie doch weniger als 40 Secunden in Anspruch, wenn der Experimentator sie mit einiger Fertigkeit (welche bald erworben wird) aus-

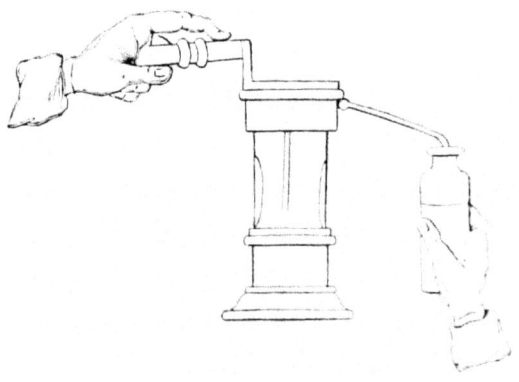

Fig. 33. Nach Bennet.

führt. Die Sammlung der Elektricität aus der Luft und das Berühren und Handhaben der Platten findet sich in den Figuren 30—35 dargestellt. . . .

„Das Experiment, durch welches die Verdoppelung der Elektricität bei jeder Operation erwiesen wird, ist folgendes. Werden die beiden Goldblättchen des Elektrometers durch den obigen Prozess auf irgend eine Entfernung divergiren gemacht, so wird durch Wiederholung desselben die Entfernung nahezu verdoppelt. Ein anderer Beweis dieser verdoppelten Anhäufung ist,

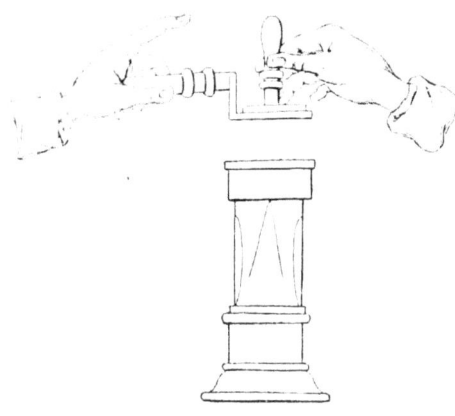

dass, wenn die dritte Platte an die erste gebracht wird, die Entfernung der Goldblättchen ersichtlich unverändert bleibt, obwohl in dieser Lage ihre Elektricität sich über die doppelte Oberfläche ergossen hat....

„Es ist offenbar, dass einige Vorsicht nöthig ist, Versuche von solcher Feinheit auszuführen, da durch die kleinste Reibung der Hand an den gefirnissten Flächen der Platten oder der isolirenden Handgriffe, oder wenn die metallische Fläche

Fig. 34. Nach BENNET.

einer Platte zufällig an der gefirnissten der anderen gerieben wird, einige Elektricität hervorgebracht wird, welche durch die Verdoppelung sichtbar gemacht wird, und so den Versuch zweideutig macht.

„Um diese Unbequemlichkeiten zu vermeiden, befestige ich einen

leitenden Handgriff mittelst eines isolirenden Zwischenstückes an jede Platte. Dieser Handgriff ist aus ungetrocknetem Mahagoni gedreht und etwa drei Zoll lang; am Ende ist ein Stück von gebackenem (im Ofen getrockneten) Holz, etwa ein halb Zoll lang und mit Siegellack bedeckt, eingefügt, an welchem die messingene Dille der Plat-

Fig. 35. Nach BENNET.

ten befestigt ist. Hierdurch ist es nicht nöthig, das Siegellack des isolirenden Stückes zu berühren, sondern man kann erforderlichen Falles den Finger über ihn weg strecken, um die Platte zu berühren, während der Griff von Mahagoni in der Hand gehalten wird.

„Da ich durch wiederholte Versuche gefunden hatte, dass zwei reine Metallplatten oder zwei gleich gefirnisste Platten beim Reiben keine Elektricität hervorbrachten, firnisste ich die zweite Platte auf beiden Seiten, jedoch dünner, als wenn nur eine Seite gefirnisst wurde, und bei einigen Versuchen benutzte ich Fingerhüte an den berührenden Fingern. Auf diese Weise wurde die Unbequemlichkeit zufälliger Elektrisirung einigermaassen vermieden, aber viel weniger, als ich zuerst erwartete, denn es wird ungeachtet der äussersten Sorgfalt, Elektricität ohne vorherige Mittheilung hervorgebracht. In Versuchen, welche eine zu häufige Verdoppelung der Elektricität erfordern, kann daher ihre Mittheilung nachgewiesen werden, indem man sie einmal der ersten, ein anderes Mal der zweiten Platte mittheilt, so dass positive Elektricität, die der ersten Platte mitgetheilt worden ist, im Elektrometer positiv erscheint, während dieselbe Elektricität, wenn sie der zweiten Platte mitgetheilt wird, während die erste berührt ist, negative Elektricität im Elektrometer hervorruft."

Hieran schliesst BENNET einige Bemerkungen über die Theorie seines Instruments, auf die er aber nicht näher eingeht, und über atmosphärische Elektricität.

6. NICHOLSON's Duplicator. Nach dem gleichen Prinzip construirte unmittelbar darauf NICHOLSON seinen rotirenden Elektricitätsverdoppler, welcher die von BENNET vorgeschriebenen Bewegungen und Berührungen mittelst einer einfachen Kurbeldrehung hervorzubringen ermöglichte. Wenn dies Instrument auch zu Messzwecken aus gleich zu besprechenden Gründen sich als nicht verwendbar erwies, so hat es dennoch ein nicht geringes Interesse, da es als Ausgang für die Construction der erst viel später zur Bedeutung gelangenden Influenz-Elektrisirmaschinen anzusehen ist. Die Beschreibung ist nachstehend mit des Erfinders eigenen Worten gegeben.

„Beschreibung eines Instruments, welches durch Drehung einer Kurbel die beiden Zustände der Elektricität ohne Reibung oder Verbindung mit der Erde hervorbringt. In einem Brief von Hrn. WILLIAM NICHOLSON an Sir JOSEPH BANKS, Bart. P. R. S. Gelesen am 5. Juni 1788.[1]

Sir,

„Die folgende Nachricht von dem Instrument, welches ich Ihnen und anderen wissenschaftlichen Freunden im letzten Märzmonat zu zeigen die Ehre hatte, wird, wie ich hoffe, hinreichend interessant sein, um sie der gelehrten Gesellschaft mitzutheilen, der Sie in so würdiger Weise vorstehen.

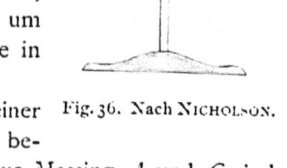

Fig. 36. Nach NICHOLSON.

„Fig. 36 stellt den Apparat dar, wie er auf einer Glassäule von $6^1/_2$ Zoll Länge aufgebaut ist. Er besteht aus folgenden Theilen. Zwei feste Platten aus Messing A und C sind einzeln isolirt und in derselben Ebene angeordnet, so dass eine drehbare Platte B sehr nahe an ihnen vorbeigehen kann, ohne sie zu berühren. Jede

[1] Philos. Trans. 78, 403—407, 1788.

von diesen Platten hat zwei Zoll Durchmesser und sie haben hinten Stell-
vorrichtungen, welche dazu dienen, sie genau in die erforderliche Stellung
zu bringen. D ist eine Kugel aus Messing, gleichfalls von zwei Zoll Durchmesser, befestigt an dem Ende einer Axe, welche die Platte B trägt. Abgesehen von den wesentlicheren Zwecken, welche dieser Ball erfüllen soll,
ist er innen einseitig so belastet, dass er der beweglichen Platte das Gleichgewicht hält, und dieser ermöglicht, in jeder Lage in Ruhe zu bleiben. Die

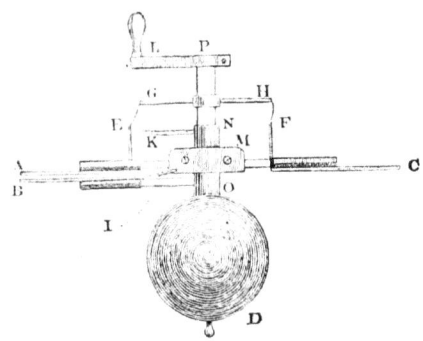

Fig. 37.   Nach NICHOLSON.

anderen Theile lassen sich deutlich
in Fig. 37 erkennen. Die schraf-
firten Theile stellen Metall dar, die
weissen gefirnisstes Glas. ON ist
eine Achse aus Messing, die durch
das Stück M geführt ist, welches
seinerseits die Platten A und C
trägt. An einem Ende ist die bereits erwähnte Kugel; das andere
ist durch einen Glasstab verlängert,
welcher einzeln isolirt den Handgriff L und das Stück GH trägt.
E und F sind Stifte, welche aus
den Platten A und C bis zu un-
gleichen Entfernungen von der Axe hervortreten. Das Querstück GH und
das Stück K liegen in einer Ebene, und ihre Enden sind mit kleinen Stückchen
Klaviersaitendraht versehen, so dass sie die Stifte E und F an bestimmten
Punkten ihres Umlaufs vollkommen berühren. Ebenso ist im Stück M ein
Stift I vorhanden, welcher einen kleinen Draht berührt, welcher von der drehbaren Platte B ausgeht.

„Die berührenden Drähte sind durch Biegen so angeordnet, dass, wenn
die drehbare Platte gerade der festen Platte A gegenüberliegt, das Querstück GH die beiden festen Platten verbindet, während der Draht und Stift in
I die Verbindung zwischen der drehbaren Platte und der Kugel herstellt.
Wenn andererseits die drehbare Platte der festen Platte C gegenübersteht,
so ist die Kugel mit dieser letzteren verbunden, indem F durch das Stück K
berührt wird; dann haben die beiden Platten A und B keine Verbindung
mit anderen Theilen des Apparates. In jeder anderen Stellung sind die drei
Platten und die Kugel ohne Verbindung unter einander.

„Herrn CAVALLO's Entdeckung, die er in der letzten BAKER-Vorlesung
so gut dargelegt hat, dass kleine Unterschiede der Elektrisirung an Körpern,
ob sie durch Kunst oder Natur hervorgebracht sind, in endlicher Zeit nicht
zerstört werden können, kann zur Erklärung des gegenwärtigen Instrumentes
angewendet werden. Stehen die Platten A und B einander gegenüber, so
können die beiden festen Platten A und C als ein Körper betrachtet werden,
und die rotirende Platte B bildet zusammen mit der Kugel D eine andere
Masse. Alle bisher gemachten Versuche stimmen überein zu beweisen, dass

diese beiden Massen nicht denselben elektrischen Zustand besitzen werden,
sondern dass ihre Elektricität in Beziehung auf einander plus und minus
sein wird Diese Zustände waren einfach und ohne alle Compensation, wenn
die Körper von einander weit entfernt waren, da dies aber nicht der Fall
ist, so wird ein Theil der überschüssigen Elektricität die Form einer Ladung
in den gegenüberstehenden Platten *A* und *B* annehmen Aus anderen Versuchen finde ich, dass die Wirkung der Compensation an Platten, welche
einander in der Entfernung von $\frac{1}{10}$ Zoll gegenüberstehen, derart ist, dass
zur Hervorbringung der gleichen Intensität mindestens die hundertfache
Elektricitätsmenge erforderlich ist, als wenn die Platten einzeln und von einander entfernt waren Die überschüssige Elektricität wird daher in den betrachteten Körpern ungleichmässig vertheilt sein, die Platte *A* wird etwa
99 Theile der entgegengesetzten Elektricität enthalten, und die Kugel *D*
einen Die Drehung hebt die Berührung auf, und erhält dadurch die un-
gleichförmige Vertheilung und bringt *B* von *A* nach *C*, während gleichzeitig
der Fortsatz *K* die Kugel mit der Platte *C* verbindet In dieser Stellung
wirkt die Elektricität in *B* auf die in *C* und ruft in Folge der Verbindung
zwischen *C* und der Kugel den entgegengesetzten Zustand hervor, letztere
muss daher Elektricität von derselben Art annehmen, wie die drehbare
Platte Die Drehung hebt aber auch diese Berührung auf, und bringt *B*
in seine erste Lage gegenüber *A* zurück Hier finden wir, wenn wir die
Wirkung der ganzen Umdrehung beachten, dass die elektrischen Zustände
der einzelnen Körper stark gesteigert sind denn die 99 Theile in *A* und *B*
bleiben, und der eine Theil Elektricität in *C* hat so zugenommen, dass er
nahezu 99 Theile der entgegengesetzten Elektricität in der drehbaren Platte
B compensirt, während die Berührung eine gleiche Änderung in der Elektricität der Kugel hervorgebracht hat Eine zweite Umdrehung wird natürlich eine proportionale Vermehrung dieser vergrösserten Mengen verursachen,
und das fortgesetzte Drehen wird bald die Intensitäten auf ihr Maximum
bringen, welches durch eine Entladung zwischen den Platten begrenzt ist

   „Ist einer der Theile mit einem Elektrometer z B dem von BENNET verbunden, so werden diese Wirkungen sehr anschaulich Der Funke wird
gewöhnlich durch elf bis zwanzig Umdrehungen hervorgerufen und das
Elektrometer wird durch noch weniger sichtlich beeinflusst Wird einer der
Theile gelegentlich mit der Erde verbunden, oder wird die Einstellung der
Platten geändert, so finden einige Änderungen der Wirkung statt, welche
unschwer auf die allgemeinen Grundlagen zurückzuführen sind, aber auffällig genug erscheinen, um das Nachdenken der in diesem Gebiete der
Wissenschaft erfahrensten Personen hervorzurufen Die Rücksicht auf Kürze
macht es nothwendig, von Auseinandersetzungen darüber abzusehen.

   „Wird die Kugel mit dem unteren und die Platte *A* mit dem oberen
Theil des BENNET'schen Elektrometers verbunden, und wird dem Elektrometer etwas schwache Elektricität mitgetheilt, während der Apparat so steht,
dass das Querstück *GH* die beiden Stifte berührt, so werden einige wenige

Drehungen sie sichtbar machen Jedoch wird hier wie beim gewohnlichen
Verdoppler die Wirkung dadurch unsicher gemacht, dass die Elektricitat
stark genug sein muss, alle andere Elektricitat, welche die Platten etwa besitzen, zu zerstoren und zu uberwinden Ich brauche kaum zu bemerken,
dass, wenn diese Schwierigkeit spater uberwunden werden sollte, das Instrument grosse Vortheile als Vervielfacher der Elektricitat bieten wurde, sowohl
in der Leichtigkeit seines Gebrauchs, wie auch der grossen Schnelligkeit
seines Arbeitens und der unzweideutigen Beschaffenheit seiner Ergebnisse.

Ich habe die Ehre zu sein etc

W Nicholson "

6 Cavallo's Condensator So sinnreich diese Constructionen waren,
so schossen sie zunachst doch weit uber das Ziel hinaus. Indem sie alle
vorhandenen Elektricitatsmengen vervielfaltigten, reagirten sie auf zufallig
vorhandene ebenso wie auf die zugefuhrte, und nach einer mehr oder weniger
grossen Anzahl von Verdoppelungen erhielt man fast ausnahmelos elektrische
Erscheinungen, ganz unabhangig davon, ob von aussen Ladungen heran-
gebracht wurden, oder nicht Uber diese leidige Eigenschaft sprach sich
zunachst T Cavallo in einer vor der Royal Society in London gehaltenen
Baker-Vorlesung aus [1] Zur Vermeidung etwaiger am Firnissuberzug sitzen-
der Elektricitatsmengen liess er diesen ganz fort, indem er als isolirende
Zwischenschicht Luft benutzte, und durch einfache mechanische Mittel erreichte, dass die Platten einander sehr nahe gestellt werden konnten, ohne
sich zu beruhren Cavallo ist daher als Erfinder des Luftcondensators
anzusehen, der spaterhin vielfach zu Messzwecken verwerthet wurde.

„Nachdem ich diese Platten construirt hatte, glaubte ich die beabsichtigten Versuche ohne weitere Storung ausfuhren zu konnen, doch darin fand
ich mich vollig getauscht denn beim Versuch, mit diesen neuen Platten zu
multipliciren, wenn ihnen vorher keine Elektricitat mitgetheilt war, fand ich
sie nach zehn-, funfzehn- oder zwanzigmaligem Verdoppeln so voll Elektricitat,
dass sie sogar Funken lieferten Alle meine Versuche, sie von der Elektricitat zu befreien, erwiesen sich als fruchtlos Weder die Behandlung insbesondere der glasernen Trager mit der Flamme brennenden Papiers, noch
wiederholtes Anhauchen, noch Stehenlassen uber einige Tage, ja einen ganzen
Monat, wahrend welcher Zeit die Platten mit der Erde durch gute Leiter
verbunden waren, konnte sie von jeder Spur Elektricitat befreien, so dass
sich nach zehn-, funfzehn- oder hochstens zwanzigmaligem Verdoppeln keine
gezeigt hatte

„Die in ihnen entstehende Elektricitat war nicht immer gleicher Art,
zuweilen war sie wahrend zwei oder drei Tage negativ, und dann war
sie fur andere zwei oder drei Tage positiv, oft wechselte sie bei jeder Operation Dies liess mich vermuthen, dass moglicherweise der Ursprung dieser

---

[1] Philos Trans 1788, 1—22 Die Abhandlung hat speziell die Elektrometrie zum
Gegenstand und liegt den meisten spateren historischen Darstellungen daruber zu Grunde

Elektricität von meinem Körper herrührte, und nachdem sie durch den berührenden Finger der ersten Platte mitgetheilt war, später multiplicirt wurde. Um diesen Verdacht zu klären, versuchte ich die Platten zu verschiedenen Zeiten, nämlich vor und nach einem grösseren Spaziergang, vor und nach dem Essen u. s. w., indem ich sehr genau die Beschaffenheit der jedesmal hervorgebrachten Elektricität aufschrieb. Die Wirkungen schienen aber völlig ausser Zusammenhang mit den oben erwähnten gleichzeitigen Umständen, was noch weiter durch die Beobachtung erhärtet wurde, dass sich die Elektricität auch dann von wechselnder Beschaffenheit zeigte, wenn ich die Platten nicht mit dem Finger, sondern mit einem Draht berührte, der mit der Erde verbunden war, und mittelst eines isolirenden Handgriffes bewegt wurde." —

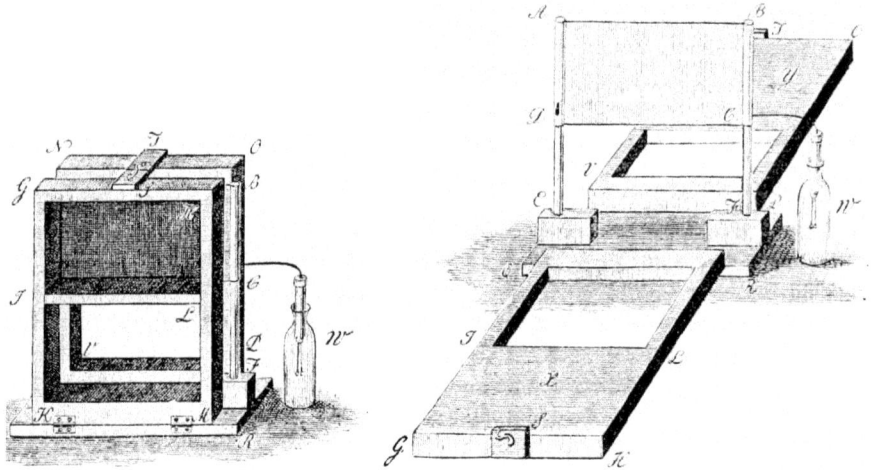

Fig. 38.   Nach CAVALLO.   Fig. 39.   Nach CAVALLO.

CAVALLO fügt eine Anzahl weiterer, ähnlicher Erfahrungen hinzu, und schliesst: „Aus all den oben erwähnten Versuchen mit verdoppelnden oder multiplicirenden Platten können wir zu dem Schluss kommen, dass die Erfindung sehr sinnreich ist, dass aber auf ihre Anwendung gar kein Verlass ist."

Wenn es sich darum handelt, kleine Elektricitätsmengen sichtbar zu machen, so empfiehlt er den einmaligen Gebrauch des Luftcondensators, der mit einem genügend empfindlichen Elektrometer zu verbinden ist. Eine praktische Form desselben beschreibt er kurz nachher.[1] Dasselbe enthält der früheren Gestalt gegenüber die Verbesserung, dass die condensirende Wirkung durch die Anwendung zweier zur Erde abgeleiteter Platten, welche auf beiden Seiten der condensirenden stehen, verdoppelt wird. Die beiden beistehenden Figuren (38 u. 39) zeigen das Instrument in geschlossenem und offenem Zustande; die mittlere Platte C ist isolirt, die beiden äusseren X und Y sind

---

[1] Philos. Trans. 1788, 255—260.

zur Erde abgeleitet. Man setzt C bei geschlossenem Condensator mit dem
zu prüfenden Leiter in Berührung, entfernt letzteren und öffnet dann das
Instrument, wodurch die Spannung der auf C befindlichen Elektricität um
das vielfache gesteigert wird.

7. Elektrometer von DE LUC und VOLTA. Obwohl die vorstehend
beschriebenen Instrumente in Bezug auf ihre Empfindlichkeit genug, ja zu
viel leisteten, waren sie doch nur Elektroskope, keine eigentlichen Elektrometer zu nennen. Zwar hatte es nicht an Versuchen dazu gefehlt, und insbesondere der Gedanke, die anziehenden und abstossenden Wirkungen der
Elektricität mittelst der Schwere zu messen, ist wiederholt ausgesprochen
worden, doch sind diese ersten Elektrometer alle im Versuchstadium stecken
geblieben. Hierher gehört beispielsweise das Elektrometer von ACHARD,[1]
bei welchem die Gewichte der Kugelchen am elektrischen Pendel, sowie der
Winkel, um welchen es von einem senkrechten Stabe abgestossen wurde, zur
Messung gelangten. Ähnliche Einrichtung hatte das „Fundamentalelektro-
meter" von DE LUC,[2] welches aus einem festen und einem beweglichen
Pendel (hohle Silberkugeln an Strohhalmen) bestand. Aus der Beschreibung,
welche DE LUC von seinem Elektrometer giebt, geht hervor, dass er den
Winkel des Pendels proportional der Ladung annahm, ohne jedoch darüber
Versuche angestellt zu haben, wie weit diese Annahme zutreffend ist.

Die gleiche Voraussetzung findet sich bei VOLTA,[3] welcher gleichfalls
ein Pendelinstrument benutzte, das zwei aus Stroh- oder Grashalmen gemachte, in feinen Drahtringen aufgehängte Pendel besass. Da mit diesem
Instrument die Messungen ausgeführt worden sind, auf welche VOLTA später
sein berühmtes Gesetz der „Spannungsreihe" begründete, so verdient der
Wortlaut seiner Beschreibung einiges Interesse.

„Etwas, was als eine Kleinigkeit erscheint, aber wirklich von grosser
Bedeutung ist, besteht darin, dass man die Gestalt und Materie der Pendel
ändert und die Kugelchen von Hollundermark oder dergleichen aufgiebt und
an Stelle der feinen Metalldrahte zwei nackte Strohhalme von etwa zwei
Zoll Länge benutzt, welche mittelst kleiner Ringe sehr beweglich angebracht
werden, und neben einander in Berührung oder fast in Berührung ihrer
ganzen Länge nach hangen. Wählt man zwei sehr feine und trockene Strohhalme (höchstens ein Viertel Linie stark), so sind sie leichter, als die feinsten
Metalldrähte, vollends weit leichter, als Drähte, die wie gewöhnlich unten
Kugelchen haben. Übrigens stossen sie sich ihrer grösseren Oberfläche
wegen bei gleichen Graden der Elektricität auch stärker ab und gehen
weiter auseinander." —

VOLTA schildert nun weiter, wie er sich zwei Elektrometer verfertigt

[1] Beschäft. der Berl. Ges. naturf. Freunde I. 53. Berlin 1775.

[2] Nouvelles Idées sur la Météorologie, 1786.

[3] Opere I, 2, S. 8. Firenze 1816. — Brugnatelli, Bibliotheca fisica d'Europa I, 73. —
Aus VOLTA's meteorologische Briefe. Leipzig 1793. Das Original ist eine briefliche Mittheilung an LICHTENBERG.

hat, von denen das feinere fünfmal grössere Ausschläge gab, als das andere, und dieses zweimal so gross, wie ein gewöhnliches Quadrantelektrometer, und fährt fort:

„Recht gut! werden Sie sagen, wenn nur, was aber wohl schwerlich der Fall sein wird, das angegebene Verhältniss zwischen den Graden der drei Elektrometer die ganze Skala durch gälte...... Aus der zahllosen Menge von Versuchen, welche ich in dieser Absicht angestellt habe, wähle ich einen, vorzüglich genauen, der statt vieler dienen kann, und die Sache augenscheinlich machen wird. Ich brachte vermittelst eines eisernen Drahtes die Hütchen der zwei Elektrometer in Verbindung, so dass sie einen einzigen Leiter ausmachten. Hierauf berührte ich den Leiter mit einer geladenen Leidener Flasche, wodurch die Pendel beim empfindlichen Elektrometer auf zwanzig Grad, folglich beim anderen auf vier Grad auseinander getrieben wurden. Ich liess sodann die Elektricität von selbst wieder abnehmen. Als das erste Elektrometer auf $17^1/_2$ Grad gefallen war, sah ich das andere auf $3^1/_2$ stehen, und so wie jenes nach und nach an 15, $12^1/_2$, 10, $7^1/_2$, 5 kam, fiel dieses genau auf 3, $2^1/_2$, 2, $1^1/_2$, 1..... Ich habe dergleichen Beobachtungen in grosser Menge und Mannigfaltigkeit mehrere Male mit der äussersten Genauigkeit angestellt, und immer gefunden, dass beide Elektrometer sogar bis auf Viertelgrade auf das vollkommenste übereinstimmten." ...

„Die Eigenschaft des Elektrophors, dass die Stärke der Funken, welche der aufgehobene Deckel giebt, durch Ruhe nicht weiter, wenigstens auf keine in die Augen fallende Weise geschwächt wird, hat mich auf folgendes Verfahren geleitet. Ich lasse zwei, drei bis vier Funken in den Haken einer Leidener Flasche schlagen, bis ich bei der Berührung des Hütchens meines Elektrometers mit dem Haken die Pendel um einen oder ein Paar Grad auseinander gehen sehe. Finde ich nun, dass z. B. drei solche Funken nöthig sind, um die Pendel auf zwei Grad auseinander zu treiben, so lasse ich in den Haken der Flasche noch drei Funken schlagen und berühre das Elektrometer wiederum. So gehen die Pendel just um vier Grade auseinander. Durch die neue Funken werden sie auf sechs, und durch immer gleiche Vermehrung der Ladung auf acht, zehn, zwölf, vierzehn, sechszehn, achtzehn, zwanzig, zweiundzwanzig Grad auseinander getrieben." —

Dieses Ergebniss, zu dem VOLTA bei seinen messenden Versuchen kommt, ist einigermaassen unerwartet. Denn bei einem derartigen Instrument sollte der Ausschlag wesentlich proportional dem Quadrat der Ladung sein. Es mögen die bei stärkerer Ladung erheblicheren Fehler des Instrumentes, die alle im Sinne einer Verminderung des Ausschlages wirken, die Annäherung an die einfache Proportionalität bewirkt haben; auch ist quantitative Beobachtung nicht eben die stärkste Seite von VOLTA's Begabung.

8. Die Drehwage von COULOMB. Bei all diesen Versuchen, Maassbestimmungen der elektrischen Erscheinungen auszuführen, blieb man indessen bis auf VOLTA in den ersten Anfängen mehr qualitativen Charakters stehen. Zwar liegt in der Natur der Sache, dass die Messung einer Erscheinung das

Vorhandensein eines Messinstrumentes voraussetzt. Andererseits setzt aber die Benutzung jedes Messinstrumentes wieder eine Kenntniss der Gesetze voraus, nach welchen die Ablesungen am Instrument mit dem Werth der zu messenden Grösse in Verbindung stehen, und so scheint es, als wenn man sich hier in einem unlösbaren Zirkel bewegte. Thatsächlich wird das Problem häufig so gelöst, dass man die Wirkungen des zu erforschenden Agens mit gleichartigen Wirkungen anderer, ihrem Maasse nach bekannter Ursachen, welche am Instrument entsprechende Ausschläge oder Ablesungen hervorrufen, vergleicht, und beide Ursachen einander proportional setzt. Diesem Gedankengang entsprechend ist, wie oben erwähnt, vielfach versucht worden, die elektrostatischen Fernwirkungen in mechanischem, insbesondere in Gewichtsmaass zu messen. Die Versuche konnten aber so lange keinen Erfolg haben, als über die Abhängigkeit dieser Fernwirkungen von der Entfernung, sowie von der Gestalt der beweglichen Theile des Elektrometers nichts bekannt war.

Die erste dieser fundamentalen Fragen, die nach dem Gesetz der elektrostatischen Fernwirkung, wurde um dieselbe Zeit (1785) beantwortet, in welche die oben erörterten Bestrebungen zur Construction empfindlicher Elektrometer fallen. Auf Grund der vorher (1784) studirten Gesetze der Torsionselasticität der Drähte[1] construirte COULOMB seine elektrische Wage,[2] mittelst deren er das seinen Namen tragende Gesetz entdeckte, dass die elektrische Abstossung und Anziehung proportional dem Quadrat der Entfernung der wirkenden Theilchen ist. Da dieses Gesetz fundamental nicht nur für die gesammte Elektrometrie, sondern auch für die spätere Entwickelung der allgemeinen Elektricitätslehre geworden ist, so soll die erste Abhandlung COULOMB's hier wiedergegeben worden,[3] in welcher das fragliche Gesetz zunächst für die Abstossung gleichartig geladener Kugeln bewiesen wird, die zweite Abhandlung bringt den gleichen Nachweis für die Anziehung in Folge entgegengesetzter Ladung.

„Construction und Anwendung einer elektrischen Wage, die auf der Eigenschaft der Drähte beruht, eine dem Torsionswinkel proportionale Gegenkraft der Torsion zu besitzen. Experimentelle Bestimmung des Gesetzes, nach dem die Elemente gleichartig elektrisirter Körper sich gegenseitig abstossen. In einer der Akademie im Jahre 1784 überreichten Abhandlung habe ich an der Hand des Versuchs die Gesetze der Torsionskraft eines Drahtes bestimmt, und habe gefunden, dass diese Kraft in geradem Verhältniss zum Torsionswinkel und zur vierten Potenz des Durchmessers des Aufhängedrahtes und im umgekehrten Verhältniss zu seiner Länge stand, indem man das Ganze noch mit einem con-

---

[1] Hist. et mém. d. l'Ac. Roy. des Sc., Paris 1784, S. 229—269.

[2] Ebenda 1785, S. 569—577.

[3] Nach der von W. König besorgten deutschen Ausgabe in OSTWALDS Klassikern der exakten Wissenschaften Nr. 13, Leipzig 1890.

stanten Coefficienten zu multipliciren hatte, der von der Natur des Metalles abhängt und durch den Versuch leicht zu bestimmen ist

„In derselben Abhandlung zeigte ich, dass es mit Hilfe dieser Torsionskraft möglich war, sehr geringfügige Kräfte mit Genauigkeit zu messen, wie z. B. ein Zehntausendstel eines Grans [0,005 cm gr sec $^{-2}$] Auch habe ich in derselben Abhandlung eine erste Anwendung dieser Theorie ergeben, indem ich in der Formel, welche die Reibung der Oberfläche eines festen, in einer Flüssigkeit bewegten Körpers ausdrückt, die constante, der Adhäsion zugeschriebene Kraft zu berechnen suchte

„Ich legte heute der Akademie eine nach denselben Prinzipien construirte elektrische Wage vor, sie misst mit der grössten Genauigkeit den elektrischen Zustand und die elektrische Kraft eines Körpers, wie gering auch der Grad der Elektrisirung sei

„Construction der Wage Obwohl mich die Erfahrung belehrt hat, dass für die bequeme Ausführung mehrerer elektrischer Versuche an der ersten Wage dieser Art, die ich habe anfertigen lassen, einige Mängel verbessert werden müssen, will ich sie dennoch beschreiben, weil sie bis jetzt die einzige ist, deren ich mich bedient habe, doch bemerke ich, dass ihre Form und ihre Grösse verändert werden können und müssen je nach der Natur der Versuche, die man anzustellen beabsichtigt Die Figur 40 stellt perspectivisch diese Wage dar, deren Einzelheiten folgende sind

„Auf einen Glascylinder $ABCD$ von 12 Zoll [32,48 cm] Durchmesser und 12 Zoll Höhe legt man eine Glasplatte von 13 Zoll Durchmesser, die das Glasgefäss vollkommen bedeckt, in diese Platte sind zwei Löcher von ungefähr 20 Linien [4,51 cm] Durchmesser gebohrt, das eine in der Mitte, in f, über ihm erhebt sich eine Glasröhre von 24 Zoll [64,97 cm] Höhe, diese Röhre ist auf dem Loche f festgekittet mit dem bei den elektrischen Apparaten gebräuchlichen Kitt, an dem oberen Ende der Röhre in h ist ein Torsionsmikrometer angebracht, das man in seinen Einzelheiten in der Figur 41 erblickt Der obere Theil, Nr 1, trägt den Kopf b, den Index 10 und die Aufhängeklemme q, dieses Stück passt in das Loch G des Stückes Nr 2, dieses Stück, Nr. 2, besteht aus einem Kreise ab, dessen Rand in 360^0 getheilt ist, und aus einer kupfernen Röhre Φ, welche in die Röhre H, Nr 3, hineinpasst, letztere ist in das Innere des oberen Endes der Glasröhre fh der Fig 40 eingekittet Die Klemme q, Fig 41, No 1, hat fast die Form des Endes einer starken Reissfeder, die mittelst des Ringes q zusammengepresst werden kann, in die Zange dieser Reissfeder ist das Ende eines sehr feinen Silberdrahtes eingeklemmt, das andere Ende des Silberdrahtes steckt (Fig 42) in P in der Klemme eines Cylinders Po von Kupfer oder Eisen, dessen Durchmesser kaum eine Linie [0,22 cm] beträgt, und dessen Ende P gespalten ist und eine Zange bildet, welche mittelst des Schieberinges Φ zusammengepresst wird Dieser kleine Cylinder hat in C eine Verdickung mit einer Durchbohrung, in die sich die Nadel ag (Fig 40) hineinschieben lässt das Gewicht dieses kleinen Cylinders muss gross genug sein, um den Silberdraht zu spannen, ohne ihn zu zerreissen. Die Nadel, welche man (Fig. 40) in *a g* etwa in der halben Höhe des grossen Gefässes, das sie umgiebt, horizontal aufgehängt sieht, besteht entweder aus einem mit Siegellack überzogenen Seidenfaden, oder aus einem ebenfalls mit Siegellack überzogenen Strohhalm, und trägt von *q* bis *a*, auf 18 Linien [4,06 cm] Länge, eine cylindrische Fortsetzung von Schellack: am Ende *a* dieser Nadel befindet sich eine kleine Kugel von Hollundermark von zwei bis drei Linien [0,45 bis

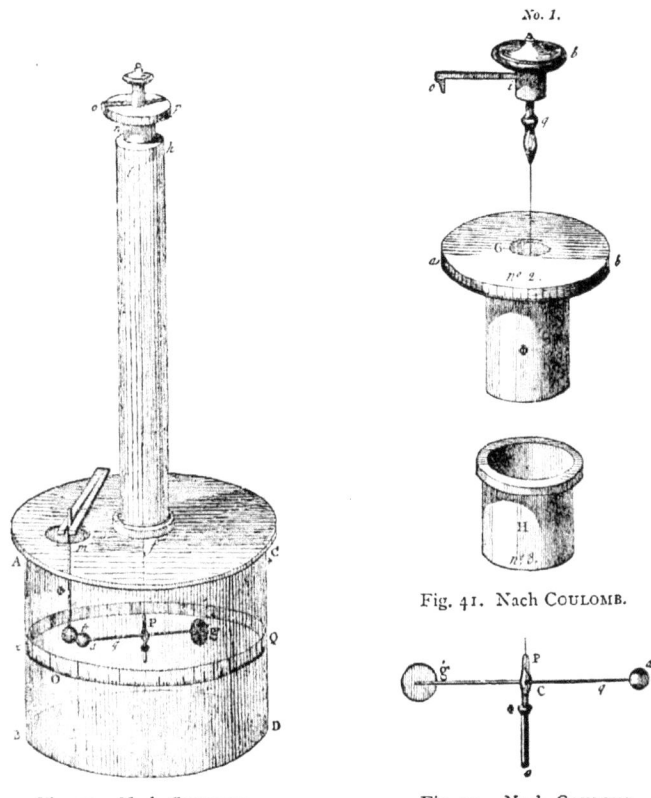

Fig. 41. Nach COULOMB.

Fig. 40. Nach COULOMB.　　　　Fig. 42. Nach COULOMB.

0,68 cm] Durchmesser; in *g* eine kleine verticale Scheibe von Papier, das mit Terpentin getränkt ist, welche der Kugel *a* als Gegengewicht dient und die Schwingungen dämpft.

„Wir sagten, dass der Deckel *A C* von einem zweiten Loche in *m* durchbohrt ist; in dieses zweite Loch führt man einen kleinen Cylinder *m Φ t* ein, dessen unterer Theil *Φ t* aus Schellack besteht; in *t* befindet sich gleichfalls eine Hollundermarkkugel; um das Gefäss herum, in der Höhe der Nadel, ist ein in 360 Grade getheilter Kreis *z Q* aufgetragen; der grösseren Einfachheit halber bediene ich mich eines in 360° getheilten Papierstreifens, den ich in der Höhe der Nadel um das Gefäss herum klebe.

„Zum Beginn der Hantirung mit diesem Instrumente stelle ich den Deckel so ein, dass das Loch *m* ungefähr dem ersten Theilstrich oder dem Punkte o der Kreistheilung *z O Q* auf dem Gefässe entspricht. Ich stelle den Index *o i* des Mikrometers auf den Punkt o oder den ersten Theilstrich dieses Mikrometers; ich drehe darauf das ganze Mikrometer in der senkrechten Röhre *fh*, bis man beim Visiren durch den senkrechten Draht, der die Nadel trägt, und durch den Mittelpunkt der Kugel die Nadel *a g* auf den ersten Theilstrich *z O Q* einspielen sieht. Ich führe darauf durch das Loch *m* die andere, am Drahte *m* Φ *t* befestigte Kugel *t* so ein, dass sie die Kugel *a* berührt, und dass man beim Visiren durch den Mittelpunkt des Aufhängedrahtes und die Kugel *t* auf den ersten Theilstrich o des Kreises *z O Q* trifft. Die Wage ist nun bereit für alle Operationen; wir wollen als Beispiel derselben das Verfahren schildern, dessen wir uns bedient haben, um das Grundgesetz, nach dem die elektrisirten Körper sich abstossen, zu ermitteln.

„Grundgesetz der Elektricität. Die abstossende Kraft zweier kleiner, gleichartig elektrisirter Kugeln steht in umgekehrtem Verhältniss zum Quadrat des Abstandes der Mittelpunkte der beiden Kugeln. — Experiment. Man elektrisirt (Fig. 43) einen kleinen Conductor, der nichts anderes ist als eine Stecknadel mit grossem Kopf, welche dadurch isolirt ist, dass ihre Spitze in das Ende eines Siegellackstäbchens ein-

Fig. 43. Nach Coulomb.

gedrückt ist; man steckt diese Nadel durch das Loch *m* und bringt sie mit der Kugel *t* in Berührung, die ihrerseits die Kugel *a* berührt; beim Zurückziehen der Nadel besitzen die beiden Kugeln eine gleichartige elektrische Ladung und stossen einander ab bis in eine Entfernung, die man misst, indem man durch den Aufhängedraht und den Mittelpunkt der Kugel *a* nach dem entsprechenden Theilstrich des Kreises *z O Q* visirt: indem man darauf den Index des Mikrometers in dem Sinne *p n o* dreht, tordirt man den Aufhängedraht *l P* und erzeugt eine dem Torsionswinkel proportionale Kraft, welche die Kugel *a* der Kugel *t* zu nähern sucht. Man beobachtet nach diesem Verfahren die Entfernung, bis zu der verschiedene Torsionswinkel die Kugel *a* nach der Kugel *t* hin zurückführen, und indem man die Torsionskräfte mit den entsprechenden Entfernungen der beiden Kugeln vergleicht, erhält man das Gesetz der Abstossung.

„Ich werde hier nur einige Versuche anführen, die leicht zu wiederholen sind, und die das Gesetz der Abstossung sofort erkennen lassen.

„Erster Versuch: Nach Elektrisirung der beiden Kugeln mittelst des Stecknadelkopfes hat sich die Kugel *a* der Nadel von der Kugel *t* um 36° entfernt, während der Index des Mikrometers auf o steht.

„Zweiter Versuch: Nachdem der Aufhängedraht mittels des Knopfes *o* des Mikrometers um 126 Grad gedreht worden ist, haben sich die beiden Kugeln bis auf einen schliesslichen Abstand von 18 Grad einander genähert .

„Dritter Versuch Nach Torsion des Aufhangedrahtes um 567^0 haben sich die beiden Kugeln bis auf 8$^1/_2$^{0} genähert.

„Erklärung und Ergebniss dieses Experiments Solange die Kugeln noch nicht elektrisirt sind, beruhren sie sich, und der Mittelpunkt der an der Nadel befestigten Kugel a ist von dem Punkte, in welchem die Torsion des Aufhangedrahtes Null ist, nur um die Halfte der Durchmesser der beiden Kugeln entfernt Es muss bemerkt werden, dass der Silberdraht lP, der die Aufhängung bildete, 28 Zoll [75,80 cm] Länge hatte, und so fein war, dass ein Fuss von diesem Draht nur $^1/_{16}$ Gran [1 m.0,01 gr] wog Indem ich die Kraft berechnete, deren es bedurfte, um diesen Draht zu tordiren, wenn man sie im Punkte a, der vier Zoll [10,83 cm] von dem Drahte lP oder dem Aufhangungsmittelpunkte entfernt ist, angreifen lasst, fand ich mittelst der Formeln, die in einer im Jahrgange 1784 der Akademie gedruckten Abhandlung uber die Gesetze der Torsionskraft der Drahte auseinandergesetzt sind, dass man, um diesen Draht um 360^0 zu tordiren, nur eine Kraft von $^1/_{340}$ Gran [0,153 cm gr sec^{-2}] im Punkte a, wirkend am Hebelarme a P von vier Zoll Lange anzuwenden braucht· da nun die Torsionskrafte, wie in jener Abhandlung bewiesen ist, sich wie die Torsionswinkel verhalten, so entfernte die geringste abstossende Kraft zwischen den beiden Kugeln sie betrachtlich von einander

„Wir finden bei unserem ersten Versuche, bei dem der Index des Mikrometers auf dem Punkte o steht, dass die Kugeln einen Abstand von 36^0 haben, was zu gleicher Zeit eine Torsionskraft von 36^0 = $^1/_{3400}$ Gran bewirkt, beim zweiten Versuch betragt der Abstand der Kugeln 18^0, aber da man das Mikrometer um 126^0 gedreht hat, so folgt daraus, dass bei einem Abstande von 18^0 die abstossende Kraft 144^0 betrug also ist bei der Halfte der ersten Entfernung die Abstossung der Kugel viermal so gross.

„Bei dem dritten Versuche hat man den Aufhangedraht um 597^0 tordirt, und die beiden Kugeln befanden sich nur noch in 8$^1/_2$^{0} Entfernung. Die gesammte Torsion betrug folglich 576^0, viermal so viel, wie die des zweiten Versuches, und es fehlte nur ein halber Grad, damit die Entfernung der beiden Kugeln bei diesem dritten Versuche gerade auf die Halfte derjenigen des zweiten Versuches zuruckgefuhrt ware Es geht also aus diesen drei Versuchen hervor, dass die abstossende Wirkung, welche zwei gleichartig elektrisirte Kugeln auf einander ausuben, dem umgekehrten Verhaltniss des Quadrats der Entfernungen folgt

„Erste Anmerkung Wenn man das vorstehende Experiment wiederholt, so wird man bemerken, dass bei Verwendung eines so feinen Silberdrahtes, wie wir ihn angewandt haben, der fur eine Torsion um einen Winkel von 5" nur eine Kraft von ungefahr ein $^1/_{2000}$ Gran [0,002 cm gr sec^{-2}] verlangt, die naturliche Lage der Nadel, bei der die Torsion Null ist, nur auf ungefahr 2 oder 3" bestimmt werden kann, wie ruhig auch die Luft sei und

welche Vorsichtsmaassregeln man treffe Daher muss man, um einen ersten
Versuch zu haben, den man mit den folgenden vergleichen kann, nach der
Elektrisirung der beiden Kugeln den Aufhangedraht um 30—40° tordiren,
was zusammen mit dem Abstande der beiden beobachteten Kugeln eine hinreichende Torsionskraft ergeben wird, damit die 2 oder 3" Unsicherheit in
der Anfangslage der Nadel, in der die Torsion Null ist, keinen merklichen
Fehler in den Ergebnissen hervorrufen Es muss ferner bemerkt werden,
dass der Silberdraht, dessen ich mich bei diesem Experiment bedient habe,
so fein ist, dass er bei der geringsten Erschütterung reisst, ich habe in der
Folge gefunden, dass es bequemer ist, bei den Versuchen einen Aufhangedraht von fast doppelt so grossem Durchmesser anzuwenden, obwohl seine
Torsionsfähigkeit vierzehn- bis fünfzehnmal geringer war, als die des ersten
Man muss Sorge tragen, diesen Silberdraht vor dem Gebrauch zwei oder
drei Tage lang mit einem Gewicht gespannt zu halten, welches ungefähr die
Hälfte von demjenigen beträgt, das er tragen kann, ohne zu reissen, auch
ist zu bemerken, dass man bei Anwendung dieses letzteren Silberdrahtes ihn
niemals über 300° hinaus tordiren darf, weil er nach Überschreiten dieser
Torsionsgrenze anfängt sich zu deformiren und nur noch mit einer Kraft reagirt,
die kleiner als der Torsionswinkel ist, wie wir es in der bereits genannten
1784 gedruckten Abhandlung bewiesen haben

„Zweite Anmerkung Die Elektricität der beiden Kugeln vermindert
sich ein wenig während der Dauer des Versuchs, ich habe gefunden, dass
an dem Tage, an dem ich die vorstehenden Versuche ausgeführt habe, die
elektrisirten Kugeln, während sie sich in Folge ihrer Abstossung in 30° Entfernung von einander befanden, bei einem Torsionswinkel von 50° sich um
einen Grad in drei Minuten näherten, da ich aber nur zwei Minuten brauchte,
um die obigen drei Versuche auszuführen, so kann man bei diesen Experimenten den Fehler vernachlässigen, der aus dem Elektricitätsverluste entspringt Wenn man eine grössere Genauigkeit wünscht, oder wenn die Luft
feucht ist und die Elektricität sich schnell verliert, so muss man durch einen
Vorversuch den Abfluss oder die Verminderung der elektrischen Wirkung
der beiden Kugeln in jeder Minute bestimmen und sich später dieser ersten
Beobachtung bedienen, um die Ergebnisse der Versuche, die man an jenem
Tage angestellt hat, zu verbessern.

„Dritte Anmerkung Der Abstand der beiden Kugeln, wenn sie sich
in Folge ihrer gegenseitigen abstossenden Wirkung von einander entfernt
haben, wird genau gemessen nicht durch den Winkel, den sie bilden, sondern
durch die Sehne des Bogens, die ihre Mittelpunkte verbindet, ebenso wie
der Hebelarm, an dessen Ende die Wirkung angreift, nicht durch die halbe
Länge der Nadel oder durch den Radius gemessen wird, sondern durch den
Cosinus der Hälfte des Winkels zwischen den beiden Kugeln, diese beiden
Grossen, deren eine kleiner ist als der Bogen und folglich den durch den
Bogen gemessenen Abstand vermindert, während die andere den Hebelarm
verkleinert, gleichen sich einigermaassen aus, und man kann sich bei Ver-

suchen von der Art derjenigen, mit denen wir beschäftigt sind, ohne merklichen Fehler mit der Berechnung, die wir gegeben haben, begnügen, wenn
der Abstand der beiden Kugeln 25 bis 30⁰ nicht überschreitet: andernfalls
muss man die Berechnung streng durchführen.

„Vierte Anmerkung. Da die Erfahrung lehrt, dass man in einem
wohl verschlossenen Zimmer mit dem ersten Silberdraht die Nulllage der
Nadel bis auf ungefähr 2 oder 3⁰ bestimmen kann, was nach der Berechnung
der den Torsionswinkeln proportionalen Torsionskräfte eine Kraft von höchstens ¹/₄₀₀₀₀ Gran [0,0013 cm gr sec⁻²] ergiebt, so werden sich die schwächsten
Grade der Elektrisirung leicht mit dieser Wage messen lassen. Um dies zu
bewerkstelligen, steckt man (Fig. 44) durch einen Siegellack-Stöpsel einen
kleinen Kupferdraht $c\,d$, welcher in c in einen Haken und in d in eine kleine

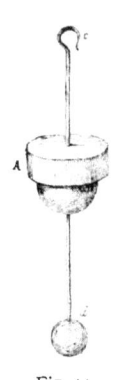

Fig. 44.

vergoldete Hollundermarkkugel endet, und setzt den Stöpsel A
in das Loch m der Wage Fig. 40 derart ein, dass der Mittelpunkt der Kugel d beim Visiren durch den Aufhängedraht auf
den Nullpunkt des Kreises $z\,O\,Q$ fällt; nähert man darauf einen
elektrisirten Körper dem Haken c, so zeigt, wie gering auch die
Elektrisirung dieses Körpers sei, die Kugel a dadurch, dass sie
sich von der Kugel d entfernt, die Elektrisirung an und der Abstand der beiden Kugeln misst ihre Stärke, nach dem Grundsatz vom umgekehrten Verhältniss des Quadrats der Entfernungen.

„Aber ich muss als vorläufige Mittheilung gleich hinzufügen,
dass ich seit jenen ersten Versuchen verschiedene kleine Elektrometer nach denselben Grundsätzen der Torsionskraft habe
herstellen lassen, indem ich mich als Aufhängefadens eines Seiden-
fadens, so wie er sich vom Cocon abwickelt, oder eines Angora-
ziegenhaares bediente. Eines dieser Elektrometer, welches beinahe dieselbe Form wie die in dieser Abhandlung beschriebene elektrische
Wage hat, ist viel kleiner; es hat nur 5—6 Zoll [14—16 cm] Durchmesser,
eine Röhre von einem Zoll [2,71 cm]; die Nadel ist ein kleiner Schellack-
faden von 12 Linien [2,71 cm] Länge, der in a eine kleine, sehr leichte
Scheibe von Rauschgold trägt; die Nadel und das Rauschgold wiegen ungefähr ¹/₄ Gran [0,13 gr]; der einem Cocon entnommene Aufhängefaden von
4 Zoll [10,8 cm] Länge besitzt eine solche Torsionsfähigkeit, dass es bei
einem Hebelarm von einem Zoll [2,71 cm] nur ¹/₆₀₀₀₀ Grans [0,0009 cm gr
sec⁻²] bedarf, um ihn um einen ganzen Kreisumfang oder um 360⁰ zu tordiren; wenn man bei diesem Elektrometer eine durch Reibung elektrisirte,
gewöhnliche Siegellackstange dem Haken C der Fig. 44 bis auf 3 Fuss [97 cm]
Entfernung nähert, so wird die Nadel auf mehr als 90⁰ abgestossen. Wir
werden in der Folge diese Elektrometer genauer beschreiben, wenn es sich
darum handeln wird, die Natur und den Grad der Elektrisirung verschiedener
Körper zu bestimmen, welche durch Reibung an einander einen sehr schwachen
Grad von Elektrisirung annehmen.“

Das Gesetz von Coulomb ging sehr schnell in den Besitzstand der

Wissenschaft über, nachdem von dem Entdecker selbst, und noch ausführlicher und umfassender von Poisson, nachgewiesen worden war, dass die bekannten Erscheinungen der Ausbreitung der statischen Elektricität auf Leitern sich nur vermittelst des fraglichen Gesetzes sachgemäss darstellen liessen, und andere Möglichkeiten ausschliessen. Einige Widersprüche dagegen, welche auf Grund ungenügender Experimente später von Kämtz, Simon[1] und Parrot[2] erhoben wurden, liessen sich durch genauere Messungen beseitigen, in welcher Hinsicht sich Egen[3] Verdienste erwarb. Indessen hat die Kenntniss dieses Gesetzes zunächst nicht viel Anwendung auf die Elektrometrie gefunden; die Forschung nahm zunächst einen vorwiegend qualitativen Charakter an, und später fand sich im Galvanometer ein Messinstrument, dessen Anwendung relativ leicht und bequem war, so dass das Elektrometer für lange Zeit ganz verdrängt wurde.

---

[1] Gilbert's Ann. **28**, 277. 1808. [2] Gilbert's Ann. **60**, 26. 1819.
[3] Poggendorff's Ann. **5**, 202. 1825.

Fig. 45. ALEXANDER VON HUMBOLDT im 27. Lebensjahre.[1]

Fünftes Kapitel.

Begründung der chemischen Theorie des Galvanismus.

1. **Allgemeines.** Wie aus der vorangegangenen Darstellung hervorgeht, ist den beiden leitenden Entdeckern auf dem Gebiete, GALVANI und VOLTA, der Gedanke eines Zusammenhanges der von ihnen untersuchten Erscheinungen mit chemischen Vorgängen nicht gekommen. GALVANI war Anatom, ihm lagen solche Erwägungen ganz fern. VOLTA dagegen war zwar wesentlich Physiker, hat sich aber doch auch vielfach mit chemischen Dingen beschäftigt, so dass ihm diese Beziehung eher hätte auffallen können. Doch muss freilich zugestanden werden, dass die Gestalt, in welcher sich ihm die Berührungselektricität darbot (vgl. S. 50), nicht geeignet war, seine Aufmerksamkeit in die Richtung zu lenken.

Als Schöpfer der chemischen Theorie der galvanischen Erscheinungen wird gewöhnlich GIOVANNI VALENTINO MATTIA FABBRONI geb. 1752 in Florenz,

[1] Nach einem Stich in: A. v. HUMBOLDT. Eine wissensch. Biographie. I.

gest 1822 ebenda, bezeichnet Die Abhandlung, auf welche dieser Anspruch
zuruckgeführt wird, ruhrt aus dem Jahre 1792 her und einen Auszug aus
ihr hat FABBRONI im Journal de physique par DELAMETHERIE, 49, 348 1799
mitgetheilt, weiter unten ist eine Ubersetzung derselben gegeben

Wie man bei der Durchsicht dieser Arbeit sehen wird, ist FABBRONI
keineswegs der Begrunder einer elektrochemischen Theorie, sondern er
leugnet fast unbedingt bei den fraglichen Vorgangen die Bethatigung der
Elektricitat und fuhrt sie, sogar die Geschmacks- und Lichtempfindungen,
auf chemische Vorgange zuruck In dieser Beziehung hat er freilich weit
uber das Ziel hinausgeschossen, durch seine kraftige Betonung des chemischen
Antheils an den Erscheinungen der Metallelektricitat hat er aber in hohem
Maasse anregend gewirkt, und die Aufmerksamkeit dauernd auf diese anfangs
vernachlassigte Seite des Problems gelenkt

2 Die Abhandlung von FABBRONI Die erwahnte Abhandlung
hat den Titel Uber die chemische Wirkung der verschiedenen Metalle unter einander bei gewohnlicher Lufttemperatur, und uber
die Erklarung einiger galvanischer Erscheinungen,[1] und lautet wie
folgt

„Man hat unter die galvanischen Erscheinungen die aufgenommen, von
welcher SULZER in seiner Theorie des Vergnugens spricht, welche 1767
erschien, namlich die geheimnissvolle Empfindung, welche sich auf der Zunge
bei der Annaherung zweier in gegenseitiger Beruhrung befindlicher Metalle
geltend macht, die ihrerseits keine Empfindung verursacht hatten, wenn man
sie einzeln an das Organ gelegt hatte In der That bin ich uberzeugt, dass
dasselbe Prinzip, welches in diesem Falle eine unerwartete Geschmacksempfindung hervorruft, gleichfalls die thierische Faser in Zuckung versetzen
kann, sowie es gleichzeitig die empfindenden und die erregbaren Theile unmittelbar beruhrt Aber weit entfernt, wie alle Welt diese Wirkungen einem
fast unbekannten Agens, wie es das elektrische Feuer ist, zuzuschreiben, habe
ich mir zuerst vorgenommen, zu beweisen, dass sie nur von einem chemischen
Vorgange herruhren, ebenso wie es vielleicht auch die Geschmacksempfindung
selbst ist, wodurch mir der Mechanismus verstandlicher gemacht wurde Ich
dachte nach und machte Versuche uber diesen merkwurdigen Gegenstand, und
berichtete daruber 1792 an die Akademie zu Florenz Der Band ist noch nicht
gedruckt, ich glaube, dass BRUGNATELLI davon in seinem Journal gesprochen
hat, doch habe ich weder seinen Bericht, noch meine Abhandlung zur Hand,
und ich werde hier nichts wiederholen, als was mir mit Sicherheit im Ge-
dachtniss geblieben ist

„Ich habe schon haufig bemerkt, dass das lautende Quecksilber lange
Zeit seinen schonen Metallglanz behalt, wenn es allein ist, sowie man es
aber mit irgend einem anderen Metall amalgamirt, so wird es schnell trube oder
oxydirt sich, und nimmt in Folge der fortschreitenden Oxydation an Gewicht zu

---

[1] Journal de physique, par DELAMETHERIE 49, 348—357 An VII (1799)

„Ich habe seit vielen Jahren feines Zinn aufbewahrt, ohne dass es sich in seinem silberahnlichen Glanze geandert hatte, wahrend verschiedene Legirungen dieses Metalls, die ich zu technischen Zwecken hergestellt hatte, sich anders verhalten haben

„Ich habe im Museum zu Cortonne [Catania?] etruskische Inschriften auf Platten von reinem Blei gesehen, welche sich noch heute vollstandig erhalten haben, obwohl sie aus sehr alter Zeit stammen, im Gegensatz dazu habe ich in der Galerie von Florenz mit Uberraschung gefunden, dass die sogenannten piombi oder bleiernen Medaillen verschiedener Papste, zu welchen man Zinn und moglicherweise etwas Arsenik gemischt hatte, um sie schoner und fester zu machen, vollstandig zu einem weissen Pulver zerfallen waren oder sich in Oxyde verwandelt hatten, obwohl sie in Papier eingeschlagen und in Schubladen verschlossen waren

„Ebenso habe ich bemerkt, dass die Legirung, welche zur Lothung der Kupferplatten auf dem beweglichen Dache des Observatoriums zu Florenz benutzt worden ist, sich sehr schnell verandert hat und an ihren Beruhrungsstellen mit letzeren in weisses Oxyd ubergegangen ist

„Ich habe ausserdem in England gehort, dass die eisernen Nagel, deren man sich fruher bedient hat, um die Kupferplatten festzumachen, die zum Schiffsbeschlag dienen, sie durch die Beruhrung derartig angriffen, dass die Locher sich vergrosserten, bis sie uber den Kopf des Nagels gingen, welcher sie festhielt

„Es schien mir, als wenn dies genugte, um zu erkennen, dass die Metalle in diesem Fall eine gegenseitige Einwirkung ausuben, und dass man dieser die Ursache der Erscheinungen zuschreiben muss, welche sie bei ihrer Vereinigung oder Beruhrung aussern

„Man weiss, dass die Metalle im allgemeinen fahig sind, sich mit einander zu legiren, sich gegenseitig aufzulosen Man kann sich daher vorstellen, dass wie bei jedem anderen chemischen Reagens ihre Tendenz zu gegenseitiger Verbindung beginnt, sowie ihre Molekeln sich beruhren. Nur die ungeheuere Uberlegenheit ihrer Cohasion verhindert sie, sich gegenseitig aufzulosen oder in der Kalte zu legiren. Das Feuer dient nur, sie zu lockern, um ihren Molekeln Beweglichkeit zu geben. Man sieht dies bei den Amalgamen, welche ohne Feuer hergestellt werden konnen, man weiss, dass beispielsweise das Eisen bei der Herstellung des Weissbleches vom Zinn durchdrungen wird, ohne dass jenes Metall in den flussigen Zustand gebracht worden ware Moglicherweise ist es auch diese Cohasionskraft, welche die oxydirbaren Metalle verhindert, den Sauerstoff schnell anzuziehen wenn eine schnelle Bewegung die Molekeln einer Quecksilbermenge unter Wasser zu zertheilen sucht, so braucht es nichts mehr, um den Beginn einer Oxydation in sehr kurzer Zeit sehen zu lassen, wobei der Sauerstoff dem Wasser entzogen wird Diese Thatsachen hatten wie viele andere ahnliche und wohlbekannte den Beobachtern beweisen mussen, dass die Metalle, indem sie ihre gegenseitige Anziehung ausuben, um ebensoviel von ihrer respectiven

Cohäsionskraft verlieren müssen, dass sie, obwohl keines von ihnen den Sauerstoff aus der Luft anziehen oder dem Wasser entreissen kann, die Fähigkeit dazu durch die einfache mechanische Berührung erlangen, da sie in neue Verbindungen übergehen. Man durfte daher vermuthen, dass wenigstens einige von den Wirkungen der metallischen „Armaturen" an Nerven und Muskeln einem chemischen Vorgange zugeschrieben werden können, einem Übergange des Sauerstoffs aus irgend einer Verbindung in eine neue, der Bildung eines löslichen oder schmeckenden Prinzips, welches sich so deutlich am Geschmacksorgan geltend macht.

„GALVANI, ALDINI, VOLTA und andere gleich geschickte Physiker, welche sich mit so viel Erfolg Untersuchungen solcher Art gewidmet haben, hielten sich nicht gegenwärtig, dass die chemische Wirkung sich mit der Schnelle des Blitzes bethätigt, und haben, überrascht von der Geschwindigkeit, mit welcher diese beiden Metalle ihre Wirkung auf die thierische Faser geltend machen, geglaubt, sie nur der elektrischen Flüssigkeit zuschreiben zu können. Die Übertragung des Galvanismus in die Ferne und durch die Kette begünstigte ihre Anschauung, welche schliesslich allgemein angenommen, trotz der erheblichen Einwände, welche man wenigstens in einigen Fällen ihrem System entgegensetzen kann. Allerdings hat man einige Zeichen von Elektricität bemerkt, wenn man zwei vorher zur Berührung gebrachte Metalle trennt, man weiss aber sehr gut, dass auch verschiedene chemische Vorgange von einer „Gleichgewichtsstörung" des elektrischen Feuers, und daher von merklichen Anzeichen der Elektricität begleitet sind. So hat man Blitze bei vulkanischen Ausbrüchen bemerkt, es ist dies einer der Fälle, wo die Physiker als Ursache dieser Entzündungen etwas angesehen haben, was nur Wirkung derselben war. Es genügt, etwas Schwefel oder Chocolade zu schmelzen, um Zeichen von Elektricität zu haben, es genügt sogar, ganz einfach Wasser in's Sieden oder in den Dampfzustand zu versetzen, sicherlich ist das elektrische Feuer nicht die Ursache des Schmelzens oder des Verdampfens dieser Stoffe.

„Ich beanspruche nicht, alle elektrischen Einflüsse bei den wunderbaren Wirkungen des Galvanismus auszuschliessen, ich wünsche nur zu beweisen, dass dieses Prinzip keinerlei Antheil an dem Phänomen von SULZER hat, und dass mehrere ähnliche Thatsachen aus der gleichen Quelle stammen.

„Da die Metalle Verwandtschaft zu einander haben, müssen sich ihre Molekeln gegenseitig anziehen, so wie sie in Berührung gelangen. Man kann die Kraft dieser Anziehung nicht auswerthen, doch glaube ich, dass sie genügt, um die ihrer Cohäsion zu schwächen, so dass sie geneigt werden, neue Verbindungen einzugehen und leichter der Wirkung der schwächsten Auflösungsmittel nachzugeben.

„Ich habe bei der Wiederholung des Versuches von SULZER beobachtet, dass, wenn ich meine Zunge so gut als möglich gereinigt hatte, die Empfindung bei der Berührung mit zwei verbundenen Metallen bis beinahe zur Unmerklichkeit vermindert war. Der Speichel oder die Lymphe oder irgend eine Feuchtigkeit ist also auf irgend eine Weise bei diesem Phänomen wesentlich. Diese ist es wohl, welche ganz oder theilweise mit dem Metall, dessen Cohäsion durch den Contact mit einem anderen Metall abgeschwächt ist, welches Verwandtschaft zu diesem hat, eine schmeckende Verbindung bildet. Um mich aber der Wahrheit meiner Annahme zu vergewissern, that ich in verschiedene mit Wasser gefüllte Becher

1. getrennte Stücke z. B. von Gold in den einen, von Silber in den anderen, von Kupfer in den dritten, ferner Zinn, Blei etc.

2. In andere, ähnliche Becher that ich dieselben Metalle, wie vorher, aber paarweise in denselben Becher ein weniger und ein mehr oxydables Metall, aber getrennt von gegenseitiger Berührung mittelst eines kleinen Streichens Glas

3. Endlich that ich in andere Becher Metalle von verschiedener Art, die sich paarweise in unmittelbarer Berührung befanden. Die beiden ersten Reihen wiesen keine merklichen Änderungen auf, während in der letzten das oxydirbare Metall sich wenige Augenblicke nach der Berührung mit einem anderen sichtlich mit Oxyd bedeckte. Dieses nahm stufenweise zu, bis es das unten liegende Metall überragte, Massen bildete und wie ein Wasserfall längs der Wände sich herunterzog. Diese Erscheinung beginnt, obwohl unmerklich, im Augenblicke der Berührung selbst, jedoch habe ich während längerer Zeit die obigen Metalle in Berührung gelassen, um zu sehen, was weiter daraus wurde. Nach einem Monate untersuchte ich sie, ich fand zunächst, dass die beiden Metalle sich so fest verbunden hatten, dass ich, um ein Stück Messing welches nur etwa 2 cm gross war von einer Zinnplatte abzulösen, nicht weniger als zwei Kilogramm Kraft brauchte, ferner beobachtete ich, dass die Metalle sich nicht nur mit Oxyd beladen hatten, sondern auch kleine Salzkrystalle von verschiedener Gestalt gebildet waren. Es schien mir daher, als ob eine offenbare chemische Wirkung stattgefunden hatte, und dass es nicht nothig sei, die Natur des neuen Stimulus, welchen man bei dem Versuche von Sulzer „Galvanismus" genannt hat, anderweit zu suchen. Es war offenbar eine Verbrennung, eine Oxydation des Metalls. Das stimulirende Prinzip konnte daher entweder die Wärme sein, die sich entwickelt, oder der Sauerstoff, welcher in neue Verbindungen übergeht, oder endlich das neue metallische Salz; dies habe ich nicht gut ermitteln können. Ich habe zuweilen das Wasser, in welches ich die Metalle that, mit Lackmus gefärbt, ich habe aber nichts anderes beobachten können, als eine Füllung dieses färbenden Pflanzenstoffes, ohne dass seine natürliche Farbe irgend geändert worden wäre. Ich habe bemerkt, dass das Wasser, in welchem der Versuch ausgeführt worden war, einen leichten metallischen, ich möchte fast sagen arsenikalischen Geschmack annimmt, welcher einige Zeit andauert, und Speichelfluss veranlasst, ohne dass es doch von den Metallen Mengen enthielt, welche für die empfindlichsten Reagentien nachweisbar waren. Ich habe mich daher auf die Ansicht beschränken müssen, dass die Erscheinung nur eine langsame Verbrennung des Metalls ist, welche von einer Anziehung des

Sauerstoffs sowie von der Entwicklung von Licht und Wärme begleitet sein muss. Man weiss, dass sowie man ein Metall amalgamirt, z B Gold mit Quecksilber, sofort Wärme ausgetrieben wird, und möglicherweise nicht wegen des Festwerdens des Quecksilbers, sondern weil die Verminderung der Aggregationskraft des letzteren Metalls eine Ursache der Verbrennung entstehen lässt. Die langsame Gewichtsvermehrung, welche man bei den Amalgamen beobachtet, kommt nur von dem Sauerstoff, welchen sie aus der Luft anziehen. Ich habe vergeblich versucht, die Wärme zu messen, welche sich bei der einfachen Berührung zweier fester Metalle unabhängig von ihrem Gewicht entwickelt, diese Menge ist zu gering, sozusagen zu sehr über eine grosse Fläche ausgedehnt, und unsere Instrumente sind nicht empfindlich genug. Jedoch kann man sehr gut das Licht sehen, welches bei diesem Versuche auftritt, wenn das Auge selbst in dem Versuche theilnimmt, indem die Verbrennung mit Hülfe seiner eigenen Feuchtigkeit stattfindet. Man braucht beispielsweise nur ein Stück Silber im Munde zu halten, und ein Stück Zinn an den Augapfel zu legen, so wie man beide Metalle sich unmittelbar, oder auch mit Hülfe eines dritten Metalls berühren lässt, sieht man sehr deutlich ein schwaches Licht, welches weder ein elektrischer Funke ist, noch auch eine convulsivische Erregung ist, denn obwohl dies Licht das Auge nur im ersten Augenblicke zu erregen scheint, da dieses sich sehr schnell an diese schwache Empfindung gewöhnt, so kann man sich doch vergewissern, dass in diesem Falle die Lichtentwickelung andauernd ist, denn lässt man das berührende Metall abwechselnd auf die durchsichtigen und undurchsichtigen Stellen der Hornhaut gleiten, so kann man beständig ein stärkeres Leuchten bemerken, wenn das Metall von dem durchsichtigeren Theil dieses Organs berührt wird. Ausserdem braucht man, wenn man diesen Versuch wie gehörig im Dunkeln anstellt, nur auf den Augenblick zu achten, in welchem man die Berührung der beiden Metalle unterbricht, man überzeugt sich, dass man alsdann eine tiefere Dunkelheit sieht, wenn ich mir den Ausdruck erlauben darf, dies ist ein Beweis des dauernden Vorhandenseins irgend eines Lichtes vorher. Ich spreche nicht von dieser Art Aufleuchten, welches einige gesehen haben sollen, wenn die beiden Metalle einfach an die Zunge und das Zahnfleisch gelegt werden, ohne dass das Auge theilnimmt. Ich habe meinerseits die Sache nicht bestätigen können, und ich habe bemerkt, dass manche Personen zu sehen angaben, was andere nicht konnten, so dass es sich höchstens um eine krampfhafte, anscheinend illusorische Empfindung handelt, ähnlich dem Feuer, welches man beim Drucken des Auges mit dem Finger sieht, oder wenn man einen Schlag in der Nähe desselben erhält. Es scheint daher, dass in diesem Falle die Geschmacksempfindung sowie der Lichtschein nur die Ergebnisse eines chemischen Vorganges sind. Diejenigen aber, welche dies der Elektricität zugeschrieben haben, ermangeln nicht wahrscheinlicher Bemerkungen zu Gunsten ihrer Hypothese. Man hat beispielsweise bemerkt, dass man die obigen Empfindungen erhält, wenn man beide Metalle mittelst einer Kette oder eines langen

metallischen Leiters verbindet, aber man weiss, dass das elektrische Feuer
sich durch das Mittel auf unbegrenzte Entfernungen fortleiten lasst, und ich
habe bemerkt, dass etwa 6 oder 7 Meter die ausserste Grenze sind, bis zu
der die Wirkung der Metalle auf das Auge oder die Zunge merklich ist
Sicherlich ist ihre Wechselwirkung genau in dem Moment der Beruhrung
beider Metalle am starksten, es ist aber naturlich, anzunehmen, dass die
am meisten betroffenen Molekeln die Kraft, welche sie empfangen haben,
bis zu einem gewissen Grade von Punkt zu Punkt den benachbarten
Molekeln weitergeben werden   Sie muss sich unter Abschwachung fortpflanzen, ganz ebenso wie die Kreise, welche der Fall eines Korpers auf
ruhendem Wasser hervorruft, und seine Wirkungsweite ist hier annahernd
die gleiche, wie ich sie eben angegeben

„Indem ich meine Versuche auf verschiedene Weise abanderte, bemerkte ich, dass die Oxydation nur in geringer Weise eintrat, wenn ich
das Wasser des Bechers, in welchem sich die beiden in Beruhrung stehenden
Metalle befanden, mit einer leichten Olschicht bedeckte, und dass sie vollig
stehen blieb, wenn sie bis zu einem gewissen Punkte vorgeschritten war.
Dies ruhrt aber sicherlich nicht daher, dass sich die Dazwischenkunft eines
nicht leitenden Korpers dem Ablauf eines chemischen Vorganges widersetzt
hatte, wie es auf den ersten Blick scheinen konnte   Denn ich habe den
Versuch gemacht, dass ich unter das Ol einen metallischen Leiter gesenkt
habe, um die Verbindung des Wassers und der Metalle mit dem gemeinsamen Reservoir zu unterhalten, und die Oxydation ist ebensowenig fortgeschritten, wie vorher. Ebenso wird sie unterbrochen und begrenzt, wenn
man die freie Beruhrung mit der Luft mittelst einer kleinen uber Quecksilber umgekehrten Glocke ausschliesst, welches sich dem Durchgang der
Elektricitat gar nicht widersetzt ohnedies glauben die Galvanisten, dass ihre
Phanomene nicht von der allgemeinen Elektricitat abhangen, sondern sozusagen von der specifischen Elektricitat der verschiedenen Metalle   Ware
das der Fall, so ware nicht zu verstehen, warum sich die Wirkung nicht im
Augenblicke der Beruhrung vollziehen sollte, wie es bei der Annaherung
zweier Leidener Flaschen erfolgt, die mit verschiedenen Arten oder Mengen
Elektricitat geladen sind   Ubrigens musste nichts die Fortdauer der Erscheinung hindern, wenn die Metalle sich beruhren, welches auch die Beschaffenheit der Umstande sei   Allerdings konnte man mir vielleicht einwenden, dass, wenn die beiden Metalle die Fahigkeit das Wasser zu zersetzen
durch ihre einfache Beruhrung, die einfache Anordnung ihrer Anziehung
oder gegenseitigen Verwandtschaft erlangen, eine dunne Olschicht oder eine
umgekehrte Glocke sich auch nicht der Fortsetzung ihrer vollstandigen Oxydation widersetzen durfte und konnte, so lange sie noch von Wasser umgeben
sind   Ich habe bemerkt, dass zum Stattfinden der Erscheinung es der freien
Beruhrung mit der Luft bedarf, da es nothwendig, dass das Wasser jenen
Antheil von Sauerstoffgas enthalt, welcher sich stets darin befindet, nachdem
es einige Zeit in Beruhrung mit der Atmosphare gewesen ist   es scheint

mir, dass sein Wasserstoff sozusagen mit dem Sauerstoff „in der Quart"
steht, wie das Gold zum Silber, damit die Lösung oder Trennung stattfindet
Es ist daher die freie Berührung mit der Luft für den Becher in dem obigen
Versuch nothwendig, damit das Wasser den zur Fortsetzung der Wirkung
erforderlichen „Quart"-Zustand annehmen kann, indem es von neuem Sauerstoffgas in dem Masse absorbirt, als ihm die Verbrennung z B des Zinns
das Radikal entzieht   Führt man diesen Versuch an einem ruhigen Orte
aus, so kann man eine Art Häutchen auf der Oberfläche des Wassers beobachten, welche senkrecht über dem sich oxydirenden Metall liegt, und
dessen Gestalt hat, was sogar die Punkte der Oberfläche und die Säulen
des Wassers anzudeuten scheint, welche zum Durchlassen des Sauerstoffs der
Luft gedient haben   Diese Absorption ist so wahr, dass, wenn man in einigen
Fällen die freie Berührung mit der Luft durch ein recht sauerstoffreiches
Metalloxyd ersetzt, man sehr gut die Verbrennung des dem Versuch unterworfenen Metalls erzielen kann   Man weiss, dass Eisen Wasser ganz allein
zersetzt, wenn auch sehr langsam, und daraus Wasserstoff entwickelt   fügt
man rothes Bleioxyd auf dem Grunde des Wassers hinzu, so geht das Eisen
in schwarzes Oxyd über, ohne dass das Wasser dabei zersetzt wird

„Ich habe, wenn auch nach sehr langer Zeit, die Oxydation von Zinn
in Berührung mit Silber in einer mit Wasser gefüllten und fest hermetisch
geschlossenen Flasche von Flintglas erhalten; aber ich habe bemerkt, dass
das Blei, welches ein Bestandtheil dieser Art Glas ist, seinen Sauerstoff abgegeben hat, und sich in ein schwarzes und undurchsichtiges Oxyd verwandelt hat, ganz ebenso, wie es geschieht, wenn man zwischen glühenden
Kohlen eine mit Wasserstoffgas gefüllte Flasche aus Flintglas erhitzt, dieser
verbrennt und entzieht den Sauerstoff dem Blei, welches revivificirt wird,
wie es das Zinn in dem obigen Falle thut

„Es erscheint daher evident, dass der Versuch von SULZER nur eine
Verbrennung, ein chemischer Vorgang ist, und nicht nur das Resultat, auch
die Dauer bezeugt dies, denn die Elektricität wirkt stets auf augenblickliche
Weise, während die Wirkungen der chemischen Verwandtschaft so lange
dauern, als ungesättigte Stoffe vorhanden sind   Ich habe sehr lange Zeit
Stücke von Silber aufbewahrt, die in mehrfachen Lagen von Zinnfolie eingewickelt
waren   ich habe solche zu verschiedenen Zeiten herausgenommen und habe
den Fortschritt der Verbrennung genau proportional der Zeit gefunden   Bei
den letzten, welche ich herausgenommen habe, war das Zinn durchdrungen,
durch und durch angegriffen in allen seinen Falten, wie wenn es in Säure
getaucht worden wäre   Bedürfte man aber anderer Beweise um sich zu
überzeugen, dass die Elektricität gar keinen Theil an der fraglichen Erscheinung hat, so könnte man die Versuche derart abändern, dass man gar nicht
diese Wirkungen der elektrischen Flüssigkeit hindert, und sich durch den
Augenschein überzeugt, dass die Verbrennung, welche stattfindet, von der
Disposition der Metalle und ihrer chemischen Verwandtschaft abhängt

„Zum Beispiel. 1) Legt man ein ziemlich dickes Stück Zinn an das

Auge, und berührt es an der entgegengesetzten Seite mit einem Silberstab, so findet weder Zersetzung der Feuchtigkeit, noch Verbrennung, noch Licht statt, und dennoch müsste die Berührung der beiden Metalle diese sinnfälligen Wirkungen hervorbringen, wenn sie von der Mittheilung ihrer Elektricität herrührten 2) Hält man ein Stück Zinn an das Auge, ein anderes im Munde und stellt die Verbindung zwischen beiden durch einen silbernen Stab her, so sieht man ebensowenig Licht, wie bei dem ersten Versuch 3) Man bringt ein Stück Gold an das Auge, ein Stück Silber an die Zunge und stellt die Verbindung durch einen eisernen Schlüssel her keine Lichterscheinung, wie früher 4) Ebensowenig sieht man Licht, wenn man Eisen an das Auge und Zinn an die Zunge bringt, während beide mit einander verbunden sind 5) Gold und Silber, die man einzeln an beide Organe bringt, geben kaum einige schwache Spuren von Empfindungen bei der Berührung 6) Das Gleiche geschieht, wenn man zwei Stücke Silber benutzt, die man durch Eisen verbindet. 7) Ebenso ist es, wenn man Kupfer an das Auge, Zinn auf die Zunge bringt und die Verbindung durch Eisen bewerkstelligt 8) Nicht stärker ist die Empfindung, wenn man Silber an das Auge, Gold auf die Zunge bringt, und sie durch Kupfer verbindet 9) Im Gegentheil sieht man ein bedeutendes Licht, wenn das Eisen das Auge, das Silber die Zunge berührt, und Kupfer die Verbindung bildet. 10) Ebenso ist es, wenn man das Silber durch Gold ersetzt oder 11) wenn man das am Auge befindliche Eisen mit dem Gold auf der Zunge durch einen silbernen Spatel verbindet 12) Auch sieht man Licht, wenn das Eisen am Auge und das Silber auf der Zunge unmittelbar in Verbindung stehen 13) Das Gleiche gilt, wenn man die Ordnung beider Metalle umkehrt 14) Oder wenn man Gold statt Silber nimmt 15) Endlich kann man das Licht der Verbrennung sehen, wenn man statt eines der Metalle an die Zunge zu legen, man beide an die Augen bringt

„Man ersieht aus diesen Versuchen, den einzigen, deren ich mich in diesem Augenblick erinnere, und welche sehr leicht zu wiederholen und auf verschiedene Weise abzuändern sind, dass es nicht die Elektricität ist, welche die Resultate hervorbringt, denn man weiss wohl, dass die elektrische Flüssigkeit alle Metalle, welche ihre Leiter par excellence sind, ganz und gar und augenblicklich durchdringt, welches auch ihre Stellung und Beziehung sei

„Ist es aber wahr, dass in dem betrachteten Falle das Wasser seinen Sauerstoff an das Metall abgiebt, so wird man fragen, was aus dem Wasserstoff geworden ist Zunächst ist zu bemerken, dass, da die Berührung mit der Luft in dem Maasse Sauerstoff nachliefert, als durch die Verbrennung des Metalls verbraucht wird, sehr wenig Wasser zersetzt werden wird

„Ich habe gesagt, dass ich den Versuch mit verschiedenen Metallen sehr lange fortgesetzt habe, als ich sie schliesslich untersuchte, habe ich nicht nur krümeliges Oxyd in Menge gefunden, sondern ich habe auch

regelmässige salzartige alaunähnliche Krystalle gefunden, welche namentlich
an den Silberstücken hafteten, sowie wohl definirte Salze, welche aus zwei
vierseitigen mit der Basis verbundenen Tetraedern bestanden, und welche
mir nur Wasserstoffzinn zu sein schienen

„Man weiss bereits, dass der Wasserstoff mehrere Metalle auflöst, denn
man findet im Wasserstoff selbst Eisen, Zink, Arsenik u. s. w., man weiss,
dass das Amalgam aus Zink und Quecksilber Wasserstoff enthält, welchen
man durch Wärme austreiben kann

„Ich will hinzufügen, dass ich zuweilen meinen Apparat aus Zinn und
Silber statt in Wasser in Alkohol lange Zeit gelassen habe, ich habe auf
dem Silber parallelepipedische sehr durchsichtige Krystalle gefunden, welche
wegen ihrer schwach grünlichen Farbe Kupfer zu enthalten schienen Dieses
Kupfer rührte vielleicht von dem Silberstück her, denn ich benutzte vorwiegend grosse Thalerstücke, da ich gesehen hatte, dass die Unregelmässigkeiten ihrer Oberfläche infolge der Buchstaben und des Wappens sehr die
Bildung von Krystallen begünstigten, welche sich in den Vertiefungen und
an den Rändern ansiedelten Ich habe versucht, dieselben Metalle in Ammoniak zu bringen, welches in einer Glasflasche verschlossen war, jedoch ohne
merkliche Wirkung, vielleicht war die Bindung des Wasserstoffs zu stark
und der Sauerstoff der Luft konnte nicht an der Zersetzung des Metalls
mit jenem theilnehmen. Das Ammoniak nahm nur eine leichte bläuliche
Färbung an, welches erkennen liess, dass es dem hineingebrachten Silberstück etwas Kupfer entzogen hatte

„Man ersieht sehr klar aus den Ergebnissen, welche ich durch die einfache Berührung der Metalle erlangt hatte, dem Oxyd und den salzartigen
Krystallen, dass es sich um einen chemischen Vorgang handelt, und dass
man diesem die Empfindungen zuschreiben muss, welche man auf der
Zunge und im Auge spürt Mir scheint es daher wahrscheinlich, dass
man diesen neuen Verbindungen oder ihren Elementen diesen geheimniss-
vollen Stimulus zuschreiben muss, welcher die Zuckungen der thierischen
Faser bewirkt, wenigstens bei einem grossen Theil der Erscheinungen des
Galvanismus "

3 J. W. RITTER's Arbeiten Wie aus den Darlegungen FABBRONI's
hervorgeht, wird er mit Unrecht als der Begründer der chemischen Theorie
des Galvanismus bezeichnet; er stellt sich vielmehr die Aufgabe, zu beweisen,
dass die bei der Berührung der Metalle auftretenden Erscheinungen rein
chemischer Natur seien und mit galvanischen oder elektrischen nichts zu
thun haben Als derjenige, auf den die Erkenntniss des Zusammenhanges
zwischen beiden zurückzuführen ist, muss unzweifelhaft J. W. RITTER genannt werden

Die erste hierhergehörige Entdeckung,[1] welche wir ihm verdanken, ist
die, dass die VOLTA'sche Spannungsreihe der Metalle (52) mit der

[1] Beweis, dass ein beständiger Galvanismus den Lebensprozess im Thierreich begleite,
Weimar 1798

Reihe ihrer Verwandtschaft zum Sauerstoff, oder genauer gesprochen, mit der Reihe übereinstimmt, in welcher die Metalle
einander aus ihren Salzen fällen.

Zu dieser fundamentalen Entdeckung war RITTER folgendermaassen gelangt. Er hatte sich eingehender mit der von PFAFF[1] und MICHAELIS[2] entdeckten Thatsache beschäftigt, dass es beim galvanischen Versuch nicht
einerlei ist, in welcher Anordnung man die Metalle mit dem Froschpräparat
in Berührung bringt. Arbeitet man mit Zink und Silber, so erfolgen starke
Zuckungen, wenn man den Nerv mit dem Zink, das Silber mit dem Muskel
in Verbindung setzt; liegt umgekehrt Silber am Nerv, Zink am Muskel, so
erfolgt eine geringere oder gar keine Zuckung beim Schliessen. Das Umgekehrte zeigt sich beim Öffnen; dann ist die zweite Anordnung viel wirksamer als die erste. Hierdurch war ein Mittel gegeben, zwei Richtungen
der elektrischen Erregung zu unterscheiden, und die Metalle in eine solche
Reihe zu ordnen, dass jedes mit den vorangehenden in einem, mit den
nachfolgenden im anderen Sinne wirksam war.

Diese Versuche führte RITTER in der Anordnung Fig. 46 aus, wo a und
b zwei leitend verbundene Froschschenkel, c und d ihre Nerven, e und f
die zu untersuchenden Metalle sind. Ist e z. B. Silber, und f Zink, so zuckt,
wenn die Metalle bei g zur Berührung gebracht werden, der Schenkel a,
und bei der Trennung in g zuckt b; das Umgekehrte zeigt sich, wenn man
die Metalle verwechselt. Werden nun an die Stelle von Silber
und Zink zwei andere Metalle gebracht, so zeigt sich alsbald, welches von ihnen dem Silber, und welches dem Zink anzureihen ist.
Die erstaunlichen Satzungeheuer, welche RITTER zum Ausdruck des
oben mitgetheilten Ergebnisses geschaffen hat, seien zur weiteren
Charakteristik des merkwürdigen Mannes in ihrer ursprünglichen
Gestalt hier vorgeführt.

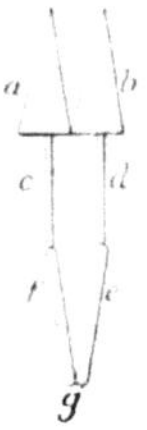

Fig. 46.
Nach
RITTER.

„Wenn f und e zwei verschiedene Metalle (bei völlig gleichartigen erfolgt bekanntlich nichts) waren, so wurde bei Schliessung der
Kette allemal die mit dem, dem Sauerstoff unter beiden am nächsten
verwandten Metalle, armirte Seite am stärksten oder allein contrahirt.
Bloss das Eisen, das auch in anderen Rücksichten Besonderheiten hat, machte
auch hier eine scheinbare Ausnahme, indem es nicht in diesen Versuchen, wie es
nach der durch Versuche über Niederschlagung eines Metalls aus Säuren durch
das andere im metallischen Zustande, aufgefundenen Reihe in GREN's Handbuch der allgemeinen Chemie, Theil IV, S. 162, die aber freilich sehr unbestimmt den reinen Verwandtschaftsgrad eines Metalles zum Sauerstoff angeben
muss, da hier sich zugleich die verschiedene Verwandtschaft des Metalls, oder
richtiger seines Kalks, und andere Umstände, einmischen, die aber doch
sonst mit der durch galvanische Versuche aufgefundenen, vielleicht den
reinen Verwandtschaftsgrad zum Sauerstoff anzeigenden Reihe ziemlich gleich

[1] Ueber thier. Elektr. u. Reizbarkeit. 1795. S. 28, 101.
[2] GREN's Journ. d. Phys. 4, 10. 1791.

lauft, — hatte sein sollen, sich gleich hinter das Zink, sondern zwischen Blei und Kupfer stellte)"

Die derart nachgewiesene Beziehung zwischen dem chemischen und dem galvanischen Vorgange wurde von RITTER alsbald weiter verfolgt, in einer kurzen Mittheilung seiner Ergebnisse[1] liess er mit gesperrter Schrift als wichtige Entdeckung den Satz drucken „Auch in der anorgischen Natur ist der Galvanismus wirksam" Und in der That mussen wir diese Erkenntniss als einen wichtigen Fortschritt anerkennen, da sie das Problem aus dem physiologischen Gebiet in das physikalisch-chemische verlegen half und somit seiner Losung um den wesentlichsten Schritt naher brachte

Die Versuche, aus denen RITTER seinen Schluss zog, sind denen FABRONIS ganz ähnlich, ferner weist er darauf hin, dass gleiche Beobachtungen schon von PRIESTLEY[2] gemacht worden sind, auch hat HUMBOLDT entsprechende Beobachtungen des Dr ASH erwahnt Um RITTER's Verdienst an der Sache ersichtlich zu machen, seien aus den Erorterungen HUMBOLDT's uber die gleiche Frage[3] einige Stellen hergesetzt

„Wenn wir aufmerksam auf die Zusammensetzung galvanischer Ketten sind, so sehen wir, dass die Beruhrung verschiedenartiger Metalle eine der wichtigsten Rollen dabei spielt Wirkt, dachte ich oft, dieses Verhaltniss bloss dadurch, dass es den Strom des Fluidums G des Galvanismus aufhalt, und eine Anhaufung veranlasst, oder sollte nicht dieser Contact irgend eine Veranderung in den unbelebten unorganischen Stoffen hervorbringen? Ein Freund, dessen Scharfsinn und ausgebreitete Gelehrsamkeit ich schon ehemals benutzt, Dr ASH aus Oxford, hat mich der Beantwortung dieser Frage naher gebracht Meine ganze Aufmerksamkeit, schrieb er mir am 10 April 1796, ist seit einiger Zeit auf die Metalle selbst gerichtet Ich wunschte den Veranderungen auf die Spur zu kommen, welche durch die Beruhrung gleichartiger oder ungleichartiger Metalle hervorgebracht werden Aus einigen Versuchen scheint es mir mehr als wahrscheinlich, dass sich in den Metallen, welche die grosste galvanische Wirksamkeit zeigen, eine bemerkbare chemische Mischungsveranderung ereignet Legen Sie zwei homogene Zinkplatten mit Wasser befeuchtet aufeinander, so dass sie sich in so vielen Punkten als moglich beruhren, so werden Sie, wenn die Stoffe recht gleichartig sind, ausserst wenig Wirkung bemerken Legen Sie aber auf die namliche Art Zink und Silber zusammen, und Sie werden bald sehen, dass sie einen starken Effect auf einander hervorbringen Das Zink scheint sich zu oxydiren und die ganze Oberflache der angefeuchteten Silberplatte ist mit einem feinen weissen Staube (Zinkkalk bedeckt Blei und Quecksilber wirken ebenso stark auf einander, wie Eisen und Kupfer

---

[1] GILBERT's Ann **2**, 80, 1799, ausfuhrlicher in den Beitr zur naheren Kenntniss des Galv I, III 1800

[2] Experiments and Observations Deutsche Ausgabe 1780 S 119

[3] ALEX V HUMBOLDT, Versuche uber die gereizte Muskel- und Nervenfaser I 471 1797

„Diese Entdeckung, welche ich Herrn Ash verdanke, ist überaus merkwürdig   Ich bin noch beschäftigt, die Experimente des Dr. Ash zu vervielfältigen   Haben aber diese Phänomene etwas mit dem Galvanismus gemein? Lassen sie auf eine besondere Kraft schliessen, welche
durch den Contact zweier heterogener Metalle in Umlauf gesetzt wird? Diese
Fragen sind schwer zu beantworten, da sie isolirte Thatsachen betreffen, „des
pierres d'attente wie sie Ihr Pictet nennt) que les physiciens posent ça et
là dans leurs travaux, et qui trouveront un jour leur place".   . Wenn also
die grössere Menge des entstandenen Zinkkalkes auf dem Silber von der
Menge der dabei rege gewordenen E herrührte, so konnte das Experiment
allerdings auf etwas hindeuten, was mit dem Galvanismus in naher Beziehung
stände   Aber so lange noch andere Erklärungsarten möglich sind, welche
auf längst bekannte Naturkräfte hinweisen, darf man nicht allein zu unbekannten Wirkungen seine Zuflucht nehmen   Sollte jenes merkwürdige
Experiment sich nicht auf eine zusammengesetzte Verwandtschaft gründen?
Das Silber hat unter jeder Temperatur einige Ziehkraft zum Sauerstoff Liegt
nun eine dünne Wasserschicht zwischen dem Zink- und Silberplättchen, so
sind die Ziehkräfte beider Metalle thätig, dieselbe zu zerlegen Wir kennen
mehrere Fälle aus der Experimentalchemie, in denen zwei heterogene Stoffe
leichter als einer einen dritten in seine Bestandtheile auflosen."

Diese Auseinandersetzungen sind sehr charakteristisch Bis auf den
heutigen Tag werden derartige pseudomechanische „Erklärungen" chemischer
Vorgänge als bare Münze gegeben und genommen, im vorliegenden Falle
scheint nicht bedacht worden zu sein, dass sowohl Zink wie Silber am Sauerstoff „ziehen", und nicht etwa das eine von ihnen am Wasserstoff. Es
läge also nur ein Grund zur Zerlegung des Sauerstoffs, nicht aber des
Wassers vor

Ritter verfolgte indessen seine Entdeckung und theilte in seiner Schrift·
Beweis, dass die galvanische Action oder der Galvanismus auch
in der Anorgischen Natur möglich und wirklich sey,[1] seine Beobachtungen über die beschleunigte Oxydation mit, welche verschiedene
Metalle bei leitender Verbindung mit einem edleren erfahren Mit der ihm
eigenthümlichen Neigung zu weitgehenden Schlussfolgerungen gelangt er alsbald zu dem Resultat „Dieser Prozess der Niederschlagung des einen Metalls
durch das andere aus der Auflösung in Säuren im metallischen Zustande
ist also ein völlig galvanischer Prozess."

Auch hier zeigt sich bei Ritter dieses seltsame Gemisch von Scharfsinn
und Mysticismus, das uns an ihm so oft entgegengetreten ist Er macht sich
selbst den Einwand, dass die Fällung des Silbers durch Zink als galvanischer
Vorgang völlig verständlich sei, nachdem das erste Silbertheilchen vorhanden
ist, und zwischen beiden Metallen und der Flüssigkeit der gewohnte Vorgang
eintritt „Wo kommt aber das erste Silberstäubchen her, was sich an dem

---

[1] Ritter Beiträge I, 111 1800

Zink ansetzt, und auf welches alles ankommt, was sich im Verfolg des Prozesses zutragen soll? . Und ist Triplicität, wie alles zeigt, die Fundamentalbedingung das Galvanismus, wo ist hier das dritte Glied zu suchen? Giebt es Falle, wo jenes dynamische Etwas, welches bei der Gegenwart sichtbarer Triplicität in den einzelnen Factoren derselben ja ohnehin nur als in einem Gefass enthalten ist, auch ohne diese Hulle gegenwärtig sein kann, in die es sich erst dann zurückzieht, wenn es, nachdem es in jenem Zustand so gut wie in diesem seine Function verrichtet hat, sich dieselbe selbst erst bilden geholfen hat, und ist der vorige ein Fall dieser Art? Vielleicht durfte die Idee einer Qualität ohne Hulle nicht so sonderbar sein, wie es auf den ersten Blick scheinen möchte, denn in welcher Gestalt erscheint denn diese namliche Qualität gegen ihren Trager, ihre Hulle selbst, und was ist der allgemeine Magnetismus der Erde in Bezug auf einzelne Individuen auf dieser, was ist selbst das Licht anderes, als eine solche Qualität ohne Maske? Und muss nicht jede Kraft in um so weniger Hulle gefasst sein, je allgemeiner die Rolle ist, welche sie spielt?" —

In gleicher Weise geht es noch einige Zeit fort Es wird neben den ausseren Galvanismus ein innerer gesetzt, und RITTER schliesst mit den Worten „Dass übrigens eine solche Vereinigung beider aus dem Galvanismus den Schlussel zum Eingang in das Innere der Natur machen wurde, bedarf keiner Erwähnung"

4 Übergang Der Nachweis des Zusammenhanges zwischen galvanischen und chemischen Erscheinungen, welchen wir RITTER verdanken, war unter schwierigeren Verhältnissen erbracht worden, als sie bald darauf bestanden Denn bis zum Jahre 1800 dauerte die von PFAFF sogenannte Periode des einfachen Galvanismus, die Hilfsmittel der Elektricitätserregung beschränkten sich bis dahin auf die typische Zusammenstellung zweier Metalle und eines feuchten Leiters, durch welche, um in der Sprache der heutigen Wissenschaft zu reden, keine hoheren elektromotorischen Krafte, als etwa ein Volt erlangt wurden Daher konnte die Erscheinung der Elektrolyse, der chemischen Zerlegung durch den Strom, noch nicht willkurlich hervorgebracht werden, da die dabei entstehende Polarisation, die überwunden werden muss, meist mehr betragt Die Forschung war somit auf die in den Ketten beim Stromschluss selbst verlaufenden chemischen Vorgange beschränkt, wie RITTER dieses Gebiet zu ergrunden gewusst hat, haben wir soeben gesehen Ein unvergleichlich ausgiebigeres Hilfsmittel wurde um diese Zeit von VOLTA durch die Erfindung der Saule geschaffen, womit eine neue Periode in unserer Geschichte beginnt

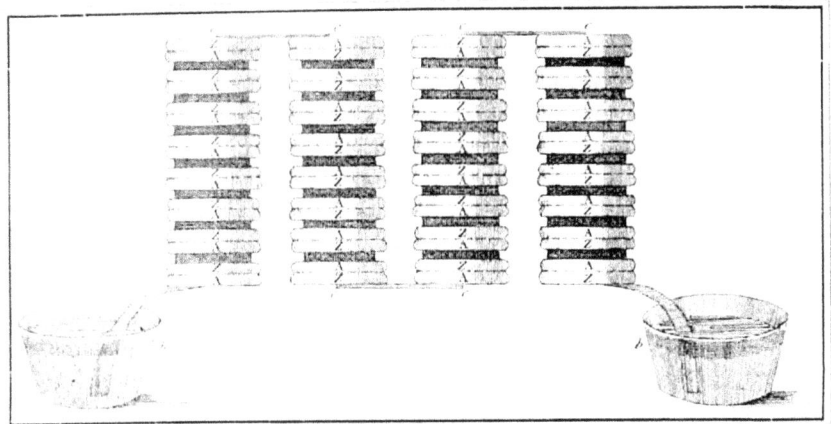

Fig. 47. VOLTA's erste Säule.

Sechstes Kapitel.

Die Volta'sche Säule.

1. **Einleitung.** VOLTA schliesst seine Briefe an GREN einigermaassen ironisch mit einigen Bemerkungen über etwaige weitere Ansprüche, die an den Nachweis der elektrischen Natur des galvanischen Agens gestellt werden könnten. „Doch giebt es noch verschiedene Leute, auf welche solche Versuche mehr Eindruck machen, wo die Zeichen der erhaltenen Elektricität recht stark sind, wo die Elektrometer recht viel Grade angeben oder ihre Pendel sich zu einem recht grossen Winkel öffnen und endlich gar gegen die Wände des Glases schlagen, welches sie einschliesst. Auch diesen Leuten muss ich noch Genüge leisten, ohne mich jedoch auch hier an eine andere Elektricität, als die durch Berührung der Metalle erzeugte zu halten, welche Elektricität gewissermaassen unter meiner Jurisdiction steht, und welche mit dem Namen metallische Elektricität zu belegen man mir nicht verwehren wird; auch die, sage ich, welche so auffallende Zeichen solcher Elektricität begehren, habe ich jetzt noch zu befriedigen; auch den Funken möchten sie verlangen."

VOLTA beschreibt nun, wie mit Hilfe recht grosser und ebener Platten von Silber und Zinn oder besser Zink durch etwa hundertmaliges Laden des Condensators diesen Anforderungen in der That Genüge geleistet werden kann. So spöttisch er aber die Sache behandelt, so scheint doch die Frage, wie die Erscheinungen der Metallelektricität beliebig gesteigert werden können, ihn weiter lebhaft beschäftigt zu haben, denn nach einem Schweigen, welches drei Jahre währte, und welches nach seiner vorangegangenen überaus lebhaften Thätigkeit besonders auffällig wirkt, theilt er in einem Briefe aus Como vom 20. März 1800 an den damaligen Präsidenten der Royal Society in

London diejenige Entdeckung mit, die unstreitig den Glanzpunkt seiner Arbeiten bildet, und die gerade die unbegrenzte Steigerung betrifft, welche man der Berührungselektricität durch angemessene Schichtung der wirksamen Bestandtheile, Metalle und feuchte Leiter, ertheilen kann die Volta'sche Säule

Für die Elektrochemie bildet diese Entdeckung einen wesentlichen Abschnitt, da erst die Säule vermöge ihrer beliebig zu steigernden Spannung die chemische Wirkung des elektrischen Stromes frei zu Tage treten lässt Allerdings hat Volta in seiner ersten Mittheilung gerade diesen Punkt nicht berührt, es findet sich von ihm keine Andeutung, dass er die chemischen Vorgänge, welche beim Einsenken der Poldrähte seiner Säule in Leiter zweiter Classe alsbald eintreten, gesehen oder beachtet habe Vielmehr beschränkt er seine Mittheilungen auf die elektroskopischen und insbesondere die physiologischen Wirkungen, und der Brief läuft in eine Darstellung aus, wie man mittelst der Säule die Wirkungen der elektrischen Fische nachahmen könne Es ist dies der letzte erhebliche Einfluss, welchen die physiologischen Ausgangspunkte des Galvanismus geltend gemacht haben, unmittelbar nach dem Bekanntwerden der Volta'schen Kette wird von Nicholson und Carlisle die Wasserzersetzung mittelst derselben entdeckt, und damit tritt das Problem endgültig (wenn auch nicht ohne gelegentliche vorübergehende Rückfälle in das physikalisch-chemische Gebiet über

2 Volta's Brief an Banks über die Elektricität, welche durch die blosse Berührung leitender Stoffe hervorgerufen wird [1] Como, den 20 März 1800 „Nach einem langen Stillschweigen, das ich nicht versuchen werde zu entschuldigen, habe ich das Vergnügen, Ihnen und durch Sie der Königlichen Gesellschaft einige auffallende Ergebnisse mitzutheilen, zu welchen ich in der Verfolgung meiner Versuche über die Elektricität gelangt bin, die durch die blosse gegenseitige Berührung von Metallen verschiedener Art, und sogar durch die anderer, gleichfalls unter einander verschiedener Leiter, seien sie flüssig oder nur einige Feuchtigkeit enthaltend, welcher sie ihre eigentliche Leitfähigkeit verdanken, hervorgerufen wird Das Wesentlichste dieser Ergebnisse, welches nahezu alle anderen umfasst, ist die Herrichtung eines Apparates, welcher durch seine Wirkung, d h durch die Schläge, welche er in den Armen u s w hervorbringt, einer Leidener Flasche oder vielmehr einer schwach geladenen elektrischen Batterie ähnlich ist, welche aber unaufhörlich wirkt, oder deren Ladung nach jeder Explosion sich von selbst wiederherstellt, welcher, mit anderen Worten, eine unerschöpfliche Ladung, eine beständige Wirkung auf die elektrische Flüssigkeit oder Impulsion besitzt, welcher aber im übrigen völlig von ihr verschieden ist, sowohl durch diese ihm eigenthümliche dauernde Wirkung, wie auch darin, dass der neue Apparat statt wie die gewöhnlichen elektrischen Flaschen und Batterieen aus einer oder mehreren isolirenden Platten, oder dünnen

---

[1] Philos Trans 1800, II, 405—431

Schichten dieser Stoffe, die als die allein elektrischen angesehen werden, belegt mit Leitern oder sogenannten anelektrischen Stoffen, zu bestehen, im Gegentheil ausschliesslich aus mehreren dieser letzteren Stoffe erbaut ist, welche unter den besten Leitern ausgewählt sind, und welche daher nach allgemeinem Glauben am weitesten von elektrischer Natur entfernt sind Ja, der Apparat, von dem ich rede, und welcher Sie zweifellos in Erstaunen versetzen wird, ist nichts, als die Anordnung einer Anzahl von guten Leitern verschiedener Art, die in bestimmter Weise auf einander folgen Dreissig, vierzig, sechzig oder mehr Stücke von Kupfer oder besser Silber, von denen jedes auf ein Stück Zinn, oder viel besser Zink gelegt ist, und eine gleich grosse Anzahl von Schichten Wasser oder irgend einer anderen Flüssigkeit, welche besser leitet, als gewöhnliches Wasser, wie Salzwasser, Lauge u s. w, oder Stücke von Pappe, Leder u s w., die mit diesen Flüssigkeiten gut durchtränkt sind, diese Stücke zwischen jedes Paar oder jede Verbindung von zwei verschiedenen Metallen geschaltet eine derartige Wechselfolge in stets gleicher Ordnung der drei Arten von Leitern, das ist alles, woraus mein neues Instrument besteht, welches, wie gesagt, die Wirkungen der Leidener Flaschen oder der elektrischen Batterieen nachahmt, indem es dieselben Erschütterungen giebt, wie diese, wobei es allerdings weit unterhalb der Wirksamkeit stark geladener Batterieen bleibt, was die Kraft und das Geräusch der Explosionen, den Funken, die Schlagweite u s w anlangt, es gleicht nur bezüglich der Wirkung einer sehr schwach geladenen Batterie, die aber eine ausserordentliche Capacität besitzt, übertrifft aber die Kraft und das Vermögen dieser Batterieen unendlich darin, dass es nicht wie diese vorher durch fremde Elektricität geladen zu werden braucht, und dass es den Schlag zu geben fähig ist jedesmal, wenn man es passend berührt, wie oft auch diese Berührungen erfolgen mögen

„Diesen Apparat, der, wie ich zeigen werde, sowohl seinem Wesen nach als auch sogar, wie ich ihn construirt habe, in der Gestalt dem natürlichen elektrischen Organ des Zitterrochens, des Zitteraals u s w viel ähnlicher ist, als der Leidener Flasche und den bekannten elektrischen Batterieen, möchte ich ein künstliches elektrisches Organ nennen Und ist er nicht in der That wie dieses, einzig aus leitenden Stoffen zusammengesetzt? ist er nicht überdies von selbst thätig, ohne jede vorherige Ladung? Ohne die Mitwirkung irgend einer durch irgend eines der bisher bekannten Mittel erregten Elektricität, ohne Aufhören und Ermüden thätig, fähig in jedem Augenblicke je nach den Umständen stärkere oder schwächere Schläge zu geben, Schläge, welche sich bei jeder Berührung erneuen, und welche, nach häufiger Wiederholung oder während einer gewissen Zeit fortgesetzt, dieselbe Betäubung der Glieder hervorbringen, welche der Zitterrochen u s w bewirkt.

„Ich gebe Ihnen hier eine eingehendere Beschreibung dieses Apparates und einiger anderer ähnlicher, sowie die entsprechenden bemerkenswerthesten Versuche

„Ich verschaffe mir einige Dutzend kleiner runder Platten oder Scheiben aus Kupfer, Messing, oder besser Silber, einen Zoll oder etwas mehr oder weniger im Durchmesser (z. B. Münzen) und eine gleiche Anzahl Platten von Zinn, oder, was viel besser ist, Zink, von annähernd gleicher Gestalt und Grösse; ich sage annähernd, denn eine Genauigkeit ist nicht erforderlich und die Grösse wie die Gestalt der Metallstücke ist im Allgemeinen willkürlich: man muss nur Acht geben, dass man sie bequem über einander in Gestalt einer Säule ordnen kann. Ich verfertige ausserdem eine genügende Zahl runder Scheiben von Pappe, Leder oder anderem porösem Material, welches fähig ist, viel Feuchtigkeit oder Wasser aufzunehmen und zurückzuhalten, womit sie gut getränkt sein müssen, damit der Versuch gelingt. Diese Schichten oder Scheiben, welche ich feuchte Platten nenne, stelle ich etwas kleiner her, als die metallischen Platten, damit sie über diese nicht hervorragen, wenn sie in der gleich anzugebenden Weise zwischen sie gelegt sind.

„Wenn ich alle diese Stücke in gutem Zustande zur Hand habe, d. h. die metallischen Platten gut rein und trocken, und die nichtmetallischen gut mit gewöhnlichem Wasser, oder besser mit Salzwasser, getränkt und dann leicht abgetrocknet, damit die Flüssigkeit von ihnen nicht abtropft, so brauche ich sie nur angemessen zu ordnen; und diese Ordnung ist einfach und leicht.

„Ich lege also horizontal auf einen Tisch oder irgend eine andere Unterlage eine der metallischen Platten, z. B. eine von Silber, und auf diese zweite passe ich eine von Zink, hierauf lege ich eine der feuchten Platten, darauf eine zweite Silberplatte, worauf unmittelbar eine von Zink folgt, auf die ich wieder eine feuchte Platte lege. In gleicher Weise fahre ich fort, indem ich stets eine Zinkplatte mit einer von Silber, und zwar stets in demselben Sinne paare, d. h. stets Silber unten und Zink oben, oder umgekehrt, je nachdem ich angefangen habe, und indem ich zwischen jedes dieser Paare eine feuchte Platte lege; ich fahre so fort, sage ich, aus mehreren dieser Stockwerke eine so hohe Säule zu bauen, als sie sich halten kann, ohne umzufallen.

„Ist sie soweit, dass sie 20 bis 30 dieser Stockwerke oder Paare von Metallen enthält, so wird sie bereits fähig sein, nicht nur am Elektrometer von Cavallo mit Hülfe des Condensators Anzeigen über 10 oder 15 Grade zu geben, den Condensator durch einfache Berührung zu laden, so dass er einen Funken giebt u. s. w., sondern auch den Fingern, die sie an beiden Enden, dem Kopf und Fuss einer solchen Säule, berühren, einen oder einige kleine Schläge zu geben, die sich wieder-

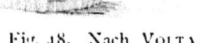

Fig. 48. Nach Volta.

holen, wie man diese Berührung erneut; jeder dieser Schläge ist völlig der leichten Erschütterung ähnlich, welche eine schwach geladene Leidener Flasche oder eine noch viel schwächer geladene Batterie oder endlich ein erschöpfter Zitterrochen giebt, welcher noch besser die Wirkungen meines Apparates nachahmt, infolge der wiederholten Schläge, die er ohne Aufhören geben kann

„Um solche leichte Erschütterungen von dem eben beschriebenen Apparat zu erhalten, der für grössere Wirkungen noch zu klein ist, müssen die Finger, mit welchen man gleichzeitig beide Enden berühren will, feucht sein, so dass die Haut, die sonst nicht genügend leiten würde, gut benetzt ist. Um endlich sichereren Erfolg zu haben und erheblich stärkere Erschütterungen zu erhalten, muss man den Fuss der Säule, d h die unterste Platte mittelst einer hinreichend breiten Platte oder eines dicken metallenen Drahtes mit dem Wasser eines ziemlich grossen Gefässes oder Topfes in Verbindung setzen, in welche man einen, zwei oder drei Finger oder die ganze Hand gesenkt hat, während man den Kopf oder das obere Ende (die letzte oder eine der letzten Platten der Säule) mit dem blanken Ende einer gleichfalls metallenen Platte berührt, die man fest in der anderen Hand hält, wobei man eine recht grosse Fläche dieser Platte berührt und stark drückt Wenn ich so verfahre, kann ich bereits einen kleinen Stich oder eine leichte Erschütterung in einem oder in zwei Gelenken des in das Wasser des Gefässes getauchten Fingers wahrnehmen, wenn ich mit der in der anderen Hand gehaltenen Platte das vierte, oder selbst das dritte Plattenpaar berühre, berührt man darauf das fünfte, sechste Paar und nach und nach die anderen bis zum letzten, so ist es interessant, wahrzunehmen, wie die Erschütterungen stufenweise an Kraft zunehmen Und diese Kraft ist derartig, dass ich von einer solchen Säule aus 20 Plattenpaaren (nicht mehr) Schläge erhalte, die über den ganzen Finger gehen und ihn sogar ziemlich schmerzhaft ergreifen, wenn er allein in das Wasser des Gefässes gesteckt ist, welche sich (ohne Schmerz) bis zum Handgelenk und selbst zum Ellenbogen erstrecken, wenn die Hand grösstentheils oder vollständig untergetaucht ist, und welche sich auch im Gelenk der anderen Hand fühlbar machen

„Ich setzte immer voraus, dass man bei dem Aufbau der Säule alle erforderliche Sorgfalt beobachtet hat, dass jedes Paar der Metalle aus einer Platte von Silber in Berührung mit einer von Zink mit dem folgenden durch eine genügende Feuchtigkeitsschicht verbunden ist, welche besser aus Salzwasser als aus gewöhnlichem besteht, oder durch eine Scheibe von Pappe, Leder oder anderem ähnlichen Stoff, der mit solchem Salzwasser wohl getränkt ist, diese Scheibe sei nicht zu klein, und sei in guter Berührung mit den Oberflächen der metallenen Platten, zwischen denen sie sich befindet

„Diese genaue und ausgedehnte Berührung der feuchten Platten ist sehr wichtig, während die metallenen Platten jedes Paares sich nur in wenigen Punkten zu berühren brauchen, vorausgesetzt nur, dass die Berührung eine unmittelbare ist

„Hieraus ergiebt sich (um es im Vorübergehen zu sagen), dass während die Berührung der Metalle in einigen Punkten allein hinreichend ist (da sie alle ausgezeichnete Leiter sind), um einen mittelstarken elektrischen Strom frei durchgehen zu lassen, dies bei Flüssigkeiten, oder mit Feuchtigkeit getränkten Körpern nicht der Fall ist, da diese viel unvollkommenere Leiter sind und daher einer reichlichen Berührung mit den Metallen, und noch mehr mit einander bedürfen, damit die elektrische Flüssigkeit mit Leichtigkeit durchgehen kann, und nicht in ihrem Laufe aufgehalten wird, insbesondere wenn sie nur geringe Kraft besitzt, wie in unserem Falle

„Übrigens sind die Wirkungen meines Apparates (die Schläge, die man erhält) in dem Maasse sehr viel fühlbarer, als die Temperatur der umgebenden Luft, des Wassers oder der feuchten Platten, welche sich in der Säule befinden, und selbst des Wassers im Gefäss, höher ist, denn die Wärme macht das Wasser besser leitend Was diese Wirkung aber noch besser hervorbringt, sind fast alle Salze, und besonders das gewöhnliche Salz Dies ist einer der Gründe, wenn nicht der einzige, warum es vortheilhaft ist, dass das Wasser des Gefässes, und vor allem das zwischen den metallenen Paaren, das Wasser, womit die Pappscheiben u s w getränkt sind, gesalzen ist, wie ich bereits erwähnt habe

„Alle diese Hilfsmittel und Maassregeln haben aber schliesslich nur eine begrenzte Wirkung, und lassen nie sehr starke Erschütterungen erreichen, so lange der Apparat nur aus einer Säule von nur 20 Plattenpaaren besteht, wenn es auch die besten Metalle zu diesem Versuch, nämlich Zink und Silber, sind, denn wären es Silber und Blei oder Zinn, oder Kupfer und Zinn, so würde man nicht die Hälfte der Wirkung erlangen, wenn nicht die grössere Anzahl der Paare die geringere Kraft jedes einzelnen ersetzt Was aber thatsächlich die elektrische Kraft des Apparates vermehrt, und sie soweit steigert, dass sie der des Zitterrochens und des Zitteraales gleichkommt und sie auch übertrifft, ist die Zahl der Platten, wenn sie in der beschriebenen Weise und mit den angegebenen Vorsichtsmaassregeln angeordnet werden Fügt man den oben beschriebenen 20 Paaren noch 20 oder 30 weitere in gleicher Ordnung hinzu, so sind die Erschütterungen der so verlängerten Säule (ich werde alsbald angeben, wie man sie aufrecht halten kann, dass sie nicht umfällt, oder wie man sie besser in zwei oder mehr Säulen theilen kann) schon weit stärker, und erstrecken sich durch die Arme bis zur Schulter, namentlich in dem Arm, dessen Hand in das Wasser getaucht ist, welche Hand nebst dem ganzen Arm mehr oder weniger betäubt bleibt, wenn man durch häufige Wiederholung der Berührungen diese Schläge schnell und ohne Aufhören sich folgen lässt Dies erfolgt, wenn man die Hand ganz oder fast ganz in das Wasser des Gefässes taucht, senkt man aber nur einen Finger ganz oder theilweise ein, so werden die Erschütterungen fast völlig auf ihn concentrirt, und werden entsprechend schmerzhafter und so schneidend, dass sie unerträglich werden

„Es ist wohl zu erwarten, dass diese aus 40 oder 50 Metallpaaren gebildete Säule, welche mehr als mittlere Schläge in den Armen einer Person hervorruft, noch merkliche an mehrere Personen ertheilen kann, welche sich an den (hinreichend feuchten) Händen halten und eine ununterbrochene Kette bilden

„Um auf die mechanische Anordnung meines Apparates zurückzukommen, welche mehrerer Abänderungen fähig ist, werde ich hier zwar nicht alle, welche ich ausgedacht und in grossem oder kleinem Maassstabe ausgeführt habe, beschreiben, sondern nur einige, welche besonders interessant oder nützlich sind; welche einen wirklichen Vortheil besitzen, indem sie sich leichter oder bequemer herstellen lassen, sicherer in ihren Wirkungen oder länger in gutem Zustande zu erhalten sind.

„Und um mit einer anzufangen, welche fast alle diese Vortheile vereinigt, und dabei am meisten der Gestalt nach von dem oben beschriebenen Säulenapparate abweicht, welche aber den Nachtheil hat, eine viel grössere Maschine zu sein, stelle ich Ihnen diesen neuen Apparat, welchen ich die Tassenkrone (couronne de tasses) nenne, in der beistehenden Figur 49 dar.

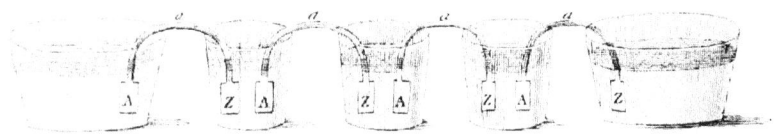

Fig. 49.   VOLTA's Tassenkrone.

„Man ordnet eine Reihe von mehreren Tassen oder Töpfen von beliebigem Stoffe ausser Metall an, hölzerne Tassen, Muscheln, irdene Gefässe, besser gläserne (kleine Trinkgläser oder Becher sind die geeignetsten), die zur Hälfte mit reinem Wasser, oder besser mit Salzwasser oder Lauge gefüllt sind; man verbindet sie und bildet aus ihnen eine Art Kette mittelst ebenso vieler metallener Bögen, von denen ein Arm $A\,a$ oder auch nur das Ende A, welches in einen der Becher taucht, aus Kupfer, Messing oder besser aus versilbertem Kupfer ist, während der andere Z, welcher in den folgenden Becher taucht, aus Zinn oder besser aus Zink ist. Ich bemerke hier beiläufig, dass Lauge oder andere alkalische Flüssigkeiten vorzuziehen sind, wenn eines der eingetauchten Metalle Zinn ist; Salzwasser ist vorzuziehen, wenn es Zink ist. Die beiden Metalle, aus denen jeder Bogen besteht, sind an irgend einer Stelle oberhalb deren, die in die Flüssigkeit taucht, zusammengelöthet; letztere muss sie in einer genügend grossen Fläche berühren, es ist daher passend, dass dieser Theil aus einer Platte von einem Zoll im Quadrat oder nur wenig kleiner besteht; der übrige Theil des Bogens kann so schmal sein, wie man will, selbst ein einfacher Metalldraht. Er kann auch aus einem dritten Metall bestehen, welches von denen verschieden ist, die in die Flüssigkeit der Becher tauchen; denn die Wirkung auf die elektrische Flüssigkeit, welche von allen Berührungen mehrerer unmittelbar auf einander folgender Metalle herrührt, oder die Kraft, mit welcher diese Flüssigkeit an das Ende getrieben wird, ist absolut oder nahezu dieselbe, welche sie durch die unmittelbare Berührung des ersten Metalles mit dem letzten, ohne irgend eines der Zwischenmetalle, empfangen

haben wurde, wie ich dies durch unmittelbare Versuche bestätigt habe, von
denen ich anderweit zu sprechen Gelegenheit haben werde

„Eine Reihe von 30, 40, 60 dieser Becher, die auf diese Weise verknüpft sind, und die in einer geraden Linie oder in irgend einer Curve oder
in beliebiger Weise geordnet sind, bildet den ganzen neuen Apparat, welcher
im Grunde und wesentlich derselbe ist, wie die oben beschriebene Saule,
die Hauptsache, welche in der unmittelbaren Verbindung zweier verschiedener Metalle besteht, die jedes Paar bilden, und in der mittelbaren eines
Paares mit dem anderen, nämlich durch den feuchten Leiter, findet sich bei
einem Apparate wie dem anderen

„Was die Art anlangt, wie man den Becherapparat erprobt, und bezuglich der Versuche, zu denen er dienen kann, habe ich nicht viel zu sagen
nach dem, was ich bei Gelegenheit der Saule erwähnt und ausgiebig erklärt
habe Man wird leicht verstehen, dass es genügt, um Schläge zu erfahren,
wenn man die Hand in einen Becher steckt, und einen Finger der anderen
Hand in einen anderen Becher, der von jenem hinreichend entfernt ist, dass
dieser Schlag um so stärker sein wird, je mehr beide Gefässe von einander
entfernt sind, d h, je mehr Gefässe dazwischen sind, und man wird daher
den stärksten Schlag erhalten, wenn man den ersten und den letzten Becher
der Kette berührt Man wird auch verstehen, wie und warum die Versuche
viel besser gelingen, wenn man mit der gut angefeuchteten Hand eine ziemlich grosse Metallplatte fest anfasst (damit die Verbindung hinreichend vollkommen und in einer grossen Anzahl von Punkten stattfindet, und mit
dieser Platte das Wasser des bestimmten Bechers, oder besser den metallenen Bogen berührt, während die andere Hand in den anderen, entfernten
Becher getaucht ist, oder man durch eine ebenso angefasste Platte dessen
Bogen berührt Schliesslich wird man das Ergebniss einer grossen Zahl von
Versuchen, die man mit dieser Tassenkrone leichter, anschaulicher und so
zusagen mehr zu den Augen sprechend als mit der Saule ausführen kann,
verstehen und sogar vorhersagen können Ich erspare mir daher die Beschreibung einer grossen Zahl leicht zu erfindender Versuche, und erwähne
nur einige, welche nicht weniger belehrend als ergötzlich sind

„Es seien dreimal zwanzig dieser Tassen oder Becher geordnet und mit
einander durch metallene Bogen verkettet, aber in der Weise, dass in den
ersten zwanzig die Bogen nach derselben Seite gewendet sind, z B die Arme
mit dem Silber nach links und die mit dem Zink nach rechts, in den
zweiten zwanzig aber im umgekehrten Sinne, d h das Zink nach links, das
Silber nach rechts, schliesslich in den letzten zwanzig das Silber wieder nach
links, wie zuerst Nachdem die Sachen so geordnet sind, tauchen Sie einen
Finger in das Wasser des ersten Bechers, und berühren Sie mit der in der
anderen Hand gehaltenen Platte in der beschriebenen Weise den ersten
metallenen Bogen (den, welcher den ersten Becher mit dem zweiten verbindet), sodann den zweiten Bogen zwischen dem zweiten und dritten Becher,
und nach einander die anderen bis zum letzten Wenn das Wasser wohl

gesalzen und warm ist, und die Haut der Hand gut befeuchtet und erweicht, so werden Sie eine kleine Erschütterung in den Fingern bereits empfinden, wenn Sie zum vierten oder fünften Bogen gelangt sind (ich habe sie einige Male ziemlich deutlich durch die Berührung des dritten empfunden), und indem Sie folgeweise auf den sechsten, siebenten u. s. w. übergehen, nehmen die Schläge stufenweise an Stärke zu bis zum zwanzigsten Bogen, d. h. bis zu dem letzten in einem Sinne gewendeten, gehen Sie aber weiter zum 21., 22., 23., oder ersten, zweiten, dritten der zweiten Zwanzig, so werden die Schläge bei jedem Schritt schwächer, und zwar so, dass sie beim 36. oder 37. unmerklich und absolut Null beim 40. werden, ist dieser überschritten (und werden die dritten Zwanzig begonnen, die den zweiten entgegengesetzt, aber den ersten analog sind), so werden die Schläge bis zum 44 oder 45 unmerklich sein, sie werden von da ab aber merklich werden und stufenweise zunehmen in dem Maasse, wie Sie bis zum 60. vorschreiten, wo sie ebenso stark sein werden, wie beim 20 Bogen

„Wenn nun die zwanzig mittleren Bogen in demselben Sinne gewendet waren, wie die zwanzig vorhergehenden und die zwanzig folgenden, wenn also alle 60 zusammenwirkten, um die elektrische Flüssigkeit in demselben Sinne zu treiben, so versteht man, wieviel grösser die Wirkung und stärker die Erschütterung schliesslich sein würde, und man versteht im Allgemeinen, wie, und bis zu welchem Punkte sie abgeschwächt werden muss, wenn eine grössere oder geringere Anzahl dieser Kräfte vermöge der umgekehrten Stellung der Metalle einander entgegengesetzt sind Wenn die Kette irgendwo unterbrochen ist, weil das Wasser in einem Becher fehlt, oder weil ein metallischer Bogen entfernt oder in zwei Stücke getheilt worden ist, so werden Sie keinen Schlag spüren, wenn Sie einen Finger in das Wasser des ersten, den zweiten in das des letzten Gefässes tauchen, Sie werden ihn aber in dem Augenblicke haben, stärker oder schwächer je nach den Umständen, wenn (während die Finger eingetaucht bleiben) die unterbrochene Verbindung hergestellt wird, wenn etwa eine andere Person in die beiden Tassen, wo der Bogen fehlt, zwei ihrer Finger steckt (welche ihrerseits auch einen leichten Schlag erhalten werden), oder besser, wenn man den entfernten Bogen oder irgend einen anderen wieder einsenkt, oder, wenn man im Fall des in zwei Stücke getheilten Bogens diese wieder zu gegenseitiger Berührung bringt (auf diese Art wird der Schlag stärker, als vorher), oder endlich, wenn man im Falle der leeren Tasse Wasser in diese giesst, so dass es die beiden in dieser Tasse befindlichen, vorher trockenen Bogen erreicht

„Ist die Tassenkette oder -krone genügend lang und im Stande, einen starken Schlag zu geben, so wird man sogar einen allerdings viel schwächeren spüren, wenn man beide Finger oder beide Hände in ein einziges ziemlich grosses Gefäss mit Wasser taucht, in welchem der erste und letzte metallene Bogen endigt, vorausgesetzt, dass eine oder die andere der eingetauchten Hände, oder besser beide, mit diesen Bogen in Berührung, oder ziemlich nahe sind, man wird, sage ich, einen Schlag fühlen, sowie (nachdem die

Kette irgendwo unterbrochen war, die Verbindung wieder hergestellt und
der Kreis auf irgend eine der erwähnten Arten geschlossen wird. Nun
konnte man überrascht sein, dass in diesem Kreise der elektrische Strom,
obwohl er freien Durchgang durch eine ununterbrochene Wassermasse, nämlich das Wasser des Gefässes, hat, diesen guten Leiter verlässt, um durch
den Körper der Person, welche ihre Hände in dies Wasser getaucht hält,
zu gehen, und so einen längeren Weg zurückzulegen. Aber diese Überraschung wird aufhören, wenn man überlegt, dass die lebenden und warmen
thierischen Stoffe und insbesondere ihre Feuchtigkeiten im allgemeinen bessere
Leiter sind, als das Wasser. Es gewährt daher der Körper der Person,
welche die Hände in das Wasser gesteckt hat, dem elektrischen Strome
einen leichteren Durchgang, und dieser muss ihn vorziehen, obwohl er etwas
länger ist. Da übrigens die elektrische Flüssigkeit, wenn sie in Masse unvollkommene Leiter und insbesondere feuchte Leiter durchdringen muss, sich in
einen breiteren Canal auszubreiten, oder sich in mehrere zu theilen liebt, ja
sogar Umwege geht, wenn sie dort geringeren Widerstand findet, als wenn
sie dem kürzesten Wege folgt, so nimmt in unserem Falle nur ein Theil des
elektrischen Stromes diesen neuen Weg durch die Person und entfernt sich
vom Wasser, der andere, grössere oder geringere Theil geht durch das
Wasser des Gefässes. Dies ist der Grund, weshalb der Schlag, den man
fühlt, viel schwächer ist, als wenn der elektrische Strom ungetheilt bleibt,
indem die Person allein die Verbindung von einem Bogen zum anderen
bildet.[1]

„Lassen wir nun aber den Zitterrochen und sein natürliches elektrisches
Organ, und kehren zu dem künstlichen elektrischen Organ meiner Erfindung
zurück, und insbesondere zu dem, welches das erstere auch in seiner Gestalt (von der der Becherapparat sich entfernt) nachahmt, nämlich dem Säulenapparat. Ich hatte einiges über die Construction des genannten Becher-
oder Tassenapparates zu sagen, z. B. dass es gut ist, die erste und letzte
Tasse recht gross zu nehmen, um nach Bedarf die ganze Hand hinein-
senken zu können, doch würde es zu weit führen, auf alle diese Einzelheiten
einzugehen.

„Was den Säulenapparat anlangt, so habe ich Mittel gesucht, ihn erheblich durch Vervielfältigung der metallischen Platten zu verlängern, ohne dass
er umfällt, ferner ihn bequem und tragbar und vor Allem dauerhaft zu
machen, und ich habe unter anderen Mitteln folgende gefunden, welche ich
Ihnen durch die beifolgenden Figuren vor Augen bringe. Fig. 47 bis 50.

In der Fig. 48, S. 119 sind m, m, m, m Säulen oder Stäbe, drei, vier oder
mehr an der Zahl, welche sich vom Fuss der Säule erheben und wie ein
Käfig die auf einander gelegten Platten oder Scheiben von beliebiger Zahl
und Höhe umfassen und sie so verhindern, umzufallen. Die Stäbe können

---

[1] Es erfolgt eine hypothetische Darlegung über die Art, wie der Zitterrochen seine Schläge
zu Stande bringen könnte, die hier fortgelassen ist.

von Glas, Holz oder Metall sein; nur muss man im letzteren Falle verhindern, dass sie die Platten unmittelbar berühren; dies kann geschehen, indem
man die Metallstäbe mit Glasröhren umgiebt, oder zwischen sie und die
Säule einige Streifen Wachstuch, Ölpapier oder sogar gewöhnliches Papier
oder endlich irgend einen anderen Körper bringt, welcher isolirt oder ein
schlechter Leiter ist: Holz und Papier sind es genug, wenn sie nur nicht
sehr feucht oder nass sind.

„Das beste Mittel aber, wenn man einen Apparat aus einer grossen
Zahl von Platten bauen will, z. B. über 60, 80 oder 100, besteht darin, die
Säule in zwei oder drei oder mehrere zu theilen, wie man in den Fig. 47
und 50 sieht, wo die Stücke alle ihre Stellungen und Verbindungen haben,
als wenn es eine einzelne Säule wäre. Man kann in der That die Fig. 47
und 50 als eine umgebogene Säule ansehen.

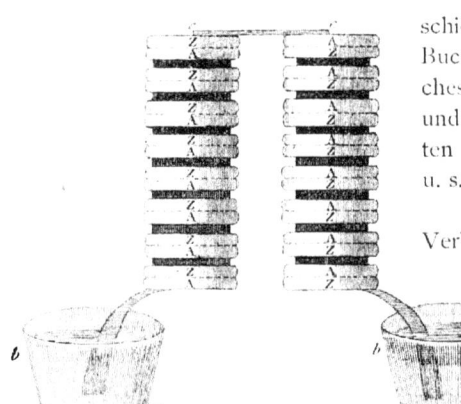

„In allen Figuren sind die verschiedenen metallenen Platten mit den
Buchstaben *A* und *Z* bezeichnet welches die Anfangsbuchstaben von argent
und zinc sind, und die zwischengeleg-
ten feuchten Platten (von Pappe, Leder
u. s. w.) sind schwarz gemalt.

„Die punktirten Linien geben die
Verbindung der Metalle mit einander
in jedem Paar, ihre wech-
selseitige Berührung in
irgend einer Zahl von
Punkten an; dies ist gleichgültig, auch können sie
verlöthet sein, was in
mancher Hinsicht gut ist;

Fig. 50. Nach VOLTA.

c c, c c, c c sind die Metallplatten, welche eine Säule, oder einen Säulentheil
mit dem anderen verbinden, und *b, b, b, b, b* sind Gefässe mit Wasser, die
mit den Füssen oder Enden der Säulen in Verbindung stehen.

„Der so aufgebaute Apparat ist recht bequem, nicht gross, und man
könnte ihn noch leichter und sicherer mit Hülfe einiger Röhren oder Hülsen,
in welche man jede Säule einschliesst und verwahrt, tragbar machen. Es
ist nur schade, dass er nicht lange in gutem Zustande bleibt; die feuchten
Platten trocknen nach ein bis zwei Tagen aus, so dass man sie von neuem
befeuchten muss; man kann dies indessen ausführen, ohne den Apparat auseinander zu nehmen, indem man die ganzen Säulen in Wasser taucht und
(nach dem Herausnehmen über eine kleine Weile) sie äusserlich mit Leine-
wand oder sonstwie, so gut man kann, abtrocknet.

„Das beste Verfahren, um ein so dauerhaftes Instrument zu erhalten,
als man es nur wünschen kann, wäre, das Wasser in jedem Paar einzuschliessen und zurückzuhalten, und die Platten an ihrer Stelle zu erhalten,

indem man sie mit Wachs oder Pech umgiebt, die Sache ist aber ein wenig schwierig auszuführen, und man braucht viel Geduld dazu. Sie ist mir indessen gelungen, und ich habe auf diese Weise zwei Cylinder von zwanzig Paaren hergestellt, welche jetzt, nach zwei Wochen, noch sehr gute Dienste leisten, und es, wie ich hoffe, auch nach Monaten thun werden.

„Man hat die Bequemlichkeit, diese Cylinder bei den Versuchen nicht nur aufrecht, sondern nach Belieben geneigt, liegend, selbst in Wasser getaucht, so dass ihre Spitze allein hervorragt, anwenden zu können, sie könnten auch völlig untergetaucht Schläge geben, wenn sie eine grössere Zahl von Platten enthielten, oder wenn mehrere solcher Cylinder mit einander vereinigt wären, wäre noch irgend eine Unterbrechung vorgesehen, welche man nach Belieben entfernen könnte u. s. w., so würden sie ziemlich gut einen Zitteraal vorstellen, um einem solchen auch im Äusseren ähnlicher zu sein, könnten sie durch biegsame Metalldrähte oder Spiralfedern verbunden werden, mit einer Haut überzogen und mit einem wohlgeformten Kopf und Schwanz versehen sein u. s. w.

„Die von unseren Organen empfundenen Wirkungen, welche ein Apparat aus 40 bis 50 Plattenpaaren (oder auch ein kleinerer, wenn die Metalle Silber oder Kupfer und Zink sind), beschränken sich nicht auf die Schläge allein der Strom der elektrischen Flüssigkeit erregt, wenn er von einer solchen Zahl und Art verschiedener Leiter, Silber, Zink und Wasser, die in der beschriebenen Weise abwechselnd geschichtet sind, in Bewegung gesetzt und getrieben wird, nicht nur Zusammenziehungen und Krämpfe in den Muskeln, mehr oder weniger heftige Convulsionen der Glieder, welche er in seinem Laufe durchströmt, sondern er erregt auch die Organe des Geschmacks, des Gesichts, des Gehörs und des eigentlichen Gefühlssinnes, und bringt hier die jedem eigenen Empfindungen hervor.

„Was zunächst den Gefühlssinn anlangt: wenn ich durch eine reichliche Berührung der gut befeuchteten Hand mit einer Metallplatte oder besser durch tiefes Eintauchen der Hand in das Wasser des Gefässes einerseits eine gute Verbindung mit einem Ende meines elektromotorischen Instrumentes (man muss Instrumenten, die nicht nur der Form nach, sondern auch nach ihren Wirkungen oder nach den Prinzipien, von denen sie abhängen, neu sind, auch neue Namen geben) herstelle, und ich bringe das andere Ende an die Stirn, das Augenlid, die Nasenspitze, die gleichfalls befeuchtet sind, oder an irgend eine andere Stelle des Körpers, wo die Haut dünn genug ist, wenn ich, sage ich, einen dieser empfindlichen Körpertheile gut befeuchtet unter etwas Druck mit der Seite eines Drahtes berühre, welcher mit dem anderen Ende des genannten Apparates passend verbunden ist, so fühle ich in dem Augenblicke, wo der leitende Kreis geschlossen wird, an der berührten Stelle der Haut und etwas darüber hinaus einen Schlag und einen Stich, welche schnell vorübergehen und sich so oft wieder einstellen, als man den Kreis öffnet und schliesst, so dass, wenn diese Unterbrechungen oft erfolgen, sie ein sehr unangenehmes Schütteln und Prickeln verursachen. Wenn

aber die Verbindung ohne diesen Wechsel, ohne die mindeste Unterbrechung
besteben bleibt, so fühle ich während einiger Augenblicke nichts mehr,
worauf alsdann an der mit dem Ende des Metalldrahtes berührten Stelle
sich eine andere Empfindung geltend macht, welche ein scharfer Schmerz
ohne Stoss ist, der sich genau auf die Berührungsstelle beschränkt, ein Brennen,
welches nicht nur andauert, sondern immer stärker wird, bis es nach kurzer
Zeit unerträglich wird, und welches nicht aufhört, bevor man den Kreis
unterbricht.

„Welchen augenscheinlicheren Beweis für die Fortdauer des elektrischen
Stromes während der ganzen Zeit, dass die Verbindungen zwischen den
Körpern, die den Kreis bilden, bestehen bleiben, kann es geben? und dass
erst beim Unterbrechen desselben ein solcher Strom aufgehoben wird? Dieses
endlose Kreisen der elektrischen Flüssigkeit (dieses perpetum mobile) kann
paradox, ja unerklärlich erscheinen, es ist aber nichtsdestoweniger wahr und
wirklich, man fasst es sozusagen mit der Hand. Ein anderer evidenter Beweis kann gleichfalls daraus gezogen werden, dass man bei derartigen Versuchen oft in dem Augenblicke, wo man den Kreis plötzlich unterbricht,
gleichfalls einen Schlag, einen Stich, eine Erschütterung verspürt, ganz wie
im Augenblicke, wo der Kreis geschlossen wird; mit dem einzigen Unterschiede, dass diese durch eine Art von Rückfluss der elektrischen Flüssigkeit
oder durch den Stoss vermöge der plötzlichen Aufhebung ihres Stromes
hervorgerufenen Empfindungen schwächer sind. Jch habe aber nicht nöthig,
und es ist hier nicht der Ort, Beweise für ein derartiges endloses Kreisen
der elektrischen Flüssigkeit in einem Kreise von Leitern anzuführen, unter
denen es welche giebt, die gemäss ihrer verschiedenen Natur durch ihre
gegenseitige Berührung das Amt der Erreger oder Motoren ausüben: dieser
Satz, welchen ich seit meinen ersten Untersuchungen und Entdeckungen im
Gebiete des Galvanismus stets behauptet habe, wird, wie ich hoffe, keine
Widersacher mehr finden.“ . . .

Der übrige Theil des Briefes beschäftigt sich mit der Wirkung der
Säule auf die verschiedenen Sinnesorgane, und kann daher an dieser Stelle
fortbleiben.

3. Rückblick. Wenn wir die überaus breite Darstellung, in welcher
sich VOLTA bei dieser Mittheilung noch mehr als sonst gefällt, in's Enge
ziehen, so ergiebt sich eine ganze Anzahl wesentlicher und wichtiger Fortschritte, die besonders bezeichnet werden müssen. Zunächst ist von VOLTA
erkannt worden, dass durch seine Anordnung eine stufenweise Summation
der elektrischen Wirkungsfähigkeit oder Spannung, die ein einzelnes Element
aus zwei Metallen und einem feuchten Leiter hervorbringt, erreicht wird.
Wenn er als Messhülfsmittel auch nur die Stärke der Erschütterungen zur
Verfügung hat, so darf doch der Nachweis dieser fundamentalen Erscheinung
als erbracht angesehen werden. Ebenso hat er bewiesen, dass die Umkehrung der Anordnung eines Elements eine entsprechende Verminderung

der Gesammtspannung zur Folge hat, so dass man die Spannungen wie
algebraische positive und negative Grossen[1] behandeln kann

Weiter sind Volta die Verhältnisse der Leitfähigkeit zwischen Metallen
und Leitern zweiter Classe, ferner der Einfluss des Salzgehaltes und der
Temperatur auf letztere klar geworden Ferner finden sich die ersten Andeutungen seines späteren Gesetzes der Spannungsreihe, indem er die Ein-
flusslosigkeit der zwischenliegenden Metalle in einer zusammengesetzten Kette
S 122 erkannt hat Endlich sind S 125 sogar einige Vorahnungen des
Ohm'schen Gesetzes sichtbar, nach welchem sich der Strom gemäss der Leitfähigkeit zwischen gleichlaufenden Leitern vertheilt

Dem gegenüber ist allerdings auch zu betonen, dass Volta in seiner
Saule ein wahres perpetuum mobile gefunden zu haben glaubt, wie er dies
nicht nur hier S 128 , sondern auch wiederholt in der Folge ausspricht.
Das allmähliche Aufhören der Wirksamkeit schreibt er ausschliesslich dem
Austrocknen der feuchten Platten zu, und glaubt einen Apparat von beliebiger Dauer erlangen zu können, wenn er dieses verhindert Die recht
auffälligen Oxydationsvorgange an den Platten hat er ausser Acht gelassen,
ja aus den Versuchen, über die er S 124 berichtet, geht hervor, dass er
von beiden Enden seiner Saule Drähte in dieselbe Wassermasse gebracht
hat, so dass nothwendig Elektrolyse und Gasentwicklung eintreten
musste, ohne dass er, der sonst mit grösster Sorgfalt jede einzelne Erscheinung erwähnt und beschreibt, auch nur eine Andeutung macht, dass
er derartiges gesehen hat, wie er dann in seiner ganzen Mittheilung von etwaigen chemischen Vorgangen, die er gesehen haben könnte, nicht die
leiseste Andeutung giebt Selbst ein so begeisterter Verehrer Volta's, wie
Ritter, fasst dies auffällige Verhalten als absichtlich auf, und in der That
findet sich auch in den ferneren Veröffentlichungen Volta's kein Versuch,
die alsbald in mannigfaltigster Weise beobachteten und beschriebenen chemischen Vorgange zwischen den Enddrähten der Saulen, sowie in ihrem
Inneren zu berücksichtigen Er hatte seine Theorie von der Beruhrungs-
elektricität der Metalle fertig ausgebildet, bevor ihm die chemischen Vorgange in zwingender und nicht zu übersehender Weise entgegengetreten
waren, und in dieser Theorie war für die chemischen Vorgange kein Platz
Diese verhangnissvolle Übereilung hat ihre Folgen bis auf den heutigen Tag
fuhlbar gemacht

4 Die galvanische Zerlegung des Wassers Bevor noch der Brief
Volta's an Banks in den Philosophical Transactions veröffentlicht worden
war, hatte sich die Kenntniss seines Inhaltes unter den Londoner Physikern
verbreitet Nicholson schreibt in einem Bericht[2] über Volta's Apparat
„Seit zwei Monaten beschäftigen diese Entdeckungen unsere Physiker, unter
denen sie die grösste Aufmerksamkeit erregt haben, doch hielt ich es nicht

---

[1] Ich möchte vorschlagen Grossen solcher Art Polaren zu nennen
[2] Nicholson's Journ of nat philos **4** 179 1800

für schicklich, eher von ihnen zu reden, als VOLTA's Briefe in der Societät
vorgelesen wurden. BANKS hatte sie indessen schon früher meinem Freunde
ANTONY CARLISLE so mitgetheilt, der sie mit mir durchlas, und sich sogleich
nach VOLTA's Angaben einen Apparat verfertigte."

NICHOLSON giebt nun einen kurzen Auszug aus VOLTA's Brief, er beschreibt
alsdann, wie CARLISLE die Säule gebaut hat, schildert die Versuche, durch
welche beide sich überzeugten, dass die Enden der Säule wirklich elektrisch
waren, und fährt dann fort [1]

„Bald nach dem Anfang dieser Versuche bemerkte CARLISLE, dass, als
ein Tropfen Wasser auf die obere Platte gebracht worden war, um die Berührung gewisser zu machen, um den berührenden Draht herum Gas entbunden
wurde, welches, so wenig dessen auch war, mir doch wie Wasserstoffgas zu
riechen schien, wenn der verbindende Draht von Stahl war. Dies und
andere Thatsachen bewogen uns am 2 Mai, den galvanischen oder elektrischen Strom durch zwei Messingdrähte zu führen, welche sich in einer
mit Korkstöpseln verschlossenen, $1/2$ Zoll weiten Röhre voll frischen Fluss-
wassers, $1^3/_4$ Zoll von einander endigten. Der eine Draht dieses Ausladers
wurde mit der oberen, der andere mit der unteren Platte einer aus 36 halben
Kronenstücken und ebensoviel Zink- und Pappscheiben zusammengesetzten
Säule in Berührung gesetzt. Sogleich erhob sich in der Röhre aus der
Spitze des unteren mit dem Silber verbundenen Drahtes ein feiner Strom
kleiner Luftblasen, und die darüber stehende Spitze des anderen Drahtes
begann anzulaufen . Das ganze, während dritthalb Stunden entbundene
Gas betrug $^2/_{30}$ eines Kubikzolls. Gemischt mit einer gleichen Menge at-
mosphärischer Luft, explodirte es bei der Annäherung eines brennenden
Wachsstockes.

„Gleich beim ersten Erscheinen des Wasserstoffgases hatten wir eine
Zersetzung des Wassers in diesem Versuche erwartet, dass sich aber der
Wasserstoff nur an dem Ende des einen Drahtes entwickelt, während sich
der Sauerstoff mit dem anderen verband, der beinahe 2 Zoll von jenem abstand, überraschte uns nicht wenig. Diese neue Erscheinung ist uns noch
unerklärbar, und scheint auf irgend ein allgemeines Gesetz der Wirkungsweise der Elektricität bei chemischen Vorgängen hinzuweisen.

„Um zu bestimmen, ob diese Erscheinung auch bei einer grösseren
Entfernung beider Drahtspitzen eintreten würde, nahmen wir eine Röhre von
$^1/_2$ Zoll Durchmesser und 36 Zoll Länge, hier blieb die Wirkung aus, obgleich dieselben Drahtstücke, in eine kürzere Röhre eingesetzt, sehr heftig
wirkten. Nach dem Resultat mehrerer Versuche scheint es uns, dass die
Zersetzung desto stärker vor sich geht, je näher sich die beiden Drahtenden
sind, dass sie aber ganz aufhört, wenn sie sich berühren.

„Den 6 Mai wiederholte CARLISLE den Versuch mit kupfernen Drähten
und Lackmustinctur. Der mit der Zinkplatte verbundene, sich oxydirende

[1] GILBERTs Ann. 6 340 1800

untere Draht färbte in ungefähr 10 Minuten die Lackmustinctur, soweit er reichte, roth, indess das Übrige blau blieb

„ Es sei hier im Allgemeinen bemerkt, dass der Prozess der Wasserzersetzung auch zwischen jedem Paar Platten vor sich geht, wobei das Zink auf der nassen Oberfläche oxydirt und zugleich Wasserstoffgas entbunden wird, dass ferner hierdurch das Kochsalz zersetzt wird und das Natrum desselben (das vermuthlich vom Wasserstoff ausgetrieben wird rings um die Kanten der Säule effloresirt

„ Unter Anderem versuchte ich das Verhalten solcher Metalle, welche sich schwer oxydiren lassen Ich befestigte nämlich zwei Platindrähte in eine kurze Röhre von ¼ Zoll innerem Durchmesser Als dieser Conductor mit der Säule in Verbindung gesetzt wurde, gab der mit dem Silber verbundene Draht einen sehr reichlichen Strom feiner Luftblaschen, und auch aus dem mit dem Zink verbundenen Draht strömte ein Luftstrom, doch minder stark, hervor Es war natürlich, zu vermuthen, dass der von der Silberseite herkommende grössere Strom Wasserstoffgas, der kleinere, von der Zinkseite herströmende Sauerstoffgas sei "

Ein quantitativer Versuch gab kein genügendes Resultat, das Vorhandensein von Sauerstoff wurde indessen ausreichend erwiesen

Es ist sehr interessant zu sehen, wie die von Volta, wie es scheint, absichtlich gemiedenen chemischen Erscheinungen der Säule das erste sind, was sich den anderen Forschern alsbald aufdrängt, sobald sie nur den Apparat in die Hand genommen haben, und wie sich daraus eine Anzahl wichtiger Entdeckungen fast ohne ihr Zuthun entwickeln Neben der fundamentalen Thatsache der Zerlegung selbst ergab sich bereits die merkwürdige Erscheinung, dass die Zersetzungsproducte gleichzeitig an verschiedenen Stellen auftreten, ohne dass abzusehen ist, wie z B der Sauerstoff des Wassers, dessen Wasserstoff an dem einen Drahte entweicht, es macht, um unsichtbar bis zu dem anderen, mehr oder weniger weit abstehenden Draht zu gelangen, um erst dort seinerseits Gasgestalt anzunehmen An der Beantwortung dieser Frage hat seither die Wissenschaft unausgesetzt gearbeitet, und es hat langer Zeit und mühsamer Arbeit bedurft, um das Problem befriedigend zu lösen

Eine fernere wichtige Thatsache ist der Nachweis der Bildung von Säure und Alkali Auch hieran knüpft sich eine wichtige Entwicklung, denn in den Handen von Berzelius wird diese Beobachtung der Ausgangspunkt für eine der einflussreichsten chemischen Theorieen Endlich ist die Aufmerksamkeit darauf zu lenken, dass Nicholson und Carlisle auch die chemischen Vorgänge, die in der Kette selbst während ihrer Thätigkeit erfolgen, beobachtet haben. Hier tritt die erste der vielen Thatsachen auf, welche gegen die von Volta aufgestellte Ansicht über die Ursache der elektrischen Vorgänge in der Säule sprechen

Die Summe der in der kurzen Mittheilung enthaltenen neuen Thatsachen ist somit ungewöhnlich gross. Sehen wir, wie sich die Forschung mit ihnen abzufinden sucht!

5. Volta über die chemischen Wirkungen der Säule. Die Nachricht von der Zersetzung des Wassers durch die Säule kam Volta durch einen Brief von Landriani zu, der ihm unter dem 7. August 1800 die Erscheinungen beschrieb, welche er bei der Wiederholung der Versuche von Nicholson und Carlisle erhalten hatte. Die Figur 51 giebt den von ihm gebrauchten Apparat wieder. In der Nachricht ist bemerkenswerth, dass Landriani bereits die Bestimmung der Menge des zersetzten Wassers benutzen wollte, um einen etwaigen Einfluss der benutzten Leitungsdrähte zu ermitteln, indem er das entwickelte Wasserstoffgas zu messen vorschlug; auch die grössere oder geringere Wirksamkeit der verschiedenen Metalle sollte auf diese Weise bestimmt werden.

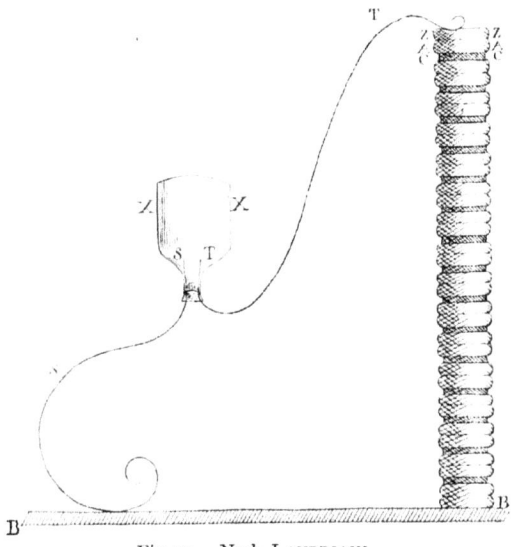

Fig. 51. Nach Landriani.

Auf diesen Brief antwortete Volta aus Como, am 22. September 1800 in einem seltsamen Schreiben. In gewohnter Umständlichkeit spricht er dem Freunde seinen Dank aus, und erwähnt, dass ihm bereits die Versuche von Nicholson und Carlisle, sowie deren Wiederholung in Wien und Paris bekannt seien. „Auch theile ich Ihnen mit, dass die fragliche Erscheinung der Calcination der Metalle durch Wasser und die Zersetzung des letzteren durch die Kraft des bewegten elektrischen Stromes, welcher durch meinen Apparat in ewigem Kreislauf erhalten wird, mir nicht völlig neu sind. Meine eigenen Versuche haben mir einiges Ähnliche, um nicht zu sagen, dasselbe Resultat gezeigt, und ich war nicht weit von dieser Entdeckung Nicholson's entfernt, oder hätte doch wenigstens leicht zu ihr geführt werden können. Denn ich habe bereits bei dem ersten Versuche mit diesem von mir erfundenen Apparate, insbesondere an der Tassenkrone bemerkt, dass der bewegte elektrische Strom in besagtem Apparate in ganz besonderer Weise die Calcination der verschiedenen metallischen Platten an den Theilen veranlasste und beförderte, welche sich im Wasser, ob dieses rein oder mit Salz versetzt war, befanden, und zwar am meisten die der Zinkplatten." . . .

Volta geht dann auf die noch viel auffälligeren Oxydationserscheinungen

ein, welche Drathe, die mit den Enden der Säule verbunden sind, beim Einsenken in Wasser zeigen

„Eine derartige baldige und schnelle Calcination der Metalle in kaltem
gewöhnlichem Wasser, ist allerdings sehr merkwürdig Aber noch wunderbarer ist, dass auf gleiche Weise, mit gleicher Schnelligkeit und augenscheinlich nicht nur Zink, Zinn, Eisen, Kupfer und die anderen unedlen Metalle
sich calciniren, deren Calcination, wie ich bemerkt habe, ausserordentlich
durch die elektrische Wirkung meines Apparates, durch den von ihm angeregten und unterhaltenen beständigen Strom dieses Fluidums befördert wird
sondern auch die edlen Metalle, Silber, Gold und Platin[1] was ich nicht
geglaubt hatte, und worin die Hauptsache der Entdeckung besteht Und
wie mögen die besagten Metalle, von denen das erste nur von Scheide-
wasser oder Salpetersäure gelöst und calcinirt wird, die anderen beiden nur
von Königswasser Salpeter-Salzsäure oder von oxygenirt salzsaurem Gas
[Chlor], und die im übrigen der Calcination widerstehen, so dass sie unverändert
und unverletzt aus der grössten Hitze und dem heftigsten Feuer in Berührung mit der Luft, selbst der reinsten, oder dem Sauerstoff kommen wie
mögen diese vollkommenen Metalle dazu gelangen, eine so schnelle und
leichte, dem Auge sichtbare Calcination in gewöhnlichem kaltem Wasser zu
erfahren? Welches neue wunderbare chemische Agens' und wie wirksam ist
das elektrische Fluidum, welches sich ohne grosse Gewalt, ganz zart, durch
die Drathe von Gold, Silber oder anderen Metallen und eine kleine Schicht
von Wasser zieht, die sich zwischen ihnen befindet, und, wie die besprochenen
Versuche ergaben, dieses Wasser zersetzt, das brennbare Radikal in Gasgestalt entwickelt, und den Sauerstoff auf die fraglichen Metalle zieht, und mit
ihnen verbindet oder sie oxydirt"

In diesem Tone geht es weiter, der ganze Brief ist nichts, als ein vielfältig variirter Ausdruck des Erstaunens über die neuen Thatsachen Es
geht daraus hervor, wie weit Volta davon entfernt war, Derartiges zu erwarten, und wie wenig in das Bild, welches er sich von der Natur der von
ihm entdeckten und mit so grossem Erfolge bearbeiteten Erscheinungen
machte, die neuen Thatsachen passen wollten Auch späterhin hat Volta
beide Gebiete nicht zu vereinigen gewusst und hat wiederholt betont, dass
die chemischen Vorgänge in der Säule nur nebensächliche Bedeutung haben

6 Volta's Spannungsgesetz Blieb es somit Volta versagt seinen
Ideenkreis so weit auszudehnen, um auch den chemischen Erscheinungen
seiner Säule den angemessenen Raum darin anzuweisen, so verdankt die
Wissenschaft doch seinem auf das physikalische Gebiet gerichteten Scharfsinn noch eine wesentliche Entdeckung, indem es ihm gelang, die von ihm
gefundene Spannungsreihe der Metalle zu dem Ausdrucke des Spannungsgesetzes zu entwickeln Die ersten Schritte zu diesem Ziele finden
sich bereits in seinen früheren Arbeiten angedeutet, die vollendete Ent-

---

[1] Letzteres ist ein Irrthum Volta's

deckung wurde in einer Vorlesung mitgetheilt, welche VOLTA auf die Aufforderung der Pariser Akademie im „Institut" am 30. Brumaire, an X (21. November 1801 in Gegenwart des Consuls Bonaparte hielt. Dieser war in
hohem Maasse von VOLTA's Entdeckung gefesselt; er veranlasste die Über-
reichung einer goldenen Medaille an VOLTA und stiftete zur Förderung der
Forschungen auf diesem Gebiete zwei Preise, einen grossen fünfjährlichen,
und einen kleinen jährlichen. Auch in der Folge hat Napoleon Bonaparte
wiederholt sein Interesse an der Entwickelung dieses Gebietes der Wissenschaft gezeigt und bethätigt; es hat ihn dies freilich nicht gehindert, den
ihm von SÖMMERING vorgelegten Plan eines elektrischen Telegraphen mit den
wegwerfenden Worten zu kritisiren: „C'est une idée germanique." Er hat
wahrer gesprochen, als er glaubte!

Die Richtung der Arbeiten VOLTA's nach der Entdeckung seiner Säule
ist durch die Aufgabe bestimmt, die Identität des „galvanischen Fluidums"
mit dem elektrischen nachzuweisen. An die Stelle des noch in der oben
mitgetheilten ersten Schrift im Vordergrunde stehenden physiologischen Hilfs-
mittels, der Stärke des Schlages, benutzt VOLTA nun ausschliesslich das
Elektrometer, dessen mangelnde Empfindlichkeit er durch Anwendung des
Condensators auszugleichen sucht. Und auf diesem Wege findet er auch
alsbald das quantitative Gesetz, welches seinen Namen trägt.

Dem erwähnten Vortrage im Institut ging ein Brief an DELAMÉTHERIE [1]
voraus, welcher einen Theil der in dem Vortrage gegebenen Resultate enthält, doch unvollständiger ist, als jener.

Die letztere Arbeit stellt das wissenschaftliche Glaubensbekenntniss
VOLTA's dar; er hat die hier ausgesprochenen Ansichten nicht geändert,
und sie sind für den grössten Theil der Physiker, die über diesen Gegenstand gearbeitet haben, maassgebend gewesen. Es wird daher gerechtfertigt
sein, den Text dieses wichtigen Documents in wesentlich unverkürzter Form
hier wiederzugeben.

„I. Die Haupteinwürfe gegen die Identität des galvanischen Fluidums,
welche denen, die in der Lehre von der Elektricität, insbesondere in der
Elektrometrie fremd sind, allerdings bedenklich scheinen müssen, werden
von Folgendem hergenommen: a) Von dem gänzlichen Mangel einiger und
der Geringfügigkeit anderer Symptome der Elektricität, indess die Schläge
und Sensationen, die durch den Contact verschiedener Metalle (Zink und
Silber und besonders durch Vereinigung mehrerer solcher Metallplatten
mittelst feuchter Leiter hervorgebracht werden, sehr empfindlich und schmerzhaft sind. b) Von dem Unvermögen verschiedener Stoffe, die man für treffliche Leiter hält, z. B. verdünnte Luft, die Flamme u. s. w., die Action der
einfachen oder zusammengesetzten galvanischen Kette durch sich hindurch
zu lassen. c) Von der bewundernswürdigen Zersetzung des Wassers in
meinem Apparate, welche man einer so schwachen Elektricität, die selbst

---

[1] VOLTA, Opere. II, 2, S. 153.

für das empfindlichste Elektrometer unmerklich ist, zuzuschreiben ansieht,
da die stärksten Entladungen der mächtigsten Elektrisirmaschinen und die
schnellsten, nach so lange fortgesetzten elektrischen Strömungen sie nicht
zu bewerkstelligen vermögen

II Um diese Einwürfe vollständig zu heben, scheint es mir nöthig zu
sein, mit möglichster Genauigkeit den Grad der Elektricität, der in der
Berührung zweier verschiedener Metalle rege wird, zu bestimmen
Ich wähle dazu die Metalle, die sich am meisten entgegengesetzt und daher
verhältnissmässig am wirksamsten sind, Silber und Zink   Beide wohl gereinigt und polirt, mit einander in einem oder mehreren Punkten in Beruhrung gebracht, verlieren ihr elektrisches Gleichgewicht, das elektrische Fluidum zieht sich aus dem Silber nach dem Zink, wird in jenem verdünnt, in
diesem verdichtet, und erhält sich in ihnen in diesem Zustande der Verdünnung und Verdichtung, wofern sie nicht mit anderen Leitern in Verbindung stehen, die dem Gesetze des elektrischen Gleichgewichts gemäss jenem
die fehlende Elektricität zuführen, aus diesem die angehäufte ableiten   Bis
auf welchen Grad wird nun das elektrische Fluidum hierbei aus seiner Stelle
getrieben oder impellirt, im Silber vermindert, im Zink vermehrt· Mein
Strohhalm-Elektrometer zeigt im Silber $1/_{60}$ Grad negative, und im Zink
$1/_{60}$ Grad positive Elektricität   Ich werde weiter unten die Belege dazu
liefern

III Eine elektrische Spannung, die kaum auf $1/_{60}$ Grad steigt, ist offenbar viel zu gering, um an einem Strohhalm-Elektrometer, oder selbst an
BENNET's Goldblatt-Elektrometer wahrgenommen zu werden, ungeachtet dieses,
das feinste aller Elektrometer, viermal empfindlicher als jenes ist   Doch
kann ich diese geringe Elektricität an beiden merkbar machen, ja selbst ihre
Art, ob sie positiv oder negativ ist, bestimmen, wenn ich dabei den Condensator zu Hülfe nehme — ein Instrument, dessen Construction die sorgfältigste Aufmerksamkeit verdient

IV Der beste Condensator, den ich am häufigsten brauche, besteht aus
zwei Messingscheiben, jede von 2 bis 3 Zoll Durchmesser, deren Oberfläche
gut gereinigt, auf einander abgerieben und polirt sind, so dass sie genau auf
einander schliessen   Die Flächen, welche bestimmt sind, auf einander zu
liegen, werden mit einer sehr dünnen Lage von Siegellack, oder besser Schel-
lack-, Kopal- oder Bernsteinfirniss, überzogen, welche sie zwar hindern, sich unmittelbar zu berühren, nicht aber, sich möglichst einander zu nähern, welches
bei so geringer Elektricität besonders nöthig ist   An der entgegengesetzten
Seite haben sie in ihrer Mitte gläserne, mit Siegellack überzogene Handgriffe,
damit man sie völlig isolirt erhalten und sie isolirt von einander entfernen
könne. Man kann eben so gut auch andere Metallscheiben nehmen, ja auch
hölzerne Scheiben, die man ganz oder theilweise mit Stanniol oder Blattsilber
bekleidet und mit Wachsleinwand oder Taffet überzieht, und zwar haben
letztere den Vorzug, dass sie sich von beträchtlicher Grösse machen lassen,
ohne zu schwer zu werden   Allein diese Art von Condensatoren ist von

einem sehr viel eingeschränkteren Gebrauche, sammelt sich auch gleich hier die Elektricität in der einen Scheibe, vermöge der Einwirkung der entgegengesetzten Elektricität in der anderen, mit der Erde in Verbindung stehenden Scheibe, der eigenthümlichen Wirkung der elektrischen Atmosphären gemäss an, so zerstreut sie sich doch sehr schnell und geht in wenigen Minuten oder Secunden in die andere Scheibe über, wofern der Überzug nicht ausserordentlich trocken ist, und besonders ist Wachsleinwand ein sehr schlechtes Trennungsmittel. In Scheiben, die mit Siegellack oder Harzfirniss überzogen und gehörig trocken sind, hält sich dagegen die angesammelte Elektricität mehrere Stunden lang, wenn die Luft nicht allzu feucht ist.

V. Mit einem solchen Condensator stelle ich nun folgende Versuche an. Ich bringe zwei gleiche Scheiben Z aus Zink und S aus Silber, z. B. eine Münze, zur Hälfte übereinander, dass die Peripherie der einen durch das Centrum der anderen geht, und befestige sie in dieser Lage mittelst einer Schraube, eines durchgeschlagenen Nagels oder durch Löthung so, dass kein fremder Körper sich zwischen ihnen befindet. Darauf fasse ich die Zinkscheibe Z mit den Fingern und bringe die Silberscheibe S eine Zeit lang mit dem Deckel des Condensator, dessen untere Platte mit dem Boden verbunden ist, in Berührung, wobei sich die Elektricität des Silbers in ihm anhäuft, seiner Capacität und der Kraft entsprechend, welche ihm die Einwirkung der unteren Platte ertheilt, wie ich dies in meiner Theorie dieses Instrumentes gezeigt habe. Nehme ich nun die Silberscheibe fort und hebe den Deckel des Condensators ab, so zeigt er, mit dem Hute meines Elektrometers in Berührung gebracht, an diesem Elektrometer 2, 3, wohl selbst 4 Grade negativer Elektricität.

VI. Fasse ich dagegen das Silberstück S mit den Fingern und bringe das Zinnstück Z mit dem Deckel des Condensators in Berührung, so zeigt der ansammelnde Deckel am Strohhalm-Elektrometer 3 bis 4 Grad positiver Elektricität.

VII. Hierbei muss jedoch bemerkt werden, dass, wenn der Deckel des Condensators aus Kupfer besteht, das Zink ihn nicht unmittelbar berühren darf; denn das Kupfer treibt das elektrische Fluidum fast mit gleicher Stärke wie das Silber dem Zinke zu, so dass dieses sich dann zwischen zwei fast gleichen, einander entgegenwirkenden Kräften befinden würde, bei denen sich im Deckel nur höchst wenig, kaum wahrnehmbare Elektricität anhaufen könnte. Man muss dann zwischen beide einen Leiter zweiter Klasse, d. h. einen feuchten Körper bringen, da diese anderer Natur sind, und in der Berührung mit den Metallen ein sehr viel geringeres Erregungsvermögen besitzen, als zwei Metalle gegenseitig. Gewöhnlich lege ich ein Stück nass gemachter Pappe auf den colligirenden Deckel und bringe damit das Zink in Berührung. Das elektrische Fluidum, welches unaufhörlich vom Silber zum Zink getrieben wird, strömt nun, ohne Widerstand zu finden, durch den feuchten Leiter in den colligirenden Deckel, und dieser äussert nun beim Aufheben ungefähr 3 Grad positiver Elektricität, während bei unmittelbarer

Beruhrung zwischen dem Zink und dem Kupferdeckel keine Wirkung wahrzunehmen ist

VIII Wenn der Condensatordeckel aus Kupfer mit dem Silber in Beruhrung steht, so gelingt der Versuch ohne Dazwischenkunft des feuchten
Leiters (V), weil diese beiden Metalle eine fast gleiche Kraft besitzen, und
bei ihrer gegenseitigen Beruhrung nur ein sehr schwacher Andrang vom
Silber nach dem Kupfer entsteht, der es nicht zu hindern vermag, dass
vermoge des entgegengesetzten Andranges vom Silber zum Zinke, das elektrische Fluidum aus ersterem in das letztere uberstromt   Das seiner Elektricitat beraubte Silber entzieht dem Deckel Elektricitat, und so zeigt sich
endlich in diesem ungefahr 3 Grad negative Elektricitat

IX Diese und ahnliche Versuche scheinen mir darzuthun, dass die Kraft,
welche das elektrische Fluidum impellirt, nicht in der Beruhrung eines
Metalles mit einem feuchten Leiter, sondern in der gegenseitigen Beruhrung
der beiden Metalle in ihrem Beruhrungspunkte ihren Ursprung hat   Denn
der erste und zweite Versuch (V, VI und VII zeigen, dass der Condensator mit
ungefahr 3 Grad Elektricitat geladen wird, gleichviel, ob die Zwischenwirkung
eines feuchten Leiters ins Spiel tritt oder nicht

X Dass die Beruhrung des Metalls und der Finger an dieser Erregung
der Elektricitat keinen Antheil hat, zeigt sich sogleich, wenn man die Versuche so anstellt, dass die Finger oder andere feuchte Leiter ganz ausser
Spiel bleiben   Zu dem Ende braucht nur, wahrend die eine Metallplatte den
Deckel des Condensators beruhrt, die Capacitat der anderen isolirten sehr
erhoht zu werden, welches z B geschieht, wenn man sie mit der inneren
Belegung einer nicht geladenen Leidener Flasche in Beruhrung setzt, die
nicht isolirt sein muss, um viel Elektricitat aufnehmen zu konnen   Dann
ladet sich der Deckel des Condensators zwar nicht wie zuvor bis zu 3 Grad,
aber doch, je nach Verschiedenheit der Umstande, auf 1 oder 2 Grad − E
oder + E, je nachdem er mit dem Silber oder dem Zink in Beruhrung steht

XI Schon vor mehreren Jahren habe ich ein anderes Verfahren beschrieben, welches mir dieselben Resultate gegeben hat   Zwei mit isolirenden
Handgriffen versehene Platten, eine von Zink, die andere von Silber, die
genau zusammenpassten und wohl polirt waren, und eben dadurch, abgesehen von ihrem Vermogen, Elektricitat zu erregen, fahig wurden, zugleich
als Condensatoren zu wirken, wie ich das fruher weiter auseinandergesetzt
habe, zeigten, als sie einige Zeit auf einander gelegen hatten, beim Trennen
an meinem Strohhalm-Elektrometer ungefahr 3 Grad Elektricitat, das Zink
positive, das Silber negative   Da hier der Erfolg ohne alle Zwischenwirkung
feuchter Leiter stattfindet, welcher Ursache lasst sich da der Impuls der
elektrischen Flussigkeit anders zuschreiben, als lediglich der gegenseitigen
Beruhrung der verschiedenen Metalle?

XII. Wird das elektrische Fluidum denn aber gar nicht bei der Beruhrung eines Metalles mit einem feuchten Leiter impellirt und erregt?
Dass dieses wirklich geschieht, habe ich durch viele andere Versuche be-

wiesen, die man in meinen früheren Schriften findet Nimmt man zum
feuchten Leiter reines oder salziges Wasser, so ist indessen dieser Impuls
so äusserst schwach, dass er sich mit dem Impulse bei der Berührung
zweier verschiedener Metalle nicht vergleichen lässt, wie Zink und Silber
oder Kupfer Einige concentrirte Sauren, einige alkalische Flussigkeiten, die
Schwefelalkalien u s w , machen jedoch eine Ausnahme, da sie in der Berührung mit den verschiedenen Metallen eine sehr merkliche Impulsion
bewirken

XIII So wurde fast einerlei Menge von negativer Elektricitat, nämlich
3 Grad, im kupfernen Deckel des Condensators aufgehauft, die Silberscheibe
mochte ihn im ersten Versuche (V) unmittelbar oder mittelst einer im Wasser
getrankten Pappe berühren Und gerade soviele positive Elektricitat haufte
sich in ihm auf, wenn die Zinkscheibe mit der nassen, auf ihm liegenden
Pappe in Berührung gewesen war (VII)

XIV Da zwei sich berührende Platten Zink und Silber, gleichviel, welches
ihre Grosse und Gestalt ist, stets einem guten Condensator, wie ich ihn beschrieben habe, diese Grade von Elektricitat mittheilen, und ich die ansammelnde Kraft des Condensators, dessen ich mich bediene, mit grosser
Genauigkeit bestimmt habe, durch Versuche, die anzuführen hier zu weit-
laufig sein würde, so war es mir nun leicht, die Intensitat oder Spannung
zu bestimmen, welche die Elektricitat in einer Zink- und Silberplatte, die
sich berühren, haben muss, Spannungen, die sich in ihnen erhalten oder
erneuern, so lange die Platten in Berührung bleiben, oder auf's Neue in
Berührung gebracht werden Ein Condensator, der die Elektricitat bis zum
120 fachen anhauft, bringt so z B nach der Berührung mit einer der beiden
Platten das Elektrometer zu einer Divergenz von 2 Grad, woraus ich schliesse,
dass die elektrische Spannung des colligirenden Deckels, so lange er auf der
unteren Platte des Condensators aufstand, 120 mal kleiner, mithin nur
$^1/_{60}$ Grad gewesen sei, und dass die Zink- und die Silberscheibe, die mit ihm
in Berührung war, wenigstens dieselbe elektrische Spannung gehabt haben musse,
weil sie dieselbe diesem Deckel hat mittheilen können, so wie sie solchen jedem
anderen Leiter, selbst der Leidener Flasche, wie wir weiterhin sehen werden,
mittheilt Dasselbe schliesse ich daraus, dass bei einer 180-, 240-, 300-fachen
Condensirung, die sich leicht mit einem guten Condensator, dessen Platten
gehorig polirt und uberfirnisst sind, erhalten lasst, das Strohhalm-Elektrometer
um 3, 4, 5 Grade divergiren wird, welches gleichmassig auf $^1/_{60}$ Grad
Spannung in der Scheibe deutet, die man mit dem Deckel des Collectors in
Berührung gebracht hat

XV Dieses sind die Resultate, die ich erhalte, auf so verschiedene Art
ich auch die beschriebenen Versuche abandere Sie beweisen insgesammt,
dass die elektrische Spannung, die bei der gegenseitigen Berührung von Zink
und Silber in jedem dieser beiden Metalle entsteht, $^1/_{60}$ Grad eines Strohhalm-Elektrometer betragt, und im Zink positiv, im Silber negativ ist Andere
Metalle geben bei ihrer gegenseitigen Berührung eine um so geringere

Spannung, je weniger sie in ihrem Vermögen, die Elektricität zu erregen, von einander verschieden sind, und je näher sie in der folgenden Reihe oder Stufenfolge einander stehen Silber, Kupfer, Eisen, Zinn, Blei, Zink, in welcher Ordnung das elektrische Fluidum stets vom vorhergehenden zum folgenden getrieben wird Es giebt indessen einige Materien, welche die Elektricität mit noch mehr Kraft als das Silber, den anderen Metallen, insbesondere dem Zink zuzutreiben scheinen, nämlich Reissblei, mehrere Arten Kohle, und besonders der schwarze krystallinische Braunstein Letzterer erzeugt bei seiner Berührung mit Zinn eine fast doppelt so grosse Spannung, als Silber und Zinn, nämlich eine Spannung von $1/_{10}$ bis $1/_{3}$ Grad

XVI Es ist leicht abzusehen, dass die Zinkplatte, wenn sie mittelst eines wässerigen Leiters mit dem Deckel eines Condensators in Verbindung steht, diesem nur dann so viel Elektricität, als dass er bis zur Spannung von $1/_{60}$ Grad gelangt, zuführen kann, wenn das Silberstück entweder zwischen den Fingern frei gehalten wird, oder mit der Erde verbunden ist, oder wenn es mit einem sehr grossen Leiter oder viel fassenden Recipienten, wie z B einer grossen Leidener Flasche oder dergl, in Verbindung steht Denn wäre die Silberscheibe isolirt, so könnte sie dem Zink und dem Condensator nicht mehr Elektricität ablassen, als durch die sie auf eine Spannung von $1/_{60}$ Grad käme Gute Leiter müssen ihr die Elektricität, die sie verliert, immer wieder zuführen, nur dann kann sich die Elektricität in dem angezeigten Grade anhäufen Dasselbe ist umgekehrt der Fall, wenn das Silber den Condensator berührt Denn bliebe das Zink isolirt, so würde es aus dem Silber und dem Condensator nicht mehr aufnehmen, als das wenige von Elektricität, welches die Zinkscheibe auf $1/_{60}$ bringt, als das Maximum der möglichen Spannung

XVII Man sieht daraus, dass wenn sich gleich zwei verschiedene Metalle berühren, sie doch mittelst des besten Condensators keine Spur von Elektricität geben können, wofern nicht, während das eine Metall mit dem Condensator in Berührung ist, das andere mit einem grossen Leiter oder mit einem Recipienten von hinreichender Capacität in leitender Verbindung steht Und doch habe ich 1796 ziemlich beträchtliche Zeichen von Elektricität lediglich mittelst des Contacts zweier verschiedener isolirter Metalle, ohne Mitwirkung eines anderen Leiters oder selbst eines Condensators, erhalten Aber da bei diesem die beiden Metalle sich in grossen, wohl polirten Flächen berührten, so verrichteten sie gleichzeitig das Geschäft des Erregers und des Condensators, wie das in den Abhandlungen bewiesen ist, die ich im Jahre 1797 bekannt gemacht habe Man findet in ihnen mehrere Versuche mit verschiedenen Metallplatten, die, wenn man sie in Berührung setzt, und darauf wieder trennt, am Elektrometer sehr merkliche Zeichen von Elektricität geben

XVIII. Alle diese Versuche, nach welchen die Zinkscheibe am Elektrometer wiederum 2, 3, 4 Grad + E, die Silberscheibe ebenso viele Grade — E zeigte, folgen aus denselben Prinzipien, nämlich daraus, dass bei der Berührung die Elektricität vom Silber zum Zink so lange getrieben wird, bis eine Spannung von $^1/_{60}$ Grad negativer im ersteren, positiver im letzteren entsteht Die Menge von Elektricität, welche, um diese Spannung hervorzubringen, von der einen Scheibe der anderen mitgetheilt werden muss, ist um so grösser, da sie vermöge ihrer grossen Nähe die Stelle vortrefflicher Condensatoren vertreten, dem gegenseitigen Gleichgewicht der entgegengesetzten Elektricitäten entsprechend

XIX So ist also auf alle Art bewiesen, dass die elektrische Spannung, die negative im Silber, die positive im Zink, ungefähr $^1/_{60}$ Grad beträgt, und dass sie sich in diesem Zustande während der ganzen Zeit erhält, in der die beiden Metalle sich berühren, wofern diese nicht mit anderen Leitern in Verbindung stehen, welche das erregte elektrische Fluidum aufnehmen und fortleiten

XX Der überzeugendste Beweis, dass dies die wahre Spannung ist, welche diese beiden Metalle bei ihrer gegenseitigen Berührung bewirken, ergab sich durch eine Menge von Versuchen, worin ich statt eines Paares mich mehrerer Paare sich berührender Metalle, Zink und Silber oder Zink und Kupfer, bediente Je nachdem ich 2, 3, 4, oder mehr solcher Paare nahm, erhielt ich Spannungen, die 2 fache, 3 fache, 4 fache, d h Spannungen von $^2/_{60}$, $^3/_{60}$, $^4/_{60}$ Grad, Grössen, die ich mittelst meines Condensators verificirte, der, wenn er z B 120 mal condensirte, von einem einzelnen Paare bis zu 2 Grad des Strohhalm-Elektrometers geladen wurde, dagegen bei vereinfachter Wirkung von 2, 3, 4 Metallpaaren sich bis 4, 6, 8 Grad Divergenz lud Dieses war der grosse Schritt, der mich gegen Ende des Jahres 1799 zu der Construction des neuen Apparats führte, den ich Elektromotor nenne, der alle Physiker in Erstaunen gesetzt und mir volle Genüge geleistet hat, ohne mich jedoch zu überraschen, weil die Entdeckung, die ich hier erzählt habe, mir im Voraus den Erfolg verbürgte

XXI Eine der einfachsten Methoden, die Versuche mit Metallplatten anzustellen, ist folgende Man lege auf eine Silbermünze eine Zinkscheibe, darauf eine mit Wasser getränkte Scheibe von Pappe, Tuch oder einem anderen schwammigen Körper, und fahre in dieser Ordnung fort, bis man eine beliebige Menge solcher Lagen oder Schichtungen über einander gehäuft hat, wie es beiliegendes Schema zeigt, worin Z das Zink, S das Silber und H den feuchten Leiter bedeutet

$$SZHSZHSZHSZHSZHSZHSZHSZ$$

Ist der Apparat so vorgerichtet, so bringe man die oberste Platte eines Metallpaares mit dem Deckel des Condensators in Berührung, während man die unterste Platte der Säule mit der Hand berührt, oder mit dem Erdboden in leitende Verbindung bringt eine Bedingung, von der ich angezeigt habe, warum sie unumgänglich ist (XVI) So erhält der Condensator mittelst zweier Plattenpaare die Spannung von $^2/_{60}$, und mittelst 3, 4, 10, 20 Paaren von Metallplatten Spannungen von $^3/_{60}$, $^4/_{60}$, $^{10}/_{60}$, $^{20}/_{60}$ Grad, so dass wenn

lei Condensator 120 mal condensirt, der Deckel desselben nach dem Aufheben das Strohhalm-Elektrometer zu einer Divergenz von 4, 6, 8, 10, 20 Grad
bringt

XXII Warum es nöthig ist, zwischen jedes Metallpaar einen feuchten
Leiter zu bringen, erhellt daraus, was ich unter VII bemerkt habe Ohne ihre
Dazwischenkunft würde jede Zinkplatte auf beiden Seiten mit je einem Silber-
stuck in Berührung stehen und von zwei gleichen und entgegengesetzten
Kräften afficirt werden, daher das Resultat aller Wirkungen dem der obersten
und untersten Platte auf einander gleich sein musste Waren dies verschiedene Metalle, so trate die Wirkung eines einzigen Plattenpaares und
eine Tension von $1/_{60}$ Grad ein, waren sie einerlei Metall, so fände überhaupt keine Wirkung statt Daher ist es unmöglich, eine verstärkte Wirkung,
d h eine grössere Tension, als von $1/_{60}$ Grad, wie sie ein einziges Plattenpaar giebt, zu erhalten, wenn man bloss Silber- und Zinkstucke, ihre Gestalt sei welche sie wolle, ohne Zwischenwirkung eines dritten feuchten
Leiters, der von minderer Energie ist, über einander schichtet

XXIII Selbst durch Uebereinanderschichtung dreier verschiedener Metalle
und mehrerer, lasst sich ohne feuchte Leiter keine Verstärkung der Elektricität bewirken, weil die Kraft, womit die Leiter erster Klasse sie bei ihrer
gegenseitigen Berührung aus dem einen in den anderen treiben, in einem
bestimmten Verhaltniss steht Das heisst gesetzt, das Silber treibe das
elektrische Fluidum dem Kupfer mit einer Kraft 1, das Kupfer dem Eisen
mit einer Kraft 2, das Eisen dem Zinn mit einer Kraft 3, dieses dem Blei
mit einer Kraft 1, endlich das Blei dem Zink mit einer Kraft 5 zu, so treibt
Silber dem Zink, das es unmittelbar berührt, die Elektricität mit einer
Kraft 12, Kupfer dem Zinn mit einer Kraft 5, und Eisen dem Zink mit
einer Kraft 9 zu, u s w So ist immer die Kraft oder Impulsion, mit
welcher zwei Metalle auf das elektrische Fluidum wirken, der Summe der
Kräfte der in der Reihe der Metalle zwischen ihnen stehenden gleich In
einem bloss aus Metallen errichteten Apparate ist es daher gleichgültig, ob
die zwischen der obersten und der untersten liegenden Metallplatten da sind,
oder nicht, wie man diese auch ordnen moge, immer ist die elektrische
Kraft völlig dieselbe, welche entsteht, wenn die beiden Endplatten sich unmittelbar berühren

XXIV Dieses artige Verhaltniss, diese regelmassige Gradation in den elektrischen Kraften der Metalle und überhaupt der Leiter erster Klasse, das ich
gleich im Anfange meiner hierhergehorigen Untersuchungen aufgefunden und
in verschiedenen Aufsatzen umstandlicher entwickelt habe, benimmt uns die
Moglichkeit, einen elektrischen Apparat bloss aus Metallen zu erbauen, welches gewiss unendlich bequemer und dauerhafter sein wurde Allein deshalb
darf man die Erfindung eines anderen Elektromotors, der ganz aus festen
Korpern bestande, nicht fur unmoglich erklaren Hierzu wurde die Auffindung eines festen Leiters ohne alle Erregungskraft oder der sie in einer
ganz anderen Beziehung besasse, den man statt der feuchten Leiter zwischen

die Metallpaare bringen konnte, hinreichend sein — eine Entdeckung, die mir zwar sehr schwierig, aber nicht ganz unmöglich scheint

XXV Zum Glück findet zwischen den Metallen oder Leitern erster Klasse und denen zweiter Klasse kein solches regelmässiges Verhaltniss, und keine solche bestimmte Gradation statt sie würde sie zu einer Klasse reduciren, sonst könnte selbst das Zwischenlegen feuchter Leiter keine verstärkte Wirkung vermitteln Zwar äussert sich bei der Berührung eines Metalles mit einem feuchten Leiter eine kleine Wirkung, allein sie ist weit geringer, als die zwischen zwei sehr verschiedenartigen Metallen (XXII) und ist ausser allem Verhaltniss mit der, welche die Metalle gegenseitig äussern Wenn z B das Silber das elektrische Fluidum dem Zink mit einer Kraft 12, und das Zink es dem Wasser mit einer Kraft 1 zutreibt, so würde, wenn hier das nämliche Verhaltniss stattfände, das Silber die Elektricität dem Wasser mit einer Kraft 13 zutreiben, allein dies geschieht nur mit einer Kraft, die ebenfalls ungefähr 1 ist Zwischen den Leitern der ersten und zweiten Klasse findet daher nicht eine solche Übereinstimmung zwischen Wirkung und Kraft statt, wie sie den Metallen eigen ist

XXVI Ist es nur durch Zwischenlegen von feuchten Leitern zwischen je zwei Metallpaare geglückt, eine verstärkte elektrische Spannung zu erhalten, die lebhaftere Zeichen von Elektricität, heftigere Schlage, Funken u s w. giebt, so ist dies bloss dem zuzuschreiben, dass zwischen den elektrischen Erregern der ersten und der zweiten Klasse eine gänzliche Verschiedenheit in allen Verhaltnissen obwaltet

XXVII Man wird fragen, ob das Verhaltniss, das zwischen der elektricitäts-erregenden Kraft der Leiter der ersten Klasse stattfindet (XXIII), dem jedoch Leiter der beiden Klassen bei ihrer Berührung nicht unterworfen sind, sich nicht auch auf die Leiter der zweiten Klasse erstrecke. Wäre dies der Fall, so müsste es ebenso wenig wie mit Leitern der ersten Klasse oder blossen Metallen möglich sein, lediglich aus ihnen einen Apparat vorzurichten, der wirksam genug wäre, um Schläge und Funken zu ertheilen.

XXVIII Indessen hat die Natur diesen schatzbaren Vorzug wirklich den elektrischen Organen des Krampffisches und des Surinam'schen Zitteraals Gymnotus electricus) ertheilt, die lediglich aus feuchten Leitern ohne alles Metall bestehen, ein Kunstwerk, das man nicht säumen wird, nachzuahmen. Dann wird man aber bei diesen Körpern ein durchaus verschiedenes Verhaltniss in ihren elektrischen Kräften, das nicht in regelmassiger Gradation, wie bei den Leitern erster Klasse steht, annehmen, oder sie noch weiter abtheilen, und eine dritte Klasse von Leitern aufstellen müssen, so dass die Leiter jeder Klasse für sich in den Äusserungen ihrer erregenden Kraft übereinstimmen, ohne doch in ihren Wirkungen mit denen anderer Klassen denselben Verhaltnissen unterworfen zu sein.

XXIX Vielleicht, dass diese dritte Klasse von Leitern als Erreger wirkt und aus Körpern besteht, die mit Flüssigkeiten getrankt sind, welche sich in einem durch unsere Sinne nicht wahrzunehmenden Grade coaguliren und

fixiren, in welchem Falle man sie nur uneigentlich feuchte Leiter nennen
konnte. Man musste dann hierher viele thierische Stoffe, als Muskeln, Sehnen
Membranen, Nerven u. s. w., rechnen, die auch wirklich in frischem Zustande
bessere Leiter sind, als das reine oder salzige Wasser. Es ist selbst zu vermuthen, dass in den Organen des Krampffisches die kleinen Lagen oder
Häutchen, die in jeder Säule über einander liegen, abwechselnd aus Leitern
bestehen, die zur zweiten und zur dritten Klasse gehören, und so gereiht
sind, dass jede Lage, oder jedes heterogene Paar der dritten Klasse von
dem anderen durch einen Leiter der zweiten Klasse, d. h. durch einen
feuchten Leiter, getrennt ist. Dies ist wenigstens die Vorstellung, die ich
mir von dem elektrischen Organ des Krampffisches mache, das bloss aus
leitenden Körpern besteht, und das sich lediglich mit meinem elektrischen
Apparate vergleichen lässt, mit dem es in Construction, Gestalt und Wirkungen viel Ähnlichkeit hat."

7. Rückblick. Das vorstehende Dokument ist nach vielen Richtungen
von Interesse, vor allen Dingen dadurch, dass die darin ausgeführte Betrachtungsweise massgebend für einen grossen Theil der späteren Entwicklung
des Gebietes geworden ist. Wiederum tritt uns bei Volta die Ablehnung
jeder Beziehung auf die chemischen Vorgänge der Säule in auffälligster Weise
entgegen, obwohl wir wissen, dass sie ihm bekannt waren. Ist es in hohem
Maasse lehrreich, den Gedankengang eines genialen Forschers zu verfolgen
der ihn von Stufe zu Stufe bis zu den grossen Entdeckungen geführt hat
die wir nur zu leicht als plötzliche und unvermittelte Offenbarungen anzusehen uns gewöhnen, so ist es vielleicht noch förderlicher, die Stellen, an
denen uns die Grenzen auch der ungewöhnlichsten Begabung sichtbar werden, möglichst genau zu untersuchen. Lernen wir auf jenem Wege, wie die
Wissenschaft gefördert wird, so lernen wir auf diesem, wie sie gehemmt wird
macht jene Betrachtung uns tüchtiger zur Forschungsarbeit, so bildet diese
den kritischen Sinn und die so schwer zu erwerbende Vorsicht in dem Aufbau eines wissenschaftlichen Lehrgebildes aus.

Von welchem ungeheuren Einfluss gerade die Irrgänge des Genies sind
davon giebt die Entwicklung der Lehre von der Berührungselektricität ein
vollgültiges Zeugniss. Ist doch das Dankgefühl, welches wir dem genialen
Forscher gegenüber empfinden, wesentlich dadurch bedingt, dass er im Gebiete, die bis auf ihn in hoffnungsloser Verwirrung dalagen, Ordnung und
Übersicht gebracht hat, welche ihre Beherrschung ermöglichen. Die mathematische Formel, der letzte Ausdruck einer derartigen Ordnung, wirkt in
der That wie eine Zauberformel. Wo bis dahin die Thatsachen jedem Versuche, sie zu beherrschen und zu leiten, widerstrebten, fügen sie sich nun
frei und leicht dem Willen desjenigen, der die Formel weiss und zu handhaben versteht. Demjenigen nun, der uns einmal bewiesen hat, dass seine
Formeln wirklich diese Zauberkraft besitzen, wenden wir naturgemäss mit
unserem Dank unser Vertrauen zu, und dieses wird um so grösser, je mehr
er uns geleistet hat. Durch ein natürliches Gefühl erscheint es uns bald

nicht nur unnöthig, sondern auch tadelhaft, Zweifel in jedes Neue zu setzen, was er uns aus dem Schatze seines Geistes schenkt, Kritik sieht wie Undank, Urtheil wie Überhebung aus, und so kommt es, dass die Grenzen der grossen Geister für längere oder kürzere Zeit auch die Grenze des wissenschaftlichen Horizontes der nächsten Generationen werden

Freilich bringt es die Vielheit der Persönlichkeiten, die an der Entwicklung betheiligt sind, meist mit sich, dass die schwachen Seiten der neuen Lehren nicht lange verborgen bleiben, das Resultat ist dann ein Kampf der Meinungen, dessen Dauer ganz von dem Fortschritt abhängig ist, welchen die wissenschaftliche Vertiefung der Frage erfährt. Aber die schwache Seite einer Sache sehen, und Besseres an die Stelle setzen, sind zweierlei Dinge. So war es mit der alsbald entstehenden „chemischen" Theorie des Galvanismus. Sie vermochte zunächst das Gesetz der Spannungsreihe weder abzuleiten, noch auch sich nur zu assimiliren, und bot in der Versicherung, dass die galvanischen Erscheinungen vom chemischen Vorgang abhängig seien, zunächst nur Steine für Brot, oder vielmehr einen Wechsel auf die Zukunft für einen reellen, wenn auch nicht gegen künftige Entwerthung gesicherten Besitz. Dies sind die Ursachen, welcher der Auffassung VOLTA's eine so grosse Dauer und ihren Vertretern einen so grossen Eifer in der Vertheidigung derselben verliehen haben.

Was nun den Nachweis anlangt, den VOLTA für sein Spannungsgesetz bringt, so charakterisiren sich seine Messungen als ziemlich grobe Annäherungen. Er giebt sie nur als solche in runden kleinen Zahlen. Eine genauere Mittheilung seiner einzelnen Messungsergebnisse sucht man in seinen Schriften vergebens. Die ganze zahlenmässige Unterlage, auf welche VOLTA sein Gesetz gestützt hat, sind jene beiläufigen Angaben auf S 141. Nichtsdestoweniger hat VOLTA den Nachweis seines Gesetzes mit weit grösserer Genauigkeit erbracht, als jene Zahlen sie haben. Dieser Nachweis liegt darin, dass er die von ihm beobachteten Spannungen an verschiedenen Metallen als unabhängig von zwischenliegenden Metallen erkannte, in welcher Zahl und Anordnung solche auch zur Anwendung gebracht wurden. Durch Vermehrung der Zahl der Abwechselungen der Zwischenplatte konnte VOLTA, ohne seine Maasshülfsmittel zu ändern, jeden beliebigen Grad von Genauigkeit in dem Nachweise der von ihm aufgestellten Beziehung erreichen, und er hat die Kraft dieses Gedankens voll erfasst und verwerthet.

Denken wir nun aber, VOLTA hätte sich durch die chemischen Wirkungen seiner Säule veranlasst gesehen, Zweifel in die Zuverlässigkeit seiner älteren Versuche mit dem Duplicator und dem Condensator (S 57) zu setzen, er hätte den Ort der elektrischen Spannung an die Berührungsflächen der Metalle und des feuchten Leiters gelegt, und hätte angenommen, dass Metalle mit einander keine Spannung geben. Alle Folgerungen, die er aus seinem Spannungsgesetz gezogen hat, waren aus dieser Annahme gleichfalls zu ziehen gewesen. Dass man aus Metallen allein keine wirksame Säule bauen kann, ist nothwendig, denn eine Summe von

Nullen kann keinen endlichen Werth geben, dass es bei einer beliebigen
Reihenfolge von Metallen ohne feuchte Leiter nur auf die Endglieder ankommt, ist gleichfalls nothwendig, denn nur die Endglieder wirken erregend,
da nur sie mit dem feuchten Leiter in Berührung stehen. Ja, noch tiefer,
als bis zum blossen Ausspruch des Gesetzes wäre diese Betrachtungsweise
gegangen. Denn denkt man sich beliebig viele Metalle in eine und dieselbe
Flüssigkeit gebracht, so wird nach der Voraussetzung jedes Metall eine bestimmte Spannung annehmen, und die Spannung, welche man zwischen je
zweien dieser Metalle beobachtet, ist nothwendig der Unterschied zwischen
den Spannungen dieser Metalle gegenüber der Flüssigkeit. Daraus folgt aber
das Volta'sche Gesetz mit Nothwendigkeit, denn wenn ich die Spannung
vom Zink zum Blei, und die vom Blei zum Silber messe, und beide addire,
so habe ich nichts gethan, als statt den Unterschied der Spannungen der
Flüssigkeit gegen Zink und gegen Kupfer unmittelbar zu messen, in denselben
Unterschied eine Zwischenstufe einzuschalten, indem die Spannung zwischen
Blei und der Flüssigkeit einmal positiv, das andere Mal negativ in Rechnung
gebracht wird, und somit herausfällt. Eine solche Theorie wäre schon
zu Volta's Zeit möglich gewesen, und sie hätte mehr geleistet, als der
Ausspruch des Spannungsgesetzes durch Volta, da sie die von diesem dargestellten Erscheinungen als nothwendige Folge der Voraussetzung hatte ableiten lassen. Doch scheint es, dass in Volta der Vorrath an verallge-
meinernder Kraft für jene Zeit erschöpft war, auch die Vertreter der chemischen Theorie haben sich damals nicht zu der ganzen Einfachheit in der
Auffassung durcharbeiten können. Vielmehr spielen die „Contactkräfte" auch
bei diesen ihre Rolle, und die Überlegenheit des Volta'schen Geistes zeigt
sich wohl nirgend deutlicher, als in der Thatsache, dass die Gegner, die seine
Fehler bekämpften, nicht im Stande waren, sich selbst von eben diesen Fehlern
frei zu machen.

§ Weitere Forschungen. In noch viel höherem Maasse, als ihrer-
zeit die Entdeckung Galvani's, brachte die der Volta'schen Säule alsbald
eine fast unübersehbare Fülle von Arbeiten hervor, die mehr als ein Ausdruck des ungemeinen Interesses, das die Sache hervorrief, bemerkenswerth
sind, als wegen des durch sie bewirkten wissenschaftlichen Fortschrittes. Es
ist nicht leicht, sich durch die Unsumme von kleinen und grossen Mittheilungen hindurchzufinden, deren Hauptzweck oft nur scheint, zu zeigen, dass
ihr Verfasser sich gleichfalls eine Volta'sche Säule gebaut hat. Fast am
lehrreichsten ist hierbei die Beobachtung, wie gross die Schwierigkeit ist, die
Dinge, die man sieht, auch wirklich genau zu sehen. Denn auf dem neuen
Gebiete, wo keine Analogie den Beobachter leitet, ihn auf das zu Erwartende
aufmerksam macht, und ihn warnt, das Widersprechende ohne wiederholte
Prüfung als thatsächlich anzunehmen, zeigt sich häufiger als sonst, wie auffallend schwer es ist, die Dinge zu sehen, wie sie sind. Denn ganz ohne
bestimmte Erwartung geht wohl kaum jemals ein Forscher an die Arbeit.
seine Befähigung dazu zeigt sich darin, dass er versteht, objectiv gegen diese

vorgefasste Meinung zu sein, und sie aufzugeben, wenn sie sich unzulänglich erweist. Schwerer noch, als diese Aufgabe, ist die umgekehrte. Der Forscher geht nicht nur mit bestimmten Erwartungen über das, was er sehen wird, an die Arbeit, sondern meist mit noch viel bestimmteren darüber, was er jedenfalls nicht sehen kann. Wenn ihm Derartiges, was er für unmöglich ansieht, nun wirklich entgegentritt, so hält er es überaus leicht für eine blosse Täuschung, er versäumt die genauere Untersuchung und verliert auf diese Weise vielleicht eine grosse Entdeckung. Jeder, der selbständige Arbeit, sei sie gross oder klein, gemacht hat, hat auch ungezählte Male diesen Fehler begangen, nur erlangt er in den seltensten Fällen Kenntniss davon, nämlich nur, wenn bald darauf ein Glücklicher kommt, dem der Fund gelingt. Tritt dies aber nicht ein, so erfährt er nie, wie nahe er der Wahrheit gewesen ist, „geheimnissvoll offenbar" hat sich ihm die Natur gezeigt, und er hat sie nicht gesehen.

Um in der Fülle der Mittheilungen, die auf VOLTA's Entdeckung folgen, den Faden nicht zu verlieren, müssen wir die chronologische Betrachtung der Arbeiten aufgeben, und sie nach den einzelnen Zweigen ordnen, in die sich die Lehre von der strömenden Elektricität nun zu spalten beginnt. Auf der einen Seite sehen wir VOLTA selbst die physikalische Theorie der Kette und die der Säule ausbilden, die chemischen Erscheinungen interessiren ihn nicht, er geht ihnen anfangs aus dem Wege, und was er später über sie äussert, beschränkt sich wesentlich auf die Bemerkung, dass von einem so wunderbaren Dinge, wie seiner Säule, auch die wunderbaren chemischen Wirkungen ganz wohl erwartet werden konnten. Der Gedanke, dass diese chemischen Wirkungen mit dem elektrischen Vorgange causal verknüpft sein können, liegt ihm ganz fern. Auf der anderen Seite drangen sich die chemischen Wirkungen unabweisbar in den Vordergrund, nicht nur die Zersetzungen durch den Strom führen auf einen Zusammenhang der chemischen und der galvanischen Erscheinungen, sondern es wird auch alsbald beobachtet, dass in der Säule selbst chemische Vorgänge unaufhaltsam stattfinden, und dass mit der Verhinderung der letzteren auch der elektrische ein Ende nimmt.

In der That ist die Aufgabe reich genug, um eine Bearbeitung von zwei ganz verschiedenen Seiten zu gestatten. An VOLTA schliessen sich die Physiker, welche die Gesetze der elektrischen Erscheinungen an der Säule studiren, von ERMAN bis OHM können wir eine glänzende Reihe von Forschern zählen, die ohne in Bezug auf die Ursache des elektrischen Stromes über die unbefriedigende Anschauung VOLTA's, dass die Berührung der Metalle diese Ursache sei, auch nur einen Schritt vorwärts zu versuchen, die Gesetzmässigkeiten seines Verlaufes zum Gegenstande schärfster und erfolgreichster Analyse machen.

Die andere Reihe von Entdeckern, von NICHOLSON, CARLISLE und DAVY bis FARADAY suchen nach der Quelle, aus welcher der elektrische Strom fliesst, und finden sie im chemischen Vorgange. Die enge Beziehung zwischen den chemischen und elektrischen Erscheinungen ist ihnen ein Anlass, die einen auf die anderen gesetzmässig zu beziehen, und diese Bestrebungen gipfeln in FARADAY's Gesetz der festen elektrolytischen Action

Der Kampf zwischen der Contacttheorie und der chemischen Theorie der VOLTA'schen Säule hat somit begonnen, noch ehe die gesammte wissenschaftliche Welt Kunde von der Entdeckung erhalten hatte. Anfangs werden sich die Vertreter der verschiedenen Meinungen ihres Gegensatzes kaum bebewusst, erst nachdem VOLTA einige Jahre später seine Anschauungen in endgultiger Gestalt zusammengefasst hatte, trat diesen sehr bestimmt formulirten Ideen die andere Anschauung gegensätzlich gegenüber. Bald spalteten diese Gegensätze das Heer der Physiker in zwei feindliche Lager, zwischen denen auf das erbittertste gekämpft wurde. Der Kampf hat bis nahe in die Gegenwart fortgedauert, und scheint noch jetzt nicht ganz aufgegeben zu sein, wenn wohl auch die alten Anschauungen VOLTA's in unveranderter Gestalt wohl von keinem mehr getheilt werden. Dass es aber möglich war, so lange zu kämpfen, dass der Zustand, welchen POGGENDORFF gelegentlich dahin charakterisirt, dass die Contacttheorie weder widerlegt, noch die chemische bewiesen sei, hat keinen anderen Grund, als dass die massgebenden Gesichtspunkte die ganze Zeit hindurch unzugänglich geblieben waren. In der That konnte so lange nicht von einer wirklichen chemischen Theorie der VOLTA'schen Kette die Rede sein, als es der Chemie selbst an einer ausreichenden Theorie in dem entscheidenden Gebiete gebrach. Erst in neuester Zeit ist es gelungen, diese Lücke auszufüllen, und alsbald hat sich auch eine allseitig befriedigende chemische Theorie der VOLTA'schen Kette entwickeln lassen, deren durchsichtige Klarheit bald die letzten Nebel der Contacttheorie zum Verschwinden bringen wird.

Wir werden demgemäss hauptsächlich zwei parallele Entwickelungsreihen in der Lehre von der VOLTA'schen Kette zu verfolgen haben, von denen die eine mehr physikalischen, die andere mehr chemischen Interessen zugewandt ist. Die Versuche, beide zu vereinen, lassen erst in der Mitte des Jahrhunderts einen beginnenden Erfolg erkennen, und in unserer Zeit darf man die Vereinigung als vollzogen betrachten.

Fig. 52. HUMPHRY DAVY.[1]

Siebentes Kapitel.

Die chemischen Wirkungen der Volta'schen Säule.

1. Die englischen Forscher. Unmittelbar auf die oben (S. 130) erwähnte Arbeit von NICHOLSON und CARLISLE folgte eine ganze Reihe weiterer Mittheilungen englischer Gelehrter, die sich sämmtlich auf die chemischen Wirkungen der Säule bezogen. Diese Arbeiten sind alle in NICHOLSON's Journal of Natural Philosophy veröffentlicht, und bringen eine in eine ganz kurze Zeit zusammengedrängte erhebliche Förderung des thatsächlichen Materials. Sie bewegen sich alle in derselben Richtung, welche durch die genannte Arbeit angegeben war: die Erforschung der in und mittelst der Säule stattfindenden chemischen Vorgänge. Unter denen, die zunächst auftreten, sind CRUIKSHANK, HALDANE, WOLLASTON und W. HENRY zu nennen; doch zeichnet sich neben diesen sehr bald H. DAVY aus, um in kurzer Frist die Führung zu übernehmen und an seinen Namen die wichtigsten Fortschritte zu knüpfen, welche auf dem Gebiete gemacht wurden.

Der erste Forscher, dem wir auf dem neuen Wege begegnen, ist

[1] Aus KOPP's Gesch. d. Chemie. III. 1846.

W Cruikshank [1] Er fand, dass Salmiak viel geeigneter war, die feuchten Zwischenschichten herzustellen, als reines Wasser Seine Versuche bestätigten zunächst die von Nicholson und Carlisle, was die Gasentwickelung und Färbung von Lackmus betrifft, Neues ergaben dagegen die Experimente mit Metallsalzlosungen

„Es ist eine wohlbekannte Thatsache, dass Wasserstoffgas in der Hitze, oder in nascirendem Zustande die Metallkalke reducirt, ich erwartete daher, dass, wenn ich die Glasrohre mit metallischen Lösungen füllte, ich den Wasserstoff vom Sauerstoff abscheiden und letzteren in seinem einfachen oder reinen Zustande erhalten könnte. Von diesem Gesichtspunkte aus benutzte ich Bleiacetat zur Füllung der Rohre, indem ich einen Überschuss von Säure hinzufügte, um der Wirkung des Alkalis zu begegnen Als die Verbindung in gewohnter Weise hergestellt war, konnte kein Gas beobachtet werden, doch nach einer oder zwei Minuten wurden einige feine Metallnadeln an dem Ende des mit Silber verbundenen Drahtes bemerkt Diese vergrösserten sich schnell und nahmen die Gestalt einer Feder, oder besser, die der Krystalle von Chlorammonium an Das auf diese Weise gefällte Blei war in völlig metallischem Zustande und sehr glänzend, ein wenig Gas entwich von dem mit dem Zink verbundenen Drahte, welcher wie gewöhnlich stark angegriffen wurde "

Weitere Versuche bezogen sich auf Kupfersulfat, hier wurde eine Art von metallenem Knopf gebildet, der von dem Silberdraht, an dem er sich gebildet hatte, nicht getrennt werden konnte Verdünnte Essigsäure liess den vom Zinkende der Säule herkommenden Silberdraht stark angegriffen werden, und nach einiger Zeit schied sich metallisches Silber an dem anderen Drahte aus In Chlorammonium und Chlornatrium erhielt der Silberdraht vom Zinkende einen dicken Überzug von Chlorsilber, und die Flüssigkeit am anderen Drahte wurde alkalisch „Dieser Versuch erklärt die Zersetzung des salzsauren Natrons und Ammoniaks, welche stets stattfand, wenn die Pappen in der Säule mit diesen Salzen befeuchtet waren "

Schliesslich verband Cruikshank zwei Rohren A und B mit Wasser durch einen Silberdraht C, und senkte in jede von ihnen ein Ende der von der Batterie hergeleiteten Drähte „Es wurde, wie gewöhnlich, Gas an dem einen Ende des verbindenden Drahtes in A entwickelt, und der in derselben Rohre befindliche Theil des Verbindungsdrahtes C wurde wie gewöhnlich aufgelöst, das andere Ende desselben Drahtes in der Rohre B gab aber Gas aus, während der zur Säule führende Draht in B aufgelöst wurde "

In einer zweiten, bald darauf erfolgenden Mittheilung theilt Cruikshank [2] einige Messungen über das Verhältniss der beiden entwickelten Gase mit, nachdem er die Vermuthung von Nicholson und Carlisle, dass die beiden Gase getrennt erscheinen, bestätigt hatte Das Verhältniss, in welchem beide

[1] Nicholson's Journ 4, 187 — Gilbert's Ann 6 360 1800
[2] Nicholson's Journ 4, 254 — Gilbert's Ann 7, 88 1801

erschienen, entfernt sich noch ziemlich weit von der Wahrheit, er fand es gleich ½, obwohl er bei seinen neueren Versuchen Platin- und Golddrahte anwandte, die er früher nicht zur Verfügung gehabt hatte. Die Gesammtheit seiner Versuche fasst er folgendermaassen zusammen

„I. Dass Wasserstoffgas mit einer sehr kleinen Menge Sauerstoff und Ammoniak gemischt auf irgend eine Weise an dem Draht entwickelt wird, der mit dem Silberende der Maschine verbunden ist, und dass diese Wirkung in gleicher Weise erfolgt, welcher Natur der Draht auch sei, wenn nur die Flüssigkeit reines Wasser ist

II. Dass, wenn metallische Lösungen an Stelle von Wasser gebraucht werden, der Draht, welcher Wasserstoff giebt, den Metallkalk revivificirt, und dieses am Ende des Drahtes in reinem metallischen Zustande abscheidet, in diesem Falle wird kein Wasserstoff abgeschieden. Der Draht kann für diesen Zweck von jedem beliebigen Metalle sein

III. Dass bei Lösungen von Erden, die von Magnesia und Thonerde allein durch den Silberdraht zersetzt werden, wobei die Bildung von Ammoniak sehr begünstigt wird

IV. Dass, wenn der mit dem Zinkende der Säule in Verbindung stehende Draht aus Gold oder Platin besteht, Sauerstoff, vermischt mit etwas Stickstoff und Salpetergas, entwickelt wird, und die Menge des so erhaltenen Gases etwas mehr als $\frac{1}{3}$ des Wasserstoffes ist, welcher zu derselben Zeit von dem Silberdraht entwickelt wird

V. Dass, wenn der mit dem Zink verbundene Draht aus Silber oder einem anderen unedlen Metall besteht, zwar gleichfalls eine kleine Menge Sauerstoff ausgegeben wird, dass der Draht aber selbst entweder oxydirt oder aufgelöst wird, die in diesem Falle auf das Metall ausgeübte Wirkung ist sehr ähnlich der der concentrirten Salpetersäure, durch welche ein grosser Theil des Metalles oxydirt wird, während ein kleiner Theil in Lösung geht

VI. Dass, wenn die entwickelten Gase zusammen aufgefangen und über Quecksilber zur Explosion gebracht werden, fast die ganze Menge unter Wasserbildung verschwindet, wobei wahrscheinlich eine kleine Menge Salpetersäure entsteht, denn einige Zeit nach der Explosion zeigen sich stets dicke weisse Dämpfe. Das rückständige Gas scheint in diesem Falle Stickstoff zu sein

„Denkt man über diese Versuche nach, so erscheint offenbar, dass in einigen von ihnen das Wasser zersetzt werden musste, wie dies jedoch hat vor sich gehen können, ist keineswegs so leicht zu erklären. So erscheint es beispielsweise ausserordentlich geheimnissvoll, wie der Sauerstoff stillschweigend von dem Ende des Silberdrahtes zu dem des Zinkdrahtes hat übergehen können und dort als Gas erscheinen. Auch muss bemerkt werden, dass diese Wirkung eintritt, wo auch die Drähte angebracht werden mögen, und was für Biegungen zwischen ihren Enden angebracht seien, wenn nur die Entfernung nicht zu gross ist. Betrachtet man diese Thatsache genauer, so scheint mir die leichteste und einfachste Weise der Erklarung die Annahme, dass die galvanische Wirkung (was sie auch sein mag in zwei Zuständen, dem oxydirten und dem desoxydirten, zu existiren vermag Wenn sie von einem Metall zu einer sauerstoffhaltigen Flüssigkeit übertritt, so erfasst sie deren Sauerstoff und wird oxydirt, geht sie aber von der Flüssigkeit zum Metall über, so nimmt sie ihren früheren Zustand an, und wird desoxydirt Ist nun Wasser die zwischenliegende Flüssigkeit, und der Strom tritt desoxygenirt von der Silberseite ein (und wir nehmen immer an, dass er von der desoxydirten Seite zu der oxygenirten geht, so ergreift er den Sauerstoff des Wassers und entbindet den Wasserstoff, welcher demgemäss als Gas erscheint, tritt aber die Wirkung von der Zinkseite ein, so entlässt sie den Sauerstoff, mit dem sie vorher vereinigt war, und dieser entweicht als Gas, verbindet sich mit dem Metall zu einem Oxyd, oder bildet mit einem gewissen Theil Wasser u s w Salpetersäure, der Meinung der deutschen Chemiker gemäss. Ist die zwischengebrachte Flüssigkeit ein metallisches Salz, so kann die Wirkung auf zwei Weisen erklärt werden, doch die einfachste ist die Annahme, dass die Wirkung von der Silberseite ausgeht, den Sauerstoff des Metallkalkes ergreift, und diesen beim Eintritt in den Zinkdrath absetzt In diesem Falle sollte kein Gas an dem Silberdrahte erscheinen, wenn aber ein edles Metall benutzt wird, so sollte Sauerstoff an der Zinkseite erscheinen Dies ist, wie schon bemerkt wurde, genau das, was eintritt Was ich übrigens als das stärkste Argument zu Gunsten dieser Hypothese betrachte, ist, dass Flüssigkeiten, die keinen Sauerstoff enthalten, unfähig sind, den elektrischen Strom zu leiten, wie Alkohol, Fett, die wesentlichen Öle, dass aber im Gegentheil solche, die Sauerstoff enthalten, mehr oder weniger gut leiten, wie wässerige Flüssigkeiten, metallische Lösungen und die Säuren, besonders die Schwefelsäure, welche zersetzt wird Obwohl ich von der Hypothese selbst keineswegs vollständig befriedigt bin, so habe ich sie doch mittheilen zu sollen geglaubt, da sie die einzige ist, durch die ich die verschiedenen Thatsachen erklären kann "

CRUIKSHANK geht darauf dazu über, einen neuen Apparat zu beschreiben, welchem er bedeutende Vorzüge vor dem VOLTA'schen zuschreibt, es ist dies der bekannte Trogapparat Dieser besteht aus einer Anzahl von Doppelplatten, die in die Rillen eines länglichen Troges so eingesetzt sind, dass sie diesen in eine Anzahl von Abtheilungen theilen, in die die Flüssigkeit gegossen wird

So seltsam uns diese Theorie CRUIKSHANK'S erscheinen mag, so ist sie doch von dem, was wir jetzt als Wahrheit annehmen, nicht so weit entfernt, als es auf den ersten Blick aussieht, nur dass wir uns umgekehrt auszudrucken pflegen wir lassen nicht die Elektricität mit Sauerstoff verbunden sich bewegen, sondern umgekehrt den Sauerstoff verbunden mit der Elektricität Das Wesentliche, die gleichzeitige Bewegung der Elektricität und der ponderablen Materie, hat CRUIKSHANK ganz richtig zum Ausdruck gebracht

Die weiteren Mittheilungen CRUIKSHANK'S in dieser Arbeit beziehen sich auf das Verhalten ammoniakalischer Metallsalzlosungen, und haben kein weiteres Interesse

Von den ubrigen Autoren, die sich in der Sache vernehmen lassen, macht W Henry im wesentlichen dieselben Mittheilungen,[1] so dass ich darauf verzichten kann, sie anzuführen Die Arbeiten von HALDANE[2] enthalten dagegen eine Anzahl neuer Beobachtungen Insbesondere ist er der erste, der gefunden hat, dass die Thatigkeit der Saule im luftleeren Raume aufhort Auch hat er die Wirkung verschiedener Metalle in der Saule versucht, doch mit zunachst ziemlich unbestimmten Resultaten In einem Anhange zu HALDANE's Aufsatz, der ausserdem einen Vergleich der Saule mit der Elektrisirmaschine enthalt, stellte NICHOLSON[3] einige interessante Berechnungen an. Er verglich den Schlag, den er von der Saule erhielt, mit dem von einer Leidener Flasche, und fand ihn annahernd gleichwerthig dem einer Flasche von einem Quadratfuss Belegung, die zur Schlagweite von $^1/_{40}$ Zoll geladen war. Mittelst wiederholter Theilung der Ladung der Flasche verglich er ferner ihre Spannung mit der der Saule am BENNET'schen Elektrometer, und fand sie 7500mal kleiner Nach den Versuchen von CAVENDISH musste er die für einen gleichen Schlag erforderliche Elektricitatsmenge dem Quadrat ihrer Spannung umgekehrt proportionol setzen, daraus geht hervor, dass die Capacitat der Saule etwa 3500000mal grosser ist, als die der Leidener Flasche.

In einer spateren Mittheilung kommt HALDANE[4] auf die Versuche mit verschiedenen Metallen zuruck, ohne sie indessen wesentlich zu fördern. Die Thatsache, dass die Saule im leeren Raume zu wirken aufhort, wird bestatigt und dahin erweitert, dass die Wirkung in einem geschlossenen Luftraume bald aufhort, befindet sich die Saule in Sauerstoffgas, so ist die Wirkung anfangs viel kraftiger, hort aber gleichfalls bald auf In Stickstoff findet uberhaupt keine Wirkung statt Als Sauerstoff angewendet wurde, liess sich eine deutliche Absorption des Gases nachweisen HALDANE verfehlt nicht, diese Thatsachen zu Gunsten der Theorie von der chemischen Quelle der galvanischen Erscheinungen zu deuten

Von den Erscheinungen der Saule blieb die auffalligste immer das getrennte Erscheinen der Bestandtheile des Wassers an den beiden von einander entfernten Drathen, und ein ungenannter Correspondent in NICHOLSON's Journal aussert sich daruber[5] in drastischer Weise Nachdem er auf die Leichtigkeit hingewiesen hat, mit der das neue System der Chemie die meisten Thatsachen erklart, und an das Erscheinen der Gase an den verschiedenen Stellen erinnert hat, fahrt er fort

„Nun, Sir, mochte ich wissen, wie es nach irgend einem System geschehen kann, dass die beiden Bestandtheile des Wassers veranlasst werden sollen, in solcher Entfernung von einander zu erscheinen! Fliegt etwa der

[1] Nicholson's Journ 4, 223 1800   [2] Ebenda 4, 241 1800

[3] Ebenda 4, 213 1800   [4] Ebenda 4, 313 1800   [5] Ebenda 4, 472

Wasserstoff aus dem zersetzten Wassertheilchen an der Zinkseite der Säule in dem Augenblicke davon, wo der Sauerstoff an der Silberseite entwickelt wird? Ist das so, warum sieht man nicht die Gasblasen unterwegs? Oder wandert der Sauerstoff von der Silberseite zu der Zinkseite? Oder finden zwei Strome statt?"

In einer spateren Mittheilung schlägt derselbe Correspondent folgende Theorie vor „In strikter Philosophie konnen wir, soviel ich sehe, nicht mehr sagen, als dass die eine Art der Elektricität plus Wasser das eine Gas geben, und die andere das andere Gas Ist es nicht eine blosse Annahme, zu sagen, dass die Substanz der beiden Gase Bestandtheile des Wassers gewesen sind?"

Die gleiche Frage war unterdessen in Deutschland von RITTER behandelt worden und dieser hatte folgendes Experiment beschrieben S 160)

Eine V-formig gebogene Glasrohre wurde in ihrer unteren Biegung mit concentrirter Schwefelsaure gefüllt, die an beiden Seiten mit Wasser uberschichtet war Wurde der Strom durch diese Anordnung geleitet, so entwickelte sich wie gewohnlich an beiden Drahten Gas Nun sah RITTER es als unmoglich an, dass Wasser oder ein Bestandtheil des Wassers durch die concentrirte Schwefelsaure gehen konne, ohne zuruckgehalten zu werden, und erachtete dadurch den Beweis fur erbracht, dass Sauerstoff und Wasserstoff nicht Bestandtheile des Wassers sein konnen

Der ungenannte Correspondent sieht in diesem Versuch eine vollstandige Bestatigung seiner Vermuthung, und halt das System von LAVOISIER dadurch fur widerlegt, auch verfehlt er nicht, auf den Trummern desselben alsbald ein neues aufzubauen

In nahem Zusammenhange mit diesen Erscheinungen steht eine Reihe von Beobachtungen, die WOLLASTON mitgetheilt hat [1] Wenn ein Stuck Zink und ein Stuck Silber in verdunnte Saure gelegt werden, ohne sich zu beruhren, so wird das Zink angegriffen und entwickelt Gas, das Silber bleibt dabei vollig unverandert So wie aber beide Metalle in Beruhrung kommen, so geht auch am Silber Gasentwicklung vor sich Ebenso entwickelt sich unter ahnlichen Umstanden Salpetergas an Gold, welches sich in Beruhrung mit Kupfer unter Salpetersaure befindet Ebenso werden Metalle aus ihren Losungen auf edleren niedergeschlagen, wenn diese mit weniger edlen verbunden eingetaucht werden, so giebt Eisen mit Silber verbunden, in Kupfervitriollosung getaucht, einen Niederschlag von Kupfer auf dem Silber

Zur Erklarung dieser auffalligen Erscheinungen bezieht sich WOLLASTON auf das getrennte Auftreten der Gase bei Anwendung der VOLTA'schen Saule, und fuhrt die Vorgange gleichfalls auf elektrische Wirkungen zwischen den sich beruhrenden Metallen zuruck Zur Erlauterung theilt er einige Versuche mit gewohnlicher Elektricitat mit, die die gleiche Eigenthumlichkeit zeigen Diese Versuche hat er spater an anderer Stelle[2] ausfuhrlicher

[1] NICHOLSON's Journ 5, 337 1801
[2] Philos Trans 1801, 427 — GILBERT's Ann 11 107 1802

beschrieben, sie zeichnen sich durch die ihm eigenthumliche Geschicklichkeit in der mechanischen Ausfuhrung aus. Bei dieser Gelegenheit gab er
die zweckmassigen Elektroden an, welche unter dem Namen der Wollaston'schen Spitzen seitdem vielfach zur Anwendung gekommen sind, er
beschreibt ihre erste Herstellung folgendermaassen „Ich uberzog einen feinen
Silberdraht, der $^1/_{120}$ Zoll im Durchmesser hatte, an einer Stelle 2 bis 3 Zoll
lang mit Siegellack und schnitt ihn in der Mitte dieser uberzogenen Stelle
durch, so dass er hier bloss im Querschnitt entblosst wurde" Die Anwendung dieser Elektroden in Kupfersulfatlosung liess an der Oberflache des
negativen Drahtes nach 100 Umdrehungen seiner Maschine einen Niederschlag erkennen, der sich, polirt, als Kupfer zeigte, der andere Draht war
ohne einen solchen Uberzug. Bei der Umkehrung des Stromes wurde das
Kupfer aufgelost und erschien an dem anderen Draht.

Mit der Wasserzersetzung hatte Wollaston Schwierigkeiten, die er folgendermaassen uberwand „Zu dem Ende steckte ich einen hochst feinen
Golddraht, dem ich eine moglichst scharfe Spitze gegeben hatte, in ein Haar-
rohrchen von Glas, erhitzte dieses so, dass es sich ringsumher an die Spitze
anlegte und sie uberall bedeckte, und schob dann den Draht ein wenig
herab, bis er mittelst einer Lupe nur so eben ausserhalb des Glases zu entdecken war". Mit diesen Leitern erhielt Wollaston zwar eine Wasserzersetzung, wenn er Funkenstrecken in seiner Strombahn hatte, dagegen
keine ohne solche. „Um nun zu finden, wieweit sich die Starke des elektrischen Funkens verringern lasst, wenn man das Ende des Drahtes allmahlich
verkleinert, trieb ich eine Goldauflosung in Konigswasser durch ein Haar-
rohrchen und verjagte die Saure durch Erhitzung. Es blieb ein dunnes
Goldhautchen zuruck, womit das Innere der Rohre uberzogen war, und das
sich durch Schmelzen des Rohrchens in einen Goldfaden, der sich mitten
durch das Glas hinzog, verwandelte. Wurde die Elektricitat durch das Ende
dieses Fadchens in Wasser geleitet, so reichte ein blosses Einstromen derselben in den positiven oder negativen Conductor unmittelbar beruhrenden
Verbindungsdraht hin, um vom Ende des Goldfadchens einen zusammenhangenden Strom Gasblasen aufsteigen zu machen"

Indessen fand Wollaston doch noch einen Unterschied zwischen den
Erscheinungen der Reibungs- und Beruhrungselektricitat die entwickelten
Gase waren nicht reiner Sauerstoff und Wasserstoff, sondern beiderseits Ge-
menge von beiden (Eine Trennung gelang bald darauf Davy)

Weitere Versuche beziehen sich auf die Farbreactionen von Lackmus,
und gelangen gleichfalls, wenn ein Kartenblatt mit Lackmus gefarbt und
mit zwei Goldspitzen, welche die Elektricitat zu- und ableiteten, in Beruhrung gebracht wurde. Die Wirkung war besonders sichtbar, wenn das
Kartenblatt beinahe trocken war. Dann waren wenige Umdrehungen der
Maschine hinreichend, um das Papier am positiven Draht sichtbar zu
rothen

Das gleiche Mittel, die Wasserzersetzung sichtbar zu machen, gab etwas später van Marum[1] an

Die Zersetzung von Metallsalzen durch Reibungselektricität war gleichzeitig oder noch etwas früher auch schon durch Ritter (vgl S 25 ausgeführt worden

2 Humphry Davy Unter der Schaar der an jenen ersten Versuchen mit der Volta'schen Säule sich betheiligenden Forschern finden wir auch einen, der seine Arbeitsgenossen bald vollständig in den Schatten stellen sollte Humphry Davy, damals noch „Oberaufseher des pneumatischen Instituts". Schon der erste von ihm beschriebene Versuch[2] ist von bemerkenswerther Originalität . „Ich setzte die Enden der Säule durch Silberdrähte mit zwei 5 Zoll von einander abstehenden Gläsern voll Wasser, das lange gekocht und noch warm war, und das Wasser in den beiden Gläsern durch meinen Körper in leitende Verbindung, indem ich einen Finger der rechten Hand in das eine, einen Finger der linken Hand in das andere Glas tauchte Kaum hatte ich den Schlag erhalten, so fing der Draht des Zinkendes an, sich schnell zu verkalken . Zugleich bildete sich rings um den Draht des Silberendes im anderen Glase Gas Ich unterhielt die Leitung eine halbe Stunde lang . . Das vom Draht der Silberseite sich entwickelnde Gas wurde in einen verkehrt gesetzten Glascylinder aufgefangen, enthielt, wie die Probe mit Salpetergas darthut, gar kein Sauerstoffgas, und verminderte sich, als es mit doppelt so viel atmosphärischer Luft verbrannt wurde so dass es fast ganz aus reinem Wasserstoffgas bestehen musste "

Davy wiederholte den Versuch durch drei Personen, die sich anfassten, hindurch, sowie durch Muskelfaser und einen nassen Faden, und fand stets Zersetzung, wenn auch mit verschiedener Stärke.

Durch sorgfältige messende Versuche überzeugte sich Davy, dass Sauerstoff und Wasserstoff aus dem Wasser in demselben Verhältniss entwickelt werden, in welchem sie Wasser bilden Als er bei einem Versuch mit Kalilösung dasselbe fand, schloss er, „dass keine Zersetzung des Kali vor sich gegangen war, und der Galvanismus durch diesen Stoff nur fähig gemacht wurde, den Sauerstoff und Wasserstoff viel schneller als ohnedies aus dem Wasser zu entbinden" Eine Reihe von weiteren Versuchen mit verschiedenen Säuren, sowie mit Ammoniak bestätigen ihm den Schluss „Keiner dieser zusammengesetzten Stoffe scheint hier unmittelbar durch die galvanische Wirkung zersetzt worden zu sein "

Wir werden sehen, dass diese Auffassungsweise zum Schaden der Wissenschaft für lange Zeit die herrschende wird. In der That war es aber zu jener Zeit nicht möglich, anders zu schliessen, da eine Erklärung der Erscheinung die Kenntniss des erst ein Vierteljahrhundert später entdeckten Faraday'schen Gesetzes voraussetzt

---

[1] Ann de Chimie **41**, 77 Gilbert's Ann **11**, 220 1802
[2] Nicholson's Journ **4**, 275 u 326 Gilbert's Ann **7**, 114 1801

Weitere Versuche Davy's[1] beziehen sich auf die Anwendung von Holzkohle in der Säule und bieten nichts besonders Bemerkenswerthes. Weiter
bestätigte er die Beobachtungen von HALDANE (S 151) und fügte die Bemerkung hinzu, dass bei einer mit Salpetersäure erbauten Säule die Wirkung
im luftleeren Raume nicht aufhörte. Auch wies er durch mehrfache andere
Versuche nach, dass sowohl die Oxydation des Zinks durch die Möglichkeit
einer galvanischen Wirkung, wie auch die letztere durch die Möglichkeit
eines chemischen Vorganges bedingt ist. Er zieht aus der Gesammtheit
seiner Beobachtungen folgende Schlüsse

„Von zwei Phänomenen oder zwei Reihen von Phänomenen können wir
nur dann behaupten, dass das eine die Ursache des anderen ist, wenn das eine
dem anderen regelmässig vorausgeht, und wenn ihre Modificationen mit einander verbunden sind. Aus allen angegebenen Thatsachen scheint hervorzugehen, dass VOLTA's galvanische Säule nur wirkt, wenn die leitende Flüssigkeit zwischen den Platten das Zink oxydirt, und das im Verhältniss, als
mehr Sauerstoff in einer gegebenen Zeit sich mit dem Zink verbinden kann,
auch die Kraft der Säule, Wasser zu zersetzen und den Schlag zu geben,
zunimmt. Es scheint demnach vernünftig, zu schliessen, dass, obwohl wir
auf Grund der zur Zeit bekannten Thatsachen ausser Stande sind, den genauen Verlauf des Vorganges zu erklären, die Oxydation des Zinks in der
Säule und der chemische Vorgang dabei auf irgend eine Weise die Ursache
des auftretenden elektrischen Effekts sind "

In weiterer Verfolgung dieses Gedankenganges bestätigte Davy noch auf
mannigfaltige Weise die gegenseitige Abhängigkeit beider Reihen von Erscheinungen. So zeigte er,[2] dass verdünnte Schwefelsäure, die auf Zink viel
stärker einwirkt, als concentrirte, auch viel kräftigere elektrische Wirkungen
hervorbringt, als die letztere. Ferner überzeugte er sich, dass der gleiche
chemische Vorgang, wie er zwischen den Verbindungsdrähten der Säule
stattfindet, auch in jedem Theil der Säule auftritt. Davy schliesst diesen
Theil seiner Untersuchungen mit den Worten, „Über diese Thatsachen will
ich nicht speculiren .. Viele neue Beobachtungen müssen noch gesammelt
werden, bevor wir werden behaupten können, dass Wasser beim galvanischen
Vorgang zersetzt wird. Nehmen wir seine Zersetzung an, so müssen wir
annehmen, dass mindestens einer seiner Bestandtheile fähig ist, in unsicht-
barer Gestalt durch Wasser und viele verbundene organische Stoffe zu gehen,
und eine derartige Annahme steht ausser allem Zusammenhange mit den
bekannten Thatsachen. Doch ist erst eine kurze Zeit vergangen, dass die
Forscher mit Erstaunen gesehen haben, wie feste und flüssige Stoffe neue
Existenzformen in verschiedenen Gasen anzunehmen vermögen. Gestatten
uns die neuen Thatsachen des Galvanismus nicht zu hoffen, dass wir in
nicht zu langer Zeit eben diese Gase neuen Änderungen werden unterliegen
und neue und unbekannte Formen annehmen sehen werden?"

[1] Nicholson's Journ. 4, 326   [2] Ebenda 4, 394. 1800

Durch weitere Versuche bestärkte sich Davy mehr und mehr in der Überzeugung, dass der chemische Vorgang für das Entstehen des elektrischen wesentlich ist, so erhielt er durch die Combination von Gold und Silber, die Volta unwirksam gefunden hatte, sehr merkliche Wirkungen, als er als erregende Flüssigkeit Salpetersäure benutzte   Schliesslich[1] gelang es ihm sogar, Säulen aus einem einzigen Metall zu erbauen, inden er zwei Flüssigkeiten anwandte, die von sehr verschiedener chemischer Wirkung auf das betreffende Metall sind   „Bei der Beschreibung der verschiedenen galvanischen Combinationen aus einem Metall und verschiedenen Flüssigkeiten werde ich sie in drei Klassen theilen, die ich nach der Zeitfolge ihrer Entdeckung beschreiben werde

„Die erste und schwachste Klasse wird gebildet, wenn einfache metallene Platten oder Bogen so angeordnet werden, dass ihre beiden Flächen oder entgegengesetzten Enden mit verschiedenen Flüssigkeiten in Berührung sind, von denen die eine fähig ist, das Metall zu oxydiren, die andere dagegen nicht   . Werden Platten von polirtem Zinn von etwa einem Zoll Seite mit Scheiben von wollenem Zeug, die theilweise mit Wasser, theils mit Salpetersäure befeuchtet sind, in folgender Ordnung geschichtet   Zinn, Säure, Wasser und so fort, so erhält man eine schwache galvanische Batterie .

„Die zweite Klasse von galvanischen Combinationen wird gebildet, wenn Platten oder Bogen von metallischen Stoffen, die fähig sind, auf Schwefelwasserstoff oder gelöste Schwefelverbindungen zu wirken, mit einer Lösung von Schwefelleber und mit Wasser so in Reihen geordnet werden, dass eine Seite jeder Platte in Berührung mit Wasser steht, während die Schwefelleber auf die andere einwirkt. Unter diesen Umständen tritt galvanische Wirkung ein, wenn die Anordnung regelmässig, und die Zahl der Reihen gross genug ist, Wasser, das mit Silberdrähten in den Kreis geschaltet wird, wird zersetzt, indem auf der Seite der Platten, welche chemischer Einwirkung unterliegt, Oxyd an dem Drahte abgesetzt wird, während an der mit Wasser in Verbindung stehenden Seite Wasserstoff entwickelt wird .

„ Silber, Kupfer und Blei sind fähig, diese Combination zu bilden Kupfer ist in dieser Art von Batterieen wirksamer, als Silber, und Silber wirksamer, als Blei . .

„Die dritte und wirksamste Klasse von galvanischen Batterieen aus Flüssigkeiten und einem einzigen Metall wird gebildet, wenn Metalle, die in Säuren löslich sind und gleichzeitig auf Lösungen von Sulfureten wirken, als Platten mit Lösungen von Schwefelleber und oxydirenden Flüssigkeiten so verbunden werden, dass ihre verschiedenen Seiten verschiedenen chemischen Einwirkungen unterliegen, wobei die Reihenfolge der Abwechselungen regelmässig sein muss

---

[1] Nicholsons Journal 5, 341 1801 — Philos Trans 1801

„Die gleichen Metalle, die in der zweiten Klasse wirksam sind, sind es auch in der dritten, auch die Reihenfolge der Wirksamkeit ist ähnlich.

„Alle Säulen aus einem Metall sind von sehr vorübergehender Wirkung, wenn sie mit Tuchscheiben construirt werden. Jedoch lassen sich die verschiedenen Reihen mittelst eines nach der Idee des Grafen RUMFORD construirten Apparates so anordnen, dass ihre Wirkung von erheblicher Dauer wird. Dieser Apparat ist ein Kasten aus drei Stücken von Mahagoni, die mit Rillen versehen sind, um die Platten aufzunehmen, die die verschiedenen Reihen bilden sollen, und der innen mit einem nichtleitenden Firniss überzogen ist. Die Hälfte dieser Platten muss aus Horn oder Glas bestehen, die andere Hälfte aus Metall, und die Leiter und Nichtleiter müssen abwechselnd in den Rillen befestigt werden, so dass sie wasserdichte Zellen bilden.

„Soll der Apparat gebraucht werden, so werden diese Zellen in der galvanischen Ordnung mit den verschiedenen Flüssigkeiten gefüllt, und paarweise durch Streifen von feuchtem Zeug verbunden, die über die nichtleitenden Platten gelegt werden.

„Eine Combination von 50 auf diese Weise geordneten Kupferplatten mit verdünnten Lösungen von Salpetersäure, oder salpetersaurem Ammoniak, und Schwefelleber giebt ziemlich starke Schläge, entwickelt schnell Gas aus Wasser und beeinflusst das condensirende Elektrometer. Sie verliert ihre Wirksamkeit nicht während vieler Stunden, und wenn diese verloren gegangen ist, so kann sie durch den Zusatz von kleinen Mengen der erforderlichen concentrirten Lösungen zu den Flüssigkeiten der einzelnen Zellen wiederhergestellt werden."

Wie aus den vorstehenden Mittheilungen hervorgeht, ist die Summe von neuen und wohlbeobachteten Thatsachen, die DAVY in kurzer Zeit der Wissenschaft zugeführt hat, ungemein gross. DAVY verfolgte den mit so viel Glück beschrittenen Weg auf das eifrigste weiter und gelangte so nach kurzer Zeit zu einer der glänzendsten Entdeckungen, die auf diesem Gebiete zu machen waren, zu der elektrischen Abscheidung der Alkalimetalle. Doch gehört die Geschichte dieser Entdeckung in eine spätere Zeit, und wir wenden uns zu den zeitgenössischen Arbeiten anderer Forscher zurück.

3. Deutsche Forscher. RITTER's erste Arbeiten. In Deutschland wurde die Entdeckung VOLTA's etwas später bekannt, als in England, so dass die englischen Forscher den deutschen in der Beobachtung der Erscheinungen voraus waren, die sich jedem auf den ersten Blick darboten. Während aber in England das Interesse an der neuen Entdeckung ebenso schnell in den weiteren Kreisen verschwindet, wie es aufgetreten war, so bleibt in Deutschland die Arbeit dauernd auf den Gegenstand gerichtet, und eine grosse Anzahl fleissiger Beobachter ist bemüht, den Thatbestand der Wissenschaft auf diesem Gebiete zu vermehren. Äusserlich zeigt sich das daran, dass schon in den Jahren 1803 und 1804 die Anzahl der auf den Galvanismus bezüglichen Aufsätze in den englischen wissenschaftlichen Zeit-

schriften fast Null wird, während in den deutschen eine Hochfluth von solchen durch eine ganze Reihe von Jahren andauert. Freilich wiegt der eine DAVY, der in England diese Forschungen fortsetzte, mehr, als die meisten jener zwar fleissigen, aber doch wenig originalen Arbeiter. Die Thätigkeit der deutschen Forscher lässt sich in GILBERT's Annalen der Physik überaus bequem übersehen, da sich dort fast lückenlos zusammengestellt findet, was überhaupt im Gebiete des Galvanismus geleistet worden ist. Nur die erste Arbeit, die hier zu erwähnen ist, der schon oben citirte Versuch von RITTER, durch den die elementare Natur des Wassers erwiesen werden wollte, findet sich nicht hier, sondern an anderer Stelle[1] abgedruckt.

In dieser seiner ersten Arbeit über die VOLTA'sche Säule theilt RITTER zunächst mit, dass er ohne Kenntniss der inzwischen veröffentlichten Arbeiten der englischen Forscher gleichfalls die Wasserzersetzung gefunden habe; er beschreibt seine Versuche, durch die er sich überzeugt hat, dass Sauerstoff und Wasserstoff getrennt und in den Verhältnissen erscheinen, in welchen sie Wasser bilden. Die Thatsache, die allen denen, die sie zum ersten Male sahen, das grösste Erstaunen abnöthigte, beschäftigt auch ihn sofort auf das Lebhafteste: das getrennte Auftreten der beiden Gase an den von einander weit entfernten Drähten. Er schreibt:

„Jedem Atom entbundenen Oxygens muss ein Atom entbundenes Hydrogen correspondiren, und beide machten in der Vereinigung vorher ein Atom Wasser, und nicht mehr, aus. Kann sich aber das nämliche Atom Wasser in einem und dem nämlichen Augenblick zugleich an diesem und wieder an jenem Draht befinden? Und doch müsste das der Fall sein, wenn beide Stoffe, beide Gasarten, das Oxygen und das Hydrogen, von einer wirklichen Zersetzung des Wassers herrührten. Dies war die Betrachtung, die mich auf die Frage brachte, ob wohl die zwischen *a* und *b* befindliche Schicht Wasser (Fig. 53) für die Erzeugung beider Stoffe ganz zufällig sei, und somit zu weiter nichts diene, als bloss zwischen *a* und *b* die lei-

Fig. 53. Nach RITTER.

tende Verbindung zu unterhalten, der Vorgang an *a* also ganz unabhängig von dem an *b*, kurz das Ganze überhaupt alles Andere lieber, nur keine Zersetzung des Wassers zu Grunde habe? Diese Fragen waren beantwortet, sobald es mir gelang, beide Wassercylinder, den, der *a* und den, der *b* umgab, durch einen dritten Körper von einander zu trennen, der, vom Wasser verschieden, nicht vermögend ist, eine Wasserzersetzung in sich zu unterhalten, folglich auch nicht eine ausser ihm beginnende fortzupflanzen, und damit für eine solche schon vorhandene, nur — obgleich sich niemand wohl so etwas schwerlich je wird vorzustellen vermögen — vertheilte, nicht fähig ist, zum Communicator werden zu können.

---

[1] VOIGT's Magazin f. d. neuesten Zustand d. Naturk. 2. 356. 1800.

„Wir füllten zu diesem Zweck zwei unten mit Korkstöpseln, durch deren
jeden ein Golddraht ging, verwahrte Glasröhren mit Wasser, verstopften sie
oben gleichfalls, und verbanden das Wasser beider Röhren durch einen
dritten Golddraht, der durch diese beiden oberen Stöpsel hindurchgging, und
brachten beide Röhren auf die gewöhnliche Weise in die Kette. Die Gasentwickelung nahm sehr schnell ihren Anfang, aber keineswegs bloss an den
inneren Enden der beiden äusseren Drähte; auch an denen des das Wasser
der Röhre verbindenden mittleren Drahtes hatte sie statt. ... So hatten wir
also in jeder Röhre wieder Wasserstoffgas und Sauerstoffgas, nnd der Golddraht, und wie fernere Versuche lehrten, Drähte oder Stangen von irgend
einem festen galvanischen Leiter, waren nicht die Körper, mit denen wir als
Zwischenmittel unseren Zweck hätten erreichen können. Unter den flüssigen
musste also der Körper vorkommen, der zu unserem Vorhaben geschickt
war; auch musste er so siel als möglich vom Wasser befreit sein.

„Weingeist und Schwefeläther leiteten in unserer Kette nicht. Concentrirte alkalische Flüssigkeiten leiteten zwar, aber es hatte auch die Gasentwickelung wieder mehr oder weniger statt. Und so blieben nur die
Säuren übrig. ... Ich kam auf die Vermuthung, dass die Säuren in concentrirtem Zustande ihr Leitungsvermögen beibehalten möchten, ohne doch
durch jene Golddrähte einiges Gas aus sich entwickeln zu lassen, und so
war es wirklich. In der Röhre (Fig. 53) erschien, als ich sie mit concentrirter
rectificirter weisser Schwefelsäure gefüllt hatte, an keinem der beiden Gold-
drahtenden auch nur eine Spur von Gas, und doch war die Leitung auf
das vollständigste vorhanden, indem in einer zweiten ähnlichen, aber mit
Wasser gefüllten, an diese gebrachten Röhre die Gasentwickelung auf die
bekannte Weise ungestört anfing und fortging. Der Körper, den ich suchte,
war also gefunden, und es kam nun bloss noch darauf an, ihn schicklich
anzuwenden.

„Ich fand hierzu den Apparat Fig. 54 sehr geschickt. In die dort auf
einem Gestell eingeschraubte, in Gestalt eines V gekrümmte, auf jeder Seite etwa 2 Zoll hohe Glasröhre
a b brachte ich mittelst eines Trichters von der genannten concentrirten Schwefelsäure so viel, dass jeder
Schenkel der Röhre damit bis zur Hälfte angefüllt
war, ohne jedoch dabei von der Säure etwas unbe-
hutsamer Weise an die inneren oberen Wände der
Röhre gebracht zu haben. Jetzt liess ich nach und
nach so viel destillirtes Wasser bald in diesen, bald
in jenen Schenkel der Röhre auf die Säure langsam
herabfliessen, dass sie ganz davon bedeckt wurde,
ohne sich doch damit zu vermischen, und füllte auf

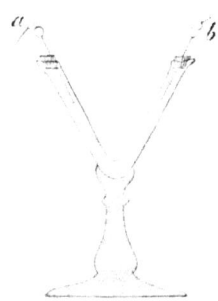

Fig. 54. Nach RITTER.

diese Art die beiden Schenkel der Röhre endlich ganz damit an — eine
Arbeit, die mir mehrmals so gut gelang, dass selbst mit Lackmus gefärbtes Papier in dem oberen Theil dieses aufgegossenen Wassers keine

Veränderung mehr erlitt. Ich schloss hierauf die Öffnungen dieser Röhre mit Korkstöpseln, durch deren jeden ein Golddraht in das Wasser so weit hineinging, dass zwischen ihm und der Säure noch ein beträchtlicher Zwischenraum übrig blieb. Nachdem dieses Alles geschehen war, verband ich den Knopf des Drahtes *a* mit dem Zink, und den von *b* mit dem Silber der Batterie. Im Augenblicke der Schliessung der Batterie fing der Oxygendraht *a* sowohl, wie der Hydrogendraht *b* an, Gas zu geben und diese Entwickelung dauerte fort, so lange man die Kette geschlossen erhielt. Es war mir also wirklich gelungen, durch den Versuch darzuthun, dass die beiden entbundenen Gasarten, deren wägbare Grundlagen man bis daher gewöhnlich als heterogene Bestandtheile eines und desselben Wassers angesehen hatte, keineswegs von einer Zersetzung des Wassers, wie man nach der neuen chemischen Theorie wohl glauben mochte, sondern durchaus von zwei ganz von einander verschiedenen Prozessen herrührten, deren jeder für sich isolirbar sei, und auf keine Weise mit dem anderen zusammenhänge.

„Für den, der sich etwa in diesen Versuchen irgend noch eine reelle Communication des Wassers des einen Schenkels mit dem des anderen durch die zwischen beiden befindliche Schwefelsäure möglich denken sollte, kann man dieselben dadurch noch überzeugender machen, dass man beide Schenkel von einander trennt, die unteren Enden derselben mit Stöpseln verwahrt und durch diese ebenfalls wieder Golddrähte steckt, deren obere Enden aber noch weit genug von dem über der Säure befindlichen Wasser entfernt bleiben müssen, und dann beide durch einen dritten Draht oder festen Leiter von jeder beliebigen Art und Länge mit einander verbindet. Die Entwickelung der beiden Gasarten wird hier Fig. 55) ebenso vollkommen und ungestört von Statten gehen, als es nur im vorigen Versuche irgend möglich war, und doch ist hier auf keine Weise an eine reelle Communication des Wassers in *a* mit dem in *b* zu denken."

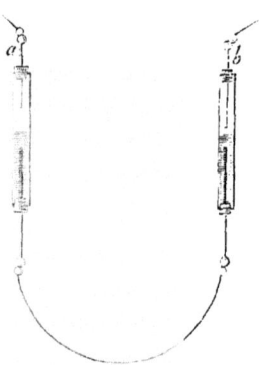

Fig. 55. Nach RITTER.

RITTER geht nun dazu über, die Schlussfolgerungen aus diesen Versuchen zu ziehen. Er beschreibt eine Anzahl Anordnungen, durch welche man aus mehreren, hinter einander geschalteten Gasapparaten, indem man nur die einen, oder die anderen Enden der Drähte in die concentrirte Schwefelsäure tauchen lässt, entweder nur Wasserstoff, oder nur Sauerstoff erhalten könne. Auch versäumt er nicht, auf die wichtigen Consequenzen hinzuweisen, die sich aus diesem Versuch ergeben. Wir folgen ihm nicht dahin, denn wir wissen, dass der Grundversuch, auf dem das alles beruht, ein Irrthum ist. Schon in den Schriften der gleichzeitig arbeitenden englischen Forscher finden sich Angaben über das Verhalten der concentrirten

Schwefelsäure im Volta'schen Kreise, aus denen hervorgeht, dass sie ganz ebenso zersetzt wird, wie die anderen flüssigen Stoffe, nur dass die sehr concentrirte Säure schlecht leitet, und dass an Stelle des Wasserstoffs mehr oder weniger Schwefel erscheint. Ritter hat hier, wie ihm das nicht selten

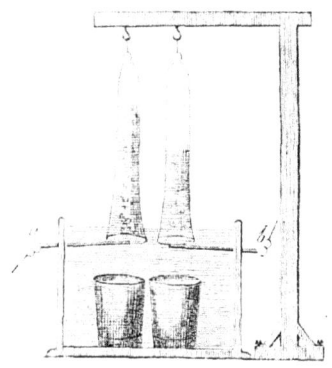

geschah, auf eine nicht hinreichend sorgfältig untersuchte Erscheinung weitgehende theoretische Schlüsse gebaut, und im Eifer des Schliessens versäumt, sich der Festigkeit der Unterlagen seines theoretischen Gebäudes zu vergewissern.

Die Abhandlung enthält im Übrigen noch eine Anzahl gut beobachteter Thatsachen, die chemische Wirkung der Säule betreffend. Es ist insbesondere ganz richtig aufgefasst, dass an dem einen Pole stets reducirende, am anderen stets oxydirende Wirkung stattfindet, dass es hierbei gar nicht

Fig. 56. Nach Ritter.[1]

auf die Natur des Metalls ankommt, an dem diese Oxydation oder Reduction vor sich geht, so dass man mittelst der Kette die seltsamsten scheinbaren Umkehrungen der chemischen Verwandtschaft erzielen kann. So hat er Zink auf Kupfer, Kupfer auf Silber oder Gold u. s. w. niedergeschlagen. In unserer Zeit, wo die Vorgänge der Galvanoplastik jedem geläufig sind, können wir uns kaum vorstellen, welchen überraschenden Eindruck diese allem Bekannten widerstreitenden Erscheinungen machen mussten. In seiner gewohnten weitgreifenden Weise schliesst Ritter die Mittheilung dieser Versuche mit den Worten:

„Wie viel diese chemischen Paradoxieen zur Erläuterung so mancher bisher so genannter Verwandtschaftsanomalieen beitragen müssen, wird Jedem von selbst einleuchten; der Physiolog darf sich freuen, an Plätzen, wo sich freier und genauer darüber experimentiren lässt, das wieder zu finden, was ihm bis dahin bloss als Eigenthümlichkeit des Organischen bekannt war, als Assimilation des Homogenen, totale Umkehrung der gewohnten Ordnung der chemischen Verwandtschaften u. s. w., und der denkende Experimentator wird wissen, was ihm durch diese wenigen Erscheinungen schon angedeutet sei, und wie unendlich viel er von nun an noch zu suchen und zu finden habe."

4. Weitere Erörterungen über die Zersetzung des Wassers. Gegen die Bündigkeit des Beweises der Einfachheit des Wassers durch Ritter's Versuche wurden freilich bald Einwendungen gemacht, am eingehendsten

[1] Obwohl für das im Text zu Behandelnde die Fig. 56 aus Ritter's Arbeit nicht nöthig war, habe ich doch nicht unterlassen wollen, sie herüber zu nehmen, da sie das Urbild einer noch heute überaus verbreiteten Apparatform darstellt.

von P L. SIMON[1] und L. A. VON ARNIM,[2] die insbesondere zeigten, dass die Schwefelsäure ebenso wie Wasser unter dem Einflusse der Säule Sauerstoff und Wasserstoff ausgiebt, nur letzteren in stark vermindertem Maasse, weil sich daneben Schwefel in Substanz abscheidet.

Auch RITTER ist später auf diese Frage zurückgekommen und hat[3] die Unrichtigkeit seiner Beobachtung zugegeben. Dagegen erklärte er, dass man seinen Versuch nur richtig aufzufassen brauche, um das gleiche Resultat, dass das Wasser bei dem Versuche nicht in seine Bestandtheile gespalten werde, zu erhalten.

„So ist es nun, — und doch, — wer sollte glauben, dass dessen ungeachtet in diesen Versuchen der vollkommenste Beweis enthalten ist von dem, was sie beweisen sollten. Aber so geht es oft, dass wir in einem Mittel, zu dem wir uns, um irgend etwas damit zu beweisen getrieben fühlen, das wahre Beweisende anfangs nicht erkennen, sondern mühsam eine andere Eigenschaft darin aufsuchen, an die wir unseren Glauben heften, den das dunkle Gefühl der Wahrheit uns aufnöthigt. Wehe dann, wenn darauf ein trockener Gegner, indem er die Nichtigkeit unseres Beweises darthut, damit dass dieser Beweis nichts galt, uns und Anderen überhaupt weiss macht, dass nichts zu beweisen vorhanden sei. Auf diese Weise sind die köstlichsten Dinge auf Jahrhunderte in die Vergessenheit zurückgeschickt worden."

Der Beweis, den RITTER nun mit gewohnter Ausführlichkeit giebt, lässt sich kurz dahin zusammenziehen, dass er zwischen die beiden Wassermengen seines Apparates (Fig 54, S 160 auf den Boden des Schenkelrohres Flüssigkeiten bringt, die entweder Wasserstoff oder Sauerstoff nicht durchlassen, weil sie sich mit dem einen oder dem anderen verbinden. Für den Wasserstoff soll die von ihm benutzte Schwefelsäure diesen Dienst thun, was einigermaassen zweifelhaft ist, für den Sauerstoff benutzt er eine Lösung von Schwefelleber Schwefelkalium, gegen die in dieser Hinsicht nichts einzuwenden ist. Verfolgt man ein Sauerstoffatom, nachdem das Wasserstoffatom abgetrennt worden ist, auf seinem Wege nach der anderen Seite, so musste es in dem Augenblicke, wo es in die Schwefelkaliumlösung eintritt, auch von diesem gebunden werden, und konnte nicht auf der anderen Seite erscheinen, wie es dies doch thut.

In der That lässt sich gegen dieses Argument wenig einwenden. Nur darf nicht übersehen werden, dass es sich wieder um dieselbe Schwierigkeit handelt, die bei allen Erörterungen über die Zersetzungen durch die Säule ungelöst geblieben war: wie gelangt der zweite Bestandtheil an den anderen Draht in demselben Augenblicke, wo der erste an dem einen Draht erscheint?

Konnte diese Frage auch erst viel später beantwortet werden, so wurde doch nach einer anderen Seite ein wissenschaftlicher Abschluss der Angelegenheit bewirkt, indem von P L. SIMON,[1] Professor an der Bauakademie in Berlin, eine bestimmte, mit der Sache in nächstem Zusammenhange

[1] GILBERTs Ann 8. 32 1801   [2] Ebenda S 182
[3] Ebenda 9, 284 1801   [4] Ebenda 10 282 1802

stehende Frage mit sachgemassen Mitteln der Losung zugefuhrt worden ist
Simon stellte sich namlich die Aufgabe, zu untersuchen, ob die bei der
galvanischen Wasserzersetzung entstehenden Gase an Gewicht genau ebenso
viel betragen, als das verschwundene Wasser Die Fragestellung war fur
jene Zeit keineswegs so uberflussig, wie sie uns jetzt erscheint, denn abgesehen von den Ansichten Ritter's war das Gesetz von der Erhaltung der
ponderablen Substanz damals erst eine ziemlich neue Erwerbung, und
Behauptungen, wie die, dass bei der elektrischen Zersetzung Stoffe aus den
Metallen oder Flussigkeiten der Saule in die Zersetzungsproducte ubergehen,
wurden keineswegs fur unwahrscheinlich gehalten Hatte kurz vorher Graf
Rumford durch sorgfaltige Wagungen von Wasser und Eis nachgewiesen,
dass der „Warmestoff" kein Gewicht hat, so war ein ahnlicher Nachweis fur
das elektrische „Fluidum" mindestens von demselben Belange.

Simon schildert nun zunachst einen misslungenen Versuch, bei dem der
Gewichtsverlust des Wassers viel grosser war, als das Gewicht der gebildeten
Gase „Das Gasgemenge, welches sich im ersten Apparate entwickelt
hatte, konnte aus diesem Grunde am Gewichte nur 1 56 franzosische Gran
betragen, da aber das Wasser 2 2 fr Gran am Gewichte verloren hatte, so
waren 0 64 Gran Wasser mehr verschwunden, als die erhaltene Gasmenge wog

„Woher nun diese Abweichung in Rucksicht des Gewichts? — Ich hatte
diese Abweichung nicht erwartet, sondern wahrend des ganzen Versuches
geglaubt, der Ubereinstimmung sehr nahe zu kommen Dass diese Ubereinstimmung beim Vergleiche des Ganzen ausblieb, dafur konnte ich keinen
anderen Grund finden, als dass wahrscheinlich Wasser an die entweichende
Gasart gebunden und mit ihr herubergeleitet worden, oder dass ungeachtet
des ausserst engen Entbindungsrohres doch Wasser verdunstet sei, wiewohl
im Inneren des Rohres keine Spur Wasser zu bemerken war. Die erste
Ursache hatte ich freilich vorhersehen konnen, wenn man immer an alles
dachte, woran man denken sollte "

Simon wiederholte nun den Versuch unter Anwendung der erforderlichen
Vorsicht, indem er den in Fig 57 abgebildeten Apparat benutzte „Ich
nahm eine Rohre AB, (Fig 57, S 165', in welche unten in A ein Platindraht
eingeschmolzen war, fullte sie mit frischgekochtem destillirten Wasser, und
kittete oben in B die Communicationsrohre C nebst dem zweiten Platindrahte gleichfalls luftdicht ein Das andere Ende der Communicationsrohre C
war auf gleiche Art mit einer zweiten Rohre DE verkittet In diese Rohre
wurde von D bis F reines Quecksilber gegossen, der Raum daruber von
F bis E mit frisch geschmolzenem und gepulvertem salzsauren Kalke gefullt,
und hierauf in E eine zweite Communicationsrohre eingekittet, die in die
Ferne unten zugeschmolzene Rohre GH, welche wieder mit reinem Quecksilber gefullt war, bis nahe an den Boden derselben herabging Aus dem
oberen Theile der Rohre H ging endlich das letzte Entbindungsrohr F in
eine Schale mit Quecksilber unter eine daruber gestellte Glasglocke, die wie

im vorigen Versuche mit frisch darin aufgekochtem Wasser gefüllt war. Bei diesem Apparate, den Fig. 57 in seiner wahren Grösse darstellt, waren alle Korkstöpsel vermieden, alle Fugen mit aufgeschmolzenem Siegellacke gesichert, und alle Communicationsröhren aus haarförmigen Thermometerröhren gebildet. Der salzsaure Kalk war bestimmt, die Gasart von aller anhängenden Feuchtigkeit möglichst zu befreien, und das Quecksilber sollte verhindern,

dass der salzsaure Kalk nicht bei zu grosser Nähe des Wassers in der ersten und letzten Röhre bei seinem grossen Hang, Feuchtigkeit anzuziehen, nachtheilige Veränderungen erlitte, die das Resultat dieser Versuche zweideutig gemacht hätten. Nachdem ich mich überzeugt hatte, dass alle Theile vollkommen luftdicht schlossen, wurde am 12. September der Apparat gewogen und mit einer VOLTA'schen Säule von 50 Schichtungen, wie bei den ersten Versuchen in Verbindung gesetzt. Die Gewichtsveränderung bestimmte ich von 8 zu 8 Tagen, und erhielt

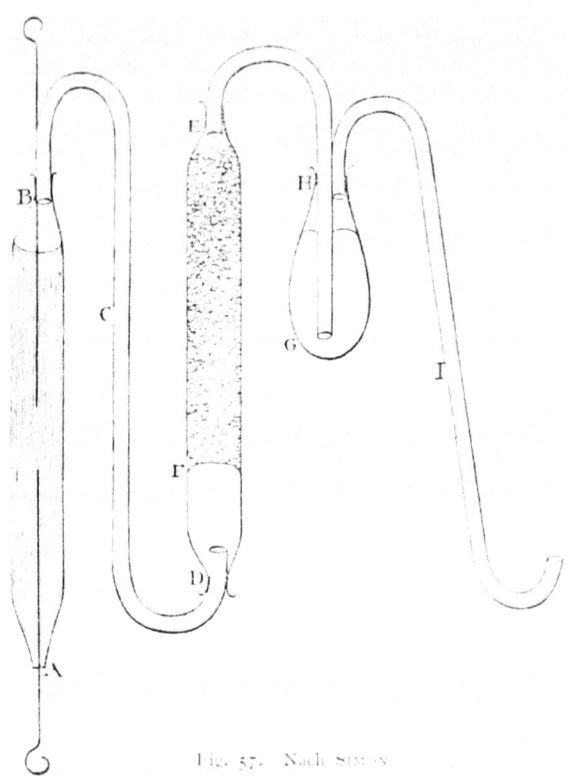

Fig. 57. Nach SIMON.

die Säule unausgesetzt in voller Wirksamkeit, indem ich sie, so wie sie anfing schwächer zu wirken, sogleich mit frisch geschichteten Säulen vertauschte."

Dieser Versuch wurde durch eine Zeit von 10 Wochen und 2 Tagen fortgesetzt und ergab schliesslich eine Gasmenge von 27,54 Kubikzoll oder etwas mehr als einem halben Liter, deren Gewicht SIMON auf 4,61 Gran berechnet. Der beobachtete Gewichtsverlust betrug 4,60 Gran, stimmte also völlig mit dem berechneten Gewichte der Gase überein.

Durch das Ergebniss dieses für jene Zeit bemerkenswerth genau und gross angelegten Versuches verloren die Speculationen über die Überführung wägbarer Stoffe durch die Leitung der Elektricität in den Metallen ihren Boden. Dieser Schlag wurde von denen, die es anging, lebhaft empfunden, und es finden sich in der Litteratur jener Zeit sogar Erörterungen, die die Unrichtigkeit der Versuche Simon's beweisen sollen. Indessen wurde kurze Zeit darauf durch J F Erdmann[1] ein ganz ähnlicher Versuch veröffentlicht, welcher das gleiche Resultat gab Dadurch ist denn die Angelegenheit endgültig entschieden worden

An die Mittheilung dieser Versuche schliesst Simon noch ein anderes Experiment von bemerkenswerther Beschaffenheit Er berichtet folgendes darüber „Ich führte oben an, dass es noch an Beobachtungen fehle, woher den beiden dargestellten Basen, dem Oxygen und dem Hydrogen, der Wärmestoff zugeführt werde, der sie zu expansiblen Flüssigkeiten macht ...

„Eine gewöhnliche, mit zwei Korken verschlossene Glasröhre wurde in beiden mit Platindrähten, und zugleich im oberen Korke mit einem kleinen äusserst empfindlichen Luftthermometer versehen Beide Drähte waren an ihrem Ende so gebogen, dass sie an der Kugel anlagen, und dass also die Bildung der Gasarten unmittelbar an dem Glase der Thermometerkugel stattfinden musste Man war nicht im Stande, die geringste Veränderung am Thermometer zu bemerken, ungeachtet die Gasentwickelung so lebhaft vor sich ging, dass in der Minute 6 Kubiklinien Gas gebildet wurden . . Die Volta'sche Säule stellt also hier die beiden Gasarten aus dem Wasser, ohne die Temperatur dieser Flüssigkeit zu verändern, dar . Ich habe schon mehrere Wahrnehmungen gemacht, welche mir für die Meinung zu sprechen scheinen, dass die Volta'sche Säule sehr geeignet ist, mehrere Stoffe in einen Zustand zu versetzen, wo wir einen vorzüglichen Antheil gebundenen Wärmestoffes in ihnen annehmen "

Diese letzten Bemerkungen weisen darauf hin, wie selbst zu jener Zeit, wo Volta noch glauben konnte, in seiner Säule ein Perpetuum mobile erfunden zu haben, Energiebetrachtungen sich den Forschern, ihnen selbst unbewusst, als wesentlich aufdrängten Bald darauf wusste Davy die energiezuführenden Wirkungen der Säule soweit zu steigern, dass er die Alkalimetalle aus ihren Verbindungen isolirte

Das Verdienst dieser Arbeit Simon's erhellt besonders deutlich aus der kurz vorher von W Gruber, Hofapotheker zu Hannover, gemachten Angabe,[2] nach welcher bei der Behandlung des Wassers mit der Volta'schen Säule gar kein Gewichtsverlust erfolgen soll Gruber beschreibt sehr umständlich seine Versuchsanordnung, er giebt an, dass seine Waage noch $^1/_4$ Gran sehr deutlich angebe, und schliesst „Diesen Versuch habe ich vier Mal wiederholt, und jedes Mal nicht den geringsten Verlust an der gebrauchten Wassermenge erfahren, welches mir zu beweisen scheint, dass die entbundene Luft nicht der Zersetzung des Wassers, sondern der der galvanischen Materie zuzuschreiben sei " Auch verfehlt Gruber nicht, alsbald auf die weitgehenden Schlussfolgerungen hinzuweisen, die sich aus seiner Beobachtung ergeben

5. **Fortsetzung.** Wir greifen wieder auf die Zeit zurück, wo die erste Kunde von der Volta'schen Säule sich in Deutschland verbreitete.

Der Herausgeber der Annalen der Physik, Gilbert, theilte alsbald seine Versuche über die Säule mit.[1] Neues enthalten sie den oben beschriebenen Untersuchungen gegenüber kaum. Sie beschäftigen sich hauptsächlich mit der Erscheinung des Funkens beim Schluss der Säule durch einen Draht. Von einiger Bedeutung ist die sorgfältige Beschreibung der technischen Einzelheiten für den Aufbau des Apparates; die Abbildung der Gilbert'schen Säule ist beistehend (Fig. 58) gegeben.

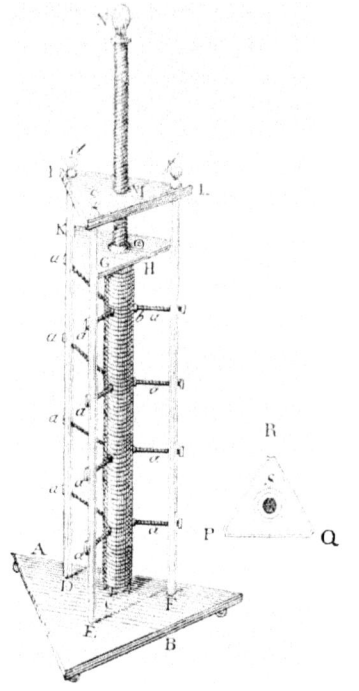

Gleichfalls von Bedeutung für das Technische der Volta'schen Säule ist die Angabe von Ritter,[2] dass man das bis dahin fast ausschliesslich benutzte Silber in der Säule ohne erhebliche Einbusse an Wirkung durch Kupfer ersetzen kann; es war dies eine Verbesserung, die alsbald in Gebrauch kam und blieb.

Nach einer Unzahl kleiner Nachrichten, die nichts von Belang enthalten, ist dann von Ritter[3] wieder der erste grössere Aufsatz über unseren Gegenstad mitgetheilt worden. Ritter beginnt mit einem Ausspruch des der Volta'schen Säule zu Grunde liegenden Additionsprincips, von dem er mit Recht bemerkt, dass er es in seinen früheren Schriften deutlich ausgesprochen habe. In seinem „Beweis, dass ein beständiger Galvanismus den Lebensprocess im Thierreich begleite" (vgl. S. 68) hat er den Satz formulirt: „Sich entgegengesetzte Bestimmungsgründe für Actionen gleicher

Fig. 58. Nach Gilbert.

Grösse heben einander auf; wenn sie ungleich sind, hebt der schwächere von dem stärkeren so viel auf, als er, der schwächere, beträgt; überhaupt aber gleicht die Grösse der wirklichen Thätigkeit der galvanischen Kette der Differenz zwischen der Grössensumme der nach einer Richtung bestimmten Actionen, und der Grössensumme der nach entgegengesetzter Richtung bestimmten, und ihre Richtung ist die der grösseren der beiden Summen."

Ritter fährt dann in seinem Brief an Gilbert fort:

„Sie sehen, wie leicht es gewesen wäre, längst auf sie [die Säule] zu kommen, und uns so jetzt im Besitze dessen zu sehen, was sie uns binnen

---

[1] Gilbert's Ann. 7, 157. 1801.   [2] Ebenda 7. 374. 1801.
[3] Ebenda 7, 431. 1801.

mehreren Jahren erst entdecken lassen muss Aber so geht es uns uberall
Hinterher wissen wir immer ganz genau, dass es so sein musste, aber von
wie wenigem wissen wir, dass es so sein wird Nur selten offnet uns die
Natur auf Augenblicke die Augen, um es uns doch zu zeigen, was wir vermochten, wenn wir es nur wagen wollten, sie langer offen zu halten Denn
wirklich durfen wir nur sehen, um zu finden, und selbst dem Suchen
geht dies Sehen uberall voran, denn wie will man suchen, ohne zu wissen,
was Es ist noch nicht bekannt, auf welchem Wege VOLTA zu seiner Entdeckung gelangt ist Aber unverzeihlich bleibt es mir immer, ihr so in der
Nahe gewesen zu sein, ohne von dem, was ich taglich in Handen hatte,
Anwendung zu machen "

Neben dieser lehrreichen Selbstbetrachtung enthalt RITTER's Brief eine
Anzahl sehr interessanter, aber mit unserem Gegenstande nicht in naherem
Zusammenhange stehende Beobachtungen uber die Wirkung der Saule auf
die verschiedene Sinnesorgane, die durch die Rucksichtslosigkeit, mit der
sich RITTER im Verfolg seiner Versuche selbst misshandelte, nicht am wenigsten
bemerkenswerth sind

6 Welches ist die typische Form der Saule? VOLTA hatte seine
Saule in der Ordnung Silber, Zink, Flussigkeit, Silber . . . Flussigkeit,
Silber, Zink gebaut, und nach dem gleichen Schema verfuhren die englischen
Forscher Demnach war das Silberende der Saule negativ und das Zinkende positiv, der mit dem Silber verbundene Draht entwickelte Wasserstoff,
der mit dem Zink verbundene oxydirte sich oder gab Sauerstoffgas aus und
war positiv Dem gegenuber betonte L A v ARNIM [1], dass die beiden letzten
Metallstucke vollkommen uberflussig sind, man erhalt ganz dieselben
Wirkungen, wenn man sie fortlasst, und die Saule in der Form Zink, Flussigkeit, Silber, Zink . Zink, Flussigkeit, Silber aufbaut Dann sind aber
die Bezeichnungen Zink- und Silberpol zu vertauschen, der Zinkdraht ist
negativ und giebt Wasserstoff, der Silberdraht ist positiv und giebt Sauerstoff.

Dieser Darlegung stimmte der Herausgeber der Annalen der Physik,
GILBERT, bei [2], indem er bemerkte „Die eigentliche Wirksamkeit der Saule
beruht auf der Beruhrung des Zinks mit einer liquiden Flussigkeit ,'), welche
das Zink zu oxydiren vermag Dies beweisen nicht nur DAVY's Versuche, . .
sondern auch schon der von VOLTA bemerkte Umstand, dass der nasse Leiter
mit Zink und Silber in Beruhrung sein muss, indess beide Metalle durch
andere Metallscheiben, unbeschadet der Wirksamkeit der Saule getrennt
werden konnen "

Die gleiche Bemerkung machten um dieselbe Zeit ERMAN [3], BOCKMAN [4],
GREN [5] und Andere, so dass die Sache erledigt schien

Indessen blieb sie keineswegs erledigt Im folgenden Bande von GILBERT's
Annalen findet sich eine Arbeit von RITTER [6], in welcher mit unglaublicher

[1] GILBERT's Ann 8 166 1801
[2] Ebenda 8, 166, Anmerkung 1801
[3] Ebenda 8, 195 1801
[4] Ebenda 8 139, 1801
[5] Ebenda 8, 216 1801
[6] Ebenda 9 212 1801

Umständlichkeit bewiesen wird, dass eine solche Bezeichnungsweise der Volta'schen Anschauung, wonach die Wirkung seiner Säule von einer Elektricitätserregung bei der Berührung der Metalle unter einander abhänge, im Widerspruch stehe. Nachdem er 20 Seiten lang diesen Beweis geführt hat, schreibt er „Sie sind müde, ich auch, aber fertig sind wir noch nicht." Und nun führt er denselben Beweis noch einmal, und in einem Zusatz noch zum dritten Male, so dass schliesslich der ganze Nachweis 51 Seiten zum Theil engen Druckes einnimmt. Auf den Herausgeber der Annalen hat der Effekt dieser Massenwirkung sich in der That geltend gemacht, indem er seinen früheren Vorschlag zurücknahm, und mit Ritter die Benennung der Pole wieder umkehrte, auch die meisten anderen Physiker liessen sich bekehren, insbesondere da in der Folge die Volta'sche Auffassung überall durchdrang.

Diese Widersprüche haben deshalb ein Interesse, weil bis auf den heutigen Tag noch eine gewisse Verwirrung in der Bezeichnung der Pole Volta'scher Ketten herrscht. Gewöhnlich nennt man das Zinkende einer einfachen Kette positiv, prüft man es aber am Elektrometer, so ist es negativ elektrisch, und umgekehrt der gewöhnlich negativ genannte Kupferpol positiv.

Wie in vielen ähnlichen Fällen musste, bevor die Frage welches ist die fundamentale Anordnung der Kette? beantwortet werden konnte, erst die andere Frage erledigt sein sind überhaupt zur Zeit die Mittel vorhanden, jene Frage zu beantworten? Soviel war sicher damit der einfachste Fall galvanischer Wirkung stattfinden kann, müssen drei Leiter l_1, l_2, l_3 unter

einander in gegenseitiger Berührung stehen. Wo aber ist das Dreieck $\overset{l_1}{\underset{l_3}{\triangle}}\,{}^{l_1}$

auseinanderzuschneiden, damit die fundamentale Kette nachbleibt? Die Antwort war darum auf keine Weise zu finden, weil jeder Prüfungsapparat, den man zwischen je zwei Glieder der Kette bringt, neue Berührungen bedingt, und somit neue Bestimmungsstücke in die Kette bringt. Dieses Verhältniss war schon von Ritter eingesehen worden, und kommt in einer langen Abhandlung von Reinhold [1], die in ähnlichem Geiste geschrieben ist, noch deutlicher zur Geltung. Reinhold glaubte nun allerdings im wasserfreien Alkohol den gesuchten Stoff gefunden zu haben, mittelst dessen man die Kette mit dem Elektrometer verbinden konnte, ohne weitere Spannungen einzuführen. Er baute daher Ketten von der Gestalt S H Z A S H Z , wo die Buchstaben nach einander Silber, Wasser, Zink, Alkohol bedeuten, und schloss sie durch einen Froschschenkel, er beobachtete keine Wirkung. Dagegen erhielt er von einer Kette S Z H A S Z H A Z H Wirkungen, und schloss daraus, dass die Metallberührung, und nicht die zwischen Metall und Flüssigkeit die Wirksamkeit der Kette bedinge. Da wir indessen jetzt wissen, dass dem Alkohol keineswegs die ihm von Reinhold zugeschriebene Unwirksamkeit eigen ist, so ist damit auch der Beweis selbst hinfällig.

[1] Gilbert's Ann. 10, 301 1802

7 Die Bewegungserscheinungen des Quecksilbers Eine auffallende Erscheinung, die später für die chemische Theorie des Galvanismus von grösster Bedeutung werden sollte, hat RITTER[1], wenn auch nicht zuerst gesehen, doch zuerst genauer untersucht Es sind dies die Bewegungen, welche das Quecksilber zeigt, wenn es in den Kreis einer VOLTA'schen Säule zwischen zwei feuchte Leiter gebracht wird RITTER schreibt darüber

„Das Phänomen der Erschütterung des Quecksilbers, was sich auf eine schickliche Art in der Kette der Batterie befindet, hat VOLTA zuerst bemerkt[2] Er brachte Quecksilber in einer V-Röhre, auf beiden Seiten mit Wasser übergossen, in die Kette der Batterie, und sah es auf der Seite, wo es Gas gab, in eine sehr merkliche und unaufhörliche Bewegung übergehen"

RITTER erwähnt, dass er die Erscheinung zuerst übersehen habe, später habe er sie eingehend untersucht „Wenn Quecksilber in einer Röhre eingeschlossen ist, die so gebogen ist, dass ihre Schenkel wieder parallel in die Höhe gehen, über das Quecksilber auf beiden Seiten Wasser gegossen ist, und in dieses Drähte reichen, deren einer mit dem Zink-, der andere mit dem Silberende einer starken Batterie verbunden wird, so steigt dasselbe im Augenblick der Schliessung auf der Seite, deren Wasser mit dem Zinkende verbunden ist, also da, wo es Wasserstoffgas giebt, und fällt hingegen auf der anderen Seite, d h da, wo es sich oxydirt. Es behauptet seine Stände, während die Kette geschlossen bleibt, ja jeder, besonders der auf der Zinkseite, nimmt eher nach und nach etwas zu Offnet man wieder, so fällt es wieder auf seinen vorigen Ort zurück, setzt sich aber doch erst nach mehreren Schwankungen wieder ins ruhige Gleichgewicht Greift man in die entsprechenden dieser Schwankungen ein, so kann man es durch wiederholte Schliessungen und Trennungen in kurzem so weit bringen, dass der Unterschied des Niveaus bei einer Röhre, deren jeder Schenkel 12 Zoll hoch und $^1/_4$ bis $^1/_3$ Zoll weit ist, einen, ja etliche Zoll beträgt, so dass zuletzt, wenn die Umstände es erlauben, das Wasser über dem Quecksilber, und auch wohl dieses mit, zu beiden Seiten oben zur Offnung der Rohre anfängt herabzustürzen Lasst man auf der Silberseite das Wasser weg und bringt den Draht dieser Seite geradezu ins Quecksilber, so steigt bei der neuen Schliessung das Quecksilber gerade wie zuvor, und zwar wegen besserer Leitung, und weil weniger Wasser in der Kette ist, stärker .. Lasst man auf der Zinkseite das Wasser weg, so fällt das Quecksilber im anderen Schenkel kaum, sondern es überzieht sich, wie immer auf dieser Seite mit einer steifen Haut, dem ersten Anfange der Oxydation Es ist überhaupt, als wurde das Quecksilber auf dieser Seite starrer, während es auf der anderen, wenn Wasser über ihm ist, flüssiger wird, und höchst deutlich wird dies eben in dem Fall, wo auf beiden Seiten Wasser ist Indem hier das Quecksilber auf der einen Seite steigt und auf der anderen fällt, fällt es nicht mit seiner ganzen Convexität, sondern die Ränder behaupten sich zunächst und die Oberfläche des Quecksilbers wird concav Dass diese Starrheit nicht von der Oxydhaut herkommt, findet sich in Versuchen, wo man eine alkalische Flüssigkeit anstatt des Wassers angewandt hat, in welcher bekanntlich das Quecksilber, wie alle oxydirbaren Metalle, doch genöthigt wird, den Sauerstoff auch als Gas zu geben Auf der entgegengesetzten Seite scheint das Quecksilber hingegen ganz ausserordentlich flüssig, und wie in einer immerwährenden inneren Rotation zu sein, die sich, wenn Unreinigkeiten im Wasser sind, auf das bestimmteste verfolgen lässt"

Diese gut und genau beobachteten Erscheinungen sind zu der Zeit, wo RITTER sie mitgetheilt hat, ganz ohne Folgen geblieben Erst sehr viel später haben sie nicht nur zur Herstellung eines ungemein empfindlichen Elektrometers geführt, sondern sogar zu der Lösung des Hauptproblems der VOLTA'schen Kette, zur Beantwortung der Frage nach der Grösse der an den verschiedenen Grenzflächen der Leiter vorhandenen elektromotorischen Kräfte Auch in einer anderen Beziehung bietet die Beschreibung des Versuches Interesse Das Quecksilber, dessen ausserordentliche Beweglichkeit RITTER auffiel, war, wie aus den Versuchsumständen mit Sicherheit hervorgeht, nichts anderes, als Kaliumamalgam geworden, und RITTER hatte hier den Stoff in Händen, der wenige Jahre später die ganze wissenschaftliche Welt in die höchste Aufregung versetzen sollte

Die weitere Beschreibung von RITTER's Versuchen und der daraus gezogenen Schlüsse würde zu weit führen RITTER überzeugte sich, dass das Quecksilber weder schwerer oder leichter wird, noch auch sein Volum ändert, sondern er schreibt die Erscheinung ganz richtig einer blossen Formänderung der Quecksilbersäule zu Dass es sich hier um eine Änderung der Oberflächenspannung handelt, konnte er bei dem damaligen rudimentaren Zustande dieser Lehre schwerlich einsehen Doch ist noch der folgende Passus bemerkenswerth, aus dem das richtige Verständniss des Wesens der Erscheinung deutlich sichtbar wird „Ich übergehe eine grosse Menge weiterer Versuche, um aus den angeführten nur das Resultat zu geben, dass alles, soweit der Stand und die Form der Quecksilbersäulen davon abhangen, ein blosser Grenzprocess mit dem Wasser war" In der That liegt die ganze oben angedeutete Wichtigkeit der Erscheinung für die Theorie in dem Umstande, dass es sich hier um einen Vorgang in der Grenzfläche zwischen dem Quecksilber und dem feuchten Leiter handelt

Die weitere Geschichte der Bewegungserscheinungen am Quecksilber wird später im Anschluss an die Arbeiten LIPPMANN's gegeben werden

8. Legirungen Eine spätere Arbeit RITTERS [1] von allgemeinerem Interesse bezieht sich auf die Methoden zur Bestimmung der Stelle, welche verschiedene metallische Stoffe in der Spannungsreihe einnehmen Zu jener Zeit, wo das in dieser Hinsicht so überaus bequeme Galvanometer noch

[1] GILBERTS Ann 16 203 1804

nicht existirte, war dies keine ganz einfache Sache, und RITTER setzt demgemäss drei verschiedene Methoden auseinander, die übrigens alle auf der S 112 erwähnten Verschiedenheit beruhen, die der Froschschenkel in Bezug auf die Richtung der ihn durchsetzenden Ströme zeigt, und deren Anwendung somit der ganzen Unsicherheit unterworfen ist, der dieses physiologische Galvanoskop unterliegt Doch ist es ihm trotz der mangelhaften Methode gelungen, einiges von Belang zu ermitteln

Der Anlass zu seiner Arbeit war das Palladium, um welches gerade zu jener Zeit einiger Lärm entstanden war Im April 1803 war in London eine anonyme Anzeige erschienen, in der die Entdeckung eines neuen Metalls nebst der Beschreibung einiger seiner Eigenschaften enthalten war, dazu war bemerkt, dass es in London bei einem bekannten Mineralienhändler zu einem Schilling das Gran käuflich sei Ein um jene Zeit wohlbekannter Chemiker, der sich sein damaliges Ansehen allerdings mehr durch die auffallende und lärmige Art seiner Schriften, als durch die Gediegenheit seiner Arbeiten erworben hatte, R CHENEVIX, kaufte die Hauptmenge des Stoffes auf, bestätigte die Richtigkeit der Angaben des Unbekannten bezüglich der Eigenschaften des Metalls, behauptete aber, es sei nicht einfach, sondern aus Platin und Quecksilber zusammengesetzt, das Quecksilber sei aber in der Legirung so fest gebunden, dass es auch beim heftigsten Glühen nicht entweiche und überhaupt nicht mehr nachweisbar sei Dagegen könne man Palladium mit allen seinen Eigenschaften erhalten, wenn man Platinlösung mit Quecksilberoxyd neutralisirt, mit Eisenvitriol reducirt und das erhaltene schwarze Metallpulver zusammenschmilzt Der Unbekannte erliess darauf eine zweite Anzeige, dass er demjenigen, der aus Platin und Quecksilber Palladium zusammensetzen könne, 20 Pfund Sterling, die bei demselben Mineralienhändler niedergelegt waren, als Preis verspreche. Dieser Preis wurde von Niemandem erhoben, auch von CHENEVIX nicht, und bald darauf erklärte WOLLASTON, dass kein anderer, als er, die anonyme Anzeige verfasst habe, er hatte das Palladium bei Gelegenheit seiner Versuche, schmiedbares Platin herzustellen, neben einem anderen Metall, das er Rhodium nannte, im rohen Platin entdeckt CHENEVIX musste seinen Irrthum eingestehen und entschädigte sich dafür, so gut es ging, durch den Ausdruck einer tugendhaften Entrüstung über WOLLASTON's ungewöhnliches Vorgehen.

Dieses vielumstrittene Material war es nun, mit dem RITTER seine Versuche anstellte Er fand es in der Spannungsreihe noch über Platin stehend, und keineswegs, wie er erwartete, zwischen Quecksilber und Platin, auch verhielt sich das von „Hrn CHENEVIX zusammengesetzte Palladium, und das ältere, welches zu London käuflich gewesen war", vollkommen übereinstimmend, woraus beiläufig mit grosser Wahrscheinlichkeit hervorgeht, dass es sich bei CHENEVIX um eine blosse Verwechselung eines seiner Schmelzprodukte mit einem in seinem Besitze befindlichen Stücke wirklichen Palladiums gehandelt hat

Da RITTER die vermeintliche Legirung so abweichend in ihrer elektrischen Stellung von der ihrer Bestandtheile gefunden hatte, so stellte er sich die Frage, wie andere Legirungen sich verhalten würden. Die Ergebnisse seiner Versuche waren sehr überraschend. Es ergab sich, dass ganz unglaublich geringe Mengen Metall die Stellung des Gemenges auf das stärkste beeinflussen können. „Eine halbe Quadratlinie des dünnsten Stanniols bestimmt zwei ganze Drachmen Quecksilber, sogleich von ihrem Orte zwischen Gold und Silber, sogar über das Zinn herunter, herabzuspringen, zwischen Zink und Blei, und zwar ersterem näher, als letzterem, und dies ist noch nicht genug. Bringen Sie in ein Loth des ganz reinen Quecksilbers ebenfalls nur $^1/_2$ Quadratlinie Stanniol, lösen diese darin auf und nehmen von dieser Auflösung ein Tröpfchen von nicht mehr als $^1/_2$ Linie Durchmesser, ja noch weniger, lösen es in einem neuen Lothe reinen Quecksilbers auf und untersuchen dieses in der Spannungsreihe. Sie finden es sogleich zwischen Zink und Blei. Dieses einzige Atom Zinn in einem ganzen Loth Quecksilber hat es tiefer gebracht, als 16 Loth Zinn es gebracht haben und kaum scheint die Grenze anzugeben zu sein, wo obiges Atom etwa zu klein wäre, dies zu thun."

RITTER fasst seine Erfahrungen dahin zusammen, dass in Legirungen eines der beiden Metalle sich zum charakterisirenden aufwirft, und zwar der Regel nach das positive, nur im Falle von Zink und Kupfer und bei dem Palladium, das er für ein Gemisch hielt, war das Gegentheil aufgetreten, und RITTER hält solche Fälle für die weitaus selteneren.

Die Bedeutung seiner Beobachtung für die Frage der Spannungsreihe überhaupt entging RITTER nicht, er wies mit Nachdruck darauf hin, dass hier ein Grund dafür gefunden sei, warum die Reihen verschiedener Beobachter so weit voneinander abwichen, und er äusserte sich demgemäss sehr pessimistisch über die Möglichkeit einer unzweideutigen Bestimmung der Spannungsreihe überhaupt. Seine Warnungen sind indessen bald vergessen worden, freilich unterliegen diese Messungen ausserdem noch anderen Fehlerquellen, die weit bedenklicher sind als die von RITTER hervorgehobene.

9. Die Ladungssäule. Ein im übrigen nicht viel bekannt gewordener französischer Forscher namens GAUTHEROT hat unter anderen den folgenden Versuch [1] beschrieben, an den sich später eine ansehnliche Entwickelung geknüpft hat. „Als ich meine Versuche, nicht mit der Volta'schen Säule, sondern mit seiner Tassenkrone fortsetzte, bemerkte ich, dass der brennende Geschmack, welchen man erhält, wenn man zwei metallene Drähte in den Mund nimmt, deren andere Enden in die äussersten Tassen des Apparates tauchen, bemerkte ich, sage ich, dass, wenn die Drähte von Platin oder Silber waren und ich sie nach dem Herausnehmen aus den Tassen miteinander in Berührung brachte, ich wieder einen leichten galvanischen Geschmack empfand, welcher sogar einige Dauer besass, wenn man die beiden

---

[1] SEE, Hist. du Galvanisme 2, 209. 1802 nach Mémoires des sociétés savantes et littéraires de la République française 1, 171 u. ff.

Drahte in Beruhrung liess, und welcher sich wiederholt erneute, wenn man die Drahte mehrmals gegen einander bewegte.

„Dieser Geschmack ist noch deutlicher, wenn man die beiden Drahte in eine Flasche mit Salzwasser bringt, indem man sie mittelst eines Korkes so festhalt, dass sie einander nicht beruhren konnen, taucht man nun die beiden anderen Enden in die aussersten Gefasse der Tassenkrone, oder beruhrt mit ihnen die Enden einer gewohnlichen Saule, wobei man vor allen Dingen den Augenblick abwartet, wo das Wasser sich in der Flasche zu zersetzen beginnt, und bringt man alsdann die beiden Drahtenden, die mit dem Apparat in Verbindung waren, in den Mund, so ist der Geschmack deutlicher ausgesprochen, in einzelnen Fallen kann man sogar eine leichte Erschutterung bemerken, auch hat die Wirkung eine langere Dauer Auch bin ich dazu gelangt, mittelst des neuen Apparates Wasser zu zersetzen

„Dieser Versuch, welcher sich der Erklarung widersetzt, die man nach der elektrischen Theorie zu geben geneigt sein konnte, scheint mir von grosser Bedeutung, und da er vielfach abgeandert werden kann, so wird er wahrscheinlich die Quelle oder Grundlage vieler anderen Experimente werden, und mehr, als ein anderer dazu beitragen, die Theorie dieses neuen Zweiges der Physik klarzulegen

„Ein weiterer, sehr seltsamer Versuch   ist folgender Taucht man die beiden Enden eines einzigen Platindrahtes in die aussersten Gefasse des Tassenapparates, nahert nun die beiden Enden desselben, ohne dass sie sich beruhren, und bringt sie in den Mund, so empfindet man den galvanischen Geschmack, der um so ausgepragter ist, je grosser der Durchmesser der beiden Drahte ist

„Es ist fur das Gelingen dieses Versuches nicht nothwendig, dass die beiden aussersten Tassen Salzwasser enthalten, da die salzige Losung einige Zweifel uber die Ursache des Geschmackes hervorrufen konnte, um daher jede Unsicherheit zu beseitigen und den Versuch in seine einfachste Gestalt zu bringen, habe ich zwei wohlgereinigte Tassen mit destillirtem Wasser gefullt, habe diese beiden Tassen mit den aussersten Gefassen meines Apparates durch zwei Platindrahte verbunden und dann in die Tassen mit destillirtem Wasser die beiden Enden des Platindrahtes gesenkt, den ich zu dem Geschmacksversuch benutzen wollte, ich habe diese den Leitungsdrahten genahert, und die Entwickelung der Gasblasen abgewartet, die von der Zersetzung des Wassers herruhrten Auf diese Weise erhalte ich das Maximum von Geschmackswirkung, das bei derartigen Versuchen zu erzielen ist Ich glaube nicht, das man mit Volta diesen Geschmack der Wirkung von Saure und Alkali zuschreiben kann, die aus der Zersetzung des Wassers stammen, denn wenn man die beiden Enden des aus den Tassen genommenen Drahtes in reinem Wasser abspult, so kann man dennoch damit einen sehr ausgesprochenen Geschmack hervorrufen, taucht man zum Vergleiche die beiden Enden eines Platindrahtes in Salpetersaure einerseits, in ein beliebiges Alkali andererseits, und dann in ein Glas Wasser, so genugt

dieses einfache Eintauchen, um sie völlig von diesen wirksamen Stoffen zu
befreien, und sie bringen hernach auf der Zunge nicht mehr die mindeste
Geschmackswirkung hervor. Dieser Versuch, den ich für grundlegend halte,
scheint mir die aufmerksamste Untersuchung zu verdienen.

„Die verschiedenen Meinungen der Gelehrten über die Erklärung dieser
merkwürdigen Erscheinungen lassen sich in drei Klassen bringen.

„Einige Gelehrte, die die dritte Klasse bilden, glauben, dass ein unbekanntes Agens sich mit dem elektrischen Agens verbinde, um damit zusammen die galvanischen Erscheinungen hervorzubringen; sie stützen sich
darauf, dass verschiedene dieser Erscheinungen sich einer Erklärung gemäss
den bekannten Gesetzen der Elektricität widersetzen. Meine Versuche scheinen
dieser letzteren Meinung günstig zu sein. Jedenfalls ist es sicher, dass die
Zersetzung des Wassers mittelt meiner neuen Apparate nichts mit dem gemein hat, was man von der Elektricität gegenwärtig weiss.

An die Versuche von GAUTHEROT schlossen sich fast unmittelbar die
von RITTER,[1] der nach seiner Mittheilung schon früher ähnliche Erscheinungen
beobachtet hatte und sie aus seinen allgemeinen Anschauungen erwartete.
RITTER knüpft an die von ihm untersuchten physiologischen Erscheinungen
an, welche sich vielfach nach dem Schema beschreiben lassen, dass im
Augenblicke der Öffnung des Stromes das Entgegengesetzte von dem geschieht,
was bei der Schliessung stattgefunden hatte. Er stellte sich demgemäss die
Frage, ob diese Umkehr nicht eine Eigenschaft aller Körper sei. „Diese
Frage war bejaht, als ich im Sommer 1801 fand, dass von zwei Golddrähten,
welche im Kreise der Batterie in der Glasröhre eine geraume Zeit Gas
gegeben hatten, derjenige, welcher Oxygengas gegeben hat, bei der Trennung
aus dem Kreise der Batterie nach einer sehr kurzen Pause noch einen
schwachen Strom Hydrogengas, der hingegen, welcher Hydrogengas gegeben,
nach gleich kurzer Pause einen schwachen Strom Oxygengas nachgebe."

RITTER schildert darauf einige Versuche, die denen von GAUTHEROT ganz
ähnlich sind. Eine Erweiterung fand dahin statt, dass RITTER ausser Platin
noch eine ganze Reihe anderer Leiter für den Versuch tauglich fand, und
zwar „beinahe die ganze VOLTA'sche Reihe der Leiter erster Klasse und
zwar im Allgemeinen um so mehr, je näher der Körper dem negativen Ende
der Reihe, dem krystallisirten Braunsteinoxyd lag. Ferner verhielt sich
die Stärke der Wirkung nur bis zu einer gewissen Anzahl Plattenpaare der
anfangs dazu angewandten Batterie wie diese Anzahl, und dann blieb sie
nach und nach stehen . ein Punkt, der für jedes Metall ein anderer war."
Hier lässt sich eine erste Andeutung des Polarisationsmaximums erkennen.
Ferner entging RITTER die Vergänglichkeit des Polarisationszustandes nicht
„Doch bleiben die Einflüsse der Batterie auf die Metalldrähte nicht für
immer in denselben zurück. Nur im Augenblicke nach der Trennung von
der Batterie sind sie mit dem Maximum zugegen, später nehmen sie ab

---

[1] VOIGT's Magazin, 8, 105 1803

und verlieren sich nach und nach ganz, so dass, wenn man auch die Drahte nach der Trennung von der Batterie gar nicht untereinander berührt, sondern ganz ruhig liegen lässt, man nach Zeit von $^1/_2$ bis $^3/_4$ Stunden doch keine Spur von zurückgebliebenem Einfluss mehr erkennen kann. Schneller wird er aber durch wirkliche nachherige Berührung der Drahte unter sich erschöpft, und zwar um so schneller, je besser der Leiter zweiter Klasse dabei ist"

Während diese Versuche im Wesentlichen sich an die von GAUTHEROT anschliessen, machte RITTER darin einen wichtigen Fortschritt, dass er auf den Gedanken kam, eine Anzahl solcher veränderter Metalle zu einer Säule zu schichten. „Es war nämlich im Anfange des December 1802, als mich die ungemeine Ähnlichkeit solcher der Wirkung der VOLTA'schen Säule ausgesetzt gewesener Drahte mit galvanischen Ketten oder schwachen Batterieen selbst veranlasste, statt der Drahte Platten zu nehmen, und zu versuchen, ob sich die Menge kleiner einzelner Spannungen dieser Platten nicht ebenso zu einer gemeinschaftlichen grossen Spannung und davon abhangender Wirkung auflosen wurde, wie das mit dem einzelnen Lagen bei VOLTA's Batterie der Fall ist. Auch waren mir durch die vorige Untersuchung fast alle Elemente gegeben, die mich dabei leiten konnten.

„Man schichte 50 Kupferplatten, wovon jede etwas grosser, als ein Laubthaler und etwa so dick, wie ein Kartenblatt, mit ebenso viel kochsalznassen Pappen von ungefähr 2 Quadratzoll Flache und 1 Linie Dicke, nach der Ordnung Kupfer, Pappe, Kupfer, Pappe, Kupfer u. s. w., und beschliesse die Reihe zuletzt ebenfalls mit Kupfer. Man verbinde jetzt das obere Ende dieser Säule A durch einen Eisendraht mit dem $+$ = oder dem Oxygenpol, das untere Ende derselben durch einen anderen Draht mit dem $-$ = oder Hydrogenpol einer gewohnlichen VOLTA'schen Batterie von 90 bis 100 Lagen. und lasse beides 3 bis 5 Minuten in Verbindung. Darauf nehme man schnell einen oder beide Verbindungsdrahte ab, und verbinde schliesslich A was früher gar nichts gab von einem Ende zum anderen mit einem Eisendraht. Man wird nun einen schonen rothen sternformigen Funken haben. Schliesst man, statt eines Eisendrahtes, mit einer Rohre voll Wasser, welche mit zwei Golddrahten versehen ist, die nahe aneinander stehen, so wird man sogleich mit der Schliessung an beiden Drahten Gasentbindung haben. Schliesst man statt der Gasrohre mit beiden Handen, welche man vorher mit Kochsalz- oder Salmiakauflosung gehorig feucht gemacht und mit Massen von Zink und Eisen armirt hat, so wird man Schlage bekommen. Bringt man, statt der einen von beiden Handen ein Auge, ein Ohr, die Nase, die Zunge, oder sonst einen Theil des Korpers in den schliessenden Kreis, so hat man in jedem dieser Organe dieselben Empfindungen, die VOLTA's Batterie selbst zu geben pflegt .

„Scheint die Säule durch Schliessung erschöpft zu sein, so darf man sie meist nur eine kleine Zeit ruhen zu lassen, und sie wirkt sogleich von Neuem wieder in einem ihrem Alter und den übrigen Umstanden angemessenen Grade.

„Auch hat die Säule A während ihrer Verbindung mit der Batterie eine bedeutende elektrische Spannung angenommen. Sie behält diese Spannung nach der Trennung der Verbindung mit letzterer. Sie nimmt aber nach und nach ab, bis sie zuletzt unmerklich wird. Die Spannung ist an ihr ebenso projicirt, wie an Volta's Säule, und befolgt bei den Veränderungen genau denselben Gang. Auch kann man bei jedem Grade der Spannung, welchen die Säule A hat, eine Leidener Flasche an ihr bis zu dem nämlichen Grade der Spannung laden, ohne dass man dabei einen davon herrührenden Abgang an ihrer eigenen gewahr würde."

Nach dieser Darstellung der wesentlichsten Eigenschaften seiner „Ladungssäule" geht nun Ritter dazu über, eine grosse Anzahl einzelner Versuche und Anordnungen zu beschreiben, die alle mehr oder weniger unmittelbare Folgerungen aus dem Gesagten sind, so dass es nicht erforderlich erscheint, auf diese sehr weitläufigen Auseinandersetzungen einzugehen. Einiges Neue, insbesondere über den Einfluss der Leitfähigkeit der Flüssigkeiten in der Volta'schen und in der Ladungssäule, ist von unerheblicher Bedeutung. Schliesslich sucht er noch durch Versuche nachzuweisen, dass die chemischen und die physiologischen Wirkungen der Säule von einander unabhängig sind, und dass es eben so wohl möglich ist, chemische Wirkung ganz ohne physiologische hervorzubringen, wie umgekehrt.

Während sich Ritter in dieser Mittheilung in einer ganz anerkennenswerthen Weise auf dem Boden der Thatsachen hält, hat er diesen später, durch seine immerfort thätige Phantasie zu weit geführt, mehr und mehr unter seinen Füssen verloren, wie es scheint, nicht ohne die Schuld seiner wissenschaftlichen Freunde und Anhänger. Ein seltsames Zeugniss davon hat sich in einem Schreiben erhalten, das von Chr Bernoulli an van Mons gerichtet, und von diesem in seinem Journal de Chimie et de Physique, Februar 1804, abgedruckt worden ist. Dieses Schreiben ist von dort in eine ganze Anzahl anderer Zeitschriften übergegangen, unter anderen auch in Gilbert's Annalen [1]

„Da Hr Ritter gegenwärtig in der Nähe von Jena lebt, hatte ich keine Gelegenheit, Versuche mit seiner grossen Batterie von zweitausend Stücken zu sehen. Auch habe ich keine Versuche mit der von ihm neu erfundenen Batterie gesehen, die aus einem einzelnen Metalle besteht, und die er die Ladungssäule nennt.

„Dagegen habe ich ihn einen Louisd'or galvanisiren gesehen. Er legt ihn zwischen zwei Stücke Pappe, die gut benetzt sind, und hält ihn sechs oder acht Minuten in dem geschlossenen Kreise der Säule, und auf diese Weise wird der Louis geladen, obwohl er nicht in unmittelbare Berührung mit den leitenden Drähten kommt. Wird der auf diese Weise geladene Louis mit den Cruralnerven eines frisch präparirten Frosches in Berührung gebracht, so werden die gewöhnlichen Zusammenziehungen erregt. Ich hatte

---

[1] Gilbert's Ann 24, 101 1806

den so galvanisirten Louis in meine Tasche gesteckt, und Hr RITTER sagte einige Minuten darauf zu mir, dass ich diesen Louis zwischen den anderen herausfinden konnte, wenn ich sie alle mit dem Frosch versuchen wollte. Ich machte demgemass den Versuch, und fand in der That unter den anderen einen, dessen erregende Kraft sehr deutlich war Diese Ladung wird in dem Maasse langer zurückgehalten, als das Stuck langer in dem Kreise der Saule gewesen war Von drei Louis, die Hr RITTER in meiner Gegenwart lud, verlor keiner seine Ladung in weniger als fünf Minuten Diese Versuche gelangen vollkommen, und nichts scheint so einfach, als sie zu wiederholen

„Dass das Metall so die galvanische Ladung behalten kann, obwohl es mit der Hand oder mit anderen Metallen in Berührung steht, zeigt, dass diese mehr Ahnlichkeit mit dem Magnetismus hat, als mit der Elektricitat, und dem galvanischen Fluidum wird dadurch eine Zwischenstellung zwischen beiden angewiesen

„Hr RITTER kann auf die eben beschriebene Weise eine beliebige Anzahl von Stucken auf einmal laden Es ist nur nothig, dass die beiden aussersten Stucke der gesammten Anzahl mit der Saule durch nasse Pappe verbunden sind [1] Mit so geladenen metallischen Platten, die abwechselnd mit Stucken nasser Pappe auf einander geschichtet werden, construirt Hr RITTER seine „Ladungssaule", die zur Erinnerung an ihren Erfinder die RITTER'sche Saule genannt werden sollte Die Construction dieser Saule zeigt, dass jedes auf diese Weise behandelte Metall Polarität annimmt, wie es die mit einem Magnet berührte Nadel thut. Obwohl ich keine Gelegenheit gehabt habe, die neue Saule zu sehen, habe ich mich doch von der Wirklichkeit der Erscheinung durch einen Versuch von der grossten wissenschaftlichen Bedeutung uberzeugen konnen, für dessen Erfindung wir demselben genialen Forscher verpflichtet sind

„In seinen zahlreichen Versuchen uber die Erregung des Frosches durch verschiedene Metalle denn er hat die ursprungliche Weise zu galvanisiren noch nicht völlig aufgegeben, wie die anderen Experimentatoren, welche ausschliesslich die VOLTA'sche Saule benutzen hat Ritter nicht nur sehr auffallende Verschiedenheiten in der Erregbarkeit der verschiedenen Korpertheile beobachtet, sondern auch einen Unterschied zwischen der Erregung der Extensoren und der Flexoren, je nachdem der positive oder negative Pol angelegt wird, und je nachdem die Wirkung beim Schliessen oder Offnen der metallischen Kette erfolgt

„Wenn die Erregbarkeit auf ihrer hochsten Stufe ist, wie bei jungen Froschen unmittelbar nachdem sie praparirt worden sind, oder bei erwachsenen Froschen wahrend der Paarungszeit, so zucken allein die Flexoren, und insbesondere zucken die Flexoren des Schenkels, an welchem sich das Silber

---

[1] Hier liegt offenbar ein Missverstandniss des Berichterstatters vor, es muss zwischen alle Stucke nicht nur zwischen die aussersten nasse Pappe gelegt werden

oder negative Metall befindet, in dem Augenblicke, wo sich die Metalle berühren, während die des mit dem Zink oder positiven Metall in Verbindung stehenden Muskels in dem Augenblicke zucken, wo die Trennung erfolgt

„Nachdem mir Hr Ritter die verschiedenen Grade der Erregbarkeit gezeigt hatte, machte er mich aufmerksam, dass das durch die Verbindung mit der Säule galvanisirte Stück Gold gleichzeitig die Wirkung zweier Metalle ausübt, sich also wie ein Paar von Metallen oder wie ein Bestandtheil der Säule verhält, und dass die Hälfte, die im Kreise dem negativen Pole zunächst gewesen war, sich positiv verhält, während die nach dem positiven Pole gewendete Hälfte negativ geworden ist "

Soweit stimmt der Bericht, wie man sieht, mit dem überein, was Gauthlerot beobachtet hatte, nur dass jener als Hilfsmittel der Beobachtung den Geschmack auf der Zunge, Ritter das Zucken des präparirten Frosches benutzt hat Dann aber fährt der Berichterstatter fort

„Da sich das Metall nicht nur galvanisiren, wie das Eisen magnetisiren lasst, sondern auch wie die Magnetnadel zwei Pole zeigt, so war Hr Ritter neugierig, wie eine galvanisirte Goldnadel sich verhalten möchte, wenn man sie frei auf einer Spitze schweben lässt Er war nicht wenig überrascht, zu sehen, dass diese Nadel eine bestimmte Neigung und Abweichung Declination und Inclination hatte, und dass der Winkel der Abweichung den ich leider vergessen habe, in allen Versuchen beständig derselbe war Doch ist er von dem der Magnetnadel verschieden, und immer sinkt der positive Pol herab "

Hierzu fügt der Herausgeber der „Annalen der Physik", Gilbert, die Bemerkung „Und dieses erzählt Herr Christoph Bernoulli den Franzosen und Engländern in einem Tone, dass sie glauben müssen, das letztere sei eine in Deutschland allgemein bekannte und von Niemandem bezweifelte Thatsache. Was müssen die gründlichen und bedachtsamen Naturforscher die diesen Versuch wiederholen, von dem Zustande der Physik in Deutschland für einen sonderbaren Begriff erhalten!"

Indessen scheint doch trotz des Protestes von dieser Seite Ritter's Arbeit ein grosses Aufsehen gemacht zu haben In Frankreich wurde sie durch Oersted[1] verbreitet, der um jene Zeit gleichfalls Ritter besucht und in ihm einen Geistesverwandten gefunden hatte Denn dieser später durch seine Entdeckung der Ablenkung der Magnetnadel durch den Strom berühmt gewordene Physiker war ein womöglich noch schlimmerer Naturphilosoph, als Ritter, und die capitale Entdeckung, die ihm später geglückt ist, zeigt, wie die Natur ihre Geheimnisse sich gelegentlich auf den absurdesten Wegen ablauschen lasst Doch zeigt sich hier gleichzeitig, dass wohl ein seltener Fund auch solchen Leuten glücken kann, dass aber die wissenschaftliche Verwerthung des gefundenen Schatzes andere Kräfte erfordert Oersted hat an der wissenschaftlichen Entwickelung des Elektromagnetismus keinen weiteren Antheil genommen

---

[1] Journ de Physique, **57**, 345 1803

Auch Ritter selbst ist unzweifelhaft auf seine Entdeckung in hohem
Maasse stolz gewesen, es geht dies daraus hervor, dass er von ihr eine neue
Epoche in der Geschichte des Galvanismus zu rechnen vorschlagt. Nach
ihm hat sich die Entwickelung dem nachstehenden Schema gemass vollzogen [1]

	Erzeugung der Elektricitat durch Isolatoren (Das erste geriebene Stuck Bernstein bis herauf zu den Elektrisirmaschinen aller Art)
Erste Zeit Zeit der Isolatoren	Aufnahme oder Ladung der an Isolatoren erzeugten Elektricitat durch Isolatoren (Leidener Flasche u s w)
Zweite Zeit Zeit der Leiter	Erzeugung der Elektricitat durch Leiter (Volta's Batterie)
	Aufnahme oder Ladung der an Leitern erzeugten Elektricitat durch Leitung (meine [Ritter's] Saule)

Was die Auffassung anlangt, welche Ritter von den fraglichen Erscheinungen hatte, so sind diese ihm Beweise dafur, dass sich die galvanische
Elektricitat den Metallen dauernd mittheilen lasse, wie der Magnetismus dem
Eisen, nur mit dem Unterschiede, dass sie nicht so lange haften bleiben,
wie der letztere. In einer spateren Veroffentlichung,[2] in welcher die vorstehend gegebenen Mittheilungen im Wesentlichen wiederholt werden, war
fur Ritter schon aus der Ahnlichkeit eine vollige Gleichheit geworden. Er
behauptete nichts weniger, als dass eine aus Zink und Kupfer zusammengesetzte Doppelnadel, die man nach Art einer Magnetnadel beweglich auf
eine Spitze gesetzt hat, vollig die Eigenschaften einer Magnetnadel in Bezug
auf Lage und Neigung besitzt, und die Stelle einer solchen vertreten kann.
Diese Behauptung wurde von Erman[3] gepruft, und in allen Stucken unbe-
grundet befunden.

Wahrend Ritter's Ladungssaule bei den meisten zeitgenossischen Forschern lebhafte Anerkennung fand, erklarte Volta,[4] einem Brief von Brugnatelli an van Mons gemass, dass in die Ritter'sche Saule keine Ladung
ubergehe. „Die anhaltend hindurchstromende Elektricitat wandelt vermoge
ihrer chemischen Wirkung die einzige feuchte Lage, welche sich z B
zwischen zwei Goldstucken befindet, in zwei verschiedenartige Flussigkeiten
um, eine saure da, wo der elektrische Strom aus dem Metalle tritt, und eine
alkalische da, wo er in das Metall hineingeht. Die vorher unwirksame Saule
wird dadurch zu einer Saule zweiter Art, dergleichen aus einem Metalle und
zwei heterogenen Flussigkeiten bestehen, ihre Wirkung ist indessen nicht

---

[1] Voigt's Magazin, 6, 105 1803
[2] Das elektrische System der Korper, Leipzig 1805 S 379
[3] Gilbert's Ann 26, 20 1807
[4] Journ de Chim et de Phys par van Mons, 6, 132 1805 — Gilbert's Ann. 19, 140 1805

von langer Dauer, weil die beiden heterogenen Flüssigkeiten sich bald vermischen"

VOLTA ist hier offenbar der Entdeckung von RITTER nicht gerecht
geworden, da er über die bemerkenswerthe Thatsache, dass gerade die
chemische Wirkung des elektrischen Stromes in der vorher unwirksamen
Säule stets die Änderung hervorruft, durch welche letztere einen entgegengesetzten Strom erzeugen kann, hinweggeht, ohne sie zu würdigen Die
beiden Forscher, VOLTA und RITTER, haben in dieser Frage ihre wissenschaftlichen Rollen in seltsamer Weise getauscht RITTER, der in der Erkenntniss
des engen Zusammenhanges der chemischen Erscheinungen mit den galvanischen weiter vorgeschritten war, als die meisten seiner Zeitgenossen, und
insbesondere als VOLTA, übersieht den wesentlichen chemischen Vorgang in
seiner Ladungssäule, und betrachtet die Ladung seiner Säule als eine rein
elektrische, wobei er sich noch in einigen Gegensatz zu den Lehren der
Elektrik stellen muss, da diese Ladungen sich auch bei ableitender Berührung erhalten. VOLTA dagegen, welcher die chemischen Vorgänge in
und an seiner Säule anfangs übersehen hatte, und welcher später mit grösstem
Eifer diesen chemischen Vorgängen alle und jede Bedeutung für die Erscheinungen seiner Säule absprach, weiss ganz richtig die Vorgänge der
RITTER'schen Säule auf chemische Scheidungen zurückzuführen, und spricht
aus diesem Grunde der letzteren jedes besondere Interesse ab Auch er
muss mit seiner Auffassung den Thatsachen einigen Zwang anthun, denn
die S 117 beschriebenen Versuche mit dem „geladenen" Goldstück fügen
sich seiner Erklärung nicht ohne weiteres. In der That wissen wir gegenwärtig, dass ausser den Änderungen in der Flüssigkeit auch noch solche am
metallischen Leiter in Betracht kommen, und dass insbesondere die Wasser-
stoffaufnahme durch gewisse Metalle, wie Platin, diesen eine andere Stellung
in der „Spannungsreihe" giebt

Auf diese Erklärung hat zuerst BRUGNATELLI[1] aufmerksam gemacht, und
RITTER erklärte später,[2] dass er sich ihr anschliesse Allerdings ging es
auch hier nicht ohne die gewohnten Übertreibungen ab, RITTER sah alsbald
überall Wasserstoffverbindungen der Metalle, auch wo sie nicht vorhanden
waren, und die Hydrure spielen von dieser Zeit ab bei ihm eine so grosse
Rolle, dass er auch die bald darauf von DAVY entdeckten Alkalimetalle als
Hydrure auffasst

10. Das elektrische System der Körper In seinem schon vorher
(S 181) erwähnten Buche, das im Jahre 1805 erschien, haben wir fast zum
letzten Male Gelegenheit, RITTER als exacten Forscher zu sehen, denn
unmittelbar an die hier niedergelegten Arbeiten schliessen sich Beschäftigungen dieses phantasiereichen Mannes, die ihn in gleicher Weise in die
Hände von Betrügern bringen, wie das in nicht allzulange vergangener Zeit
mit einem anderen hochbegabten Forscher geschah Auch lässt sich dieser

[1] Journ de Phys **62**, 298 1806 — GEHLENs Journ **1** 74 1806
[2] GEHLENs Journ f d Chemie und Physik **1**, 356 1806

Übergang in dem vorliegenden Werke schon an vielen Stellen deutlich erkennen. Neben sehr allgemeinen und von glänzender Begabung zeugenden Ideen finden sich Behauptungen über experimentell leicht zu prüfende That-sachen, die aller Wahrheit in's Gesicht schlagen, und bei denen man nicht begreifen kann, wie ein Physiker, der sein Leben in eifrigster Experimental-arbeit zugebracht hatte, in solchem Maass der Selbsttäuschung zugänglich sein konnte.

Ritter beginnt zunächst mit einigen Abänderungen der Versuche von Wollaston S. 153, die er mit grosser Sicherheit in ihrem eigentlichen Wesen zu beurtheilen weiss. Nachdem er geschildert hat, was für eine ungewöhn-lich starke Wasserstoffentwickelung man durch Berührung von Zink mit Gold unter starker Salzsäure erhalten kann, wobei die Hauptmenge des Wasser-stoffes am Golde erscheint, fügt er hinzu: „In allen diesen Versuchen zeigt das Zink nach der Berührung mit dem anderen, bloss Hydrogen gebenden Metall keine stärkere, auch keine schwächere Gasentbindung als zuvor, wohl aber nimmt seine Auflösung in der Säure zu, und ein Stück Zink, mit Gold unter Säure in Berührung, ist weit eher aufgelöst, als für sich, ohne diese Berührung. Offenbar rührt dies Mehr der Auflösung von der Oxydation . . . her, die am Zink zufolge der geschlossenen Kette statthat, und der Antheil · Hydrogen, der am Golde erscheint, ist derjenige, der jenem Oxygen, das Folge der Kette ist, entspricht, und wie es scheint, nicht mehr, noch weniger. Das, was ohne Kette zu dem Oxygen gehört, welches das Zink oxydirt, bleibt am Zink."

Diese Ansicht hat sich in der Folge als vollkommen richtig bewährt, und fast das Gleiche gilt für den allgemeinen Ausspruch der chemischen Theorie der Kette, der sich in den gewohnten unübersehbaren Perioden Ritter's folgendermaassen ausgedrückt findet: „Dass in einer galvanischen Kette, und somit auch in der Säule oder Batterie, nur dann Action statthat, wenn wenigstens der eine Leiter erster Klasse in ihr, oder wenn nur über-haupt einer in ihr vorhanden war, dieser eine, auch ausserhalb der Kette schon von dem Leiter zweiter Klasse, oder wenn zwei derselben vorhanden waren, von wenigstens einem derselben angegriffen, chemisch angegriffen wird, und dass die Action jener in dem Grade statthat, als dieses geschieht."

Der Gedankengang Ritter's in dem weiteren Verfolg seines Werkes ist nun folgender: Dass die Leiter erster Klasse in einer Spannungsreihe stehen, wird am sichersten dadurch bewiesen, dass man aus solchen allein keine wirksamen Säulen bauen kann. Nun kann man auch aus Leitern zweiter Klasse allein keine wirksamen Säulen bauen: folglich stehen auch diese in einer Spannungsreihe. (Dieser Schluss ist vom Standpunkte der damaligen Kenntnisse aus untadelhaft, denn wirksame Ketten aus feuchten Leitern allein wurden erst viel später nachgewiesen.) Ferner erschöpfen sich alle Säulen nach kürzerer oder längerer Frist; in diesen Säulen muss dann auch die Spannungsreihe herrschen. In solchen erschöpften Säulen haben die che-mischen Vorgange aufgehört; folglich gehören alle Stoffe, wenn man die

chemischen Vorgänge ausschliessen kann, zu einer und derselben unbegrenzt
grossen Spannungsreihe, die alle existirenden Substanzen umfasst, insofern
sie nur überhaupt die Elektricität zu leiten vermögen

Man kann offenbar dieser Idee eine gewisse Grossartigkeit nicht ab-
sprechen, und muss auch zugestehen, dass sie aus den gemachten Prämissen
ganz sachgemäss abgeleitet ist   Leider verliert sich Ritter bei dem Versuche, den Gedanken allgemein durchzuführen, sehr bald in Inconsequenzen
und Willkürlichkeiten, die ihm bald eine scharfe und keineswegs unberech-
tigte Kritik aus der Feder Pfaff's zuzogen [1]   Wir folgen ihm nicht auf
diesen Wegen, doch ist es lohnend, den ursprünglichen Gedanken von einem
anderen Standpunkte aus zu betrachten

Wir haben oben gesehen, dass die Gesammtheit der an der Säule beobachteten Thatsachen sich durch die Annahme erklären lässt, dass zwischen
den Metallen überhaupt keine elektrische Spannung eintritt, und eine solche
nur zwischen Metallen und feuchten Leitern stattfindet   Denkt man von
diesem Gesichtspunkte aus die obenstehende Schlussreihe Ritter's noch
einmal durch, so nimmt sie die Gestalt an   Zwischen Metallen findet keine
Spannung statt, zwischen feuchten Leitern allein auch nicht   In einer erschöpften Kette hat mit der Spannung gleichzeitig auch der chemische Vorgang aufgehört, folglich findet zwischen Leitern verschiedener Klassen auch
keine Spannung statt, wenn kein chemischer Vorgang zwischen ihnen erfolgt
Der Satz, dass alsdann alle Stoffe Glieder derselben Spannungsreihe bilden,
verwandelt sich hierdurch in den anderen, dass zwischen verschiedenen Leitern
überhaupt keine Spannungen bestehen, wenn nicht chemische Vorgänge
zwischen ihnen stattfinden   Ein solcher Satz würde sich dem von Ritter
gegenüber durch noch grössere Einfachheit und Durchsichtigkeit empfehlen,
und würde dasselbe Thatsachenmaterial darstellen wie jener

Indessen ist bei beiden Sätzen eine stillschweigende Voraussetzung ge-
macht worden, die nicht begründet ist, und mit der der ganze Schluss fällt
Diese Voraussetzung ist folgende   Aus dem Umstande, dass in der erschöpften
Kette die Summe aller Spannungen Null ist, hat man geschlossen, dass auch
alle Summanden einzeln Null sind   Durch die Einschaltung einer feuchten
Schicht zwischen zwei Metalle werden aber jedes Mal zwei neue Berührungsstellen geschaffen, und damit die Summe aller entsprechenden Spannungen
Null wird, ist offenbar genügend, wenn an diesen beiden Berührungsflächen
die algebraische Summe der Spannungen Null ist, d h wenn sie entgegengesetzt gleich sind   Dieses ist aber thatsächlich, wie wir jetzt wissen, der
Fall, und das oben ausgesprochene allgemeine Gesetz ist somit falsch

Dieser Einwand trifft offenbar den Satz von Ritter nicht minder, wie
den entsprechenden aus der zweiten Voraussetzung abgeleiteten, und damit
fällt für uns der Grund fort, uns weiter mit den Einzelheiten zu beschäftigen,
in denen Ritter die Schlussfolgerungen seines Satzes in die Breite zieht

---

[1] Gilbert's Ann 28, 223 1808

Die eben durchgeführte etwas eingehendere Betrachtung erschien nützlich, weil sie ein gutes Beispiel für einen häufig begangenen Fehler in wissenschaftlichen Arbeiten gewährt

Auch für die Nichtleiter stellt RITTER eine Spannungsreihe auf, die auf den Erscheinungen der Elektrisirung beim Reiben beruht, und er macht auf einige Beziehungen zu anderen Eigenschaften, insbesondere zur Härte aufmerksam, die heute noch Beachtung und Verfolgung verdienen. Von ganz besonderem Interesse aber ist, dass er das Auftreten der Idee einer Spannungsreihe schon 40 Jahre vor VOLTA bei TORBERN BERGMANN nachweist, über welchen PRIESTLEY in seiner Geschichte der Elektricität (S 146 der deutschen Übersetzung) folgendes berichtet

„Aus dem Ganzen schloss er, dass eine gewisse festgesetzte Ordnung in Ansehung der positiven und negativen Elektricität stattfinde, worunter alle Körper gebracht werden können, da unterdessen andere Umstände einerlei bleiben Man gedenke sich unter A, B, C, D, E gewisse Substanzen, deren jede, wenn sie mit einer vorhergehenden gerieben wird, negativ, mit einer folgenden aber positiv elektrisch ist."

Es ist in der That das Wesentliche der Spannungsreihe hier vollkommen klar ausgesprochen

RITTER geht nun schliesslich zu den Versuch über, die Spannungsreihe über alle Körper, Leiter und Nichtleiter auszudehnen. Wir können ihm hier nicht folgen, denn es gelingt ihm nicht, den Gedanken ohne grosse Willkürlichkeiten und Verwickelungen durchzuführen. Doch möchte ich nicht unausgesprochen lassen, dass in diesen oft recht absurden Darlegungen mir ein brauchbarer wissenschaftlicher Kern zu liegen scheint der unter entsprechender Pflege gute Früchte in Aussicht stellt

Eine Spannungsreihe sowohl der Leiter erster, wie der zweiter Klasse wurde von J A HEIDMANN aufgestellt Das Verfahren bestand einerseits darin, dass er Säulen aus den zu untersuchenden Stoffen aufbaute, und aus den Erscheinungen in einer eingeschalteten mit Wasser gefüllten Zersetzungsröhre auf die Richtung und einigermaassen auch auf den Betrag der galvanischen Erregung schloss, andererseits in einem Verfahren mit dem präparirtem Froschschenkel, welches nur wenig von dem RITTER's (S. 112) verschieden war. [1] In Bezug auf die Ursache dieser Erscheinungen spricht er sich folgendermaassen aus

„Nun habe ich in meinem Werke .   umständlich bewiesen, dass die Wirksamkeit einer galvanischen Kette einzig und allein durch die chemischen Veränderungen bestimmt wird, die während einer zweckmässigen Verbindung zweier heterogener fester Leiter, vorzüglich metallischer Substanzen, die zum Sauerstoff eine vorzügliche Verwandtschaft äussern, in Berührung mit einer wasserhaltigen Flüssigkeit vor sich gehen, und dass die Oxydirbarkeit eines Metalles durch den Contact mit einem anderen zum Oxygen nahe verwandten Körper verstärkt wird, so dass es nun die in der Kette vorhandene wasserhaltige Flüssigkeit zu zersetzen vermag, und dass diese chemische Action die Erzeugung einer elektrischen Flüssigkeit begleite und veranlasse."

Die erhaltene Spannungsreihe hier wiederzugeben, hat keinen Zweck; sie ist etwas vollständiger, als die von VOLTA (S. 52) aufgestellte, aber im übrigen wenig von ihr verschieden. Von grösserem Interesse ist die für Flüssigkeiten aufgestellte Spannungsreihe, zu der HEIDMANN folgende Bemerkungen macht:

„Jederzeit ist die zuerst stehende Flüssigkeit die oxydirende, besitzt das grösste chemische Wirkungsvermögen und bestimmt den Oxygenpol einer galvanischen Kette mit den meisten festen Leitern. Jede in der Reihe nachfolgende Flüssigkeit erscheint mit jener als blosser Leiter und zeigt den Hydrogenpol im Gasapparate an. — Ich wandte zu diesen vergleichenden Versuchen reine Kohle, Platindraht und Bleidraht zu wechselseitiger Verbindung der beiden heterogenen und zu untersuchenden Flüssigkeiten an, in der Absicht, weil die beiden ersten festen Leiter nicht so leicht eine chemische Veränderung in ihrer Beschaffenheit erleiden, und weil in Fällen, wo keine merkliche galvanische Action aus ihrer Berührung mit der Flüssigkeit hervorgehen wollte, ein oxydirbarerer Körper, der Bleidraht nöthig war. — Die elektrische Leitfähigkeit der Flüssigkeiten ist nach diesen Versuchen mit ihrem chemischen Wirkungsvermögen durchaus übereinstimmend und gleichen Schritt haltend."

Die vorstehenden Bemerkungen enthalten manchen richtigen Satz, dessen Bedeutung vollständig zu erfassen allerdings erst einer viel späteren Zeit vorbehalten blieb. Es lassen sich aus der Litteratur jener Zeit noch manche ähnlich lautende Auseinandersetzungen anführen, die alle zeigen, wie jeder, der sich mit Fragen über die Quelle des galvanischen Stromes und die Abhängigkeit dieser Wirkung von der Natur der betheiligten Stoffe eingehend beschäftigt, unwiderstehlich auf die „chemische" Theorie des Galvanismus geführt wird, da eben die Beziehung dieser Dinge zu den chemischen Eigenschaften der Stoffe unverkennbar ist. Indessen werden solche Äusserungen bald seltener und seltener. Der maassgebende Einfluss der Anschauungen VOLTA's macht sich immer kräftiger geltend, und trotz einzelner glänzender Ausnahmen verschwinden bald die nach dieser Richtung unternommenen Arbeiten fast vollständig von der wissenschaftlichen Tagesordnung.

Gegen die Richtigkeit der von HEIDMANN aufgestellten Reihen wurden übrigens bald von PFAFF [1], der sich mit ähnlichen Versuchen beschäftigte, Einwendungen erhoben; insbesondere erklärte dieser die Anwendung des Froschpräparats für sehr bedenklich, da je nach dem Zustande desselben ganz verschiedene Erscheinungen auftreten können. PFAFF stellt die Anwendung des Condensators als das einzige zuverlässige Mittel hin, um auf diesem Gebiete zu Resultaten zu gelangen.

[1] GILBERT's Ann. **22**, 52. 1806.

Die von Pfaff in Aussicht gestellte ausführliche Abhandlung erschien alsbald[1] und brachte eine grosse Zahl sorgfältiger Messungen, die in folgender Weise ausgeführt waren Das zu untersuchende Metall wurde mit der Flüssigkeit deren Wirkung geprüft werden sollte, mittelst einer damit getränkten Pappscheibe in Berührung gebracht, darüber kam eine mit reinem Wasser getränkte Scheibe, welche mit dem Messingdrahte des Condensators berührt wurde Häufig wurden mehrere Schichtungen verwendet, wenn eine einzige keinen genügend unzweideutigen Ausschlag gab. Die erhaltenen Reihen haben insofern einiges Interesse, als sie unzweifelhaft den grossen Einfluss erkennen lassen, den die Natur des feuchten Leiters auf den Sinn der elektrischen Spannung ausübt Diese Reihen sind

Atzkahlösung vom spezifischem Gewicht 1 376
— Zinn, — Zink, — Spiessglanz, — Kupfer und Blei, — Wismuth, — Quecksilber, — Silber, — Braunstein, — Eisen Sämmtliche Metalle werden mit Atzkali negativ, die Wirkung ist sehr stark, verliert sich aber bald Natron verhielt sich ganz wie Kali

Ammoniak, spezifisches Gewicht 0 818
— Zink gleich $\frac{1}{2}$ Kupfer mit Zink, — Kupfer, — Blei, — Silber, — Zinn, + Spiessglanz, — Eisen

Kohlensaures Ammoniak, gesättigte Lösung
— Zink gleich $\frac{1}{2}$ Kupfer-Zink', — Zinn, — Kupfer, — Silber, + Eisen

Gelöschter Kalk in Pulverform
+ Eisen gleich $\frac{3}{8}$ Kupfer-Zink, — Wismuth, — Blei, — Spiessglanz, + Zink, — Zinn, — Kupfer, + Silber

Kalkmilch
— Zinn und Zink gleich $\frac{1}{2}$ Kupfer-Zink', — Kupfer, + Eisen, — Blei, Wismuth, — Silber, — Gold, — Spiessglanz

Schwefelleber, conc
— Silber stärker als Silber-Zink', — Kupferkies, — Braunstein, — Schwefelkies, — Graphit, — + Kupfer, — Antimon, — Zinn und Blei, — Wismuth; — Eisen, — Zink (sehr schwach)

Schwefelammonium
— Silber stärker als mit Schwefelleber, — Kupfer, — Antimon, — Zinn, — Zinn, — Blei, — Wismuth, — Zink

Schwefelsaure, conc
+ Zink, + Silber, + — Zinn, + Blei, + — Eisen, + Antimon, + Kupfer, + Silber Die Wirkungen waren alle schwach

Schwefelsaure, verdünnt
— Zinn, — Zink, — Eisen, — Silber, + Blei, + Kupfer

Salpetersaure, rauchend
+ Eisen stärker als Silber-Zink, + Silber, + Zink, + Zinn, + Kupfer.

Salpetersaure, verdünnt
+ Silber, — Eisen, + Zinn, + Kupfer, + Zink, + Blei, + Wismuth.

Salzsäure, conc

— Kupfer gleich $^2/_3$ Zink-Kupfer, — Silber, — Zinn, — Gold, + Antimon, — Wismuth, + Eisen

Chlor, Lösung

— Zink gleich $^1/_3$ Zink-Kupfer, — Zinn, — Gold, Kupfer gleich Null

Die Metalle sind nach der Grösse der beobachteten Spannung geordnet, bei den meisten Reihen ist der Werth derselben in der Einheit Kupfer-Zink angegeben

Das Resultat, welches Pfaff aus der Gesammtheit seiner Versuche zieht, ist, dass keines der bis dahin aufgestellten Gesetze über die Elektricitäts-erregung zwischen Metallen und feuchten Leitern richtig ist. Weder werden alle mit den Metallen positiv, wie Volta angenommen hatte, noch gilt Davy's Behauptung, dass die Metalle mit den Säuren positiv, mit den Alkalien negativ werden. Letzteres ist zwar fast allgemein gültig, das Verhalten der Säuren hängt aber ganz von der Concentration ab. Die von Ritter in seinem „elektrischen System" aufgestellten Sätze sind mit Pfaff's Messungen fast überall in Widerspruch. Insbesondere kann von der Aufstellung einer Spannungsreihe für die feuchten Leiter keine Rede sein

11 Reduction eines Metalles durch sich selbst. Im Jahre 1804 stellte C F Bucholz [1] folgenden Versuch an, der nicht nur an sich auf-fallend genug ist, sondern auch als Ausgangspunkt einer überaus wichtigen Entwickelung gedient hat, welche entscheidend in die Theorie der Volta'-schen Ketten eingegriffen hat

„Sehr merkwürdig ist die folgende Beobachtung. Ich behandelte 7 Pfund ganz reines Malaccazinn siedend mit 16 Pfund reiner Salzsäure, um eine Auflösung zu bereiten. Als die Auflösung beinahe vollendet und die Flüssigkeit unterdessen zu mässiger Syrupsconsistenz verdunstet war, so wurde das ganze, wegen hereinbrechender Nacht, bei Seite gesetzt. Am anderen Morgen übergoss ich zur Verdünnung, um das Sieden dann noch einige Zeit fortzusetzen, das noch lauwarme Gemisch mit 2 Pfund destillirten Wassers, und liess alles unbewegt stehen. Als ich nach einer Stunde solches wieder in Augenschein nahm, so sah ich mit Verwunderung, dass die ganze obere Lage des in der Flüssigkeit noch vorhandenen unaufgelösten Zinns mit unzähligen Spiesschen, Nadeln, Federchen und Blättchen von schon glänzendem regulinischen Zinn, die eine Länge von $^1/_4$ bis $^1/_2$ Zoll hatten, bedeckt war. Dieselbe Erscheinung konnte ich durch dasselbe Verfahren, bei Behandlung einer neuen gleichen Quantität Zinn und Salzsäure wieder-holt eintreten lassen — Die Ursachen dieser Erscheinung mögen nun sein, welche sie wollen, so ist die letztere doch sehr auffallend und merkwürdig, und es kann nicht ausbleiben, dass nicht auch erstere bald vollständig ent-wickelt werden sollten "

Bald darauf ebenda S 423 beschrieb Bucholz seine Beobachtung ausführ-

---

[1] Neues allg Journ d Chemie, 3, 324 1804

licher und gab die Belege, dass nicht eine Verunreinigung seines Zinns mit
einem leichter oxydirbaren Metalle die Ursache der Ausscheidung sein konnte,
denn das Zinn war rein   Über die anderen möglichen Ursachen äussert er
sich folgendermaassen

„Sollte man vielleicht geneigt sein, die Absonderung des Zinns in
regulinischer Gestalt unter den oben angeführten Umständen durch die
Eigenschaft des salzsauren Zinns, den Sauerstoff stark anzuziehen, erklären
zu wollen, und dabei anzunehmen, dass die eine Portion des salzsauren
Zinns sich auf Kosten der anderen Portion starker oxydire und das Zinnoxyd der anderen Portion vollkommen desoxydire, so muss man nur bedenken, dass dieser Erfolg nicht einmal möglich sein, geschweige denn
wirklich stattfinden konnte   denn nach dynamischen Grundsätzen muss bei
einer gleichartigen Zinnauflösung angenommen werden, dass jeder Theil des
Zinns, des Sauerstoffes und der Säure mit gleicher Kraft auf einander gegenseitig wirken, und dass jedes Theilchen Zinn den Sauerstoff mit gleicher
Kraft anziehe, welches nach jener Annahme nicht der Fall sein durfte, und
jene ist daher eine wahre contradictio in adjecto."

Die Erklärung, welche Bucholz schliesslich am befriedigendsten findet,
ist die Annahme, dass durch das hinzugesetzte Wasser, dessen Nothwendigkeit er betont, ein Theil des Zinnoxyds ausgeschieden werde, und dieser
Antheil sei es, der durch die concentrirte Zinnlösung zu Metall reducirt
werde   „Wem nun auch diese Erklärungsart der Reductionserscheinung des
Zinns nicht genügt, der beschenke uns mit einer anderen   Ich gestehe
offenherzig, keine bessere mehr in petto zu haben, oder lässt sich vielleicht
noch jener Erfolg durch einen galvanischen Process erklären?"

Diese Erklärung durch einen galvanischen Process wurde bald darauf
durch J. W. Ritter geleistet. [1]   Ritter führt die Erscheinung auf den Fall
der einfachen Kette zurück, indem er den von Bucholz nur nebenbei berührten Umstand, dass zwei Schichten verschiedener Concentration
nöthig sind, damit die Wirkung eintritt, als wesentlich nachweist

„Die bequemste Art, solche Ketten zu bilden, ist die, dass man in ein
schmales Glas, ein Weinglas z B, zuerst die spezifisch schwerere Flüssigkeit
von beiden etwa $\frac{1}{2}$ Zoll hoch bringt, über diese dann mittelst Fliesspapier
die spezifisch leichtere in gleicher Höhe so, dass beide Flüssigkeiten eine
möglichst scharfe Grenze haben, und dann den festen Körper, den Leiter
erster Klasse in Form eines Drahtes, Stabs oder einer dünnen schmalen
Platte durch beide Flüssigkeiten behutsam durchsteckt, welcher so, als drittes
Glied, mit den beiden übrigen die galvanische Kette schliesst

„Sie sehen, dass was ich mit Absicht zusammensetzte, in Hrn Bucholz'
Versuche ganz zufällig, aber genau so, wie ich es beschrieb, zu Stande kam."
Und Ritter setzt auseinander, wie schon die kleinste Verschiedenheit in den
Concentrationen der beiden Flüssigkeiten hinreichend ist, den Vorgang ein-

[1] Neues allg. Journ. d. Chemie, 4, 253 1805

zuleiten; auf die Beschaffenheit des Zinns kommt es dabei wenig an. „In Hrn. BUCHOLZ' Beschreibung seines Versuches ist bloss einer Reduction des Zinns Erwähnung gethan. Wo man jedoch in galvanischen Versuchen Reductionen sieht, lassen sie sich als Wirkungen eines durch den Process selbst entbundenen Hydrogens nachweisen. Wieder entbindet der Galvanismus Hydrogen nie anders, als durch Wasserzersetzung, und eine solche ist wieder nicht möglich, ohne dass zugleich auch der andere Bestandtheil des Wassers, Oxygen, entstehe, auftrete und wirke. . . . Insofern, als Hrn. BUCHOLZ' Phänomen galvanischen Ursprunges war, musste neben der Reduction des Zinns noch Oxydation, und zwar wiederum des Zinns vorkommen.

. . . „Ferner ist in keiner galvanischen Kette der Ort, wo das Hydrogen austritt, niemals zugleich auch derjenige, wo das ihm entsprechende Oxygen austrete. Immer ist dieser ein anderer, und muss ein anderer sein, da er durchaus an die Gegend der Kette und an den Leiter erster Klasse gebunden ist, wo . . . + E zugegen ist, oder gefordert wird, während das Hydrogen an diejenige Stelle gebunden ist, wo — E zugegen ist, oder gefordert wird, beides aber schon darum verschiedene Stellen sein müssen, weil + und — E, wo sie zusammentreffen, sich aufheben und Null, also weder die Bedingung für das Auftreten des Oxygens, noch die für die des Hydrogens geben. Auch im BUCHOLZ'schen Versuche muss deshalb ferner die Gegend am Zinn, wo die in a geforderte Oxydation auftritt, eine andere sein, als die, wo die bereits bekannte Reduction statthat.

„Beides bestätigte sich, als ich . . . den Versuch rein . . . anstellte. Ich goss Zinnauflösung . . in ein Weinglas, brachte destillirtes Wasser darüber und durch beide ein schmales Stück starken Stanniol. Innerhalb der Grenze beider Flüssigkeiten ging die Reduction auf die gewöhnliche Art vor sich, unterhalb derselben aber, zwischen ihr und dem Boden des Gefässes, wurde der Stanniol oxydirt und aufgelöst. Nach einiger Zeit war das Stanniolblatt an dieser Stelle ganz aufgezehrt."

Diese Auseinandersetzungen geben wieder ein glänzendes Zeugniss von der Fähigkeit RITTER's, das wesentliche und allgemeine in den Erscheinungen mit schnellem Blick zu erfassen. Was er über die Nothwendigkeit einer räumlichen Trennung des Oxydations- und des Reductionsvorganges sagt, trifft in das Innerste der Frage nach den Bedingungen der Entstehung des elektrischen Vorganges aus dem chemischen; bis auf den heutigen Tag ist in dieser Beziehung noch häufig genug Unklarheit vorhanden.

In dem weiteren Theile seiner Arbeit führt RITTER seinen Gedanken durch eine grosse Zahl verschiedenartiger Versuche aus; wir brauchen ihm dabei nicht zu folgen. Nur eine Mittheilung verdient erwähnt zu werden. RITTER fand nämlich, dass eine möglicht wenig saure Zinnlösung den Vorgang in umgekehrtem Sinne zeigte; statt dass die Metallausscheidung in der concentrirteren Lösung stattfand, ging sie in der verdünnteren vor sich. Dies widerspricht, wenigstens scheinbar, dem, was man auf Grund der gegenwartigen ausgebildeten Theorie des Vorganges erwarten musste, und ist deshalb einer Prüfung bedürftig und werth

Später[1] erweiterte auch Becholz seine Beobachtungen und erhielt unter ähnlichen Umständen aus Kupfer-, Silber-, Blei- und Zinklösungen ganz entsprechende Ergebnisse Dagegen wurde mit Eisenlösungen nichts erhalten Bei allen Versuchen erwies es sich als wesentlich, dass die über die concentrirte Salzlösung geschichtete Flüssigkeit sauer war, mit reinem Wasser wurden nur schwache oder gar keine Reductionen erhalten

12 H Davy's spätere Forschungen Bereits unmittelbar nach dem Bekanntwerden der Säule war uns Hr Davy als originaler und ideenreicher Forscher entgegengetreten (S 155) In dem weiteren Verlauf verschwindet er nach einer anfangs lebhaften Thätigkeit während einiger Jahre scheinbar aus der Mitarbeiterschaar, um dann plötzlich mit Leistungen auf dem Plane zu erscheinen, die ihm alsbald den ersten Rang unter den Mitstrebenden sichern

Die Ausgangspunkte dieser Untersuchungen sind sehr unscheinbarer Natur Schon Nicholson und Carlisle hatten bei ihren ersten Versuchen beobachtet (S 131), dass wenn Wasser bei Gegenwart von Lackmustinktur zersetzt wurde, diese sich am Sauerstoffpole roth färbte und somit die Gegenwart von Säure verrieth Die gleiche Erscheinung trat auch vielen anderen Forschern entgegen, ihre Deutung wurde alsbald von Simon[2] gegeben, welcher zeigte, dass nur bei der Anwesenheit fremder Stoffe Säure auftrat, dagegen nicht, wenn reines Wasser sich im Kreise befand

Mit diesem Ergebniss war man indessen nicht dauernd zufrieden Auf Grund einer Anzahl schlecht angestellter, aber mit ungemeinem Lärm an die Oeffentlichkeit gebrachter Versuche hat einige Jahre später Pacchiani, Professor der Physik in Pisa, die gleiche Erscheinung dahin zu deuten versucht, dass die Salzsäure, die bei seinen Experimenten zumeist auftrat, ein niederes Oxyd des Wasserstoffes sei, und es entstand über die Frage eine ganze Literatur von Versuchen und Meinungen für und wider. Wir werden uns an einer anderen Stelle (s u u etwas eingehender mit der Angelegenheit zu beschäftigen haben, hier handelt es sich nur darum, die Situation zu kennzeichnen, in welche Davy handelnd eingriff Er stellte sich die Frage, woher das so häufig beobachtete Auftreten freier Säuren und Basen aus reinem Wasser rühre, und hat in mustergiltiger Weise die Antwort auf diese Frage zu geben und allseitig zu begründen gewusst[3] Nachstehend gebe ich einen Auszug, die wichtigsten Theile dieser Arbeit enthaltend, eine vollständige Uebersetzung findet sich an der unten[4] angegeben Stelle

„Ich hatte im Anfang des Jahres 1800 gefunden, dass, wenn zwei gesonderte Antheile destillirten Wassers in zwei Glasröhren durch feuchte Blase

[1] Gilbers Journal, 5, 127 1808
[2] Gilbers Ann 8 41 1801. — Ebenda 9, 386 1801
[3] Philos Trans 1807, 1 — Gilberts Ann 28, 1 u 162 1807
[4] Classiker der exakten Wissenschaften, Nr 45 Leipzig 1893

oder durch irgend eine andere feuchte thierische oder vegetabilische Materie miteinander verbunden, und der elektrischen Einwirkung der Volta'schen Säule durch Golddrähte ausgesetzt werden, in der Röhre des positiven Drahts eine salpetersalzsaure Goldauflösung, und in der Röhre des negativen Drahts eine Natronauflösung entsteht.[1] Ich überzeugte mich indess bald darauf, dass in diesem Falle die Salzsäure von den thierischen und vegetabilischen Materien herrührt. Denn da ich bei mehreren aufeinander folgenden Versuchen dieselben baumwollenen Fäden genommen, und sie nach jedem Processe in stark verdünnte Salpetersäure getaucht hatte, fand ich zuletzt, dass das Wasser des Apparats, obgleich es lange auf die Fäden mit vieler Stärke eingewirkt hatte, dennoch gar keine Wirkung auf salpetersaure Silberauflösung äusserte. Ähnliche Schlüsse haben die galvanische Societät in Paris, der Dr. Wollaston, welcher die beiden Glasröhren durch befeuchteten Asbest verband, und die Herren Biot und Thénard aus ihren Versuchen gezogen.[2] — Was das Natron betrifft, so bemerkte ich, dass, so oft ich davon eine grosse Menge erhielt, das Glas da, wo es von dem Drahte berührt wurde, stark angefressen war; dagegen erhielt ich kein fixes Alkali, wenn ich in einer Achatschale destillirtes Wasser elektrisirte, das durch zwei Platinspitzen mit der Volta'schen Säule verbunden war. Dieses bestimmte mich, das Natron hauptsächlich dem Glase zuzuschreiben. . . .

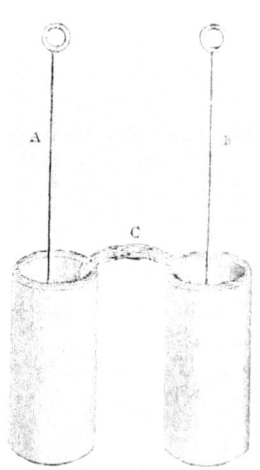

„Ich habe den Versuch auf eine andere Art wiederholt, nachdem ich mir kleine cylindrische Achatbecher, deren jeder $^1/_4$ Kubikzoll fasste, verschafft hatte. Über zweien derselben liess ich einige Stunden lang destillirtes Wasser kochen, verband sie dann vermittelst eines Stückes weissen durchscheinenden Amianths, der auf dieselbe Art war behandelt worden, füllte sie mit destillirtem Wasser, und führte in dieses durch Platindrähte den elektrischen Strom einer Volta'schen Säule

Fig. 50. Nach Davy.

aus 150 Plattenpaaren Kupfer und Zink von 4 Quadratzoll Oberfläche, die mit einer Alaunauflösung genässt war. Als der Process 48 Stunden gedauert hatte, untersuchte ich das Resultat. Lackmuspapier, das in den Cylinder des zuführenden oder positiven Drahtes getaucht wurde, verwandelte seine Farbe im Augenblicke in dunkelroth, und die saure Flüssigkeit trübte eine salpetersaure Silberauflösung ein wenig. Die Flüssigkeit des anderen Cylinders gab dem Curcumapapiere eine dunklere Farbe, und diese Eigenschaft verstärkte sich beim Abdampfen derselben. Ich setzte ihr etwas kohlensaures

[1] Ich habe die Ergebnisse des Versuches seinerzeit Herrn Beddoes gezeigt, und die Sache Sir James Hall, Herrn Clayfield and anderen Freunden im Jahre 1801 mitgetheilt.

[2] Moniteur 1806, Nr. 40.

Ammoniak hinzu, und liess sie bei starker Hitze eintrocknen, es blieb ein wenig einer weissen Materie, die mir nach einer sorgfältigen Prüfung die Eigenschaften von kohlensaurem Natron zu haben schien Ich verglich sie mit ebenso kleinen Mengen kohlensauren Kalis und kohlensauren Natrons, sie war nicht so zerfliessbar als das erstere, und bildete mit Salpetersäure ein Salz, das gleich dem salpetersauren Natron sehr bald die Feuchtigkeit aus der Luft an sich zog und zerging

„Dieses Resultat, das ich nicht erwartet hatte, schien zu beweisen, dass die Substanzen, welche ich fand, in den Achatbechern erzeugt waren. Ein ganz gleiches Verfahren, bei dem ich Glasrohren nahm, gab mir indess unter gleichen Umständen in derselben Zeit 20 mal so viel Alkali, ohne die geringste Spur von Salzsäure Es war daher doch sehr möglich, dass der Achat einige Theile eines Salzes, welche die chemische Analyse nicht zu entdecken vermochte, gebunden oder in seinen Poren adhärirend enthalten habe.

„Um mich davon zu vergewissern, wiederholte ich den Versuch mit den Achatbechern ein zweites, ein drittes und ein viertes Mal Das zweite Mal bewirkte salpetersaure Silberauflösung noch eine kleine Trübung in dem Cylinder, der die saure Flüssigkeit enthielt, doch war sie weit weniger deutlich als zuvor, das dritte Mal war sie kaum noch wahrzunehmen, und das vierte Mal blieb alles vollkommen klar, als ich salpetersaure Silberauflösung dazu gegossen hatte Auch die Menge des Alkali nahm bei jeder Operation ab, und bei der letzten wirkte die Flüssigkeit an der negativen Seite, obgleich die Batterie 3 Tage lang kräftig auf sie eingewirkt hatte, doch nur sehr schwach auf Curcumapapier, etwas sichtbarer auf Lackmuspapier, welches durch eine schwache Säure gerötet worden war, von allen Prüfungsmitteln auf Alkali das empfindlichste Es wurde beim Abdunsten wieder kohlensaures Ammoniak hinzugesetzt, und es blieben einige kaum sichtbare Theile Alkali zurück In dem anderen Achatbecher war Säure in Menge vorhanden; die Flüssigkeit schmeckte sauer, und roch wie Wasser, über dem lange Zeit eine bedeutende Menge von Salpetergas gestanden hat. Sie trübte salzsaure Barytauflösung nicht, und ein Tropfen, der auf einer polirten Stahlklinge verdunstet wurde, liess darauf eine schwarze Spur zurück, ganz der gleich, welche sehr verdünnte Salpetersäure hervorbringt

„Nach diesen Resultaten konnte ich nicht mehr daran zweifeln, dass in dem Achat selbst irgend ein Salz vorhanden gewesen sein musse, welches, indem es sich zersetzte, eine Säure, die die salpetersaure Silberauflösung trübt, und in grösserer Menge ein Alkali hergegeben habe Der vier Mal wiederholte Process belehrte mich indess zugleich, dass noch eine zweite Ursache für die Gegenwart des Alkali im Spiele gewesen sein musse; denn diese Substanz zeigte sich bis zuletzt immerfort in wahrnehmbaren, und wie es mir schien, in immer gleichen Mengen Ich hatte alle mögliche Vorsicht gebraucht, um beide Flüssigkeiten vor der äusseren Luft zu schützen, und zu dem Ende die Achatcylinder in gläserne Gefässe eingeschlossen. Alle Gerathschaften, deren ich mich bediente, waren mehrere Mal in destillirtem Wasser gewaschen, und kein Theil derselben, der mit der Flüssigkeit in Berührung kam, mit den Fingern berührt worden. Die einzige Substanz, von der ich daher glauben konnte, dass sie dieses fixe Alkali habe hergeben können, war das Wasser selbst. Mit salpetersaurem Silber und salzsaurem Baryt untersucht, schien es zwar rein zu sein; allein es ist ausgemacht, dass bei schnellem Destilliren eine sehr kleine Menge von Kali und Natron mit dem Wasser übergeht, und das Wasser von New-River, dessen ich mich bedient habe, enthält Unreinigkeiten, theils thierische, theils vegetabilische Materien, welche Neutralsalze hergeben können, die fähig sind, während des lebhaften Kochens überzugehen.

„Um darüber einen Versuch mit der möglichsten Genauigkeit zu erhalten, nahm ich zwei hohle Kegel aus reinem Golde, deren jeder ungefähr 25 Gran Wasser fasste, füllte sie mit destillirtem Wasser, verband sie durch den Streifen genässten Amianths, der mir zu den ersten Versuchen gedient hatte, und brachte sie in den Kreis einer VOLTA'schen Säule aus 100 Paar Zink- und Kupfer-Platten von 6 Quadratzoll Oberfläche, die mit verdünnter Alaun- auflösung und Schwefelsäure genässt war. Schon nach 10 Minuten gab das Wasser der negativen Seite schwach geröthetem Lackmuspapier einen leichten bläulichen

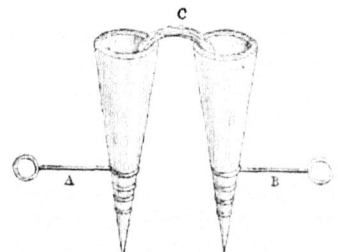

Fig. 60. Nach DAVY.

Schein, und das Wasser der positiven Seite röthete es stärker. Dieser Process wurde 14 Stunden lang fortgesetzt; die Säure nahm während dieser ganzen Zeit an Menge zu, und das Wasser nahm endlich selbst einen sauren Geschmack an; dagegen verstärkten sich nicht die alkalinischen Eigenschaften der Flüssigkeit an der negativen Seite, und brachten dort keine grösseren Wirkungen, als das erste Mal auf Lackmus- oder Curcumapapier hervor. Diese Wirkungen waren schwächer, als ich diese Flüssigkeit eine Minute lang stark erwärmt hatte; doch zeigte das Abdampfen unter Zusetzung von kohlensaurem Ammoniak die Gegenwart von etwas fixem Alkali. Die Säure verhielt sich, soweit ihre Eigenschaften untersucht wurden, übereinstimmend mit reiner Salpetersäure, die mit überschüssigem Salpetergas verbunden war.

„Ich wiederholte diesen Versuch und liess ihn drei Tage lang dauern. Am Ende dieser Zeit war das Wasser bis über die Hälfte verdunstet und zersetzt. Die Säure war stark; das Alkali war nur wenig, wie in dem vor- hergehenden Versuche; letzteres wirkte zwar stärker wie das vorige Mal auf die Probepapiere, doch nur weil die Flüssigkeit sich stärker vermindert hatte, und beim Abdampfen gab sie dasselbe Resultat als zuvor.

„Hiernach liess sich nicht länger daran zweifeln, dass das destillirte Wasser, mit dem ich meine Versuche angestellt hatte, eine Substanz in ge- ringer Menge enthielt, die fähig war, die Gegenwart des fixen Alkali in den

vorigen Versuchen zu verursachen, die aber bald erschopft war. Dieses
fuhrte von selbst auf die Frage. Ist diese Substanz ein Salz, welches beim
Destilliren ubergefuhrt wird? oder ist sie Stickgas, dessen jedes Wasser,
welches an der Luft gestanden hat, eine kleine Menge enthalt, und ist vielleicht der Stickstoff ein Bestandtheil des fixen Alkali? Das Wasser musste
wenigstens wahrend des Versuches bald an Stickgas erschopft werden, und
wurde wahrscheinlich dadurch, dass es sich mit Wasserstoffgas schwangerte,
verhindert, neues Stickgas einzuschlucken.

„Ich war weit mehr fur die erste Meinung, und in der That wurde sie
sehr bald bestatigt. Denn als ich ein Quart des destillirten Wassers, dessen
ich mich bedient hatte, in einer silbernen Blase bei einer massigen Hitze
von weniger als 140° F. abdampfen liess, fanden sich $^7/_{10}$ Gran eines festen
Ruckstandes, der salzig und metallisch schmeckte, und an der Luft zerfloss.
Ich konnte keine regelmassigen Krystalle davon erhalten, das zerflossene
wirkte weder auf Curcuma- noch auf Lackmuspapier, als aber etwas davon
in einem Silbertiegel gegluht worden war, zeigte es starke alkalische Eigenschaften. Es war nicht moglich, eine so kleine Menge zu analysiren, es
schien mir aber nach allem diesem, dass sie hauptsachlich aus salpetersaurem
Natron und salpetersaurem Blei bestanden habe. Das Metall ruhrte hochst
wahrscheinlich von der Condensationsrohre der gewohnliche Blase her, in
der das Wasser war uberdestillirt worden.

„Auf diese Art war also die Gegenwart einer salzigen Materie in dem
destillirten Wasser bewiesen. Was fur Einfluss sie auf den Versuch gehabt
habe, das war nun leicht zu bestimmen. Ich fullte die beiden Kegel aus
Gold mit Wasser, und brachte sie wie zuvor in den Kreis einer Saule. In
dem Kegel der negativen Seite hatte die Flussigkeit bald das Maximum an
Wirksamkeit auf Curcumapapier erreicht; als dieses der Fall war, brachte
ich in sie etwas von dem Ruckstande der Abdampfung, der bei dem vorigen
Versuche geblieben war, in weniger als 2 Minuten ausserten sich davon
die Wirkungen, und nach 5 Minuten farbte die Flussigkeit das Curcumapapier hellbraun.

„Ich schloss hieraus, dass mit etwas von dem Wasser, welches ich bei
der zweiten langsamen Destillation aus der silbernen Blase erhalten hatte,
der Versuch sich werde jede beliebige Zeit uber fortsetzen lassen, ohne dass
sich eine Spur eines fixen Alkali zeigen werde. Der Erfolg bewies, dass
ich mich darin nicht betrog — Ich brachte in die Kegel von Gold einige
Tropfen dieses Wassers, womit ich auch den Amianth befeuchtete. Nach
2 Stunden ausserte das Wasser der negativen Rohre noch keine Wirkung
auf Curcumapapier, kaum konnte man mit der angestrengtesten Aufmerksamkeit wahrnehmen, dass es die Farbe eines schwach gerotheten Lackmuspapiers veranderte, und da es auch dieses Vermogen verlor, wenn man es
2 oder 3 Minuten lang stark erwarmte, so habe ich alle Ursache, zu glauben,
dass es dasselbe von einem geringen Antheil an Ammoniak erhielt. — Denselben Versuch wiederholte ich mit Wasser derselben Art in den Achatcylindern,

die ich schon so oft gebraucht hatte, und es wurde mir die Freude, dass ich vollkommen dieselben Resultate bekam

„Ich halte es für überflüssig, in das Detail der vorigen Operationen einzugehen Alle Thatsachen beweisen, dass das fixe Alkali in ihnen nicht erzeugt wurde, sondern dass es entweder aus den Geräthschaften, oder aus Salzen, welche in dem Wasser vorhanden sind, herrührte

„Ich habe mehrere Versuche mit langsam destillirtem Wasser in Gefässen von verschiedenen Materien angestellt, und fast in allen habe ich kleine Antheile fixen Alkalis erhalten In Röhren aus Wachs war es eine Mengung von Natron und Kali, und die Säure eine Mischung von Schwefelsäure, Salzsäure und Salpetersäure In einer Röhre aus Harz schien das Alkali hauptsächlich Kali zu sein

„In einen Platintiegel wurde ein Würfel aus carrarischem Marmor gethan, der ungefähr 1 Kubikzoll gross war und eine tiefe Höhlung in der Mitte seiner oberen Fläche hatte Ich goss in den Tiegel gereinigtes Wasser bis an die obere Fläche des Würfels, so dass also auch die Höhlung mit diesem Wasser gefüllt war, und führte nun in das Wasser des Tiegels den positiven, in das Wasser der Höhlung den negativen Draht einer starken Volta'schen Säule Das Wasser der Höhlung erhielt bald die Eigenschaft, die Farbe des Curcumapapieres zu verändern, ich erhielt daraus fixes Alkali und Kalk Vielfältige Versuche gaben mir immer dasselbe Resultat Doch erschien jedes Mal eine kleinere Menge des fixen Alkali, und nach dem 11 Processe, deren jeder 2 oder 3 Stunden gedauert hatte, verschwanden das Alkali und der Kalk vollständig Die Menge des entstehenden Kalkwassers war immer gleich — Ich löste nun 500 Gran von diesem Marmor in Salpetersäure auf, zersetzte die Auflösung mit kohlensaurem Ammoniak, filtrirte, dampfte die Flüssigkeit ab, und zersetzte das erhaltene salpetersaure Ammoniak durch Hitze Es blieben ungefähr $^3/_4$ Gran eines fixen Salzes zurück, dessen Basis Natron war

„Da es möglich war, dass dieser carrarische Marmor noch vor kurzem in dem Meerwasser gelegen hatte, so wiederholte ich denselben Versuch mit einem Stücke körnigen Marmors, den ich selbst von einem Felsen abgeschlagen hatte, welcher auf einem der höchsten uranfänglichen Berge von Donegal steht Auch dieser Marmor gab mir vermittelst der negativen Elektricität Alkali

„Ein Stück Thonschiefer von Cornwallis, auf dieselbe Art behandelt, gab dasselbe Resultat. Serpentin von Cap Lizard und Grauwacke aus Nord-Wallis gaben gleichfalls Natron Es giebt wahrscheinlich nur wenige Steine, die nicht irgend einen Antheil eines Salzes enthalten, welches unter mehreren Umständen durch ihre Substanz filtrirt Und das hat nichts Überraschendes, da alle unsere gewöhnliche Gebirge offenbare Spuren des Meerwassers an sich tragen, mit dem sie vor Alters bedeckt waren

„Ich konnte nun auch mit Bestimmtheit darthun, dass das Natron, welches man in Glasröhren erhält, hauptsächlich aus dem Glase selbst

herkommt, wie ich das immer vermuthet hatte. Ich richtete nämlich den
oft beschriebenen Versuch vor, mit den beiden Kegeln aus Gold und mit
Ammoniak, und füllte beide Kegel mit gereinigtem Wasser. Nach $1/4$ Stunde
veränderte das Wasser der negativen Seite Curcumapapier nicht im mindesten.
Nun brachte ich ein Stückchen Glas in die Spitze dieses Kegels, und nach
wenig Minuten gab das Wasser an der Oberfläche der Curcuma eine lebhaft
dunkelbraune Farbe

„Ich habe keinen einzigen Versuch gemacht, bei welchem ich nicht
eine Säure erhalten hatte, welche die Eigenschaften der Salpetersäure
zeigte, je länger der Process dauerte, desto grosser war die Menge derselben — Auch das Ammoniak schien sich stets in geringer Menge während
der ersten Minuten in dem gereinigten Wasser der Goldkegel zu bilden,
erreichte aber bald sein Maximum — Es ist das natürlichste, diese beiden
Erscheinungen der Verbindung des Sauerstoffes, der sich an der positiven,
und des Wasserstoffes, der sich an der negativen Seite entbindet, mit dem
im Wasser aufgelösten Stickstoffe der atmosphärischen Luft zuzuschreiben.
In dieser Voraussetzung geben die Versuche des Dr PRIESTLEY über das
Verschlucken der Gasarten durch das Wasser eine sehr einfache Erklärung,
warum sich die Säure immerfort, das Ammoniak aber nur während der
ersten Zeit bildet Der Wasserstoff scheint nämlich, indem er sich im Wasser
auflöst, den Stickstoff daraus auszutreiben, indess Stickstoff und Sauerstoff
mit einander im Wasser aufgelöst bestehen [1]

„Um diese Erklärung noch vollständiger zu beweisen, brachte ich die
beiden Goldkegel mit dem gereinigten Wasser in den Recipienten einer Luftpumpe, pumpte diesen so weit leer, dass er nur noch $1/64$stel der anfänglichen Luftmenge enthielt, und verband, vermöge einer besonderen Vorrichtung, die Kegel mit einer wirksamen VOLTA'schen Säule aus 50 Plattenpaaren
von 4 Quadratzoll Oberfläche Diese Verbindung unterhielt ich 18 Stunden
lang, und untersuchte während derselben von Zeit zu Zeit das Resultat Das
Wasser der negativen Rohre äusserte nicht die geringste Wirkung auf schwach
geröthetes Lackmuspapier, das Wasser der positiven Rohre gab damit ein
kaum wahrzunehmendes Roth Eine ohne Vergleich grossere Menge von
Säure hatte sich zu gleicher Zeit in der Atmosphäre gebildet, und das
wenige Stickgas, welches mit dem Wasser in Berührung blieb, schien der
Wirkung zu entsprechen

„Ich wiederholte diesen Versuch noch ein Mal mit aller möglichen Vorsicht, richtete den Apparat auf die beschriebene Weise vor, pumpte den
Recipienten möglichst luftleer, füllte ihn darauf mit Wasserstoffgas, pumpte
ihn noch ein Mal leer und füllte ihn ein zweites Mal mit Wasserstoffgas, das
mit Sorgfalt bereitet worden war Der Process wurde 24 Stunden lang fortgesetzt, und am Ende dieser Zeit erfolgte nicht die geringste Farbenänderung
in präparirtem Lackmuspapier, weder in dem Wasser der positiven, noch in
dem Wasser der negativen Seite

[1] PRIESTLEY Experiments and Observations I, 59

„Hieraus folgt offenbar, dass chemisch-reines Wasser sich durch Elektricität einzig und allein in Sauerstoffgas und in Wasserstoffgas zersetzt."

13 Fortsetzung Nach der endgültigen Erledigung der „grossen Wasserfrage" ging Davy sofort zu der Anwendung der beobachteten Erscheinungen auf andere Probleme über, und wies zunächst auf diesem Wege nach, dass viele bis dahin als „unlöslich" angesehene Stoffe thatsächlich löslich sind, denn ihre Bestandtheile gehen ebenso an die Poldrähte, wie die löslicher Stoffe So erhielt er bei der Anwendung von Gefässen aus Gyps, Kalk und Schwefelsäure mit solchen aus Cölestin Strontian und Schwefelsäure, und ebenso wies er die Zersetzung bei Flussspath, Baryumsulfat, verschiedenen Gesteinen, wie Basalt, einem Zeolith, Lepidolith, Lava und Glas nach Dass lösliche Salze auf gleiche Weise zerlegt werden, war schon früher durch CRUIKSHANK, sowie BERZELIUS und HISINGER nachgewiesen worden, Davy überzeugte sich, dass man die Zerlegung ganz vollständig machen kann, so dass aus einer Lösung von schwefelsaurem Kali einerseits eine reine Kalilösung erhalten wurde, die nach dem Ansäuern mit Chlorbaryum keine Trübung gab, andererseits reine Schwefelsäure, die ohne Rückstand flüchtig war

Auf diese Weise stellte sich heraus, dass die Bestandtheile der Salze längst des Stromes, oder ihm entgegengesetzt fortgeführt werden Die Frage, wie weit solche Fortführungen erfolgen können, und ob diese Bestandtheile auch durch andere Lösungen hindurch wandern, veranlasste Davy zu einer weiteren Reihe von Versuchen, die ich ihrer Bedeutung wegen in seinen eigenen Worten folgen lasse.

„GAUTHEROI [1] behauptet gefunden zu haben, dass in einer wirksamen einfachen galvanischen Kette aus Zink, Silber und Wasser das sich bildende Zinkoxyd vom Silber angezogen werde [2] Die Herren HISINGER und BERZELIUS erzählen einen Versuch, bei welchem sie in den positiv elektrisirten Schenkel eines Hebers salzsauren Kalk, und in den negativen destillirtes Wasser gethan hatten, und wo dieser letztere Schenkel nach der Zersetzung den Kalk enthielt. Diese Thatsachen würden darauf deuten, dass die Bestandtheile, welche sich beim Zersetzen der Salze durch Elektricität trennen, von der einen zu der anderen der elektrisirten Metallflächen hinübergeführt werden, und dort sich auf die gewöhnliche Art aneinander ordnen Doch es bedarf neuer Untersuchungen, damit diese Behauptung auf eine recht klare und bestimmte Weise bewiesen werde.

„Ich verband durch Asbest miteinander eines der oben beschriebenen Gefässe aus dichtem Gyps, und einen der Achatbecher, füllte sie mit gereinigtem Wasser, und setzte den positiven Platindraht einer Säule von 100 Plattenpaaren mit dem Wasser im Gypsgefässe, den negativen mit dem Wasser im Achatbecher in Verbindung Nach 4 Stunden fand sich in dem Achat-

---

[1] Ann de Chimie **39**, 203   [2] Ebenda **51**, 172

becher eine starke Auflösung von Kalk, und in dem Gypsgefässe Schwefelsäure. — Als ich die Gefässe in verkehrter Ordnung mit der Säule verbunden
hatte, war am Ende einer gleichen Zeit in dem Achatbecher Schwefelsäure,
und in dem Gypsgefässe Kalkwasser.

„Ähnliche Versuche, die ich mit mehreren anderen Salzen von mine-
ralischer Säure und alkalischer oder alkalisch-erdiger Basis in Glasröhren
angestellt habe, gaben ganz analoge Resultate. Die Glasröhre mit der Salzauflösung und die mit destillirtem Wasser waren durch Amianth und beide
mit der Volta'schen Säule durch Platindrähte verbunden; wenn die Salzauflösung positiv, das Wasser negativ elektrisirt wurde, so war es die Basis,
wenn ich dagegen die Salzauflösung negativ, das Wasser positiv elektrisirte,
so war es die Säure des Salzes, welche in das Wasser hinübergeführt wurden.

„Die Metalle und die Metalloxyde werden wie die Alkalien an die
negative Metallfläche hinübergeleitet und dort angesammelt. Als bei einem

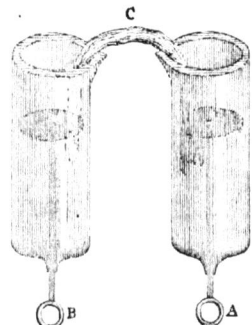

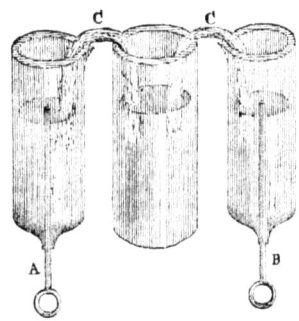

Fig. 61. Nach Davy.   Fig. 62. Nach Davy.

dieser Versuche salpetersaure Silberauflösung an der positiven, destillirtes
Wasser an der negativen Seite war, zeigte sich das Silber an der ganzen
Oberfläche des hinüberleitenden Asbestes, und gab ihr das Ansehen, als sei
sie mit einer dünnen metallischen Schicht bedeckt.

„Bei gleicher Menge und Intensität der Elektricität, und bei sonst
gleichen Umständen, scheint die Zeit, welche zu diesem Hinüberführen erfordert wird, desto grösser zu sein, je länger das Volumen Wasser ist, das
sich zwischen den beiden Metallflächen befindet. So z. B. zeigt sich bei
einer Kraft von 100 Plattenpaaren, wenn schwefelsaures Kali im negativen,
destillirtes Wasser im positiven Gefässe ist, und die beiden Enden der Polardrähte einmal nur 1 Zoll, das zweite Mal dagegen (wenn man beide Röhren
mit einem Zwischengefässe mit gereinigtem Wasser verbunden hat) 8 Zoll
von einander entfernt sind, Schwefelsäure in dem Wasser des negativen
Gefasses, im ersten Falle in weniger als 5 Minuten, in dem zweiten erst
nach 14 Stunden.

„Ich wünschte zu wissen, ob es nothwendig ist, dass eine Metallfläche
die Salzauflösung berühre, damit diese zersetzt und einer ihrer Bestandtheile

hinübergeführt werde. Zu dem Ende stellte ich den folgenden Versuch an. Es wurden zwei Glasrohren mit gereinigtem Wasser gefüllt, beide durch Amianth mit einem dritten Gefässe verbunden, worin sich eine Auflösung von salzsaurem Kali befand, und beide wurden so gestellt, dass die Oberfläche des Wassers in den Rohren höher war als die Oberfläche dieser Auflösung. Jeder der beiden Platindrahte war auf diese Art wenigstens $\frac{2}{11}$ Zoll von der Salzauflösung entfernt, die sich in dem dritten Gefässe befand, dennoch erschien sehr bald in der positiven Rohre die Säure, in der negativen das Alkali, und nach 16 Stunden hatten sich ziemlich starke Auflösungen von Kali und von Salzsäure in den Rohren gebildet.

„In diesem Falle des Hinüberführens oder der elektrischen Anziehung scheinen die Säure und das Alkali vollkommen rein zu sein ich bin geneigt, zu glauben, dass das immer der Fall ist, wenn die Versuche mit Sorgfalt angestellt werden. Die Reinheit der alkalischen Basis bewies folgender Versuch, bei welchem schwefelsaure Magnesia in der positiven, und destillirtes Wasser in der negativen Rohre war, und die Magnesia in dieses hinübergeführt wurde. Ich hatte Sorge getragen, dass die Oberfläche des destillirten Wassers nie niedriger als die der Salzlösung stand, als ich den verbindenden Amianth fortnahm, und die Flüssigkeit in der negativen Rohre mit Salzsäure sättigte, gab sie keine Spur einer Trübung mit salzsaurer Barytauflösung.

„Um mich von dem Fortschreiten des Hinüberführens und von dem Laufe zu unterrichten, den die Säuren und die Basen bei diesen Zersetzungen nehmen, nahm ich Lackmus- und Curcuma-Tinktur, und mit ihnen gefärbte Papiere zu Hülfe. Diese Versuche lehrten mich einige sonderbare Umstände kennen, welche ich nicht erwartet hatte.

„Zwei Rohren, von denen die eine destillirtes Wasser, die andere eine Auflösung von schwefelsaurem Kali enthielt, wurden durch Amianth mit einem kleinen Maass voll destillirten Wassers, das mit Lackmus gefärbt war, verbunden, und die Salzauflösung negativ, das Wasser positiv elektrisirt. Da zu erwarten war, dass die Schwefelsäure, wenn sie durch das Wasser in die negative Rohre hinübergeführt wurde, das Lackmus auf ihrem Wege rothe, so brachte ich über und unter den Amianthstücken, gerade in dem Kreislaufe, einige Stücke nassen Lackmuspapiers an, und beobachtete nun den Erfolg mit der grössten Aufmerksamkeit. Die rothe Farbe zeigte sich sogleich unmittelbar über der positiven Oberfläche, wo ich sie am wenigsten erwartete, und verbreitete sich von selbst an der positiven Seite bis in die Mitte des Zwischengefässes, an der negativen Seite erschien dagegen gar kein Roth, weder über dem Amianth noch um denselben, an welchem bis zu Ende des Versuches keine Farbenveränderung eintrat, obgleich er immerfort Schwefelsäure hinübergeführt hatte.

„Ich verkehrte nun die Ordnung, verband die schwefelsaure Kaliauflösung mit dem positiven und das destillirte Wasser mit dem negativen Polardrahte, und nahm Curcuma statt Lackmus. Der Erfolg war völlig analog

Die Curcuma wurde sogleich am negativen Drahte braun, und es fand keine Farbenänderung in dem vermittelnden Gefässe nach dem positiven Drahte zu statt

„Bei einem dritten Versuche füllte ich die beiden Glasröhren mit einer Auflösung von salzsaurem Natron, und das vermittelnde Gefäss mit schwefelsaurer Silberauflösung, und legte auf die positive Seite Curcumapapier, auf die negative Lackmuspapier Kaum war der Kreis der elektrischen Säule geschlossen, als auch schon Natron in der negativen und oxygenirte Salzsäure in der positiven Röhre zu erscheinen begann, beide zeigten sich bei ihrem Durchgange durch die schwefelsaure Silberauflösung, in welcher die Salzsäure einen schweren und dichten, das Natron einen viel leichteren und dünneren Niederschlag bewirkte, aber weder die Curcuma, durch welche das Alkali vom positiven Pole, noch das Lackmus, durch das die Säure vom negativen Pole ab zu dem entgegengesetzten hinübergeführt wurde, litten die geringste Farbenveränderung

„Da die Säuren und Alkalien auf ihrer elektrischen Hinüberführung durch Wasser hindurchzugehen vermögen, das mit Pflanzenfarben gefärbt ist, ohne diese Farben zu ändern, oder, wie es allen Anschein hat, ohne dabei mit dem Pigmente zu verbinden so entsteht die Frage, ob sie nicht auch auf gleiche Weise durch chemische Mittel, zu denen sie grosse Anziehung haben, sollten hindurchgeführt werden? Denn sollte nicht dieselbe Macht, welche die Wahlanziehung in der Nähe der elektrischen Metallspitzen vernichtet, auch während der ganzen Ausdehnung des Kreislaufes der geschiedenen Bestandtheile ihre Wahlanziehung vernichten oder fesseln können?

„Ich bediente mich zu dem folgenden Versuche einer Säule aus 150 Lagen, und desselben Apparates, mit dem ich den vorhergehenden Versuch mit salzsaurem Natron und schwefelsaurem Silber angestellt hatte Mit der negativ-elektrisirten Metallspitze wurde eine Auflösung von schwefelsaurem Kali, mit der positiv-elektrisirten gereinigtes Wasser in Berührung gesetzt, als Mittelglied des verbindenden Leiters diente eine schwache Ammoniakauflösung, so dass kein Theilchen Schwefelsäure von der negativen Spitze in das positive Wasser hinüberkommen konnte, ohne durch die Ammoniakauflösung hindurchzugehen Es zeigte sich durch Lackmuspapier, dass schon in weniger als 5 Minuten um die positive Spitze Säure sich angesammelt hatte, und schon nach ½ Stunde war das Resultat so bestimmt, dass es mit Genauigkeit untersucht werden konnte Das Wasser hatte einen sauren Geschmack und fällte salpetersaure Barytauflösung

„Ich habe ähnliche Versuche mit Kalkwasser und mit schwachen Auflösungen von Kali, und von Natron als Mittelgliedern angestellt Der Erfolg war ganz derselbe — Bei starken Auflösungen von Kali und von Natron wird sehr viel mehr Zeit erfordert, ehe die Säure wahrzunehmen ist, aber selbst bei einer gesättigten alkalischen Lauge zeigt sich nach einer gewissen Zeit endlich die Säure

„Die Salzsäure von salzsaurem Natron, und die Salpetersäure von salpetersaurem Kali wurden unter ähnlichen Umständen durch concentrirte alkalische Laugen hindurchgeführt

„Ich stellte nun an den negativen Polardraht destillirtes Wasser, in die Mitte verdünnte Schwefelsäure, Salpetersäure oder Salzsäure, und an den positiven Polardraht eine Auflösung irgend eines Neutralsalzes, welches Kalk, Natron, Kali, Ammoniak oder Magnesia zur Basis hatte Das Alkali ging, auf ganz gleiche Art, durch die Säure nach der negativen Oberfläche hinüber. Je weniger der concentrirten Säure war, desto leichter schien das Hinüberführen durch sie zu sein Ich habe diesen Versuch mit Säulen von 150 Lagen angestellt mit salzsaurem Kalke und Schwefelsäure, ferner mit salpetersaurem Kali und Salzsäure, mit schwefelsaurem Natron und Salzsäure, und mit salzsaurer Magnesia und Schwefelsäure In allen diesen Fällen erhielt ich in weniger als 48 Stunden entscheidende Resultate Die Magnesia wurde ebenso, wie die übrigen alkalischen Materien, hinübergeführt.

„Auch Strontian und Baryt gingen mit derselben Leichtigkeit durch Salpetersäure und durch Salzsäure hindurch, und umgekehrt die Säuren durch Strontianwasser und durch Barytwasser — Als ich aber versuchte, ob Strontian und Baryt durch Schwefelsäure, oder umgekehrt, Schwefelsäure durch die wässerigen Auflösungen dieser Substanzen hindurchgeführt werden, erfolgte ein ganz anderes Resultat

„Es befand sich schwefelsaure Kaliauflösung an der negativen, destillirtes Wasser an der positiven Seite einer Säule aus 150 Lagen, und gesättigtes Barytwasser in der Mitte Nach 30 Stunden war in dem destillirten Wasser noch nicht so viel Säure, dass sie sich hatte wahrnehmen lassen Nach 4 Tagen erschien sie zwar, aber in sehr geringer Menge In dem Zwischengefässe hatte sich sehr viel schwefelsaurer Baryt niedergeschlagen, an der Oberfläche befand sich auf der Flüssigkeit eine dicke Lage kohlensauren Baryts, und das Barytwasser selbst war so schwach geworden, dass es kaum auf geröthetes Lackmuspapier wirkte Ganz dasselbe Resultat gab Strontianwasser, nur dass dabei die Schwefelsäure schon nach 3 Tagen bemerkbar wurde — Als ich am positiven Pole einer Säule von 150 Lagen salzsauren Baryt, in der Mitte concentrirte Schwefelsäure und am negativen Pole destillirtes Wasser angebracht hatte, nahm ich ebenso, während der 4 Tage, die der Versuch dauerte, keinen Baryt in dem destillirten Wasser wahr, in der positiven Röhre hatte sich aber viel oxygenirte Salzsäure, und in dem Zwischengefässe ein ziemlich bedeutender Niederschlag von schwefelsaurem Baryt gebildet

„Auch mehrere Metalloxyde wurden bei Versuchen dieser Art durch Säuren hindurch von der positiven nach der negativen Seite hinübergeführt, dieses ging aber weit langsamer vor sich, als mit den Alkalien An der positiven Seite befand sich eine grüne schwefelsaure Eisenauflösung, in der Mitte Salzsäure, an der negativen Seite destillirtes Wasser Nach 10 Stunden fing das grüne Eisenoxyd an sichtbar zu werden, auf dem

zur Verbindung dienenden Amianthe der negativen Seite, und nach 3 Tagen
hatte sich davon bedeutend viel in der negativen Röhre abgesetzt. —
Schwefelsaures Kupfer, salpetersaures Blei und salpeter-salzsaures
Zinn haben mir ganz ähnliche Resultate gegeben

„Mehrere Versuche, welche ich über das Hindurchgehen von Sauren
und von Alkalien durch Auflösungen von Neutralsalzen angestellt habe,
führten zu den vorauszusehenden Resultaten

„In einem dieser Versuche mit Säulen von 150 Lagen befand sich
salzsaurer Baryt an der negativen, destillirtes Wasser an der positiven
Seite, und schwefelsaures Kali in der Mitte; nach 5 Minuten erschien
Schwefelsäure in dem Wasser, und nach 2 Stunden ebenfalls Salzsäure —
Als schwefelsaures Kali an der positiven, destillirtes Wasser an der negativen Seite, und salzsaurer Baryt in der Mitte war, zeigte sich in dem
destillirten Wasser Baryt nach einigen Minuten, und das Kali von dem
entferntesten Theile der Kette bedurfte ungefähr 1 Stunde, um sich darin
so stark anzusammeln, dass es erkennbar wurde — War umgekehrt der
salzsaure Baryt positiv und schwefelsaures Kali in der Mitte, so erschien das
Kali im Augenblicke in dem negativen Wasser, in dem Zwischengefässe
setzte sich viel schwefelsaurer Baryt ab, und nach 10 Stunden war der Baryt
noch nicht in das Wasser hinübergedrungen — Als zwischen negativem
salzsauren Baryt und positivem Wasser schwefelsaures Silber war, ging die
Schwefelsäure allein in das Wasser über, und in dem Zwischengefässe setzte
sich viel salzsaures Silber ab   Dieser Process währte 10 Stunden

„Auch mit vegetabilischen und mit thierischen Theilen habe ich
mehrere Versuche über das Hindurchgehen angestellt, und jedes Mal mit
dem ausgezeichnetsten Erfolg Die mit einem der Polardrähte in Berührung
stehende Salzauflösung, und die Salze, welche sich in den vegetabilischen
und thierischen Substanzen selbst befinden, erleiden durch die Elektricität
beide eine Zersetzung und ein Hindurchführen, und die Zeit, welche nöthig
ist, bis diese Produkte sich an den äussersten Punkten ihres Kreislaufes
zeigen, hängt von der Entfernung ab, worin diese Punkte von einander stehen

„Eine positive Auflösung von salpetersaurem Strontian war mit negativem Wasser durch einen noch frischen, 2 Zoll langen Stengel einer Tuberose
verbunden Das Wasser wurde im Augenblicke grün und zeigte ein Alkali,
und ebenso schnell ging in die positive Röhre Salpetersäure über Ich untersuchte das Alkali nach 10 Minuten, es bestand aus Kali und aus Kalk,
noch war also das Strontium nicht hinübergedrungen, der Niederschlag mit
Schwefelsäure löste schnell sich in Salzsäure auf Nach einer halben Stunde
erschien auch Strontian, und nach 4 Stunden war es in Menge vorhanden

„Als ich ganz auf dieselbe Art einen aus einem Ochsenmuskel ge-
schnittenen, 3 Zoll langen und $1\frac{1}{2}$ Zoll breiten Streifen, positiv elektrisirten
salzsauren Baryts mit negativ-elektrisirtem Wasser verband, wurde anfangs
Natron, Ammoniak und Kalk in das Wasser hinübergeführt, nach $^6/_4$ Stunden
war auch Baryt darin bemerkbar In der positiven Röhre fand ich viel oxygenirte

Salzsaure, in der negativen Röhre war keine Spur von Salzsaure, weder aus
der Auflösung noch aus der thierischen Fiber hinübergetreten

„Wenn wir die hier im Detail beschriebenen Thatsachen, welche die
Zersetzungen und Hindurchführungen betreffen, die durch Elektricität bewirkt
werden, unter eine allgemeine Ansicht zusammenfassen wollen, so werden
wir sie in der gewöhnlichen Sprache der Physik folgendermaassen ausdrucken
können der Wasserstoff, die alkalischen Substanzen, die Metalle und gewisse
Metalloxyde werden von den negativ-elektrisirten Metallflächen angezogen
und von den positiv-elektrisirten Metallflächen zuruckgestossen, dagegen
werden der Sauerstoff und die Säuren von den positiv-elektrisirten Metallflächen angezogen und von den negativ-elektrisirten Metallflächen abgestossen,
und diese anziehenden und zuruckstossenden Kräfte sind energisch genug,
um die gewöhnlichen Wirkungen der Wahlverwandtschaft zu zerstören oder
zu hemmen

„Es ist das naturlichste, anzunehmen, dass die anziehenden und zuruckstossenden Kräfte von Theil zu Theil derselben Art wirken, so dass
diese Theile in der Flüssigkeit eine Leitung bilden, woraus eine Ortsver-
änderung entsteht, die durch sehr viele Thatsachen bewiesen ist. Auch habe
ich, so oft ich alkalische Auflosungen untersuchte, durch welche Säuren
waren hindurchgeführt worden, jedes Mal in ihnen Säure gefunden, wenn an
der anfänglichen Quelle noch einige Säure vorhanden war   Mit der Zeit
macht zwar das Anziehungsvermögen der positiven Metallfläche die Zersetzung
und das Hinüberführen vollständig, aber dies beeinträchtigt den Schluss nicht

„In dem Falle, wenn Wasser oder Auflösungen von Neutralsalzen die
ganze Kette einnehmen, ist es möglich, dass, wenn ihre Bestandtheile geschieden werden, eine ganze Folge von Zersetzungen und Wiederzusammensetzungen durch die Flüssigkeit hindurch stattfindet. Für diese Annahme
stimmen die Versuche, bei welchen Baryt durch Schwefelsäure, und bei
welchen Salzsäure durch eine Auflösung von schwefelsaurem Silber
hindurchgehen sollte, in ihnen traten die unauflöslichen Zusammensetzungen
aus der Sphäre der elektrischen Wirksamkeit heraus, und zugleich war das
Vermögen, sie hinüber zu führen, zerstört   Aus mehreren anderen Versuchen lasst sich derselbe Schluss ziehen   Die Magnesia und die Metalloxyde wurden, wie wir gesehen haben, über den angefeuchteten Amianth
hinweg von der positiven zu der negativen Metallfläche geführt, bringt man
aber ein drittes Gefäss mit gereinigtem Wasser zwischen die beiden anderen
in die Kette, so werden diese Substanzen nicht mehr in das negative Gefäss
hinübergeleitet, sondern sinken in dem Zwischengefässe zu Boden Ich habe
diese Versuche mehrere Mal wiederholt, und immer waren die Resultate
völlig beweisend In ein paar Versuchen schien Schwefelsäure in geringer
Menge durch verdünntes Strontianwasser und Barytwasser hindurch zu
gehen, ohne Zweifel wurde aber das Hinüberführen von einer dünnen Lage
reinen Wassers verursacht, welche an der Oberfläche, wo die Kohlensäure
eine Zersetzung bewirkte, entstanden war   Denn als in einem ähnlichen

Versuche das Häutchen kohlensauren Baryts und die Flüssigkeit oft gerührt und hin und her bewegt wurden, erschien an der positiven Metallfläche keine Spur von Schwefelsäure

„Aus diesen allgemeinen Erscheinungen des Zersetzens und des Hinüberführens erklärt es sich ohne Schwierigkeit, auf welche Art der Sauerstoff und der Wasserstoff sich getrennt aus dem Wasser entwickeln. Der Sauerstoff eines Wassertheilchens wird von der positiven Metallfläche angezogen, der Wasserstoff von ihr abgestossen, umgekehrt zieht die negative Metallfläche den Wasserstoff des Theilchens an und stösst den Sauerstoff ab Im Mittelpunkte des flüssigen Bogens muss daher nothwendig eine neue Verbindung unter den zurückgestossenen Materien vor sich gehen, es finde nun eine Reihe von Zersetzungen und Wiederzusammensetzungen von einer der elektrisirten Metallflächen zur anderen statt, oder die Theilchen der äussersten Punkte mögen allein wirksam sein Dieser Fall ist dem analog, welcher stattfand, als salzsaures Natron sich an den beiden Metallspitzen und destillirtes Wasser in dem Zwischengefässe zwischen beiden befand, hier stiess die positive Metallfläche die Salzsäure, die negative das Natron zurück, während in dem Zwischengefässe sich wieder salzsaures Natron zusammensetzte.

„Diese Thatsachen scheinen die Conjecturen des Herrn RITTER und einiger anderer über die Einfachheit des Wassers vollständig zu widerlegen, und die grosse Entdeckung des Herrn CAVENDISH, dass das Wasser ein aus Sauerstoff und Wasserstoff zusammengesetzter Körper ist, zu bestätigen Herr RITTER hatte geglaubt, er erhalte aus dem Wasser Sauerstoff ohne Wasserstoff, wenn er es mit der negativen Metallfläche durch Schwefelsäure in Verbindung setze, allein in diesem Falle wird der Schwefel abgeschieden, der Sauerstoff der Säure und der Wasserstoff des Wassers werden beide zurückgestossen, und es entsteht aus ihnen eine neue Zusammensetzung."

Diese Versuche sind von der grössten Bedeutung für die Theorie der Vorgänge bei der galvanischen Zersetzung Davy geht ziemlich geschwind über ihre Erklärung hinweg, indem er in der von GROTHUSS (s. w. u) zuerst entwickelten Weise eine Reihe von Zersetzungen und Wiedervereinigungen in der Strombahn annimmt. Indessen wurde schon von den Zeitgenossen die ungenügende Beschaffenheit dieser Anschauung empfunden, ohne dass doch etwas besseres an die Stelle gesetzt werden konnte

14 Die Entdeckung der Alkalimetalle. Aus den vorstehend mitgetheilten Arbeiten, deren hervorragendste Eigenschaft die ausserordentliche Sorgfalt im kleinsten ist, führen Davy's weitere Forschungen in ein anderes Gebiet von ganz entgegengesetztem Charakter Waren durch die Untersuchungen über die Abstammung der Säure und des Alkali bei der galvanischen Wasserzersetzung allerlei wissenschaftliche Träume und Phantasien zerstört, so gab Davy durch seine weiteren Arbeiten Kunde von neuen Stoffen mit überraschenden Eigenschaften und von so ungeahntem Verhalten, dass durch die Wirklichkeit die kühnsten jener Träume weit über-

troffen wurden Es handelt sich um die Entdeckung der Alkalimetalle,
welche Davy ein Jahr nach jener früheren Abhandlung in einer zweiten
Baker-Vorlesung der Royal Society im Jahre 1807 mittheilte [1] Nachstehend
sind die wesentlichen Stellen des Vortrages unter Weglassung der rein be-
schreibend-chemischen Darlegungen mitgetheilt

„In der Baker-Vorlesung, welche ich in dem vergangenen Jahre in der
königlichen Societät zu halten die Ehre gehabt habe, sind mir eine grosse
Menge von Zersetzungen und chemischen Veränderungen beschrieben worden,
welche die Elektricität in Körpern bewirkt, deren Bestandtheile bekannt sind,
und schon damals wagte ich aus den allgemeinen Grundgesetzen, welche
diese Erscheinungen zu erklären schienen, den Schluss zu ziehen, dass diese
neuen Methoden der Untersuchung zu einer genaueren Kenntniss der wahren
Elemente der Körper führen würden

„Diese Vermuthung gründete ich damals lediglich auf einige eingreifende
Analogieen, jetzt bin ich so glücklich, sie durch überzeugende Thatsachen
bewahren zu können Während einer Reihe sehr mühsamer Anwendungen
der Kräfte der elektrisch-chemischen Analyse auf Körper, die bisher einfach
schienen, und die durch Einwirkung der gewöhnlichen Reagentien noch
nicht zersetzt worden waren, habe ich das gute Glück gehabt, neue und
merkwürdige Resultate zu erhalten

„Ich werde in den folgenden Abschnitten das Detail derjenigen unter
diesen Reihen meiner Versuche, welche ich bis zu einem gewissen Grad von
Reife habe bringen können, in einiger Ordnung zusammenreihen, besonders
die, welche die Zersetzung und die Wiederzusammensetzung der feuerbeständigen Alkalien und die Darstellung der neuen ausserordentlichen Körper
betreffen, die ihre Basen ausmachen

„Da, wo ich ungewöhnliche Processe zu beschreiben habe, glaube ich
unbesorgt in ein grösseres Detail eingehen zu dürfen, da aber, wo ich mich
bloss der gewöhnlichen Mittel bedient habe, werde ich mehr nicht als die
Resultate angeben Wollte ich meinen Untersuchungen Schritt vor Schritt
folgen, alle Schwierigkeiten, auf die ich gestossen bin, die Art, wie es mir
geglückt ist, sie zu überwinden, und alle Handgriffe schildern, so musste ich
weit über die Grenzen, welche für diese Vorlesung bestimmt sind, hinausgehen Ich begnüge mich daher zu sagen, dass ich hier nur das für Thatsachen oder für allgemeine Resultate ausgeben werde, was ich aus sorgfältig
angestellten und oft wiederholten Versuchen gefolgert habe

„Verfahrungsarten, um die feuerbeständigen Alkalien
zu zersetzen

„Die Untersuchungen, welche ich über die Zersetzung der Säuren und
der neutralen alkalischen und erdigen Salze angestellt habe, hatten mir bewiesen, dass die Energie der elektrischen Zersetzung, der Kraft der ent-

[1] Philos Trans 1808, S 1

gegengesetzten Elektricitaten in dem galvanischen Kreise und dem Leitungsvermögen, sowie dem Grade der Concentrirung der angewendeten Korper
proportional ist

„Ich versuchte diesem gemass zuerst, die feuerbestandigen Alkalien in
ihren wässerigen bei der gewohnlichen Temperatur gesattigten Auflosungen mit Hulfe der starksten elektrisch-galvanischen Apparate zu zersetzen, die mir zu Gebote standen Dieses waren die Trogapparate der
Royal-Institution, welche ich mit einander verband Sie bestehen aus
24 viereckigen Plattenpaaren von Kupfer und Zink, jede von 12 Zoll Seite, aus
100 Plattenpaaren, jede von 6 Zoll, und aus 150 Plattenpaaren, jede von
4 Zoll Seite, ich fullte sie mit Alaunauflosung und verdunnter Salpetersaure
Bei aller Intensitat der Wirkung wurde jedoch das Wasser der alkalischen
Auflosungen allein angegriffen, und unter Erzeugung grosser Hitze und
heftigem Aufbrausen entwickelten sich bloss Wasserstoffgas und Sauerstoffgas

„Die Gegenwart des Wassers schien hier die Zersetzung der Alkalien
zu verhindern Ich schmelzte daher zu meinen ferneren Versuchen Kali
durch Hitze, indem ich es in einen Loffel aus Platin legte, und aus einem
Gasometer Sauerstoffgas durch die Flamme einer Weingeistlampe darauf
blasen liess Wahrend das Kali auf diese Art einige Minuten lang in heftiger
Rothgluhehitze und in dem Zustande vollkommener Flussigkeit erhalten wurde,
setzte ich den Loffel mit dem positiven, und das Kali selbst durch einen
Platindraht mit dem negativen Ende des stark geladenen Trogapparates aus
100 Plattenpaaren, jedes 6 Zoll ins Quadrat, in leitende Verbindung Bei
dieser Anordnung zeigten sich mehrere glanzende Phanomene. Das Kali
war nun in hohem Grade leitend, und so lange die Verbindung dauerte,
sah man an dem negativen Drahte ein sehr lebhaftes Licht, und im Beruhrungspunkte eine Flammensaule, welche von einem sich hier entbindenden
verbrennlichen Korper herzuruhren schien

„Als ich die Ordnung veranderte, und den negativen Draht mit dem
Platinloffel, den positiven mit dem Platindraht, der das Kali beruhrte, verband, erschien an der Spitze dieses letzteren ein lebhaftes und bleibendes
Licht, um dasselbe liess sich nichts wahrnehmen, was einem Verbrennen
geglichen hatte, dagegen sah man durch das Kali Gasblaschen aufsteigen,
die sich an der Atmosphare eines nach dem anderen entzundeten

„Das Platin wurde, wie zu erwarten war, stark angegriffen, und zwar
im hochsten Grade, wenn es sich an der negativen Seite des Kreises befand

„Das Kali schien in diesem Versuche vollkommen trocken zu sein, und
es liess sich daher annehmen, dass der verbrennliche Korper, welcher
wahrend der Einwirkung der Elektricitat auf das fliessende Kali am negativen
Drahte sich zu bilden schien, durch Zersetzung des Kali entstehe Der
Ruckstand des Kali war unverandert, zwar entdeckte ich dann eine Anzahl
metallischer Theilchen von dunkelgrauer Farbe, es zeigte sich aber in der
Folge, dass sie vom Platin herruhrten Ich versuchte es auf verschiedene
Arten, diesen verbrennlichen Korper aufzufangen, jedoch umsonst Das

gelang mir erst, da ich die Elektricitat zugleich als Schmelzungs- und als Zersetzungs-Mittel auf das Kali wirken liess

„Kali, das man durch Glühen vollkommen getrocknet hat, ist zwar ein Nicht-Leiter der Elektricitat, es wird aber schon leitend durch sehr wenig Feuchtigkeit, welche die feste Aggregation desselben nicht merklich ändert, und in diesem Zustande wird es durch eine etwas energische elektrische Einwirkung geschmolzen und zersetzt

„Ich nahm ein kleines Stuck reines Kali, liess es einige Sekunden lang mit der Atmosphare in Berührung, wodurch es an der Oberflache leitend wurde, legte es auf eine isolirte Platinscheibe, die mit dem negativen Ende einer in ihrer grossten Wirksamkeit befindlichen Batterie von 250 6- und 4-zolligen Plattenpaaren verbunden war, und beruhrte die Oberflache des Kali mit dem positiven Platindrahte Der ganze Apparat stand an freier Luft. Sogleich zeigte sich eine sehr lebhafte Wirkung Das Kali begann an den beiden Punkten, wo es elektrisirt wurde, zu schmelzen An der oberen Oberflache sah man ein heftiges Aufbrausen, an der unteren, oder der negativen, war kein Entbinden einer elastischen Flussigkeit wahrzunehmen, ich entdeckte aber kleine Kugelchen, die einen sehr lebhaften Metallglanz hatten und völlig wie Quecksilber aussahen Einige verbrannten in dem Augenblick, in welchem sie gebildet wurden, mit Explosion und lebhafter Flamme, andere blieben bestehen, liefen aber an, und bedeckten sich zuletzt mit einer weissen Rinde, die sich an ihrer Oberflache bildete

„Eine Menge von Versuchen bewiesen mir bald, dass diese Kugelchen die Substanz waren, nach der ich suchte ein verbrennlicher Korper eigenthumlicher Art, und die Basis des Kali Ich fand, dass die Gegenwart von Platin gleichgultig fur das Resultat ist, ausser als Mittel, die elektrischen Krafte, welche die Zersetzung bewirken, zu bethatigen, immer entstand dieselbe Substanz, ich mochte den Kreis durch Stucke Kupfer, oder Silber, oder Gold, oder Reissblei, oder selbst durch Stucke Kohle schliessen

„Die Gegenwart der Luft hat keinen Einfluss auf das Resultat, denn ich fand, dass alles auf dieselbe Art erfolgt, wenn sich das Kali in einem luftleeren Recipienten befindet

„Ich habe diese Substanz auch aus Kali, das im Schmelzen durch Hitze begriffen ist, dargestellt, namlich in Glasrohren mit eingeschmolzenen Platindrahten, die mit Quecksilber gesperrt waren, und in welchen, wahrend die Elektricitat hindurch wirkte, das Kali mittelst einer Lampe geschmolzen wurde. Dieses Verfahren liess sich aber nicht lange fortsetzen, da das Glas durch die Einwirkung des Kali bald aufgelost wurde, und dann die Substanz durch das Glas hindurch drang

„Natron gab ahnliche Resultate wie das Kali, wenn man es auf dieselbe Art behandelte, die Zersetzung desselben erforderte aber entweder eine intensivere Einwirkung der Trogapparate, oder die Stucke desselben mussten kleiner und dunner sein Mit dem Trogapparat von 100 Plattenpaaren, jedes 6 Zoll ins Gevierte, erhielt ich, als er in voller Wirksamkeit war, gute

Resultate mit Stückchen Kali, die 40 bis 70 Grains wogen und so dick waren, dass die elektrisirten Metallflächen ungefähr $^1/_4$ Zoll von einander abstanden, dagegen war es mir nicht möglich, mit einem solchen Trogapparate die Zersetzung in Stückchen Natron, die über 15 bis 20 Grains wogen, zu bewirken, und selbst in solchen Stückchen gelang mir dieses nur dann, wenn die Entfernung zwischen den Metallflächen, durch welche die Elektricität dem Natron zugeführt wurde, nicht über $^1/_{10}$ bis $^1/_8$ Zoll betrug

„Die aus dem Kali erzeugte Substanz blieb in der Temperatur, welche die Atmosphäre im Augenblicke ihrer Erzeugung hatte, flüssig. Die Substanz aus dem Natron war flüssig bei der Temperatur, die sie, während sie sich bildete, von dem Alkali erhalten hatte, wurde aber im Erkalten fest, und nahm die Farbe und den Glanz des Silbers an

„Als ich eine sehr kräftige Batterie von 250 Plattenpaaren zur Zersetzung des Natrons anwendete, verbrannten die Kügelchen oft in dem Augenblicke, in welchem sie entstanden, manchmal explodirten sie heftig und trennten sich in kleinere Kügelchen, die brennend mit grosser Schnelligkeit durch die Luft flogen, dieses unaufhörliche Feuersprühen ist ein sehr schönes Schauspiel

„Theorie der Zersetzung der feuerbeständigen Alkalien, Zusammensetzung und Erzeugung derselben

„Bei allen Zersetzungen zusammengesetzter Körper, welche ich bis dahin untersucht hatte, waren stets die verbrennbaren Basen an der negativen Oberfläche des elektrischen Kreises entbunden worden, während der Sauerstoff an der positiven Oberfläche zum Vorschein kam, oder dort in Verbindungen trat Es war daher der natürlichste Gedanke, dass bei der Einwirkung der Elektricität auf die Alkalien die neuen Substanzen ganz auf ähnliche Weise erzeugt werden

„Ich habe mehrere Versuche in einem mit Quecksilber gesperrten Apparate, aus welchem die äussere Luft ausgeschlossen war, angestellt, die mir zum Beweise dienen, dass die Sache sich in der That auf diese Art verhält. Wenn man nämlich festes Kali oder Natron, die so viel Feuchtigkeit angezogen haben, dass sie leitend sind, in Glasröhren verschliesst, welche mit Platindrähten versehen und vermöge derselben in den Kreis eines Trogapparates gebracht sind, so entstehen die neuen Substanzen an den negativen Metallflächen, und das Gas, welches sich während dessen an der positiven Metallspitze entbindet, ist ganz reines Sauerstoffgas, wie die sorgfältigste und genaueste Prüfung mir bewiesen hat An der negativen Oberfläche erscheint gar kein Gas, ausser wenn Wasser im Überflusse da ist.

„Auch die folgenden synthetischen Versuche stimmen hiermit vollkommen überein

„Ich habe schon angeführt, dass die aus dem Kali erzeugte Substanz ihren Metallglanz an der Luft fast augenblicklich verliert, und sich mit einer weissen Rinde umlegt Ich fand sehr bald, dass diese Rinde reines Kali ist, das sogleich zerfliesst, es bildet sich dann eine neue Rinde, die wieder Feuchtigkeit aus der Luft an sich zieht, und endlich verschwindet das Kugelchen ganz, und man hat statt desselben eine gesättigte Auflösung von Kali [1]

„In besonders dazu eingerichtete, mit Quecksilber gesperrte Glasrohren wurden einige Kugelchen in atmosphärischer Luft, andere in Sauerstoffgas gebracht. Sie verschluckten augenblicklich Sauerstoff, und überzogen sich mit einer Rinde von Alkali, da es aber an Feuchtigkeit fehlte, das Alkali aufzulösen, so beschränkte sich der Process hierauf, und das Innere des Kugelchens blieb unverändert, indem die Rinde das Sauerstoffgas ausser Berührung mit demselben setzte

„Mit der Basis des Natrons erfolgen in beiden Fällen ähnliche Wirkungen

„Werden diese Basen in einer gegebenen, rings umschlossenen Menge von Sauerstoffgas stark erhitzt, so entsteht ein schnelles Verbrennen mit weisser glänzender Flamme, und die metallischen Kugelchen finden sich in eine weisse feste Masse verwandelt, die Kali oder Natron ist, je nachdem man die Basis des ersteren oder des letzteren zu dem Versuch genommen hat Dabei wird Sauerstoffgas verschluckt, und es entweicht aus den verbrennenden Substanzen nichts, was die Reinheit des Rückstandes verminderte. Die Alkalien, welche bei diesem Versuch entstanden, waren dem Anscheine nach trocken, oder enthielten wenigstens nicht mehr Feuchtigkeit, als sich in dem verschluckten Sauerstoffgas befunden haben konnte, und ihr Gewicht übertraf das der verbrannten Substanzen bedeutend Ich werde in der Folge die Processe umständlich beschreiben, auf welche ich diese Schlüsse gründe, und man wird dort die Zahlenverhältnisse finden, nach welchen sich die verbrennbaren Substanzen mit Sauerstoff verbinden, um die feuerbeständigen Alkalien zu bilden

„Diese Thatsachen berechtigen uns, wie es mir scheint, mit ebenso vielem Rechte anzunehmen, dass sich das Kali und das Natron in Sauerstoff und in zwei eigenthümliche Basen zerlegen lassen, als wir nur immer für die Lehre haben, dass Phosphorsäure, Schwefelsäure und Metalloxyde in Sauerstoff und in eigenthümliche verbrennbare Basen zersetzbar sind

„Bei den analytischen Versuchen war kein anderer Körper als die Alkalien und ein wenig Feuchtigkeit im Spiele, und letztere scheint nur insofern wesentlich zu dem Resultate mitzuwirken, als sie das Alkali an der Oberfläche leitend macht Denn die neuen Substanzen entstehen erst dann, wenn das trockene Innere zu schmelzen anfängt, und es erfolgt eine Explosion, so oft sie durch das geschmolzene Alkali bis zu der feuchten und heissen

---

[1] Während dieses Processes wird auch das Wasser zersetzt, wir werden nämlich sehen, dass die Basen der fixen Alkalien kräftiger als irgend ein anderer bekannter Körper auf das Wasser wirken Folgendes ist mit wenig Worten die Theorie der Oxydirung der Basen der Alkalien an der freien Luft sie verschlucken zuerst Sauerstoff und es bildet sich Alkali dieses Alkali saugt schnell Wasser ein, und dieses Wasser wird zersetzt Daher entbindet sich während der Verwandlung eines Kugelchens in eine alkalische Auflösung beständig fort und schnell Gas in einer kleinen Menge

Oberfläche heraufsteigen, sie lassen sich ferner nicht mit krystallisirtem Alkali erhalten, welches immer viel Wasser enthält, endlich beweist auch der Erfolg beim Elektrisiren von glühendem Kali, worin sich keine merkbare Menge von Wasser befindet, dass das Entstehen dieser Substanzen von der Gegenwart des Wassers unabhängig ist

„Die verbrennbaren Basen der Alkalien scheinen ebenso, wie die übrigen verbrennbaren Grundstoffe, von den positiv elektrisirten Oberflächen zurückgestossen, und von den negativ elektrisirten angezogen zu werden. Ein entgegengesetztes Verhalten hat der Sauerstoff Dieser hat folglich von Natur eine negative Energie, während die Basen eine positive Energie besitzen, und bei den zerlegenden Versuchen wird die Verbindung beider aufgehoben, sobald eines dieser beiden Principe in einen entgegengesetzten elektrischen Zustand, als in den ihm natürlichen versetzt wird Bei der Synthese kommen dagegen die natürlichen Kräfte oder Anziehungen beider Principe in ein gegenseitiges Gleichgewicht Ist ihre Wirksamkeit schwach, in den niedrigen Temperaturen, so geht die Verbindung nur langsam vor sich, ist ihre Wirksamkeit dagegen durch Wärme erhöht, so erfolgt eine schnelle Vereinigung, unter Erzeugung oder Entwickelung von Feuer, wie das in anderen ähnlichen Fällen geschieht Ich werde sogleich eine Menge von Umständen angeben, welche die Wirkungsart der alkalischen Basen betreffen, und man wird finden, dass diese allgemeinen Folgerungen durch sie bestätigt werden

„Sind die Basen des Kali und die des Natron für Metalle zu nehmen? Die meisten Chemiker, denen diese Frage vorgelegt wurde, antworteten darauf mit Ja Diese Körper haben die Undurchsichtigkeit, den Glanz und die Dehnbarkeit der Metalle, sind ebenso gute Wärmeleiter und elektrische Leiter als die Metalle, und gleichen ihnen durch ihre grosse Fähigkeit zu chemischen Verbindungen

„Ihr sehr geringes specifisches Gewicht scheint mir kein hinreichender Grund zu sein, um aus ihnen eine eigene Klasse von Körpern zu machen, denn auch unter den schon bekannten Metallen herrscht in dieser Hinsicht eine grosse Verschiedenheit Platin ist beinahe 4 mal schwerer als das Tellurium [1]

„Bei der Klassification der Naturkörper muss immer die Ähnlichkeit der meisten Eigenschaften der Körper entscheiden, welche man in eine Klasse zusammen stellt

„Namen für die Basen des Kali und des Natron, welche dieser Ansicht entsprechen sollten, müssen nach Analogie mit den anderen Namen der neu entdeckten Metalle aus dem Latein entlehnt sein, und dieselbe Endsilbe als diese erhalten Ich wage es, die Namen Potassium und Sodium in Vor-

[1] Tellurium hat kaum ein 6 mal grösseres spezifisches Gewicht als die Basis des Natron, und es ist sehr wahrscheinlich, dass wir Körper finden werden, welche eine ähnliche chemische Natur als die Basen des Kali und des Natron haben, und deren spezifisches Gewicht zwischen das dieser Basen und das der leichtesten Metalle fällt

schlag zu bringen Sie können nie zu Irrthum führen, welche Veränderung auch künftig die Theorie über die Zusammensetzung der Körper erleiden mag, denn sie bezeichnen bloss die Metalle, die sich aus der Potasche und der Soda erhalten lassen Ich habe mehrere der ausgezeichnetsten Gelehrten dieses Landes über diese Benennungen zu Rathe gezogen, und die meisten gaben denen, welche ich angenommen habe, vor allen anderen den Vorzug Da die Alten die Verschiedenheit der beiden Alkalien nicht kannten, so wurde sich im Griechischen vielleicht wohl ein Name für die Basis des Natrons haben finden lassen, aber kein ähnlicher für die Basis des Kali Die aus der Theorie entlehnten Namen können nicht sorgfältig genug vermieden werden, da die elektrisch-chemischen Erscheinungen, deren wir täglich mehrere finden, es sehr klar vor Augen stellen, dass die Zeit noch weit entfernt ist, wenn sich die chemischen Thatsachen vollständig werden verallgemeinern lassen Zwar habe ich bei Erklärung der Resultate der hier detaillirten Versuche durchgehends die antiphlogistische Hypothese angenommen, doch hat daran das Gefühl der Schönheit und Präcision derselben mehr Theil, als die Überzeugung von ihrer unveränderlichen Dauer und ihrer Wahrheit Durch die Entdeckungen, welche man über die Wirkungen der Gasarten gemacht hat, ist STAHL's Hypothese gestürzt worden Sehr leicht konnte eine genauere Kenntniss der ätherischen Substanzen und ihrer Wirkungen der scharfsinnigen und um vieles verfeinerten Theorie LAVOISIER's ein ähnliches Schicksal bereiten. Bei dem jetzigen Zustande unserer Kenntnisse scheint diese Theorie allerdings die beste unter allen Annäherungen zu einer vollkommenen chemischen Logik zu sein

„Welche Veränderungen indess auch der Theorie bevorstehen mögen, so haben wir, dünkt mich, doch allen Grund, zu glauben, dass die metallischen Basen der Alkalien und die gewöhnlichen Metalle in derselben Klasse von Körpern bleiben werden, und bis jetzt haben wir nicht einen einzigen guten Grund, die Individuen dieser Klasse für zusammengesetzte Körper zu halten [1]

„Man führt Versuche an, aus denen erhellen soll, dass die Alkalien, die Metalloxyde und die Erden sich aus blosser Luft und blossem Wasser bilden können alle diese Versuche sind indessen bisher noch immer auf eine wenig beweisende Art angestellt worden Das Wasser kann auf eben die Art, wie ich es in der vorjährigen BAKER-Vorlesung zu zeigen gesucht habe,

---

[1] Es würde sich unstreitig eine chemische Theorie vertheidigen lassen, welche annähme, dass die Metalle aus unbekannten Basen und aus der im Wasserstoff befindlichen Materie bestehen, und dass Metalloxyde, Alkalien und Sauren Zusammensetzungen solcher Basen mit Wasser sind In dieser Theorie würde man aber mehr unbekannte Principe als in der allgemein herrschenden annehmen müssen, und sie würde minder klar und minder elegant sein Als ich bei meinen ersten Versuchen über die Destillation der Basis des Kali stets Wasserstoff sich entwickeln fand wurde ich veranlasst, die phlogistische Hypothese mit den neuen Thatsachen zu vergleichen, und ich fand, dass sie sich ihnen ohne Schwierigkeit anpassen liess Genauere Untersuchungen bewiesen mir indess in der Folge, dass in den Fällen, in welchen ein brennbares Gas erscheint, etwas Wasser oder ein anderer Körper, in welchem man Wasserstoff annimmt, gegenwärtig war

14

mit salzigen oder mit metallischen Substanzen geschwängert sein, und in der
Luft schweben fast immer feste Substanzen aller Art, die ihr gänzlich fremd
sind, umher. Es ist leicht zu übersehen, dass bei den gewöhnlichen Processen der Natur alle Produkte lebender Wesen von den bekannten Verbindungen der Materie ausgehen können. Die Zusammensetzungen des Eisens,
der Alkalien und der Erden mit den mineralischen Säuren sind gewöhnlich
in Menge in der vegetabilischen Erde vorhanden. Durch die Zersetzung
basaltischer, porphyrartiger und granitartiger Gebirgsarten wird immerfort die
Oberfläche des Bodens mit erdigen, alkalischen und eisenschüssigen Theilchen
versehen. In allen Pflanzensäften, welche untersucht sind, hat man salzartige
Verbindungen gefunden, welche Kali oder Natron und Eisen enthielten.
Diese Grundstoffe können aus den Pflanzen in die Thiere übergehen. Es
scheint, dass die chemische Wirkung der Organisation viel mehr darauf
geht, die Substanzen zu Verbindungen zusammengesetzterer Natur und mannig-
facherer Art mit sich zu vereinigen, als sie auf ihre einfachsten Elemente
zurückzuführen."

Das Aufsehen, welches DAVY's Entdeckung machte, war ausserordentlich gross. In den wissenschaftlichen Zeitschriften jener Jahre findet man
fast nichts als Berichte über die mehr oder minder gelungene Wiederholung
der Versuche über die Darstellung der Alkalimetalle, es war ein mindestens
ebenso lebhaftes Interesse für diese Dinge da, wie seinerzeit bei der Entdeckung der VOLTA'schen Säule. Nur in einer Beziehung besteht ein auffallender Gegensatz zwischen beiden wissenschaftlichen Ereignissen. Während
VOLTA's Säule neben vielen gleichgültigen eine ganz erhebliche Reihe von
wesentlichen Erweiterungen der Wissenschaft durch die Arbeit der allerorten
auftretenden Mitarbeiter gebracht hatte, ist keine solche Wirkung von DAVY's
Entdeckung wahrzunehmen. Mit Ausnahme vielleicht der durch sie angeregten erfolgreichen Versuche, die Alkalimetalle auch auf rein chemischem
Wege herzustellen, lässt sich keine irgend erheblichere Entdeckung nennen,
zu der DAVY's Arbeit Veranlassung gegeben hatte. Vielmehr macht es den
Eindruck, als sei mit diesem glänzenden Schlusseffekt der erste Act des
elektrochemischen Dramas zu Ende, und erst nach einer ziemlich langen
Ruhepause treten neue Personen auf, die neues zu sagen haben.

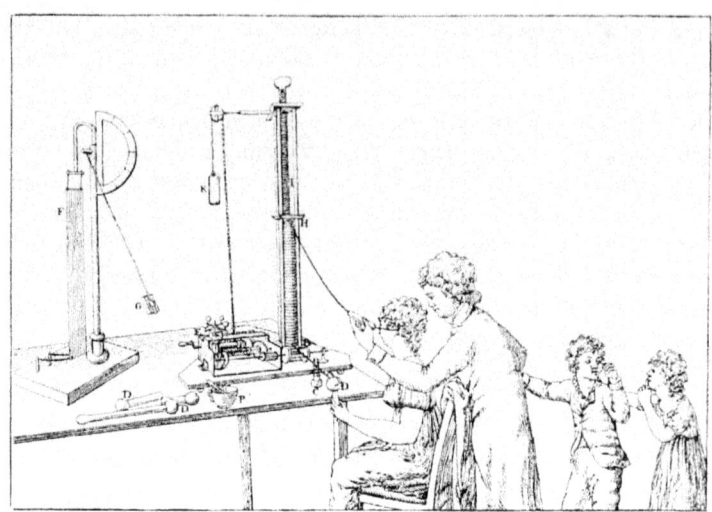

Fig. 63. Galvanische Scene nach SPRENGER.

Achtes Kapitel.

Galvanische Phantasieen.

1. Allgemeines. Für den geschichtlichen Entwickelungsgang einer wissenschaftlichen Frage ist es nicht nur von Bedeutung, die Arbeiten kennen zu lernen, aus denen sich der dauernde Bau der Wissenschaft zusammensetzt, sondern es wird auch nicht unlohnend sein, auf diejenigen Dinge einen Blick zu werfen, die, von den Arbeitern mit gleichem Eifer, wie die guten Bausteine herangetragen, sich später als unhaltbares und unzuverlässiges Material erwiesen haben. Denn die gleichen Ursachen, welche jene Missgriffe veranlasst haben, sind immerfort thätig, und ihre Kenntniss kann gelegentlich dazu führen, jene Missgriffe zu vermeiden, wenn es sich um Dinge handelt, über welche die Geschichte noch nicht ihr endgültiges Urtheil gesprochen hat.

Die Geschichte der ersten Zeiten des Galvanismus ist besonders reich an solchen Fehlversuchen, denn die Gelegenheit zu Irrthümern war besonders günstig. Die völlig unerwartete Beschaffenheit jener neuen Thatsachen liess jeden mit der Erwartung an die Beobachtungen herantreten, dass das Unglaublichste möglich sei, und hatte sich durch irgend eine unvollkommen oder falsch gesehene Erscheinung erst eine bestimmte Vorstellung festgesetzt, so begann die Autosuggestion ihre charakteristischen und unheilvollen Wirkungen zu üben. Es ist zuweilen völlig unglaublich, wie weit die Urtheilstäuschung unter derartigen Umständen gehen kann. Wir haben einzelne Beispiele davon, insbesondere bei Ritter (vgl. S. 161) bereits beobachtet, hier seien einige weitere charakteristische Fälle zusammengestellt.

2. Der Weltgalvanismus. Als Beispiel für die hoffnungsvolle Stimmung, in welche die Entdeckungen Volta's die wissenschaftliche Welt versetzt hatten, seien hier zunächst die Auslassungen des Bremer Arztes und Professors Treviranus angeführt, welche dieser dem Herausgeber der Annalen, Gilbert, in einem Briefe mitgetheilt hat [1], und die von diesem neben anderen wissenschaftlichen Nachrichten ohne einschränkende Bemerkung mitgetheilt wurden.

Nach einigen Erörterungen über die Frage, ob die galvanische Action auch ohne unmittelbare Berührung der Excitatoren durch eine Wirkung in die Ferne erregt werden kann, und ob sie einen Einfluss auf die Inclination oder Declination der Magnetnadel hat, giebt er als Begründung für sein Interesse an diesen Fragen folgende Auseinandersetzung.

. „Sollte nämlich zwischen der Erde und dem Monde nicht ein beständiger galvanischer Prozess stattfinden, der durch den Einfluss der Sonne modificirt wird, und sollte dieser nicht den Grund aller meteorologischen Veränderungen enthalten?

„Was mir diese Vermuthung wahrscheinlich macht, ist zuvorderst dies, dass sich die Hauptbedingung des Galvanismus bei der Erde und dem Monde wiederfindet. Diese Bedingung ist die Einwirkung zweier unoxydirter Körper von einem verschiedenen Grade der Oxydationsfähigkeit auf einander und auf eine oxydirte Flüssigkeit. Die Erde nun besteht theils aus unoxydirten Körpern von sehr verschiedener Verwandtschaft zum Sauerstoff, theils aus oxydirten Flüssigkeiten, und der Mond besitzt eine ganz andere Affinität zum Oxygen, als die Erde, wie der Mangel an Wasser auf seiner Oberfläche und das vom Refractionsvermögen unserer Atmosphäre so ganz verschiedene der seinigen beweist. So weit also hatte meine Vermuthung einiges für sich . . .

. „Bestätigte es sich übrigens, so hätten wir damit eine Ursache, welche alle Erfordernisse zur Erklärung der meteorologischen Erscheinungen in sich vereinigte. Wir bedürfen nämlich zu dieser Erklärung eines Agens, welches die Oxydations- und Desoxydationsprozesse der Erde beständig zu unterhalten und zugleich die Erregbarkeit der Thiere und Pflanzen mächtig zu verändern im Stande ist. Weder die Attraction der himmlischen Körper, noch der Einfluss der Sonnenstrahlen kann aber dies Agens sein. Nicht einmal die tägliche Ebbe und Fluth der Atmosphäre lässt sich aus ihnen befriedigend erklären, und noch viel weniger reichen sie hin, um einen Grund von den regelmässigen Exacerbationen und Remissionen der Fieber,

sowie von der Entstehung der epidemischen Krankheiten anzugeben   Hingegen vereinigt der Galvanismus alle zu jenem Agens erforderlichen Eigenschaften . .   Vielleicht sind die beiden Pole der Erde das, was die ausserste
Zink- und Silberplatte bei der Volta'schen Saule sind, der Mond setzt die
beiden aussersten Kettenglieder mit einander in Verbindung und die Sonne
bringt durch ihre Einwirkung auf diese Kette die nothigen Abwechselungen
in derselben hervor"

3 Die elektrische Saure   Eine der fruhesten derartigen Leistungen
war ferner eine von L Brugnatelli aufgestellte Theorie der Erscheinungen
der Volta'schen Saule [1]   Es ist dies derselbe Brugnatelli, in dessen Zeitschrift die Arbeiten Volta's zuerst zu erscheinen pflegten (S 48 u ff
Brugnatelli schreibt

„Das Resultat mehrerer Arbeiten, die ich vor kurzem uber diesen
Gegenstand unternommen habe, bestimmte mich, anzunehmen, das elektrische Fluidum sei von allen ubrigen, bis jetzt bekannten, spezifisch verschieden, und bilde eine eigenthumliche Saure, die ich nach meiner Nomenclatur Ossielettrico, elektrische Saure, nenne   Diese hat folgende Eigenschaften.

„Die elektrische Saure ist eine Flussigkeit, die an unendlicher Feinheit
dem Warmestoffe und dem Lichtstoffe gleichkommt   Sie ist expansiv, hat
einen eigenthumlichen unangenehmen Geruch, der sich dem des Phosphors
nahert, und einen sauren, stechenden Geschmack, sie reizt und entzundet
die Haut, die Entzundung kann sehr leicht durch Anwendung einer verdunnten Auflosung von Ammoniak gehoben werden   Sie rothet die blaue
Lackmustinctur, doch nimmt nach zerstreuter Elektricitat die Flussigkeit ihre
vorige blaue Farbe wieder an   Sie dringt in die Metalle mit mehr oder
weniger Leichtigkeit, je nach ihrer verschiedenen Natur   Wenn die elektrische Saure in stromende Bewegung gesetzt wird, so lost sie die Metalle
auf, wie das Wasser ein Salz auflost, und hat dabei die Eigenschaft, die auf-
gelosten Metalle in sehr grosse Entfernungen mit sich fortzufuhren, und
zwar durch die Substanz mehrerer Korper hindurch   Die elektrische Saure
ist in Wasser auflosbar, in einer solchen Auflosung oxydiren sich die meisten
Metalle auf Kosten des Wassers, welches in diesen Fallen unter Erzeugung
von Wasserstoffgas zersetzt wird   Die erzeugten Metalloxyde verbinden sich
aber, meinen Versuchen gemass, mit der elektrischen Saure, und bilden die
elektrischsauren Metalle   Das elektrischsaure Kupfer hat eine schone grune
Farbe und ist durchscheinend, das elektrischsaure Zink ist dunkelgrau, das
elektrischsaure Silber ist weiss und durchscheinend, das elektrischsaure Eisen
ist gelbroth und opak   Die elektrischsauren Metalle sind in Wasser unauf-
loslich und ihre auffallende Eigenschaft ist die, dass sie von der elektrischen
Saure durch Wasser hindurch zu ansehnlichen Entfernungen fortgerissen
werden, und dass sie sich dann auf dargebotene Metalle in Gestalt salz-

[1] Brugnatelli, Annali di Chimica 18 136 1800 Daraus in Gilbert s Ann 8 284 1801

artiger Krusten niederschlagen, die bald irregulare Anhaufungen, bald auffallend regelmassige Krystallisationen bilden"

Heute muthet uns diese Art, sich von den Erscheinungen der VOLTA-schen Saule Rechenschaft zu geben, allerdings ziemlich seltsam an, doch haben wir noch keineswegs so vollstandig mit derartigen Anschauungen gebrochen, wie man beim ersten Blick glauben mochte. Oder ist unsere heutige Äthertheorie so wesentlich verschieden von der BRUGNATELLI's? Zwar pflegen wir in unbewusster Verschamtheit den Äther nicht eine sehr feine Flussigkeit zu nennen, sondern wir bezeichnen ihn als ein „Fluidum" von sehr geringer Masse, ich kann aber nicht finden, dass man damit etwas anderes sagt.

VOLTA hat übrigens an den Vorstellungen BRUGNATELLI's keinen Theil, er lehnt unbedingt jede Gemeinschaft mit diesen „Traumen" ab [1]. Dagegen ist eine ganz ahnliche „Theorie" zu derselben Zeit von ROBERTSON in Paris [2] aufgestellt worden, welche ebenfalls darauf hinauskommt, dass die Elektricitat eine Saure ist. In seiner Geschichte des Galvanismus berichtet SUE [3] „Als neulich BRUGNATELLI mit VOLTA nach Paris kam, war er sehr erstaunt, in den Annales de Chimie eine Anschauung von ROBERTSON dargestellt zu finden, die der seinigen vollig ahnlich war, ohne dass sie unter einander irgend welchen Verkehr oder Briefwechsel bezuglich des Galvanismus gehabt hatten"

4 Galvanomagnetische Hoffnungen Ein anderer Gegenstand, an den sich unzahlige Spekulationen geknupft haben, ist die Beziehung zwischen der Elektricitat und dem Magnetismus Die charakteristische Eigenthumlichkeit der Polaritat, welche beiden eigen ist, und die Gleichheit der Gesetze ihrer Fernewirkung, welche durch COULOMB's Forschungen im Jahre 1785 erwiesen wurde, legten den Gedanken eines engen Zusammenhanges beider sehr nahe So ist es ganz naturlich, dass man die erwartete Analogie auch bei den galvanischen Erscheinungen suchte Zunachst durch v. ARNIM [4] als gelegentliche Vermuthung ausgesprochen, wurde eine solche Wirkung von M A F LUDICKE [5], allerdings zunachst noch mit einiger Vorsicht, als thatsachlich behauptet LUDICKE hatte eine Batterie aus 50 Magnetstaben gebaut, „die so aneinander gelegt waren, dass die ungleichnamigen (oder freundschaftlichen) Pole je zweier nachster Stabe einander zugekehrt, jedoch durch ein mit Salzwasser getranktes Pappstuckchen, an das die beiden Pole anlegen, getrennt waren" Von den Enden dieser Batterie wurden Eisendrahte in ein Glas mit Wasser geleitet, welches langere Zeit im Zimmer gestanden hatte „Abends um 7 Uhr wurde das Wasserglas in die Batterie gebracht; um 8 Uhr war das Glas noch ganz rein, erst um 8 Uhr sah ich auf der Glasrohre des Nordpols 8 sehr kleine Blasen hegen, auf der Glasrohre des Sudpols konnte ich keine einzige Blase bemerken

„Um 10 Uhr befanden sich auf dem Nordpol 12 Blasen und auf dem

GILBERT's Ann 14 264 1803,   [2] Ann d chimie 37, 132, an 8 (1800)
[3] Hist d Galvanisme, 1, 505 1802.   [4] GILBERT's Ann 8, 108 1801.
GILBERT's Ann 9 575 1801

Südpol nur 2 kleine Blasen   Hieraus erhellet die grössere Wirksamkeit des Nordpols"

Spätere Versuche [1] haben Lübeck indessen überzeugt, dass jene Erscheinungen zufälliger Natur waren, und er hat in ganz anerkennenswerther Weise seinen Irrthum selbst berichtigt

Weniger unbedenklich verlief ein ähnlicher Gedanke bei J W Ritter Es ist schon S 180 erwähnt worden, dass er, durch die dauernden Ladungserscheinungen an Platindrähten verführt, eine nahezu vollständige Identität zwischen Elektricität und Magnetismus annahm, und insbesondere behauptete, dass eine aus Zink und Kupfer zusammengesetzte Nadel sich wie eine Magnetnadel verhielte   Hier übernahm Erman [2] die Zurechtstellung und führte sie in einer Weise durch, die für Ritter's wissenschaftlichen Kredit bei den exakten Forschern so gut wie völlig vernichtend wirken musste

5 Galvanische Kuren   Eine galvanische Phantasie von nicht unbedenklicher Beschaffenheit war die medizinische Anwendung des Galvanismus   Schon Galvani selbst hatte in dieser ihm naheliegenden Richtung Vermuthungen geäussert und Hypothesen aufgestellt S 38 , mit der Erfindung der Volta'schen Säule trat für solche Versuche eine neue Anregung ein, wobei ihr grosser Einfluss bei Störungen der Innervation bald richtig erkannt wurde. Daneben gingen aber andere, weniger berechtigte Bestrebungen, unter denen die auffälligsten die Versuche zur Heilung von Taubstummen sind Die erste Nachricht, welche ich über derartige Versuche finde, ist ein Brief vom Prof Ebeling in Hamburg an den Prof Kluge in Halle vom 22 Dezember 1801 [3] „Ich mache jetzt Versuche mit dem Galvanismus für mein Gehör   Die in Eutin an Vossens sehr harthörigem Sohne, an einem 20jährigen Taubstummen, an einem 17jährigen, seit dem vierten Jahre tauben Mädchen, an einem anderen erwachsenen, sehr harthörigen, sind in 14 Tagen fast entscheidend gewesen, alle hören   In Glückstadt und Jever sind zwei Taubstumme ,der letztere in einer halben Stunde hörend geworden   Mein schwerhöriger Bruder   legte nur zwei verbundene Platten auf das hautentblösste Fleisch hinter den Ohren, dies wirkte, wie das starkste Zugpflaster, und so lange es anlag, hörte er scharf"

Die eigenen Erfahrungen des Prof Ebeling waren allerdings nicht ganz so günstig, nach drei Wochen Gebrauches hatte er die Wirkung, „dass ich was man mir deutlich ins bessere Ohr sagt, verstehen kann, und das schlimmere hört jetzt deutlich durch das Hörrohr Beides war sonst nicht'

In einem Briefe vom Prof C H Wolke an Gilbert [4] erfahren wir von dem eigentlichen Erfinder des Verfahrens, Taubstumme durch die Volta'sche Säule zu heilen, oder der Ars voltacustica, wie sie der Schreiber zu nennen vorschlagt es ist ein Apotheker, namens Sprenger zu Jever „Es kommen aus der Nähe und der Ferne, aus Ostfriesland, dem Herzogthume Olden-

[1] Gilbert's Ann 11, 113 1802   [2] Ebenda 26 21 1807
[3] Ebenda 10, 370 1802   [4] Ebenda 10 380 1802

burg u. s. w. immer mehr Taubstumme und Harthörige hierher, ersteren wird fast ohne Ausnahme, von den letzteren aber nur einigen, geholfen. Gestern Morgen um zehn Uhr wurden die Kinder des Hrn. SIEGERT aus Bremervörde etwa 4 Minuten lang galvanisirt, eine Stunde hernach zum zweiten Male ebenso lange, und als durch eine Wunder- oder Zauberkraft zeigte sich schon die wohlthätige Wirkung des Galvanismus. Alle drei hörten dumpfe Töne, nämlich Schläge, die man hinter ihrem Rücken auf eine Schachtel that, und deren verschiedene Anzahl sie mit den Fingern bemerkten. Der Vater zitterte und weinte dabei vor Freude, eine äusserst rührende Scene für Hrn. SPRENGER, für mich und jedes fühlende Herz! Bloss bei der Rückerinnerung rollen mir wieder Freudenthränen aus den Augen. Die Fähigkeit zu hören zeigt sich immer deutlicher. Aber die taub gewesenen haben bis jetzt noch nicht das Vergnügen, die menschliche Stimme zu hören. Dieses ist erst nach einigen Tagen zu erwarten."

Bald nach diesen Mittheilungen brachten die Annalen eine Darstellung dieser Versuche aus der Feder ihres Urhebers, JOH. JUST ANT. SPRENGER,[1] der die Entstehungsgeschichte seiner Kuren folgendermaassen erzählt:

„Im Anfange des Novembers 1801 verkündeten die Zeitungen, dass durch die Anwendung der VOLTA'schen Säule das Gehör eines Tauben hergestellt worden sei. Ein hiesiger Einwohner, Vater eines taubstummen Jünglings, welcher wusste, dass ich eine VOLTA'sche Säule besass, und manche Versuche damit angestellt hatte, bat mich inständig, doch an seinem unglücklichen Sohne zu versuchen, ob nicht auch dessen Taubheit abgeholfen werden konnte.

„Ich wagte mein eigenes Gehör zuerst daran, und liess den Strom einer VOLTA'schen Säule, die aus 70 Doppelplatten bestand, so lange, als ich es aushalten konnte, durch beide Ohren gehen, und schloss, dass das, was mir keinen unleidlichen Schmerz und keinen Schaden brachte, als Mittel angewendet werden durfte, einen Taubgeborenen mit dem Gehör zu beglücken. Ich versuchte mein Mittel, und es gelang. In 14 Tagen, vom 15 November vor J. an, ward dem Stocktauben das Gehör hergestellt."

SPRENGER geht nun dazu über, die Art der Anwendung der Elektricität für seinen Zweck zu beschreiben. Die Einzelheiten haben hier kein Interesse, man übersieht sie auf der von ihm herrührenden Zeichnung (Fig. 63).

„Die galvanische Scene. Die Figur stellt rechter Hand meinen galvanisch-elektrischen Apparat und eine Dame dar, auf deren Gehörorgan damit gewirkt wird. Der Elektrisirende hält den Mittheiler bei dem glasernen Griffe, und führt das mit Kochsalzwasser benetzte Knöpfchen inwendig an den Tragus. Links stehen zwei Kinder, der Knabe sucht durch Pantomimen dem Mädchen verständlich zu machen, dass der Dame das Ohr elektrisirt gehirnsirt wird, und mit ihm bald ein gleiches vorgenommen werden soll."

Ähnlich günstige Ergebnisse, wie die vorstehenden, berichtet Dr Joh Erdmann aus Wien[1] und Heinr Einhof aus Zelle[2], auch verfehlt Sprengler
nicht, mitzutheilen, dass er von seiner Fürstin für seine Kuren mit einem
Geldgeschenk und dem Range eines Commissionsrathes bedacht worden sei,
doch treten schon um diese Zeit Nachrichten auf, nach denen andere Ärzte
die erwarteten Folgen nicht haben beobachten können[3]

Auch Volta brachte diesen Nachrichten Glauben entgegen, in einem
Briefe an Brugnatelli[4] schreibt er

„Es giebt so viele ins einzelne gehende Berichte von Taubstummen,
denen das Gehör durch Anwendung meines elektromotorischen Apparates
gegeben ist, besonders zu Jever (Stadt in Westphalen und Hauptstadt von
Jeverland, das dem Zar von Moskau unterthan ist durch die Bemühung
und vermittelst der hierdurch erdachten Methode eines gewissen Sprengk,
dass sie auch den Ungläubigsten darzuthun genügen, dass die Sache nicht
zu verachten ist, sondern eine nähere Prüfung verdient Ich habe mich nun
zu einer Prüfung angeschickt und will nachsehen, ob man mehr Zweifel
oder Hoffnung hegen soll, ich wende seit 15 Tagen eine der Sprengler'schen
ähnliche Methode bei einem von Geburt, seit etwa 15 Jahren, taubstummen
Mädchen an, die sich in Como in einem Mädchenarmenhause befindet Ich
kann nicht behaupten, dass ich vorläufig einen grossen Erfolg gehabt habe,
aber ich will nicht verschweigen, dass die Kranke den Gehörsinn in dem
Maasse erworben hat, dass sie verschiedene auch nicht besonders starke
Laute aus der Entfernung von einigen Fuss wahrnehmen kann Man merkte,
dass sie am Anfang des dritten Tages etwas zu hören begann, d h nach
der achten oder neunten Operation, deren jede an jedem Ohr zehn Minuten
dauerte, indem man die Erschütterungen alle zwei Minuten folgen liess
Während aller darauffolgenden Tage beobachtete man Fortschritte, wenn
auch geringe Eigenthümlich ist es, dass sie dumpfe und tiefe Töne besser
hört und zuerst solche hören konnte, wie das Schlagen auf eine leere Holz-
schachtel, oder das Zusammenschlagen der Hände etwas das auch bei den
in Jever gemachten Versuchen beobachtet und in ihrer Beschreibung erwähnt worden ist, seit einigen Tagen hört sie auch andere Töne, die verschiedener Musikinstrumente, eines Glöckchens u s w und die menschliche
Stimme, aber, wie es scheint, sehr undeutlich, indem sie oft einen Ton mit
dem andern vermischt Ich werde fortan weitere 15 Tage hindurch beide
Ohren nach derselben Methode elektrisiren, ich berühre dabei abwechselnd
mit dem Ende eines Metalldrahtes, das die Gestalt einer Kugel hat und mit
dem positiven Pol des Apparates in Verbindung steht, eine Minute hindurch
den Tragus, zwei Minuten lang den ausseren Gehörgang und eine weitere
Minute lang den hinteren Theil des Ohrs um den Processus gastrocnemius
und sorge für häufige Erschütterungen, indem ich jede zweite Minute den

---

[1] Gilbert's Ann **12**, 314 1802   [2] Ebenda **12**, 230 1802
[3] Intell Bl der Allg Litter Ztg 1802, Nr 201
[4] Annali di Chimica del Prof Brugnatelli, **21**, 100 1802

anderen negativen Pol vermittelst einer von der feuchten linken Hand wenn man im rechten Ohr arbeitet, sonst umgekehrt) gehaltenen metallenen Feder-spule berühren lasse, dies geschieht wenigstens viermal den Tag Ich werde, wie gesagt, den Versuch über einen Monat ausdehnen, welches die längste von SPRINGER zur Heilung der Schwerhörigsten gebrauchte Zeit ist, ich zweifele aber stark daran, dass ich den glücklichen Erfolg haben werde, den er nach den Berichten in mehr als vierzig und andere auch in verschiedenen Fällen gehabt haben Ich zweifele, dass meine Patientin zur guten Unter-scheidung articulirter Laute zu gelangen vermag

„Ich habe, wie gesagt, nicht viel Hoffnung auf vollständige Heilung des tauben Mädchens, das mir jetzt als Versuchsobject dient Ich hoffe aber viel mehr von einem anderen Taubstummen, der nur wenige starke Töne wahrnimmt, und an dem ich in Kurzem Versuche anstellen werde"

Sehr bald traten indessen ungünstige Urtheile auf und vermehrten sich, so schrieb WESTRUMB[1] von Versuchen, die Hr BASSE während zweier Jahre angestellt hatte „Leider können wir in das Geschrei der Voreiligen nicht einstimmen Mehrere Gehörkranke sind ohne Heilung entlassen. Andere mussten entlassen werden Keiner ist ganz geheilt, und nur von drei Ge-lähmten darf ich rühmen, dass der Galvanismus sie ganz geheilt habe."

Gleiche Mittheilungen sind dann von verschiedenen Seiten erfolgt, ins-besondere hatten Versuche, die in der Berliner Taubstummenanstalt in grossem Maassstabe durchgeführt worden sind, so ungünstige Ergebnisse gezeigt, dass die Behandlung eingestellt werden musste In kurzer Zeit verlor sich dann das anfangs so reichlich geschenkte Vertrauen, und die galvanischen Kuren verschwanden von der Tagesordnung, allerdings nicht ohne in der Folgezeit vielfältig wieder in anderen Gestalten wieder auf-zutauchen

6 Die Erzeugung saurer und basischer Stoffe aus „reinem" Wasser Schon in den Versuchen von NICHOLSON und CARLISLE findet sich die Angabe, dass reines Wasser an den Poldrähten Säure und Alkali gebe, und die Frage nach der Quelle dieser Stoffe hat eine grosse Anzahl von Forschern beschäftigt Es lohnt nicht, die ganze Litteratur darüber zu-sammenzustellen, einsichtigere Forscher, wie SIMON[2] und BUCHOLZ[3], kamen schon früh zu der Erkenntniss, dass es sich um die galvanische Zerlegung geringer Mengen Neutralsalz handele, die entweder in dem benutzten Wasser schon vorhanden waren, oder aus den verschiedenen Theilen des Apparates, wohl auch von den Fingern des Experimentators hineingelangten Diese Versuche wurden sehr bald ein Maassstab für die Geschicklichkeit und Ob-jectivität der verschiedenen Forscher So giebt DESORMES[4] diese Bildung von Säure und Alkali als etwas völlig erwiesenes an Er knüpft daran die Mittheilung anderer Versuche, die ihm damit im Zusammenhang zu stehen

[1] GILBERTS Ann 13 372 1803   [2] Ebenda 8. 192 1801
[3] Ebenda 9 151 1801
[4] Ann d Chim 37, 284 1801 — GILBERTS Ann 9. 29 1801

scheinen, namlich dass, wie VAUQUELIN zuerst bemerkt hat, Bergkrystall beim
Zerstossen in einem Achatmorser stets Veilchensyrup, den man dazu thut,
grun farbe „Dies ist leicht erklart, wenn man bedenkt, dass der Bergkrystall beim Reiben positiv elektrisch wird Nun glaube ich aus einer
Reihe von Versuchen uber die Elektricitat geriebener Korper schliessen zu
durfen, dass wenn man zwei gleiche Stoffe mit einander reibt, der, welcher
seine Politur verliert, eine Elektricitat annimmt, welche seiner naturlichen
entgegengesetzt ist Folglich muss in diesem Falle der pulverisirte Quarz
negativ elektrisch werden, mithin sich Ammonium bilden, und dieses grunt
den Veilchensyrup "

DESORMIS beschreibt nun eine ganze Anzahl weiterer Versuche, nach
denen nicht nur beim Pulver von Bergkrystall, sondern auch von Schwefel
und Bernstein Alkali erhalten wurde Ebenso trat Alkali auf, wenn Wasser
in „reinen" Glasgefassen erwarmt wurde, ebenso glaubte er, die Entstehung
von Salzsaure beim blossen Erwarmen des Wassers, namentlich im PAPIN'-
schen Topf unter Druck nachgewiesen zu haben Hierin sieht er eine besondere Bestatigung seiner Annahme uber die galvanische Erzeugung von
Saure und Alkali aus reinem Wasser, da sonach „Warme und Elektricitat
gleiche Wirkungen hervorbringen"

Was die Erklarung der Versuche anlangt, so ist die Quelle der Erscheinungen wohl uberall in Verunreinigungen zu suchen, die durch die
Loslichkeit des Glases u. s w verursacht wurden Der Versuch mit Bergkrystall ist ubrigens interessant und verdiente, wiederholt zu werden

Trotz solcher Ausserungen war man doch schon 1802 uber die Erscheinungen von Saure und Alkali im Wesentlichen ins Klare gekommen
So findet sich in einem Briefe des Professors PARROT [1] in Dorpat an GILBERT
die kraftige Wendung , Doch ehe ich einige dieser neuen Ansichten uber
den Galvanismus hier skizzire, muss ich noch uber die Entstehung der
Saure ein Wort sagen Es ist unbegreiflich, dass man uber diesen Punkt
so lange, ich mochte sagen, faseln konnte Meine Ideen daruber haben
gleich durch die Versuche ihren richtigen Gang erhalten Ich fand namlich
sogleich, dass, wenn man vollig reines Wasser   brauch', nie eine Saure
entsteht .   Sobald aber Muskelfleisch in's Spiel kommt, so haben Sie Saure
und vielleicht auch Ammonium " Ebenso setzt PARROT auseinander, dass
aus der Lackmustinctur selbst die Saure und das Alkali stammen, die beim
Durchleiten des Stromes erscheinen, und schliesst „Dieser Schlussel lost das
Rathsel   so leicht, dass es wahrer Zeitverlust ware, hier das geringste
mehr daruber zu sagen "

Trotz dieser unzweideutigen Ausserungen wurde im Jahre von einem
italienischen Physiker, den der Ruhm VOLTA's und GALVANI's nicht schlafen
liess, Dr FRANCESCO PACCHIANI [2] auf Grund derselben Erscheinungen als

---

[1] GILBERT's Ann **12,** 63 1802
[2] Ann de Chimie **55,** 15 1805 — GILBERT's Ann **21** 108 1805

hervorragende Entdeckung die Behauptung verkundet, dass die Salzsaure
nichts als ein Oxyd des Wasserstoffes ist. Er hatte bei dauernder Einwirkung der Saule auf Wasser schliesslich eine Flussigkeit erhalten, die nach
der von ihm gegebenen Beschreibung ein Gemenge von Salzsaure, Chlor
und Goldchlorid war, wie es bei der galvanischen Zerlegung einer verdunnten
Kochsalzlosung zwischen Golddrahten entstehen muss. Da an der Stelle,
wo diese Losung entstanden war, gleichzeitig Sauerstoff sich entwickelt hatte,
so schloss er, dass sich die Salzsaure und die „oxygenirte Salzsaure" (Chlor
durch Sauerstoffverlust aus dem Wasser gebildet haben mussten. Das Selbst-
bewusstsein, mit dem diese Entdeckung den Professor von Pisa erfullte, tritt
in einem spateren Schreiben an FABBRONI so ergotzlich hervor, dass es ein
Unrecht gegen den Leser ware, nicht wenigstens einige Stellen dieses
Briefes[1] hier wiederzugeben.

„Philosophie und Analyse haben unsere grossen Chemiker zu den uber-
raschendsten Entdeckungen gefuhrt. Sie haben ihren Ruhm erlangt, ohne
mit den praktischen Handgriffen bei den chemischen Processen sehr bekann
zu sein, und nicht sowohl vermittelst des Feuers und der Kitte, als vielmehr durch Philosophie und Analyse die Wahrheit entdeckt. Sie, hoch-
geehrtester Herr College, theuerster Freund, behaupten einen ausgezeichneten
Rang unter ihnen, daher unterwerfe ich Ihrer Beurtheilung einige von mir
gemachte Entdeckungen. Ich habe es gewagt, eine Bahn zu betreten, die
mir neu scheint, und habe schon einige Schritte darauf gethan, die ich nach
und nach bekannt zu machen entschlossen bin, damit sie von unleidenschaft-
lichen und aufgeklarten Forschern in der Physik gepruft werden. In dieser
Absicht habe ich an unseren gemeinschaftlichen Freund, den Auditor
LORENZO PIGNOTTI, geschrieben [es ist der obige Brief], und dies ist denn auch
der Zweck des gegenwartigen Briefes. Diese und mehrere andere Sachen
denke ich nun in einer Folge von Abhandlungen zu entwickeln, welche ich
mit solchen, dem grosseren Theile des Publikums immer angenehmen Versuchen ausrusten werde, die leicht sind, weil sie aus den Fundamental-
experimenten hervorgehen, und auch nutzlich, weil sie dem grossen Haufen
Wahrheiten augenscheinlich darthun, welche schon anderweitig durch einen
oder zwei entscheidende Versuche bis zur Evidenz bewiesen sind ."

„Allenthalben giebt es genaue und angstliche Naturforscher, erstere
befordern, letztere hemmen das Fortschreiten der Wissenschaft. Viele, ich
weiss es, werden hier fragen „Hat sich der Professor von Pisa des See-
salzes oder anderer Arten von Kuchensalz bedient, um damit die Leiter
zweiter Klasse, woraus die Saule erbaut wird, zu benetzen?"..

„Ich antworte. Die elektrischen Saulen, deren ich mich bediene, sind
von frisch gegossenen glatten Zinkscheiben erbaut, und von Silberscheiben
von gleichem Durchmesser, die gleichfalls sehr glatt sind. Zu Leitern
zweiter Klasse nehme ich am liebsten Loschpapier, das ich mit reinem

---

[1] GILBERTs Ann. 21. 113. 1805 nach N Giorn. d. Lettere ii 1805

destillirten Wasser tranke. Wollte jemand sich in den Kopf setzen, dass vielleicht das Löschpapier salzsaure Salze enthalten könnte, so würde die vom berühmten Vauquelin gemachte Analyse uns hierüber beruhigen. Da nun in keinem Element der Säule sich salzsaure Salze befinden, so kann auch keine Salzsäure darin sein."

Neben dieser spasshaften Sorgfalt, mit der der Professor von Pisa die Salzsäure aus seiner Säule ausschliesst, und die seine Überzeugung erkennen lässt, dass aus der Säule Stoffe in die zu zersetzende Flüssigkeit durch den Leitungsdraht übergehen könnten, macht sich die Sicherheit sehr schön mit welcher er über die Abwesenheit von salzsauren Salzen in seinem Löschpapier sich auf Grund der von Vauquelin gemachten Analyse an irgend einem anderen Löschpapier beruhigt. Von einer entsprechenden Sorgfalt ist er bei der Herstellung seines Zersetzungsapparates. Nach einer umständlichen Beschreibung desselben, die wir übergehen, schreibt er weiter:

„Die untere Öffnung verschliesse ich bald mit frischen, bald mit trockenen halbleitenden thierischen Substanzen, die das Wasser des Apparates zu Leitern macht, bisweilen bediene ich mich dazu vegetabilischer Blätter, mit thierischen Substanzen vermischt, oder frischer vegetabilischer Fibern allein, oder trockener, die durch die Feuchtigkeit Leiter werden. Unter den erwähnten trockenen vegetabilischen Fibern wähle ich solche aus, in welchen die Chemie auf keine Weise das Dasein des Stickstoffes oder irgend eines salzsauren Salzes darthut. Diese werden Leiter vermittelst des Wassers selbst, welches im Apparate enthalten ist, ihrer habe ich mich bedient, einen Versuch zu machen, der mir den ehrenvollen Namen, den Baco den entscheidenden Versuchen beilegt, zu verdienen scheint.

„Indem ich das Wasser auf die im erwähnten Brief beschriebene Art angreife, erhalte ich bald in zwölf, bald in zehn und auch fünf Minuten so viel Salzsäure, dass sie durch die chemischen Reagentien kann bemerkbar gemacht werden. Ich habe diesen Versuch im Laboratorium der Universität in Gegenwart des gelehrten Professors der Chemie, Dr J Branchi, angestellt, und er hat seinen völligen Beifall erhalten.

„Es ist unmöglich, dass sich in diesem letzteren Versuche Salpetersäure erzeuge, und die Prüfungen haben auch wirklich erwiesen, dass keine darin erzeugt wird. Es ist unmöglich, dass sich Ammoniak erzeuge, und die chemischen Prüfungen haben gleichfalls dargethan, dass sich wirklich keines dabei gebildet hatte. Hier muss ich Sie aber auf ein wichtiges Factum aufmerksam machen und Ihnen kurzlich die Art und Weise erzählen, wie ich dazu gekommen bin, es zu entdecken. Im Voraus überzeugt, dass ich, wenn ich mich jener vegetabilischen Fibern bediente, den Apparat zu verschliessen, kein Ammoniak erzeugen konnte, wollte ich, nachdem die Erzeugung der Säure in der Zeit von fünf bis zehn Minuten erwiesen war, nun auch durch die chemischen Reagentien mit Gewissheit erfahren, ob wirklich meine Voraussetzung sich bestätige, das ist, ob sich zugleich mit der Säure Ammoniak erzeugt habe, oder nicht?

„Da ich einem Theil des Wassers, aus welchem die Säure sich erzeugt hatte, etwas in Salpetersäure getränkte Baumwolle näherte, erschienen
sogleich die weissen Dämpfe, eine sichere Anzeige der Bildung des salpetersauren Ammoniaks

„Da haben Sie ja, würde mancher hier ausrufen, trotz Ihrer vorgefassten
Meinung Ammoniak, das sich zugleich mit der oxygenirten Salzsäure erzeugt hat' Das konnte doch nicht sein, und da ich in dem Augenblicke
mich erinnerte, dass das destillirte Wasser hydrogenirtes Wasser ist, bat ich
den Hrn BRANCHT, dem destillirten Wasser ein wenig Salpetersäure zu
nähern, und sogleich erschienen die weissen Dämpfe als gewisse Anzeigen
der Erzeugung des salpetersauren Ammoniaks Dieses Factum scheint mir
um so wichtiger zu sein, da die weissen Dämpfe auch erscheinen, wenn
man die Salpetersäure dem Brunnenwasser nähert, wovon sich der oben
genannte gelehrte Chemiker überzeugt hat. Dieser mit Brunnenwasser angestellte Versuch gehört ihm

„Es ist zu bemerken, dass, wenn man die Salzsäure dem Brunnenwasser
nicht so nahe bringt, als dem destillirten, man in diesem Falle niemals die
weissen Dämpfe erhält Man scheint also hieraus mit Recht schliessen zu
können, dass die Salpetersäure in der Nähe des destillirten Wassers sich zersetzt, und dass der Stickstoff der Säure sich mit dem Wasserstoff des Wassers
verbindet, und so jenes Ammoniak gebildet wird, das durch seine Verbindung mit der nicht zersetzten Säure die weissen Dämpfe oder das salpetersaure Ammoniak erzeugt Indessen muss ich die Chemiker warnen, in
dergleichen Fällen auf ihrer Hut zu sein, da man sehr zweideutige Resultate
erlangen kann, wenn man sich zur Entdeckung des Ammoniaks der Salpetersäure bedient, man konnte glauben, es sei schon vorher dagewesen, da es
doch in der That vorher nicht vorhanden ist, sondern erst in dem Augenblicke erzeugt wird, in welchem man die Säure dem Wasser nähert Ich
behalte mir vor, ausführlicher über diesen Gegenstand in meiner Abhandlung zu reden "

Wie man sieht, gehört PACCHIANI jedenfalls nicht zu den ängstlichen
Naturforschern, die durch diese Eigenschaft die Wissenschaft hemmen, im
Gegentheil „Wenige Facta der Chemie sind allgemeiner bekannt, als dieses,"
bemerkt VAN MONS in einem Bericht über diese Arbeit, indem er auf die
Thatsache hinweist, dass die genannten Säuren in feuchter Luft Nebel geben,
die von der Verbindung mit dem in der Luft vorhandenen Wasser herrühren Aber hören wir den Entdecker weiter Er formulirt die Gesammtheit seiner Ergebnisse in dem Satze „dass der Wasserstoff nicht eines bestimmten Grades der Oxydation allein fähig ist, wodurch das Wasser erzeugt
wird, sondern mehrerer Grade von Oxydation, wie alle anderen Oxyde;
dass die oxygenirte Salzsäure ein Oxyd ist, welches man erhält, wenn man
dem Wasser Sauerstoff entzieht, dass die Salzsäure ein Oxyd des Wasserstoffes ist, auf welches man kommt, wenn man der oxygenirten Salzsäure
noch eine weitere Portion Sauerstoff entzieht, und dass endlich in diesen

wie in anderen Fallen der Sauerstoff nicht das erzeugende Prinzip der
Sauren ist

„Ich habe, werthgeschätzter Freund, anderen die Mühe ersparen wollen,
aus meinen Resultaten allgemeine Schlüsse zu ziehen, und kann Ihnen daher
mit Aufrichtigkeit und Wahrheit versichern, dass alle Metalle   wenn man
sie mit Wasser in Berührung bringt und durch sie einen elektrischen Strom
fliessen lasst, der diesem einen Theil seines Sauerstoffes entreisst, vermittelst
dieses Stromes das Vermögen haben, die Salzsäure zu erzeugen

„Sie sehen leicht, dass dieses Gesetz sich noch mehr verallgemeinern
lasst Denn warum sollten nicht der Kohlenstoff und die anderen Substanzen,
welche Mittel sind, um dem Wasser Sauerstoff zu entziehen, so gut, als die
Metalle und die Legierungen die Fähigkeit haben, die Salzsäure zu erzeugen?
Ich habe darüber Versuche mit Kohle u s w angestellt und mich eines
Stäbchens aus Kohle statt eines Gold- oder Platindrahtes mit ganz demselben Erfolge bedient. Dieses allgemeine Gesetz kann daher so ausgedrückt
werden

„Alle Metalle, das Quecksilber nicht ausgenommen, und deren Legierungen, der Kohlenstoff und alle Stoffe, welche die Eigenschaft besitzen das
Wasser zu zerlegen, wenn sie damit in Berührung kommen und ein auf
irgend eine Art durch Natur oder Kunst erzeugter elektrischer Strom sich
durch sie so verbreitet, dass diesem dadurch Sauerstoff entzogen wird —
mussen nothwendig Salzsäure hervorbringen

„Dieses ist eines von den Gesetzen, die in den drei grossen Natur-
reichen und vielleicht auch im Reiche der Meteore herrschen Das Wasser
bedeckt den grössten Theil des Erdballes, es ist das allgemeine Cement der
Mineralien, es ist zur Vegetation, zum Leben der Pflanzen und Thiere nothwendig Die elektrische Flüssigkeit, ein flüchtiges, kräftiges Wesen, ist überall
verbreitet Sie ist gewiss eines der Hauptmittel, deren sich die Vorsehung
zu ihren grossen Zwecken bedient Schon hat der Genius Italiens der Natur
eines ihrer wichtigsten Geheimnisse entrissen, ich meine das von der Elektricität durch Berührung, ja, er hat, wetteifernd mit ihr, ein Werkzeug geschaffen, das ein Symbol der Werkzeuge ist, mit denen die Natur einige
wegen ihrer natürlichen Elektricität wunderbare Fische ausgestattet hat Die
elektrische Säule ist ein Hauptschlüssel, womit die chemischen Philosophen
manche noch unberührte Schätze aufschliessen und mit dem Dichter sagen
werden

> Avia Pieridum peragro loco nullius ante trita pede
> Iuvat integros accedere fontes
> Atque haurire

„Doch ich merke, dass ich ausschweife Auch ist meine Sprache,
fürchte ich, nicht so, wie sie in der Unterhaltung mit einem der Männer,
die in wissenschaftlicher Hinsicht die Zierde Italiens sind, wohl sein sollte
Allein Sie werden dies einem Freunde zu verzeihen wissen, den seine Pro-
fession gewohnt hat, immer ins Einzelne zu gehen Bald werde ich das

Vergnügen haben, vor Ihren Augen, die Uhr in der Hand, die Verwandlung des Wassers in Salzsäure in fünf Minuten zu bewerkstelligen."

Fabbroni hat dieses Schreiben vollkommen ernsthaft aufgenommen und in demselben Blatt dem Grafen da Rio brieflich Nachricht von dieser Entdeckung gegeben. „Eifrige Freunde der Chemie werden mit Vergnügen erfahren, dass jetzt endlich die Natur der Salzsäure, nach der man bisher umsonst geforscht hat, entdeckt ist. Es ist nunmehr gewiss, dass sich Sauerstoff in ihrer Mischung befindet... Die Salzsäure ist nichts anderes, als ein Wasserstoffoxyd im Minimo der Oxygenation... Der Urheber dieser schönen und wichtigen Entdeckung ist einer meiner Freunde, der Professor Pacchiani in Pisa... Er verspricht, das Ganze der Thatsachen, die ihn zu dieser grossen Entdeckung geführt haben, in kurzem bekannt zu machen. Theilen Sie dies Ihren Freunden mit."

In Deutschland, wo die sorgsamen Untersuchungen von Simon über diesen Gegenstand noch nicht vergessen waren, wusste man die pomphaften Tiraden Pacchiani's nach ihrem Werthe zu beurtheilen; in Paris nahm indessen die Galvanische Societät die Sache auf, und Riffault, ein Mitglied dieser Gesellschaft, stellte eine Reihe von Versuchen an, aus denen zunächst die Unrichtigkeit der fraglichen Behauptungen abgeleitet wurde. [1] Pacchiani liess sich dadurch keineswegs entmuthigen; er schrieb den Misserfolg ausschliesslich der Unaufmerksamkeit seiner Gegner zu. „Haben wohl aber alle die Physiker, die meine Versuche nachzuahmen trachteten, die oben erwähnten Briefe mit voller Unbefangenheit gelesen, und waren sie von jedem Einfluss der früher angenommenen Hypothesen vollkommen befreit? Sind sie auch ganz genau den Vorschriften gefolgt, die ich in diesen Briefen dem Experimentator gab? — Bestimmt nicht."

Und nun setzt der behende Forscher auseinander, wie dadurch, dass die beiden Drähte von den Gegnern in dieselbe Glasröhre geleitet worden sind, die Umwandlung, die das Wasser an dem einen Pole erlitten hat, durch die entgegengesetzte am anderen Pole wieder aufgehoben worden sei. Um aber diejenigen, die hierdurch noch nicht genügend überzeugt worden sind, endgültig zu gewinnen, ergeht er sich alsbald wieder in Hymnen über die Bedeutung seiner Entdeckung. „Die wundervolle Verwandlung des Wassers in oxygenirte Salzsäure hat mein Gemüth mit einer Freude erfüllt, die den höchsten Grad erreichte, ohne der Überraschung zu bedürfen: denn ich war glücklich genug, diesen Erfolg vorausgesagt zu haben, wie einige meiner berühmten Freunde und mehrere meiner hoffnungsvollen und kenntnissreichen Schüler es zur Steuer der Wahrheit öffentlich bezeugen können. Ich habe bei dieser Entdeckung einen Vorgeschmack der Wonne empfunden, die denjenigen zu Theil wird, die die Ursachen der Naturwirkungen ergründen:

Felix, qui potuit rerum cognoscere causas.

---

[1] Journ. de Phys. 61, 281. — Ann. de Chimie, 56, 162. 1805. — Gilbert's Ann. 22, 202. 1806.

.   „Sind diese Blatter bestimmt, einige Zeit der Vergessenheit zu
trotzen, so erfahre vor allen die wackere toscanische Jugend, welche Ge-
fuhle jeden Ehrenmann durchdringen mussen, wenn er die ruhmbekranzten
Namen hort, die ein Land verherrlichen, das an erhabenen Geistern stets
unerschopflich war, wo Wissenschaften und Kunste entsprossen, und das
GALILEI, TORRICELLI, REDI, CESALPIN, MICHELI, mit einem Worte, alle Stifter
der Naturphilosophie als Vaterland begrussten "

Gut gebrullt, Lowe!

Es gelang PACCHIANI in der That, einige Zeit lang noch das Interesse
an der eigentlich schon abgethanen Sache wach zu erhalten   BRUGNATELLI,
den wir schon von der elektrischen Saure her kennen, behauptete[1] gleichfalls, auch unter Ausschluss thierischer Stoffe Salzsaure erhalten zu haben,
und wich nur insofern von seinem Vorganger ab, als er ihr Erscheinen
auf die Anwendung gewisser Metalle beschrankt wissen wollte   Auch die
Galvanische Societat liess sich bekehren, und in einem Briefe des Vice-
prasidenten derselben, NAUCHE, an den Dr CASTBERG[2] wurde vom 5 August
gemeldet, dass die Bildung der Salzsaure endlich gelungen sei   Es wurde
ein von BRUGNATELLI angegebener Apparat benutzt, in welchem die Anwendung thierischer Stoffe zur Trennung der beiden den verschiedenen
Polen anliegenden Wassermassen vermieden war, indem die Verbindung der
beiden Gefasse mittelst eines Hebers hergestellt wurde   NAUCHE schreibt
sehr uberzeugt   „Diese Thatsachen sind constant   Vidi et tetigi   Es sind
beinahe $2^{1}/_{2}$ Monate her, dass wir sie zum ersten Male erhielten "

Selbst VOLTA wurde durch den Larm, welchen PACCHIANI zu machen
wusste, dazu veranlasst, der Sache experimentell naher zu treten, und theilte
seine Erfahrungen in der ihm eigenen ruhigen Weise mit[3]   Unter Fort-
lassung der gewohnten Umstandlichkeiten gebe ich nachstehend die wichtigsten
seiner Bemerkungen

„Um wieder zu den Versuchen mit dem Gold- und Platindrahten zuruckzukehren, wo man die Gase in den entsprechenden Rohren abgesondert
erhalt, so hat noch niemand erklaren konnen, wie aus dem Wasser mit dem
positiven Draht Sauerstoffgas, und allein Sauerstoffgas entsteht, und wie in
dem Wasser, in welches der Draht vom negativen Pole geht, sich Wasserstoffgas, und wieder nur Wasserstoffgas erzeugt   Wenn   das Wasser aus
Wasserstoff und Sauerstoff besteht,   wohin geht dann, oder was wird aus
dem Wasserstoff der ersten Rohre, ich meine aus dem Theil Wasserstoff,
welcher mit dem dort erscheinenden Theil Sauerstoff verbunden war? und
was wird aus dem Sauerstoff der zweiten Rohre, d h jener Wassertheilchen,
die bei ihrer hier erfolgenden Zersetzung den Wasserstoff als Gas ausgeben?
Diese Erscheinungen scheinen nicht gut mit der Theorie der Zersetzung und

---

[1] Journ de Phys. 62, 298 — GILBERTs Ann 23, 177 1806
[2] GILBERTs Ann 23, 463 1806
[3] Saggio di nat osserv s elettricita Volt, Milano, 1806   Deutsch in GEHLENs Journ
f. d Chemie und Physik, 5, 68 1808

Zusammensetzung des Wassers übereinzustimmen, und diejenigen, welche
ihr anhängen, mussten, um sie einigermaassen zu erklären, zu mehr oder
minder gezwungenen Hypothesen ihre Zuflucht nehmen. . . .

„Da von diesem abgesonderten Auftreten der beiden Gasarten, welches
die erste sich darbietende Erscheinung ist, eine genugthuende Erklärung
fehlt, so ist es kein Wunder, dass wir auch die andere darauf folgende nicht
begreifen, nämlich das ebenfalls abgesonderte Auftreten der Säure in der
einen, des Alkali in der anderen Röhre. . .

„Die Versuche und Folgerungen PACCHIANI's sind von einigen ausnehmend
erhoben und den grössten Entdeckungen gleichgesetzt, von anderen dagegen
herabgesetzt, bestritten und beinahe belacht worden. Ich habe mich noch
nicht genug damit beschäftigt und besitze nicht hinreichende Thatsachen, um
über alle Fragen, die sich bei diesen und ähnlichen Versuchen darbieten,
zu entscheiden. Nach den Versuchen indessen, die ich angestellt und auf
verschiedene Art abgeändert habe, finde ich viele Gründe zu glauben, dass
weder die Säure vom positiven Pole um den Gold- oder Platindraht, noch
das Alkali um den Draht am negativen Pole sich aus der Substanz des
diese Drähte umgebenden Wassers selbst bilden; sondern vielmehr, dass die
eine, wie das andere, wenn sie während der Wirksamkeit des Elektromotors
erschienen (indem dies auch manchesmal geschieht, wenn man alle mögliche
Aufmerksamkeit, selbst bis zur Ängstlichkeit angewendet hat, das Wasser
rein darzustellen, dass sich weder Säure noch Alkali zeigt), sich bereits im
Wasser befunden, wenn sie auch nicht durch die gewöhnlichen chemischen
Reagentien zu erkennen waren. Diejenigen meiner Versuche, die vorzüglich zu dieser Meinung führen, sind folgende."

VOLTA geht nun zu der Beschreibung seiner Versuche über, die er nach
der bewährten Methode der quantitativen Abstufung durchführt. Er studirt
die Erscheinungen, wie sie in Wasser auftreten, in welchem folgeweise
weniger und weniger Kochsalz aufgelöst ist, und findet, dass die Erscheinungen im sogenannten reinen Wasser sich denen in der sehr verdünnten
Kochsalzlösung ebenso anschliessen, wie sich die in der letzteren denen in
den weniger verdünnten Lösungen angeschlossen hatten. Den entsprechenden
Schluss spricht er folgendermaassen aus:

„Ausserdem, wenn ich finde, dass ich bei vielem Kochsalz, das mit
Fleiss ins Wasser gethan worden, durch die Wirkung des Elektromotors viel
oxydirte Salzsäure, bei wenigem nur wenig, und mit sehr wenigem sehr
wenig erhalte, wie das in den obigen, auf diese Art vergleichend angestellten
Versuchen der Fall war, so sind wir hinreichend befugt, daraus zu folgern,
dass die frei werdende Säure mit dem von vornherein vorhandenen Salze im
Verhältniss stehe, und weiter zu schliessen, dass auch das Regen- und
destillirte Wasser, die von jener ein Minimum zeigen, eine Spur von diesem
enthalten: es ist genug."

Selbst RITTER, der dem Unerwarteten sonst keineswegs abgeneigt ist,
hat sich für PACCHIANI's Behauptungen keineswegs gewinnen lassen. In einem

Briefe an GEHLEN [1] hebt er hervor, dass bisher gerade das reinste Wasser
am wenigsten Saure und Natron gegeben habe, und schreibt „Was mich
betrifft, so glaube ich, die Sache sei zunächst die nachzusehen, ob denn
jene Saure wie dieses Alkali schlechterdings erst gebildet, erst zusammengesetzt werden musse, um erscheinen zu können? — Beide konnten ja
ebenso gut auch aus vorhandenem Kochsalze nur geschieden werden,
wie beim ersten Versuch uber die Decomposition des Kochsalzes im Kreise
der Saule von CRUIKSHANK" — Auch die weiteren Erörterungen RITTER's
zeigen, wie ihm die Hilfsmittel wissenschaftlicher Kritik vollkommen geläufig
und gegenwartig sind, schade nur, dass er sie bei seinen eigenen Arbeiten
gelegentlich so sehr vermissen lässt

In Deutschland unterzog sich W GRUNER, Hofapotheker zu Hannover,
der Muhe einer Wiederholung von PACCHIANI's Versuchen, [2] und zeigte nicht
nur, dass bei der Anwendung reiner Materialien keine Salzsaure erhalten
wird, sondern auch, dass solche alsbald auftritt, sowie man Fleisch oder
andere thierische Stoffe zur Verbindung der Wassermassen benutzt Uber
die Quelle der Saure in dem letzteren Falle ist er sich freilich auch nicht
vollig klar, denn er weist die Vermuthung nicht ab, dass sich die Saure aus
den Bestandtheilen der thierischen Gallerte, als die er Kohlenstoff, Wasserstoff, Stickstoff und Sauerstoff nennt, gebildet haben konnte, doch erklart er
sie allerdings fur hochst unwahrscheinlich Ganz dasselbe fand PFAFF [3]

Zu gleichen Resultaten gelangte in England C WILKINSON [4] Anfanglich
erhielt er auch Salzsaure, jedoch stammte sie diesmal aus der Saure, die er
zum Aufbau seines Apparates benutzt hatte Als er den Apparat in das
Nebenzimmer stellte und die Drahte durch zwei Locher in der Thure in den
Arbeitsraum leitete, erschien keine Spur von Saure

Die Galvanische Societat blieb dagegen fest und beschrieb [5] eine Anzahl
von Versuchen, in denen sie die Bildung der Salzsaure beobachtet hatte
Als wesentliche Bedingung fur den Erfolg wird angegeben, dass recht viele
Metallplatten zur Saule genommen werden, und dass sie recht glanzend sind
Auch RIFFAULT, der anfangs sich gegen die Salzsaurebildung geaussert hatte,
stimmte spater [6] zu Ebenso fanden sich in England Anhanger in CH SYL-
VESTER [7] und W PEEL [8] Ersterer ist noch ganz vernunftig, und seine Ver-
suche enthalten zwar Fehler, aber doch nur solche, die bei dem damaligen
Stande der Kenntnisse zu verzeihen sind er hatte einen moglichen Salz-
gehalt des von ihm als Scheidewand benutzten gebrannten Pfeifenthons uber-

[1] GEHLEN's Journ f d Chemie und Physik, 1 36 1806
[2] GILBERT s Ann 24, 85 1806
[3] GEHLEN's Journ f d Chemie und Physik 2 335 und 703 1806
[4] NICHOLSON's Journ 14, 342 1806
[5] Journ de Phys Juillet 1806 — GILBERT s Ann 24 301 1806
[6] Ann de Chimie 60, 113 1806 — GILBERT s Ann 24 99 1807
[7] NICHOLSON s Journ 14, 94 1806 — GILBERT s Ann 24 107 1807
[8] Philos Mag 21, 270 und 22, 152 1805

sehen; Peel's Leistungen dagegen gehen noch über die von Pacchiani hinaus, was gewiss viel sagen will.

Die ersten Nachrichten Peel's sind etwas älter, als die Pacchiani's. Er fängt mit der unauffällig klingenden Mittheilung an: „Ich nahm ungefähr eine Pinte destillirten Wassers und zerlegte es zur Hälfte mittelst des Galvanismus." Eine Pinte ist mehr, als ein halbes Liter; es sollen also mehr als 250 Gramm Wasser zersetzt worden sein. Wenn man an die Unvollkommenheit der damaligen Säulen denkt, so leuchtet ein, dass dies eine Arbeit von Monaten wäre und ganz ungewöhnliche Mittel beansprucht haben müsste; Hr. Peel erzählt sie aber, wie eine selbstverständliche Sache. Im Rückstande fand er Kochsalz. Der Herausgeber des Philosophical Magazine, A. Tilloch, findet dies Resultat sehr merkwürdig und schlägt vor, es möge doch Wasser, das aus den Bestandtheilen dargestellt worden ist, dem gleichen Versuche unterworfen werden. Auch damit ist Hr. Peel im Handumdrehen fertig, und am 4. Juni schreibt er, dass er ganz reines Wasser aus so reinen Gasen erhalten habe, dass sie bei der Verbrennung keinen Rückstand an Luft hinterliessen. Von dieser Angabe kann man mit völliger Sicherheit sagen, dass sie erlogen ist, denn auch gegenwärtig ist eine solche Reinheit nur unter ganz besonderen Bedingungen zu erreichen. Diesmal lässt Hr. Peel Chlorkalium aus dem Rückstande von der galvanischen Zerlegung auftreten. Ein Commentar ist überflüssig.

Nach einiger Zeit erhielt denn auch Tilloch, der Herausgeber des Philosophical Magazine, aus Cambridge einen Brief, in welchem ihm die Nachricht mitgetheilt wurde, dass er das Opfer eines Lügners geworden war.[1] „Der Verfasser dieses wenig Witz verrathenden Produktes macht auf den Titel eines Chemikers Anspruch; allein ich rathe ihm, erst zu erwägen, dass das erste Erforderniss eines Naturforschers die Liebe zur Wahrheit ist. Sollte er noch einmal über einem Betrug in der Gelehrtenrepublik betreten werden, so werde ich Ihnen seinen Namen senden."

Eine Anzahl weiterer Veröffentlichungen über denselben Gegenstand soll hier übergangen werden, da sie nichts Erhebliches zu den geschilderten Erscheinungen hinzufügen. Das Wichtigste in der weiteren Entwickelung ist, dass sich H. Davy der Sache annahm und in einer meisterhaften Experimentaluntersuchung die letzten Zweifel über die Abstammung der an den Polen auftretenden Stoffe beseitigte. Es sind dies die Arbeiten, in denen die ausserordentliche Begabung dieses inzwischen Professor an der Royal Institution gewordenen Forschers sich zuerst in ihrer ganzen Stärke zeigt; sie führten in stetigem Fortschritte von den fast mikroskopisch genauen Arbeiten über den eben genannten Gegenstand bis zur Entdeckung der Alkalimetalle und zur elektrischen Theorie der chemischen Verwandtschaft. (Vgl. S. 190 u. ff.)

7. Die unterirdische Elektrometrie. Die auffallendste Erscheinung unter den galvanischen Phantasieen bildete die zeitweilige Wiederbelebung

---

[1] Philos. Mag. 27, 82. 1807.

des Aberglaubens von der Wunschelruthe Auch uber diese zu Zeiten ausserordentlich heftig auftretende geistige Epidemie hat uns GILBERT in seinen
Annalen sehr ausfuhrliche Nachrichten hinterlassen, so dass wir ihre Entstehung, Ausbreitung, ihre Krisis und ihr allmahliches Erloschen vollstandig
ubersehen konnen

Die Bewegung nimmt von keinem anderen ihren Ausgang, als von
ALEX VON HUMBOLDT, der in seinem schon fruher S 66 erwahnten Buche
uber die gereizte Muskel- und Nervenfaser (I, 467 die zerstreute altere
Litteratur uber die „Rhabdomantie" zusammengestellt, und die beschriebenen
Erscheinungen der wissenschaftlichen Prufung empfiehlt, ohne uber ihre
Wirklichkeit ein Urtheil wagen zu wollen Einen ungemein eifrigen Vertheidiger fand dann die Sache in dem Abt AMORETTI, welcher angab, dass
die Eigenschaft, unter der Erde vorhandene Erz- und Kohlenlager, Wasser-
laufe u dgl beim Darubergehen vermoge eigenthumlicher Empfindungen zu
entdecken, mehreren Gliedern seiner Familie eigenthumlich sei Auch schil-
derte AMORETTI die Art dieser Empfindungen ziemlich ausfuhrlich und gab
etwas, wie eine Theorie davon

Uber die Sache wurde in Deutschland in durchaus beipflichtendem Sinne
durch v ARNIM[1] berichtet, der sich die Erscheinungen durch eine besonders
grosse Empfindlichkeit der Italiener, unter denen die Gabe fast ausschliesslich
aufzutreten schien, gegen kleine Verschiedenheiten der Erdtemperatur zu
erklaren versuchte

Indessen war dies Interesse zunachst auf eine gewisse theoretische Werth-
schatzung beschrankt, und ware auch so geblieben, wenn nicht RITTER damals
gerade unter Verhaltnisse gelangt ware, die seine Neigung zum Unerhorten
in verderblichster Weise bestarkten Er war als Mitglied der Akademie nach
Munchen berufen worden, und fand dort in SCHELLING und FRANZ BAADER
zwei Geistesverwandte, unter deren Einfluss er sich ausserordentlich schnell
aus einem fleissigen, wenn auch allzu phantasiereichen und der kritischen
Prufung seiner Ergebnisse abgeneigten Physiker in einen Naturphilosophen
verwandelte, bei dessen hoherer Einsicht alle Prufung und Kritik uberflussig
erschien

Die Angelegenheit kundigte sich ziemlich geheimnissvoll an MARECHALX,
der seinerseits auch eine erhebliche Dosis physikalischer Phantasie besass
(er glaubte sich einmal von der Schwere der Elektricitat uberzeugt zu haben),
theilt in einem Briefe an GILBERT[2] die ersten Nachrichten daruber mit, nachdem schon in tiefster Stille Erhebliches geschehen war MARECHALX' Nachrichten sind folgende

„Herr Akademicus RITTER hat hier eine Arbeit ubernommen, von der
man die Fruchte mit Ungeduld erwartet Sie betrifft etwas, das ich nicht
bezeichnen kann, weil ich es nicht kenne, und das, wie es scheint, auf etwas,
wie thierischer Magnetismus hinaus kommt CAMPETTI, ein Italiener, den

---

[1] GILBERT's Ann 13. 467 1803   [2] Ebenda 25. 340 1807

Herr Ritter hierher geführt hat, nachdem er sich an Ort und Stelle von dessen wunderbaren Fähigkeiten überzeugt zu haben glaubte, ist der Gegenstand seiner Versuche. Seine Absicht scheint zu sein, uns mit einem Male durch die Resultate zu überraschen, es sind nur wenige, mit denen er die Kräfte dieses Campetti abwägt, und ich bin dabei noch nicht zugegen gewesen. Es gehört in der That viel Muth dazu, sich mit einem Gegenstande dieser Art von neuem zu beschäftigen, dass ich ihn nicht gehabt haben würde, gestehe ich gern. Campetti soll ein zweiter Bleach (Pennet), und noch empfindlicher (verzeihen Sie, wenn ich wie von einem Elektrometer spreche) als der Abt Fortis sein, von dem man doch sagt, dass er in dieser Kunst stark sei." Und zwei Monate später:

„Campetti ist noch immer hier, von den mit ihm angestellten Versuchen hört man nichts, nur dass er durch ein mässiges, keusches Leben seine Kraft wohl bewahren müsse, und dass er sich oft irre, wenn er die Art der Metalle errathen will. Auch vereinigen sich jetzt mehrere in der Aussage, man finde in diesen Versuchen nichts Constantes. Der thierische Magnetismus soll auch durch andere Körper hindurch wirken, z. B. durch Tischplatten. Und, merken Sie sich: Wenn Sie einen Ring oder Würfel an einem Zwirnsfaden über einem runden Stück Metall schwebend erhalten, so schwingt er im Kreise, wenn dagegen viele Metallscheiben der Länge nach aneinander gereiht sind, so geschieht das Schwingen nach der Richtung dieser Stücke, vorausgesetzt, dass sie von Süden nach Norden liegen, oder von Osten nach Westen. Und so erräth der Ring, wie Metallstücke in einem Tischkasten liegen, wenn man den Ring über der Tischplatte schwebend hält.

,Seit kurzem soll man, wie ich höre, anfangen, von der Idee eines thierischen Magnetismus zurückzukommen und in den Phänomenen blosse Elektricität finden, vielleicht eine günstige Wendung, der Sache das Wunderbare zu benehmen."

Der erste Bericht, mit welchem Ritter und Genossen an die Offentlichkeit traten, findet sich im Morgenblatt für gebildete Stände vom 30 Jan 1807, No 26, und ist von dort in Gilbert's Annalen, 26, 400, 1807 übergegangen. Er ist nachstehend vollständig wiedergegeben:

„Merkwürdiger physikalischer Versuch. Die beiläufige Erwähnung der sogenannten Wünschelruthe und ihrer Wiederbelebung in einem der ersten Blätter des Morgenblattes bewegt mich, Ihnen das Rechte von der Sache bald zu sagen, damit sie Ihnen nicht entstellt wird, ehe sie vollständig und wissenschaftlich mitgetheilt werden kann.

„Im Herbste des vorigen Jahres erhielt Herr Ritter, Mitglied der Akademie der Wissenschaften, durch einen reisenden Freund die Nachricht, dass auf der Grenze von Tirol und Italien am Gardasee ein junger Landmann existire, der das Vermögen, die Gegenwart von Metallen und Wasser genau an den Stellen, wo sie tief in der Erde verborgen sind, durch körperliche Sensationen wahrzunehmen, in einem hohen Grade besitze. Er hatte es an

sich entdeckt, als er zufällig Pennet der durch die Gegend kam, auf diese
Weise experimentiren sah, worauf er es mit sich selbst versuchte, und nicht
allein gelangen ihm die Pennet'schen Experimente vollkommen, die Baguette
belebte sich in seiner Hand, sondern er hatte die bestimmtesten Empfindungen vom Dasein des Metalles und Wassers, ohne alles weitere Werkzeug,
und war für seine Gabe in der umliegenden Gegend schon länger bekannt
und benutzt worden

„Diese Botschaft, und die Möglichkeit, ein solches Phänomen selbst zu
untersuchen, ergriff Ritters, wie Sie sich vorstellen können Die Nachbarschaft des Schauplatzes begünstigte diese Möglichkeit, hob aber doch nicht
alle Schwierigkeiten Ritter fasste also den Entschluss, sich an die Regierung zu wenden, um eine förmliche Sendung zu erhalten Er stellte in
seinem Memorial die gleiche Wichtigkeit vor, eine solche Erscheinung entweder als wahr, oder als falsch zu ergründen Die lebhafte Mitwirkung
Franz Baader's und der vortreffliche Sinn des Geheimenraths von Schenck
beförderten die Angelegenheit, und in dem uneingenommenen freien Geiste
des, für alles ihm wirklich dargelegte Gute und Grosse empfänglichen,
Ministers Freiherrn von Montgelas fand sie so wenig ein Hinderniss, dass
die Genehmigung von seiner Seite auf das eingereichte Mémoire allein, ohne
weiteres, erfolgte

„Im Anfange des Novembers reiste Herr Ritter von hier ab Er fand
an dem jungen Campetti nach den schärfsten und oft wiederholten Prüfungen,
von denen er das Detail sammt allen übrigen Aktenstücken demnächst selbst
geben wird, alles bestätigt, was ihm angekündigt worden war Nachdem er
sich vollkommen überzeugt hatte, nahm er Campetti, seinem gleich anfänglich entworfenen Plane gemäss, mit sich nach Mailand und Pavia Er hatte
erfahren, dass er in Mailand einen Gelehrten treffen würde, der Campettis
Eigenschaft gleichfalls besässe, und zwar nicht als blindes Werkzeug der
Natur, sondern der, als mit grossen physikalischen Kenntnissen ausgerüstet,
auch die Augen dabei habe Dieses ist der Abbate Amoretti, Bibliothekar
der Ambrosianischen Bibliothek Hier thaten sich ihm denn auch wirkliche
neue und bereits bewahrte Schätze der Erkenntniss auf Amoretti hatte
mit der Baguette nicht allein nach Metallen geforscht, sondern mancherlei
Fragen an den menschlichen Organismus damit gethan, und seine Erfahrungen
in einer Schrift niedergelegt, die eben erschienen war Von Mailand ging
Ritter nach Pavia, und war mehrere Tage mit Volta zusammen In Italien
interessirte man sich sehr für die Sache, ohne sie für ein Wunder zu halten,
sie fand unter den Gelehrten unverstockte Hörer, und Versuche, welche
Ritter sich im voraus sorgfältig entworfen hatte, waren von den Landleuten
in der Gegend, wo Campetti wohnte schon mit ihm angestellt worden Er
brachte es auf seiner Rückreise bei Campetti's Verwandten dahin, dass er
ihn mit nach München nehmen durfte, um ihn einige Zeit bei sich zu
behalten Am Ende Dezembers kam er also in dessen Begleitung zurück,
beladen mit reicher Ausbeute seines Zuges, und besonders auch darüber

erfreut, dass die liberale Gesinnung der Regierung so genugthuend hatte benutzt werden können Es war nun gar nicht die Absicht, aus diesem Gegenstande ein öffentliches Spektakel zu machen, das denn wahrhaftig auch keinen Zweifler überzeugt haben würde. CAMPETTI hält sich daher ganz häuslich bei RITTER auf, noch hat ihn niemand zu Befriedigung blosser Neugier bei sich gesehen, und nur in einem kleineren Kreise, hauptsächlich von RITTER, FR BAADER und SCHELLING, wurden bisher Versuche angestellt, welche im Grossen und Freien zu machen auch eine andere Jahreszeit erfordert Um das so ganz individuell scheinende Phänomen jedoch an ein allgemeiner verbreitetes Vermögen anzuknüpfen und verständlicher zu machen, gedachte RITTER mit der ihm eigenthümlichen Ingeniosität der Schwefelkies-Pendel des Abts FORTIS, deren Schwingungen man längst wieder unterdrückt und verworfen hatte Er fand erst hier, dass dieser Versuch nicht nur ihm, sondern fast allen gelinge, die ihn bis jetzt unternahmen In Zeit von wenigen Wochen ist er schon bis in die feinsten Modifikationen und zu höchst merkwürdigen Resultaten ausgebildet worden, täglich zeigen sich neue Erscheinungen

„Ich will Ihnen nur kurz andeuten, um was es hier, und wie es zu thun ist.

„Man nimmt einen Würfel von Schwefelkies, oder gediegenem Schwefel, oder irgend einem Metalle (die Grösse und Gestaltung sind gleichgültig, man kann z B einen goldenen Ring dazu nehmen), hängt ihn wagerecht an einen Zwirnsfaden, der $^1/_4$ oder $^1/_2$ Elle lang sein kann, und am besten immer etwas angefeuchtet wird, auf, indem man den Faden mit zwei Fingern so stat fasst, dass der Würfel sich nicht mehr mechanisch hin und her bewegt. So hält man ihn frei und in nicht weiter Entfernung über der Mitte eines Gefässes mit Wasser, oder irgend eines Metalles (einer Münze, einer Zink- oder Kupferplatte), und er wird lebendig werden, und sich in leise anhebenden, längliche Ellipsen beschreibenden, allmählich sich rundenden, regelmässigen Schwingungen bewegen

„Über dem Nordpol des Magneten wird er sich bewegen· von der linken nach der rechten Seite, über dem Südpol von der rechten zur linken.

„Über Kupfer oder Silber, wie über dem Südpol, über Zink und Wasser, wie über dem Nordpol

„Man muss die Versuche gleichförmig anstellen, so nämlich, dass man immer von oben herab dem Gegenstande sich nähert, oder immer von der Seite Von der Seite verändert sich das Verhältniss dergestalt, dass die Art der Schwingung von der linken nach der rechten Seite, welche oben vom Nordpole angegeben ist, sich umwendet und wie beim Südpole wird, und umgekehrt

„Auch ist es nicht gleich, ob man mit der rechten oder linken Hand operirt, denn zwischen der rechten und linken Seite ist der Gegensatz bei Manchem bis zu der entschiedensten Polarität ausgebildet

„Jede Vermuthung einer Täuschung, die man hierbei ausklügeln möchte,

wird sich durch das eigene bestimmte Gefuhl widerlegen, dass das Pendel
ohne allen mechanischen Anstoss schwingt Die Regelmassigkeit der Resultate
wird Sie vollends uberfuhren Sie konnen daruber alle moglichen Experimente anstellen, z B den Wurfel, wenn er schon im Schwingen ist, nach
der entgegengesetzten Seite mechanisch herumtreiben, er wird in die erste
Richtung zuruckkehren, so bald er den mechanischen Anstoss auserlitten hat

„Wenn man den Wurfel uber eine Orange, einen Apfel, u s w, halt,
so wird er uber der Frucht, da, wo sie am Stiele fest gesessen, schwingen,
wie uber dem Sudpol des Magneten, wenn man die Frucht auf die entgegengesetzte Seite wendet, indem man fortfahrt, das Pendel uber sie zu
halten, so verandert sich die Richtung Eben solche entschiedene Polaritat
zeigt sich an den beiden entgegengesetzten Enden eines frischen Eies

„Am auffallendsten aber zeigt das Pendel die Polaritat des menschlichen Organismus an Der Wurfel uber den Kopf gehalten, schwingt
wie uber Zink An die Fusssohlen, wie uber Kupfer An die Stirn und
Augen = Nordpol, bei der Nase wendet er sich = Sudpol, bei dem
Munde = Sudpol, bei dem Kinn wie an der Stirn Auf diese Art kann
der ganze Korper durchexperimentirt werden Entgegengesetzt ist sich die
innere und aussere Flache der Hand Uber jede Fingerspitze schwingt
der Wurfel, und zwar uber der vierten oder dem Ringfinger allein nach
der entgegengesetzten Seite von den anderen Dieser Finger ist sogar im
Stande, wenn man ihn allein auf den Rand des Tisches auflegt, wo experimentirt wird, die Schwingungen anzuhalten, oder auch, sie zu verandern
Die Versuche uber die Polaritat des kurzeren waren es unter anderen, welche
der Abt Amoretti mit der Baguette schon unternommen hatte

„Die Baguette ist in ihrer Wirksamkeit, nach Ritter's Bemerkung, nichts
anderes, als ein doppeltes Pendel, welches in Bewegung zu setzen nur ein
hoherer Grad der namlichen Kraft erfordert wird, welche jene Schwingungen
hervorbringt

„Ich habe Ihnen hier nur in Eile einige Vorubungen angezeigt, die Sie
weiter kultiviren mogen, und die wahrscheinlich zu vielen von den Resultaten
fuhren werden, auf die man hier bereits gekommen ist.

„Auch dieses Vermogen will geubt sein In Ritter's Handen neigt sich
anfangs die Baguette nicht, und nur dann geschah es, wenn ihm Campetti
die Hande auf die Schultern legte. Jetzt geschieht es ihm und mehreren
anderen Campetti's Kraft scheint etwas Mittheilendes zu haben Seine
unmittelbare Nahe reicht hin, die Regelmassigkeit der Experimente, die neben
ihm gemacht werden, zu unterbrechen, in ihm selbst hingegen offenbart
sich die ausserste Regelmassigkeit bei den Versuchen, die mit ihm angestellt
werden, welche um so reiner sind, da er weder unterrichtet ist, wie Kupfer
und Zink, z B, wirken, ja sehr oft nicht weiss, welches Metall man ihm
unter die Hand oder an den Fuss gelegt hat, indem er die Baguette halt,
welche sich ebenfalls ein- oder auswarts, nach der Verschiedenheit des
Metalles neigt Da er kein Wort deutsch versteht, so erfahrt er auch nicht

beiläufig, welche Wirkung man von ihm erwartet Es ist ein ganz einfacher, in sich zufriedener und kraftiger Mensch, der nichts weiss, als dass Gott ihm diese Gabe verliehen, und er sie durch ein massiges und frommes Leben bewahren musse "

Neben dieser mehr popularen Darstellung ist eine etwas wissenschaftlicher gehaltene, offenbar von RITTER unmittelbar beeinflusste Nachricht durch dessen Freund, den Professor WRISS in Leipzig,[1] erschienen, und zwar zuerst in franzosischer Sprache in der zu Genf erscheinenden Bibliothèque britannique, **35**, 80, 1807 Eine deutsche Übersetzung davon erschien in GEHLEN's Journal für Chemie, **4**, 114, 1807, eine andere, abgekurzte, die hier wiedergegeben werden soll. in GILBERT's Annalen der Physik, **26**, 429, 1807

„Herr RITTER hatte eine lange Reihe von Versuchen mit der Wunschelruthe und mit den Pendeln angestellt, welche durch die Krafte in Bewegung kommen, die den Gegenstand seiner Untersuchungen ausmachen An die Stelle beider hat er jetzt ein sehr einfaches Instrument gesetzt, das bei weitem sicherer ist, ob es gleich weit kleinere Raume durchlauft Die starkste Bewegung desselben ist ein Drehen von 45°, indess die Wunschelruthe und ähnliche Instrumente mehrere ganze Umdrehungen hintereinander machen konnen Er nennt es Balancier

„Dieser Balancier ist ein kleiner Stab oder rectangularischer Streifen von Kupfer, ungefahr 6 Zoll lang, $\frac{1}{2}$ Zoll breit und von willkurlicher Dicke, den man auf der Spitze eines senkrecht ausgestreckten Fingers, wahrend die anderen gekrummt sind, in recht horizontaler Lage ins Gleichgewicht bringt. Am meisten eignet sich dazu der Mittelfinger der linken Hand Man halt den Finger, der den Balancier tragt, moglichst unbewegt, und für den Balancier ist die schicklichste Stellung die, „dass das eine Ende desselben gegen die Person gerichtet ist, welche den Versuch anstellt, und das andere Ende nach aussen" Doch hat die Richtung, in welcher der Balancier steht, auf den Erfolg keinen Einfluss Zum Balancier kann man auch andere Metalle nehmen, selbst Glas oder Siegellack oder Papier, denn es isoliren hier nur die vollkommensten Nichtleiter der Elektricitat, wie z B Schellack, und nur sie kommen als Balancier nicht in Bewegung Es ist gut, die Spitze des Fingers, auf der der Balancier aufliegt, mit einer leitenden Flussigkeit etwas zu befeuchten, je besser sie leitet, desto ausgezeichneter ist der Erfolg. Nimmt man dazu Ol, so bleibt aller Erfolg aus, Ol isolirt aber auch fast ebenso gut als Schellack

„Den Balancier in Bewegung zu setzen, dazu gehort eine besondere Kraft, mit der ziemlich wenige begabt sind, ihre Zahl ist sehr viel kleiner als die Zahl derer, fur welche die Wunschelruthe empfindlich ist, doch hat Herr RITTER deren einige, theils Manner, theils Frauen gefunden Der Balancier

[1] Es ist derselbe, von welchem das Verfahren herruhrt, die Krystallformen auf Axen zu beziehen, und welcher dadurch der Krystallographie für fast ein Jahrhundert ihre Gestalt gegeben hat

kommt unter bestimmten Umständen nach einer bestimmten Richtung in
Bewegung, welches auch seine anfängliche Lage gewesen ist Folgendes
sind die gewöhnlichen Erscheinungen

„1) Bei CAMPETTI, und so im Allgemeinen bei Männern, kommt
der Balancier, wenn er auf die angegebene Art auf eine der Fingerspitzen
der linken Hand gelegt wird, sehr bald in eine drehende Bewegung, und
zwar auf dem Mittelfinger, dem Zeigefinger oder dem Daumen dreht er sich
nach aussen, d h nach der rechten Seite, dagegen auf dem Ringfinger
und auf dem kleinen Finger nach innen, d h nach der linken Seite
Die Finger der rechten Hand stehen mit den gleichnamigen der linken
Hand, in Absicht der Richtung, nach welcher der Balancier sich dreht, nach
Herrn RITTER im Gegensatze

„2 Frauen, welche die eigenthümliche Kraft besitzen, theilen dem
Balancier unter den gleichen Umständen, Bewegungen nach entgegengesetzter
Richtung als die Männer mit

„3) Steht die Person während der Versuche mit Metallen oder einigen
anderen Körpern in Berührung, so hat dieses auf die Richtung, nach welcher
der Balancier sich dreht, grossen Einfluss Wenn CAMPETTI, während er den
Balancier auf dem Mittelfinger der linken Hand trägt, Zink, Zinn, Blei oder
Stahl unter seinen Füssen hat, so erfolgt die Bewegung „nach einer der
gewöhnlichen entgegengesetzten Richtung, d h der Streifen geht von
der Rechten zur Linken" Ist es Eisen, Kupfer, Messing, Gold, Silber,
Kohle, Reissblei u s w, so geschieht das Drehen nach der gewöhnlichen
Richtung mit grosserer Kraft

„Auf dieselbe Art, wie die mit + bezeichneten Metalle, wirken auch
der Nordpol eines Magnetstabes, das obere Ende irgend einer Frucht die
Wurzel sammt dem Theile des Stammes eines Baumes, der ihr zunächst
ist, und der Kopf eines Kindes oder Mannes Auf gleiche Art mit denen
mit — bezeichneten Metallen wirken der Südpol eines Magnetstabes, das
nach dem Stiele zu gerichtete Ende einer Frucht, das obere Ende eines
Baumes oder einer Pflanze, das Kinn und die Fusssohlen eines Kindes,
eines Mannes u s w

„Selbst die Farben des Prisma und die strahlende Wärme und Kälte hat
Herr RITTER in dieser Hinsicht untersucht

„4) Die hier genannten Körper äussern ihre Einwirkung auf die Bewegung des Balanciers schon dann, wenn CAMPETTI sie nur mit einem der
Finger der anderen Hand, oder mit anderen Gliedmaassen berührt aber
auch hier zeigt sich wieder der vorige Gegensatz in den Fingern und ein
ähnlicher in den übrigen Gliedmaassen Berührt er, während der Balancier
auf dem Mittelfinger der linken Hand liegt, Zink mit dem Mittelfinger der
rechten Hand, so dreht der Balancier sich ebenso, als wenn er Zink unter
den Füssen hätte, dagegen nach entgegengesetzter Richtung, oder nach
aussen, wenn er ihn mit dem kleinen Finger der rechten Hand berührt Bei
Kupfer findet das entgegengesetzte statt Die Ordnung in den beiden Reihen

der Körper bleibt für jedes Gliedmaass unverändert eine und dieselbe, wie sie oben genannt sind

„5 Es ist nicht einmal nöthig, dass eine wirkliche Berührung zwischen diesen Körpern und den Gliedmaassen stattfinde CAMPETTI braucht die Spitze des Mittelfingers der rechten Hand einem dieser Körper nur bis auf 1 Zoll zu nähern, um den Balancier in Bewegung zu setzen, doch ist bei völliger Berührung das Drehen stärker

„6 Nimmt man einen Balancier aus Zink und einen aus Kupfer, und legt einen über den anderen auf die Spitze des linken Mittelfingers, so wird, wenn der von Zink unten liegt, die gewöhnliche Bewegung des Balanciers nach aussen sehr verstärkt, wenn dagegen der von Kupfer unten liegt, so geht die Bewegung nach der anderen Seite, oder nach innen vor sich Und dieses giebt ein Mittel ab, wie man die Elektricität, die in der Berührung zweier Körper entsteht, der Art nach erkennen kann.

„7) Ruht der einfache Balancier wie gewöhnlich auf dem linken Mittelfinger, und taucht man einen der Finger der rechten Hand in ruhiges Wasser, oder in Erde, die mit reinem Wasser genässt ist, so wird der Balancier sogleich unbeweglich Ist das Wasser dagegen in Bewegung, so dreht sich der Balancier nach aussen, und befindet sich unter dem ruhigen Wasser ein Metall oder die Wurzel einer Pflanze, so dreht sich der Balancier so, als hätte man diese Körper unmittelbar berührt. Wenn CAMPETTI die Wünschelruthe auf die gewöhnliche Weise hielt, so drehte sie sich über fliessendem Wasser oder über Quellen stets von innen nach aussen, d h wie über der +-Reihe

„8) Es erfolgte im Balancier einerlei Wirkung, CAMPETTI mochte in allen vorigen Versuchen mit den genannten Körpern in unmittelbarer, oder nur in mittelbarer Berührung durch andere Menschen, ja selbst durch eine Kette von 10 Menschen sein, nur dass in den letzteren Fällen die Wirkung schwächer war

„9) Alle physiologischen Verrichtungen haben einen ebenso grossen Einfluss auf diese Versuche Der auf dem linken Mittelfinger ruhende Balancier dreht sich während eines tiefen Ausathmens sehr stark nach aussen, während eines tiefen Einathmens sehr stark nach innen Wenn man den linken Arm steif ausstreckt, so bewegt er sich nach innen, dasselbe geschieht, wenn man diesen gebeugt lässt und den rechten Arm steif ausstreckt Die Beugung bringt stets den entgegengesetzten Erfolg der Streckung hervor, d i, ein Drehen nach gewöhnlicher Richtung, und zwar verstärkt Und das ist gleich für alle Glieder, die sich zu strecken und zu beugen vermögen

„10 Herr RITTER liess von CAMPETTI während der Balancier auf der Spitze des linken Mittelfingers lag, mit der Spitze des rechten Mittelfingers wiederholt eine Zink- oder eine Zinnplatte berühren, und die Zahl dieser Berührungen mit lauter Stimme abzählen Die obere Reihe bedeute diese Zahlen, / ein Drehen nach innen, ./ ein Drehen nach aussen, o Mangel an allem Drehen, dann stellt folgendes das Resultat dar

1	2	3	4	5	6	7	8	9	10
I	*A*	*o*	*I*	*A*	*o*	*I*	*A*	*I*	*o*

und so drehte sich der Balancier auch bei den ferneren Beruhrungen immer abwechselnd nach innen und nach aussen, und blieb bei einigen unbeweglich, und zwar bei folgenden

$$15 \quad 21 \quad 26 \quad 36 \quad 45 \quad 55$$

Dieses sind Triangularzahlen, nur dass 26 statt 28 steht, und auch weiterhin „wichen die Zahlen, bei denen der Balancier unbeweglich wurde, nur um eine oder zwei Einheiten von denen in der Reihe der Triangularzahlen ab Zwar kommen bei diesem sehr feinen Versuche Anomalieen vor, sie waren aber nie so gross, dass sie das allgemeine Gesetz aufhoben, und bei den vier ersten war der Balancier jedes Mal ohne Ausnahme unbeweglich Zahlt CAMPETTI nicht wirklich, oder denkt er nicht an die Zahl, so ist sie ohne Einfluss Man sieht daher offenbar, dass die Idee der Zahl selbst in seinem Korper gewisse physische Wirkungen hervorbringt, welche die beobachtete Bewegung bestimmen "

„11) Auch die Gestalt des Balanciers ist nicht gleichgultig Eine dunne Kupferplatte, welche die Gestalt eines Kreises hat, dreht sich gleichartig mit dem gewohnlichen rectangularischen Streifen, ebenso ein Sechseck und ein Viereck, ein Funfeck aber dreht sich nach den entgegengesetzten Richtungen, und ein gleichseitiges Dreieck oscillirt bestandig zwischen diesen hin und her, dreht sich erst wie das Funfeck, dann wie das Viereck, darauf wieder wie das Funfeck u s f

„Gerade so dreht sich auch der gewohnliche Balancier auf dem linken Mittelfinger, wenn CAMPETTI mit dem rechten Mittelfinger den Mittelpunkt dieser Figuren beruhrt

„Welchen Einfluss die regelmassigen Korper auf die Bewegung des Balanciers haben, hat Herr RITTER noch nicht untersucht, es ist seine Absicht, diese Art von Untersuchungen fortzusetzen "

„12) Wie mancher kleine Umstand bei allen diesen Versuchen mit in Betracht kommt, davon ist folgendes ein Beweis Es hatten mehrere irgend ein Metall in Papier gewickelt, um es unter die Fusse CAMPETTI's zu legen, der den Balancier schwebend hielt Als Herr RITTER genau wusste, an welcher Stelle des Fusses das Metall lag, fragte er nach der Anzahl von Lagen des Papiers, welche das Metall umgaben, und errieth dann auf der Stelle aus der Bewegung des Balanciers die Art des eingewickelten Metalles Sagte man ihm diese, so rieth er umgekehrt die Zahl der Papierlagen

„Was die Theorie dieser Erscheinungen betrifft, so glaubt Herr RITTER sie alle der Elektricitat zuschreiben zu mussen Es ist ihm gegluckt, ahnliche Wirkungen durch die beiden Pole einfacher galvanischer Ketten, durch die VOLTA'sche Saule, durch die Leidener Flasche und durch die beiden Elektricitaten der Elektrisirmaschine hervorzubringen, theils mit, theils ohne Isolatoren, und er hofft dereinst noch alle diese Erscheinungen mit Vorrichtungen hervorzubringen, zu denen nichts Belebtes kommt, und dann nicht ferner jenes ausnehmend feinen und empfindlichen Instrumentes zu bedürfen, das auf den physiologischen Kräften lebender Wesen und insbesondere der menschlichen Nerven beruht.

„Er beweist durch viele andere Versuche, dass der Balancier sich gerade so bewegt, als wenn in den Finger, der ihn trägt, positive Elektricität träte. Und dieses findet in der That statt. Der Finger wirkt als feuchter Leiter, und es geschieht nach dem Gesetze der Elektricitätserregung nach der zweiten Klasse, dass die Balanciers in Bewegung oder in elektrische Spannung mit dem Finger treten, indem der Finger $+ E$, das Metall $- E$ erhält, beide Elektricitäten zeigt in ihnen der VOLTA'sche Condensator (und das gerade auf diese Art) sehr merklich. Ein Condensator, dessen Deckel aus demselben Metalle als der Balancier besteht, und dem dieser, indem er sich dreht, seine Elektricität mittheilt, nach welcher Richtung auch der Balancier sich dreht. Die Elektricität des Fingers, welche immer positiv ist, wirkt nun weiter auf den Nerven, und je nachdem dieses dem Gesetze der Elektricitätserregung der ersten Klasse oder dem der zweiten Klasse gemäss geschieht, bestimmt der Nerv die Erscheinungen auf eine verschiedene Art, und so, wie sie wirklich erfolgen. Die Nerven des Ringfingers und des kleinen Fingers der linken Hand werden bei dem Versuche, wenn er wie gewöhnlich angestellt wird, nach dem Erregungsgesetze der ersten Klasse, die des Mittelfingers, des Zeigefingers und des Daumens aber nach dem Erregungsgesetze der zweiten Klasse afficirt. Man kann es ohne Schwierigkeit machen, dass die Nerven aller Finger nach einerlei Gesetz afficirt werden; man braucht zu dem Ende nur die positive Elektricität des Fingers, der den Balancier trägt, bis auf einen gewissen Grad zu verstärken, entweder dadurch, dass man ihm $+ E$ aus einer Elektrisirmaschine zuführt, oder dass man die Kraft des Balanciers selbst erhöht, indem man ihn aus zwei heterogenen Metallen, die aufeinander gelegt werden, zusammensetzt. Mit einem Worte, so überraschend diese Erscheinungen auch sind, die das lebhafteste Interesse verdienen, so erfolgen sie doch alle nach den Gesetzen des Galvanismus, die RITTER schon vor geraumer Zeit entdeckt, und dadurch über die ganze Mannigfaltigkeit derselben Licht verbreitet hat.

„Es werden viele Dinge, die man für unmöglich hielt, weil sie sich mit falschen Systemen, die gelten, nicht vereinigen liessen, nicht nur möglich, sondern auch wirklich werden, und man wird ihre Nothwendigkeit durch Theorieen darthun können, denen jene Systeme vielleicht werden weichen müssen. Was die Materie betrifft, von der wir hier gehandelt haben, so wollen wir uns weder in die Theorie noch in die Versuche hier weiter einlassen. Sie werden aber einst beweisen können, dass alle diese Erscheinungen, und viele andere allgemein bekannte, die bisher ebenso wenig untersucht sind, mit den grossen physischen Einwirkungen der Gestirne und des Universums auf unsere Erdkugel in sehr naher Verbindung stehen, welche nicht darauf beschränkt sind, die Erdmasse durch eine mechanische Bewegung im Raume um die Sonne zu wälzen, sondern auch in die innerste physikalische

und chemische Beschaffenheit des Erdkörpers eingreifen, und sich an jedem
belebten Individuum, und selbst an der geringsten Kleinigkeit, welche auf
der Erdkugel existirt, weit charakteristischer und wesentlicher offenbaren
Alsdann wird man auch die Physik und die Physiologie aus einem umfassenderen und wahreren Gesichtspunkte betrachten."

Von den weiteren Kundgebungen in der Sache sei ein Theil eines
Berichtes wiedergegeben, den ein Augenzeuge der Versuche im Intelligenz-
blatte der Jenaer allg Litt Ztg, 1807, Nr 36 veröffentlicht hat Enthält
er auch sachlich nichts neues, wie denn die Versuche sich immer in demselben engen Umfange zu bewegen schienen, so giebt er doch eine gute
Anschauung von dem Ideen- oder vielmehr Wortkreise, welcher für die ganze
Geistesrichtung der Naturphilosophie jener Zeit typisch ist

„Die wichtigsten Momente dieser neuen Untersuchung scheinen nun
dem Einsender, nach dem, was er in München selbst zu sehen Gelegenheit
hatte, auf folgende Hauptpunkte zurückzukommen

„I. Kraft des menschlichen Körpers überhaupt, andere todt
genannte Körper, z B. Metalle, dynamischer Weise, ohne alle Dazwischenkunft mechanischen Einflusses, in Bewegung zu setzen — Hierauf beziehen sich die Versuche A. Mit den Pendelschwingungen des
Abts Fortis Mit denselben hat Ritter sein Studium dieser Erscheinungen
angefangen der Aufsatz des Morgenblattes enthält die Beschreibung der
Art, wie der Versuch anzustellen ist, und dieser ist es denn auch, welcher
überall wiederholt wurde, mit dem verschiedenen Erfolge, von dem schon
oben die Rede war Es ist unleugbar, dass dieser Versuch manchen Personen nicht gelingt, aber ebenso unleugbar, dass er vielen gelingt Ersteres
wäre, wenn auch hier nicht ein anderer Grund mitwirkte, nicht seltsamer,
als dass nicht alle Menschen gleich grosse Kräfte zum Magnetisiren oder
gleiche Fähigkeit, magnetisirt zu werden, besitzen Wichtiger aber ist es,
dass (wie die meisten wenigstens sich vorstellen) ein mechanischer Einfluss
dabei kaum auszuschliessen ist, oder mindestens dass er nicht stattfinde,
nicht mit voller Gewissheit, auch den Ungläubigsten, constatirt werden kann
Dennoch ist dieses nicht ganz unmöglich, da die kreisartigen Bewegungen
des Pendels verschieden sind, nach der Verschiedenheit der Körper, der
Metalle z B., mit welchen das experimentirende Subjekt in Berührung ist
Wer sich also von der Realität der Versuche überzeugen wollte, brauchte
bloss einem Subjekte, mit dem die Versuche überhaupt gelingen, jetzt
dieses, jetzt jenes Metall, ohne dass das Subjekt selbst es wahrnehmen
konnte, auf den Kopf oder unter die Fusssohle zu legen, um zu finden, dass
die Bewegung bei dem nämlichen Metalle, und wenn alle übrigen Umstände
gleich sind, stets die nämliche sei, welches, wenn ein, auch unbewusster,
mechanischer Einfluss dabei ins Mittel trate, unmöglich mit solcher Regelmässigkeit erfolgen könnte Es lassen sich nämlich diese Versuche auf verschiedene Weise anstellen 1 so, dass das Pendel über ein Metall über
Wasser, irgend eine andere Flüssigkeit, oder einen lebenden Theil gehalten

wird, 2 so, dass nicht das Metall, sondern der Experimentator mit einem
solchen Körper in Berührung ist, oder wenigstens in dessen Wirkungssphäre,
3 auch ohne alle sichtbare Dazwischenkunft eines dritten Körpers, so dass
die Kraft des menschlichen Körpers als für sich allein hinreichend erscheint,
das Pendel in kreisartige Bewegungen zu versetzen — B Mit der eigentlichen Wunschelruthe oder Baguette, deren Bewegungen nur nicht
ganze, sondern halbe Rotationen sind und ganz denselben Gesetzen wie die
Pendelbewegungen folgen, so dass sie, wie jene, je nach Beschaffenheit des
Metalles, mit dem der Experimentator in Berührung ist, entweder von aussen
nach innen, oder von innen nach aussen geschehen. C Mit einer Stange
oder Platte von Metall (auch von Siegellack jedoch, und anderen Nichtleitern), welche auf der Spitze eines Fingers balancirt, nach wenigen
Augenblicken sich rechts oder links zu bewegen anfangt, je nach Beschaffenheit des dritten Körpers, mit dem der Experimentator in Berührung ist.
Damit dieser Versuch gelinge, ist schon ein hoher Grad von Kraft erforderlich, ein höherer als zur Bewegung der Baguette

„II Differenzen und Polaritäten unbelebter Körper, sowie aller
Theile eines belebten, welche vermittelst jener Bewegungen gefunden werden, und Einfluss allgemeiner äusserer Potenzen auf
das Phänomen So ist z B die Richtung der Pendelkreisung eine andere
über dem Nord-, eine andere über dem Südpole des Magnets, eine ebenso
entgegengesetzte über Metallen, die sich auch in anderen, den galvanischen,
elektrischen und chemischen, Versuchen, wie zwei Pole des Magnets verhalten Eine entschiedene Polarität zeigt sich an den entgegengesetzten
Enden eines frischen Eies, einer Frucht, einer Pflanze überhaupt, ferner
zwischen den Geschlechtstheilen der Pflanzen Ebenso offenbart sich eine
entschiedene Differenz und Polarität aller Theile des menschlichen Körpers,
nicht nur durch die Bewegung des Pendels, sondern auch durch Bewegungen
der balancirten Stange und der Baguette. Mit letzterer hat AMORETTI die
ganze Oberfläche des menschlichen Körpers durchexperimentirt, und einer
Abhandlung, die in der Scelta d'Opuscoli steht, welche unter seiner Aufsicht herauskommt, eine Zeichnung der menschlichen Gestalt mit Angabe
sämmtlicher Differenzen und Pole an derselben beigefügt Was den Einfluss
allgemeiner äusserer Potenzen auf das Phänomen betrifft, so sind als solche
bis jetzt insbesondere unterschieden worden das Sonnenlicht, welches
seltsam genug eine Wirkung ausübt, die nach der Beobachtung mehrerer
auch das Auge auf Verstärkung, Hemmung oder veränderte Richtung der
Bewegung haben kann, die Elektricität, welche nicht allein auf das
experimentirende Subjekt bestimmenden Einfluss hat, sondern, wie schon
jetzt, theils durch frühere Versuche, theils durch neue von RITTER angestellte,
bewiesen scheint, unmittelbar und durch sich selbst eben diese rotatorischen
Bewegungen hervorzubringen vermag Es ist dieses nur ein Beweis, wie
viel tiefer die Wurzel der elektrischen Kraft noch in der Natur liegt, als
man sich zufolge der bisherigen Erscheinungen vorzustellen pflegte

„III Die dem Bewegungsvermögen, das der Mensch auf andere
Körper dynamisch ausübt, gewisser Maassen entgegengesetzte
Fähigkeit, von diesen Körpern, hauptsächlich Metallen und Wasser,
in Bewegung, innerliche versteht sich, gesetzt zu werden — Es mag
vorerst ganz dahingestellt bleiben, ob sich diese zu jenem ebenso verhalte,
wie sich im thierischen Körper die Kraft des Nervensystems, die Muskeln
als Aussendinge in Bewegung zu setzen, zu der Fähigkeit, von Aussendingen
Sensationen zu erlangen, verhält, und ob jene sonach nur als eine höhere
Potenz des letzteren betrachtet werden müsse Ausser den Versuchen, welche
Herr Ritter noch in Italien mit Campetti hierüber angestellt hatte, und die
alle für den ausgezeichneten Grad der Stärke und Sicherheit dieses besonderen Empfindungsvermögens in ihm zeugten, konnten, in dem rauheren
Klima, bis jetzt keine Versuche im Grossen und Freien angestellt werden,
die daher noch zu erwarten sind, wenn die bessere Jahreszeit eingetreten
sein wird

„IV Zusammenhang dieser Phänomene mit den anderen dynamischen Erscheinungen der Natur — Es ist wohl Niemand, der nicht
auf den ersten Blick an ein Verhältniss dieser Erscheinungen zu den galvanischen und elektrischen erinnert wurde. Dass sie aber durch die Elektricität nicht sowohl erklärt werden, als vielmehr das wahre Wort für diese
selbst erst geben werden, ist schon oben bemerkt worden Wir setzen
hinzu, dass dies wohl für alle dynamischen Erscheinungen gelten möge
Dennoch ist es zweifelhaft, ob sie wichtiger für die Lehre von der Elektricität
und die damit verbundenen sich zeigen werden, oder für die Physiologie
des Himmels(!) oder für die des Menschen und die darauf gegründete Medizin
Merkwürdig ist wenigstens, dass die Anregung dieser Erscheinungen zu
gleicher Zeit von verschiedenen Seiten geschehen ist, und die Arzneikunst
sich dieselbe noch früher als die allgemeine Physik vindicirt hat Kenner
mögen sich an Wienhold's Bemühungen erinnern, kürzlich ist in einem
Aufsatze über thierischen Magnetismus in dem Jahrbuche der Medizin
von Marcus und Schelling (II. Band, 2 Heft), das ganze Phänomen, sowohl
des Metallfühlens als Bewegens, noch unabhängig von den neuesten Versuchen, mit jener erst gekannten Erscheinung in Verbindung gesetzt worden
Das Verhältniss desselben zum Galvanismus ist dort so dargestellt „den
Galvanismus, sofern er mitten inne zwischen der Elektricität und dem
thierischen Magnetismus liegt, haben wir bisher nur von einer seiner zwei
Seiten erkannt und aufgefasst, nämlich von derjenigen, wo das Unorganische
die aktive, das Organische die passive, jenes die mittheilende oder tonan-
gebende, dieses aber die empfangende und subordinirte Rolle spielt Es
giebt aber, scheint mir, noch eine Seite von ihm, bei welcher alles sich
gerade umgekehrt verhält, wobei nämlich das Organische das mittheilende,
das Unorganische das empfangende Glied ist" Unter den faktischen Belegen
für die Wirklichkeit eines solchen Verhältnisses wird ein Versuch angeführt
mit dem Drehen eines Degens, dessen Stichblatt von 2 Personen auf dem

Stichblatte balancirt im Gleichgewichte gehalten wird, ein Versuch, der zu denen unter Nr I angeführten, als ein um so weniger Widersprüchen ausgesetzter hinzugefügt zu werden verdient, als es zwei verschiedene Personen sind, die den Degen halten, und der Versuch in dieser Verbindung mit anderen, auch solchen gelingt, die ihn auf andere Weise nicht vollbringen können Nach dem, was daselbst über die Empfindlichkeit magnetischer Personen für die nämlichen Körper, Metalle und Wasser, erwähnt wird, scheint es, dass die eigenthümliche Fähigkeit der Erz- und Wasserfühler auch als ein geringerer Grad des Somnambulismus angesehen werden könne, und dass, da auch das Vermögen, fremde Körper zu bewegen, eben den Wasser- und Metallfühlern am stärksten beiwohnt, dieses ganze Phänomen sich auflösen werde in jene tief verkannte, aber bald nicht mehr verkennbare Erscheinung, die seit einigen Jahrzehnten unter dem Namen des thierischen Magnetismus so verschiedene Schicksale gehabt hat.

„Es ist überhaupt seltsam, dass alles, was faktisch ist, in dieser Angelegenheit nicht neu ist, es ist bisher noch keine Erfahrung gemacht worden, welche nicht als Thatsache in vielen älteren und selbst neueren Büchern aufgezeichnet stünde Sogar das oben verschwiegene Wort schwebt den Schriftstellern nicht bloss auf der Zunge, sondern ist deutlich ausgesprochen in den meisten älteren Werken Allein der Sinn ist neu, in dem das ganze Phänomen aufgefasst und combinirt wird Die Sache wird endlich mit deutschem Ernst und Tiefe behandelt, unter einer glücklichen Constellation, wo höhere Ansichten der Natur dem Experiment entgegenkommen, und ein Experimentator, wie RITTER, ein Individuum findet, dessen Geduld und kindliche Freude an den Experimenten auf's Treueste aushält, und der den Gedanken des leisesten Truges verabscheut, und sich dadurch um seine Gabe, die er sehr werth hält, zu bringen glauben würde.

„Es kann nicht fehlen, dass nicht sehr verschiedene Urtheile über die Sache obwalten, dass verständige und unverständige Zweifel, scherzhafte und ernsthafte erhoben werden, von solchen selbst, die etwas gesehen haben, so gut sich etwas in der Zerstreuung und ohne irgend eine Vorkenntniss dessen, worauf es ankommt, sehen lasst, auch von solchen, die nicht gesehen haben Aber eben ein solcher Stein des Anstosses in einem sich weise dünkenden, aber im Grossen und Ganzen allmählich zur tiefsten Unwissenheit gesunkenen Zeitalter muss dem rechten Freunde der Wissenschaft erwünscht sein

„Herr von ARETIN ist damit beschäftigt, eine Geschichte der Wünschelruthe oder Baguette zu schreiben, welche ein sehr weitläufiges Werk werden kann, wenn er ihre Spuren, die freilich noch weit über die virgula divina des CICERO hinausgehen, allenthalben aufnehmen will — Herr RITTER hat bis jetzt nichts öffentlich von seinen Versuchen bekannt gemacht. Möge er nicht zu lange damit zurückhalten, und das neue unschätzbar wichtige Verdienst, welches er sich um die Wissenschaft der Natur erworben, bald zu seinen übrigen hinzugezählt werden können "

Selbst ernsthafte und zu phantastischen Vorstellungen nicht besonders geneigte Manner liessen sich tauschen, als auffallendstes Beispiel hierfur dient eine langere Abhandlung, die der verdiente Chemiker C F Buchoi.z[1] uber die Pendelschwingungen erscheinen liess Er beschreibt eine Anzahl von Versuchen, wie ein in seiner Hand gehaltenes Pendel aus Schwefel an einem seidenen Faden, der aber nass sein musste, je nach Umstanden in einem oder dem anderen Sinne schwang Es wurde zu weit fuhren, alle Versuche wiederzugeben, von denen Buchoi.z berichtet, nur einer soll als besonders charakteristisch fur die Gedankenformen, die jenen Versuchen zu Grunde liegen, hergesetzt werden

„Da es Trommsdorf [es ist der bekannte Chemiker gemeint] gar nicht gelingen wollte, die mehrerwahnten besonderen Pendelschwingungen zu bewirken, so stellte er sich auf ein Kupferblech, nahm nun in die linke Hand eine zinnerne Schussel von $1\frac{1}{2}$ Schuh Durchmesser und naherte dieser das befeuchtete, zwischen nassen Fingern gehaltene Pendel und in wenigen Augenblicken sahen wir zu unserer Uberraschung das Pendel lebhaft sich bald zu 1—2 Schuh weiten Schwingungen bewegen Derselbe Erfolg zeigte sich auch dann, als Trommsdorf eine grosse Kugel von Messingblech, die noch mit einer anderen Metallmasse in Verbindung stand, mit der linken Hand umfasste."

Wie man sieht, sind es die Vorstellungen aus dem elektrischen Kreise, die fur die Pendelversuche maassgebend sind man erwartet, dass die bekannten Leiter der Elektricitat sich auch wirksam hier beweisen werden, und der erwartete Erfolg bleibt demgemass auch nicht aus Buchoi.z ist schliesslich von der Richtigkeit seiner Beobachtungen so uberzeugt, dass er, nachdem er sich in der Hauptabhandlung noch einigermaassen zweifelhaft geaussert hatte, einen spateren Zusatz mit den Worten schliesst „Die Unzweideutigkeit der letztangefuhrten Resultate spricht zu sehr fur die Wahrheit der ganzen Reihe der erzahlten Erscheinungen, dass gewiss auch dadurch jeder Zweifel, der sich nach Mittheilung der ersten Versuche und ihrer Erfolge dagegen noch hatte regen konnen, vertilgt werden muss, ohne weitere raisonnirende Bekraftigungen, und die Gegner dieses interessanten naturwissenschaftlichen Gegenstandes werden fuhlen, wie sehr unrecht sie thaten, ihre Zweifel auf eine so inhumane Art laut werden zu lassen, als es leider der Fall gewesen ist "

Die Ironie des Zufalles will es, dass in derselben Zeitschrift ganz kurz vorher[2] Buchoiz als Vertreter der exakten Wissenschaft einem anderen allzu phantastischen Forscher gegenubergetreten ist, welcher seinerseits die Willkurlichkeit der Pendelversuche ganz klar erkannt hatte[3] Dieser Mann war Winterl, Professor der Chemie in Pesth Eine Schilderung seiner kuriosen chemischen Entdeckungen kann an dieser Stelle nicht gegeben werden, es

---

[1] Gehlen's Journ f d Chemie und Physik, 5, 575 1808
[2] Ebenda 3, 336 1807   [3] Ebenda 3, 732 1807

genügt zu seiner Kennzeichnung, mitzutheilen, dass er einen Stoff, Andronia genannt, gefunden zu haben behauptete, welcher mit Sauerstoff, Wasser und Saureprinzip zusammen Kohlensaure, Stickstoff und Salpetersaure bildet, der mit Wasserstoff Milch und Eiweiss giebt, der sich mit Kalk in Kali und Kieselerde verwandelt, der Blei in Baryt, Kupfer in Molybdan, Thonerde in Beryllerde uberfuhrt u. s. w.[1] Winterl hatte eine Methode zur Gewinnung seiner Andronia angegeben, und Bucholz wies nach, dass auch bei sorgfältigster Einhaltung der beschriebenen Versuchsbedingungen nichts von der Andronia entstand. Dieser selbe Winterl nun, der im ubrigen von der naturphilosophischen Schule jener Zeit als der Messias der Chemie gepriesen wurde, schreibt unerwartet vernunftig uber die Pendelversuche: „Unterdessen ist im Cotta'schen Morgenblatte eine Reihe interessanter Versuche zum Vorschein gekommen, welche nun die elegante Welt, fur die dieses Blatt geschrieben ist, an allen Ecken beschaftigen. in zwei Gesellschaften sah ich die sammtlichen Versuche wiederholen, sie gelangen ohne Ausnahme. Als ich nach Hause kam, nahm ich folgende Versuche vor."

Winterl schildert nun seine Versuche, aus denen klar hervorgeht, dass die fraglichen Schwingungen durch unbewusste Bewegungen von Seiten des Experimentators hervorgerufen werden, von seinen 6 Experimenten theile ich nur das letzte mit. „Ich wiederholte nun den vorigen Versuch [Schwingungen uber untergelegten Gegenstanden] in der freien Luft, ohne dem Ringe einen Gegenstand unterzulegen. die Schwingungen gingen ebenso gut vor sich, und zwar nach jeder Seite, nach welcher ich es wunschte, ob ich gleich dem Wunsche gar nicht zu Hulfe kommen wollte. War der Arm vom langen Halten ermudet, so waren die Kreise grosser und hatten bisweilen einige Zolle im Durchmesser, wenn der Faden lang genug war."

Ritter theilte die Ergebnisse seiner Forschungen uber Campetti der wissenschaftlichen Welt in einem eigenen Buche unter dem Titel. Der Siderismus, Bd I, St 1. — Campetti vor die konigl bairische Akademie der Wissenschaften gebracht von Ritter Th I Neue Beitrage zur naheren Kenntniss des Galvanismus, Bd I, St 1 — mit. Die Vorrede des Buches ist in einem sehr kriegerischen Tone geschrieben. „Leider finde ich mich in der Ansicht betrogen, den schlechten Haufen doch durch Gute noch zum Besseren zu bringen, ich habe nach und nach lernen mussen, dass es auch in der Wissenschaft Resultate giebt, die nur durch Schlachten behauptet werden konnen. Mein jetziger Gegenstand scheint dies besonders zu fordern; man hat mich mehr gereizt, als ich zu erdulden schuldig bin."

Und an anderer Stelle. „Ich wollte wirklich nur darthun, dass es nutzlich sei, fur gute Physik sich nach und nach ein neues, frischeres Publikum aufzusuchen, indem das alte bereits gar zu sehr ab- und ausgenutzt ist. Seinem grossten Theile nach hat es sich — untersucht mit den Ausdruck — ganz dem reinen Spinnen ergeben, der Zweck des Spinnens selbst aber ist

---

[1] Vgl Kopp, Gesch d Chemie, **2**, 282

ihm vor lauter Draufsinnen nach und nach so verloren gegangen, dass
sogar, wo wirklich sich das Leben in diesem Gespinnste zuweilen noch finge,
war's auch nur als Fliege, es lieber alles wieder aufreisst, dass dies ja wieder
fort kann, und dann das Loch flugs wieder zumacht. Am liebsten wird
daher das Gespinnst gleich an solchen Orten aufgehangen, wo schon von
selbst nicht viel Lebendiges hinkam, worauf sie dann mit ergreifender Zu-
friedenheit sich also aussprechen sie haben die Wissenschaft über das Leben
erhoben. Nicht viel besser als ein Exanthem musste sich die Wissenschaft
dem mit dem Ganzen Unbekannten ausnehmen, gäbe es nach der ihrigen
sonst keine mehr. So eine giebt es leider und glücklich neben der ihrigen
noch, und was sie schon jetzt, seitdem sie sie merken, zu ärgern anfängt,
ist, dass das Leben selber ihr Gegenstand sein soll, und dass die Mittel zu
seiner Erforschung zudem die nämlichen sind, die sie missbrauchen. Hier
stellt sich etwas ganz eigenes ein, was bei Pferden seinen Namen allerdings
schon hat, und kurzlich auch bei den Gelehrten in nichts besteht, als dass
sie absolut nicht weiter wollen. Da nun bei ihnen, so wenig als bei jenen,
an Wirksamkeit von Grunden zu denken ist, die ohnehin gegen ein absolutes
nie etwas vermochten, so ist es, und selbst ohne Grunde, klar, dass man sich
am besten von ihnen ab-, und dahin wendet, wo wirklich noch gesunde
frische Natur und Forderung an Wissenschaft . lebt und grunt "

An sachlichem Inhalte befinden sich in dem allein erschienenen ersten
Bande der Schrift, dem ein zweiter „in kurzem und in jedem Falle" nachfolgen sollte, drei Berichte an die Munchener Akademie, deren erster die
uns schon bekannte Entdeckungsgeschichte CAMPETTI's enthalt, wahrend der
zweite einen ausfuhrlichen Plan giebt, nach welchem die von der Akademie
niedergesetzte Commission, RITTER's Vorschlagen gemass, die Prufung der
Fahigkeit CAMPETTI's vornehmen sollte.

Auf eine Aufforderung der Akademie, die bisher erhaltenen Resultate
seiner Untersuchungen mit CAMPETTI ihr zur Prufung vorzulegen, hat RITTER
in einer dritten Schrift geantwortet, die den letzten Theil des Bandes bildet.
Auch hier findet man nichts als die allgemeine Versicherung, dass es sich
mit CAMPETTI wirklich so verhalte, dass er Wasser und Metalle unter der
Erde fuhlen konne, dagegen keine Beschreibung irgend eines ausgefuhrten
Versuches.

Was dann weiter aus der Sache geworden ist, habe ich nicht in Erfahrung gebracht. RITTER ist allerdings schon zwei Jahre hernach gestorben,
doch liegen aus noch spaterer Zeit Publikationen von ihm uber andere Gegenstande vor, so dass er wohl nicht durch Krankheit, sondern durch irgend eine
andere Ursache verhindert gewesen zu sein scheint, die so unbedingt versprochene Fortsetzung seines Buches zu liefern. Es findet sich die Angabe,[1]
dass RITTER kurz vor seinem Tode die Wunschelruthe u s w für Erzeugnisse
des Aberglaubens erklart habe, doch habe ich an der angegebenen Stelle
(Annales de chimie, **72**, 336) keine derartige Mittheilung finden konnen

---

[1] Allgemeine Deutsche Biographie, **28**, 678 1889

Die Aufklärung der Pendelversuche durch ihre Zurückführung auf unwill-
kürliche Bewegungen der haltenden Hand wurde dann in der Abhandlung
eines Ungenannten, die von PFAFF mitgetheilt wurde, gegeben, sie ist nachstehend abgedruckt

„Auf Veranlassungen, die dem Publico bereits bekannt sind, ist wieder
die Möglichkeit und Wirklichkeit der Wünschelruthen und das Dasein von
Menschen in Anregung gekommen, die mit dem Vermögen begabt sein
sollen, verborgene Wasserquellen und Metalle durch eigenthümliche Empfindungen zu entdecken.

„Ohne mich hierüber in Muthmaassungen und Meinungen einlassen zu
wollen, sei es mir bloss erlaubt, einige von mir gemachte Bemerkungen und
daraus gezogene Resultate mitzutheilen, die sich auf eine Erscheinung beziehen, welche mit jener Möglichkeit und Wirklichkeit in einen innigen
Zusammenhang gesetzt ist ich meine die Schwingungen, die ein Würfel
von Schwefelkies, oder ein Stück jedes beliebigen Metalles über
Metallplatten und verschiedenen anderen Körpern macht, wenn
er, an einem feinen Zwirnsfaden aufgehangen, mit der Hand frei
darüber gehalten wird, und welche man aus einem eigenthümlichen, mit den galvanischen Erscheinungen im Zusammenhange
stehenden, Einfluss des Organismus zu erklären suchte

„Schon längst kannte man eine ähnliche Erscheinung, die darin bestand,
dass man einen goldenen Ring, an einem Haare befestigt, mit mässig unterstützter Hand in ein Weinglas hinabhängen liess, wo er nach und nach in
Schwingungen gerieth, und, durch das Anschlagen an die Wände des Glases,
eine Art von Glockenspiel veranlasste Der Aberglaube wähnte hierin etwas
Wunderbares zu finden, indem er annahm, dass die Zahl der Schläge mit
der jedesmaligen Tagesstunde in Übereinstimmung stehe Der Unbefangene
glaubte indess das Ganze aus einer Einwirkung des Pulses auf die Hand
erklären zu können, der dieselbe zu einer unmerklichen Bewegung disponire,
die gleichwohl hinreiche, bei einiger Länge des Haars, schon bedeutende
Schwingungen zu veranlassen.

„Da man bereits weiss, wie diese scheinbar von selbst erfolgenden
Schwingungen, namentlich die eines Schwefelkies-Pendels, das man derselben
am fähigsten hielt, neuerlich zu einer Reihe von Versuchen und darauf
gegründeten Schlüssen, die theils bekannt sind, theils bald bekannt werden
möchten, Gelegenheit gegeben haben so begnüge ich mich mit der Rechtfertigung meiner eigenen Ansicht, nach der die Ursache der vorliegenden
Erscheinung eine feine Association zwischen Augen- und Handbewegungen ist

„Diese Rechtfertigung nämlich glaube ich in folgenden Beobachtungen
zu finden

A In Rücksicht der Bewegung im Allgemeinen

„1 Bei völlig unterstützter, d h fester Hand fand keine Bewegung statt.

„2 Die Qualität des Pendels, des Fadens, an welchem es hing, und der
Unterlage, über welcher es schwang, war gleichgültig

„3 Die Richtung der Bewegung hing von der Form der Unterlage ab, oder vielmehr von der Art, wie dieselbe vom Auge fixirt wurde

„4 Personen, die sich gleichsam genöthigt fühlen, beim Anblick eines Korpers, denselben seiner Peripherie nach mit den Augen zu umlaufen, gelang die Schwingung scheinbar unwillkurlich, und zwar in der Richtung, in welcher sie die Peripherie fixirt hatten Hingegen blieb das Pendel bei allen in volliger Ruhe, die den ganzen Korper zugleich oder einen einzelnen Punkt desselben zu fixiren pflegen, die Bewegung erfolgte aber sogleich, wenn sie die Peripherie nach irgend einer Richtung mit dem Auge unwillkurlich begleiteten

„5 Nach Verschliessung der Augen fand keine Schwingung statt

„6 Der Wille hatte indess Ruhe und Bewegung vollig in seiner Gewalt, indem es dazu nur der lebhaften Vorstellung eines Korpers, oder, was eben das ist, einer bestimmten Form, und der Fixirung oder Umlaufung derselben mit dem wirklichen Auge, oder mit der Einbildungskraft bedurfte

B In Rucksicht der Richtung der Bewegung

„1 Blieb sich das Auge beim Fixiren eines Kreises gleichsam selbst uberlassen, so erfolgte die Schwingung kreisformig von der Rechten zur Linken, wenn das Pendel mit der rechten Hand gehalten wurde, von der Linken zur Rechten aber, wenn es sich in der linken Hand befand

„Da das Auge beim Anschauen einer Figur dieselbe nicht in allen Punkten zugleich fixiren kann, so bekommt es die Vorstellung von einem Kreise eigentlich nur dadurch, dass es denselben continuirlich von Punkt zu Punkt verfolgt Nun ist aber Gesicht und Getast von der Natur in eine so innige Beziehung gesetzt, dass die Hand bei jeder Gesichtsvorstellung gleichsam unwillkurlich strebt, dieselbe, durch Betastung des gesehenen Gegenstandes, zu berichtigen, wobei die rechte Hand, ihrer mechanischen Einrichtung gemass, ohne besonderen Einfluss des Willens, geneigter sein wird, sich gegen die linke, und die linke, sich gegen die rechte zu bewegen

„Halt man demnach das Pendel uber eine runde Scheibe, oder uber jeden beliebigen Kreis, der zu gross ist, um, als ein Punkt, in allen Theilen zugleich fixirt werden zu konnen, aber klein genug, um eine gleichzeitige Beachtung des Pendels zuzulassen so fallt das Auge zunachst wechselsweise bald auf das Pendel, bald auf den Kreis, denn beide sind ihm als Objekt gegeben, wodurch zwischen dem zuerst fixirten Punkte und dem Pendel eine geradlinige Bewegung des Auges und demnachst der Hand entsteht Zu gleicher Zeit aber wird das Auge disponirt, den Kreis seiner Peripherie nach zu umlaufen, weshalb die geradlinige Schwingung des Pendels sogleich in die kreisformige ubergeht, wobei das Auge durch Aufmerksamkeit auf die rechte Hand bestimmt wird, links, auf die linke aber, rechts zu laufen, in welcher Richtung hierauf die Bewegung der Hand und des Pendels folgt

„2. Bei einem Mathematiker, der sich sehr viel mit Zeichnen beschaftigt, und der mich versichert, dass ihm hierdurch die Bewegung der rechten

Hand von innen nach aussen die gewohnlichste geworden sei, erfolgte die Schwingung bei beiden Handen von der linken gegen die rechte.

„Auffallend war der Einfluss, den seine Fertigkeit, Zirkel aus freier Hand zu beschreiben, auf die Bewegung des Pendels hatte, ich habe dieses fast bei keinem so grosse Kreise beschreiben sehen

„3 War das Pendel in der einen Hand bereits in Bewegung, und fasste man es jetzt auch mit der anderen Hand, so viel wie möglich mit der ersten in einem Punkte, an, so erfolgte Ruhe.

„Die Tendenz der linken Hand, sich rechts, der rechten, sich links zu bewegen, heben sich auf, weshalb bei obengenanntem Mathematiker die Schwingung, auch nach dem Gebrauche beider Hande, von der linken gegen die rechte fortdauerte, indem der Gegensatz in der Bewegung beider Hande durch die Gewohnheit wegfiel.

„4 Legt man, wahrend das Pendel in der rechten Hand von der Rechten zur Linken schwang, auf diese Hand irgend einen Korper, so erfolgte bei einigen Ruhe, bei anderen wurde die Richtung der Schwingung die entgegengesetzte

„In diesem Falle wird die Aufmerksamkeit des Auges von dem Kreise, über welchem das Pendel schwingt, abgeleitet, und auf den auf die Hand gelegten Korper gelenkt Hierdurch entsteht eine Bewegung des Auges links von dem Kreise aufwarts gegen die rechte Hand, oder in Rucksicht des Pendels, links von der Peripherie gegen den Mittelpunkt des Kreises Fuhre das Auge fort, sich in dieser Richtung zu bewegen, so wurde die Schwingung geradlinig von der Linken gegen die Rechte werden, allein da es auch fortwahrend von dem Kreise, als Hauptobjekt, afficirt wird, so wird die Schwingung bald wieder kreisformig, und zwar ebenfalls von der Linken gegen die Rechte, weil das Auge bereits nach dieser Richtung in Bewegung und die Aufmerksamkeit auf die rechte Hand gestort ist.

„Bleibt aber das Auge, wenn es durch den Korper, der auf die Hand gelegt wird, ganz von dem unteren Kreise abgelenkt ist, auf ersterem langere Zeit ausschliesslich ruhen, so horen auch die Schwingungen des Pendels auf

„5 Wurde wahrend der Schwingung des Pendels über einer einzelnen Scheibe dieselbe mit einer anderen vertauscht, so, dass das Auge zuerst nach innen, dann aber wieder nach aussen gelenkt wurde· so nahm die Bewegung ebenfalls die entgegengesetzte Richtung an

„Dies geschah vorzuglich dann, wenn die neue Scheibe von innen herunter geschoben wurde, und die vorige in einiger Entfernung nach aussen liegen blieb, doch so, dass erstere, durch ihre Lage, der Hauptgegenstand des Objektes war

„6 Legte man zwei Scheiben oder Kreise neben einander, und hielt das Pendel in der Mitte zwischen beiden, so wurde die Bewegung über beiden geradlinig Hielt man es aber über der links liegenden, so erfolgte die Schwingung kreisformig gegen die rechte, hingegen beschrieb es den Kreis gegen die linke, wenn man es über der rechts liegenden hielt.

„Wird das Pendel uber dem Mittelpunkte des Ganzen, d h zwischen beiden Scheiben gehalten, so wird auch das Auge genothigt, diesen Punkt zu fixiren Da es aber hier ein Deficit in Hinsicht der Kreisform, an die es, durch die Gegenwart der Scheiben oder Kreise, fortwahrend erinnert wird, bemerkt, so wendet es sich, als unbefriedigt, seitwarts zu einer der Scheiben In eben dem Maasse aber, als dies geschieht, entschwindet die andere mehr oder weniger aus dem Gesichtskreise, und disponirt dadurch das Auge, zu ihr zuruckzukehren (denn beide Scheiben zusammen machen im vorliegenden Falle das Objekt aus) Dieses Hin- und Wiederwenden des Auges theilt sich der Hand mit, und die Schwingung wird geradlinig

„Halt man das Pendel aber uber einer der Scheiben besonders, so wird diese dadurch zum Hauptgegenstand des Objektes erhoben Die andere wirkt aber als Nebenreiz, und da sie durch ihre Peripherie nach vorne dem Auge am naturlichsten auffallen muss, so entsteht zunachst eine geradlinige Bewegung von dem Mittelpunkte der besonders fixirten Scheibe gegen den vordersten Punkt jener Peripherie also von hinten nach vorne, und von innen nach aussen. Indess wird das Auge durch eine vorwaltende Achtsamkeit auf eine einzelne Scheibe wieder zur Kreisbewegung genothigt, in der die Richtung von hinten nach vorne aufgehoben, die von aussen nach innen aber beibehalten wird

„Liess man, bei drei Scheiben, die in einer geraden Linie lagen, das Pendel uber der mittelsten Scheibe, so war die Schwingung kreisformig, zwischen je zwei, geradlinig, uber der rechten, kreisformig von der rechten zur linken, uber der linken, kreisformig von der linken zur rechten

„Uber der mittleren richtet sich die Richtung der Schwingung nach der gebrauchten Hand denn da die Einflusse der beiden Nebenscheiben einander entgegengesetzt sind, so heben sich ihre Wirkungen auf Das Ubrige folgt aus dem Vorhergehenden (siehe 6).

„8. Lagen aber die drei Scheiben in einem Dreiecke, und hielt man das Pendel uber dem zwischen ihnen ubrig bleibenden dreieckigen Raume, so war die Schwingung elliptisch

„Das Auge wird, da es hier in Rucksicht der Kreisform nicht befriedigt wird, veranlasst, von Scheibe zu Scheibe zu laufen, wodurch eigentlich auch die Bewegung ein Dreieck beschreibt Da indess die Pendelbewegung keine Winkel zulasst, so ist die nothwendige Folge eine Ellipse vgl 6)

„9. Vier Scheiben in einem Viereck, und das Pendel uber dem gemeinschaftlichen Mittelpunkt gehalten, veranlasste eine Kreisbewegung uber allen

„Erklart sich aus Obigem (siehe 6, 7, 8)

„10 Wie sich funf und mehrere Scheiben oder Kreise in ihren besonderen Combinationen und Fixirungen verhielten, kann man selbst aus dem bisher Gesagten leicht folgern

„Die funf Fingerspitzen verhalten sich wie funf Kreise in gerader Linie Halt man das Pendel mit der rechten Hand uber den Fingerspitzen der linken, so erfolgen drei Schwingungen von der rechten zur linken und zwei von der linken zur rechten Halt man es aber umgekehrt mit der linken uber den Fingerspitzen der rechten, so erfolgen nur zwei Schwingungen von der rechten gegen die linke, dagegen aber drei von der linken gegen die rechte (siehe 7)

„Ein Eisenstab, vermittelst feinen Stahldrahts aufgehangt, leistet, uber den Fingerspitzen, wie uber jeder anderen schicklichen Figur gehalten, dieselben Dienste, wie jedes andere Pendel, nur dass seine Bewegungen weniger betrachtlich als die einer Kugel sind, da letztere der Pendelbewegung gunstiger ist Wird hingegen dieser Eisenstab an einem metallenen Leiter aufgehangt, und halt man die Fingerspitzen darunter, so erfolgt nicht die mindeste Bewegung, welches doch geschehen sollte, wenn jene Bewegungen von einem eigenthumlichen galvanischen oder magnetischen Einflusse des Organismus auf die Aussenwelt abhingen.

„11. Die Schwingungen uber einer Scheibe von Holz, an deren Peripherie drei Locher in der Figur eines Dreiecks gebohrt waren, waren, wie gewohnlich, kreisformig, wenn die Fixirung der Peripherie nach geschah; elliptisch, wenn die drei Locher zugleich fixirt wurden, zwischen je zwei Lochern geradlinig, wenn das Auge beide wechselsweise fixirte Alle Bewegung horte aber auf, sobald ein Loch besonders der Gegenstand der Aufmerksamkeit war

„Uber einer viereckigen Tafel schwang das Pendel in der Richtung der langsten Dimension, wenn dieselbe dem Auge nicht zu unbequem lag.

„13 Uber linienformigen Korpern geschah die Schwingung der Lange nach

„14 Wurde eine Scheere ihrer Lange nach fixirt, so war die Schwingung langs derselben geradlinig, fixirte man die beiden runden Handgriffe zugleich, so dass das Auge bald auf den einen, bald auf den anderen fiel, so machte die neue geradlinige Bewegung mit der ersteren einen rechten Winkel, fixirte man aber nur einen derselben allein, so war die Schwingung, wie uber jedem anderen Kreise, kreisformig.

„15 Alle genannte Schwingungen erfolgten uber Kreisen, Vierecken und Linien, die man mit Kreide, Tinte und auf andere Art auf Holz und Papier gezeichnet hatte

„16 So erfolgten auch alle moglichen Bewegungen des Pendels, wenn dieses in freier Luft gehalten wurde, und man sich die nothigen Figuren lebhaft einbildete

„17 Hielt man das Pendel uber einem Trinkglase, von nicht zu grosser Peripherie, so war die Schwingung kreisformig Senkt man es bis zur Mitte in dasselbe hinein, so wurden die Schwingungen geradlinig, mit einem immer starkeren und haufigeren Anschlagen an die vordere Wand des Glases, als an die hintere Liess man es ganz bis auf den Boden hinabsteigen, doch so, dass es denselben nicht beruhrte, so wurde die Bewegung wieder kreisformig

„Beim Halten über dem Glase wird die Peripherie desselben fixirt, die sich wie jeder andere Kreis gegen Auge und Pendel verhält Senkt man letzteres aber bis ungefähr zum Mittelpunkte des Glases in dasselbe hinein, so wird das Auge veranlasst, wechselsweise auf das Pendel und die vordere Wand des Glases, die demselben am natürlichsten auffällt, zu sehen Hiervon ist die Folge eine geradlinige Schwingung gegen diese Wand Da aber das Auge bei jeder Schwingung des Pendels, der Gewohnheit nach, ein Zurückschwingen erwartet, so kehrt es selbst wieder in der entgegengesetzten Richtung zurück, wenn das Pendel seine erste Schwingung vollbracht hat, wodurch nun eine wirkliche geradlinige Pendelbewegung entsteht, bei der indess, durch die fortwährende Fixirung der dem Auge gegenüber stehenden Wand des Glases, häufigere und stärkere Schläge gegen diese als gegen die entgegengesetzte Wand veranlasst werden.

„Kommt aber das Pendel dem Boden des Glases zu nahe, so verursacht die Fixirung des runden Bodens wieder die Kreisbewegung

„18 Über einem grossen Gefässe voll Wasser, Quecksilber, oder jeder anderen Flüssigkeit, wie über jeder grösseren Spiegelfläche, erfolgte keine Schwingung Wurde aber beim Halten des Pendels über Wasser letzteres kreisförmig bewegt, so folgte die Bewegung des Pendels der Richtung der bewegten Flüssigkeit, und kam wieder mit derselben zur Ruhe

„Beim Fixiren der Fläche einer Flüssigkeit oder eines polirten Körpers fehlt es dem Auge an einer bestimmten Figur, die es nächst dem Pendel fixiren, und ihrem Umfange nach umlaufen kann Diesem Mangel wird durch die kreisförmige Bewegung abgeholfen, die zugleich, durch ihre Richtung, die Richtung der Augenbewegung bestimmt.

„19 Das Pendel zwischen die Zähne genommen, verhielt sich ebenso, als ob es mit der Hand gehalten wurde

„Da nicht nur die Hände, sondern auch der ganze übrige Körper, besonders aber der Kopf, mit den Augen in ähnlicher Beziehung stehen, so macht auch dieser nach der Richtung eine leichte Bewegung, nach der sich die Augen drehen Auf Veranlassung der rechten Hand, deren sich das Auge im gewöhnlichen Falle zur Berichtigung seiner Vorstellungen bedient, scheint dasselbe, sich selbst überlassen, geneigter zu sein, einen Kreis von der Rechten zur Linken zu umlaufen daher erfolgt in den meisten Fällen die Bewegung von der Rechten zur Linken, wenn man das Pendel vermittelst der Zähne über einem Kreise hält

„Dass der Einfluss des Willens, Gewohnheiten und mancherlei zufällige Umstände, die theils das Auge unmittelbar, theils zur Einwirkung auf andere Sinne afficiren können, die Schwingungen oft mannigfaltig verändern, und andere Richtungen veranlassen müssen, als unter den genannten Bedingungen hier angegeben ist, bedarf wohl kaum der Erwähnung, jedoch wird sich ein solcher fremdartiger Einfluss in den meisten Fällen bestimmt nachweisen lassen

„Schliesslich bemerke ich, dass man sich bei den Versuchen über vermeintliche polarisirende Körper leicht täuschen konnte

„Man setze bei irgend einem Korper das Dasein eines der beiden Pole voraus, und stelle sich, wahrend man das Pendel uber diesem eingebildeten Pol halt, recht lebhaft die Bewegung vor, die derselbe bewirken soll (z B der Sudpol von der Linken zur Rechten), so wird hochst selten die erwartete Bewegung ausbleiben, besonders dann nicht, wenn der fixirte Korper ohnehin kreisformig ist

„Sollte ich mich aber entweder im Ganzen, oder in einzelnen Ansichten dennoch geirrt haben, so werde ich jede grundliche Belehrung mit Dank annehmen"

Es ist selbstverstandlich, dass diese Aufklarung ganz ohne Wirkung auf die Betheiligten blieb, vielmehr veranlasste sie den Herausgeber des Journals fur Chemie, GEHLEN, welcher die litterarische Vertretung RITTER's ubernommen hatte, nur zu heftigen Angriffen auf GILBERT Dieser stellte seinerseits das ganze Material in der Angelegenheit zusammen, und veroffentlichte es sowohl in den Annalen der Physik, Bd 26 und 27, 1807, wie auch in einer eigenen Schrift Bei dem grossen Umfange dieser Veroffentlichung ist ein Auszug, so lehrreich er in mancher Hinsicht ware, nicht wohl zu geben Nur eine Stelle aus einem Briefe sei angefuhrt, den LEIBNIZ uber den im Jahre 1693 in Paris aufgetretenen Ruthenganger JACOB AYMAR an TENZEL schrieb Er theilt mit, dass er die Nachricht aus dem Munde der Wittwe des Herzogs JOHANN FRIEDRICH habe

„Sie selbst hatte den Meister in der rhabdomantischen Kunst, J. AYMAR, in ihren Palast kommen lassen, seine Kunst gepruft, und gefunden, dass sie eitel ist Dasselbe that mit vieler Neugierde der Prinz von CONDÉ, dessen Gemahlin ihre Schwester ist. Er hatte AYMAR von Lyon kommen lassen, um ihn auszuforschen und brachte ihn, nachdem er ihn haufig ertappt hatte, endlich zum Gestandnisse des Betruges AYMAR bat demuthigst, man mochte ihm diesen verzeihen, und entschuldigte sich damit, dass er dazu nicht so sehr durch eigene Kuhnheit als durch die Leichtglaubigkeit Anderer gebracht worden ware, welche hatten betrogen sein wollen, und von denen ihm in den Mund gelegt worden sei, was er sonst sich zu ruhmen nicht gewagt haben wurde."

Diese ganze Geschichte ladet ausserordentlich zu Parallelen mit Vorgangen ein, die der neueren und neuesten Zeit angehoren Doch sei dem Leser diese Nutzanwendung selbst uberlassen.

Fig. 64. PAUL ERMAN.

Neuntes Kapitel.

Physikalische Erscheinungen an der Volta'schen Säule.

1. Allgemeines. Wiewohl eine eingehendere Berücksichtigung der physikalischen Elektrik ausserhalb des Planes dieses Buches liegt, so ist es doch nothwendig, auf die Hauptthatsachen dieses Gebietes so weit einzugehen, als für das Verständniss der elektrochemischen Erscheinungen erforderlich ist. Ohnehin lassen sich beide Gebiete nicht vollkommen trennen, und an sehr zahlreichen Stellen finden sich so tiefgehende und weitreichende gegenseitige Beeinflussungen zwischen ihnen, dass die Entwickelung des einen ohne Kenntnissnahme des anderen nicht verständlich wäre. Die erste Entwickelung der theoretischen Versuche, die Erscheinungen der Säule wissenschaftlich zusammenzufassen, ist wesentlich nach der physikalischen Seite gegangen, insbesondere hat VOLTA, wie mehrfach erwähnt, sich gegen die chemische gleichgültig, ja ablehnend verhalten. Auch in der Folge sehen

wir fast alle Forscher in dem Kampfe zwischen der Contact- und der chemischen Theorie auf Volta's Seite, die ihre Thätigkeit wesentlich auf die
physikalischen Fragen richten. Die Ursachen dieser Erscheinung sind leicht
verständlich; für die rein elektrischen Vorgänge an der Säule ist es zunächst
von geringem Belang, aus welcher Quelle die Elektricität stammt; nicht ihre
erste Entstehung, sondern die Zustandsänderungen, die die vorhandene
erfährt, sind der Gegenstand der Forschung, und ihre Resultate werden durch
etwaige Irrthümer über jene zunächst nicht beeinflusst.

Die entscheidenden Nachweise der elektrischen Natur des galvanischen
Agens verdanken wir Volta, der sie mittelst seines Condensators und Stroh-
halmelektrometers prüfte (S. 135). Seine Versuche wurden alsbald von der
Pariser Akademie, dem „Institut", wiederholt und bestätigt; in deren Auftrage erstattete J. Hallé einen Bericht,[1] welcher mit grosser Klarheit die
entscheidenden Punkte der Volta'schen Lehre auseinandersetzt.

2. Der Commissionsbericht des Pariser Instituts. „Volta hat
der Klasse der physischen und mathematischen Wissenschaften eine Reihe
von Versuchen vorgelegt, durch welche er die prinzipielle Identität der
galvanischen und elektrischen Erscheinungen bewiesen hat. Er hat diese
Versuche vor den dazu ernannten Commissären wiederholt; wir geben von
diesen hiermit Rechenschaft.

„Erstes Prinzip. Herr Volta stellt zunächst fest, dass wenn zwei
verschiedene Metalle in Berührung gebracht werden, diese Metalle, welche
einzeln kein Zeichen von Elektricität geben, im
Augenblicke ihrer Berührung auf einander wirken,
so dass beiderseits ein merklicher elektrischer
Zustand erfolgt, im einen positiv, im anderen
negativ, und welcher sich nach der Trennung
erhält.

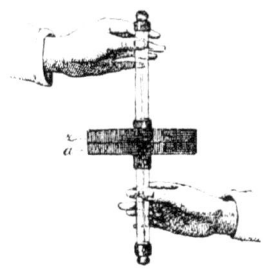

„Erster Versuch. Man nimmt zwei Scheiben, eine von Silber oder Kupfer, die andere
von Zink; sie müssen gleich sein, auf einer Seite
vollkommen polirt, auf der anderen mit einem
Glasstabe versehen, der mit Siegellack oder
Gummilack überzogen ist. Man lege beide genau
auf einander, indem man sie an den Glasstäben hält (Fig. 65). Man trennt sie
alsdann und bringt die eine der beiden Scheiben an die obere oder Collectorplatte des Condensators, man wiederhole dieses Verfahren einige Male, indem man Sorge trägt, dass die andere Scheibe jedesmal in ihren früheren
Zustand zurückgebracht wird, indem man sie entweder berührt, oder sonst
auf irgend eine Weise mit der Erde in Verbindung setzt. Der Condensator
wird schliesslich mit einer hinreichend starken Elektricität geladen sein, um
die beiden Fäden des Elektrometers merklich sich trennen zu lassen. Wenn

Fig. 65.

---

[1] Bull. des sc. par la soc. Philomatique, an 10, Nr. 58. — Sue, hist. du galv. **2**, 348. 1802.

die mit dem Condensator in Berührung gebrachte Scheibe die von Zink ist,
so wird positive oder Glaselektricität erscheinen; ist es im Gegentheil die
Scheibe von Silber oder Kupfer, welche an den
Condensator gebracht worden ist, so wird die
mitgetheilte Elektricität negativ oder Harzelektricität sein.

„Bemerkung. Um die Versuche bequemer auszuführen, konstruirt Herr VOLTA
seinen Condensator aus zwei Platten von Metall
(Kupfer) von geringem Durchmesser 1—2
Decimeter), mit gläsernen Griffen und beide
auf den Seiten gefirnisst, auf welchen sie sich
berühren sollen. Auf diese Weise erhält er
dieselbe Wirkung, wie mit halbleitenden oder
unvollkommen idioelektrischen Körpern, auf
welchen die Eigenschaft des Condensators
(Fig. 66) beruht. Die eine der Platten, welche
als Unterlage dient, muss mit der Erde in Verbindung stehen, die andere oder Collektorplatte

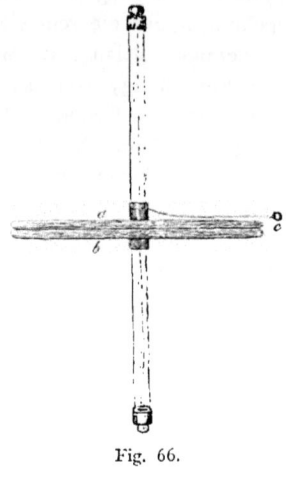

Fig. 66.

ist häufig an ihrer oberen Seite, nahe am Griff, mit einem Metalldraht
versehen, der entweder einfach oder am Ende mit einem Knopf versehen ist,
damit er leichter mit Apparaten in Berührung
gebracht werden kann, die man nicht auseinandernehmen will.

„Das Elektrometer des Herrn VOLTA
(Fig. 67) ist eine Flasche mit vier ebenen
Seiten. Die elektrometrischen Fäden bestehen
aus zwei recht geraden Strohhalmen, die
parallel und in Berührung neben einander an
dem Stopfen der Flasche befestigt sind. Der
obere Theil dieser Flasche ist mit Siegellack
überzogen. An zwei Flächen, parallel der
Ebene, in welcher sich die Strohhalme bewegen, ist ein Kreis gezeichnet, dessen Mittelpunkt in der Höhe des Aufhängepunktes liegt.
Er ist in Grade von halben Linien oder etwa
einem Millimeter getheilt; oft wird an den
oberen Theil des Stopfens eine Platte von
gefirnisstem Kupfer befestigt, auf welche eine

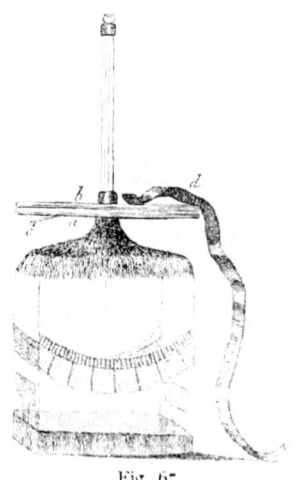

Fig. 67.

andere, gleichfalls gefirnisste gelegt wird, welche mit ihr einen Condensator
bildet. Die auf den Stopfen geschraubte Platte dient alsdann als Collector,
und kann unten mit einem Metalldrath versehen sein, wie ein gewöhnlicher
Condensator; die andere Platte kann mittelst eines Metallstreifens mit der
Erde verbunden sein und auf diese Weise dieselben Dienste thun, wie die

untere Platte bei den anderen Condensatoren. Ist die Collectorplatte geladen, so hebt man die Platte ab und die aufgehäufte Elektricität geht alsbald in die Strohhalme des Elektrometers über.

„Das Elektrometer ist sehr empfindlich, aber es ist nothwendigerweise als Messinstrument sehr ungenau; denn abgesehen von der Schwierigkeit, die Entfernung scharf an der Grad-

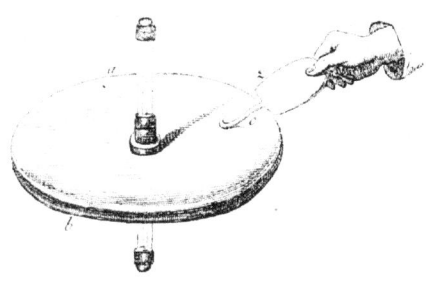

Fig. 68.

eintheilung abzulesen, so giebt eine doppelte Entfernung zwischen den Strohhalmen nicht nur die doppelte elektrische Kraft an; erstens ist zufolge des vom Bürger COULOMB bewiesenen Gesetzes diese Kraft dem umgekehrten Quadrat der Entfernung proportional; zweitens muss man die Kraft hinzufügen, die zur Überwindung der Schwere erforderlich ist, gegen deren Wirkung sich die Strohhalme erheben, und welche in dem Maasse, wie sie sich erheben, mit dem Sinus des Winkels wächst, den sie mit der vertikalen bilden.

„Zweiter Versuch. An Stelle der Scheiben nimmt man eine Platte

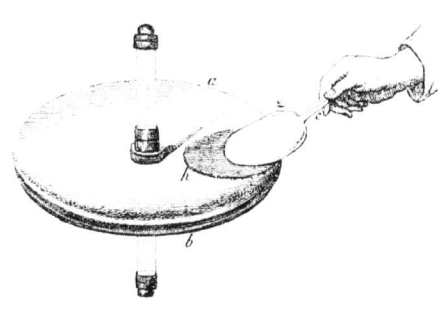

Fig. 69.

Zink, die an eine Platte oder einen Stab von Kupfer gelöthet ist (Fig. 68 und 69).

„Erster Fall. Man hält das Zink in der Hand (Fig. 68) und berührt mit der Platte oder dem Stab von Kupfer die Platte a des Condensators. Man findet, dass diese Platte durch die Berührung mit dem Kupfer einen elektrischen Zustand empfangen hat, der bei der Prüfung am Elektrometer sich negativ erweisst, entsprechend dem Versuche 1.

„Zweiter Fall. Man halte im Gegentheil das Kupfer zwischen den Fingern und bringe das Zink an den Condensator; das Zink befindet sich alsdann zwischen dem Kupfer, an welches es gelöthet ist, und der Kupferplatte, mit der es in Berührung gebracht ist: der Condensator giebt in diesem Falle nicht das kleinste Zeichen von Elektricität.

„Dritter Fall. Man hält den Apparat auf dieselbe Weise, bringt aber Fig. 69 ein befeuchtetes Papier zwischen den Condensator und die Zinkplatte; alsdann nimmt die Collectorplatte einen elektrischen Zustand an, der sich positiv wie der des Zinks ergiebt; dreht man den Apparat um und berührt das feuchte Papier mit dem Kupfer, so erregt man gleichfalls einen elektrischen Zustand, der aber wegen des Zustandes des Kupfers von negativer Beschaffenheit, wie im ersten Falle Fig 69 ist, oder es geschieht dasselbe wie beim ersten Versuche, der elektrische Zustand, der von der Zinkplatte dem daran gelötheten Kupferstab mitgetheilt wird, geht in die Platte des Condensators über, die gleichfalls von Kupfer ist

„Im zweiten Falle befindet sich das Zink, da es einerseits die Kupferplatte, an die es gelöthet ist, berührt, andererseits die gleichfalls kupferne Platte des Condensators, zwischen zwei gleichen und entgegengesetzten Kräften, welche sich aufheben

„Im dritten Falle verhindert die Zwischenschicht von feuchtem Papier die Berührung des Zinks mit dem Condensator und damit ihre Wechselwirkung, die nur bei unmittelbarer Berührung erfolgt, und lässt die zwischen dem kupfernen Stabe und dem daran gelötheten Zink unverändert. das feuchte Papier lasst dann, weil es ein Leiter ist, den elektrischen Zustand des Zinks auf die Platte des Condensators übergehen

„Zweites Princip. Hieraus ist ersichtlich, dass diese Eigenschaft der Metalle, sich durch ihre gegenseitige Berührung in einen elektrischen Zustand zu versetzen (welche Eigenschaft Herr VOLTA elektromotorische Kraft nennt), nur bei der unmittelbaren Berührung stattfindet, die feuchten Körper unterbrechen einerseits die Berührung, da sie schlechtere Leiter sind als die Metalle, und theilen so die elektromotorische Kraft, andererseits lassen sie den elektrischen Zustand, welchen die Metalle durch diese Wirkung angenommen haben, auf die Stoffe übertreten, mit denen sie die feuchten Leiter) selbst in Berührung stehen Dadurch kann eine Reihe von Metallpaaren und feuchten Leitern abwechselnd den elektrischen Zustand erregen und durchlassen, und die Wirkungen so viele Male anhaufen, als diese Abwechselungen wiederholt werden

„Daher der Versuch mit der Säule von Herrn VOLTA

„Dritter Versuch Man nehme zwei Scheiben oder Stücke von Metall, die eine von Silber, die andere von Zink Fig 70, a und z, 1, man lege sie unmittelbar aufeinander, ohne sie zu isoliren Man lege auf dieses metallische Paar ein Stück feuchtes Papier oder Tuch h, lege hierauf ein zweites Metallpaar, a und z 2, in derselben Ordnung, wie das erste. man sammle die Elektricität des zweiten Paares am Condensator und lade ihn durch eine genügende Anzahl von Berührungen Macht man dann die Messung am Elektrometer, so findet man unter übrigens gleichen Umständen die Elektricität des zweiten Paares stärker, als die des ersten Fährt man so fort, so findet man die Elektricität in dem Maasse zunehmend, als die übereinandergelegten Paare vermehrt werden

„Wird schliesslich die ganze Säule aus einer bestimmten Anzahl von Schichtungen errichtet, so ergiebt sich die elektrische Intensität grosser, oder kleiner, je nachdem verschiedene Punkte von der Basis bis zum Gipfel untersucht werden, und zwar negativ, wenn die oberen Stucke jedes Paares Silber sind, positiv, wenn sie Zink sind

„In diesem Falle sieht man, dass wenn die ersten beiden Scheiben in Beruhrung sind, sie in den elektrischen Zustand ubergehen (Versuch 1) Die zweiten, die von den ersten durch das befeuchtete Tuch getrennt sind, werden gleichfalls elektrisch, ausserdem nehmen sie durch das feuchte Tuch die Elektricitat der oberen Platte des unteren Paares an, und so geht es in allen Paaren weiter, aus denen die Saule zusammengesetzt ist In dem Maasse, als man die Elektricitat aus dem oberen Theile oder aus irgend einem anderen der Saule fortnimmt, ersetzt sie sich aus der Erde, so dass nothwendig von einem Ende zum anderen die Elektricitat in arithmetischer Reihe wachst Das Elektrometer von Herrn VOLTA scheint das gleiche zu zeigen, doch ist es immerhin zu wunschen, dass diese Thatsache durch genauere Instrumente besser nachgewiesen wurde

„Vierter Versuch Wird die Saule an der Grundflache isolirt, so befindet sich das erste und das letzte Paar in entgegengesetzten elektrischen Zustanden von gleicher Intensitat. Die Mitte der Saule zeigt keine Elektricitat, und von dieser Mitte wachst der elektrische Zustand an, positiv nach der einen Seite, negativ nach der anderen, bis zu den letzten Paaren, deren Intensitat die starkste ist Jedoch erhalt, wenn die Saule nicht sehr gross ist, der Condensator von diesen Enden nur eine schwache Elektricitat

„Bei diesem Zustande der Dinge versteht man, dass 1 die zuerst hingelegten Stucke des ersten Paares beide in einem entgegengesetzten elektrischen Zustande sind, und ihn behalten werden, da sie keine Verbindung mit der Erde haben, dass 2 beim Aufbauen der Saule die Wirkung der neuen Paare sein wird, die elektrischen Intensitaten zu steigern Dies vorausgesetzt, wird die aufgebaute Saule zwei bestandig in entgegengesetztem Sinne, wachsende Progressionen darstellen, indem die Verminderung der einen der Vermehrung der anderen entspricht Daher werden sich in der Mitte der Saule der positive und der negative Betrag aufheben, da sie gleich sind, und werden dort den elektrischen Zustand auf Null bringen Man versteht daher, dass, da die Elektricitat sich nicht aus der Erde erganzen kann, der mit den Enden in Verbindung gebrachte Condensator nur eine kleine Menge Elektricitat aufnehmen kann, welche selbst unmerklich werden kann, wenn er von erheblicher Capacitat ist

„Indessen bringt die Verbindung des unteren Theiles der Saule mit einer sehr grossen Leidener Flasche zum Theil die gleiche Wirkung hervor, wie die Verbindung mit dem Boden, und macht die Elektricit am Gipfel der isolirten Saule sehr merklich

„Funfter Versuch Stellt man die Verbindung zwischen der Erde und dem unteren Ende der Saule her, und beruhrt man gleichzeitig den Gipfel mit dem Condensator, so ladet sich dieser selbst in einem Augenblicke sehr merklich, beruhrt man beide Enden mit den Handen, so hat man eine bestandige oder bestandig wiederholte Empfindung, bringt man zwischen beiden Enden eine Reihe von Körpern an, unter denen sich solche befinden, die durch die galvanische Wirkung verändert werden wie z. B. Wasser, in welches ich zwei gegenüberliegende Metalldrähte tauche, so beweist die Dauer der Erscheinungen, welche ihre Veränderung kennzeichnen, auch die Dauer der von der hergestellten Verbindung bedingten Wirkung zwischen den beiden Enden der Säule. Diese Anordnung hat zu einer Menge von Versuchen aller Art Anlass gegeben, welche zu gut bekannt sind, als das sie hier auseinandergesetzt zu werden brauchten.

„Man sieht, dass im ersten Falle alles, was durch den Condensator aufgenommen wird, in proportionaler Weise von der Erde aus ersetzt wird; man sieht auch, wie in dem anderen Falle von einem Ende zum anderen ein elektrischer Strom zwischen den entgegengesetzten Elektricitäten entsteht.

„Sechster Versuch. Stellt man zwischen dem unteren Ende der Säule und der Erde einerseits eine gute Verbindung her, und nimmt man andererseits die Elektricität des oberen Endes durch eine grosse elektrische Flasche auf, so kann man durch eine sehr schnelle Berührung diese Flasche so laden, dass man eine sehr starke Entladung erhält. Fig. 71 stellt eine der bequemsten Arten dar, den Versuch zu wiederholen. Die Basis der Säule steht mit einem breiten Metallstreifen in Verbindung, welcher in ein Glas Wasser taucht, in das der Physiker die eine Hand steckt; mit der anderen halt derselbe Physiker die Flasche und berührt mit dem Leiter einen Knopf an dem letzten Metallstück der Säule.

„Er kann ebenso, indem er an diesen Knopf die elektrische Pistole mit entzündlicher Luft bringt, diese unmittelbar explodiren lassen.

„Die Ladungen, die man so dem oberen Ende der Säule mit dem Condensator

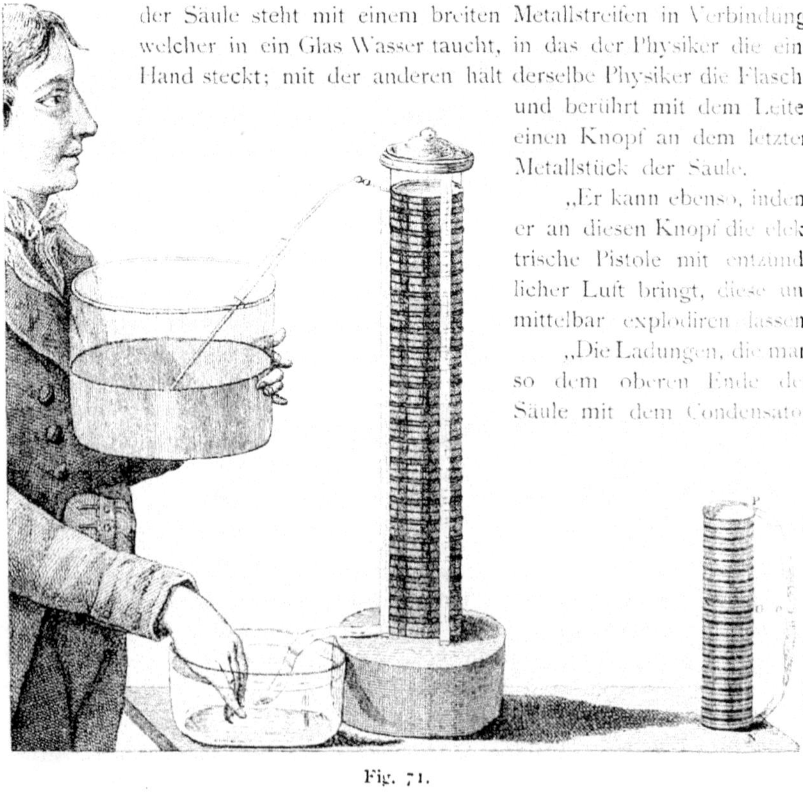

Fig. 71.

oder irgend einem anderen Apparat entziehen kann, finden in gleicher
Weise statt, wie auch die Saule endigen mag, und ob man die Beruhrung
mit einem Metall oder mit dem feuchten Tuch herstellt...

„Drittes Princip Da die Saule aus Stoffen von zwei Arten besteht,
die zu ihrem Aufbau erforderlich sind, den elektromotorischen und den
einfach leitenden, so andern sich die von dieser Vereinigung herruhrenden
Eigenschaften je nach der Verschiedenheit der Stoffe, aus denen man ihre
verschiedenen Theile herstellt

„So wirken einerseits die Metalle aufeinander mit verschiedener elektromotorischer Kraft, andererseits lassen die feuchten Zwischenkorper die Wirkungen dieser Kraft mehr oder weniger vollstandig und leicht hindurch

„Weiter bethatigt sich die Intensitat oder der Grad der elektromotorischen
Metallkraft wesentlich durch die elektrometrischen Wirkungen, und wird durch
sie gemessen, ist auch beim Elektrometer des Herrn VOLTA die Messung
dieser Intensitat nicht genau, so wird sie doch wenigstens durch den Ausschlag der Strohhalme angedeutet

„Wahrend ferner die elektrometrischen Wirkungen die gleichen bleiben,
so sieht man andere Erscheinungen sich andern, entsprechend wie es scheint,
theils der Leichtigkeit des Durchlassens, theils der Ausdehnung der durch-
lassenden Flachen.

„So scheint die Verschiedenheit der Wirkungen, welche die VOLTA'sche
Saule hervorbringt, von der Verbindung zweier Elemente herzuruhren, und
vergleicht man die elektrischen Wirkungen mit den anderen Kraften, mit
denen die Korper behaftet sind, so wurden die Intensitaten die Geschwindigkeiten darstellen, und die Verhaltnisse bei der Leichtigkeit und der Ausdehnung des Durchlassens wurde den Massen entsprechen

„Die folgenden Versuche geben eine Vorstellung von der Art beider
Einflusse

„Siebenter Versuch Die Erfahrung hat ergeben, dass man die
Metalle nach der Intensitat des elektrischen Zustandes, welcher durch ihre
Beruhrung hervorgerufen wird, ordnen kann Silber, Kupfer, Eisen, Zinn,
Blei und Zink bilden eine Reihe, in welcher jedes Metall in Beruhrung mit
einem vorhergehenden den positiven Zustand annimmt, wahrend es mit
denen, die in der Reihe nachfolgen, negativ wird

„Die Endglieder der Reihe entwickeln die grosste Intensitat bei unmittel-
barer Beruhrung, daher geben Silber und Zink verbunden die betracht-
lichsten elektrometrischen Wirkungen. Man kann dieser Reihe noch mehrere
Stoffe hinzufugen, wie z B den Braunstein, den Graphit, die Kohle, alle
Metalle, verschiedene Legierungen u. s w. Die Wirkung des Braunsteins in
Verbindung mit Zink ist fast die doppelte von der des Silbers. ...

„Eine sehr wichtige Erscheinung, deren Kenntniss wir Herrn VOLTA verdanken, ist, dass die elektrische Intensitat, welche durch die Beruhrung
zwischen Silber und Zink hervorgerufen und am Elektrometer gemessen
wird, gleich der Summe aller Intensitaten ist, welche sich zwischen den

Metallen entwickeln, die die Reihe zwischen beiden Endgliedern bilden Ordnet man daher alle Metalle zwischen den Endgliedern an, so ist die Gesammtwirkung nur die, welche durch die unmittelbare Berührung dieser Endglieder entstehen würde

„Diese Erscheinung verdient der Messung mittelst genauerer Instrumente unterzogen zu werden, als das Strohhalmelektrometer ist, sie ergiebt einen Grund mehr für die Nothwendigkeit der Einschaltung feuchter Körper zwischen die Metalle bei der Herstellung der Säule

„Achter Versuch Die feuchten Körper erfüllen nicht alle mit gleicher Vollkommenheit den Zweck als Leiter das reine Wasser gehört zu den unvollkommensten Mischt man einige Salze hinzu, so nimmt die Leitung zu, und die Wirkungen der Säule sind deutlicher Auch die Oxydation, welche zwischen den Paaren in Folge der feuchten Zwischenschichten eintritt, scheint zur Vollständigkeit der Wirkung beizutragen, indessen ist nach Herrn Volta in allen diesen Fällen die elektrische Intensität am Elektrometer unverändert, es werden nur die Wirkungen auf unsere Organe lebhafter empfunden .

„Neunter Versuch Die Unvollkommenheit der Leitung feuchter Körper im Allgemeinen und besonders des reinen Wassers wird noch durch einen anderen Versuch erwiesen

„Es wird eine Säule so aufgebaut, dass sie entweder isolirt ist, oder in schwacher Verbindung mit der Erde steht, z B auf einem Tische von gewöhnlichem Holze, und man befestigt einen Streifen feuchten Papiers (Fig 71) zwischen den Enden der Säule, wobei das obere positiv sein soll Alsdann entspricht der Nullpunkt der Intensität der Säule der Mitte, und prüft man den Zustand des Papierstreifens, so findet man ihn positiv elektrisch am oberen Ende, und negativ am unteren Von diesen beiden Punkten ab vermindert sich der elektrische Zustand, je weiter man geht, so dass die Mitte des Streifens sich völlig frei von jedem merklichen elektrischen Zustande findet

„Bringt man an irgend einen Ort in dem Theil *Po* des Streifens einen Stoff, welcher besser leitet, als das reine Wasser, / B Salzwasser, so erhebt sich der Nullpunkt in der Säule gegen das obere Ende *P* und das entgegengesetzte tritt ein, wenn man das gleiche mit der unteren Hälfte des Streifens ausführt. Ebenso wandert der Nullpunkt, wenn durch Austrocknen einer der beiden Theile des Streifens seine Leitfähigkeit sich ändert

„Zehnter Versuch Es werde einerseits ein Apparat construirt mit Metallplatten von grossem Durchmesser und Zwischenschichten aus nasser Pappe von gleicher Grösse, und andererseits eine Säule mit gleicher Zahl von Schichten aus Platten derselben Metalle von gewöhnlicher Grösse es werden dann die beiden Säulen am Elektrometer die gleichen Grade geben, und werden sich daher auf gleichen Stufen der Intensität befinden, proportional der gleichen Menge Anzahl der Paare

„Macht man aber mit beiden Säulen den Versuch der Verbrennung eines Eisendrahtes, so giebt, wie bekannt, die Säule mit grossen Platten viel bedeutendere Erscheinungen des Glühens und Verbrennens, als die mit kleinen Platten. Auch erfahren die Metalldrähte eine um so heftigere Verbrennung, je grösser einerseits ihre Berührungsfläche mit der Säule ist, und mit je spitzeren Enden andererseits sie einander berührten.

„Im Allgemeinen scheinen die Genauigkeit der Berührung, ihre Ausdehnung und die Leitfähigkeit der Zwischenschichten die Bedingungen zu sein, welche ohne wesentliche Änderung der elektromotorischen Kraft, die von der Natur der Metalle bedingt wird, bei gleicher Intensität die Bewegung einer grösseren elektrischen Masse verursachen; und die geringe Ausdehnung der Punkte, wo sie entweicht, oder die Dünne der Leiter lässt eine Energie der Wirkung erkennen, die der Concentration proportional ist, welche diese Masse auf den engen Wegen erfährt. . . .‟

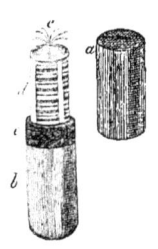

Fig. 72.

Der Bericht schliesst mit der Beschreibung einer tragbaren Säule nach VOLTA's Modell; es wird genügen, auf ihre Abbildung Fig. 72 hinzuweisen.

Wie man bei dem Vergleich dieser Darstellung mit der früheren VOLTA's ersieht, hat sich inzwischen die Entwickelung der „Contakttheorie‟ endgültig vollzogen; insbesondere wird ausdrücklich die Berührung zwischen Metallen und feuchten Leitern als keine elektromotorische Kraft bewirkend angesehen, und die experimentellen Beweise der Lehrsätze VOLTA's beruhen wesentlich auf dieser Annahme, für die selbst kein weiterer Beweis beigebracht wird. Auch in VOLTA's eigenen Abhandlungen findet sich von nun ab die gleiche Einseitigkeit. Zunächst sieht man alsbald überall die chemischen Erklärungsversuche, die bis dahin als natürlich und nächstliegend stets in den Vordergrund getreten waren, zurückweichen und verschwinden; die Idee von der elektromotorischen Wirkung der blossen Berührung verbreitet sich rapid, und trotz der causalen Unverständlichkeit dieser Annahme, vielleicht gerade deshalb — credo, quia absurdum est — beherrscht sie in kurzer Frist überall die Anschauungen.

Trotzdem diese Vorstellung für die Erkenntniss des Wesens der VOLTA'schen Säule unfruchtbar war und blieb, ist in der durch sie gewiesenen Richtung manches Werthvolle über die rein elektrischen Erscheinungen der Säule zu Tage gefördert worden. Unter jenen Arbeiten ragen insbesondere die eines Physikers hervor, dessen Thätigkeit heute fast vergessen ist. PAUL ERMAN ist einer der wenigen deutschen Forscher gewesen, der sich zu jener Zeit allgemeinen naturphilosophischen Rausches ein kühles und nüchternes Urtheil bewahrt, und dieses in einer Anzahl von Arbeiten bewährt hat, welche an wissenschaftlichem Sinn weit über die meisten zeitgenössischen hervorragen. PAUL ERMAN,[1] aus einer elsässischen Familie ERMENDINGER stammend, deren

---

[1] Vgl. DU BOIS-REYMOND, Gedächtnissrede auf PAUL ERMAN. Abhandlungen der Berliner Akademie, 1853. 1.

Namen von seinem Urgrossvater in ERMAN umgewandelt worden war, ist 1764 in Berlin geboren und auch dort am 11. October 1851 gestorben, nachdem er von 1791 bis 1809 Professor der Physik an der dortigen Kriegsschule, von 1809 ab in gleicher Stellung an der Universität gewesen war. Seine wissenschaftlichen Arbeiten hat er erst in verhältnissmässig spätem Lebensalter zu veröffentlichen begonnen; sie sind mehr kritischer als schöpferischer Natur, und ihr Werth liegt wesentlich in der Strenge und Vorurtheilsfreiheit der Beobachtung und Darstellung; das Bedürfniss, um keinen Preis mehr zu sagen, als was völlig gesichert erschien, hat ERMAN sichtlich gehindert, auch naheliegende Verallgemeinerungen aus den von ihm festgestellten Thatsachen zu ziehen. Sein Kampf gegen die Naturphilosophie seiner Zeit war bewusst und energisch, und er ist in dieser Beziehung selbst seinem Gesinnungs- und Kampfgenossen GILBERT überlegen. Du BOIS-REYMOND berichtet eine Äusserung von ihm: „Zwanzig verlorene Schlachten bringen uns nicht so viel Schande, als dies Täuschungs- und Lügenwesen in der Wissenschaft." — Dementsprechend ist ein nicht geringer Theil seiner Thätigkeit der Widerlegung einiger von Naturphilosophen, insbesondere von RITTER aufgestellter Behauptungen gewidmet gewesen.

Die nachstehende Untersuchung über die elektroskopischen Wirkungen der VOLTA'schen Säule gehören zu den ersten, mit denen er auf dem wissenschaftlichen Schauplatz erschienen ist; sie zeigen ihn alsbald als reifen, dem grössten Theil seiner Zeitgenossen überlegenen Forscher.

3. Die elektroskopischen Erscheinungen der VOLTA'schen Säule. Während die Arbeiten der englischen Forscher dauernd auf die chemischen Vorgänge in der Säule gerichtet blieben, wenden die deutschen sich mit wachsendem Erfolg der physikalischen Seite der Frage zu, und die spätere grosse Frucht dieser Bemühungen, das OHM'sche Gesetz, wird in sachgemässer und würdiger Weise durch die Arbeiten eingeleitet, zu denen wir uns jetzt wenden wollen.

Nahezu gleichzeitig erschienen in GILBERT's Annalen zwei Abhandlungen, die, den gleichen Gegenstand behandelnd, und zu naheliegenden Ergebnissen kommend, doch nicht verschiedener gedacht werden können. Die eine ist von RITTER geschrieben, und obwohl sie zu seinen besseren gehört und durch die experimentelle Unermüdlichkeit, die in ihr zur Geltung kommt, die naturphilosophischen Unbequemlichkeiten des Stils ein wenig vergessen lässt, so sticht sie doch in auffälligster Weise von der schlichten Nüchternheit ab, mit der die andere, von ERMAN in Berlin, den gleichen Gegenstand erörtert. Wir wenden uns zuerst der Abhandlung von ERMAN[1] zu, die die ältere ist.

Diese Versuche wurden mit einem Elektrometer nach SAUSSURE angestellt, dessen lange Fäden mit der benutzten Säule von 200 Schichtungen einen Ausschlag von 4 bis 5 Linien gab. Folgendes sind die Haupterscheinungen.

---

[1] GILBERT's Ann. **8**, 197. 1801.

„Das Elektrometer wurde mit dem positiven Drahte der isolirten Batterie
von 200 Plattenpaaren in Verbindung gebracht, und beide Pole derselben
durch gleichzeitig abgehobene Ableitung in ihren natürlichen Zustand versetzt Es trat sehr bald eine Divergenz des Elektrometers ein, ohne dass
der entgegengesetzte Pol ableitend berührt wurde Das Maximum dieser
Divergenz war $1\frac{1}{2}$ bis 2 Linien, und so erhielt sich das Elektrometer, so
lange man es auch stehen liess Berührte man aber während dieser Zeit
den negativen Pol, so nahm die Divergenz augenblicklich zu, so dass sie
4 bis 5 Linien betrug Lasst man den negativen Pol in Verbindung mit
dem Boden, so erhält sich die Divergenz des Elektrometers durchaus unverrückt in dem nämlichen Grade, wenn dieses auch mehrere Stunden oder
Tage währen sollte

„Bringt man die Ableitung an den positiven Pol, während er mit dem
Elektrometer in Verbindung ist, und ist zugleich der negative mit dem Boden
in Berührung gesetzt worden, so fallen zwar die Kugeln merklich zusammen,
aber doch nie ganz, wenn nicht der Körper, womit man das Elektrometer
berührt, ein vollkommen guter Leiter ist. Die trockene Haut z B entladet
es nicht, thut dieses aber, wenn man sie angefeuchtet hat Auch stellt sich
dann die ganze vorherige Divergenz wieder her, sobald man den positiven
Draht sich selbst überlasst. Ist aber der negative isolirt, so benimmt die
geringste Berührung des positiven dem Elektrometer alle Divergenz, und
nach Freilassung des positiven stellt sie sich nur sehr langsam wieder her.

„Dies sind die elektroskopischen Phänomene, die auf den Ladungs-
mechanismus Bezug haben, und ihn sehr aufklaren Die folgenden beziehen
sich auf die Entladung und die Bildung des Kreises Schliesst man die
Kette von Pol zu Pol, während einer der beiden Drahte das Elektrometer
divergirend erhalt, so fällt dieses augenblicklich zusammen, falls der Leiter
vollkommen ist, d h wenn er aus nicht unterbrochenem und an der Oberfläche nicht oxydirtem Metall besteht Während die Kette geschlossen ist,
mag man den einen Pol berühren, wieviel man will, das mit dem entgegengesetzten Pol in Verbindung stehende Elektrometer wird davon nicht im
mindesten afficirt. Ist der metallische Leiter, der die Verbindung macht, an
einigen auch noch so kleinen Stellen oxydirt, so hangt das Divergiren oder
Zusammenfallen des Elektrometers vom Zufalle ab, ob namlich der den Pol
berührende Punkt oxydirt oder regulinisch ist. Auffallend sind die so zu
sagen convulsivischen Bewegungen des Elektrometers, wenn man mit einem
solchen Leiter die Verbindung gemacht hat, und nun sanft damit an dem
einen Pole hin und her streicht In einem Nu geht das Elektrometer von
Null Divergenz durch das Maximum wieder zu Null, gerade die vibrirende
Aktion, die der Nerv unter gleichen Umständen erleidet . .

„Wenn aber der Kreis durch unterbrochene Metalldrahte geschlossen
ist, die sich in einer Glasrohre voll Wasser endigen, so kommt es auf folgenden Umstand an, ob das Elektrometer, welches bei Schliessung der Kette
mit dem einen Pol der Saule in Verbindung ist, noch divergirt, oder nicht

Betragt namlich die Entfernung der beiden Drähte nur einige Linien oder
hochstens 6 Zoll, so gab bei geschlossener Kette das Elektrometer keine
Spur von Divergenz, nur einige durch Hilfe des Condensators. Betrug aber
die Entfernung der Drahte in der Rohre etwa 16 bis 18 Zoll, so stellte sich
die Divergenz sehr merklich ein, und war, wenn die gasgebenden Draht-
seiten 5 Fuss von einander abstanden, beinahe so stark, als wenn die Kette
nicht geschlossen ware. Endlich divergirt das Elektrometer vollkommen so,
als wenn beide Pole gar nicht durch Schliessung der Kette verbunden waren,
wenn die Entfernung der Drahte im Gasapparate viel über 5 Fuss, z B
10 Fuss und darüber betragt. Diesen Versuch habe ich mehrere Mal auf
folgende Weise angestellt. Zwei Glasrohren, jede von etwas mehr als 5 Fuss
Lange, wurden am untersten Ende mit Korkstopseln verschlossen, durch
welche Platinadrahte gingen. Die Verbindung der oberen Enden geschah
durch einen Platinadraht, der in die Flussigkeit der beiden Rohren reichte,
und bei der Schliessung der Kette durch die unteren Drahte entwickelten
diese Gas. Auch anderte ich den Versuch dahin ab, dass ich die beiden
Rohren, statt durch den oberen Draht, durch eine kleine mit Wasser angefullte Heberrohre verband, so dass ich nunmehr eine ununterbrochene
Wassersaule von mehr als 18 Fuss Lange erhielt, an deren aussersten Enden
die Drahte sich befanden, und bei der Schliessung der Kette Gas gaben.
Ich gestehe es offenherzig, unter solchen Umstanden das Phänomen geradezu
und apodiktisch auf eine Wasserzersetzung reduciren zu mussen, scheint mir
doch ein harter Stand.

„Je geringer die Leitungsfahigkeit einer Substanz ist, mittelst welcher
die Kette geschlossen wird, um so grosser bleibt dabei die Divergenz
des Elektrometers, das mit dem einen Pole der Saule in Beruhrung ist. So
fahrt z B das Elektrometer fort, sehr stark zu divergiren, wenn in eine
Rohre zur Gasentwickelung Alkohol gefullt wird, am ausgezeichnetsten ist
aber die Repulsivkraft, mit welcher das Ol die Expansion des elektrischen
Fluidums hemmt. In einen Gasapparat wurde Baumol gefullt, und man
brachte die Metalldrahte darin so nahe, dass man den Abstand der feinen
Spitzen beinahe mehr muthmaassen, als wahrnehmen konnte. Als diese
Rohre mit einer sehr thatigen Saule von 200 Plattenpaaren in Verbindung
gebracht wurde, zeigte das Elektrometer durch das Maximum seiner Divergenz, welches es augenblicklich annahm und bestandig beibehielt, dass die
Pole nicht die mindeste wechselseitige Einwirkung auf einander hatten.
Welcher Abstand zwischen Wasser, wo die Wirkung durch eine Saule von
18 Fuss hindurch geschieht, und Ol, wo sie durch eine Lamelle von $\frac{1}{10}$ Linie
gehemmt wird!"

Die Abhandlung von ERMAN schliesst mit einem Versuch, dessen Resultat
uns jetzt „selbstverstandlich" erscheint, wahrend es dem Entdecker offenbar
nicht gleich einleuchten wollte. Er schreibt

„Ich habe an einigen Substanzen eine unerwartete Eigenschaft bemerkt,
sie leiten namlich und leiten auch nicht, das heisst, wenn man sie zwischen

den Polen einer Saule anbringt, so theilt sich ein solcher Korper der Lange
nach in zwei Theile, von denen der eine die Elektricitat des Poles hat, den
er beruhrt, und der andere die des entgegengesetzten Poles, mit dem er in
Verbindung steht. Eine gut angefeuchtete hanfene Schnur z. B. sei zwischen
den Polen einer Saule ausgespannt. Der eine Pol dieser Batterie sei ausserdem mit dem Elektrometer verbunden. Nun bringe man durch Application
und gleichzeitiges Abheben des Leiters die beiden Pole in ihren naturlichen
Zustand. Das Elektrometer wird bald das Maximum fur den Fall, dass der
entgegengesetzte Pol nicht ableitend beruhrt worden, erreichen. Wir wollen
annehmen, das Elektrometer sei mit dem positiven Pol in Verbindung. Nun
beruhre man den Theil der Schnur, der dem negativen Pole zunachst ist,
die Divergenz wird sehr zunehmen und ihr Maximum wie fur den Fall, wo
man den negativen Pol unmittelbar beruhrt hat, erreichen. Jetzt beruhrt
man den Theil der Schnur, der dem positiven Pol naher ist, so fallt das
Elektrometer zusammen, als hatte man das Elektrometer selbst beruhrt. Je
nachdem man die Schnur am oberen oder unteren Ende beruhrt, ladet oder
entladet sich das Elektrometer. Die Schnur hat also, so zu sagen, zwei Pole
und einen Indifferenzpunkt, denn es giebt in der Lange der Schnur einen
Punkt, den man beruhren kann, ohne dass die Divergenz dadurch weder
vermehrt oder vermindert wurde. Nimmt man die Schnur kurzer oder langer,
so findet immer das namliche Phanomen statt, nur verandern sich die Verhaltnisse der polarisirenden Theile unter sich."

Es ist ungemein lehrreich, zu sehen, wie diese Erscheinungen, die gegenwartig zu den segelmassigen Vorlesungsversuchen gehoren, bei ihrem ersten
Auftreten selbst einen gewiegten Physiker in Verlegenheit setzten. Denn
ERMAN hielt offenbar anfangs das, was er sah, fur eine Eigenthumlichkeit
bestimmter Korper, er giebt an, dass er die Beobachtung zuerst an einem
Stuck Hollenstein gemacht habe. Indessen wusste er sich bald zurecht zu
finden und nach kurzer Zeit liess er eine zweite Arbeit[1] folgen, in welcher
er die Angelegenheit vollig in Ordnung gebracht hat.

„In dem Gasapparate wird die galvanische Kette durch vollkommene
Leiter, welche ein unvollkommener Leiter trennt, geschlossen. Bis jetzt hat man
hauptsachlich die chemischen Erscheinungen, welche dieser Fall darbietet,
beachtet, doch verdienen die physischen Phanomene, welche dabei stattfinden, gewiss dieselbe Aufmerksamkeit. Eine Untersuchung derselben verspricht uns manchen Aufschluss uber die Ladungserscheinungen der Saule
selbst, die im wesentlichen viel analoges mit dem Gasapparate hat, und uber-
dies hangt die Ausmittelung der physischen Beschaffenheit der galvanischen
Flussigkeit, nachdem sie bei ihrem Ubergange von Draht zu Draht neue
Mischungen und Entmischungen bewirkt hat, vielleicht naher mit der Auflosung des chemischen Problems zusammen, als wir zur Zeit vermuthen —
Folgende Satze, welche Resultate aus sehr vielen Thatsachen sind, werden
hoffentlich dazu beitragen, diesen wichtigen Gegenstand aufzuhellen.

[1] GILBERTS Ann. 10, 1 1802

„Das Wasser ist ein sehr schlechter Leiter der Elektricität im galvanischen Gasapparate; je reiner, desto geringer ist das galvanische Leitungsvermögen, und mit diesem Leitungsvermögen steht die Intensität der chemischen Wirkung in geradem Verhältnisse. . . .

„Eine Glasröhre, zum Gasapparate bestimmt, an welche vor der Lampe einige Röhrchen als Tubulaturen angebracht waren (Fig. 73), wurde mit dem

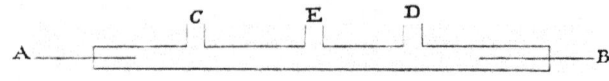

Fig. 73. Nach ERMAN.

reinsten destillirten Wasser angefüllt, und zwei Platindrähte wurden so hinein gesteckt, dass die Spitzen derselben 6 Zoll von einander entfernt blieben. Diese Drähte verband ich mit den Polen einer sehr wirksamen Batterie von 200 Plattenpaaren, und brachte zugleich an jeden Draht des Gasapparates ein äusserst feines und empfindliches Goldblattelektrometer an. Die Gaserzeugung war wenig lebhaft, und die Elektrometer behielten beinahe ihre völlige Divergenz; ein Beweis, dass die Verbindung von Pol zu Pol durch diese Wassersäule sehr unvollkommen war. Nun tröpfelte ich durch die Tubulaturen eine sehr geringe Menge einer sehr schwachen Auflösung von salzsaurem Natrum ein (ungefähr 6 bis 8 Tropfen auf eine Unze Wasser, welche die Röhre ungefähr fassen konnte). In dem nämlichen Augenblicke hörte die Divergenz in beiden beinahe so gänzlich auf, als hätte ich von Pol zu Pol eine Metallleitung angebracht, und zugleich fingen die Platindrähte mit mehr als der sechsfachen Heftigkeit an, Gas zu entwickeln. . . . Diese Thatsache ist sehr wichtig, da sie offenbar die elektrische Wirkung mit der chemischen Wirkung in die innigste Causalverbindung setzt. . . .

„Die Wassersäule, welche sich im Gasapparate zwischen den beiden Batteriedrähten befindet, erhält während des galvanischen Processes wirklich Elektricität. Ein silbernes Rohr, an dessen beiden Enden Glasröhren gekittet waren, in welche sich die Drähte der Batterie befestigen liessen, wurde, mit Brunnenwasser gefüllt, zum Gasapparate vorgerichtet. Nachdem ich die äusseren Flächen am Feuer so genau getrocknet hatte, dass selbst mit dem Condensator nicht die mindeste Spur einer Leitung daran zu merken war, machte ich die Verbindung der Drähte mit der Batterie. Das silberne Mittelstück zeigte nun am Condensator äusserst starke Elektricität, die nur durch die innere Wassersäule von einem Drahte zum anderen hatte hingelangen können. . . .

„Es folgt aus diesen Thatsachen . . ., dass bei der Gas- und Oxyderzeugung nicht die Elektricität, oder wenigstens nicht alle Elektricität so verwendet wird, dass sie aufhören sollte, ihre physischen Wirkungen zu äussern. — Die Wichtigkeit dieser Untersuchung ist einleuchtend. Denn

hätte sich gefunden, dass alle elektrischen Erscheinungen bei der Wasserzersetzung aufhörten, so wäre die chemische Zersetzung der elektrischen
Materie, und ihre Concurrenz zur Gaserzeugung durch ihre eigene Ent-
mischung und Abtretung ihrer Bestandtheile erwiesen gewesen. . . .

„Metallische Leiter, welche die galvanische Einwirkung in
der Kette durch Wasserschichten zugeführt wird, zeigen immer
Polarität in Rücksicht auf die chemischen Wirkungen. — Dieses
Phänomen hat die auffallendste Ähnlichkeit mit dem Spiele der Atmosphären
bei Elektrisirungen durch Vertheilung. Ein Leiter AB unter diesen Umständen
der oxydgebenden Spitze C der Batterie genähert, theilt sich in drei Theile
oder Zonen, wovon die der oxydgebenden Spitze zunächst liegende Gas
giebt, die entgegengesetzte Oxyd erzeugt, die mittelste aber indifferent bleibt,
und weder Gas noch Oxyd liefert.

„Ehe ich noch meinen tubulirten Gasapparat erhalten hatte, setzte ich
einen Apparat aus zwei Glasröhren so zusammen, dass an der Stelle, wo

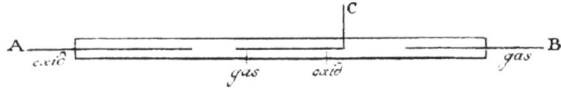

Fig. 74. Nach ERMAN.

die eine Röhre in die Mündung der anderen gekittet war, ein Metalldraht C
(Fig. 74) in den Apparat zwischen die beiden Drähte der Batterie hinein-
reichte, während das andere Ende dieses Mitteldrahtes ausserhalb der Röhre
blieb, um am Elektrometer geprüft zu werden. Unter solchen Umständen
konnte die galvanische Wirkung vom positiven Batteriedrahte A nicht zum
negativen Batteriedrahte B gelangen, ohne auf ihrem Wege dem Mitteldrahte C zu begegnen, und ich glaubte mich so im Besitze eines einfachen
Mittels, die elektrische Beschaffenheit des galvanischen Fluidi während seines
Überganges zu prüfen. Es zeigte sich aber bald die im vorigen Satze
erwähnte Wirkung, welche die Prüfung sehr erschwerte. Der Mitteldraht
theilte sich der Länge nach in drei ziemlich gleiche Theile. Derjenige,
welcher der oxydgebenden Spitze gegenüber stand, gab Gas, der Theil,
welcher dem gasgebenden Drahte am nächsten war, gab Oxyd, und der
mittlere Theil zwischen den äussersten Enden blieb unverändert. Dieses
Polarisiren eines Mitteldrahtes, welcher sich in einer continuirlichen Wassersäule zwischen den beiden Polardrähten der Batterie frei befindet, findet
immer statt. Oft habe ich in einer einzigen Röhre 6 Mitteldrähte zwischen
den Batteriedrähten angebracht, und stets hatte jeder dieser Mitteldrähte
seinen Oxydpol, der dem Gaspole der Batterie gegenüber stand, und seinen
Gaspol, der dem Oxydpole der Batterie entgegengesetzt war, und eine In-
differenzregion zwischen seinen Polen. . . . Das elektrische Fluidum kann
folglich im galvanischen Processe unter keinen Umständen einen im Wasser
sich befindenden metallenen Leiter durchströmen, oder vertheilend afficiren,
ohne auch die chemischen Zersetzungen hervorzubringen.

„Ich sah bald ein, dass dieses Phänomen des galvanisch polarisirten
Mitteldrahtes auch stattfinden musste, wenn dieser Mitteldraht gleich nicht
mit den beiden Batteriedrahten in eine Röhre eingeschlossen ware Ich
leitete die beiden Drähte der Batterie in eine flache Schale, in welche ich
einige Linien hoch Wasser gegossen hatte, als ich zwischen ihre Enden
einen vollkommen polirten Draht legte, so theilte er sich augenblicklich in
die erwähnten drei Zonen Lag der Draht in der verlangerten Richtung der
beiden Batteriedrahte im galvanischen Meridiane, so waren sich die Gas-,
die Indifferenz-, und die Oxydzone an Lange gleich Je mehr man aber
den Mitteldraht gegen die Richtung der Batteriedrahte neigte, desto weiter
erstreckten sich die Gas- und Oxydzonen, und die Indifferenzzone wurde
immer geringer   Als ich endlich den Mitteldraht so um seinen Mittelpunkt drehte, dass er mit der verlangerten Richtung der Batteriedrahte einen
rechten Winkel machte (im galvanischen Äquator lag), theilte sich der ganze
Mitteldraht der Breite nach in die erwähnten drei Zonen

„Die Wassersäule im Gasapparate hat nicht ihrer ganzen Lange
nach eine gleichnamige Polarität, sondern zeigt dieselbe Polarität,
wie eine an die Pole der Batterie angebrachte hanfene Schnur
S 266) und andere Halbleiter der Elektricität, welche VOLTA unter
der Benennung von Leitern zweiter Art begreift

„Ein Gasapparat Fig 73, der drei Tubulirungen, eine L gerade in der
Mitte der Rohre, die beiden anderen C und D in gleichen Entfernungen von
den Enden der Rohre, hatte, wurde an seinen aussersten Enden mit Drähten
versehen, und diese, nachdem man ihn mit Brunnenwasser gefüllt hatte, mit
den Polen der Saule und zugleich mit sehr zarten BENNET'schen Elektrometern in Verbindung gebracht Beide Elektrometer nahmen bald eine merkliche Divergenz an, die zwar geringe aber constant war, weil beide Pole
isolirt waren Berührte man nun mit einem wohl isolirten Drahte das Wasser
im Tubulus C, der dem positiven Pole zunächst war, so vermehrte sich
augenblicklich die Divergenz des Elektrometers an B, beinahe ebenso stark,
als hatte man den Pol A selbst berührt Eine Berührung des Wassers im
Tubulus D, der dem negativen Pol B angrenzte, benahm dem Elektrometer
in B alle Divergenz und brachte sie ganz an das andere Elektrometer in A
Berührte man aber das Wasser im mittelsten Tubulus E, der von den beiden
Batteriedrahten gleich weit abstand, so war in keinem von beiden Elektrometern eine Spur von vermehrter oder verminderter Divergenz zu bemerken,
beide verhielten sich so, wie ihnen im natürlichen Zustande des Gleichgewichtes zukam, gerade als hatte gar keine ableitende Berührung stattgefunden

„Die Mitteldrahte im Gasapparate zeigen ihrer ganzen Lange
nach nur die Elektricität desjenigen Theiles der Wassersaule,
worin sie sich befinden, ungeachtet sie in zwei entgegengesetzten
Zustanden sind So giebt z B das Knie eines Drahtes Oxyd, die Spitze
Gas, indess der ganze Draht nur negative Elektricität zeigt, weil er sich in

der Region des negativen Drahtes befindet. — Dieses allgemeiner ausgedrückt giebt folgenden sehr paradoxen Satz: Es existirt kein beständiges Verhältniss weder zwischen wahrgenommener negativer Elektricität und Gaserzeugung, noch zwischen wahrgenommener positiver Elektricität und Oxydation. Die Beobachtungen an den Polardrähten der Säule haben veranlasst, dass man diese Coexistenz der wahrnehmbaren $+ E$ mit Oxydation, und der $- E$ mit Gaserzeugung als Gesetz aufgestellt, und sogar im wissenschaftlichen Sprachgebrauch die Benennungen: positiver und Oxydpol, und negativer und Gaspol als völlig synonym betrachtet hat. Folgende Versuche zeigen aber ganz bestimmt, dass eine Metallspitze sehr viel Oxyd geben und doch zugleich sehr starke $- E$ haben kann, und umgekehrt viel Wasserstoff geben und doch $+ E$ haben kann.

„In einen tubulirten Apparat mit drei Röhrchen (Fig. 75) wurden zwei Mitteldrähte von Platin C und D so hineingeschoben, dass ihre Spitzen gegeneinander gerichtet waren, indem sie sich von den nächsten Polardrähten der Batterie ab, gegen den Indifferenzpunkt E in der Mitte der Wassersäule wendeten. Jeder dieser Drähte theilte sich dem oben angeführten Gesetze nach in drei Zonen, deren mittlere indifferent war, während die beiden

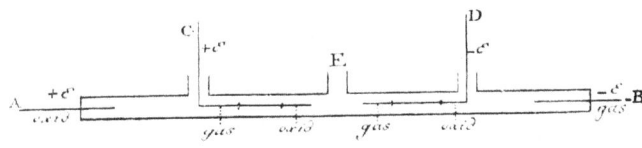

Fig. 75. Nach ERMAN.

äusseren, da die Drähte von Platin waren, Gas gaben. Ich prüfte das aus dem Apparat herausragende Ende jedes Mitteldrahtes am Elektrometer und fand, dass C, als dem positiven Polardrahte der Batterie näher, auch positive Divergenz gab, und D, als dem negativen Polardrahte zu liegend, das Elektrometer negativ afficirte. Hier ist also ein ganz bestimmter Fall, wo die Erzeugung des Wasserstoffes an dem Theile eines Drahtes geschah, der positive Elektricität gab, und wo umgekehrt der oxydgebende Theil eines Drahtes negative Elektricität zeigte. Man betrachte nur Fig. 75. Der positive Pol A der Batterie giebt Sauerstoffgas, und daher das am Drahte C dem Pole gegenüber stehende Knie Wasserstoffgas, und doch afficirte es das Elektrometer ebenso positiv, wie A selbst. Dieselbe Anomalie zeigt der Mitteldraht D. Der Polardraht, dem er zunächst liegt, ist negativ und giebt Wasserstoffgas, daher das Knie Sauerstoffgas; und dessen ungeachtet wirkt dieses ganz bestimmt als negativ auf das Elektrometer. ....

Nachdem ERMAN noch einige mögliche Einwände gegen die Beweiskraft der angeführten Versuche beseitigt hat, fährt er fort:

„Zeigt nun aber dieser paradoxe Fall nicht die Verschiedenheit der elektrischen und chemischen Wirkung der Causalität nach? Muss nicht das was Oxydation und was Gaserzeugung hervorbringt, mit dem, was $+ E$ und

— *E* bewirkt, durchaus heterogen sein? und scheitert nicht gegen diese Thatsache das ganze Lehrgebäude des NEWTON der Elektricität? denn FRANKLIN
war nur VOLTA's KEPLER)

„Ich glaube, dass dieser Schluss, so natürlich und logisch er mir anfangs selbst erschien, doch sehr übereilt und unrichtig wäre. Wenn in einem
Körper oder einem System von Körpern eine Ursache wirkt, um das Gleichgewicht der Elektricität zu stören, so wird dieser Körper oder dieses System
von Körpern in seinen äussersten Punkten + *E* und — *E* zeigen. Giebt
man ihnen einen beliebigen überschüssigen Grad von + oder — *E*, der
den gegenwärtigen elektrischen Zustand der Luft übersteigt, so wird der
ganze Körper oder das ganze System von Körpern dem Elektrometer +
oder — *E* geben, darum hat aber die Kraft, welche sich bestrebt, das Gleichgewicht zu heben, nicht aufgehört, wirksam zu sein, und es wird an den
äusseren Enden in der mitgetheilten + oder — *E* noch immer eine ungleiche
Vertheilung, ungleiche Ziehung der + *E* und Abstossung der — *E* stattfinden. Ein solches System von Körpern ist die VOLTA'sche Säule selbst.
Die wechselseitige Wirkung des Silbers und Zinks macht das Silber negativ,
und das Zink positiv, und die Säule, wenn sie übrigens im elektrischen
Gleichgewicht mit der Luft und dem Elektrometer ist, giebt diesem + *E*
am Zinkpole und — *E* am Silberpole. Ertheilt man aber der isolirten Batterie
mehr + *E*, als die Luft und das Elektrometer haben, so wird der Silberpol selbst
das Elektrometer stark mit + *E* afficiren, darum hört aber der Ladungs-
mechanismus nicht auf. Silber und Zink haben beide mehr + *E* als die
Luft, sie vertheilen es unter sich aber wieder ungleich, so dass ein Elektrometer, welcher eben die Ladung hatte, wie die Batterie, am Silberpole mehr
zusammenfallen, und am Zinkpole mehr divergiren würde."

ERMAN schliesst seine klare und überzeugende Auseinandersetzung mit
der Analyse einiger verwickelterer Versuche, wir brauchen ihm dabei nicht
zu folgen. Die Arbeit ERMAN's verdient einen sehr hohen Platz unter denen
der Zeitgenossen. Ist sie auch weit weniger glänzend, als manche andere,
so ist ihr Werth darum nicht geringer, ja es verdient die Aufopferung besondere Anerkennung, mit welcher ihr Verfasser es sich versagte, nach dem
näher liegenden Lorbeer auffallender neuer Experimente zu greifen, um sich
mit dem zunächst geringeren, aber dauerhafteren Ruhm der wissenschaftlichen Vertiefung alltäglicher Erscheinungen zu begnügen. Wir müssen diese
Forschungen als die unmittelbaren Grundlagen ansehen, auf denen später
das Grundgesetz des elektrischen Stromes, das Gesetz von OHM, erbaut worden
ist. In der bisherigen Geschichtsschreibung der Elektricitätslehre sind diese
Arbeiten kaum nach Verdienst gewürdigt worden, um so nöthiger erscheint
es mir, gegebenen Ortes auf ihre Bedeutung hinzuweisen.

Fast gleichzeitig mit der Arbeit von ERMAN erschien eine über den
gleichen Gegenstand von RITTER [1]. Der Unterschied zwischen den beiden

---

[1] GILBERT's Ann 8, 385 1801

Untersuchungen kann nicht grösser gedacht werden; dort die schlichte Schilderung des nüchternen Physikers, der in möglichster Kürze und Deutlichkeit darstellt, was er mitzutheilen hat, hier eine phantastische, beständig abschweifende Erzählung unendlicher Versuche, die immer nur dasselbe sagen, und deren Ueberflüssigkeit der Verfasser selbst am Schlusse der Arbeit eingesteht. Ritter hatte sich die Aufgabe gestellt, alle möglichen Combinationen zwischen positiven und negativen elektrischen Ladungen einerseits, und galvanischen andererseits zu erschöpfen, was ihre Wirkung auf das Elektrometer anlangt, um sich zu überzeugen, dass thatsächlich die Erscheinungen an der Säule elektrischer Natur sind. Nachdem er auf mehr als 50 Seiten diese Versuche geschildert hat, fährt er fort: „Ist es wahr, dass so mancher der erzählten Versuche und so manche Bemerkung, die der eine odere andere von ihnen nöthig machte, uns oft schon während ihrer Erzählung als überflüssig vorkam? Gewiss! Ich habe das schon während ihrer Anstellung gefühlt, ja, ich habe diese mit dem Bewusstsein ihrer Ueberflüssigkeit unternommen. Dessen ungeachtet, was konnte mich bewegen, ... die Zeit, den Aufwand nicht zu achten, den sie alle kosteten? Nichts, als von meiner Seite ein für allemal ein lebendiges Beispiel dafür zu geben, wie man mit Vielem, mit sehr Vielem am Ende nichts mehr erreicht, als mit sehr wenigem, aus dem rechten Gesichtspunkte betrachtet. Ein einziger Versuch wäre hinreichend gewesen, die Polarität der galvanischen Batterie mit allen ihren Phänomenen für immer festzusetzen; ein zweiter Versuch hätte hingereicht, die Identität dieser Polarität mit der elektrischen für immer darzuthun. Alle übrigen sind Pleonasmen.“

Wird man dieser Selbsterkenntniss gegenüber neugierig, welchen Grund denn schliesslich Ritter für diese Überflüssigkeiten gehabt hat, so erfährt man, dass er sich als Opfer für alle Zukunft dargebracht hat. „Aber was müssen Sie mir auch nun zum Lohn für meine Mühe, was muss mir Jeder, der diese Blätter liest, dafür versprechen? Nichts anderes, als künftig, so oft ein ähnlicher Fall wieder kommt, und das könnte er in der That, mit diesen beiden einzigen Versuchen zufrieden zu sein.“

4. Die Anfänge der elektrischen Telegraphie. Nach den vorstehend geschilderten Arbeiten lassen sich weitere auf dem Gebiete der physikalischen Erscheinungen an der Säule längere Zeit nicht nachweisen, wie denn überhaupt in dem zweiten Jahrzehnt unseres Jahrhunderts sich eine Abwendung von den galvanischen Erscheinungen erkennen lässt, die fast ebenso plötzlich erfolgt, wie die Zuwendung im Jahre 1800 erfolgt war. Nur eine Gruppe von Thatsachen wird noch behandelt; es sind die Leitungserscheinungen über weite Strecken, welche in ihrer späteren Entwickelung zur elektrischen Telegraphie geführt haben.

Von der Reibungselektricität hatten bereits Winkler (1746) und später Le Monnier gezeigt, dass sich bedeutende Strecken Wasser oder feuchtes Erdreich in den Stromkreis aufnehmen lassen, ohne die Entladung einer Kleist'schen Flasche merklich zu behindern. Für die Wirkung der galvanischen Säule wurde 1803 das gleiche von F H Bassi in Hameln nachgewiesen,[1] dessen in ziemlich erheblichem Umfange und sehr verständig angestellte Versuche die Grundlage unserer Kenntnisse in dieser Sache geliefert haben Ich gebe nachstehend einen ziemlich vollständigen Auszug der wichtigsten Theile seiner Abhandlung

1 Leitung durch Metalldrähte

„Versuch 1 Ich spannte im Freien zwei Eisendrähte, deren jeder 100 Fuss lang war, in gerader Linie so nebeneinander aus, dass jeder für sich völlig isolirt war Darauf verband ich den einen Draht mit dem Plus- und den anderen mit dem Minuspole der Säule Schloss ich nun die beiden anderen Endspitzen der Drähte durch eine gutausgeglühte Holzkohle oder durch ein geschlagenes Goldblättchen, so zeigten sich im Augenblicke der Berührung lebhafte Funken Geschah die Schliessung der Drähte durch Wasser,[2] so entband sich an dem Minusdrahte häufiges Gas in kleinen Bläschen, und die Endspitze des Pluspols wurde stark oxydirt Nahm ich nun den einen Draht in den Mund und berührte mit meinen Fingern den anderen, so empfand ich Erschütterungen in der Zunge und in den Fingerspitzen, bekam einen sauren metallischen Geschmack und sah helle Blitze vor beiden Augen Es ereigneten sich also in einer Entfernung von 100 Fuss an den mit der Volta'schen Säule verbundenen Metall-Leitungen alle Erscheinungen, die man an der Säule in ihrer Nähe wahrnimmt

„Versuch 2 Ich vermehrte die Länge eines jeden Drahtes bis auf 2000 Fuss, spannte beide Drähte isolirt neben einander aus und wiederholte die vorigen Versuche, die Erscheinungen blieben sich alle gleich.

„Versuch 3 Ich verdoppelte noch einmal die Länge beider Drähte, so dass jeder 4000 Fuss lang war Es ergaben sich aufs neue die nämlichen Erscheinungen und in eben der Stärke wie zuvor Fast schien es nur, als wenn die Stärke der galvanischen Elektricität eher zu- als abgenommen habe

„Da diese Versuche so sehr günstig ausfielen, dass ich vollkommen überzeugt bin, dass, bei übrigens gleichen Umständen, eine Volta'sche Säule auch in einer Entfernung von mehreren Meilen die nämlichen Phänomene zeigen werde, so stellte ich diese Reihe von Versuchen für jetzt ein und nahm dagegen eine andere weit wichtigere auf Ich wünschte nämlich zu erfahren, in wie weit sich das galvanische Fluidum durch Seen, Flüsse und den Erdboden fortleiten lasse, und in dieser Absicht veranstaltete ich die folgenden Versuche, wobei ich alle meine Erwartungen bei weitem übertroffen fand

---

[1] Gilberts Ann **14,** 26 1803

[2] „Zu dieser Vorrichtung wählte ich einen Glascylinder von einem Fuss Länge und etwa einem Zoll im Durchmesser Er war mit Salzwasser gefüllt und an beiden Enden mit Kork verstopft Durch jeden Kork ging ein Silberdraht, dessen Endspitzen im Inneren des Glases 2 Zoll von einander waren Diese Vorrichtung will ich bei den folgenden Versuchen der Kürze wegen den Gasentbindungsapparat nennen "

2 Leitung durch Seen, Flusse und den Erdboden

„Versuch 4 Es war in der Mitte des Januar dieses Jahres, als hier alle stehenden Wasser und Flusse mit starkem Eise belegt waren Zu den ersten Versuchen wahlte ich den hiesigen Stadtgraben, worin das Wasser fast still-stehend ist, zu den ubrigen den Weserstrom Ich begab mich mit der Volta'schen Saule und allem Apparate, den ich brauchte, auf den Stadt-graben, offnete das Wasser an zwei verschiedenen Stellen, die 500 Fuss von einander entfernt waren, stellte meine Volta'sche Saule neben die eine Oeffnung im Eise und hess den Draht vom Minuspole desselben einen Fuss tiefer unter das Eis hinabgehn Darauf befestigte ich an dem Pluspole einen Eisendraht, der 500 Fuss lang war und bis an die zweite Oeffnung im Eise reichte Um ihn isolirt zu erhalten und zu verhindern, dass er sich bei seiner Lange nicht auf das Eis hinabsenkte, hatte ich hin und wieder ein Loch in das Eis gebohrt und tannene Stangen hineingesteckt, an welchen ich den Draht in 6 Fuss Hohe festband Ich stellte mich nun auf ein Isola-torium mit Glasfussen, nahm die Endspitze des Pluspoldrahtes in den Mund und beruhrte mit der Hand das Wasser des Stadtgrabens, worauf ich augen-blicklich Erschutterungen in der Zunge und in den Fingerspitzen, einen sauren metallischen Geschmack und Blitze vor beiden Augen verspurte. Ich befestigte hierauf den Pluspoldraht an einem kleinen Glasstabchen so, dass die Endspitze des Drahtes einen Zoll lang frei war, setzte dann eine leere trockene zinnerne Schale unmittelbar auf das Wasser in der zweiten Oeffnung des Eises, legte einige ausgebrannte Kohlen darein und beruhrte diese, in-dem ich den Glasstab in die Hand nahm, mit der Endspitze des Pluspol-drahtes Es zeigten sich bei jedesmaliger Beruhrung kleine, aber sehr sicht-bare Funken Das namliche geschah auch, wenn ich an die Spitze des Pluspoldrahtes ein Goldblattchen klebte und mit diesem die zinnerne Schale an einer trockenen Stelle beruhrte Brachte ich die Silberdrahte des Gas-entbindungsapparates mit dem Wasser des Stadtgrabens und dem Plusdrahte der Volta'schen Saule in Verbindung, so entwickelte sich am Silberdrahte, nach der Seite des Wassers oder des Minuspols der Saule zu, Gas in hau-figen, kleinen Blaschen, sie erfolgten aber erst, nachdem die beiden Silber-drahte schon eine volle Minute mit beiden Polen der Saule in Verbindung gewesen waren Am Plus-Silberdrahte bemerkte ich keine Gasentbindung, wohl aber oxydirte sich die Spitze desselben

„Versuch 5 Von hier begab ich mich mit meinen Instrumenten auf die Weser, um dort diese Versuche von Neuem und vergrossert anzustellen Einige Schritte vom Ufer offnete ich das Eis, stellte meine Saule neben die Oeffnung und verband den Draht des Minuspols mit der Weser An dem entgegengesetzten Ufer der Weser, in einer Entfernung von 500 Fuss vom Standort der Saule offnete ich das Eis abermals, zog einen isolirten Eisen-draht von dem Pluspole der Saule quer uber die Weser bis an diese Oeffnung, und wiederholte nun diese Versuche, die ich auf dem Stadtgraben angestellt hatte. Die Erscheinungen waren denen, die ich dort beobachtet hatte, vollkommen gleich.

„Versuch 6. Ich trug nun meine Säule auf die Mitte der Weser, öffnete sie, und liess den Minusdraht der Säule einen Zoll tief ins Wasser reichen. Dann befestigte ich an dem Pluspole einen Eisendraht, der 4000 Fuss lang war. Am Ende des Drahtes, mithin in einer Entfernung von 4000 Fuss vom Standorte der Säule, machte ich eine Öffnung ins Eis. Die vorhin beschriebenen Versuche wurden hier von mir sämmtlich und oft wiederholt. Meine Begleiter sowohl als ich erkannten, dass wir auch in dieser Entfernung alle jene Phänomene wieder sahen und empfanden. Man erwäge nur, dass ich gegen den Strom zu operirte und man wird gleichfalls mit mir erstaunen. Ich machte die Versuche in allen möglichen Richtungen, fand aber keine Änderung in den Resultaten.

„Versuch 7. Mitten in der Weser, nahe an der Stadt liegt eine kleine Insel, der Werder genannt, worauf sich die Schleusse zur Durchfahrt der Schiffe befindet. Die Weser wird durch sie in zwei Arme getheilt, die sich unterhalb der Insel wieder vereinigen. Sie ist etwa 1500 Fuss lang und 460 Fuss breit. Auf diese Insel liess ich meine galvanischen Instrumente bringen, begab mich mit einigen Freunden dahin und errichtete auf der Mitte derselben, hart an dem einen Ufer, meine Volta'sche Säule, deren Minusdraht wieder in die Weser hinabgeleitet wurde. Der Plusdraht, der lang genug war, um über die Breite der Insel bis zum anderen Arme der Weser zu reichen, wurde dann bis dahin ausgespannt und durch einige hölzerne Stangen von der Erde isolirt. Hier wiederholte ich nun die mehr beschriebenen Versuche und fand die Resultate mit den vorhergehenden übereinstimmend. Das galvanisch-elektrische Fluidum machte also hier einen Weg von mehr als 1500 Fuss, theils mit dem Strome, theils gegen denselben, weil es sich erst um die Spitze der Insel bewegen musste, ehe es an die Stelle kam, an der ich stand.

„Versuch 8. Folgende Versuche wurden an zwei Brunnen angestellt, deren einen ich A, den anderen B nennen will. Sie sind 200 Fuss von einander entfernt und beide 21 Fuss tief. Hart neben dem Brunnen A stellte ich meine Volta'sche Säule, befestigte an ihrem Minuspole einen 22 Fuss langen Eisendraht, dessen anderes Ende mit einer 6 Loth schweren bleiernen Kugel versehen war, und senkte dasselbe durch Hülfe dieser einen Kugel in den Brunnen hinab. Jetzt begab ich mich zum Brunnen B, senkte auch hier durch Hülfe einer Kugel einen Eisendraht in das Wasser desselben, isolirte ausserhalb des Brunnens diesen Draht und leitete ihn bis zum Brunnen A, wo die Volta'sche Säule stand. Nun musste also durch den in das Wasser des Brunnens A gesenkten 22 Fuss langen Eisendraht, durch das Wasser dieses Brunnens selbst und durch die Erde, der Eisendraht, den ich aus dem Brunnen B nach A zurückgeleitet hatte, mit der negativen Seite der Säule in leitender Verbindung stehen, welches ich ausdrücklich erwähne, damit man mich nicht unrecht verstehen möge. Ich liess mir nun zwei

zinnerne Schalen mit warmen Wasser, worin einiges Kochsalz aufgelost war,
geben, stellte beide auf ein Isolatorium mit Glasfussen und dieses neben die
VOLTA'sche Saule, und verband dann die eine Schale mit dem Pluspole der
Saule, die andere mit dem Drahte des Brunnens B. Darauf benasste ich
beide Hande und legte in jede Schale eine Hand So oft ich eine beider
Hande aus dem Wasser zog und sie wieder in dasselbe tauchte, empfand
ich Commotionen, gerade so gelang der Versuch den ubrigen anwesenden
Personen Ich befestigte nun an dem Plusdrahte eine Holzkohle, legte sie
auf das Isolatorium und beruhrte sie mit der Endspitze des Brunnens B
Bei jedesmaliger Beruhrung entstanden kleine, aber sehr helle Funken
Schloss ich beide Drahte durch den Gasentbindungsapparat, so entband ich
an der Minusseite nach von einer bis zwei Minuten haufiges Gas Dasselbe
bemerkte ich aber nicht an der Plusseite.

„Nun band ich den Draht des Brunnen B an den Pluspol der Saule,
ging hinuber zu diesem Brunnen, und zog das andere Ende des Drahts
sammt der Kugel aus demselben. Sobald der Draht das Wasser und die
Erde nicht mehr beruhrte, und ich ihn frei in der Hand hielt, empfand ich
in derselben ein bestandiges Prickeln. Ich steckte daher eine Stange in die
Erde und befestigte den Draht an derselben, ohne dass er aber die Erde
beruhren konnte Beruhrte ich nun denselben mit nassen Fingern, so erfolgten
Commotionen Geschah die Beruhrung mit der Zunge, so war die Empfindung schmerzhaft und mit Blitzen vor beiden Augen begleitet. Man erwage,
dass hier nur allein von dem Plusdrahte der VOLTA'schen Saule die Rede
ist und mein Korper nur durch die Erde mit dem Minuspole in Verbindung
war. Bemerklich muss ich indess machen, dass es den Tag zuvor geregnet
hatte, als ich diese Versuche anstellte Die Erde war davon noch sehr
feucht, und an mehreren Stellen stand Wasser, dadurch wurden meine Schuhe
feucht und dienten meinem Korper zur Leitung des galvanischen Fluidums.
Ich wechselte hierauf mit den Polen und den Drahten der Saule Die Erscheinungen blieben sich vollkommen gleich

„Versuch 9 Zu den folgenden Versuchen wahlte ich eine grosse
Wiese, die gegen 3000 Fuss lang und fast ebenso breit ist. An ihrer
einen Seite ist sie mit einem 12 Fuss breiten Graben versehen, der zur
Zeit ganz mit Wasser angefullt war. Ich liess mir durch meinen Gehulfen
mehrere lange tannene Stangen . . bringen und steckte hart am Ufer
des besagten Grabens eine solche Stange in die Erde. Von dieser Stange
ab ging ich in gerader Linie uber die Wiese zu dem Gartenhause eines an
die Wiese grenzenden Gartens, und steckte unterwegs immer von 50 zu
50 Fuss eine Stange in die Erde An der Pfoste eines Fensters im Hause
befestigte ich einen Eisendraht, und leitete ihn bis zu der letzten Stange,
die am Graben stand An dieser befestigte ich ihn in 6 Fuss Hohe und
band ihn alsdann auch in eben dieser Hohe an allen ubrigen tannenen
Stangen fest, damit er sich nirgends auf die Erde senken, noch sie beruhren
konnte Ich stellte nunmehr die VOLTA'sche Saule neben den Graben, und

setzte vermittelst eines kurzen Drahtes das Wasser desselben mit dem Minuspole, und das Ende des vom Gartenhause hergeleiteten Drahtes mit dem Pluspole der Säule in Verbindung Darauf begab ich mich mitten auf die Wiese und berührte hier den ausgespannten Draht mit nassen Fingern, ich empfand merkliche Erschütterungen Noch weit heftiger wurden diese aber, wenn ich einen silbernen Löffel in die nasse Hand nahm und damit den Draht berührte Die Berührung des Drahtes mit der Zunge war zu schmerzhaft und wurde ganz unerträglich, wenn sie durch den Löffel, den ich in den Mund nahm, vermittelt wurde Klebte ich ein Goldblättchen an den Löffel und berührte damit den Draht, so sah ich helle Funken Das nämliche geschah auch mit einer trockenen Holzkohle. Diese Bemerkungen dienten mir zum Beweise, dass die Erde unter mir überall positiv-galvanisch sein musste In dem Gartenhause selbst machte ich folgende Versuche Ich stellte mitten ins Zimmer einen Tisch, auf diesen zwei zinnerne Schalen, die ich durch Glasscheiben isolirte Beide waren auf die Hälfte mit warmen Wasser, worin eine gute Hand voll Kochsalz aufgelöst war, angefüllt An die eine Schale knüpfte ich das Ende des Plusdrahtes der Säule, das zuvor an der Fensterpfoste befestigt war Die zweite Schale verband ich mit einem anderen Draht und führte ihn zu einem anderen Fenster hinaus bis auf die Erde. Hier grub ich ein Loch in dieselbe, legte das Ende des Drahtes hinein und bedeckte es mit Erde Tauchte ich nun in jede Schale eine Hand, so empfand ich betrachtliche Erschütterungen in beiden Handen Noch heftiger waren diese aber, wenn ich einen Draht von der Schale losmachte, ihn an einen silbernen Löffel knüpfte, meine Hände in beide Schalen legte, und nun durch eine zweite Person die freie Schale ausserhalb mit dem Löffel berühren liess Eine Gesellschaft von Damen, die im Zimmer zugegen waren, amüsirte sich auf diese Art eine Zeit lang und wohnte auch zum Theil den anderen Versuchen bei.   Ich liess nun die Volta'sche Säule von dem Graben wegnehmen und einige Schritte vom Ufer stellen Des Plusdrahtes Ende wurde einige Zoll tief in die Erde gesteckt, und dann wiederholte ich die Versuche Dessen ungeachtet fand ich keine Abnahme des Galvanismus Erschütterungen, Funken und Gasentbindung waren ebenso stark und anhaltend als zuvor

„Diese interessanten Beobachtungen bieten uns mancherlei Stoff zu Betrachtungen über die Natur des Galvanismus dar, und lassen uns mit vielem Grunde manchen Aufschluss über Naturerscheinungen hoffen, die bis jetzt für uns mit einem undurchdringlichen Schleier umhüllt sind Sie beweisen zugleich, dass sich das galvanisch-elektrische Fluidum auf eine unglaubliche Weise, sowohl durch die Erde als durch das Wasser fortleiten lasst, Weiten, für die sich schwerlich Grenzen angeben lassen

„Die Fortsetzung dieser Versuche, sowie einen anderen längst versprochenen sehr merkwürdigen Beitrag zur Kenntniss des Galvanismus, hoffe ich im nachstfolgenden Stücke dieser Annalen mittheilen zu können"

Die versprochene Fortsetzung ist nicht erfolgt, wohl aber stellte

Erman[1] ganz ähnliche Versuche, wie die vorstehend von BASSE geschilderten auf der Havel bei Potsdam an, und gelangte dabei zu völlig den gleichen Ergebnissen. Von allen Vorstellungen über den Vorgang der elektrischen Entladung findet er mit seinen Versuchen nur die im Einklange, dass bei jeder Entladung durch das „Spiel der Atmosphären" — dieselbe Erscheinung, die wir gegenwärtig als Influenz bezeichnen — jeder positiven Elektricitätsbewegung alsbald eine negative entspricht, so dass nicht etwa die Elektricitäten von den Enden der Säule sich durch die weiten Wassermassen haben aufsuchen müssen, sondern die Neutralisation stetig von Punkt zu Punkt geht, und die Entladung gleichzeitig an beiden Enden beginnt. Es ist das im wesentlichen dieselbe Vorstellung, welche wir gegenwärtig von dem Vorgange haben.

5. Der elektrolytische Telegraph. Versuche, die alle Vorstellungen übersteigende Geschwindigkeit, mit welcher sich die elektrische Entladung durch gute Leiter fortpflanzt, zu telegraphischen Zwecken zu benutzen, lassen sich zwar schon zu Zeiten nachweisen, wo die Elektrisirmaschine die einzige Stromquelle war,[2] doch ist wegen der Schwierigkeiten, die Leiter gegen die hohen Spannungen dieser Entladungen zu isoliren, an eine praktische Verwerthung dieses Planes nicht zu denken gewesen. Bei der VOLTA'schen Säule fielen diese Schwierigkeiten fort, und so sehen wir im Jahre 1809 den ersten brauchbaren elektrischen Telegraphen entstehen, freilich zunächst noch in etwas ungefüger Gestalt. Der Erfinder dieses Apparates war merkwürdiger Weise kein Physiker oder Techniker, sondern der berühmte Mediziner und Anatom SAMUEL THOMAS SÖMMERING, der in Thorn am 28. Januar 1755 geboren, nach einander Professor der Chirurgie und Anatomie am Carolinum zu Cassel, Professor der Medizin an der Universität zu Mainz, praktischer Arzt in Frankfurt und seit 1804 Mitglied der Akademie in München war, 1820 ging er wieder als praktischer Arzt nach Frankfurt, und starb daselbst am 2. März 1830.

Über die Erfindung des Telegraphen finden sich einige nähere Nachrichten in den von SÖMMERING's Sohne mitgetheilten[3] Tagebuchnotizen. Die erste Bemerkung findet sich unter dem 8. Juli 1809 „Nicht ruhen können, bis ich den Einfall mit dem Telegraphen durch Gasentbindung realisirt. Draht von Silber und Kupfer eingekauft. Versuche mit der Isolirung durch Siegelwachs gelungen, zur Telegraphie bestimmt."

Am folgenden Tage finden sich bereits gelungene Versuche mit mehreren Drähten von 38 Fuss Länge verzeichnet, am 22. Juli hat er „endlich den Telegraphen geendigt." Am 11. August stellt er „Firniss-Versuche mit Kautschuk" an. Der Akademie wurde die Mittheilung nebst Vorlage des fertigen Apparates am 28. August 1809, also etwa 7 Wochen nach der

---

[1] GILBERT's Ann. 14, 385. 1803

[2] Als die ersten Erfinder auf diesem Gebiete werden LESAGE in Genf und LOMOND, sowie der Spanier SALVA genannt. Vgl. HOPPE, Gesch. d. Elektr. 571 Leipzig 1884

[3] POGG. Ann. 107, 641 1859

ersten Notiz gemacht. Von wem die Idee der Isolirung der Drähte durch Seide herrührt, lässt sich leider aus diesen Mittheilungen nicht ersehen.

Hier findet sich auch die Nachricht, dass vergeblich versucht worden ist, NAPOLEON I. für die Sache zu interessiren; er hat sie mit den Worten abgelehnt: *C'est une idée germanique.*

SÖMMERING hat, wie erwähnt, seinen Gedanken nicht nur ausgesprochen, sondern auch wirklich ausgeführt ,der von ihm hergestellte Telegraph befindet

Fig. 76. Nach SÖMMERING.

sich noch jetzt in den Sammlungen des physikalischen Vereins zu Frankfurt); die Beschreibung desselben ist in den Denkschriften der Münchener Akademie für 1809 und 1810, S. 401 veröffentlicht. Ich gebe sie mit des Erfinders eigenen Worten wieder.

„Vielfältige Betrachtung der ganz unfehlbaren und sehr schnellen Gasentwickelung an metallenen Spitzen, welche nicht nur selbst mehrere Zolle weit auseinander stehen, sondern welche die Wirkung der Säule erst aus einer Entfernung von mehreren tausend Fuss zugeleitet erhalten, hatte mich schon längst auf den Gedanken gebracht, dass man wohl durch die Elektricität einen Telegraphen vermitteln könnte, welcher wenigstens den Vorzug haben würde, freies Spiel zu behalten unter Umständen, wodurch die Sichtbarkeit und damit der Gebrauch der jetzt gewöhnlichen Telegraphen gänzlich wegfällt. . . .

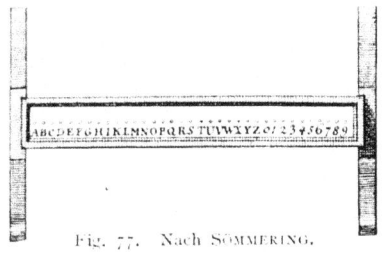

Fig. 77. Nach SÖMMERING.

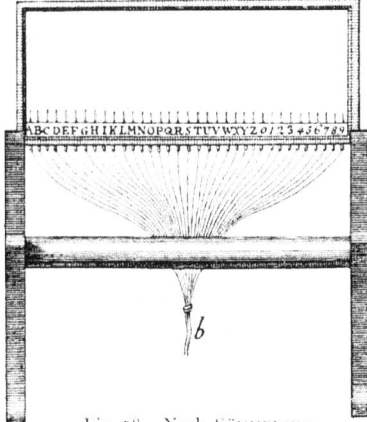

Fig. 78. Nach SÖMMERING.

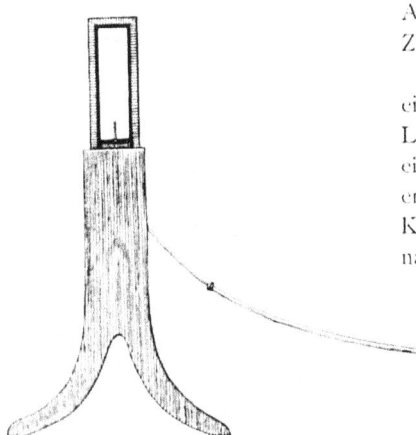

Fig. 79. Nach SÖMMERING.

„Um jedoch den praktischen Beweis der Ausführbarkeit dieses Gedankens zu unternehmen, bedurfte es einer besonderen gelegentlichen Veranlassung, die mir andere, meinem Berufe näher liegende Versuche wirklich nicht haben fehlen lassen. Eine leichte, einfache, wenig kostspielige Vorrichtung stellt meine Erfindung in der gehörigen Klarheit vor Augen. Ich wünsche den Bericht davon in den Akten unserer Akademie zur Aufbewahrung und Benutzung niederzulegen, anderen es gern überlassend, meinen durch Elektricität vermittelten Telegraphen zum etwaigen Gebrauch des Staates anzuwenden.

„In dem Boden dieses gläsernen, auf einem Gestelle ruhenden Wasserbehälters (Fig. 77—79) sind 35 goldene Spitzen oder Stifte befestigt, und theils durch die 25 Buchstaben unseres teutschen, als des vollständigsten Alphabets, theils durch die zehn Ziffern oder Zahlfiguren bezeichnet.

„Jede dieser Spitzen geht in einen kupfernen Communications-oder Leitungsdraht über, welcher sich in einem messingenen Schlussstäbchen endigt, in dessen Mitte sich ein Kanälchen findet, welches zur Aufnahme eines, sowohl am Hydrogenpole als am Oxygenpole der elektrischen Säule, mittelst eines Drahtes oder Kettchens befestigen, eingeschliffenen, ebenfalls messingenen Zäpfchens dient.

„Diese krahnähnlichen Schlussstäbchen sind gerade, wie die goldenen Spitzen im Wasserbehälter in einem eigenen Gestelle (Fig. 80—82) derart befestigt und geordnet, dass die entgegengesetzten Enden eines jeden leitenden Kupferdrahtes der gleiche Buchstabe, oder die gleiche Ziffer bezeichnet; das heisst, der Kupferdraht A, B, C, u. s. f. endigt sich als goldene Spitze A, B, C im Wasserbehälter, und als messingenes Stäbchen A, B, C u. s. w. in seinem Gestelle.

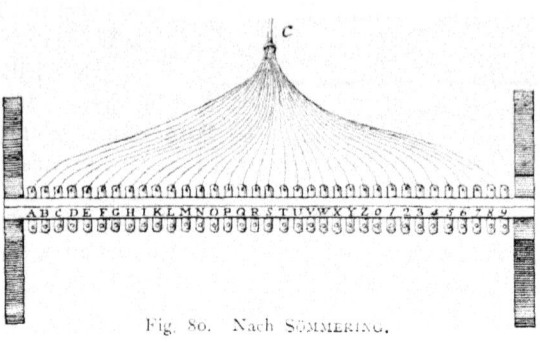

Fig. 80. Nach Sömmering.

„Wird nun die Vorrichtung auf die Art, wie die Fig. 76 abbildet, in den Kreis einer wirkenden elektrischen Säule gebracht, so zeigt sich augenblicklich im Wasserbehälter an denjenigen beiden goldenen Spitzen oder Stiften Gas-Entbindung, deren gleich bezeichnete Schlussstäbchen die beiden Zäpfchen aufnehmen, z. B. in der Fig. 76 bei K und T. Am Hydrogenpol-Zäpfchen zeigt sich, wie natürlich, Hydrogengas, am Oxygenpol-Zäpfchen dagegen Oxygengas.

Fig. 81. Nach Sömmering.

„Mittelst solcher Gas-Entbindung lässt sich nun jede Zahl und jeder Buchstabe auf das

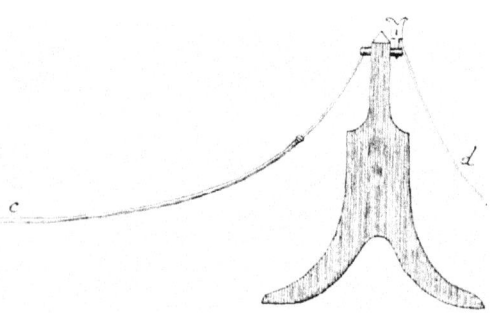

Fig. 82. Nach Sömmering.

Bestimmteste andeuten, wie z. B. die Fig. 76 die Andeutung von K und T versinnlicht; und käme man in der Annahme folgender drei leicht fasslichen Regeln überein, so wäre man im Stande, hierdurch ebenso viel, wenn nicht mehr, als mit dem gewöhnlichen Telegraphen auszurichten."

Es folgen nun Auseinandersetzungen über einige Regeln, die sich auf die Folge der zu einem Worte gehörigen Buchstaben und die Trennung der Wörter beziehen, die wir übergehen, ebenso wie einige technische Einzelheiten bezüglich der Gasentwickelungs-Spitzen

„Bemerkungen über die Communicationsdrähte Zu Leitungs- oder Communicationsfäden zwischen den Spitzen im Wasserbehälter und den Schlussstiften bediene ich mich bloss messingener oder kupferner Drähte, weil sie mir nie ihren Dienst versagten, überall zu haben sind, nicht sobald, als die ohnehin weniger geschmeidigen eisernen oxydirt werden, auch nicht so gar leicht, wie gleich dicke bleierne zerbrechen oder zerreissen Indessen verdiente es noch genauere Prüfung, ob irgend ein Metall, und welches unter den Metallen schneller als das andere, das elektrische Agens durch grosse Strecken leite

„Zur Berechnung der Geschwindigkeit, mit welcher sich das elektrische Agens bewegt, reichen freilich meine beschränkten Versuche nicht hin, bis jetzt nur einen Unterschied zu bemerken, die Communicationsdrähte möchten nur einen oder mehrere tausend Fuss Länge haben

„Es wäre vielleicht für die Theorie der Elektricität höchst interessant, durch genaue, ins Grosse gehende Versuche die Geschwindigkeit zu bestimmen, mit welcher sich das elektrische Agens durch solche Leitungsdrähte hin bewegt, und wie sich die Geschwindigkeit der Elektricität z B zur Geschwindigkeit des Lichtes verhält Solche rein wissenschaftliche Untersuchungen würden aber freilich die Vereinigung mehrerer meiner hochgeachteten Herren Collegen, sowie vielleicht eigene Kosten erheischen, denn welche Subtilität zu diesen Untersuchungen erforderlich sein möchte, erhellt schon daraus, dass man im eigentlichen Verstande des Blitzes Schnelle zu messen hatte

„Um meinerseits wenigstens durch einen überzeugenden Versuch augenscheinlich darzuthun, dass in Rücksicht des leitenden Drahtes der Unterschied der Länge zwischen 2 Fuss und 2000 Fuss nicht bemerkbar ist (ungeachtet der Verstand die Gewissheit giebt, dass allerdings ein Unterschied statt haben müsse), so ist hier um einen Glascylinder ein 2248 baier Fuss langer Draht gewunden, welchen die Wirkung der elektrischen Säule durchlaufen muss, um von der Säule bis zum Alphabete im Wasserbehälter zu gelangen, und zum Beispiele zu dienen, dass die Gasentbindung, dieser beträchtlichen Länge ungeachtet, ebenso schnell zu beginnen scheint, als wenn jene Wirkung sich nur durch zwei Fuss hin zu erstrecken hatte

„Da ferner es Manchem frappanter erscheinen sollte, wenn ein solcher 2000 Fuss langer Draht sich durch mehrere Zimmer und Gänge hindurch erstreckt, und doch blitzschnell durch ihn die Wirkung erfolgt, so wäre vielleicht dagegen zu bedenken, dass ein solcher um einen Cylinder gewickelter Draht den Vortheil gewährt, dass sich der Moment des Schliessens der elektrischen Kette, und der Moment des Beginnens der Gasentbindung bequem und leicht auf der Stelle wahrnehmen lässt, ohne eben ein Paar genaue astronomische Uhren und mehrere zugleich Beobachtende zu erfordern.

„Sowohl um die unmittelbare, alle Wirkung vernichtende Berührung, als unvermeidliche Verwirrung von 35 neben einander laufenden Drähten zu verhüten, zugleich dieselben in den kleinsten Raum zusammenzubringen, und gerade wie ein einfaches Seil zu behandeln, und doch zugleich alles Ueberspringen der Elektricität von einem Draht zum anderen zu verhüten, war die Isolirung jedes einzelnen Drahtes nothwendig. Diese Isolirung erreicht man durch Überspinnen mit Seide[1] so vollkommen, dass man sogar nachgehends das aus 35 Drähten bestehende Seil mit einem Firniss stark überziehen kann, somit vor aller Oxydation auf das dauerhafteste zu schützen vermag.

„Bewunderungswürdig erscheint es wahrlich, wie durch ein solches Seil 35 abgesonderte Wirkungen der Elektricität ohne einige Störung erfolgen.

„Ja! wie sehr erweckt nicht ein solches Seil das Nachdenken selbst eines Physiologen, wenn er an ihm wahrnimmt ein grob sinnliches Analogon eines Nervenstranges, dessen einzelne Fäden auf gleiche Weise jeden erhaltenen

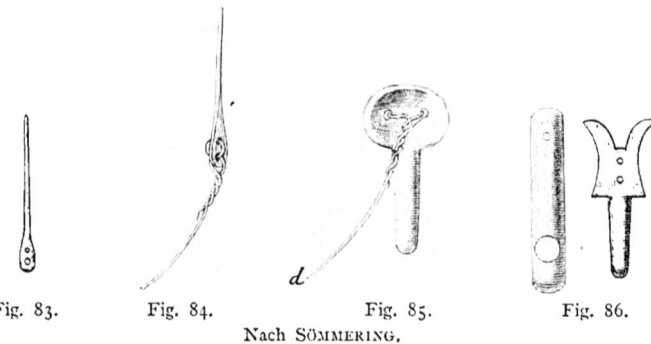

Fig. 83.   Fig. 84.   Fig. 85.   Fig. 86.
Nach SÖMMERING.

Empfindungseindruck im Allgemeinen, sowie den des kleinsten elektrischen Fünkchens im Besonderen isolirt und ungestört bis ins Gehirn fortpflanzen.

„Bemerkungen über die Schlussstäbchen. Die Schlussstäbchen sind mit kegelförmigen Kanälchen versehen, und passen mit den eingeschliffenen ebenfalls kegelförmigen Zäpfchen Fig. 83—86 der elektrischen Säule genau zusammen, theils, um dem Schliessen der Kette Genauigkeit und Stetigkeit zu verschaffen, theils um durch die beständige Reibung alle Oxydation zwischen den hier zusammenzubringenden Metallen abzuhalten, und die Wirkung unfehlbar zu machen, da es bekannt ist, wie wenig Oxyd an solchen Stellen die elektrische Wirkung zu unterbrechen vermag.

„Man könnte gar leicht an dieser Schlussstäbchenreihe eine Tastatur anbringen, um gerade wie beim Klavier durch Eindrücken eines an einem Clavis befestigten Zäpfchens in das Kanälchen des Stäbchens die elektrische Kette zu schliessen, und mittelst der hierdurch erfolgenden Gasentbindung die Buchstaben zu bezeichnen. Doch müssten dann zu jedem Schlussstäbchen zwei Kanälchen gebohrt und doppelt soviel Zäpfchen als Schlussstäbchen, d. h. zu den 35 Stäbchen 70 Zäpfchen vorhanden sein. Der erste (sowie alle

---

[1] Es dürfte dies wohl die erste Anwendung dieses hochwichtigen Isolirverfahrens sein.

übrigen mittelst einer Feder zurückspringende Clavis konnte das Hydrogen-Zapfchen für *A*, der zweite Clavis das Oxygen-Zapfchen für *A*, der dritte Clavis das Hydrogen-Zapfchen für *B*, sowie der vierte Clavis das Oxygen-Zapfchen für *B* u s f in das mit ihm zusammenpassende Kanälchen beim Aufdrücken des Fingers bringen

„Bemerkungen über die elektrische Säule. Was die elektrische Säule oder den Elektromotor betrifft, so ist deren Einrichtung und Handhabung so allgemein bekannt, dass ich nichts zu bemerken wusste, als dass zum telegraphischen Gebrauch jede Einrichtung derselben dienlich ist, welche nur eine mehrere Monate lang andauernde Wirkung zusichert. Breitplattig braucht eine solche Säule wenigstens nicht zu sein, weil mir mein Gasometer bewies, dass sechs meiner gewöhnlichen Glieder (deren jedes aus einem Brabanter-thaler, Filz und einem 52 Gran leichteren Zinkscheibchen besteht) schon mehr Gas zu entbinden vermochten, als fünf Glieder der grossen, sechsund-dreissig quadratzolligen Batterie unserer Akademie.

„Allgemeine Bemerkungen über die Vorzüge eines elektrischen Tele-graphen vor den bisher gewöhnlichen   1) Hängt ein solcher Telegraph nicht lediglich vom Tageslichte und vom heiteren Himmel ab, sondern kann be-ständig, Nachts sowohl wie bei Tage, kurz in jedem beliebigen Augenblicke gebraucht werden. In dieser Hinsicht allein leistet er schon doppelt so viel, als ein gewöhnlicher Telegraph, welcher bekanntlich nur bei Tage zu ge-brauchen steht

„2) Stört die Wirkung eines elektrischen Telegraphen keine Dämmerung, keine trübe Witterung, kein wolkiger Himmel, kein Nebel, kein Regen, Schnee, Rauch, kein Staub oder Wind   Rechnet man für unsere Gegenden nur 121 Tage oder ein Drittheil des Jahres für trüb, d i für den gewöhnlichen Telegraphen unbrauchbar, so kann er zusammengenommen mit der vorhin bemerkten nächtlichen Anwendung weit mehr, als doppelt so viel leisten

„3) Da der elektrische Telegraph nun vollends zwei Buchstaben zu gleicher Zeit anzeigt, so leistet er auch hierdurch allein schon wieder doppelt so viel in gleichem Zeitmomente, als der gewöhnliche

„4) Der gewöhnliche Telegraph beschränkt sich nur auf gewisse Ent-fernungen, musste also zwischen München und Augsburg etlichemal die Zeichen wiederholen   Ein elektrischer Telegraph konnte von München aus nach Augsburg, ja von einem Ende des Königreichs zum anderen ohne Zwischenstation berichten

„5) Ist der elektrische Telegraph, wenn man das Communicationsseil unter der Erde weglaufen lässt, in den Zwischenräumen von einer Station zur anderen mit aller seiner Wirkung verborgen, da hingegen Jedermann die Thätigkeit des gewöhnlichen Telegraphen gewahr wird

„6) Und bei dem allen deutet der elektrische Telegraph die Buchstaben und Zahlen ganz eigentlich, nicht kryptographisch, wie der gewöhnliche, in eigens zu erlernenden Charakteren an.

„7) Bedarf der elektrische Telegraph keiner eigenen, hochliegenden Gebäude, sondern kann in jedes Zimmer, in jedes Bureau geleitet sein

„Was endlich die Kosten betrifft, so kommt diese, wie man überzeugend sieht, vollkommen brauchbare Vorrichtung, welche ich die Ehre habe, der königl Akademie vorzuzeigen, bis auf das Communicationsseil keine 30 Gulden zu stehen

„Bloss das aus 35 Drähten bestehende Communicationsseil nebst seiner Leitung durch gläserne oder thönerne Röhren würde allein Kosten verursachen, doch dürfte ein solches aus 35 Drähten bestehendes Seil, welches die Länge von 22827 pariser Schuh, d i von einer deutschen Meile, oder als einfacher Draht die Länge von 788845 Fuss hatte, für weniger als 2000 Gulden sich anschaffen lassen, da es dem höchsten Anschlage zufolge, nach dem nämlich berechnet, was mir das meinige kostete, sich auf die Summe von 2396 Gulden 50$^1/_{10}$ Kreuzer beläuft "

Die Erfindung des geistvollen Physiologen ist allerdings nicht zu praktischer Anwendung gelangt, wohl aber findet sich in seinen Darlegungen eine ganze Reihe von Anregungen, welche später ihre Früchte getragen haben

6. Galvanoskope und Galvanometer Die ersten quantitativen Thatsachen im Gebiete des Galvanismus sind mit Hülfe der ursprünglich für die Zwecke der Reibungselektricität construirten, auf der Abstossung leichter und beweglicher Körperchen beruhenden Elektroskope aufgefunden worden, wie aus den früheren Mittheilungen (S 72) erhellt Als weiteres Messhülfsmittel bot sich die Gasentwickelung in einem eingeschalteten Wasserzersetzungsapparat dar, und wir finden alsbald Versuche, entsprechende Apparate, Galvanometer,[1] zu construiren

Als erster Erfinder des auf der galvanischen Wasserzerlegung beruhenden Galvanometers gilt gewöhnlich Robertson,[2] der ein solches Instrument zuerst beschrieben hat Indessen geht aus seiner Beschreibung nicht hervor, wie man sich seines Instrumentes überhaupt bedienen kann, so dass ich glauben muss, es sei nur auf dem Papier construirt, und habe trotz der Äusserung des Urhebers, es sei dies das Instrument, dessen er sich bediene, nie zu wirklichen Versuchen gedient

„Es ist eine Capillarröhre, von Glas, eine Linie weit und 8 Zoll lang mit Wasser gefüllt und an einem Ende mit einem Zinkstab, am anderen mit einem solchen von Silber versehen. Der Theil des Glases, welcher dem Zinkstabe entspricht, ist in Zehntel Linien (0,23 Millimeter) getheilt, das Ende der Röhre ist auf dieser Seite mit einem Hahn versehen, durch den das

---

[1] Zwar hat Gottfried Huth, Professor zu Frankfurt an der Oder, die Physiker seiner Zeit belehrt (Gilbert's Ann 10, 43 1802), dass man Galvanismometer sagen und schreiben müsse, und nicht Galvanometer, „da dieses Werkzeug nicht die Stärke des Galvani, sondern des Galvanismus anzeigen soll", doch hat dies unphilologische Geschlecht sich die Lehre nicht zu Herzen genommen, und bis auf den heutigen Tag sich des kürzeren Wortes bedient

[2] Ann de Chimie, 37, 144 1800

Wasser eingeführt wird, und welcher dem Gas den Ausgang gestattet, wenn der Apparat im Gange ist.

„Um ihn zu benutzen, muss man ihn in die galvanische Kette bringen. Die Blasen, welche sich von dem Ende eines der Stäbe ablösen, zeigen die Gegenwart des Fluidums an, die grössere oder geringere Menge dieser Blasen wird an der Theilung des Glases abgelesen, so dass man unter Berücksichtigung der Zeit die grössere oder geringere Thätigkeit des galvanischen Stromes erkennt.... Die Ursache, welche den Gasstrom bestimmt, bald von

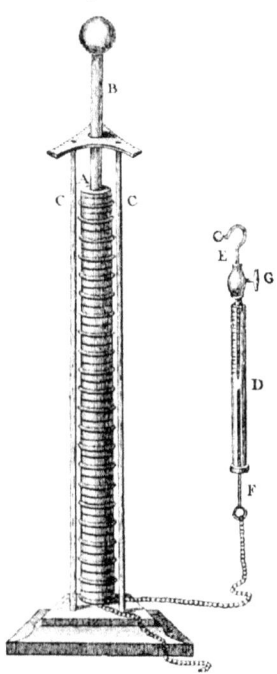

Fig. 87. Nach ROBERTSON.

dem einen, bald von dem anderen Metallstabe sich zu entwickeln, wird ohne Zweifel bald die Physiker beschäftigen. Das Princip derselben ist vielleicht die Natur des Metalls, seine Masse, seine Qualität, oder auch der hygrometrische oder barometrische Zustand der Atmosphäre.“

Mir scheint aus diesen Darlegungen unzweifelhaft hervorzugehen, dass Herr E. G. ROBERT-SON, recte ROBERT, ex-professeur de physique à l'école centrale du département de l'Ourthe, der zu jener Zeit Vorstellungen in der natürlichen Magie unter dem Titel Phantasmagorie in Paris gab, auch mit seinem Galvanometer mehr auf dem Gebiete der Phantasie, als dem der Wirklichkeit gearbeitet hat. Schon die übergenaue Theilung, die mit dem blossen Auge kaum mehr abzulesen ist, erregt Misstrauen; auch vermag ich nicht zu begreifen, wie das Gas überhaupt zur Messung gelangen kann, da die Röhre völlig mit Wasser gefüllt ist und das Gas nirgend anders hin kann, als aus dem Hahn hinaus.

Ein wirklich leistungsfähiger Apparat, mit dem übrigens auch keine Messungen von Wichtigkeit angestellt worden sind, ist erst von dem schon genannten (S. 163) P. L. SIMON[1] in seinem Vorschlage zu einem „Galvanoskop" angegeben worden. Nach einer Beschreibung einiger Vorrichtungen, um Flüssigkeiten dem Einfluss der VOLTA'schen Kette auszusetzen, fährt er fort:

„Auch könnte man die oben beschriebenen Vorrichtungen zu einem Galvanoskop anwenden, um damit die Stärke der Wirkung verschiedener Säulen gegen einander zu vergleichen, indem die Stärke ihrer Wirkung im geraden Verhältniss der Räume stehen möchte, welche die vermittelst ihrer

---

[1] GILBERT's Ann. 8, 28. 1801.

in einerlei Zeit entwickelten·Gasarten einnehmen. Vielleicht würde eine nach Fig. 88 getroffene Einrichtung ein solches bequemes Instrument abgeben, wenn man nämlich eine Glasröhre *AB* unten mit einem Korke, in welchem ein Platin- oder Golddraht befestigt ist, verschlösse, selbige bis in *C* mit reinem Wasser füllte und in ihre obere Mündung einen zweiten Platindraht nebst der krummen Röhre *D* und der daran befestigten Kugel und Röhre *E* und *F* luftdicht befestigte.... Würde nun ... das Instrument mit den Enden einer VOLTA'schen Säule in Verbindung gesetzt, so triebe das sich entwickelnde Gas die Flüssigkeit in der Röhre *F* hinauf. Ihr Stand könnte dann an einer dazu bestimmten Skala die Stärke der Wirkung in einer bestimmten Zeit angeben."

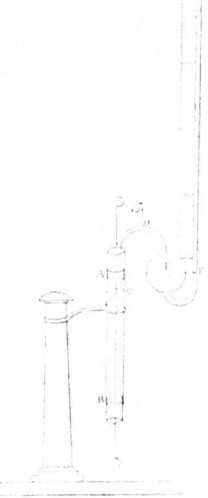

Wie man sieht, hat hier SIMON ein ganz richtiges Princip ausgesprochen; sogar von dem später von FARADAY entdeckten Gesetz, nach welchem die Stromstärke und die entwickelte Gasmenge einander proportional sind, findet sich eine sachgemässe Vermuthung.

Zur unmittelbaren Messung der anziehenden Wirkung der VOLTA'schen Elektricität an einzelnen Plattenpaaren erbaute MARÉCHAUX, Prediger in Wesel, ein Instrument, welches er das Elektro-Mikrometer[1] nannte. Dieses bestand wesentlich aus einem langen Streifen Blattsilber, dessen unterem Ende gegenüber eine metallene Kugel mittelst einer feinen Schraube in horizontalem Sinne beweglich angebracht war, so dass sie in eine beliebige Entfernung vom Blättchen gebracht werden konnte. Die Schraube trug einen getheilten Kopf und eine Vorrichtung, um die ganzen Umdrehungen zu zählen, und die Messung wurde so ausgeführt, dass man die Kugel dem Silberblättchen

Fig. 88.

so lange näherte, bis sich dieses in Bewegung setzte, und an die Kugel anschlug. Die Empfinnlichkeit des Apparates war derart, dass ein einziges Plattenpaar 60 bis 80 Theilstriche des Schraubenkopfes, der in 360 Theile getheilt war, als Entfernung ergab, in der sich eben die Anziehung geltend machte.

Diese grosse Empfindlichkeit erwies sich indessen bald eher nachtheilig als vortheilhaft, denn der Erfinder selbst fand es schwierig, mit seinem Apparate übereinstimmende Zahlen zu bekommen, und in seinen aufeinanderfolgenden Veröffentlichungen[2] giebt er nacheinander mehrere ganz verschiedene Gesetze, nach denen sich die Angaben seines Elektrometers mit der Plattenzahl der Säule ändern sollen. Dazu kam eine grosse Abhängigkeit des Elektrometers von äusseren elektrischen Einflüssen. Da MARÉCHAUX davon nichts wusste, dass jeder Beobachter an seinen Kleidern, Haaren u. s. w.

---

[1] GILBERT's Ann. 16, 115. 1804.

[2] Ebenda 15, 105. 1803; — ebenda 19, 476. 1805.

beständig verschiedenartige elektrische Ladungen mit sich herumträgt, suchte er die Ursachen der von ihm beobachteten grossen Verschiedenheiten der Anzeigen seines Elektrometers in Änderungen der Luftelektricität, in einer Abhängigkeit der Spannung seiner Säulen von der Tageszeit, in der elektrischen Beschaffenheit des von ihm benutzten Brunnenwassers u. dergl.

Eine kritische Untersuchung des Elektro-Mikrometers ist dann durch MARÉCHAUX' Freund P. ERMAN[1] vorgenommen worden, welcher in sehr sachgemässer Weise verschiedene Fehler desselben aufdeckte.

7. Das BEHRENS'sche Elektrometer. Im Anschluss an seine Versuche über die sogenannte trockene Säule (s. w. u.) gab BEHRENS[2] gleichzeitig die „Beschreibung eines neuen Elektrometers".

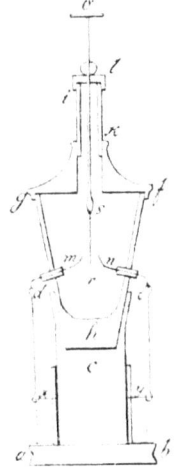

„Die Versuche über die Säule mit Goldpapier hatten mich überzeugt, dass dieser Apparat ein wahres elektrisches Perpetuum mobile sei. Dadurch kam ich auf folgendes Raisonnement: Wenn in der Mitte zwischen e den zwei entgegengesetzten Polen zweier solcher gleich starker und nicht isolirter Säulen ein isolirtes Goldblättchen aufgehängt wäre, so würde dieses, vermöge der gleichen Kräfte der beiden Säulen von seiner senkrechten Richtung nicht abweichen. Würde nun aber dem Goldblättchen ein elektrischer Körper genähert, so müsste es vom $+$ Pole der einen, oder vom $-$ Pole der anderen Säule angezogen werden, je nachdem der genäherte Körper $-E$ oder $+E$ hätte. Wie sich erwarten liess, bewährten die Versuche diese Idee, welche dem im folgenden beschriebenen Instrument zu Grunde liegt.

„Fig. 89 stellt einen senkrechten Durchschnitt des Instruments vor, auf $^1/_4$ des Längenmaasses reducirt. Der von Holz gedrehte Fuss $abcde$ hat zwischen de eine Höhlung, in welche das Glas gfh gesetzt und befestigt ist. Die obere Fassung dieses Glases ist in der Mitte ausgedreht, um in die Öffnung die lackirte Glasröhre ki gekittet. Die Fassung dieser letzteren il ist in der Mitte durchbohrt, und durch dieselbe geht gedrängt, aber verschiebbar der Draht os, der vermittelst der Zange s das Goldblättchen rs trägt. Das Glas ist an zwei entgegengesetzten Seiten durchbohrt und in den Öffnungen sind die beiden kleinen Röhren m und n befestigt. Diese sind von innen und von aussen mit Siegellack überzogen und durch dieselben gehen zwei, im Glase nach oben, ausserhalb desselben nach unten gebogene, $^1/_2$ Linie breite Bleche md und nc, welche beide in den Röhren verschiebbar sind. Senkrecht unter jeden Öhr d und c der beiden erwähnten Bleche sind in den Vorsprung des Fussgestells an jeder Seite drei dünne, mit Siegellack überzogene Glasröhren eingesetzt. . . . Zwischen diesen Röhren sind zwei

Fig. 89.

[1] GILBERT's Ann. 25, 18. 1807.   [2] Ebenda 23, 24. 1806.

elektrische Saulen aus Messingblech, Stanniol und Goldpapier aufgeschichtet Jede Saule besteht aus einigen 40 Schichtungen, und jede ist in der entgegengesetzten Ordnung der anderen gebaut, so dass x den $+$ Pol, y aber den $-$ Pol oben hat Beide unterste Platten der Saule sind durch einen Draht unter sich, und zugleich durch eine Stanniolscheibe, womit die unterste Flache des Fusses belegt ist, mit der Erde verbunden Die Deckplatten der Saulen stehen durch spiralformig gewundene Drahte xd und yc mit den Blechen md und nc in Verbindung, und letztere werden durch die Federkraft der Spiralen in der gehorigen Lage gehalten

„Regeln fur den Gebrauch des Instruments sind der elektrische Korper muss nur langsam genahert werden Hat das Goldblattchen angeschlagen, so muss der Draht o vor Anstellung eines zweiten Versuches ableitend beruhrt sein "

Dies Elektrometer ist spater von BOHNENBERGER und FECHNER etwas verandert, und von HANKEL[1] durch Hinzufugung einer mikroskopischen Ablesung wesentlich verbessert worden In der letzteren Gestalt dient es noch heute als ein vielfach brauchbares Instrument, dass zwar nicht sehr empfindlich ist, dafur aber den Vorzug sehr geringer Capacitat und augenblicklicher und schwingungsfreier (aperiodischer) Einstellung besitzt

---

[1] POGG Ann **84**, 28 1850

Fig. 90. JOHANN JAKOB BERZELIUS. Nach einem Gemälde von Prof. KRÜGER.[1]

Zehntes Kapitel.

Elektrochemische Theorieen.

1. Einleitung. Die merkwürdige und unerwartete Beschaffenheit der chemischen Vorgänge, die in der VOLTA'schen Säule vorgehen und mit ihrer Hülfe hervorgerufen werden können, haben mit Nothwendigkeit alsbald zu mannigfaltigen Versuchen geführt, sie zu „erklären", d. h. ihren Zusammenhang unter einander und mit anderweit bekannten Thatsachen nachzuweisen. Solche elektrochemische Theorieen sind nach verschiedenen Richtungen entwickelt worden: einmal, um die Quelle der elektrischen Vorgänge in der Säule selbst aufzudecken, und andererseits, um für die ungewöhnliche Beschaffenheit der durch den elektrischen Strom verursachten chemischen Vorgänge den Schlüssel zu finden. Neben diesen, auf die Erscheinungen der

¹ Aus KOPP: Geschichte der Chemie. II. 1844.

Säule selbst gerichteten Bemühungen machen sich aber noch andere geltend, welche zum Zweck haben, die an der Säule gewonnenen Kenntnisse und Anschauungen zum Verständniss anderer Erscheinungen heranzuziehen. Insbesondere lud die energische chemische Wirkung der Säule unwiderstehlich dazu ein, in deren Agens, der Elektricität, die Ursache der chemischen Vorgänge überhaupt zu suchen, und elektrische Theorien der chemischen Verwandtschaft auszubilden.

Was die Frage nach der Quelle der elektrischen Erscheinungen in der Säule anlangt, so stimmen die ersten Forscher auf diesem Gebiete von vornherein ausnahmelos darin überein, sie in den chemischen Vorgängen zu suchen. Ich brauche in dieser Beziehung nur auf die Auszüge auf S. 150 u. ff. zu verweisen, welche keinen Zweifel übrig lassen, wie sehr dem unbefangenen Beobachter der enge Zusammenhang zwischen den chemischen und den elektrischen Vorgängen sich aufdrängte. Auch hatte sich dieser Gedanke unzweifelhaft vollkommen stetig weiter entwickelt, wenn nicht gerade derjenige Forscher, dem die grösste Autorität auf diesem Gebiete zukam, wenn nicht VOLTA selbst der Entwickelung einigermaassen gewaltsam eine andere Richtung gegeben hätte.

VOLTA hatte, wie aus der bisherigen Darstellung hervorgeht, bei seinen Studien über die „Metallelektricität" wesentlich die physikalische Seite der Erscheinungen im Auge gehabt. Diese Stellung wurde ihm zunächst dadurch aufgezwungen, dass er die rein elektrische Natur des Gebietes im Gegensatze zu den vitalistischen Anschauungen der galvanischen Schule zu beweisen hatte, und somit nothwendig auf die physikalischen Kennzeichen der entstandenen elektrischen Vorgänge das Hauptgewicht zu legen hatte. Durch diesen Umstand ist er aber wohl auch persönlich allmählich dazu geführt worden, in diesen Dingen die Hauptsache überhaupt zu sehen, und es ist schon (S. 129) betont worden, in welchem Maasse ihn diese Auffassungsweise verhindert hatte, die unter seinen Händen sich abspielenden chemischen Vorgänge in und an seiner Säule zu sehen und zu beachten.

Offenbar in dem Gefühle, das gegen die Hypothese von der thierischen Elektricität so erfolgreich vertheidigte Gebiet auch gegen jede Beanspruchung von anderer Seite halten zu müssen, hat VOLTA alsbald, nachdem die Fülle chemischer Entdeckungen mittelst seiner Säule die Invasion einer chemischen Theorie der Metallelektricität nicht nur wahrscheinlich, sondern auch thatsächlich hatte werden lassen, in sehr scharfer Weise Stellung gegen diese Theorie genommen, und hat in seiner zweiten Mittheilung an das Pariser National-Institut den grösseren Theil des Inhaltes der Bekämpfung solcher Theorien gewidmet.

2. VOLTA's zweite Abhandlung über die Säule. Die zweite Abhandlung VOLTA's[1] über die sogenannte galvanische Elektricität ist von PFAFF nach VOLTA's Manuscript ins Deutsche übersetzt worden. Sie steht an Be-

---

[1] GILBERT's Ann. **12**, 497. 1802.

deutung der ersten unzweifelhaft nach, doch enthalt sie hinreichend Interessantes, um wenigstens theilweise hier wiedergegeben zu werden

Nach einer Einleitung, die im Wesentlichen eine Wiederholung der in der ersten Abhandlung mitgetheilten Thatsachen und Anschauungen bringt, erortert VOLTA das Verhaltniss seines Apparates zu den gewohnlichen Elektrisirmaschinen, und kennzeichnet dies sehr richtig dahin, dass diese wenig Elektricitat von hoher Spannung, die Saule dagegen ausserordentlich viel Elektricitat von geringer Spannung gebe Er beseitigt ferner die Einwendungen, die man gegen die elektrische Natur der galvanischen Erscheinungen daraus genommen hatte, dass letztere von Flammen, gluhendem Glase u s w nicht geleitet werden, durch den Hinweis, dass auch schwache elektrische Spannungen durch dieselben Stoffe einen ganz gleichen Widerstand erfahren. Weiter beantwortet er die Frage wie kann eine so schwache Elektricitat so heftige Erschutterungen hervorbringen? durch den Hinweis auf die sehr grossen Elektricitatsmengen, die bei jeder Entladung von seiner Saule in Thatigkeit gesetzt werden

Mit unserem Gegenstande in viel naherer Beziehung sind aber die schliesslichen Auseinandersetzungen VOLTA's uber die Wasserzersetzung und die feuchten Leiter Im Anschluss an die eben erwahnten grossen Elektricitatsmengen der Saulenentladungen fahrt er fort

„Hieraus erklart sich sehr genugend, wie gewisse Wirkungen meines Apparates sich durch gewohnliche Elektrisirmaschinen gar nicht, oder wenigstens nicht auf die Art und in dem Grade, als durch ihn, hervorbringen lassen, wohin z B die Zersetzung des Wassers und die Oxydirung der Metalldrahte in den bekannten Versuchen gehort Es wird hier genug sein, zu bemerken, dass zu diesen Wirkungen ein sehr reichlicher elektrischer Strom erforderlich ist, damit das elektrische Fluidum bei seinem Austritt aus dem Metalldrahte in das Wasser und beim Zurucktritte in den anderen Draht recht gedrangt und zusammengezwangt sei, und auf verhaltnissmassig wenig Wassertheilchen seine Wirkung ausube, um diese schlecht leitenden Theilchen gleichsam zerreissen und zersetzen zu konnen Ein solcher Strom wird aber, wie wir eben gesehen haben, durch meinen Apparat viel vollkommner erzeugt und unterhalten, als durch die wirksamste Elektrisirmaschine . .

„Was ich vorhin beruhrt habe, dass die Erschutterungen meines Apparates dadurch geschwacht werden, dass die feuchten Leiter in ihm, als unvollkommne Leiter dem Durchgange des elektrischen Fluidums Hindernisse in den Weg legen, und den Strom desselben betrachtlich retardiren, verdient hier noch weiter auseinandergesetzt zu werden

„CAVENDISH glaubte aus Versuchen, die man schon in den Philosophical Transactions fur 1776 findet, den Schluss ziehen zu durfen, dass das Leitungsvermogen des Wassers fur das elektrische Fluidum 400 000 000 mal geringer als das der Metalle sei Man konnte das vielleicht fur eine Ubertreibung halten Wollte man es aber auch nur 1000 000 mal, oder selbst nur fur 100 000 mal schwacher, als das der Metalle nehmen, so wurde das schon hinreichen, die Erscheinung zu begründen, die wir jetzt betrachten wollen. Dass gewiss bei dieser letzten Annahme die Leitfähigkeit des Wassers viel zu hoch angesetzt wird, lässt sich daraus abnehmen, dass ein Cylinder aus reinem Wasser, der 1 Zoll im Durchmesser hat und sich in einer Glasröhre zwischen zwei metallenen Zuleitern befindet, das elektrische Fluidum noch immer mit mehr Schwierigkeit durch sich hindurch leitet, als ein Metalldraht von gleicher Länge und $^1/_{30}$ Linie Durchmesser Auch retardirt ein Wassercylinder, der nur 1 oder 2 Linien im Durchmesser hat, besonders wenn er beträchtlich lang ist, die Entladung einer mässig geladenen Flasche so sehr, dass sie so gut wie gar keine Erschütterung giebt Nach dem Verhältniss, worin bei Wasser und anderen feuchten Leitern der Querschnitt vergrössert und die Länge verkleinert wird, nimmt das Hinderniss ab, das sie dem Durchströmen der elektrischen Materie entgegensetzen

„Schon hieraus lässt sich abnehmen, welchen ausserordentlichen Widerstand die feuchten Leiter in meinen Säulen und Becherapparaten dem durch die Berührung der Metalle erzeugten elektrischen Strome entgegensetzen müssen Um ihn jedoch auch durch directe Versuche zu bewähren und einigermaassen zu schätzen, errichte man aus einem einzigen Metalle und feuchten Leiter einen Becherapparat oder eine Säule In beiden findet keine Erregung von Elektricität statt, sie bilden nur eine Art von leitender Kette, deren Leitvermögen aber bei weitem geringer, als das von blossem Metalle ist, wie sich sogleich zeigt, wenn man sie in den Entladungskreis einer schwach geladenen Flasche bringt Eine Flasche, die beim Entladen durch Metalle, die man in den Handen hält, eine Erschütterung bis in den Ellenbogen erregt, giebt dann nur einen Stoss bis zum Handgelenke, und die Erschütterung ist um so schwächer, je mehr der Schichten, und mithin der feuchten Leiter in solchen Apparaten sind Dasselbe zeigt sich, wenn man eine Menge solcher Schichten in den Entladungskreis einer recht wirksamen elektrischen Säule bringt.

„Die feuchten Körper in der Säule retardiren den elektrischen Strom indessen nicht bloss durch ihr schlechtes Leitungsvermögen, sondern auch durch die Unvollkommenheit ihrer Berührung mit den Metallen, mögen sie auch noch so genau an die Metalle sich anzuschliessen scheinen Selbst bei dem Übergange von einem Metall in ein anderes Metall, das damit dem Anscheine nach in Berührung ist, leidet das elektrische Fluidum stets Widerstand, wie die Erfahrung zeigt, dieser Widerstand wird zwar um so geringer, je mehr man beide Metalle an einander drückt, fällt aber doch nie ganz fort, wie man an den metallenen Ketten sieht, die, man mag sie noch so stark anspannen, das elektrische Fluidum nie so frei durchgehen lassen, als Metall, das stetig zusammenhängt Ebenso sind zusammengeschichtete Münzen, sie mögen noch so stark zusammengepresst sein, für das elektrische Fluidum nie so leicht durchgängig, als Münzen, die aneinander gelöthet sind, oder als eine gleich grosse Metallstange.

„Beiden Mängeln kann man bis zu einem gewissen Grade abhelfen,

wenn man statt des reinen Wassers salzige Flüssigkeiten zum Anfeuchten
der porösen Scheiben in der Säule nimmt, oder in die Becher des Becher-
apparates giesst

„Salzige oder andere Flüssigkeiten, welche die Metalle, mit denen sie
in Berührung sind, durch chemische Einwirkung angreifen, schliessen sich
erstens dabei dichter an die Metalle an, und treten mit ihnen in so innige
Vereinigung, dass beide, wenn auch nicht einen einzigen Körper bilden,
doch nun ununterbrochen zusammenhangen   Dadurch mindern sie die Unvollkommenheit der Berührung in eben demselben Grade, als das zwischen
verschiedenen Metallplatten durch Zusammenlöthen oder Aneinanderschmelzen
geschieht   Durch diese verschiedenen Arten der Berührung wird die Bewegung des elektrischen Fluidums sehr modificirt, und bald mehr, bald minder
gehindert

Zweitens sind die salzigen Flüssigkeiten, die die Metalle angreifen, ihrer
Natur nach auch unvollkommene Leiter, aber lange nicht in dem Grade,
wie das reine Wasser   Ich will hier nicht die sehr vielen Versuche erzählen,
die ich schon früher in besonders dazu erdachten Apparaten angestellt habe,
um das Leitvermögen verschiedener Flüssigkeiten (oder, um mich genauer
auszudrücken, den Grad des Widerstandes, den verschiedene Flüssigkeiten
dem elektrischen Fluidum leisten) mit einiger Genauigkeit zu bestimmen,
Versuche, welche mir bewiesen haben, dass die salzigen, die sauren und die
alkalischen Flüssigkeiten 10, 20, 30 mal u s w bessere Leiter, als das reine
Wasser sind, und die mir viele interessante Resultate gegeben haben   Hier
wird es genug sein, dass man die vorhin beschriebenen Versuche mittelst
dieser Flüssigkeiten wiederholt und durch Zusammenschichten derselben mit
nur einem Metalle die Leidener Flasche entladet. Der Glanz und der Schall
des Funkens sind dabei zwar ebenfalls schwächer, als bei einem metallenen
Schliessungsbogen, aber ohne Vergleich stärker, als wenn man das Metall
mit reinem Wasser zusammengeschichtet hat.   Auch erhält man beim Entladen einer Leidener Flasche durch einen 1 Linie dicken Cylinder einer
solchen Flüssigkeit eine Erschütterung, wenn eine 2 oder 3 mal dickere Röhre
voll Wasser bei derselben Ladung noch keine Erschütterung durchlässt.

„Diese beiden Gründe vereint machen, dass salzige Flüssigkeiten den in
meinen Apparaten erregten Strom viel weniger retardiren, als reines Wasser,
und dass daher Apparate mit gleich viel Plattenpaaren ohne Vergleich stärkere
Erschütterungen geben, wenn ihre feuchten Schichten mit Salzlauge oder
noch besser mit Salmiak- oder Alaunauflösung u s w befeuchtet sind, als
wenn sie blosses Wasser enthalten   Dieses allein ist die wahre Ursache der
verstärkten Kraft der Apparate mit salzigen Flüssigkeiten, und sie ist keineswegs darin zu suchen, dass etwa die galvanische Wirkung in der Berührungsfläche der Metalle mit der Feuchtigkeit ausschliesslich oder doch vorzüglich
erregt, und durch die chemische Einwirkung der Flüssigkeiten auf die Metalle
und die Oxydirung der letzteren durch die Flüssigkeit begründet würde, wie
sich das Mehrere eingebildet haben   Denn die galvanische Wirkung, die man

doch einmal allgemein für nichts, als eine im eigentlichen Sinne elektrische
Wirkung anerkennen sollte, beruht auf der gegenseitigen Berührung der
heterogenen Metalle, und ist von diesen Feuchtigkeiten und ihrer chemischen
Wirkung gänzlich unabhängig, wie ich das in meiner ersten Abhandlung
(S 134' bewiesen habe

„Zwar ist nicht zu leugnen, dass eine ähnliche Wirkung in der Berührung jedes dieser Metalle mit dem feuchten Leiter erregt wird, sie ist indessen nicht merklich stärker, als die, welche zwischen diesen Metallen und
reinem Wasser entsteht, und im Ganzen so gering, dass sie gegen die Elektricitätserregung durch die beiden heterogenen Metalle bei ihrer Berührung
nicht in Betracht kommt, einige Fälle ausgenommen, die ich a a O angegeben habe Will man sich hiervon überzeugen, so baue man zwei ähnliche
Säulen aus gleich vielen Plattenpaaren, z B aus 40 Paaren Zink- und Kupfer-
scheiben auf, wo in der einen reines Wasser, in der anderen Salzwasser als
feuchter Leiter dient Nun untersuche man beide mit dem Condensator und
dem Elektrometer nach meiner Weise Beide werden denselben Grad elektrischer Spannung geben, nämlich 80 oder 100, wenn der Condensator 120 oder
150 mal condensirt Dieses entspricht $1\frac{1}{60}$ Grad Spannung für jede einzelne
Schichtung, und gerade eine so grosse elektrische Spannung erregen, wie ich
dargethan habe, je zwei sich berührende Metalle ohne Dazwischenkommen
irgend eines feuchten Leiters Nun aber entlade man beide Säulen mit
feuchten Händen, die, welche Wasser zum feuchten Leiter hat, wird nur
eine sehr schwache Erschütterung geben, die mit Salzwasser dagegen eine
ziemlich starke, welche auffallende Verschiedenheit der Erschütterung bei
gleicher elektrischer Spannung daher rührt, dass die Erschütterung nicht bloss
vom Grade der Elektricität, sondern auch von der Güte der Leitung abhängt, das heisst, vom minderen Widerstande, welcher der elektrische Strom
bei seinem Durchgange leidet, und dass dieser Widerstand in der Säule mit
Salzwasser aus beiden oben angegebenen Gründen geringer ist, als in der
mit reinem Wasser — Noch besser lassen sich diese Vergleiche in einem
Becherapparate anstellen. Man fülle die Becher desselben erst mit reinem
Wasser und bestimme seine Spannung und die Erschütterung, die er ertheilt. Erstere wird der eines Säulenapparates von gleich vielen Schichtungen gleich, letztere wegen grosserer Breite der feuchten Schichten schwächer,
als im Säulenapparate sein. Nun werfe man in jeden Becher etwas Salz und
untersuche aufs neue. Die elektrische Spannung wird man dadurch nicht
vergrössert, die Erschütterung aber weit stärker, als vorher finden

„Aus allem erhellt zugleich, welch ein zweideutiges Zeichen die blosse
Erschütterung vom Grade der Elektricität ist, da diese ebenso sehr von der
Güte der Leitung, dem mehr oder minder freien Durchgange, den sie dem
elektrischen Fluidum verstattet, als von der Spannung abhängt Indem
man bloss vom Grade der Erschütterung auf den Grad der sogenannten
galvanischen Action schloss, und jene bei salzigen Flüssigkeiten, welche die
Metalle angreifen, und eines von ihnen mehr oxydiren, stärker, als bei reinem

Wasser fand, kam man darauf, dieser Beruhrung des feuchten Korpers mit
den heterogenen Metallen, und der chemischen Einwirkung desselben auf
die Metalle die Erscheinungen des sogenannten Galvanismus zuzuschreiben,
und verirrte sich in wunderbare Meinungen, indem man unter anderem als
Ursache dieser Erscheinungen ein besonderes Agens oder Fluidum erdachte,
das vom elektrischen Fluidum verschieden, oder wenigstens eine besondere
Modification des letzteren, ein sogenanntes galvanisch-elektrisches Fluidum sei

„Meine fruheren Versuche uber die eigentliche metallische Elektricitat
hatten die Physiker auf dem wahren Wege erhalten konnen, sie waren indessen wenig bekannt, obgleich sie in mehreren Journalen im Druck erschienen sind Jetzt, da ich sie besser bekannt gemacht, und ihnen in dieser
Abhandlung so viele neue beweisende Versuche beigefugt habe, zweifle ich
nicht, dass diese elektrometrischen Versuche, und die ihnen beigefugten Er-
lauterungen hinreichen werden, um Alle zu dem wahren Princip zuruckzufuhren, und jeden wahren Physiker zu uberzeugen, dass das Fluidum, welches
sowohl in den einfachen galvanischen, als in meinen neuen zusammengesetzten Apparaten in Bewegung gesetzt wird, das blosse rein elektrische
Fluidum ist, das durch die blosse gegenseitige Beruhrung verschiedenartiger,
besonders metallischer Leiter erregt und impellirt wird, und das im Ubrigen
den bekannten Gesetzen der Elektricitat unterworfen ist."

Die vorstehenden Darlegungen Volta's sind in mehrfacher Beziehung
lehrreich Einmal uberrascht die im Vergleich zu seinen fruheren Ausserungen
auffallend entschiedene Sprache, mit der er den Gedanken an eine mogliche
Mitwirkung der feuchten Zwischenschichten zuruckweist, sodann zeigen aber
seine experimentellen Belege fur die Richtigkeit seines Standpunktes mit
grosser Klarheit die Stelle auf, an welcher die chemische Theorie der Saule
immer wieder mit Erfolg angegriffen wurde, und die ihre Vertreter bis auf
unsere Zeit nie recht erfolgreich zu vertheidigen gewusst haben.

Volta weist mit Hulfe des Elektroskops nach, dass die Spannung einer
mit Wasser angesetzten Saule, in welcher nur sehr geringe chemische Wirkung (nach Volta gar keine) stattfindet, eben dieselbe ist, wie die einer mit
Salzlosung angesetzten, in welcher eine erhebliche chemische Wirkung erfolgt Die gleiche Schlussweise kehrt in der Folge immer wieder, stets werden
von den Anhangern der Contactlehre neue Falle namhaft gemacht, wo trotz
starker chemischer Wirkung geringe elektrische erfolgt, und umgekehrt, und
stets sind die Anhanger der chemischen Theorie gezwungen, dieses Argument ohne rechte Erwiderung zu lassen und den Gegnern den Triumph zu
gestatten, dass das Experimentum crucis zur Widerlegung der chemischen
Theorie gefunden sei

Die Voraussetzung, welche hier von den Contacttheoretikern stillschweigend gemacht, und von den Chemikern ebenso stillschweigend gebilligt worden ist, ohne dass sie jemals ausdrucklich ausgesprochen und gepruft worden
ware, und auf welcher der ganze Beweis beruht, ist offenbar, dass jeder
chemischen Wirkung in der Saule eine proportionale elektrische entsprechen

musse Die Frage sind alle chemischen Vorgange geeignet, elektrische Wirkungen zu geben, und wenn nicht, welches sind die Bedingungen, damit chemische Vorgange proportionale elektrische Wirkungen hervorbringen? — ist damals nicht gestellt worden, und durch die ganze Geschichte der Elektrochemie zieht sich unentschieden der Streit, weil diese Frage nicht gestellt und beantwortet wurde Formell behielten in dem Streite die Contacttheoretiker oft genug Recht, weil in der oben erwahnten Weise die Gegner ihnen immer mehr zugestanden hatten, als nothig und richtig war, trotzdem blieb aber das Bewusstsein von der sachlichen Richtigkeit der chemischen Theorie so lebhaft und unerschutterlich bestehen, dass die so oft „widerlegte" Theorie nicht zu beseitigen war, und in neuester Zeit durch die Stellung und genugende Beantwortung jener Hauptfrage wohl auch den endgultigen Sieg erfochten hat

3. Die Ausbreitung der Volta'schen Theorie Der Einfluss von Volta's Anschauungen uber die Ursache der Wirkung in seiner Saule machte sich alsbald geltend, wahrend die fruheren Forscher stets die unverkennbaren chemischen Wirkungen als wesentlich angesehen hatten, und bei der Construction ihrer Apparate dafur Sorge zu tragen gesucht hatten, dass die chemische Wirkung moglichst erleichtert und befordert wird, betont der Berichterstatter uber eine neue Volta'sche Saule in seinem Bericht an das Pariser Nationalinstitut,[1] dass dies bei einer von Allizeau construirten Saule vermieden sei. „Seit man sich uberzeugt hat, dass die Beruhrung der Metalle das wesentliche elektrische Element der gewohnlichen Volta'schen Saule ist, und dass die Wirkungen der Oxydationen, welche die zwischenliegenden feuchten Scheiben in den Metallen hervorbringen, keinen vergleichbaren Antheil an der ganzen Wirkung haben, darf man einen galvanischen Apparat, von dauernder und constanter Wirkung, der keiner Reinigung der Platten bedarf, fur keine Chimare halten"

Um jene Zeit sass diese Vorstellung, dass die Volta'sche Saule ein wahres Perpetuum mobile sei, in den Kopfen der anderen Forscher noch nicht so fest, wie bei Volta, und bei Gelegenheit der deutschen Ubersetzung der vorstehenden Mittheilung in Gilbert's Annalen aussert sich nicht nur der Herausgeber ziemlich sceptisch uber diese Anschauung, sondern auch Ritter[2] erklart mit grosster Entschiedenheit, dass alle als Zwischenleiter benutzten sogenannten trockenen Stoffe thatsachlich wasserhaltig sind, und nur dadurch ihre Wirkung hervorbringen Gleichzeitig weist er darauf hin, dass die kleinsten Spuren von Wasser in den Zwischenschichten dazu genugen, um in der Saule eine am Elektrometer sichtbare Spannung zu erzeugen, sogar Glas lasst sich als Zwischenschicht verwenden, wenn man es im gewohnlichen Zustande anwendet, wo es die an der Luft erhaltene leitende Oberflachenschicht besitzt, so wie man es aber sorgfaltig erwarmt und trocknet, so horen auch alle Ladungen am Elektrometer auf

---

[1] Journ de Phys, **57**, 74 1803 — Gilbert's Ann **18**, 109 1804

[2] Intelligenzbl d allg Litteraturz 1802, Nr 193

Bei Gelegenheit einer Auseinandersetzung über gewisse Schwierigkeiten
der Volta'schen Theorie äussert sich ein Ungenannter[1] in folgender verstän-
diger Weise

„Für die rein elektrischen Erscheinungen der Säule ist die Volta'sche
Theorie vollkommen befriedigend, und hätten wir eine Säule gefunden, in
welcher zwischen den Elektromotoren chemisch unveränderliche und zugleich
nicht als Excitatoren wirkende Stoffe die Stelle der feuchten Leiter vertraten,
so wäre für diese die Theorie vollendet und liesse nichts mehr zu erklären
übrig. Wir würden dann durch Vergleichung der Wirkungen einer solchen
trockenen Säule mit den Wirkungen einer feuchte Leiter enthaltenden Säule
am besten heraus finden, was in der rein elektrischen Funktion der Elektromotore abgeändert wird durch die elektrisch-chemische Funktion der chemisch veränderlichen feuchten Leiter

„So lange nun diese Entdeckung noch nicht gemacht ist, so lange kann
die Vermuthung nicht geradezu abgewiesen werden, dass in der gewöhnlichen Säule noch etwas anderes vorgehe, als die blosse Durchleitung und
Addition der durch die Elektromotore erzeugten Elektricität, wenn gleich
unläugbar die elektrischen Erscheinungen der Säule ihren Ursprung in der
Erregung haben, die zwischen den heterogenen Metallpaaren stattfindet"

Hält man diese Darlegung, gegen welche man mit Ausnahme des letzten
Satzes, nichts einwenden kann, mit der allmählich mehr und mehr als
allgemein giltig erkannten Thatsache zusammen, dass solche rein elektrische
Säulen unmöglich sind, so ist auch im Sinne unseres Autors der Schluss
unvermeidlich, dass das, was die elektrochemische Säule von der nicht
chemischen unterscheiden würde, eben der Umstand ist, dass jene elektrisch
ist, und diese es nicht wäre

4 Schluss der Arbeiten Volta's. Wir nehmen an dieser Stelle
Abschied von dem genialen Erfinder der Säule, zwar hat er nach dem hier
erwähnten Zeitpunkt noch ein Vierteljahrhundert gelebt, jedoch ohne weiteres
zu der Entwickelung der von ihm so glänzend begonnenen Forschungen zu
thun   Es ist daher hier der passende Ort, einige Angaben biographischer
Natur mitzutheilen   Ich folge darin dem ausführlichen Nekrolog, welchen
Arago[2] in seiner Eigenschaft als beständiger Sekretär der Pariser Akademie
veröffentlicht hat.

Volta's Leben hat sich in ausserordentlich einfachen Formen abgespielt,
und ist an äusseren Ereignissen sehr arm gewesen   Er wurde am 18. Februar
1745 in Como geboren   Über seine Jugend finde ich die Angabe, dass er
ein früh begabter Schüler war, und dass er sehr jung gegen schwierige Verhältnisse zu kämpfen hatte.   Er hat fast sein ganzes Leben in seiner Vaterstadt und deren Nähe, in Pavia zugebracht, im 22 Lebensjahre machte er
seine erste Reise, die ihn zu Haller, Voltaire und Saussure führte.   Seine
ersten Arbeiten veröffentlichte er 1769 über die Leidener Flasche und 1771

über die Abhängigkeit der Reibungselektricität von der Beschaffenheit der reibenden Stoffe; sie verschafften ihm die Stelle eines „régent" und bald die eines Professors der Physik an der königlichen Schule in Como. In dieser Stellung erfand er seinen Elektrophor und sein Eudiometer. 1779 wurde er zum Professor der Physik in Pavia ernannt, welche Stellung er im Jahre 1804 aufzugeben gedachte; doch behielt er sie auf den Wunsch NAPOLEON's der für ihn eine ungewöhnliche Hochachtung hegte, noch bis zum Jahre 1819, von seinen amtlichen Thätigkeiten fast ganz entlastet. In die erste Zeit seiner Stellung zu Pavia fallen seine grossen Entdeckungen, doch scheint er seine Arbeiten fast ausschliesslich in seinem Landhause zu Como ausgeführt zu haben; wenigstens sind sie meist von dort datirt.

Im Jahre 1819 zog sich VOLTA endgültig von seiner amtlichen Thätigkeit zurück, und lebte in grosser Zurückgezogenheit im Kreise seiner Familie (er war seit 1794 mit THERESE PELLEGRINI verheirathet, und besass drei Söhne), bis er am 5. März 1827, im Alter von 82 Jahren, eines sanften Todes starb. Sein Geist war schon viel früher erlöscht.

5. Versuche von SCHWEIGGER. Zur Frage nach der Richtigkeit der VOLTA'schen Theorie hat SCHWEIGGER[1] einen bemerkenswerthen Versuch beigebracht, der von den Zeitgenossen allerdings nicht weiter erörtert wurde — offenbar, weil man ihn nicht zu erklären vermochte — und dessen volles Verständniss auch erst der neuesten Zeit vorbehalten blieb. Der Versuch ist folgendermaassen beschrieben:

„Denken Sie sich einen Trog, z. B. aus gebranntem Thon, oder aus zwei untereinander rechtwinklig verbundenen Brettchen. Dieser werde in-

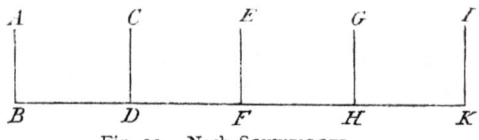

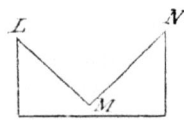

Fig. 91. Nach SCHWEIGGER.   Fig. 92. Nach SCHWEIGGER.

wendig mit Glas ausgekittet und mit etwa 50 Glasfächern versehen. . . . Die Fig. 91 stellt den Trog im Durchschnitt nach der Länge vor. . . . Fig. 92 zeigt den Durchschnitt des Troges nach der Breite. Alle Kupfer- und Zinkplatten seien an der einen Ecke durchbohrt.

Man hänge $K^2 Z K^1$ durch einen Draht zusammen, wie es die Zeichnung darstellt in Fig. 93.

„Nun ist freilich K^2 und Z durch eine Glaswand getrennt, und bloss durch den

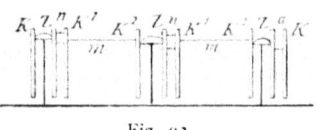

Fig. 93.

Messingdraht, der die Platten verbindet, mit demselben in Contacte; K^1 hingegen liegt unmittelbar an Z und berührt dasselbe mit seiner ganzen Fläche. Man kann, wenn es beliebt, diese Ungleichheit aufheben, obwohl dies aus

---

[1] Journ. f. d. Chemie, Physik und Mineral. **7**, 537. 1808.

bekannten Ursachen unnöthig ist. Zwischen Z und K^1 lege man nämlich unterhalb des Messingdrahtes, der beide vereinigt, einen Streifen Glas oder überlackirtes Holz, kurz einen Nichtleiter. Auf diese Art ist Z zu beiden Seiten mit K^1 und K^2 vollkommen auf dieselbe Weise in Contacte, vermittelst des Messingdrahtes nämlich, durch welches die drei Platten zusammenhängen.

„Nach Volta's Theorie kann hier unmöglich Wirkung entstehen, indem Z von zwei entgegengesetzten Kräften afficirt wird, und also zugleich mit K^1 und K^2 im natürlichen Zustande bleibt. Der Impuls des K^2 gegen Z wird durch den entgegengesetzten des K^1 gegen Z aufgehoben.

„Giessen Sie nun aber einmal Wasser in die einzelnen Fächer. Ich nehme gewöhnlich Salzwasser oder Wasser mit ein wenig Schwefelsäure vermischt. Es erfolgt ebenso Wirkung, als wenn Sie bloss K^2Z mit Hinweglassung des entgegengesetzten K^1 gelegt hätten. Lebhaft ist die Erschütterung, lebhaft die Gasentbindung. Aber vielleicht rührt diese Wirkung von dem Contacte des Messingdrahtes mit Z her? Denn obgleich die Impulse der zu beiden Seiten des Z liegenden K^1 und K^2 sich aufheben, so wird doch dadurch der Impuls von oben nach unten Messingdraht-Zink innerhalb der Öffnung der durchbohrten Platten (wenn nämlich der Draht nicht auf allen Seiten scharf anliegt, genau in die Öffnung passend) keineswegs aufgehoben."

Schweigger schildert nun einige andere Versuchsanordnungen, bei denen dieser Einwand vermieden war; das Ergebniss der Versuche war ganz das gleiche. Daraus zog er dann den folgenden Schluss:

„Es bleibt uns also nichts übrig, als entweder zu behaupten, dass Zink aus den beiden, ihm auf den entgegengesetzten Seiten anliegenden Kupferplatten Elektricität an sich reisse, was jedoch der Volta'schen Theorie widerspricht, oder anzunehmen, dass der feuchte Leiter in der elektrischen Säule eine grössere Rolle spielt, als die Theorie ihres grossen Erfinders ihm beilegt."

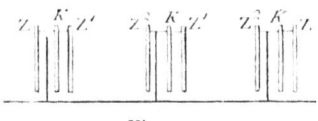

Fig. 94.

Bei der weiteren Erörterung seines Versuches erwähnt Schweigger einen wichtigen anderen Versuch (Fig. 94). Wenn man nämlich statt zweier Kupferplatten und einer Zinkplatte umgekehrt zwei Zinkplatten, und in Berührung mit einer derselben eine Kupferplatte in den Apparat bringt, so wird keine Wirkung beobachtet. „Nimmt man jedoch einige Z heraus, oder hebt nur die vollkommen leitende Verbindung einiger Z mit K auf, so stellen sich die elektrischen Erscheinungen sogleich wieder ein."

Die Beobachtung wurde nun der Gegenstand eines Briefwechsels zwischen ihm und Ritter. Der letztere fand keine genügende Erklärung auf, welche Thatsache allerdings aus dem unendlichen Wortschwall, den Ritter seiner Gewohnheit nach vorbringt, nur schwierig herauszulesen ist. Auch der Erklärungsversuch Schweigger's erscheint schwerlich genügend; er kommt darauf hinaus, dass er durch den Einfluss der beiden Metalle das Wasser in den Zellen sich polarisiren, d. h. sich polar anordnen lässt; diese polare Anordnung ist in dem Falle seines Versuches nicht mehr völlig symmetrisch, und daher rührt nach ihm der Strom.

Gegenwärtig müssen wir diese Erscheinung, mit der man sich in der Folge nicht mehr beschäftigt hat, so interessant sie ist, für einen Concentrationsstrom erklären, von derselben Art, wie die S. 187 besprochene, von Bucholz beobachtete Erscheinung. Durch die Berührung der zweiten Kupferplatte mit dem Zink wird aus der umgebenden Flüssigkeit die geringe Menge des dort aufgelösten Kupfers entfernt, während diese Wirkung an der anderen Seite nicht eintreten kann, da dort kein Zink in metallischer Berührung mit dem Kupfer vorhanden ist. Dadurch entsteht das Element: Kupfer in (relativ) concentrirter Kupfersalzlösung gegen Kupfer in äusserst verdünnter Lösung, und ein solches Element hat eine um so grössere elektromotorische Kraft, je grösser das Verhältniss der beiden Concentrationen ist.

Auf die weiteren Darlegungen Schweigger's ist hier nicht einzugehen,

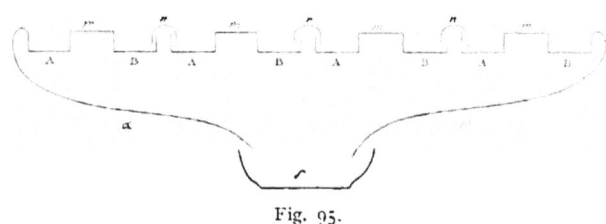

Fig. 95.

da sie weiter nicht viel Bemerkenswerthes enthalten. Dagegen ist aus einer zweiten Abhandlung über den gleichen Gegenstand[1] ein Versuch zu erwähnen, der bisher völlig übersehen zu sein scheint, obwohl er die erste Beobachtung einer thermoelektrischen Erscheinung darstellt.

„Zum Schluss will ich noch einer galvanischen Batterie aus einem festen und einem flüssigen Leiter gedenken, wo bloss durch Temperaturunterschied die elektrische Differenz begründet wird.

„... In Fig. 95 stellen nämlich A und B Schalen aus Kupfer vor, die abwechselnd durch einen nassen, mit Salzwasser getränkten Streifen N und einen Messingdraht M verbunden sind. In alle wird verdünnte Salzsäure gegossen. Unter jeder Schale A entzünde man eine Wachskerze, und sogleich wird sich der galvanische Process einstellen, indem der Polardraht a sich verkalkt, während an β sich Wasserstoffgas entbindet. Ich hatte nur 14 Kupferschalen, die so geordnet waren, dass ich 7 polarische Wasserschichten erhielt, und dennoch zeigte sich an dieser schwachen Batterie an den Polardrähten von Messing, die sich in mit wenig Salzsäure vermischtem Wasser befanden, die gewöhnlichen galvanischen Erscheinungen sehr deutlich. Die Gasent-

---

[1] Journ. f. d. Chemie, Physik und Mineral. **9**, 704. 1810.

bindung horte bald auf, wenn ich die Lichte ausloschte, und stellt sich also-
bald nach Anzundung derselben wieder ein

„Man mag nun diese Erscheinung entweder aus der Heterogenitat des
durch die aufsteigende Flamme erhitzten, und des kalten Metalls in Hinsicht
auf elektrisches Leitungsvermogen, oder daraus erklaren, dass jene Batterie,
da verdunnte Salzsaure bloss mit Hulfe der Warme das Kupfer angreift,
gleichsam aus zwei heterogenen feuchten und einem festen Leiter construirt
angesehen werden konne, — genug, dass hier zum ersten Male vermittelst
erhohter Temperatur (mittelst der Flamme) Galvanismus hervorgerufen wird
Wenn aber Galvanismus und Chemismus . einerlei ist, so kann die Anwendung der Flamme zur Hervorbringung galvanischer Erscheinungen um
so weniger gleichgultig erscheinen, je wichtiger die Rolle ist, welche das
Feuer bei chemischen Processen spielt "

Es ist sehr merkwurdig, dass diese Versuche weder von gleichzeitigen
oder spateren Forschern fortgesetzt, noch auch sonst irgendwie berucksichtigt
worden sind, auch in der Geschichte des Galvanismus sucht man ihre
Kenntniss vergebens Dass Schweigger selbst seine Entdeckung nicht erweiterte und vertiefte, ist vielleicht daraus zu erklaren, dass er gleichfalls in
hochstem Maasse mit der Zeitkrankheit der Naturphilosophie behaftet war,
die ihn daran verhinderte, exakte Untersuchungen auszufuhren Die vollige
Vergessenheit, in die seine Entdeckung der ersten thermoelektrischen Erscheinung gerathen ist, muss nichts desto weniger als ungerecht bezeichnet
werden

6 Die franzosischen Forscher Schon bei Gelegenheit der Entdeckungen Galvani's machten sich bezuglich der Betheiligung der Gelehrten
verschiedener Lander auffallende Unterschiede geltend Wahrend in der
ersten Zeit des Galvanismus vorwiegend deutsche Forscher neben den Ita-
lienern thatig waren, und nach Erfindung der Saule die Englander sich mit
glanzendem Erfolge diesen zugesellten, ja es ihnen vorausthaten, macht sich
in Frankreich viel langsamer ein Interesse und eine thatige Betheiligung an
der Arbeit geltend Auch ist bei letzterer nichts von Erheblichkeit herausgekommen

Zum Belege fur das Gesagte sei auf den Bericht (S 59) hingewiesen,
welchen die dazu bestellte Commission im Jahre 1797 der Akademie uber
Galvani's Entdeckungen abstattete. Nachdem der Ruhm der Volta'schen Saule
die ganze wissenschaftliche Welt erfullt hatte, lud das Institut (die fruhere
Akademie) den Entdecker ein, ihm seine Ergebnisse vorzutragen Volta ist
dieser Aufforderung nachgekommen, die S 134 mitgetheilte Abhandlung
bildete den Inhalt der ersten Vorlesung Volta's und nach Beendigung derselben erhob sich der Consul Bonaparte und beantragte, den Dank des In-
stitutes an Volta durch die Verleihung einer Medaille auszudrucken. Dies
wurde angenommen und ausgefuhrt

Auch in der Folge bewies Napoleon Bonaparte ein lebhaftes Interesse
an den Arbeiten auf diesem Gebiete Nachdem Davy's glanzende Entdeckungen

gezeigt hatten, welche Schätze noch auf diesem Gebiete zu heben waren, stiftete er alsbald eine noch viel grössere Batterie, als die von Davy benutzte, welche Gay-Lussac und Thenard anvertraut wurde. Die Ergebnisse, obwohl schätzbare Beiträge zum allgemeinen Bestande der Kenntnisse auf dem Gebiete, entsprachen allerdings wohl kaum den Erwartungen, denn eine ähnliche glänzende Entdeckung, wie die Davy's, liess sich nicht erzielen.

So sehen wir, dass trotz mannigfaltiger äusserer Förderung — es hatte sich auch inzwischen in Paris eine „galvanische Gesellschaft" gebildet, welche sich die Prüfung und Erweiterung aller auf diesem Gebiete gemachten Entdeckungen zur Aufgabe gemacht hatte, und von deren Thätigkeit schon einiges, wenn auch nicht eben rühmliches S. 229 zu berichten war — es den französischen Gelehrten zunächst nicht gelang, einen erheblichen Antheil an der Entwickelung unseres Gebietes zu nehmen. Selbst Forscher, die gleichzeitig und später Hervorragendes an anderen Stellen geleistet haben, bringen hier Dinge zu Tage, die weit unter dem stehen, was von ihren Zeitgenossen erreicht wird. Es sind deshalb bisher im Verlaufe unserer Geschichte französische Mitarbeiter kaum genannt worden, um einen Beleg zu dem Gesagten zu geben, seien hier einige Abhandlungen von Biot erwähnt. Die erste derselben, eine der ältesten Arbeiten der Franzosen über die Säule, führt den Titel Über die Bewegung des galvanischen Fluidums[1] und ist am 14. Aug. 1801 dem Institut vorgelegt worden. Der Inhalt dieser Abhandlung steht im grellsten Gegensatz zu dem, was man von einem Manne erwartet, der sich durch seine anderen Forschungen die wissenschaftliche Stellung erworben hat, die ihm allgemein zugestanden wird. Die Arbeit enthält von Anfang bis zum Ende fast nichts, als Irrthümer, so wird behauptet, dass Säulen aus kleinen Platten stärkere Erschütterungen geben, als solche aus grösseren, weil die Elektricität bekanntlich aus Spitzen um so leichter entweicht, je spitzer sie sind, „woraus nach der Analogie zu schliessen ist, dass ebene Flächen, welche gleichsam Elemente von grossen Kugeln sind, nur mit Schwierigkeit das Fluidum, womit sie beladen sind, von sich geben, und zwar mit desto grösserer Schwierigkeit, je grosser sie sind. In einer Volta'schen Säule muss daher die Bewegung des galvanischen Fluidums um so schneller sein, je kleiner die Metallplatten sind." Ferner sollen nach Biot die Anziehungen bei grossen Platten viel merklicher sein, als bei kleinen. Auch wird behauptet, dass sich die galvanische Wirkung viel leichter an der Oberfläche des Wassers fortpflanze, als durch seine Masse, und dergleichen mehr.

Neben diesen Behauptungen, die, wie auch der Herausgeber der Annalen später bemerkt, mehr auf die Hypothesen des Verfassers, als auf sorgfältige vergleichende Versuche gestützt zu sein scheinen, sind indessen in der fraglichen Abhandlung einige richtige Beobachtungen vorhanden. Insbesondere ist als werthvoll die Bemerkung zu erwähnen, dass die Säule viel stärkere

---

[1] Gilbert's Ann. **10**, 24. 1802.

Oxydation erfährt und viel mehr Sauerstoff absorbirt, wenn sie geschlossen, als wenn sie offen ist. Die Irrthümer, in welche BIOT gerathen war, lassen sich leicht erklären: Es sind falsche Anwendungen der für die Vertheilung der statischen Elektricität auf Leitern eben entwickelten allgemeinen Gesetze. Bedenklich ist nur die Sorglosigkeit, mit welcher diese an sich richtigen und wichtigen Beziehungen angewendet wurden, ohne dass eine ernste Prüfung, ob die Anwendung zulässig ist, durchgeführt worden wäre.

Nachdem VOLTA in Paris vor dem Institut seinen Vortrag (S. 134) gehalten hatte, änderte BIOT seine Meinung von dem Einflusse der Oxydation auf die Elektricitätserregung in der Kette. Er maass[1] mittelst der COULOMB'-schen Drehwage (S. 93) die Spannung verschiedener Säulen, deren Platten an Zahl und Beschaffenheit gleich waren, die aber verschiedene Flüssigkeiten enthielten, und fand ziemlich bedeutende Verschiedenheiten. Um sich zu überzeugen, ob dies von der Verschiedenheit der Oxydation herrühre, stellte er folgende seltsame Überlegung an. Wurden die Enden der Säule durch einen Draht verbunden, so gab die Säule keinen Ausschlag am Elektrometer, wie bekannt. Da dabei der elektrische Strom und die entsprechende Oxydation immer fortdauerte, so erwartete BIOT, diese Elektricität in dem verbindenden Drahte zu finden. Er hob daher diesen ab, prüfte ihn am Elektrometer, das wie gewöhnlich mit dem Condensator verbunden war, und fand natürlich keine merkliche elektrische Ladung in dem Drahte. Er schliesst daher: „Muss auch gleich die Oxydation in VOLTA's Säule gewiss etwas Elektricität entwickeln, so ist doch das Resultat dieser Ursache ganz unvergleichbar mit dem, was die Berührung verschiedener Metalle ... hergiebt."

Auch für diese Arbeit BIOT's gilt die Bemerkung, welche GILBERT zu einer früheren gemacht hatte, dass das Ergebniss mehr durch eine vorgefasste Meinung, als durch sorgsame Beobachtung entstanden ist. Derartige Dinge sind um so bedenklicher, wenn sie, wie in diesem Falle, mit dem Anscheine grösster Genauigkeit auftreten; BIOT hat vorher ganz eingehend geschildert, wie man die Berührung des Condensators mit der Säule einrichten müsse, um vergleichbare Resultate zu erlangen, und hat durch diese Sorgfalt der äusseren Versuchsanordnung sich und gewiss auch viele Andere über die bedenkliche Beschaffenheit der Schlüsse, die er aus diesen genauen Versuchen zog, getäuscht.

Einige Zeit später erschien die ausführliche Abhandlung BIOT's,[2] welche denselben Gedankengang in grösserer Ausdehnung enthält. Von einigem Werth ist der bei dieser Gelegenheit erbrachte messende Nachweis, dass die Grösse der Platten keinen Einfluss auf die Spannung hat. Mittelst dreier Säulen aus je 16 Paaren, deren feuchte Scheiben mit Alaunlösung getränkt waren, und die in allem übereinstimmten, ausser dass ihre Oberflächen sich wie 1 : 3,1 : 153,2 verhielten, wurden an der Drehwaage unter Vermittelung des Condensators folgende Ausschläge beobachtet:

---

[1] Bull. des Sc. Nr. 76. S. 120. — GILBERT's Ann. **15**, 90. 1803.

[2] Ann. d. chimie **47**, 1. 1804. — GILBERT's Ann. **18**, 129. 1804.

I	74,	73,	76,	76,	76,	75,	73,	77		Mittel	75,0
II	72,	70,	71,	70,	71,	73,	72,	73,	73	„	71,7
III	71,	71,	72,	72,	72,	72				„	71,7

Die Zahlen der drei Reihen stimmen genügend überein. Zwar hatte VOLTA selbst schon den Satz über die Unabhängigkeit der Spannung von der Grösse der Berührungsfläche ausgesprochen, doch lagen bis dahin genauere Messungen nicht vor.

7. Die Theorie der galvanischen Zerlegung. Es ist an verschiedenen Stellen schon hervorgehoben worden, in welch hohem Maasse das getrennte Auftreten der Zersetzungsproducte bei der galvanischen Zerlegung der Stoffe dem Verständniss Schwierigkeiten entgegensetzte. Die verschiedenen dafür aufgestellten Theorien wetteiferten mit einander an Unwahrscheinlichkeit, und keine von ihnen war von ernstlichsten Einwänden frei. Wenn in der Folge das Gefühl für die hier vorhandene Lücke mehr und mehr verschwand, so war das nicht das Ergebniss einer allmählich entwickelten befriedigenden Anschauung, als vielmehr das Ergebniss der Resignation einem Problem gegenüber, das sich auf keine Weise lösen lassen wollte. Und als schliesslich doch eine Anschauung zur allgemeinen Geltung kam, so verdankte sie das nicht sowohl ihrer unbedingten Vortrefflichkeit, als weil sie unter allen wenigstens die relativ beste war.

Der Mann, welcher die Vorstellung von der elektrochemischen Zerlegung geliefert hatte, die länger als ein halbes Jahrhundert die vorherrschende war, ist Ch. J. D. Freiherr von GROTHUSS.

Dem baltischen Schriftstellerlexicon von RECKE und NAPIERSKI[1] entnehme ich folgende Angaben über das Leben dieses merkwürdigen Mannes:

„Während einer Reise, die seine Eltern nach dem Auslande unternommen hatten, kam er in Leipzig am 20. Januar 1785 zur Welt. Sein Vater wurde wenige Tage nach der Geburt seines Sohnes durch seinen Freund Chr. F. Weisse angenehm überrascht, indem dieser ihm eine für den Neugeborenen ausgefertigte Matrikel der Universität Leipzig als Pathengeschenk zusandte, und dabei meldete, dass der Name des jungen Musensohnes mit dem Epithet Lipsiensis in das Verzeichniss der Studirenden eingetragen worden. Ganz kurze Zeit nach erfolgter Rückkehr nach Kurland (wo seine Familie in Gross-Berken ansässig war) verlor der kaum anderthalbjährige Knabe seinen Vater, wurde nun bis zu seinem 17. Jahre auf dem der Mutter gehörigen Landgute in Kurland erzogen wenngleich die erwählte Erziehungsweise seiner Wissbegier eben nicht angemessen war . Sehr frühzeitig entwickelte sich bei ihm der Hang zur Naturwissenschaft. Noch im Knabenalter, in mussigen Stunden oft mit Zeichnen und Malen beschäftigt, ohne jedoch Unterricht darin erhalten zu können, gerieth er, weil es ihm auf dem Lande nicht selten an den nöthigen Farben fehlte, auf den Gedanken, sich diese

---

[1] Allgemeines Schriftsteller- und Gelehrten-Lexikon der Provinzen Livland, Estland und Kurland, von J. F. VON RECKE und K. E. NAPIERSKI **2**, 120. 1829.

theils aus Pflanzenstoffen, theils aus Metallsalzen selbst zu bereiten. Er durfte sich indess mit seinen chemischen Versuchen nur im Geheimen beschäftigen, denn sein damaliger Lehrer, der für diese Wissenschaften keinen Sinn hatte, ja sie nicht einmal von der Alchemie zu unterscheiden wusste, untersagte ihm nicht nur das Experimentiren, sondern nahm ihm einst auch seine sämmtlichen Präparate und vernichtete sie. Der Knabe fühlte sich dadurch schmerzlich verwundet und beschloss fest bei sich, sein Lieblingsstudium, sobald sein Jünglingsalter ihm die dazu nöthige Freiheit ertheilt haben würde, mit desto grosserem Eifer fortzusetzen. Im 17 Jahre erhielt er J. A. Brennecke zum Lehrer. Dieser Unterricht dauerte jedoch kein volles Jahr, denn 1803 ging Grothuss schon nach Leipzig, wo er sechs Monate hindurch die Vorträge Hindenburg's und Beck's benutzte, von wo er noch vor Ablauf des Jahres nach Paris eilte. Wirklich fand er hier volle Nahrung für seine Wissbegier. Er erhielt gleich nach seiner Ankunft die Erlaubniss zur Benutzung der damals vortrefflich organisirten polytechnischen Schule, und hatte das Glück, die besten Köpfe Frankreichs zu Lehrern zu haben. Er hörte hier Berthollet, Vauquelin, Hauy, Halle, Hassenfratz, Desfontaines, und vor allen den damals noch lebenden Foucroy, dessen mündlichem Vortrage er nachrühmte, dass er womöglich noch klarer, eleganter, belebender und anziehender gewesen sei, als sein schriftlicher . . Im September, als ein Krieg zwischen Frankreich und Russland auszubrechen drohte, war er gezwungen, Paris zu verlassen. Er eilte nach Neapel, wo er sich bis zu Ende des Jahres 1805 aufhielt, und das Glück hatte, zweien der furchterlichsten Eruptionen des Vesuv beizuwohnen. Auf Bitte des als gelehrter Arzt bekannten Engländers Thomson, den er in Neapel kennen lernte, musste er mit Hülfe einer diesem gehörenden kleinen galvanischen Maschine die damals viel Aufsehen erregenden Versuche des Professors Pacchiani (S. 221) wiederholen. Grothuss fand bei sorgfältig angestelltem Versuch zwar keine Salzsäure, wohl aber andere interessante Phänomene, die er in seiner gegen den Schluss des Jahres 1805 in Rom gedruckten Schrift kurz beschrieben hat. Der zweite Theil derselben enthält zugleich die Auseinandersetzung einer einfachen und später allgemein angenommenen Theorie der galvanischen Wasseranalysis, [1] ein Problem, das bis dahin allen Physikern mit der Theorie Lavoisiers ganz unvereinbar schien. Bei seinem zweiten Aufenthalt in Rom beschäftigte er sich vorzüglich mit Mathematik . Im Herbst 1806 ging er zum zweiten Male nach Paris. Auf der Reise dahin plünderte ihn eine Rauberbande zwischen Mailand und Turin zur Nachtzeit völlig aus, und beraubte ihn was ihn am meisten schmerzte, seiner naturhistorischen Sammlungen. Er musste sich glücklich schätzen, der Ermordung entgangen zu sein . Im Herbst 1807 trat er die Rückreise an . . Er beschäftigte sich nun auf seinem mütterlichen Erbgute Geddutz eifrig mit

---

[1] Es ist die Schrift, durch welche der Name Grothuss' vor allem berühmt wurde, und die den grossten Einfluss auf die theoretischen Vorstellungen über Elektrolyse ausgeübt hat. Weiter unten wird eine vollständige Übersetzung dieser Abhandlung mitgetheilt werden

der Landwirthschaft, verwandte aber die Zeit seiner Musse ununterbrochen auf chemische Forschungen Hier auf dem Lande, in einem abgelegenen Winkel an der litthauischen Grenze, grosstentheils von jeder litterarischen Verbindung und oft selbst von den unentbehrlichsten Hilfsmitteln abgeschnitten, schrieb er . fast alle seine Abhandlungen und bewies dadurch, dass man fast ohne allen Apparat, nur mit gehörigem Nachdenken, die Natur auf die einfachste Art dergestalt ausforschen und befragen kann dass sie gleichsam gezwungen wird, dem Experimentator über ihre geheimsten Wirkungen Rede und Antwort zu geben Seit Jahren litt er unsäglich an einem keinem Mittel weichenden organischen Fehler des Unterleibes Das Übel nahm mit jedem Tage zu, und erreichte endlich einen solchen Grad, dass er zu dem Entschluss gebracht wurde, den Faden seines Lebens rasch und freiwillig zu zerreissen Er starb am 14 März a St 26 März 1822 auf dem Gute Geddutz im wilnaisch-litthauischem Gouvernement, hart an der kurländischen Grenze "

Die Arbeiten, welche v GROTHUSS unter so ungünstigen Umständen ausgeführt hat, zeugen von einer bemerkenswerthen Selbstandigkeit des Denkens und einer grossen Unabhängigkeit seiner wissenschaftlichen Wege denen seiner Zeitgenossen gegenüber Man darf kaum zweifeln, dass er unter günstigeren Verhältnissen sich zu einem der hervorragenderen Forscher jener Zeit entwickelt haben würde Noch jetzt sind seine Arbeiten, die zum grossen Theile in dem Journal für Chemie und Physik abgedruckt sind, eine Quelle bemerkenswerther und anregender Beobachtungen

Die Arbeit, mit der sein Name vor allem verknüpft ist, wurde im Jahre 1805 in Rom unter dem Titel Memoire sur la décomposition de l'eau et des corps, qu'elle tient en dissolution, à l'aide de l'électricité galvanique gedruckt, eine zweite Ausgabe erfolgte im nächsten Jahre in Mitau Am zugänglichsten ist sie in den Annales de Chimie, 58, 54 1806 GROTHUSS war nicht älter als zwanzig Jahre, als er diese Abhandlung veröffentlichte, welche seinen Namen dauernd mit der Geschichte der Elektrochemie verknüpfen sollte

Nachstehend ist die Arbeit vollständig wiedergegeben Wenn auch die im ersten Theile beschriebenen Erscheinungen keine besondere Bedeutung an sich beanspruchen, so sind sie doch von Interesse, da sie den Weg angeben, auf welchem GROTHUSS zu seiner Idee gelangt ist

„Erstes Kapitel Wirkung der galvanischen Elektricität auf einige in Wasser gelöste Stoffe

„1) Ohne mich bei der Erörterung einer Menge Hypothesen aufzuhalten, die zur Erklärung der Zersetzung des Wassers durch den elektromotorischen Apparat erdacht worden sind, werde ich eine allgemeine Theorie der Zersetzung der Flüssigkeiten durch die galvanische Elektricität mittheilen, welche mir die Wirkungen derselben auf eine einfache und befriedigende Erklärung zurückzuführen scheint Ich bin durch die folgenden Beobachtungen auf diese Theorie geführt worden

„2 Lasst man durch eine gesättigte Metallsalzlösung einen Strom galvanischer Elektricität fliessen, dessen Intensität der von der Flüssigkeit
zwischen den Enden der Leitungsdrähte eingenommenen Strecke proportional
ist, so beobachtet man Erscheinungen, die selbst für den, der sich in ihre
Ursachen nicht versenken will, interessant sind. Am Ende des Drahtes, der
mit der Zinkscheibe in Verbindung steht, entwickelt sich Sauerstoff, während
an dem mit der Kupferscheibe verbundenen Drahte das Metall reducirt wird,
wobei es eine symmetrische Anordnung annimmt, welche sich in der Richtung des galvanischen Stromes erstreckt.

„3) Diese Anordnung ist nichts, als eine unvollkommene Krystallisation
der metallischen Molekeln, völlig ähnlich der, die man unter dem Namen
der metallischen Bäume kennt, und welche sich bilden, wenn man ein Metall
durch ein anderes aus seiner Lösung fällt. Die Alten fügten dem Namen
arbor den des Gottes hinzu, welchem das Metall geheiligt war, daher die
Benennung arbor Dianae, arbor Martis, arbor Veneris u. s. w. Von allen
Erscheinungen, welche uns der Galvanismus darbietet, ist keine so schön
und interessant, als eine derartige Vegetation, welche sich unter unseren
Augen bildet und uns bald das Bild eines schönen Baumes bietet, der mit
seinem Laubwerk versehen, und mit Metallglanz geschmückt ist.

„4) Wollaston, ein berühmter englischer Physiker, hat bereits gesehen,
dass bei der Herstellung eines elektrischen Stromes in der Lösung eines
Metalls, dieses sich an der Seite des negativen Leiters reducirt findet, ich
weiss aber nicht, ob er auch bemerkt hat, dass es fähig ist, eine symmetrische Anordnung anzunehmen, wenn die Wirkung stark genug ist, und
einige Zeit gedauert hat.

„5) Alle gelösten Metalle werden nicht durch die galvanische Elektricität
zersetzt. Aus Mangannitrat erhielt ich Gasblasen am negativen Pol, statt
eines metallischen Niederschlages, es scheint, dass wenn unter gleichen Umständen das gelöste Metall mehr Affinität zum Sauerstoff hat, als der Wasserstoff, das Wasser allein zersetzt wird.

„6) Während der Bildung des Metallbaumes sieht man kein Gas sich
entwickeln, darum schliesse ich, dass sich der nascirende Wasserstoff mit
dem Sauerstoff des Metalloxyds verbindet, oder dass die Wirkung allein auf
die Oxyd, und nicht auf das Wasser stattfindet. Der letztere Schluss muss
der richtige sein, weil man nicht annehmen kann, dass der Wasserstoff den
Oxyden des Zinks und Eisens den Sauerstoff vollständig entziehen kann,
oder gewissen Säuren ihr Gelöstes, da in ihnen die beiden Metalle nicht
anders gelöst sind, als nachdem sie eine dieser Annahme entgegengesetzte
Wirkung, die Zersetzung des Wassers, hervorgebracht haben.

„7) Von allen Metallsalzen, die ich der Wirkung des elektromotorischen
Apparates unterworfen habe, haben das Bleiacetat und das salzsaure Zinn
mir die schönsten Vegetationen gegeben. Die des Bleies ahmt die Gestalt
des Farrenkrautes nach, auf den Verzweigungen des Zinns habe ich oft mit
der Lupe oktaedrische Krystalle bemerkt. Es ist bemerkenswerth, dass die

Verzweigung sich stets nach dem positiven Pole richtet, welches auch die gegenseitige Stellung der beiden Pole sei, und dass sie daher stets im Sinne des elektrischen Stromes geht. Das Wachsthum eines Metalles durch die Elektricität scheint in gewisser Art das der natürlichen Pflanzen nachzuahmen, die sich beständig nach dem Lichte drehen, und durch die Berührung mit diesem Sauerstoff entwickeln lassen.

„8. Hat sich der Metallbaum bis auf eine kleine Entfernung vom positiven Pole erstreckt, so hört sein Wachsthum auf, da seine nach allen Richtungen zertheilten Blätter die elektrische Wirkung vernichten, indem sie wie eine Unzahl von Spitzen wirken. Es scheint sogar, dass bei einer zu grossen Annäherung der Pole jeder die elektrische Flüssigkeit vom anderen aufnehmen kann, denn zuweilen haben die Spitzen der Verzweigungen angefangen, sich zu oxydiren, während am positiven Pole Desoxydation stattfand. Es ist wahrscheinlich, dass wenn die beiden Enden der leitenden Drähte sehr spitz sind und sich in einer Wassermasse sehr nahe gegenüber stehen, die von der Zersetzung herrührenden Gase mit einander vermischt entstehen werden. Hier ist, wenn ich mich nicht täusche, eine Analogie der Wasserzersetzung durch die Elektrisirmaschine mit der durch die Volta'sche Säule vorhanden.

„9. Wenn der Strom der galvanischen Elektricität auf reines Wasser, oder solches wirkt, das mit irgend einer löslichen Substanz beladen ist, so zieht der positive Pol das oxydirende Princip an, während der negative Pol das oxydirte Princip der Flüssigkeit anzieht. Ist das Verhältniss der Bestandtheile desselben veränderlich, so wird es am Ende des mit dem Zink in Verbindung stehenden Drahtes oxydirt, und am Ende des Drahtes, der mit dem Kupfer verbunden ist, desoxydirt. Folgendes sind die Beweise dafür.

„10. Die Salzsäure wird am positiven Pole dermassen oxydirt, dass sie die Fähigkeit erhält, Gold aufzulösen, das sich am Ende des leitenden Drahtes befindet. Schwefelsäure und Salpetersäure werden durchsichtig, und erscheinen in der Nähe desselben Poles so mit Sauerstoff übersättigt, dass sie in diesem Zustande der Oxydation Wirkungen hervorbringen zu können scheinen, die uns noch nicht bekannt sind.[1] Am negativen Pole lässt die Salzsäure sehr viel Gas entweichen,[2] die Schwefelsäure giebt einen starken Geruch nach schwefliger Säure und scheidet Schwefel ab, die Salpetersäure geht in salpetrige Säure über und nimmt eine blaue Farbe an. Wechselt man dann die beiden Pole derart, dass jeder von ihnen an den Ort gelangt, den vorher der andere einnahm, so geht jeder Theil der Säure allmählich in seinen früheren Zustand über, und die Wirkungen beginnen von Neuem.

---

[1] „In diesem Oxydationsgrade scheint die Schwefelsäure im Stande zu sein, Gold aufzulösen, wenigstens hat die, welche zu meinen Versuchen gedient hat, eine gelbe Farbe angenommen, während sie das Ende des Golddrahtes aufgelöst hat, an dem sich der Sauerstoff entwickelte. Als ich in dies Goldsulfat eine Lösung des grünen Eisensulfats goss, bildete sich ein Niederschlag, der dem Schwefelgold (sulfure d'or) ähnlich war."

[2] „Es wäre interessant, zu untersuchen, ob dies Gas nicht theilweise von der Zersetzung der Säure herrührt."

„11 Eine Losung von salzsaurem Zinn, durch die man einen galvanischen Strom leitet, lasst allmahlich ein weisses Pulver fallen, das vom positiven Pol kommt Wird dieser Niederschlag in Salzsaure wieder aufgelost und mit Atzsublimat versucht, so farbt er dieses weiss, wahrend die Flussigkeit am negativen Pole es schwarz farbt Das salzsaure Zinn ist daher an dem Ende des Drahtes, welcher die Sauerstoffentwickelung giebt, starker oxydirt worden

„12) Nach einer langeren Einwirkung der galvanischen Electricitat auf eine Losung von Eisensulfat hat sich diese getrubt, und am positiven Pole eine rothe Farbung angenommen Ich habe mich uberzeugt, dass sie alsdann ein sehr stark oxydirtes schwefelsaures Eisenoxyd enthielt, indem sie mit Blutlaugensalz alsbald einen schonen Niederschlag von Preussischblau gab, wahrend der Theil der Flussigkeit, welcher den negativen Pol umgab, mit demselben Blutlaugensalz nur einen grunlich-weissen Niederschlag erzeugte

„13) Wird Molybdansaure in concentrirter Schwefelsaure gelost, so giebt sie eine sehr schon blaue Losung, welche sich jedesmal entfarbt, wenn man die Losung erhitzt Setzt man sie der VOLTA'schen Saule aus, so wirkt die Glaselektricitat wie die Warme, wahrend die Harzelektricitat ahnlich wie die Kalte wirkt, am positiven Pole wird die Flussigkeit allmahlich durchsichtig und die Molybdansaure wird in Gestalt eines weissen Pulvers gefallt, wahrend sie um den negativen Pol eine immer dunklere und zugleich schmutzigere Farbe annimmt Wechselt man dann die Stellung der Pole . so sieht man das entgegengesetzte eintreten der klare Theil wird blau, und der blaue wird farblos

„14) Ubt der galvanische Strom lange Zeit seine Wirkung auf das Salz einer Erde aus, so wird die Basis desselben allmahlich um das Ende des Drahtes gefallt, welcher die negative Electricitat besitzt Diese Niederschlage scheinen mir nicht daher zu ruhren, dass das Salz durch das Alkali gefallt wird, welches an diesem Punkte in unendlich kleiner Menge entsteht, vielmehr nehme ich an, dass die Saure des Salzes zerstort oder besser zersetzt wird, woher es kommt, dass die Basis frei wird.

„Die Glasrohren, welche zur Aufnahme der Losungen in den beschriebenen Versuchen gedient hatten, zeigten sich oft mit einem metallischen Uberzug bedeckt, welcher auf die Glasoberflache im Rohreninneren aufgeschmolzen schien, und welcher von den Metalltheilchen stammte, die durch die Wirkung des Apparates von den Leitungsdrahten losgelost waren so zeigten sich, wenn die Metallenden aus Gold oder Silber bestanden, die Rohren vollkommen vergoldet oder versilbert

„Zweites Kapitel Theorie der Zersetzung der Flussigkeiten durch die galvanische Elektricitat

„15 Die Zersetzung des Wassers durch den elektromotorischen Apparat beansprucht seit langer Zeit den Scharfsinn der Chemiker und Physiker, denen die Erscheinung ein schwierig zu losendes Problem darbot, wenn sie mit der Theorie bezuglich der Natur des Wassers in Einklang gebracht werden soll Es handelt sich zunachst darum, zu wissen, ob die beiden

Produkte an den Polen von derselben Molekel Wasser herrühren oder von verschiedenen, im letzteren Falle fragt man, was aus dem Wasserstoff an dem Orte geworden ist, wo man nichts als Sauerstoff bemerkt, und was umgekehrt aus dem Sauerstoff an der Stelle wird, wo nur Wasserstoff auftritt?

„16) Die Säule Volta's, welche das Genie ihres Erfinders unsterblich macht, ist ein elektrischer Magnet, von dem jedes Element d h jedes Plattenpaar) seinen positiven und seinen negativen Pol besitzt Die Betrachtung dieser Polarität hat in mir die Idee hervorgerufen, dass eine ähnliche Polarität sich zwischen den Molekeln des Wassers ausbilden könne, wenn dieses von dem gleichen elektrischen Agens beeinflusst wird, und ich muss gestehen, dass dies für mich ein Lichtstrahl war

„17) Nehmen wir also an, dass im Augenblicke des abgesonderten Entstehens des Wasserstoffes und des Sauerstoffes zwischen diesen beiden Stoffen, sei es durch ihre Berührung, sei es durch die gegenseitige Reibung, eine Theilung ihrer natürlichen Elektricität stattfindet, so dass der erste den positiven, der andere den negativen Zustand annimmt, so folgt, dass der Pol, von dem sich fortwährend die Harzelektricität entwickelt, den Wasserstoff anziehen und den Sauerstoff abstossen wird, während der mit Glaselektricität ausgestattete Pol den Sauerstoff anziehen und den Wasserstoff abstossen wird [1] Wenn daher der galvanische Strom einen Antheil Wasser durchtritt, so wird jedes seiner Bestandtheile sowohl von einer anziehenden, wie von einer abstossenden Kraft getrieben, deren Wirkungscentra sich einander entgegengesetzt befinden, und welche durch ihre in gleichem Sinne erfolgende Wirkung die Zersetzung dieser Flüssigkeit bestimmen

„18) Die Wirkung jeder Kraft, bezüglich einer Wassermolekel, die sich im Wege des galvanischen Stromes befindet, verhält sich umgekehrt, wie das Quadrat des Abstandes, in welchem sie ausgeübt wird Da aber die Entfernung einer beliebigen Molekel, die sich zwischen den beiden Wirkungscentren befindet, nie bezüglich des einen kleiner werden kann, ohne in gleichem Verhältniss bezüglich des anderen zuzunehmen, so ist jedes Element einer solchen Molekel durch eine constante Kraft angegriffen, welche von der anziehenden und der abstossenden Kraft herrührt [2]

„Die Wirkung der Abstossung ist nicht merklich, obwohl sie wirklich existirt, wegen der Wechselwirkung der in Berührung befindlichen Atome durch welche eine Wiederverbindung derjenigen, welche von den galvanischen Polen zurückgestossen werden, erfolgt

„19) Wir betrachten nunmehr eine gewisse Menge Wasser, welche aus

---

[1] „Mit Rücksicht auf die Verschiedenheit der Stoffe die sich im negativen Pole absetzen ist es vielleicht richtiger, nur eine auf den Sauerstoff wirkende anziehende und abstossende Kraft anzunehmen, ohne eine solche den Polen bezüglich des Wasserstoffes zuzuschreiben"

[2] „Ich nehme an, dass jede Kraft die gleiche Intensität hat, was thatsächlich stattfinden muss, wenn keiner der Pole des elektromotorischen Apparates Elektricität anders aufnehmen kann als auf Kosten des anderen "

Sauerstoff, der durch das negative Zeichen (—) dargestellt ist, und aus Wasserstoff mit dem positiven Zeichen (+) besteht (Fig. 96). In dem Augenblicke, dass man in diesem Wasser einen galvanischen Strom herstellt, macht sich die elektrische Polarität zwischen den Atomen geltend, so dass diese

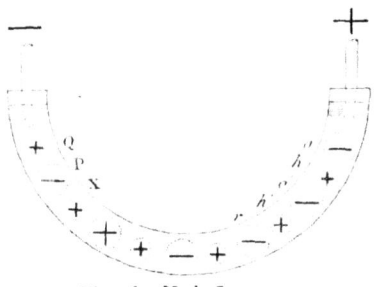

ein Complement der wirkenden Säule darstellten. Gleichzeitig werden alle Sauerstoffatome, die sich auf dem Wege des Stromes befinden, eine Tendenz zur Bewegung nach dem positiven Pole erhalten, während alle auf der gleichen Bahn belegenen Wasserstoffatome nach dem negativen Pole zu gelangen suchen werden.

Fig. 96. Nach GROTHUSS.

„Daraus folgt, dass, wenn die durch oh dargestellte Molekel Wasser ihren Sauerstoff o an die Glaselektricität des $+$ Drahtes abgiebt, der Wasserstoff h desselben alsbald wieder durch die Ankunft eines anderen Atoms Sauerstoff o' oxydirt wird, dessen Wasserstoff h' sich mit r verbindet u. s. w. Das gleiche findet in entgegengesetztem Sinne statt bezüglich der Wassermolekel QP, welche, nachdem sie ihren Wasserstoff an die Harzelektricität des Drahtes abgegeben hat, alsbald rehydrogenisirt wird durch die Ankunft des Atoms X; diese Wechselfolge von Zersetzungen und Verbindungen der Elemente des Wassers dauert fort, bis es vollständig zersetzt ist.

„20) Es ist klar, dass während dieses ganzen Vorganges die Molekeln des Wassers, welche sich an den Enden der Leitungsdrähte befinden, allein zersetzt werden, während alle dazwischen befindlichen gegenseitig und abwechselnd ihre Bestandtheile austauschen werden, ohne ihre Natur zu ändern. Daraus schliesse ich, dass wenn es möglich wäre, im Wasser einen Strom galvanischer Elektricität herzustellen, so dass er darin eine vollständige Kreislinie beschreibt, alle Molekeln der Flüssigkeit, die sich in diesem Kreise befinden, zersetzt und im Augenblicke wieder gebildet würden; woraus folgt, dass dieses Wasser, obwohl es der Wirkung des Galvanismus unterliegt, doch immer Wasser bleiben würde.

„21) Als ich Flüssigkeiten, die in verschiedenen Gefässen enthalten waren, der Wirkung des elektromotorischen Apparates aussetzte, bemerkte ich die Polarität der Metalldrähte, welche zur Verbindung der Flüssigkeiten in den verschiedenen Gefässen dienten. (Vgl. Fig. 97, S. 315.) So erhielt ich, als die Gefässe Bleiacetat enthielten, Sauerstoff an den Enden a und c, während die schon beschriebenen Vegetationen an den Enden b und d statt stattfanden.[1]

---

[1] „Ich habe meine Abhandlung Herrn MORICHINI mitgetheilt. Dieser geschickte Chemiker theilt mir mit, dass er ganz die gleichen Resultate erhalten habe, als er die Gase untersuchte, welche sich entbanden, wenn die Gefässe nur Wasser enthielten. Die Enden a und c gaben ihm Sauerstoff, während der Wasserstoff von den Enden b und d sich entwickelte."

„22) Die Theorie der Wasserzersetzung, die ich soeben auseinandergesetzt habe, ladet zu einigen Schlüssen ein.

„a) Das Verhältniss an Wasserstoff kann in dem Theil des Wassers, der an den positiven Pol grenzt, nicht vergrössert werden, weil der Sauerstoff der ganzen Flüssigkeit, die vom galvanischen Strome durchsetzt wird, nach diesem Punkt strebt, während der Wasserstoff sich zu entfernen sucht.

„b) Ebenso ist eine Oxygenirung in dem Theile des Wassers, der den negativen Pol umgiebt, unmöglich, weil der Wasserstoff beständig dahin angezogen wird, während der Sauerstoff abgestossen wird. Vgl. § 9.

„c) Selbst wenn die Bestandtheile des Wassers sich in keinem anderen Verhältniss verbinden könnten, als in dem, welches das Wasser bildet, so würde dieses doch nichtsdestoweniger auf die beschriebene Art zersetzt werden; es würde aber weder Oxydation noch Hydrogenation, weder Säure- noch Alkalibildung in irgend einem Theile stattfinden.

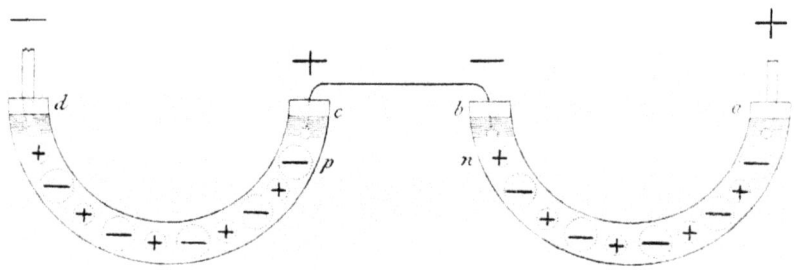

Fig. 97. Nach GROTHUSS.

„23) Die Bildung von Säure am positiven und von Alkali am negativen Pole,[1] in dem durch die galvanische Elektricität beeinflussten Wasser, stützen gleichfalls die vorgeschlagene Theorie, denn man kann nach der Analogie die erste einer Oxydation, die andere einer der Gegenwart von Wasserstoff zuschreiben. (Vgl. oben S. 311, 9.)

„Als mein Apparat mehrere Tage thätig gewesen war, fanden sich die mit Kochsalzlösung befeuchteten Tuchscheiben hier und da mit einer salzartigen Ausscheidung bedeckt, die nichts war, als kohlensaures Natron, dessen Kohlensäure aus der Luft angezogen war.

„24) Die polare Anordnung, wie sie zwischen den Atomen des Wassers besteht, wenn der galvanische Strom es durchsetzt, muss sich auch zwischen den Atomen jedes anderen Stoffes herstellen, wenn sie durch die gleichen Kräfte getrieben werden. In metallischen Lösungen besteht die elektrische Polarität zwischen den Elementen des Oxyds, von denen der Sauerstoff an

---

[1] „Die Lackmustinctur röthet sich am positiven Pol, wenn sie von einem galvanischen Strome durchsetzt wird, und nimmt ihre blaue Farbe wieder an, wenn man die Lagen der beiden Pole mit einander verwechselt; doch kann man diese Wirkungen durch den Einfluss des Sauerstoffes und Wasserstoffes im Entstehungszustande auf den Farbstoff erklären, und sie genügen nicht, um die Bildung von Säure und Alkali daraus zu schliessen.‟

den positiven Pol geht, während das Metall sich am negativen niederschlägt
Die Säure wirkt auf diese metallischen Theilchen, welche sie in Lösung
gehalten hatte, da sie aber zersetzt wird, sei es durch diese Reaction, sei
es durch die elektrische Kraft, so findet die Revivification trotzdem statt

„25' Ich habe eine gekrümmte Röhre mit zwei verschiedenen metallischen
Lösungen gefüllt, so dass jede von ihnen eine Hälfte der Röhre einnahm,
ohne sich mit der anderen zu vermischen, und dass sie eine einzige Berührungsstelle in der Mitte hatten [1] Als ich die so angeordneten Flüssigkeiten der Wirkung des galvanischen Stromes aussetzte, und den negativen
Pol bald in die eine, bald in die andere tauchte, wurde dieser immer mit
dem Metall bekleidet, in dessen Lösung er sich eben befand

„Wenn wir ausser dem Sauerstoff noch irgend einen anderen Stoff
kennen würden, der vom positiven Pole angezogen wird, so könnte man den
Versuch mit diesem wiederholen Ein analoges Ergebniss würde dann deutlich beweisen, dass die Zersetzung des Wassers durch die galvanische Elektricität an zwei verschiedenen Molekeln stattfindet, welche Meinung allgemein
angenommen ist und sich in Übereinstimmung mit der Theorie befindet,
die ich den Gelehrten vorzulegen wage

„Die bewunderungswürdige Einfachheit des Gesetzes, dem diese Erscheinung unterworfen ist, zeigt sich zu unserem Erstaunen in dem Gesetz des
Universums Die Natur kann weder schaffen, noch vernichten, da die Menge
der Stoffe nie vermehrt noch vermindert wird, vielmehr sind alle dem gegenseitigen Austausch der Elemente unterworfen, und betrachtet man die wunderbaren Wirkungen der Elektricität, die oft im Geheimen thätig ist, obwohl
sie im Universum verbreitet ist, so kann man nicht umhin, in ihr eines der
wirksamsten Agentien in den grossen Operationen der Natur zu sehen "
Der wichtigste Gedanke in der vorstehenden Abhandlung ist die Idee
der fortschreitenden abwechselnden Zersetzung und Wiederverbindung, wodurch in einer für jene Zeit sehr genügenden Weise das räthselhafte Auftreten der Bestandtheile der galvanisch zersetzten Stoffe an den unter
Umständen sehr weit entfernten Poldrähten erklärt wurde. Man erkennt in
diesem Gedanken den Einfluss Berthollet's, dessen Vorstellungen gegenüber
indessen Grotthuss' Auffassung selbständige Bedeutung beanspruchen darf.
Auch in anderen Gebieten hat Grotthuss' Idee verbildlich gewirkt, so beruht
insbesondere Williamson's berühmte Theorie der Esterbildung ganz und gar
auf derselben Idee der abwechselnden Zersetzungen und Neubildungen

Indessen darf doch nicht verschwiegen werden, dass der fragliche Gedanke zwar lange, aber doch nicht für immer sich als lebensfähig erwiesen
hat Eine genaue Untersuchung desselben von den in neuester Zeit gewonnenen energetischen Gesichtspunkten aus erweist ihn als wesentlich
unhaltbar Denn die Annahme, dass eine abwechselnde Zersetzung und

---

[1] Man erhält diese Bedingung leicht, wenn man sich zweier Lösungen von verschiedener
Farbe z B Bleiessig und Kupfernitrat, bedient '

Wiederverbindung der Bestandtheile ohne Arbeitsaufwand möglich sei, führt unabweislich zu dem Resultate, dass ein grösserer oder geringerer Antheil der Verbindung bereits in seine Bestandtheile gespalten sein muss, da sonst zwar nicht eine Verletzung des ersten Hauptsatzes (der Erhaltung der Energie), wohl aber eine solche des zweiten Hauptsatzes (dass ruhende Energie nicht freiwillig in Bewegung gerath' zugegeben werden musste. In der That ist auch in der Folge die GROTHUSS'sche Theorie durch die Annahme einer bereits vor aller Stromwirkung vorhandenen theilweisen Zersetzung der leitenden Stoffe ersetzt worden. Insofern diese Theorie aber zum ersten Male die physische Möglichkeit der galvanischen Zersetzungserscheinungen begreiflich machte, hat sie ihren dauernden Werth.

8 Die elektrochemische Theorie von BERZELIUS. Während die vorherbesprochenen theoretischen Versuche sich im Wesentlichen auf die Entstehung der elektrischen Erscheinungen in der Säule und ihre chemischen Wirkungen bezogen, entwickelten sich gleichzeitig andere Anschauungen, deren Zielpunkt die Erklärung der rein chemischen Vorgänge mittelst der elektrischen Erscheinungen war. Von den Forschern, die sich mit dieser Frage beschäftigten, sind in erster Linie DAVY und BERZELIUS zu nennen.

Fast die erste Arbeit, mit der BERZELIUS an die Öffentlichkeit trat, bezieht sich auf diese Frage, und es ist interessant zu sehen, wie die bei der Untersuchung derselben gewonnenen Gesichtspunkte maassgebend für das ganze lange und reiche wissenschaftliche Leben dieses Forschers geworden sind. Die erste Veröffentlichung dieser im Verein mit HISINGER ausgeführten Untersuchungen fand im Jahre 1803 im Neuen allgemeinen Journal der Chemie, 1, 115, statt, wo die Arbeit nach dem schwedischen Manuskript übersetzt erschien, später ist sie dann in GILBERT's Annalen[1] noch einmal abgedruckt worden.

Die ganze umfangreiche Abhandlung hier wiederzugeben, würde trotz ihrer Bedeutung für die Entwickelungsgeschichte der Wissenschaft nicht lohnend sein, der grösste Theil derselben wird von der Beschreibung elektrischer Zersetzungsversuche eingenommen, die nicht viel verschiedenes lehren. BERZELIUS und HISINGER stellten ausführlich fest, was schon zum grossen Theil vor ihnen beobachtet worden war, dass nämlich alle Salzlösungen in bestimmter Weise durch den Strom zersetzt wurden, so dass gewisse Stoffe in der einen, andere in der anderen Richtung fortgeführt und an den Polardrähten ausgeschieden wurden. Sehr wesentlich für die Beschaffenheit der Schlüsse, die sie aus ihren Versuchen zogen, ist der Umstand, dass sie fast ausschliesslich die Salze der Alkalien und der alkalischen Erden zu ihren Versuchen benutzten, dadurch hielten sie die Erscheinungen, welche diese Stoffe zeigten, für die typischen und gestalteten ihre allgemeinen Vorstellungen darnach. Hatten sie an Stelle der Salze der Leichtmetalle die der Schwermetalle der Untersuchung zu Grunde gelegt, so wären sie zu

---

[1] GILBERT's Ann. 27, 270. 1807.

einer ganz anderen Auffassung der Vorgänge gelangt, und zwar zu einer,
die viel besser mit den übrigen chemischen Thatsachen in Einklang zu
bringen war, als die von ihnen gewählte

Der fragliche Unterschied besteht darin, dass bei der Zerlegung der
Salze der Leichtmetalle nicht die Stoffe, welche von der Elektricität nach
den Polen geführt werden, sich auch dort ausscheiden, sondern andere, die
sich aus jenen unter dem Einflusse des Lösungswassers bilden Wegen des
Auftretens der letzteren an den Polen nahmen BERZELIUS und HISINGER ohne
nähere Untersuchung (die zwar zu jener Zeit schwer genug, aber doch nicht
unmöglich war) sie auch für die eigentlichen Bestandtheile der zersetzten
Salze, und dadurch wurde in die Theorie der Chemie einer der folgen-
reichsten Irrthümer eingeführt, dessen Beseitigung später nur unter den
grössten Anstrengungen und unter dem Verlust eines grossen Theiles von
dem wohlerworbenen Ansehen BERZELIUS' möglich war Wenn dagegen die
Salze von Schwermetallen untersucht worden waren, so ware das Metall als
der eine Bestandtheil der Salze erkannt worden, und als anderer Bestandtheil hatte dann nothwendig das Halogen oder der Saurerest aufgefasst
werden müssen Allerdings ware zu jener Zeit diese Auffassung nur schwer
durchzuführen gewesen, da weder die Leichtmetalle bekannt waren, noch
Klarheit über die elementare Natur des Chlors, des einzigen damals bekannten
Halogens, herrschte Nach weniger als einem Decennium, nachdem DAVY
die Alkalimetalle abgeschieden hatte, und im Jod das Analogon des Chlors
entdeckt war, wodurch die Zweifel an der elementaren Natur der Halogene
verschwunden waren, hatte die Entwickelung der theoretischen Anschauungen
schon einen ganz anderen Gang nehmen können, ja müssen, und der Fortschritt ware um 20 bis 30 Jahre beschleunigt worden.

Nachstehend sind von der Abhandlung von BERZELIUS und HISINGER die
allgemeinen Schlussfolgerungen, in denen sie die Gesammtheit ihrer Ergebnisse zusammengefasst haben, wörtlich wiedergegeben [1]

„Einige allgemeine Folgerungen aus diesen und aus den früher bekannten
Versuchen

„1) Wenn die elektrische Säule sich durch eine Flüssigkeit entladet,
so werden die Bestandtheile der Flüssigkeit von einander getrennt, einige
sammeln sich um die positive, andere um die negative Polarspitze.

„2 Die Bestandtheile, die sich um denselben Pol sammeln, haben unter
einander eine gewisse Übereinstimmung. Zu dem negativen Pol ziehen sich
alle brennbaren Körper, alle Alkalien und Erden. Nach dem positiven Pole
gehen der Sauerstoff, die Säuren und die oxydirten Körper.

„Phosphorsäure und Kohlensäure werden zwar von der elektrischen
Säule nicht zersetzt, ihre Basen machen aber doch keine Ausnahme, wie
andere Verbindungen, welche die Elektricität aufzuheben vermag, beweisen

---

[1] Ein vollständiger Abdruck der Abhandlung ist in den „Klassikern der exakten Wissenschaften" in Aussicht genommen

So giebt z B Wasser, das mit brenzlichem Öle geschwängert ist, am —Pole
Kohlenwasserstoffgas, am +Pole nach Verschiedenheit des Drahtes Sauerstoffgas oder ein Oxyd

„Einige Sauren werden von der Elektricität zerlegt, und setzen dabei
an dem +Pole Sauerstoff, an dem —Pole eine Säure ab, welche durch Entoxydirung der ersteren entsteht   Insofern diese letzteren Säuren oxydirbar
sind, rechnet man sie mit Recht zu den brennbaren Korpern, und sie
machen also hier keine Ausnahme

„Der Stickstoff wird in einigen Fallen am positiven, in anderen an
dem negativen Draht abgesetzt, ersteres geschah bei der Zersetzung der
Salpetersaure in Salpeter, letzteres bei der Zersetzung des Ammoniaks
Wir erklaren uns dieses daraus, dass bei der Zersetzung der Salpetersaure der Stickstoff das Produkt einer Entoxydirung ist, und als ein Stoff,
dem die Eigenschaften einer Saure entzogen worden, den brennbaren
Korpern gleich gilt, weshalb er am negativen Pole erscheint   Bei der Zerlegung des Ammoniaks ist dagegen der Stickstoff ein Produkt der Ent-
hydrogenisirung, und tritt als ein Korper, der die Eigenschaften eines Alkali
verloren hat, in die Klasse derer, die am positiven Pole erscheinen   Im
Vorbeigehen bemerken wir, dass nach unserer Meinung der Wasserstoff weit
mehr Anspruch hat, fur den alkalierzeugenden Grundstoff zu gelten, als der
Stickstoff

„3) In mehrfach zusammengesetzten Flussigkeiten stehen die relativen
Grossen der chemischen Zersetzung in einem Verhaltnisse, das aus dem
Verwandtschaftsgrade der Bestandtheile gegen einander, und der Grosse ihrer
Beruhrungsflache mit dem Leiter zusammengesetzt ist   Daher kann manchmal
eine starkere Vereinigung getrennt werden, wahrend eine schwachere unzersetzt bleibt, weil sie den Leiter nicht in hinlanglicher Flache beruhrt   Je
starker die Verwandtschaft der Bestandtheile gegen einander ist, um so
grosser muss auch verhaltnissmassig die Beruhrungsflache sein, und umgekehrt

„Sehr concentrirtes Ammoniak wird z B leicht von der Elektricität zerlegt, ist es aber reichlich mit Wasser verdunnt, so bleibt es unzersetzt, und
das Wasser allein wird zersetzt   Von Metalloxyden, die in Wasser aufgelost
sind, z B. im Kupfervitriol, wird etwas weniges zersetzt, weil die Verwandtschaft ihrer Bestandtheile zu einander so viel Mal geringer ist, als die Bestandtheile des Wassers   In einer Salpeterauflosung werden zugleich Salz, Wasser
und Saure zerlegt

„4) Die absoluten Grossen der Zerlegung verhalten sich wie die Menge
der Elektricität   Und die Elektricität steht im Verhaltniss mit der Grosse
der Beruhrung der Metalle in der Saule mit ihrem feuchten Leiter

„Eine Saule von 28 Plattenpaaren von $4\frac{1}{2}$ Zoll Seite giebt aus diesem
Grunde unter gleichen Umstanden in derselben Zeit 6 Mal mehr Gas, als
eine gewohnliche Saule von 100 Paaren.

„Hier ware noch eine wichtige Frage zu untersuchen   welchen Einfluss
hat die Intensitat der Ladung, die bekanntlich im Verhaltniss mit der Anzahl

der Platten steht, auf das chemische Verhalten der Elektricität? Ist die chemische Zersetzung allemal gleich bei gleicher Oberfläche, sie mag übrigens in so viel Paare getheilt sein, als sie will? Einige Versuche berechtigen uns, diese letztere Frage mit nein zu beantworten. Wir hatten z. B. eine Säule von 300 Plattenpaaren erbaut, sie gab keine grössere Gasentbindung, als unter gleichen Umständen eine Säule von 100 Plattenpaaren giebt. Die Intensität möchte also der Zerlegung hinderlich sein. Eigene Versuche der Art und das Verhalten der Reibungselektricität führten uns zu der Vermuthung, dass die Quantität der Zersetzung in einem Verhältnisse stehe, das aus dem geraden Verhältnisse der Quantität der Elektricität und dem umgekehrten Verhältnisse der Intensität zusammengesetzt ist, oder dass sie sich verhalten, wie die Oberflächen, dividirt durch die Anzahl der Plattenpaare.

„Die Quantität der Elektricität scheint auf den Aggregationszustand der frei gewordenen Bestandtheile Einfluss zu haben. So z. B. entwickelte im Versuch 19 die Plattenbatterie Sauerstoffgas, indessen die Rohrbatterie Bleioxyd bildete. Allein dies beruht vielleicht auf dem Verhältnisse zwischen der Menge der Elektricität und der Capacität der Oberfläche des Leiters für die Oxydirung, so dass, wenn auf ein Mal mehr Sauerstoff entbunden wird, als die Oberfläche des Leiters aufnehmen kann, der Ueberschuss als Gas entweicht.

„5) In demselben Verhältnisse, in welchem eine Flüssigkeit die Elektricität träger durch sich hindurchleitet, widersteht sie kräftiger der Zerlegung.

„Wasser wird langsamer zerlegt, wenn es rein ist, als wenn es durch Beimischung eines anderen Körpers, selbst eines unzerlegbaren, zum besseren Leiter gemacht hat. Davon giebt Phosphorsäure ein Beispiel. Wird sie dem Wasser zugesetzt, so geht die Gasentbindung zwar noch immer auf Kosten des Wassers von Statten, aber sie wird stärker und nimmt immer mehr und mehr zu, wie man die Auflösung sättigt. Branntwein zersetzt sich schwerer als Wasser, reiner Alkohol noch schwerer, Gummilack in Alkohol aufgelöst am allerschwersten und nur bei der grössten Wirksamkeit der Plattensäule.

„6) Die Erscheinungen bei jeder Zersetzung werden durch folgendes bestimmt. Erstens durch die Verwandtschaft der Bestandtheile zu den Leitern, insofern sie mit diesen neue Verbindungen eingehen können, wie z. B. der Sauerstoff mit den Metallen am positiven Draht. Zweitens durch die gegenseitige Verwandtschaft der Bestandtheile, wenn mehrere zugleich abgesetzt werden, wie z. B. des in der Salpeterlösung von dem Wasser getrennten Wasserstoffes mit dem von der Säure geschiedenen Stickstoffes, die sich beide zu Ammoniak vereinigen. Drittens durch die Cohäsion der neuen Verbindungen, welches z. B. bewirkt, dass der frei werdende Wasserstoff in Gasgestalt entweicht, die Alkalien in der Flüssigkeit sich auflösen, und die Erdarten und Metalle sich in fester Gestalt ausscheiden.

„Wasser scheidet sich in Wasserstoff und Sauerstoff, die sich in dem unzersetzten Wasser nicht auflösen, sondern ersterer am —Drahte, letzterer am +Drahte als Gas entweichen.

„Schwefelsäure zersetzt sich, an der —Seite sinkt der Schwefel nieder, an der +Seite entweicht der Sauerstoff in Gasgestalt

„Salpetersäure verwandelt sich an der +Seite in Sauerstoffgas, an der —Seite in Stickstoffgas, in einigen Fällen giebt die Säure am negativen Drahte nicht ganz entoxydirten Stickstoff, sondern nichts als Stickstoffoxyd

„Phosphorsäure, Boraxsäure, Salzsäure, Kohlensäure und Flussspathsäure lassen sich nicht zerlegen, wenn sie in Wasser aufgelöst sind, wie die beiden ersten sich verhalten, wenn sie geschmolzen der Einwirkung der Säule ausgesetzt werden, wissen wir noch nicht

„Pflanzensäuren sind noch nicht mit gehöriger Genauigkeit untersucht worden, um etwas von ihnen bestimmen zu können

„Feuerfeste Alkalien und Erden, in Wasser einzeln oder zusammen aufgelöst, bleiben unverändert in ihrer Zusammensetzung DESORMES erhielt zwar aus Kalkwasser am —Drahte krystallisirten Kalk, dies mag aber einer Beimischung von salzsaurem Kalk zuzuschreiben sein

„Ammoniak giebt am —Drahte Wasserstoffgas, am +Drahte Stickgas Ist es mit Wasser verdünnt, so bleibt es unzersetzt

„Metalloxyde theilen sich in Metalle am —Drahte, in Sauerstoff am +Drahte

„Neutral- und Mittelsalze setzen am —Drahte ihre Basen in aufgelöster oder fester Gestalt, am +Drahte ihre Säuren ab, die sich, wenn der Draht oxydirbar ist, an das entstehende Metalloxyd binden Dass letzteres indessen keine wesentliche Bedingung für die Zerlegung eines Salzes ist, erhellt aus Versuch 19 und 20 Wie weit diese Zerlegung geht, und ob sie in dem Verhältnisse schwächer wird, als die Menge der Säure und des Alkali an ihren Drähten zunimmt, darüber bestimmen unsere Versuche nichts

„Metallsalze mit den Säuren und mit den Alkalien werden nicht den Neutralsalzen analog zersetzt, nur die Basis erleidet, so weit sie reicht, eine Zerlegung, und zwar in Metall und Sauerstoff Die Säure oder das Alkali dient dann nur als Auflösungsmittel für das Metalloxyd, es sei denn, sie werden mit zerlegt, wie z B die Säure im salpetersauren Zink, die durch ihr Ammoniak das aufgelöste Metalloxyd am —Drahte niederschlägt Dagegen giebt salpetersaures Silber, dessen Basis sich leichter, als die Säure zersetzt, kein Ammoniak, sondern bloss Metall und Sauerstoff

„Aus allem diesen folgt, dass man sich gewöhnlich von der Reduktion der Metalle durch die Elektricität eine unrichtige Vorstellung macht, indem man sie für die Wirkung einer Entbindung des Wasserstoffes ansieht Wie sollte es dann wohl möglich sein, dass Eisen und Zink auf diese Art reducirt wurden, zwei Metalle, die ausser dem Kreise der Säule selbst das Wasser langsam zerlegen, welche also wenigstens einen Theil des Sauerstoffes mit mehr Kraft zurückhalten müssen, als womit der Wasserstoff ihn anzieht

„Wir wagen kein Raisonnement über das Wie dieser Zerlegungen Es scheint zwar am natürlichsten, sie aus Anziehung der Elektricität zu einigen, und Repulsion gegen andere zu erklären, doch ist eine solche Erklärung wenig genügend Die französischen Chemiker haben die Wasserzersetzung daraus erklärt, dass die Elektricität einen Bestandtheil des Wassers binde, ihn dem entgegengesetzten Leiter zuführe, und dort absetze, und diese Erklärung ist von Herrn von Hauch weiter ausgeführt worden Sie hat indessen die grosse Schwierigkeit gegen sich, dass wir annehmen müssen, die durch Wasserstoff neutralisirte positive und die durch Sauerstoff neutralisirte negative Elektricität könnten einander durchdringen, ohne sich zu vereinigen Und doch giebt es zwischen beiden Polardrähten nur einen wirklichen Indifferenzpunkt, zwischen welchem und jedem der Drähte die diesen zugeführte Elektricität sich nach dem Drähte zu immer stärker zeigt, bis sie an der Spitze des Leiters am stärksten erscheint Warum führen nicht beide Elektricitäten ihre Gasarten nach dem Indifferenzpunkte, wo sie einander aufheben, und warum lassen sie sie hier nicht fahren, wo sie sich neutralisiren?

„Was endlich die Theorie des Herrn Ritter von der Einfachheit des Wassers betrifft, so fügen wir zu dem, was die Herren von Hauch und Gahn zu seinen Versuchen gesagt haben, nur noch die Bemerkung hinzu, dass die Theorie sehr inkonsequent wird in allen Fällen, wenn die Erscheinungen nicht von einer Zersetzung des Wassers, sondern anderer Körper herrühren Wenn z B schwefelsaures Kali durch Gold- oder Bleidraht zerlegt wird, so musste es nach Ritter heissen schwefelsaures Kali ist ein einfacher Körper, der, mit negativer Elektricität verbunden, Kali, mit positiver Elektricität vereinigt, Schwefelsäure macht Sollte Ritter, analog seinen Wasserversuchen, dieses schwefelsaure Kali nach Willkür in blosses Kali und blosse Säure verwandeln können?“

Die weitere wissenschaftliche Verwertung ihrer Beobachtungen haben Hisinger und Berzelius zunächst gar nicht ins Auge gefasst Vielmehr begann kurze Zeit hernach für Berzelius die Reihe von Arbeiten rein chemischer Natur, durch welche er die Gesetze ermittelte und bestätigte, denen die Gewichtsverhältnisse chemisch sich verbindender Stoffe unterworfen sind, und diese Arbeiten, welche die eigentliche Grundlage seines wissenschaftlichen Verdienstes bilden, nahmen seine Thätigkeit dermaassen in Anspruch, dass die weitere Verfolgung der elektrochemischen Forschungen dadurch vollständig unterbrochen wurde Berzelius hat in der Folge keine einzige experimentelle Arbeit in diesem Gebiete mehr ausgeführt Wenn dennoch sein Einfluss auf die elektrochemischen Vorstellungen ganz ausserordentlich bedeutend gewesen ist, so beruht dies ausschliesslich darauf, dass er auf der ziemlich schmalen experimentellen Grundlage, die wir eben kennen gelernt haben, ein Lehrgebäude errichtet hat, welches für den beabsichtigten Zweck, die Systematik der chemischen Verbindungen, sich als in hohem Grade angemessen erwiesen hat, und bald allgemein angenommen wurde.

Die Entwickelung von Berzelius' elektrochemischen Anschauungen hat sich über einen längeren Zeitraum erstreckt Seine erste Mittheilung[1] darüber

---

[1] Journ f Chemie und Physik, 0, 119 1812

vom Jahre 1812 enthält noch ziemlich unbestimmte Betrachtungen, eine
dauernde Form haben diese erst in der zweiten Auflage seines Lehrbuches
angenommen, von dem der die elektrochemische Theorie behandelnde Theil
im dritten Bande 1818 erschien Dieser Theil wurde alsbald ins Französische[1]
und ins Deutsche[2] übersetzt, und findet sich in den späteren, gleich deutsch
erschienenen Auflagen des Lehrbuches ohne grosse Veränderung wieder
abgedruckt So interessant es wäre, die stufenweise Entwickelung der einflussreichen Theorie durch den Abdruck dieser verschiedenen Redaktionen
zu belegen, so muss doch hier der Leser auf die Originale verwiesen werden,
da die ziemlich breite Darstellung allzu viel Raum beanspruchen würde.

Von grosser Wichtigkeit aber für die Beurtheilung der Theorie von
BERZELIUS ist, dass zwischen seine oben mitgetheilte experimentelle Arbeit
und den Ausbau seiner Theorie die Arbeiten von HUMPHRY DAVY fallen, von
denen nur ein Theil oben (S 190) erwähnt werden konnte Auch DAVY hat
die Frage nach dem Zusammenhang der chemischen Erscheinungen mit
dem elektrischen bearbeitet, und wie man ohne Zögern gestehen muss, in
weit tiefgründigerer und namentlich physikalisch befriedigenderer Weise
Diese Arbeiten haben einen grossen Einfluss auf BERZELIUS gehabt, und es
wäre nur zu wünschen gewesen, dass dieser Einfluss sich noch kräftiger
geltend gemacht hätte Die historische Gerechtigkeit verlangt daher, dass
wir uns zunächst mit diesen Forschungen, so weit sie sich auf die vorliegende
Frage beziehen, genauer bekannt machen, wenn auch gleich bemerkt werden
muss, dass ihre Wirkung in der Entwickelung der Ideen bei weitem nicht
so deutlich zu Tage getreten ist, wie die von BERZELIUS' Vorstellungen

9 Die elektrochemische Theorie von H DAVY In seinen ersten
Arbeiten (S 155) haben wir DAVY als einen überzeugten „Chemiker" bezüglich seiner theoretischen Anschauungen kennen gelernt Es giebt vielleicht
kein auffallenderes Beispiel für die Gewalt, welche VOLTA auf die wissenschaftlichen Anschauungen seiner Zeitgenossen ausübte, als der Umstand,
dass er auch DAVY zu der Annahme der Idee von der Berührungselektricität
brachte

Die Darstellung von DAVY's elektrochemischen Anschauungen findet sich
in der schon früher erwähnten (S 190) Abhandlung von 1807 Nachstehend
sind die wichtigsten Stellen, die sich auf unseren Gegenstand beziehen,
wiedergegeben

„Dass verschiedene Körper, welche man miteinander in Berührung bringt,
und dann trennt, entgegengesetzte Zustände von Elektricität zeigen, hatte
schon BENNET durch Versuche dargethan, doch ist es VOLTA, dem wir eine
deutliche Entwickelung dieser Thatsache verdanken Er hat sie auf eine
bestimmte Art dargestellt an Kupfer und Zink und an anderen Metallen,

---

[1] Essai sur la cause des proportions chimiques et sur l'influence chimique de l'électricité
Paris 1819

[2] Versuche über die Theorie der chemischen Proportionen und über die chemischen Wirkungen der Elektricität, deutsch von K A BROBI. Dresden 1820

welche er paarweise miteinander in Berührung brachte, zugleich hat er angenommen, dass dasselbe Verhalten auch zwischen Metallen und Flüssigkeiten stattfinde

„Bei einer Reihe von Versuchen, welche ich im Jahre 1801[1] über den Bau von elektrischen Verbindungen aus abwechselnden Lagen eines Metalles und verschiedener Flüssigkeiten angestellt habe, beobachtete ich, dass, wenn man flüssige Säuren oder Alkalien zu Elementen dieser Instrumente nimmt, die flüssigen Alkalien stets die Elektricität von dem Metalle erhalten, die Säuren dagegen immer die Elektricität dem Metalle überlassen. Wenn so z. B. die Elemente zusammengesetzt waren aus Zinn, Wasser, Kaliauflösung, ging der Kreislauf der Elektricität vom Wasser zum Zinne und vom Zinne zur Kaliauflösung, waren die Elemente dagegen schwache Salpetersäure, Wasser und Zinn, so strömte die Elektricität von der Säure zum Zinne und vom Zinne zum Wasser.

„Dieses Grundgesetz scheint in unmittelbarem Zusammenhange mit den allgemeinen Phänomenen der Zersetzung und der Hinüberführung zu stehen, welche wir in dem Vorhergehenden genauer kennen gelernt haben.

„In dem einfachsten Falle der elektrischen Wirkung musste demgemäss bei diesen Phänomenen das Alkali, welches stets Elektricität von dem Metalle, auf Kosten desselben empfängt, in Beziehung auf das Metall positiv elektrisch sein, während die Säure, welche dem Metalle Elektricität abtritt, in Beziehung auf dasselbe negativ elektrisch wäre, und da dann diese Substanzen in Beziehung auf die Metalle, die eine eine positive, die andere eine negative elektrische Kraft besassen, so mussten sie auch, wie es scheint, in ihren attraktiven und repulsiven Funktionen denselben Gesetzen der Anziehung und Zurückstossung als die gewöhnliche Elektricität unterworfen sein. Der mit der positiven Kraft begabte Körper, das Alkali, musste durch die positivelektrisirten Flächen zurückgestossen, und von den negativ-elektrisirten Flächen angezogen werden, indess bei dem Körper, der die negative Kraft besitzt, der Säure, die umgekehrte Art des Verhaltens stattfände.

„Ich habe eine Menge Versuche angestellt, um über diese Idee Licht zu verbreiten und ihnen eine ausgedehnte Anwendung zu geben, alle haben die Analogie auf eine überraschende Art bestätigt.

„Gut gebrannte Holzkohle, Wasser, Salpetersäure, und ebenso Holzkohle, Wasser, Natronlauge, waren deutlich wirksam, als ich Säulen von 20 Schichtungen aus den ersten und ebenso aus den zweiten aufgebaut hatte. In der einen Säule gab das Alkali seiner Seite die positive, in der anderen die Säure ihrer Seite die negative Kraft. Von Zink, nasser Pappe, und angefeuchtetem gebranntem Kalk gaben 40 Lagen eine schwache elektrische Säule, die aber bald ihre Kraft verlor, die Wirkung des Kalkes war in ihr der des Alkalis ähnlich.

„Um mich womöglich von dem elektrischen Zustande einer einzelnen

flussigen Saure und einer einzelnen isolirten alkalischen Auflosung, nach
ihrer Beruhrung mit Metallen zu belehren, habe ich zu verschiedenen Malen
mit den allerempfindlichsten Instrumenten Versuche angestellt, mit Cum-
bertson's condensirendem Elektrometer, mit Cavallo's Multiplicator und mit
einer sehr empfindlichen elektrischen Torsionswaage, die nach Coulomb's
Grundsatzen gebaut war, der Erfolg war indess nicht genugend Die Verdunstung, die chemische Wirkung, und die Adhasion der Flussigkeiten an
den Oberflachen der gebrauchten Metalle machten, dass kein deutliches
Resultat erfolgte, oder dass die Quelle der Elektricitat zweifelhaft blieb Ich
will hier weder das Detail der Verfahrungsarten und der Versuche beschreiben,
noch mich darauf einlassen, aus diesen eigensinnigen und zweifelhaften Erscheinungen Folgerungen zu ziehen, die sich mit volliger Uberzeugung aus
deutlichen und bestimmten Erscheinungen ableiten lassen

„Die trockenen Alkalien und diejenigen Sauren, welche in fester
und trockener Gestalt bestehen konnen, geben namlich in der Beruhrung
mit den Metallen sehr merkliche Elektricitaten, welche sich an einem Goldblatt-Elektrometer, das mit einer kleinen condensirenden Platte versehen ist,
sehr bestimmt aussern

„So oft ich Sauerkleesaure, oder Bernsteinsaure, oder Benzoe-
saure, oder Boraxsaure, die vollkommen trocken sind, sie mogen nun in
Gestalt eines Pulvers, oder in Krystallen sein, mit einer Kupferscheibe, die
mit einem isolirenden Glasstiel versehen ist, in einer bedeutenden Flache
beruhre, findet sich jedes Mal das Kupfer positiv, die Saure negativ elektrisch
Bei gunstiger Witterung, und wenn das Elektrometer in sehr gutem Stande
ist, reicht eine einzige Beruhrung des Kupfers hin, um eine merkbare Ladung
hervorzubringen, und selten bedarf es dazu ihrer mehrere als funf oder sechs
Andere Metalle, mit denen ich den Versuch wiederholt habe, z B Zink und
Zinn, hatten dieselbe Wirkung Die positive Ladung des Metalles scheint
gleich stark zu sein, die Saure mag auf Glas isolirt sein oder mit der Erde
in Verbindung stehen

„Feste Phosphorsaure, welche stark gegluht und dann vor Beruhrung
der Luft sorgfaltig geschutzt worden war, machte eine isolirte Zinkscheibe
durch vier Beruhrungen positiv elektrisch, hatte sie aber einige Minuten
lang an der Luft gestanden, so war dieses ihr Vermogen verschwunden

„Nach der Beruhrung von trockenem Kalk, von Strontian und von
Magnesia war das Metall negativ, und eine einzige Beruhrung in einer
grossen Flache reichte hin, um den Metallscheiben eine bedeutende Ladung
zu geben Die Erden, welche zu diesen Versuchen dienten, hatten die
Gestalt eines Pulvers, und waren mehrere Tage zuvor sorgfaltig bereitet und
in Glasflaschen verschlossen worden Es gehort wesentlich zum Glucken
des Versuchs, dass man, bevor man sie gebraucht, sie die Temperatur der
Atmosphare annehmen lasst In einigen Versuchen, die ich mit ihnen wahrend
des Erkaltens nach dem Gluhen gemacht habe, zeigten sie sich stark elektrisch,
und die Metalle, mit welchen ich sie beruhrte, wurden positiv-elektrisch

„Auch über die Berührung des Kali und des Natrons mit Metallen habe ich mehrere ähnliche Versuche angestellt. Nicht in einem einzigen gab mir das Kali genügende Resultate, die grosse Verwandtschaft desselben zum Wasser scheint ein unübersteigliches Hinderniss bei allen Versuchen zu sein, welche damit an der Luft angestellt werden. Das Natron wirkte bei dem einzigen Versuche, in welchem die Elektricität sich entwickelte, ebenso auf das Metall als Kalk, Strontian und Magnesia. Das Natron war bei diesem Versuche mit der höchsten Sorgfalt bereitet worden, hatte eine Stunde lang in einem Platintiegel in der Rothgluhehitze gestanden, war dann in dem über Quecksilber umgesturzten Tiegel erkaltet, und wurde unmittelbar nach Wegnahme desselben mit einer isolirten Zinkplatte berührt. Der Versuch geschah an offener Luft, die Witterung war ausserordentlich trocken, und das Thermometer stand auf 28° F, das Barometer auf 30,2 Zoll. Bei dem ersten Versuche luden sechs Berührungen das condensirende Elektrometer. Bei dem zweiten waren zehn Berührungen nöthig, um dieselbe Wirkung hervorzubringen, und später, das ist, nachdem in allem zwei Minuten verflossen waren, war keine Ladung mehr zu erhalten, und jedes Resultat blieb aus.

„Bei der Zersetzung der Schwefelsäure durch die Volta'sche Elektricität scheidet sich der Schwefel an der negativen Seite ab. Es ist aus den Versuchen mehrerer Physiker bekannt, dass beim Reiben von Schwefel mit Metallen der Schwefel positiv-, das Metall negativ-elektrisch wird. Ich habe dasselbe Resultat erhalten, als ich einen Schwefelkuchen, der nicht erregt worden war, mit einem isolirten Metalle berührte. Wilke behauptete, das Blei mache hierbei eine Ausnahme, und mache den Schwefel beim Reiben negativ, allein bei Versuchen, die ich mit der höchsten Sorgfalt angestellt habe, gab mir neu polirtes Blei dasselbe Resultat, wie die anderen Metalle: immer wurde Schwefel, den ich daran rieb oder schlug, positiv. Wahrscheinlich rührt Herrn Wilke's Irrthum daher, dass er angelaufenes Blei genommen hat; denn Schwefel an Bleiglatte oder an Blei gerieben, das der Luft lange ausgesetzt gewesen ist, wird, wie ich gefunden habe, negativ. Da also diese Ausnahme wegfällt, so unterstützen alle Thatsachen das allgemeine Grundgesetz.

„Diesem allgemeinem Grundgesetze entsprechend, musste der Sauerstoff in Beziehung auf die Metalle mit einem negativen, und der Wasserstoff in Beziehung auf die Metalle mit einem positivem Vermögen versehen sein. Dieses liess sich durch keine unmittelbaren Versuche der Berührung darthun, die Wirkungen der Körper, deren Hauptbestandtheile diese einfachen Stoffe sind, dienen indess, diese Idee auf das beste zu bestätigen. So habe ich gefunden, dass in elektrischen Säulen aus einer erregenden Flüssigkeit, einem Metalle und Wasser, Schwefelwasserstoff-Wasser geradeso wirkt, wie alkalische Auflösungen, und das flüssige oxygenirte Salzsäure ihnen viel mehr Kraft, als die allerconcentrirteste Salzsäure giebt; beides lässt sich auf keine andere Art begreifen, als das erste aus der

Wirkung des gebundenen Wasserstoffes, und das andere aus der Wirkung
des gebundenen Sauerstoffes Dieses wird vollkommen durch die Wirkung
der flussigen Schwefelwasserstoff-Alkalien bestatigt, sie aussern in
Hinsicht der Metalle das positive Vermogen in einem sehr hohen Grade
Ich habe bei meinen Versuchen mit Saulen aus einem Metalle und aus
Flussigkeiten gefunden, dass diese flussigen Schwefelwasserstoff-Alkalien im
Allgemeinen viel wirksamer als die blossen alkalischen Laugen sind, besonders mit Kupfer, Silber und Blei Bei einem Versuche, den ich im Jahre
1802 mit Verbindungen aus Kupfer, Eisen und flussigem Schwefelwasserstoff-Kali angestellt habe, zeigte sich, dass die positive Energie
des Schwefelwasserstoff-Kali in Beziehung auf Kupfer so gross ist, dass sie
die des Eisens ubertrifft, so dass hier die Elektricitat nicht, wie gewohnlich,
vom Kupfer zum Eisen und vom Eisen in die Flussigkeit, sondern umgekehrt
vom Kupfer in das Schwefelwasserstoff-Kali und von diesem in das Eisen
circulirte

„Alle diese Einzelheiten begrunden das Princip auf eine unwiderlegliche
Art Es lasst sich beinahe fur eine blosse Zusammenreihung der Thatsachen
nehmen, und wie es scheint, bedarf es nur etwas erweitert zu werden, um
allgemeiner Anwendung fahig zu sein

„Wenn zwei Korper gegen einen dritten entgegengesetzte elektrische
Krafte zeigen, so durfen wir ohne Bedenken schliessen, dass sie auch in
ihrer gegenseitigen Beziehung, einer auf den anderen, entgegengesetzte elektrische Krafte besitzen Dieses bewahrte sich mir bei einem Versuche mit
Kalk und Sauerkleesaure Ein trockenes Stuck Kalk, aus dichtem und
sehr reinem Flotzkalkstein gemacht, der so geschnitten war, dass er eine
grosse ebene Flache hatte, wurde durch wiederholte Beruhrung mit Krystallen
von Sauerkleesaure positiv-elektrisch, als ich dagegen die Krystalle auf das
condensirende Elektrometer gelegt hatte und sie mehrmals mit dem Kalk-
steine beruhrte, der nach jeder Beruhrung entladen wurde, divergirten die
Goldblattchen mit negativer Elektricitat Durch die Beruhrung der Saure
und durch die des Alkali mit dem Metalle entstand aber gerade ein Bestreben nach dem entgegengesetzten Erfolge beide mussen also sehr stark
aufeinander eingewirkt haben

„Wir durfen nach allem diesem gewiss nicht befurchten, die Analogie
zu weit zu treiben, wenn wir annehmen, dass alle Sauren und uberhaupt
der Sauerstoff, sowie von der anderen Seite alle Alkalien und der
Wasserstoff, in einerlei Art von elektrischen Beziehungen stehen, und dass,
(was die Zersetzungen und Veranderungen betrifft, welche die Elektricitat
bewirkt), Korper, welche von Natur chemisch miteinander verwandt sind,
dessen ungeachtet sich miteinander zu verbinden oder in Verbindung zu
bleiben unfahig werden, sobald sie sich in einem elektrischen Zustande
befinden, der von der naturlichen Ordnung verschieden ist So trennen sich
die Sauren, wie wir gesehen haben, in dem positiven Theile des flussigen
Bogens von selbst von den Alkalien, und der Sauerstoff von dem Wasserstoffe,

und an der negativen Seite vereinigen sich weder die Metalle mit dem
Sauerstoffe, noch bleiben die Sauren mit den Metalloxyden verbunden. Durch
dieses Mittel scheinen die anziehenden und abstossenden Kräfte von den
Metall-Oberflächen durch das ganze flüssige Mittel hindurch mitgetheilt zu
werden.

„Die chemische Anziehung zwischen zwei Körpern lässt sich nicht bloss,
wie es scheint, vernichten, dadurch, dass man den einen in einen elektrischen
Zustand versetzt, der von seinem natürlichen Zustande verschieden ist, das
heisst, indem man ihn durch Kunst in einen gleichartigen elektrischen Zustand
mit dem anderen versetzt, sondern man kann umgekehrt auch diese chemische Anziehung verstärken, indem man die natürliche Energie eines Körpers
erhöht. Während so z. B. das Zink, das oxydirbarste aller Metalle, unfähig
ist, sich mit dem Sauerstoffe zu verbinden, so lange er in dem Kreise der
Säule negativ, selbst nur durch eine schwache Kraft, elektrisirt wird, vereinigt sich das Silber, eines der am schwersten zu oxydirenden Metalle, sehr
willig mit dem Sauerstoffe, wenn es in dem Kreise positiv elektrisirt ist.
Dasselbe lässt sich von den übrigen Metallen sagen.

„Alle Körper, die sich chemisch miteinander verbinden, und deren
elektrische Kräfte wohl bekannt sind, geben in ihrer Berührung untereinander
entgegengesetzte elektrische Zustände. Beweise davon sind Kupfer
und Zink, Gold und Quecksilber, Schwefel und die Metalle, Sauren
und Alkalien. Angenommen daher, ihre kleinsten oder elementaren Teilchen
könnten sich mit vollkommener Freiheit bewegen, so würden sie sich, dem
hier entwickelten Grundgesetze gemäss, gegenseitig zu Folge ihrer elektrischen
Kräfte anziehen müssen. Es würde bei dem jetzigen Zustande unserer
Kenntnisse umsonst sein, die entferntere Ursache der elektrischen Kraft, oder
den Grund auffinden zu wollen, warum zwei verschiedene Körper in ihrer
Berührung sich entgegengesetzt elektrisirt finden. Der Zusammenhang ihrer
Elektricität mit ihrer chemischen Verwandtschaft liegt dagegen ziemlich klar
am Tage. Sollte es nicht möglich sein, dass sie überhaupt einerlei mit der
Verwandtschaft und eine wesentliche Eigenschaft der Materie wäre?

„Die belegten Glasscheiben Beccaria's hangen stark aneinander, wenn
sie entgegengesetzt geladen werden, und wenn man sie wieder trennt, so
haben sie noch ihre Ladung. Diese Thatsache hat viel Analogie mit dem
Gegenstande, den wir hier behandeln, auch von den verschiedenartigen
Theilchen muss man annehmen, dass sie in ihrem besonderen Zustande von
Energie bleiben, indem sie sich miteinander verbunden haben. Bei einer
Untersuchung, welche noch in ihrer ersten Kindheit ist, darf man zwar in
diese Hypothese kein unbegrenztes Vertrauen setzen, sie scheint indess als
eine natürliche Folge aus den Thatsachen zu fliessen, und mit den Gesetzen
der Verwandtschaft zusammen zu fallen, wie sie von den neueren Chemikern mit so vielem Scharfsinne sind entwickelt worden, und auf die es
leicht ist, von ihr eine allgemeine Anwendung zu machen.

„Wir wollen zwei Körper annehmen, von denen die Theilchen des einen

mit denen des anderen sich in einem entgegengesetzten elektrischen Zustande
befinden, und setzen, diese Zustande waren so kraftig, dass die verschiedenartigen Theilchen sich mit einer Kraft anzogen, welche ihre Aggregations-
krafte an Starke übertreffe. Es wird eine Verbindung entstehen, die mehr
oder minder innig ist, je nachdem die Krafte in ein mehr oder minder vollkommenes Gleichgewicht treten, und die Veranderung ihrer Eigenschaften
wird diesem entsprechen. Das wäre der einfachste Fall der chemischen
Vereinigung.

„Nun aber sind verschiedene Korper, welche gegen einen dritten insgesammt dieselbe elektrische Kraft haben, in dem Grade dieser Kraft verschieden. So haben die verschiedenen Sauren gegen dasselbe Metall eine
verschiedene negative, und die Alkalien gegen dasselbe Metall eine verschiedene positive Kraft. Schwefelsaure hat zum Beispiel eine grossere Kraft
mit Blei als Salzsaure, und Kahlauge wirkt kraftiger mit Zinn als Natronlauge. Auch konnen diese Korper dabei in Beziehung aufeinander selbst
in demselben Zustande sein, einander folglich zurückstossen, wie in den eben
angeführten Beispielen, oder sie konnen neutral sein, oder endlich sich
anziehen, indem sie sich in Beziehung auf einander in entgegengesetzten Zustanden befinden, wie das bei Schwefel und Alkali, welche dieselbe Art von
Energie in Beziehung auf die Metalle haben, der Fall zu sein scheint.

„Wenn zwei Korper, die sich gegenseitig abstossen, auf einen dritten
Korper mit verschiedenen Graden von einerlei elektrischer Kraft anziehend
wirken, so wird die Verbindung durch den Grad der Kraft bestimmt, und
die mit der schwachsten Energie versehene Substanz wird zurückgestossen
werden. Dieses Princip giebt uns die Ursache der Wahlverwandtschaften
und der Zersetzungen, welche sie bewirkt.

„Wenn aber Korper, welche verschiedene Grade derselben Energie in
Beziehung auf einen dritten Korper aussern, auch unter einander entgegengesetzte Krafte haben, so kann ein Gleichgewicht anziehender und zurück-
stossender Krafte stattfinden, welches fähig ist, eine dreifache Verbindung
hervorzubringen. Will man dieses weiter ausdehnen, so ist es leicht, daraus
alle noch zusammengesetzteren chemischen Verbindungen zu erklaren.

„Es wurde keine Schwierigkeit haben, diese Ansicht durch Anwendungen
in bestimmten Zahlen noch weiter aufzuklaren, und sie uberhaupt auf alle
Falle chemischer Verwandtschaften auszudehnen. Bei dem jetzigen Zustande
dieser Untersuchung wurde es indess voreilig sein, dem hypothetischen Theile
des Gegenstandes eine grossere Ausdehnung zu geben. Doch erklart sich
schon aus der allgemeinen Idee sehr einfach der Einfluss der Massen der
wirkenden Substanzen auf die Verwandtschaften, wie ihn die Versuche des
Herrn BERTHOLLET dargethan haben. Denn die vereinte Wirkung mehrerer
Theilchen, von schwacher elektrischer Energie, kann sehr wohl der von
weniger Theilen von starkerer elektrischer Energie gleich kommen oder
sie übertreffen. Die vorhin angeführten Thatsachen bestatigen diese Annahme, da eine concentrirte alkalische Lauge dem Hindurchgehen einer

Säure vermöge der Elektricität weit mächtiger, als eine schwache Lauge widersteht

„Zugegeben, dass die Verbindung von dem Gleichgewichte der natürlichen elektrischen Kräfte der Körper abhängt, so muss es möglich sein, ein Maass der künstlichen Kräfte zu finden, z B durch die von der Elektrisirmaschine, oder von einem Volta'schen Apparate hervorgebrachte Intensität und Menge, welche fähig ist, das Gleichgewicht aufzuheben　Ein solches Maass würde uns in den Stand setzen, eine Stufenleiter der elektrischen Kräfte der Körper aufzufinden, wie sie den Graden der Verwandtschaft entsprechen

„Wenn Körper, welche man durch künstliche Mittel zu hohen Graden entgegengesetzter Elektricität gebracht hat, ihr Gleichgewicht wechselseitig wieder herstellen, sind Wärme und Licht die gewöhnlichen Folgen dieser Wiederherstellung des Gleichgewichtes　Es lässt sich daher auch der Umstand vielleicht zu Gunsten der Theorie anführen, dass Wärme und Licht ebenfalls das Resultat aller intensiven chemischen Wirkungen sind, und dass, sowie in Volta'schen Batterieen von einer gewissen Gestalt, in denen grosse Quantitaten Elektricität von sehr geringer Intensität wirken, Hitze und Licht entsteht, so auch in den schwachen chemischen Verbindungen eine Vermehrung der Temperatur, ohne Lichterscheinungen stattfindet

„Nach diesen Ideen lässt es sich leicht erklären, wie die Hitze die Verbindungen erleichtern und bewirken kann　Sie giebt häufig den kleinsten Theilchen eine freiere Beweglichkeit, und in vielen Fällen scheint sie die elektrischen Kräfte der Körper zu erhöhen, wovon das Glas, der Turmalin und der Schwefel bekannte Beispiele geben. — Ich erhitzte miteinander eine isolirte Kupferscheibe und eine Scheibe aus Schwefel, und untersuchte ihre Elektricitaten, als ihre Temperatur erhöht war. Bei 56° F lassen diese Elektricitaten sich selten an dem condensirenden Elektrometer wahrnehmen, und jetzt bei 100" F waren sie so stark, dass sie die Goldblättchen ohne Hülfe des Condensators zum Divergiren brachten　Je näher der Schwefel seinem Schmelzpunkte kam, desto stärker zeigten sie sich　Ein wenig über diesem Schmelzpunkte vereinigen sich beide Körper sehr schnell unter Wärme- und Lichtentbindung, wie das die Versuche der Amsterdamer Chemiker gelehrt haben

„Es lässt sich denken, dass ähnliche Wirkungen stattfinden, indem Sauerstoff und Wasserstoff sich miteinander zu Wasser verbinden, einem Körper, der, wie es scheint, in Beziehung auf fast alle anderen Substanzen in Hinsicht der elektrischen Kraft neutral ist, und eine ähnliche Erhöhung der Kräfte findet wahrscheinlich in allen Fällen des Verbrennens statt　Überhaupt, so oft die verschiedenen Kräfte stark sind und vollkommenes Gleichgewicht entsteht, müssen die Verbindungen lebhaft, Hitze und Licht intensiv, und das neu Verbundene in einem neutralen Zustande sein　Dieses findet in dem angeführten Beispiele statt, sowie bei der Vereinigung zwischen den Alkalien mit den mächtigen Säuren　Wenn dagegen die eine Kraft schwach und die andere stark ist, so müssen alle Wirkungen minder lebhaft sein, und das Verbundene, statt neutral zu werden, einen Überschuss der stärkeren Energie zeigen.

„Diese letztere Meinung wird durch alle Versuche bestätigt, welche ich über die elektrische Kraft der zusammengesetzten Salze in Beziehung auf die Metalle habe anstellen können. Weder Salpeter, noch schwefelsaures Kali, noch salzsaurer Kalk, noch überoxygenirtsalzsaures Kali gaben einer Kupferscheibe oder einer Zinkscheibe die geringste elektrische Ladung, wenn diese gleich mit ihnen in einer grossen Fläche wiederholt in Berührung gesetzt wurde. Halbkohlensaures Natron und Borax gaben dagegen diesen Metallen schwache negative, sowie Alaun und übersaurer phosphorsaurer Kalk eine schwache positive Ladung.

„Wenn bei weiterer Untersuchung dieser Grundsatz sich allgemein bestätigt, so dürfte der Grad der elektrischen Kräfte der Körper, den man durch sehr empfindliche Instrumente findet, zu neuen und folgenreichen Aufschlüssen über die Zusammensetzung der Körper führen.

„Die Anziehung, welche die chemischen Wirkungsmittel von den positiven und negativen Oberflächen in dem VOLTA'schen Apparate erleiden, scheint die grosse Tendenz zu haben, das elektrische Gleichgewicht wieder herzustellen. In einer VOLTA'schen Batterie aus Kupfer, Zink und Kochsalzwasser hört aller Kreislauf der Elektricität auf, und ist das Gleichgewicht hergestellt, wenn das Kupfer an beiden Seiten mit dem Zinke in Berührung gesetzt wird; und der Sauerstoff und die Säuren, welche vom positiv-elektrischen Zinke angezogen werden, äussern ähnliche Wirkungen auf das Kupfer, wahrscheinlich jedoch in einem schwächeren Grade; und da sie fähig sind, sich mit dem Metalle zu verbinden, so erzeugen sie bloss ein momentanes Gleichgewicht.

„Die elektrischen Kräfte der Metalle eines in Beziehung auf das andere, oder der im Wasser aufgelösten Substanzen, scheinen in dem VOLTA'schen und den ähnlichen Apparaten die Ursache der Aufhebung des Gleichgewichtes zu sein. Die chemischen Veränderungen scheinen dahin zu streben, das Gleichgewicht wieder herzustellen; und höchst wahrscheinlich hängen die Erscheinungen, welche diese Apparate zeigen, von der vereinten Wirkung beider Ursachen ab.

„In der VOLTA'schen Säule aus Zink, Kupfer und Kochsalzwasser, welche dem, was man die Bedingung ihrer elektrischen Spannung genannt hat, gemäss angeordnet ist, sind die sich berührenden Kupfer- und Zinkscheiben in entgegengesetzten Zuständen von Elektricität. Für eine Elektricität von so schwacher Intensität ist Wasser ein isolirender Körper. Daher bewirkt jede Kupferscheibe in der ihr gegenüberstehenden Zinkscheibe eine Vermehrung positiver Elektricität durch Vertheilung, und umgekehrt jede Zinkscheibe in der ihr gegenüberstehenden Kupferscheibe eine Vermehrung der negativen Elektricität, und die Intensität wächst im Verhältnisse der Zahl, die Quantität im Verhältnisse der Grösse der Oberflächen, welche die Reihe ausmachen.

„Wenn die beiden Enden miteinander in leitende Verbindung gesetzt werden, so streben die beiden entgegengesetzten Elektricitaten, sich gegenseitig aufzuheben, doch nur, wenn die zwischen den Plattenpaaren befindliche Flussigkeit unzersetzbar ist, lasst es sich denken, dass das Gleichgewicht wirklich hergestellt, und der Kreislauf der Elektricitat gehemmt werde Da aber das Kochsalzwasser aus zwei Paar Elementen besteht, die entgegengesetzte elektrische Krafte haben, so werden der Sauerstoff und die Saure von dem Zinke, der Wasserstoff und das Alkali von dem Kupfer angezogen Daher besteht nur für einen Augenblick ein Gleichgewicht der Krafte. Das Zink wird aufgelost, und der Wasserstoff entbindet sich, die negative Kraft des Kupfers und die positive des Zinks entwickeln sich aufs neue, bloss geschwacht durch die entgegengesetzte Kraft des Natrons, welches das Kupfer beruhrt, und der Process der elektrischen Bewegung dauert so lange fort, als die chemischen Veranderungen vorgehen konnen

„Diese Theorie vereinigt gewissermaassen miteinander die Hypothese Volta's uber die Wirksamkeit der Saule, und die Meinung, welche sehr viel englische Physiker angenommen haben, der Galvanismus sei chemischen Ursprunges, sie wird uberdies durch eine Menge anderer Thatsachen und Erfahrungen bestatigt und verstarkt . .

„Die Ideen, welche ich soeben im Allgemeinen auseinander gesetzt habe, sind, wie man sieht, im Widerspruche mit der Meinung Fabroni's, die beim Bekanntwerden der Volta'schen Saule ausserordentlich wahrscheinlich schien, dass namlich die chemischen Veranderungen die ursprunglichen Ursachen der galvanischen Erscheinungen sind

„Ich war dieser Meinung bis auf gewisse Punkte beigetreten zu einer Zeit, als die Versuche des Herrn Volta uber die Elektricitat, welche durch gegenseitige Beruhrung der Metalle erregt wird, noch nicht in das Publikum gekommen waren Neue Thatsachen gaben mir indess bald den Beweis, dass hier nothwendig eine andere Kraft thatig sein musse Einer chemischen Veranderung liess sich die Elektricitat, welche sich in der gegenseitigen Beruhrung zweier Metallflachen entwickelt, schon aus dem Grunde nicht zuschreiben, weil in einer trockenen Atmosphare, in der selbst die oxydirbarsten Metalle unverandert bleiben, diese Elektricitat weit starker erscheint, als in einer feuchten Atmosphare, in der mehrere Metalle eine chemische Veranderung erleiden

„Eine zweite Thatsache, welche mich uberzeugte, dass hier eine andere Kraft wirke, ist folgende In einem Volta'schen Apparate, der aus verdunnter Salpetersaure, Zink und Kupfer besteht, ist die Seite des Zinks, auf welche die Saure wirkt, positiv, in einem Apparate dagegen, der aus Zink, Wasser und verdunnter Salpetersaure zusammengesetzt wird, ist die dieser Saure ausgesetzte Oberflache des Zinks negativ. Ware die chemische Einwirkung der Saure auf den Zink die Ursache der Elektricitat, so musste die Elektricitat in beiden Fallen dieselbe sein

„Ferner entsteht in dem Falle einer einfachen chemischen

Veranderung nie Elektricität Eisen in Sauerstoffgas verbrannt, das mit einem condensirenden Elektrometer auf eine schickliche Weise verbunden ist, giebt dem Elektrometer während des Processes keine Spur von Ladung Salpeter und Holzkohle, welche, während sie miteinander verpuffen, mit demselben Elektrometer in Verbindung stehen, bringen die Goldblättchen nicht im Mindesten zum Divergiren Indem reines festes Kali in einem isolirten Platintiegel sich mit Schwefelsäure verbindet, entsteht kein Zeichen von Elektricität — Zwar wird festes Wismuth-Amalgam mit festem Blei-Amalgam vermischt flüssig, dieses scheint mir indess auf Verminderung der Wärmecapacität, und nicht auf Entwickelung und Wirkungen der Elektricität zu beruhen Eine dünne Zinkplatte, die auf Quecksilber gebracht und isolirt wieder abgehoben wird, fand sich positiv und das Quecksilber negativ, die Wirkungen sind stärker, wenn man die Metalle erhitzt, lässt man sie aber lange genug miteinander in Berührung, dass sie sich amalgamiren, so giebt die Verbindung beider kein Zeichen von Elektricität Ich könnte noch eine grosse Menge anderer Fälle i ein chemischer Wirkung anführen, bei denen ich alle Mittel, die in meiner Macht standen, angewendet habe, um diese Thatsachen ausser Streit zu setzen, und die mir alle dasselbe Resultat gegeben haben Zwar wird bei Aufbrausungen, zumal wenn die Masse sich stark erhitzt, das Metallgefäss, in welchem sie vorgehen, negativ, Veränderung des Aggregatzustandes eines Körpers, unabhängig von einer chemischen Veränderung, ist indess ein Phänomen, welches mit der Verdunstung in Zusammenhang steht und sich nach anderen Gesetzen als die chemischen Wirkungen richtet

„Ich habe die Glasplatten Beccaria's als eine Vorrichtung angeführt, die etwas Ähnliches zeigt, als eine Verbindung vermöge der verschiedenen elektrischen Zustände der Körper Es wird behauptet, in den Versuchen Guyton de Morveau's über die Cohärenz hätten die verschiedenen Metalle mit dem Quecksilber mit einer ihren chemischen Verwandtschaften proportionalen Kraft zusammen gehangen. Die anderen Metalle haben aber in Beziehung auf das Quecksilber eine verschiedene elektrische Energie oder verschiedene Grade derselben elektrischen Kraft, und so oft Quecksilber und ein anderes Metall einander in einer grossen Fläche berühren, müssen beide vermöge der Verschiedenheiten ihrer elektrischen Zustände aneinander hängen, und das mit einer Kraft, welche dem Grade dieser Zustände proportional ist Das Eisen, welches, nach Herrn Guyton, mit dem Quecksilber nur mit wenig Kraft adhärirt, zeigte mir nur wenig positive Elektricität, als es mit Quecksilber in Berührung gebracht war, und davon getrennt wurde. Zinn, Zink und Kupfer, die dem Quecksilber stärker adhäriren, laden das condensirende Elektrometer gleich nach dem Trennen weit stärker Ich habe kein Instrument gehabt, welches genau genug gewesen wäre, um diese Unterschiede messen zu können, doch scheint es mir, dass gegenseitige Anziehung, welche aus den verschiedenen elektrischen Zuständen des Quecksilbers und der anderen Metalle entspringen, an den Resultaten Guyton's Antheil gehabt

haben müsse; und dass, insofern diese den elektrischen Kräften proportional
war, sie auch meiner Hypothese zur Folge), den chemischen Verwandtschaften proportional sein musste. In wie weit überhaupt die Cohäsion von
der Verschiedenheit der elektrischen Kräfte der Körper abhängen oder durch
sie verursacht werden könne, ist eine Frage, die zu sehr interessanten Erörterungen führen dürfte."

Die vorstehenden Darlegungen Davy's enthalten den bei weitem ernstesten
und bedeutendsten Versuch jener Zeit, den Zusammenhang zwischen den
chemischen und den elektrischen Erscheinungen causal zu begreifen und
experimentell zu belegen. Die auf S. 325 mitgetheilten Condensatorversuche
leiden zwar an demselben Einwande, der gegen die ähnlichen, von Volta
mit Metallen und Flüssigkeiten angestellten zu erheben war, dass nämlich
bei dem Auseinandernehmen der in Berührung gebrachten Stoffe eine wirkliche Trennung genau an der Berührungsfläche auf keine Weise erwiesen
oder auch nur wahrscheinlich gemacht werden kann, und dass somit die
Versuche durchaus keinen beweisenden Charakter tragen; — Davy's Anschauungen unterscheiden sich aber doch von den vielen anderen elektrochemischen Theorieen, an denen diese und die Folgezeit so reich ist,
durch die sorgfältige experimentelle Begründung. Die Idee, dass die
elementaren Atome, die als die letzten Bestandtheile der Stoffe angesehen
werden, bei ihrer gegenseitigen Berührung entgegengesetzt elektrisch werden,
und in Folge dessen sich gegenseitig anziehen, ist physikalisch ganz durchführbar, und jedenfalls viel rationeller, als die alsbald zu erwähnende Annahme von Berzelius, nach welcher die verschiedenen elektrischen Zustände
den Atomen schon an und für sich zukommen, und sich dennoch bei ihrer
Verbindung ausgleichen sollen.

Von nicht geringem Interesse ist es, nachzusehen, aus welchem Grunde
Davy seine ursprüngliche rein chemische Theorie aufgegeben hat. Auf S. 332
finden sich die Angaben darüber. Sie laufen auf denselben Einwand
hinaus, von dem schon früher die Rede gewesen ist: dass es nämlich Anordnungen giebt, in denen zwar eine sehr kräftige chemische Wirkung,
dagegen keine, oder keine beträchtliche elektrische stattfindet. Auch Davy
nimmt stillschweigend an, dass jeder chemische Vorgang elektrisch wirksam
sein müsse, wenn man die chemische Theorie durchführen wolle. Obwohl
die Nothwendigkeit einer Trennung des chemischen Vorganges in zwei
räumlich geschiedene Antheile um dieselbe Zeit von Ritter eingesehen und
ausgesprochen worden war (vgl. S. 189), und damit die Antwort auf die
Frage, unter welcher Bedingung ein chemischer Vorgang elektrisch wirksam
gemacht werden kann, gegeben war, so hat doch jener falsche Einwand
seine Wirkung noch lange Jahre hindurch geltend gemacht. Es ist dieser
Fall eines der vielen Beispiele für die immer wiederholte Erfahrung, dass
es nicht genügt, einen richtigen und wichtigen Gedanken auszusprechen,
um ihn wissenschaftlich fruchtbar zu machen: es ist ausserdem erforderlich,
seine Anwendung an entscheidender Stelle nachzuweisen, und ihn sachgemäss

durchzuführen In den seltensten Fällen hat der, welcher einen Gedanken zuerst findet, eine vollstandige Vorstellung von seiner Tragweite, und nichts ist häufiger, als die Erscheinung, dass ein buchstablich zu Tage liegender Inhalt eines solchen Gedankens Jahre und Jahrzehnte hindurch übersehen wird, und mit dem Eindruck wie von etwas ganz Neuem wirkt, wenn endlich ein unbefangenes Auge diesen Inhalt sieht, so dass er zur Geltung gebracht werden kann

Im Übrigen finden sich in der Abhandlung Davy's noch manche gute und fruchtbare Ideen angedeutet, wie insbesondere die elektrische Messung des Grades der chemischen Verwandtschaft Doch hat es allerdings fast eines ganzen Jahrhunderts bedurft, bis diese Idee greifbare Gestalt angenommen hat

10 Die elektrochemische Theorie von Berzelius Fortsetzung Die Anfange von Berzelius elektrochemischen Forschungen und theoretischen Vorstellungen sind bereits früher S 317 geschildert worden Von der ausgebildeten Gestalt, welche diese, theilweise unter dem Einflusse der eben erörterten Arbeiten Davy's, gewonnen hat, gebe ich die wichtigsten Stellen nach der Darstellung wieder, welche Berzelius in den spateren Auflagen seines Lehrbuches gegeben hat [1]

„Selbst lange vor Entdeckung der elektrischen Saule ahnete man die Beziehung zwischen Feuer und Elektricitat Wilke ausserte schon 1766, dass man mit der Zeit wohl Aufschlusse erwarten könne über die Beziehungen welche die neuere Physik zwischen Feuer und Elektricitat zu entdecken angefangen habe,[2] und spater verwebte auch Winterl die Elektricitat in seine chemisch-theoretischen Fiktionen Einige seiner Ideen darüber haben sich in der Folge bestatigt, er lasst aber den Leser immer in Ungewissheit, ob das Wahre von ihm nicht ebenso zu seinen Phantasieen gehort, wie die grosse Menge von Irrthumern, welche man in seinen Schriften findet

„Volta hatte durch mit vieler Sorgfalt angestellte Versuche beobachtet, dass zwei mit einander in Berührung gebrachte Metalle elektrisch werden, und dass dies die Ursache der Erscheinungen der elektrischen Saule sei Davy zeigte hierauf, dass dieser elektrische Zustand sich im Verhaltnisse mit der Starke der gegenseitigen Verwandtschaften der angewandten Korper vermehre, und dass er, mittelst gewisser Vorsichtsmaassregeln, in allen Korpern, welche zu einander Verwandtschaft haben, hervorgebracht und wahrgenommen werden könne Aus den Versuchen von Davy ging ferner hervor, dass durch die Temperatur, welche wie wir wissen, die Verwandtschaft erhöht, auch die Intensitat des elektrischen Zustandes der sich berührenden Korper sich vermehre, dass, wenn aber dieser mechanische Contact in chemische Vereinigung übergehe, alle Zeichen von Elektricitat augenblicklich aufhoren, das heisst, dass in dem Augenblick, wo unter

---

[1] Es ist insbesondere die 3 Auflage. Bd 5 1835 benutzt worden
[2] Abh d schwed Akad d Wiss 1766 S 90.

günstigen Umständen Feuer erscheint, die elektroskopische Vertheilung oder Entladung, die man wahrnehmen könnte, verschwindet. Diese Thatsachen harmoniren also sehr gut mit der Vermuthung, dass die entgegengesetzten Elektricitäten in den sich vereinigenden Körpern sich in dem Augenblick der Vereinigung gegenseitig neutralisiren, und dass alsdann auf eben dieselbe Weise, wie bei der elektrischen Entladung, Feuer entsteht. Auch spätere von Becquerel mit Anwendung des elektrischen Multiplikators angestellte Versuche können wohl zu den positiven Beweisen für die Theilnahme der Elektricität an der chemischen Verbindung gezählt werden; er zeigte, dass auch die geringste chemische Wirkung eine elektrische, auf die Magnetnadel wirkende Entladung hervorruft. . . .

„Indessen, wenn wir alle diejenigen Umstände, welche für die Richtigkeit dieser Vorstellung von dem Ursprunge des Feuers sprechen, erwähnen, dürfen wir nicht für solche blind sein, die nicht auf gleiche Weise erklärt werden können. Von solcher Beschaffenheit ist das Feuer, das sich zeigt, wenn sich Wasserstoffsuperoxyd, Chloroxyd, chlorige Säure, Chlorstickstoff und Jodstickstoff unter Explosion in ihre Bestandtheile trennen. Wird Wasserstoffsuperoxyd mit Wasser und Silberoxyd vermischt, so geräth die Flüssigkeit ins Sieden, und wir entdecken bei dieser Wärmeentwickelung keine andere chemische Erscheinung, als dass sich aller Sauerstoff vom Silber, und die Hälfte des Sauerstoffes vom Wasserstoff im Superoxyde trennt. In diesen Fällen entsteht Licht und Wärme also gerade bei dem Gegentheil der chemischen Verbindung, das heisst bei der Trennung der Elemente und dem Übergange derselben in den ursprünglichen isolirten Zustand, wobei man, nach der angenommenen Ursache des Feuers zu schliessen, eher eine Absorption von Wärme und Entstehung von Kälte erwarten sollte. Denn wenn Licht und Wärme durch die Vereinigung der entgegengesetzten Elektricitäten erzeugt wird, so müsste auch durch ihre plötzliche Trennung Wärme absorbirt und Kälte erzeugt werden, was indessen nicht durch Thatsachen hat erwiesen werden können. Leitet man z. B. durch die Kugel eines guten Luftthermometers einen Metalldraht, der sich ausserhalb der Kugel auf jeder Seite in eine Spitze endigt, und entladet mit diesem Draht eine elektrische Batterie in einem solchen Abstande, dass kein Funke entsteht, so strömen die entgegengesetzten Elektricitäten, von denen die freien EE der Batterie gesättigt werden, vom Drahte aus, aber die Temperatur des Luftthermometers bleibt unverändert. Diese Umstände scheinen demnach zu zeigen, dass in der Entstehung der Elektricitäten noch etwas liege, wovon wir uns noch keine Rechenschaft geben können, und dass unsere Erklärung, durch die Vereinigung der Elektricitäten möglicher Weise noch eine Vorstellungsart enthält, die von dem wirklichen Verlaufe noch sehr verschieden ist. — Indessen wollen wir versuchen, die erwähnte Hypothese zur Ausmittelung der Erscheinungen anzuwenden, bis sich eine mit dem letzteren noch besser übereinstimmende darbietet.

„Wenn die Körper, welche sich verbunden haben, und nun nicht mehr

elektrisch sind, getrennt werden, und ihre Elemente in ihren fruheren isolirten Zustand mit ihren ursprunglichen Eigenschaften zuruckgefuhrt werden
sollen, so mussen sie in den durch die Verbindung vernichteten elektrischen
Zustand wieder versetzt werden, oder mit anderen Worten, wenn diese verbundenen Korper durch irgend eine Ursache ihren ursprunglichen elektrischen Zustand, der durch die Vereinigung aufgehort hat, wieder erlangen,
so mussen sie sich trennen, und sich wieder mit ihren ursprunglichen Eigenschaften darstellen Auch ist es bekannt, dass bei der Einwirkung der
elektrischen Saule auf eine leitende Flussigkeit, die Elemente dieser Flussigkeit sich trennen, dass der Sauerstoff und die Sauren von dem negativen
Pol zu dem positiven, und die brennbaren Korper sowie die salzbildenden
Basen von dem positiven zu dem negativen abgestossen werden

„Wir glauben daher nun mit Gewissheit zu wissen, dass die Korper,
wenn sie nahe sind, sich verbinden zu wollen, freie entgegengesetzte Elektricitaten zeigen, deren Starke in dem Maasse steigt, als sie sich der
Temperatur, wobei sie sich verbinden, nahern, bis in dem Augenblicke der
Vereinigung die Elektricitaten mit einer Temperaturerhohung verschwinden,
die oft bis zum Ausbrechen von Feuer geht Auf der anderen Seite haben
wir gleiche Gewissheit, dass die verbundenen Korper, in einer dazu passenden
Gestalt der Wirkung des durch die Entladung der Saule entstehenden elektrischen Stromes ausgesetzt, von einander getrennt werden und ihre ersten
elektrischen und chemischen Eigenschaften wiedererlangen, wahrend zu
gleicher Zeit die darauf wirkenden Elektricitaten verschwinden

„Bei dem jetzigen Zustande unserer Kenntnisse ist die wahrscheinlichste
Erklarung der Verbrennung und der dadurch entstehenden Feuererscheinung
dass bei jeder chemischen Verbindung eine Neutralisation der entgegengesetzten Elektricitaten stattfindet, und dass diese Neutralisation das Feuer
auf dieselbe Weise hervorbringt, wie sie es bei der Entladung der elektrischen Flasche, der elektrischen Saule und dem Blitze erzeugt, ohne dass
sie bei diesen letzteren Erscheinungen von einer chemischen Vereinigung
begleitet ist

„Es stellt sich indessen hier eine Frage auf, die durch keine analoge
Erscheinung der gewohnlichen elektrischen Entladung gelost werden kann
Nachdem sich die Korper durch die Wirkung einer elektrochemischen Entladung und unter Feuererscheinung verbunden haben, bleiben sie in dieser
Verbindung mit einer Kraft, welche, wie erwahnt wurde, grosser ist, als alle
die, welche eine mechanische Trennung bewirken konnen Die gewohnlichen
elektrischen Phanomene erklaren wohl die Wirkung der Korper auf grosseren
und geringeren Abstand, ihre Anziehung vor der Vereinigung und das durch
diese Vereinigung entstehende Feuer, aber sie geben uns uber die Ursache
der mit einer so grossen Kraft nach Vernichtung des entgegengesetzten
elektrischen Zustandes fortdauernden Vereinigung der Korper keinen Aufschluss Ist dies die Wirkung einer besonderen, den Atomen bewohnenden
Kraft, wie die elektrische Polarisation, oder ist dies eine Eigenschaft der

Elektricität, welche bei den gewöhnlichen Erscheinungen nicht wahrnehmbar ist? Versucht man, diese Frage zu entscheiden, so findet man, dass im ersteren Falle, wenn es nämlich die Folge der Wirkung einer fremden Kraft wäre, die Fortdauer der Verbindung nicht dem Einflusse der Elektricität unterworfen sein dürfte, und dass, in dem anderen Falle, die Wiederherstellung der elektrischen Polarität auch die stärkste chemische Verbindung aufheben müsste. Auch wissen wir, dass die Entladung der elektrischen Batterie die chemische Verwandtschaft übertrifft, und die verbundenen Körper trennt, das heisst, dass sie die Kraft, wodurch die Atome nach der elektrochemischen Entladung verbunden blieben, überwindet oder vernichtet. Man kann z. B. vermittelst einer kleinen elektrischen Batterie von 8 oder 10 Paaren Zink- und Silberscheiben, von der Grösse eines Thalers, das Kali bei Gegenwart von Quecksilber zersetzen, dies zeigt, dass das, was wir Vereinigungs-Verwandtschaft, chemische Verwandtschaft nennen, eine nothwendige und unveränderliche Beziehung mit den elektrochemischen Erscheinungen habe, obgleich wir sie nicht durch die bis jetzt bekannten Entladungserscheinungen der durch Reibung erregten Elektricität erklären können.

„Die über die gegenseitigen elektrischen Beziehungen der Körper gemachten Versuche haben uns gezeigt, dass jene in zwei Klassen getheilt werden können, in elektropositive und elektronegative. Die zur ersten Klasse gehörigen einfachen Körper, sowie ihre Oxyde, nehmen immer positive Elektricität an, wenn sie mit einfachen Körpern oder Oxyden der zweiten Klasse in Berührung kommen, und die Oxyde der ersten Klasse verhalten sich immer zu den Oxyden der zweiten, wie die Salzbasen zu den Säuren.

„Man glaubte, die elektrische Reihe der brennbaren Körper sei von der ihrer Oxyde verschieden, aber, obgleich die verschiedenen Oxydationsstufen einiger Körper Ausnahmen zeigen, so stimmt doch die elektrische Ordnung der brennbaren Körper im Allgemeinen mit der der Oxyde auf die Weise überein, dass die mit den stärksten Verwandtschaften begabten Oxydationsstufen der verschiedenen Radikale sich zu einander verhalten, wie die Radikale selbst.

„Werden die Körper nach ihren elektrischen Dispositionen geordnet, so entsteht ein elektrisches System, welches, nach meiner Meinung, am besten sich eignet, eine Idee von der Chemie zu geben. Ich werde weiter unten darauf zurückkommen.

„Der Sauerstoff ist der elektronegativste Körper. Da er niemals in Beziehung auf irgend einen anderen positiv ist, und da es nach allen bis jetzt bekannten chemischen Erscheinungen wahrscheinlich ist, dass kein Element unserer Erde elektronegativer sein kann, so legen wir ihm eine absolute Negativität bei. Auch ist er in dem elektrochemischen System der einzige Körper, dessen elektrische Beziehungen unveränderlich sind. Die anderen sind in dem Sinne veränderlich, dass ein Körper in Beziehung auf einen anderen negativ, und in Beziehung auf einen dritten positiv sein kann, so sind z. B. der Schwefel und das Arsenik in Beziehung auf die Metalle negativ. Die Radikale der fixen Alkalien und der alkalischen Erden sind dagegen die elektropositivsten Körper, sie sind es aber in wenig verschiedenen Graden, und an dem positiven Ende der elektrischen Reihe ist kein Körper so positiv, wie der Sauerstoff elektronegativ ist.

„In der Meinung, es müsse einen solchen Körper geben, vermutheten zwar einige Chemiker, es sei dies der Wasserstoff, und es rührten die elektropositiven Eigenschaften der Körper immer von einem Gehalt an Wasserstoff her, aber diese Vermuthung, welche sich auf keine andere Thatsache, als die grosse Sättigungscapacität des Wasserstoffes stützt, hat niemals allgemeinen Beifall erhalten, und man braucht nur einen Blick auf die Eigenschaften des Wasserstoffes und der anderen elektropositiven Körper zu werfen, um sie unwahrscheinlich zu finden. Auch glaubt man annehmen zu dürfen, dass sich der Wasserstoff mit dem Kalium verbinden könne, worin er das negative Element wäre, und dass das Wasser in seinen Verbindungen mit den Salzbasen die Stelle der Säure spielt, weil bei Zersetzung von Kalkerde- oder Baryterde-Hydrat durch die Säule sich das Wasser am positiven Pole ansammelt, während die Erde zum negativen geht.

„Wenn man die Körper nach dem Zunehmen ihrer positiven Eigenschaften ordnet, so findet man in der Mitte dieser Reihe Körper, deren specifische elektrochemische Eigenschaften wenig ausgezeichnet sind, und die man ebenso gut in die eine, wie in die andere elektrochemische Klasse setzen könnte. Diesen Körpern fehlen indessen nicht die elektrochemischen Eigenschaften, sie sind in Beziehung auf die nach ihnen folgenden, negativ.

„Folgende ist ungefähr die Ordnung, in welcher die einzelnen Körper hinsichtlich ihrer allgemeinen elektrochemischen Eigenschaften und derjenigen ihrer stärksten Oxyde auf einander folgen.

Sauerstoff	Tantal	Kobalt
Schwefel	Titan	Nickel
Stickstoff	Kiesel	Eisen
Fluor	Wasserstoff	Zink
Chlor	Gold	Mangan
Brom	Osmium	Cerium
Jod	Iridium	Thorium
Selen	Platin	Zirconium
Phosphor	Rhodium	Aluminium
Arsenik	Palladium	Yttrium
Chrom	Quecksilber	Beryllium
Vanadin	Silber	Magnesium
Molybdän	Kupfer	Calcium
Wolfram	Uran	Strontium
Bor	Wismuth	Barium
Kohlenstoff	Zinn	Lithium
Antimon	Blei	Natrium
Tellur	Cadmium	Kalium

„Ich sagte, dies ist ungefähr ihre Ordnung. Bis jetzt hat man diese Materie so wenig untersucht, dass sich noch nichts ganz gewisses hinsichtlich dieser relativen Ordnung bestimmen lasst, die wohl nicht mehr dieselbe bleiben mochte, wenn man alle auf diesen Gegenstand sich beziehende Umstande besser kennen wird

„Es ist naturlich, sich vorzustellen, dass die elektrochemischen Eigenschaften der Korper sich unter einander verhalten wurden, wie ihre Verwandtschaft zum Sauerstoff, und dass diese Reihe zu gleicher Zeit ihre Ordnung nach dieser Verwandtschaft anzeigen wurde Indessen verhalt es sich nicht so, Schwefel, Phosphor und Kohlenstoff sind sehr elektronegative Korper, gleichwohl reduciren sie mehrere von den elektropositiveren Ausserdem steht die Verwandtschaft eines Korpers zum Sauerstoff nicht in einem unveranderlichen Verhaltnisse, sie verandert sich nach der Temperatur Bei einem gewissen Hitzegrad reducirt das Kalium das Kohlenoxydgas, bei einem anderen Grade wird das Kalium von der Kohle reducirt Das Quecksilber oxydirt sich bei seinem Kochpunkt und bei einer hoheren Temperatur hat es keine Verwandtschaft zum Sauerstoff mehr u s w Ferner werden oft bei unseren Versuchen die Korper durch eine zusammengesetzte Verwandtschaft reducirt und oxydirt, nach welcher man nicht ihre relative Verwandtschaft zum Sauerstoff beurtheilen darf Es ist also dieser Umstand, dass die gegenseitigen elektrischen Beziehungen der Korper nicht gleichen Schritt halten mit dem Grade ihrer relativen Verwandtschaft zum Sauerstoff, nicht dem elektrischen System entgegen, obwohl er auf den ersten Anblick einen Widerspruch zu enthalten scheint, und weiter unten werde ich zu zeigen versuchen, wie man dieses Verhaltniss erklaren kann

„Lange vorher, ehe man die elektrischen Beziehungen der Korper ahnete, hatte man ihre Oxyde in Sauren und Basen eingetheilt, die ersteren bilden die elektronegative Klasse, und die zweite die elektropositive, und diese Korper stehen unter sich in einer solchen Beziehung, dass oft eine schwache Saure einer starkeren als Base dient, und dass eine schwache Base oft die Rolle einer Saure in Beziehung auf eine starkere Base spielt

„Die aus einer Saure und einer Base zusammengesetzten Salze uben noch unter sich elektrische Reactionen von zweierlei Art auf einander aus, namlich sowohl zersetzende, wodurch sich die Elemente in anderen Verhaltnissen unter einander verbinden, als auch verbindende, indem sich zwei Salze mit einander verbinden und ein Doppelsalz bilden, wobei alsdann das eine Salz eine elektonegative und das andere eine elektropositive Reaction ausubt Die erstere die zersetzende beruht auf den spezifischen elektrischen Reactionen der einzelnen Elemente, die das Bestreben haben, sich vollkommener zu neutralisiren, die zweite (die verbindende) hangt im Gegentheil von der elektrischen Reaction des ganzen zusammengesetzten Atoms ab, welches als ganzes, mit Beibehaltung seiner Zusammensetzung besser neutralisirt zu werden strebt

„Ein Theil der zusammengesetzten Korper bildet eine dritte Klasse von elektrochemischen Beziehungen, die sich nicht unter den einfachen Korpern finden, es sind die indifferenten, welche keine elektrochemischen Reactionen mehr haben, und sich nicht mit anderen Korpern verbinden Streng genommen aber giebt es keine absolute elektrochemische Indifferenz, denn diese Korper zeigen sie nur bis zu einem gewissen Grade Sie findet statt, wo sich so viele Korper mit einander verbunden haben, dass dadurch eine vollkommene elektrische Neutralisation entstanden ist, und kein Korper mehr in die Verbindung eingehen kann Alle elektrische Reaction hat dann aufgehort gegen Korper, welche sich mit dem zusammengesetzten verbinden konnten, aber einige Elemente behalten noch ihre spezifische Reaction auf diejenigen Korper, die jenen zu zersetzen streben So kann sich z B der krystallisirte Alaun mit keinem anderen Korper verbinden, er kann aber von vielen zersetzt werden

„Verschiedene zusammengesetzte Korper haben die besondere Eigenschaft, dass sie einer gewissen Temperatur ausgesetzt, plotzlich von einem Feuer durchfahren werden, als ob darin eine chemische Verbindung vor sich gehe, ohne dass, wenigstens in der Mehrzahl dieser Falle, ihr Gewicht sich weder vermehrt noch vermindert Aber ihre Eigenschaften, und am haufigsten ihre Farbe, werden dadurch verandert, auf nassem Wege aussern sie keine Verwandtschaft mehr, sie verbinden sich nicht mehr mit denjenigen Korpern, zu denen sie eine grosse Verwandtschaft hatten und widerstehen der Einwirkung derer, die sie vorher mit Leichtigkeit zersetzten Sie verlieren diese elektrochemische Indifferenz nicht anders, als indem sie bei einer hohen Temperatur der Einwirkung von mit einer sehr starken Verwandtschaft begabten Korpern ausgesetzt werden, das heisst, wenn sie mit Alkalien oder den feuerbestandigen oder weniger fluchtigen Sauren ausgesetzt werden, erhitzt, mit denen sie sich dann auf dem trockenen Wege verbinden, indem sie in ihren vorigen elektrochemischen Zustand zuruckkehren Beispiele davon sind die Zirkonerde, das Chromoxyd u s w   .

„Die vorhergehenden Betrachtungen fuhren uns zu der Frage Wie findet sich die Elektricitat in den Korpern? Wie ist ein Korper elektropositiv oder elektronegativ? Bisher haben Thatsachen unsere theoretischen Ansichten begleitet und ihnen zur Bestatigung gedient Wir kommen nun auf ein Feld, wo wir keine solchen Beweise finden und wo folglich unsere Vermuthungen, wenn sie auch richtig sind, doch immer zweifelhaft bleiben, aber wir wollen es wenigstens versuchen, uns die Ursache dieser Erscheinungen vorzustellen

„Wir wissen, dass ein Korper nicht elektrisch wird, ohne dass sich die beiden Elektricitaten offenbaren, sei es in verschiedenen Theilen desselben Korpers, oder doch wenigstens in seinem Wirkungskreise Wenn sich die Elektricitaten in einem ein Continuum bildenden Korper einzeln zeigen, so finden sie sich immer in zwei entgegengesetzten Punkten dieses Korpers concentrirt, und sein elektrischer Zustand hat dann vollkommen dieselbe Polaritat, wie ein magnetischer Korper, und bei dem jetzigen Stande unserer Kenntnisse konnen wir uns von freier Elektricitat nicht anders einen Begriff

machen, als in Folge einer solchen Polarität. Der Turmalin bietet das beste
Beispiel einer solchen Polarität dar.

„Aber diese Polarität müssen auch die kleinsten Theilchen eines Körpers
haben; denn es lässt sich nicht ein Theil eines Körpers denken, der nicht
die Eigenschaften des Ganzen oder einer Vereinigung mehrerer Theilchen
zusammen habe. Hieraus folgt natürlich, dass man ohne diese Corpuscular-
theorie keinen Begriff von der elektrischen Polarität in den Körpern haben
kann. Bei der Annahme aber, dass die Körper aus Atomen zusammengesetzt sind, können wir uns vorstellen, dass ein jedes dieser Theilchen eine
elektrische Polarität besitze, von welcher die elektrochemischen Erscheinungen
bei ihrer Vereinigung abhängen, und deren ungleiche Intensität die Ursache
des Kraftunterschiedes ist, womit sich ihre Verwandtschaften äussern.

„Diese in den kleinsten Theilchen der Körper allgemeine elektrische
Polarität reicht indessen nicht hin, die Erscheinungen von allgemeiner Polarität
zu erklären, welche ein jedes derselben zeigt, und welche die einen elektropositiv und die anderen elektronegativ macht. Diese Eigenschaft hängt
vielleicht von jener Art von, wenn ich so sagen darf, elektrischer Einseitigkeit ab, welche zuerst von ERMAN beobachtet und die Unipolarität[1] genannt
worden ist, und deren Existenz man bestimmt erwiesen hat, obgleich wir
nicht, nach unseren Ideen von der Elektricität, die Nothwendigkeit ihrer
Existenz einsehen. Stellen wir uns vor, es sei in den Atomen eines Körpers

---

[1] Die Erscheinungen der unipolaren Leitung sind 1806 von ERMAN (GILBERT's Ann.
22, 14) beobachtet und unter dem Titel: „Über die fünffache Verschiedenheit der Körper in
Rücksicht auf das galvanische Leitungsvermögen" beschrieben worden. Die von ERMAN aufgestellten fünf Klassen sind: 1) Nichtleiter, 2) vollkommene Leiter, 3) bipolare (unvollkommene)
Leiter, 4) positiv-unipolare Leiter, 5) negativ-unipolare Leiter. Die Unipolarität der Leiter besteht darin, dass sie den elektrischen Strom nur in einer Richtung, nicht in der entgegengesetzten
leiten; an einer Weingeistflamme machte ERMAN die ersten Beobachtungen darüber. „Verbindet
man beide Polardrähte mit derselben isolirten Flamme, so zeigen die Elektrometer durch ihre
Divergenz, die nach wie vor dauert, dass der Kreis durchaus nicht geschlossen ist. ... Berührt
man aber die Flamme selbst ableitend, so bekommt der negative Pol das volle Maximum seiner
Divergenz, und der positive verliert jede Spur davon, wenn man ihm auch früher absichtlich
die grösstmögliche Divergenz ertheilt hätte. ... Die Flamme des Weingeistes leitet also ... den
positiven Effekt ganz vollkommen; für den negativen ist sie aber ein ebenso vortrefflicher Isolator geworden: sie ist ein positiv-unipolarer Leiter."

In ähnlicher Weise fand ERMAN, dass die Flamme des Phosphors ein negativ-unipolarer
Leiter ist; die letztere Eigenschaft kommt auch einigen festen Stoffen, nämlich trockener Seife
und trockenem Eiweiss zu.

Eine genügende Erklärung der von ihm beobachteten Erscheinungen hat ERMAN nicht
gegeben; diese wurde erst nach 24 Jahren von OHM, dem Entdecker des Gesetzes des elektrischen Stromes gefunden, wenigstens für den Fall der festen unipolaren Leiter (SCHWEIGGER's
Journ. **59**, 385 und **60**, 32. 1830), indem er die elektrolytische Ausscheidung nichtleitender
Stoffe an dem betreffenden Polardraht, wodurch dort, und nur dort, die Leitung aufgehoben
wird, als Ursache erkannte. Bei der Flamme liegen die Verhältnisse verwickelter.

Auf die Zeitgenossen machten die Beobachtungen von ERMAN einen grossen Eindruck;
sie wurden von dem National-Institut zu Paris mit dem Jahrespreise von 3000 Fr. gekrönt,
und zwar war dies die erste Ertheilung, trotzdem nach Stiftung des Preises bereits mehrere
Jahre vergangen waren.

die Elektricität des einen Pols in einem gewissen Punkte entweder vorherrschender oder concentrirter, als die Elektricität des anderen Pols, ungefähr auf dieselbe Art, wie der eine Pol eines Magnets viel stärker sein kann, als der andere, stellen wir uns ferner vor, es existire in den kleinsten Theilchen eines jeden Körpers eine ähnliche spezifische Unipolarität, in Folge welcher bei den einen der positive, bei den anderen der negative Pol vorherrscht, so werden wir recht gut begreifen können, wie die Elektricität in den Körpern vorhanden sein kann, und worin ihre elektrochemischen Eigenschaften bestehen. Die Körper sind also elektropositiv oder elektronegativ, je nachdem der eine oder der andere Pol darin vorherrscht.

„Aber diese spezifische Unipolarität erklärt nicht allein alle Phänomene. Wir sehen, dass sich zwei elektronegative Körper, wie der Sauerstoff und der Schwefel auf eine viel innigere Art mit einander verbinden, als z. B. der Sauerstoff und das Kupfer, obgleich letzteres elektropositiv ist. Der Verwandtschaftsgrad der Körper hangt demnach nicht allein von ihrer spezifischen Unipolarität ab, er muss aber hauptsächlich von der Intensität ihrer Polarität im Allgemeinen abgeleitet werden. Gewisse Körper sind einer intensiveren Polarisation fähig, als andere und müssen daher ein stärkeres Bestreben haben, die Elektricität zu neutralisiren, welche an ihren Polen vertheilt ist, das heisst einen grösseren Verwandtschaftsgrad, als die anderen Körper, so dass dieser letztere eigentlich in der Intensität der Polarisation besteht. Daher verbindet sich der Sauerstoff eher mit dem Schwefel, als mit dem Blei, denn wenn auch die beiden ersteren dieselbe Unipolarität haben, so neutralisirt doch der positive Pol des Schwefels eine grössere Quantität von negativer Elektricität in dem vorherrschenden Pole des Sauerstoffes, als der positive Pol des Bleis neutralisiren kann.

„Der Grad von elektrischer Polarität der Körper, wenn diese wirklich nicht bloss in unserer Vorstellung existirt, scheint keine constante Quantität zu sein, sondern hangt sehr von der Temperatur ab, durch welche er sich vermehrt, und durch deren Modifikationen er Veränderungen erleidet. Man muss wohl unterscheiden zwischen der spezifischen Polarität der Körper und ihrer Polarisations-Capacität, denn viele von ihnen, die bei gewöhnlicher Temperatur der Luft nur eine sehr schwache Polarität zu haben scheinen, erlangen bei der Rothgluhhitze eine sehr starke, wie z. B. die Kohle. Andere haben dagegen eine sehr schwache Polarisation, welche ihren höchsten Grad bei niedrigen Temperaturen erreicht, und einige verlieren sie selbst gänzlich bei hoheren Wärmegraden, wie z. B. das Gold. Hierdurch begreifen wir es, wie es kommt, dass der Phosphor sich bei niedrigen Temperaturen oxydirt, während dabei die Kohle und der Schwefel keine Veränderung erleiden. Auch sehen wir hierdurch ein, warum Körper, welche bei erhöhten Temperaturen Verbindungen bilden, die mit der grössten Kraft zusammen halten, bei geringeren Hitzegraden gar keine Wirkung auf einander äussern, weil namlich die zu ihrer Verbindung nöthige Intensität der Polarisation erst bei hoheren Temperaturen erzeugt wird. Wir können dadurch deutlich die

Ursache einsehen, durch welche die Verwandtschaften der meisten Körper erst bei hohen Temperaturen wirksam zu werden anfangen Ist die elektrochemische Neutralisation einmal vor sich gegangen, so kann sie nur durch elektrische Kräfte wieder aufgehoben werden, welche den Theilchen ihre erste Polarität wiedergeben, auf dieselbe Weise wie die Entladung der elektrischen Säule Woher es komme, dass die Temperatur die elektrische Polarität erhöht, wissen wir nicht, aber es ist diese Erscheinung so oft beobachtet worden, als wir mit unseren Instrumenten eine polare Elektricität haben entdecken und messen können, und dieser positive Beweis ist der Leitfaden für unsere Vermuthungen hinsichlich der Polarität der Atome.

„Corpora non agunt, nisi soluta" ist ein alter chemischer Spruch, welchen man so erklärt, dass die flüssigen Körper mit einer grösseren Oberfläche auf einander wirken Dies ist richtig, aber die Oberfläche kann auch durch Pulvern vergrössert werden, ohne dass dadurch eine verhältnissmassige Wirkung entsteht Damit eine Verbindung zwischen polarisirten Partikeln vor sich gehe, mussen wenigstens die des einen Körpers beweglich sein und mit einer gewissen Leichtigkeit den anderen ihre elektrischen Pole zuwenden können Diese Beweglichkeit findet nun hauptsachlich in den Flüssigkeiten statt Zwischen zwei festen Körpern geht auch keine Verbindung vor sich, oder nur höchst selten, sie wird viel leichter bewirkt, wenn sich der eine derselben im flüssigen Zustande befindet, und noch viel leichter, wenn beide flüssig sind

„Da jedes polarisirte Atom einen der Intensität seiner Polarisation proportionalen Wirkungskreis haben muss, so folgt daraus, dass nur innerhalb dieser Sphäre die Vereinigung stattfinden kann, und dass, wenn die polarisirten Partikeln durch zu grosse Abstände von einander getrennt sind, sich ihre gegenseitige Wirkung verhältnissmassig vermindert Daher verbinden sich die flüssigen Körper leicht und bei fast allen Temperaturen Die gasförmigen bedürfen dagegen meistens der Beihülfe der Wärme, und wenn sie verdunnt, und ihre Theilchen folglich weiter von einander entfernt sind, so verlieren sie auch ihre gegenseitige elektrochemische Wirkung. So bedarf, zum Beispiel, ein sehr verdunntes Gemisch von Sauerstoffgas und Wasserstoffgas zur Entzundung und zum Fortbrennen eine viel höhere Temperatur, als wenn es dem atmosphärischen Druck ausgesetzt ist, weil der Abstand zwischen den Sauerstoff- und den Wasserstoff-Atomen ihren gewohnlichen Wirkungskreis übersteigt

„Die elektrochemischen Eigenschaften der oxydirten Körper hangen fast immer ausschliesslich von der Unipolarität ihres elektropositiven Elementes, d h von ihrem Radical ab, das Oxyd ist gewohnlich elektronegativ in Bezug auf andere Oxyde, wenn sein Radical in Beziehung auf ihre Radicale negativ ist, und ebenso umgekehrt

„Wenn nun die angeführten Vermuthungen eine richtige Idee von der Beziehung der Körper mit der Elektricität darstellen, so folgt daraus, dass das, was wir chemische Verwandtschaft nennen, mit allen ihren Abanderungen nichts ist, als die Wirkung der elektrischen Polarität der Partikeln, und dass die Elektricität die erste Ursache aller chemischen Thätigkeit ist, dass sie die Quelle des Lichtes und der Wärme ist, die vielleicht nur Modifikationen davon sind, durch welche der Raum mit strahlendem Licht und Wärme erfüllt wird, und dass sie sich durch verschiedene noch unbekannte Ursachen bald als Wärme, bald als vertheilte Elektricität offenbart, dass sie aber im letzteren Falle unter Hervorbringung von Licht und Wärme verschwindet

„Die Elektricität, deren Natur noch unbekannt ist, und die mit keinem anderen, innerhalb unserer Erfahrung liegenden Körper Analogie hat wenn man das magnetische Fluidum ausnimmt, das zur Elektricität in demselben Verhältniss, wie Licht und Wärme zu stehen scheint, indem die Elektricität zu gleicher Zeit mit diesen magnetische Polarität hervorbringt, und umgekehrt die magnetische Polarität elektrische Ströme erzeugt, wie diese bei ihrer Entladung Licht und Wärme), scheint also die erste Thätigkeitsursache in der ganzen, uns umgebenden Natur zu sein Ich übergehe mit Stillschweigen alle Hypothesen, zu welchen sie Veranlassung gegeben hat, sie konnten nur Vergleichungen mit anderen, besser gekannten Materien zu Grunde haben, mit denen sie übrigens keine Ähnlichkeit hat Man nahm an, die Elektricität sei eine vibrirende Bewegung in den Körpern, analog derjenigen, welche den Schall hervorbringt, man sagte, sie sei die den Körpern innewohnende primitive Kraft u s w, aber keine von diesen Hypothesen hat über ihre Natur ein helleres Licht verbreitet, und alle haben mangelhafte Seiten gehabt, man konnte einsehen, dass dies nicht die wahre Art sei, sich von diesem so merkwürdigen Agens eine Vorstellung zu machen

„Jede chemische Wirkung ist also, ihrem Grunde nach, ein elektrisches Phänomen, das auf der elektrischen Polarität der Partikeln beruht Alles, was Wirkung der sogenannten Wahlverwandtschaft zu sein scheint, wird nur durch eine in gewissen Körpern stärker, als in anderen vorhandene elektrische Polarität bewirkt Wird z B die Verbindung AB durch den Körper C zersetzt, der zu A eine grössere Verwandtschaft hat, als B, so muss C eine grössere Intensität von elektrischer Polarität als B haben, hierdurch entsteht vollkommenere Neutralisation zwischen A und C, als zwischen A und B, welche von einer so grossen Temperaturerhöhung begleitet sein kann, dass Feuer erscheint B erscheint dann wieder mit seiner ursprünglichen Polarität, die es durch die Vereinigung von A mit C erlangt Wenn im Gegentheil von diesen drei Körpern A die schwächste Polarisation hat, so wird B durch C ebenfalls ausgetrieben werden, aber ohne bemerkbare Temperaturerhöhung, und nur allein durch das grössere Neutralisationsbestreben von C, welches stärker polarisirt ist Wenn sich zwei Körper, AB und CD so gegenseitig zersetzen, dass sich daraus zwei andere Körper, AD und CB bilden, so wird die elektrische Polarisation auf gleiche Weise in den letzteren Verbindungen besser neutralisirt sein, als in den ersteren Ich werde weiter unten von den mitwirkenden Nebenursachen sprechen, wodurch die Wirkung nicht allein von dem Grade der Polarisation der Körper abhängt

„Wenn die elektrochemischen Ansichten richtig sind, so folgt daraus, dass jede chemische Verbindung einzig und allein von zwei entgegengesetzten Kräften, der positiven und der negativen Elektricität, abhangt, und dass also jede Verbindung aus zwei, durch die Wirkung ihrer elektrochemischen Reaction vereinigten Theilen zusammengesetzt sein muss, da es keine dritte Kraft giebt. Hieraus folgt, dass jeder zusammengesetzte Körper, welches auch die Anzahl seiner Bestandtheile sein mag, in zwei Theile getheilt werden kann, wovon der eine positiv, und der andere negativ elektrisch ist. So ist z. B. das schwefelsaure Natron nicht aus Schwefel, Sauerstoff und Natrium zusammengesetzt, sondern aus Schwefelsäure und aus Natron, die wiederum jedes für sich in einen elektropositiven und einen elektronegativen Bestandtheil getheilt werden können. Ebenso kann auch der Alaun nicht aus seinen einfachen Bestandtheilen zusammengesetzt betrachtet werden, sondern er ist zu betrachten als das Produkt der Reaction der schwefelsauren Thonerde, als des negativen Elementes, auf das schwefelsaure Kali, als positives Element, und so rechtfertigt auch die elektrochemische Ansicht das, was ich über die zusammengesetzten Atome der ersten, zweiten, dritten u. s. w. Ordnung gesagt habe."

Die elektrochemische Theorie von BERZELIUS unterscheidet sich von der DAVY's nicht in erheblichem Maasse. Der wesentlichste Unterschied besteht darin, dass DAVY die Entstehung der elektrischen Ladung der Elementaratome erst bei ihrer gegenseitigen Näherung annimmt, während BERZELIUS sie an den Atomen von vornherein ausgebildet sein lässt.

Dem Standpunkte unserer gegenwärtigen Kenntnisse entspricht weder die eine Theorie, noch die andere. Wie wir jetzt wissen, ist die Elektricitätsmenge, welche an den Atomen angenommen werden darf, nicht innerhalb weiter Grenzen verschieden zu setzen, sondern nach dem FARADAY'schen Gesetze für aequivalente Mengen der verschiedensten Stoffe gleich. Die Verschiedenheiten der chemischen Verwandtschaft mussten demgemäss nicht auf verschiedene Ladungen oder Elektricitätsmengen, sondern auf verschiedene Potentiale oder Spannungen der gleichen Elektricitätsmengen zurückgeführt werden. Während diese Um- und Ausbildung der Theorie noch ganz ausführbar erscheint, so steht es nicht so mit anderen Seiten derselben. Stoffe mit starker chemischer Verwandtschaft, wie Sauerstoff oder Kalium, mussten nach BERZELIUS starke elektrische Ladungen zeigen, wenn sie im unverbundenen Zustande vorliegen. Mit der charakteristischen Vernachlässigung der physikalischen Verhältnisse, welche sich durch BERZELIUS' ganze Theorie zieht, ist dieser Umstand nicht einmal erwähnt, geschweige denn erklärt. Zwar könnte man vom modernen Standpunkte einwenden, dass ja auch die freien Elemente meist aus Doppelatomen bestehend angenommen werden, doch giebt es eine ganze Anzahl derselben, für die dies eben nicht gilt, wie z. B. alle Metalle, die man in Dampfgestalt kennt. Diese bestehen im freien Zustande im Sinne der Moleculartheorie aus einzelnen Atomen, und zeigen dennoch keine Spur freier elektrischer Ladungen.

In diese Schwierigkeit wurde die Theorie von Davy nicht gerathen, da sie die Entstehung der elektrischen Ladungen erst bei der Wechselwirkung der Atome annimmt. Diesen Vortheil erkauft sie indessen durch eine entsprechende Inhaltlosigkeit. Denn indem sie den Betrag der elektrischen Spannung zwischen den in Wechselwirkung getretenen Atomen von ihrer spezifischen Natur abhängig macht, sagt sie gar nichts bestimmtes über diesen Betrag aus, sie kann zwar nicht in Widerspruch mit der Erfahrung gerathen, ist aber ebenso wenig im Stande, irgend eine Thatsache im Voraus bestimmen zu lassen. Ihre Bedeutung beschränkt sich demgemäss darauf, dass sie die vorhandenen Thatsachen in einer anderen Gestalt auszusprechen gestattet. Statt zu sagen: die chemischen Verbindungen geschehen nach Maassgabe der im übrigen unbekannten chemischen Verwandtschaft zwischen den Stoffen, sagt die Theorie: die chemischen Verbindungen geschehen nach Maassgabe der im übrigen unbekannten elektrischen Kräfte, die bei der Wechselwirkung der Stoffe entstehen. Der eigentliche Zweck einer wissenschaftlichen Theorie, welcher darin besteht, gesetzmässige Zusammenhänge verschiedener Erscheinungen aufzudecken, erfüllt die Davy'sche Theorie in ihrer derzeitigen Gestalt offenbar nicht.

Indessen ist es in der Zeit, mit der wir uns gegenwärtig zu beschäftigen haben, zu den eben erörterten Fragen überhaupt nicht gekommen. Berzelius hat seine Theorie ausschliesslich zu Zwecken der chemischen Systematik benutzt, und hat nicht einmal den Versuch einer elektrochemischen Verwandtschaftslehre im quantitativen Sinne gemacht, und ähnlich verhält es sich mit der Lehre von Davy. Dadurch ist auch der spätere Kampf gegen die Lehre von Berzelius nicht auf dem Gebiete der Elektrochemie geführt worden, sondern auf dem der Systematik, und der Fall dieser Lehre geschah nicht in Folge der oben erwähnten Inkonsequenzen, sondern weil sie sich unfähig erwies, die Substitutionserscheinungen der organischen Chemie, bei denen die Wirkungsgleichheit des elektropositiven Wasserstoffes und des elektronegativen Chlors zu Tage trat, in ihr Gebiet aufzunehmen.

Die Theorieen von Davy und Berzelius sind nicht die einzigen elektrochemischen Theorieen. Vielmehr sind noch andere aufgestellt worden, so von Schweigger[1] und von Gmelin[2]. Doch hat keine von diesen mehr geleistet, als die genannten, und ein Eingehen auf sie würde wenig Nutzen haben.

11. Davy's letzte elektrochemische Arbeit. Während Berzelius nach Ausführung seiner oben erwähnten Erstlingsarbeit sich nie wieder experimentell mit elektrochemischen Fragen beschäftigte, sehen wir Davy gleichfalls zunächst durch seine elektrochemischen Entdeckungen in eine lange Erörterung rein chemischer Fragen geführt, schliesslich aber doch noch kurz vor seinem Tode zu jenen zurückkehren. Jene chemischen Diskussionen entstanden daraus, dass von seinen Zeitgenossen und Concurrenten Gay-Lussac

---

[1] Journ. f. Chemie u. Physik, **39**, 231 1823   [2] Pogg. Ann. **44**, 1 1838

und THENARD zunächst die elementare Natur der Alkalimetalle angezweifelt wurde, sie hielten sie für Wasserstoffverbindungen der Alkalien. Die Beweisführung für die elementare Beschaffenheit der Leichtmetalle brachte ähnliche Untersuchungen über das Chlor hervor, welches zu jener Zeit meist für das Oxyd eines unbekannten Elementes Murium gehalten wurde. Die Ursache dieser Annahme war die saure Natur der Salzsäure. Durch eine vorschnelle Verallgemeinerung war LAVOISIER zu der Ansicht geführt worden, dass der Sauerstoff das wesentliche Princip der Säuren sei. Der Name dieses Elementes drückt noch heute diese Vorstellung aus, obwohl deren Inhalt längst verschwunden ist, ebenso, wie die fossilen Überreste längst vergangener Lebensformen uns noch eine äusserliche Ansicht dieser Organismen gewahren, nachdem aller lebendige Inhalt entwichen ist. Da nun die Salzsäure ausser dem Chlor nur Wasserstoff enthält, so musste man den vorausgesetzten Sauerstoff im Chlor suchen. DAVY vertheidigte mit demselben Glück, mit dem er die elementare Natur der Leichtmetalle bewiesen hatte, auch die elementare Natur des Chlors, und versäumte auch nicht, den entsprechenden Schluss zu ziehen, dass der Sauerstoff keineswegs ein nothwendiger Bestandtheil der Säuren ist, sondern diese Eigenthümlichkeit dem Wasserstoff zugeschrieben werden muss. In diesem Sinne ist er der Begründer der Wasserstoffsäurentheorie. Freilich dauerte es ziemlich lange Zeit, bis sie angenommen wurde, und erst als LIEBIG aus den chemischen Verhältnissen allein die grosse Überlegenheit der Wasserstoffsäurentheorie über die der Sauerstoffsäuren erwiesen hatte, wurde diese Betrachtungsweise, nicht ohne den heftigsten Widerspruch von BERZELIUS' Seite, Allgemeingut der Wissenschaft.

Es ist nöthig gewesen, diese wichtige und einflussreiche Epoche in der Geschichte der Chemie nur kurz zu skizziren, da ihre eingehende Darstellung uns zu weit von unserem Wege abgeführt hätte. Nachdem dieser Kampf siegreich zu Ende geführt und DAVY inzwischen zu grösstem Ansehen emporgestiegen war, kam er in Folge einer praktischen Aufgabe im Jahre 1826 wieder auf elektrochemische Studien zurück. Jene praktische Aufgabe bestand darin, dass er um die Angabe eines Mittels ersucht worden war, den kupfernen Beschlag der Schiffe gegen die zerstörenden Wirkungen des Seewassers zu schützen; durch die gemeinsame Wirkung der gelösten Chloride und des Luftsauerstoffes oxydirt sich das Kupfer ziemlich schnell, wird aufgelöst, und das Schiff verliert seinen metallenen Schutz gegen die Zerstörung durch Bohrmuscheln. DAVY fand das gesuchte Mittel darin, dass er an dem Kupferbeschlag einige Stücke eines leichter oxydirbaren Metalles, wie Zink oder Eisen befestigen liess; durch den entstehenden elektrischen Gegensatz fand dann die Wirkung in solchem Sinne statt, dass der Sauerstoff zu dem schützenden Metall ging, während das Kupfer unangegriffen blieb. Aus seinem Bericht[1] über seine Untersuchungen entnehme ich folgende Schilderung seiner ersten Überlegungen und Versuche.

[1] Philos. Trans. 1824. P. 1.

„In der Baker-Vorlesung für 1806 (S 324 habe ich die Hypothese aufgestellt, dass die chemischen und elektrischen Vorgänge identisch seien, oder
von derselben Eigenschaft der Materie abhängen   Von diesem Gesichtspunkte aus, welcher später von BERZELIUS und anderen Forschern angenommen
wurde, habe ich gezeigt, dass die chemische Anziehung gesteigert, verändert
oder aufgehoben werden kann, je nach dem elektrischen Zustande der Stoffe,
dass Stoffe sich nur verbinden, wenn sie in verschiedenen elektrischen Zustanden sind, und dass dadurch, dass man einen für sich positiven Stoff
künstlich in den negativen Zustand bringt, seine gewöhnlichen Verbindungs-
kräfte vollständig zerstört werden, und es war eine Anwendung dieser Principien, dass ich 1807 die Elemente der Alkalien von dem Sauerstoff trennte,
mit dem sie vereinigt sind

„Durch Überlegungen in derselben Richtung bin ich zu der Entdeckung
geführt worden, welche den Gegenstand dieser Abhandlung bildet

„Kupfer ist ein Metall, welches nur schwach positiv in der elektrochemischen Reihe ist, und es kann, gemäss meinen Ideen, auf Seewasser
nur wirken, wenn es in einem etwas positiven Zustande ist, wenn es daher
schwach negativ gemacht werden konnte, so wurde die angreifende Wirkung
des Seewassers darauf Null sein   Wie aber dies zu bewerkstelligen?
Zuerst dachte ich daran, eine VOLTA'sche Batterie zu benutzen, doch dies
war praktisch kaum ausführbar   Dann dachte ich an die Berührung mit
Zink, Zinn oder Eisen, aber ich wurde lange Zeit von dem Versuche durch
den Gedanken abgehalten, dass das Kupfer der VOLTA'schen Batterie ebenso
wie das Zink durch die Wirkung der verdünnten Salpetersäure aufgelöst
wird, auch fürchtete ich, dass eine zu grosse Menge oxydirbaren Metalles
erforderlich sein wurde, um deutliche Erfolge hervorzubringen   Nachdem
ich indessen einige Zeit über die langsame und schwache Wirkung des Seewassers auf Kupfer und die Geringfügigkeit des Unterschiedes nachgedacht
hatte, der zwischen den elektrischen Kräften bestehen musste, und da ich
wusste, dass eine sehr schwache chemische Wirkung auch durch eine sehr
geringe elektrische Kraft aufgehoben wird, so entschloss ich mich, einige
Versuche über den Gegenstand anzustellen   Ich begann mit einem extremen
Falle Ich machte Seewasser schwach sauer mit Schwefelsäure und senkte
ein Stück polirtes Kupfer hinein, an welches ein Stück Zinn von etwa $\frac{1}{20}$
der Oberfläche des Kupfers gelöthet war   Nach drei Tagen erwies sich das
Kupfer völlig blank, während das Zinn stark angegriffen war   während in
einem vergleichenden Versuche, wo Kupfer allein in derselben Mischung untersucht worden war, eine erhebliche Anätzung des Kupfers   eingetreten war

„Wenn Zinn mit $\frac{1}{20}$ der Oberfläche die Wirkung von angesäuertem
Seewasser aufhob, so hatte ich nicht den geringsten Zweifel, dass eine noch
viel kleinere Menge die Wirkung des Seewassers, welche nur auf dem locker
gebundenen Sauerstoff der Luft beruht, vollständig aufheben wurde, und
als ich $\frac{1}{200}$ Zinn versuchte, fand ich die Wirkung der Aufhebung des An-
griffes auf das Kupfer vollkommen entscheidend "

In die weiteren Einzelheiten der Arbeit brauchen wir dem Verfasser nicht zu folgen, ungemein lehrreich ist in dem Berichte die Mittheilung der anfänglichen Zweifel, ob die Sache „gehen" würde. Es ist dies ein Umstand, der gerade bei kenntnissreichen Männern ungemein häufig Entdeckungen verhindert. Auf Grund eigener und fremder Erfahrungen macht man sich einer neuen Frage gegenüber alsbald mehr oder weniger bestimmte Vorstellungen und bildet sich eine Art Urtheil, dessen Gründe man sich nicht deutlich ins Bewusstsein bringt. Dadurch erscheinen denn manche Dinge als unmöglich, die es keineswegs sind, und man wird verhindert, Versuche über sie anzustellen, da solche doch wichtige Fortschritte bringen würden. Die Fähigkeit, einmal auch etwas scheinbar Absurdes zu versuchen, ist eine von denen, die der erfolgreiche Entdecker besitzen muss.

Durch jene Arbeiten, und den eben entdeckten Multiplikator, der so manche neue Aufschlüsse erwarten liess, veranlasst, hat H. Davy alsdann sich wieder mit allgemeinen Fragen der Elektrochemie beschäftigt, und hat im Jahre 1826 eine Baker-Vorlesung[1] gehalten, welcher er den Titel gab „Über die Beziehungen zwischen chemischen und elektrischen Vorgängen." Die Arbeit fängt mit einer geschichtlichen Einleitung an, in welcher Davy den Versuch von Nicholson und Carlisle als den wahren Beginn alles dessen erklärt, was in der Elektrochemie geschehen ist, und alle Ansprüche, welche man für Ritter erhoben hat, zurückweist. „Ritter's Arbeiten enthalten einige sehr sinnreiche und originale Versuche über die Bildung und die Kräfte einfacher galvanischer Ketten, und Winterl's einige kühne, wenn auch unklare spekulative Ansichten über die Grundursache chemischer Vorgänge, doch ist es schwer, zu sagen, was in der Dunkelheit der Sprache und der Metaphysik beider Herren nicht gefunden werden könnte."

Davy thut hier offenbar Ritter Unrecht, es ist dies wohl erklärlich, da er nicht deutsch verstand, und seine Kenntnisse der Arbeiten Ritter's aus zweiter Hand erhielt, insbesondere dürfte es der Einfluss des früher schon genannten Chenevix sein, von dessen übertriebenen Schilderungen[2] er seine Anschauungen über Ritter als eines Angehörigen der naturphilosophischen Schule mehr als billig hat beeinflussen lassen. Auch in seiner weiteren Darstellung nimmt er fast ausschliesslich auf englische Forscher Rücksicht, so dass diese keineswegs als eine genaue Geschichte des Gegenstandes angesehen werden kann.

Die gleiche Unkenntniss nichtenglischer Litteratur macht sich alsbald weiter geltend, indem er zu der Beschreibung seiner eigenen Versuche mittelst des Galvanometers übergeht, die er für „völlig neu" hält. Es sind dies Beobachtungen über Ströme, welche entstehen, wenn man zwei mit den Enden des Galvanometers verbundene Stücke gleichen Metalles nicht gleichzeitig, sondern nach einander in dieselbe Flüssigkeit taucht. Diese Erscheinungen

[1] Philos. Trans. 1826, P. III. — Phil. Mag. 1, 31. 1827.
Ann. de Chimie. 50, 175. — Gilbert's Ann. 20, 417. 1805.

waren drei Jahre früher von dem K. bayerischen G. O. Finanzrathe Ritter
von Yelin[1] beobachtet und unter dem Titel: „Magneto-motorische Wirkung
der flüssigen Säuren, Basen und Salze mittelst einfacher metallischer Leiter,
und eine neue einfache Ladungs-Säule mit trennbaren unipolaren Endgliedern"
beschreibt er ganz dieselben Thatsachen, welche Davy schildert. Ich lasse
einige von Yelin's Beobachtungen in seinen eigenen Worten folgen.

Nach der Beschreibung seiner Galvanometereinrichtung fährt er fort:
„Füllt man das Unzengläschen mit reiner Salzsäure, und taucht hierauf in
sie zuerst das N-Polende des zinnernen Leiters, und sodann das S-Polende,
so weicht der N-Pol der Nadel gegen Ost aus. Wird dagegen zuerst das
S-Polende und hinterher das N-Polende eingetaucht, so weicht der N-Pol
der Nadel gegen Westen aus. ... Wir haben also in diesen Versuchen
elektro-magnetische Wirkung mittelst eines einzigen einfachen metallischen
Leiters und einer einzigen Flüssigkeit. ... Welche Rolle man auch bei der
Erklärung dieser Erscheinung dem Wasser- oder Metallbogen selbst anweisen
wolle, so sind es bei den vorstehenden Versuchen doch immer die Bestandtheile der in Wasser aufgelösten Stoffe, welche mittelst des eingetauchten
Metallstreifens die elektrische Aktion bedingen, indem sie durch die Be-
rührung mit demselben in ihrem statisch elektrischen oder vielmehr mag-
netischen Gleichgewicht gestört, ein flüssiges Säulenelement, oder vielmehr
eine flüssige Säule selbst bilden, wovon in den Versuchen ... der als Silber-
Pol sich verhaltende Bestandtheil an dem zuerst eingetauchten Ende des
Zinnstreifens polarisch hervortritt, und der dadurch in eine Anwandlung zum
Freiwerden versetzte andere Bestandtheil sich nothwendig auf entgegengesetzte
Weise zum Zinkpol gestaltet, und in seinem Bestreben, sich anderwärts mit
einem Heterogenen in statisch-elektrische Ruhe zu setzen, dem später ein-
getauchten zweiten Ende des metallischen Leiters darbietet, und in ihm als
Schliessungsdraht dieselbe wirklich herstellt."

Man erkennt hier wieder die charakteristische Unart der Naturphilosophie,
die Thatsachen mit einem Schwall wenig Genaues sagender Worte zu
überdecken. Trotzdem theilt Yelin noch einige weitere beachtenswerthe
Beobachtungen mit, insbesondere die, dass die einmal hervorgebrachte Ungleichheit zweier metallischer Leiter bestehen bleibt, wenn man auch die
Metalle aus der Flüssigkeit entfernt, abtrocknet und einige Zeit liegen lässt.
Hierauf bezieht sich der zweite Theil des Titels. Er ermittelt, dass die
Ursache dieser Erscheinung an dem Metall haftet, denn die Anwendung
frischer Flüssigkeit ändert nichts an den Vorgängen. Den Zusammenhang
mit der Ritter'schen Ladungssäule (S. 176) betont er mit Recht.[2]

Ganz ähnliche Beobachtungen sind es nun, welche Davy beschreibt; um
so verschiedener sind freilich die Schlüsse, zu denen er sie benutzt. „Der
innige Zusammenhang, welcher sich in allen diesen Fällen zwischen chemischen

---

[1] Gilbert's Ann. **73**, 365. 1823.

[2] Ausser von Yelin sind die Erscheinungen um dieselbe Zeit von Oersted und von
Becquerel (Ann. chim. phys. **23**, 152. 1823) beobachtet worden.

und elektrischen Erscheinungen zeigt (DAVY hatte nachgewiesen, dass im Allgemeinen das angegriffene oder oxydirte Metall sich gegen pohrtes negativ, oder wie Kupfer gegen Zink, verhält) wird noch bemerkenswerther, wenn man die Art der Änderungen betrachtet, welche in Ketten dieser Form stattfinden

„Sauerstoff, welcher als negativ in Bezug auf alle Metalle, und Schwefel, welcher als negativ in Bezug auf die oxydirbaren Metalle betrachtet werden kann, bringen durch ihre Verbindung mit Metallen, die gegen sie positiv sind, Verbindungen hervor, welche gegen diese Metalle negativ sind Und bei den chemischen Vorgängen sind die Ergebnisse immer so, dass sie schliesslich das Gleichgewicht herstellen, indem Wasserstoff oder Schwefelwasserstoff nach der negativen Seite gehen, und Sauerstoff nach der positiven, so dass die Oxyde reducirt werden, und es wird nicht allein das Gleichgewicht hergestellt, sondern die Pole werden zuweilen umgekehrt ..."

Weiter beschäftigt sich DAVY mit den von ihm vor langer Zeit zuerst gebauten Ketten aus einem Metall und zwei Flüssigkeiten (S 157), und beweist gegen die Meinung von BECQUREL, dass durch die Verbindung von Säure und Alkali kein elektrischer Strom entsteht, sondern dass die von diesem beobachteten Strome allein in der Berührung des Metalles mit zwei verschiedenen Flüssigkeiten ihre Ursache haben „Eine Lösung von Salpeter, welcher Stoff in Berührung mit edlen Metallen neutral ist, wurde in ein Glas gebracht, welches eine mit dem Multiplikator verbundene Platinplatte enthielt, reine concentrirte Salpetersäure kam in ein anderes Glas mit einer zweiten Platinplatte, die mit dem zweiten Draht des Multiplikators verbunden war, die Verbindung zwischen beiden Gläsern wurde durch ein mit Salpeterlosung befeuchtetes Stück Asbest hergestellt Im Augenblicke der Berührung zeigte die Nadel eine starke elektrische Wirkung, negativ an der Platte, welche in die Säure tauchte, die eine dauernde Ablenkung der Nadel von etwa 60" bewirkte" Ähnliche Beobachtungen wurden mit Salpeter und Kalilauge gemacht, nur war die Ablenkung kleiner. Als dann die beiden Platten, eine in Salpetersäure, die andere in Kali getaucht wurden, und zwischen beide Flüssigkeiten eine Lösung von Salpeter geschaltet wurde, so dass kein chemischer Vorgang unmittelbar erfolgen konnte, fand eine bedeutende Ablenkung statt, als umgekehrt beide Platten in Salpeterlosung gebracht wurden, und zwischen die entsprechenden Gefässe einerseits Kali, andererseits Salpetersäure geschaltet wurde, so dass sich Säure und Basis berührten und ein kräftiger chemischer Prozess eintrat, war die Wirkung auf die Nadel Null

Ein weiteres Kapitel der Abhandlung DAVY's ist der Wirkung der gewöhnlichen Ketten aus zwei Metallen und einer Flüssigkeit gewidmet Aus den vorher beobachteten ausgezeichneten Wirkungen der Alkalien und Säuren ist abzunehmen, dass diese einen Einfluss auf die gegenseitige Stellung der Metalle in der Spannungsreihe ausüben werden, so erwies es sich auch Doch ist auch dies Verhalten schon viel früher von PFAFF S. 186 beobachtet worden DAVY theilt als Ergebniss seiner Versuche in dieser Richtung einige Spannungsreihen in verschiedenen Flüssigkeiten mit, deren Wiedergabe hier unterbleiben kann

Bei der Erörterung der Erscheinungen der Säule kommt Davy, alle einzelnen Ergebnisse seiner Versuche zusammenfassend, zu dem Schlusse, dass der reine Voltaismus, nach welchem nur der Metallcontact für die elektrische Thätigkeit der Säule entscheidend sein soll, sich nicht mit den Thatsachen verträgt Er theilt alsdann einige Versuche mit, die zwar gleichfalls nicht neu sind, die aber doch in sehr klarer Weise jene Anschauung widerlegen „Es werde ein Stück Zink und ein Stück Platin jedes in ein Glas mit Salpeterlösung gestellt, und es werden beide Gläser durch Asbest verbunden, der mit der gleichen Lösung getränkt ist, die Nadel des Galvanometers, durch dessen Draht die Metalle verbunden werden, wird eine Ablenkung zeigen Nun sollen beide Gläser durch einen metallenen Bügel aus Zink und Platin so verbunden werden, dass die Reihenfolge Voltaisch ist, d h dass das Zink dem ersten Platin gegenüber steht die Wirkung wird verstärkt werden Nun soll ein Bügel von reinem Zink eingelegt werden die Wirkung ist kleiner, als mit dem zusammengesetzten Bügel, aber grösser, als mit dem Asbest, und der dem Platin gegenüberstehende Pol wird sich oxydiren, während der dem Zink zugewandte Wasserstoff abgiebt Nun sollen Bügel aus anderem Metall für den aus Zink gesetzt werden, z B von Zinn, Eisen, Kupfer, Silber, Tellurium die elektrischen Wirkungen werden mit der Oxydirbarkeit der Metalle abnehmen und beim Tellur, welches sich am positiven Pol einer Volta'schen Batterie nicht oxydirt(?), wird die Wirkung verschwunden sein, ebenso bei Rhodium, Palladium und Platin Dass die Wirkung nicht auf irgend welchen Ursachen beruht, die mit der Leitfähigkeit zusammenhangen, ist offenbar, denn Holzkohle, welche ein sehr unvollkommener Leiter ist, wirkt wie ein oxydirbares Metall, und sehr feiner Platindraht mit einem Stückchen oxydirbaren Metalles am Ende, ist wirksamer, wenn das oxydirbare Metall dem negativen Pole gegenüber steht, als wenn der ganze Bügel aus oxydirbarem Metall besteht, und hebt die Wirkung völlig auf, wenn das oxydirbare Metall dem positiven Pole gegenüber steht “ •

Auch diese Thatsachen sind, wie erwähnt, nicht neu, sie sind alle von Ritter beobachtet worden (S 175) Doch sind unzweifelhaft Davy's Ansichten bei weitem die klareren „Alle chemischen Vorgange sind stets bestrebt, das durch die wechselseitige Berührung der Metalle in den Flüssigkeiten gestörte Gleichgewicht wieder herzustellen, und es erhellt daraus, dass in Fällen, wo ursprünglich unwirksame Bögen mit ursprünglich wirksamen verbunden werden, die mit den elektrischen Anziehungen verbundenen chemischen Vorgange das Bestreben haben müssen, in den ursprünglich unwirksamen Theilen der Kette eine Anordnung hervorzubringen, welche dieser eine Kraft geben muss, die der im ursprünglich wirksamen Bogen vorhandenen gerade entgegengesetzt sein muss, so dass deren Wirkungen nach der Trennung, wenn überhaupt welche vorhanden sind, beiderseits genau entgegengesetzt verlaufen mussen Dies Ergebniss, welches ich voraussah, fand ich thatsachlich zutreffend." Und nun beschreibt DAVY nichts anderes, als eine RITTER'sche Ladungssaule

In seinen Schlussbemerkungen geht DAVY naher auf den Vorgang der Leitung in Flussigkeiten ein, und beschreibt Versuche, in denen durch Anbringung von Reagenspapieren ermittelt wurde, an welchen Stellen sich die Produkte der elektrischen Zerlegung zuerst zeigen Bei der damals in keiner Weise bezweifelten Ansicht, dass die Salze in Saure und Basis zerfallen, war es denkbar, dass etwa in der Mitte der Salzlosung die Trennung beginnen, und die saure und basische Reaction ihren Anfang nehmen wurde Dies trifft nicht zu, „es wurde gefunden, dass das Alkali sich ausschliesslich an dem Punkt oder der unmittelbaren Oberflache des negativen Platins entwickelt, und die Saure in gleicher Weise an der Oberflache des positiven Platins, beide diffundirten dann in einem Kreise rund um den Leiter, und es war keine Erscheinung sichtbar, welche auf irgend eine Anziehung oder Abstossung der Menstrua in der Stromlinie hingewiesen hatte "

Die Erklarung, welche DAVY hierfur giebt, ist dieselbe, welche wir als von GROTTHUSS herruhrend kennen gelernt haben (S 313) die Vorstellung abwechselnder Zerlegungen und Wiederverbindungen im Stromkreise, auch hier scheint DAVY mit jener alteren Arbeit nicht bekannt zu sein, denn GROTTHUSS' Name wird nicht erwahnt

Ein Punkt in dieser Abhandlung ist von grossem Interesse Um jene Zeit war FARADAY der Assistent DAVY's, und dieser bemerkt an einer Stelle, dass FARADAY einen grossen Theil der beschriebenen Experimente ausgefuhrt habe Nun sind die hier aufgeworfenen Fragen diejenigen, welche FARADAY eine Reihe von Jahren spater mit so vielem Erfolg aufgenommen und beantwortet hat Bei der Schilderung jener grundlegenden Arbeiten werden wir vielfach an diese letzte Abhandlung DAVY's erinnert werden, und die Stetigkeit der wissenschaftlichen Entwickelung wird in diesem Falle besonders anschaulich

Schliesslich soll noch ein wichtiger allgemeiner Gesichtspunkt erwahnt werden, welchen DAVY in Bezug auf die Bedeutung der elektrochemischen Beziehungen zur Geltung bringt „In der Baker-Vorlesung von 1806 schlug ich die elektrischen Krafte, oder die zur Trennung der Elemente erforderlichen Krafte als ein Anzeichen oder einen Maassstab fur die Intensitat der chemischen Verbindung vor Durch den Gebrauch des Multiplikators wird es jetzt leicht sein, diesen Maassstab anzuwenden, und genaue Untersuchungen uber den Zusammenhang dessen, was man die elektrodynamischen Beziehungen der Stoffe nennen kann, zu deren Verbindungsgewichten oder Proportionalzahlen werden den ersten Schritt dazu bilden, die Chemie auf die dauerhafte Basis der mathematischen Wissenschaften zu grunden "

Diese Hoffnung, welche hier ausgesprochen ist, und welche wohl allgemein von DAVY's Zeitgenossen getheilt worden ist, ging nicht so bald in

Erfüllung Sehr lange Zeit ist vergangen, bis man die Grosse bestimmen lernte, welche im elektrischen Gebiete das eigentliche Maass der „chemischen Kraft" ist Zunächst nahm man den Ausschlag des Galvanometers dafur, als dann Ohm die Ursachen, welche fur diesen Betrag maassgebend sind, unterscheiden lehrte, entstanden neue Schwierigkeiten daruber, welches die entsprechende elektrische Anordnung fur einen bestimmten chemischen Vorgang ist Wir haben bereits gesehen, wie z B die von Berzelius zusammengestellte Kette, deren Wirkung dieser auf den Neutralisationsvorgang zwischen Saure und Basis zuruckfuhren wollte, gar nicht diese Bedeutung haben kann (S 351). Die Aufklarung dieser Punkte ist in der That erst in neuester Zeit gelungen, dass schon an dieser Stelle auf sie hingewiesen wird, soll den Leser auf die grossen Schwierigkeiten aufmerksam machen, mit denen im Laufe unserer Geschichte die Wissenschaft hat kampfen mussen, bis sie zu der einfachen und entscheidenden Fragestellung gelangt ist, durch welche auch das wesentliche der Antwort gegeben ist

Auch darf die Bemerkung nicht unterdruckt werden, dass das Galvanometer, von dessen Mitwirkung Davy so viel erwartet, zunächst vom Ziele mehr ab-, als ihm zugefuhrt hat Denn die entscheidende Grosse, um die es sich hier handelt, ist die, welche das Elektrometer angiebt, die Spannung, das Galvanometer aber giebt Stromstarken an, deren Zusammenhang mit der Spannung erst durch andere Daten zu ermitteln ist In dieser Beziehung waren die alteren Instrumente also die sachgemasseren, nur waren sie freilich fur scharfe Messungen noch sehr wenig geeignet

12 Ansichten von Grotthuss Zum Schlusse dieses Kapitels seien aus dem Auszuge einer grosseren Abhandlung, welche v Grotthuss gegeben hat,[1] einige bemerkenswerthe hierhergehorige Erorterungen mitgetheilt

„Der Verf zeigt, dass man nicht mit Davy und Berzelius glauben musse, dass die Elektricitatsvertheilung zweier sich beruhrender Massen im Verhaltniss stehe mit der Elektricitatsverteilung der sich beruhrenden und in chemische Wechselwirkung tretenden Elementartheile derselben Massen So z. B hat Glas zu Glas keine chemische Verwandtschaft, und doch werden zwei Glastafeln, die man mit einander in Beruhrung gebracht hat, nach der Trennung die eine +, die andere — elektrisch Blei und Schwefel haben eine grosse Verwandtschaft zu einander, und stehen dessenungeachtet in der elektrischen Spannungsreihe sehr nahe bei einander Dagegen stehen glattes Glas und rauhes Glas in dieser Spannungsreihe weit von einander ab, obwohl sie weder zu einander, noch zu Sauerstoff eine chemische Verwandtschaft aussern Und dergleichen Beispiele, die der von Berzelius geausserten Ansicht geradezu entgegen sind, giebt es viele

„Hieraus schliesst der Verf, dass man nicht von den Versuchen, welche Davy mit zwei sich beruhrenden, der gegenseitigen chemischen Einwirkung fahigen Massen (z B Kalk mit Sauerkleesaure, Kupfer mit schmelzendem

---

[1] Gilbert's Ann 81, 60 1819

Schwefel u. s. w.) angestellt hat, ausgehen könnte, um die Elektrochemie zu gründen, dass man dabei vielmehr von den Metallniederschlägen ausgehen müsse. Für diese Klasse von Erscheinungen hat der Verf. schon vor mehreren Jahren die Polarelektricität (Galvanismus) als das Bedingende derselben auf's Evidenteste bewiesen (S. 310). Auch zu Anfang der regulinischen Metallausscheidung, wenn nur ein Metall, nämlich das fällende in der Flüssigkeit sichtbar ist, sind doch schon alle, und selbst mehr Bedingungen erfüllt, als zur · Hervorbringung des Galvanismus erforderlich wären. Denn die Flüssigkeit, aus der das Metall abgeschieden werden soll, besteht aus heterogenen Elementartheilchen, und die Elementartheile des aufgelösten Metalles können mit denen des fällenden eine elektrochemische Elementarkette bilden. An diese müssen sich die Wasseratome polarisch anschliessen, so dass der Sauerstoff dieser Atome den positiven metallischen Elementartheilchen, und der Wasserstoff dagegen den negativen metallischen Elementartheilchen zugekehrt wird.

„Wenn die in der Auflösung sich befindenden Elementartheilchen des aufgelösten Metalles mit denen des in Masse eingetauchten eine solche elektrochemische Spannung eingehen, dass erstere $+ E$, letztere hingegen $- E$ erhalten, so kann gar keine merkliche Wirkung stattfinden. Denn die Elementartheilchen des aufgelösten Metalles würden, vermöge ihres $+ E$ nur dann mit gehöriger Kraft den Sauerstoff des Wassers anzuziehen vermögen, wenn nicht jedes derselben sich wenigstens ein Atom Sauerstoff schon früher zugeeignet hätte, und damit ein Oxydul oder Oxyd bildete. Entsteht aber eine dieser gerade entgegengesetzte elektrische Vertheilung, werden nämlich die Elementartheilchen des in Masse hineingetauchten Metalles positiv, hingegen die des aufgelösten negativ elektrisch, so ordnen sich die Elemente der umliegenden Wasseratome so, dass der Sauerstoff derselben mit dem fällenden Metall, ihr Wasserstoff aber mit dem zu fällenden, oder dessen Sauerstoff in Berührung tritt; und dann muss aus leicht einzusehenden Gründen die Ausscheidung des aufgelösten Metalles erfolgen.

„In den Flüssigkeiten, die aus heterogenen Elementartheilchen bestehen (und hierzu möchten wohl alle Flüssigkeiten, selbst die flüssigen, für einfach gehaltenen Metalle gehören), muss zwischen diesen Elementartheilchen ein beständiger Galvanismus, und dadurch ein beständiger wechselseitiger polarischer Molekularaustausch unterhalten werden, den man durch das in Fig. 98 dargestellte kreisförmige Schema ausdrücken kann. Jede Wasserzersetzung, die man mit dem Namen chemische belegt, ist daher nur eine Störung des fortwährenden Molekulargalvanismus, oder eine Ausgleichung des unendlichen kreisförmigen Molekularaustausches zu einem endlichen linienförmigen. Die Atome der Flüssigkeiten scheinen demnach ebenso von einer bewegenden Kraft beseelt zu werden, wie die Welten im Weltsystem, und wahrlich auch diese Welten sind gegen den Raum, der sie fasst, doch höchstens nur Atome.

Fig. 98. Nach GROTTHUSS.

„Mit Zugrundlegung dieser Ansicht, die nicht nur für Flüssigkeiten allein, sondern auch für Gasarten gilt, lässt sich leicht einsehen, warum ein auflösliches Salz, das sich auf dem Boden einer cylindrischen mit Wasser gefüllten Flasche befindet, selbst im Zustande der grossten Ruhe sich nach und nach in der Flüssigkeit gleichmässig vertheilt, und warum sich Gasarten von sehr verschiedenem specifischen Gewicht nach und nach (wie in DALTON's Versuchen) gleichmässig mengen Die heterogenen Elemente des Salzes treten nämlich dem polarischen Molekularkreis des Wassers bei, und so auch die Elemente der einen Gasart in Betreff der anderen Der Flüssigkeitszustand der Körper scheint sich aus dieser steten Elementarbewegung am richtigsten erklären zu lassen, und wenn man den flüssigen Körpern dasjenige entzieht, was den Galvanismus bedingt, nämlich die Wärme, so werden sie starr, und umgekehrt Diese Ideen sind geeignet, das Reich des Todten dem Lebendigen zu vindiciren "

Diese Bemerkungen von GROTTHUSS gemahnen ganz modern und man sieht mit Erstaunen nach dem Datum der Abhandlung, welche 1819 geschrieben worden ist Indessen haben diese Grundlegungen einer kinetischen Theorie der Aggregatzustände und diese Vorausnahme der WILLIAMSON'schen Darlegungen über den fortwährenden Austausch der Bestandtheile der Verbindungen auf ihre Zeit nicht den mindesten Einfluss geübt, ja, sie sind überhaupt nicht beachtet worden Auch hier zeigt sich, wie oft ein guter und brauchbarer Gedanke vergeblich der Wissenschaft dargeboten wird, so lange nicht seine Brauchbarkeit an irgend einem praktischen Falle, oder noch besser an möglichst vielen erwiesen wird. Ähnliche Erscheinungen werden uns noch vielfach begegnen

Fig. 99. GEORG SIMON OHM.

Elftes Kapitel.
Die elektromagnetischen Erscheinungen und das Ohm'sche Gesetz.

1. Pause. In der Entwickelung der Elektrochemie lässt sich nach der Zeit der Herstellung der Alkalimetalle durch DAVY eine deutliche Pause oder Lücke erkennen, indem nach der Fluth der Entdeckungen, die unmittelbar auf das Bekanntwerden der VOLTA'schen Säule erfolgte, eine fast plötzliche Ebbe eintritt. Es hat dann bis zu dem Jahre 1820 gedauert, bis wieder eine bedeutende Entdeckung auf dem Gebiete der elektrischen Ströme gemacht wurde: die des Einflusses eines Stromes auf die Magnetnadel. Zwar hat diese von OERSTED gefundene Erscheinung unmittelbar mit der Elektrochemie nichts zu thun, desto mehr aber mittelbar, indem sie zu der Erfindung des empfindlichsten aller elektrischen Messinstrumente, des Galvanometers, führte, an welches sich dann in kurzer Folge die Kenntniss eines quantitativen Gesetzes für die elektrischen Ströme, des OHM'schen Gesetzes,

knupfte, dessen Entdeckung in das Jahr 1826 fällt. Das Galvanometer veranlasste alsbald eine Fülle von Untersuchungen, von denen allerdings ein sehr grosser Theil für die weitere Entwickelung der Wissenschaft ohne Bedeutung blieb, ähnlich, wie das nach Erfindung der Säule geschah. Doch wurde dabei das Interesse an den ungelöst gebliebenen Fragen wieder angeregt, und wir sehen um jene Zeit den bis dahin mehr zufällig und gelegentlich geführten Streit um die Theorie der galvanischen Erscheinungen, den Gegensatz zwischen der Lehre vom Contact und von der chemischen Ursache der elektrischen Vorgänge in der VOLTA'schen Kette, auf der ganzen Linie entbrennen.

Inzwischen war man zwar nicht ganz müssig gewesen, der quantitativ geringeren Arbeitsleistung entsprach aber auch eine qualitative Herabminderung des Werthes der Leistungen. Technische Einzelheiten über den besten Bau der Säule bilden fast die einzigen experimentellen Beiträge, welche man in den englischen Zeitschriften jener Periode findet, und in den deutschen beanspruchen die sogenannten trockenen Säulen, deren Verhältnisse eigentlich schon durch die ersten Arbeiten darüber genügend klar gelegt waren, ein unverdientes Interesse. Eine grosse Anzahl theoretischer Auseinandersetzungen jener Zeit erreicht das gesteckte Ziel nicht aus Mangel fester, zahlenmässiger Grundlagen und klarer Begriffe, und nur an kleineren Einzelbeobachtungen, welche durch spätere Arbeiten Wichtigkeit erhielten, findet sich einige Ausbeute. Es ist deshalb am besten, auf eine zusammenhangende Schilderung der Arbeiten jener Zwischenzeit zu verzichten, und das wenige, was inzwischen geschehen war, in die Darstellung der späteren Entwickelung an gegebener Stelle einzureihen. Nur mit einem Gegenstande, der trockenen Säule, soll eine Ausnahme gemacht werden, weniger wegen seiner Bedeutung, als wegen des breiten Raumes, den er damals in dem Interesse der Zeit eingenommen hat.

2. Die trockenen Säulen. Obwohl die sogenannten trockenen Säulen nur zwei Jahre junger sind, als die nassen, so sind sie doch später wiederholt von neuem entdeckt worden, und es sind drei oder vier verschiedene Namen, welche damit in Verbindung gebracht werden. Der thatsächliche erste Entdecker ist RITTER, hernach sind sie unabhängig von BEHRENS und MARECHAUX erbaut worden, zehn Jahre später theilt wieder DE LUC ihre Construction als etwas Neues mit, und schliesslich bleibt der Name des italienischen Physikers ZAMBONI, obwohl dieser selbst erwähnt, dass er durch DE LUC angeregt war, an dem Apparate haften, die ZAMBONI'sche Säule ist heute einem Jedem bekannt, auch wenn er nichts von RITTER oder DE LUC weiss.

Dass RITTER's Beschäftigung mit der trockenen Säule in Vergessenheit gerieth, ist einigermaassen erklärlich, denn das einzige, was dieser darüber mitgetheilt hat, steht an einem Orte, an dem man sonst nicht physikalische Entdeckungen sucht im Reichsanzeiger von 1802, Nr 66, S 813. Von dort ist es allerdings in den zweiten Band seiner Physisch-chemischen Abhandlungen übergegangen.

Mit der Veroffentlichung im Reichsanzeiger hat es folgende Bewandtniss
Der Herzog Ernst von Sachsen-Gotha hatte im Jahre 1802 RITTER, der in
Jena in durftigen Umstanden lebte, nach Gotha berufen, und ihm dort reich-
liche Mittel zur Fortsetzung seiner galvanischen Versuche gewahrt. Von den
Ergebnissen dieser Arbeiten hat nun RITTER an jenem Orte vorlaufige Rechen-
schaft gegeben, und dann der Versuche mit den trockenen Saulen Erwah-
nung gethan, auf die er in spateren Veroffentlichungen nicht wieder zuruck-
gekommen ist, da, wie er sagte, ihm die vollstandige Bearbeitung der in
Gotha in zwei Monaten fast ununterbrochenen Experimentirens gewonnenen
Ergebnisse zwei Jahre Schreibens kosten wurde

Den Anlass zur Erbauung trockener Saulen bot die Beobachtung, dass
gewohnliche Saulen, die nach tagelangem Stehen fast ausgetrocknet waren,
dennoch die elektroskopischen Erscheinungen in so gut wie unverminderter
Starke zeigten „Ich construirte daher   geradezu eine VOLTA'sche Saule
ohne alle absichtlich hinzugebrachte Feuchtigkeit, aus 600 mal Zink, Kupfer
und dem Anscheine nach vollig trockenem weissem Schafleder Einige Zeit
nach der Construction zeigte das Elektrometer denselben Grad gegenwartiger
Elektricitat, als bei 600 mal Zink, Kupfer, Wasser   u s w Auch lud diese
trockene Saule von 600 die Leidener Batterie genau wieder bis zu demselben Grade, als nasse Saulen gleicher Grosse, und bei der Entladung war
der Funke, der Schlag u s w. genau so gross, wie bei der Entladung einer
zu gleichem Grade durch gleich grosse nasse Saule geladenen Aber die
Zeit, in der die Ladung geschah, war verschieden Wo bei nassen Saulen,
selbst nach 6 Tagen, eine Beruhrung zur Ladung hinreichte, so kurz, als
der Experimentator sie zu veranstalten weiss,   da waren bei diesen
trockenen Saulen wahrend der besten Zeit derselben gegen 10, 15 und
20 Minuten erforderlich Chemische Wirkungen, in kurzer Zeit merklich,
Schlage und dergleichen gab die Saule nie, wohl aber gleich nach dem Aufbauen bei der Schliessung durch Eisendraht im Dunklen sehr kleine
Funkchen   Praparirte Froschnerven wurden stark afficirt   "

Uber die Ursache der Vorgange ist sich RITTER ganz klar, und er hat
die trockenen Saulen, wie er mittheilt, nur dazu construirt, um an ihren
viel langsamer verlaufenden Erscheinungen einen Schluss auf die der gewohnlichen Saulen zu ziehen „Die Pappe, das Leder, das Wachstuch u s w
bringen Wirksamkeit in die Saule nur insofern sie feucht sind, aber wieder
zeigen die Versuche   , wie ausserst gering der Antheil von Feuchtigkeit
ist, der nothig ist, damit sich Wirksamkeit zeige, und der Versuch . zeigt
sogar, dass dazu ein Korper keineswegs durch und durch mit Feuchtigkeit
durchzogen zu sein braucht, es reicht hin, wenn bloss die Flachen desselben,
die den Metallplatten in der Saule gegenuber stehen, damit beschlagen oder
belegt sind "

Damit ist das Wesentliche gesagt, was uber diese Art Saulen zu sagen
ist, und es gemuthet fast spasshaft, wie man spater mehrfach auf diese
erledigte Sache zuruckkommt, und nach langen Versuchen und Diskussionen

schliesslich nicht weiter gelangt, als RITTER zwei Jahre nach der Erfindung der VOLTA'schen Säule schon gewesen war

Der zweite, welcher über die Anwendung trockener Pappen zum Aufbau von Säulen berichtete, war der Prediger MARECHAUX in Wesel, später in München, der Erfinder des Elektromikrometers S 289   Er sandte eine Nachricht darüber an die Galvanische Societät in Paris,[1] welche seine Versuche wiederholte und sie völlig bestätigt fand

Unmittelbar darauf theilte G B BEHRENS[2] mit, dass er aus Metallen und „völlig trockenen" Leitern wirksame Säulen gebaut habe   Aus einer Bemerkung des Herausgebers geht beiläufig hervor, dass BEHRENS' Abhandlung bereits vor dem April 1805 in seinen Händen gewesen, und nur durch einen Zufall nicht zur Veröffentlichung gelangt war   Den Anlass zur Untersuchung bot der Gedanke, einen Leiter nichtmetallischer Natur aufzusuchen, der die Rolle eines Zwischenleiters in der Säule übernehmen konnte. ohne zu chemischen Vorgängen Anlass zu geben   In dem getrockneten Feuerstein glaubte BEHRENS einen solchen passiven Leiter gefunden zu haben, und er benutzt naturgemäss alsbald diesen Fund als Beweis für die VOLTA'sche Theorie   Nach der Schilderung der elektroskopischen Erscheinungen an einer mit Feuerstein gebauten Batterie fährt er fort

„Dadurch war bewiesen, dass eine elektrische Säule ohne Feuchtigkeit möglich sei   Um mich noch direkter hiervon zu überzeugen, untersuchte ich viele andere Körper in der Hoffnung, einen geschickteren und besseren Leiter zu finden, als der Stein war   Allein der Zufall will nicht gesucht, er will nur benutzt sein   Schon werfe ich unmuthig eine Ladung Steine, Holz u s w zum Fenster hinaus, — als mir das Ungefähr ein Blatt Goldpapier in die Hand bringt   Dieses verhielt sich, so zwischen die Plattenpaare gebracht, dass die vergoldete Seite an die Kupferplatten gelegt war, gut, und noch besser, als ich es, um die Leitungsfähigkeit desselben zu vermehren, in schwache Salzauflösung getaucht und es versteht sich durchaus wieder getrocknet hatte"

BEHRENS schildert nun seine Versuche, die er mit einer aus Zink und Kupfer mit dazwischen gebrachten Goldpapierblättchen aufgebauten Säule angestellt hat   Es liessen sich an ihr nur die elektroskopischen Erscheinungen nachweisen, weder Wasserzerlegung, noch eine Veränderung der Lackmusfarbe, noch die geringsten Schläge konnten beobachtet werden. auch hatten die Metallplatten nach dreimonathlichem Schluss keine sichtbare Spur von oberflächlichem Angriff erfahren

Ein besonderes Interesse wurde an diesen Versuchen zu der Zeit, wo sie angestellt wurden, nicht genommen   MARECHAUX glaubte zwar, als er mittelst seines Mikroelektrometers den elektrischen Zustand einer solchen Säule sehr veränderlich fand, aus ihrer Beobachtung Schlüsse auf die

[1] Ann de Chimie **57**, 61 1805 — GILBERTs Ann **22** 313 1806
[2] GILBERTs Ann **23**, 1 1806

atmosphärische Elektricität ziehen zu können, der phantasiereiche Mann
hat sich aber hier, wie auch sonst gelegentlich, getäuscht. In einer
durch die sichere Handhabung der Experimentalkritik ausgezeichneten Abhandlung wies Erman[1] nach, dass die beobachteten Verschiedenheiten ganz
andere Ursachen hatten „Die Säule, in welche man Pappscheiben ein-
schichtet, die nicht absichtlich befeuchtet werden, heisst zwar eine trockene,
ist es aber durchaus nicht, und der jedesmalige Grad von Spannung, den
sie am Elektrometer angiebt, ruhrt lediglich von der Feuchtigkeit her, welche
der Pappe anhängt So wie der Feuchtigkeitszustand jeder hygroskopischen
Substanz ist auch der der Pappe einer bestandigen Veranderung unterworfen,
welche durch den steten Wechsel sowohl der Temperatur, als auch der
Menge der im umgebenden Raume vorhandenen oder niedergeschlagenen
Dampfe bedingt ist In dieser Rucksicht ist die trockene Säule als eine
besondere Art Hygrometer anzusehen, das sich durch elektrische Wirkungen
zu erkennen giebt, und dessen Empfindlichkeit die der übrigen Hygrometer,
die wir kennen, bei weitem ubertrifft, bei welchem aber leider an keinen
vergleichbaren Gang zu denken ist."

In dieser kurzen Charakteristik ist wieder alles gesagt, was Wesentliches
uber die trockene Säule zu sagen ist, und man begreift nicht, wie wenige
Jahre später dies, und die experimentellen Belege hierzu, welche Erman in
völlig befriedigender Weise gegeben hat, so ganz und gar vergessen sein
konnten, wie man das aus den massenhaften Abhandlungen daruber abnehmen
muss Die neue Bewegung dazu ging freilich vom Auslande aus, und es
ist wohl als ein Zeichen der geringen Rucksicht, welche man damals auf
deutsche Arbeiten im Gebiete der Physik anderweit zu nehmen pflegte,
anzusehen, dass dies möglich war.

Der Mann, durch den dies Interesse erregt wurde, war der Genfer
Physiker de Luc. Dieser merkwurdige Mann war im Jahre 1727 in Genf
als Angehöriger einer vornehmen Familie geboren, war nach einander Mitglied des Rathes der Zweihundert in seiner Vaterstadt, Vorleser der Konigin
von England und Nominal-)Professor in Gottingen, als er die hier zu besprechenden Untersuchungen begann, war er uber 80 Jahre alt Die Entstehungsgeschichte und Schicksale seiner Untersuchungen erzahlt er selbst
in einem Briefe an Nicholson, den Herausgeber des Journal of Natural
Philosophy [2] Er hatte der Royal Society zwei Werke aus seiner Feder im
Jahre 1806 geschenkt, und fand darauf, dass in der von Davy im November
desselben Jahres gehaltenen Baker-Vorlesung einige theoretische Vorstellungen
benutzt waren, die er bereits in den erwahnten Werken widerlegt hatte, oder
zu haben glaubte Er schrieb daher eine langere Abhandlung, die er der
Royal Society vorlegte Diese Arbeit wurde aber vor der Gesellschaft nicht
gelesen, weil sie, wie der Prasident, Sir John Banks, ihm zu verstehen gab,
zu lang war Er bat um Ruckgabe der Schrift, um sie abzukurzen; dies

geschah, aber die Schrift wurde auch in dieser Form nicht gelesen, obwohl die Polemik gegen Davy gestrichen war. Auf eine wiederholte Erinnerung wurde ihm amtlich mitgetheilt, dass „die Publikationskommission, obwohl sie zur Zeit nicht den Druck der Abhandlungen für thunlich hielt, angeordnet hatte, dass sie in den Archiven der Gesellschaft niedergelegt werden sollten." Es gelang de Luc weiterhin auf keine Weise, die Schriften wieder in die Hand zu bekommen, und er wendete sich daher an Nicholson, um durch dessen Zeitschrift seine Ansichten und Versuche bekannt zu machen.

Was nun seine Ansichten anlangt, so beziehen diese sich auf die Ursache der elektrischen Erscheinungen in der Volta'schen Kette, und sind von derselben unzulänglichen Beschaffenheit, wie so viele zeitgenössische Versuche, durch Annahmen über die Zusammensetzungen und Verbindungen der „imponderablen Stoffe" nach Analogie der chemischen Vorgänge ein Bild, oder eine sogenannte Erklärung für die fraglichen Erscheinungen zu schaffen. de Luc glaubte, wie mancher andere Forscher seiner Zeit, dass die physiologischen, elektrischen und chemischen Wirkungen der Säule mit einander nicht nothwendig verbunden seien, und dass man Säulen bauen könne, die nur die eine oder andere dieser Eigenschaften zeigen. So war ihm die mit trockenen Zwischenlagen gebaute Säule eine spezifisch elektrische, und er unterschied sie als „electric column" von der Volta'schen Säule. Dass ihm die eben erwähnten älteren Arbeiten über die trockene Säule bekannt gewesen seien, erwähnt er nicht, obwohl er, wie Gilbert erwähnt, zu der Zeit, wo in den Annalen über sie berichtet wurde und Erman seine Versuche angestellt hatte, sich in Berlin aufgehalten hatte.

Durch de Luc ist nun weiter der Professor der Physik am Lyceum zu Verona, Zamboni, mit der trockenen Säule bekannt geworden, und hat sie zum Gegenstande eingehenderer Studien gemacht. Er ist also keineswegs der Vater dieses noch gegenwärtig unter seinem Namen gehenden Apparates, sondern nicht mehr als ein Onkel dritten oder vierten Grades; will man die trockene Säule mit einem Personennamen bezeichnen, so muss sie unbedingt die Ritter'sche oder allenfalls Behrens'sche Säule genannt werden.

Die grosse Aufmerksamkeit, welche Zamboni mit der Säule erregte, war nichts als die Folge einer mit ihr angestellten, indessen damals ziemlich ernst genommenen Spielerei, die er neben seinen ganz sachgemässen anderen Arbeiten an der Säule ausführte. Diese Arbeiten sind im Dezember 1812 und im Januar 1813 in Brugnatelli's Giornale di Fisica veröffentlicht, und von dort in andere Zeitschriften, z. B. in Gilbert's Annalen 49, 35 u ff., 1815, übergegangen. Die Spielerei bestand darin, dass er zwischen den entgegengesetzten Polen zweier neben einander aufgestellter Säulen ein leichtes Pendel anbrachte, welches durch die abwechselnden Anziehungen und Abstossungen durch die elektrische Ladung in Schwingungen gerieth, die längere Zeit andauerten. In getreuer Fortführung der von Volta als möglich und wünschenswerth ausgesprochenen Idee, eine Säule ohne Abnutzung oder Veränderung, ein wahres elektrisches Perpetuum Mobile zu construiren, hatte

Zamboni sein Bestreben dahin gerichtet, auf diesem Wege das Ziel zu erreichen, und hierauf beruhte das Interesse, welches das grosse Publikum an der Sache nahm.

Nach Deutschland war die Säule durch den Leibarzt des Vicekönigs von Italien, des Prinzen Eugen, Namens Assalini, gekommen. Der Prinz war nach München übergesiedelt, und Assalini hatte die Säule, die er aus

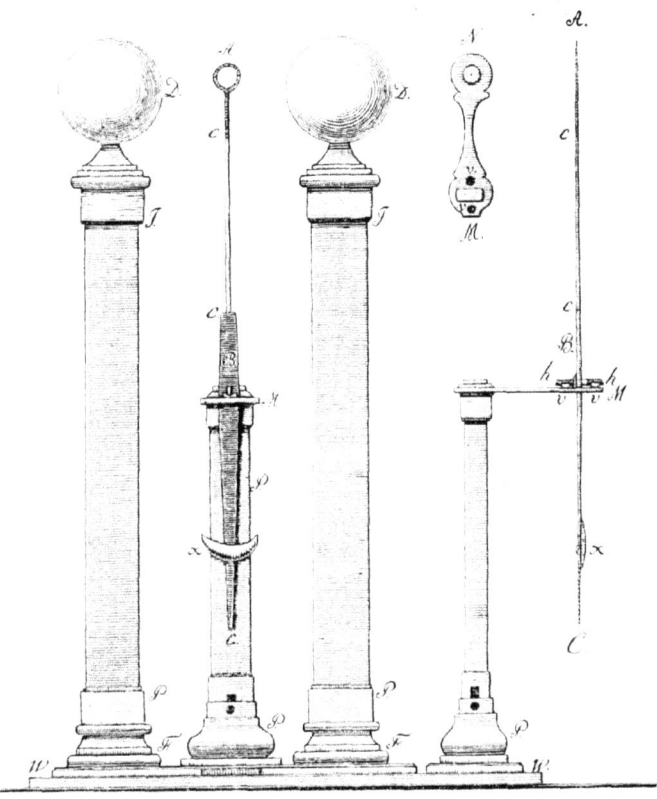

Fig. 100. Zamboni's elektrisches Perpetuum Mobile.

Italien mitgebracht hatte, der Münchener Akademie mitgetheilt. Von dieser wurde dann ein kleines Schriftchen ausgegeben, in welchem die Säule mit ihrem Pendel beschrieben und abgebildet worden war; die obenstehende Figur giebt diese Abbildung wieder.

Die Hoffnung, in der trockenen Säule wirklich ein Perpetuum Mobile gefunden zu haben, wurde sehr ernsthaft gehegt; ein Zeugniss dafür ist eine Reihe von Berichten über das Schicksal einer nach de Luc aufgebauten, mit zwei Glocken nebst Pendel versehenen Säule, welche unter den wissenschaftlichen Neuigkeiten im Philosophical Magazine von 1810 zu lesen sind. Dort theilte B. M. Forster mit, dass er am Mittwoch den 14. März eine solche Säule errichtet habe, die seitdem ununterbrochen bis zum 20. März geklingelt habe.[1] Unter dem 23. April[2] wird folgendes geschrieben: „Wir entnehmen einer Mittheilung vom 23. April, dass die kleinen Glocken, welche mit der in unserer letzten Nummer erwähnten elektrischen Säule nach de Luc verbunden sind, am 24. März auf etwa eine Minute aufgehört haben, zu läuten, und ebenso an demselben Tage auf etwa drei Minuten. Auch wird angenommen, dass sie am folgenden Tage auf etwa eine halbe Minute aufgehört haben; doch wird dies sehr bezweifelt. Seit der Zeit haben sie, so viel bekannt, nicht aufgehört zu läuten. Am 15. April wurde der Raum, in dem sich die Säule befindet, geöffnet, und man sah das Pendel mit grosser Geschwindigkeit sich bewegen. Man glaubt, dass in letzter Zeit die Stärke des Tones erheblich zugenommen hat, und ebenso, dass das Pendel schneller geht, als zu der Zeit, wo die Säule in den Raum gestellt wurde."

Später (ebenda S. 399) heisst es: „Unterdessen haben wir Nachricht erhalten, dass am 21. Mai die kleinen, mit de Luc's elektrischer Säule verbundenen Glocken noch immer läuten, und es, wie angenommen wird, seit dem 25. März ununterbrochen gethan haben.

„Wir werden ferner ersucht, unsere Leser, die Säulen von der angegebenen Art erbaut haben, zu bitten, dass sie uns entsprechende Beobachtungen von Zeit zu Zeit mittheilen."

Wieder einen Monat später: „Die in den letzten drei Nummern erwähnten kleinen Glocken haben noch immer fortgefahren zu läuten bis zum 25. d. M. (Juni), ohne dass man wüsste, dass sie einmal aufgehört haben."

Im Dezember desselben Jahres[3] kam endlich die Todesnachricht: „Wir müssen unsere Leser benachrichtigen, dass die beiden kleinen, mit der von de Luc erfundenen elektrischen Säule verbundenen Glocken, welche wir häufig erwähnt haben, am 4. September auf etwa zehn Minuten aufgehört haben zu läuten; alsdann haben sie, während der Apparat unberührt blieb, von Zeit zu Zeit wieder angefangen, indem sie etwa eine halbe Stunde oder etwas länger schwiegen; dann hörten sie nach diesem auf einige Tage auf und begannen wieder, und auch zu späteren Zeiten auf Stunden zu läuten; und am 18. November wurden sie von der Säule entfernt, da sie an dem ganzen Morgen nicht gehört worden waren."

Auf die ganze, ziemlich weitläufige Litteratur, die sich an diese ersten Mittheilungen knüpft, einzugehen, ist in keiner Weise lohnend. Die wissenschaftliche Ausbeute darin ist fast Null, indem nach vielerlei Experimenten die Forschung schliesslich genau an dem Punkte anlangt, welchen Ritter schon von Anfang an erreicht hatte: dass die Säule nur wegen der in ihr enthaltenen Feuchtigkeit oder, mit anderen Worten, so lange wirkt, als die

---

[1] Philos. Mag. **35**, 210. 1810.   [2] Ebenda 317.   [3] Ebenda **36**, 472. 1810.

Zwischenschichten leiten. Diesen drittmaligen Nachweis führte wesentlich
PARROT.[1]

Nur eine Beobachtung, die für spätere Erörterungen von Bedeutung ist,
soll noch angeführt werden. Der Leibmedicus Dr. JÄGER in Stuttgart stellte
eine Säule aus Metallplatten mit einer sehr dünnen Zwischenschicht von
Schellackfirniss[2] her, und fand auch an dieser Zeichen elektrischer Ladung.
Er benutzte diese Thatsache zu einer unhaltbaren Theorie der Säule; für
uns ist sie von Werth, weil sie Licht auf den VOLTA'schen Fundamentalversuch mit gefirnissten Condensatorplatten wirft.

3. Die elektromagnetischen Erscheinungen und der Multiplikator. Ein Zusammenhang zwischen den elektrischen und den magnetischen
Erscheinungen war fast seit der Kenntniss beider vermuthet und gesucht
worden. Die übereinstimmende Art der Gesetze, welcher beide unterliegen,
insbesondere die ausgezeichnete Polarität, welche sich bei beiden zeigt, liess
einen solchen Gedanken als sehr naheliegend erscheinen, und es war bereits
Gelegenheit, von allerdings misslungenen Versuchen zu berichten, welche
zur Auffindung des Zusammenhanges angestellt worden sind (S. 216). Diese
Versuche sind keineswegs die einzigen gewesen oder geblieben; insbesondere
RITTER hatte sogar geglaubt, jenen Zusammenhang wirklich nachgewiesen zu
haben (S. 180), und neben diesen sind noch manche andere Anläufe zu ver-
merken, die ebenso erfolglos geblieben waren. Das so lange Gesuchte
wurde schliesslich auf einem Wege gefunden, der nicht der einer strengen
Analogie war; statt dass die lange bekannte ruhende Elektricität mit dem
Magnetismus in Verbindung trat, dessen Gesetze mit den ihren so sehr übereinstimmten, war es der elektrische Strom, an dem die gegenseitige Beziehung zu Tage trat. Wir finden in den Äusserungen der Zeitgenossen
mehrfach einen Ausdruck des Erstaunens darüber, dass sich die Sache so
herausgestellt hatte: ein sicheres Zeichen dafür, wie anders sie erwartet
worden war.

Der Entdecker der elektromagnetischen Erscheinungen ist OERSTED.
HANS CHRISTIAN OERSTED wurde 1777 in Rudkjöbing auf Langeland geboren,
begann seine Laufbahn als Pharmaceut, und stieg dann allmählich die verschiedenen Stufen zu der Professur der Physik an der Universität in Kopen-
hagen empor. Daneben bekleidete er mehrere andere einflussreiche Ämter

---

[1] GILBERT's Ann. 55, 165. 1817. Um dem Leser wenigstens eine Vorstellung von der
überraschenden Breite der Litteratur zu geben, die sich über diese Sache aufgehäuft hat, theile
ich nachstehend eine Zusammenstellung derselben mit, die indessen auf Vollständigkeit keinen
Anspruch macht. GILBERT's Ann. 49, 1 u. ff. — SCHWEIGGER's Journ. 7, 479; 11, 16. —
GILBERT's Ann. 50, 87; ebenda 214; ebenda 447; 51, 182; 53, 336; ebenda 346; 55, 369;
60, 151; 62, 227. — SCHWEIGGER's Journ. 15, 113; 16, 111. 1815. — Philos. Mag. 35,
205; ebenda 317. ebenda 468; 36, 472; 37, 197; ebenda 424; 43, 241; ebenda 363; ebenda
415; 44, 248; ebenda 442; 45, 261; ebenda 359; ebenda 465; 46, 11. — NICHOLSON's
Journ. 1, 305; 27, 81 u. ff.

[2] GILBERT's Ann. 49, 49. 1815. Am angeführten Orte steht Copalfirniss, doch hat der
Verfasser dies später als Schreibfehler bezeichnet (GILBERT's Ann. 50, 214).

in dieser Stadt, und starb hochangesehen im Jahre 1851. Seiner wissenschaftlichen Richtung nach gehörte er ganz und gar der naturphilosophischen Schule an; unter seinen ausserordentlich zahlreichen Schriften befinden sich mehrere poetischer Art und sie beziehen sich zum grössten Theil auf Gegenstände von allgemeinerer Beschaffenheit. Von weiteren wissenschaftlichen Arbeiten ist seine Untersuchung über die Zusammendrückbarkeit des Wassers bemerkenswerth; er gehört zu den ersten, die diese nachgewiesen haben, und sein „Sympiezometer" ist noch heute ein überall vorhandener Vorlesungsapparat.

OERSTED gab die Nachricht von seiner Entdeckung der Einwirkung des Stromes auf die Magnetnadel der wissenschaftlichen Welt in Gestalt eines lateinisch verfassten Quartblattes kund, das vom 21. Juli 1820 datirt war, und das er an verschiedene Gelehrte verschickte. Die Versuche wurden zuerst in Genf durch PICTET und DE LA RIVE mit vollständigem Erfolg wiederholt, und dort sah sie ARAGO, welcher sich eben in Genf befand. Er brachte die Kunde davon nach Paris, wo die Entdeckung sehr viel Aufsehen erregte; die Angelegenheit wurde dann daselbst insbesondere durch AMPÈRE in sehr kurzer Frist ausserordentlich gefördert.

Obwohl diese Entdeckung mit der Elektrochemie nur in sehr weitläufigem Zusammenhange steht, muss sie doch an diesem Orte behandelt werden. Durch die Erfindung des elektromagnetischen Galvanometers, des Instrumentes, welches man gegenwärtig kurzweg als Galvanometer zu bezeichnen gewohnt ist, wurde den Forschern ein ausnehmend empfindliches und hilfreiches Werkzeug an die Hand gegeben, und der weitere Fortschritt der Elektrochemie ist ganz wesentlich durch dasselbe bedingt worden. Allerdings kann nicht verschwiegen werden, dass die grosse Empfindlichkeit des Galvanometers namentlich im Anfange vielfach störend und hemmend wirkte; man fand fast bei jedem beliebigen Vorgange zwischen Leitern der Elektricität elektrische Ströme auf, und die Frage nach ihrer Ursache wurde dadurch in einer fast hoffnungslosen Weise verwickelt.

Die oben erwähnte Mittheilung OERSTED's ist nachstehend vollständig wiedergegeben, was sie der Bedeutung des Gegenstandes wegen wohl verdient; die Übersetzung rührt von GILBERT her.[1]

„Die ersten Versuche über den Gegenstand, welchen ich aufzuklären unternehme, sind in den Vorlesungen angestellt worden, die ich in dem verflossenen Winter über Elektricität, Galvanismus und Magnetismus gehalten habe. Aus diesen Versuchen schien zu erhellen, dass die Magnetnadel sich mittelst des galvanischen Stromes aus ihrer Lage bringen lasse, und zwar bei geschlossenem galvanischem Kreise, und nicht bei offenem, wie das vor einigen Jahren einige berühmte Physiker umsonst versucht haben. Da aber diese Versuche mit einem wenig kräftigen Apparat angestellt waren, und daher die erhaltenen Erscheinungen nicht auszureichen schienen für die

---

[1] GILBERT's Ann. **66**, 295. 1820.

Wichtigkeit der Sache, so nahm ich meinen Freund, den Justizrath Esmarch zu Hülfe, um mit ihm die Versuche mittelst eines grossen, von uns beiden gemeinschaftlich eingerichteten Apparates zu wiederholen und zu vermehren. Auch der Regierungspräsident Wleugel war bei unseren Versuchen gegenwärtig als Theilnehmer und Zeuge. Überdem waren Zeugen desselben der als trefflicher Physiker längst bekannte Oberhofmarschall Hauch, der Professor der Naturgeschichte Reinhard, der Professor der Medizin Jacobson, und ein vorzüglicher Kenner und Experimentator der Chemie, der Dr. phil. Zeise. Auch habe ich öfter allein experimentirt, immer aber, wenn ich dabei neue Erscheinungen fand, sie in Gegenwart dieser versammelten Gelehrten wiederholt.

„In der Erzählung von unseren Versuchen übergehe ich alle, welche zwar zu der Entdeckung geführt haben, nachdem die Sache aber einmal gefunden war, nichts mehr zur Erläuterung derselben beitragen, und schränke mich auf diejenigen ein, aus welchen die Natur des Gegenstandes deutlich hervorgeht.

„Der galvanische Apparat, dessen wir uns bedient haben, besteht aus 20 rechteckigen kupfernen Zellen, die jede 12 Zoll lang, 12 Zoll hoch und $2^1/_2$ Zoll breit, und mit zwei Kupferstreifen versehen ist, welche so geneigt sind, dass sie den Kupferstab tragen können, der die in der Flüssigkeit der benachbarten Zelle schwebende Zinkplatte hält. Das Wasser, womit die Zellen angefüllt wurden, war mit $^1/_{60}$ seines Gewichtes Schwefelsäure und mit ebenso viel Salpetersäure versetzt, und der in jede Zelle eingetauchte Theil der Zinkplatte war ein Quadrat von etwa 10 Zoll Seite. Doch können auch kleinere Apparate gebraucht werden, wenn sie nur einen Draht zum . Glühen zu bringen vermögen.

„Man denke sich die beiden entgegengesetzten Enden des galvanischen Apparates durch einen Metalldraht verbunden. Diesen werde ich der Kürze wegen stets den verbindenden Leiter oder den verbindenden Draht nennen; die Wirkung aber, welche in diesem verbindenden Leiter und um ihn her vor sich geht, werde ich mit dem Namen elektrischer Conflict bezeichnen.

„1) Man bringt ein geradliniges Stück dieses verbindenden Drahtes in horizontaler Lage über eine gewöhnliche, frei sich bewegende Magnetnadel so, dass er ihr parallel sei; und zu diesem Ende kann man den Draht ohne Schaden nach Belieben biegen. Ist alles so eingerichtet, so wird die Magnetnadel in Bewegung kommen, und zwar so, dass sie unter dem vom negativen Ende des galvanischen Apparates herkommenden Theile des verbindenden Drahtes nach Westen zu weicht. Ist die Entfernung des Drahtes von der Magnetnadel nicht mehr als $^6/_4$ Zoll, so beträgt diese Abweichung ungefähr 45". Bei grösserer Entfernung nehmen die Abweichungswinkel ab, wie die Entfernungen zunehmen. Übrigens ist die Abweichung verschieden nach der Verschiedenheit der Stärke des Apparates.

„Der verbindende Draht kann nach Osten oder nach Westen bewegt werden, wenn er nur immer der Nadel parallel bleibt, ohne dass dieses einen anderen Einfluss auf den Erfolg hat, als dass die Abweichung kleiner

wird Es lässt sich folglich die Wirkung keineswegs einer Anziehung zuschreiben, denn derselbe Pol der Magnetnadel, der sich nach dem verbindenden Drahte zu dreht, wenn er östlich von der Nadel ist, dreht sich von
derselben fort, wenn er sich westlich von ihr befindet, welches nicht
möglich wäre, wenn diese Abweichungen auf Anziehungen und Abstossungen
beruhten

„2 Der verbindende Leiter kann aus mehreren vereinigten Drähten
oder Metallstreifen bestehen Die Natur des Metalles verändert den Erfolg
nicht, es sei denn in Hinsicht der Grösse Wir haben Drähte aus Platin,
Gold, Silber, Messing und Eisen, ferner Zinn- und Bleistreifen und Quecksilber mit gleichem Erfolg gebraucht Wird der Leiter durch Wasser unterbrochen, so bleibt nicht alle Wirkung aus, es sei denn die Wasserstrecke
mehrere Zoll lang

„3 Der verbindende Draht wirkt auf die Magnetnadel durch Glas, durch
Metalle, durch Holz, durch Wasser, durch Harz, durch töpferne Gefässe und
durch Steine hindurch, denn als wir zwischen beide eine Glastafel oder eine
Metallplatte oder ein Brett gebracht hatten, blieb der Erfolg nicht aus, ja
alle drei vereinigt schienen die Wirkung kaum zu schwächen Ebenso wenig
ein Elektrophor, eine Porphyrplatte und ein irdenes Gefäss, selbst wenn es
voll Wasser war Unsere Versuche haben auch gezeigt, dass die erwähnten
Wirkungen nicht verändert werden, wenn man eine Magnetnadel nimmt, die
sich in einer messingenen, voll Wasser gegossenen Buchse eingeschlossen
befindet Dass der Wirkungen Durchgang durch alle diese Materien bei
Elektricität und Magnetismus noch nie ist beobachtet worden, brauche ich
kaum zu bemerken Die Wirkungen, welche in dem elektrischen Conflikte
statt haben, sind von denen der einen oder anderen elektrischen Kraft gänzlich verschieden

„4 Wenn der verbindende Draht sich in einer horizontalen Ebene
unter der Magnetnadel befindet, so gehen alle angegebenen Wirkungen in
entgegengesetzter Richtung vor sich, als wenn er in einer über derselben
befindlichen horizontalen Ebene ist, sonst aber in ganz gleicher Weise Der
Pol der Magnetnadel, unter welchem sich derjenige Theil des verbindenden
Drahtes befindet, in welchen die Elektricität des negativen Endes des galvanischen Apparates zunächst hineintritt, weicht jetzt nach Osten ab

„Damit man dies leichter im Gedächtniss behalte, bediene ich mich
folgender Formel der Pol, über welchem die negative Elektricität eintritt,
wird nach Westen, der Pol, unter welchem sie eintritt, nach Osten zu
gedreht

„5 Dreht man den verbindenden Draht, in der horizontalen Ebene, so
dass er allmählich immer grössere Winkel mit dem magnetischen Meridiane
macht, so wird die Abweichung der Magnetnadel vermehrt, wenn das Drehen
des Drahtes nach dem Orte der gestörten Magnetnadel zuwärts geschieht,
sie nimmt dagegen ab, wenn das Drehen von diesem Orte zurück
geschieht

„6 Ein verbindender Draht, der sich in der horizontalen Ebene befindet, in welcher sich eine durch ein Gegengewicht aequilibrirte Magnetnadel befindet und der Nadel parallel ist, bringt sie weder nach Osten noch nach Westen hin zum Weichen, sondern macht sie bloss in der Ebene der Inclination schwanken, so dass der Pol, dem zunächst in dem Drahte die negative elektrische Kraft herkommt, herunter gedruckt wird, wenn der Draht sich an der westlichen, dagegen herauf gedreht wird, wenn er sich an der östlichen Seite derselben befindet

„7) Wird der Draht senkrecht auf die Ebene des magnetischen Meridians über oder unter die Nadel gestellt, so bleibt diese in Ruhe, ausgenommen, wenn der Draht dem Pole ziemlich nahe ist Dann aber wird der Pol gehoben, wenn der Eintritt von der westlichen Seite des Drahtes her geschieht, und herunter gedruckt, wenn er von der östlichen Seite her erfolgt

„8) Wird der verbindende Draht lothrecht nahe bei einem Pol der Magnetnadel ihm gegenüber gestellt, und das obere Ende des Drahtes erhält die Elektricität von dem negativen Ende des galvanischen Apparates, so bewegt sich dieser Pol nach Osten, befindet sich dagegen der Draht nahe bei einem Punkte in der Nadel, der zwischen dem Pole und dem Mittelpunkte der Nadel liegt, so wird sie nach Westen getrieben Erhalt das obere Ende des Drahtes die Elektricität von dem positiven Ende, so gehen die entgegengesetzten Erscheinungen vor

„9) Biegt man den verbindenden Draht so, dass er an beiden Theilen der Biegung parallel wird, so werden von ihm nach Verschiedenheit der Umstände die magnetischen Pole angezogen oder abgestossen Man stelle den Draht einem der beiden Pole der Nadel gegenüber, so dass die Ebene der parallelen Schenkel auf dem magnetischen Meridiane senkrecht sei, und verbinde den östlichen Schenkel mit dem negativen, den westlichen mit dem positiven Ende des galvanischen Apparates, in dieser Lage wird der nächste Pol zurückgestossen, entweder nach Osten oder nach Westen, wie es die Lage der Ebene der Schenkel mit sich bringt Ist der östliche Schenkel mit dem positiven, der westliche mit dem negativen Ende verbunden, so wird der nächste Pol angezogen Wird die Ebene der Schenkel senkrecht an eine Stelle, zwischen dem Pol und dem Mittelpunkt der Nadel gebracht, so erfolgen dieselben Wirkungen, nur umgekehrt

„10) Eine Nadel aus Messing, welche nach Art der Magnetnadeln aufgehängt ist, kommt durch die Wirkung des verbindenden Drahtes nicht in Bewegung Auch eine Nadel aus Glas oder Gummilack bleibt bei ähnlichen Versuchen in Ruhe

„Aus allen diesem lassen sich einige Momente zur Erklärung der Erscheinungen ableiten Der elektrische Conflikt vermag nur auf die magnetischen Theile der Materie zu wirken Alle nichtmagnetischen Körper scheinen für den elektrischen Conflikt durchgängig zu sein, die magnetischen Körper dagegen oder vielmehr ihre magnetischen Theilchen, dem Hindurchgehen dieses Confliktes zu widerstehen, und daher kommt es, dass sie durch den Stoss der kämpfenden Kräfte in Bewegung gesetzt werden können

„Dass der elektrische Conflikt nicht in dem leitenden Drahte eingeschlossen, sondern ziemlich weit zugleich in dem umgebenden Raume verbreitet ist, ergiebt sich aus den angeführten Beobachtungen hinlänglich

„Es lässt sich auch aus dem, was beobachtet worden war, schliessen dass dieser Conflikt in Kreisen fortgehe, denn es scheint ohne diese Annahme nicht begreiflich zu sein, wie derselbe Theil des verbindenden Drahtes, der, unter einen Pol dieser Magnetnadel gestellt, sie nach Osten treibt, sie nach Westen bewegen sollte, wenn er sich über diesem Pole befindet, eine Kreisbewegung geht aber an den beiden entgegengesetzten Enden eines Durchmessers in entgegengesetzten Richtungen vor sich Es scheint überhaupt es müsse eine Kreisbewegung, verbunden mit der fortschreitenden Bewegung nach der Länge des Leiters eine Schneckenlinie oder Spirale beschreiben, welches jedoch, wenn ich nicht irre, zu der Erklärung der bisher beobachteten Erscheinungen nichts beiträgt

„Alle hier angegebenen Wirkungen auf den Nordpol der Nadel lassen sich leicht verstehen, wenn man annimmt, dass die negativ elektrische Kraft oder Materie eine rechts gewundene Spirale durchläuft, und den Nordpol fortstosst, auf den Südpol aber nicht wirkt, und ebenso alle Wirkungen auf den Südpol, wenn man der positiv elektrischen Kraft oder Materie eine Bewegung in entgegengesetzter Richtung, und das Vermögen, auf den Südpol und nicht auf den Nordpol der Nadel zu wirken zuschreibt Von der Übereinstimmung dieses Gesetzes mit der Natur überzeugt man sich besser durch eine Wiederholung der Versuche, als durch eine lange Erklärung Die Beurtheilung der Versuche würde aber durch Figuren sehr erleichtert werden, welche den Weg zeigen, den die elektrischen Kräfte in dem verbindenden Draht gehen

„Ich füge dem Gesagten nur noch hinzu, dass ich in einem vor sieben Jahren herausgekommenen Werke bewiesen habe, dass die Wärme und das Licht der elektrische Conflict sind Aus den neuen hinzugekommenen Beobachtungen lasst sich schliessen, dass die Bewegung in Kreisen auch in diesen Wirkungen vorkomme, welches zur Aufklärung der Thatsachen, welche man die Polarität des Lichtes nennt, wie ich glaube, viel beitragen kann "

4 Der Multiplikator Oersted's Entdeckung der elektromagnetischen Erscheinungen ist uns wesentlich wichtig durch die Anwendung, welche sie im Galvanometer gefunden hat Diese Anwendung beruht auf dem Princip der Verstärkung der Wirkung eines einzigen Drahtes durch die Herstellung einer grossen Anzahl Windungen desselben, die gleichzeitig auf dieselbe Magnetnadel ablenkend wirken

In die Ehre, dieses Princip gefunden zu haben, theilen sich zwei deutsche Forscher, Schweigger und Poggendorff Der erstgenannte hat die Sache etwas früher gefunden und veröffentlicht, Poggendorff dagegen hat dem Apparat eine einfachere und zweckmässigere Form gegeben, und namentlich seine Anwendung zur Beobachtung und Messung elektrischer Erscheinungen

früher erkannt; es sind also beide als gleichberechtigte Erfinder des elektromagnetischen Galvanometers anzusehen.

SCHWEIGGER machte seinen Gedanken am 16. September 1820 der natur-
forschenden Gesellschaft zu Halle bekannt;[1] in seinen „Zusätzen zu OERSTED's
elektromagnetischen Versuchen" schreibt er:

„Daraus, dass eine Umkehrung der Wirkung erfolgt, je nachdem der
Polardraht unter der Nadel oder über der Nadel hing, und ebenso, je nachdem vom positiven oder negativen Pol her der Draht geleitet wird, daraus
lässt sich, sage ich, durch eine leichte Schlussfolgerung eine Verdoppelung
der Wirkung ableiten, die sich auch in der Erfahrung bewährt. Ich lege
zunächst den einfachen Verdoppelungsapparat, wo sich die Bussole zwischen
zwei umschlungenen Drähten befindet, der Gesellschaft vor. Leicht wird eine
Vervielfachung der Wirkung sich erhalten lassen, wenn man die Drähte nicht
bloss einmal, sondern mehrmals umschlingt. Jene einfache Umschlingung aber
reicht schon hin, um die Versuche OERSTED's bloss mit kleinen Streifen von
Zink und Kupfer, die in Salmiakwasser getaucht werden, wiederholen zu können."

In einem zweiten, am 4. November gehaltenen Vortrage spricht sich
SCHWEIGGER noch etwas genauer aus.[2]

„Das Princip, dessen ich mich zur Verstärkung der Erscheinung, gleichsam zur Construction einer elektromagnetischen Batterie bediente, war die
Umschlingung der Drähte um die Bussole,
und hier lege ich der Gesellschaft eine
Schleife vor, aus mehrfach umschlungenen,
mit Wachs überzogenen Drähten (Fig. 101).
Während die einfachen Drähte beim Gebrauch dieser schwachen elektrischen Kette
die Magnetnadel nur um etwa 30 bis 40⁰

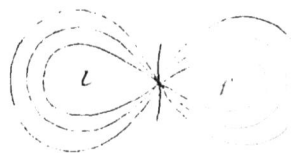

Fig. 101. Nach SCHWEIGGER.

abstossen, wird sie, in die eine Öffnung dieser in den magnetischen Meridian
gestellten Schleife gebracht, 90⁰ gegen Osten, in der anderen 90⁰ gegen
Westen bei dem Gebrauche derselben schwachen
elektrischen Kette abgestossen werden.

„Aber ich will noch einen anderen Apparat hier
beschreiben, der gleichsam bloss auf einer Erweiterung der Schleife beruht, wodurch die Magnetnadel
auf jeden beliebigen Winkel zwischen 0⁰ und 180⁰
gestellt werden kann. In Fig. 102 stellt der Kreis
agbha eine runde Glasscheibe vor, von oben herab,
perpendikulär über ihrem Mittelpunkt betrachtet. Ein
Silberdraht, mit Seide übersponnen, werde um die-

Fig. 102. Nach SCHWEIGGER.

selbe geschlungen, so dass er von *a* nach *b* unterhalb der Glasscheibe, und von *b* nach *a* über der
Scheibe hinlaufe, in der Art mit Wachs an der Glasscheibe befestigt, dass
eine Bussole, welche durch die Magnetnadel angedeutet ist, zwischen dem

[1] Journ. f. Chemie und Physik 31, 2. 1821.   [2] A. a. O. S. 12.

Glas und dem oberhalb des Glases hinlaufenden Drahte Platz finden kann
Auf ähnliche Art, wie ab ist auch cd um das Glas geschlungen, zuerst
unterhalb, und dann oberhalb des Glases hinlaufend in ununterbrochenem
Zusammenhange mit ab Man begreift nämlich, dass ab, cd, ef u s w einen
continuirlich zusammenhängenden Draht vorstellen Da dieser Draht mit
Seide übersponnen ist, so kann der Vereinigungspunkt aller Drähte im
Mittelpunkt der Scheibe keineswegs zum Vereinigungspunkt der entgegengesetzten Elektricitäten werden, vielmehr läuft der elektrische Strom durch
den ganzen umschlungenen Draht hin, und die Magnetnadel, durch diesen
elektrischen Strom bewegt und gleichsam immer in neuen Schlingen ge-
fangen, kann auf jeden beliebigen Winkel gestellt werden "

Wie man aus diesen Darlegungen, und insbesondere aus der Fig 101
sieht, bildet Schweigger an Stelle der jetzt gebräuchlichen Kreise aus dem
Leitungsdraht Schleifen, und kommt auch bei späterer Gelegenheit, wo
er seine Priorität Poggendorff gegenüber aufrecht erhält, auf diese wunderliche Schleifenform zurück, ohne sich jedoch darüber auszusprechen, zu
welchem Zwecke diese entbehrliche Verdoppelung der Drahtlänge dienen
soll Auch dient ihm sein Apparat ausschliesslich zur Erläuterung der elektromagnetischen Erscheinungen, an irgend welche weiteren Anwendungen desselben scheint er nicht gedacht zu haben, wenigstens hat er davon keine
Andeutung gegeben

Anders Poggendorff Die erste Nachricht von seinem Apparate findet
sich in einer Schrift von Erman über die elektromagnetischen Erscheinungen,
die 1821 in Berlin unter dem Titel „Umrisse zu den physischen Verhältnissen des von Herrn Professor Oersted entdeckten elektro-chemischen
Magnetismus" erschien Erman hebt hier insbesondere die Möglichkeit hervor,
mit einer einfachen Kette die Ablenkungen zu erhalten, und schreibt

„Wer hätte uns vor einigen Monaten gesagt, dass der Chemiker die
abnehmende Intensität eines Auflösungs-Prozesses von der Bussole ablesen
würde' und doch ist es so, denn schon der Wollaston'sche Apparat von
einem silbernen Fingerhut voll Säure und einem Streifen Zink, der darin
taucht, wirkt entschieden auf eine Bussolennadel von geringer Masse und
die Grade ihrer Abweichungen bilden mit den eintretenden Graden der
Sättigung der Säure zwei entgegengesetzte Reihen, deren Gesetz gefunden
werden kann und muss, um das magnetische Galvanoskop in ein Galvanometer zu verwandeln, und hiermit einen Riesenschritt in der Chemie zu
bedingen "

Nachdem Erman am Schluss seiner Arbeit mitgetheilt hat, dass er
während derselben, um sich gegen Beeinflussung zu schützen, allen Verkehr
über diesen Gegenstand von sich fern gehalten habe, fährt er fort

„Überraschender und angenehmer konnte diese freiwillige Kontumaz
nicht unterbrochen werden, als durch den mir durch Herrn Poggendorff
soeben mitgetheilten Condensator, und ich kann nicht über mich gewinnen,
diesen Bogen abgehen zu lassen, ohne eine vorläufige Ankündigung dieses

hochst wichtigen Gegenstandes Herrn Poggendorff, der eine der kostlichsten
Zierden ist fur die Horsale und fur das Laboratorium der hiesigen Univer-
sitat, fuhrte eine sehr consequente und durchdachte Prufung des elektrochemischen Magnetismus Schritt vor Schritt zu den Mitteln, diese Thatigkeits-
Ausserungen in und durch sich selbst zu verstarken Dieses gelang ihm in
dem Grade, dass ich soeben sehe, wie ein Plattenpaar von kaum 4 Linien
Oberflache mit verdunnter Saure Abweichungen gab von 25 bis 30", Davy'sche
Ketten von Sauren und Basen bei ganz geringen Dimensionen geben die
entschiedensten Abweichungen, Kupfer und Zink mit destillirtem Wasser
giebt eine nicht zu verkennende Sollicitation, schon Brunnenwasser wirkt
ganz entschieden, der zarteste aller Versuche, der Humboldt'sche Hauch-
versuch, spricht sich aus an der Magnetnadel und zwar, wie alle erwahnten,
bei Dimensionen der Metalle und der Kohle, wo bei der einfachen Kette
unter den gunstigsten Umstanden durchaus an keine Wahrnehmung zu
denken ist

    „Fur die Elektrochemie kann dieser magnetische Condensator ein wahres
Kleinod werden alle Schwierigkeiten des elektrischen Condensators sind
glucklich umgangen; durch die einfachsten Manipulationen und mit den
constantesten Resultaten hat Herr Poggendorff bereits die elektrische Reihe
fur eine grosse Mehrheit der chemischen Substanzen durch die Bussole
revidirt, und sehr auffallende Anomalien gefunden, namentlich fur das elektrische Leitungsvermogen

    „Das Princip seines Condensators scheint mir zu liegen in den wechsel-
seitigen Spannungen eines sehr langen, mehrfach uber sich selbst zuruck-
gefuhrten diagonaloiden Leiters in grosser Annaherung, jedoch ohne leitende
Beruhrung, ein kupferner Draht, beilaufig $1/_{10}$ Linie stark, mit Seide um-
sponnen, wird in kreisformigen, dicht auf und neben einander gedrangten
Windungen aufgewickelt, der Bundel von beilaufig 40 bis 50 Gewinden fest
geschnurt, dann zu einer elliptisch langlichen Form zusammengedruckt, so
dass im inneren Umfange dieses Condensators eine Nadel, wenn die zwei
Enden des Drahtes an die Factoren der Kette angelegt werden, frei spielen
konne, entfernt von den inneren Gewinden des Drahtes uberall nur um
ungefahr 2 Linien"

    Poggendorff selbst theilte seine Untersuchungen mit in Oken's Isis,
1821, S 687, wo er auch die Prioritat Schweigger's mit den Worten anerkennt „Auf analogem Wege ist Herr Prof Schweigger schon vor mir zur
namlichen Entdeckung gelangt, ich wurde deshalb das Ganze unerwahnt
lassen, stande das Folgende hiermit nicht in so inniger Verbindung, dass
eine Auslassung dieses nothwendig eine Unverstandlichkeit des anderen nach
sich gezogen hatte"

    Im ubrigen enthalt jene Arbeit die ersten Versuche, Aufklarung uber
die Abhangigkeit der Empfindlichkeit des Galvanometers, oder Condensators,
wie Poggendorff sein Instrument nannte, von der Anzahl der Windungen
und der Dicke des Drahtes zu finden Er liess den dunnsten Draht, den

er erhalten konnte, überspinnen, und fand, dass mit einem und demselben
Element die Grösse der Ablenkung mit steigender Anzahl der Windungen
zwar zunahm, aber in immer geringerem Grade, so dass bald ein Maximum
erreicht wurde, das nicht weiter überschritten werden konnte. Wurde dieselbe Combination Zink, Salmiak, Kupfer angewendet, so gab eine Kette
mit grossen Platten das Maximum bei einer viel geringeren Zahl von Windungen, als eine Kette mit kleinen Platten, das Maximum selbst war
aber in beiden Fällen gleich. Poggendorff fand dies letztere Ergebniss
„rathselhaft", gegenwärtig lässt es sich als nothwendige Schlussfolgerung
aus den Gesetzen der elektrischen Leitung voraussehen. Eine Spule aus
starkerem Draht zeigte gleichfalls das Maximum, doch war dies viel grösser,
als bei dem dunnen Drahte.

Weiter benutzte Poggendorff seinen Apparat zur Prüfung der elektrischen Leitfähigkeit von Mineralien und Flussigkeiten. Er entdeckte bei
dieser Gelegenheit das Maximum derselben bei Schwefelsäure von zunehmender Verdunnung, folgende Tabelle der Ablenkungen bei der Einschaltung
einer Schicht derselben in seinen Kreis lasst es deutlich erkennen:

Schwefelsaure 1 84 für sich		5"
„ mit gleichen Theilen Wasser		45"
„ „ 2 „ „ „		60"
„ „ 4 „ „ „		50"
„ „ 8 „ „ „		45"

Ferner stellte er einige Versuche zur Frage an, ob vorhandener Magnetismus, in den Stromkreis gebracht, irgend eine Wirkung auf den „chemischen"
Magnetismus zeigte. Das Ergebniss war verneinend, ein Magnetstab konnte
in den Stromkreis eingeschaltet werden, ohne das dies den mindesten Einfluss
auf die Grosse und den Sinn der Ablenkung übte. Ebenso war es ohne
Einfluss, ob geschmolzenes Eisen, das bekanntlich nicht magnetisch ist, oder
festes sich im Kreise befand.

Eine grossere Anzahl von Versuchen über Ketten aus einem Metall und
zwei verschiedenen Flussigkeiten mogen übergangen werden, ebenso die
Versuche über die Spannungsreihe. Poggendorff bemerkt sehr richtig dazu
„Soll ubrigens die Chemie aus Reihen dieser Art den Nutzen ziehen, der
ihr gewahrt werden kann, so musste man den feuchten Leiter auf alle mogliche Art variiren, denn es ist klar, dass er in der galvanischen Kette ebenso
wichtig ist, als der feste. Statt einer absoluten Spannungsreihe wurden wir
eine unendliche Zahl relativer bekommen, die, freilich mehr oder weniger
verschieden, dazu dienen konnten, jene erste, allein wahre, darin zu construiren. Selbst die durch unmittelbare Berührung entstehende und mit dem
Elektrometer gemessene Polarität kann nicht eher für die absolute gelten,
bis Versuche in allen Gasarten und der Toricelli'schen Leere das Mitwirken
der Luft als gleichgultig hierbei erwiesen haben."

Auch noch an einer anderen Stelle tritt hervor, wie sehr Poggendorff
bei dieser seiner Erstlingsarbeit die wesentliche Rolle des chemischen Pro-

zesses im Galvanismus empfand; diese Äusserungen sind um so bemerkenswerther, als er später ein eifriger Anhänger der Volta'schen Contactlehre
wurde. Die Zusammenfassung seiner Ergebnisse schliesst er mit dem Satze:
„Der Volta'sche Magnetismus ist in steter Abhängigkeit von dem chemischen
Prozess der Säule. Mit diesem steigt und fällt er, trockene Platten heterogener Metalle werden durch den Contact nicht magnetisch. Die Umkehrung
der magnetischen Pole erfolgt gleichzeitig mit den chemischen, und wo diese
in den Indifferenzpunkt übergehen, verschwinden auch jene."

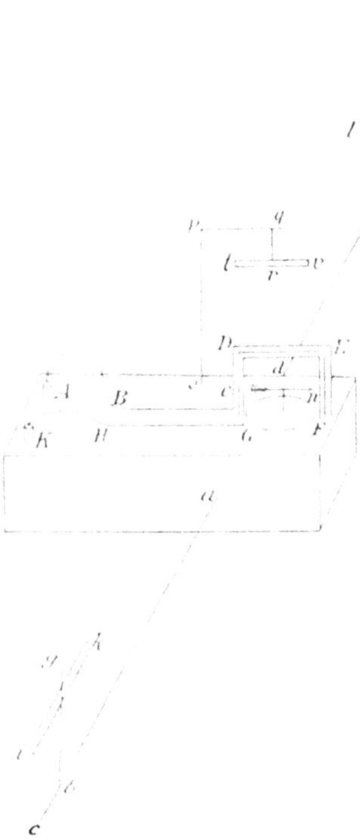

Ein dritter Erfinder des Multiplikators ist J. Cumming, weil. Professor der
Chemie zu Cambridge, der ein derartiges
Instrument in den Annals of Philosophy,
1823, S. 283, beschrieben hat.[1] Bei
Gelegenheit einer Untersuchung über
die kurz vorher von Seebeck entdeckten
thermoelektrischen Erscheinungen machte
er folgende Mittheilung über das von ihm
Galvanoskop genannte Instrument.

„Fig. 103 zeigt das Galvanoskop.
A, K sind zwei mit Quecksilber angefüllte Näpfchen, welche mit den galvanischen Platten verbunden werden.
$ABCDEFGHK$ ist ein um die Magnetnadel ns spiralförmig gewickelter Draht.
abc, def sind Messingdrähte, welche an
dem Galvanoskop befestigt sind und auf
welchen sich die Drähte bg und ch
verschieben lassen. ik und lm sind
zwei Magnetstäbe, welche an den Drähten
bg und ch befestigt sind und dazu
dienen, die Magnetnadel zu neutralisiren.

Fig. 103.   Nach J. Cumming.

$opqr$ ist ein an dem Galvanoskop befestigter Messingdraht, an welchem ein kleiner, um qr drehbarer Magnet
befestigt ist.

„Das Galvanoskop wird dann in die Richtung von Westen nach Osten
gestellt; in dieser Richtung befindet sich auch die Ebene der Spirale, in
welche dann auch die Magnetnadel durch die Wirkung der Magnetstäbe
gestellt wird.

„Es ist nöthig, dass der die Spirale bildende Draht nicht weniger als
$1/_{25}$ Linie Durchmesser habe, und dass die Spirale wenigstens 4 bis 5 Windungen habe und sich so nahe wie möglich an der Nadel befinde."

---

[1] Vgl. auch Journ. f. Chemie und Physik, **40**, 328, 1824.

Als neu taucht bei Cumming, wie man sieht, die Anwendung von compensirenden Magneten auf, welche zur Erhöhung der Empfindlichkeit dienen Seine Erfindung ist übrigens fast von demselben Datum, wie die von Schweigger und Poggendorff, denn an einer anderen Stelle derselben Zeitschrift bemerkt er in einem Briefe vom Juli 1823 „Der elektromagnetische Multiplikator   (von Schweigger ist, meine ich, ein ähnliches Instrument, wie das, welches ich seit zwei und einem halben Jahre gebrauche und als ein Galvanoskop in einer in den Cambridger Transactions veröffentlichten Abhandlung beschrieb "

Eine andere, viel ungeschicktere Art, durch magnetische Compensation die Empfindlichkeit des Galvanoskops zu steigern, beschrieb bald hernach Becquerel.[1] Das Verfahren bestand darin, dass er mehrere derartige Instrumente hinter einander aufstellte, so dass sich ihre Nadeln gegenseitig beeinflussten, das mittlere wurde dann empfindlicher Doch lag eine grosse Unbequemlichkeit dieser Anordnung darin, dass ihre Benutzung nur dann möglich war, wenn sich die Magnetnadeln sämmtlich in Ruhe oder in übereinstimmender Stellung befanden Auch scheint in der That das Mittel weiter nicht zur Anwendung gekommen zu sein

Die Compensation durch zwei gleichzeitig bewegliche Nadeln von entgegengesetzter Richtung wurde einige Jahre später von C L Nobili erfunden[2]

„Das Instrument, welches ich der Akademie [zu Modena] vorzulegen die Ehre habe, weicht nur in einem Punkte wesentlich von dem Galvanometer oder Multiplikator Schweigger's ab, statt einer Magnetnadel innerhalb des Gestelles, um das der Leitungsdraht geschlungen ist, habe ich mein Galvanometer mit zwei Nadeln versehen, die, von gleichen Dimensionen, in paralleler Richtung an einem Strohhalme derartig befestigt sind, dass dieser durch den Mittelpunkt beider hindurchgeht, und die zugleich einander entgegengesetzt magnetisirt sind, so dass der Nordpol der einen dem Südpol der anderen entspricht Ihre Entfernung von einander und die Länge des Strohhalmes, an welchem sie aufgehängt sind, ist auf eine Weise eingerichtet, welche die freie Drehung der Nadel möglich macht der einen innerhalb des Gestelles, und der anderen unmittelbar über demselben Diese Anordnung zu erhalten und die untere Nadel in das Innere des Gestelles einführen zu können, trennt man am besten das Drahtgestelle in zwei gleiche Bündel, welche man dermaassen gegen die Seiten des Gestelles andrängt, dass dadurch eine rhomboidale Öffnung gebildet wird, welche weit genug ist, um die untere Nadel hindurch zu lassen

„Der graduirte Kreis, auf welchem die Ablenkung gemessen wird, ist bei meinem Instrument zwischen der oberen Nadel und der oberen Fläche des Gestelles angebracht und mit einer ähnlichen Öffnung für das Einbringen der Nadel versehen Auf diese Weise dient die eine Nadel als Zeiger, und die andere ist nur an den Seiten des Gestelles sichtbar "

---

[1] Vgl auch Philos Mag **22**. 253, wo einige elektrochemische Experimente beschrieben sind
[2] Bibl univers **29**. 119 1825 — Journ f Chemie und Physik. **45** 240 1825

Der Erfinder giebt nun einige Proben für die sehr grosse Empfindlichkeit, die er auf diese Weise mit seinem Instrument erreicht, und fügt hinzu: „Die Empfindlichkeit dieses Instrumentes hängt ganz von der Hinzufügung der oberen Nadel ab, welche einem doppelten Zweck dient: einerseits hebt sie die Einwirkung des Erdmagnetismus fast ganz auf; andererseits verbindet sie sich mit der unteren Nadel, um sie in gleicher Richtung zu drehen, unter dem Einflusse der verdoppelten Ströme des Multiplikators.... Ich muss aber darauf dringen, dass man Sorge trage, sich zwei Magnetnadeln von so viel als möglich gleicher Kraft zu verschaffen; je mehr diese Bedingung erfüllt ist, um so empfindlicher wird der Apparat ausfallen. An zwei Zeichen erkenne ich, dass die Nadeln gehörig magnetisirt sind. Das erste ist die Lage, welche die Durchschnittsebene der Nadeln annimmt, wenn diese sich selbst überlassen werden; sie darf nicht, wie bei dem gewöhnlichen Galvanometer mit der Ebene des magnetischen Meridians zusammenfallen, sondern muss mehr oder weniger gegen dieselbe geneigt sein. Diese Neigung rührt von dem Überreste des terrestrischen Einflusses her, dem die Nadeln nicht ganz entzogen werden können, sie seien einander auch noch so sorgfältig angepasst. Das andere Zeichen ist die Art, wie das Instrument um die Linie des magnetischen Gleichgewichtes schwingt. Diese Schwingungen müssen sehr langsam ausfallen im Verhältnisse zu denen, die eine einzige, durch den Einfluss des Erdmagnetismus in den magnetischen Meridian zurückgeführte Nadel zeigt. Erst nach den vielfältigsten Versuchen bin ich bei der vorgeschlagenen Anordnung, als einer solchen, welche die meisten Vortheile bietet, stehen geblieben."

Der übrige Theil des Aufsatzes von Nobili ist von der Erzählung einiger Versuche eingenommen, die das neue Instrument im Verein mit einem Thermoelement als ein ausserordentlich empfindliches Thermometer erweisen; sie haben für uns kein weiteres Interesse. Schweigger macht (a. a. O.) einige Zusätze zu dieser Mittheilung, in welchen er eine etwas andere Anwendung der doppelten Nadel vorschlägt, indem er auf seine Schleife (S. 372) zurückkommt. Diese wird nämlich so gestellt, dass ihre beiden Theile senkrecht über einander stehen, und die Nadeln werden so eingehängt, dass je eine in eine Schlinge zu stehen kommt. Fig. 104 veranschaulicht diese Anordnung nach Schweigger. Sie erinnert einigermaassen an eine neuerdings mehrfach benutzte Form, nur hat man jetzt die überflüssige Unbequemlichkeit der schleifenförmigen Aufwickelung des Drahtes aufgegeben, und wickelt jede Spule besonders.

Fig. 104.   Nach Schweigger.

Nobili hat nicht versäumt, die Empfindlichkeit seiner besten Galvanometer mit dem des Froschschenkels zu vergleichen, welcher bis dahin bei weitem das feinste stromprüfende Instrument war. Das Ergebniss bereitete

ihm einige Enttäuschung, wie er selbst gesteht,[1] der Frosch erwies sich
in allen Fällen weit empfindlicher, wo Flüssigkeiten sich im Stromkreise
befanden, nur thermoelektrische Ströme (s w u wurden vom Galvanometer
besser angegeben Indessen ist doch auch das Froschpräparat für den
thermoelektrischen Strom ein recht guter Indicator, und Nobili bemerkt
„Wenn in der ersten Zeit des Galvanismus, wo man die Frösche auf so
mannigfaltige Weise anordnete, es einem Physiker in den Sinn gekommen
wäre, den Muskel und den Nerv mit zwei langen Drähten desselben Metalles
zu versehen, und dann das eine freie Ende eines dieser Drähte zu erhitzen,
um damit das nicht erhitzte Ende des anderen zu berühren, so wäre die
Wissenschaft zwanzig Jahre früher um die interessante Entdeckung von
Seebeck bereichert worden, und Volta wäre durch den Anblick einer Thatsache überrascht worden, welche unmittelbar zu einem Schluss geführt hätte,
welcher dem Geiste seiner Principien entgegen gewesen wäre namlich, dass
es möglich ist, einen Strom in einem Leiter zu erregen, welcher nur aus
metallischen Stoffen gebildet ist   Es ist dies eine Gelegenheit, zu bemerken, dass zuweilen die einfachsten und entscheidendsten Versuche die
sind, welche man zuletzt macht, und dass sie sich dem Geiste nicht eher
darbieten, als bis alle anderen Mittel erschöpft sind "

Der nächste wesentliche Schritt zur Verbesserung des Galvanometers,
die Ablesung mit Spiegel und Skala, welche durch Poggendorff und Gauss
eingeführt wurde, gehört in eine spätere Zeit

5 Die thermoelektrischen Ströme Die Erfindung des Galvanometers bewirkte einen ähnlichen plötzlichen Aufschwung der Elektrik, wie
die der Saule, wenn auch lange nicht in so hohem Grade Eine der ersten
Entdeckungen mit dem neuen Hilfsmittel war die der thermoelektrischen
Erscheinungen durch Seebeck, deren erste Mittheilung bereits 1821 erfolgte
Auch dieses Kapitel steht nicht in unmittelbarem Zusammenhange mit
unserem Gegenstande, ist aber doch von so grossem Einflusse auf die Entwickelung desselben gewesen, dass die Bekanntschaft mit den Anfängen
seiner Geschichte von hinlänglichem Werthe ist, um uns einige Zeit zu
beschäftigen

Die ersten Beobachtungen der Entstehung elektrischer Ströme durch
Wärme sind, wie bereits erwähnt, von Schweigger an einer aus Kupfer und
einer Flüssigkeit zusammengestellten Kette gemacht worden In noch einfacherer Gestalt hat dann Seebeck[2] durch Temperaturunterschiede hervorgerufene elektrische Spannungsunterschiede beobachtet Sein Bericht über
seine Entdeckung ist für die Entstehungsgeschichte von Entdeckungen überhaupt so lehrreich, dass ich, obwohl die Thermoelektricität in unserer Geschichte nur nebenbei berücksichtigt werden kann, die wichtigsten Theile
seiner Mittheilung wiedergeben will Die Arbeiten, über die hier berichtet

---

[1] Bibl univ 37, 10 1828 — Ann de Chimie et de Physique, 38 225 1828 —
Pogg Ann 14 157 1828
[2] Abh der Berl Akad 1 1822 23 s 265

wird, sind in vier Vorlesungen, deren erste vor der Berliner Akademie am 16 August 1821 gehalten worden ist, mitgetheilt worden

„Bei Fortsetzung der Untersuchung des gegenseitigen Verhaltens der elektrischen, chemischen und magnetischen Thatigkeiten in den galvanischen Ketten stiess ich auf Erscheinungen, welche mir anzudeuten schienen, dass auch zwei Metalle für sich, kreisformig mit einander verbunden, ohne Mitwirkung irgend eines feuchten Leiters, magnetisch werden mochten Auch noch andere Grunde schienen dafur zu sprechen Denn aus mehreren Thatsachen schien hervorzugehen, dass nicht sowohl die Aktion an dem Beruhrungspunkte der Metalle mit einander, als vielmehr die Ungleichheit der Aktionen an den beiden Beruhrungspunkten der Metalle mit dem feuchten Leiter die magnetische Polarisation der ganzen geschlossenen Kette bedinge

„Zu den ersten in diesem Sinne unternommenen Versuchen wahlte ich zwei Metalle, welche ich als Glieder in der gewohnlichen galvanischen Kette mit Kupfer verbunden in manchen Stucken abweichend und veranderlich gefunden hatte Durch beide sah ich meine Erwartung erfullt, doch war ihre Wirkung verschieden

„Eine Scheibe von Wismuth, unmittelbar auf einer Kupferscheibe liegend, zwischen die beiden Enden eines im magnetischen Meridiane liegenden spiralformig gewundenen Kupferstreifens von 40 Fuss Lange und $2\frac{1}{2}$ Linien Breite gebracht, zeigte bei der Schliessung des Kreises eine deutliche Declination der Magnetnadel "

Seebeck schildert nun, wie eine Scheibe von Antimon unter ahnlichen Verhaltnissen eine entgegengesetzte Wirkung hervorbrachte, wahrend Zink ganz unwirksam war

„Bei allen diesen Versuchen hatte ich die Kette in der Art geschlossen, dass ich die zu untersuchende Metallscheibe auf das untere Ende der Spirale oder des einfachen Streifens legte, und das obere frei schwebende Ende mit den Fingern auf die Scheibe niederdruckte Es konnte daher bei den ersten Versuchen wohl die Frage aufgeworfen werden, ob nicht die Hand hier die Stelle eines feuchten Leiters vertrete, und ob nicht Wismuth und Antimon nur deshalb entgegengesetzte Declinationen bewirkten, dass das eine unter Mitwirkung der Feuchtigkeit der Hand mit Kupfer $+ E$ und das andere $- E$ werde

„Das ganzliche Ausbleiben einer magnetischen Spannung bei Verbindung des Zinks mit dem Kupferstreifen, wo dieser Annahme zufolge eine starkere Spannung hatte erfolgen sollen, musste schon gegen die Zulassigkeit derselben Bedenken erregen

„Vollstandig wurde aber die Annahme, dass wir es hier nur mit gewohnlichen galvanischen Ketten zu thun haben, dadurch widerlegt, dass auch dann noch, wenn das obere schwebende Ende des Kupferstreifens mit einem Stabchen aus irgend einem anderen Metall auf die Wismuth- oder Antimonscheibe niedergedruckt wurde, ja dass selbst dann, wenn das obere Ende der Spirale, welche mit der Wismuth- oder Antimonscheibe in Beruhrung stand, mit einer trockenen dünnen Glasscheibe bedeckt war, und diese mit der Hand berührt wurde und einige Zeit in Berührung blieb, innerhalb des geschlossenen Kreises ganz dieselben, obwohl schwacheren Declinationen erfolgten, als bei der unmittelbaren Berührung der die Kette bildenden Metalle mit der Hand

„Das obere Ende der Spirale wurde auf der Wismuthscheibe befestigt, und das untere Ende derselben an die untere Fläche des Wismuths mit der Hand gedrückt, es erfolgten jetzt die entgegengesetzten Declinationen

„Bei allen diesen Versuchen war die Wirkung am stärksten, wenn die Metalle unmittelbar mit der Hand berührt wurden, sie war schwächer, wenn die Schliessung mit dünnen Zwischenkörpern geschah , ja, es fiel jede Wirkung auf die Magnetnadel weg, wenn die Enden der Spirale mit 2 Fuss langen Glas-, Holz- oder Metallstangen auf die Metallscheiben niedergedrückt wurden Doch bald zeigte sich eine Bewegung der Magnetnadel, wenn die Hand an das untere Ende der Metallstangen, nahe an dem Orte, wo sie den Bogen berührten, gelegt wurde, und wenn sie dort einige Zeit verweilte Nach diesen Erfahrungen musste sich der Gedanke aufdrängen, dass nur die Wärme, welche sich von der Hand dem einen Berührungspunkte der Metalle stärker mittheilt, die Ursache des Magnetismus in den zweigliedrigen Ketten sein möchte Darnach war zu erwarten, dass ein höherer Grad der Temperatur, als der, welcher den Metallen von der Hand mitgetheilt werden konnte, auch eine höhere magnetische Spannung bewirken musse Der folgende Versuch bestätigte dies"

SEEBECK geht nun zu der Schilderung der Einzelheiten der von ihm entdeckten Erscheinungen über Er stellt fest, dass die Metalle eine thermoelektrische Spannungsreihe bilden, dass die Spannung mit dem Temperaturunterschiede im Allgemeinen wächst, dass es jedoch Fälle giebt, wo die Wirkung mit steigender Temperatur der einen Stelle wieder kleiner werden, ja sogar sich umkehren kann Ein Zusammenhang zwischen der thermoelektrischen und der gewöhnlichen Volta'schen Spannungsreihe ist entschieden nicht vorhanden, die Metalle sind in beiden ganz verschieden geordnet und zeigen ganz verschiedene Stärke der gegenseitigen Erregung Die Einzelheiten der Untersuchung, durch welche diese Sätze festgestellt wurden, können hier nicht wiedergegeben werden, ebenso wenig die ausführlichen Tabellen, welche SEEBECK über eine grosse Anzahl von Metallen, Legirungen und Erzen mittheilt, doch sei noch bemerkt, dass er schon ermittelte, dass Legirungen im Allgemeinen keineswegs an die Stelle in der Reihe gelangen, welche man nach ihrer Zusammensetzung erwarten konnte, sie zeigen vielmehr ein durchaus selbständiges Verhalten Endlich wies SEEBECK auch noch Wirkungen in Kreisen aus einem einzigen Metall nach, die besonders deutlich auftreten, wenn man durch die Art des Giessens oder Abkühlens Verschiedenheiten in der Struktur des Metalles an verschiedenen Stellen hervorbringt

6. Georg Simon Ohm. Obwohl das von Ohm gefundene grundlegende Gesetz des elektrischen Stromes dem eigentlichen Gebiete der Elektrochemie nicht angehört, hat es dennoch einen so maassgebenden Einfluss auf die Entwickelung derselben ausgeübt, dass eine Geschichte der Elektrochemie ohne Rücksichtnahme auf diesen ausserordentlichen Fortschritt unvollstandig und unverstandlich bleiben musste. Durch diese fundamentale Entdeckung wurde es erst möglich, aus der verwickelten und bis dahin unentzifferbaren Sprache der Galvanometer den Sinn zu erfassen, auf dieser Grundlage erst konnte eine quantitative Theorie der elektrochemischen Erscheinungen versucht und entwickelt werden. Zudem gehört die Geschichte der Entdeckung dieses Gesetzes zu den lehrreichsten Kapiteln der Wissenschaftsgeschichte, und die genauere Bekanntschaft mit der merkwürdigen Persönlichkeit des Entdeckers würde schon allein ein näheres Eingehen auf die Angelegenheit lohnend machen.

Georg Simon Ohm ist am 16. März 1789 in Erlangen als Sohn eines dortigen Schlossermeisters geboren, der, selbst von lebendigem Interesse für die Wissenschaft erfüllt, für die Ausbildung seiner beiden Söhne (es war noch ein um zwei Jahre jüngerer Bruder Martin vorhanden) alle mögliche Sorge trug. Ohm besuchte das Gymnasium seiner Vaterstadt, und ging in dem sehr jugendlichen Alter von 16 Jahren an die dortige Universität über, die er indessen bald wieder verliess. Es ist nicht unwahrscheinlich, dass ihn die gerade in Erlangen mit besonderem Enthusiasmus gepflegte Naturphilosophie abstiess, die den ausgesprochensten Gegensatz zu seiner auf die schärfste quantitative Erfassung der Naturerscheinungen gerichteten Geistesart bildete. Ohm ging dann 1806 in die Schweiz, wo er abwechselnd als Lehrer und Privatmann seine Ausbildung förderte. 1811 wurde er in Erlangen Doktor und habilitirte sich als Privatdozent. Schon nach drei Semestern vertauschte er diese Thätigkeit mit der eines Lehrers, zuerst in Bamberg, 1817 in Köln. Während seiner Kölner Zeit machte er die Entdeckung, welche seinen Namen für immer auf die Nachwelt gebracht hat. Sie blieb zunächst fast unbeachtet, wurde sogar (von G. F. Pohl) ausserordentlich absprechend recensirt, und ähnlich wie mancher andere grosse Entdecker erfuhr Ohm den psychischen Rückschlag, der unter solchen Umständen einzutreten pflegt. Seinen Wunsch, wieder in die akademische Laufbahn einzutreten, vermochte er in Folge einer Zurückweisung nicht zu erfüllen, er legte später auch seine Lehrerstelle nieder, und bemühte sich, wenn auch halb entmuthigt, in einer Reihe von weiteren Abhandlungen seinem Gesetz durch den Nachweis der Gültigkeit in den verschiedensten Fällen die vorenthaltene Anerkennung zu verschaffen.

Inzwischen war das gleiche Gesetz von Pouillet im Jahre 1831 von Neuem aufgestellt worden. Hierdurch, und durch die unermüdliche Thätigkeit Fechner's und insbesondere Poggendorff's, welche alsbald die Bedeutung der Entdeckung Ohm's eingesehen hatten und bei jeder Gelegenheit auf diese hinwiesen, gelangte sie allmählich zur allgemeinen Anerkennung. Entscheidend dafür war das Vorgehen der Royal Society in London, welche 1841 ihre höchste wissenschaftliche Auszeichnung, die Copley-Medaille, Ohm zuerkannte.

Während dieser Zeit (1833) war Ohm wieder in eine Lehrerstellung am Polytechnikum in Nürnberg getreten, aus der er 1849 nach München an die Universität berufen wurde. Dort lebte er noch fünf Jahre, am 6. Juli 1854 erlag er einem wiederholten Schlaganfalle.

Seine grosse Entdeckung hat Ohm in einigen Abhandlungen, und hauptsächlich in seinem 1827 in Berlin erschienenen Werk „Die galvanische Kette, mathematisch bearbeitet" mitgetheilt. Es ist beachtenswerth, dass seine erste Abhandlung „Vorläufige Anzeige des Gesetzes, nach welchem die Metalle die Contactelektricität leiten" eine unrichtige Formulirung enthält, und dass erst in der zweiten Arbeit der richtige Ausdruck gefunden wird. Von seinem Buche, das längst vergriffen ist, erschien im Jahre 1887 eine Neuausgabe durch J. Moser. 1892 wurde durch Lommel eine Gesammtausgabe der physikalischen Schriften Ohm's[1] veranstaltet, welcher der Herausgeber eine biographische Skizze vorausschickte, der die obenstehenden Mittheilungen im Wesentlichen entnommen sind.

6. Ohm's erste Arbeiten. Von den Veröffentlichungen Ohm's seien zum Zweck der Kennzeichnung des geistigen Wesens dieses ausserordentlichen Mannes die wesentlichsten Theile seiner ersten und einiger späterer Abhandlungen mitgetheilt. Wenn er auch seine Lehre reicher und abgerundeter in seinem Hauptwerke entwickelt hat, so haftet doch jenen ersten Mittheilungen die Frische und Unmittelbarkeit der Darstellung, welche einen so wesentlichen Reiz bildet, in viel höherem Maasse an, als in der zwar abgeklärteren, aber auch abgekühlteren Darstellung des Hauptwerkes. Auf das eingehende Studium des letzteren sei indessen der Leser noch besonders hingewiesen.

Ohm's erste Abhandlung erschien gleichzeitig in Schweigger's Journal für Physik und Chemie[2] und in Poggendorff's Annalen[3] im Jahre 1825. Es enthält, wie schon erwähnt, eine irrthümliche Fassung des Gesetzes über die Abhängigkeit zwischen der Drahtlänge dem Widerstande und der Stromstärke, die in dieser Abhandlung nur angedeutete Methode der Stromstärkemessung mittelst des Torsionsgalvanometers findet sich in einer späteren (weiter unten gleichfalls abgedruckten) Abhandlung ausführlich auseinandergesetzt. Die Abhandlung führt den Titel „Vorläufige Anzeige des Gesetzes, nach welchem Metalle die Contactelektricität leiten."

„Durch mehrere Wahrnehmungen veranlasst, habe ich sorgfältige und vielfach wiederholte Versuche über die Fortleitung der Contact-Elektricität in Metallen angestellt und Resultate erhalten, zu deren schleuniger Mittheilung ich mich um so mehr bewogen fühle, als meine geringe, ziemlich ver-

---

[1] Leipzig bei J. A. Barth.   [2] Schweigger's Journ. **44** 110 1825.
[3] Pogg. Ann. **4** 79 und 87 1825.

kummerte Musse mir es nicht verstattet, das Ende dieser Untersuchungen
so bald herbeizufuhren Und ich hoffe, dem theilnehmenden Publikum einen
Dienst zu erzeigen, indem ich an jeder Stelle den Grund angebe, der mich
zu einer neuen Reihe von Versuchen bewog

    „Zu den Versuchen selbst gebrauchte ich einen Kupfer-Zink-Trog von
13 Zoll Hohe und 16 Zoll Lange Aus dem Zink ging ein Draht *A* in ein
Gefass mit Quecksilber *M*, aus dem Kupfer ein Draht *B* in ein Quecksilber-
gefass *N*, ferner wurde ein Draht *C* aus dem Gefasse *M* in ein drittes *O*
geleitet Der Kurze halber werde ich die Drahte *A*, *B*, *C* zusammengenommen den unveranderlichen Leiter nennen Ausser diesen hatte
ich noch sechs andere *o*, *a*, *b*, *c*, *d*, *e*, deren Langen respective $\frac{1}{3}$, 1, 3,
6, $10\frac{1}{3}$, 23 Fuss betrugen und die dazu dienten, die Gefasse *N* und *O* mit
einander zu verbinden und so die Kette zu schliessen, ich werde sie veranderliche nennen Diese veranderlichen Leiter, mit Ausnahme des Leiters *o*,
der sehr dick war, hatten alle 0,3 Linien im Durchmesser Uber dem Theile *O*
des unveranderlichen Leiters hing eine Magnetnadel in einer Coulomb'schen
Drehwage von besonderer Einrichtung, die der jedesmaligen Kraftbestimmung
zum Maassstab diente

Erste Reihe von Versuchen

    „Der unveranderliche Leiter war 4 Fuss lang und $1\frac{1}{4}$ Linie dick. Die
veranderlichen Leiter wurden in folgender Ordnung angewendet

$$o \quad a \quad o \quad b \quad o \quad c \quad o \quad d \quad o \quad e \quad o$$

und jedes Mal die Kraft des unveranderlichen Leiters auf die Magnetnadel
gemessen Aus vielen solchen Versuchsreihen ergaben sich folgende Mittel-
werthe fur den Verlust an Kraft, welcher eintrat, wenn ein veranderlicher
Leiter die Kette schloss

Leiter	*o*	*a*	*b*	*c*	*d*	*e*
Kraftverlust beob	0,00	0,12	0,25	0,35	0,43	0,58

Der Zahlenreihe liegt die Kraft des Leiters *o*, die ich Normalkraft nennen
werde, als Einheit zum Grunde Diese Normalkraft wurde an der Drehwage
durch 150 Theile, deren 100 eine ganze Umdrehung ausmachen, angezeigt.

    „Die Werthe dieser Zahlenreihe lassen sich sehr genugend durch die
Formel

$$v = 0,41 \log (1 + r$$

darstellen, wobei *v* den Kraftverlust und *r* die Lange des veranderlichen
Leiters in Fussen anzeigt Man erhalt hieraus durch Rechnung

Leiter	*o*	*a*	*b*	*c*	*d*	*e*
Kraftverlust berechn	0,00	0,12	0,25	0,35	0,43	0,57

„Um mich zu überzeugen, ob diese Übereinstimmung nicht vielleicht doch nur zufällig sei, construirte ich einen neuen veränderlichen Leiter f von 75 Fuss Länge. Die Beobachtung gab einen

$$\text{Kraftverlust} = 0{,}78 \text{ bei einer Normalkraft von } 168 \text{ Theilen}$$
$$\qquad\qquad = 0{,}75 \qquad\qquad\qquad\qquad\quad 130$$

Die Rechnung giebt für diesen Kraftverlust $0{,}77$
bei einer Normalkraft von 150 Theilen.

Zweite Reihe von Versuchen.

„Differenzirt man die Gleichung

$$v = 0{,}41 \log (1 + x),$$

so erhält man

$$dv = m \frac{dx}{1 + x}.$$

Durch die Form dieser Differenzialgleichung kam ich auf den Gedanken, ob nicht vielleicht ihre allgemeine Form sein werde:

$$dv = m \frac{dx}{a + x},$$

wobei a von der Länge des unveränderlichen Leiters abhängig sein dürfte; denn da der 4 Fuss lange unveränderliche Leiter $1\frac{1}{4}$ Linie dick war, so war es möglich, dass diese Länge der von einem Fusse des 0,3 Linien dicken Drahtes das Gleichgewicht hielt. Findet sich diese Vermuthung bestätigt, so verwandelt sich obige Formel in diese:

$$v = m \log \left(1 + \frac{x}{a}\right).$$

Um hierüber zur Gewissheit zu gelangen, substituirte ich statt der Theile A und B des unveränderlichen Leiters, welche zusammen $2\frac{1}{2}$ Fuss ausmachten, zwei andere von derselben Länge und 0,3 Linien Dicke. Damit angestellte Versuche gaben bei einer Normalkraft von 133 Theilen

Leiter	o	a	b	c	d	e	f
Kraftverlust beob.	0,00	0,07	0,16	0,24	0,32	0,49	0,75

„Da aber von dem dicken Drahte $1\frac{1}{2}$ Fuss blieb und $2\frac{1}{2}$ Fuss dünner hinzukam, so wäre (wenn nach der eben aufgestellten Vermuthung 4 Fuss vom dicken, einem Fuss vom dünnen Drahte gleich kamen) für beide zusammen 2,9 Fuss dünner zu setzen. Berechnet man nun v aus voriger Formel, indem man $a = 2{,}9$ und $m = 0{,}525$ setzt, so findet man

Leiter	o	a	b	c	d	e	f
Kraftverlust berechn.	0	0,07	0,16	0,25	0,34	0,50	0,75

und man sieht leicht, dass der Werth m, der allein aus dem Kraftverlust des Leiters f hergeholt worden ist, den Beobachtungen noch besser hätte

Ostwald, Elektrochemie. 25

angepasst werden können Übrigens ist zu bemerken, dass die hier beobachteten Werthe nur aus einer einzigen Reihe von Versuchen hergeleitet sind

Dritte Reihe von Versuchen

„Ich hatte unterdessen einen ziemlichen Grad von Sicherheit in Versuchen dieser Art erlangt, und war auf einen Umstand aufmerksam geworden,
der leicht einen Irrthum von 2 und mehr Theilen in jeder einzelnen Beobachtung an der Drehwage herbeizuführen im Stande ist, und den ich in den
vorigen Versuchen nicht berücksichtigt hatte, weil er mir damals noch unbekannt war Dieser Umstand besteht in folgender an sich merkwürdigen
Thatsache Wenn nämlich unmittelbar auf den Leiter o einer der anderen
veränderlichen in die Kette gebracht wird, so bedarf es wohl einer halben
Minute und darüber Zeit, bis die Wirkung auf die Nadel ihr Maximum
erreicht hat, das man abwarten muss, wenn man nicht eine zu kleine Zahl
aufzeichnen will, und umgekehrt, wenn nachher wieder der Leiter o in die
Kette kommt, so ist die Wirkung auf die Nadel in der ersten Zeit zu gross,
und man muss, um sicher zu gehen, ihr Minimum abwarten [1]

„So ausgerüstet, beschloss ich zur Sicherstellung des aufgefundenen
Gesetzes eine neue Reihe von Versuchen, die für jeden Leiter nur aus zwei
Beobachtungen, welche äusserst nahe mit einander übereinstimmen, besteht.
Dabei brachte ich an die Stelle des Theilers C vom unveränderlichen Leiter
2 Fuss 0,3 Linien dicken Draht, so dass also im Ganzen der unveränderliche Leiter jetzt aus 4,5 Fuss von demselben Drahte bestand, woraus die
veränderlichen Leiter a und f gebildet waren Das Resultat dieser Versuche
war folgendes

Leiter	o	a	b	c	d	e	f
Kraftverlust beob	0,00	0,04	0,10	0,16	0,23	0,36	0 35

Setzt man in obige Formel, wie hier geschehen muss, $a = 4,5$ und wählt
für m den Werth 0,452, wie ihn die letzte Angabe liefert, so findet man

Leiter	o	a	b	c	d	e	f
Kraftverlust berechn	0,000	0,039	0,100	0,166	0,234	0,355	0,36

Diese Übereinstimmung der beobachteten mit den berechneten Werthen ist
als vollkommen anzusehen, um so mehr, als bei diesen Versuchen die Normalkraft an der Drehwage stets zwischen 44 und 43 Theilen sich aufhielt und
ich kleinere als halbe Theile nie berücksichtigt habe

[1] „Es wäre zu wünschen, dass der Herr Verfasser Musse finde, diese und ähnliche Gesetz-
bestimmungen mit der sogenannten thermo-elektrischen Kette vorzunehmen Die Wirkungen
sind bei dieser bei weitem beständiger, als bei der sogen hydro-elektrischen Kette, und lassen
deshalb sehr scharfe Messungen zu P" [POGGENDORFF]

„Nach diesen Versuchen sehe ich das Gesetz

$$v = m \log \left(1 + \frac{1}{a} \right)$$

als hinlänglich durch die Erfahrung bestätigt an. Dass es für $x = -a$, $v = -\infty$ giebt, widerspricht keineswegs unserer anderweitigen Vorstellung von der Natur der galvanischen Kraft. Aus ihm erklärt sich von selbst die auffallend starke Wirkung des von Wollaston ausgeführten Glühapparates, ebenso die verhältnissmässig so starke Wirkung des elektromagnetischen Apparates nach der von Gilbert getroffenen Einrichtung, ferner liegt in ihm der Grund, warum, nach Poggendorff, auf einem gewissen Punkte die Vervielfältigung der Windungen am Multiplikator zur Stärkung der Wirkung nichts mehr beiträgt, und er fügt noch hinzu, dass durch immer fortgesetzte Vervielfältigung der Windungen die Wirkung wieder abnehmen und zuletzt ganz verschwinden müsse, es verspricht endlich eine tiefere Einsicht in die Natur des Thermo-Magnetismus.

„Der Coefficient m ist eine Funktion von der Normalkraft, von der Dicke des Leiters, von dem Werthe a und, wie ich Ursache zu glauben habe, von der elektrischen Spannung der Kraft. Ich bin eben noch damit beschäftigt, die Natur dieser Funktion durch genauere Versuche fest zu begründen. Um jedoch schon jetzt die Aufmerksamkeit der Naturforscher auf diesen Gegenstand zu lenken, erwähne ich noch folgender Beobachtung. Die Kette war mit dem Leiter f geschlossen und in den Trog verdünnte Schwefelsäure gegossen, wie man sie zu den elektromagnetischen Versuchen anzuwenden pflegt, die Drehwage zeigte 50 Theile, die Nadel ging allmählich, aber äusserst langsam, rückwärts, und nach Verlauf von mehr als einer Viertelstunde, als das Brausen schon fast ganz nachgelassen hatte, zeigte die Drehwage 45 bei einer Normalkraft von 447 Theilen. Frühere Versuche hatten mich aber belehrt, dass bei einem so gefüllten Troge nach Verlauf von 12 Minuten, bei schon stiller gewordenem Brausen, die Normalkraft noch 1300 Theile betrage. Dieser Leiter ist folglich im Stande, die Normalkraft auf weit weniger als ihren 26 Theil zurückzubringen. Wirkungen von Leitern auf Leiter, die in derselben Kette sich befinden, können durch solche Hindernisse leicht tausendfach geschwächt werden".

Die Quelle des Irrthums, in welchen Ohm bei diesem seinem ersten Versuche verfallen war, liegt in der sehr grossen Unbeständigkeit der von ihm verwendeten einfachen Volta'schen Kette aus Zink, Kupfer und verdünnter Schwefelsäure. Ohm hatte das „Wogen der elektrischen Kraft" zwar bemerkt und sich dagegen zu schützen gesucht, er hat aber den hiervon ausgehenden Einfluss offenbar noch unterschätzt. So war es für ihn und die Wissenschaft ein wahres Glück, dass Poggendorff ihn in einer Anmerkung (S. 386) auf die Benutzung des ganz beständigen Thermo-Elementes hinwies. Ohm säumte nicht, sich diesen Hinweis zu Nutzen zu machen und im folgenden Jahre 1826 theilte er in Schweigger's Journal für Physik und

Chemie[1] die einfache Formel mit, welche seitdem alle Prüfungen bestanden hat, denen die inzwischen in so ausserordentlichem Maasse verfeinerten Hilfsmittel der galvanometrischen Messungen sie unterzogen haben

Besonders bemerkenswerth ist in dieser grundlegenden Abhandlung die Fähigkeit Ohm's, seine so überaus einfach gestaltete Gleichung zum Reden zu bringen, und ihr Auskünfte über die verschiedensten Fragen des Galvanismus zu entnehmen. In noch höherem Maasse ist dies in dem unmittelbar folgenden, in Poggendorff's Annalen[2] veröffentlichten Aufsatze der Fall, welcher die Theorie der elektroskopischen Erscheinungen umfasst.

Die Hauptabhandlung in Schweigger's Journal führt den Namen „Bestimmung des Gesetzes, nach welchem Metalle die Contactelektricität leiten, nebst einem Entwurfe zu einer Theorie des Volta'schen Apparates und des Schweigger'schen Multiplikators."

„Im verwichenen Jahre habe ich in diesem Journal eine vorläufige Anzeige des Gesetzes, nach welchem Metalle die Elektricität leiten, gemacht, und mehrere Reihen von Versuchen mitgetheilt, die mit all der Sorgfalt und Genauigkeit angestellt waren, welche der Gegenstand verdient und gestattet. Fast zu derselben Zeit sind Mittheilungen über denselben Gegenstand aus dem Auslande von zwei gleich ruhmlich bekannten Experimentatoren Barlow und Becquerel zu uns gekommen, wobei es auffallend war, dass die Resultate dieser beiden Gelehrten, insofern sie sich über den Einfluss der Länge des Leitungsdrahtes erstrecken, sowohl unter sich, als auch von dem durch meine Versuche ermittelten Gesetze so stark abwichen. Ihre Arbeiten, so weit sie mir bekannt geworden sind, habe ich bei meinen späteren Versuchen stets berücksichtigt und bin so zu der Überzeugung gelangt, dass weder die von diesen Naturforschern über die Länge des Leiters ausgesprochenen Gesetze, noch das von mir angekündigte, allgemein und frei von der Einmischung solcher Kräfte seien, die keineswegs zu der Frage, um die es sich handelt, gehören. Dagegen hoffe ich jetzt im Stande zu sein, die Parteien mit einander auszusöhnen und ein Gesetz aufzustellen, welches sich sowohl durch vollkommene Übereinstimmung mit den nach allen Grenzen hin fortgesetzten Versuchen, als auch insbesondere durch die Einheit, welche es über alle den elektrischen Strom angehende Erfahrungen verbreitet, eine Einheit, wie sie nur im Gefolge der Wahrheit zu erblicken ist, als das reine Gesetz der Natur verkündigt.

„Dieses Gesetz erstreckt sich indessen lediglich über die Leitung der Elektricität durch Metalle und nimmt keine Rücksicht auf die Funktion des flüssigen Leiters in der galvanischen Kette. Meine Versuche über den Einfluss der Flüssigkeiten auf den elektrischen Kreislauf, obgleich sie allmählich mehr und mehr sich entwirren, halte ich noch nicht für geschlossen, aber eben deswegen muss ich mich für jetzt damit begnügen, die Resultate, welche

[1] Schweigger's Journ. 46, 137 1826

[2] Pogg. Ann. 6, 459, derselbe 7, 45 und 117 1826

sich bereits rein herausgestellt haben, nur in kurzen Umrissen anzudeuten
und behalte mir vor, eine ausführlichere, die chemischen und elektroskopischen Erscheinungen zugleich in sich aufnehmende, mathematisch bearbeitete
Theorie der elektrischen Kette nachzuliefern Die Hindernisse, welche meine
Stellung als Gymnasiallehrer jeder gründlichen Arbeit in ganz aussergewöhn-
lichen Maassen entgegensetzt, mögen mich entschuldigen, wenn jene Abhandlung in einem grösseren Zeitraume, als billig scheint, dieser Anzeige nachfolgt

„Um unnütze Wiederholung zu vermeiden, fahre ich da fort, wo die
am Eingange citirte Ankündigung aufhört, und bitte deshalb den Leser,
hierauf Rücksicht nehmen zu wollen

„Das beständige Wogen der Kraft (a a O S 386), welches beim Öffnen
und Schliessen der Kette oder beim Vertauschen solcher Leiter, die als
Schliessungsglied der Kette ungleichen Leitungswerth haben, stattfindet,
erschwert die Versuche ungemein Um einen Begriff von der Grösse und
Dauer dieses Wogens zu geben, wird es nicht überflüssig sein, einige von
den Versuchen, deren ich unzählige zur Bestimmung seiner Natur gemacht
habe, hier mitzutheilen

„Die Kette wurde mit dem Leiter O geschlossen und der Stand der
Nadel von 5 zu 5 Minuten beobachtet, es ergaben sich allmählich folgende
Resultate 180, 150, 135, $125\frac{1}{2}$, $119\frac{1}{2}$, 115, $111\frac{3}{4}$, $109\frac{1}{2}$, $107\frac{3}{4}$, $106\frac{3}{4}$,
$105\frac{3}{4}$, 105, $104\frac{1}{2}$, eine Stunde später $100\frac{1}{2}$, sodass also im Ganzen
2 Stunden 5 Minuten verflossen waren Nach wenigen Minuten, während
welcher die Kette offen blieb, zeigte die Nadel, die so schnell als möglich
in der Visirlinie zur Ruhe gebracht worden war (was mit einiger Übung
durch ein ihren Schwingungen entgegen laufendes Drehen in kurzer Zeit zu
Stande zu bringen ist) wieder mehr als 180 Theile längere Zeit hindurch
Die Kette wurde aufs Neue geöffnet und die Nadel durch ein zur Seite
angebrachtes Hinderniss gezwungen, in der Visirlinie zu bleiben, hierauf die
Scheibe auf 500 gestellt und die Kette durch den Leiter O geschlossen —
und siehe, die Nadel legte sich auf der entgegengesetzten Seite, wo in einiger
Entfernung ebenfalls ein Hinderniss angebracht war, mehrere Sekunden lang
an [1] Dieses Wogen der Kraft war aber schon bei dem 75 Fuss langen
Leiter nicht mehr von erheblichem Umfange.

„Es giebt meines Wissens nur ein Mittel, dieses Wogen der Kraft ziemlich unschädlich zu machen, welches darin besteht, dass man die Kette vor
Anfang der Versuche längere Zeit geschlossen hält und während der Versuche selbst nie öffnet, d h mit dem folgenden Leiter erst schliesst, ehe
man den vorhergehenden aus der Kette nimmt Bei Versuchen, wo Leiter
von ungefähr gleichem Leitungswerthe abwechselnd in die Kette gebracht
werden, ist dieses Hinderniss, wenn man die eben angeführte Vorsichts-

---

[1] „Es ist daher kein Wunder, dass ein Herausnehmen des Wollastonschen Glühapparates aus der Flüssigkeit auf kurze Zeit den schon erloschenen Draht zum Wieder-glüh n
bewegt "

maassregel beobachtet, als nicht vorhanden anzusehen, und solche Versuche lassen daher einen hohen Grad der Genauigkeit zu

„Auf diese Weise bestimmte ich das Leitungsvermögen verschiedener Metalle Ich nahm cylindrische Drähte von einerlei Dicke und verschiedenem Stoffe, brachte nach und nach je zwei abwechselnd in die Kette und kürzte denjenigen, der die Kraft am meisten schwächte, so lange ab, bis er mit dem anderen ungefähr gleichen Leitungswerth erlangt hatte Am besten thut man, aus zwei nahe aneinander liegenden Bestimmungen, wovon die eine zu viel, die andere zu wenig giebt, ein Mittel zu nehmen So gelangte ich zu nachstehenden Verhältnisszahlen für die Länge der verschiedenen Metalle, wobei sie gleichen Leitungswerth besitzen

„Kupfer 1000, Gold 574, Silber 356, Zink 333, Messing 280, Eisen 174, Platin 171, Zinn 168, Blei 97.

„Ferner nahm ich Drähte von gleichem Stoffe und verschiedener Dicke, innerhalb 0,12 und 1,40 Linien, und verfuhr mit ihnen ganz so, wie bei der Bestimmung des Leitungsvermögens der Metalle geschehen ist. So ergab sich mir folgendes Gesetz Cylindrische Leiter von einerlei Art und verschiedenem Durchmesser haben denselben Leitungswerth, wenn sich ihre Längen wie ihre Querschnitte verhalten Auf dieses Gesetz wurden auch Barlow und Becquerel durch ihre Versuche geführt.

„Zu bemerken ist auch hier der Umstand, dass stets der dickste Draht von der Regel mehr oder weniger abwich, aber er war geblieben wie er war, mit mehr oder weniger rein metallischer Oberfläche, während die anderen über dem Ziehen mit einer Haut ziemlich gleichmässig sich bedeckt hatten In meinen späteren Versuchen habe ich auf diesen Umstand stets Rücksicht genommen

„Bei Versuchen, die sich auf die Länge des Leiters beziehen, ist jenes Wogen der Kraft von sehr nachtheiligem Einflusse, weil hier Leiter von sehr ungleichem Werthe nach einander in die Kette gebracht werden, woraus eine Unsicherheit entsteht, die durch die fortwährende Änderung, welche die Flüssigkeit und die sie berührenden Metalloberflächen in ihrer chemischen Konstitution erleiden, nur noch vermehrt wird Ich habe zwar in meinen früheren Versuchen diesem Übelstande dadurch zu begegnen gesucht, dass ich die einzelnen Beobachtungen stets in gleichen Zeiträumen auf einander folgen liess und zu der ganzen Zeit der Versuche nur solche Abschnitte wählte, in welchen die Wirkung der Kette weniger veränderlich sich zeigte, allein obgleich dadurch die Beobachtungsfehler in ziemlich enge Grenzen eingeschlossen werden, so konnte ich doch nicht hoffen, auf diesem Wege das eigentliche Gesetz der Leitung[1] zu entdecken und nahm daher meine Zuflucht zu der thermomagnetischen Kette, deren Beständigkeit von Herrn

---

[1] „Dass dies in meiner Ankündigung aufgestellte nicht allgemein sei, davon habe ich mich durch einen Leiter von 300 Fuss, dessen Querschnitt fünf Mal kleiner als der der übrigen war, der also einen Leiter von 1500 Fuss vertrat, überzeugt Er gab $2^8/_4$ bei einer Normalkraft von 159 und $1^1/_2$ bei einer Normalkraft von 76 Theilen."

POGGENDORFF mir empfohlen worden war; und da die auf diesem Wege gewonnenen Erfahrungen das Gesetz der Leitung auf eine entscheidende Weise aussprechen, so halte ich es nicht für überflüssig, meinen dabei gebrauchten Apparat umständlich zu beschreiben, damit der Grad des Zutrauens, den die daraus hervorgegangenen Thatsachen verdienen, sich um so leichter bestimmen lasse.

„Ein in der Gestalt einer eckigen Klammer gegossenes Stück Wismuth *a b b' a'* (Fig. 105), dessen längere Seite *b b'* $6^1/_2$ Zoll und dessen kürzere Schenkel *a b, a' b'* jeder $3^1/_2$ Zoll betrugen, war durchgängig 9 Linien breit und 4 Linien dick. An jedem dieser Schenkel befestigte ich mittelst zweier Schrauben Kupferstreifen *a b c d, a' b' c' d'*, die 9 Linien breit, 1 Linie dick und zusammen gerechnet 28 Zoll lang und so gebogen waren, dass ihre freien Enden *c d, c' d'* in zwei an dem hölzernen Gestelle *f g h i* angebrachte, mit Quecksilber gefüllte Schälchen *m, m'* ragten, wenn die ganze Vorrichtung auf dem Gestelle sass.

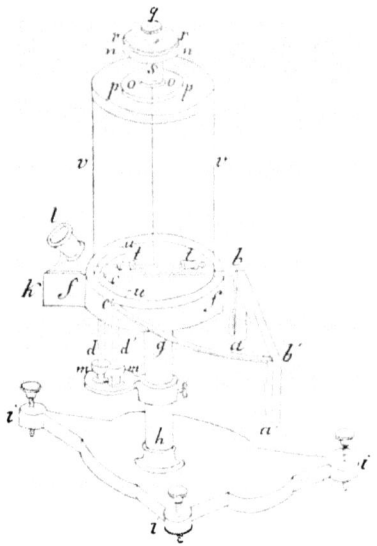

Fig. 105. Nach SCHWEIGGER.

„Auf der oberen Platte *f f* des Gestelles sitzt die Drehwage, bei deren Beschreibung ich etwas verweilen werde, da an ihr Abweichungen von der gewöhnlichen Einrichtung vorkommen. Der Glascylinder *v v*, auf welchem sie sitzt, ist 6 Zoll hoch und $4^1/_2$ Zoll weit. Sie selbst besteht aus 2 Theilen, wovon der eine *n o p* mit einer schwach konischen Höhlung versehen und auf der oberen Platte des Glascylinders fest gekittet ist, der andere *q r s* mit seinem 8 Linien dicken konisch auslaufenden Zapfen in die Höhlung des ersten genau passt, und mit seiner 3 Zoll breiten Scheibe *r r* auf der eben so breiten Scheibe *n n* des ersten Theiles aufliegt. An dem Zapfen *q s* ist mit grosser Sorgfalt auf der Drehbank der Mittelpunkt der Drehung durch eine zarte konische Vertiefung angemerkt und hierauf derselbe auf einen halben Zoll seiner Länge so lange abgefeilt worden, bis sich auf der dadurch entstandenen ebenen Fläche jene konische Vertiefung als ein vollständiges Dreieck darstellte. Durch eine besondere Vorrichtung wird der Faden, an welchem die Nadel hängt, so an den Zapfen geklemmt, dass seine Mitte genau in die Spitze des Dreiecks fällt.

„Die Magnetnadel *t t* ist aus 0,8 Linien dicken Stahldraht verfertigt und nicht volle 2 Zoll lang, ihre beiden Enden sitzen in cylinderförmigen Stücken Elfenbein, deren eines einen zart zugespitzten, nach unten etwas umgebogenen.

Messingdraht in sich trägt. Diese messingene Spitze, die als Zeiger dient, liegt dicht über dem auf dem Gestelle ruhenden, in Grade eingetheilten Bogen von Messing u u. Anfänglich hatte ich die Nadel so lang gemacht, dass sie mit ihrem einen Ende unmittelbar über dem messingenen Gradbogen schwebte, aber die Trägheit, welche sie durch die geringe Anzahl ihrer Schwingungen zu erkennen gab, erinnerte mich an die vor Kurzem von Arago gemachte Erfahrung und gab Anlass zu obiger Abänderung.

„Die so zubereitete Nadel wird von einem 5 Zoll langen Streifen Gold-lahn getragen, der an der Drehwage genau im Mittelpunkt der Drehung befestigt ist. Diese bandförmigen Metallstreifen sind nach meiner Erfahrung zu Versuchen mit der Drehwage weit geschickter als cylinderförmige Drähte. Der Lahn, den ich an meiner Drehwage gebrauche, besitzt ungeachtet seiner aus vielen Rücksichten so wünschenswerthen Kürze noch in so hohem Grade alle Erfordernisse zu den Drehversuchen, dass die Nadel, nachdem der Lahn eine Spannung von mehr als drei ganzen Umdrehungen erlitten hat, wieder ihre alte Stellung einnimmt, wenn man die Spannung wieder aufhebt. Dem-ungeachtet habe ich nach jedem Versuche die Nadel im Stande der Ruhe beobachtet, um überzeugt zu sein, dass der Apparat durchaus keine Ände-rung erlitten hat. Übrigens glaube ich noch bemerken zu müssen, dass vorangegangene Versuche an einer ähnlichen vom Lahne getragenen Nadel von Messing mich überzeugt haben, dass kleine und grosse Schwingungen (ich habe sie von zwei ganzen Umdrehungen bis zu wenigen Graden ver-folgt) stets in derselben Zeit abgemacht werden, so dass also von dieser Seite her nichts zu fürchten ist.

„Die Drehwage wurde auf die obere Platte des Gestelles dergestalt fest gekittet, dass eine mitten durch den Kupferstreifen b c gezogene, mit dem mittelsten Theilstrich des Gradbogens u u und einem dicht vor diesem Bogen lothrecht ausgespannten einfachen Seidenfaden in einerlei Richtung liegende gerade Linie und zugleich auch die Magnetnadel im magnetischen Meridiane lagen, während der Zeiger an der Drehwage auf Null gestellt war. Auf dem Vorsprunge k des Gestelles war ein convexes Glas l von einem Zoll Brenn-weite in der erforderlichen Richtung und Entfernung angebracht, durch welches die untere Theilung betrachtet wurde, und um jede Parallaxe zu vermeiden, wurde das Auge während der Beobachtung stets so gestellt, dass der Seidenfaden und der mittlere Theilstrich des Gradbogens sich deckten. Die Beobachtung geschah in der Art, dass jedes Mal, wenn die Nadel durch den elektrischen Strom des Apparates abgelenkt worden war, der Lahn so lange durch den beweglichen Theil der Drehwage entgegengedreht wurde, bis die messingene Spitze der Nadel hinter dem Seidenfaden auf dem mittleren Theil-strich des Gradbogens stand; dann wurde die Grosse der Drehung oben an der Drehwage in Hundertheilen einer ganzen Umdrehung abgelesen, welche Zahl bekanntlich die Kraft ausdrückt, womit auf die Nadel gewirkt worden ist [1]

¹ Die Nadel und der Lahn hatten unter sich ein solches Verhältniss erhalten, dass, um die Nadel einen Grad der unteren Theilung weiter zu führen, die Drehwage um zehn Theile

„Die Leiter, welche zu den Versuchen gebraucht worden sind, tauchten mit ihren Enden in das Quecksilber der Schälchen *m, m'*, über denen der Sicherheit wegen eine einfache Vorrichtung angebracht war, vermittelst welcher die Enden eines jeden Leiters stets auf dieselbe Weise mit dem Quecksilber in Berührung kamen. Überdies wurden alle Enden der Leiter, soweit eine Berührung des Quecksilbers zu befürchten war, mit Harz überzogen, dann die Grundflächen derselben mit einer feinen Feile metallisch gefeilt und jedes Mal frisch angequickt. Eine vollkommen metallische Verbindung der einzelnen Theile ist bei Versuchen der Art eine unerlässliche Bedingung, weil ausserdem keine Übereinstimmung der Beobachtungen zu Stande kommt.

„Um endlich den Theilen des Apparates, wo sich Wismuth und Kupfer berührten, einen beständigen Temperaturunterschied zu geben, liess ich mir zwei Gefässe aus Blech anfertigen, deren Durchschnitte in grösserem Maassstabe (Fig. 106 und 107) abgebildet sind. Jedes hatte in seinem Inneren einen oben offenen, übrigens ringsum verschlossenen, zur Aufnahme der Theile *a b, a' b'* bestimmten Raum *x x*. In dem einen, *A*, wurde Wasser beständig im Kochen erhalten; dieses hatte daher bei *y* eine mit Kork zu verschliessende

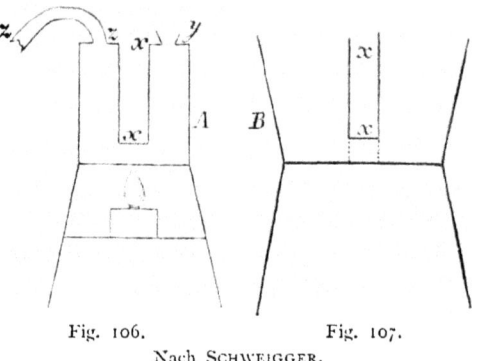

Fig. 106.　　　　　　　　Fig. 107.
Nach SCHWEIGGER.

Öffnung, um Wasser in das Gefäss bringen zu können und auf der anderen Seite eine Röhre *z z*, um den Dampf abzuführen; in das andere wurde Schnee oder zerstückeltes Eis gebracht. Die Theile *a b, a' b'* wurden mit dünnem, aber dichtem Seidenzeug umnäht, dann in die Räume *x x* geschoben und diese zuletzt bis auf eine Höhe von etwa einem Zolle mit kleinem Schrote ausgefüllt und dann vollends mit klein zerstückeltem Glase zugeschüttet. Auf solche Weise befanden sich alle Berührungsstellen zwischen Wismuth und Kupfer innerhalb des mit Blei ausgefüllten, die Wärme gut leitenden Raumes und die Glasdecke schützte diesen Raum vor einer schnellen Temperaturänderung durch die umgebende Luft.

„Nach dieser umständlichen Beschreibung des Apparates komme ich

---

gedreht werden musste. Bei der getroffenen Einrichtung hielt es aber nicht schwer, $\frac{1}{40}$ eines unteren Grades noch gut zu sehen und daher $\frac{1}{4}$ eines oberen Theiles noch merklich zu fühlen. Zugleich erhellt aber hieraus, wie eine Abweichung des Umdrehungspunktes von noch nicht einer halben Linie zu Fehlern von zwanzig und mehr Theilen führen könne; es darf daher die ängstliche Sorgfalt, mit der ich meine Drehwage bauen liess, nicht befremden. Vielleicht liegt gerade hierin der Grund, warum Andere als COULOMB zu übereinstimmenden Resultaten durch die Drehwage nicht gelangen konnten."

nun zu den Versuchen, die ich damit angestellt habe. Ich hatte mir 8 verschiedene Leiter vorgerichtet, die ich in der Folge mit 1, 2, 3, 4, 5, 6, 7, 8 bezeichnen werde und die respective 2, 4, 6, 10, 18, 34, 66, 130 Zoll lang, ⅛ Linie dick und insgesammt aus einem Stücke sogenannten plattirten Kupferdrahtes geschnitten und auf die vorhin beschriebene Weise zubereitet waren. Nachdem das Wasser eine halbe Stunde im Sieden erhalten worden war, wurden sie nach einander in die Kette gebracht. Zwischen je zwei Versuchsreihen eines und desselben Tages, die drei bis vier Stunden ausfüllten, wurde immer eine Pause von einer Stunde gehalten, während welcher neues, schon erwärmtes Wasser zugegossen wurde, das in kurzer Zeit in's Kochen kam, dann kamen die Leiter nach der Reihe, aber in umgekehrter Ordnung, in die Kette. So gelangte ich zu nachstehenden Ergebnissen:

Zeit der Beobachtung	Versuchs-reihen	Leiter							
		1	2	3	4	5	6	7	8
8. Januar	I.	326'$\frac{1}{4}$	300'$\frac{1}{4}$	277'$\frac{1}{4}$	235'$\frac{1}{2}$	190'$\frac{1}{2}$	134'$\frac{1}{2}$	85'$\frac{1}{4}$	48'$\frac{1}{2}$
11. Januar	II.	311'$\frac{1}{4}$	287	207	230'$\frac{1}{4}$	183'$\frac{1}{2}$	126'$\frac{1}{4}$	80	46
	III.	307	284	203'$\frac{1}{2}$	220'$\frac{1}{4}$	181	128'$\frac{1}{4}$	70	44'$\frac{1}{2}$
15. Januar	IV.	305'$\frac{1}{2}$	281'$\frac{1}{2}$	25$\cdot$	224	175'$\frac{1}{2}$	124'$\frac{1}{2}$	70	44'$\frac{1}{2}$
	V.	305	282	258'$\frac{1}{4}$	223'$\frac{1}{2}$	178	124'$\frac{1}{2}$	78	44

„Es fällt auf, dass die Kraft von einem Tage zum anderen fühlbar abnimmt. Ob der Grund dieser Abnahme in einer Veränderung der Berührungsstellen oder vielleicht darin zu suchen ist, dass der 8. und 11. Januar sehr kalte Tage waren und das Eisgefäss noch am Fenster einer nicht stark geheizten und schlecht verwahrten Stube stand, wage ich nicht zu entscheiden; nur das glaube ich hinzufügen zu müssen, dass ich vom 15. ab keine bedeutenden Unterschiede mehr wahrnehmen konnte.

„Ein besonderes Gewicht ist auf den Umstand zu legen, dass von dem oben beschriebenen Wogen der Kraft, wie es in der hydroelektrischen Kette stattfindet, hier auch nicht eine Spur wahrzunehmen ist. Die Nadel bleibt, so wie sie zur Ruhe gebracht worden ist, unbeweglich auf derselben Stelle stehen. Ich habe sie nach obigen Versuchen oft eine halbe Stunde lang beobachtet und auch nicht die leiseste Veränderung wahrgenommen. Ja, als die Nadel mit dem Leiter 1 in's Gleichgewicht gebracht und durch ein zur Seite angebrachtes Hinderniss in dieser Lage fest gehalten worden war, ging sie beim Schliessen der Kette durch denselben Leiter, der längere Zeit herausgenommen war, auch nicht im Mindesten nach der entgegengesetzten Seite ab. Dies berechtigt zu dem Schlusse, dass jenes Wogen in einer Abänderung der Flüssigkeit seinen Grund hat, die durch den elektrischen Strom selbst erst bedingt wird und mit ihm steigt und fällt. Es scheint eine Vertheilung gewisser Bestandtheile in der Flüssigkeit durch die Elektricität veranlasst zu werden, die sich ganz nach denselben Gesetzen richtet, wie sie bei der durch ruhende Elektricität bewirkten, wahrgenommen worden sind; eine Verstärkung der Kraft hat ein vermehrtes Auseinandertreten jener Bestandtheile zur Folge, eine Verminderung der Kraft bestimmt diese Bestandtheile zu einer partiellen Wiedervereinigung, die zur totalen wird, so wie die Kraft völlig verschwindet. Es ist sehr wahrscheinlich, und es wird sich weiter unten ein Beleg hierzu finden, dass diese Vertheilung der Flüssigkeit durch den Strom eine Änderung nicht nur in der erregenden Kraft der Kette, sondern auch in der Leitungsfähigkeit der Flüssigkeit nach sich zieht, und gerade diese vielfache Veränderlichkeit in der hydroelektrischen Kette macht das Gesetz der Leitung bei ihr so verwickelt und darum schwer zu enträthseln. Zugleich erhellt aber auch hieraus, dass, wenn es sich bloss darum handelt, den Einfluss der Metalle auf die Leitung des elektrischen Stromes zu bestimmen, die hydroelektrische Kette sich dazu gar nicht eigne, weil sie zu mannigfaltigen Irrungen Anlass giebt; dagegen ist die thermoelektrische Kette zu dieser Bestimmung recht eigentlich geschaffen. Wir wollen nun sehen, was sie bietet.

„Obige Zahlen lassen sich sehr genügend durch die Gleichung

$$X = \frac{a}{b + x}$$

darstellen, wobei X die Stärke der magnetischen Wirkung auf den Leiter, dessen Länge x ist, a und b aber constante, von der erregenden Kraft und dem Leitungswiderstande der übrigen Theile der Kette abhängige Grössen bezeichnen. Giebt man nämlich der Grösse b den Werth $20^1/_4$ und der Grösse a nach den verschiedenen Versuchsreihen die Werthe: 7285, 6965, 6885, 6800, 6800, so erhält man durch die Rechnung nachstehende Bestimmungen:

Versuchs-reihen	Leiter							
	1	2	3	4	5	6	7	8
I.	328	$300^1/_2$	$277^1/_2$	$240^3/_4$	$190^1/_2$	$134^1/_2$	$84^1/_4$	$48^1/_2$
II.	313	$287^1/_4$	$265^1/_3$	$230^1/_4$	182	$128^1/_2$	$80^3/_4$	$46^1/_3$
III.	$309^1/_2$	284	$262^1/_3$	228	180	127	$79^3/_4$	$45^3/_4$
IV.	$305^1/_2$	$280^1/_2$	259	$224^3/_4$	$177^3/_4$	$125^1/_4$	79	45
V.	$305^1/_2$	$280^1/_2$	259	$223^3/_4$	$177^3/_4$	$125^1/_4$	79	45

„Vergleicht man diese durch die Rechnung erhaltenen Werthe mit den vorigen, auf dem Wege der Erfahrung gefundenen, so wird es sich zeigen, dass die Unterschiede so gering sind, wie man sie bei Versuchen der Art nur immer zu erwarten berechtigt ist. Ich wollte jedoch hierbei nicht stehen bleiben, sondern, was zur Ermittelung der allgemeinen Gültigkeit eines aus wenigen Fällen hergeleiteten Gesetzes am dienlichsten ist, an den Grenzen der Wirkung die Richtigkeit obiger Formel zu prüfen.

„Zu dem Ende bildete ich vier der Reihe nach 2, 4, 8, 16 Zoll lange Leiter a, b, c, d, aus dem 0,3 Linien dicken Messingdraht, der mir zu

den früheren Versuchen an der hydroelektrischen Kette gedient hatte; diese
gaben in der Kette der Reihe nach $111^1/_2$, $64^3/_4$, 37, $19^3/_4$ Theile, während
der Leiter 1 in der Kette 305 Theile gab. Sucht man nach obiger Gleichung
die diesen Werthen entsprechenden Längen, so findet man $40^3/_4$; $84^3/_4$,
$163^1/_2$, 324, welche Zahlen in grossem Einklange aussprechen, dass ein Zoll
vom Messingdraht $20^1/_2$ Zollen vom plattirten Drahte gleich zu setzen sind.
Nach dieser Vorbereitung brachte ich den aus demselben Messingdrahte
bereiteten 23 Fuss langen Leiter, der in meiner Anzeige mit 5 bezeichnet
war, in die Kette; er gab $1^1/_4$. Und wirklich erhält man diese Zahl fast
völlig genau, wenn man in den Ausdruck 23. 12. $20^1/_2 = 5658$ für x setzt.
Man ersieht hieraus, dass jene Gleichung bis nahe zum Verlöschen der Kraft
durch den Widerstand der Leitung stets treu an die Erfahrung sich anschmiegt.

„Ferner unterhielt ich das eine Ende der Kupfer-Wismuth-Verbindung
durch Eis in der Temperatur 0^0, das andere Ende blieb der Temperatur
des Zimmers ausgesetzt, wo ein bei dem Apparate aufgehängtes Thermometer während der Zeit des Versuches stets ohne merkliche Abweichung
$7^1/_2$" R. zeigte. Die Leiter in folgender Ordnung 1, 2, 3, 4, 5, 6, 7, 8, 7,
6, 5, 4, 3, 2, 1 in die Kette gebracht, gaben der Reihe nach folgende
Zahlen: 27, 25, $23^1/_3$, 20, $15^1/_2$, $10^3/_4$, $6^1/_2$, $3^2/_3$, $6^1/_2$, $10^3/_4$, $15^1/_2$, 20, $23^1/_2$,
$25^1/_4$, $27^3/_4$. Setzt man aber in obigen Ausdruck $b = 20^1/_4$ und bestimmt
a so, dass $\frac{a}{22^1/_4} = 27^3/_8$, so erhält man durch die Rechnung Werthe, die von
den beobachteten nirgends mehr als um einen halben Theil sich unterscheiden, woraus zur Genüge hervorgeht, dass obige Gleichung auch für jede
Grösse der erregenden Kraft gültig bleibt. Es fallen an diesen letzten Versuchen aber noch ausserdem zwei wichtige Punkte in's Auge. Einmal ist
der Umstand merkwürdig, dass der Werth von b sich unverändert erhält,
während die Kraft mehr als zehn Mal geringer wird, sodass a bloss von
der erregenden Kraft, b bloss von dem unveränderlichen Theil der Leitung
abzuhängen scheint. Zweitens scheint aus diesen Versuchen hervorzugehen,
dass die Kraft der thermoelektrischen Kette, dem Temperaturunterschiede
an ihren beiden Erregungsstellen genau proportional sei.

„Ich kann nicht umhin, hier am Schlusse dieser Versuche noch einer
Beobachtung zu gedenken, die Davy's Folgerung, dass die Leitungsfähigkeit
der Metalle durch Erniedrigung der Temperatur verstärkt, durch Erhöhung
geschwächt wird, auf eine mehr direkte Weise bestätigt. Ich nahm einen
vierzölligen messingenen Leiter und brachte ihn in die Kette, er gab 159
Theile. So wie ich ihn in seiner Mitte durch eine Weingeistflamme erhitzte,
nahm die Kraft allmählich um 20 und mehr Theile ab, und die Wirkung
blieb dieselbe, wenngleich ich die Flamme mehr nach dem einen oder nach
dem anderen Ende des Leiters hinführte, legte ich aber auf denselben eine
Scheibe von geronnenem Schnee, so nahm die Kraft um 2 Theile zu. Die
Temperatur des Zimmers war $8^1/_4$" R. Diese Thatsache ist darum hier nicht
am unrechten Orte, weil sie zu kleinen Anomalien Anlass geben kann.

„Nachdem unsere Gleichung durch die Treue, womit sie alle durch die thermoelektrische Kette in so grossem Umfange erhaltenen Resultate immer wiedergiebt, sich als den gültigen Repräsentanten der Natur hinlänglich bewährt hat, wollen wir sie weiter verfolgen, um zu sehen, was sie noch in ihrem Schoosse birgt

„Wendet man sie zunächst auf die früher angestellten hydroelektrischen Versuche an, so geben die kurzeren Leiter für a sowohl als für b stets kleinere Werthe als die langeren, wodurch die schon unbestimmt geäusserte Vermuthung bestätigt wird, dass die Flüssigkeit in dem Maasse ein besserer Leiter werde, als durch den Strom eine erhöhte Vertheilung in ihr zu Stande gebracht wird, dass aber auch in demselben Maasse, wiewohl nicht in demselben Verhaltnisse, eine entgegengesetzt erregende Kraft auftrete, die in Vereinigung mit der in der Flüssigkeit eintretenden Änderung ihrer Leitungskraft die Phänomene des schon oft besprochenen Wogens hervorbringt

„Ein blosser Hinblick auf die Gleichung giebt zu erkennen, dass die Änderung der Kraft für einerlei r um so geringer ausfallen müsse, je grosser b ist, und schon ein oberflächliches Zusammenhalten der durch die thermo- und hydroelektrischen Ketten erhaltenen Resultate giebt zu erkennen, dass der Werth von b in dieser viele hundert Male grosser ist, als in jener, was offenbar von der als Leiter dienenden Flüssigkeit herrührt Nun sind aber jene Versuche mit Trögen angestellt, deren eine Seitenfläche über 200 Quadratzolle hielt, und da kleinere Platten, nach allen bis jetzt darüber angestellten Versuchen, den Widerstand der Flüssigkeit wenigstens im Verhältnisse ihrer Grosse wahrnehmen, so folgt, dass, bei einem Plattenpaare von wenigen Quadratzollen Oberfläche, b einen viele tausend Male grosseren Werth, als in obiger thermoelektrischen Kette der Fall war, erhalten müsse Zugleich wird aber auch aus diesem Zusammenhalten hervorgehen, dass die erregende Kraft in der hydroelektrischen Kette bei Weitem grosser als in der thermoelektrischen ist

„Nimmt man an, dass die Lange r des Leitungsdrahtes um ein Stück h wachse, und bezeichnet die Verminderung, welche dadurch X erleidet, mit l, so erhält man aus unserer Gleichung nach bekannten Regeln

$$\frac{V}{X} = \frac{h}{b+r} - \frac{h^2}{(b+r)^2} + \frac{h^3}{(b+r)^3} -$$

„Ist mithin h sehr klein in Bezug auf $b+r$, so kann man ohne Irrthum setzen

$$\frac{V}{X} = \frac{h}{b+r}$$

„Es ist also unter der gemachten Voraussetzung die Änderung der Kraft dem Langenzuwachs des Leitungsdrahtes proportional Dies Gesetz ist dasselbe, welches Becquerel[1] mittelst seiner Vorrichtung

---

[1] „Schon Davy ist auf einem ganz anderen Wege dazu gelangt (Gilbert's Ann, neueste Folge, 11, 252) Daselbst (S 253) steht, wenn ich meinem Auszuge trauen darf wörtlich folgende

erhalten hat In der That ist bei seinen Versuchen h schon sehr klein im
Vergleich zu i und überdem scheint dieser Physiker, da er sich des Multiplikators bedient hat, mit kleinen Plattenpaaren experimentirt zu haben, so
dass wahrscheinlich i wieder in Vergleich zu b sehr klein wird Hierin
dürfte der Grund zu suchen sein, warum selbst die Vervielfältigung der
Wirkung durch den Multiplikator unfruchtbar geblieben ist [1]

„Wenden wir unsere Gleichung auf die Theorie des Volta'schen
Apparates an, so giebt sie einen unerwarteten Aufschluss über die verschiedenartigsten Erscheinungen

„Setzen wir nämlich die erregende Kraft eines Metallpaares = 1, so
muss ein aus m solchen Metallpaaren zusammengesetzter Volta'scher Apparat,
weil jedes unter völlig gleichen Umständen zur Hervorbringung des elektrischen Stromes mitwirkt, die erregende Kraft m besitzen Messen wir nun
den Widerstand, welchen ein Metallpaar (mit Einschluss, wo es erforderlich
ist, des dazu gehörigen feuchten Leiters, jedoch ohne auf die Veränderungen,
welche aus der Flüssigkeit der erregenden Kraft und dem Widerstande selbst
erwachsen, hier noch Rücksicht zu nehmen) dem elektrischen Strome ent-

---

Stelle „Ich habe ferner gefunden, dass in Volta'schen Batterieen von der eben beschriebenen
Art und Anzahl der Plattenpaare das Leitungsvermögen eines Drahtes für Elektricität nahe der
Masse desselben direkt proportional ist, wie sich das erwarten liess Wenn z B eine gewisse
Länge eines Platindrahtes eine Batterie entlud, so reichte von sechs Mal schwererem Drahte dieselbe Länge hin, 6 solche Batterieen zu entladen, wovon ich mich mit zwei Platindrähten, von
denen Stücke 1 Fuss lang, 1,13 und 6,7 Grain wogen, überzeugt habe, und der Erfolg war
ganz einerlei, ich mochte im zweiten Fall einen einzelnen Draht von sechsfacher Masse nehmen
oder 6 kleine Drähte, die einander berührten, wofern nur die Drähte in Wasser kalt erhalten
wurden Dieses Resultat allein schon beweist, dass das Leitungsvermögen nicht im Verhältniss
der Oberflächen steht, wenigstens nicht für Elektricität dieser Art Noch deutlicher thut dieses
folgender direkte Versuch dar Von zwei gleich langen und gleich viel wiegenden Platindrähten
liess ich den einen flach walzen, so dass er eine sechs bis sieben Mal grössere Oberfläche erhielt,
und verglich nun das Leitungsvermögen beider In der Luft zeigte sich der abgeplattete Draht
als der bessere Leiter, aus dem Grunde, weil er sich in ihr schneller abkühlte, als aber beide
Drähte von Wasser umgeben waren, liess sich keine Verschiedenheit in ihrem Leitungsvermögen
wahrnehmen "
   „Nicht ohne Grund vermuthe ich in dieser Stelle einen Übersetzungsfehler, den aufzusuchen es wohl der Mühe lohnte Der Ausdruck „nahe der Masse desselben direkt proportional" ist nämlich nach meinen Versuchen nur dann richtig, wenn gleiche Länge der Drähte
vorausgesetzt wird Dies liesse sich auf eine Unbestimmtheit des Ausdruckes schieben, aber
mit dieser Annahme, und mit Davy's eigenen Versuchen im Widerspruche ist der bald darauf
folgende Satz „Von zwei gleich langen u s w "
   [1] Dass diese Umstände bei Becquerel's Versuchen wirklich vereinigt da gewesen seien,
leite ich aus folgender Betrachtung her An seinem Apparate war $i = 200^{dm}$ und h erhielt
allmählich 1, 2, 3 u s w solche Einheiten Wie weit Becquerel in der Veränderung h fortgeschritten, ist aus der Anzeige im „Bulletin universel" nicht zu entnehmen Gesetzt aber, er
wäre schon bei $h = 5^{dm}$ stehen geblieben, so war $\frac{h}{i} = 1/_{40}$, wäre nun $\frac{h}{b + i}$ nicht noch beträchtlich kleiner geworden, so musste seine so äusserst empfindliche Vorrichtung den Einfluss
des zweiten Gliedes in obiger Entwickelung von $\frac{i}{h}$ ohne Zweifel noch angezeigt haben "

gegensetzt, durch die Länge eines der Art nach sich immer gleich bleibenden, als Maassstab dienenden cylindrischen Körpers, und nennen wir die Länge, bei welcher er dem Strome einen Widerstand darbietet, der dem zu messenden völlig gleich ist, die Widerstandslänge des Metallpaares, so springt in die Augen, dass die Widerstandslänge aller m Paare die m fache von der eines einzigen Paares sein werde, da alle als völlig gleich beschaffen vorausgesetzt werden   Drucken wir nun die Kraft des elektrischen Stromes eines einzelnen Paares nach obiger Gleichung durch

$$\frac{a}{b + x}$$

aus, wo x die Widerstandslänge des die Kette schliessenden Zwischenleiters vorstellt, so folgt, dass man die Kraft der aus m solchen Paaren zusammengesetzten Verbindung erhalten werde, wenn man

„1) $a\,m$ für a setzt, denn aus den Versuchen ergab sich, dass a der erregenden Kraft proportional ist,

„2) $m\,b$ für b setzt, denn da sich durch die Versuche herausgestellt hat, dass b unabhängig von der erregenden Kraft ist, so giebt die Natur des Ausdruckes selbst zu erkennen, dass b die Widerstandslänge des Metallpaares ohne Zwischenleiter vorstellen müsse [1]

„Nimmt man noch ausserdem an, dass die Widerstandslänge des Zwischenleiters in beiden Fällen dieselbe bleibe, so erhalten wir folgenden Ausdruck für die aus m Metallpaaren zusammengesetzte Volta'sche Säule

$$\frac{a\,m}{b\,m + x}$$

„Vergleicht man diesen Ausdruck mit dem für die einfache Kette gefundenen, so gelangt man zu nachstehenden Folgerungen

„I. Ist $x = o$, so ist die Kraft des Volta'schen Apparates der Kraft der einfachen Kette völlig gleich, vorausgesetzt, dass beide aus einerlei Elementen bestehen   Es liegt hierin das von Fourier und Oerstedt aus ihren Versuchen (Schweigger's Jahrb, 11, 48) mit der thermoelektrischen Kette abgeleitete Gesetz   Ausserdem wird aber diese Gleichheit der Wirkung jedes Mal wenigstens nahehin eintreten, wenn x in Vergleich zu b sehr klein wird, wie dies bei magnetischen und Glühversuchen unter gewöhnlichen Umständen der Fall zu sein pflegt

„Wenn $x = o$ und überdies das b der Volta'schen Verbindung m mal kleiner als das b der einfachen Kette ist, so ist die Kraft in jenem Apparate m mal grösser als in diesem   Dass sie grösser sei, haben ebenfalls Fourier's und Oerstedt's Versuche nachgewiesen, aber wenn die beiden ausgezeichneten Männer sich äussern, dass die Wirkung der aus mehreren Elementen bestehenden Verbindung viel geringer sei, als die Summe

---

[1] „Es wäre allerdings möglich, dass in b ausser der Widerstandslänge noch ein beständiger **Theil** enthalten wäre, diesen Fall, dessen Erörterung ich an einem anderen Orte unternehmen **werde,** lasse ich jedoch hier ganz unberührt

der Wirkungen aller einzelnen Elemente, so beweist dies nichts gegen das aus unserer Gleichung fliessende, mit jener Ausserung im Widerspruche stehende Gesetz, da dieser Aussage, wie sie selbst bemerken, ein unrichtiges Maass der Wirkung, der Abweichungswinkel namlich, zu Grunde liegt

„II Ist x sehr gross in Vergleich zu bm und also um so mehr in Vergleich zu b, so wird die Wirkung der galvanischen Batterie nahe m mal grosser, als die der einfachen Kette Dieser Fall kann bei Wasserzersetzungs-Versuchen mit wenigen und grossen Platten, und, wenn Apparate, wie der CHILDREN'sche es ist, gebraucht werden, selbst bei magnetischen und Gluhversuchen seine Anwendung finden Da indessen gerade hier die Flussigkeit einen nicht zu vernachlassigenden Antheil an der Gesammtwirkung nimmt, so enthalte ich mich noch aller weiteren Folgerungen

„III In allen ubrigen Fallen liegt die Starke der Wirkung des VOLTA'schen Apparates zwischen den beiden gefundenen Grenzen

„Zur Prufung dieser hochst einfachen Theorie der galvanischen Saule benutze ich die von Professor G BISCHOF mit grosser Sorgfalt angestellten, in KASTNER's Archiv, **4**, H I mitgetheilten Versuche uber die chemischen Wirkungen von VOLTA's Saule Zwar wird es bedenklich scheinen, obigen Ausdruck auf einen hydroelektrischen Apparat anzuwenden, wo a und b, wie gezeigt worden ist, mit der Wirkung zugleich sich andern, das Gesetz der Anderung aber noch unbekannt ist Diese Zweifel werden durch die Betrachtung gehoben, dass, wie ebenfalls oben erwahnt worden ist, die durch die Flussigkeit veranlasste Anderung des Stromes in weit starkerem Verhaltnisse als er selber abnimmt Im vorliegenden Falle, wo der Leiter x eine nicht unbetrachtliche Strecke reinen Wassers, und noch dazu mit geringen metallischen Beruhrungsflachen, als Theil in sich aufgenommen hatte, muss die Starke des Stromes so gering gewesen sein, dass die Werthe von a und b ohne Bedenken als constant angenommen werden konnen Nach diesen Versuchen steht die wasserzersetzende Kraft

$$\text{von} \quad 1 \quad 2 \quad 3 \quad 4 \text{ Saulen}$$
$$\text{aus} \quad 51 \quad 102 \quad 153 \quad 204 \text{ Plattenpaaren}$$

in dem Verhaltnisse der Zahlen

$$37 \quad 62 \quad 83 \quad 100.$$

Setzt man die Widerstandslange einer Saule $= 1$ und bestimmt demgemass $x = 5$, 6 und die erregende Kraft einer Saule $= 240$, so erhalt man durch Rechnung die Zahlen

$$36^1/_3 \quad 63 \quad 83^1/_1 \quad 100$$

mit einer Uberenstimmung, welche die Richtigkeit der Formel und die Genauigkeit so zusammengesetzter Versuche in gleicher Starke ausspricht Es setzt diese Anwendung allerdings voraus, oder beweist es vielmehr, dass die wasserzersetzende Kraft der Kette der magnetischen proportional sei

„Ich will bei dieser Theorie der Säule, zu deren Vervollständigung Untersuchungen erforderlich sind, die ihr jetzt noch abgehen, nicht langer verweilen, sondern zu der ebenso überraschenden Theorie des Multiplikators übergehen, die schon jetzt vollendeter sich darstellen lässt

„Nehmen wir an, dass in eine galvanische Kette, deren erregende Kraft a und deren Widerstandslänge b ist, ein Zwischenleiter von der Widerstandslange ml eingeschoben werde, so ist die magnetische Kraft dieser Kette

$$\text{ohne Zwischenleiter} \quad = \frac{a}{b}$$

$$\text{mit dem Zwischenleiter} \quad = \frac{a}{b + ml}$$

Wird nun der Zwischenleiter in m völlig gleiche Windungen, jede von der Länge l, gelegt, wobei der Kürze wegen vorausgesetzt wird, dass alle diese Windungen dem Namen nach in eine zusammenfallen, so steht die magnetische Kraft dieser m Windungen zu der Kraft einer ganz gleichen Windung der Kette ohne Zwischenleiter in dem Verhältnisse

$$\frac{am}{b + ml} \quad \frac{a}{b}$$

Es ist also unter der Voraussetzung, dass a und b beständige Grössen sind, die Verstärkungszahl des Multiplikators

$$\frac{am}{b + ml} \; ,$$

woraus man ersieht, dass nur dann eine Verstärkung der Wirkung durch den Multiplikator möglich ist, so lange $ml < m - 1\, b$, also nur dann, wenn eine Windung des Multiplikators dem elektrischen Strome weniger Widerstand darbietet, als die ganze Kette ohne Zwischenleiter

„Setzt man $b = ln$, so geht die Verstärkungszahl in

$$\frac{mn}{m + n}$$

über, woraus folgt, dass ein Maximum der Verstärkung erreicht wird, wenn n in Vergleich zu m verschwindet, und dass dieses Maximum durch die Zahl n angezeigt wird, welche anzeigt, wie oft der Widerstand, den eine Windung des Multiplikators dem Strome entgegensetzt, in dem Widerstande, den die Kette mit Ausschluss des Multiplikators ihm darbietet, enthalten ist

„Die Wirkung des Multiplikators, nachdem das Maximum der Verstärkung eingetreten ist, wird durch

$$\frac{a}{l}$$

ausgedruckt und ist also von dem Leitungsvermögen der Flüssigkeit gänzlich unabhängig, nur die Anzahl der Windungen muss in den verschiedenen Fällen sich ändern   In Worten lässt sich der eben gefundene Ausdruck so

darlegen Die Grosse der Wirkung eines und desselben Multiplikators an verschiedenen erregenden Metallen ist der Spannung
zwischen den beiden Metallen proportional, und die Wirkungs-
grossen zweier, aus verschiedenem Drahte gebildeter Multiplikatoren mit Windungen von derselben Grosse und Gestalt, an
einerlei erregenden Metallen, verhalten sich umgekehrt wie die
Widerstandslangen einer Windung von jedem In beiden Fallen wird
jedoch das Maximum der Wirkung vorausgesetzt

„Zur Bestatigung obiger aus unserer Gleichung abgeleiteten Gesetze
dienen mir Poggendorff's Versuche Isis 1821, II 1), welche im Einklange
mit den hier entwickelten Bestimmungen darthun

„1 dass ein Maximum der Wirkung vom Multiplikator nicht uberschritten werden konne,

„2 dass dieses Maximum fur grosse und kleine Plattenpaare dasselbe
bleibe, die Zahl der am Multiplikator dazu erforderlichen Windungen aber
nach der Grosse der Plattenpaare sich richte, und zwar bei kleineren Platten
grosser werde,

„3 dass der aus dickerem Drahte gebildete Multiplikator das grossere
Maximum der Wirkung gebe

„Poggendorff's Versuche, die ubrigens noch an mancher anderen Stelle
aus obigen Formeln ihre Deutung erhalten, sind nicht geeignet, Zahlbe-
stimmungen aus ihnen herzuleiten, da die dazu nothigen Angaben fehlen;
auch scheint bei den Versuchen mit dem dicken Schliessungsdraht ein gewaltsam storendes Hinderniss in den Weg getreten zu sein, wie nicht nur
aus der Ungleichformigkeit seiner Angaben, sondern auch daraus hervorgeht,
dass die Resultate der kleinen Kette mit demselben Schliessungsdrahte so
ausserordentlich schwankend waren, dass es unmoglich war, aus ihnen eine
genugende Folgerung herzuleiten. Darum verfertigte ich mir zwei mit Siegellack umzogene Multiplikatoren, jeden aus 220 Windungen bestehend, wovon
der eine aus $^1/_5$ Linien dickem Drahte, der andere aus demselben aber vier
Mal langer gezogenem Drahte gebildet war. Jeder war in zwei gleiche $5^1/_2$
Linien breite, 5 Linien von einander abstehende und 2 Zoll im Durchmesser
haltende kreisrunde Reifen vertheilt, zwischen denen genau in der Mitte die
18 Linien lange Nadel schwebte Es war eine solche Einrichtung getroffen,
dass die beiden Multiplikatoren ohne Zeitverlust abwechselnd in sicherer
Stellung unter die Nadel geschoben werden konnten Kupfer- und Zink-
platten von $3^1/_4$ Zoll im Durchmesser dienten als Erreger und eine starke
Salmiakauflosung in flussiger Form weil ich gefunden hatte, dass so die
Wirkung sicherer als bei einer damit getrankten Tuchscheibe sei, wenn nur
die Flussigkeit in grossen Massen angewandt wird) diente als wasseriger
Leiter Die Bestimmung der Kraft geschah auf ahnliche Weise, wie bei den
obigen Versuchen und gab fur den aus starkerem Drahte gebildeten 263
Theile, fur den aus schwacherem Drahte gebildeten 68 Theile, wodurch das
gefundene Gesetz seine volle Bestatigung erhalt

„So wie eine Verstärkung der Kraft bis zu einem gewissen Maximum durch den Multiplikator hervorgebracht wird, wenn $m l < (m — 1) b$: so wird umgekehrt, wenn $m l > (m — 1) b$, durch ihn eine Schwächung der Kraft bis zu einem gewissen Minimum veranlasst, die sich nach denselben Gesetzen richtet, wie sie eben für die Verstärkung aufgestellt worden sind. Von ihrer Anwendung kann hier, wo ich bloss zur Absicht habe, die allgemeine Gültigkeit der gefundenen Gleichung darzuthun, nicht die Rede sein. Nur darauf will ich aufmerksam machen, dass in ihnen der Grund liegt, warum der Multiplikator die Wirkung der thermoelektrischen Kette in den meisten Fällen schwächt; denn es wird nicht leicht der Fall eintreten, wo eine Windung des Multiplikators dem elektrischen Strome weniger Widerstand darbietet, als die thermoelektrische Kette.

„Wenn daher Nobili (Schweigg. Journ. 15, Heft 2) so starke Wirkungen mit Anwendung des Multiplikators erhielt, so lag dies in der Empfindlichkeit seiner Nadel und nicht in der Funktion des Multiplikators, wie ich mich durch folgenden Versuch überzeugt habe. Eine ganz nach seiner Anleitung verfertigte Nadel gab mir mit Zuziehung eines aus $^1/_5$ Linien dickem Kupferdrahte verfertigten Multiplikators von 60 Windungen, die $2^1/_2$ Zoll im Durchmesser hatten, durch Berührung der Kette mit der warmen Hand Abweichungen, die nie über 20 Grad kamen, während dieselbe Kette, wenn sie als eine Windung von gleicher Grösse mit denen des Multiplikators für sich allein angewandt wurde, jene Nadel durch Berührung mit der warmen Hand unter einem Winkel einspielen machte, der 70 Grad stets übertraf. Diese Vorrichtung kann so abgeändert werden, dass sie dem empfindlichsten Thermoskop in nichts nachsteht.

„Die hier nur in groben Zügen entworfenen Theorieen der Säule und des Multiplikators bestätigen fast noch mehr als die Versuche selbst, aus denen sie geflossen sind, die Wahrheit des in dieser Abhandlung entwickelten Gesetzes der Leitung der Elektricität an Metallen. Die dem Scheine nach verschiedenartigsten Wirkungen der galvanischen Kette reihen sich in bunter Mannigfaltigkeit zu einem schönen Ganzen. Seebeck's wichtige Entdeckung scheint den Faden zu spinnen, der aus dem Labyrinthe leitet, in das der elektrische Strom sich verzweigt."

Um die Bedeutung gewahr zu werden, welche die Theorie von Ohm für die Aufklärung der galvanischen Erscheinungen hatte, muss man in den zeitgenössischen Arbeiten die verschiedenen Bemühungen studiren, über eben dieselben Vorgänge Klarheit zu gewinnen, welche im Lichte dieser Theorie als unmittelbar einleuchtende Nothwendigkeiten erscheinen. Es ist nicht nöthig, hier schon eine Auslese davon zu geben; bei der späteren Schilderung des Kampfes der beiden entgegenstehenden Theorieen des Galvanismus wird oft genug Gelegenheit sein, die durch die Unkenntniss oder Missachtung des Ohm'schen Gesetzes entstehenden Missverständnisse und Irrthümer kennen zu lernen.

Eine ganz wesentliche Bedeutung für die Entwickelung der Elektro-

chemie wie der ganzen Elektrik hat Ohm's Theorie durch die Einführung
bestimmter, genau definirter und daher messbarer elektrischer Grossen. In
der bisherigen Darstellung habe ich absichtlich von der ziemlich unbestimmten Bezeichnungsweise der geschilderten Zeiten Gebrauch gemacht,
ein Blick über jene älteren Arbeiten lässt erkennen, dass von einer ausreichenden Definition der besprochenen Grossen nur in seltenen Fällen die
Rede ist Einen werthvollen Anfang dazu hatte Coulomb durch die Aufstellung seines Gesetzes S 94 gemacht, dieses bezog sich auf eine Grosse,
welche Elektricitatsmenge genannt wurde, und sich dadurch bestimmt,
dass ihr Betrag bei allen Übertragungen zwischen Leitern, die vom Erdboden isolirt sind, unverändert bleibt Bei der Neigung jener Zeit, alles
Messbare zu materialisiren, wurde diese Grosse als eine Substanz angesehen,
und bis auf den heutigen Tag ist mit dem Begriff der Elektricitatsmenge
fast allgemein die Vorstellung einer Flüssigkeit — gewöhnlich einigermaassen
verschämt ein unwägbares Fluidum genannt —, eines realen Wesens verknüpft Insofern dadurch die Thatsache der quantitativen Unveranderlichkeit
bei bestimmten Vorgängen ausgedruckt werden soll, kann man den Ausdruck
zulässig finden, einen weiteren Nutzen hat er aber nicht, und indem er
nicht zur Sache gehörigen Anschauungen Vorschub leistet, kann und muss
man ihn als positiv schädlich bezeichnen

Neben dieser Grosse, die mit Hilfe der Coulomb'schen Drehwage gemessen werden und deren Betrag man der Kraft proportional setzen kann,
welche sie in der Einheit der Entfernung auf einen bestimmten elektrisch
geladenen Leiter, dessen Elektricitatsmenge man als Einheit nimmt, ausübt,
giebt es nun eine sehr wichtige andere elektrische Grosse, welche bei einer
und derselben Elektricitatsmenge noch beliebig verschieden sein kann, und
deren Betrag sich durch bestimmte Erscheinungen kennzeichnet Auch diese
Grosse ist frühzeitig bemerkt worden, und man hat sie mit dem Namen Spannung bezeichnet Zu ihrer Messung dienen die mit dem Namen der Elektrometer bezeichneten Apparate, welche zwar ebenso, wie die Coulomb'sche
Drehwage auf den Anziehungs- und Abstossungserscheinungen beruhen, aber
in ihrer Anwendung sich von jener durch einen wesentlichen Umstand unterscheiden Der Drehwage wird durch Berührung mit einem Leiter und nachfolgende Abtrennung desselben eine bestimmte Elektricitatsmenge mitgetheilt, deren Menge aus der gemessenen Kraft erschlossen wird Bei der
Anwendung des Spannungsmessers oder Elektrometers bleibt dagegen der
Apparat mit dem elektrischen Körper, dessen Spannung gemessen werden
soll, so lange verbunden, bis er zur Ruhe gekommen ist und so viel „Elektricitat" aufgenommen hat, als er unter den vorhandenen Umständen kann.
Es wird dadurch offenbar eine Grosse gemessen, welche die Elektricitatsmenge bestimmt, die unter verschiedenen Umständen in einen und denselben
Leiter eintreten kann, ebenso wie die Spannung eines Gases bestimmt, wieviel davon in ein gegebenes Gefäss eintreten kann In Fortsetzung der oben
erwähnten Auffassung der Elektricitat als einer elastischen Flüssigkeit lag

es nahe, diese Eigenschaft auch Spannung zu nennen. Halten wir uns von
allen Hypothesen frei, so werden wir unter Spannung die Eigenschaft des
elektrischen Zustandes verstehen können, vermöge deren verschiedene elektrische Körper ihren elektrischen Zustand gegenseitig beeinflussen. Werden
daher zwei elektrische Körper mit einander leitend verbunden, so finden
zwischen ihnen zunächst elektrische Vorgänge statt, welche in einem Ruhezustande enden, nach der Definition der Spannung muss man sagen, dass
alsdann die Spannungen in beiden gleich geworden sind.

Diese einfachen Überlegungen waren den Physikern vor Ohm keineswegs fremd, insbesondere beruht die Volta'sche Theorie der Kette und
Säule auf einer klaren Erfassung des Unterschiedes zwischen Spannung und
Elektricitätsmenge. Aber die Herausarbeitung dieser Begriffe bis zu zahlenmässiger Bestimmtheit war nicht bewerkstelligt worden, und Ohm war es
vorbehalten, nachzuweisen, dass sich nicht nur über diese Dinge reden,
sondern auch mit ihnen rechnen liess.

Durch die Auffassung der elektroskopischen Kraft oder der Spannung
als der treibenden Kraft für die Bewegung der Elektricität, und die Einführung der Begriffe Stromstärke als der in der Zeiteinheit bewegten
Elektricitätsmenge, sowie des Widerstandes als der von der Spannung
unabhängigen Ursache, welche ausser dieser in einem gegebenen Leiter
die Stromstärke bestimmt, hatte er die Form gefunden, in welcher sich die
Erscheinungen der galvanischen Kette am einfachsten „beschreiben" liessen
(S 4), und aus der Fülle von Aufklärung, welche die in ihrer Gestalt so
überaus einfache Formel vermittelte, geht in diesem Falle ganz besonders
deutlich die ungeheure Bedeutung hervor, welche die angemessene Begriffs-
bildung für den Fortschritt der Wissenschaft hat. Bevor diese angemessenen
Begriffe gefunden waren, hatte es überhaupt nicht gelingen wollen, in den
galvanischen Erscheinungen eine zahlenmässige Gesetzlichkeit ausfindig zu
machen.

Von den zu diesem Gegenstande gehörigen Arbeiten Ohm's ist nachstehend noch eine in demselben Jahre, wie die eben mitgetheilte Untersuchung erschienene Arbeit wiedergegeben, welche in Poggendorff's Annalen
unter dem Titel „Versuch einer Theorie der durch galvanische Kräfte hervorgebrachten elektroskopischen Erscheinungen"[1] erschien, und durch welche
Ohm's Theorie eine gewisse Abrundung erhielt, dergestalt, dass sein späteres
Werk sich wesentlich als die Ausarbeitung der durch die beiden Abhandlungen angeschlagenen Themata darstellt.

„Vor Kurzem habe ich in Schweigger's Journal Versuche bekannt
gemacht, die mich zu einer Theorie des elektrischen Stromes führten, welche
durch ihre ganz ungesuchte und doch vollkommene Übereinstimmung mit
der Erfahrung als die in der Natur gegründete sich zu erkennen giebt. Seitdem aber bin ich so glücklich gewesen, auf entgegengesetztem Wege aus

---

[1] Pogg. Ann. 6 459, ebenda 7, 45 und 117 1826

der allgemein anerkannten und in dieser Region obersten Thatsache, die
wir mit dem Namen der elektrischen Spannung zwischen verschiedenartigen
Körpern zu bezeichnen pflegen, mit Hilfe der Mathematik, dem wundervollen Gedankenmedium, zwei den inneren Zusammenhang aller bei der
galvanischen Kette thätig einwirkenden Elemente aufschliessende Gesetze zu
entdecken, die bestimmt und doch so einfach alle früher gefundenen wiedergeben und ausserdem, was jene noch zu wünschen übrig liessen, in sich zu
fassen scheinen Diese faktisch hier niederzulegen und ihre Anwendung auf
besondere Fälle in kurzen Umrissen zu zeigen, ist meine Absicht Ihre Herleitung, die nicht so einfach werden durfte, und ihren Zusammenhang mit
denen von verwandten Naturerscheinungen, behalte ich einer ausführlicheren
Arbeit vor, zu der mir, wie ich hoffe, bald die dazu nöthige Muse vergönnt
werden wird

„Um aber hierbei möglichen Missverständnissen vorzubeugen, mache ich
darauf aufmerksam, dass die bei der hydroelektrischen Kette auftretende
Flüssigkeit, wie ich am erwähnten Orte dargethan zu haben glauben darf,
Modifikationen in die Ausdrücke bringt, von denen ich hier wie dort noch
absehe, was desto füglicher geschehen kann, da sie in den meisten Fällen
ausser Acht zu lassen sind Ebenso wenig darf ich verschweigen, dass es
mir hier nicht sowohl um feste Begründung der einzelnen Ergebnisse, als
um möglichst einfache Darlegung derselben in ihrem Zusammenhange zu
thun ist

„1) Es lassen sich die beiden, auf jede galvanische Kette gewöhnlicher
Art anwendbaren Gesetze durch folgende zwei Gleichungen kurz so aussprechen

$$X = kw \cdot \frac{a}{l} \qquad a$$

$$u - c = \pm \frac{1}{l} a, \qquad b$$

wobei k das Leitungsvermögen, l die Länge, w den Querschnitt eines homogenen prismatischen Leiters, a die an seinen Enden hervortretende elektrische
Spannung,[1] und i die Länge eines Theiles des Leiters bezeichnet, der von
einem in dem Leiter unveränderlichen, übrigens willkürlich angenommenen
Querschnitte, der zum Anfangspunkte der Abscissen gewählt worden ist, bis
zu einem innerhalb des Leiters veränderlich gedachten Querschnitte reicht,
ferner stellt X die auf der ganzen Länge des Leiters unveränderlich sich
erhaltende Stärke des elektrischen Stromes und u die Intensität der auf das
Elektrometer wirkenden, an der durch a bezeichneten Stelle befindlichen
und mit ihr veränderlichen Elektricität vor, endlich ist c eine durch gegebene
Umstände noch zu bestimmende, von i unabhängige Grosse Das doppelte
Zeichen in der Gleichung b bestimmt sich danach, ob die Richtung der

---

[1] Es ist wohl überflüssig, zu bemerken, dass die Homogeneität des Leiters und die an
seinen getrennten Enden hervortretende Spannung nur deshalb fingirt sind, um von den einfachsten Betrachtungen ausgehen zu können.“

Abscissen von mehr —thätigen Stellen nach mehr +thätigen geht, oder ob umgekehrt

„2) Eine ganz einfache Zerlegung der Gleichung a) führt zu besonderen Gesetzen, von denen ich folgende heraushebe

„I Die Stärke des elektrischen Stromes bleibt in verschiedenen Leitern sich völlig gleich, wenn, bei gleicher Spannung an ihren Enden, ihre Längen sich verhalten wie die Produkte aus ihren Querschnitten in die ihnen eigenthümlichen Leitungscoefficienten, mithin

„a bei gleicher Spannung und gleichem Leitungsvermögen, wenn ihre Längen sich verhalten wie ihre Querschnitte,

„b) bei gleicher Spannung und gleichem Querschnitte, wenn sich ihre Längen wie die Zahlen verhalten, durch welche ihre Leitungsgüte ausgedrückt wird

„II Bei gleichem Leitungsvermögen und gleichem Querschnitte in verschiedenen Leitern richtet sich die Stärke des Stromes nach dem Quotienten, der gebildet wird aus der an den Enden eines jeden Leiters hervortretenden elektrischen Spannung und aus der Länge desselben Leiters

„Es hält nicht schwer mit Zuziehung der Gleichung b sich zu überzeugen, dass die in I ausgesprochenen Gesetze noch wahr bleiben, wenn anstatt der ganzen Leiter irgend beliebige Theile derselben betrachtet werden Dadurch wird es möglich, für jeden Theil des homogenen und prismatischen Leiters einen anderen von gegebenem Leitungsvermögen und gegebenem Querschnitte zu setzen, der den elektrischen Strom in Nichts ändert, und umgekehrt jeden aus Theilen von verschiedenem Leitungsvermögen und verschiedenem Querschnitte bestehenden Leiter in einen anderen zu verwandeln, der in seiner ganzen Länge einerlei Leitungsvermögen und einerlei Querschnitt hat, wenn man nur jenem Gesetze gemäss ihre Längen sich verandert denkt Auf solche Weise ist es erlaubt, die Gleichung a in folgende einfachere

$$X = \frac{a}{l} \qquad c)$$

umzuandern, wobei bloss zu bemerken ist, dass jede Länge eines Leiters oder Theil des Leiters, dessen Leitungsvermögen oder Querschnitt von den zur Norm gewählten abweicht, zuvor erst nach dem Gesetze I reducirt gedacht werden musse Die so gedachten Längen werde ich in der Folge deshalb reducirte Längen nennen

„3) Das Gesetz I a ist zuerst von Davy aufgefunden und später von Barlow, Becquerel und mir bestätigt worden, jedoch erstreckten sich alle dabei vorkommenden Versuche stets nur auf einzelne und zwar, wie zu vermuthen ist, relativ sehr kurze Theile der ganzen Leitung Das Gesetz I b giebt die Rechtmässigkeit der von Becquerel und mir eingeschlagenen Methode zur Bestimmung des Leitungsvermögens verschiedener Metalle zu erkennen, und die dabei von mir gemachte Erfahrung, dass Leiter von einem und demselben Metalle, in chemischer Hinsicht, doch unter veränderten Umständen verschiedene Leitungsfähigkeit besitzen können, scheint, wenn sie sich bewährt, darauf hinzudeuten, dass das Leitungsvermögen der Körper noch von anderen, bis jetzt ganz ausser Acht gelassenen Umständen abhängig sei. Das Gesetz II ist früher von mir aus vielen mit Sorgfalt an der thermoelektrischen Kette gemachten Versuchen hergeleitet und in SCHWEIGGER'S Journal a a O zuerst in seiner Allgemeinheit ausgesprochen worden, es bildet, wie ich dort gezeigt zu haben glaube, die Grundlage zu einer Theorie des Multiplikators und der Säule, mit deren Ausbau ich eben noch beschäftigt bin. Die Gleichung (a) schliesst fast alle von der Stärke des Stromes abhängigen Erscheinungen in sich, und doch ist sie nur der besondere Ausdruck einer weit allgemeineren Bestimmung.

„Ich werde nun bemüht sein, aus der Gleichung (b) die Fälle elektroskopischer Erscheinungen zu entwickeln, wie sie die Mannigfaltigkeit von Thatsachen, welche GALVANI'S wundervolle Entdeckung mit beispielloser Thätigkeit von ihrem ersten Ursprunge an bis jetzt zu Tage gefördert hat, nur immer zu erwarten berechtigt. Die vollkommene Übereinstimmung der hier aus theoretischen Betrachtungen abgeleiteten Gesetze mit denen der Erfahrung, da wo sie sich begegnen, lässt keinen Zweifel übrig, dass, wo die Versuche mangeln, man nur die Natur zu fragen haben werde, um einen vollkommenen Einklang zwischen beiden zu Stande zu bringen.

„Der leichteren Übersicht wegen werde ich die durch galvanische Kraft hervorgebrachten elektroskopischen Erscheinungen an der einfachen Kette und an VOLTA'schen Zusammensetzungen besonders untersuchen.

A Elektroskopische Erscheinungen an der einfachen Kette

„4) Die Gleichung (b), welche für die einfache Kette gilt, zeigt auf den ersten Blick, dass die mit u bezeichnete elektroskopische Kraft auf gleiche Strecken des Leiters immer um gleich viel sich ändere, und zwar nach der einen Seite hin beständig fort stärker, nach der anderen Seite dagegen stets schwächer werde, wenn daher an irgend einer Stelle innerhalb des Leiters $u = o$ ist, so wird in gleichem Abstande von dieser Stelle eine gleich starke Elektricität sich zeigen, die aber auf der einen Seite als positive, auf der anderen als negative sich zu erkennen giebt. Die Erfahrung lehrt aber, dass immer, wo sich Elektricität selbständig entwickelt, stets beide zugleich und in gleicher Stärke hervortreten, daher darf man wohl annehmen, dass in der sich selbst überlassenen galvanischen Kette an ihren Enden, wo die Elektricitätserregung stattfindet, diese Kräfte als entgegengesetzte und gleich starke erscheinen werden. Es kann indessen auch geschehen, dass die Kette durch äussere Einwirkungen bestimmt wird, an irgend einer ihrer Stellen einen von dem natürlichen abweichenden elektrischen Zustand anzunehmen, der selbst wieder entweder bleibend oder auch von der Zeit abhängig sein kann. Im Folgenden wird häufig der Fall vorkommen, wo die elektroskopische Kraft der Kette an irgend einer Stelle dadurch bleibend vernichtet wird, dass diese Stelle vollkommen ableitend berührt wird. In jedem solchen besonderen Falle muss die Konstante c aus den obwaltenden Umständen immer wieder besonders bestimmt werden.

„Zunächst wollen wir den Fall betrachten, wo die Kette sich gänzlich überlassen bleibt. Da in diesem Falle, nach dem, was eben darüber gesagt worden ist, der Werth von u an den beiden Enden des Leiters gleich, aber entgegengesetzt wird, so ergiebt sich, wenn man dieser Bedingung gemäss die Konstante c bestimmt und dabei den Anfangspunkt der Abscissen in das positive Ende des Leiters legt,

$$c = \tfrac{1}{2} a$$

mithin

$$u = \frac{\frac{1}{2} l - x}{l}\, a,$$

es ist also in der Mitte einer solchen Kette die elektroskopische Kraft null, von da erhält sie nach beiden Enden hin allmählich und gleichförmig steigende Werthe, die jedoch nach dem Anfangspunkte der Abscissen hin positiv, nach dem entgegengesetzten Ende hin negativ werden, und in den Enden selbst ihren höchsten Stand erreichen, der für jedes Ende die halbe Spannung beträgt.

„5) Es hält nicht schwer, aus den Gleichungen (a und b) zu entnehmen, dass ein Nichtleiter einem Leiter von unendlicher Länge gleich zu setzen sei. In diesem Falle wird aber nach der in 4 aufgestellten Gleichung für jeden endlichen Abstand von dem positiven Ende

$$u = + \tfrac{1}{2} a$$

für jeden endlichen Abstand von dem negativen Ende

$$u = - \tfrac{1}{2} a,$$

wenn also irgendwo im Innern der Kette ein Nichtleiter eingeschoben, d. h. wenn die Kette irgendwo geöffnet wird, so ist für das Ganze mit dem +Ende in Verbindung bleibende Stück der Kette die elektrische Kraft positiv und überall gleich der halben Spannung, ebenso ist sie für das ganze mit dem −Ende zusammenhangende Stück der Kette überall gleich der halben Spannung, aber negativ.

„6) Stellt man sich, wie es der Natur der Sache am angemessensten ist, den Leiter so um sich selbst herumgeführt vor, dass seine bisher auseinander liegend gedachten Enden sich berühren, jedoch mit steter Beibehaltung ihrer vorigen Spannung, so bleibt, wenn man sich die Abscissen auf dem Umfange oder vielmehr in der Axe des zur Figur geschlossenen Leiters genommen vorstellt, Alles noch wie bisher, aber man muss sich huten, die Abscissen nicht über den Punkt, in welchem die Enden sich berühren, hinausgehen zu lassen, weil für solche Längen der Abscissen die Gleichung nicht mehr gültig ist. Man wird sich jedoch durch eine einfache Betrachtung leicht überzeugen können, dass der für Abscissen, welche die

Beruhrungsstelle einmal uberspringen, aus der Gleichung gezogene Werth
fur u von dem wahren, stets nur um die ganze an der Beruhrungsstelle
stattfindende Spannung sich unterscheide, und zwar um diesen Werth zu
gross oder zu klein ausfalle, je nachdem der Sprung von der positiven nach
der negativen Seite oder umgekehrt geschieht. Man kann also die Abscissen
ganz allgemein, positiv oder negativ und von jeder Grosse, nehmen, wenn
man nur jedes Mal, wo ein Sprung uber die Beruhrungsstelle geschieht, den
aus der Gleichung erhaltenen Werth von u um a vermehrt oder vermindert,
je nachdem der Sprung von der negativen nach der positiven Seite oder
umgekehrt geschieht. Diese Bemerkung ist von Gewicht, weil durch sie alle
Betrachtungen an der Saule sehr vereinfacht werden.

„7) Fassen wir nun den elektrischen Zustand einer einfachen galvanischen Kette ins Auge, welche an irgend einer Stelle eine vollkommene
Ableitung erhalt. Fur diese Stelle, wo $x = \lambda$ sein mag, ist $u = o$, und
bestimmt man dieser Bedingung gemass die Konstante, so wird

$$c = \frac{\lambda}{l}\, a \,,$$

wenn alles ubrige wie in 4 bleibt, man erhalt demnach

$$u = \frac{x - \lambda}{l}\, a$$

Es ist aber

$$\frac{x - \lambda}{l} \cdot a = \frac{\frac{1}{2} l - \lambda}{l}\, a - \frac{\frac{1}{2} l - x}{l}\, a \,, \qquad \qquad ?$$

wenn also irgend eine Stelle der einfachen galvanischen Kette
eine vollkommene Ableitung erhalt, so ist die elektroskopische
Kraft irgend einer anderen Stelle der Unterschied zwischen den
beiden Kraften, welche die zuletzt gedachte und die ableitend
beruhrte Stelle in der sich selbst uberlassenen Kette besitzen.

„Wenn demnach die einfache galvanische Kette an einem ihrer
Endpunkte ableitend beruhrt wird, so wachst die elektroskopische
Kraft ihres anderen Endpunktes zur doppelten an.

„8) Stellt man sich die Kette irgendwo in ihrem Inneren geoffnet vor,
d. h. nimmt man $l = \infty$ an, so sind dabei zwei Falle zu unterscheiden. Entweder beziehen sich x und λ beide auf dasselbe Stuck der getrennten Kette,
dann ist $x - \lambda$ stets endliche Grosse und also $u = o$ fur jedes x, oder λ
und x beziehen sich auf Punkte, die in den verschiedenen Stucken der getheilten Ketten liegen, dann kann man $x - \lambda$ stets gleich $\pm l$ setzen, also
ist $u = \pm a$ fur jedes x. Der positive Werth muss fur u genommen werden,
wenn $x > \lambda$, d. h. wenn x sich auf einen Punkt bezieht, der zu dem Stucke
gehort, in welchem das positive Ende liegt, im Gegentheile muss fur u der
negative Werth genommen werden. Wenn demnach das eine Stuck
der offenen galvanischen Kette an irgend einer Stelle ableitend
beruhrt wird, so wachst die elektroskopische Kraft einer jeden
Stelle des anderen Stuckes zur doppelten an.

„9) Alles, was in 6 gemeldet worden ist, findet auch hier noch seine Anwendung, nur ist zu bemerken, dass mit dem aus der Gleichung für u hergeholten Werthe nicht bloss wenn i, sondern auch wenn j die Berührungsstelle überspringt, eine Änderung vorgenommen werden muss. Die Änderung für j ist dabei der für i an Grösse gleich, aber der Art nach entgegengesetzt, wie sich sogleich aus der in 7 für $\left(\dfrac{-}{j}\right) a$ aufgestellten Form φ ersehen lässt

„10) Diese Grundphänomene aller elektroskopischen Äusserungen galvanischer Kräfte sind, was die offene Kette angeht, durch die Erfahrung schon hinlänglich bestätigt, und auch in Beziehung auf die geschlossene Kette giebt der auf AMPÈRE's Veranlassung von BECQUEREL an ihr gemachte Versuch[1] einen nicht unwichtigen Beleg ab. Da zudem die aus diesen Grundphänomenen weiter unten für die Säule abgeleiteten ähnlichen Erscheinungen durch Versuche, von Meistern in dem Fache angestellt, mehrfach bestätigt werden, so ist durch die vollkommene Übereinstimmung jenes Theils der Theorie mit der Erfahrung die Wahrheit dieses Theils schon mit gegeben, und so sehe ich es gern, eigene noch nicht ganz zu Ende geführte Versuche darüber hier übergehen zu können.

B. Elektroskopische Erscheinungen an VOLTA'schen Zusammensetzungen

„11) Wir stellen uns unter $ABCDA$ einen in sich selbst zurücklaufenden Leiter vor, der n verschiedene Erregungsstellen von A bis B besitzt, wovon die erste in A, die letzte in B liegt, und nennen den Theil AB des Leiters die Säule, die Punkte A und B ihre Pole, und den Theil $ADCB$ den Schlussleiter der Säule. Wir nehmen an, dass alle Erregungsstellen auf völlig gleiche Weise und in gleicher Stärke wirken, und bezeichnen die Spannung an jeder solchen Stelle für sich betrachtet mit a, ferner nehmen wir an, dass alle zwischen zwei unmittelbar auf einander folgenden Berührungsstellen liegenden Theile des Leiters von gleicher, wo es sein muss, reducirter Länge seien, und bezeichnen die Länge eines solchen Theiles mit b, so wie die Länge des Schlussleiters mit y, so dass also die Länge des ganzen Leiters $l = (n - 1) b + y$. Setzen wir nun noch fest, dass alle Erregungsstellen ihre positive E in der Richtung BA, ihre negative E in der Richtung AB ausstromen, und legen wir den Anfangspunkt der Abscissen jedes Mal in den Punkt A des Schlussleiters, so ist es nach Obigem ein Leichtes, die elektroskopische Kraft irgend eines Punktes, dessen Abscisse i sein mag, unter der Voraussetzung anzugeben, dass nur eine Erregungsstelle allein wirksam sei. Man erhält nämlich diese Kraft nach 4 unter der gemachten Voraussetzung

A D

B C

---

[1] „POGG. Ann. 2. St. 2. 207.'

für die 1 Stelle
$$= \frac{l - x}{l} a$$

— — 2 —
$$= \frac{l - x - b}{l} a$$

— — 3 —
$$= \frac{l - x - 2b}{l} a$$

.

.

— — $n$te —
$$= \frac{l - x - (n - 1)b}{l} a$$

„Nun ist es aber gestattet, bei dem gleichzeitigen Auftreten mehrerer, auf einen Punkt gerichteten, Kräfte für die Gesammtwirkung die Summe aller Wirkungen zu nehmen, welche die Kräfte einzeln genommen hervorgebracht hatten, man erhält demnach für die elektroskopische Kraft eines Punktes, dessen Abscisse x ist, wenn man sich alle Erregungsstellen zugleich wirkend vorstellt, folgenden Ausdruck

$$\frac{n[l - (n - 1)b] - nx}{l} a \,,$$

oder mit Zuziehung der Gleichung $l = (n - 1)b + y$ folgenden einfachern

$$\frac{n(\tfrac{1}{2} y - x)}{l} a \,,$$

welcher Ausdruck aber nur so lange gültig ist, als der Punkt, worauf sich x bezieht, nicht über den Schlussleiter hinaus fällt, denn im Gegentheile sind, nach dem was in 6 gesagt worden ist, besondere Änderungen an ihm vorzunehmen Wir werden nun beide Fälle besonders betrachten

„12) Der für den elektrischen Zustand des Schlussleiters gefundene Ausdruck

$$\frac{n(\tfrac{1}{2} y - x)}{l} a$$

zeigt sogleich, dass der Schlussleiter einer sich selbst überlassenen Säule genau in dem Zustande einer sich selbst überlassenen geschlossenen einfachen Kette sich befindet, die seine eigene Länge und die Spannung $\frac{ny}{l} a$ besitzt.

„Es wird demnach die an den Enden des Schlussleiters hervortretende Spannung um so grosser, ein je grosserer aliquoter Theil y von l ist Diese Spannung erreicht ihr Maximum na, wenn $y = l$, d h wenn $n - 1) b$ gegen y verschwindet, und hört gänzlich auf, wenn y gegen l verschwindet [1]

---

[1] „Man übersehe bei solchen Bestimmungen nur nicht, dass alle Längen nach 2 reducirt gedacht werden müssen"

„Denkt man sich den Schlussleiter irgendwo geöffnet, so wird $y = \infty = l$, es tritt also in diesem Falle stets das Maximum der Spannung ein

„13) Wir gehen nun zur Betrachtung solcher Punkte über, die innerhalb der Säule liegen, und nehmen an, dass der Punkt, dessen Abscisse x ist, zwischen der $m$ten und $m + 1$ten Erregungsstelle sich befinde In diesem Falle überspringt die Abscisse alle unterhalb des Punktes liegende Erregungsstellen, deren $n - m$ sind, darum muss, nach dem, was in 6 bemerkt worden ist, zu der in 11 gefundenen Summe noch der Werth $n - m\, a$ hinzugefügt werden, hinzugefügt, weil der Sprung überall von der negativen nach der positiven Seite geschieht So erhalten wir für die elektroskopische Kraft eines innerhalb der Säule zwischen der $m$ten und $m + 1$ten Erregungsstelle befindlichen Punktes folgenden Ausdruck

$$\frac{n\left(\frac{x}{2} - x\right)}{l} a + n - m\, a,$$

welcher zu erkennen giebt, dass die Säule in einem eigenen Zustande elektrischer Vertheilung sich befindet, von dem ich bloss erwähnen will, dass er an jeder Erregungsstelle sich plötzlich um die ganze Spannung ändert

„Setzt man in dem eben gefundenen Ausdrucke $y = \infty$, d h denkt man sich den Schlussleiter geöffnet, so verwandelt er sich in

$$\frac{1}{2} n - m\, a,$$

worin in der That das für die offene isolirte Säule längst schon durch Versuche aufgefundene einfache Gesetz liegt

„14) Wir wollen, ehe wir die isolirte Säule verlassen, noch einen Fall ins Auge fassen, der seiner Besonderheit wegen diese Berücksichtigung verdient Nimmt man nämlich $y = b$, d h denkt man sich eine im Kreise herumgeführte und in sich selbst zurücklaufende Säule, so verwandelt sich der den elektrischen Zustand irgend eines Punktes der Säule bezeichnende Ausdruck in

$$\frac{n\left(\frac{b}{2} - x\right)}{l} a + n - m\, a$$

oder, wenn man für l seinen Werth nb und für x den Werth $n - m$ $b + d$ setzt, wobei d die Entfernung des zu x gehörigen Punktes von der zunächst unter ihm liegenden Berührungsstelle bezeichnet, in

$$\frac{\frac{1}{2} b - d}{b} a,$$

bei dieser Anordnung befindet sich also jeder zwischen zwei unmittelbar auf einander folgenden Erregungsstellen liegende Theil der Säule genau in demselben elektrischen Zustande, als wenn er für sich allein eine einfache galvanische Kette mit der Spannung a ausmachte.

„15) Wir wollen jetzt den elektrischen Zustand der an irgend einer Stelle ableitend berührten Säule untersuchen Dabei lassen wir alle in 11

festgesetzten Benennungen und Bezeichnungen stehen und fugen noch uber-
diess hinzu, dass ι die Abcisse der ableitend beruhrten Stelle ausdrucken
soll Nach dem, was in 7 bereits auseinander gesetzt worden ist, lasst sich
nun leicht einsehen, dass jede Erregungsstelle, fur sich genommen, auf den
zu λ gehorigen Punkt des Leiters $ABCDA$ mit der fur alle Erregungsstellen
gleich bleibenden Kraft

$$\frac{\iota - \lambda}{l} a$$

wirke, so dass also der Ausdruck fur die Kraft desselben Punktes, wenn alle
Erregungsstellen zugleich wirkend gedacht werden, ubergeht in

$$\frac{n \iota - \lambda}{l} a ,$$

welcher Ausdruck jedoch nur so lange wahr bleibt, als die zu ν und λ
gehorigen Punkte nicht uber den Schlussleiter hinausfallen, weil im Gegentheile nach dem, was in 9 bemerkt worden ist, besondere Anderungen an
ihm vorzunehmen sind

„16) Der fur den elektrischen Zustand des Schlussleiters gefundene
Ausdruck

$$\frac{n \iota - \lambda}{l} a ,$$

welcher sofort gultig ist, wenn $\iota < y$, zeigt, dass der Schlussleiter einer
geschlossenen Saule, wenn er an irgend einer seiner Stellen ableitend beruhrt wird, genau in dem Zustande einer einfachen galvanischen Kette von seiner Lange sich befindet, die an derselben
Stelle ableitend beruhrt worden ist, und an ihren Enden die
Spannung $\frac{n y}{l} a$ hat Hieraus lassen sich nun wieder alle in 12 schon
enthaltenen besonderen Folgen ziehen

„Wenn $\iota > y$, d h wenn die ableitend beruhrte Stelle in die Saule,
wir wollen setzen zwischen die m'te und die $m' + 1$te Erregungsstelle, hinein-
fallt, so uberspringt λ alle unterhalb dieses Punktes liegende Erregungsstellen,
deren $n - m'$ sind, daher muss, nach dem, was oben in 9 angemerkt worden
ist, von dem eben gefundenen Ausdrucke der Werth $(n - m')a$ subtrahirt
und danach das eben aufgestellte Gesetz abgeandert werden

„17) Wir gehen nun zur Betrachtung des elektrischen Zustandes der
Saule selbst uber, und nehmen dabei an, dass der zu λ gehorige Punkt
zwischen der $m$ten und $m + 1$ten, der zu ι gehorige zwischen der m'ten
und $m' + 1$ten liege In diesem Falle werden $n - m$ Erregungsstellen von
ν und $n - m'$ von λ ubersprungen Darum muss, nach dem, was in 9
gesagt worden ist, in Bezug auf λ der Werth $(n - m)a$ addirt und in Bezug
auf ι der Werth $(n - m')a$ subtrahirt werden So verwandelt sich der in 15
gefundene Ausdruck fur diesen Fall in folgenden

$$\frac{n \iota - \lambda}{l} a + m' - m \, a ,$$

welcher zeigt, dass auch hier wie in 13 die Säule in einem besonderen Zustande elektrischer Vertheilung sich befindet, der an
jeder Erregungsstelle eine plötzliche, die einfache Spannung aus-
machende Änderung erleidet

„Setzt man in dem zuletzt gefundenen Ausdrucke $l = \infty$, d h denkt
man sich den Schlussleiter geöffnet, so verwandelt er sich in

$$m' - m\,a,$$

worin in der That das für die offene und an einer ihrer Stellen
ableitend berührte Säule längst schon durch Versuche aufgefundene einfache Gesetz liegt

„18) Setzt man auch hier, wie in 14 geschehen ist, $y = b$ und substituirt für l seinen Werth nb und für x und z die Werthe $mb + d$ und
$m'b + d'$, wobei d und d' die Entfernungen der zu 1 und z gehörigen
Punkte von den zunächst unter ihnen liegenden Erregungsstellen bezeichnen,
so verwandelt sich der in 17 gefundene Ausdruck in folgenden

$$\frac{d' - d}{b}\,a,$$

bei dieser Anordnung befindet sich also jeder zwischen zwei
unmittelbar auf einander folgenden Erregungsstellen liegende
Theil der Säule genau in demselben elektrischen Zustande, als
wenn er für sich allein eine einfache galvanische Kette ausmachte,
deren Spannung a ist und die an einem Punkte, dessen Abscisse d'
ist, ableitend berührt wird Die an einem Elemente vorhandene Ableitung wiederholt sich auf eine unsichtbare Weise an jedem anderen Elemente

„19 Wir wollen nun noch zum Schlusse dieser Betrachtungen einen
in sich selbst zurückkehrenden Leiter $ABCDA$ untersuchen, der bloss zwei,
aber entgegengesetzt wirkende, Erregungsstellen A und B besitzt Lassen
wir hier alle in 11 und 15 gebrauchten Bezeichnungen stehen, so wird,
wenn wir uns die Stelle A ganz wie dort wirkend vorstellen, durch sie dem
zu x gehörigen Punkte die elektroskopische Kraft

$$\frac{l - x}{l}\,a,$$

und auf ähnliche Weise, wenn wir uns die Stelle B entgegengesetzt wirkend
vorstellen, durch sie demselben Punkte die elektroskopische Kraft

$$\frac{l - x - b}{l}\,a$$

mitgetheilt werden Stellen wir uns beide Erregungsstellen zugleich wirkend
vor, so wird mithin die auf den zu x gehörigen Punkt erfolgende Totalwirkung sein

$$\frac{b}{l}\,a,$$

ein überraschendes und doch bei näherer Betrachtung sehr einleuchtendes
Resultat, wodurch, wenn man das in 6 Gesagte gehörig in Erwägung zieht,

bestimmt wird, dass der zwischen den beiden Erregungsstellen befindliche Theil des Leiters, in welchem die +Enden liegen, an allen seinen Punkten gleich stark positiv, der andere Theil uberall gleich stark negativ elektrisch sei, und dass die Summe dieser beiden positiv gedachten Intensitaten der Spannung gleich sei, dass aber diese Intensitaten sich umgekehrt zu einander verhalten, wie die Langen der Theile, auf welchen sie verbreitet sind

„Wenn diese Verbindung an irgend einer Stelle, deren Abscisse λ ist, ableitend beruhrt wird, so ist nach 7 auf den zu x gehorigen Punkt die Wirkung der oberen Erregungsstelle fur sich

$$\frac{l-\lambda}{l}\,a$$

und die der unteren fur sich

$$-\frac{l-\lambda}{l}\,a$$

Es scheint nun zwar, als ob die auf den Punkt aus beiden Erregungsstellen zugleich hervorgehende Totalwirkung stets Null sein musse, allein erwagt man das in 9 Gesagte, so wird es sich ergeben, dass dies nur so lange der Fall ist, als beide zu x und λ gehorigen Punkte auf einem und demselben durch die Erregungsstellen bestimmten Theile des Leiters liegen, liegen sie dagegen auf verschiedenen Theilen des Leiters, so erhalt man fur die Totalwirkung stets $\pm a$, + oder − je nachdem λ oder x die Erregungsstelle uberspringt

„20) Ich schliesse hier die Herleitung der an galvanischen Verbindungen auftretenden elektroskopischen Phanomene, obgleich die zuletzt betrachtete Verbindungsweise noch zu einigen nicht uninteressanten Zusammensetzungen fuhrt, um fur die Nachweisung ihrer objektiven Gultigkeit noch einigen Raum zu gewinnen Die trefflich gehaltenen in GILBERT's Annalen **8, 10** und **13** aufgezeichneten Untersuchungen ERMAN's, RITTER's und JAEGER's (S. 265) uber die elektroskopischen Wirkungen an VOLTA's Saule sind ganz wie dazu geschaffen. Fast jede Zeile legt Zeugniss ab fur die Richtigkeit der obigen Theorie. Namentlich hebe ich **8**, 205, 207 und 456 und **10**, 11 heraus, wo das Hauptphanomen, die Vertheilung des Schlussleiters, mit welchem alle ubrigen stillschweigend gegeben sind, in allen seinen Theilen ganz so wie es in 12 und 16 gefunden worden ist, vollkommene Bestatigung erhalt. Wenn damals diese Vertheilung aus begreiflichen Ursachen der eigenthumlichen Einwirkung des flussigen Theils der Leitung zugeschrieben werden musste, so steht es jetzt fast ausser allem Zweifel, dass auch metallische Schlussleiter dieselbe Erscheinung und ohne Condensator zeigen werden, wenn man dazu nur recht lange und dunne Drahte wahlt und zu den Elementen der Saule so viel moglich grosse Platten und eine gut leitende Flussigkeit nimmt Noch fuhre ich zur Prufung dieser Theorie einen Versuch JAEGER's an, der in GILBERT's Annalen **13**, 414 steht und fur die geschlossene Saule das ist, was der oben angefuhrte BICQUEREL'sche fur die

geschlossene einfache Kette war Bei den Jäger'schen Versuchen, die an
Säulen von wenigen, nicht grossen Elementen und mit Zuziehung des Condensators unternommen worden sind, hat man indessen nicht zu übersehen,
dass, wo die Säule oder einfache Kette nicht an irgend einer Stelle Abfluss
nach aussen hat, die Wirkung einer jeden anderen Stelle auf einen äusseren
Körper nicht bloss von dessen relativer Capacität für Elektricität, sondern
auch von der Dauer ihres beiderseitigen Zusammenseins abhängig ist"

Unmittelbar nach der Abfassung dieser Arbeiten ging Ohm an die in
seinem Hauptwerke gegebene allgemeinere und umfassendere Darstellung
Das Vorwort seines Buches ist aus Berlin, vom 1 Mai 1827 datirt, und
lautet nicht allzu hoffnungsvoll „Ich übergebe hiermit dem Publikum eine
Theorie der galvanischen Elektricität als einen speciellen Theil der allgemeinen Elektricitätslehre, und werde nach und nach, so wie gerade Zeit und
Lust und Boden es gestatten, mehr solcher Stücke zu einem Ganzen an
einander reihen, vorausgesetzt, dass der Werth dieser ersten Ausbeute
einigermaassen den Opfern, die sie mir kostet, die Waage halt Die Verhaltnisse, in welchen ich bis jetzt gelebt habe, waren nicht geeignet, weder
meinen Muth, wenn ihn die Tageskälte zu zerstören drohte, aufs Neue anzu-
feuern, noch, was doch unumgänglich nöthig ist, mich mit der auf ähnliche
Arbeiten Bezug habenden Litteratur in ihrem ganzen Umfange vertraut zu
machen, daher habe ich zu meiner Proberolle ein Stück gewählt, wobei ich
Concurrenz am wenigsten zu scheuen brauchte Möge der geneigte Zuschauer
meine Leistung mit derselben Liebe zur Sache aufnehmen, aus der sie
hervorgegangen ist'"

7 Die Kritik Die in dem letzten Satze ausgesprochene Hoffnung erfullte
sich nur theilweise Während von Pfaff in Erlangen (dem Bruder des mehrfach erwähnten C H Pfaff in Kiel) eine günstige Beurtheilung veröffentlicht
worden war, wurde die Schrift von G F Pohl einer „vernichtenden" Kritik
unterzogen, bei welcher Gelegenheit in der That kein gutes Haar an ihr
gelassen wurde Mit dem Verfasser dieser Kritik werden wir später bei
Gelegenheit des Kampfes der Theoreen über die Volta'sche Säule nähere
Bekanntschaft machen, sein blinder Widerspruch gegen Ohm ist auf den
Umstand in erster Linie zurückzuführen, dass dieser sich als Anhänger der
Volta'schen Contacttheorie bekannt hatte, während Pohl die chemische vertrat Dazu kommt freilich noch bei Pohl, dass er der naturphilosophischen
Richtung angehorte, und ihm schon aus diesem Grunde jeder Versuch einer
exakten, in Formeln darstellbaren Theorie ein Grauel sein musste In der
That leitet er auch seine Recension[1] mit einer langen Auseinandersetzung
über das Verhältniss der Mathematik zur Physik ein, nach welcher jene mehr
eine Störung, als eine Forderung für diese ist Er redet von den Fortschritten der Wissenschaft durch Newton und Laplace, und fährt dann fort,
„dass es nicht sowohl die Physik, wie vielmehr nur die Mathematik sei,

---

[1] Jahrbücher fur wissenschaftliche Kritik, 1828, I, 86 Berlin

welche durch diese Fortschritte die Grösse ihres eigenen Gebietes erweitert habe, dass in ihnen nur der Triumph der Lösung grossartiger mathematischer Aufgaben gefeiert werde, die, indem sie von ausdrucksvollen und beziehungsreichen Gebieten des Naturlebens entnommen wurden, diese dafür in einer Einseitigkeit der Abstraktion festhielten, mit welcher die Naturlehre sofort auch den ursprünglichen Gehalt ihrer Forschung aufgab, und unter dem täuschenden Glanz einer fremden Vollkommenheit ihres eigenen lebendigen Geistes sich völlig entäusserte"

Da nun POHL den galvanischen Erscheinungen seine besondere Liebe und Sorgfalt zugewendet hat, kann es nicht Wunder nehmen, wenn er sie nach Möglichkeit gegen die mathematische Invasion zu schützen sucht. Dazu kommt der Abscheu gegen die damit zusammenhangende VOLTA'sche Theorie. „Es hat endlich dazu kommen müssen, dass selbst der unmittelbare experimentale Stoff der Erscheinungen mit ausserlicher Gewalt dazu auffordern muss, ihn von Innen zu erfassen, und dass nur die Wahl zwischen der Alternative übrig gelassen ist, entweder ihm Gehör zu geben, oder mit der bisherigen Vorstellungsweise zur unbedingten Unterwerfung unter die Herrschaft der Widersinnigkeit offen und ohne Scham sich zu bekennen"

Seine eigene Ansicht über den Galvanismus legt er dann in einigen Sätzen dar, die wegen ihrer unübersehbaren Länge nicht vollständig wiedergegeben werden können, doch wird auch der Anfang genügen. „So ist denn das Gebiet der galvanischen Phänomene der eigentliche Ausgangspunkt zur Wiedergewinnung einer wahren und naturgemässen Richtung in der Physik. Der Galvanismus, welcher nichts anderes ist, als der Chemismus unter einer vollständigen Versichtbarung der Momente seines Begriffes, bildet den eigentlichen Gehalt derjenigen Sphäre des Naturlebens, in welcher gerade die Erde, als ein Individuum, der Sonne gegenüber eine Selbständigkeit geltend zu machen, und in einer ewig regen, beweglichen Metamorphose fort und fort sich zu entwickeln trachtet, die einerseits dem universellen Process, welcher die Erde, sowie alle Glieder des Sonnensystems gemeinsam umfasst und bewegt, andererseits mit der individuellsten Macht des Lebens in der unermesslichen Menge der Pflanzen- und Thierorganismen in ununterbrochenem, innigst verschlungenem Conflicte begriffen, gleichzeitig den gigantischen Sporn wie den Zügel des bald mehr, bald minder gelösten, bald unter Sturmfluthen, unter Erderschütterungen, unter Feuer sprühenden Eruptionen, bald unter milden, fruchtbaren Ergiessungen sich fortbewegenden Laufes ihre Wirksamkeit empfängt" — Dies ist nur der erste Satz der Auseinandersetzung, die folgenden dürfen wir uns ersparen.

Mit dem Buche selbst wird POHL nach diesen Vorbereitungen selbstverständlich bald fertig, zumal es „zu derjenigen Klasse von Schriften gehört, welche mehr der Tendenz, als dem Gehalte nach, zur Veranlassung einer besonderen kritischen Erwägung derselben geeignet sind. Der Abstand zwischen Tendenz und Gehalt, zwischen Prätension und Leistung reflectirt sich schon in den Verhältnissen zwischen dem Titel und dem ausseren

Umfange dieses Buches auf eine sehr fühlbare Weise." So haben wir denn, statt der galvanischen Kette des Titelblattes, im Buche selbst nur eine Abstraction von einer Abstraction derselben, und wir sind damit ungefähr in demselben Falle, als wenn an der Stelle des versprochenen lehrreichen Berichtes einer Reise, die durch eine lebendige Mannigfaltigkeit naturhistorischer Merkwürdigkeiten hindurchführt, nichts weiter, als nur ein sorgfältig ausgefülltes Formular über die Geschwindigkeit, mit welcher eine Station nach der anderen zurückgelegt worden, uns geboten wäre."

Indem nun der Recensent berichtet, das Ohm als Ausgangspunkt seiner Darstellung der elektrischen Leitungserscheinungen die Analogie der Wärmeleitung benutzt hat, spricht er ihm auch ein wesentliches Verdienst in dem von Ohm beabsichtigten Sinne ab: „Wir können daher bei dem Vorhandensein eines mit so grosser Kunst entworfenen und vollendeten Vorbildes, wozu sich noch die einzelnen Arbeiten von Laplace und Poisson über denselben Gegenstand gesellen, den Werth einer blossen Nachbildung einer mathematischen Theorie der Elektricität auf völlig gleicher Grundlage, aber in einem höchst verkleinerten Maassstabe, wobei gewissermaassen die Wörter Wärme und Elektricität nur ihre Plätze gewechselt haben, um so weniger besonders hoch anschlagen, als bei der Übereinstimmung der allgemeinen Gleichungen, von denen hier die eine, dort die andere Klasse von Erscheinungen abhängig gemacht ist, das ganze Verdienst einer solchen Nachbildung nur auf die angemessene Bestimmung der in den Gleichungen enthaltenen willkürlichen Grössen hinausläuft, welches in dem Falle unseres Verfassers um so leichter ist, da er auf einen Unterschied in den Dimensionen der Leiter ebenso wenig, wie auf eine elektrische Capacitätsverschiedenheit Rücksicht zu nehmen für gut befunden hat. Sehr gern und bereitwillig lassen wir indess der Sorgfalt, welche der Verfasser bei seiner Arbeit auf die äussere Consequenz und Fasslichkeit der Darstellung verwandt hat, unsere Anerkennung zu Theil werden, sofern seine Bemühungen für das Interesse der Anfänger in der Analysis berechnet gewesen, denn für geübtere Kenner und Männer vom Fach bedurfte es, unter Hinweisung auf die französischen Originale, nur einer Nachricht, inwiefern die Ergebnisse des Versuches einer solchen theilweisen Übertragung der vorhandenen Theorie aus dem Gebiete der Wärmeerscheinungen in das der Elektricitätsleitung mit der Erfahrung übereinstimmen oder nicht. Gerade der letztere Umstand aber, auf welchem beinahe allein der ganze bedingte Werth der Unternehmung beruht, ist, wie wir gleich unten zeigen werden, noch eine unverkennbare schwache Seite derselben geblieben."

In solchem Tone geht es noch lange weiter, einen sachlichen Kern vermag man in diesen Auseinandersetzungen nicht zu finden. Doch wird man nicht fehl gehen, wenn man in der hier so überaus deutlich zur Anschauung gebrachten Meinung des Recensenten den Ausdruck einer einflussreichen Richtung in der deutschen Physik jener Zeit sieht. So hat hier die Naturphilosophie einen doppelten Schaden angerichtet, einen, indem sie die

Achtung vor der in Deutschland getriebenen Wissenschaft bei den Nachbar-
völkern auf ein sehr geringes Maass herabdrückte, und so die Anerkennung
auch der hier geleisteten dauernden Leistungen verhinderte, und einen
anderen, indem sie eben diesen Leistungen, als ihrem Wesen entgegen, auch
in der Heimath den Weg nach Möglichkeit versperrte Bei Ohm, dessen
aussere Stellung ihm seine Vertheidigung schwer und unwirksam machte,
hat sich diese doppelte Schädigung noch lange gezeigt.

Ausser den bisher besprochenen Arbeiten hat Ohm noch eine ganze
Reihe weiterer aus dem Gebiete der Elektrik veröffentlicht Einen Theil
derselben, wo er in die grosse Streitfrage jener Zeit, die nach der Theorie
der elektrischen Erregung, eingreift, werden wir später noch kennen lernen;
einen anderen Theil müssen wir übergehen Doch verlangt die geschichtliche Gerechtigkeit, zu erwähnen, dass nicht alle Versuche unseres Forschers,
die Erscheinungen mathematisch zu fassen, gelungen sind Eine Theorie
des galvanischen Glühens von metallischen Leitern gelang nicht, und ebenso
wenig ein Versuch, das „Wogen" der Kraft hydroelektrischer Ketten unter
einen einfachen Ausdruck zu bringen. Dagegen verdanken wir ihm noch
die Aufklärung der Erscheinungen der unipolaren Leitung (S 342) Auf
seine Arbeiten in anderen Gebieten der Physik, insbesondere auf seine grundlegende Auffassung der natürlichen Töne, kann hier nicht eingegangen werden

Mit Ohm's Wirken beginnt die quantitative Periode des Galvanismus,
und auch in der Elektrochemie gestalteten sich die allgemeinen Gesetzmässigkeiten, welche das Gebiet allmählich zu einem wissenschaftlichen
machten, an den von Ohm ausgebildeten und in das Gebiet der Messbarkeit
übertragenen Begriffen der elektromotorischen Kraft, des Widerstandes, oder
der Leitfähigkeit aus, nachdem das chemische Gesetz der Elektricitätsmengen vorher von Faraday entdeckt worden war Letzteres ist allerdings
von dem Werke Ohm's unabhängig, wie denn auch Faraday von dessen
Gesetz keine Kenntniss hatte, oder doch keine Anwendung machte, obwohl
seine Arbeiten auf diesem Gebiete zeitlich später fallen

§ Prüfung und Anerkennung durch Fechner. Der erste, welcher
die Bedeutung von Ohm's Entdeckung erkannte und sie seinen Arbeiten zu
Grunde legte, war Gustav Theodor Fechner Um die Zeit der Veröffentlichung derselben war dieser mit der Herausgabe einer Übersetzung von Biot's
Lehrbuch der Experimentalphysik beschäftigt, wobei er bald sah, dass die
von Biot gegebene Darstellung der Lehre vom Galvanismus nicht dem Zustande der Wissenschaft zu jener Zeit mehr entsprach Er arbeitete daher
den fraglichen dritten) Band völlig um, und legte der Darstellung der Verhältnisse der Säule und Kette die Ohm'sche Theorie zu Grunde In seiner
Vorrede bemerkt er „In Darstellung der Umstände, von welchen die quantitativen Verhältnisse der Wirksamkeit galvanischer Ketten abhängt, bin ich
nicht sowohl der Ohm'schen Theorie gefolgt, als ich durch Erfahrung nachgewiesen habe, dass ihre wesentlichsten Folgerungen sich in der Wirklichkeit
bestätigen Ich habe mich wohl gehütet, irgend eine Folgerung der Theorie,

von der ich mich übrigens nicht scheue zu behaupten, dass durch sie erst
Sinn in die Wirkungsverhältnisse der galvanischen Kette gekommen ist, —
über diese Grenzen auszudehnen. Diese Darstellungsweise glaubte ich dem
Charakter des Werkes, jene Anerkennung glaube ich dem Verdienste des
Urhebers jener Verknüpfung schuldig zu sein."

Auch nach anderer Richtung ist FECHNER für die Förderung dieser
Theorie thätig gewesen. Zum Theil in jenem Lehrbuch, ausführlicher aber
in einer besonderen Schrift[1] theilte er eine grosse Reihe von Versuchen mit,
die sich gerade auf ein von OHM nur stiefmütterlich bearbeitetes Gebiet,
das der hydroelektrischen Ströme, beziehen, und den Nachweis der Gültigkeit
seines Gesetzes in sehr mannigfaltig abgeänderten Versuchen erbringen. Indem
er einleitend den oben erwähnten Anlass einer Bearbeitung des Galvanismus
erwähnt, und auf das Erscheinen einer mathematischen Theorie desselben
hinweist, fährt er fort „Die Theorie, von welcher ich spreche, ist die
OHM'sche. Die Gesammtheit meiner Versuche kann gar keinen Zweifel übrig
lassen, dass die allgemeine Form der Formel, die sie für die Kraft der
geschlossenen Kette aufstellt, die richtige sei, und ich kann demgemäss nicht
umhin, OHM das Verdienst beizumessen, mit den wenigen Buchstaben dieser
einfachen Formel eine neue Epoche für die Lehre vom Galvanismus begründet
zu haben. Sie lehrt allerdings keine neuen Erscheinungen im Gebiete desselben kennen, aber sie verknüpft ein grosses Gebiet von Erscheinungen,
die früher chaotisch und rathselhaft neben einander standen, und giebt sichere
Anhaltspunkte für das Maass derselben, so dass jetzt erst eine wissenschaftliche Behandlung derselben möglich ist. Ich wünsche, dass meine Schrift
dazu beitragen möge, dem Verdienste OHM's eine grössere Anerkennung, als
es bisher der Fall gewesen ist, zu verschaffen."

Allerdings ist FECHNER in einer Beziehung von der Formulirung, wie
sie OHM gegeben hatte, abgewichen, indem er ausser dem von der Natur
und den Abmessungen der Leiter abhängigen Widerstande der OHM'schen
Formel noch einen weiteren Widerstand einführte, welchen er den Übergangswiderstand nannte, und an die Grenzfläche zwischen dem metallischen
und dem wässerigen Leiter vorlegte. OHM hatte sich gegen die Existenz
eines solchen Widerstandes ausgesprochen, und in der That hat sich in der
Folge gezeigt, dass ein Übergangswiderstand im Sinne FECHNER's nicht
angenommen zu werden braucht, die von diesem beobachteten Erscheinungen
sind vorwiegend als eine durch den Strom hervorgebrachte Änderung der
elektromotorischen Kraft an diesen Übergangsstellen aufzufassen, welche in
der Abscheidung der Zersetzungsprodukte an diesen Flächen ihren Grund
hat (vgl S 424) Es muss zur richtigen Beurtheilung dieser Verhältnisse
im Auge behalten werden, dass FECHNER noch keine constanten Elemente zur
Verfügung hatte, und durch allerlei Kunstgriffe die Veränderlichkeit seiner
Ketten unschädlich zu machen suchen musste.

---

[1] Maassbestimmungen über die galvanische Kette. Leipzig 1831.

Die grosse Fülle der in diesen Arbeiten beigebrachten Prüfungen der
Theorie geht aus der vom Verfasser gemachten Zusammenstellung der Hauptpunkte seiner Schrift hervor.

„1) Nachweisung, dass die Kraft aller Theile einer galvanischen Kette
(d. h. die Stromstärke) stets gleichzeitig und in gleichem Verhältnisse ab- oder
zunimmt, wenn selbst der die Kette modificirende Einfluss direkt nur auf
einzelne Theile derselben wirkt.

„2) Nachweisung, dass die Kraft der galvanischen Kette in der ganzen
Länge derselben gleich gross ist, unabhängig von den Dimensionen und der
Beschaffenheit der einzelnen Theile derselben. Es fehlt jedoch die Aus-
dehnung dieses Nachweises noch für die flüssigen Theile der Kette.

„3) Bestätigung des von Ohm und Pouillet gefundenen Gesetzes, dass
die Kraft der Kette mit der Länge des Schliessungsdrahtes abnimmt; und
direkter Beweis, dass der Strom sich zwischen Drähten, die eine Kette neben
einander schliessen, nach Verhältniss ihres Leitungsvermögens theilt.

„4) Beweis, dass der Widerstand der flüssigen Leiter gleich dem der
festen, im geraden Verhältnisse ihrer Länge, im umgekehrten ihres Querschnittes steht.

„5) Nachweisung, dass der Widerstand der flüssigen Leiter unabhängig
von der Grösse der erregenden Oberfläche (wenn der Querschnitt der
Flüssigkeit dabei ungeändert bleibt) und von der Beschaffenheit der Metallplatten ist.

„6) Bestimmung des von jeder Complication befreiten Leitungswider-
standes oder Leitungsvermögens mehrerer Flüssigkeiten, und Erweis des
Gesetzes, nach welchem kleine Zumischungen von Säure zum Wasser den
Widerstand mindern.[1] Alle bisherigen Bestimmungen über das Leitungsver-
mögen der Flüssigkeiten sind Resultate, die durch Verwickelung mit dem
Widerstande des Überganges noch complicirt sind.

„7) Nachweisung, dass ausser dem Widerstand, den die festen und
flüssigen Theile dem Strome entgegensetzen, derselbe noch einen anderen
Widerstand beim Übergange zwischen dem festen und dem flüssigen Theile
erfährt. . . .

„8) Beweis, dass die elektromotorische Kraft in geschlossenen Ketten
nicht wesentlich von der Grösse der erregenden Oberfläche und der Beschaffenheit der Leitflüssigkeit abhängt. Ich hoffe, dass diese Versuche beitragen werden, den langgeführten Streit, ob die Erregung der Elektricität
von der Berührungsstelle der Metalle unter einander, oder von ihrer Berührungsstelle mit der Flüssigkeit ausgehe, zu entscheiden.[2]

---

[1] Dies von Fechner gefundene Gesetz der Abnahme besagt, dass diese proportional der
zugefügten Menge der Säure erfolgt. „Doch ist dieser Umstand bloss für kleine Zumischungen
von Salzsäure erwiesen worden." Die Beobachtung ist vollkommen richtig, auch ist die Proportionalität bei grösseren Gehalten nicht mehr vorhanden.

[2] Fechner tritt hier als entschiedener Contactist auf. Dass sein Nachweis der Unabhängigkeit von der erregenden Flüssigkeit nur sehr beschränkte Gültigkeit hat, geht schon aus

„9) Nachweisung des sogenannten Gesetzes der galvanischen Spannungs-reihe für die geschlossene Kette. Direkte Versuche für dieses, allerdings durch seine Folgerungen schon als hinreichend erwiesen anzusehende Gesetz hatte man bisher nicht, da Voit's — überdies bloss für die ungeschlossene Kette — elektrometrischen Versuche keine genaue Bewahrung zuliessen.

„10) Ein praktisches Mittel, die Starke und Wirkungsdauer galvanischer Ketten zu verstarken. (Das Mittel besteht darin, die Kupferplatten durch Benetzen mit Salmiaklosung und Aussetzen an die Luft mit einer Schicht von unloslichem Oxychlorid zu versehen.

„11) Nachweisung des Gesetzes, nach welchem die Kraft mit Ver-grosserung der erregenden Oberflache zunimmt.

„12) Beweis, dass der bisher schlechthin angenommene Satz, Vergrosse-rung der erregenden Zinkflache sei weniger wirksam, als Vergrosserung der erregenden Kupferflache für den Anfang der Schliessung nicht gilt, indem sich diese Ungleichheit erst im Fortgange der Schliessung entwickelt.

„13) Beweis, dass die Kraft einer galvanischen Kette weder durch Ver-grosserung der erregenden Oberflache, noch durch Verstarkung der Leitungs-flussigkeit, noch durch Vermehrung der Plattenzahl bis über eine gewisse Grenze gesteigert werden kann, wenn die übrigen Elemente der Kette dabei ungeandert bleiben.

„14) Nachweis des Gesetzes, nach welchem die Kraft der Kette mit Vermehrung der Plattenzahl zunimmt, und Ausdehnung des bisher nur für thermoelektrische Ketten gultig gehaltenen Umstandes, dass bei Ketten ohne Zwischenleiter die Kraft durch Vermehrung der Plattenzahl gar nicht verstarkt werde, auf hydroelektrische Ketten.

„15) Nachweisung des Gesetzes, nach welchem die Kraft der Kette durch eingebrachte Zwischenleiter geschwacht wird, und Beweis, dass zu Anfang der Schliessung kupferne Zwischenplatten keine starkere Schwachung als zinkene hervorbringen, vielmehr der Unterschied beider sich erst im Fortgange entwickelt.

„16) Ausgedehnte Bestimmung der Umstande, von welchen die Wir-kungsabnahme in geschlossenen, und die Wirkungswiederherstellung in geoffneten Ketten abhangt.

„17) Beweis, dass die elektromotorische Kraft und der Ubergangswider-stand unter mehreren Umstanden in Multipla und Submultipla ihres Werthes uberspringen konnen."

Alle die angegebenen Punkte sind mit einem ausfuhrlichen Zahlenmaterial belegt, dessen Beschaffung Fechner um so mehr Muhe machte, als er einer-

---

den alten Versuchen Davy's hervor, nach denen sich Ketten aus einem Metall und zwei Flussig-keiten bauen lassen. Fechner hat dagegen allerdings den Einwand gemacht, dass diese anomal wirkenden Flussigkeiten die Metalle auf der Oberflache veranderten, so dass noch die Contact-kraft mit der neugebildeten Oberflachenschicht hinzukomme; doch ist eine solche Annahme bei Losungen von Atzkali oder Cyankalium, welche in hohem Maasse „anomal" wirken, durch nichts gut zu begrunden.

seits keine constanten Elemente besass, andererseits nach einer inzwischen
verlassenen Messmethode arbeitete, welche viel mehr Zeit und Mühe in
Anspruch nahm, als die Ablesung des Ablenkungswinkels und die Benutzung
einer Correctionstabelle für die mangelnde Proportionalität zwischen Stromstärke und Winkel. FECHNER stellte nämlich die Windungen des Multiplikators nicht der Nadel parallel, sondern senkrecht zu ihr, und beobachtete
demgemäss nicht Ablenkungen, die unter solchen Umständen überhaupt
nicht eintreten, sondern er liess die Nadel schwingen, und schloss aus der
Dauer der Schwingungen auf die Stärke des in den Windungen fliessenden
Stromes. Denn die Dauer der Schwingungen ist unter sonst gleichen Umständen den Quadraten der einwirkenden Kräfte umgekehrt proportional, und
er gelangte so zu einer Messung der Stromstärke, der er bedeutende Vorzuge vor der üblichen Methode der Ablenkungen zuschrieb. Von anderen
ist das Verfahren allerdings später nicht mehr angewendet worden.

Die zu der von FECHNER gegebenen Übersicht erforderlichen Bemerkungen
sind schon zum Theil gemacht worden. Gegenwärtig bilden die hier zum
ersten Male gegebenen Nachweise die Grundlage der Lehre von den elektrischen Strömen, insofern sie von Ketten erzeugt werden, und sind ein
regelmässiger Bestandtheil des Unterrichtes. Eine besondere Erwähnung
verlangt der von FECHNER eingeführte „Übergangswiderstand". Über diese
Frage sind mannigfaltige Diskussionen geführt worden, welche in den Nachweis ausliefen, dass in einigen Fällen kein solcher Widerstand vorhanden ist,
in anderen aber wohl. Gegenwärtig lässt sich sagen, dass ein primärer
Übergangswiderstand nicht nachgewiesen ist, d. h., dass abgesehen von der
Polarisation (die den Charakter einer elektromotorischen Kraft und nicht den
eines Widerstandes hat), an den Übergangsstellen der Leiter verschiedener
Klasse kein Stromhinderniss besteht. Durch den Strom selbst wird aber in
manchen Fällen der flüssige Leiter an der Übergangsstelle dermaassen verändert, dass eine mehr oder weniger erhebliche Änderung seiner Leitfähigkeit, meist eine Verschlechterung, eintritt, und dann ist neben der Polarisation
noch eine Wirkung da, die man als Übergangswiderstand bezeichnen kann.
Diese Erscheinung ist wie die Polarisation an den Umstand gebunden, dass
sie sich erst durch den Strom selbst entwickelt, und ursprünglich nicht vorhanden ist.

Der unter 9 gegebene Nachweis des Spannungsgesetzes ist so geführt
worden, dass die Kraft dreier Ketten, nämlich Zink-Zinn, Zinn-Kupfer und
Zink-Kupfer in verdünnter Salzsäure bei verschiedenen Leitungsfähigkeiten
des Kreises gemessen worden ist. Bei der Berechnung ergab sich die Summe
der beiden ersten Ketten gleich der dritten, wie die folgende Tabelle zeigt.

Widerstand	Zink-Kupfer	Summe
51	3,04	2,96
29,5	5,29	5,46
7	19,5	19,7
1	90,9	90,7

Wie man sieht, ist die Übereinstimmung ziemlich massig, und Fehler von mehreren Procenten kommen hier und in einigen weiter mitgetheilten Tabellen vor Dazu bemerkt FECHNER „ich muss erinnern, dass man, wenn man die erwähnten Versuche in Brunnenwasser anstellt, selten eine solche Übereinstimmung erhalten wird," es gehört in der That eine sehr sichere Überzeugung von der Richtigkeit der Theorie dazu, sich mit solchen Versuchen zufrieden zu geben FECHNER bemerkt ganz richtig, dass der Beweis vielmehr in der Bewahrung liege, welche die VOLTA'sche Theorie durch die aus ihr abgeleiteten Schlusse erhalten hat, als in den unmittelbaren Messungen

Es ist vielleicht gut, hier zu erinnern, dass diese Versuche ebenso wenig wie die anderen Messungen an Ketten etwas für oder wider die VOLTA'sche Theorie aussagen, sie stehen mit der Annahme, dass zwischen Metallen überhaupt keine elektromotorische Kraft wirksam sei, in ganz ebenso guter Übereinstimmung (S 144), wie mit der, dass zwischen den Metallen das Spannungsgesetz herrsche.

Die unter 12 bis 16 gegebenen Punkte beschäftigen sich mit den Erscheinungen, wie seit GAUTHEROT und RITTER bekannt waren, und die später den allgemein angenommenen Namen der Polarisation erhielten Die hier niedergelegten Forschungen sind später weit überholt worden, so dass auf ihre Wiedergabe verzichtet werden kann Der unter 17 schliesslich gegebene Beweis multipler Verhältnisse für den Übergangswiderstand und die elektromotorische Kraft beruht auf einer Selbsttäuschung FECHNER's, den wir an dieser Stelle den keinem Sterblichen erspart bleibenden Tribut des selbstverschuldeten Irrthums zahlen sehen

Fig. 108. Gustav Theodor Fechner.

Zwölftes Kapitel.

Der Kampf zwischen der Theorie der Berührungselektricität und der chemischen Theorie der galvanischen Erscheinungen.

1. **Allgemeines.** In den früheren Kapiteln ist bereits mehrfach auf den Gegensatz hingewiesen worden, welcher sich in Bezug auf die Frage nach der Ursache der von Galvani und Volta untersuchten elektrischen Erscheinungen geltend gemacht hat. Schon vor der Erfindung der Säule bestand dieser Gegensatz; trotz seiner fast unbedingten Verehrung Volta's stellte sich Ritter in der Hauptsache auf einen völlig anderen Standpunkt, und der Volta'schen Theorie, dass der Contact an sich die elektrischen Erscheinungen der Kette bedinge, stellte er die chemische Theorie gegenüber, dass der elektrische Vorgang ursächlich mit einem gleichzeitig erfolgenden chemischen verknüpft sei. Über die Art dieser Verknüpfung hat Ritter

zwar einige ungemein zutreffende Ansichten geaussert vgl insbesondere
S 189), doch reichte die Kenntniss der chemischen und der elektrischen
Gesetze, uber die er und seine Zeit verfugte, uberall nicht aus, um aus der
allgemeinen Erkenntniss dieses Zusammenhanges eine wirkliche, d h zahlenmassig verfolgbare Theorie beider Gebiete zu ermoglichen   In dieser Beziehung war die von Volta aufgestellte reine Contacttheorie der chemischen
ungemein uberlegen da sie keinen weiteren Zusammenhang mit anderen
Erscheinungen postulirte, brauchte sie auch keine entsprechenden Nachweise
zu liefern, und ermoglichte es, ohne Rucksicht auf jene schwierigen Fragen
die physikalische Seite der Erscheinungen zu durchforschen In dieser Rucksicht ist die Volta'sche Theorie ein grosser Segen fur die Entwickelung des
Gebietes gewesen

Leider ist aber dieser Segen einigermaassen paralysirt worden durch
die Art, wie sich schon Volta selbst, und in noch viel hoherem Grade seine
Anhanger zu der chemischen Theorie in Gegensatz stellten   Der richtige
Standpunkt ware gewesen, dass die chemische Theorie als ein, zunachst
allerdings hypothetischer Versuch, die von Volta angenommenen elektromotorischen Krafte zu erklaren, welche an den Beruhrungsstellen verschiedener Stoffe wirksam sind, aufgefasst worden ware Auf diese Weise hatte
die Volta'sche Theorie neben, oder vielmehr in der chemischen vollstandig
Raum gehabt, und eine Meinungsverschiedenheit hatte nur daruber bestehen
konnen, ob die chemische Theorie das auch leistete, was sie zu leisten
unternommen hatte, von einem Gegensatze beider Theorieen hatte aber
nicht die Rede sein konnen   So friedlich sollte sich aber die Entwickelung
nicht vollziehen Volta sah, und hier beginnt sein Fehler mit dessen unuber-
sehbaren Folgen, nicht nur an den Beruhrungsstellen den Ort der Spannungsunterschiede, sondern in der Thatsache der Beruhrung auch den zureichenden Grund der elektromotorischen Kraft und musste daher jeden
anderen Versuch, einen anderen Grund fur diese aufzustellen, als einen
Widerspruch gegen seine Theorie auffassen Dieser Standpunkt Volta's geht
besonders deutlich aus den auf S 141 und 142 wiedergegebenen Ausserungen
hervor, nach denen er eine Kette aus Metallen allein, also einen elektrischen
Strom ohne jeden anderen Aufwand, fur durchaus moglich ansah   Daraus
erklart sich seine gegen die ihm sonst eigene ruhige und vorsichtige Art so
auffallend abstechende Polemik gegen die Annahme eines Zusammenhanges
der chemischen Vorgange der Saule mit den elektrischen

Es ist bereits geschildert worden (S 264), in welchem Maasse Volta
vermocht hat, den von allen Zeitgenossen aus der unmittelbaren Anschauung
der Vorgange an der Saule erschlossenen chemischen Ansichten entgegen
zu treten, und seiner Ansicht den Sieg zu verschaffen, wobei die eben
erwahnten Vorzuge des formalen Theiles seiner Theorie, an dem noch
heute nichts auszusetzen ist, den uberaus bedenklichen causalen Theil mit
durchschleppten, da die Zeitgenossen, und auch sehr lange Zeit hindurch
seine Nachfolger, beide nicht zu scheiden wussten. Auf die Dauer war es

freilich nicht möglich, die von VOLTA angenommene Verletzung des Gesetzes von der Erhaltung der Energie ohne Widerspruch zu lassen. Wenn auch in den Zeiten, von denen jetzt die Rede sein soll, die klare Erkenntniss dieses Gesetzes sich noch nicht nachweisen lässt, so geht doch aus einer grossen Zahl von Ausserungen jener Periode hervor, dass ein dunkles Bewusstsein desselben ziemlich verbreitet war. Auf dieses Bewusstsein haben wir denn auch die immer wiederholten Versuche, eine chemische Theorie des Galvanismus zu schaffen, zurückzuführen, und in diesem Sinne ist der Kampf der beiden Theorieen als ein Protest gegen die Annahme von der Möglichkeit eines Perpetuum Mobile aufzufassen.

Besonders lebhaft entbrannte dieser Kampf, welcher fast so alt wie die Kenntniss der VOLTA'schen Kette ist, als durch die Erfindung des Galvanometers den Forschern ein sehr empfindliches Mittel in die Hand gegeben worden war, das Auftreten elektrischer Erscheinungen bei allen möglichen Zustandsanderungen, insbesondere bei chemischen Vorgangen zu entdecken und zu messen. Zwar war die Messung zunächst nur eine scheinbare, denn der Ausschlag der beweglichen Nadel hangt von zwei Umstanden ab, die mit einander wenig zu thun haben, der elektromotorischen Kraft und dem Widerstande, und bei der schon geschilderten Langsamkeit, mit der sich die Würdigung des OHM'schen Gesetzes durch die Wissenschaft verbreitete, lassen sich noch lange Zeit nach seiner Veröffentlichung Arbeiten nachweisen, deren Ergebnisse durch die Nichtanwendung desselben den grössten Theil ihrer Brauchbarkeit und Bedeutung einbussten.

Dazu kam noch ein anderer Umstand. Wenn auch die Thatsache des Zusammenhanges der chemischen Erscheinungen mit den elektrischen unverkennbar war, so war damit noch keineswegs die Erkenntniss der Form gegeben, in welcher dieser Zusammenhang wirksam ist. Eine einfache Proportionalität beider Erscheinungen, wie es die zunächstliegende Annahme wäre, ist sicher nicht vorhanden, denn es giebt eine Unzahl von chemischen Vorgangen, welche ohne begleitende elektrische Erscheinungen verlaufen. Die früher erörterten elektrochemischen Theorieen, welche die Erklärung chemischer Vorgange durch elektrische Verhaltnisse der hypothetischen Atome bezweckten, umgingen diese Schwierigkeit durch die Annahme, dass allerdings jeder chemische Vorgang gleichzeitig ein elektrischer sei, und dass nur in den Fällen, wo keine sichtbaren elektrischen Erscheinungen auftreten, diese sich in molekularem Maassstabe, also unserer Anschauung unzugänglich, abspielen. Doch wurde dadurch offenbar nur eine formale Antwort gegeben, die für den zunächst gleichfalls formalen Zweck jener Theorieen ausreichend war, die sich aber alsbald in ihrer Unzulänglichkeit bemerkbar machte, so wie es sich nicht mehr um die Theorie der chemischen Verbindungen, sondern um die der VOLTA'schen Saule handelte. Auf die Frage welche Bedingungen müssen erfüllt sein, damit chemische Vorgange elektrische verursachen, werden wir in der Folge immer wieder die Forschung zurückkommen sehen, und die verschiedenen Theorieen der elektromotorischen

Kräfte werden sich um so werthvoller erweisen, je klarer sie diese Frage zum Ausgangspunkte ihrer Betrachtungen nehmen

Nun hat es in der That recht lange gedauert, bis diese Frage in aller Klarheit gestellt worden war, und dadurch, dass allerlei stillschweigende oder halb ausgesprochene Annahmen in dieser Beziehung gemacht wurden, war eine reichlich fliessende Quelle von Verwirrung und Streit gegeben So ist denn auch die ältere Geschichte dieser Angelegenheit, so gross die Anstrengungen auch waren, die hier gemacht wurden, ein fast völlig ergebnissloses Streiten für und wider, welches nur den Gewinn erbrachte, dass eine sehr grosse Zahl von allen möglichen Experimenten angestellt worden ist, wenn diese auch nicht die Hoffnung erfüllten, in dem einen oder anderen Sinne entscheidend zu wirken, so lehrten sie doch das Erscheinungsgebiet recht eingehend kennen und gaben somit für jeden neu auftretenden Versuch einer theoretischen Zusammenfassung ein sehr ausgiebiges Prüfungsmaterial ab, welchem kaum jemals ein derartiger Versuch sich völlig gewachsen zeigte

Auf den nachfolgenden Seiten werden wir den am wenigsten befriedigenden Theil jenes langen Streites kennen lernen, dessen Werth fast ausschliesslich in der Beschaffung thatsächlichen Materials liegt Es ist dies die Zeit vom Beginn der zwanziger Jahre bis in die funfziger, d h bis zu der Zeit, wo die Erkenntniss des Gesetzes von der Erhaltung der Energie allmählich in das Allgemeinbewusstsein der am Ausbau der Wissenschaft thätigen Forscher übergegangen war. Zwar war das Gesetz bereits im Jahre 1842 ausgesprochen worden, und im Jahre 1847 hatte HELMHOLTZ seine Anwendbarkeit in allen Zweigen der messenden Naturwissenschaften nachgewiesen, doch dauerte es noch geraume Zeit, bis seine Bedeutung eingesehen und seine Anwendung überall versucht wurde Die spätere Entwickelung der Angelegenheit lässt sich völlig sachgemäss unter der Formel zusammenfassen, dass die Anwendung des ersten Hauptsatzes der Thermodynamik die erste, noch nicht fehlerfreie, aber doch in vielen Stücken zutreffende Theorie der VOLTA'schen Kette, und die Anwendung des zweiten Hauptsatzes die gegenwärtig als richtig, und so weit sich übersehen lässt, auch als zulänglich anzusehende neuere Theorie ergeben hat Für beide war allerdings noch die Kenntniss eines grundlegenden Gesetzes der Elektrochemie, des FARADAY'schen Gesetzes, erforderlich, mit dessen Aufstellung und Nachweisung der Übergang jener früheren Epoche in die folgenden verbunden ist

2 G F PARROT und Genossen Als ältester Vertreter der chemischen Theorie des Voltaismus meldete sich im Jahre 1829, als eben durch das Auftreten von DE LA RIVE der Streit am heftigsten entbrannt war, der Dorpater Professor und spätere Petersburger Akademiker PARROT In einem Briefe, den er zur Wahrung seiner Rechte an die Redaktion der Annales de chimie et de physique schrieb,[1] schildert er, wie er seit 1801 die chemische Theorie

----

[1] Ann chim phys **42**, 45 1829

aufrecht erhalten habe „Im November 1801 wiederholte VOLTA seine Versuche in Paris und entwickelte vollständig die Theorie, welche er vorher
schon in einigen Briefen angedeutet hatte Seit dieser Zeit erklärten sich
alle Physiker mit brennendem Eifer für diese Hypothese In Deutschland
bildete sich eine Art von Propaganda, um sie zu verbreiten, und Herr
C H PFAFF nannte sich öffentlich ihren Apostel Die chemische Theorie
der Säule wurde bei Seite gelassen, und in Frankreich erwies Herr BIOT ihr
kaum die Ehre, sie durch seinen Versuch mit der Torsionswage anzugreifen
Nur Herr DAVY schien, wenn ich mich nicht täusche, einen Augenblick sich
dieser Theorie zuzuneigen, ebenso wie WOLLASTON, aber er verliess sie alsbald So hat ein grosser, mit Recht verehrter Name während 27 Jahren
ganz Europa fascinirt Ich war vielleicht der einzige, der sich nicht einen
Augenblick erschüttern liess, nicht aus Eigensinn, sondern weil alle neuen
Versuche der Physiker, ebenso wie die meinen, meine Überzeugung bestärkten,
und Beweise gegen VOLTA waren."

Sieht man sich die von PARROT gegebene Theorie näher an,[1] so findet
man allerdings wenig, was irgend eine Dauer besitzt PARROT war ein phan-
tasiereicher und ziemlich selbstbewusster Mann, der sich mehr angelegen
sein liess, eine ausgesprochene Idee auseinander zu setzen, als sie zu prüfen,
und auch in dem 1829 gegebenen Auszuge seiner chemischen Theorie
findet man kaum etwas von bleibendem Werth, dagegen vieles auch für
jene Zeit absurdes So behauptet er, dass es für die Spannung der Säule
ein Maximum gebe, dass auch durch die grösste Plattenzahl nicht überschritten werden könne Die Elektricitätsentwickelung fasst er als eine Folge
der Oxydation auf, diese aber wirkt nur, weil sie eine Änderung des
Aggregatzustandes bewirke „Wenn ein Metall sich durch eine Flüssigkeit
oxydirt, so bildet sich in jedem Augenblicke auf seiner Oberfläche eine
unendlich dünne Oxydschicht, welche in dem Augenblicke Rothgluhhitze
besitzt und dadurch als Isolator für die beiden durch die Oxydation hervorgebrachten Elektricitäten dient." Weitere Auszüge aus dieser ältesten
chemischen Theorie der VOLTA'schen Erscheinungen werden wohl nicht
erforderlich sein.

Noch kürzer lassen sich einige englische Schriftsteller erledigen, welche
die chemische Theorie zum Gegenstande ihrer Erwägungen machten DONO-
VAN, EZECHIEL WALKER, WEBSTER, SINGER und ein Ungenannter L O C
tauschten ihre mehr oder weniger hypothetischen Meinungen in den Bänden 42
bis 52 des Philosophical Magazine aus, und vielleicht das interessanteste
Moment in dieser Diskussion besteht darin, dass der letztgenannte Correspondent für seine Meinungen einen Beleg besonderer Art beibrachte „Dies
Argument wird vielleicht von einigen Lesern als etwas ungewöhnlich angesehen werden, da ich aber das Glück habe, in einem christlichen Staate zu
leben, und auch für Christen schreibe, so hoffe ich, dass es nicht ganz

unannehmbar ist" Und nun geht der gelehrte Herr dazu über, aus dem
ersten Buche Mosis sowie aus dem fünften Kapitel des Hesekiel zu beweisen,
dass die von WALKER ausgesprochene und von ihm vertretene Theorie sich
in völliger Übereinstimmung mit der Bibel befindet

Daneben ist auch die deutsche Litteratur jener Zeit nicht ganz ohne
Widerspruch gegen den unbedingten Voltaismus, und es finden sich von
Zeit zu Zeit Bemerkungen gegen ihn, die freilich weitere Folgen nicht hatten
und nur dem Geschichtsforscher als Zeichen einer kommenden Entwickelung
von Interesse sind   So bemerkt in einer Arbeit über den VOLTA'schen
Fundamentalversuch G. G. SCHMIDT in Giessen [1] „Nicht so fest begründet
(wie die Elektricitätserregung bei der Berührung der Metalle scheint mir
der andere Satz VOLTA's, dass in seiner Säule der feuchte Körper bloss die
Rolle eines Leiters spiele   Ich isolirte eine Zinkplatte auf einer Glassäule,
legte auf sie eine in Salmiakauflösung getränkte Scheibe, und setzte die
Zinkplatte durch einen isolirten Zinkdraht mit der Condensatorplatte in Verbindung   Der aufgehobene Deckel zeigte jedes Mal $+ E$, bei einem Versuche 20^0 Der Erfolg blieb, wenn ich den Zinkdraht mit einem Silberdraht
vertauschte   Eine isolirte Kupferscheibe, durch einen isolirten Kupferdraht
mit der Basis des Condensators in Verbindung gesetzt, zeigte nach auf-
gehobenem Deckel $- E$, wiewohl schwächer, als die Zinkplatte $+ E$ Auch
diese Versuche habe ich mehrmals mit gleichem Erfolg wiederholt   Daher
kann ich bis jetzt die Meinung nicht aufgeben, dass die Flüssigkeit in der
VOLTA'schen Säule, besonders wenn in ihr eine starke chemische Wirkung
vorgeht, die Elektricitätserregung in den einzelnen Plattenpaaren sehr erhöhe
und verstärke "

Ebenso machte sich die Truglichkeit des gewöhnlichen VOLTA'schen
Fundamentalversuches, bei welchem zwei Platten aus verschiedenen Metallen
mit einander in Berührung gebracht, und nach der Trennung am Elektrometer geprüft werden, besonders deutlich bei einer Arbeit von BISCHOF und
von MUSCHOW in Bonn [2] geltend   Sie hatten sich mit besonderer Sorgfalt
eine Anzahl Condensatorplatten anfertigen lassen, um die VOLTA'schen Versuche in Vorlesungen vorzuführen und beobachteten dabei, dass nicht nur
bei der Berührung verschiedener Metalle Elektricitätserregung eintrat, sondern
ebenso, und in ungefähr gleicher Stärke, wenn sie Platten aus gleichem
Metall mit einander in Berührung brachten   Auch waren die Wirkungen
bei Platten aus verschiedenen Metallen sehr häufig die entgegengesetzten
von denen, die nach der VOLTA'schen Theorie zu erwarten waren, und
schliesslich, was das Schlimmste war, die Menge und das Zeichen der beobachteten Elektricität waren bei denselben Platten zuweilen verschieden   So
gab eine Kupfer- und eine Zinkplatte bei der ersten Berührung schwache
$- E$ für das Kupfer, bei der Wiederholung des Versuches zeigte sich
mehrfach gar keine Spannung, und bei weiterer Wiederholung kehrte sich

[1] GILBERT's Ann 70, 229 1823   [2] POGGENDORFF's Ann 1, 270 1824

das Zeichen der Elektricität um, so dass das Kupfer schwach positiv
wurde

Bei diesen Versuchen waren die Platten mit einer dünnen Harzschicht
überzogen, und die leitende Verbindung wurde durch die Finger hergestellt.
Um den möglichen Einfluss der Lackschicht auszuschliessen, wurde diese
abgewaschen, und die Berührung der Platten erfolgte ohne Zwischenschicht
Das Ergebniss war, dass die Platten sich wieder anders verhielten, als vorher.
Die beiden Forscher kommen daher zu dem Ergebnisse, „dass eine und
dieselbe Platte gegen eine andere ein Mal positiv, ein anderes Mal negativ
sein kann, dass aber die Bedingungen, unter denen sich solche Verschiedenheiten zeigen, noch nicht erforscht sind, und ferner, dass zur Anstellung von
VOLTA's Fundamentalversuch mit Harzfirniss überzogene Platten sich weniger
eignen als Platten ohne Harzüberzug, indem die besondere Wirkung des
Harzes auf die Qualität der erregten Elektricität einen noch nicht genau
erforschten Einfluss hat"

Getreu seinem unabänderlichen Brauche, jeden Versuch der Auflehnung
gegen die VOLTA'sche Theorie zu unterdrücken, beschäftigte sich alsbald
PFAFF mit diesen Versuchen[1] und kam zu dem Schluss, dass der von
jenen benutzte Mastixfirniss die Schuld an den abweichenden Ergebnissen
trage, indem die damit überzogenen Platten bei der geringsten Reibung
aneinander elektrisch werden Auch sei bei jenen Versuchen kein eigentlicher Metallcontact wirksam gewesen, sondern die aufeinandergelegten, durch
den Firniss getrennten Platten wurden nur durch Berührung mit den Fingern
verbunden, wodurch nach VOLTA zwischen ihnen überhaupt keine Elektricität
erregt werden sollte Waren die Platten mit Bernsteinlack überzogen, so
fanden nach PFAFF störende Wirkungen nicht statt. Gegen einige andere,
von jenen mitgetheilten Versuche wusste sich PFAFF freilich nicht so gut zu
vertheidigen, schloss aber nichtsdestoweniger seine Bemerkungen mit dem
caeterum censeo „Übrigens wiederhole ich   dass durch jene Versuche
der Fundamentalsatz des ganzen Galvanismus, dass von zwei trockenen
Leitern, und insbesondere Metallen, in der unmittelbaren Berührung der
eine constant positiv, der andere constant negativ von einem ebenso constanten und unwandelbaren Spannungsunterschiede — und namentlich von
den beiden Metallen Zink und Kupfer jenes positiv, dieses negativ wird,
nicht im geringsten angefochten worden ist"

3 DE LUC Zu den ersten, welche nach dem Eintritt der vollen Herrschaft der vollen VOLTA'schen Ansichten sich ernstlich gegen diese gewendet
haben, gehört ferner DE LUC, dessen Namen bereits bei Gelegenheit der trockenen
Säule zu erwähnen war In einer ausführlichen Abhandlung unter dem
Titel „Analyse der galvanischen Säule"[2] hat er versucht, die immer wiederholte Frage nach der fundamentalen Anordnung der Kette (S 169) auf einem
neuen Wege zu entscheiden Er stellt zunächst seine Ansichten über das

[1] SCHWEIGGER's Journ 46, 129 1826   [2] NICHOLSON's Journ 26, 113 1810.

Wesen der Elektricität in einen ausgesprochenen Gegensatz zu denen Davy's, indem er folgende Sätze als Ergebnisse seiner Versuche aufstellt

„1) Positive und negative Elektricität sind blosse Beziehungen auf einen bestimmten Nullpunkt, welche die Vertheilung der elektrischen Flüssigkeit zwischen den Körpern betreffen, chemische Wirkungen sind mit diesen Beziehungen nicht verbunden

„2) Die unmittelbare Wirkung der Verbindung zweier geeigneter Metalle in der Säule und deren Wiederholung ist die, dass auf der einen Hälfte der Säule in ihrer Länge die elektrische Flüssigkeit angehäuft wird, welche die andere Hälfte verliert

„3) Wenn die beiden Enden der Säule durch einen leitenden Körper mit einander verbunden werden, so bringt die obige Eigenschaft der Säule einen Kreislauf der elektrischen Flüssigkeit hervor, welche beständig von der Seite, wo sie sich anzuhäufen strebt, zu der Seite übergeht, wo sie den Mangel ersetzt, welcher sich zu erneuen strebt

„4 Dieser durch eine passende Anordnung von Metallen hervorgebrachte Kreislauf kann in demselben Betrage und bei der gleichen Anzahl von Metallpaaren bestehen, ohne chemische Zersetzung oder Schlag hervorzubringen

„5) Damit diese Wirkung eintritt, ist nöthig, dass eine Flüssigkeit zwischen beide Metalle gebracht und eine Oxydation an ihnen hervorgerufen wird   In diesem Falle ist die elektrische Flüssigkeit, die zwischen den Metallen circulirt, verändert, diese Veränderung ist aber verschieden, je nach der Natur der Flüssigkeit   Bei reinem Wasser sind chemische Wirkungen im Kreise vorhanden, aber es wird kein Schlag gefühlt, damit der letztere hervortritt, muss der Kreislauf durch eine Säule hervorgebracht werden "

Die in den letzten Sätzen de Luc's hervortretende Vorstellung von einer spezifischen Verschiedenheit, welche bei der Elektricität je nach ihrer Abstammung vorhanden sein könne, hat ihre Ursache in seinem Studium der trockenen Säule (S 359), bei welcher allein die Spannungserscheinungen eine sichtbare Grösse haben   Dieser Gedanke war gelegentlich schon früher hervorgetreten, und auch in der Folge werden wir ihm wieder begegnen   Zwar war durch das Gesetz von Ohm später allen solchen Vermuthungen der Weg abgeschnitten, da alle beobachteten Unterschiede sich ohne weiteres auf Unterschiede der Spannung oder der Leitfähigkeit zurückführen liessen, gerade aber bei den Forschern, welche sich um dieses Gesetz nicht kümmerten, wie de la Rive und Becquerel, trat diese irrthümliche Ansicht auch später wiederholt auf, und es bedurfte längerer Zeit, um sie endgültig auszurotten

Um nun die Frage nach der Ursache der Erscheinungen in der Säule zu beantworten, suchte de Luc die Wirkungen derselben einzeln zu erhalten, indem er die Säule „secirte"   „Ich verfuhr zuerst in einer sehr verwickelten Weise   um die beabsichtigte Dissection der Säule zu bewerkstelligen   , bei der Wiederholung der Versuche benutzte ich ein einfacheres Verfahren, indem ich aus je zwei Stücken von dünnem Messingdraht, die in Gestalt eines T mit Schnellloth aneinander befestigt wurden, Drei-füsse, wie in Fig. 109 herstellte, indem die drei nach unten gebogenen Enden *a a a* Füsse von $^1/_8$ Zoll Höhe bildeten, welche die Verbindung der Gruppe, auf der sie stehen, mit dem Dreifuss nur in drei kleinen Punkten ver-mitteln. Die Drähte waren selbst ein wenig nach unten gebogen, so dass auch die auf dem Dreifuss liegende Gruppe nur mit den drei Punkten *b b b* auflag."

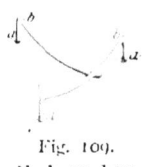

Fig. 109.
Nach DE Luc.

Diese Dreifüsse wurden nun verwendet, indem sie zwischen je zwei aufeinanderfolgende Schichten der Säule eingeschaltet wurden. Es kann dies auf drei Arten ge-schehen; die Drei-füsse können ent-weder zwischen Zink und Silber, oder zwischen Silber und Feuchtigkeit, oder endlich zwischen Zink und Feuchtig-keit geschaltet wer-den. „Nr. 1 stellt einen Theil der ununter-brochenen Säule vor (Fig. 110), welche von einem Ende bis zum anderen gleichwerthig ist. Nr. 2 ist eine erste Dissection der Säule durch die Dreifüsse, in welcher die letzteren sie in ternäre Gruppen aus den beiden Metallen mit der feuchten Schicht zwischen beiden theilen; dies ist gleichfalls von einem Ende der Säule bis zum anderen durchgeführt. Nr. 3 (Fig. 111) stellt die zweite Dissection der Säule dar, in welcher die Dreifüsse ternäre Gruppen sondern, die aus den beiden Metallen in gegen-seitiger Berührung und der feuchten Schicht in Berührung mit Zink allein bestehen; da diese Theilung an den Enden der Säulen nicht vollständig ist, so ist diese Nummer in zwei Theilen dargestellt; der eine ist das obere Ende der Säule A, mit einer Silberplatte allein am Ende, und der andere der Gipfel der Säule B mit

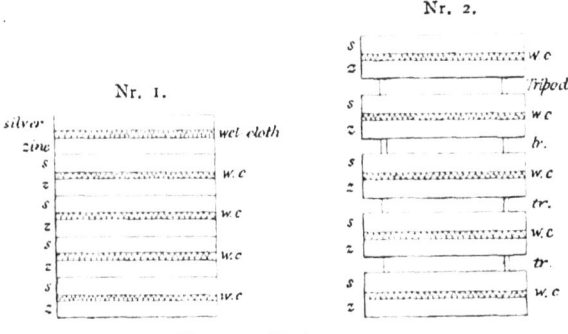

Fig. 110. Nach DE Luc.

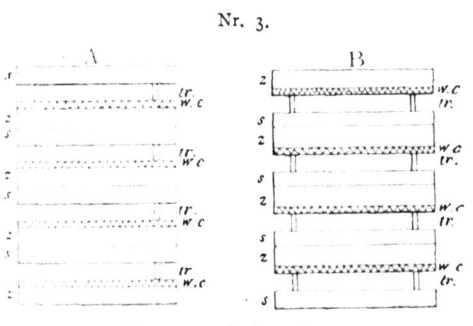

Fig. 111. Nach DE Luc.

einer Zinkplatte und einer Flüssigkeitsschicht am Ende. Ähnlich ist der
Fall in Nr. 4 (S. 112), wo die dritte Dissection gezeigt ist, mit der feuchten
Schicht in Berührung mit Silber: auch diese Darstellung besteht aus zwei
Theilen, einer als Gipfel der Säule A, mit einer Silberplatte und einer
feuchten Schicht am Ende, der andere als Gipfel der Säule B, mit einer
Zinkplatte allein.‟

Mit den so angeordneten Säulen stellte DE LUC nun Versuche an, um
ihre Eigenschaften festzustellen. Unter Anwendung von Wasser als feuchte
Schicht erhielt er von keiner Schläge, dagegen von der ununterbrochenen
Säule wie von der ersten Dissection, Fig. 110, chemische Wirkungen sowie
elektrische Spannungen an dem BENNET'schen Goldblattelektrometer mit Condensator. Die zweite Dissection Fig. 111 liess die elektrischen Erscheinungen
bestehen, während die chemischen verschwunden waren. Bei der dritten Dissection (Fig. 112) wurden weder
elektrische, noch chemische
Erscheinungen beobachtet.

Als das Wasser der
feuchten Schichten durch verdünnte Säure ersetzt worden
war, blieben alle diese Wirkungen die gleichen, nur
wurde bei der ununter-
brochenen Säule wie bei der
ersten Dissection der Schlag
verspürt.

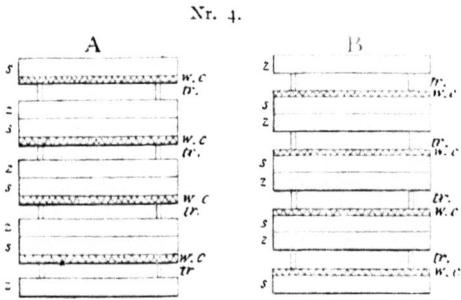

Nr. 4.

Fig. 112.   Nach DE LUC.

Aus diesen Versuchen
und einer Anzahl weiterer zog nun DE LUC den Schluss, dass die fundamentale Anordnung der Säule verschieden ist, je nach der Wirkung, welche
die Säule hervorbringt. Da nur die erste Dissection chemische Wirkung
bestehen lässt, so ist für diese die Anordnung Zink-Feuchtigkeit-Silber die
fundamentale. Da hier gleichzeitig die einzige Anordnung vorliegt, bei
welcher das Zink oxydirt wird, so kam DE LUC zu der Ansicht, dass durch
den Oxydationsvorgang die elektrische Flüssigkeit eine Änderung in ihrer
Beschaffenheit erfährt, welche sie befähigt, ihrerseits wieder chemische Wirkungen hervorzubringen. Ähnliche Schlüsse zog er dann bezüglich der
anderen Wirkungen der Säule, wie das oben angedeutet worden ist.

Die Erklärung der Erscheinungen ist gegenwärtig nicht schwer zu
finden, und man sieht alsbald, dass diese Versuche über die Frage allerdings
nichts entscheiden. Bei der ersten Dissection befinden sich die messingenen
Dreifüsse zwischen den beiden Metallen und ändern nach dem VOLTA'schen
Gesetz nichts an der Spannung, und vermöge ihrer guten Leitung auch
nichts an der Stromstärke. Bei der zweiten Dissection berührt jeder Dreifuss die Flüssigkeit nur an drei Punkten, oder vielmehr an drei sehr kleinen
Flächen; der grosse Widerstand der Flüssigkeit macht sich bei dem sehr

geringen Querschnitt des leitenden Antheils geltend, und die Stromstärke
wird sehr gering. Da das Messing wesentlich wie Kupfer in der Kette wirkt,
und dieses vom Silber nur wenig verschieden ist, so bleibt die Spannung
annähernd dieselbe, weil Messing und Silber unmittelbar aneinander grenzen.
Dies ist in der dritten Dissection nicht mehr der Fall, wir haben dort eine
schlecht leitende Säule aus Silber, Feuchtigkeit und Messing, indem das
zwischen diesen beiden Metallen befindliche Zink nach dem VOLTA'schen
Spannungsgesetz unwirksam ist.[1] Die Beobachtungen von DE Luc sind also
in völligem Einklange mit den bekannten Gesetzen der elektrischen Erscheinungen der Säule und die „Dissection" derselben hat nichts mehr gelehrt,
als bereits bekannt war. Der Irrthum, dass man auf diesem Wege weiter
kommen könne, lag darin, dass DE Luc sich nicht gefragt hatte, welche
neue Wirkungen das von ihm angewendete Mittel der Dreifüsse in der
Säule hervorbringen konnte. Er hat die eingeschalteten Messingdrähte für
blosse Trennungsmittel der Platten angesehen, welche die Leitung nicht
unterbrachen, ob nicht durch sie die Säule ihre Natur und Beschaffenheit
ändert, hat er zu fragen und zu untersuchen unterlassen.

Diese Arbeiten von DE Luc haben weiter keinen erheblichen Einfluss
gehabt, sie riefen eine kurze Diskussion hervor, sind aber bald darauf völlig
in Vergessenheit gerathen.

Bemerkenswerth und auffällig ist, dass DE Luc über die Verhältnisse der
elektrischen Vorgange sich bezüglich der Grössen, die wir als Spannung und
Elektricitätsmenge kennen, recht klare Vorstellungen gebildet hatte, sogar
der von OHM mit so viel Erfolg benutzte Vergleich der ersteren mit dem
Druck einer Flüssigkeit, der zweiten mit deren Menge findet sich bei
DE Luc benutzt, um die elektrischen Erscheinungen zu veranschaulichen.
Er setzt[2] auseinander, wie ein Elektroskop nur dann den elektrischen Zustand eines damit verbundenen Körpers richtig anzeigen wird, wenn dieser
sehr gross ist, ebenso, wie ein in feuchten Grund gegrabener Brunnen nur
dann die Wasserhöhe desselben zeigen wird, wenn sein Inhalt im Vergleiche
zu dem des Grundes klein ist. „Ich vergleiche die Zahl der Plattenpaare
mit der Höhe der Schicht, aus welcher Wasser in einen Brunnen tritt, die
Grösse der Platten mit der Ausdehnung der Schicht, den Grad der Divergenz
in dem Elektroskop an den Enden der Säule mit der Höhe, welche das
Wasser im Brunnen erreichen kann, ohne überzufliessen." Diese Analogie

---

[1] Um einen möglichen Irrthum zu vermeiden, mache ich hier besonders aufmerksam, dass
das VOLTA'sche Spannungsgesetz mit der VOLTA'schen Contacttheorie nichts zu thun
hat. Ersteres ist ein rein experimentelles Gesetz, welches besagt, dass auf die effective Spannung
nur die an den feuchten Leiter grenzenden Metalle Einfluss haben, die zwischen anderen Metallen
befindlichen aber nicht. Diese Thatsache besteht ganz unabhängig von der Beantwortung der
Frage, an welchen Berührungsstellen man den Sitz der elektromotorischen Kraft annimmt, denn
es wurde auf S. 111 gezeigt, dass auch bei der Annahme, dass zwischen den Metallen überhaupt keine Berührungselektricität besteht, das Spannungsgesetz seine Gültigkeit behält.

wird dann ganz sachgemass benutzt, um abzuleiten, dass die Spannung des
Elektroskops nur von der Plattenzahl einer Saule, nicht von der Grosse der
Platten abhangen kann, „ebenso, wie der Stand des Wassers in einem
Brunnen nur der Hohe der Schicht proportional ist, aus der es kommt
Wird aber, um einen Strom von Wasser hervorzubringen, eine Rohre ange-
legt oder ein Graben gezogen, so wird der Strom starker und dauernder
sein, je grosser die Schicht ist, aus welcher das Wasser kommt, bei gleicher
Hohe" An diese ganz richtigen Auseinandersetzungen knupft M. Lee allerdings alsbald die weitere Analogie, dass wie das Wasser je nach Beschaffenheit der Schichten, durch die es gegangen ist, verschiedene Eigenschaften
annimmt, so auch die Elektricität verschiedener Art sein konne Auf diese
Weise richtet er den brauchbaren und hilfreichen Gedanken, der ihm bei
eingehenderer Uberlegung gestattet hatte, die von ihm beobachteten Unterschiede der Wirkung verschiedener Saulen zu erklaren, durch das Verfolgen
einer falschen Analogie wieder zu Grunde

4 Die elektrochemischen Arbeiten von BECQUEREL Um die
gleiche Zeit, in welcher die elektromagnetischen Entdeckungen S 367 gemacht
wurden, begann ein Forscher seine Arbeiten, dessen Name nach DAVY einer
der ersten ist, an die sich die Bezeichnung Elektrochemiker knupfen lasst,
denn er hat sein ganzes langes und uberaus thatiges Leben hindurch sich
so gut wie ausschliesslich mit Forschungen auf diesem Gebiete beschaftigt
Es ist dies ANTOINE CESAR BECQUEREL, geboren 1788 in Chatillon-sur-Loing,
gestorben 1878 in Paris, nach vollendetem 90 Lebensjahre [1]

Mit BECQUEREL's Namen verknupft sich nicht die Erinnerung an eine
besonders hervorragende wissenschaftliche Einzelleistung, namentlich nach
der theoretischen Seite der Wissenschaft hat er keinen irgendwie erheblichen
Einfluss ausgeubt Was ihn auszeichnet, ist eine fast unubersehbare Fulle
experimenteller Einzelbeobachtungen, die sich, wie schon erwahnt, wesentlich
auf elektrochemische Erscheinungen, daneben aber auch auf zahlreiche andere
elektrische Fragen beziehen, so hat er sich namentlich erfolgreich mit der
Thermoelektricität beschaftigt und den von SEEBECK ausgesprochen Satz, dass
auch die thermoelektrischen Erregungen der verschiedenen Metalle dem
Gesetze der Spannungsreihe folgen, durch quantitative Messungen bestatigt
und erweitert Seine zahlreichen Abhandlungen bilden eine noch bei weitem
nicht erschopfte Quelle von Anregungen auf unserem Gebiete, viele der
von ihm beobachteten Erscheinungen harren noch der Aufklarung durch
die Herstellung eines Zusammenhanges mit anderweit bekannten Thatsachen
oder durch die quantitative Durcharbeitung Ein weiteres Verdienst, welches
er sich im Anfange seiner wissenschaftlichen Laufbahn, also in der Zeit, von
der hier die Rede ist, erworben hat, ist seine Betonung der chemischen
Vorgange in der Saule, durch welche er dem schnell sich ausbreitenden
unbedingten Voltaismus wenigstens in Frankreich einen Damm entgegensetzen

---

[1] Vgl Comptes rendus **86**, 125 1878

halt, und die zu Gunsten des letzteren schon fast erledigt erscheinende Frage
auf's Neue zur Verhandlung brachte. In dieser Richtung ist ihm allerdings
der gleich zu erwähnende, etwas später aufgetretene Genfer DE LA RIVE weit
überlegen.

BECQUEREL's erste elektrochemische Arbeit[1] bezieht sich auf die bereits
erörterte Erscheinung, dass beim ungleichzeitigen Eintauchen zweier Stücke
von gleichem Metall in Säure ein Strom entsteht. Im Anschlusse hieran
theilt er einen Versuch mit, der ihn weiterhin beständig beschäftigt hat. er
betrifft die Entstehung elektrischer Ströme bei der Bildung eines Salzes aus
Säure und Alkali. Zu dem Zwecke bediente er sich eines Galvanometers,
dessen Drähte in Platin ausliefen. „An jedem Ende des Drahtes befestige
ich ein kleines quadratisches Platinblech, auf eines derselben lege ich das
Alkali, das andere tauche ich in Säure und lege es auf das Alkali. Es
findet alsbald eine chemische Verbindung zwischen beiden statt, und es
entsteht daraus ein ausserordentlich kräftiger elektrischer Strom, welcher von
dem einen zum anderen durch den Draht geht. Man sieht daher, dass bei
der Verbindung der beiden Stoffe die Säure die positive Elektricität nimmt,
und das Alkali die negative."

Die Kritik dieses Versuches, der in einer späteren Form ungemein
bekannt geworden ist, durch DAVY ist bereits erwähnt worden (S. 352). Diese
spätere Form besteht darin, dass an einem Ende des Galvanometerdrahtes
ein Löffel, am anderen eine Zange, beide von Platin, angebracht wird[2]. In
den Löffel kommt die Säure, mit der Zange wird ein Stück Kali gefasst,
taucht man letzteres in die Säure, so entsteht ein kräftiger Strom. Mit dem
gleichen Apparat versuchte BECQUEREL eine Elektricitätsentwickelung bei der
Auflösung eines festen Körpers in Wasser nachzuweisen, jedoch ohne Erfolg.
Dagegen erhielt er Ströme, als er in den Löffel eine Lösung von Alkali that,
und mittelst der Zange Zink- oder Bleioxyd, die in Alkali löslich sind, in
das Alkali brachte. Ebenso erhielt er eine schwache Ablenkung der Nadel,
wenn er Fällungen durch einfache Wahlverwandtschaft stattfinden liess; bei
solchen durch doppelte Zersetzung hat er keinen Strom beobachten können.

Weitere Versuche beziehen sich auf die Messung der Verwandtschaft
der Metalle zu den verschiedenen Säuren, die er folgendermaassen zu bestimmen versucht. Zwei unten eben geschliffene Stücke Glasrohr werden
so auf ein Platinblech gekittet, dass sie zwei nebeneinander befindliche Becher
darstellen, deren Boden das gemeinsame Blech bildet. In die beiden Becher
kommen die verschiedenen Flüssigkeiten, deren Wirkung man bestimmen
will, und an den Enden des Galvanometerdrahtes werden Stücke des Metalles
befestigt, auf das gewirkt werden soll. Die verschiedene Verwandtschaft verschiedener Metalle zu derselben Säure ergiebt sich bei der Verbindung derselben mit den Drähten des Galvanometers, wobei zur Vermeidung der nach
der VOLTA'schen Theorie vorauszusetzenden Erregungen bei der Berührung

---

[1] Ann. chim. phys. **23**, 152. 1823.   [2] Ebenda **23**, 252. 1823.

der verschiedenen Metalle, feuchtes Papier zwischen diese gelegt wird, welches nach VOLTA keine messbare Spannung giebt, und dem gleichzeitigen Eintauchen in die Säure, dabei muss auf die Möglichkeit von Strömen durch ungleichzeitiges Eintauchen Rücksicht genommen werden.

Diese Untersuchungen erregten ihrer Zeit ein lebhaftes Interesse, wie daraus hervorgeht, dass sie vielfach übersetzt und in andere Zeitschriften übernommen worden sind. Doch muss gesagt werden, dass sie Einwänden ausgesetzt sind, die auch zu jener Zeit offen zu Tage lagen. Die Berührungsstellen in den von BECQUEREL untersuchten Ketten sind immer mehrfache, und es liegt eine ungerechtfertigte Willkür darin, den beobachteten Strom gerade einer von den vorhandenen Berührungen zuzuschreiben, und die anderen unbeachtet zu lassen. Die früher (S. 169) erwähnten Versuche, die „wahre" Anordnung der Kette zu ermitteln, hatten bereits ergeben, dass auf keine Weise durch die Messung an Ketten der Werth der Spannung an den einzelnen Berührungsstellen zu ermitteln ist, denn es sind jedes Mal mehr Berührungsstellen vorhanden, als unabhängige Messungen angestellt werden können. Dadurch erhält man immer weniger Gleichungen als Unbekannte, und man kann jede beliebige Annahme wenigstens über einen Werth machen, ohne jemals mit der Erfahrung in Widerspruch zu gerathen.

Die Erkenntniss dieses Umstandes, dessen klare Einsicht allem Streit zwischen Contacttheorie und chemischer Theorie ein Ende gemacht hätte, da sie die Frage nach dem Werthe der an den verschiedenen Berührungsstellen herrschenden Spannungen, auf welche jener Streit schliesslich hinauslaufen muss, als unbeantwortbar mit den bekannten Hülfsmitteln herausgestellt hatte, war zwar vorhanden, und lässt sich von Zeit zu Zeit nachweisen, sie hat aber nicht die eben als nothwendig bezeichnete Wirkung hervorgebracht. Dazu war das Bedürfniss nach einer geschlossenen Theorie der galvanischen Erscheinungen zu lebhaft, und man mochte sich nicht dabei beruhigen, die durch die Beschränkung der Mittel erzwungene Mitführung einer additiven Constanten unbekannten Werthes in alle die VOLTA'sche Kette betreffenden Überlegungen und Gleichungen zuzulassen. Vielmehr wurde alles erschöpft, um den Werth jener Constanten, wenn auch nicht unwidersprechbar richtig, so doch so wahrscheinlich wie möglich zu bestimmen. Um die verschiedene Werthschätzung jener Wahrscheinlichkeitsgründe hat sich dann schliesslich der ganze Streit gedreht, und dass ein solcher Zustand der allerfruchtbarste für Streitigkeiten ist, wird ja in den Wissensgebieten am deutlichsten sichtbar, in denen die Entscheidungen vorwiegend auf Wahrscheinlichkeitsbeweise gegründet werden müssen.

In dem weiteren Verfolg seiner Arbeiten entdeckte BECQUEREL eine andere Ursache elektrischer Erregungen, die man seitdem mit dem Namen der Capillarströme bezeichnet hat [1] „Giessen wir irgend eine Säure, z. B. Salzsäure, die mit dem fünffachen Gewicht Wasser verdünnt ist, in den Platin-

---

[1] Ann. chim. phys. 24, 342. 1823.

löffel, der mit dem einen Ende des Galvanometerdrahtes verbunden ist, und tauchen einen Platinschwamm hinein, der an der mit dem anderen Ende des Drahtes verbundenen Zange befestigt ist (der Schwamm ist so zubereitet, dass er keine Spur fremder Stoffe enthalt), so wird in demselben Augenblicke ein Strom entstehen, welcher vom Schwamm nach der Saure geht, und daher dem entgegengerichtet ist, welcher entstehen musste, wenn die Saure vom Metall angegriffen worden ware   In dem Maasse, wie die Poren sich mit Flussigkeit fullen, nimmt der Strom an Starke ab, und es kommt ein Augenblick, wo er Null ist, dies geschieht, wenn der Schwamm alle Flussigkeit aufgenommen hat, die er enthalten kann   Wenn die Saure concentrirt ist, so ist die Wirkung weniger deutlich "

Von einigem Interesse ist die Stellung, welche BECQUEREL ursprunglich gegenuber der VOLTA'schen Theorie einnahm   Die Lehre von der elektrischen Spannung zwischen verschiedenen Metallen erschien damals so fest gegrundet, dass er sich die Frage nach ihrer Richtigkeit gar nicht stellt, er nimmt sie ohne weiteres an   Um nun fur seine chemischen Strome Raum zu erhalten, stellt er folge Uberlegung an

„Wir haben   gezeigt, dass zwischen den durch die einfache Beruhrung der Stoffe hervorgebrachten elektrischen Wirkungen, und denen, die aus den chemischen Thatigkeiten hervorgehen, ein sehr grosser Unterschied besteht bei der Beruhrung besteht eine elektrische Spannung, welche dieselbe bleibt, in welcher Ausdehnung sich die dem Versuch unterworfenen Korper auch beruhren, wahrend bei der chemischen Thatigkeit diese Spannung annahernd Null ist, oder wenigstens durch unsere Instrumente nicht bestimmbar   die Dinge gehen vor sich, als wenn ununterbrochene elektrische Strome zwischen den Korpern wahrend der Wirkung der Affinitat verliefen "   Dass Strome und Spannungen sich gegenseitig bedingen und voraussetzen, war allerdings eine Erkenntniss, welche eben um jene Zeit erst durch die Arbeiten OHM's in's Klare gesetzt wurde

Die Erkenntniss, dass noch weitere elektrische Spannungen als die ursprunglich von ihm vorausgesetzten, bei seinen Versuchen wirksam gewesen sind, ist BECQUEREL bald darauf gekommen, und um diese einzeln kennen zu lernen, hat er das BEHRENS'sche Elektrometer in einer von BOHNENBERGER abgeanderten Form benutzt   Wie weit es ihm gelungen ist, diese Aufgabe zu losen, geht aus folgender Darstellung[1] hervor

„Es wurde auch versucht, die elektromotorischen Wirkungen der Metalle, z B des Platins, bei ihrer Beruhrung mit sauren oder basischen Losungen sichtbar zu machen es wurde auf die obere Platte des Condensators eine Schale aus Platin gestellt, die mit einer alkalischen Losung gefullt war; ferner wurde einerseits die untere Platte mit einem Platinblech beruhrt, andererseits die Flussigkeit mit dem Finger   Auf diese Weise wurden die elektromotorischen Wirkungen zwischen dem Platin und Kupfer aufgehoben, weil sie beiderseits gleich waren, und auf der oberen Platte blieb nur die Elektricität übrig, welche das Platin durch die Berührung mit der Lösung angenommen hatte Zuweilen ist es nöthig, zwischen das Platin und Kupfer einen kleinen Streifen Papier zu bringen, denn der Apparat ist empfindlich genug, dass eine sehr kleine Verschiedenheit in der Beschaffenheit der metallischen Oberflächen das Ergebniss ändert "

Wir sehen hier BECQUEREL auf dem Wege, um den Kenntnissen seiner Zeit gemäss den wahren Spannungsunterschied zwischen Platin und Flüssigkeit zu suchen, er hat aber die Analyse seines Experimentes nicht weit genug getrieben Zwischen der symmetrischen Anordnung beim Condensator Platin, Messing, Messing, Platin, hat er einerseits die alkalische Lösung, andererseits den Finger, also eine wesentlich neutrale Flüssigkeit eingeschaltet, was er gemessen hat, ist die Summe der Spannungen Platin-Alkali, Alkali-Finger und Finger-Platin Er setzt die beiden letzteren gleich Null, und erhält dadurch sein Ergebniss, mit welchem Rechte er aber diese vernachlässigt, hat er nicht gesagt, ja er scheint überhaupt nicht bemerkt zu haben, dass er eine Vernachlässigung begangen hat

Ebenso lehrreich ist ein anderer Trugschluss, welchen BECQUEREL in seiner nächsten Abhandlung begeht [1] „Nehmen wir zwei Schalen von gleicher Grösse aus Porzellan, in die eine giessen wir eine alkalische, in die andere eine saure Lösung, und vereinigen beide Flüssigkeiten durch einen Platinstreifen Taucht man nun in die beiden Lösungen zwei Platinbleche, welche an den Enden des Galvanometerdrahtes befestigt sind, so findet kein elektromagnetischer Vorgang statt, da die elektromotorischen Wirkungen des Platins auf beide Lösungen sich aufheben Legen wir nun auf den mittleren Platinstreifen einen Docht von Asbest, welcher in beide Flüssigkeiten eintaucht, so haben wir alsbald einen elektrischen Strom, welcher so auf die Magnetnadel wirkt, dass die positive Elektricität aus der Säure, und die negative aus dem Alkali kommt Dadurch ist es bewiesen, dass die elektrischen Wirkungen, welche wir bei dem anderen Versuche beobachtet haben, richtig sind."

BECQUEREL hat hier versucht, den Pelz zu waschen, ohne ihn nass zu machen Um die Wirkungen zwischen Platin und Flüssigkeit aufzuheben, hat er die Zwischenplatte eingeschaltet, da dann aber keine Berührung der beiden Flüssigkeiten eintritt, hat er auch noch diese durch den Asbestdocht hergestellt, und dabei hat er nicht bemerkt, dass eine Kette entstanden war, in welcher die zu vermeidende Wirkung wieder vorhanden war Denn seine Kette ist nichts als die ursprüngliche Platin-Alkali-Säure-Platin neben der unwirksamen symmetrischen, und die beobachtete Wirkung nichts als die jener Kette, da die symmetrische eben nicht wirkt

Ausser diesen Arbeiten hat BECQUEREL noch eine grosse Zahl weiterer ausgeführt, auf die wir in der Folge mehrfach zurückkommen werden Die

---

[1] Ann chim phys 26, 177 1824

eben genannten entschieden zwar die Frage nach der chemischen Entstehung der Volta'schen Elektricität in keiner Weise, sie hatten aber den
grossen Werth, die Frage selbst wieder in Fluss zu bringen, und an sie
knüpft sich alsbald eine grosse Reihe weiterer Versuche, in gleicher Richtung
vorzudringen.

5. A. DE LA RIVE. Ein anderer Forscher, welcher etwa um dieselbe
Zeit seine Arbeiten begonnen hat und der von grossem Einflusse auf die
Frage nach der Ursache der elektrischen Erscheinungen der Kette gewesen
ist, ist AUGUST DE LA RIVE, seiner Zeit Professor der Physik an der Akademie
zu Genf. DE LA RIVE war nach PARROT der erste, welcher dem VOLTA'schen
Fundamentalversuch die diesem bis dahin allgemein zugeschriebene Beweiskraft absprach und die bei der Berührung der Metalle auftretende Elektricität
ausschliesslich auf chemische Vorgänge, insbesondere solche zwischen den
Metallen und der Luftfeuchtigkeit oder dem Luftsauerstoff, zurückführte.
Dadurch entfachte er den eifrigsten Widerspruch der überzeugten Voltaisten,
und man kann die Zeit dieser Erörterungen als den Höhepunkt des Kampfes
beider Richtungen bezeichnen. Gegenüber BECQUEREL ist er ein bei weitem
ausschliesslicherer Vertreter der chemischen Theorie.

Daneben ist DE LA RIVE noch in vielen anderen Gebieten der Elektrik
eifrig thätig gewesen, und hat seinen Eifer für diese durch die Herausgabe
einer eigenen Zeitschrift, der „Archives de l'électricité" bewahrt, welche von
1841 bis 1845 in fünf Bänden erschien, und in welcher alles gesammelt
wurde, was damals in diesem Gebiete gearbeitet wurde. Seine wissenschaftliche Thätigkeit erstreckt sich über die Jahre 1823 bis etwa 1860.

Der wissenschaftliche Charakter DE LA RIVE's ist der eines thätigen und
vielseitigen, aber nicht eben tiefen Gelehrten. Er hat seiner Zeit die Vertheidigung der chemischen Theorie des Galvanismus nicht mit unzweifel-
haftem Erfolg durchführen können, und man muss sogar zugestehen, dass
manche Blössen, die er sich gegeben hat, auch der Anerkennung seiner
richtigen Gedanken hinderlich wurden. In der Geschichte dieses Streites
macht es sich ziemlich allgemein geltend, dass die physikalisch-mathematisch
geschulten Forscher sich an die VOLTA'sche Ansicht hielten, unzweifelhaft,
weil diese schärfer formulirbar war, als die gar zu unbestimmten Ideen der
„Chemiker". Umgekehrt fanden diejenigen Forscher, welche den Schwerpunkt ihrer Thätigkeit in experimentellen Arbeiten hatten, die VOLTA'sche
Ansicht trotz ihrer äusseren Glätte unbefriedigend, weil diese den ganz
unverkennbaren Zusammenhang der chemischen und elektrischen Erscheinungen, dem sich Niemand entziehen konnte, der die Erscheinungen täglich
sah, so völlig ausser Betracht liess. Derartige Forscher verfügen aber meist
nicht in gleichem Maasse über die Hülfsmittel der Mathematik und verfallen
leicht in den Fehler, Zusammenhänge, die sich ihnen experimentell erschlossen
haben, in unzulänglicher Gestalt zu formuliren, und dadurch die Werthschätzung ihrer thatsächlichen Fortschritte gerade von jener Seite mehr als
billig zu schädigen.

Ähnlich ist es mit DE LA RIVE gegangen. Die gelegentlichen logischen Schwächen in der Form, die er seinen Ansichten gab, liessen vielfach den brauchbaren Kern übersehen, der ihnen zu Grunde lag, und so ist auch seine Thätigkeit in jenem langen Streite vorübergegangen, ohne dass nachher die Situation wesentlich geändert gewesen wäre.

Schon eine der ersten Arbeiten, mit denen DE LA RIVE an die Öffentlichkeit trat, bringt ihn mitten in die unbeantworteten Fragen über die chemischen Erscheinungen der Säule.[1] Nach einer klaren Übersicht der bis dahin geäusserten Ansichten über den Vorgang der galvanischen Zersetzung erörtert er die verschiedenen Hypothesen darüber und erklärt die von GROTTHUSS schliesslich als die befriedigendste. Er ändert sie etwas ab, und macht sich folgendes Bild von dem Vorgange. Der elektrische Strom besteht aus zwei einzelnen, entgegengesetzt verlaufenden Strömen von $+$ und $-$Elektricität. Diese hat eine grosse Verwandtschaft zu den Bestandtheilen der zersetzbaren Stoffe, und zwar $+E$ zu den Basen, $-E$ zu den Säuren. Beide Elektricitäten verbinden sich mit diesen Stoffen, wenn sie in die Flüssigkeit treten, und bewegen sich mit ihnen in entgegengesetzter Richtung. An den metallischen Polen kann der mit der Elektricität verbundene Stoff nicht mehr fortgeführt werden, beide trennen sich daher, und der Stoff erscheint am Pol.

DE LA RIVE ist nicht dessen gewahr geworden, dass seine Theorie der Hauptsache nach mit der ältesten übereinstimmt, welche überhaupt über diesen Gegenstand versucht worden ist, mit der von CRUIKSHANK (S. 150, welche unmittelbar nach der Beobachtung der ersten galvanischen Zersetzungserscheinungen aufgestellt wurde.[1] Ein Vierteljahrhundert eifrigster Arbeit hat im Kreise herum, und wieder zum Ausgangspunkte zurück geführt.

In einer bald darauf veröffentlichten Arbeit über die Erscheinungen, welche die VOLTA'sche Elektricität beim Durchgange durch flüssige Leiter zeigt,[2] stellte DE LA RIVE zunächst von neuem fest, dass die Ausscheidung der Stoffe ausschliesslich an den metallischen Polen stattfindet, und nirgendwo im Inneren der Flüssigkeit. Bei der Betrachtung der verschiedenen Hypothesen über diese Vorgänge bemerkt er „Nach der Hypothese, zufolge welcher die Flüssigkeit sich in zwei Theile theilt, die mit verschiedenen elektrischen Spannungen behaftet sind, begeben sich die positiven Elemente nach der negativen Atmosphäre, indem sie von der positiven abgestossen werden, und die negativen Elemente begeben sich nach der positiven. Wie geschieht es aber, dass die nach entgegengesetzten Richtungen bewegten Molekeln, die mit einer grossen gegenseitigen Verwandtschaft und mit entgegengesetzten Elektricitäten behaftet sind, sich nicht mit einander verbinden? Auch kann man die Molekeln nicht wandern sehen, selbst mit Hülfe eines starken Mikroskopes ich benutzte eines von AMICI."

Ebenso findet DE LA RIVE Schwierigkeiten in der Theorie von GROTTHUSS

---

[1] Ann. chim. phys. **28**, 190. 1825.   [2] Ebenda **28**, 190. 1825.

und stellt schliesslich eine eigene Hypothese auf. Diese kommt im Wesentlichen auf die Annahme eines doppelten Stromes, eines positiven in der einen, und eines negativen in der entgegengesetzten Richtung hinaus. „Diese beiden elementaren Ströme, von denen jeder mit einer sehr starken Verwandtschaft zu den Molekeln von entgegengesetzter Natur begabt ist, entstehen erst, nachdem die beiden Pole der Säule in den Leiter getaucht sind. Der Strom, welcher vom + Pole ausgeht, greift die angrenzende Molekel an, bemächtigt sich seines Wasserstoffes, wenn es Wasser ist, seines Alkalis, wenn es ein Salz ist, und macht den Sauerstoff oder die Säure frei, welche sich alsbald entwickeln. Indem er mit einer gewissen Stosskraft nach dem negativen Pole strebt, befördert er mit sich durch die Flüssigkeit die Molekel, mit der er verbunden ist, da er sie aber nicht durch einen trockenen Leiter wie ein Metall befördern kann, so verlässt er sie, wenn er in den — Pol eintritt. Der negative Strom wirkt in ähnlicher Weise auf den Sauerstoff und die Säure der Molekel, welche er beim Verlassen des — Poles antrifft. Nach dieser Hypothese, welche mir alle beobachteten Thatsachen zu umfassen scheint, stammen die an den Polen angehäuften Elemente aus zwei Quellen, 1) aus dem einen Element der Molekel, deren anderes Element durch den austretenden Strom fortgeführt worden ist, 2) aus dem entsprechenden Element, welches vom Strome herangeführt wird, der vom entgegengesetzten Pole ankommt."

Diese Vorstellung eines doppelten Stromes ist hernach ein Lieblingsgedanke DE LA RIVE's geblieben. Für die Entwickelung der Wissenschaft ist sie nicht von Belang geworden. Dagegen ist die Betonung des gleichzeitigen Wanderns der Elektricität mit den ponderablen Bestandtheilen der zersetzten Flüssigkeit von Werth, freilich hat dieser Gedanke erst seine Bedeutung vollständig erlangen können, nachdem durch FARADAY der gesetzmässige Zusammenhang zwischen der Elektricitäts- und der Stoffmenge aufgedeckt war, welche sich gleichzeitig in und mit dem Strome bewegen.

DE LA RIVE ging nun zu der Schilderung von Versuchen über, welche er in Bezug auf den Einfluss von Platinplatten angestellt hatte, die in den flüssigen Leiter eingeschaltet waren. Es gelang ihm nicht, diese Erscheinungen zu entwirren, da ihm dazu die unentbehrliche Führung durch die Ohm'sche Theorie fehlte. Die Versuche selbst bieten den viel älteren RITTER's S. 175) gegenüber kaum etwas Neues, wenn man nicht den Umstand rechnen will, dass er die secundären Ströme auch mittelst des Galvanometers nachgewiesen hat, während RITTER sich mit den anderen ihm zu Gebote stehenden stromprüfenden Mitteln hat begnügen müssen.

6. Der Angriff auf die VOLTA'sche Theorie. Die ersten Arbeiten DE LA RIVE's lassen sich als kleine Vorpostengefechte gegen die festen Verschanzungen der VOLTA'schen Theorie ansehen. Doch säumte er nicht, allmählich seinen Angriff weiter auszudehnen, und zunächst die Aussenwerke, bald darauf aber auch den eigentlichen Mittelpunkt der Stellung, die Contacterscheinungen selbst anzugreifen. Er ist in dieser Beziehung weit

energischer als Becquerel vorgegangen, und hat sich dadurch die unbestrittene Stellung eines Führers in dem nun ausbrechenden Kampfe erworben

Gegen die Volta'sche Theorie wurde von de la Rive zunächst das Argument geltend gemacht, dass man aus denselben zwei Metallen Ketten bauen könne, welche je nach der benutzten Flüssigkeit entgegengesetzte Pole haben [1] Die Thatsache selbst war nicht neu, sie ergiebt sich schon aus den Untersuchungen des eifrigen Voltaisten Pfaff s 186 Der erste Fall, den er anführt, ist Kupfer und Zinn In Salzlösungen ist ersteres negativ gegen das letztere, nimmt man aber als Zwischenflüssigkeit Ammoniak, so kehren die Pole sich um, und das Kupfer wird positiv Gleichzeitig ist Ammoniak eine Flüssigkeit, welche Kupfer viel stärker angreift als Zinn, und de la Rive stellt im Einklange mit seinen übrigen Ansichten den Satz auf, dass immer das stärker angegriffene Metall gegenüber dem weniger angegriffenen positiv werde

Weitere Fälle solcher Umkehrungen ergaben sich bei der Untersuchung concentrirter und verdünnter Säuren Für Salpetersäure findet er beispielsweise folgende beiden Spannungsreihen, je nachdem die Säure concentrirt oder verdünnt ist

Concentrirte Säure	Verdünnte Säure
Oxydirtes Eisen	Silber
Silber	Kupfer
Quecksilber	Oxydirtes Eisen
Blei	Eisen
Kupfer	Blei
Eisen	Quecksilber
Zink	Zinn
Zinn	Zink

Beide Reihen sind völlig von einander verschieden, und gewähren eine ganze Anzahl von Umkehrungserscheinungen

Allerdings war die Volta'sche Theorie gegen diesen Nachweis keineswegs schutzlos, denn sie konnte immer darauf hinweisen, dass Spannungserscheinungen zwischen Metallen und verschiedenen Flüssigkeiten ja gar nicht in Abrede gestellt wurden, in den angeführten Fällen seien eben diese stärker, als die zwischen den Metallen Freilich ist eine solche Rettung ziemlich theuer erkauft sind einmal Unterschiede der Spannungen zwischen Flüssigkeiten und Metallen von solchem Betrage zugegeben, dass sie die zwischen den Metallen selbst übertreffen können, so ist damit auch zugegeben, dass Grossen, deren Unterschiede schon von der Grössenordnung der Spannungen beim reinen Metallcontact sind, nicht diesen gegenüber vernachlässigt werden dürfen, wie es die Anhänger der Volta'schen Theorie zu thun pflegen Die schon von Volta ausgesprochene Behauptung, dass reines Wasser und neutrale Salzlösungen ganz besonders kleine Spannungen gegen die Metalle zeigen, muss demgemäss als unbegründet so lange in

---

[1] Ann chim phys 37, 229 1828

Zweitel gezogen werden, als keine unmittelbaren Messungen darüber vorliegen. Dass die von VOLTA flüchtig mitgetheilten Angaben (S. 138), die er mittelst des Condensators erhalten hatte, hier nicht mehr mitzählen können, ergiebt sich schon aus der einfachen Überlegung, dass die Trennung seiner Metallplatten von den schwach befeuchteten Holz- oder Pappscheiben jedenfalls nicht in der Berührungsfläche Metall-Flüssigkeit erfolgt ist, sondern dass, wenn seine Platten wirklich in Berührung mit einander gewesen sind, die Metallplatten nach dem Auseinandernehmen benetzt gewesen sein müssen, dass also nicht Metall von Flüssigkeit, sondern Flüssigkeit von Flüssigkeit getrennt worden ist. Demgemäss ist denn auch nicht die Grösse gemessen worden, welche VOLTA hat messen wollen.

Seinen Hauptangriff gegen die Theorie der Berührungselektricität machte DE LA RIVE in drei ausgedehnten Abhandlungen, die unter dem Titel „Recherches sur la cause de l'électricité voltaïque" in den Mémoires de la société de physique et d'histoire naturelle de Genève, 4, 289 und weiter erschienen. Ein Auszug aus der ersten dieser Abhandlungen ging in die Annales de chimie et de physique, 39, 297, und von da in POGGENDORFF's Annalen, 15, 98 über.

Die Abhandlung ist in zwei Theile getheilt, von denen sich der erste mit der strömenden, der zweite mit der Spannungselektricität beschäftigt. Der erste Theil bringt eine grosse Anzahl von Erörterungen und qualitativen Versuchen, von denen man keine und keinen als entscheidend ansehen kann, wenn auch eine Anzahl interessanter und wichtiger Beziehungen zur Sprache kommt. Die Ströme bei ungleichzeitigem Eintauchen gleicher Metalle in dieselbe Flüssigkeit (S. 350) werden zunächst als ganz unerklärlich aus der VOLTA'schen Theorie angeführt. Dann geht DE LA RIVE zu dem Nachweis über, dass ohne chemische Wirkung keine elektrische stattfindet. Dazu werden die beiden Enden des Galvanometers mit zwei verschiedenen Metallen verbunden, welche von einer Flüssigkeit beide nicht angegriffen werden, wie Gold und Platin in Salpetersäure, es entsteht in solchen Fällen kein Strom, der aber sofort eintritt, wenn etwas Salzsäure in die Flüssigkeit gebracht wird, wodurch schwaches Königswasser gebildet wird, welches das Gold angreift, das Platin aber nicht. Das gleiche fand er für Platin und Palladium in verdünnter Schwefelsäure, wo ein Zusatz von Salpetersäure den Strom bestimmt. Ferner führt er Platin und Silber in alkalischen oder neutralen Lösungen an, hier wirkt Ansäuern mit einer beliebigen Säure.

In zweiter Linie beschäftigt sich DE LA RIVE mit der BECQUEREL'schen Kette aus Säure und Alkali. Indem er eine solche durch einen mit Natriumsulfatlösung befeuchteten Docht schliesst, so dass Säure und Alkali nicht unmittelbar auf einander wirken können, erhält er einen Strom, der von der chemischen Theorie nicht vorauszusehen war, da keine chemische Wirkung eintritt. „Denkt man aber über die Erscheinung nach und studirt sie mit Sorgfalt, so sieht man dennoch, dass in der Wirkung der Salpetersäure und des Kalis auf das schwefelsaure Natron die Ursache des Stromes liegt, denn

obwohl dies Salz weder von der Salpetersäure, noch vom Kali zersetzt
werden kann, so bedingt der Einfluss der Masse doch immer eine theilweise
Zersetzung, und demgemäss eine chemische Wirkung, welche zur Entstehung
eines Stromes hinreicht[1] Wir werden ausserdem weiter sehen, dass nicht
immer die heftigsten, sondern häufig die langsamsten und andauerndsten
chemischen Wirkungen sind, welche die stärksten Ströme entwickeln."

DE LA RIVE befindet sich hier offenbar in einiger Verlegenheit, und ist
nicht ganz aufrichtig in ihrer Erledigung Denn ihm lagen die Erfahrungen
DAVY's (S 352 schon vor, dass man gleichfalls einen Strom erhält, wenn
man an Stelle des schwefelsauren Natrons der Zwischenschicht das Produkt
der Wechselwirkung der beiden Flüssigkeiten selbst, salpetersaures Kali
nimmt, womit die einigermaassen künstliche Erklärung, die er versucht, hinfällig wird, da hier alle chemische Wirkung ausgeschlossen ist

Dieser Fall ist nun in mehr als einem Sinne bemerkenswerth Er zeigt
zunächst durch den Widerspruch mit der Form der chemischen Theorie,
wie sie von DE LA RIVE aufgefasst worden war, die Unhaltbarkeit, besten
Falles die Unvollständigkeit dieser Form Hier war also einzusetzen, um
die erforderliche Ausbildung der Theorie zu bewerkstelligen, und wenn
DE LA RIVE sich dazu ausser Stande fühlte, so hatte er doch diesen Punkt
nicht verschleiern, sondern hervorheben sollen, denn wenn die von ihm vertretene Theorie etwas werth war, so musste sie früher oder später auch
diese Sache aufklären Ferner aber hat sich in der Folge gezeigt, dass
gerade dieser scheinbar der chemischen Theorie widersprechende Fall besonders geeignet war, die schon mehrfach erwähnte Frage zu beantworten,
welcher Art ein chemischer Vorgang sein musse, um elektrisch wirksam zu
sein Denn die genaue Analyse eben dieses Versuches führt zu der Erkenntniss, dass in der That gerade bei der Trennung der beiden Flüssigkeiten
durch das Produkt ihrer Wechselwirkung, das neutrale Salz, eine dem elektrischen Strome proportionale Menge Neutralsalz gebildet wird, wenn man
den Strom eben zu Stande kommen lasst, und dass hier unter bestimmten
Bedingungen einer der lehrreichsten Fälle der Verursachung eines elektrischen
Vorganges durch einen chemischen vorliegt

Um sich über die Zulässigkeit seiner Erklärung zu beruhigen, stellte
DE LA RIVE Versuche an, indem er Ketten aus Kali und schwefelsaurem
Natron einerseits, aus diesem Salz und Salpetersäure andererseits bildete,
und feststellte, dass beide einen Strom von gleicher Richtung und von etwa
der halben Stärke des vorher beobachteten gaben Da man mit Salpeter
die gleichen Resultate erhält, so ist dieser Beweis, der im übrigen nur
beweist, dass sich die Wirkungen addiren, nicht bindend für die gegebene

----

[1] „Thatsächlich befindet sich in unserem Fall die Menge schwefelsauren Natrons am
Ende des Dochtes von einer beträchtlichen Menge Salpetersäure umgeben, welche daher auf das
Salz wirken und es theilweise zersetzen muss, das gleiche gilt für das schwefelsaure Natron
am anderen Ende des Dochtes, welches in die concentrirte Kalilösung taucht mit der die
andere Schale gefüllt ist "

Erklärung Demgemäss ist es auch nicht nöthig, auf die breiten Auseinandersetzungen einzugehen, welche DE LA RIVE an diesen Versuch schliesst.

An einer späteren Stelle seiner Abhandlungen erwähnt er indessen den Versuch mit Salpeter (S 306) Er findet fast die gleiche Ablenkung, wie mit schwefelsaurem Natron, nämlich 4° bis 5° statt 5° bis 6°, und macht dazu folgende Anmerkung „Der Einfluss der Masse macht, dass zwischen einer Säure oder einem Alkali und dem gebildeten Salze immer eine chemische Wirkung stattfindet, es bildet sich alsdann ein saures oder basisches Salz Es ist dies eines der Ergebnisse der Arbeiten von BERTHOLLET, über welche man in fast allen chemischen Lehrbüchern eingehendere Einzelheiten finden kann." Es ist gegenwärtig bekannt, dass gerade die beiden Stoffe, von denen hier die Rede ist, Salpetersäure und Kali, weder saure, noch basische Salze mit einander zu bilden vermögen

In dritter Stelle behandelt DE LA RIVE die Ketten, in denen zwei verschiedene Flüssigkeiten angewendet werden Hier lassen sich zahlreiche Fälle aufweisen, wo das stärker angegriffene Metall nicht, wie er ausgesprochen hat, dem schwächer angegriffenen gegenüber positiv ist, sondern es findet häufig das Gegentheil statt In diesen Fällen schreibt er die Umkehrung der Stromrichtung der Wechselwirkung der beiden Flüssigkeiten zu, zu deren Nachweis er sich freilich einer recht bedenklichen Methode bedient er schichtet beide Flüssigkeiten über einander, taucht in jede einen Draht von demselben Metall, und sieht den dann entstehenden Strom als den gesuchten an Auf gleiche Weise erklärt er denn auch einen Versuch, den BERZELIUS angegeben hatte, und der diesen zu einem Anhänger der VOLTA'schen Theorie gemacht hat Eine Anzahl von Gläsern ist zur Hälfte mit einer concentrirten Lösung von Chlorcalcium gefüllt, zur anderen Hälfte mit verdünnter Salpetersäure, welche über der ersten Lösung schwimmt In die Gläser tauchen Kupferbügel, welche an einem Ende kleine Kugeln von Zink tragen Werden diese so in die Gläser getaucht, dass die Zinkstücke sich in der Chlorcalciumlösung befinden, die freien Kupferenden dagegen in der Säure, so werden die letzteren stark angegriffen, während die Zinkstücke keinen Angriff erfahren Der Strom einer solchen Kette geht aber nicht in dem Sinne, dass das angegriffene Metall positiv ist, wie das die von DE LA RIVE aufgestellte Regel verlangt, sondern er hat die gewöhnliche Richtung, dem von VOLTA angenommenen Spannungsunterschiede der beiden Metalle gemäss

Die von DE LA RIVE gegebene Erklärung ist, wie erwähnt, recht unbefriedigend Er behauptet, dass die Berührung der beiden Flüssigkeiten die Quelle des Stromes sei, und sucht dies dadurch zu beweisen, dass eine Kette aus den beiden Flüssigkeiten und dem gleichen Metall einen Strom in derselben Richtung giebt Aber auch in diesem Falle steht der Versuch mit seinem allgemeinen Satze in Widerspruch, denn auch in diesem Falle wird das in die Säure tauchende Ende des Metalles stärker angegriffen, als das andere

Die Deutung des Versuches im Sinne der später entwickelten chemischen Theorie macht keine Schwierigkeit, auch hier sind nur die indirekten chemischen Vorgänge die wirksamen, und die stürmische Auflösung des Metalles in der verdünnten Salpetersäure hat mit der Strombildung überhaupt nichts zu thun. Doch kann erst an späterer Stelle hierauf näher eingegangen werden.

Der zweite Theil von de la Rive's Untersuchungen über die Ursache der Volta'schen Elektricität enthält die originalsten Ideen dieses im Ganzen wenig originalen Forschers. Hier unternahm er, den Volta'schen Fundamentalversuch selbst in Zweifel zu ziehen, dessen Ergebniss seiner Zeit einen so ausgeprägt chemisch denkenden Mann, wie Davy, dazu gebracht hatte, die rein chemische Theorie der Berührungselektricität aufzugeben. de la Rive versuchte, auch hier das Ergebniss auf chemische Wirkungen zwischen den Metallen und dem Sauerstoff sowie der Feuchtigkeit der atmosphärischen Luft zurückzuführen. Es ist verhängnissvoll für das Schicksal der chemischen Theorie gewesen, dass dieser an sich gute und richtige Gedanke durch de la Rive in wenig genügender, ja zum Theil nachweisbar unrichtiger Weise durchgeführt wurde, dadurch entstand wie immer in solchen Fällen, die Vorstellung, dass mit Erledigung der von dem ungeschickten Vertheidiger benutzten Argumente auch die ganze Anschauung selbst erledigt sei, und so hat de la Rive der von ihm so warm vertheidigten chemischen Theorie des Galvanismus neben dem erheblichen Nutzen auch einen sehr fühlbaren Schaden zugefügt.

Die Versuche, von denen hier die Rede sein soll, sind im Zusammenhange mit denen angestellt worden, über welche soeben berichtet worden ist, veröffentlicht wurden sie zuerst nur auszugsweise[1] im Jahre 1828. Die ausführliche Abhandlung erschien erst fünf Jahre später im Druck[2] und enthielt dadurch eine Anzahl von Repliken gegen Einwendungen, welche auf Grund des Auszuges gegen die Ansichten von de la Rive erhoben worden waren.

Als experimentelle Beweise der Volta'schen Theorie führt de la Rive die folgenden vier an.

1) Der Versuch mit zwei Metallen und dem Frosch oder der Zunge. Hier findet immer Berührung mit feuchten Leitern statt, und es kann somit chemische Wirkung nicht ausgeschlossen werden.

2) Der Versuch mit zwei verschiedenen Metallplatten, die man nach der Berührung voneinander abhebt und am Condensator prüft. „Was diese zweite Methode anlangt, so gelingt sie so selten, dass man sie thatsächlich nicht zur Grundlage einer Theorie machen kann." Ausserdem deutet de la Rive auf die Möglichkeit, dass die Elektricität durch Reibung der Metalle entstehen könne, und verwirft daher auch diesen Versuch.

----

[1] Ann. chim. phys. **39**, 297. 1828.
[2] Mém. de la Soc. de Physique de Genève. **6**, 149. 1833.

3 Der Versuch mit dem aus Zink und Kupfer zusammengelotheten
Stuck, welches man einerseits in der Hand halt, wahrend man mit dem
anderen Ende die obere Platte eines Condensators beruhrt, dessen andere
Platte man mit der Hand ableitet Dieser Versuch gelingt immer, aber auch
hier liegt, wie bei la Rive bemerkt, der Einwand vor, dass die Wirkung
nicht von der Lothstelle der Metalle ausgeht, sondern von den beiden Beruhrungen zwischen der feuchten Hand und dem Metall des Condensators
einerseits, und dem der Doppelplatte andererseits So weit hat er vollkommen
recht Nun aber will er es besonders gut machen, und verdirbt dadurch
seinen eben gewonnenen Erfolg Um namlich die chemische Einwirkung
der Hand zu vermeiden, ersetzt er diese durch eine Zange von recht
trockenem Holz, und findet nun keine Ladung seines Condensators mehr
Auch bemerkt er, dass die Wirkung um so geringer mit der Hand ist, je
trockener die Finger sind

Ferner beschreibt er folgenden Versuch „Ein Stuck Natrium oder
Kalium wird an einem Ende gut an einer Zange von Platin befestigt, wahrend
man es am anderen Ende mit einer Zange von Holz oder noch besser von
Elfenbein fasst Wenn man es, nachdem es sorgfaltig gereinigt ist, mit sehr
reinem Petroleum umgiebt, und nun den Condensator mit dem Ende der
Platinzange beruhrt, so bemerkt man gar kein Zeichen von Elektricitat.
Wenn dagegen das Petroleum entfernt ist, dass keines mehr an dem Metall
vorhanden ist, so sieht man dieses in Beruhrung mit der Luft sich
oxydiren, und das Elektroskop zeigt eine ausserst starke Elektricitat Kaum
ist der Condensator nothig, um sie sichtbar zu machen Wenn man zuweilen
Spuren von Elektricitat erhalt, wenn das Metall unter dem Petroleum ist,
so liegt das daran, dass man in die Flussigkeit einige Spuren von Feuchtigkeit gebracht hat, welche auf der Oberflache des Metalles vorhanden war,
und deren Wirkung sich leicht bemerken lasst. Im Stickstoff oder Wasserstoff haben die beiden Metalle gleichfalls Elektricitat entwickelt, und zwar
wegen der Wirkung, welche sie, sei es von den Gasen selbst, sei es von
den Wasserdampfen, erfahren, von denen man diese unmoglich vollstandig
befreien kann, zum Beweise dieser chemischen Wirkung sieht man die Oberflache ihren Metallglanz verlieren und anlaufen, fast wie in der atmo-
spharischen Luft "

Hier macht sich de la Rive selbst den naheliegenden Einwand, dass der
Erfolg seiner Versuche von dem Mangel an Leitfahigkeit herruhren konnte.
Um diesen Einwand zu widerlegen, stellt er einen ziemlich verwickelten Versuch mit einem aus Ebenholz gefertigten Apparat an, den naheliegenden
Nachweis, dass gerade die von ihm benutzte Holzzange genugend leitet, hat
er zu fuhren unterlassen In der That lasst sich der Einwand bei fast allen
den von ihm angegebenen Versuchen machen, dass durch dieselben Vorgange,
durch die er chemische Wirkung auf seine Metalle hervorbrachte, er auch
die Oberflache seiner Holzzangen oder Finger leitend gemacht hat. Hierher
gehort insbesondere das Anhauchen, die Behandlung mit Sauredampfen u s w.

4) Der Versuch mit dem Condensator aus Platten von zwei verschiedenen Metallen, welche durch einen Draht miteinander in Berührung gesetzt werden, worauf man die Platten von einander abhebt Dieser Versuch ist der einwandsfreieste vom Standpunkt der chemischen Theorie, weil hier alle Berührung mit einem feuchten Leiter ausgeschlossen ist, die positive Elektricität, welche bei diesem Versuche regelmässig am Zink, und die negative, welche am Kupfer zu beobachten ist, scheint in der That keiner anderen Ursache, als der Berührung der verschiedenen Metalle zugeschrieben werden zu können

In seiner oben erwähnten vorläufigen Mittheilung hatte in LA RIVE angegeben, dass dieser Versuch nur gelinge, wenn eine chemische Wirkung der umgebenden Luft auf das eine Metall, z B das Zink stattfinden könne Wird der Versuch in Stickstoff oder Wasserstoff oder im luftleeren Raume angestellt, so finde unter gleichen Umständen keine Elektricitätsentwickelung statt

7 PFAFF's Vertheidigung Gegen diese Behauptungen trat alsbald der alte Parteigänger VOLTA's, PFAFF in Kiel, auf,[1] der insbesondere den Versuch mit dem Condensator im leeren Raume wiederholte, ohne die von jenem angegebene Wirkung zu finden „Ich nahm eine Glasglocke mit zwei Stopfbuchsen Unter diese Glocke setzte ich ein Goldblatt-Elektrometer mit einem Condensator, dessen eine Platte von Zink, dessen andere von Kupfer war. Ein Messingstab, der durch die eine Stopfbuchse ging, trug die obere Kupferplatte, so dass man mit ihrer Hulfe diese obere Platte des Condensators nach Belieben von der unteren entfernen oder auf sie legen konnte Durch die andere Stopfbuchse gingen zwei Messingdrähte, welche an ihrem inneren Ende so gebogen und gerichtet waren, dass in einer bestimmten Lage der eine die obere, der andere die untere Platte berührte, da diese beiden Metalldrähte mit einander ausserhalb der Glocke metallisch verbunden waren, so leisteten sie denselben Dienst, als wenn man die beiden Platten durch einen einfachen Draht mit einander verbunden hätte Durch Drehen dieser Drähte von aussen konnten sie von den Platten des Condensators getrennt werden Mittelst dieses ziemlich einfachen Apparates konnte ich den VOLTA'schen Fundamentalversuch in jedem beliebigen Gase, das so vollkommen wie möglich ausgetrocknet war, und auch im leeren Raume anstellen . Nun, ob das Elektrometer von atmosphärischer Luft von gewöhnlicher Feuchtigkeit oder getrocknet, von Sauerstoff, Stickstoff, Kohlensäure, Wasserstoff, Kohlenwasserstoff umgeben war, änderte nichts an den Ergebnissen Ich erhielt . stets dieselbe elektrische Spannung, positiv im Zink, negativ im Kupfer, von gleicher Intensität Man sieht ein, dass es weiter unmöglich ist, als Ursachen für die hervorgebrachte Elektricität äussere Umstände neben der Berührung anzuführen, denn da alle Umstände geändert wurden, und die Wirkung doch die nämliche blieb, so lehrt uns

[1] Ann chim phys 41, 236 1829

eine gesunde Philosophie, dass kein anderer Umstand die Ursache sein
konnte, als die, welche gleichfalls nicht gewechselt, nämlich die wechselseitige Berührung der Metalle   Damit die Versuche gut gelingen, müssen
die Condensatoren sehr vollkommen sein, die Metallplatten gut aufeinander
geschliffen und dann mit einer sehr dünnen Schicht von Bernsteinlack überzogen werden, welche ich für diesen Gebrauch am geeignetsten gefunden habe "

Ausser diesem direkten Beweis, welchen Pfaff als unbedingt bindend
ansieht, giebt er noch eine Anzahl von indirekten   Wenn die Elektricität
nur von der Oxydation des Zinks herrührt, warum hängt die beobachtete
Spannung noch von dem anderen Metall ab? Hierauf hatte de la Rive
bereits die Antwort dahin gegeben, dass die beobachtete Spannung der
Unterschied entgegengesetzter Wirkungen beider Metalle ist   Viel wichtiger
ist die folgende Bemerkung gegen die Annahme, dass die Elektricität von
den chemischen Vorgängen herrührt   „Nun musste man erwarten, dass eine
gesättigte Lösung von schwefelsaurem Zink, welche sehr rein und von der
aufgenommenen Luft entweder durch Aufkochen oder unter der Luftpumpe
befreit worden ist, fast gar keine Wirkung geben müsste, wenn man damit
die Pappe der Zwischenschichten befeuchtet, oder die Gefässe der Tassenkrone füllt, da sie weder eine chemische Wirkung auf das Zink, noch eine
auf das Kupfer ausübt, und dennoch bringt diese Lösung eine viel stärkere
Wirkung hervor, als die aller anderen Salze, ausgenommen den Salmiak "

Dieser letzte Einwand war für jene Zeit schwer zu erledigen, er wies
mit grösster Deutlichkeit den schwachen Punkt der damaligen chemischen
Theorie nach, welcher in der mangelnden Antwort auf die Frage lag wie
muss ein chemischer Vorgang beschaffen sein, damit er elektrisch wirksam
wird? Obwohl Ritter (S 189) bereits einmal mit grosser Schärfe auf die
Nothwendigkeit einer räumlichen Trennung der beiden Theile des chemischen
Vorganges in der Kette, der Oxydation und der Reduktion, hingewiesen
hatte, und sich auch bei de la Rive gelegentlich dahin zielende Gedanken
finden, musste noch eine sehr lange Zeit vergehen, bis hierüber Klarheit
geschaffen wurde Gleichzeitig geht aus diesem Einwande die unverhältnissmässig günstige Stellung hervor, welche die Contacttheorie durch ihre Fern-
haltung von jeder Causalerklärung, die in der Hypothese der Elektricitätserregung durch blosse Berührung lag, der anderen Theorie gegenüber zu
behaupten vermochte Gegen sie war es nicht möglich, derartige Einwände
zu erheben, da sie nichts derartiges behauptete Die Frage, warum Zinkvitriol besser wirkt als die anderen Salze, beantwortete sie mit dem Satz,
dass hier die Berührungselektricität eben stärker sei Daraus sieht man
alsbald, dass das Verhältniss beider Theorieen von den beiderseitigen Vertretern von vornherein falsch aufgefasst worden ist Dass an den verschiedenen Berührungsstellen Spannungsunterschiede vorhanden sind, wird beiderseits angenommen, die chemische Theorie versucht zwischen diesen und den
chemischen Vorgängen einen Zusammenhang herzustellen, während die
Contacttheorie von allen möglichen Zusammenhängen absieht Somit ist

die letztere nicht als die Rivalin, sondern die Vorgängerin jener anzusehen, die chemische Theorie kann die ganze Grundlage der Contacttheorie übernehmen, ohne sie in formaler Beziehung zu ändern, und hat nicht die Aufgabe, sie zu beseitigen, sondern sie zu entwickeln, indem sie Fragen beantwortet, welche diese gar nicht gestellt hat.

Nun bestand aber allerdings in der Contacttheorie noch eine bestimmte Behauptung, welche aber kein nothwendiger, sondern ein zufälliger Bestandtheil war. Es war dies die Ansicht, dass in der einfachen zum Kreise geschlossenen Kette Kupfer-Zink-Feuchtigkeit der bei weitem grösste Theil der vorhandenen Spannung zwischen den beiden Metallen liege, und zwischen Metall und Feuchtigkeit kein wesentlicher Betrag derselben vorhanden sei. Gegen diesen Punkt richtete sich, wohl in unbewusster Anwendung des damals nur in der Ahnung vorhandenen Gesetzes von der Erhaltung der Energie, der Angriff, indem man einerseits bei dem Fehlen jedes dauernden Vorganges an der Berührungsstelle der Metalle für die dort angenommene Wirkung keine Ursache sehen konnte, und andererseits für die unzweifelhaft in der Kette vorhandenen chemischen Vorgänge von den Anhängern der gegnerischen Ansicht keine entsprechende Wirkung zugestanden erhielt. Spannungsmessungen an Ketten konnten die Frage grundsätzlich nicht entscheiden (S. 169 und 439), das einzige Mittel, die einzelnen Spannungen zu messen, gewährte der Condensator, und dieser sprach zu Gunsten der Annahme der Metallelektricität. Deshalb hatte DE LA RIVE seinen Angriff gegen die Bündigkeit dieses Versuches gerichtet, und PFAFF's Vertheidigung desselben betraf die Lebensfrage der VOLTA'schen Anschauung.

8 DE LA RIVE's Antwort. Die Bedeutung dieser Einwände PFAFF's wurde von DE LA RIVE unzweifelhaft sehr empfunden, und in der später erschienenen Hauptabhandlung geht er einigermaassen auf sie ein. Zunächst erklärt er, dass bei der Wiederholung der Versuche von PFAFF er sie völlig bestätigt gefunden habe, demnach zieht er seine gegentheiligen Behauptungen, insbesondere über das negative Ergebniss des Condensatorversuches im leeren Raume und in indifferenten Gasen zurück, obwohl er es nicht ausdrücklich erwähnt.

Was nun seine Vertheidigung der chemischen Theorie diesen Thatsachen gegenüber betrifft, so tritt hier der Fall ein, dass durch Ungeschick der an sich guten Sache der erheblichste Schaden zugefügt wird. DE LA RIVE macht nun geltend, dass es nicht möglich sei, einen absolut luftleeren Raum, oder absolut sauerstofffreie und trockene Gase herzustellen, und dass daher dennoch die von PFAFF beobachteten Ladungen von chemischen Wirkungen herrühren können. Wenn er die Erwägung von vornherein gegeben hatte, wäre alles gut gewesen, in der That ist gegen sie nichts einzuwenden. Aber nachdem er zuerst behauptet hatte, dass unter diesen Umständen sich keine Elektricität entwickle, und nun auf den Nachweis, dass er sich geirrt hatte, auseinandersetzt, dass es nach der chemischen Theorie gerade so zu erwarten gewesen sei, wie sein Gegner es beobachtet hatte, ist der Eindruck nicht abzuweisen, dass die chemische Theorie, wie DE LA RIVE sie handhabt, für jede beliebige Thatsache mit einer „Erklärung" bei der Hand sei Und ein solcher Vorwurf ist in der That nicht abzulehnen, es fehlt der chemischen Theorie in ihrer damaligen Gestalt durchaus an der zahlenmässigen Bestimmtheit, welche allein eine wirkliche Prüfung einer Anschauung ermöglicht

Zum weiteren Beweise, dass nur, wenn chemische Wirkung möglich ist, der fragliche Versuch gelingt, überzieht DE LA RIVE eine Condensatorplatte aus Zink, an welche ein Messingdraht gelöthet ist, vollständig mit Firniss, und erwartet nun, dass sie sich, da die Oxydation ausgeschlossen ist, wie eine Platte aus unangreifbarem Metall verhalten werde Zuerst erhielt er noch die gewohnten Wirkungen des Zinks, er schrieb diese aber dem Umstande zu, dass die dünne Firnissschicht das Zink nicht genügend gegen die Luft schütze, und gelangte auch nach ausgiebiger Verstärkung der Schicht dazu, dass die Wirkung aufhörte Auch behauptet er, dass diese Platte sich völlig wie eine Messingplatte bei dem Condensatorversuch erhalten habe, so dass sie mit einer nicht gefirnissten Zinkplatte negativ geworden sei Man darf gegen die Richtigkeit dieses Versuches einigen Zweifel hegen, und er ist auch später von FECHNER experimentell widerlegt worden

Schliesslich bedient sich DE LA RIVE noch einer aus seinen Versuchen über die Polarisation der Metallplatten in Flüssigkeiten gezogenen Anschauung, dass die Elektricität beim Übergange aus einem Leiter in einen anderen eine Schwierigkeit erfahre, welche sehr schwache Elektricitäten ganz am Durchgange hindere, um einige Thatsachen im Sinne seiner Theorie zu deuten Indem er für den Übergang der Elektricität von einem Metalle in ein anderes die gleiche Schwierigkeit voraussetzt (ohne sie jedoch experimentell erwiesen zu haben', und zwar in der Art, dass der Durchgang für die eine Art Elektricität leichter sei als für die andere, erklärt er, warum er keine Elektricität wahrnehmen konnte, als er den Messingdraht an seiner geschützten Zinkplatte mit verdünnter Salpetersäure behandelte und so eine starke chemische Wirkung hervorrief

Die nun folgenden Untersuchungen über die Elektricitätsentwickelung beim Reiben verschiedener Metalle aneinander, sowie seine Betrachtungen über die thermoelektrischen Erscheinungen können wir übergehen, ebenso seine Erörterungen über die Elektricitätsentwickelung bei der Berührung fester Körper mit flüssigen Dagegen ist die Wiedergabe seiner Gründe, welche ihn zu einem Gegner der Contacttheorie gemacht haben, von Interesse

„Unser Zweck war, die Contacttheorie durch direkte Thatsachen und Gründe zu bekämpfen Es wäre uns leicht gewesen, sie auch in sich selbst anzugreifen Wir hätten fragen können, was es denn für eine mysteriöse Kraft ist, welche man die elektromotorische nennt, und was bei der Berührung der heterogenen Stoffe die positive Elektricität in den einen, und die negative in den anderen treibt Wir hätten in der Unmöglichkeit, eine genaue Spannungsreihe der Stoffe zu entwerfen, und in der Unzahl von

Änderungen, welche durch eine Menge äusserer Umstände in dieser Reihe hervorgebracht werden, einen wie mir scheint unwiderleglichen Einwand gegen das Princip selbst finden können, welches der Theorie zur Grundlage dient. Wir hatten fragen können, worauf der Unterschied begründet ist, den man zwischen den Leitern erster Klasse, welche Erreger sind, und denen zweiter Klasse, welche nur Leiter sind, und keine oder nur eine sehr schwache elektromotorische Kraft besitzen, macht, obwohl die letzteren in chemischer Beziehung den ersteren gegenüber stark positiv oder negativ sind. Endlich hatten wir untersuchen können, auf welcher Grundlage die zahlreichen Hypothesen ruhen, die man annehmen muss, um die Wirkungen der elektromotorischen Kraft zu erklären. "

Wie man sieht, sind diese Einwendungen von verschiedenem Werthe. In erster Linie tritt das unbewusste Energieprincip S. 428 in den Vordergrund. Der Mangel einer zureichenden Ursache für die elektrischen Vorgänge in der Contacttheorie wird lebhaft empfunden, obwohl ein klarer Ausdruck dieses Mangels noch nicht formulirt werden kann.

Es ist bemerkenswerth, dass DE LA RIVE objektiv genug ist, eine Schwierigkeit der chemischen Theorie selbst zuzugeben, welche von PFAFF erwähnt worden war. Man erhält, wie schon VOLTA gefunden hatte, mit Braunstein oder Mangansuperoxyd besonders wirksame Ketten, nicht nur wenn man Zink verbindet, sondern sogar Platin wird positiv gegen Braunstein, wo doch eine chemische Wirkung ausgeschlossen erscheint. Ohne es fest behaupten zu wollen, ist DE LA RIVE in diesem Falle geneigt, der Reibung oder auch thermoelektrischen Erregungen die Ursache der Erscheinung zuzuschreiben.

9. DE LA RIVE's dritte Abhandlung. Den beiden Abhandlungen, über welche hier berichtet worden ist, liess DE LA RIVE zwei Jahre später eine dritte folgen,[1] in welcher er wesentlich seine theoretischen Anschauungen in endgültiger Formulirung auseinandersetzte. Er stellte drei Grundsätze auf, aus denen er alle Erscheinungen der VOLTA'schen Kette und Säule zu erklären unternahm. Diese Grundsätze sind

„1) Werden zwei verschiedene Körper, die sich in Berührung befinden, in eine Flüssigkeit oder ein Gas gebracht, welche eine chemische Wirkung auf beide üben, oder auf einen von ihnen übt, so findet eine Entwickelung von Elektricität statt.

„2) Erfahren zwei sich berührende Körper von Seiten des Gases oder der Flüssigkeit, in welcher sie sich befinden, keinerlei chemische Wirkung, so findet keine Entwickelung von Elektricität statt, wenigstens wenn keine thermische oder mechanische Wirkung vorhanden ist.

„3) Die durch die chemische Wirkung hervorgebrachte Elektricität hat nicht in allen Fällen und unter allen Formen eine

---

[1] Mém. de la Société de Phys. de Genève, **7** 457, 1836.

Intensität, die der chemischen Wirkung, die sie hervorbringt, proportional ist. Zwei Umstände können hauptsächlich diese Intensität abändern, nämlich die unmittelbare Wiedervereinigung der beiden elektrischen Principien, und die besondere Natur des chemischen Vorganges, welcher die Elektricität hervorbringt."

Wie man sieht, sind die ausgesprochenen Grundsätze alles weniger, als von bestimmter, zahlenmässiger Beschaffenheit, der dritte insbesondere ist ausdrücklich dazu aufgestellt, um jeder quantitativen Controle von vornherein aus dem Wege zu gehen. Es wird dadurch der schwache Punkt der chemischen Theorie, von dem schon früher (S. 428) die Rede war, auf das Schärfste gekennzeichnet. Es kann demgemäss nicht Wunder nehmen, wenn aus solchen Grundsätzen, und bei einem so wenig scharfen Denker, wie ihr Autor es ist, Ergebnisse erhalten wurden, die nur wenig befriedigend waren und alsbald bei ihren Zeitgenossen lebhaften Widerspruch erregten. Immerhin wird es lehrreich sein, die Art kennen zu lernen, in welcher sich DE LA RIVE auf Grund dieser Voraussetzungen von den einzelnen Thatsachen der Elektrochemie Rechenschaft zu geben versucht, sei es auch nur als abschreckendes Beispiel gegen oberflächliches Hypothesenmachen.

Die Entwickelung der Elektricität stellt sich DE LA RIVE so vor, dass bei einem chemischen Vorgange die positive Elektricität in den angreifenden Stoff übergeht, und die negative in den angegriffenen. „Diese beiden Elektricitäten suchen sich wegen ihrer gegenseitigen Anziehung zu vereinigen, und diese unmittelbare Vereinigung findet um so vollkommener statt, je besser die beiden Stoffe, der angegriffene und das angreifende Mittel leiten, und namentlich, je leichter der Übergang der Elektricität von dem einen zu dem anderen erfolgt."

Gegen diese Anschauung hatte PFAFF eingewendet, dass die Ursache, welche die Trennung der Elektricitäten bewirkt, auch fähig sein müsse, die getrennten auseinander zu halten. DE LA RIVE bemerkt dazu: „Indessen ist, wie wir eben auseinandergesetzt haben, diese Wiedervereinigung eine ganz natürliche Folge der Art, wie die Entwickelung der Elektricität bei chemischen Vorgängen stattfindet, auch ist sie eine nothwendige Folge der Thatsache, dass die durch diese Vorgänge bewirkte elektrische Spannung eine Grenze hat, die man unmittelbar erreicht." Diese letzte Wendung ist besonders überraschend. Es wird hier zur Stütze einer schwachen Hypothese die Existenz der Thatsache selbst herangezogen, welche durch diese Hypothese erklärt werden soll.

Die Schwierigkeit, in der sich DE LA RIVE hier befindet, ist schon früher auf ihre Ursachen zurückgeführt worden, sie wäre um jene Zeit schon ihrer Lösung weit näher zu bringen gewesen, wenn man die klaren Begriffe benutzt hätte, welche OHM in die Elektrik eingeführt hatte, und welche um jene Zeit schon etwa zehn Jahre lang jedermann zugänglich waren. DE LA RIVE hat sich dieses Hülfsmittels nicht bedienen mögen, in einer um die gleiche Zeit geschriebenen geschichtlichen Skizze über die

Fortschritte der Elektricitätslehre[1] sind die Arbeiten Ohm's von ihm nicht einmal der Erwähnung gewürdigt worden, und noch im Jahre 1841, wo endlich die Ohm'sche Theorie dem französisch lesenden Theil des wissenschaftlichen Publikums durch einen im ersten Bande der „Archives de l'électricité" erschienenen Artikel von E. Wartmann auseinandergesetzt worden war, bemängelt de la Rive diese Theorie, weil Ohm ein Anhänger der Volta'schen Ansichten war, und ihm seine grundlegenden Ausgangspunkte nicht „hinlänglich klar" erschienen[1]

Durch eine Anzahl von Versuchen zeigt nun de la Rive, dass die Ausschläge des mit dem Condensator verbundenen Elektrometers für eine und dieselbe chemische Reaktion sehr verschieden ausfallen können, je nachdem man den Versuch verschieden anordnet Gegen den Einwand, dass in vielen Fallen die chemischen Vorgänge, welche er zur Erklärung der Elektricitätserregung annimmt, nur in sehr geringem Umfange stattfinden können, macht er die ganz begründete, und um jene Zeit von Faraday auch messend erläuterte Thatsache geltend, dass die Elektricitätsmengen, welche einer bestimmten Stoffmenge entsprechen, ausserordentlich gross schon für sehr geringe Stoffmengen sind

de la Rive geht nun zu der Aufstellung einer Theorie der Saule über, welche so ziemlich den schwachsten Punkt seiner ganzen theoretischen Stellung bildet, und die daher auch alsbald angegriffen und aus der Welt geschafft wurde „Es sei in einer aus einer beliebigen Zahl von Paaren bestehenden Saule, die unter einander alle ganz gleich sind, b ein beliebig herausgegriffenes Paar Zink-Kupfer, dessen Zink mit derselben Flüssigkeit in Beruhrung steht, wie das Kupfer des vorhergehenden Paares a und dessen Kupfer mit dem Zink des nachfolgenden Paares c in die gleiche Flüssigkeit taucht Die chemische Wirkung der Flüssigkeit entwickelt im Paare b eine gewisse Menge Elektricität, ein grosserer oder geringerer Antheil der beiden getrennten elektrischen Principien neutralisirt sich alsbald, während ein anderer frei bleibt Welches auch die Gründe sein mögen, welche das Verhaltniss zwischen dem sich unmittelbar verbindenden Antheile, und dem frei bleibenden und allein nachweisbaren, bestimmen, dieses Verhaltniss muss in allen Paaren dasselbe sein, weil alle einander ähnlich und zu einander symmetrisch angeordnet sind Darauf wird nun die positive Elektricität von b, die durch die chemische Wirkung in die Flüssigkeit übergeführt worden ist, in welche das Kupfer von a taucht, die negative Elektricität dieses letzteren Paares neutralisiren, welche ihr vollkommen gleich ist, und welche von der Einwirkung der Flüssigkeit auf das Zink von a herrührt Ebenso wird die negative Elektricität von b, welche durch die chemische Wirkung auf das Zink übergegangen war, und von da sich in das damit in Beruhrung stehende Kupfer verbreitet hat, die positive Elektricität in c neutralisiren, welche ihr ebenso völlig gleich ist, und welche von der chemischen

---

[1] Bibl univers de Geneve, **52**, 225 1833 u fl

Wirkung herrührt, die dieselbe Flüssigkeit, in welche das Kupfer von *a* taucht, auf das Zink von *c* ausübt. Es bleibt demnach ein Überschuss positiver freier Elektricität in der Flüssigkeit übrig, in welche das Zink von *a* taucht, und ein ganz ebenso grosser Überschuss von negativer Elektricität in dem Kupfer von *c*, und daher in der angrenzenden Flüssigkeit. Diese freien Überschüsse werden aber durch die gleichen und entgegengesetzten Elektricitäten der nachfolgenden Paare neutralisirt, über welche man die gleichen Überlegungen anstellen kann. Es ergiebt sich daher ein Überschuss positiver Elektricität an der nach *a* belegenen Seite der Säule, und ein gleich grosser Überschuss negativer Elektricität an der nach *c* belegenen Seite. Verbindet man diese beiden Enden durch einen Leiter, so neutralisiren sich die beiden Elektricitäten und bilden den Strom, die Intensität dieses Stromes muss, wie auch die Erfahrung lehrt, genau gleich der des Stromes sein, welcher sich in der Säule selbst zwischen den Paaren entwickelt, und welcher, wie wir gesehen haben, von der nicht unterbrochenen Neutralisation der entgegengesetzten und gleichen Elektricitäten herrührt."

Aus dieser Theorie geht zunächst hervor, dass die Anzahl der Paare ganz ohne Einfluss auf die Wirkung der Säule sein musste, da unter allen Umständen nur die äussersten Glieder zur Geltung kommen, indem sich die „Elektricitäten" der inneren Paare völlig aufheben.

Diese Schlussfolgerung hat DE LA RIVE allerdings nicht auszusprechen gewagt, da sie den Thatsachen zu sehr widerstreitet und VOLTA's epochemachende Erfindung der Säule als eine überflüssige Umständlichkeit erscheinen liesse, doch sind unter den von ihm gezogenen Schlüssen noch mehrere, welche nicht weniger mit der Erfahrung im Streite stehen. Die Spannung an den Polen hängt nach ihm einerseits von der Intensität der chemischen Wirkung, andererseits von dem Betrage der Wiedervereinigung ab, und muss daher um so grösser sein, je grösser die erste, und je beträchtlicher der Widerstand in der Säule ist. Dass die Spannung bei Säulen, die mit Wasser aufgebaut sind, nicht verschieden ist von der an Säulen mit Salzlösungen, obwohl bei letzteren die Leitung viele Male besser ist, wird darauf zurückgeführt, dass die chemische Wirkung und die Leitung einander proportional seien, und dadurch das Ergebniss beider, die Spannung, denselben Werth behalte. Wird aber die Salzlösung durch Säure ersetzt, welche annähernd ebenso leitet wie die Salzlösung, während ihre chemische Wirkung auf das Zink unvergleichlich viel grösser ist, so ist, wie bekannt, die Spannung immer noch dieselbe, hierauf hat DE LA RIVE keine Rücksicht genommen.

Eine weitere Folge seiner Theorie ist von ihm ganz richtig dahin gezogen worden, dass wenn eine bestimmte Oberfläche der Metalle gegeben ist, die Anordnung zu einer einzigen Kette die vortheilhafteste zur Erlangung der grössten Wirkung sein muss. Denn da die aufeinander folgenden Plattenpaare ihre Wirkung gegenseitig zerstören, muss diese am grössten in dem Falle sein, wo die gegenseitige Strömung Null ist, d. h. im Falle der einfachen Kette. „Die Erfahrung lehrt uns, dass diese Folge der Theorie sich nur bestätigt, wenn der Leiter, welcher die beiden Pole der Säule verbindet, ein vollkommener Leiter ist; sie bestätigt sich nicht mehr, wenn der Leiter ein sehr unvollkommener ist.

„Die Ursache dieser Verschiedenheiten erklärt sich leicht, wenn man bedenkt, dass wenn die beiden Elektricitäten an den beiden Enden der Säule angehäuft sind, sich ihnen zwei Wege bieten, sich zu neutralisiren, nämlich der durch die Säule selbst, wie wir oben gesehen haben, und der durch den Leiter, welcher beide Pole der Säule verbindet. Das grössere oder kleinere Verhältniss der beiden Elektricitäten, welche diesen beiden Wegen folgen, hängt von der relativen Leichtigkeit ab, die diese der Vereinigung bieten. Wenn die Säule nur etwas besser leitet, als der zwischen den Polen befindliche Körper, so wird kein Antheil des Stromes durch den Körper gehen, oder es wird nur ein sehr geringer Theil sein. Daher muss man die Zahl der Paare der Säule darnach berechnen, wie die Leitfähigkeit des Körpers ist, den der Strom durchsetzen soll, und nicht, wie man geglaubt hat, nach der Art der Wirkung, welche der Strom hervorbringen soll. Die Zahl der Paare in der Säule muss immer so bestimmt werden, dass sie selbst schlechter leitet, als die zwischen ihre Pole geschalteten Körper." Es ist hierbei nur übersehen worden, dass durch Einschaltung eines Nichtleiters in die Säule der Rückstrom der Elektricität ganz vermieden und so die Säule auf das Maximum ihrer Wirkung gebracht werden konnte! Dabei schliesst DE LA RIVE diesen Theil seiner Darlegungen mit den vertrauensvollen Worten „Die Thatsachen, auf welche ich mich gestützt habe, sind allen Physikern bekannt genug, dass es überflüssig ist, bei ihnen zu verweilen. Ich begnüge mich zu bemerken, dass ich viele Male Gelegenheit gehabt habe, ihre Genauigkeit mit Hülfe der oben beschriebenen Galvanometer zu beweisen. Ich glaube daher, dass in dieser Beziehung die Theorie in vollkommener Übereinstimmung mit der Erfahrung ist, und dass man aus ihr einige praktische Anwendungen über die vortheilhafteste Construction der VOLTA'schen Säulen entnehmen kann." Schade, dass er die oben gemachte Anwendung seiner Theorie nicht versucht hat, praktisch auszuführen!

Die naheliegenden und wohlbegründeten Angriffe, welche DE LA RIVE bezüglich dieser Theorie der Säule erfuhr, lassen sich hier nicht im Einzelnen wiedergeben, insbesondere beschäftigten sich MARIANINI und POGGENDORFF mit ihrer Widerlegung. Es kann nicht Wunder nehmen, dass eine chemische Theorie, die zu solch absurden Schlüssen führte, gerade von dem logisch und mathematisch gebildeteren Theile der Physiker mit Protest abgelehnt wurde, und den Anspruch, die brauchbaren Grundlagen der chemischen Theorie von ihren missverstandenen Auswüchsen zu trennen, konnte man ihren principiellen Gegnern gegenüber am wenigsten erheben.

10. Vertheidigung der VOLTA'schen Theorie durch MARIANINI. Gegen die Ansichten, welche DE LA RIVE in den beiden ersten Abhandlungen ausgesprochen hatte, wendete sich unter anderen MARIANINI, Professor am

Königlichen Lyceum in Venedig, in einer langen Abhandlung[1] über die chemische Theorie der einfachen und zusammengesetzten Elektromotoren. In seiner Einleitung bemerkt er, dass er anfangs wegen des offenbaren Zusammenhanges der chemischen Erscheinungen mit den elektrischen geneigt war, die chemische Theorie anzunehmen, dass er aber bei dem Versuche, sie durchzuführen, in solche Schwierigkeiten gekommen sei, dass er sich im Gegentheile bald in den Stand gesetzt sah, die Unhaltbarkeit der chemischen Theorie zu erweisen.

Mariani bereitet seinen Angriff als geschickter Stratege vor. Der ausgedehnte erste Theil seiner Abhandlung enthält die Auseinandersetzung des grossen Einflusses, welchen geringe Änderungen in der Oberflächenbeschaffenheit der metallischen Platten auf ihre Stellung in der „Spannungsreihe" haben. Insbesondere wenn die Platten vorher als Leiter in einem zusammengesetzten Stromkreise gedient hatten, änderten sie, den Entdeckungen von Ritter über die secundäre Säule entsprechend, ihre Stellung im höchsten Grade, ebenso aber auch durch Behandlung mit verschiedenen Flüssigkeiten, mit Abreiben u. dergl. Indem er diese Einflüsse von vornherein im Volta'schen Sinne, als Beeinflussungen der Contactspannung behandelt, hat er später keine Schwierigkeit, alle von den Vertretern der chemischen Theorie gegen Volta geltend gemachten Umkehrungen in der wechselseitigen Stellung der Metalle auf derartige Oberflächenwirkungen und Spannungsänderungen zurückzuführen. Aus welchem Grunde die erwähnten Ursachen aber gerade die beobachteten Änderungen hervorbringen, braucht er gemäss der Volta'schen Theorie nicht weiter zu erörtern, da mit dem Satze die Stellung in der Spannungsreihe hat sich verändert, eben alles gesagt ist, was im Sinne der Theorie gesagt werden kann. Aus solchen Wendungen tritt die schon erwähnte formale Stärke und causale Schwäche der Volta'schen Theorie deutlich hervor.

Hat sich Mariani so in den Stand gesetzt, für alle vorkommenden Erscheinungen in seinem Sinne eine „Erklärung" zu geben, so wird es ihm andererseits nicht schwer, auf Grund der falschen Ansicht de la Rive's, dass die sichtbare chemische Wirkung die Elektricitätsentwickelung bedinge, jedem von diesem angegebenen Versuch einen anderen gegenüber zu stellen, welcher gerade das Gegentheil zeigt. Um ein Beispiel zu geben, sei die Erörterung Mariani's über einen Versuch von de la Rive angeführt, der in Folgendem besteht. Taucht man Stäbe von Gold und Platin, welche mit den Enden eines Galvanometers verbunden sind, gleichzeitig in reine Salpetersäure, welche keines der beiden Metalle angreift, so findet auch keine Ablenkung der Nadel statt, wird aber zu der Flüssigkeit etwas Salzsäure gesetzt, wodurch sie das Gold angreifen kann, so entsteht ein Strom, der nach der von de la Rive aufgestellten Regel in der Richtung geht, als wenn das angegriffene Metall sich wie Zink gegen Silber verhielte.

Hiergegen bemerkte MARIANINI, dass zunächst Gold und Platin sich in der Spannungsreihe sehr nahe stehen. Ferner finden weitere Wirkungen statt, die von der chemischen Theorie nicht vorgesehen werden. „Zwei Platten von reinem Golde, die gleichzeitig in Salpetersäure, die mit einigen Tropfen Salzsäure vermischt ist, gesenkt werden, bringen keine Bewegung des Galvanometers hervor. Werden die feuchten Platten gereinigt und wieder in die Säure gesteckt, so ist die Wirkung wieder Null, senkt man aber die eine Platte vor der anderen ein, so findet eine erhebliche Ablenkung nach der Seite der zuerst befeuchteten Platte ein, d. h. diese elektrisirt sich negativ.

„Lässt man zwischen den beiden Eintauchungen längere Zeit verstreichen, so ist die Wirkung ausgeprägter. In etwas weniger als zwei Minuten erhält man das Maximum der Wirkung.

„In Versuchen mit zwei Platinplatten erhielt ich ähnliche Wirkungen.

„Man kann nicht sagen, dass diese Erscheinungen von der Elektricität herrühren, welche unmittelbar aus der chemischen Wirkung der Säure auf die Metalle entsteht, erstens weil auch die untergetaucht gebliebene Platte, wenn man sie einige Zeit an die Luft hält und dann mit der anderen in die Flüssigkeit taucht, gleichfalls negativ gegen die andere erscheint, zweitens weil, wenn man die eingetauchte Platte an der Luft trocknen lässt, sie sich auf Tage und Monate, ja vielleicht auf Jahre negativer hält, als die, welche gar nicht in die Flüssigkeit getaucht war, drittens, weil diese Wirkungen auch eintreten, wenn man die Platten während der ganzen Zeit, dass sie in die Flüssigkeit tauchen, oder auch während der ganzen Zeit der Versuche, zum Meer (zur Erde) abgeleitet hält.

„Wird man, um diese Erscheinungen nach der neuen Theorie zu erklären, sagen, dass die zuletzt in die Flüssigkeit gesenkte Goldplatte stets die weniger angegriffene ist? Ich glaube nicht, dass es so ist, denn wenn man die feuchte und die trockene Platte in eine andere Flüssigkeit überträgt, so erregt man einen Strom, welcher noch immer in dem gleichen Sinne verlauft, und selbst wenn die neue Flüssigkeit Salpetersäure ist, die mit zwanzig oder dreissig Theilen Wasser verdünnt ist, und sogleich diese nach dem gegenwärtigen Stande unserer Kenntnisse weder Gold noch Platin angreift, so ist dennoch die Ablenkung dreimal so gross, wie sie in der concentrirten Säure ist.

„Wenn man also wie DE LA RIVE die beiden Metalle in Salpeter-Salzsäure taucht, so steigert man an beiden die relative elektromotorische Fähigkeit, da sie aber beim Platin mehr, als beim Golde zunimmt, so wird dieses negativ, und das andere positiv. Dies ist so wahr, dass wenn man zuerst die Platinplatte eintaucht, und dann die Goldplatte, man eine grössere Wirkung erhält, obwohl die chemische Wirkung nicht Zeit genug hat, sich energisch gegen das Gold zu bethätigen, wie sie es dem Platin gegenüber schon gethan hat. Taucht man umgekehrt die Goldplatte zuerst ein, so ist die Wirkung geringer, als wenn man beide Metalle gleichzeitig eintaucht.

„Und noch eine Bemerkung lässt man das Gold während mehr als anderthalb Minuten unter der Flüssigkeit, bevor man das Platin eintaucht, so sieht man letzteres sich positiv elektrisiren, und das Gold, obwohl es sicherlich stärker als das Platin angegriffen wird, elektrisirt sich negativ"

In ähnlicher Weise zeigt MARIANINI noch an einer grossen weiteren Zahl von Beispielen, wie die Ansichten von DE LA RIVE häufig mit den Thatsachen in Widerspruch gerathen Auch in Bezug auf die S 450 erwähnten Versuche weiss er die schwachen Seiten seines Gegners herauszufinden und zu Angriffen zu benutzen In dem letzten Theile seiner Schrift bringt er schliesslich noch das beliebteste Argument gegen die chemische Theorie vor, dass nämlich gleiche Spannung bei Ketten aus denselben Metallen beobachtet wird, wenn diese einmal in Flüssigkeiten tauchen, die sie sehr stark angreifen, das andere Mal in solche, welche keinen sichtbaren Angriff ausüben Auch versäumt er nicht hervorzuheben, dass die chemische Theorie für die Steigerung der Spannung beim Aufschichten der einfachen Ketten zu Säulen keine Erklärung habe Dies letztere Argument ist um so schlagender, als die Abhandlung vor Veröffentlichung der dritten Arbeit DE LA RIVE's (S 455) geschrieben war, wo DE LA RIVE selbst zu dem Schlusse gelangte, dass eine solche Steigerung nicht stattfinden könne

In Summa muss man MARIANINI in seinen Angriffen auf DE LA RIVE fast überall Recht geben, die elektrochemische Theorie in der Form, wie dieser sie aufgefasst hatte, war nicht haltbar Zwar versuchte DE LA RIVE sich zu vertheidigen und bezweifelte die Genauigkeit einzelner Angaben MARIANINI's, in der Hauptsache blieben aber die Einwürfe unbeantwortet, und von den Bemühungen des Genfer Physikers blieb nicht viel mehr übrig, als die immerhin dankenswerthe Anregung zur erneuten Prüfung der Grundlagen der VOLTA'schen Theorie

Gegen die Abhandlung von MARIANINI wendete sich auch PARROT,[1] indem er seine oben (S 429) erwähnte chemische Theorie wiederholte und aus seinem Werke „Entretiens sur la Physique" eine Anzahl von Stellen wieder abdruckte, welche die Erklärung der Erscheinungen in seinem Sinne geben sollten Es erscheint nicht nützlich, auf diese vielfach ausserordentlich willkürlichen Darstellungen einzugehen, auf den Fortschritt der Frage haben sie keinen Einfluss gehabt

Einen weiteren Vertheidiger fand die VOLTA'sche Theorie in A BOUCHARDAT,[2] welcher die schon von WOLLASTON und RITTER angegebenen Versuche über die Beschleunigung der Wasserstoffentwickelung bei der Einwirkung des Zinks auf Säuren durch die Berührung mit anderen Metallen wiederholte und erweiterte

„Wir liessen gleiche Gefässe aus verschiedenen Metallen, die so rein als möglich waren, herstellen, ferner machten wir Kugeln von gleicher Gestalt und gleichem Gewicht aus den Metallen, die wir dem Versuch unterwerfen

---

[1] Ann chim phys 46, 461 1831   [2] Ebenda 53, 284 1834

wollten   In jedes Gefäss wurde eine Kugel gethan, dann wurde die gleiche
Menge derselben Säure hinzugefügt, und die Wirkung während vollkommen
gleichen Zeiten fortgesetzt   Alle Bedingungen waren identisch, der einzige
Unterschied bei allen Versuchen ist die Natur der Gefässe, die einzige verschiedene Kraft ist die durch die Berührung der verschiedenen Metalle, der
Gefässe und der Kugeln entwickelte elektromotorische Kraft   Die Verschiedenheit der chemischen Wirkung ruht daher ausschliesslich von dieser
Ursache her   Vier Kugeln von destillirtem Zink wurden in vier Gefässe
gelegt 1) von Platin, 2) von Gold, 3) von Silber, 4 von Glas Die Wirkung
dauerte für jede eine Stunde, mit der gleichen Menge angesäuerten Wassers,
nach Beendigung der Wirkung ergab die Wägung der Kugeln folgende
Zahlen

Platin 79, Gold 65, Silber 51, Glas 1 $\frac{1}{2}$

„Es ist ersichtlich, dass die Berührung der heterogenen Körper der
chemischen Wirkung eine neue Energie gegeben hat   Diese Unterschiede
sind so bedeutend, dass keine Ursachen von Irrthumern herangezogen werden
können   Es folgt daher aus diesen Versuchen in unwidersprechlicher Weise,
dass durch die einzige Thatsache der Berührung die Körper in verschiedene
elektrische Zustände gelangen, das positive Metall ist es um so mehr, je
negativer der Körper ist, mit dem er in Berührung steht   So kann uns die
Messung der chemischen Wirkung ein Maass für die gegenwärtige elektromotorische Kraft der Körper liefern   Es scheint uns bewiesen, dass die
durch die alleinige Thatsache der Berührung entwickelte Elektricität einen
unmittelbaren Einfluss auf die chemische Wirkung übt, welche die Flüssigkeit auf das positive Metall haben muss, und dass daher die Elektricitätsentwickelung der chemischen Wirkung vorhergeht, dass die chemische Wirkung nicht die Ursache der Elektricitätsentwickelung ist, sondern dass im
Gegentheil die Energie der chemischen Wirkung von der durch die Berührung
entwickelten elektrischen Kraft abhangt "

In dem weiteren Verlauf seiner Abhandlung variirt Bouchardat das
gleiche Thema in mannigfaltiger Weise, wir brauchen ihm dabei nicht zu
folgen   Ebensowenig ist das nöthig bei seinen Bemühungen, den Einfluss
der Gefässe und somit der Berührungselektricität auf eine Anzahl weiterer
Vorgange, wie Krystallisation, Essigbildung, Alkoholgährung, das Sauerwerden
der Milch nachzuweisen   Seine allgemeine Schlussfolgerung, „dass die Kraft,
welche sich bei der Berührung aller verschiedenartigen Stoffe entwickelt,
einen mehr oder weniger deutlichen Einfluss auf die Energie oder die Natur
aller chemischen Reaktionen hat," ist jedenfalls viel zu weit gefasst

11 Becquerel's Hauptwerk Eine Art Abschluss in dem Kampfe
der Meinungen wurde in einem ausgedehnten Werke angestrebt, in welchem
Becquerel die Ergebnisse seiner und anderer Arbeiten zusammenfasste, und
das von 1834 bis 1840 unter dem Titel „Traité expérimental de l'electricité
et du magnetisme" in sieben Bänden erschien In diesem Werke versuchte
Becquerel ein Gesammtbild des behandelten Gebietes zu geben, gelangte

aber über eine wenig systematische Zusammenstellung von Auszügen der betreffenden Schriften nicht hinaus, wenn auch die Sorgfalt, mit der er alles ihm erreichbare zusammentrug, alle Anerkennung verdient. Hat er doch sogar, was für einen Franzosen jener Zeit sehr viel sagen will, eine vollständige Zusammenstellung der in Gilbert's und Poggendorff's Annalen erschienenen Arbeiten aus dem behandelten Gebiet den Titeln nach gegeben. Die sachgemässe Würdigung jener Arbeiten vermochte er allerdings nicht zu erreichen; so findet sich über Ohm's Arbeiten in den sieben Bänden kein Wort, und in dem allgemeinen Register sucht man seinen Namen vergebens, während der Artikel Becquerel mehr als eine Seite engen Druckes einnimmt.

Über seine theoretischen Ansichten giebt Becquerel die aufrichtige Rechenschaft, dass sie im Laufe seiner Arbeiten sich mehrfach geändert haben, und zwar vorwiegend unter dem Einflusse de la Rive's, mit dem er vielfach in polemischer Weise zusammengetroffen war. Durch diesen war er aus einem überzeugten Voltaisten zu einem zwar nicht so unbedingten Chemiker, wie de la Rive, geworden, er hatte sich aber doch diesem Anschauungskreise so sehr genähert, dass er von den orthodoxen Contacttheoretikern als ein unzweifelhafter Gegner angesehen wurde. Durch die grosse Zahl seiner Arbeiten und die Unermüdlichkeit seiner Thätigkeit hatte Becquerel sich in der That das Ansehen eines der Führer der „Chemiker" erworben, obwohl der Schwerpunkt seiner Begabung unzweifelhaft weit mehr in der treufleissigen Sammlung experimentellen Materials, als in der scharfen Präcisirung wissenschaftlicher Fragen und ihrer sachgemässen Beantwortung lag. So ist denn im Laufe der Zeit von Becquerel's Ansichten nichts Erhebliches übrig geblieben, während von seinen Beobachtungen noch heute manche zu eingehenderer Verfolgung des eingeschlagenen Weges auffordern, und andere bereits eine gewisse Bedeutung auch für theoretische Fragen der neuesten Zeit erlangt haben.

Über seine Stellung zu den streitenden Theorieen äussert sich Becquerel folgendermaassen:[1]

„Zunächst habe ich die Meinung de la Rive's vollständig angenommen, dass jedesmal eine Entwickelung von Elektricität eintritt, wenn chemische, thermische oder mechanische Wirkung stattfindet. Die vielen Versuche, welche ich seit einer Reihe von Jahren, und bevor de la Rive sich mit der Frage befasste, über diesen Gegenstand angestellt habe, lassen in dieser Hinsicht keinen Zweifel. Es blieb daher übrig, die Existenz der von Volta, Pfaff, Davy, Marianini und mir angenommenen, von Fabroni, Parrot, Wollaston und de la Rive bestrittenen elektromotorischen Kraft zu untersuchen. Am Anfange meiner Untersuchungen nahm ich die von Davy mit Nachdruck vorgetragene Meinung an, dass die chemische Wirkung unumgänglich sei, dass die durch die Berührung entwickelte Elektricität übertragen wird. Diese Betrachtungsweise ergab sich als ein *mezzotermine* zwischen den Meinungen

---

[1] Traité, 1, 257, 1833.

der Anhänger der Berührung und der der chemischen Wirkung. Da ich
aber überzeugt war, dass diese Frage, selbst wenn man die Theorie von
DAVY nicht annimmt, mittelst des Multiplikators nicht entschieden werden
kann, so wendete ich mich dahin, zu ermitteln, was bei der Berührung
geschieht, indem ich alle möglichen Vorsichtsmaassregeln nahm, um mich
gegen mechanische, thermische und chemische Wirkungen zu schützen,
bezüglich deren mir DE LA RIVE Mangel an Vorsicht vorgeworfen hatte.

„Gewöhnlich benutzt man zur Ansammlung der bei der Berührung
entwickelten Elektricität Condensatorplatten aus Kupfer, welche mehr oder
weniger durch die an den Fingern haftenden Flüssigkeiten angreifbar
sind. Um diesem Uebelstande zu entgehen, benutzte ich Platten aus Gold
oder aus mit Gold überzogenen Kupferplatten. Andererseits hielt ich mich,
statt die elektrische Berührungswirkung der mehr oder weniger an der Luft
oder im Wasser oxydirbaren Metalle zu studiren, besonders zu solchen
mineralischen und die Elektricität leitenden Stoffen, welche seit Jahrhunderten
den Einwirkungen des Wetters ausgesetzt, keinerlei Aenderung an der Oberfläche erfahren haben. Diese Stoffe sind Gold, Platin, Manganhyperoxyd,
Magneteisenstein, Silberamalgam, Schwefelkies, Eisencarburet u. s. w. Ich
fand zunächst mit meinem Apparat, dem ich eine sehr grosse Empfindlichkeit gegeben hatte, dass Platin und Gold bei ihrer gegenseitigen Berührung
keine Spur von Elektricitätsentwickelung gaben. Diese Thatsache, auf welche
DE LA RIVE sich später gestützt hat, um seine Theorie zu vertheidigen, ist
offenbar der von VOLTA entgegen. Ich habe ebenso gefunden, dass beim
Eintauchen der beiden Metalle in eine Flüssigkeit, welche sie nicht angreifen
kann, auch kein Strom stattfand, andererseits sind aber Gold und Platin
positiv gegen Manganhyperoxyd und Eisencarburet, und Manganhyperoxyd
ist überhaupt negativ bei seiner Berührung mit allen anderen Stoffen, während
doch nichts vermuthen lässt, dass diese Stoffe eine chemische Einwirkung
bei der Berührung mit Luft erfahren. Es war hierbei Obacht gegeben
worden, dass weder ein Stoss, noch eine sonstige mechanische Wirkung
eintrat, somit giebt dieser Stoff, ebenso wenig wie die anderen ähnlicher
Natur, Ergebnisse, welche der Theorie der Berührung günstig sind. Ich
gestehe, dass ich ohne diese letzten Resultate mich den Vertheidigern der
chemischen Theorie angeschlossen hatte, obwohl meine Ideen über die Constitution der Körper mir nahe legen, anzunehmen, dass die Berührung
Elektricität entwickelt. Somit habe ich nicht ganz und gar auf ihre Thätigkeit verzichtet."

An einer späteren Stelle[1] kommt BECQUEREL auf dieselbe Frage zurück.
Nachdem er auseinandergesetzt hat, dass möglicherweise auch die Reibungs-
elektricität chemischen Ursprunges sei, da auch durch Reiben chemische
Wirkungen entstehen können,[2] erörtert er die Möglichkeit, dass bei der

---

[1] Traité, **2**, 137.

[2] Die von BECQUEREL geschilderten Erscheinungen sind ähnlich den früher S. 221 erwähnten Versuchen von VAUQUELIN und DESORMES. Er fand, dass das Pulver von Mesotyp

Berührung des Mangansuperoxydes mit den Fingern doch chemische Wirkung eintreten könne. Für eine solche Annahme spricht ihm besonders der Umstand, dass die mögliche chemische Wirkung, der Sauerstoffverlust, gerade das Zeichen der entwickelten Elektricität geben musste, welches thatsächlich beobachtet worden ist, und er ist demnach geneigt, auch in diesen Fällen, die ihm früher gegen die chemische Theorie zu sprechen schienen, einen chemischen Vorgang als Quelle der beobachteten Elektricität anzunehmen.

Wie weit BECQUEREL indessen von der richtigen Auffassung der elektrochemischen Erscheinungen entfernt war, geht aus folgender Stelle seines Werkes[1] hervor, welche daneben dadurch interessant ist, als dort die ersten Anfänge der constanten Ketten sichtbar werden. „Fahren wir fort, gesättigte Lösungen der Metallsalze zu nehmen, welche durch das Eintauchen der Metalle keine merkliche Änderung erfahren, giessen wir daher in das Gefäss mit der Kupferplatte eine gesättigte Lösung von Kupfernitrat, in die andere eine gesättigte Lösung von Zinksulfat, und verfahren unter gleichen Verhältnissen wie vorher (unter Anwendung von verdünnter Schwefelsäure in beiden Gefässen), damit die Ergebnisse vergleichbar sind. Die Ablenkung ist alsdann 88° statt 62°), und erfährt nur langsam eine Verminderung. Die Zunahme der Wirkung ist in diesem Falle auf die Wechselwirkung der beiden Lösungen zurückzuführen, auch ist die chemische Wirkung beider Metalle auf die Lösungen so gering, dass man sie nicht als die einzige Ursache der Erscheinung auffassen kann. Ein Zusatz von Salpetersäure ändert nicht merklich die Stärke des Stromes. Das Gleiche gilt, wenn man einen Tropfen Schwefelsäure in das andere Gefäss giesst, falls das Zink vorher gereinigt war. Es findet somit hier ein Maximum der Wirkung statt, welches erkennen lässt, dass die Wechselwirkung der beiden Lösungen den grössten Antheil an der Entstehung des Stromes hat. Diese ist in solchem Maasse die Ursache der Erscheinung, dass wenn man mit zwei Platten von Kupfer oder Platin arbeitet, die Wirkung in demselben Sinne statthat, bis auf die Intensität, welche in dem Maasse geringer ist, als die elektrische Flüssigkeit eine grössere oder geringere Schwierigkeit findet, von der Flüssigkeit in das Metall zu gehen."

BECQUEREL ist hier nicht gewahr geworden, dass er den Normalfall des galvanischen Elementes hergestellt hatte, in welchem die chemische Wirkung ausschliesslich an die elektrische, oder, umgekehrt gebunden ist. Wenn er anstatt der Kupferplatte eine von Platin in die Kupfernitratlösung gestellt hätte, so hätte er beobachtet, dass sich auf ihr Kupfer abscheidet, während

---

ähnlich zuerst, dass beim Reiben einer Platte von Kalkstein mit einem Krystall von Kaliumsulfat sich alsbald Kaliumcarbonat und Calciumsulfat bildet, dass Schwefelkies, der an der Luft unveränderlich ist, beim Eintauchen sich zu Eisenvitriol oxydirt. In neuester Zeit sind ähnliche Erscheinungen chemischer Reaktionen durch mechanischen Druck von CAREY LEA beschrieben worden, sie beanspruchen nach mehreren Gesichtspunkten ein grösseres Interesse, als ihnen bisher im Theil geworden ist.

[1] Traité 2.

der Strom durchgeht, und hatte sich daraus überzeugen können, dass bei
der von ihm zusammengestellten Kette allerdings eine chemische Wirkung
stattfindet, wenn auch die Lösungen nicht unmittelbar auf die Metalle
einwirken können, daraus hatte sich ferner ergeben, dass eben nur die
mittelbaren chemischen Vorgänge elektromotorisch brauchbar sind. Damit
wäre aber endlich der immer wiederholte Einwand gegen die chemische
Theorie gefallen, dass es chemische Vorgänge in den Ketten gebe, welche
nicht elektromotorisch wirken.

Diese Bemerkungen sind nicht gemacht, um aus ihnen besonderen
Tadel gegen Becquerel herzuleiten, denn es waren noch mancherlei Beobachtungen und Entdeckungen zu machen, bevor diese einfache Betrachtung
der elektromotorischen Erscheinungen durchgeführt werden konnte. Es war
nur darauf hinzuweisen, wie oft man den Schlüssel zu einem lange gesuchten
Punkte in der Hand hält, ohne sich dessen bewusst zu werden, und wie
man demgemäss den richtigen Schlüssel verkehrt anwendet, ohne einmal
auf den Gedanken zu kommen, wenn er gar nicht schliessen will, ihn in
der umgekehrten Richtung zu drehen.

In dem dritten Bande seines Werkes, welcher im Jahre 1835 erschienen
ist, giebt Becquerel schliesslich einen Überblick über seine theoretischen
Anschauungen.[1] Er knüpft sie an eine von Ampère ausgesprochene Ansicht
an, durch welche dieser die in der Berzelius'schen Theorie enthaltene
Schwierigkeit, dass die vereinigten Atome nach dem Ausgleich ihrer Elektricitäten keinen Grund mehr haben, vereinigt zu bleiben, zu überwinden
sucht. Ampère nimmt an, ebenso wie Berzelius, dass die Elemente mit
bestimmten Elektricitäten beladen seien. Dadurch wirke aber jedes geladene
Atom auf die neutrale Elektricität der Umgebung, und umkleide sich mit
einer Hülle von der entgegengesetzten Elektricität, ohne sich mit dieser verbinden zu können, es stellt also eine Art geladener Leidener Flasche dar.
Bei der Verbindung entgegengesetzt geladener Atome gleichen sich nur die
Elektricitäten der Hülle aus, und die Atome selbst bleiben mittelst ihrer
eigenen Elektricität verbunden, während die Verbindung der Elektricitäten
der Hüllen die Erscheinungen des Feuers u. s. w., welche die Verbindung
begleiten, bedingt.

Gegen diese Ansicht erhebt Becquerel einige Einwände, die seinige,
welche er alsdann vorträgt, unterscheidet sich indessen kaum von derselben.
Nach Becquerel sind insbesondere die Säuren mit negativer, die Basen mit
positiver Elektricität behaftet, beide Theilchen umkleiden sich mit einer
Hülle der entgegengesetzten Elektricität, die sie bei ihrer gegenseitigen Neutralisation verlieren, und bei der Trennung wiedergewinnen.

Der Zusammenhang zwischen Leitung und Zersetzung in Flüssigkeiten,
welche einen Strom leiten, erscheint ihm nur zufällig, nicht nothwendig, da
die festen Metalle, die Kohle und andere Stoffe ohne Zersetzung leiten.

---

[1] Traité, 3, 400.

konnen „Die Elektricität kann somit in diesen wandern, ohne es dabei nöthig zu haben, materielle Stoffe mit sich zu schleppen, warum soll es bei den flüssigen Körpern nicht ebenso sein, deren Constitution dieselbe ist, abgesehen von dem Aggregatzustande, welcher nicht der gleiche ist?“

Neben solchen bedenklichen Ansichten finden sich wieder recht klare und brauchbare, wie z B die folgende über die Entstehung des Stromes in der einfachen Kette „Wenn das Zink in's Wasser getaucht wird, reagirt es darauf, indem es eine sehr langsame Zersetzung hervorbringt, die durch die Elektricität erzeugt wird der Sauerstoff, der sich von dem Wasserstoff trennt, um sich zum Metall zu begeben, nimmt seine Atmosphäre von negativer Elektricität mit sich, da aber das Zinktheilchen einer Atmosphäre von positiver Elektricität bedarf, um sich mit dem Sauerstoff zu verbinden, giebt es an die Umgebung seine negative Elektricität ab, welche an Intensität der negativen des Sauerstoffes gleich ist, und sich alsbald, so wie die leitende Verbindung hergestellt ist, zu dem Kupfer begiebt, und von dort in die Flüssigkeit übertritt Der Wasserstoff im nascirenden Zustande aber, welcher sich von positiver Elektricität umgeben befindet, wird durch den Strom nach dem Kupfer transportirt, wo er die negative Elektricität wieder aufnimmt, deren er bedarf, um seinen neutralen Zustand herzustellen Ohne die Berührung mit dem Kupfer ist die Reaktion schwach und langsam, da die Verwandtschaft des Sauerstoffes zum Zink durch seine Wirkung auf den Wasserstoff aufgehoben wird, nach der Berührung ist sie im Gegentheil energisch und schnell, weil die beiden elektrischen Kräfte, welche zur Erhaltung der Verbindung des Sauerstoffes mit dem Wasserstoff dienten, frei werden, und indem sie in einem Sinne wirken, welcher dem früheren entgegengesetzt ist, dazu dienen, dieselbe Verbindung zu zerstören “

In ähnlicher Weise wird die Zersetzung durch den Strom erklärt, wobei Becquerel ausdrücklich im Sinne von Grotthuss hervorhebt, dass die in entgegengesetzten Richtungen wandernden Molekeln dabei nicht frei bleiben, sondern eine Reihe abwechselnder Verbindungen und Zersetzungen erleiden

„Alle die vorgelegten Betrachtungen zeigen, dass zwischen den Verwandtschaften und den elektrischen Kräften eine vollständige Identität in dem Sinne vorhanden ist, dass die Elektricität, die mit den Theilchen einer chemischen Verbindung vereinigt ist, die Wirkung der Verwandtschaft aufrecht erhält, und daher die Kraft darstellt, welche die Theilchen zusammenhält, so dass, um diese Kraft zu besiegen und die Theilchen zu trennen, man einen elektrischen Strom anwenden muss, der zum mindesten dem gleich sein muss, welchen die beiden damit verbundenen Elektricitäten entwickeln würden, wenn sie frei würden Wir ziehen hieraus nicht den Schluss, dass die Ursache der Verwandtschaft eine rein elektrische ist, da alle bisher beobachteten Thatsachen allein beweisen, dass die elektrischen Kräfte, welche sich an dem Bestande der Verbindungen betheiligen, sich bei der Wirkung der Verwandtschaften entwickeln, es ist also eine Wirkung, welche die Ursache für die Permanenz der Berührung der Theilchen ist Dies ist im

allgemeinen die Art, wie man die Rolle ansehen muss, welche die Elektricität
bei den chemischen Wirkungen spielt:

„Es folgt aus den Beziehungen, welche wir soeben zwischen den elektrischen
Kräften und den Verwandtschaften festgestellt haben, dass, wenn man zwei
Elementen die elektrischen Zustände mittheilt, welche sie in ihrer Verbindung haben müssen, die Verbindung alsbald eintreten muss, da sie sich
alsdann im nascirenden Zustande befinden. Dieses fruchtbare Princip
dient zur Erklärung einer grossen Zahl natürlicher Erscheinungen, deren
Ursachen erst seit einigen Jahren sich haben aufdecken lassen.

„Wir haben wohl gesehen, dass wenn zwei Körper chemisch auf einander wirken, sie sich mit Atmosphären von entgegengesetzten Elektricitäten
umgeben, welche zur Erhaltung der Verbindung unumgänglich sind, wie
können aber die Verwandtschaften ein derartiges Phänomen hervorbringen?
Dies ist uns allen unbekannt. Es fehlt uns an Thatsachen, um in ein solches
Geheimniss einzudringen."

Die Ansichten von BECQUEREL theilen mit denen seiner Zeitgenossen die
Eigenschaft, dass aus ihnen sich sehr wenig bestimmte Schlüsse ziehen
lassen, und kennzeichnen auf diese Weise den unbefriedigenden Zustand, in
welchem sich zu jener Zeit die auf die gegenseitige Umwandlung der verschiedenen „Kräfte" bezüglichen Ansichten befanden. Da er auch das Gesetz
von OHM nicht kennt, und mit dem von FARADAY (siehe das nächste Kapitel)
nichts anzufangen weiss, so fehlen ihm in der That die einzigen Führer
durch das Labyrinth der Erscheinungen, welche dieselbe messen, und somit
geistig beherrschen lassen.

In dem sechsten Bande seines „Traité" kommt BECQUEREL nochmals
auf seine theoretischen Ansichten zurück. In einem eigenen Kapitel (S. 333)
setzt er auseinander, was er für festgestellt in diesem Gebiete hält. Zum
grössten Theile handelt es sich um eine wörtliche Wiederholung des früher
Gesagten (S. 467), eine Veränderung zeigt sich nur insofern, als er noch
bestimmter, als früher, sich auf den chemischen Standpunkt stellt und dem
Contact nur eine ganz secundäre Wirkung zuschreibt.

Im Anschlusse daran beschreibt er eine Methode, um mit Hülfe des
elektrischen Stromes die chemische Verwandtschaft zu messen. Diese hat
freilich nur noch geschichtliches Interesse, da sie im Princip falsch angelegt
ist. Bei der Gelegenheit der Prüfung des FARADAY'schen Gesetzes war ihm
aufgefallen, als er Gemenge verschiedener Metallsalze der Zersetzung unterwarf, dass nur eines von den vorhandenen Metallen, und zwar immer das
edelste, zur Ausscheidung gelangte. Indem er die Menge des anderen Salzes
beständig vermehrte, gelangte er schliesslich bei einem sehr grossen Über-
schusse dazu, auch das andere Metall abzuscheiden. Das Verhältniss nur,
das zwischen beiden Metallen in der Lösung vorhanden sein muss, damit
gleiche Mengen derselben sich gleichzeitig ausscheiden, sah er als den Ausdruck der beiderseitigen Verwandtschaft der Metalle zum Sauerstoff und der
Säure an. So hat sich ergeben, dass auf einen Theil Silbernitrat sechzig

Theile Kupfernitrat vorhanden sein müssen, damit ein Gemenge von annähernd gleichen Theilen beider Metalle ausgeschieden wird, darnach wäre die Verwandtschaft des Kupfers zur Salpetersäure sechzig Mal so gross, wie die des Silbers

Die Methode ist später nie angewendet worden, weil sie irrthümlich ist Das Verhältniss der Salze in der Lösung ist nicht der einzige Umstand, durch welchen das Verhältniss der ausgeschiedenen Metalle bestimmt wird, sondern das letztere hängt auch noch in entscheidender Weise von der Stromstärke und der Oberfläche der Elektrode, also von der Stromdichte ab, und man kann durch Regelung dieser Umstände das Verhältniss der sich abscheidenden Metalle nach Belieben ändern BECQUEREL hatte, als er das Verfahren angab, die erste Pflicht versäumt, welche in einem solchen Falle dem Erfinder obliegt, nämlich sich zu überzeugen, dass zwischen dem zu messenden Dinge und dem Maassstab auch wirklich ein eindeutiges Verhältniss besteht Nur wenn dies zutrifft, ist die Messung möglich, und in diesem Falle traf es nicht zu

12 Die deutschen Forscher Der Theil des Kampfes, welchen wir bisher kennen gelernt haben, hat sich ausschliesslich auf französischem Boden, d h in Zeitschriften vollzogen, welche in französischer Sprache erschienen Die fraglichen Arbeiten wurden in's Deutsche übersetzt, und dadurch erhielt auch der damals in Deutschland unbedingt vorherrschende Voltaismus hier einen Stoss Die ersten Stimmen waren, wie es sich erwarten lässt, nur zur Vertheidigung der Contacttheorie erhoben worden, und als reiner „Chemiker" trat erst später ein Forscher auf, mit dem wir uns noch zu beschäftigen haben werden, nämlich SCHÖNBEIN Doch zeigt sich der Einfluss der Erschütterung der überkommenen Ansichten darin, dass mancherlei Versuche vorgenommen werden, die beiden entgegenstehenden Meinungen mit einander zu vereinigen, natürlich wie immer mit dem Ergebniss, dass der Vermittelnde von beiden Parteien angegriffen wurde

Von den Forschern, welche uns hier entgegen treten, ist vor allem der unentwegte Vertheidiger des Voltaismus, C H PFAFF, zu nennen Neben ihm treten als Gleichgesinnte zuerst OHM, und später FECHNER und POGGENDORFF auf, welche alle orthodoxe Voltaisten sind, als Vermittler erscheinen KARSTEN und POHL Auch hier ist es nicht möglich, jede Phase des Kampfes zu schildern, wir werden uns wie früher damit begnügen, einzelne charakteristische Momente festzuhalten, und dabei auf die Dinge näher einzugehen, welche sich später als von Bedeutung erwiesen haben

Mitten in diese Zeit fällt endlich das Auftreten des Mannes, dem die wichtigste Entdeckung gelungen ist, die auf dem Gebiete zu machen war, das des englischen Forschers FARADAY Ähnlich, wie zur Zeit, wo die Voltasche Kette aller Orten Gelehrte und Ungelehrte beschäftigte, der Engländer H DAVY in einsamer Grösse unter seinen fast völlig unthätigen Landsleuten hervorragt, aber durch seine Leistungen nicht nur diese, sondern auch die französischen Arbeitsgenossen auf dem Continent weit in den Schatten stellt, so erscheint FARADAY, der Amtsnachfolger DAVY's, in gleicher Weise allein unter seinen Landsleuten, die sich so gut wie gar nicht um den Streit kümmern, und bringt Thatsachen bei, welche die maassgebende Grundlage für die künftige Entscheidung des Streites bilden. Obwohl es an der unmittelbaren Anerkennung der Bedeutung seiner Entdeckung des Gesetzes von der festen elektrolytischen Aktion (siehe das nächste Kapitel) nicht gefehlt hat, so ist doch die Wirkung desselben auf die Umgestaltung der theoretischen Ansichten nur sehr langsam vor sich gegangen. Ja, man kann sagen, dass die ganze Bedeutung des Gesetzes erst in den jüngsten Tagen gewürdigt worden ist. Es ist deshalb möglich, die Geschichtserzählung des Streites der Theorieen noch durch eine längere Zeit über die Entdeckung des Gesetzes hinauszuführen, ohne näher auf diese einzugehen, was in einem besonderen Kapitel geschehen wird. Denn noch lange über das Jahr der Entdeckung, 1833, hinaus, wird der Kampf der beiden Ansichten mit wesentlich denselben Waffen, wie vorher geführt, ohne dass auf die von Grund aus veränderte Situation Rücksicht genommen wird. Es ist dies eine Erscheinung, welche ganz den Schicksalen des OHM'schen Gesetzes ähnlich ist, obwohl es in dem Falle des FARADAY'schen Gesetzes nicht an dem Mangel der Bekanntschaft liegen konnte, hat es doch fast ebenso lange gedauert, bis die Anwendung des Gesetzes allgemein wurde. Diese Beispiele zeigen, wie viel Zeit im allgemeinen jedesmal die Assimilation eines neuen Gedankens erfordert. Zu seiner Anwendung genügt keineswegs, dass er da und bekannt ist, vielmehr muss sich die Wissenschaft erst einigermaassen an ihn gewöhnt haben, bevor eine allgemeinere Anwendung gewagt und die Umgestaltung der Anschauungen im Sinne der neuen Erkenntniss vorgenommen wird.

13. G. F. POHL. Auf diesem deutschen Schauplatze des Kampfes tritt in der ersten Hälfte der zwanziger Jahre ein Mann auf, der mit der ganzen Selbstgewissheit seiner Schule — er gehörte der Sekte der Naturphilosophen an — eine gründliche Verachtung des Experimentes zur Schau trägt, und der dennoch der einzige unter seinen Zeitgenossen und nächsten Nachfolgern ist, welcher zu thatsächlich richtigen Kenntnissen über den Sinn der Elektricitätserregung zwischen Metallen und Flüssigkeiten gelangt war. Es war dies GEORG FRIEDRICH POHL, geboren 1788 in Stettin, gestorben 1849 in Breslau. Seine Studien hatte er in Erlangen, dem Mittelpunkte der naturphilosophischen Schule gemacht, später ist er an verschiedenen Berliner Schulen Lehrer gewesen und schliesslich an der Universität in Breslau Professor geworden. Eine vorläufige Bekanntschaft haben wir bei Gelegenheit des Berichtes über die Arbeiten von OHM mit ihm machen können, er war der gestrenge Kritiker, welcher dessen Werk über die galvanische Kette jede Bedeutung absprach. Die gleiche kritische Ader nehmen wir auch an POHL's anderen Arbeiten wahr, und zwar ist es nicht die ruhig abwägende Kritik des nüchternen Forschers, sondern es sind die unfehlbaren Urtheilssprüche des weit über dem übrigen Tross stehenden Wissenden.

Die wissenschaftliche Auffassung POHL's erhellt aus dem bei Gelegenheit einer Verurtheilung Becquerel's[1] formulirten Ausspruch über das Verhältniss zwischen chemischen und elektrischen Erscheinungen „Die Elektricität ist überall, wo sie erscheint, nichts, als die Tendenz zur chemischen Synthesis, sie ist kein materielles, mechanisch bewegtes Substrat, sondern eine rein dynamische Thätigkeitsform der Materie selbst, sie ist die ungeöffnete Knospe, aus welcher, wenn der Kreislauf der Funktionen in sich geschlossen ist, der Chemismus wie eine aufgeschlossene Blüthe plötzlich hervorbricht Die Elektricität geht daher jedesmal vor dem Chemismus voran, niemals folgt sie ihm, und es ist absolut unrichtig, wenn man wie Herr Becquerel, die elektrischen Erscheinungen als spätere Erzeugnisse des Chemismus, oder gar als die Folge von capillaren Wirkungen und dergleichen betrachtet"

Seine Ansichten und Versuche hat Pohl hauptsächlich in einem ziemlich umfangreichen Werke „Der Prozess der galvanischen Kette" niedergelegt[2] Das Werk ist Alexander von Humboldt gewidmet, und die Vorrede beginnt mit den Worten „Wenn es gewiss ist, dass Selbstgefühl und Anspruchslosigkeit beide, falls sie rechter Art sind, aus einer und derselben Quelle, der Selbsterkenntniss, hervorgehen, so glaube ich mich nicht scheuen zu dürfen, Ihren grossen und gefeierten Namen dieser Schrift voranzusetzen Das Bewusstsein, welches mich in den Lichtkreis Ihrer Nähe treten lasst, wurde kein lauteres sein, wenn es nicht zugleich mit der Überzeugung in mir vereinigt wäre, dass ich nach meinen Bestrebungen, und nach dem, was ich Ihnen darbringe, dieses Lichtes nicht unwürdig sei"

Der Inhalt von Pohl's Schrift ist ein merkwürdiges Gemisch von richtigen und falschen Anschauungen, durchsetzt und überschwemmt von der Phraseologie seiner Schule Die wesentliche Rolle, welche die Berührung zwischen den Metallen und den flüssigen Leitern in der Erzeugung der elektrischen Erscheinungen der Kette spielt, hat er wiederholt und energisch betont, doch konnte er sich von der Volta'schen Auffassung nicht ganz frei machen, und nahm daher eine entgegengesetzte Thätigkeit in der Kette an die Metalle wirken so aufeinander, dass das Zink gegen Kupfer positiv wird, durch die Berührung mit der Flüssigkeit werde aber das Zink negativ, und diese Wirkung sei die überwiegende Dabei schrieb er einer schwer verständlichen polaren Anordnung der Flüssigkeit in der Kette eine entscheidende Bedeutung für das Zustandekommen der Wirkung zu

In der Erkenntniss der Bedeutung, welche die Berührung zwischen Flüssigkeit und Metall für die Theorie der Kette hat, ist Pohl auf einen ganz richtigen Weg gelangt Als ich mich durch seine endlos schwülstigen Auseinandersetzungen zu seinen positiven Angaben durchgearbeitet hatte, war ich nicht wenig erstaunt, diese Angaben vollkommen den Erfahrungen entsprechend zu finden, welche erst in neuester Zeit über diese Frage gewonnen worden sind Es war weiter keine ganz leichte Aufgabe, die thatsächlichen Erscheinungen herauszufinden, auf welche Pohl diese Angaben

---

[1] Pogg. Ann. 3 186 1825   [2] Leipzig 1826 130 Seiten

begründet hatte   Denn ihm erscheint der experimentelle Nachweis seiner
Ansichten eine Sache von sehr geringer Bedeutung, mehr aus freundlicher
Nachsicht für die Schwäche der zurückgebliebenen Zeit- und Fachgenossen,
welche in der Physik nach experimentellen Gründen fragen, statt nach dem
speculativen Beweise, als weil er selbst Gewicht darauf zu legen gewillt war,
hat er sich zu einigen kurzen Angaben herabgelassen   Mein Erstaunen
steigerte sich, als ich fand, dass er thatsächlich einen der wenigen Wege
gefunden hatte, die zum Ziele führen, freilich war er neben diesem richtigen
Wege noch einen falschen gegangen, der ihn durch eine gegenseitige Eli-
mination mehrerer Fehler zu dem richtigen Endziele geführt hatte

Um bei diesen seltsamen Widersprüchen zwischen der Unzulänglichkeit
von Pohl's Philosophie und der Richtigkeit der durch sie erlangten Ergebnisse dem Leser ein ungefärbtes Bild von seiner Denkweise zu geben, theile
ich nachstehend seine eigene Zusammenfassung seiner Ergebnisse und des
Entwickelungsganges seiner Ansichten mit, wie er sie in der Vorrede seines
oben genannten Werkes niedergelegt hat [1]

„Der ursprüngliche Zweck meiner Darlegungen leitete mich, in dem
Streben nach möglichst elementarischer Begründung, auf die Betrachtung
der zweigliedrigen galvanischen Kette mit ungleichen metallischen Berührungsflächen   Ich suchte diesen Gegenstand um so schärfer in's Auge zu fassen,
da seine eigentliche Natur und sein Verhältniss zu den herrschend gewordenen Vorstellungen über den Prozess der galvanischen dreigliedrigen Kette
so lange immer noch etwas völlig Räthselhaftes geblieben waren   Ich fand
sehr bald, dass hier von einer Contactelektricität der metallischen Armaturen,
wie man sie bis dahin als eigentliche Triebfeder der Kette betrachtet hatte,
gar nicht die Rede sein könne, ich sah mich genöthigt zu schliessen, dass
diese Triebfeder nichts anderes, als nur die in der Contactelektricität der
Flüssigkeit und des Metalles angedeutete Thätigkeit sein könne, und die
Erfahrung, welche ich machte, dass die Abweichungsrichtung der Magnetnadel in der geschlossenen zweigliedrigen Kette dieselbe blieb, so lange die
elektrische Relation der Flüssigkeit zum Metalle sich nicht änderte und dass
sie in die entgegengesetzte überging, sobald mit einem anderen Metalle
diese Relation auch die entgegengesetzte geworden war, erhob meine Folgerung zur entschiedenen Gewissheit

„Mit dieser Combination war umgekehrt zugleich ein Mittel aufgefunden,
die elektrische Erregung zwischen der Flüssigkeit und dem Metalle, deren
Kenntniss bis dahin nur den so häufig unzulänglichen und zweifelhaften
Ergebnissen des Condensators und Duplikators verdankt wurde, theils der
Art, theils auch der Quantität nach, unzweideutig versichtbaren und an der
magnetischen Bussole ablesen zu können

„Einer Klasse von Physikern, die ihr Augenmerk mehr auf praktische
und experimentale Einzelheiten, als auf umfassende spekulative Interessen

---

[1] Der Prozess der galvanischen Kette   S   VIII

richtet, wird diese Seite meiner Untersuchungen vielleicht beachtungswerther, als manche der übrigen sein. Mir war sie es nicht. Ich hielt dasjenige, was die zweigliedrige Kette unter dem Charakter unumstösslicher Gewissheit mir anvertraut hatte, vergleichend an die Erscheinungen der dreigliedrigen, und die zur reinsten Evidenz gesteigerte Überzeugung, dass auch in der dreigliedrigen Kette die Relation zwischen Flüssigkeit und Metall allein die eigentliche Seele der Thätigkeit sei, während die Contactelektricität der differenten Metalle nur das Reizmittel zur Belebung dieser Thätigkeit bilde — eine Überzeugung, die ich in anderen Arbeiten lange vorher, nur nicht unter solchen Dokumenten als jetzt ausgesprochen habe — war die unauslassliche Folge dieser Vergleichung. Ich wurde inne, dass die Physik in ihrer bisherigen Betrachtungsweise des Prozesses der galvanischen Kette, nach der Contactelektricität der Metalle, nur so, wie ein Kind nach dem, was am meisten in die Augen fällt, gegriffen, und die mehr unsichtbaren, unscheinbaren, aber daher um so wesentlicheren, in der geschlossenen Kette nur um so kräftiger sich entwickelnden Qualitäten in der Relation der Flüssigkeiten zu den Metallen, wenn nicht völlig übersehen, so doch fast gänzlich vernachlässigt habe.

„Meine seit längerer Zeit gemachten Entdeckungen über die polare Thätigkeit des flüssigen Leiters in der geschlossenen Kette, — ohne dass ich damals ihren Zusammenhang mit den nachfolgenden Untersuchungen bereits so bestimmt, als jetzt durchschaute — bildeten gleichsam, als wären sie die von vornherein erwarteten Resultate planmässig unternommener Vorarbeiten, die wesentlichen Prämissen zu den späteren Combinationen, und als der gemeinsame Mittelpunkt des grossen, alle elektrischen Relationen der Flüssigkeiten und Metalle umfassenden Kreises ergab sich mir eine Norm, die meines Erachtens zu den merkwürdigsten Gesetzen gezählt zu werden verdient, welche die Naturlehre kennt, das Gesetz nämlich, dass die elektrische Relation irgend zweier Metalle gegen eine und dieselbe Flüssigkeit jeder Zeit, theils der Qualität, theils der Quantität nach, die entgegengesetzte von der zwischen den Metallen selbst stattfindenden gegenseitigen Relation sei. Die Relationen der Metalle und Flüssigkeiten greifen so, wie aus zwei entgegengesetzten Welten, bedeutungsvoll ineinander, und die starren, regulinischen Metalle, je mehr sie durch den Drang ihrer gegenseitigen Erregung im Contact mit einander der entgegengesetzt erregenden Einwirkung der Flüssigkeiten Widerstand zu leisten trachten, fallen dadurch um so gewisser dem regen, unaufhaltsamen Fortschritte der allgemeinen Entwickelungsmetamorphose des grossen heiligen Naturlebens anheim."

Der von Pohl angedeutete Weg, auf dem er zu der Erkenntniss gelangte, dass die sogenannten positiven Metalle, wie Zink, Zinn und Eisen in Berührung mit Flüssigkeiten thatsächlich negativ werden, während die als negativ bezeichneten, wie Kupfer, Silber, Gold, umgekehrt das positive Zeichen bei der Berührung mit Flüssigkeiten erlangen, ist folgender. Taucht man gleichzeitig zwei Stücke desselben Metalles, von denen das eine eine grosse, das andere eine kleine Oberfläche hat, in die Flussigkeit, während zwischen beiden Metallstucken eine Verbindung durch das Galvanometer besteht, so nimmt man einen Strom wahr, welcher beim Zink von der grosseren Fläche durch die Flussigkeit zu der kleineren Fläche geht, beim Kupfer geht umgekehrt der Strom von der kleineren Fläche durch die Flussigkeit zur grossen, oder von der grossen Fläche durch das Galvanometer zur kleinen. Die Deutung, welche Pohl dieser Erscheinung giebt nachdem er mit Recht jeden Versuch, sie auf eine etwaige Contactelektricität zwischen grossen und kleinen Metallstucken zuruckzufuhren, als absurd zuruckgewiesen hat, ist folgende

„Es sei z eine Metallfläche, die im Contact mit der Flussigkeit f negativ elektrisch wird, so wird die letztere in der Beruhrungsfläche mit z positiv, und am entgegengesetzten Extrem negativ elektrisch. Wird an dieses Extrem eine an Grosse und Beschaffenheit nach mit z vollig gleiche Metallfläche gelegt, so hebt sie durch dieselbe elektrische Relation gegen f einen Theil der negativen Erregung der ersteren ganzlich auf, ebenso, wie die ihrige durch die erste Metallfläche auf der anderen Seite zum Theil vernichtet wird und beide Metalle sind in gleichem, aber viel schwacheren Grade negativ elektrisch, als jedes von ihnen in der Beruhrung mit f an und fur sich sein wurde. Ist dagegen die beruhrende Fläche der zweiten Armatur z bei sonst gleicher Beschaffenheit betrachtlich kleiner, als die der ersten z, so ist auch das Integral ihrer entgegenwirkenden Erregungsthatigkeit betrachtlich geringer, als bei jener, denn da die Erregungsintensitat jedes einzelnen Punktes der Kette nur eine Funktion der Erregungsintensitat der Masse derselben in allen ihren Punkten schlechthin ist, so muss z', wenn auch bei seinem Contact mit der Flussigkeit seine eigenthumliche Erregung sich geltend macht, vermoge der das f in der Beruhrungsfläche mit z' positiv, und z' selbst negativ wird, von dieser negativen Erregung in Conflikt mit der von dem grosseren z ausgehenden Erregung doch viel mehr, als z von der seinigen verlieren. Vor der Schliessung der Kette ist also z negativ, und die kleinere Armatur z', wenn auch ebenfalls, doch in viel geringerem Grade negativ als z, so dass sie dem z als eine positiv erregte gegenuber steht, und dass es nur noch einer angemessenen Verstarkung der negativen Erregung des z bedarf, damit der Gegensatz vollig entschieden, und z', ausser Vermogen, der kraftigeren Thatigkeit gegenuber seine eigene Erregung noch ferner geltend zu machen, absolut positiv wird·

Diese Darlegung ware vielleicht trotz der Neigung ihres Verfassers zu langen Perioden nicht so wortreich gerathen, wenn er nicht einen gewissen Betrag von Unsicherheit zu verbergen gehabt hatte. Denn es war seit den Forschungen Volta's ganz wohl bekannt, dass die Spannung einer Kette, also auch die ihrer einzelnen Glieder, von der Grosse der Platten, und somit von der Grosse der Beruhrungsflachen ganz unabhangig ist. Die weitlaufige Darlegung Pohl's lauft aber darauf hinaus, dass die Spannung der grosseren Fläche als „Integral" der Spannung ihrer Punkte diese der kleineren ubertreffen

soll Der Widerspruch, welcher zwischen der von VOLTA beobachteten Thatsache und dem thatsächlichen Entstehen eines Stromes bei ungleich grossen
Berührungsflächen zu liegen scheint, ist durch POHL's Darlegung keineswegs
gehoben, denkt man diese klar durch, so musste ein dauernder Strom ohne
jeden weiteren Aufwand stattfinden können, wenn sie richtig wäre

Die Lösung des Problems ist in diesen letzten Worten angedeutet
worden es handelt sich um eine Ladungserscheinung der Oberflächen
Entsteht zwischen Metall und Flüssigkeit die angenommene Vertheilung, bei
welcher das erstere negativ ist, so muss durch den Stromkreis eine Elektricitätsmenge gehen, die der Oberfläche der Berührung proportional ist, um
eine solche Vertheilung der Elektricität herzustellen Beide Flächen bedingen
solche Ladungsströme von entgegengesetzter Richtung, sind beide Oberflächen gleich, so heben sie sich auf, sind sie ungleich, so zeigt der übrig-
bleibende Strom an, in welchem Sinne sich die grössere Oberfläche in
Berührung mit der Flüssigkeit ladet

POHL scheint somit eine dunkle Vorstellung von der richtigen Deutung
des Versuches gehabt zu haben, weil das Endergebniss seiner fehlerhaften
Schlussreihe doch richtig ist Er hat, wie das in der Wissenschaft gar nicht
so selten ist, durch unbewusste Schlüsse das richtige Ergebniss voraus-
genommen und war nun, als er seine Schlussreihe bewusst darzulegen versuchte, in eine falsche Richtung gerathen, er hatte seine Resultate, wusste
aber nicht, wie er zu ihnen kommen könne

Neben diesen Versuchen, die in der That geeignet sind, das Problem
zu lösen, theilt POHL noch andere mit, welche mit dem Condensator angestellt worden waren, und bei einer ziemlich verwickelten Anordnung doch
den Zweck nicht erreichten, da sie ebenso unbewiesene Voraussetzungen
enthielten, wie die meisten anderen Versuche, die in dieser Richtung angestellt worden sind Auf diesen Theil des Buches von POHL einzugehen, ist
demnach nicht nothig, auch ist es mir nicht gelungen, in den weitläufigen
übrigen Auseinandersetzungen weitere brauchbare Gedanken oder Versuche
aufzufinden

Die Ansichten von POHL haben keinen merklichen Einfluss auf die Zeitgenossen ausgeübt Die Glanzzeit der Naturphilosophie war bereits vorüber,
die Naturforscher begannen auch in Deutschland in der Erfahrung wieder
die einzige Quelle der Erkenntnis anzuerkennen, so dass der Standpunkt
des POHL'schen Werkes von vornherein meist Widerspruch erweckte Das
Richtige darin wurde von der Last des Zweifelhaften und Falschen zu Boden
gedrückt, und erst, nachdem man von anderer Seite jenes Richtige erkannt
hatte, war dessen Vorhandensein in jenem Werke erkennbar

Von POHL ist ferner ein Versuch angegeben worden, von dem selbst
PFAFF, der sonst stets bereite Vertheidiger der VOLTA'schen Theorie sagt,
dass er ohne weiteres aus dieser Theorie nicht zu erklären sei Der Versuch
besteht nach den Worten POHL's in folgendem [1]

----
[1] PFAFF, Ann. 16, 109 1829

„Die durch die beigefügte Zeichnung versinnlichte Vorrichtung zur Darstellung des Versuches ist sehr einfach. Eine Anzahl Kupferplatten, *k*, *a*, *b*, *c*, *γ*, *β*, *α*, und eine Zinkplatte *z*, etwa 6 Zoll in's Gevierte gross, sind in der bezeichneten Ordnung mit feuchten Zwischenplatten aufgeschichtet und paarweise durch Metalldrähte *1* bis *4* verbunden. Um die Verbindung mit Leichtigkeit herstellen und wieder aufheben zu können, ist jede Platte an geeigneter Stelle ihres Vorder- oder Seitenrandes mit einem angelötheten Kupfernäpfchen versehen, das mit Quecksilber gefüllt ist und das eintauchende amalgamirte Ende des Kupferdrahtes aufnimmt und festhält. Die Papp-scheiben, etwas kleiner als die Metallscheiben, sind mit etwa 30 fach ver-dünnter Schwefelsäure durchnetzt und so stark und gleichmässig als möglich ausgepresst, damit die hervorstehenden Metallränder völlig trocken und anomale Effekte vermieden bleiben mögen.

„Wenn man zuvörderst die Enden eines elektromagnetischen Multipli-kators mit den beiden Haupterregerplatten *k* und *z* verbindet, und den Schliessungsdraht *1* dafür fortnimmt, so wird die vom Multiplikator umgebene Nadel eine Ablenkung erleiden. . . . Wir wollen annehmen, dass die Ablenkung der Nadel östlich sei. Dieses vorausgesetzt findet nun weiter folgendes statt.

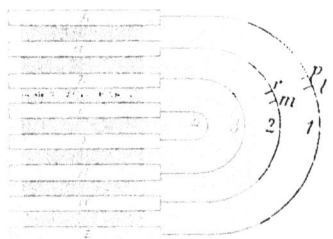

„Man schliesse die Kette wieder durch den Verbindungsdraht *1*, tauche das Ende des Multiplikators, welches vorher mit *k* verbunden war, in den zunächst befind-lichen Napf der Platte *a*, und ebenso das so lange mit *z* verbunden gewesene Extrem

Fig. 113. Nach Pohl.

in den benachbarten Napf von *α*, nehme hierauf den Verbindungsdraht *2* fort, so wird die Nadel wieder abgelenkt werden, und zwar ist die Ablenkung der ersten gerade entgegengesetzt; sie ist nun westlich, wenn sie vorher östlich war.

„Man verbindet die Näpfe *a* und *α* wieder durch den Draht *2*, nehme ferner das Multiplikatorende von *a* fort und bringe es in den Napf von *b* und ebenso das von *α* in den Napf von *β*, entferne endlich den Draht *3*, so findet wiederum eine Ablenkung der Nadel statt, die der unmittelbar vorhergegangenen abermals entgegengesetzt ist. . . .

„Man bringt zuletzt wieder den Verbindungsdraht *3* an seinen Ort, tauche das vorhin mit *b* verbundene Extrem des Multiplikators in den Napf bei *c*, und das andere mit *β* verbundene in den Napf von *γ*, und hebe den Draht *4* aus den eben genannten Näpfchen heraus, so hat man eine wenn auch schwache, so doch gesetzlich bestimmte Ablenkung der Nadel, die der vorhergehenden wieder entgegengesetzt ist. . . .

„Es bedarf keiner Auseinandersetzung, dass ein elektromotorisches Princip weder nach der VOLTA'schen und elektrochemischen, noch nach der DE LA

Rau'schen Ansicht die angegebenen Erfolge mit den vorhergehenden auch nur in eine äusserliche Verknüpfung zu bringen vermöge. Es giebt nur ein Verständniss dieser Erscheinungen von dem Standpunkte aus, nach welchem das unmittelbare Thätigkeitsprincip der galvanischen Kette im Chemismus selbst liegt, von dem die Elektricität und der Magnetismus nur modificirte Äusserungen bilden. Im Chemismus sind aber Oxydation und Desoxydation nicht zufällig neben einander hergehende, sondern von innen heraus polarisch bedingte Seiten der ganzen Thätigkeitssphäre, sie rufen sich gegenseitig hervor und treten einander überall ebenso gegenüber, wie allemal der positiven Elektricität, dem Nordmagnetismus der Südmagnetismus gegenübersteht. Unsere dermalige Chemie, so weit sie dieses naturgemässe Verhalten der Materie entweder nur indirekt oder gar nicht anerkennt und anschaut, sieht den Wald nicht vor Bäumen. Betrachten wir nun aus den angegebenen einfachen Gesichtspunkten die zur Darstellung des Versuches angewandte Kette. Ihre Hauptglieder sind k und z und es leuchtet ein, dass ihre Wirksamkeit zunächst nur auf den Kreis beschränkt ist, der ausser k und z noch durch die Platten a und α, die zwischen denselben befindliche Flüssigkeit und die Verbindungsdrähte 1 und 2 gebildet wird, also auf den Kreis $k\,1\,z\,\alpha\,2\,a$. In diesem Kreis ist nun die Richtung, nach welcher die Oxydationstendenz herrschend ist, durch die Richtung, nach welcher die Zinkplatte der Flüssigkeit zugekehrt ist, gegeben. Die Oxydationstendenz findet nämlich statt in der Richtung $a\,z\,k\,1\,a\,2\,\alpha\,z$. Die Desoxydationstendenz dagegen in der entgegengesetzten Richtung $a\,k\,1\,z\,\alpha\,2\,a\,k$. Alle der ersten Richtung entgegengekehrten Metallflächen, wie insbesondere die Zinkplatte z und die Kupferplatte a werden oxydirt, alle der zweiten Richtung entgegenstehenden Flächen, wie insbesondere die Kupferplatte k und die Kupferplatte α werden desoxydirt, oder nach jenen hin tritt das Oxygen, nach diesen das Hydrogen hervor u. s. w. Wurde der Schliessungsdraht 1 irgendwo unterbrochen, z. B. das Stück $l\,p$ aus ihm herausgenommen, und die Lücke mit Flüssigkeit gefüllt, so würde, den angegebenen Richtungen gemäss, die Stelle p oxydirt, l desoxydirt, dagegen würde eine gleiche Unterbrechung des Drahtes 2 in $r\,m$ umgekehrt in r eine Desoxydation, in m eine Oxydation des Drahtes zur Folge haben . Es wird folglich auch die Ablenkung der Nadel durch den einen Draht 2 oder an seiner Statt durch den Draht des Multiplikators unter sonst gleichen Umständen die entgegengesetzte von der sein, welche durch den anderen Draht 1 oder dessen Stellvertreter bewirkt wird.

„Die beiden Kupferplatten a und α stehen also, indem in jener die Tendenz zur Oxydation, in dieser die Tendenz zur Desoxydation angeregt ist in einem chemischen Gegensatze, der zwar vornehmlich nur in Bezug auf den eben betrachteten galvanischen Kreis obwaltet, der sich aber auch, wenngleich beträchtlich schwächer, noch in einer anderen Kette geltend macht, in welcher dieselben beiden Bleche zugleich als Glieder vorhanden sind. Diese andere Kette ist die durch den Kreis $a\,2\,\alpha\,\beta\,3\,b$ gebildete. Aus

der Hauptkette bringen die Bleche _a_ und _α_ ihre Polarität in diese zweite
Nebenkette mit hinein, und es ist nun dasselbe, als wenn eine einfache Kette
dadurch zu Stande gebracht wird, dass ein Paar verbundene differente
Metalle, von denen _α_ das Kupfer, _a_ das Zink repräsentirt, durch eine zweite
metallische Leitung (welche durch die Platten _b_ und _β_ und den Draht _β_
hergestellt wird), mit der Flüssigkeit ebenso, wie in der ursprünglichen Combination in Wechselwirkung treten.... Wem nun die Entstehung dieser
zweiten Kette aus der ersten Hauptkette und die damit bedingten Ablenkungen
der Nadel deutlich sind, für den bedarf es hinsichtlich der folgenden Kette
und ihrer Wirkung auf die Magnetnadel keiner weiteren Auseinandersetzung."

Bezüglich seiner Auseinandersetzung mit Pfaff fährt Pohl fort „Theils
wegen der Wichtigkeit, die der Versuch in den Augen jedes gründlichen
Theoretikers haben muss, theils wegen des Widerspruches, den Herr Professor
C. H. Pfaff gegen die Constatirung des Versuches erhoben hat, habe ich
mich bewogen gesehen, denselben hier nochmals mit aller Bestimmtheit zur
Sprache zu bringen. Ein so grosser Kenner und nur zu partiischer Verfechter des Voltaismus, wie Herr Pfaff, hat gewiss auf den ersten Blick die
Bedeutsamkeit des Versuches und seinen Einfluss auf ältere theoretische
Ansichten erkannt, wenn er aber die Realität desselben nicht zugestehen
will, so kann das nur an der Unvollkommenheit der Bedingungen liegen,
unter denen er den Versuch, sei es auch oft, wiederholt hat."

Dieser kräftige Appell hat denn auch seine Wirkung nicht verfehlt, und
Pfaff widmet in seiner „Revision"[1] dem Pohl'schen Versuch ein ganzes
Kapitel, welches ihn zu dem Ergebniss führt, dass zwar die Anschauung
Pohl's keine eigentliche Erklärung, sondern nur die Umschreibung der That-
sachen in chemische Ausdrücke sei, dass aber auch die Volta'sche Theorie
nicht im Stande sei, von ihnen alsbald Rechenschaft zu geben.

14. G. Th. Fechner. In Gustav Theodor Fechner tritt uns eine der
originellsten Gestalten unter den Gelehrten entgegen, mit deren Arbeiten
wir es hier zu thun haben. Am 19. April 1801 als Sonntagskind in Gross-
särchen in der Niederlausitz geboren, verlor er bald seinen Vater und wurde
im Hause seines Onkels in dem kleinen Städtchen Triebel erzogen. Der
frühreife Knabe hatte das Gymnasium in der Nachbarstadt Sorau bereits
mit 14 Jahren erledigt, besuchte aber auf Veranlassung seines Onkels noch
die Kreuzschule in Dresden, wohin seine Mutter inzwischen übergesiedelt
war, und ging im Jahre 1817, 16 Jahre alt, auf die Leipziger Universität,
welcher er von da ab ununterbrochen bis zu seinem Tode im Jahre 1887,
also volle 60 Jahre, angehört hat. In Leipzig wurde er 1823 Magister und
habilitirte sich in demselben Jahre, als der dortige Professor der Physik,
Gilbert, der verdiente Herausgeber der Annalen der Physik, 1824 starb,
vertrat er ihn für ein Semester, und begann gleichzeitig seine Experimentaluntersuchungen über die galvanische Kette, deren Ergebnisse ihm den Platz

---

[1] Revision der Lehre vom Galvano-Voltaismus. Altona 1837.

in unserer Geschichte gesichert haben Im Jahre 1827 machte er eine
wissenschaftliche Reise nach Paris, wo er mit Ampère, Biot und Thénard
in Beziehungen trat, welche ihn zu der Übersetzung der Schriften der beiden
letzteren veranlasst haben. 1831 erhielt er in Leipzig eine ausserordentliche
Professur ohne Gehalt, 1834 die ordentliche, welcher er allerdings mit einigem
Zögern antrat, da ihm die Thätigkeit in diesem Amte nicht zusagen wollte.
Gleichzeitig entwickelte sich bei ihm in Folge übermässiger Arbeit ein krank-
hafter Zustand seiner Augen und seines Geistes, welchen er selbst später
mit grosser Anschaulichkeit und Objektivität geschildert hat, und welcher
ihn an den Rand des Grabes brachte In wunderbarer Weise überwand er
indessen die Krankheit, er war inzwischen pensionirt worden und verbrachte
den ganzen übrigen Theil seines Lebens in dieser Stellung, nach aussen in
den bescheidensten Formen, nach innen in einer Fülle und Mannigfaltigkeit
der Arbeit, wie so leicht kein anderer Gelehrter

Diese ungewöhnliche Vielseitigkeit Fechner's ist durch seinen Entwickelungsgang nicht weniger, als durch die Anlage seines Geistes bedingt
Während seiner Studienjahre, zu der Zeit, wo der Geist die bleibendsten
wissenschaftlichen Eindrucke empfängt, gerieth Fechner unter den Einfluss
der Naturphilosophie, die Schriften Oken's und Schelling's machten, wie
er selbst erklärt hat, in seinem Denken Epoche Aber die Beschäftigung
mit der exakten Wissenschaft, insbesondere die durch die Nothwendigkeit
des Broterwerbes bedingte Thätigkeit bei der Übersetzung französischer
Lehrbücher, in denen die mathematischen Methoden mit Erfolg zur Anwendung kamen, liessen ihn bald die ungenügende Beschaffenheit der naturphilosophischen Phantasieen erkennen, Fechner hat wiederholt mitgetheilt,
wie ihm zwar die ganze Anschauungsweise der Naturphilosophen im Inneren
sympathisch war, wie er aber vergebens versucht habe, sich über den Inhalt
ihrer Theorieen Klarheit zu erringen So verliess er die verfehlten Phantasieen dieser Schule, behielt aber das werthvolle derselben, die auf das
allgemeinste gerichtete Anschauungsweise, sowie das lebendige Interesse
an den zwischen Physik und Psychologie liegenden Grenzgebieten bei, für
welche die damalige exakte Wissenschaft, wie sie wesentlich durch die
französischen Gelehrten gepflegt wurde, keinen Raum bot

Diese beiden Seiten seines Geistes kamen zeitlich getrennt zur Geltung, indem die Zeit vor seiner Krankheit die der physikalischen Messungen
war Von diesen ging er zu physiologischen Untersuchungen, vorwiegend
über subjektive Farbenerscheinungen, über, seine oben erwähnte Krankheit
war nicht zum wenigsten durch die Anstrengungen veranlasst, welche er
bei diesen Arbeiten seinen Augen auferlegte Nach seiner Genesung begann
er die Arbeiten, in welchen sich die Doppelnatur seines Wesens und seiner
Bildung am anschaulichsten zeigte, und welche die anderen an Bedeutung
weit überragen es sind dies seine bahnbrechenden psychophysischen Untersuchungen, durch welche er die Methoden der exakten Wissenschaft auf die
Gebiete des geistigen Lebens übertragen lehrte

Die Seite der Thatigkeit FECHNER's, mit der wir uns zu beschaftigen haben, liegt vollstandig vor jener Krankheit, welche sein Leben dem Inhalte nach in zwei verschiedene Abschnitte theilt   Von der eigenthumlich philosophisch-asthetischen Seite seines Wesens, die ihn so wesentlich von allen seinen Genossen unterscheidet, kommt in diesen Arbeiten nichts zum Vorschein, es sind nuchterne, auf das Quantitative der Erscheinungen gerichtete Untersuchungen, hervorragend durch die Bedeutung der Ergebnisse, die mit den denkbar einfachsten Mitteln erlangt worden sind   Seiner theoretischen Stellung nach war FECHNER ein uberzeugter Anhanger der VOLTA'schen Theorie, entsprechend dem quantitativen Zuge seiner Arbeiten auf diesem Gebiete   Demgemass hat er zu wiederholten Malen in diesen Streit eingegriffen und auch ein „experimentum crucis" angegeben, durch welches die Unhaltbarkeit der chemischen Theorie endgultig erwiesen sein sollte, wir werden spater sehen, dass auch dieses auf die bereits erwahnte Thatsache herauskommt, dass Ketten mit sehr geringer sichtbarer chemischer Wirkung eine starkere Spannung haben konnen, als solche, in welchen betrachtliche chemische Vorgange stattfinden.

Viel bedeutsamer als diese Arbeiten ist eine von FECHNER durchgefuhrte Untersuchung uber die Anwendbarkeit des OHM'schen Gesetzes bei hydroelektrischen Ketten   Wie oben mitgetheilt, war OHM, als er mit solchen Ketten seine Versuche angestellt hatte, auf eine falsche Formel gelangt, und erst der Gebrauch thermoelektrischer Ketten liess ihn das richtige Gesetz finden   FECHNER hat nun die hier verbliebene Lucke in ausgiebigster Weise ausgefullt   Neben der unmittelbaren Forderung der Wissenschaft, die darin lag, hat diese Arbeit eine besondere Bedeutung noch darin, dass sie die erste ausgedehnte Anwendung des OHM'schen Gesetzes von Seiten eines anderen Forschers enthielt, und somit wesentlich zur Anerkennung desselben, zunachst in Deutschland, beigetragen hat

Bereits die erste galvanische Arbeit FECHNER's lehrt uns ihn als einen Verfechter der VOLTA'schen Ansichten kennen   In einer Abhandlung uber „Umkehrungen der Polaritat in der einfachen Kette"[1] unterwirft er die von DE LA RIVE (S. 445) hervorgehobene Thatsache, dass zwischen denselben Metallen, je nach der Beschaffenheit der zwischengeschalteten Flussigkeit die Erregung in einem und dem entgegengesetzten Sinne statthaben kann, einer eingehenden Untersuchung, die ihn zu einer mit der VOLTA'schen Theorie vertraglichen Ansicht von der Erscheinung fuhrt   Der Grundgedanke ist der gleiche, welchen wir schon fruher bei MARIANINI kennen gelernt haben, doch sei zur Steuer der geschichtlichen Gerechtigkeit darauf hingewiesen, dass jene fruher erwahnte Arbeit MARIANINI's spater, namlich 1830, erschienen ist, wahrend FECHNER's Abhandlung von 1828 datirt ist

Der fragliche Gedanke besteht in der Annahme einer oberflachlichen Veranderung des Metalles, welche diesem eine andere Stellung in der Spannungsreihe giebt, als es vorher eingenommen hatte

---

[1] SCHWEIGGER's Journ f Chemie u Physik, **53**, 61 1828

„Wenn dem so ist, so liesse es sich auch als möglich denken, dass in allen den Fällen, wo eine Umkehrung der Pole nach Beschaffenheit verschiedener zwischenwirkender Flüssigkeiten erfolgt, dies darauf beruhe, dass gewisse Flüssigkeiten die Oberfläche der Metalle, die in sie eingetaucht werden, oder wenigstens eines derselben, so schnell verändern, dass statt der primären Wirkung der unveränderten Metalle aufeinander gleich anfangs die secundäre der veränderten Metalle erscheine. In der That glaube ich, diesen Umstand durch die nachfolgenden Versuche dargethan zu haben.

„Drei Punkte waren es, die ich zu dieser Nachweisung erforderlich glaubte. Wenn wirklich bei Schichtung z. B. von Schwefelleberlösung mit Eisen und Kupfer das Kupfer sofort den positiven Pol bildete, weil es eine hierzu hinreichende Veränderung durch die Einwirkung der Schwefelleberlösung plötzlich erfahren hatte, so muss bei einem gewissen schwacheren Grade der Einwirkung dieser Übergang erst allmählich erfolgen, und es muss eine   Umkehrung im Verlauf des Geschlossenseins mit derselben Flüssigkeit eintreten, die bei stärkerer Einwirkung sogleich die secundäre oder umgekehrte Wirkung würde haben eintreten lassen. Zweitens musste nachgewiesen werden, dass die Umkehrung, welche in solchen Fallen erfolgt, nicht etwa auf einer Veränderung der Flüssigkeit beruhe, drittens, dass die Metalle wirklich so dabei verändert werden, um auch bei nachheriger Anwendung einer Flüssigkeit, in der sie sonst das gewöhnliche Verhältniss gezeigt haben wurden, wenn sie frisch hineingebracht worden waren, noch das umgekehrte Verhältniss zu behaupten."

Dieses Programm führt Fechner nun in der That mit bestem Erfolge durch, insbesondere giebt die Kupfer-Eisenkette in Schwefelleberlösung, je nach deren Concentration, entgegengesetzte Ablenkungen. Zwischen der höchsten Concentration, welche nur Strome in einem Sinne, und der grossen Verdünnung, welche Strome in der entgegengesetzten Richtung giebt, lassen sich mittlere Gehalte ausfindig machen, bei denen der Strom zuerst in dem Sinne der concentrirteren Lösung geht, dann Null wird, und sich schliesslich umkehrt.

Die Umkehrungen sind die gleichen, ob man viel oder wenig Flüssigkeit nimmt, oder ob man diese schon zu solchen Versuchen benutzt hat, oder nicht, womit der zweite Punkt, der Nachweis, dass es sich nicht um eine Änderung der Flüssigkeit handelt, seine Erledigung findet. Der dritte machte etwas mehr Schwierigkeiten, da die von einer Kupferplatte erworbene umgekehrte Stellung sich an der Luft sehr schnell verliert. „Senkt man Eisen und Kupfer am Multiplikatordraht in eine Schwefelleberlösung von solcher Concentration, dass die secundäre Wirkung entweder gleich anfangs, oder nach einiger Zeit durch Umkehrung darauf erscheint, und dann so schnell als möglich, um die umkehrende Wirkung der Luft zu verhüten, aus dieser Lösung in reines, gesalzenes oder gesäuertes Wasser, so wird im Allgemeinen noch die secundäre Wirkung, wie sie in der Schwefelleberlösung beobachtet ward, fortbestehen, allein nach einiger Zeit wird sich die

Wirkung wieder in die primare umkehren, und zwar um so eher, je schwacher
die Schwefelleberlosung, und je starker das (sogenannte) Leitungsvermogen
des Wassers war, so dass unter gehorigen Verhaltnissen diese Umkehrung
der secundaren in die primare Wirkung augenblicklich erscheinen kann "

Was die Bedeutung dieser Versuche fur die Theorie anlangt, so ist
schon fruher betont worden, dass es sich nur um eine Rettung, und nicht
um einen Erfolg der VOLTA'schen Anschauung handelt, man kann nichts
dagegen sagen, erfahrt aber aus der VOLTA'schen Auffassung nichts mehr,
als was die blosse experimentelle Thatsache auch giebt

Der ubrige Theil von FECHNER's Abhandlung enthalt eine fleissige Zusammenstellung weiterer Umkehrungsfalle, die indessen nichts Neues lehren,
und daher ubergangen werden konnen

Weiter beschaftigte sich FECHNER eifrig mit dem VOLTA'schen Funda-
mentalversuch, und gab[1] eine Anordnung vermittelst des BEHRENS'schen
Elektroskopes an, welche die sichere Ausfuhrung desselben gewahrleistet
Im Anschlusse daran nahm er eine eingehende Untersuchung der von DE
LA RIVE mit metallischem Kalium (S 450) angegebenen Erscheinungen vor,
und wies nach,[2] dass sie keineswegs so verlaufen, wie DE LA RIVE behauptet
hatte, sondern vielmehr durchaus analog der bekannten Art an anderen
Metallen, nur viel starker, was von der sehr „positiven" Beschaffenheit des
Kaliums herruhrt Eine Prufung des von jenem angegebenen Verfahrens
beschliesst er mit den Worten „Man sieht also, dass DE LA RIVE's Versuch
unter Steinol nach der Art, wie er ihn beschreibt, nicht gelingen konnte,
weder nach der chemischen, noch nach der Contacttheorie, dass er also
uberhaupt nichts beweist Ich bin aber im Stande gewesen, diese Versuche
so abzuandern, dass ein Beweis daraus gegen die chemische Theorie gezogen
werden kann "

Dieser abgeanderte Versuch wurde so angestellt, dass eine Kaliumkugel
mit einem eingesteckten Platindraht versehen, mit den Fingern gefasst, und
so an das Elektroskop gebracht wurde, dass der Platindraht dieses beruhrte.
Es entstand dann ein sichtbarer Ausschlag auch ohne die Anwendung des
Condensators „Bei der Deutlichkeit der erhaltenen Anzeigen (die bisher
noch keinen Einwand gegen die chemische Theorie begrunden schien es
mir nicht unmoglich, auch bei ganzlicher Isolirung des Kaliums noch Anzeigen von Elektricitat wahrnehmbar zu machen, und so allen Einfluss von
Feuchtigkeit zu beseitigen." Das Verfahren, welches hierzu eingeschlagen
wurde, war ganz sachgemass, FECHNER stellte einerseits ein moglichst kleines
Elektroskop, andererseits eine moglichst grosse Kaliumplatte, letztere durch
Pressen einer Kugel zwischen zwei Metallplatten, nachdem ein Platindraht in
das Kalium versenkt war, her, und uberzeugte sich zunachst, dass die
gewohnlichen Versuche in der Luft gelangen „Ich setzte jetzt die Kalium-
scheibe mit dem daraus hervorragenden, aufwarts gebogenen Platindrahte in

---

[1] POGGENDORFF's Ann 41, 224 1837   [2] Ebenda 42, 481 1837

ein kleines Gläschen, übergoss sie etwa einen halben Zoll hoch mit Steinöl, und entlud nun, während ich das Gläschen mit der Hand fasste, den aus dem Steinöl hervorragenden (das Glas nirgends berührenden) Platindraht am Elektrometer. Der Ausschlag nach der Seite, welche die negative Elektricität anzeigt, erfolgte hier ebenso constant, deutlich und bestimmt, als wenn sich das Kalium in der Luft befand. Dass die nöthigen Gegenversuche hierbei nicht vernachlässigt wurden, ward schon oben erwähnt."

„Den Erfolg des Versuches im Sinne der chemischen Theorie zu deuten, scheinen sich noch folgende Wege darzubieten:

„a) Es wurde mit dem Kalium etwas Feuchtigkeit in das Steinöl eingeführt, dessen chemische Wirkung den Erfolg bedingte.

„b) Das Steinöl war vielleicht verfälscht, und noch einer chemischen Wirkung auf das Kalium fähig.

„Was nun a) anlangt, so hat dieser Einwand für den ersten Augenblick einiges für sich, indem man in der That, wenn man das Kalium aus der Luft in Steinöl einführt, einige Zeit hindurch noch einige Gasblasen von dem Kalium aufsteigen sieht, welche augenscheinlich von einer chemischen Einwirkung anhängender Feuchtigkeit herrühren. Allein diese Gasentwickelung ist in Kurzem beendigt, und lange nach dem sie völlig verschwunden ist, noch 24 Stunden nachher, während welcher Zeit das Kalium stets unter dem Steinöl untergetaucht blieb (später habe ich nicht beobachtet) habe ich die elektrischen Zeichen im Steinöl noch ganz in derselben Stärke wahrgenommen, als während der Gasentwickelung und als in der Luft selbst, so dass dieser Einwand hierdurch völlig unhaltbar wird."

FECHNER täuscht sich hier über die Beweiskraft seiner Einwendungen gegen diesen möglichen Erklärungsgrund. Denn die Menge der Elektricität, welche einer bestimmten chemischen Wirkung entspricht, ist, wie schon DE LA RIVE hervorgehoben hatte, und wie kurze Zeit hernach von FARADAY messend gezeigt wurde, ausserordentlich gross, so dass chemische Wirkungen an unbestimmbar kleinen Stoffmengen schon hinreichen, um die von FECHNER beobachteten Erscheinungen zu erklären, zumal dieser den Versuch besonders dahin eingerichtet hatte, dass sehr kleine Elektricitätsmengen beobachtet werden konnten. Die aus der Luft durch das Steinöl diffundirenden Sauerstoffmengen waren z. B. für die Erklärung der Wirkung im Sinne der älteren chemischen Theorie völlig ausreichend.

Zum Einwand b) bemerkt FECHNER sachgemäss, dass er dasselbe Steinöl benutzt habe, unter dem das Kalium jahrelang aufbewahrt worden war.

Weiter wendet sich FECHNER gegen den von DE LA RIVE angegebenen Versuch mit dem völlig überfirnissten Condensator (S. 454), und stellt die von diesem behaupteten Erscheinungen durchaus in Abrede, der völlig überfirnisste Condensator verhielt sich ganz wie ein gewöhnlicher.

Nach der Erledigung einer Anzahl anderer Einwände von geringerem Gewicht theilt FECHNER schliesslich einen Versuch mit, den er selbst für das „experimentum crucis" gegen die chemische Theorie hält.

„Man disponire in einem Trog- oder Becherapparate eine paare Anzahl Zink-Kupfer-Plattenpaare (ich wende deren gewohnlich zehn an) zu einer nach dem Schema der Saule zusammengesetzten Kette, aber so, dass die eine Halfte der Erreger den entgegengesetzten Strom als die andere hervorzubringen strebt. Die Leitungsflussigkeit sei Wasser Ist alles in allen Zellen gleich, so werden beide entgegengesetzten Strome sich in ihrer Wirkung auf den schliessenden Multiplikator compensiren und keinen Ausschlag hervorbringen Zuweilen gluckt es, das Gleichgewicht merklich genau zu treffen, und dann besteht dies Gleichgewicht selbst noch fort, wenn man zu der Flussigkeit in der einen Halfte der Zellen eine beliebige Menge Salzsaure fugt, auch diese Zellen viel hoher mit der verdunnten Saure anfullt, als die den entgegengesetzten Strom hervorbringenden Zellen mit Wasser angefullt sind Allerdings entwickelt sich, unstreitig vermoge der verandernden Einwirkung der Saure auf die Platten, allmahlich ein Ubergewicht des einen Stromes, aber nicht die Zellen mit der Saure, in denen eine tumultuose Gasentwickelung vor sich geht, sondern die Zellen mit dem Wasser erlangen dieses Ubergewicht Schliesst man dagegen jede Halfte der Zellen fur sich durch den Multiplikator, so wird er durch die Zellen mit der Saure eine sturmische, durch die mit dem Wasser nur eine schwache Wirkung erfahren Wie nun der Erfolg des Versuches nach der chemischen Theorie zu erklaren ist, sehe ich durchaus nicht ein Nach der Contacttheorie ist die Erklarung leicht Nach dieser wirkt namlich die Zufugung der Salzsaure verstarkend bloss durch Verminderung des in der Kette vorhandenen Leitungswiderstandes, und diese Verminderung kommt der Elektricitat, welche sich in den Zellen ohne Saure entwickelt, in ihrem Kreislaufe durch die ganze Kette ebenso gut zu statten, als der Elektricitat der Plattenpaare, welche sich unmittelbar in der sauren Flussigkeit befinden "[1]

Dieses Fechner'sche „experimentum crucis", welches seiner Zeit in der That fur sehr schlagend angesehen wurde, geht auf denselben Punkt, wie der fruher (S 448) erwahnte Versuch von Berzelius Es beweist allerdings, dass die elektromotorische Kraft der Kette von der sichtbaren chemischen Reaktion unabhangig ist, und trifft somit die chemische Theorie der Kette, wie sie von de la Rive aufgestellt worden war, ist aber kein Beweis gegen die chemische Theorie uberhaupt, d h gegen die Annahme, dass die elektrischen Erscheinungen der Volta'schen Saule durch die chemische Natur der betheiligten Stoffe und durch die chemischen Vorgange zwischen ihnen ursachlich bestimmt sind

Schliesslich bestatigt Fechner einen weiteren, von de la Rive angegebenen Versuch, der darin besteht, dass ein System von zwei Zinkplatten, die durch einen einerseits befeuchteten Holzstab zusammengehalten sind, Zeichen von elektrischer Ladung geben, und zwar ist das am feuchten Ende

---

[1] Diesen Versuch hat Fechner bereits 1829 (Schweigger's Journ f Chemie und Physik, **57**, 9. 1829) beschrieben

befindliche Zink positiv. Nach der Schilderung einiger Abänderungen des Versuches, welche ihn immer bestätigen, schliesst FECHNER: „Ich sage nicht, dass dieser Versuch im Sinne der Contacttheorie bis jetzt erklärt ist, aber ebenso wenig dürfte jemand einen Beweis für die chemische Theorie darin finden können." Warum das letztere nicht der Fall sein soll, hat FECHNER nicht gesagt.

15. C. J. B. KARSTEN über Contactelektricität. Gleichfalls an ALEXANDER VON HUMBOLDT wendet sich C. J. B. KARSTEN in einem Schreiben,[1] welches die Darstellung einer eigenen Theorie der Kette zum Gegenstande hat. KARSTEN versucht eine Vermittelung zwischen der rein chemischen Theorie und der Contacttheorie, indem er den wesentlichsten Betrag der Elektricitätserregung allerdings an die Berührungsstelle zwischen Metall und Flüssigkeit legt, daneben aber die Metallberührung als in gleichem Sinne wirksam, wie jene ansieht. Die an den Berührungsstellen der Metalle mit den Flüssigkeiten auftretenden elektromotorischen Kräfte leitet er indessen keineswegs von den dort stattfindenden chemischen Vorgängen ab, sondern schreibt sie einer ziemlich geheimnissvoll bleibenden Wirkung zu, die auf der Verschiedenheit der Aggregatzustände beruhen soll. Einen Überblick über seine Ansichten erhält man aus der von ihm selbst zusammengestellten Reihe von Leitsätzen am Schlusse seiner Arbeit.

„1) Die Metalle — vielleicht alle starren Körper — werden in den Flüssigkeiten positiv, die Flüssigkeiten, in welche sie eingetaucht sind, negativ elektrisch.

„2) Befindet sich ein starrer Körper in einer Flüssigkeit nicht ganz eingetaucht, so zeigen der eingetauchte und der nicht eingetauchte Theil entgegengesetzte elektrische Zustände.

„3) Die starren Körper äussern eine grosse Verschiedenheit in der elektromotorischen Kraft für eine und dieselbe Flüssigkeit, und diese Verschiedenheit ist der eigentliche Grund für die elektrische, chemische und magnetische Thätigkeit der galvanischen Kette.

„4) Wenn zwei starre Elektromotore von verschiedener elektrischer Kraft in einer und derselben Flüssigkeit stehen, ohne einander zu berühren, so erhält der schwächere Elektromotor die entgegengesetzte Elektricität des stärkeren, wird also negativ elektrisch.

„5) Die aus der Flüssigkeit hervorragende Hälfte des schwächeren starren Elektromotors zeigte ebenfalls die entgegengesetzte Elektricität von der seines eingetauchten Theiles.

„6) Die elektromotorische Thätigkeit einer Flüssigkeit hängt von der Eigenschaft derselben ab, durch zwei starre Elektromotoren von ungleicher

[1] Über Contactelektricität. Schreiben an ALEXANDER VON HUMBOLDT von Dr. C. J. B. KARSTEN, Königl. Preuss. Geheimen Ober-Bergrath, Ritter des eisernen Kreuzes und des rothen Adler-Ordens mit den Schwertern, ordentlichem Mitgliede der Königl. Akademie der Wissenschaften zu Berlin, und anderer gelehrter Gesellschaften ordentlichem und Ehren-Mitgliede. Berlin 1836.

Stärke in einen solchen Zustand versetzt zu werden, dass die starren Elektromotore aus ihr die entgegengesetzten Elektricitäten ableiten. Diese Eigenschaft besitzen im allgemeinen alle Flüssigkeiten, welche schlechte Leiter für die Elektricität sind, aber weder die Flüssigkeiten, welche die Elektricität gar nicht leiten, noch diejenigen, welche gute Elektricitätsleiter sind (Quecksilber, flüssig gemachte Metalle u. s. f). Indes ist die Stärke der elektromotorischen Kraft der Flüssigkeiten nicht bloss von deren mehr oder minder vollkommenen Leitungsfähigkeit für Elektricität, sondern auch, wie es scheint, von anderen, bis jetzt noch nicht gehörig bekannten Verhältnissen abhängig.

„7) Die elektromotorische Wirkung zweier Metalle, welche in einer Flüssigkeit zu einer Kette geschlossen sind, beruht auf einer Ausgleichung und ununterbrochenen Erregung der entgegengesetzten Elektricitäten in der Flüssigkeit, welche Erfolge durch das elektromotorische Verhalten des starkeren und schwächeren Elektromotors zu der Flüssigkeit eingeleitet, durch das Verhalten des starkeren Elektromotors zum schwächeren befordert, und durch die unmittelbare Berührung beider Elektromotoren, insofern sie gute Elektricitätsleiter sind, beschleunigt werden.

„8) Mit der durch die starren Glieder der Kette bewirkten Ausgleichung der in der Flüssigkeit angeregten Elektricitäten stehen die chemischen Veranderungen in der Flüssigkeit zwar in Verbindung, ohne dass jedoch beide Erfolge sich wie Ursache und Wirkung zu einander verhalten.

„9) Bei einem System von Ketten (VOLTA'sche Saule) werden die entgegengesetzten Elektricitäten durch die starren Glieder einer jeden Kette (Plattenpaare) vollständig ausgeglichen, und es findet kein Übergang der Elektricität von einer Kette zur anderen statt."

Wie man aus den vorstehenden Sätzen sieht, liegt das ganze Interesse an der Arbeit von KARSTEN in der geschichtlichen Vollständigkeit des Berichtes über die theoretischen Versuche im Gebiete der VOLTA'schen Erscheinungen. Es ist nicht einmal eine bis dahin übersehene Thatsache, oder ein noch nicht versuchter Gedanke, welche diese „Theorie" hat entstehen lassen. Dazu kommt, dass PFAFF in seiner alsbald zu besprechenden „Revision" eine Anzahl der von KARSTEN mitgetheilten Versuche als irrthümlich nachgewiesen hat, die theoretischen Gedanken erweisen sich als ein misslungener Versuch, die VOLTA'schen Ansichten mit der Thatsache des Flüssigkeitseinflusses zu verbinden, wobei der letztere im VOLTA'schen Sinne als eine reine Berührungswirkung, nicht als eine Quelle der Arbeitsleistungen der Kette aufgefasst wird. Auf die Entwickelung der Angelegenheit ist demgemäss auch die Arbeit von keinem Einflusse gewesen, und ist somit ein weiteres Beispiel für die allgemeine Thatsache, dass in dem Gebiete der messenden Wissenschaften nur quantitative Theorieen Erfolg und Wirkung haben können.

16. PFAFF's „Revision der Lehre vom Galvano-Voltaismus". Eine Art Abschluss erhält die bisher besprochene erste Periode des Kampfes beider Ansichten durch eine unter dem obigen Titel erschienene

Schritt[1] des alten Vertreters der reinen VOLTA'schen Lehre, in welcher
dieser die Summe des bis dahin Geschehenen, natürlich in seinem Sinne, zu
ziehen sucht. Wie sehr ihm diese Angelegenheit zu einer Herzenssache
geworden war, erhellt aus den beweglichen Schlussworten, in denen seine
Einleitung ausklingt. „Es fehlen nur wenige Jahre zu dem halben Jahrhundert, innerhalb dessen eine der grössten Entdeckungen in der Naturwissenschaft von ihrem ersten kleinen Anfange bis zu jenem Umfange sich
erweitert, innerhalb dessen die Chemie ihre eigentliche Theorie gefunden,
das so lange vergeblich gesuchte Band zwischen Elektricität und Magnetismus
geknüpft und die Pulse des grossen Naturlebens, sowie des Mikrokosmos
verständlich geworden sind.

„In die Morgenröthe meiner der Natur gewidmeten Studien fiel auch
die Morgenröthe jener neuen Lehre. Mit Enthusiasmus begrüsste ich damals
das neue Licht, und meine dasselbe verkundende Inaugural-Dissertation
brachte ich als die Erstlinge der Muse auf dem Altar der Wissenschaft dar.
Ich preise mich glücklich, den hellen Tag, den diese Morgenröthe versprach,
erlebt zu haben, wenn gleich darüber der Abend meines eigenen Lebens
herangebrochen ist. Das Individuum muss sich diesem Gesetze der Zu- und
Abnahme unterwerfen, kann aber auch nicht ferne von der Grenze, die ihm
die Vorsehung angewiesen, noch ganz das freudige Gefühl haben, mit dem
ich hier die Feder niederlege, das Gefühl, dass die Wissenschaft, für die
ich selbst thätig gewesen bin, wenn sie ihre Mittagshöhe erreicht, nicht
wieder sinkt, sondern den entferntesten Geschlechtern gleich der Sonne
in ihrer Culmination leuchtet, und dieses Licht nur mehr und mehr verbreitet, indem sie die Nebel zerstreuet, die ihres vollen Lichtes Zugang
noch hindern."

Unter den Nebeln sind natürlich die chemischen Theorieen verstanden,
und es tritt aus diesen Worten die Stellung der Voltaisten gegenüber den
Gegnern sehr deutlich hervor. Für PFAFF war die VOLTA'sche Theorie
offenbar schlechthin unverbesserbar, und der Fortschritt der Wissenschaft
konnte nur auf den von VOLTA eingeschlagenen Wegen erfolgen.

Was den Inhalt der „Revision" anlangt, so bezieht sich dieser zunächst
auf die grundlegende Frage nach der Elektricitätserregung bei der Berührung
der Leiter erster Klasse. Die Versuche von DE LA RIVE werden kritisch
geprüft (S. 451), und verworfen, über diesen Theil ist bereits berichtet worden.
Ein zweites Kapitel behandelt die Frage nach der Anordnung der Elektricität
in der Säule und die Art, wie sich die Spannungen addiren, wir brauchen
hierbei nicht zu verweilen, da durch die Betrachtungen von OHM bereits zu
jener Zeit die Angelegenheit als erledigt angesehen werden konnte. Weiter
geht PFAFF sehr ausführlich auf die Frage nach der Elektricitätserregung

_____

[1] Revision der Lehre vom Galvano-Voltaismus mit besonderer Rücksicht auf FARADAY's,
DE LA RIVE's, BECQUEREL's, KARSTEN's u. a. neueste Arbeiten über diesen Gegenstand.
Altona 1837.

zwischen Metallen und feuchten Leitern ein. Es ist schon wiederholt hervorgehoben worden, wie diese immer zu rechter Zeit auftritt, wenn von den Gegnern Fälle angeführt werden, welche sich durch die Theorie der reinen Metallerregung nicht deuten lassen. Man muss Pfaff das Zeugniss geben, dass er die Frage mit seinen Hulfsmitteln sehr gründlich bearbeitet hat, und wenn auch diese aus allgemeinen Gründen kein einfaches Ergebniss vermitteln konnten, so verdient doch der Fleiss, mit welchem er Tausende von derartigen Versuchen angestellt hat, alle Anerkennung. Eine Wiedergabe dieser Versuche würde hier keinen Zweck haben, da ihre Deutung unter den von Pfaff eingehaltenen Bedingungen kaum sicher auszuführen ist.

Sehr eingehend beschäftigt sich Pfaff mit einem Versuch von Faraday, durch welchen das Vorhandensein eines elektrischen Stromes ganz ohne Metallcontact bewiesen wird, wir werden diesen Versuch alsbald kennen lernen. Von dem eingenommenen Standpunkte aus, nach welchem neben der metallischen Erregung noch die zwischen anderen Leitern angenommen wird, kann es Pfaff nicht schwer fallen, zu beweisen, dass der Versuch diesen Anschauungen nicht widerspricht, über die Ursache der Erscheinung solcher Erregungen brauchte sich ja die reine Contactlehre nicht weiter zu aussern.

Gegen die von Faraday vertretene chemische Auffassung der Volta'schen Erscheinungen (s. w. u.) findet Pfaff sehr viel zu erinnern. Ein neuer Gedanke tritt hierbei kaum auf, die Geltendmachung der zu jener Zeit gebräuchlichen recht unvollkommenen Ansichten über chemische „Kräfte" den von Faraday versuchten Gestaltungen seiner Erfahrungen gegenüber hat naturgemäss in keiner Weise entscheidende Bedeutung. Der Entdeckung des Gesetzes der festen elektrolytischen Aktion durch denselben Forscher lässt indessen Pfaff volle Anerkennung zu Theil werden. Er hat die wichtigsten Versuche selbst wiederholt, und sie völlig bestätigt gefunden. Auch versäumt er nicht, das Gesetz in Beziehung mit anderen stöchiometrischen Gesetzen zu bringen, und äussert sich hierüber in einer Weise, welche bemerkenswerth genug ist.

„Ein sehr merkwürdiges Resultat aus dem allgemeinen Gesetze für die durchgängige Proportionalität der aller durch dieselbe Menge von Elektricität bewirkten Zersetzungen, nach dem Atomengewichte berechnet, ist noch, dass jedes Atom, wie verschieden auch die Grundstoffe sind, eine gleiche Menge von Elektricität, um mich so auszudrücken, aufnimmt oder latent macht. Gäbe es daher in demselben Sinne verschiedene Capacitäten der Massen für Elektricität, oder verschiedene spezifische Elektricitäten, wie es verschiedene Wärmecapacitäten oder verschiedene spezifische Wärmen giebt, so würde man für die spezifischen Elektricitäten wie für die spezifischen Wärmen das allgemeine Gesetz finden, dass die Produkte der spezifischen Elektricitäten in die Atomengewichte für alle Körper einander gleich sind."

Die weiteren Auseinandersetzungen Pfaff's mit Karsten, Pohl und Becquerel können gleichfalls übergangen werden. Dem ersteren werden

experimentelle Fehler nachgewiesen, dem letzteren logische, und in beiden
Fällen wird man dem Kritiker Recht geben müssen. Zum Schluss seines
Werkes äussert sich Pfaff allgemein über die elektrochemischen Theorieen
und findet insbesondere an Becquerel's Fassung derselben viel auszusetzen
Auch hat er stets die Möglichkeit, an Stelle der chemischen Erregungen
solche durch Berührung anzunehmen, und somit die chemische Theorie
formell überflüssig zu machen Als Fälle, welche mehr für die chemische
Theorie sprechen, lässt er einige Versuche von Pouillet gelten, in denen
sich eine Ladung des Condensators durch auf dem Deckel desselben ver-
brennende Kohle gezeigt hatte, sowie andere Versuche von Nobili, welche
das Statthaben elektrischer Ströme zwischen Flüssigkeiten, unter vollständigem
Ausschluss von Metallberührungen erwiesen hatten, und auf welche später
einzugehen sein wird Doch bemerkt er hierzu.

„Indessen fragt sich in diesen beiden Fällen immer noch· War die
Elektricitätserregung eine Folge der wirklichen chemischen Verbindung,
trat sie erst mit dieser ein, oder ging sie nicht vielmehr dieser voran,
war sie nicht auch in diesen Fällen eine Wirkung des Contactes, womit
jeder chemische Prozess beginnt, jener ersten Berührung, welche von der
wirklichen innigen Verbindung noch wohl zu unterscheiden ist, und jedem
chemischen Conflikte nothwendig vorangehen muss, unzertrennlich von demselben ist? Hier nun liegt die grosse Streitfrage zwischen der gleichsam
orthodoxen reinen Volta'schen Theorie, und einer Combination derselben
mit der chemischen Theorie "

Es macht einen seltsamen Eindruck, diese Frage, was vorhergehe, die
chemische Wirkung oder die Elektricitätserregung, in dieser Weise als wesentlichsten Punkt des Streites bezeichnet zu sehen, da doch überhaupt nicht
bewiesen, ja nicht einmal wahrscheinlich gemacht ist, dass überhaupt einer
der Vorgänge dem anderen vorangehe, und nicht beide gleichzeitig erfolgen
Man hat in jedem Falle Grund, gegen die Angemessenheit einer solchen
Fragestellung misstrauisch zu sein, wenn wie in diesem Beispiel die Beantwortung der entscheidenden Frage an und für sich als schwerlich auf experimentellem Wege erreichbar erscheint Denn eine gute Theorie muss von
der Beschaffenheit sein, dass ihre Grundlage sich messbar darstellen lasst,
und jede Form der Zusammenfassung eines Thatsachengebietes, welche
unbeweisbare Voraussetzungen und Vorstellungen aufnimmt, ist an eben
diesen Stellen mit entbehrlichen Bestandtheilen behaftet und darum nicht
in strengem Sinne zweckmässig Dabei soll nicht in Abrede gestellt werden,
dass zu pädagogischen Zwecken, wenn das fragliche Gebiet dem üblichen
Anschauungskreise besonders fern steht, auch eine Veranschaulichung mittelst
hypothetischer Hülfsmittel sich nützlich erweisen könnte, stets wird aber das
Bestreben der Wissenschaft dahin gerichtet sein müssen, diese äusserlichen
Bestandtheile so bald als thunlich auszuscheiden

Ausnehmend interessant ist es nun, zu beobachten, wie die in der
chemischen Theorie latent liegenden, auf die Dauer unwiderstehlichen Causal-

beziehungen an dieser Stelle, wo der alte Gegner dieser Theorie sich ernstlich mit ihrem Inhalte beschaftigt, selbst diesem gegenuber ihre Wirkung
nicht verfehlen Nachdem Pfaff noch eben seine unerschutterliche Uberzeugung von der Richtigkeit der Volta'schen Ansicht zum Ausdruck gebracht
hat, erortert er an letzter Stelle eine Moglichkeit, die chemische Theorie
mit der Volta'schen Beruhrungslehre zu vereinigen, welche von den vorgeschlagenen Wegen in dieser Richtung wenigstens fur jene Zeit bei weitem
als der gangbarste zu bezeichnen ist, und welcher von Faraday und Schönbein auch mit grosserem Nachdruck verfolgt worden ist Seine Worte lauten

„Wenn die Elektrochemie doch in keinem Falle mit den polaren elek-
trischen Kraften allein auskommen kann, um die Erscheinungen vollstandig
zu erklaren, sondern immer noch eine Verwandtschaftskraft der materiellen
Theilchen selbst gleichsam als Reserve hat, welche ja eben erst die elektrische Atmosphare um die Atome zusammenhalt, so ware vielleicht die
Ansicht nicht verwerflich, in dieser Affinitat selbst die elektromotorische
Kraft aufzusuchen Die erste Erscheinung ihrer gleichsam anfangenden
Thatigkeit ware die Storung des elektrischen Gleichgewichtes oder die Frei-
machung der Elektricitaten, welche entweder als uberwiegend positive oder
uberwiegend negative Elektricitat mit den Atomen verbunden waren So
lange es nicht zu wirklicher chemischer Verbindung gekommen ist, haben
sich auch die Affinitaten der materiellen Theile noch nicht vollkommen
gebunden, sie wirken noch elektromotorisch, erhalten den Zustand der freien
elektrischen Spannung, erreicht der chemische Conflikt sein Ziel, so treten
diese Affinitaten in wechselseitige vollstandige Bindung, die Elektricitaten,
die nun nicht mehr auseinander gehalten werden, schlagen nun gleichsam
zusammen, die freie Spannung hort auf, und es tritt Warme und Licht an
die Stelle derselben Was Pouillet und Nobili erhalten haben, sind gleichsam nur Ergebnisse der der wirklichen Verbindung vorangegangenen Beruhrung, der Affinitaten, so lange sie gleichsam nur elektromotorisch wirkten,
und welche durch Stromung oder Anhaufung im Condensator der unmittelbaren Ausgleichung entzogen wurden Nach dieser Ansicht wurden die
relativ elektropositiven, sowie die elektronegativen Elemente in einem
doppelten Gegensatze stehen, in einem gegen einander, und in einem gegen
die entgegengesetzten Elektricitaten, und der chemische Zusammensetzungs-
und Zersetzungsprozess wurde das Resultat bald des Ubergewichtes der
Verwandtschaft der materiellen Atome gegen einander uber ihre Affinitat
zu den entgegengesetzten Elektricitaten, bald des umgekehrten Ubergewichtes sein "

Es ist ein gutes Zeichen fur die Besonnenheit, mit welcher Pfaff in
seinem hohen Alter die Arbeit seines Lebens betrachtet hat, ihn hier frei-
muthig den Weg erortern zu sehen, auf welchem die Ansicht, zu der er
sich zeitlebens bekannt hatte, beseitigt werden konnte Die Andeutungen,
welche er hier giebt, sind zwar noch vielfach der Erweiterung und Vertiefung bedurftig, in einem wesentlichen Punkte, in der Parallelisirung

zwischen elektromotorischer Kraft und chemischer Affinität hat er aber doch
vollkommen richtig das gesehen, wovon die weitere Entwickelung der
ganzen Frage abhängig ist. Und angesichts dieser Unbefangenheit seines
schliesslichen Urtheiles wird man ihm leicht manche früher begangene Einseitigkeit vergeben, zumal er in der Vertheidigung seiner Ansichten stets
eine wohlwollende Form einzuhalten gewusst und niemals die Kraft seiner
Gründe durch Angriffe persönlicher Art seinen Gegnern gegenüber zu
steigern versucht hat.

Fig. 114. MICHAEL FARADAY.[1]

Dreizehntes Kapitel.

Das Gesetz von Faraday.

1. MICHAEL FARADAY. Während der Kampf der beiden Theorieen der galvanischen Erscheinungen am Heftigsten wogte, erschien auf dem Plane ein Mann, durch dessen Eingreifen ein Fortschritt in der Frage bewirkt wurde, welcher sich bald als bedeutsamer erwies als alles, was bisher vorgebracht und geleistet worden war. Dieser Mann war MICHAEL FARADAY, und seine Leistung das nach ihm benannte elektrochemische Gesetz. Die Bedeutung des letzteren tritt schon in dem äusserlichen Umstande hervor, dass der Name dieses Mannes, dessen Entdeckungen zahlreicher sind, als die irgend eines Zeitgenossen, mit diesem einen Gesetze am engsten verknüpft

---

[1] Nach dem Titelbilde in BENCE JONES' Werk: „Life and letters of FARADAY".

verblieb, und wenn von dem FARADAY'schen Gesetze schlechthin geredet wird, so ist allein jene elektrochemische Beziehung gemeint

MICHAEL FARADAY war 1791 in Newington, Surrey, geboren Sein Vater, der ein Schmied in armlichen Umstanden war, siedelte bald nach MICHAEL's Geburt nach London uber, wo es ihm indessen nicht besser erging, im Nothjahre 1801 erhielt er offentliche Unterstutzung MICHAEL wurde in seinem zwolften Jahre zu einem Buchbinder in die Lehre gegeben, und diese Gelegenheit, Bucher kennen zu lernen, wurde entscheidend fur seine Ent-wickelung Er las, was ihm zuganglich war, und wurde insbesondere durch einen Artikel uber Elektricitat in einer Encyklopadie gefesselt Durch einen Kunden seines Brodherren, Mr. DANCE, wurde ihm die Gelegenheit geboten, die offentlichen Vorlesungen HUMPHRY DAVY's in der Royal Institution zu horen Diese machten einen so grossen Eindruck auf ihn, dass er um jeden Preis in eine wissenschaftliche Thatigkeit zu kommen bestrebt war, in seiner Unkenntniss der Welt und der Einfachheit seines Geistes schrieb er an den damaligen Prasidenten der Royal Society, Sir JOSEPH BANKS, um Rath und Hulfe, erhielt aber keine Antwort Besser gelang ein Versuch bei seinem verehrten Lehrer, er hatte zu DAVY's Vorlesungen sich ausfuhrliche Nach-schriften und Ausarbeitungen gemacht, die er mit der Bitte um Hulfe an diesen sendete DAVY rieth ihm anfangs dringend ab, diese ungewisse Lauf-bahn einzuschlagen, FARADAY aber liess sich nicht abschrecken In einem spateren Briefe schrieb er „Mein Wunsch, den Handelsgeschaften zu ent-fliehen, welche ich fur schlecht und selbstisch hielt, und in den Dienst der Wissenschaft zu treten, welche ihre Anhanger, wie ich glaubte, liebenswurdig und freien Herzens machte, veranlasste mich schliesslich zu dem kuhnen und einfaltigen Schritt, an Sir HUMPHRY DAVY zu schreiben, ihm meine Wunsche und die Hoffnung auszudrucken, dass bei kommender Gelegenheit er meinen Wunschen gunstig sein mochte " DAVY bemuhte sich vergeblich, ihm den moglichen, pekuniaren Misserfolg eines solchen Versuches und seinen Irrthum uber die moralischen Wirkungen der wissenschaftlichen Beschaftigung nahe zu legen, und kurze Zeit darauf bot er ihm die Stelle eines „Laboratoriums-Assi-stenten" fur 25 Schillinge wochentlich an, die FARADAY mit Freuden annahm.

Die Stellung FARADAY's scheint ein Mittelding zwischen der eines wissen-schaftlichen Assistenten und der eines Aufwarters gewesen zu sein Auch als DAVY bald darauf eine langere Reise antrat, auf der ihn FARADAY begleitete, war er halb ein Sekretar, halb ein Kammerdiener in den Pflichten, die ihm auferlegt wurden, insbesondere scheint es DAVY's stolze Gattin gewesen zu sein, die ihm das Leben sauer machte Im ubrigen war die Reise fur ihn von hochstem Werthe, da sie ihm Gelegenheit gab, mit einer grossen Zahl der hervorragendsten wissenschaftlichen Manner seiner Zeit in personliche Beziehung zu treten

Nach fast zwei Jahren kehrten beide von der Reise zuruck und begannen das fruhere Leben an der Royal Institution von neuem FARADAY hielt bald hier und da Vorlesungen, und gewann auch die Zeit zu eigenen Arbeiten;

insbesondere seine Untersuchungen über die Verflüssigung von Gasen erregten bald ein allgemeines Interesse, leider aber auch ein gewisses Gefühl von Eifersucht in seinem Vorgesetzten, so dass dieser sich sogar widersetzte, als FARADAY zum Mitgliede der Royal Society vorgeschlagen wurde Die Vorschlagenden waren unter anderen WOLLASTON, CHILDREN, BABINGTON und Sir WILLIAM HERSCHELL, und die Aufnahme erfolgte, trotz jenes Widerspruches mit allen Stimmen gegen eine

FARADAY wurde im Jahre 1827 DAVY's Nachfolger an der Royal Institution und blieb in dieser Stellung bis zu seinem Tode, der im Jahre 1867 erfolgte Hier theilte er seine Thätigkeit zwischen seinen Vorlesungen, die wahre Kunstwerke waren, und seinen Untersuchungen, deren Bedeutung und Mannigfaltigkeit während seines langen und arbeitsreichen Lebens einen ausserordentlichen Umfang erlangten Obwohl er in den verschiedensten Gebieten der Physik und Chemie thätig war, sind es doch vor allem seine Arbeiten in der Elektrik, welche den breitesten und wichtigsten Theil seiner Thätigkeit ausmachen, und an welche sich der wohlverdiente Ruhm seines Namens am engsten geknüpft hat Auf eine Darstellung und Würdigung dieser bahnbrechenden Untersuchungen kann an dieser Stelle nicht eingegangen werden Nur der allgemeine Charakter derselben verdient einige Bemerkungen FARADAY war ohne mathematische Schule, und in seinen Arbeiten vor allen Dingen Experimentator. Aus der ungemeinen Fülle von Anschauungen thatsächlicher Verhältnisse, die er sich durch sein unausgesetztes Experimentiren erworben hatte, entstand naturgemäss in ihm oft genug das Bedürfniss der Verallgemeinerung, wie bei seinen Experimenten ging er aber auch bei seinen theoretischen Ansichten seinen eigenen Weg, und die ungewohnte Beschaffenheit derselben erregte oft Widerspruch, der indessen wohl überall nur auf Missverständnissen und vorgefassten Meinungen beruhte. In neuerer Zeit erst sind FARADAY's Ansichten über die elektrischen Erscheinungen in ihrem Werth erkannt worden, nachdem sie durch MAXWELL in die entsprechende mathematische Form gebracht worden waren, und gegenwärtig beherrschen sie fast vollkommen die Darstellungsweise der Elektrik.

Aus der ununterbrochenen Beschäftigung mit dem Experiment ergab sich für FARADAY auch die eigenthümliche Art, die Ergebnisse seiner Arbeiten mitzutheilen. Er pflegte jedes Beobachtete unmittelbar nach der Beobachtung niederzuschreiben, und seine Abhandlungen bestehen wesentlich aus diesen kurzen Niederschriften der einzelnen Thatsachen, die dann in Reihe und Ordnung gebracht, mit fortlaufenden Nummern versehen, und gelegentlich durch kurze allgemeine Betrachtungen, die gleichfalls numerirt waren, in Verbindung gesetzt wurden Diese ungemein originelle Art der Darstellung machte alsbald Schule und wurde einigermaassen Mode, man findet zu der Zeit, wo FARADAY's Experimentaluntersuchungen über Elektricität in dieser Form die allgemeine Aufmerksamkeit erregt hatten, eine ganze Anzahl anderer Autoren in derselben Weise die Ergebnisse ihrer Arbeiten darstellend, und es ist nicht in Abrede zu stellen, dass die Form manche

Vorzüge hat. Insbesondere war sie eine wohlthätige Reaktion gegen die endlosen Perioden der Naturphilosophen und gegen den blühenden Stil, welchen Andere nach HUMBOLDT's Muster zu schreiben liebten.

2. Die Anfänge des elektrolytischen Gesetzes. Es ist schon wiederholt bemerkt worden, dass der Annahme einer chemischen Theorie der VOLTA'schen Erscheinungen der Mangel an einem zahlenmässigen Zusammenhang zwischen chemischen und elektrischen Erscheinungen gerade bei den besten Geistern ein entscheidendes Hinderniss bereitete. Diesem Mangel wurde durch die Entdeckung eines grundlegenden Gesetzes abgeholfen, welches die mit dem Namen Elektricitätsmenge bezeichnete elektrische Grösse mit den fundamentalen Zahlen der Chemie, den Verbindungsgewichten, in eine unmittelbare Beziehung setzt. Die Entdeckung dieses Gesetzes, welche zu den wichtigsten Leistungen des an Entdeckungen so reichen FARADAY gehört, hat in der That einen maassgebenden Einfluss auf die Entwickelung der Elektrochemie ausgeübt und die quantitative Epoche derselben begründet.

Die Geschichte dieser Entdeckung ist folgende. FARADAY hatte sich vorgesetzt, die Frage, ob die gewöhnliche oder Reibungselektricität mit der VOLTA'schen identisch sei oder nicht, in möglichst umfassender Weise zu untersuchen, und war, nachdem er am Anfange der dritten Reihe seiner Experimentaluntersuchungen über Elektricität[1] die qualitative Übereinstimmung beider Elektricitäten erwiesen hatte, zu dem messenden Vergleich derselben übergegangen, da die vorhandenen Unterschiede alle auf Werthverschiedenheiten der bestimmenden Grossen, Intensität und Quantität, wie er sie nannte, zurückführbar erschienen.

„361) Nachdem ich die Identität zwischen diesen beiden Elektricitäten hinlänglich festgestellt glaubte, bemühte ich mich, für die Quantität der durch die Maschine und die VOLTA'sche Säule erregten Elektricität ein gemeinsames Maass oder eine bekannte Beziehung aufzufinden, nicht bloss um ihre Identität zu bestätigen, sondern auch, um gewisse allgemeine Sätze zu beweisen und den Mitteln zur Erforschung dieses wundervollen und feinen Agens eine grössere Ausdehnung zu verschaffen.

„362) Zuerst war zu bestimmen, ob eine gleiche absolute Menge von gemeiner Elektricität, unter verschiedenen Umständen durch ein Galvanometer gesandt, eine gleiche Ablenkung der Magnetnadel erzeugen würde. Ich versah daher das Galvanometer mit einer willkürlichen Skala, an der jede Abtheilung etwa 4° betrug, und stellte das Instrument wie bei dem früheren Versuche auf. Die Maschine, die Batterie und die übrigen Theile des Apparates wurden in gute Ordnung gebracht, und während der Zeit des Versuches so nahe als möglich in demselben Zustande erhalten. Mit den Versuchen wurde abgewechselt, so dass jede Veränderung in dem Zustande des Apparates sichtbar ward, und die nöthigen Berichtigungen gemacht werden konnten.

[1] Phil. Trans. I. 1833. — Pogg. Ann. 20, 274. 1833.

„363) Sieben Flaschen wurden aus der Batterie fortgenommen, und acht zum Gebrauch beibehalten. Es fand sich, dass etwa 40 Umdrehungen die Flaschen vollständig luden. Sie wurden darauf durch 30 Umdrehungen geladen, und nun durch das Galvanometer entladen, während eine dicke feuchte Schnur von etwa 10 Zoll Länge in den Bogen eingeschaltet war. Sogleich wurde die Nadel um $5\frac{1}{2}$ Abtheilungen nach der einen Seite vom Nullpunkt abgelenkt, und beim Schwingen ging sie so nahe als möglich durch $5\frac{1}{2}$ Abtheilungen nach der anderen Seite.

„364) Jetzt wurden die übrigen sieben Flaschen den acht hinzugefügt, und sämmtliche 15 durch 30 Umdrehungen der Maschine geladen. Ein Henley'sches Elektrometer stand nicht ganz halb so hoch wie zuvor; allein als die Ladung durch das zuvor zur Ruhe gebrachte Galvanometer geleitet wurde, schwang die Nadel sogleich und erreichte genau denselben Theilpunkt wie vorhin. Die Versuche mit acht und fünfzehn Flaschen wurden mehrmals wiederholt, und immer mit demselben Erfolg.

„365) Es wurde nun die gesammte Batterie zum Versuch genommen, und ihre Ladung von 50 Umdrehungen der Maschine, durch das Galvanometer gesandt, doch so modificirt, dass sie zuweilen bloss durch einen feuchten Faden ging, zuweilen durch eine mit destillirtem Wasser angefeuchtete dünne Schnur von 38 Zoll Länge, zuweilen durch eine zwölf Mal dickere Schnur von nur 12 Zoll Länge, und getränkt mit verdünnter Säure. Mit der dicken Schnur ging die Ladung auf einmal durch, mit der dünnen gebrauchte sie eine wahrnehmbare Zeit, und mit dem Faden waren zwei bis drei Sekunden erforderlich, bis das Elektrometer ganz niedersank. Der Strom musste demnach in diesen drei Fällen ungemein an Intensität verschieden sein, und doch war die Ablenkung der Magnetnadel in allen fast gleich. Zeigte sich etwa ein Unterschied, so war die Ablenkung an der dünnen Schnur und dem Faden etwas grösser. Findet, wie Colladon sagt, eine Seitenfortpflanzung durch die Seide des Galvanometergewindes statt, so muss dies so sein, weil, wenn die Intensität geringer ist, die Seitenfortpflanzung schwächer wird.

„366) Hieraus geht hervor, dass, wenn die Elektricität in gleicher absoluter Menge durch das Galvanometer geleitet wird, die ablenkende Kraft auf die Magnetnadel gleich ist, wie gross auch ihre Intensität sein mag."

Hierzu ist zu bemerken, dass das Galvanometer die absolute Menge der Elektricität nur angiebt, wenn die Zeit der Entladung gegen die zur Bewegung der Magnetnadel erforderliche Zeit verschwindet. Sonst giebt das Galvanometer unmittelbar Stromstärken an, d. h. Elektricitätsmengen, dividirt durch die erforderliche Zeit. Man muss dieses Verhältniss im Auge behalten, um die nachfolgenden Versuche richtig zu verstehen.

Faraday geht nun zu einigen weiteren experimentellen wie litterarischen Nachweisen für den obenstehenden Satz über, die wir fortlassen können.

„369) Mein nächstes Ziel war nun, eine VOLTA'sche Vorrichtung zu erhalten, die gleiche Wirkung, wie die eben beschriebene ausüben wurde. Ein Platin- und ein Zinkdraht, beide durch dasselbe Loch eines Zieheisens gezogen, und ein Achtzehntelzoll im Durchmesser haltend, wurden auf einem Träger befestigt, so dass ihre unteren Enden in einem Abstande von $^5/_{16}$ Zoll parallel nebeneinander herabhingen. Die oberen Enden wurden mit den Galvanometerdrähten wohl verbunden. Es wurde Säure verdünnt, und nach verschiedenen vorläufigen Versuchen eine solche zur Norm genommen, welche aus einem Tropfen concentrirter Schwefelsäure und vier Unzen Wasser bestand. Endlich wurde die Zeit aufgezeichnet, welche die Nadel gebrauchte, um entweder von der Rechten zur Linken, oder umgekehrt zu schwingen, sie war gleich 17 Schlägen meiner Uhr, von denen 150 auf eine Minute gingen. Der Zweck dieser Vorbereitungen war, einen VOLTA'schen Apparat so einzurichten, dass er beim Eintauchen in eine gegebene Säure während einer gegebenen Zeit, die indessen viel geringer war, als die zum Schwingen der Nadel in einer Richtung erforderliche, eine ebenso starke Ablenkung der Nadel hervorbrachte, als die Entladung gemeiner Elektricität aus der Batterie. Nachdem ein neues Stück Zinkdraht in die angegebene Lage zum Platindraht gebracht worden war, wurde der vergleichende Versuch angestellt.

„370) Als der Zink- und Platindraht $^5/_8$ Zoll tief in die Säure getaucht, und 8 Uhrschläge lang darin gelassen, und dann rasch herausgezogen worden war, wich die Nadel ab, und fuhr fort, noch einige Zeit nach dem Herausziehen des Apparates nach derselben Seite vorzurücken. Sie erreichte die Mitte zwischen dem fünften und sechsten Theilpunkt, kehrte dann zurück und schwang nach der anderen Seite ebenso weit. Der Versuch wurde mehrmals, und immer mit demselben Erfolge wiederholt.

„371) Bloss nach der magnetischen Kraft zu urtheilen, kann man jetzt als eine Annäherung annehmen, dass zwei Drähte, einer von Platin und der andere von Zink, die $^1/_{18}$ Zoll dick sind und in einem Abstande von $^5/_{16}$ Zoll zu einer Tiefe von $^5/_8$ Zoll in ein Gemenge von einem Tropfen Vitriolöl und vier Unzen Wasser von etwa 60° F eingetaucht, und an ihren anderen Enden mit einem 18 Fuss langen und $^1/_{18}$ Zoll dicken, als Galvanometergewinde dienenden Kupferdraht verbunden worden sind, ebenso viel Elektricität in 8 Schlägen meiner Uhr oder in $^8/_{150}$ einer Minute liefern, als die durch 30 Umdrehungen einer grossen sehr wirksamen Elektrisirmaschine geladene elektrische Batterie. Trotz dieses ungeheuer scheinenden Missverhältnisses sind die Resultate in völligem Einklange mit denen, welche von der Elektricität bei Variationen der Intensität und Quantität bekannt sind.

„372) Um auch für die chemische Aktion einen Vergleichspunkt zu haben, wurden jetzt die Drähte $^5/_8$ Zoll tief in die Säure getaucht erhalten, und die Nadel, nachdem sie zur Ruhe gekommen, beobachtet, sie stand, so genau es das bewaffnete Auge unterscheiden konnte, auf dem Theilpunkt $5^1/_4$. Eine bleibende Ablenkung von dieser Grösse kann demnach als Anzeige eines constanten elektrischen Stromes, welcher in 8 Schlägen

meiner Uhr so viel Elektricität liefert als die elektrische Batterie, geladen
durch 30 Umdrehungen meiner Maschine, angesehen werden.

„373) Folgende Vorrichtungen und Apparate sind aus vielen Erfahrungen
ausgewählt. An einem Platindraht von $^1/_{12}$ Zoll Durchmesser, und 260 Gran
wiegend, war das eine Ende eben gemacht, so dass es eine wohl begrenzte
Kreisfläche von gleichem Durchmesser mit dem Drahte darbot. Er wurde
dann abwechselnd mit dem Conduktor der Maschine und mit dem Volta'schen
Apparat verbunden, und so, dass er immer den positiven Pol bildete und
zugleich senkrecht stand, damit er mit seinem ganzen Gewicht auf das
angewandte Reagenspapier drückte. Das Reagenspapier lag seinerseits auf
einem Platinspatel, der entweder mit der Ableitung oder mit dem negativen
Draht des Volta'schen Apparates in Verbindung stand. Es war vielfach
zusammengelegt und alle Mal in gleichem Grade mit einer Normallösung
von Jodkalium angefeuchtet.

„374) Wenn der Platindraht mit dem ersten Conduktor der Maschine
und der Spatel mit der Ableitung verbunden war, so übten 10 Umdrehungen
der Maschine eine solche Zersetzungskraft aus, dass ein blasser, runder Jod-
fleck gleich dem Durchschnitt des Drahtes erzeugt wurde, 20 Umdrehungen
machten einen dunkleren Fleck, und 30 einen so dunklen, dass er auf der
zweiten Lage des Papiers sichtbar war. Der Unterschied der Wirkung von
zwei bis drei Umdrehungen mehr oder weniger konnte mit Leichtigkeit
erkannt werden.

„375) Draht und Spatel wurden nun mit dem Volta'schen Apparat
verbunden, auch das Galvanometer in die Kette eingeschlossen, und nachdem der Apparat in ein stärkeres Gemenge, bestehend aus Wasser und
Salpetersäure so weit eingetaucht war, dass er eine bleibende Ablenkung
von $5^1/_4$ Abtheilungen gab, das vierfache feuchte Papier zwischen Draht und
Spatel gebracht. Dadurch nun, dass das Reagenspapier verschoben wurde,
konnte die Wirkung eines 5, 6, 7 und mehr Uhrschlage anhaltenden Stromes
beobachtet und mit der von der Maschine verglichen werden. Durch viel-
malige wechselweise Wiederholung dieser Vergleichungsversuche wurde
beständig gefunden, dass dieser Normalstrom der Volta'schen Elektricität,
8 Uhrschläge lang unterhalten, in seiner chemischen Wirkung gleich war
30 Umdrehungen der Maschine, und sichtlich 28 solcher Umdrehungen
übertraf.

„376) Hieraus folgt, dass der elektrische Strom der normalen Volta'schen
Batterie, wenn er 8 Uhrschläge lang wirkte, sowohl in magnetischer Ab-
lenkungskraft, wie in chemischer Aktion gleich war dem von der Maschine
in 30 Umdrehungen entwickelten.

„377) Es folgt ferner, dass in diesem Falle von elektrochemischer Zersetzung, und wahrscheinlich in allen übrigen Fällen, die chemische wie
die magnetische Kraft direkt proportional ist der absoluten
Menge von durchgeleiteter Elektricität."

Man muss gestehen, dass die experimentelle Grundlage, auf welcher die grosse, in dem vorstehenden Satze ausgesprochene Verallgemeinerung beruht, nicht eben breit und genau zu nennen ist, die ganze quantitative Messung besteht in der Schätzung der Farbe des Jodflecks[1] Wenn dadurch wieder einmal bewiesen ist, wie wenig dem genialen Forscher genügen kann, um einen weitreichenden Gedanken zu fassen, so darf doch andererseits Faraday die Anerkennung nicht vorenthalten werden, dass er der aus solcher Erkenntniss erwachsenden Pflicht, die aufgestellte Verallgemeinerung einer strengen und möglichst vielseitigen Prüfung zu unterziehen, auf das Beste nachgekommen ist Elektrochemische Untersuchungen verdrangen bei ihm jetzt die soeben so erfolgreich begonnenen elektromagnetischen, und auf der breitesten Grundlage der Erfahrung sucht sich Faraday nun Klarheit über das Gebiet zu verschaffen, das ein Blitz des Verstandnisses ihm in einem Punkte erhellt hatte

3 Faraday's weitere Arbeiten Die vierte Reihe seiner Experimentaluntersuchungen trägt den Titel „Uber ein neues Gesetz der elektrischen Leitung, und über Leitfähigkeit im Allgemeinen" Man würde irren, wenn man unter diesem neuen Gesetz das eben ausgesprochene verstehen wollte, es handelt sich vielmehr um die Beobachtung, dass viele Stoffe, insbesondere Salze, welche bei gewöhnlicher Temperatur Isolatoren sind, mehr oder weniger gute Leiter werden, wenn man sie bis zum Schmelzen erhitzt Umgekehrt werden flussige Leiter beim Erstarren Isolatoren, wie er insbesondere am Eise nachwies, welches ein sehr vollkommener Nichtleiter ist Die Eigenschaft der Leitfähigkeit ist somit auf das Engste mit dem flussigen Zustande verknüpft, und sie kommt sehr viel mehr Stoffen zu, als man bis dahin angenommen hatte

Noch eine andere Thatsache zeigte sich mit der Leitung verknüpft, die Zersetzung, und hier kommt Faraday wieder auf den scheinbar verlassenen Hauptpunkt zurück

„413) In fast allen bisher beobachteten Fällen, die diesem Gesetz unterliegen, waren die dem Versuche unterworfenen Stoffe nicht nur zusammengesetzt, sondern sie enthielten auch Elemente, von denen man weiss, dass sie sich an den entgegengesetzten Polen ansammeln, und sie konnten durch den elektrischen Strom zersetzt werden Wenn Leitung stattfand, trat auch Zersetzung ein, wenn die Zersetzung aufhörte, horte auch die Leitung auf, und es wird eine angemessene und wichtige Frage, ob nicht die Leitung selbst überall, wo das Gesetz gilt, nicht nur eine Folge der Moglichkeit der Zersetzung ist, sondern selbst in dem Akt der Zersetzung besteht? Und auf diese Frage kann eine andere folgen, ob nicht die Erstarrung die Leitung nur dadurch verhindert, dass sie die Molekeln unter dem Einflusse der Aggregation an ihren Platz fesselt, und dadurch ihre schliessliche Trennung in der Art, wie sie für die Zersetzung nothig ist, verhindert"

Gegen die vollstandige Verallgemeinerung dieser Ansicht macht hier Faraday indessen geltend, dass es einen (scheinbaren) Fall von Leitung ohne

Zersetzung giebt, nämlich beim Quecksilberjodid, und dass andererseits eine Anzahl von Stoffen vorhanden ist, welche die Bedingung, aus entgegengesetzten Elementen zu bestehen, erfüllen, und doch weder leiten noch zersetzt werden. Er verschiebt die Entscheidung der Frage bis auf die Zeit, wo ein grösserer Umfang von Thatsachen bekannt sein würde.

Die fünfte Reihe der Experimentaluntersuchungen bezieht sich wieder ausschliesslich auf die elektrochemische Zersetzung. Zunächst erwies Faraday die Entbehrlichkeit der metallischen Pole, indem er Zersetzungen durch Ströme hervorbrachte, die der zu zersetzenden Flüssigkeit (Salzlösungen auf Lackmuspapier oder Papier mit Jodkaliumlösung) nicht durch gewöhnliche Leiter, sondern mittelst Spitzenwirkung durch die Luft zugeführt worden waren. Ferner wies er nach, dass die Gegenwart des Wassers zur Leitung und Zersetzung nicht so nothwendig ist, als allgemein angenommen wurde, so überzeugte er sich, dass mit zwei Metallen und den verschiedensten geschmolzenen Stoffen wirksame Ketten hergestellt werden können, wie das schon früher von Davy mit Bleiglätte und Kaliumchlorat gezeigt worden war.

Endlich setzt Faraday seine theoretischen Vorstellungen über den Vorgang der Zersetzung auseinander, worauf wir einzugehen haben. Nach einer geschichtlichen Darstellung früherer Arbeiten auf dem Gebiete (bei denen auffälliger Weise die Untersuchungen von Berzelius und Hisinger übergangen werden) stellt er fest, was er als sichere Thatsache anerkennen kann. Hierzu gehört zunächst, dass die Zersetzung nicht von einer Anziehung seitens der Pole herrühren kann, sondern dass vielmehr die Zersetzungsprodukte an den Stellen, wo der flüssige Leiter endet, herausgetrieben (ejected) werden. Es geht dies aus den eben erwähnten Versuchen ohne metallische Pole hervor, und ausserdem beschreibt er noch einen Versuch, in welchem er eine Zersetzung gegen eine Wasserfläche sah. Der Versuch besteht darin, dass man über eine concentrirte Lösung von Magnesiumsulfat reines Wasser schichtet, und dann einen Strom so durchleitet, dass er in der Flüssigkeit von der concentrirten Lösung zum Wasser geht; es scheidet sich an der Grenzfläche dann bald ein Wölkchen von Magnesia aus.[1] Auch fand er, wenn er in eine von einem Strome durchsetzte prismatische Flüssigkeitsmasse zwei in bestimmter Entfernung von einander gehaltene, mit dem Galvanometer verbundene Platinplatten in der Richtung des Stromes einsetzte, dass die Ablenkung des Galvanometers dieselbe blieb, ob sich die Platten nahe an einem Pole, oder von ihm entfernt befanden. Aus alledem schloss er, dass die Zersetzung überall in dem ganzen flüssigen Leiter stattfindet, und nur dort sichtbar wird, wo dieser endigt. „Aus zahlreichen Versuchen entnehme ich den folgenden Ausspruch, den ich für richtig halte: Die Summe der elektrochemischen Zersetzung ist constant für jeden durch einen in Zersetzung befindlichen Leiter genommenen Querschnitt, welche Entfernung von dem Pole er auch haben mag." Kommt dieser Ausspruch auch sachlich

---

[1] Über die richtige Deutung dieses Versuches sind die Meinungen bis heute noch getheilt.

mit dem überein, was lange vorher von GROTTHUSS ausgesprochen war, so
enthält doch der folgende Satz etwas wesentlich Neues: „505) Ich habe
Grund, anzunehmen, dass der Satz noch allgemeiner gemacht, und folgendermassen ausgesprochen werden kann: Dass für eine constante Menge Elektricität, welches auch der zersetzte Leiter sein mag , der Betrag der
elektrochemischen Wirkung auch eine constante Grösse ist, d h stets äquivalent einer chemischen Normalwirkung sein wird, die auf gewöhnlicher
chemischer Verwandtschaft beruht" Bezüglich des Nachweises dieses Satzes
wird auf künftige Veröffentlichungen hingewiesen

Was nun den Mechanismus der Zersetzung selbst anlangt, so verwirft
FARADAY zunächst wieder die gelegentlich ausgesprochene Behauptung, als
ginge die ganze, oder ein grösserer Theil der Wirkung von einem der
beiden Pole aus „Urtheilt man nach den Thatsachen allein, so liegt bisher
nicht der geringste Grund vor, das Wesen, welches in dem vorhanden ist,
was wir den elektrischen Strom nennen. , als ein zusammengesetztes oder
verbundenes Wesen zu betrachten Es ist niemals in einfachere oder elementare Wesen aufgelöst worden, und kann vielleicht am besten aufgefasst
werden als eine Axe der Wirkung, welche entgegengesetzte Kräfte trägt,
die von genau gleichem Betrage, aber entgegengesetzter Richtung sind

„518) Gehen wir zu der Betrachtung der elektrochemischen Zersetzung
über, so scheint mir, dass die Wirkung durch eine innere Corpuskularaktion
hervorgebracht wird, welche in der Richtung des elektrischen Stromes ausgeübt wird, und welche von einer Kraft herrührt, die sich der chemischen
Verwandtschaft entweder hinzufügt, oder ihr Richtung giebt Der in Zersetzung befindliche Körper kann als eine Masse wirkender Theilchen
betrachtet werden, indem alle, welche in den Lauf des elektrischen Stromes
einbegriffen sind, zu dem schliesslichen Effekt beitragen, und dadurch, dass
die gewöhnliche chemische Verwandtschaft in der einen Richtung parallel
zu dem Gange des elektrischen Stromes durch dessen Einfluss aufgehoben,
geschwächt oder theilweise neutralisirt wird, und verstärkt oder vermehrt in
der entgegengesetzten Richtung, haben die sich verbindenden Theilchen die
Tendenz, in entgegengesetzter Richtung zu wandern"

„519) Nach dieser Anschauung wird die Wirkung als völlig abhängig
von der gegenseitigen chemischen Verwandtschaft der Theilchen entgegengesetzter Art angesehen Die Theilchen a, a, Fig 115, können nicht von
dem einen Pole N zu dem anderen P übertragen werden oder wandern,
wenn sie nicht Theilchen b, b der entgegengesetzten Art finden, welche
bereit sind, in der entgegengesetzten Richtung zu wandern, denn nur durch
die Wirkung ihrer erhöhten Verwandtschaft für diese Theilchen, verbunden
mit der verminderten Verwandtschaft zu denen, die hinter ihnen sind,
werden sie vorwärts getrieben, und wenn einer der Theile a, Fig 116, am
Pole anlangt, so wird er ausgetrieben oder in Freiheit gesetzt, weil das
Theilchen b entgegengesetzter Art, mit dem es unmittelbar vorher in Verbindung war, unter dem bestimmenden Einflusse des Stromes eine grössere

Anziehung zu dem Theilchen a, welches sich vor ihm in seiner Bahn
befindet, hat, als zu dem Theilchen a, zu dem seine Verwandtschaft geschwacht ist"

Es mag nicht viele Stellen der Untersuchungen Faraday's geben, welche
haufiger angefuhrt und erortert worden sind als der § 518 Sie erschienen
ihm und wohl auch den meisten anderen als ein unmittelbarer Ausdruck
der Thatsachen, wahrend doch der Antheil hypothetischer und unbewusster
Voraussetzungen darin grosser ist, als sonst bei Faraday ublich Vor allen
Dingen war die Annahme, dass in dem Strome die chemische Verwandtschaft nach einer Richtung verstarkt, nach der anderen geschwacht sei,
physikalisch schwer zu deuten, selbst wenn man im Sinne von Davy und
Berzelius die Verwandtschaft auf elektrische Anziehungen zuruckfuhren wollte
Der richtige Bestandtheil der Ansichten, die Einsicht, dass die stattfindenden
Vorgange nicht auf die Pole beschrankt sind, sondern in der ganzen

Fig 115

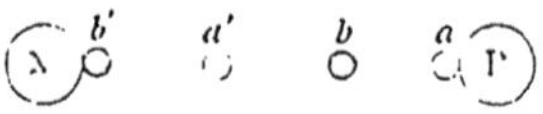

Fig 116

Nach Faraday

Erstreckung des Leiters stattfinden, war nicht neu, sondern experimentell
durch Erman und theoretisch durch Grotthuss klargelegt worden

Auch scheint Faraday die Unvollkommenheit seiner Anschauungen
gefuhlt zu haben, denn er verbreitet sich in ungewohnlich wortreicher Weise
uber den Gegenstand und kommt dabei zu Betrachtungen, welche die
gemachten Voraussetzungen theilweise wieder aufheben So schreibt er

„523) Die Theorie, welche ich aufzustellen versucht habe, verlangt das
Zugestandniss, dass in einem zusammengesetzten Stoffe, der der elektrochemischen Zersetzung fahig ist, die elementaren Bestandtheile eine gegenseitige Beziehung und einen Einfluss aufeinander haben, der uber die Theile
hinausgeht, welche unmittelbar miteinander verbunden sind So wird im
Wasser ein mit Sauerstoff verbundenes Wasserstofftheilchen nicht als vollstandig ohne Einfluss auf andere Sauerstofftheilchen angesehen, obwohl diese
mit anderen Wasserstofftheilchen verbunden sind, sondern es wird angenommen, dass sie eine Verwandtschaft oder Anziehung gegen sie haben,
die zwar unter gewohnlichen Umstanden nicht vergleichbar ist mit der Kraft,
welche es mit seinem eigenen Sauerstofftheilchen zusammenhalt, welche
aber, unter dem nach bestimmter Richtung wirkenden elektrischen Einflusse,
bis uber jene hinaus gesteigert werden kann Diese allgemeine Beziehung
bereits verbundener Theilchen zu anderen, mit denen sie nicht verbunden
sind, tritt deutlich genug in zahlreichen Erscheinungen rein chemischen
Charakters hervor, namentlich in denen, wo nur theilweise Zersetzungen
eintreten, sowie in Berthollet's Versuchen uber den Einfluss der Masse auf
die Verwandtschaft und damit hangt wahrscheinlich die Anziehung der

Aggregation in festen und flüssigen Körpern unmittelbar zusammen Es ist
ein bemerkenswerther Umstand, dass bei Gasen und Dämpfen, wo die
Anziehung der Aggregation verschwindet, auch die zerlegenden Kräfte der
Elektricität anscheinend verschwinden, und auch die chemische Wirkung der
Masse nicht mehr ersichtlich ist Es erscheint nicht unmöglich, dass die
Unfähigkeit, Zersetzung zu erfahren, in diesen Fällen von der Abwesenheit
der gegenseitigen Anziehungswirkungen der Theilchen herrührt, welche die
Ursache der Aggregation ist"

Faraday befindet sich hier auf dem später von Clausius und Arrhenius
eingeschlagenen Wege, indem er sieht, dass die thatsächlichen Erscheinungen
der elektrischen Zerlegung mit der Annahme, dass wirklich hierbei überall
in der Flüssigkeit Trennungen und Verbindungen stattfinden sollen, welche
man sich unter dem Bilde mechanischer Wirkungen vorstellt, nicht wohl zu
vereinigen sind Es hat ausserordentlicher Mühen bedurft, bis eine Befreiung
von den überkommenen chemischen Vorstellungen, die überall mit einer
vertieften Betrachtung der Thatsachen nicht zu vereinigen waren, erreicht
worden war, und wir dürfen es Faraday nicht übel nehmen, dass er seiner
Zeit nicht die chemischen Anschauungen, mit denen er an die Betrachtung der elektrochemischen Vorgänge herantrat, als den schwachen Theil
aller elektrochemischen Theorieen erkannte, und daher die Verbesserung an
Stellen zu bewirken suchte, welche derselben zunächst weniger bedurften
als andere, die er für gesund hielt

4 Die Hauptabhandlung Zwischen den soeben erwähnten Arbeiten
und der Hauptabhandlung, in welcher Faraday sein Gesetz der festen elektrolytischen Aktion aufgestellt hat, liegt die sechste Reihe der Experimentaluntersuchungen, die einen scheinbar ganz abweichenden Gegenstand, nämlich
die Fähigkeit des Platins, die Verbindung des Knallgases bei gewöhnlicher
Temperatur zu bewirken, behandelt Indessen ist der Zusammenhang ein
ganz unmittelbarer, bei dem Vergleich der durch verschiedene Ströme aus
verdünnter Schwefelsäure entwickelten Knallgasmengen, welche Faraday im
Verlaufe seiner Untersuchungen gemessen hatte, ergaben sich Anomalien,
deren Erklärung schliesslich in dieser Eigenschaft der Platinelektroden gefunden
wurde Diese Untersuchung ist ein gutes Beispiel für den besonderen Charakter von Faraday's wissenschaftlicher Begabung, die beständige Aufmerksamkeit auf die Gesammtheit der Erscheinungen, und die Fähigkeit, Dinge
zu sehen, die ganz abseits von denen liegen, auf welche eben die Aufmerksamkeit gerichtet ist, hat nicht zum wenigsten die ausserordentliche
Mannigfaltigkeit und vielfach unerwartete Beschaffenheit seiner Entdeckungen
bewirkt

Die siebente Reihe der Experimentaluntersuchungen, welche am 9 Januar
1834 der Royal Society vorgelegt worden ist, enthält schliesslich den wesentlichsten Theil von Faraday's grosser Entdeckung Sie beginnt mit refor-
matorischen Vorschlägen bezüglich der Nomenklatur der elektrochemischen
Erscheinungen, welche seitdem überall durchgedrungen sind Faraday hatte

die Nothwendigkeit neuer Namen gefuhlt, da die alten der Ausdruck bestimmter theoretischer Vorstellungen waren, die er verwerfen musste

„662) Um daher Verwirrung und Umschreibungen zu vermeiden, und wegen grösserer Schärfe des Ausdruckes, als sie anderweit zu erreichen ist, habe ich den Gegenstand mit zwei Freunden eingehend erwogen, und unter deren Beistand und Theilnahme bei der Namengebung beabsichtige ich, in der Folge einige neue Ausdrucke zu brauchen, welche ich nun definiren will Die Pole, wie sie gewohnlich genannt werden, sind nur die Thore oder Wege, durch welche der elektrische Strom in den zersetzbaren Korper, oder aus ihm tritt, auch sind sie naturlich, wo sie mit diesem Korper in Beruhrung stehen, die Grenzen seiner Erstreckung in der Richtung des Stromes Der Ausdruck ist gewohnlich auf die metallischen Stoffe angewendet worden, die mit dem zersetzbaren Korper in Beruhrung stehen, ob aber die Naturforscher ihn ebenso allgemein auf die Luft- und Wasserflachen anwenden werden, gegen welche ich elektrochemische Zersetzungen bewirkt habe, ist einem Zweifel unterworfen An Stelle des Ausdruckes Pol schlage ich das Wort Elektrode vor, und verstehe darunter die Substanz, oder vielmehr die Flache von Luft, Wasser, Metall oder irgend einem anderen Korper, welche die Ausdehnung der zersetzbaren Substanz in der Richtung des Stromes begrenzt

„663) Die Flachen, an denen nach der gebrauchlichen Ausdrucksweise der elektrische Strom in einen zersetzbaren Korper eintritt, oder ihn verlasst, sind sehr wichtige Stellen der Wirkung, und verdienen besonders von den Polen unterschieden zu werden, mit denen sie oft, und von den Elektroden, mit denen sie immer in Beruhrung sind Indem ich nach einer naturlichen Norm der elektrischen Richtung suchte, auf welche ich diese beziehen konnte, und welche gleichzeitig von aller Theorie fern war, habe ich sie in der Erde zu finden geglaubt Ruhrt der Magnetismus der Erde von Stromen her, die sie umkreisen, so mussen diese eine bestandige Richtung haben, welche dem gegenwartigen Sprachgebrauch gemass, von Ost nach West gehen, oder, was die Erinnerung erleichtern wird, in der Richtung, in der die Sonne sich zu bewegen scheint Wenn wir in irgend einem Falle elektrischer Zerlegung den Korper so gestellt denken, dass der durchgehende Strom in gleicher Richtung und parallel zu den in der Erde angenommenen Stromen verlauft, so werden die Flachen, an denen der Strom in die Substanz tritt, und sie verlasst, eine unveranderliche Beziehung haben, und stets das gleiche Verhaltniss der Krafte aufweisen Hiernach gedenken wir die nach Osten liegende die Anode, und die nach Westen liegende die Kathode zu nennen, und welche Anderungen auch in Bezug auf unsere Anschauungen uber Elektricitat und elektrische Wirkungen eintreten mogen, so werden sie die erwahnte naturliche Norm in gleicher Weise und gleichem Betrage bei jedem zersetzbaren Stoff, auf den diese Ausdrucke zu irgend einer Zeit angewendet werden konnen, andern, und es scheint daher kein Grund zu sein, dass sie jemals zu Verwirrung fuhren oder falsche Ansichten unterstutzen konnen Die

Anode ist demnach die Fläche, an der nach unserer gegenwärtigen Aus-
druckweise der Strom eintritt, sie ist das negative Ende des zersetzbaren
Leiters, dort wird Sauerstoff, Chlor, die Säuren u s w entwickelt, sie liegt
der positiven Elektrode gegenüber. Die Kathode ist die Fläche, an der der
Strom den zersetzbaren Körper verlässt, und ist sein positives Ende, die
verbrennlichen Stoffe, Metalle, Alkalien und Basen werden dort entwickelt,
und sie ist in Berührung mit der negativen Elektrode

„664) Ich werde in diesen Untersuchungen Gelegenheit haben, die Stoffe
nach bestimmten Beziehungen ihren elektrischen Wirkungen gemäss einzu-
theilen, und um diese Beziehungen ohne gleichzeitigen Ausdruck irgend
welcher hypothetischer Ansichten darzustellen, werde ich nachstehende Namen
und Bezeichnungen benutzen Viele Körper werden unmittelbar durch den
elektrischen Strom zersetzt, indem ihre Elemente frei werden, diese werde
ich Elektrolyte nennen Wasser ist daher ein Elektrolyt Stoffe, welche
wie Salpetersäure oder Schwefelsäure nur auf secundäre Weise zerlegt werden,
sind in diese Beziehung nicht eingeschlossen Auch werde ich für elektrochemisch zersetzt oft den Ausdruck elektrolysirt benutzen, der in gleicher
Weise abgeleitet ist, und bedeutet, dass der bezeichnete Körper unter dem
Einflusse der Elektricität in seine Bestandtheile zersetzt wird, er ist im Sinne
und im Klange dem auf gleiche Weise abgeleiteten Ausdruck analysirt
ähnlich Der Ausdruck elektrolytisch wird unmittelbar verstanden werden,
Salzsäure ist elektrolytisch, Borsäure nicht

„665) Schliesslich bedarf ich eines Namens für die Stoffe, welche zu
den Elektroden, oder wie sie gewöhnlich genannt werden, den Polen, gehen
können Man spricht häufig von elektronegativen oder elektropositiven
Stoffen, je nachdem sie unter dem angenommenen Einflusse der unmittelbaren elektrischen Anziehung zu dem positiven oder negativen Pole
gehen Diese Ausdrücke sind aber viel zu speciell für den Gebrauch,
den ich im Sinne habe, denn obwohl die Ansichten vielleicht richtig sind,
sind sie doch nur hypothetisch und können auch falsch sein, und dann
thun sie durch einen ganz unmerklichen, aber sehr gefährlichen, weil
beständigen Einfluss der Wissenschaft erhebliche Schaden, indem sie die
gewohnten Anschauungen ihrer Vertreter einengen und begrenzen Ich
gedenke Stoffe, welche zur Anode des zersetzbaren Stoffes gehen, Anionen
zu nennen, und die zur Kathode gehenden Kationen, und wenn ich von
beiden gleichzeitig zu reden habe, werde ich sie Ionen nennen. So ist
Bleichlorid ein Elektrolyt, wenn es elektrolysirt wird, entwickelt es zwei
Ionen, Chlor und Blei, von denen das erstere das Anion, das letztere das
Kation ist

„666) Sind diese Ausdrücke einmal gut definirt, so wird ihr Gebrauch,
wie ich hoffe, mancherlei Umschreibung und Zweideutigkeit im Ausdrucke
zu vermeiden gestatten Ich beabsichtige nicht, sie häufiger als erforderlich
zum Dienst zu pressen, denn ich weiss wohl, dass Namen ein Ding sind,
und die Wissenschaft ein anderes “

Die nun folgenden Betrachtungen über einige allgemeine Bedingungen der elektrochemischen Zersetzung können wir grosstentheils übergehen Faraday macht zunächst die Bemerkung, dass auffälliger Weise gerade die Stoffe, welche wie Wasser und die verschiedenen Oxyde und Halogenverbindungen durch besonders kräftige Verwandtschaften zusammengehalten werden, am leichtesten der zersetzenden Wirkung des elektrischen Stromes nachgeben, während andererseits Stoffe, die durch schwache Verwandtschaften gebildet sind, nur selten den Strom durchlassen Er bemerkt hierzu „Man könnte sagen, dass meine eigene Theorie der elektrochemischen Zersetzung zu der Erwartung führen muss, dass alle Stoffe unter dem Einflusse des elektrischen Stromes nachgeben müssten, und zwar proportional der Stärke der Verwandtschaft, mit welcher ihre näheren oder ferneren Bestandtheile verbunden sind Ich bin nicht sicher, dass dies als eine Schlussfolgerung aus meiner Theorie abzuleiten ist, wenn aber dieser Einwand als ein durch die Thatsachen gegebener angesehen wird, so zweifle ich nicht, dass er beseitigt werden wird, wenn wir eine genauere Bekanntschaft mit der Natur der chemischen Verwandtschaft und eine bestimmtere Vorstellung von derselben, sowie von der Art, wie ein elektrischer Strom sie beeinflusst, gewonnen haben werden Ausserdem steht dieser Einwand ebenso unmittelbar jeder anderen Theorie der elektrochemischen Zersetzung entgegen, wie der von mir vorgeschlagenen, denn wenn wie gewöhnlich angenommen wird, dass die Stoffe sich um so kräftiger verbinden, je entgegengesetzter sie sich in ihren anziehenden Kräften gegenüber stehen, so findet der Einwand mit gleicher Kraft Anwendung gegen alle früheren Theorieen der Elektrolyse, und vermehrt die von mir gegen sie erhobenen Einwände "

Bei dem Versuch, die elektrolytisch zersetzbaren Stoffe allgemein von denen zu unterscheiden, welche es nicht sind, kam Faraday schliesslich auf den Gedanken, dass nur die Stoffe zersetzbar seien, welche entgegengesetzte Elemente zu gleichen Atomen enthalten Hierzu muss bemerkt werden, dass um jene Zeit die Gmelin'schen Atomgewichte allgemein gültig waren, in denen die Formeln der meisten Oxyde und Halogenverbindungen mit je einem Atom des Elementes geschrieben wurden Bei der Durchführung seiner Ansicht stiess Faraday bald auf allerlei Schwierigkeiten, die er zum Theil auf Grund ungenügender Versuche beseitigen zu können glaubte so gab er beispielsweise die Existenz eines Einfach-Schwefelantimons an, worauf Berzelius ihm seinen Irrthum nachwies Wir können diese Dinge übergehen, ebenso eine Reihe von einzelnen Mittheilungen über die elektrolytischen Eigenschaften verschiedener Stoffe

Der nächste Paragraph ist bezeichnet über ein neues Maass der Volta-Elektricität, und enthält die Beschreibung des auf der Zersetzung der verdünnten Schwefelsäure beruhenden Voltameters, das bis auf den heutigen Tag in Gebrauch geblieben ist

„704) Ich habe bereits bei der Beziehung der gemeinen und der Volta'schen Elektricität auf ein gemeinsames Maass, und ebenso bei der

Darlegung meiner Theorie der elektrolytischen Zersetzung gesagt, dass die chemische Zersetzungswirkung eines Stromes constant ist für eine constante Menge von Elektricität, unabhängig von der grössten Änderung ihrer Quellen, ihrer Intensität und der Grösse der angewendeten Elektroden, der Natur der Leiter (oder Nichtleiter), durch welche sie gegangen ist, und von anderen Umständen. Der entscheidende Beweis aller dieser Behauptungen soll alsbald gegeben werden.

„705) Ich versuchte, auf Grund dieses Gesetzes ein Instrument zu erbauen, welches die durchgehende Elektricität ausmessen sollte, und welches

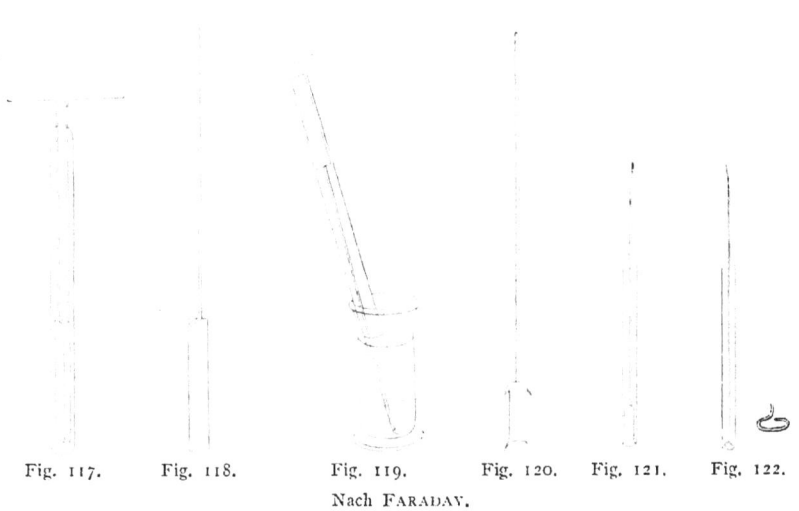

Fig. 117.   Fig. 118.   Fig. 119.   Fig. 120.   Fig. 121.   Fig. 122.

Nach FARADAY.

durch Einschaltung in den Lauf des zu irgend einem Versuch gebrauchten Stromes, nach Belieben entweder als eine vergleichende Norm der Wirkung, oder als ein wirklicher Maassstab für dies feine Agens dienen soll.

„706) Unter gewöhnlichen Umständen giebt es keinen geeigneteren Stoff als anzeigenden Körper in einem solchen Instrument als Wasser; denn es wird mit Leichtigkeit zersetzt, wenn es durch Zusatz von Säuren oder Salzen zu einem besseren Leiter gemacht worden ist; seine Bestandtheile können in zahlreichen Fällen erhalten und gemessen werden, ohne dass Störungen durch Nebenwirkungen eintreten; da sie gasförmig sind, befinden sie sich im geeignetsten Zustande für die Trennung und Messung. Wasser, mit Schwefelsäure angesäuert, ist daher der Stoff, auf den ich mich im Allgemeinen beziehen werde, wenn es auch in besonderen Fällen oder Formen des Versuches bequemer sein kann, andere Stoffe zu benutzen."

Die nächsten Paragraphen enthalten Beschreibungen der verschiedenen Formen, welche FARADAY seinem neuen Instrument gegeben hat, um es den mannigfaltigen Zwecken anzupassen, für die es Verwendung finden kann. Durch die in Fig. 117 bis 127 gegebenen Abbildungen ist wohl die Wiederholung der Beschreibungen entbehrlich gemacht.

„713) Nächst der Vorsicht in der Sammlung der gemischten Gase ausser Berührung mit dem Platin, kam die Nothwendigkeit, das Gesetz der festen elektrolytischen Wirkung, wenigstens in Bezug auf Wasser, unter allen Verschiedenheiten der Bedingungen zu prüfen, damit neben der Überzeugung von seiner Richtigkeit auch eine Kenntniss aller betheiligten Umstände erlangt würde, auf welche man praktisch Rücksicht zu nehmen hat.

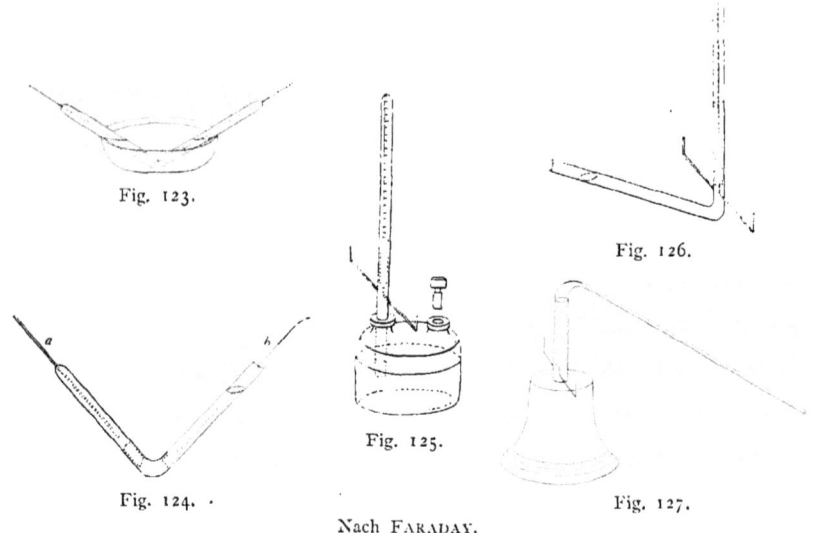

Fig. 123.

Fig. 126.

Fig. 125.

Fig. 124.

Fig. 127.

Nach FARADAY.

„714) Der erste untersuchte Punkt war der Einfluss oder die Indifferenz von beträchtlichen Änderungen der Grösse der Elektroden, für welchen Zweck Instrumente nach Fig. 125 benutzt wurden. Eines derselben hatte Platten von 0,7 Zoll Breite und nahezu 4 Zoll Länge, ein anderes Platten von 0,5 Zoll Breite und 0,8 Zoll Länge, ein drittes Drähte von 0,02 Zoll Durchmesser und 3 Zoll Länge, und ein viertes ähnliche Drähte von nur $\frac{1}{2}$ Zoll Länge. Wenn aber diese mit verdünnter Schwefelsäure gefüllt waren und, indem sie nach einander geschaltet waren, von einem und demselben elektrischen Strome durchsetzt wurden, so wurde sehr nahe die gleiche Menge Gas in allen entwickelt. Der Unterschied lag zuweilen zu Gunsten des einen, und dann wieder auf der Seite des anderen; jedoch war das allgemeine Ergebniss, dass die grösste Menge des Gases an den kleinsten Elektroden entwickelt wurde, nämlich denen aus blossem Platindraht.

„715) Versuche ähnlicher Art wurden mit der geraden, einplattigen Röhre (Fig. 121), sowie mit den gekrümmten Röhren (Fig. 124) gemacht,

und führten zu gleichen Ergebnissen, und wenn diese mit den früheren
Rohren auf mannigfaltige Weise angeordnet wurden, so ergab sich immer
das gleiche Resultat bezüglich der Gleichheit der Wirkung bei grossen oder
kleinen metallischen Flächen, wenn sie den gleichen Strom von Elektricität
abgaben oder aufnahmen. Als Beispiel seien die folgenden Zahlen gegeben.
Ein Instrument mit zwei Drähten entwickelte 74,3 Volume des Gasgemisches,
ein anderes mit Platten 73,25 Volume, während die Summe von Sauerstoff
und Wasserstoff in zwei getrennten Rohren auf 73,65 Volume ging. Bei
einem anderen Versuch waren die Volume 55,3, 55,3, und 54,4."

Faraday ging nun zu einer genaueren Untersuchung über, welche als
Ursache dieser kleinen Abweichungen die Löslichkeit der Gase in erster
Linie ergab. Um diese Fehler möglichst zu vermeiden, empfiehlt er, einerseits möglichst nur vergleichende Versuche anzustellen, andererseits nur den
Wasserstoff zu sammeln und zu messen, da dieser weit weniger löslich sei,
als der Sauerstoff. In der Folge hat sich noch erwiesen, dass nicht nur
die leichtere Löslichkeit des Sauerstoffes, sondern auch seine Neigung, Verbindungen, wie Wasserstoffsuperoxyd oder Überschwefelsäure zu bilden, die
Menge des entwickelten Gases herabsetzt, so dass auch wegen dieser Umstände der letzte Vorschlag von Faraday zu empfehlen ist. Dieser schliesst
die Abtheilung mit den Worten „Aus den vorstehenden und vielen anderen
Versuchen folgt, dass Veränderungen in der Grösse der Elektroden
keine Veränderung in der Wirkung einer gegebenen Elektricitätsmenge auf Wasser bewirken."

„723) Der nächste Punkt, bezüglich dessen das Gesetz der constanten
elektrochemischen Wirkung geprüft wurde, war die Änderung der Intensität. Erstens wurden die obigen Versuche unter Anwendung von Batterieen
wiederholt, die bei gleicher Plattenzahl stark und schwach geladen waren,
die Ergebnisse waren aber die gleichen. Dann wurden sie mit Batterieen
wiederholt, die zuweilen vierzig und dann nur fünf Plattenpaare enthielten;
die Ergebnisse waren noch immer dieselben. Daher bringen Änderungen
in der Intensität, die durch Verschiedenheiten in der Ladung der Platten,
oder in der Zahl der benutzten Paare verursacht werden, keine Verschiedenheit in der gleichen Wirkung grosser und kleiner Elektroden hervor.

„724 Diese Ergebnisse bewiesen indessen noch nicht, dass die Änderung der Intensität des Stromes nicht von entsprechenden Änderungen der
elektrochemischen Wirkung begleitet war, da die Wirkungen an allen
Flächen gleichzeitig zu- und abgenommen haben können. Diesem Mangel
in der Beweisführung wird indessen vollkommen durch die früher mitgetheilten Versuche mit Elektroden von verschiedener Grösse abgeholfen,
da mit der Änderung der Grösse auch eine Änderung in der Intensität
eingetreten sein muss. Die Intensität eines elektrischen Stromes, welcher
durch Leiter von gleicher Natur, Beschaffenheit und Länge geht, ist wahrscheinlich gleich der Elektricitätsmenge, welche durch einen gegebenen
Querschnitt fliesst, dividirt durch die Zeit, wenn daher grosse Platten mit

Drähten verglichen wurden, die von einander durch die gleiche Länge der zersetzbaren Flüssigkeit getrennt waren, und bei denen der elektrische Strom durch beide Anordnungen gehen musste, so muss die Elektricität bezüglich der Tension einen sehr verschiedenen Zustand zwischen den Platten und zwischen den Drähten gehabt haben; die chemischen Resultate waren indessen die gleichen.

„725) Der Unterschied der Intensitäten unter den beschriebenen Umständen kann leicht praktisch gezeigt werden, indem man zwei Zersetzungsapparate wie in Fig. 128 anordnet, in denen die gleiche Flüssigkeit der zersetzenden Wirkung desselben Stromes ausgesetzt wird, der in dem Gefäss A zwischen grossen Platinplatten übergeht, im Gefässe B aber zwischen feinen Drähten. Wird ein dritter Zersetzungsapparat, wie Fig. 127 mit den Drähten a b, Fig. 128 verbunden, so kann er sehr gut durch den Betrag der Zersetzung, welche in ihm stattfindet, dazu dienen, den relativen Zustand der Platten bezüglich der Intensität nachzuweisen; wird er dann in gleicher Weise als Prüfmittel des Zustandes der Drähte in a′ b′ benutzt, so wird er durch die Zunahme der Zersetzung zeigen, wie viel grösser die Intensität dort ist, als an den früheren Punkten. Die Verbindungen der Punkte P und N mit der Volta'schen Batterie müssen natürlich während der ganzen Zeit bestehen bleiben."

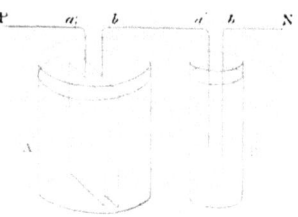

Fig. 128. Nach Faraday.

Sehr auffällig ist in diesen letzten Auslassungen die Unsicherheit Faraday's in Bezug auf den Ausdruck Intensität. Einerseits versteht er darunter das, was man jetzt die Stromdichte nennt; andererseits ist der letzte Versuch wohl in der Absicht angestellt, den Unterschied der Spannungen an beiden Elektroden zu messen. Gegenwärtig wissen wir, dass er wesentlich die Verschiedenheit des Widerstandes zwischen den Elektroden in beiden Fällen zur Anschauung gebracht hat. In dem Jahre 1834, wo diese Abhandlung geschrieben wurde, war das Ohm'sche Gesetz längst nicht nur veröffentlicht, sondern auch bestätigt; man sieht in diesem Falle besonders deutlich, in welchem Maasse die von Faraday selbst wiederholt beklagte Unkenntniss der deutschen Sprache ihn an dem Fortschritt in seinem eigensten Gebiete gehindert hat.

„726) Eine dritte Form des Versuches, in welcher Unterschiede der Intensität hergestellt wurden, um das Princip der gleichen chemischen Wirkung zu prüfen, bestand darin, drei Volta-Elektrometer so anzuordnen, dass, nachdem der elektrische Strom eines durchsetzt hatte, er in zwei Theile getheilt wurde, von denen jeder eines der übrigen Instrumente durchsetzen musste. Die Summe der Zersetzungen in den beiden letzteren Gefässen war immer gleich der Zersetzung in dem ersten. Die Intensität des getheilten Stromes konnte nicht die gleiche sein wie im ursprünglichen Zustande;

daher hat eine Änderung der Intensität keinen Einfluss auf das Resultat, wenn die Menge der Elektricität dieselbe bleibt. Thatsächlich kommt der Versuch auf eine Vergrösserung der Elektrode hinaus.

„727) Der dritte Punkt, bezüglich dessen das Princip der gleichen elektrochemischen Wirkung auf Wasser geprüft wurde, war die Änderung der Stärke der benutzten Lösung. Um das Wasser leitend zu machen, war Schwefelsäure dazu gesetzt worden, und es schien nicht unwahrscheinlich, dass dieser Stoff, und viele andere, das Wasser mehr oder weniger leicht zersetzbar machen konnte, wenn die Elektricität dieselbe der Menge nach blieb. Dies erwies sich aber als nicht zutreffend. Es wurde verdünnte Schwefelsäure von verschiedener Stärke in verschiedene Zersetzungsapparate gebracht und diese gleichzeitig der Wirkung desselben Stromes unterworfen. Es traten kleine Unterschiede auf, wie früher bald in einer Richtung, bald in der anderen, das schliessliche Ergebniss war aber, dass genau die gleiche Menge Wasser in den verschiedenen Lösungen durch die gleiche Elektricitätsmenge zersetzt wurde, obwohl die Schwefelsäure in einigen sieben Mal so stark war wie in anderen. Die angewendeten Stärken waren 1,495 und geringer.

„728) Hat die Säure ein spezifisches Gewicht von 1,336 ungefähr, so sind die Ergebnisse am gleichförmigsten, und Sauerstoff und Wasserstoff am ehesten in dem richtigen gegenseitigen Verhältniss. Eine solche Säure gab mehr Gas, als eine viel schwächere unter der Wirkung desselben Stromes, wahrscheinlich, weil sie ein geringeres Lösungsvermögen hat. War die Säure sehr stark, so trat ein auffallendes Verschwinden des Sauerstoffes ein, so gab eine aus zwei Volumen starken Vitriolöls mit einem Volum Wasser auf 42 Volume Wasserstoff nur zwölf Volume Sauerstoff. Der Wasserstoff betrug nahezu ebenso viel, wie der aus Säure vom spezifischen Gewicht 1,232 entwickelte. Ich habe noch nicht Zeit gehabt, die Umstände genau zu untersuchen, welche das Verschwinden des Sauerstoffes in diesem Falle begleiten, doch ich glaube, dass es auf der Bildung von Wasserstoffhyperoxyd beruht, welches nach Thenard durch die Gegenwart der Säure befördert wird.

„729) Obwohl es für die praktische Anwendung des beschriebenen Instrumentes nicht von Belang ist, so habe ich doch wegen der wichtigen Beziehung zu der constanten elektrochemischen Wirkung auf Wasser die von einem durch wässerige Lösungen von Säuren, Salzen und möglichst verschiedenen Verbindungen gesandten Strom ausgeübte Wirkung untersucht, und fand, dass sie erstaunlich übereinstimmende Ergebnisse lieferten. Viele von ihnen, bei denen secundäre Wirkungen auftraten, werden indes besser später beschrieben.

„730) Wenn Lösungen von kaustischem Kali oder Natron, oder von Magnesium- oder Natriumsulfat der Wirkung des elektrischen Stromes unterworfen werden, so wird aus ihnen genau so viel Sauerstoff und Wasserstoff entwickelt als aus der verdünnten Schwefelsäure, mit der sie verglichen wurden. Wenn eine Lösung von Ammoniak, die durch den Zusatz von Ammoniumsulfat besser leitend gemacht worden war, oder eine Lösung von Kaliumcarbonat versucht wurde, so betrug der entwickelte Wasserstoff ebenso viel, als der aus verdünnter Schwefelsäure, mit der sie verglichen wurden Daher ändern Änderungen in der Natur der Lösungen nicht die Constanz der elektrolytischen Wirkung auf Wasser

„731) Ich habe bei den grossen und kleinen Elektroden bereits bemerkt, dass eine Änderung der Reihenfolge die allgemeine Wirkung nicht ändert (715) Das gleiche fand mit den verschiedenen Lösungen oder mit verschiedenen Intensitäten statt, und wie auch die Umstände eines Versuches verändert werden mochten, die Resultate ergaben sich ausserordentlich übereinstimmend, und bewiesen, dass die elektrochemische Wirkung immer die gleiche war

„732) Ich betrachte die vorhergehende Untersuchung als genügend, um das sehr ungewöhnliche und wichtige Princip bezüglich des Wassers zu beweisen, dass, wenn es dem elektrischen Strome unterworfen wird, eine Menge desselben zersetzt wird, welche genau proportional der durchgegangenen Menge der Elektricität ist, unabhängig von den tausend Verschiedenheiten, der Bedingungen und Umstände, unter denen es sich jeweilig befinden mag, und weiter, dass, wenn die Wirkung gewisser secundärer Einflusse (742 u ff., die Auflösung und Wiederverbindung der Gase, und die Ausscheidung von Luft vermieden werden, die Produkte der Zersetzung mit solcher Genauigkeit gemessen werden können, dass sie ein sehr gutes und werthvolles Hulfsmittel abgeben, die bei dieser Entwickelung betheiligte Elektricität zu messen"

In den folgenden Abschnitten erörtert Faraday die verhältnismässigen Vorzüge der früher beschriebenen Formen und schlägt vor, dies Hulfsmittel zur Messung der Elektricitätsmengen das Volta-Elektrometer zu nennen „Dies Instrument stellt den einzigen wirklichen Messer der Volta'schen Elektricität dar, welchen wir zur Zeit kennen Denn indem er weder durch die Änderungen der Zeit oder Intensität, noch durch Änderungen des Stromes selbst von irgend welcher Art oder durch irgend welche Ursache, noch auch selbst durch Unterbrechung der Thätigkeit im Geringsten beeinflusst wird, verzeichnet es mit Genauigkeit die Elektricitätsmenge, welche hindurch gegangen ist, und lässt diese Menge durch den Anblick erkennen, ich habe ihn daher ein Volta-Elektrometer genannt"

Es ist bekannt, dass Faraday sich über die Bedeutung seines Instrumentes nicht getäuscht hat, es ist in den verschiedensten Formen bis auf den heutigen Tag in Gebrauch, und dient nicht nur zu gewöhnlichen Messungen, sondern ist gleichzeitig ein Hulfsmittel, die absolute Menge der Elektricität in der genauesten Weise zu bestimmen, deren die Wissenschaft überhaupt fähig ist

Das nun folgende sechste Kapitel ist überschrieben „Uber den primären und secundären Charakter der an den Elektroden entwickelten Stoffe", und enthält eine Auseinandersetzung der Ansichten, zu welchen Faraday bezüglich des Verhältnisses der an den Elektroden auftretenden Stoffe zu den durch den Strom daselbst ursprünglich abgeschiedenen gelangt war. Dass zwischen beiden ein Unterschied bestehen könne und müsse, ist ein Schluss, auf den FARADAY nothwendig kommen zu müssen glaubt, man darf nicht in Abrede stellen, dass er hier zu irrthümlichen oder wenigstens überflüssigen Ansichten Ursache gegeben hat, welche später bei der weiteren Entwickelung der Wissenschaft nur mit Mühe haben beseitigt werden können.

„742) Bevor das VOLTA-Elektrometer die Beständigkeit der elektrochemischen Zersetzung als ein allgemeines Gesetz beweisen konnte, war es nöthig, einen Unterschied zu untersuchen, welcher bereits unter den wissenschaftlichen Männern anerkannt ist, was die Produkte dieser Wirkung anlangt, nämlich deren primären oder secundären Charakter, und womöglich durch eine allgemeine Regel oder ein Princip zu bestimmen, wann sie von der einen oder der anderen Art sind. Es wird sich später zeigen, dass durch die Verwechselung der beiden Klassen grosse Irrthümer bezüglich der elektrochemischen Zersetzung und ihrer Folgen entstanden sind.

„743) Wenn ein Körper an den Elektroden diejenigen Stoffe unverbunden und unverändert liefert, welche der elektrische Strom getrennt hat, so können diese als die primären Ergebnisse angesehen werden, auch wenn sie Verbindungen sind, so sind Sauerstoff und Wasserstoff aus dem Wasser primäre Produkte, und ebenso Säure und Alkali (obwohl sie zusammengesetzt sind) aus schwefelsaurem Natron. Wenn aber die durch den Strom getrennten Stoffe an den Elektroden verändert werden, bevor sie erscheinen, so lassen sie secundäre Produkte entstehen, wenn auch zuweilen die entbundenen Stoffe elementar sind.

„744) Diese secundären Produkte entstehen auf zwei Wegen, indem sie zuweilen sich aus dem entwickelten Stoffe und dem Material der Elektrode bilden, zuweilen durch ihre Wirkung auf die in dem zersetzten Leiter enthaltenen Stoffe. So erscheint, wenn Kohle als positive Elektrode in verdünnter Schwefelsäure verwendet wird, an Stelle des Sauerstoffes Kohlenoxyd und Kohlendioxyd, denn der Sauerstoff wirkt auf die Substanz der Elektrode und bringt diese secundären Produkte hervor. Oder wenn die positive Elektrode in einer Lösung von Bleiacetat oder Bleinitrat aus Platin besteht, so erscheint Bleisuperoxyd, welches wie früher ein secundäres Produkt ist, nur dass es hier durch die Wirkung des Sauerstoffes auf die Substanz in der Lösung entsteht. Wenn weiter Ammoniak zwischen Platinelektroden zersetzt wird, so erscheint Stickstoff an der Anode, obwohl er ein elementarer Stoff ist, ist er in diesem Falle ein secundäres Produkt, denn er stammt von der Wirkung des dort elektrisch entwickelten Sauerstoffes auf das Ammoniak in der umgebenden Lösung. In gleicher Weise sind die bei der Zersetzung metallischer Salze an der Kathode durch den Strom angesetzten Metalle, obwohl Elemente, immer secundäre Produkte, und keine unmittelbaren Ergebnisse der zersetzenden Wirkung des elektrischen Stromes . .

„746) Die Natur der abgeschiedenen Stoffe ermöglicht oft ein richtiges Urtheil bezüglich ihres primären oder secundären Charakters, ist aber allein

nicht genügend, um diesen Punkt zu entscheiden So wird behauptet, dass
der Stickstoff bald vom positiven, bald vom negativen Pole angezogen werde,
je nach den Stoffen, mit denen er verbunden ist, und wird bei dieser
Gelegenheit offenbar als ein primäres Produkt angesehen, ich hoffe jedoch
zu zeigen, dass er, wenn er an der positiven Elektrode oder besser an der
Anode erscheint, ein secundäres Produkt ist So haben auch Sir Humphry
Davy und mit ihm die grosse Zahl chemischer Forscher (ich selbst eingeschlossen) das Auftreten von Kupfer, Blei, Zinn, Silber, Gold u s w an der
negativen Elektrode, wenn deren Lösungen der Wirkung des elektrischen
Stromes unterliegen, als Beweise angesehen, dass die Metalle als solche
zu dieser Fläche gezogen werden, sie haben daher angenommen, dass in
allen Fällen die Metalle die primären Produkte sind Ich hoffe indessen
nachzuweisen, dass diese alle secundäre Produkte sind die Resultate blosser
chemischer Wirkung, und keine Beweise der angenommenen Anziehung und
des entsprechenden Gesetzes [1]

„747) Nehmen wir aber das Gesetz von der constanten elektrochemischen Wirkung zu Hülfe, welches in Bezug auf Wasser bereits bewiesen
worden ist (732), und welches ich in Bezug auf alle anderen Stoffe befriedigend
auszudehnen hoffe (821), und betrachten sowohl die Menge der Elektricität
wie die der in Freiheit gesetzten Stoffe, so kann allgemein ein sicheres Urtheil
über den primären oder secundären Charakter der Produkte gefällt werden
und dieser wichtige Punkt, welcher so wesentlich für die Theorie der elektrischen Zerlegung ist, da er entscheidet, welche Stoffe unmittelbar der
Wirkung des elektrischen Stromes unterliegen (und sie so von denen unterscheiden, welche nicht beeinflusst werden), und welche Produkte erwartet
werden können, kann mit einem solchen Grade von Gewissheit festgestellt
werden, dass er unzählige Zweideutigkeiten und zweifelhafte Annahmen aus
diesem Gebiete der Wissenschaft zu beseitigen vermag

„748) Wir wollen diese Principien auf den Fall des Ammoniaks und
die angenommene Überführung des Stickstoffes an die eine oder andere
Elektrode anwenden. Eine reine, starke Lösung von Ammoniak ist ein so
schlechter Leiter, wie reines Wasser, und daher ebenso wenig zu elektrischer
Zerlegung geeignet Wenn aber Ammoniumsulfat darin aufgelöst wird, so
wird das Ganze ein Leiter, Stickstoff, welcher fast, und gelegentlich ganz
rein ist, erscheint an der Anode, und Wasserstoff an der Kathode, das
Verhältniss des ersteren zu dem letzteren ist verschieden und wechselt
zwischen 1 zu 3 oder 4 Dieses Ergebniss scheint zunächst dahin zu führen,
dass der Strom Ammoniak zersetzt hat, und dass der Stickstoff zu der
positiven Elektrode geführt worden ist Würde aber die benutzte Elektricität

---

[1] „Es ist bemerkenswerth, dass bis 1804 die allgemeine Meinung war, dass die Metalle
durch den nascirenden Wasserstoff reducirt wurden Zu jener Zeit wurde die allgemeine
Meinung durch Hisinger und Berzelius umgekehrt, welche behaupteten, dass die Metalle
unmittelbar durch die Elektricität abgeschieden wurden, mit welcher Meinung, wie es scheint,
seit der Zeit Davy einverstanden war "

durch das Volta-Elektrometer gemessen, so ergab sich, dass der erhaltene Wasserstoff genau in der Menge vorhanden war, wie er durch die Zersetzung des Wassers geliefert worden wäre, während der Stickstoff überhaupt kein constantes Verhältniss zeigte. Als bei abgeänderten Versuchen gefunden wurde, dass bei Anwendung einer stärkeren oder schwächeren Lösung, oder einer mehr oder weniger kräftigen Batterie das an der Anode entwickelte Gas ein Gemisch von Sauerstoff und Stickstoff, sowohl nach Verhältniss wie Menge veränderlich war, so konnte kein Zweifel bestehen bleiben, dass der Stickstoff an der Anode ein secundäres Produkt war, welches von der chemischen Wirkung des durch den elektrischen Strom an der Fläche entwickelten Sauerstoffes auf das gelöste Ammoniak herrührte. Es war daher das Wasser, welches elektrolysirt wurde, und nicht das Ammoniak. Somit giebt der Versuch keinen wirklichen Nachweis von der Tendenz des Elementes Stickstoff zu der einen oder der anderen Elektrode, auch weiss ich keinen Versuch mit Salpetersäure, oder mit anderen Stickstoffverbindungen, welcher eine Tendenz dieses Elementes zeigte, unter dem Einflusse des elektrischen Stromes in der einen oder anderen Richtung seines Laufes zu wandern.

„749' Als ein anderes Beispiel secundärer Vorgänge kann die Wirkung auf eine Lösung von essigsaurem Kali angeführt werden. Wurde eine sehr starke Lösung angewendet, so entwickelte sich an der Anode mehr Gas, als an der Kathode, nahezu im Verhältniss 4 zu 3, das an der Anode war ein Gemisch von Kohlensäure und Kohlenoxyd, das an der Kathode reiner Wasserstoff. Wurde eine viel schwächere Lösung benutzt, so erschien weniger Gas an der Anode als an der Kathode, und es enthielt nun Kohlenwasserstoff neben Kohlenoxyd und der Kohlensäure. Dieses Erscheinen von Kohlenwasserstoff an der ~~Kathode~~ hat, wenn man es als eine unmittelbare Folge von der zersetzenden Wirkung des Stromes betrachtet, ein sehr ungewöhnliches Ansehen. Indessen ist er, ebenso wie das Kohlenoxyd und die Kohlensäure nur ein secundäres Produkt, denn nur das Wasser erleidet elektrische Zerlegung, und es ist der an der Anode entwickelte Sauerstoff, welcher auf die Essigsäure wirkt, in deren Mitte er entsteht, und die Stoffe hervorbringt, welche schliesslich daselbst auftreten. Dies wird vollständig durch Versuche mit dem Volta-Elektrometer bewiesen, denn dann wird der Wasserstoff, welcher sich an der Kathode entwickelt, immer in bestimmter Menge, genau proportional der durchgegangenen Elektricitätsmenge, und in gleicher Menge, wie der in dem Volta-Elektrometer selbst entwickelte Wasserstoff, gefunden. Das Erscheinen von Kohlenstoff mit Wasserstoff verbunden an der positiven und sein Nichterscheinen an der negativen Elektrode steht in sonderbarem Gegensätze zu den Ergebnissen, welche man auf Grund des allgemein angenommenen Gesetzes über die endgültige Stellung der Elemente hätte erwarten sollen."

An diese Darlegungen schliesst FARADAY die Schilderung einer grossen Zahl weiterer Versuche, welche ihn zu der Überzeugung brachten, dass die secundaren Vorgange bei weitem die vorwiegendsten sind, und primare nur verhaltnissmassig selten auftreten

Die hier von dem grossen Forscher vertretenen Ansichten haben sich im Laufe der Zeit nicht als haltbar erwiesen Insbesondere seine Vorstellung, dass die bei der Elektrolyse ausgeschiedenen regulinischen Metalle secundare Produkte seien, ist spater vollstandig aufgegeben worden, und hat der umgekehrten Ansicht Platz gemacht, dass die Metalle primar, und der bei der Elektrolyse der Salze der Leichtmetalle auftretende Wasserstoff secundar, durch die Einwirkung des zuerst entstandenen Metalles auf das Losungswasser gebildet seien Endlich ist in jungster Zeit auch diese Wendung in Frage gestellt worden, indem der Unterschied zwischen primarer und secundarer Elektrolyse gar nicht in dem von Faraday gegebenen Sinne ausgesprochen werden darf Denn dieser unterscheidet zwischen den durch den Strom zerlegten Stoffen, und denen, welche an den Elektroden ausgeschieden werden Nun wissen wir aber gegenwartig, dass der Strom die Stoffe uberhaupt nicht zerlegt, sondern dass diese in der Losung sich bereits im Zustande der elektrolytischen Dissociation befinden Die Unterscheidung musste dann in dem Sinne gefasst werden, dass man die Ionen, welche die Leitung besorgen, mit denen, welche an den Elektroden in den unelektrischen Zustand gebracht werden, vergleicht, und von primarer Zersetzung spricht, wenn diese beiden gleich sind, sowie von secundarer, wenn sie verschieden sind, wie es sich aber in der Folge zeigen wird, ist dieser Unterschied von geringem Belang Auch das von Faraday benutzte Kriterium, dass die Produkte der secundaren Zersetzung nicht seinem Gesetz entsprechen, sondern wechselnd der Menge und Substanz nach sind, kann nur so lange als zutreffend erachtet werden, als man den in der Losung enthaltenen Stoff als einheitlich ansieht, ist aber erst die Erkenntniss gewonnen, dass dies im Allgemeinen keineswegs der Fall ist, sondern gerade die elektrolytischen Losungen dissocirt sind, so muss man auch die Moglichkeit zugeben, dass die primaren Produkte verschieden, mit der Stromdichte, der Concentration und anderen Umstanden wechselnde, sein konnen Ohnedies muss wegen des Aquivalenzgesetzes fur die als secundar angesehenen rein chemischen Reaktionen das Faraday'sche Gesetz in der Gestalt gleichfalls gultig sein, dass die Gesammtmenge der ausgeschiedenen Substanzen, jede mit ihrem Aquivalent berechnet, der durchgegangenen Elektricitatsmenge proportional ist An spaterer Stelle (S 531 und 532 spricht ubrigens auch Faraday diese ihm ursprunglich entgangene Erkenntniss aus

Die Quelle fur die hier vorhandenen Unzulanglichkeiten in Faraday's Auffassung der elektrolytischen Vorgange liegt nur zum Theil in den eben erorterten Verhaltnissen, deren Aufklarung erst eine viel spatere Zeit hat bringen konnen Eine andere Quelle von Missverstandnissen war in seinen Ansichten uber die in den Salzen anzunehmenden Ionen gegeben Wir werden alsbald sehen, dass der Schopfer dieses Begriffes zum Theil ganz andere Stoffe mit diesem Namen bezeichnet hat, als wir es gegenwartig thun In Uber-

einstimmung mit den zu seiner Zeit gultigen Anschauungen hielt er Saureanhydrid und Metalloxyd fur die Bestandtheile der Salze, und daher fur
deren Ionen, wahrend gegenwartig Saurerest resp Halogen und Metall als
die Ionen der Salze angesehen werden mussen Der Einfluss von Berzelius,
welchen er fur die als falsch angesehene Auffassung der Metalle als der
primaren Produkte bei der Elektrolyse verantwortlich macht (S 515, Anm),
wirkt hier in unbewusster Weise dahin, dass Faraday seinerseits zu thatsachlich unrichtigen Ansichten veranlasst wird

5 Des elektrolytischen Gesetzes zweiter Theil Die unter dem
Namen des Faraday'schen Gesetzes begriffene Beziehung ist zweifacher Art,
indem sie einerseits einen Zusammenhang zwischen der Elektricitatsmenge
und der Stoffmenge bei einem und demselben Elektrolyt zum Ausdruck
bringt, andererseits fur die derselben Elektricitatsmenge entsprechenden Stoffmengen bei verschiedenen Elektrolyten das Gesetz giebt Die vorstehenden
Untersuchungen bezogen sich auf den ersten Theil, die Arbeiten, welche
die andere Beziehung begrunden, und welche Faraday unmittelbar an die
eben mitgetheilten Untersuchungen angeschlossen hat, sind folgende.

Uber die Bestimmtheit und den Bereich der elektrochemischen Zersetzung

„783) In der dritten Reihe dieser Untersuchungen S. 496) habe ich, nachdem ich die Einerleiheit der aus verschiedenen Quellen herstammenden Elektricitat bewiesen, und durch Messungen die ausserordentliche Menge der in
einem sehr schwachen Volta'schen Apparat 371. 376) entwickelten Elektricitat dargethan, ein aus Versuchen hergeleitetes Gesetz aufgestellt, welches
mir fur die Elektricitatslehre uberhaupt, und fur den Elektrochemie genannten
Zweig derselben insbesondere, von der aussersten Wichtigkeit zu sein schien
Dies Gesetz druckte ich so aus Die chemische Kraft eines elektrischen
Stromes ist direct proportional der absoluten Menge von durchgegangener Elektricitat (377)

„784) Im weiteren Verfolg der Untersuchungen habe ich oft Gelegenheit
gehabt mich auf dasselbe Gesetz zu beziehen, zuweilen unter Umstanden,
welche kraftige Bestatigungen seiner Wahrheit lieferten (456 504 505), und
auch die gegenwartige Reihe liefert viele neue Falle, in welchen es sich als
gultig erweist (704 722 726 732) Jetzt ist meine Absicht, diesen wichtigen
Satz naher zu betrachten und einige der Folgerungen, zu welchen er fuhrt,
ausfuhrlich zu entwickeln Damit der Beweis deutlicher und anwendbarer
werde, will ich Falle von Zersetzungen anfuhren, welche moglichst wenig zu
secundaren Resultaten Anlass geben, und bei Korpern von grosser Einfachheit aber vieler Bestimmtheit in ihrer Natur stattfinden

„785 Zuvorderst betrachte ich das Gesetz als so vollig erwiesen fur
die Zusammensetzung des Wassers, und unter Umstanden, die moglicher

Weise einen Einfluss auf dasselbe hätten ausüben können, dass ich es für überflüssig halte, hier noch dieserhalb in ein weiteres Detail einzugehen oder gar die Resultate aufzuzählen (732). Ich verweise deshalb auf diejenige Abtheilung dieser Untersuchungen, welche von dem Volta-Elektrometer handelt (S. 507 u. ff.).

„786) Dann betrachte ich das Gesetz auch als erwiesen für die Salzsäure, und zwar durch die Versuche und Gründe, welche ich bei dieser Substanz in dem Abschnitt von den primären und secundären Resultaten angeführt habe.

„787) Ferner betrachte ich das Gesetz auch als erwiesen für die Jodwasserstoffsäure, gemäss den bereits in einer früheren Reihe dieser Untersuchung mitgetheilten Versuchen und Betrachtungen.

„788) Ohne gerade mit derselben Zuversicht sprechen zu wollen, glaube ich doch aus den beschriebenen und vielen anderen nicht beschriebenen

Fig. 129.   Fig. 130.

Nach Faraday.

Versuchen mit der Fluorwasserstoff-, Cyanwasserstoff-, Eisencyanwasserstoff- und Schwefelcyanwasserstoffsäure, und aus der grossen Analogie dieser Körper mit den Wasserstoffsäuren des Chlors, Jods, Broms u. s. w. schliessen zu dürfen, dass auch diese Substanzen unter das nämliche Gesetz gehören und die Richtigkeit desselben beweisen.

„789) In den vorhergehenden Fällen, mit Ausnahme des ersten, ist das Wasser als unwirksam angesehen; um aber jeden Zweifel, der aus der Gegenwart desselben entspringen könnte, zu vermeiden, suchte ich Substanzen auf, die ganz frei von demselben seien. Mit Zuhilfeziehung des bereits entwickelten Gesetzes der Leitung (S. 500) fand ich auch bald viele, unter denen das Zinnchlorür zuerst und auf folgende Weise der Zersetzung unterworfen wurde. Ein Platindraht, der an einem Ende zu einem Knöpfchen aufgerollt und sorgfältig gewogen worden war, wurde in eine Röhre von Flaschenglas hermetisch eingeschmolzen, so dass der Knopf sich am Boden der Röhre befand (Fig. 129); dann wurde die Röhre an einen Platindraht aufgehängt, damit sie durch eine Weingeistflamme erhitzt werden konnte. Nun brachte ich frisch geschmolzenes Zinnchlorür hinein, in solcher Menge, dass es, wenn es floss, die Röhre zur Hälfte füllte. Den Draht der Röhre verband ich mit einem VOLTA-Elektrometer, das seinerseits mit dem negativen Ende einer VOLTA'schen Batterie in Verbindung stand, und einen Platindraht, der am positiven Ende derselben Batterie befestigt war, tauchte ich in das geschmolzene Chlorür der Röhre, er war so gebogen, dass er bei etwaigem Zittern der Hand oder des Apparates nicht die negative Elektrode am Boden des Gefässes berühren konnte. Die ganze Vorrichtung ist in Fig. 130 (S. 519) abgebildet.

„790‘ Unter diesen Umständen wurde das Zinnchlorür zersetzt. Das an der positiven Elektrode entwickelte Chlor bildete Zinnchlorid, welches in Dämpfen davon ging, und das an der negativen Elektrode ausgeschiedene Zinn verband sich mit dem Platin, eine Legirung bildend, welche bei der Temperatur, der die Röhre ausgesetzt ward, schmolz, und deshalb niemals eine metallische Verbindung ganz durch das zersetzt werdende Chlorür bildete. Nachdem der Versuch so lange fortgesetzt worden, dass er in dem VOLTA-Elektrometer eine gehörige Menge Gas gegeben hatte, wurde die Batterie geöffnet, die positive Elektrode entfernt, und die Röhre mit dem übrig gebliebenen Chlorür erkalten gelassen. Als sie kalt war, wurde die Röhre zerbrochen, wo sich dann das Chlorür und das Glas leicht von dem Platindraht und dessen Knopf von Legirung ablösen liess. Der letztere, nach dem Abwaschen gewogen, gab durch seine Gewichtszunahme die Menge des reducirten Zinns.

„791‘ Zur Erläuterung der Anstellungsweise dieses und anderer Versuche, deren Resultate ich anzuführen Gelegenheit nehmen werde, will ich die Einzelheiten eines solchen Versuches angeben. Die negative Elektrode wog anfangs 20 Gran, nach dem Versuch wog sie mit ihrem Knopf von Legirung 23,2 Gran. Das durch den elektrischen Strom an der Kathode entwickelte Zinn wog demnach 3,2 Gran. Die Menge des in dem VOLTA-Elektrometer gesammelten Sauerstoffes und Wasserstoffes war 3,85 Kubikzoll. Da 100 Kubikzoll Wasserstoff und Sauerstoff in dem zur Wasserbildung erforderlichen Verhältniss etwa 12,92 Gran wiegen, so würden die 3,85 Kubikzoll 0,49742 Gran wiegen, und dies wäre demnach das Gewicht des Wassers, welches derselbe elektrische Strom zersetzte, der im Stande war so viel Zinnchlorür, als 3,2 Gran metallischen Zinns liefert, zu zersetzen. Nun ist 0,49742 : 3,2 = 9 (das Äquivalent des Wassers) : 57,9, welch letztere Zahl demnach das Gewicht des Zinns sein würde, wenn der Versuch fehlerfrei angestellt, und die elektrochemische Zersetzung in diesem Fall auch bestimmt wäre. In einigen chemischen Werken wird das Äquivalent zu 58 angegeben, in anderen zu 57,9. Beide kommen dem obigen Resultat so nahe, und der Versuch selbst ist so geringen Ursachen zur Veränderung unterworfen — wie z. B. die aus der Absorption des Gases im VOLTA-Elektrometer u. s. w., dass die Zahlen wenig Zweifel übrig lassen hinsichtlich der Anwendbarkeit des Gesetzes der festen Aktion in diesen und allen ähnlichen Fällen von elektrochemischer Zersetzung

„792) Nicht oft habe ich in den Zahlen eine solche Übereinstimmung erhalten wie in dem eben angeführten Fall Bei vier Versuchen schwankten die im Volta-Elektrometer entwickelten Gasmengen von 2,95 bis 10,29 Kubikzoll Das Mittel aus diesen vier Versuchen gab 58,53 für das elektrochemische Äquivalent des Zinns

„793) Das nach dem Versuche übrig gebliebene Chlorzinn war reines Chlorür, und Keiner wird nur einen Augenblick zweifeln, dass an der Anode das Äquivalent Chlor entbunden ward, da sich als secundäres Resultat Zinn--chlorid bildete und davon ging

„794) Auf eine ähnliche Weise wurde mit Bleichlorid experimentirt, ausser dass die positive Elektrode von anderer Substanz genommen wurde Denn da das an der Anode entbundene Chlor kein höheres Bleichlorid bildet, sondern auf das Platin wirkt, so wurde es, falls man Platin anwendete, eine Lösung von dem Chloride dieses Metalles in dem Bleichlorid erzeugen, und dem gemäss eine Portion Platin zu der Kathode überführen, wodurch das Resultat fehlerhaft werden würde Ich suchte deshalb nach, und fand in dem Graphit eine Substanz, die mit Sicherheit als positive Elektrode in solchen Körpern, wie Chloride, Jodide u s w, angewandt werden kann Chlor und Jod wirken nicht auf den Graphit, sondern werden isolirt entwickelt Unter jenen Umständen hat auch der Graphit keine Wirkung auf geschmolzenes Chlorid oder Jodid, in das er getaucht wird Selbst wenn durch die Hitze oder die mechanische Wirkung des entwickelten Gases einige Flitterchen Graphit abgelöst werden sollen, können sie dem Chlorid nicht schaden

„795) Das Mittel aus drei Versuchen gab die Zahl 100,85 als das Äquivalent des Bleis Das chemische Äquivalent ist 103,5 Den Fehler meines Versuches schreibe ich der theilweisen Lösung des Gases in dem Volta-Elektrometer zu, allein die Resultate lassen für mich keinen Zweifel übrig, dass Blei und Chlor in diesem Falle durch die Wirkung einer gegebenen Menge Elektricität in fest bestimmter Menge entwickelt worden sind

„797) Ich bemühte mich mit Bleioxyd zu experimentiren, welches durch Schmelzen und Glühen des salpetersauren Salzes in einem Platintiegel erhalten worden war, stiess aber dabei auf grosse Schwierigkeiten, wegen der zur vollkommenen Schmelzung erforderlichen Temperatur, und wegen der grossen Lösekraft dieses Oxyds Röhren von grünem Glase zeigten sich wiederholentlich als untauglich Zuletzt schmolz ich das Oxyd in einem kleinen Porzellantiegel, der im Kohlenfeuer stark erhitzt wurde, und da es wesentlich war, dass das Blei an der Kathode unterhalb der Oberfläche ausgeschieden wurde, ward die negative Elektrode, bekleidet mit einer Röhre von grünem Glase, so an dieselbe angeschmolzen, dass nur der Knopf des

Platins am unteren Ende (Fig. 131) entblösst blieb, damit dieser unter die Oberfläche gebracht, und dadurch alle Luft oder deren Sauerstoff von dem daselbst reducirten Blei ausgeschlossen werden konnte. Als positive Elektrode wurde ein Platindraht angewandt, da derselbe von dem an ihm entwickelten Sauerstoff nicht angegriffen werden konnte. Die ganze Vorrichtung zeigt Fig. 132.

„798) Bei solch einem Versuche fand sich das Äquivalent für das Blei = 93,17. Dies war sehr viel zu klein, vermuthlich, weil die positive und die negative Elektrode einander in dem Bleioxyde zu nahe standen, wodurch der von dem Sauerstoff an der Anode gebildete Schaum hin und wieder leicht das an der Kathode reducirte Blei berühren und wieder oxydiren konnte. Als ich mich bemühte, diese Fehlerquelle durch Anwendung einer grösseren Menge Bleioxyd zu beseitigen, so veranlasste die stärkere Hitze, die nöthig war, um dieselbe in Fluss zu erhalten, eine schnellere

Fig. 131.   Fig. 132.

Nach FARADAY.

Wirkung auf den Tiegel; derselbe wurde bald durchgefressen und damit der Versuch unterbrochen.

„799) Bei einem Versuche dieser Art gebrauchte ich borsaures Blei. Unter dem Einfluss des elektrischen Stromes wurde dabei an der Anode Blei und an der Kathode Sauerstoff abgeschieden; und da die Borsäure bei der Operation weder direct (408) noch secundär zersetzt wird, vermuthete ich, dass das Resultat von dem Bleioxyd herrührte. Das borsaure Bleioxd ist kein so heftiges Flussmittel als das Bleioxyd; allein es erfordert zu seiner vollen Schmelzung eine höhere Temperatur; und wenn es nicht sehr heiss ist, bleiben die Sauerstoffblasen an der positiven Elektrode hängen, und verzögern den Durchgang der Elektricität. Das Äquivalent für das Blei ergab sich zu 101,29, so nahe an 103,5, dass die Wirkung des Stromes offenbar eine bestimmte war.

„800 Wismuthoxyd. — Diese Substanz erforderte, fand ich, eine zu hohe Temperatur, und wirkte zu kräftig als Flussmittel, als dass ich mit demselben bei der geringen Musse und Sorgfalt, die darauf verwendet werden konnte, einen Versuch hätte anstellen können.

„801) Nun wurde das gewöhnliche Antimonoxyd, bestehend aus einem Verbindungsgewicht Metall und anderthalb Verbindungsgewichten Sauerstoff dem elektrischen Strome unterworfen, in einer grünen Glasröhre (789), die in Platinblech eingehüllt und im Kohlenfeuer erhitzt worden. Die Zersetzung begann, und ging anfänglich ganz gut, scheinbar in Übereinstimmung mit dem allgemeinen Gesetze (S. 500) zeigend, dass dieses Oxyd eine Verbindung von solchen Elementen und in solchem Verhältnisse sei, die unter die Herrschaft des elektrischen Stromes gebracht werden könne. Dieser Erfolg kann, wie ich bereits wahrscheinlich zu machen suchte, herrühren von der Anwesenheit des wahren Oxyds, bestehend aus gleich vielen Verbindungsgewichten seiner Bestandtheile. Die Wirkung verminderte sich aber bald und hörte endlich ganz auf, weil sich an der positiven Elektrode ein höheres Antimonoxyd bildete. Diese Verbindung, wahrscheinlich Antimonperoxyd, war unschmelzbar und in Antimonoxyd unlöslich, sie bildete deshalb eine krystallinische Kruste um die positive Elektrode, isolirte dieselbe und verwehrte dadurch der Elektricität den Durchgang. Ob sie, wenn sie schmelzbar und löslich gewesen wäre, zersetzt worden sein würde, ist zweifelhaft, da sie von der erforderlichen Zusammensetzung abweicht. Sie war ein sehr natürliches secundäres Produkt an der positiven Elektrode. Beim Öffnen der Röhre ergab sich, dass an der negativen Elektrode ein wenig Antimon abgeschieden worden war, allein in zu kleiner Menge, als dass ein quantitatives Resultat hätte damit erlangt werden können.

„802) Bleijodid — Mit dieser Substanz kann man in Röhren über einer Weingeistflamme experimentiren (789), allein ich erhielt keine guten Resultate mit ihr, ich mochte positive Elektrode von Platin oder Graphit anwenden. Bei zwei Versuchen ergaben sich mir für das Blei-Äquivalent die Zahlen 75,46 und 73,45 statt 103,5. Dies leitete ich davon ab, dass sich an der positiven Elektrode Hyperjodid bildete, sich in dem flüssigen Jodid löste, dadurch mit dem an der negativen Elektrode abgeschiedenen Blei in Berührung kam, dasselbe auflöste und dadurch seinerseits wiederum zum einfachen Jodid wurde. Solch ein Hyperjodid giebt es, sehr selten kann ein durch Fällung dargestelltes und wohl gewaschenes Jodid geschmolzen werden, ohne dass sich nicht, aus anwesendem Hyperjodid, Jod entwickelte. Selbst durch blosses Zusammenreiben von Jodid mit Jod bildet sich eine Portion Hyperjodid. Und wiewohl dies zersetzt wird, wenn man es schmilzt und einige Minuten lang dunkelroth glüht, so ist damit doch nicht ganz die Möglichkeit ausgeschlossen, dass ein wenig von dem, welches sich im grossen Überschuss von Jod an der Anode gebildet hatte, durch rasche Ströme in der Flüssigkeit bis an die Kathode geführt wurde.

„803. Diese Ansicht von den Resultaten wurde durch einen dritten Versuch verstärkt, bei welchem der Abstand zwischen den Elektroden bis zu einem Drittelzoll vergrössert wurde. Denn nun waren die störenden Wirkungen sehr verringert, und die Zahl für das Blei ergab sich = 89,04

Völlig bestätigt wurde dies durch die Resultate, welche in den sogleich zu beschreibenden Fällen (818) von Überführung erhalten wurden

„Die Versuche mit Bleijodid bieten daher keine Ausnahme von dem in Rede stehenden allgemeinen Gesetze dar, sondern können, nach allgemeinen Betrachtungen, als in dasselbe eingeschlossen betrachtet werden

„804) Zinnchlorür — Geschmolzen leitet es den elektrischen Strom und wird von demselben zersetzt, an der Anode scheidet sich Zinn aus, und an der Kathode, als secundäres Resultat, Zinnchlorid (779 790) Die zu seiner Schmelzung erforderliche Temperatur ist zu hoch, als dass es Produkte liefern konnte, die zur Wägung geschickt gewesen wären.

„805) Nun wurde Jodkalium in einer Röhre (Fig 129) der elektrolytischen Aktion ausgesetzt Die negative Elektrode bestand aus einem Bleikügelchen, mittelst dieses hoffte ich das Kalium zurückzuhalten, und Resultate zu bekommen, die gewogen und mit den Angaben des VOLTA-Elektrometer verglichen werden konnten Allein die aus der erforderlichen hohen Temperatur entspringenden Schwierigkeiten, die Wirkung auf das Glas, die durch das anwesende Blei veranlasste Schmelzbarkeit des Platins und andere Umstände hinderten mich dergleichen Resultate zu bekommen Wie in den früheren Fällen wurde das Jodid zersetzt, unter Abscheidung von Jod an der Anode und von Kalium an der Kathode

„806) Bei einigen dieser Versuche wurden mehrere Substanzen hinter einander angebracht und gleichzeitig durch einen nämlichen elektrischen Strom zersetzt So liess ich den Strom gleichzeitig auf Zinnchlorür, Bleichlorid und Wasser einwirken Es ist überflüssig, zu sagen, dass die Resultate vergleichbar waren, dass Zinn, Blei, Chlor, Sauerstoff und Wasserstoff in fester und den elektrochemischen Äquivalenten entsprechender Menge entwickelt wurden

„807) Wenden wir uns nun zu einer anderen Art von Erweisen der festen chemischen Aktion der Elektricität Gäbe es irgend einen Umstand von Einfluss auf die Menge der bei elektrolytischer Aktion entwickelten Substanzen, so sollte man denken, würde er eintreten, wenn Elektroden von verschiedenen Substanzen, begabt mit sehr ungleicher chemischer Verwandtschaft zu den entwickelten Körpern, angewandt wurden. Platin hat in verdünnter Schwefelsäure kein Vermögen, sich mit dem Sauerstoff an der Anode zu verbinden, wiewohl der letztere im Entstehungszustande an ihr entwickelt wird Kupfer andererseits verbindet sich sogleich mit dem Sauerstoff, so wie es mittelst des Wasserstoffes durch den elektrischen Strom in Freiheit gesetzt wird Und Zink ist nicht allein im Stande sich mit Sauerstoff zu verbinden, sondern vermag auch denselben, ohne Hülfe der Elektricität, geradezu aus dem Wasser abzuscheiden unter gleichzeitiger Entwickelung von Wasserstoffgasblasen Und doch, als diese drei Substanzen nach einander in drei ähnlichen Portionen derselben Schwefelsäure von 1,336 spezifisches Gewicht als Elektroden gebraucht wurden, ward durch den elektrischen Strom genau dieselbe Menge Wasser zersetzt, und genau dieselbe Menge Wasserstoff an den Kathoden in den drei Losungen in Freiheit gesetzt

„808 Der Versuch ward so angestellt Portionen von jener verdunnten Schwefelsaure wurden in drei Schalen gegossen, und drei Volta-Elektrometer von der Form Fig 131 und 133 mit derselben Saure gefullt und in den Schalen umgekehrt, in jeder eins Ein mit dem positiven Ende einer Volta'schen Batterie verbundener Zinkstreif wurde in die erste Schale getaucht, hier die positive Elektrode bildend, und der Wasserstoff, der sich durch direkte Einwirkung der Saure reichlich an ihr entwickelte, entweichen gelassen Ein Kupferstreif, welcher in die Saure der zweiten Schale tauchte, wurde mit der negativen Elektrode der ersten Schale verbunden und ein Platinstreif, welcher in die Saure der dritten Schale tauchte, wurde verbunden mit der negativen Elektrode der zweiten Schale. Die negative Elektrode der dritten Schale wurde mit einem Volta-Elektrometer verbunden 711) und dieses wiederum mit dem negativen Ende der Volta'schen Batterie

„809) Gleich nach dem Schlusse der Kette begann die elektrochemische Aktion in allen Gefassen Der Wasserstoff stieg in anscheinend unverminderter Menge von der positiven Zink-Elektrode in der ersten Schale auf An der positiven Kupfer-Elektrode in der zweiten Schale entwickelte sich kein Sauerstoff, wohl aber ward hier schwefelsaures Kupferoxyd gebildet An der positiven Platin-Elektrode in der dritten Schale entwickelte sich dagegen reines Sauerstoffgas, ohne dass sie angegriffen wurde In allen Schalen aber war die Menge des an den negativen Platin-Elektroden entwickelten Wasserstoffes gleich und ebenso gross als das im Volta-Elektrometer entwickelte Wasserstoffvolum, dadurch zeigend, dass der Strom in allen Gefassen eine gleiche Menge Wasser zersetzt hatte Bei diesem Versuch hatte sich demnach die chemische Aktion der Elektricitat als vollkommen bestimmt erwiesen

„810) Ein ahnlicher Versuch wurde mit einer durch ein gleiches Volum Wasser verdunnten Salzsaure angestellt Die drei positiven Elektroden waren von Zink, Silber und Platin Das erste vermag ohne Hulfe des Stromes Chlor abzuscheiden und sich mit demselben zu verbinden, das zweite kann sich mit dem Chlor nur nach dessen Abscheidung durch den elektrischen Strom verbinden, und das dritte ist fast ganz unfahig zu einer Verbindung mit demselben Die drei negativen Elektroden waren wie zuvor Platinstreifen, befestigt in Glasrohren Bei diesem Versuche, wie bei dem vorhergehenden, war die an den Kathoden entwickelte Wasserstoffmenge gleich bei allen, und ebenso gross als die des im Volta-Elektrometer entwickelten Wasserstoffes Ich habe bereits meine Grunde angefuhrt, die mich glauben lassen, dass es die Salzsaure sei, welche direkt durch die Elektricitat zersetzt wird (764), und die Resultate beweisen, dass die so zersetzten Mengen vollkommen bestimmt sind und proportional der durchgegangenen Elektricitatsmenge

„811) Bei diesem Versuch verzogerte das in der zweiten Schale gebildete

Chlorsilber den Durchgang des elektrischen Stromes, vermöge des zuvor beschriebenen Leitungsgesetzes (394), so dass es während des Versuches vier bis fünf Mal abgewaschen werden musste. Doch dadurch entstand kein Unterschied zwischen dem Resultate dieses Gefässes und den der anderen.

„812) Nun wurde Holzkohle sowohl in Schwefel- als in Salzsäure als positive Elektrode gebraucht (808. 810); allein ohne dass sich dadurch die Resultate veränderten. Eine positive Zink-Elektrode, in schwefelsaurem Natron oder einer Lösung von Kochsalz angewandt, gab ebenso constante Resultate.

„813) Versuche ähnlicher Art wurden nun mit Körpern in ganz verschiedenem Zustande angestellt, z. B. mit geschmolzenen Chloriden und Jodiden. Bereits beschrieb ich einen Versuch mit geschmolzenem Chlorsilber, wobei die Elektroden von metallischem Silber waren, die negative durch das sich ansetzende Metall dicker und länger, die positive aber angefressen und aufgelöst wurde. Dieser Versuch wurde wiederholt, zu dem Ende zwei gewogene Stücke Silber als Elektrode angewandt, und ein Volta-Elektrometer mit in die Kette eingeschlossen. Grosse Sorgfalt wurde darauf verwandt, die negative Elektrode so regelmässig und stetig herauszuziehen, dass die Krystalle des reducirten Silbers niemals eine metallische Communication unter der Oberfläche des geschmolzenen Chlorids herstellten. Nach Beendigung des Versuches wurde die positive Elektrode abermals gewogen und ihr Verlust bestimmt. Das von der negativen Elektrode in successiven Portionen abgenommene Gemenge von Chlorsilber und Metall wurde zur Bestimmung des Chlorids mit Ammoniakflüssigkeit digerirt und das zurückbleibende metallische Silber gewogen. Dies war das an der Kathode Reducirte; es betrug genau so viel wie das an der Anode Gelöste; und jede Portion war so nahe wie möglich gleich dem Äquivalent des im Volta-Elektrometer zersetzten Wassers.

„814) Die Unschmelzbarkeit des Silbers in der angewandten Temperatur, sowie die Länge und Verästelung seiner Krystalle machen die Anstellung des eben beschriebenen Versuches schwierig und dessen Resultate unsicher. Ich arbeitete daher mit Chlorblei, und brauchte dabei eine grüne Glasröhre, gestaltet wie Fig. 133. In den Boden einer kleinen Röhre wurde, wie zuvor beschrieben (789), ein gewogener Platindraht eingeschmolzen, dann die Röhre, etwa

Fig. 133. Nach Faraday.

einen halben Zoll von ihrem geschlossenen Ende entfernt, unter einem Winkel gebogen, und endlich der Theil zwischen dem Knie und dem Ende, nachdem er weich gemacht worden, etwas in die Höhe gezogen, um eine Brücke oder vielmehr eine Scheidewand zu bilden, für zwei kleine Vertiefungen oder Mulden a, b, in der Röhre, wie Figur es zeigt. Diese Vorrichtung wurde, damit eine Weingeistflamme darunter gestellt werden konnte, wie früher, an einem Platindraht aufgehängt, und zwar so geneigt, dass während der Schmelzung des Bleichlorids alle Luft entweichen konnte. Die positive Elektrode bestand aus einem Platindraht, aufgerollt an einem Ende zu einem Knopf, an den etwa 20 Gran metallischen Bleis angeschmolzen waren, und übrigens eingeschlossen in eine kleine enge Glasröhre, die späterhin zerbrochen wurde So vorgerichtet, wurde der Draht mit seinem Knopf gewogen und das Gewicht aufgezeichnet

„815) Jetzt wurde Chlorblei in die Röhre gebracht und sorgfältig gewogen, auch dann die verbleite Elektrode eingeführt, worauf das Metall an ihrem Ende baldig schmolz In diesem Zustande der Dinge wurde die Röhre bis c mit geschmolzenem Bleichlorid gefüllt, das Ende der in die Mulde b eingeschmolzenen Elektrode negativ gemacht, und die in die Mulde a getauchte Elektrode von geschmolzenem Blei, durch Verknüpfung mit dem Leitdraht einer Volta'schen Säule positiv gemacht Auch wurde ein Volta-Elektrometer in die Kette eingeschaltet

„816, Sogleich nach geschlossener Verknüpfung mit der Volta'schen Batterie ging der Strom durch und die Zersetzung vor sich An der positiven Elektrode entwickelte sich kein Chlor, allein, da das geschmolzene Chlorid durchsichtig war, konnte man bemerken, dass sich bei b allmählich ein Knopf von Legirung bildete und vergrösserte, während bei a das Blei nach und nach abnahm Nach einiger Zeit wurde der Versuch unterbrochen, die Röhre erkalten gelassen und dann zerbrochen Die Drähte mit ihren Knöpfen wurden gesaubert und gewogen, und ihre Gewichtsveranderungen mit den Angaben des Volta-Elektrometers verglichen

„817) Bei diesem Versuche hatte die positive Elektrode gerade ebenso viel Blei verloren als die negative gewonnen (795', und der Verlust oder Gewinn entsprach sehr nahe dem Äquivalent des im Volta-Elektrometer zersetzten Wassers, gab nämlich für das Blei die Zahl 101,5 Es ist also in diesem Beispiele klar, dass es keine Veränderung in der festen Aktion des elektrischen Stromes hervorbringt, man mag während des Versuches eine starke Affinität oder gar keine für die an der Anode abgeschiedene Substanz wirksam sein lassen (807)

„818' Ein ähnlicher Versuch wurde nun mit Bleijodid angestellt, und auf diese Weise alle aus der Bildung von Hyperjodid entspringende Störung vermieden ;803) Während der ganzen Aktion entwickelte sich kein Jod, und zuletzt war der Bleiverlust an der Anode ebenso gross als der Bleigewinn an der Kathode, oder entsprach, durch Vergleichung mit dem Resultat in dem Volta-Elektrometer, der Zahl = 103,5

„819) Nun wurde Zinnchlorür auf dieselbe Weise dem elektrischen Strom unterworfen, natürlich unter Anwendung einer positiven Elektrode von Zinn Es bildete sich kein Zinnchlorid (779 790' Bei Untersuchung der beiden Elektroden hatte die positive genau so viel verloren als die negative gewonnen, und durch Vergleich mit dem Volta-Elektrometer fand sich für das Zinn die Zahl 59

„820) Bei diesen und ähnlichen Versuchen ist es sehr nothwendig, das Innere der Knöpfe von Legirung an den Enden der Leitdrähte zu untersuchen, denn zuweilen sind sie, besonders die positiv gewesenen, voller Hohlen. Portionen von dem angewandten Chlorid oder Jodid einschliessend, welche entfernt werden mussen, ehe man das Gewicht ermittelt Haufiger ist dies der Fall beim Blei als beim Zinn

„821 Alle diese Thatsachen, glaube ich, beweisen auf's Uberein-stimmendste und Unwiderleglichste die Wahrheit des wichtigen Satzes, welchen ich zu Anfang aussprach, namlich dass die chemische Kraft eines elektrischen Stromes direkt der absoluten Menge von durchgegangener Elektricitat proportional sei S 499) Sie be-weisen ferner, dass dieser Satz nicht bloss fur eine Substanz, z B Wasser, richtig ist, sondern uberhaupt fur alle elektrolytischen Substanzen, sowie uber-dies, dass die mit irgend einer Substanz erhaltenen Resultate nicht bloss unter einander stimmen, sondern auch mit denen von anderen Substanzen, so dass sich alles zusammen combinirt zu einer Reihe fest bestimmter elektrochemischer Aktionen (504) Ich will hiermit nicht sagen, dass es keine Ausnahmen gebe, vielleicht giebt es deren, besonders unter den durch schwache Verwandtschaft zusammengehaltenen Substanzen, allein ich glaube nicht, dass irgend eine den aufgestellten Satz ernstlich erschuttern werde. Wenn in der wohl erwogenen, wohl untersuchten, und ich kann sicher sagen, wohl festgestellten Lehre von der Bestimmtheit der gewohnlichen chemischen Verwandtschaft solche Ausnahmen vorkommen, wie es wirklich haufig der Fall ist, ohne dass sie unser Zutrauen zu dieser Lehre im allgemeinen schwachen, so muss man auch billig urtheilen, wenn sich hier, an der Eroffnung einer neuen Ansicht von der elektrochemischen Aktion, Aus-nahmen zeigen sollten, muss sie nicht denen, die mit der Vervollkommnung dieser Ansicht beschaftigt sind, als Hemmnisse entgegenstellen, sondern fur eine Weile bei Seite legen, in der Hoffnung, dass sie zuletzt eine vollstandige und befriedigende Erklarung finden werden "

6 Zum FARADAY'schen Gesetz Die vorstehend wiedergegebenen Mit-theilungen gehoren zu dem Wichtigsten, was in der Geschichte der Elektro-chemie zu verzeichnen ist, denn sie enthalten die zahlenmassige Grundlage, von der weiterhin alles abhangt, was an quantitativen Gesetzen in diesem Gebiete geschaffen und erkannt worden ist, an Bedeutung vergleichbar dem Gesetze der Verbindungsgewichte in der Stochiometrie Man kann auch mit der Anerkennung nicht zuruckhalten, dass FARADAY sich um die quan-titative Durchfuhrung seines Gesetzes alle Muhe gegeben hat, bei dem vor-wiegend qualitativen Zuge seiner Arbeitsweise war es sicher keine geringe Anstrengung fur ihn, diese ungewohnte Arbeit gut und umfangreich durch-zufuhren In der Mannigfaltigkeit der untersuchten Falle, der charakte-ristischen Einfachheit der Hulfsmittel und dem entscheidenden Charakter der Versuche sind diese Arbeiten als klassisch im besten Sinne zu bezeichnen, und gewahren eine Fulle von Belehrung und Anregung fur den Anfanger wie den Forscher

Im Gesetz von so umfanglicher Bedeutung, wie das in Frage stehende, fordert nothwendig dazu auf, die theoretische Tragweite zu bestimmen, und die Fortschritte zu bezeichnen, welche in den angrenzenden Gebieten der Wissenschaft dadurch gewonnen werden. Auch Faraday hat sich alsbald an diese Aufgabe gemacht. Wenn dabei neben sehr vielem Treffenden auch einiges Verfehlte untergelaufen ist, so hat unser grosser Forscher darin den allgemeinen Tribut der Menschlichkeit zahlen müssen. Mit einer wirklich grossen Entdeckung geht es wie mit einem wirklichen Kunstwerk, ihre Tragweite wird erst allmählich völlig erkannt, und insbesondere der Urheber kann selbst von vornherein die ganze Bedeutung schwerlich überschauen. So war es auch mit Faraday's Entdeckung, ein halbes Jahrhundert hat man sie von den verschiedensten Seiten betrachtet, und dennoch sind noch in den neuesten Zeiten übersehene Seiten derselben von fundamentaler Wichtigkeit ans Licht gezogen worden.

Faraday fasst zunächst den Inhalt seiner Entdeckung in eine Reihe von Sätzen zusammen, die hier folgen:

„822) Die eben auseinander gesetzte und, wie ich glaube, festgestellte Lehre von bestimmter chemischer Aktion führt zu einigen neuen Ansichten in Betreff der Beziehungen und Klassifikationen der Körper, welche dieser Aktion unterworfen oder mit ihr verknüpft sind. Einige derselben will ich nun betrachten.

„823) Zuerst können die zusammengesetzten Körper in zwei grosse Klassen getheilt werden, nämlich in die durch den elektrischen Strom zersetzbaren und durch ihn nicht zersetzbaren. Von den letzteren sind einige Leiter, andere Nichtleiter der Volta'schen Elektricität[1] Die ersteren hängen, was ihre Zersetzbarkeit betrifft, nicht bloss von der Natur ihrer Bestandtheile ab (denn aus denselben zwei Elementen können Körper gebildet werden, von denen einer zu der ersten und der andere zu der zweiten Klasse gehört, sondern wahrscheinlich auch von dem Verhältniss derselben. Es ist ferner merkwürdig, dass mit sehr wenigen, vielleicht gar keinen Ausnahmen (414. 691), diese zersetzbaren Körper genau diejenigen sind, welche von dem früher von mir beschriebenen (394) merkwürdigen Gesetz der Leitung beherrscht werden, denn dieses Gesetz erstreckt sich nicht auf die vielen schmelzbaren zusammengesetzten Substanzen, die von dieser Klasse ausgeschlossen sind. Ich schlage daher vor, die Körper dieser Klasse Elektrolyte (664) zu nennen.

„824 Ferner bilden die Substanzen, in welche diese unter dem Einfluss des elektrischen Stromes zerfallen, eine ausserordentlich wichtige allgemeine Klasse. Sie sind verbindbare Körper, stehen in direkter Beziehung zu den Fundamentalsätzen der Lehre von der chemischen Verwandtschaft, und jeder derselben wird während der elektrolytischen Aktion in einem festen Verhältnisse entwickelt. Als Benennungen habe ich vorgeschlagen für diese

---

[1] „Unter Volta'scher Elektricität verstehe ich hier bloss eine Elektricität aus sehr ergiebiger Quelle und von sehr geringer Intensität.

Korper im Allgemeinen Ionen, und im besonderen, je nachdem sie an der Anode oder Kathode erscheinen Anionen und Kationen, und fur die relativen Mengen, in denen sie entwickelt werden elektrochemische Aquivalente Wasserstoff, Sauerstoff, Chlor, Jod, Blei und Zinn sind Ionen, die drei ersten sind Anionen, die beiden Metalle Kationen, und 1, 8, 36, 125, 104, 58 sind nahe ihre elektrochemischen Aquivalente

„825 Eine Ubersicht von gewissen bereits ausgemittelten Punkten in Betreff der Elektrolyte, Ionen und elektrochemischen Aquivalente lasst sich in folgender allgemeiner Form von Propositionen geben, ohne, wie ich hoffe, einen merklichen Fehler einzuschliessen

„826 I Ein einzelnes, d h mit einem anderen nicht verbundenes Ion, hat keine Neigung zu dieser oder jener Elektrode zu gehen, und verhalt sich vollkommen indifferent gegen den durchgehenden Strom, sobald es nicht selbst eine Verbindung elementarer Ionen ist, und so einer wirklichen Zersetzung unterliegt Auf diese Thatsache ist grosstentheils der Beweis gegrundet, den ich zu Gunsten der neuen Theorie der elektrochemischen Zersetzung beigebracht, und in einer fruheren Reihe dieser Untersuchungen aufgestellt habe (518 u s w)

„827 II Wenn ein Ion im richtigen Verhaltnisse (697) verbunden ist mit einem anderen, ihm in seinen gewohnlichen chemischen Beziehungen sehr entgegengesetzten, d h wenn ein Anion verbunden ist mit einem Kation, so werden beide wandern, das eine zu der Anode, das andere zu der Kathode des in Zersetzung begriffenen Korpers (530. 542 547)

„828 III Wenn daher ein Ion zu einer der Elektroden geht, muss auch ein anderes Ion gleichzeitig zu der anderen Elektrode gehen, wiewohl es, wegen secundarer Aktion, vielleicht nicht zum Vorschein kommt (743)

„829 IV Ein direkt durch den elektrischen Strom zersetzbarer Korper, d h ein Elektrolyt, muss aus zwei Ionen bestehen und diese also bei dem Akt der Zersetzung ausgeben

„830 V Unter Korpern, aus denselben zwei Ionen zusammengesetzt, giebt es nur einen Elektrolyten, wenigstens scheint es nur einen zu geben gemass dem Gesetz 697, dass die elementaren Ionen nur in gleich viel elektrochemischen Aquivalenten und nicht in Multiplis derselben zu den Elektroden gehen konnen

„831 VI Ein fur sich nicht zersetzbarer Korper, wie Borsaure, wird auch in einer Verbindung nicht direkt durch den elektrischen Strom zersetzt 780 Er kann als ein Ion wirken, kann als Ganzes zu der Anode oder Kathode gehen, giebt aber nicht seine Elemente aus, ausgenommen zufallig durch eine secundare Aktion Vielleicht ist es uberflussig zu bemerken, dass dieser Satz keine Beziehung hat zu dergleichen Korpern wie das Wasser, welche durch die Anwesenheit anderer Korper bessere Elektricitatsleiter und darum leichter zersetzt werden

„832 VII Die Natur der Substanz, aus welcher die Elektrode besteht, vorausgesetzt nur, dass sie leitend sei, bewirkt keine Verschiedenheit in der elektrochemischen Aktion, weder in deren Art noch deren Grad 807 813, aber einen starken Einfluss hat sie, vermöge secundärer Aktion 744) auf den Zustand, in welchem die Ionen zuletzt erscheinen Aus diesem Satze kann man einen Vortheil ziehen, indem man solche Ionen, die im freien Zustand unbehandelbar sein würden,[1] im verbundenen auffängt

„833) VIII Eine Substanz, welche, als Elektrode angewandt, sich ganz mit dem an ihr entwickelten Ion zu verbinden vermag, ist, glaube ich, auch ein Ion, und verbindet sich in dergleichen Fällen in der durch ihr elektrochemisches Aquivalent vorgestellten Menge Alle von mir angestellten Versuche stimmen mit dieser Ansicht, und sie erscheint mir gegenwärtig als eine nothwendige Folgerung aus denselben Ob sich aus den secundären Aktionen, wo das Ion zwar nicht auf die Substanz der Elektrode, wohl aber auf die umgebende Flüssigkeit einwirkt 744, dieselbe Folgerung ergebe, erfordert zu seiner Entscheidung eine ausgedehntere Untersuchung

„834 IX Zusammengesetzte Ionen sind nicht nothwendig zusammengesetzt aus elektrochemischen Aquivalenten einfacher Ionen Schwefelsäure, Borsäure, Phosphorsäure z B sind Ionen, aber keine Elektrolyte, d h sind nicht aus elektrochemischen Aquivalenten einfacher Ionen zusammengesetzt

„835 X. Elektrochemische Aquivalente sind immer übereinstimmend, d h die nämliche Zahl, welche das Aquivalent der Substanz A vorstellt, wenn diese von der Substanz B getrennt wird, stellt auch dasselbe vor, wenn A von C getrennt wird So ist S das elektrochemische Aquivalent des Sauerstoffes, wenn er vom Wasserstoff oder Zinn oder Blei abgeschieden wird, und ebenso ist 103,5 das elektrochemische Aquivalent des Bleis, dies mag vom Sauerstoff, oder Chlor oder Jod getrennt werden

„836) XI Die elektrochemischen Aquivalente sind den gewöhnlichen chemischen gleich "

Die vorstehenden Sätze erfordern in mehreren Punkten eine Erläuterung, welche auf die inzwischen als falsch oder zweifelhaft erkannten Seiten von Faraday's Auffassung hinweist Es wird hierbei nöthig sein, manches, was erst viel später inhaltlich besprochen werden kann, schon jetzt vorauszunehmen, doch habe ich geglaubt, dies nicht vermeiden zu sollen, da sich sonst diese unbrauchbaren Vorstellungen festsetzen könnten, so dass später ihre Beseitigung schwieriger wird

Zu I Gegenwärtig betrachtet man die Ionen als elektrisch geladen, und kann daher, gemäss dem Gesetze, dass immer beide Elektricitäten in

---

[1] Oft können die angewandten Elektroden von solcher Natur sein, dass sie mit der Flüssigkeit, in welche sie eingetaucht sind, einen elektrischen Strom hervorbringen entweder von gleicher oder entgegengesetzter Richtung mit dem der Volta'schen Batterie wodurch oder durch eine direkte chemische Aktion sie dann die Resultate bedeutend trüben Mitten unter allen diesen störenden Einwirkungen bringt indes der elektrische Strom welcher in irgend einer Richtung durch den zersetzt werdenden Körper geht seine eigene bestimmt elektrolytische Aktion hervor

gleichen Mengen vorkommen, die Existenz eines einzelnen Ions ohne die
Gegenwart eines anderen, überhaupt nicht zugeben (bestimmte, später zu
besprechende Fälle ausgenommen). Dadurch fällt auch der Satz, dass das
Ion sich indifferent gegen den Strom verhalte. So lange sich der Stoff im
Ionenzustande befindet, folgt er den Gesetzen der elektrischen Anziehung,
und bewegt sich nach der Seite seines fallenden Potentials, wenn es sich in
einem Stromkreise befindet. Hat dagegen der Stoff seine elektrische Ladung
an der Elektrode verloren, so gelten die von FARADAY für ihn aufgestellten
Regeln.

Zu II bis IV ist nichts zu bemerken, wohl aber zu V. FARADAY war
durch eine ungenügende Induktion zu der Ansicht gekommen, dass nur
solche Stoffe Elektrolyte sind, welche aus gleichen Atomen ihrer Bestandtheile bestehen, und nahm z. B. deshalb die Existenz eines Antimonoxyds
SbO an, weil das gewöhnliche Oxyd Sb^2O^3 ein Elektrolyt ist, obwohl die
Chemie ein solches nicht kannte, und BERZELIUS insbesondere nachwies, dass
die von FARADAY angeführten Gründe dafür nicht stichhaltig waren. Gegenwärtig, wo als Atomgewichte zum Theil andere Werthe, als die von FARADAY
benutzten GMELIN'schen Äquivalentgewichte, angenommen werden, giebt es
eine grosse Zahl von Elektrolyten, welche die Ionen nicht zu gleichen Atomen
enthalten, und ebenso sind zahlreiche Fälle bekannt, wo mehrere Verbindungen zwischen denselben Elementen Elektrolyte sind.

In VI tritt die von FARADAY noch festgehaltene Ansicht auf, dass ein
Stoff wie Wasser durch die Gegenwart eines anderen ein besserer Leiter
werden könne. Gegenwärtig ist die Vorstellung von diesen Vorgängen
gerade die umgekehrte: nicht das Wasser wird durch die Gegenwart des
anderen Stoffes ein Leiter, sondern der andere Stoff wird durch das Wasser,
d. h. durch seine Auflösung darin, ein Leiter, indem er in seine Ionen
dissociirt wird. Diese Wendung der Ansichten hängt mit der bereits erwähnten Anschauung zusammen, dass ein Stoff, um ein Elektrolyt zu sein,
nicht durch die Elektricität zersetzt werden darf, sondern sich bereits im
dissociirten, d. h. in Ionen zerfallenem Zustande befinden muss. Diesen
Zustand hervorzubringen, ist nun das Wasser besonders befähigt.

Zum Schluss von VII ist dasselbe zu bemerken, was zu I gesagt worden
ist. Das gleiche gilt für den Anfang von VIII. Der sachliche Inhalt des
Abschnittes, dass nämlich auch die secundären Wirkungen dem Äquivalenz-
gesetze folgen, hat sich in der Folge als vollkommen richtig erwiesen, und
zwar sowohl für secundäre Wirkungen mit der Elektrode, wie für solche
mit der umgebenden Flüssigkeit.

Zu IX. Schwefelsäure, Borsäure, Phosphorsäure sind in der gegenwärtigen Auffassung keine Ionen.

Zu XI gilt dasselbe, was zu V bemerkt worden ist. Die elektrochemischen Äquivalente sind zwar den chemischen Äquivalenten gleich,
nicht aber den chemischen Atomgewichten. Zu der Zeit, wo FARADAY
seine Sätze aussprach, war der Unterschied zwischen Atom und Äquivalent

noch nicht gemacht, da damals noch nicht der Molekularbegriff entwickelt worden war

„837) Durch den Versuch und die vorhergehenden Sätze kann man auf verschiedene Weisen zur Kenntniss der Ionen und ihrer elektrochemischen Aquivalente gelangen

„838) Zunächst können sie direkt bestimmt werden, wie es in vielen bereits angeführten Versuchen mit dem Wasserstoff, Sauerstoff, Blei und Zinn geschehen ist

„839) Dann lässt sich aus den Sätzen II und III die Kenntniss vieler anderer Ionen und auch deren Aquivalente ableiten Als bei Zersetzung von Bleichlorid Platin angewandt wurde 395 konnte kein Zweifel mehr darüber obwalten, dass das Chlor zur Anode ging, wiewohl es sich mit dem Platin daselbst verband, denn wenn die positive Elektrode von Graphit war (794) entwickelte es sich daselbst im freien Zustande Ebenso konnte es in keinem der Fälle zweifelhaft bleiben, dass nicht für jede 103,5 Th Blei, die sich an der Kathode ausschieden, 36 Th Chlor an der Anode entwickelt wurden, denn das übriggebliebene Bleichlorid war unverändert So auch wenn in einer Metalllösung ein Volum Sauerstoff oder eine so viel Sauerstoff enthaltende secundäre Verbindung an der Anode erschien, konnte kein Zweifel darüber entstehen, dass nicht zwei Volume Wasserstoff zur Kathode übergegangen waren, wenn sie auch, vermöge einer secundären Aktion, zur Reduktion der Oxyde von Blei, Kupfer oder anderen Metallen verwandt worden waren Auf diese Weise lernen wir aus den in diesen Abhandlungen beschriebenen Versuchen, dass Chlor, Jod, Brom, Fluor, Calcium, Kalium, Strontium, Magnesium, Mangan u s w Ionen sind, und dass ihre elektrochemischen Aquivalente gleich sind den gewöhnlichen chemischen

„840) Die Sätze IV und V erweitern unsere Mittel, Belehrung einzusammeln Denn wenn ein Körper von bekannter chemischer Zusammensetzung sich zersetzbar erweist, und die Natur der an einer der Elektroden als primäres oder selbst secundäres Resultat (723 777) ausgeschiedenen Substanz bestimmt worden ist, lässt sich das elektrochemische Aquivalent dieses Körpers aus der bekannten festen Zusammensetzung der ausgeschiedenen Substanz herleiten Wenn so z B geschmolzenes Zinnchlorür durch den Volta'schen Strom zersetzt wird (804), kann daraus geschlossen werden, dass beide, Jod und Zinn, Ionen sind, und dass die verhältnissmässigen Mengen, in welchen sie sich in der geschmolzenen Verbindung vereinigt befanden, ihre elektrochemischen Aquivalente ausdrucken Ferner lässt sich folgern, dass das geschmolzene Jodkalium (805) ein Elektrolyt ist, und dass die chemischen Aquivalente auch die elektrochemischen sind

„841) Der Satz VIII, einer ausführlichen Experimental-Untersuchung unterworfen, wird nicht bloss die durch Anwendung der übrigen Sätze erhaltenen Resultate bestätigen helfen, sondern auch reichliche Belehrung über die aus ihm selbst fliessenden geben

„842) In vielen Fällen werden die secundären Resultate, entstanden
durch Einwirkung des ausgeschiedenen Ions auf die in der umgebenden
Flüssigkeit oder Lösung enthaltenen Substanzen, das elektrochemische Aquivalent liefern So ward aus einer Lösung von essigsaurem Blei, und, so
weit ich untersucht habe, auch aus anderen Oxydulsalzlösungen, die der
reducirenden Wirkung des an der Kathode in Entstehung begriffenen
Wasserstoffes ausgesetzt waren, das Metall in gleicher Menge gefällt, wie
wenn es ein primäres Edukt gewesen wäre vorausgesetzt nur, dass kein
freier Wasserstoff entwich), und es gab daher genau die Zahl, welche das
elektrochemische Aquivalent desselben vorstellt

„843) In Folge dieses Satzes können secundäre Resultate zuweilen als
Messer des Voi ra-elektrischen Stromes benutzt werden (706 740), doch giebt
es nicht viele Metalllösungen, die diesem Behufe wohl entsprechen, denn
wenn das Metall nicht leicht fällbar ist, wird Wasserstoff an der Kathode
entwickelt und dadurch das Ergebniss fehlerhaft Wenn an der Anode ein
höheres Oxyd gebildet wird, oder wenn das gefällte Metall quer durch
die Lösung krystallisirt und die positive Elektrode berührt, werden ähnliche
fehlerhafte Resultate erhalten Ich glaube, dass die Lösungen einiger vegetabilischen Salze, wie die von essigsaurem Quecksilber- oder Zinkoxyd, fur
obigen Zweck geeignet sein werden

„844) Nach den ersten Versuchen zur Feststellung der bestimmten
chemischen Aktion der Elektricität, habe ich nicht angestanden, die direk-
teren Resultate der chemischen Analyse auf die Berichtigung der als elektrolytische Resultate erhaltenen Zahlen anzuwenden Dies lässt sich offenbar in
vielen Fällen thun, ohne dass man sich gegen die Strenge wissenschaftlicher
Untersuchung zu viel Freiheit herausnimmt Die Reihe der Zahlen, welche
die elektrochemischen Aquivalente vorstellen, bleiben nothwendig, wie die
gewöhnlichen Aquivalente chemisch wirkender Korper, einer bestandigen
Berichtigung durch den Versuch und durch vernünftige Schlüsse unterworfen

„845) Ich gebe die folgende kurze Tafel von Ionen und ihren elektrochemischen Aquivalenten mehr als Beispiel eines ersten Versuches denn als
eine Abhülfe des sehr schnell merkbaren Mangels einer vollständigen und
vollkommenen Übersicht dieser Klasse von Korpern In Betracht des ausserordentlichen Nutzens einer solchen (vorausgesetzt richtig entworfenen) Tafel
fur die Entwickelung der innigen Beziehung der gewöhnlichen chemischen
Verwandtschaft zu den elektrischen Aktionen und fur die Identificirung
beider, nicht nach blosser Phantasie, sondern durch überzeugende Grunde,
mag es erlaubt sein, die Hoffnung auszusprechen, dass die Bemuhung immer
darauf gerichtet sein möge, sie zu einer Tafel von wirklichen und nicht
hypothetischen elektrochemischen Aquivalenten zu machen, denn sonst
überschen wir die Thatsachen und verlieren die direkt auf unserem Wege
liegenden Kenntnisse ganz aus dem Auge und Gedächtniss

„846) Die folgenden aquivalenten Zahlen behaupten nicht genau zu sein;
sie sind fast sämmtlich aus den chemischen Resultaten anderer Naturforscher

entnommen, zu denen ich in diesem Bezuge nicht Zutrauen als zu mir
selbst setze

„847: Tafel über die Ionen

Anionen

Sauerstoff	8	Selensäure	64	Weinsäure	66
Chlor	35,5	Salpetersäure	54	Citronensäure	58
Jod	126	Chlorsäure	75,5	Kleesäure	35
Brom	78,3	Phosphorsäure	35,7	Schwefel...	16
Fluor	18,7	Kohlensäure	22	Selen...	
Cyan	26	Borsäure	24	Schwefligen...	
Schwefelsäure	40	Essigsäure	51		

Kationen

Wasserstoff	1	Kupfer	31,6	Kali	17,2
Kalium	39,2	Kadmium	55,8	Natron	31,3
Natrium	23,3	Cerium	46	Lithion	18
Lithium	10	Kobalt	29,5	Baryt	76,7
Barium	68,7	Nickel	29,5	Strontian	51,8
Strontium	13,8	Antimon	64,5	Kalk	28,5
Calcium	20,5	Wismuth	71	Talkerde	20,7
Magnesium	12,7	Quecksilber	200	Thonerde	
Mangan	27,7	Silber	108	Oxydule überhaupt	
Zink	32,5	Platin	98,6	Chinin	171,6
Zinn	57,9	Gold		Cinchonin	160
Blei	103,5			Morphin	290
Eisen	28	Ammoniak	17	Pflanzenbasen überhaupt	

Zu dieser Tabelle sind die gleichen Bemerkungen zu machen, wie sie
zu dem ersten Faraday'schen Satze oben (S 531 u ff gemacht worden sind
Die damals üblichen chemischen Ansichten, welche die Analogie zwischen
den Haloidsalzen und den Sauerstoffsalzen nicht zum Ausdruck brachten,
sondern die letzteren aus den bezüglichen Anhydriden bestehen liessen,
zwangen Faraday, als Ionen beide Arten der in den Salzen angenommenen
Bestandtheile anzuerkennen Während Chlorkalium, KCl, keine anderen
Ionen haben kann, als K und Cl, war für Kaliumnitrat, welches bei dem
damals angenommenen Atomgewicht des Sauerstoffes, O = 8, KNO⁶, geschrieben wurde, sowohl die Möglichkeit der Theilung in K und NO⁶, wie
die in KO und NO³ vorhanden Berzelius bevorzugte unter der Nachwirkung der irrthümlichen Lehre Lavoisier's, dass alle Säuren Sauerstoff
enthalten mussten, von vornherein die letztere Auffassung, und nahm ursprünglich zu deren Gunsten einen Sauerstoffgehalt in den Halogenen, insbesondere
im Chlor an Als diese Ansicht sich als nicht durchführbar erwies, ging er
nicht vollständig zu der anderen über, sondern behielt die ursprüngliche
bei den Salzen sauerstoffhaltiger Säuren bei, wo sie formell noch möglich
war, und hielt es für das geringere Übel, die Analogie zwischen beiden
Arten von Salzen als die ganze Anschauung aufzugeben, thatsächlich war
dies allerdings die schlechtere Wahl Denn jeder erhebliche Fortschritt in

der wissenschaftlichen Auffassung eines Thatsachengebietes lasst sich kurz dahin charakterisiren, dass die älteren Ansichten auf den Kopf gestellt werden. Auch hier hatte es der Fall sein mussen, BERZELIUS aber zog vor, nur die Hälfte der Theorie in der angedeuteten Weise umzugestalten, und gelangte dadurch zu einem Gebilde, welches sich nach nicht allzu langer Zeit als lebensunfähig erweisen musste.

Die Beseitigung dieser durch den damaligen chemischen Lehrbegriff bedingten Inkonsequenz in der Auffassung der Ionen durch FARADAY wurde später durch DANIELL bewerkstelligt, welcher auch auf den Zusammenhang der Ionentheorie mit der allgemeinen chemischen Theorie der Salze in sachgemässer Weise aufmerksam gemacht hat. Wir kommen bald auf diese Fragen zurück.

Auch kann nicht verschwiegen werden, dass FARADAY die richtige Ansicht etwas näher hatte liegen mussen, als den meisten anderen gleichzeitigen Forschern. Denn jene einheitliche Auffassung der Salze war von seinem Lehrer H. DAVY vertreten worden, welcher auch die lange Diskussion über die Frage nach der Einheitlichkeit des Chlors gegen die französischen Chemiker und BERZELIUS siegreich durchgeführt hatte. FARADAY war also unzweifelhaft mit dieser Ansicht bekannt, und hat in diesem Falle gezeigt, dass die chemische Seite der Wissenschaft seinem Geiste allerdings ferner lag, als die physikalische.

Die Bemerkungen, welche FARADAY zu seiner Ionentabelle macht, sind folgende.

„848) Diese Tafel könnte ferner in Gruppen solcher Substanzen angeordnet werden, die entweder mit einander wirken oder einander ersetzen. So z. B. wirken Säuren und Basen in Beziehung auf einander, aber sie wirken nicht in Gesellschaft mit Sauerstoff, Wasserstoff oder elementaren Substanzen. Es leidet indes wenig oder gar keinen Zweifel, dass wenn man die elektrischen Beziehungen der Korpertheilchen genau untersuchte, diese Eintheilung gemacht werden musste. Die einfachen Substanzen, nebst Cyan und Schwefelcyan, und einem oder zwei anderen zusammengesetzten Korpern werden wahrscheinlich die erste Gruppe bilden, sowie die Säuren und Basen, nebst solchen analogen Verbindungen, die sich als Ionen erweisen, die zweite Gruppe. Ob diese alle Ionen einschliessen werde, oder, ob eine dritte Klasse von verwickelterer Beschaffenheit erforderlich sei, mussen künftige Untersuchungen entscheiden.

„849) Alle unsere jetzigen elementaren Körper sind wahrscheinlich Ionen, aber gewiss ist es noch nicht. Von einigen ist es wünschenswerth, baldmöglichst entschieden zu sehen, ob sie ein Recht auf den Titel eines Ions haben, solche sind: Kohle, Phosphor, Stickstoff, Kiesel, Bor, Aluminium. Es giebt auch einige zusammengesetzte Korper, namentlich die Thonerde und die Kieselerde, von denen zu wunschen wäre, dass ihnen baldigst durch unzweifelhafte Versuche ihre Klasse angewiesen wurde. Es ist auch möglich, dass alle verbindbaren Korper, zusammengesetzte wie einfache, in die

Klasse der Ionen gehoren, doch scheint es mir fur jetzt nicht wahrscheinlich. Die experimentellen Beweise, welche ich besitze, sind noch so gering
im Vergleich mit denen, welche in Bezug auf diesen Punkt gesammelt
werden mussen, dass ich mich scheue, eine entschiedene Meinung hieruber
auszusprechen.

„850. Ich glaube mich nicht zu tauschen, wenn ich die Lehre von der
bestimmten elektrochemischen Aktion fur ausserst wichtig halte. Durch ihre
Thatsachen beruhrt sie, unmittelbarer und inniger als es irgend eine fruhere
Thatsache oder eine Reihe von Thatsachen gethan, die schone Idee, dass
die gewohnliche chemische Verwandtschaft eine blosse Folge sei der elektrischen Anziehungen zwischen den Theilchen verschiedenartiger Substanzen,
und wahrscheinlich wird sie uns zu Mitteln fuhren, durch welche wir im
Stande sind, das, was gegenwartig dunkel ist, aufzuklaren, und entweder die
Wahrheit dieser Idee vollstandig zu erweisen, oder das, was etwa ihre Stelle
einnehmen konnte, aus einander zu setzen.

„851. Ein sehr grosser Nutzen der elektrochemischen Aquivalente wird
der sein, mittelst ihrer in zweifelhaften Fallen zu entscheiden, welches das
wahre chemische Aquivalent oder bestimmte Verbindungs- oder Atomgewicht eines Korpers sei. Denn ich habe eine solche Uberzeugung, dass
es die namliche Kraft sei, welche die elektrochemische Zersetzung und die
gemeine chemische Anziehung beherrscht, bin so uberzeugt von dem uberwaltigenden Einfluss derjenigen Naturgesetze, welche die erstere bestimmt
machen, dass ich keinen Anstand nehme zu glauben, auch die letztere sei
ihnen unterthan. Ist aber dies der Fall, so kann ich nicht zweifeln, dass,
bei Annahme von Wasserstoff = 1, und mit Vernachlassigung kleiner Bruche
behufs der Einfachheit der Zahlen, das Aquivalent oder das Atomgewicht
des Sauerstoffes sei 8, des Chlors 39, des Broms 78,4, des Bleis 103,5, des
Zinns 59 u. s. w. ungeachtet eine sehr hohe Autoritat mehrere dieser Zahlen
in Zweifel zieht."

7. Allgemeine Betrachtungen. An die Schilderung seiner experimentellen Untersuchungen hat Faraday eine Anzahl allgemeiner Auseinandersetzungen geknupft, welche in hohem Maasse lesenswerth sind, da in ihnen
die Grundgedanken der Auffassung niedergelegt sind, welche seitdem sich
als die maassgebende verbreitet hat. Nur auf eine Unvollkommenheit muss
schon jetzt hingewiesen werden. In Ubereinstimmung mit der Ansicht
aller seiner Zeitgenossen und auch einer noch langen Reihe nachfolgender
Physiker betrachtet Faraday die Elektricitatsmenge als das wesentliche Maass
der elektrischen Wirkungen, dadurch werden die Vergleiche, welche er
zwischen den galvanisch zu entwickelnden Elektricitatsmengen und den
entsprechenden elektrostatischen Mengen zieht, unsachgemass. Denn das
eigentliche Maass der elektrischen Wirkungen oder die elektrische Energie
ist dem Produkte aus Elektricitatsmenge und Spannung oder Potential proportional, theoretisch gesprochen kann daher eine beliebig grosse Wirkung
mit einer beliebig kleinen Elektricitatsmenge verknupft sein und umgekehrt.

Das von Faraday gefundene Gesetz bezieht sich aber nicht auf die elektrische Energie selbst, sondern nur auf den einen Faktor desselben, die Elektricitätsmenge es ist daher nicht zulässig, irgend welche Wirkungen verschiedener elektrischer Entladungen mit einander zu vergleichen, wenn nur die entsprechenden Elektricitätsmengen einander gleich sind es wäre dies ein Verfahren, als wollte man die Wirkungen verschiedener bewegter Massen nur nach der Masse vergleichen, ohne die Geschwindigkeit zu berücksichtigen

Auch diese Bemerkungen sind nur gemacht, um dem Anfänger die Festsetzung einer irrthümlichen Vorstellung zu ersparen, nicht um Faraday zu tadeln Denn zu jener Zeit war der Energiebegriff noch nicht entwickelt, geschweige in der Elektrik angewendet, und die Unklarheit, in welcher sich Faraday hier befand, hat er mit allen seinen Zeitgenossen und vielen Nachfolgern getheilt Nur war es nöthig, schon hier auf den Punkt hinzuweisen, da alsbald gerade das hier erwähnte Missverständniss den Ausgangspunkt heftiger Angriffe auf das Gesetz selbst gebildet hat

Um an einem Beispiele die völlige Unabhängigkeit des Faraday'schen Gesetzes von irgend welchen Arbeits- oder Wirkungsbetrachtungen klar zu machen, denke man sich in denselben Stromkreis einmal eine Kupferlösung zwischen zwei Elektroden von Kupfer, das andere Mal zwischen solchen von Platin elektrolysirt Im ersten Falle wird auf der einen Seite ebenso viel Kupfer niedergeschlagen, als auf der anderen Seite gelöst wird, und die chemische Zersetzungsarbeit ist Null, da die Lösung ihren Gehalt gleichfalls nicht ändert Im zweiten Falle wird dagegen eine der durchgegangenen Elektricitätsmenge entsprechende Menge Kupfer metallisch ausgeschieden, wobei eine äquivalente Menge Sauerstoff entwickelt und freie Schwefelsäure gebildet wird, hier ist also die chemische Arbeit der Zerlegung des Kupfersulfats in Metall, Sauerstoff und freie Säure zu leisten gewesen Die durchgegangene Elektricitätsmenge war in beiden Fällen für die gleiche Kupfermenge dieselbe Was aber verschieden sein musste, ist die Spannung, unter welcher der Strom stand, während im ersten Falle eine beliebig kleine Spannung den Strom unterhalten konnte, war im zweiten eine bestimmte, nicht unbeträchtliche Spannung erforderlich, um überhaupt einen Strom durch das Gebilde schicken zu können Die von Faraday gesuchte Beziehung zwischen der chemischen Verwandtschaft und den elektrischen Erscheinungen drückt sich nicht in der durch sein Gesetz geregelten Elektricitätsmenge, sondern in der für die Zersetzung erforderlichen Spannung aus

Von der absoluten Elektricitätsmenge, die den Theilchen oder Atomen der Materie beigesellt ist

852 Die Theorie der festen elektrolytischen oder elektrochemischen Action beruht, wie mir scheint, unmittelbar die Frage von der absoluten Quantität der den verschiedenen Körpern angehörigen Elektricität oder elektrischen Kraft Vielleicht ist es unmöglich über diesen Punkt zu sprechen,

ohne den gegenwärtigen Bereich der Thatsachen zu überschreiten, und doch ist es ebenso unmöglich, ja vielleicht selbst unpolitisch, diesen Gegenstand nicht zu erörtern. Freilich wissen wir nichts von dem was ein Atom ist, aber wir können doch nicht umhin, uns darunter ein kleines Theilchen zu denken, welches dasselbe in der Idee vorstellt; und wiewohl wir uns in ebenso grosser, wenn nicht gar in grösserer Unwissenheit hinsichtlich der Elektricität befinden, so dass wir nicht sagen können ob sie eine besondere Materie sei, oder ob sie aus mehreren Materien bestehe, ob sie eine blosse Bewegung der gewöhnlichen Materie sei oder eine dritte Art von Kraft oder Agens — so giebt es doch eine unermessliche Zahl von Thatsachen, welche uns zu dem Glauben berechtigt, die Atome der Materie seien begabt oder vergesellschaftet mit elektrischen Kräften, welchen sie ihre hauptsächlichsten Eigenschaften verdanken, und unter diesen auch ihre gegenseitige Verwandtschaft. Seitdem wir, durch Dalton's Lehre, wissen, dass die chemischen Kräfte, unter wie verschiedenartigen Umständen sie auch sich äussern, bestimmt sind für jeden Körper, wissen wir auch den in solchen Körpern vorhandenen relativen Kraftgrad zu schätzen, und wenn zu dieser Kenntniss noch die Thatsache kommt, dass die Elektricität, welche wir für fähig halten, unter Beibehaltung ihrer chemischen Kraft, ihren Wohnsitz für eine Weile zu verlassen und von Ort zu Ort zu wandern, gemessen werden kann, und sie, so gemessen, sich ebenso bestimmt in ihrer Wirkung erweist als irgend eine jener Portionen, welche mit den Theilchen der Materie verknüpft bleiben und diesen ihr chemisches Verhalten ertheilen — so scheinen wir das Glied gefunden zu haben, welches den frei gewordenen Elektricitätsantheil verknüpft mit jenem, der den Körpertheilchen in ihrem natürlichen Zustande angehört.

„853. Nun ist es wunderbar zu beobachten, wie klein die Menge eines zusammengesetzten Körpers ist, welche durch eine gewisse Portion Elektricität zersetzt wird. Betrachten wir beispielshalber diese und einige andere Punkte bei dem Wasser. Ein Gran Wasser, das zur besseren Leitung angesäuert worden ist, erfordert zu seiner Zersetzung einen elektrischen Strom von 3,75 Minuten Dauer, und dieser muss stark genug sein, um einen Platindraht von $1/104$ Zoll Dicke[1] während dieser ganzen Zeit in Berührung mit der Luft

---

[1] „Ich habe die Länge des angewandten Drahtes nicht angegeben, weil ich durch Versuche finde, wie es sich auch theoretisch erwarten liess, dass sie gleichgültig ist. Dieselbe Elektricitätsmenge, welche, eine gegebene Zeit lang durchgeleitet, ein Zoll langes Stück Platindraht von gewisser Dicke rothglühend machen kann, ist auch im Stande 100 oder 1000 Zoll oder jede Länge desselben Drahtes auf denselben Grad zu erhitzen, vorausgesetzt nur, dass in beiden Fällen die abkühlenden Ursachen an jeder Stelle gleich seien. Ich habe dies durch das Volta Elektrometer erwiesen. Ich habe auch gefunden, dass es möchten ein Zoll oder acht Zoll Platindraht in einer constanten dunkeln Rothglühhitze erhalten werden — dennoch in beiden Fällen gleiche Mengen Wassers zersetzt würden. Wenn ein ¼ Zoll langes Drahtstück angewandt wurde, kam es bloss in der Mitte zum Glühen. Ein dünner Draht kann selbst als ein zwar roher, aber bequemer Regulator des elektrischen Stromes benutzt werden; denn wenn man ihn mit in die Kette bringt, und man die mit ihm verbundenen dickeren Drähte näher zusammen

rothglühend zu erhalten, und einen sehr hellen und anhaltenden Lichtstrom
zu geben, wenn er irgendwo durch Kohlenspitzen unterbrochen wird Erwägt
man die instantane Entladung der Spannungselektricität, wie sie durch die
schönen Versuche von Herrn WHEATSTONE erläutert wird,[1] und erinnert sich
dessen, was ich früher über die Beziehung zwischen der gemeinen und
VOLTA'schen Elektricität auseinander gesetzt habe (371 375), so ist nicht zu
viel gesagt, dass diese erfordert werdende Elektricitätsmenge gleich ist einer
sehr kräftigen Blitzentladung Und doch haben wir sie völlig in unserer
Hand, können sie direkt entwickeln und nach Belieben anwenden, und
wenn sie das Werk der Elektrolysirung vollständig ausgeführt hat, hat sie
nur die Elemente eines einzigen Gran Wassers getrennt

„854) Andererseits ist der Zusammenhang zwischen Elektricitätsleitung
und Wasserzersetzung so innig, dass die eine nicht ohne die andere stattfinden kann Wird dem Wasser nur die geringe Veränderung ertheilt,
welche zwischen ihm im starren und flüssigen Zustande besteht, so ist die
Leitung vernichtet und damit auch die Zersetzung Man mag die Leitung
als von der Zersetzung abhängig betrachten oder nicht (413 703), so ist
doch die Beziehung zwischen den beiden Funktionen gleich innig und unzertrennlich

„855 Erwägt man diese innige und doppelte Beziehung, nämlich, dass
ohne Zersetzung keine Durchleitung der Elektricität stattfindet, und dass für
eine gegebene bestimmte Menge durchgegangener Elektricität eine ebenso
bestimmte und feste Menge Wassers oder anderer Substanz zersetzt wird,
erwägt man ferner, dass das Agens Elektricität einfach angewandt wird, um
die elektrischen Kräfte, welche in dem seiner Einwirkung unterworfenen
Körper vorhanden sind, zu überwältigen, so erscheint es als eine wahrscheinliche und fast natürliche Folgerung, dass die durchgeleitete Elektricitätsmenge
das Äquivalent von der der getrennten Theilchen und deshalb ihr gleich
sei, d h wenn die elektrische Kraft, welche die Elemente von einem Gran
Wasser in Verbindung erhält, oder welche ein Gran Sauerstoff und Wasserstoff, die in richtigem Verhältnisse stehen, zu Wasser vereinigt, in den Zustand
eines Stromes versetzt werden könnte, so würde dieser genau dem Strome
gleich sein, welcher zur Zersetzung jenes Grans Wasser erforderlich wäre

„856 Diese Ansicht von dem Gegenstand giebt eine fast erdrückende
Idee von der ausserordentlichen Menge oder dem ausserordentlichen Grade
elektrischer Kraft, welche den Körpertheilchen im natürlichen Zustande
angehört, allein sie ist nicht im Geringsten unvereinbar mit den Thatsachen,
welche zur Stütze dieses Punktes beigebracht werden können Um dies zu
erläutern, muss ich einige Worte über die VOLTA'sche Säule sagen :

oder weiter auseinander schiebt so dass das Drahtstück in der Kette nahe in derselben Temperatur erhalten wird so ist der durchgehende Strom von nahe gleicher Stärke '

[1] Literary Gazette, t u 8 März 1833 — Phil Mag 3, 204 1833 — l Institut 201 1833 "
Unter VOLTA'scher Säule verstehe ich solchen Apparat oder solche Anordnung von
Metallen als man seither mit diesem Namen belegt hat, und wobei Wasser, Salzlösung, Säuren,

„857) Da ich beabsichtige, die in der gegenwärtigen und den früheren Reihen dieser Untersuchungen mitgetheilten Resultate späterhin zu einer näheren Ausmittelung der Quelle der Elektricität des Volta'schen Instrumentes anzuwenden, so habe ich mich jeder entschiedenen Meinung über diesen Gegenstand enthalten, und ohne läugnen zu wollen, dass der metallische Contact oder der Contact verschiedenartiger, zwar leitender, aber nicht metallischer Substanzen, etwas mit der Entstehung des Stromes zu schaffen hatte, bin ich doch vollkommen der Meinung Davy's, dass dieser Strom wenigstens durch chemische Aktion unterhalten werde, und dass das, was den Strom constituirt, fast ganz aus dieser Aktion entspringt

„858) Diejenigen Körper, welche, zwischen die Metallplatten einer Volta'schen Säule gebracht, diese wirksam machen, sind sämmtlich Elektrolyte (476) Ich kann nicht umhin, Jeden, der sich mit diesem Gegenstand beschäftigt, dringend aufmerksam zu machen, dass in jenen für die Säule so wesentlichen) Körpern Zersetzung und Durchleitung des Stromes so innig zusammenhangen, dass die eine nicht ohne die andere eintreten kann Dies habe ich beim Wasser und in vielen anderen Fällen zum Überfluss gezeigt (402 476) Wenn also die Enden eines Trogapparates mit einem zersetzbaren Körper, wie Wasser, verbunden sind, haben wir durch diesen Apparat einen continuirlichen Strom, und während er in diesem Zustand ist, kann man den Theil, wo die Säure die Platten angreift, und den, wo der Strom auf das Wasser einwirkt, als wechselseitige Dinge betrachten In beiden Theilen haben wir die zwei in Körpern wie diese unzertrennlichen Erscheinungen, nämlich den Durchgang des Stromes und die Zersetzung Und dies gilt sowohl für die Zellen in der Batterie als für die Wasserzelle, denn bis jetzt ist noch keine Volta'sche Batterie erbaut worden, in welcher die chemische Aktion auf die einer Verbindung beschränkt gewesen wäre, immer ist eine Zersetzung eingeschlossen, und sie ist, glaube ich, ein wesentlicher chemischer Theil

„859) Der Unterschied zwischen den beiden Theilen der geschlossenen Batterie, nämlich zwischen der Zersetzungs- oder Experimentirzelle und den erregenden Zellen, ist einfach dieser In der ersteren treiben wir den Strom durch, allein er ist, wie es scheint, nothwendig von einer Zersetzung begleitet, in den letzteren veranlassen wir Zersetzungen durch gewöhnliche chemische Aktionen (welche ihrerseits jedoch elektrisch sind), und in Folge dessen haben wir einen elektrischen Strom Und da in der ersten die vom Strom abhängende Zersetzung bestimmt ist, so ist in den letzteren der mit der Zersetzung vergesellschaftete Strom auch bestimmt (862 ff

„860) Wenden wir dies an zur Stütze dessen, was ich hinsichtlich der ungeheuren elektrischen Kraft eines jeden Theilchens oder Atoms der Materie

---

oder andere wässerige Lösungen oder zersetzbare Substanzen (476) zwischen den Platten befindlich sind Andere Arten elektrischer Apparate mögen künftig erfunden werden und ich hoffe einen zu construiren der nicht zur Klasse der von Volta erfundenen gehört

vermuthet habe (856 In einer früheren Reihe dieser Untersuchungen, bei
der Maassbeziehung zwischen gemeiner und Volta'scher Elektricität, habe
ich gezeigt, dass zwei Drähte, einer von Platin und der andere von Zink,
jeder $\frac{1}{18}$ Zoll dick, und $\frac{5}{16}$ Zoll von einander entfernt, eingetaucht bis zu
einer Tiefe von $\frac{5}{8}$ Zoll in eine Säure, bestehend aus einem Tropfen Vitriolöl
und vier Unzen destillirten Wassers von etwa 60° F., und verbunden an
ihren anderen Enden durch einen Kupferdraht von 18 Fuss Länge und
$\frac{1}{18}$ Zoll Dicke, in etwas mehr als drei Sekunden Zeit ebenso viel Elektricität
liefern als eine Leidener Batterie, die durch 30 Umdrehungen einer sehr
grossen und kräftigen Scheibenmaschine geladen worden ist 371) Diese
Menge, welche zur Tödtung einer Ratte oder Katze hinreichend gewesen
sein würde, wenn sie als Blitz auf einmal durch den Kopf derselben gegangen
wäre, wurde durch die gegenseitige Aktion eines so kleinen Stückes Zinkdraht und des umgebenden Wassers entwickelt, dass der Gewichtsverlust,
den beide erlitten, mit unseren empfindlichsten Instrumenten unwägbar sein
würde Namentlich musste die Menge des Wassers, welches durch jenen
Strom zersetzt worden war unmerklich sein, denn während jener drei Sekunden
erschien auf dem Platin kein Wasserstoff

„861) Welch ungeheure Menge von Elektricität ist demnach zur Zersetzung eines einzigen Grans Wasser erforderlich! Bereits haben wir gesehen,
dass sie so gross sein muss, um einen $\frac{1}{104}$ Zoll dicken Platindraht in 3,75
Minuten langer Berührung mit der Luft rothglühend zu erhalten (853, und
diese Menge ist fast unendlich grösser als die, welche mit dem eben erwähnten
kleinen Volta'schen Normalapparat entwickelt werden konnte (860 371
Ich habe mich bemüht, durch den Gewichtsverlust eines solchen Drahtes in
einer gegebenen Zeit, und in einer solchen Säure, einen Vergleich anzustellen, gemäss eines sogleich zu beschreibenden Satzes und Versuches 862,
allein das Verhältniss ist so gross, dass ich mich fast scheue, es anzugeben
Es würde sich nämlich daraus ergeben, dass 800000 solcher Entladungen
der eben erwähnten Leidener Batterie nöthig waren, um die zur Zersetzung
eines einzigen Grans Wasser erforderliche Elektricität zu liefern, oder, wenn
ich nicht irre, diejenige Elektricitätsmenge, welche mit den Elementen eines
Grans Wasser im natürlichen Zustande verknüpft ist, und dieselben mit ihrer
gegenseitigen chemischen Verwandtschaft versieht

„862 Zum ferneren Erweise dieses hohen elektrischen Zustandes der
Körpertheilchen und der Gleichheit der Elektricitätsmenge, welche
ihnen eigen ist, und welche zu ihrer Zersetzung erfordert wird,
will ich einen sehr einfachen Versuch beschreiben, der ungemein niedlich
ist, wenn man ihn in Bezug auf die Entwickelung eines Stromes und dessen
zersetzende Kräfte betrachtet

„863 Eine verdünnte Schwefelsäure, gemacht aus etwa einem Maass-
theil Vitriolöl und 30 Maasstheilen Wasser, wirkt kräftig auf ein Stück Zinkblech in seinem gewöhnlichen und einfachen Zustand, allein, wie Herr
Sturgeon gezeigt hat, gar nicht oder kaum, wenn die Oberfläche des

Metalles zuvor amalgamirt worden ist, und dennoch wirkt das amalgamirte Zink als Elektromotor sehr kraftig mit Platin, indem an letzterem Metall Wasserstoff entwickelt, und das Zink oxydirt und gelost wird. Die Amalgamation lasst sich am besten bewerkstelligen, wenn man einige Tropfen Quecksilber auf die Zinkflache spritzt, die letztere mit verdunnter Saure benasst und nun mit den Fingern reibt, um so das Quecksilber uber die ganze Flache auszubreiten. Das uberflussige Quecksilber, welches Tropfen auf dem Zink bilden wurde, muss abgewischt werden [1]

„864) Zwei so amalgamirte Zinkplatten wurden getrocknet und genau gewogen. Die eine, welche wir A nennen wollen, wog 163,1 Gran, die andere, hier B genannt, wog 148,3 Gran. Sie waren ungefahr 5 Zoll lang und 0,4 Zoll breit. Eine irdene pneumatische Wanne wurde mit Schwefelsaure von der eben beschriebenen Starke angefullt (863) und eine mit derselben Saure angefullte Glasflasche daruber umgekehrt [2]. Ein Platinstreif von beinahe derselben Lange, aber drei Mal grosserer Breite als die Zinkstreifen wurde in die Flasche gebracht. Dann wurde auch der Zinkstreif A in die Flasche eingefuhrt und mit dem Platin in Beruhrung gesetzt, in demselben Moment wurde auch der Zinkstreif B in die Saure der Wanne gelegt, jedoch ausser Beruhrung mit einer metallischen Substanz.

„865) Sogleich wie sich Zink und Platin beruhrten, trat in der Flasche eine starke Wirkung ein. Wasserstoff stieg vom Platin auf und sammelte sich in der Flasche, allein von keiner der Zinkplatten stieg Wasserstoff auf. In etwa 10—12 Minuten, nachdem sich eine hinreichende Menge Wasserstoff gesammelt hatte, wurde der Versuch abgebrochen. Im Verlauf desselben erschienen ein Paar Blasen auf dem Streifen B, aber keine auf dem Streifen A. Die Streifen wurden in destillirtem Wasser gewaschen, getrocknet und abermals gewogen. Der Streifen B wog 148,3 Gran wie zuvor, hatte also nichts durch die direkte chemische Aktion der Saure verloren. Der Streifen A wog 154,65 Gran, es waren mithin 8,45 Gran von ihm wahrend des Versuches oxydirt und gelost worden.

„866) Das Wasserstoffgas wurde nun uber einen Wassertrog gebracht und gemessen, es betrug 12,5 Kubikzoll bei 52" F und 28,2 Zoll Barometerstand. Auf vollkommene Trockenheit, mittlere Temperatur und mittleren Druck reducirt, betrug es 12,15453 Kubikzoll, wozu noch halb so viel an Sauerstoff kommt, welcher zu der Anode, d. h. zu dem Zink gegangen sein musste. Es waren also 18,232 Kubikzoll Sauerstoff und Wasserstoff aus dem durch den elektrischen Strom zersetzten Wasser entwickelt worden. Nach der fruher (791) angenommenen Schatzung des Gewichtes der ge-

---

[1] „Der Versuch kann mit reinem Zink angestellt werden, das, wie die Chemiker wohl wissen, verhaltnissmassig weniger von verdunnter Schwefelsaure angegriffen wird als das gewohnliche Zink, welches hierbei einer Unzahl Voltascher Aktionen unterworfen ist. Siehe DE LA RIVE in der Bibliotheque universelle, 1830 p. 391 (POGG. Ann. 19. 221)

[2] „Die Saure war eine Nacht lang mit einem Stuckchen unamalgamirten Zinks stehen gelassen, damit die Luft entwiche, welche sich etwa hatte entwickeln konnen.

mengten Gase, ist dieses Volum gleich 2,3535544 Gran, und dies daher die Gewichtsmenge des zersetzten Wassers. Diese Menge verhält sich zu 8,45, der Menge des oxydirten Zinks, wie 9 zu 32,31. Nimmt man nun 9 zur Äquivalentzahl des Wassers, so ist 32,5 die Äquivalentzahl des Zinks,[1] eine hinreichend nahe Übereinstimmung, um zu zeigen, was in der That nicht anders sein konnte, dass für ein Äquivalent oxydirten Zinks ein Äquivalent Wasser zersetzt worden sein musste.

„867. Betrachten wir aber, wie das Wasser zersetzt wird. Es wird elektrolysirt, d. h. voltaisch zersetzt, und nicht (wie es scheint) in der gewöhnlichen Weise chemischer Zersetzungen, denn der Sauerstoff erscheint an der Anode und der Wasserstoff an der Kathode des zersetzt werdenden Körpers, und diese standen in vielen Theilen des Versuches über einen Zoll auseinander. Ferner war die gewöhnliche chemische Verwandtschaft unter den Umständen des Versuches nicht stark genug, das Wasser zu zersetzen, wie es zur Genüge die Wirkungslosigkeit auf die Platte *B* erwies. Der Volta'sche Strom war also wesentlich. Um jede Idee zu entfernen, als wäre die chemische Verwandtschaft allein hinreichend zur Zersetzung des Wassers gewesen, und als möchte unter den obigen Umständen ein schwächerer Elektricitätsstrom den Wasserstoff zum Hingange zur Kathode veranlasst haben, brauche ich mich nur auf die Resultate zu berufen, welche ich (807 813) gegeben habe, um zu zeigen, dass die chemische Aktion an den Elektroden nicht den geringsten Einfluss auf die zwischen ihnen zersetzt werdenden Mengen von Wasser und anderen Substanzen ausübt, sondern dass diese gänzlich von der Menge der durchgegangenen Elektricität abhängen.

„868. Was ergiebt sich nun aus dem ganzen Versuch als eine nothwendige Folgerung? Wohl dies: dass die chemische Aktion auf 32,31 Theile oder ein Äquivalent Zink in dieser einfachen Volta'schen Kette im Stande war, eine solche Menge Elektricität in Gestalt eines Stromes zu entwickeln, die beim Durchgang des Wassers 9 Theile oder ein Äquivalent von dieser Substanz zersetzen konnte. Erinnert man sich der bestimmten Elektricitätsrelationen, wie sie in den früheren Theilen dieses Aufsatzes entwickelt worden sind, so zeigen die Resultate, dass die Elektricitätsmenge, welche, wenn sie im natürlichen Zustande mit den Körpertheilchen verknüpft ist, diesen ihre Verbindungskraft verleiht, fähig ist, in einen Strom versetzt, diese Theilchen aus ihrem Verbindungszustand heraus zu reissen, oder, mit anderen Worten, dass die Elektricität, welche eine gewisse Menge von Substanz zersetzt, und die, welche bei der Zersetzung derselben Menge entwickelt wird, gleich sind.

„869. Die Harmonie, welche diese Theorie von der bestimmten Entwickelung und der entsprechenden bestimmten Wirkung der Elektricität einführt in die verwandten Theorieen von bestimmten Proportionen und von der elektrochemischen Affinität, ist sehr gross. Ihr gemäss sind die äqui-

---

[1] Der Versuch wurde mehrmals mit demselben Erfolg wiederholt."

valenten Gewichte der Korper einfach diejenigen Mengen von ihnen, welche gleiche Elektricitatsmengen enthalten oder gleiche elektrische Kräfte besitzen Es ist die Elektricitat, welche die Aquivalentzahl bedingt, weil sie die Verbindungskraft bedingt Oder wenn wir die Atomtheorie annehmen, sind es die in ihrer gewohnlichen chemischen Aktion zu einander aquivalenten Atome der Korper, welche im naturlichen Zustande mit gleichen Mengen von Elektricitat verknupft sind Aber ich muss bekennen, ich bin vorsichtig mit dem Ausdruck Atom, denn wiewohl es sehr leicht ist von Atomen zu reden, ist es doch sehr schwierig, sich eine klare Idee von deren Natur zu machen, besonders wenn zusammengesetzte Korper in Betracht kommen

„870) Ich kann nicht umhin, hier an die schone Idee zu erinnern, welche, glaube ich, Berzelius in der Entwickelung seiner Ansichten uber die elektrochemische Theorie der Affinitat ausgesprochen hat, dass namlich Warme und Licht, die bei kraftigen Verbindungen entwickelt werden, die Folge der in dem Momente der Verbindung stattfindenden elektrischen Entladung sind Diese Idee stimmt vollkommen uberein mit der von mir gefassten Ansicht uber die mit den Korpertheilchen verknupfte Elektricitatsmenge

„871) Bei dieser Darstellung des Gesetzes von der bestimmten Wirkung der Elektricitat und deren entsprechenden Proportion in den Korpertheilchen behaupte ich nicht, schon jeden Fall von chemischer oder elektrochemischer Aktion unter die Herrschaft desselben gebracht zu haben Es giebt, besonders in Bezug auf die zusammengesetzten Theilchen der Materie und die resultirenden elektrischen Krafte, welche diese besitzen mussen, viele Betrachtungen theoretischer Natur, welche erst mit der Zeit ihre Entwickelung finden konnen, und ebenso giebt es viele experimentelle Falle, wie z B die durch schwache Verwandtschaften gebildeten Verbindungen, die gleichzeitige Zersetzung von Wasser und Salzen u s w, welche noch einer naheren Untersuchung bedurfen Was indes auch die Resultate hinsichtlich dieser und vieler anderer Punkte sein mogen, so glaube ich doch nicht, dass die von mir aufgestellten Thatsachen oder die aus ihnen hergeleiteten allgemeinen Gesetze dadurch irgend eine bedeutende Anderung erleiden werden, und sie besitzen, ungeachtet Vieles unvollkommen und ungethan blieb, Wichtigkeit genug, um ihre Bekanntmachung zu rechtfertigen In der That ist es ein grosser Vorzug unserer Wissenschaft, der Chemie, dass Fortschritte in derselben, seien sie gross oder klein, statt den Gegenstand der Untersuchung zu erschopfen, vielmehr Thore offnen zu neuen und umfassenderen Kenntnissen, die denen, welche die leichte Muhe einer Experimentaluntersuchung nicht scheuen, Freude und Nutzen in Fulle gewahren

„872) Die Bestimmtheit der Elektricitatsentwickelung verbunden mit der Bestimmtheit ihrer Wirkung beweist, meiner Meinung nach, dass der elektrische Strom durch chemische Zersetzung oder vielmehr durch chemische Aktion, und nicht bloss durch den Contact unterhalten wird Allein hier, wie schon früher, enthalte ich mich einer Meinung über die eigentliche Wirkung des Contactes, indem ich es nur noch nicht habe klar machen können, ob er eine erregende Ursache des Stromes ist oder bloss nothwendig erfordert wird, um die Leitung der anderswie erzeugten Elektricität von Metall zu Metall zu gestatten

„873' Angenommen indes, dass chemische Aktion die Quelle der Elektricität sei Welch ein unendlich kleiner Bruchtheil von der in Thätigkeit befindlichen ist es, den wir in unseren VOLTA'schen Batterieen erhalten und benutzen' Ein Zink- und ein Platindraht, $\frac{1}{18}$ Zoll dick und etwa $\frac{1}{2}$ Zoll lang, eingetaucht in eine so verdünnte Schwefelsäure, dass sie nicht merklich sauer schmeckt oder kaum auf unsere empfindlichsten Probepapiere wirkt, entwickelt in $\frac{1}{20}$ Minute mehr Elektricität, als irgend Jemand auf einmal freiwillig durch seinen Körper gehen lassen möchte Die chemische Aktion eines Grans Wasser auf vier Gran Zink entwickelt ebenso viel Elektricität als ein mächtiges Donnerwetter' 868 861) Auch ist es nicht bloss wahr, dass diese Elektricitätsmenge in Thätigkeit sei sie kann so geleitet werden, dass sie ihre volle äquivalente Wirkung thut 867 ff) Ist nicht daher mit vielem Grunde zu hoffen und zu glauben, dass wir durch eine genauere Experimentaluntersuchung der Principien, welche die Entwickelung und Wirkung dieses subtilen Agens regieren, in den Stand gesetzt werden, die Kraft unserer Batterieen so zu erhöhen oder neue Instrumente der Art zu erfinden, dass sie mehr als tausend Mal stärker sind, als die uns gegenwärtig zu Gebote stehen?

„874 Hier muss ich die Betrachtung der bestimmten festen chemischen Aktion der Elektricität für eine Weile verlassen Doch bevor ich diese Reihe von Experimentaluntersuchungen schliesse, möchte ich noch in Erinnerung bringen, dass ich in einer früheren Reihe gezeigt habe, dass der elektrische Strom auch in seiner magnetischen Aktion bestimmt ist, und wiewohl dies Resultat nicht weiter verfolgt wurde, so zweifle ich doch nicht, dass der Erfolg, welcher die Bemühung um die chemischen Wirkungen begleitete, nicht grösser gewesen ist als der, den eine Untersuchung der magnetischen Erscheinungen haben würde "

8 Vorgänger FARADAY'S Es lässt sich von vornherein erwarten, dass ein so wichtiges und allgemeines Gesetz, wie das von FARADAY, in den Arbeiten dieses Mannes sich nicht zum ersten Male zur Geltung gebracht hat, und dass sich in älteren Zeiten mehr oder minder deutliche Vorausnahmen desselben werden nachweisen lassen Dies ist in der That der Fall. Was den ersten Theil desselben betrifft, welcher die Proportionalität zwischen der Elektricitätsmenge und der Menge der zersetzten Substanz ausspricht, so war dies eine Annahme, welche schon in den ersten Zeiten der VOLTA'schen Säule gemacht, und zur Messung von deren Wirkung vorgeschlagen worden war, es ist hierüber nur auf das auf S 288 von SIMON beschriebene Instrument hinzuweisen, welches auf dieser ausdrücklich ausgesprochenen Voraussetzung beruht Indessen war es eben nicht mehr, als eine Voraussetzung, der

Nachweis, dass beide Grössen wirklich einander proportional sind, konnte nur durch unmittelbare unabhängige Messung beider geliefert werden. Faraday hat dann die Lücke ausgefüllt; indem er die Proportionalität seiner allerdings ziemlich roh durch die Anzahl der Umdrehungen seiner Elektrisirmaschine gemessenen Elektricitätsmengen mit der chemischen Wirkung einerseits, und mit der Wirkung auf das Galvanometer andererseits nachwies, konnte er beide Hülfsmittel zur unabhängigen Messung der Elektricitätsmengen anwenden und sein Gesetz bezüglich der chemischen Wirkung des Stromes mit Hülfe des Galvanometers prüfen.

Die Proportionalität zwischen der chemischen und der magnetischen Wirkung ihrerseits ist bereits von Ohm aus den Versuchen von Bischof gefolgert (S. 400, unten) und mit klaren Worten ausgesprochen worden. Ohm befand sich hier in einer noch vortheilhafteren Stellung für den wissenschaftlich zulänglichen Nachweis der Beziehung, da er mittelst eines Gesetzes den Einfluss des Widerstandes und der Polarisation (s. w. u.) in Rechnung bringen konnte, während Faraday für seine Beweisführung auf die Anwendung von Elektricitätsmengen von sehr hoher Spannung, wie sie die Reibungselektrisirmaschine liefert, angewiesen war.

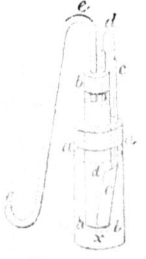

Fig. 134.
Nach Döbereiner.

Was den anderen Theil des Gesetzes, die Übereinstimmung zwischen der chemischen und der elektrischen Äquivalenz, anlangt, so hat er auch hier einen Vorgänger, welcher wesentliche Theile des Gesetzes klar erkannt hatte, nicht aber den weiten Blick besass, um die Tragweite seiner ganz richtigen Erwägungen zu überschauen, und die entsprechenden Anwendungen zu machen. Dieser Mann ist der Jenenser Physiker Döbereiner, der Entdecker der katalytischen Eigenschaften des feinzertheilten Platins gegenüber dem Knallgase und der Erfinder des Platinfeuerzeugs.

In seinen „Fortgesetzten physikalisch-chemischen Bemerkungen"[1] äussert er sich wie folgt:

„Ich finde, dass eine aus Zink und Platindraht zusammengesetzte einfache Volta'sche Kette zur grössten chemischen, viele Tage andauernden Thätigkeit aufgeregt wird, wenn man das Zink, statt mit verdünnter Säure, mit einer Auflösung von Salmiak umgiebt, und ich benutze nun seit einem Jahre dies einfache Mittel, um chemisch reines Wasserstoffgas aus verdünnter Salzsäure und verschiedene Metalle völlig rein aus ihren Auflösungen in Chlorine und Säuren darzustellen.

„Die ganze Vorrichtung dazu besteht, wie man aus der Fig. 134 ersieht, erstens aus einem schmalen Streifen Zinkblech cc von ungefähr 3 oder 4 Zoll Länge, welcher an einem Ende mit Platindraht von einer der seinen beinahe gleichen Länge verbunden ist; zweitens in einer 3 bis 4 Zoll hohen, 4 bis

---

[1] Gilbert's Ann. 68, 85. 1821.

5 Linien weiten, unten bei x mit Blase zugebundenen Glasrohre $bbbb$, welche bestimmt ist, die Flussigkeit aufzunehmen, auf die der Platindraht elektrisch einwirken soll, und drittens in einem glasernen Cylinder $aaaa$ von $1\frac{1}{2}$ bis 2 Zoll Hohe und 7 bis 9 Linien Weite, welcher zur Aufnahme der Salmiaklosung, des Zinkbleches und der eben erwahnten Glasrohre dient, die mit der elektrochemisch zu behandelnden und mit dem Zinkstreifen durch den Platindraht verbundenen Flussigkeit angefullt ist

„In diesem, in dem vierten Theile seiner naturlichen Grosse abgebildeten kleinen netten Apparate wird mit Wasser verdunnte Salzsaure in Wasserstoffgas und Chlorine, und fast jedes Metallchlorid in Metall und Chlorine, sowie endlich die mit Wasser verdunnte Schwefelsaure in oxydirte Schwefelsaure und Wasserstoffgas zerlegt

‚Das Wasserstoffgas, welches sich aus der Salzsaure entwickelt, ist chemisch rein   . Das Metall, welches ausgeschieden wird, lagert sich an dem in die Metallauflosung gesenkten Theil des Platindrahtes, und die frei gewordene Chlorine, sowie die oxydirte Schwefelsaure geht durch die Blase x an das mit dieser durch die Salmiakauflosung in Beruhrung stehende Zink An diesem selbst geht keine Gasentwickelung vor sich, weil es bloss Chlorine oder die oxydirte Schwefelsaure anzuziehen hat, es lost sich bloss von unten her allmahlich auf, und das, was aufgelost wird, ist stets nur ein aquivalenter Theil von dem, was in der Rohre entwickelt oder niedergeschlagen wird. Man konnte daher diese Kette eine stochiometrisch-elektrische nennen "

Diese Stelle lehrt unzweifelhaft, dass DOEBEREINER sich vollig daruber klar war, dass die von einander getrennt an den beiden Polen der Kette erfolgenden chemischen Vorgange einander nothwendig aquivalent sein mussen, damit ist ein Theil des spater von FARADAY entdeckten Gesetzes gegeben Gleichzeitig wird aber ersichtlich, dass ihm das Ergebniss als einigermaassen „selbstverstandlich" erschien, derart, dass er wohl auf das vorhandene Verhaltniss hinwies, es aber nicht zum Ausgang weiterer Uberlegungen nahm Im Gegensatz zu dem philosophischen nil admirari besteht aber eine wesentliche Eigenschaft des Naturforschers darin, dass er sich am richtigen Orte zu wundern versteht, d h dass er sich bestandig die Fragen vorlegt wohin fuhrt das? und was hat das fur Folgen? Die grossten Entdeckungen werden an den Dingen gemacht, die in Jedermanns Handen sind, und die grossten Wunder sind die offenbaren

Auch in einem zweiten Punkt war DOEBEREINER einer wichtigen Erfindung sehr nahe sein Apparat unterscheidet sich in nichts von dem, der zu einfachen galvanoplastischen Versuchen dient Wenn er an seinem Platindraht irgend einen leitenden Korper befestigt hatte, so hatte er ihn mit dem ausgeschiedenen Metall uberziehen oder darin abformen konnen Hier war das Mittel gegeben, die Aufgabe, die dadurch gelost werden konnte, war aber noch nicht gestellt worden und so ging die Beobachtung unbeachtet voruber Auch hieraus lasst sich eine nutzliche Lehre von allgemeiner Beschaffenheit ziehen

Einige weitere Beobachtungen Dorfbinek's an seiner Kette verdienen gleichfalls hervorgehoben zu werden „Behandelt man in dieser elektrischen Kette eine Auflösung von Eisen in Chlorine eine Lösung von Eisenchlorur, welche freie Salzsäure enthält, so wird zuerst die Salzsäure unter Entwickelung von Wasserstoff, und sodann das Eisenchlorur zerlegt Wendet man eine mit freier Salzsäure begabte Kupferauflösung an, so wird kein Wasserstoff, sondern gleich metallisches Kupfer ausgeschieden, und erst wenn dieses ganz niedergeschlagen ist, beginnt die Entwickelung des Wasserstoffgases "

9 Faraday's elektrochemische Ansichten Der Inhalt der bisherigen Untersuchungen Faraday's hat sich noch nicht auf die Hauptfrage jener Zeit bezogen, die nach der Ursache der elektrischen Erscheinungen in der Volta'schen Kette Mit dieser Frage beschäftigt sich unser Forscher in der achten Reihe seiner Experimentaluntersuchungen über Elektricität, welche vom 31 März 1834 datirt und in den Philosophical Transactions von demselben Jahre veröffentlicht worden ist In diesen Arbeiten bekennt sich Faraday völlig als ein Vertreter der chemischen Theorie, und weist die Volta'sche Berührungslehre unbedingt ab Unter den Gründen, welche er für seine Überzeugung anführt, kann er allerdings keinen unbedingt der erweiterten Contacttheorie widersprechenden namhaft machen, wie denn schon wiederholt betont worden war, dass solche experimentelle Beweise jener Zeit nicht zu Gebote standen, dagegen spielen Betrachtungen über die Arbeitsquelle des Stromes, also energetische, eine entscheidende Rolle für die Annahme der Nothwendigkeit des chemischen Vorganges als Quelle des elektrischen Wenn auch Faraday zu jener Zeit nicht im Stande war, diesen Gesichtspunkt in seiner ganzen Kraft und Bedeutung zur Geltung zu bringen, und sogar später, als das Gesetz von der Erhaltung der Energie klar ausgesprochen worden war, durch eine Reihe recht verfehlter Erörterungen bewies, wie schwer es auch den grossen Geistern jener Zeit wurde, diesen Gedanken in seiner ganzen Einfachheit und Klarheit aufzufassen, so lasst sich doch sein Einfluss nicht verkennen, und wir werden später eine ganze Anzahl von Äusserungen Faraday's zu verzeichnen haben, in denen dieser Gedanke mehr oder weniger deutlich zu Tage tritt

· „Über die einfache Volta'sche Kette

„875 Die grosse Frage über den Ursprung der Elektricität in der Volta'schen Säule hat so viele ausgezeichnete Physiker beschäftigt, dass ein Unbefangener, welcher zwar diese Aufgabe nicht studirt hatte, aber doch die Talente dieser Männer zu würdigen verstande, glauben konnte, die Wahrheit wäre hier einigermaassen aufgedeckt Wenn aber derselbe in diesem Glauben eine Vergleichung der Resultate und Schlüsse unternahme, wurde er bald auf solche Widersprüche gerathen, auf solches Gleichgewicht der entgegengesetzten Meinungen, solche Variation und Combination der Theorie, dass er völlig in Zweifel bleiben musste, was er für die wahre Auslegung

der Natur zu halten habe   Er wurde genothigt sein, die Versuche zu wiederholen, und dann statt des Urtheils Anderer sein eigenes zu gebrauchen

„876 Diese Sachlage mag mich in den Augen Derer, die bereits uber
diesen Gegenstand nachgedacht haben, entschuldigen, dass ich auf eine
Untersuchung desselben eingegangen bin   Meine Ansichten uber die feste
Wirkung der Elektricitat auf die in Zersetzung begriffenen Korper (783) und
uber die Einerleiheit der dabei angewandten Kraft mit der zu uberwaltigenden
855), gegrundet nicht auf eine blosse Meinung oder oberflachliche Kenntniss,
sondern auf ganz neue, meiner Einsicht nach genaue und entscheidende
Thatsachen, setzen mich, glaube ich, in den Stand, die Aufgabe unter Vortheilen zu untersuchen, die keiner meiner Vorganger besass und die mir Ersatz
fur deren hoheren Scharfsinn leisten   Betrachtungen dieser Art haben mich
veranlasst, zu glauben, ich mochte zur Entscheidung der Frage Einiges beitragen konnen, und im Stande sein, an dem grossen Werke der Entfernung zweifelhafter Kenntnisse mitzuwirken   Solche Kenntnisse bilden
das fruhe Dammerungslicht in jeder fortschreitenden Wissenschaft und sind
wesentlich fur deren Entwickelung, allein der, welcher sich bemuht, das
Trugerische in derselben zu zerstreuen und das Wahre deutlicher an's Licht
zu ziehen, ist ebenso nutzlich an seinem Platz und ebenso nothwendig fur
den Fortgang der Wissenschaft als der, welcher zuerst in die intellectuelle
Finsterniss einbricht und zuvor unbekannte Bahnen zur Erkenntniss auf-
schliesst

„877) Die Einerleiheit der Kraft, welche den VOLTA'schen Strom oder
das elektrische Agens ausmacht, mit derjenigen, welche die Elemente elektrisch zusammenhalt (855), oder in anderen Worten, mit der chemischen
Verwandtschaft, schien darauf hinzudeuten, dass die Elektricitat der Saule
nichts anderes sei als eine Ausserungs-, Erscheinungs- oder Daseinsweise
der wahren chemischen Aktion oder vielmehr ihrer Ursache, und ich
habe demgemass bereits gesagt, dass ich mit Denen ubereinstimme, welche
glauben, dass die Elektricitat von chemischen Kraften hergegeben werde (857).

„878, Allein die grosse Frage, ob sie ursprunglich von dem Metallcontact oder der chemischen Aktion herruhre, d h ob jener oder diese den
Strom erzeuge und bedinge, war mir noch zweifelhaft, und der schone
und einfache Versuch mit Platin und amalgamirtem Zink, welchen ich, nebst
den Resultaten, umstandlich beschrieben habe (863 u ff), entscheidet diesen
Punkt nicht, denn in jenem Versuch findet die chemische Aktion nicht ohne
Beruhrung der Metalle statt, und der Metallcontact ist unwirksam ohne die
chemische Aktion   Mithin kann jener wie diese als die bedingende Ursache
des Stromes angesehen werden

„879, Ich hielt es fur nothwendig, diese Frage durch die moglichst einfachsten Formen des Apparates und des Versuches zu entscheiden, damit
kein Trugschluss sich unversehens einschleiche   Die bekannte Schwierigkeit,
Zersetzungen durch ein einfaches Plattenpaar hervorzubringen, es sei denn
in der diese Platten zur Thatigkeit anregenden Flussigkeit selbst (863), schien

mir bei dergleichen Versuchen ein unübersteigliches Hinderniss in den Weg zu legen; allein ich erinnerte mich der leichten Zersetzbarkeit einer Jodkaliumlösung (316), und da ich keinen theoretischen Grund einsah, warum, wenn Metallcontact unwesentlich sei, nicht ohne denselben eine elektrochemische Zersetzung erhalten werden sollte, ging ich an einen solchen Versuch, und zwar mit Erfolg.

„880) Eine Zinkplatte, etwa 8" lang und 0",5 breit, wurde gereinigt und in der Mitte rechtwinklig gebogen *a*, Fig. 135. Eine Platinplatte, etwa 3" lang und 0",5 breit, wurde an einem Platindraht befestigt und letzterer wie *b* in der Figur gebogen. Beide Metalle wurden wie in der Zeichnung zusammengestellt, allein noch ausserhalb des Gefässes *c* und seines Inhaltes, welcher aus verdünnter, mit etwas Salpetersäure gemengter Schwefelsäure bestand. Bei *x* wurde ein zusammengeschlagenes und mit Jodkaliumlösung befeuchtetes Stück Fliesspapier auf das Zink gelegt, und das Ende des Platins darauf gedrückt. Wenn alsdann die Platten in die Säure des Gefässes *c* getaucht wurden, trat bei *x* sogleich eine Wirkung ein; das Jodid wurde zersetzt, und das Jod erschien an der Anode (663), d. h. an dem Ende des Platindrahtes.

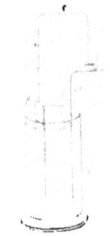

Fig. 135. Nach FARADAY.

„881) So lange die Enden der Platten in der Säure blieben, beharrten der elektrische Strom und die Zersetzung bei *x*. Bei Fortrückung des Drahtendes von Stelle zu Stelle auf dem Papier war die Wirkung offenbar sehr kräftig; und als ich ein Stück Kurkumäpapier zwischen das weisse Papier und das Zink legte (beide Papiere mit Jodkaliumlösung befeuchtet) wurde Alkali an der Kathode (663), d. h. am Zink entwickelt, im Verhältniss zur Jodentwickelung an der Anode. Mithin war die Zersetzung vollkommen polar und entschieden abhängig von einem elektrischen Strom, der vom Zink durch die Säure zum Platin im Gefässe *c* und vom Platin zurück durch die Lösung zum Zink am Papiere *x* ging.

„882) Dass die Zersetzung bei *x* eine wahre elektrolytische Aktion war, herrührend von einem durch die Umstände in dem Gefässe *c* erzeugten Strom, und nicht von einer blossen direkten chemischen Aktion des Zinks und Platins auf das Jodid, und selbst nicht von einem etwa durch Wirkung der Jodidlösung auf die Metalle bei *x* hervorgerufenen Strom, zeigte sich zunächst durch Herausziehen der Platten aus der Säure in dem Gefässe *c*, wobei alle Zersetzung bei *x* aufhörte, und dann indem man die Metalle entweder in oder ausser der Säure in Berührung setzte, wobei zwar eine Zersetzung des Jodids bei *x* eintrat, aber in umgekehrter Ordnung; denn nun erschien das Alkali am Ende des Platindrahtes und das Jod am Zink, der Strom ging also gegen vorhin in umgekehrter Richtung und ward erzeugt durch den Unterschied der Wirkung der im Papier enthaltenen Lösung auf die beiden Metalle. Daher verband sich dann das Jod mit dem Zink.

„883 Bei Anstellung dieses Versuches mit Zinkplatten, die auf ihrer ganzen Oberfläche amalgamirt waren (863), wurden die Resultate mit gleicher Leichtigkeit und in gleichem Sinne erhalten, selbst wenn das Gefäss *c* (Fig 135) nur verdünnte Schwefelsäure enthielt Was für ein Ende des Zinks auch in die Säure getaucht war, so blieben doch die Wirkungen sich gleich, so dass, wenn man auch annehmen wollte, das Quecksilber hatte hierbei den Metallcontact abgegeben, doch die Umkehrung des amalgamirten Stückes diesen Einwurf vernichtet haben würde Der Gebrauch von unamalgamirtem Zink (880) entfernt übrigens jede Möglichkeit eines Zweifels

„884) Als in Verfolgung anderer Ansichten (930 das Gefäss *c* statt der Säure mit einer Lösung von Ätzkali gefüllt wurde, ergaben sich die nämlichen Resultate Ungehindert trat die Zersetzung des Jodids ein, wiewohl kein Metallcontact von ungleichen Metallen stattfand, und der elektrische Strom gleiche Richtung hatte wie bei Anwendung von Säure

„885: Selbst eine Kochsalzlösung im Glase *c* brachte alle diese Wirkungen hervor

„886 Ein Galvanometer mit Platindrähten, eingeschaltet in die Bahn des Stromes zwischen der Platinplatte und dem Zersetzungsort *x*, zeigte durch seine Ablenkung Ströme von gleicher Richtung an, wie sie durch die chemische Aktion nachgewiesen waren

„887 Betrachten wir diese Resultate im Allgemeinen, so führen sie zu sehr wichtigen Folgerungen Zunächst beweisen sie auf's Entschiedenste, dass Metallcontact nicht nothwendig ist zur Erzeugung eines Volta'schen Stromes, und dann zeigen sie eine höchst ungewöhnliche Beziehung zwischen den chemischen Verwandtschaften der Flüssigkeit, die den Strom erregt, und derjenigen, welche durch diesen Strom zersetzt wird

„888, Um die Betrachtung zu vereinfachen, wollen wir zum Versuch mit amalgamirtem Zink zurückkehren Das so zubereitete Metall zeigt keine Wirkung, ehe der Strom durchgeht, es führt zugleich keine neue Wirkung herbei, sondern entfernt bloss einen Einfluss, welcher entweder für die Erzeugung oder für die Wirkung des elektrischen Stromes fremdartig ist, und welcher, wenn er zugegen ist, bloss die Resultate verwirrt

„889 Man bringe eine Platinplatte *P* parallel über eine amalgamirte Zinkplatte *Z* (Fig 136) und zwischen dieselben, an einem Ende, einen Tropfen verdünnter Schwefelsäure *y* Es wird nun an dieser Stelle keine merkliche chemische Wirkung eintreten, bis nicht die Platten irgendwo, wie bei *PZ*, durch einen Elektricität leitenden Körper verbunden werden Ist dieser Körper ein Metall oder Kohle von gewisser Beschaffenheit, so geht der Strom über, und, da er durch die Flüssigkeit bei *y* circulirt, erfolgt daselbst Zersetzung

Fig 136 Nach Faraday

„890) Entfernt man nun die Säure bei y und bringt einen Tropfen Jodkaliumlösung nach x (Fig. 137), so hat man dieselbe Reihe von Erscheinungen, ausgenommen, dass wenn bei PZ der Metall-
contact vollzogen wird, der Elektricitätsstrom gegen
früher eine umgekehrte Richtung hat, wie es durch
die Pfeile angedeutet ist, welche die Richtung des Fig. 137. Nach Faraday.
Stromes bezeichnen (667).

„891) Nun sind beide Lösungen Leiter; allein die Leitung in ihnen ist
wesentlich mit einer Zersetzung in constanter Ordnung verknüpft 858, und
deshalb ergiebt sich aus dem Auftreten der Elemente an gewissen Orten,
in welch einer Richtung der Strom bei Anwendung dieser Lösungen gegangen
ist. Überdies finden wir, dass wenn sie an den entgegengesetzten Enden
der Platten angewandt werden, wie in den beiden letzten Versuchen 889.
890), und der Metallcontact an den anderen Enden vollzogen wird, die
Ströme entgegengesetzte Richtungen haben. Wir haben es also offenbar in
unserer Macht, die gleichzeitige Wirkung zweier Flüssigkeiten an den entgegengesetzten Enden der Platten einander gegenüber zu stellen, und die
eine Flüssigkeit als Leiter für die Entladung des Elektricitätstromes zu gebrauchen, welchen die andere zu erzeugen trachtet; und in der That brauchen
wir sie nur für den Metallcontact zu substituiren und beide Versuche zu
einem zu combiniren (Fig. 138). Unter diesen Um-
ständen findet ein Entgegenwirken der Kräfte statt.
Die Flüssigkeit, welche die stärkere chemische Ver-
wandtschaft für das Zink in Thätigkeit setzt (d. h. die Fig. 138. Nach Faraday.
verdünnte Säure), überwältigt die Kraft der anderen,
und bedingt die Bildung und Richtung des elektrischen Stromes; sie macht
nicht nur den Strom durch die schwächere Flüssigkeit gehen, sondern kehrt
wirklich die Tendenz um, welche die Elemente der letzteren, falls ihnen
nicht so entgegengewirkt würde, zu dem Zink und Platin besitzen, und
zwingt sie, einer entgegengesetzten Richtung als sie geneigt sind, zu folgen,
damit jener Strom freien Lauf gewinne. Entfernt man die vorwaltende
Aktion bei y, indem man daselbst den Metallcontact herstellt, so erlangt die
Flüssigkeit bei x wiederum ihre Kraft; oder bringt man die Metalle bei y
nicht zum Contact, sondern schwächt nur die Verwandtschaften der Lösung
daselbst, während man zugleich die bei x verstärkt, so gewinnen die letzteren
das Übergewicht und die Zersetzungen gehen in umgekehrter Ordnung
vor sich.

„892) Ehe ich aus dieser gegenseitigen Abhängigkeit der chemischen
Verwandtschaften zweier getrennten Portionen wirkender Flüssigkeiten (916
eine Schlussfolgerung ziehe, will ich noch umständlicher die verschiedenen
Umstände untersuchen, unter welchen die Reaktion des zersetzten Körpers
auf die Aktion des den VOLTA'schen Strom erzeugenden Körpers, auch in
dem Akt der Zersetzung, sichtbar gemacht wird.

„893) Der Nutzen des Metallcontactes bei einfachen Plattenpaaren und die Ursache seines grossen Vorzuges vor jeder anderen Art von Contact wird nun sehr einleuchtend Wenn eine amalgamirte Zinkplatte in verdünnte Schwefelsäure getaucht wird, ist die chemische Verwandtschaft zwischen dem Metall und der Flüssigkeit nicht stark genug, um auf den Berührungsflächen eine merkliche Wirkung hervorzurufen und durch die Oxydation des Metalles eine Wasserzersetzung zu veranlassen, allein sie ist kräftig genug, um einen Elektricitätszustand oder eine die chemische Verwandtschaft bedingende Kraft zu erregen, welcher einen Strom erzeugen würde, falls der Weg für diesen gebahnt wäre (916 956), und dieser Strom würde unter den Umständen die für die Wasserzersetzung nöthigen Bedingungen vervollständigen

„894) Das Platin, welches zugleich das Zink und die zu zersetzende Flüssigkeit berührt, öffnet durch seine Gegenwart nun der Elektricität die erforderliche Bahn Seine direkte Communication mit dem Zink ist bei weitem wirksamer als mit demselben Metall irgend eine andere, die, wie in dem schon beschriebenen Versuche 891), mittelst zersetzbarer leitender Körper, oder, in anderen Worten, mittelst Elektrolyte vollzogen wäre, weil die chemischen Affinitäten zwischen solchen Elektrolyten und dem Zink eine umgekehrte Wirkung hervorrufen, die der der verdünnten Schwefelsäure widerstreben würde, wenn nun auch diese Aktion nur schwach ist, muss doch die Verwandtschaft ihrer (der Elektrolyte) Bestandtheile zu einander überwältigt werden, denn sie (die Elektrolyte) können nicht leiten ohne zersetzt zu werden, diese Zersetzung wirkt erfahrungsgemäss auf die Kräfte zurück, welche in der Säure den Strom zu erregen trachten (904 910 u s w), und in vielen Fällen heben sie dieselben ganz auf Wo direkter Contact zwischen Zink und Platin stattfindet, werden diese Hemmkräfte nicht in Thätigkeit gesetzt, und deshalb wird dann die Erzeugung und Circulation des elektrischen Stromes, sowie die begleitende Zersetzungswirkung ungemein begünstigt

„895) Es ist jedoch klar, dass man eine dieser entgegengesetzten Wirkungen fortlassen, und dennoch einen Elektrolyt zur Schliessung der Kette zwischen dem getrennt in verdünnte Säure getauchten Zink und Platin anwenden kann Denn wenn man in Fig 135 das Platin mit der Zinkplatte a bei a in unmittelbarer Berührung erhält, und das Platin irgendwo, wie bei s, durch eine Jodidlösung unterbricht, so übt diese Lösung, weil sie auf beiden Seiten mit Platin in Berührung steht, keine chemische Verwandtschaft auf dieses Metall oder mindestens auf beiden Seiten eine gleiche aus Ihr Vermögen, einen Strom von umgekehrter Richtung, wie der durch die Wirkung der Säure im Gefässe c bedingte, hervorzurufen, ist also aufgehoben, und es bleibt nur ihr Widerstand gegen die Zersetzung durch die von der verdünnten Schwefelsäure ausgeübten Verwandtschaften zu überwältigen übrig

„896) Dies sind die Umstände bei einem einfachen Plattenpaar, bei dem Metallcontact stattfindet In solchen Fällen haben die im Gefässe c vorwaltenden Verwandtschaften nur ein Paar entgegenwirkender Verwandtschaften zu überwinden; dagegen sind zwei Paare solcher Verwandtschaften zu besiegen, wenn kein Metallcontact zugelassen ist 894.

„897) Es ist für schwierig, ja für unmöglich gehalten, Körper durch den Strom eines einfachen Plattenpaares zu zersetzen, selbst wenn dies so kräftig wirkt, dass es Metallstäbe zum Rothglühen bringt, wie z. B. der HARE'sche Calorimotor, wenn man ihm die Einrichtung einer einfachen VOLTA'schen oder der so wirksamen WOLLASTON'schen Kette giebt. Diese Schwierigkeit entspringt gänzlich aus dem Antagonismus der den Strom erzeugenden chemischen Verwandtschaft mit der zu überwältigenden, und hängt durchaus von der relativen Intensität beider ab. Denn wenn die Summe der Kräfte jener ein gewisses Übergewicht über die Summe der Kräfte dieser besitzt, erlangen die ersteren die Oberherrschaft, bedingen den Strom und überwältigen die letzteren, so dass die Substanz, welche diese letzteren äussert, ihre Bestandtheile, sowohl der Richtung als der Menge nach, in völliger Übereinstimmung mit dem Laufe derer ausgiebt, die die stärkere Wirkung ausüben.

„898) In der Wasserzersetzung hat man im Allgemeinen ein chemisches Prüfmittel für den Durchgang eines elektrischen Stromes gesucht. Allein nun begann ich den Grund des Misslingens einzusehen, so wie auch den einer lange zuvor von mir beim Jodkalium beobachteten Thatsache 315. 316), der nämlich, dass Körper, nach der Beschaffenheit und Intensität ihrer gewöhnlichen chemischen Verwandtschaften, mit ungleicher Leichtigkeit durch einen gegebenen elektrischen Strom zersetzt werden. Dieser Grund schien mir in ihrer Rückwirkung auf die den Strom zu erregen suchenden Verwandtschaften zu liegen, und ich hielt es für wahrscheinlich, dass es viele Substanzen gäbe, die durch den Strom einer einfachen, in verdünnte Schwefelsäure getauchten Zink-Platin-Kette zersetzt werden könnten, wiewohl das Wasser deren Wirkung widersteht. Ich fand bald, dass dies der Fall sei, und da die Versuche neue und schöne Beweise von der direkten Beziehung und Gegenwirkung der den Elektricitätsstrom erzeugenden und der ihm sich widersetzenden chemischen Verwandtschaften darbieten, so werde ich sie in der Kürze beschreiben.

„899) Der Apparat war wie in Fig. 139 eingerichtet. Das Gefäss v enthielt verdünnte Schwefelsäure; Z war die Zinkplatte, P die Platinplatte; a, b, c waren Platindrähte. Die Zersetzungen geschahen bei x, und gewöhnlich war bei g ein Galvanometer in den Bogen eingeschaltet; es ist hier nur die Stelle desselben angegeben; der Kreis bei g hat keine Beziehung zur Grösse des Instrumentes. Bei x waren die Einrichtungen verschieden, je nach der Art der Zersetzung, die

Fig. 139.
Nach FARADAY.

daselbst vorgenommen werden sollte. Sollte auf einen flüssigen Tropfen eingewirkt werden, wurden bloss die beiden Drahtenden in denselben eingetaucht; sollte eine in den Poren von Papier enthaltene Flüssigkeit zersetzt werden, wurde einer der Drähte verbunden mit einer Platte, auf welcher

das Papier lag, während der andere Draht auf dem Papier c ruhte (Fig. 140);
zuweilen, wie bei Anwendung von Glaubersalz, lagen auf der Platinplatte
zwei Stücke Papier, und eines der
Enden von a und c ruhte auf jedem
Stück (Fig. 141). Die Pfeile deuten
die Richtung des elektrischen Stromes
an (667).

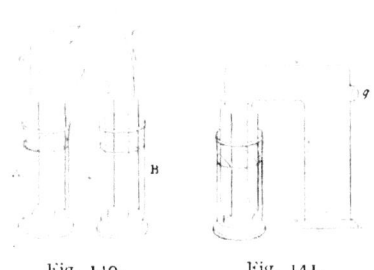

Fig. 140.   Fig. 141.

Nach Faraday.

„900) Eine Jodkaliumlösung, die
in damit benässtem Papier an die
Unterbrechungsstelle bei x gebracht
worden, wurde leicht zersetzt. Das Jod
entwickelte sich an der Anode und
das Alkali an der Kathode.

„901) Geschmolzenes Zinnchlo-
rür, zersetzte sich ebenfalls leicht bei x,
gab Zinnchlorid an der Anode (779) und Zinn an der Kathode.

„902) Geschmolzenes Chlorsilber entwickelte Chlor an der Anode
und glänzendes metallisches Silber an der Kathode, entweder in Häutchen
auf der Oberfläche der Flüssigkeit oder in Krystallen darunter.

„903) Mit Schwefelsäure gesäuertes Wasser, verdünnte Salzsäure, Glaubersalzlösung, geschmolzener Salpeter, geschmolzenes Chlor- oder Jodblei wurden
durch ein bloss durch Schwefelsäure angeregtes einfaches Plattenpaar nicht
zersetzt.

„904) Diese Versuche beweisen genugsam, dass ein einfaches Plattenpaar Körper elektrolysiren und in ihre Bestandtheile zerlegen kann. Sie
zeigen auch in niedlicher Weise die direkte Beziehung und Gegenwirkung
der chemischen Verwandtschaften an den beiden Wirkungspunkten. In den
Fällen, wo die Summe der widerstrebenden Verwandtschaften bei x hinreichend kleiner war als die Summe der thätigen Verwandtschaften bei v,
fand eine Zersetzung statt; allein in den Fällen, wo die erstere Summe
grösser war, widerstand der Körper der Zersetzung und kein Strom ging
über (891).

„905) Es ist jedoch klar, dass die Summe der thätigen Verwandtschaften
bei v erhöht werden kann, wenn man andere Flüssigkeiten als verdünnte
Schwefelsäure anwendet; im letzteren Falle ist es, glaube ich, bloss die Verwandtschaft des Zinks zu dem im Wasser bereits mit Wasserstoff verbundenen Sauerstoff, durch deren Äusserung der Strom erregt wird (919); und
wenn die Verwandtschaften so erhöht sind, führen die von mir vorgetragenen
Ansichten zu dem Schluss, dass Körper, welche in den vorhergehenden Versuchen widerstanden, zersetzt werden müssen, wegen des vergrösserten Unterschiedes zwischen ihren und den so erhöht thätigen Verwandtschaften. Dies
bestätigt sich folgendermaassen.

„906) Zu der Flüssigkeit im Gefässe v wurde etwas Salpetersäure gesetzt,
um eine Mischung zu erhalten, die ich verdünnte Salpeter-Schwefelsäure

nennen werde. Bei Wiederholung der Versuche mit dieser Mischung wurden
alle zuvor zerlegten Körper wiederum zersetzt, und zwar viel leichter. Allein
überdies gaben jetzt viele, die zuvor der Elektrolysirung widerstanden, ihre
Elemente aus. So gab Glaubersalzlösung, mit der Lackmus- und Kurkuma-
papier befeuchtet worden, Säure an der Anode und Alkali an der Kathode, Salzsäure, gefärbt durch Indigo, lieferte Chlor an der Anode und
Wasserstoff an der Kathode, Lösung von salpetersaurem Silber gab Silber
an der Kathode aus. Ferner zeigten sich geschmolzener Salpeter, geschmolzenes Jodblei, geschmolzenes Chlorblei zersetzbar durch den Strom eines
einfachen Plattenpaares, was früher (903) nicht der Fall war.

„907) Eine Lösung von essigsaurem Blei wurde anscheinend durch dies
Plattenpaar nicht zersetzt, auch mit Schwefelsäure angesäuertes Wasser schien
anfangs nichts auszugeben. 973

„908) Die Erhöhung der Intensität des von einer einfachen Volta'schen
Kette hervorgebrachten Stromes mit der Verstärkung der chemischen Aktion
ist hier genugsam deutlich. Um sie jedoch in ein noch helleres Licht zu
setzen und um zu zeigen, dass die Zersetzungswirkung in den letzteren
Fällen nicht bloss von der Fähigkeit zur Entwickelung von mehr Elektricität
abhange, wurden Versuche angestellt, bei denen die entwickelte Elektricitäts-
Menge, ohne Veränderung in der Intensität der erregenden Ursache, vergrössert war. So wurden die Versuche, bei denen verdünnte Schwefelsäure
gebraucht war (899), mit Anwendung derselben Säure, aber grosser Platten
von Zink und Platin wiederholt, allein die Körper, welche vorhin der Zersetzung widerstanden, thaten es auch jetzt. Nun nahm ich Salpeter-Schwefelsäure und tauchte in dieselbe blosse Drähte von Platin und Zink, allein
ungeachtet dieser letzteren Abänderung wurden nun die Körper zersetzt,
welche früher dem durch die verdünnte Schwefelsäure erregten Strom widerstanden. Salzsäure z. B. konnte durch ein einfaches, in verdünnte Schwefelsäure eingetauchtes Plattenpaar nicht zersetzt werden, Verstärkung der
Schwefelsäure oder Vergrösserung des Zinks und Platins erhöhten die Wirksamkeit dieses Plattenpaares nicht, allein als ein wenig Salpetersäure zu der
verdünnten Schwefelsäure gesetzt ward, erlangte die entwickelte Elektricität
die Kraft, Salzsäure zu zersetzen, Chlor an der Anode und Wasserstoff an
der Kathode zu entwickeln, selbst wenn die Metalle als blosse Drähte
angewandt wurden. Diese Verstärkungsart der Intensität des elektrischen
Stromes schliesst die von der Vermehrung der Plattenpaare oder selbst die
von der Concentration der Säure abhängige Wirkung aus, und ist daher der
Beschaffenheit und Stärke der in Thätigkeit gesetzten chemischen Verwandtschaften zuzuschreiben, sie kann, sowohl ihren Principien nach als in Praxis
als völlig verschieden von jeder anderen Verstärkungsart angesehen werden."

Die Versuche, über welche Faraday vorstehend berichtet hat, zeigen,
dass galvanische Vorgange ohne Metallcontact möglich sind. Thatsächlich
lehren sie nichts mehr, als die von Davy in den ersten Tagen der Säule
gebauten Ketten aus einem Metall und zwei verschiedenen Flüssigkeiten, in

denen gleichfalls der Metallcontact vermieden war, denn auch gegen diese
Versuche konnte dasselbe angewendet werden, was gegen jene gesagt worden
war, dass nämlich der vorhandene Strom von den Contactkraften zwischen
Metall und Flussigkeit herruhrte. Auch ist dieser Einwand, welcher formell
unwiderlegbar war, alsbald von Pfaff und anderen erhoben worden. Aber
etwas anderes, was für die Lehre von der chemischen Quelle des elektrischen Stromes in der Kette von grösster Bedeutung werden sollte, trat
gleichzeitig hervor, und wurde von Faraday richtig verwerthet. Auch bei
dieser Gelegenheit zeigt sich die specielle Begabung dieses grossen Beobachters in ihrem glanzendsten Lichte. Während das nächste Ziel ganz wo
anders lag, versäumte er nicht, sein Augenmerk auf ein Nebenresultat seiner
Versuche zu richten, welches bald eine höhere Bedeutung erlangen sollte,
als jenes unmittelbare Ziel einer Kette ohne Metallcontact. Es war dies der
unzweifelhafte Zusammenhang zwischen der zersetzenden Wirkung der einfachen Kette und der Starke der chemischen Verwandtschaft, welche dabei
einerseits in der Kette befriedigt wurde, andererseits in der Zersetzungszelle
getrennt werden sollte. Der lange gesuchte Zusammenhang zwischen der
chemischen Verwandtschaft und den entsprechenden elektrischen Grossen
der Volta'schen Kette trat hier zum ersten Male deutlich zu Tage, und
insbesondere der in (908) enthaltene Nachweis, dass nicht die Menge der
entwickelten Elektricität, sondern das, was Faraday ihre Intensität nennt,
und was wir jetzt mit dem Namen der Spannung oder des Potentials bezeichnen, den Sinn des Stromes, und somit den Gang der Zersetzung
bestimmt, ist für die Hauptfrage von entscheidender Bedeutung. Freilich
dauerte es noch lange, bis die hier vorhandenen, im Grunde einfachen Verhaltnisse vollig klar eingesehen wurden, und es war der Elektrochemie noch
ein weiter Umweg beschieden, bevor das so nahe daliegende Ziel erreicht
wurde, die Anfange des richtigen Weges lagen indessen hier schon vor.

In der That waren in diesen Untersuchungen Faraday's die entscheidenden Grundlagen der chemischen Theorie des Galvanismus gegeben.
Durch das Gesetz von der Proportionalitat zwischen der Menge der durchgehenden Elektricität und dem Betrage der chemischen Zersetzung war
ausgesprochen, dass bei jeder Elektricitatsbewegung durch eine Elektrode,
d. h. durch die Grenzflache zwischen einem metallischen Leiter und einem
Elektrolyt ein proportionaler chemischer Vorgang eintreten muss. Da nun
Volta'sche Ketten nothwendig solche Grenzflachen enthalten, war hierdurch
bewiesen, dass keine solche Kette den geringsten Strom ohne chemische
Wirkung in Bewegung setzen oder durchlassen kann. Damit war es ein für
alle Mal unmöglich gemacht, von Ketten ohne chemische Wirkung zu
sprechen. Die Elektricitatsmenge, welche durch solche Ketten in Bewegung
gesetzt wurde, war somit fest bestimmt, sie war der Menge der durch den
Strom umgesetzten Stoffe proportional. Die andere entscheidende elektrische
Grosse, die Spannung, war weiter als der chemischen Verwandtschaft vermuthlich proportional, oder doch wenigstens mit ihr in gleichem Sinne zu-

oder abnehmend erkannt worden, hiermit war eine vollständige chemische
Theorie der Volta'schen Kette in der Grundlage gegeben

Wenn es dennoch zunächst keineswegs gelang, diese einfachen Grundlagen alsbald zur Geltung zu bringen, und wenn weiterhin noch ein halbes
Jahrhundert vergehen musste, bevor der Schritt in genügender Weise gethan
wurde, so ist dies wieder ein Beweis für die immer wiederholte Erfahrung,
wie ausserordentlich schwer es ist, gerade das ganz Einfache zu sehen Wir
werden mit Erstaunen wahrnehmen, wie gerade Faraday später selbst den
Weg einschlug, auf welchem er seinem Gesetz den besten Theil seiner Kraft
für die Aufklärung der schwebenden Frage nahm, indem er neben der dem
Gesetz unterworfenen elektrolytischen Leitung in den Leitern zweiter Klasse
noch eine metallische zugab Dadurch war der durch das strenge Gesetz
eben ausgewiesenen Idee einer Kette ohne chemische Wirkung wieder ein
Zugang geöffnet, und die auf jener strengen Anwendung beruhenden Schlüsse
durften nicht gezogen werden Und als nach langer Zeit in Folge gedul-
diger und genauer Arbeit sich ergeben hatte, dass in der That das ganz
einfache und strenge Gesetz gültig ist, und dass keinerlei metallische Leitung
neben der elektrolytischen jemals nachgewiesen werden konnte, da war das
Bewusstsein von der Macht dieses Gesetzes in der Frage der Theorie des
Galvanismus schon so weit geschwunden, dass es lange Zeit dauerte, bis
man sich auf den oben gegebenen Schluss besann

10 Faraday's elektrochemische Verwandtschaftslehre Aus den
nachstehenden Darlegungen Faraday's ersieht man, dass ihm die grosse
Bedeutung des von ihm soeben ausgesprochenen Zusammenhanges zwischen
der „Intensität" seiner Ketten und der chemischen Verwandtschaft der
betheiligten Stoffe sehr lebhaft gegenwärtig war Die in (912) mitgetheilte
Reihenfolge der Zersetzbarkeit seiner Elektrolyte ist daher eine Reihenfolge
der entsprechenden chemischen Verwandtschaften, und in diesem Sinne
von grösster Bedeutung Auch ist besonders auf die Vorsicht hinzuweisen,
mit welcher er auf die mögliche Mitwirkung der Elektroden an den chemischen Vorgangen hinwies, durch welche der chemische Prozess, und
demgemäss auch die entsprechenden elektrischen Verhältnisse erhebliche
Änderungen erfahren können.

„909. Die direkte Beziehung, welche so in der einfachen Volta'schen
Kette zwischen der Intensität des elektrischen Stromes und der Intensität
der an dem Orte, wo das Dasein und die Richtung des elektrischen Stromes
bedingt wird, in Thätigkeit gesetzten chemischen Aktion experimentell nachgewiesen ist, führt zu dem Schluss, dass man bei Anwendung geeigneter
Körper, wie geschmolzener Chloride, Salze, Lösungen von Sauren u s w,
welche auf die angewandten Metalle mit verschiedenen Graden von chemischer
Kraft einwirken, und auch bei Anwendung von Metallen in Verknüpfung
mit Platin oder mit anderen, welche in dem Grade der zwischen ihnen und
der erregenden Flüssigkeit oder dem Elektrolyte ausgeübten chemischen
Aktion verschieden sind — in den Stand gesetzt werde, eine Reihe von

vergleichungsweise constanten, durch elektrische Strome von verschiedener Intensitat hervorgebrachten Wirkungen zu erhalten, und nach diesen eine Skale zu entwerfen, in welcher durch kunftige Untersuchungen die relativen Intensitatsgrade genau festzusetzen sind

„910. Ich habe bereits uber die Zersetzung an der Experimentirstelle die Ansicht aufgestellt, sie sei die direkte Folge der an einem anderen Orte ausgeubten Kraft von gleicher Art mit der zu uberwaltigenden, und sei folglich das Resultat eines Antagonismus von Kraften gleicher Natur (891 904) Die Krafte an dem Zersetzungsort haben eine Einwirkung auf die erregenden und bestimmenden Krafte proportional mit dem, was zur Uber waltigung ihrer selbst erforderlich ist, und daraus entspringt das sonderbare Resultat eines Widerstandes durch Zersetzungen, gegen die ursprunglich bedingende Kraft, und folglich auch gegen den Strom Dies zeigt sich gut in den Fallen, wo Korper, wie Chlorblei, Jodblei und Wasser durch den von einer einfachen Zink-Platin-Kette in Schwefelsaure erzeugten Strom nicht zersetzt werden 903, obschon es mittelst eines intensiveren, durch starkere chemische Krafte hervorgerufenen Stromes geschieht In dergleichen Fallen geht kein merklicher Theil des Stromes durch (967, die Wirkung ist gehemmt, und ich bin jetzt der Meinung, dass bei dem Leitungsgesetz, welches ich in der vierten Reihe dieser Untersuchungen beschrieben habe (413, die Korper, welche im flussigen Zustande elektrolysirt wurden, darum in fester Gestalt keine Elektrolysirung mehr erlitten, weil die Anziehungen, welche die Theilchen in Verbindung und in ihrer relativen Lage erhielten, zu machtig waren fur den elektrischen Strom Die Theilchen blieben also in ihrer Stellung, und da die Zersetzung verhindert war, war es auch der Durchlass der Elektricitat Wenn man auch eine Batterie von vielen Platten anwendet, wird doch, falls sie nur genau von der Art ist, dass keine fremdartige oder indirekte Wir kung 1000 hinzutreten kann, das Ganze der die Thatigkeit jener Batterie betreffenden Verwandtschaften aufgehoben und aufgewogen

„911 In Bezug auf den Widerstand in einzelnen Zersetzungsfallen erhellt indes, dass, da diese an Starke verschieden sind, je nach den Ver wandtschaften, durch welche die Elemente der Substanz ihre Orte zu behalten streben, sie auch Falle liefern werden, die eine Reihe von Graden ausmachen, durch welche die ursprunglichen Intensitaten einfacher Volta'scher oder anderer Elektricitatsstrome gemessen werden konnen, und welche, verbunden mit der durch die verschiedenen Grade der wirkenden Kraft bestimmten Intensitatsskale (909, wahrscheinlich eine hinreichende Reihe von Unter schieden darbieten werden, um fast jedem wichtigen Fall, wo eine Bezug nahme auf die Intensitat erforderlich ware, zu entsprechen

„912. Nach den Versuchen, welche ich bisher habe anstellen konnen, finde ich, dass die folgenden Korper elektrolytisch sind in nachstehender Ordnung, worin jeder durch einen schwacheren Strom zersetzt wird als der nachstfolgende Diese Strome waren immer die eines einfachen Plattenpaares, und konnen als elementare Volta'sche Strome angesehen werden

Jodkalium (gelöst	Jodblei (geschmolzen)
Chlorsilber (geschmolzen	Salzsäure (gelöst
Zinnchlorür (geschmolzen;	Wasser, gesäuert durch Schwefel-
Chlorblei (geschmolzen)	säure

„913) Bei allen Bemühungen, die zur Zersetzung verschiedener Körper erforderliche relative elektrolytische Intensität zu bestimmen, ist es wesentlich, dass man die Natur der Elektrode und der anderen anwesenden Körper, welche secundäre Aktionen begünstigen könnten 986), beachte. Wenn bei einer Elektrozersetzung eines der abgeschiedenen Elemente eine Verwandtschaft zu der Elektrode oder zu den in der umgebenden Flüssigkeit befindlichen Körpern besitzt, so wird dadurch die der Zersetzung widerstrebende Verwandtschaft zum Theil aufgewogen, und man findet nicht den wahren Ort des Elektrolyts in einer Tafel der obigen Art. So verbindet sich Chlor mit der positiven Platinelektrode leicht, Jod aber beinahe gar nicht, und daher, glaube ich, steht das Bleichlorid in der vorhergehenden Tafel oben an. Wenn ferner bei der Wasserzersetzung nicht bloss Schwefelsäure, sondern auch etwas Salpetersäure zugegen ist, so wird das Wasser leichter zersetzt, denn der Wasserstoff an der Kathode wird zuletzt nicht ausgetrieben, sondern findet in der Salpetersäure Sauerstoff, mit dem er sich zu einem secundären Produkt verbinden kann. Auf diese Weise sind die der Zersetzung widerstrebenden Verwandtschaften geschwächt, und die Bestandtheile des Wassers können durch einen Strom von geringerer Intensität getrennt werden.

„914) Dieses Princip kann man benutzen, um in der bereits (909 911) erwähnten Skale der Initial-Intensitäten kleinere Grade, als daselbst vorausgesetzt wurden, zu interpoliren, denn indem man die Kraft eines Stromes von constanter Intensität verbindet mit dem Gebrauch von Elektroden, die zu den aus dem zersetzten Elektrolyt entwickelten Elementen mehr oder weniger Verwandtschaft haben, lassen sich verschiedene intermediäre Grade erhalten.

„915) Kehren wir zu der Erörterung über die Herkunft der Elektricität (878 etc.) zurück, so giebt es einen anderen Beweis der vollkommensten Art, dass der Metallcontact nichts mit der Erzeugung der Elektricität in der VOLTA'schen Kette zu schaffen habe, und ferner, dass die Elektricität nur eine andere Art der Äusserung chemischer Kräfte sei. Diesen Beweis giebt die Erzeugung des elektrischen Funkens, ehe der Metallcontact vollzogen ist, bloss durch die Wirkung rein und ungemischt chemischer Kräfte. Der Versuch, den ich weiterhin beschreiben werde (956), besteht in der Darstellung eines elektrischen Funkens durch Vollziehung des Contactes zwischen einer Zink- und Kupferplatte, die beide in verdünnte Schwefelsäure eingetaucht sind. Um die Vorrichtung so einfach als möglich zu machen, wurden keine amalgamirten Flächen angewandt, sondern der Contact durch einen Kupferdraht vollzogen, der mit der Kupferplatte verbunden war, und dann mit einer blanken Stelle der Zinkplatte in Berührung gesetzt ward. Nun erschien der elektrische Funke, der also nothwendiger Weise übergesprungen sein musste, ehe Zink und Kupfer in Berührung kamen [1]

„916) Um die Grundsätze deutlicher zu machen, welche ich aufzustellen bemüht gewesen bin, will ich sie, nach meiner jetzigen Ansicht, in ihrer einfachsten Form auseinander setzen Die Elektricität der VOLTA'schen Säule ist, sowohl ihrem Ursprunge als ihrer Fortdauer nach, nicht abhängig von der gegenseitigen Berührung der Metalle (880 915) Sie ruhrt gänzlich von chemischer Wirkung her (882), und ist in ihrer Intensität proportional den zu ihrer Erzeugung beitragenden Verwandtschaften (909), sowie ihrer Menge nach proportional der Menge von Substanz, welche während ihrer Entwickelung chemisch thätig ist (869) Diese feste Erzeugung ist wiederum einer der strengsten Beweise, dass die Elektricität chemischen Ursprunges ist

„917) Wie die Erzeugung der VOLTA'schen Elektricität ein Fall von chemischer Aktion ist, so ist auch die Zersetzung durch VOLTA'sche Elektricität ein blosser Fall von dem Übergewicht einer Gruppe von kräftigeren chemischen Verwandtschaften über eine andere Gruppe von schwacheren, und wenn man das Beispiel zweier entgegenwirkender Gruppen solcher Krafte (891) erwägt und sich ihrer wechselseitigen Beziehung und Abhängigkeit erinnert, scheint es nicht nöthig, in Bezug auf solche Fälle einen anderen Ausdruck als den chemische Verwandtschaft zu gebrauchen (wiewohl der Elektricität, sehr passend sein mag), so wenig es nöthig ist, irgend ein neues Agens als mitwirkend zur Erzeugung der Resultate vorauszusetzen, denn wir können annehmen, dass die Kräfte an den beiden Orten der Wirkung durch Vermittelung der Metalle (Fig 138) in direkter Gemeinschaft stehen und gegen einander balancirt werden (891), auf ähnliche Art wie es bei mechanischen Kräften mittelst des Hebels der Fall ist

„918) Alle diese Thatsachen zeigen uns, dass die Kraft, die man gewöhnlich chemische Verwandtschaft nennt, durch Metalle und gewisse Kohlenarten in Distanz mitgetheilt werden kann, dass der elektrische Strom nur eine andere Form der chemischen Verwandtschaftskräfte ist, dass seine Kraft den ihn erzeugenden chemischen Verwandtschaften proportional geht, dass wenn er Mangel an Kraft leidet, ihm durch chemische Kräfte aufgeholfen werden kann, dass der Mangel der ersteren durch ein Äquivalent der letzteren ersetzt wird, dass, mit anderen Worten, die Kräfte, welche man Affinität und Elektricität nennt, eines und dasselbe sind

„919 Prüft und vergleicht man die Umstände bei der Erzeugung der Elektricität in der gewöhnlichen VOLTA'schen Kette, so erhellt, dass die Quelle jenes Agens (darunter immer die Elektricität verstanden, welche circulirt und den Strom in dem VOLTA'schen Apparat vervollständigt, diesem Apparate Kraft und Charakter giebt (947 996) existirt in der chemischen

---

[1] Den Beweis aus dem Erscheinen des Funkens vor der Berührung hat FARADAY später zurückgenommen, so dass wir uns nicht weiter mit ihm zu beschäftigen haben

Aktion, welche direkt stattfindet zwischem dem Metall und dem sich mit diesem verbindenden Korper, und durchaus nicht in der spateren Wirkung der dabei erzeugten Substanz auf die vorhandene Saure [1] So ist, wenn Zink, Platin und verdunnte Schwefelsaure gebraucht werden, die Vereinigung des Zinks mit dem Sauerstoff des Wassers das Bedingende des Stromes, und wiewohl die Saure wesentlich ist zur Fortschaffung des dabei gebildeten Oxydes, damit eine andere Portion Zink auf eine andere Portion Wasser wirken konne, so bringt sie doch durch Verbindung mit jenem Oxyde keine merkliche Portion des circulirenden Stromes hervor Denn die Quantitat der Elektricitat hangt ab von der Quantitat des oxydirten Zinks und hat ein festes Verhaltniss zu derselben, und die Intensitat der Elektricitat ist proportional der Verwandtschaft des Zinks zu dem Sauerstoff unter den obwaltenden Umstanden, und sie erleidet kaum, wenn uberhaupt, irgend eine Abanderung durch den Gebrauch von starker oder schwacher Saure 908)

„920) Wenn ferner Zink, Platin und Salzsaure gebraucht werden, scheint die Elektricitat von der Verwandtschaft des Zinks zum Chlor abzuhangen, und genau im Verhaltniss zu der, in der That zu einander aquivalenten Anzahl der sich verbindenden Zink- und Chlortheilchen in Circulation gesetzt zu werden

„921) Allein, wenn man die Oxydation oder eine andere direkte Ein-wirkung auf das Metall selbst als die Ursache und Quelle des elektrischen Stromes betrachtet, ist es von der aussersten Wichtigkeit zu bemerken, dass der Sauerstoff oder andere Korper sich in einem besonderen Zustand, nam-lich in dem Zustand der Verbindung befinden muss, und nicht bloss dies, sondern, ferner beschrankt, in einem solchen Verbindungszustand und solchem Verhaltniss, worin er einen Elektrolyten constituirt (823 Eine Zink- und eine Platinplatte, in Sauerstoffgas miteinander verknupft, vermogen nicht einen elektrischen Strom zu erzeugen oder als eine Volta'sche Kette zu wirken, selbst wenn man die Temperatur so steigert, dass das Zink sich bei weitem rascher oxydirt als im Fall das Plattenpaar in verdunnte Schwefel-saure getaucht ware, denn dieser Sauerstoff macht keinen Theil eines Elek-trolyten aus, und kann daher die Krafte vermittelst Zersetzung oder gar wie die Metalle durch sich selbst nicht weiter leiten Sollte jemand an dem gasigen Zustand Anstoss nehmen, so denke er sich flussiges Chlor Dies erregt, indem es sich mit dem Zink verbindet, keinen Elektricitatsstrom durch die beiden Platten, denn seine Theilchen konnen nicht die an dem Ver-bindungspunkt thatige Elektricitat zu dem Platin durchleiten Es ist an sich kein Leiter wie die Metalle, auch ist es kein Elektrolyt, also wahrend der Zersetzung nicht der Leitung fahig, und folglich findet an der Stelle eine blosse chemische Aktion und kein elektrischer Strom statt [2]

---

[1] WOLLASTON, Phil Trans 1801, p 427

[2] „Ich will nicht behaupten, dass in solchen Fallen gar keine Spuren von Elektricitat erscheinen Ich meine nur, dass auf keine Weise Elektricitat erregt werde die von den die VOLTA'sche Elektricitat erregenden Ursachen herruhrte, oder zu ihnen Bezug hatte, oder ihnen

„922) Man könnte auf den ersten Blick vermuthen, ein leitender, aber nicht elektrolytischer Körper vermöge die dritte Substanz zwischen dem Zink und Platin abzugeben, und wahr ist, dass es dergleichen giebt, welche fähig sind, eine chemische Wirkung auf die Metalle auszuüben. Sie müssen jedoch aus den Metallen selbst genommen werden, denn ausser diesen und der Kohle giebt es keine Substanzen dieser Art. Um diesen Gegenstand durch einen Versuch zu entscheiden, machte ich die folgende Vorrichtung. Von geschmolzenem Zinn brachte ich so viel in eine V-förmig gebogene Röhre, dass deren Arme zur Hälfte gefüllt wurden (Fig. 142) und steckte

darauf zwei dicke Platindrähte bis zu einer gewissen Tiefe in das Zinn, liess nun das Ganze erkalten, und verband die Enden p und w mit einem empfindlichen Galvanometer. Darauf erhitzte ich bei x die Röhre aufs Neue, während der Arm y kalt gelassen wurde. Sogleich wurde das Galvanometer durch den thermoelektrischen Strom ergriffen. Ich steigerte die Hitze bei x fortwährend, bis endlich Zinn und Platin sich daselbst verbanden, was bekanntlich unter einer starken chemischen Aktion und lebhafter Erglühung geschieht; allein dennoch wurde die Wirkung auf das Galvanometer nicht im Mindesten dabei erhöht. Während der ganzen Zeit war keine andere Ablenkung zu beobachten als die von dem thermoelektrischen Strom herrührende. Wiewohl hier also ein Leiter, und zwar ein chemisch auf das Zinn wirkender, angewandt wurde, liess sich doch, da derselbe kein Elektrolyt war, nicht die geringste Wirkung eines elektrischen Stromes verspüren (947).

„923) Diesem nach ist es augenscheinlich, dass die Eigenthümlichkeit eines Elektrolyts ein wesentlicher Theil der VOLTA'schen Kette ist; und wenn man die Natur eines Elektrolyten in Betracht zieht, ergeben sich gute Gründe, warum er, und nur er allein, wirksam sein kann. Ein Elektrolyt ist immer ein zusammengesetzter Körper; er ist leitend, aber nur während er zersetzt wird. Seine Leitung hängt ab von seiner Zersetzung und von der Fortführung seiner Theilchen in parallelen Richtungen mit dem Strom; und so innig ist diese Verknüpfung, dass, wenn der Fortführung Einhalt geschieht, auch der Strom gehemmt ist, wenn die Bahn der ersteren verändert wird, die Bahn und Richtung des letzteren ebenfalls geändert werden. Die Theilchen eines elektrolytischen Körpers sind alle so wechselseitig verknüpft, stehen, durch ihre ganze Erstreckung in Richtung des Stromes, in solcher Beziehung zu einander, dass, wenn das letzte nicht abgegeben wird, das erste auch nicht die Freiheit hat, in die neue Verbindung einzugehen, welche die

proportional wäre. Die zuweilen auftretende Elektricität ist der kleinstmögliche Bruch von der, welche die thätige Substanz erzeugen kann, wenn sie zu einer VOLTA'schen Wirkung vorgerichtet wird; wahrscheinlich ist sie von dieser nicht $\frac{1}{100000}$ selbst nicht $\frac{1}{1000000}$, und sehr wahrscheinlich stammt sie aus einer ganz anderen Quelle her."

kräftige Verwandtschaft des wirksamsten Metalles zu erzeugen trachtet, und
dann ist der Strom selbst gehemmt, denn die Abhängigkeiten des Stromes
und der Zersetzung sind so gegenseitig, dass gleichviel, wer von ihnen
ursprünglich bedingt sein mag, d h ob die Bewegung der Theilchen oder die
Bewegung des Stromes, die eine unveränderlich in Begleitung der anderen
erzeugt wird und in Beziehung zu ihr steht

„924, Betrachten wir nun Wasser als den Elektrolyten und auch als
den oxydirenden Korper Die Anziehung des Sauerstoffes zum Zink ist unter
diesen Umständen grosser als die des Sauerstoffes zum Wasserstoff, allein
indem er sich mit dem Zink verbindet, sucht er einen Elektricitätsstrom in
gewisser Richtung in Circulation zu setzen Diese Richtung hängt zusammen
(wie durch unzählige Versuche gefunden) mit der Übertragung des Wasserstoffes vom Zink zum Platin hin, und mit der entgegengesetzten Fortführung
von frischem Sauerstoff vom Platin abwärts gegen das Zink, so dass der
Strom nur in einer Linie fortschreiten kann und, während er fortschreitet,
mit Erneuerung der Vorgange auf der Zinkfläche, die anfangs zugleich die
Combination und Circulation bedingten, bestehen und sie begünstigen kann
Daher die Fortdauer sowohl der Wirkung daselbst als die des Stromes Es
ergiebt sich mithin als ganz ebenso wesentlich, dass ein Elektrolyt in der
Kette zugegen sei, damit die Wirkung in einer gewissen constanten
Richtung vorwärts geführt werden könne, als dass ein oxydirender oder
ein anderer direkt auf das Metall zu wirken fähiger Korper daselbst befind-
lich sei, und es zeigt sich auch als nothwendig, dass beide Umstände in
einen zusammenfliessen, oder dass der direkt auf das Metall chemisch ein-
wirkende Korper eines von den Ionen des angewandten Elektrolyten sei
Mag nun der VOLTA'sche Apparat durch die Losung einer Saure, oder eines
Alkalis, oder Sulfurets, oder durch eine geschmolzene Substanz (476) angeregt
worden sein, so ist dieser Korper bisher doch immer, so viel ich weiss, ein
Anion (943) gewesen, und ich schliesse aus einer Betrachtung über die
Principien der elektrischen Aktion, dass es nothwendig ein Korper dieser
Klasse sein muss

„925) Betrachtet man die Wirkung der in der VOLTA'schen Kette ange-
wandten Schwefelsaure, so findet man, dass sie unzulanglich ist, durch ihre
Verbindung mit dem gebildeten Oxyd, irgend eine merkliche Portion der
Elektricität des Stromes hervorzubringen, aus dem einfachen Grunde, weil
ihr eine der wesentlichsten Bedingungen abgeht Sie bildet keinen Theil
eines Elektrolyten, noch steht sie in Beziehung zu irgend einem in der
Losung anwesenden Korper, welcher eine gegenseitige Überführung der
Theilchen und die damit verknüpfte Überführung der Elektricität erlaubte
Freilich, da die Fläche, an welcher die Saure das durch Wirkung des Wassers
gebildete Oxyd auflöst, mit dem metallischen Zink in Berührung steht, so
scheint keine Schwierigkeit in der Betrachtung, dass das Oxyd daselbst einen,
seiner chemischen Wirkung auf die Saure proportionalen elektrischen Zustand
dem ohne Zersetzung leitenden Metall mittheilen könne Allein an der Seite

der Säure ist keine Substanz zur Vervollständigung des Stromes da, das Wasser als Wasser kann ihn nicht leiten, oder wenigstens einen so kleinen Antheil, dass die Wirkung rein zufällig und fast unwahrnehmbar ist (970), und als ein Elektrolyt kann es ihn nicht leiten, weil ein Elektrolyt vermöge der gegenseitigen Beziehung und Wirkung seiner Theilchen leitet, und weil weder eines der Elemente des Wassers noch das Wasser selbst, so weit wir beobachten können, gegen Schwefelsäure ein Ion ist (848) [1]

„926) Diese Ansicht von dem secundären Charakter der Schwefelsäure als eines Agens bei der Erzeugung des VOLTA'schen Stromes wird ferner unterstützt durch die Thatsache, dass der erzeugte und durchgelassene Strom direkt und genau proportional ist der Menge des zersetzten Wassers und der Menge des oxydirten Zinks (868 991), und er ist derselbe wie der, welcher zur Zersetzung einer gleichen Menge Wasser erfordert wird   Da also die Wasserzersetzung zeigt, dass sie die Elektricität hergegeben hat, so bleibt keine andere Elektricität zu erklären, oder irgend eine andere Wirkung herzuleiten als die zwischen dem Zink und dem Wasser statt-findende

„927) Der allgemeine Fall [denn er schliesst den früheren (924) ein] bei Säuren und Basen lässt sich theoretisch folgendermaassen angeben   Es

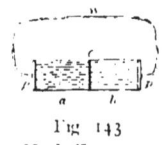

Fig 143
Nach FARADAY

sei a (Fig 143) eine trockene Sauerstoffsäure und b eine trockene Base, die sich in c berühren, und an ihren Enden durch die Platinplatten p, p und den Platindraht w in elektrischer Gemeinschaft stehen   Wenn nun auch Säure und Base flüssig wären und bei c eine Verbindung stattfände, mit einer so mächtigen Verwandtschaft, dass sie einen elektrischen Strom hervorzurufen vermöchte, so würde der Strom doch nicht in einem bedeutenden Grade circuliren, weil erfahrungsmässig weder a noch b ohne Zersetzung leiten können, denn sie sind unter allen Umständen, ausgenommen gegen sehr schwache Ströme (970 986), entweder Elektrolyte oder sonst Isolatoren   Nun sind die Verwandtschaften bei c nicht von der Art, dass sie die Elemente von a oder b zu trennen suchten, sondern sie haben nur das Bestreben, beide Körper zu einem Ganzen zu vereinigen   Der Wirkungsort ist daher isolirt, die Wirkung selbst lokal (921 947), und es kann kein Strom zu Stande kommen

„928) Wenn Säure und Base in Wasser gelöst sind, dann ist es mög-lich, dass ein kleiner Antheil der von chemischer Wirkung herrührenden Elektricität von dem Wasser ohne Zersetzung fortgeleitet werde (966 984), allein dieser Antheil wird so klein sein, dass er zu dem, welcher von dem Äquivalente der chemischen Kraft herrührt, in gar keinem Verhältniss steht;

---

[1] „Man sieht, dies stimmt mit HUMPHRY DAVY, welcher experimentell zu der Ansicht gelangte, dass Säuren und Alkalien bei ihrer Verbindung keinen elektrischen Strom hervorrufen. Phil Trans 1826, p 398 "

und da er nicht die wesentlichen Principien der VOLTA'schen Saule involvirt, gehort er nicht zu den hier untersuchten Erscheinungen [1]

„929) Wenn statt der Sauerstoffsaure eine Wasserstoffsaure, z B Salzsaure, genommen wird (927), so sind die Umstande ganz verandert, dann kann ein Strom, entsprungen aus der chemischen Wirkung der Saure auf die Base, moglicher Weise stattfinden Allein nun wirken beide Korper als Elektrolyte, denn jeder liefert nur einen Bestandtheil zur gegenseitigen Verbindung, z B einer Chlor, der andere Metall, und der Wasserstoff der Saure und der Sauerstoff der Base stehen bereit, mit dem Chlor der Saure und dem Metall der Base in Ubereinstimmung mit dem Strom, und gemass den allgemeinen bereits ausfuhrlich entwickelten Grundsatzen, zu wandern

„930) Die Ansicht, dass die Oxydation oder eine andere direkte chemische Einwirkung auf das Metall die alleinige Ursache des elektrischen Stromes in der gewohnlichen VOLTA'schen Saule sei, wird unterstutzt durch die Vorgange, welche stattfinden, wenn Losungen von Alkalien oder Schwefelalkalien (931 943) statt der verdunnten Schwefelsaure als elektrolytische Leiter angewandt werden Die bereits (884) erwahnten Versuche ohne Metallcontact und mit alkalischen Losungen als erregende Flussigkeiten wurden gerade zur Erlauterung dieses Punktes angestellt

„931) Es wurden nun die Versuche uber die Zersetzung der Korper durch ein einfaches Plattenpaar wiederholt (899), jedoch unter Anwendung einer Atzkalilauge, statt der Schwefelsaure, in dem Gefasse v (Fig 141, und mit Benutzung der Vortheile, die der Metallcontact darbietet (895 Alle Erscheinungen waren den fruheren gleich, das Galvanometer wurde abgelenkt, Losungen von Jodkalium, salpetersaurem Silber, Salzsaure und Glaubersalz wurden bei r zersetzt, und die Orte, wo die abgeschiedenen Bestandtheile erschienen, sowie die Ablenkungen des Galvanometers zeigten einen Strom von gleicher Richtung, wie wenn Saure im Gefasse v war, d h derselbe ging vom Zink durch die Losung zum Platin, und zuruck durch das Galvanometer und das zersetztwerdende Agens zu dem Zink

„932) Die Ahnlichkeit in der Wirkung der verdunnten Schwefelsaure und der Kalilauge geht indess noch viel weiter, selbst bis zur Identitat sowohl in der Menge als in der Richtung der erzeugten Elektricitat Eine amalgamirte Zinkplatte erleidet fur sich in einer Kalilauge keine merkliche Einwirkung, beruhrt man sie aber in der Losung mit einer Platinplatte, so wird an der Oberflache dieser letzteren Wasserstoff entwickelt, und das Zink oxydirt, genau wie wenn es in verdunnte Schwefelsaure eingetaucht ware (863) Demgemass wiederholte ich den zuvor beschriebenen Versuch mit gewogenen Zinkplatten (864 u s w), gebrauchte aber dabei Kalilauge statt

---

[1] „Es versteht sich, glaube ich, von selbst, dass ich hier nicht behaupte, jede kleine, zufallige und bloss mogliche Wirkung, die wahrend der chemischen Aktion aus unbedeutenden Storungen des elektrischen Fluidums entspringen kann, in Rechnung zu ziehen sondern bloss suche die Aktionen, von denen die Kraft der VOLTA'schen Batterie wesentlich abhangt, zu unterscheiden und zu identificiren"

verdünnter Schwefelsäure. Wiewohl eine viel längere Zeit, als bei Anwendung von Säure, nämlich drei Stunden, für die Oxydation von 7,55 Gran Zink erfordert wurde, so fand ich doch, dass der an der Platinplatte entwickelte Wasserstoff zu dem an der Zinkoberfläche gebildeten Oxyde äquivalent war. Mithin findet die ganze Schlussfolge, welche auf das frühere Beispiel anwendbar war, auch hier seine Anwendung: der Strom geht in derselben Richtung, und seine zersetzende Wirkung hat gleichen Grad von Stärke, wie wenn Säure statt des Alkalis angewandt worden wäre (688).

„933) Es scheint mir daher der Beweis vollständig, dass die Verbindung der Säure mit dem Oxyd in dem vorhergehenden Versuch nichts mit der Erzeugung des elektrischen Stromes zu schaffen habe; denn derselbe Strom wird erzeugt, wenn statt der Wirkung der Säure die umgekehrte des Alkalis zugegen ist. Ich glaube nicht, dass man für einen Moment annehmen könne, das Alkali wirke chemisch als eine Säure auf das gebildete Oxyd. Im Gegentheil führen unsere allgemeinen chemischen Kenntnisse zu dem Schluss, dass die gewöhnlichen Metalloxyde eher als Säuren denn als Alkalien wirken; und doch würde diese Art von Wirkung im gegenwärtigen Fall einen umgekehrten Strom zu erregen trachten, wenn das Oxyd des erregenden Metalles bei seiner Verbindung mit dem dazu vorhandenen Körper überhaupt einen Strom hervorbrächte. Allein statt irgend einer Verschiedenheit dieser Art war die Richtung der Elektricität constant, und die Menge derselben auch proportional dem zersetzten Wasser oder dem oxydirten Zink. Man hat Gründe zu glauben, dass Säuren und Alkalien, wenn sie mit Metallen in Contact stehen, auf die sie nicht direkt einwirken können, doch einen Einfluss auf deren Anziehungen zum Sauerstoff (941) ausüben. Allein alle Wirkungen in den obigen Versuchen beweisen, glaube ich, dass es die nothwendig von der Elektrolysirung des Wassers (921. 923) abhängige und mit ihr verknüpfte Oxydation des Metalles ist, welche den Strom erzeugt; dass die Säure oder das Alkali bloss als Lösemittel wirkt, durch Fortschaffung des oxydirten Zinks anderen Portionen gestattet neues Wasser zu zersetzen und so die Entwickelung oder Bestimmung des Stromes unterhält.

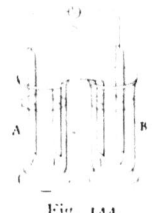

Fig. 144.
Nach Faraday.

„934) Ich änderte nun die Versuche dahin ab, dass ich eine Ammoniaklösung statt der Kalilösung anwandte, und da sie im Zustande der Reinheit ein schlechter Leiter ist, wie das Wasser (554), wurde sie durch Zusatz von schwefelsaurem Ammoniak leitender gemacht. Allein in allen Fällen waren die Wirkungen dieselben wie vorhin; Zersetzungen gleicher Art fanden statt, und der elektrische Strom, welcher dieselben hervorrief, hatte dieselbe Richtung wie in den eben beschriebenen Versuchen.

„935) Um die gleiche und ähnliche Wirkung von Säure und Alkali auf eine noch strengere Probe zu stellen, wurden Vorrichtungen wie in Fig. 144 gemacht. Das Glasgefäss A enthielt verdünnte Schwefelsäure, das andere B verdünnte Kalilauge, P P war eine in beide Flüssigkeiten eingetauchte

Platinplatte, und ZZ waren amalgamirte Zinkplatten, die mit einem empfindlichen Galvanometer in Verbindung standen. Wenn diese gleichzeitig in die beiden Gefässe getaucht wurden, zeigte sich gewöhnlich zuerst eine schwache Wirkung, und zwar zu Gunsten des Alkalis, d. h. der elektrische Strom suchte durch die Gefässe in Richtung des Pfeiles zu gehen, also in umgekehrter Richtung, wie sie von der Säure in A allein hervorgebracht worden sein würde. Allein die Wirkung hörte augenblicklich auf und die Wirkung der Platten in den Gefässen war so gleich, dass, da sie wegen der umgekehrten Stellung der Platten entgegengesetzt war, kein dauernder Strom daraus entsprang.

„936) Manchmal nahm ich statt der Platten PP eine Zinkplatte, und statt den Platten ZZ Platinplatten; allein dies verursachte keinen Unterschied; auch eine Kupferplatte als mittlere Platte angewandt, brachte keine Änderung hervor.

„937) Da die Entgegenstellung der elektromotorischen Plattenpaare andere Resultate erzeugte, als die von dem blossen Unterschied ihrer unabhängigen Wirkungen herrührenden (1011. 1045), so ersann ich eine andere Form des Apparates, wobei die Wirkung der Säure und des Alkalis noch direkter verglichen werden konnte. Ein cylindrisches Glasgefäss, inwendig etwa zwei Zoll tief und einen Zoll im Durchmesser, von wenigstens einen Viertelzoll dicken Wänden, wurde in der Mitte herunter in zwei Hälften zerschnitten (Fig. 145). Ein breiter Messingring, von grösserem Durchmesser als das Gefäss, wurde mit einer Schraube versehen und um die beiden Hälften gelegt, so dass, wenn man die Schraube fest anzog, diese

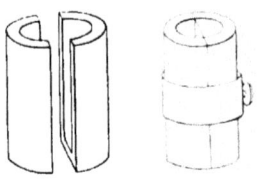

Fig. 145.　　Fig. 146.
Nach FARADAY.

Hälften zu einem wasserdichten Gefäss gegen einander gedrückt wurden. Fliesspapier von verschiedenen Graden der Permeabilität wurde nun in Stücke von solcher Grösse zerschnitten, dass es leicht zwischen die gelösten Hälften des Gefässes eingeschoben werden konnte, und wenn diese darauf wieder dicht zusammen geschraubt wurden, eine poröse Scheidewand in der Mitte des Gefässes bildete, die zweien Flüssigkeiten zu beiden Seiten derselben keine andere als eine sehr langsame Vermischung gestattete, aber ihnen doch erlaubte, ungehindert als ein Elektrolyt zu wirken. Die beiden so gebildeten Räume will ich die Zellen A und B nennen (Fig. 146). Dies Instrument habe ich bei Untersuchung der Beziehungen von Flüssigkeiten und Metallen unter sich und unter einander von sehr allgemeiner Anwendbarkeit gefunden. Verbindet man es noch mit einem Galvanometer, so ist es leicht, damit die Beziehung eines Metalles zu zwei Flüssigkeiten, oder zweier Metalle zu einer Flüssigkeit, oder zweier Flüssigkeiten zu zwei Metallen auszumitteln.

„938) Verdünnte Schwefelsäure vom spezifischen Gewicht 1,25 wurde in die Zelle A gegossen und eine starke Lösung von Ätzkali in die Zelle B.

Sie mischten sich langsam durch das Papier, und zuletzt bildete sich auf dem Papier, zur Seite des Alkalis, eine dicke Kruste von schwefelsaurem Kali In jede Zelle wurde eine saubere Platinplatte eingesteckt und mit einem empfindlichen Galvanometer verbunden, allein es konnte kein elektrischer Strom beobachtet werden Also war der Contact der Saure mit der einen Platinplatte und der des Alkalis mit der anderen unfahig einen Strom zu erzeugen, und ebenso wenig war die Verbindung der Saure mit dem Alkali wirksamer (925)

„939) Wurde eine der Platinplatten fortgenommen und durch eine Zinkplatte ersetzt, so entstand, diese mochte amalgamirt sein oder nicht, ein starker elektrischer Strom Allein es war gleich, ob das Zink in die Saure, und das Platin in das Alkali getaucht, oder die umgekehrte Anordnung getroffen war immer ging der elektrische Strom vom Zink durch den Elektrolyten zum Platin, und von da durch das Galvanometer zuruck zu dem Zink Am starksten schien der Strom zu sein, wenn das Zink in dem Alkali und das Platin in der Saure befindlich war

„940) Bei diesen Versuchen schien also die Saure kein Ubergewicht uber das Alkali zu haben, vielmehr schwacher als dieses zu sein. Folglich hat man auch keinen Grund zu der Annahme, die Verbindung des gebildeten Oxyds mit der umgebenden Saure habe einen direkten Einfluss auf die Hervorbringung der erregten Elektricitat, vielmehr scheint diese ganz von der Oxydation des Metalles herzuruhren (919)

„941 In der That hat das Alkali ein Ubergewicht uber die Saure in der Fahigkeit, das Metall in den sogenannten positiven Zustand zu versetzen Denn wenn Platten von gleichem Metall, z B Zink, Zinn, Blei oder Kupfer zugleich in die Saure und das Alkali eingetaucht werden, geht der elektrische Strom von dem Alkali durch die Zelle zur Saure und zuruck durch das Galvanometer zum Alkali, wie schon Humphry Davy fruher angegeben [1] Dieser Strom ist so machtig, dass, wenn man amalgamirtes Zink oder Zinn oder Blei anwendet, das Metall in der Saure, sogleich wie es mit dem Metall in dem Alkali verbunden wird, Wasserstoffgas entwickelt, nicht vermoge einer direkten Einwirkung der Saure auf sich, denn wenn der Contact unterbrochen wird, hort die Wirkung auf, sondern weil es in Bezug auf das Metall in dem Alkali stark negativ wird

„942 Die Uberlegenheit des Alkalis geht ferner daraus hervor, dass, wenn man Zink und Zinn, oder Zinn oder Blei anwendet, das in dem Alkali befindliche Metall, was fur eines es auch sei, positiv wird, und das in der Saure negativ Was fur ein Metall sich auch im Alkali befinde, so wird es doch oxydirt, das in der Saure dagegen behalt seinen Metallglanz, so weit dies vom elektrischen Strom abhangt

„943 Dasselbe ergiebt sich auch, wenn man Losungen von Sulphureten anwendet 930, um zu zeigen, dass es die chemische Wirkung des Metalles

---

[1] Elements of chemical Philosophy, p 149, oder Phil Trans 403 1826 "

und eines der Ionen des angewandten Elektrolyten sei, welche alle Elektricität der Volta'schen Kette erzeugt So geht der Strom, wenn Eisen und
Kupfer in verdünnte Säuren getaucht werden, von dem Eisen durch die
Flüssigkeit zum Kupfer, wie Humphry Davy gezeigt hat,[1] in Kahlauge hat
er dieselbe Richtung, aber in einer Lösung von Schwefelkalium geht er
umgekehrt. In den beiden ersten Fällen ist es der mit dem Eisen sich
verbindende Sauerstoff, in dem letzteren der mit dem Kupfer sich verbindende Schwefel, durch den der elektrische Strom erzeugt wird Allein
diese beiden Ionen existiren als solche in dem gleichzeitig zersetzt werdenden
Elektrolyt, und was mehr ist, sie beide sind Anionen, denn sie entlassen
die Elektrolyten an ihren Anoden, und wirken gerade wie Chlor, Jod oder
irgend ein anderes Anion gewirkt haben würde, welches statt der zuvor
die Volta'sche Kette in Thätigkeit setzenden genommen worden wäre

„944) Der folgende Versuch vervollständigt die Reihe der Beweise über
den Ursprung der Elektricität in der Volta'schen Säule Ein flüssiges
Amalgam von Kalium, von diesem Metall nicht mehr als ein Hundertel enthaltend, wurde in Wasser gebracht und durch ein Galvanometer mit einer
in demselben Wasser befindlichen Platinplatte verbunden Sogleich ging ein
elektrischer Strom von dem Amalgam durch den Elektrolyt zum Platin
Dieser Strom konnte nur durch die Oxydation des Metalles hervorgerufen
sein, denn es war weder eine Säure noch ein Alkali vorhanden, um sich
mit ihm zu verbinden oder auf ihn einzuwirken

„945) Ferner brachte ich eine Platin- und eine blanke Bleiplatte in
reines Wasser Sogleich ging ein starker Strom von dem Blei durch die
Flüssigkeit zum Platin Er war so stark, dass er eine Jodkaliumlösung zersetzte, die unter Anwendung des schon (880) Fig 135, S 551 beschriebenen
Apparates in die Kette gebracht worden war. Hier gab es keine Wirkung
von Säure oder Alkali auf das aus dem Blei gebildete Oxyd, welche die
Elektricität geliefert haben konnte, diese rührte also bloss von der Oxydation des Metalles her"

Die vorstehende Zusammenfassung von Faraday's Ansichten ist von
grosser Wichtigkeit Die in (916) ausgesprochenen Grundlagen seiner chemischen Theorie der galvanischen Erscheinungen hat sich in der Folge als
durchaus richtig erwiesen Wenn auch zu jener Zeit nur der auf die
Elektricitätsmenge bezügliche Theil der Sätze als wissenschaftlich erwiesen
betrachtet werden durfte, und der auf die Proportionalität zwischen der
„Intensität" oder der elektromotorischen Kraft und der chemischen Verwandtschaft bezügliche schon deshalb dem Beweise nicht zugänglich war,
weil die Chemie noch keinerlei Mittel besass, ihrerseits die Stärke der
chemischen Verwandtschaft zu messen, so war doch in der hier gegebenen
Auffassung die Lücke ausgefüllt, welche früher wiederholt als der wesentlichste Mangel der chemischen Theorie des Galvanismus hat bezeichnet

---

[1] „Elements of chemical Philosoph, p 148 "

werden müssen es war der zahlenmassige Zusammenhang zwischen den chemischen und den elektrischen Grossen hergestellt. Auf diesem Wege allein war es für die chemische Theorie möglich, die ältere Lehre zu überwinden, und nicht nur das gleiche, sondern erheblich mehr zu leisten, als jene

Freilich wurde durch FARADAY selbst die Wirkung seiner Erkenntniss abgeschwächt, indem er in (918) die elektrische und die chemische Kraft völlig identificirt, statt sie nur, wie es die wissenschaftliche Vorsicht erfordert, in das Verhaltniss gegenseitiger Abhangigkeit bei gegebenen Bedingungen zu setzen Er hat selbst das meiste dazu beigetragen, Beweise gegen diese Identitat zu liefern, indem er Wege kennen lehrte, elektrische Strome ohne jedes Zuthun chemischer Vorgange, durch Induktion, zu erhalten. Ebenso ist seine Auffassung, dass nur die Oxydation des Zinks, und nicht die Verbindung des entstandenen Oxyds mit der Saure (919) für die Strombildung von Belang ist, zu den vorübergehenden Theilen seiner Ansichten zu rechnen, doch auch hier ist es der ungeeignete Zustand der chemischen Anschauungen seiner Zeit, welcher ihn zu unhaltbaren Ansichten kommen lasst

Sehr wesentlich ist dann wieder der in (921) betonte Punkt, dass die chemischen Vorgange, um elektrisch wirksam zu sein, zwischen Metallen und Elektrolyten stattfinden mussen, und dass die Gegenwart eines zusammengesetzten Stoffes dieser Klasse ganz unumganglich nothwendig ist, um die Entstehung elektrischer Erscheinungen auf chemischem Wege zu ermöglichen. Die darauf folgenden Paragraphen geben mit aller Klarheit den wesentlichen Fortschritt in der Auffassung der elektrochemischen Vorgange wieder, welcher durch FARADAY's Entdeckungen bewerkstelligt worden ist, und verdienen als die Grundlage unserer jetzigen Ansichten das sorgsamste Studium jedes, der in diesen Dingen klar zu sehen wunscht Dabei sind in Einzelheiten allerdings Irrthumer nicht ausgeschlossen; so wirkt die Ansicht, dass die Sauren bei der Leitung ihrer wasserigen Losungen nur secundar betheiligt seien, storend auf die Auffassung einzelner Fragen (926 u ff), und der in (933) versuchte Beweis dafur, dass die Saure mit der Wirkung nichts zu thun habe, beruht auf der jetzt aufgegebenen Ansicht, dass die Sauren und Basen als solche Ionen sein konnen Auch die in den folgenden Paragraphen beschriebenen Versuche mussen gegenwartig anders gedeutet werden. Die von FARADAY ganz richtig erkannte Uberlegenheit alkalischer Flussigkeiten in der Erregung des „positiven" Zustandes im Metall beruht auf Grunden, die erst in jungster Zeit erkannt worden sind und die eine gute Bestatigung der chemischen Theorie abgeben

In den nun folgenden Auseinandersetzungen geht FARADAY auf den Unterschied ein, der zwischen den chemischen Vorgangen, welche zu einem elektrischen Strom Anlass geben und mit der entstehenden Elektricitatsmenge durch das Gesetz der Proportionalitat verknupft sind, und denen besteht, welche ohne entsprechende elektrische Erscheinungen erfolgen Schon in der sorgfältigen Unterscheidung der beiden Fälle liegt ein wesentliches wissenschaftliches Verdienst, denn die Vermengung derselben hat von jeher die wichtigste Waffe der Contacttheoretiker gegen die andere Ansicht gebildet Allerdings kommt er nicht dazu, den Normalfall, in welchem nur die der elektrischen Wirkung proportionale chemische Wirkung stattfindet, allgemein aufzustellen, wohl aber giebt er wenigstens einige Beispiele, in welchen dieser Fall nahezu verwirklicht ist Es ist sehr bemerkenswerth, dass mit der Lösung dieser theoretischen Frage auch die einer praktischen von ganz eminenter Bedeutung verbunden war, nämlich die Herstellung einer constanten Volta'schen Kette Die Erkenntniss freilich, dass beide Fälle einen einzigen bilden, war erst einer viel späteren Zeit vorbehalten

11 Weitere Spekulationen Am Schlusse seiner experimentellen Darlegungen giebt Faraday endlich einige theoretische und hypothetische Betrachtungen Obwohl diese des Vergänglichen weit mehr enthalten, als die früheren Paragraphen, so theile ich sie doch mit, da es von grösstem Interesse ist, zu sehen, in welcher Gestalt sich unser Forscher die von ihm entdeckten Thatsachen veranschaulicht An den Schwierigkeiten, die er hier zu überwinden versucht, hat in der Folge noch ein halbes Jahrhundert gearbeitet, und erst in jüngster Zeit sind sie gehoben worden

„946) Es giebt, meiner Meinung nach, in der Elektricitätslehre keinen wichtigeren Punkt, als den Zustand des Metalles und des elektrolytischen Leiters in der einfachen Volta'schen Kette vor und in dem Augenblick der ersten Vollziehung des Metallcontactes Verstanden wir ihn recht, würde uns sicher der Schlüssel zu den Gesetzen, nach denen die grosse Mannigfaltigkeit der direkten und zufälligen Volta'schen Erregungen vor sich geht, unmittelbar gegeben und viele neue Felder für die Untersuchung geöffnet sein

„947) Es scheint, dass wir in vielen Fällen von chemischer Verwandtschaft (z B dem vom Zink mit dem Sauerstoff des Wassers u s w) bis zu einem gewissen Grade entscheiden können, welche von den beiden Wirkungsweisen der Anziehungskraft ausgeübt werde (996) Bei der einen Weise können wir die Kraft nach aussen fortleiten und sie anderswo das Aequivalent ihrer Wirkung ausüben lassen (867 917), bei der anderen wird sie nicht fortgeführt, sondern an dem Orte ihrer Entstehung gänzlich ausgeübt Das erste ist der Fall bei der voltaelektrischen Erregung, das andere bei der gewöhnlichen chemischen Verwandtschaft, allein beide sind chemische Aktionen, und stammen von einer Kraft oder einem Princip ab

„948) Die allgemeinen Umstände der ersten Wirkungsweise finden sich bei allen Volta'schen Strömen, allein in ihrer Vollkommenheit und frei von denen der zweiten Weise nur in einigen Fällen, z B wenn Zink und Platin in Kalilauge, oder amalgamirtes Zink und Platin in verdünnte Schwefelsäure getaucht sind

„949) Angenommen, es sei durch die vorhergehenden Versuche und Betrachtungen hinreichend erwiesen, dass, bei Anwendung von Zink, Platin

und verdunnter Schwefelsaure, die elektromotorische Wirkung von der Verwandtschaft zwischen dem metallischen Zink und dem Sauerstoff des Wassers
abhange (921 924), so ist ersichtlich, dass das Metall fur sich unter den
obigen Umstanden nicht Kraft genug hat, den Sauerstoff aufzunehmen und
den Wasserstoff aus seiner Verbindung zu treiben, denn in der That, solch
eine Wirkung findet nicht statt Allein es erhellt auch, dass es durch seine
Anziehung zu dem Sauerstoff der mit ihm in Beruhrung stehenden Theilchen
so weit zu wirken vermag, um die ahnlichen Krafte, welche zwischen diesen
und den anderen Sauerstofftheilchen und den Wasserstofftheilchen des Wassers
bereits wirksam sind, in einen eigenthumlichen Zustand von Spannung oder
Polaritat zu versetzen, und wahrscheinlich auch, um die Krafte seiner eigenen
Theilchen, welche mit dem Wasser in Beruhrung sind, in einen ahnlichen
Zustand uberzufuhren So lange dieser Zustand verbleibt, tritt keine fernere
Wirkung ein allein wenn er durch Schliessung der Kette erhoht wird, in
welcher die in Bezug auf das Zink und den Elektrolyt nach entgegengesetzten Richtungen wirkenden Krafte einander genau zu neutralisiren vermogen, dann findet zwischen den Sauerstoff- und Wasserstofftheilchen des
Wassers zwischen der Beruhrungsstelle des Platins und dem Orte der Wirksamkeit des Zinks eine Reihe von Zersetzungen und Wiederzusammensetzungen
statt, denn diese dazwischen befindlichen Theile stehen offenbar in inniger
Abhangigkeit und Beziehung zu einander Das Zink bildet eine direkte Verbindung mit denjenigen Sauerstofftheilchen, welche unmittelbar vor ihm in
getheilter Relation zu ihm und dem Wasserstoff stehen das Oxyd wird durch
die Saure fortgenommen, und dadurch eine frische Beruhrungsflache zwischen
dem Zink und Wasser hergestellt um die Wirkung zu erneuen und zu
wiederholen

„950) Praktisch wird der Spannungszustand am besten erhoht, wenn
man das Metall, welches eine schwachere Anziehung zum Sauerstoff hat als
das Zink, in verdunnte Schwefelsaure taucht und es auch mit Zink in
Beruhrung setzt Die Kraft der chemischen Verwandtschaft, welche in den
Wassertheilchen durch die vorherrschende Anziehung des Zinks zum Sauerstoff influencirt oder polarisirt worden ist, wird dann in sehr ausserordentlicher Weise durch die beiden Metalle fortgefuhrt, so dass sie langs der Kette
wieder eintritt in den elektrolytischen Leiter, welcher sie nicht ohne Zersetzung, wie es die Metalle thun, fortleiten oder uberfuhren kann, oder
wahrscheinlicher wird sie dann durch die Kraft, die gleichzeitig die Verbindung des Zinks mit dem Sauerstoff des Wassers vervollstandigt, genau
balancirt und neutralisirt In der That sind die Krafte der beiden Theilchen,
die gegen einander wirken, und folglich entgegengesetzte Richtung haben,
die Quelle zweier entgegengesetzten Krafte oder Kraftrichtungen in dem
Strom Sie sind nothwendig zu einander aquivalent. Da sie in entgegengesetzter Richtung fortgefuhrt werden, so erzeugen sie den sogenannten
Strom, und es scheint mir unmoglich, der Idee zu widerstehen, diesem
Strome musse in der Flussigkeit und zwischen der Flussigkeit und dem Zink

ein Zustand der Spannung vorausgegangen sein die erste Folge der Affinität des Zinks zum Sauerstoff des Wassers

„951) Ich habe mich sorgfältig bemüht, einen Spannungszustand in dem elektrolytischen Leiter aufzufinden, und in der Meinung, dass er entweder vor oder nach der Entladung etwas einer Struktur Ähnliches erzeugen möge, gesucht, dasselbe durch polarisirtes Licht sichtbar zu machen Für eine Glasplatte, 7″ lang, $1\frac{1}{2}$″ breit und 6″ tief, richtete ich zwei Paare Platinelektroden vor, ein Paar für deren Enden und das andere für deren Seiten Die für die Seiten waren 7″ lang und 3″ hoch, und wurden in der Zelle durch einen mit Kattun überzogenen Holzrahmen von einander gehalten, so dass, wenn sie durch Verbindung mit einer Batterie zur Wirksamkeit auf die in die Zelle gegossene Flüssigkeit angeregt worden, die alsdann aufsteigenden Gasblasen den mittleren Theil der Flüssigkeit nicht trüben konnten

„952) Ich goss eine concentrirte Auflösung von schwefelsaurem Natron in die Zelle und verband die Elektroden mit einer Batterie von 150 Paaren vierzolliger Platten Der Strom ging so ungehindert durch die Zelle, dass die Entladung ebenso gut war wie bei Anwendung eines Drahtes Es wurde nun quer gegen die Bahn des elektrischen Stromes ein polarisirter Lichtstrahl durch die Flüssigkeit geleitet und mittelst einer Zerlegungsplatte untersucht Allein, wiewohl er von der, der Einwirkung der Elektricität unterworfenen Lösung eine sieben Zoll dicke Schicht durchdrungen hatte, und wiewohl der Metallcontact während der Beobachtung bald vollzogen, bald aufgehoben und bald im umgekehrten Sinne hergestellt wurde, war doch nicht die mindeste Spur einer Einwirkung auf den Strahl wahrzunehmen

„953) Nun wurden die grossen Elektroden fortgenommen, und die kleineren, für die Enden der Zelle eingerichteten, eingesetzt In jede derselben war ein Schlitz eingeschnitten, damit man hindurchsehen konnte Die Bahn des polarisirten Strahles war nun dem Strom parallel oder in Richtung von dessen Achse 517), allein dennoch konnte weder bei Schliessung noch bei Öffnung der Kette irgend eine Wirkung wahrgenommen werden

„954) Bei Anwendung einer starken Lösung von salpetersaurem Blei statt des schwefelsauren Natrons waren die Resultate ebenso negativ

„955) Da ich es für möglich hielt, dass die durch die successiven Zersetzungen und Wiederzusammensetzungen des Elektrolyten geschehene Entladung der elektrischen Kräfte jede etwaige Wirkung des anfänglichen Spannungszustandes neutralisirt und deshalb zerstört haben möchte, so nahm ich eine Substanz, die im flüssigen Zustand ein vortrefflicher Elektrolyt, im festen aber ein Isolator ist, nämlich borsaures Blei, in Form einer glasigen Platte, und verband die Seiten und die Ränder dieser Masse mit den Metallplatten und letztere bald mit den Polen einer Volta'schen Batterie, bald, um eine Elektricität von höherer Intensität anzuwenden, mit einer Elektrisirmaschine, und leitete nun einen polarisirten Strom bald in dieser, bald in jener Richtung durch die Masse, allein auch jetzt konnte ich nicht die geringste Anzeige von einer Wirkung auf das Licht beobachten Hieraus schliesse ich, dass die Elektrolyte, ungeachtet des neuen und ungewohnlichen Zustandes, welchen sie entweder wahrend der Zersetzung (wo offenbar eine ungeheure Menge Elektricitat durch sie geht) annehmen mussen, oder in dem Spannungszustand, welchen sie vorausgesetztermaassen vor der Zersetzung oder in starrer Gestalt besitzen, nicht die Fahigkeit haben, auf einen polarisirten Lichtstrahl einzuwirken, da auf keine Weise eine Art von Struktur oder Tension in ihnen sichtbar gemacht werden kann

„956 Es giebt jedoch einen schonen experimentellen Beweis, dass die Metalle und die Elektrolyte vor der Erzeugung des elektrischen Stromes und ehe die heterogenen Metalle in Beruhrung gesetzt werden (915), einen Spannungszustand annehmen Ich nahm einen Volta'schen Apparat, bestehend aus einem Cylinder von amalgamirtem Zink und einem doppelten Cylinder von Kupfer Diese stellte ich in eine Flasche mit verdunnter Schwefelsaure,[1] wo sie nach Belieben durch einen Kupferdraht, der zur Eintauchung in zwei an den Platten befestigten Napfchen mit Quecksilber vorgerichtet war, in Beruhrung gesetzt werden konnten

„957) Bei dieser Vorrichtung fand keine chemische Wirkung statt, so lange nicht die Platten in Verbindung gesetzt waren Allein bei Vollziehung des Contactes kam ein Funke zum Vorschein,[2] und die Losung wurde sogleich zersetzt Bei Aufhebung des Contactes wurde wieder der gewohnliche Funke erhalten und die Zersetzung horte auf Klar ist, dass hier der Funke vor der Vollziehung des Metallcontactes entstanden sein muss, denn er ging durch eine Luftschicht, und ebenso muss er vor der elektrolytischen Wirkung ubergesprungen sein, denn diese konnte nicht eintreten, ehe nicht der Strom uberging, und der Strom konnte nicht ubergehen, ehe nicht der Funke erschien Hierdurch, glaube ich, ist es genugsam bewiesen, dass, so wie das Zink und das Wasser durch ihre gegenseitige Einwirkung die Elektricitat des Apparates erzeugen, sie auch durch ihre erste gegenseitige Beruhrung in einen kraftigen Spannungszustand versetzt werden (951), welcher, obschon nicht fahig eine wirkliche Zersetzung des Wassers zu verursachen, doch im Stande ist, einen elektrischen Funken zwischen dem Zink und einem geeigneten Entlader uberspringen zu machen, sobald der Abstand dazu klein genug ist Der Versuch beweist die direkte Erzeugung eines elektrischen Funkens durch rein chemische Krafte

„958) Mit der Hervorbringung dieses Funkens durch ein einzelnes Plattenpaar sind jedoch einige Umstande verknupft, die man kennen muss,

---

[1] „Gebraucht man Salpeter-Schwefelsaure, so ist der Funke kraftiger, allein es konnen dann ortliche chemische Wirkungen eintreten, die fortdauern, ohne den Metallcontact zu erfordern."

[2] „Es ist allgemein angenommen worden, dass bei Schliessung einer einfachen Kette kein Funken entstehe allein die bereits in diesem Aufsatz aufgestellten Beobachtungen fuhrten mich darauf, einen solchen zu erwarten Der Verbindungsdraht muss indess kurz sein, denn bei Anwendung eines langen Drahtes treten Umstande ein, die einen grossen Einfluss auf den Funken ausuben Vgl indessen die Anmerkung auf S 562

wenn der Versuch gelingen soll. Wenn die amalgamirten Berührungsflächen ganz blank und trocken sind, ist der Funke bei Vollziehung des Contactes ebenso glänzend, wo nicht glänzender als bei Aufhebung desselben. Befindet sich dagegen auf der Quecksilberoberfläche ein Häutchen von Oxyd oder Schmutz, so ist der erste Funke oft schwach, oder er bleibt ganz aus, während man bei Aufhebung des Contactes einen hellen Funken bekommt. Giesst man etwas Wasser auf das Quecksilber, so verliert der Funke bedeutend an Glanz, erscheint aber ganz regelmässig, sowohl bei Vollziehung als bei Aufhebung des Contactes. Macht man die Berührung zwischen blankem Platin, so ist der Funke auch sehr klein, allein gleichmässig auf beiden Wegen. Indess ist der wahre elektrische Funke sehr klein, und, wenn man Quecksilberflächen anwendet, wird der grösste Theil des Lichtes von der Verbrennung dieses Metalles erzeugt. Die mit der Verbrennung des Quecksilbers verknüpften Umstände sind am günstigsten bei Aufhebung des Contactes, denn der Akt der Trennung legt blanke Metallflächen bloss, während bei Vollziehung des Contactes oft eine dünne Schicht von Oxyd oder Schmutz dazwischen kommt. Daraus ist die allgemeine Meinung entsprungen, dass der Funke nur bei Aufhebung des Contactes erscheine.

„959) In Bezug auf die andere Klasse von Fällen, nämlich die, wo eine chemische Verwandtschaft ausgeübt wird (947), aber keine Fortführung der Kraft in die Ferne stattfindet und kein elektrischer Funke erzeugt wird, ist einleuchtend, dass bei solchen Verbindungen Kräfte der intensivsten Art wirksam, und auf irgend eine Weise in ihrer Wirksamkeit balancirt sein müssen, da diese Kräfte so unmittelbar und ausschliesslich gegen einander gerichtet sind, dass keine Anzeigen von dem mächtigen Elektricitätsstrom, den sie erzeugen können, zum Vorschein kommen, wiewohl derselbe Endzustand der Dinge erhalten wird, wie wenn ein Strom übergegangen wäre. Es war, ich glaube, Berzelius, welcher zuerst die Wärme- und Lichtentwickelung bei Verbrennungen als Folgen dieser Ausserungsweise der elektrischen Kräfte der sich verbindenden Theilchen ansah. Allein wir bedürfen einer genaueren und ausgedehnteren Kenntniss von der Natur der Elektricität, und von der Art, wie sie den Atomen der Materie beigesellt ist, ehe wir die Wirkung dieser, die Atome so vereinigenden Kraft einsehen, und die Natur des grossen Unterschiedes, welchen sie in den beiden soeben unterschiedenen Wirkungsweisen darbietet, begreifen können. Wir können uns Gedanken darüber machen, aber diese sind zur Zeit unter die grosse Masse zweifelhafter Kenntnisse (876) zu rechnen, welche wir eher zu verringern als zu vermehren suchen müssen, denn die vielen Widersprüche in diesen Kenntnissen selbst zeigen, dass sich nur ein kleiner Theil von ihnen zuletzt als wahr erweisen kann.

„960) Von den beiden Wirkungsweisen der chemischen Verwandtschaft ist es wichtig zu bemerken, dass die, welche den elektrischen Strom erzeugt, eben so bestimmt in ihren Wirkungen ist als die, welche die gewöhnlichen chemischen Verbindungen hervorbringt, so dass, wenn man die Erzeugung

oder Entwickelung der Elektricität bei Verbindungen oder Zersetzungen
untersucht, es nöthig ist, nicht bloss gewisse, von einem Elektricitätsstrom
abhängige Effekte zu beachten, sondern auch deren Menge, und wiewohl
in einzelnen Fällen von chemischer Aktion die dabei thätigen Kräfte zum
Theil auf die eine, zum Theil auf die andere Weise ausgeübt werden, so
sind es doch nur die zur Erzeugung des Stromes wirksamen, welche eine
Beziehung zur VOLTA'schen Aktion haben. So sind, wenn sich Sauerstoff
und Wasserstoff zu Wasser verbinden, elektrische Kräfte von der unge-
heuersten Grösse thätig (861 873), allein auf welche erdenkliche Weise auch
bis jetzt die Flamme, welche sie bei ihrer energischen Verbindung erzeugen,
untersucht worden ist, so hat man doch nur höchst geringe Spuren
von jenen Kräften aufgefunden. Diese können daher nicht als Beweise
von der Natur der Wirkung angesehen werden, sondern sind nur zufällig,
und in Bezug auf die thätigen Kräfte unvergleichlich klein, sie geben keinen
Aufschluss über die Art, wie die Theilchen auf einander wirken, oder wie
ihre Kräfte zuletzt angeordnet werden.

„961) Dass solche chemische Aktionen keinen elektrischen Strom
erzeugen, stimmt völlig mit dem, was wir vom VOLTA'schen Apparate wissen,
bei welchem es wesentlich ist, dass eines der sich verbindenden Elemente
einen Theil von einem elektrolytischen Leiter ausmache oder in direkter
Beziehung zu ihm stehe 921 923. Dass solche Fälle keine freie Spannungselektricität erzeugen, und dass sie dagegen, wenn sie in VOLTA'sche
Aktionen verwandelt werden, einen Strom liefern, in welchem die entgegengesetzten Kräfte so gleich sind um einander zu neutralisiren, beweist die
Gleichheit der Kräfte in den gegen einander wirkenden Körpertheilchen, und
deshalb die Gleichheit von elektrischen Kräften in denjenigen Quantitäten
der Substanzen, welche elektrochemische Aquivalente genannt werden (824).
Dies ist ein fernerer Beweis, dass die elektrochemische Aktion 783 u. s. w.)
bestimmter Natur ist, und dass die chemische Verwandtschaft und die Elektricität ein und dieselbe Kraft ausmachen 917 u. s. w.

„962) Die direkte Beziehung der Wirkungen, welche in der VOLTA'schen
Säule an dem Orte der experimentellen Zersetzung ausgeübt werden, zu
den chemischen Verwandtschaften, die an dem Orte der Erregung thätig
sind 891 917, giebt eine sehr einfache und natürliche Ansicht von der
Ursache, weshalb die entwickelten Körper oder Ionen in gewissen Richtungen
wandern, denn nur wenn sie in diesen Richtungen wandern, sind ihre Kräfte
im Stande, neben den überlegenen Kräften, die an dem Orte, wo die Wirkung des Ganzen bedingt wird, vorwalten, zu bestehen und sie zu kompensiren wenigstens in der Richtung. Wenn z. B. in einer VOLTA'schen Kette,
deren Thätigkeit durch die Anziehung des Zinks zum Sauerstoff des Wassers
bedingt wird, das Zink von rechts nach links wandert, so wird jedes andere
in die Kette eingeschlossene Kation, welches ein Theil eines Elektrolyten
ist oder in dem Moment einen Theil eines solchen ausmacht, sich auch von
der Rechten zur Linken bewegen, und wie der Sauerstoff des Wassers sich,

vermöge seiner natürlichen Verwandtschaft zum Zink, von der Linken zur Rechten bewegt, so wird auch jeder andere Körper, der in dieselbe Klasse gehört (d. h. jedes andere Anion) und zur Zeit unter seiner Herrschaft steht, sich von der Linken zur Rechten bewegen.

„963) Dies lässt sich durch Fig. 147 erläutern, wo der doppelte Kreis eine geschlossene Volta'sche Kette vorstellen mag, deren Kräfte bestimmt sind, wenn wir für einen Moment annehmen, das Zink b und das Platin c seien Platten von den auf das Wasser d, e und andere Substanzen einwirkenden Metallen, deren Wirksamkeit jedoch durch Anwendung einer Batterie bei a so verstärkt worden, dass sie verschiedene Zersetzungen hervorbringen. Diese An-

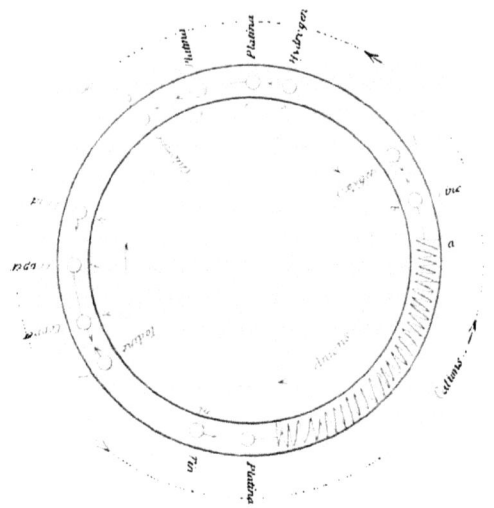

Fig. 147. Nach Faraday.

nahme ist erlaubt, weil die Wirkung der Batterie nur in einer Wiederholung dessen besteht, was zwischen b und c vorgeht, im Fall b und c wirklich nur ein einfaches Plattenpaar ausmachen. Das Zink b und der Sauerstoff d suchen sich, vermöge ihrer gegenseitigen Verwandtschaft, mit einander zu verbinden; allein da der Sauerstoff bereits mit dem Wasserstoff e verbunden ist, und die ihm einwohnenden chemischen Kräfte zur Zeit neutralisirt sind durch die des Wasserstoffes, so muss dieser Wasserstoff e den Sauerstoff d verlassen, und in Richtung des Pfeiles vorschreiten; sonst kann das Zink b sich nicht in derselben Richtung bewegen, um sich mit dem Sauerstoff d zu verbinden, noch kann sich der Sauerstoff d in der entgegengesetzten Richtung bewegen, um sich mit dem Zink b zu verbinden, da die Relation der ähnlichen Kräfte von b und c zu den entgegengesetzten Kräften von d dies verhindert. So wie der Wasserstoff e vorrückt und bei dem, einen Theil der Kette ausmachenden Platin cf anlangt, theilt er durch dieses seine elektrischen oder chemischen Kräfte dem nächsten Elektrolyt in der Kette mit, nämlich dem geschmolzenen Chlorblei gh, dessen Chlor, in Übereinstimmung mit der Richtung des Sauerstoffes, bei d wandern muss, denn es hat die Kräfte zu kompensiren, die in seinem Theil der Kette gestört sind durch den überwiegenden Einfluss der durch die Batterie a unterstützten Kräfte zwischen dem Sauerstoff und Zink bei d, b; und aus einem ähnlichen Grunde muss das Blei in der durch den Pfeil angedeuteten Richtung wandern, damit es zu dem ersten bewegenden Körper seiner eigenen Klasse, nämlich dem Zink b in richtige Relation komme. Wenn Kupfer von i bis k in den Bogen kommt, wirkt es, wie es früher das Platin that, und wenn bei l, m ein anderer Elektrolyt, z. B. Jodzinn, vorhanden ist, so muss das Jod l, als ein Anion, sich übereinstimmend mit dem erregenden Anion, nämlich dem Sauerstoff d bewegen, und das Kation Zinn m wandert in Übereinstimmung mit den übrigen Kationen b, c und h, damit längs dem ganzen Bogen die chemischen Kräfte, sowohl ihrer Richtung als ihrer Menge nach, im Gleichgewicht seien. Sind die Anionen fähig bei ihrer Circulation sich mit den Metallen an den Anoden der respektiven Elektrolyte zu verbinden, wie es beim Platin f und beim Kupfer k der Fall sein würde, so werden diese Körper Theile der Elektrolyte, und wandern sogleich unter dem Einfluss des Stromes, allein wegen ihrer Relation zum Zink b ist es offenbar unmöglich, dass sie in anderer Richtung wandern können als in der, welche mit dessen Lauf übereinstimmt, und deshalb können sie nicht anders, als von der Anode zu der Kathode überzugehen suchen.

„964) Bei einem Kreise, wie der gezeichnete, lassen sich daher alle bekannten Anionen innerhalb, und alle Kationen ausserhalb zusammenstellen. Wenn irgend eine Anzahl derselben als Ionen in die Constitution der Elektrolyten eintritt, und sie, einen Bogen bildend, gleichzeitig einem gemeinschaftlichen Strom unterworfen sind, so müssen die Anionen, in Übereinstimmung mit einander, in der einen Richtung, und die Kationen in der entgegengesetzten wandern. Noch mehr! Es müssen äquivalente Mengen dieser Körper in entgegengesetzten Richtungen wandern. Das Vorrücken von jeden 32,5 Theilen Zink b muss begleitet sein von einem Zurückweichen von 8 Theilen Sauerstoff bei d, von 36 Theilen Chlor bei g, von 126 Theilen Jod bei l, sowie von einem Vorschreiten elektrochemischer Äquivalente von Wasserstoff, Blei, Kupfer und Zinn, bei c, h, k und m.

„965) Nimmt man die vorstehende Darstellung für einen richtigen Ausdruck der Thatsachen, so wird sie doch nur eine Bestätigung gewisser allgemeiner Ansichten sein, welche Humphry Davy in seiner Baker'schen Vorlesung von 1806 ausgesprochen,[1] und im Jahre 1826 in einer anderen Baker'schen Vorlesung verbessert aufgestellt hat.[2] S. 323 und 350.) Sein allgemeiner Satz ist der: Chemische und elektrische Anziehungen werden durch die nämliche Ursache erzeugt, die in dem einen Fall auf Theilchen, in dem anderen auf Massen von Substanz einwirkt, und ein und dieselbe Eigenschaft, verschiedentlich abgeändert, ist die Ursache aller Erscheinungen bei den verschiedenen Volta'schen Combinationen.[3] Diesen Satz halte ich für wahr, allein indem ich ihn annehme und vertheidige, muss ich mich gegen die Voraussetzung verwahren, als wollte ich Allem, was damit in jenen beiden Aufsätzen verknüpft

---

[1] Philos. Trans. 1807 [2] Ebenda 383. 1826 [3] Ebenda 389. 1826

st, beistimmen oder die Experimente, welche daselbst als entscheidende Beweise der Wahrheit des Satzes angeführt werden, gutheissen. Wäre dies meine Meinung gewesen, würde ich diese Untersuchungen nicht unternommen haben. Vielleicht glauben einige, ich wäre verpflichtet gewesen, jene Aufsätze durchzugehen, das, was ich anerkenne, von dem, was ich verwerfe, zu unterscheiden, und für beide Fälle gute experimentelle oder philosophische Beweise anzuführen, allein dann wäre ich auch gezwungen gewesen, alles, was für und wider die Nothwendigkeit des Metallcontactes, für und wider den Ursprung der Volta'schen Elektricität bei chemischen Aktionen geschrieben worden ist, ebenfalls zu recensiren, und diese Arbeit möchte ich nicht im gegenwärtigen Aufsatz unternehmen." [1]

12. Ströme ohne Elektrolyse. In dem zweiten Haupttheil der achten Reihe seiner Untersuchungen, den er „Über die zur Elektrolysirung nothwendige Intensität" überschrieben hat, geht Faraday auf die Frage ein, ob man Ströme von so geringer Intensität durch einen Elektrolyten senden könne, dass überhaupt keine Elektrolyse erfolgt, und bejaht diese Frage auf Grund einiger Versuche, die wir gegenwärtig schwerlich als bindend anerkennen können. Die sehr weitgehenden Schlüsse, welche er aus diesen Versuchen zog, fasste er selbst am Schlusse der Abtheilung zusammen. „Es scheint, dass ein Volta'scher Strom von einer gewissen Intensität, die von der Stärke der ihn hervorrufenden chemischen Verwandtschaften abhängt, einen gegebenen Elektrolyten ohne Beziehung auf die Menge der durchgegangenen Elektricität zersetzen kann, indem die Intensität allein entscheidet, ob der Elektrolyt ersetzt werde, oder nicht. Wenn sich dieser Schluss bestätigt, werden wir die Umstände so einrichten können, dass dieselbe Menge von Elektricität übergeht in derselben Zeit, durch dieselbe Oberfläche, in denselben Körper, in denselben Zustand, und dass sie dabei doch an Intensität verschieden ist, und daher in dem einen Falle zersetzt, und in dem anderen nicht. Denn nimmt man eine Elektricitätsquelle von einer zum Zersetzen unzureichenden Intensität, und ermittelt die in einer gegebenen Zeit übergegangene Elektricitätsmenge, so ist es leicht, eine andere Quelle von zureichender Intensität zu nehmen, und durch Dazwischensetzung schlechter Leiter die Menge der Elektricität auf dasselbe Verhältniss, wie im ersten Strom zurückzuführen, und dann werden alle Bedingungen zur Hervorbringung der beschriebenen Resultate erfüllt sein."

An diesen Sätzen ist so gut wie alles irrthümlich. Zunächst scheint Faraday hier nicht gewahr geworden zu sein, dass die von ihm angenommene

---

[1] „Ich beabsichtigte früher in einer Anmerkung sämmtliche Aufsätze derjenigen Physiker aufzuführen, welche den Ursprung der Elektricität in der Volta'schen Säule von dem Contact oder von der chemischen Aktion oder von beiden Ursachen ableiten, allein nach dem Erscheinen des ersten Theiles von Herrn Becquerel's wichtigem und werthvollem *Traité de l'Electricité et du Magnetisme* hielt ich es für besser, hinsichtlich dieser Citate und der von jenen Physikern aufgestellten Ansichten auf dieses Werk zu verweisen. Man sehe S. 80, 91, 104, 110, 112, 117, 118, 120, 151, 152, 224, 227, 228, 232, 233, 252, 255, 257, 258, 260 u. s. w. — 1 Juli 1834."

Leitung der Elektrolyte ohne Zersetzung das von ihm ausgesprochene Gesetz
aufheben würde, wie denn die zuletzt von ihm erörterte Möglichkeit zweier
Ströme von gleicher Stärke, von denen der eine zersetzend wirkt, der
andere nicht, in vollem Widerspruche mit dem Gesetz von der festen elektrolytischen Wirkung steht.[1] Sodann ist es auffallend, dass er, der sonst
jeden Gedanken in einen Versuch zu übersetzen pflegte, diesen Versuch
nicht angestellt zu haben scheint, der doch so leicht auszuführen war. Wir
wissen gegenwärtig, dass ein solcher Versuch nicht ausführbar ist, dass die
von dem Urheber selbst als möglich angesehene Verletzung seines Gesetzes
nicht stattfindet, und dass keine Elektricitätsbewegung, auch nicht die
geringste, in einem Elektrolyten ohne die entsprechende Bewegung der
Ionen eintreten kann. Die Erscheinungen, welche FARADAY getäuscht haben,
und welche darin bestehen, dass der von Zink und Platin in verdünnter
Schwefelsäure entwickelte Strom dauernd durch verdünnte Säure zwischen
Platinelektroden gehen kann, ohne dass eine Spur der durch den Strom zu
erwartenden Gase an den Platten erscheint, sind erst viel später durch
HELMHOLTZ aufgeklärt worden, welcher sie auf die Diffusion der gelösten
Gase durch die Flüssigkeit, und den daraus erfolgenden Verbrauch derselben
an der anderen Elektrode zurückzuführen lehrte.

Die folgende Abtheilung von FARADAY's Arbeiten bezieht sich auf „zusammengesetzte VOLTA'sche Ketten oder die VOLTA'sche Batterie," und
beginnt mit einer wichtigen Auseinandersetzung des Verhältnisses der verstärkten Elektricität der Batterie zu dem Gesetz der festen elektrolytischen
Wirkung. „Geht man von der Betrachtung einfacher Ketten zu deren Vereinigung in einer VOLTA'schen Batterie über, so ist einleuchtend, dass, wenn
die Sachen so geordnet werden, dass zwei Gruppen von Verwandtschaften,
statt gegen einander, mit einander wirken müssen, sie dann statt einander
zu stören, vielmehr einander unterstützen müssen. Dies ist der einfache
Fall von zwei Plattenpaaren, welche zur Bildung einer Kette angeordnet sind.
Bei solchen Anordnungen wird die Thätigkeit des Ganzen bekanntlich erhöht,
und wenn man zehn oder hundert, oder eine noch grössere Zahl solcher
Alternationen zweckmässig zusammenstellt, so wird die Kraft verhältnissmässig erhöht, und wir erhalten jenes vortreffliche Instrument zu physikalischen Untersuchungen, die VOLTA'sche Batterie.

„990) Aus den bereits aufgestellten Grundsätzen von der festen Wirkung
ist aber klar, dass die Quantität der Elektricität in dem Strom nicht erhöht
werden kann mit Vergrösserung der Quantität des Metalles, welches an
jeder neuen Stelle der chemischen Aktion gelöst und oxydirt wird. Eine

---

[1] Bei einer späteren Gelegenheit fällt es FARADAY allerdings auf, dass die Annahme einer
Leitung ohne Zersetzung seinem Gesetze widerspricht (1032); er meint aber, dass der Antheil
des Stromes, welcher ohne Zersetzung geleitet werde, dem anderen gegenüber als zu unbedeutend
nicht in Betracht komme. In der oben gegebenen Darlegung hat er selbst gezeigt, dass man
die beiden Antheile in ein beliebiges endliches Verhältniss bringen könnte (falls jene Ansicht
richtig wäre), und sich somit im Voraus widerlegt.

einfache Zink-Platin-Kette versetzt vermittelst der Oxydation von 32,5 Gran Zink ebenso viel Elektricität in den Zustand des Stromes, als eine tausend Mal grössere Menge, oder nahezu fünf Pfund desselben Metalles, durch seine Oxydation in einer regulären Batterie von tausend Plattenpaaren liefern würde. Denn es ist einleuchtend, dass die Elektricität, welche in der ersten Zelle vom Zink durch die Säure zum Platin geht, und die von der Zersetzung einer festen Menge Wasser in der ersten Zelle begleitet oder gar erzeugt ist, in der zweiten Zelle nicht vom Zink durch die Säure zum Platin gehen kann, ohne dort dieselbe Menge Wasser zu zersetzen und dieselbe Menge Zink zu oxydiren. Dasselbe geschieht in allen übrigen Zellen, in jeder muss das elektrochemische Aquivalent Wasser zersetzt werden, ehe der Strom durch dieselbe gehen kann. Denn die Menge der durchgegangenen Elektricität und die Menge des zersetzten Elektrolyten müssen äquivalent zu einander sein. Die Wirkung einer jeden Zelle geht also nicht dahin, die in irgend einer Zelle in Bewegung gesetzte Quantität zu vergrössern, sondern diejenige Quantität forttreiben zu helfen, deren Übergang mit der Oxydation des Zinks in dieser Zelle vereinbar ist, und in dieser Weise erhöht sie jene Eigenthümlichkeit des Stromes, welche wir mit dem Namen Intensität bezeichnen, ohne die Quantität zu vermehren, welche der in jeder Zelle der ganzen Reihe oxydirten Menge des Zinks entspricht.

,991) Um dies zu beweisen, stellte ich zehn Plattenpaare von Platin und amalgamirtem Zink mit verdünnter Schwefelsäure zu einer Batterie zusammen. Als ich diese Batterie schloss, wirkten alle Platten, und an den Platinflächen entwickelte sich Gas. Dies wurde gesammelt, und es ergab sich, dass die Menge desselben in allen Zellen gleich war, und ebenso stand die Menge des an jeder Platinplatte entwickelten Wasserstoffes in demselben Verhältniss zu der des an jeder Zinkplatte gebildeten Zinkoxyds, wie das früher bei den Versuchen mit der einfachen Kette der Fall war. Es war also gewiss, dass gerade so viel und nicht mehr Elektricität durch die Reihe von zehn Plattenpaaren durchgegangen war, als durch ein einziges Paar gegangen oder in Bewegung gesetzt sein würde, ungeachtet im ersten Falle eine zehn Mal grössere Menge Zink verbraucht wurde.

„993 Dass die Zersetzungskraft einer Batterie die eines einfachen Plattenpaares übertrifft, ist auf zweierlei Weise einleuchtend. Elektrolyte, welche durch eine so starke Verwandtschaft zusammengehalten werden, dass sie dem einfachen Plattenpaare widerstehen, geben ihre Elemente unter dem von vielen Plattenpaaren erregten Strome aus, und ein Körper, welcher durch die Wirkung eines Plattenpaares, oder weniger Paare zersetzt wird, zerfällt entsprechend leichter in seine Ionen, wenn auf ihn die von einer grösseren Zahl von Plattenpaaren erregte Elektricität einwirkt.

„994) Beide Wirkungen sind, glaube ich, leicht verständlich. Was auch die Intensität sein mag (und sie muss natürlich von der Natur der Elektricität abhangen, ob diese nun aus einer oder mehreren Arten von Flüssigkeiten bestehe, aus Vibrationen eines Äthers oder irgend einer anderen Art

oder einem Zustande von Materie, so ist doch nicht schwierig einzusehen,
dass der Grad der Intensität, mit welcher ein Elektricitätsstrom von dem
ersten Volta'schen Element entwickelt wird, eine Verstärkung erfährt, wenn
dieser Strom der Wirkung von einem zweiten Volta'schen Element ausgesetzt wird, und da die Zersetzungen bloss widerstrebende Wirkungen sind,
aber von genau gleicher Art wie die, welche den Strom erzeugen, so scheint
es eine natürliche Folgerung, dass die Verwandtschaft, welche der Kraft einer
einzelnen Zersetzungswirkung widerstehen kann, unfähig sei, den Kräften so
vieler Zersetzungswirkungen, welche in der Volta'schen Säule gemeinsam
thätig sind, Widerstand zu leisten.

„995. Dass ein Körper, welcher einem Strom von schwacher Intensität
unterliegt, noch leichter einem von grösserer Stärke weicht, und dabei
keinen Widerspruch mit dem Gesetz von der festen elektrolytischen Wirkung
darbietet, ist vollkommen erklärlich. Alle Thatsachen, und auch die Theorie,
welche ich aufzustellen wagte, zeigen, dass der Akt der Zersetzung dem
Übergange des elektrischen Stromes eine gewisse Kraft entgegensetzt, und
dass dieser Widerstand mehr oder weniger leicht überwunden wird, in dem
Maasse, als der zersetzende Strom eine grössere oder geringere Kraft besitzt,
stimmt mit allen unseren Kenntnissen von dem elektrischen Wesen vollkommen überein."

Wir sehen hier Faraday zwar auf vollkommen richtigen Wegen, indem
er die beiden wichtigsten elektrischen Grössen, die Elektricitätsmenge und
die Spannung oder „Intensität", richtig unterscheidet und in ihren charakteristischen Eigenschaften erkennt. Die vollständige Herrschaft über dieses
Gebiet war ihm aber nicht gegeben, und dies zu einer Zeit, wo die Möglichkeit dazu durch Ohm bereits lange erwiesen war. Alles, was hier auseinandergesetzt worden war, ist eine unmittelbare Folgerung aus dem
Ohm'schen Gesetz, und die Kenntniss desselben hätte Faraday eine grosse
Summe von Mühe und Arbeit erspart. Dazu wäre der Vortheil gekommen,
dass die Bedeutung dieses Gesetzes von der Seite eines überzeugten An-
hangers der chemischen Theorie gewürdigt worden wäre. In Deutschland
hatten sich nur die Gesinnungsgenossen des grossen Entdeckers, die Contacttheoretiker, mit dem Ohm'schen Gesetz beschäftigt, und die Fülle von Aufklärung, die es wie über alle anderen Gebiete, auch über das der Zersetzung
durch den Strom bringen konnte, wurde erst in viel späterer Zeit geerntet.
So hat auch nach dieser Richtung jener lange Kampf geschadet, welchem
eine solche Unsumme von Zeit und Arbeit mit so geringen Ergebnissen
geopfert worden war.

In dem weiteren Verfolge seiner Arbeiten beschäftigt sich Faraday mit
der Untersuchung der günstigsten Anordnungen Volta'scher Batterieen, und
schlägt als die beste amalgamirtes Zink und Platin in verdünnter Schwefelsäure vor, da in diesem Falle der ideale Grenzzustand, dass nur gleichzeitig
mit dem Strome und proportional demselben die chemische Wirkung stattfindet, sehr nahe erreicht werden kann. Die Anwendung des amalgamirten

Zinks scheint ziemlich gleichzeitig von KEMP[1] und STURGEON[2] vorgeschlagen worden zu sein. Für die Ursache, dass beim amalgamirten Zink in verdünnter Säure kein Angriff erfolgt, nimmt FARADAY ganz richtig den Umstand in Anspruch, dass durch die flüssige Beschaffenheit der amalgamirten Oberfläche alle vorhandenen Unterschiede durch die Anwesenheit beigemengter Metalle aufgehoben werden, so dass die Bildung kleiner örtlicher Ketten, die bei unreinem Zink stattfindet, vermieden wird. Zur Stütze dieser Ansicht weist er auf die Versuche von DE LA RIVE hin, durch welche nachgewiesen worden war, dass reines Zink von Säuren fast gar nicht angegriffen wird.[3]

Am Schlusse der achten Reihe seiner Experimentaluntersuchungen geht

[1] JAMESON's Edinburgh Journ. Oct. 1828 (Cit. nach FARADAY.)
[2] Recent Experimental Researches, etc. 1830, p. 74 (Cit. nach FARADAY.)
[3] Diese Versuche von DE LA RIVE sind in der Biblioth. univers. 43, 391 auch in POGG. Ann. 19, 221 1830 mitgetheilt, und ergeben, dass die Geschwindigkeit der Lösung des Zinks in Säuren von der Reinheit des Zinks in Bezug auf metallische Beimengungen abhängt, und zwar um so grösser wird, je mehr fremde Metalle vorhanden sind. Möglichst reines destillirtes Zink löst sich überhaupt kaum in verdünnter Schwefelsäure auf.

Dass die Erscheinung elektrischer Natur ist, vermuthete er alsbald, und fand es auch durch seine Versuche bestätigt. Als er reines Zink, welches für sich so gut wie kein Wasserstoffgas gab, mit dünnem Platindraht umwickelte und so in die Säure that, erhielt er alsbald wieder eine heftige Gasentwickelung welche, wie schon WOLLASTON beobachtet hatte (S. 153), nur vom Platin ausging. Ferner fand er, dass Schwefelsäure von verschiedenen Verdünnungen auch verschieden schnell wirkte, und als er die Leitfähigkeit dieser Lösungen ermittelte (über das Verfahren dazu finden sich keine näheren Angaben vor) so ergab sich, dass die bestleitende Säure auch die war, welche das Zink am schnellsten auflöste.

Die Theorie, welche sich DE LA RIVE über die Erscheinungen gemacht hatte, ist folgende. „Die geringe chemische Aktion, welche immer bei reinem Zink stattfindet, erregt einen elektrischen Strom zwischen jedem Zinktheilchen und dem es berührenden Theilchen von fremdem Metalle. Diese kleinen Molekularströme zersetzen das Wasser, welches sie durchdringen, führen den Wasserstoff zum beigemengten Molekule, welches in allen hier angewendeten Gemengen negativ ist, und den Sauerstoff zum Zinkmolekule welches positiv ist. Letzteres Molekul verbindet sich, sowie es oxydirt ist, mit der in der Flüssigkeit vorhandenen Schwefelsäure, und bildet schwefelsaures Zinkoxyd, welches aufgelöst bleibt. Die Wasserzersetzung und folglich die Wasserstoffentwickelung in einer gegebenen Zeit wird demnach um so beträchtlicher sein, als die elektrischen Strome zwischen den einzelnen Theilchen starker sind. Die Intensität dieser Strome hangt aber vom Leitungsvermögen der Säure ab, und wie wir gesehen haben, ist die Gasentwickelung desto beträchtlicher, je stärker dieses Leitungsvermögen ist. Auch muss die Intensität von dem Unterschiede der Oxydirbarkeit des Zinks und des demselben beigemengten Metalles abhängen, jedoch sehen wir, dass das Zink-Eisen von allen Gemengen die grösste Wirkung hervorbringt."

DE LA RIVE geht nun dazu über, diesen letzteren Widerspruch gegen seine Voraussetzungen zu erklären, doch gelingt ihm dies kaum befriedigend, und wir brauchen nicht in eine Erörterung über die Stichhaltigkeit seiner Betrachtungen einzugehen. Von Interesse ist an der Auseinandersetzung, die allerdings nach dem heutigen Standpunkte in manchen Stücken anders und namentlich einfacher lauten würde, dass hier wohl zum ersten Male ein Zusammenhang zwischen der elektrischen Leitfähigkeit und der chemischen Reaktionsgeschwindigkeit aufgestellt wird. Ein solcher Zusammenhang besteht in einem weit ausgedehnterem Maasse, als DE LA RIVE hier angedeutet hat, doch gehört die Entdeckung desselben ganz der neuesten Zeit an.

Faraday auf den „Widerstand der Elektrolyte gegen elektrolytische Aktion" ein, und erörtert die Wirkung der Zwischenplatten. Auf die vielen älteren Arbeiten, welche seit Gautherot und Ritter (S. 173) über diesen Gegenstand veröffentlicht worden sind, geht er nicht ein. Einen wesentlichen Fortschritt in der Auffassung der Erscheinung, welche inzwischen mit dem Namen der Polarisation bezeichnet worden war, macht er insofern, als er zu dem Satze kommt: „Die allgemeine und hauptsächliche Ursache dieser Erscheinungen ist der Widerstand gegen chemische Zersetzungen." Zum Beweise desselben, der ohnedies aus seiner ganzen Auffassung der elektrochemischen Erscheinungen folgt, zeigt Faraday, dass, wenn man in der Zersetzungsstelle statt verdünnter Schwefelsäure allein ein Gemenge derselben mit Salpetersäure hat, die Schwächung eine viel geringere ist. „Dies scheint eine Folge davon zu sein, dass die Schwierigkeit der Zersetzung des Wassers vermindert ist, wenn dessen Wasserstoff, statt frei ausgetrieben zu werden, auf den Sauerstoff der Salpetersäure zur Bildung eines secundären Produktes an der Kathode übertragen werden kann, wie hier. Denn gemäss den schon ausgesprochenen Ansichten von dem elektrischen Strom und seinen Wirkungen widersteht das Wasser nun nicht mehr der Zersetzung mit dem vollen Betrage der auf der gegenseitigen Anziehung seines Sauerstoffes und Wasserstoffes entspringenden Kraft, sondern diese Kraft ist theilweise aufgewogen und folglich geschwächt durch die Anziehung des Wasserstoffes an der Kathode zu dem Sauerstoff der Salpetersäure daselbst, mit welchem er sich zuletzt verbindet, statt frei zu entweichen."

Bei der Benutzung verschiedener Zwischenplatten erhielt Faraday das schon von Ritter gefundene Ergebniss, dass Zink nur wenig, Kupfer viel mehr dem Strome hinderlich war, und zwar das letztere erst nach einigen Augenblicken. „Dies scheint daher zu rühren, dass die Flächen jenen besonderen Zustand annehmen, vermöge dessen sie den umgekehrten Strom zu erregen trachten. Denn wenn eine oder mehrere dieser Platten umgekehrt wurden, was sich vermittelst der Tassenkrone leicht bewerkstelligen liess, wurde der Strom auf einige Augenblicke kräftig erneuert, und hörte dann abermals auf. Alle diese Verzögerungseffekte, die sich durch Zersetzungen an Flächen äussern, die zu den ausgeschiedenen eine grössere oder geringere oder gar keine Verwandtschaft haben, zeigen in allgemeiner und hübscher Weise die chemischen Beziehungen und den Ursprung des elektrischen Stromes, sowie den Gleichgewichtszustand der Verwandtschaften an dem Entstehungs- und Zersetzungsorte. Auf diese Weise vermehren sie die Beweise zu Gunsten der Einerleiheit der beiden. Denn sie beweisen den Antagonismus der chemischen Kräfte in dem elektromotorischen Theil zu den chemischen Kräften in dem eingeschalteten Theil, sie zeigen, dass die ersteren elektrische Wirkungen erzeugen, die letzteren sich diesen widersetzen, sie bringen die beiden in ein unmittelbares Verhältniss, sie thun dar, dass jede von ihnen die andere bedingen kann, sie kehren augenscheinlich Ursache und Wirkung um, und beweisen, dass die chemische und elektrische

Wirkung nur zweierlei Ausserungen eines einzigen Wesens oder einer einzigen
Kraft darstellen "

Den hier von Faraday gezogenen Schluss von der gegenseitigen Be-
dingtheit der chemischen und elektrischen Vorgange auf die Gleichheit ihres
Wesens wird man heute nicht mehr als berechtigt anerkennen durfen,
obwohl solche Schlusse auch jetzt noch haufig gezogen werden Denn diese
Bedingtheit tritt nur in bestimmten Fallen ein, es sind ebenso chemische
Vorgange ohne elektrische, wie auch insbesondere elektrische ohne chemische
moglich und wirklich, und in allen solchen Fallen konnte man die behauptete
Gleichheit beider nur durch unbeweisbare und unzweckmassige Hypothesen
formal herstellen Vielmehr ist uns heute die gegenseitige Bedingtheit zweier,
verschiedenen Gebieten angehoriger Erscheinungsreihen eine so gelaufige
Thatsache, dass wir ganz allgemein solche Beziehungen zwischen je zwei
beliebigen Energiearten erwarten Um bei der chemischen Energie zu bleiben,
konnen wir eben solche Beziehungen, wie sie zu der elektrischen vorhanden
sind, zu der mechanischen Energie wie zur Warme aufweisen, ohne dass
wir uns dadurch fur berechtigt halten, das Wesen der chemischen Erscheinungen mit dem der Warme oder der mechanischen Arbeit gleich zu setzen
Das Gemeinsame, was in allen diesen Fallen vorhanden ist, besteht in der
gegenseitigen Umwandlung der Energie, diese ist durch bestimmte Beziehungen zwischen den Faktoren der verschiedenen Energiearten geregelt,
und da alle diese Umwandlungen gegenseitig sind, ist es nicht statthaft,
einer der Arten der Energie einen Vorzug vor der anderen zu geben

Diese Verhaltnisse sind zwar einfach genug, wenn man sie sich einmal
klar gemacht hat, doch schien es nothig, sie hier ausdrucklich auszusprechen,
um ein fur alle Male den richtigen Gesichtspunkt fur die Beurtheilung einer
Anschauungsweise zu gewinnen, wie sie uns hier an Faraday entgegengetreten ist, und wie sie spater sich immer wieder zeigen wird

Bei der weiteren Erorterung der Polarisationserscheinungen weist Faraday
darauf hin, dass die Wirkung durch die chemische Veranderung der an den
Platten liegenden Flussigkeit nur das unmittelbar anliegende Hautchen zu
treffen brauche, um merkbar zu sein, und fuhrt fur die Zahigkeit, mit
welcher Stoffe an Oberflachen hangen bleiben, folgenden hubschen Versuch
an "Eine polirte Platinplatte wurde nur auf einen Augenblick in heisse
concentrirte Schwefelsaure getaucht und dann in destillirtes Wasser, darin
herumgefuhrt, herausgenommen, und trocken gewischt, darauf wurde sie in
eine zweite Portion destillirten Wassers gebracht, darin herumbewegt und
abermals trocken gewischt, jetzt ward sie in eine dritte Portion destillirten
Wassers getaucht, darin beinahe acht Sekunden herumbewegt, und nun ohne
Abwischen in eine vierte Portion destillirten Wassers gebracht, und funf
Minuten darin gelassen Die beiden letzten Portionen Wasser wurden nun
auf Schwefelsaure gepruft, die dritte zeigte keine merkbaren Spuren von
dieser Saure, aber die vierte gab nicht nur sichtbare, sondern auch fur diese
Umstande sehr reichliche Anzeigen von derselben "

Neben der Ursache der Ausscheidung solcher Stoffe, welche eine entgegengesetzte elektromotorische Kraft an den Platten bewirken, nimmt Faraday noch eine zweite Ursache an, welche „in dem ungewohnlichen Zustande der Metalloberflache" liegen soll, dessen erste Beobachtung er auf Ritter zuruckfuhrt, und deren Beweis er in der langen Dauer der entsprechenden Wirkung auch nach Ausschaltung der zersetzenden Kette sieht. Gegenwartig wissen wir, dass dieser zweite Umstand von dem ersten nicht wesentlich verschieden ist, d h dass es sich gleichfalls um eine Wirkung elektrolytisch ausgeschiedener Stoffe handelt Die langere Dauer dieser Wirkung, die sich insbesondere bei kathodischer Polarisation von Platinplatten zeigt, ruhrt von dem absorbirten Wasserstoff her, welcher in das Platin eindringt, und nur langsam wieder entweicht Auch in diesem Falle sind die Erscheinungen insbesondere durch Helmholtz klar gestellt worden

13 Ruckblick Uberschaut man die Summe von Faraday's Leistungen fur die Elektrochemie, so findet man sie ausserordentlich gross Durch die Entdeckung seines Gesetzes der festen elektrolytischen Wirkung hat er fur unser Gebiet etwa dasselbe gethan, was Ohm fur die Lehre von dem elektrischen Strome gethan hatte, namlich das zahlenmassig ausdruckbare Grundgesetz gefunden, auf welches alle weiteren Messungen zuruckzufuhren sind, und welches erst gestattet, Gesetz und Ordnung in die Fulle der Erscheinungen zu bringen Aber dies ist nicht das einzige Verdienst dieser Arbeiten Die sachgemasse Unterscheidung der beiden elektrischen Grossen, der Elektricitatsmenge und der Spannung oder Intensitat, ist zwar nicht Faraday's Werk allein, denn sie war schon von Volta in wesentlich derselben Weise durchgefuhrt worden Von grosster Bedeutung aber, und ganz Faraday's Verdienst ist die richtige Zuordnung, welche er zwischen diesen elektrischen Grossen und den entsprechenden chemischen bewerkstelligt hat, indem er die Elektricitatsmenge mit der Stoffmenge, die elektrische Spannung mit der chemischen Verwandtschaft in Beziehung brachte Dadurch hatte er die Grundlagen der kunftigen chemischen Theorie der Volta'schen Kette gelegt, denn nach mehr als einem halben Jahrhundert angestrengter Arbeit ist die Forschung genau auf den gleichen Standpunkt gelangt Die inzwischen zu leistende Arbeit bestand vornehmlich in der Ausbildung des Begriffes der chemischen Verwandtschaft, welcher zu Faraday's Zeiten noch keinen scharf definirbaren, und noch weniger einen zahlenmassig aufweisbaren Inhalt besass Als dieser gefunden war, liess sich der von Faraday nur postulirte Zusammenhang in der That aufweisen und so die chemische Theorie der galvanischen Erscheinungen durchfuhren

Neben diesen ungemeinen Fortschritten waren einzelne Missgriffe hervorzuheben, wie die nicht ganz richtige Bestimmung der Ionen, und die Annahme der metallischen Leitung in den Elektrolyten neben der rein elektrolytischen Es ist bereits hervorgehoben worden, dass zwar der erste Missgriff ziemlich bald beseitigt worden ist, und daher nicht viel Behinderung des Fortschrittes verursacht hatte, dass aber der zweite seine schadliche

Wirkung sehr viel langer und einschneidender gezeigt hat Einen Vorwurf darf man hieraus für FARADAY schwerlich ableiten, denn den ersten Irrthum theilte er mit seiner ganzen Zeit, und zu dem zweiten wurde er gerade durch die Sorgfalt veranlasst, mit welcher er die Gültigkeit seines Gesetzes prüfte Während der Anfänger in der Wissenschaft fast immer geneigt ist, den von ihm gefundenen Regelmässigkeiten eine allzuweite Geltung beizulegen, wird der erfahrene Forscher in dieser Beziehung immer vorsichtiger, denn er sieht nur zu oft die ursprünglich vermuthete Bedeutung solcher Allgemeinheiten sich mehr und mehr einschränken Dadurch entsteht ein gewisses Misstrauen auch in solchen Fällen, wo zunächst keine Ausnahme aufzutreten scheint, und man ist aus berechtigter Vorsicht geneigt, widersprechenden Instanzen eine grössere Bedeutung zuzuschreiben, als ihnen zukommt Nun ist die Entdeckung und erste Prüfung eines Gesetzes eine ganz andere Thätigkeit, als seine spätere messende Durcharbeitung, und es wäre in den meisten Fällen verlorene Arbeit, beide Aufgaben gleichzeitig lösen zu wollen FARADAY war also ganz berechtigt, diese zweite Aufgabe zu verschieben, oder Anderen zu überlassen, dass dieser naturgemässe Vorgang in diesem Falle ungünstige Wirkungen gehabt hat, ist wesentlich eine Folge der ausserordentlichen Bedeutung des Gesetzes

14 Aufnahme des FARADAY'schen Gesetzes Nachdem FARADAY sein Gesetz veröffentlicht hatte, blieb es ihm nicht erspart, dasselbe sowohl gegen Angriffe auf seine Gültigkeit, wie auch gegen Aneignung durch Andere vertheidigen zu müssen Die ersten Angriffe gingen von keinem Geringeren aus, als von BERZELIUS, der in seinem Jahresberichte aus den Arbeiten von FARADAY sehr wenig sachgemässe Auszüge gab Es ist hier ganz auffallend zu beobachten, in welchem Maasse die Abweichung der Ansichten über die Theorie der elektrischen Erscheinungen — BERZELIUS war Anhänger der Contactlehre, nachdem er zuerst der chemischen Theorie angehangen hatte — selbst bei einem so ausgezeichneten Manne wie BERZELIUS nicht nur die Sicherheit des Urtheiles, sondern sogar die Gerechtigkeit und Unparteilichkeit des wissenschaftlichen Berichterstatters beeinträchtigt hat

In seinem ersten Bericht über das Gesetz[1] äussert sich BERZELIUS zwar kritisch, aber doch noch nicht unbedingt abweisend Nachdem er die von FARADAY angegebenen Versuche ziemlich unvollständig berichtet hat, schreibt er „Bei der Beurtheilung dieser Versuche will es scheinen, als wäre der Satz, dass dasselbe Quantum Elektricität stets dieselbe Grösse der Zersetzung gebe, nicht so vollkommen bewiesen, als man wünschen könnte Die Sache ist vielleicht richtig Dies darf jedoch nicht von einer näheren Kritik des Beweises abhalten Jeder, der Gelegenheit hatte, das Quantum von chemischer Zersetzung, welches eine neu aufgebaute Säule bewirkt, zu vergleichen mit dem, welches nach 24 Stunden dadurch hervorgebracht wird, der gesehen hat, in welchem Grade der Abstand nicht allein zwischen den

---

[1] 15 Jahresber. für 1834 Tübingen 1836 S 30 u ff

Platten der Säule, d h die Dicke des zwischenliegenden Liquidums, sondern auch zwischen den Leitungsdrahten in der Flüssigkeit auf den Gang der Zersetzung influirt, findet nicht in Faraday's Arbeit angegeben, wie man messen kann, was diese wirken in Beziehung auf die Quantität des hindurchgehenden Stromes   In den Resultaten dieser Versuche finde ich nichts, was entscheidend genug wäre, um mehr zu beweisen, als dass, wenn Wasser und geschmolzenes Chlorblei nach einander von demselben elektrischen Strome durchsetzt werden, die Quantitäten des reducirten Bleis und Wasserstoffes Äquivalente sind   Aber auch hier bedingt   die Gegenwart der Schwefelsäure im Wasser eine Unsicherheit   Noch eine andere Frage kann hier aufgeworfen werden, ist dasselbe Quantum von Elektricität nöthig, um ein Atom Silber und ein Atom Sauerstoff von einander zu trennen, wie um ein Atom Kalium und ein Atom Sauerstoff zu trennen, d h um Kräfte von einem so unermesslichen Unterschiede der Grösse aufzuheben? Kann die Intensität an Kraft ersetzen, wie sie zur Überwindung einer grösseren Kraft vorauszusetzen ist? Wäre nicht der Umstand denkbar, dass Verwandtschaften von gleicher Grösse von demselben Strom gleich überwunden werden, und Verwandtschaften von verschiedenem Grade mit so geringem Unterschiede in der Quantität, dass er im Kleinen in die Beobachtungsfehler fällt? Es ist bekannt, dass das Blei nur mit Schwierigkeit und unter Kochen das Chlor vom Wasserstoff scheidet, dass also diese Verwandtschaften sehr nahe liegen   Man sieht hieraus, dass die Untersuchung von einem weit umfassenderen Gesichtspunkt aus genommen werden muss, ehe das Resultat, das Faraday daraus entnommen hat, als gültig betrachtet werden kann "

Aus diesen Darlegungen wird der Irrthum klar, welcher Berzelius zu seinen Zweifeln an dem Gesetz von Faraday veranlasst hat es ist die Ansicht, dass gleiche Elektricitätsmenge gleiche wirksame Kräfte bedeutet Nach dem, was früher dargelegt worden ist, kann Faraday keine Schuld an diesem Missverständnisse beigemessen werden, denn er hat völlig sachgemäss die Elektricitätsmenge von der Intensität unterschieden, und das Verhältniss beider insbesondere daran klar gemacht, dass er zeigte, wie in einer Säule von beliebig vielen Plattenpaaren die Elektricitätsmenge stets dieselbe ist, wenn an einer Zinkplatte eine bestimmte Menge Metall gelöst wird, und dass durch den Aufbau zur Säule nur die Intensität wächst Berzelius war sich hierüber nicht klar geworden, und daher rührt sein Einwand

Eine Entschuldigung für Berzelius liegt indessen in dem Umstande, dass Faraday sich anderen Einwürfen ausgesetzt hatte, welche durchaus berechtigt waren, und in welchen Berzelius unzweifelhaft competenter war, als sein Gegner Es ist dies der fehlerhafte Satz, dass nur aus gleichen Atomen zusammengesetzte Verbindungen der Elektrolyse unterliegen S 507). Es wurde bereits bemerkt, dass Faraday, um diesen Satz aufrecht zu halten, die Existenz eines Antimonoxyds SbO angenommen hatte, und Berzelius musste es leicht werden, in einer experimentellen Untersuchung das Irrthumliche dieser Behauptung zu zeigen [1] Es ist ganz menschlich, wenn er angesichts dieser wenig begrundeten Behauptung seines Gegners auch dessen andere Ergebnisse in Zweifel ziehen zu durfen glaubte

In seinem nachsten Jahresbericht referirt BERZELIUS uber die achte Reihe von FARADAY's Untersuchungen, und machte gegen die Beweiskraft von dessen Experimenten uber Strome ohne metallische Beruhrung die naheliegende Einwendung, dass die Contactkrafte zwischen Metall und Flussigkeit zur „Erklarung" ausreichen Auf das elektrolytische Gesetz bezieht sich die folgende Bemerkung „Ferner hat er FARADAY zu zeigen gesucht, was auch jedem die Erfahrung zeigt, der sich mit hydroelektrischen Versuchen beschaftigt hat, dass jeder verschiedene Verwandtschaftsgrad, um uberwunden zu werden, auch einen verschiedenen Intensitatsgrad des elektrischen Stromes erfordert, und dass zersetzbare flussige Korper Strome von geringerer Intensitat leiten konnen, als zu ihrer Zersetzung nothig sind Hier fragt man sich Was wird dann aus dem Gesetz, dass eine gleiche elektrische Quantitat in der Circulation immer gleiche Aquivalente trennt? denn es ist klar, dass bei jeder Zersetzung, die einer bestimmten Kraft bedarf, eine bestimmte Portion des Stromes ubrig bleibt, welcher durch den Verwandtschaftsgrad das Gleichgewicht gehalten wird FARADAY beantwortet die Frage damit, dass diese Quantitat im Verhaltniss zu der, welche zur Aufhebung der chemischen Verwandtschaft aufgehe, so gering sei, dass sie bei den Versuchen uber das Quantitative nicht in Rechnung komme Aber ganz zugegeben, dass die Quantitat des elektrischen Stromes und der chemischen Zersetzung einander wirklich entsprechend sein muss, so durfte es doch, sowohl aus dem nun angefuhrten, wie aus den im vorigen Jahresberichte von mir gemachten Einwurfen klar sein, dass jede hydroelektrische Zersetzung von so viel Nebenumstanden begleitet sei, dass das gefundene quantitative Messungsresultat unmoglich mit dem theoretischen vollkommen ubereinstimmen kann "

BERZELIUS ist auch hier in seiner Kritik, die den gleichen Irrthum bezuglich der „Kraft" des Stromes enthalt, viel zu weit gegangen Aus den spateren Untersuchungen hat sich in striktem Gegensatz zu seinen Einwanden ergeben, dass das Gesetz von FARADAY zu den wenigen gehort, von denen eine messbare Abweichung nicht hat nachgewiesen werden konnen, die also innerhalb der Grenzen der bisher erreichten Genauigkeit als vollig genau angesehen werden durfen

Viel heftiger noch, als im Jahresberichte, aussert sich BERZELIUS spater in der vierten Auflage seines Lehrbuches Diese enthalt zunachst abweichend von den fruheren Auflagen die Beschreibung des mehrfach erwahnten Versuches, durch welchen BERZELIUS sich selbst von einem Anhanger der chemischen Theorie zu einem der Contacttheorie gemacht hat, und der durch die Fig 148 genugend veranschaulicht wird, darin bezeichnet K Kupfer,

---

[1] 15 Jahresber S 142   [2] 16 Jahresber S 33

Z Zink, SZ Zinksulfat, SF Salpetersäure. BERZELIUS schliesst seine Beschreibung des Versuches mit den Worten: „Aus diesem einfachen Versuche folgt also unwidersprechlich, dass die in dem feuchten Leiter der
Säule auftretenden chemischen Erscheinungen nicht die Ursache des elektrischen Zustandes, sondern umgekehrt eine Folge davon sind und in der Art
bestimmt werden, dass sie sogar das Umgekehrte davon werden können, was
sie waren, ehe die elektrischen Ströme ihren Lauf begannen.

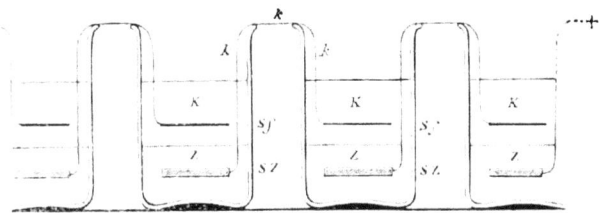

Fig. 148. Nach BERZELIUS.

„Die Gegner der Contacttheorie haben ganz unzulässige Erklärungen
von diesem Experiment versucht, um das Resultat desselben mit der sogenannten chemischen Theorie der Säule, die dadurch vollkommen widerlegt
wird, scheinbar in Einklang zu bringen. Es giebt noch manche andere und
ganz ebenso entscheidende Beweise gegen diese Theorie, deren Anführung
ich hier für überflüssig halte."

Bei der Auseinandersetzung der Theorie der Elektrolyse polemisirt BER-
ZELIUS beinahe gegen alle Ansichten, welche FARADAY ausgesprochen hat. Er
erwähnt den Satz, dass ein Elektrolyt nur leiten kann, indem er zersetzt
wird und bemerkt dazu: „Diese Annahme hat insofern einige Wahrscheinlichkeit für sich, als es zu den seltenen Ausnahmen gehört, dass ein Strom
durch einen solchen flüssigen Körper geht, ohne allmählich seine Bestandtheile zu trennen; aber solche Ausnahmen giebt es, und sie beweisen, dass,
wenn auch die Trennung der Bestandtheile eine meistens eintretende Wirkung
des Durchganges des elektrischen Stromes ist, sie doch nicht die Bedingung
dazu ausmacht. Es ist ausserdem bekannt, dass der Strom der Frictionselektricität mit Leichtigkeit durch sie hindurchgeht ohne Zeichen der Zersetzung, während doch die Elektricität in beiden dieselbe ist, wiewohl die
letzterwähnte nur einen äusserst kurzen Zeitmoment dauert, in welchem die
Vis inertiae der Materie nicht überwunden werden kann. Wäre der angenommene Umstand richtig, so würden sich diese flüssigen Körper wenigstens wie Nichtleiter für den momentanen Strom der Frictionselektricität
verhalten.

„Diese Naturforscher (es ist FARADAY gemeint) nehmen auch an, dass,
wenn ein und derselbe hydroelektrische Strom nach einander durch mehrere
einzelne zusammengesetzte flüssige Körper geht und sie zersetzt, die relative
Anzahl von getrennten Atomen oder Mischungsgewichten bei allen gleich

ist, aus welchen verschiedenen Grundstoffen sie auch zusammengesetzt
sein mögen, so dass nach dieser Annahme derselbe elektrische Strom,
welcher ein Atom Silber von einem Atom Sauerstoff scheidet, auch ein
Atom Kalium von einem Atom Sauerstoff trennt, während die erste Verbindung eine der losesten, und die letztere eine der festesten ist, die wir
kennen Als faktischen Beweis dafür führt Faraday an, dass ein und derselbe hydroelektrische Strom, der zuerst durch Wasser und dann durch
geschmolzenes Chlorblei gegangen ist, aus beiden an der negativen Seite
gleiche Mischungsgewichte Blei und Wasserstoff abgeschieden habe Die
Vereinigungskraft zwischen Blei und Chlor und zwischen Sauerstoff und
Wasserstoff sind der Grosse nach nicht bedeutend von einander verschieden,
ausserdem sind die Versuche mit zu kleinen Quantitäten angestellt, um aus
den gefundenen Quantitäten ein Resultat ziehen zu können, welches sich
allgemein uns auf alle Verbindungen anwenden liesse, sie mögen auf grosser
oder kleiner Vereinigungskraft beruhen Es ist durchaus zu früh, auch nur
vermuthungsweise die Zulässigkeit dieses Resultates für ein allgemein geltendes
des Naturgesetz anzunehmen Gleichwohl hat man schon angefangen, dies
zu thun, und hat es das Gesetz der festen elektrolytischen Aktionen
genannt Es zeigt sich sogleich, dass dies Gesetz auf dem angenommenen
Satz beruht, dass ein flüssiger Körper den Strom nicht anders als durch
Trennung seiner Bestandtheile leiten könne, aber wenn dies, wie wir sahen,
nicht als eine Naturnothwendigkeit angesehen werden kann, und wenn geschmolzene Körper in dem Maasse ihres grösseren Leitungsvermögens, und
dem ungleichen Grade von Vereinigungskraft, der ihre Bestandtheile zusammenhält, einem grösseren oder kleineren Theil des Stromes den Durchgang gestatten, ohne dass dieser Theil Zersetzung bewirkt, so findet keine
Vergleichung statt zwischen der Quantität dessen, was in ungleichen Körpern
getrennt wird, und der Grosse des Stromes Das Gesetz der fixen elektrolytischen Aktion erfordert ausserdem eine Menge von Annahmen, welche die
Wahrscheinlichkeit gegen sich haben, wie z B dass keine anderen Verbindungen als die erster Ordnung von dem elektrischen Strome getrennt werden
können, und dass, wenn die Versuche zeigen, dass auch andere zerlegt
werden, dies secundär ist in Folge des Vereinigungsstrebens des Wasserstoffs an der negativen und des Sauerstoffs an der positiven Seite, indem
diese hier, so wie sie aus dem Wasser frei werden, neue Verbindungen eingehen, — Schlusse, die nur einer kleinen Anwendung von Logik bedurften,
um verworfen zu werden "

So ungerecht im Ganzen diese Kritik ist, so hat doch Berzelius mit
seinem durch die Gegnerschaft gesteigerten Scharfblick die schwachen Punkte
in dem von Faraday eingenommenen Standpunkte ganz sachgemäss bezeichnet, und weder die „metallische" Leitung der Elektrolyte, noch der Satz,
dass nur Verbindungen, die aus gleichen Atomen zusammengesetzt sind, der
Elektrolyse unterliegen, hat sich halten können. Dagegen ist der aus der
Verschiedenheit der Verwandtschaften hergenommene Einwand unhaltbar, da

die Arbeit des Stromes nicht in der durchgeleiteten Elektricitatsmenge, sondern
in der Polarisation, welche sich der Ausscheidung der Zersetzungsprodukte
an den Elektroden widersetzt, zum Ausdruck kommt. Um die Zeit, wo dies
geschrieben wurde, waren eben die richtigen Gesichtspunkte im Werden
begriffen, und der Einwand konnte bald beantwortet werden, wenn es auch
noch geraume Zeit dauerte, bis der Irrthum völlig ausgerottet war.

Der andere Angriff, welchen Faraday zu bestehen hatte, war einer auf
das Eigenthum. Im Januar 1835 veröffentlichte C. Matteucci[1] eine von
Oktober 1834 datirte Abhandlung, welche im wesentlichen das Faraday'sche
Gesetz, allerdings in einer weit weniger klaren Weise brachte, ohne dass er
der Arbeiten von Faraday Erwähnung that, welche mehr als ein Jahr vorher
veröffentlicht worden waren. Matteucci's Versuche bestanden darin, dass er
Ketten aus verschiedenen Metallen bildete, und diese durch eine Silberlösung
zwischen Platinplatten schloss. Aus seinen Messungen zog er den folgenden
Schluss: „Eine gegebene Menge eines beliebigen Metalles, in einer beliebigen
Saure schneller oder langsamer, je nach der Concentration einer Saure, der
Temperatur des Losungsmittels u. s. w. aufgelöst, entwickelt immer eine
gleiche Menge elektrochemischer Kraft, während die galvanometrische Wirkung
sehr veränderlich ist."

Die Versuche wurden dergestalt ausgeführt, dass kleine Säulen, gewöhnlich aus vier Paaren Zink mit Platin, Kupfer oder Gold gebildet wurden,
deren Strom so lange durch die Silberlösung geleitet wurde, bis das Zink,
das immer in gleicher Menge angewendet wurde, völlig aufgelöst war. Es
halt schwer, zu glauben, dass solche Versuche wirklich das angegebene
Resultat gegeben haben. Denn auf die vom Strome unabhangige Wirkung
der Sauren auf das gewöhnliche Zink, welches je nach den Umstanden einen
ganz verschiedenen Bruchtheil der Gesammtmenge ausmachen kann, ist nicht
die mindeste Rucksicht genommen, auch erwähnt Matteucci nicht, dass er
etwa amalgamirtes Zink angewendet hatte.

Als zweites Ergebniss seiner Versuche theilt er den Satz mit: „Lasst
man durch verschiedene Metallsalzlosungen den durch eine gewisse elektrochemische Wirkung entwickelten Strom gehen, so sind die in diesen verschiedenen Losungen reducirten und ausgeschiedenen Metalle verschieden,
und welches auch ihre relativen Dichten seien, so verhalten sie sich immer,
wie die chemischen Aquivalente derselben Metalle." (Die ungenaue Ausdrucksweise ist nicht Schuld der Ubersetzung, sondern dem Original nach-
gebildet.) Der Nachweis dieser Beziehung erfolgte, indem hinter einander
geschaltete Losungen von Silber- und Kupfersalzen gleichzeitig zersetzt wurden,
nach einem einwurfsfreien Verfahren.

Ein dritter Satz, welchen Matteucci ausspricht, lautet: „Ordnet man
verschiedene Metalle so zu Säulen an, dass sich ihre zersetzten Mengen verhalten, wie ihre chemischen Aquivalente, so erhalt man eine gleiche elektro-

[1] Ann. chim. phys. 58. 75. 1835.

chemische Wirkung" Der Nachweis dieser Beziehung wird auf eine sehr
seltsame Weise erbracht "Ich habe dazu sehr kleine Platten von Blei und
Kupfer mit solchen von Platin verbunden, die letzteren waren an Gewicht
gleich, die anderen im Verhältniss ihrer Äquivalente Nachdem die kleinen
Säulen so angeordnet waren, konnte ich die Platten von Kupfer und Blei
mit Hülfe von Salpetersäure auflösen Die abgeschiedene Silbermenge in
einem Silber-Voltameter) war in beiden Fällen gleich" Hier hat Matteucci
das Gesetz, welches er entdeckt zu haben behauptet, nicht einmal verstanden,
denn Faraday selbst hatte schon deutlich genug auseinandergesetzt, dass die
unmittelbare Lösungsreaktion der Reagentien auf die Metalle überhaupt nichts
zur Entstehung des Stromes beiträgt

Gegen diesen Versuch der Aneignung erhob sich mit grosser Energie
Poggendorff in einer Anmerkung, mit der er die Übersetzung der achten
Reihe von Faraday's Untersuchungen begleitete [1] Nachdem er die Prioritäts-
frage erledigt hat, fährt er fort "Wem von beiden also hier die Ehre der
Priorität gebühre, liegt klar am Tage Möglich, wenngleich nicht sehr wahrscheinlich, dass die Arbeiten des Auslandes so spät zur Kenntniss der Floren-
tiner Physiker gelangen 'man erinnere sich nur, wie schnell ihnen die Kunde
von der Magnet-Elektricität zugekommen ist), — wie aber in Paris die Entdeckung Faraday's so unbekannt sein (oder ignorirt werden kann, dass
daselbst der Aufsatz Matteucci's ein Jahr hernach ins Publikum gebracht
wird, ist in der That unbegreiflich Der Wissenschaft freilich gilt es gleich,
durch wen sie erweitert wird (wiewohl keiner diesen Satz anerkennt, wenn
er selbst dabei betheiligt ist), — aber eine so wichtige Entdeckung, wie die
letzte des Herrn Faraday, unstreitig der einzige wahre Fortschritt in der
Kenntniss der chemischen Wirksamkeit der Elektricität seit dem Jahre 1800,
dem Jahre der Entdeckung der Wasserzersetzung durch die Säule, — eine
solche Entdeckung fordert doch wohl zu einigem Dank gegen ihren Urheber
auf, und die öffentliche Anerkennung seiner wohlbegründeten Prioritätsrechte
ist sicher der geringste Dank, den man ihm bringen kann"

Diese Episode hat indessen nicht gehindert, dass zwischen Faraday und
Matteucci sich später freundschaftliche Beziehungen entwickelt haben, welche
sowohl in persönlichem wie brieflichem Verkehr zum Ausdruck kamen

---

[1] Pogg Ann 35, 260 1835

Fig. 149. CHRISTIAN FRIEDRICH SCHÖNBEIN.

Vierzehntes Kapitel.

Die Entwickelung der Elektrochemie bis zur Entdeckung des Energieprinzipes.

1. **Einleitung.** Durch die Entdeckung des ersten quantitativen Gesetzes in der Elektrochemie durch FARADAY war dieser Wissenschaft eine neue Bahn eröffnet worden, indem sie aus dem Kindheitsstadium, das durch das blosse Kennenlernen der Erscheinungen in qualitativem Sinne gekennzeichnet ist, in das reifere Entwickelungsalter übertrat, in welchem die Frage des zahlenmässigen Zusammenhanges mit dem Ganzen der natürlichen Erscheinungen gestellt und beantwortet werden kann. Allerdings erwies sich das FARADAY'sche Gesetz nach dieser Richtung zunächst noch wenig fruchtbar, wohl weil der Übergang desselben in das Bewusstsein der Forscher noch eine längere Zeit beanspruchte. Ferner aber war jene Zeit eine der

Vorbereitung auf die grosse Frage nach den allgemeinen Gesetzen jenes Zusammenhanges uberhaupt, und die Beantwortung derselben, wie sie in dem Gesetz von der proportionalen Umwandlungsfähigkeit und der Erhaltung der Energie gefunden wurde, war eine nothwendige Voraussetzung für die Entwickelung der entsprechenden Seite der Elektrochemie. So sehen wir in der nun zu schildernden Zeit die verschiedensten Wege alle auf diesen einen Punkt, den Zusammenhang der Naturkräfte, oder vielmehr der Energieformen unter einander zusammenlaufen, und die specielle Geschichte der Elektrochemie zeigt besonders deutlich das ungeheure Maass von Klärung und Förderung, welches durch die Beantwortung dieser Frage gewonnen wurde.

Im Ubrigen ist diese Zeit durch eine Reihe kleinerer Fortschritte ausgefüllt, die, im Einzelnen vielleicht von geringerer Bedeutung, durch ihren Zusammenhang mit den allgemeinen Fragen wesentlich zur Entwickelung des Ganzen beitragen. Unser Gebiet ist noch immer ein vorwiegend experimentelles, und wie schon früher haben wir bestandig Thatsachen zu registriren, welche sicher beobachtet und festgestellt sind, aber mit den vorhandenen Ansichten uber das Wesen und den Zusammenhang der elektrochemischen Erscheinungen sich nur schwierig oder gar nicht in Zusammenhang bringen lassen. Deshalb liegen auch hier zahlreiche Anfange von Gedankenreihen und thatsächlichen Beziehungen vor, mit denen ihre Zeit und ihre Entdecker nichts anzufangen wussten, als sie auf der grossen Credit-Seite des wissenschaftlichen Contobuches einzutragen, und ihre Begleichung einer ausgiebigeren Zukunft zu uberlassen.

Aus diesem Grunde wird es hier mehr noch als früher nothig sein, die einzelnen Faden unserer Geschichte neben einander zu verfolgen, ohne dass auf ihren Zusammenhang, der sich erst viel spater geltend macht, eingegangen werden kann. Dadurch, dass diese einzelnen Gedankenreihen bis zu ihrem jetzigen Ergebniss einzeln dargestellt wurden, konnte man sich von der Nothwendigkeit einer derartigen Behandlung allerdings einigermaassen frei machen. Der dadurch zu gewinnende Vortheil, dass man das eng Zusammengehorige in der That bei einander hat, wurde aber durch den Nachtheil erkauft werden, dass das Bild von der jeweiligen Gesammtauffassung des Gebietes in einer bestimmten Zeit verloren ginge, und dass dadurch gerade die lehrreichste Erscheinung unserer Geschichte, die gegenseitige Befruchtung der auf verschiedenen Stellen gewonnenen Fortschritte, nicht zur Anschauung gelangen konnte.

2. Becquerel's Sauerstoffkette. Es ist schon an früherer Stelle (S. 438) angegeben worden, dass Becquerel ganz am Anfange seiner elektrochemischen Arbeiten eine Kette entdeckt hat, welche die Entstehung elektrischer Strome durch chemische Vorgange besonders deutlich zu machen schien, die Saure-Alkali-Kette. Als dann spater der Kampf der beiden Theorieen entstanden war, ist diese Kette der Gegenstand vielfacher Erorterungen geworden. Insbesondere die erst spater von Becquerel an seiner Kette beobachtete Erscheinung, dass sich an der in der Kalilauge

stehenden Platinplatte Sauerstoff entwickelt, wenn man die andere Platte in concentrirter Salpetersäure stehen hat, erregte besonderes Aufsehen, und wurde viel discutirt. Die Herstellung und das Verhalten beschreibt BECQUEREL folgendermaassen:[1]

„Man nehme ein Glasrohr von 5—6 mm Weite, verschliesse es durch feinen Thon, der mit einer concentrirten Lösung von Ätzkali oder Ätznatron angefeuchtet ist, und fülle nun den übrigen Theil der Röhre gleichfalls mit dieser Flüssigkeit an. Dann stelle man die Röhre in eine Flasche mit concentrirter Salpetersäure, und setze Säure und Alkali in Verbindung mittels zweier Platinstreifen, die durch einen Platindraht vereinigt sind. Sogleich findet an der in Alkalilauge stehenden Platte eine ziemlich starke Gasentwickelung statt, während sich an der anderen keine zeigt. Das aufsteigende Gas ist reiner Sauerstoff. Der Strom, welcher diese Zersetzung bewirkt, rührt von der Wirkung der Säure auf das Alkali her, und in Folge dessen nimmt die erste positive, und das letztere negative Elektricität an."

BECQUEREL stellt nun weiter fest, dass an der anderen Platte zwar kein Wasserstoff erscheint, wohl aber die Salpetersäure reducirt wird. Ferner erhält man ähnliche Wirkungen, wenn man an Stelle des Alkalis ein Neutralsalz nimmt. „Man sieht also, dass in diesem ausserordentlich einfachen Apparat alle Körper zersetzt oder angegriffen werden, wie wenn sie der Wirkung einer gewissen Zahl von Plattenpaaren unterworfen wären . . Nichts widersteht also der Wirkung dieses elektrochemischen Apparates, welcher, wenn er zweckmässig eingerichtet wird, den grossen Vorzug hat, dass er mehrere Tage in Wirkung bleibt, ohne dass die Intensität des Stromes in einer auch für die empfindlichsten Instrumente wahrnehmbaren Weise modificirt würde."

Der Strom dieser Kette sollte nach BECQUEREL eine ganz besondere Eigenschaft besitzen, nämlich zwar chemische Zersetzungen hervorzubringen, aber keine Wärme.[2] An der Platinplatte, welche in die Alkalilösung taucht, entwickelt sich Sauerstoff, und die Geschwindigkeit dieser Entwickelung 10 ccm in 24 Stunden, wird durch die Einschaltung eines dünnen Platindrahtes von $\frac{1}{80}$ mm Durchmesser nicht merklich gehemmt, auch zeigt der Draht keine merkliche Erwärmung.

Die Erklärung seiner Beobachtung hätte sich BECQUEREL aus dem OHM'schen Gesetze selber geben können. In der Säure-Alkali-Zelle befand sich ein sehr grosser Widerstand, indem die beiden Flüssigkeiten durch einen befeuchteten Thonpfropf getrennt waren, dementsprechend war die Stromstärke sehr gering, und der Widerstand des dünnen Platindrahtes war nur ein kleiner Bruchtheil von dem des Apparates. Somit konnte auch in diesem keine merkliche Erwärmung stattfinden. Diese Eigenschaft hatte aber ebenso jeder andere Strom unter gleichen Umständen gezeigt.

[1] Bibl. univers. 60, 215.   Pogg. Ann. 37, 129. 1836.
[2] Bibl. univers. 59, 218. 1836.   Pogg. Ann. 37, 133. 1836.

3. Discussionen   An die Mittheilung von Becquerel über seinen Apparat, den er später die Sauerstoffkette (pile à oxygène nannte, knüpften sich alsbald weitere Erörterungen   F. Mohr (der Erfinder der Quetschhahn-burette) glaubte[1] nachweisen zu können, dass sich überhaupt kein Sauerstoff in der Kette entwickele, sondern dass sich Becquerel durch das Auftreten von Stickoxyd habe täuschen lassen   Dies wurde von Jacobi in Dorpat[2] zurechtgestellt, der auch gleichzeitig der Ohm'schen Theorie gemäss die Auf-klärung dafür gab, dass die Kette mit ihrem sehr grossen inneren Wider-stande scheinbar keine Wärme in einem dünnen Drahte entwickelte.

Jacobi erörtert des weiteren den Widerspruch zwischen der von Davy (S 352) beobachteten Unwirksamkeit der Säure-Alkalikette und der Wirk-samkeit der Becquerel'schen, und findet die mögliche Lösung darin, dass ersterer den schwachen Strom dieser Kette nicht habe beobachten können   Thatsächlich liegt, wie hier gleich vorausnehmend bemerkt sein mag, kein Widerspruch vor, denn das Wesentliche der Becquerel'schen Kette liegt in der oxydirenden Wirkung der benutzten concentrirten Salpetersäure   Ver-dünnte Salz- oder Schwefelsäure, wie Davy sie anwandte, können eine solche Wirkung nicht ausüben, und daher entsteht bei ihrer Anwendung nur ein kurzer Stromstoss, aber kein dauernder Strom.

Die Nothwendigkeit der Salpetersäure wurde von Mohr[3] bei Gelegenheit einer Vertheidigung gegen die Angriffe, welche sein erster, fehlerhafter Auf-satz über die Becquerel'sche Kette veranlasst hatte, erkannt, ohne dass er freilich die Ursache dieser Nothwendigkeit aufzeigen konnte.

Auch Dulk[4] bestätigte auf Grund von gemeinsam mit Moser angestellten Versuchen, dass die Becquerel'sche Kette die Eigenschaft hat, Sauerstoff zu entwickeln, was Mohr auch in seiner zweiten Mittheilung in Abrede gestellt hatte. Ferner konnte, da die Kette in grösserem Maassstabe ausgeführt worden war, die Wärmeentwickelung in einem dünnen Draht leicht nach-gewiesen werden.

Ähnliche Ströme, wie mit dieser Kette, wurden erhalten, als geschmol-zene Phosphorsäure mit Bleioxyd oder Kali unter Einschaltung von Platin-elektroden zur Berührung gebracht wurden   „Als unabweisliche Thatsache stellt sich aus allen diesen   Versuchen heraus, dass bei jeder chemischen Verbindung, bei jedem chemischen Process Elektricität frei wird, ohne dass die gleichzeitige Zersetzung eines zusammengesetzten Körpers, wie des Was-sers, nöthig, oder der Eintritt des chemischen Processes an eine gewisse Be-schaffenheit der zusammengesetzten Körper, dass sie nämlich aus 1 und 1 bestehen müssten, gebunden wäre, immer und überall wird Elektricität frei, wo sich zwei Körper mit einander chemisch verbinden, gleichviel, ob sie einfach oder zusammengesetzt, ob sie durch Wasser oder durch Wärme in den flüssigen Zustand versetzt werden, wenn sie sich nur in recht vielen Punkten berühren."

[1] Pogg. Ann 39, 129 1836   [2] Pogg. Ann 40, 67 1837
[3] Pogg. Ann 42, 76 1837   [4] Pogg. Ann 42 91 1837

Zu der so weitgehenden Verallgemeinerung sind Dulk und Moser insbesondere durch den Umstand gebracht worden, dass auch bei der Vereinigung von Nichtelektrolyten, nämlich von Blei, Zink und Zinn mit Quecksilber, zwar nicht bedeutende, aber doch entschiedene Ablenkungen der Nadel" beobachtet wurden. Diese letztere Behauptung hat später zu Erörterungen Anlass gegeben, bei denen es sich herausstellte, dass die beobachteten Ströme Thermoströme waren, welche durch die bei der Amalgambildung auftretende Temperaturveränderung veranlasst waren.

Von anderer Seite versuchte Grove [1] der Becquerel'schen Kette beizukommen. Wenn man in derselben die Salpetersäure durch verdünnte Schwefelsäure ersetzt, so wird der Strom äusserst schwach, und Grove vermuthete, dass die Ursache davon die sei, dass mit dem Strom eine Wasserzersetzung an den Platinelektroden nöthig ist, welche hervorzubringen der durch die Wechselwirkung von Säure und Alkali entstehende Strom zu schwach sei. Da nun die Wasserzersetzung viel leichter mit unedlen Metallen vor sich geht, so versuchte er, die Platinplatten der Becquerel'schen Kette folgeweise durch Eisen, Kupfer und Zink zu ersetzen, und erhielt seiner Erwartung gemäss auch viel stärkere Ströme. Mit Zink wurden die stärksten erhalten.

„Aber die bemerkenswertheste Thatsache ist die, dass die in der Säure befindliche Zinkplatte, obwohl sie viel mehr chemisch angegriffen wird, stets die positive Elektricität annahm, d. h. dass sie das Kupfer der gewöhnlichen Volta'schen Kette darstellte."

Grove hat nicht unternommen, diesen Widerspruch gegen die chemische Theorie jener Zeit aufzuklären, obwohl er ihr Anhänger war. Wenn er den Versuch quantitativ mit den Mitteln seiner Zeit durchgeführt hätte, so hätte er sich überzeugen können, dass in diesem Falle auch das Zink im Alkali das einzige angegriffene Metall ist, und das in der Säure, welches er durch Amalgamiren gegen zufällige Reaktionen hatte schützen können, überhaupt keinen Gewichtsverlust erleidet. Er hätte so eine Bestätigung des Satzes gefunden, dass stets das angegriffene Metall den negativen Pol bildet.

Pfaff versäumte nicht, sich gleichfalls über die Kette zu äussern,[2] da sie der Contacttheorie zu widersprechen schien. Nachdem er das Irrthümliche der Behauptungen Mohr's (S. 599) aufgezeigt, und seine Meinung dahin ausgesprochen hatte, dass sich die neue Kette bezüglich ihres Stromes in nichts von anderen schwach wirkenden unterscheide, fährt er fort: „Der Erfolg bei allen diesen Versuchen erklärt sich, ohne seine Zuflucht zur Mitwirkung einer chemischen Aktion nehmen zu müssen, sehr befriedigend nach der Contacttheorie, wenn man berücksichtigt, dass die Metalle mit den Laugen viel stärker elektronegativ bei der blossen Berührung werden, als mit den Säuren, worüber meine eben erschienene „Revision der Lehre vom Galvano-Voltaismus" die weiteren Belege enthält."

Durch diese Wendung, deren Erfindung auf Marianini und Fechner

(S 460) zurückgeht, war freilich die Contacttheorie wieder gerettet, ob aber die Wissenschaft dadurch eine Förderung erfahren hatte, darf billig bezweifelt werden, und wurde auch von den Zeitgenossen bezweifelt

Wie man sieht, haben die vorstehend berichteten Arbeiten zwar eine ganze Reihe einzelner Thatsachen zu Tage gefördert, dagegen aber keinen Weg gezeigt, um diese zusammenzufassen und im Zusammenhange zu verstehen Auch in der Folgezeit ist die Becquerel'sche Kette noch lange ohne Erklärung geblieben, und die Ursache ihrer ziemlich erheblichen elektromotorischen Kraft, welche mehr als die Hälfte von der eines Daniell'schen Elementes beträgt, ist erst in neuester Zeit aufgeklärt worden

4 Constante Ketten Schon oben wurde die Eigenschaft der Becquerel'schen Kette, auch bei ziemlich langdauerndem Stromschlusse einen recht constanten Strom zu geben S 598, erwähnt Becquerel legte darauf ein grosses Gewicht, und in einer Abhandlung über eine constante Kette[1] beschreibt er dieselbe Kette in etwas abgeänderter Form Über die Theorie derselben ist er ein wenig klarer, als früher, jedoch schreibt er immer noch das Wesentliche der Elektricitätsentwickelung der Wirkung der Säure auf das Alkali zu

Das Problem der constanten Kette war ein hochwichtiges für den gesammten Galvanismus Es ist bereits berichtet worden, wie Ohm durch die Veränderlichkeit der gewöhnlichen Ketten zuerst über die Gesetze der Strombildung in die Irre geführt worden war, und welche Schwierigkeiten Fechner zu überwinden hatte, um mit diesen unvollkommenen Hülfsmitteln Messungen von einiger Zuverlässigkeit zu erlangen Neben diesen praktischen Fragen kamen aber noch andere von unmittelbarster wissenschaftlicher Bedeutung in Betracht So lange die Ketten von veränderlicher elektromotorischer Kraft waren, enthielten sie noch ein bestimmendes Element von unbekanntem und daher unbeherrschtem Betrage, dass ein solches Objekt nicht geeignet ist, um darüber eine zuverlässige Theorie zu machen, ist einleuchtend, und so lange es nicht gelang, die Ursache dieser Unregelmässigkeiten aufzufinden und zu beseitigen, war auch die Hoffnung vergeblich, eine solche Theorie ausfindig zu machen Denn quantitative Beziehungen sind nur möglich zwischen Dingen, welche ihrerseits quantitativ bestimmt sind, und die Volta'sche Kette war das in ihrer bisherigen Gestalt sicher nicht Als dann später die Theorie der Volta'schen Kette sich wirklich entwickelte, waren es in der That die constanten Ketten, welche die ersten Ergebnisse in dieser Richtung gaben

Die erste Kette, welche den Namen einer constanten Kette im heutigen Sinne verdient, ist von Daniell[2] construirt worden Daniell hat sich als einer der begabtesten und erfolgreichsten Nachfolger Faraday's auf dem elektrochemischen Gebiete erwiesen, und neben der Erfindung seiner con-

---

[1] Ann chim phys 66, 84 1837
[2] Phil Trans 1836, 107 — Pogg Ann 42 203 1837

stanten Kette verdanken wir ihm noch weitere erhebliche Forderungen der
Wissenschaft, auf welche bald einzugehen sein wird

JOHN FREDERIC DANIELL.[1] war am 12 März 1790 in London geboren,
hatte nach einem guten Unterricht zunächst eine technische Laufbahn in
einer Zuckerraffinerie eingeschlagen, wo er bereits durch die Einführung
erheblicher Verbesserungen im Betriebe seine Begabung verrieth, doch verliess er bald diese Beschäftigung, um sich der Wissenschaft zu widmen Im
Jahre 1813 wurde er bereits zum Mitgliede der Royal Society erwählt, seine
Beschäftigungen waren damals wesentlich meteorologischen Untersuchungen
gewidmet, in welchem Gebiete er bahnbrechendes geleistet hat, noch gegenwärtig ist das von ihm erfundene und nach ihm benannte Hygrometer ein
Zeugniss dieser Thätigkeit Daneben beschäftigten ihn sehr verschiedenartige andere Arbeiten, wie die Gasgewinnung aus Harz, die Messung
hoher Temperaturen, die Erscheinungen der Krystallisation u s. w Seine
elektrochemischen Arbeiten, welche für uns von besonderem Interesse sind,
begann er im Jahre 1836 mit der Erfindung der constanten Säule, welche
gleichfalls seinen Namen noch heute uns in Erinnerung bringt, hierfür
wurde er durch die Verleihung der COPLEY-Medaille ausgezeichnet. Weitere
wichtige Arbeiten, insbesondere über das FARADAY'sche Gesetz folgten, unter
ihnen ist besonders die Untersuchung über die Elektrolyse zusammengesetzter Verbindungen hervorzuheben, welche ihn zu der Verbesserung des
von FARADAY begangenen Fehlers bezüglich der Natur der Ionen führten
er erkannte, dass die Säuren und Basen keine Ionen sind, sondern nur die
Metalle oder metallähnlichen Complexe einerseits, und die Halogene, sowie
die diesen entsprechenden Atomgruppen der zusammengesetzten Säuren
andererseits

Am 13 März 1845 hatte DANIELL, der seit 1831 Professor der Chemie
am Kings College in London war, seine Vorlesung gehalten, und war in
bester Gesundheit zu einer Sitzung der Royal Society gegangen, als er plötzlich von einem Schlaganfalle ergriffen und trotz schleuniger Hülfe in wenigen
Minuten dahingerafft wurde

Die erste Arbeit DANIELL's, mit der wir uns hier zu beschäftigen haben, ist
zunächst mehr dem Lehr-, als dem Forschungszwecke gewidmet, sie enthält
die Beschreibung einer besonders eingerichteten Kette, mittelst deren man
das FARADAY'sche Gesetz anschaulich demonstriren kann [2]

In dem zweiten Theile dieser Arbeit wird dagegen der Apparat beschrieben, welcher bis auf den heutigen Tag seine Bedeutung behalten hat·
die constante Batterie, welche den Namen der DANIELL'schen trägt

„Fig 150 stellt eine der zehn Zellen dieser Batterie im Durchschnitt dar.
a b c d ist ein Kupfercylinder, 6 Zoll hoch und $3\frac{1}{2}$ Zoll weit, oben bei a b
offen, unten aber geschlossen bis auf die Düse e f, die, anderthalb Zoll weit,

[1] Phil Mag 28. 309 1836
[2] Philos Transactions 1836 107 -- Pogg Ann 42. 263 1837

einen Pfropfen trägt, durch welchen der Glasheber $g\,h\,i\,j\,k$ gesteckt ist. Oben bei $a\,b$ ist eine zweite Kupferdüse, entsprechend der am Boden, und gehalten durch zwei horizontale Arme. Vor der Einsteckung des Pfropfens in die untere Düse $e\,f$ wird durch diese ein Stück einer Ochsengurgel gezogen, und an der oberen Düse $l\,m\,n\,o$ mit Zwirn festgebunden. Nachdem diese häutige Röhre auch unten durch den eingesteckten Pfropf gehörig befestigt worden ist, bildet sie eine innere Kammer, welche mit dem Glasheber in Gemeinschaft steht, so dass, wenn sie bis $m\,o$ mit einer Flüssigkeit gefüllt worden ist, jeder fernere Zusatz durch die Öffnung k abfliesst. $p\,q$ ist eine amalgamirte Zinkstange, 6 Zoll lang und $^{1}/_{2}$ Zoll dick, getragen durch den Rand der oberen Düse mittelst des Holzstückes $r\,s$, das durch ein in ihr oberes Ende gebohrtes Loch gesteckt ist; t ist ein Näpfchen mit Quecksilber, von diesem und einer Vertiefung in dem oberen Ende der Zinkstange aus können die beiden Metalle der verschiedenen Zellen mit einander in Verbindung gesetzt werden.

Fig. 150. Nach DANIELL.

„Zehn solche Zellen stehen auf einem Tisch im Kreise, die Heber nach innen gekehrt, mit den Öffnungen über einem Gefäss, welches zur Aufnahme der aus ihnen fliessenden Flüssigkeit bestimmt ist. Über der inneren Kammer jeder Zelle befindet sich ein Trichter, gehalten durch einen seitwärts stehenden Träger.

„Der Zweck bei der Construction dieser Batterie war: 1. die Zinkfläche möglichst klein zu machen; 2. das gebildete Zinkoxyd, das für die Wirkung der Batterie so schädlich ist, zu entfernen; und 3. das am Kupfer frei werdende Wasserstoffgas ohne Fällung einer das Metall verschlechternden Substanz zu absorbiren.

„Zur Erreichung des ersten Zweckes wurde die amalgamirte Zinkstange so klein genommen, dass ihre Oberfläche nicht mehr als 10 Quadratzoll hielt, während die Innenfläche des Kupfercylinders beinahe 72 Quadratzoll betrug.

„Um das gebildete Zinkoxyd (Zinksalz) zu entfernen, war über der inneren Kammer der Trichter befestigt, aus welchem fortwährend frische Säure in abgepasster Menge zufloss, während die schwerere Lösung des Zinkoxydes in demselben Maasse am Boden durch den Heber abfloss.

„Um endlich das Wasserstoffgas zu absorbiren, wurde der Raum zwischen der Hautröhre und dem Cylinder mit einer Lösung von schwefelsaurem Kupferoxyd gefüllt.

„Diese Batterie, richtig construirt, entwickelt durchaus kein Gas, weder am Zink, noch am Kupfer, weder vor, noch nach der Schliessung. Am Kupfer erschien kein Wasserstoff, sondern statt desselben ein schön rother Überzug von reinem Kupfer, so dass die Fläche dieses Metalles fortwährend erneuert wurde. Sowie aber ein Voltameter in den Kreis eingeschlossen ward, zeigte sich darin eine sehr lebhafte Gasentwickelung. Sie war auch weit stetiger und andauernder, als bei gewöhnlichen Batterieen; aber dennoch war eine allmähliche, wenn auch langsame Abnahme zu spüren, wahrscheinlich, weil in Folge der Fällung des Kupfers die Kupfervitriollösung schwächer und weniger leitend wurde.

„Um diesem Mangel abzuhelfen, wurde, wie Fig. 151 zeigt, die obere Düse $b\,d\,e\,g$ ringförmig mit einem Kupfersiebe $a\,c\,f\,h$ umgeben, das auf dem Rande des Cylinders ruht und mit zerstossenem Kupfervitriol gefüllt ist. So-

wie nun, bei der Wirkung der Batterie, die Lösung schwächer wird, löst sich der Kupfervitriol auf, und erhält sie stets bei gleicher Concentration. Dies Mittel entsprach dem Zweck vollkommen, sechs Stunden lang erhielt sich der Strom in unveränderter Kraft.“

Durch eine eingehende Untersuchung zeigte nun DANIELL, dass der Zinkverbrauch sehr nahe der durch das FARADAY'sche Gesetz erforderten Menge entsprach, wenn er ihn mit dem durch den gleichen Strom in einem Voltameter entwickelten Wasserstoff verglich; auch stellte er verschiedene Versuche an, welche die Beständigkeit der Batterie bestätigten.

In der hier beschriebenen Gestalt hat die Batterie noch einige Übelstände, welche der Erfinder folgeweise beseitigte. Zunächst stellte er fest, dass die beständige Erneuerung der Säure am Zink nicht erforderlich ist, so dass er die umständliche Einrichtung der Tropftrichter fortlassen

Fig. 151. Nach DANIELL.

konnte, ohne der Wirkung zu schaden. Ferner erwiesen sich die Cylinder aus Ochsengurgeln oder Blase als nicht haltbar; sie wurden[1] durch solche aus dünnem Thon ersetzt, welche dem Zweck vollkommen entsprachen, und viel bequemer im Gebrauch waren. Für die Wirkung ergab es sich als wesentlich, den Widerstand des Elementes so klein als möglich zu machen, und DANIELL, der damals das

[1] Philos. Trans. 1839, 92.

Ohm'sche Gesetz noch nicht kannte, vertiefte sich in eine grosse Reihe von Untersuchungen über den Einfluss der Gestalt und Lage seiner Metalle auf die Stromstärke. Bei dieser Gelegenheit beobachtete er gleichfalls die ausserordentlich starke Abnahme des Widerstandes seiner Flüssigkeiten beim Erwarmen.

5. Andere Erfinder. Die von Daniell gegebene Anordnung der Kette war fast gleichzeitig von F. W. Mullins[1] zu dem gleichen Zwecke benutzt worden, um einen beständigen Strom zu erhalten. „Ich hatte eine sehr dünne Kalbsblase vorbereitet, und nachdem ich eine Spule von dünnem Kupferblech nebst einer kleinen Menge einer Lösung von Kupfersulfat hineingebracht hatte, that ich beides in einen thönernen Topf, in welchem ein Zinkcylinder enthalten war, welcher genau an seine innere Oberfläche sich anschloss, und 1 1/4 Zoll von dem Kupferblech abstand, dazu eine genügende Menge verdünnter Schwefelsäure aus 5 Theilen Säure auf 100 Theile Wasser. Als ich die Kraft der Säule mit dem Voltameter prüfte, fand ich, dass während mehrerer Stunden die erste Ablenkung nur geringe Verminderung erfuhr, obwohl ich weder die benutzten Flüssigkeiten, noch irgend etwas anderes an der ursprünglichen Anordnung abgeändert hatte. Der bei diesem Versuch benutzte Topf war nur 2 1/2 Zoll weit und 3 Zoll tief. Bei einem zweiten Versuch mit derselben Batterie und denselben Lösungen verband ich sie mit einem Elektromagnet von Hufeisengestalt.   Der Magnet hielt 50 Pfund während dreier Stunden."

Mullins berichtet darauf über Versuche bezüglich der besten Gestalt und Entfernung der Platten und der angemessensten Flüssigkeit, als welche er eine Lösung von Salmiak erkannte, und fährt fort „Nachdem ich so experimentell die geeignetsten Entfernungen, sowie die besten Flüssigkeiten bestimmt hatte, erbaute ich eine Volta'sche Batterie, in welcher ich die erwähnten Grundsätze zur Geltung brachte, so weit die zwischengeschaltete Membran und die anderen Umstände es gestatten, und von der ich nun eine kurze Beschreibung geben will In einen thönernen Topf, 6 Zoll tief und 4 Zoll weit, stelle ich einen Cylinder aus amalgamirtem Zink, welcher auf drei Beinen von einem halben Zoll Höhe steht, die aus dem Cylinder geschnitten sind, und dessen Höhe, die Beine eingeschlossen, nur 2 Zoll beträgt. In diesem Cylinder steht in einem Abstande von $^3/_8$ Zoll ein kupfernes Gefäss mit einem $^1/_4$ Zoll weiten Rande an seinem oberen Umfange, um welchen die Blase gespannt ist, der Boden des Gefässes ruht auf einem kreisförmigen Stücke von getrocknetem Buchsbaumholz, welches den Cylinder um einen Viertelzoll überragt, eine dünne längliche, wohl gereinigte und befeuchtete Blase ist über das Ganze gezogen und um den oberen Rand mit einer Schnur befestigt, das Holzstück schützt sie gegen die Berührung mit dem Kupfer, welches die Blase beschädigen würde. Dieser Cylinder, von der Höhe des Topfes, ist in der Mitte der Höhe mit sechs Löchern versehen,

---

[1] Phil. Mag. **9**, 283 1836

die mit einem inneren Cylinder communiciren, der von dem äusseren durch einen Raum von ³/₄ Zoll getrennt ist, und dessen Boden auf gleicher Höhe mit den Löchern steht, während er oben an dem äusseren Cylinder fest-gelöthet ist. Diese Kammer dient dazu, Krystalle von Kupfersulfat, wenn das erforderlich ist, und ebenso die Flüssigkeit aufzunehmen, welche nicht über den oberen Rand der Löcher steigen soll. Eine kleine Menge der Salmiaklösung wird ausserhalb des Cylinders in den Topf gegossen, bis sie den Rand des Zinkcylinders überragt; diese Lösung braucht nicht erneuert zu werden; die andere erfordert die Hinzufügung einiger Krystalle von Kupfersulfat alle vier Stunden."

Ein weiterer unabhängiger Erfinder der constanten Kette ist M. H. Jacobi,[1] der um dieselbe Zeit, wie Daniell die gleiche Kette erfunden hatte, in der Veröffentlichung aber später kam. Jacobi ist nach anderer Seite eine sehr interessante Persönlichkeit: er hat nicht nur die Galvanoplastik erfunden, sondern war auch der erste, welcher mit einigem Erfolg versucht hat, die elektromagnetischen Kräfte zu mechanischen Arbeitsleistungen zu benutzen. Gerade seine Bemühungen in dieser Richtung hatten ihn zu der Erfindung der constanten Säule geführt, die, wie er bemerkt, für diese Sache eine Lebensfrage war.

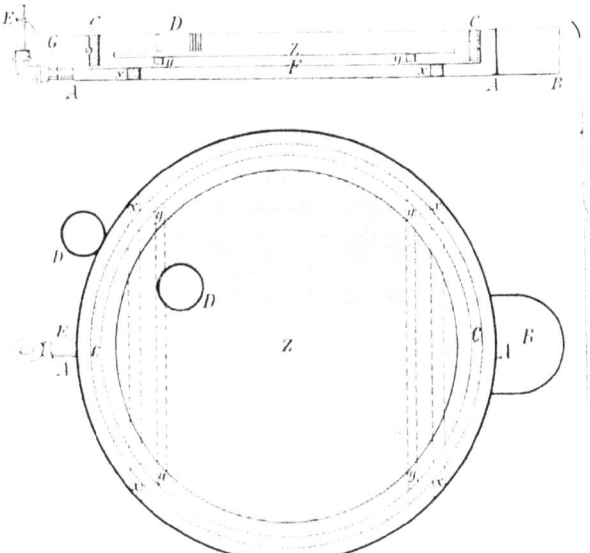

Fig. 152. Nach Jacobi.

„Die in Fig. 152 angegebene Construction hat alle meine Erwartungen übertroffen. Das Prinzip war, zwei durch eine Membrane getrennte Flüssig-

---

[1] Pogg. Ann. **43**, 328. 1838.

keiten anzuwenden, von denen jede den Eigenthümlichkeiten des in sie
tauchenden Metalles entsprach   Sie vereinigt Leichtigkeit der Manipulation
mit allen sonstigen Bedingungen, die man von einem Volta'schen Apparat
erfüllt wünscht   Dabei ist er so kräftig, wie man es bei diesen Dimensionen nur verlangen kann   In Fig 152 ist A ein Kupfergefäss, $7\frac{1}{1}$" Zoll
im Durchmesser und mit 3" hohem Rande, B ein angelötheter Trog, der
durch ein Gitter von A getrennt ist C ist ein hölzerner Reif von Langen-
holz gebogen, $\frac{1}{1}$" stark, $1\frac{}{2}$, besser 1" hoch und $6\frac{1}{4}$" im Durchmesser
Er ist mit einer Thierblase, am besten Rindsblase, bespannt, und ruht auf
zwei Glasstäbchen $r.a$, die eine Linie hoch sind, so dass der Abstand der
Membrane vom Kupfer nur 1´ beträgt   Zwei Glasstäbchen, ebenfalls 1´´
hoch, sind in dem Rahmen befestigt und auf ihnen ruht die Zinkplatte Z
von 6" Durchmesser   Die obere Seite der Zinkplatte ist mit Siegellack-
firniss überzogen, und ein Quecksilbergefäss darauf angebracht   Der Raum
zwischen Blase und Zinkplatte wird mit Salmiaklösung (1 Vol concentrirte
Lösung, 20—25 Vol. Wasser) angefüllt, und der Raum zwischen Thierblase
und Kupfer mit Kupfervitriollösung, so concentrirt als möglich   Zur Unterhaltung der Concentration wird der Trog B mit pulverisirtem Kupfervitriol
gefüllt E ist eine Röhre zum Ablassen der Flüssigkeit, man hat nur nöthig,
das Rohr von dem Haken G loszumachen und herunterzubiegen, was die
Kautschuk-Verbindung zulässt   Dieser Krahn ist einfach, leicht herzustellen
und äusserst bequem "

Jacobi beschreibt nun eine Reihe von Versuchen, aus denen die ungewöhnliche Beständigkeit des neuen Apparates hervorgeht   Meist nahm die
Ablenkung der in einen einfachen Ring gestellten Magnetnadel während der
Schliessung in den ersten Stunden zu, was er mit Recht auf eine vergrösserte
Leitfähigkeit der Flüssigkeit zurückführte, auch einige andere Ursachen führt
er an.   „Jedenfalls ist es interessant, auch einmal eine Kette zu haben, die
in drei Stunden um 11° zunimmt "

Jacobi giebt alsdann die Regeln für den Gebrauch seiner Kette, welche
mit den heute geltenden ganz übereinstimmen   „Obgleich immer einige
Aufsicht nöthig ist, liegt der Vortheil eigentlich darin, dass man überhaupt
im Stande ist, die Kette constant zu erhalten, was bei allen anderen einigermaassen kräftigen Apparaten bisher nicht möglich war, man möchte sich
quälen, wie man wollte   Ich habe wer weiss was angestellt, um diesen
wichtigen Zweck zu erreichen, alles hatte aber seine Grenzen, die, wenn
sie überschritten waren, keine Wiederherstellung der Kraft zuliessen   Die
bisherigen galvanischen Apparate konnten einen wirklich zur Verzweiflung
bringen "

Über die Theorie der Kette scheint sich Jacobi klarer gewesen zu sein,
als Daniell, denn während dieser die Schwefelsäure beim Zink für wesentlich
hielt, hat Jacobi von vornherein eine neutrale Flüssigkeit benutzt, auch bemerkt er, dass das Zink „beinahe alles auf Volta'sche Weise aufgelöst"
wird, und dass die Nebenwirkungen unbedeutend sind   „Jedenfalls ist der

Verlust unbedeutend im Vergleich mit der Wärme, welche ungenutzt durch den Schornstein fliegt" Genauer hat er sich in der kurzen brieflichen Mittheilung leider nicht ausgesprochen

6 Streit mit BECQUEREL. Über die Priorität der Erfindung der constanten Kette entstand ein Streit zwischen EDMOND BECQUEREL, dem Sohne von ANTOINE BECQUEREL, der diese Ehre für seinen Vater in Anspruch nahm, und DANIELL, welcher in den Spalten der Annales de chimie et de physique ausgefochten wurde[1] Hierbei stellte sich die bemerkenswerthe Thatsache heraus, dass zwar der ältere BECQUEREL unzweifelhaft ähnliche Zusammenstellungen, wie sie DANIELL benutzt hat, schon viel früher hergestellt hatte, dass er auch sie auf ihre Constanz geprüft hat, dass er sie aber inconstant gefunden hat So wurde von ihm insbesondere[2] eine Zusammenstellung von Zink in Zinksulfat und Kupfer in Kupfernitrat benutzt, bei der beide Flüssigkeiten durch poröse Scheidewände von Goldschlägerhaut getrennt waren, also eine fast vollständig der DANIELL'schen Form entsprechende Kette, BECQUEREL fand aber ihren Strom gleich 84°, 72° und 68° an seinem Galvanometer nach dem Ablauf von je einer Viertelstunde, also nichts weniger als constant Auch erörtert er alsbald die Herstellung constanter Ketten, und bemerkt dazu „Auch muss ich betonen, dass die Kette in sich die Ursache der Verminderung der Intensität des elektrischen Stromes trägt, welche sie beständig erfährt Denn von dem ersten Augenblicke ab, in welchem sie thätig ist, finden Zersetzungen und Übertragungen der Stoffe statt, welche die Platten polarisiren, so dass sie einen dem ursprünglichen entgegengesetzten Strom hervorrufen Die Kunst besteht also darin, diese Absätze in dem Maasse, wie sie sich bilden, mittelst passend angebrachter Flüssigkeiten wieder aufzulösen Man gelangt dazu mittelst des Verfahrens, welches ich angegeben habe, so dient bei dem Versuche 5 (Kupfer in verdünnter Schwefelsäure und Zink in verdünnter Schwefel- und Salpetersäure) die in der Kupferabtheilung vorhandene Schwefelsäure dazu, einen Theil Zink aufzulösen, welcher auf die Kupferplatte übergeführt wird, ebenso bemächtigt sich die Salpetersäure, welche in der anderen Abtheilung ist, eines Theiles des Kupfers der Lösung, welche die beiden Scheidewände durchdrungen hat und vom Zink reducirt wird Vermindert man auf diese Weise die Stärke des secundären Stromes, so erhält man merklich constante Wirkungen"

Wie man aus dieser Darlegung sieht, war BECQUEREL weit davon entfernt, die Eigenschaft der von ihm benutzten Zusammenstellung der Metalle in den Lösungen ihrer Salze zu erkennen, auf denen die Wirkung des DANIELL'schen Elementes beruht, und es ist unbegreiflich, wie er mit der letzterwähnten, unzweifelhaft ganz inconstanten Kette die Zahlen 62, 64 und 61 für die Ablenkungen seines Galvanometers in Zwischenräumen von

---

[1] Ann chim phys (III), 3, 436 1841 — ibid 5, 401 und 412
[2] Ann chim phys 41, 22 1829

je einer Viertelstunde hat erhalten können, während die wirklich constante Anordnung ihm unter gleichen Umständen eine Abnahme von 20 Prozent gegeben hatte. Jedenfalls war DANIELL berechtigt, den von E. BECQUEREL erhobenen Anspruch zurückzuweisen, und die allgemeine Meinung hat ihm Recht gegeben, indem sie seinen Namen mit der Kette bis auf den heutigen Tag in Verbindung gelassen hat, und auch künftig wird lassen müssen.

Im Anschluss an seine Vertheidigung beschreibt DANIELL[1] die letzte Gestalt, welche er seiner Kette gegeben hat. Die beistehende Wiederholung seiner Zeichnung (Fig. 153) giebt eine genügende Vorstellung davon, so dass von einer Beschreibung abgesehen werden kann.

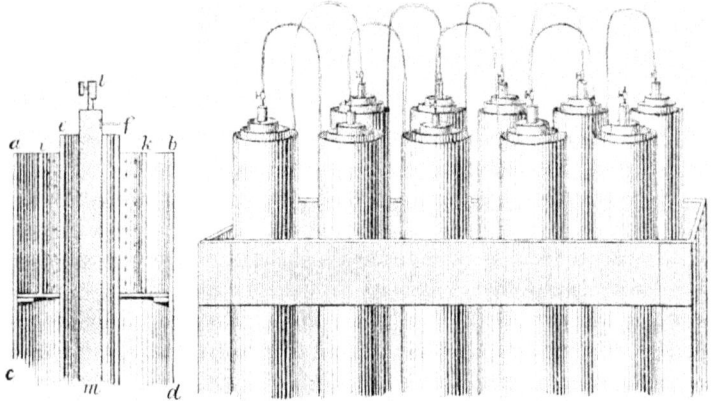

Fig. 153. Nach DANIELL.

7. Andere constante Ketten. DANIELL's wichtige Erfindung hat alsbald eine Reihe weiterer Versuche angeregt, die von diesem erlangten Vortheile auch auf andere Weise zu erreichen. Den erheblichsten Erfolg auf diesem Gebiete errang WILLIAM ROBERT GROVE, ursprünglich Rechtsanwalt, sodann Professor an der London Institution durch die Erfindung der nach ihm benannten Kette mit concentrirter Salpetersäure. GROVE hat sich ausserdem durch die Construction einer Kette bekannt gemacht, welche zwar von keiner praktischen Anwendung, desto mehr aber von theoretischem Interesse war: der gleichfalls nach ihm benannten Gasbatterie.

Die GROVE'sche Kette war nicht nur von Bedeutung als die erste von erheblicherer elektromotorischer Kraft, sondern auch als die erste nach einem neuen Prinzip in der Anwendung eines starken Oxydationsmittels an der Kathode. Die wissenschaftlichen Zeitschriften jener Jahre sind voll der Anerkennung über die Kraft und Beständigkeit seiner Kette, und manche Arbeit hätte ohne sie nicht ausgeführt werden können.

---

[1] Phil. Mag. **20**, 294. 1842.

Die erste Mittheilung über seine Batterie machte GROVE der Pariser Akademie[1] durch die Vermittelung BECQUEREL's.

„Seit einiger Zeit habe ich mich der porösen Diaphragmen als Mittel zum Studium der VOLTA'schen Ströme bedient, und ich habe sie mit Erfolg zur Erklärung einer Erscheinung angewendet, die man bisher nicht für eine elektrische hielt, nämlich die Auflösung des Goldes in Salpetersalzsäure (Königswasser), welche nicht ohne eine der beiden Säuren stattfindet. Es scheint mir, dass die nachstehenden Versuche keine Zweifel über die elektrische Natur der Erscheinung lassen.

„1. Auf dem Boden eines kleinen Glases habe ich einen gewöhnlichen Pfeifenkopf befestigt; in diesen goss ich reine Salpetersäure, in das Glas Salzsäure bis zu der gleichen Höhe. In der letzten Flüssigkeit liess ich einige Stückchen Goldblatt während einer Stunde, worauf sie eben so blank erschienen, als in dem Augenblicke des Eintauchens. Nun wurde ein Golddraht so angebracht, dass er gleichzeitig die Salpetersäure und ein Goldblättchen berührte: das berührte Blättchen wurde sofort aufgelöst, während die anderen nicht angegriffen wurden.

„2. Der Versuch wurde umgekehrt angestellt, doch machte er einige Schwierigkeiten, dass das Gold nicht lange in der Salpetersäure bleiben konnte, ohne angegriffen zu werden, was auf die Gegenwart der salpetrigen Säure zurückzuführen ist; doch war das Ergebniss überzeugend genug, um festzustellen, dass die Berührung keinerlei Wirkung auf das Gold in dieser Säure hervorbrachte, während das auf der Seite der Salzsäure immer aufgelöst wurde.

„3. Ich stellte die Verbindung mit einem Platindraht an Stelle eines Golddrahtes her; die Wirkung blieb stets die gleiche.

„4. Das Äussere des Pfeifenkopfes wurde auf fast der ganzen Oberfläche mit Blattgold überzogen; ein Stückchen desselben wurde wie gewöhnlich in die Salzsäure gebracht. Als die Verbindung mit der Salpetersäure hergestellt worden war, wurde dieses Blättchen aufgelöst, während das Gold an der Oberfläche des Pfeifenkopfes nicht angegriffen worden war.

„5. Ich färbte die Salpetersäure mit etwas Lackmus; als die Verbindung hergestellt worden war, konnte ich in der Salzsäure nicht die mindeste Färbung beobachten.

„6. Ich bediente mich des Kupfernitrats an der Stelle der Salpetersäure; die Wirkung war ähnlich, doch fand die Auflösung langsamer statt; auf dem negativen Metalle sah ich keine Fällung.

„7. Ich brachte in Salzsäure zwei Goldblättchen, die mit den beiden Enden einer VOLTA'schen Kette in Verbindung standen; die Säure wurde zersetzt und das positive Blättchen aufgelöst.

„Alle diese Versuche zeigen, dass, sowie der elektrische Strom, welcher von der Wechselwirkung der beiden Säuren durch das Diaphragma herrührt,

geschlossen wird, die Säuren zersetzt werden der Wasserstoff der Salzsäure verbindet sich mit einem Theile des Sauerstoffes der Salpetersäure,
und das Chlor verbindet sich mit dem Golde Bei allen diesen Versuchen
wurden die Ströme mit einem Galvanometer nachgewiesen, und in jedem
Falle wirkte das aufgelöste Gold wie das Zink in einer gewöhnlichen Volta'-
schen Kette Die grösste Ablenkung wurde mit Platin, Gold und den
beiden Säuren erhalten Indem ich über die Wirkung nachdachte, kam ich
auf den Gedanken, dass, da Gold, Platin und die beiden Säuren einen so
starken elektrischen Strom hervorbrachten, a fortiori die gleiche Zusammenstellung mit Zink an Stelle des Goldes eine Kette bilden musste, welche
stärker ist, als alle bisher bekannten Ich habe nicht gesäumt, diesen Gedanken dem Versuche zu unterwerfen, und habe einen vollständigen Erfolg
erzielt ein einziges Paar aus einer amalgamirten Zinkplatte, 1 Zoll lang
und $^1/_4$ Zoll breit, ein Platincylinder von $^3/_4$ Zoll Höhe, dazu ein Pfeifenkopf und ein kleines Glas, bilden ein Volta'sches Element, welches leicht
angesäuertes Wasser zersetzt Bei dieser Zusammenstellung ist die Wirkung
constant, und eine Fällung eines Metalles auf einem anderen findet nicht
statt, auch bietet sie den grossen Vortheil, dass man die concentrirteste
Salpetersäure benutzen kann

„Ich versuchte die gleiche Anordnung mit kaustischem Kali an Stelle
der Salzsäure, auf welche ich durch den schönen Versuch von Becquerel
gekommen war die Wirkung war gleichfalls mächtig Da man in diesem
Falle die Zinkplatte nicht zu amalgamiren braucht, so würde ich diese Anordnung vorziehen, wenn nicht ein unüberwindliches Hinderniss vorhanden
wäre das Kaliumnitrat krystallisirt in den Poren des Thones und sprengt
ihn, somit muss man, wenn man nicht eine andere Scheidewand ausfindig
macht, welche die Wirkungen der concentrirten Säuren vertragen kann, diese
Zusammenstellung verlassen Ich lud nun den Apparat mit concentrirter Salpetersäure und mit Schwefelsäure, welche mit sechs Theilen Wasser verdünnt
war der Strom hatte fast die gleiche Stärke, wie mit Salzsäure, wodurch
eine grosse Ersparniss und die Vermeidung jeder Gefahr für das Platin erreicht wurde Die Salpetersäure muss übrigens immer concentrirt sein, denn
wenn sie einen Theil ihres Sauerstoffes verloren hat, so dass der Wasserstoff nicht mehr absorbirt, sondern an der Oberfläche entwickelt wird, nimmt
die Wirkung ab und wird unbeständig

„Man wird einen grossen Vortheil darin finden, sich einer durch eine
porose Scheidewand getheilten Zelle auch in Flüssigkeiten zu bedienen, in
welchen sich Zersetzungsplatten befinden Braucht man beispielsweise Sauerstoff, so muss die negative Elektrode in concentrirte Salpetersäure gesetzt
werden, die positive in verdünnte Schwefelsäure Wünscht man Chlor, so
ersetzt man die Schwefelsäure durch Salzsäure braucht man Wasserstoff,
so werden die beiden Elektroden in verdünnter Salzsäure untergebracht,
indem man als positive Elektrode amalgamirtes Zink nimmt u s w Mit
diesen Mitteln und einer kleinen Säule von der oben angegebenen Construction

kann ein Reisender in seiner Tasche ein elektrochemisches Laboratorium mit
sich führen

„Ich habe eine runde Säule herstellen lassen, welche nicht mehr als
4 Zoll im Durchmesser und $1\frac{1}{4}$ Zoll Höhe besitzt. Diese Säule besteht aus
sieben sehr kleinen Gläsern und sieben Pfeifenköpfen, sie hat im Ganzen
20 Quadratzoll metallische Oberfläche und giebt etwa 1 Kubikzoll Gas in
2 Minuten Sie rivalisirt also mit einer gewöhnlichen Säule von 50 bis
60 Platten"

8 Die Zink-Kohle-Kette Die grossen Vorzüge der GROVE'schen
Säule wurden alsbald anerkannt, insbesondere beschrieben SCHÖNBEIN[1] und
POGGENDORFF ihre Wirkungen so eindringlich, dass ihre Anwendung sich
bald verbreitete Auch dauerte es nicht lange, bis der Ersatz des theuren
Platins durch leitende Kohle gefunden wurde Hier rührt die Mittheilung
von SCHÖNBEIN her, welcher über eine nach dem GROVE'schen Prinzip ge-
baute Kette mit Kathoden von Retortenkohle von ihrem Erfinder COOPER in
London Nachricht erhalten hatte, und diese Nachricht alsbald durch eigene
Versuche bestätigen konnte.[2] Die Wirkung einer winzigen derartigen Kette
kam der einer Platinkette sehr nahe

Die Anwendung der Kohle an Stelle des Platins in der GROVE'schen
Kette ist etwas später auch von BUNSEN angegeben worden Dadurch, dass
dieser ein Verfahren fand, aus Steinkohle und Koke eine geeignete Kohle
in beliebiger Gestalt herzustellen, ermöglichte er eine viel leichtere und aus-
giebigere Fabrikation solcher Elemente, und es ist daher auch in der Folge
sein Name mit dieser Zusammenstellung in Verbindung geblieben

In einem bestimmten Punkte unterschied sich indessen anfangs die
BUNSEN'sche Kette von der GROVE'schen BUNSEN benutzte die Porosität
seiner Kohle dazu, um die Thonzelle zu ersparen, indem er die Kohle in
die Gestalt eines hohlen Cylinders brachte, welcher mit Salpetersäure getränkt und dann unmittelbar in die verdünnte Schwefelsäure gestellt wurde,
welche den Zinkcylinder enthielt Durch eine angemessene Discussion der
OHM'schen Formel hatte er nachgewiesen, dass man auf eine gegebene Menge
Zink die grösste Wirkung erhält, wenn man den inneren Widerstand des
Elementes so klein wie möglich macht, und daraus ergab sich die Con-
struction, welche die möglichste Näherung der beiden Flächen bezweckte.
In der Folge hat man allerdings wieder die Thonzelle eingeführt, da sie die
Anwendung einer grösseren Menge Salpetersäure gestattet und auch das
Zink besser gegen diese schützt

Die Figuren 154 und 155 zeigen die Einzelheiten jener ältesten Form
des Kohlenelementes, Fig 155 bezieht sich auf das von BUNSEN vorgeschriebene Verfahren, den Überschuss der Salpetersäure durch Einblasen von Luft
in den Kohlencylinder zu entfernen

[1] Pogg Ann 49, 589 1840   [2] Pogg Ann 49, 589 1840
[3] Pogg Ann 54 417 1841   ibid 55 265, 1842

Bald darauf kehrte indessen auch Bunsen[1] zu der Anwendung des porösen Thoncylinders zurück, und gab seiner Kette die Gestalt, die sich im wesentlichen unverändert bis heute erhalten hat. Die Figuren 156 und 157 bedürfen keiner weiteren Erklärung.

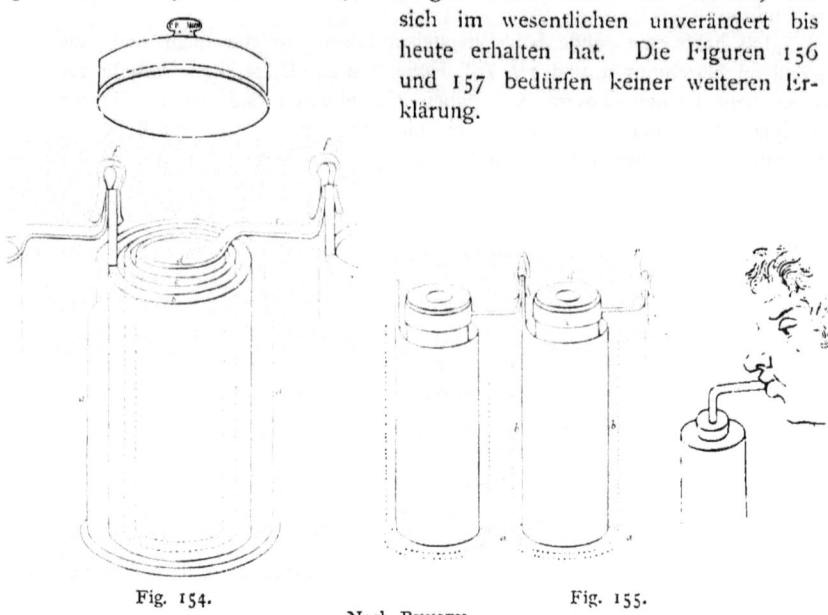

Fig. 154.

Fig. 155.

Nach Bunsen.

9. Die elektrolytischen Erscheinungen und die Theorie der Ionen. Einen fast noch erheblicheren Fortschritt, als die Erfindung der

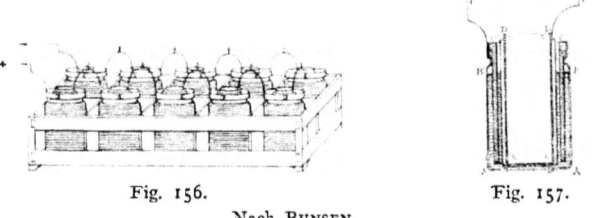

Fig. 156.

Fig. 157.

Nach Bunsen.

constanten Kette, verdanken wir Daniell in seinen Untersuchungen über die Elektrolyse secundärer Verbindungen, welche den ersten wesentlichen Schritt über den von Faraday gewonnenen Standpunkt hinaus darstellen. Insbesondere hat Daniell den Irrthum Faraday's bezüglich der Ionennatur der Säureanhydride und der Metalloxyde (S. 535) berichtigt, und aus den brieflichen Äusserungen Faraday's geht hervor, dass er selbst mit dieser Verbesserung der Anschauungen ganz einverstanden war. Daniell legte

[1] Ann. chim. phys. **8**, 28. 1843 (Mittheilung von Reiset). — Pogg. Ann. **60**, 402. 1843.

seine Ansichten in drei Briefen an FARADAY dar, welche in den Philosophical
Transactions von 1839 u. ff. veröffentlicht sind.

Der erste dieser Briefe[1] geht von der folgenden Frage aus: Nach
FARADAY wird bei der Elektrolyse wässeriger Lösungen wesentlich nur Wasser
zersetzt; nach den Beobachtungen DAVY's (S. 190) entsteht hierbei, wenn ein
Salz zugegen ist, immer Säure und Alkali in freiem Zustande. Welche Beziehung haben diese gleichzeitigen Vorgänge? Zur Beantwortung wurden
quantitative Elektrolysen ausgeführt.

„Die Versuchszelle, welche ich zuerst anwandte, bestand aus einem
dicken Glascylinder, dessen Inhalt etwa 14 Kubikzoll betrug, und welcher
ursprünglich an beiden Enden geschlossen war. Er wurde der Länge nach
in zwei gleiche Hälften geschnitten, um zwischen beide eine dünne Thonplatte einzuschliessen, welche, wenn das Ganze wieder mittelst zweier messingener Ringe mit Schrauben zusammengehalten wurde, das Gefäss in zwei
Abtheilungen trennte. Durch den Boden jeder Abtheilung ging der Draht
einer Platinelektrode von $2^3/_4$ Zoll Länge und 1 Zoll Breite; an den oberen
Enden war je eine gebogene Glasröhre eingeschliffen, um die bei den Versuchen entwickelten Gase aufzufangen. Die Figuren 158 und 159 stellen eine

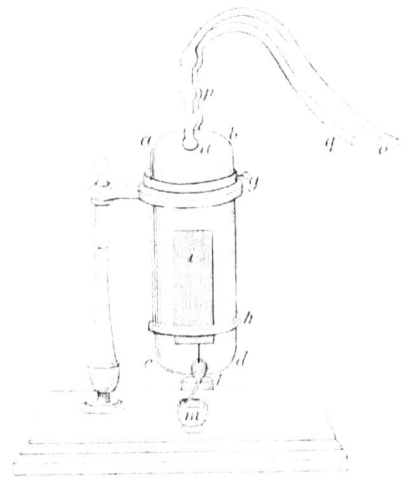

Fig. 158.   Fig. 159.
Nach DANIELL.

Vorder- und eine Seitenansicht des Apparates dar. $a\,b\,c\,d$ ist der Glascylinder,
$e\,f$ das poröse Diaphragma, $g\,h$ die Messingringe und -schrauben, mit denen
die beiden Hälften zusammengeschraubt sind; i und k sind die beiden Elektroden; l und m die Quecksilbernäpfe, mittelst deren die Verbindung mit

[1] Philos. Trans. 1839, 97.

der Batterie hergestellt wurde, *n o* und *p q* sind die gebogenen Röhren, durch welche die gasförmigen Produkte gesammelt wurden"

Nach einigen Mittheilungen über die Brauchbarkeit des Apparates und die Hülfsmittel zur Bestimmung von freier Säure und freiem Alkali beschreibt DANIELL seine Versuche

„1 Versuch   Die Zelle wurde mit einer Lösung von Natriumsulfat geladen, deren specifisches Gewicht 1,052 war, so, dass die Elektroden bedeckt waren und die Zelle etwa zur Hälfte gefüllt war   Als die Verbindung mit der Batterie hergestellt wurde, ergab sich, dass gute Leitung vorhanden war, und die Zersetzung wurde fortgeführt, bis 20 Kubikzoll Wasserstoff von der Platinode und 9 Kubikzoll Sauerstoff von der Zinkode gesammelt worden waren

„Die Lösung von der Platinode wurde mit einem gläsernen Heber sorgfältig abgezogen und erwies sich stark alkalisch, mittelst des Alkalimeters ergab sie einen Gehalt von 12 Gran freien Natrons   Die Lösung von der Zinkode war sehr sauer, und neutralisirte so viel Soda, als 15,1 Gran Schwefelsäure entspricht

„Daher ergaben die Resultate dieses ersten Versuches, dass die Zersetzung eines Aquivalentes Wasser begleitet war von der Zersetzung eines genau gleichen Aquivalentes von schwefelsaurem Natron, denn die Unterschiede sind nur von geringem Betrage"   In der That ergab die Berechnung 12,8 Natron und 16,1 Schwefelsäure an Stelle der gefundenen Werthe 12 und 15,1

„Diese genau aquivalenten Ergebnisse sind an und für sich sehr bemerkenswerth, ich war aber nun eifrig, zu bestimmen, ob sich die Kraft des Stromes, wie bisher angenommen wurde, zwischen den beiden Elektrolyten genau getheilt hatte

„2 Versuch   Der vorige Versuch wurde in ganz gleicher Weise wiederholt, nur wurde ein Voltameter, dessen Platten die gleiche Grösse hatten, wie die der Zelle, und das mit der gewöhnlichen verdünnten Schwefelsäure geladen worden war, in den Stromkreis eingeschaltet   Der Versuch wurde fortgeführt, bis 70,8 Kubikzoll der gemischten Gase aus dem Voltameter gesammelt worden waren, es wurde dabei gefunden, dass der Wasserstoff aus der Versuchszelle 47,5 und der Sauerstoff von der Zinkode 20,25 Kubikzoll betrug   Der erstere ist fast genau gleich dem durch das Voltameter angegebenen Wasserstoff, während der letztere etwas weniger beträgt, als die aquivalente Menge des Sauerstoffes   Immerhin kann kein Zweifel bestehen, dass die Menge der gemischten Gase aus der Salzlösung und die aus der verdünnten Schwefelsäure gleich waren

„Betrachten wir nun, wie gewöhnlich, die Leitung des Stromes als durch den Übergang des Sauerstoffes und Wasserstoffes allein bedingt, so scheinen wir zuerst zu der ausserordentlichen Schlussfolgerung geführt zu werden, dass der gleiche Strom, welcher zur Trennung von einem Äquivalent Sauerstoff und einem Aquivalent Wasserstoff in dem einen Gefäss eben ausreicht, in dem anderen Gefässe während derselben Zeit ein Äquivalent Sauer-stoff und Wasserstoff trennt, und ausserdem ein Äquivalent Schwefelsäure von der entsprechenden Menge Natron. Die Aufklärung eines solchen Er-gebnisses musste offenbar von grösster Bedeutung sein."

10. Die Überführungserscheinungen. Bevor Daniell indessen an die Aufklärung dieses Widerspruches ging, beschäftigte er sich erst mit der schon von Porret[1] beobachteten Erscheinung, dass nach dem Durchleiten des Stromes die Höhe der Flüssigkeit in den beiden durch die poröse Scheidewand getrennten Abtheilungen verschieden war, und zwar wurde die Lösung im Sinne des positiven Stromes mitgenommen, um so stärker, je schlechter sie leitete.

Ferner construirte er einen neuen Apparat, um den Übelstand zu ver-meiden, dass durch die Scheidewand die getrennten Flüssigkeiten sich doch ziemlich schnell vermischten. Der neue Apparat ist in Fig. 160 dargestellt;

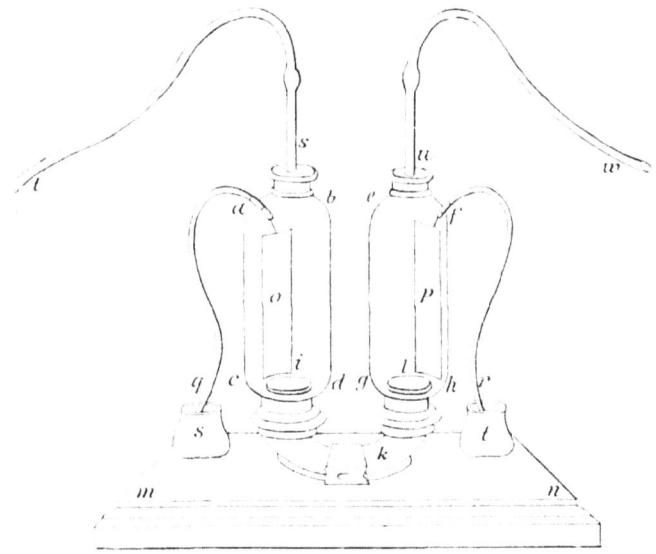

Fig. 160. Nach Daniell.

er unterscheidet sich von dem alten wesentlich dadurch, dass an Stelle einer porösen Scheidewand deren zwei angebracht wurden, welche die Enden eines heberförmigen Glasrohres schlossen, auf welches die beiden Gefässe für die Lösung aufgeschliffen waren. Die Scheidewände wurden in diesem Falle aus Thierblase hergestellt.

„*a b c d* und *e f g h* sind die beiden Glaszellen; *i k l* ist die gebogene Glasröhre, welche in dem hölzernen Träger *m n* befestigt ist; *o* und *p* sind

[1] Annals of Philosophy, July 1816.

die beiden Elektroden, die mit den Quecksilbergefässen s und t durch
die Drahte $a\,q$ und $f\,i$ verbunden sind, $s\,t$ und $u\,w$ sind die beiden
gebogenen Glasrohren, welche zur Aufsammlung der entwickelten Gase
dienen "

Die mit diesem Apparate ausgeführten Versuche entsprachen durchaus
dem oben geschilderten, sie wurden zunächst wieder mit schwefelsaurem
Natron wiederholt, und gaben die gleichen Resultate, ferner wurden ähnliche
Versuche mit verdünnter Schwefelsäure angestellt, aus denen DANIELL schloss,
dass etwa ein Viertel des Äquivalentes von der Kathode zur Anode uber-
geführt wird, und zwar war diese Überführung die gleiche, ob an der Anode
von Platin sich Sauerstoff entwickelte, oder ob an Stelle des Platins amalgamirtes Zink benutzt wurde, welches beim Stromdurchgang in entsprechender Menge in Losung ging

DANIELL stellte sich nun die Frage, ob vielleicht Säure und Alkali bei
der Elektrolyse des schwefelsauren Natrons eine überschüssige Menge von
Elektricität mit sich führten, welche an den Elektroden die Zersetzung des
Wassers bewirken   Um diese Frage zu beantworten, schaltete er in den
Stromkreis geschmolzenes Bleichlorid ein   Rührten beide Zersetzungen von
mitgeführter Elektricität her, so musste das ausgeschiedene Blei der Summe
beider Produkte äquivalent sein, im anderen Falle war nur die Äquivalenz
mit dem einen Produkt zu erwarten.   Die Messung mit dem Schwefelsäure-
Voltameter sah DANIELL nicht mehr als entscheidend an, weil auch die
Schwefelsäure übertragen wird, und daher ähnliche Verhältnisse, wie bei den
Neutralsalzen vorliegen konnten.   Das Ergebniss war, dass das ausgeschiedene
Blei dem Wasserstoff oder dem Alkali allein äquivalent war, dass also der
Widerspruch bestehen blieb, wonach in der Losung des Neutralsalzes der
Strom eine doppelte Zersetzung zu bewirken schien

Weitere Versuche wurden mit den Losungen anderer Salze angestellt,
zunächst mit Chlornatrium   „Eine Platte von reinem Zinn, deren Gewicht
375,8 Gran war, wurde als Zinkode (Anode) in der Doppelzelle benutzt,
welche in allen ihren Theilen mit einer concentrirten Losung von Chlornatrium angefüllt war   Während des Stromdurchganges erschien nicht die
geringste Gasspur an der Zinnelektrode, und kein Geruch nach Chlor wurde
entwickelt   Der Versuch wurde unterbrochen, nachdem 24 Kubikzoll Wasserstoff von der Platinode entwickelt worden waren   Die Zinnelektrode wog
nun 346,1, der Verlust war 29,7 Gran oder fast genau ein halbes Äquivalent,
und entsprach der Menge des entwickelten Wasserstoffgases   Die Losung
an der Platinode war alkalisch und zeigte 15 Gran Natron an, fügen wir
1 Gran Natron aus der Verbindungsrohre hinzu, deren Inhalt schwach
alkalisch war, so haben wir genau ein halbes Äquivalent   Dieser Versuch wurde wiederholt, indem eine Rohre mit geschmolzenem Bleichlorid
in den Strom eingeschaltet wurde   Die Ergebnisse sind in der folgenden
Tabelle aufgeführt und mit den genauen chemischen Äquivalenten verglichen

	Versuch	Berechnet
Entwickelter Wasserstoff	. 12,6	11,8
Reducirtes Blei	24,9	26,0
Gelöstes Zinn	16,3	14,6

„Nun ist der einfachste Weg für das Verständniss der Ergebnisse dieses Versuches, anzunehmen, dass für ein Äquivalent des in der ersten Zelle elektrolysirten Bleichlorids ein Äquivalent Natron in der zweiten Zelle elektrolysirt wurde, das Chlor des letzteren wurde von der Zinnelektrode aufgenommen, und das Natrium an der Platinode reagirte auf das Wasser, und gab als secundäres Produkt ein Äquivalent Wasserstoff; nach dieser Annahme musste der Strom durch das Chlornatrium allein übergeführt worden sein, und es ist kein Wasser elektrolysirt worden

„Denn wir müssen in der That bei der Erörterung der Ergebnisse aller dieser Versuche den Grundsatz annehmen, dass die Kraft, welche wir an einem Punkte des Stromkreises durch ihre bestimmte Wirkung gemessen haben, an keinem Punkte desselben Kreises mehr als die äquivalente Menge Arbeit thun kann, dass der Strom, welchen wir durch die Elektrolyse eines einfachen Äquivalentes Bleichlorid gemessen haben, nicht im Stande sein kann, gleichzeitig ein Äquivalent Chlornatrium und ein Äquivalent Wasser an denselben Elektroden zu elektrolysiren Die Summe der Kräfte, welche irgend eine Zahl von Ionen in einem zusammengesetzten Elektrolyt zusammenhält, könnte übrigens nur gleich der Kraft sein, welche die Elemente eines einfachen Elektrolyten zusammenhielt, welcher gleichzeitig in demselben Strome elektrolysirt wurde."

Diese Darlegungen enthalten Scharfsinniges und Falsches in merkwürdigem Gemisch Die Grundlage der Erörterung ist richtig das Gesetz von FARADAY gestattet nicht, dass an der einen Stelle des Stromkreises die gleiche Elektricitätsmenge durch die einfache, an der anderen Stelle durch die doppelte Menge Ionen geführt wird, denn es spricht eben die Äquivalenz zwischen den verschiedenen Ionen auch in elektrischer Beziehung aus Von Kräften (force) ist aber hier überall nicht die Rede, vielmehr ist der Zusammenhang zwischen der Elektricitätsmenge und der Stoffmenge ganz unabhängig von solchen Fragen Als Zeichen dafür, wie schwer es damals auch besonnenen und physikalisch gut gebildeten Forschern war, diese Dinge klar zu unterscheiden, ist die Stelle immerhin von Interesse, der heftige Widerspruch, welchen BERZELIUS gegen das FARADAY'sche Gesetz erhob (S 589), wird dadurch verständlicher

„Wie aber sollen wir nun diesen Grundsatz auf die Elektrolyse des schwefelsauren Natrons und die Ergebnisse der Versuche damit anwenden? Wasser schien elektrolysirt zu werden, und gleichzeitig erschienen Säure und Alkali mit dem Wasserstoff und dem Sauerstoff an den entsprechenden Elektroden Wir können nicht annehmen, dass nach der Zersetzung des Wassers noch ein Kraftüberschuss für die Zersetzung des Salzes übrig war, sondern wir müssen annehmen, dass der einzige zersetzte Elektrolyt schwefelsaures Natron war, dessen Ionen aber nicht die Säure und das Alkali des Salzes waren, sondern ein Anion, bestehend aus einem Äquivalent Schwefel und vier Äquivalenten Sauerstoff, und dem metallischen Kation Natrium, aus dem ersten bildete sich an der Anode durch secundäre Wirkung Schwefelsäure unter Entwickelung von einem Äquivalent Sauerstoff, und aus dem letzteren an der Kathode durch secundäre Wirkung des Metalles Natron unter der Entwickelung eines Äquivalentes Wasserstoff

„Diese elektrochemischen Betrachtungen sind übrigens auf viele andere salzartige Verbindungen anwendbar, wie ich nachher zeigen werde, und führen bezüglich der mitgetheilten Versuche zu dem Ergebnisse, dass die chemischen Formeln der benutzten Salze, insofern sie Elektrolyte sind, folgendermaassen abgeändert werden müssen

	Chemische Formel	Elektrolytische Formel
Schwefelsaures Natron	(S + 3O) + (Na + O)	(S + 4O) + Na
Schwefelsaures Kali	(S + 3O) + (K + O)	(S + 4O) + K
Salpetersaures Kali	(N + 5O) + (K + O)	(N + 6O) + K
Phosphorsaures Natron	(P + 2½O) + Na + O)	(P + 3½O) + Na

„Diese Ansicht führt mich zu einer Änderung der Meinung, welche ich bisher über die Zersetzung des Kupfersulfates in der constanten Batterie gehegt habe, sowie über die Elektrolyse der Salze, deren metallische Basis für sich unfähig ist, das Wasser zu zersetzen Ich habe immer das Erscheinen des Kupfers auf der Platinode der secundären Wirkung des daselbst entwickelten Wasserstoffes zugeschrieben, die eben entwickelten Betrachtungen nöthigen mich aber, das Kupfer als das Ergebniss einer primären Wirkung anzusehen, indem die elektrolytische Formel des Kupfersulfates nicht S + 3O + (Cu + O) ist, sondern (S + 4O) + Cu "

Zum Verständniss der vorstehenden wichtigen Ausführungen sei bemerkt, dass DANIELL durchweg Äquivalentformeln schreibt, in welchen die Atomgewichte der zweiwerthigen Elemente Sauerstoff, Kupfer, u s w nur halb so gross angenommen werden, wie gegenwärtig, die einwerthigen Elemente dagegen hatten damals die gleichen Zahlen, wie jetzt Was ferner die Formel des phosphorsauren Natrons anlangt, so ist das gewöhnliche Binatriumphosphat gemeint, dessen Formel gegenwärtig HNa^2PO^4 geschrieben wird; verdoppelt man den alten Atomgewichten entsprechend die Zahl der Sauerstoffatome, und nimmt den Wasserstoff als mit Sauerstoff zu Wasser verbunden an, so ergiebt sich die von DANIELL benutzte Formel

„Die nachstehenden Versuche wurden angestellt, um den Punkt noch weiter aufzuklaren

„14 Versuch Die Zelle mit der doppelten Scheidewand wurde an der Platinode mit einer gesättigten Lösung von schwefelsaurem Kupfer gefüllt, die Verbindungsrohre und die Zelle mit der Zinkode wurden mit Schwefelsäure von gewöhnlicher Stärke geladen, und ein Voltameter in den Stromkreis geschlossen Der Vorgang wurde unterbrochen, nachdem 35 Kubikzoll der gemischten Gase gesammelt worden waren Das auf der Platinode gefällte Kupfer wog 15,5 Gran, und die Losung *a* in der Zelle mit der Platinode, welche sauer war, zeigte durch die Neutralisation mit Soda 18,8 Gran freier Schwefelsäure an   Alle diese Ergebnisse nahern sich sehr den genauen Äquivalentverhältnissen, wie es die nachstehende Tabelle ausweist.

	Beobachtet	Berechnet
Sauerstoff und Wasserstoff	35 Kubikzoll	35,4 Kubikzoll
Gefälltes Kupfer	16,5 Gran	16 Gran
Freie Schwefelsäure .	18,8 „	20 „ .

„15 Versuch. Der letzte Versuch wurde wiederholt, indem an Stelle der Zinkode von Platin eine solche von Zink eingesetzt wurde, die Ergebnisse und deren Vergleich mit den genauen Aquivalentzahlen ergeben sich aus der Tabelle

	Beobachtet	Berechnet
Sauerstoff und Wasserstoff	35 Kubikzoll	35,4 Kubikzoll
Gefälltes Kupfer .	16,7 Gran	16 Gran
Gelöstes Zink .	16,4 „	16 „
Freie Schwefelsäure .	18,8 „	20 „

„Das Auftreten von freier Schwefelsäure in der Platinode-Zelle anstatt an der Zinkode ist sehr merkwurdig   Der Ansicht zufolge, welche ich dargelegt habe, muss man sich von dem Ergebniss folgende Vorstellung machen Der Transport des Stromes in der Doppelzelle musste durch die Elektrolyse des zusammengesetzten Elektrolyts Kupfersulfat $(S + 4O) + Cu$ und des einfachen Elektrolyts Wasser $H + O$ bewerkstelligt worden sein, indem die Ladung durch den einen bis zu seiner Beruhrungsstelle mit dem anderen gebracht und dort diesem abgeliefert wurde   Beginnen wir der Bequemlichkeit wegen mit dem Kupfersulfat, so ist das Metall auf der Platinode abgesetzt worden, und das zusammengesetzte Anion $(S + 4O)$ wandert bis zu dem angesauerten Wasser, da es aber nichts antrifft, womit es sich verbinden kann, so tritt die Zersetzung des Wassers ein, dessen Wasserstoff sich mit einem Atom Sauerstoff des zusammengesetzten Anions $(S + 4O)$ vereinigt, während Schwefelsäure $(S + 3O)$ nachbleibt, gleichzeitig geht der Strom mit dem Aquivalent von Sauerstoff aus dem Wasser weiter, und dieser wird entweder an der Platin-Zinkode abgegeben oder vom Zink aufgenommen "

Diese Darlegungen zeigen, wie schwer es selbst demjenigen, der eine richtige Ansicht zum ersten Male erfasst hat, werden kann, diese Ansicht folgerichtig durchzuführen   Zwei Seiten weiter zeigt DANIELL in derselben Abhandlung, dass man die Sauren als Wasserstoffverbindungen auffassen musse, deren Ionen einerseits Wasserstoff, andererseits der mit Wasserstoff verbundene einfache Stoff oder Stoffcomplex sind   Demgemass hatte er den Vorgang so schildern mussen, dass an der Stelle, wo die Kupferlosung an die verdunnte Schwefelsäure grenzt, das Ion SO^4 ungestort weiter wandert, da auch in der Schwefelsäure dasselbe Ion vorhanden ist, erst an der Anode braucht dann eine etwaige chemische Reaktion angenommen zu werden.

Allerdings entsteht hierbei, wenn man das Ion nicht im freien Zustande wandern lassen will, sondern eine Reihe von abwechselnden Trennungen und Verbindungen nach dem Vorgange von Grotthuss annimmt, die Nothwendigkeit, an der Berührungsstelle das dort vorhandene $CuSO^4$ mit dem H^2SO^4 das Ion SO^4 tauschen zu lassen, doch giebt diese Annahme gleichzeitig Rechenschaft von dem Auftreten der freien Schwefelsäure an der Kathode, und ist somit in Daniell's Sinne durchaus consequent

Derartige Erscheinungen, dass die geistige Energie eines Mannes wohl zureicht, um eine grundlegende Umgestaltung einer fehlerhaften Ansicht zu bewerkstelligen, dass sie aber bei der Durchführung des Gedankens an einzelnen Stellen plötzlich versagt, und den Entdecker dort in den eben überwundenen Fehler zurückfallen lasst, sind keineswegs selten Die Anstrengung für die ganz consequente Durchführung einer ungewohnten Ansicht ist eben erheblich grösser, als die zur Conception des Gedankens erforderliche, und die Übung in dem Gebrauch des neuen Denkhülfsmittels, welche seine Anwendung so wesentlich erleichtert, muss erst noch gewonnen werden

11 Bestimmung der wahren Ionen „Ein anderer naheliegender Punkt von grossem Interesse war, zu bestimmen, welche Beziehung zu dem Strome die Produkte der Elektrolyse der Ammoniaksalze aufweisen würden, es zeigte sich folgendes

„16 Versuch Die Doppeldiaphragma-Zelle wurde mit einer Zinkode von Zinn versehen, mit einer starken Lösung von Salmiak geladen, und ein Voltameter wurde in den Kreis geschaltet. Das Gas von der Platinode wurde über Quecksilber gesammelt Als 35 Kubikzoll der gemischten Gase entwickelt waren, wurde der Versuch unterbrochen

„An der Zinkode war kein Gas abgegeben worden, der Verlust des Zinns betrug 30,4 Gran Von der Platinode wurden 23,5 Kubikzoll Wasserstoffgas gesammelt, die Lösung in dieser Zelle roch sehr stark ammoniakalisch und ergab durch Neutralisation einen Gehalt von $8^1/_4$ Gran Ammoniak in freiem Zustande Die Annäherung dieser Zahlen an die Äquivalente ergiebt sich aus der folgenden Tabelle

	Versuch	Berechnet
Gemischte Gase aus dem Voltameter	35,0	35,4
Wasserstoff von der Platinode	23,5	23,6
Zinn . .	30,4	29,0
Ammoniak .	8,25	8,5

„Salmiak erwies sich somit als ein Elektrolyt, dessen einfaches Anion Chlor ist, und dessen zusammengesetztes Kation aus Stickstoff mit vier Äquivalenten Wasserstoff besteht Seine elektrolytische Formel ist daher nicht (Cl + H) + N + 3H), sondern Cl + N + 4H "

An diesen Versuch schliesst Daniell einen ähnlichen mit Ammoniumsulfat, dessen Ergebnisse zu dem entsprechenden Schlusse führen, dass die Ionen SO^4 und NH^4 sind

„Es ist unmoglich, nicht von der merkwurdigen und fur mich vollkommen unerwarteten Ubereinstimmung betroffen zu werden, welche die
eben dargelegten Ergebnisse mit zwei beruhmten Hypothesen haben mit
der von BERZELIUS bezuglich der Constitution des Salmiaks, und mit der
von DAVY, bezuglich der Natur der Sauren und deren salzartigen Verbindungen

„Der erste ist durch Analogieen, welche hier zu wiederholen unnothig
ist, zu der Ansicht gekommen, dass der Salmiak das Chlorid eines hypothetischen Radikals ist, welches er Ammonium genannt hat, und welches
aus einem Aquivalent Stickstoff und vier Aquivalenten Wasserstoff zusammengesetzt ist, das Oxyd dieses Radikals sieht er als die Basis seiner Sauerstoffsalze an   Nach dieser Ansicht ist Salmiak nach der Formel $(N + 4H) + Cl$
zusammengesetzt, und schwefelsaures Ammoniak nach $(N + 4H + O) + (S + 3O)$
Die erste Formel stimmt genau mit der Schlussfolgerung, welche wir aus
der Elektrolyse dieses Salzes gezogen haben, die letztere weicht aber von
der elektrolytischen Ansicht ab, welche nicht eine Verbindung von Saure
und Basis annehmen lasst, sondern eine von Ammonium und dem zusammengesetzten Anion $(S + 4O)$

„Die Hypothese von DAVY war, dass die Salze der Sauerstoffsauren eine
ahnliche Constitution haben konnten, wie die binaren Verbindungen des
Chlors mit den Metallen, und dass die Saurehydrate als Wasserstoffsauren
angesehen werden mussen   Wie Salzsaure eine einfache Verbindung der
Elemente Chlor und Wasserstoff ist, oder $Cl + H$, so kann Schwefelsaure-
hydrat eine Verbindung eines zusammengesetzten Radikals mit Wasserstoff
oder $S + 4O, + H$ sein

„Lasst man Salzsaure auf Natron wirken, so wird Wasser und Natrium-
chlorid oder $Cl + Na$ gebildet   Lasst man Schwefelsaure auf Natron wirken,
so wird gleichfalls Wasser gebildet, und eine binare Verbindung eines zusammengesetzten Radikals mit Natrium, oder $(S + 4O) + Na$

„Die allgemeine Ansicht, welche er darlegte, war, dass ein Radikal,
welches einfach wie Chlor, oder zusammengesetzt wie Cyan oder $(S + 4O)$
sein kann, mit Wasserstoff eine Saure bildet und mit einem Metall ein Salz
Die Ansicht war durch mancherlei Analogieen unterstutzt, sie hat jedenfalls
den Vortheil, dass sie die Constitution einer naturlichen Gruppe von Stoffen,
welche einander so ahnlich sind, wie die Salze, und welche die fruheren
Theorieen in die beiden verschiedenen Klassen der Sauerstoffsalze und der
Haloidsalze spalteten, als ahnlich erweist   Der Fortschritt der organischen
Chemie und die Lehre von der Substitution haben die Wahrscheinlichkeit
verstarkt, welche diese Hypothese auszeichnet, und die Ergebnisse der
Elektrolyse, welche ich eben dargelegt habe, werden vermuthlich als unmittelbare Beweise ihrer Richtigkeit angesehen werden   Die einzige Er-
scheinung, welche sie nicht umfasst, ist die Zersetzung der verdunnten
Schwefelsaure, denn es ist kein Grund zu sehen, warum das Saurehydrat
nicht in Schwefelsaure und ein Aquivalent Sauerstoff an der Zinkode, und

Wasserstoff an der Platinode zerfallen soll, oder in $S + 4O + H$ anstatt
$$\left(\frac{S + 3O}{4} + O\right) + H$$

„Betrachten wir dagegen das Wasser als den Elektrolyten, welcher bei
dieser Gelegenheit zersetzt wird, so ist es nicht weniger schwierig zu verstehen, warum ein Viertel Aquivalent Schwefelsaure den Sauerstoff zur
Zinkode begleitet, und wie die Leitung mit ihrer Gegenwart zusammenhangt,
denn obwohl, wie wir gesehen haben, die ubergehende Menge Schwefelsaure
in allen Fallen dieselbe ist, so nimmt die Leichtigkeit der Elektrolyse in
dem Verhaltnisse ab, als der Antheil an Saure unter das Verhaltniss von
neun zu eins in der Mischung fallt"

Die Schwierigkeit, welche DANIELL hier in den Erscheinungen bei der
Schwefelsaure sieht, sind spater der Ausgangspunkt hochwichtiger Forschungen
gewesen, welche das Wesen der elektrolytischen Leitung in entscheidender
Weise aufgeklart haben Es wird daher spater, bei der Besprechung der
Forschungen HITTORF's, Gelegenheit sein, auf diese Frage zuruckzukommen,
weshalb ihre Erorterung an dieser Stelle noch unterbleiben kann Nur soviel
soll gesagt werden, dass es sich hier nicht um einen Widerspruch, sondern
um eine Erweiterung und Vertiefung derselben Ansicht handelt, zu denen
DANIELL hier den Grund gelegt hatte Es ist dies eine sich haufig wieder-
holende Erscheinung, dass gerade die Stellen, an denen eine sonst gute und
brauchbare neue Anschauung Schwierigkeiten findet, spater den Ausgang
neuer und wichtiger Entwickelungen bilden Es ist daher nichts unzweck-
massiger, als wie es vielfach halb unbewusst geschieht, solche Stellen ver-
stecken zu wollen, um dem Credit des Gedankens nicht zu schaden Ist
der Gedanke gut, so wird sicher eine solche unebene Stelle der Ansatz-
punkt einer entwickelungsfahigen Knospe sein, eine solche verdecken heisst
die Entwickelung storen Hat aber der Gedanke keine Lebenskraft, so kann
er nicht schnell genug beseitigt werden, und fur den Urheber selbst ist es
sicherlich besser, wenn dies fruher, als wenn es spater geschieht

12 Fortsetzung. In einer zweiten Mittheilung uber die Elektrolyse
secundarer Verbindungen,[1] welche wie die erste in Form eines Briefes an
FARADAY veroffentlicht wurde, beschreibt DANIELL einige sehr interessante
Versuche Er wunschte zu beweisen, dass wirklich das Metall und nicht das
Oxyd als Kation wandert, und verfuhr zu diesem Zweck folgendermaassen

„Eine kleine Glasglocke, welche oben eine Offnung besass, war unten
durch eine daruber gespannte Membran verschlossen Sie wurde zur Halite
mit einer nur schwachen Losung von kaustischem Kali gefullt und in ein
Glasgefass gehangt, welches eine starke neutrale Losung von Kupfersulfat
enthielt, unter deren Oberflache sie eben getaucht wurde Eine Platinelektrode, welche mit dem letzten Zinkstabe einer grossen constanten Batterie
von zwanzig Zellen verbunden war, wurde in die Kahlosung gesteckt, eine

[1] Philos Trans 1840, 209

andere, die mit dem Kupfer der ersten Zelle verbunden war, wurde in dem Kupfersulfat unmittelbar unter dem Diaphragma angebracht, welches die beiden Lösungen trennte. Der Kreis leitete sehr gut, und die Wirkung war sehr energisch. Wasserstoff wurde an der Platinode oder der in das Kali tauchenden Elektrode abgegeben, und Sauerstoff an der Zinkode im Kupfersulfat. Eine kleine Menge Gas sah man auch von der Oberfläche des Diaphragmas aus sich entwickeln. Nach etwa 10 Minuten fand man die untere Fläche des Diaphragmas mit einem schönen Überzuge von metallischem Kupfer bedeckt, durchsetzt mit Kupferoxyd von schwarzer und Kupferoxydhydrat von hellblauer Farbe.

„Die Erklärung dieser Erscheinung ist offenbar. In der Versuchszelle haben wir zwei Elektrolyte, welche durch eine Scheidewand getrennt sind, der Strom muss durch beide gehen, um den Kreislauf zu vollenden. Das Kupfersulfat wird in seine Bestandtheile, das zusammengesetzte Anion Schwefelsäure plus Sauerstoff, und das einfache Kation Kupfer getrennt· der Sauerstoff des ersteren entweicht an der Zinkode, das Kupfer wird aber bei seiner Wanderung nach der Platinode an der Oberfläche des zweiten Elektrolyts aufgehalten, als welches wir für den Augenblick Wasser ansehen können, dessen Leitfähigkeit durch die Gegenwart des Kalis verbessert worden ist. Das Metall findet hier nichts, womit es sich verbinden kann, um seinen Lauf zu vollenden, da es gezwungen wird, stehen zu bleiben, giebt es seine Ladung dem Wasserstoff des zweiten Elektrolyts ab, welcher an die Platinode geht und entwickelt wird. Der entsprechende Sauerstoff bleibt gleichfalls an der Scheidewand stehen, indem er seine Ladung dem Anion des Kupfersulfats abgiebt. Kupfer und Sauerstoff, welche derart an der Zwischenstelle zusammentreffen, treten theilweise in Verbindung, und bilden das schwarze Oxyd, wegen der Geschwindigkeit der Wirkung ist aber für das Ganze nicht Zeit zur Verbindung, so dass ein Theil des Kupfers im metallischen Zustande bleibt und ein Theil des Sauerstoffes entweicht. Die Fällung des blauen Hydroxyds stammt unzweifelhaft von der Mischung eines kleinen Antheiles der beiden Lösungen her."

Ähnliche Versuche stellte DANIELL noch mit verschiedenen anderen Metallsalzen an, und erhielt mit Silber, Blei, Palladium, Quecksilber und sogar mit Eisen metallische Ausscheidungen, Magnesium konnte dagegen nicht auf diese Weise erhalten werden.

Was die Deutung dieser seltsamen Beobachtungen anlangt, so kann diese im Sinne der gegenwärtigen Ansichten erst an viel späterer Stelle gegeben werden, auch soll schon hier betont werden, dass in dieser Beziehung noch manches aufzuklären ist. DANIELL betrachtete sie als einen bindenden Beweis zu Gunsten seiner Ansicht von der Natur der Ionen, und ging deshalb dazu über, dieser Ansicht entsprechend die Nomenclatur der Ionen neu zu gestalten. „Bevor ich in den Einzelheiten meiner Experimentaluntersuchungen weiter gehe, muss ich Ihre Nachsicht für einige Bemerkungen in Hinsicht der Nomenclatur erbitten, in welcher ein Wechsel nach einer solchen

Änderung der Ansichten ganz nothwendig erscheint, ohne sie scheint es kaum möglich, Umschreibungen von der umständlichsten Art zu vermeiden, wovon Sie sich in dem Vorstehenden genugsam überzeugen können. Wenn wir von Salzen als Elektrolyten sprechen, bedürfen wir dringend bezeichnender Namen für die zusammengesetzten Anionen, mit denen ihre metallischen Kationen verbunden sind. So habe ich, wenn vom Kupfersulfat als Elektrolyten die Rede war, dessen Anion als Schwefelsäure plus Sauerstoff bezeichnen müssen, obwohl nichts umständlicher und der Wortbedeutung nach falscher sein kann. Nach vielem Nachdenken über den Gegenstand kam ich darauf, dass der Ausdruck Ion, welchen Sie eingeführt haben, um gleichartig die beiden Bestandtheile eines Elektrolyts zu bezeichnen, und welchen Sie später zu Kation und Anion zusammengesetzt haben, um die Elemente zu benennen, welche beziehungsweise nach der Kathode oder der Anode wandern, als eine allgemeine Endigung benutzt werden könnte, um die Verbindungen zu bezeichnen, welche bei der Elektrolyse der Salze nach der Zinkode wandern, und diese insbesondere unterschieden werden können, indem man den leicht abgeänderten Namen der Säure vorsetzt. So kann, elektrolytisch betrachtet, das Kupfersulfat das Oxysulfion des Kupfers genannt werden, und Kaliumnitrat Kalium-Oxynitrion. Das Oxysulfion des ersteren, welches zu der Zinkode der Batterie wandern würde, besteht aus (S + 4O), das Oxynitrion des letzteren aus N + 6O. Das Ammonium-Oxysulfion oder S + 4O + N + 4H würde das Ammoniumsulfat bezeichnen."

Nach einer Apologie für diese Neuerung und einer Erörterung der Schwierigkeit, dass die angenommenen zusammengesetzten Ionen nicht für sich herstellbare Stoffe seien, schildert DANIELL einige Versuche, diese zu isoliren. In der Voraussetzung, dass diese Stoffe bei niedriger Temperatur beständiger sein werden, unternahm er die Elektrolyse der Schwefelsäure bei etwa -20° C, und fand auch, dass viel weniger Sauerstoff entwickelt wurde, als dem Wasserstoff entsprach. Doch gelang es ihm nicht, die entstandene neue Verbindung zu isoliren, er vermuthet, dass eine Verbindung von Schwefel mit sieben Äquivalenten Sauerstoff entstanden sein könnte,[1] doch wurden die Versuche abgebrochen.

Der von DANIELL erwähnte Einwand ist derselbe, welcher seinerzeit gegen DAVY's Theorie gemacht worden war, und gleiches wurde gegen die Radikaltheorie der Chemie zur Geltung gebracht. Es hat langer Zeit bedurft, bis man im letzteren Falle eingesehen hat, dass es gerade in der Natur eines Radikals begründet ist, dass es nicht isolirt werden kann, und erst in neuester Zeit beginnt man anzuerkennen, dass es ähnlich mit den Ionen bestellt sein muss, nachdem auf diesem Boden wiederholt Einwande gegen die Ionen-

---

[1] Diese Voraussicht hat sich später wesentlich bewährt, indem als Produkt der Elektrolyse unter diesen Umständen Überschwefelsäure entsteht, deren Formel ($H_2S_2O_8$ in gegenwärtiger Schreibart) DANIELL's Vermuthung entspricht.

theorie erhoben worden sind, welche von den Einsprechenden für unwiderleglich gehalten wurden.

Weitere Versuche Daniell's beziehen sich auf die schon oben erwähnte Anomalie, welche die freien Säuren bezüglich der Überführung zeigen. Versuche mit freien Basen ergaben, dass diese sich an der anderen Elektrode, der Kathode, anhäuften, aber gleichfalls in viel geringerer Menge, als dem Äquivalent des Stromes entsprach. Auch dieser Befund erfuhr erst durch Hittorf seine Erklärung. Es wird nicht nöthig erscheinen, auf diese Versuche näher einzugehen; ebenso wird der kurze Bericht genügen, dass er bei der Elektrolyse von Ammoniumoxalat an der Anode Kohlensäure erhielt, in welche sich das Anion der Oxalsäure, das Oxalion C^2O^4, verwandelte. Bei der Elektrolyse von äthylschwefelsaurem Kali erschien an der Anode, wie erwartet, Äthylschwefelsäure und Sauerstoff, an der Kathode Wasserstoff und Kali.

13. Theorie der Elektrolyse. Nach der in diesen letzten Versuchen angedeuteten Richtung wurden diese Untersuchungen nach einigen Jahren[1] fortgesetzt und abgeschlossen. An der Arbeit betheiligte sich diesmal der Schüler und Assistent Daniell's, W. A. Miller. Ein neuer Apparat, dessen Einrichtung aus der beistehenden Fig. 161 leicht zu ersehen ist, und welcher gleichfalls mit einer doppelten Scheidewand ausgestattet war, diente hierbei; sein Vorzug vor dem älteren bestand darin, dass seine Form weit günstiger für die Leitfähigkeit des Ganzen war, wodurch die unbequeme Erwärmung durch den Strom vermieden werden

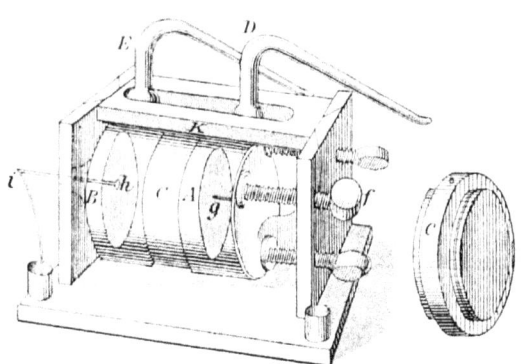

Fig. 161. Nach Daniell.

konnte. Es wurden zunächst die verschiedenen Salze der Phosphorsäure elektrolysirt; aus den Versuchen wurde der nicht ganz gerechtfertigte Schluss gezogen, dass in den Salzen, welche ein, zwei oder drei Atome Natrium enthalten, drei untereinander verschiedene Phosphorsäuren enthalten sind. Es muss beachtet werden, dass die Lehre von den mehrbasischen Säuren damals noch nicht mit der Sicherheit gehandhabt werden konnte, die sie zur Zeit durch die Entwickelung des Molekularbegriffes erhalten hat; der Missgriff ist also durchaus entschuldbar.

Bei der Untersuchung der Salze der arsenigen Säure wurde die Beobachtung gemacht, dass sich kein Sauerstoff entwickelte, da er die arsenige

[1] Philos. Trans. 1844. I.

Säure an der Anode zu Arsensäure oxydirte. „Es könnte vermuthet werden, dass der Sauerstoff, welcher mit der arsenigen Säure nach der Zinkode wanderte, sich mit dieser (unterwegs) verbunden und Arsensäure gebildet hätte; doch dies fand nicht statt." Auch für diese auffällige Erscheinung ist die Erklärung erst viel später gefunden worden.

Wichtige Ergebnisse wurden erhalten, als Ferrocyankalium untersucht wurde. Aus den Erscheinungen, die hier nicht im Einzelnen geschildert werden sollen, ging unzweifelhaft hervor, dass Kalium nach der einen Seite wanderte und das Ferrocyanion nach der anderen. Gleiche Ergebnisse stellten sich mit anderen complexen Salzen heraus. DANIELL geht ziemlich schnell über diese Erscheinungen fort; in späterer Zeit sollten sie sich als von grosser Bedeutung für die Theorie der Salze erweisen.

Den breitesten Raum in der Abhandlung nimmt die Untersuchung der Änderungen ein, welchen der Gehalt der den Versuchen unterworfenen Salzlösungen in den Zellen erfuhr. Diese Erscheinung war den Forschern ganz unverständlich, denn sie hatten folgende Überlegung angestellt, aus der sie schliessen zu müssen glaubten, dass die Änderung des Gehaltes an beiden Elektroden gleichförmig stattfinden müsse. Indem sie von den früher (S. 623 und 626) erwähnten Versuchen über die Concentrationsänderungen saurer und alkalischer Lösungen reden, fahren sie fort: „Indessen war damals ein Umstand übersehen worden, auf welchen bei der Rechnung Acht gegeben werden muss, nämlich dass die Entwickelung eines ganzen Äquivalentes der Ionen an den Elektroden unter den gemachten Voraussetzungen von der' Übertragung nur eines halben Äquivalentes an jeder Seite begleitet wird. Dies geht klar aus dem folgenden Diagramm hervor (Fig. 162). Es soll A, B, C u. s. w. eine Reihe von Chloratomen darstellen, a, b, c u. s. w. eine Reihe von Kaliumatomen, welche mit den Chloratomen der oberen Reihe verbunden sind. X, Y sei eine Mittellinie oder Scheidewand, Z und P sind die Elektroden. Stellt 1 die Anordnung dar, bevor der Strom durchgeht, wobei die A und a, B und b u. s. w. verbunden sind und zusam-

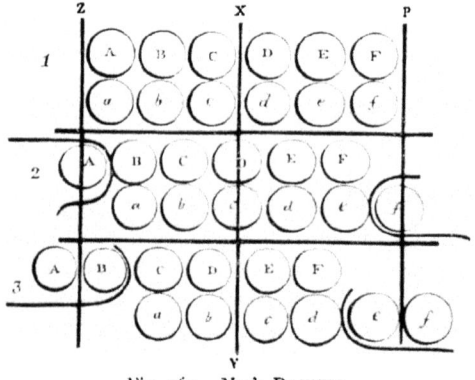

Fig. 162. Nach DANIELL.

mengesetzte Theilchen von Chlorkalium bilden, so wird 2 die Anordnung zeigen, nachdem ein einzelnes Äquivalent der Ionen an den Elektroden entwickelt worden ist. Jedes Theilchen wird nothwendig einen halben Schritt vorwärts gegangen sein, indem es sich mit dem anliegenden Theilchen verbunden hat, so dass nun Ba, Cb, Dc u. s. w. die Kette zwischen den

Elektroden bilden Wird nun angenommen, dass ein zweites Aquivalent an
den Elektroden in Freiheit gesetzt wird, so wird ein Atom von jedem Ion
die Mittellinie uberschritten haben, ein Aquivalent ist daher ubertragen
worden, wahrend zwei entwickelt worden sind, wie Fig 162 zeigt"

Diese Uberlegung ist ein ausgezeichnetes Beispiel fur die schadlichen
Folgen einer „selbstverstandlichen", d h nicht eingehend gepruften Voraussetzung. Auf den ersten Blick scheint keine Einwendung gegen den Schluss
moglich zu sein, und in der That haben lange Zeit hindurch alle Physiker
so fest an die Bundigkeit der Darlegung geglaubt, dass HITTORF, der auf
die Willkurlichkeit der „selbstverstandlichen" Annahme, die hier gemacht
worden ist, hinwies, zuerst uberhaupt nicht verstanden wurde. Die Willkur
liegt in der Annahme, dass die beiden Ionen gleich grosse „Schritte"
machen Es ist von vornherein gar kein Grund zu der Annahme vorhanden,
dass jedes der beiden Ionen gerade die Halfte des gemeinsamen Weges
zurucklegt, es kann das eine auch zwei Drittel wandern, wahrend das andere
nur ein Drittel des Weges macht, und so ist jedes andere Verhaltniss moglich. Und in der That hat sich erwiesen, dass dies der Schlussel zu allen
den Erscheinungen ist, welche DANIELL sich nicht hat erklaren konnen Wenn
er nur einmal alle Voraussetzungen, welche er bei seinen Schlussen benutzt
hat, ausdrucklich ausgesprochen oder hingeschrieben hatte, so hatte er die
Willkur der einen eben erwahnten bemerken mussen Der Fehler, welchen
hier unser sonst so scharfsinniger Forscher begangen hat, kommt ausserordentlich haufig vor, ja man kann ihn wahrscheinlich die fruchtbarste
Fehlerquelle nennen, die uberhaupt in der Wissenschaft ihre schadlichen
Wirkungen ubt Das Mittel, sie zu vermeiden, ist schon angegeben worden
es besteht in der pedantisch genauen Aufzahlung der gemachten Voraussetzungen Dass es in allen Fallen ein sicherer Schutz ist, kann leider nicht
behauptet werden, da es kein Kriterium fur die Vollstandigkeit einer solchen
Aufzahlung giebt, dass aber bei seiner regelmassigen Anwendung unzahlige
unbegrundete Behauptungen nicht aufgestellt werden wurden, ist unzweifelhaft.

In einem Ruckblicke auf die Gesammtergebnisse seiner Arbeiten fasst
DANIELL die wichtigsten Punkte derselben folgendermaassen zusammen

„Uberblicken wir die in den vorstehenden Versuchen erhaltenen Ergebnisse und die Schlusse, welche wir aus ihnen zu ziehen berechtigt sind,
so wird, wie wir glauben, zugegeben werden, dass viele von ihnen von
hochstem Interesse und grosser Wichtigkeit sind, auch sind mehrere von
ihnen im Widerspruch mit den grundlegenden Prinzipien der Elektrolyse,
wie sie bisher angenommen worden sind

„Wir haben gesehen, dass die bestimmte Wirkung des Stromes in
jedem Augenblicke stattfindet, und sein Durchgang durch einen zusammengesetzten flussigen Leiter ist immer begleitet von der Entwickelung von
Wasserstoff oder dem metallischen Element oder aber eine Gruppe von
Stoffen wie Ammonium, welche eine aquivalente Verbindung darstellen,
sowie von der gleichzeitigen Ausscheidung des nichtmetallischen Elementes

oder einer Gruppe von Stoffen von gleichen elektrischen Eigenschaften an
der Zinkode Es wird bequem sein, folgende Klassen derartiger Elektrolyte
zu unterscheiden

„1) Ein Elektrolyt kann aus einfachen Ionen bestehen, und muss dann
zusammengesetzt sein aus einem einfachen Äquivalent Metall oder Wasserstoff) als Kation, und einem einfachen Äquivalent eines nichtmetallischen
Elementes als Anion, wie z. B K, J, Ag, Cl, u s w Solche Stoffe können
einfache Elektrolyte genannt werden

„2) Ein Elektrolyt kann aus einem zusammengesetzten Kation, von dem
ein einzelnes Äquivalent an der Stelle des Metalles steht, und aus einem
einzelnen eines einfachen nichtmetallischen Anions bestehen, wie z B NH^4, Cl
Wahrscheinlich bilden die organischen Basen Kationen von dieser zusammengesetzten Beschaffenheit, und wenn ihre Salze elektrolysirt werden, so wird
immer Wasserstoff neben ihnen an der Platinode entwickelt, wie das z B
beim Ammoniak geschieht Diese und die folgenden können wir complexe
Elektrolyte nennen

„3) Ein Elektrolyt kann aus einem zusammengesetzten Anion, von dem
ein einzelnes Äquivalent die Stelle eines einfachen nichtmetallischen Elementes
einnimmt, und einem einfachen Kation, einem Metall oder Wasserstoff bestehen, wie z B H, CN^2, K, SO^3, Na, NO^6

„4) Ein Elektrolyt kann aus einem einzelnen Äquivalent eines zusammengesetzten Kations und einem einzelnen Äquivalent eines zusammengesetzten
Anions bestehen, wie z. B NH^4, SO^4

Diese vier Klassen können unter dem Namen der einbasischen Elektrolyte vereinigt werden, da ein einzelnes Äquivalent der Kraft (wie sie
durch das Voltameter gemessen wird einzelne Äquivalente der Elektrolyte
elektrolysiren wurde.

„5) Ein Elektrolyt kann auch zwei oder mehrere Äquivalente eines
metallischen Kations 'oder Wasserstoff' oder einzelne Äquivalente von zwei
oder mehreren verschiedenen metallischen Kationen enthalten, während das
Anion aus einem einzelnen Äquivalent eines zusammengesetzten Ions besteht,
wie K^2, $FeCy^3$ Dieses zusammengesetzte Ion enthält im Falle eines Sauer-
stoffsalzes die sogenannte wasserfreie Säure verbunden mit so vielen Äquivalenten Sauerstoff, als metallische Ionen oder Wasserstoff vorhanden sind,
wie Na^3, P^2O^5, O^3.

„In diesem Falle werden so viele Äquivalente der Kraft erforderlich
sein, um ein Äquivalent des Elektrolyts zu elektrolysiren, als Äquivalente
Metall (oder Wasserstoff) in dem Kation vorhanden sind Solche Elektrolyte
mögen mehrbasische heissen

„Bei diesen zusammengesetzten Anionen und Kationen scheint der
Sauerstoff, welcher mit der sauren Gruppe wandert, und der Wasserstoff,
welcher mit der alkalischen Gruppe entwickelt wird, unter dem Einflusse
des Stromes in einer anderen Weise mit den anderen Elementen verbunden
zu sein, als wie diese Elemente unter einander Denn wir haben gefunden

dass in den meisten Fällen diese Verbindung unmittelbar gelöst wird, so wie sie aus dem Einflusse des elektrischen Stromes sich entfernt, während in anderen Fällen ihre scheinbare dauernde Verbindung nur die Folge einer secundären Wirkung ist, wenn der Sauerstoff eine chemische Verbindung von höherem Oxydationsgrade zu bilden vermag; wie andere secundäre Wirkungen ähnlicher Art ist auch diese von verschiedenem Betrage

„Die Ausscheidung des Kations und Anions eines Elektrolyts in äquivalenten Verhältnissen erfolgt nicht immer, wie sie gewöhnlich dargestellt wird, durch deren gleichzeitige Übertragung in entgegengesetzten Richtungen nach den Elektroden, in dem genauen Verhältnisse von je einem halben Äquivalent, sondern sie erfolgt zuweilen dadurch, dass ein ganzes Äquivalent des Anions zur Zinkode geht, während ein ganzes Äquivalent des Kations unverbunden an der Platinode übrig gelassen wird, oder auch, indem nicht äquivalente Theile derselben in entgegengesetzten Richtungen wandern, deren Summe indessen ein ganzes Äquivalent der nach der einen oder der anderen Richtung beförderten Stoffe ausmacht, oder genauer gesprochen, durch den Transport von soviel Stoff, als ein Äquivalent chemischer Kraft auszuüben vermag, so dass, wenn das nach der Zinkode übertragene Anion mehr als ein halbes Äquivalent beträgt, das nach der Platinode beförderte Kation um ebensoviel weniger als ein halbes Äquivalent ausmacht, und umgekehrt, die frei werdenden Mengen des Kations und des Anions sind dabei immer in äquivalenten Mengen   In keinem Falle ist indessen der Übergang eines ganzen Äquivalents des Kations unter Ausschluss des Anions bemerkt worden

„Diese Thatsachen sind, wie wir glauben, unvereinbar mit irgend welchen molekularen Hypothesen, soweit bisher solche zur Erklärung der Erscheinungen der Elektrolyse erdacht worden sind, auch haben wir selbst nichts befriedigenderes an deren Stelle zu setzen. Wir ziehen daher vor, die Aufklärung den nachfolgenden Arbeiten zu überlassen, anstatt die schon viel zu grosse Zahl der übereilten Generalisationen um eine weitere zu vermehren "

Zum Verständniss der unter 2 bis 5 benutzten Formeln sei wiederholt daran erinnert, dass DANIELL die älteren Äquivalentformeln braucht, der Ausdruck „Äquivalent" hat aber bei ihm nicht die genau definirte Bedeutung, wie heute, sondern dient mehrfach für das, was wir jetzt Molekel nennen. In den Ausdrucksformen der gegenwärtigen chemischen Anschauungen wird man im Sinne der obigen Auseinandersetzungen ein- und mehrwerthige Ionen unterscheiden, welche sowohl einfach oder elementar, wie auch zusammengesetzt sein können   Auch werden in der heutigen Schreibweise der Salze die Ionen meist unmittelbar zum Ausdruck gebracht, die Ionen des Trinatriumphosphates Na^3PO^4 sind $3Na$ und PO^4. Abweichungen kommen bei der Formulirung der complexen und Doppelsalze vor, doch ist auch hier die allgemeine Annahme einer die Ionen darstellenden Schreibweise nur eine Frage kurzer Zeit

In dem letzten Absatze spricht Daniell endlich aus, dass die Ionen keineswegs nur gleiche Wege wandern, sondern dass der auf jedes der beiden Ionen fallende Weganthelil jeden Werth zwischen 1 und 0 haben kann, indem der Weganthell des anderen Ions diesen Bruch zu Eins ergänzt. So einfach schliesslich diese Erkenntniss ist, so schwierig war es, auf sie zu kommen, und so folgenreich hat sich später die Messung der entsprechenden Weganthelile durch Hittorf gezeigt. In dem Ausklingen dieser werthvollen Arbeiten auf den eben bezeichneten Punkt zeigt sich die charakteristische Eigenthümlichkeit einer guten Experimentaluntersuchung, indem die Hauptfrage, welche Stoffe als die Ionen anzusehen sind, befriedigend beantwortet ist, ergiebt sich aus der Antwort selbst ein neues und fruchtbares Problem. Wir werden die gleiche Erscheinung wiederfinden, wenn von den Arbeiten zur Beantwortung dieses Problems die Rede sein wird.

Die Gedanken, welche in diesen Arbeiten ausgesprochen sind, haben sich nur ziemlich langsam verbreitet, die vorgeschlagenen Namen sind bisher noch nicht in den allgemeinen Gebrauch genommen worden, wiewohl gerade in jüngster Zeit sich das Bedürfniss nach solchen kurzen Bezeichungen wieder gezeigt hat. Die gegen den Schluss berührten Schwierigkeiten, welche darin liegen, dass die Ionen, so lange sie wandern, beständig sind, während sie alsbald nach der Ausscheidung zerfallen, ist bis auf den heutigen Tag empfunden worden, und hat eine Verschärfung noch dadurch erfahren, dass man gegenwärtig die Ionen nicht nur so lange sie unter dem Einflusse des elektrischen Stromes wandern, in einem freien Zustande befindlich annimmt, sondern einen solchen Zustand überhaupt beständig in jeder elektrolytischen Lösung als vorhanden ansieht. Die Erwägung, welche am ehesten zum Verständniss dieser Verhältnisse führt, ist die, dass die Ionen mit elektrischen Ladungen von sehr grossem Betrage behaftet sind, welche sie an den Elektroden verlieren. In dieser Veränderung des Zustandes der Ionen hat man die Veränderung ihrer Beständigkeit zu suchen, wenn auch ein weiterer Einblick in das Wesen dieses Zusammenhanges nicht vorhanden ist.

15. Die Messung galvanischer Constanten. Unmittelbar nach der Erfindung der constanten Ketten trat das Bedürfniss auf, die Constanten dieser Vorrichtungen in hinlänglich genauer Weise zu messen, und es begann die Ausbildung der galvanischen Messverfahren, deren Bedeutung seit jenen Tagen bis heute immer mehr zugenommen hat. Und zwar lag eine doppelte Aufgabe vor: es mussten einerseits Instrumente ausgebildet werden, welche in sich vergleichbare Messungen für die entsprechenden Grossen gaben, und zweitens entstand alsbald das Bedürfniss, die Sprache der individuellen Instrumente unter einander vergleichbar zu machen, so dass ein Physiker die Messung des anderen verstehen und wiederholen konnte, ohne sich desselben Instrumentes bedienen zu müssen. In dem Zeitraum, mit dem wir uns zu beschäftigen haben, wurde nur der erste Theil dieser Aufgabe befriedigend gelöst. Für den zweiten, die Ausbildung allgemeiner oder ab-

soluter Messungen wurde ein wichtiger und entscheidender Anfang gemacht,
doch liegt die eigentliche Entwickelung dieser Seite der messenden Elektrik
in einer viel spateren Periode

Die Grundlage beinahe aller galvanischer Messmethoden ist das Ohm'sche
Gesetz Um die etwas umstandlichen Darlegungen, in welchen der Entdecker die so uberaus mannigfaltigen Seiten seines Gesetzes zur Anschauung
gebracht hat, fur den unmittelbaren Gebrauch ins Enge zu ziehen, sei hier
nochmals erinnert, dass wenn i die Stromstarke, oder die in der Zeiteinheit
durch einen Querschnitt des Leiters geflossene Elektricitatsmenge, e die
elektromotorische Kraft und r den Widerstand darstellt, das Ohm'sche Gesetz
die einfache Form erhalt

$$i = \frac{e}{r}$$

Dabei setzen sich die Grossen e und r additiv aus allen elektromotorischen Kraften und Widerstanden zusammen, welche in dem ganzen Leiter-
kreise vorhanden sind.

Von der ausserordentlichen Mannigfaltigkeit, welche dieses so uberaus
einfache Gesetz in seinen Anwendungen erlangen kann, hat Ohm schon
selbst eine Anschauung in seinen Abhandlungen (S. 388 bis 417) gegeben.
Die nachstehenden Darlegungen werden zeigen, dass das Gebiet der Anwendungen dadurch bei weitem nicht erschopft war, und bis auf den heutigen
Tag ergiebt sich neues und wichtiges aus der Benutzung des Gesetzes zur
Losung neuer Aufgaben

16. Die Messung der Stromstarke An dem gewohnlichen Galvanometer war es sehr bald als ein Ubelstand empfunden worden, dass die am
Theilkreise abgelesenen Grade keineswegs der Starke des elektrischen Stromes
proportional sind, und es finden sich mancherlei Angaben, wie die Messungen
vergleichbar gemacht werden konnen Zu einem wirklichen Messapparat hat
erst Pouillet[1] das Galvanometer entwickelt, indem er die Tangenten- und
die Sinusbussole erfand

„Die Tangentenbussole besteht aus einem starken Bande von Kupfer,
dessen Lange 1,6 m, dessen Breite 0,02 m, und dessen Dicke 0,002 m betragt, es ist mit Seide bedeckt und in solcher Weise gebogen, dass es sehr
genau einen Kreis von 0,412 m Durchmesser bildet. Die uberstehenden
Enden des Bandes sind aufeinander gelegt, und tauchen in zwei Quecksilber-
napfe, wo sie den Strom aufnehmen Der Kreis ist senkrecht aufgestellt
in seinem Mittelpunkte schwebt an einem Coconfaden eine Magnetnadel
von 5 bis 6 cm Lange, welche einen leichten Zeiger von Holz oder Metall,
16 cm lang, tragt, dieser dient zum Ablesen, da sein Ende sich auf dem
Umfange eines getheilten Kreises bewegt Befindet sich die Kreisebene des
Bandes im magnetischen Meridian, so steht die Magnetnadel auf Null, sowie
sich ein starkerer oder schwacherer Strom durch das Band begiebt, so wird

[1] Comptes rendus 4, 268 1837

die Nadel östlich oder westlich um einen Betrag abgelenkt, welcher von der Stärke des Stromes abhängt. Ist das Gleichgewicht hergestellt, d h ist die Kraft des Erdmagnetismus, welche die Nadel nach dem Meridian treibt, der entgegengesetzten Kraft gleich, mit welcher der Strom die Nadel aus dieser Lage treibt, so wird die Stromstärke durch die Tangente der Ablenkung der Nadel gemessen

„Die Sinusbussole besteht aus einem ähnlichen Kupferbande, welches aber in Gestalt eines Rechteckes gebogen ist, die grossen horizontalen Seiten haben 2 dcm, die kleinen senkrechten 5 bis 8 cm, je nach dem zu erreichenden Grade der Empfindlichkeit. Das Rechteck ist auf einem getheilten Kreise angebracht, und bildet so zu sagen dessen Alhidade, und eine Magnetnadel ist in der Mitte des Rechteckes so aufgehangt, dass ihr Mittelpunkt in der Normalen des Kreismittelpunktes liegt. Wenn ein Strom durch das Rechteck geht, so wird die Nadel abgelenkt, man folgt aber ihrer Bewegung, so dass sie sich immer in der Ebene des Rechteckes befindet, bis sie dort stehen bleibt, und von der Magnetkraft und der Kraft des Stromes im Gleichgewicht gehalten wird. In diesem Falle ist die Stromstärke proportional dem Sinus der Abweichung der Magnetnadel

„Für sehr schwache Ströme richtet man die beiden beschriebenen Bussolen mit einem Multiplicator statt mit einem einfachen Stromkreise her "

Pouillet benutzte diese beiden Instrumente, um für die Abhängigkeit der Stromstärke vom Widerstande eine Reihe von Formeln nachzuweisen, welche mit den von Ohm gegebenen identisch sind. Aus diesem Grunde ist wiederholt versucht worden, ihm die Ehre der Entdeckung dieser Gesetze zuzuwenden, und man hat zu diesem Zwecke die Sage verbreitet, Ohm hatte sein Gesetz nur theoretisch abgeleitet, und erst Pouillet hatte es experimentell geprüft und bewahrt. Aus den oben (S 383) gegebenen Nachweisen geht hervor, dass gerade umgekehrt Ohm sein Gesetz zunächst empirisch gefunden, und erst später die allgemeine Ableitung desselben in Anlehnung an die Fourier'sche Theorie der Wärmeleitung entwickelt hat

Die beiden eben beschriebenen Instrumente haben eine sehr grosse Verbreitung gefunden. An der Tangentenbussole lehrte bald darauf (s w u) Wilhelm Weber die Stromstärke in absolutem Maasse messen, und die Sinusbussole, welche für schwächere Ströme empfindlicher ist, erfuhr durch Poggendorff eine vielfaltige Anwendung und lebhafte Empfehlung. Für sehr schwache Ströme hatte Nobili das Galvanometer ausgebildet, hier wurde ein ganz bedeutender Fortschritt durch die Anderung der Art der Ablesung erzielt

Neben diesen und noch einigen anderen wenig verbreiteten elektromotorischen Apparaten zur Messung der Stromstärke war noch das von Faraday erfundene Voltameter in Gebrauch, dessen Gestalt lange die von dem Entdecker gegebene blieb. Es galt nur noch, genau nachzuweisen, dass beide Arten von Messinstrumenten genau und nicht nur annähernd proportionale Angaben machen

17 Die Spiegelablesung Die gegenwärtig in so allgemeinem Gebrauche befindliche Methode, kleine Winkel an Messinstrumenten, deren
messende Theile eine Drehung ausführen, mit Hülfe von Spiegel und Skala
abzulesen, rührt von Poggendorff her, welcher sie im Jahre 1826 zum
Messen der täglichen Änderungen der magnetischen Declination vorschlug [1]
Nachdem er zuerst ein auf der Benutzung eines Theodoliten beruhendes
ziemlich umständliches Spiegelverfahren zur Messung der gesammten Declination beschrieben hat, legt er dar, wie die Beobachtung der Veränderungen
dieser Grösse sich sehr viel leichter bewerkstelligen lasst „Man braucht,
wie leicht zu erachten, den Magnetstab zu diesem Zweck nur mit einem
einzigen, in einer beliebigen Verticalebene gestellten Spiegel zu versehen,
und statt des Theodoliten ist nur ein   horizontal befestigtes Fernrohr und
eine horizontal liegende geradlinige Theilung . . nöthig Die Winkelbewe-
gungen des Magnetstabes sind dann leicht gefunden "

Angewendet wurde das Verfahren erst spater von Gauss und Weber
bei ihren grundlegenden Untersuchungen über den Erdmagnetismus Das
Verfahren, das Galvanometer mit Spiegel und Skala abzulesen, hat sich unmittelbar daraus ergeben, und 1842 spricht Poggendorff [2] davon wie von
einer in Deutschland längst bekannten Sache, „während sonderbar genug in
Frankreich der Apparat noch ganz unbekannt zu sein scheint".

18 Vergleich des Voltameters mit der Tangentenbussole
Wenn auch die von Faraday (S 497) mitgetheilten Versuche genügten, um
die Überzeugung von der nahen Proportionalität zwischen der magnetischen
und der chemischen Wirkung des Stromes zu begründen, so waren sie doch
nicht geeignet, die Frage zu entscheiden, ob die Proportionalität eine strenge
oder nur angenäherte sei, ja Faraday selbst hatte durch seine Annahme
von Strömen, welche durch Wasser gehen können, ohne es zu zersetzen,
ein constantes Verhältniss beider in Frage gestellt In einer sehr sorgfältigen
Arbeit wies M Jacobi [3] nach, dass allerdings eine strenge Proportionalität
besteht, wenigstens so weit die Genauigkeit der Versuche reicht. Zu diesem
Zwecke bediente er sich einer Tangentenbussole nach Nervander, in welcher
die Ausschläge bis zu 60 Graden benutzt werden konnten, das Ergebniss
war die strenge Gültigkeit des Gesetzes Unter Hinzuziehung einer Versuchsreihe von Pouillet (S 632) konnte er aussprechen, dass zwischen den Grenzen
von 0,2 bis 77 ccm Knallgas in der Minute das Gesetz gültig ist „Hat
man daher eine Bussole ein- für allemal auf einen Elektrolyten bezogen, so
kann man dadurch mit eben derselben Sicherheit wie mit dem Volta-
Elektrometer das Atomgewicht der Körper bestimmen Ja, die Angaben
dieser Bussole sind dann als absolute Maasse zu betrachten, so dass sich
die Physiker leichter über angegebene und etwa bestrittene Effekte ver-
ständigen können "

[1] Pogg Ann 7, 127 1826   [2] Pogg Ann 56, 370 1842
[3] Pogg Ann 48, 26 1839

Neben diesem bemerkenswerthen Hinweis auf das Bedürfniss absoluter Messungen im Gebiete des Galvanismus enthält die Arbeit noch eine für jene Zeit sehr nothwendige Betonung der Thatsache, dass specifische Unterschiede verschiedener Ströme von übrigens gleicher Stärke für das Galvanometer in keiner Weise vorhanden sind   Zu solchen Annahmen war nicht nur DE LA RIVE und BECQUEREL geneigt, sondern die mehrfach erwähnte Ansicht FARADAY's kommt im Grunde auf die gleiche Annahme hinaus, obwohl ja FARADAY selbst die wesentliche Gleichheit der Elektricität verschiedenen Ursprunges nachgewiesen hatte

19 Widerstandsmessungen. Neben den Stromstärken erwiesen sich zur relativen Messung alsbald die Widerstände, zunächst der metallischen Leiter, als geeignete Objecte   Von allen elektrischen Grossen sind diese am leichtesten aufzubewahren und in gleichem Betrage wiederherzustellen, auch gewähren sie weit leichter als die anderen die Möglichkeit, sie messbar zu verändern   In der Herstellung und Handhabung der Widerstände macht sich daher am meisten der Fortschritt der messenden Elektrik geltend, und es ist kein Zufall, dass von allen elektrischen Normalmaassen das des Widerstandes am ersten hergestellt wurde und in allgemeinen Gebrauch kam

Die Forscher, welche sich zunächst in diesem Zweige der Physik Verdienst erwarben sind der Petersburger JACOBI und der Engländer WHEATSTONE, und zwar haben beide nicht nur gleichzeitig gearbeitet, sondern die Form ihrer Instrumente ist eine so übereinstimmende geworden, dass es schwer hält, an ihre gegenseitige Unabhängigkeit zu glauben, die indessen sicher bezeugt ist und keinem Zweifel unterworfen werden kann

JACOBI nannte sein Instrument, welches er zu einer grossen Zahl genauer Messungen benutzte, Voltagometer

Das Instrument[1] besteht wesentlich aus einem auf einen isolirenden Cylinder aufgewickelten gleichförmigen Drahte, auf dem ein mit einer kleinen Nuth versehenes Rollchen läuft   Die Axe des Cylinders ist einerseits mit einem Schraubengewinde versehen, welches dieselbe Steigung hat, wie die Windungen des Drahtes, und welches in einer festen Mutter läuft   Dreht man den Cylinder, so können zwischen dem Rollchen und dem einen Ende des Drahtes beliebige Drahtlängen eingeschaltet werden   Bringt man daher dies Ende und das Rollchen in leitende Verbindung mit dem Stromkreise, so kann man in diesen stetig so viel Widerstand bringen, als man will, und kann die benutzte Drahtlänge und damit den Widerstand an der Zahl der Windungen und ihren Bruchtheilen ablesen   Die Einzelheiten der Einrichtung sind aus den Figuren 163 bis 165 zu entnehmen, es sind dort zwei Rollchen gezeichnet, von denen nur eines zum gewöhnlichen Gebrauch dient. das andere wird zum Kalibriren des Drahtes benutzt

Das entsprechende, ganz ähnliche Instrument, welches WHEATSTONE con-

[1] POGG Ann **59.** 145 1843

struirt hat, wird weiter unten zusammen mit den übrigen Instrumenten desselben Forschers beschrieben werden.

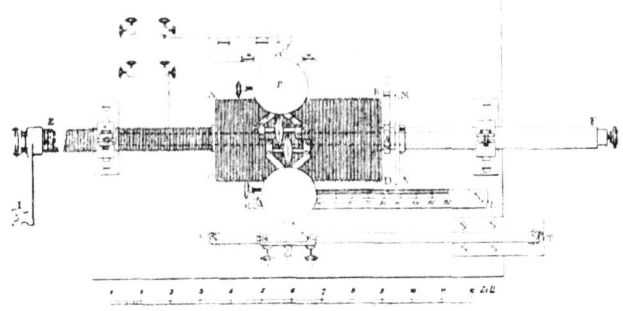

Fig. 163. Nach Jacobi.

20. Das Differentialgalvanometer. Um die Leitfähigkeit der Metalle zu messen, hatte bereits 1826 Becquerel.[2] ein sehr sinnreiches Verfahren
ersonnen, welches vollkom-
men zuverlässige Werthe
gab, obwohl damals die
Ohm'sche Theorie des elektrischen Stromes noch nicht
bekannt war. Es beruht
auf der Anwendung eines
neuen Instrumentes, des
Differential-Galvanometers,
und der Benutzung einer
Nullmethode, d. h. eines
Verfahrens, bei dem die
Wirkung auf das strom-
prüfende Instrument durch
passende Anordnung auf-
gehoben wird, so dass
dieses nur den Zweck hat,
zu erweisen, dass die ge-
suchten Bedingungen er-
füllt sind, nicht aber zur
eigentlichen Messung ver-
wendet wird. Der grosse

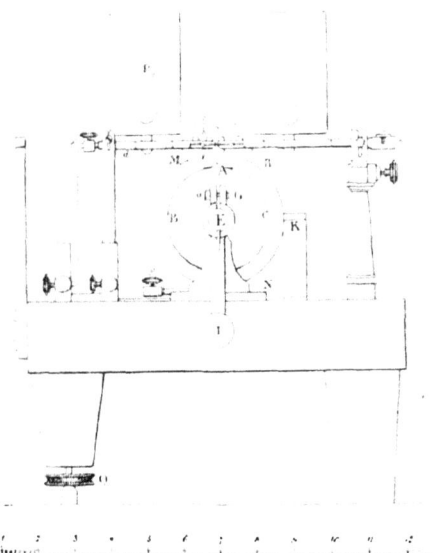

Fig. 164. Nach Jacobi.

Vortheil derartiger Methoden liegt darin, dass sie weder eine Kenntniss des
Verhältnisses zwischen dem Strom und dem Nadelausschlag, noch eine solche
der Stromgesetze überhaupt voraussetzen, dass die Stromquelle nicht constant

[1] Ann. chim. phys. 32, 420. 1826.

zu sein braucht, und dass das Prüfungsinstrument sehr empfindlich gemacht werden darf, da es nur das Nichtvorhandensein einer Wirkung anzuzeigen, nicht aber eine Wirkung zu messen hat.

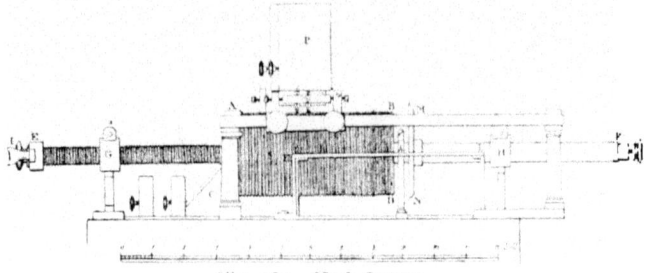

Fig. 165. Nach JACOBI.

„Nehmen wir an, dass wir an jedem Ende einer Säule zwei Drähte von demselben Metall befestigen, die an Länge und Durchmesser einander gleich sind, so ist es einleuchtend, dass, wenn man sie paarweise verbindet, man zwei elektrische Ströme von gleicher Stärke haben wird, da beiderseits alles gleich ist. Nehmen wir nun zwei Kupferdrähte von etwa 20 m Länge und $^1/_3$ mm dick, mit Seide besponnen, und wickeln wir diese beiden Drähte um die Büchse eines Galvanometers, so haben wir vier Enden. Setzen wir diese Enden mit den vier Drähten in Verbindung, die an der Säule befestigt sind, so haben wir im Galvanometer zwei Ströme von gleicher Stärke; und richten wir uns so ein, dass die Ströme entgegengesetzte Wege einschlagen, so wird die Nadel allseitig gleich und entgegengesetzte Wirkungen erfahren, und daher in ihrer Gleichgewichtslage bleiben. Dies ist das erste Prinzip, von dem wir Gebrauch machen werden. . . .

„Es seien P und N (Fig. 166) die beiden Enden einer Säule, $G\,G'$ ein Galvanometer, $P\,a$, $P\,d$, $N\,c$, $N\,b$ die vier Drähte, die von den Enden ausgehen, und welche nach den vier Queck-silbernäpfen a, b, c und d geführt sind, in die gleichfalls die vier Drahtenden $a\,e$, $b\,f$, $c\,g$ und $d\,h$ münden, welche so gekreuzt sind, dass zwei gleiche und entgegengesetzte Ströme entstehen. Nehmen wir ausserdem an, dass die Entfernungen $a\,b$ und $c\,d$ gleich seien, so wird, wenn man a mit b, und e mit d durch zwei

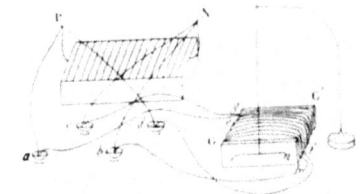

Fig. 166. Nach BECQUEREL.

Drähte verbindet, die einander an Länge und Dicke gleich sind, die Magnetnadel von ihrer Gleichgewichtslage nicht abgelenkt werden, denn da die Theilströme, welche durch $a\,b$ und $c\,d$ gehen, einander an Intensität gleich sind, so sind es auch die anderen Ströme, welche die grossen Kreise durchlaufen. Dieser Gleichgewichtszustand wird immerfort bestehen, welches auch die Änderungen seien, die die Ladung der Säule erfährt. . . . Dies ist das zweite Prinzip, dessen wir uns bedienen wollen, um das Problem der elektrischen Leitfähigkeit der Metalldrähte zu lösen"

Entsprechend der richtigen Methode sind auch die Ergebnisse der Messungen Becquerel's einwurfsfrei, was die Zahlenwerthe der beobachteten Leitfähigkeiten anlangt. Zwar gestattete ihm sein Verfahren zunächst nur, die Gleichheit der Widerstände zweier Drähte zu erweisen. Indem er aber ermittelte, welche Änderung er in der Dicke eines Drahtes vornehmen musste, um ihn, nachdem er seine Länge geändert hatte, auf den gleichen Widerstand wie den ungeänderten Draht zu bringen, konnte er die Beziehung feststellen, welche zwischen diesen beiden Bestimmungsstücken des Widerstandes besteht. Darnach ergab sich, übereinstimmend mit dem, was Davy gefunden hatte, dass verschiedene Drähte desselben Metalles gleich gut leiten, wenn sich ihre Querschnitte verhalten wie ihre Längen, oder dass der Widerstand proportional der Länge und umgekehrt proportional dem Querschnitt zunimmt. Für Drähte von verschiedenen Metallen sind die Leitfähigkeiten bei gleichen Dimensionen verschieden, und zwar fand Becquerel folgende Coefficienten

Kupfer	100	Platin .	16,40
Gold .	93,60	Eisen	15,80
Silber .	73,60	Blei	8,30
Zink	28,50	Quecksilber	3,45
Zinn	15,50	Kalium	1,33

Metalle, welche sich nicht zu Draht ziehen liessen, wurden in geschmolzenem Zustande in kalibrirte Glasrohren aufgesogen. Die erhaltenen Zahlenwerthe sind, wie erwähnt, ziemlich richtig, auch hatte Becquerel auf den Einfluss der Temperatur sachgemäss Rücksicht genommen, unbekannt war ihm jedoch noch der grosse Einfluss fremder metallischer Beimischungen, wodurch einige seiner Zahlen beeinflusst sind.

21. Wheatstone's Methoden. Einen bedeutenden Fortschritt machte die Technik der elektrischen Messungen im Jahre 1843, wo Charles Wheatstone[1] eine Anzahl von Apparaten und Methoden für diesen Zweck beschrieb, von denen einige bis auf unsere Zeit im Gebrauch geblieben sind. Insbesondere ist in dieser Abhandlung die Differentialschaltung zur Messung von Widerständen angegeben, welche unter dem Namen der Wheatstone'schen Brücke in täglichem Gebrauche steht.

Wheatstone beginnt seine Abhandlung mit einer Darstellung der Ohm'schen Theorie, deren grossen praktischen Werth er bei Gelegenheit seiner Arbeiten zur Einführung des elektrischen Telegraphen in den grossen Betrieb kennen gelernt hatte, und schlägt dann einige neue Namen vor, von denen allerdings nur einer oder der andere in Gebrauch gekommen ist. Eine Stromquelle nennt er einen Rheomotor, je nachdem sie einfach oder zusammengesetzt ist, heisst sie ein rheomotorisches Element oder eine rheo-

---

[1] Philos. Trans. I 1843 — Pogg. Ann. 62, 499 1845

motorische Reihe. Das Messinstrument zur Bestimmung der Stromstärke heisst ein Rheometer. Durch ein Rheotom wird der Strom periodisch unterbrochen, durch einen Rheotrop umgekehrt, ein Rheoskop zeigt nur das Dasein des Stromes an, ohne ihn messen zu lassen. Ein Rheostat dient dazu, den Strom beständig zu halten; er besteht aus einem Widerstande, welchen man nach Bedarf verändern kann. Von allen diesen Bezeichnungen ist fast nur die letzte von allgemeiner Anwendung geblieben.

Die erste Aufgabe, mit der sich WHEATSTONE beschäftigt, ist die der Messung elektromotorischer Kräfte. Er benutzt dazu das Verfahren, dass er durch veränderliche Widerstände die Ströme der zu vergleichenden Quellen gleich macht; alsdann müssen sich die elektromotorischen Kräfte umgekehrt verhalten, wie die Widerstände. Sind in den Stromkreisen, wie gewöhnlich, unbekannte Widerstände vorhanden, so macht man zwei weitere Beobachtungen mit einer anderen gleichen Stromstärke. Dann verhalten sich die Unterschiede der hinzuzufügenden Widerstände umgekehrt wie die elektromotorischen Kräfte.[1]

Um diese Widerstandsveränderungen in bequemer und genau messbarer Weise auszuführen, benutzte WHEATSTONE zwei auf dem gleichen Prinzip beruhende Apparate, welche gleichfalls mit dem Agometer JACOBI's (S. 635) übereinstimmen. Die Figuren 167 und 168 lassen die Einzelheiten derselben erkennen.

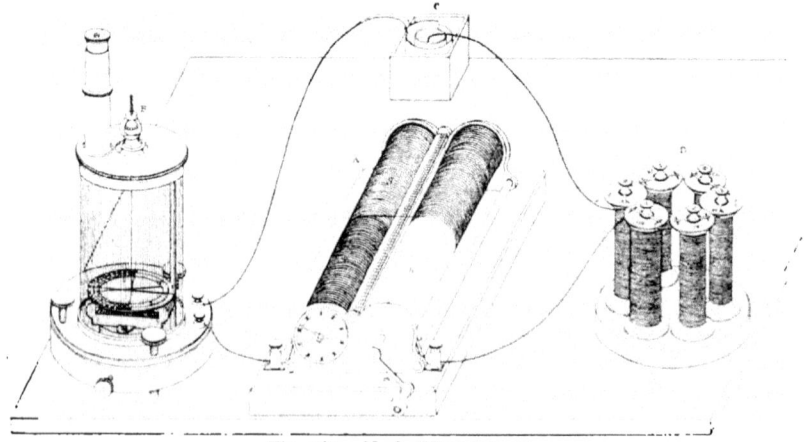

Fig. 167. Nach WHEATSTONE.

„Das eine Instrument ist in Fig. 167 abgebildet; g ist ein Cylinder aus Holz und h einer aus Messing, beide von gleichem Durchmesser und mit

---

[1] Ist E die elektromotorische Kraft, I die Stromstärke und W der Widerstand, so ist nach dem OHM'schen Gesetz $I = E/W$ und in dem zweiten Stromkreise $I' = E'/W'$. Macht man beide Stromstärken gleich, so gilt $E/W = E'/W'$. Wird nun zu beiden Ketten Widerstand hinzugefügt, bis sie eine neue gleiche Stromstärke haben, so ist $E/(W+w) = E'/(W'+w')$, woraus mittelst der ersten Gleichung folgt $E/w = E'/w'$.

ihren Axen einander parallel. Auf dem Holzcylinder ist ein Schraubengang
eingeschnitten, und an einem seiner Enden trägt er einen Messingring, an
welchem das Ende eines langen und sehr dünnen Drahtes befestigt ist;
dieser wird auf den Holzcylinder gewickelt, so dass er den Schraubengang
gänzlich füllt, und dann mit seinem zweiten Ende an dem jenseitigen Ende
des Messingcylinders befestigt. Zwei Federn f und k, von denen die eine
auf dem Messingring des Holzcylinders, die andere auf das Ende des Messingcylinders h drückt, sind mit zwei Klemmschrauben b verbunden, um die
Drähte der Kette aufzunehmen. Die abnehmbare Handhabe m dient zum
Drehen der Cylinder um ihre Axen. Steckt man sie auf den Cylinder h
und dreht nach der Rechten, so wird der Draht vom Holzcylinder ab- und
auf den Messingcylinder aufgewickelt; steckt man sie dagegen auf den Cylinder g und dreht nach der Linken, so geschieht das Umgekehrte. Da die

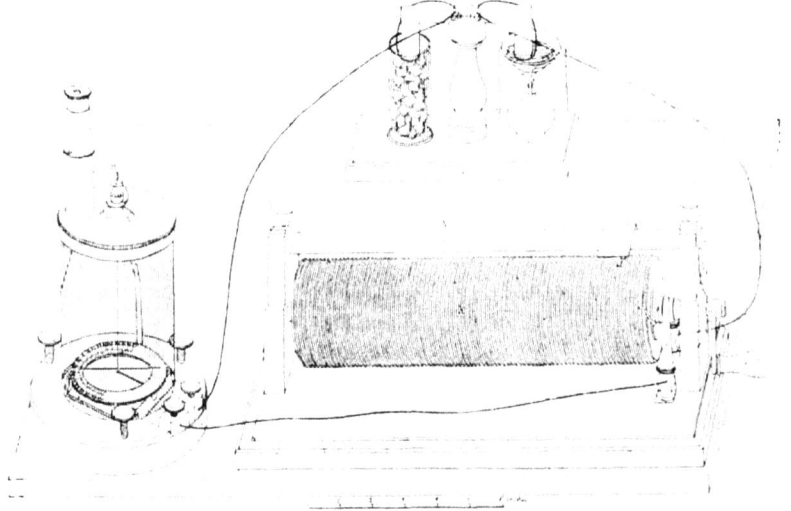

Fig. 168. Nach WHEATSTONE.

Windungen auf dem Holzcylinder isolirt sind und durch den Schraubengang
von einander fern gehalten werden, so durchläuft der Strom auf diesem
Cylinder den Draht seiner ganzen Länge nach; allein auf dem Messingcylinder, wo die Windungen nicht isolirt sind, geht der Strom von dem
Punkte, wo der Draht den Cylinder berührt, sogleich zur Feder k. Der
wirksame Theil der Drahtlänge ist also das veränderliche Stück, welches
sich auf dem Holzcylinder befindet.“

Während dieser Rheostat für grössere Widerstände dient, werden kleinere
durch ein etwas anders eingerichtetes Instrument erzeugt, bei welchem der
Draht fest auf einen Cylinder gewickelt ist, und ein parallel der Cylinderaxe
verschiebbarer Contact vor- oder zurückgeschoben wird, wenn man den
Cylinder dreht. (Vgl. Fig. 168.)

Um ein Grundmaass des Widerstandes zu haben, welches nach Bedarf wieder hergestellt werden kann, schlägt WHEATSTONE einen Kupferdraht von einem Fuss Länge und 100 Gran Gewicht vor. Die scheinbar näher liegende Definition des Drahtes durch seine Dicke verwirft er aus dem sehr vernünftigen Grunde, dass ein Gewicht viel leichter mit Genauigkeit zu bestimmen ist, als ein Drahtdurchmesser. Wir haben es hier mit dem ersten Widerstandsnormal zu thun, freilich hat es sich nicht bewährt, weil der Widerstand des Kupfers gegen die Anwesenheit von äusserst geringen Beimischungen anderer Metalle ungemein empfindlich ist, und ausserdem von dem mechanischen Zustande desselben abhängt.

Um grössere Widerstände in einen Stromkreis zu schalten, wo die Rheostaten nicht ausreichen, stellt WHEATSTONE Widerstandsrollen her, welches Instrument sich gleichfalls einen bleibenden Platz erworben hat. „Es besteht aus sechs Rollen eines mit Seide besponnenen Kupferdrahtes von etwa $1/_{200}$ Zoll Durchmesser. Zwei dieser Rollen halten je 50 Fuss Draht, die übrigen resp. 100, 200, 400 und 800 Fuss. Die beiden Drahtenden jeder Rolle sind oben befestigt an kurze dicke Drähte, die dazu dienen, alle Drahtrollen zu einer Länge zu vereinigen; die beiden Drähte a und b bilden die Enden sämmtlicher Rollen und dienen dazu, sie mit der Kette zu vereinigen. An der oberen Fläche einer jeden Rolle befindet sich eine doppelte drehbare Messingfeder, deren Enden nach Belieben entweder auf die Enden der dicken Verbindungsdrähte gebracht oder von ihnen entfernt und bloss auf das Holz geschoben werden können. In der letzten Stellung muss der Strom durch die Drahtrolle gehen, in der ersten aber geht er durch die Feder und schliesst den ganzen Widerstand der Drahtrolle von der Kette aus. Dreht man die Federn gehörig, so kann man jedes Multiplum von 50 Fuss, bis zu 1600 Fuss aufwärts, in die Kette bringen."

Mit diesem Hulfsmittel bestätigte WHEATSTONE nun mehrere Sätze aus der Theorie der Ketten, welche bis dahin nicht eingehender geprüft worden waren, so stellte er fest, dass die elektromotorische Kraft nicht von der Grösse der Berührungsflächen abhängt, und dass sie beim Aneinanderschalten mehrerer Elemente proportional der Anzahl derselben wächst. Auch fand er, dass eine Kupfer-Zinkkette dieselbe elektromotorische Kraft aufwies, wenn statt der Kupfervitriollösung das Sulfat, Acetat oder Chlorid dieses Metalles verwendet wurde. Das Nitrat gab infolge von Nebenreaktionen etwas abweichende Zahlen. Dies Ergebniss, welches scheinbar sehr zu Gunsten der Contacttheorie spricht, von den Anhängern aber auffälligerweise nicht in diesem Sinne verwerthet worden ist, hat erst in neuester Zeit seine Erklärung und die erforderliche Ausdehnung und Einschränkung seiner Gültigkeit erfahren.

Ebenso maass WHEATSTONE die Polarisation in verdünnter Schwefelsäure zwischen Platinplatten und fand 2,3 Daniell, unabhängig von der Stromstärke innerhalb der eingehaltenen Grenzen von 3 bis 6 Elementen.

Auch die elektromotorischen Kräfte einiger noch nicht untersuchter

Metalle wurden bestimmt; so fand er insbesondere Kaliumamalgam gegen
Kupfer in Kupfervitriol gleich 2,0 Daniell, gegen Platin in Platinchlorid
2,3 Daniell; die letzte Combination zerlegt Wasser mit Leichtigkeit. Bleihyperoxyd in verdünnter Schwefelsäure gab endlich mit Kaliumamalgam
3,3 Daniell; es ist dies wohl eine der grössten elektromotorischen Kräfte,
welche bekannt sind.

· Im Gegensatze dazu ergab die thermoelektrische Kraft zwischen Wismuth
und Kupfer zwischen dem Gefrier- und dem Siedepunkte des Wassers sich
zu etwa $^1/_{100}$ Daniell.

Zur Bestimmung der Widerstände von Ketten giebt WHEATSTONE vier
verschiedene Methoden an, die im einzelnen nicht wiedergegeben zu werden
brauchen; sie stellen alle Fälle dar, in welchen das OHM'sche Gesetz eine besonders einfache Gestalt annimmt, und daher die Berechnung des Resultates
sich ohne Mühe bewerkstelligen lässt. Um Flüssigkeitswiderstände zu messen,
dient das Instrument Fig. 169, welches aus einer Glasröhre
besteht, von der ein der Axe paralleler Theil weggeschliffen
ist, so dass eine Rinne nachbleibt. In dieser bewegt sich eine
Platinplatte, welche im Verein mit einer zweiten, am Ende der
Rinne befestigten Platinplatte die Länge der Flüssigkeitssäule
begrenzt. „Um den Widerstand einer Flüssigkeit zu messen,
verfahre ich dann so: Ich schliesse eine kleine constante Batterie, bestehend aus drei Elementen, dem Rheostat und den
Widerstandsrollen und der eben beschriebenen Messröhre, zur
Kette. Bei einem Abstande des Stempels von der festen Platte
gleich einem Viertelzoll fülle ich den Zwischenraum mit der
Flüssigkeit, deren Widerstand gemessen werden soll. Durch
Einstellung des Rheostates bringe ich die Nadel des Galvanometers auf einen bestimmten Punkt, und nachdem dieser aufgezeichnet worden ist, ziehe ich den Stempel des Apparates
um den ganzen Zwischenraum von einem Zoll zurück und

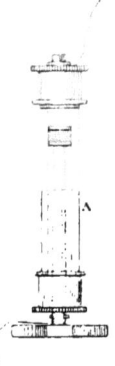

Fig. 169.
Nach WHEAT-
STONE.

fülle das Ganze wieder mit Flüssigkeit. Hierdurch sinkt die Abweichung
der Nadel. Ich verringere nun den Widerstand der Kette mittelst des Rheostates und der Widerstandsrollen, bis die Nadel genau auf dem Punkt steht,
wo sie stand, als die eingeschaltete Flüssigkeitssäule nur einen Viertelzoll
betrug. Die reducirte Länge des aus der Kette gebrachten Drahtes ist das
Maass von einem Zoll der Flüssigkeit. Die aus der Zersetzung der Flüssigkeit entspringende elektromotorische Gegenkraft bleibt bei dem ganzen Vorgang dieselbe, und hat daher keinen Einfluss auf das Endresultat."

WHEATSTONE giebt dazu einige Vorsichtsmaassregeln, um den durch die
Elektrolyse der Flüssigkeit entstehenden Fehler zu vermindern, und setzt
auseinander, welche Bedeutung die genaue zahlenmässige Kenntniss des
Widerstandes der Flüssigkeiten haben würde. Bestimmte Angaben werden
noch nicht gemacht.

Um ein und dasselbe Galvanometer zur Messung starker und schwacher

Ströme benutzen zu können, beschreibt er weiter die Anwendung eines Nebenschlusses. „Wenn man den Strom zugleich zwei Wege gehen lässt, von denen der erste aus dem Galvanometerdraht, und der andere aus einem zweiten, die Enden des ersteren verbindenden Drahte v besteht, so theilt er sich zwischen beiden im umgekehrten Verhältniss von deren Widerständen. Indem man hierbei zur Abzweigung des Stromes verschiedene Drähte anwendet, kann man die Wirkung auf die Galvanometernadel beliebig schwächen. Kennt man die verhältnissmässigen Kräfte für das Galvanometer ohne den Reductionsdraht, so werden sie in demselben Verhältniss bleiben, wie auch der Widerstand des letzteren sein mag." Auch dieses Verfahren ist seitdem in dauernder Anwendung geblieben.

22. Die WHEATSTONE'sche Brücke. Die wichtige Schaltung, mit der WHEATSTONE's Name dauernd verbunden geblieben ist, beschreibt er unter dem Namen des Differential-Widerstandsmessers; gegenwärtig nennen wir sie die WHEATSTONE'sche Brücke.

Nach einer Darlegung, dass die gewöhnliche Methode zuweilen, z. B. bei sehr kleinen Widerständen, versagt, und dass die Schwankungen der Stromstärke, deren Beständigkeit ja vorausgesetzt ist, die Messung fälschen können, erwähnt er das Differentialgalvanometer von BECQUEREL, dem er jedoch die praktische Brauchbarkeit abspricht. „Alle die von diesem Instrumente erwarteten Vortheile können ohne einen der damit verknüpften Mängel erlangt werden mittelst einer einfachen Vorrichtung, die überdies den Vortheil hat, dass sie sich an jedem Galvanometer unmittelbar anbringen lässt, statt dass früher ein besonders dazu construirtes Instrument erforderlich war.

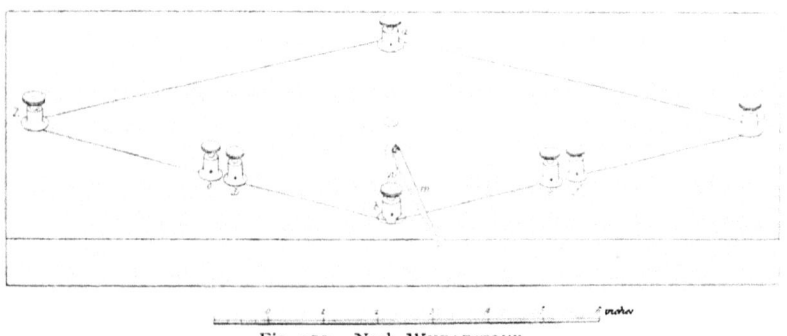

Fig. 170. Nach WHEATSTONE.

„Fig. 170 stellt diese Vorrichtung dar. Es ist ein Brett, auf welchem vier Kupferdrähte, Zb, Za, Ca, Cb, befindlich sind, deren Enden an messingenen Verbindungsschrauben befestigt sind. Die beiden Verbindungsschrauben Z und C haben den Zweck, die von den beiden Polen eines Rheomotors kommenden Drähte aufzunehmen, und die mit a und b bezeichneten Schrauben dienen zum Halten der Enden des Galvanometerdrahtes.

41 *

Vermöge dieser Vorrichtung geht von jedem Pole des Rheomotors ein Draht
zu jedem Ende des Galvanometerdrahtes, und wenn die vier Drähte an
Länge, Dicke und Substanz gleich sind, so ist ein vollkommenes Gleich-.
gewicht hergestellt, so dass auch ein noch so kräftiger Rheomotor nicht die
geringste Ablenkung der Galvanometernadel hervorbringt. Die Schliessungen
$Zb\,aCZ$ und $ZabCZ$ sind in diesem Falle genau gleich; allein da beide
Ströme in entgegengesetzter Richtung durch das Galvanometer zu gehen
trachten, welches ein gemeinschaftlicher Theil beider Schliessungen ist, so
wird kein Effekt auf die Nadel hervorgebracht.... Allein wenn in einem
der vier Drähte ein Widerstand eingeschaltet wird, so findet sich das Gleichgewicht am Galvanometer gestört....

„Nachdem das Gleichgewicht durch Einschaltung eines Widerstandes in
einen der vier Drähte gestört worden ist, kann es wieder hergestellt werden,
indem man in einen der anliegenden Drähte einen gleichen Widerstand einschaltet. Um den Maasswiderstand und den zu messenden Widerstand einzuschalten, sind die Drähte Zb und Cb unterbrochen und in c, d und e, f
Verbindungsschrauben zur Aufnahme von Drahtenden angebracht. Wenn
einmal das Gleichgewicht hergestellt ist, wird durch Schwankungen der
Stromstärke das Galvanometer in keiner Weise gestört.

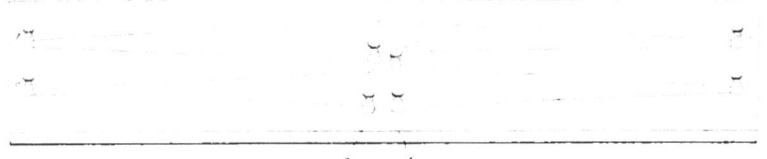

Fig. 171. Nach WHEATSTONE.

„Fig. 171 zeigt eine andere und in mancher Hinsicht bequemere Draht-
vorrichtung. Zur Bezeichnung dieser sind Buchstaben benutzt, und es gelten
dieselben Bemerkungen, wie vorher.

„Geringe Unterschiede in der Länge und selbst in der Spannung der
Drähte sind hinreichend, um das Gleichgewicht zu stören. Es ist daher
nöthig, eine Einrichtung zu haben, mittelst deren man, wenn zwei Drähte
in Ca und Za angebracht sind, ein vollkommenes Gleichgewicht herstellen
kann. Hierfür ist bei dem Instrument Fig. 170 ein Metallstück n mit einer
Zwingschraube eingelassen, und ein anderes Stück m dreht sich um n, während sein freies Ende immer auf dem Drahte ruht. So wie dieses bewegliche Metallstück einen grösseren Winkel mit dem festen macht, wird der
Widerstand in dem Zweige Zb vermindert; ist jedoch das Gleichgewicht
dadurch gestört, dass Cb zu gross ist, so muss das bewegliche Metallstück
nach der anderen Seite gedreht werden."

Die weiteren Darlegungen WHEATSTONE's beziehen sich auf einige Anordnungen von geringerem Interesse, und brauchen nicht wiedergegeben zu
werden.

Die Summe der in dieser Arbeit niedergelegten neuen Methoden ist sehr gross, und die messende Elektrik hat durch sie einen bedeutenden Aufschwung erfahren   Bei ihm und bei Jacobi, welche um diese Zeit die erheblichsten Verdienste um die Ausgestaltung des Messwesens in unserem Gebiete sich erworben haben, macht sich geltend, dass beide praktische Ziele verfolgten   Wheatstone das Telegraphenwesen und Jacobi die elektromagnetischen Maschinen   In der Praxis macht sich die Ersparniss, welche durch vorgängige genaue Berechnung der obwaltenden Verhältnisse sich gegenüber einem blossen Probiren gewinnen lässt, am schnellsten geltend, und so wird die Ausbildung des Messwesens erzwungen   Der Forscher im Laboratorium wird nicht so dringend darauf hingewiesen, und so zeigt es sich häufig, dass lange Zeit über eine Frage beobachtet und gestritten wird, ohne dass man zu einer Entscheidung gelangen kann, weil es an zahlenmässigen Gründen fehlt   So wie aber eine exacte Messung vorliegt, ist die Angelegenheit entschieden   Beispiele hierfür gewährt uns die Geschichte unseres Gegenstandes in Fülle, ich brauche nur an die Erörterungen über den Übergangswiderstand zu erinnern, die in dem Augenblicke verschwanden, wo Lenz durch seine Messungen erwiesen hatte, dass sein Werth Gesetzen unterworfen ist, welche mit dem Wesen eines Widerstandes nicht, wohl aber mit dem einer elektromotorischen Kraft vereinbar sind   Nach dieser Richtung kann die Praxis ebenso schulend auf die Theorie einwirken, wie es die Wissenschaft auf anderer Seite der Praxis gegenüber thut   In gewissem Sinne ist ja, wie Mach wiederholt hervorgehoben hat, die Wissenschaft eine ökonomische Methode   sie ermöglicht, ein Maximum an Thatsachen mit einem Minimum von geistiger Anstrengung zu beherrschen, und daher das Gebiet des Beherrschbaren entsprechend auszudehnen   Auf diesen ökonomischen Gesichtspunkt wird aber die Praxis beständig gewaltsam hingewiesen, und sie bringt ihn dem wissenschaftlichen Forscher, der ihn nur zu leicht vergisst, wirksam wieder in Erinnerung

23   Die Sätze von Ohm und Kirchhoff   Wheatstone hatte die Einrichtung seiner Brücke angegeben, ohne auf das ihr zu Grunde liegende Prinzip näher einzugehen   Die hier auftretende Frage war die nach der Leitung in einem System zusammengesetzter linearer Leiter, welche sich verzweigen und zusammenlaufen, und sie war bereits zur Hälfte von Ohm in seinem Werke über die galvanische Kette gelöst worden   Später vervollständigte Kirchhoff noch als Student[1] diese Lösung und gab ihr eine sehr elegante Form, so dass sie in der Folge fast nur unter seinem Namen bekannt geworden ist   Die Darlegungen Ohm's lasse ich zunächst ihrer Bedeutung wegen folgen

„Die bisherigen Betrachtungen reichen auch hin, den Hergang zu entscheiden, der stattfindet, wenn sich die galvanische Kette irgendwo in zwei oder mehrere Zweige spaltet   Zudem mache ich darauf aufmerksam, dass

[1] Pogg Ann **64** 513 1845

schon oben, zugleich mit der Gleichung $S = A/L$ die Regel aufgefunden
worden ist, dass die Grosse des Stromes in irgend einem homogenen Theile
der Kette durch den Quotienten aus dem Unterschiede der an den Enden
des Theiles vorhandenen elektrischen Krafte und seiner reducirten Lange
gegeben wird. Zwar ist diese Regel dort nur fur den Fall aufgestellt worden,
dass die Kette sich nirgend in mehrere Zweige spaltet, aber eine ganz einfache, aus der Gleichheit der ab- und zustromenden Elektricitatsmenge in
allen Querschnitten eines jeden prismatischen Theiles hergenommene und
der dortigen ahnliche Betrachtung giebt die Uberzeugung, dass dieselbe Regel
auch fur jeden einzelnen Zweig im Falle der Spaltung der Kette noch gultig
bleibt. Nimmt man nur an, dass sich die Kette z. B. in drei Arme spaltet,
deren reducirte Langen l_1, l_2 und l_3 sein mogen, setzt man zudem voraus,
dass an jeder von diesen Stellen die ungespaltene Kette und die einzelnen
Zweige gleiche elektrische Kraft besitzen, und sonach keine Spannung daselbst eintritt, und bezeichnet man den Unterschied der an diesen beiden
Stellen befindlichen elektrischen Krafte mit a, so ist in Folge der angefuhrten
Regel die Grosse des Stromes in den drei Zweigen beziehentlich

$$\frac{a}{l_1}, \quad \frac{a}{l_2}, \quad \frac{a}{l_3},$$

woraus zunachst folgt, dass sich die Strome in den drei Zweigen umgekehrt
wie deren reducirte Langen verhalten, so dass ein jeder sich finden lasst,
sobald man die Summe der drei kennt. Die Summe aller drei zusammen
ist aber offenbar der Grosse des Stromes an jeder anderen Stelle des nicht
gespaltenen Theiles der Kette gleich, weil ausserdem, was hier immer noch
vorausgesetzt wird, der bleibende Zustand der Kette nicht eingetreten ware.
Bringt man damit die aus den obigen Betrachtungen sich ergebende Schlussfolge in Verbindung, dass namlich durch die Grosse des Stromes und die
Natur eines jeden homogenen Theiles der Kette das Gefalle der ihm entsprechenden, die Elektricitatsvertheilung darstellenden geraden Linie gegeben
ist, so erhalt man die Gewissheit, dass die zu dem nicht gespaltenen Theile
der Kette gehorige Vertheilungsfigur so lange dieselbe bleiben muss, als der
Strom in ihr dieselbe Grosse behalt, und umgekehrt, woraus folgt, dass die
Unveranderlichkeit des Stromes in dem nicht gespaltenen Theile der Kette
nothwendiger Weise eine Unveranderlichkeit des Unterschiedes der an den
Enden dieses Theiles hervortretenden elektrischen Krafte voraussetzt."

Ohm zeigt nun, wie man auf Grund dieser Voraussetzungen die Stromstarke in den Zweigen berechnen kann, und bemerkt, dass er „auch diese
entlegenere und bisher weniger beachtete Eigenthumlichkeit der galvanischen
Kette in der Erfahrung auf vollig entscheidende Weise bestatigt gefunden habe."

Indessen ist diese Darstellung noch in gewissem Sinne unvollstandig,
sie giebt zwar Rechenschaft uber die Stromstarke in den einzelnen Zweigen
eines gespaltenen Leiters nicht aber unmittelbar mehr in dem Falle, dass

zwischen zwei solchen Zweigen noch eine Zwischenverbindung besteht, wie z. B gerade der Galvanometerzweig in der Wheatstone'schen Brücke

Hier ist es nun, wo die zweite von Kirchhoff gegebene Regel eintritt Kirchhoff's kurze Darlegung ist die folgende wobei auch die Übereinstimmung seines ersten Gesetzes mit dem von Ohm unmittelbar zu Tage tritt

„Wird ein System von Drahten, die auf eine ganz beliebige Weise mit einander verbunden sind, von galvanischen Stromen durchflossen, so ist

1 wenn die Drahte 1, 2, μ in einem Punkte zusammenstossen

$$I_1 + I_2 + \quad + I_\mu = 0,$$

wo I_1, I_2,   . die Intensitaten der Strome bezeichnen, die jene Drahte durchfliessen, alle nach dem Beruhrungspunkte zu als positiv gerechnet,

2 wenn die Drahte 1, 2, 3, . . ν eine geschlossene Figur bilden

$$I_1 w_1 + I_2 w_2 + \quad + I_\nu w_\nu,$$

gleich der Summe der elektromotorischen Kräfte, welche sich auf dem Wege 1, 2, ν befinden, wo w_1, w_2,   die Widerstande der Drahte, I_1, I_2 die Intensitaten der Strome bezeichnen, von denen diese durchflossen werden, alle nach einer Richtung als positiv gerechnet

„Der erste Theil dieses Satzes ist eine unmittelbare Folge davon, dass dem Beruhrungspunkt der Drahte 1, 2, μ ebensoviel Elektricitat zugefuhrt als entzogen wird, der Beweis des zweiten Theiles ist folgender Die elektrische Spannung eines Punktes im Drahte ι ist $m_\iota - n_\iota l_\iota$, wo l_ι die Entfernung desselben vom Anfangspunkt dieses Drahtes bezeichnet, nennen wir die ganze Lange dieses l_ι' und die elektromotorische Kraft, die ihren Sitz an der Beruhrungsstelle dieses und des folgenden Drahtes hat, K_ι, so erhalten wir durch die Betrachtung der Spannungen der Beruhrungspunkte je zweier auf einander folgender Drahte die Gleichungen

$$m_1 - n_1 l_1' + K_1 = m_2,$$
$$m_2 - n_2 l_2' + K_2 = m_3,$$
$$\cdot$$
$$m_\iota - n_\nu l_\iota' + K_\iota = m_1$$

„Es ist also

$$n_1 l_1' + n_2 l_2' + \quad + n_\iota l_\iota' = K_1 + K_2 + \quad + K_\iota.$$

da aber $I_\iota = n_\iota k_\iota q_\iota$ und $w_\iota = l_\iota'/k_\iota q_\iota$ ist, wo k_ι die Leitungsfähigkeit und q_ι den Querschnitt des Drahtes ι bezeichnet, so konnen wir die Gleichung schreiben

$$I_1 w_1 + I_2 w_2 + \quad + I_\iota w_\iota = K_1 + K_2 + \quad + K_\iota,$$

u s b w

„Dieser Satz liefert uns durch wiederholte Anwendung immer so viel Gleichungen, als zur Bestimmung aller I nöthig sind Wenden wir ihn auf den vorliegenden Fall an, so erhalten wir durch ihn, wenn wir die Drähte durch die in Fig. 172 beigeschriebenen Zahlen bezeichnen, da $I_5 = 0$ sein soll:

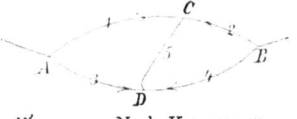

$$I_1 + I_2 = 0, \qquad I_1 w_1 - I_3 w_3 = 0,$$
$$I_3 + I_4 = 0, \qquad I_2 w_2 - I_4 w_4 = 0.$$

Aus dieser Gleichung folgt:

$$w_1 / w_2 = w_3 / w_4.\text{''}$$

Fig. 172.   Nach Kirchhoff.

24. Messung elektromotorischer Kräfte. Verhältnissmässig die meisten Schwierigkeiten bei der genauen Messung machte die dritte Grösse in der Ohm'schen Formel, die elektromotorische Kraft, und zwar nicht zum wenigsten wegen ihrer Unbeständigkeit in den meisten Volta'schen Ketten.

Zur unmittelbaren Messung elektromotorischer Kräfte kann allerdings das Elektrometer dienen, welches ja schon viel länger als das Galvanometer bekannt war, wenigstens in seinen einfachen Formen als Elektroskop. Aber die vorhandenen Instrumente dieser Art waren um jene Zeit so wenig empfindlich, dass sie zur Messung an einzelnen Ketten nicht dienen konnten und nur bei Säulen aus vielen einzelnen Gliedern Anwendung fanden. Wie das Galvanometer und der Rheostat zur Messung elektrischer Spannungen zu verwenden seien, hat Poggendorff[1] gezeigt, indem er das später nach ihm benannte Compensationsverfahren angab.

Poggendorff beginnt seine Abhandlung mit einer Übersicht der zur Messung von Spannungen bisher angewendeten Methoden. Die älteste, von Ohm angegebene besteht darin, dass man aus zwei Messungen der Stromstärke unter Einschaltung bekannter Widerstände sich zwei Gleichungen verschafft, aus denen sich die elektromotorische Kraft als Function der Stromstärken und der Widerstände ergiebt. Es ist dabei die Voraussetzung gemacht, dass bei beiden Messungen die elektromotorische Kraft den gleichen Werth gehabt hat, was jedesmal zweifelhaft ist, wenn polarisirbare Elektroden in dem Stromkreise vorhanden sind.

Fechner hat dann das vergleichende Verfahren angegeben, dass man die zu untersuchende Kette und eine zum Vergleich dienende Normalkette gleichzeitig in denselben Stromkreis schaltet und die Stromstärke abliest, welche man erhält, wenn einmal die beiden Ketten in demselben Sinne und dann im entgegengesetzten Sinne verbunden sind. Es ist bei diesem Verfahren keine Widerstandsmessung nöthig, indem der unbekannte Gesammtwiderstand des Stromkreises herausfällt, und man erhält unmittelbar das Verhältniss der beiden elektromotorischen Kräfte; doch gilt gleichfalls die Voraussetzung, dass diese während der Messungen sich nicht verändert haben.

Gleichfalls auf Fechner geht endlich das dritte Verfahren zurück, bei welchem die Kette mit einem empfindlichen Galvanometer und einem sehr grossen Widerstande in einen Kreis geschlossen wird. Ist der Widerstand der Kette verschwindend klein im Verhältniss zum Gesammtwiderstande, so sind die Stromstärken unmittelbar proportional den elektromotorischen Kräften.

25. POGGENDORFF's Compensationsmethode. Der neue Gedanke, welchen POGGENDORFF einführte, bestand darin, dass er die zu messende Spannung durch eine entgegengeschaltete Spannung von veränderlicher Grösse aufhob, indem er die Grösse der Gegenspannung so lange abänderte, bis ein eingeschaltetes Galvanometer keinen Strom anzeigte. Zuerst wollte er dies so ausführen, dass er die veränderliche Spannung einer magnetelektrischen Maschine entnahm, bei welcher sie proportional der Geschwindigkeit der Drehung wächst. Später erst kam er auf den einfacheren Einfall, sich der auf jedem Stromkreise vorhandenen Veränderlichkeit der Spannung zu bedienen, indem er durch Abzweigung von zwei Punkten dieses Kreises die Spannung entnahm. Je mehr Widerstand sich im Verhältniss zu dem gesammten Widerstande zwischen den Punkten befindet, um so grösser ist der Spannungsunterschied zwischen ihnen, und so ist es leicht möglich, durch passende Änderung des Widerstandes die Spannung zu finden, welche die zu messende gerade aufhebt. Die Ausführung der Methode beschreibt POGGENDORFF folgendermaassen:

„Man nehme irgend eine constante Kette von grosser Kraft, am besten eine GROVE'sche, und bestimme nach der OHM'schen Methode ihre elektromotorische Kraft und ihren Widerstand.

„Nun verbinde man sie mit der inconstanten Kette, deren elektromotorische Kraft k'' ermittelt werden soll, z. B. mit einer gewöhnlichen Zink-Kupfer-Kette auf folgende Weise (Fig. 173): Man verknüpfe durch einen Draht a die Zinkplatten beider Ketten, und durch einen Draht b die Zinkplatte der inconstanten Kette mit der Platinplatte der constanten, endlich führe man noch einen Draht c, der irgend einen empfindlichen Multiplicator einschliesst, von dieser Platinplatte zu der Kupferplatte oder überhaupt der negativen Platte der inconstanten Kette, ohne indes ihn in dauernder Verbindung mit ihr zu halten.

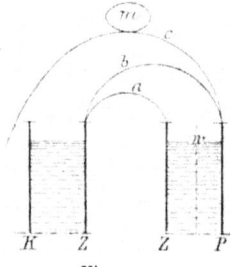

Fig. 173.
Nach POGGENDORFF.

„Der Draht a nebst den Flüssigkeiten w der constanten Kette liefern zusammen den Widerstand r; der Draht b gewährt den Widerstand r'. Wenn diese beiden Widerstände in das rechte Verhältniss zu einander gebracht sind, so wird in dem Drahte c der Strom Null sein, und dies erkennt man daran, dass bei momentaner Schliessung mit diesem Draht die Nadel des Multiplicators durchaus keine Bewegung macht."

Die Formel, welche für diesen Zustand gilt, war vorher von POGGENDORFF mittelst der OHM'schen Theorie abgeleitet worden; sie hat die Gestalt

$k'' = k' \cdot \dfrac{r}{r + r'}$. Die weitere Auseinandersetzung, wie man nach erstmalig erfolgter Abgleichung den Versuch wiederholt, nachdem die inconstante Kette einige Zeit ungeschlossen gestanden hat, um einen genaueren Werth zu erlangen, kann übergangen werden. Dagegen verdient die Bemerkung Erwähnung, dass der Widerstand der inconstanten Kette in der Gleichung nicht vorkommt, und daher beliebig sein kann und nicht bestimmt zu werden braucht.

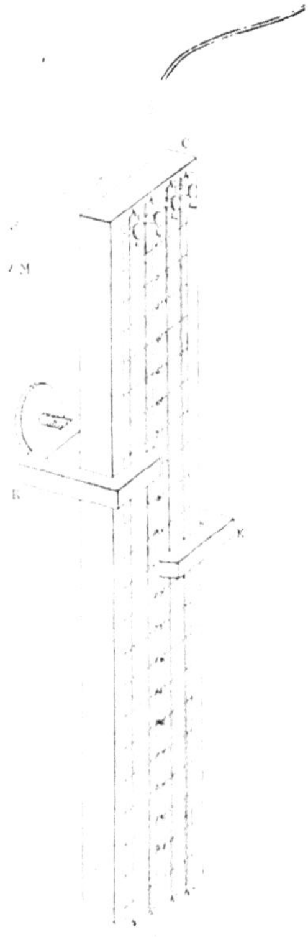

Die Messung der Drahtwiderstände bewerkstelligte POGGENDORFF mittelst seines Widerstandsmessers,[1] welcher aus vier etwa meterlangen Neusilberdrähten bestand, die über einer Skala befestigt waren und paarweise durch übergeschraubte starke Messingklammern verbunden werden konnten. Die Fig. 174 wird wohl eine eingehendere Beschreibung des Rheochords ersetzen.

Durch die Messung zweier constanten Ketten, deren elektromotorische Kräfte vorher nach der OHM'schen Methode bestimmt waren, gegen einander überzeugte sich POGGENDORFF von der Genauigkeit seiner Methode.

Ausser diesem Verfahren wird noch ein zweites beschrieben, welches auf der Messung des Stromes in einem der seitlichen Zweige beruht; es hat weiter keine Anwendung gefunden und kann daher an dieser Stelle übergangen werden.

26. Die Abänderung des Compensationsverfahrens durch E. DU BOIS-REYMOND. Auf eine besonders elegante Form, nicht nur für die Anwendung, sondern auch für die Theorie brachte später EMIL DU BOIS-REYMOND[2] die POGGENDORFF'sche Compensationsmethode. Seine Worte sind:

Fig. 174.
Nach POGGENDORFF.

„Auf einem Brett, einer Latte, u. d. m., denke man sich nach Art einer Klaviersaite über zwei Stege mittelst einer Öse an dem einen, eines Wirbels an dem anderen Ende einen Messingdraht NS (Fig. 175) von etwa 2 m Länge und 1,75 mm Dicke ausgespannt, und dessen Enden durch einen POHL'schen Gyrotropen G mit dem Zink und Kupfer einer DANIELL'schen Kette D verknüpft. Dieser Draht heisst der Nebenschliessdraht. An dessen einem Ende N ist das eine Ende des Multiplicatorkreises $N\mu M r$ angelöthet. Das andere Ende dieses Kreises r ist an dem Nebenschliessdraht irgendwie beweglich gemacht. . . .

[1] POGG. Ann. 52, 511. 1841.   [2] Abhandl. der Berl. Akad. 1862. 107.

„Es sei:

„E die elektromotorische Kraft der Daniell'schen Kette, an deren Stelle man sich eine beständige Kette irgend welcher Art denken kann, die die Maasskette heissen soll;

„W der Widerstand der diese Kette enthaltenden Leitung, gemessen bis zum Nebenschliessdraht;

„L der Widerstand des ganzen Nebenschliessdrahtes;

„λ der Widerstand der eigentlichen Nebenleitung, d. h. des Nebenschliessdrahtes zwischen den Enden der Multiplicatorleitung;

„M der Widerstand des Multiplicatorkreises; und endlich

„y eine im Kreise befindliche elektromotorische Kraft von entgegengesetztem Zeichen wie E, z. B. die des in Fig. 175 bei μ bemerklichen Muskels, dessen Strom der punktirte Pfeil anzeigt.

„Setzen wir $L + W - C$, so hat die Stärke der beiden sich deckenden Ströme im Multiplicatorkreise den Ausdruck:

$$\frac{E\lambda - \gamma C}{(C - \lambda)(M + \lambda) + M\lambda}.$$

„Sie wird also $= 0$, wenn $E\lambda = yC$. Umgekehrt wird diese letztere Beziehung hergestellt jedesmal, dass man bei entgegengesetztem E und y durch passende Veränderung von λ den Strom im Multiplicatorkreise zum Verschwinden bringt. Man hat

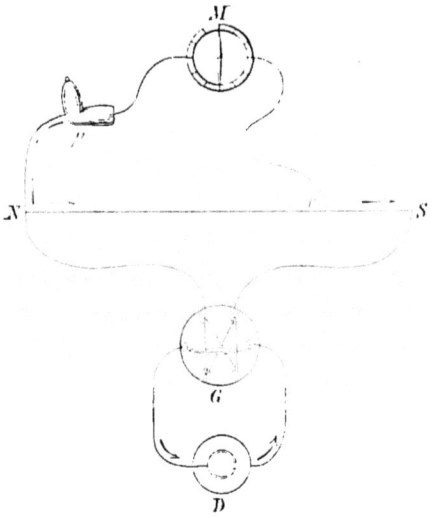

Fig. 175. Nach E. du Bois-Reymond.

alsdann $y/E = \lambda/C$, und man braucht nur das Verhältniss $\lambda : C$ zu bestimmen, oder wenn L in Bezug auf W bekannt ist, das von $\lambda : L$, um das Verhältniss $y : L$ oder den Werth von y als Bruchtheil der elektromotorischen Kraft der Maasskette zu erfahren.

„Dies ist, wie ich kaum zu sagen brauche, nichts als eine leichte Abänderung der von Poggendorff angegebenen Compensationsmethode. . . . Diese Abweichung besteht darin, dass während wir das Ende des Multiplicatorkreises am Nebenschliessdraht verschieben, Herr Poggendorff dieses Ende fest lässt, dafür aber die Länge der eigentlichen Nebenleitung, deren Widerstand wir λ nannten, verändert, bis der Strom verschwindet. Bei Hrn. Poggendorff bleibt also der Widerstand des die Maasskette enthaltenden Zweiges beständig. Bei uns wird dieser Widerstand stets um ebensoviel vergrössert oder verkleinert, als der der Nebenleitung verkleinert oder vergrössert.

, In Folge dessen nimmt die Bedingungsgleichung für das Verschwinden des Stromes im Multiplicatorkreise in Hrn Poggendorff's und in unserem Falle eine wesentlich verschiedene Gestalt an In unserem Falle heisst sie

$$y = \frac{L}{c} \, ,$$

Da L und C Constanten sind, so ist y, die zu messende elektromotorische Kraft, eine lineare Function von ι, und zwar λ einfach proportional Nicht so bei Hrn Poggendorff Die Bedingungsgleichung lautet dort

$$y = E - \frac{L\,w}{\iota + w} \, ,$$

d h y als Function von λ wird dargestellt, indem man die Ordinaten einer gleichschenkligen Hyperbel   abzieht von den Ordinaten einer den Abscissen parallelen Asymptote

„Es bedarf also bei letzterem Schema noch stets einer gewissen Rechnung, um die Grosse der Kraft zu finden, während in unserem Falle nichts dazu gehört, als die Messung der Strecke Nr, der Entfernung der Enden des Multiplicatorkreises auf dem Nebenschliessdraht, der ja der Widerstand λ proportional ist Mit einem Wort, am Nebenschliessdraht, wie wir ihn anwenden, misst sich die elektromotorische Kraft, wie das Zeug an der Elle So viel ich weiss, ist diese merkwürdige Eigenschaft unseres Schemas bisher der Aufmerksamkeit der Elektriker entgangen "

Diese Verbesserung der Poggendorff'schen Methode ist wiederum ein sprechendes Beispiel für den Satz, dass man auf das Einfachste immer erst zuletzt kommt Aber noch zu einer anderen Bemerkung giebt sie uns Anlass. Ist man gewohnt, statt mit Stromstärken, mit Spannungen zu denken, so bedarf es keines analytischen Beweises, dass auf dem Drath NS ein gleichförmiges Gefälle der Spannung vorhanden ist, und dass in dem Multiplicatorkreise kein Strom vorhanden ist, wenn die darin thätige elektromotorische Kraft gerade der bei r vorhandenen Spannung gleich ist Auch dass die Spannung der Messkette D sich zu der im Punkte r verhalten muss, wie der Widerstand Nr zu dem ganzen Widerstande des Kreises, ist gleichfalls unmittelbar anschaulich Nur eine Unsicherheit könnte noch bleiben, nämlich die, ob man nicht die Leitfähigkeit des Nebenschlusses NMr berücksichtigen müsse, wenn man den gesammten Widerstand auswerthet Doch folgt aus der Überlegung, dass nach der Voraussetzung durch diesen Kreis kein Strom fliesst, auch, dass dieser Kreis nicht als Leiter wirkt und demnach ausser Rechnung bleibt

27 Das Additionsgesetz der Spannungen Durch seine Compensationsmethode (S 650) hatte Poggendorff die Möglichkeit erhalten, elektromotorische Kräfte mit weit erheblicherer Genauigkeit zu messen, als früher, und er[1] benutzte das Verfahren, um das „elektromotorische Gesetz" zu prüfen, d h, sich zu überzeugen, dass bei drei in derselben Flüssigkeit stehenden Metallen die Spannung zwischen zweien derselben gleich der Summe der Spannungen des ersten zum dritten und des dritten zum zweiten ist Für die Anhänger der Volta'schen Lehre war hier ein Problem vor-

handen, denn es traten bei der Messung verschiedene Metallberuhrungen auf, und jene Beziehung kann nicht anders bestehen, als wenn das Volta'sche Spannungsgesetz erfüllt ist (S 133) Nimmt man dagegen an, dass zwischen den verschiedenen Metallen uberhaupt keine Spannungen bestehen, so ergiebt sich dieses Resultat einfach aus dem Begriff der Spannung oder elektromotorischen Kraft als nothwendig [1]

Fur jene Zeit war es indessen doch ein Ergebniss von einigem Werthe, dass das Statthaben jener Beziehung an einer Reihe von Beispielen mit grosserer Genauigkeit nachgewiesen wurde, als die fruheren Messungen ermoglicht hatten Um ein Beispiel zu geben, sei erwahnt, dass zwischen Zink, Kadmium und Eisen folgende Zahlen gefunden wurden Zink-Kadmium = 6,39, Kadmium-Eisen = 3,60, Summe = 9.99 Unmittelbar wurde gefunden Zink-Eisen = 10,12 In ahnlichen Grenzen bewegen sich die anderen erhaltenen Werthe

Ein gleiches Gesetz erwies sich auch gultig, als jedes Metall in einer besonderen Flussigkeit sich befand Das hieraus folgende Ergebniss, dass somit zwischen den verschiedenen Flussigkeiten keine erheblichen elektromotorischen Krafte bestehen können (oder solche, die dem Spannungsgesetz unterworfen sind) wurde freilich noch nicht ausgesprochen

Auch bei diesen Messungen trat der Umstand zu Tage, dass die elektromotorischen Krafte zwischen den verschiedenen Metallen in den Flussigkeiten sehr veranderlich waren Die Contacttheorie leitete dieses Verhalten von oberflachlichen Veranderungen ab, welche die Metalle in der Flussigkeit erfuhren Dadurch wurde zum Nachtheil der Sache die Frage, unter welchen Umstanden man constante Werthe erlangt (wie sich solche erfahrungsmassig im Daniell'schen Element gezeigt hatten), gar nicht gestellt, obwohl es in der Natur der Sache liegt, dass Naturgesetze nur an Zahlen gefunden werden konnen, welche ganz bestimmte Werthe darstellen, auf die keine unbeherrschten Umstande mehr Einfluss haben

Auch uber den Einfluss, welchen die Temperatur auf die elektromotorische Kraft der Volta'schen Kette hat, besitzen wir den ersten zuverlassigen Versuch von Poggendorff [2] Er setzte zwei Ketten aus Kupfer und amalgamirtem Zink zusammen und verband sie gegen einander, so dass durch ein eingeschaltetes Galvanometer kein Strom ging Nun wurde die eine Kette erwarmt, wahrend die andere bei Zimmertemperatur verblieb „Man

---

[1] Um dies einzusehen, stelle man sich die Spannungen der drei Metalle gegen die Flussigkeit durch entsprechend hohe Senkrechte vor   musst man dann den Unterschied

zwischen 1 und 3, so muss er nothwendig gleich sein der Summe der Unterschiede zwischen 1 und 2 und zwischen 2 und 3 Es ist dies wieder ein drastisches Beispiel dafur in welchem Maasse die Volta'sche Contacttheorie die Ansicht der einfachsten Verhaltnisse compicirt

[2] Pogg Ann 50, 264 1840

kann die Flussigkeit der einen Kette, wenn sie nur der der anderen gleich
ist, bis zum Sieden erhitzen, ohne die geringste Anzeige eines Stromes zu
erhalten   Daraus geht hervor, dass die Warme keinen Einfluss auf die
elektromotorische Kraft der Hydroketten ausubt "

Die Schlussfolgerung, welche POGGENDORFF hier fur alle Hydroketten
gezogen hat, ist zu allgemein, er hat zufallig eine der Ketten getroffen,
welche einen sehr kleinen Temperatureinfluss haben, wahrend andere in
dieser Beziehung eine viel grossere Veranderlichkeit zeigen

2S Absolute Maasse Durch die vorstehend beschriebenen Methoden
war die Moglichkeit gegeben worden, mit bestimmten Instrumenten Messungen auszufuhren, die eine bestimmte quantitative Bedeutung hatten,
welche dieselbe blieb, so lange die Instrumente die gleichen blieben, oder
wenn andere Apparate gleicher Natur durch unmittelbaren Vergleich auf
jene bezogen waren Dass es nicht nothig ist, bei diesem Zustande zu ver-
harren, wies zuerst GAUSS durch seine Definition eines absoluten Maasses
fur die magnetischen Messungen nach [1] Die Erweiterung des Prinzipes auf
elektrische Messungen verdanken wir dem Freunde und Schuler GAUSS',
WILHELM WEBER [2]

Der Gedanke war dabei der folgende

Von GAUSS war schon 1832 gezeigt worden, dass die Wirkungen der
Magnete aufeinander, insofern sie sich als raumliche Krafte darstellen, in
mechanischem Maasse gemessen, d h auf die Einheiten Lange, Zeit und
Masse, zuruckgefuhrt werden konnen, so dass, wenn diese Einheiten gegeben
sind, eine vorliegende magnetische Kraft unzweideutig ausgedruckt werden
kann Es ist dies durch die Uberlegung einleuchtend, dass die zu messende
Wirkung eben eine mechanische ist, d h. darin besteht, dass bestimmten
Massen bestimmte Geschwindigkeiten ertheilt werden, oder dass sie bestimmte
Krafte erfahren, welche wieder durch die erzeugten Geschwindigkeiten ge-
messen werden konnen. Somit ist die Angabe dieser mechanischen Wir-
kungen ausreichend, um auch fur die Ursachen derselben, die magnetischen
Krafte ein eindeutiges und vollstandiges Maass festzustellen Darnach ist,
wenn wir die jetzt benutzten Einheiten anwenden, als Einheit des Magnetis-
mus die Menge desselben anzusehen, welche auf eine gleiche Menge in der
Einheit der Entfernung (1 cm) wirkend, der Einheit der damit verbundenen
Masse (1 g, die Einheit der Geschwindigkeit (1 cm in der Sekunde) ertheilt.
Wie man sieht, gehort zu dieser Definition nichts, als die mechanischen
Begriffe der Lange, Zeit und Masse, und daher nannte GAUSS diese Bestim-
mung die absolute, weil sie alle specifischen magnetischen Grossen vermied. [3]

[1] Comment soc scient Gotting 8, 1833 -- Klassiker der exact Wiss 53, 1894
    Pogg Ann 55, 27 1842
[2] Dass dies doch nicht vollstandig der Fall ist, und eine specifisch magnetische Grosse,
die Magnetisirungsconstante, in der Bestimmung enthalten bleibt, soll hier nur anmerkungsweise
erwahnt werden, um den geschichtlichen Gang der Darstellung nicht zu unterbrechen Die

Dasselbe Verfahren wendete nun WILHELM WEBER auf die Messung elektrischer Strome an. Das Mittel dazu ergiebt sich aus dem Umstande, dass ein elektrischer Strom in derselben Weise anziehend und abstossend auf einen Magnet wirkt, wie ein anderer Magnet, man kann daher die Wirkung eines Stromes durch die eines Magnetes ersetzt denken, und wenn man einen Strom hat, welcher ebenso wirkt, wie ein mit der Einheit des Magnetismus behafteter Magnet, so kann man ihm die Einheit der Stromstarke zuschreiben

Freilich tritt hier noch die Nothwendigkeit einer weiteren Bestimmung auf, die darin begrundet ist, dass ein Strom nicht punktformig gedacht werden kann, wie ein Magnetpol Vielmehr erweist sich die Wirkung eines Stromes als gegeben durch die Flache, welche er umkreist, projicirt auf die Ebene, welche die Pole der Magnetnadel und ihre Drehaxe enthalt Es muss demnach die Bestimmung hinzugefugt werden, dass der Strom die Flache mit dem Radius Eins umkreisen muss, wenn er dann auf einen in deren Mittelpunkte belegenen Magnetpol eine Kraft ausubt, welche einem Gramm die Geschwindigkeit 1 cm/sec ertheilen wurde, so hat er die Starke Eins

Die praktische Ausfuhrung dieses Gedankens gestaltet sich derart, dass man eine Magnetnadel in den Mittelpunkt eines kreisformigen Stromes bringt Man stellt mit anderen Worten eine Tangentenbussole her, deren Radius genau gemessen ist Aus der Tangente des Ausschlages und der nach der GAUSS'schen Methode bestimmten Intensitat des Magnetismus am Orte der Messung ergiebt sich dann die Stromstarke in absolutem Maasse.

Um die umstandliche Ausfuhrung absoluter Strommessungen fur die Zwecke der Laboratoriumsmessungen entbehrlich zu machen, musste der Zusammenhang mit irgend einer anderen leicht zu ermittelnden, der Stromstarke proportionalen Grosse gesucht werden, und WEBER machte denn auch unmittelbar nach seiner ersten Mittheilung einen solchen Weg gangbar Dies war unter Benutzung des FARADAY'schen Gesetzes moglich, nach welchem die Menge eines zersetzten Stoffes nur von der durch denselben gegangene Electricitatsmenge oder dem Produkte der Stromstarke in die Zeit abhangig ist. Wurde ermittelt, welche Wassermenge der Strom Eins in der Zeit Eins oder in einer Sekunde zersetzt, so war damit ein Verfahren gegeben, die

---

Constante macht sich darin geltend, dass die Wechselwirkung zweier Magnete nicht nur von ihrer Entfernung und der Menge des Magnetismus abhangt, sondern auch von dem Mittel, in welchem die Magnete enthalten sind Hierdurch, und da man auch dem sogenannten leeren Raume eine bestimmte Magnetisirungsconstante zuschreiben muss, ist es unmoglich einen von specifisch magnetischen Grossen freien Ausdruck fur die mechanischen Wirkungen zweier Magnete zu gewinnen, und das von GAUSS und WEBER erstrebte Ziel muss als gegenwartig und in ansehbarer Zeit unerreichbar bezeichnet werden Trotz dieses Umstandes hat die sogenannte absolute Messung der elektrischen Grossen sich als von ganz ausserordentlichem Werthe fur die wissenschaftliche wie die technische Entwickelung der Elektrik erwiesen, und muss daher in unserer Darstellung auch eine entsprechende Stelle finden

Angaben des Voltameters alsbald in absolute Stromstärke umzurechnen,
und weiter mit Hulfe desselben die Angaben jedes anderen strommessenden
Instrumentes auf absolute Werthe zu reduciren

Zur Ausführung der Messungen[1] benutzte WEBER nicht die absolute
Tangentenbussole, sondern eine cylindrische Spule von gemessener Win-
dungsfläche, welche senkrecht zum magnetischen Meridian aufgehangt worden
war und durch den Erdmagnetismus eine Drehung erfuhr, wenn der Strom
durchgeleitet wurde

Als Ergebniss von fünf Versuchen ergab sich als das elektrochemische
Äquivalent des Wassers in absolutem Maasse der Werth 0,009 376 Das
heisst die absolute Einheit der Elektricitätsmenge bedarf zu ihrem Durchgange durch Wasser der Menge von 0,009 376 mg Wasserstoff und Sauerstoff, oder damit 1 g Wasser zersetzt wird, sind rund 100000 absolute Einheiten Elektricität erforderlich

Die von GAUSS und WEBER benutzten mechanischen Einheiten sind
andere, als die gegenwärtigen, nämlich Milligramm, Millimeter und Sekunde
Unter Berücksichtigung dieser Änderung beträgt der gegenwärtig bekannte
Werth, auf die WEBER'schen Einheiten übertragen, 0,00933 Die Abweichung
jener ersten Bestimmung von dem richtigen Werth beträgt also kaum ein
halbes Procent

29 Technische Anwendungen der Elektrochemie. Ebenso, wie
die Ausbildung des absoluten Maasssystems in den Zeiten, die wir eben betrachten, zwar begonnen, aber in neuester Zeit erst ausgeführt und verbreitet
worden ist, verhält es sich mit den praktischen Anwendungen der Elektrochemie, wenn man die Benutzung der VOLTA'schen Ketten für telegraphische
Zwecke ausnehmen will Sowohl für die jetzt zu bedeutender Ausbildung
gelangte elektrolytische Analyse, wie für die elektrochemischen Anwendungen
der grossen Technik lassen sich die Beispiele schon früh nachweisen, und
gerade heute, wo die chemische Technik im Begriffe ist, eine Umwälzung
durch die Einführung elektrochemischer Verfahren zu erleben, ist es von
Interesse, diese ersten Anfänge kennen zu lernen

Der erste Name, welcher uns hier entgegentritt, ist BECQUEREL Zwar
finden wir in Bezug auf die Anwendung des elektrischen Stromes zur
chemischen Analyse die ersten Andeutungen bereits in den Arbeiten DAVY's
vom Jahre 1805 Bestimmte Gestalt haben sie dann aber erst durch den
unermüdlichen BECQUEREL gewonnen, welcher ein praktisches Verfahren kennen
lehrte, kleine Mengen Mangan und Blei von anderen Metallen zu scheiden,
und somit zu erkennen[2] Das Verfahren beruht darauf, dass diese Metalle
sich als Hyperoxyde am positiven Pole abscheiden, was andere Metalle, die
keine Hyperoxyde zu bilden vermögen, unter gleichen Bedingungen nicht
thun Diese Abscheidung gelingt am leichtesten, wenn die Metalle als Acetate

[1] POGG. Ann 55 181 1842   [2] Ann chim phys 43 380 1830

vorhanden sind oder, was ebenso gut ist, wenn irgend ein Acetat im Uberschusse am positiven Pole zugegen ist

„Nichts ist leichter, als nach dieser Methode das Mangan vom Eisen zu scheiden, es genugt, eine Losung dieser Metalle in Essigsaure herzustellen, und genugend grosse Platinplatten und eine hinreichend starke Saule zu nehmen, damit der Versuch schnell genug gehen kann   Arbeitet man derart mit einer kleinen Menge, so genugen zuweilen einige Stunden, namentlich, wenn man die Vorsicht beobachtet, von Zeit zu Zeit das Hyperoxyd, welches sich am positiven Pole bildet, zu entfernen   Enthalt die Losung 1 g essigsaures Mangan, so sind 24 Stunden und zuweilen auch mehr erforderlich, doch hangt wie gesagt die Zeit von der Grosse der Platten und der Starke der Saule ab   Wenn sich die Platte nicht mehr farbt, so kann man sicher sein, dass die Losung kein Mangan mehr enthalt, oder wenigstens eine unbestimmbar kleine Menge, denn 1 mg, und noch weniger, in 1 g Wasser gelost, wird durch dies Verfahren sichtbar gemacht "

Auch als Vater der elektrochemischen Metallurgie, welche heute eine so grosse Rolle spielt, hat man BECQUEREL zu betrachten   In einer kurzen Nachricht[1] theilt er mit, dass man Silber, Kupfer und Blei aus ihren Erzen auf elektrolytischem Wege ausbringen konne   Das Verfahren bestand wesentlich darin, dass die Metalle in losliche Verbindungen ubergefuhrt, und dann mittelst positiverer Metalle, insbesondere Eisen, ausgefallt wurden   Eine Anwendung ausserer Stromquellen fand nicht statt   Insofern, als die Ausscheidung des Silbers durch Quecksilber in den alteren Amalgamationsverfahren lange vorher geubt worden war, haben die von BECQUEREL angegebenen Methoden nichts prinzipiell Neues, nur hat er zuerst die elektrische Natur der hierbei stattfindenden Vorgange erkannt, und damit ein Mittel gegeben, sie weit eingehender zu regeln, als bis dahin moglich gewesen war

30 Galvanoplastik und elektromagnetische Maschinen   Die erste Nachricht uber die Anwendung des Kupferniederschlages zur Herstellung von getreuen Abbildungen geformter Gegenstande, die gegenwartig unter dem Namen der Galvanoplastik eine so wichtige Rolle spielt, findet sich in einem Briefe, welchen JACOBI[2] an FARADAY richtete, und der im Jahre 1839 veroffentlicht worden ist   Dieser Brief enthalt ausserdem die erste Nachricht uber die Anwendung der elektromagnetischen Kraft im Grossen, und ist somit nach zwei Seiten ein wichtiges Document zur Geschichte der Elektrotechnik

„Vor einiger Zeit hat mich ein glucklicher Zufall bei meinen elektromagnetischen Arbeiten zu der Entdeckung gefuhrt,[3] dass man mit Hulfe

---

[1] Bibl univ 15, 432 1838 — Pogg Ann 46, 285 1838

[2] Philos Mag 15, 161, 1839

[3] Die gleiche Beobachtung, dass namlich das in der DANIELL schen Kette abgesetzte Kupfer auf das genaueste die Oberflache der Platte wiedergiebt, auf welcher es niedergeschlagen ist, hat DANIELL schon fruher gemacht, er hat aber nicht daran gedacht, dass diese Erscheinung einer technischen Anwendung fahig ware

der Volta'schen Wirkung erhabene Copieen von gestochenen Kupferplatten machen kann, von denen auf gleichem Wege umgekehrte Copieen erhalten werden können, so dass man es in der Gewalt hat, die Kupfercopieen in jeder beliebigen Anzahl zu erhalten   Durch diesen Volta'schen Process werden die feinsten, ja mikroskopische Striche wiedergegeben, und die Copieen sind so identisch mit dem Original, dass auch die strengste Unter-suchung nicht den kleinsten Unterschied finden kann   Ich kann mir er-sparen, den von mir gebrauchten Apparat ausführlich zu beschreiben   Es ist einfach eine Volta'sche Kette à cloison, in welcher die gestochene Platte an Stelle der gewöhnlichen Kupferplatte benutzt ist, indem sie in eine Lösung von Kupfersulfat getaucht ist .   Für den Erfolg der Operation ist es von grösster Wichtigkeit, dass die Lösung immer gesättigt erhalten wird   Die Wirkung muss nicht zu schnell sein, 50 bis 60 Gran Kupfer sollen in 24 Stun-den auf den Quadratzoll niedergeschlagen werden

„Natürlich kann man auch das Kupfersulfat reduciren, wenn wir den Strom eines einfachen Volta'schen Paares mittelst Kupferelektroden durch die Lösung gehen lassen, in dem Maasse, wie die Anode oxydirt wird, be-deckt sich die Kathode mit reducirtem Kupfer, und man kann sich die Zu-führung von concentrirter Lösung ersparen   Nach der Theorie sollte man erwarten, dass an der einen Seite genau so viel Kupfer reducirt wird, wie-viel an der anderen oxydirt wird, jedoch habe ich immer einen grösseren oder kleineren Unterschied gefunden, derart, dass die Anode mehr verliert, als die Kathode gewinnt   Der Unterschied scheint nahezu constant zu sein, denn er nimmt nicht weiter zu, wenn der Versuch eine gewisse Zeit gedauert hat

„Was die technische Bedeutung dieser Volta'schen Copieen anlangt, so möchte ich bemerken, dass man die gestochene Kathode nicht nur von Kupfer oder negativeren Metallen nehmen kann, sondern auch von positiveren und deren Legierungen (ausgenommen Messing), obwohl diese Metalle u. s w die Kupferlösung für sich viel zu heftig zersetzen   So kann man beispielsweise Stereotypen in Kupfer machen, welche nach Belieben vervielfältigt werden können   Ich werde binnen kurzem die Ehre haben, Ihnen ein Basrelief aus Kupfer zu schicken, dessen Original aus einer plastischen Substanz gebildet ist, die sich allen Bedürfnissen und Capricen der Kunst anschmiegt   Durch dies Verfahren werden alle diese feinen Züge erhalten, welche die hauptsächlichste Schönheit eines derartigen Werkes ausmachen, und welche beim Giessen gewöhnlich verloren gehen, da dieser Process sie nicht in aller ihrer Rein-heit wiedergeben kann   Die Künstler müssen dem Galvanismus sehr dankbar sein, der ihnen diesen neuen Weg hierzu eröffnet hat "

Jacobi erzählt weiter, wie er im letzten Winter oft seinen grossen Saal mit Drummond'schem Kalklicht erleuchtet hat, zu dem er das Knallgas durch Elektrolyse verdünnter Schwefelsäure in dem Maasse erzeugt hatte, als es in der Lampe verbrannte   Anfangs war die Batterie noch recht unbequem zu unterhalten   „Gegenwärtig nimmt eine Batterie mit dem Zersetzungsapparat, welche 3 bis 4 Kubikfuss elektrolytisches Gas in der Stunde liefert, nicht viel mehr Platz ein, als eine Seite des Papiers, auf welchem ich Ihnen schreibe, und ist etwa 9 Zoll hoch. Dies ist sicherlich eine schöne Anwendung der Volta'schen Batterie.

„Bei der Anwendung des Elektromagnetismus zur Bewegung von Maschinen war die grösste Schwierigkeit immer die Umständlichkeit und schwierige Handhabung der Batterieen. Diese Schwierigkeit besteht nicht länger. Während des letzten Herbstes, in einer vielleicht schon zu weit vorgeschrittenen Jahreszeit, habe ich, wie Sie vielleicht aus den Zeitungen ersehen haben werden, meinen ersten Versuch mit der Schifffahrt auf der Newa in einer zehnrudrigen Schaluppe mit Radrudern, die durch eine elektromagnetische Maschine in Bewegung gesetzt wurden, gemacht. Obwohl wir während ganzer Tage fuhren, und gewöhnlich mit 10 oder 12 Personen an Bord, so war ich doch nicht sehr befriedigt von diesem ersten Versuche, denn es ergaben sich so viele Fehler der Construction und Mangel der Isolirung an den Maschinen und der Batterie, welche nicht auf der Stelle verbessert werden konnten, dass es mir äusserst unangenehm war. Da jetzt diese Verbesserungen und wichtigen Veränderungen beendigt sind, so werden die Versuche binnen kurzem wieder aufgenommen werden. Die Erfahrungen des letzten Jahres nebst den Verbesserungen der Batterie ergeben, dass zum Hervorbringen einer Pferdekraft, wie bei Dampfmaschinen eine Batterie von 20 Quadratfuss Platin, in entsprechender Weise angeordnet, erforderlich ist, ich hoffe aber, dass 8 bis 10 Quadratfuss die Wirkung ergeben werden. Wenn der Himmel mir meine Gesundheit erhält, welche durch beständige Arbeit ein wenig angegriffen ist, so hoffe ich binnen eines Jahres ein elektromagnetisches Schiff von 40 bis 50 Pferdekraft hergerichtet zu haben."

31. Die Polarisation. Die Ausbildung der Messhülfsmittel kam zunächst einer Erscheinung zu Gute, welche, zwar lange bekannt, und auch in früherer Zeit im wesentlichen richtig verstanden, später eine wunderliche Reihe verschiedenartiger Auffassungen durchzumachen hatte, bevor sie einigermaassen wissenschaftlich bewältigt werden konnte. Dies ist in einem solchen Maasse der Fall, dass noch bis auf unsere Zeit dies Gebiet zu den wenigst bekannten und verstandenen in dem ganzen weiten Umfange der Elektrochemie gehört. Es handelt sich um die Erscheinungen, welche sich an den Grenzflächen zwischen den Elektrolyten und den Elektroden abspielen, wenn ein Strom durch sie geht, die Polarisationserscheinungen.

Von wem der Name Polarisation, welcher seit der Mitte der dreissiger Jahre für die fraglichen Vorgänge üblich ist, in die Wissenschaft eingeführt worden ist, habe ich nicht ermitteln können. Es sieht so aus, als wäre der Name erst um diese Zeit entstanden, denn in dem dritten Bande von BECQUEREL's Traité kommt der Name bei der Darstellung der von GAUTHEROT und RITTER S. 173 beobachteten Thatsachen nicht vor, dagegen im fünften,

welcher 1840 erschienen ist, wird er bei dem Bericht über SCHÖNBEIN's
Arbeiten in einer Weise benutzt, als wenn er ganz gebräuchlich wäre Es
liegt deshalb nahe, SCHÖNBEIN als den Erfinder des Namens anzusehen, aber
auch dieser benutzt ihn, ohne ihn besonders zu erklären, also wie ein be-
kanntes Wort Dazu kommt, dass elf Jahre früher in einer Abhandlung von
BECQUEREL[1] der Ausdruck wieder wie ein bekanntes Wort in ganz demselben
Sinne gebraucht wird, wie später Ich habe deshalb darauf verzichtet, die
Entstehungsgeschichte des Namens aufzuklären, und würde für entsprechende
Hinweise aus dem Leserkreise dankbar sein

Die älteste Geschichte der Angelegenheit ist bereits (S 173 mitgetheilt
worden Sowohl die Erscheinung des Gegenstromes nach Abtrennung der
Elektroden von der primären Kette, wie auch die Schwächung des Haupt-
stromes durch Zwischenschaltung „unthätiger" Kettenglieder ist von RITTER
in sehr vollständiger Weise untersucht worden, so dass zunächst die Forschung
wenig über den bereits erlangten Standpunkt hinausgelangte Wenn gleichwohl eine ausserordentlich grosse Zahl von Arbeiten seit der zweiten Hälfte
der zwanziger Jahre über den Gegenstand veröffentlicht wird, so erkennen
wir in diesem Falle ganz besonders den Einfluss des Umstandes, dass das
Galvanometer so ausserordentlich leicht die Gewinnung eines ausgedehnten
Zahlenmateriales gestattet, welches, wenn es auch nicht wissenschaftlich bewältigt wird, doch als „schätzbares Material" den Fachgenossen nicht vorenthalten zu werden pflegt

Die neue Reihe von Arbeiten auf dem Gebiete beginnt ziemlich gleichzeitig im Jahre 1825, die hier auftretenden Namen sind DAVY, DE LA RIVE
und MARIANINI Die Arbeiten DAVY's sind schon (S 353) erwähnt worden;
sie sind wenig umfassend, aber in ihrer Deutung wohl gelungen Sehr viel
eingehender, wenn auch weniger glücklich in der Auffassung sind die Arbeiten
DE LA RIVE's[2] Er beobachtete die Stromschwächung durch eingeschaltete
Zwischenplatten und zog aus seinen Versuchen folgende Schlüsse „1 Dass
eine oder mehrere Metallplatten, welche in eine leitende Flüssigkeit senkrecht zu der Linie, welche die beiden Pole verbindet, angebracht werden,
die Intensität des Stromes, welcher sie durchdringt, schwächen 2 Dass
diese Schwächung des Stromes fast Null ist, wenn der die Platten durch-
laufende Strom sehr energisch ist und von einer aus vielen Paaren bestehenden Säule herstammt, dass aber der Strom in einem um so stärkeren Verhältniss geschwächt wird, je geringer seine ursprüngliche Intensität ist, und
dass daher ein stärkerer Strom erforderlich ist, um die gleiche Menge Gas
durch die Zersetzung zu erhalten, wenn die Flüssigkeit durch Platten unterbrochen, als wenn sie stetig ist[3] 3 Dass von zwei Strömen gleicher Inten-

---

[1] Ann chim phys **41**, 23 1829
[2] Ann chim phys **28**, 208 1825
[3] DE LA RIVE's Ausdrucksweise ist an dieser Stelle nicht gut verständlich, ich habe geglaubt, ein Versehen des Abschreibers oder Druckers annehmen zu dürfen, und den Satz sinn-
gemäss hergestellt

sität, welche der eine ursprünglich, der andere nach dem Durchtritt einer oder mehrerer Platten besitzt, der erste viel mehr durch die Einschaltung einer Platte vermindert wird, als der andere, welcher bereits ähnliche Platten durchlaufen hat."

Zur Erklärung dieser Thatsachen weist DE LA RIVE auf die ähnlichen Verhältnisse der Wärme und des Lichtes hin, welche gleichfalls in ihrer Ausbreitung durch eingeschaltete Platten, wenn diese auch für sich durchlässig sind, behindert werden, doch geht er nicht näher auf diesen Punkt ein. Auch in dieser Beziehung ist ihm RITTER vorausgegangen, was allerdings eher ein negatives, als ein positives Verdienst ist. Wir werden alsbald sehen, dass der gleiche Gedanke mit einer gewissen Zähigkeit auch bei anderen Forschern wiederkehrt.

In einer späteren Abhandlung[1] kommt dann DE LA RIVE auf die Erscheinungen der secundären Säule zurück. Sein Versuch der Erklärung ist nicht eben glücklich. Nachdem er im Anschluss an RITTER nachgewiesen hatte, dass nicht die gebildeten Zersetzungsprodukte Säure und Alkali die Ursache des Stromes sind, welcher in einer Ladungssäule entsteht (wie das von VOLTA behauptet worden war), indem die Ladung auch nach dem Abwaschen dieser Stoffe an den Metallen haften blieb, setzte er auseinander, dass man den Strom im Metall als eine Folge von Zersetzungen und Wiederverbindungen der in den Metallen

Fig. 176. DE LA RIVE.

vorhandenen neutralen Elektricität auffassen könne. Wird also, nachdem der Strom einige Zeit gedauert hatte, der Draht aus der Leitung genommen, so würde er an einem Ende einen Überschuss positiver, am anderen einen Überschuss negativer Elektricität haben. Vermöge einer der magnetischen ähnlichen Coercitivkraft halte der Draht nun diesen Überschuss zurück und verhindere ihn am Ausgleich.

Nun hatte aber DE LA RIVE selbst eben durch eine Reihe von Versuchen erwiesen, dass die Wirkung nur eintritt, wenn ein flüssiger Leiter an den metallischen grenzt. Er erwähnt diesen Einwand mit der Bemerkung, dass vielleicht die Wirkung bei Metallen nur zu schwach sei, um beobachtet werden zu können, und fährt fort: „Wenn die Leiter, welche zu zweien die

---

[1] Bibl. univers. **35**, 92. 1826. — POGG. Ann. **10**, 425. 1827.

vier Enden verbinden, beide metallischer Natur sind, so ist kein Grund vorhanden, weshalb das Gleichgewicht sich mehr nach der einen Richtung, als nach der anderen wiederherstellen sollte, während wenn einer der Leiter ein flüssiger ist, seine Gegenwart, indem er die Kette schliesst (eine nothwendige Bedingung zu der Wiederherstellung), nicht hindert, dass der Strom mit grosserer Leichtigkeit durch den metallischen Leiter gehe, und den Drahten erlaubt, sich zu entladen, und auf ihren naturlichen Zustand zuruckzukommen."

Man wird dieser „Erklarung" alles eher nachsagen können, als dass sie befriedigend oder auch nur klar sei.

Um die Ahnlichkeit eines solchen, in den „elektrodynamischen Zustand" versetzten Drahtes mit einem Magnet nachzuweisen, giebt DE LA RIVE den Versuch an, dass man den Draht durchschneidet und die Richtung des Stromes untersucht, der entsteht, wenn man die beiden getrennten Stücke in denselben Leiter taucht. „Wie beim Magneten mussen die getrennten Stücke an den zuvor vereinigt gewesenen Enden entgegengesetzte Pole erhalten. Die Richtung des Stromes zeigt, dass dieses allerdings der Fall ist, aber der Strom ist schwach und oft Null, wie dies immer eintritt, wenn man sich nicht von den Drahten derjenigen Stücke bedient, welche in die der Wirkung der Saule ausgesetzte Flussigkeit getaucht waren." Hier sieht man ungemein deutlich die Wirkung der vorgefassten Meinung, der Autosuggestion. Hatte DE LA RIVE erwartet, dass gar keine Wirkung vorhanden ist, so hatte er in den erzahlten Versuchsergebnissen auch dafur eine Bestatigung finden konnen.

32. Arbeiten von MARIANINI. Gleichzeitig mit DE LA RIVE und unabhangig von diesem veroffentlichte STEFANO MARIANINI seine Untersuchungen uber den gleichen Gegenstand[1]. Fur die Wirkung der Zwischenplatten glaubte MARIANINI sogar einen einfachen mathematischen Ausdruck gefunden zu haben, der einigermaassen an das OHM'sche Gesetz erinnert. Ist n die Zahl der aktiven, m die der nicht aktiven Elemente und D die Wirkung eines der ersten, so ist die Wirkung d der zusammengesetzten Kette gleich $d = n D / (n + m)$. Die Erklarung sucht MARIANINI vollig in den analogen Erscheinungen des Lichtes. „So besitzen zwei Substanzen, durch welche sich das Licht mit verschiedener Schnelligkeit hindurch bewegt, wie z. B. Luft und Wasser, einen gewissen Grad von Durchsichtigkeit, wenn sie in dickeren Schichten uber einander gelagert sind, werden sie aber in sehr dunnen Schichten durch einander gemengt, so bilden sie ein fast undurchsichtiges Medium. Auf gleiche Weise wurde ein elektrischer Strom bei

---

[1] Die Arbeiten dieses Forschers sind zuerst in einem grosseren Werke: Saggio di esperienze elettrometriche, Venezia 1825, erschienen. Ein Auszug, dem auch der obenstehende Bericht zu Grunde liegt, wurde dann zuerst in den Annales de chimie et de physique 33, 113 1826 und dann in SCHWEIGGERS Journal der Physik und Chemie, 49, 22 1827, abgedruckt.

seinem Durchgange durch eine metallische und flüssige Schicht von beliebiger Dicke, wenigstens innerhalb gewisser Grenzen, nur eine geringe Verminderung seiner Intensität erleiden, aber bei jeder Wechsellagerung einer grösseren Zahl minder dicker Schichten wurde er neuen Brechungen Reflexionen) unterworfen und mit grosser Schnelligkeit geschwächt werden Diejenigen, welche annehmen, dass der elektrische Strom sich in Wellenbewegungen fortpflanze, nach Art des Schalles, wurden eine leichte Erklärung des Phänomens finden, indem sie seine Bewegung in metallischen und in schlechten Leitern mit der des Schalles in festen und in gasförmigen Körpern verglichen "

An gleicher Stelle finden sich Untersuchungen über die Veränderung der elektromotorischen Stellung der Metalle durch ihre Thätigkeit als Leiter Auch in dieser Beziehung ist Mariani nicht über Ritter hinausgelangt

Einige Zeit später unternahm derselbe Forscher eine eingehendere Untersuchung dieser Verhältnisse,[1] wobei es ihm besonders auf den Nachweis des Zusammenhanges der Stromschwächung durch Zwischenplatten und der Veränderung der elektromotorischen Kraft der Metalle durch deren Einschaltung in einen Stromkreis zwischen feuchte Leiter mit der Ritter'schen Ladungssäule ankam   Auch die (ältere) Theorie Ritter's, dass sich wegen der schlechten Leitung der feuchten Zwischenschichten die Elektricität in seiner secundären Säule anhaufe, erschien ihm zweifelhaft, da man bei andersartiger Einschaltung schlechter Leiter eine solche Wirkung nicht erhalten kann   Eine ganze Anzahl anderer Erscheinungen fand er mit dieser Ansicht gleichfalls in Widerspruch, so dass er nicht nur diese Ansicht Ritter's verwarf, sondern überhaupt einen Zusammenhang zwischen der Stromschwächung durch Zwischenplatten und der Erscheinung des Gegenstromes der secundären Säule in Abrede stellte

Um zu einer Entscheidung über die Quelle der Spannung der secundären Säule zu gelangen, untersuchte er, ob diese an dem feuchten Leiter oder an dem Metall hafte   Zu diesem Zwecke kehrte er in einer geladenen secundären Säule die Tuchscheiben um   es ergab sich nur eine Schwächung, die der inzwischen vergangenen Zeit entsprach   Ferner legte er die Tuchscheiben der geladenen Säule zwischen frische Kupferplatten   die so erhaltene Säule erwies sich als nicht geladen   Dagegen änderte der Ersatz der Tuchscheiben durch frische in einer geladenen secundären Säule die elektromotorische Kraft nicht wesentlich   Somit haftet die Ladung am Metall und nicht an der Flüssigkeit

Auf die Veränderung der elektromotorischen Stellung des Metalles führt nun Mariani die Ladungssäule zurück, und stellt jede andere Ursache in Abrede   Wir haben hier wieder ein anschauliches Beispiel für die Ungrundlichkeit, welcher die Anhänger des Volta'schen Erklärungsprinzipes nur zu leicht verfielen   Warum die elektromotorische Kraft des Metalles eine andere

[1] Giornale di fisica 9, 253 — Journ f Chemie und Physik 49 300 1827

wird, nachdem es als Elektrode gedient hat, wird gar nicht gefragt, es genügt der Nachweis der veränderten Stellung in der Spannungsreihe, um alles zu sagen, was zu sagen ist In dieser Beziehung ist selbst Ritter seinem Kritiker voraus gewesen, indem er nach dem Vorgang Brugna-telli's die chemische Veränderung des Metalles an der Oberfläche, freilich in dem unhaltbaren Sinne einer Verbindung mit Wasserstoff, als die Ur-sache ansah

Nach einer anderen Richtung liegt in Marianini's Arbeiten allerdings ein Fortschritt, welcher aber zunächst nicht zur Geltung kam. Es ist dies die Auffassung der Erscheinung als einer, die nur von der elektromotorischen Kraft abhängt Es ist schon bemerkt worden (S 424), dass die später von Fechner eingeführte Vorstellung eines Übergangswiderstandes, welchem er die Stromschwächung zuschrieb, die klare Erkenntniss der Sache einiger-maassen aufgehalten hat Allerdings sind bei Marianini diese Begriffe noch keineswegs so scharf geschieden, dass von einer sicheren Auffassung dieses Gegensatzes die Rede sein könne, doch geht gerade aus seiner Polemik gegen Ritter hervor, dass bis zu einem gewissen Grade ein Bewusstsein desselben bei ihm bestand

Bei Gelegenheit seines Berichtes über diese Arbeiten kam auch Bec-querell in seinem Traité[1] auf den Gegenstand zu sprechen und gab eine Erklärung, welche, ohne dass er es zu wissen schien, mit der von Volta völlig übereinstimmte Er sah in der secundären Kette nur einen Fall der seinigen aus Säure und Alkali (S 597) „Nun, wenn zwei Platinplatten sich in einem elektrischen Strome befinden, in welchem auch eine Salzlösung vorhanden ist, was geschieht? Die Oberfläche der positiven Platte überzieht sich mit einer sauren, und die der negativen Platte mit einer alkalischen Schicht, die beiden Platten befinden sich daher in demselben Zustande (wie die einer Säure-Alkalikette) ... und da der elektrische Effekt derselbe ist, so müssen wir schliessen, dass auch die Ursache die gleiche sein muss "

33 Christian Friedrich Schönbein An dieser Stelle tritt uns zum ersten Male in unserem Gebiete ein Mann entgegen, mit dessen Arbeiten und Ansichten wir uns wiederholt zu beschäftigen haben werden Christian Friedrich Schönbein ist am 18 Oktober 1799 in Metzingen in Schwaben geboren, und wurde, nachdem er einige Jahre als Lehrer thätig gewesen war, und dann Reisen in England und Frankreich gemacht hatte, im Jahre 1828 Professor der Chemie an der Universität zu Basel, in welcher Stellung er 1868 starb

Unter der grossen Zahl der „Originale", die sich in dem Stande der deutschen Gelehrten vielleicht zahlreicher ausbilden, als in irgend einem anderen Stande, war Schönbein eines der bestcharakterisirten. Nicht nur durch seine persönlichen Eigenschaften, die ihn bis zu seinem hohen Alter an Schnurren aller Art eine unerschöpfliche Freude finden liessen, und ihn

---

[1] Bd 3 S 169

zu einem der amusantesten Gesellschafter machten, den man sich denken
kann, sondern auch durch die Art seiner wissenschaftlichen Arbeiten, welche
ganz und gar verschieden von der aller anderen war, tritt diese Eigenschaft
hervor Schönbein liebte eigene Wege zu gehen, und sich mit Aufgaben zu
befassen, welche den Anderen nicht in den Sinn kamen, seine berühmteste
Entdeckung, die des Ozons, ist ein redendes Beispiel dafür, denn diese Entdeckung dürfte die einzige sein, welche wesentlich vermittelst des Geruchs-
sinnes bewerkstelligt worden ist Während diese Entdeckung durch die
Betheiligung anderer Forscher ausgebildet worden ist und sich in ihrer Bedeutung gezeigt hat, liegen von ihm noch zahlreiche Forschungen über
katalytische Vorgänge und ähnliches vor, welche noch einer solchen Bearbeitung harren, und in denen noch ungehobene Schätze von erheblichem
Betrage zu finden sind Denn Schönbein war in seinen Arbeiten überall ein
Beginner, kein Vollender Quantitative Messungen lagen ihm sehr fern, und
nur ganz ausnahmsweise sieht man ihn sich bei seinen zahlreichen Arbeiten
entschliessen, die Wage zu benutzen Die gleiche Eigenthümlichkeit macht
sich bei dem Theil seiner Arbeiten geltend, mit dem wir uns hier zu beschäftigen haben auch die Elektrochemie verdankt ihm wichtige Anregungen,
aber er hat sie nicht bis zu einem klaren und unzweifelhaften Ergebniss
durcharbeiten mögen, und so ist die Forschung unter Benutzung der von
ihm gewonnenen Gesichtspunkte doch bald über ihn fortgeschritten

Schönbein hat während seines langen Lebens sehr ausgedehnte personliche Beziehungen zu seinen Zeit- und Fachgenossen gehabt Mit Liebig und
Wöhler war er befreundet, und letzterer schreibt über ihn [1] „Schönbein ist
schon seit acht Tagen bei mir . Ich veranlasste ihn, einen Vortrag mit
Versuchen über seine so merkwürdigen Beobachtungen über die Bildung des
salpetrigsauren Ammoniaks zu halten Es fanden sich etwa 150 Zuhörer
ein, die dem Vortrage des originellen Kerls mit grossem Interesse folgten
Ja, hatten wir nur seinen Magen und ich ausserdem seine Rhinoceroshaut'
Er wird morgen seine Nordpolfahrt, wie er es nennt, antreten, d h eine
Excursion auf den Harz machen "

Auch mit Faraday, den Schönbein auf seinen wiederholten Reisen kennen
gelernt hatte, verband ihn eine herzliche Freundschaft, die in einer ganzen
Reihe von Briefen des ersteren, die erhalten sind, zu Tage tritt Sie hatten
sich als Gesinnungsgenossen bezüglich der chemischen Theorie der Kette
zusammengefunden

34 Schönbein's Arbeiten Gegen die Erklärung von Becquerel
machte Schönbein in seiner ersten Arbeit [2] über die elektrische Polarisation
einen schlagenden Einwand geltend Die von diesem angenommene Wirkung
kann offenbar nicht eintreten, wenn man statt der Salzlösung die einer reinen
Säure oder eines Alkalis nimmt, der Versuch ergab indessen, dass die Pola-

---

[1] Hofmann, Aus J Liebig's und F Wöhlers Briefwechsel II. 122
[2] Pogg Ann 46 109 1839

risation sehr kraftig unter den gewohnlichen Bedingungen eintritt.[1] Ferner
wurde beobachtet, dass wenn der secundare Strom durch Schliessung auf
Null herabgesunken war, ein neuer Strom erhalten werden konnte, wenn
man nur die leitende Verbindung zwischen beiden Drahten unterbrach, und
sie sich selbst uberliess   Beide Versuche sprechen durchaus gegen die Ansicht von BECQUEREL   Was seine eigene Ansicht anlangt, so will SCHONBEIN
zwar eine solche nicht mit Bestimmtheit verlautbaren, er meint aber doch,
dass die eben von ihm studirten Erscheinungen der Passivitat des Eisens (S 696;
mit der Sache zu thun haben   Einer chemischen Veranderung der Metalle
an ihrer Oberflache glaubt er die Ursache nicht zuschreiben zu durfen, da
auch die schwachsten Strome polarisirend wirken, wenn aber der Strom so
schwach ist, dass er Wasser nicht zersetzen kann, wie soll er durch die
Ausscheidung der Elemente des Wassers, d h durch Wasserzersetzung die
Polarisation hervorbringen konnen?

Ferner schildert SCHONBEIN einige Versuche, aus welchen sich ergiebt,
dass auch Flussigkeiten polarisirt werden konnen   Zersetzt man verdunnte
Schwefelsaure in einem zweischenkligen Rohre, entfernt die Elektroden und
ersetzt sie durch zwei frische Platindrahte, die durch ein Galvanometer verbunden sind, so erhalt man gleichfalls einen Strom von derselben Richtung,
wie einen gewohnlichen Polarisationsstrom   Es wird also die Flussigkeit
gleichfalls polarisirt, und die Wirkung beschrankt sich nicht nur auf die
Elektroden   Auch die Erscheinung der „Erholung" fand bei polarisirten
Flussigkeiten statt   Zur Entstehung einer Polarisation in der Flussigkeit war
aber erforderlich, dass eine Gasentwickelung bei der Elektrolyse stattfand,
war der Strom zu schwach dazu, so konnte auch kein secundarer Strom
erhalten werden

Die naheliegende chemische Erklarung dieser Erscheinungen wurde von
SCHONBEIN zwar erortert, aber doch verworfen, weil auch nach dem Erhitzen
die polarisirte Schwefelsaure ihre Eigenschaft behielt, wahrend etwaiger Wasserstoff entwichen sein musste   Er stellt schliesslich eine Vermuthung des Inhaltes auf, dass durch den schwachen Strom eine Anderung der chemischen
Beziehung zwischen den Bestandtheilen des Elektrolyts hervorgerufen sei,
welche zwar nicht zu einer Trennung der Bestandtheile, aber doch zu einer
Anderung ihrer gegenseitigen Beziehung und einer Lockerung ihres Zusammenhanges gefuhrt habe.   „Dieser Zustand der Spannung und einer bestimmten Anordnung hort nun mit seiner Ursache nicht auf, sondern dauert
infolge der Tragheit der Theilchen noch kurzere oder langere Zeit an, und
indem nun die Bestandtheile jedes Molekules des Elektrolyten allmahlich
wieder in ihre normale Relation zu einander treten, z B also das Sauerstoff-

---

[1] Die Unrichtigkeit der Hypothese, welche BECQUEREL uber die Ursache der Polarisation
aufgestellt hatte wurde auch von GOLDING BIRD (Phil Mag 13, 370 1838) gesehen, der etwas
fruher als SCHONBEIN nachgewiesen hatte, dass auch bei der Anwendung reiner Sauren oder
Alkalien die Polarisation eintritt

oder Chlortheilchen wieder in die alte innigere Verbindung mit den Wasserstofftheilchen zurückkehrt, wird die nämliche Erscheinung veranlasst, die
eintritt, wenn Wasserstoff mit Sauerstoff oder Chlor sich verbindet, d h es
entsteht ein VOLTA'scher Strom, der vom Wasserstoff zum Sauerstoff, oder,
was das gleiche ist, der von der Flüssigkeitssäule, die mit dem negativen
Poldrahte in Berührung stand, zu der Säule geht, die mit dem positiven Pol
unmittelbar communicirte "

35 Beobachtungen von HENRICI Gleichzeitig mit den ersten Beobachtungen SCHÖNBEIN's wurden solche von HENRICI[1] veröffentlicht, welche
das Auftreten der Polarisation bei Entladungen der statischen Elektricität
nachwiesen Von den Belegungen einer Leidener Flasche ging eine Leitung
durch eine mit Flüssigkeit gefüllte Röhre In diesem Stromkreise war eine
durch einen fallenden Hebel bethätigte Unterbrechungsstelle so angebracht,
dass zuerst die Entladung durch die Röhre ging, und einen Augenblick
darauf die beiden Elektroden mit einem Galvanometer verbunden wurden
Es ergab sich in allen Fällen eine Ablenkung des Galvanometers in einem
solchen Sinne, dass der Strom in der Flüssigkeit die entgegengesetzte Richtung der ursprünglichen Entladung hatte

Bei der Erörterung der möglichen Ursachen stellt HENRICI deren drei
auf ungleiche Erwärmung der Platindrähte, elektrische Polarisirung der
Platindrähte und elektrische Polarisirung der Flüssigkeit Den ersten und
den letzten Fall schliesst er aus,[2] es bleibt somit nur der zweite übrig Für
diese Polarisirung wurden die bekannten Verhältnisse wiedergefunden es war
nöthig, dass feste und flüssige Körper an einander grenzen, die Polarität
verschwand in der Flüssigkeit ziemlich schnell, liess sich aber an den heraus-
genommenen Drähten längere Zeit nachweisen, und Kupferdrähte zeigten die
Erscheinung schwächer als Platindrähte

Über die Ursache der Erscheinung wagt HENRICI noch keine Meinung
auszusprechen

In einer zweiten Abhandlung über die elektrische Polarisirung der Me-
talle[3] kam auch er indessen zu dem Schlusse, dass diese von chemischen
Vorgängen an den Platindrähten herrühren, welche durch den entstandenen
Strom hervorgerufen waren Um diese Vermuthung zu prüfen, stellte er
Ketten aus den Stoffen zusammen, in welche sich die benutzten Flüssigkeiten
bei der Elektrolyse spalten, und fand in der That, dass jedesmal die Stromrichtung einer so hergestellten Kette mit der übereinstimmte, welche die
Polarisation gegeben hatte Auch gelang es ihm, durch die Anwendung
von Reagenspapieren die entstandene Säure und Basis nachzuweisen

---

[1] POGG Ann **46**, 585 1839

[2] Was den dritten Fall anlangt, so hat HENRICI einen eigenthümlichen positiven Ladungs-
rückstand in der Flüssigkeit mittelst des Elektroskops beobachtet, dessen Aufklärung ihm nicht
gelungen ist Er giebt an, dass erst eine wiederholte Berührung der Flüssigkeit die Entladung
vollständig gemacht habe Auf das Galvanometer hatte diese Ladung keinen Einfluss

[3] POGG Ann **47**, 431 1839

36 Die chemische Theorie der Polarisation   Kurze Zeit nach
jener ersten Abhandlung veröffentlichte Schönbein eine zweite,[1] welche einen
wesentlichen Fortschritt jener gegenüber enthielt, da sie die chemische Ursache der Erscheinung durch eine Anzahl sehr anschaulicher Versuche ausser
Zweifel setzte   Diese Versuche werden von ihm selbst folgendermaassen
kurz zusammengefasst

„Werden Platindrähte, welche kürzere oder längere Zeit   als Elektroden gedient haben, in einer Weingeistflamme bis zum Rothglühen erhitzt,
so verlieren sie hierdurch ihr elektromotorisches Vermögen

„Wird ein positiv polarisirter Platindraht auf einen Augenblick in eine
Chlor- oder Bromatmosphäre gebracht, so erscheint dessen elektromotorische
Kraft völlig vernichtet

„Wird ein positiv polarisirter Platindraht in eine Atmosphäre von Sauerstoff gestellt, so verliert er ebenfalls seine Polarität, damit aber diese Wirkung
eintrete, ist nöthig, dass der Draht etwas länger in dem Gase verweile als
im Chlor

„Ein negativ polarisirter Platindraht verliert seine elektromotorische
Kraft, wenn man ihn einige Sekunden lang in einer Atmosphäre von Wasserstoff stehen lässt

„Ein Platindraht, sei er positiv oder negativ polarisirt, scheint in seiner
elektromotorischen Beschaffenheit keine Veränderung zu erleiden, wenn er
in die Atmosphäre einer Luftart gebracht wird, welche weder auf den Wasserstoff, noch auf den Sauerstoff bei Anwesenheit von Platin wirkt.

„Wird ein Platindraht nur auf wenige Sekunden in Wasserstoffgas getaucht, so erlangt er alle Eigenschaften eines positiv polarisirten Drahtes.

„Gold- und Silberdrähte erlangen kein elektromotorisches Vermögen,
wenn man sie in Wasserstoffgas bringt

„Ein Platindraht, in Sauerstoff gebracht, wird nicht negativ polarisirt,
ebensowenig Gold und Silber

„Platin, Gold und Silber, nur auf wenige Augenblicke in gasförmiges
Chlor gebracht, nehmen die elektromotorische Beschaffenheit eines elektronegativ polarisirten Drahtes an   Bromgas übt die gleiche Wirkung auf die
genannten Metalle aus

„Wird Wasser (durch etwas Schwefelsäure leitender gemacht) mit Wasserstoffgas geschüttelt, diese Flüssigkeit in eine unten mit Blase verbundene
Glasröhre gebracht, letztere in ein glasernes Gefäss gestellt, das ebenfalls
gesäuertes aber wasserstofffreies Wasser enthält, und verbindet man beide
Flüssigkeiten mit dem Galvanometer durch Platindrähte, so erhält man einen
Strom, der von der Wasserstofflösung zur anderen Flüssigkeit geht   Es
verhält sich erstere zur letzteren, wie Zink zu Kupfer, oder wie positiv zu
negativ, bestehen aber die beiden Verbindungsdrähte aus Gold oder Silber,

anstatt aus Platin, so liefern besagte Flussigkeiten auch nicht den allerschwachsten Strom

„Wird der Versuch unter ganz denselben Umstanden   angestellt, nur dass die eine Flussigkeit Sauerstoff anstatt Wasserstoff enthalt, so erhalt man keinen Strom, seien die Verbindungsdrahte aus Platin, Gold oder Silber

„Fuhrt man den Versuch unter den gleichen Umstanden aus, und enthalt die eine Flussigkeit etwas Chlor oder Brom anstatt Wasserstoff aufgelost, so verhalt sich das chlorhaltige Wasser zu dem chlorfreien wie Kupfer zu Zink, mogen die Flussigkeiten mit dem Galvanometer durch Platin-, Goldoder Silberdrahte verbunden sein

„Setzt man der Wasserstofflosung eine gehorige Menge wasseriges Chlor oder Brom zu, so verliert sie das angefuhrte elektromotorische Vermogen, wird umgekehrt die Chlor- oder Bromlosung mit derjenigen des Wasserstoffes in gehoriger Quantitat versetzt, so verliert jene die erwahnte Eigenschaft, einen Strom zu erregen

„Behandelt man negativ polarisirte Salzsaure oder Bromwasserstoffsaure mit der gehorigen Menge Wasserstofflosung, so wird hierdurch der elektromotorische Charakter der Saure zerstort

„Lasst man durch schwefelsaurehaltiges Wasser (enthalten in einer Schenkelrohre) den Strom einer Saule gehen, so liefert die Flussigkeit nur in dem Falle einen secundaren Strom, wenn dieselbe mittelst Platindrahte mit dem Galvanometer in Verbindung gesetzt wird   Bei Anwendung von Gold- oder Silberdrahten als Verbindungsmittel mit dem Multiplicator wird die Nadel dieses Instrumentes auch nicht im mindesten afficirt

„Stellt man den Versuch wie erwahnt an, nimmt aber statt schwefelsaurehaltigen Wassers verdunnte Salzsaure, so erhalt man von letzterer einen secundaren Strom, seien die Verbindungsdrahte aus Platin, Gold oder Silber "

Nach der Darlegung seiner Versuche geht SCHONBEIN zu ihrer Erorterung uber   Die meisten der beobachteten Thatsachen sprechen unzweideutig fur eine chemische Quelle der secundaren Strome   Die einzige Schwierigkeit liegt in dem Umstande, dass in gewissen Fallen nur dann eine Wirkung zu beobachten ist, wenn Platindrahte als Elektroden benutzt werden   SCHONBEIN sucht sich auf folgende Weise davon Rechenschaft zu geben   „Die Anwesenheit des Platins bestimmt die Vereinigung des Wasserstoffes mit dem Sauerstoff, welche Elemente sich in beiden bei dem Versuche dienenden Flussigkeiten aufgelost befinden   (Ich muss hier beilaufig bemerken, dass das gebrauchte Wasser nicht ausgekochtes war, also Luft, d h Sauerstoff, aufgelost enthielt)   Diese chemische Aktion veranlasst Storung des elektrischen Gleichgewichts und es muss, bekannten Gesetzen gemass, der in Oxydation begriffene Korper (in diesem Falle also die Wasserstofflosung) sich positiv verhalten. Gold und Silber besitzen bekanntlich die Eigenschaft nicht, die chemische Vereinigung des Sauerstoffes mit dem Wasserstoff zu bewerkstelligen, und eben in diesem Mangel des Vermögens liegt es begründet, dass die genannten Metalle, wenn sie als Schliessungsmittel gebraucht werden, in der erwähnten Flüssigkeit keinen Strom zu erregen im Stande sind"

In dieser Erklärung ist richtiges und falsches durch einander gemengt. Allerdings hängt die Möglichkeit der Strombildung mit der Fähigkeit des Platins, die Verbindung der Gase zu befördern, zusammen, aber diese Fähigkeit ist selbst nur ein Ausdruck der Fähigkeit des Platins, die Gase, insbesondere den Wasserstoff in merklicher Menge zu absorbiren, und sie auf diese Weise dem elektrochemischen Vorgange zugänglich zu machen. Schönbein theilt hier mit allen seinen Zeitgenossen und noch vielen Nachfolgenden den Irrthum, dass es genüge, nur in einer Flüssigkeit, die mit den Elektroden in Berührung steht, irgend eine chemische Wirkung hervorzubringen, um auch einen entsprechenden Strom zu haben. Schon die strenge Anwendung des Faraday'schen Gesetzes würde einen solchen Irrthum unmöglich machen müssen, indessen war und ist er so weit verbreitet, dass Schönbein in seiner Voraussetzung überhaupt keine der Untersuchung bedürftige Annahme, sondern eine wissenschaftliche Wahrheit sah, über welche weiter zu reden nicht nöthig ist.

Thatsächlich liegt die Sache so, dass jeder chemische Vorgang, welcher in der Flüssigkeit ohne Betheiligung des elektrischen Stromes, der von den Elektroden ausgeht, stattfindet, keinen Beitrag zu diesem Strome liefern kann. Es sind also nur die durch den Strom vermittelten indirekten, nicht die unmittelbaren Vorgänge, welche in Betracht zu ziehen sind, dass das wasserstoff- und sauerstoffhaltige Wasser durch Vermittelung der Platinelektroden einen Strom gab, liegt nicht an dem Antheil Wasserstoff, welcher auf der einen Seite durch die Hülfe des Platins sich mit etwa vorhandenem Sauerstoff verbindet (denn wenn auch auf dieser Seite gar kein aufgelöster Sauerstoff vorhanden ist, findet der Strom statt), sondern der Sauerstoff der einen Seite geht gleichzeitig mit dem Wasserstoff der anderen unter Vermittelung des elektrischen Stromes in den Zustand des Wassers über, indem gleichzeitig die leitenden Ionen des zwischengeschalteten Elektrolyts durch ihre Bewegung den chemischen Vorgang vermitteln. Die genauere Beschreibung dieser Erscheinungen wird erst viel später gegeben werden können, hier handelte es sich wieder nur darum, der Festsetzung einer irrigen Anschauung zuvorzukommen.

Durch den Umstand, dass Schönbein in der gebräuchlichen unrichtigen Vorstellung über die Art, wie der chemische Vorgang den elektrischen bedingt, befangen war, wurde er zu ziemlich seltsamen Hypothesen genöthigt, um zu erklären, wie die chemische Verwandtschaft des an der einen Elektrode befindlichen Sauerstoffs zu dem weit entfernten, an der anderen Elektrode befindlichen Wasserstoff überhaupt thätig sein könne, wir brauchen ihm in seine Vermuthungen über die mögliche Bildung eines Wasserstoffsuboxyds aus Wasserstoff und Wasser nicht zu folgen.

Viel bedeutungsvoller sind die Betrachtungen Schönbein's über die Pola-

risation durch sehr schwache Strome Wenn die durch gewohnliche Strome
bewirkte Polarisation sich als rein chemischer Natur erwiesen hat, so erscheint es nicht zulassig, die ganz ahnlichen durch schwache Strome bewirkten Erscheinungen einer anderen Ursache zuzuschreiben Dadurch wurde
er genothigt, auch in dem letzteren Falle das Stattfinden einer chemischen
Zersetzung anzunehmen, und die von FARADAY zugegebene Moglichkeit, dass
schwache Strome durch Elektrolyte ohne Zersetzung gehen konnen, zu
leugnen Dies war ein ungemein wichtiger Schluss, der grossen Einfluss auf
die Entwickelung der ganzen Frage gehabt hat

SCHONBEIN fasst die allgemeinen Ergebnisse seiner Versuche in folgende
vier Leitsatze zusammen, welche in der That einen bedeutenden Fortschritt
in der Erkenntniss des Wesens der Polarisation darstellen

„1 Es giebt keine eigentliche Volta'sche Polarisation[1] weder der festen,
noch der flussigen Leiter, und alle secundaren Strome, welche durch sogenannte polarisirte Korper erregt werden, haben ihre Quelle in einer gewohnlichen chemischen Aktion, die entweder in der Vereinigung von Stoffen,
oder in der Zersetzung einer chemischen Verbindung besteht

„2 Die Ansicht FARADAY's und anderer Physiker ist irrig, gemass welcher
durch Elektrolyte sehr schwache elektrische Strome gehen konnen, ohne
dass jene eine Zersetzung erleiden

„3 Bei Elektrolyten ist Stromleitung und Elektrolysation eine und dieselbe Sache

„4 Das beste und sicherste Kennzeichen, an welchem das Stattgefunden-
haben einer Elektrolysation erkannt wird, ist der sogenannte polarisirte Zustand der Leiter"

Alle diese Satze sind nicht nur richtig, sondern auch wichtig, insbesondere ist das im vierten Satze ausgedruckte Hulfsmittel zur Erkennung der
Elektrolyse von der vielfaltigsten Anwendung geworden, und hat mehrfach
zu wichtigen Entscheidungen gefuhrt

SCHONBEIN beschliesst seine Abhandlung mit einer Polemik gegen PLATT,
der sich gegen einige fruher von ihm geausserte Ansichten ausgesprochen
hatte Wenn es sich auch wieder um die gewohnlichen, immer wieder hin
und her gewendeten Argumente handelt, so ist doch der von PLATT erhobene
Einwand bemerkenswerth, dass die Existenz von Thermo- und magnetelektrischen Stromen gegen die chemische Theorie zeuge SCHONBEIN protestirt
mit Recht dagegen „Weil durch Reibung und andere mechanische[2] Mittel
Warme erzeugt werden kann, durfen wir etwa aus dieser Thatsache schliessen,
dass auf chemischem Wege keine Warme erregt werde? Keinem Physiker

---

[1] SCHONBEIN versteht hier unter dem Worte Polarisation eine rein elektrische Ladung
die unabhangig von einer chemischen Zustandsanderung ist Gegenwartig ist das Wort in dem
allgemeinen Sinne im Gebrauch, dass es das Vorhandensein einer durch den Stromdurchgang
bedingten elektromotorischen Gegenkraft ganz ohne Rucksicht auf deren nahere Beschaffenheit
zum Ausdruck bringt

[2] Im Original steht durch ein Versehen chemische

ist bis jetzt so etwas zu sagen in den Sinn gekommen Wenn nun aber allgemein angenommen wird, dass Warme, wie auch Licht, durch sehr verschiedene Mittel, namentlich auch durch Chemismus entbunden werden konne, warum sollte dies nicht auch mit der Elektricitat der Fall sein? Der grossten Beachtung der Physiker scheint mir gerade der Umstand werth zu sein, dass nicht selten die Ursache, welche Warme erregt, auch Licht hervorbringt und Elektricitat entbindet "

Wir haben hier eine der um jene Zeit so zahlreichen Vorahnungen des Energieprinzipes vor uns, und damit wieder ein Beispiel, wie nahe oft der Forscher an den grossten Wahrheiten vorubergeht, ohne sie genauer ins Auge zu fassen Solche Falle zeigen uns am deutlichsten, wie „geheimnissvoll offenbar" uns die Natur gegenubertritt!

Von gleicher Beschaffenheit, wie der hier von SCHONBEIN erledigte Einwand war ein anderer, welchen POGGENDORFF erhob.[1] In einer Erorterung uber die Bedeutung des FARADAY'schen Gesetzes fur die chemische Theorie des Galvanismus stellt er in Abrede, dass dieses eine Stutze der chemischen Theorie sei, und erklart die gegentheilige Meinung fur ubereilt „Wo ist ein Grund, dass das Gesetz nicht bestehen konne, wenn der Strom der Saule von Contact der Metalle oder von irgend einer anderen, vom Chemismus verschiedenen Ursache erzeugt wurde? Wer hat gezeigt. dass das erwahnte Gesetz nur allein fur den VOLTA'schen Strom gelte, nicht für elektrische Strome aus irgend einer anderen Quelle?" Dem gegenuber ware freilich zu fragen wer hat das behauptet?

Und nun beschreibt POGGENDORFF einen Versuch, welchen er selbst für uberflussig, weil unzweifelhaft, gehalten hat und welcher beweist, dass der Strom einer SAXTON'schen elektromagnetischen Maschine, welcher also sicher nicht chemischen Ursprunges war, ebenso beim Durchgang durch mehrere hinter einander geschaltete Voltameter gleiche Wasserstoffmengen aus jedem entwickelt Daraus schliesst er nun, „dass das Gesetz der festen elektrolytischen Aktion kein ausschliessliches Eigenthum des VOLTA'schen Stromes ist, und dass es deshalb, ungeachtet seiner grossen Wichtigkeit in anderer Beziehung, bei der Frage nach dem Ursprunge der VOLTA'schen Elektricitat gar keine Bedeutung hat "

POGGENDORFF hat hierbei ubersehen, dass gerade nach den Entdeckungen VOLTA's der Aufbau einer Kette ohne Mitwirkung eines Leiters zweiter Klasse nicht moglich ist, das Vorhandensein eines Stromkreises aus Leitern beider Klassen ist aber auch die einzige Bedingung, die erfullt sein muss, damit die Verhaltnisse eintreten, unter denen sich das FARADAY'sche Gesetz bethatigt Somit ist allerdings kein Strom in einer VOLTA'schen Kette ohne Mitwirkung der durch das Gesetz geregelten Verhaltnisse moglich, und die Bedeutung desselben fur die Theorie der Kette erscheint unausweichlich

---

[1] Pogg Ann **44**. 642 1838

37 MATTEUCCI über Polarisation   Um die gleiche Zeit wie SCHÖN-
BEIN war MATTEUCCI[1] zu einer ähnlichen Ansicht über die Natur der Polarisation gelangt, die er in folgenden Sätzen zusammenfasst

„1 Platinplatten, welche dazu gedient haben, den Strom einer Säule
durch Wasser zu leiten, und an denen die Gase Sauerstoff und Wasserstoff
sich entwickelt haben, bewahren über eine gewisse Zeit eine Schicht Gas

„2 Jede Platinplatte, welche man in Wasserstoff- oder Sauerstoffgas
getaucht hat, überzieht sich mit einer Schicht des Gases, und bewahrt diese
einige Zeit

„3 Werden zwei Platten, von denen die eine mit Wasserstoff, die andere
mit Sauerstoff bedeckt ist, gleichzeitig in Wasser oder in eine andere Flüssigkeit getaucht, so entwickelt sich ein Strom, welcher in der Flüssigkeit vom
Wasserstoff nach dem Sauerstoff geht

„4 Wird nur eine Platte auf diese Weise mit Gas präparirt und mit
der anderen in die Flüssigkeit getaucht, so giebt sie einen Strom in dem
Sinne, wie wenn man gleichzeitig die beiden Platten gebraucht hätte"

Die ausführliche Abhandlung habe ich nicht ausfindig zu machen vermocht

38 Die Polarisation in der Contacttheorie   Während auf diese
Weise die Anhänger der chemischen Theorie sich ohne erhebliche Schwierigkeiten und Widersprüche mit den Vorgängen der galvanischen Polarisation
abzufinden wussten, bestand im Lager der Contacttheoretiker eine grosse
Schwierigkeit, welche auf dem eigentlichen Boden dieses Anschauungskreises,
der formalen Theorie, erwachsen war. Im Sinne der OHM'schen Theorie
gab es nämlich zwei Möglichkeiten, die Erscheinung der Stromschwächung
durch Zwischenplatten und die ähnlichen Erscheinungen aufzufassen   es
konnte dies von einer Verminderung des Zählers in der Formel $i = e/r$ oder
von einer Vergrösserung des Nenners darin herrühren, d h die Stromschwächung konnte von einer neu entstandenen elektromotorischen Kraft
herrühren, welche sich der ursprünglichen entgegensetzte und durch den
Strom hervorgerufen wurde, oder sie konnte daher stammen, dass sich der
Widerstand in Folge des Stromdurchganges vermehrt hatte   Beide Ansichten hatten eifrige Vertreter gefunden, die erste in OHM, die zweite in
FECHNER (S 424)

An diesem Problem zeigte sich zum ersten Male, dass es unter Umständen recht schwierig ist, zwischen den Wirkungen einer elektromotorischen
Gegenkraft und der eines passiven Widerstandes zu unterscheiden, nament-

---

[1] Comptes rendus 7, 741 1838   Es befinden sich auf dieser Seite zwei Mittheilungen
von BECQUEREL über den Gegenstand, die erste enthält in kurzer Gestalt die Ergebnisse der
ersten Abhandlung SCHÖNBEINs über die Polarisation, die andere ist der Schluss einer von
MATTEUCCI eingereichten Abhandlung, dessen Text oben gegeben ist   Für die Erkenntniss
dass Platinplatten durch die Behandlung mit Gasen in einen ähnlichen Zustand gebracht werden
können, wie durch Benutzung als Elektroden   scheint demnach die Priorität MATTEUCCI zu
gebühren

lich wenn, wie zu jener Zeit, nur das Galvanometer als Messhulfsmittel zu
Gebote steht. Zwar einen Punkt mussten die Vertreter des Ubergangswiderstandes, zu denen sich ausser Fechner bald Poggendorff gesellte, alsbald
zugeben, dass namlich mindestens ein Theil der Stromschwachung von einer
entgegengerichteten elektromotorischen Kraft herruhrt, denn es war nicht
schwierig, das Vorhandensein einer solchen nach der Offnung des ursprunglichen Stromes nachzuweisen, wie das seinerzeit schon Ritter gethan hatte
S 175. Es blieb somit nur noch die Frage ubrig, ob neben der Gegenkraft noch ein Ubergangswiderstand vorhanden sei, und diese Frage wurde
von Poggendorff zunachst mit grossem Eifer bejaht [1] Auf der anderen
Seite hatte Ohm[2] schon langst gezeigt, dass die von Fechner ausgefuhrten
Rechnungen keineswegs das Vorhandensein eines solchen Widerstandes beweisen, sondern dass seine Beobachtungen sich ebenso gut durch die Annahme einer mit der Stromstarke proportional wachsenden Polarisation oder
elektromotorischen Gegenkraft deuten lassen, und daher der Einfachheit wegen
so zu deuten sind Fechner hat dagegen[3] einige Einwendungen geltend
gemacht, welche ihm die Annahme eines Ubergangswiderstandes als die
naturlichere erscheinen liessen, indessen war doch ein bundiger Beweis auf
diesem Wege unmoglich, da geeignete Annahmen uber die Grosse der elektromotorischen Gegenkraft oder des Ubergangswiderstandes immer die thatsachlichen Erscheinungen darzustellen gestatten, und unabhangige Messungen
einer der in Betracht kommenden Grosse, der Polarisation oder des etwaigen
Ubergangswiderstandes, nicht auszufuhren waren

39 Wechselstrome Ein von diesen Schwierigkeiten freies Argument
wurde erst von dem hollandischen Physiker Vorsselmann[4] de Heer in De-
venter beigebracht Einige Zeit vorher hatte de la Rive das Verhalten der
von den eben erfundenen magnetelektrischen Maschinen gelieferten Strome
studirt, welche ihre Richtung schnell hinter einander wechseln, und dadurch manche Besonderheit zeigen Eine dieser Besonderheiten, welche
de la Rive besonders aufgefallen war, bestand darin, dass Zwischenplatten
von Platin, welche auf gewohnliche Strome in bekannter Weise erheblich
schwachend wirken, auf die Wechselstrome der Maschine ohne Einfluss waren.
Ist ein Ubergangswiderstand vorhanden, so muss er fur die vorwarts und
ruckwarts gehenden Strome in gleicher Weise vorhanden sein, und es ist
kein Grund einzusehen, warum ihn Wechselstrome nicht zeigen sollen Ruhrt
dagegen die Stromschwachung von einer elektromotorischen Gegenkraft her,
so wird durch die vom ersten Stromstoss herruhrende Polarisation der zweite,
entgegengesetzt verlaufende verstarkt, und so fort, so dass schliesslich alle
Polarisation dem Strome wieder zu Gute kommt, eine Schwachung braucht
daher nicht einzutreten

[1] Pogg Ann 52 197 1841
[2] Schweiggers Journ f Chemie und Physik 63. 385 1831
  Schweiggers Journ f Chemie und Physik 67. 127 1833
[4] Pogg Ann 49 199 1840

POGGENDORFF erkannte die Beweisführung an, stellte aber die Thatsache, auf welche sie gegründet war, in Abrede, denn nach seinen Versuchen wurde zwar der Ubergangswiderstand bei Wechselstromen erheblich kleiner gefunden, war aber immerhin noch vorhanden

VORSSELMANN DE HEER wies in einer Antwort[1] darauf hin, dass er in Rivi ausdrücklich die Umstande angegeben habe, unter welchen der Einfluss der Zwischenplatten verschwindet, und die POGGENDORFF nicht eingehalten habe   Gegen die Bemerkung POGGENDORFF's dass, wenn auch die Anwesenheit der Polarisation erwiesen sei, die Abwesenheit des Ubergangswiderstandes daraus nicht folge, erwidert VORSSELMANN DE HEER „Die Bemerkung ist vollkommen richtig   Aber durfte man nicht mit mehr Recht von den Vertheidigern der FECHNER'schen Theorie den Beweis verlangen konnen, dass die Polarisation nicht die alleinige Ursache der Erscheinungen sei, noch sein konne, sondern dass man nothwendig ausser dieser noch eine andere Ursache aufsuchen musse·   Bevor man zwei verschiedene Ursachen zur Erklarung einer und derselben Erscheinung annimmt, thut man immer wohl, sich zu überzeugen, ob nicht eine einzige Ursache hinreiche   Entia non sunt multiplicanda   Solch ein Beweis ist aber weder von FECHNER, noch von sonst jemand gegeben "

In einer Nachschrift zu diesem Aufsatze halt zwar POGGENDORFF seine Ansichten noch aufrecht, bemerkt aber gleichzeitig, dass ihm einige Zweifel daran gekommen seien, ob wirklich bei seinen Versuchen die Polarisation vermieden gewesen sei   Indem er es auch als wunschenswerth bezeichnet, von dem Ubergangswiderstand absehen zu durfen, erklart er doch noch einige Thatsachen nicht anders verstandlich   Es ist dies der Anfang zu seiner volligen Aufgabe dieser Annahme, welche etwas spater erfolgte

40 Messung der Polarisation   Inzwischen war auf dem Boden des OHM'schen Gesetzes gleichfalls versucht worden, die Frage zu entscheiden   Zwar waren hier nur Wahrscheinlichkeitsgrunde ausfindig zu machen, diese liessen sich aber von so überzeugender Beschaffenheit beibringen, dass auch hier der Sieg der von OHM vertretenen Auffassung blieb   Der Beweisgang lag hier in den quantitativen Verhaltnissen der Polarisation   Wurden diese für verschiedene Umstande festgestellt, so konnte die Frage entschieden werden, welche von den beiden Auffassungen zu der einfacheren Formel fuhrte, und wenn dies auch nicht unbedingt als ein Beweis tur die Richtigkeit derselben geltend gemacht werden konnte, so war es doch ein erhebliches Gewicht zu Gunsten ihrer Zweckmassigkeit, und hierin liegt ja der wesentlichste Werth einer wissenschaftlichen Ansicht

Die ersten, welche sich mit der Aufgabe beschattigt haben, die Grosse der Polarisation zu messen, sind DANIELL und WHEATSTONE[2] gewesen   Es

---

[1] POGG Ann 53, 31, 1841
[2] Philos Trans 1842 — Pogg Ann 60, 387, 1843

war dies das erste Mal, dass die OHM'sche Theorie in England angewendet worden ist, und jene Forscher sehen die Polarisation ohne weiteres als eine elektromotorische Kraft an

DANIELL und WHEATSTONE hatten die Knallgasmengen bestimmt, welche durch verschiedene Zusammenstellungen von constanten Elementen mit einem Voltameter erhalten worden waren, wenn man den Strom jedesmal die gleiche Zeit wirken liess. Die erhaltenen Zahlen liessen sich aus der OHM'schen Theorie durch die folgende Formel $A = (nE - e)/(nR + r)$ darstellen, in welcher A die in der Zeiteinheit entwickelte Knallgasmenge, also die Stromstärke, E die elektromotorische Kraft einer DANIELL'schen Zelle, R ihr innerer Widerstand, n die Anzahl der Zellen bedeutet, r ist der Widerstand des Voltameters und der Zuleitungen, und e ist die elektromotorische Gegenkraft der Polarisation. Die gemachten Beobachtungen liessen sich befriedigend unter der Annahme darstellen, dass die Polarisation $e = 2,49\ E$, also rund der zweiundeinhalbfachen Werth der elektromotorischen Kraft des DANIELL'schen Elementes, unabhängig von der Stromstärke, ist. Daraus wäre also zu schliessen, dass die Polarisation als eine Constante, wenigstens bei derselben Flüssigkeit, anzusehen ist

Zu dem gleichen Ergebnisse[1] kam auch LENZ in einer Arbeit über die Gesetze der Wärmeentwickelung durch den Strom, welche ihn zu der Wiederentdeckung eines wichtigen Gesetzes führte, mit dem wir uns später zu beschäftigen haben werden. Diesen Arbeiten schickte LENZ eine ausserst sorgfältige Voruntersuchung über die Mittel der Strommessung voraus, und bei dieser Gelegenheit musste er das Verhalten eines Voltameters im Stromkreise untersuchen. Hierbei ergab sich, dass die Beobachtungen sich durch die Annahme einer constanten, d. h. von der Stromstärke unabhängigen Polarisation innerhalb der Versuchsfehler darstellen liessen, der Werth derselben betrug 2,9 Daniell

Gleichzeitig spricht sich LENZ über die Frage aus, ob man einen Ubergangswiderstand oder eine Polarisation annehmen musse. Formell kann man beides, denn ob man in der OHM'schen Formel einen der Stromstärke umgekehrt proportionalen Widerstand oder eine von der Stromstärke unabhängige Polarisation annimmt, führt rechnerisch zu genau denselben Resultaten[2]. Doch entschied sich LENZ für die Verwerfung des Ubergangswiderstandes aus folgenden Grunden. „Es ist consequent, für die Erklärung

---

[1] POGG. Ann. **59**, 226. 1843

[2] Die erste Annahme wird durch die Formel $r = \dfrac{L - p}{W}$, die zweite durch $r = -\dfrac{E}{W + \dfrac{u}{r}}$

ausgedrückt. Befreit man in der zweiten Gleichung durch eine einfache Umformung die rechte Seite von dem r, so erhält man $r = \dfrac{E - u}{W}$, was die Form der ersten Gleichung ist. Die Bedeutung der Buchstaben ist folgende: r = Stromstärke, E = elektromotorische Kraft, p = Polarisation, W = Widerstand, u = Ubergangswiderstand

einer Erscheinung nicht zwei Ursachen anzunehmen, wenn man mit einer dazu ausreicht, da nun eine Polarisation der Platten gewiss existirt, und dieselbe ausreicht, um die Erscheinungen zu erklaren, so ist es consequent, sie als alleinige Ursache anzusehen

„Der Charakter eines Widerstandes in den Erscheinungen des galvanischen Stromes hat immer etwas passives, es ist diesem Charakter entgegen, dass ein solcher Widerstand von der Starke des Stromes abhangen soll, und in der That finden wir solches auch nicht fur feste Korper, noch fur flussige

„Alle sonstigen Widerstande gegen den galvanischen Strom sind den Querschnitten des Leiters umgekehrt proportional, sowohl bei festen, wie bei flussigen Leitern, der Widerstand des Uberganges wurde auch hiervon eine Ausnahme machen "

Uber die Grosse der Polarisation stellt Lenz nach seinen Versuchen folgende Satze auf

„Die Polarisation an den Elektroden erfolgt augenblicklich in ihrer ganzen Starke auf den Eintritt des Stromes

„Sie ist unabhangig von der Starke des Stromes

„Sie ist unabhangig von der Grosse der Elektroden, wenn diese eine gewisse, fur starkere Strome bedeutendere Grosse uberschreitet

„Sie hangt ab von der Natur der Elektroden und der mit ihnen in Beruhrung stehenden Flussigkeit, nicht aber von der Concentration derselben (bei der verdunnten Schwefelsaure) "

41 Poggendorff's Wippe   Gegen die Annahme einer von der Stromstarke unabhangigen Polarisation wendete sich Poggendorff in einer Arbeit,[1] die ursprunglich zu ganz anderen Zwecken begonnen worden war   Zu jener Zeit wurde die Frage, ob man mit einem einzigen Elemente Wasser zersetzen konne, mit einem gewissen Eifer bearbeitet, und nachdem de la Rive[2] einen auf der Anwendung von Inductionsstromen beruhenden Apparat, eine Art Transformator, hierzu angegeben hatte, machte Poggendorff[3] eine Mittheilung uber ein Verfahren, das auf der Anwendung der Polarisation beruhte, und darin bestand, dass man eine Anzahl neben einander geschalteter[4] Voltameter mit einer einzelnen Grove'schen Kette verband, und nachdem der Strom einige Augenblicke gedauert hatte, eine Verbindung der Voltameter hinter einander herstellte   Dadurch addirten sich die Spannungen der Voltameter, wie die der Plattenpaare der Saule, und man erhielt eine entsprechend vervielfachte elektromotorische Kraft, welche die Polari-

---

[1] Pogg Ann **61**, 606 1844   [2] Ann chim phys **8** 30 1843
[3] Pogg Ann **60**, 568 1843 — Ebend **61** 580 1844
[4] Neben einander geschaltet nennt man die Verbindung aller gleichartigen Elektroden hinter einander die der ungleichartigen   Im ersten Falle gingen alle Drahte von den Kathoden und alle von den Anoden der Voltameter zu den beiden Polen der Kette   im anderen war immer eine Kathode mit der Anode des nachsten Voltameters verbunden

sation in einer eingeschalteten Zersetzungszelle nun leicht überwinden konnte, während die benutzte Grove'sche Kette dazu nicht im Stande ist.

Um nun die erforderlichen Umschaltungen schnell herstellen zu können, hatte Poggendorff seine Wippe construirt, welche diese Umschaltungen durch eine einfache Bewegung besorgte. Die Einrichtung wird aus den Figuren 177 und 178 klar; *B B* sind die Voltameter, welche durch Drähte mit den in

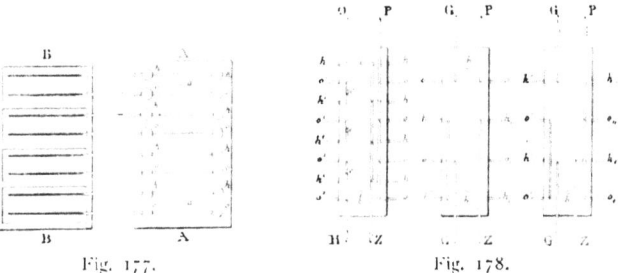

Fig. 177.   Fig. 178.

Nach Poggendorff.

ein Brett *A A* gebohrten Quecksilbernäpfen verbunden sind. Über diese Näpfe wird ein Brett Fig. 178; gesetzt, welches um die Stifte *b b* eine schaukelnde Bewegung ausführen kann, wobei die Enden der darauf befestigten Drähte rechts oder links in die Näpfe tauchen. Liegt das Brett mit der rechten Seite nach unten, so erkennt man, dass die Voltameter neben einander geschaltet sind, und sich in der Verbindung befinden, in der sie geladen werden können. Wird dann das Brett, die Wippe, nach links gelegt, so sind die Voltameter hinter einander geschaltet, und ihre elektromotorischen Kräfte addiren sich. Gleichzeitig tauchen in der rechten Lage die Drähte *P* und *Z* in zwei Näpfe, welche mit dem Platin und Zink der Grove'schen Kette verbunden sind, während in der linken Lage an den Stellen *O* und *II* die Ableitung des Stromes erfolgt. Wir lernen hier den Typus einer Vorrichtung kennen, die seitdem in den mannigfaltigsten Gestalten in der Elektrik Anwendung gefunden hat.

Die wichtigste dieser Anwendungen ist für uns die zur Messung der Grösse der Polarisation. Um eine solche zu bewerkstelligen, braucht man nur zwischen *O* und *II* das entsprechende Messinstrument anzubringen, wobei freilich dadurch eine Schwierigkeit entsteht, dass die elektromotorische Kraft der Polarisation ausserordentlich veränderlich ist, und somit ein Verfahren angewendet werden muss, welches auch veränderliche Kräfte zu messen gestattet. Ein solches hatte Poggendorff kurz vorher in seiner Compensationsmethode ausgebildet (S. 649), und die Wippe erlaubte, die Polarisation immer wieder herzustellen, wenn sie durch den Zeitverlust bei der erforderlichen Einstellung sich abgeschwächt hatte.

Die Schaltung, welche die Messung nach dem Compensationsverfahren gestattet, ist in Fig. 179 angegeben, wobei die polarisirende Kette *Z P* gleichzeitig zur Messung, d. h. zum Vergleich mit der elektromotorischen Kraft der Polarisation, die sich in *O II* entwickelt, dient. Durch den Vergleich mit der Fig. 178, welche die erforderliche Schaltung in dem einfachsten Falle angiebt, und die zugehörigen Darlegungen auf S. 678 wird man sich leicht in der Fig. 179 zurechtfinden.

POGGENDORFF benutzte nun dies Hülfsmittel, um die verschiedenen Umstände ausfindig zu machen, welche auf die elektromotorische Kraft der Polarisation Einfluss haben, und fand, dass diese in der That sehr veränderlich sich erwies. Zunächst hatte die Stromstärke, sodann die Stromdichte (Stärke, dividirt durch die Plattengrösse) einen Einfluss, und zwar nimmt die Polarisation mit beiden zu und ab. Die Natur und Oberflächenbeschaffenheit der Platten erwies sich gleichfalls, wie bekannt, von grosser Bedeutung; so wurde gefunden, dass platinirtes (mit galvanisch abgeschiedenem, fein zertheiltem Platin überzogenes) Platin sich viel schwächer polarisirte, als blankes. Auch die Natur der Flüssigkeit ist von grösster Bedeutung. Ätzkali gab eine grössere Polarisation, als Schwefelsäure und Salpetersäure, und Salzsäure eine noch kleinere. Die Temperatur wirkt derart, dass bei steigender Temperatur die Polarisation abnimmt.

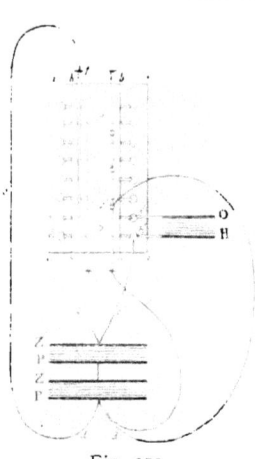

Fig. 179.
Nach POGGENDORFF.

42. **Das Maximum der Polarisation.** Etwa um die Zeit dieser Arbeiten bildete sich auch die Vorstellung von den Eigenschaften der Polarisation aus, welche seitdem eine sehr lange Zeit herrschend geblieben ist, obwohl sie in einem wichtigen Punkte das Richtige verfehlte. Den Ausdruck dieser Ansichten findet man bei POGGENDORFF,[1] der früher eine abweichende Annahme vertreten hatte, in folgenden Worten:

„Von dieser Intensität (POGGENDORFF bezeichnet mit diesem Worte nach OHM die Stromdichte, oder die Stromstärke, dividirt durch die Oberfläche der Elektrode) hängt die Polarisation in solcher Weise ab, dass sie anfangs rasch mit derselben steigt, darauf immer langsamer und langsamer, um sich asymptotisch einer Grenze zu nähern, über welche hinaus eine fernere Erhöhung der Intensität keine oder nur eine sehr unmerkliche Vergrösserung der Polarisation bedingt."

Von dieser Zeit ab lassen sich beständig wiederholte Bemühungen der verschiedensten Forscher nachweisen, dieses Maximum der Polarisation zu messen, und fast jeder neue Arbeiter auf dem Felde hat sich genöthigt gesehen, die Ergebnisse seiner Vorgänger für falsch und unbrauchbar zu erklären. Die Ursache davon ist, dass ein Maximum der Polarisation unabhängig von der Stromdichte thatsächlich nicht besteht; die Polarisation wächst

---

[1] POGG. Ann. **70.** 178, 1847.

vielmehr beständig mit dieser, und je nach dem Verfahren mussten demnach die verschiedenen Forscher die verschiedensten Werthe erhalten

Sehr anschaulich werden diese Verschiedenheiten durch einen von POGGEN-DORFF in derselben Abhandlung mitgetheilten Versuch, durch welchen sich ergab, dass die Polarisation zwischen Platinplatten in hohem Maasse dadurch beeinflusst ist, ob die Platten blank oder mit Platinschwarz überzogen sind. Im letzteren Falle ist die Polarisation um etwa ein Viertel geringer, als mit blanken Platten, auch ändert sie sich viel weniger mit der Stromstärke und erreicht schneller ihren endgultigen Werth

Auch noch eine weitere Bemerkung in dieser Arbeit hat einen langer dauernden Einfluss geübt Schon aus seinen früheren Versuchen mit der Wippe hatte POGGENDORFF den Schluss gezogen, dass die Polarisation sich auf beide Platten gleich vertheilt, so dass gegen eine „neutrale" Platte die Wasserstoffplatte ebenso stark positiv, wie die Sauerstoffplatte negativ erscheint, und an platinirten Platten fand er dies bestätigt Doch kann dies nur eine annähernde Bestimmung sein, da der elektrische Zustand einer „neutralen" Platte kein bestimmter ist, sondern von manchen schwer zu definirenden Umständen abhängt

Die erste ausgedehntere Arbeit über elektromotorische Kräfte und Polarisation wurde dann von den Petersburgern Physikern LENZ und SAWELJEW[1] ausgeführt Während diese den physikalischen Theil ihrer Untersuchung mit aller für jene Zeit nur möglichen Sorgfalt ausführten, liess der chemische sehr viel zu wünschen übrig, indem sie unreine Stoffe und unbestimmte Concentrationen anwendeten Es ist dies ein Umstand, der auch in der Folge nicht selten sich geltend gemacht hat, oft genug ist eine unverhältnissmässig grosse Sorgfalt auf die Messung von Grössen verwendet worden, deren Definition, soweit sie von der chemischen Beschaffenheit der verwendeten Stoffe abhing, ausser allem Verhältniss schlechter war, als die physikalische der augenblicklich gemessenen Grossen Bei den Anhängern der Contacttheorie ist eine derartige Vernachlässigung der chemischen Verhältnisse zwar menschlich erklärlich, sie hat aber vielfach in nachweisbarem Maasse den Fortschritt der Wissenschaft aufgehalten

LENZ und SAWELJEW bemühten sich, ähnlich wie es vorher POGGENDORFF gethan hatte, nicht nur die gesammte Kraft der beiden Elektrodenplatten zu messen, sondern sie massen jede einzeln, wobei sie freilich eine bestimmte Voraussetzung machen mussten, nämlich die, dass nur dort Polarisation eintritt, wo Gasentwickelung vorhanden ist, wo kein Gas entsteht, ist nach ihnen auch keine Polarisation vorhanden Offenbar ist eine derartige Annahme einigermaassen willkürlich, und wohl gleichfalls aus der Abneigung gegen die chemische Theorie der Kette und daher gegen die Berücksichtigung der chemischen Verhältnisse überhaupt entstanden Gegenwärtig wissen wir, dass die Annahme im Allgemeinen unrichtig ist, und deshalb haben die einzelnen Messungen dieser Arbeit keine Bedeutung erlangen konnen

Dagegen fanden sie ein bestimmtes Gesetz auf, welches zur Berechnung der elektromotorischen Krafte beliebiger aus zwei Metallen in zwei Flussigkeiten zusammengesetzter Ketten brauchbar ist, und zwar lautet dies dahin, dass diese elektromotorischen Krafte sich als Summen je zweier Glieder darstellen lassen, welche nur von der Combination jedes Metalles mit seiner Flussigkeit abhangig sind, dagegen nicht davon abhangen, welche derartige Combinationen man mit einander verbindet Misst man daher alle derartige Combinationen von Flussigkeit und Metall gegen eine einzige solche, so ergeben sich die elektromotorischen Krafte aller moglichen Zusammenstellungen derselben durch Subtraction der entsprechenden Werthe von einander

So hatte Zink in Zinksulfat gegen Platin in Salpetersaure − 4,29, Zink in Zinksulfat gegen Kupfer in Kupfersulfat − 2,17 gegeben, der Unterschied ist − 2,12   Die unmittelbare Messung von Kupfer in Kupfersulfat gegen Platin in Salpetersaure gab − 2,01

Uber die Ursache dieses Gesetzes aussern sie sich nicht, man erhalt es offenbar als eine Folge der Annahme, dass die elektromotorischen Krafte, welche zwischen den verschiedenen Flussigkeiten vorhanden sind, von verschwindend kleiner Grosse den anderen gegenuber sind

In ahnlicher Weise wie die elektromotorischen Krafte der verschiedenen „Combinationen" wurden die der Polarisation bearbeitet, und auch hier liess sich ein gleiches Gesetz nachweisen, die Polarisation und die ursprungliche elektromotorische Kraft addiren sich einfach

In einer Abhandlung, welche POGGENDORFF unmittelbar auf die eben erwahnte folgen liess, bemerkt er, dass auch er zu einem ahnlichen Gesetz gelangt sei   Er hatte gefunden, dass gewisse Ketten, wenn sie von einem Strome durchflossen werden, welcher ihrem eigenen Strome entgegengerichtet ist, eine grossere elektromotorische Kraft aufweisen, als bei unmittelbarer Bethatigung, und sich dann uberzeugt, dass diese grossere Kraft die Summe ihrer eigenen Kraft und der Polarisation ist   Es spricht dies Gesetz so aus, „dass die ursprungliche elektromotorische Kraft einer Volta-schen Kette durch die Polarisation nicht geandert wird, so dass die Gegenkraft, mit welcher bei entgegengesetzter Schaltung zweier Ketten die schwachere der starkeren widerstrebt, einfach die Summe ihrer ursprunglichen Kraft und der Polarisation ihrer beiden Platten ist'

43 Elektrolyse durch eine einfache Kette   Von verschiedenen Forschern (S 677) ist ein gewisses Gewicht auf die Thatsache gelegt worden. dass man mit einer einfachen Kette keine sichtbare Wasserzersetzung hervorbringen konne   Wahrend dies zwar in dem meist untersuchten Falle, dass die Elektroden Platinplatten sind, seine Richtigkeit hat, sind schon aus den alteren Zeiten des Galvanismus einzelne Thatsachen bekannt, dass unter Anwendung von Elektroden aus anderen Metallen die Wasserzersetzung ganz wohl moglich ist

An eine derartige Beobachtung von Platt,[1] welche von diesem in sehr ungenügender Weise unter Verletzung des Ohm'schen Gesetzes erklärt worden war, knüpfte Henrici[2] einige Erörterungen und Versuche an, welche bestätigen, dass Elektroden aus anderen Metallen als Platin im Allgemeinen die Wasserzersetzung ermöglichten. Die Wirkungen waren sehr verschieden, und die in einer Stunde mittelst eines einfachen Zink-Kupferpaares erhaltenen Gasmengen waren für Platin = 0, Silber = 0,3, Kupfer = 12, Messing = 19, Stahl = 34, Zinn = 36, Zink = 72. Es nimmt also die Wasserstoffmenge in dem Maasse zu, als das Metall oxydirbarer wird. Um zu sehen, welche Elektrode die Wirkung zeigt, wendete er solche aus verschiedenen Metallen an, und fand, dass die Anode von oxydirbarem Metall sein muss, die Kathode übt keinen erheblichen Einfluss aus.

Über die Ursache dieser Erscheinung, die er wiederholt unerwartet und merkwürdig nennt, zerbricht sich Henrici auf einer ganzen Anzahl Seiten der "Annalen" den Kopf, ohne auf irgend eine plausible Erklärung zu gelangen. Er hilft sich schliesslich mit der Annahme, dass der Übergangswiderstand bei den oxydirbaren Metallen kleiner sei, als bei den anderen. Bei dieser Gelegenheit gewinnt man einen Einblick über die Ursache der Beliebtheit dieser willkürlichen Annahme bei den Anhängern der Contacttheorie; sie enthob sie der Berücksichtigung der chemischen Vorgänge an den Elektroden, indem sie dafür ebenso einen formalen Ausdruck setzte, wie das bei der Contactkraft geschehen war. Insofern ist die Ansicht des Übergangswiderstandes so recht aus dem Geiste dieser Theorie geschaffen.

In einer etwas späteren Arbeit über den gleichen Gegenstand erntete Schönbein[3] die Früchte, welche auf diesem Boden so reichlich für die Anhänger der chemischen Lehre zu holen waren. In unerschöpflichen Variationen führte er den Satz experimentell durch, dass jedesmal die Wasserzersetzung erreichbar ist, wenn man eine Elektrode so herstellt, dass der an ihr zu erwartende Bestandtheil des Wassers sich dort mit irgend etwas anderem verbinden kann, wozu er Verwandtschaft hat. Als Typus aller dieser Versuche sei der erste wiedergegeben.

„Zwei Platinstreifen wurden auf die bekannte (elektrochemische) Weise mit Bleihyperoxyd oder Silberhyperoxyd überzogen und auf das Sorgfältigste mit reinem Wasser abgespült. Liess ich nun dieselben als Elektroden der fraglichen Kette — es war eine Grove'sche Kette mit passivem Eisen an Stelle des Platins — in reines Wasser eintauchen, so trat an der positiven Elektrode eine sehr merkliche Entwickelung von Sauerstoffgas ein. Wurde das Wasser mit einigen Tropfen Salpetersäure versetzt, so fiel die Gasentwickelung an der positiven Elektrode noch viel lebhafter aus, und dauerte dieselbe so lange in, bis jede Spur von Hyperoxyd an der negativen Elektrode verschwunden war. Mit dem Verschwinden des letzten Theilchens jener Substanz hörte

[1] Pogg. Ann. 49, 161. 1840.   [2] Pogg. Ann. 52, 387. 1841.
[3] Pogg. Ann. 57, 33. 1842.

auch die wahrnehmbare Zersetzung des Wassers auf. Es ist kaum nöthig hinzuzufügen, dass die Elektrolyse dieser Flüssigkeit ganz unmerklich ausfällt, wenn reine Platinelektroden in das reine oder gesäuerte Wasser eintauchen, oder wenn nur die positive Elektrode eine Hülle von Hyperoxyd hat. Ob beide Platinelektroden mit Hyperoxyd überzogen waren, oder nur die negative allein, schien auf die Lebhaftigkeit der Wasserzersetzung keinen merklichen Einfluss auszuüben."

Auf gleiche Weise liess sich eine Entwickelung von Wasserstoff erreichen wenn die Anode aus oxydirbaren Stoffen hergestellt oder von solchen umgeben war. Daraus ergiebt sich der allgemeine Schluss, dass die Wasserzersetzung durch die einfache Kette dann eintritt, wenn durch eine auf der einen oder anderen Seite wirkende chemische Verwandtschaft die zersetzende Wirkung des Stromes unterstützt wird, gewiss eine schöne Bestätigung der von FARADAY ausgesprochenen Ansichten über die Wechselbeziehung zwischen den in der Kette befriedigten und den in der Zersetzungszelle getrennten Verwandtschaften. SCHÖNBEIN setzt diese Verhältnisse mit bemerkenswerther Klarheit auseinander.

„Setzen wir nun den Fall, dass in der Zersetzungszelle der einfachen Kette sich reines Wasser befinde, und die in diese Flüssigkeit eintauchenden Elektroden Platin- oder Goldstreifen seien. Im allerersten Augenblicke schon, wo der Strom der Kette durch die Zersetzungszelle geht, wird eine gewisse Menge Wassers zersetzt, und der daraus abgeschiedene Sauerstoff auf die positive Elektrode, der Wasserstoff auf die negative Elektrode abgesetzt werden. Die unmittelbare Folge hiervon wird sein, dass jene Elektrode negative Polarität, diese positive erlangt, und zwar wird der Grad dieser Polaritäten im Verhältniss stehen zu der Menge des im ersten Augenblicke von der Strömung zersetzten Wassers oder zu der Grösse des anfänglichen Stromes. Im zweiten Augenblicke sucht die Kette einen Strom durch die Zersetzungszelle zu schicken, ebenso gross, als derjenige war, welcher im ersten Augenblicke durch die Zersetzungszelle ging. Allein dieser Strom, im zweiten Augenblicke erzeugt, wird nicht so gross sein können, als es der Strom des ersten Augenblickes war, denn die Polarität der Elektroden ruft im zweiten Moment einen secundären Strom hervor, der dem von der Kette gleichzeitig erregten entgegengesetzt ist. Es muss daher der letztere um die Grösse des secundären Stromes vermindert werden. Würde nun diese Grösse gleich sein der Grösse des primären Stromes, welchen die Kette im zweiten Augenblicke hervorruft, so könnte in diesem zweiten Momente gar keine Elektrolyse mehr stattfinden, d. h. müsste der secundäre Strom dem primären gerade das Gleichgewicht halten. Gestatten es nun die Umstände, dass das ganze Quantum der im ersten Augenblicke der Strömung ausgeschiedenen Ionen des Wassers an den Elektroden haftete, so würde vielleicht der durch die Polarisation im zweiten Augenblicke hervorgerufene secundäre Strom die Stärke des in derselben Zeit durch die Kette erregten primitiven Stromes erreichen. Da aber das die Elektrode umgebende Wasser durch

sein Auflösungsvermögen einen Theil der Ionen von den Elektroden sofort
entfernt, so kann ein solches Stromgleichgewicht nicht eintreten, und muss
der Strom der Kette in den ersten Momenten ihrer Thätigkeit den durch
die Elektroden erregten Gegenstrom überwinden. Dieses Übergewicht wird
aber so unbedeutend sein, dass dadurch keine wahrnehmbare Elektrolyse des
Wassers wird bewerkstelligt werden können.

„Umhüllen wir aber die negative Elektrode mit einer Materie, welche
sich mit dem nascirenden Wasserstoffe chemisch verbindet, d. h. schaffen
wir den Wasserstoff, der in Folge der Stromthätigkeit an der negativen
Elektrode auftritt, in dem Augenblicke seines Auftretens daselbst fort, so
wird dadurch die positive Polarisation der Elektrode verhindert, somit die
Grösse des secundären Stromes vermindert, damit aber auch die Intensität
des primären Stromes gesteigert, und eben dadurch die Elektrolyse des
Wassers befördert."

Diese Darlegung liesse nichts zu wünschen übrig, wenn nicht Schönbein noch unter einem Mangel an Klarheit über die in Betracht kommenden
elektrischen Grössen gelitten hätte. Er redet immer von Grösse oder Stärke
des Stromes, wo er von dessen Spannung reden sollte. Führt man diese
Verbesserung aus, so lässt sich seinen Darlegungen auch heute kaum etwas
hinzufügen.

Weiter stellt sich nun Schönbein die Frage, ob die erhebliche Steigerung
der Wirkung, wie sie z. B. im Grove'schen Element stattfindet, nur von der
depolarisirenden Wirkung dieser Säure herrühre, und verneint sie auf Grund
von Überlegungen, welche alle Beachtung verdienen. Er legt dar, dass je
nach der Natur des depolarisirenden Stoffes die Aufnahme des an der Elektrode abgeschiedenen Gases mit verschiedener Stärke erfolgen muss, und
dass daher ein Stoff, welcher grössere Verwandtschaft zu diesem hat, auch
eine grössere Steigerung des Stromes bewirken muss. Indem er Betrachtungen in der Art der von Grotthuss eingeführten anstellt, nimmt er zunächst
durch die Wirkung der Elektroden eine Richtung der Molekeln an, derart,
dass sich die negativen der positiven Elektrode zuwenden, und umgekehrt.

„Denken wir uns nun die Molekeln des Wassers in der Zersetzungszelle
auf die angegebene Weise geordnet, und nehmen wir an, es sei die negative
Elektrode dieser Zelle unmittelbar mit einer Substanz umgeben, welche
zum Wasserstoff eine grosse Verwandtschaft besitzt (z. B. Sauerstoff, Chlor,
Brom u. s. w.), so muss unter den angeführten Umständen eine derartige
Materie gegen den Wasserstoff der ihr benachbarten Wassermolekel eine
chemische Anziehung ausüben. Diese Anziehung ändert nothwendig das
chemische Verhältniss ab, in welchem der Sauerstoff und Wasserstoff der
fraglichen Wassermolekel zu einander stehen, d. h. vermindert die Stärke
der Affinität dieser Elemente zu einander und gestattet eben deshalb dem
Sauerstoff des ersten mit der negativen Elektrode in unmittelbarer Berührung
stehenden Wasserthälchens, dass er eine grössere chemische Anziehungskraft
ausübt gegen das ihm dem Sauerstoffe zugekehrte Wasserstoffatom der

zweiten Wassermolekel. Hierdurch wird in dieser letzteren Molekel ebenfalls eine Schwächung der Affinität seiner Bestandtheile verursacht, und die Affinität des Sauerstoffs zu dem Wasserstoffatom der dritten Wassermolekel gesteigert. Der veränderte Zustand der dritten Molekel führt nothwendig eine ähnliche Veränderung der vierten Molekel herbei u. s. w. Die Elemente aller Wassermolekeln, welche sich zwischen den Elektroden befinden, erleiden somit in ihren chemischen Verhältnissen zu einander die nämliche Veränderung, welche in den Bestandtheilen der ersten Wassermolekel verursacht wird durch den Einfluss der wasserstoffanziehenden Substanz, mit der die negative Elektrode umgeben ist. Alle Wasserstoffatome der zwischen den Elektroden liegenden Wassermolekeln erhalten daher unter den obwaltenden Umständen das Bestreben, gegen die negative Elektrode der Kette hin sich zu bewegen, und da der Strom der letzteren die Wasserstoffatome in der gleichen Richtung zu bewegen sucht, so lässt sich leicht begreifen, wie beide Impulse, gleichzeitig wirkend, eine grössere Wirkung hervorbringen, als die, welche nur einer dieser Impulse zu verursachen vermag."

Wenn man von den molekularhypothetischen Ansichten, die in der vorstehenden Darlegung eine viel zu breite Stelle einnehmen, und leicht durch allgemeinere hypothesenfreie Betrachtungen ersetzt werden können, absieht, so kann man die ausgesprochenen Ansichten nur als sachgemäss und im Sinne einer wirklich entwickelungsfähigen chemischen Theorie des Galvanismus gehalten ansehen. Auch heute würde man als Ursache der beobachteten Thatsachen nur den Umstand bezeichnen können, dass der für das Zustandekommen des Stromes erforderliche chemische Vorgang verschiedene Arbeit leistet, je nach der Natur der entstehenden Produkte, und dass demgemäss eine um so grössere Spannung durch ihn erzeugt wird, je grösser die verfügbare chemische Arbeit ist. Die Frage, wie die an der einen Elektrode befindlichen Stoffe ihren Einfluss bis auf die andere Elektrode hinüber üben können, welche Schönbein durch seine molekulare Betrachtung zu heben sucht, und welche im Grunde identisch mit der Frage ist, wie die beiden Zersetzungsprodukte getrennt von einander an den beiden Elektroden erscheinen können, findet heute allerdings eine einfachere Antwort in der Erkenntniss von der Freiheit der Ionen im Elektrolyt, welche auch schon vor der Einwirkung des Stromes vorhanden ist.

44. Die Gaskette. In einer etwas abweichenden und dadurch weit auffälligeren Form wurde der Versuch von Schönbein über die Strombildung durch Wasserstoff und Sauerstoff (S. 668) in Berührung mit Platin durch W. R. Grove[1] angestellt. Dieser hatte seit einiger Zeit, angeregt durch Daniell's Entdeckung einer constanten Kette, über entsprechende Zusammenstellungen mit einem Metall gearbeitet (S. 610), indem er abwechselnde Platten von Metall und unglasirtem Porzellan in einen Trog kittete, und mit verschiedenen Flüssigkeiten versuchte. Unter anderem benutzte er einen

---

[1] Philos. Mag. **14**, 129. 1839.

derartigen Trog mit Platinplatten, und wurde dadurch zu dem folgenden Versuch geführt

„Zwei Streifen von Platin, 2 Zoll lang und ¼ Zoll breit, aufrecht nahe bei einander stehend, waren in dem Boden einer Glasglocke hermetisch dicht angebracht Die heraustretenden Enden waren mit einem empfindlichen Galvanometer verbunden, das Glas wurde mit angesäuertem Wasser gefüllt, und beide Platinstreifen dadurch vollständig gereinigt, dass sie zu positiven Elektroden einer Volta'schen Batterie gemacht wurden u s w Nachdem die Verbindung mit der Batterie unterbrochen war, wurde über jedem Platinstreifen eine Glasröhre von $\frac{1}{10}$ Zoll Durchmesser befestigt, eine mit Wasserstoff, die andere mit Sauerstoff gefüllt Das angesäuerte Wasser reichte bis zu einer bestimmten Marke, so dass etwa die Hälfte des Platins mit dem Gase, die andere Hälfte mit dem Wasser in Berührung war In dem Augenblicke, wo die Glasröhren soweit herabgelassen worden waren, dass ein Theil von der Oberfläche des Platins mit den Gasen in Berührung kam, wurde die Nadel des Galvanometers abgelenkt, so dass sie mehr als halb herumschwang, sie blieb bei 15" stehen, und das Platin mit dem Wasserstoff wirkte wie das Zink in der Kette Wurden die Röhren so weit erhoben, dass die Streifen mit Wasser bedeckt waren, so ging die Nadel langsam auf Null zurück, in dem Augenblick aber, als die Röhren wieder gesenkt wurden, wurde die Nadel wieder abgelenkt, wurden die Röhren bezüglich des Platins gewechselt, so fand die Ablenkung nach der entgegengesetzten Seite statt

„Die Wirkung war nach den ersten Minuten viel schwächer geworden, wurde aber einigermaassen hergestellt, wenn die Röhren so gehoben wurden, dass die Oberfläche des Platins bespült war, und dann wieder gesenkt wurden Nach 24 Stunden hatte sich das Wasser in der Röhre mit Wasserstoff um einen halben Zoll, und in der mit Sauerstoff um drei Achtelzoll gehoben. In zwei anderen Röhren ohne Platin, welche dieselben Gase über derselben Flüssigkeit enthielten, war in der gleichen Zeit das Wasser kaum merklich gestiegen, die Wirkung konnte daher nicht von einer Lösung herrühren Als die gleichen Platinplatten der Wirkung einer Umgebung von gewöhnlicher Luft, oder derselben Gase, z. B beide Sauerstoff, oder beide Wasserstoff, ausgesetzt wurden, wurde das Galvanometer nicht beeinflusst Nun wurde das Platin in dem Wasserstoff zu dem positiven, das in dem Sauerstoff zu dem negativen Pole eines einzigen Volta'schen Paares gemacht· das Wasser stieg jetzt mit einer Geschwindigkeit von ¼ Zoll in der Stunde in der Wasserstoffröhre, und entsprechend in der Sauerstoffröhre, war das Platin nicht durch ein Metallpaar unterstützt, so wurde der Sauerstoff mehr als nach seinem Verhältniss absorbirt Ich hoffte dadurch, dass ich den Versuch mit einer Reihe Zellen anstelle, die Zersetzung des Wassers mit Hülfe seiner Bildung zu bewerkstelligen "

Durch die gleichzeitige Erfindung seiner constanten Kette (S 610) war Grove von der Verfolgung seines Versuches mit der Gaskette abgekommen, und nahm ihn erst 1842 wieder auf,[1] da ihn der damals gewagte Ausspruch, dass er mittelst der Wasserbildung Wasser zu zersetzen hoffe, nachträglich selbst überraschte. Indessen gelang dieser Versuch in der That, als er angestellt wurde. „Ich liess daher eine Reihe von 50 Paaren anfertigen, deren Gestalt und Anordnung in Fig. 180 gegeben ist. Es bezeichnet darin *ox* die mit Sauerstoff und *hy* die mit Wasserstoff gefüllten Röhren, und die schwarzen Linien in der Axe der Röhren die platinirten Platinstreifen, die etwa ein Viertelzoll breit waren. Es ist klar, dass die Flüssigkeit bei Berührung des Platins sich durch capillare Anziehung über die Oberfläche desselben ausbreitete und somit der Gasabsorption eine ausgedehnte Fläche darbot. Die Batterie wurde mit verdünnter Schwefelsäure von 1,2 specifischem Gewicht geladen.“

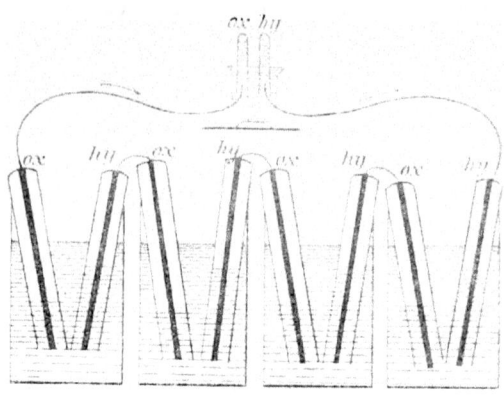

Fig. 180.   Nach Grove.

Grove beschreibt nun die verschiedenen Wirkungen der Säule, die mit denen einer gewöhnlichen Kupfer-Zinksäule von ziemlicher Stärke übereinstimmten; insbesondere wurden verschiedene Stoffe mit Leichtigkeit elektrolytisch zersetzt. Ferner versuchte er die Wirkung anderer Gase, fand sie aber gleich Null; nur wenn Wasserstoff und Stickstoff verwendet wurden, machte sich eine schwache Wirkung geltend, die Grove indessen dem nicht ganz auszuschliessenden Sauerstoff im Stickstoff zuschrieb. Während des Stromdurchganges verschwanden die beiden Gase sehr nahe in dem Verhältnisse, in welchem sie Wasser bilden.

„Wie ist die Wirkung nach der Contacttheorie zu erklären? Ich hänge durchaus keiner Theorie an und habe mich beständig bemüht, mit dem Auge des Contacttheoristen auf die Erscheinungen der Volta'schen Elektricität zu schauen, aber ich kann sie in diesem Lichte nicht sehen. Wenn eine Wahrheit in der Contacttheorie ist, so verstehe ich sie entweder nicht, oder mein Geist ist unbewusst voreingenommen. Wo ist der Contact in diesem Versuche, wenn nicht überall? Liegt er an den Berührungspunkten der Flüssigkeit, des Gases und des Platins? Wenn dem so ist, findet dort die chemische Wirkung statt, und da Contact immer für die chemische Wirkung nothwendig ist, so kann man allen Chemismus, oder nach der Theorie von einem universellen Plenum alle Naturerscheinungen auf den Contact zurückführen.

---

[1] Philos. Mag. **21**, 417. 1842. — Pogg. Ann. **58**. 202. 1843.

Contact mag nöthig sein, aber wie kann er in Beziehung stehen zu einer Ursache oder einer Kraft?"

Seine eigene Meinung über die Ursache der Kraft in seiner Gaskette äussert Grove zunächst ziemlich unbestimmt. Die wesentliche Ursache scheint ihm die katalytische Kraft des Platins zu sein, welche die Verbindung der beiden Gase bewerkstellige. Wie aber die durch eine weite Flüssigkeits-schicht getrennten Gase auch unter Zuhulfenahme der katalytischen Kraft des Platins zur Verbindung gelangen, war das Räthsel, welches auch Grove nicht zu lösen unternahm. Die Erscheinung war die genaue Umkehrung einer gewöhnlichen Elektrolyse, und die gleiche Schwierigkeit besteht dort in dem entfernten Auftreten der beiden Gase an den Elektroden.

45. Theoretische Erörterungen über die Gaskette. An die Über-setzung der Abhandlung Grove's in seinen Annalen knüpft Poggendorff, der um diese Zeit das freiwillige Amt Pfaff's, die Volta'sche Theorie bei jeder Gelegenheit zu vertheidigen, übernommen hatte, einige Erörterungen. „Zunächst möchte ich die Frage umkehren, möchte fragen: wie ist denn die Wirkung jener Batterie nach der chemischen Theorie zu erklaren? Durch eine Oxydation des vom Sauerstoff eingehüllten Platins? schwerlich, denn dann mussten ja die in diesem Gase stehenden Platten die zinkwerthigen oder positiven Elemente sein, während gerade umgekehrt die vom Wasser-stoff berührten Platten sich als solche erweisen. Oder durch die gegenseitige Verbindung der in den Röhren enthaltenen Gase, des Sauerstoffs und des Wasserstoffs? Doch auch wohl nicht, denn ohne Zweifel tritt der elektrische Strom unmittelbar im Moment des Schliessens der Kette ein, und folglich, wenn man nur den Versuch darauf einrichten will, ehe ein Zusammentreffen der durch die Flüssigkeit von beiden Gasen verschluckten Theilchen möglich ist. Oder will man vielleicht annehmen, die beiden Gase zersetzten die ihnen zunächst liegenden Wassertheilchen derart, dass der Sauerstoff, sich mit Wasserstoff verbindend, den Sauerstoff, und der Wasserstoff, sich mit Sauer-stoff verbindend, den Wasserstoff antriebe, und so fort? Das wäre denn doch eine zu unwahrscheinliche, wenn nicht gar widersinnige Hypothese. Welche Erklärungsgründe bleiben sonach der sogenannten chemischen Theorie übrig? Ich sehe durchaus keine! Wie mir scheint, kann die Unhaltbarkeit oder Unzulänglichkeit dieser Theorie nicht einleuchtender dargethan werden, als gerade durch die zuvor beschriebene Batterie."

Was nun die Erklärung nach der Contacttheorie anlangt, so findet Poggendorff, wie zu erwarten, keine Schwierigkeit. Durch die Berührung mit den Gasen werden die Metalle an ihrer Oberfläche verändert, „gleichsam mit einer Schicht eines anderen Metalles überzogen," und daher rührt dann der Strom. Poggendorff bestreitet, dass dies eine willkürliche Annahme sei, es sei dies im Gegentheil durch vielfältige Versuche erwiesen.

Dies ist offenbar ein Zirkelschluss, denn diese Veränderungen treten durch den Einfluss anderer Stoffe ein, und erweisen sich mit den möglichen chemischen Vorgängen im engsten Zusammenhange. Es zeigt sich wieder,

wie die Contacttheorie zwar mit einer formalen „Erklärung" stets bei der
Hand ist, jedesmal aber auch auf die vertiefte Betrachtung der Erscheinung
nach der causalen Seite verzichtet

Gegen den Standpunkt von PFAFF macht sich ein Fortschritt bei POGGEN-
DORFF geltend, indem dieser doch zu modern denkt, um sich zu der Annahme
einer unerschöpflichen Ursache, eines Perpetuum mobile zu entschliessen
„Wenn VOLTA und seine Vertheidiger vom Contact in diesem Sinne sprechen,
so kann es ihnen wohl niemals eingefallen sein, den Contact an sich dabei
meinen zu wollen, sondern eine in oder bei dem Contact auftretende Kraft,
und dass es solche Kräfte giebt, die bis jetzt noch nicht mit Sicherheit auf
die chemischen Verwandtschaften zurückgeführt werden können, sehen wir
ja eben an der Capillarkraft, einer Kraft, die an Mächtigkeit keineswegs der
galvanischen nachsteht" Hier hatte nur POGGENDORFF die Analogie noch
ein wenig weiter führen müssen ebensowenig, wie die Capillarität ununterbrochen einen Strom von Wasser in Bewegung zu setzen vermag, würde
eine ihr analoge Contactkraft einen elektrischen Strom zu Stande bringen
können

POGGENDORFF schliesst hier mit den bekannten Worten dass die Contacttheorie nicht widerlegt und die chemische Theorie nicht erwiesen ist „Allen
bisherigen Beweisen für die letztere Theorie gehen Maass und Zahl, die
wahren Grundlagen der exacten Naturforschung, ab, und so lange sie fehlen,
so lange andererseits nicht die chemischen Verwandschaftskräfte auf dieselben
Grundlagen zurückgeführt sind, so lange dürfen auch die letzteren nicht unbedingt als Ursache des Galvanismus angesehen werden"

Mit den letzten Worten hat POGGENDORFF den entscheidenden Punkt bezeichnet, in welchem es der chemischen Theorie noch fehlte Es hat allerdings noch fast ein halbes Jahrhundert gedauert, bis diese Forderung hat
erfüllt und die chemische Theorie des Galvanismus auf eine feste Grundlage
gestellt werden können

In einer Abhandlung über die „Sauer-Wasserstoffsäule" versuchte auch
SCHÖNBEIN[1] sich von dem Standpunkte seiner chemischen Theorie mit den
Erscheinungen auseinanderzusetzen Die grosse Schwierigkeit, welche das
Verständniss auch den Anhängern der chemischen Theorie bot, kann nicht
besser veranschaulicht werden, als durch den Umstand, dass dieser Forscher,
an dem wir so manche aufklärende Bemerkung über eben diese Fragen
haben rühmen können, das Richtige weit verfehlte Indem SCHÖNBEIN ebenso
wie GROVE die katalytischen Eigenschaften des Platins als wesentlich für das
Zustandekommen des Stromes ansah, glaubte er die erforderliche chemische
Wirkung in der Bildung eines Wasserstoffsuboxydes aus Wasserstoff und
Wasser sehen zu müssen Gegen die Ansicht von GROVE, dass die Verbindung der beiden Gase den Strom bedinge, macht er ungefähr dieselben
Einwande geltend, welche wir eben von POGGENDORFF gehört haben, und wir

---

[1] POGG Ann **58**, 361 1843 .

haben das wunderliche Schauspiel, Freund und Gegner der chemischen
Theorie einträchtig gegen eine Auffassung des Vorganges kämpfen zu sehen,
welche gerade den Blick fast gewaltsam auf die wesentliche Bedingung der
Stromerzeugung durch chemische Wirkung, die Trennung der Reaktion in

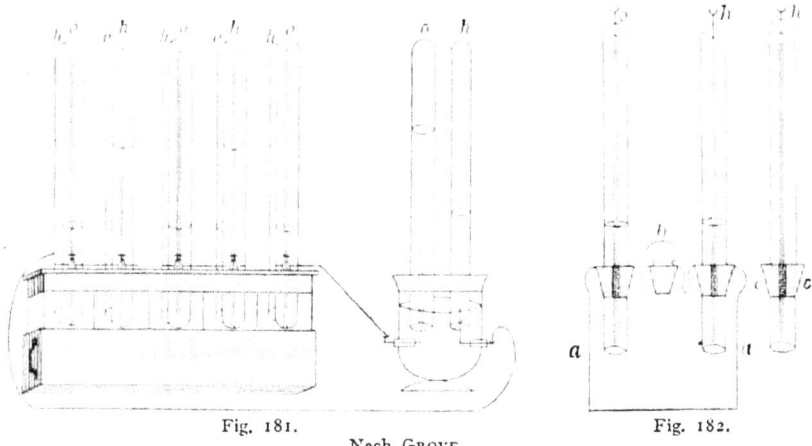

Fig. 181.
Nach GROVE.   Fig. 182.

zwei räumlich verschiedene Phasen, hinlenkt. Wie weit damals SCHÖNBEIN von
dieser Erkenntniss entfernt gewesen ist, der er sich zu anderen Zeiten wieder
ziemlich genähert hatte (S. 684), geht aus einem Versuche hervor, welcher als
Beweis dafür dienen soll, dass die Verbindung von Sauerstoff und Wasserstoff

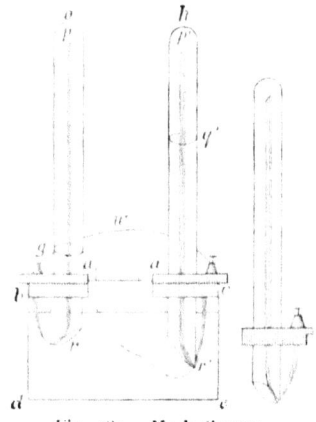

Fig. 183.   Nach GROVE.

nicht die Ursache des Stromes ist. SCHÖNBEIN
brachte in die Röhre, welche den Wasserstoff
enthielt, mit Sauerstoff gesättigtes Wasser, sodass dieser Sauerstoff sich unmittelbar mit dem
Wasserstoff unter dem Einflusse des Platins
verbinden konnte: eine Verstärkung des Stromes fand dadurch nicht statt. Die Beobachtung ist ganz richtig, sie entspricht der schon
vielfach betonten Thatsache, dass die unmittelbaren chemischen Reaktionen überhaupt
nichts zur Strombildung beitragen.

46. Weiteres über die Gaskette.
Die ausführlichsten Mittheilungen über seine
Gasbatterie machte GROVE in einer langen
Abhandlung, welche im Jahre 1843 erschien.[1]
Aus dieser seien zunächst die Formen (Fig. 181
bis 185 wiedergegeben, die er seinem Apparat ertheilt hat, und die ohne
weitere Beschreibung verständlich sein werden; die gestrichelten Linien in

[1] Philos. Trans. 1843; — Philos. Mag. 24, 286. 1844.

Fig. 183 stellen den Finger dar, mit dem man die Röhre zum Zwecke des Herausnehmens verschliessen kann. Als die beste Form empfiehlt er Fig. 182, die denn auch die typische Gestalt geworden ist, in welcher die Gaskette in den physikalischen Instituten sich verbreitet hat.

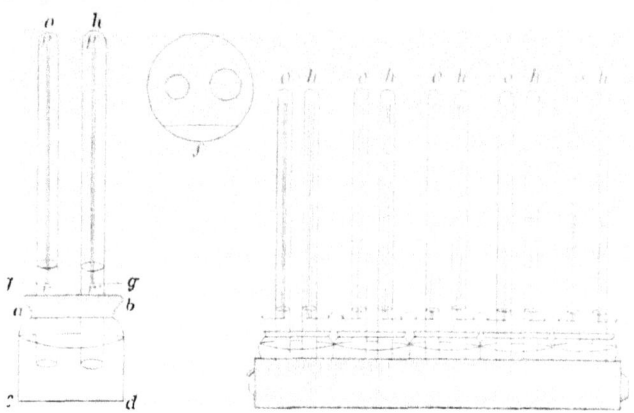

Fig. 184. Nach GROVE.

Die beschriebenen Versuche entsprechen zum Theil denen, welche schon früher geschildert worden sind; an neuen sind die folgenden zu erwähnen:

Eine gewöhnliche Sauerstoff-Wasserstoffkette wurde mit einer zweiten verbunden, welche auf der einen Seite Wasserstoff, auf der anderen gar kein Gas enthielt. Wenn die Wasserstoffseite der zweiten Kette mit der Sauerstoffseite der ersten verbunden wurde, so entwickelte sich Wasserstoff in der Röhre, welche vorher kein Gas enthielt, und in der anderen verschwand es; so dass durch die Wirkung der einen Gaskette der Wasserstoff aus der einen Röhre in die andere übertragen wurde. Die Erklärung findet GROVE ähnlich der der Wasserzersetzung durch ein einzelnes Paar, wenn eine Elektrode

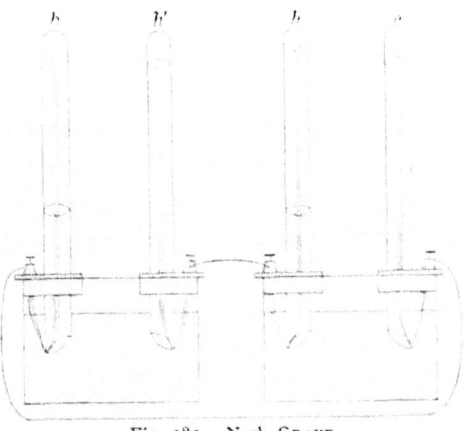

Fig. 185. Nach GROVE.

sich mit dem Sauerstoff verbinden kann. „Kurz, obwohl vier Paare erforder-lich sind, um Wasser zu zersetzen, wenn Platinelektroden angewendet werden, so war doch, da Platin in einer Wasserstoffatmosphäre sich wie ein oxydir-bares Metall verhält, mit dieser Hülfe ein einziges Paar dazu im Stande,

gerade wie ein Paar aus einer gewöhnlichen Batterie mit einer Anode aus
Kupfer Wasser zersetzen wird."

Im Anschluss an seine Kette mit Salpetersaure (S 611) versuchte GROVE
auch eine solche, deren eine Elektrode Platin in Wasserstoff, deren andere
Platin in Salpetersaure war die Wirkungen waren recht starke, und viel
deutlicher, als bei einer gewöhnlichen Gaskette Ebenso liess sich eine wirksame Kette aus Sauerstoff und reducirenden Mitteln, wie Eisenvitriol, bauen,
doch waren die Ketten mit gasförmigem Sauerstoff viel schwacher, als wenn
Wasserstoff genommen wurde GROVE schreibt dies dem Umstande zu, dass
es fast unmöglich ist, aus den Versuchsflussigkeiten den Sauerstoff auszuschliessen, und beweist bei dieser Gelegenheit, dass entgegen der Annahme
von SCHÖNBEIN ohne Sauerstoff die Kette nicht wirkt Zwar erhalt man
auch mit Wasserstoff auf der einen Seite allein Wirkungen, aber diese ruhren
von dem in den Losungen vorhandenen Sauerstoff her, und verschwinden
schnell, wenn man durch Schliessen des Stromes diesen Antheil verbraucht.
Ebenso hort alle Wirkung auf, wenn man den Sauerstoff durch chemische
Mittel, wie Phosphor, entfernt, so dass auch die Erklarung des ersten Versuches durch „Polarisation" nicht haltbar ist

Sauerstoff mit Stickstoffoxydul und -oxyd war völlig unwirksam, mit
Athylen fand eine schwache, aber deutliche Wirkung statt, mit Kohlenoxyd
eine erhebliche, auch konnte GROVE die Bildung von Kohlensaure nachweisen.
Mit Chlor gab Sauerstoff anfangs starke Wirkungen, die aber bald verschwanden und unregelmassig waren

Wasserstoff gab Wirkungen mit allen Gasen, da aber die Gegenwart von
Sauerstoff nicht auszuschliessen war, so haben diese Ergebnisse keine Bedeutung Nur die Wirkung mit Chlor war unzweifelhaft, sie ist grosser, als
mit Sauerstoff Ebenso gab Chlor und Kohlenoxyd eine starke Kette.

Ausser einigen weiteren Versuchen von geringerem Interesse beschreibt
GROVE in einer Nachschrift einen, der ihn mit besonderem Erstaunen erfullte In der Batterie Fig 185 hatte er einerseits Stickstoff, andererseits
Wasserstoff in der Hoffnung, dass Ammoniak entstehen mochte An Stelle
einer Verminderung der Gasvolume nach dem Schluss der Kette trat aber
in der Stickstoffrohre eine Vermehrung ein, und es erwies sich, dass diese
Vermehrung durch Wasserstoff hervorgebracht war, welcher von der einen
Seite auf die andere hinubergewandert war An Stelle des Stickstoffs konnte
auch Kohlensaure benutzt werden Der Versuch gelang nur, wenn der
Wasserstoff und die Elektroden sehr rein waren. „Uber die Theorie dieser
Versuche will ich keine bestimmte Meinung wagen Dass gasförmiger Wasserstoff Sauerstoff dem Wasserstoff (im Wasser sollte entreissen konnen, ohne
dass der letztere eine andere Verbindung bildet, ist eine so neue Thatsache,
dass jeder Versuch einer Erklarung verfruht erscheint Wenn wir, entgegen
den Ansichten DALTON's, annehmen, dass gemischte Gase mit einer schwachen
Verwandtschaft zusammengehalten werden, so konnen wir sagen, dass die
Verwandtschaft des Wasserstoffs zum Stickstoff oder der Kohlensaure die

Wirkung hervorbringt,   aber warum bringt dann Sauerstoff nicht die
gleiche Wirkung hervor   Andererseits kann es eine Contactwirkung genannt
werden, doch giebt die ohne Zusammenhang mit der chemischen Theorie
dem Geiste keine andere Vorstellung, als die Thatsache selbst, und gewährt
keinen Anknüpfungspunkt, um die Erscheinung mit anderen zu verbinden"

Was die wirkliche Erklärung dieses schönen Versuches anlangt, so lässt
sie sich an dieser Stelle nur andeuten   Die elektromotorische Stellung des
Wasserstoffs ist eine Function seines Druckes, und die elektromotorische
Kraft ist immer so gerichtet, dass der Wasserstoff an den Stellen des niederen
Druckes entwickelt, an den Stellen höheren Druckes verbraucht wird   Der
Strom wirkt mit anderen Worten so, dass die ursprünglichen Druckunter-
schiede sich ausgleichen   Dies ist als eine ganz allgemeine Thatsache auf-
zufassen, die elektromotorischen Kräfte aller Volta'schen Ketten wirken in
dem Sinne, dass eine stabilere Anordnung angestrebt wird, als die vorhandene   Somit muss in diesen Versuchen der Wasserstoff sich nach der
Kohlensäure oder dem Stickstoff hinüberbegeben, da dort sein Partialdruck
Null ist   Da die entsprechende elektromotorische Kraft, nachdem die ersten
Antheile des Gases übergegangen sind, sehr schwach ist, so erklärt sich auch,
dass nur reine Materialien, in welchen keine fremde elektromotorische Kraft
sich geltend macht, die Wirkung zeigen

Ist die Erklärung richtig, so muss sie auch für Sauerstoff gelten, für
welchen Grove nichts ähnliches beobachtet hat   Dies hängt aber wohl
damit zusammen, dass die Absorption des Wasserstoffs durch Platin unvergleichlich viel reichlicher erfolgt, als die des Sauerstoffs, so dass mit letzterem die Wirkung zu langsam wird, als dass man sie beobachten konnte,
und dass zweitens auch das zweite, indifferente Gas meist schon sauerstoffhaltig sein wird

An die Auseinandersetzung seiner Versuche schliesst Grove seine Betrachtungen, welche von allgemeinerem Interesse sind und Beachtung verdienen   Es ist zu erinnern, dass sie im Jahre 1843 geschrieben sind, wo in
England eben die Versuche von Joule den Begriff des mechanischen Wärme-
aquivalents experimentell erläuterten

Nach einer Darlegung von Grotthuss'schen Ansichten, welche er als
anschaulich, wenn auch wahrscheinlich nicht die Thatsachen vollständig darstellend, bezeichnet, fährt er fort

„Eine Anzahl von Hypothesen kann zur Erklärung dieser und anderer
merkwürdigen Erscheinungen vorgeschlagen werden, und ist vorgeschlagen
worden, sie stimmen alle darin überein, dass sie das uns Ungeläufige auf
das zurückführen, was uns geläufig ist   Als didaktische Erläuterungen sind
sie unzweifelhaft nützlich, und in diesem Sinne haben sie auch bisher zu
dem Fortschritt der Wissenschaft beigetragen   Es ist indessen ein seltsamer
Umstand, der einiger Betrachtung werth ist, dass die Volta'sche Hypothese,
die von Grotthuss, die Emissions- und Undulationshypothese des Lichtes,
und soweit ich sehen kann, alle bisher vorgeschlagenen physikalischen Hypo-

thesen die naturlichen Vorgange als Wirkungen von Materie und Bewegung darstellen Diese beiden scheinen die ausgezeichnetsten, wenn
nicht die einzigen Vorstellungen des Geistes bezuglich der Naturerscheinungen
zu sein, und wenn wir versuchen, Zustande der Materie zu erklaren oder
zu verstehen, welche nicht offenbare Bewegungen sind, so reduciren wir sie
theoretisch oder hypothetisch auf solche die Sinne empfinden die verschiedenen Wirkungen von Schall, Licht, Warme, Elektricitat u s w, der
Geist scheint aber nur fahig zu sein, sie bloss als Arten der Bewegung zu
begreifen Ist dies nicht ein Argument dafur, dass alle physikalischen
Wirkungen auf diese Begriffselemente zuruckzufuhren sind? Oder mussen
wir nach neuen Kraften des Geistes ausschauen, oder wird, mit anderen
Worten, eine grossere Vertrautheit mit anderen, jetzt fern liegenden Erschei-
nungen den Geist befahigen, sie klarer zu verstehen, und so die Nothwendig-
keit aufheben, sie theoretisch auf bekanntere, uns einfacher vorkommende
Erscheinungen zuruckzufuhren? Die Fortsetzung dieser interessanten Unter-
suchung wurde mich in eine Discussion fuhren, welche dem Zwecke meiner
Abhandlung, und dem allgemeinen Charakter der Beitrage an die Royal
Society fremd ist, doch ergiebt sich die Frage so unmittelbar aus dem
Gegenstande und ist so nothig, um meine eigenen Ansichten zu erklaren,
dass ich diese kurze Darlegung fur hinreichend hergehorig halten zu durfen
glaube Sie beruhrt die interessante, kaum definirbare Grenze, an welcher
Physik und Metaphysik sich beruhren

„Es sind einige theoretische Punkte vorhanden, an welchen meine Gasbatterie Veranlassung zu interessanten Betrachtungen giebt, einer derselben
ist die Contacttheorie Wenn meine Kenntniss dieser Theorie richtig ist,
so ist mir unerfindlich, wie die Wirkung meiner Batterie damit in Einklang
gebracht werden kann Denn sieht in der That die Contacttheorie die Beruhrung als die wirksame Ursache der VOLTA'schen Wirkung an, fugt aber
zu, dass diese nur durch chemische Wirkung in Umlauf gesetzt werden
kann, so sehe ich wenig Unterschied ausser in dem blossen hypothetischen
Ausdruck zwischen beiden Theorieen, jeder Schluss, welcher aus der einen
zu ziehen ist, wurde sich auch aus der anderen ergeben, es ist keine Zeitfolge in den Erscheinungen vorhanden, denn die Beruhrung oder Schliessung
des Stromkreises und die elektrolytische Wirkung erfolgen gleichzeitig. Ist
dies die Ansicht der Contacttheorie, so ist der Streit der beiden Theorieen
einer um Worte Wenn aber die Contacttheorie mit dem Ausdruck Beruhrung irgend eine Vorstellung von Kraft verbindet, welche einen VOLTA'-
schen Strom unabhangig von der chemischen Wirkung hervorbringt oder
hervorbringen kann, eine Kraft ohne Verbrauch, so kann ich sie nur als
unvereinbar mit der Gesammtheit der VOLTA'schen Thatsachen und der allgemeinen Erfahrung betrachten

„Ein anderer Punkt, welchen die Gasbatterie nahe legt, ist die Beziehung zwischen der latenten Warme in den verschiedenen Zellen der Batterie und dem Voltameter Gemass der ublichen Theorie vom Warmestoff

können Sauerstoff und Wasserstoff die Gasgestalt nicht annehmen, ohne
fühlbare Wärme latent zu machen.   Da nun in der Gasbatterie die aus der
Voltameterflüssigkeit entwickelten Gase genau so viel Wärme erfordern und
in Anspruch nehmen müssen, als in jeder Zelle durch das Flüssigwerden
der Gase frei gemacht wird, so wird es ein bemerkenswerther Gegenstand
sein,   festzustellen, ob die in dem Voltameter verbrauchte Wärme den
umgebenden Körpern entzogen wird, oder ob sie durch die Wirkung der
Batterie selbst geliefert wird, d. h. da die chemische Kraft in dem Voltameter umgekehrt gleich ist der chemischen Kraft in jeder Batteriezelle, und
die Wärmekraft im Voltameter ebenfalls umgekehrt äquivalent ist der in
jeder Batteriezelle, ob dann die gleiche gegenseitige Abhängigkeit der letzteren, wie der ersteren Kräfte vorhanden ist? Die Wirkung im Voltameter
einer gewöhnlichen Batterie würde sehr dagegen sprechen, dass die Wärme
der Umgebung entzogen wird, da es bekannt ist, dass das Wasser bei der
Elektrolyse seine Temperatur eher erhöht, als erniedrigt.   Ein Theil dieser
zufälligen Wärme mag von dem Widerstande gegen den Strom herrühren,
welchen die Platten und Drähte des Voltameters ausüben, wird aber angenommen, dass die Gasbatterie genau die genügende Wärme liefert, oder
(wenn der Ausdruck erlaubt ist) dass die Elektricität in genügend viel Wärme
verwandelt wird, um den Bedürfnissen der sich ausdehnenden Gase zu genügen, so müsste, da jede Zelle durch die Condensation ihrer Gase diesen
Bedarf gerade decken kann, eine Temperaturerhöhung in der ganzen Batterie merkbar sein, die der Wärme gleich ist, welche durch die Verdichtung
der Gase in allen Zellen hervorgebracht wird, minus der Wärme einer Zelle."

Diese Überlegungen, welche um jene Zeit so fremdartig erschienen,
dass GROVE wegen der entsprechenden Ausdrücke um Entschuldigung bittet,
sind uns heute ganz geläufig als unmittelbare Folgerungen des Gesetzes
von der Erhaltung der Energie. Es verdient hier bemerkt zu werden, dass
sich GROVE sehr bald zu der allgemeinen Auffassung der Energieumwandlungen durchgearbeitet hat, und sein Buch über die Wechselwirkung der
Naturkräfte, welches 1847 erschien,[1] und welches ungefähr denselben Zweck
verfolgt, wie das gleichzeitige Werk von HELMHOLTZ (siehe nächstes Kapitel),
wenn auch in weniger strenger Weise, giebt Zeugniss von dem Erfolge
dieser geistigen Arbeit.

Auch soll die Aufmerksamkeit noch besonders auf die S. 693 gegebenen
Darlegungen gewendet werden. Das ersterwähnte Verfahren, die Naturerschei-
nung als mechanische darzustellen, hat um jene Zeit die Wissenschaft vollkommen
beherrscht, und gilt auch noch heute meist als ein unbezweifelbares Postulat.
Dem gegenüber macht es sich eben jetzt geltend, dass auf diese Weise eine
angemessene Darstellung der Wirklichkeit sich nicht erreichen lässt, und eben
beginnt die Wissenschaft den anderen Weg zu gehen, nämlich durch die
Ausbildung angemessener neuer Begriffe und eine entsprechende Schulung

---

[1] On the correlation of physical forces. London 1847.

des Vorstellungsvermögens die Zusammenfassung der Erscheinungen anzu-
streben, welche die mechanistische Anschauungsweise nicht hat ergeben
wollen. Das neue Begriffsgebiet, um dessen Ausbildung es sich handelt, ist
das der Energie, und die mechanische Weltanschauung sieht in unseren
Tagen ihrer Ablösung durch die energetische entgegen.

An die Erörterung der Polarisationserscheinungen schliessen sich zeitlich
wie inhaltlich die Untersuchungen über den passiven Zusand des Eisens.

47. Passives Eisen. Während dies Metall in seinen galvanischen Verhältnissen sich im Allgemeinen zwischen Zink und Blei stellt, kann es unter
Umständen Eigenschaften annehmen, welche es als ein edles Metall, etwa von
dem galvanischen Verhalten des Platins, erscheinen lassen. Dieser auffällige
Wechsel hat zu einer sehr grossen Anzahl von Untersuchungen Anlass gegeben, welche zu dem Ergebniss geführt haben, dass das so veränderte
Eisen sehr wahrscheinlich mit einer Schicht eines metallisch leitenden Oxyds
vom galvanischen Charakter des Manganhyperoxyds überzogen ist, welche
ihm die fragliche Stellung verleiht, doch sind gegen diese Auffassung auch
mannigfaltige Widersprüche geltend gemacht worden.

Wiewohl an die Kenntniss dieser Thatsache sich bisher noch keine
wichtige wissenschaftliche Entwickelung geknüpft hat, so können wir doch
nicht umhin, uns mit den wesentlichsten Erscheinungen auf diesem so viel
durchforschten Gebiete bekannt zu machen, einerseits wegen des breiten
Platzes, welchen sie in der Mitte der dreissiger Jahre in der wissenschaftlichen Litteratur einnehmen, andererseits, weil in der That noch keineswegs
alle Fragen, die sich hier erheben, bisher befriedigend beantwortet worden
sind, und somit der kommenden Forschung noch manches zu enthüllen
übrig bleibt.

Die ersten Beobachtungen, welche sich hier anführen lassen, sind im
Jahre 1790 gemacht worden, sie sind somit ungefähr ebenso alt, wie die
Kenntniss der galvanischen Erscheinungen. Der Beobachter ist JAMES KEIR,
und die Arbeit steht im 80. Bande der Philosophical Transactions, 1790,
S. 359. Die ganz in Vergessenheit gerathene Abhandlung ist von FECHNER
aufgefunden und dann durch SCHWEIGGER in seinem Journal wieder veröffentlicht worden [1]

Die Haupterscheinung, um welche sich die Versuche KEIR's bewegen,
schildert er folgendermaassen: „Ich digerirte ein Stück fein Silber in reiner
farbloser Salpetersäure, und während der Auflösung, noch ehe die Sättigung
vollendet war, goss ich einen Theil der Flüssigkeit in ein Weinglas auf reine
und frisch geschabte Stücke von Eisendraht, und bemerkte einen plötzlichen
und reichlichen Niederschlag von Silber. Der Niederschlag war anfangs
schwarz, nahm aber dann die Gestalt des Silbers an, und war fünf bis sechs
Mal grösser im Durchmesser, als das Stückchen Eisendraht, den er umgab.
Die Wirkung der Säure auf das Eisen hielt eine Weile an, worauf sie auf-

horte, das Silber loste sich wieder auf, die Flussigkeit wurde klar, und das Eisen lag ruhig und glanzend in der Flussigkeit am Boden des Gefasses, wo es mehrere Wochen lang blieb, ohne dass es die mindeste Veranderung erlitt, oder einen Niederschlag des Silbers bewirkte

„Als die Silberauflosung vollkommen gesattigt war, wurde sie, wie schon BERGMANN bemerkt hat, vom Eisen nicht verandert"

KEIR fand nun weiter, dass die schutzende Wirkung der Silberlosung sich auch auf beigemischte Salpetersaure bis zu einem bestimmten Concentrationsgrade erstreckt, und dass die Anwesenheit von „phlogistisirter" Salpetersaure salpetriger Saure die Schutzwirkung vermindert und die Angreifbarkeit erhoht

Ferner ergab sich, dass es sich nicht um eine Veranderung der Losung, sondern um eine des Eisens handelt, denn die Losung, welche nicht mehr auf das darin liegende Eisen wirkte, war gegen frisches wirksam, wahrend das Eisen, welches von der Losung nicht mehr verandert wurde, auch in frischer Losung unverandert blieb   Die Veranderung des Eisens war eine oberflachliche, denn wenn das ruhige Eisen unter der Losung gekratzt wurde, so fand wieder die Reaktion statt   Wurde in die Losung, unter welcher das Eisen ruhig lag, ein frisches Stuck Eisen gebracht, so fand nicht nur an diesem eine Fallung statt, sondern auch das ruhig gewesene Eisen wirkte wieder auf die Losung   KEIR hat sich bei der weiteren Untersuchung dieser Erscheinung allerdings einen Irrthum zu Schulden kommen lassen, denn er giebt an, dass die blosse Beruhrung der Losung mit frischem Eisen auch das ruhige zur Reaktion bringt, thatsachlich ist dazu nicht eine Beruhrung der Losung, sondern des veranderten Eisens mit frischem Eisen erforderlich

Ebenso wie die Silberlosung fand KEIR concentrirte reine Salpetersaure wirksam, das damit behandelte Eisen fallte die Silberlosung nicht

„Die Veranderung, welche auf solche Weise in dem Eisen hervorgebracht wird, ist bloss in der Oberflache, das schwachste Reiben bringt frisches Eisen hervor, und macht es dadurch zur Einwirkung der Saure fahig

„Aus dieser Ursache konnen die veranderten Eisenstucke, ohne ihre besondere Eigenschaft zu verlieren, nur mit besonderer Muhe getrocknet werden, ich brachte sie deshalb aus der Silberlosung oder der concentrirten Salpetersaure unmittelbar in die andere Flussigkeit, die ich zu untersuchen wunschte, doch kann man sie auch vorher in ein Glas mit Wasser than, ehe sie in die zu prufende Flussigkeit gelegt werden, man muss aber bemerken, dass sie ihre besondere Eigenschaft verlieren, wenn sie sehr lange in Wasser bleiben, allein in Salmiakgeist konnen sie unverandert aufbewahrt werden"

Die veranderten Eisenstucke verlieren auch die Fahigkeit, Kupferlosungen zu fallen   Die Nitrate von Blei und Quecksilber vermogen gleichfalls das Eisen in gleicher Art zu verandern

48   Untersuchungen von WETZLAR   Am Schlusse seiner Arbeit

verspricht Klik in einer späteren Abhandlung seine Meinung über die Ursache dieser ungewöhnlichen Erscheinungen zu sagen, jedoch hat er sein Versprechen nicht gehalten, und die Beobachtungen geriethen gänzlich in Vergessenheit. Erst im Jahre 1827 wurden sie durch Dr. Gustav Wetzlar, praktischen Arzt in Hanau,[1] wieder in etwas anderer Gestalt bemerkt. „Bringt man auf die Oberfläche eines blanken Eisenstäbchens einige Reihen einzelner Tropfen einer mässig concentrirten Lösung des salpetersauren Kupferoxyds, so wird man mit Erstaunen wahrnehmen, dass das Verhalten der einzelnen Tropfen ein durchaus verschiedenes ist. Einige zersetzen sich, sowie sie das Eisen berühren, und überkupfern es, andere erst nach einer oder mehreren Minuten, andere nach einer oder etlichen Stunden, einige wenige sind noch nach vielen Tagen unzersetzt.

,Bringt man auf mehrere Stäbchen zugleich Tropfen, so findet man, dass, während z. B. auf einem fast alle Tropfen innerhalb einer Stunde zersetzt werden, auf einem anderen die meisten sehr lange unverändert bleiben ...

„Vereinigt man mehrere nahe bei einander stehende unzersetzte Tropfen zu einem einzigen grösseren, so bleibt auch dieser unverändert; zieht man aber nun mit einem Glasstäbchen eine Linie von ihm hin zu einer in der Nähe befindlichen, sich überkupfernden Stelle, so verbreitet sich augenblicklich die Reduction von dieser über die ganze, von den vereinigten Tropfen bedeckte Eisenfläche. Offenbar dient letztere aber nur als negativer Pol zur Anlagerung des gefällten Kupfers, dessen Fällung, nebst Auflösung des Eisens, fortwährend von jener communicirenden positiven Stelle ausgeht."

Wie man sieht, handelt es sich um ganz ähnliche Erscheinungen, wie jene von Klik beschriebenen, ein Fortschritt macht sich hier aber dahin geltend, als Wetzlar auf die elektrochemischen Beziehungen hinweist, auf welche Klik seinerzeit natürlich nicht hat aufmerksam werden können.

Eine weingeistige Lösung von Kupfernitrat wird durch Eisen gar nicht gefällt, während eine gleiche Lösung von Kupferchlorid augenblicklich zersetzt wird. Ein Zusatz von Silbernitrat zum Kupfernitrat hebt die Fällbarkeit gleichfalls auf.

Im weiteren Verlauf seiner Abhandlung[2] kommt Wetzlar mehrfach auf den elektrochemischen Gegensatz, welcher hier entsteht, zurück, und giebt einige Beweise für ihn. So findet er, dass ein unthätig gewordenes Stück Eisen durch Berührung mit einem thätigen, sowie durch jedes positive Metall wieder in den thätigen Zustand zurückgebracht werden kann. „Berührte ich ein in einer Kupfervitriollösung liegendes blankes Stäbchen mit dem Finger, so trat keine Veränderung ein, ebensowenig, wenn ich ein Silberblech daran hielt. Nur ein mit der Kupfersolution positiv werdendes Metall brachte im Augenblick Überkupferung des Stäbchens zuwege, also z. B.

[1] Schweigger's Journ. f. Physik und Chemie 49, 170, 1827.
[2] Ebenda 50, 88 und 129, 1827.

ausser dem Eisen auch ein Zink-, Blei- und Stanniolstreifen Ich habe oben erwähnt, dass die Berührung mit Silber keine Veränderung bei dem in der Kupferlösung liegenden negativen Stäbchen zuwege bringe Wenn ich indessen einen berührenden Silberdraht mit seinem anderen Ende um ein Eisenstäbchen wickelte, und letzteres nun in die Solution tauchte (wobei jenes blanke negative von jenem durchaus nicht berührt wurde), so wurde in demselben Augenblicke auch jenes überkupfert — Hier wird also die Reduction an letzterem durch eine Kette mit Zwischenraum veranlasst"

49 Elektrische Messungen durch FECHNER Unmittelbare Messungen der elektrischen Spannung oder der Stromrichtung zwischen dem negativ gewordenen und dem gewöhnlichen Eisen hat WETZLAR allerdings nicht ausgeführt Diese Lücke wurde aber alsbald durch FECHNER[1] ausgefüllt, der WETZLAR's Ansichten über den elektrochemischen Zustand des veränderten Eisens völlig bestätigt fand Nachdem er geschildert hat, wie in einer officinellen Silbernitratlösung das Eisen gegen Silber zuerst positiv war, sodann aber schwach negativ und schliesslich Null wurde, fährt er fort

„Als ich den vorigen Versuch mit einem Antheil einer anderswoher bezogenen officinellen Silberauflösung anstellte, war die Ablenkung des Eisens ebenfalls anfangs positiv, sie ging aber bald in die entgegengesetzte negative über, und erhielt sich dauernd auf dieser Seite Da ich fand, dass diese Silberauflösung etwas sauer reagirte, setzte ich auch jener neutralen Silberauflösung etwas reine concentrirte Salpetersäure zu, und erhielt auch hier dasselbe Resultat, d h es ging die anfangs positive Ablenkung des Eisens nicht nur auf Null zurück, sondern ins negative über Nachdem dieser Übergang ins negative erfolgt war, goss ich, den Versuch auf die WETZLAR'-sche Art weiter fortsetzend, noch eine sehr bedeutende Menge Säure zu, so dass, wenn ich frisches Eisen und Silber hineintauchte, das Eisen sich sofort aufzulösen begann, und positiv verhielt, es blieb nicht nur das Eisen blank, sondern seine negative Ablenkung dauerte noch eine Weile fort, bis plötzlich ein heftiges Auflösen des Eisens, Fällung von Silber, und damit zugleich Überspringen der negativen Ablenkung des Eisens in die positive erfolgte, ganz in Übereinstimmung mit WETZLAR's Versuch und Ansicht Bald verschwand das gefällte Silber, und das Eisen wurde wieder blank und wirkungslos, und in demselben Augenblicke, wo dies geschah, war auch die negative Ablenkung des Eisens wieder da Ich habe jedoch bei wiederholten Versuchen bemerkt, dass die Erscheinung hierbei gewöhnlich noch nicht stehen blieb, vielmehr das Auflösen des Eisens und das Wiederblankwerden nebst Auflösung des gefällten Silbers wohl 4 bis 6 Mal, oft sehr schnell hinter einander, abwechselten, wobei jedesmal die Ablenkung der Magnetnadel auf das Entgegengesetzte übersprang, bis das Eisenstäbchen zuletzt jedesmal unwirksam liegen blieb"

Zum Schluss erörtert FECHNER die Möglichkeiten einer Erklärung dieser

---

[1] SCHWEIGGERs Journ. f Physik und Chemie 53, 141 1828.

Erscheinungen und betont, dass er eine solche vergeblich gesucht habe.
Er hat zuerst an die Bildung eines Überzuges gedacht, doch war er durch
den Augenschein davon abgekommen. „In der That bleibt das Eisen so
blank, dass sich an eine Oxydation desselben nicht denken lasst." Andere
Erklärungsversuche, welche er selbst experimentell als unhaltbar erweist,
sollen nicht erst angeführt werden.

Ähnliche Mitteilungen sind alsdann von J. F. W. Hirschel.[1] gemacht
worden, wesentlich Neues enthalten dessen Beobachtungen nicht.

50. Schönbein's Untersuchungen. Die von Kuhn und Wetzlar
beobachteten Erscheinungen wurden spater unabhangig von Schönbein[2] entdeckt, welcher eine Fülle weiterer Versuche daran knüpfte. Sein erster
Versuch wurde in etwas anderer Form ausgeführt, als jene älteren, namlich
folgendermaassen.

„Wird das eine Ende eines Eisendrahtes rothglühend gemacht, und
nach dem Erkalten in Salpetersäure vom specifischen Gewicht 1,35 getaucht,
so wird weder das fragliche Ende, noch irgend ein anderer Theil des Drahtes
angegriffen werden, obgleich bekanntlich eine solche Säure ziemlich heftig
auf gewöhnliches Eisen wirkt. Um zu sehen, wie weit der Einfluss des
oxydirten Endes des Eisens geht, habe ich einen Eisendraht von 50 Fuss
Lange und ¹⁄₂ Linie Dicke genommen, das eine Ende auf etwa 3 Zoll erhitzt, es in Säure von der oben erwähnten Starke getaucht und dann das
andere Ende in dieselbe Flüssigkeit gebracht. Es fand keine Wirkung der
Säure auf das Eisen statt."

Bei Temperaturen über 75° verschwindet der schützende Einfluss, Eintauchen in Säure von 1,5 specifischem Gewicht bringt dieselbe Wirkung
hervor, wie Erhitzen. Hier schliessen sich die von Schönbein beobachteten
Erscheinungen an jene älteren an.

Wenn ein Draht indifferent gemacht ist, und man verbindet ihn leitend
ausserhalb der Säure mit einem zweiten, gewöhnlichen Draht, so zeigt sich
dieser nach dem Eintauchen gleichfalls unwirksam. Man kann nun den
ersten Draht entfernen, und mit einem dritten so verfahren, dass man ihn
zuerst mit dem zweiten leitend verbindet, und dann in die Säure bringt, auch
dieser wird unwirksam sein. Ebenso kann man den Zustand auf einen vierten,
fünften u. s. w. Draht übertragen. Die Schutzwirkung ist unerschöpflich.

„Eine andere Thatsache, welche meines Wissens bisher nicht beobachtet
worden ist, ist folgende. Ein auf irgend eine der beschriebenen Arten unwirksam gemachter Draht wird in Salpetersäure vom specifischen Gewicht 1,35
getaucht, so dass ein betrachtlicher Theil ausserhalb der Flüssigkeit bleibt,
ein anderer, gewöhnlicher Draht wird gleichfalls so in die Säure getaucht,
dass ein erheblicher Theil hervorragt. Der eingetauchte Theil des Drahtes
wird natürlich lebhaft angegriffen werden. Lasst man nun die ausserhalb

[1] Ann. chim. phys. 54, 87, 1833. — Pogg. Ann. 32, 211, 1834.
[2] Philos. Mag. 9, 53, 1836. — Pogg. Ann. 37, 390, 1836.

der Saure befindlichen Enden der Drahte einander beruhren, so wird der
indifferente Draht unmittelbar in einen aktiven verwandelt werden, welches
auch die Lange der nicht eintauchenden Theile der Drahte sei   ein
Metall, welches die beiden Enden leitend verbindet, wirkt in gleicher Weise "

Nach der Beschreibung einiger anderer Versuche von geringerer Bedeutung theilt Schonbein weiter mit, dass dieser passive Zustand, welcher
Name fortan beibehalten wird, dem Eisen auch dadurch ertheilt werden
kann, dass man es zur Anode eines Stromkreises in Salpetersaure macht
Alsdann verbindet es sich nicht mit der Saure, wie das andere Metalle thun,
sondern der Sauerstoff entwickelt sich daran, ebenso, als wenn der Draht
von Platin ware   Hierzu ist keine concentrirte Saure erforderlich, auch
ganz verdunnte wirkt in gleicher Art   Andere verdunnte Sauerstoffsauren
wirken ebenso, wenn auch etwas schwieriger, dagegen lasst sich in Halogenwasserstoffsauren der passive Zustand nicht herstellen   An anderen Metallen
konnte er keine ahnlichen Zustande erzeugen

51 Faraday's Erklarung   Schonbein theilte diese Thatsachen in
Poggendorff's Annalen mit   Gleichzeitig machte er eine Mittheilung daruber
an Faraday, und ermachtigte ihn, dieselbe nach Belieben zu veroffentlichen,
was Faraday an der oben angefuhrten Stelle auch bewerkstelligte, indem er
seinerseits einen an den Herausgeber des Philosophical Magazine, Phillips,
gerichteten Brief hinzufugte, in welchem er seine Erfahrungen und Ansichten
uber die Erscheinung, die ihn auf das Lebhafteste gefesselt hatte, hinzufugte
Die Mittheilung Schonbein's in den Annalen ist ausfuhrlicher und enthalt
einige Thatsachen, welche in dem Briefe an Faraday nicht mitgetheilt sind,
insbesondere die Beobachtung, dass durch Gluhen im Wasserstoffstrome dem
Eisen der passive Zustand genommen wird   Der obenstehende Bericht
schliesst sich dem englischen Briefe an, auf den sich Faraday in seiner
wichtigen Antwort bezieht

Diese briefliche Anknupfung hatte ausser der wissenschaftlichen noch
die personliche Folge, dass sich aus ihr zwischen den beiden so unahnlichen
Mannern eine Freundschaft entwickelte, welche bis zum Tode Faraday's
dauerte (S 665)   Zunachst hat diese Beziehung Schonbein allerdings nicht
verhindert, sich gegen den Erklarungsversuch seines Freundes auszusprechen,
und gegen ihn Grunde anzufuhren, welche wir gegenwartig kaum noch als
bindend werden anerkennen konnen

•   Faraday bestatigte in seinem Schreiben zunachst die von Schonbein
angegebenen Thatsachen, und fuhrt folgende hinzu   Eisen wird von Salpetersaure (1,35) zuerst angegriffen, gerath aber bald freiwillig in den passiven Zustand   Es kann augenblicklich dazu gebracht werden, wenn man
es unter der Flussigkeit mit einem Platindraht beruhrt   Wie Platin wirken
Gold, Silber, Kohlenstoff in verschiedenen Formen   Daraus erklart sich auch
das freiwillige Passivwerden   sowie von dem im Eisen enthaltenen Kohlenstoff ein Theilchen freigelegt wird, tritt seine schutzende Wirkung ein   Umgekehrt wirkt die Beruhrung mit Zink oder einem anderen leicht oxydirbaren

Metall sie hebt den vorhandenen passiven Zustand auf Passives Eisen
wirkt auch nicht auf Lösungen von Kupfer- und Silbersalzen, bei letzteren
treten besondere Erscheinungen auf

Unter Einschaltung eines Galvanometers zeigte sich, dass, solange das
Eisen im gewohnlichen Zustande war, es sich ähnlich dem Zink verhielt,
hatte es den passiven Zustand angenommen, so zeigte es die elektromoto-
rischen Eigenschaften des Platins Wenn die Enden des Galvanometers mit
Eisen und Platin in Verbindung standen, und man tauchte zuerst das Platin,
dann das Eisen ein, so entstand ein einmaliger, ziemlich starker Stromstoss,
worauf das Galvanometer auf Null zurückging Dies rührte nicht von der
Bildung einer isolirenden Schicht her, denn das System zeigte sich für andere
Strome leicht durchgängig Macht man das Eisen, welches unter diesen
Umstanden passiv geworden ist, durch Berührung mit einem Stück Zink
wieder aktiv, so entsteht alsbald ein starker Strom, indem das Eisen angegriffen wird und sich wie Zink gegen Kupfer verhalt „Eines der werthvollsten Ergebnisse für den gegenwärtigen Zustand der Wissenschaft, welches
diese Versuche darbieten, ist der ergänzende Nachweis, dass die VOLTA'-
sche Elektricität auf chemischer Wirkung und nicht auf Berührung
beruht Dieser Beweis ist ebenso schlagend wie der, welchen ich in meinen
Experimentaluntersuchungen gegeben habe (S 549) Was kann in der That
deutlicher zeigen, dass der Strom durch chemische Wirkung verursacht
wird, und nicht durch Berührung, als die Thatsache, dass, trotzdem die Berührung bestehen bleibt, der Strom aufhört, wenn die chemische Wirkung
aufgehort hat?“

FARADAY geht nun zu der Frage über, auf welche Ursache diese Un-
thätigkeit des Eisens zurückzuführen ist Er warnt zunächst, diesen Zustand
mit dem des amalgamirten Zinks zu verwechseln, letzteres ist durch die
Amalgamation nur positiver geworden, während das Eisen seine Fahigkeit,
sich mit Sauerstoff zu verbinden, verloren hat „Ich habe durchaus den
Eindruck, dass die Oberfläche des Eisens oxydirt ist, oder dass die Ober-
flächenschicht des Metalles sich in einem Verhältniss zum Sauerstoff des
Elektrolyts befindet, welches einer Oxydation äquivalent ist Da diese
Schicht ihre Verwandtschaft für Sauerstoff befriedigt hat, und unter den
vorhandenen Umständen nicht von der Saure aufgelöst wird, so tritt weder
eine Erneuerung der Oberfläche, noch ein Wiederbeginn der Anziehung
der successiven Theile des Eisens auf die Elemente der successiven Antheile des Elektrolyts ein, und deshalb findet auch nicht die successive
chemische Wirkung statt, durch welche der elektrische Strom (welcher bestimmt ist, sowohl was seine Entstehung, als seine Wirkung anlangt) fortgesetzt werden kann “

Zur Unterstützung seiner Meinung erwähnt FARADAY, dass bei dem ersten
von SCHÖNBEIN beschriebenen Versuche sich durch das Glühen eine Oxydschicht nothwendig bilden muss Wenn man auch bei den auf elektrischem
Wege passiv gemachten Eisen diese Schicht nicht sehen kann, so ist das

kein Gegenbeweis, da auch eine durch Erhitzen erhaltene Schicht, die so
dünn ist, dass sie unsichtbar bleibt, das Eisen passiv machen kann   Ferner
lässt sich die Schicht mechanisch entfernen, worauf alsbald die Wirkung
beginnt   Alles Passivwerden ist mit der Entwickelung eines kurzdauernden
elektrischen Stromes verbunden, bei welchem das Eisen als Anode wirkt,
also Sauerstoff aufnimmt   Das Aktivwerden durch Zink beruht auf der
Reduction dieser Oxydschicht

Zum Schluss beschreibt FARADAY sehr seltsame, vielfach wiederholte
Umkehrerscheinungen in saurer Silberlösung, die ganz den von KLIR und
FECHNER beschriebenen entsprechen, und von gleichzeitigen Wechseln der
Stromrichtung in einem eingeschalteten Galvanometer begleitet sind, doch
wurde das Eingehen auf diese Dinge hier zu weit führen

52 Fortsetzung   Ausser FARADAY hatte noch ein anderer Forscher,
A MOUSSON, Professor der Physik am Gymnasium zu Zürich, versucht, die
seltsamen Erscheinungen auf bekannte Ursachen zurückzuführen, jedoch mit
viel weniger Glück   MOUSSON ging von der Beobachtung aus, dass starke
Salpetersäure, welche salpetrige Säure enthält, viele Metalle, unter anderen
auch Eisen nicht angreift   Indem er nun annahm, dass das Eisen zunächst
die Salpetersäure zu salpetriger Säure reducirt, welche den Draht umgiebt,
ohne auf ihn zu wirken, versuchte er alle Passivitätserscheinungen auf diesen
Umstand zurückzuführen [1]   Gegenüber dieser Hypothese hatte SCHÖNBEIN
keinen schweren Stand [2] mit seiner abweisenden Kritik, schon der eine Umstand, dass die schützende Wirkung Wochen und Monate dauert, schliesst
die Annahme aus, dass der Schutz von einer Flüssigkeitsschicht herrühren
könne, da eine solche durch Bewegung und Diffusion alsbald von der Oberfläche entfernt wurde

Aber auch gegen die von FARADAY ausgesprochene Ansicht erhob sich
SCHÖNBEIN, [3] indem er eine Reihe von Erscheinungen als nicht mit ihr in
Einklang zu bringen ansah   Zunächst hob er den vollkommenen, ja besonders hellen Glanz hervor, welchen ein passiver Eisendraht zeigt, allerdings will er dies nicht als einen unbedingten Widerspruch hinstellen   In
der That war es auch damals wohlbekannt, dass es Schichten von so geringer Dicke geben kann, dass sie noch nicht die Farben dünner Blättchen
zeigen, sondern farblos sind   Ferner hob er hervor, dass sich der passive
Zustand verliert, wenn man das Eisen in verdünnte Salpetersäure bringt,
lässt man es aber unter diesen Umständen als Anode wirken, so bleibt es
passiv   Die Erklärung nach FARADAY liegt nahe   verdünnte Salpetersäure
löst die Oxydschicht langsam auf, dient aber das Eisen als Anode, so wird
die Schicht immer wieder erneuert, und das Eisen muss passiv bleiben
Ferner bezweifelt SCHÖNBEIN, dass beim Passivwerden in concentrirter Salpetersäure sich eine Oxydschicht bilden könne   Dieser Zweifel ist unbegründet,

----

[1] POGG Ann **39**, 330 1836   [3] POGG Ann **39**, 342 1836
[2] POGG Ann **39**, 137 1836

auch beim Oxydiren des Eisens mit verdunnter Salpetersaure scheidet sich
sehr leicht ein Oxyd aus, welches in Salpetersaure unloslich ist   Auch
glaubt SCHONBEIN das abwechselnde Aktiv- und Passivwerden nicht mit
FARADAY's Ansicht reimen zu konnen   Bei Berucksichtigung des Umstandes
indessen, dass die Auflosung der von der mittelstarken Saure gebildeten
Schicht nicht augenblicklich erfolgen kann, lasst sich auch eine durchaus
plausible Vorstellung von diesem Pulsiren gewinnen

FARADAY antwortete unmittelbar auf die Angriffe SCHONBEIN's in einem
Briefe an den Herausgeber des Philosophical Magazine,[1] ohne indessen viel
auf die Einzelheiten seiner Erklarung einzugehen   Vielmehr betonte er,
dass er mit SCHONBEIN darin ganz einverstanden sei, dass noch vieles an der
Erscheinung der Erklarung bedurfe   Er hatte nur keine bessere Erklarung
inzwischen ausfindig machen konnen   Auch wollte er nicht behaupten, dass
der Uberzug gerade aus einem der bekannten Eisenoxyde bestehe, vielmehr
scheine ihm der Zustand der „eines sehr feinen Gleichgewichtes zu sein",
auf welches auch die Erscheinungen des Pulsirens hindeuten

An diese anfanglichen Arbeiten schlossen sich noch manche andere an,
ohne zu der Entwickelung des Ganzen viel beizutragen, und die Frage ist
bis auf den heutigen Tag noch einigermaassen controvers geblieben   Indessen muss doch betont werden, dass die von FARADAY gegebene Erklarung
bei weitem die beste ist, welche bisher hat ausfindig gemacht werden konnen;
fugt man die sehr wahrscheinliche Annahme hinzu, dass die gebildete Oxydschicht die Eigenschaft metallischer Leitung besitzt, wie sie beispielsweise
am Manganhyperoxyd vorhanden ist, so erscheint es allerdings moglich, von
allen Einzelheiten dieser so uberaus mannigfaltigen Verhaltnisse genugende
Rechenschaft zu geben, wenn auch messende Versuche, die bisher noch
nicht vorhanden sind, allein genauer werden sagen konnen, was im Augenblicke der Passivirung mit dem Eisen vorgeht.

53 Theoretische Verwerthung der Passivitatserscheinung Als
einen „neuen Beweis für den chemischen Ursprung der VOLTA'schen Elektricitat" fuhrt SCHONBEIN[2] den folgenden Umstand an   „Bringt man einen
passiven Eisendraht in Beruhrung mit Platin in eine Auflosung von schwefelsaurem Kupferoxyd, so scheidet sich an dem letzteren Metalle auch keine
Spur von Kupfer aus, wird aber der passive Eisendraht in besagter Flussigkeit zur chemischen Thatigkeit, d h zur Oxydation und Kupferfallung bestimmt (z B durch Beruhrung mit einem gewohnlichen Eisendraht innerhalb
der Losung), so erscheint in dem gleichen Augenblicke das Platin mit einem
Kupferhautchen uberzogen   Wurde nun durch den blossen Contact zwischen
Platin und Eisen das elektrische Gleichgewicht gestort werden, so musste
nothwendig beim Eintauchen beider Metalle in die Kupfersalzlosung ein
elektrischer Strom entstehen, und in Folge seiner Richtung am sogenannten
negativen Platin sich Kupfer absetzen, was aber, wie schon bemerkt, nicht

[1] Phibos Mg. 10 175 1837   [2] POGG Ann 39. 351 1836

geschieht. Aus der Abwesenheit jeder chemischen Wirkung dieser einfachen Kette auf das elektrisch so leicht zersetzbare Kupfersalz lässt sich auch auf die Abwesenheit eines elektrischen Stromes schliessen. Wollte man annehmen, ein solcher sei dennoch vorhanden, aber zu schwach, um eine chemische Zersetzung zu veranlassen, so muss eine solche Meinung gänzlich aufgegeben werden, wenn man das Galvanometer zu Rathe zieht. Wird mit dem einen seiner Drahtenden ein Platindraht, mit dem anderen ein passiver Eisendraht verbunden, und taucht man dann beide Metalle in die Kupferauflösung, so zeigt sich das Galvanometer nicht im mindesten afficirt, setzt man aber auf irgend eine Weise den passiven Eisendraht in chemische Thätigkeit, durch heftige Erschütterung z. B. oder durch Berührung mit einem aktiven Metalle, so wird im gleichen Augenblicke die Nadel bewegt werden und das Vorhandensein eines elektrischen Stromes angezeigt sein.

Die beständige Gleichzeitigkeit beider Erscheinungen setzt aber eine Abhängigkeit der einen von der anderen voraus, beweist mit anderen Worten, dass der Quell der Volta'schen Erscheinungen nicht die Berührung heterogener Stoffe, sondern die chemische Thätigkeit, und hauptsächlich die Oxydation ist."

54 Passivität anderer Metalle. Weitere Passivitätserscheinungen lehrte Th. Andrews[1] kennen, indem er das Vorhandensein dieser Eigenschaft an Wismuth und Kupfer nachwies, wenn sie in Berührung mit Platin in concentrirte Salpetersäure gebracht wurden. Ein Fortschritt gegenüber den älteren Beobachtungen wurde insofern gemacht, als Andrews zeigte, dass wenn das Wismuth als Anode einer etwas stärkeren Batterie gebraucht wurde, es sich allerdings löste, nur in anderer Weise, als bei der gewöhnlichen Einwirkung der Säure, und ohne Gasentwickelung. Auch Eisen verhält sich so. Beim ersteren findet auch langsame Lösung statt, wenn es sich in Salpetersäure von 1,5 specifischem Gewicht befindet, wo es sofort passiv wird.

Andrews fasst die Gesammtheit seiner Beobachtungen in den Satz zusammen: „Der Contact eines elektronegativen Metalles erhöht die gewöhnliche Wirkung einer Sauerstoffsäure auf ein positives Metall, wenn die Säure so verdünnt ist, dass es durch Wasserzersetzung oxydirt wird, dagegen verzögert oder vernichtet er diese Wirkung, wenn die Säure so concentrirt ist, dass jenes Metall vermöge der Zersetzung der Säure selbst oxydirt wird."

Die Beobachtungen von Andrews wurden durch Schönbein[2] geprüft und bestätigt. Indessen ergab sich einiger Unterschied zwischen beiden, während das Eisen fast ganz ohne Wirkung auf Salpetersäure bleibt, wenn es passiv geworden ist, setzt sich die Auflösung beim Wismuth noch fort, nur mit bedeutend verminderter Geschwindigkeit. Es zeigt sich dies daran, dass der Strom zwischen Eisen und Platin in Salpetersäure für ein gewöhnliches

---

[1] Philos. Mag. 12. 305. 1838 — Pogg. Ann. 45. 121. 1838

[2] Pogg. Ann. 43. 1. 1838

Galvanometer aufhört, sowie die Passivität eingetreten ist,[1] beim Wismuth folgt auf den ersten starken Ausschlag ein schwacherer, aber dauernder in gleichem Sinne. Auch verliert Eisen seinen passiven Zustand, wenn es mit passivem Wismuth unter Salpetersäure zusammengebracht wird, was eine allgemeine Eigenschaft „positiver" Metalle ist. Endlich verhält sich das Wismuth insofern abweichend, als es sich mit Sauerstoff, bezw. mit Anionen verbindet, wenn es als Anode in einem Stromkreise benutzt wird, während Eisen sich unter solchen Umständen wie Platin verhält, und den Sauerstoff frei entweichen lasst.

Einige weitere interessante Beobachtungen am passiven Wismuth, welche inzwischen nicht weiter untersucht worden sind, während sie wohl verdienen, eingehender erforscht zu werden, können hier nicht erörtert werden. In den Arbeiten Schönbein's sind noch zahllose andere derartige Beobachtungen enthalten, und die Durchsicht derselben gewährt noch heute eine unerschöpfliche Ausbeute an merkwürdigen Thatsachen und verfolgungswerthen Problemen.

Auch vom Kobalt und Nickel giebt Schönbein[2] an, dass sie sich wie Eisen verhalten.

Weitere Untersuchungen über diese Frage, welche zu wesentlichen Aufklärungen geführt hatten, sind aus unserer Zeit nicht mehr anzuführen, wenn auch noch zahlreiche Veröffentlichungen darüber sich in den Zeitschriften finden, und die Forschung ist über den von Faraday (S 701) gewonnenen Standpunkt nicht hinausgelangt.

55 **Flüssigkeitsketten Nobili** Durch die Bemühungen der Vertreter der chemischen Theorie waren die Fälle, in denen messbare elektrische Wirkungen aller Wahrscheinlichkeit nach durch die Wechselwirkung flüssiger Leiter ohne alle Theilnahme von Metallen entstehen, ziemlich zahlreich geworden, wenn auch ein unzweifelhafter Nachweis solcher Erregungen nur in wenigen Fällen erbracht worden war. Denn in den meisten Fällen kamen daneben noch Berührungen mit Metallen in Frage, welche nicht ausgeschaltet waren, so dass verhältnissmässig spät der einwurfsfreie Nachweis geführt wurde, dass es wirklich reine „Flüssigkeitsketten" giebt.

Dieser Beweis wurde von Nobili[3] beigebracht, welcher auch auf die erforderliche Gleichförmigkeit seiner Elektroden, sowie darauf Rücksicht nahm, dass diese nur mit gleichartigen Flüssigkeiten in Berührung kamen, eine Maassregel, welche z B Becquerel fast immer vernachlässigt hatte

„Ich fülle zwei kleine Gläser, welche ich A und B nennen will, mit einer Lösung von Salpeter, und ich tauche die Enden meines Galvanometers hinein, welche aus zwei kleinen Platinplatten bestehen. Ich nehme dann ein drittes Glas C, und giesse etwas Salpetersäure hinein. Die Verbindungen stelle ich durch zwei Bügel von Asbest her, welche ich mit der Lösung der Gläser A und B tränke. Mit einem dieser Bügel stelle ich eine Ver-

bindung mit einem der Gefässe her, z. B. mit dem, welches ich A genannt
habe, in der Hand halte ich den zweiten Bügel, nachdem ich in eines seiner
Enden ein Stück kaustischen Kalis gebracht habe, welches ich zunächst
durch Befeuchten mit der in den Gefässen A und B enthaltenen Lösung
leitend gemacht habe. Schliesslich bringe ich das Alkali mit der Salpetersäure in Berührung in dem Augenblicke, wo ich das andere Ende des Ver-
bindungsbügels in das Gefäss B getaucht habe. Die chemische Wirkung
beginnt alsbald, und die Nadel meines Multiplicators begiebt sich bei ihrer
ersten Schwingung auf 40 bis 45°, indem sie einen Strom anzeigt, welcher
in der leitenden Flüssigkeit von dem Alkali zu der Säure geht. Ich trage
Sorge, vor und nach dem Versuche die Gleichförmigkeit der Platinplatten
zu messen, in die mein Galvanometer ausläuft. Der grösseren Sicherheit
wegen pflege ich dem Stromkreise zwei andere Gläser A' und B' einzu-
fügen, um in diese die Verbindungsbügel zu senken, die in die Gläser A
und B tauchenden Platinplatten sind auf diese Weise gänzlich gegen jede
von der Säure oder dem Alkali herrührende Änderung geschützt, da diese
sich in so grosser Entfernung befinden. In jedem Falle hat man durch die
Umkehrung des Stromkreises ein unmittelbares Mittel, die Ergebnisse zu
bewahrheiten.

„Bei diesen Versuchen sind die alkalischen und erdigen Stoffe im festen
Zustande wirksam, gelöst geben sie eine sehr viel schwächere Wirkung, und,
was ziemlich sonderbar ist, eine Wirkung, die häufig die entgegengesetzte von
der ist, welche sie im festen Zustande hervorbringen. Diese Umkehrung ist
mir beim Kalkwasser beständig erschienen. Es ist dies ein unerwartetes
Ergebniss, welches beim eingehenden Studium sich dem Geiste der elektrochemischen Theorieen wenig günstig erweisen dürfte.“

Auf die weiteren Darlegungen Nobili's, in welchen auf die von Becquerel
und Anderen begangenen Fehler bezüglich der widerspruchsfreien Anordnung
der Flüssigkeitskette aufmerksam gemacht wird, braucht hier nicht eingegangen zu werden, ebensowenig auf seine weiteren Messungen, zu denen
er selbst bemerkt, dass sie keine vergleichbaren Werthe ergeben, weil die
Beschaffenheit des benutzten Stromkreises wechselnd war. Dagegen verdient
Erwähnung, dass Nobili auch Ströme bei der Auflösung von Salzen und
der Ausführung doppelter Zersetzungen gesehen hat, die letzteren waren
allerdings gering und von unbeständiger Richtung. Die von ihm bei dieser
Gelegenheit gleichfalls angegegebenen thermo-hydro-elektrischen Ströme
waren nicht neu, sondern schon lange vorher von Schweigger beobachtet
worden (S 303)

56 Fechner über Flüssigkeitsketten. Wohl nicht ohne den
Wunsch, die von Nobili angedeuteten Schwierigkeiten für die chemische
Theorie zur Geltung zu bringen, hat dann zehn Jahre später Fechner die
Untersuchung der reinen Flüssigkeitsströme unternommen [1] Das Verfahren

---

[1] Pogg. Ann. **48** 1 1839

war im wesentlichen das gleiche wie das von NOBILI: „In Fig. 186 sind
a, b, A, B vier Glasgefässe. Die Gefässe a und b wurden mit einer und
derselben Flüssigkeit gefüllt, und die an den Enden des Multiplicators befindlichen Platten, in der Regel Platinplatten, hineingestellt. Sie mögen die
zuleitenden Gefässe heissen. A und B dienten zur Aufnahme
der Flüssigkeiten, deren Wirkung auf einander geprüft werden
sollte. Sie sollen die erregenden Gefässe heissen. 1, 2
und 3 sind kleine heberförmige, mit capillaren Öffnungen
versehene Röhren (Fig. 187), welche dazu dienten, die Communication zwischen den Gefässen auf die in der Figur angedeuteten Weise zu vermitteln."

Fig. 186.
Nach FECHNER.

FECHNER schildert nun weiter die Vorsichtsmaassregeln, welche er bei der
Anstellung der Versuche beobachtet hat. Die wichtigste von ihnen bezieht
sich auf die Gleichförmigkeit der als Elektroden benutzten
Platinplatten. Nach der mechanischen Reinigung zeigten sie
sich häufig noch verschieden: „Trotz äusserster Sorgfalt in
der Reinigung der beiden Platten habe ich es wohl kaum je

Fig. 187.
Nach FECHNER.

dazu gebracht, dass sich nicht ein kleiner Ausschlag gezeigt
hätte, ja oft war er nicht unbedeutend, letzteres gewiss, wenn die Reinigung
nach vorhergehenden Versuchen nicht auf das Sorgfältigste, mit Vermeidung
jeder fremden Berührung, ausser durch das Reinigungsmittel bewerkstelligt
worden war; auch war er dann oft bleibend. Sonst aber pflegte sich der
Ausschlag allmählich zu verlieren, und die Nadel dann genau den Stand
anzunehmen, den sie ohne Schluss des Multiplicators mit den Platten annahm: ein Beweis, dass meine Platinplatten der Substanz nach vollkommen
homogen sind.... Nie wurden die Versuche eher begonnen, als bis dieser
Punkt völliger Homogenität erreicht war; was mir einige Male viel Zeit und
Mühe durch oftmalige Wiederholung der Reinigung gekostet hat."

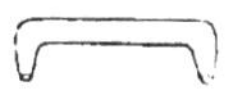

Die ersten Versuche, welche FECHNER anstellte, beziehen sich auf die
BECQUEREL'sche Kette. Er fand, dass in der That, wenn er Salpetersäure
und Kali zwischen Salpeterlösungen in den zuleitenden Gefässen zu einem
Kreise schloss, ein Ausschlag nach der einen Seite der Säure erfolgte.[1] Als
dagegen Salpeterlösung eingeschaltet wurde, erschien kein Ausschlag. „Aus
diesen Versuchen scheint gefolgert werden zu müssen: „a) dass die chemische
Wirkung Antheil an der Strömung hatte, b) dass die Kraft der BECQUEREL'-
schen Kette wirklich auf dieser Wirkung beruht. Wir werden indessen durch
den Verfolg der Versuche sehen, wie beide Folgerungen in Nichts zerfallen."

---

[1] Die Bedeutung dieser Bezeichnung erläutert FECHNER wie folgt durch ein Beispiel:
„Die zuleitenden Gefässe, in welchen die Platinplatten stehen, seien mit Salpeterlösung, das
Gefäss A mit Salpetersäure, das Gefäss B mit Kali gefüllt. Der Strom geht hier in den erregenden Gefässen vom Kali zur Salpetersäure, und der Ausschlag erfolgt mithin so, als wenn
die in das Gefäss a tauchende Platte negativ gegen die andere wäre, wenn man sich den Strom
durch die Wirkung der Platten erregt dächte. Dies kurz zu bezeichnen, sage ich: der Ausschlag erfolgt nach der Seite der Salpetersäure."

FECHNER zeigt zunächst, dass wegen der Symmetrie der Anordnung kein Strom entstehen kann, wenn sowohl in den zuleitenden Gefässen, wie in dem mittleren Heber Salpeter sich befindet. Wenn die Flüssigkeit in den zuleitenden Gefässen durch Brunnenwasser ersetzt wurde, wodurch die vollkommene Symmetrie aufgehoben wurde, so entstand wieder ein Strom. An einer grossen Reihe weiterer Beispiele zeigte er, dass diese Bedingung immer für die Strombildung maassgebend ist.

Die Kraft der Kette war gering und schwer zu messen, da die Platinplatten sich schnell polarisirten. Indessen führte FECHNER doch Messungen aus, um sie mit der Kraft zu vergleichen, welche mittelst der Anordnung von BECQUEREL (Platinplatten in Kali und Salpetersäure zu beobachten war. Dabei ergab sich die letztere Kraft etwa 70 Mal grösser, als die erstere, und FECHNER schloss mit Recht daraus, dass die BECQUEREL'sche Kette ihre Kraft wesentlich der Wirkung der beiden verschiedenen Flüssigkeiten auf das Platin verdanke. Dies liess sich dadurch bestätigen, dass sich die Kraft als in höchstem Grade abhängig von der Natur der Metalle erwies, welche man mit den beiden Flüssigkeiten in Berührung brachte. Wird endlich die Flüssigkeitskette so angeordnet, dass die zuleitenden Gefässe Kali enthalten, so giebt sie einen Strom, der dem entgegen gerichtet ist, welcher durch die Einwirkung der Säure auf das Kali nach BECQUEREL erfolgen sollte. Das gleiche findet statt, wenn man Salpetersäure in die zuleitenden Gefässe nimmt.

Wurde die Zahl der Verbindungsheber zwischen Säure und Alkali vermehrt, so nahm die Wirkung nicht zu, obwohl der chemische Vorgang eine Verstärkung erfuhr, auch dies sieht FECHNER als einen Beweis gegen die chemische Theorie an, und es ist jedenfalls einer gegen die Auffassung von BECQUEREL.

Ebensowenig wirkte eine grössere oder geringere Vermischung durch Unterschiede, die man dem Stande der beiden sich berührenden Flüssigkeiten gab.

FECHNER geht schliesslich zu der Mittheilung einer grossen Zahl einzelner Messungen mit den verschiedenartigsten Zusammenstellungen über. Ergebnisse allgemeinen Charakters hat er aus ihnen nicht ziehen können, wie denn auch die endlichen Schlussfolgerungen aus der Gesammtheit der Versuche darauf hinauslaufen, dass man Sicheres überhaupt nicht sagen könne. „Die Ansicht, welche ich über diese Gegenstände für die wahrscheinlichste halte, ist die a) dass die Flüssigkeiten unter einander und mit den Metallen ebensogut elektromotorisch wirken können, als die Metalle unter einander, und unter demselben Gesetz der galvanischen Spannungsreihe stehen,[1] b) dass daher, wenn man nur den nächsten Erfolg der Berührung in Betracht ziehen wollte, keine Strömung in Ketten aus Flüssigkeiten und Metallen, sondern bloss ein Gleichgewichtszustand wie wenn die Flüssigkeit

---

[1] FECHNER hat übersehen, dass das Gesetz der Spannungsreihe hier unmöglich gelten kann, da sonst überhaupt keine Ketten möglich wären, wie schon VOLTA klar erkannt hatte.

Quecksilber ist" entstehen wurde,   c) dass durch die entgegengesetzte
Elektricität, welche an den Berührungsflächen entsteht, secundäre Effekte
chemische und ähnliche Wirkungen zwischen den Metallen und den zusammengesetzten Flüssigkeiten hervorgehen, welche jenen Gleichgewichtszustand aufheben,   d dass der zusammengesetzte Erfolg dieser secundären
Effekte im Allgemeinen der ist, dass für die Versuche am Condensator und
die Strömungswirkungen in geschlossenen Ketten dasselbe Resultat herauskommt, als wenn die Flüssigkeiten mit Vernachlässigung ihrer elektromotorischen Wirkung bloss Leiter wären und alles von der elektromotorischen
Wirkung der Metalle unter einander abhinge, so dass man, wo es sich nicht
darum handelt, auf den letzten Grund der Erscheinungen zurückzugehen,
bei dieser Darstellungsweise stehen bleiben kann "

Wie man sieht, ist an Stelle einer Besiegung der chemischen Lehre
etwas wie eine Insolvenzerklärung der Contacttheorie zu Tage gekommen,
gewiss eine unbeabsichtigte Wirkung bei dem eifrigen Anhänger dieser

Die Lehre von den Flüssigkeitsketten ruhte nach dieser Bearbeitung
eine lange Zeit, die Aufklärung der Quelle der hier stattfindenden elektromotorischen Wirkungen war, wie so manches, erst der jüngsten Zeit vorbehalten

57 Die Fortsetzung des Kampfes der Theorieen Wenn wir
von unserem gegenwärtigen Standpunkte aus das Werk Faraday's überschauen, so sollten wir geneigt sein, anzunehmen, dass mit demselben das
Wesentliche zur Theorie der galvanischen Erscheinungen gegeben war, und
der nachfolgenden Zeit nur übrig blieb, die gefundenen Grundlagen auszu-
bauen und zu erweitern So ist indessen die Entwickelung nicht verlaufen,
vielmehr dauert auch nach Faraday's Auftreten der Kampf der Meinungen
mit unverminderter Stärke fort, ja er nimmt an Heftigkeit eher zu als ab
Fragt man, woher diese Erscheinung rühren mag, so findet man nur den
einen Umstand, dass es an einem entscheidenden Versuch gegen die Contacttheorie noch immer fehlte Zwar liess sich nicht leugnen, dass Faraday
ein in sich geschlossenes und folgerechtes System der chemischen Theorie
des Galvanismus gegeben hatte Da aber, wie immer in einem lange dauernden Kampfe, es den Betheiligten allmählich unmöglich geworden war, die
Argumente des Gegners unbefangen zu würdigen, und von den verschiedenen
vorgeschlagenen Theorieen diejenige zu wählen, welche relativ die beste war,
sondern jeder den einmal gewählten Standpunkt mit allen Mitteln zu halten
sich bestrebte, so konnte es kommen, dass die Contacttheoretiker das Faraday'sche Gesetz zwar anerkannten, sein Gewicht zu Gunsten der chemischen
Theorie dagegen keineswegs zugeben wollten Zwar war durch dies Gesetz
der Proportionalität zwischen der Elektricitätsmenge und der Stoffmenge bei
einem elektrischen Strome durch einen Elektrolyten erwiesen, dass überhaupt keine Elektricitätsbewegung in einem Leiter zweiter Klasse stattfinden
kann, ohne dass ein entsprechender chemischer Vorgang mit dieser verbunden ist Der chemische Vorgang ist somit unlösbar mit dem elektrischen

verknüpft, und in der VOLTA'schen Kette kann nie der eine ohne den anderen stattfinden. Soviel mussten auch die Anhänger der Contactlehre zugeben, sie machten aber geltend, dass alles dies stattfinden könne, ohne dass die Grundlage ihrer Ansichten, dass zwischen den verschiedenen Metallen durch ihre blosse Berührung Spannungsunterschiede entstehen, dadurch erschüttert werde. Die Chemiker machten allerdings geltend, dass, wenn die chemischen Vorgange die „Kraft" für den elektrischen Process liefern und zeitlich untrennbar mit diesen verbunden sind, man keinen Grund habe, nach einer anderen Ursache der elektrischen Erregung zu suchen, als sie in der chemischen Verschiedenheit der Bestandtheile einer Kette gegeben ist, der Einwand der Gegner, dass der Condensatorversuch doch thatsächlich das Bestehen eines solchen elektrischen Spannungsunterschiedes erweise, liess sich jedoch nicht widerlegen, und die Contacttheorie somit nicht vernichten.

So sehen wir den Kampf noch längere Zeit andauern, und wenn er schliesslich nahezu aufhörte, so geschah dies nicht, weil er entschieden war, sondern weil die gegen einander gestellten Gründe bis zur Erschöpfung wiederholt worden waren, ohne dass einer von ihnen unbedingt durchgeschlagen hatte. Die ganze Angelegenheit wurde schliesslich der Zukunft überlassen, und noch gegenwärtig dürfte es eine nicht unbedeutende Anzahl von Anhängern der Contacttheorie geben, wenn auch nach der Meinung der Gegner bereits die letzten Vertheidigungswerke niedergelegt worden sind. Ein unzweifelhaftes Kennzeichen für den Weg, welchen diese Angelegenheit nehmen muss, liegt in dem Umstande, dass sich die Contacttheorie fast immer in der Defensive befunden hat, und dass sie der chemischen im Laufe der Zeit immer weitere Zugeständnisse hat machen müssen. Ein solcher Gang, der sich durch fast ein Jahrhundert verfolgen lasst, giebt keinen Raum für die Vermuthung, dass er sich noch einmal umkehren wird. Der verlorene Boden lässt sich nicht wieder gewinnen, und das Ende kann kein anderes sein, als dass infolge der immer sich vermehrenden Zugeständnisse endlich die Contacttheorie von der chemischen praktisch nicht zu unterscheiden sein wird.

Ein anderer Umstand kann hierbei allerdings auch nicht übersehen werden, der, dass die Vertreter der chemischen Theorie den ganzen Werth der FARADAY'schen Entdeckung für ihre Ansicht selbst nicht vollständig erfassten. Es ist schon dargelegt worden, wie der Entdecker selbst seinem Gesetze die Schärfe nahm, indem er irrthümlich die Möglichkeit einer metallischen Leitung neben der elektrolytischen in Leitern zweiter Klasse zugab, auch in der Folge sehen wir, dass nur langsam sich die Denkgewohnheit herstellt, vermöge deren keine Bewegung der Elektricität ohne die materieller Theilchen in solchen Leitern zugegeben werden darf. Die formale Seite eines solchen Gesetzes lässt sich verhältnissmässig leicht dem Gedächtniss einprägen und gegebenen Falls in Anwendung bringen, das beständige Bewusstsein der durch das Gesetz geregelten Verhältnisse muss dagegen erst langsam mittelst einer entsprechenden Anpassung erworben werden, und ein

solcher Vorgang braucht erfahrungsmassig auch bei einem gut entwickelten
Intellekt eine ziemlich beträchtliche Zeit Dies ist auch der Grund dafür,
dass selbst FARADAY zuweilen in der Anwendung seines eigenen Gesetzes
schwankt und Missgriffe begeht

58 OHM's Ansichten Auch OHM[1] hat in dem Kampfe der Meinungen
das Wort ergriffen, um seine Ansicht darzulegen Er war, wie schon erwähnt, ganz und gar Anhänger VOLTA's, und führte seine Vertretung von
dessen Lehre wie fast alle seine Gesinnungsgenossen mehr vertheidigend,
als fördernd, er wies nach, dass die von den Gegnern vorgebrachten Versuche nicht zureichend seien, um die VOLTA'sche Lehre zu widerlegen, zeigte
aber nicht, welche weiteren Aufschlüsse sich über das Problem selbst mit
Hülfe dieser Lehre erhalten lassen Über die Quelle eines grossen Theiles
der Meinungsverschiedenheiten äussert er sich in sehr sachgemasser Weise,
indem er sie der Benutzung des Multiplicators zuschreibt „Der Multiplicator
ist sowohl wegen seiner leichten Behandlung, wie auch wegen seiner lauten
Sprache, ein eminentes Mittel zur Entdeckung von wirkenden und die Wirkung verändernden Ursachen, aber er giebt seiner Natur nach in der Regel
nur eine summarische Anzeige von dem Vorgefallenen, und lässt uns fast
ganz in Ungewissheit hinsichtlich des einem jeden einzelnen Gliede beizu-
legenden Antheiles an der ganzen Wirkung, er pflegt in das von ihm zu
verkündende Resultat das Wo und Wie der einzelnen Veranlassungen dazu
nicht aufzunehmen Daher kommt es, dass die verschiedenen Beobachter
über dieses Wo und Wie so ganz verschiedener Meinung werden Denn
genau genommen, bleibt es der Willkür eines jeden überlassen, sich diese
beiden Dinge noch ganz beliebig zu dem gegebenen Resultat hinzuzudenken,
darum greift denn auch jeder gerade nach denen, die sein Auge am meisten
auf sich zu ziehen geeignet sind." In der That lässt sich kaum eine bessere
Charakteristik von der Beschaffenheit des Streites geben, und OHM bescheidet
sich denn auch, bindende Beweise zu Gunsten der von ihm vertretenen
Meinung beizubringen, er begnügt sich mit Wahrscheinlichkeitsbeweisen

Im Gegensatze zu den leicht zu erhaltenden, aber schwer zu entziffern-
den Aussagen des Multiplicators lobt er das Elektrometer, und in gewissem
Sinne mit Recht, denn es giebt in der Spannung eine viel einfachere elektrische Grosse, als die von mehreren Umständen abhängige Stromstärke.
Allerdings war er noch nicht gewahr geworden, wie auch die Angaben des
Elektrometers schliesslich verwickelterer Natur sind, als es auf den ersten
Blick erscheint, und dass sie insbesondere immer Summen mehrerer Spannungen sind, aus denen die Einzelwerthe sich gleichfalls nicht frei von Willkür
ableiten lassen

Über die chemische Theorie äussert sich OHM zunächst nur lobend·
Der grosse und zuweilen höchst überraschende Einfluss, den ein in der
Kette von selbst eintretender oder erst künstlich hervorgerufener chemischer

'rocess auf die Art und Grosse ihrer Wirkung aussert, zieht den Beobachter
gleichsam mit Gewalt zu der Ansicht hin, dass der chemische Process als
die Grundlage aller galvanischen Thatigkeit anzusehen sei, auch finden wir
in der That, dass von der Entdeckung der Volta'schen Saule an sich fast
alle Beobachter zu jener Ansicht hingeneigt, und kurzere oder langere Zeit
bei ihr verweilt haben   Die genaue Kenntniss des elektrischen Zustandes
einer geschlossenen Kette scheint vollig geeignet zu sein, den hier angeregten Streitpunkt, welcher bis jetzt noch immer Stimmen fur und wider
sich gefunden hat, bis zu seiner endlichen und unwiderruflichen Entscheidung
zu fuhren "

Man kann in der That den Mittelpunkt der Frage nicht scharfer bezeichnen, als es hier geschehen ist, nur ist allerdings die Losung der Aufgabe mit ebendenselben Schwierigkeiten verknupft, welche eben fur das
Galvanometer erortert worden sind   Auch das Elektrometer giebt die gesuchten Werthe stets als Summen, und es ist nicht moglich, aus den Beobachtungen desselben allein die Entscheidung zu finden   Ein Beweis dafur ist,
dass noch bis auf den heutigen Tag Meinungsverschiedenheiten daruber bestehen, an welchen der vier verschiedenen Beruhrungsstellen einer gewohnlichen Kette, z B einer Daniell'schen, die Spannung sitzt, oder vielmehr,
wie die gesammte Spannung sich auf diese Stellen vertheilt

Ohm entscheidet sich auf Grund der mehrfach erwahnten Thatsache,
dass Ketten mit Sauren dieselbe Spannung haben, wie solche mit indifferenten
Elektrolyten, gegen die chemische Theorie, und giebt noch eine weitere
Ausfuhrungsform des Versuches von Berzelius (der mit dem Fechner'schen
experimentum crucis identisch ist) an, welche zeigt, dass in einem Element
aus Kupfer in verdunnter Salpetersaure und Zink in Zinknitratlosung der
Strom wie gewohnlich geht, obwohl das Kupfer das angegriffene Metall ist,
„und das Zink auf der anderen Seite seinen Metallglanz unverandert beibehalt" Wenn Ohm seinen Zinkstab vor und nach dem (hinreichend lange
ausgedehnten) Versuche gewogen hatte, so hatte er sich allerdings uberzeugen konnen, dass das Zink aufgelost wird, wenn es auch seinen Metallglanz beibehalt, und wenn auch die benutzte Losung fur sich keine Wirkung
auf Zink aussert

Die Unzulanglichkeit der gegen die Beweiskraft dieses Versuches durch
de la Rive erhobenen Einwande S 448) weiss Ohm sehr scharf zu beleuchten,
und er weist die Behauptung de la Rive's, dass die Wirkung wesentlich
auf der Beruhrung der beiden Losungen beruhe, durch quantitative Versuche zuruck, aus denen sich ergiebt, dass die Wirkung nur $\frac{1}{20}$ von dem
gesammten Strome betragen kann, wenn man die von de la Rive gemachten
Voraussetzungen annimmt

Um die Volta'sche Ansicht durchfuhren zu konnen, muss Ohm freilich
auf die Beruhrung zwischen Metall und Flussigkeit als eine wesentliche Quelle
von Spannungen hinweisen   Er tadelt die Gegner ziemlich bitter, dass sie
diesen von Volta schon betonten Gesichtspunkt unbeachtet gelassen hatten.

indessen ist Volta in der That nicht so schuldlos, wie Ohm ihn erscheinen lassen möchte. Wenn er diese Wirkung nicht für nahezu Null gehalten hätte, wäre er nicht berechtigt gewesen, sich beständig feuchter Leiter unter der Voraussetzung zu bedienen, dass sie nur ableiten, nicht erregen, und gerade die ausgiebige Anwendung, welche Volta und seine Nachfolger von diesem experimentellen Hülfsmittel gemacht haben, ist die Ursache, warum der Vorwurf der Vernachlässigung dieser Grösse von Seiten der Chemiker nicht verstummen will.

59. Schönbein's Tendenz-Theorie. Die befruchtende Wirkung, welche unerwartete und mit den vorhandenen Ansichten im Widerspruch stehende Thatsachen auf die Ausbildung eben dieser Ansichten üben können, tritt in recht anschaulicher Weise in einer Arbeit hervor, in welcher Schönbein[1] von einigen Beobachtungen über die elektromotorische Wirkung der Hyperoxyde Rechenschaft giebt. Die auffallend negative Stellung des Braunsteins oder Manganhyperoxydes war schon Volta bekannt, später theilte Munck af Rosenskiold mit, dass auch Bleihyperoxyd in gleichem, ja noch stärkerem Sinne wirkt. Schönbein fand im Silberhyperoxyd einen weiteren, und zwar den stärksten Repräsentanten dieser negativen Hyperoxyde. Wenn man nun einen mit Hyperoxyd überzogenen Platindraht mit einem reinen in Salpetersäure schliesst, so findet ein Strom statt, und das Hyperoxyd löst sich in der Säure auf. Diese Erscheinung steht nun in einem auffälligen Gegensatze zu der üblichen chemischen Theorie, denn zwischen Salpetersäure und den genannten Hyperoxyden findet keine irgend bekannte chemische Wirkung statt, und dennoch erscheint ein Strom.

Um nun diesen Widerspruch zu heben, entschloss sich Schönbein zu einer sehr bemerkenswerthen Änderung der chemischen Theorie, welche zwar die dauernde Fassung derselben noch nicht ergab, sich dieser aber doch im richtigen Sinne annäherte. Da Schönbein's Ansichten möglichen Missverständnissen sehr ausgesetzt sind, so sollen sie mit seinen eigenen Worten wiedergegeben werden, zumal sie von einiger Bedeutung für die Entwickelung der chemischen Theorie geworden sind.

„Gewöhnlich sagt man, Stoffe, welche in inniger Berührung stehen, wirken nicht chemisch auf einander, wenn sie nicht eine bestimmte, unterscheidbare Verbindung mit einander eingehen, oder wenn, falls wir es mit zusammengesetzten Materien zu thun haben, die eine nicht unter dem Einflusse der anderen zerlegt wird, überhaupt, wenn die Berührung der Substanzen keine qualitative Veränderung nach sich zieht . . . Würden wir aber, indem wir ein solches Urtheil fällen, sagen, dass die beiden fraglichen Materien bei ihrer Berührung durchaus gar keine chemische Aktion auf einander üben, dass sie sich absolut unthätig gegen einander verhielten, so würden wir etwas behaupten, nicht nur wozu wir durchaus kein Recht hatten, sondern etwas, was höchst unwahrscheinlich wäre und mit aller Analogie im

Widerspruch stände. Es lässt sich wohl als chemisches Axiom der Grundsatz aufstellen, dass, so oft verschiedenartige Materien in Conflict gerathen, auch zwischen denselben chemische, je nach der verschiedenen Beschaffenheit der Materien mehr oder weniger intensive Anziehungskräfte ins Spiel kommen, mögen letztere irgend eine chemische Verbindung oder Trennung veranlassen oder nicht.

„Ja wir müssen sogar in den Fällen, wo ein chemisches Resultat wirklich erzielt wird, annehmen, dass, bevor dasselbe statt hat, das Spiel der chemischen Ziehkräfte bereits begonnen habe, dass dem aktuellen ein potentieller chemischer Process vorausgegangen sei, da ersterer nur eine Wirkung des letzteren ist."

Schönbein geht nun zu der Auseinandersetzung einiger Beispiele über, welche die vorgetragene Theorie erläutern. Er betrachtet das Beispiel Wasser, Schwefelsäure und Zink, und legt dar, wie der Sauerstoff des Wassers schon Anziehung zum Zink äussere, noch bevor es zu einer Verbindung kommt, und wie zu dem Zinkoxyd die Schwefelsäure Verwandtschaft äussere, bevor es sich noch gebildet hat, „diese chemischen Anziehungskräfte müssen als vorhanden betrachtet werden, und sie sind es, welche das elektrische Gleichgewicht stören, ehe die wirkliche Oxydation des Zinks erfolgt. Versteht sich von selbst, dass die Entbindung der Elektricität auch während des Aktes der Verbindung des Metalles mit dem Sauerstoff fortdauert."

Auf Grund dieser Annahmen hat nun Schönbein keine Schwierigkeiten, die beobachteten Erscheinungen, welche er noch in mannigfaltiger Weise seiner Gewohnheit gemäss variirt, zu erläutern. Die Frage, wie der Zusammenhang zwischen der chemischen und der elektrischen Thätigkeit zu verstehen sei, erklärt er nicht beantworten zu können, und stellt sie mit Recht auf den gleichen Boden, wie die Annahme der Voltaisten, dass bei der Berührung der Stoffe die Elektricitäten getrennt würden. Nachdem er sich so mit diesen auseinandergesetzt, kennzeichnet er sein Verhältniss zu den bisherigen „Chemikern", welche das Auftreten der Elektricität von dem Statthaben einer sichtberen chemischen Wirkung abhängig machen. „Ich hingegen behaupte, dass schon die blosse Tendenz zweier Körper, sich chemisch zu verbinden, deren elektrisches Gleichgewicht stört, wenn auch keine wirkliche Vereinigung derselben erfolgt. Allerdings nehme ich zu gleicher Zeit an, und die Erfahrung rechtfertigt diese Annahme, dass ein Strom, der in Folge einer wirklichen Verbindung zweier Stoffe entsteht, unendlich grosser und stärker ist, als derjenige, der nur durch die Tendenz der gleichen Materien nach Vereinigung hervorgerufen wird."

Die hier von Schönbein in den noch ziemlich unbehülflichen Formen seiner Zeit dargelegten Ansichten über den Zusammenhang des elektrischen Stromes der Volta'schen Kette mit den „potentiellen" chemischen Vorgängen in derselben nähern sich in ganz auffälliger Weise den Vorstellungen, zu welchen die letzten Entwickelungen der Wissenschaft uns in jüngster Zeit geführt haben. Auch die heutige Forschung steht auf dem Standpunkte dass jeder mögliche chemische Vorgang in bestimmtem Sinne auch wirklich ist, d. h. in einem allerdings meist sehr geringen, aber doch noch oft innerhalb des Gebietes des Messbaren liegenden Umfange stattfindet. Schönbein hatte den eingeschlagenen Weg nur noch messend verfolgen müssen, was freilich der ganzen Art seines Geistes wenig entsprechend war, um zu der Erkenntniss zu gelangen, dass die „wirklichen", d. h. ohne Zuthun des Stromes in der Kette stattfindenden chemischen Vorgänge für die Strombildung daselbst werthlos sind, und dass nur die von ihm angenommenen potentiellen Processe die Strombildung bewirken. Insbesondere hat er das Verhältniss seiner Ansichten zu dem Faraday'schen Gesetz im Unklaren gelassen, eine folgerechte Durcharbeitung seines Gedankens in dieser Richtung wäre das beste Mittel zu seiner Klärung und Stärkung gewesen.

Zu der Zeit der Aufstellung seiner Theorie war Schönbein freilich noch ziemlich weit von dieser Klärung entfernt, wie aus einer bald hernach[1] veröffentlichten zweiten Arbeit hervorgeht, in welcher er für die durch chemische „Tendenz" erregten Ströme den Ausdruck „Tendenzströme" vorschlägt. Der besondere Anlass des Aufsatzes interessirt uns allerdings nicht sonderlich — er handelt von den sehr schwachen Strömen zwischen Platin und passivem Eisen — wohl aber der Nachweis, dass fast alle Metalle, auch die nicht wasserzersetzenden, nämlich Zink, Kadmium, Kupfer, Blei, Zinn, Silber, Quecksilber, wenn man sie mit Platin und Wasser zu einem Kreise schliesst, einen dauernden Strom geben. Hier kommt also, obwohl sich die Metalle unter diesen Umständen nicht unmittelbar oxydiren, doch wegen der chemischen Tendenz der Strom zu Stande, was für Schönbein ein Argument zu Gunsten seiner, und gegen die Theorie von de la Rive ist. Freilich verdirbt er wieder einen Theil seiner Wirkung durch die Annahme des von Faraday begangenen Irrthums, dass schwache Ströme durch einen Elektrolyt gehen können, ohne ihn zu zersetzen, welche Eigenschaft er gerade für seine Tendenzströme in Anspruch nimmt. Faraday konnte ihm daher später mit Recht den Vorwurf machen, dass er ein dauerndes Phänomen, wie den Strom, durch einen blossen Zustand erklären wolle, was ein Widerspruch sei. Aber Schönbein hat im Laufe seiner späteren Entwickelung seinen Fehler zum Theil wieder gut gemacht, indem gerade er es war, der die Unhaltbarkeit der Annahme Faraday's nachwies, und zum ersten Male in aller Strenge darauf aufmerksam gemacht hatte, dass Stromleitung und Zersetzung im Elektrolyt ganz und gar untrennbare Vorgänge sind. Den Beweis für seine Behauptung erbrachte er vermittelst der Polarisationserscheinungen in einer auch für heute genügenden Weise. S. 671)

60. Pratt der Unvermeidliche. Wenn C. H. Pratt der Meinung gewesen war, dass die in seiner „Revision" vorgebrachten Versuche und Gründe die Frage zu einem Ende bringen würden, so hat er sich jedenfalls geirrt, denn inzwischen war die Hauptabhandlung Faraday's erschienen, und

die so oft schon vernichtete chemische Theorie stand kräftiger und angesehener da, als je zuvor   Mit unermüdlichem Eifer erhob er wiederum seine
Stimme,[1] um seine Fachgenossen zu warnen, und gleichzeitig stellte er eine
grosse Anzahl von Versuchen an, welche die Vereinbarkeit der Contacttheorie mit den Thatsachen und die Unrichtigkeit der chemischen Theorie
erweisen sollten

Zunächst ergab sich   dass bei Verbrennungsvorgängen sich im Allgemeinen durchaus keine elektrische Ladung des Elektrometers, auf dessen
Teller die Verbrennungen stattfanden, nachweisen liess

Ferner wurden zahlreiche Versuche über die Erregung zwischen festen
und flüssigen Leitern angestellt, und zwar unter Benutzung des Condensators   Leider hat Pfaff bei diesen Versuchen das, was er erst zu beweisen
hatte, nämlich dass bei der Berührung der Metalle mit Wasser oder dem
feuchten Finger keine Erregung eintritt, ohne weiteres vorausgesetzt, und
so den Versuchen alle Beweiskraft genommen   Der hier begangene metho-
dische Fehler wiegt um so schwerer, als Pfaff gerade bei diesen Arbeiten
ununterbrochen Gelegenheit hatte, sich davon zu überzeugen, dass zwischen
Flüssigkeiten und Metallen jedenfalls Spannungen entstehen, es war also
eine auch für den damaligen Standpunkt durch nichts gerechtfertigte Annahme, dass gerade bei der Berührung mit Wasser oder der undefinirbaren
Feuchtigkeit des Fingers solche Spannungen ausbleiben sollten   Demgemäss
war das, was er als Spannung der Metalle mit den von ihm verwendeten
Flüssigkeiten maass, nichts, als der Unterschied der Spannungen dieser Metalle mit den Flüssigkeiten einerseits und mit Wasser, bezw „Fingerflüssig-
keit" andererseits   Eine Angabe der einzelnen Ergebnisse ist demnach
überflüssig

Ein besonderes Gewicht legt Pfaff auf folgende Beobachtung   Es
wurde ein Zinkstreif für sich in verdünnte Schwefelsäure getaucht, und die
in einer gewissen Zeit entwickelte Wasserstoffmenge gemessen   Dann wurde
der Versuch wiederholt, aber indem der Zinkstreif mit einem Platinblech
verbunden wurde   Hierdurch löste sich viel mehr Zink, und ein Theil des
Wasserstoffes erschien am Platin   „In diesem Falle hatte wenigstens ein
Theil der Affinität, durch welche Zink aufgelöst und Wasserstoffgas an demselben entwickelt wird, auf das Platin übertragen worden sein, die Entwickelung des Wasserstoffgases am Zink vermindert und was daran fehlte, am
Wasserstoff entwickelt worden sein müssen   Aber an dem Zinkstreifen entwickelte sich in gleicher Zeit ebensoviel Wasserstoff, als zuvor, und ausserdem trat nun eine freilich viel geringere, gleichsam accessorische Entwickelung
von Wasserstoffgas am Platinblech ein   Beide Processe gingen also gleichsam
ganz unabhängig neben einander vor sich, der chemische Process nach wie
vor mit gleicher Stärke   und der von der durch die Berührung der Metalle unter einander fortdauernd in Strom versetzten Elektricität abhängige

---

[1] Pogg Ann **51**. 110 1840

Zersetzungsprocess, der unter der bestimmten galvanischen Form auftrat, indem der Wasserstoff sich am Platin, der Sauerstoff am Zink entwickelte. Es reicht hin, diese Thatsache ausgesprochen zu haben, um ihr ganzes Gewicht gegen die chemische Theorie und ihre Beweiskraft für die Contacttheorie zu erkennen"

Leider hat PFAFF unterlassen, den Punkt zu bezeichnen, welcher ihm eine so grosse Beweiskraft zu haben schien, thatsächlich war der angestellte Versuch eine schöne Erläuterung für die von DE LA RIVE vermuthete, wenn auch noch nicht mit Klarheit durchgeführte Verschiedenheit der für die Stromwirkung indifferenten örtlichen chemischen Wirkung, und dem mit dem Strom verbundenen und durch ihn vermittelten elektrochemischen Vorgange

Auch in Veranlassung der Mittheilung SCHÖNBEIN's über die GROVE'sche Kette, in welcher dieser die Erscheinungen derselben zu Gunsten der chemischen Theorie gedeutet hatte, liess sich PFAFF[1] über den gleichen Gegenstand aus, und wusste ihn, wie sich erwarten liess, zu einem experimentum crucis gegen die chemische Theorie zu verwerthen Das Experiment bestand darin, dass er an Stelle der Schwefelsäure eine Lösung von Zinksulfat in der GROVE'schen Kette anwendete, und die Wirkung keineswegs schwächer fand, die Verstärkung, welche er beobachtet haben will, ist wohl ein Irrthum Aus der Abwesenheit jedes ursprünglichen chemischen Vorganges in der ungeschlossenen Kette leitete nun PFAFF seinen entscheidenden Beweis her

Wie man sieht, handelt es sich um nichts mehr, als das FECHNER'sche experimentum crucis, d h den Versuch von BERZELIUS, in etwas abgeänderter Gestalt, und alles, was früher (S 449 und 485) über den Punkt gesagt worden ist, gilt auch hier Es ist dies ein weiteres Beispiel für die Unermüdlichkeit, mit welcher die alten Argumente immer wiederholt wurden, wenn neue nicht ausfindig zu machen waren

61 POGGENDORFF's Eintreten für die Contacttheorie Der von FARADAY an die Spitze seiner Untersuchungen über den Ursprung der VOLTA'-schen Elektricität gestellte Versuch S 550), bei welchem Zink und Platin einerseits durch verdünnte Schwefelsäure, andererseits durch Jodkaliumlösung verbunden wurden, worauf ein Strom ohne die Berührung verschiedener Metalle entstand, konnte natürlich von den Anhängern der Contactlehre so gedeutet werden, dass es sich um den Unterschied der Berührungswirkungen der beiden Flüssigkeiten mit den Metallen handelt Indessen bemerkt POGGENDORFF, welcher um diese Zeit begonnen hatte, seine bisherige Stellung zwischen den Parteien mit der eines entschiedenen Contactisten zu vertauschen,[2] dazu „Der Versuch ist so auffallend, und die davon gegebene Erklärung hat scheinbar so viel annehmliches, dass man sich nicht wundern kann, wenn die Anhänger der chemischen Theorie des Galvanismus darin

eine ganz vorzügliche Stütze ihrer Meinung zu erblicken vermeinen. Auf die Vertheidiger der Contacttheorie hat er dagegen wenig Eindruck gemacht, hauptsächlich wohl deshalb, weil sie geglaubt haben, bei den zahlreichen Einwürfen, die ausserdem der chemischen Theorie gemacht werden können, auf eine vereinzelt stehende, scheinbar für dieselbe sprechende Thatsache keine Rücksicht nehmen zu brauchen."

POGGENDORFF hat nun eine grosse Anzahl weiterer Fälle untersucht, und dabei die beistehend angedeutete Anordnung gebraucht, welche wohl ohne weitere Erklärung verständlich ist. Bei dieser Gelegenheit beschreibt er einen Apparat, welcher seitdem in vielen tausenden von Exemplaren hergestellt und angewendet worden ist: es ist dies die Klemmschraube (Fig. 189).

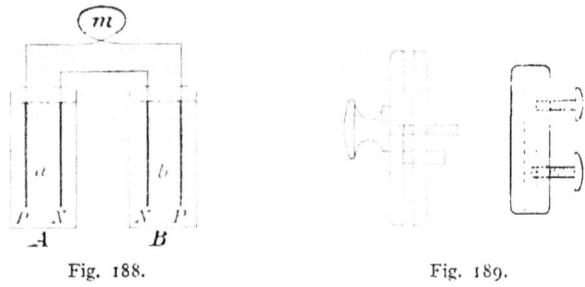

Fig. 188.   Fig. 189.

Nach POGGENDORFF.

Auch hier bedarf es keiner näheren Beschreibung. Die kleine Erfindung war von grosser Bedeutung, denn bis dahin besass man zur galvanischen Verbindung der Drähte und Platten nur das eine, unbequeme Mittel, den Quecksilbernapf.

Bei der Schilderung seiner Versuche erwähnt POGGENDORFF mit grosser Sorgfalt alle Vorsichtsmaassregeln, welche er hat nehmen müssen, um einigermaassen übereinstimmende Werthe zu erlangen. Insbesondere erwiesen sich die geringfügigsten Umstände bei der Behandlung der Metalle als von Einfluss auf die beobachteten elektromotorischen Kräfte; Verschiedenheiten beim Reinigen, Bewegen der Platten in der Flüssigkeit können die Ergebnisse nicht nur verändern, sondern sogar umkehren. Durch die weitere Geschichte der Versuche, messend in die Lehre von den elektromotorischen Kräften einzudringen, zieht sich unaufhörlich dieselbe Klage: die Unbeständigkeit der zu messenden Grössen. Es gehört zu den auffälligsten Erscheinungen in der Geschichte unseres Gebietes, dass eine auf die Frage gerichtete Untersuchung, unter welchen Umständen man constante und zuverlässige Werthe für diese wichtigen Grössen erhalten könne, lange Zeit überhaupt nicht angestellt wurde; man nahm die Unregelmässigkeiten als unvermeidlich in den Kauf. Die Schuld an dieser Vernachlässigung trägt zum grossen Theil die Contacttheorie. Indem nach dem Vorgange von FECHNER die bei der Berührung der Metalle auftretenden sichtbaren oder unsichtbaren Änderungen

ihrer Oberfläche als wichtige Erklärungsmittel für die von den Chemikern
geltend gemachten Beispiele chemischer Einflüsse benutzt wurden, lag es im
Interesse jener, auf solche Einflüsse immer wieder hinzuweisen, und man
gewohnte sich bald daran, diese Veränderlichkeit als etwas natürliches und
unumgängliches hinzunehmen. Erst sehr spät lenkte sich die Aufmerksamkeit auf den Umstand, dass die zunächst aus praktischen Gründen construirten constanten Ketten diesen Namen wirklich verdienen, und dass bei
ihnen von den bisher als unumgänglich angesehenen Verschiedenheiten nichts
übrig ist.

Dass Poggendorff bei Versuchen, die solchen Einflüssen ausgesetzt
waren, Ergebnisse erhielt, welche er als mit der chemischen Theorie nicht
im Einklange ansah, kann nicht Wunder nehmen. Er fasst seine Resultate
in die beiden Sätze zusammen. „Als Hauptresultat meiner Versuche hat
sich nun auf das Bestimmteste herausgestellt, dass . die Grosse der elektromotorischen Kraft im Allgemeinen durch jede dem Wasser zugesetzte
Substanz verändert wird, bald vergrössert, bald verringert, und zwar, was
wohl zu merken ist, durch dieselbe Substanz, dem Wasser in demselben
Verhältniss zugesetzt, für eine Metall-Combination vergrössert, und für eine
andere verringert wird.

„Ebenso wenig habe ich finden können, dass diese Kraft in einem geraden Verhältniss zu der Stärke der Verwandtschaft zwischen dem positiven
Metall und dem negativen Bestandtheil der Flüssigkeit stehe. Sie ist in
Fällen schwach, wo man diese Verwandtschaft für stark zu halten hat, und
zeigt sich dagegen stark, wo man nur eine schwache Verwandtschaft annehmen muss. Häufig entsteht sogar ein Strom, und bisweilen ein recht
kräftiger, wo nach dieser Verwandtschaft durchaus keine Wirkung zu erwarten wäre."

Wie weit hergeholt unter Umständen die Einwürfe gegen die chemische
Theorie ausfielen, wird aus einer weiteren von Poggendorff[1] gemachten Bemerkung ersichtlich. Zu anderen Zwecken war die Änderung der Stromstärke gemessen worden, welche im Kreise einer Grove'schen Zelle durch
Einschalten einer oder mehrerer Kupferplatten zwischen gesättigter Lösung
von Kupfervitriol entstanden war; bekanntlich ist diese sehr gering. Dadurch ergab sich, dass eine sehr bedeutende Menge Kupfer, die ein fast
beliebiges Vielfaches des Äquivalents vom aufgelösten Zink beträgt, durch
eine gegebene Zinkmenge gelöst und abgeschieden werden kann.

„Diese Erscheinung hat noch ein besonderes Interesse in Bezug auf
die Lehre, nach welcher der galvanische Strom aus der Auflösung des
Zinks entsteht, und die Wirkung desselben „abhängt von dem Kampf
der Kräfte an den Orten der Elektricitätserzeugung und der Elektrozersetzung."

„Nach dieser Lehre, sollte man meinen, müsste der Totaleffekt in Bezug auf die Ursache desto kleiner sein, je grösser und zahlreicher die an den Orten der Elektrozersetzung zu überwindenden Kräfte sind. Die vorstehenden Versuche aber zeigen, dass dieser Effekt zunimmt mit der Grösse und Anzahl dieser Kräfte. Es bestand nämlich die angewandte Batterie aus zwei Plattenpaaren, es wurde daher, als eine Zersetzungszelle eingeschaltet war, von zwei Atomen Zink in den Erregungszellen so viel Elektricität entwickelt, als zur Fällung von einem Atom Kupfer nöthig war. Bei Einschaltung von zwei, drei oder vier Zersetzungszellen fällten dagegen zwei Atome Zink, resp. zwei, drei oder vier Atome Kupfer auf den negativen Platten, und zugleich oxydirten sie eben so viele an den positiven. Der Versuch hatte noch viel weiter ausgedehnt werden können, allein so, wie er da ist, liefert er den Beweis, dass ein Atom Zink durch die angeblich bei seiner Auflösung entwickelte Elektricität eine ganz unbegrenzte Zahl von Kupferatomen oxydiren und reduciren kann. Wie dies aber mit jener Lehre zu vereinbaren sei, ist nicht wohl einzusehen."

POGGENDORFF hat bei dieser Darlegung nur das eine übersehen, dass bei der benutzten Versuchsanordnung die gesammte Menge des ausgeschiedenen Kupfers Null gewesen ist, da immer an der einen Elektrode ebensoviel gelöst, wie an der anderen ausgeschieden wurde. Eine chemische Arbeit wurde also überhaupt nicht geleistet, und ein Widerspruch gegen jenen von FARADAY aufgestellten Satz liegt nicht vor.

61. NAPOLEON III als Theoretiker des Galvanismus. Unter den Vertretern der chemischen Theorie findet sich auch ein Mann, welchen man dort zu finden einigermaassen überrascht sein wird. LOUIS NAPOLEON, der spätere Kaiser der Franzosen. Während er in der Festung Ham seinen Erhebungsversuch abbüsste, schrieb er an ARAGO einen Brief, welcher folgende Theorie enthielt, die er später auch dem Urtheil FARADAY's unterwarf, wie dies gelautet hat, ist unbekannt, da sich in dessen Nachlass die Antwort nicht gefunden hat [1]

„Die Quelle der Elektricität ist von VOLTA der Berührung unähnlicher Metalle zugeschrieben worden. DAVY hat diese Meinung getheilt, indessen haben seitdem hervorragende Gelehrte, unter ihnen der berühmte FARADAY der chemischen Zersetzung des Metalles die einzige Ursache der Elektricität zugeschrieben. Indem ich diese letztere Hypothese annahm, habe ich mir gesagt: da in der Kette nur ein Metall sich oxydirt, so muss das zweite, wenn die Elektricität nur von der chemischen Wirkung herrührt, nur eine secundäre Rolle spielen. Welches ist nun diese Rolle? Es ist die, wie ich glaube, die Elektricität, welche durch die chemische Wirkung entwickelt wird, anzuziehen und fortzuleiten, ähnlich wie dies bei der gewöhnlichen Elektrisirmaschine stattfindet. Thatsächlich durchtritt hier die durch die Reibung entwickelte Elektricität einen unvollkommenen Leiter, die Luft

---

[1] B. JONES, Life and letters of FARADAY, 2. 169. London 1870.

und wird angezogen und geleitet von einem vollkommenen Leiter, dem
Metall. In der Saule geht die durch die Oxydation irgend eines Metalles
entwickelte Elektricitat durch den unvollkommenen Leiter, die Flussigkeit,
und wird durch einen vollkommenen Leiter gesammelt und fortgeleitet, das
angrenzende Metall.

„Da dieser Gedanke mir klar und einfach erschien, so suchte ich ein
Mittel, durch den Versuch zu prufen, ob er zutreffend ist, und machte deshalb die folgende Überlegung. Ist es wahr, dass von den beiden in der
Saule gebrauchten Metallen das eine nur als Leiter dient, so muss man es
durch dasselbe Metall ersetzen konnen, welches sich oxydirt, vorausgesetzt,
dass es sich in einer Flussigkeit befindet, welche der Elektricitat den Durchgang gestattet, ohne das Metall anzugreifen.

„Der Versuch hat meine Voraussicht bestatigt. Ich construirte zwei
Ketten nach dem Prinzip Daniell's, aber mit einem einzigen Metall. Ich
setzte einen Cylinder von Kupfer in eine aus Wasser und Salpetersaure zusammengesetzte Flussigkeit, welche in einem Gefass aus porosem Thon enthalten war, und umgab dies mit einem anderen Cylinder aus Kupfer, welcher
sich in mit Schwefelsaure angesauertem Wasser befand, worin Kupfer nicht
angegriffen wird. Nachdem ich die Verbindungen wie gewohnlich hergestellt hatte, konnte ich leicht mit dieser aus zwei Paaren bestehenden Saule
Jodkalium zersetzen, und nachdem ich an den zwei Polen zwei Kupferplatten
befestigt hatte, die in eine Losung von Kupfersulfat getaucht waren, sammelte ich an dem Pole, welcher mit dem angegriffenen Kupfer in Verbindung
stand, einen Absatz von Kupfer.

„Ich stellte einen zweiten Versuch mit Zink allein an. In das porose
Gefass gab ich verdunnte Schwefelsaure, und umgab es mit einem anderen
Zinkcylinder, welcher in lauwarmem Wasser stand. Mit zwei so hergestellten
Paaren zersetzte ich gleichfalls Jodkalium, und erhielt unter Beobachtung
der erforderlichen Vorsichtsmaassregeln einen Kupferniederschlag an dem
Pole, welcher mit dem angegriffenen Zink verbunden war.   •

„Schliesslich kehrte ich die ubliche Anordnung der Metalle um, und
setzte in das Innere der Rohre Kupfer in verdunnter Salpetersaure, und
umgab sie mit Zink in reinem Wasser, und erhielt so gleichfalls eine ziemlich starke Saule.

„Ich hatte gern die verschiedene Starke der Strome sorgfaltig gemessen,
doch war mir dies unmoglich aus Mangel an einem Galvanometer. Meine
Bemuhungen, ein solches herzustellen, gelangen nicht, weil die Magnetnadeln
stets durch die Wirkung der eisernen Stabe abgelenkt wurden, welche sich
vor meinen Fenstern befinden.

„Indessen scheint mir durch die Versuche, welche ich habe ausfuhren
konnen, nachgewiesen zu sein, dass in der Saule die Ursache der Elektricitat rein chemisch ist, da ein einziges Metall ausreicht, um einen Strom
hervorzubringen, und dass das nicht oxydirte Metall nur den Zweck hat,
die Elektricitat zu ubertragen, wie bei der gewohnlichen Elektricitat.

Schliesslich, dass jedes Metall positiv oder negativ ist, je nach der Flüssigkeit, welche es umgiebt."

NAPOLEON schliesst mit der Bemerkung, dass er diese Theorie mit grosser Zurückhaltung aufstelle, da ihm die nöthigen Fachkenntnisse abgehen.

Der Aufsatz hat ein Interesse, welches über das an der Person seines Verfassers hinausgeht, denn er enthält eine unbeabsichtigte Kritik der Theorie von DE LA RIVE, die man sich kaum schlagender denken kann. In der That erscheinen die gezogenen Schlussfolgerungen von dem Standpunkte dieser Theorie aus vollkommen berechtigt, und da wir jetzt wissen, dass die bestätigenden Versuche auf Selbsttäuschung beruhen, und die erwarteten Erfolge keineswegs eintreten, so ist hier jene Theorie in der unbefangensten Weise ad absurdum geführt.

Der rührende Hinweis auf das Loos des Gefangenen, welches in der Bemerkung über die Störung durch die Gitter enthalten ist, wird lediglich dramatische Zwecke gehabt haben. Denn die Abweichungen der Magnetnadel, wie sie durch die Gitter veranlasst sein konnten, hätte die Anwendung des Galvanometers keineswegs verhindert, sonst dürfte kein gewöhnliches Laboratorium die Anwendung gestatten, denn in einem solchen sind in Gestalt von Gas- und Wasserröhren sicher grössere Eisenmengen vorhanden, als an den Fenstern des Gefängnisses zu Ham.

62. Zweite Vertheidigung der chemischen Theorie durch FARADAY. Durch das kräftige Eintreten FARADAY's für die chemische Theorie waren die Anhänger der anderen keineswegs entmuthigt worden, wir haben bereits gesehen, wie namentlich POGGENDORFF sich bemühte zu zeigen, dass das elektrolytische Gesetz gar keine Bedeutung für die Frage selbst habe, da alle Ströme, nicht nur die durch galvanische Ketten erzeugten, dem Gesetze unterliegen. Indessen wird die Wirkung doch wohl empfunden, wenn auch nicht zugestanden worden sein, jedenfalls ist der Ton der Vertheidiger der VOLTA'schen Lehre seitdem heftiger, der der Chemiker sicherer geworden.

FARADAY griff noch ein zweites Mal in die Debatte ein, indem er die Zahl der Fälle, in denen elektrische und chemische Wirkung gleichzeitig und von einander abhängig eintreten, durch eine weitere Reihe von Ketten vermehrte, und dazu noch Betrachtungen allgemeiner Art fügte, welche den schwächsten Punkt der VOLTA'schen Lehre, die Verletzung des Energieprinzipes, ans Tageslicht brachten. Zwar war um jene Zeit das Prinzip in seiner allgemeinen Gestalt noch nicht ausgesprochen, doch ging eine starke Vorahnung desselben durch viele Forscher jener Zeit, und insbesondere bei FARADAY finden sich hier und in der Folge zahlreiche Äusserungen, welche die Überzeugung von der Einheitlichkeit aller „Naturkräfte" zum Ausdruck bringen, ja diese Überzeugung beherrschte von dieser Zeit ab in solchem Maasse sein wissenschaftliches Denken, dass seine Arbeitspläne fast alle durch diesen Gedanken der gegenseitigen Abhängigkeit der verschiedenen natürlichen Agentien bestimmt werden. Allerdings war es ihm nicht gegeben,

das grosse Naturgesetz von der Erhaltung der Energie in seiner einfachen
Klarheit zu erfassen, und auch später, nachdem es ausgesprochen und über
weite Gebiete durchgeführt worden war, sehen wir ihn noch mit dem Gedanken ringen, ohne dass ihm seine Bewältigung gelungen wäre, — immerhin hatte er genug davon erfasst, um zu dem eben vorliegenden Zwecke,
der Bekämpfung der VOLTA'schen Theorie, den entscheidenden Punkt richtig
zu bezeichnen

Die sechszehnte Reihe der Experimentaluntersuchungen über Elektricität
ist im Jahre 1839 begonnen und beendet worden Sie bildet mit der sich
unmittelbar anschliessenden siebzehnten den vorläufigen Schluss der von
FARADAY mit beispielloser Arbeitskraft und Schnelligkeit durchgeführten ersten
Hälfte seiner Forschungen, durch welche er sich überarbeitet und den Grund
zu den entsprechenden Leiden gelegt hatte, welche ihn bis zu seinem Tode
nicht verlassen sollten Nach dieser Zeit hat er seine wissenschaftliche
Thätigkeit nur mühsam, und unter jedesmaligen Opfern an Gesundheit und
Geisteskraft fortführen können, während er bis dahin aus dem Vollen einer
ungebrochenen und energischen Natur hatte schöpfen dürfen Die Abhandlung führt den Titel Über die Quelle der Kraft in der VOLTA'schen Säule
Sie ist in den Philosophical Transactions von 1840 veröffentlicht worden,
eine deutsche Übersetzung befindet sich, wie von allen anderen Theilen seiner
Untersuchungen, in POGGENDORFF's Annalen [1] Von dem Inhalte der ausgedehnten Abhandlung sollen hier nur die allgemeinen Betrachtungen einigermaassen wörtlich wiedergegeben werden, die experimentellen Einzelheiten
dürfen, da sie nichts wesentlich neues, sondern nur Beispiele für eine und
dieselbe Wahrheit bringen, kürzer erledigt werden Sehr bemerkenswerth
ist der viel entschiedenere Ton, in welchem FARADAY nun seine Ansicht vertheidigt, nachdem er sich früher viel mehr auf den Standpunkt eines unbefangen prüfenden Zuschauers gestellt hatte Andererseits hat es POGGENDORFF
nicht mehr über das Herz bringen können, seine Übersetzung der Abhandlung ohne weiteren Commentar seinen Lesern mitzutheilen, er fügt, um sie
gegen die „chemische" Beeinflussung so viel es geht zu schützen, alsbald
die Anmerkung hinzu „Obwohl diese und eine zweite, ihr bald folgende
Abhandlung des berühmten englischen Physikers zu manchen Gegenbemer-
kungen Anlass giebt, so enthalte ich mich doch für jetzt derselben, um diese
Apologie der chemischen Theorie mit einer, die nächstens von anderer Seite
zu erwarten ist, im Zusammenhange zu beleuchten"

„1796 Was ist die Quelle der Kraft in einer VOLTA'schen Säule? Diese
Frage ist gegenwärtig von der höchsten Wichtigkeit in der Theorie und
für die Entwickelung der Elektricitätslehre Die Meinungen darüber sind
verschieden, allein bei weitem am wichtigsten sind die beiden, welche die
Quelle der Kraft respective im Contact und in der chemischen Aktion finden.
Die Frage zwischen ihnen berührt die ersten Prinzipien der elektrischen

Aktion, denn die beiden Meinungen stehen in solchem Contrast, dass die Anhanger der einen gezwungen sind, in jedem Punkt rucksichtlich der wahrscheinlichen und inneren Natur des Agens, welches alle Erscheinungen der Volta'schen Saule bedingt, von den anderen abzuweichen

„1797) Die Contacttheorie ist die Theorie von Volta, dem grossen Entdecker der nach ihm benannten Saule, seit seiner Zeit ist sie durch ein Heer von Physikern vertheidigt worden, unter denen in neueren Zeiten Manner hervorragen, wie Pfaff, Marianini, Fechner, Zamboni, Matteucci, Karsten, Bouchardat, und, was die Erregung der Kraft betrifft, selbst Davy, — sammtlich helle Sterne in den hohen Regionen der Wissenschaft Die chemische Theorie, zuerst von Fabroni,[1] Wollaston[2] und Parrot[3] aufgestellt, ist seitdem mehr oder weniger entwickelt worden durch Oersted, de la Rive, Pouillet, Schonbein und viele Andere, unter denen Becquerel hervorgehoben zu werden verdient, da er nach und nach eine grosse Masse der strengsten experimentellen Beweise fur den Satz, dass chemische Aktion immer Elektricitat entwickele, herbeigeschafft hat,[4] auch de la Rive muss genannt werden, sowohl wegen der grossen Klarheit und Bestandigkeit seiner Ansichten, als auch wegen der vielen Thatsachen und Argumente, die er vom Jahre 1827 bis auf den heutigen Tag so eifrig geliefert hat‘

„1798) Bei Prufung dieser Aufgabe durch die Resultate der bestimmten elektrochemischen Aktion sah ich mich genothigt, es mit denen zu halten, die den Ursprung der Volta'schen Kraft lediglich in die chemische Aktion setzen (875 965), und ich wagte daruber im April 1834 einen Aufsatz zu schreiben (875 u s w),[6] der besonders die Aufmerksamkeit von Marianini erregt hat[7] Der Rang dieses Physikers, die Beobachtungen von Fechner[8] und die Kunde, dass im grosseren Theil von Italien und Deutschland die Contacttheorie noch vorwaltet, haben mich veranlasst, die Frage auf's Sorgfaltigste wieder vorzunehmen   Ich wunschte nicht bloss, mich vor Irrthum zu huten, sondern strebte auch danach, mich von der Wahrheit der Contacttheorie zu uberzeugen, denn einleuchtend ist es, dass die contact-elektromotorische Kraft, wenn sie existirte, eine Kraft sein musste, verschieden von jeder anderen Naturkraft, nicht nur in Bezug auf die von ihr erzeugten

---

[1] Im Jahre 1792 u 1799 Becquerel s Traite de l electricite 1. 81 bis 91 und Nicholson s Quarto Journ 3, 308, 4, 120, oder Journ de phys 6 318

[2] Im Jahre 1801, Phil Trans 427 1801

[3] Im Jahre 1801, Ann. de chim 42, 45 1829, 46 361 1831

[4] Im Jahre 1824 u s w, Ann de chim 25, 405 1824 35. 113 1827 46 1831 265 276 337, 47, 113, 49, 131

[5] Ebenda 37, 225 1828, 39, 297, 62, 147 1836 Pogg Ann 15, 98 u 112 38 506, 40, 355)

[6] Philos Trans 425 1834. Pogg Ann 35, 1 u 222

[7] Memorie della Societa Italiana in Modena 21 205 1837

[8] Philos Mag 13, 205 1838, oder Pogg Ann 32 481 — Fechner citirt auch Pfaff's Erwiderung auf meinen Aufsatz id 1 Pfaff's Revision der Lehre vom Galvano-Voltaismus Ich bedaure unaufhorlich, dass das Deutsche fur mich eine versiegelte Sprache ist “

Erscheinungen, sondern auch in den weit höheren Punkten der Beschränkung, bestimmten Kraft und endlichen Erzeugung (2065)

„1799) Ich wage zu hoffen, dass die dadurch gewonnenen experimentellen Resultate und Argumente der Wissenschaft nutzlich sein werden Ich fürchte, das Detail wird ermüdend sein, allein es ist eine nothwendige Folge der Beschaffenheit des Gegenstandes Die Contacttheorie hat lange die Geister eingenommen, ist durch grosse Autorität unterstützt, und hat in einigen Theilen von Europa Jahre lang fast unumschränkt geherrscht Wenn sie ein Irrthum ist, kann sie nur durch eine grosse Anzahl mächtiger experimenteller Beweise ausgerottet werden, was, nach meiner Meinung, schon daraus hinlänglich hervorgeht, dass DE LA RIVE's Aufsätze noch nicht die Bearbeiter dieses Gegenstandes überzeugt haben Dies ist der Grund, weshalb ich es für nützlich hielt, mein ferneres Zeugniss dem seinigen und dem von Anderen hinzuzufügen, und die Thatsachen weit mehr zu vervielfältigen, als es für den Beweis und die Verbreitung einer neuen wissenschaftlichen Wahrheit nöthig gewesen wäre (2017) Ich habe dadurch hin und wieder nur erweitert, doch, wie ich hoffe, auch verstärkt, was Andere, und namentlich DE LA RIVE, bewiesen haben

„1800) Es wird zur Verdeutlichung der Aufgabe beitragen, zuvörderst die verschiedenen Ansichten vom Contact anzugeben VOLTA's Theorie ist dass leitende Körper durch ihren blossen Contact, ohne Veränderung ihrer Natur, Elektricitätserregung an den Berührungspunkten verursachen, und dass Wasser und wässerige Flüssigkeiten diese Eigenschaft zwar besitzen, aber in einem so schwachen Grade, dass sie im Vergleich zu dem Grade, in welchem sie zwischen den Metallen entsteht, gar nicht in Betracht kommt [1] Die jetzigen Ansichten der italienischen und deutschen Contactphysiker sind, glaube ich, im Allgemeinen dieselben, ausgenommen, dass sie bisweilen mehr Wichtigkeit auf den Contact der unvollkommenen Leiter mit den Metallen legen So hält ZAMBONI (im Jahre 1837) den Contact der Metalle unter sich, und nicht den der Metalle mit den Flüssigkeiten, für die mächtigste Quelle der Elektricität,[2] allein KARSTEN verlegt die elektromotorische Kraft in den Contact der Flüssigkeiten mit den starren Leitern [3] MARIANINI hat dieselbe Ansicht vom Contact, nur dass er noch hinzufügt, der wirkliche Contact sei nicht nothwendig zur Äusserung der erregenden Kraft, es könnten vielmehr zwei ungleiche Leiter auf ihren gegenseitigen Zustand einwirken, wenn sie auch noch durch luftvolle Zwischenräume von 0,0001 Linie und mehr getrennt seien [4]

„1801 DE LA RIVE dagegen streitet für die blosse und direkte chemische Aktion, und, so weit ich sehe, nimmt er keinen Strom in der VOLTA'schen Säule an, der nicht mit einem vollständigen chemischen Effekt verbunden sei und davon abhänge Der bewundernswürdige Elektriker BECQUEREL,

---

[1] Ann. d. chimie, **40**, 225 1802
[2] Biblioth universelle, **5**, 387 1836, **8**, 189 1837   [3] L. institut. Nr 150
[4] Mem. della Soc Ital in Modena, **21**, 232 237 1837

obwohl er sich mit grosser Vorsicht ausdrückt, scheint es für möglich zu
halten, dass die chemischen Anziehungen, wenn sie nicht stark genug zur
Überwältigung der Cohäsionskraft sind, elektrische Ströme hervorrufen und
so Verbindungen verursachen können [1] Schoenbein behauptet, dass ein Strom
durch eine Tendenz zur chemischen Aktion erzeugt werden könne, d h
dass Substanzen, die eine Tendenz, sich chemisch zu vereinigen, besitzen,
einen Strom erzeugen, obgleich die Tendenz nicht durch eine wirkliche Verbindung der Substanzen befriedigt werde [2] In diesen Fällen fällt die bezeichnete Kraft mit dem Volta'schen Contact zusammen, insofern die wirkenden Substanzen während der Erzeugung des Stromes nicht verändert
werden Davy's Meinung war, dass ein Contact gleich dem Volta'schen
den Strom errege oder verursache, dieser aber durch chemische Veränderungen unterhalten werde Ich selbst bin für jetzt der Meinung m n Ritter's,
und glaube, dass in der Volta'schen Säule der blosse Contact nichts zur
Erregung des Stromes beiträgt, ausgenommen, dass er die vollständige
chemische Aktion vorbereitet und dann ändert 1741 1745

„1802) Die Contactansichten sind also verschieden, und gehen, man
kann wohl sagen, von der einen in die andere über, selbst so weit, dass sie
die chemische Aktion einschliessen, allein die beiden Extreme scheinen mir
im Prinzip unvereinbar unter jeglicher Gestalt Sie sind folgende Die
Contacttheorie nimmt an, dass, wenn zwei verschiedene, die Elektricität
leitende Körper in Contact stehen, an dem Berührungspunkt eine Kraft da
ist, vermöge welcher der eine Körper einen Theil seiner natürlichen Portion
von Elektricität dem anderen Körper giebt, und der letztere sie zu seiner
eigenen natürlichen Portion aufnimmt, dass die Berührungspunkte, obwohl
sie sonach Elektricität gegeben und empfangen haben, die durch den Contact
veranlasste Ladung nicht halten können, sondern ihre Elektricitäten gegen
die respektive hinter ihnen befindlichen Massen entladen 2067), dass die
Kraft, welche am Berührungspunkt die Theilchen veranlasst einen neuen
Zustand anzunehmen, sie nicht befähigen kann, diesen Zustand zu behalten
(2069), dass alles dieses ohne bleibende Änderung der in Berührung stehenden
Theilchen geschieht und keinen Bezug hat zu deren chemischen Kräften
(2065 2069)

„1803) Die chemische Theorie nimmt an, dass, an dem Orte der
Wirkung, die in Berührung stehenden Theilchen chemisch auf einander
wirken, und im Stande sind, unter Umständen, mehr oder weniger von der
wirkenden Kraft in eine dynamische Form zu versetzen 947 996 1120,
dass unter den günstigsten Umständen das Ganze in dynamische Kraft verwandelt wird (1000), dass dann der Betrag der erzeugten Stromkraft ein
genaues Äquivalent der ursprünglich angewandten chemischen Kraft ist, und
dass in keinem Fall (bei der Volta'schen Säule ein elektrischer Strom

---

[1] Ann. de chimie, **40**, 171 1825 — Traité de l'électricité, **1**, 253 258
[2] Philos Mag **12**, 227 311 314 1838 — Pogg Ann **33**, 89 u 229

erzeugt werden kann, ohne thatige Ausubung und Verzehrung eines gleichen
Betrages von chemischer Kraft, und endend mit einem gegebenen Betrag
von chemischer Veranderung

„1804' Marianini's Aufsatz[1] war fur mich ein starker Beweggrund, den
Gegenstand wieder aufzunehmen, allein der Weg, den ich einschlug, bezweckte nicht so sehr die Beantwortung einzelner Einwurfe, als vielmehr die
Erlangung von Beweisen, die, mochten sie die streitigen Punkte betreffen
oder nicht, fur mich selbst genugend waren, entweder die eine oder die
andere Theorie anzunehmen Dieser Aufsatz ist daher keine Streitschrift,
sondern eine Sammlung fernerer Thatsachen und Beweise fur die Richtigkeit
von de la Rive's Ansichten. Die von Marianini beruhrten Falle sind von
hohem Interesse, und alle seine Einwurfe mussen dereinst beantwortet
werden, wenn man numerische Werthe sowohl von der Intensitat als Quantitat
der Kraft erlangt, allein sie alle sind widerlegbar und hangen, meiner Meinung nach, von Quantitatsveranderungen ab, welche die allgemeine Frage
nicht ernstlich treffen Wenn dieser Physiker z B. Zahlenwerthe giebt,
erhalten durch Betrachtung zweier Metalle, mit Flussigkeiten an deren entgegengesetzten Enden, welche Gegenstrome zu bilden trachten, so glaube
ich, dass der Unterschied, welchen er dem entweder vollzogenen oder
abgebrochenen Metallcontact zuschreibt, erklarlich sei durch zum Theil
bekannte Thatsachen rucksichtlich entgegengesetzter Strome, ebenso grosse
und grossere Unterschiede habe ich bei Vollziehung des Metallcontactes in
der Kette beobachtet, und in fruheren Aufsatzen (1046) beschrieben.

„1805) In Betreff desjenigen Theiles seiner Abhandlung, der von Schwefel-
leberlosungen handelt,[2] hoffe ich auf die weiterhin gemachten Untersuchungen
verweisen zu durfen Ich finde nicht, wie der italienische Physiker,[3] dass
in Losungen von Schwefelkalium Eisen positiv sei gegen Gold und Platin,
sondern finde es im Gegentheil stark negativ, und aus weiterhin folgenden
Grunden (2049).

„1806) Anlangend die Erorterung der Ursache des Funkens vor dem
Contact,[4] so nimmt Marianini diesen Funken an, den ich bereits ganz aufgegeben habe Jacobi's Aufsatz[5] uberzeugte mich, dass ich, hinsichtlich
dieses Beweises von dem Dasein eines Spannungszustandes in den Metallen
vor ihrem Contact, im Irrthum war (915 936). Ich brauche daher fur jetzt
nicht mehr zu thun als meine eigenen Beobachtungen zuruckzunehmen

„1807' Ich schreite nun zu dem allgemeinen Argument, lieber als zu
einer particularen Controverse oder zur Discussion von Fallen einer schwachen
Kraft oder zweifelhaften Beschaffenheit, denn vom Anfange an hat sich in
mir die Ansicht befestigt, dass wir keinen schwachen Einfluss oder keine
geringfugige Erscheinung zu erklaren haben, sondern eine Kraft von grosser

---

[1] Memorie della Societa Italiana in Modena, 21, 205 1827
[2] Ebenda 21 217 1827   [3] Ebenda 21, 217 1827.   [4] Ebenda 21, 225
[5] Philos Mag 13, 401 1838 — Pogg Ann 44, 633

Gewalt, und dass daher die Ursache, sowohl in Intensität als Quantität, im Verhältniss zu den erzeugten Kräften stehen müsse.

„1808) Alle Untersuchungen sind an Strömen und mit Hülfe des Galvanometers gemacht; denn es schien mir, dass ein solcher Gang und ein solches Instrument am besten zur Untersuchung der VOLTA'schen Elektricität geeignet seien.   Das Elektrometer ist ohne Zweifel ein höchst wichtiges Instrument; allein die Physiker, die dasselbe gebrauchen, stimmen hinsichtlich der Sicherheit und Empfindlichkeit seiner Resultate nicht überein. Und selbst wenn man die wenigen Resultate, die bis jetzt durch das Elektrometer geliefert wurden, als richtig ansieht, sind sie bei weitem zu allgemein, um die Frage, ob Contact oder chemische Aktion das Erregende in der VOLTA'schen Batterie sei, zu entscheiden.   Soll das Instrument genau sein und zuverlässige Angaben für irgend eine Theorie liefern, so würde es nöthig sein, eine Tafel über die Wirkung des Contactes zwischen den zur Construction der VOLTA'schen Säule dienenden Metallen und Flüssigkeiten, paarweise genommen, zu entwerfen (1868), und in einer solchen Tafel sowohl die Richtung als den Betrag der Contactkraft auszudrücken.

„1809) Die Anhänger der Contacttheorie nehmen an, dass, wiewohl die Metalle starke elektromotorische Kräfte an ihren gegenseitigen Berührungspunkten ausüben, diese dennoch in einer ganz metallischen Kette so aufgewogen werden, dass durch jegliche Anordnung kein Strom erzeugt wird. Ist z. B. in Fig. 190 die Contactkraft vom Kupfer K und Zink Z gleich 10 ↦, und wird bei m ein drittes Metall eingeschaltet, gleichviel welches, so bringen die Berührungen mit Zink und Kupfer in b und c eine Kraft gleich 10 in der entgegengesetzten Richtung ↤ hervor.

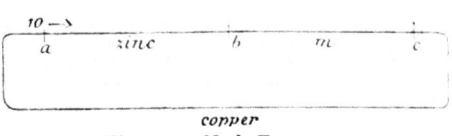

Fig. 190. Nach FARADAY.

Wäre z. B. Kalium eingeschaltet, und dessen Contactkraft bei $b = 5$ ↦, so würde die Contactkraft bei $c = $ ↤ 15 sein; oder wäre es Gold und dessen Contactkraft bei $b = $ ↤ 19, so würde die Contactkraft bei $c = $ ↦ 9 sein. Es ist dies eine sehr freie Annahme, die nöthig ist, damit die Theorie mit den Thatsachen übereinstimme; ich glaube jedoch, es ist eine blosse Annahme, denn ich erinnere mich keiner, von jener Theorie unabhängigen Data, welche die Wahrheit derselben beweisen.

„1810) Andererseits wird angenommen, dass flüssige Leiter und solche Körper, welche Wasser enthalten, oder in anderen Worten, diejenigen, die ich Elektrolyte genannt habe (664. 823. 921), entweder keine Contactkraft an den Punkten ihrer Berührung mit den Metallen ausüben, oder, wenn es der Fall ist, mit dem sehr wichtigen Unterschiede, dass die Kräfte in der geschlossenen Kette nicht demselben Gesetz der Compensation oder Neutralisation unterworfen sind, welches für Metalle gilt (1809). Allein dies ist, ich darf es wohl sagen, auch eine Annahme; denn es wird nicht durch eine unabhängige Messung oder durch Thatsachen (1808) unter-

stützt, sondern nur durch die Theorie, welche selbst dadurch unterstützt
werden soll

„1811 Geleitet von dieser Meinung und in der Absicht zu ermitteln,
was in der geschlossenen Kette durch Contact und was durch chemische
Aktion bewirkt werde, bemühte ich mich unter den Körpern der letzteren
Klasse 1810) einige zu finden, welche keine chemische Einwirkung auf die
angewandten Metalle hatten, also diese Ursache zum Strome ausschlossen,
und dennoch gute Elektricitätsleiter waren, so dass sie Ströme zeigen mussten,
die aus dem Contact dieser Metalle mit einander oder mit den Flüssigkeiten
entsprangen Schliessend, dass jeder Elektrolyt, der den Thermostrom eines
einzigen Wismuth-Antimonpaares leiten würde, dem verlangten Zweck ent-
spräche, suchte ich nach solchen, und war bald so glücklich einige zu
finden "

Die von Faraday nun beschriebenen Versuche sind mit Schwefelkalium als Elektrolyt und Eisen und Platin als Elektroden ausgeführt worden,
und ergaben, dass trotz der grossen „Contactkraft" zwischen den beiden
Metallen kein Strom in einer so zusammengestellten Kette beobachtet werden
konnte Dass nicht etwa Widerstände diese Erscheinung hervorriefen, bewies
Faraday dadurch, dass er in den Stromkreis ein Thermoelement aus Antimon
und Wismuth einschaltete und durch schwache Erwärmung einer der Loth-
stellen einen kleinen Thermostrom hervorrief, dieser ging leicht durch den
Kreis und bewies so seine gute Leitfähigkeit Wurde andererseits an der
Stelle, wo sich Eisen und Platin berührten, ein mit Salzlösung oder Wasser
befeuchtetes Papier eingeschaltet, so entstand alsbald ein Strom, der den
Thermostrom weit an Stärke übertraf Ähnlich verhielten sich Gold, Palladium und Nickel, alle Zusammenstellungen dieser Metalle unter sich und
mit Eisen und Platin in Schwefelkalium waren wirkungslos, wie sie auch mit
dem Elektrolyten keine chemischen Vorgänge erkennen liessen Ebenso
verhielten sich die zusammengesetzten Körper von metallischer Leitfähigkeit:
Bleiglanz, Kupferkies, Schwefelkies, Eisenhammerschlag

Als ein ähnlicher Elektrolyt, wie die concentrirte Schwefelkaliumlösung
erwies sich die „grüne salpetrige Säure", d h die Flüssigkeit, welche sich
bildet, wenn man Stickstoffhyperoxyd mit dem gleichen Volum Wasser verdünnt Auch hier wurde mit Eisen gegen Platin keine Wirkung erhalten,
obwohl die Flüssigkeit gut leitet

„Wenn aber der Contact zwischen Platin und Eisen eine elektromotorische Kraft besitzt, warum erzeugt er keinen Strom? Erwärmung oder eine
geringe chemische Aktion an der Berührungsstelle erzeugt einen Strom und
die letztere sogar einen starken Wenn nun alles andere als der Contact
einen Strom erzeugen kann, warum thut es denn dieser nicht? Die einzigen
Antworten darauf sind, dass das passive Eisen dieselben elektromotorischen
Eigenschaften und Relationen, wie das Platin besitze, oder dass die salpetrige
Säure unter demselben Gesetze wie die Metalle stehe, und dadurch die
Summe aller Contacteffekte vernichtet werde, oder ein genaues Aufheben

der Kräfte erfolge. Dass das Eisen insofern dem Platin gleicht, als es an seinen Contactpunkten keine elektromotorische Kraft ohne chemische Aktion besitze, glaube ich, dass es aber diesem in seinen elektrischen Aktionen unähnlich ist, erhellt aus der Verschiedenheit zwischen den beiden in concentrirter und in verdünnter Salpetersäure, aus der sehr grossen Verschiedenheit, mit der sie elektrische Strome in Salpetersäure und in Schwefelkaliumlösung leiten, und auch aus anderen Verschiedenheiten. Dass die salpetrige Säure, was ihr Contactvermögen anlangt, von den übrigen Elektrolyten getrennt und mit den Metallen in dem, was bei diesen nur eine Annahme ist, zusammengestellt werden müsse, ist eine willkürliche Erklärungsweise, deren Schwierigkeit bei dem Schwefelkalium später in Betracht kommen wird."

Weitere Versuche FARADAY's beziehen sich auf passives Eisen und auf verschiedene Metalle in Kalilösung, auch in diesen Fällen fanden keine Strome statt, und gleichzeitig keine chemische Wirkung.

Um den Beweis nun auch von der anderen Seite zu führen, stellte FARADAY des weiteren eine Anzahl von Versuchen an, in denen Metalle benutzt wurden, auf welche Schwefelkalium chemisch einwirkt. In diesen Fällen wurden immer Strome, zum Theil recht starke, beobachtet, wie das schon viel früher von DAVY angegeben worden war. Derselbe hatte auch schon gesehen, dass in gewissen Fällen, z. B. bei Eisen und Kupfer, der Strom in Säure die entgegengesetzte Richtung hat, wie in Schwefelkalium.

Was die von den Contacttheoretikern hierfür gegebene Deutung durch entstandene oberflächliche Schichten anlangt, so bemerkt FARADAY dazu:

„1883) MARIANINI hält es für möglich, dass der Strom aus der Contactkraft des gebildeten Sulfurets entspringe. Allein diese Annahme ist hier (beim Zinn) gänzlich ausgeschlossen, denn wie kann ein nichtleitender Körper einen Strom erzeugen, sei es durch Contact oder sonst irgendwie? Niemals hat man einen solchen Fall nachgewiesen, noch liegt er in der Natur der Dinge. Es kann also nicht der Contact des Sulfids sein, welcher hier den Strom hervorruft, und wenn in diesem Falle nicht, warum in irgend einem? Denn hier geschieht nichts, was nicht in jedem anderen Falle eines durch denselben erregenden Elektrolyt erzeugten Stromes geschieht."

„1884) Welch schönen Beweis giebt andererseits das Resultat für die Bestätigung der chemischen Theorie! Zinn kann Schwefel aus dem Elektrolyt zur Bildung eines Sulfids aufnehmen, und während es dies thut, erregt es im Verhältniss dazu einen Strom, allein, wenn nur das gebildete Sulfid durch Bekleidung des Metalles die Flüssigkeit ausschliesst und die fernere chemische Wirkung verhindert, hört auch der Strom auf. Es ist für diesen Zweck nicht nöthig, dass es ein Nichtleiter sei, denn leitende Sulfide verrichten denselben Dienst und bringen ungefähr dasselbe Resultat zuwege. Was kann nun klarer sein, als dass während der Bildung des Sulfids der Strom erregt wird, und dass nach seiner Bildung der blosse Contact nichts zu dieser Wirkung vermag."

Diesen Gedanken bringt nun FARADAY in der mannigfaltigsten Weise experimentell zur Geltung, und weist eine ganze Reihe von Beispielen auf, in welchen gleiche Verhältnisse stattfinden. Einen besonders anschaulichen Versuch theilt er später mit.

„1911) Bevor ich diesen Abschnitt schliesse, will ich noch der schönen und mannigfaltigen Erscheinungen erwähnen, die sich einstellen, wenn Kupfer und Silber oder zwei Stücke, entweder von Silber oder von Kupfer, mit der gelben Lösung eine Kette bilden. Sind die Metalle Kupfer und Silber, so ist das Kupfer anfangs positiv und das Silber bleibt blank, in kurzer Zeit hört aber diese Wirkung auf, und das Silber wird positiv. Zur gleichen Zeit beginnt es sich mit Schwefel zu verbinden und mit Schwefelsilber zu überziehen, nach einiger Zeit wird das Kupfer wieder positiv, und so schlägt mehrmals die Wirkung von der einen Seite zur anderen um, und gleichzeitig auch der Strom, je nachdem die Umstände nach der einen Seite günstiger sind, als nach der anderen.

„1912) Wie aber soll man glauben, dass der zuerst entstandene Strom von der Berührung des gebildeten Schwefelkupfers herrühre, da dessen Gegenwart der Grund ist, warum der anfängliche Strom abnimmt, und das Silber, das anfangs von geringerer erregender Kraft ist und deshalb vom Sulfid frei bleibt, nach einiger Zeit das Übergewicht erlangt und einen Strom erzeugt, der den am Kupfer erregten überwaltigt? Was anderes kann diese Veränderungen erklären, als die chemische Aktion, welche mir, soweit wir bis jetzt gekommen sind, alle hervorgebrachten Wirkungen mit der grössten Einfachheit zu erklären scheint, wie mannigfaltig auch die Wirkungsweise und die begleitenden Umstände seien?"

Auf diese sechzehnte Reihe seiner Untersuchungen liess FARADAY unmittelbar die siebzehnte folgen, in welcher dieselben Fragen von anderer Seite behandelt werden. Es wurden Ketten aus einem Metall und einer Flüssigkeit hergestellt, und durch Erwärmung an der einen Elektrode die „chemische Kraft erhöht". Die erhaltenen Ergebnisse waren von ziemlich verwickelter Beschaffenheit, und die grosse Zahl von Einzelbeobachtungen, an welche sich keine bestimmten Schlüsse knüpfen lassen, steht in einigem Gegensatze zu dem schnellen und entscheidenden Gang, mit dem bis dahin FARADAY auf sein Ziel loszugehen pflegte. Ebenso bringen die weiter in grosser Breite geschilderten Ketten ohne Metallcontact nichts neues über die früheren entscheidenden Versuche (S 551) hinaus.

Zum Schlusse giebt nun FARADAY eine Zusammenfassung alles dessen, was er über die Frage der beiden Theorieen zu sagen hat. Diese wichtige Kundgebung ist nachstehend vollständig wiedergegeben. Wie in einem Kunstwerke geben diese Betrachtungen nicht nur einen Abschluss der Frage innerhalb des Rahmens der damaligen Wissenschaft, sondern die an letzter Stelle ausgesprochenen entscheidenden Überlegungen lassen den Eintritt der neuen Zeit erkennen, in welcher das entscheidende Hülfsmittel unserer Naturwissenschaft, das Energiegesetz, das erste Wort in allen wissenschaftlichen Fragen spricht. Noch sollte es zwei Jahre dauern, bis J. R. MAYER zum

ersten Male dies Gesetz in seiner ganzen Einfachheit darlegte, und noch
längere Zeit, bis es auf die Erscheinungen der Volta'schen Elektricität
sachgemässe Anwendung fand, aber bedeutungsvoll genug ist der Umstand, dass auch in der unvollkommenen Gestalt das Gesetz seine Kraft
äusserte und Klarheit zu verbreiten begann, noch bevor es selbst klar erfasst war

„1859) Das Argument ist nun in dem geeigneten Zustand zur Wieder-
aufnahme des zuvor erwähnten (1835 1844) wichtigen Punktes, welcher,
wenn er mit Wahrheit von einem Vertheidiger der Contacttheorie vorgebracht werden konnte, die Kraft der obigen experimentellen Resultate völlig
vernichten würde, obwohl er diese Theorie nicht völlig in den Stand setzt,
einen Grund für die Thätigkeit der Säule und die Existenz eines Stromes
in derselben anzugeben, — welcher aber, wenn er falsch ist, die Contacttheorie ganz wehrlos und unbegründet lassen würde

„1860) Ein Anhänger der Contacttheorie kann es sagen, dass die verschiedenen leitenden Substanzen, die in vorstehenden Versuchen angewandt
wurden, den Metallen analog seien, d h dass sie an ihren Berührungspunkten
mit den Metallen und anderen zur Schliessung der Kette angewandten starren
Leitern eine elektromotorische Kraft entwickeln, dass diese aber an jeder
Contactstelle eine so abgemessene Stärke habe, dass die Summe der Kräfte
in einer geschlossenen Kette Null sei (1809 Die Wirkungen der Contacte
seien elektromotorische Spannungswirkungen, allein aufgewogene, und so
könne kein Strom entstehen Allein wo ist eine Erfahrung zur Stütze dieser
Behauptung? Wo sind die gemessenen elektromotorischen Resultate, die
dies beweisen (1808)? Ich glaube, es giebt keine

„1861) Die Contacttheorie nimmt an, dass der blosse Contact von verschiedenartigen Substanzen elektromotorische Kräfte entwickle, und überdies,
dass zwischen Metallen und flüssigen Leitern ein Unterschied bestehe (1810),
ohne welche Annahme die Theorie den Strom in der Volta'schen Säule
nicht erklären kann, denn während vorausgesetzt wird, dass in einer ganz
metallischen Kette die Contacteffekte immer vollständig aufgewogen werden,
wird auch angenommen, dass die Contacteffekte der Elektrolyte oder eingeschalteten Flüssigkeiten mit den Metallen sich nicht aufheben, sondern so
entfernt von jeder Art von Gleichgewicht bleiben, dass kräftige Ströme,
selbst die kräftigsten einer Volta'schen Säule entstehen können Wenn dem
so ist, warum macht aber denn die Schwefelkaliumlösung eine Ausnahme?
Sie hat keine Ähnlichkeit mit Metallen, sie scheint nicht ohne Zersetzung
zu leiten, sie ist ein vortrefflicher Elektrolyt, und in gewissen Fällen (1880
ein vortrefflicher erregender Elektrolyt, welcher, wenn er chemisch wirkt,
die kräftigsten Ströme erzeugt, in allen diesen Punkten ist sie den Metallen
ganz unähnlich, und in ihrer Wirkung ähnlich den sauren oder salzigen
Leitern, die man gewöhnlich anwendet Wie kann man denn, ohne einen
einzigen direkten Versuch, und bloss um die Gründe der Gegner zu vereiteln,
sich die Voraussetzung erlauben, dass sie ihren Platz unter den Elektrolyten

verlasse und mit den Metallen in eine Klasse komme, und zwar in einem
Punkte, der selbst bei diesen eine reine Ausnahme ist (1809)."

„1862 Es ist aber nicht allein das Schwefelkalium, dem man dieses
Vorrecht einräumen musste, es musste auch ausgedehnt werden auf die
salpetrige Säure (1843 1847), auf die Salpetersäure (1849 etc) und selbst
auf Kahlösung (1854), alle diese gehören zur Klasse der Elektrolyte, und
zeigen doch keine Ströme in Ketten, wo sie nicht chemisch wirken Dieselbe Ausnahme muss ferner für schwache Lösungen von Schwefelkalium
(1842 und Ätzkali 1856) gemacht werden, denn sie zeigen gleiche Erscheinungen wie die stärkeren Lösungen Und wenn die Contacttheoristen sie
für diese schwache Lösungen in Anspruch nehmen, wie wollen sie es denn
mit der schwachen Salpetersäure machen, welche der starken in ihrer Wirkung auf Eisen nicht ähnlich ist 1977, sondern einen kraftvollen Strom
erzeugt?

„1863 Der Anhänger der chemischen Theorie wird von keiner dieser
Schwierigkeiten behelligt, denn erstlich prüft er durch einen einfachen
direkten Versuch, ob die beiden gegebenen Substanzen in der Kette chemisch
auf einander wirken Ist es der Fall, so erwartet er einen entsprechenden
Strom zu finden, im entgegengesetzten Fall findet er keinen Strom, obwohl die
Kette ein guter Leiter ist und er sorgfältig darnach sieht (1829)

„1864 Ferner, nimmt er den Fall mit Eisen, Platin und Schwefelkaliumlösung, so ist kein Strom da, ersetzt er aber das Eisen durch Zink, so
findet er einen kräftigen Strom Statt des Zinks konnte ich Kupfer, Silber,
Zinn, Kadmium, Wismuth, Blei und andere Metalle nehmen, allein ich nehme
Zink, weil es von dem Schwefelkalium gelöst wird, und so den Fall in einem
sehr einfachen Zustande lasst, die Thatsache ist indes bei jedem anderen
Metalle eben so entschieden Wenn nun die Contacttheorie richtig wäre,
wenn Eisen, Platin und Schwefelkalium Contacte gaben, die hinsichtlich der
elektromotorischen Kraft im vollkommenen Gleichgewicht standen, warum
zerstört der Austausch des Eisens gegen Zink das Gleichgewicht? Der
Tausch eines Metalles gegen ein anderes in einer metallischen Kette bewirkt
keine Veränderung dieser Art, und dasselbe gilt von der grossen Zahl der
Körper, welche, als starre Leiter, zur Bildung von leitenden aber chemisch
unwirksamen Ketten (1867 etc) benutzt werden können Wenn die Schwefelkaliumlösung zufolge ihrer Wirkung bei den angeführten Versuchen (1825 etc)
den Metallen beizuzählen ist, wie kommt es denn, dass sie, combinirt mit
Zink, Kupfer und Silber u s w (1882 1885 etc), den Metallen ganz unähnlich wirkt und mit gleicher Kraft wie die besten der anderen Klasse?

„1865 Diese Schwierigkeit nöthigt, meiner Meinung nach, die Contacttheoristen zu einer neuen Annahme, zu der, dass diese Flüssigkeit zuweilen
wie das beste Metall oder der beste Leiter erster Klasse wirke, zuweilen
aber wie der beste Elektrolyt oder beste Leiter zweiter Klasse. Das würde
aber sicherlich eine sehr lockere Art des Philosophirens in einer Erfahrungs-
wissenschaft sein 1886) und überdies ist es höchst ungünstig für eine solche

Annahme, dass diese zweite Bedingung oder Beziehung derselben sich niemals von selbst einstellt, so dass sie uns einen reinen Fall eines Stromes aus blossem Contact liefert, er tritt niemals auf ohne jene chemische Aktion, auf welche die Chemisten so einfach jeden alsdann entstehenden Strom zurückführen

„1866) Ich brauche wohl nicht zu sagen, dass dasselbe Argument auf die Fälle, wo salpetrige Säure, Salpetersäure und Kalilosung benutzt werden, mit gleicher Kraft anwendbar ist, und durch die Resultate derselben mit gleicher Stärke unterstützt wird (1843 1849 1853

„1867 Obwohl es für ganz unnöthig gehalten werden mag, bildete ich doch aus drei Substanzen, die sämmtlich leitend waren und dem eingeschlossenen Galvanometer viele Ketten, in der Hoffnung eine zu finden, die ohne chemische Aktion einen Strom gebe, und so eine elektromotorische Contactkraft feststelle   Die Anzahl und Verschiedenartigkeit dieser Versuche   bei denen Metalle, Graphit, Sulfurete, Oxyde, alles Leiter selbst für einen Thermostrom, auf unterschiedliche Weise combinirt wurden, wird aus folgender Übersicht erhellen

1,	Platin,	8	Kupferglanz,
2	Eisen,	9)	Eisenkies,
3,	Zink,	10)	Kupferkies,
4)	Kupfer,	11)	Bleiglanz,
5)	Graphit,	12)	Schwefelkupfer, künstl ,
6)	Hammerschlag,	13	Schwefeleisen, künstl ,
7)	Graubraunsteinerz,	14)	Schwefelwismuth

        1 und 2 mit 5, 6, 7, 8, 9, 10, 11, 12, 13, 14,
        1   „   3   „ 5, 6, 7, 8, 9, 10, 11, 12, 13, 14.
        1   „   5   „ 6, 7, 8, 9, 10, 11, 12, 13, 14,
        3   „   6   „ 7, 8, 9, 10, 11, 12, 13, 14,
        4   „   5   „ 6, 7, 8, 9, 10, 11, 12, 13, 14,
        4   „   6   „ 7, 8, 9, 10, 11, 12, 13, 14,
        4   „   7   „ 8, 9, 10, 11, 12, 13, 14,
        4   „   8   „ 9, 10, 11, 12, 13, 14.
        4   „   9   „ 10, 11, 12, 13, 14,
        4   „ 10   „ 11, 12, 13, 14,
        4   „ 11   „ 12, 13, 14,
        4   „ 12   „ 13, 13,
        4   „ 13   „ 13,
        1   „   4   „ 12

„1868) Marianini giebt nach Versuchen an, Kupfer sei positiv gegen Schwefelkupfer,[1] nach demselben Physiker ist, übereinstimmend mit den Voltaisten, Schwefelkupfer positiv gegen Eisen 1878) und Eisen positiv gegen Kupfer   Diese drei Körper mussten daher eine sehr kräftige Kette geben,

---

[1] Memorie della Società Italiana in Modena 21 224 1837

allein, was für Schwefelkupfer ich auch gebrauchen mochte, so erhielt ich doch von einer solchen Combination nicht die geringste Wirkung

„1869: Da Bleihyperoxyd ein Körper ist, der in Schwefelkaliumlösung und überhaupt in jeder Kette, wo er seinen Sauerstoff abgeben kann, einen kraftvollen Strom liefert, so glaubte ich erwarten zu dürfen, dass er durch seinen Contact mit Metallen einen Strom hervorbringen werde, wenn überhaupt Contact es könne. Ein Theil des nach (1822) bereiteten wurde wohl getrocknet, was hierbei durchaus wesentlich ist, und zu folgenden Combinationen verwandt

Platin, Zink, Bleihyperoxyd,

Platin, Blei, Bleihyperoxyd,

Platin, Kadmium, Bleihyperoxyd,

Platin, Eisen, Bleihyperoxyd

Sobald nur Temperaturunterschiede ausgeschlossen waren, gab von allen diesen Combinationen keine die geringste Anzeige von einem Strom, wiewohl sie alle, was Leitungsfähigkeit betraf, vollkommen dem Zweck entsprachen, d h selbst den sehr schwachen Thermostrom zu leiten vermochten

---

„1870) In der Contacttheorie sind es daher nicht allein die Metalle, von denen angenommen werden muss, dass ihre Contactkräfte in jeder aus ihnen gebildeten Kette sich bei völliger Vernichtung aufheben (1809), sondern alle starren leitfähigen Körper, Kohle, Oxyde, Sulfurete, müssen in dieselbe Kategorie gestellt werden Dasselbe gilt von allen schon genannten Elektrolyten, Kahlösung, Schwefelkahumlösung, salpetrige Säure, Salpetersäure, für alle Fälle, wo sie nicht chemisch wirken In der That alle Leiter, welche in der Kette nicht chemisch wirken, müssen nach der Contacttheorie als in diesem Zustand angesehen werden, bis einmal ein Volta'scher Strom ohne chemische Aktion hervorgebracht wird (1858)

„1871 Selbst wenn man dann zugiebt, es beweisen die von Volta und seinen Nachfolgern mit dem Elektrometer erhaltenen Resultate, dass der blosse Contact eine elektromotorische Kraft habe und einen solchen Effekt hervorbringen könne, so zeigen doch sicherlich alle Versuche mit blossem Contact allein, dass die elektromotorischen Kräfte in einer Kette immer aufgewogen sind Wie konnten sonst die oben genannten, so höchst verschiedenartigen Substanzen in dieser Beziehung übereinstimmen? es sei denn in der That, alle stimmten darin überein, dass sie durchaus keine solche Kraft besitzen Wenn dem aber so ist, wo ist die Quelle der Kraft, welche zufolge der Contacttheorie den Strom in der Volta'schen Säule erklären soll? Wenn sie nicht aufgewogen sind, wo ist ein genügender Fall, dass Contact für sich einen Strom erzeuge? Oder wo sind die numerischen Data, welche die Möglichkeit eines solchen Falles erweisen (1808. 1868)? Die Contact-Physiker sind verpflichtet, hervorzubringen nicht einen Fall, wo der Strom unendlich klein ist, denn ein solcher kann den Strom der Volta'schen Säule nicht erklären und fällt immer innerhalb des streitigen Gebietes, welches

DE LA RIVE so gut vertheidigt hat — sondern einen Fall von solcher Deutlichkeit und Wichtigkeit, dass er werth sei, den vielen von den Chemisten
hervorgebrachten Fällen gegenüber gestellt zu werden 1892), denn ohne
ihn scheint mir die Contacttheorie, auf die Säule angewandt, keinen Halt
zu haben, und da sie elektromotorische Contactkraft selbst bei dem Zustand
des Gleichwichts behauptet, fast ohne Grund zu sein

„1872) Um diese und ähnliche Schlüsse zu vermeiden, muss die Contacttheorie sich in der sonderbarsten und unregelmassigsten Weise schmiegen
und biegen   So muss angenommen werden, der Contact der Schwefelkaliumlosung mit Eisen sei aufgewogen durch die vereinte Kraft ihres Contactes mit Platin und des Contactes von Eisen und Platin mit einander,
allein beim Vertauschen des Eisens gegen Blei wird der Contact des Sulfurets
mit dem letzteren Metall nicht mehr durch die beiden anderen Contacte
aufgewogen, sondern hat plötzlich seine Relation verandert   Nach wenigen
Sekunden, wenn sich durch die chemische Aktion ein Häutchen von Sulfuret gebildet hat, hört der Strom auf, wiewohl die Kette ein guter
Leiter ist (1885), und nun muss angenommen werden, dass die Losung
ihre erste Relation zu den Metallen und zu dem Schwefelblei wieder erlangt und einen Gleichgewichtszustand der Contacte in der Kette hervorgebracht habe

„1873) So muss auch bei dieser Schwefellosung und bei Kalilosung
zufolge der Theorie angenommen werden, dass Verdunnung keine Veranderung in dem Charakter der Contactkraft hervorbringe, dagegen bei der
Salpetersaure eine starke Veranderung dieser Art (1977)   Von den Sauren
und Alkalien (wie Atzkali, in Fallen, wo sie, wie mit Zink und Platin,
Strome hervorbringen, muss angenommen werden, dass sie ein Übergewicht
der Kraft nach gleicher Seite hervorbringen, obwohl man von diesen Korpern wegen ihrer so verschiedenen Natur erwarten sollte, sie gaben entgegengesetzte Strome

„1874) Für jeden besonderen Fall eines Stromes sind die Anwalte der
Contacttheorie genothigt, Krafte von entsprechender Starke mit den erhaltenen Resultaten an den Contactpunkten anzunehmen und die Theorie darnach zu modeln (1956 1992 2006 2014. 2063), da sie keine allgemeine
Beziehung für die angewandten Sauren oder Alkalien oder andere elektrolytischen Losungen besitzt   Das Resultat lauft demnach darauf hinaus   die
Theorie kann in Betreff der Resultate nichts voraussagen, sie wird von keinem
Fall eines ohne chemische Aktion erzeugten Stromes unterstutzt, und bei
denen mit chemischer Aktion schmiegt sie sich den Thatsachen an, genau
entsprechend den Variationen, welche die rein chemische Kraft erfahrungsmassig nachweist

„1875) Wie einfach dagegen werden die zahlreichen experimentellen
Resultate von der chemischen Theorie aufgefasst, umschlossen, combinirt
und selbst vorausgesagt! Wo ein Strom ist, ist auch chemische Aktion,
wenn diese aufhort, verschwindet auch jener (1882 1885. 1894), die Aktion

findet nach Umstanden entweder an der Anode oder der Kathode statt
(2039 2041), und die Richtung des Stromes ist unveranderlich verknupft
mit der Richtung, in welcher die thatigen chemischen Krafte die Anionen
und Kationen zwingen umherzukreisen (962 2052)

„1876) Zieht man nun neben diesen Umstanden noch in Betracht, dass
die vielen Ketten ohne chemische Aktion (1825 etc) keinen Strom erzeugen,
dass die mit chemischer Aktion fast immer einen Strom hervorbringen, dass
es hunderte giebt, in welchen die chemische Aktion ohne Contact einen
Strom hervorbringt (2017 etc), dass eben so viele mit Contact, aber ohne
chemische Aktion als unwirksam bekannt sind (1867), — wie kann man da
dem Schlusse widerstehen, dass die Thatigkeit der VOLTA'schen Batterie in
der Ausubung chemischer Kraft begrundet sei? . .

„2029) Es mangelt also nicht an Fallen, wo chemische Aktion allein
VOLTA'sche Strome erzeugt (2017), und wenn wir naher den Zusammenhang
betrachten, welcher zwischen der chemischen Aktion und dem erzeugten
Strome stattfinden muss, so finden wir, dass er desto genauer wird, je
weiter wir ihn verfolgen, zur Erlauterung dieses Satzes werden die folgenden
Falle hinreichen

„2030) Chemische Aktion entwickelt Elektricitat   Dies ist durch
BREQUEREL und DE LA RIVE zum Uberfluss dargethan   BECQUEREL's schone
VOLTA'sche Kette aus Saure und Alkali[1] ist ein hochst uberzeugender Beweis, dass chemische Aktion uberflussig hinreicht, elektrische Erscheinungen
hervorzubringen   Eine grosse Anzahl der in gegenwartigen Aufsatzen beschriebenen Resultate beweist dasselbe

„2031) Wo chemische Aktion vorhanden ist, aber vermindert
oder aufgehoben wird, wird auch der elektrische Strom geschwacht
oder vernichtet — Die Falle mit Zinn (1882 1884), Blei (1885), Wismuth
(1895) und Kadmium (1905) in Schwefelkaliumlosung sind vortreffliche Beispiele von der Wahrheit dieses Satzes

„2032) Wenn man ein Stuck Kornerzinn in starke Salpetersaure taucht,
so wird es gewohnlich keine Einwirkung erleiden, in Folge der Oxydschicht,
welche sich auf demselben durch die Hitze gebildet hat, welche bei dem
Process der Zerstucklung desselben angewendet wird   Wenn man dann zwei
Platindrahte, verbunden mit einem Galvanometer, in die Saure steckt und
einen derselben gegen das Zinnstuck druckt, wird kein elektrischer Strom
erzeugt   Wenn man hierauf, bei diesem Zustand der Dinge, das Zinn unter
der Saure, mit einem Glasstab oder einer anderen nicht leitenden Substanz,
welche die Schicht auf der Oberflache zu durchbrechen im Stande ist, kratzt,
so wirkt die Saure auf das frisch entblosste Metall und erzeugt einen Strom;
allein wegen Bildung von Zinnoxyd und Erschopfung der umgebenden
Flussigkeit (1918) hort die Wirkung nach einigen Augenblicken auf, und

---

[1] Annal de chim 35 112 1827 — Bibhoth univ 14, 129 171. 1838 — POGG.
Ann 37 113 42, 76 91 und 48. 10

damit auch der Strom. Jede Schramme auf der Oberfläche des Zinns ruft dieselbe Reihe von Erscheinungen hervor.

"2033) Der Fall mit Eisen in starker Salpetersäure, welche im ersten Moment wirkt und einen Strom erzeugt 1843 1951 2001, durch diesen Vorgang aber so viel von seiner Thätigkeit, der chemischen sowohl wie elektrischen, verliert, gehört ebenfalls hierher.

"2034) Werden Blei und Zinn in Salzsäure verknüpft, so ist das Blei anfangs positiv gegen das Zinn, dann wird das Zinn positiv und bleibt es. Diesen Wechsel schreibe ich dem Umstand zu, dass das gebildete Chlorblei zum Theil das Blei einhüllt, und so die Fortdauer der Wirkung verhindert, wogegen das Chlorzinn, da es weit löslicher ist als das Chlorblei, leichter in die Flüssigkeit übergeht, so dass die Wirkung fortdauert und das Metall bleibend einen positiven Zustand annimmt.

"2035) Die schon beim Zinn (1919 und Kadmium 1918) erwähnte Wirkung der einhüllenden Flüssigkeit, einige der Resultate mit zwei Metallen in kalter und heisser Säure 1966, und diejenigen Fälle, wo das Metall in heisser Säure negativ wird gegen dasselbe Metall in kalter Säure 1953 etc., sind von gleicher Art. Die letzteren lassen sich schon erläutern durch zwei Stücke Blei in verdünnter Salpetersäure. Lässt man sie eine kurze Zeit darin, so steht die Nadel nahe auf 0", erhitzt man aber die eine Seite, so wird das Metall daselbst 20" oder mehr negativ, und bleibt es, so lange die Hitze unterhalten wird. Beim Erkalten dieser Seite und Erhitzen der anderen wird dasjenige Stück Blei, welches zuvor positiv war, negativ, und so fort beliebige Male.

"2036) Wenn die chemische Wirkung sich umkehrt, thut es auch der Strom. — Dies zeigt sich in den Fällen, wo zwei Stücke desselben aktiven Metalles in dieselbe Flüssigkeit getaucht sind. Werden zwei Stücke Silber in starker Salzsäure verknüpft, so ist anfangs das eine und dann das andere positiv, und die Umkehrungen in der Richtung des Stromes geschehen nicht langsam, wie bei einer allmählichen Aktion, sondern ungemein scharf und plötzlich. Ebenso, wenn Silber und Kupfer in verdünnter Schwefelkaliumlösung verknüpft werden, ist das Kupfer chemisch wirksam und positiv, und das Silber bleibt blank, bis plötzlich das Kupfer zu wirken aufhört, und das Silber, zum Beweise der bei ihm anfangenden chemischen Wirkung, in einem Augenblick mit Sulfuret überzogen wird, und die Nadel um 180° fortspringt. Zwei Stücke von Silber oder von Kupfer in Schwefelkalium bewirken dasselbe.

"2037) Nimmt man Metalle, welche in den angewandten Flüssigkeiten unwirksam sind, und erleiden die letzteren während der Zeit durch andere Umstände, als Wärme u s w 1838 1937, keine Veränderung, so entstehen keine Ströme, und in Folge dessen keine solche Umkehrungen.

"2038) Wo keine chemische Aktion ist, wird auch kein Strom erzeugt. — Dies ist, wie wohl bekannt, der Fall bei den gewöhnlichen starren Leitern, bei Metallen und anderen Körpern 1867. Es hat sich auch als

47*

richtig erwiesen bei Anwendung flüssiger Leiter (Elektrolyte), alle Mal, wo diese keine chemische Aktion ausüben, wiewohl so verschiedenartige Körper, als Säuren, Alkalien und Sulphurete angewandt wurden (1843. 1853. 1825. 1829). Dies sind sehr schlagende Fälle.

„2039) So wie aber die chemische Aktion anfängt, tritt auch ein Strom auf. — Dieser Satz lässt sich durch folgenden Versuch gut erläutern. Man mache eine Vorrichtung, wie in Fig. 191, lade die beiden Röhren mit derselben reinen, blassgelben, starken Salpetersäure, verbinde sie durch den Eisendraht i und verknüpfe die Platindrähte p, p mit dem Galvanometer. Der Apparat ist nur eine andere Form

Fig. 191. Nach FARADAY.   der einfachen Vorrichtung Fig. 192, wo, nach Art eines früheren Versuches (389), zwei Platten, eine von Eisen und eine von Platin, parallel gestellt sind, jedoch getrennt durch einen Tropfen starker Salpetersäure an jedem Ende. In diesem Zu-

Fig. 192. Nach FARADAY.

stand wird in keinem der Apparate ein Strom erzeugt; setzt man aber bei b, Fig. 192, einen Tropfen Wasser hinzu, so beginnt die chemische Aktion, und es entsteht ein kräftiger Strom, obwohl ohne Metallcontact oder sonstigen Contact. Um dies bei dem Apparat Fig. 191 zu beobachten, wurde in b ein Tropfen Wasser hinzugesetzt. Anfangs gab es keine chemische Aktion und keinen elektrischen Strom, obwohl Wasser daselbst vorhanden war; der Contact mit dem Wasser bewirkte also nichts. Nun wurden Säure und Wasser mittelst des Endes vom Draht i bewegt und mit einander vermischt; in wenigen Momenten trat die chemische Aktion ein, das Eisen entwickelte Salpetergas am Orte seiner Wirkung, und plötzlich erlangte es daselbst Positivität und erzeugte einen kräftigen elektrischen Strom.

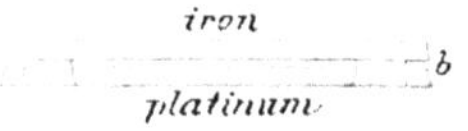

„2040) Wenn die chemische Aktion, welche einen Strom in der einen Richtung erzeugt hat oder erzeugen konnte, umgekehrt oder vernichtet wird, wird auch der Strom umgekehrt oder vernichtet.

„2041) Dies ist ein Prinzip oder Resultat, welches die chemische Theorie von der Erregung des Voltaismus aufs schlagendste bestätigt und durch viele wichtige Thatsachen erläutert wird. VOLTA zeigte im Jahre 1802,[1] dass krystallisirtes Manganhyperoxyd stark negativ ist gegen Zink und ähnliche Metalle, oder, nach seiner Theorie, an dem Contactpunkt Elektricität dem Zink giebt. BECQUEREL untersuchte diesen Gegenstand im Jahre 1835 mit Sorgfalt, und kam zu dem Schluss, jedoch sich vorsichtig ausdrückend, dass die Thatsachen für die Contacttheorie günstig seien.[2] Im folgenden Jahre beschäftigte sich DE LA RIVE mit demselben Gegenstand, und zeigte,

[1] Ann. de chim. 40, 224. 1802.
[2] Ibenda 60, 164. 171. 1835.

wenigstens meiner Überzeugung nach, dass das Hyperoxyd eine chemische Veränderung erleidet, Sauerstoff verliert, eine Umwandlung, die vollkommen mit der Richtung des erzeugten Stromes übereinstimmt [1]

„2042) Das in grüner salpetriger Säure mit Platin verknüpfte Hyperoxyd erzeugt einen Strom und ist negativ gegen das Platin, während es zugleich Sauerstoff abgiebt und die salpetrige Säure in Salpetersäure verwandelt, eine Umänderung, die durch einen chemischen Versuch leicht nachzuweisen ist In Salpetersäure ist das Oxyd negativ gegen Platin, allein seine Negativität wird sehr erhöht, wenn man ein wenig Alkohol zu der Säure setzt, indem dieser die Reduction der Säure unterstützt Verknüpft mit Platin in Ätzkalilösung begünstigt ein wenig Alkohol auffallend die Verstärkung des Stromes aus demselben Grunde Werden Hyperoxyd und Platin in Schwefelkaliumlösung verknüpft, so ist, wie zu erwarten, ersteres stark negativ

„2043) Im Jahre 1835 beobachtete Münck das auffallende Vermögen des Bleihyperoxyds zur Hervorbringung ähnlicher Phänomene wie das Manganhyperoxyd,[2] und diese Thatsache führte de la Rive im Jahre 1836 sogleich auf entsprechende Umwandlungen zurück [3] Schönbein liess diesen Schluss nicht gelten, und gründete seine Ansicht von „Tendenzstromen" auf die von ihm bei diesem Körper beobachteten Erscheinungen, namentlich dessen Unwirksamkeit in Salpetersäure [4] Meine eigenen Resultate bestätigen die von de la Rive, denn durch direkte Versuche finde ich, dass das Hyperoxyd von Körpern wie Salpetersäure eine Einwirkung erleidet. Kali und reine starke Salpetersäure, mit Bleihyperoxyd gekocht, lösen es reichlich unter Bildung von salpetersaurem Bleioxyd Es wurde Salpetersäure verdünnt und darauf in zwei Theile getheilt Der eine wurde mit einer Lösung von Schwefelwasserstoffgas geprüft, zeigte aber keine Spur von Blei, der andere wurde mit etwas Bleihyperoxyd (1822) versetzt, eine Stunde lang in gewöhnlicher Temperatur stehen gelassen, dann filtrirt und auf dieselbe Weise geprüft, er zeigte dann einen reichlichen Bleigehalt

„2044) Das Bleihyperoxyd ist negativ gegen Platin in Lösungen von Kochsalz und Kali, Körpern, von denen man glauben möchte, sie wirkten nicht chemisch auf dasselbe ein Allein direkte Versuche zeigen, dass sie eine hinreichende Wirkung ausüben, um alle Effekte hervorzubringen Einen ferneren Beweis, dass der Strom der aus diesen Körpern gebildeten Volta'schen Kette chemischen Ursprunges ist, giebt die rasche Abnahme der Kraft des erzeugten Stromes nach dem Moment der ersten Eintauchung

„2045) Die kräftigste Combination aus Bleihyperoxyd, Platin und einer Flüssigkeit wurde erhalten, wenn letztere aus gelber Schwefelkaliumlösung bestand Eine zweckmässige Anstellungsweise solcher Versuche ist die, dass man das Hyperoxyd mit etwas destillirtem Wasser zu einem weichen Teig

---

[1] Ebenda 61, 40 1836 — Biblioth univ 1 152 158 1836 — Pogg Ann 37, 225
[2] Biblioth univ 1, 160 1836   [3] Ebenda 1, 162 154 1836
[4] Philos Mag 12, 226 311 1838 und Biblioth univ 14, 155 1838 — Pogg Ann
43, 229

anknetet, mit diesem Teige das untere Ende einer Platinplatte mittelst eines Glasstabes gleichförmig überzieht, und zwar dick genug, um das Platin wohl zu schützen, dann gut trocknet, und endlich diese Platte mit einer blanken Platinplatte in dem angewandten Elektrolyt verknüpft. Wenn die Platinplatte nicht vollkommen überzogen ist, treten örtliche Ströme ein (1120), welche das Resultat stören. Auf diese Weise lässt sich leicht zeigen, dass das Bleihyperoxyd negativ gegen Platin sowohl in Schwefelkalium als in Salpetersäure ist. Mennige giebt in beiden Flüssigkeiten dasselbe Resultat.

„2046) Bei Anwendung von Schwefelkaliumlösung lässt sich indes mit Protoxyden dieselbe Art von Beweis zur Stütze der chemischen Theorie erhalten wie mit Hyperoxyden. So zeigte sich Bleioxyd, das durch Glühen des Nitrats und durch Schmelzen erhalten und auf die Platinplatte (2045) gestrichen worden, in Schwefelkaliumlösung stark negativ gegen metallisches Platin. Bleiweiss, auf dieselbe Weise angewandt, verhielt sich ebenso. Beide Körper waren dagegen in verdünnter Salpetersäure stark positiv gegen Platin.

„2047) Dieselbe Erscheinung zeigt sich in der Wirkung des oxydirten Eisens. Wenn man eine Eisenplatte durch Erhitzung mit einem Oxyd von solcher Beschaffenheit und Festigkeit überzieht, dass es kaum oder gar nicht von Schwefelkaliumlösung angegriffen wird, so entsteht nur ein schwacher oder gar kein Strom, indem sich ein solches Oxyd wie Platin in der Lösung verhält 1840. Oxydirt man aber das Eisen durch Aussetzung der Luft, oder durch Anfeuchten und Trocknen, oder durch Befeuchten mit etwas verdünnter Salpeter- oder Schwefelsäure, nachheriges Waschen, anfangs mit Ammoniak- oder Kalilösung und darauf mit Wasser, und endliches Trocknen, oder durch Befeuchten mit Kalilösung, Erhitzen in der Luft, Waschen mit destillirtem Wasser und Trocknen, so giebt es, verknüpft mit Platin in Schwefelkaliumlösung, einen kräftigen Strom, bis alles Oxyd reducirt ist, und während der ganzen Zeit ist es negativ.

„2048) Gerostetes Eisen ist in derselben Lösung stark negativ. Auch eine mit Eisenoxydul, Eisenoxyd oder Spatheisenstein überzogene Platinplatte 2045 verhält sich so.

„2049) Dies Resultat ist eines von denen, gegen die man sich in den zuvor (1826. 1886) beschriebenen Versuchen zu hüten hat. Wenn man eine scheinbar blanke Eisenplatte in verdünnte Schwefelkaliumlösung taucht, so ist sie gegen Platin anfangs negativ, dann neutral und zuletzt schwach positiv. In starker Lösung ist sie zuerst negativ, wird dann neutral und bleibt es. Eisen kann nicht vollkommen mit Sandpapier gereinigt werden, allein nach dieser Reinigung ist es negativ, und je frischer und besser es gereinigt worden ist, desto kürzer dauert diese Negativität. Dieser Effekt rührt von einer sofort eintretenden Oxydation des Eisens während seiner Berührung mit der Luft und von nachheriger Reduction dieses Oxydes durch die Lösung her. Wenn man die Eigenschaften des Eisens in Erwägung zieht, kann dies Resultat nicht unnatürlich erscheinen. Reines Eisen, in Schwammform, entzündet sich von selbst an der Luft, und eine frisch gesäuberte Platte, in Wasser getaucht oder damit benetzt oder nur der Luft ausgesetzt, bewirkt augenblicklich den Geruch nach Wasserstoff. Die dünne Oxydhaut, welche sich während einer momentanen Aussetzung bilden kann, ist daher vollkommen genügend, den erzeugten elektrischen Strom zu erklären.

„2050. Zum ferneren Beweise der Wahrheit dieser Erklärungen stellte ich eine Eisenplatte unter die Oberfläche einer Schwefelkaliumlösung, und rieb sie daselbst mit einem Stück Holz, welches einige Zeit mit derselben Lösung getränkt worden war. Das Eisen war dann gegen das mit ihm verknüpfte Platin neutral oder sehr schwach positiv. Während es mit dem Platin in Verbindung stand, wurde es wieder mit dem Holz gerieben, um eine frische Berührungsfläche zu erlangen. Es wurde nun nicht negativ, sondern blieb sehr schwach positiv, zum Beweise, dass die frühere Negativität nur ein temporäres Resultat der an der Luft gebildeten Oxydschicht war.

„2051) Nickel scheint derselben Wirkung wie Eisen unterworfen zu sein, doch in viel geringerem Grade. Alle Umstände waren analog, und der auf das Eisen (2050) angewandte Beweis war auch hier anwendbar mit demselben Resultat.

„2052, So stimmen demnach alle diese Erscheinungen mit Protoxyden und Hyperoxyden darin überein, den entstehenden Strom auf chemische Aktion zurückzuführen, nicht bloss, was die Abhängigkeit des Stromes von dieser Aktion betrifft, sondern auch in Bezug auf die Abhängigkeit der Richtung des Stromes von der Richtung, welche die chemische Verwandtschaft das erregende oder elektromotorische Anion anzunehmen zwingt. Und es ist, glaube ich, ein höchst schlagender Umstand, dass diese Körper, welche, wenn sie chemisch wirken können und wirken, Ströme erregen, nicht die geringste Macht dazu haben, sobald blosser Contact verstattet ist (1869), obwohl sie vortreffliche Leiter der Elektricität sind und die durch andere und wirksamere Mittel erregten Ströme leicht durchlassen.

„2053. Bei solch einer Masse von Zeugnissen für die Wirksamkeit und Hinlänglichkeit der chemischen Aktion, wie (1878. 2052) gegeben worden ist, bei so vielen wirksamen Ketten ohne Metallcontact (2017), und unwirksamen mit demselben (1867) was für ein Grund kann vorhanden sein, in den Fällen, wo chemische Aktion und Contact vereinigt sind, die Wirkung lediglich dem Contact oder irgend etwas anderem als chemischer Kraft zuzuschreiben? Solch ein Schluss scheint mir sehr unphilosophisch: es heisst eine erwiesene und thätige Ursache entlassen, um eine bloss hypothetische dafür anzunehmen.

Thermo-elektrischer Beweis.

„2054) Die Erscheinungen der schönen Entdeckung Seebeck's, der Thermo-Elektricität, sind zuweilen und noch neuerlich als Beweis der elektromotorischen Kraft des Contactes zwischen Metallen und ähnlichen starren

Leitern angeführt worden (1809. 1867).[1] Eine kurze Betrachtung, glaube ich, reicht hin, zu zeigen, wie wenig Stütze diese Erscheinungen der besagten Theorie gewähren.

„2055) Wenn der Contact der Metalle einen erregenden Einfluss in Volta'schen Ketten ausübt, so kann man kaum bezweifeln, dass die thermo-elektrischen Stöme von derselben Kraft herrühren, d. h. von der durch locale Temperatur bewirkten Störung des Gleichgewichtes der Kräfte der verschiedenen Contacte in der metallenen oder ähnlichen Kette. Diejenigen, welche die Thermo-Effekte als Beweise für die Contact-Effekte anführen, müssen sich zu dieser Ansicht bekennen.

„2056) Bei Annahme einer Contactkraft müssen wir auch annehmen, dass Wärme diese Kraft entweder verstärke oder schwäche. Denn wenn in Fig. 193 A Antimon und B Wismuth ist, und eine Erwärmung bei x einen

Strom in Richtung des Pfeiles hervorruft, und wenn angenommen wird, dass Wismuth im Contact mit Antimon positiv gegen letzteres zu werden suche, so muss Wärme diese Positivität schwächen, oder, wenn vorausgesetzt wird, das Wismuth suche negativ zu werden, so muss Wärme den Effekt verstärken. Wie wir zu entscheiden vermögen, welche der beiden Ansichten anzunehmen sei, scheint mir nicht klar; denn nichts in den thermo-elektrischen Erscheinungen allein kann den Punkt durch das Galvanometer entscheiden.

Fig. 193. Nach FARADAY.

„2057) Wenden wir uns zu dem Ende zu der Volta'schen Kette, so finden wir dort die Stellung des Antimons und Wismuths verschieden, je nach dem angewandten flüssigen Leiter (2012). Das Antimon, das in Säuren negativ gegen Wismuth ist, ist positiv gegen dasselbe in Alkali und Schwefelkalium; und überdies finden wir beide fast in der Mitte der Metallreihe. In der thermo-magnetischen Reihe dagegen liegen sie an den Enden und stehen so im Gegensatz zu einander wie nur möglich. Dieser Unterschied wurde vor langer Zeit vom Prof. Cumming hervorgehoben;[2] wie verträgt er sich mit der Contacttheorie der Volta'schen Kette?

„2058) Wenn ferner Silber und Antimon eine Thermokette (Fig. 194) bilden, und die Berührungsstelle x erhitzt wird, so geht der Strom vom Silber zum Antimon. Bilden Silber und Wismuth eine Thermokette (Fig. 195) und die Stelle x wird erhitzt, so geht der Strom vom Wismuth zum Silber. Angenommen, die Wärme erhöhe die Contactkraft (2056), so geben diese Resultate die Contactkraft zwischen diesen Metallen so: Antimon ◄— Silber, und Wismuth ► Silber. Allein in der Volta'schen Kette geht der Strom an den Contactpunkten vom Silber sowohl zum Antimon als zum Wismuth, sobald verdünnte Schwefelsäure, verdünnte oder starke Salpetersäure oder Kalilösung angewandt wird (2012); der Metallcontact wie der in der

---

[1] FECHNER's Worte, Philos. Mag. 13, 206. 1838. — POGG. Ann. 42, 483.
[2] Annals of Philosophy 6, 177. 1823.

Thermokette kann also auf jeden Fall hier sehr wenig zu thun haben. Im gelben Schwefelkalium geht der Strom an den Contactpunkten vom Antimon

Fig. 104. Fig. 105.

Nach FARADAY.

wie vom Wismuth zum Silber, ein Resultat ebenso unverträglich als das frühere mit dem Thermo-Effekt. Wenn farbloses Schwefelwasserstoff-Schwefelkalium zur Schliessung der VOLTA'schen Kette angewandt wird, geht der Strom an den Contactpunkten vom Wismuth zum Silber, und vom Silber zum Antimon, während er in starker Salzsäure an den Contactpunkten gerade umgekehrt vom Silber zum Wismuth und vom Antimon zum Silber geht.

„2059) Ferner geht in der Thermoreihe der Strom an den Contactpunkten der Metalle vom Kupfer zum Gold, vom Zinn oder Blei zum Kupfer, Rhodium oder Gold, vom Zink zum Antimon oder Eisen oder selbst Graphit, vom Wismuth zum Nickel, Kobalt, Quecksilber, Silber, Palladium, Gold, Platin, Rhodium oder Graphit, — also gerade in umgekehrter Richtung wie bei denselben Metallen, wenn sie mit den gewöhnlichen sauren Lösungen VOLTA'sche Ketten bilden (2012).

„2060) Diese und viele andere Widersprüche, welche bei einem Vergleich der Theorie des Thermocontactes und des VOLTA'schen Contactes erscheinen, lassen sich nur erklären durch Annahme einer specifischen Wirkung des Contactes von Wasser, Säuren, Alkalien, Sulfureten und anderen erregenden Elektrolyten für jegliches Metall. Dieser angenommene Contact ist dem Thermo-Metallcontact nicht nur dadurch unähnlich, dass er in den bei gleichförmigen Temperaturen geschlossenen Ketten keinen Gleichgewichtszustand besitzt, sondern auch in der Ordnung der angewandten Metalle keine Beziehung zu demselben hat. So müssen Wismuth und Antimon, welche in der Thermoreihe weit auseinander stehen, diesen Extracharakter von Säurecontact sehr stark in entgegengesetzter Richtung entwickelt haben, um mit einander eine nur schwache VOLTA'sche Combination zu bilden. Und was das Silber betrifft, welches in der Thermoreihe zwischen Zinn und Zink steht, so ist nicht nur dieselbe Abweichung erforderlich, sondern es muss auch der Effekt davon so gross sein, dass er so vollständig wie er es thut und selbst kräftig die Unterschiede umkehrt, welche die Metalle (gemäss der Contacttheorie) hervorzubringen trachten.

„2061) Zum ferneren Gegensatz mit solch einer Annahme muss daran erinnert werden, dass, obwohl die Thermoreihe der Kette verschieden ist von der gewöhnlichen VOLTA'schen (2012), sie doch vollkommen mit sich selbst übereinstimmt, d. h. dass wenn Eisen und Antimon schwach mit einander sind und Wismuth stark mit Eisen, dies auch stark mit Antimon ist; ferner, dass

wenn der Strom an der heissen Beruhrungsstelle vom Wismuth zum Rhodium geht, und vom Rhodium zum Antimon, es auch an der heissen Stelle
noch kraftiger vom Wismuth zum Antimon ubergeht Zur vollen Ubereinstimmung mit dieser einfachen und wahren Relation musste Schwefelsaure
nicht sehr kraftig mit Eisen und Zinn und schwach mit Silber sein, wie sie
es in der Volta'schen Kette ist, da diese Metalle in der Thermoreihe nicht
weit auseinander stehen, auch durfte sie sich voltaisch nicht fast gleich
gegen Gold und Platin verhalten, da diese in der Thermoreihe weit auseinander stehen

„2062) Endlich findet sich in der Thermokette eine Relation zur Warme,
welche zeigt, dass fur jegliche Portion von entwickelter elektrischer Kraft
eine entsprechende Anderung in einer anderen Kraft oder Kraftform, namlich der Warme, stattfindet, die jene zu erklaren vermag Dies haben ubereinstimmend die Versuche von SEEBECK und PELTIER gezeigt. Allein die
Contactkraft ist eine Kraft, welche Etwas aus Nichts hervorzubringen hat,
ein Resultat der Contactkraft, welches weiterhin (2069 2071. 2073) besser
auseinandergesetzt werden kann

„2063 Welche, aus den Thatsachen der Thermo-Elektricitat ableitbaren
Beweise fur die Contactwirkung bleiben dann ubrig, da sonach die Kraft
auf die Saure oder andere gebrauchte Elektrolyte bezogen werden muss
(2060), und da man sie nicht nur unsicher nach jedem Metall, sondern auch
in direkter Ubereinstimmung mit der Veranderung der chemischen Aktion
zu variren hat (2874 1956 1992 2006 2014)²

„2064) Die Contacttheoretiker scheinen zu glauben, dass die Anhanger
der chemischen Theorie berufen seien, die Erscheinungen der Thermo-Elektricitat zu erklaren Ich kann nicht einsehen, dass die SEEBECK'sche Kette
irgend eine Beziehung zur VOLTA'schen habe, und glaube, dass BECQUEREL's
Untersuchungen diesen Schluss hinreichend rechtfertigen [1]

Unwahrscheinlichkeit der angenommenen Contactkraft

„2065, Sonach habe ich eine gewisse Masse experimenteller Zeugnisse
und daraus gezogener Schlusse gegeben, welche mir zur Aufhellung des
streitigen Punktes geeignet scheinen, in Zusatz zu den Angaben und Argumenten der grossen Manner, die bereits ihre Resultate und Meinungen zu
Gunsten der chemischen Theorie des Voltaismus und gegen die Contacttheorie ausgesprochen haben Zum Schluss will ich noch ein Argument
hinzufugen, hergenommen von der, nach mir, unphilosophischen Natur der
Kraft, auf welche, nach der Contacttheorie, die Erscheinungen bezogen
werden

„2066 Nach dieser Theorie wird angenommen (1802), dass, wo zwei
ungleiche Metalle oder richtiger Korper einander beruhren, die ungleich-

[1] Annal s d chim 41, 355 1829 40, 275 1829

artigen Theile auf einander wirken und entgegengesetzte Zustände erregen Ich leugne dies nicht, glaube vielmehr, dass eine solche Wirkung in vielen Fällen zwischen aneinander liegenden Theilchen stattfinden kann, z B vorbereitend die Aktion in den gewöhnlich chemischen Erscheinungen, und auch vorbereitend denjenigen Akt der chemischen Combination, welcher in der Volta'schen Kette den Strom hervorruft 1738 1743.

„2067) Allein die Contacttheorie nimmt an, dass diese Theilchen, welche sonach durch ihre gegenseitige Aktion entgegengesetzte elektrische Zustände erlangt haben, diese Zustände auf einander entladen können, und doch in dem anfänglichen Zustande bleiben, in jeder Hinsicht durch den früheren Vorgang nicht verändert werden Sie nimmt auch an, dass die Theilchen, die durch ihre gegenseitige Wirkung plus und minus geworden sind, während sie unter dieser inducirten Aktion stehen, sich entladen auf Theilchen gleicher Natur mit ihnen und so einen Strom erzeugen

„2068) Dies stimmt in keiner Hinsicht mit bekannten Wirkungen überein Nimmt man in Bezug auf chemische Erscheinungen zwei Substanzen, wie Sauerstoff und Wasserstoff, so kann man sich denken, dass zwei Theilchen von beiden, wenn sie nahe gebracht und erhitzt werden, entgegengesetzte Zustände an ihren gegenüberliegenden Oberflächen induciren, vielleicht so, wie nach BERZELIUS' Ansicht (1739), und dass diese Zustände, sich immer mehr steigernd, endlich in eine gegenseitige Entladung der Kräfte übergehen, wobei die Theilchen sich verbinden und unfähig sind, den Effekt zu wiederholen Während sie unter Aktion stehen und ehe die Einwirkung eintritt, können sie ihren Zustand nicht freiwillig verlieren, allein bei Entfernung der Ursache der gesteigerten Inductionswirkung, nämlich der Wärme, kann der Effekt auf seinen ersten Zustand herabsinken Wenn die wirkenden Theilchen in die Constitution eines Elektrolyten eingeschlossen sind, können sie eine Stromkraft erzeugen 921 924' proportional mit dem Betrage der verbrauchten chemischen Kraft 868'

„2069) Allein die Contacttheorie, welche gemäss den Thatsachen zu der Annahme genöthigt ist, dass die wirkenden Theilchen sich nicht verändern (1802 2067 — denn sonst würde sie die chemische Theorie sein', ist auch gezwungen anzunehmen, dass die Kraft, welche zwei Theilchen in den Stand setzt, einen gewissen Zustand in Bezug auf einander anzunehmen, unfähig sei, dieselben in diesem Zustande zu erhalten, und so leugnet sie virtuell das grosse Prinzip der Naturforschung, dass Ursache und Wirkung gleich sind 2071' Wenn ein Platintheilchen durch Contact mit einem Zinktheilchen seine eigene Elektricität willig dem Zink abtritt, weil durch seine Gegenwart das Platin einen negativen Zustand anzunehmen sucht, warum sollte das Platintheilchen von irgend einem hinter ihm liegenden Platintheilchen Elektricität aufnehmen, da dies nur dahin streben würde, eben den Zustand zu zerstören, in den es durch das Zink versetzt ward? Dies ist nicht der Fall bei der gemeinen Vertheilung (und MARIANINI nimmt an, die Contactwirkung könne durch Luft und durch messbare Entfernungen hindurch

wirken,[1] denn dabei nimmt eine Kugel, die durch Vertheilung negativ gemacht ist, keine Elektricität von umgebenden Körpern auf, wie sie auch
ringsum umsohrt sein mag, und wenn wir Elektricität in sie hineinzwängen,
so wird sie gleichsam zurückgeschlagen mit einer Kraft, die der des ver-
theilenden Körpers äquivalent ist

„2070 Oder wenn man vielmehr annimmt, dass das Zinktheilchen durch
seine vertheilende Wirkung das Platintheilchen positiv zu machen suche,
und das letztere, in Verbindung stehend mit der Erde oder mit anderen
Platintheilchen, auf diesen Elektricität hervorruft und so den positiven Zustand erlangt warum sollte es diesen Zustand gegen das Zink entladen,
gerade die Substanz, welche, indem sie das Platin diesen Zustand annehmen
macht, natürlicherweise am geeignetsten sein sollte, denselben zu unterhalten?
Oder ferner, wenn das Zink das Platintheilchen positiv zu machen sucht:
warum sollte nicht Elektricität vom Zink zum Platin übergehen, da doch
ersteres ebenso gut als die benachbarten Platintheilchen mit letzterem im
Contact ist? Oder, wenn das Zinktheilchen im Contact mit dem Platin
positiv zu werden sucht, warum strömt nicht Elektricität zu ihm aus den
hinteren Zinktheilchen, so gut als aus dem Platin?[2] Für den angenommenen
Vorgang ist keine hinlänglich wahrscheinliche oder philosophische Ursache
nachgewiesen, noch ist ein Grund gegeben, warum nicht ein oder der andere
der zuvor angegebenen Effekte stattfinden sollte, und, wie ich schon wiederholt gesagt habe, ich kenne kein einziges Factum oder keinen Fall von
Contactstrom, auf welchen, in Ermangelung solcher wahrscheinlichen Ursache,
die Theorie sich stützen kann

„2071 In der That, die Contacttheorie nimmt an, dass eine Kraft, die
mächtige Widerstände zu überwältigen im Stande ist, z B den von guten
oder schlechten Leitern, welche der Strom durchläuft, so wie den von elektrolytischen Aktionen, wo Körper durch sie zersetzt werden, aus Nichts entspringen kann, dass, ohne irgend eine Veränderung in der wirkenden Materie
oder den Verbrauch einer erzeugenden Kraft, ein Strom hervorgerufen werden
kann, welcher unausgesetzt gegen einen constanten Widerstand fortgeht, und
nur gehemmt werden kann, wie in der VOLTA'schen Batterie, durch die
Trümmer, welche seine Äusserung in seiner eigenen Bahn angehäuft hat.
Dies würde in der That eine Schöpfung der Kraft sein, und ist keiner
anderen Kraft in der Natur gleich Wir kennen viele Processe, durch welche
die Form der Kraft so verändert werden kann, dass eine scheinbare Umwandlung der einen in die andere stattfindet So können wir chemische

---

[1] Memorie della Società Italiana in Modena 21, 232 233 1837

[2] „Der Einfachheit wegen habe ich mich so ausgedrückt, wie wenn bei Hervorbringung
dieser Vertheilungszustände das eine Metall aktiv und das andere passiv wäre, während die
Theorie verlangt, dass jedes gegenseitig dem anderen unterworfen ist Allein dies macht keinen
Unterschied in der Kraft der Argumente, wogegen eine vollständige Angabe der vereinten
Aktionen an beiden Seiten die sich darbietenden Einwürfe welche indes nach beiden An-
sichten gleich stark sind, verdunkelt haben würde "

Kraft in elektrischen Strom und den Strom in elektrische Kraft verwandeln
Die schönen Versuche von Seebeck und Peltier zeigen Verwandelbarkeit
von Wärme und Elektricität, und andere von Oersted und mir zeigen die
Verwandelbarkeit von Elektricität und Magnetismus Allein niemals, selbst
nicht bei dem Gymnotus und der Torpedo 1790) findet eine Schöpfung von
Kraft statt, eine Erzeugung von Kraft, ohne eine entsprechende Erschöpfung
von Etwas, ihr Nahrung Gebendes [1]

„2072) Man muss sich stets erinnern, dass die chemische Theorie von
einer Kraft ausgeht, deren Dasein zuvor bewiesen ist, und dass sie deren
Variationen folgt, selten etwas voraussetzend, was nicht durch eine entsprechende einfache chemische Thatsache unterstützt wird Die Contacttheorie dagegen geht von einer Voraussetzung aus, der sie andere hinzufügt,
so wie es die Fälle erfordern, bis zuletzt die Contactkraft, statt das feste
unwandelbare Wesen zu sein, wie es Volta anfangs voraussetzte, so veranderlich als die chemische Kraft selbst ist.

„2073) Verhielte es sich anders, als es ist, wäre die Contacttheorie
richtig, dann musste, so scheint mir, die Gleichheit von Ursache und Wirkung
geleugnet werden 2069) Dann würde auch das Perpetuum mobile möglich sein, und es würde gar nicht schwer halten, auf den ersten gegebenen
Fall eines allein durch Contact erzeugten elektrischen Stromes eine elektromagnetische Vorrichtung zu construiren, welche, dem Prinzipe nach, unaufhorlich mechanische Effekte hervorbrachte

Royal Institution, 26 December 1839 "

64 Weitere Discussionen Auch das zweite Eintreten Faraday's
für die chemische Theorie änderte an der Stellung der einzelnen Forscher
nichts, wie denn in der ganzen Angelegenheit die Beobachtung gemacht

---

[1] „(Note, 29 März 1840) — Ich bedaure ein höchst wichtiges Zeugniss für dies philosophische Argument zuvor nicht gekannt zu haben, nämlich die Meinung, welche Dr Roget in
seinem im Januar 1829 erschienenen „Treatise on Galvanism" in der „Library of useful Know-
legde" ausgesprochen hat Dr Roget ist durch die Thatsachen der Wissenschaft ein Anhänger
der chemischen Theorie, allein die schlagendste Stelle, welche ich nun hervorzuheben wünsche,
ist der folgende Paragraph im Art Galvanism — Von der Volta'schen Contacttheorie sprechend
sagt er „Wäre irgend ein ferneres Raisonnement erforderlich sie umzustürzen, so liess sich
ein mächtiges Argument aus folgender Betrachtung hernehmen Vermochte eine Kraft zu bestehen, welche die ihr von der Hypothese zugeschriebene Eigenschaft besässe nämlich einer
Flüssigkeit einen unausgesetzten Impuls in einer constanten Richtung zu ertheilen ohne durch
ihre eigene Wirkung erschöpft zu werden, so würde sie wesentlich verschieden sein von allen
bekannten Kräften in der Natur Alle Kräfte und Quellen von Bewegung mit deren Operation
wir bekannt sind, werden, wenn sie ihre eigenthümlichen Wirkungen ausüben vorausgesetzt in
demselben Verhältniss, als diese Wirkungen hervorgebracht werden, und daraus entspringt die
Unmöglichkeit durch sie einen immerwährenden Effekt oder, mit anderen Worten eine immer-
während Bewegung hervorzubringen Allein die elektromotorische Kraft welche Volta den in
Contact stehenden Metallen zuschreibt, ist eine Kraft welche, so lange der von ihr in Bewegung
gesetzten Elektricität ein ungehinderter Lauf verstattet ist, niemals verbraucht wird, und fortwährend
mit unverminderter Kraft erregt wird in der Erzeugung eines unaufhörlichen Effektes Gegen die
Wahrheit einer solchen Voraussetzung sind alle Wahrscheinlichkeiten nur unendlich. — Roget "

werden kann, dass durch all den ungeheuern Aufwand überzeugungskräftig-
ster Argumente auf beiden Seiten doch niemals eine Bekehrung eines Gegners
bewerkstelligt worden ist. In der That ist mir in der ganzen weitschichtigen
Litteratur bis auf das gleich zu erwähnende halbe Zugestandniss SCHÖNBEIN's
kein Fall begegnet, dass ein Anhänger einer der Theorieen in seiner Ansicht wankend gemacht worden wäre, vielmehr bleibt Jeder, sei er Contactist
oder Chemiker, „unentwegt" auf seinem Standpunkt stehen und hat für
die gegentheiligen Anschauungen nur ein mitleidiges Erstaunen übrig. Diese
Erscheinung kennzeichnet besser als alles andere den damaligen unent-
wickelten und unfertigen Zustand der Wissenschaft in diesem Gebiete.

Die Unklarheit über die Art der chemischen Wirkung, welche in dem
VOLTA'schen Element vor sich geht, tritt in der ganzen Discussion über die
beiden Theorieen immer wieder hervor. Während schon RITTER die Nothwendigkeit eines räumlich getrennten Vorganges zum Behufe der galvanischen Wirkung erkannt hatte, sah POGGENDORFF,[1] freilich nicht ohne Schuld
der Vertreter der chemischen Theorie selbst, in dem Nachweise, dass es
Ketten ohne primäre, d. h. vor dem Stromschlusse stattfindende chemische
Wirkung gebe, einen entscheidenden Einwand gegen die chemische Theorie.
Thatsächlich liegt die Sache so, dass nur die erst beim Stromschlusse eintretende Wirkung es ist, die überhaupt mit der elektrischen in Zusammenhang
gebracht werden darf, die primäre, oder besser örtliche Wirkung hat mit
dem Strome nichts zu thun.

Die eben erwähnte Abhandlung POGGENDORFF's ist im Übrigen bestimmt,
die von SCHÖNBEIN und namentlich FARADAY untersuchten Fälle, wo Ketten
mit Eisen und Platin oder Silber, die nach der Contacttheorie einen starken
Strom wegen der bedeutenden Verschiedenheit der Metalle in der Spannungsreihe geben sollten, thatsächlich keinen, oder nur einen sehr schwachen,
bald verschwindenden geben, im Sinne der Contacttheorie zu „erklären".
Die Erklärung beruht auf demselben Gesichtspunkte, welchen MARIANINI und
FECHNER schon früher geltend gemacht hatten, nämlich der Annahme, dass
durch die Wirkung der Flüssigkeiten auf die Metalle deren Stellung in der
Spannungsreihe abgeändert werde. Diese Wirkung wird ausdrücklich als
eine nicht chemische bezeichnet, was für eine sie thatsächlich ist, bleibt
unentschieden, und so behält diese Deutung allerdings den Charakter der
Willkürlichkeit. Insbesondere fehlt eine Deutung des Zusammenhanges, dass
in solchen Fällen, wo chemische Wirkung und gleichzeitig der Strom ausbleibt, auch gerade die oberflächliche Veränderung der Metalle den Werth
erhält, dass die Spannungen sich aufheben. Es ist dies die immer wiederholte Erscheinung, dass die Contacttheorie zwar formell mit den Thatsachen
fertig werden kann, über die weiteren zu Tage tretenden Beziehungen aber
keine Auskunft geben will.

FARADAY selbst, welcher sich durch die Anstrengungen bei der Ausführung

der oben beschriebenen Untersuchungen eine ernstliche Erkrankung zuge-
zogen hatte, von deren Folgen er sich nie wieder vollständig erholen konnte,
weigerte sich fernerhin unbedingt, auf die Discussion über den Werth der
beiden Theorieen einzugehen. In einem Briefe an den Herausgeber des
Philosophical Magazine[1] erklärt er zunächst, wie es gekommen sei, dass er
einen derartigen Angriff von Dr. HARE unbeantwortet gelassen habe, und
fährt fort: „Mein Grund für diese Ablehnung war nicht ein Mangel an
Achtung gegen Dr. HARE, sondern meine feste Überzeugung, dass polemische
Angriffe und Erwiderungen nur eine unfruchtbare Beschäftigung sind.
Ich finde in Ihrer Zeitschrift auch mehrere Angriffe aus Deutschland, Italien
und Belgien auf die chemische Theorie der VOLTA'schen Batterie und auch
auf einige meiner Versuche. Für meinen Theil weigere ich mich öffentlich
von diesen Auseinandersetzungen Notiz zu nehmen, weil in ihnen nichts enthalten ist, was meinem Geiste einen neuen Gesichtspunkt giebt, der die
Sache aufklärt, oder mir einen Grund zur Änderung meiner Meinung giebt.
Aber indem ich diesen Punkt erwähne, möchte ich einen Wunsch aussprechen,
dass einige von den Vertretern der Contacttheorie auf eine Betrachtung eingehen möchten, welche sie bisher auf das Sorgfältigste vermieden zu haben
scheinen, namlich die unwissenschaftliche Natur der angenommenen Contactkraft, wie ich sie in § 2065 bis 2073 meiner „Experimentaluntersuchungen"
darzulegen versucht habe, und wie DE LA RIVE sie in Worten ausgedrückt
hat, welche ich meiner Abhandlung angehängt habe. Eine derartige Betrachtung scheint mir die Grundlagen selbst der Contacttheorie zu beseitigen.   Soviel ich sehen kann, drücken sie ein grundlegendes Prinzip
aus, welches nicht bei Seite gesetzt oder umgangen werden kann von einem
wissenschaftlichen Geiste, welcher nur einen mässigen Grad von Strenge
im Schliessen besitzt, und ich muss gestehen, dass ich, bevor irgend eine
Antwort oder der Schein einer Antwort in Gestalt einer Voraussetzung oder
anderswie auf den Ausspruch dessen, was ich als ein Naturgesetz ansehe,
gegeben worden ist, nicht geneigt bin, eine Bedeutung Thatsachen zuzuschreiben, welche zwar zu Gunsten der Contacttheorie vorgebracht, von den
Anhängern der chemischen Theorie jedesmal gleich vortheilhaft für ihre Ansichten, und gleich übereinstimmend mit ihnen befunden worden sind."

64. Einwand von JACOBI. Von den gewöhnlichen Argumenten gegen
die chemische Theorie unterscheidet sich ein von M. JACOBI[2] erhobenes
durch seine Originalität. Dieser sehr begabte Forscher beschäftigte sich
bereits vor mehr als fünfzig Jahren mit der Aufgabe, die mechanischen Wirkungen des Elektromagnetismus technisch zu verwerthen, und war dabei zu
der Beobachtung gelangt, dass der Strom seiner Batterie geringer war, wenn
der eingeschaltete elektromagnetische Motor Arbeit verrichtet, als wenn er
still stand. „Man hat also hier eine Maschine, welche, wenn sie einen mechanischen Effekt hervorbringt, weniger Zink consumirt, als wenn sie sich in

[1] Philos. Mag. 22. 268. 1843.   [2] Pogg. Ann. 48. 41. 1839.

Ruhe befindet. Das ist bei anderen Triebkraften nicht der Fall, und bleibt gewiss ein frappantes Factum, wenn es sich auch erklaren lasst.

„Aber auch die anderen Attribute des galvanischen Stromes bieten ahnliche Phanomene dar. uberhaupt, wenn man irgend einen Effekt ausserhalb der Erregungszelle erlangen will, wird in dieser die Zinkconsumtion oder die chemische Thatigkeit vermindert. Mir scheint es, dass, da sammtliche Effekte zugleich proportional im Strom existiren, derjenigen Weise der chemischen Aktion, die sich durch die elektrolytische Zersetzung kund giebt, kein grosseres Recht zugestanden werden durfte, als den ubrigen, ja sogar, da sammtliche Attribute der Elektricitat hervorgebracht werden konnen, ohne einer elektrolytischen Aktion zu bedurfen, keine elektrolytische aber ohne gleichzeitige magnetische, Polarisations-, Warme- und andere Erscheinungen, so ist vielmehr der Chemismus im Nachtheil, wenn von dem Rechte die Rede ist, als Ursache der verschiedenen Phanomene aufzutreten. Es ist ein logischer und deshalb unuberwindlicher Widerspruch, dass die Ursache sich umgekehrt wie die Wirkung verhalten solle, und das verlangt die Ansicht, welche bei den Hydroketten die Oxydation oder den chemischen Process als das allein Bedingende ansieht."

Diese Auseinandersetzungen des scharfsinnigen Gelehrten zeigen die ganze Unsicherheit, in welcher sich selbst tiefer Denkende zu jener Zeit, drei Jahre vor dem ersten Aufsatze J. R. Mayer's, bezuglich der Fragen der Energie befanden. Wir wissen jetzt, dass in allen von Jacobi angefuhrten Fallen sich eine elektromotorische Gegenkraft entwickelt, welche die Stromstarke, und deshalb den Zinkverbrauch vermindert, der maximale Verbrauch bei ruhender Maschine entspricht einer maximalen Warmeentwickelung in der gesammten Leitung, und die Summe der als Warme und mechanische Arbeit oder andere Leistung abgegebenen Energie ist in allen Fallen genau dem Zinkverbrauch proportional.

Damit wird denn auch der erhobene Einwand hinfallig, als sei die von der Kette geleistete Wirkung dem Zinkverbrauch umgekehrt proportional (was auch, wenn Jacobi Recht hatte, ein ungenauer Ausdruck ware), vielmehr sind beide direkt proportional, wenn man die gesammte Wirkung in Betracht zieht, und sich nicht auf eine einzige beschrankt.

Wenn man also auch dem von Jacobi erhobenen Einwande keine Berechtigung zugestehen kann, so unterscheidet er sich doch durch seine scharfsinnige Beschaffenheit wesentlich von den ublichen der Voltaisten und hatte eine eingehendere Erorterung verdient, welche fruchtbarer hatte werden konnen, als viele andere Discussionen uber den Gegenstand zusammengenommen.

Die andere Bemerkung Jacobi's steht allerdings nicht auf der Hohe der eben besprochenen, und ist von Schoenbein durch den Hinweis widerlegt worden, dass von keinem „Chemiker" behauptet worden ist, es ruhrten alle elektrischen Erscheinungen von chemischen Vorgangen her; letztere werden vielmehr nur fur die hydroelektrischen Vorgange in Anspruch genommen Auch ist die Behauptung offenbar unrichtig, dass man keinen elektrischen Vorgang ohne Polarisations- oder magnetische Erscheinung hervorbringen könne

66 Zweite Formulirung von Schönbein's Tendenztheorie Auf den lärmenden Kampf, welcher zwischen den zwanziger und vierziger Jahren bezüglich des Werthes der beiden Theorieen geherrscht hatte, folgt um die Mitte der vierziger Jahre fast plötzlich eine Stille, ohne dass eine Ursache dafür etwa in dem Übergange der wichtigsten Vertreter der einen Seite auf die andere nachzuweisen wäre Vielmehr dürfte wohl die Ursache in der allmählich entstandenen Erfahrung liegen, dass irgend ein Erfolg von dem Argumentiren hin und her nicht zu erreichen war, das Interesse der Forscher wendete sich daher von dem ergebnisslosen Kampfe ab und anderen Gegenstanden zu. Gleichzeitig mag wohl auch eine unbewusste Empfindung dafür vorhanden gewesen sein, dass in der sich eben entwickelnden mechanischen Wärmetheorie sich die Gründe für oder wider finden würden, welche zu einer Entscheidung führen konnten, nachdem alle bis dahin versuchten sich als nicht genügend durchschlagend erwiesen hatten So steht die letzte grössere, diesem Streite gewidmete Abhandlung[1] im Jahre 1849 ziemlich einsam da und erweckt keinerlei Erwiderungen von Seiten der Gegner

Hat somit nach dieser Seite die Arbeit kaum ein Interesse, so ist sie doch erwähnenswerth als eine ausführliche Darlegung der von Schönbein schon früher aufgestellten „Tendenztheorie" der Volta'schen Kette Diese Theorie ist der gegenwärtig als richtig erkannten von allen älteren Versuchen am ähnlichsten, und wenn sie auch noch genug der vergänglichen Bestandtheile enthält, so ist doch andererseits ihr Grundgedanke fruchtbar und lehrreich und spricht den von den Vertretern der chemischen Theorie immer gesuchten Zusammenhang zwischen den chemischen Verhältnissen und deren elektrischen Wirkungen in so anschaulicher Gestalt aus, dass sie in dieser Hinsicht auch noch jetzt einen gewissen Werth beanspruchen kann Allerdings hat sie auf ihre Zeit keine Wirkung geübt, die Ursache davon ist die immer wiederkehrende es konnten die Folgerungen aus der Theorie nicht zahlenmässig geprüft und bestätigt werden, und so entging ihr das Grundelement der Bedeutung jeder wissenschaftlichen Theorie

Die wichtigsten Stellen aus dieser zweiten Abhandlung Schönbein's lauten

„Bekanntlich bin ich selbst mit den strengsten Contactisten über die Richtigkeit der Annahme einverstanden, dass es viele hydroelektrische Ketten gebe, welche Voltaisch wirksam sind, ohne dass in ihnen vor bewerkstelligter Schliessung irgend eine, entweder durch Verbindung oder Zersetzung sich äussernde chemische Thätigkeit stattfindet Nichtsdestoweniger suche ich aber die Ursache der in solchen Ketten auftretenden Erscheinungen nicht in einem blossen, von allem Chemismus unabhängigen Contacte zweier ver-

---

[1] Schönbein. Über die chemische Theorie der Volta'schen Säule Pogg Ann 78, 289 1849

schiedener Materien, z B zweier Metalle, sondern in einer allerdings durch
Berührung bedingten chemischen Anziehung, welche ein Bestandtheil der
Kette gegen das Anion oder Kation einer der zur Kettenbildung angewendeten elektrolytischen Flüssigkeiten ausübt Der chemischen Anziehung
/ B einer sauerstoff- oder wasserstoffgierigen Substanz gegen das eine oder
das andere Ion des Wassers schreibe ich eine Störung des ursprünglichen
chemischen Gleichgewichts eines Wassermoleküls zu, welches mit einer
Substanz der angedeuteten Art in Berührung gerath, ohne dass aber hierdurch die Verbindung der Bestandtheile des Wassermoleküls aufgehoben zu
werden und einer der Bestandtheile mit der anziehenden Substanz sich in
Wirklichkeit chemisch zu vereinigen braucht Eine solche Störung des
chemischen Gleichgewichts hat nach meinem Dafürhalten auch diejenige des
elektrischen Gleichgewichts des besagten Wassermoleküls oder denjenigen
Zustand zur Folge, welchen ich die elektrische Polarisation zu nennen pflege.
Die Wasserstoffseite unseres elektrolytischen Wassermoleküls wird positiv
elektrisch, dessen Sauerstoffseite negativ Zieht eine Substanz die Sauerstoffseite des Wassers an, was der häufigere Fall ist, so wird die ihr zugewen-
dete Seite des Wassermoleküls negativ, also die Sauerstoffseite sein, übt die
Substanz eine chemische Anziehung gegen den Wasserstoff des Wassers aus,
so kehrt sich ihr die positive oder die Wasserstoffseite des Wassermoleküls
zu Befindet sich auf der einen Seite des Wassermoleküls eine Sauerstoff
anziehende, auf der anderen Seite eine Wasserstoff begierige Materie, so ist
es klar, dass unter diesen Umständen zwei chemisch elektromotorische Einwirkungen auf das Wassermolekül ausgeübt werden, welche nothwendig mit
Bezug auf die eintretende elektrische Polarisation oder Spannung stärker
wirken müssen, als nur eine einzige, weil dieselben das Wassertheilchen in
demselben Sinne polarisiren Stellt man an die entgegengesetzten Seiten
des Wassertheilchens Substanzen, welche eine gleich starke chemische Anziehung entweder nur gegen den Sauerstoff oder den Wasserstoff des elektrolytischen Moleküls ausüben, so sieht man leicht ein, dass keine elektrische
Polarisation desselben erfolgen kann, weil in diesem Falle die wirkenden
elektrischen Zugkräfte das Wassermolekül mit gleicher Stärke im entgegengesetzten Sinne zu polarisiren suchen Stehen an den entgegengesetzten
Seiten des Wassermoleküls Substanzen, von denen jede ebenfalls entweder
nur den Sauerstoff oder den Wasserstoff des Wassers anzieht, sind aber diese
gegen den gleichen Bestandtheil des Elektrolyts gerichteten chemischen Anziehungen an Stärke einander ungleich, so tritt zwar unter derartigen Umständen auch noch eine Polarisation des Wassermoleküls ein, es wird aber
die Intensität derselben nur dem Unterschied der Grösse der von beiden
Substanzen gegen das gleiche Ion des Wassers ausgeübten Anziehungen
proportional sein können Was im Voranstehenden von der Polarisation
des Wassers gesagt ist, findet leicht seine Anwendung auf die durch chemische Zugkräfte zu bewerkstelligende Polarisation aller elektrolytischen Flüssigkeiten "

Nach dieser Darlegung seiner Anschauungen geht Schönbein dazu über, nachzuweisen, dass mit dieser sich die bekannten Thatsachen gut vereinigen lassen, während andererseits die von den Contactisten erhobenen Einwendungen gegen die chemische Theorie theils dieser gegenüber nicht zutreffen, theils auf irrthümlicher Auffassung beruhen. Auf diese Einzelheiten, sowie auf den gleichzeitig gegebenen Nachweis, dass auch die Volta'sche Säule sich den Thatsachen entsprechend nach seiner Theorie deuten lässt, braucht nicht eingegangen zu werden. In seinen Schlussworten bemerkt Schönbein „Ich glaube, dass jetzt die Zeit zum Abschliessen eines Vergleiches zwischen den beiden Rivaltheorieen des Voltaismus gekommen ist, denn es liegen jetzt den Streitenden so viele klar redende Thatsachen vor, dass ihrer Autorität jeder Forscher sich gern unterwerfen wird, dem es mehr um den Besitz der Wahrheit, als um das Aufrechterhalten seiner bisherigen Meinung zu thun ist, der mit anderen Worten mehr Wahrheitsliebe, als Eitelkeit und Eigenliebe hat. Was mich selbst betrifft, so stehe ich gar nicht an, offen und unverholen zu bekennen, dass ich früher im Sinne der chemischen Theorie manches vertheidigte, was ich jetzt als Irrthum preisgebe und umgekehrt gewisse Behauptungen der Contactisten als irrthümlich betrachtete, welche ich nun für vollkommen begründet halte."

In einer schliesslichen Zusammenfassung giebt Schönbein nochmals seine Gründe an, weshalb er trotz seines Entgegenkommens nicht zur strengen Contacttheorie übergehen könne; sie kommen wesentlich auf die Nichtberücksichtigung der doch offenbar vorhandenen chemischen Beziehungen heraus, aus denen sich die Richtung des Stromes bei beliebigen Combinationen voraussagen lässt, während die Contacttheorie dafür keine Anhaltspunkte giebt; auch kann Schönbein die Annahme der Contactkraft nicht billigen, „welcher man ununterbrochen Arbeit zumuthet, ohne dass ihr gestattet wäre, sich je zu erschöpfen," während die chemische Theorie auch hierüber nach bekannten Gesetzen Rechenschaft gebe. Von seiner eigenen Theorie giebt er zu, dass sie wahrscheinlich noch sehr verbesserungsbedürftig ist.

Suchen wir nach Einwanden gegen die Theorie von Schönbein, so werden diese sich wesentlich auf die Frage nach dem Zusammenhange der „Tendenzströme" zum Faraday'schen Gesetze richten. Nach letzterem durfte kein Strom ohne entsprechende chemische Wirkung zugegeben werden, und so muss unweigerlich an die Stelle des durch die chemischen „Ziehkräfte" veranlassten Stromes ohne wirklichen chemischen Vorgang ein solcher mit einem, wenn auch unmerklichen chemischen Vorgange treten. Bei der von Faraday nachgewiesenen ungeheuren Menge der Elektricität, welche mit einem chemischen Aquivalent eines jeden Ions verbunden ist, hat eine solche Annahme keine Schwierigkeit, wenn auch die vorausgesetzten chemischen Vorgänge nicht analytisch nachzuweisen sind. Auch hat in der That die Theorie der Volta'schen Erscheinungen in der Folge sich in solchem Sinne entwickelt.

67. Die Contacttheorie und das Energiegesetz. Von den der

neueren Zeit angehörigen Vertretern der Contacttheorie ist häufig der Vorwurf, dass diese Theorie mit dem Gesetze von der Erhaltung der Energie
im Widerspruch stehe, als unbegründet zurückgewiesen worden. Dass es
sich bei der Aufstellung dieser Theorie durch VOLTA in der That um die
Annahme der Möglichkeit eines Perpetuum mobile gehandelt hat, ist seinerzeit schon dargelegt worden, dass der gleiche Standpunkt auch noch
nach fast einem halben Jahrhundert aufrecht erhalten, und was besonders
bemerkenswerth ist, gegen die Ansichten von JULIUS ROBERT MAYER, dem wir
den ersten klaren Ausspruch des Energiegesetzes verdanken, vertheidigt
worden ist, geht aus der letzten Schrift hervor, welche PFAFF zur Vertheidigung der Contacttheorie in hohem Alter herausgegeben hat. In dieser
Arbeit[1] erörtert er ausführlich die inzwischen erschienenen Arbeiten der Vertreter der chemischen Theorie und, nachdem er diesen gegenüber die bekannten Gesichtspunkte geltend gemacht hat, geht er auf die bereits angeführte Bemerkung FARADAY's (S. 749) ein, in welcher dieser den vom Dr ROGET
geltend gemachten Einwand bezüglich der Unerschöpflichkeit der von den
Contactisten angenommenen Kraft ohne entsprechenden Aufwand zu dem
seinigen macht, näher ein. PFAFF sieht in diesem Einwande nur ein Verkennen des Wesens einer primären Kraft, und in der Annahme, dass eine
Wirkung nicht ohne fortdauernde Ursache stattfinden könne, einen schädlichen Irrthum. „Als man damit umging, den durch den elektrischen Strom
einer galvanischen Kette oder VOLTA'schen Säule erzeugten und unterhaltenen
Elektromagnetismus als bewegende Kraft der Dampfkraft zu substituiren,
wurde scheinbar sehr sinnreich bemerkt, dass dabei in der Hauptsache nichts
gewonnen werden könne, indem zur Erzeugung und Unterhaltung des elektrischen Stromes gerade ebenso viele Aequivalente Zink durch Oxydation
verzehrt werden müssten, als unter dem Dampfkessel in den Steinkohlen
oder Coaks Aequivalente von Kohlenstoff und Wasserstoff (durch Oxydation)
verzehrt wurden, und dass es das immer wieder erneuerte Verzehrtwerden
des Zinks oder des Kohlenwasserstoffes sei, was die hier erregte bewegende
Kraft erzeuge, die im wesentlichen identisch sei, ob sie nun in dem einen
Falle sogleich und bloss als Wärme, in dem anderen als Ausgleichung der
Elektricitäten auftrete, deren Quantität gerade ebenso viel Wärme erzeugen
musse, um eine gleiche Bewegung hervorzubringen wie die durch die Verbrennung erzeugte Wärme. Dieselbe Ansicht einer gleichsam fortdauernden
Ernährung der Kraft oder einer fortdauernden neuen Erzeugung derselben
durch einen immer wieder erneuerten chemischen Process, und also Herbei-
schaffung der Nahrung für denselben, d. h. der Materien, die sich in demselben ausgleichen, hat man in der Erklärung der Lebenserscheinungen
geltend gemacht, indem man eine Lebenskraft als ein blosses Phantom ver-

---

[1] Parallele der chemischen Theorie und der VOLTA'schen Contacttheorie der galvanischen
Kette mit besonderer Rücksicht auf die neuesten Einwände FARADAY's, LEOP. GMELIN's und
SCHÖNBEIN's gegen letztere nebst allgemeinen Betrachtungen über das Wesen einer physischen
Kraft und ihrer Thätigkeit. Kiel 1845.

warf und ihre Thätigkeit in allen Fällen nur als abhängig von der Thätigkeit dieses Processes ansah Wenn wir indessen die Verkettung der Ursachen und Wirkungen bis zu ihren ersten Anfängen hinauf verfolgen, so
gelangen wir erst zu den wahren Kräften der Natur, zu ihren primitiven
Ursachen, die zu ihrer Thätigkeit keine anderen erfordern, die ihnen vorangehen, die keine Nahrung in dem eben erwähnten Sinne erheischen, die
gleichsam aus einem unerschöpflichen Grunde Bewegungen immer wieder
neu anfachen und vorhandene unterhalten und beschleunigen können Wenn
es vollkommen wahr ist, dass in der Natur keine Bewegung vernichtet werden
kann, oder, wie man sich ausdrückt, dass das Quantum der einmal vorhandenen Bewegung unverkümmert und unvermindert bleibt, und wenn in
diesem Sinne auch jeder abgeleiteten Ursache der Charakter der Unzerstor-
keit zukommt, so gehört zu den Charaktern einer primitiven Ursache, d h
einer wahren physischen Kraft, auch das Merkmal der Unerschöpflichkeit. .   Ein aller Beachtung werther Aufsatz von J R MAYER Bemerkungen
über die Kräfte der unbelebten Natur in den Annalen der Chemie und
Pharmacie, 42, 233', der gerade diesen Gegenstand, den wir hier betrachten,
zu seiner Aufgabe gemacht hat, wird uns die beste Gelegenheit geben, diese
Sache näher zu beleuchten, und wir hoffen, das Irrige der Ansichten, die
derselbe aufgestellt hat, und die mit dem von uns behaupteten in einem
direkten Widerspruche stehen, nachzuweisen

„Herr MAYER geht ganz richtig von dem Satze aus, dass Kraft und Ursache von Wirkung identisch sind, und dass die Wirkung das Maass für
diese Kraft ist, aber sein erster Irrthum besteht darin, dass er diese Ursache C der Wirkung E gleich setzt, und sie in dieser Wirkung aufgehen,
gleichsam verausgabt werden lasst, indem er ausdrücklich sagt Hat die gegebene Ursache C eine ihr gleiche Wirkung E hervorgebracht, so hat eben
damit C zu sein aufgehört Dieser Satz hat nur Gültigkeit und Wahrheit
für abgeleitete Ursachen, nicht aber für primitive, für diejenigen, welche wir
allein im engeren Sinne Kräfte nennen dürfen, und deren Unzerstörlichkeit
Herr MAYER selbst im Anfange seines Aufsatzes einräumt   Für die Fortpflanzung einer Bewegung durch ein verwickeltes System von Maschinen,
Rädern, Hebeln u s w gilt dieser letztere Satz unbedingt, aber er gilt nicht,
wenn man ihn weiter auf das Primum movens ausdehnt, wie namentlich
schon die einfache Betrachtung beweist, dass dieselbe Menge von Wärme,
welche durch Verwandlung einer gewissen Menge Wasser in Dampf ein gewisses Quantum von Expansivkraft (entlehnte Kraft) des Wasserdampfes und
durch diese ein gewisses Quantum Bewegung hervorgebracht hat, bei dem
Rückgang dieses Dampfes zum Wasser mit seiner unzerstörten Kraft wieder
hervortritt, und dieselbe Menge von Wasser in Dampf verwandeln kann, und
durch immer neue Wiederholung desselben Vorganges denselben Erfolg in
infinitum wieder hervorzubringen vermag, ohne damit aufgehört zu haben,
Wärme zu sein, und mit ihrer unzerstörten, unzerstörbaren und unerschöpflichen Repulsivkraft zu wirken "

Durch diese Auseinandersetzung gestattet uns Pfaff einen Blick in seinen Vorstellungskreis zu thun, welcher uns sein zähes Festhalten an der Volta'-schen Lehre begreiflich erscheinen lässt   Oder es ist vielleicht umgekehrt das Einleben in den Volta'schen Vorstellungskreis, welches ihn zu seinen oben dargelegten Ansichten gebracht hat   Diese enthalten wie bei Volta die Annahme, dass ein Perpetuum mobile ganz wohl möglich sei, und des-halb sehen wir ihn in seinem Werke noch seitenlang die Ansichten Mayer's bekämpfen, welcher in jedem einzelnen Falle den Verbrauch von „Kraft" — wir sagen jetzt Energie — behauptet und nachweist, wenn andere Kraft entstanden ist   Es hat keinen Werth, diese an Missverständnissen reiche Polemik im Einzelnen darzustellen, durch seine Vertheidigung des Voltaismus in solchem Sinne hatte Pfaff ihm schon zu jener Zeit eigentlich das Urtheil gesprochen   Man darf ihn nicht dadurch retten wollen, dass man seine Verträglichkeit mit dem Energiegesetz nachweist, nachdem man die entsprechenden Änderungen gemacht hat   Diese Änderungen treffen das Wesen der Contactlehre, wie aus den Worten noch zum Überfluss hervor-geht, mit denen Pfaff seine „Parallele" und gleichzeitig die wichtigste Thätig-keit seines Lebens schliesst.   Er hebt hervor, dass „unwidersprechlich" der Spannungsunterschied zwischen verschiedenen Metallen nachgewiesen sei, und dass dadurch die gewöhnlichen Gesetze der elektrischen Vertheilung eine Abänderung erleiden, deren Verhandensein nur durch eine entsprechende Kraft gedeutet werden könne   „Gerade das ist unsere unerschöpfliche elektro-motorische Kraft, die ebenso sicher, wenn die entgegenwirkende Kraft auf-hört, d h wenn die Elektricitäten in der geschlossenen Kette abgeleitet werden und ihr Ausgleichungsbestreben befriedigen können, und also nicht mehr entgegenwirken, dieselbe Wirkung von neuem erzeugen, dieselbe neue Störung zu Stande bringen muss, wovon eben der ununterbrochene elek-trische Strom abhängt "

Diese Darlegungen eines Vertreters der alten Schule dürfen als Ab-schluss einer Periode angesehen werden, welche den durch Volta eröffneten Kreis der Vorstellungen erschöpft und ihm abgewonnen hat, was aus ihm zu gewinnen war   Schon an verschiedenen Stellen des vorstehenden Be-richtes ist in die bekannten, immer wiederholten Argumente für und wider ein neuer Ton hineingeklungen, welcher auf eine Gedankenreihe ganz anderer Art hinwies, als jene bis zur Erschöpfung hin und her gewendeten „Beweise", und es ist kein Zufall, dass der unermüdliche Vertreter jener älteren Ge-danken auch derjenige ist, welcher deren Gegensatz gegen die neuen Ein-sichten mit voller Schärfe ausspricht   Die unübersehbare Forderung, welche die Erkenntniss des Energieprinzips in allen Gebieten der Naturwissenschaft bewirkt hat, macht sich nicht zum wenigsten auch in dem Gebiete der Elektrochemie geltend, und mit dieser Erkenntniss, ja schon einige Zeit vorher, beginnt ein neuer wesentlicher Abschnitt unserer Geschichte

Fig. 196. JAMES PRESCOTT JOULE.

Fünfzehntes Kapitel.

Das Energiegesetz in der Elektrochemie.

1. Allgemeines. Die Geschichtserzählung hat uns im letzten Kapitel bis zu dem Punkte geführt, wo die älteren, ohne Rücksicht auf das Gesetz von der Erhaltung der Energie gebildeten Anschauungen einerseits sich als ungenügend erwiesen, dem Fortschritt der thatsächlichen Erkenntniss zu folgen, andererseits mit den Forderungen dieses Gesetzes · in unmittelbaren Widerspruch geriethen, und so sich selbst beseitigten. Dem entsprechend ist nun der wesentliche Theil der neuen Entwickelung an die Erkenntniss und Anwendung dieses Gesetzes gebunden, und das Gesetz, welches den zweiten Hauptfaktor der elektrischen Energie mit den chemischen Grössen verknüpft: das Gesetz der elektromotorischen Kräfte entsteht alsbald aus dieser Anwendung, wenn auch zunächst nur in unvollkommener Gestalt.

Indessen würde man irren, wenn man annähme, dass die neue Erkenntniss nur ausgesprochen zu werden brauchte, um sofort zum Allgemeingut der Fachgenossen zu werden. Ganz im Gegensatz zu dieser Erwartung sind es zunächst nur vereinzelte Forscher, welche sich überhaupt des neuen Lichtes bedienen wollen. Wie an der Stelle, wo ein Fluss in das Meer

einmundet trotz der freien Diffusion, welche zwischen seinem Wasser und
dem des Meeres besteht, sich noch lange Strecken hindurch die Streifen
seiner truben Fluthen zwischen dem klaren Grun des Meerwassers verfolgen
lassen, so finden wir die alten, unhaltbar gewordenen Anschauungen noch
lange im Gebrauch, und neben den wenigen, aber sich standig vermehrenden Forschern, welche sich der neuen Lehre und ihren Consequenzen anschliessen, behaupten die Anhanger der alten Ansichten namentlich in
Deutschland sich zunachst noch in fuhrenden Stellen, um allerdings an Zahl
und an Belang ihrer Leistungen in gleicher Weise abzunehmen   Auch
Brackwasserbildungen in Gestalt von Vermischungsversuchen beider Anschauungen lassen sich bemerken; ihnen ist naturgemass die geringste Dauer
beschieden

Die ersten Einflusse der neuen Erkenntniss lassen sich beobachten,
bevor diese Erkenntniss selbst klar ausgesprochen worden ist, und in dem
vorigen Kapitel hat sich mehrfach die Gelegenheit geboten, auf den Einfluss
hinzuweisen, welchen die noch latente Erkenntniss von der Unmoglichkeit
eines Perpetuum mobile auf das wissenschaftliche Denken ausgeubt hat
Insbesondere hat FARADAY selbst die Bedeutung dieses Gedankens auf das
lebhafteste gefuhlt, und ihn trotz seines mehr speculativen Charakters schliesslich fur bindender erachtet, als alle seine experimentellen Beweise (S 749).
Gerade auf diesem Gebiete bricht sich die neue Auffassung zu einer Zeit
Bahn, wo der allgemeine Satz noch gar nicht ausgesprochen war, und wo
deshalb noch ein unsicheres Tasten an Stelle des bewussten Fortschrittes
dienen muss, um den Weg ins Unbekannte zu finden

Dem gleichen Umwandlungsprocess sind zu etwa derselben Zeit auch
die anderen Gebiete der Physik unterworfen gewesen, wenn auch der Ablauf
desselben mit sehr verschiedener Geschwindigkeit erfolgte.   Am schnellsten
und besten hat sich die Thermomechanik entwickelt, da hier wegen der
ausserordentlichen Bedeutung des Gebietes fur den wichtigsten Apparat der
Technik, die Dampfmaschine, einerseits werthvolle Vorarbeiten den Fortschritt
erleichterten, andererseits der grosse Umfang experimenteller Bestimmungen
die Bewahrung der gefundenen theoretischen Ergebnisse am Versuch er-
moglichten   In unserem Gebiete, der Elektrochemie, war der Gang einer
ahnlichen Entwickelung auf das erheblichste dadurch behindert, dass die Gesetze der chemischen Vorgange in dem Sinne, in welchem sie hier in
Betracht kommen, noch gar nicht bekannt waren, und erst nach sehr langer
Zeit gefunden wurden   Dadurch war der Fortschritt, welchen die Elektrik
ihrerseits ziemlich bald in der neuen Richtung erfahren hatte, fur die Elektrochemie zunachst von geringem Nutzen; erst mit der Erschliessung der
Thermodynamik oder, wie wir heute sagen wurden, der Energetik der
chemischen Vorgange war die Moglichkeit gegeben, das gegenseitige Verhalten der chemischen und elektrischen Energie in Formeln zu fassen, und
die Betrachtung, welche jedes Gebiet durch den neuen Gedankenkreis erfahren hatte, auch der Elektrochemie zu gute kommen zu lassen   Da diese

Entwickelung erst der neuesten Zeit angehört, so werden wir die Faden,
welche hier alsbald angesponnen werden erst nach dem Verlaufe eines
halben Jahrhunderts aufgenommen sehen, die dann allerdings schnell sich zu
einem ungemein ausgedehnten und mannigfaltigen Gewebe gestalten

2 Die Arbeiten von Joule An früherer Stelle haben wir bereits
gesehen, wie das Gesetz von der Erhaltung der Energie, und von der Unmoglichkeit des Perpetuum mobile die Gedanken und Ansichten der Forscher
beeinflusst hat, lange bevor es klar ausgesprochen worden war Da nun
auch in der Folge der wesentlichste Fortschritt, welchen die Elektrochemie
in wissenschaftlicher Hinsicht gemacht hat, auf der Anwendung dieser allgemeinen Prinzipien beruht, so werden wir mit Sorgfalt insbesondere die
ersten Schritte zu verfolgen haben, mit denen die neue Erkenntniss ihren
Weg in unser Gebiet gemacht hat Auch hier tritt uns, und vielleicht noch
anschaulicher als sonst, die Wahrheit entgegen, dass wirkliche Fortschritte
in der wissenschaftlichen Erkenntniss und Beherrschung der Thatsachen nur
auf dem Wege quantitativer Messungen erzielt werden konnen Zwar wird
sich dabei auch wieder der Umstand geltend machen, dass die ersten
Messungen, auf welchen die Aufstellung grosser und weittragender Gesetze
beruhte, haufig ein wunderliches Missverhaltniss zwischen dem an sie gewendeten Aufwande, was Apparate und auch oft Genauigkeit der Messung
anlangt, und dem Umfange der aus ihnen gezogenen Schlussfolgerungen
aufweisen, indem oft mit den durftigsten Mitteln die weittragendsten Entdeckungen gelungen sind, — dies ist aber nur eine Bestatigung fur den Satz,
dass die Entdeckung einer Wahrheit und die Prufung ihrer Grenzen zwei
ganz verschiedene Geschafte sind, die nur selten von einer und derselben
Hand gleich befriedigend ausgefuhrt werden konnen Unter den hervorragendsten Entdeckern finden sich zahlreiche schlechte Messkunstler, und
die hervorragenden Messkunstler haben selten hervorragende Entdeckungen
gemacht Nur in einem Punkte hangt die Entdeckung neuer Wahrheiten
und Thatsachen von der Ausfuhrung genauester Messungen ab, namlich
wenn es sich um Resterscheinungen, d h um solche Phanomene handelt,
die nur im Verein mit anderen vorkommen, und erst erkannt werden konnen,
nachdem der Antheil, welcher jener Haupterscheinung zukommt, in Abzug
gebracht worden ist Solche Erscheinungen werden mit dem Fortschritt der
Wissenschaft und dem Abbau der allgemeinsten Verhaltnisse immer haufiger,
und damit wachst dann auch die Wichtigkeit genauer Messungen auch fur
die Thatigkeit des Entdeckers

Die Kenntniss der galvanischen Energieverhaltnisse ist von der Entdeckung des Gesetzes abhangig, nach welchem die Warmeentwickelung in
dem Stromkreise des Volta'schen Kreises erfolgt Die allgemeine Bedeutung eines solchen Gesetzes war zu der Zeit, da es aufgefunden wurde,
allerdings noch nicht ersichtlich, doch darf es wohl als nicht zufallig angesehen werden, dass der erste Entdecker dieses Gesetzes derselbe Mann war,
welchem wir die umfassendste und sorgfaltigste Messung des zwischen der

mechanischen Arbeit und der Warme bestehenden Verhaltnisses verdanken Ja bei genauerer Betrachtung dieser Entdeckung des mechanischen Warme-aquivalents, welche unabhangig von der etwas fruher veroffentlichten Arbeit J R Mayr's durch den gleichen Mann gemacht worden war, ergiebt es sich, dass gerade die Beschaftigung mit den galvanischen Warmeerscheinungen den Fortschritt auf das allgemeinere Problem vorbereitet hatte

Dieser Entdecker war einer der in England nicht seltenen Manner, die, obwohl anderen Berufsarten angehorig, sich als Liebhaber mit der Wissen-schaft beschaftigen, und es darin zu erheblichen Resultaten bringen James Prescott Joule, am 24 December 1818 in der Nahe von Manchester ge-boren, widmete sich praktischen Berufsarten, und besass in Salford bei Manchester eine ziemlich bedeutende Brauerei Seine wissenschaftlichen Untersuchungen nahmen von dem Bestreben ihren Ausgang, die eben ent-deckten Elektromagnete zu mechanischer Arbeit zu benutzen, da die sehr grosse Kraft, mit welcher sie ihren Anker anziehen, die Hoffnung auf be-trachtliche Arbeitsleistungen nahe legte Bei dieser Gelegenheit sind Joule offenbar die bedeutenden Warmeentwickelungen entgegengetreten, welche bei Anwendung starker Strome in den Drahten entstehen. und um diese unerwunschte Erscheinung zu beherrschen und womoglich zu vermeiden, war die Kenntniss ihrer Gesetze erforderlich

Der kurze Auszug seiner Arbeit, welcher in den Sitzungsberichten der Royal Society von London mitgetheilt ist, enthalt die Entdeckung in folgenden Worten [1] „Die Untersuchungen des Verfassers sind auf die Er-mittelung des verschiedenen Grades der Leichtigkeit gerichtet, mit welcher verschiedene Arten Metall von verschiedener Grosse sich beim Durchgange der Volta'schen Elektricitat erhitzen Der von ihm hierzu benutzte Apparat bestand aus einer Spule des dem Versuche zu unterwerfenden Drahtes, der in ein Gefass mit Wasser gebracht war, dessen Temperaturanderung durch ein sehr empfindliches Thermometer gemessen werden konnte, und einem Galvanometer, um die durch den Draht geschickte Menge Elektricitat zu messen, welche durch die Wassermenge geschatzt wurde, die durch dieselbe Elektricitat zersetzt wurde Der aus den Ergebnissen der Versuche gezogene Schluss ist, dass die Warmewirkung der durchgeschickten Elektricitat dem Widerstande proportional ist, welcher sich ihrem Durchgange widersetzt, welche auch die Lange, Dicke, Form und Art des Metalles sei, das den Strom schliesst, und dass, caeteris paribus, die Warmewirkung im verdop-pelten Verhaltniss (im Quadrat) der durchgeschickten Elektricitat ist, somit auch im doppelten Verhaltniss der Geschwindigkeit des Durchganges Aus seinen Versuchen schliesst er auch, dass die durch Verbrennung des Zinks im Sauerstoff entwickelte Warme ebenso eine Folge eines Widerstandes gegen elektrische Leitung ist "

Dieser kurzen Darstellung der Ergebnisse seien aus der bald erschienenen ausführlichen Abhandlung[1] die Figuren angeschlossen, welche die überaus einfachen Apparate darstellen, deren sich Joule zu seinen Versuchen bediente. Fig. 197 ist sein Galvanometer, ein in einen Holzblock eingelassener dicker Kupferstab, rechtwinklig gebogen, in dessen Mitte sich die Magnetnadel einer Bussole dreht. Fig. 198 ist sein Calorimeter, ein gewöhnlicher Glascylinder; _A_ stellt den auf eine Glasröhre gewickelten Draht dar. Das Ergebniss dieser Versuche war das oben angegebene.

Fig. 197. Nach Joule.

Joule geht dann zu einer zweiten Versuchsreihe über, welche sich auf die Frage bezieht, ob sich die flüssigen Leiter ebenso verhalten, wie die metallischen. Er beantwortet die Frage bejahend, obwohl die von ihm zu diesem Zweck angestellten Versuche keineswegs alle geeignet sind, die Frage selbst richtig zu beantworten. Als Beispiel dafür sei sein erster Versuch hier wiedergegeben:

„Ich construirte ein einfaches Volta'sches Paar aus dünnen Platten von amalgamirtem Zink und platinirtem Silber (Hrn. Smee's Anordnung); die Platten waren zwei Zoll breit und wurden um einen Zoll auseinander gehalten durch ein Stück Holz, an dessen gegenüberliegenden Seiten sie durch eine Schnur befestigt waren. Mit dem oberen Ende wurden zwei dicke Kupferdrähte mit Hülfe messingener Klammern in gute metallische Verbindung gebracht. Das auf diese Weise gebildete Volta'sche Paar wurde in zwei Pfund Schwefelsäure von 1137 specifischem Gewicht gebracht, die in einem thönernen Topf enthalten war. Die ganze Anordnung zeigt Fig. 199.

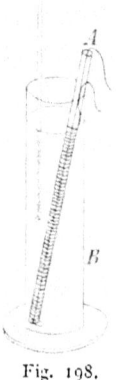

Fig. 198.
Nach Joule.

„Wurde der Strom geschlossen, so dass der gesammte metallische Widerstand 0,06 (in einer vorher angegebenen Einheit) war, so stand das Galvanometer auf 49,5 = 1,84 Q;[2] und auf 17,5, wenn der ganze metallische Widerstand auf 1,16 durch die Hinzufügung von 10 Fuss dünnen Kupferdrahtes vermehrt wurde. Daraus folgt nach den von Ohm gegebenen Prinzipien, dass $\frac{1,84}{(r+1,16)} = \frac{0,453}{(r+0,06)}$; woraus r, der Widerstand der Zelle, sich gleich 0,299 ergiebt. Unmittelbar nach diesem Versuche war die Temperatur der Flüssigkeit 49°, und die der Luft 50,2°; der Strom wurde für eine Stunde geschlossen, während welcher Zeit die Nadel anfänglich bis 50 weiter ging, darauf ging sie bis 46 zurück und die

---

[1] Philos. Mag. **19**, 260. 1841.

[2] Diese Angabe bezieht sich auf eine von Joule vorher definirte Einheit, über welche nähere Erläuterungen hier nicht erforderlich sind.

mittlere Lage war $48^0 44' = 1{,}8\ Q$. Die Temperatur der Flüssigkeit war dann 53,7'', es hatte also eine Erhöhung von $4{,}7^0$ stattgefunden."

Um die gesammte Menge der entwickelten Wärme zu erhalten, stellte Joule eine ziemlich verwickelte Rechnung an, in welcher zunächst die Strah-

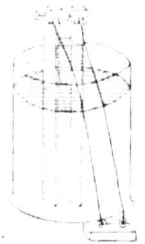

Fig. 199.
Nach Joule.

lungsverluste und die Abweichung der specifischen Wärme seiner Flüssigkeit von der des Wassers in Rechnung gebracht wurde. Weiter aber brachte er eine Correktur für die Auflösung des Zinkoxyds an, die er für nothwendig hielt, da Faraday bewiesen habe, dass dieser Vorgang zur Strombildung nichts beitrage. Er hat daher die Wärmeentwickelung bei der Auflösung des Zinkoxyds in Schwefelsäure unmittelbar gemessen, und die erhaltene Zahl in Abzug gebracht. Nach Ausführung aller dieser Rechnungen findet er die Zahl 2,1 als Ausdruck für die in seinem Apparat entwickelte Stromwärme, während aus dem Vergleich mit den durch die Erwärmung von Drähten gemessenen Wärmemengen 2,03 hätte erhalten werden müssen; die Übereinstimmung erscheint ihm genügend.

Weitere Versuche ergaben allerdings zum Theil viel schlechtere Übereinstimmungen, indessen genügen sie ihm, um den Satz auszusprechen: „Die Wärme, welche in einer gegebenen Zeit in einer beliebigen Zelle durch wahre Volta'sche Wirkung entwickelt wird, ist proportional dem Leitwiderstande des Paares, multiplicirt mit dem Quadrat der Stromstärke."

Die Frage, welche Joule hier mit bemerkenswerther Kühnheit in Angriff genommen hat, ist thatsächlich viel verwickelter, als sie ihm hier zuerst erschienen ist. Zwar haben die späteren Untersuchungen den Satz insofern bestätigt, als sich wirklich auch elektrolytische Widerstände ebenso wie metallische in Bezug auf ihre Wärmeentwickelung verhalten, doch war das von Joule gewählte Mittel, die der „wahren Volta'schen Wirkung" entsprechende Wärme zu erhalten, allerdings nicht das sachgemässe.

Weiter stellte Joule Versuche über die Wärmeentwickelung an, wenn er in dem Stromkreise ein Voltameter aus Platinplatten in verdünnter Schwefelsäure anbrachte. Die Berechnung, welche er daran schliesst, hat ein sehr verwickeltes und schwerverständliches Aussehen; sein Gedanke ist der folgende: Bei der Elektrolyse entsteht ein Widerstand gegen die Zersetzung, welcher die Stromstärke vermindert, aber nicht als ein gewöhnlicher Widerstand in Rechnung gebracht werden kann. Zieht man diesen Widerstand vom gesammten Widerstande ab, so ergiebt sich der thatsächliche Widerstand, auf den die Rechnung zu beziehen ist.

Nun ist das Stromhinderniss, welches sich im Voltameter entwickelt, kein Widerstand, sondern eine elektromotorische Kraft; prüft man aber unter diesem Gesichtspunkte die Rechnung Joule's, so findet man, dass er ganz richtig die von ihm als Widerstand bezeichnete Grösse wie eine elektromotorische Kraft in Rechnung bringt, wenn auch auf einem Umwege, der ihm so schwer verständlich erscheint, dass er dem Leser durch eine graphische Darstellung die Sache zu erleichtern sucht   Seine Angabe, dass die Intensität von $3^1/_3$ Zellen seiner Batterie dazu nöthig war, um den Widerstand gegen die Elektrolyse zu überwinden, lässt keinen Zweifel, dass er diesen „Widerstand" doch als eine elektromotorische Kraft aufgefasst hat, und dass er nur den einfachen Ausdruck für das vorliegende Verhältniss nicht fand

Die stillschweigende Voraussetzung bei dieser Rechnung, wie bei der vorigen ist offenbar, dass die chemische Wirkung, wie sie sich in einer Wärmeerzeugung bei dem Vorgange ausdrücken würde, sich in elektrische Wirkung von solcher Art verwandelt, dass durch diese eine gleiche Wärmewirkung hervorgebracht wird   Man erkennt in diesen Gedanken die ersten Ansätze zu der allgemeinen Auffassung des Energiegesetzes, welche JOULE durch seine späteren Arbeiten bezüglich der Wärme und der mechanischen Arbeit experimentell durchgeführt hat   Auch die auf die elektrochemischen Vorgänge bezügliche Seite des Gesetzes von der Erhaltung der Energie hat JOULE später gemeinsam mit WILLIAM THOMSON von den inzwischen gewonnenen klareren Gesichtspunkten aus bearbeitet, doch ist die gleiche Aufgabe schon früher allgemein von HELMHOLTZ in seiner Schrift von der Erhaltung der Kraft in gleichem Sinne gelöst worden

Den einfachsten Fall, bei welchem keine dieser Voraussetzungen gemacht zu werden braucht, untersuchte JOULE zuletzt   es war dies die Elektrolyse von Kupfersulfatlösung zwischen Kupferelektroden   „In diesem Falle war kein elektrolytischer Widerstand vorhanden, und die Wirkung kann einfach als eine Übertragung von Kupfer von der positiven zur negativen Elektrode angesehen werden   Alle Stromhindernisse bestanden somit in dem Widerstande gegen Leitung "

Aus der Anwendung des Gesetzes von der Wärmeentwickelung in einzelnen Theilen des Stromkreises zieht nun JOULE sehr bemerkenswerthe Schlüsse auf die Wärmeentwickelung im gesammten Stromkreise   Diese Schlüsse sind

„1   Dass, wenn die Elektroden eines galvanischen Paares von gegebener Intensität durch einen einfachen Leiter verbunden werden, die gesammte VOLTA'sche Wärme, welche im ganzen Stromkreise entsteht   vorausgesetzt, dass keine örtlichen Wirkungen in dem Paare stattfinden , welches auch der Widerstand des Leiters sei, proportional der Anzahl der Atome   Wasser oder Zink) sein wird, die bei der Entstehung des Stromes in Betracht kommen   Denn wird der Leitwiderstand vermindert, so wird die Stromstärke in dem gleichen Verhältnisse vermehrt, und nach dem Gesetze wird die Wärmemenge, welche dann durch den Strom in einer gegebenen Zeit erzeugt wird, gleichfalls proportional wachsen, während natürlich die Zahl der in dem Paare elektrolysirten Atome in dem gleichen Verhältniss zunehmen muss [1]

---

[1] Es wird, mit anderen Worten, bei geringerem Widerstande zwar die vom Widerstande herrührende Wärmeentwickelung proportional vermindert   weil aber gleichzeitig der Strom um-

„2 Dass die gesammte VOLTA'sche Warme, welche durch irgend ein Paar entwickelt wird, direkt proportional seiner Intensitat[1] und der Zahl der Atome ist, welche darin elektrolysirt werden Denn die Stromstarke ist proportional der Intensitat des Paares, und demnach ist die Warmeentwickelung proportional dem Quadrat der Intensitat des Paares Gleichzeitig ist aber die Zahl der elektrolysirten Atome der ersten Potenz der Stromstarke oder der Intensitat des Paares proportional

„3 Dass wenn irgend eine VOLTA'sche Anordnung, ob einfach oder zusammengesetzt, einen Strom durch irgend einen Stoff, ob einen Elektrolyten oder nicht, sendet, die gesammte VOLTA'sche Warme, welche wahrend irgend einer Zeit entwickelt wird, der Zahl der Atome proportional ist, welche in jeder Zelle des Stromkreises elektrolysirt werden, multiplicirt mit der virtuellen Intensitat[2] der Batterie"

Um diese Verhaltnisse bequem ubersehen zu konnen, werden einige einfache Formeln von Nutzen sein Ist i die Stromstarke, r der Widerstand und e die elektromotorische Kraft, so heisst das Gesetz von JOULE, wenn wir von dem Proportionalitatsfaktor absehen

$$W = i\,r^2,$$

wo W die in der Zeiteinheit entwickelte Warme ist Nimmt man das OHM'-sche Gesetz $i = \frac{e}{r}$ hinzu, so ergeben sich die Formen $W = e\,i$ und $W = \frac{e^2}{r}$, von denen die erste den von JOULE schliesslich ausgesprochenen Satz enthalt.

JOULE schliesst seine Versuche und Betrachtungen mit den Worten

„BERZELIUS nimmt an, dass die bei der Verbrennung entwickelten Licht- und Warmemengen durch die Entladung der Elektricitat zwischen dem Sauerstoff und dem verbrannten Korper, welche sich verbinden, veranlasst werden, und ich bin der Meinung, dass die hier und bei einigen anderen chemischen Vorgangen entstehende Warme die Folge eines elektrischen Leitungswiderstandes ist Meine Versuche uber die bei der Verbrennung von Zinkspanen in Sauerstoff entwickelte Warme (welche ich, wenn sie genugend vollstandig sind, veroffentlichen werde,, unterstutzen diese Ansicht sehr, und die Bestimmungen der Warmemenge, welche CRAWFORD durch die Explosion eines Gemisches von Sauerstoff und Wasserstoff erhalten hat, konnen fast als entscheidend angesehen werden In seinen einwandfreien Versuchen hat ein Gran Wasserstoff genug Warme entwickelt, um ein Pfund Wasser um 9 6° zu erwarmen Nun wissen wir aus einem fruheren Versuch, dass die in einer GROVE'schen Zelle bei der Elektrolyse von 25,7 Gran Zink entwickelte Warme theoretisch 3,46° betragt, und die Warme, welche gleichzeitig in dem metallischen Theile des

---

[1] kehrt proportional dem Widerstande zunimmt, und die Warmeentwickelung dem Quadrat der Stromstarke proportional ist, so ist das Ergebniss eine Zunahme der gesammten Warmeentwickelung proportional der ersten Potenz der Stromstarke

[1] Unter „Intensitat" versteht hier JOULE ebenso wie FARADAY die elektromotorische Kraft

[2] Ist eine Zersetzungszelle in dem Stromkreise, so wird die virtuelle Intensitat der Batterie im Verhaltnisse zu deren Widerstand gegen Elektrolyse reducirt "

Schliessungskreises entwickelt worden ist, beträgt 0,48", die gesammte Volta'sche Wärme ist daher 3,94" Daher wurde die gesammte Wärme, die bei der Elektrolyse von einem Äquivalent oder 32 3 Gran Zink entwickelt wird, 4,95° betragen, was, auf die Capacität von einem Pfund Wasser reducirt, 9,9" ausmacht Aus meinen Messungen über die Intensität der Volta'schen Anordnungen geht aber hervor, dass die Intensität einer Grove'schen Kette, verglichen mit der Verwandtschaft von Wasserstoff zu Sauerstoff, $\frac{1}{0,93}$ beträgt, daraus ergiebt sich 9,2 als die Wärme, welche durch die Verbrennung von einem Gran Wasserstoff nach der Theorie der Widerstände entstehen musste das Ergebniss von Crawford ist nur um 0,4 grosser "

Die Gedankenarbeit, welche Joule in diesen Betrachtungen und Versuchen niedergelegt hat, muss als eine sehr beträchtliche bezeichnet werden, um so mehr, als sie auf einem noch völlig unbebauten Boden stattfand An den obenstehenden Darlegungen fehlt nur noch ein kleiner Schritt, um das allgemeine Ergebniss in den Worten auszudrucken, dass die elektromotorische Kraft einer beliebigen Kette der auf das Äquivalent bezogenen Wärmeentwickelung für den in der Kette stattfindenden chemischen Vorgang proportional ist Wie erwähnt, hat Joule diesen Schritt spater gemeinsam mit W Thomson gethan, und die entsprechende Theorie der galvanischen Kette hat dann lange Zeit hindurch als die Grundlage für jede verallgemeinerte Auffassung der elektrochemischen Vorgange in ihrem Zusammenhange mit anderen Energieformen gegolten Wenn sie auch gegenwärtig als unvollstandig erkannt worden ist, indem zu diesem Ausdrucke noch ein zweites Glied von einem unter Umstanden sehr erheblichen Betrage treten muss, so liegen doch in dieser Arbeit Joule's unzweifelhaft die ersten Keime zu alle dem vor, was spater nach dieser Richtung geleistet worden ist

3 Die Darstellung von Helmholtz Während man in der Darstellung, welche Joule den von ihm erschlossenen Erkenntnissen giebt, noch vielfach die Schwierigkeiten erkennen kann, mit denen er bei der Bildung und Klarung dieser neuen Gedanken zu thun hat, finden sich diese, wie sie sich aus dem Gesetz von der Erhaltung der Energie ergeben, mit musterhafter Klarheit in der Schrift ausgesprochen, in welcher zum ersten Male die allgemeine Anwendbarkeit und Fruchtbarkeit dieses Gesetzs uber alle Gebiete der Physik nicht nur angedeutet, sondern auch in den grundlegenden Ansatzen klar gelegt war. Es ist dies die im Jahre 1847 erschienene Schrift von Hermann Helmholtz Uber die Erhaltung der Kraft [1] Die fur uns in Betracht kommenden Stellen sind nachstehend wiedergegeben

„Wir haben in Beziehung auf die galvanischen Erscheinungen zwei Klassen von Leitern zu unterscheiden 1) diejenigen, welche nach Art der Metalle leiten, und dem Gesetz der galvanischen Spannungsreihe folgen, 2) diejenigen, welche diesem Gesetze nicht folgen Alle diese letzteren sind

---

[1] Berlin, bei G Reimer 1847 — Klassiker d ex Wiss Nr 1

zusammengesetzte Flüssigkeiten, und erleiden durch jede Leitung eine der
Quantität der geleiteten Elektricität proportionale Zersetzung.

„Wir können danach die experimentellen Thatsachen eintheilen 1) in
solche, welche nur zwischen Leitern der ersten Klasse stattfinden, die Ladung
verschiedener sich berührender Metalle mit ungleichen Elektricitäten, und
2 in solche zwischen Leitern beider Klassen, die elektrischen Spannungsunterschiede der offenen und die elektrischen Ströme der geschlossenen Ketten.

Durch eine be-
liebige Combi-
nation von Lei-
tern erster Klasse
können niemals
elektrische Strö-
me hervorge-
bracht werden,
sondern nur elek-
trische Spannun-
gen. Diese Span-
nungen sind aber
nicht äquivalent
einer gewissen
Kraftgrösse, wie
die bisher be-
trachteten, wel-
che eine Störung
des elektrischen
Gleichgewichtes
bezeichneten;
die galvanischen
Spannungen
sind vielmehr
entstanden
durch die Her-
stellung des elek-
trischen Gleich-
gewichtes, durch
sie kann keine

Fig. 200. HERMANN HELMHOLTZ.
(Jugendbildniss.)

Bewegung der Elektricität hervorgerufen werden ausser bei Lagenverän-
derungen der Leiter selbst durch die geänderte Vertheilung der gebundenen Elektricität. Denken wir uns alle Metalle der Erde mit einander in
Berührung gebracht, und die entsprechende Vertheilung der Elektricität
erfolgt, so kann durch keine andere Verbindung derselben irgend eines eine
Änderung seiner elektrischen freien Spannung erleiden, ehe nicht eine Berührung mit einem Leiter zweiter Klasse erfolgt ist. Den Begriff der Con-

tactkraft, der Kraft, welche an der Berührungsstelle zweier verschiedenen
Metalle thätig ist, und ihre verschiedenen elektrischen Spannungen erzeugt
und unterhält, hat man bisher nicht näher bestimmt als eben so, weil man
mit demselben auch die Erscheinungen der Berührung von Leitern erster
und zweiter Klasse zu umfassen suchte zu einer Zeit, wo man den constanten
und wesentlichen Unterschied beider Erscheinungen, den chemischen Process,
noch nicht als solchen kannte In dieser dadurch nothwendig gemachten
Unbestimmtheit der Begriffsfassung erscheint nun allerdings die Contactkraft
als eine solche, welche in das Unendliche Quantitaten freier Elektricität und
somit mechanische Kräfte, Wärme und Licht erzeugen könnte, wenn es einen
einzigen Leiter zweiter Klasse gäbe, welcher nicht durch die Leitung elektrolysirt wurde Gerade dieser Umstand ist es auch wohl, welcher der Contacttheorie trotz ihrer einfachen und präcisen Erklärung der Erscheinungen ein
so entschiedenes Widerstreben entgegengesetzt hat [1] Dem von uns hier
durchzuführenden Prinzip widerspricht der bisherige Begriff dieser Kraft also
direkt, wenn nicht die Nothwendigkeit der chemischen Processe mit in denselben aufgenommen wird Geschieht dies aber, nehmen wir an, dass die
Leiter zweiter Klasse der galvanischen Spannungsreihe eben deshalb nicht
folgen, weil sie nur durch Elektrolyse leiten, so lässt sich der Begriff der
Contactkraft sogleich wesentlich vereinfachen und auf anziehende und abstossende Kräfte zurückführen Es lassen sich nämlich offenbar alle Erscheinungen in Leitern erster Klasse herleiten aus der Annahme, dass die
verschiedenen chemischen Stoffe verschiedene Anziehungskräfte haben gegen
die beiden Elektricitäten, und dass diese Anziehungskräfte nur in unmessbar
kleinen Entfernungen wirken, während die Elektricitäten auf einander es auch
in grösseren thun Die Contactkraft wurde danach in der Differenz der
Anziehungskräfte bestehen, welche die der Berührungsstelle zunächst liegenden Metalltheilchen auf die Elektricitäten dieser Stelle ausüben, und das
elektrische Gleichgewicht eintreten, wenn ein elektrisches Theilchen, welches
von dem einen zum anderen übergeht, nichts mehr an lebendiger Kraft verliert oder gewinnt Sind $c_,$ und $c_{,,}$ die freien Spannungen der beiden Metalle, $a_, e$ und $a_{,,} c$ die lebendigen Kräfte, welche das elektrische Theilchen e
bei seinem Übergange auf das eine oder das andere nicht geladene Metall
gewinnt, so ist die Kraft, welche es beim Übergange von dem einen geladenen Metall zum anderen gewinnt

$$e(a_, - a_{,,}) - e(c_, - c_{,,}$$

Beim Gleichgewicht muss diese $= 0$ sein, also

$$a_, - a_{,,} = c_, - c_{,,},$$

d h die Spannungsdifferenz muss bei verschiedenen Stücken derselben Metalle constant sein, und bei verschiedenen Metallen dem Gesetz der galvanischen Spannungsreihe folgen

---

[1] „FARADAY, Experimentaluntersuchungen über Elektricität 17 Reihe — Philos Trans
1840, p I No 2071 und POGG Ann **53**, 508

„Bei den galvanischen Stromen haben wir in Bezug auf die Erhaltung der Kraft hauptsächlich folgende Wirkungen zu betrachten Warmeentwickelung, chemische Processe und Polarisation. Die elektrodynamischen Wirkungen werden wir beim Magnetismus durchnehmen Die Warmeentwickelung ist allen Stromen gemein, nach den beiden anderen Wirkungen können wir sie für unseren Zweck unterscheiden in solche, welche blos chemische Zersetzungen, in solche, welche blos Polarisation, und in solche, welche beides hervorbringen

„Zuerst wollen wir die Bedingungen der Erhaltung der Kraft untersuchen an solchen Ketten, bei welchen die Polarisation aufgehoben ist, weil diese die einzigen sind, für welche wir bis jetzt bestimmte durch Messungen bewahrte Gesetze haben Die Intensität des Stromes $\mathcal{J}$ einer Kette von n Elementen wird gegeben durch das Ohm'sche Gesetz.

$$\mathcal{J} = \frac{n A}{W},$$

wo die Constante A die elektromotorische Kraft des einzelnen Elementes und W der Widerstand der Kette genannt wird, A und W sind in diesen Ketten unabhängig von der Intensität Da während eines gewissen Zeitraumes der Wirkung einer solchen Kette nichts in ihr geändert wird, als die chemischen Verhältnisse und die Warmemenge, so würde das Gesetz von der Erhaltung der Kraft fordern, dass die durch die vorgegangenen chemischen Processe zu gewinnende Warme gleich sei der wirklich gewonnenen In einem einfachen Stuck einer metallischen Leitung vom Widerstand w ist nach Lenz[1] die während der Zeit t entwickelte Warme

$$\theta = \mathcal{J}^2 w t,$$

wenn man als Einheit von w die Drahtlange nimmt, in welcher die Einheit des Stromes in der Zeiteinheit die Warmeeinheit entwickelt. Für verzweigte Schliessungsdrahte, wo die Widerstande der einzelnen Zweige mit w_a bezeichnet werden, ist der Gesammtwiderstand w gegeben durch die Gleichung.

$$\frac{1}{w} = \sum \left[\frac{1}{w_a} \right],$$

die Intensität $\mathcal{J}_n$ im Zweige w_n durch

$$J_n = \frac{\mathcal{J} w}{w_n},$$

also die Warme θ_n in demselben Zweige

$$\theta_n = \mathcal{J}^2 w^2 \frac{1}{w_n} t,$$

und die in der ganzen verzweigten Leitung entwickelte Warme

$$\theta = \sum [\theta_a] = \mathcal{J}^2 w^2 \sum \left[\frac{1}{w_a} \right] t = \mathcal{J}^2 w t$$

---

[1] Pogg. Ann 50, 203 u 407, 1843 aus dem Bull de l'acad d scienc. de St Pétersbourg 1843.

Folglich ist die in einer mit beliebigen Verzweigungen der Leitung versehenen Kette entwickelte Gesammtwärme, wenn das Gesetz von LENZ auch auf flüssige Leiter passt, wie es JOULE gefunden hat

$$\theta = \mathcal{J}^2\, W\, t = n\, A\, \mathcal{J}\, t$$

„Wir haben zweierlei Arten von constanten Ketten, die nach dem Schema der DANIELL'schen und die nach dem der GROVE'schen construirten   Bei den ersteren besteht der chemische Vorgang darin, dass sich das positive Metall in einer Säure auflöst, und aus einer Lösung in derselben Säure das negative sich niederschlägt   Nehmen wir als Einheit der Stromintensität diejenige, welche in der Zeiteinheit ein Äquivalent Wasser zersetzt etwa $O = 1$ g genommen), so werden in der Zeit t gelöst $n\, \mathcal{J}\, t$ Äquivalente des positiven Metalles, und ebenso viele des negativen niedergeschlagen   Ist nun die Wärme, welche ein Äquivalent des positiven Metalles bei seiner Oxydation und Lösung des Oxyds in der betreffenden Säure entwickelt, a_2, und die gleiche für das negative a_1, so würde die chemisch zu entwickelnde Wärme sein $= n\, \mathcal{J}\, t\, (a_2 - a_1)$

Die chemische würde also der elektrischen gleich sein, wenn

$$A = a_2 - a_1,$$

d h wenn die elektromotorischen Kräfte zweier so combinirten Metalle dem Unterschied der bei ihrer Verbrennung und Verbindung mit Säuren zu entwickelnden Wärme proportional wären.

„In den nach Art der GROVE'schen Kette gebauten Elementen wird die Polarisation dadurch aufgehoben, dass der auszuscheidende Wasserstoff sogleich zur Reduction der sauerstoffreichen Bestandtheile der Flüssigkeit verbraucht wird, welche das negative Metall umgiebt   Es sind dahin zu rechnen die GROVE'schen und BUNSEN'schen Elemente   amalgamirtes Zink, verdünnte Schwefelsäure, rauchende Salpetersäure, Platin oder Kohle, ferner die mit Chromsäure gebauten constanten Ketten, unter denen genaueren Messungen unterworfen sind   amalgamirtes Zink, verdünnte Schwefelsäure, Lösung von saurem chromsaurem Kali mit Schwefelsäure, Kupfer oder Platin   Die chemischen Processe sind in den beiden mit Salpetersäure gebauten Ketten gleich, ebenso die in den beiden genannten mit Chromsäure, daraus würde gemäss der eben gemachten Deduction folgen, dass auch die elektromotorischen Kräfte gleich seien, und das ist in der That nach den Messungen von POGGENDORFF[1] sehr genau der Fall   Die mit Kohle gebaute Chromsäure-Kette ist sehr inconstant, und hat eine beträchtlich höhere elektromotorische Kraft, wenigstens im Anfang, dieselbe ist deshalb hier nicht herzurechnen, sondern zu den Ketten mit Polarisation   Bei diesen constanten Ketten ist also die elektromotorische Kraft unabhängig von dem negativen Metall, wir können sie uns auf den Typus der DANIELL'schen Kette zurückbringen, wenn wir als den letzten die Flüssigkeit unmittelbar berührenden

---

[1] „POGG Ann **54**, 429 1841 und **57**, 104 1842

Leiter erster Klasse die dem Platin zunächst liegenden Theilchen von salpetriger Säure und Chromoxyd ansehen, so dass wir die GROVE'schen und
BUSSY'schen Elemente als Ketten zwischen Zink und salpetriger Säure, die
mit Chromsäure gebauten als Zink-Chromoxydketten erklären würden

„Unter den Ketten mit Polarisation können wir solche unterscheiden,
welche bloss Polarisation und keine chemische Zersetzung hervorbringen, und
solche, welche beides bewirken   Zu den ersteren, welche einen inconstanten,
meist bald verschwindenden Strom geben, gehören unter den einfachen
Ketten die von FARADAY [1] mit Lösung von Atzkali, Schwefelkalium, salpetriger
Säure gebildeten Combinationen, ferner die der starker negativen Metalle in
den gewöhnlichen Säuren, wenn das positivere derselben die Säure nicht
mehr zu zersetzen vermag, z B Kupfer mit Silber, Gold, Platin, Kohle in
Schwefelsäure u s w, von den zusammengesetzten alle mit eingeschalteten
Zersetzungszellen, deren Polarisation die elektromotorische Kraft der anderen
Elemente überwiegt   Scharfe messende Versuche haben über die Intensitäten
dieser Ketten bis jetzt wegen der grossen Veränderlichkeit des Stromes nicht
gemacht werden können   Im Allgemeinen scheint die Intensität ihrer Strome
von der Natur der eingetauchten Metalle abzuhangen, ihre Dauer wachst
mit der Grösse der Oberflächen und mit der Abschwächung der Stromintensität, aufgefrischt können sie werden, auch wenn sie fast ganz verschwunden sind, durch Bewegungen der Platten in der Flüssigkeit und durch
Berührung derselben mit der Luft, wodurch die Polarisation der Wasserstoffplatte aufgehoben wird   Von solchen Einwirkungen mag auch wohl der
geringe, nicht aufhörende Rest des Stromes herrühren, den feinere galvanometrische Instrumente immer anzugeben pflegen   Der ganze Vorgang ist
also eine Herstellung des elektrischen Gleichgewichtes der Flüssigkeitstheilchen mit den Metallen, dabei scheinen sich einmal die Flüssigkeitstheilchen
anders zu ordnen, und dann, wenigstens in vielen Fallen,[2] auch chemische
Umänderungen der oberflächlichen Metallschichten zu entstehen   Bei den
zusammengesetzten Ketten, wo die Polarisation ursprünglich gleicher Platten
die Wirkung des Stromes anderer Elemente ist, können wir die dabei verlorene Kraft des ursprünglichen Stromes als secundären Strom wiedergewinnen, nachdem wir die erregenden Elemente entfernt, und die Metalle der
polarisirten unter sich geschlossen haben   Um das Prinzip von der Erhaltung
der Kraft hier näher anzuwenden, fehlen uns bis jetzt noch alle speciellen
Thatsachen

„Den verwickeltsten Fall bilden diejenigen Ketten, in welchen Polarisation und chemische Zersetzung neben einander vor sich gehen, dazu gehören die Ketten mit Gasentwickelung   Der Strom derselben ist, wie der
der blossen Polarisationsketten, zu Anfang am stärksten, und sinkt schneller

[1] Experimentaluntersuchungen über Elektricität 16 Reihe — Philos Trans 1840, p I
vgl d — Ann 52 163 und 517 1841 "
Pogg u Pat Ann 63 389 1844 "

oder langsamer auf eine ziemlich constant bleibende Grosse. Bei einzelnen
Elementen dieser Art, oder Ketten, welche nur aus solchen zusammengesetzt
sind, hort der Polarisationsstrom nur ausserst langsam auf, leichter gelingt
es dagegen, schnell constante Strome zu erhalten, bei Combination von constanten Ketten mit einzelnen inconstanten, namentlich, wenn die Platten der
letzteren verhaltnissmassig klein sind. Bisher sind aber an solchen Zusammenstellungen nur wenige Messungsreihen gemacht worden, aus den wenigen,
welche ich aufgefunden habe, von LENZ[1] und POGGENDORFF,[2] geht hervor,
dass die Intensitaten solcher Ketten bei verschiedenen Drahtwiderstanden
nicht durch die einfache OHM'sche Formel gegeben werden konnen, sondern
wenn man die Constanten derselben bei geringen Intensitaten berechnet,
werden die Ergebnisse der Rechnung fur hohere Intensitaten zu gross. Man
muss deshalb den Zahler oder den Nenner derselben, oder beide als Functionen der Intensitat betrachten, die bisher bekannten Thatsachen liefern uns
keine Entscheidung dafur, welcher von diesen Fallen eigentlich stattfinde.

„Suchen wir das Prinzip von der Erhaltung der Kraft auf diese Strome
anzuwenden, so mussen wir dieselben in zwei Theile theilen, in den inconstan-
stanten oder Polarisationsstrom, uber den dasselbe gilt, was wir uber die
reinen Polarisationsstrome gesagt haben, und in den constanten oder Zer-
setzungsstrom. Auf den letzteren ist dieselbe Betrachtungsweise anwendbar,
wie fur die constanten Strome ohne Gasentwickelung. Die durch den Strom
erzeugte Warme muss gleich sein der durch den chemischen Process zu
erzeugenden. Ist z. B. in einer Combination von Zink und einem negativen
Metalle in verdunnter Schwefelsaure die Warmeentbindung eines Atomes
Zink bei seiner Auflosung und der Austreibung des Wasserstoffes $a_z - a_h$,
so ist die in der Zeit dt zu erzeugende Warme

$$\mathcal{J}(a_z - a_h)\,dt$$

Ware nun die Warmeentwickelung in allen Theilen einer solchen Kette proportional dem Quadrate der Intensitat, also $\mathcal{J}^2 W\,dt$, so hatten wir wie oben

$$\mathcal{J} = \frac{a_z - a_h}{w},$$

also die einfache OHM'sche Formel. Da diese aber ihre Anwendung hier
nicht findet, so folgt, dass es Querschnitte in der Kette giebt, in denen die
Warmeentwickelung einem anderen Gesetze folgt, deren Widerstand also
nicht als constant zu setzen ist. Ist z. B. die Entbindung von Warme in
irgend einem Querschnitt direkt proportional der Intensitat, wie es unter
anderen die durch Anderung der Aggregatzustande gebundene Warme sein
muss, also $\vartheta = \mu\,\mathcal{J}\,dt$, so ist

$$\mathcal{J}(a_z - a_h) = \mathcal{J}^2 w + \mathcal{J}\mu,$$

$$\mathcal{J} = \frac{a_z - a_h - \mu}{w}$$

---

[1] „POGG. Ann. 59, 229 1843."   [2] „Ebenda 67, 531 1846"

Die Grosse μ wurde also mit in dem Zahler der OHM'schen Formel erscheinen Der Widerstand eines solchen Querschnittes wurde sein $w = \frac{\vartheta}{j^i} = \frac{\mu}{j}$. Ist nun aber die Warmeentwickelung desselben nicht ganz genau proportional der Intensitat, also die Grosse μ nicht ganz constant, sondern mit der Intensitat steigend, so erhalten wir den Fall, welcher den Beobachtungen von LENZ und POGGENDORFF entspricht

„Als elektromotorische Kraft einer solchen Kette wurde nach Analogie der constanten Ketten, sobald der Polarisationsstrom aufgehort hat, die zwischen Zink und Wasserstoff zu bezeichnen sein In der Ausdrucksweise der Contacttheorie ware es die zwischen Zink und dem negativen Metall, vermindert um die Polarisation des letzteren in Wasserstoff Wir mussen dann nur dieses Maximum der Polarisation fur unabhangig von der Intensitat des Stromes ansehen, und fur verschiedene Metalle um ebenso viel verschieden, als es die elektromotorischen Krafte dieser Metalle sind Der Zahler der OHM'schen Formel, berechnet aus Intensitatsmessungen bei verschiedenen Widerstanden, kann aber ausser der elektromotorischen Kraft einen Summanden enthalten, welcher von dem Ubergangswiderstande herruhrt, und welcher bei verschiedenen Metallen vielleicht verschieden ist Dass ein Ubergangswiderstand existire, folgt nach dem Prinzip von der Erhaltung der Kraft aus der Thatsache, dass die Intensitaten dieser Ketten nicht nach dem OHM'schen Gesetz zu berechnen sind, da doch die chemischen Processe dieselben bleiben Dafur, dass in Ketten, wo die Polarisationsstrome aufgehort haben, der Zahler der OHM'schen Formel von der Natur des negativen Metalles abhange, habe ich noch keine sicheren Beobachtungen auffinden konnen Um die Polarisationsstrome schnell zu beseitigen, ist es hierbei nothig, die Dichtigkeit des Stromes an der polarisirten Platte moglichst zu erhohen theils durch Einfugung von Zellen mit constanter elektromotorischer Kraft, theils durch Verkleinerung der Oberflache dieser Platte. In den hierher gehorenden Versuchen von LENZ und SAWELJEW[1] ist nach ihrer eigenen Angabe die Constanz der Strome nicht erreicht worden, die von ihnen berechneten elektromotorischen Krafte enthalten demnach noch die der Polarisationsstrome Sie fanden fur Zink Kupfer in Schwefelsaure 0,51, fur Zink Eisen 0,76, fur Zink Quecksilber 0,90

„Schliesslich bemerke ich noch, dass ein Versuch, die Gleichheit der auf chemischem und elektrischem Wege entwickelten Warme experimentell nachzuweisen, gemacht ist von JOULE[2] Doch ist gegen seine Messungsmethoden mancherlei einzuwenden Er setzt z B fur die Tangentenbussole das Gesetz der Tangenten als richtig voraus bis in die hochsten Grade hinein, hat keine constanten Strome, sondern berechnet deren Intensitat nur nach dem Mittel der Anfangs- und Endablenkung, setzt elektromotorische Kraft und Wider-

[1] Bull de la class phys math de l'acad d scienc de St Petersbourg **5**, 1 und POGG. Ann **57** 197 1842

[2] Phil. Mag **10**, 275 1841 und **20**, 204 1843 "

stand von Zellen mit Gasentwickelung als constant voraus Auf die Abweichung seiner quantitativen Warmebestimmungen von anderweitig gefundenen Zahlen hat Hess schon aufmerksam gemacht Dasselbe Gesetz will E Becquerel empirisch bestatigt gefunden haben nach einer Anzeige desselben in den Comptes rendus 1843 No 16)

„Wir haben oben uns genothigt gesehen, den Begriff der Contactkraft zuruckzufuhren auf einfache Anziehungs- und Abstossungskrafte, um denselben mit unserem Prinzip in Übereinstimmung zu bringen Versuchen wir nun auch, die elektrischen Bewegungen zwischen Metallen und Flussigkeiten zuruckzufuhren Denken wir uns die Theile des zusammengesetzten Atoms einer Flussigkeit mit verschiedenen Anziehungskraften gegen die Elektricitaten begabt, und demgemass verschieden elektrisch Scheiden diese Atomtheile an den metallischen Elektroden aus, so giebt jedes Atom nach dem elektrolytischen Gesetz eine von seinen elektromotorischen Kraften unabhangige Menge $\pm E$ an dieselben ab Wir konnen uns deshalb vorstellen, dass auch in der chemischen Verbindung schon die Atome mit Aquivalenten $\pm E$ verbunden sind, welche fur alle ebenso gleich sind, wie die stochiometrischen Äquivalente der wagbaren Stoffe in verschiedenen Verbindungen Tauchen nun zwei verschiedene elektrische Metalle in eine Flussigkeit ein, ohne dass ein chemischer Process stattfindet, so werden die positiven Bestandtheile derselben von dem negativen Metall, die negativen vom positiven angezogen Der Erfolg wird also eine veranderte Richtung und Vertheilung der verschiedenen elektrischen Flussigkeitstheilchen sein, deren Eintreten wir als Polarisationsstrom wahrnehmen Die bewegende Kraft dieses Stromes wurde die elektrische Differenz der Metalle sein, ihr musste deshalb auch seine anfangliche Intensitat proportional sein, seine Dauer muss bei gleicher Intensitat der Menge der an den Platten anzulagernden Atome, also ihrer Oberflache, proportional sein Bei den mit chemischer Zersetzung verbundenen Stromen kommt es dagegen nicht zu einem dauernden Gleichgewicht der Flussigkeitstheilchen mit den Metallen, weil die positiv geladene Oberflache des positiven Metalles fortdauernd entfernt wird, dadurch, dass sie selbst zum Bestandtheil der Flussigkeit wird, also eine stete Erneuerung der Ladung hinter ihr stattfinden muss Durch jedes Atom des positiven Metalles, welches mit einem Aquivalent positiver Elektricitat vereinigt in die Losung eintritt, wofur ein Atom des negativen Bestandtheiles neutral elektrisch ausscheidet, wird eine Beschleunigung der einmal begonnenen Bewegung hervorgerufen, sobald die Quantitat der Anziehungskraft des ersteren Atoms zur $+E$, bezeichnet durch a_2, grosser ist als die des letzteren a_1 Die Bewegung wurde dadurch in das Unbegrenzte an Geschwindigkeit zunehmen, wenn nicht auch zugleich der Verlust an lebendiger Kraft durch Warmeentwickelung wuchse Sie wird deshalb nur wachsen bis dieser Verlust, $\mathcal{J}^2 W dt$, gleich ist dem Verbrauch an Spannkraft $\mathcal{J}(a_2 - a_1) dt$ oder bis

$$\mathcal{J} = \frac{a_2 - a_1}{W}$$

Ich glaube, dass in dieser Unterscheidung der galvanischen Strome in solche, welche Polarisation, und in solche, welche Zersetzung hervorbringen, wie sie durch das Prinzip von der Erhaltung der Kraft bedingt wird, der einzige Ausweg zu finden sein mochte, um gleichzeitig die Schwierigkeiten der chemischen und der Contacttheorie zu umgehen "

Werfen wir auf die in diesen kurzen Auseinandersetzungen enthaltenen Gesichtspunkte einen Blick zuruck, so tritt uns zunachst (S 769) der Nachweis entgegen, dass das Volta'sche Spannungsgesetz eine Nothwendigkeit vom Standpunkte des Gesetzes von der Erhaltung der Energie ist. Damit war der entscheidende Einwand gegen die Haltbarkeit der ursprunglichen Ansicht Volta's (S 758) ausgesprochen, dass es auch metallische Leiter geben konne, welche dem Spannungsgesetz nicht unterliegen Die darauf folgende Auseinandersetzung uber die Annahme verschiedener Anziehungskrafte gegen die Elektricitaten war so lange zulassig, als man diese als wirkliche Dinge, etwa als unwagbare Flussigkeiten ansah, gegenwartig wo die in Betracht kommende Grosse, die Elektricitatsmenge, ihren realen Charakter verloren hat, und als ein Factor der eigentlich realen Grosse, der elektrischen Energie, angesehen wird, kann man diese Anschauungsweise nicht mehr gutheissen. Da andererseits die alteren Nachweise von Spannungsunterschieden zwischen verschiedenen Metallen mit dem Condensator gegenwartig als vollig zweifelhaft erwiesen sind, und die unzweifelhafteren Methoden im Gegentheil ergeben haben, dass wenn uberhaupt Spannungsunterschiede bestehen, sie jedenfalls sehr kleine Werthe haben mussen, so fallt zur Zeit die Nothwendigkeit, die Ergebnisse der Condensatorversuche in die Theorie der Ketten aufzunehmen, uberhaupt fort Dies wird noch klarer durch die S 770 von Helmholtz gegebenen Betrachtungen, andererseits ist bereits fruher gezeigt worden, dass die Annahme der elektrischen Erregung Null bei der Beruhrung der Metalle sich mit dem Spannungsgesetz gleichfalls im Einklange befindet.

In der einfachen Formel $A = a_z - a_e$ ist das gleiche Ergebniss enthalten, welches Joule fruher nicht ganz so vollstandig in dem Satze gegeben hatte, dass die „virtuelle Intensitat", d h die elektromotorische Kraft der Kette der durch den chemischen Vorgang entwickelten Warme proportional ist Bei Helmholtz ist statt der Proportionalitat die Gleichheit vorhanden, passende Maassbestimmungen der vorkommenden Grossen vorausgesetzt, und an Stelle der unrichtigen Gleichsetzung der chemischen und elektrischen Warme tritt die vorsichtigere bedingte Ausdrucksweise, dass, wenn die Gleichheit stattfinde, die elektromotorische Kraft durch die auf das Aquivalent bezogene Warmeentwickelung gegeben ware Helmholtz hat selbst spater gezeigt, dass dies im Allgemeinen nicht der Fall ist, und hat, wenn auch nicht als der erste, doch vollig selbstandig den vollstandigen Ausdruck fur die Beziehung der beiden Grossen aufgestellt

Weiter ist auf die S 771 kurz ausgesprochene Schlussfolgerung hinzuweisen, dass in galvanischen Elementen mit verschiedenen Elektroden, in denen aber der gleiche chemische Vorgang stattfindet, auch dieselbe elektro-

motorische Kraft vorhanden sein müsse. Es gehörte damals einiger Muth
dazu, diesen theoretischen Schluss auszusprechen, da eben Poggendorff bewiesen zu haben schien, dass dies nicht der Fall sei. Die Zukunft hat
Helmholtz recht gegeben, und jene Angabe von Poggendorff wurde als
irrthümlich erkannt, es waren die kleinen Unterschiede, welche sich je
nach der Beanspruchung des Elementes ergeben hatten, von Poggendorff
im Interesse eines Widerspruches gegen die chemische Theorie als wesentliche angesehen worden.

Von grosser Feinheit sind Helmholtz' Darlegungen des Vorganges bei
der erstmaligen Herstellung des elektrischen Zustandes in der Kette und die
Theorie der Ladungsströme, welche er bei dieser Gelegenheit giebt. Ausser-
lich hat diese Theorie eine gewisse Ähnlichkeit mit der „Tendenztheorie"
von Schönbein, sie unterscheidet sich aber von dieser wesentlich dadurch,
dass Helmholtz wirkliche Änderungen in dem Zustande der sich berührenden Flächen annimmt, und so den von Faraday gegen jenen mit Recht erhobenen Einwand, dass er Ströme ohne entsprechenden Aufwand stattfinden
lassen wolle, sachgemäss vermeidet. Nur insofern hat sich die heutige
Theorie anders entwickelt, als die von Helmholtz noch einigermaassen unbestimmt gelassenen Vorgänge, welche an den Berührungsstellen zwischen
Metall und Flüssigkeit stattfinden, in allen Fällen als chemische angesehen
werden müssen, während Helmholtz noch sehr geneigt ist, im Sinne der
Volta'schen Ansicht in der Thatsache der blossen Berührung eine Quelle
elektrischer Bewegung, wenn auch nicht dauernder Art zu sehen.

4. Die Abhandlung von William Thomson. Schon oben
ist gelegentlich der Arbeiten von Joule erwähnt worden, dass das von
dem letzteren als blosse Proportionalitätsbeziehungen aufgestellte Verhältniss
zwischen der elektromotorischen Kraft der Volta'schen Ketten und dem
Betrage der Wärme, welcher ihren chemischen Vorgängen entspricht, später
von William Thomson in bestimmterer Form ausgesprochen worden ist.
Grundsätzlich enthält diese Arbeit der Darlegung von Helmholtz gegenüber
nichts neues oder weiteres, die Art der Darstellung ist allerdings ganz anders,
und durch die concrete Gestalt, welche hier dem Beweise gegeben wird,
vielleicht für manchen anschaulicher, einen allgemeineren Charakter besitzt
jedenfalls die Ableitung von Helmholtz, da sie nicht an ein einzelnes Beispiel anknüpft.

Es liegt vielleicht gerade an dieser concreteren Form, dass die vorliegende Arbeit einen viel grösseren Einfluss auf den Entwickelungsgang
der Wissenschaft ausgeübt hat, als die um vier Jahre ältere Auseinandersetzung von Helmholtz. Aus diesem Grunde wird es gerechtfertigt erscheinen, auch die wesentlichen Theile dieser Abhandlung[1] vollständig
wiederzugeben.

„1) Gewisse Prinzipien, welche Hr. Joule entdeckt und zuerst in ver-

---

[1] Philos. Mag. (4) 2 429 1851.

...schen Strome in solche,
...ng hervorbringen, wie sie
...bedingt wird, der einzige
...die Schwierigkeiten der

...dersetzungen enthaltenen
...nächst S. 769) der Nach-
...setz eine Nothwendigkeit
...der Energie ist. Damit
...keit der ursprünglichen
...metallische Leiter geben
...en. Die darauf folgende
...Anziehungskräfte gegen
...als wirkliche Dinge,
...wo die in Betracht
...Charakter verloren
...der elektrischen Energie,
...nicht mehr gutheissen.
...unterschieden zwischen
...wärtig als völlig zweifel-
...im Gegentheil ergeben
...bestehen, sie jedenfalls
...die Nothwendigkeit, die

Ergebnisse der Condens... ...ne der Ketten aufzunehmen,
überhaupt fort. Dies w... ...he S. 770 von Helmholtz gegebenen Betrachtung... ...ruher gezeigt worden, dass
die Annahme der elek... ...i der Berührung der Metalle
sich mit dem Spannun... ...nklange befindet.

...sche Ergebniss enthalten,
...dem Satze gegeben hatte,
...sche Kraft der Kette der
...rme proportional ist. Bei
...heit vorhanden, passende
...rausgesetzt, und an Stelle
...elektrischen Wärme tritt
...wenn die Gleichheit statt-
...das Äquivalent bezogene
...hat selbst später gezeigt,
...hat, wenn auch nicht als
...digen Ausdruck für die Be-

...ne Schlussfolgerung hinzu-
...schiedenen Elektroden, in
...ndet, auch dieselbe elektro-

motorische Kraft vorhanden sein müsse. Es gehörte damals einiger Muth dazu, diesen theoretischen Schluss auszusprechen, da eben POGGENDORFF bewiesen zu haben schien, dass dies nicht der Fall sei. Die Zukunft hat HELMHOLTZ recht gegeben; jene Angabe von POGGENDORFF wurde als irrthümlich erkannt, oder es sind kleine Unterschiede, welche sich je nach der Beanspruchung der Elemente ergeben hatten, von POGGENDORFF im Interesse eines Wahrspruches gegen die chemische Theorie als wesentliche angesehen worden.

Von grosser Feinheit ist HELMHOLTZ' Darlegungen des Vorganges bei der erstmaligen Herstellung des elektrischen Zustandes in der Kette und die Theorie der Ladungen, welche er bei dieser Gelegenheit giebt. Äusserlich hat diese Theorie eine grosse Ähnlichkeit mit der „Tendenztheorie" von SCHÖNBEIN; sie unterscheidet sich von dieser wesentlich dadurch, dass HELMHOLTZ wirkliche Aenderungen in dem Zustande der sich berührenden Flächen annimmt, und schützt sich dadurch gegen jenen mit Recht erhobenen Einwand, dass keine Arbeit ohne entsprechenden Aufwand stattfinden lassen wolle, sachgemäss geschützt. Nur insofern hat sich die heutige Theorie anders entwickelt, als die von HELMHOLTZ noch einigermaassen unbestimmt gelassenen Vorgänge, welche an den Berührungsstellen zwischen Metall und Flüssigkeit stattfinden, in allen Fällen als chemische angesehen werden müssen, während HELMHOLTZ noch sehr geneigt ist, im Sinne der VOLTA'schen Ansicht in der Thatsache der blossen Berührung eine Quelle elektrischer Bewegung, wenn auch nicht dauernder Art zu sehen.

4. Die Abhandlung von WILLIAM THOMSON. Schon oben ist gelegentlich der Arbeiten von JOULE erwähnt worden, dass das von dem letzteren als blosse Proportionalitatsbeziehungen aufgestellte Verhältniss zwischen der elektromotorischen Kraft der VOLTA'schen Ketten und dem Betrage der Wärme, welcher den chemischen Vorgängen entspricht, später von WILLIAM THOMSON in bestimmterer Form ausgesprochen worden ist. Grundsätzlich enthält diese Arbeit der Darlegung von HELMHOLTZ gegenüber nichts neues oder weiteres; die Art der Darstellung ist allerdings ganz anders, und durch die concrete Gestalt, welche hier dem Beweise gegeben wird, vielleicht für manchen anschaulicher, einen allgemeineren Charakter besitzt jedenfalls die Ableitung von HELMHOLTZ, da sie nicht an ein einzelnes Beispiel anknüpft.

Es liegt vielleicht gerade in dieser concreteren Form, dass die vorliegende Arbeit einen viel grösseren Einfluss auf den Entwickelungsgang der Wissenschaft ausgeübt hat als die um vier Jahre ältere Auseinandersetzung von HELMHOLTZ. Aus diesem Grunde wird es gerechtfertigt erscheinen, auch die wesentlichen Theile dieser Abhandlung[1] vollständig wiederzugeben.

„1. Gewisse Prinzipien, welche Hr. JOULE entdeckt und zuerst

---

[1] Philos. Mag. (4) 2. 429. 1851.

schiedenen Abhandlungen mitgetheilt hat, mussten schliesslich ein wichtiger Theil der mechanischen Theorie der Chemie werden Der Gegenstand der gegenwartigen Mittheilung ist, diesen Prinzipien gemass fur jeden Fall elektrolytischer Zersetzung die Beziehung zwischen der elektromotorischen Intensitat, den elektrochemischen Aquivalenten der thatigen Stoffe und dem mechanischen Aquivalent der chemischen Wirkung, welche durch den Verbrauch einer gegebenen Menge der Materialien stattfindet, zu ermitteln, und aus diesem die elektromotorische Intensitat einer einzelnen DANIELL'schen Zelle, sowie die elektromotorische Kraft, welche zur Zersetzung des Wassers erforderlich ist, nach Versuchen zu berechnen, welche Herr JOULE so freundlich war, mir mitzutheilen

„2) Wird ein galvanischer Strom, welcher mit Hulfe einer magnetelektrischen Maschine hervorgebracht wird, zur Elektrolyse verwendet, so wird er in irgend einer Zeit weniger Warme in seinem ganzen Stromkreise entwickeln, als der verbrauchten Arbeit entspricht, und zwar um einen Betrag, welchen man das thermische Aquivalent der chemischen Wirkung, die er hervorgebracht hat, nennen konnte. Dies ist die Warmemenge, welche erhalten werden wurde, wenn man die Elemente der zersetzten Substanz wieder verbinden und die Verbindung nach allen Beziehungen in ihren ersten Zustand wieder zuruckbringen wurde, oder mit anderen Worten, wenn man alles ruckgangig machte, was der elektrochemische Apparat gethan hat. Nun wird die Warmemenge, welche der gethanen Arbeit aquivalent ist, erhalten durch Division der Zahl, welche die Arbeit misst, mit der Zahl, welche in derselben Einheit das mechanische Aquivalent der Warmeeinheit giebt. Wird daher das mechanische Áquivalent der Warmeeinheit mit J bezeichnet, die in irgend einer Zeit gethane Arbeit mit W', die gesammte in derselben Zeit im Stromkreise entwickelte Warme mit H, und das Warmeaquivalent der hervorgebrachten chemischen Wirkung mit θ, so haben wir

$$H = \frac{W}{J} - \theta, \tag{1}$$

welche Gleichung auch in der Form geschrieben werden kann

$$W' = JH + M, \tag{2}$$

wenn M benutzt wird, um den Werth von $J\theta$ oder das mechanische Aquivalent der chemischen Wirkung zu bezeichnen, welche in der angegebenen Zeit hervorgebracht wird

„3) Um die Nothwendigkeit zu umgehen, veranderliche oder unstetige Strome zu betrachten, wollen wir annehmen, dass die Maschine aus einer metallischen Scheibe besteht, welche an ihrer Axe und an ihrem Umfange durch feste Drahte beruhrt wird, und welche in ihrer eigenen Ebene um eine durch ihren Mittelpunkt gehende Axe gedreht wird, welch letztere in irgend einer Lage gehalten wird, welche nicht rechtwinklig zu der Richtung der erdmagnetischen Kraft steht. Werden diese Drahte durch einen Contact zwischen ihren Enden verbunden, so entsteht bekanntlich in ihnen ein Strom, dessen Stärke der Winkelgeschwindigkeit der Scheibe direkt, und dem Widerstande im ganzen Stromkreise umgekehrt proportional ist Daher wird zwischen den Enden der Drähte, wenn sie durch ein isolirendes Mittel auseinandergehalten werden, eine elektromotorische Kraft bestehen, welche constant und der Winkelgeschwindigkeit der Scheibe proportional sein wird

„4) Wir nehmen nun an, dass die Enden des Drahtes mit den Elektroden eines elektrochemischen Apparates verbunden werden, z B einer galvanischen Batterie irgend welcher Art, oder eines Apparates zur Zersetzung des Wassers, auch wollen wir annehmen, dass die elektromotorische Intensität zwischen ihnen genügend ist, um einen Strom in der eigenen Richtung hervorzubringen In den vorstehenden Gleichungen wird, wenn sie auf diesen Fall angewendet werden, jedes Glied proportional der Zeit sein, da die Wirkung dauernd und gleichförmig ist, und daher wird es bequem sein, die Zeiteinheit als die Periode anzusehen, während welcher die mit W und H bezeichneten Beträge von Arbeit und Wärme, sowie der Betrag von chemischer Wirkung, deren thermisches und mechanisches Äquivalent mit Θ und M bezeichnet worden sind, hervorgebracht werden Bezeichnet r den Radius der Scheibe, ω die Winkelgeschwindigkeit, mit der sie bewegt wird, F die Componente des Erdmagnetismus senkrecht zu ihrer Ebene und γ die Stärke des inducirten Stromes, so wird die in der Zeiteinheit durch die Bewegung der Scheibe gegen den durch die Wirkung des Erdmagnetismus auf den entstandenen Strom hervorgerufenen Widerstand

gethane Arbeit ausgedrückt sein durch das Integral $\int_0^r \omega z\, F\, \gamma\, dz$, wie leicht zu beweisen ist, ob nun der Strom unmittelbar zwischen dem Mittelpunkt der Scheibe und dem durch den festen Draht berührten Punkt auf dem Umfange durchgeht, oder ob er, wie das in Wirklichkeit stattfinden muss, sich mehr oder weniger von der geraden Linie durch die seitliche Ausdehnung des kreisenden Leiters verbreitet Hieraus folgt

$$W = \tfrac{1}{2} r^2 F \gamma\, \omega \qquad (3)$$

„5) Es sei E die Menge (in Masseneinheiten, z B Gran) eines der bei dem chemischen Vorgange betheiligten Elemente, welche in der Zeiteinheit elektrolysirt oder verbunden werden, und ϑ sei die Wärme, welche während der chemischen Wirkung bei der Elektrolyse oder Verbindung von der Mengeneinheit jenes Elementes absorbirt wird Dann haben wir

$$\Theta = \vartheta E, \qquad (4)$$
$$M = \mathcal{J}\, \vartheta E \qquad (5)$$

„Nun ist von Faraday gezeigt worden, dass bei elektrochemischen Wirkungen irgend welcher Art, die durch einen stetigen Strom hervorgebracht werden, der Betrag der Wirkung in einer gegebenen Zeit annähernd, wenn nicht genau proportional der Stromstärke ist, und alle folgenden Untersuchungen haben diesen Schluss bekräftigt Die einzige Ausnahme, welche

bisher meines Wissens entdeckt worden ist, ist die von FARADAY entdeckte
Thatsache, dass verschiedene Elektrolyte einen stetigen Strom leiten konnen,
wenn dessen elektromotorische Intensitat unterhalb einer gewissen Grenze
ist, ohne dass sie eine stetige Zersetzung erfahren,[1] und hieraus konnen wir
es als wahrscheinlich annehmen, dass im Allgemeinen die mit grosseren und
geringeren elektromotorischen Intensitaten zersetzten Mengen nicht streng
proportional der Stromstarke sind

„Diese nichtelektrolytische Leitfahigkeit ist indessen, wenigstens in dem
Falle des Wassers als ausserst gering gefunden worden, und es ist nicht
wahrscheinlich, dass, wenn in irgend einem gewohnlichen Falle die Elektrolyse stattfindet, die dadurch geleitete Elektricitatsmenge stets sehr gross im
Vergleiche mit der elektrolytisch geleiteten ist   Das normale Gesetz der
wahren elektrolytischen Leitung wird daher als anwendbar fur die Leitung
durch den elektrochemischen Apparat angesehen werden konnen, vorbehalt-
lich der Abanderung in solchen Fallen, wo eine Abweichung davon erwiesen
werden kann   Wenn wir daher mit ε das elektrochemische Aquivalent des
besonderen Elementes bezeichnen, an welchem wir die elektrochemische
Wirkung messen, d h. die Menge desselben, welche in der Zeiteinheit durch
die Wirkung der Stromstarke Eins elektrolysirt oder verbunden wird, so
haben wir, da die wirkliche Stromstarke γ ist

$$E = \varepsilon \gamma \qquad (6)$$

„Die Abweichungen von dem normalen Gesetze, welche in besonderen
Fallen bestehen mogen, konnen dadurch zum Ausdruck gebracht werden,
dass man fur ε einen veranderlichen Werth annimmt   Fande es z B statt,
dass wenn die elektromotorische Intensitat eines Apparates fur die Zersetzung
des Wassers eine bestimmte Grosse uberschreitet, die Zerzetzung genau proportional der Stromstarke stattfindet, und dass unterhalb dieser Grenze ein
schwacher Strom ohne Zersetzung durchgehen wurde, so wurde ε eine unstetige Function der Intensitat sein, indem es einen constanten Werth hat,
wenn die Intensitat grosser ist, und Null wird, wenn sie geringer ist, als die
Grenze der Zersetzung

„6) Nach dem JOULL'schen Gesetz uber die Warmeentwickelung im Stromkreise ist die in der Zeiteinheit entwickelte Warmemenge streng proportional
dem Quadrat der Stromstarke, wenn der Widerstand in allen betrachteten
Umstanden constant ist, wir konnen daher passend annehmen.

---

[1] Es ist wahrscheinlich, dass wenn ein Elektromotor von einer unter einer bestimmten
Grenze liegenden Intensitat mit zwei Platinplatten, die in Wasser getaucht sind, in Verbindung
gebracht wird, zunachst kein elektrolytischer Widerstand vorhanden ist, und der zersetzende
Strom geht mit stetig sinkender Starke durch, bis die Elektroden durch den abgeschiedenen
Sauerstoff und Wasserstoff in einen gewissen Zustand gebracht worden sind, so dass sie mit
dem Wasser dazwischen eine Widerstandskraft ausuben, welche der eines Elektromotors sehr
nahe ist, worauf ein sehr geschwachter Strom von gleichformiger Starke durchgeht, ohne
weitere Zersetzung zu bewirken   Ich hoffe binnen Kurzem einen Bericht uber einige Versuche
mittheilen zu konnen, welche ich zur Erlauterung dieses Verhaltens angestellt habe "

$$H = R\gamma^2, \qquad 7$$

da wir aber nicht sicher sind, dass der gesammte Widerstand von der Stromstärke unabhängig ist, wenn sich eine elektrolytische Flüssigkeit im Stromkreise befindet, so dürfen wir R nicht als constant annehmen. In dem
Nachstehenden ist über R nur angenommen worden, dass es in allen vorkommenden Fällen weder unendlich gross, noch unendlich klein wird.

„7) Setzen wir die Ausdrücke 3), 4) und (6), 7 für die drei Werthe
der ursprünglichen Gleichung (1) ein, so haben wir

$$R\gamma^2 = \frac{\frac{1}{2}\gamma^2\Gamma\gamma\omega}{J} - \theta\varepsilon\gamma, \qquad 8$$

woraus sich ergiebt

$$\gamma = \frac{\frac{1}{2}\gamma^2\Gamma\omega - J\theta\varepsilon}{J}, \qquad (9)$$

„8) Aus dem Resultat wird ersichtlich, dass, je nachdem der Werth
der Winkelgeschwindigkeit der Scheibe über oder unter einem gewissen
Werthe Ω ist, welcher durch die Gleichung

$$\Omega = \frac{J\theta\varepsilon}{\frac{1}{2}\gamma^2 F} \qquad (10)$$

bestimmt ist, der Werth von γ positiv oder negativ wird, und daraus
schliessen wir, dass, wenn die Winkelgeschwindigkeit genau diesen Werth
hat, die elektromotorische Intensität der Scheibe genau gleich ist der entgegengerichteten elektromotorischen Kraft, welche auf die festen Drähte
durch den elektrochemischen Apparat, mit dem sie verbunden sind, ausgeübt wird.

„Nehmen wir als Einheit der elektromotorischen Intensität die an, welche
ein Leiter von der Längeneinheit hervorbringt, wenn er durch ein magne-
tisches Feld von der Einheit der Stärke mit der Einheit der Geschwindigkeit
in einer Richtung bewegt wird, welche senkrecht auf seiner eigenen Länge
und auf den Kraftlinien des Feldes ist, so kann leicht bewiesen werden,
dass die elektromotorische Kraft der Scheibe unter den angegebenen Umständen durch die Gleichung gegeben ist

$$\imath = \frac{1}{2}\gamma^2\Gamma\omega \qquad 11$$

Wenn daher I die elektromotorische Kraft der Scheibe bezeichnet, wenn sie
gerade die des elektrochemischen Apparates aufhebt, so haben wir nach 10)

$$I = J\theta\varepsilon \qquad 12$$

„Diese Gleichung enthält einen allgemeinen Ausdruck für den schon
lange von JOULE ausgesprochenen Satz, dass die von verschiedenen chemischen Verbindungen entwickelten Wärmemengen für elektrisch äquivalente
Mengen der chemischen Wirkung proportional der Intensität der galvanischen
Anordnungen sind, welche das Stattfinden der Verbindungen ermöglichen,
ohne dass in ihnen irgend eine Wärmeentwickelung eintritt, und der Satz
kann allgemein folgendermaassen ausgesprochen werden.

„Die Intensität eines elektrochemischen Apparates ist in ab-

soluten Maasse gleich dem mechanischen Aquivalent der chemischen Wirkung von solchem Betrage, als mit einem Strome von
der Einheit der Starke in der Einheit der Zeit stattfindet"

W Thomson schliesst an diese Darlegung einige Betrachtungen uber
das Verhalten der geschilderten Maschine, welche uns hier nicht weiter zu
beschaftigen haben, und berechnet dann aus thermischen Angaben nach
Beobachtungen von Joule die elektromotorische „Intensitat", d h die elektromotorische Kraft der Daniell'schen Zelle in absolutem Maasse Zu einer
Prufung des ausgesprochenen Proportionalitatsgesetzes fehlten die Unterlagen.
Leider hat er sich nicht entschliessen konnen, die von den Schopfern der
absoluten Methode, Gauss und Weber, eingefuhrten Einheiten beizubehalten,
sondern hat englisches Maass und Gewicht benutzt, wodurch die allgemeine
Einfuhrung des Verfahrens wohl unzweifelhaft nicht gefordert worden ist.
Die Art und Weise einer solchen Berechnung theilt er dann in einem An-
hange ausfuhrlich mit.

Die hier in ihren wesentlichsten Theilen wiedergegebene Arbeit ist lange
Zeit hindurch die Grundlage fur die theoretische Berechnung der elektromotorischen Krafte galvanischer Ketten aus thermochemischen Daten gewesen Sie enthalt unter einer etwas abweichenden Gestalt den gleichen
Gedankengang, welchen Helmholtz in seiner Schrift uber die Erhaltung der
Kraft gegeben hatte, ist aber viel bekannter geworden, als jene um vier
Jahre altere Darlegung, wohl infolge ihrer fur die rechnerische Anwendung
eher geeigneten Form Zur Sache muss schon hier erwahnt werden, dass
die ausdrucklich ausgesprochene Voraussetzung, es durfe keine lokale Warmeentwickelung stattfinden, im Allgemeinen nicht erfullbar ist Aus dem Zusammenhange der oben angegebenen Stelle scheint hervorzugehen, dass
Thomson hier eher die durch ortliche chemische Vorgange ohne Mitwirkung
des Stromes entstehenden Reaktionen, z B die Auflosung des gewohnlichen
Zinks in Sauren vor dem Schlusse des Stromes, gemeint hat, aber auch
wenn solche Nebenwirkungen ausgeschlossen sind, hat es sich in der Folge
erwiesen, dass an den Elektroden durch die Stromwirkung selbst Warmewirkungen stattfinden, deren Vorhandensein gleichfalls die unmittelbare Anwendung jener Betrachtung unzulassig macht. Doch gehort die Erorterung
der hier anzubringenden Verbesserung in ein spateres Kapitel unserer Geschichte

In der oben gegebenen Darstellungsweise erscheint die Beweisfuhrung
verwickelter und undurchsichtiger, als in der Natur der Sache liegt, wie
denn allgemein die einfachste Gestaltung einer wissenschaftlichen Erkenntniss
eine ganz andere Aufgabe ist, als ihre Entdeckung Bezeichnen wir mit s
die Elektricitatsmenge, welche mit einem Gramm Wasserstoff oder einer
aquivalenten Menge eines anderen Ions verbunden ist, so dass beim Durchgang dieser Elektricitatsmenge durch einen beliebigen Elektrolyten ein Gramm-
Aquivalent des betreffenden Ions ausgeschieden oder aufgenommen wird, so
ist die elektrische Arbeit oder Energie, welche eine solche Menge leisten

kann, gleich $\varepsilon\pi$, wo π die elektromotorische Kraft bedeutet, indem jede
elektrische Energie gleich dem Produkte der Elektricitätsmenge in die Spannung ist, welche diese verliert oder gewinnt. Macht man die oben erwähnte
Voraussetzung, dass die durch die Wärmemenge H gemessene chemische
Energie, die bei dem entsprechenden chemischen Vorgange entwickelt wird,
sich vollständig in elektrische Energie verwandelt, so muss die Gleichung bestehen

$$\varepsilon\pi = H,$$

woraus sich unmittelbar

$$\pi = \frac{H}{\varepsilon}$$

ergiebt. Da nun nach dem FARADAY'schen Gesetz ε einen constanten Werth
für elektrochemisch aequivalente Ionenmengen hat, so besagt der Satz die
von JOULE ausgesprochene Proportionalität zwischen der elektromotorischen
Kraft π nnd der Wärmeentwickelung H, und giebt gleichzeitig, wenn alle
vorkommenden Grossen in absolutem Maasse ausgedrückt sind, die einfache
Unterlage für die rechnerische Bestimmung der elektromotorischen Kraft
aus der Wärmetönung und umgekehrt. Gleichzeitig sieht man, dass, wenn
die gemachte Voraussetzung, dass alle Wärme in elektrische Energie übergeht, nicht erfüllt ist, die elektromotorische Kraft grosser oder kleiner ist,
als die berechnete, je nachdem die Kette sich beim Stromdurchgange abkühlt oder erwarmt, indem im ersten Falle eine grossere Menge elektrischer
Energie erscheint, als durch die Reaktionswärme gedeckt wird, so dass der
Apparat Wärme aus der Umgebung aufnehmen muss, und umgekehrt.

Dass die ältere Ableitung so viel verwickelter aussieht, als die eben
gegebene, liegt daran, dass um jene Zeit es nöthig war, erst an einem Beispiel nachzuweisen, in welcher Art eine chemische und eine elektrische
Energie in einander überführbar und mit einander in Zusammenhang zu
bringen sind, die Verwickelung liegt nur in der Hineinnahme dieser Darlegung in den Ansatz, denn sachlich erhält er denselben Gedanken, der
spater in möglichst kurzer Gestalt zur Anschauung gebracht worden ist.

6. JOULE's spätere Arbeiten. Die in der älteren Arbeit von 1841
begonnenen Versuche wurden von JOULE spater mit grosser Sorgfalt fortgesetzt,[1] das Ergebniss derselben theilte er der Pariser Akademie im Jahre
1846 zum Zwecke einer Preisbewerbung mit, ohne dass die Arbeit jedoch
das Ziel erreichte. Die Abhandlung war als eine Methode zur Bestimmung
der Wärmeentwickelung bei chemischen Vorgangen gedacht, gegenwärtig
liegt ihr Interesse wesentlich nach der umgekehrten Richtung, bezüglich
des Zusammenhanges zwischen den thermischen und elektrischen Erscheinungen.

JOULE beginnt mit der Wiederholung der folgenden drei Satze, welche
seinen Betrachtungen zu Grunde liegen, und welche er bereits früher[2] ausgesprochen hatte

[1] Philos. Mag. (4) 3, 481. 1852
[2] Mem. of the Lit. and Philos. Soc. of Manchester (3). 19. 275

„1 Dass der Leitungswiderstand fester oder flussiger Leiter die Entwickelung einer Warmemenge veranlasst, welche fur eine gegebene Zeit der Grosse des Leitungswiderstandes und dem Quadrat der durchgelassenen Elektricitat proportional ist.

„2) Dass der Widerstand gegen Elektrolyse, welchen das Wasser leistet, keine Ursache fur die Warmeentwickelung in der Zersetzungszelle giebt Gleichzeitig wird die gesammte Warmemenge, die in dem ganzen Stromkreise entwickelt wird, wegen der Verminderung der elektromotorischen Kraft des Stromes infolge des Widerstandes gegen die Elektrolyse kleiner. Es ist vernunftig, anzunehmen, dass die Verminderung der vom Strome entwickelten Warme durch die Warmeabsorption in der Zersetzungszelle verursacht ist

„3) Dass der durch die RITTER'sche Polarisation verursachte Widerstand . eine Warmeentwickelung an der Oberflache hervorruft, an welcher diese Erscheinung stattfindet, und so geschieht es, dass die Verminderung der Warmeentwickelung infolge der verminderten Intensitat der Saule genau compensirt wird, so dass die gesammte Warme, welche in dem ganzen Stromkreise entwickelt wird, aus den chemischen Vorgangen in der Saule berechnet werden kann, als wenn keine Polarisation vorhanden ware."

Bei diesen drei Satzen handelt es sich um die einfache Beziehung, dass die gesammte durch einen bestimmten chemischen Vorgang gegebene Warmeentwickelung sich schliesslich in dem Stromkreise wiederfinden muss, und zwar in den Leitern als infolge des Widerstandes entwickelte Warme, wahrend fur die am Orte des chemischen Vorganges entwickelte Warme die Voraussetzung gemacht wird, dass sie sich vollstandig in elektrische Energie verwandelt Die thatsachlichen Verhaltnisse, wie sie sich spater herausgestellt haben, entsprechen vollig dem ersten Theil der Voraussetzung, da dieser ein einfacher Ausdruck des Gesetzes von der Erhaltung der Energie ist, dem zufolge die durch den chemischen Vorgang erhaltene Warme davon unabhangig sein muss, ob sie unmittelbar bei dem Process erhalten worden ist, oder ob noch die Zwischenform der elektrischen Energie vorhanden gewesen war Der zweite Theil dagegen ist nicht richtig, denn eine Zersetzungszelle entwickelt im Allgemeinen nicht die Warmemenge, welche ihrem Widerstande entspricht, sondern eine andere, welche grosser, aber auch kleiner sein kann, als jene Dem entsprechend ist auch die elektromotorische Gegenkraft der Polarisation nicht, wie JOULE angenommen hatte, der entsprechenden chemischen Warmeentwickelung proportional Bei JOULE findet sich ausserdem noch die Bezeichnung der Polarisation als eines Widerstandes, wodurch die Darstellung etwas weniger durchsichtig wird

Die Versuche JOULE's enthalten zunachst sorgfaltige Bestimmungen der Warmeentwickelung, welche gemessene Strome in gemessenen Widerstanden hervorrufen, um auf diese als Normen die spateren Messungen beziehen zu konnen Dabei ergab sich eine erneute Bestatigung des Gesetzes der galvanischen Warmeentwickelung fur einen ziemlich bedeutenden Umfang von verschiedenen Stromstärken und Widerständen. Alsdann ging Joule zu seiner eigentlichen Aufgabe über, die Verbindungswärme der Metalle mit Sauerstoff auf Grund der oben gegebenen Annahmen zu bestimmen; der Gang seiner Versuche wird aus der Beschreibung des ersten, die ich hier wiedergeben will, ersichtlich werden:

„Ich nahm ein Glasgefäss (Fig. 201), gefüllt mit 3 Pfund einer Lösung, die aus 24 Theilen Wasser, 7 Theilen krystallisirten Kupfervitriols und 1 Theil starker Schwefelsäure bestand. In diese Lösung wurden zwei Platten gesenkt, die eine von Platin, die andere von Kupfer, und jede war mittelst einer Klemme mit einem dicken Kupferdrahte verbunden, welcher den Kork des Gefässes durchsetzte, und in dem Quecksilbernapf a endete. Ein sehr feines Thermometer, von dem jeder Theil $\frac{1}{23,28}$ Grad Celsius entsprach, war gleichfalls im Kork befestigt, so dass seine Kugel sich nahezu in der Mitte der Flüssigkeit befand. Endlich wurde ein gläserner Rührer b eingeführt.

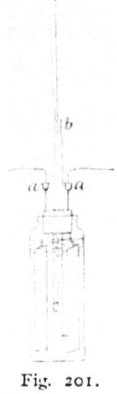

Fig. 201.
Nach Joule.

„Die Versuche wurden folgendermaassen ausgeführt: Eine Säule aus vier grossen Daniell'schen Zellen wurde mit dem Galvanometer b durch zwei dicke Kupferdrähte verbunden, von denen der eine ganz, der andere an zwei Quecksilbernäpfen $c\,c$ unterbrochen war. Die Verbindung zwischen diesen Quecksilbergefässen wurde zuerst durch einen kurzen dicken Kupferdraht hergestellt, und die Ablenkung des Galvanometers beobachtet. Die durch diese Ablenkung angegebene Stromstärke werde ich A nennen. Nun wurde der dicke Kupferdraht aus den Näpfen $c\,c$ entfernt, und die Normalwiderstandsrolle aus Silber (die in Wasser gehalten wurde, um ihre Erhitzung zu vermeiden) wurde an dessen Stelle gebracht, und die Ablenkung wieder bemerkt. Den in diesem zweiten Falle beobachteten Strom will ich B nennen. Die Silberdrahtrolle wurde nun entfernt und an ihre Stelle das oben beschriebene Voltameter gesetzt; die Elektrolyse wurde genau 10' lang ausgeführt, wobei der Stand der Nadel in regelmässigen Zwischenräumen abgelesen wurde. Den durch diese Beobachtung gegebenen Strom will ich C nennen. Die Ströme B und A wurden dann wieder in der umgekehrten Ordnung beobachtet, die Mittel aus dieser und der vorigen Messung genommen, um auf diese Art etwaige Änderungen in der Kraft der Säule auszugleichen.

„Die Temperatur der Lösung wurde mit den gebräuchlichen Vorsichtsmaassregeln beobachtet, unmittelbar vor dem Anfange und nach dem Ende der Elektrolyse. Der Betrag der Elektrolyse wurde aus dem Gewicht der negativen Kupferelektrode vor und nach jedem Versuch bestimmt.

„Nennen wir x den Widerstand eines Metalldrahtes, welcher den Strom in gleicher Weise schwächt, wie die elektrolytische Zelle, indem wir den Widerstand der Rolle Silberdraht Eins setzen, so haben wir:

$$x = \frac{(A - C)\,B}{(A - B)\,C},$$

und dieser Werth giebt mit C multiplicirt $\frac{(A - C)\,B}{(A - B)}$ für die Warmewirkung des Stromes C, welcher durch den Draht mit dem Widerstande 1 geht"

Die Warmewirkung der Normalsilberdrahtrolle wurde durch Versuche festgestellt, die an dem vorangegangenen Tage gemacht worden waren, und ebensolche wurden an dem folgenden Tage angestellt Dies geschah, um die etwaige Veranderlichkeit des Erdmagnetismus auszuschalten Die ausfuhrlichen Versuchszahlen brauchen nicht mitgetheilt zu werden, es genugt die Angabe, dass die Ergebnisse sich von der Wahrheit nicht sehr weit entfernen Die bei der Zersetzung des Kupfersulfats in Metall, Sauerstoff und Schwefelsaure, welches der im Voltameter stattfindende chemische Vorgang ist, verbrauchte Warmemenge findet Joule, in die gegenwartig benutzten Einheiten ubertragen, gleich 527 K, wahrend aus den neueren Messungen von J Thomsen 560 K folgt Um die Oxydationswarme des Kupfers zu bestimmen, maass Joule ausserdem noch die bei der Verbindung des Kuperoxyds mit Schwefelsaure freiwerdende Warmemenge, und erhielt nach Abzug derselben die Oxydationswarme des Kupfers zu 380 K, welche Zahl von der als genau anzusehenden 372 K noch weniger abweicht Alle diese Werthe beziehen sich auf ein Verbindungsgewicht oder 63,5 g Kupfer, und die Warmeeinheit K ist die, welche 1 g Wasser von 0^0 bis 100^0 erwarmt

In ahnlicher Weise fuhrte Joule Messungen uber die Verbrennungswarme des Zinks und des Wasserstoffs aus, indem er Zinksulfat und verdunnte Schwefelsaure elektrolysirte Das Ergebniss fur Zinkoxyd ist ziemlich falsch, 775 K statt 853, dagegen nahert sich das fur Wasser sehr der Wahrheit 671 K statt 684

Da bei diesen Berechnungen nur von der ersten Voraussetzung, der der Erhaltung der Energie Gebrauch gemacht worden ist, so ist das Verfahren als prinzipiell einwurfsfrei zu bezeichnen, und wir sehen auch hier Joule auf einem damals nur von wenigen verstandenen Wege seine Ergebnisse gewinnen Die Bedeutung dieses Mannes ist fast nur in der Richtung bisher gewurdigt worden, dass er als der Erste genauere experimentelle Messungen uber das mechanische Aquivalent der Warme angestellt hat, an dessen Entdeckung er ein selbstandiges Anrecht hat, wenn auch J R Mayer das Gesetz weiter aufgefasst und fruher veroffentlicht hat Bei Gelegenheit dieser Arbeiten lernen wir Joule von einer neuen Seite schatzen, von der eines selbstandigen Denkers von hervorragender Originalitat, und wir erhalten gleichzeitig einen deutlichen Einblick in seine Gedankenwerkstatt, denn gerade diese Untersuchungen und daran sich anschliessende uber die Verwendung von Elektromagneten zur Erzeugung mechanischer Arbeit hatten ihn zu seiner grossen Entdeckung geführt

7 Arbeiten von J Bosscha Die von Joule und William Thomson gegebene Anregung blieb recht lange Zeit ohne Nachfolge, erst im Jahre

1857 wurde durch den holländischen Physiker Bosscha in Leiden[1] eine erneute Untersuchung darüber angestellt, ob die von den Genannten gemachten Voraussetzungen sich mit der Wirklichkeit decken. Bei dieser Gelegenheit machte sich wie häufig der petrificirende Einfluss geltend, welcher den Übergang eines wissenschaftlichen Gedankens aus der ersten Hand in die zweite begleitet: während Helmholtz und Thomson es noch unbestimmt gelassen hatten, ob wirklich alle durch den chemischen Vorgang entwickelte Energie sich innerhalb der Kette in elektrische umwandelt, betrachtet Bosscha es nicht sowohl als seine Aufgabe, diese Voraussetzung zu prüfen, als vielmehr, sie zu beweisen. Naturgemäss bezogen sich seine ersten Messungen auf die vollkommenste der damals bekannten Ketten, die Daniell'sche, und bei dieser fand er, den Thatsachen gemäss, allerdings die chemische Energie so nahe gleich der elektrischen, dass er die noch vorhandenen Unterschiede als Versuchsfehler auffassen zu dürfen glaubte. Als er dann in der Folge[2] mit anderen Thatsachen bekannt wurde, welche zu der Voraussetzung nicht stimmen wollten, so untersuchte er nicht deren Haltbarkeit, sondern ersann eine Anzahl besonderer neuer Annahmen, welche die Thatsachen mit jener Voraussetzung in Übereinstimmung bringen sollten.

Da ähnliche Vorgänge sich in der Entwickelungsgeschichte der Wissenschaft beständig wiederholen, ist es von Werth, in den einzelnen Fällen ihre Beschaffenheit etwas eingehender zu untersuchen. Fast immer konnten solche Missgriffe vermieden werden, wenn man sich die Mühe nahme, die thatsächlich gemachten Voraussetzungen ausdrücklich auszusprechen. Die dadurch gegebene Nothwendigkeit, sich diese wenigstens vor Augen zu führen, würde in vielen Fällen vor entsprechenden Missgriffen unmittelbar bewahren. dazu kommt der wesentliche Vortheil, dass dadurch, wenn auch nicht der Autor, so doch der eine oder andere Leser dazu angeregt wird, die Zulässigkeit derselben zu prüfen. Indessen ist die mit der Erfassung eines wesentlichen Fortschrittes der Wissenschaft verbundene Mühe für die meisten so gross, dass nach der Erreichung dieses Zieles des Verständnisses Kraft und Lust zur Prüfung des Bodens, auf welchem es begründet worden ist, dem Wanderer ausgegangen sind, und er empfindet es als eine Belastigung, wenn an ihn die Anforderung gestellt wird, auf dem Gipfel, den er mit so grosser Anstrengung erklommen hat, auch noch Untersuchungen vorzunehmen, ob er aus festem Felsen, oder veränderlichem Eis und Schnee besteht.

In seiner zweiten Mittheilung geht Bosscha auf die elektromotorische Kraft anderer Zusammenstellungen ein, und findet da manche Widersprüche zwischen der aus der chemischen Wärme berechneten und der thatsächlich beobachteten elektromotorischen Kraft. So ergiebt sich aus den verschiedenen Beobachtungen der bei der Elektrolyse des Wassers entstehenden Polarisation, dass diese rund 2,3 Mal so gross gefunden wird, als die elektromotorische Kraft eines Daniell'schen Elementes. Berechnet man die

[1] Pogg. Ann. 101, 517. 1857.   [2] Pogg. Ann. 103, 187. 1858.

Warmeentwickelung, welche dieser elektromotorischen Kraft entsprechen wurde, so erhalt man viel zu grosse Zahlen gegenuber der unmittelbar bestimmten Verbrennungswarme des Wasserstoffs im Sauerstoff Die beiden Werthe stehen im Verhaltniss 114.71 „Wie seltsam auch dies Resultat auf den ersten Blick erscheinen mag, so glaube ich doch nicht, dass es schwer halt, eine Erklarung davon zu finden. In der That, die Gase, welche sich bei der Elektrolyse des Wassers entwickeln, besitzen andere Eigenschaften, als die, welche FAVRE und SILBERMANN in ihren Calorimetern verbrannten Der bei der Elektrolyse in Freiheit gesetzte Sauerstoff bildet jene Modification, welche man mit dem Namen Ozon oder als aktiven Sauers'off bezeichnet hat Der gleichfalls im Statu nascendi entwickelte Wasserstoff kann bei Metallsalzen Reductionen hervorbringen, welche der gewohnliche Wasserstoff nicht zu Stande bringt. Die Gase also, welche durch Elektrolyse in Freiheit gesetzt werden, charakterisiren sich durch eine grossere chemische Verwandtschaft Nun ist ganz unbestreitbar, dass eine chemische Verbindung eine desto starkere Warmeentwickelung liefert, je grosser die Verwandtschaft der sich vereinigenden Substanzen ist Man konnte also im Voraus erwarten, dass die durch die elektromotorische Kraft des Polarisationsstromes bestimmte Verbindungswarme der aktiven Gase grosser sein werde, als die, welche die Herren FAVRE und SILBERMANN fanden, als sie diese Gase sich im gewohnlichen Zustande verbinden liessen Nach diesen Erklarungen wurde die durch unsere Messungen gelieferte Zahl das elektrothermische Aquivalent der Verbindung von Wasserstoff und Sauerstoff im aktiven oder Entstehungszustande vorstellen "

In den vorstehenden Darlegungen ist so gut wie alles fehlerhaft, und es ist um so wichtiger, schon hier auf die zweifelhaften Bestandtheile dieser Argumentation hinzuweisen, als die hier gegebene Auffassung die Wissenschaft lange Zeit beherrscht hat, und vermuthlich auch noch heute eine Anzahl Vertreter besitzt Zunachst ist die Zahl fur die elektromotorische Kraft der Polarisation, von welcher ausgegangen wird, keine richtige Sie stellt die Polarisation in dem Falle dar, wo ein mehr oder weniger starker Strom durch die Losung geht, nun ist aber die Polarisation von der Stromstarke abhangig, und es muss zuerst festgestellt werden, welcher Werth eigentlich als der richtige den Rechnungen zu Grunde zu legen ist Die Forschungen der neuesten Zeit haben gelehrt, dass in der That die Polarisation mehr als zweimal zu hoch geschatzt worden ist, und dass eine dauernde Zersetzung des Wassers (unter Ausschluss secundarer Vorgange) bei einer elektromotorischen Kraft moglich ist, welche der eines DANIELL'schen Elementes nahe liegt

Ein zweiter bedenklicher Schritt ist die Einfuhrung zweier Arten von chemischen Vorgangen an der Elektrode solcher, welche mit dem Strome verknupft sind, und solcher, welche davon unabhangig sind Zwar hat HELMHOLTZ hier einen sehr hochstehenden Vorganger, namlich FARADAY, von dem die Unterscheidung primarer und secundarer Vorgange an den Elek-

troden herruhrt, nichtsdestoweniger hat sich durch diese Idee ein immer
bereiter Ausweg gezeigt, Widerspruche zwischen der Annahme der vollstandigen Umwandlung der chemischen Energie in elektrische durch den Hinweis
auf die Moglichkeit solcher Nebenwirkungen formell zu beseitigen Hierbei
hat sich fast immer eine seltsame Umkehrung der logischen Forderungen
eines Beweises geltend gemacht, denn die Vertreter solcher Ansichten hielten
ihre Aufgabe meist fur erledigt, wenn sie darauf hingewiesen hatten, dass
die vorhandenen Unterschiede durch Nebenreaktionen erklart werden konnten
Den zahlenmassigen Beweis, dass in der That die vorausgesetzten Nebenreaktionen gerade die erforderliche Warmeentwickelung geben, haben sie
ebensowenig anzutreten versucht, wie hier ihr Vorganger, sondern im Gegentheil von der anderen Seite verlangt, sie sollten beweisen, dass uberhaupt
keine Nebenreaktionen stattfinden, was bei der Unbestimmtheit dieses Begriffes allerdings nicht wohl auszufuhren war

Sachlich sei noch zu dem bestimmten Falle bemerkt, dass das Ozon
nur als geringfugiges Nebenprodukt bei der Elektrolyse auftritt, und dass
die Annahme, aller Sauerstoff entstehe in der Gestalt von Ozon, eine willkurliche und unbewiesene Voraussetzung ist Die Existenz eines Ozonwasser-
stoffes ist zwar von OSANN behauptet worden, der Beweis konnte aber nicht
gefuhrt werden, und in der That kann der gewohnliche Wasserstoff alles
leisten, was der elektrolytische thut

Fur die kautschukartige Natur der gegebenen „Erklarung" findet sich
alsbald in der Abhandlung ein Nachweis BOSSCHA geht auf den Umstand
ein, dass die Polarisation verschieden gefunden worden sei „Es scheint mir
nicht schwierig, dies Phanomen zu erklaren Wir haben angenommen, dass
jeder Verlust oder Gewinn an Spannkraft oder lebendiger Kraft, welcher an
der Oberflache der Elektroden stattfindet, die elektromotorische Kraft modi-
ficiren musse Ebenso wie die Aktivitat der durch die Elektrolyse entwickelten Gase die elektromotorische Kraft des Polarisationsstromes erhoht,
ebenso muss die Zuruckfuhrung der Gase in den gewohnlichen Zustand,
wenn sie an der Oberflache der Elektroden geschieht, den Werth von p
(der Polarisation) verringern" Auf die Schwierigkeit, dass gleichzeitig an
derselben Elektrode die hohere Polarisation, welche durch die Ozonbildung
bedingt ist, und die niedere, welche durch die Ruckverwandlung des Ozons
in gewohnlichen Sauerstoff bedingt ist, bestehen soll, ist nicht eingegangen
worden Es musste denn weiter die Annahme gemacht werden, dass je
nach der Stromstarke ein Theil der Gase in dem einen, und der andere
Theil in dem anderen Zustande abgeschieden wird

Weiter geht BOSSCHA auf den Schluss aus seinen Voraussetzungen ein, dass
die elektromotorische Kraft verschiedener Ketten, in denen der gleiche chemische Vorgang stattfindet, z B solcher aus Zink und einem anderen Metall in
Sauren, gleich gross sein musse, wie auch SVANBERG angab, gefunden zu haben [1]

---

[1] Pogg Ann **73**, 298 1848

Hier zeigt er indessen eine anerkennenswerthe Objectivität des Urtheiles, indem er diese Angabe in Zweifel zieht, und durch den Versuch thatsächliche Verschiedenheiten ermittelt Die Erklärung wird auf ähnlichem Wege gesucht es wird, wie schon WILLIAM THOMSON angedeutet hatte, angenommen, dass der Entwickelung des Wasserstoffes an verschiedenen Metallen ein von der Natur desselben abhängiger Widerstand sich entgegensetze, von dem die Unterschiede herrühren

§ Die thermochemischen Forschungen P FAVRE Die weitere Entwickelung der von JOULE, HELMHOLTZ und W THOMSON angeregten Ideen war im höchsten Maasse davon abhängig, dass die maassgebenden Grossen, die Wärmeentwickelungen bei chemischen Vorgangen, einer genaueren Untersuchung unterzogen wurden Die Geschichte dieses interessanten Kapitels kann an dieser Stelle nicht gegeben werden, es sei nur so viel erwähnt, dass, nachdem aus dem Anfange des Jahrhunderts einzelne Messungen von LAVOISIER und LAPLACE, sowie dem Grafen RUMFORD vorlagen, lange Zeit keine weiteren Untersuchungen über diesen Gegenstand vorgenommen wurden. Erst 1823 stellte die Pariser Akademie eine Preisfrage über die Quellen der thierischen Wärme, bei welcher Gelegenheit C S. DESPRETZ,[1] welcher auch den Preis erhielt, einige Bestimmungen über die Verbrennungswärmen der in Betracht kommenden Stoffe ausgeführt hat, die er später auch auf Metalle ausdehnte Später folgte DULONG, dessen Versuche aber erst nach seinem Tode herausgegeben wurden [2]

Der erste, welcher systematische Messungen auf Grund richtiger Prinzipien vornahm, war dann G H HESS, dessen Arbeiten im Jahre 1839 begannen,[3] und die ihn noch vor der Aufstellung des Gesetzes von der Erhaltung der Energie zu der Aufstellung des Gesetzes von den constanten Wärmesummen führten, welches nichts als eine Vorausnahme eines Theiles jenes allgemeinen Gesetzes ist Die Entdeckung von HESS besagt nämlich, dass die gesammte Wärmemenge, welche bei einem chemischen Vorgange entwickelt wird, nur vom Anfang und Ende dieses Vorganges abhängt, nicht aber von den Zwischenstufen, welche der Vorgang durchläuft.[4]

Fast gleichzeitig mit den Arbeiten von HESS erschienen dann die thermochemischen Untersuchungen von ANDREWS[5] und GRAHAM,[6] welche einzelne besondere Fragen betrafen Von viel grösserer Bedeutung waren die 1844

[1] Ann chim phys 26, 337 1824 — Rech exp sur les causes de la chaleur animale, Paris 1824 (Die Abhandlung in den Ann chim phys ist unvollständig)

[2] Comptes rendus 7, 871 1838

[3] Zusammen abgedruckt im 9 Bande der „Klassiker der exakten Wissenschaften", Leipzig 1890

[4] Der Satz ist nur richtig, wenn der Druck, unter welchem alle Reaktionen erfolgen, der gleiche ist Ein besonderer Fall ist der, dass keine Volumänderung stattfindet, und somit überhaupt keine äussere Arbeit geleistet wird Die erste Bedingung war von HESS immer eingehalten worden wenn er ihre Nothwendigkeit auch nicht gekannt hat

[5] Trans Irish Acad 19 228 1841 u ff

[6] Chem Soc Mem 1 tom 1841—43 — Journ f prakt Chem 30, 152. 1843 u ff

begonnenen Arbeiten von FAVRE und SILBERMANN,[1] durch welche ein ungemein ausgedehntes, wenn auch nicht immer fehlerfreies Versuchsmaterial der Wissenschaft zugänglich gemacht wurde. Auf diese Arbeiten haben sich dann noch ziemlich lange Zeit die Rechnungen in unserem Gebiete gestützt, bis später durch die Forschungen von JULIUS THOMSEN und MARCELLIN BERTHELOT die Grundlagen unserer gegenwärtigen Kenntnisse in diesem Gebiete gelegt wurden.

Von den beiden oben genannten Forschern ist PIERRE FAVRE für uns dadurch von besonderer Bedeutung, dass er die Wärmeerscheinungen bei den VOLTA'schen Ketten zum Gegenstande sehr ausgedehnter Arbeiten machte. Waren auch durch JOULE die grundlegenden Verhältnisse bereits klargelegt worden, so gab es doch noch im Einzelnen sehr viel zu arbeiten, und diesen Aufgaben hat sich unser Forscher mit der grössten Ausdauer unterzogen.

PIERRE ANTOINE FAVRE ist am 20. Februar 1813 in Lyon geboren. Seine wissenschaftliche Ausbildung erhielt er durch PELIGOT, dessen Assistent am Conservatoire des Arts et Métiers er nach kurzer Zwischenthätigkeit im physiologischen Gebiete wurde. Während dieser Stellung befreundete er sich mit SILBERMANN, welcher gleichzeitig am physikalischen Institut derselben Anstalt unter POUILLET Assistent war, und beide vereinigten sich zu der ausgedehnten Arbeit über die Wärmeentwickelungen bei chemischen Vorgängen, welche die erste weitumfassende Untersuchung dieser Art war. Auch in der Folge blieb FAVRE diesem Gebiete getreu, und hat darin bis zu seinem Ende gearbeitet. Er wurde nacheinander Professor an der Faculté de Médecine in Paris, Professor der Chemie an der Faculté des Sciences in Marseille und Doyen derselben Facultät. 1878 musste er wegen Krankheit seine Stellungen aufgeben, und verschied nach langem Leiden in Marseille am 17. Februar 1880 im Alter von 67 Jahren.[2]

Bereits in der gemeinsam mit SILBERMANN ausgeführten Arbeit hatte FAVRE auch die Verhältnisse der VOLTA'schen Kette berücksichtigt, genauer ging er auf sie 1853[3] ein. An diese Mittheilung schloss sich eine Reihe weiterer kleinerer Aufsätze in den Comptes rendus vom Jahre 1854 an, welche zu einer Gesammtarbeit zusammengefasst in den Memoires der Académie des Sciences, Bd 25, 1877, veröffentlicht wurden.

Die ersten Versuche beziehen sich auf die Frage, ob das Gesetz von der Erhaltung der Energie sich auch bei den hydroelektrischen Erscheinungen bestätigt. Es wurde eine Kette in das Quecksilbercalorimeter gebracht, und die entwickelte Wärme gemessen, indem einmal die beiden Elektroden nur durch einen kurzen, praktisch widerstandsfreien Kupferdraht geschlossen waren, während bei anderen Versuchen längere oder kürzere Widerstands-

[1] Comptes rendus 18—29. Zusammengefasst in den Ann. chim. phys. 34, 357. 36, 1. 37, 406. 1852—53.

[2] Comptes rendus 90, 329. 1880.   [3] Ann. chim. phys. 40, 293. 1853.

drähte eingeschaltet wurden. Als Ketten dienten solche aus Zink und Platin
in verdünnter Schwefelsäure nach SMEE, und der Betrag der chemischen

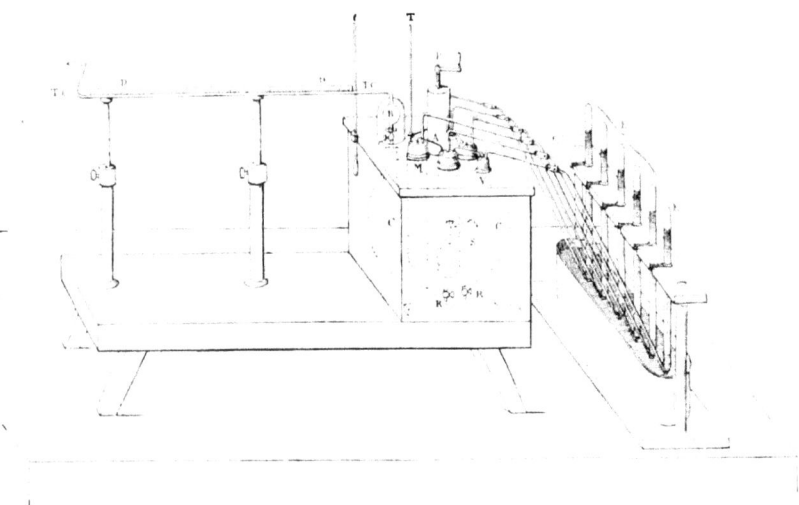

Fig. 202. Nach FAVRE.

Wirkung wurde durch das Volum des entwickelten Wasserstoffes gemessen.
Fig. 202 und 203 geben die Zusammensetzung der Elemente und den Aufbau von mehreren in dem Queck-
silbercalorimeter zu erkennen. Letzteres ist wesentlich nichts als ein grosses
Thermometer aus Eisen, in dessen
Inneres mehrere unten geschlossene
Röhren ragen, welche FAVRE Muffeln
nennt. Diese Muffeln nehmen die
Röhren auf, in welchen die chemischen
Vorgänge stattfinden, in diesem Falle
die Ketten, und die in ihnen entwickelte Wärme theilt sich dem Quecksilber des Calorimeters mit, welches
dadurch eine Ausdehnung erfährt. Der
Betrag dieser Ausdehnung kann in
dem getheilten Rohre TC TC gemessen werden, und um den Quecksilberfaden vor dem Versuch auf Null
zu bringen dient die Schraubenpumpe P.
$E E$ sind die Messröhren, in denen
das in den Ketten entwickelte Wasserstoffgas aufgefangen wird.

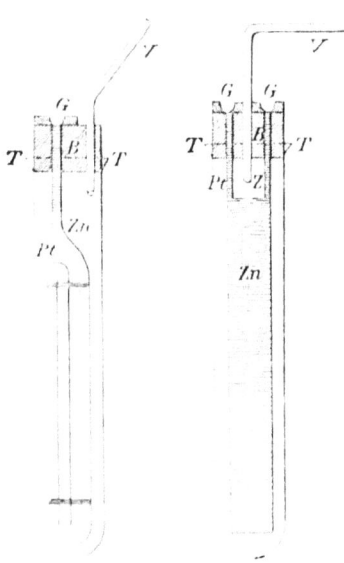

Fig. 203. Nach FAVRE.

Zunächst ergab sich, dass die für 1 g Wasserstoff entwickelte Wärme unabhängig von dem Widerstande des Stromkreises ist, und gleich der Wärmemenge, welche sich beim Auflösen des Zinks in verdünnter Schwefelsäure unmittelbar entwickelt. Es hat also keinen Einfluss auf die gesammte Wärmeentwickelung, ob vorher ein grösserer oder kleinerer Theil der Energie als elektrische in den äusseren Stromkreis gewandert war. Als aber in den Stromkreis gleichzeitig ein Voltameter mit verdünnter Schwefelsäure eingeschaltet wurde, ergab sich eine geringere Wärmemenge, und zwar gerade um so viel geringer, als die Verbrennungswärme des im Voltameter entwickelten Knallgases beträgt. Dabei mussten natürlich mehrere (fünf) Elemente hintereinander geschaltet werden, um die zur Elektrolyse erforderliche elektromotorische Kraft zu erzeugen, und demnach wurde nur die einem Fünftel des aufgelösten Zinks entsprechende Menge Knallgas gebildet. Die Zahlen sind:

> Ein Äquivalent Zink bei unmittelbarer Auflösung giebt . . 188 K
>
> Nach Einschaltung des Voltameters . . . . 117 „
>
> Verbrennungswärme von $^1/_5$ Äquivalent Knallgas . . . 69 „
>
> Summe 186 K.

Die Summe der beiden Wirkungen, 186 K, ist innerhalb der Versuchsfehler gleich der unmittelbaren Wärmeentwickelung von 188 K.[1]

Als zweite Aufgabe stellte sich FAVRE den Nachweis des Erhaltungsgesetzes für den Fall, dass der elektrische Strom mechanische Arbeit leistet. Zu diesem Zwecke wurde ein kleiner elektromagnetischer Motor in ein besonderes Calorimeter eingeschlossen, während eine Batterie von fünf SMEE'schen Elementen in dem früher beschriebenen Calorimeter untergebracht war. Die von dem Motor geleistete Arbeit konnte durch die Höhe bestimmt werden, auf welche ein gewisses Gewicht gebracht wurde, und der ganze Aufbau ist in Fig. 204 schematisch dargestellt.

Die ohne äussere Arbeit

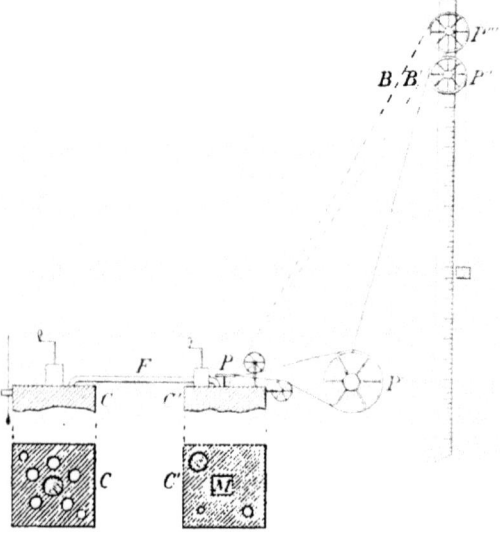

Fig. 204. Nach FAVRE.

---

[1] Als Wärmeeinheit K dient hier wie in dem ganzen Werke die Wärmemenge, welche 1 g Wasser von 0^0 bis 100^0 erwärmt.

von einem Äquivalent Zink entwickelte Warme betrug 187 K　Wenn der
Motor ohne Bewegung in den Strom eingeschaltet war, so entwickelte er
durch seinen Widerstand 22 K, wahrend in der Batterie 164 K entwickelt
wurden, die Summe ist wieder 186 K. Lief der Motor, ohne ein Gewicht
zu heben, so entwickelte er 48 K, die Kette 139 K, Summe 187 K. Hob
der Motor endlich ein Gewicht, so entwickelte er 29 K, die Kette 154 K.
Die Summe ist geringer als fruher, namlich nur 183 K, der Unterschied
von 4 oder 5 K entspricht der geleisteten Arbeit, welche 131 Kilogramm-
meter oder 4,5 K betrug

Da bei diesem Versuch der Betrag der Arbeit so gar klein war, dass
er kaum erheblich uber die Versuchsfehler hinausging, so wiederholte
FAVRE die Bestimmung unter gunstigeren Verhaltnissen　Zahlen sind uber
diese Versuche leider nicht mitgetheilt, sondern nur das Endergebniss,
dass das mechanische Warmeaquivalent gleich 413 statt 426 gefunden
worden war

Weitere Versuche uber die Warmeentwickelung bei der Magnetisirung,
sowie bei der Induction unter verschiedenen Umstanden, brauchen hier nicht
mitgetheilt zu werden, sie bestatigen gleichfalls den Satz von der Erhaltung
der Energie.

An diese Messungen, bei denen bereits zu jener Zeit neue Entdeckungen
nicht zu erwarten waren, schloss sich etwas spater[1] eine weit interessantere
und schwierigere Frage wieviel von der chemischen Energie kann in Gestalt
der elektrischen aus einem galvanischen Elemente erhalten werden?

Auf diese Frage war FAVRE dadurch gelangt, dass es ihm nicht gelungen war, auch durch Anwendung sehr grosser, ausserhalb des Calorimeters angebrachter Widerstande alle Warme aus der Kette nach aussen
zu ziehen, es blieb immer ein nicht unbetrachtlicher und die Versuchsfehler
weit ubersteigender Betrag der Warme im Element zuruck　Da der innere
Widerstand in seinen SMEE'schen Ketten gegen den ausseren verschwindend
klein war, so erschien diese Unmoglichkeit, alle chemische Warme in elektrische zu verwandeln, von prinzipieller Wichtigkeit, und FAVRE widmete der
Frage ein besonderes Interesse, ohne freilich die richtige Antwort zu finden
Als Beispiel fur die Erscheinung sei der folgende Auszug aus einer seiner
Tabellen angefuhrt

	Warme in Calorimeter	Warme im Widerstande
Die Batterie allein	187 K	—
Bussole dazu	146 „	41 K
$r = 1000$ mm	50 „	136 „
$r = 2000$ „	42 „	144 „
$r = 4000$ „	37 „	150
$r = 6000$ „	33 „	154 „

Wie man sieht, nimmt die Warmeentwickelung in der Batterie immer

[1] Comptes rendus 46, 658 1858

ab, ohne jedoch Null zu werden, und es lassen sich nur etwa $^{5}/_{6}$ der gesammten Wärme der Batterie entziehen, das letzte Sechstel bleibt aber darin

FAVRE prüfte verschiedene Erklarungsversuche Zunächst zeigte sich,
dass bei fortgesetztem Betrieb des SMEE'schen Elementes sich zuweilen Zink
auf den Platinplatten absetzte, die zur Zersetzung des Zinksulfats erforderliche Energie musste daher dem Strome entzogen werden, und da sich das
Zink allmählich wieder auflöst, so wird die entsprechende Wärme frei Indessen erwies sich diese Erklärung als nicht ausreichend, denn wenn Elemente angewendet wurden, in welchen die Flussigkeiten durch eine poröse
Zelle getrennt waren, so dass eine Zinkabscheidung nicht möglich war,
blieben dennoch 41 bis 45 K in der Batterie zurück, welche nicht übertragbar waren

Schliesslich wurde FAVRE zu derselben Ansicht geführt, welche BOSSCHA
(S 788) ausgesprochen hatte, dass nämlich die Wärme daher ruhre, dass
der Wasserstoff in einem anderen Zustande ausgeschieden werde, als er gewöhnlich ist, und dass der Übergang aus diesem aktiven Zustande in den
gewöhnlichen die örtliche Wärmeentwickelung bedingt Er spricht dies
folgendermaassen aus „Die Wärmeschwingungen und die elektrodynamischen Schwingungen können somit gleichzeitig in dem Strome entstehen,
ohne dass die ersten die Umwandlungen der letzteren bedingen, und umgekehrt."

Es muss an dieser Stelle wieder auf den seltsamen Entwickelungsgang
hingewiesen werden, welchen diese Frage genommen hat Das Energiegesetz
verlangt, dass die in einander umgewandelten Energiemengen einander äquivalent sind, d h dass wenn die umgewandelten Beträge wieder zurückver-
wandelt werden, sie genau den verschwunden gewesenen gleich sind Ob
aber in einem gegebenen Falle die Umwandlung vollständig oder unvollständig erfolgt, darüber sagt der erste Hauptsatz nicht das geringste aus
An Stelle der von HELMHOLTZ formulierten Aussage, dass, wenn die Umwandlung der chemischen Energie in die elektrische vollständig ist, die bekannte Beziehung zwischen der Reaktionswärme und der elektromotorischen
Kraft bestehen müsse, hat sich die Annahme gesetzt, die Umwandlung müsse
vollständig sein, und anstatt die Thatsache, dass ein Unterschied besteht,
dahin auszusprechen, dass eben Fälle vorliegen, in denen die Umwandlung
nur theilweise erfolgt, glaubt FAVRE wie BOSSCHA Auskunft darüber geben
zu müssen, warum sie nicht vollständig erfolgt Um also eine wohlbeobachtete Thatsache mit einem gar nicht existirenden Gesetze in Einklang zu
bringen, wird eine Hypothese gemacht, die anderweitig nicht begründet
ist so schwierig ist es zuweilen, die Thatsachen in ihrer Einfachheit aufzufassen.

§ F M RAOULT. Nachdem die Arbeiten FAVRE's bis zu diesem Punkte
gediehen waren, trat eine längere Unterbrechung derselben ein, während
welcher ein anderer französischer Forscher, der später durch seine Untersuchungen über den Gefrierpunkt der Lösungen berühmt gewordene F. M

Raoult,[1] die Untersuchung aufnahm und beträchtlich förderte. Raoult war der erste, welcher einen unmittelbaren Vergleich der in der Kette entwickelten und der auf elektrischem Wege übertragbaren Energie in Gestalt von Wärme ausführte, und die im Allgemeinen vorhandene Verschiedenheit der „chemischen" und der „elektrischen" Wärme auffand. Daneben sind von ihm Bestimmungen elektromotorischer Kräfte ausgeführt worden, die, wenn sie auch nichts prinzipiell Neues ergaben, doch zur Aufklärung einiger Punkte von Werth waren.

Der erste Theil von Raoult's Arbeiten bezieht sich auf die Messung der elektromotorischen Kräfte, für welche er zwei Verfahren angiebt, die Oppositions- und die Derivationsmethode; sie beruhen beide auf den Gesetzen der verzweigten Ströme und haben kein besonderes Interesse. Für die Messung der elektromotorischen Kraft führte er das Daniell'sche Element

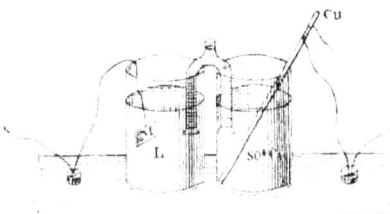

als Norm ein, und gab ihm die beistehend abgebildete Form, in welcher es in der Folge vielfach angewendet worden ist. Die beiden Gefässe enthalten je Kupfer- und Zinksulfatlösung, in welche Platten oder Stäbe von dem entsprechenden Metalle tauchen; der verbindende Heber ist an

Fig. 205. Nach Raoult.

den Enden mit Blase geschlossen und wird jedesmal nach dem Gebrauche entfernt und entleert, um einer Vermischung der Flüssigkeiten zuvorzukommen.

Die Untersuchung erstreckte sich zunächst auf die Frage, ob die elektromotorische Kraft einer Kette dieselbe bleibt, wenn ein Strom durch sie geht, und wenn dies nicht der Fall ist. Es ergab sich eine sehr geringe Abnahme der Kraft beim Stromdurchgange sowohl im Falle des Daniell'schen, wie des Smee'schen Elementes und Raoult spricht daher den Satz aus: „Die elektromotorische Kraft einer Volta'schen Kette ist die gleiche während der Zersetzung und unmittelbar darauf, während einer intensiven Wirkung, und wenn die Wirkung Null ist, wenn nur die Stoffe sich nicht ändern, welche mit den Polflächen in unmittelbarer Berührung sind."

Ferner beschäftigte sich Raoult mit der Frage nach der Zusammensetzung der elektromotorischen Kräfte in den Elementen mit zwei Metallen und zwei Flüssigkeiten. Jedes Metall in seiner Flüssigkeit nannte er ein Halbelement, und aus der Messung verschiedener Zusammenstellungen solcher Halbelemente gelangte er zu dem Satze: „Die elektromotorische Kraft, welche durch die Zusammenstellung zweier Halbelemente hervorgebracht wird, ist gleich der algebraischen Differenz der Kräfte, die durch jedes bei der Berührung mit einem dritten beliebigen Halbelemente hervorgebracht werden.

[1] Comptes rendus 57, 509. 1863; 59, 521. 1864. — Ann. chim. phys. (4), 2, 317. 1864 und 4, 392. 1865.

Alles geschieht, als wenn durch die Berührung der Flüssigkeiten unter einander keine elektromotorische Kraft hervorgebracht wurde."

Für die Richtigkeit dieses Satzes werden zahlreiche Beobachtungen beigebracht, er gilt sowohl für ruhende Elemente, wie auch für die Polarisation verschiedener Platten. Dass ein solcher Satz bestehen kann, hängt mit der geringen elektromotorischen Kraft der Flüssigkeiten gegen einander zusammen, auf deren Betrachtung RAOULT nun übergeht.

Die von BECQUEREL gemachte Annahme, dass bei der Berührung von Gold oder Platin mit Flüssigkeiten keine elektromotorische Kraft entstehe, wird verworfen, weil, wie RAOULT mit Recht bemerkt, die Änderung der Spannung einer solchen Platte in der Flüssigkeit im Laufe der Zeit ganz erhebliche Werthe annehmen kann, wie sie bei der Zusammenstellung mit einer Kupferplatte in Kupfersulfat (welche ihre Spannung unverändert beibehalt) nachweisen lässt. Man darf daher nicht annehmen, dass eine Grösse, welche sich um 0,4 eines DANIELL'schen Elementes ändern kann, Null ist. Um einen Einblick in den Betrag der elektromotorischen Kräfte von Flüssigkeitsketten zu erhalten, untersuchte RAOULT den Fall, welchen schon NOBILI und FECHNER hergestellt hatten: zwei gleiche Elektroden in der gleichen Flüssigkeit, zwischen denen die anderen Flüssigkeiten sich befanden. Die dabei beobachteten elektromotorischen Kräfte waren sehr klein. RAOULT sprach daher den Satz aus: „Die bei der Berührung zweier Flüssigkeiten entstehende elektromotorische Kraft ist sehr nahe gleich dem Unterschiede der Kräfte, welche bei der Berührung jeder derselben mit einer beliebigen Flüssigkeit entstehen." Es besteht mit anderen Worten zwischen den Flüssigkeiten das Gesetz der Spannungsreihe, wie es VOLTA für die Metalle angenommen hatte, und hier wie dort lässt sich sagen, dass am einfachsten dem Gesetz der Spannungsreihe genügt wird, wenn die Spannungen selbst Null sind.

RAOULT nahm indessen das Bestehen ziemlich bedeutender Spannungen in einzelnen Flüssigkeitsketten, insbesondere der Säure-Alkali-Kette an. Hierzu führte ihn folgende Überlegung: „Ein Äquivalent Kali entwickelt bei der Verbindung mit Schwefelsäure 160 K. Die elektromotorische Kraft x, welche von der Wirkung des Kalis auf die Schwefelsäure herrührt, beträgt demnach, nach dem Prinzip der Übereinstimmung der elektromotorischen Kräfte mit den Wärmeentwickelungen berechnet, gemäss der Proportion $\frac{x}{100} = \frac{160}{239}$, $x = 67$, wo 239 die in einem DANIELL'schen Elemente für ein Äquivalent stattfindende Wärmeentwickelung ist, und die elektromotorische Kraft desselben gleich 100 gesetzt wird."

Diesen Schluss versucht RAOULT auf eine ganz bemerkenswerthe Weise zu prüfen. Eine Kali-Schwefelsäure-Kette gab mit frischen Platinplatten vor der Polarisation 70, mit Gold 79, mit Kohle 73, mit Sauerstoff bis zur Sättigung polarisirte Platinplatten gaben 77, da nun so verschiedene Elektroden nahezu gleiche Werthe gaben, erscheint es unwahrscheinlich, dass es sich um eine specifische Eigenschaft der Elektroden handelt, und die constante elektromotorische Kraft muss dem constant bleibenden Faktor in diesen Ketten zugeschrieben werden, nämlich der Berührung zwischen Saure und Alkali.

Diese Schlussweise ist jedenfalls viel besser begründet, als die früher über diese Frage gehegten Vermuthungen, sie ist aber dennoch nicht richtig. Die theoretisch beste Kette von den untersuchten ist die mit sauerstoffhaltigen Platinplatten, da sie die einzige constante ist, die theoretische Aufklarung derselben, welche in neuester Zeit erbracht worden ist, ergiebt, dass die elektromotorische Kraft doch an der Berührungsstelle der Platinplatten mit den Flüssigkeiten liegt, und an der Berührungsstelle der beiden Losungen nur etwa 6 in den gebrauchten Einheiten vorhanden ist. Die Gleichheit der elektromotorischen Krafte bei den verschiedenen Elektroden ruhrt daher, dass in allen Fallen der gleiche chemische Vorgang an ihnen stattfindet, indem beim Stromdurchgang einerseits Sauerstoff, andererseits Wasserstoff ausgeschieden wird. Die mit Sauerstoff gesattigten Elektroden werden dadurch nicht polarisirt, da einerseits der auftretende Wasserstoff oxydirt wird, andererseits die vorhandene Sattigung mit Sauerstoff nicht geandert wird, wenn auch neuer Sauerstoff erscheint.

Raoult wendet sich nun zu der Frage nach der Polarisation der Elektroden. Um sie zu bestimmen, benutzt er eine Wippe, welche die polarisirte Platte abwechselnd mit der polarisirenden Saule und dem compensirenden Stromkreise verbindet, in welchem die elektromotorische Kraft gemessen wird. Auf Grund vorgangiger Versuche hatte er gefunden, dass bei 100 Stromwechseln in der Sekunde ein Werth für die Polarisation beobachtet wird, welcher bei weiterer Steigerung der Geschwindigkeit der Wippe nicht mehr zunimmt, diesen hat er daher für den thatsachlichen Werth genommen. Von den beobachteten Einzelheiten sei angefuhrt, dass er ein Maximum der Wasserstoffpolarisation beim Platin in verdunnter Schwefelsaure fand, welches vom Oberflachenzustande des Metalles nur in geringem Grade abhangig war. Verschiedene Metalle gaben verschiedene Polarisationen, am grossten war die des Quecksilbers. Die Sauerstoffpolarisation war bei nicht angreifbaren Elektroden wesentlich unabhangig von der Beschaffenheit der letzteren, und auch ziemlich unabhangig von der Natur der benutzten Losung, nur Alkalien gaben abweichende Werthe. Als allgemeine Ursache der Polarisation sieht Raoult chemische Vorgange an den Elektroden an.

Der zweite Theil von Raoult's Arbeit[1] bezieht sich auf den Vergleich der chemischen und elektrischen Energie. Um von allen Benutzungen zweifelhafter fremder Werthe unabhangig zu sein, bestimmte er beide Werthe besonders im Warmemaass, indem er ein Quecksilbercalorimeter nach Favre und Silbermann (S. 792) dazu benutzte. Letzteres war sehr einfach aus einem starkwandigen Glaskolben mit zwei Halsen construirt, der eine Hals erhielt eine aus gefirnisstem Kupferblech gefertigte Muffel, der andere zwei Hahn-

---

[1] Ann. chim. phys. (3), 4, 392. 1865.

röhren mit Gyps eingekittet, von denen die eine in eine Pipette mit Queck-
silbervorrath, die andere zur Messröhre führte. Fig. 206 zeigt die Ein-

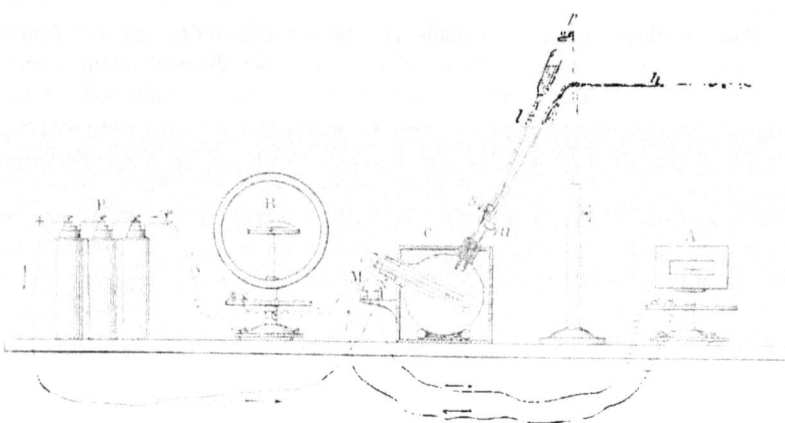

Fig. 206. Nach RAOULT.

richtung; C ist das Calorimeter, A eine Sinusbussole, B eine Tangentenbussole; erstere maass die Spannung an den Polen des Elementes, letztere
die Stromstärke. Fig. 207 stellt eines
der benutzten Elemente dar; die innere
Röhre ist durch einen angekitteten un-
glasirten Pfeifenkopf gegen die äussere
abgeschlossen, um die Vermischung
der Flüssigkeiten zu hindern.

Zunächst bestimmte RAOULT die
Wärmemenge, welche seiner elektrischen Einheit entsprach. Als Einheit
der elektromotorischen Kraft wählte er
die des DANIELL'schen Elementes, als
Einheit der Elektricitätsmenge die mit

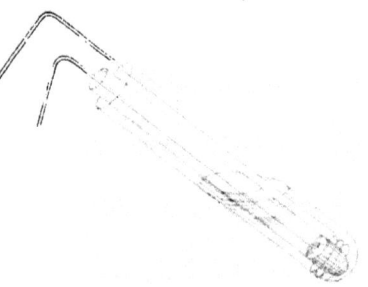

Fig. 207. Nach RAOULT.

1 g Wasserstoff oder einer äquivalenten Menge eines anderen Ions verbundene Menge; letztere wurde durch das in einem eingeschalteten Kupfer-
voltameter (Kupfersulfat zwischen zwei Kupferplatten abgeschiedene Kupfer
gemessen, erstere durch den Vergleich mit einem Normal-Daniell mittelst
des Sinusgalvanometers. Als Wärmemenge, welche diesen Einheiten entsprach, wurden 239 K gefunden; diese Wärme wird entwickelt, wenn die
genannte Elektricitätsmenge einen Anfall der Spannung um den Betrag der
elektromotorischen Kraft eines Daniell erleidet.

Die Wärmeentwickelung, welche der Fällung eines Äquivalents Kupfer
aus dem Sulfat durch Zink entspricht, beträgt nach FAVRE und SILBERMANN's
durch RAOULT bestätigten Messungen 232 K; es besteht also, wie auch JOULE
und BOSSCHA gefunden hatten, eine fast vollkommene Übereinstimmung

zwischen beiden   Bei anderen Elementen findet sie sich nicht in diesem
Maasse wieder

So berechnet RAOULT aus seinen Messungen der elektromotorischen Kraft
und FAVRE und SILBERMANN's thermochemischen Messungen folgende Vergleichstabelle

Substitution des Kupfers durch Zink im Sulfat	232 K	233 K
„ „ Bleis durch Zink .	156 „	125 „
„ „ Silbers durch Kupfer	163 „	98 „
„ „ Wasserstoffs durch Zink .	184 „	136 „

Eigene Messungen der Warmeentwickelung im Element, wenn dieses
durch einen kurzen Draht geschlossen war, gaben mit der aus der elektromotorischen Kraft berechneten Warme verglichen

Kupfer im Sulfat, Eisen im Sulfat	191 K	146 K
Platin in Salpetersaure, Zink in Schwefelsaure	433 „	406 „
Platin in Salpetersaure, Zink in Kali	472 „	502 „
Kupfer im Sulfat, Zink in Kalilauge	302 „	323 „
Chlor in Chlorwasserstoff mit Kohle, Kupfer im Sulfat	302 „	323 „

Um also die elektrische Energie eines beliebigen Elementes zu berechnen,
braucht man nur seine elektromotorische Kraft in Einheiten des DANIELL'schen
Elementes zu bestimmen, und mit dem Faktor 239 K zu multipliciren; die
erlangte Zahl giebt die Warmemenge an, welche das Element in elektrischer
Form nach aussen leisten kann, wenn ein Aquivalent in Grammen der betheiligten Stoffe verbraucht wird

Das letzte Element ist gleichfalls nach den Bestimmungen von FAVRE
und SILBERMANN berechnet

Wie man sieht, stimmen beide Reihen keineswegs uberein   Auch ist
sich RAOULT im Gegensatz zu den meisten, welche uber diese Angelegenheit
arbeiteten, vollkommen klar daruber, dass dies keineswegs der Fall zu sein
braucht   „Wenn bei dem in der Saule erfolgenden chemischen Vorgange
alle Theilwirkungen, die an der thermischen Wirkung sich betheiligen, dies
auch an der elektrischen Wirkung thaten, wenn alle Warmequellen, wie die
Oxydation, die Verbindung der Sauren mit den Basen, die Zustandsanderungen der Stoffe, die Losung, die Diffusion u s w — wenn alle diese
Ursachen, welche fahig sind, eine bestimmte Menge lebendiger Kraft als
Warme zu entwickeln oder zu verbrauchen, auch fahig waren, eine gleiche
Menge als Elektricitat hervorzubringen oder zu verschlucken, so musste die
VOLTA'sche Warme gleich der chemischen sein. Dies findet aber nicht noth-
wendig statt, und je nachdem die zu elektrischer Wirkung unfahige Ursache
Warme entwickelt oder verbraucht, wird die VOLTA'sche Warme grosser oder
kleiner als die chemische sein konnen "

In dieser klaren Einsicht der Freiheit des Verhaltnisses zwischen beiden
Grossen ist RAOULT seinen Zeitgenossen weit voraus, und nur in einem
Punkte macht er noch eine unbegrundete Voraussetzung, namlich darin,
dass er annimmt, gewisse Theilvorgange verwandeln ihre Energie vollig in
elektrische, und andere gar nicht

Ein solcher Unterschied kann nicht gemacht werden, und es wäre richtiger gewesen, einfach zu erklären, dass die chemische und die elektrische Energie zwar sich häufig nahe kommen, dass aber ein bestimmtes Verhältniss zwischen beiden allgemein nicht besteht. Es hängt von der chemischen Natur der reagirenden Stoffe ab, wie gross der Umwandlungscoefficient ist.

Es mag gleich bei dieser Gelegenheit ein Irrthum berichtigt werden, welcher häufig zu Gunsten der vorausgesetzten Gleichheit beider Grössen begangen worden ist. Man findet gelegentlich die Bemerkung, es sei nach dem Gesetz von der Erhaltung der Energie unmöglich, dass mehr elektrische Energie aus einer Kette entwickelt werde, als sie in chemischer Gestalt liefern könne. Die Antwort darauf ist, dass ein Überschuss an Energie der Umgebung als Wärme entzogen werden kann, so dass keinerlei Verletzung des ersten Hauptsatzes erforderlich ist. In den wohlbekannten Erscheinungen der Lösung und der Verdampfung hat man ohnedies eine grosse Gruppe von Vorgängen, bei denen mit einer freiwillig eintretenden Zustandsänderung die Aufnahme von Energie aus der Umgebung verbunden ist, oder eine Abkühlung während des Vorganges stattfindet.

Ausser den Wärmemessungen an Elementen stellte RAOULT auch noch solche an Voltametern an. Er fand in den untersuchten Fällen Kupfersulfat und verdünnte Schwefelsäure zwischen Platinplatten die Wärmeentwickelung stets grösser, als sie nach dem Widerstande des Voltameters sein sollte, doch war der Betrag dieser „lokalen Wärme" mit der Stromstärke verschieden, so dass sich Allgemeines nicht hierüber sagen lässt.

Diese Arbeiten RAOULT's fanden, obwohl sie einen reellen Fortschritt über den damals eingenommenen Standpunkt hinaus darstellten, keine Anerkennung zu ihrer Zeit, und RAOULT musste sich sogar mehrfach seine Priorität gegenüber später Gekommenen wahren. Auch hat er die so gut begonnenen Arbeiten auf elektrischem Gebiete nicht weiter fortgesetzt und durch sehr bedeutende Forschungen auf einem ganz anderen Felde sich die wissenschaftliche Anerkennung erworben, welche ihm hier zu Unrecht so lange versagt worden ist.

9. FAVRE's spätere Arbeiten. Mit dem Jahre 1860 tritt bei FAVRE eine längere Pause in seinen Untersuchungen über die elektrochemischen Wärmeerscheinungen ein. Erst sechs Jahre später werden sie wieder aufgenommen,[1] die Erörterungen knüpfen wieder an die Unterschiede an, welche der Versuch zwischen der chemischen und elektrischen Wärme zu erkennen gab. Da diese Unterschiede bei den mit Gasentwickelung verbundenen Vorgängen am auffälligsten waren, beschäftigte sich FAVRE vorwiegend mit diesen.[2]

Die bekannte Eigenschaft des Palladiums, Wasserstoff aufzunehmen, wurde nun von FAVRE benutzt, um über die Rolle des letzteren in der Kette weiteren Aufschluss zu erlangen. Mit Platin gab eine Kette 198 K, wurde unter

[1] Comptes rendus 63, 369 1866   [2] Ebenda 67 1014 1868

gleichen Umstanden Palladium an Stelle des Platins benutzt, wobei kein
Wasserstoff entwickelt wurde, so entstanden 240 K, also 42 K mehr als
vorher Nun wurde die Kette durch einen grossen, ausserhalb des Calorimeters befindlichen Widerstand geschlossen, und unter Berucksichtigung der
durch den geringen Widerstand innerhalb der Kette bedingten Warmeentwickelung, ergab sich die nicht transformirbare Warme im Palladium-Elemente
zu 89 K, die im Platin-Elemente zu 47 K Der Unterschied betragt wieder
42 K, gerade die Zahl, welche fur die Bindung des Wasserstoffs durch das
Palladium gefunden worden war Diese Warme lasst sich somit nicht in
elektrische Energie verwandeln

Durch eine Reihe anderer Versuche, bei denen das Palladium als Elektrode in einem Voltameter benutzt wurde, konnte dies Ergebniss noch weiter
bestatigt werden niemals bethatigte sich die bei der Absorption des Wasserstoffs frei werdende Energie elektromotorisch FAVRE deutet dies Ergebniss
in seinem Sinne des aktiven Wasserstoffs, gegenwartig wissen wir, dass ganz
unabhangig von sogenannten molekularen Umwandlungen des Wasserstoffs
jede Elektrode, welche mit gasformigem Wasserstoff im Gleichgewicht ist,
auch das gleiche Potential haben muss Demgemass konnen wir in den
Satzen, in welchen FAVRE dann seine Versuchsergebnisse zusammenfasst,
keineswegs den Ausdruck wirklicher Erfahrungsthatsachen sehen, sondern
nur den einer bestimmten theoretischen Ansicht, welche weder die einzig
mogliche, noch auch die beste ist FAVRE schreibt

„Die in dem VOLTA'schen Kreise bethatigte Warme ruhrt allein von
den elektrolytischen Vorgangen her, welche sich im Kreise vollziehen; sie
ist gleich der gesammten Warme, welche durch diese Reaktionen entwickelt wird.

„Die Warmemenge, welche in den Ketten verbleibt, stammt von allen
molekularen Reaktionen her, welche auf die elektrolytische Reaktion folgen
oder ihr auch vorhergehen konnen, und welche sich nicht durch den Stromkreis bethatigen, sie ist gleich der algebraischen Summe aller einzelnen bei
diesen Vorgangen entwickelten Warmemengen "

Zur Zeit mussen wir den ersten Satz als unrichtig bezeichnen, er muss
lauten die im Stromkreise bethatigte Warmemenge ist aquivalent dem Verlust an freier Energie,[1] welcher durch den elektrolytischen Vorgang bedingt
ist Der zweite Satz enthalt eine richtigere Ansicht, in der That sind die
nicht an den Stromkreis gebundenen, und daher auch nicht dem FARADAY'-
schen Gesetz unterliegenden Vorgange fur die Umwandlung in elektrische
Energie unzuganglich

Ein sehr langes und interessantes Kapitel[2] widmet FAVRE der „VOLTA'-
schen Energie", die er so definirt „Ich verstehe unter dem Namen der
VOLTA'schen Energie die Warmemenge, welche in einem chemischen Elekto-

---

[1] Der Begriff der freien Energie wird weiter unten erlautert werden
[2] Comptes rendus 69, 34 1869 und 73 767 u ff 1871

motor entwickelt wird, und in den Stromkreis in elektrodynamischer Gestalt
übertragbar ist, und welche zur Leistung irgendwelcher Arbeit verwendet
werden kann" (Es ist gerade diese Grosse, welche als die freie Energie
der VOLTA'schen Kette zu bezeichnen ist. Um diese Grosse zu bestimmen,
verfährt FAVRE im Allgemeinen so, dass er die Kette in das Calorimeter
bringt, und sie durch einen grossen Widerstand ausserhalb des Calorimeters
schliesst, dann entwickelt sich die übertragbare Energie als Warme im
Widerstande, und nur der nicht übertragbare Theil bleibt im Calorimeter
zurück. Ausserdem bleibt im Calorimeter noch der von dem Widerstande
der Kette herrührende Theil der Stromenergie, doch kann dieser sehr klein
im Verhältniss zu dem ausseren Widerstande gemacht und ausserdem noch
aus der Kenntniss beider Grossen als Correction in Rechnung gebracht
werden, da nach dem Gesetz von JOULE sich die entwickelten Warmemengen
wie die Widerstande verhalten. Die untersuchten Ketten bestanden alle
einerseits aus Zink in verdünnter Schwefelsaure, andererseits aus verschiedenen Oxydationsmitteln, die nachstehend angeführt sind. In der folgenden
Tabelle sind zunächst diese Oxydationsmittel angegeben, sodann die gesammte Warme, bezogen auf ein Gramm-Aquivalent, und in letzter Reihe
die übertragbare Warme

	Gesammt-Warme	Übertragbare Warme
Kupfersulfat, gelöst	254 K	243 K
Mercurisulfat, in Wasser aufgeschlämmt	397	296 ,,
Chromsaure mit Schwefelsaure	590 ,,	306
Salpetersaure, reine käufliche	418	468 ,,
Rauchende Salpetersaure	527 .	498
Übermangansaure und Schwefelsaure	607 .	392
Unterchlorige Saure	629 ,,	508 .
Wasserstoffhyperoxyd mit Salzsaure	664 ,,	216 ,,

Diese Tabelle ist ausserordentlich lehrreich. Ausser in dem Falle des
DANIELL'schen Elementes, welches in erster Reihe verzeichnet ist, findet
zwischen der gesammten und der übertragbaren Warme keine auch nur angenäherte Gleichheit statt, und man sieht, dass es ein besonderer Zufall war,
durch welchen sowohl JOULE und WILLIAM THOMSON, wie auch BOSSCHA gerade
den Fall genauer untersucht haben, in welchem die chemische Energie sich
fast genau in elektrische verwandelt. In der Mehrzahl der übrigen Falle ist
die übertragbare Warme kleiner, als die gesammte, besonders gross ist
dieser Unterschied beim Wasserstoffhyperoxyd, wo weniger als ein Drittel
der Warme übertragen wird. Sehr bemerkenswerth ist aber, dass auch in
einem Falle, dem des GROVE'schen Elementes, mit gewohnlicher also vermuthlich etwa sechzigprocentiger Salpetersaure die übertragbare Warme
grosser ist, als die in der Kette entwickelte, so dass sich die Kette durch
den Strom abkuhlen muss, statt sich wie die übrigen Ketten zu erwarmen.
Die Erscheinung kam FAVRE sehr unerwartet, und er stellte eine Anzahl von
Versuchen über die Einwirkung der Salpetersaure auf das Zink an, ,,um
vielleicht Aufklarung daruber zu erhalten". Er erhielt sie aber nicht.

Das nun folgende Kapitel beschäftigt sich mit der Elektrolyse und ist das längste von allen. Das allgemeine Ergebniss der hier mitgetheilten sehr ausgedehnten Versuche entspricht dem, welches die Untersuchung der Ketten kennen gelehrt hatte, auch hier ist die Wärmeentwickelung niemals der Voraussetzung entsprechend, dass die chemische Energie genau in elektrische übergeht, sondern es finden immer Nebenwirkungen statt, für die dann dieselbe Erklärung wie früher dient, die Annahme von Zustandsänderungen der abgeschiedenen Stoffe. Die Versuchsanordnung war die folgende.

Fünf SMEE'sche Zellen waren in ebensovielen Muffeln des Calorimeters untergebracht, daneben enthielt dasselbe Calorimeter einen grossen Widerstand. Ein zweites Calorimeter nahm das Voltameter auf, in welchem sich die Flüssigkeit befand, deren Zersetzung untersucht werden sollte. Der Widerstand dieses Voltameters war gegenüber dem im ersten Calorimeter verschwindend klein. Auf diese Weise kam im zweiten Calorimeter nur die secundäre Wärme zur Geltung, und bei einem Elektrolyt, welcher genau so viel elektrische Energie verbraucht, als der Verbindungswärme seiner Ionen entspricht, würde im zweiten Calorimeter überhaupt keine Wärme zu beobachten sein. Thatsächlich ergab sich fast immer eine Erwärmung im zweiten Calorimeter, dadurch wurde bewiesen, dass das Voltameter zur Trennung der Stoffe mehr Energie verbrauchte, als bei ihrer Verbindung frei wird, und FAVRE nahm, wie angegeben, an, dass diese Energie zur Umwandlung der im aktiven Zustande abgeschiedenen Stoffe in den gewöhnlichen verbraucht wurde.

Eine sehr bemerkenswerthe Ausnahme von dieser sonst allgemeinen Regel fand sich bei der Chlor- und Bromwasserstoffsäure, denn diese beiden gaben bei der Elektrolyse im Voltameter eine Abkühlung zu erkennen, die erstere unmittelbar, die zweite nach Abzug der durch die Auflösung des freigewordenen Broms in der überschüssigen Säure entwickelten Wärme. FAVRE begnügt sich damit, diesen Umstand hervorzuheben, ohne sich auf seine Erörterung einzulassen. Und doch hätten ihn gerade Erscheinungen, wie diese und die oben erwähnte mit der GROVE'schen Kette, dazu zwingen müssen, seine als „selbstverständlich" angenommene Voraussetzung, dass die chemische und die elektrische Wärme einander gleich sein sollen, auf ihre Berechtigung ernstlich zu prüfen.

Auf die Einzelheiten der Messungen, deren Überblick vielfach durch einigermaassen verzwickte und schwerlich überall berechtigte Betrachtungen und Rechnungen erschwert ist, wurde einzugehen nicht lohnend sein, zumal diese keinen Einfluss auf die Entwickelung der Wissenschaft geübt haben. Doch verdienen einige Thatsachen Erwähnung wegen ihres Zusammenhanges mit späteren Ergebnissen.

Die Messungen der Wärmemengen, welche bei der Elektrolyse verschiedener Salze und Säuren im Voltameter verblieben, ergab für Kupfersulfat und -nitrat nahe liegende Werthe, ebenso von jenen verschiedene, aber unter sich stimmende Werthe für Schwefel- und Salpetersäure. Hieraus und aus einigen ähnlichen Erfahrungen zieht FAVRE den Schluss, „dass in einem Gemenge mehrerer, in einer genügenden Wassermenge gelöster Salze ein nichtmetallisches oder metallisches Molekul nicht angesehen werden kann, als gehörte es besonders diesem oder jenem Metall oder Nichtmetall Nimmt man daher durch Elektrolyse vermittelst eines hinreichend energischen Stromes irgend ein Molekul, ein nichtmetallisches oder metallisches heraus, so wird der Gleichgewichtszustand nicht gestört, weil gleichzeitig an der entgegengesetzten Elektrode ein anderes, metallisches oder nichtmetallisches Molekul austritt "

Diese Darlegung enthält eine merkwürdige Vorausnahme der später ausgebildeten Theorie der freien Ionen, durch welche die gegenseitige Unabhängigkeit der Ionen, falls nur Kationen und Anionen in äquivalenten Mengen vorhanden sind, ausgesprochen wird Diese Ansichten sind übrigens keineswegs erst durch die elektrolytischen Erscheinungen hervorgerufen worden, wenn sie auch in ihnen ihre beste Stütze gefunden haben, denn bereits im Jahre 1839 hat GAY-LUSSAC auf Grund rein chemischer Betrachtungen[1] die Überzeugung ausgesprochen, dass in einer Lösung, die mehrere Salze neben einander enthält, die „Säuren und Basen" in jeder möglichen Weise mit einander verbunden sind, und sich keineswegs mit bestimmter Auswahl paaren Bei Gelegenheit einer Erörterung der Theorie von BERTHOLLET, nach welcher sich die unlöslichen und die flüchtigen Verbindungen unter den möglichen mit Vorliebe bilden, weist er darauf hin, dass in diesen Verhältnissen zwar eine Ursache der Abscheidung, aber keine der Bildung liegen kann, denn die Eigenschaften von Stoffen, die sich noch nicht gebildet haben, können unmöglich eine Ursache sein, dass sie sich bilden Daher muss man annehmen, dass alsbald nach dem Zusammenbringen der Stoffe sich alle möglichen Verbindungen bilden „Man kann diesen verschiedenen Ursachen der Trennung (Unlöslichkeit und Flüchtigkeit) nicht genügen, ausser durch die Annahme, dass im Augenblicke der Vermischung, vor aller Abscheidung ein wirkliches Durcheinander (un véritable pêle-mêle) zwischen Säuren und Basen stattfindet, d h dass die Säuren sich mit jeder beliebigen Base verbinden und umgekehrt Auf die Anordnung der Verbindung kommt wenig an, wenn nur die Acidität und Alkalinität befriedigt wird, und diese sind offenbar immer befriedigt, welcher Austausch zwischen Säuren und Basen auch stattfinde "

GAY-LUSSAC nennt die Grundlage seiner Betrachtung das Prinzip der „Äquipollenz", bis zu dem Schritt, dass er diese nach keiner Seite durch ausgezeichnete Kräfte zusammengehaltenen Bestandtheile als thatsächlich frei anzusehen sich entschlossen hatte, konnte er freilich nicht gelangen Waren doch schon diese Betrachtungen den damaligen Chemikern so fremdartig, dass sie in keiner Weise von den Zeitgenossen berücksichtigt wurden, und erst viel später, als die elektrolytischen Erscheinungen auf ähnliche Betrach-

---

tungen gefuhrt hatten, wurde jenes alte Zeugniss fur die Lehre von der Freiheit der Ionen[1] ans Tageslicht gebracht.

An letzter Stelle beschaftigt sich FAVRE mit der Elektrolyse der Verbindungen der Alkalimetalle Er erwartete bei deren grossen Bildungswarmen einen bedeutenden Bedarf an elektromotorischer Kraft zur Elektrolyse, und war nicht wenig erstaunt, dass er mit so geringen Betragen auskam, wie er thatsachlich beobachtete Denn da jedes SMEE'sche Element die Warmemenge 150 K ungefahr ausgiebt, und die Bildungswarme des Kaliumsulfats die der Schwefelsaure um 580 K ubertrifft, welche letztere etwa 480 K zur Elektrolyse braucht, so erwartet FAVRE fur das Kaliumsulfat einen Bedarf von 1060 K, entsprechend der Wirkung von mehr als 7 SMEE'schen Elementen von je 150 K. Statt dessen genugten schon 5 Elemente, denn die der Batterie entzogene Warmemenge betrug 640 K beim Kaliumsulfat, und fast ebenso viel beim Natriumsulfat Ebenso zeigten die verschiedenen loslichen Basen, Kali, Natron, Baryt, Strontian, alle nahezu den gleichen Bedarf an Energie, namlich etwa 510 K.

Bei der Erklarung dieser Erscheinungen gerath FAVRE in grosse Schwierigkeiten Er nimmt zunachst an, dass die Salze der Leichtmetalle nicht anders elektrolysirt werden, als die Schwermetalle, d h in Metall und Kation. Um aber die geringe Stromarbeit zu erklaren, muss er weiter annehmen, dass entgegen den sonstigen Annahmen, die secundare Reaktion der ausgeschiedenen Metalle auf das Losungswasser hier elektromotorisch wirksam ist, wahrend doch sonst den secundaren Reaktionen die elektromotorische Wirksamkeit abgesprochen wird, und seine ganze Theorie der Abweichungen der chemischen Warme von der elektrischen auf der Voraussetzung beruht, dass jene elektrisch unwirksam sind Auch in dieser Angelegenheit hat erst die neueste Zeit Aufklarung auf Grund der Erkenntniss gebracht, dass die Annahme einer Abscheidung der Alkalimetalle und deren unmittelbar darauf eintretenden Reaktion auf das Losungswasser unlogisch ist Denn wenn das Metall als Ion vorhanden war, so sollte es nach dieser Annahme den Ionenzustand verlassen, und diesen alsbald durch die Reaktion auf das Wasser wieder annehmen Ist aber der Strom fahig, das Metall aus dem Ionenzustand zu bringen, so ist es widersinnig, anzunehmen, dass er das ausgeschiedene Metall nicht auch im neuen Zustande erhalten und nicht verhindern kann, dass es in seinen fruheren Zustand wieder zuruckkehrt

An dieser Stelle nehmen wir von FAVRE Abschied Seine Arbeit hat trotz der ungemeinen Muhe und Sorgfalt zu keinem dauernden Ergebnisse, was die allgemeine Auffassung der von ihm untersuchten Thatsachen anlangt, gefuhrt, und als Ursache dieses Misslingens erkennen wir die Ablenkung seines Blickes von der unbefangenen Betrachtung der Thatsachen durch eine

---

[1] Es braucht kaum hervorgehoben zu werden, dass die von GAY-LUSSAC den Ansichten seiner Zeit gemass gewahlte Ausdrucksweise, nach welcher Sauren und Basen, statt der Anionen und Kationen, als die Bestandtheile der Salze angesehen werden, auf das Wesen der Betrachtung uber die Freiheit der Salzbestandtheile keinen Einfluss hat

Voraussetzung, die er nicht geprüft hatte, weil er sie für unzweifelhaft hielt Der Irrthum, dem er verfallen war, wurde auch nach ihm noch von Vielen getheilt, an ihm empfinden wir ihn aber um so mehr, als FAVRE in der ganzen Anlage seiner Untersuchungen eine bemerkenswerthe Originalität zeigt Ich mache besonders aufmerksam, in welchem Maasse FAVRE in den Begriffen seiner Lieblingswissenschaft, der Thermochemie, zu denken weiss, trotzdem seine Arbeiten die elektrischen Eigenschaften der VOLTA'schen Ketten zum Gegenstande haben, macht er weder vom OHM'schen, noch vom JOULE'schen, kaum vom FARADAY'schen Gesetze einen ausdrücklichen Gebrauch, sondern weiss alle in Betracht kommenden Grossen in die thermische Sprache zu übersetzen Ob diese Beschränkung eine freiwillige oder unfreiwillige, durch die Ungewohntheit ihrer Handhabung erzwungene war, thut wenig zur Sache, da wir unseren Forscher auf dem einmal gewählten Boden mit völliger Sicherheit und Richtigkeit (soweit nicht jene unrichtige Voraussetzung in Frage kommt) sich bewegen sehen Gerade für die geschichtliche Betrachtung der Angelegenheit ist dieser Umstand von besonderem Interesse, er zeigt, wie auch in der Beschränkung auf einen kleinen Ideenkreis durch die Vertiefung der Arbeit in diesem Kreise Erhebliches geleistet werden kann

10 Weitere Forscher Mit der Messung der Beziehung zwischen der chemischen Warmeentwickelung und der elektromotorischen Kraft beschäftigten sich auch MARIE-DAVY und L TROOST,[1] indem sie die elektromotorischen Kräfte einer grossen Reihe von Zusammenstellungen maassen, deren Warmetönungen durch die Messungen von FAVRE und SILBERMANN festgestellt waren Das Verfahren bestand in Strommessungen mittelst einer genauen Tangentenbussole unter Benutzung bestimmter Widerstände, also im wesentlichen nach der Methode von OHM Wenn die Zusammenstellungen für sich keinen genügenden Strom gaben, wurden sie in einen Kreis mit anderen Ketten geschaltet, deren Constanten vorher bestimmt waren, durch Messungen der elektromotorischen Kraft des zusammengesetzten Stromkreises und Abziehen des von der Hulfskette herrührenden Werthes konnten die gesuchten Zahlen gefunden werden

Um der Bestimmung der erforderlichen Constanten zu entgehen, benutzten sie ein Mittel, welches zwar einfach, aber keineswegs einwurfsfrei ist Für eine bestimmte Kette, die SMEE'sche, aus Zink und platinirtem Platin in verdünnter Schwefelsäure ermittelten sie die elektromotorische Kraft in den zufälligen Einheiten ihrer Tangentenbussole und ihres Widerstandes, indem sie nun annahmen, dass die zu beweisende Beziehung in diesem Falle wirklich bestehe, konnten sie den Faktor berechnen, welcher ihre elektromotorischen Kräfte in Warmeeinheiten übersetzte Für die Auflösung des Zinks unter Wasserstoffentwickelung hatten FAVRE und SILBERMANN 185 K gefunden, sie fanden für die elektromotorische Kraft der SMEE'schen Kette 21530,

---

[1] Ann chim phys 53, 423 1858.

folglich ist 0,00857 der Faktor, welcher mit der beobachteten elektromotorischen Kraft zu multipliciren ist, um die Warmetonung zu geben

Die Ergebnisse der auf diese Weise angestellten Versuche zeigen, wie
leicht es ist, Zahlen zu erhalten, welche einer einmal gemachten Voraussetzung entsprechen, die theoretisch begrundet erscheint, so dass an ihrer
Richtigkeit kein Zweifel erhoben wird Die nachstehende Tabelle uber die
Neutralisation des Kalis durch verschiedene Sauren zeigt eine Ubereinstimmung auf etwa ein Procent, obwohl die von FAVRE und SILBERMANN angegebenen Werthe nachweislich um etwa 10 Procent fehlerhaft sind Zwar
sind durch die Methode der Berechnung die Fehler theilweise eliminirt, doch
bleibt immerhin die Ubereinstimmung sehr auffallig, zumal man weiss, dass
die vorausgesetzte Beziehung keineswegs zutreffend ist

Die elektrischen Messungen der den Neutralisationswarmen entsprechenden elektromotorischen Krafte wurden ausgefuhrt, indem eine Kette aus
Zink in Kali und Platin in der Saure gebildet wurde, die der Auflosung des
Zinks in Alkali und der Wasserzersetzung entsprechenden Warmemengen,
resp elektromotorischen Krafte wurden in Rechnung gebracht

Sauren	Kette	Calorimeter
Schwefelsaure	160	161
Salpetersaure	155	155
Salzsaure	158	157
Bromwasserstoffsaure	155	155
Jodwasserstoffsaure	155	157
Oxalsaure	142	142
Weinsaure	134	134
Essigsaure	139	140
Citronensaure	137	137
Ameisensaure	125	—

Die Ubereinstimmung ist sehr auffallig, noch auffalliger ist allerdings,
dass bei der Ameisensaure, bei welcher calorimetrische Messungen nicht
vorlagen, auf elektrischem Wege eine um etwa 9 Procent kleinere Zahl gefunden wurde, als bei Essigsaure, wahrend wir jetzt wissen, dass beide Sauren
fast genau gleiche Neutralisationswarmen haben

Aus diesen Ubereinstimmungen und Widerspruchen wird man einen
Schluss auf den Werth der Arbeit machen konnen Sie ist interessant
als eines der deutlichsten Beispiele einer Autosuggestion, welche gerade auf
diesem Gebiete noch wiederholt ihre schadlichen Einflusse geubt hat

11 Das JOULE'sche Stromgesetz. Die soeben bis an die Schwelle
der neueren Entwickelung verfolgte, von JOULE zuerst aufgestellte Beziehung
zwischen der chemischen Warmeentwickelung der VOLTA'schen Kette und
ihrer elektromotorischen Kraft war, wie man sich erinnern wird, nicht das
Ergebniss eines unmittelbaren Schlusses, sondern das Endglied einer zusammengesetzten Schlussreihe, welche ihren Ausgang von dem experimentellen
Gesetze nahm, dass die in einem Leiter entwickelte Warmemenge dem Widerstande und dem Quadrat der Stromstarke proportional ist, und durch die

Anwendung dieses Schlusses auf die ganze Kette unter einer bestimmten Voraussetzung das Resultat ergeben hatte

Während naturgemäss dieser Schluss dem Verstandniss zunächst mancherlei Schwierigkeiten bot, war das Stromgesetz von JOULE leicht aufzufassen und zu prüfen, und so finden wir bald mehrere Forscher damit beschäftigt, diese Prüfung vorzunehmen Es wird genügen, hier deren Namen zu nennen, da keiner von ihnen etwas wesentliches hinzugethan hat, es sind EDMOND BECQUEREL,[1] LENZ,[2] BOTTO[3] und POGGENDORFF,[4] die sich zunächst mit der Sache beschäftigten, und alle zu einer Bestätigung der JOULL'schen Formel gelangten

Die letztgenannte Abhandlung giebt von den Schwierigkeiten, welche den ausserhalb des Energiebegriffes aufgewachsenen und verbleibenden Physikern das volle Verstandniss des JOULE'schen Gesetzes bot, eine deutliche Anschauung

Indem POGGENDORFF die mit Hulfe des OHM'schen Gesetzes aus dem JOULE'schen folgende Beziehung $H' = ci$ betrachtet, wo H' die Wärmeentwickelung in der Zeiteinheit, i die Stromstärke und c die elektromotorische Kraft bedeutet, kommt er zu dem Schluss, dass zunächst bei gleichbleibender elektromotorischer Kraft die Wärmeentwickelung proportional der Stromstärke und somit der in der Zeiteinheit aufgelösten Zinkmenge ist „Dies für die chemische Theorie scheinbar so gunstige Resultat ist neuerdings noch von BOTTO (Arch de l'électr 5, 353) hervorgehoben worden, aber derselbe hat unbemerkt gelassen, dass sich die Sache ganz anders gestaltet, wenn man die Stromstärke constant setzt und die elektromotorische Kraft variabel nimmt Dann ist die gesammte Wärmemenge, welche die Kette in einer gegebenen Zeit entwickelt, proportional dieser Kraft und folglich kann sie in Ketten verschiedener Art bei einer und derselben Menge von elektrolytisch aufgelostem Zink sehr ungleich sein "

Es ist nicht einzusehen, wie dieser ganz richtige Satz im Widerspruch mit der chemischen Theorie stehen sollte Denn in diesen verschiedenen Ketten finden neben der Auflosung des Zinks noch ganz verschiedene chemische Wirkungen statt, und es ist der chemischen Theorie ganz entsprechend, wenn sich für diese Verschiedenheiten des Vorganges verschiedene Stromwärmen ergeben

POGGENDORFF hat das Ergebniss seiner Betrachtung auch der Prüfung durch den Versuch unterworfen, indem er einmal eine GROVE'sche, das andere Mal eine DANIELL'sche Batterie in einen Stromkreis brachte, welcher neben einer Sinusbussole und einem Rheostat noch ein thermometerartiges Instrument enthielt, in dessen Gefass Alkohol enthalten war, in welchem eine Spule dünnen Drahtes lag, aus dem Steigen des Alkohols konnte die entwickelte Warme ermessen werden Es ergab sich in der That, dass bei

---

[1] Ann chim phys (3) **9**, 21 1843   [2] POGG Ann **61**, 18 1844
[3] Archives de l'electr **5** 353 1845   [4] POGG Ann **73**, 366 1848

gleicher Stromstarke beide Batterien in dem „Galvanothermometer" die
gleiche Warmemenge entwickelten, da nun die reducirten Langen des gesammten Widerstandes sich wie die elektromotorischen Krafte verhalten
mussen, damit die Stromstarken gleich sind, ist damit erwiesen, dass auch
die Warmeentwickelungen beider Batterieen den elektromotorischen Kraften
derselben proportional sind

Gegenwartig ist uns dies Ergebniss, welches diesem tuchtigen Physiker
so viele Denkschwierigkeiten bereitete, fast eine „selbstverstandliche" Einsicht Denn die elektrische Energie, welcher die entwickelte Warmemenge
proportional sein muss, ist durch das Produkt der elektromotorischen Kraft
in die Elektricitatsmenge gegeben, die in der Zeiteinheit durch einen Querschnitt des Leiters gehende Elektricitatsmenge ist aber das, was man die
Stromstarke nennt Somit druckt die oben aus dem JOULE'schen Gesetz abgeleitete Gleichung $W = ei$ nichts aus, als die Gleichheit der elektrischen
Energie mit der aus dieser entstehenden Warme, und das JOULE'sche Gesetz
lasst sich umgekehrt aus dem Energiegesetz ableiten, wenn man das OHM'-
sche als gegeben annimmt

Weiter beschaftigte sich POGGENDORFF mit dem Umstande, der aus derselben Gleichung sich ergiebt, dass die in der Zeiteinheit entwickelte Warmemenge keineswegs constant ist, oder ein Maximum hat, sondern uber alle
Grenzen zu wachsen vermag, wenn man die Stromstarke entsprechend grosser
werden lasst Auch dies sagt nichts anderes, als dass die in der Zeiteinheit
umgesetzte Energie beliebig wachsen kann, wenn man den erforderlichen
chemischen Aufwand entsprechend wachsen lasst

Ferner gelangt POGGENDORFF durch einfache Betrachtungen zu dem Ergebniss, dass bei gegebener Kette dann ein Maximum der Warmeentwickelung
eintreten musse, wenn der Widerstand, in welchem die Warme gemessen
wird, gleich dem Widerstande in und neben der Kette ist Auch dies Ergebniss liess sich bestatigen, und POGGENDORFF betrachtete es als einen Beweis
dafur, dass das JOULE'sche Gesetz in der That fur den ganzen Stromkreis
gultig ist

POGGENDORFF findet diese Beziehungen auffallend und merkwurdig; beruhigt sich aber uber die Merkwurdigkeit dieses Verhaltens durch einen
Vergleich zwischen der Warmewirkung und der magnetischen Wirkung des
Stromes, da fur diese, wenn man sie auf die Summe aller Querschnitte bezieht, gleichfalls der Gesammtbetrag bis ins Unbegrenzte wachsen kann
Angesichts einer solchen Betrachtung begreift man wohl, wie er im Jahre
vorher dazu gekommen war, der Abhandlung uber die Erhaltung der Kraft,
welche ihm HELMHOLTZ fur seine Annalen angeboten hatte, die Aufnahme
zu versagen, ebenso, wie er es sechs Jahre fruher mit der Abhandlung von
J R MAYER gemacht hatte Denn ein Vergleich dieser beiden Grossen ist
deshalb ganz unzulassig, weil es sich im Falle der Warme um eine Energie-
oder Arbeitsgrosse handelt, wahrend die magnetische Kraft keine Arbeit
bedeutet, sondern nur einen Faktor einer solchen Auch erreicht POGGEN-

DORFF seinen Zweck nur durch Summirung aller magnetischen Kräfte, welche in jedem Querschnitt des Leiters wirksam sind, für welche Grösse eine physikalische Bedeutung nicht ganz naheliegend ist. Von ähnlicher Beschaffenheit ist die sich unmittelbar anschliessende Betrachtung, dass gemäss der GROTTHUSS'schen Theorie in allen Querschnitten des Elektrolyts unaufhörlich Zersetzungen stattfinden, und somit auch die Summe der chemischen „Wirkungen" beliebig gross gemacht werden kann. Eine ähnliche Betrachtungsweise POGGENDORFF's ist schon früher als missverständlich erwähnt worden (S. 721), hier kehrt sie in der gleichen Gestalt wieder.

Zum Schluss erörtert POGGENDORFF, welche Gesetze man für die Geschwindigkeit aufstellen müsse, mit welcher die elektrische Materie in dem Leiter fliesst. Es hat keinen Zweck, diese Betrachtungen hier wiederzugeben, sie sind ein belehrendes Beispiel dafür, wie ein allen ungewohnten theoretischen Betrachtungen so abholder Mann, wie POGGENDORFF, sich MAYER und HELMHOLTZ gegenüber erwiesen hatte, sich in vollkommen hypothetische Speculationen vertiefen kann, wenn nur diese sich auf gewohntem Boden bewegen. Denn allen den an dieser Stelle mitgetheilten Betrachtungen über die Geschwindigkeit der Elektricität und die Menge derselben, die sich in einem gegebenen Leiter in Bewegung befindet, sind von solcher rein hypothetischer Beschaffenheit, da ihnen nirgendwo eine messbare und aufweisbare Grösse entspricht. Die Physik hat aber nur mit messbaren, nicht mit gedachten Grossen zu thun.

Es ist nicht die Absicht, den verdienten Forscher wegen dieses Verhaltens besonders zur Rede zu stellen, sondern nur eine ungemein und häufig auftretende Erscheinung in einem besonderen Falle zu charakterisiren. Auch unsere heutige Wissenschaft ist noch vielfach geneigt, auf die Ermittelung von Beziehungen zwischen rein hypothetischen Grossen einen ganz unbilligen Werth zu legen. So pflegt man es CLAUSIUS hoch anzurechnen, dass er die Geschwindigkeit der Gasmolekeln berechnet hat. Formulirt man dieses Ergebniss nach seinem thatsächlichen Inhalt, so heisst es: wenn man sich ein Gas aus kleinen Theilchen bestehend denkt, welche den Druck durch elastischen Stoss auf die Wande des Gefässes ausuben, so mussen diesen Theilchen gewisse, berechenbare Geschwindigkeiten zugeschrieben werden, um den thatsächlich stattfindenden Druck zu erhalten. An dieser Gestalt des berühmten Ergebnisses, in welcher nichts falsches oder unbilliges liegt, ersieht man, wie dürftig es im Grunde ist.

Von ähnlicher Beschaffenheit sind so manche Dinge, welche als wichtige Bestandtheile der Wissenschaft angesehen werden. Um von diesem Gesichtspunkte aus das Vorhandene zu prüfen, braucht man sich nur in jedem Falle zu fragen: handelt die fragliche Gleichung von messbaren Grossen, oder nicht? So lange nicht alle in der Gleichung auftretenden Grossen messbar und aufweisbar sind, lehrt die Gleichung physikalisch nichts ganz bestimmtes, und es muss an den der Messung noch nicht zugänglichen Werthen die begriffliche Analyse ausgeführt werden (S. 7), bis dies Ziel erreicht ist.

Dies ist die allgemeine Bedeutung des KIRCHHOFF'schen Wortes uber die Mechanik, dass sie die Erscheinungen zu beschreiben habe, die Aufgabe der messenden Wissenschaften im Allgemeinen ist, zahlenmassige Beziehungen zwischen den vorhandenen messbaren Grossen aufzustellen   Ist dies erreicht, so ist die wissenschaftliche Aufgabe gelost, und alles ubrige ist vom Ubel

Diese Betrachtung fuhrt uns schliesslich wieder auf den Punkt zuruck, von dem wir in diesem Kapitel ausgegangen waren   Die ausserordentlich grosse Bedeutung des Energiegesetzes liegt wesentlich darin, dass die Energie dasjenige ist, was allem physischen Geschehen gemein ist, so dass alle Beziehungen, welche man zwischen den verschiedenen Gebieten der Naturerscheinungen aufstellen kann, in letzter Instanz Energiebeziehungen sind. Fur die altere Physik war der Kraftbegriff der grundlegende, jeder Aufgabe gegenuber wurde zunachst die Frage gestellt, auf welche Krafte lasst sich die Erscheinung zuruckfuhren   So durfen wir bei klarer Erfassung des Energiegesetzes nicht mehr fragen, denn die Kraft ist ein Begriff, welcher nur einer von den vielen vorhandenen Formen der Energie, der mechanischen, angehort   Vielmehr lautet die richtige Frage welche Energiearten betheiligen sich an der Erscheinung und aus der Antwort auf diese Frage und der Kenntniss der Gesetze der vorhandenen Energieen ergiebt sich das, was sich wissenschaftlich uber die Sache sagen lasst

Fig. 208. W. HITTORF.

Sechzehntes Kapitel.

Die Leitung der Elektricität in den Elektrolyten.

1. Vorbemerkung. Bereits bei der Beobachtung der ersten Erscheinungen der Elektrolyse war den Forschern ein räthselhaftes Phänomen entgegengetreten, dessen Erklärung alsbald die allergrössten Schwierigkeiten machte: das getrennte Auftreten der Bestandtheile des Elektrolyts an Stellen, welche von einander so weit entfernt waren, dass die Möglichkeit ganz ausgeschlossen war, diese Bestandtheile könnten von der Trennung einer und derselben Stoffmenge herrühren. Jeder, der unbefangenen Blicks an diese Thatsachen herantrat, musste sich sagen, dass hier ein Widerspruch mit allem vorhanden war, was man aus den vorhandenen Annahmen bezüglich einer solchen Zersetzung hätte erwarten sollen. Es ist schon (S. 312) mitgetheilt worden, in welcher Weise die Schwierigkeit durch GROTTHUSS zu beseitigen versucht worden war; in Ermangelung einer besseren Erklärung hatte man sich damit zufrieden gegeben, ohne dass doch die vorhandenen Widersprüche wirklich beseitigt worden wären. Zwar für die Haupterschei-

nung, das getrennte Auftreten der Bestandtheile, war ein Bild gegeben, und
mehr als diese Thatsache hatte GROTTHUSS zu erklaren nicht unternehmen
konnen, da die Kenntniss seiner Zeit uber die dieser einen Thatsache kaum
hinausging. Es dauerte aber keineswegs lange, so erschienen neue Beobachtungen, welche sich unter dem gegebenen Bilde schwerlich begreifen
liessen.

Die bemerkenswerthesten desselben waren die von DAVY angestellten
Beobachtungen uber das Wandern der Stoffe durch einander (S 197), aus
welchen hervorging, dass die chemische Verwandtschaft zwischengelagerter
Stoffe keineswegs im Stande ist, Sauren von ihrer Wanderung nach dem
positiven Pol, Alkalien von ihrer zu dem negativen zuruckzuhalten. Konnte
man sich allenfalls mit GROTTHUSS denken, dass bei einer gleichartigen Flussigkeit, wie Wasser, die „Kraft" eines eben freigewordenen Wasserstoffatoms
gerade hinreichen konnte, um das nachstliegende Sauerstoffatom dem angrenzenden Wasser zu entreissen (wenn auch diese Annahme bei genauerer
Analyse auf sehr bose Schwierigkeiten fuhrt), und so fort, so versagte diese
Vorstellung doch, wenn man das Kali ausser seinem schwefelsauren Salze
durch freie Schwefelsaure sich bewegen sah, ohne dass diese es in seinem
Laufe aufhalten konnte. Denn wie sollte die Schwefelsaure, welche an das
die Kathode umgebende Wasser grenzte, ihr Atom Kali an das Wasser abgeben, da doch die zu trennende Verwandtschaft zwischen ihr und dem
Kali so viel grosser ist, als die gleichzeitig befriedigte Verwandtschaft zwischen
Kali und Wasser? Um hier die Ansicht von GROTTHUSS durchzufuhren, bliebe
nichts ubrig, als die weitere Annahme, dass die beim Eintritt des Kalis in
die Schwefelsaure gewonnene Verwandtschaft bei der ganzen Wanderung
durch die Schwefelsaure aufbewahrt und wirksam bleibt, um sich erst beim
Austritt aus derselben wieder zu bethatigen, und diesen Austritt dem Kali
zu ermoglichen. In der That hat sich keiner der Vertheidiger der GROTT-
HUSS'schen Ansicht zu diesem Schlusse verstanden [1]

Die Aufhebung dieser grossen Schwierigkeit ist auf einem Wege gelungen, welcher von allen moglichen als der fernstliegende erschien. Denn
die zu uberwindende Schwierigkeit lag nicht in den elektrischen, sondern in
den chemischen Ansichten, auf dem Boden der ublichen Chemie, welche
die Ionen der Elektrolyte als mit einander verbunden ansah, war in der
That ein unbedingter Widerspruch der Anschauungen mit der Erfahrung
vorhanden. Als aber, zunachst in Veranlassung ganz anderer Grunde, diese
Ansicht aufgegeben wurde, und den Ionen in den Elektrolyten eine gegen-

_____

[1] Im Text ist die Sache gemass den damals geltenden Ansichten dargestellt worden, dass
Kali und Schwefelsaure die Ionen des Kaliumsulfats sind. Ein kleines Nachdenken zeigt, dass
der Einwand auch vollkommen in Kraft bleibt, wenn man die heutigen Annahmen uber die
Ionen benutzt, es ist immer moglich, durch Hintereinanderschichten verschiedener Losungen ein
Ion zu zwingen, aus einem Gebiet, wo es durch grossere Verwandtschaften zuruckgehalten scheint,
in ein anderes zu treten, in welches es durch geringere Verwandtschaften gezogen wird. In
keinem dieser Falle bleibt die Uberfuhrung aus

seitige Unabhängigkeit und Freiheit zugeschrieben wurde, verschwanden die Schwierigkeiten ganz und gar, und die Gesammtheit der elektrolytischen Thatsachen erfuhr eine einfache und klare Deutung

Der Weg, welcher bis zu dieser Erkenntniss geführt hat, ist ein ungemein langer und schwieriger gewesen Stufe für Stufe mussten die Eigenschaften erkannt werden, welche den elektrischen Vorgängen in Elektrolyten zukommen, und die vielfachen Streitigkeiten bei dieser Gelegenheit sind ein anschauliches Zeugniss dafür, in welchem Maasse die wirklich sich ergebenden Verhältnisse dem widersprachen, was man auf Grund jener unzweckmässigen Ansichten erwarten zu müssen glaubte So sehen wir hier verhältnissmässig einfache Dinge nur unter den grössten Anstrengungen in das Eigenthum der Wissenschaft übergehen, und werden Zeugen davon, wie sehr ungeprüfte Voraussetzungen die Entwickelung der Wissenschaft zu hemmen vermögen. Wenn man die Geschichte der grossen Entdeckungen betrachtet, so überzeugt man sich leicht, dass mindestens die Hälfte derselben dadurch gemacht worden sind, dass Dinge, welche der ganzen Zeit bis dahin als „selbstverständlich" gegolten hatten, in Zweifel gezogen, geprüft und falsch befunden worden sind

Zwei Fragen sind es, deren Beantwortung den Inhalt der Entwickelungsgeschichte der Lehre von der Stromleitung in den Elektrolyten ausmacht Die eine bezieht sich auf den gesetzmässigen Zusammenhang zwischen der Bewegung der Elektricität und der gleichzeitig erfolgenden der Ionen, oder der wägbaren Begleiter der Elektricitätsbewegung, ihre Beantwortung ist durch das Faraday'sche Gesetz angebahnt, und durch W Hittorf und F Kohlrausch auf ihren gegenwärtigen Stand geführt worden Die andere lautet wie sind die Thatsachen der elektrolytischen Leitung mit denen der allgemeinen Chemie vereinbar, der erste Versuch ihrer Beantwortung liegt in der Theorie von Grotthuss vor, ein zweiter ist im Jahre 1857 durch Clausius gemacht worden, und der entscheidende Gedanke wurde dann nicht früher als 1887 von Svante Arrhenius ans Licht gebracht Zwischen den durch diese Männer gekennzeichneten wichtigen Entwickelungsstufen liegen zahlreiche einzelne Fortschritte von geringerem Belange, und noch zahlreichere Irrthümer und verfehlte Versuche

2 Ältere Messungen der elektrischen Leitfähigkeit Die ersten messenden Versuche über die verschiedene Leitfähigkeit der Metalle für Elektricität wurden von Davy[1] angestellt Bei dem damaligen Mangel an Messhülfsmitteln in diesem Gebiete (das Galvanometer wurde erst einige Jahre später erfunden) ist es von Interesse, zu sehen, wie sich Davy geholfen hat er schloss eine Batterie durch einen Wasserzersetzungsapparat, und brachte den zu untersuchenden metallischen Leiter als Nebenschluss parallel zu dem Wasserzersetzungsapparat an Wurden wenige Plattenpaare genommen, so konnte dadurch die Wasserzersetzung aufgehoben werden, bei der Vermeh-

---

[1] Philos Trans 1821 — Pogg Ann **71**, 241 1822

rung der Plattenpaare trat sie wieder ein, und Davy bestimmte demgemass
die Anzahl der Paare, welche durch einen Draht von 6 Zoll Lange und
1/... Zoll Dicke „entladen" wurden   Die Reihe war   Silber 65, Kupfer 56,
Zinn 12, Platin 11, Eisen 6, Blei 5 bis 6, sie giebt in der That die Reihenfolge der Leitfahigkeiten annahernd wieder, doch klagt Davy selbst daruber,
dass seine Ergebnisse nicht recht ubereinstimmend erhalten werden konnten

Von den Gesetzen, welchen die Leitfahigkeit der Metalle unterworfen
ist, entdeckte er zunachst das, dass sie mit steigender Temperatur abnimmt.
Er erlautert dies durch einen hubschen Versuch „Hat man in einem Volta'-
schen Kreis einen 5 bis 6 Zoll langen, so dunnen Platindraht angebracht, dass
die Elektricitat, welche durch ihn hindurchgeht, ihn in seiner ganzen Lange
rothgluhend macht, und bringt man nun irgend einen Theil desselben durch
eine untergehaltene Spirituslampe zum Weissgluhen, so erkaltet augenblicklich der ubrige Theil des Drahtes bis unter die Temperatur des sichtbaren
Gluhens Und halt man umgekehrt an irgend eine Stelle des rothgluhenden
Drahtes ein Stuck Eis, oder treibt einen Strom kalter Luft darauf, so werden
augenblicklich die ubrigen Stellen des Drahtes viel heisser, und kommen
vom Roth- zum Weissgluhen "

Ferner fand Davy, dass die Leitfahigkeit der Drahte ihrer Lange umgekehrt proportional war, indem die Zahl der entladenen Plattenpaare sich
umgekehrt wie die Lange verhielt Deshalb konnte er die Versuche uber
die Leitfahigkeit nunmehr so anstellen, dass er die Drahtlangen ermittelte,
welche die gleiche Zahl von Plattenpaaren entluden Die Ergebnisse waren
Platin 1, Silber 6, Kupfer 5,5, Gold 4, Blei 3,8, Palladium 0,9, Eisen 0,8

„Ich habe ferner gefunden, dass in Volta'schen Batterieen von der eben
beschriebenen Art und Anzahl von Plattenpaaren das Leitvermogen eines
Drahtes fur Elektricitat (bei gleicher Lange) nahe der Masse desselben direkt
proportional war, wie sich das erwarten liess " Von der Form des Querschnittes und demnach der Oberflache war die Leitung dagegen unabhangig,
denn sechs dunne Drahte leiteten ebenso gut, wie ein gleich langer Draht
vom sechsfachen Gewichte Auch liess Davy einen Draht flach walzen, und
fand ihn gleich gut leitend, wie einen gleich schweren und langen runden
Draht „In der Luft zeigte sich der flache Draht als der bessere Leiter aus
dem Grunde, weil er sich schneller abkuhlte, als aber beide Drahte von
Wasser umgeben waren, liess sich keine Verschiedenheit in ihrem Leitvermogen wahrnehmen "

Versuche, die Leitfahigkeit von Flussigkeiten zu bestimmen, scheiterten,
„doch scheint sich aus den Versuchen wenigstens soviel zu ergeben, dass
das Leitvermogen der besten flussigen Leiter mehrere hunderttausendmal
schwacher ist, als das der schlechtesten Leiter unter den Metallen "

Uber die Frage, ob die Leitfahigkeit der Metalle von der Beschaffenheit
des elektrischen Stromes abhange, kommt Davy zu keinen recht bestimmten
Ergebnissen diese Angelegenheit ist dann erst von Ohm (S 388) erledigt
worden Dagegen hat er wohl die ersten Beobachtungen daruber gemacht,

dass die Wärmeentwickelung dem Widerstande proportional ist. Nach qualitativen Versuchen über den Grad der Erhitzung, welchen die verschiedenen Metalle erfahren, ergab sich, dass die Reihe der Erhitzung mit der Reihe der Leitfähigkeiten in umgekehrter Ordnung läuft. „Es erhellte ferner aus einem Versuche, bei welchem ähnliche Drähte aus Platin und aus Silber sich in dem Schliessungsbogen unter gleichen Mengen Öl befanden, dass die Erzeugung der Wärme nahe in dem umgekehrten Verhältniss, wie ihr Leitungsvermögen steht, denn während das Silber die Temperatur des Öls nur um 4" vermehrte, erhöhte das Platin sie um 22", — dass endlich die Beziehungen zur Wärme dieselben sind, welche Intensität auch die Elektricität hat, als ich die Entladungen von Leidener Batterieen durch Drähte, welche sich unter Wasser befanden, hindurchgehen liess, diese erhitzten sich nämlich in derselben Folge, wie durch die Volta'sche Batterie, indem dabei das Eisen eher schmolz, als Platin, dieses eher als Gold, und so weiter."

Die von Davy mit so unvollkommenen Mitteln entdeckten Beziehungen zwischen der Gestalt der Leiter und deren Leitfähigkeit wurden dann, nachdem in dem Galvanometer ein bequemes und genaues Messhilfsmittel gefunden worden war, völlig bestätigt. Zuerst geschah dies durch Becquerel, der mit Hülfe seines Differentialgalvanometers noch ohne Kenntniss des Ohm'schen Gesetzes recht genaue Messungen anstellte (S 638), indem er ein einfaches Substitutionsverfahren anwandte, d. h. einen angenommenen Normaldraht durch andere ersetzte, deren Länge und Dicke er so wählte oder abänderte, dass sie die gleiche Wirkung gaben, wie jener Normaldraht.

Durch Ohm wurde nun weiter festgestellt, dass die Leitfähigkeit oder der Widerstand eines gegebenen Leiters eine von der Stromstärke oder der elektromotorischen Kraft unabhängige Grösse ist, in dieser Entdeckung beruht ja das eigentliche Wesen des Ohm'schen Gesetzes. Auch verfehlte Ohm nicht, einige Bestimmungen der Widerstandseigenschaften von Metallen auszuführen.

Bei Gelegenheit seiner Maassbestimmungen über die galvanische Kette stellte dann Fechner (S 422) fest, dass die auf die Form der Leiter bezüglichen Gesetze auch für flüssige Leiter gelten, und gab gleichzeitig als erster eine Methode, durch Berücksichtigung der Polarisation zu genauen Messungen dieser Grösse bei zersetzlichen Leitern zu gelangen. Ohne Rücksicht auf diese Grösse hatte Poggendorff gelegentlich seiner Arbeit über den Multiplicator (S 375) die eigenthümliche Erscheinung des Maximums der Leitfähigkeit der Schwefelsäure bei einer mittleren Verdünnung beobachtet.

Endlich ist zu erwähnen, dass das entgegengesetzte Verhalten der flüssigen Leiter in Bezug auf den Einfluss der Wärme durch Ohm[1] zuerst erkannt worden ist. In dem Fig 209 abgebildeten Apparate fand er eine grössere Ablenkung am Galvanometer, wenn die mit Flüssigkeit gefüllte Röhre ss erwärmt wurde. Da im übrigen alles unverändert blieb, konnte

---

[1] Pogg Ann **63**, 403 1844

die vergrösserte Ablenkung nur der Erwärmung zugeschrieben werden. Als in der Folge diese Beobachtung bestätigt wurde, bildete sich die Meinung aus, es sei dies ein charakteristisches Kennzeichen der Elektrolyte im Gegen-

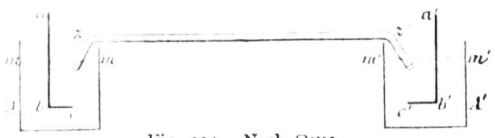

Fig. 209. Nach OHM.

satz zu den Metallen; indessen ist dies Verhalten zwar bei weitem das häufigere, doch giebt es auf beiden Seiten Ausnahmen.

Ebenso, wie das Differentialgalvanometer zu der Messung der Leitfähigkeiten die Möglichkeit gegeben hatte, wandte auch der Erfinder der Tangentenbussole, POUILLET, (S. 632) sein Instrument zu gleichem Zwecke an.[1] Wenn auch die Mittheilung der erhaltenen Zahlen wenig Interesse hat, ausser der Beobachtung, dass schon sehr geringe Beimischungen fremder Metalle die Leitfähigkeit bedeutend herabdrücken, so ist die Arbeit doch insofern nicht ohne Bedeutung, als hier POUILLET selbständig, wenn auch noch in ziemlich unvollkommener Gestalt einen Theil des OHM'schen Gesetzes ausspricht. „In meinem Apparate wirkten die elektromagnetischen Kräfte, welche zur Messung des Leitungsvermögens dienten, proportional den Tangenten der Ablenkung der Nadel, und als von einem und demselben Draht nach einander die Längen l_1, l_2, l_3 etc. genommen wurden, standen die Tangenten t_1, t_2, t_3 etc. der Ablenkungen niemals im umgekehrten Verhältniss dieser Längen. Dagegen verhielten sie sich umgekehrt, wie die um eine Grösse λ vermehrten Längen. Die Grösse λ blieb für verschiedene Längen eines und desselben Drahtes constant. . . . Es scheint mir demnach, dass die Leitfähigkeit sich in aller Strenge umgekehrt wie die Länge der Drähte verhält, vorausgesetzt, dass man den Widerstand, welchen die Elektricität beim Durchgange durch die zwischen den Plattenpaaren befindliche Flüssigkeit und die verschiedenen Leiter, die zu den Drähten hinführen, erleidet, in Rechnung zieht."

Eine systematische Untersuchung der elektrischen Leitfähigkeit fester und flüssiger Körper wurde dann im Jahre 1846 durch EDMOND BECQUEREL, den Sohn von ANTOINE BECQUEREL, vorgenommen,[2] der sich gleichfalls des Differentialgalvanometers bediente. Die Versuchsanordnung ist in Fig. 210 dargestellt; EE' ist ein Rheostat nach WHEATSTONE mit kleinen Abänderungen (S. 639), AA' ist der zu untersuchende Draht, von dem durch einen gleitenden Contact C verschiedene Längen nach einander eingeschaltet wurden; dadurch konnten die Widerstände der Zuleitungen unschädlich gemacht werden, indem man nur die Unterschiede des Widerstandes maass, welche zwei verschiedenen Stellungen von C entsprachen.

BECQUEREL untersuchte auch den Einfluss, welchen die Temperatur auf die Leitfähigkeit hat, genauer, indem er den aufgespulten Draht in ein mit

[1] Traité de Physique 1, 754, 1827; nach POGG. Ann. 16, 91, 1829.
[2] Ann. chim. phys. 17, 242, 1846.

einem Thermometer ausgestattetes Gefäss brachte, in welchem sich Wasser
befand, dessen Temperatur man verändern konnte. Es ergab sich bei diesen
Messungen der Temperaturcoëfficient der Leitfähigkeit, d. h. die verhält-

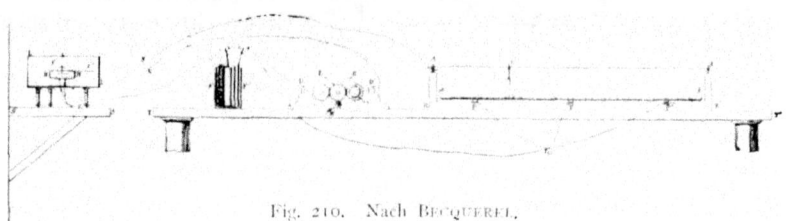

Fig. 210. Nach BECQUEREL.

nissmässige Abnahme der Leitfähigkeit für einen Grad, bezogen auf die
Leitfähigkeit bei 0⁰ als Einheit, ziemlich verschieden, von 0,00104 beim
Quecksilber bis zu 0,0062 beim Zinn. Von der später durch CLAUSIUS erkannten Regelmässigkeit, dass bei reinen Metallen dieser Coëfficient gleich
und mit dem Ausdehnungscoëfficienten der Gase nahezu übereinstimmend
ist, hat BECQUEREL nichts bemerkt.

Ein weiterer Theil der Arbeit bezieht sich auf die Leitfähigkeit der
Flüssigkeiten. Der dazu dienende Apparat ist gleichfalls geeignet, richtige
Werthe zu geben, und
unterscheidet sich
nur der Form nach
von dem, welchen
WHEATSTONE ange-
geben hatte (S. 642).
In einen gläsernen
Cylinder (Fig. 211)
war ein zweiter, enge-
rer, hineingesetzt, in
welchem sich mess-
bar eine Platinplatte
E verschieben liess.
Diese diente als eine
Elektrode, als zweite
war eine Platte in
dem äusseren Cylin-
der angebracht. Zwei

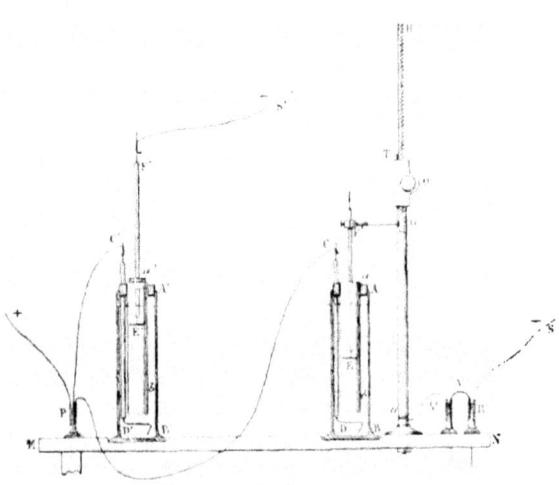

Fig. 211. Nach BECQUEREL.

derartige Apparate wurden in die beiden Zweige des Differentialgalvanometers
eingeschaltet und ins Gleichgewicht gebracht. War dies geschehen, so
wurde die eine Elektrode um ein gemessenes Stück verschoben, und durch
Drahtwiderstand die entstandene Änderung der Leitfähigkeit ausgeglichen;
der eingeschaltete Drahtwiderstand ist dem ausgeschalteten Flüssigkeitswider-
stande gleich.

Was die allgemeinen Ergebnisse anlangt, so findet BECQUEREL zwei Klassen von Salzen. Die der ersten vermindern mit zunehmendem Gehalte den Widerstand, und zwar, wie er zu finden glaubte, nach einer linearen Function, ist R der Widerstand und q der Gehalt in der Volumeinheit, so gilt die Formel $R = A + \dfrac{B}{q}$, wo A und B Constanten sind. Die Salze der zweiten Klasse sind die sehr leichtlöslichen, sie vermindern anfangs den Widerstand, aber über einen gewissen Gehalt hinaus vermehren sie ihn wieder mit zunehmendem Gehalte. Hierzu gehören Zinksulfat und Kupfernitrat. Alle von BECQUEREL untersuchten Salzlösungen vermindern ihren Widerstand beim Erwarmen.

Fast gleichzeitig wurde auch in Deutschland eine umfassendere und von gröberen Fehlern freie Untersuchung über die elektrische Leitfähigkeit von Lösungen im Giessener Laboratorium unter BUFF's Leitung von E. N. HORSFORD ausgeführt [1]. Das Verfahren war das von WHEATSTONE angegebene (S. 642), indem die Polarisation berücksichtigt wurde. Zunächst wurde erneut festgestellt, dass der Widerstand der Länge direkt und dem Querschnitt um-·gekehrt proportional ist, so dass sich für den Widerstand einer Flüssigkeit ein specifischer Coefficient angeben lässt.

Zur Untersuchung gelangten Lösungen von Schwefelsäure, Zink- und Kupfervitriol, Kochsalz, Chlorkalium, Chlorbaryum, Chlorstrontium, Chlorcalcium, Chlormagnesium und Chlorzink. Aus den erhaltenen Zahlen sind keine Schlüsse gezogen worden, weil der Verfasser seine Arbeit fortzusetzen gedachte. Doch ist es nicht dazu gekommen, HORSFORD legte sich in Amerika auf die Fabrikation von Backpulver und wurde ein reicher Mann.

Prüft man die mitgetheilten Zahlen, so ergiebt sich folgendes, was später von Anderen wiedergefunden ist. Schwefelsäure hat ein Minimum des specifischen Widerstandes bei einem specifischen Gewicht zwischen 1,24 und 1,30. Lösungen desselben Salzes ändern ihren Widerstand angenähert umgekehrt proportional dem Gehalt, doch ist der Widerstand verdünnterer Lösungen kleiner, als der Proportionalität entspricht.

3. Nochmals die metallische Leitung der Elektrolyte. Für die weitere Entwickelung klärer Ansichten über die Elektricitätsleitung in den Elektrolyten war es nothwendig, zu einer Entscheidung darüber zu gelangen, ob, wie FARADAY angenommen hatte, eine nichtelektrolytische Leitung neben der elektrolytischen in Flüssigkeiten möglich ist, oder nicht. Allerdings lässt sich eine solche Frage auf experimentellem Wege nie absolut beantworten, alles, was der Versuch uns lehren kann, ist, ob innerhalb einer bestimmten angebbaren Grenze eine solche metallische Leitung neben der elektrolytischen stattfindet, oder nicht. Mehr aber brauchen wir nicht zu wissen, ist diese Grenze hinreichend weit hinausgeruckt, dass der mögliche Betrag auf keinen Vorgang einen sicht- oder messbaren Einfluss äussert, so hat es wenig Be-

---

[1] Pogg. Ann. 70, 238. 1847

deutung, wenn dem gegenüber prinzipiell hervorgehoben wird, dass ein „Beweis" gegen die Möglichkeit der metallischen Leitung nicht gegeben sei

Durch die Untersuchungen von Schönbein und Hinrici über die Polarisation (S 667) war in der That dieser Beweis in einem sehr weiten Umfange geführt worden Erkennt man die Polarisation als einen chemischen, durch die Wirkung der elektrolytisch ausgeschiedenen Ionen veranlassten Vorgang an, so kann aus jenen Nachweisen, dass kein Strom, sei er auch noch so schwach, durch eine Elektrode und einen Elektrolyt von geeigneter Beschaffenheit gehen kann, ohne erstere zu polarisiren, der unzweifelhafte Schluss gezogen werden, dass bis zu jener Grenze der Nachweisbarkeit der Strome auch die Leitung eine elektrolytische gewesen ist Freilich war nicht bewiesen, dass nicht nur ein Theil der Strome elektrolytisch gewesen ist, und der andere metallisch, jedenfalls war aber die von Faraday angenommene Möglichkeit, dass ganz schwache Strome ohne jede Elektrolyse durchgehen konnten, bis zur Grenze des Messbaren widerlegt

Neben diesen qualitativen Nachweisen wurden im Laufe der Zeit auch quantitative erbracht In einer sorgfältigen Arbeit — wohl der besten, die ihm gelungen ist — hat Buff[1] die Proportionalität zwischen der an dem Galvanometer gemessenen Stromstärke und der elektrolytischen Wirkung geprüft und bis zu sehr geringen Stromstärken bestätigt gefunden

In seiner ersten Arbeit über das elektrolytische Gesetz[2] verglich er die gleichzeitige Wirkung des von einem sehr constanten Daniell-Element gelieferten Stromes auf ein empfindliches graduirtes Galvanometer und auf eine Silbernitratlösung zwischen Silberelektroden Von den verschiedenen Versuchen seien die nachstehenden angeführt, in der ersten Reihe steht die Dauer t des Stromes in Minuten, in der zweiten der gefundene, in der dritten der berechnete Silberniederschlag in Milligrammen, in der letzten endlich die Silbermenge, welche in der Zeit von 6000 Minuten niedergeschlagen worden wäre Die Übereinstimmung der beiden mittleren Reihen lässt nichts zu wunschen ubrig

t	Silbermenge		In 6000 Min
	gefunden	berechnet	
2934	63,1	63,09	129
1510	63,3	63,37	251,5
960	76,55	76,88	478,4
83	72,3	72,43	5226

Die Stromstärken verhalten sich etwa wie 1 40, ohne dass die Proportionalität gestort ware Die Berechnung der Silbermengen beruht auf der vorgängigen Messung der in den Stromkreis eingeschalteten Widerstande Ebenso wurde bewiesen, dass auch der zweite, auf die Aquivalenz verschiedener Ionen bezügliche Theil des Faraday'schen Gesetzes bei schwachen Stromen keine Abänderung erfahrt

---

[1] Liebig's Ann **85** 1 1853 und **94** 15 1855
[2] Liebig's Ann **85**, 1 1853

In einer späteren Arbeit,[1] in welcher sich auch ein Bericht über eine inzwischen mit Foucault (s w u) geführte Auseinandersetzung befindet, erweitert Buff seine Versuche auf die Messung des Wasserstoffs, der durch sehr schwache Strome abgeschieden wird. Durch die Anwendung Wollastons'scher Spitzen (S 154) und vorherige Sättigung der Flüssigkeit mit dem abzuscheidenden Gase bemühte er sich, die Versuchsfehler infolge der Absorption der kleinen Gasmengen nach Möglichkeit zu verringern. Als Beispiel sei eine mit einer Lösung von Natriumsulfat erhaltene Reihe mitgetheilt.

Stromstärke	Gasmenge	
	gefunden	berechnet
1,032	0,440	0,481
0,889	0,257	0,239
0,422	0,257	0,239
0,330	0,110	0,127
2,856	0,891	0,875 .

„Obgleich die   Unterschiede der gefundenen und berechneten Gasmengen verhältnissmässig nicht gering sind, so gehen sie doch nicht über die Grenzen der unvermeidlichen Beobachtungsfehler und finden auch, wie man bemerkt, nicht immer in demselben Sinne statt. Es gleichen sich die einen jeden einzelnen Versuch betreffenden Unterschiede im Ganzen einer Reihe fast vollständig wieder aus. Eine solche Ubereinstimmung der berechneten mit den gefundenen Gasmengen wäre unmöglich, wenn nicht die Zersetzung mit der circulirenden Elektricitätsmenge bei allen Stromstärken stets gleichen Schritt gehalten hätte."

Die Arbeit von Buff war um so willkommener, als eben von anderer Seite der gegentheilige Nachweis, dass in den Elektrolyten eine metallische Leitung vorhanden sei, zu führen versucht wurde. Es war Léon Foucault,[2] der dieses unternahm. Der Versuch, auf welchen er sich stützt, kommt darauf hinaus, dass, wenn man in einer symmetrischen Kette aus Leitern beider Klassen die Dicke der Flüssigkeitsschichten unsymmetrisch macht, man einen Strom erhält. „Man nehme zwei Ketten von Zink und Platin, völlig übereinstimmend, verbinde sie Pol an Pol und schalte ein Galvanometer zwischen zwei gleichnamige Platten ein, es ist klar, dass bei jener Annahme und aus Gründen der Symmetrie kein Strom stattfinden darf, weder im einen, noch im anderen Sinne. Für diejenigen, welche die metallische Leitung der Flüssigkeiten leugnen, ist alle Wirkung aufgehoben; für die, welche sie annehmen, ist in jeder Kette eine schwache Wirkung nachgeblieben, da sie aber beiderseits gleich sind, so kann der Galvanometerdraht keinen Strom durchlassen. Ist dies gegeben, so nähern wir nur die Platten des einen Paares, ohne das andere zu berühren, nach der Annahme, wonach keine Leitfähigkeit der Flüssigkeit vorhanden ist, hat sich nichts geändert; nach der umgekehrten Annahme ist eine Verminderung des Widerstandes zu Gunsten des zweiten Paares eingetreten, und dieses muss stärker geworden sein, als das erste thatsächlich findet dies statt."

Es soll hier nicht auf die etwas bedenkliche Schlussweise dieser Darlegung eingegangen werden, obwohl es leicht sein würde, den Beweisführenden mittelst seiner eigenen Voraussetzungen ad absurdum zu führen. Der Grundversuch selbst hat sich als nicht stichhaltig erwiesen, indem die beobachtete Wirkung von anderen Ursachen, insbesondere von der Änderung der elektrischen Beschaffenheit der Platinplatte durch die Bewegung innerhalb der Flüssigkeit herrühren. Dieser Nachweis ist von DE LA RIVE erbracht worden,[1] auch hat BEETZ (a a O) durch einen einfachen Versuch gezeigt, dass die beobachteten Ströme andere Ursachen hatten, als die von FOUCAULT vorausgesetzten, umgiebt man nämlich die zu bewegenden Platten mit Cylindern von porosem Thon, so hat es keinen Einfluss, ob man sie nähert oder entfernt.

4 FARADAY's Meinung. FARADAY liess sich indessen durch diese Nachweise nicht völlig überzeugen und schrieb einen ziemlich langen Aufsatz über die Frage, der trotz seiner Breite sehr lesenswerth ist, da in ihm dem Problem der elektrolytischen Leitung mit seltener Energie zu Leibe gegangen wird. Ich lasse den Aufsatz mit einigen Kürzungen folgen.[2]

„Seit der Zeit, in welcher das Gesetz der festen elektrolytischen Wirkung zum ersten Male aufgestellt worden war, ist die Frage entstanden, ob die Stoffe, welche die Klasse der Elektrolyte bilden, nur in der Weise leiten, dass sie die ihnen eigene Veränderung unter dem Einflusse des elektrischen Stromes erfahren, oder ob sie leiten können, wie es die Metalle, trockenes Holz, Spermaceti u s w in verschiedenen Graden thun, d h ohne gleichzeitige chemische Veränderung in ihnen. Die erste Art der Leitung wird als die elektrolytische bezeichnet, und die Übertragung der elektrischen Kraft wird dabei als nothwendig mit den eintretenden chemischen Änderungen verknüpft angesehen, die zweite Art mag als eigentliche Leitung bezeichnet werden, und hier lässt der Vorgang der Leitung den Körper in genau demselben Zustande zurück, wie er ihn vorgefunden hat. Elektrolytische Leitung ist mit dem flüssigen Zustande eng verbunden, ebenso mit der zusammengesetzten Natur und den chemischen Verhältnissen der Stoffe, in denen sie vorkommt, und man sieht sie als dem Grade (d h der Leichtigkeit) nach als mit den Verwandtschaften der Bestandtheile dieser Stoffe verknüpft an, daneben giebt es aber andere Umstande, welche offenbar, und das in hohem Maasse, die Geschwindigkeit der Übertragung beeinflussen, wie die Temperatur, die Gegenwart anderer Stoffe u s w. Die eigentliche Leitung ist dem Grade nach insofern verschieden, als die Menge der Elektricität, welche durch hunderte von Meilen Kupferdraht in einer unbestimmbar kurzen Zeit hindurchgehen würde, Jahrhunderte brauchen würde, um durch die gleiche Länge eines anderen Stoffes, wie Schellack, zu gelangen, und dennoch

---

[1] Ann chim. phys 46, 41 1856   [2] Philos Mag 10, 98 1855

bietet das Kupfer und die ähnlichen Stoffe dem Strome einen Widerstand
dar, und Schellack wie seine Verwandten leiten.

„Der Fortschritt und die Bedürfnisse der Wissenschaft haben es in den
letzten vier oder fünf Jahren und insbesondere im gegenwärtigen Augenblicke von Wichtigkeit gemacht, die Frage, ob ein Elektrolyt irgend einen
Grad von eigentlicher Leitung zeigen kann, genauer zu betrachten, und die
Versuche zur Entscheidung der Frage sind bis zu einem beträchtlichen Grade
der Feinheit getrieben worden . .

„Die Frage bezüglich der Elektrolyte kann in drei Formen gestellt werden.
Sie können immer einen Grad von eigentlicher Leitfähigkeit haben, oder sie
können immer frei von solcher Leitfähigkeit sein, oder sie können eigentliche
Leitfähigkeit bis zu einem bestimmten Zustande hinauf haben, welcher entweder
durch die zur Elektrolyse erforderliche Intensität oder durch andere Umstände bestimmt ist, so dass, wenn dieser Zustand erreicht wird, die eigentliche Leitung in elektrolytische übergeht. Und diese drei Formen können
ferner verändert variirt werden, je nach dem physischen Zustande des Elektrolyts, insofern er fest oder flüssig, heiss oder kalt, rein oder mit anderen
Stoffen vermischt ist.

„Seit der Zeit, in welcher die Frage von mir selbst erhoben wurde, seit
zwanzig Jahren bis zum heutigen Tage, habe ich es als nothwendig erachtet,
die Frage offen zu lassen. Denn so genaue Thatsachen in einigen Fällen
von denen herangezogen worden sind, welche in allen Fällen, in denen ein
Elektrolyt den Theil eines Leiters gebildet hat, chemische Zersetzungen erhalten zu haben glauben, und so gern ich diese Thatsachen und Schlüsse
anerkannt haben würde, wenn nicht entgegenstehende Betrachtungen vorhanden wären, so bin ich doch genöthigt, mein Urtheil zurückzuhalten, weil
thatsächlich solche Betrachtungen vorhanden sind. Erstens wird zugegeben,
dass alle Stoffe, welche nicht Elektrolyte sind, selbst Gase (BECQUEREL) eigentliche Leitung besitzen, wir haben daher a priori Grund zu der Erwartung,
dass auch die Elektrolyte solche besitzen werden. Beschränken wir die
Betrachtungen der verschiedenen Körper auf die Elektrolyte, so ist, wenn
auch der Betrag der Elektricität von bestimmter Spannung, welche sie im
flüssigen Zustande elektrolytisch leiten, oft fast unendlich viel grösser ist,
als sie im festen Zustande leiten können, doch immerhin die Leitung in dem
letzteren Falle sehr deutlich. Ein Stück von vollkommen trockenem, festem
Salpeter entladet ein Goldblattelektrometer sehr leicht, und wie ich glaube
durch eigentliche Leitung, und ist dies der Fall, so sehe ich nicht ein, wie
die Annahme der höchsten elektrolytischen Leitfähigkeit im flüssigen Zustande ein Grund dafür sein soll, dass eine Eigenschaft, welche dem Körper
im festen Zustande zukam, im flüssigen absolut verschwinden soll, wenn
auch jene die letztere weit übertreffen mag, und sie zur Zeit unmerklich
machen kann. Diese Betrachtungen gründen sich indessen mehr auf die
Abwesenheit eines endgültigen und strikten Beweises auf der Gegenseite, als
dass sie selbst von positivem Charakter waren, doch scheint mir, dass die

Erscheinungen der statischen Elektricität uns verschiedene Gründe von positiver Natur für die Annahme der eigentlichen Leitfähigkeit bei Elektrolyten liefern können. Einige derselben will ich kurz darzulegen versuchen, indem ich den Gegenstand durch die Beziehung auf Wasser darlege, welches in reinem Zustande nur einen geringen Grad von elektrolytischer Leitung besitzt.

„Die gewöhnlichen Erscheinungen der statischen Ladung und Influenz sind wohlbekannt. Wird ein geriebener Glasstab oder ähnlicher Körper nahe an eine leichte vergoldete Kugel gehalten, die durch einen Metalldraht in der Hand getragen ist, so stört die Influenzwirkung die Anordnung der Elektricität in der Kugel, und diese wird stark angezogen; wird an Stelle der Kugel eine Seifenblase genommen, so geschieht dasselbe. Wird eine Schale mit reinem destillirten Wasser gefüllt und dieses mit der Erde durch nasses Filtrirpapier verbunden, und wird eine Kugel von elektrisirtem Schellack 2 oder 3 Zoll oberhalb der Mitte des Wassers aufgehängt, und wird eine Platte von trockener isolirender Guttapercha von 8 Zoll Länge und 2 Zoll Breite mit einem Ende zwischen das Wasser und den Schellack gestellt, so kann sie hernach fortgezogen und untersucht werden, und man findet sie ohne Ladung, selbst wenn sie den Schellack berührt hat; ist aber nur ein Ende mit dem Wasser unter dem Lack in Berührung gekommen (und sie kann eingetaucht werden), so dass sie eine Schicht davon mit der Elektricität, welche das Wasser durch Influenz erworben hat, davonträgt, so ergiebt sich, dass sie, wie zu erwarten war, in einem Zustande gefunden wird, der dem des Schellacks entgegengesetzt ist."

FARADAY beschreibt nun noch einige andere Versuche, welche alle dasselbe beweisen, nämlich dass Wasser wie ein gewöhnlicher Leiter durch Influenz geladen werden kann. „Es kann aber gesagt werden, dass in allen diesen Fällen, welche mit Leitung verbunden sind, eine entsprechende und proportionale elektrolytische Wirkung stattgefunden haben kann, und dass es sich daher um Fälle elektrolytischer Leitung handelt; die nachstehende Folge eines solchen Gedankens machte mich indessen glauben, dass die Resultate die eigentliche Leitung des Wassers beweisen. Nehmen wir eine Wasserblase an, welche sich mitten zwischen einer positiven und einer negativen Fläche befindet, wie in der Fig. 212, so werden die Theile in und um p positiv, und die in und um n negativ geladen werden, und zwar ausschliesslich durch die

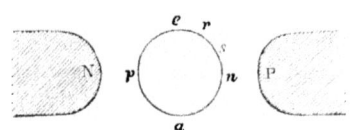

Fig. 212. Nach FARADAY.

Störung der ursprünglich in der Blase vorhandenen elektrischen Kraft, d. h. ohne unmittelbare Leitung der elektrischen Kraft von P oder N; die Theile e oder q werden keine elektrische Ladung haben, und von diesen bis zu den Theilen p und n wird die Ladung stufenweise zunehmen. Die Elektricität, welche in p und n und überall sonst erscheint, ist geleitet worden von den einen Theilen der Blase zu den anderen, und wenn die Blase durch zwei Halbkugeln von Metallen ersetzt wird, welche an den äquatorialen Theilen e und q etwas getrennt sind, so wird sich die Elektricität (bevor sie in der stetigen Blase geleitet wird) als ein heller Funke zeigen. Nun können die Theile an irgend einer Stelle der Wasserblase unter zwei Gesichtspunkten betrachtet werden: als Leiter eines Stromes durch sich, oder als Empfänger einer Ladung; in beiden Auffassungen liefert die Idee der eigentlichen Leitung ausreichenden und befriedigenden Grund für das Ergebniss; die Idee der elektrolytischen Leitung scheint mir aber hier mit Schwierigkeiten behaftet zu sein. Denn betrachten wir die Theile am Aquator e q sie nehmen keine dauernde Ladung an, und sie haben geleitet, wie die oben erwähnte Wirkung der Halbkugeln zeigt, auch sind sie nicht in einem Zustande gegenseitiger Spannung, wie sich das durch sehr einfache Versuche mit den Halbkugeln beweisen lasst. Es muss daher Sauerstoff von e nach n gegangen sein, und Wasserstoff von e nach p, d. h. nach den Theilen, zu denen die Elektricität geführt worden ist, denn ohne solchen Übergang der Anionen und Kationen würde kein Übergang der Elektricität stattgefunden haben, und somit keine elektrolytische Leitung. Nun entsteht aber die Frage: Wo erscheinen diese Elemente? ist das Wasser um n oxydirt, und das um p hydrogenisirt? und sind die Elemente schliesslich gegen die Luft diffundirt, wie das im Falle der Elektrolyse gegen Luftpole eintritt? (S. 501.) Mit Rücksicht auf solche Fragen entstehen andere Betrachtungen rücksichtlich der Theile um p und n, und des Zustandes der Ladung, welche sie angenommen haben. Sie haben die Elektricität aufgenommen, welche als ein Strom durch die äquatoriale Zone zu ihnen gegangen ist, sie haben aber keinen Strom, oder keinen verhältnissmässigen Strom in sich gehabt — die Leitung hat bis zu ihnen geführt, nicht aber durch sie, so ist beispielsweise keine Elektricität durch die Punkte p und n gegangen, doch ist zu ihnen durch eine Art Leitung mehr Elektricität gegangen, als zu irgend einem anderen Punkt der Blase. Es ist mit unseren Vorstellungen von der elektrolytischen Leitung nicht zu vereinigen, wenn wir annehmen, dass diese Theile durch solche Leitung geladen seien, denn zur Ausführung dieser Function ist es ebenso wesentlich, dass die Elektricität das zersetzte Theilchen verlässt auf der einen Seite, wie dass es dahin geht auf der anderen Seite; das blosse Entweichen des Wasserstoffs und Sauerstoffs genügt nicht, um das Ergebniss zu erklären, denn ein solches Entweichen kann allerdings angenommen werden in dem Falle von Elektroden, welche in das Wasser tauchen, wenn aber die Elektricität nicht von den zersetzten Theilchen in die Elektroden und weiter in die Drähte übergehen kann, so dass sie irgendwo anders im Stromkreise ihr volles Äquivalent elektrischer Arbeit thun kann, so findet keine elektrolytische Zersetzung an den letzten Theilchen des Elektrolyts, noch eine Leitung durch seine Masse statt. Selbst in dem oben angeführten Falle mit Luft erfolgt ein vollständiger Übergang durch die letzten Theilchen des Elektrolyts.

Enthält die obige Überlegung keinen Irrthum, und kann sie als aus-

reichend angesehen werden, um zu beweisen, dass die Theile p und n nicht
elektrolysirt werden, so reicht sie auch aus, zu beweisen, dass keines der
Theilchen zwischen p und n elektrolysirt worden ist, denn wenn auch eines
von ihnen bei e und q einen Strom erfahren hat, so konnte es seine Elemente nicht ausgeben, ausser wenn die benachbarten Theilchen vorbereitet
waren, sie in einem vollkommen äquivalenten Grade aufzunehmen. Hebt
man die Elektrolyse bei n und p, d. h. an den Theilen der Oberfläche, wo
die bewegte Elektricität stehen bleibt, auf, so heisst das, entsprechend unseren
gegenwärtigen Ansichten über die Elektrolyse, dass man sie an allen zwischenliegenden Stellen aufhebt, und hebt man die Elektrolyse auf, so hebt man
die elektrolytische Leitung auf, und es bleibt nun nichts anderes übrig, als
die eigentliche Leitung, um über die sehr sichtbaren Leitungswirkungen,
welche in dem Falle vorhanden sind, Rechenschaft zu geben.

„Es könnte angenommen werden, dass ein gewisser Zustand polarer
Spannung in diesen Fällen statischer Influenz eintreten mag, welcher ein
Mittelding zwischen dieser und der elektrolytischen Leitung ist, oder dass
ein gewisser vorbereitender und gleichsam unvollständiger Zustand vorausgesetzt werden kann, welcher den Fall der statischen Influenz in einer
Wasserkugel, wie ich sie betrachtet habe, von dem gleichen Falle bei Me-
tallkugeln unterscheidet. Unsere künftige weitere Kenntniss wird uns vielleicht einen solchen Zustand zeigen, jedoch bei unseren gegenwärtigen bestimmten Anschauungen über eigentliche und elektrolytische Leitung muss
bemerkt werden, dass eine solche Entdeckung ebenso gut mit der einen
Ansicht, wie mit der anderen übereinstimmen könnte, wiewohl sie sehr wahrscheinlich beide ändern und verbessern würde.

Kommen wir auf die Betrachtung der Theilchen zwischen p und n
zurück, so finden wir, dass sie, ob wir sie in Bezug auf den Strom, den
sie erfahren, oder die Ladung, die sie angenommen haben, betrachten, eine
stetige Reihe bilden, der Theil in e hatte den grössten Strom, der bei n
keinen, und der bei i einen mässigen, und es sind Theile vorhanden, welche
jeden zwischenliegenden Grad durchgelassen haben. Dasselbe gilt für die
Ladung, sie ist am grössten in n und Null in e, und zwischen beiden kommt
jeder Zwischenwerth vor. Diese oberflächlichen Theilchen enthalten somit
alle die bestehende Ladung, und somit befindet sich alle Elektricität, welche
geleitet ist, in ihnen, folglich müssen alle Resultate der Elektrolyse dort
sein, und dies würde der Fall sein, wenn wir auch eine volle Kugel von
Wasser an Stelle der Blase nehmen. Denn wenn die Theilchen, welche
mehr Strom erfahren haben, auch mehr von den elektrolytischen Resultaten
um sich haben sollten, als die anderen, so musste die Elektricität, welche
thatsächlich vorwiegend, wenn nicht vollständig mit diesen anderen verbunden
ist, sie durch wirkliche Leitung erreicht haben, welche gerade als nicht
existirend angesehen wird. Zu Gunsten der elektrolytischen Ansicht wollen
wir annehmen, dass die Leitung an diesen oberflächlichen Theilen endet,
und dass dort diese elektrolytischen Produkte sich ansammeln, indem wir

für den Augenblick den früheren Einwand übergehen, dass die Elektricität
diese Theilchen erreicht hat, ohne durch sie gegangen zu sein. Nehmen
wir daher ein Theilchen bei *r* und betrachten wir seinen elektrolytischen
Zustand als proportional der Elektricität, welche dieses Theilchen erreicht
und es geladen hat, so können wir annehmen — denn wir haben die Möglichkeit, die Influenzwirkung in beliebigem Grade zu vermindern —, dass
die Elektricität, deren Leitung an dem dort befindlichen Theilchen aufgehört hat, gerade genügt hat, um es zu zerlegen, und das oberflächliche
Theilchen, welches sich früher unten befunden hatte, geladen zu hinterlassen. In diesem Falle wird ein anderes, stärker geladenes und näher an *n*
gelegenes Theilchen, wie in *s*, genügend Elektricität an seinen Ort geleitet
erhalten, um zwei Theilchen Wasser zu zersetzen, doch kann dies offenbar
nicht das zunächst an *r* belegene Theilchen sein, sondern es müssen noch
viele Theilchen mit zwischenliegenden Ladungen zwischen beiden existiren.
Nun entsteht die Frage: wie können diese Theilchen zwischenliegende Ladungen durch elektrolytische Leitung allein erhalten? Elektrolytische Wirkung
ist bestimmt, und die Theorie der elektrolytischen Leitung nimmt selbst an,
dass die Theilchen des Sauerstoffs und Wasserstoffs bei ihrer Wanderung
nicht beliebige, sondern ganz bestimmte Kraftmengen mit sich führen, die
nicht getheilt werden können, sondern als Ganzes von einem solchen Theilchen genommen und einem anderen gegeben werden müssen. Wie kann
aber irgend eine Anzahl von Theilchen, oder irgend eine Wirkung solcher
Theilchen den Bruchtheil der Kraft tragen, welche mit jedem einzelnen Theilchen verbunden ist? Es ist allerdings kein Zweifel, dass, wenn zwei geladene Theilchen ihre Ladung entweder an ein einziges abgeben können,
oder auf drei oder mehr Theilchen, dass dann alle Schwierigkeiten verschwinden. Durch eigentliche Leitung kann dies geschehen; da wir uns
aber nicht ein halb zerlegtes Theilchen vorstellen können, so kann ich nicht
einsehen, wie dies durch elektrolytische Leitung geschehen kann, d. h. wie
die zwischen *r* und *s* belegenen Theilchen zu zwischenliegenden und unbestimmten Graden geladen werden können, wenn Leitung ohne Elektrolyse
bei ihnen und ihrer Umgebung in Abrede gestellt wird.

„Wird angenommen, dass die zwischen *c* und *n* belegenen Theilchen
elektrolytisch mittelst des Stromes leiten, welcher durch sie geht (indem
wir zeitweilig ausser von anderen ernstlichen Einwanden davon absehen,
dass die Produkte nicht an den Orten gefunden werden, an welche die
Elektricität geführt worden ist), so wird das gegenwärtige Argument immer
noch seine Kraft behalten. Es soll bei *r* genug Elektricität durchgegangen
sein, um zwei Theilchen Wasser zu zersetzen, und bei *s* nur genug, um
eines zu zerlegen — wie kann ein Theilchen zwischen *r* und *s* seine Elemente mit den nach *r* oder nach *s* gelegenen Theilchen austauschen, wenn
nur elektrolytische Leitung zugegeben wird? oder wie kann, wie oben erwähnt, ein Theilchen seine Kraft von zweien erhalten, oder sie an zwei
abgeben? Viele andere Betrachtungen ergeben sich bei der Betrachtung

der Wasserblase unter statischer Influenz, doch liefern die eben dargelegten, und die, welche sich auf den Sitz der elektrolytischen Wirkung beziehen, ob an dem Platze des Stromes oder der Ladung, eine solche Summe von Schwierigkeiten, dass diese allein genügen, um mich zur Zeit alle Schlüsse in der fraglichen Sache vertagen zu lassen

„Die Leitfähigkeit des Wassers kann unter einem anderen Gesichtspunkte betrachtet werden, nämlich bezüglich der absoluten Ladung, welche einer Flüssigkeit gegeben werden kann Eine Spitze an der Elektrisirmaschine kann die benachbarten Theilchen der Luft laden, und diese strömen davon Das Gleiche kann mit Theilchen von Kampher oder Terpentinöl geschehen — und ebenso mit den Theilchen des Wassers Werden zwei dünne Drähte mit dem Ruhmkorff'schen Apparate verbunden und in destillirtes Wasser etwa einen halben Zoll von einander entfernt getaucht, so zeigen die gewöhnlich vorhandenen Stäubchen alsbald, wie das Wasser eine Ladung aufnimmt, und wie die geladenen Wassertheile in Strömen fortgehen und sich gegenseitig in der Masse entladen Nun ist eine solche Ladung nicht mit Elektrolyse verbunden, denn die Bedingung derselben ist, dass die Elektricität durch das Wasser geht und nicht darin festgehalten wird Die blosse Ladung des Wassers giebt uns keine Vorstellung, wo irgendwelche durch die Elektrolyse freigemachte Bestandtheile sich entwickeln können, und dennoch kommt die Leitung sehr bei dem Akt der Ladung in Betracht Ein Regenschauer fällt durch einen Luftraum, welcher elektrischer Wirkung unterliegt, und jeder Tropfen wird geladen, Tröpfchen können von einem elektrisirten Springbrunnen mit sehr hoher Ladung geworfen werden, in beiden Fällen ist die Leitung in hohem Grade thätig, ich finde es aber sehr schwierig zu verstehen, wie diese Leitung eine elektrolytische sein kann

„Wenn entgegengesetzt elektrisirte Wassertropfen einander genähert werden, so leiten sie durch Fortführung, d h als Träger der Elektricität, berühren sie sich, so entladen sie einander, und die Function der Leitung findet alsbald statt Wird die oben erwähnte Wasserblase aus dem Influenzgebiete entfernt, so neutralisiren sich die entgegengesetzten Elektricitaten bei n und p, indem sie durch die Wassertheilchen geleitet werden Müssen wir in diesem Falle annehmen, dass die Leitung eine elektrolytische ist· und wenn, wo sind die getrennten Bestandtheile, und wo sollen sie erscheinen? Es muss eine feste Überzeugung sein, welche in solchen Fällen die eigentliche Leitung leugnen wollte, und wenn sie hier nicht geleugnet wird, warum wird sie dann überhaupt geleugnet?

„Das Ergebniss alles Nachdenkens, welches ich über den Gegenstand mittheilen kann, ist ein vertagtes Urtheil Ich kann nicht sagen, dass die eigentliche Leitung in den Elektrolyten zur Zeit widerlegt ist, aber ich kann auch nicht sagen, dass ich einen Fall weiss, dass ein noch so schwacher Strom mittelst Platinelektroden durch angesäuertes Wasser geleitet worden wäre, ohne dass diese polarisirt worden waren Es kann sein, dass die Gegenwart

von metallischen Elektroden durch ihre Eigenthümlichkeiten die nothwendige
Bedingung zur Entwickelung der Elemente vervollständigen, welche bei dem
gleichen Grade der Elektrisirung ohne die Metalle nicht entwickelt werden
würden, andererseits kann es sein, dass, nachdem die Metalle polarisirt sind
und ein entsprechender Spannungszustand entstanden ist, ein Betrag von
eigentlicher Leitung zwischen ihnen und dem Elektrolyt neben der elektrischen Wirkung gleichzeitig stattfinden mag   Darüber besteht jetzt kein
Zweifel, dass bezüglich der Elektrolyse und ihrer Gesetze sich alles so verhält, als gäbe es nur elektrolytische Leitung, bezüglich der statischen Erscheinungen, welche ebenso wichtig sind, und der Stufen, durch die sie in
dynamische Wirkungen übergehen, ist es aber wahrscheinlich, dass eigentliche Leitung bei Elektrolyten in genau der Weise stattfindet, wie bei anderen
zusammengesetzten Körpern, denn dies ist bisher nicht widerlegt, wird durch
starke Wahrscheinlichkeitsgründe gestützt und ist möglicherweise wesentlich.
Indessen sind die äussersten Grenzen der elektrischen Intensität so weit von
einander entfernt, und so unendlich verschieden nach der entgegengesetzten
Richtung sind die Stoffmengen, welche die wesentlichen Erscheinungen beider
Arten hervorbringen können und hervorbringen, dass diese Trennung der
Leitungswirkung denen vollkommen und ganz erscheinen kann, deren Geist
eher geneigt ist, eigentliche Leitung durch elektrolytische ersetzt zu sehen,
als anzunehmen, dass sie zwar reducirt, aber nicht zerstört ist, dass sie
gleichsam für Elektricität von grosser Menge und kleiner Intensität verschwindet, aber reichlich genügt für alle natürlichen und künstlichen Erscheinungen, wie die beschriebenen, bei denen sowohl Intensität wie Zeit
sich vereinigen, um die schliesslich erforderten Ergebnisse zu begünstigen

   „Indessen sollen wir über Naturgesetze nicht dogmatisiren, oder ohne
Beweis über ihre physische Natur entscheiden, und in der That sind die
beiden Arten der elektrischen Wirkung, die elektrolytische und die statische,
so verschieden, und doch beide so wichtig — die eine alles durch Quantität
leistend bei sehr geringer Intensität, die andere viele ihrer Hauptresultate
durch Intensität mit kaum einer verhältnissmässigen Quantität gebend —
dass es gefährlich sein würde, zu schnell die wirkliche Leitung in den wenigen
Fällen, in denen Wasser der Leiter ist, zu leugnen, während man doch
weiss, dass sie in den meisten Leitern wesentlich ist, allein aus dem Grunde,
weil, wenn Wasser als Elektrolyt benutzt wird, die elektrolytische Leitung
für jeden Fall der elektrolytischen Wirkung wesentlich ist "

   5 Elektrostatische Elektrolyse   Der von FARADAY in der vorstehenden Abhandlung ausgesprochene Zweifel, ob sein Gesetz bei den Erscheinungen der statischen Influenz noch gültig ist, hat L. SORET in Genf[1]
veranlasst, einen entsprechenden Versuch anzustellen, welcher ergab, dass
allerdings auch für diese Vorgänge das Gesetz als gültig angenommen
werden muss

„Der Versuch, den ich mir vorgenommen habe, ist der folgende Nimmt man zwei in einander stehende Gefässe von Glas, füllt beide bis zu einer gewissen Höhe mit Wasser und verbindet das Wasser des inneren Gefässes mit dem Leiter einer Elektrisirmaschine, das des äusseren Gefässes mit dem Boden, so hat man eine wirkliche Leidener Flasche mit Belegungen von Wasser Setzt man die Maschine in Bewegung, so werden wir der gewöhnlichen Sprache gemäss sagen, dass die positive Elektricität sich aus dem Conductor der Maschine in das Wasser begiebt, um sich an der inneren Fläche des Glases anzusammeln, während die negative Elektricität, durch die positive der inneren Belegung angezogen, aus dem Boden durch einen metallischen Leiter sich in das äussere Wasser begiebt, und sich an der äusseren Seite des inneren Glases anhäuft Es handelt sich darum, zu sehen, ob die Elektroden, d h die Enden der metallischen Leiter, welche in das Wasser tauchen, polarisirt werden, was ein sicherer Beweis für die Zersetzung des Elektrolyts, nach der Meinung der meisten Physiker, sein würde .

„Folgendermaassen wurde der Versuch ausgeführt Ein sehr reines und trockenes Glas wurde zur Hälfte mit gewöhnlichem oder schwach angesäuertem Wasser gefüllt, der besseren Isolierung wegen stand es auf einem Harzkuchen In dieses Wasser wurden zwei Platinplatten getaucht, die vorher nach der von FARADAY angegebenen Methode gereinigt worden waren Diese beiden, mit Platindrähten versehenen Platten wurden durch Glasröhren festgehalten, die an den Rändern des Glases befestigt waren, das Ganze war mit Siegellack befestigt, so dass die Platten keine Bewegung auszuführen vermochten

„In dieses Gefäss wurde ein zweites gestellt, welches aus einer langen gläsernen Probirrohre von etwa 0,7 m Höhe bestand Die Rohre war ausserhalb mit Gummilack gefirnisst und der Rand war mit einem Wulst von Siegellack versehen In das Innere war eine gewisse Menge Wasser mit der Vorsicht gegossen worden, dass die Wände oberhalb des Wassers nicht benetzt wurden. Vermöge dieser Einrichtungen ist man sicher, dass keine Elektricität aus der Maschine längs der Wände des inneren Gefässes entweicht, wie man unten sehen wird, kann man sich hiervon auch durch einen unmittelbaren Versuch überzeugen

„Alsdann wurde das Innere der Probirrohre mit dem Conductor einer Elektrisirmaschine mittelst einer Messingkette verbunden "

Bevor der Versuch ausgeführt wurde, überzeugte man sich von der Gleichheit der beiden Elektroden in dem äusseren Gefässe Eine einmalige Ladung dieser Leidener Flasche gab keine messbare Polarisation Als aber die Ladung sechzehnmal hinter einander wiederholt wurde, indem jedesmal die Flasche inzwischen durch einen anderen Leiter entladen wurde, ergab sich zwischen dem Platin, welches mit dem Boden verbunden gewesen war und die Zuleitung der negativen Elektricität besorgt hatte, und der unberührt gebliebenen zweiten Platinplatte ein Strom, als die beiden durch ein empfindliches Galvanometer geschlossen wurden „Es scheint also, dass eine Zersetzung stattgefunden hat, wie schwierig es auch ist, sich eine Entwickelung des Sauerstoffs an der Oberfläche des Glases vorzustellen "

Nachdem einige weitere Versuche auseinandergesetzt worden sind, welche die gute Isolirung des Apparates beweisen, und welche einen Übergang des elektrischen Stromes an der Oberfläche des Wassers ausschliessen (es wurde Terpentinöl auf die Oberfläche desselben gegossen, ohne dass die Ergebnisse sich änderten), wurde schliesslich noch ein Versuch angestellt, welcher die Polarität dieser Art elektrischer Zersetzung zur Anschauung brachte „Anstatt die Platinplatte unmittelbar mit dem Boden in Verbindung zu setzen, wurde neben dem äusseren Glase ein ganz ähnliches Gefäss angebracht, in welches gleichfalls zwei wohl gereinigte Platinplatten von gleicher Grösse wie die anderen tauchten Von der Platinplatte des ersten Gefässes ging ein Kupferdraht in das Wasser des zweiten, und eine der Platinplatten dieses Gefässes wurde mit dem Boden in Verbindung gesetzt, dann wurde der frühere Versuch wiederholt Nach sechzehn Entladungen wurden nach einander die beiden Plattenpaare mit dem Galvanometer in Verbindung gesetzt, und sie gaben sehr nahe die gleiche Ablenkung.

„Somit ist der Betrag der Zersetzung, wie es durch die Polarisation der Elektroden gemessen wird, der gleiche, ob der Strom durch eine Elektrode, oder durch zwei geleitet wird

„Diese Versuche widersprechen sonach der Hypothese einer eigenen metallischen) Leitfähigkeit der Flüssigkeiten "

In späterer Zeit sind die hier gewonnenen Ansichten bestehen geblieben, und es hat sich bis auf unsere Zeit trotz der so ausserordentlich gesteigerten Mannigfaltigkeit und Feinheit der Untersuchungsmittel kein Umstand ergeben, welcher zu der Annahme einer metallischen Leitung neben der elektrolytischen in irgend einem Leiter zweiter Klasse Anlass gegeben hatte Es führt dies zu dem Schlusse, dass allerdings eine Ursache zu existiren scheint, welche das gleichzeitige Vorkommen der beiden Arten der Leitung neben einander ausschliesst, vielleicht wird gerade dieser Umstand einmal dazu führen, die Ausgestaltung bestimmterer Vorstellung über das Wesen der metallischen Leitung zu vermitteln

6 Die Wanderung der Ionen Aus den früher (S 614) geschilderten Arbeiten DANIELL's hatte sich ergeben, in welchem Maasse die genauere Untersuchung der elektrolytischen Vorgänge im Lichte des FARADAY'schen Gesetzes Klarheit und Sicherheit in die Beurtheilung derselben zu bringen vermag Diese Arbeiten schlossen, nachdem die vorgenommene Aufgabe erledigt war, mit einem Problem, das in hohem Maasse zu einer weiteren Verfolgung einlud Denn sie endigten mit der Frage, wie die Bewegung der Ionen, die von dem Vorgange der elektrolytischen Stromleitung unzertrennlich ist, von der Natur derselben abhängig ist, und welchen Antheil daher in einem gegebenen Elektrolyt jedes der vorhandenen Ionen an der gesammten Stromleitung habe

Zu der Zeit, wo jene Arbeiten mit dieser Frage abschlossen, wurde das Problem kaum verstanden Ein Beweis dafür ist, dass nicht nur zunächst niemand die Frage aufgenommen hat, sondern auch, nachdem zehn Jahre später die Aufgabe bearbeitet, und mit schönstem Erfolge gelöst wurde, eine allgemeine Ablehnung der Empfang war, welcher diesen bahnbrechenden Untersuchungen zu Theil wurde Der Forscher, dem wir hier eine der wesentlichsten Forderungen verdanken, welche die Elektrochemie erfahren hat, musste in reichlichstem Maasse das Schicksal derer erfahren, „die was davon erkannt," und wenn er in unseren civilisirten Zeiten nur kritisch „gekreuzigt oder verbrannt" worden ist, so hat er doch ein halbes Menschenalter darauf warten müssen, bis seine Forschungen gebührend gewürdigt worden sind, und seine Gedanken die Verbreitung erhalten haben, in welcher sie erst ihre allgemeine Fruchtbarkeit entfalten konnten

Die Arbeiten, von denen hier die Rede ist, sind die im Jahre 1853[1] begonnenen Untersuchungen von WILHELM HITTORF in Münster über die Wanderungen der Ionen bei der Elektrolyse[2] Die hier niedergelegten Forschungen haben den grössten Einfluss auf die Ausbildung unserer jetzigen Ansichten über die Beschaffenheit der Elektrolyte und die Vorgänge der elektrolytischen Leitung gehabt, und ihr Studium führt uns mitten in die Begriffswelt hinein, in welcher die Gegenwart sich bewegt.

Der neue Gesichtspunkt, unter welchem diese Versuche ausgeführt worden sind, wird in der ersten Abhandlung bereits auf das klarste in den folgenden Worten ausgesprochen

„Es würde gewiss von grosser Wichtigkeit sein, wenn wir diese Bewegungen, welcher die kleinsten Theilchen eines Elektrolyten während des Durchganges eines Stromes unterworfen sind, genauer, als in den allgemeinsten Umrissen darstellen könnten Sie werden nicht allein über das Wesen der Elektricität, sondern auch über die chemische Constitution der Körper Licht verbreiten

„Es scheint möglich, durch den Versuch die relativen Wege, welche die beiden Ionen während der Elektrolyse zurücklegen, in vielen Fällen zu bestimmen Da uns im Folgenden dieser Punkt allein beschäftigen wird, so wollen wir ihn in der Zeichnung ebenfalls allein hervortreten lassen Zu diesem Ende wählen wir die Darstellungsart, die BERZELIUS in seinen Werken giebt, in welcher die beiden Ionen sich unter einander befinden und in horizontaler Richtung an einander verschieben (Fig 213 Gesetzt, der Elektrolyt sei durch ein indifferentes, den Strom nicht leitendes Lösungsmittel in den flüssigen Zustand gebracht. Vermögen wir die Flüssigkeit an irgend einer bestimmten Stelle zu spalten, so werden wir nach der Elektrolyse in jedem Theil die Ionen in einem anderen Verhältnisse finden, als vor derselben Dieses Verhältniss wird durch die Wege bedingt, welche jedes Ion während des Durchganges des Stromes zurücklegt

[1] POGG Ann **89**, 177, 1853
[2] Gesammtausgabe in den Klassikern der exakten Wiss Nr 21 und 23

„Machen wir z. B. die Annahme, welche in den älteren Darstellungen stillschweigend vorausgesetzt wurde, dass die Wege einander gleich seien, demnach die beiden wandernden Ionen sich in der Mitte der ursprünglichen Entfernung begegnen, so lehrt ein Blick auf die Fig. 213, dass nach der Elektrolyse der Theil der Flüssigkeit, der an die Anode grenzt, ein halbes Äquivalent des Anions mehr, ein halbes Äquivalent des Kations weniger enthalten wird, wie vor derselben. Für den anderen Theil, der mit der Anode in Berührung stand, gilt natürlich das Umgekehrte. Unter Äquivalent ist die Menge des freigewordenen Bestandtheils verstanden.

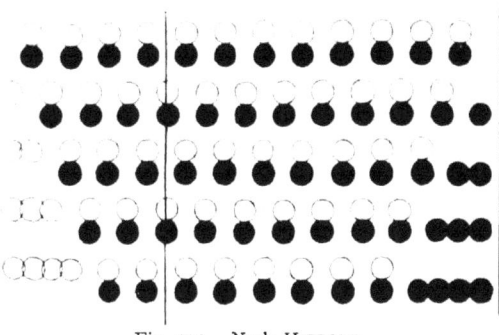

Fig. 213. Nach Hittorf.

„Legen die beiden Ionen nicht gleiche Wege zurück, begegnen sie sich nicht in Mitte, so wird die Seite der Flüssigkeit, auf der das schneller sich bewegende Ion auftritt, um mehr als ein halbes Äquivalent desselben vermehrt, und um weniger als ein halbes Äquivalent des anderen vermindert worden sein. Die Fig. 214 zeigt das für die Annahme, dass das Anion $^1/_3$, das Kation $^2/_3$ des Weges zurücklegt.

Fig. 214. Nach Hittorf.

Die Seite der Flüssigkeit an der Anode enthält nach der Zersetzung $^1/_3$ Äquivalent des Anions mehr, $^2/_3$ Äquivalent des Kations weniger, als vor derselben. Die andere Seite zeigt das umgekehrte Verhältniss.

„Es gilt offenbar dieses Resultat allgemein. Legt das eine Ion $\frac{1}{n}$ des Weges zurück, das andere $\frac{(n-1)}{n}$, so wird die Seite der Flüssigkeit, in welcher ersteres auftritt, $\frac{1}{n}$ Äquivalent desselben mehr, $\frac{(n-1)}{n}$ Äquivalent des anderen weniger enthalten. Die entgegengesetzte Beziehung wird für die andere Seite des Elektrolyten gelten."

In dieser kurzen Darlegung, welche an Klarheit und Durchsichtigkeit nichts zu wünschen übrig lässt, ist das Programm der Untersuchungen enthalten, welche sich, wie Hittorf selbst bemerkt, viel weiter ausgedehnt haben, als anfangs beabsichtigt worden war, und welche den Zeitgenossen fast unverständlich blieben. Hittorf beginnt damit, die älteren Bemühungen darzulegen, die an den Elektroden auftretenden Concentrationsänderungen zu erklären. Er erwähnt zuerst mit lebhafter Anerkennung die Arbeiten von Daniell und knüpft dann an eine Mittheilung von Pouillet Pogg. Ann. 65, 474) an, welcher nach der Elektrolyse einer Lösung von Goldchlorid die Flüssigkeit an der negativen Elektrode ihres Goldes beraubt gefunden hatte, und daraus den Schluss zog, dass nur die negative Elektrode überhaupt zersetzende Wirkung ausübe. „Es ist sonderbar, wie dieser einfache Versuch so allgemein missverstanden worden ist. Die Verdünnung, welche die Lösung am negativen Pole erleidet, beweist keineswegs, dass das betreffende Metall bei der Elektrolyse nicht wandert. Wir überzeugen uns davon sogleich, wenn wir einen Blick auf die Fig. 213 oder 214 zurückwerfen. Das Kation ist im obigen Falle im freien Zustande ein fester Körper, verlässt also als solcher beim Ausscheiden durch den Strom das Lösungsmittel. Die Fig. 213 ist unter der Annahme entworfen, dass die Ionen gleiche Wege zurücklegen, und lehrt, dass die Seite an der Kathode um $\frac{1}{2}$ Äquivalent des Kations nach der Elektrolyse vermehrt ist. Da nun ein Äquivalent desselben fest geworden, so wird die Lösung um $\frac{1}{2}$ Äquivalent vermindert, d. i. um $\frac{1}{2}$ Äquivalent des Salzes verdünnt sein. Die Verdünnung muss also auch, wenn das Kation wandert, am negativen Pol eintreten, sie muss es offenbar unter allen Umständen, so lange nicht das Kation allein wandert, das Anion ruht. Erst in diesem und einzigen Falle wird an der Kathode die ursprüngliche Concentration bleiben.

„Gerade diese Verdünnung, welche die Flüssigkeit um den negativen Pol in den Fällen erleidet, wo das Kation die Lösung verlässt, kann vortrefflich benutzt werden, um die Überführung quantitativ zu bestimmen. Ohne Einschaltung von Asbest oder eines Diaphragmas wird leicht eine genaue Spaltung des Elektrolyten erreicht."

Hittorf geht nun zu der Beschreibung seiner Apparate über, welche in den Figuren 215 und 216 abgebildet sind. Da er später diesen ziemlich verwickelten Apparat durch andere, einfachere ersetzt hat, so kann von der eingehenderen Beschreibung hier abgesehen werden. Der Zweck der verschiedenen Theile ist, die Trennung der Flüssigkeit in der Mitte zu gestatten, nachdem die Elektrolyse ausgeführt ist. Mit diesem Apparat wurde zunächst durch die Elektrolyse einer Lösung von Kupfersulfat das Folgende festgestellt:

Die Stromstärke hat keinen Einfluss auf die Überführungszahl; drei Versuche, bei denen sich die Stromstärken wie $11:42:96$ verhielten, gaben für die Überführung des Kupfers die Zahlen 29,1, 28,5, 28,9; „es unterliegt keinem Zweifel, dass die Überführung von der Intensität des Stromes unabhängig ist."

Die Verdünnung der Lösung hat einen Einfluss; als der Gehalt von 6,35 Theilen Wasser auf ein Theil Salz bis zu 148,3 Wasser geändert wurde, änderte sich die Überführung von 27,6 Procent bis 36,2 Procent.

Die Temperatur zeigt zwischen 4^0 und 21^0 keinen messbaren Einfluss.

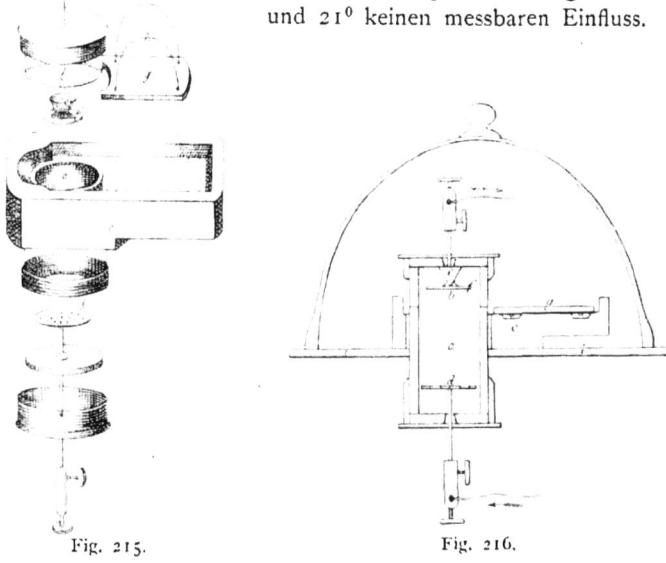

Fig. 215.   Fig. 216.

Nach HITTORF.

Ähnliche Versuche mit Silbernitrat ergaben gleichfalls eine Abhängigkeit der Überführung von der Verdünnung, die aber nur bei grösseren Concentrationen merklich war, und von einer etwa siebenprocentigen Lösung ab verschwand, indem bei grösseren Verdünnungen die Zahlen constant blieben.

Weiter untersuchte HITTORF Silbersalze anderer Säuren, von denen er das Sulfat und das Acetat wählte. Er fand relativ zum Silber die Geschwindigkeit des Ions der Schwefelsäure am grössten, dann kam das der Salpetersäure, und schliesslich das der Essigsäure. Da er glaubte, dass diese drei Zahlen auch die Reihenfolge der Verwandtschaftsgrade der drei Säuren zum Silber ausdrückten, so wurde ihm eine Beziehung der chemischen Verwandtschaft zur Wanderungsgeschwindigkeit wahrscheinlich.

„Um den bemerkten Zusammenhang zu deuten, drängt sich leicht folgende Betrachtung auf Von mehreren Anionen werden wir dasjenige, welches in der Vereinigung mit demselben Kation den grossten Weg zur Anode zurücklegt, für das elektronegativste erklären Analoges gilt von mehreren Kationen, die mit demselben Anion vorliegen Je weiter andere zwei Stoffe in der Spannungsreihe von einander abstehen, desto kräftiger erscheint ihre chemische Verwandtschaft Wir wurden danach in den Wegen, welche die Ionen wahrend der Elektrolyse zurücklegen, ein Maass für ihre chemische Verwandtschaft suchen dürfen " Hittorf fügt alsbald eine Verwahrung hinzu, diesen theoretischen Versuch als erwiesen zu nehmen, er hat damit sehr recht gehabt, denn diese Betrachtung hat sich in der Folge als ganz irrthümlich erwiesen, und dürfte sich bei eingehender Untersuchung auch logisch nicht wohl halten lassen

Weiter theilt Hittorf noch einen Versuch darüber mit, ob der bei der Elektrolyse von Eisensalzen entwickelte Wasserstoff primär oder sekundär ist Das Eisen war theilweise als Oxyd vorhanden, die gesammte Eisenmenge erwies sich aber der durch denselben Strom im Voltameter ausgeschiedenenen Silbermenge äquivalent, so dass Hittorf den Wasserstoff für secundar erklärt

Endlich wurde, um den Einfluss des Losungsmittels zu prüfen, eine alkoholische Silbernitratlösung verwendet, es ergab sich, dass der Unterschied zu Gunsten des Ions der Salpetersäure, welcher bei der wässerigen Losung beobachtet worden war, bei der alkoholischen stärker ausgeprägt sich zeigte „Dieses Resultat, das man nicht erwartet, mahnt zur Vorsicht in der Deutung unserer Zahlen "

Dies ist in Kurze der Inhalt der ersten Mittheilung Hittorf's Für den heutigen Leser ist in der Abhandlung nichts enthalten, was den Widerspruch in irgend einem Maasse herausforderte, man empfindet im Gegentheil ungemein wohlthuend gegenüber so manchen zeitgenossischen Arbeiten die schlichte Klarheit der Auffassung, welche dabei einen Gesichtskreis mit weitesten Ausblicken eröffnet Um so seltsamer muthet uns der Widerspruch an, welcher sich allseitig gegen diese Forschungen erhob, von den verschiedensten Seiten werden Einwendungen geltend gemacht und andere Auffassungen des elektrolytischen Vorganges dargelegt Von allen diesen hat sich keine als stichhaltig erwiesen Wir haben es hier mit einem der nicht seltenen Vorgange zu thun, dass eine neue, von dem Gewohnten abweichende Ansicht, welche durch einen einfachen und klaren Gedanken über eine ganze Reihe bisher bestandener Schwierigkeiten hinweghilft, mit besonderem Eifer verworfen wird Als wollte man sich das Gute, welches ungesucht kommt, nicht gefallen lassen, werden alle möglichen Grunde, auch die fadenscheinigsten, hervorgesucht, um es ablehnen zu dürfen, und mit einer seltsamen Genugthuung bemuht man sich, nachzuweisen, dass die Dinge doch nicht so einfach seien, wie sie im Lichte des neuen Gedankens erscheinen. Oft genug wird, wie auch in unserem Falle, die Entwickelung

der Wissenschaft durch dies Gebahren verzogert, und erst einer spateren
Zeit bleibt es vorbehalten, Gerechtigkeit zu uben und — sich selbst daraus
eine Lehre zu ziehen

7 R KOHLRAUSCH's Schwierigkeit   Als ein entsprechendes Zeugniss dafur, in welchem Maasse die hier von HITTORF vorgetragene Anschauung,
welche uns jetzt vollkommen einfach und selbstverstandlich erscheint, auch
bei hervorragenden Forschern Schwierigkeiten des Verstandnisses begegnete,
kann eine von R KOHLRAUSCH unter dem Titel   Über die elektrischen
Vorgange bei der Elektrolyse veroffentlichte Arbeit[1] dienen   Zunachst
findet sich eine klar aufgefasste Darstellung der Stoffbewegung bei der
Elektrolyse, welche wir noch heute als fast vollig sachgemass bezeichnen
mussen, alsdann bringt sich aber unser Forscher selbst in einen Widerspruch,
welcher thatsachlich gar nicht vorhanden ist, und nur aus einer missverstand-
lichen Entwickelung aus der richtigen Voraussetzung entstanden ist

„Nach dem jetzigen Stande der Wissenschaft, wenigstens soweit man
ihn aus der Litteratur erkennen kann, scheint es als eine ausgemachte Sache
betrachtet zu werden, dass der elektrische Strom in einem Elektrolyten
etwas wesentlich anderes ist, als der Strom im metallischen Theile des
Schliessungsbogens   Wahrend man im letzteren die beiden Electricitaten
in entgegengesetzten Richtungen von Atom zu Atom des Metalles wandern,
diese Atome aber selbst an ihrer Stelle bleiben lasst, wird der Elektrolyt
gewissermaassen als ein Isolator betrachtet, und der Strom kommt in ihm
nur dadurch zu Stande, dass die ponderablen Atome selbst, die einen
uberladen mit positiver Electricitat in der Richtung des Stromes, die anderen
uberladen mit negativer Electricitat in der entgegengesetzten Richtung fort-
wandern, so dass hier die Bewegung der Electricitaten an die Bewegung
der ponderablen Masse geknupft erscheint.   Nach der elektrochemischen
Theorie erhalten aber die Atome ihre Uberladung an Electricitat nicht erst
an den Polplatten der Zersetzungszelle, oder durch die elektromotorische
Kraft, sondern sie besitzen dieselbe schon von vornherein.   Im Wasseratom
z B hat bei der chemischen Verbindung das Wasserstoffatom freie positive,
das Sauerstoffatom ebensoviel negative Electricitat erhalten, und diese freien
Electricitaten, indem sie an die getrennten Atome geknupft bleiben und mit
ihnen wandern, bilden den Strom in den Elektrolyten   Auf diese Art erklart
sich einfach der Zusammenhang zwischen der mit dem Magneten gemessenen
Stromintensitat im Drahte und der Menge der Zersetzungsprodukte.

„Diese Betrachtungsweise des Stromes im Elektrolyten soll im Folgenden
die elektrolytische Hypothese genannt werden   Sie erscheint so einfach
und abgerundet, dass man sie gerne als eine ausgemachte Wahrheit betrachten
mochte, und dass sie vielfach als solche wirklich gelehrt wird.   Fragt man
aber die Gelehrten privatim um ihren Glauben an die Sache, so erfahrt man,
dass dieser keineswegs auf sehr festen Fussen steht, der eine hat dieses,

[1] Pogg. Ann 97, 307 1856

der andere jenes Bedenken In solchen Fällen bleibt nichts übrig, als die Hypothese, soweit es thunlich ist, in ihre Consequenzen zu verfolgen, entweder, um die Natur über diese Consequenzen zu befragen, oder die Übereinstimmung zwischen ihnen und bekannten Naturgesetzen auf theoretischem Wege zu prüfen."

Als eine solche Consequenz, welche zu einem unerwarteten Ergebniss führt, untersucht nun KOHLRAUSCH die Vorgänge bei dem Übergange der Leitung aus einem Elektrolyten in ein Metall und umgekehrt Nachdem er die verschiedenen hier möglichen Vorstellungen geprüft hat, legt er die nachfolgende dar, die ihm als die angemessenste erscheint

„Nach dieser Ansicht enthält jeder Körper in seinem unelektrischen Zustande ein gewissermaassen zu seiner Existenz gehöriges Quantum von neutraler Elektricität Als die Bestandtheile des Wassers sich chemisch verbanden, hat eine Zerlegung der Elektricitäten stattgefunden, das Wasserstoffatom gab eine gewisse Menge $-q$ seines negativen Theiles der neutralen Elektricität an das Sauerstoffatom ab, und dieses rückwärts eine Menge $+q$ (oder wenn man will, q' seines positiven Theiles an das Wasserstoffatom Das letztere hat dann den Überschuss $2q$ an freier positiver Elektricität, doch ist das eine q dieses positiven Überschusses eigentlich als ein Mangel an negativer Elektricität zu betrachten Wird das Atom wieder von seinem Nachbar getrennt und in die Lage gebracht, in einen unelektrischen Zustand zurückkehren zu können, so wird es die an dem negativen Theile seiner neutralen Elektricität fehlende Menge $-q$ aufnehmen, das überschüssige $+q$ aber abgeben.

„Darnach würde die . . Auffassungsweise die sein, dass die Polplatte in der Richtung des positiven Stromes die Hälfte des mit dem positiven Bestandtheile des Elektrolyten ankommende Elektricität aufnahme und fortführe, während in entgegengesetzter Richtung ein negativer Strom diesem Bestandtheile die zu seiner unelektrischen Existenz nothwendige, aber noch fehlende andere Hälfte an negativer Elektricität zuführte Und eben dieselbe Strömung im metallischen Theile des Schliessungsbogens würde an der anderen, nämlich der positiven Polplatte genügen, dem negativen Bestandtheile bei seiner Ankunft das ihm Fehlende zu geben und seinen Überschuss fortzuleiten

„Wenn nun, und das sind die Prämissen,

a) in jeder Sekunde an jede der Polplatten doppelt so viel Elektricität gelangt, als diese in derselben Richtung fortführt, und wenn

b) nach der GROTTHUSS'schen Ansicht die in der Sekunde an den Polplatten ausgeschiedenen Quantitäten der Bestandtheile ebenfalls durch alle übrigen Querschnitte des Elektrolyten gleichfalls hindurchgehen, so kommt der eigenthümliche Schluss zu Stande, dass der Strom im Elektrolyten doppelt so stark sein muss, als der im metallischen Theile des Schliessungsbogens. Denn, um es rücksichtlich des positiven Stromes zu wiederholen· Für die Elektricitätsmenge $+2q$, welche im Elektrolyten in der Richtung

des positiven Stromes wandert, geht im Draht nach derselben Richtung nur
+ q, es wird aber durch das zweite q des Elektrolyten keine positive Elektricität an der Kathode angehauft, indem dies + q lediglich darum als frei
erscheint, weil dem hier ausgeschiedenen Bestandtheil die gleiche Menge
derjenigen negativen Elektricität fehlt, welche ihm in seinem unelektrischen
Zustande zukommt, dieser fehlende Theil − q aber von der Polplatte wegen
des negativen Stromes im Drahte im Augenblicke der Ausscheidung auf
den betreffenden Bestandtheil des Elektrolyten übergeht

„Man täuscht sich, wenn man etwa glaubt, durch Anwendung einer der
anderen Auffassungsweisen, oder von einer vierten, diesem Schlusse, dass im
Elektrolyten der Strom die doppelte Intensität haben müsse, wie der im
metallischen Schliessungsbogen, aus dem Wege zu gehen Man kommt
dadurch, so lange man die obigen Prämissen festhält, entweder genau zu
demselben Schlusse, oder zu dem gleich bedeutenden dass im Drahte ein
einfacher Strom ist von derselben Intensität, wie jeder der beiden Strome,
welche in entgegengesetzter Richtung den Elektrolyt durchlaufen "

Und nun geht KOHLRAUSCH auf die Beschreibung einer Versuchsanordnung über, mittelst deren er diesen Schluss geprüft hat. Sie bestand im
Wesentlichen aus einem Leiter, welcher einen langen prismatischen Trog
mit einem Elektrolyten enthielt Über dem Troge und ebenso über einem
anderen horizontalen Theile des Leiters befanden sich zwei Magnetnadeln,
deren Lage durch Fernrohr und Skala an einem Spiegel abzulesen war.
Der Strom wurde durch das Leitersystem, das im übrigen so eingerichtet
war, dass die anderen Theile keine ablenkende Wirkung auf die Magnete
übten, hindurchgeleitet, und aus den Ablenkungen die Drehmomente des
Stromes im Elektrolyten und im metallischen Leiter berechnet. Diese Rechnung gestaltete sich ungemein verwickelt, da einerseits der Einfluss der
räumlichen Ausdehnung des elektrolytischen Leiters, andererseits die gegenseitige Einwirkung der Magnete auf einander und die der entfernteren Theile
des Schliessungsbogens auf jeden der beiden Magnete zu berechnen war,
so nimmt denn auch die Mittheilung dieser Rechnungen allein mehr als
zwölf Seiten ein Das Ergebniss war $i' = 0,98635\ i$, wo i' die Stromstärke
im Elektrolyten, i die im metallischen Leiter bezeichnet, d h beide Strome
sind gleich

Nachdem nun nachgewiesen ist, dass der früher gezogene Schluss un-
gültig ist, geht KOHLRAUSCH auf eine Erörterung ein, wie dies Ergebniss mit
der Theorie zu vereinigen sei, und giebt eine sehr umständliche Auseinandersetzung, welche schliesslich in die einfache Überlegung mündet, dass zu
der Trennung eines Sauerstoffatoms von einem Wasserstoffatom nicht jedes
Atom den ganzen Weg zurückzulegen braucht, sondern nur den halben,
oder mit Rücksicht auf die Arbeit von HITTORF, dass eines der Atome den
einen und das andere den anderen Theil des Weges macht, so dass der
gesammte Weg der Elektricitaten nicht der doppelte, sondern wirklich nur
der einfache ist Ein Blick auf die Fig 213 und 214 lehrt dieses alsbald;

und um sich vollkommene Klarheit darüber zu verschaffen, braucht der
Leser nur unter diesem Gesichtspunkte die obenstehende Auseinandersetzung
nochmals durchzusehen, um sich zu überzeugen, dass bei den dort angenommenen Elektricitatsbewegungen nicht die einfache, sondern die doppelte
Menge der Zersetzungsprodukte ausgeschieden werden wurde, als vorausgesetzt, so dass zu deren Entladung im metallischen Leiter auch der doppelte Strom erforderlich ware. Überhaupt muss man sich unmittelbar sagen,
dass die erste Darlegung schon deshalb einen Fehler enthalten musste, weil
der doppelte Strom in einem Theile des Leiters unvermeidlich zu einer
Anhaufung freier Elektricitat an den Elektroden proportional der Dauer des
Stromes fuhrt, was nicht moglich ist

Kohlrausch hat sich zu dieser Erkenntniss offenbar mit einigen Schwierigkeiten hindurchgekampft, denn er giebt eine ungemein lange und umstandliche Auseinandersetzung dieser einfachen Verhaltnisse, welche eher geeignet
ist, den Leser zu verwirren, als ihn aufzuklaren, wenn sie auch an sich
durchaus einwurfsfrei ist. Von Werth ist indessen der ausdruckliche Ausspruch der Voraussetzungen, die zu machen sind, um die elektrolyti-che
Hypothese (S 838) der Stromleitung mit der Erfahrung in Einklang zu bringen
Darnach ist vorauszusetzen, dass die Wirkung eines mit dem Ion bewegten
elektrischen Theilchens proportional seiner (elektrischen Masse und seiner Geschwindigkeit in der Stromrichtung und umgekehrt proportional dem Quadrat
seiner Entfernung sei, und dass die Wirkung einer negativen Elektricitatsbewegung gleich der einer gleichen positiven Elektricitatsmenge in entgegengesetzter Richtung sei. Da dies alles Voraussetzungen sind, welche in den
ubrigen Theilen der Elektricitatslehre als richtig angesehen werden, so liegt
denn schliesslich uberall eine vollkommene Übereinstimmung der Erfahrung
mit der Theorie vor

Von grosserem Interesse, als diese anschauliche Demonstration, wie
schwer es oft ist, die Dinge in ihrer Einfachheit zu sehen, sind einige Stellen,
in welchen die Analyse des Zersetzungsvorganges bei der Elektrolyse der
Grotthuss'schen Auffassung gemass im einzelnen durchgefuhrt wird. Die
Anschauung, welche sich Kohlrausch schliesslich von diesen Erscheinungen
macht, ist durch die Fig 217 vorgestellt. Darin bedeuten aa die Wasseratome, deren Bestandtheile durch
$+$ und $-$ gekennzeichnet sind, und
die mit Pfeilspitzen bezeichneten
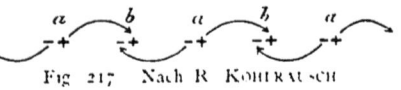
Linien stellen die Wege dar, welche
diese Bestandtheile zurucklegen mussen, bevor sie sich mit dem nachsten
entgegenkommenden Atom vereinigen konnen, um die neuen Wassertheilchen bb zu bilden, und Kohlrausch betont ausdrucklich, dass gegen diese
Wege die Entfernungen der beiden Elektricitaten in den Doppelatomen verschwindend klein sind. Um die letzteren bewegen sich aber nur die beiden
Atome im verbundenen Zustande, wahrend die ganzen ubrigen Wege im
freien Zustande zuruckgelegt werden mussen. Daraus folgt aber mit Noth-

Fig 217   Nach R Kohlrausch

wendigkeit ein Schluss, welchen R Kohlrausch freilich nicht gezogen hat,
namlich dass die der Elektrolyse unterliegenden Verbindungen wahrend des
allergrossten Theiles der Zeit, wahrend welcher sie an der Stromleitung betheiligt sind, sich nicht im verbundenen, sondern im getrennten Zustande
befinden mussen, die Bewegung der einzelnen Atome allein kann die
Stromleitung bewirken, und die stromleitenden Atome mussen daher nothwendig frei sein

Es ist sehr merkwurdig, wie dieser unmittelbare und auf Grund der
gemachten Voraussetzungen gar nicht zu umgehende Schluss von keinem
der Forscher, die sich bis dahin und in der Folgezeit mit diesen Fragen
beschaftigt haben, gezogen und ausgesprochen worden ist, bis dies im Jahre
1887 durch Arrhenius geschah Es darf wohl nicht angenommen werden,
dass der Gedanke keinem der betreffenden Manner gekommen sei, dazu
war er doch zu naheliegend. Wohl aber hat offenbar jeder einen solchen
Gedanken für ganz unzulassig gehalten, da er allem widersprach, was die
Chemie lehrte und behauptete, und die weitere Erkenntniss, dass auch aus
der Chemie eine Menge von Widerspruchen und Unklarheiten durch eine
entsprechende Reform der Anschauungen beseitigt werden wurde, konnte
sich nicht entwickeln Auch hat es geschichtlich in der That einer Reihe
neuer Erkenntnisse bedurft, um den Schluss, zu welchem die altbekannten
Thatsachen langst berechtigten, endlich ziehen zu lassen. An jene alten
Widerspruche hatte man sich eben gewohnt, und ihre Beseitigung um den
Preis einer fundamentalen Umwalzung erschien als eine zu weitgehende Forderung Als aber eine ganz neue und damals noch wenig bewahrte Theorie,
die Gastheorie der Losungen van t' Hoff's, die Umgestaltung forderte, da
wurde sie zu Gunsten derselben durchgefuhrt, und erst im Anschlusse daran
ergaben sich die unzahligen weiteren Vortheile, welche die Reform mit
sich brachte

8 Hittorf's Arbeiten. Fortsetzung In seiner zweiten Mittheilung
beschreibt Hittorf[1] zunachst nochmals die Grundlagen seines Verfahrens,
und verbessert es nach zwei Richtungen. Einmal wird die Analyse der
Veranderung im Salzgehalt nicht mehr wie fruher auf das Volum der Losung bezogen, sondern auf das Gewicht des Losungsmittels, es verschwindet
dadurch eine Fehlerquelle, welche allerdings so geringfugig ist, dass sie in
den fruheren Fallen keine die Versuchsfehler uberschreitende Abweichung
hat bewerkstelligen konnen Zweitens beschreibt er zwei neue Apparate,
deren Construction dadurch nothwendig geworden war, dass er die Salze
der Alkalimetalle in den Kreis seiner Arbeiten zog, und auf die bei deren
Elektrolyse auftretenden Erscheinungen besonders Rucksicht zu nehmen
hatte Die Apparate sind in den Fig 218 und 219 dargestellt; der eine ist
ohne Diaphragmen, der andere mit solchen ausgefuhrt. Letztere erleichtern
sehr die Arbeit und sind von Hittorf benutzt worden, nachdem er sich

---

[1] Pogg. Ann 98, 1 1856

überzeugt hatte, dass er bei der Anwendung derselben die gleichen Resultate
erhielt, wie ohne solche. Zu bemerken ist wesentlich das Hülfsmittel, durch
dessen Anwendung er die Gasentwickelung an beiden Elektroden vermied,
welche durch Vermischung der Schichten seinen Zweck vereitelt hätte: er
benutzte statt des üblichen unangreifbaren Metalles eine Kathode von Cadmium, wodurch an Stelle von Sauerstoff resp. Chlor oder dergl.; sich ein
Cadmiumsalz bildet, welches in Folge des grossen specifischen Gewichts
seiner Lösung an den Boden
des Glases sich begiebt, ohne
in die oberen Schichten zu
wandern.

Als Einwand gegen die
Zulässigkeit des Verfahrens
war die Erscheinung geltend
gemacht worden, dass unter
Umständen durch den Strom
die gesammte Salzlösung fortgeführt wird, wenn ein poröses Diaphragma sich in der
Strombahn befindet (S. 845).
Da gerade in derselben Zeit
die Gesetze dieser Erscheinung durch GUSTAV WIEDE-
MANN einer genauen Unter-
suchung unterzogen worden
waren, lag der Einwand in
der That nahe. Auch diesen
Punkt konnte indessen HIT-
TORF befriedigend erledigen:
die Fortführung der gesammten Flüssigkeit durch den
Strom und die Wanderung
der Ionen geschehen unab-

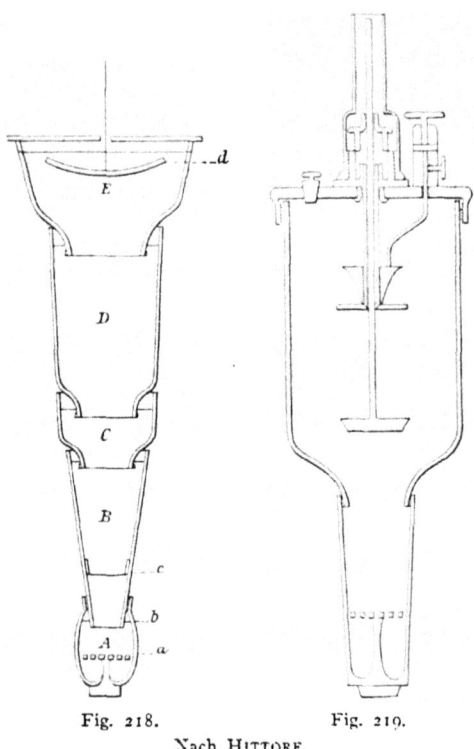

Fig. 218.   Fig. 219.

Nach HITTORF.

hängig von einander, so dass man die Verhältnisse der Weglängen der Ionen
berechnen darf, als fände die Fortführung der Flüssigkeit überhaupt nicht statt.

Den auf den ersten Augenblick etwas überraschend aussehenden Satz,
dass das Ergebniss der Überführungsmessungen nicht geändert wird, wenn
an der Anode (resp. an der Kathode) sich beliebige andere Salze bilden,
ja wenn die Elektroden mit beliebigen anderen Salzlösungen umgeben sind,
begründet HITTORF durch folgende Überlegung:

„Wie ich in der ersten Mittheilung gezeigt, werden die Überführungen,
welche wir suchen, dadurch bedingt, dass die Ionen eines jeden Querschnittes
um eine bestimmte Strecke des Zwischenraumes, der ihn von dem nächsten
trennt, den betreffenden Elektroden sich nähern. Ich habe daselbst durch

die Figuren 213 und 214 (S. 834) zu veranschaulichen gesucht, dass die Zahlen, welche wir finden, die relativen Wege ausdrücken, welche die beiden Ionen jedes Querschnittes bei jeder Zersetzung und Wiedervereinigung nach den Polen zurücklegen. Ohne Einfluss auf dieselben muss die Natur der Elektroden sein, welche wir nach FARADAY als die Begrenzungen des Elektrolyten, als die Thüren, durch welche der Strom aus- und eintritt, anzusehen haben. Unsere Zahlen werden nicht geändert, welche Metalle wir zu den Polen nehmen, wenn nur dadurch die Lösung in der Nähe der Trennungsstelle nicht verändert wird. Ich wählte die Anode bis jetzt stets aus dem Metall, dessen Salz in der Lösung sich befand, weil

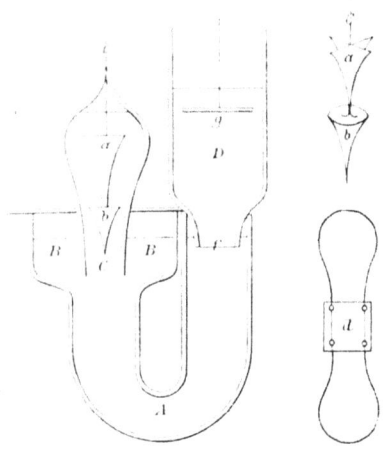

Fig. 220. Nach HITTORF.

dadurch ein dreifacher Zweck am einfachsten zu erreichen war. Einmal wurde die störende Gasentwickelung an diesem Pole vermieden; sodann entstand daselbst eine specifisch schwerere Flüssigkeit, und endlich gelangte kein anderes Salz in die Lösung. Wir dürfen aber zur Anode jedes Metall benutzen, sobald es nur mit dem Anion eine lösliche Verbindung eingeht, wenn wir nur Sorge tragen, dass das entstehende Salz um die Anode bleibt, wenigstens nicht in die Nähe der Trennungsstelle gelangt. In analoger Weise verhält es sich mit der Kathode. Wird die Lösung um den positiven Pol zur Analyse benutzt, so dürfen wir den negativen mit einem anderen Elektrolyten umgeben, wenn er nur nicht während der Elektrolyse bis zur Trennungsstelle vordringt.«

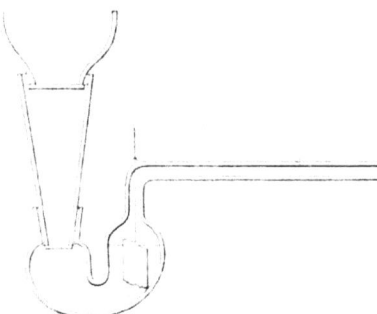

Fig. 221. Nach HITTORF.

Der auf Grund dieser Überlegungen entstandene Apparat ist durch Fig. 218 dargestellt, wo die Anode aus amalgamirten Cadmium sich in dem untersten Gefässe befindet, und die Trennung der beiden Flüssigkeitsantheile zum Zweck der Analyse mit Hülfe der Diaphragmen erfolgt. Mit diesem Apparate wurden zunächst die Alkalisalze untersucht.

Bevor HITTORF indessen auf die Mittheilung seiner Versuchsergebnisse eingeht, nimmt er auf eine Äusserung R. BUNSEN's Bezug,[1] nach welcher

[1] Pogg. Ann. 91. 619. 1854.

mit der Stromdichte die Kraft des Stromes wachse, Verwandtschaften zu überwinden, und setzt auseinander, wie dies zwar für die praktischen Ergebnisse der Elektrolyse gelte, nicht aber für die Wanderungserscheinungen, die er ja als von der Stromstärke, und somit -dichte unabhängig erwiesen hatte. Vielmehr handelt es sich bei dem Ausspruche Bunsen's nur um die Frage, ob die sogenannte primäre oder secundäre Reaktion das Übergewicht an der Elektrode hat, und nur darauf kann sich jene Äusserung beziehen. Die Messung der Wanderungsgeschwindigkeit ist aber, wie eben gezeigt, unabhängigig von der besonderen Beschaffenheit der an den Elektroden stattfindenden Reaktionen.

Mit den Alkalisalzen wurden nun alsbald viel einfachere Ergebnisse erhalten, als vorher mit den Salzen des Kupfers und Silbers, denn die Überführungszahlen erwiesen sich als unabhängig von der Verdünnung. Lösungen, deren Gehalt an Chlorkalium zwischen 1:4,8 und 1:449 wechselte, gaben dieselben Werthe, und zwar in dem Sinne, dass beide Bestandtheile nahezu gleich schnell wandern, nur das Chlor etwas schneller. Die Überführung des letzteren ergab sich im Mittel zu 0,515; die des Kaliums demgemäss 0,485. Ebenso verhielten sich Brom- und Jodkalium, deren Überführungen auch zahlenmässig mit der des Chlorkaliums zusammenfallen; Chlorammonium schliesst sich diesen Salzen an. Kaliumnitrat, -sulfat und -acetat gaben dagegen eine geringere Überführung des Anions, aber die gleiche Unabhängigkeit von der Verdünnung.

Fig. 222. GUSTAV WIEDEMANN.

10. Untersuchungen von G. WIEDEMANN. Gleichzeitig mit den Arbeiten, welche die Aufklärung des Vorganges bei der elektrolytischen Leitung durch die Untersuchung der an den Elektroden auftretenden Concentrationsänderungen zum Gegenstande hatten, beschäftigte sich ein anderer Forscher, dessen Name uns noch vielfach entgegentreten wird, GUSTAV WIEDEMANN, mit einer anderen Gruppe von Vorgängen, deren Gesetze er bei dieser Gelegenheit mit grosser Vollständigkeit ermittelte.[1] Es handelt sich um die Bewegungen, welche die gesammte elektrolytische Flüssigkeit erfährt, wenn ein poröses Diaphragma in die Strombahn eingeschaltet ist. Die Erscheinung ist bereits von DANIELL erwähnt worden, doch hat der von diesem

---

[1] POGG. Ann. **87**, 321. 1852.

genannte englische Forscher Porret, welchen er als den ersten Beobachter nennt, einen Vorgänger in Reuss,[1] welcher in Moskau 1809 solche Beobachtungen gemacht hatte.

An dem Apparate Fig. 223 wurde zunächst die Thatsache, dass die Flüssigkeit im Sinne des positiven Stromes fortgeführt wird, geprüft und bestätigt. Die Einrichtung desselben ist leicht zu erkennen: es sind zwei Glasgefässe von geeigneter Gestalt mit ihren abgeschliffenen Rändern unter Zwischenfügung einer Thonplatte an einander gelegt, und werden in dieser Stellung durch Schrauben mit Muttern zusammengehalten. Die horizontalen Öffnungen dienen zur Einführung der Elektroden, die oberen zur Einsetzung von Wasserstandröhren. Die Erscheinung trat bei den meisten Flüssigkeiten auf, deutlicher bei schlechtleitenden, weniger bei besser- und gar nicht bei gutleitenden, wie verdünnter Schwefelsäure.

Messende Versuche wurden mit dem Apparate Fig. 224 ausgeführt, der aus einer Thonzelle besteht, an die ein gläserner Aufsatz gekittet ist,

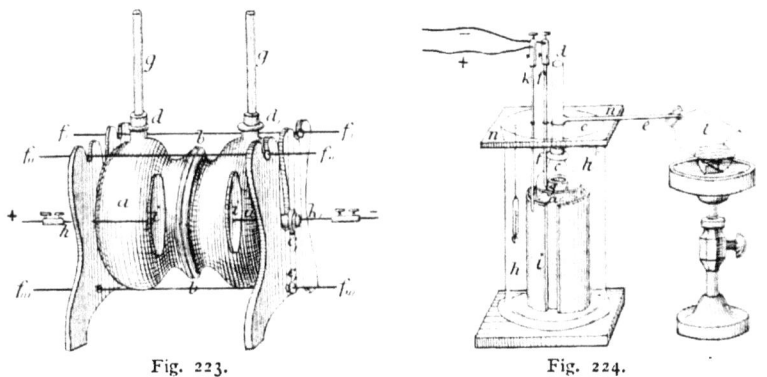

Fig. 223.   Fig. 224.
Nach G. Wiedemann.

welcher die übergeführte Flüssigkeit abzuleiten und zu messen gestattete. In der Thonzelle befand sich die eine cylindrische Elektrode, ausserhalb derselben die andere. Wurde ein Strom von der äusseren Elektrode zur inneren geleitet, so floss die mitgeführte Flüssigkeit in die vorgelegte Flasche.

Das Ergebniss der Messungen war zunächst, dass die Menge der übergeführten Flüssigkeit der Stromstärke proportional ist. Diese Menge ist im übrigen unabhängig von der Grösse und Dichte der porösen Wand. Von deren Natur zeigte sich indessen die Grösse abhängig; so gaben Zellen aus dichterem Material eine geringere Überführung, als porösere.

Von der Natur der Flüssigkeit liess sich keine genauere Abhängigkeit nachweisen, als dass die Überführung dem Widerstande derselben parallel ging, ohne dass man eine Proportionalität auszusprechen berechtigt wäre.

[1] Seyffer's Gesch. Darst. des Galvan. 1848, 542; nach Wiedemann a. a. O.

Der Apparat (Fig. 225) wurde nun dahin abgeändert, dass nicht die durchgeflossene Flüssigkeitsmenge, sondern der erzeugte Druck gemessen wurde, welcher die Überführung eben aufzuheben vermochte. Dazu wurde an die Stelle der Ausflussröhre ein Manometer gebracht. Dabei ergab sich, dass die Druckhöhen, bis zu welchen die Flüssigkeiten durch den galvanischen Strom aufsteigen, der Intensität des Stromes direkt proportional sind. Sie sind bei verschiedenen Oberflächengrössen derselben Zelle der Oberfläche umgekehrt proportional, und wachsen ferner direkt proportional der Dicke der Zellwand.

Versuche mit Kupfervitriollösungen verschiedenen Gehaltes ergaben endlich, dass die Druckhöhen den Widerständen der Lösung direkt proportional sind.

Im Anschlusse an seine Untersuchungen über die elektrische Fortführung der Flüssigkeiten durch poröse Scheidewände betheiligte sich auch G. WIEDE-MANN an der Untersuchung der Concentrationsänderung an den Elektroden,[1]

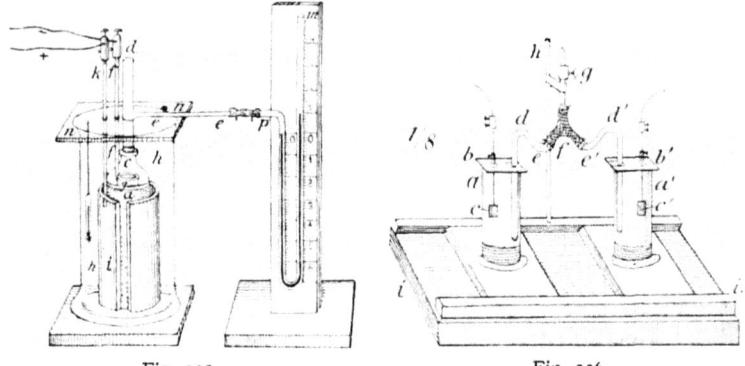

Fig. 225.   Fig. 226.

Nach G. WIEDEMANN.

indem er den durch Fig. 226 dargestellten Apparat verwendete. Die mit demselben erhaltenen Ergebnisse waren theilweise durch Versuchsfehler getrübt, und im Allgemeinen weniger einer einfachen Deutung fähig als die von HITTORF über diese Frage erhaltenen. Dagegen veranlassten ihn die mit der Fortführung der Flüssigkeiten zusammenhängenden Betrachtungen, eine Beziehung aufzustellen, welche sich, nachdem sie längere Zeit als fast hoffnungslos angesehen worden war, doch als in der Natur der Sache begründet erwies: eine Beziehung zwischen der elektrischen Leitfähigkeit der Lösungen, und den Bewegungshindernissen, welche sich den Ionen entgegenstellen, und für welche in erster Annäherung die innere Reibung der Flüssigkeiten in Betracht zu ziehen ist. Mit Hülfe des in Fig. 227 dargestellten Apparates ermittelte er für Lösungen, deren Leitfähigkeit er be-

[1] POGG. Ann. 99, 177. 1856.

stimmte, auch die inneren Reibungen. Der Apparat besteht aus der Vorrichtung *d a b f*, welche zur Herstellung eines constanten Druckes nach dem
Prinzip der Mariotte'schen Flasche zusammengestellt ist, und einem horizontal liegenden Capillarrohr nebst
Pipette *h k l*, welche die zu untersuchende Flüssigkeit aufnahmen. Durch
Beobachtung der Zeit, welche die in
der Pipette enthaltene Flüssigkeit gebrauchte, um mittelst des vorhandenen
Druckes durch die Capillare gepresst zu
werden, ergab sich die relative Zähigkeit oder innere Reibung.

Die elektrischen Leitfähigkeiten
wurden nach der von Becquerel und
Wheatstone angegebenen Weise durch
Substitution gemessen.

Aus dem Vergleich beider Zahlen-
reihen ergab sich schliesslich als annähernde Regel, dass der Widerstand
der Lösungen der Zähigkeit der Flüs-

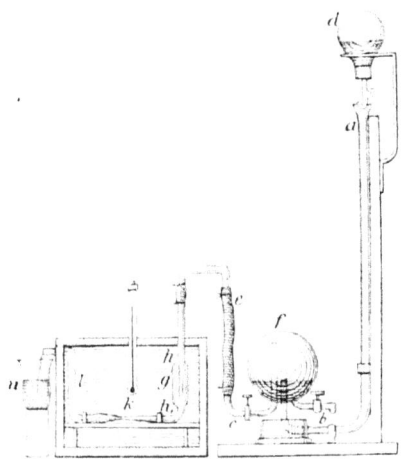

Fig. 227.   Nach G. Wiedemann.

sigkeiten direkt, ihrem Salzgehalt umgekehrt proportional sei. Wiedemann
bemerkt ausdrücklich, dass diese Regel nur die Annäherung sei, doch weist
er in mehreren Fällen deren gute Übereinstimmung mit den Messungen
nach. Auch weist er darauf hin, dass die Zähigkeit nicht das eigentliche
Maass für die Bewegungshindernisse der Ionen sei, da sich die Ionen am
Lösungsmittel reiben, bei der Bestimmung der Zähigkeit aber die Lösung
an sich selbst.

11. Die elektrolytischen Untersuchungen von G. Magnus. Um
die Bedeutung des Verdienstes ganz zu würdigen, welches sich Hittorf um
jene Zeit durch seine experimentellen Arbeiten ebenso, wie durch die Klarheit seiner Anschauungen erworben hat, besitzt man einen Maassstab in
einer Abhandlung, welcher einer der damals namhaftesten Physiker Deutsch-
lands, Gustav Magnus, Professor der Physik in Berlin, unter dem Titel:
„Elektrische Untersuchungen"[1] veröffentlichte. Magnus hat sich bedeutende
Verdienste auf dem Gebiete der messenden Physik und insbesondere dadurch erworben, dass er als der erste in Deutschland den jüngeren Physikern
die Gelegenheit gab, durch Arbeiten im Laboratorium sich in der Technik
des Experimentirens auszubilden. Die hier zu betrachtenden Arbeiten vermehren Magnus' Verdienste indessen nicht.

Magnus geht gleichfalls von den Beobachtungen Daniell's (S. 614) aus,
und wendet gegen dessen Ansichten von der Natur der Salze und dem
Wesen der elektrolytischen Zersetzungen ein, dass die von ihm angenom-

[1] Pogg. Ann. 102, 1. 1857.

menen Stoffe, wie Oxysulfion, Oxynitrion u. s. w. nie dargestellt worden seien, er glaubt der Änderung der chemischen Anschauungen, welche diese Annahme mit sich bringt, durch eine passende Änderung der Auffassung der Elektrolyse entgehen zu können

Über Hittorf's Untersuchungen wird bemerkt, dass sie in anderer Beziehung von grossem Interesse seien, dass sie aber nicht den Zweck hatten, die Daniell'schen Beobachtungen zu erklären[1]

Um dies nun selbst zu thun, zersetzte Magnus in einem dem Daniell'schen (S 614) ähnlichen Apparate mit senkrecht stehender einfacher Scheidewand Kupfersulfat zwischen Platinelektroden, und untersuchte nach einiger Zeit die Lösungen. „Auf diese Weise zeigte sich, dass für das an der negativen Elektrode ausgeschiedene Metall ein volles Äquivalent Schwefelsäure frei geworden war, allein von diesem waren nur 60 bis 70 Procent in der negativen Zelle enthalten, die übrigen befanden sich in der positiven Es wird folglich von den beiden zur positiven Elektrode wandernden Substanzen nur von dem Sauerstoff ein volles Äquivalent übergeführt, nicht aber von der Säure, wenigstens nicht bei Anwendung einer Scheidewand von thierischer Base

„Dieses Resultat ist der Daniell'schen Hypothese entgegen, denn wenn das schwefelsaure Kupferoxyd aus Kupfer und Oxysulfion bestände, so musste dieses letztere als solches zur positiven Elektrode gelangen"

Auf diesen einen, ohne die von Hittorf so nachdrücklich als nothwendig erwiesenen Vorsichtsmaassregeln ausgeführten Versuch gründet Magnus seine Verurtheilung der Daniell'schen Ansicht[1]

Seine eigene Ansicht, durch welche er den von Daniell aufgedeckten Widerspruch zu heben glaubt, ohne die übliche chemische Theorie verlassen zu mussen, stellt er folgendermaassen dar

„Zwar glaube ich, dass es möglich ist, dieses Verhalten des Stromes auf bekannte Erscheinungen zurückzuführen, allein es wird mir schwer, die Vorstellung, welche ich mir von der elektrischen Zersetzung entworfen habe, hier mitzutheilen Theils sind in neuerer Zeit so viele Theorieen über den Vorgang der Elektrolyse veröffentlicht worden, dass ich dieselben nicht gern durch eine neue vermehre, theils ist die Vertheilung der Elektricität auf eine Reihe isolirter Leiter, auf welche, wie ich glaube, die elektrolytischen Erscheinungen sich zurückführen lassen, noch nicht so vollständig bekannt, um diese Zurückführung in allen Theilen durchführen zu können Ich würde deshalb meine Ansicht ganz unterdrücken, wenn ich nicht glaubte, dass dieselbe besonders geeignet sei, die Versuche in einen übersichtlichen Zusammenhang zu bringen Nur als ein Mittel hierfür betrachte ich die folgende Auseinandersetzung

„Es scheint mir zunächst unmöglich, anzunehmen, dass die Elektricität sich in dem Leiter bewege, wie die Flüssigkeit in einer Röhre, so dass sie zu einer bestimmten Zeit an einer Stelle derselben, und bald darauf an einer anderen, entfernteren angekommen ist Ich kann mir nur vorstellen, dass die Elektricität sich von Schicht zu Schicht in ähnlicher Weise in dem Leiter fortpflanzt, wie die Wirkung eines leuchtenden Körpers fortgepflanzt wird. Ob man dabei annehmen dürfe, dass die elektrische Fortpflanzung wie die des Lichtes auf Schwingungen eines Äthers beruhe, oder in welcher anderen Weise sie vor sich gehe, muss, wie ich glaube, für jetzt dahingestellt bleiben. Aber auch ohne die Art der Fortpflanzung genauer kennen zu lernen, ist man genöthigt, anzunehmen, dass sie von Schicht zu Schicht erfolge. Fehlen auch die Beweise hierfür in Bezug auf die Fortpflanzung in einem metallischen Leiter, so lässt sich wenigstens mit vieler Wahrscheinlichkeit zeigen, dass in einer zersetzbaren Flüssigkeit die Fortpflanzung in jener Weise stattfindet, und zwar ähnlich, wie die Fortpflanzung der Reibungselektricität oder der Elektricität von hoher Spannung durch eine Anzahl isolirter Leiter.

„Um etwas bestimmter anzudeuten, was ich meine, stelle man sich zwei gleiche Metallplatten A und B vor, die in einiger Entfernung parallel einander gegenüberstehen, und zwischen denselben eine Anzahl isolirter Kugeln, deren Durchmesser nur klein im Verhältniss zur Grösse der Platten A und B ist. Liegen diese Kugeln in gleichen Abständen von einander, alle in einer geraden Linie, welche zwei homologe Punkte der beiden Platten verbindet, und erhalten die beiden Platten fortwährend gleiche Mengen Elektricität, die Platte A von positiver, und die Platte B von negativer, so nehmen sämmtliche Kugeln beide Elektricitäten durch Vertheilung an, und zwar die positive Elektricität nach der der Platte B zugewandten Seite, die negative nach der entgegengesetzten.

„Sobald die Elektricitäten dieser Kugeln so stark geworden sind, dass ein Funke übergeht, geht ein solcher zwischen je zwei Kugeln, sowie zwischen den Platten und den ihnen zunächst befindlichen Kugeln über. Man sagt dann, die Elektricität hat sich entladen, oder sie hat sich von der einen Platte zur anderen fortgepflanzt. Wird den Platten fortwährend Elektricität zugeführt, so finden die Entladungen immer von neuem statt. Je besser das Leitungsvermögen der Kugeln ist, um so leichter laden sie sich, und um so schneller entladen sie sich wieder, um so mehr Elektricität wird also in der Zeiteinheit durch die Kugelreihe fortgepflanzt.

„Wenn man diese Art der Ausgleichung oder Fortpflanzung der Elektricität als einen Strom bezeichnen darf, so ist hiernach die Intensität dieses Stromes, d. i. die Quantität der Elektricität, welche in der Zeiteinheit übergeht, um so grösser, je besser das Leitungsvermögen der Kugeln ist.

„Ähnlich wie die Entladung durch solche isolirte Leiter stelle ich mir den Übergang der Elektricität durch einen Elektrolyten vor. Denn man kann sich diesen ebenfalls aus einzelnen Theilen bestehend denken, auf welche die Elektricität der Elektroden in ähnlicher Weise einwirkt, wie die elektrischen Platten A und B auf die zwischen ihnen befindlichen Kugeln. Der wesentliche Unterschied ist nur der, dass bei der Entladung der Elektricität durch die Kugelreihe die $+E$ der einen Kugel sich mit der $-E$ der nächsten verbindet, während in den Elektrolyten sich auch zugleich ein

elektropositiver Bestandtheil des einen Theilchens mit einem elektronegativen
Bestandtheil des nächsten Theilchens vereinigt

„Denkt man sich parallel mit jener Reihe von Kugeln eine zweite oder
grössere Anzahl solcher Reihen, alle aus gleichen und gleich weit von einander abstehenden Kugeln, und sieht man von den Störungen, welche die
Kugeln der einen Reihe in Bezug auf die Vertheilung der Elektricität in der
anderen Reihe hervorbringen, ab, so findet in jeder Reihe der Übergang
der Elektricität in gleicher Weise statt, und daher geht durch jede Ebene,
die parallel den Platten A und B ist, dieselbe Menge von Elektricität in
derselben Zeit, analog dem Durchgange durch einen Elektrolyten "

Es hält schwer, sich auf Grund dieser Betrachtung davon zu überzeugen,
dass ausser der Bewegung der Elektricität noch etwas anderes in dem Leiter
stattfindet, insbesondere erscheint die elektrolytische Zersetzung an den Elektroden als etwas Zufälliges, und von einer Berücksichtigung des FARADAY'schen
elektrolytischen Gesetzes ist überhaupt nicht die Rede'

Die Erscheinung, welche MAGNUS als die wichtigste für das Verständniss
der elektrolytischen Vorgänge erscheint, und welcher er daher auch experimentell die grösste Aufmerksamkeit widmet, ist die Thatsache, dass bei dem
Vorhandensein zweier oder mehrerer Elektrolyte die Abscheidung der Ionen
von der Stromdichte abhängig ist, dergestalt, dass bei geringer Dichte nur
das am leichtesten abscheidbare Ion auftritt, während bei zunehmender Dichte
auch die anderen nach Maassgabe ihrer Abscheidbarkeit auftreten   Wir
wissen jetzt, dass diese Erscheinung nur von dem abhängt, was unmittelbar
an der Elektrode vorhanden ist, und mit der eigentlichen Leitung des
Stromes nichts zu thun hat

Auch nach anderer Seite zeigen sich die Ansichten von MAGNUS als
ungenügend, und den bereits gemachten Fortschritten nicht entsprechend
So lässt er die zersetzende Wirkung noch immer von den Elektroden ausgehen, während doch FARADAY ausgesprochen und noch kurz vorher KIRCH-
HOFF durch die Bearbeitung der OHM'schen Theorie vom Standpunkte der
elektrostatischen Gesetze eingehend gezeigt hatte, dass die Wirkung überall
in dem ganzen Stromkreise, proportional dem Gefälle der Spannung, stattfindet.   Auch hat MAGNUS in seiner ganzen Arbeit vermieden, sich der Ansichten und Bezeichnungen von FARADAY zu bedienen und diese Enthaltung
gelegentlich durch das Bedürfniss nach wissenschaftlicher Strenge und Voraus-
setzungslosigkeit zu begründen versucht

So wenig diese Arbeit und eine ihr folgende s w u auch Dauerndes
in der Wissenschaft hinterlassen hatten, so war doch die Gegnerschaft des
hochangesehenen Berliner Physikers dadurch von grosser Bedeutung für die
Entwickelung der Sache, dass durch sie die Berücksichtigung der Arbeiten
HITTORF's auf lange Zeit verhindert wurde   Die ferneren Mittheilungen
unseres Forschers über die Wanderung der Ionen beginnen alle mit polemi-
schen Auseinandersetzungen, und wie berechtigt wir auch jetzt die Mehrzahl
seiner Angriffe auf die zeitgenossischen Ansichten finden müssen, wie schla-

gend uns seine Logik, mit der er diese auf ihren wahren Werth zuruckzufuhren weiss, jetzt erscheint — auf seine Zeit hat er dadurch keinen
dauernden Eindruck hervorzubringen vermocht. Erst nach langer Zeit sind,
zuerst durch die Arbeiten von F Kohlrausch uber die elektrische Leitfahigkeit der Elektrolyte, Hittorf's Arbeiten zur verdienten Beachtung und Benutzung gekommen

Den Inhalt von Magnus' Arbeit ubersehen wir am besten an dem
Auszuge, in welchem der Verfasser schliesslich seine Ergebnisse zusammenfasst

„1) Es bedarf der Daniell'schen Annahme eines Oxysulphion, Oxynitrion und dergl nicht, um die von ihm und Hrn Miller beobachtete sogenannte doppelte Zersetzung zu erklaren Die Annahme wird sogar dadurch
widerlegt, dass sich aus der positiven Elektrode niemals Verbindungen wie
$S + 4O$ oder $N + 6O$ abscheiden Zwar zeigt sich an dieser Elektrode
stets ein dem abgeschiedenen Metall entsprechendes volles Aquivalent Sauerstoff, allein von der Saure findet sich nur ein Theil, oft nur 60 Proc. Der
ubrige Theil wird bei Anwendung einer porosen Scheidewand in der negativen Zelle gefunden

„2) Sind mehrere Salze in derselben Flussigkeit vorhanden, so zersetzt
der Strom bei einer gewissen Intensitat nur eins derselben Ebenso wird,
wenn ein Salz gelost in Wasser zur Elektrolyse angewandt wird, bei einer
gewissen Stromstarke nur Salz, nicht aber das Wasser zersetzt Es giebt
daher fur jeden zusammengesetzten Elektrolyten eine Intensitatsgrenze, bei
welcher nur der eine seiner Bestandtheile zersetzt wird

„3) Bei Anwendung von Stromen, deren Intensitat geringer ist, als die
Grenze, geht die ganze Menge der Elektricitat an die Substanz uber, auf
welche sich dieselbe bezieht Diese Substanz wird allein zersetzt. Die Grenze
entspricht daher dem Maximum der Elektricitat, welche an diese Substanz
ubergehen kann, oder dem Maximum dieser Substanz, das bei unverandertem
Elektrolyten und unveranderten Elektroden in einer gegebenen Zeit zersetzt
werden kann

„4) Diese Grenze ist abhangig von der Grosse der Elektroden, von der
Zersetzbarkeit der verschiedenen Bestandtheile eines Elektrolyten, von dem
Verhaltniss, in welchem sich diese in ihm vorfinden

„5) Da bei Anwendung derselben Intensitat die Elektroden einander
naher oder ferner sein konnen, so ist auch das Maximum der besserleiten-
den Substanz, das durch denselben Strom und dieselben Elektroden zersetzt
wird, dasselbe, die Elektroden mogen einander naher oder ferner sein

„6 Die Intensitatsgrenze ist der Grosse der Elektroden proportional,
vorausgesetzt, dass der Querschnitt des Elektrolyten gleich dem der Elektroden ist

„Diese Proportionalitat gilt aber nur so lange die Zusammensetzung des
Elektrolyten ungeandert bleibt.

„7 Die Leitung der Elektricitat durch einen Elektrolyten und die dabei

stattfindende Zersetzung lassen sich auf die Vertheilung der Elektricität auf
isolirten Leitern zurückführen

„8) Dadurch lasst sich die von DANIELL erhobene Schwierigkeit der sogenannten doppelten Zersetzung beseitigen

„9) Es bedarf derselben Kraft, um eine einfache Substanz aus einer
binaren Verbindung auszuscheiden, die nothig ist, um sie aus einer zusammengesetzten salzartigen Verbindung zu trennen

„10) Ebenso ist dieselbe Kraft erforderlich, um dieselbe Menge Chlor
aus den Chloruren und Chloriden von Zinn und Kupfer abzuscheiden Aber
man erhalt dabei aus den Chloruren doppelt soviel Metall, als man durch
denselben Strom aus den Chloriden erhalt

„11) Auch ist dieselbe Kraft erforderlich, um aus einer Auflosung von
Jodsaure und aus verdunnter Schwefelsaure, die in getrennten Gefassen zersetzt werden, gleiche Menge Sauerstoff zu erhalten Dabei wird aber fur
ein Aquivalent Wasserstoff, das aus der letzteren ausgeschieden wird, nur
ein Funftel Aquivalent Jod erhalten

„12) Das FARADAY'sche Gesetz ist in seiner vollsten Ausdehnung anwendbar, indem auch aus zusammengesetzten salzartigen Verbindungen stets
aquivalente Mengen ausgeschieden werden Doch sind die galvanischen
Aquivalente nicht dieselben, wie die chemischen

„13) Die Salztheile verandern in dem Elektrolyten ihre Stelle theils
durch die fortwahrenden Zersetzungen und Verbindungen, theils durch Diffusion Auf die Diffusion hat das specifische Gewicht der Losung einen
bedeutenden Einfluss, der indessen bei verschiedenen Salzlosungen verschieden ist "

Fast jeder dieser Satze hat sich in der Folge der Zeit als falsch oder
schief erwiesen Dass trotzdem diese Arbeit als eine hervorragende Leistung
in dem Gebiete der Elektrochemie zu ihrer Zeit angesehen worden ist, kennzeichnet die gedanklichen Schwierigkeiten, welche damals die Beurtheilung
dieser Verhaltnisse verursachte

12 Elektrolytische Studien von H BUFF Ein weiterer Kampfer
in diesem so plotzlich entstandenen Streite ist H BUFF in Giessen gewesen,
welcher in „elektrolytischen Studien"[1] sich uber die Ansichten von MAGNUS
und WIEDEMANN aussprach, die von HITTORF zu erwahnen, hielt er offenbar
fur uberflussig, denn in seinen hier in Betracht kommenden Arbeiten hat er
sorgfaltig vermieden, HITTORF's Namen auch nur zu nennen Seine Erorterungen beziehen sich wesentlich auf die von MAGNUS ausgesprochenen Ansichten, und man darf zu seinem Lobe anfuhren, dass deren schwache Seiten
richtig angegeben werden Das Positive, was BUFF liefert, verdient freilich
ein geringeres Lob

BUFF beginnt mit der Auseinandersetzung der ublichen Ansichten uber
den Gang der elektrolytischen Zersetzung, welche sich im wesentlichen an

---

[1] Ann d Chemie und Pharm **105**, 145 1858

Grothuss anschliesst, obwohl er Fechner als seinen Gewahrsmann nennt. Ferner aber vertritt er die Ansichten Daniell's bezüglich der Constitution der Salze Magnus gegenüber. In dieser Discussion spiegelt sich der Widerspruch, in welchem sich nicht lange vor jener Zeit die beiden angesehensten und einflussreichsten Chemiker befunden hatten, und der nur mit dem Tode des einen geendet hatte. Berzelius und Liebig, die vorher nahe befreundet gewesen waren, hatten sich infolge ihrer entgegengesetzten chemischen Ansichten von einander entfernt, und waren schliesslich in bittere Fehde gerathen. Einer der Streitpunkte war auch der über die Auffassung der Sauren und Salze gewesen. Für Berzelius bestanden die beiden Klassen der Sauerstoffsalze und der Haloidsalze, erstere waren aus Metalloxyd und Saureanhydrid zusammengesetzt, die anderen aus Metall und Halogen. Für Liebig waren alle Salze von gleicher Constitution, sie bestanden aus Metall und Halogen, resp. einer zusammengesetzten Atomgruppe, welche dessen Stelle vertrat. Diese zusammengesetzten Gruppen waren aber identisch mit den von Daniell angenommenen Ionen. Dementsprechend hielt auch noch im Jahre 1857 Magnus, der ein Schüler Berzelius' war, an der alten Salztheorie fest und bemühte sich, die entgegenstehende Ansicht von Daniell zu widerlegen, während Buff als ein Mitglied des Liebig'schen Kreises die hier vorhandene Unterstutzung der neueren chemischen Ansichten willkommen hiess.

Es fällt Buff nicht schwer, den schwachen Punkt der Magnus'schen Theorie aufzuzeigen. Nach der Darstellung seiner Lehre fährt er fort:

„Niemand wird in Abrede stellen können, dass zwischen den gleichartigen Molekulen einer Flussigkeit, die, wenn auch nur durch den kleinsten Raum von einander getrennt sind, ein auf die beschriebene Weise zu einander erfolgender Übertritt der elektrischen Ladungen zu einander denkbar, ja sogar wahrscheinlich ist. Allein dies zugegeben, was wird dadurch gewonnen zur Aufklärung gerade dessen, was den wesentlichen Unterschied im Verhalten der Elektrolyten bilden soll, nämlich des Phänomens der elektrischen Zersetzung und der damit zusammenhangenden Vorgange? Weder die Ausscheidung der Bestandtheile an getrennten Stellen, noch die Proportionalität der Zersetzung mit der Stromstarke, noch ihre Constanz wird dadurch im geringsten verstandlicher gemacht."

Gegen die Vorstellung der Kugelreihen macht Buff ferner einen weiteren Einwand geltend, der sich auf die alsdann zu erwartende untere Grenze der Leitung bezieht. „Ware nun dieses Beispiel passend und uberhaupt dem Vorgange bei der Elektrolyse entsprechend, so musste es, wenigstens so scheint mir die Sache, für jeden Elektrolyten eine Tension geben, für welche zwar seine Molekule den Zustand der elektrischen Vertheilung annehmen, aber den Übergang des Fluidums von Molekul zu Molekul nicht mehr gestatten konnten. Dann ware also der Strom unterbrochen. Diese Grenze musste z. B. im Wasser bei Anwendung einer geringen elektromotorischen Kraft durch allmahliche Vergrosserung der eingetauchten Platten bald erreicht werden können. Nun hat man aber gefunden, dass durch Vergrösserung der Platten der Strom gefordert wird.

Bis auf die letzte irrthümliche Wendung — die Spannung ist in diesem Falle offenbar von der Plattengrösse nicht abhängig — ist der Einwand zutreffend. Er trifft allerdings, wie Clausius gezeigt hat, nicht nur die Hypothese von Magnus, sondern auch die von Grotthuss.

Weiter widerlegt Buff die Behauptung von Magnus, dass bei geringer Spannung nur der am leichtesten zersetzbare Antheil eines gemischten Elektrolyten zerlegt wird, durch einige Versuche nach dem ursprünglich von Davy gegebenen Schema. In den unteren Theil eines U-Rohres wird der gemischte Elektrolyt gegossen, und an der Seite, an welcher seine Wanderung untersucht werden soll, mit reinem Wasser überschichtet. Nach kurzerer oder längerer Zeit konnten dann immer sämmtliche vorhandenen Kationen oder Anionen in dem Wasser und an der Elektrode nachgewiesen werden, zum Beweise dafür, dass sie sich sämmtlich an der Stromleitung betheiligten. In vollkommen sachgemässer Weise waren so die störenden Einflüsse vermieden, welche durch die Nebenreaktionen an den Elektroden hervorgerufen werden.

Weniger glücklich ist Buff bei seinem Versuch, die Überführungsverhältnisse zu deuten. Seine wenig klaren und ziemlich umständlich vorgetragenen Ansichten hier wiederzugeben, würde zu weit führen, zumal da später eine Probe seiner Betrachtungen gegeben werden soll, der entscheidende Punkt, in welchem Buff die Ursache der Erscheinung sucht, liegt in einer Darlegung, nach welcher der zur Stromleitung und Zersetzung bereits benutzt gewesene Antheil des Elektrolyts immer wieder die Stromleitung übernehmen soll, und dadurch viel weniger davon zur Elektrode geführt werde, als dem Faraday'schen Gesetz entspreche.

Wenn man die zum Schluss von Buff gegebene Zusammenstellung seiner Hauptergebnisse durchsieht, so findet man sie immerhin bedeutend besser, als die entsprechende Darlegung von Magnus. Er schreibt:

„1) Die zuerst von Daniell gegebene Anschauungsweise, dass die Salze durch den elektrischen Strom in eine metallische Grundlage und einen einfachen oder auch zusammengesetzten Salzbildner gespalten werden, entspricht der grösseren Mehrzahl der Zersetzungserscheinungen unmittelbar, und steht mit keiner einzigen bis jetzt untersuchten in Widerspruch. Sie ist ausserdem unentbehrlich, um die Elektrolyse der Salze mit dem Faraday'schen Gesetze in Übereinstimmung zu bringen.

„2) Wenn eine Flüssigkeit, durch die ein elektrischer Strom geht, mehrere Elektrolyte enthält, so betheiligen sie sich alle, nach Maassgabe ihres Leitvermögens an der Fortpflanzung des elektrischen Fluidums, und alle, soweit sie leiten, befinden sich im Zustande der fortschreitenden Zersetzung.

„3) Die elektrolytische Wanderung ist unzertrennlich von der Leitung der Elektricität durch diese Flüssigkeiten, und hält mit derselben gleichen Schritt.

„4 Die Volta'sche Theorie mit der von Fechner gegebenen Ergänzung
ist ausreichend zur Erklärung aller bis jetzt wohl untersuchten elektrisch-
chemischen Erscheinungen."

In dem Bewusstsein, dass seine oben erwähnte Auseinandersetzung über
das Wesen der elektrolytischen Leitung doch verbesserungsbedürftig sei,
wohl auch veranlasst durch die von Hittorf ausgesprochenen Einwände, gab
Buff bald darauf eine erneute Darlegung seines Standpunktes:[1]

„Man denke sich eine elektrische Kette durch Platinelektroden geschlossen, die in Wasser tauchen. Der Strom sei beständig geworden, Zersetzung
sei eingetreten, und die Elemente des Wassers seien in der Richtung der
Zersetzung geordnet.

„Betrachten wir den Zustand der Flüssigkeit in dem Augenblicke, da
an dem positiven Pole Sauerstoff, an dem negativen Wasserstoff ausgeschieden worden; O und H mögen chemisch proportionale Mengen beider Stoffe
und E eine Elektricitätsmenge bezeichnen, die als $+E$ im H und gleichzeitig als $-E$ im O eines Äquivalents Wasser enthalten ist. Bezeichnen
wir ferner in Fig. 228 mit den Buchstaben a, b, c u. s. w. bestimmte Stellen
im Inneren der durch die eingetauchten Platinplatten begrenzten Schicht
des Elektrolyten. Die mit $+$ und $-$ bezeichneten Kreise mögen die bezüglichen Lagen der durch den Strom geordneten Wasserstoff- und Sauerstoffatome andeuten.

Ein Wasserstofftheilchen des Wasserfadens I, dessen Sauerstoff soeben
frei geworden ist, befindet sich in diesem Augenblicke in der Stellung a
zunächst der positiven Elektrode, und erscheint verbunden mit dem O des
nächsten Wasseratoms, dessen H sofort zu dem O des dritten Wasseratoms
getreten ist u. s. w. bis zu dem $(n-1)$ Atome H, welches in demselben
Augenblicke mit dem n-ten Atome O verbunden erscheint, das sein H eben
an die negative Elektrode abgegeben hatte.

„Da auf den Polplatten fortwährend Elektricität angehäuft ist, so wird
H_1 des Wasserfadens I abgestossen, O_2 angezogen; beide wechseln ihre
Stellen und pflanzen diese Wirkung durch die ganze
Reihe fort, deren Bestandtheile sämmtlich in die
unter II bezeichnete Stellung eintreten.

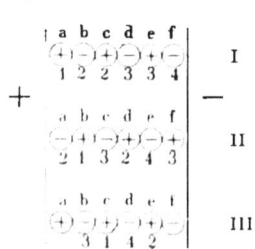

Fig. 228. Nach Buff.

„Bei a (Fig. 228, II) ist auf diese Weise $+E$
entfernt und $-E$ zugeführt worden. Der elektrische
Zustand an dieser Stelle hat sich also um $2E$ verändert; oder, was dasselbe ausdrückt, um bei a
die frühere, in I betrachtete elektrische Beschaffenheit wieder herzustellen, würde $+E$ zugeführt werden müssen. Es ist ganz so, als wäre $+2E$ in
der Richtung gegen den negativen Pol abgeflossen, oder auch $-2E$ von
dieser Seite her zugeströmt. Dasselbe gilt für jeden anderen Punkt in der

[1] Ann. d. Chemie und Pharm. 106, 203. 1858.

Reihe, in jedem zeigt sich gegen vorher ein elektrischer Unterschied $2\,l$. Während also $+ E$ in der Richtung vom positiven zum negativen Pole, und $- E$ in entgegengesetzter Richtung von Atom zu Atom, je nur um einen Schritt vorwärts gegangen, ist, wenn man nur das Resultat ins Auge fasst, genau dasselbe eingetreten, als wäre in derselben Zeit, durch jeden Querschnitt des Wasserfadens, von der einen Polplatte zur anderen $+ l$ in der einen Richtung und $- E$ in der umgekehrten Richtung gegangen, oder auch, als wäre durch jeden Querschnitt in der Richtung vom positiven zum negativen Pole $+ 2 E$ gegangen, oder endlich auch, konnte man sagen, aber jetzt im umgekehrten Sinne, durch jeden Querschnitt $- 2\,l$.

„Diesen $2\,E$, welche sich durch die Flüssigkeit bewegen, müssen andere $2\,E$ entsprechen, welche gleichzeitig durch die eine Elektrode ein- und durch die andere austreten In der That erfordert, wie bereits hervorgehoben wurde, die Herstellung des anfänglichen in II betrachteten Zustandes der Flüssigkeit das Zuströmen von $+ 2\,E$ von der Seite der positiven Elektrode, oder von $- 2\,E$ von Seite der negativen Elektrode Gleiche Elektricitäts-mengen sind also gleichzeitig durch jeden Querschnitt der geschlossenen Kette, sowohl durch die flüssigen wie die festen Bestandtheile derselben ge-wandert

„Werfen wir jetzt einen Blick auf das Verhalten der Bestandtheile der Flüssigkeit, der Träger des elektrischen Fluidums So oft die elektroposi-tiven Moleküle gegen den negativen Pol, die elektronegativen gegen den positiven Pol je um einen Schritt vorrücken, treten zwei beliebig gewählte ungleichwerthige Atome, die beim Beginn der Zersetzung noch zu Wasser verbunden waren, je um die Summe ihrer respectiven Wege aus einander Ebenso gross ist folglich der Weg, den die elektrischen Massen, womit die Atome beladen sind, in derselben Zeit beschreiben

„Die Bewegung einer Elektricitätsmenge $2\,E$ durch die Wegstrecke l im Inneren der Flüssigkeit entspricht also der Bewegung von O und H je durch den Weg $\frac{1}{2}\,l$, oder allgemeiner ausgedrückt es ist l gleich der Summe der Wege von O und H

„Der Eintritt von zwei Äquivalenten Elektricität von den Elektroden in die Flüssigkeit ist gleichbedeutend mit der Ausscheidung von zwei Äqui-valenten der Bestandtheile des Elektrolyten Die elektrische Zersetzung von zwei Äquivalenten Wasser entspricht also der Zuführung von einem Äqui-valent Sauerstoff zum positiven und einem Äquivalent Wasserstoff zum nega-tiven Pole

„Aber wie ist es möglich, dass an dem positiven Pole $2\,O$ und an dem negativen $2\,H$ frei werden können in derselben Zeit, in deren Verlauf dem einen dieser Pole nur O und dem anderen nur H zugeführt wird? In der That wird es nur dadurch möglich, dass die Polflächen in die Flüssigkeit eintauchen, und dass die Lücken, welche in die Reihen der wandernden Elemente des Wassers durch ihre Fortführung von den Polen entstehen, sich immer wieder ausfüllen können Indem z B Fig 228, II H$_1$ von der positiven gegen die negative Elektrode vorgeschoben, O_2 aber ausgeschieden worden, ist eine Lücke entstanden, die sich jedoch unmittelbar wieder ausfüllt, weil noch ein zweites Wasseratom zersetzt wird, dessen H nunmehr in die Reihe eintritt, und an dieser Seite momentan das Ende derselben bildet. Der umgekehrte Vorgang findet gleichzeitig an der negativen Elektrode statt So wird der anfängliche in I dargestellte Zustand immer wieder erneuert (Fig 228, III), und die beschriebenen Vorgänge können sich immer wiederholen, ohne dass die bereits fortgeführten Elemente in ihren Bewegungen gestört werden "

Beim Durchlesen dieser langathmigen Auseinandersetzungen, und beim Vergleich derselben mit der kurzen und klaren Darlegung Hittorf's (S 833) darf man wohl sagen, dass es kaum möglich ist, eine an sich einfache Sache umständlicher und unverständlicher falsch darzustellen, als es hier geschehen ist Man kann die Beschaffenheit dieser Arbeit nicht schlagender kennzeichnen, als Hittorf es mit der Bemerkung gethan hat „Wem die Auffassung der Überführungsverhältnisse noch nicht ganz geläufig geworden ist, den wird gewiss die Lektüre dieses Aufsatzes wieder verwirren "

Um indessen das Gute, was der Aufsatz dennoch enthält, dem Leser der hieran prüfen mag, wie weit er die Darlegung Hittorf's aufgenommen hat, nicht vorzuenthalten, füge ich die folgende Stelle hinzu

„Alles, was bisher bezüglich des Fortschreitens der Elektricität durch die Masse eines einfachen Elektrolyten, wie des Wassers gesagt wurde, lasst sich in gleicher Weise leicht auch bei zersetzbaren wässerigen Lösungen in Anwendung bringen, sobald man nur die Ausgangspunkte unserer Untersuchung nicht aus dem Auge verliert Allerdings ist es sehr wahrscheinlich, dass die Atome eines aufgelösten Salzes nicht mehr in ununterbrochener Berührung stehen, gleich denen des Wassers, dass sie vielmehr um so weiter auseinander liegen, je verdünnter die Lösung ist Man wird daher die ohnehin nicht zu umgehende Hypothese gestatten müssen, dass die Bestandtheile eines aufgelösten Elektrolyts während der durch die Lösung fortschreitenden Zersetzung und Wanderung sich vermöge ihrer elektrischen Ladungen bis zu gewissen Abständen von einander entfernen können, ohne gleichwohl aufzuhören, in wechselseitiger chemischer Beziehung zu bleiben "

Es ist beachtenswerth, wie auch Burr auf den gleichen Gedanken geführt wird, welchen wir soeben bei Kohlrausch bemerkt haben, oder vielmehr, dass er bei seiner Paraphrase der Auseinandersetzungen von Kohlrausch auch diesen auffallenden und den damaligen Ansichten einigermaassen widersprechenden Gedanken nicht einfach fallen liess, dass die Annahme wenigstens einer zeitweiligen Freiheit der Ionen bei der Elektrolyse nicht umgangen werden kann Die hier gebrauchte Wendung klärt den Widerspruch gegen jene älteren Ansichten keineswegs auf, und so sehen wir die Forscher jener Zeit sich dicht an dem Gedanken hin und her bewegen, welcher in unseren Tagen endlich zur Befreiung der Geister auf diesem Gebiete geführt hat die Erkenntniss von der Freiheit der Ionen im Elektrolyt

13 HITTORF's Vertheidigung Durch die eben besprochenen Arbeiten, welche sich alle mehr oder weniger scharf gegen seine Ergebnisse gewandt hatten, war HITTORF veranlasst worden, der weiteren Mittheilung seiner Arbeiten eine „Rechtfertigung"[1] vorauszuschicken, in welcher er sich mit Jenen auseinandersetzt

Die Rechtfertigung beginnt wieder mit der Darlegung der Grundlagen seiner Anschauungen, wie wir sie bereits S 833 kennen gelernt haben, es war dies nothwendig, da diese in der That von allen anderen Autoren mehr oder weniger missverstanden war, am meisten von MAGNUS, gegen den sich HITTORF deshalb besonders wendet

Ein zweiter Punkt mehr experimenteller Natur wird gegen die Arbeit von WIEDEMANN (S 847) zur Sprache gebracht, er tadelt nicht ohne Berechtigung den Umstand, dass bei dessen Apparat keine vollkommene Sicherheit gegen die Vermischung der Schichten an den Elektroden gegeben sei, und betont den wesentlichsten Punkt, dass zwischen den Elektroden eine Schicht unveränderter Flüssigkeit erhalten bleiben muss Bei dieser Gelegenheit bemerkt er ich glaube nicht, dass diese (seine eigenen Apparate durch bessere und genauere ersetzt werden können — eine Bemerkung, welche ihm einige Vorwürfe eingebracht hat Ebenso macht HITTORF einige Aussetzungen über die Rechnungsweise

Ferner wird der von WIEDEMANN herangezogene fortführende Einfluss auf die Gesammtheit der Lösung erörtert Wenn die verschiedene Gehaltsänderung an den Elektroden hierauf beruhte, so müssten die Ergebnisse davon abhängig sein, ob die Lösung bis zu den Elektroden reicht, oder diese von anderen Lösungen umgeben sind HITTORF weist nun nach, dass dieser Umstand auf die Ergebnisse der Überführungsversuche keinen Einfluss ausübt, so dass auch nach dieser Seite seine Auffassung und sein Verfahren gerechtfertigt erscheint Bezüglich der Ursache der fortführenden Wirkung schliesst er sich einer von QUINTUS-ICILIUS[2] ausgesprochenen Ansicht an, wonach die Erscheinung von der porösen Wand bedingt ist, und ohne sie nicht stattfindet Auch hierin hat ihm die Zukunft Recht gegeben

Die Nothwendigkeit der Vertheidigung gegen die anderen Ansichten hat HITTORF ferner veranlasst, verschiedene wichtige Punkte seiner Auffassung bestimmter und ausführlicher als früher darzulegen, sowie auch einen Irrthum zu berichtigen In seiner zweiten Mittheilung hatte er geglaubt, eine Betheiligung des Wassers bei der Elektrolyse annehmen zu müssen, weil er bei sehr verdünnten Chlorkaliumlösungen Abweichungen gefunden hatte, für die er hierin die Ursache suchte Inzwischen hatte er sich durch Rechnung überzeugt, dass bei der bekannten sehr geringfügigen Leitfähigkeit des reinen Wassers der entsprechende Antheil weit unterhalb der Versuchsfehler liegen musse Um die Grundlage dieser Überlegung zu beweisen, nämlich dass die vorhandenen Ionen sich alle nach Maassgabe ihrer Leitfähigkeit an der

---

[1] POGG Ann 103, 1 1858   [2] Experimentalphysik S 642

Stromleitung betheiligen, stellte er folgenden wichtigen Versuch an   Er
unterwarf eine Lösung aus aquivalenten Mengen von Chlor- und Jodkalium
der Elektrolyse und bestimmte die Überführung   Nach der namentlich von
MAGNUS ausgesprochenen Ansicht hatte das „leichter zersetzbare" Jodkalium
allein die Leitung besorgen müssen, da ja auch an der Anode Jod allein
ausgeschieden wird, und demnach hatte die Concentration des Chlors an
den Elektroden keine Änderung erfahren dürfen   Statt dessen ergab sich,
dass die Änderung die beiden Halogene in gleicher Weise betroffen hatte,
wie denn auch die Überführungsverhältnisse der beiden Salze die gleichen
sind   Es war hierdurch bewiesen, dass in der That die „Festigkeit der
Bindung" der Ionen keinen Einfluss auf ihre Fähigkeit ausübt, den Strom
zu leiten und durch ihn bewegt zu werden   Auf diesen nach vielen Richtungen folgenreichen Versuch werden wir noch zurückzukommen Anlass
haben

Die Leitsätze, welche seiner Auffassung der Elektrolyse zu Grunde
liegen, fasst HITTORF wie folgt zusammen.

„Die Veränderung (der Concentration an den Elektroden) ist demnach
bedingt durch die Bewegungen, welche die Ionen in den unveränderten
Schichten vollbringen

„Die Zahlen für die Überführung drücken daher die relativen Wege aus,
welche an der Trennungsstelle die Ionen in dem die Salz-Moleküle tren-
nenden Abstande zurücklegen, oder die relativen mittleren Geschwindigkeiten, welche sie daselbst besitzen

„Das Loos, welches die Ionen an den Polen erfahren, braucht bei der
Bestimmung der Überführung nicht beachtet zu werden, und hat keinen Einfluss auf die Zahlen, vorausgesetzt, dass dadurch keine Unterbrechung des
Stromes herbeigeführt und die Lösung an der Trennungsstelle nicht
geändert wird "

Insbesondere der letzte Satz ist von der grössten Bedeutung für die
Technik der Überführungsversuche, da er eine ungemein grosse Freiheit für
vortheilhafteste Anordnung der Versuche gewährt   „So braucht die Anode
nicht aus dem Metalle zu bestehen, welches der Elektrolyt enthält; wenn
dasselbe sich nur mit dem Anion zu einer löslichen Verbindung vereinigt
und das neu entstandene Salz nicht bis zur Trennungsstelle diffundirt, müssen
dieselben Zahlen resultiren   Wir dürfen auch das Anion frei auftreten lassen,
sobald für unsere Apparate eine solche Einrichtung getroffen ist, dass von
der Flüssigkeit, die an der Anode entsteht, keine Spur an die Trennungsfläche gelangt   Ja, es wird gestattet sein, von vornherein die Anode mit
einer bekannten Quantität von einer der Zusammensetzung nach gegebenen
Lösung eines beliebigen Elektrolyten zu umgeben und auf sie die zu untersuchende Lösung zu lagern   Werden die Schichten derselben an der Trennungsstelle dadurch nicht afficirt, so gewinnt man richtige Zahlen   In analoger Weise ist es erlaubt, mit der Umgebung der Kathode zu verfahren,
oder gleichzeitig die Flüssigkeit an beiden Polen abzuändern

„Denn in all diesen Fällen sind die Pole von vollständig bekannten Salzlösungen umgeben, welche die flüssigen Elektroden für den mittleren Elektrolyten, dessen Überführungsverhältnisse wir suchen, bilden. Die Bewegungen seiner Ionen an der unveränderten Trennungsstelle können durch diese Verhältnisse nicht berührt werden."

Durch den Nachweis, dass man in der That die gleichen Überführungszahlen bekommt, ob man sich diese Freiheiten nimmt oder nicht, hat HITTORF bewiesen, dass die Grundlagen seiner Überlegungen richtig sind, und er hat sich gleichzeitig durch diese weitreichenden Verallgemeinerungen die Möglichkeit errungen, eine Anzahl von Fällen zu untersuchen, die sonst unzugänglich gewesen waren.

Endlich beweist HITTORF durch einige Versuche, dass die Einschaltung einer porösen Scheidewand an den Ergebnissen nichts ändert, dass also die Fortführung der gesammten Lösung, so weit sie unter den vorhandenen Verhältnissen auftritt, mit der Überführung der Ionen nichts zu thun hat.

Bei der Erörterung seiner Ergebnisse kommt HITTORF auch auf die eben veröffentlichte Theorie von CLAUSIUS (s. w. u.) zu sprechen. Nachdem er sie in kurzen Zügen geschildert hat, fährt er fort: „Der Schluss, zu dem er aus diesen Prämissen gelangt, ist unbestreitbar. Das FARADAY'sche Gesetz, welches für die schwächsten Ströme sich als gültig erwiesen, tritt in Widerspruch mit den Vorstellungen der heutigen Chemie über die Beschaffenheit eines flüssigen zusammengesetzten Körpers. Die Ionen eines Elektrolyten können nicht in fester Weise zu Gesammtmolekülen verbunden sein, und diese in bestimmter regelmässiger Anordnung bestehen."

HITTORF hat diesen Gedanken nicht weiter verfolgt, vielleicht wäre er sonst schon dreissig Jahre früher auf die Dissociationstheorie der Elektrolyte gelangt. Er hebt alsbald eine Inconsequenz der damaligen Theorie hervor, die darin liegt, dass an der Oberfläche des leitenden Cylinders eine Schicht von freier Elektricität angenommen werden muss, um das Spannungsgefälle zu erzeugen, welches die Ionen in entgegengesetzter Richtung in Bewegung setzt. Wäre der Gedanke von der Freiheit der Ionen weiter verfolgt worden, so hätte sich alsbald die Möglichkeit ergeben, diese Oberflächenladung durch eine entsprechende Ansammlung freier Ionen von dem gleichen Zeichen aufzufassen, wobei durch die bekannten sehr grossen Elektricitätsmengen, die an den Ionen haften, die Menge der ponderablen Substanz, die solchen Ladungen entspricht, ausserordentlich klein anzunehmen ist.

14. Entgegnungen. Auf die in HITTORF's „Rechtfertigung" erhobenen Einwände versäumten die betreffenden Forscher nicht zu antworten. Während WIEDEMANN[1] in seiner Erwiderung namentlich einige gegen seinen Apparat gemachte Einwendungen zu entkräften unternahm, in Bezug auf die Auffassung der Erscheinung aber sich seinem Gegner zu nähern begann (freilich nicht ohne Abweichungen, welche eine weitere Erwiderung hervor-

---

[1] POGG. Ann. **104**, 162. 1858.

rieten, und Clausius sich darauf beschränkte, einen von Hittorf begangenen Irrthum bezüglich einer Ausserung zu berichtigen, ohne auf die Frage einzugehen, wie die freie Elektricität auf die Oberfläche des Elektrolyts gelange, zeigte Magnus[1] sich völlig unbekehrt In einer gegen Hittorf gerichteten Abhandlung, in welcher übrigens diesem die Ehre der Erwähnung in der Sache nur unter dem Text in einer kurzen Anmerkung gewährt wird, hält er seine früheren Ansichten aufrecht, und giebt ein Schema für die Elektrolyse des Kupfersulfats, nach welchem das Auftreten des metallischen Kupfers an der Kathode nur dadurch zustande kommt, dass gleichzeitig Wasser zersetzt wird, dessen Wasserstoff das Kupferoxyd reducirt Aus dem Schema ergiebt sich beiläufig, dass nothwendig neben dem Kupfer auch in neutraler Lösung Wasserstoff auftreten muss, und zwar in dem Verhältniss mehr, als die Lösung verdünnter ist, was mit den Thatsachen in vollständigem Widerspruche steht

Im übrigen enthält die Abhandlung eine Polemik gegen Osann, welcher angegeben hatte, dass elektrolytisch ausgeschiedener Wasserstoff mit Hülfe von Platinschwarz oder Kohle Silbersulfat reduciren könne Magnus stellt dies auf Grund einiger Versuche in Abrede, durch welche er zeigt, dass in der gewöhnlichen Batteriekohle ziemlich viel Eisen enthalten ist, dem er die vorhandenen Wirkungen zuschreibt Auch hier hat er sich geirrt, gasförmiger Wasserstoff ist sehr wohl im Stande, bei Gegenwart von platinirtem Platin nicht nur Silbersalze, sondern sogar Kupfersalze zu reduciren Und so sehen wir Magnus auf allen Punkten seines Feldzuges zu Gunsten der elektrochemischen Anschauungen seines Lehrers Berzelius unglücklich und ohne wissenschaftlichen Erfolg operiren.

15 Hittorf's dritte Arbeit In seiner dritten und letzten Mittheilung über die Wanderungen der Ionen[2] giebt Hittorf den grössten und bedeutendsten Theil seiner Arbeiten über den Gegenstand. Bis auf den heutigen Tag ist dieser im besten Sinne klassischen Untersuchung keine gefolgt, in welcher an Umfang, Genauigkeit und Bedeutung der Ergebnisse ähnliches geleistet worden wäre, und diese Arbeit ist noch immer die ausgiebigste Quelle unserer Kenntnisse in dem Gebiete

Der erste Theil der Arbeit wird wieder von einer ausführlichen Auseinandersetzung mit den Gegnern eingenommen Die Discussion mit Wiedemann wird zu Ende geführt, indem einige früher gegen seinen Apparat erhobene Bedenken als durch die Antwort (S 861) erledigt zurückgenommen werden Um so länger und unergiebiger ist die Auseinandersetzung mit Magnus Hittorf lässt sich die Mühe nicht verdriessen, Punkt für Punkt die Widersprüche aufzuweisen, in welchen sich dessen Ansichten mit der Erfahrung befinden Es scheint indessen nicht, als wenn trotz der schlagenden Logik der Beweisführung und den unzweideutigen Ergebnissen der Erfahrung es Hittorf gelungen wäre, auf seine Zeitgenossen seine Überzeugung

[1] Pogg Ann 101. 553 1858   [2] Ebenda 106. 337 1859

zu übertragen In den Lehr- und Handbüchern jener Jahre werden diese
Arbeiten zwar den Ergebnissen nach kurz angeführt, den Darlegungen der
Gegner wird aber überall viel mehr Beachtung gezollt Diese durch äussere,
mit der Wissenschaft ausser Zusammenhang stehende Gründe verursachte
Erscheinung hat auf die Entwickelung richtiger Ansichten in diesem schwie-
rigen Gebiete eine überaus schädliche Wirkung ausgeübt, und eine grosse
Anzahl von Fortschritten, die der neueren Zeit angehören, hätte sich bei
sachgemässer Beachtung der Forschungen Hittorf's weit früher bewerk-
stelligen lassen, als es geschehen ist Erst in unseren Tagen sind die
Schätze der Aufklärung gehoben worden, welche hier so lange ohne die
Schuld des Entdeckers brach liegen mussten

Wir brauchen der Auseinandersetzung mit Magnus nicht im einzelnen
nachzugehen, da dessen Ansichten gegenwärtig wohl bis auf die letzten
Spuren verschwunden sind Zur Kennzeichnung der Stimmung, mit welcher
Hittorf an diese Arbeit ging, mögen die einleitenden Worte dazu wiedergegeben werden

„Der Hauptgegner meiner Arbeiten bleibt Hr Magnus   Das Verhalten, welches ich in Betreff desselben zu beachten habe, vermag ich kaum
aufzufinden Hr Magnus hat in seiner ersten Abhandlung meine elektrischen
Arbeiten erwähnt, und angegeben, dass dieselben mit der Zersetzung, welche
die Elektrolyte durch den Strom erfahren, nichts zu thun hatten, und über
die Daniell'sche Theorie, nach welcher die Sauerstoffsalze in Metall am
negativen Pol und Säure plus Sauerstoff am positiven zerfallen, nichts lehren,
während sie doch die Methode enthalten, um jene festzustellen, und für
diese die ersten experimentellen Belege liefern Es fanden ferner darin die
Erscheinungen, welche in den Lösungen der schweren Metalle an den Elektroden auftreten, und die den Gegenstand meiner ersten Mittheilung bilden,
eine Deutung, mit welcher kein einziges Ergebniss meiner quantitativen Bestimmungen zu vereinigen ist Hr Magnus vertheidigte endlich in Bezug
auf die elektrolytischen Vorgange den Standpunkt, welchen Berzelius einnahm und in der letzten Auflage seines Lehrbuches Bd I, S 93 u ff erörtert
Berzelius bestritt bekanntlich in Folge dieser Auffassung auf das heftigste
das elektrolytische Gesetz von Faraday und verdammte noch 1843 S 100
ohne genauere Prüfung eine Entdeckung, welche unstreitig zu den wichtigsten
unseres Jahrhunderts gehört und in allen Fällen so glänzend sich bewährt
So weit kann gegenwärtig niemand demselben mehr folgen "

In dem weiteren Verlaufe seiner allgemeinen Erörterungen kommt Hittorf auf einen ungemein wichtigen Punkt zu sprechen, der sich auf das
Verhältniss zwischen der Zersetzlichkeit im chemischen Sinne und der elektrolytischen Leitfähigkeit, die ja auch als ein Zersetzungsvorgang aufgefasst
wurde, besteht Da hier die Keime einer hochwichtigen späteren Gedankenreihe zu erkennen sind, so gebe ich die Stelle ganz wieder

„Unter den Elektrolyten besitzen diejenigen, deren Ionen durch eine im
chemischen Sinne schwache Verwandtschaftskraft vereinigt sind, keineswegs

das bessere Leitungsvermögen. So lange, als die galvanische Zersetzung
selbst, ist ja der grosse Widerstand, den das reine Wasser dem elektrischen
Strome bietet, aufgefallen. Liegt auch keine zuverlässige Bestimmung desselben vor, wir werden ihn nicht überschätzen, wenn wir ihn im Folgenden
millionenmal grösser wie denjenigen annehmen, welchen die Mehrzahl der
Salze im geschmolzenen Zustande zeigt. Zu den bestleitenden Salzen gehören ferner die des Kaliums, Natriums, wie ClK, ClNa, SO_4K, SO_4Na,
NO_6K, NO_6Na,[1] während die Verbindungen des Quecksilbers (ClHg, JHg,
BrHg, CyHg) einen nicht viel geringeren Widerstand, als das reine Wasser
besitzen. Die Chemie betrachtet aber die Bestandtheile des Chlorkaliums
als durch eine der grössten Verwandtschaftskräfte vereinigt, Quecksilber-
chlorid wird von ihr zu den schwächeren Verbindungen gezählt. Sie kommt
zu diesem Schlusse, weil sie über eine Menge Metalle, welche letzteres zersetzen, verfügt, während keines ersteres zu trennen vermag. Ich kann hier
noch nicht untersuchen, ob dieser Schluss über jeden Zweifel erhaben, und
ob die Lehre von der Verwandtschaft, unstreitig der schwächste Theil der
Wissenschaft, in ihren Prinzipien begründet ist. Obige Beispiele, deren Zahl
sich leicht vermehren liesse, zwingen aber schon an dieser Stelle vorläufig
einen Unterschied zu machen zwischen der Zersetzbarkeit einer Verbindung
durch den Strom und derjenigen, welche auf den gewöhnlichen chemischen
Mitteln basirt. Derselbe wird vielfach übersehen, und ist von Hrn. Magnus
überall bei seinen Untersuchungen ausser Acht gelassen. Wir bemerken
keine Abhängigkeit unter diesen beiden Eigenschaften einer Verbindung und
nichts ist weniger gerechtfertigt, als die Annahme einer Proportionalität
zwischen ihrem elektrischen Widerstand und der Verwandtschaft, welche
ihren Ionen die heutige Chemie beilegt.

   „Eigenthümliche Verhältnisse, welche uns jetzt ebenso unbekannt sind,
wie das Wesen der Elektricität und des chemischen Processes werden in
der Constitution der Elektrolyte obwalten und den übrigen Verbindungen
fehlen.“

   Prophetische Worte, die auf das schärfste die Entwickelung kennzeichnen, welche die Angelegenheit dreissig Jahre später genommen!

   Und an etwas späterer Stelle. „Wenn die Ionen des Salzes im freien
Zustande oder im Status nascens das Lösungsmittel nicht zersetzen, wird
kein Chemiker sich veranlasst fühlen, ihnen diese Fähigkeit während der
Ueberführung beizulegen. Bei solchen Elektrolyten findet daher unsere Auffassung keine Schwierigkeit. Die Sache gestaltet sich anders, wenn die
Ionen diese Eigenschaft besitzen. Entschieden treten diese Verhältnisse bei
den Kaliumverbindungen ein, also gerade da, wo nach meiner zweiten Mittheilung die Zahlen für die Ueberführung von der Concentration fast unabhängig erscheinen und daher die Bewegung der Ionen zwischen den unzer-

----

[1] Hittorf benutzt hier die früheren Aquivalentgewichte, bei denen die zweiwerthigen
Elemente O, S u. s. w. mit dem halben jetzigen Atomgewichte angesetzt waren.

setzt bleibenden Wassertheilchen am unzweideutigsten darstellen Die Verwandtschaftslehre, der gegenwärtig die Mehrzahl der Chemiker huldigt, und welche die hervorragendsten Forscher zu ihren warmsten Vertretern zählt, kann solche Vorgänge nicht erwarten, und ich glaube nicht zu irren, wenn ich in diesem Umstande die Ursache erblicke, weshalb die consequente Durchführung der Gesetze von Ohm und Faraday bei der Elektrolyse bis jetzt unterlassen wurde "

Auch hier wird der entscheidende Punkt mit grösster Sicherheit bezeichnet als die Gesetze von Ohm und Faraday auf die Elektrolyse und die Elektrolyte in aller Strenge angewendet wurden, erwies sich die Grundlage der neuen Theorie, die Annahme der freien Ionen in den Elektrolyten, als unvermeidlich

Hittorf geht nun zu der Schilderung einer grossen Anzahl von Versuchen über, bei denen er die ungemein grosse Ausgiebigkeit der neuen Methode, den Zustand der Salze in Lösung zu ermitteln, allseitig erwies So konnte er feststellen, dass im Uranylchlorid UO_2Cl_2 nach heutiger Schreibweise) die Ionen wirklich UO_2 und $2Cl$ sind, entsprechend der Theorie von Peligot und im Widerspruch mit der Auffassung von Berzelius, ferner, dass die Salze der Alkaloïde in Halogen und ein dem Ammonium analoges Kation zerfallen, dass die Lösungen von Zinnchlorid vollkommen in gelöstes Zinnoxyd und freie Salzsäure zerfallen sind u s w Es ist nicht thunlich, die ganze Summe neuer und bis dahin unzugänglich gewesener Erkenntnisse aufzuzählen, welche durch diese Forschungen, abgesehen von der Bestimmung der Zahlenwerthe der Überführung, erschlossen wurde Als besonders wichtig sei noch die Unterscheidung erwähnt, welche Hittorf zwischen den gewöhnlichen Doppelsalzen vom Typus des Alauns und den Salzen von der Art des Ferrocyankaliums, welche inzwischen als c o m p l e x e S a l z e bezeichnet worden sind, zu machen gelehrt hat Während die ersteren in ihren Lösungen in die Bestandtheile zerfallen, und sich daher wie Gemische zweier Salze verhalten, erweisen sich die anderen als einfache Salze, in denen der eine metallische Bestandtheil (im Blutlaugensalz das Eisen) nicht als Kation auftritt, sondern einen Bestandtheil des zusammengesetzten, „complexen" Anions ausmacht Dies kann dadurch erwiesen werden, dass dieses zweite Metall bei der Elektrolyse nicht nach der Kathode geht, sondern mit den anderen Bestandtheilen des Anions zur Anode Kaliumeisencyanür, Cyansilberkalium, Natriumplatinchlorid erwiesen sich als reguläre complexe Salze, während bei einigen anderen der mit zunehmender Wassermenge fortschreitende Übergang in gewöhnliche Doppelsalze nachweisbar ist Am auffälligsten erwies sich das Verhalten des Kadmiumjodids, welches sozusagen mit sich selbst ein complexes Salz bildet, indem scheinbar überhaupt kein Kadmium zur Kathode geht, da nach der Elektrolyse in der Flüssigkeit daselbst weniger Kadmium vorhanden ist, als vorher Hittorf deutete dies dahin, dass in der Lösung zusammengesetzte Kadmiumjodmolekeln vorhanden sind, etwa der Formel Cd_4J_8, entsprechend, welche in die

Ionen Cd und Cd_2J_6 zerfallen, so dass mit dem Anion Cd_2J_6 mehr Kadmium von der Kathode fortgeführt wird, als durch die Bewegung des Kations Cd dahin gelangt. Diese Deutung ist vielfach in Zweifel gezogen worden, doch hat sie sich in der Folge durchaus bestätigen lassen.

An die Mittheilung der Ergebnisse seiner zahlreichen Versuche schliesst Hittorf Erörterungen allgemeiner Beschaffenheit, welche zu der Zeit ihrer Veröffentlichung wohl noch mehr Widerspruch und Ablehnung verursacht haben mögen, als die mitgetheilten Thatsachen, an deren Richtigkeit sich schliesslich nicht zweifeln liess. Um so bedeutsamer erscheinen sie uns jetzt als Zeichen dafür, mit welcher Unwiderstehlichkeit schon damals, auch ohne Kenntniss der entsprechenden Thatsachen auf den angrenzenden Gebieten, sich die Ansichten geltend machten, welche in der neuesten Zeit, wenn auch nicht ohne Kampf, als die richtigen von der Mehrzahl der zum Urtheil Berufenen angenommen worden sind. Gleichzeitig liefern diese Darlegungen einen weiteren Beleg dafür, in welchem Maasse ausgesprochene und gut begründete Einwände gegen ein angenommenes System wirkungslos bleiben können, wenn nicht an die Stelle des falschen gleichzeitig ein besseres dargeboten wird, welches die Fehler vermeidet, im übrigen aber mindestens das gleiche leistet, wie das alte.

Zunächst weist Hittorf auf einen bisher vollkommen übersehenen Zusammenhang hin, welcher zwischen der Fähigkeit, elektrolytisch zu leiten und chemische Reaktionen auszuüben besteht. „Nur bei denjenigen Verbindungen vermag die Elektricität den Austausch unter den Molekülen hervorzurufen, welche denselben auch durch die gewöhnlichen Erscheinungen der Wahlverwandtschaft gegen andere ähnlich constituirte Körper zeigen. Wir vermissen nämlich diesen Austausch bei denjenigen zusammengesetzten Stoffen, welche den Strom isoliren, entweder vollständig, oder sehen ihn nur unter besonderen Bedingungen sich einstellen.

„Die nichtbasischen Oxyde, sowie die äquivalenten Verbindungsstufen ihrer Radikale mit Chlor, Brom, Jod, Schwefel sind vortreffliche Belege für unsere Behauptung.

„Faraday hat zuerst auf die ihnen gemeinsame Isolation des galvanischen Stromes aufmerksam gemacht, welche vor ihm bloss bei einzelnen derselben von H Davy und de la Rive bemerkt worden war. Er fand die flüssige wasserfreie Schwefelsäure, die geschmolzene Borsäure, den Jodschwefel, Realgar, Auripigment, $AsCl_3$, $SnCl_2$, SnJ_4 und die Chloride von Schwefel, Phosphor, Kohle nicht leitend. Schwefelkohlenstoff, condensirte Kohlensäure und schwefelige Säure können hinzugefügt werden. Ohne Zweifel verhalten sich flüssige wasserfreie Salpetersäure, Untersalpetersäure, Stickoxydul auf gleiche Weise.

„Ich kann nicht mit Faraday annehmen, dass diese Verbindungen deshalb isoliren, weil ihre Bestandtheile nicht nach gleichen Äquivalenten verbunden sind. Ich suche den inneren Grund darin, dass sie nicht mit den

basischen Verbindungen und unter einander den Austausch der Bestandtheile zeigen, dass ihre Moleküle dieses Austausches unfähig sind
Einige Beispiele werden diesen Gesichtspunkt klarer hervortreten lassen

„Ich habe mich überzeugt, dass die wasserfreie geschmolzene Chromsaure CrO_3 den Strom von fünf Grove'schen Elementen für ein empfindliches Galvanometer mit astatischen Nadeln vollständig isolirt, wenn die
geringste Schicht die Platindrahte trennt Ebenso isolirend verhält sich
Chromoxychlorid, CrO_2Cl_2

„Unsere früheren Elektrolysen lehren, dass Chromsaure in den Verbindungen mit basischen Oxyden vom Strome nicht zersetzt wird Verbindungen der Chromsaure mit Sauren sind unbekannt Bei dem Zusammenkommen der chromsauren Salze mit anderen Salzen tritt niemals eine Spaltung
der Chromsaure ein

„Vergleichen wir damit das Verhalten des Uranoxyds UO_3 und des
Uranoxychlorids UO_2Cl_2, Verbindungen, deren Formeln ganz analoge sind
Das Uranoxychlorid leitet im geschmolzenen Zustande und wird wie in der
wasserigen Losung, in UO_2 und $2Cl$ zersetzt Dieselbe Spaltung erleidet
es gegen salpetersaures Silberoxyd Das schwefelsaure Uranoxyd giebt mit
Chlorbaryum schwefelsauren Baryt und Chloruranyl Es zeigt hier den Austausch von $(SO_3 + O)$ und UO_2, den auch der Strom veranlasst Konnten
wir UO_3 schmelzen, so wurde es als Leiter sich zeigen und in UO_2 und O
zerfallen

„Ebenso lehrreich sind die Verbindungen, welche die Alkoholradicale
Methyl, Äthyl, Amyl u s w mit den früher aufgezählten Anionen bilden
Die Chemiker haben bekanntlich geschwankt, ob diese Körper zu den Salzen
zu zählen sind, da bei denselben, sie mogen in Wasser oder Alkohol gelöst
sein, die doppelten Zersetzungen gegen andere Salze gewöhnlich ausbleiben
Der Austausch tritt meistens erst bei höherer Temperatur ein Alle diese
Verbindungen sind aber Isolatoren für unsere Galvanometer, die stärkste
galvanische Batterie bewirkt keine wahrnehmbare Zersetzung

„Das Verhalten, welches Quecksilber-Chlorid, -Bromid, -Jodid und
-Cyanid gegen den Strom beobachten, wird von der herrschenden Theorie
über die Elektrolyse nicht erwartet Die drei ersten Verbindungen schmelzen
bekanntlich leicht im wasserfreien Zustande, leiten aber alsdann, wie Faraday
zuerst fand, die Elektricität so schlecht, dass die Zersetzungsprodukte kaum
qualitativ erkannt werden können In den Versuchen, welche Buff[1] mit
geschmolzenem Jodid anstellte, schied der Strom einer sechspaarigen Zink-
eisensaule in 14 Stunden im gleichzeitig eingeschalteten Voltameter bloss
0,162 g Silber ab Unsere Salze losen sich, mit Ausnahme des Jodids, noch
gut in Wasser, vermindern aber den Widerstand desselben so wenig, dass
an eine quantitative Bestimmung der elektrolytischen Verhältnisse nicht gedacht werden kann

[1] „Pogg Ann 92 ,59 1854

„Es liegen uns hier zusammengesetzte Körper vor, welche ihre beiden Elemente nach einfachen Äquivalenten enthalten, welche von den meisten Metallen zersetzt werden, und in denen daher die heutige Chemie eine relativ schwache Verwandtschaft voraussetzt. Dennoch trotzen sie in obiger Weise dem Strome, dem Bezwinger der Kaliumsalze, dem keine Verwandtschaftskraft nach der gewöhnlichen Auffassung widerstehen soll.

„Das Räthsel löst sich sogleich, sowie wir die Zersetzungen der doppelten Wahlverwandtschaft mit ihnen hervorbringen wollen. Da finden wir, wie die Sauerstoffsäuren, welche als die stärksten betrachtet werden, weder in verdünntem, noch in concentrirtem Zustande, weder in der Kälte, noch in der Wärme dieselben zerlegen und keinen Chlorwasserstoff oder Bromwasserstoff oder Jodwasserstoff, ja nicht einmal Blausäure austreiben. Die Sauerstoffsalze des Quecksilberoxydes werden im neutralen Zustande sämmtlich vom Wasser zersetzt und liefern die bekannten schwerlöslichen, basischen Verbindungen. Wir können aber die wässerigen Lösungen unserer Haloidsalze mit beliebigen Sauerstoffsalzen versetzen und erhitzen, ohne eine Veränderung wahrzunehmen. Der Austausch der Bestandtheile der Moleküle stellt sich nicht ein. Phosphorsaures Natron, Oxalsäure und lösliche oxalsaure Salze geben in den sauren Lösungen des Quecksilberoxydes sogleich Niederschläge. Bei den Haloidsalzen bleiben sie aus. Die Lösung von Quecksilbercyanid giebt mit salpetersaurem Silberoxyd kein Cyansilber, sondern es krystallisirt das von Wöhler entdeckte Doppelsalz $2CyHg + NO_5AgO$ heraus. Eine analoge Verbindung liefert chromsaures Kali, $2CyHg + CrO_3KO$, ohne dass ein Austausch der Ionen sich einstellt.

„In anderen Fällen tritt freilich die doppelte Zersetzung ein. Salpetersaures Silberoxyd giebt mit der Lösung des $HgCl$ und $HgBr$ Chlor- und Bromsilber. Ebenso zersetzt Kalihydrat die letztgenannten Haloidsalze und giebt den Niederschlag von Quecksilberoxyd. Das $HgCl$ und $HgBr$ zeigen gegen die Jodmetalle den Austausch der Bestandtheile, und Quecksilbercyanid, welches den Sauerstoffsäuren trotzt, wird von ClH, BrH, JH, ja von SH leicht zersetzt und liefert die dort vermisste Blausäure. Die Chemie vermag uns nicht zu erklären, warum der Austausch in dem einen Falle erfolgt, in dem anderen ausbleibt. Da jene Salze den Austausch unter einander zeigen, so wird die Ursache zuletzt in der Beschaffenheit der Quecksilberverbindungen zu suchen sein. In einzelnen Fällen werden die Hindernisse, welche hier bestehen, durch die Beschaffenheit der anderen Moleküle noch überwunden, in den meisten geschieht es nicht.

„Dieser Schwierigkeit geht aber der grosse Leitungswiderstand des Chlorides, Bromides u. s. w. parallel, während das Chlorür und Bromür des Quecksilbers, als basische Verbindungen, leicht vom Strome zersetzt werden."

Die vorstehenden Betrachtungen sind von äusserster Wichtigkeit, denn sie gewähren uns Ausblicke nach einer Richtung, welche zwar in neuerer Zeit manche Ausbeute gegeben hat, im ganzen aber noch des entscheidenden Fortschrittes harrt. Der hier von Hittorf zum ersten Male gesehene

Zusammenhang zwischen elektrolytischer Leitfähigkeit und chemischer Reaktionsfähigkeit ist zwar gegenwärtig in einzelnen Fällen, namentlich dem der Säuren und Basen, völlig aufgeklärt und seinen Gesetzen nach bekannt, daneben bleibt aber ein grosses Gebiet noch unbekannt, welches man als das der allgemeinen elektrochemischen Affinitätslehre bezeichnen kann. Es sprechen mancherlei Anzeichen dafür, dass uns in Zukunft eine Ionentheorie der chemischen Vorgänge bevorsteht, und es ist daher von Wichtigkeit, auf diese erste Quelle dieser Entwickelung hinzuweisen.

Mit der Gewissenhaftigkeit, welche den echten Forscher kennzeichnet, hat Hittorf nicht unterlassen, im Falle der Quecksilberverbindungen darauf hinzuweisen, dass einzelne Punkte in den Reaktionen derselben für ihn noch unerklärlich seien. Diese Punkte haben inzwischen alle Aufklärung erhalten, und wie immer in solchen Fällen eine gute Theorie sich am besten zeigt, so hat auch hier die endliche Aufklärung nur die Richtigkeit der allgemeinen Gesichtspunkte um so besser bewiesen. Die fraglichen Unterschiede der Reaktionen ruhren daher, dass zwar die Halogenverbindungen des Quecksilbers nur sehr wenig leiten und des Umtauschens fähig sind, aber doch in einem bestimmten geringen Grade diese Eigenschaft haben. Deshalb sind ihre Reaktionen zwar beschränkt, aber nicht aufgehoben, und es hängt von den näheren Bestimmungsstücken der Reaktion, insbesondere von der Unlöslichkeit der entstehenden Niederschläge ab, ob sich der Stoff als reaktionsfähig oder -unfähig erweist.

„Bei den Versuchen, welche ich mit Platinchlorid und Goldchlorid angestellt, zeigte sich in der Lösung derselben stets freie Salzsäure. Es war dies für meine Zwecke zu bedauern, da diese Verbindungen sich sonst wie das Chlorid des Quecksilbers verhalten hatten. Ihre Lösungen würden einen ähnlichen grossen Widerstand gezeigt und das interessante Schauspiel geboten haben, wie der Strom gerade die schwächsten Verwandtschaftskräfte, welche bei den Metallen vorkommen, nicht zu überwinden vermag. H Rose [1] hat für ihre Lösungen ähnliche Anomalien aufgeführt, wie sie vorher mitgetheilt wurden.

„Die Spaltung, welche die Doppelsalze vom Strome erfahren, zeigt vielleicht am deutlichsten, von welchem Momente die elektrolytische Natur bedingt wird. Wir sahen bei denselben die Ionen der Alkalisalze, welche die starkste Verwandtschaftskraft nach der heutigen Chemie fesselt, sich trennen, und die schwächsten Verbindungen, wie CyAg, $PtCl_2$, HgCl, $AuCl_3$ daneben unzerlegt bleiben. Dieselbe Spaltung ist dem Chemiker aus jeder Zersetzung der doppelten Wahlverwandtschaft, welche die Doppelsalze veranlassen, geläufig. Bei der Elektrolyse erwartet man sie aber so wenig, dass selbst da, wo ihre Folgen vollständig beobachtet waren und nicht anders erklärt werden können, Niemand auch nur die Möglichkeit ausgesprochen hat. Die Verbindung, welche mit dem Alkalisalz vereinigt ist, mag, wie Jodcad-

---

[1] „Ausführl. Handbuch der analytischen Chemie 1 197 und 233 1851."

mium im freien Zustande ein Elektrolyt sein, hier bietet sie dem stärksten Strome Trotz

„Nachdem die erörterten Thatsachen vorliegen, halte ich mich berechtigt, das Wesen der Elektrolyse in den Molekularvorgang zu verlegen, welcher nach BROMANN von der doppelten Wahlverwandtschaft bewirkt wird

„Alle Elektrolyte sind Salze im Sinne der neueren Chemie Während der Elektrolyse findet der Austausch zwischen denselben Bestandtheilen ihrer Moleküle statt, wie bei der doppelten Wahlverwandtschaft Derselbe vermittelt die Fortpflanzung der Molekularbewegung, welche wir elektrischen Strom nennen Je nachdem dieser Austausch in den verschiedenen Elektrolyten bei derselben veranlassenden Ursache schneller oder langsamer vor sich geht, werden, wie ich glaube, die verschiedenen Leitungswiderstände hervorgerufen Ich hoffe, in dem Nachtrag zu meinen elektrochemischen Arbeiten diesen Zusammenhang durch eine Anzahl Widerstandsmessungen bestimmter darlegen zu können, als es mir jetzt möglich ist Die hier bestehenden Unterschiede machen sich in den chemischen Erscheinungen erst geltend, wenn sie ausserordentlich gross sind Für alle Elektrolyte, bei welchen wir in der Chemie den Austausch theilweise oder vollständig vermissen, stellt sich ein solches Verhältniss heraus

„Der grosse Leitungswiderstand des reinen Wassers ruhrt ebenfalls daher, dass der Austausch von Wasserstoff und Sauerstoff sehr schwierig unter den Molekulen vor sich geht, denn die Resultate, welche die wässerigen Lösungen der untersuchten Elektrolyte ergaben, sind, wie bereits hervorgehoben, nur möglich, wenn die Salze unzerlegt in der Lösung enthalten sind, mit anderen Worten, wenn der Austausch zwischen den Ionen des Salzes und des Wassers so gut wie fehlt Wäre er vorhanden, so lägen ja sehr verschiedenartige Moleküle, Säurehydrate, basische Oxyde, Salze und Wasser dem Strome vor und würden sehr verwickelte Theilungen desselben veranlassen Da die Salze den Austausch unter einander zeigen, so haben wir den Grund, wie bei dem Chloride, Cyanide des Quecksilbers, in der Beschaffenheit der Wassermoleküle zu suchen

„Aus den Erscheinungen der Chemie lässt sich das Fortbestehen der gewöhnlichen Salze in der Lösung blos vermuthen, nicht beweisen Man ist bekanntlich auch nicht einig, bei welchen Verbindungen die Zersetzung eintritt, sobald sie sich nicht durch einen Niederschlag oder eine Gasentwickelung geltend macht Die Elektrolyse lässt hierüber keinen Zweifel, wie ich bei Zinnchlorid (S 864) nachgewiesen habe

„Es scheint mir sehr beachtenswerth, dass die Moleküle des Wassers mit den meisten isolirenden Chlor-, Brom-, Jod- und Schwefelverbindungen unter bedeutender Wärmentwickelung sich zersetzen, Wasserstoffsäuren und die Hydrate von Sauerstoffsäuren bilden

Kommt dagegen eine Wasserstoffsäure und die Sauerstoffverbindung eines basischen Radicals zusammen, so geht gerade der entgegengesetzte

Vorgang, die Bildung des Haloidsalzes und des Wassers, und zwar ebenfalls unter Wärmeentwickelung vor sich. Bei der Mischung zweier neutralen Salzlösungen wird eine Erwärmung nicht beobachtet, so lange kein Niederschlag entsteht.

„Die Verbindung des Wasserstoffs mit dem Sauerstoff ist nicht die einzige, welche einen so grossen Widerstand besitzt und, gepaart mit sauren Oxyden, so leicht vom Strom zersetzt wird. Es wiederholt sich diese Erscheinung bei der Blausäure. Sie wird ebenso schwer wie das Wasser zerlegt, gepaart dagegen mit Eisencyanur und anderen Cyanmetallen, wird sie leicht vom Strome gespalten. Die Blausäure vermag nicht die Sauerstoffsalze zu zerlegen, Kohlensäure auszutreiben. Die Eisenblausäure theilt dagegen das Verhalten der gewöhnlichen Sauerhydrate.

„Die Leitungswiderstände der Elektrolyte werden in entgegengesetzter Weise, wie diejenigen der Metalle, von der Wärme verändert. Sie erscheinen sämmtlich kleiner in höherer Temperatur und weisen dadurch auf eine Erleichterung des Austausches hin.

„Der Widerstand der Lösungen muss nicht allein von der Natur des Salzes, sondern auch von der Beschaffenheit des Lösungsmittels, sowie von der Concentration abhängen. Diese Verhältnisse lassen sich erst mit Erfolg näher erörtern, wenn eine Anzahl passend gewählter Widerstandsbestimmungen vorliegt.

„In meinen elektrochemischen Arbeiten wollte ich mir den unbefangenen Standpunkt des Beobachters wahren und benutzte deshalb mit Vorliebe die FARADAY'sche Nomenclatur, welche nur thatsächliche Verhältnisse ausdrückt und nichts Hypothetisches über unbekannte Kräfte und Fluida einschliesst. Ich versuche nicht, den Molekularvorgang, welcher in der Elektrolyse und doppelten Wahlverwandtschaft sich geltend macht, tiefer zu ergründen, und bin weit entfernt, mich an eine Theorie desselben, die mehr oder weniger eine Theorie der chemischen Processe überhaupt sein würde, zu wagen. Ich halte jedoch, und dieser Überzeugung möchte ich Ausdruck geben, ich halte das Studium der Elektrolyse sehr geeignet, eine bestimmtere und richtigere Auffassung der chemischen Erscheinungen anzubahnen. Der Molekularvorgang bietet sich hier in der einfachsten und deshalb günstigsten Weise der Forschung dar, weil er, wie schon bemerkt, zwischen gleichartigen Massentheilchen vor sich geht.

„In der That lassen die quantitativen Bestimmungen der chemischen Verhältnisse bei der Elektrolyse, wie ich sie in meinen Mittheilungen versucht, bereits eine Seite desselben hervortreten, welche in den gewöhnlichen chemischen Erscheinungen der Beobachtung nicht zugänglich wird, und über einen Cardinalpunkt der Chemie, wie ich glaube, entscheidet.

„Ich nehme hier die S 864 angeregte Frage auf, welche nicht länger umgangen werden kann.

„Wenn in der Elektrolyse keine Umwandlung der Stoffe eintritt, so lässt sich die Thatsache, dass die Ionen des Salzes an den Elektroden ver-

mehrt und vermindert werden, ohne dass die mittleren Schichten der Lösung
eine Änderung in der quantitativen Zusammensetzung erfahren, nur begreifen,
wenn erstere an den Theilchen des Lösungsmittels sich vorbeibewegen, ohne
sie zu zersetzen. Die Verhältnisse der Überführung treten bei keinen Verbindungen so unzweideutig hervor, wie gerade bei den Kaliumsalzen, wo sie
fast unabhängig von der Concentration der wässerigen Lösung bleiben.

„Bewegen sich aber Kaliumtheilchen in Entfernungen von ihren Anionen,
welche sehr gross sind gegen ihre Abstände von dem nächsten Wasseratome,
und lassen letzteres unzersetzt, nimmt ferner die Intensität der chemischen
Kraft nach höheren Potenzen der Entfernung, wie der zweiten, ab, so können
hier nicht mehr die Verwandtschaftsverhältnisse bestehen, welche wir im
freien Zustande der Körper finden.

„Die Chemiker gehen in ihren Grundanschauungen gegenwärtig sehr
auseinander. Berzelius[1] denkt sich den stärksten elektropositiven Körper,
das Kalium, vereinigt mit dem stärksten elektronegativen Körper, dem Sauerstoff, mit einer grösseren Kraft, als wodurch irgend eine andere Verbindung
zusammengehalten wird, und diese Vereinigungskraft wird direkt von keiner
anderen Kraft, als der des elektrischen Stromes überwunden. Das „Ver-
einigungsstreben ist eine Folge der elektrischen Relationen der Atome, wobei
sie sich mit entgegengesetzten vorherrschenden Polen einander anziehen und
sich, wenn sie sich in frei beweglichem Zustande befinden, zusammenlegen und
einander mit derselben Art von Kraft festhalten, wie die ist, womit zwei Magnete mit entgegengesetzten Polen zusammenhaften, von welcher grossen Kraft
uns die sogen. Elektromagnete so staunenerregende Beweise gegeben haben.“

„Die Verwandtschaft,“ so beginnt Bunsen die dritte Abhandlung der
photochemischen Untersuchungen,[2] „oder die Kraft, welche die Theile sub-
stantiell verschiedener Körper zu einer Verbindung zusammenführt, ist etwas
dem Wesen und der Grösse nach unabänderlich Gegebenes, das, wie alle
Kräfte und wie die Materie selbst, weder zerstört, noch erzeugt werden kann.
Es ist daher nur ein übelgewählter Sprachgebrauch, wenn man von Ver-
wandtschaftskräften redet, die ein Körper unter Umständen erlangt, und die
er unter anderen Umständen wieder verliert.“

„Darnach ist die chemische Vereinigung zweier Körper nur ein einfaches
Phänomen der Anziehung zwischen je zwei ihrer Theilchen. Die denselben
innewohnenden Kräfte bewegen sie in grössere Nähe zu einander und halten
sie daselbst zusammen.

„Nach dieser Vorstellungsweise wird die bei chemischen Processen entstehende Wärme die Quantität der lebendigen Kraft sein, welche durch die
bestimmte Quantität der chemischen Anziehungskräfte hervorgebracht werden
kann.“ Helmholtz, Erhaltung der Kraft S. 32.

„Diese Auffassung wird aber entschieden von anderen Forschern zurückgewiesen. Dieselben erklären sich zwar nicht weiter über das Wesen des

chemischen Processes, stellen aber bestimmt in Abrede, dass die sogenannten
Verwandtschaftsverhältnisse, wie sie die freien Körper zu einander zeigen,
für die Erscheinungen, welche dieselben Stoffe in ihren Verbindungen veranlassen, maassgebend sind. Davy und Dulong, sowie alle Anhänger der
Binärtheorie der Salze nehmen diesen Standpunkt ein. Graham hielt ihn
ebenfalls in seinen Speculationen fest, wie seine eigenen Worte darthun
mögen.[1]

„„Es versteht sich von selbst, dass ich, wenn ich von einem Radical
spreche, damit keinen Körper bezeichnen will von der Form und den Eigenschaften, die er im isolirten Zustande hatte, sondern ich unterscheide einfach
die Beziehung, nach welcher gewisse Elemente oder Gruppen von Elementen
sich substituiren, oder aus einem Körper in den anderen übergehen. Übrigens
zeigt die oberflächlichste Beobachtung, wie gross der Unterschied ist zwischen einem Element, wie es sich in freiem Zustande zeigt, und demselben
Element, wenn es eine Verbindung eingegangen, es wird Niemandem ein-
fallen, die chemischen Eigenschaften der schwarzen Kohle oder des Diamanten
mit denen des Kohlenstoffes identificiren zu wollen, wie er in jenen Tausenden der sogenannten organischen Verbindungen vorkommt, die gewöhnlichste
Logik zwingt zu derselben Unterscheidung bezüglich des Chlors und des
Wasserstoffs, und im Allgemeinen rücksichtlich aller einfachen und zusammengesetzten Körper““"

„In den Isomerien finden wir nicht nur die physikalischen Eigenschaften
desselben chemischen Stoffes, sondern auch die Verwandtschaftsäusserungen
geändert. Der gewöhnliche Phosphor reducirt die Salze des Kupfers, des
Silbers und anderer Metalle, der rothe ist indifferent. Das Ozon scheidet
Jod, Brom aus den Salzen, der gewöhnliche Sauerstoff vermag es nicht.
Diese Unterschiede in dem Verhalten sind von verschiedenen Wärmeverhält-
nissen bedingt, die sich stets, wo die Umwandlung eines isomerischen Zustandes in einen anderen vor sich geht, geltend machen. In einer Notiz
über die Allotropie des Selens[2] zeigte ich, dass der gewöhnliche farblose
Phosphor eine grössere Wärmemenge enthalten müsse, wie der rothe, und
dieselbe beim Übergange in letzteren verliere. Silbermann und Favre fanden
wirklich einige Zeit nachher die Verbrennungswärme des farblosen Phosphors
beträchtlich über ¹/₆ höher, wie diejenige des rothen, nämlich 5953 Wärme-
einheiten für ersteren und bloss 5070 für letzteren. Könnten wir Ozon in
grösserer Menge darstellen, so würden wir eine Wärmeentwickelung bei
seiner Umwandlung in gewöhnlichen Sauerstoff und eine grössere Verbindungswärme wie bei letzterem beobachten.

„Unsere Kenntnisse über die Isomerien der Körper sind noch ganz und
gar fragmentarisch, und ohne prophetische Gaben in Anspruch zu nehmen,
darf man der Chemie nach dieser Seite grosse Entdeckungen vorhersagen.
Wie dürftig aber auch die jetzt zu Gebote stehenden Thatsachen sind, sie

---

[1] „Lehrbuch d. organ. Chemie 4. 606   [2] Pogg. Ann. **84** 219. 1851.

genügen, um zu zeigen, dass der chemische Process noch etwas anderes,
als ein blosses Anziehungsphänomen im Sinne NEWTON's sein muss. Da
nämlich die Phosphorsäure, welche aus dem rothen Phosphor entsteht, absolut identisch ist mit derjenigen, welche der gewöhnliche liefert, so können
doch nicht beide Verwandtschaftskräfte den Phosphor in dieselbe begleiten.
BERZELIUS[1] wollte wirklich die allotropischen Zustände der Elemente in die
Verbindungen übergehen lassen und bemühte sich, die Isomerien der letzteren auf diesen Umstand zurückzuführen. Ich glaube nicht, dass diesen
Speculationen die thatsächlichen Verhältnisse entsprechen.

„Wir dürfen nicht übersehen, dass chemische Verbindungen vorliegen,
welche bei der Zersetzung eine bedeutende Wärmeentwickelung zeigen,
trotz der Vergasung, welche gleichzeitig die Bestandtheile erleiden, letztere
müssen daher sehr beträchtliche Wärmemengen binden, wenn sie mit einander sich vereinigen.

„Erwägen wir diese Verhältnisse, so werden wir unser Urtheil über das
Wesen des chemischen Processes suspendiren und FARADAY beipflichten, dass
nach unserem heutigen Wissen blos das Gewicht der Stoffe in den Verbindungen als unverändert zu erkennen ist.

„Sobald wir die Zustände, welche die Stoffe isolirt und in den Verbindungen besitzen, unterscheiden, verlieren die Resultate meiner Arbeiten
das Widerstrebende, welches manche Forscher darin gefunden. Sie zeigen
sich in vollkommener Übereinstimmung mit den Erfahrungen der Chemie
und lassen wenigstens die Möglichkeit, eine wirkliche Theorie derselben vor-
zubereiten, durchblicken. Wir wundern uns nicht mehr, dass die Kalisalze
millionenmal leichter vom Strome zersetzt werden, als das Wasser, das sie
leichter spalten, als die meisten anderen Salze. Denn diese Verhältnisse
beutet der Chemiker fast in jedem seiner Versuche aus. Er war so gewohnt,
an den Processen in den wässerigen Lösung nur die Salze sich betheiligen
zu sehen, dass er nicht wenig staunte, wie zuerst eine Einwirkung des
Wassers auf die Resultate der doppelten Wahlverwandtschaft bei dem gewöhnlichen phosphorsauren Natron beobachtet wurde. Dieselben Vorgänge
machen bei der Elektrolyse gerade den entgegengesetzten Eindruck: man
sucht nach der Zersetzung des Wassers, während bloss Salze derselben
unterliegen.

„Das Studium der Leitungswiderstände halte ich für ein grosses Bedürfniss der Chemie, wir gewinnen dadurch ein Maass für die Spaltbarkeit der
verschiedenen Salze, für ihre basischen und sauren Eigenschaften, welche
wesentlich von derselben abhängen. Die herrschende Verwandtschaftslehre
kann keine Erklärung der doppelten Zersetzung geben und hat überhaupt,
wenn wir aufrichtig sein wollen, nur dadurch Dienste geleistet, dass sie die
Wissenschaft gegen die Übereilung der Alchemisten schützte. Eine neue
Theorie ist aus derselben nicht hervorgegangen.

„Man hält sie gewöhnlich für unentbehrlich, um von den Fällen der einfachen Wahlverwandtschaft, in welchen ein freier Körper einen verbundenen ausscheidet und substituirt, Rechenschaft zu geben Diesen Thatsachen verdankt sie ihren Ursprung, ist aber nur eine sehr mangelhafte und unbestimmte Umschreibung derselben

„Der Apparat, welcher in Pogg. Ann Bd 68 S 843 abgebildet und mir so nützlich gewesen ist, eignet sich sehr gut, um diesen Vorwurf zu begründen und zu veranschaulichen Wir nehmen zur Anode im Gläschen A eine amalgamirte Zink- oder Cadmiumplatte, füllen dasselbe nebst dem Gefässe B mit einer concentrirten Lösung von Chlorkalium, während C eine verdünntere Lösung eines Kupfer- oder Silbersalzes und die Kathode aus einem dieser Metalle erhält Es entsteht dadurch ein Daniell'sches Element von anderer, als der gewöhnlichen Form, in dem sich die Flüssigkeiten sehr langsam mischen Der Strom desselben, welcher nach der Verbindung der beiden Pole entsteht, ist zwar durch die Länge der flüssigen Leiter sehr geschwächt, aber sehr constant und wird für wissenschaftliche Arbeiten manchmal gute Dienste leisten

„Für das Kupfer oder Silber, welches auf der Kathode sich ansetzt wird genau ein Aequivalent Zink oder Cadmium gelöst Da die Flüssigkeit am positiven Pol ungetrübt bleibt, so treten diese Metalle mit einem Aequivalent Chlor in Verbindung Es wird nicht das Wasser, wie man vielleicht allgemein annimmt, zersetzt, sondern die Verhältnisse sind genau dieselben wie in meinen früheren Versuchen, wo blos ein stärkerer Strom die Vorrichtung durchfloss Durch die quantitative Analyse kann man sich überzeugen, dass 0.485 des Aequivalentes Kalium aus dem Gefässe A wandert und 0,515 des Aequivalentes Chlor hineintritt

„Alle Metalle, welche in der elektrischen Spannungsreihe elektropositiver als Kupfer oder Silber sind, substituiren hier das Kalium Letzteres wird nämlich nicht frei, sondern verdrängt an der Grenzfläche mit der zweiten Lösung das Kupfer und Silber aus der Verbindung Wir können das Wasser ganz ausschliessen, das Zink oder Cadmium mit feuerflüssigem Chlorkalium, das Silber mit geschmolzenem Chlorsilber umgeben, und erhalten dasselbe Resultat Wenn die gewöhnliche chemische Theorie des Galvanismus noch durch Beispiele widerlegt werden müsste, so könnte die Contacttheorie jene Combination als treffliches experimentum crucis benutzen

„Taucht die Elektrode von Kupfer oder Silber in das Chlorkalium, in welchem Zink oder Cadmium sich befindet, so stellt sich sogleich der Gegenstrom ein, und der primäre sinkt fast auf Null Die letztgenannten Metalle bleiben so gut wie unverändert und verhalten sich, wie wenn sie allein in der Flüssigkeit wären

„In unserem Daniell'schen Elemente ist die Gesammtwärme, welche der Strom erregt, gleich der Wärmemenge, die bei der Bildung des Chlorzinks oder Chlorcadmiums frei wird, vermindert um diejenige, welche zur Reduction des Chlorsilbers nothig war. Darin bestehen ja die einzigen Veranderungen, welche derselbe hervorbringt. Der Erfolg der chemischen Processe, welche der einfachen Wahlverwandtschaft zugeschrieben werden, ist daher bedingt von der Warmemenge, welche die Aquivalentgewichte der Korper im isolirten Zustande mehr enthalten, wie im verbundenen. Soll ein gegebener Stoff einen anderen in einer Verbindung substituiren und letzteren in den isolirten Zustand versetzen, so darf das Warmeaquivalent des ersteren nicht kleiner sein, wie das des letzteren. Es bedingt die sogenannte Verwandtschaft, und von ihm wird die elektromotorische Kraft des galvanischen Stromes abhangen.

„Diese Verbindungswarme kann aber nur zum kleinsten Theil als chemische Spannkraft gedacht werden, denn tritt die Zersetzung der flussigen Verbindungen unter solchen Verhaltnissen ein, wo die Bestandtheile nicht die Eigenschaften des isolirten Zustandes annehmen, so ist die Zersetzbarkeit der elektrischen Leitungsfahigkeit proportional und steht in gar keiner Beziehung zur Verbindungswarme.

„Die Arbeit, welche der Strom bei der Elektrolyse verrichtet, wenn die Ionen an den Elektroden frei werden, und welche durch die Polarisation angezeigt ist, wird nur zum allerkleinsten Theil auf die Trennung verwendet. Dieselbe durfte vielleicht fast ganz darin bestehen, dass den Ionen der Zustand der Bewegung zuruckgegeben, ihre Molekule mit der lebendigen Kraft wieder versehen werden, welche sie im isolirten Zustande besitzen, und von welcher ihre Eigenschaften abhangen. Die meisten zusammengesetzten Ionen, welche wir in unseren Versuchen gefunden, bestehen im isolirten Zustande nicht fort. Die Isomerien, an deren Studium wir grosse Erwartungen knupfen durfen, stellen die ausserordentlich wichtige Thatsache fest, dass dieselbe chemische Materie verschiedene Warmemengen binden kann und in diesen Zustanden eine verschiedene Verwandtschaft aussert und mit verschiedenen physikalischen Eigenschaften versehen ist."

Auf diese Darlegungen folgen einige Seiten polemischer Erorterungen, welche sich einerseits auf eine von KOHLRAUSCH und WEBER versuchte Bestimmung der Arbeit zur Trennung einer gewissen Menge von Wasser in seine Elemente beziehen, andererseits die Ansichten von CLAUSIUS zum Gegenstande haben. Ich habe geglaubt, sie hier fortlassen zu konnen, da namentlich die letzteren sich auf die heute geloste Schwierigkeit bezuglich der Oberflachenladung der Elektrolyte beziehen, welche schon fruher (S 861) erortert worden ist. Kann dieser Einwand als erledigt angesehen werden, so gilt doch nicht das Gleiche fur einige andere Einwande, welche die kinetische Theorie der Flussigkeiten treffen, und welche daher nachstehend wiedergegeben sind.

„Fur Chlorkalium habe ich die Untersuchung (zweite Mittheilung, S 859) auf sehr verdunnte wassrige Losungen (etwa 1 Theil Salz in 500 Theile Wasser) ausgedehnt und gefunden, wie immer noch fur die Analyse die Zersetzung des Salz allein trifft. Die Uberfuhrungen von Chlor und Kalium sind fast dieselben, wie bei der stärksten Concentration Wir haben in diesem Falle auf 1 Molekül ClK etwa 4000 Moleküle HO Wie oft muss das erstere, ehe es einmal einem gleichartigen Moleküle begegnet, mit Wassertheilchen zusammenstossen! Die eigenthümlichen Lagen, in denen zwei Ionen ausscheiden, und welche für die Elektrolyse allein in Betracht kommen, können unmöglich die am häufigsten eintretenden sein Diese Molekularbewegungen müssen daher äusserst lebhaft sein, wenn sie den Bedürfnissen von nur mässigen Strömen genügen sollen Die Wände der Gefässe, welche leitende Flüssigkeiten enthalten, erleiden aber keinen anderen Druck, wie denjenigen, welchen die Schwere erzeugt In den Diffusionserscheinungen sehen wir, wie äusserst langsam die Salztheilchen ihren Platz verlassen und im Wasser sich bewegen Ob man für die Stromintensität eine Grenze sich denken darf, will ich gar nicht erörtern

„Es scheint mir eine sehr merkwürdige Thatsache, dass Verbindungen wie ClH, welche flüssig zu den bestleitenden Elektrolyten gehören, im gasförmigen Zustande den Strom vollständig für unsere sehr empfindlichen Galvanometer isoliren Es lässt sich dieselbe nicht, wie CLAUSIUS glaubt, aus der geringen Dichtigkeit des letztgenannten Zustandes, wie er gewöhnlich vorliegt, erklären Denn bei den sehr verdünnten Lösungen der Salzsäure, welche ich benutzt, enthalten gleiche Volumina weniger Moleküle von ClH, als sich in dem Gase bei dem gewöhnlichen Drucke der Luft finden Dennoch trifft die Spaltung im ersten Falle die Theilchen von ClH so gut wie allein Ich beabsichtige diese Thatsache experimentell etwas näher zu untersuchen, wenn ich mir die nöthigen Apparate verschaffen kann

„In meinen elektrolytischen Mittheilungen habe ich mir die Freiheit genommen, die Theorieen von Forschern zu erörtern und theilweise zu bekämpfen, deren hohe Verdienste um die Wissenschaft ich nicht weniger als die eifrigsten Anhänger derselben bewundere Ich würde mir diese Opposition nicht erlaubt und meine individuelle Auffassung der ihrigen untergeordnet haben, wenn nicht nackte Thatsachen damit in Widerspruch geriethen, welche nach einem sehr einfachen Verfahren, in möglichst einfachen Apparaten, durch analytische Bestimmungen gewonnen wurden, die häufig auf ein blosses Abdampfen und Wägen hinauslaufen Das Bedenken, dass dennoch diese Thatsachen unrichtig sein können, suche ich durch die Erwägung zurückzudrängen, dass der Fehler alsdann bald und leicht von dem unbefangen Prüfenden gefunden werden wird, und nur mir, nicht der Wissenschaft, Nachtheil bringen kann Anders verhält es sich mit den Theorieen ihrer Autoritäten So segensreich sie wirken, wenn sie begründet, so verderblich hemmen sie den Fortschritt oft Jahrhunderte lang, wenn sie unrichtig waren "

16 Ausländische Urtheile Es braucht kaum gesagt zu werden, dass es nicht nur die deutschen Forscher waren, welche die Schwierigkeiten im Verständniss der Ueberführungserscheinungen empfanden, auch in den englischen und französischen Veröffentlichungen der Zeit findet man genug

Zeichen davon. Als Beispiel mag eine Abhandlung von NAPIER[1] dienen, welcher im Anschluss an einige Versuche, durch welche er Abweichungen von dem FARADAY'schen Gesetz nachzuweisen glaubte, eine Theorie der elektrolytischen Zersetzung darlegte, welche von der (gleichfalls irrthümlichen) alleinigen Wanderung der Säure nach dem positiven Pol Rechenschaft geben sollte:

„Die doppelte Reihe (Fig. 229) stellt eine Linie von zusammengesetzten Atomen dar, welche einen Elektrolyten bilden; darin ist a die Säure oder das negative Element, und b die Basis oder das positive Element, und $c\,c\,c$ stellt die Drähte oder festen Leiter dar, welche die Elektricität zu der Zersetzungszelle führen; die letzten Theile, die sich in Berührung mit dem Elektrolyt befinden, können als Elektroden angesehen werden. Die Theilchen $a\,b$ werden durch ihre Verwandtschaft an einander gehalten.

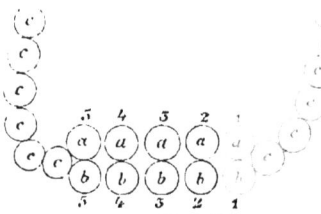

Fig. 229. Nach NAPIER.

„Nun soll angenommen werden, dass ein Äquivalent Elektricität das positive Ende der Batterie verlässt und sich längs der festen Theile des Leiters bewegt; so wird der Theil, auf welchem die Elektricität stehen bleibt, um diese Zeit sich in einem höheren Zustande der Erregung befinden, als die anderen Theile. Kommt der elektrische Strom zu dem letzten Theil der festen Kette, welche mit dem Elektrolyten in Berührung ist, so verursacht seine erhöhte Erregung, dass es den nächsten sauren Theil a_1 anzieht und bindet; sind diese verbunden, so geht die Elektricität auf den ersten basischen Theil b_1 über und giebt ihm eine erhöhte Erregung, welche ihn veranlasst, sich mit dem sauren Theil a_2 zu verbinden; die elektrische Kraft geht auf b_2 über, welches seinerseits erregt wird, und a_3 nimmt, und so durch die Kette bis zu dem letzten Theil b_3, welcher keine weitere Säure hat, um sich zu verbinden, und deshalb seine Elektricität an den festen Leiter abgiebt, welche dann nach der Batterie weiter geht.... Auf diese Weise sehen wir, dass jede äquivalente Zersetzung ein Äquivalent Säure an die positive Elektrode bringt. Dies ist genau das, was wirklich der Erfahrung gemäss stattfindet.[2] Dass diese Zersetzungen und Wiederverbindungen zwischen den Theilchen eines Salzes auch eine Strömung des Salzes im Sinne des Stromes und elektrische Endosmose hervorbringen können, kann sehr leicht eingesehen werden."

Als ein weiteres Zeugniss für die in der Geschichte der Physik fast unerhörte Einstimmigkeit, mit welcher die Ergebnisse der Beobachtungen HITTORF's verworfen wurden, seien einige Sätze aus dem 1856 erschienenen zweiten Bande von DE LA RIVE's Traité de l'electricité (S. 323) angeführt. Als Erklärung für die ungleiche Concentrationsänderung an den Elektroden bei

[1] Philos. Mag. 29. 92. 1846.　　　[2] Dies ist ein Irrthum.

der Elektrolyse des Kupfersulfats hatte d'Arsanal die ganz verfehlte Darstellung gegeben, dass es sich um eine gleichzeitige Zersetzung des Salzes und beigemischter Säure handle, der Wasserstoff der letzteren sollte dann secundär Kupfer reduciren. Diese Ansicht wird mit Beifall vorgetragen, und im Anschluss hieran fährt de la Rive fort: „Bei den Versuchen Hittorf's sind die beobachteten Erscheinungen gemischter Natur. Ein Theil des reducirten Metalles rührt von der unmittelbaren Zersetzung des Salzes her, ein anderer von der Reduction durch den Wasserstoff, welcher von der Zersetzung des sauren Wassers stammt, das in den metallischen Lösungen, die so schwer neutral zu haben sind, enthalten ist. Was die Richtigkeit dieser Erklärung beweist, ist, dass je verdünnter die Lösung ist, desto bedeutender der Antheil des unmittelbar reducirten Metalles ist, weil man die Kraft des angesäuerten Wassers vermindert." Dass man gleichzeitig die „Kraft" des gelösten Salzes in demselben Verhältniss vermindert, scheint nicht bemerkt worden zu sein. Weiter wird die Vermuthung ausgesprochen dass an der Anode sich die dort angekommene Säure nicht vollständig mit dem Metall der Anode verbindet (was für die Überführung vollkommen gleichgültig ist), und da im Falle des Silberacetats sich die Angaben von Hittorf mit den Voraussetzungen des Berichterstatters im Widerspruch befinden, so werden hier kurzweg Ungenauigkeiten der Beobachtungen angenommen. Aus der ganzen Stelle geht hervor, dass auch de la Rive in das Verständniss der Erscheinung nicht tiefer als ungefähr Magnus eingedrungen war.

Diese auffallende Erscheinung giebt Anlass zum Nachdenken. Gegenwärtig kommen uns die Ansichten Hittorf's so einfach und klar vor, dass wir nicht begreifen mögen, wie man ihnen gegenüber überhaupt im Zweifel sein kann, ob sie brauchbar sind oder nicht. Kann man es sich denken, dass zu jener Zeit sämmtliche Geister so mit Blindheit geschlagen waren, dass sie diese einfachen Dinge nicht sehen konnten? Wenn eine andere anschauliche Hypothese vorgelegen hatte, durch welche die Blicke in eine bestimmte Richtung gelenkt gewesen waren, so konnte man sich eine solche Wirkung allenfalls vorstellen, und man hatte aus der Geschichte der Wissenschaft eine hübsche Anzahl von Beispielen für ein solches Verhalten. Hier aber war das nicht der Fall, jeder von den Gegnern Hittorf's hatte seine eigene Hypothese über den Vorgang der Elektrolyse, und einig waren sie nur in dem Punkte, dass jedenfalls Hittorf nicht Recht hatte. Dieser Umstand drängt zu der anderen möglichen Auffassung hin, dass es in der That der Einfluss einiger im Besitz der damaligen öffentlichen Meinung befindlichen Physiker war, die sich Magnus, dem ausgesprochensten Gegner Hittorf's, anschlossen, und durch das Gewicht ihrer Meinung den Credit jener Arbeiten in solchem Maasse verminderten, dass auch die nicht unmittelbar Betheiligten sich einer genaueren Prüfung dieser mit solcher Energie abgelehnten Arbeiten überhoben glaubten. Wie dem auch sei, die Wirkung ist keine dauernde gewesen. Zwar spät, aber dann um so nachdrücklicher hat

sich die Anerkennung dieser klassischen Arbeiten Bahn gebrochen, und zwar
durch den Umstand, dass auf anderem Boden Thatsachen entdeckt wurden,
welche zu der gleichen Auffassung drangten, welche Hittorf als die zweck-
massigste fur sein Gebiet erwiesen hatte. Dies neue Gebiet war das der
elektrolytischen Leitfahigkeit, und das hier entdeckte Gesetz war das von
F. Kohlrausch ausgesprochene von der unabhangigen Wanderung der Ionen.
Hier hatten zwei ganz unabhangige Beobachter in zwei ganz verschiedenen
Gebieten den gleichen Aussichtspunkt erreicht, und der zwingenden Gewalt
einer solchen objektiven Beweisfuhrung kann die Wissenschaft nie auf die
Dauer entzogen werden.

17. Chemische Schwierigkeiten. Die Thatsachen der Elektrolyse
und der dabei stattfindenden Leitungsvorgange hatten schon sehr fruh die
Nothwendigkeit ergeben, die ublichen chemischen Ansichten uber die zusammengesetzten Stoffe, nach welchen diese die Atome in einem starren
Verbande enthalten sollten, erheblich abzuandern. Der erste Versuch in
dieser Richtung war der von Grotthuss gewesen, und wie nothwendig die
darin ausgesprochene Erweiterung der chemischen Vorstellungen war, geht
daraus hervor, dass sie sich in fast unbestrittener Herrschaft durch fast
ein halbes Jahrhundert gehalten hat und noch heute, wo sie durch eine
bessere und den Thatsachen strenger sich anschliessende ersetzt ist, einige
Anhanger zahlt.

Wahrend diese Hypothese einen vorlaufig befriedigenden Aufschluss
uber das grosste Rathsel der Elektrolyse giebt, das getrennte Auftreten
der Bestandtheile des Elektrolyts an den Elektroden, wie weit sie auch
von einander entfernt seien, so lasst eine eindringendere Uberlegung doch
nicht unbedeutende Schwierigkeiten bezuglich der Bedingungen erkennen,
welche die Erscheinung ermoglichen sollen. Die von Grotthuss selbst entwickelte Ansicht, dass zwar die elektrostatische Anziehung von den Polen
ab geringer wird, dass aber die Abnahme der einen Anziehung von dem
einen Pole durch die Zunahme der anderen von dem anderen Pole gerade
zu einem constanten Summenwerthe erganzt wird (S 313), ist ganz unhaltbar,
da sie mathematisch fehlerhaft ist. Indessen lasst sich hier Aushulfe schaffen.
Von Kirchhoff ist gezeigt worden, dass die Thatsachen der elektrischen
Leitung zu der Voraussetzung freier Elektricitat von regelmassig veranderlicher Spannung, d h eines stetig veranderlichen elektrischen Potentials an
der Oberflache des stromfuhrenden Leiters fuhren, welches eine solche Wirkung auf die im Inneren vorhandenen beiden Elektricitaten ausubt, so dass
beide mit gleichen und entgegengesetzten Kraften angetrieben werden. Die
elektrolytische Leitung unterscheidet sich demgemass von der metallischen
nur dadurch, dass bei ihr noch gleichzeitig mit der elektrischen Bewegung
eine solche der ponderablen Materie, der Ionen, stattfindet. Fur einen Leiter
von prismatischer Gestalt ist dies Gefalle des Potentials constant, und deshalb sind auch die treibenden Krafte, unabhangig von der Entfernung der
Pole, in jedem Querschnitt gleich.

Hiernach gehen die Kräfte, welche allerdings, wie GROTTHUSS angenommen hatte, elektrostatischer Natur sind, nicht von den Polen aus, sondern von der Oberfläche des Leiters, und so lassen sich alle Eigenschaften der Leitung darstellen, welche bei den Leitern beider Klassen durchaus gleich sind. Die thatsächlich vorhandenen Verschiedenheiten machen sich nicht früher geltend, als bis Elektroden in den Leitern zweiter Klasse vorhanden sind, und rühren daher nicht von der Leitung als solcher her, sondern von den Vorgängen, welche den Uebertritt des elektrischen Stromes aus den Elektrolyten in andere Leiter begleiten.

Eine andere Schwierigkeit blieb aber für die GROTTHUSS'sche Theorie bestehen, welche allerdings von keinem ihrer Anhänger oder Gegner betont worden ist. Sie liegt in der Frage nach den Vorgängen an der Grenzfläche zweier Elektrolyte. So lange alle binären Complexe, durch deren wechselseitige Umsetzung der Strom geleitet werden soll, von gleicher Natur sind, kann man allenfalls gelten lassen, dass der Austausch entsprechender Theilstücke zwischen den Nachbarn in Summa keine Arbeit weder erfordert oder liefert,[1] wie aber, wenn verschiedene Elektrolyte an einander grenzen? Es gehe z. B. der Strom aus einer Lösung von Chlorkalium in eine von Kaliumjodid über. So lange ein Kaliumatom innerhalb der ersten Lösung wandert, findet es immer wieder ein Chloratom vor, nachdem es sich eben von einem solchen getrennt hat, und die Trennung erfordert keine grössere Arbeit, als durch die folgende Verbindung gewonnen werden kann. An der Grenze aber muss das Kalium sein Chloratom aufgeben, um sich mit einem Jodatom zu vereinigen, während es doch zu dem letzteren eine weit geringere „Verwandtschaft" hat, als zum ersteren. Trotzdem nimmt man nicht die geringste Schwierigkeit bei diesem Uebergange wahr, und die elektrische Leitfähigkeit ist dieselbe, als wenn zwei ganz indifferente Leiter an einander grenzten. An Stelle dieses einen Beispieles liessen sich hunderte anführen.

----

[1] Bei strengerer Analyse führt indessen auch die Grundansicht von GROTTHUSS zu einem einigermaassen unerwarteten Ergebniss. Die von ihm angenommene Möglichkeit, dass ein Atom, nachdem es eben aus seiner Verbindung mit einem anderen frei geworden ist, fähig sein soll einen benachbarten Complex zu zersetzen, um unter Entziehung des anderen Bestandtheiles ein ihm genau gleiches Atom frei zu machen, bedingt die Annahme, dass eine ruhende Kraft (um in der Sprache jener Anschauungen zu bleiben) durch eine genau gleich grosse einwirkende Kraft aufgehoben werden könne. Eine mechanische Analogie für solche Vorgänge ist nicht vorhanden, vielmehr bedingt die Wechselwirkung zweier gleicher und entgegengesetzter Kräfte nichts anderes als Ruhe. Damit also die von GROTTHUSS zur Erklärung der Elektrolyse angenommene reihenweise Umsetzung eintreten soll, muss die weitere Annahme gemacht werden, dass die zwischen den Atomen vorhandenen und sie verbindenden Kräfte unendlich klein seien im Verhältniss zu den treibenden elektrostatischen Kräften, welche die Leitung und den nach GROTTHUSS erforderlichen wechselseitigen Austausch verursachen. Da nun aber diese elektrostatischen Kräfte ihrerseits beliebig klein gemacht werden können, ohne dass die Leitung aufhört, so bleibt schliesslich nur die Annahme übrig, dass diese Kräfte eben gleich Null sind, d. h. dass die Atome des elektrolytischen Complexes gar nicht verbunden sein können sondern frei sein müssen. Dies ist genau der Standpunkt, auf welchen die letzte Entwickelung der Frage auch wirklich geführt hat.

immer zeigt es sich (vgl insbesondere die Versuche von H. Davy, S 197)
bei der Leitung durch aneinandergrenzende Elektrolyte trotz der grösster
Verschiedenheiten der chemischen Verwandtschaft, welche man zwischen den
verschiedenen Bestandtheilen voraussetzt, dass diese Verschiedenheiten durchaus keinen Einfluss auf die Leitung haben, und sie in keinem Falle weder
schwachen, wenn sie überwunden, noch starken, wenn sie befriedigt werden
Im Sinne der Theorie von Grotthuss bleibt nur übrig, zu schliessen, dass
die Verschiedenheit der Affinitätskrafte zwischen den Bestandtheilen der Elektrolyte für den gegenseitigen Austausch überhaupt nicht in Betracht kommen,
d h nicht vorhanden sind Es bleibt mit anderen Worten nur die Annahme
übrig, dass zwischen den Bestandtheilen gar keine Kräfte wirken, und dass
diese daher sich unabhängig von einander bewegen können, also thatsächlich
frei sind

Einen solchen Schluss hatte schon Davy im Jahre 1805 ziehen können.
Dass er weder von ihm, noch von einem seiner Nachfolger gezogen worden
ist, trotzdem die Thatsachen offenkundig dalagen, wird wohl unzweifelhaft
auf den strikten Widerspruch zurückzuführen sein, in welchem dieser Schluss
mit allem stand, was damals über die chemische Verwandtschaft und den
Zustand der Stoffe in Lösung als gültig und keinem Einwande unterworfen
angenommen wurde Die galvanischen Erscheinungen hatten so viel Unerwartetes und mit den gewohnten Ansichten im Widerspruche Stehendes gebracht, dass es unwissenschaftlich erscheinen musste, die „wohlbewahrten"
alteren Ansichten auf Grund von Widerspruchen zu opfern, die auf einem
eben erst entdeckten und mit dem Vorhandenen allseitig kaum zu vereinigenden Gebiete entstanden waren Es lag mit anderen Worten weit naher,
die Ursache des Widerspruches in der Beschaffenheit der elektrischen Erscheinungen, als in der der chemischen Ansichten zu sehen, und erst, als
eine viel weiter gehende Vertrautheit mit jenen erreicht war, entstand dring-
lich das Bedurfniss, den noch immer nicht hergestellten Einklang zu finden,
und trat die Moglichkeit in den Gesichtskreis, dass die Ursache des Widerspruches nicht bei der Elektrik, sondern bei der Chemie zu suchen sein
konnte

18 Grove's Schwierigkeit Zu den Forschern, welche am fruhesten
die Unzulanglichkeit der Grotthuss'schen Theorie bemerkt haben, gehort
W R Grove, der Entdecker der Gasbatterie Es waren gerade die Erscheinungen an diesem Apparat, welche ihn auf einen schwachen Punkt dieser
Anschauung aufmerksam werden liessen [1] „Letztlich ist es mir schlagend
entgegengetreten, dass die Gasbatterie einen erheblichen Einwand gegen die
Theorie von Grotthuss liefert, oder dass sie mit anderen Worten uns in
ein Dilemma bringt, demzufolge wir entweder diese Theorie aufgeben mussen,
oder die allgemein angenommenen Ansichten (ich glaube sagen zu durfen,
die festgestellten Gesetze) der chemischen Verwandtschaft. Folgendes ist

---

[1] Phlos Mag 27, 318 1845

meine Schwierigkeit In einem einfachen Paar der Gasbatterie müssen wir
der GROTHUSS'schen Theorie gemäss annehmen, dass freier Sauerstoff und
Wasserstoff verbundenen Wasserstoff und Sauerstoff auseinander reissen, denn
ob wir annehmen, dass die Wirkung an der Wasserstoffseite des Elektrolyts,
oder an der Sauerstoffseite, oder an beiden gleichzeitig stattfindet die Kraft,
welche die Bildung des Wassers hervorbringt, wird als hinreichend stark
angesehen, um die Kraft zu überwinden, mit der seine Bestandtheile bereits
verbunden sind, d h die Kraft ist gleich und ungleich zu derselben Zeit

„Auch bietet die Gasbatterie einen Fall, bei welchem eine schwächere
Verwandtschaft eine stärkere überwindet, z B. wenn Wasser der Elektrolyt
ist und Stickstoffhyperoxyd und Sauerstoff die Gase sind thatsächlich haben
wir einige Fälle in der Chemie, bei denen die Ordnung der Verwandtschaft
umkehrbar ist, wie bei der Zersetzung des Wassers durch Eisen und die
von Eisenoxyd durch Wasserstoff, vorausgesetzt, dass es in beiden Fällen
dasselbe Eisenoxyd ist, was vielfach angezweifelt wird Wir haben aber,
soviel mir bekannt, keinen Fall, wo die ruhenden und die zersetzenden Verwandtschaften identisch sind, wie dass beispielsweise die Verwandtschaft von
Sauerstoff und Wasserstoff Wasser, und dass die von Sauerstoff zu Eisen
Eisenoxyd zersetzt Wenn Wasser durch eine Reihe von Gasketten an den
Elektroden zersetzt wird, tritt diese Schwierigkeit nicht auf, denn abgesehen
von allen Theorieen über eine Übertragung in den Ketten der Batterie, liegt
nichts unzulässiges in der Thatsache, dass die vervielfältigte Kraft einer Reihe
von Affinitäten eine einer einzelnen gleiche oder stärkere Affinität überwinden sollten, gerade wie wir Kali durch eine Reihe von Affinitäten zwischen
Zink und Sauerstoff zerlegen können. In der einfachen Zelle findet aber
eine solche Steigerung der Intensität nicht statt.

„Es könnte gesagt werden, dass das feinzertheilte Platin die chemischen
Energieen der Gase steigert, doch ist dies, wie ich glaube, unvereinbar mit
allem, was wir über die katalytische Wirkung des Platins wissen Alle beobachteten Thatsachen sprechen dafür, dass Platin die Gase in Zustände bringt,
welche ihrem nascirenden Zustande entsprechen, d. h dem, in welchem ihre
chemischen Energieen die höchsten sind, es ändert aber ihre specifischen
Energieen nicht ab, so befähigt Platin den gasförmigen Sauerstoff, sich mit
gasförmigem Wasserstoff zu verbinden, aber es giebt nicht dem Sauerstoff
die Affinitäten des Chlors und dem Wasserstoff die des Kaliums Selbst die
Annahme einer solchen Hypothese hilft uns nicht, denn welche besonderen
Kräfte das Platin auch bezüglich der Gase besitzen mag, es muss die gleichen
auch bezüglich des Elektrolyts besitzen man kann ihm schwerlich die Eigen-
schaft zuschreiben, die Verbindung zu befördern, und dennoch bei derselben
Molekel nicht die Trennung zu verhindern Es findet also in allen Fällen
Gleichheit statt

„Auch kann nicht angenommen werden, dass die Wirkung der Flüssigkeit in dem Falle der Gasbatterie verschieden ist von den anderen Fällen
der Elektrolyse, aber der Strom der Gasbatterie wirkt auch auf den Magnet,

und es wurde gegen alle Analogie sein, hier eine Ausnahme in Bezug auf
seine Wirkung in einem Theile des Kreises anzunehmen. Eine Hypothese
könnte gebildet werden, nach welcher auf losliche Superoxyde des Wasserstoffs und Superhydride des Sauerstoffs Bezug genommen wird; dann musste
aber eine gleiche Hypothese auf alle Fälle der Elektrolyse ausgedehnt werden,
und diese Ansicht bietet manche Schwierigkeit Vielleicht kann einer der
Leser das Problem lösen, denn wie geistreich und nützlich auch die GROTT-
HUSS'sche Theorie ist — wenn sie nicht mit den Thatsachen stimmt, so ist
sie nur eine Theorie, während die Gasbatterie eine Thatsache ist; und in
dem Falle der Collision beider braucht nicht gesagt zu werden, welche von
ihnen an die Wand gedruckt werden muss "

19 WILLIAMSON's Ansichten Während GROVE seine Bemerkungen
darauf beschränkt hatte, einen Widerspruch aufzudecken, in welchem sich
die Thatsachen mit den üblichen chemischen Ansichten befanden, machte
WILLIAMSON im Jahre 1851 den ersten Versuch, eine Reform dieser letzteren
anzubahnen Obwohl der Ausgangspunkt hierbei keineswegs im Gebiete der
Elektrochemie lag, ist es doch von Wichtigkeit, diese Ansichten genauer
kennen zu lernen, denn seine Frucht hat der Gedanke WILLIAMSON's schliesslich doch viel mehr auf diesem Felde gebracht, als auf dem, für welchen
er ursprünglich bestimmt war

Das chemische Problem, welches von WILLIAMSON in seiner Arbeit behandelt wurde, war das der Ätherbildung. Wir können uns hier nicht in
die chemischen Erörterungen vertiefen, welche damals mit dem wohlbekannten chemischen Vorgange verbunden waren, dass durch die Einwirkung
der Schwefelsaure auf Alkohol Äther erhalten wurde Es genügt, zu bemerken, dass die Fragen wesentlich auf den Punkt hinausliefen, ob im Äther
ein Alkoholrest, oder deren zwei vorhanden sind Während die ältere Theorie
den Äther einfach als ein Anhydrid des Alkohols aufgefasst hatte, und ihm
daher ebensoviel Kohlenstoffatome zuschrieb, als im letzteren enthalten sind,
war andererseits geltend gemacht worden, dass bei der Annahme von zwei
Alkoholradikalen im Äther die Dampfvolume der beiden übereinstimmten.
Heute würde das letzte Argument als unbedingt durchschlagend sofort anerkannt werden, es darf aber nicht vergessen werden, dass die heutige Mole-
kulartheorie, auf welche hin man diese Entscheidung fallen wurde, eben erst
im Entstehen war und gerade durch die Erörterung des Ätherproblems
einen wichtigen Theil ihrer Entwickelung und Befestigung erfuhr. Es war
also nöthig, auf einem unabhängigen Wege den Nachweis zweier Alkoholradikale im Äther zu führen, und dies gelang WILLIAMSON auf einem Wege,
der seitdem für solche Zwecke klassisch geworden ist er stellte einen Äther
mit zwei verschiedenen Alkoholradikalen her Ein solcher ist nur unter
der Voraussetzung möglich, dass in der That zwei Alkoholradikale im Äther
vorhanden sind, und der Nachweis seiner Existenz ist somit gleichbedeutend
mit dem Nachweis der doppelten Ätherformel

Bei Gelegenheit der Versuche zur Darstellung dieser gemischten Äther

war es nun nothig gewesen, auf den chemischen Vorgang bei der Atherbildung etwas naher einzugehen, und da ergab sich bald die Nothwendigkeit, unter gleichen ausseren Umstanden die Moglichkeit einer gleichzeitigen
Bildung und Zersetzung eines und desselben Stoffes (hier der Atherschwefel-
saure) anzunehmen. Dies führte WILLIAMSON weiter zu der allgemeinen Ansicht, dass die chemischen Verbindungen keineswegs den starren Bestand
haben konnen, welchen man ihnen fur gewohnlich zuschreibt, sondern dass
zwischen ihren Bestandtheilen ein unaufhorlicher Austausch angenommen
werden muss, welcher unaufhorlich die Atome der verschiedenen Molekeln
trifft. In der Folge hat sich gezeigt, dass eine solche Annahme vielzu weit
geht, insbesondere in der organischen Chemie ist sie am wenigsten zulassig.
Ein Beispiel fur viele: fande ein solcher fortwahrender Austausch statt, so
musste ein Gemenge von Methylacetat und Athylformiat sich alsbald theilweise in ein solches von Äthylacetat und Methylformiat umsetzen, und in
seinem Verhalten identisch sein, mit einem Gemenge aus den letzteren Stoffen.
Dies ist nicht der Fall, vielmehr lassen sich aus dem ersten Gemenge seine
besonderen Bestandtheile ebenso durch fractionirte Destillation abscheiden,
wie aus dem letzteren, und nur bei sehr langer Einwirkung lasst sich der
Anfang der Umsetzung nachweisen. Bei in Wasser gelosten Salzen ist dies
allerdings ganz anders, aus einem Gemenge von Kaliumsulfat und Natrium-
nitrat erhalt man unter allen Umstanden genau die gleichen Produkte, wie
aus einem Gemenge von Natriumsulfat und Kaliumnitrat (aquivalente Mengen
der Stoffe jedesmal vorausgesetzt), und in allen ihren Eigenschaften zeigen
sich die aus den verschiedenen Ausgangsstoffen gemischten Losungen vollkommen identisch.

In den Darlegungen von WILLIAMSON ist also sehr viel richtiges enthalten,
nur findet es gerade auf die von ihm gewahlten Gebiete keine Anwendung.
Ich lasse die wesentlichsten Stellen folgen [1]

„Haufig finden in der Wissenschaft Neuerungen nur dadurch Boden,
dass sie Vorstellungen vernichten, welche ihnen vorangingen und mehr oder
weniger zu ihrer Aufstellung dienten, wenn indessen der Gesichtspunkt, den
ich hier gegeben habe, als ein Schritt weiter in das Verstandniss des Gegenstandes betrachtet wird, so ertrage ich gern den Vorwurf der Neuerung,
denn mein Resultat besteht darin, den Zusammenhang und die Vertraglich-
keit von Ansichten zu zeigen, die bisher als entgegengesetzt betrachtet wurden.
Auf diese Weise ist durch meine Versuche die bestmogliche Rechtfertigung
der beruhmten Forscher gegeben, die die eine oder die andere der beiden
sich streitenden Theorieen verfochten haben, es werden ihre Schlusse mit
denen ihrer gleich ausgezeichneten Gegner in Ubereinstimmung gebracht.

„Bevor ich den Gegenstand der Atherbildung verlasse, mochte ich einige
Worte uber eine Anwendung hinzufugen, die sich ungezwungen von selbst
aus der Thatsache ergiebt, auf der der Process beruht. Ich meine die Uber-

[1] LIEBIG's Annalen 77, 45 1851

tragung von homologen Molekulen in abwechselnd entgegengesetzter Richtung, was, wie ich zu zeigen mich bemuht habe, die Ursache der fortwahrenden Wirkung der Schwefelsaure in jenem merkwurdigen Process ist Es
liegt nahe, zu fragen, woher es kommt, dass der Wasserstoff und der Kohlenwasserstoff fortwahrend ihre Platze wechseln? — Grossere Affinitat des einen
Molekuls als des anderen, oder ahnliche Verhaltnisse konnen die Ursache
nicht sein, denn momentan sieht man bei einem neuen Molekul die Uber-
tragung sich wiederholen, die in dem vorhergehenden Augenblick bewirkt
worden ist Bei Betrachtung dieser merkwurdigen Thatsache leuchtet es
sofort ein, dass die Leichtigkeit eines Austausches um so grosser sein muss,
je naher die auszutauschenden Molekule einander stehen, so dass, wenn
Wasserstoff und Amyl in einer Verbindung einander vertreten konnen, Wasserstoff und Äthyl, als einander in Eigenschaften und Zusammensetzung
naher stehend, sich leichter in derselben Verbindung ersetzen konnen, und
die Leichtigkeit des Austausches zwischen dem noch viel ahnlicheren Wasserstoff und Methyl noch viel grosser sein muss Wenn dies aber wahr ist,
muss dann nicht auch der Austausch eines Molekules durch ein anderes
von identischen Eigenschaften der leichteste von allen sein? Sicherlich muss
es das sein, wenn es uberhaupt einen Unterschied giebt, und wenn das ist,
so verbietet die Analogie unserer Vorstellungen, anzunehmen, dass diese
Thatsache eine dem Wasserstoff besonders eigene unter vielen Verbindungen
sei, die ihm in anderer Beziehung so sehr gleichen Wir werden auf diese
Weise zu der Annahme gefuhrt, dass in einem Aggregat von Molekulen
jeder Verbindung ein fortwahrender Austausch zwischen den in ihr enthaltenen Elementen vor sich geht Angenommen z. B., ein Gefass mit Salzsaure
wurde durch eine grosse Zahl von Molekulen von der Zusammensetzung ClH
ausgefullt, so wurde uns die Betrachtung, zu der wir gelangt sind, zu der
Annahme fuhren, dass jedes Atom Wasserstoff nicht in ruhiger Gegeneinanderlagerung neben einem Atom Chlor bleibe, mit dem es zuerst verbunden
war, sondern dass ein fortwahrender Wechsel des Platzes mit anderen Wasserstoffatomen stattfindet Naturlich ist dieser Wechsel fur uns nicht direkt
wahrnehmbar, weil ein Atom Chlorwasserstoff wie das andere ist, aber angenommen, wir mischen Salzsaure mit schwefelsaurem Kupferoxyd (unter
deren Atomen ein ahnlicher Platzwechsel stattfindet), so werden die basischen
Elemente, Wasserstoff und Kupfer, ihren Platzwechsel nicht auf den Kreis
von denjenigen Atomen beschranken, mit denen sie zuerst verbunden waren
Der Wasserstoff wird sich nicht blos von einem Atom Chlor zum anderen
bewegen, sondern auch abwechselnd ein Atom Kupfer vertreten, indem sich
Schwefelsaure und Kupferchlorid bildet Auf diese Weise sind zu jeder Zeit,
wenn wir eine Mischung untersuchen, die Basen unter den verschiedenen
Sauren getheilt, und in gewissen Fallen, wo die Verschiedenheiten der Eigenschaften der entsprechenden Molekule sehr gross sind, findet man, dass die
starkeren Sauren und starkeren Basen fast ganzlich zusammen verbunden
bleiben und die schwacheren Sauren sich mit den schwacheren Basen ver-

einigen. Dies ist wohl bekannt für eine Mischung von Schwefelsäure und saurem Boraxsalz, und bildet eine wichtige Bestätigung unserer Fundamental-Annahme, dass je grösser die Verschiedenheit in den Eigenschaften, um so schwieriger der abwechselnde Austausch der Moleküle sei.

„Angenommen dagegen, wir möchten die Salzsäure statt mit schwefelsaurem Kupferoxyd mit schwefelsaurem Silberoxyd in wässeriger Lösung und es trate in dem ersten Augenblick eine ähnliche Theilung der Basen unter die Sauren ein, indem sich die vier Verbindungen SO_4H_2, SO_4Ag_2, ClH und ClAg bildeten, so ist klar, dass die letztere Verbindung wegen ihrer Unlöslichkeit in Wasser sich trennen und aus dem Kreis der Um-setzung, der durch die Löslichkeit veranlasst wurde, austreten muss. Die drei in Lösung bleibenden Bestandtheile setzen aber natürlich den Austausch ihrer Bestandtheile fort, und geben Anlass zur Entstehung neuer Mengen ClAg, so lange, bis alle in der Flüssigkeit enthaltenen Bestandtheile sich zu dieser Verbindung vereinigt haben, während nur ein sehr geringer Theil gelöst in dem Kreise der Umsetzung bleibt.

„Um meine Ansicht klarer zu machen, will ich noch ein Beispiel an-führen, dessen Beziehung zur Ätherbildung interessant ist. Es ist bekannt, dass wenn Kalihydrat in Alkohol gelöst wird, so ist es zum Theil nicht als solches in der Lösung enthalten, denn durch Kohlensäure wird nur ein Theil als kohlensaures Salz niedergeschlagen, während das übrige ein Doppelsalz mit dem Äther bildet. Es ist diese Thatsache eine nothwendige Folge meiner Ansichten, dass in einem flüssigen Gemenge von Salzen ein bestän-diger Austausch der analogen Bestandtheile stattfindet, denn es muss sich auf diese Weise in dem Gemenge der Verbindungen $\frac{H}{K}O$ und $\frac{C_2H_5}{H}O$ eine gewisse Quantität der zwei anderen, H_2O und $\frac{C_2H_5}{K}O$ in jedem Augenblicke vorfinden, die sich mit der hinzutretenden Kohlensäure verbindet.

„So ist der allgemeine Process der chemischen Zersetzung. Wie es sich von selbst versteht, wird eine Verbindung ebensowohl dadurch aus dem Kreise der Zersetzung gezogen, dass sie unter den Bedingungen des Ver-suches gasförmig wird, als dass sie einen in dem Auflösungsmittel unlöslichen flüssigen Körper bildet.

„Ich glaube, dass diese Erklärung in dem zweiten Theile mit derjenigen übereinstimmt, welche bereits vor vielen Jahren von BERTHOLLET gegeben wurde, ohne von der atomistischen Hypothese Gebrauch zu machen, auf die sich die meine gründet. Dieser ausgezeichnete Forscher bezog sich blos auf die Theilung der Sauren in die Basen, eine Thatsache, die ich aus der Bewegung der Atome abgeleitet habe. Es ist bekannt, dass die allgemeine Thatsache, auf welche BERTHOLLET seine Ansicht gründete, von vielen jetzigen bedeutenden Chemikern geleugnet wird, ich glaube indessen, dass die Fälle, die dieselben anführen, blos scheinbare Ausnahmen von dem Gesetze sind, und sich bei genauerer Prüfung als neue Bestätigungen der Wahrheit der

Auffassung des grossen Savoyers erweisen werden — wie ich für den Fall
der Borsäure und Schwefelsäure bereits gezeigt habe.

„Die Chemiker haben mit der Änderung der atomistischen Theorie in
den letzten Jahren eine unsichere und, wie ich glaube, unbegründete Hypothese verknüpft, nämlich die, dass die Atome im Zustande der Ruhe seien.
Ich verwerfe diese Hypothese und gründe meine Ansichten auf die breitere
Basis der Bewegung der Atome."

Die Darlegungen WILLIAMSON's wurden, wie erwähnt, nicht mit Rücksicht auf die elektrochemischen Erscheinungen ausgearbeitet, und wurden
auch für diesen Zweck zunächst nicht benutzt. Diesen Schritt that sechs
Jahre später ROBERT CLAUSIUS.

20. CLAUSIUS' Theorie der elektrolytischen Leitung. Ziemlich
gleichzeitig mit den Versuchen HITTORF's über die Wanderung der Ionen

erschien[1] eine Arbeit von CLAUSIUS,
durch welche die Frage, wie überhaupt die Leitung in den Elektrolyten zu Stande kommt, ihrer Lösung um einen wesentlichen Schritt
entgegengeführt wurde. Auf die
Schwierigkeiten, welche der erste
Versuch der Beantwortung dieser
Frage noch übrig gelassen hatte,
ist bereits hingedeutet worden; die
weiteren Schritte, durch welche
diese beseitigt wurden, geschahen
in langen Zwischenräumen, und
nicht ohne den Widerspruch der
in ihren gewohnten Anschauungen
gestörten Chemiker.

Der wesentliche neue Gedanke,
welcher bei CLAUSIUS auftritt, liegt
in der Erkenntniss, dass die Erscheinungen bei der elektrolytischen

Fig. 230.   ROBERT CLAUSIUS.

Leitung mit der Annahme eines festen Zusammenhanges der Bestandtheile
der Elektrolyte, der Ionen, nicht vereinbar sind. Die Gründe, welche dagegen
sprechen, hat CLAUSIUS selbst so anschaulich dargelegt, dass ich auf seine
gleich wiederzugebenden Auseinandersetzungen nur verweisen kann; von
Interesse ist es, den Weg kennen zu lernen, auf dem er zu seinen Ansichten
kam. Diese sind keineswegs unmittelbar aus der Betrachtung der elektrolytischen Erscheinungen entstanden, sondern mehr ein beiläufiges Ergebniss
von Ansichten, welche auf einem ganz anderen Boden erwachsen waren.
Dieser Boden war die kinetische Hypothese.

[1] POGG. Ann. **101**, 338. 1857.

In Clausius' wissenschaftlicher Brust wohnten zwei Seelen, welche er übrigens selbst ziemlich sorgfältig auseinander hielt. Einerseits war er einer der erfolgreichsten Förderer der mechanischen Wärmetheorie in ihrem voraussetzungslosesten Sinne, d. h. des Theiles der Wissenschaft, welcher sich mit der Erforschung der Zusammenhänge der verschiedenen Arten der Energie beschäftigt, ohne etwas mehr, als die erfahrungsmässigen Zusammenhänge messbarer Grossen vorauszusetzen. Andererseits war er ein eifriger Pfleger der kinetischen Hypothese, d. h. der Ansicht, dass alle Energieformen, zunächst die Wärme, nichts anderes sind, als mechanische Energie, die nur in so kleinen Abmessungen sich bethätigt, dass der unmittelbare Nachweis ihrer mechanischen Natur nicht möglich ist.

Auf dem Boden dieses zweiten hypothetischen Gebietes entstand nun jener Gedanke, durch welchen Clausius die bessere Deutung der elektrolytischen Erscheinungen fand, als vorher innerhalb der starren Bindungsanschauung möglich war, welche damals die Vorstellungen der Chemiker fast vollständig beherrschte. Obwohl Clausius sich dessen bewusst war, dass die Wahrheit dieser Hypothese an sich unbeweisbar ist, so war er doch in solchem Grade davon überzeugt, durch sie das Richtige getroffen zu haben, dass er sich nicht scheute, einer seiner Hauptabhandlungen die Überschrift zu geben: „Über die Art der Bewegung, welche wir Wärme nennen."

Diese dogmatische Behauptung der Wahrheit einer Ansicht, für welche nie mehr als die Zweckmässigkeit im besten Falle erwiesen werden kann, ist von den Zeitgenossen keineswegs zurückgewiesen, sondern im Gegentheil fast einstimmig willkommen geheissen worden, und der seitdem üblich gewordene Name der „mechanischen Theorie der Wärme" drückt die der Hypothese zu Grunde liegende Vorstellung in schärfster Weise aus[1]. Zwar soll nicht verschwiegen werden, dass die hervorragendsten Vertreter der neuen Wissenschaft sich der hypothetischen Beschaffenheit dieses Gedankenkreises immer bewusst blieben, und nicht versäumt haben, auf den Unterschied der voraussetzungslosen reinen Thermodynamik, die wir jetzt als einen Zweig der allgemeinen Energetik auffassen müssen, von der hypothetischen Vorstellung der kinetischen Gastheorie hinzuweisen, und zu betonen, dass jene ihre Gültigkeit behaupten, wenn diese auch als falsch, oder richtiger, als unzureichend erwiesen werden. Aber wie das in solchen Fällen immer geht, was

— —

[1] Zum Zustandekommen dieser Verwechselung hat allerdings der gebräuchliche Name Thermodynamik oder mechanische Wärmetheorie einiges beigetragen. Geschichtlich hatte sich der Name aus der Aufgabe entwickelt, zwischen der Wärme und der mechanischen Arbeit die vorhandenen Umwandlungsbeziehungen aufzustellen, weil dies die erste Energieumwandlung war, deren Gesetze entdeckt wurden. Durch das Vorhandensein einer hoch ausgebildeten theoretischen Mechanik war auch für die anderen Energieformen die Beziehung auf die mechanische Energie der nächstliegende und sicherste Schritt, und so trat diese eine Energieform mehr in den Vordergrund, als theoretisch nothwendig war. Erst in unserer Zeit besinnt man sich auf das richtige Verhältniss, und der Name Thermodynamik wird mehr und mehr durch Energetik ersetzt, welcher keine bestimmte Energieform in den Vordergrund stellt, und dadurch erkennen lässt, dass es sich eben um die Gesetze der Umwandlungen jeder Form in jede andere handelt.

die führenden Männer nur als anschauliche und zweckmässige Hypothese zu
behandeln unternommen hatten, das hielten die Schüler für ausgemachte
Wahrheit, und es erregt auch noch gegenwärtig in den weitesten wissenschaftlichen Kreisen ein unwilliges Befremden, wenn man darauf hinweist,
dass, wissenschaftlich gesprochen, jene Vorstellungen völlig in der Luft
schweben, und dass nicht der geringste Beweis dafür vorhanden ist, dass
den ausgebildeten Anschauungen die Wirklichkeit auch nur annähernd entspricht

Dadurch soll nicht behauptet werden, dass jene Anschauungen nicht
auch ihren Nutzen gehabt hatten Vielmehr muss von vornherein zugegeben
werden, dass jenes Bild mit der Wirklichkeit manche Züge gemein hat, und
dass das Bild daher wohl geeignet war, auf gewisse Seiten der Wirklichkeit
aufmerksam zu machen, welche der unmittelbaren Beobachtung sich nicht
dargestellt hatten, und deshalb übersehen worden waren Ein solcher Nutzen
liegt in unserem Gebiete vor, indem auf Grund der hypothetischen Vorstellung eine Art Rechtfertigung dafür gegeben wurde, von der üblichen
Auffassung der Beschaffenheit und Constitution der chemischen Verbindungen
abzuweichen, und dabei die schlimmsten der Widersprüche abzuschaffen,
in welche jene älteren Auffassungen allmählich mit der Erfahrung gekommen waren

Die fragliche Anschauung kommt bekanntlich im Wesentlichen darauf
hinaus, dass die Gase aus kleinsten Theilchen oder Molekeln bestehend angenommen werden, welche sich alle in sehr schneller und heftiger Bewegung
befinden, und durch ihr Aufprallen an die Gefässwände die Druckerscheinung
bewirken Es lässt sich leicht nachweisen, dass ein solches mechanisches
Gebilde manches von den Eigenschaften eines Gases besitzen muss. So
verhält sich insbesondere der Druck umgekehrt wie der eingenommene
Raum, und macht man die weitere Voraussetzung, dass die Temperatur
eines Gases der lebendigen Kraft der Molekeln proportional sei, so ergeben
sich auch die allgemeinen Gesetze bezüglich der Wärmeausdehnung der Gase.

Auf die Schwierigkeiten und Widersprüche, in welche sich diese Hypothese an anderen Stellen verwickelt hat, soll hier nicht eingegangen werden,
sondern auf eine weitere, von MAXWELL zuerst durchgeführte Schlussfolgerung,
dass in einem solchen Gebilde die Geschwindigkeiten der Molekeln nicht
unter einander gleich sein können, sondern zwischen Null und Unendlich
alle möglichen Werthe nach einem bestimmten Gesetze haben müssen Diese
Ansicht half in sehr glücklicher Weise über eine allgemeine Schwierigkeit
hinaus, in welche die früher in der Chemie benutzten Hypothesen über die
Natur der chemischen Verbindungen geführt hatten Diese älteren Hypothesen fassten den Bestand einer chemischen Verbindung als den eines
mechanischen, von Kräften zusammengehaltenen Gebildes auf, und die
chemische Zersetzung war ihnen die Überwindung der kleineren, zwischen
den Bestandtheilen der Verbindung bestehenden Kraft durch die grössere
des hinzugesetzten Stoffes gegenüber eines der Bestandtheile Diese Ansicht

verlangte ausschliessliche Reaktionen, lag eine Verbindung *A B* vor und hatte ein hinzukommender Stoff *C* zu *A* eine grössere Anziehung, als sie zwischen *A* und *B* bestand, so wurde die Verbindung unweigerlich vollständig zersetzt und die neue *A C* ebenso vollständig gebildet

In dieser Vorstellung war kein Raum für die Thatsache, dass alle solche Zersetzungen immer nur theilweise erfolgen. Obwohl bereits am Ende des vorigen Jahrhunderts Berthollet das allgemeine Gesetz erkannt hatte, dass alle chemischen Vorgänge nur unvollständig sind, und dass das chemische Gleichgewicht, das unveränderte Nebeneinanderbestehen gewisser Mengen der ursprünglichen Stoffe und der Produkte ihrer Wechselwirkung neben einander, der normale Fall des chemischen Processes ist, so hatte sich doch, wesentlich zu Gunsten der herrschenden Anziehungshypothese (welcher übrigens auch Berthollet merkwürdiger Weise anhing), ein so energischer Widerspruch gegen die Anerkennung dieser Thatsache erhoben, dass die wissenschaftliche Welt mit Vergnügen die Gelegenheit benutzte, welche ihr einige von Berthollet gemachte Fehler gaben, das unwillkommene Kind mit dem Bade auszuschütten, um sich von diesem den Besitz jener Hypothese nicht rauben zu lassen

Es ist kein erhebendes Zeugniss für die Beschaffenheit des menschlichen und insbesondere des wissenschaftlichen Geistes, dass die Beseitigung jener unzulänglichen Anziehungshypothesen nicht eher gelang, als bis für das verloren gegangene Spielzeug ein neues, ebenso hypothetisches geboten werden konnte. Durch jene von Maxwell ausgesprochene Consequenz der kinetischen Hypothese besann man sich endlich auf die längst bekannten Thatsachen der unvollständigen Vorgänge, und nachdem man ihre Berechtigung sich durch die hypothetische Passkarte gesichert hatte, wurden unter deren Garantie denn auch endlich die revolutionären Thatsachen zugelassen, welche bis dahin sorgfältig sekretirt oder diskreditirt worden waren. Die Verschiedenheit in den Bewegungszuständen der Molekeln machte die Möglichkeit theilweiser Reaktionen „verständlich", und verschaffte ihnen die Beachtung, welche sie unter dem alten Regiment der reinen Anziehungslehren nicht hatten gewinnen können

Das wesentliche Verdienst, welches die kinetische Hypothese sich erworben hat, ist also die Befreiung der Geister von jenem nicht durch die Thatsachen, sondern durch das Bedürfniss ihrer Schematisirung entstandenen Vorurtheil. Zwar war diese Hülfe nicht ganz wohlfeil erkauft, denn an die Stelle des verworfenen Bildes trat ein anderes, welches die Thatsachen allerdings in dem eben erwähnten Zuge getreuer darstellte, als das frühere, welches aber auch seinerseits nicht verfehlte, eine ähnliche Scheuklappenwirkung auf die weitere Entwickelung der Wissenschaft zu äussern, wie jenes ältere Bild. Für diese hypothetischen Bilder, auf welche bis heute noch insbesondere die Chemie einen unverhältnissmässigen Werth legt, lässt sich die Umkehrung des tiefsinnigen Wortes anwenden: alles Vergängliche ist nur ein Gleichniss — In der That lehrt die Geschichte der menschlichen Erkenntniss immer wieder, dass alles Gleichniss nur vergänglich ist, dass insbesondere alle anschaulichen Hypothesen damit enden, dass sie falsche Anschauungen geben. Hat man ein Bild aus einem geläufigen Anschauungskreise gefunden, welches die vorliegenden Thatsachen in deutlicher Gestalt zu schildern gestattet, so ist für die Verbreitung und die Kenntnissnahme der so geschilderten Verhältnisse allerdings eine grosse Bequemlichkeit erlangt. Aber mit unwiderstehlicher Gewalt setzt sich in kurzer Frist das Bild an die Stelle der Thatsachen, und wenn es mit der erweiterten Kenntniss dieser nicht mehr stimmen will, so beginnen wissenschaftliche Kämpfe zwischen denen, die ein neues Bild an die Stelle des alten setzen wollen, und den Anhängern der alten Veranschaulichung, welche solche Mengen von Zeit und Kraft in Anspruch nehmen, dass immer wieder die Frage aufgeworfen werden muss, ob der vorübergehende Gewinn der leichteren Lehre und Veranschaulichung nicht viel zu theuer durch die Schwierigkeiten des Hinwegräumens ebenderselben Vorstellung bezahlt wird, wenn sie im Laufe der Zeit das unausweichliche Geschick des Veraltens und Unbrauchbarwerdens erfahren hat.

Von diesem Gesichtspunkte aus ist auch die nachstehende Darlegung aufzufassen. Der thatsächliche Fortschritt lag in der Anerkennung der Moglichkeit theilweiser Vorgänge in homogenen Flüssigkeiten, welche durch die bestimmte Hypothese vermittelt wurde, und keineswegs in der Hypothese selbst. So hat es sich auch in der Entwickelung der Angelegenheit herausgestellt: während die Hypothese selbst auf mancherlei Schwierigkeiten geführt hat, welche schon jetzt ihr baldiges Ende voraussehen lassen, ist ihr bleibender Inhalt, d. h. die Thatsache, zu deren Veranschaulichung sie ersonnen war, in den Besitz der Wissenschaft übergegangen, und trägt unabhängig von jener zufälligen ersten Hülle seine reichen Früchte.

Bei dem engen Zusammenhange zwischen den chemischen Reaktionen und der Fähigkeit der Elektrolyte, den Strom zu leiten, auf welchen zuerst HITTORF aufmerksam gemacht hatte, ist es natürlich, dass jene Förderung der Ansichten über die chemischen Vorgänge auch der Erkenntniss der elektrolytischen zu Gute kam. Ja, letztere ging sogar voraus, da sich CLAUSIUS mit den rein chemischen Erscheinungen nicht beschäftigt und die Anwendung seiner Vorstellungen auf dieses Gebiet anderen überlassen hatte. Bei den Thatsachen der Elektrolyse, die ihm als Physiker näher lagen, traten ihm alsbald die Widersprüche entgegen, welche sie zu den herrschenden chemischen Vorstellungen aufwiesen, und die sogar durch die sinnreichen Betrachtungen GROTTHUSS' nicht hatten zum Verschwinden gebracht werden können. Zu ihrer Beseitigung ersann er im Sinne der kinetischen Hypothese eine Vorstellung, welche wesentlich geeigneter ist, die thatsächlichen Verhältnisse darzustellen, und welche in der Folge auch auf die Auffassung in der reinen Chemie einen wesentlichen Einfluss geübt hat. Wir lassen unseren Forscher mit eigenen Worten, zwar etwas umständlich, aber sehr klar und sorgfältig erwogen, reden.

„4) Wir wollen nun auf die Art, wie man sich die Elektricitätsleitung innerhalb eines Elektrolyten vorstellen muss, etwas specieller eingehen

„Die Moleküle des Elektrolyten werden durch den Strom in zwei Bestandtheile zerlegt, welche entweder einfache Atome oder selbst auch schon aus mehreren Atomen zusammengesetzte Moleküle sein können, wie z B im Kupfervitriol der eine Bestandtheil Cu einfach und der andere SO_4 zusammengesetzt ist. Ich werde diese Bestandtheile, mögen sie nun aus einem oder aus mehreren Atomen bestehen, die Theilmoleküle nennen, und ein ganzes Molekul des Elektrolyten, wo es zur Unterscheidung nöthig ist, ein Gesammtmolekul.

„Aus der Art, wie die Zersetzung des Elektrolyten mit der Elektricitätsleitung zusammenhangt, muss man schliessen, dass die beiden Theilmoleküle in ihrer Verbindung zu einem Gesammtmolekul entgegengesetzte elektrische Zustände haben, welche auch nach ihrer Trennung fortbestehen Unter der Voraussetzung, dass es zwei Elektricitäten gebe, muss man also annehmen, dass das eine Theilmolekul einen Ueberschuss an positiver, das andere einen ebenso grossen Ueberschuss an negativer Elektricität habe, unter der Voraussetzung von nur einer Elektricität dagegen muss man annehmen, dass das eine Theilmolekul mehr und das andere weniger Elektricität besitze, als zum neutralen Zustande nöthig ist

„Dass zwei Moleküle von verschiedener Natur bei ihrer Berührung solche entgegengesetzten elektrischen Zustände annehmen können, ist sehr wohl denkbar Ebenso liegt keine Schwierigkeit darin, sich diese Zustände auch nach der Trennung als fortbestehend zu denken, so lange man nur annimmt, dass nirgends innerhalb des Leiters eine grössere Anzahl positiver Theilmoleküle allein oder negativer Theilmoleküle allein angehäuft sei, sondern dass beide Arten von Theilmolekülen überall so gleichmässig verbreitet seien, dass sich in jedem messbaren Raume gleichviel Moleküle beider Arten befinden In diesem Falle kann nämlich aus den Kräften, welche die an einem Theilmolekul haftende Elektricitätsmenge von den Elektricitätsmengen der umgebenden Theilmoleküle erleidet, wegen der entgegengesetzten Wirkungen der positiven und negativen Theilmoleküle, keine starke Resultante entstehen, welche jene erstere Elektricitätsmenge nach einer bestimmten Richtung zu treiben und dadurch von seinem Molekul, wenn dieses an der Bewegung verhindert wäre, zu trennen suchte

„Wäre dagegen in einem Raume eine grosse Anzahl von Molekülen befindlich, welche alle mit gleicher Elektricität geladen wären, so würde die Elektricitätsmenge irgend eines zur Betrachtung ausgewählten Moleküls von den Elektricitätsmengen aller anderen abgestossen werden, und diese Kräfte würden, wenn sich das betrachtete Molekul nicht gerade in der Mitte der Masse befände, durch ihre Vereinigung eine beträchtliche in der Richtung von innen nach aussen wirkende Kraft bilden können Da auch die an den anderen Molekülen haftenden Elektricitätsmengen ganz ähnlichen Wirkungen unterworfen wären, indem jede durch die Gesammtwirkung aller übrigen nach aussen gedrängt wurde, so wurde in dem elektrischen Zustande der ganzen Masse eine Spannung obwalten, welche sich nur dann unverändert erhalten könnte, wenn die Masse absolut nicht leitend wäre. Im anderen Falle würde die freie Elektricität aller Molekule, je nach der Gute der Leitung mehr oder weniger schnell nach aussen strömen, zunächst an die Oberfläche der Masse, und von da, wenn die Masse nicht vollkommen isolirt wäre, in die weiteren Umgebungen

„5) Betrachten wir ferner den Vorgang der Zersetzung selbst, wie er in der Flüssigkeit, welche als Elektrolyt dient, oder den Elektrolyten aufgelöst enthält, stattfindet, so darf zunächst so viel als feststehend betrachtet werden, dass nicht die an der einen Elektrode frei werdenden Theilmolekule sich durch die Flüssigkeit bis zur anderen Elektrode fortbewegen, sondern dass in der ganzen zwischen den beiden Elektroden befindlichen Flüssigkeitsmasse überall Zersetzungen und neue Verbindungen geschehen, so dass die positiven Theilmolekule, welche während der Zeiteinheit an der Kathode ankommen, zwar der Anzahl nach mit denen übereinstimmen, welche von der Anode ausgehen, aber nicht dieselben sind, und ebenso in Bezug auf die negativen Theilmolekule, welche an der Anode ankommen.

„Die Art, wie die in den verschiedenen Flüssigkeitsschichten stattfindenden Zersetzungen unter einander zusammenhängen, bedarf aber noch einer näheren Feststellung, und namentlich muss eine Ansicht, welche ziemlich nahe zu liegen scheint, welche aber entschieden unrichtig ist, von vornherein ausgeschlossen werden

„Man könnte sich nämlich möglicherweise vorstellen, dass die Zersetzung von der einen Elektrode, z B von der Anode, ausginge, dass die negativen Theilmolekule der zersetzten Gesammtmolekule hier festgehalten wurden, die positiven dagegen zur nächsten Flüssigkeitsschicht gingen und dort eine neue Zersetzung bewirkten, indem sie sich mit den negativen Theilmolekulen dieser Schicht verbanden, und die positiven frei machten, dass diese letzteren dann weiter zur folgenden Schicht gingen, und hier abermals dieselbe Wirkung ausübten u s f Hiernach wurde die Zersetzung einer Schicht die Ursache für die Zersetzung der folgenden Schicht sein, und die Wirkung der in dem Leiter vorhandenen treibenden Kraft wurde ich darauf beschränken, erstens die frei gewordenen positiven Theilmolekule der vorigen Schicht nach der folgenden zu bewegen, und zweitens dadurch, dass sie die positiven Theilmolekule dieser Schicht ebenfalls vorwärts drängt, die Zersetzung zu erleichtern

„Die Unrichtigkeit dieser Vorstellungsweise ergiebt sich aber sogleich daraus, dass nach ihr innerhalb der Flüssigkeit während des Stromes stets ein Überschuss von positiven Theilmolekulen, und somit auch von freier positiver Elektricität vorhanden sein musste, was, wie schon erwähnt, nach den Gesetzen über die Vertheilung der freien Elektricität für einen stationären Strom ebenso unzulässig ist, wie für den Gleichgewichtszustand In derselben Weise wurde man, wenn man die vorher beschriebene Art der Fort-

pflanzung der Zersetzungen in umgekehrter Richtung von der Kathode
zur Anode annehmen wollte, einen Überschuss von negativen Theilmolekulen innerhalb der Flüssigkeit erhalten, welcher naturlich gleichfalls un-
statthaft ist

„Als Grundbedingung für alle weiteren Betrachtungen müssen wir an
dem Satze festhalten, dass sich innerhalb jedes messbaren Raumes
der Flüssigkeit gleich viel positive und negative Theilmolekule
befinden, mögen diese nun alle je zwei zu Gesammtmolekulen verbunden
sein, oder mögen einige im unverbundenen Zustande zwischen den Gesammtmolekulen zerstreut sein

„Hieraus folgt, dass in einer elektrolytischen Flüssigkeit, welche sich in
ihrem naturlichen Zustande befindet, indem keine Art von Theilmolekulen
in ihr überwiegt, unter dem blossen Einflusse derjenigen Kraft, welche dazu
dient, den Leitungswiderstand zu überwinden, solche abwechselnde Zersetzungen und Wiederverbindungen der Molekule, wie sie zur Elektricitätsleitung nöthig sind, stattfinden können

„Die Erklärung dieser Thatsache bietet eine eigenthümliche Schwierigkeit dar, welche, wie es mir scheint, nur dadurch geboten werden kann,
dass man ein durchaus anderes Verhalten der Flüssigkeiten annimmt, als es
bisher gebräuchlich war Ich will versuchen, dieses in den nächsten Paragraphen auseinander zu setzen

„6) Es sei eine Flüssigkeit gegeben, welche entweder ganz oder zum
Theil aus elektrolytischen Molekulen besteht, und wir wollen zunächst einmal
annehmen, diese Molekule hatten sich im naturlichen Zustande der Flüssigkeit in irgend einer bestimmten Anordnung gelagert, in welcher sie, so lange
keine fremde Kraft auf sie einwirkt, verharrten, indem die einzelnen Molekule zwar vielleicht um ihre Gleichgewichtslagen oscilliren, aber nicht ganz
aus denselben heraustreten konnten, ferner sei, wie man es bei jeder derartigen Anordnung voraussetzen muss, die Anziehung zwischen zwei Theilmolekulen, welche zu einem Gesammtmolekul verbunden sind, und daher
einander sehr nahe sind, grosser, als die Anziehung zwischen dem positiven
Theilmolekul eines Gesammtmolekuls und dem negativen eines anderen.
Wenn nun innerhalb dieser Masse eine elektrische Kraft wirkt, welche die
positiv elektrischen Theilmolekule nach einer und die negativ elektrischen
nach der entgegengesetzten Richtung zu treiben sucht, so fragt es sich, welchen
Einfluss diese auf das Verhalten der Molekule ausuben muss

„Die erste Wirkung wurde offenbar, sofern die Molekule als drehbar
vorausgesetzt werden, darin bestehen, alle Molekule in gleicher Weise zu
richten, indem die beiden entgegengesetzt elektrischen Bestandtheile jedes
Gesammtmolekuls sich nach den Seiten drehen wurden, wohin sie durch die
wirksame Kraft getrieben werden

„Ferner wurde die Kraft die zu einem Gesammtmolekul vereinigten
Theilmolekule zu trennen und nach entgegengesetzten Richtungen zu be-

wegen suchen, und wenn diese Bewegung eintrate, so wurde dadurch das
positive Theilmolekul des einen Gesammtmolekuls mit dem negativen des
folgenden zusammenkommen und sich mit ihm verbinden. Nun muss aber,
um die einmal verbundenen Theilmolekule zu trennen, die Anziehung, welche
sie auf einander ausuben, uberwunden werden, wozu eine Kraft von bestimmter Starke nothig ist, und dadurch wird man zu dem Schlusse gefuhrt,
dass, so lange die in dem Leiter wirksame Kraft diese Starke
nicht besitzt, gar keine Zersetzung der Molekule stattfinden konne,
dass dagegen, wenn die Kraft bis zu dieser Starke angewachsen
ist, sehr viele Molekule mit einem Male zersetzt werden mussen,
indem sie alle unter dem Einflusse derselben Kraft stehen, und
fast gleiche Lage zu einander haben In Bezug auf den elektrischen
Strom kann man diesen Schluss, wenn man voraussetzt, dass der Leiter nur
durch Elektrolyse leiten konne, so ausdrucken So lange die im Leiter
wirksame treibende Kraft unter einer gewissen Grenze ist, bewirkt
sie gar keinen Strom, wenn sie aber diese Grenze erreicht hat,
so entsteht plotzlich ein sehr starker Strom

„Dieser Schluss widerspricht aber der Erfahrung vollkommen Schon
die geringste Kraft[1] bewirkt einen durch abwechselnde Zersetzungen und
Wiederverbindungen geleiteten Strom, und die Intensitat dieses Stromes
wachst nach dem Ohm'schen Gesetze der Kraft proportional

„Demnach muss die obige Annahme, dass die Theilmolekule eines Elektrolyten in fester Weise zu Gesammtmolekulen verbunden sind, und diese
eine bestimmte regelmassige Anordnung haben, unrichtig sein Man kann
dieses Resultat noch allgemein folgendermaassen aussprechen Jede Annahme,
welche darauf hinauskommt, dass der naturliche Zustand einer elektrolytischen
Flussigkeit ein Gleichgewichtszustand ist, in welchem jedes positive Theilmolekul mit einem negativen fest verbunden ist, und dass ferner um die
Flussigkeit aus diesem Gleichgewichtszustande in einen anderen uberzufuhren,
welcher dem vorigen im Wesentlichen gleicht, und sich nur dadurch von
ihm unterscheidet, dass eine Anzahl positiver Theilmolekule mit anderen
negativen als vorher verbunden ist — auf diejenigen Molekule, welche diese
Veranderung erleiden sollen, eine Kraft von bestimmter Starke wirken muss
· steht im Widerspruche mit dem Ohm'schen Gesetze

„Ich glaube daher, dass die folgende Annahme, bei welcher dieser
Widerspruch gehoben ist, und welche, wie es mir scheint, auch mit den
sonst bekannten Thatsachen vereinbar ist, einige Beachtung verdient

---

[1] „Ich muss hierbei noch einmal ausdrucklich hervorheben, dass hier, wie in dieser ganzen
Abhandlung, nicht von den Kraften die Rede ist, welche an den Elektroden wirken, wo die
Zersetzungsprodukte ausgeschieden werden, und die Polarisation uberwunden werden muss,
sondern lediglich von der Kraft, welche innerhalb des Elektrolyten selbst wirkt, wo jedes Theilmolekul, welches von dem bisher mit ihm verbundenen Theilmolekul getrennt wird, sich so-
leich wieder mit einem anderen Theilmolekul derselben Art verbindet, so dass die Masse im
Wesentlichen ungeandert bleibt und nur der Leitungswiderstand zu uberwinden ist."

„7) In meiner Abhandlung „Über die Art der Bewegung, welche wir Wärme nennen",[1] habe ich die Ansicht ausgesprochen, dass in Flüssigkeiten die Moleküle nicht bestimmte Gleichgewichtslagen haben, um welche sie nur oscilliren, sondern dass ihre Bewegungen so lebhaft sind, dass sie dadurch in ganz veränderte und immer neue Lagen zu einander kommen, und sich unregelmässig durch einander bewegen

„Denken wir uns nun in der elektrolytischen Flüssigkeit zunächst ein Mal ein einzelnes Theilmolekul, z B ein elektro-positives, befindlich, von welchem wir voraussetzen wollen, dass sein elektrischer Zustand noch ganz derselbe sei, wie in dem Momente, wo es aus einem Gesammtmolekul ausgeschieden wurde Ich glaube nun, dass, indem dieses Theilmolekul sich zwischen den Gesammtmolekulen umherbewegt, unter den vielen Lagen, die es annehmen kann, auch zuweilen solche vorkommen, in welchen es das negative Theilmolekul irgend eines Gesammtmoleküls mit stärkerer Kraft anzieht, als die, mit welcher die beiden zu dem Gesammtmolekul gehörigen Theilmoleküle, deren Lage zu einander auch nicht ganz unveränderlich ist, sich in diesem Augenblicke gegenseitig anziehen Sobald es in eine solche getreten ist, verbindet es sich mit diesem negativen Theilmolekul, und das bisher mit demselben verbundene positive Theilmolekul wird dadurch frei Dieses bewegt sich nun ebenfalls allein umher und zerlegt nach einiger Zeit ein anderes Gesammtmolekul auf dieselbe Art u s f, und alle diese Bewegungen und Zersetzungen geschehen ebenso unregelmässig, wie die Wärmebewegungen, durch welche sie veranlasst werden

„Betrachten wir ferner das Verhalten der Gesammtmolekule unter einander, so glaube ich, dass es auch hier zuweilen geschieht, dass das positive Theilmolekul eines Gesammtmoleküls zu dem negativen eines anderen in eine günstigere Lage kommt, als jedes dieser beiden Theilmoleküle im Augenblicke gerade zu dem anderen Theilmolekul seines eigenen Gesammtmoleküls hat Dann werden sich jene beiden bisher fremden Theilmoleküle zu einem Gesammtmolekul verbinden, und die beiden dadurch frei werdenden Theilmoleküle (das negative des ersten und das positive des zweiten Gesammtmoleküls) werden sich entweder ebenfalls unter einander verbinden, oder wenn die Wärmebewegung sie daran verhindern sollte, so werden sie sich unter die übrigen Gesammtmolekule mischen, und dort ähnliche Zersetzungen hervorbringen, wie sie vorher von einem einzelnen Theilmolekul beschrieben wurden

„Wie häufig in einer Flüssigkeit solche gegenseitige Zerlegungen vorkommen, wird erstens von der Natur der Flüssigkeit abhängen, ob die Theile der einzelnen Gesammtmolekule mehr oder weniger innig zusammenhangen, und zweitens von der Lebhaftigkeit der Molekularbewegung, d h von der Temperatur

„8) Wenn nun in einer Flüssigkeit, deren Moleküle sich schon von

---

[1] „Pogg Ann 100, 353 1857 '

selbst in einer solchen Bewegung befinden, wobei sie ihre Theilmolekule in unregelmässiger Weise austauschen, eine elektrische Kraft wirkt, welche alle positiven Theilmolekule nach einer und alle negativen nach der entgegengesetzten Richtung zu treiben sucht, so lässt sich leicht einsehen, welcher Unterschied dadurch in der Art der Molekularbewegung eintreten muss

Ein freies Theilmolekul wird dann nicht mehr ganz den unregelmässig wechselnden Richtungen, nach welchen es durch die Wärmebewegungen getrieben wird, folgen, sondern es wird die Richtung seiner Bewegung im Sinne der wirksamen Kraft ändern, so dass unter den Richtungen der freien positiven Theilmolekule, obwohl sie noch sehr unregelmässig sind, doch eine gewisse Richtung vorherrscht, und ebenso die negativen Theilmolekule sich vorherrschend nach der entgegengesetzten Richtung bewegen Ausserdem werden bei der Einwirkung eines Theilmoleküls auf ein Gesammtmolekul und bei der Einwirkung zweier Gesammtmolekule auf einander solche Zerlegungen, bei welchen die Theilmolekule in ihren Bewegungen zugleich der elektrischen Kraft folgen können, erleichtert werden und daher häufiger stattfinden, als ohne die Kraft, indem auch in Fällen, wo die Lage der Molekule noch nicht günstig genug ist, dass die Zerlegung von selbst eintreten könnte, die Mitwirkung der elektrischen Kraft ihr Eintreten veranlassen kann Umgekehrt, solche Zerlegungen, bei denen die Theilmolekule sich der elektrischen Kraft entgegen bewegen mussten, werden durch diese Kraft erschwert und dadurch seltener gemacht werden

„Betrachtet man im Inneren dieser Flüssigkeit, während die elektrische Kraft wirkt, ein kleines auf der Richtung der Kraft senkrechtes Flächenstück, so gehen durch dieses während der Zeiteinheit mehr positive Theilmolekule in positiver als in negativer Richtung hindurch, und mehr negative Theilmolekule in negativer als in positiver Richtung Da nun für jede Art von Theilmolekulen zwei in entgegengesetzter Richtung stattfindende Durchgänge sich gegenseitig in ihrer Wirkung aufheben, und nur der für die eine Richtung bleibende Überschuss von Durchgängen in Betracht kommt, so kann man das Vorige auch einfacher so ausdrucken es geht eine gewisse Anzahl positiver Theilmolekule in positiver und eine Anzahl negativer Theilmolekule in negativer Richtung durch das Flächenstück Die Grösse dieser beiden Zahlen braucht nicht gleich zu sein, weil sie ausser von der treibenden Kraft, welche für beide gleich ist, auch noch von dem Grade der Beweglichkeit abhängt, welcher bei verschiedenartigen Theilmolekulen aus mehreren Gründen verschieden sein kann

„Diese entgegengesetzte Bewegung der beiden Arten von Theilmolekulen bildet den galvanischen Strom innerhalb der Flüssigkeit Um die Stärke des Stromes zu bestimmen, ist es nicht nöthig, die Anzahl der in positiver Richtung durch das Flächenstück gehenden positiven Theilmolekule und die Anzahl der in negativer Richtung hindurchgehenden negativen Theilmolekule

einzeln zu kennen, sondern es genügt, wenn man die Summe beider Zahlen
kennt. Mag man nämlich von der Vorstellung ausgehen, dass es zwei Elektricitäten gebe, und dass ein negativ elektrisches Theilmolekül mit einer gewissen Quantität freier negativer Elektricität begabt sei, oder von der Vorstellung, dass es nur eine Elektricität gebe, und dass ein negativ elektrisches
Theilmolekül weniger Elektricität besitze, als für den neutralen Zustand nöthig
ist, in beiden Fällen muss man annehmen, dass es zur Vermehrung eines
galvanischen Stromes gleich viel beiträgt, ob ein positiv-elektrisches Theilmolekül sich nach der Richtung des Stromes, oder ob ein ebenso stark
negativ-elektrisches Theilmolekül sich nach der entgegengesetzten Richtung
bewegt. Wenn wir also für den Fall, dass die Molekularbewegung derart
wäre, dass nur für die positiven Theilmoleküle ein Überschuss der Bewegung
nach einer Richtung stattfände, und dass während der Zeiteinheit n positive
Theilmoleküle in positiver Richtung durch das Flächenstück gingen, die
dadurch bedingte Stromstärke mit $C n$ bezeichnen, so müssen wir dem
entsprechend bei einer Bewegung, bei welcher gleichzeitig n positive Theilmoleküle in der positiven und n' negative Theilmoleküle in der negativen
Richtung hindurchgehen, die Stromstärke mit $C(n + n')$ bezeichnen.

„9) Bei dieser Auffassung des Zustandes der Flüssigkeiten fällt die oben
erwähnte Schwierigkeit fort. Man sieht leicht, dass der Einfluss, welchen
die elektrische Kraft auf die schon von selbst stattfindenden, aber noch un-
regelmässigen Zersetzungen und Bewegungen der Moleküle übt, nicht erst
beginnt, wenn die Kraft eine gewisse Stärke erreicht hat, sondern dass
schon die geringste Kraft in der vorher angegebenen Weise ändernd auf
dieselben einwirken, und dass die Grosse dieser Wirkung mit der Stärke der
Kraft wachsen muss. Der ganze Vorgang stimmt also mit dem Ohm'schen
Gesetze sehr gut überein.

„Weshalb das elektrische Leitungsvermögen, welches von der Leichtigkeit, mit welcher die Zerlegungen der Moleküle innerhalb der Flüssigkeit
geschehen, abhängt, bei verschiedenen Flüssigkeiten so verschieden ist, weshalb z. B. bei den Molekülen des Schwefelsäurehydrats die Zerlegungen so
sehr viel leichter stattfinden, als bei den Wassermolekülen, und woher der
bedeutende Einfluss kommt, welchen die Verdünnung der Schwefelsäure auf
die Güte der Leitung ausübt, ist freilich bisher nicht hinlänglich erklärt, indessen sehe ich darin auch nichts, was als Widerspruch gegen die vorstehende
Theorie geltend gemacht werden könnte.

„Der Unterschied dagegen, dass bei Leitern zweiter Klasse das Leitungsvermögen mit wachsender Temperatur zunimmt, erklärt sich aus dieser
Theorie in sehr ungezwungener Weise, indem die grössere Lebhaftigkeit der
inneren Bewegung offenbar dazu beitragen muss, die gegenseitigen Zerlegungen der inneren Moleküle zu erleichtern.

„Vergleichen wir die ältere Grotthuss'sche Theorie mit der hier entwickelten, so liegt der Unterschied hauptsächlich darin, dass in jener angenommen wird, die Bewegung werde erst durch die elektrische Kraft hervor-

gerufen, und finde nur nach zwei bestimmten Richtungen statt, indem die Zersetzungen regelmassig von Molekul zu Molekul fortschreiten, wahrend nach dieser die schon vorhandenen Bewegungen nur geandert werden, und auch das nicht so, dass sie vollkommen regelmassig werden, sondern nur so, dass in der noch immer grossen Mannigfaltigkeit von Bewegungen die beiden bestimmten Richtungen vorherrschen

„10 Nachdem ich die vorstehende Ansicht uber das Verhalten elektrolytischer Flussigkeiten niedergeschrieben hatte, erfuhr ich in der Unterhaltung mit einem Chemiker, dass eine ahnliche Ansicht uber das Verhalten zusammengesetzter flussiger und luftformiger Korper schon von WILLIAMSON in einer Abhandlung uber die Theorie der Atherbildung[1] ausgesprochen ist Es heisst in dieser Abhandlung unter anderen[2] „„Wir werden auf diese Weise zu der Annahme gefuhrt, dass in einem Aggregat von Molekulen jeder Verbindung ein fortwahrender Austausch zwischen den in ihr enthaltenen Elementen vor sich geht Angenommen z B., ein Gefass mit Salzsaure wurde durch eine grosse Zahl von Molekulen von der Zusammensetzung ClH ausgefullt, so wurde uns die Betrachtung, zu der wir gelangt sind, zu der Annahme fuhren, dass jedes Atom Wasserstoff nicht in ruhiger Gegeneinanderlagerung neben dem Atom Chlor bleibe, mit dem es zuerst verbunden war, sondern dass ein fortwahrender Wechsel des Platzes mit anderen Wasserstoffatomen stattfindet „"

„Hiernach scheint WILLIAMSON sogar eine noch grossere Wandelbarkeit in der Gruppirung der Theilmolekule anzunehmen, als zur Erklarung der Elektricitatsleitung nothig ist Er spricht von einem fortwahrenden Wechsel eines Wasserstofatoms mit anderen Wasserstoffatomen, wahrend es zur Erklarung der Elektricitatsleitung genugt, wenn bei den Zusammenstossen der Gesammtmolekule hin und wieder und vielleicht verhaltnissmassig selten ein Austausch der Theilmolekule stattfindet

„WILLIAMSON fuhrt zur Bestatigung seiner Ansicht das Verhalten an, welches stattfindet, wenn in einer Flussigkeit zwei Verbindungen mit verschiedenen elektro-positiven und verschiedenen elektro-negativen Bestandtheilen gelost sind, dass dann die beiden ursprunglichen Verbindungen nicht einfach bestehen bleiben, oder eine andere Anordnung der Art entsteht, bei welcher ein elektro-positiver Bestandtheil ausschliesslich mit einem der beiden elektronegativen Bestandtheile verbunden ist, und umgekehrt, sondern dass alle vier mogliche Combinationen sich in einem gewissen Verhaltnisse bilden woher es kommt, dass, wenn irgend eine der vier Verbindungen unloslich ist, diese sich ausscheidet Auch ich glaube, dass dieses Verhalten sich sehr naturlich daraus erklart, dass die Verbindungen je zweier Theilmolekule nicht fest, sondern wandelbar sind, und dass ein positives Theilmolekul nicht blos

[1] Annalen der Chemie und Pharmacie **77**, 37 Gelesen vor der British Association zu Edinburg,

[2] Ebenda S 40

ein positives Theilmolekül derselben Art, sondern auch ein solches von anderer Art verdrangen kann, und ich habe dieses Verhalten bei der Aufstellung der oben entwickelten Theorie gleich mit im Auge gehabt Indessen halte ich es auch hierbei nicht für nöthig, dass alle Molekule in fortwahrendem Wechsel begriffen sind, sondern es scheint mir zu genügen, wenn sie sich hin und wieder gegenseitig austauschen, denn wenn die Anzahl der Austausche auch im Verhaltniss zur Anzahl der Stosse gering ist, so kann sie doch, an sich betrachtet, noch sehr gross sein, und daher in kurzer Zeit eine bedeutende Änderung in der ursprunglichen Verbindungsart hervorbringen

„Da ich zu dem Schlusse über die im Inneren einer Flüssigkeit stattfindenden Austausche der Theilmolekule ganz unabhangig und auf einem durchaus anderen Wege wie WILLIAMSON gelangt bin, so habe ich, auch nachdem ich die Abhandlung desselben kennen gelernt habe, doch noch geglaubt, meine Betrachtungen unverandert mittheilen zu durfen, indem es dadurch am besten ersichtlich sein wird, inwiefern diese beiden Betrachtungsweisen einander gegenseitig zur Bestatigung dienen

„11) Es ist in neuerer Zeit mehrfach die Frage erortert, ob in Leitern zweiter Klasse neben der Leitung durch Elektrolyse auch noch eine Elektricitatsleitung der Art, wie in Leitern erster Klasse stattfinde

„Vom theoretischen Gesichtspunkte aus scheint mir der Annahme, dass beide Arten von Leitung in demselben Korper gleichzeitig stattfinden konnen, nichts entgegen zu stehen Die Bestimmung aber, wie sich in einzelnen Fallen die beiden verschiedenen Leitungen ihrer Grosse nach zu einander verhalten, wird bei dem Mangel an genau festgestellten Thatsachen, welche als Grundlage fur theoretische Schlusse dienen konnten, fur jetzt wohl ganz der experimentellen Untersuchung uberlassen bleiben mussen

„Fur diejenigen Korper, welche bis jetzt in dieser Beziehung untersucht sind, und welche ihrer vielfachen Anwendung wegen die wichtigsten sind, hat sich gezeigt, dass die Leitung ohne Elektrolyse, wenn sie uberhaupt existirt, jedenfalls sehr gering ist, und es wird daher nicht nothig sein, auf diese Art von Leitung, welche ubrigens theoretisch nichts wesentlich Neues darbieten wurde, hier naher einzugehen "

Zu den vorstehenden klaren und anschaulichen Schilderungen ist nur wenig hinzuzufugen, da das wesentliche Allgemeine schon in der Einleitung bemerkt worden ist Nur bezuglich der Frage, in welchem Maasse die von CLAUSIUS vorausgesetzte Dissociation oder der theilweise Zerfall des Elektrolyts in seine Ionen im gegebenen Falle vorhanden ist, mussen einige Bemerkungen gemacht werden CLAUSIUS hebt besonders hervor, dass dieser Betrag nur sehr gering zu sein braucht (S 901), offenbar, um den Einwendungen der Chemiker zu begegnen, welche gerade die fraglichen Verbindungen, wie Schwefelsaure, Salzsaure, Kaliumsulfat u s w, die als Elektrolyte wirken, als durch die starksten Verwandtschaften zusammengehalten ansahen In dieser Beziehung steht er in einem bemerkens-

werthen Gegensatze zu dem Chemiker WILLIAMSON, der seinerseits einen un-
begrenzten und unaufhorlichen Austausch annahm, und CLAUSIUS versaumt
auch nicht, darauf hinzuweisen, dass man ohne diese extreme Annahme
auskommen kann Dies ist gerade der Punkt, an welchem die spatere
Forschung eingesetzt hat Erst nachdem man sich entschlossen hat, dieses
Zugestandniss aufzugeben, und die durch andere Entdeckungen nahe gelegte
Annahme zu machen, dass gerade in den bekannten Fallen die Zahl der
zerfallenen Molekeln eine relativ sehr grosse ist, wurde es moglich, fur die
von CLAUSIUS gegebene Erklarung den Boden zu finden, auf dem allein die
Bundigkeit einer Anschauung gepruft werden kann, namlich das Gebiet der
zahlenmassigen Bewahrung

Bevor es hierzu kam, war allerdings noch ein langer Weg zuruckzu-
legen, welcher zunachst in die Fragen nach der Leitfahigkeit der Elektrolyte
fuhrte, deren Bedeutung fur die Aufgabe bereits HITTORF klar erkannt und
ausgesprochen hatte

21 Die Leitfahigkeit der Elektrolyte. Die alteren Arbeiten uber
die elektrische Leitfahigkeit der Elektrolyte hatten zunachst nur die Erforschung
der vorhandenen Beziehungen in allgemeiner Gestalt zum Zwecke, und chemische Gesichtspunkte sind bei jenen Arbeiten uber die vorher (S 815) berichtet worden ist, auf keine Weise in Frage gekommen Auch die weitere
Entwickelung hat sich chemischen Fragen zunachst nicht zugewendet; vielmehr war die zunachst bearbeitete Aufgabe die nach einer moglichst einfachen und genauen Methode zur Messung dieser Grosse Denn hier lag
eine Schwierigkeit vor, von welcher die Messung metallischer Widerstande
frei ist die Polarisation Zwar andert diese nicht den Widerstand im Stromkreise, sondern nur die elektromotorische Kraft, da aber alle Widerstandsmessungen in letzter Instanz auf Strommessungen begrundet sind, so macht
sich jede Anderung des anderen bestimmenden Faktors der Stromstarke,
der elektromotorischen Kraft, ebenso geltend, wie es eine Widerstandsande-
rung thun wurde, und muss experimentell oder rechnerisch eliminirt werden,
wenn man ein richtiges Ergebniss haben will

Das Verfahren, welches fur diesen Zweck zuerst angewendet wurde, ist
von WOLLASTON (S 642) angegeben worden, und besteht darin, dass man
zwei Versuche mit verschiedenem Flussigkeitswiderstande anstellt, bei denen
man die Polarisation constant erhalt Man erhalt dadurch zwei Gleichungen
des Ohm'schen Gesetzes, aus denen man die elektromotorische Kraft der
Polarisation eliminiren kann Um die Voraussetzung des Verfahrens zu erfullen, hat man dafur zu sorgen, dass die Stromstarke constant bleibt, man
muss daher den Unterschied der beiden Flussigkeitswiderstande durch solche
aus Draht ersetzen, wenn man von dem einen zu dem anderen ubergeht,
und hat in diesem Drahtwiderstande ein Maass des Flussigkeitswiderstandes

Die Ausfuhrung des Versuches lehrte, dass es recht schwer ist, die
Polarisation auch unter solchen Bedingungen constant zu erhalten, und
wir konnen im Laufe der sechziger Jahre die stufenweise Entwickelung der

Methoden verfolgen, die zur Vermeidung dieser Schwierigkeit ersonnen
worden sind

Am leichtesten liess sich die Polarisation in dem Falle vermeiden, dass
der Elektrolyt ein Salz eines Metalles war, aus welchem die Elektroden bestanden Durch die Erfahrungen an der DANIELL'schen Kette war die Unveränderlichkeit solcher Elektroden auch beim Durchgang starkerer Ströme
bekannt geworden Dazu kam dann die von E DU BOIS-REYMOND[1] gelegentlich
seiner Arbeiten aus der Elektrophysiologie gemachte Beobachtung, dass die
Eigenschaft der Nichtpolarisirbarkeit in ganz besonders hohem Grade dem
amalgamirten Zink in Zinkvitriollösungen zukommt Für diesen Fall wenigstens lassen sich Flüssigkeitswiderstände ebenso bequem und sicher messen,
wie metallische, und wir verdanken W BELTZ eine entsprechende, sehr sorgfältig ausgeführte Untersuchung, welche uns die ersten unzweifelhaften Werthe
in diesem Gebiete geliefert hat [2] Als weiterer Vorzug der Arbeit muss erwähnt werden, dass in ihr von einem streng vergleichbaren Maass zum
ersten Male für diesen Zweck Gebrauch gemacht wird die Widerstände
wurden auf die vor kurzem von WERNER SIEMENS eingeführte Einheit, den
Widerstand eines Quecksilberfadens von 1 m Länge und 1 mm² Querschnitt,
bezogen

Die Nichtpolarisirbarkeit der Zinkelektroden gab ferner Gelegenheit, eine
wesentlich in Betracht kommende Frage zu entscheiden die nach dem Vorhandensein eines etwaigen Übergangswiderstandes „Um über diesen ins
Klare zu kommen, stellte ich folgende Versuche an In die   Rohre wurde
eine Anzahl amalgamirter Zinkklotze gebracht, welche stempelartig an die
Rohrenwände anschlossen und in ihrer Axe mit einem feinen Bohrer durchbohrt waren Die Klötze hafteten in der Regel, sobald sie sich berührten,
fest an einander, doch konnten einige immer durch Neigen des Rohres von
einander getrennt werden Lagen alle Klötze dicht an einander und auch
an einer Polplatte, so trat der Strom nur an den beiden Enden der Flüssigkeitssäule aus dem Metall in die Flüssigkeit und durchlief dann dieselbe
Waren die Klötze von einander und von der Polplatte abgerückt, so musste
er mehrere Male aus dem Metalle in die Flüssigkeit übertreten, die Länge
der durchlaufenen Flüssigkeit aber blieb immer die gleiche "

Anfangs fand BELTZ nach diesem Verfahren bei mehreren Unterbrechungen
einen vergrösserten Widerstand Als er jedoch die Klötze in Zinkvitriollösung
auskochte, verschwand diese Erscheinung, und er fand

Bei 3 Unterbrechungen	160,2
„ 2 „	460 0
„ 1 Unterbrechung	459 0
„ 0 „	159,7

„Ein Übergangswiderstand im eigentlichen Sinne des Wortes existirt
nicht "

[1] Sitzungsber der Berl Akademie 1859 465   [2] POGG Ann 117 1 1862

Was die übrigen Ergebnisse der Arbeit anlangt, so haben wir uns mit ihnen kaum zu beschäftigen. Sie bestanden wesentlich in der Bestätigung und zahlenmässigen Feststellung der von den älteren Autoren beobachteten allgemeinen Verhältnisse, nach welchen der Widerstand mit steigender Temperatur zu- und mit steigendem Gehalt an gelöstem Elektrolyt abnimmt, letzteres jedoch im vorliegenden Falle bis zu einem bestimmten Gehalt, bei dem der Widerstand ein Minimum war, darüber hinaus nahm der Widerstand mit steigendem Salzgehalt zu. Dieses Minimum verschiebt sich mit steigender Temperatur nach der Seite der höheren Concentrationen.

Von Interesse sind schliesslich die Angaben von BEETZ, auf welche Weise er andere Flüssigkeiten auf ihre Leitfähigkeit zu untersuchen beabsichtigte. Um alle Störungen durch Elektroden zu vermeiden, bemühte er sich, in einer in sich zurücklaufenden Flüssigkeitsmasse Ströme zu erzeugen, welche bei gleicher elektromotorischer Kraft sich verhalten müssen wie die Leitfähigkeiten. Erstens liess er sich einen Multiplicator aus einer Glasröhre herstellen, in welchem er einen Magnet aufhängte. Der Multiplicator lief in ein gleichfalls aus Glas hergestelltes Solenoid aus, in welchem durch Unterbrechung eines daneben verlaufenden Stromes Inductionsströme erzeugt werden konnten, das Ganze war mit Flüssigkeit gefüllt. Indessen gelang es nicht, auf diese Weise gute Messungen zu erhalten, da die Störungen durch den primären Strom im Verhältniss zu den schwachen entstehenden Inductionsströmen zu gross waren. Ebensowenig gelang ein anderer Versuch, die dämpfende Wirkung, welche die Umgebung mit leitender Flüssigkeit auf eine schwingende Magnetnadel ausübt, und welche gleichfalls der Leitfähigkeit proportional ist, für die Messung zu benutzen. Auch hier liegt es an der Kleinheit der auftretenden Kräfte, die durch die verhältnissmässig sehr geringe Leitfähigkeit der Flüssigkeiten verursacht wird. In einer anderen Gestalt ist der Plan später[1] von GUTHRIE und BOYS ausgeführt worden, indessen waren auch hier die erhaltenen Wirkungen so gering, dass von einer praktischen Anwendung des Verfahrens nicht die Rede sein konnte. Heute, wo die Technik dem Experimentator durch mehrphasige Wechselströme rotirende Magnetfelder von grosser Stärke zur Verfügung stellt, hat die Wiederholung derartiger Versuche viel bessere Aussicht auf Erfolg.

Auf einem anderen Wege versuchte PAALZOW[2] die in der Polarisation liegenden Schwierigkeiten zu beseitigen. Er behielt die von BEETZ angewendeten Elektroden von amalgamirtem Zink in Zinkvitriollösung bei, und brachte die zu untersuchende Flüssigkeit zwischen die Lösungen. Da zwischen verschiedenen Flüssigkeiten nur sehr geringe, schwierig nachweisbare Polarisation entsteht, die man vernachlässigen kann, so war dadurch die Aufgabe im Allgemeinen gelöst, wenn auch im Einzelnen mancherlei Schwierigkeiten nachblieben.

Von allgemeinerer Anwendung ist auch dieses Verfahren nicht geworden,

---

[1] Philos. Mag. [5] 4, 328 1880   [2] POGG. Ann 136, 489 1869

da fast um die gleiche Zeit die Ausarbeitung einer anderen Methode begann, welcher die Zukunft angehören sollte. Es ist dies das gleich zu besprechende Verfahren von Kohlrausch, welches auf der Anwendung von Wechselströmen beruht.

Diese Methode entwickelte sich so zweckmässig, dass auch die später von Fuchs[1] und Lippmann[2] angegebene elektromotorische Methode, die gleichfalls die Polarisation vermeidet, indem statt des einen dauernden Strom erfordernden Galvanometers ein Elektrometer benutzt wird, welches nur eine einmalige Ladung beansprucht, sie nicht zu verdrängen vermocht hat. Bei weitem das meiste, was für elektrochemische Fragen von Belang geworden ist, ist durch die Anwendung der Methode von Kohlrausch gefunden worden, so dass ein Eingehen auf deren Entwickelung von Interesse ist.

Die erste Mittheilung über das Verfahren ist in einer Arbeit von FRIEDRICH KOHLRAUSCH und W. A. NIPPOLDT[3] enthalten, die unter dem Titel Über die Gültigkeit der Ohm'schen Gesetze für Elektrolyte und eine numerische Bestimmung des Leitungswiderstandes der verdünnten Schwefelsäure durch alternirende Ströme im Jahre 1869 erschien. Hier befinden sich die ersten Anfänge der Methode, die in ihrer vervollkommneten Gestalt mehr wie jede andere dazu beigetragen hat, unsere Kenntniss dieser wichtigen Grossen zu vermehren und die schon von HITTORF erhoffte fördernde Wirkung auf die Erkenntniss auch der chemischen Verhaltnisse der Lösungen auszuüben.

KOHLRAUSCH und NIPPOLDT erörterten zunächst die Methoden, die bei der Leitfähigkeitsbestimmung von Elektrolyten auftretenden Polarisationen zu vermeiden. Nachdem sie das Verfahren von BEETZ, welches nur für solche Lösungen anwendbar ist, für die es unpolarisirbare Elektroden giebt, und das von PAALZOW besprochen haben, bei dem dieser Übelstand allerdings im Wesentlichen vermieden ist, weisen sie auf eine weitere Möglichkeit hin, die Polarisation unschädlich zu machen, nämlich durch die Anwendung sehr kurz dauernder Ströme, bei denen die Polarisation keine Zeit hat, sich auszubilden. Nur tritt hier der Übelstand ein, dass zwar im ersten Augenblicke keine Polarisation vorhanden ist, eine solche aber in kürzester Frist entsteht, so dass die Versuche, einzelne durch Magnetinduction erhaltene Stromstösse zu benutzen, an diesen Nachwirkungen scheiterten.

„Man vermeidet diese Nachwirkung der Polarisation vollständig, wenn man immer paarweise gleiche Inductionsstösse in abwechselnder Richtung anwendet. Denn zwei entgegengesetzte Ströme von gleichem Integralwerth scheiden an jeder der Elektroden die beiden Bestandtheile des Elektrolyten in chemisch aquivalenten Mengen aus. Nimmt man an, dass dieselben sich sofort wieder zu der ursprünglichen chemischen Verbindung vereinigen, so ist jede Elektrode nach dem Durchgange der beiden Ströme wieder im

---

[1] POGG. Ann. **156**, 162, 1875.   [2] Comptes rendus **83**, 192 1876.
[3] POGG. Ann. **138**, 280 1859.

Anfangszustande, wobei naturlich vorausgesetzt wird, die Starke des einzelnen Stosses bleibe unterhalb der Grenze, wobei eine Entwickelung von Gasblaschen eintritt, und ferner, die Aufeinanderfolge geschehe so rasch, dass nicht in der Zwischenzeit eine merkliche Menge des ausgeschiedenen Stoffes durch Diffusion verschwinde. Sollte nun auch die Wiedervereinigung nicht momentan erfolgen, so weiss man doch aus den Versuchen von DE LA RIVE und von POGGENDORFF, dass sie in kurzer Zeit geschieht, indem bei hinreichend raschem Wechsel kraftiger Strome die Gasentwickelung aufhorte. Man sieht aber zugleich, dass die Polarisation an beiden Elektroden gleich ist, wenn diese sich in symmetrischen Verhaltnissen befinden, insbesondere also gleiche Grosse haben, so dass sie keinen Strom hervorbringen kann."

Auf Grund dieser Uberlegung wird nun dargelegt, dass die erforderlichen entgegengesetzt gleichen Strome durch die Drehung eines Magnets in einem Galvanometergewinde sich leicht herstellen lassen, dass ferner die durch Ungleichheiten der Elektroden etwa noch moglichen Reste der Polarisation dadurch beliebig verkleinert werden konnen, dass man die Elektroden moglichst gross macht, indem die elektromotorische Kraft einer bestimmten ausgeschiedenen Menge des polarisirenden Stoffes in erster Annaherung seiner Dichte proportional, also der Grosse der Elektroden umgekehrt proportional sein wird.

Die Anwendung des Gedankens setzt ein Hilfsmittel voraus, mit dem man solche gleiche entgegengesetzte Strome messen kann, auf ein gewohnliches Galvanometer wirken sie nicht, indem sie ihre ablenkende Wirkung abwechselnd aufheben. Dagegen ist das Elektrodynamometer von WILHELM WEBER[1] ein solches Instrument. Es besteht aus zwei Rollen von Draht, von denen die eine fest ist, die andere innerhalb jener drehbar aufgehangt ist. Stehen die Rollen anfangs einander parallel, und schickt man durch beide einen Strom, so erfolgt eine elektrodynamische Abstossung der Stromkreise, und die Rollen suchen sich senkrecht zu einander zu stellen. Die Ausschlage sind dem Quadrat der Stromstarke proportional und von der Stromrichtung unabhangig, sie erfolgen daher auch, wenn Wechselstrome durch den Apparat gehen.

Die erste Ausfuhrung des Verfahrens erfolgte durch unmittelbare Substitution, indem zuerst bei gegebener Drehungsgeschwindigkeit des Magnets der Ausschlag bei eingeschaltetem Flussigkeitswiderstande gemessen wurde, und dann ein Drahtwiderstand aufgesucht wurde, welcher den gleichen Ausschlag bewirkte. Durch passende Auseinanderschaltung der Versuche wurde der Einfluss der Veranderlichkeit der Drehungsgeschwindigkeit des Magnets der durch eine Sirene bethatigt wurde, deren Tonhohe die Drehungsgeschwindigkeit maass, ausgeschaltet.

Die Ursache, diese unbequeme Methode an Stelle einer der bequemen „Nullmethoden", des Differentialmultiplicators oder der WHEATSTONE'schen

[1] Elektr. Maassbestimmungen I. Abh. d. K. sachs. Ges. d. Wiss. 1846.

Brücke anzuwenden, sahen KOHLRAUSCH und NIPPOLDT in dem Umstande, dass die Ausschlage des Dynamometers dem Quadrat der Stromstarke proportional sind, also in der Nahe des Nullpunktes einen zu kleinen Werth annehmen, zudem ist die Richtung des Ausschlages von der Stromrichtung unabhangig, so dass man aus ihm nicht ersehen kann, nach welcher Seite man die Widerstande andern soll. Erst nach Vollendung der Arbeit ergab sich ein Auskunftsmittel. „Es ist dabei ubersehen, dass man den Schwierigkeiten entgeht, wenn man die beiden Rollen des Dynamometers in verschiedene Zweige der Leitung bringt. Dadurch werden die obigen Methoden ebenso leicht anwendbar, wie bei dem gewohnlichen Galvanometer, was die beabsichtigte Ausdehnung der Messungen auf andere Flussigkeiten wesentlich erleichtern wird."

Bevor die Methode zu Messungen angewendet wurde, ging eine Untersuchung uber die Grosse der Polarisation voraus, welche unter den vorhandenen Umstanden zu erwarten war. Ein einzelner Stromstoss zerlegte nicht mehr als etwas uber ein Millionel Milligramm Wasser, wobei 1 und 0,002 Kubikmillimeter Wasserstoff ausgeschieden wurden. Mit Elektroden von 108 Quadratmillimeter Oberflache ergab sich eine sehr starke Polarisation. „Dies uberraschende Resultat lasst zwei Deutungen zu. Entweder sind die elektromotorischen Krafte so dunner Gasuberzuge, wie die eben genannten, Grossen von derselben Ordnung, wie die elektromotorischen Krafte der Hydroketten, oder man musste Zweifel an der Richtigkeit des OHM'schen Gesetzes fur Elektrolyte hegen."

Indessen entschied der Versuch die Frage alsbald im ersten Sinne. Als Elektroden von je 2900 Quadratmillimeter Oberflache angewendet wurden, verschwanden die Abweichungen, welche fruher bei verschiedener Drehungsgeschwindigkeit des Inductors beobachtet waren, und der Flussigkeitswiderstand verhielt sich ganz wie ein metallischer, indem bei Steigerung der Tonhohe der Sirene um vier Oktaven, also auf die sechzehnfache Geschwindigkeit, die Ausschlage fur den flussigen und den metallischen Widerstand einander gleich blieben.

Indessen wurde die hier einmal angeregte Frage nach der Gultigkeit des OHM'schen Gesetzes fur Elektrolyte weiter untersucht, indem immer geringere und geringere elektromotorische Krafte angewendet, und die entsprechenden Stromstarken gemessen wurden. Da die Anwendung von Wechselstromen an der unzureichenden Empfindlichkeit des Dynamometers sehr bald eine Grenze fand, so wurde die von BELTZ benutzte Zusammenstellung Zink in Zinksulfatlosung, angewendet, die erforderlichen kleinen Spannungen gab ein Thermoelement. Dabei wurde bis auf 0,000005 von der elektromotorischen Kraft eines GROVE'schen Elementes herabgegangen, ohne dass eine die Versuchsfehler uberschreitende Abweichung beobachtet werden konnte, das OHM'sche Gesetz war also fur alle Stromstarken und Spannungen, die irgend fur den Zweck in Frage kommen konnten, als gultig bei Elektrolyten erwiesen worden.

„Aus der elektromotorischen Kraft des Thermoelementes lässt sich leicht
überschlagen, dass der schwächste der obigen Strome, das elektrolytische
Gesetz von Faraday als allgemein gültig vorausgesetzt, in einer Sekunde
4 $\cdot$ 10^{-3} Milligramm Wasser zersetzt haben wurde. Buff hat nachgewiesen,
dass für einen etwa doppelt so starken Strom in angesäuertem Wasser (allerdings zwischen Platinspitzen) das Faraday'sche Gesetz noch gültig ist. Erlauben wir uns daher, auch für unseren Fall anzunehmen, dass eine Zersetzung stattfand, so folgt, dass die geringste elektrische Scheidungskraft,
welche auf die Theile eines Elektrolyten gewirkt hat, grösser ist, als die
chemischen Affinitätskräfte derselben. Man wird also in der That der Annahme von Clausius, dass eine Stabilität chemischer Verbindungen im gewohnlichen Sinne gar nicht vorhanden sei, nahe geführt."

An diesem Schluss ist nur auszusetzen, dass kein Recht vorliegt, ihn
auf alle chemischen Verbindungen auszudehnen. Denn er gilt nach der Art,
wie man zu ihm gelangt ist, offenbar nur für solche chemische Verbindungen, welche der Elektrolyse fähig sind, und dies ist nur eine kleine Zahl
unter allen. Werthvoll ist aber diese Bemerkung als ein unverdächtiges
Zeugniss dafur, mit welcher Gewalt sich bei der unbefangenen Betrachtung
der Leitungserscheinungen die Erkenntniss von der Freiheit der Ionen aufdrängt.

Die nach der Methode zunächst an verschiedenen Lösungen von Schwefelsäure ausgeführten Bestimmungen brauchen hier keinen Platz zu finden, da
sie später durch genauere ersetzt worden sind. Dagegen muss erwähnt
werden, dass schon in dieser Arbeit dafür Sorge getragen wird, die beobachteten Zahlen auf vergleichbares Maass zu überrechnen. Zu dem Zwecke
wurde die Länge und der Durchmesser der Rohre, in welcher die Messungen
vorgenommen worden waren, sowie der Ausbreitungswiderstand von den
Enden der Rohre bis zu den Platinelektroden bestimmt, und daraufhin die
Umrechnung auf Quecksilbereinheiten vorgenommen, so dass die erhaltenen
Zahlen angaben, um wieviel die untersuchten Flüssigkeiten mehr Widerstand
aufwiesen, als ein gleichgeformtes Stück Quecksilber. Auch in dieser Beziehung ist die Abhandlung von grossem vorbildlichen Werthe.

22. Polarisationserscheinungen bei Wechselstromen. Die Benutzung von Wechselstromen bei der Messung der elektrischen Leitfähigkeit
bot für F. Kohlrausch auch den Anlass, die elektromotorische Kraft zu
untersuchen, welche durch sehr kleine an den Elektroden ausgeschiedene
Mengen der Zersetzungsprodukte entsteht.[1] Durch Becquerel[2] war nach
einer allerdings etwas rohen Methode bereits wahrscheinlich gemacht worden,
dass bei kleinen Werthen der Polarisation diese den ausgeschiedenen Mengen
des polarisirenden Stoffes proportional ist. Der hier auftretende Faktor hat
aber ein bedeutendes Interesse, da er in engem Zusammenhange mit den
sogenannten molekularen Dimensionen der Stoffe steht, oder besser gesagt,

[1] Pogg. Ann. 148, 143. 1873.   [2] Comptes rendus 22, 381. 1846.

die Grenze der Schichtdicke erkennen lässt, bei welcher die Stoffe die Eigenschaften zu verlieren beginnen, die sie in Masse besitzen [1]

Um zu einer Kenntniss der vorhandenen Polarisation zu gelangen, entwickelte Kohlrausch die Gleichungen des elektrischen Stromes, welcher in schnellem Wechsel einen zwischen zwei Elektroden befindlichen Elektrolyt durchsetzt, indem er auf die elektromotorische Gegenkraft der dabei entstehenden Polarisation unter der Voraussetzung Rücksicht nahm, dass sie der durchgegangenen Elektricitätsmenge und daher der Menge der abgeschiedenen Stoffe proportional ist Seine Versuche bestanden in der Messung des Ausschlages des Elektrodynamometers, wenn in den Kreis einmal der Flüssigkeitswiderstand, das andere Mal ein annähernd gleicher Metallwiderstand eingeschaltet war Die Rechnung ergiebt, dass alsdann infolge der Polarisation der Ausschlag mit der Flüssigkeit nicht nur kleiner, sondern auch unter bestimmten Umständen grosser sein kann, als mit dem polarisationsfreien Widerstande, und die Beobachtung bestätigte die Rechnung, und somit auch die gemachten Voraussetzungen

Das Zahlenergebniss war, dass die Polarisation von der elektromotorischen Kraft eines Daniell hervorgebracht wird durch Schichten von 0,000 000 001 5 Milligramm Wasserstoff und 0,000 000 012 Milligramm Sauerstoff auf ein Quadratmillimeter Die entsprechende Wassermenge würde eine Schicht von 0,000 000 001 35 cm bilden Setzt man das annähernde Maximum der Polarisation auf 2,4 Daniell, so würde diese Wasserschicht rund 0,000 000 003 cm dick sein Über die thatsächlich vorhandene Schichtdicke lässt sich natürlich nichts aussagen, vielmehr muss als wahrscheinlich angenommen werden, dass eine bestimmte Schichtdicke gar nicht anzugeben ist, sondern ein zwar schneller, aber doch stetiger Übergang von der Elektrode bis zum Elektrolyt stattfindet

23 Ausbildung der Methode Die weitere Entwickelung der Methode der alternirenden Ströme ging dann in einzelnen Stufen vor sich In einer 1874 erschienenen Arbeit, welche in erster Linie die oben erwähnten Erscheinungen der Phasenverschiebung wechselnder Ströme unter der Einwirkung einer elektrolytischen Zelle zum Gegenstande hat, beschreibt F Kohlrausch [2]

---

[1] Es ist eine allgemeine experimentelle Thatsache dass die Eigenschaft der Stoffe und so werden, wenn sie in sehr dünnen Schichten untersucht werden was wir gewöhnlich die physikalischen Eigenschaften einer bestimmten Substanz nennen, hat seine Gültigkeit somit nur bis zu einer bestimmten Grenze Diese Grenze kann durch sehr verschiedene Methoden ermittelt werden, und zeigt sich in merkwürdiger Übereinstimmung ziemlich unabhängig von der Beschaffenheit des Stoffes und der Natur der untersuchten Eigenschaft bei rund $\frac{1}{2.3}$ cm belegen Man hat diese Zahl mit der Grosse der Molekeln in Zusammenhang gebracht und wohl auch die Thatsache einer solchen Grenze als einen Beweis für die wirkliche Existenz der Molekeln angesehen Thatsächlich handelt es sich, wenn man sich von allen Hypothesen frei halten will, in allen diesen Fällen nur um den bereits erwähnten Umstand, dass die Eigenschaften der Materie in Masse andere sind, als die in Schichten, welche dünner sind, als die oben angegebene Grenze

[2] Pogg Ann Jubelband, 290 1874

zwei Verbesserungen, von denen namentlich die zweite von bedeutender
Wichtigkeit ist. Zunächst ersetzte er die früher als Motor bei der Erzeugung der Wechselströme benutzte Sirene durch ein Räderwerk, vermittelst
dessen ein Magnet in einer Drahtspule gedreht werden konnte. Der Apparat
ist beistehend wiedergegeben; durch verschiedene Belastung des Antriebes
können sehr verschiedene Geschwindigkeiten hergestellt werden.

Fig. 231. Nach F. KOHLRAUSCH.

Diese Vorrichtung ist nur in beschränktem Umfange im Gebrauch geblieben, da in dem Inductionsapparate bald ein viel einfacheres Mittel gefunden wurde, die erforderlichen Wechselströme herzustellen.

Der zweite Fortschritt bestand in der Herstellung geeigneter Elektroden.
Die Theorie zeigt, dass der Einfluss der Polarisation auf die Messung um so
geringer wird, je grösser unter gleichen Umständen die Elektroden sind
Bei gleichbleibender Plattengrösse kann man nun eine sehr bedeutende Vergrösserung der wirksamen Elektrodenfläche erzielen, wenn man die Elektroden
platinirt. Das Platin pflegt sich nämlich bei der Elektrolyse nicht als zusammenhängende metallische Schicht auszuscheiden, sondern in Gestalt eines
pulverigen, sammetschwarzen Niederschlages, welcher vermöge dieser Beschaffenheit eine unvergleichlich grössere wirksame Oberfläche hat, als eine
blanke Platte. Diese Verbesserung ist für die Entwickelung des Verfahrens
von grosser Bedeutung gewesen, da erst durch sie die Herstellung kleiner
und handlicher Apparate möglich geworden ist.

Das folgende Jahr bringt nun eine ausgedehnte Untersuchung der Leitfähigkeit einer bestimmten Klasse von Elektrolyten, der Chloride, welche

von Kohlrausch und Grotrian[1] ausgeführt worden ist. Die benutzte Versuchsanordnung ist durch die Fig. 232 wiedergeben, in welcher ab das Elektrodynamometer, S den Sinusinductor, Fl den elektrolytischen Widerstand, Rh den Rheostaten und C einen Commutator darstellt; die beiden mit 100 bezeichneten Stücke sind zwei Widerstände von 100 Einheiten, welche zwei Arme des Wheatstone'schen Brücke bilden.

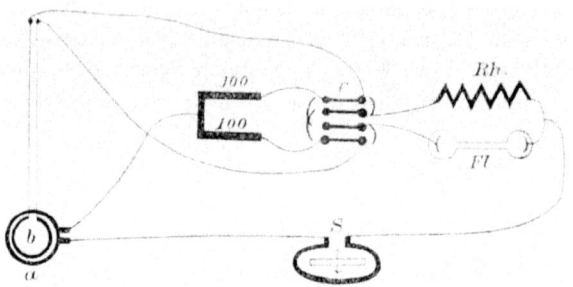

Fig. 232. Nach F. Kohlrausch.

Der eigentlichen Messung wurde eine sehr sorgfältige Untersuchung der möglichen Fehlerquellen des Verfahrens vorausgeschickt, welche dasselbe als völlig vertrauenerweckend kennzeichneten. Die Hauptfrage war, in welchem Maasse es gelungen war, den Einfluss der Polarisation zu beseitigen. Dass in der That bei Anwendung der platinirten Elektroden die hiervon veranlassten Fehler unter den Werth der übrigen Versuchsfehler gebracht worden waren, ergab sich daraus, dass erstens der Widerstand einer gegebenen Flüssigkeit sich unabhängig von der Umdrehungszahl des Sinusinductors erwies, und dass zweitens eine Zinkvitriollösung die gleichen Werthe ergab, wenn sie einerseits zwischen unpolarisirbaren Zinkelektroden mit constantem und andererseits zwischen Platinelektroden mit Wechselstrom untersucht wurde. Die beobachteten Zahlen sind, auf gleiche Temperatur reducirt, 537,49, 537,41, 537,20. Es ist nicht leicht, irgend eine andere Eigenschaft eines flüssigen Stoffes nach ganz verschiedenen Methoden mit einer gleichen Genauigkeit zu bestimmen. „Zugleich wird durch die letzte der drei Prüfungen der nicht überflüssige Nachweis geführt, dass die Arbeit der Wechselströme (bei denen die Bestandtheile der Elektrolyte nur sehr kleine Pendelschwingungen gegen einander ausführen) dem Ohm'schen Gesetz für constante Ströme folgt."

Zur Untersuchung gelangten die Chloride von Kalium, Natrium, Ammonium, Lithium, Calcium, Magnesium, Baryum, Strontium, sowie Salpetersäure; die benutzten Lösungen waren meist ziemlich concentrirt, die verdünntesten enthielten etwa 5 Procent. Aus der Betrachtung der erhaltenen Werthe, welche auf runde Procentgehalte umgerechnet wurden, ergaben sich viele einzelne Beziehungen, aber kaum durchgreifende Regelmässigkeiten. Am meisten wird die Übereinstimmung hervorgehoben, welche sich in der Veränderlichkeit der Leitfähigkeit mit der Temperatur bei den Chloriden zeigt. „Eine merkwürdige quantitative Übereinstimmung des Temperatureinflusses

---

[1] Pogg. Ann. 154, 1. 1875.

findet für die Chloride in verdunnter Losung statt Bei den funfprocen-
tigen Losungen hegt der Coefficient für 0° zwischen $^1/_{32}$ und $^1/_{37}$ und ebenso
der Coefficient für 18°   zwischen $^1/_{46}$ und $^1/_{62}$ Der Unterschied zwischen
diesen Grossen ist allerdings viel grosser, als dass er auf fehlerhafte Beobachtungen zuruckgefuhrt werden konnte, aber doch auch nicht erheblicher,
als bei sonstigen Naturgesetzen von nur angenaherter Gultigkeit, z B dem
Dulong-Petit'schen Gesetze für die specifischen Warmen einfacher Substanzen "

Was die Leitfahigkeiten selbst betrifft, so wird zunachst bemerkt „Gemeinsam ist allen diesen Curven ihr stetiger Verlauf, eine Discontinuitat des
Leitungsvermogens bei irgend einer Concentration findet nicht statt Im
Ubrigen aber begegnet man, sowohl was die absolute Grosse des Leitungsvermogens verschiedener Substanzen, als was die Gesetze betrifft, nach denen
das letztere bei einem und demselben Korper von der gelosten Menge abhangt, einer Mannigfaltigkeit, die wenigstens bei den Chloriden uberraschen
muss " Wahrend dies für die concentrirten Losungen gilt, lassen sich für
die verdunnten einfachere Verhaltnisse erwarten, und um uberhaupt vergleichbare Zahlen zu haben, ist auf den Grenzwerth uberzugehen, welchen
das Verhaltniss zwischen dem Leitvermogen und dem Salzgehalt sich bei
steigender Verdunnung annahert Setzt man das Leitvermogen k gleich
$k = \varkappa p (1 - \lambda p)$, wo p der Procentgehalt an Salz und λ eine Constante ist,
welche Formel das Verhaltniss beider ziemlich gut darstellt, so wird für $p = 0$
erhalten $\frac{k}{p} = \varkappa$, welches diesen Grenzwerth, das „specifische Leitungsvermogen des Korpers in wasseriger Losung" darstellt

Die wichtigste Bemerkung, welche uber diesen Werth gemacht wird, ist
die folgende „Sucht man nun nach einem Zusammenhange der specifischen
Leitungsvermogen $\varkappa$ mit anderen physikalischen Eigenschaften der gelosten
Korper, so bemerkt man leicht, dass $\varkappa$ ungefahr die umgekehrte Reihe verfolgt, wie das chemische Aquivalentgewicht der wasserfreien Salze Man
kann $\lambda\varkappa$ des specifische Leitungsvermogen nach Aquivalenten nennen Für
0° stellen sich folgende Zahlen heraus

BaCl$_2$	0,00102	Na$_2$Cl$_2$	0,00103
SrCl$_2$	0,00098	MgCl$_2$	0,00090
K$_2$Cl$_2$	0,00125	Li$_2$Cl$_2$	0,00084
CaCl$_2$	0,00094	(NH$_4$)$_2$Cl$_2$	0,00123

Man sieht also, dass bei gleichen Mengen Chlor in der Losung die Leitungsvermogen verdunnter Losungen von derselben Ordnung sind "

Dies Ergebniss hatte noch genauer dahin ausgesprochen werden konnen,
dass die kleinen Unterschiede bei den vergleichbaren Gruppen der ein- und
der zweiwerthigen Metalle parallel den Atomgewichten laufen

Weiter findet sich eine Analogie zwischen der Leitfahigkeit und dem
specifischen Gewicht der festen Salze

Diesen Ergebnissen sieht man es nicht an, in welchem Maasse spater
die Verhaltnisse der elektrischen Leitfahigkeit der Salzlosungen stochio-

metrische Ausbeute gegeben haben Wie es damals bei den Physikern allgemein üblich war, ist auch hier das Leitvermögen auf Gewichtseinheiten der gelösten Stoffe bezogen worden, und die dem Chemiker so nahe liegende Rechnung auf chemisch vergleichbare, d h äquivalente Mengen, deren Benutzung übrigens auch schon durch das Faraday'sche Gesetz geboten war, tritt nur in der Gestalt einer abgeleiteten Function auf Es hat auch in der Folge noch einige Zeit gedauert, bis diese naturlichere und angemessenere Ausdrucksweise für die hier betrachtete Eigenschaft in Aufnahme gekommen ist

Es ist vielleicht nicht überflüssig, bei dieser Gelegenheit die Bemerkung zu machen, dass die in der Physik traditionell gebräuchliche Beziehung der verschiedenen Grossen auf Gewichts- oder Volumeinheiten, die Bestimmung der „specifischen" Grossen, sich der Erkenntniss allgemeinerer Gesetzmässigkeiten vielfach hindernd in den Weg gestellt hat Fast ausnahmelos hat die blosse Umrechnung solcher Grossen (oder geeigneter Functionen derselben) auf chemisch vergleichbare Mengen, Äquivalent- oder Molekulargewichte, unmittelbar zu der Erkenntniss einfacher Gesetzmässigkeiten geführt Unsere jetzige Kenntniss solcher Beziehungen lasst uns einsehen, dass die chemischen Verbindungsgewichte eine viel allgemeinere Norm, einen viel bestimmenderen Faktor darstellen, als die Masse oder das ihr proportionale Gewicht In allen diesen Fällen hat die übliche Vernachlässigung des chemischen Gesichtspunktes in nachweisbarem Maasse nicht nur den Fortschritt der Wissenschaft behindert, sondern auch den Ausdruck und das Verstandniss der bekannten Beziehungen erschwert

Einen weiteren Schritt in der Erkenntniss der möglichen Beziehungen zwischen der inneren Reibung und dem elektrischen Widerstande bei Elektrolyten versuchte O Grotrian zu thun,[1] indem er den Temperatureinfluss bei beiden Grossen in Vergleich setzte und eine grosse Ähnlichkeit der beiden aussprach Die Widerstände wurden nach der Methode der alternirenden Strome bestimmt, die Reibungen nach einer zuerst von Coulomb angegebenen, mittelst einer in der Flüssigkeit schwingenden Scheibe Zwar sind solche Versuche viel schwieriger anzustellen und zu berechnen, als die zu der gleichen Grosse führenden Messungen der Durchlaufszeit durch capillare Rohren, wie sie u A Wiedemann (S 848) für diesen Zweck angewendet hatte Es scheint jedoch, als wenn gerade der Umstand, dass ein ganz besonders grosser mathematischer Apparat angewendet worden war, um unter mancherlei vereinfachenden Annahmen die Ergebnisse der Schwingungsversuche auf die Reibungsconstante zu berechnen, die Vorstellung hervorgerufen hat, dass die Ergebnisse von entsprechend grosser Genauigkeit gewesen seien Dies vorauszusetzen, ist unter solchen Umstanden immer bedenklich, denn je verwickelter die Theorie eines Messapparates ist, um so weniger kann man sicher sein, dass diese Theorie auch genügend ist. in dem vorliegenden

---

[1] Pogg Ann 157, 130 1876

Falle hat sich in der That gezeigt, dass die verwickelte Theorie nicht im
Stande gewesen war, Fehler zu verhindern, welche nicht nur 20 bis 30,
sondern in einigen Fallen sogar einige Hundert Procent betragen haben

In dem Falle, der uns hier beschaftigt, ist allerdings die Sache nicht so
bedenklich Denn die Fehler in den Zahlenwerthen der Reibungsconstanten,
zu denen die Theorie Anlass giebt, sind systematische, d h solche, welche
mit den Werthen der gesuchten Grossen zugleich regelmassig zu- und abnehmen In Fallen, wo es sich wie hier nur um den Vergleich nahestehen-
der Zahlen handelt, haben solche Fehler nur einen geringen Einfluss, weil
sie fur naheliegende Werthe nahezu gleich gross sind, und sich dadurch aus
den Differenzen, die hier in Frage kommen, wesentlich herausheben

Die erwarteten Regelmassigkeiten in den Beziehungen zwischen den
Anderungen der elektrischen Leitfahigkeit und der „Fluiditat" mit der Temperatur stellten sich allerdings als viel geringfugiger heraus, als erwartet
worden war, eine allgemeine Ahnlichkeit liess sich allenfalls behaupten,
jedoch waren mancherlei charakteristische Erscheinungen, welche die eine
Grosse zeigte, bei der anderen nicht vorhanden, und umgekehrt Auch giebt
sich GROTRIAN schliesslich im Anschlusse an eine Bemerkung von G WIEDE-
MANN Galv I, 633) sachgemass Rechenschaft hiervon „Ubrigens ist ohne
weiteres eine genaue Ubereinstimmung der Temperaturcoefficienten fur Fluiditat und Leitungsvermogen nicht zu erwarten, denn bei ersterer handelt es
sich um die Reibung, welche die unzerlegten Flussigkeitsmolekule bei einer
gegenseitigen Verschiebung erleiden, bei letzterer kommt dagegen die Reibung in Frage, welche die in entgegengesetzter Richtung an einander vorbei-
bewegten Ionen, also die Theile der Salzmolekule zu uberwinden haben
Dass beide Arten der Reibung sich nicht in gleicher Weise mit der Temperatur zu andern brauchen, ist unschwer einzusehen "

In dem folgenden Jahre theilte KOHLRAUSCH[1] eine weitere Reihe von
Messungen der elektrischen Leitfahigkeit mit, welche insbesondere eine Anzahl
verschiedener Sauren behandeln In der Einleitung finden sich einige ent-
schuldigende Bemerkungen daruber, dass er so viel Muhe auf die Messung
dieser Grossen verwendet habe, von denen sich kein entsprechender Nutzen
absehen lasse „Aber wenn man zunachst nicht weiss, an welcher Seite eine
Erscheinung Gesetzmassigkeiten zeigen wird, so bleibt kaum ein anderer
Weg, als sie vollstandig zu untersuchen "

In der Erorterung seiner Ergebnisse beschaftigt sich KOHLRAUSCH zunachst
wieder ziemlich ausfuhrlich mit den Erscheinungen des Maximums der (specifischen) Leitfahigkeit, aus welcher Ergebnisse von Belang indessen bisher
nicht erlangt worden sind Die Rechnungen werden wieder auf Procentgehalte der untersuchten Losungen gefuhrt, und es wird ahnlich, wie bei
den Chloriden (S 912) schliesslich aus einer Interpolationsformel die specifische
Leitfahigkeit bei unendlicher Verdunnung berechnet Aus diesen Zahlen

erhält dann KOHLRAUSCH durch Multiplication mit den Äquivalentgewichten das „specifische Leitungsvermögen nach Äquivalenten" Die Zahlen sind HCl = 0,0323, HBr = 0,0310, HJ = 0,0319, HNO³ = 0,0336, ½H²SO⁴ = 0,0203, ½(H²C²O⁴) = 0,075, ⅓(H³PO⁴) = 0,0021 „Man bemerkt, dass diese Grösse für die vier einbasischen Säuren nahezu gleich ist, dagegen für die mehrbasischen beträchtlich kleiner" Über diese letzteren Zahlen ist zu bemerken, dass sie aus viel zu concentrirten Lösungen abgeleitet sind und nicht die angenommene Bedeutung haben Schwefelsäure, Oxalsäure und Phosphorsäure ändern sämmtlich auch noch bei hohen Verdünnungen ihre Leitfähigkeit in so hohem Maasse, dass die benutzte Interpolationsformel ganz unrichtige Resultate giebt [1]

„Rechnet man den Gehalt der vier genannten einbasischen Säuren in Moleculzahlen in gleichem Volumen um, so kommt man auf das merkwürdige Resultat, dass wässerige Lösungen von HNO³, HCl, HBr und HJ (die letzteren beiden zunächst innerhalb der untersuchten Grenzen) bei gleicher Moleculzahl in der Volumeinheit ein nahe gleiches Leitungsvermögen haben Auf die Bedeutung dieser Thatsache für eine Mechanik der Elektrolyse werde ich im Zusammenhange mit anderen Beobachtungen zurückkommen [2] Einstweilen lässt sich, unter Zuhülfenahme nur des FARADAY'schen Gesetzes, der obige Satz auch so aussprechen In wässerigen Lösungen von gleicher Moleculzahl HNO³, HCl (HBr oder HJ) werden die Bestandtheile durch gleich grosse Scheidungskräfte mit nahe gleicher wechselseitiger Geschwindigkeit an einander vorbeibewegt"

Eine weitere wichtige Erörterung widmet KOHLRAUSCH dem Verhältniss zwischen elektrischer Leitfähigkeit und chemischer Zusammensetzung

„Im § 8 wurde nachgewiesen, dass in dem Leitungsvermögen der wässerigen Schwefelsäure für das Mischungsverhältniss, in welchem die beiden Körper zu der chemischen Verbindung H²O + H²SO⁴ zusammentreten, ein Minimum vorhanden ist

„Ferner hat sich gezeigt, dass das äusserst geringe Leitungsvermögen der gesättigten H²SO⁴ verbessert wird durch Zusatz sowohl von Wasser, wie von Schwefelsäureanhydrid

„Ich glaube, dass diese beiden Thatsachen auf denselben Grund zurückkommen, wie die dritte, dass zwei Nichtleiter, nämlich Wasser und Essigsäure mit einander gemischt einen Leiter geben

„Nach dem unerwarteten Auffinden des erstgenannten Minimums der Schwefelsäure habe ich die anderen beiden Erscheinungen erwartet, und da diese Ansicht sich bestätigt hat, so will ich die Erwägungen, welche sich mir hier aufdrängten, kurz mittheilen

---

[1] Der Missgriff wäre nicht begangen worden, wenn die äquivalente Leitfähigkeit an den unmittelbar erhaltenen Beobachtungszahlen für die verschiedenen Verdünnungen berechnet worden wäre, anstatt an dem Ergebniss der Extrapolation der specifischen Leitfähigkeiten Bei den ersteren Zahlen tritt das Gesetz der Zunahme mit der Verdünnung viel deutlicher hervor

[2] Nachr v d K Ges der Wiss z Göttingen, 1876, 213

„Wir kennen nicht eine einzige Flüssigkeit, welche in gewöhnlicher Temperatur für sich ein gut leitender Elektrolyt wäre. Als Beispiele nicht leitender einfacher Verbindungen mögen Wasser, schweflige Säure, Kohlensäure, Essigsäure, geschmolzene Borsäure, Chromsäure, wasserfreie Schwefelsäure, Chromoxychlorid, Schwefelkohlenstoff, Chlorschwefel, Chlorzinn dienen. An Alkohol, Äther, fette und ätherische Öle brauche ich kaum zu erinnern.

„In gewöhnlicher Temperatur kann man nur wenige in wässeriger Lösung gut leitende Körper bis zu vollständiger Concentration verfolgen. Aber von denjenigen, die man wenigstens bis zu bedeutender Concentration verfolgen kann, weiss man, dass sie ein Maximum des Leitungsvermögens für ein bestimmtes Mischungsverhältniss mit Wasser besitzen, von wo ab eine weitere Verstärkung der Lösung die Leitung verringert.

„Dabei neigt sich der Gang der Curven überall schliesslich für den Punkt vollkommener Sättigung dem Nullpunkt zu. Ich vermuthe, dass flüssiges HCl und HNO^3 ein sehr geringes Leitungsvermögen besitzen, ja vielleicht Nichtleiter sind. An der bis 87 Proc. verfolgten wässerigen Lösung der Phosphorsäure ist die Endrichtung der Curve nach dem Nullpunkte zu auffallend. Ähnliches findet man bei dem leichtlöslichen essigsauren Kali. Ätznatron-Lösung hat in der stärksten von mir untersuchten Lösung nur etwa den vierten Theil ihres Maximal-Leitungsvermögens, noch weiter verhältnissmässig geht das wässerige Ammoniak herunter. Auch bei Chlormagnesium kommt man in gesättigter Lösung bereits auf die Hälfte des Maximums.

„Wenn man hiernach nur Gemische mehrerer Flüssigkeiten kennt, welche (in gewöhnlicher Temperatur) gut leiten, so liegt die Vermuthung nahe, dass die Elektrolyte erst durch die Vermischung gut leitend werden. (Hieraus würde sofort folgen, dass im Allgemeinen bei bestimmten Lösungsverhältnissen Maxima des Leitungsvermögens eintreten müssen). Eine Ursache für den günstigen Einfluss des Lösungsmittels ergiebt sich leicht durch folgende Erwägungen.

„Die Moleküle werden durch die elektrischen Kräfte zerrissen. Man sagt nun zwar,[1] und natürlich mit vollem Recht, dass die zu dieser Zerreissung verbrauchte Arbeit wieder gewonnen wird, sobald zwei wandernde Theilmoleküle zusammentreffen und ein neues Gesammtmolekül bilden. Aber dieser Gewinnst ist doch wohl nicht so zu verstehen, dass das neu gebildete Molekül um den vollen Betrag der auf die frühere Trennung verwendeten Arbeit leichter elektrolytisch zerreissbar wäre. Die Wirkung der vorher auf die Ionen verwandten Stromarbeit wird sich dann äussern, dass das neu gebildete Molekül mit grösserer lebendiger Kraft seiner inneren Bewegung versehen ist, mit anderen Worten, dass es eine höhere Temperatur besitzt, als die vorher getrennten Moleküle. Freilich ist es schon hierdurch leichter

[1] Vgl. B. Hittorf, Pogg. Ann. 103, 52 1858, Quincke, ebenda 144, 6 1871, Wüllner Gedankismus (2. I, 631.

zerreissbar geworden, wie wir aus der Lockerung des chemischen Zusammenhanges durch die Wärme wissen, und auch aus der Zunahme des elektrischen Leitungsvermögens mit der Temperatur vermuthen können. Allein
dies kommt hier gar nicht in Betracht.

„Denn wenn wir Leitungsvermögen messen, so thun wir dies bei einer
bestimmten Temperatur und entziehen zu diesem Zwecke beständig die
durch den Strom gebildete Wärme, d. h. die eben genannte Lockerung des
chemischen Zusammenhanges, ehe wir weiter elektrolysiren. Oder auch,
indem wir die Entziehung nicht momentan und vollständig ausführen können,
so sagen wir, der Elektrolyt ist, weil er durch den Strom erwärmt
worden ist, besser leitend geworden, und müssen diesen Einfluss aus dem
Resultat eliminiren.

„Also es wird, ohne dass die Theilchen der Moleküle dauernd in Freiheit gesetzt werden (welche Wirkung nicht zum Leitungswiderstand, sondern
zur Polarisation der Elektroden gehört), bei der Trennung und Wiedervereinigung auch eine gewisse Menge elektrischer Arbeit in Wärme verwandelt,
welche Menge mit der chemischen Verwandtschaft zusammenhängt, und die
altere, fast verlassene Anschauung des Leitungswiderstandes als einer Äusserung der chemischen Kräfte[1] scheint doch nicht immer ganz grundlos gewesen zu sein. Freilich darf sie nicht allgemein angewandt werden, und
am wenigsten darf man den Leitungswiderstand einfach mit dem chemischen
Zusammenhang der Moleküle gleich setzen.

„Ist das Vorige richtig, so müssen wir also, wenn wir eine gute Leitung
haben wollen, die wandernden Bestandtheile vor dem häufigen Zusammentreffen schützen, und diesen Dienst verrichtet eben das Lösungsmittel, welches
den Ionen die Möglichkeit giebt, einen Theil ihres Weges — und zwar einen
um so grösseren Bruchtheil, je mehr Lösungsmittel vorhanden ist — ohne
Neubildung von Molekülen zurückzulegen.

„Es ist, wie man sieht, der so beschriebene Vorgang nichts anderes,
als eine Umschreibung des kürzeren Ausdruckes, die Reibung der elektrolytisch wandernden Moleküle an einander ist grösser, als an den Theilen
einer fremden Flüssigkeit. Hieraus würde dann ohne weiteres folgen, dass
das Leitungsvermögen mit der Menge des gelösten Elektrolyten nicht proportional, sondern verzögert wächst, was bei allen mir bekannten Lösungen
der Fall ist."

Schliesslich weist KOHLRAUSCH auf die grosse Ähnlichkeit hin, welche
zwischen dem Gange des Widerstandes und der Erstarrungstemperatur der

---

[1] „In einer eben veröffentlichten Arbeit ZÖPPRITZ', Über die Beziehungen zwischen hydro-
dynamischen und elektrodynamischen Erscheinungen (Lepz. Ber. 1876. Febr. 12.) finde ich
seit langer Zeit zum ersten Male wieder, und zwar mit Hinweisung auf die von mir geäusserte
Meinung, dass chemische Verbindungen an sich immer schlecht leiten (München Sitzungsber.
1875. 304) die Behauptung ausgesprochen, dass der elektrische Leitungswiderstand mit der
Arbeit beim Zerreissen eines Moleküles zusammenhängt, jedoch ohne weitere Ausführung des
Gegenstandes."

Schwefelsäuren und Essigsäuren besteht „Einem hochgelegenen Erstarrungs-
punkt entspricht ohne Ausnahme ein hoher Widerstand   Die Schwefelsäure zeigt noch weitergehende Analogieen   Die Erstarrungstemperatur erreicht Maxima   für dieselben Mischungsverhältnisse, bei denen auch der
Widerstand Maxima zeigt   Auch das zweite Minimum der Erstarrungstemperatur, welches von PFAUNDLER und SCHNEGG auf den Gehalt 93,4 Procent
gelegt wird, fällt nicht weit von dem zweiten Minimum des Leitungswiderstandes   Die ersten Minima liegen weiter auseinander   Es ist von vornherein klar, wie die Neigung, fest zu werden, mit dem grösseren Reibungswiderstand der Bestandtheile bei ihrer elektrolytischen Wanderung in einem
inneren Zusammenhange stehen kann "

Diese Darlegungen sind interessant wegen der Schwierigkeiten, welche
sich sichtlich überall herausstellen, wo man die älteren Ansichten über den
festen Zusammenhang der Bestandtheile der Elektrolyte mit den Thatsachen
der elektrolytischen Leitung in Einklang zu bringen versucht

24 Die unabhängige Wanderung der Ionen   Den erheblichsten
theoretischen Fortschritt in der Auffassung der Erscheinungen der elektrischen
Leitfähigkeit machte FR KOHLRAUSCH in einer Arbeit, welche am 17 Mai
1876 der Göttinger Gesellschaft der Wissenschaften vorgelegt wude [1]

„Ich erlaube mir, als einen Nachtrag zu einer früheren Mittheilung einige
Bemerkungen zur Mechanik der Elektrolyse vorzulegen   In dem genannten
Aufsatze habe ich zusammen mit Hrn GROTRIAN nachgewiesen, dass wässerige verdünnte Lösungen der Chloride von den sämmtlichen Alkalien und
alkalischen Erden ein nicht sehr verschiedenes Leitungsvermögen besitzen,
wenn eine gleiche Anzahl von Aquivalenten gelöst wird.

„Hält man die noch bleibenden Unterschiede mit den Uberführungs-
zahlen der wandernden Bestandtheile zusammen, wie sie von WIEDEMANN,
WEISKE und vor allem von HITTORF in dessen klassischer Arbeit über die
„Wanderungen der Ionen während der Elektrolyse" festgestellt worden sind,
so bemerkt man alsbald einen offenbaren Zusammenhang zwischen den
beiden Grossen   Bei weiterer Verfolgung des Gegenstandes wird man dann
zu einer durch ihre Einfachheit ausgezeichneten Annahme über das Wesen
des elektrischen Leitungswiderstandes verdünnter Lösungen gefuhrt, welche
ich hier an früheren, sowie an einigen seitdem von mir beobachteten Beispielen entwickeln will

„Dem reinen Wasser kommt ein merkliches Leitungsvermögen nicht zu,
und deswegen ist es am natürlichsten, die Stromleitung in der wässerigen
Lösung eines Körpers so anzusehen, dass nicht das Wasser, sondern die
gelösten Theile den Strom leiten   Diese Auffassung dürften jetzt die meisten
Physiker theilen   Hiernach dient das Wasser nur als das Mittel, in welchem
die elektrischen Verschiebungen vor sich gehen, und elektrischer Leitungs-

widerstand der Lösung würde der Reibungswiderstand sein, welchen die wandernden Elemente des Salzes u s w an den Theilchen des Wassers und auch aneinander finden

„Ist nun die Lösung sehr verdünnt, so wird diese Reibung vorwiegend an den Wassertheilchen stattfinden   Darnach wird man weiter zu schliessen versucht sein — und dies ist ein Schluss, der meines Wissens bisher noch nicht gezogen worden ist — dass jedem elektrochemischen Elemente z B dem Wasserstoff, Chlor oder auch einem Radicale, wie NO^3, als solchem ein bestimmter Widerstand in verdünnter wässeriger Lösung zukommt, gleichviel, aus welcher Verbindung es elektrolysirt wird   Da wir aber von dem Wesen einer Lösung wenig wissen, so ist klar, dass eine solche Annahme nur durch erfahrungsmässige Belege eine Berechtigung gewinnt

„Ich denke nun für eine grosse Gruppe von Körpern, nämlich für sämmtliche auf ihr Leitungsvermögen untersuchten einbasischen Säuren und ihre Salze den Nachweis führen zu können, dass die Thatsachen dem obigen Satze sehr nahe entsprechen

„Stellen wir uns zu diesem Zwecke verdünnte Lösungen vor, welche in gleichem Raume eine gleiche Anzahl elektrolytischer Moleküle enthalten   Ich werde solche Lösungen als elektrochemisch gleichwerthig bezeichnen   Als elektrolytisches Molekül wird selbstverständlich nicht immer das von der Chemie jetzt angenommene Molekül angesehen, sondern derjenige Bruchtheil des letzteren, der durch die gleiche Strommenge zersetzt wird, wie ein Molekül aus zwei chemisch einwerthigen Bestandtheilen

„Jede Lösung bilde eine Säule von dem Querschnitt Eins, und werde von der elektrischen Scheidungskraft (dem Potential-Gefälle) Eins angegriffen Wenn alsdann die Ionen die entgegengesetzten Geschwindigkeiten u_0 und u besitzen, so ist nach dem Faraday'schen Gesetze, nach welchem jeder wandernde Molekül-Theil eine von seiner Natur unabhängige Elektricitätsmenge mit sich führt, die Stromstärke proportional mit $u_0 + u$ (und mit der Anzahl der in der Längeneinheit der Säule enthaltenen Moleküle, welche ja aber in allen Lösungen gleich sein soll)

„Andererseits ist bekanntlich die Stromstärke im Querschnitt Eins bei der elektrischen Spannungskraft Eins nichts anderes, als was man das Leitungsvermögen l der Lösung nennt, welches demnach mit $u_0 + u$ proportional sein muss

„Das Verhältniss der Geschwindigkeiten u_0 und u ist von Hittorf für eine grosse Anzahl von Verbindungen bestimmt worden   Wir nennen mit Hittorf $n = \dfrac{u_0}{(u_0 + u)}$ die Überführungszahl des Bestandtheiles, welcher die Geschwindigkeit u_0 besitzt

„Es seien nun zwei elektrochemisch gleichwerthige Lösungen zweier Verbindungen I und II gegeben, welche einen gemeinsamen Bestandtheil haben, z B denjenigen, welchem die Geschwindigkeit u zukommt, während der andere Bestandtheil bez u' und u'' haben möge   Die Leitungsvermögen der Lösungen mögen bez. l' und l'' heissen. Dann wird nach Obigem

$$\frac{l'}{l''} = \frac{n_0 + u'}{n_0 + u''} = \frac{\left(\dfrac{n_0}{n_0 + u''}\right)}{\left(\dfrac{n_0}{n_0 + u'}\right)} = \frac{n''}{n'}$$

„Unsere Hypothese verlangt also, dass die Leitungsvermögen elektrochemisch gleichwerthiger Lösungen zweier Elektrolyte, welche einen Bestandtheil gemeinsam haben, sich umgekehrt verhalten, wie die Überführungszahlen des gleichen Bestandtheiles,

oder auch, dass das Product aus dem Leitungsvermögen der Lösung und der Überführungszahl des gemeinsamen Bestandtheiles auf beiden Seiten gleich sei.

„Diese Folgerung bestätigt sich nun an der folgenden Zusammenstellung sämmtlichen mir vorliegenden Materiales aus Elektrolyten mit einbasischen Sauren.

	l_1	n_1		l_2	n_2	$\dfrac{l_1}{l_2}$	$\dfrac{n_2}{n_1}$
KCl	977	0,510	NaCl	807	0,63	1,21	1,23
			NH⁴Cl	949	0,51	1,03	1,00
			Ca½Cl	742	0,68	1,32	1,33
			Mg½Cl	712	0,69	1,37	1,35
			Ba½Cl	800	0,62	1,22	1,22
			Sr½Cl	777	0,65	1,26	1,27
			HCl	3230	0,161	0,302	0,316
KNO³	927	0,459	AgNO³	810	0,53	1,14	1,07
			HNO³	3360	0,142	0,275	0,287
KBr	1044	0,514	HBr	3100	0,178	0,329	0,346
KJ	1048	0,50	HJ	3100	0,258	0,328	0,516
NaCl	977	0,410	KBr	1044	0,468	0,94	0,99
			KJ	1048	0,50	0,93	1,02
			KNO³	927	0,505	1,05	1,03
			KClO³	843	0,55	1,16	1,12
			KAc	699	0,676	1,40	1,38

„In der ganzen Zusammenstellung findet sich nur eine bedeutende Differenz zwischen den Verhältnissen von n und l, nämlich bei HJ. Gerade hier ist aber schon aus dem Gange der Überführungszahlen, welche Hittorf angiebt, wahrscheinlich, dass n für Jod zu gross gefunden worden ist. Da nur eine Beobachtung zu Grunde liegt, und da bei den Sauren nicht, wie bei den Salzen, Gegenversuche an beiden Elektroden angestellt werden können, so ist ein solcher Irrthum leicht möglich.

„Die Annahme von der unabhängigen Beweglichkeit der Ionen lässt sich zweitens durch die Überführungszahlen allein prüfen, und hierdurch auch an Körpern, deren Leitungsfähigkeit noch nicht bekannt ist, bestätigen oder widerlegen. Man sieht nämlich leicht ein, dass zwischen den Überführungszahlen der vier Verbindungen, welche aus zwei Paaren elektrochemischer Atome $A.A'$ und $B.B'$ gebildet werden können, die folgende

Beziehung bestehen muss Es mögen zu den Elektrolyten AB, AB', $A'B$, $A'B$ die Überführungszahlen $m_1 n_1$, $m_2 n_2$, $m_3 n_3$, $m_4 n_4$ gehören, wo m immer zu A, n zu B gehört und natürlich stets $m + n = 1$ ist

„Dann verlangt unsere Annahme offenbar, dass

$$\frac{m_1 m_3}{n_1 n_3} = \frac{m_2 m_4}{n_2 n_4}$$

„In den folgenden sechs Beispielen aus HITTORI'S Bestimmungen, mit Zuziehung der Zahlen für HNO^3 nach WIEDEMANN, dürften die Abweichungen von der verlangten Beziehung kaum mehr betragen, als die Unsicherheit der Beobachtung erwarten lasst

A	A'	B	B'	n	n	n	n	$\dfrac{m_1 m_3}{n_1 n_3}$	$\dfrac{m_2 m_4}{n_2 n_4}$
K	Na	Cl	NO^3	0 51	0.495	0 63	0 614	0 60	0 66
Na	Ba	Cl	NO^3	0 63	0 614	0 610	0 61	0 38	0 59
H	Ca	Cl	NO^3	0 161	0.142	0 68	0 62	3 18	2 84
K	Na	Cl	J	0 51	0.50	0 63	0 62	0 59	0 59
K	Na	Cl	Ac	0 51	0 324	0 63	0 443	1 21	1 23
K	Ag	Cl	NO^3	0 324	0.495	0.627	0 620	1 88	1 72

„Ich bin nach diesen beiden an der Erfahrung geprüften Folgerungen der Ansicht, dass der hier aufgestellte Satz eine grosse Wahrscheinlichkeit besitzt, das heisst, dass wir von der Beweglichkeit eines elektrolytischen Bestandtheiles im Wasser sprechen dürfen Hiernach stelle ich einstweilen folgende Zahlen für diese Beweglichkeiten auf, die des Wasserstoffs gleich Eins gesetzt

H	Br	Cl	J	K	NH	NO^3	Ag	ClO^3	Ba	Na	Ca	Sr	Mg	Ac
1,00	0,19	0,19	0,18	0 18	0,17	0 15	0,15	0,15	0,12	0,11	0,10	0 10	0,09	0 09

„Die Beweglichkeit des Wasserstoffs übertrifft also die der anderen Elemente um das 5- bis 8-fache, und es lässt sich wohl mit Sicherheit behaupten, dass das gute Leitvermogen der Säuren eben daher rührt, dass der Wasserstoff ihr einer wandernder Bestandtheil ist Vielleicht trifft diese Bemerkung auch die gute Leitung in den gelösten Atzalkalien [1]

„Die obigen Zahlen geben nun auch die Möglichkeit, das Leitungsvermogen einer verdünnten Losung eines Elektrolyts zu berechnen, dessen Bestandtheile die Beweglichkeiten u und u' besitzen Enthalt ein Gewichtstheil der Losung p Gewichtstheile des Elektrolyts, bedeutet A sein elektrochemisches Moleculargewicht, so ist das auf Quecksilber bezogene Leitungsvermogen dieser Losung nahezu gegeben durch

$$k = 0{,}027 \frac{(u + u')p}{A}$$

Der Faktor von p stellt also das specifische Leitungsvermogen vor

„Endlich lässt sich noch, ähnlich, wie das von W WEBER und R KOHLRAUSCH zuerst für das Wasser gezeigt worden ist, freilich unter anderen

---

[1] Die letzte Vermuthung hat sich in dieser Gestalt nicht als richtig erwiesen die gute Leitung der Atzalkalien rührt daher, dass das in ihnen enthaltene Hydroxyl OH ein schnell wanderndes Ion, nächst dem Wasserstoff das schnellste ist

elektrolytischen Voraussetzungen, welche den unserigen nicht entsprechen, die treibende Kraft, welche zu einer bestimmten Geschwindigkeit eines der obigen Bestandtheile gehört, in mechanischem Maasse ausdrücken Durch Einführung des absoluten Widerstandes des Quecksilbers und des elektrochemischen Aquivalents erhält man z B. für Wasserstoff die Geschwindigkeit 2,9 mm/10^{12} sec als diejenige, welche zu der elektrischen Scheidungskraft Eins in absolutem magnetischen Maasse gehört (Millimeter, Milligramm und Sekunde als Grundeinheiten) Hieraus folgt, dass, wenn auf eine Säule von verdünnter HCl (oder HBr, HNO^3 u s w) von a mm Länge eine elektromotorische Kraft von a Daniell wirkt, der Wasserstoff mit einer Geschwindigkeit von 0,33 mm/sec verschoben wird Durch Multiplication dieser Zahlen mit n entsteht die Geschwindigkeit eines anderen Ions unter gleichen Verhältnissen

„Rechnet man die elektromotorische Kraft in mechanische Maasse um, indem man annimmt, dass der Wasserstoff durch die Kraft bewegt wird, welche auf die mit ihm wandernde Elektricitätsmenge von der elektromotorischen Kraft ausgeübt wird, so findet sich, dass um den Wasserstoff mit einer Geschwindigkeit von 1 mm/sec elektrolytisch durch Wasser hindurch zu pressen, auf jedes Milligramm Wasserstoff eine Kraft gleich dem Gewichte von 33000 kg wirken muss [1] Dividirt man mit dem Product aus dem elektrochemischen Molekulargewicht und der Zahl n eines anderen Bestandtheiles in 33000, so erhält man die für diesen geltende Zahl

„Wie weit die hier entwickelten Gesetze sich verallgemeinern lassen, oder auf gewisse Gruppen von Stoffen beschränkt bleiben, wie weit sie ferner genau, oder nur angenähert gelten, dies kann nur durch weitere Experimentaluntersuchungen entschieden werden Jedenfalls muss ich hier schon erwähnen, dass von den auf ihr Leitungsvermögen untersuchten Körpern einer ganz ausserhalb der obigen Beziehungen steht, nämlich die Essigsäure, sobald man nach Analogie mit den essigsauren Salzen annimmt, dass Wasserstoff das eine Ion bildet Danach müsste nämlich die Essigsäure ein sehr guter Leiter sein, während sie in Wirklichkeit auch in wasseriger Lösung unter den hier angeführten Körpern nicht einmal den schlechtest leitenden nahe kommt Es dürfte aus diesem ganz abnormen Verhalten zu folgern sein, dass bei der Essigsäure andere Bedingungen vorliegen, als bei den anderen Säuren oder auch bei den essigsauren Salzen, sei es in Betreff der chemischen Constitution oder der Art ihrer Lösung in Wasser Es liegt, wenn auch nicht zu den Beispielen dieser Mittheilung gehörig, ein ganz ähnlicher Fall in der wasserigen Ammoniaklösung vor Da nämlich einerseits die Ammoniaksalze vorzüglich gut leiten, und andererseits die Ätzalkalien Kali und Natron weit besser, als ihre Salze, so erwartete ich, dass ganz besonders gut das wasserige Ammoniak leiten würde Aber statt dessen

---

[1] Diese Zahlen beruhen lediglich auf den Leitungswiderständen haben also nichts mit der Überwindung der chemischen Affinitätskräfte zu thun, welche sich in der Polarisation der Elektroden aussprechen "

verhält sich diese Substanz wie die Essigsäure als ein so schlechter Leiter,
dass sie offenbar einer ganz anderen Gattung von Körpern angehört   Diese
Thatsache giebt der Meinung einiger Chemiker, dass dass wässrige Ammoniak keine den Ätzalkalien ähnliche Verbindung NH^4OH enthalte, sondern
dass sie eine blosse Auflösung von NH^3 sei, eine Stütze [1]

„Die weitere Behandlung derartiger Fälle spare ich mir auf, sowie ich
über die von mir beobachteten mehrbasischen Säuren und ihre Salze einstweilen nur bemerke, dass ihr Leitungsvermögen, aus den obigen Überführungszahlen der Bestandtheile berechnet, zu gross ausfällt

„Zum Schluss möchte ich noch auf einen Vergleichspunkt zwischen
den Leitungsvermögen und den Überführungszahlen gelöster Elektrolyte hinweisen, auf welchen Hr HITTORF selbst mich freundlichst aufmerksam gemacht hat

„Die meisten untersuchten Elektrolyte weisen nämlich eine mit steigender Concentration abnehmende Überführungszahl des Kation auf   Einige
bewahren aber auch in starker Lösung nahe dasselbe Verhältniss der Überführung, wie in verdünnter   Es sind dies mehr oder weniger die Kalisalze
und demnächst das einzige untersuchte Ammoniaksalz, das Chlorammonium

„Nun zeigt auch das Leitungsvermögen der letztgenannten Körper eine
ähnliche Übereinstimmung und einen Gegensatz gegen die übrigen   Bei
den meisten Elektrolyten nimmt das Verhältniss des Leitungsvermögens zum
Procentgehalt der Lösung stetig und beträchtlich ab, häufig ja so stark, dass
die bekannte Erscheinung des Maximums auftritt   Gerade bei den Kali- und
Ammoniaksalzen aber ist dies Verhältniss viel constanter

„Aus diesem, wie gesagt, von Hrn HITTORF bemerkten Zusammenhange
wurde das interessante Resultat sich ergeben, dass die Bewegungshindernisse,
welche in dichterer Lösung auftreten, im Allgemeinen mehr das Kation, als
das Anion treffen   Doch füge ich gleich hinzu, dass auch dem letzteren
eine verminderte Beweglichkeit zugeschrieben werden muss, um die beobachteten Leitungsvermögen starkerer Lösungen zu erklären"

Die vorstehenden Darlegungen sind für die Kenntniss der elektrolytischen
Leitfähigkeit von grösster Bedeutung geworden, denn die Zukunft hat gezeigt,
dass die hier versuchte Betrachtungsweise sich allgemein durchführen lässt
und somit eine sachgemässe Darstellung der thatsächlichen Verhältnisse ermöglicht   Gleichzeitig hat der Gedanke von der unabhängigen Wanderung
der Ionen in wirksamster Weise den Gedanken von der unabhängigen
Existenz der Ionen schon vor der Elektrolyse vorbereitet   Die hier ausgebildete Anschauung verlangt, dass z B das Kaliumion des Chlorkaliums
den grössten Theil seines Weges (einen um so grösseren, je verdünnter die
Lösung ist) in unverbundenem Zustande zurücklegt, bis es wieder auf ein
Chlorion trifft, und das thatsächlich vorhandene Gesetz, dass die Bewegungen

---

[1] Alle diese Widersprüche haben durch die Theorie der elektrolytischen Dissociation Aufklärung erfahren, worüber weiter unten Auskunft gegeben werden wird

des einen Ions durch die Natur des anderen nicht messbar bestimmt werden,
beweist, dass die Zeit, während welcher die Bewegungen des einen Ions von
dem entgegengesetzten beeinflusst sind, verschwindend klein gegen die Zeit
ist, während welcher solche Einflüsse nicht stattfinden. Von dieser Erkenntniss bis zu der, dass die Ionen thatsächlich frei sind, auch wenn keine elektrolytische Bewegung an ihnen stattfindet, ist nur ein kleiner Schritt, allerdings ist dieser erst später gemacht worden.

KOHLRAUSCH's Theorie von der unabhängigen Wanderung der Ionen
bildet in der Lehre von der elektrolytischen Leitfähigkeit den Übergang
von den älteren Anschauungen und Kenntnissen zu den neueren. Wie in
allen anderen Gebieten der Elektrochemie hat auch in diesem die alsbald
zu erörternde Theorie der freien Ionen von ARRHENIUS entscheidend gewirkt,
indem sie das Vorhandene zusammenfasste und eine Fülle neuer Aussichten
eröffnete. Dadurch ist das Verständniss der weiteren Entwickelung des Gebietes von der Kenntniss dieser Theorie abhängig und sie kann nur im Anschluss an diese dargestellt werden.

An dieser Stelle soll daher nur noch über die technische Ausgestaltung
der Methode der Leitfähigkeitsbestimmungen einiges bemerkt werden. In
ihrer älteren Gestalt war sie von der Benutzung des Sinusinductors (S. 910)
und des Elektrodynamometers, zweier Apparate, die nicht überall vorhanden
sind, abhängig. In einer 1879 veröffentlichten ausführlichen Arbeit von
FR. KOHLRAUSCH[1] wurde zunächst der Sinusinductor durch den gewöhnlichen
Inductionsapparat ersetzt. Dieser liefert zwar Wechselströme, die an Elektricitätsmenge gleich sind, im Verlauf der Stromstärke sind aber die Öffnungs-
ströme von den Schliessungsströmen sehr verschieden, und es war von
vornherein nicht abzusehen, ob nicht diese Verschiedenheit einen Fehler
in den Messungen bedingen würde. Vergleichende Versuche nach verschiedenen Methoden ergaben indessen, dass solche Fehler nicht auftraten, dadurch war, da ein Inductionsapparat in jedem Laboratorium zu finden ist,
eine bedeutende Erleichterung des Verfahrens erreicht.

Die in der Anwendung des Telephons an Stelle des Dynamometers
liegende noch erheblichere Vereinfachung beschrieb KOHLRAUSCH 1880[2]

25. Schluss. Gleichzeitig einen Rück- wie einen Vorblick enthält eine
1878 geschriebene Arbeit HITTORF's, und wir können unser Kapitel nicht
angemessener schliessen, als durch die Wiedergabe seiner Erörterungen.
HITTORF hatte[3] noch einmal Gelegenheit genommen, seine allgemeinen Anschauungen zu erörtern, nachdem sein Satz „Elektrolyte sind Salze" von
BRÜCKNER bei Gelegenheit von Untersuchungen über die Leitfähigkeit verschiedener organischer Verbindungen angegriffen worden war. Er beginnt
mit seiner lesenswerthen Darlegung der geschichtlichen Entwickelung der

[1] WIED. Ann. 6, 1 1879
[2] Verh. d. phys. u. med. Ges. zu Würzburg, 21. Febr. 1880, auch WIED. Ann. 11, 653, 1880
[3] WIED. Ann. 4, 374, 1878

Ansichten über die Elektrolyse, bei der Schilderung des Gegensatzes zwischen BERZELIUS und FARADAY bemerkt er „BERZELIUS war, indem er sowohl das elektrolytische Gesetz, wie die übrigen Resultate FARADAY's verwarf, ganz consequent, denn beide stehen im vollen Widerspruch mit der Auffassung, welche am Ende des vorigen Jahrhunderts über das Wesen der chemischen Verbindung durch die Erfolge des NEWTON'schen Gesetzes in der Astronomie und durch den Einfluss von LAPLACE auf LAVOISIER und BERTHOLLET sich gebildet hatte, und welche von dem schwedischen Forscher ohne prinzipielle Änderung seinem Systeme zu Grunde gelegt worden war. Wie contrastiren mit der Thatsache, dass bei der Elektrolyse einer verdünnten Chlorkaliumlösung nur das Salz, dagegen kein Wasser zersetzt wird, die theoretischen Vorstellungen von BERZELIUS und die noch immer herrschenden Ideen der Chemie! ClK und SO^4K sind Verbindungen, deren Bestandtheile bezüglich der Grösse der sogenannten Verwandtschaft, mit welcher sie an einander gebunden sein sollen, von keiner anderen übertroffen werden. Und dennoch sucht sich dieselben der elektrische Strom für seine Fortpflanzung aus, wenn sie nur in winzigen Mengen neben grossen Quantitäten von Wasser vorkommen. Er muss sie zu dem Ende in ihre Bestandtheile Cl und K oder SO^4 und K zerlegen und diese Ionen zwischen den unverändert bleibenden Molekülen Wasser bewegen. Ihre relativen Geschwindigkeiten erscheinen unabhängig von der Zahl der Wassermoleküle, zwischen denen sie gesondert vorbeigehen. Und doch zersetzt das Kalium, welches hier als Ion so indifferent gegen die Moleküle des Wassers sich verhält, wenn es den freien Zustand angenommen hat, das Wasser sogleich auf das energischste und scheidet Wasserstoff ab.

„Noch wunderbarer wird uns das Schauspiel, wenn wir beachten, dass wir für die Spaltung dieser Salze keineswegs, wie man oft noch irrthümlich annimmt, jener grossen Zahl galvanischer Elemente, mit welchen H DAVY zuerst die Alkalimetalle darstellte, bedürfen. Das schwächste Thermoelement bewirkt proportional der Stärke und der Dauer seines Stromes jene Spaltung und Überführung, sobald wir nur Sorge tragen, dass ein Strom überhaupt zu Stande kommen kann, dass er die Ionen Cl und K oder SO^4 und K nicht in den freien Zustand zu versetzen braucht. Dies bewirken wir aber leicht, wenn wir die Lösungen der Kaliumsalze z. B. zwischen Lösungen von ZnSO, in denen amalgamirte Zinkplatten als Elektroden dienen, einschalten.

„Die elektrolytischen Thatsachen, welche ich festgestellt habe, lehren unzweideutig, dass die Wärmeentwickelung bei der Verbindung, und der Zusammenhalt der Bestandtheile in der Verbindung nicht in der Abhängigkeit von Ursach und Wirkung stehen. Die von fast allen Chemikern noch immer festgehaltene Auffassung, dass, je grösser jene ist, desto stärker dieser erscheint, befindet sich in vollem Widerspruch mit dem Vorgange der Elektrolyse. Hier zeigen sich die beiden Momente gesondert und ohne Abhängigkeit von einander. Als elektromotorische Kraft erscheint die Wärmeentwickelung[1] und im Leitungswiderstande der flüssigen Verbindung offenbart sich die Beweglichkeit der Bestandtheile

„Zu den vortrefflich leitenden Elektrolyten gehören fast alle Kaliumverbindungen, welche gegenwärtig bekannt sind Dieselben enthalten diejenigen Ionen, welche bei der Vertauschung des freien Zustandes mit demjenigen, den sie in den Verbindungen haben, die stärkste Wärmeentwickelunglungen von allen Stoffen geben Infolge dessen vermag kein anderes Metall bei niedrigen Temperaturen das Kalium aus seinen Verbindungen in den freien Zustand zu versetzen, während umgekehrt das freie Kalium alle Metalle und die meisten anderen Stoffe aus ihren Verbindungen verdrängt

„Wenn bei der Elektrolyse von Kaliumsalzen die Ionen an den Elektroden frei werden, so entsteht daher die stärkste Polarisation, welche wir kennen Ist die elektromotorische Kraft desselben auch noch nicht bestimmt, sie wird gemäss der von Joule erkannten Abhängigkeit von der Grösse jener Wärmeentwickelung diejenige von vier Daniell'schen Elementen nicht viel übersteigen Um daher die Elektrolyse eines Elektrolyten auch unter den ungünstigsten Umständen, wenn beide Ionen frei werden, zu veranlassen, werden wir nirgend einer Kette bedürfen, deren elektromotorische Kraft die eben genannte zu übersteigen braucht Bleiben dagegen die Ionen des Elektrolyten in demjenigen Zustande, den sie in der Verbindung haben, so genügt zur Elektrolyse, wie bemerkt, das schwächste Thermoelement

„Diesen Thatsachen gegenüber vermochte ich den von manchen Forschern festgehaltenen Glauben, dass der chemische Process ein Anziehungsphänomen im Sinne des grossen Newton sei, und dass die bei demselben auftretende Wärme „die Quantität derjenigen lebendigen Kraft sei, welche aus einer bestimmten Quantität der chemischen Anziehungskräfte hervorgebracht werde" nicht zu bewahren Das Studium der Elektrolyse hat mich frühzeitig der Lehre Boscowich's[2] entfremdet, und den Ansichten Faraday's zugeführt

„Stahl mit seiner phlogistischen Theorie steht meinem Gefühle nach der Wahrheit viel näher, als Laplace, Lavoisier und Berthollet, sobald wir das Phlogiston nicht als Materie, sondern als lebendige Kraft deuten Die lebendige Kraft der intramolekularen Bewegung, welche Elemente wie Cl und K im unverbundenen Zustande besitzen, geht zum Theil denselben als Wärmebewegung bei dem so räthselhaften Vorgange, den wir chemische Verbindung nennen, verloren Dadurch haben aber diese Stoffe ganz andere Eigenschaften gewonnen Sie verhalten sich jetzt bei der Fortpflanzung des

---

[1] Dieser Satz drückt die Voraussetzung aus, dass Wärmeentwickelung und elektromotorische Kraft einander proportional seien, wie das früher ziemlich allgemein angenommen wurde Es wird später ausführlich gezeigt werden, dass dies nicht richtig ist, und dass die aus der Wärmetönung berechnete elektromotorische Kraft der wirklichen zwar oft ziemlich nahe kommt, aber im Allgemeinen nicht mit ihr übereinstimmt

[2] c Th Young, A course of Lectures on Natural Philosophy, new edition by Kelland (1871) p 474

elektrischen Stromes, wie sie sich in dem bekanntesten und gemeinsten aller
chemischen Vorgänge, bei dem Austausche gegen andere Salze in derselben
Lösung zeigen. Wenn dem Chlorkalium das essigsaure Silber begegnet, so
entzieht das schwache Ag dem starken K das starke Cl, das Kalium muss
sich mit dem schwachen Anion der Essigsäure begnügen. Die Wassermoleküle bleiben bei diesem Vorgange des Salzaustausches ebenso unbetheiligt,
wie bei demjenigen der Elektrolyse.

„Längst waren vorurtheilsfreie Chemiker, wie GAY-LUSSAC, WILLIAMSON,
zur Einsicht gekommen, dass dieser Austausch der Salze nicht als Wahlverwandtschaft gedeutet werden kann, sondern dass Salze diejenigen chemischen Verbindungen sind, welche ununterbrochen ihre Bestandtheile gegen
einander austauschen, und dadurch von den anderen Verbindungen, welche
zur Zersetzung noch besserer Bedingungen bedürfen, unterscheiden.

„Die Allotropieen, welche gegenwärtig schon für so viele unzerlegbare
Stoffe bekannt sind, machen es wahrscheinlich, dass die Wärme allein die
Veränderung in den Eigenschaften bedingt. Denn dieselbe Materie der
Kohle, des Phosphors u. a. m. zeigt in den isomerischen Zuständen, welche
sie unter Aufnahme oder Abgabe von Wärme annimmt, ebenso grosse
Unterschiede in den Eigenschaften, als sie sonst nur durch chemische Ver-
bindung mit anderen Substanzen gewinnt. Der elektrische Strom, welcher
an den Elektroden für jedes Ion diese ausserordentliche Metamorphose, diesen
grossartigen Zustandswechsel bewirkt, muss zum mächtigsten Hilfsmittel der
Forschung werden, wenn sie einst diesen Vorgang an den Elektroden seinem
Wesen nach besser wie heute ergründet hat, und infolge davon modificirend
in denselben eingreifen kann.

„Als das wichtigste Ergebniss meiner mühevollen und zeitraubenden
Analysen betrachte ich den Nachweis, dass die so räthselhafte potentielle
Energie in der Natur bei den unverbundenen chemischen Stoffen nicht in
der Arbeit von Anziehungskräften bestehen kann, wenn sie auch in Arbeits-
einheiten gemessen werden muss. Für die Entwickelung ist es unbedingt
nöthig, die Grenzen unseres sicheren Wissens überall bestimmt zu bezeichnen. Das offene Bekenntniss, dass wir das Wesen des chemischen
Processes nicht verstehen, dass wir mit den gegenwärtigen Hilfsmitteln nur
die Massen der Bestandtheile in den Verbindungen unverändert erkennen,
und über die Eigenschaften, welche sie behalten haben, nichts bestimmtes
anzugeben vermögen, ist dem Fortschritt förderlicher, als die Behauptung,
dass jeder Vorgang in der Natur dem Wesen nach ein Anziehungsphänomen
im Sinne NEWTON's sei. Heute, wo Mathematiker wie W. THOMSON, HELM-
HOLTZ, MAXWELL das Verdienst FARADAY's, welcher diesen Satz bekämpft und
das Jahrhundert daran erinnert hat, dass schon LEIBNITZ denselben als scho-
lastisch bezeichnete, offen anerkennen, darf meine vor 20 Jahren aus den
elektrolytischen Thatsachen gezogene Folgerung bei den Physikern und Chemikern keinen Anstoss mehr erregen."

Der nächste Punkt, welchen HITTORF nun erörtert, ist die Annahme

zweier elektrischer Flüssigkeiten, die er als unnatürlich und mit den elektrolytischen Erscheinungen nicht vereinbar verwirft „Vermag ich nicht, zwei
elektrische Fluida als Träger der Erscheinungen anzunehmen, so vermag
ich noch weniger, einem derselben oder dem Äther der Optik diese Rolle
zuzuerkennen An der Deutung der elektrolytischen Thatsachen, welche
materielle Träger haben, müssen alle solche Erklärungen unnatürlich werden
und scheitern

„Die Theorieen sind, ganz wie Prophezeiungen, stets der Summe von
Thatsachen angepasst, über welche man zur Zeit ihrer Aufstellung verfügte.
Dass sie von diesen Rechenschaft geben können, darf nicht als Beweis ihrer
Richtigkeit angeführt werden Wirkliche Bedeutung gewinnen sie erst, wenn
sie logische Folgerungen gestatten, welche den Kreis der Thatsachen erweitern Diese Probe hat die Theorie der elektrischen Fluida nicht bestanden Die vielen neuen fundamentalen Thatsachen, welche seit der Aufstellung der herrschenden Theorie das elektrische Gebiet so ausserordentlich erweiterten, dasselbe mit fast allen Zweigen der exacten Forschung
verknüpften und ihm universelle Bedeutung ertheilt haben, sind empirisch
gefunden worden Der grösste Entdecker aller Zeiten, er, der die Grenzen
des elektrischen Wissens so ausserordentlich erweiterte, den also die
Natur mit dem feinsten Gefühl für die Wahrheit auf diesem Gebiete aus-
stattete, Faraday, wurde der entschiedenste Gegner jener scholastischen
Annahmen

„Wäre die Oberfläche unserer Erde stets mit Wasserdampfen gesättigt,
so würde die Entwickelung der elektrischen Wissenschaft einen anderen
Gang genommen haben Vor den Erscheinungen der sogenannten statischen
Elektricität wäre man auf die Thatsachen der Elektrolyse aufmerksam geworden Man würde nämlich beachtet haben, wie der Wasserstoff, das
Kupfer, Silber etc, welche ein Zinkstückchen beim Eintauchen in die bezüglichen Salzlösungen reducirt, an der Oberfläche eines an sich indifferenten
Metalls, wenn dieses irgendwo das Zink berührt, erscheinen, und wäre so
dem elektrischen Strome zuerst begegnet Niemand würde es dann eingefallen sein, bei der Formulirung der elektrolytischen Erscheinungen neben
den chemischen Stoffen noch zwei Fluida als Träger aufzustellen Den Thatsachen der sogenannten statischen Elektricität wäre keine andere Deutung
geworden, als diejenige, welche Faraday zuerst in der elften Reihe seiner
Experimentaluntersuchungen niedergelegt hat.

„Die Annalen von Poggendorff enthalten die Kämpfe, welche ich für
die Vertheidigung der Ergebnisse meiner elektrochemischen Untersuchungen
führen musste Magnus trat für die Auffassung seines Lehrers Berzelius ein
und bemerkte nicht den vollen Widerspruch, in welchem die von mir gefundenen, so leicht zu controlirenden Thatsachen mit derselben standen.
Berr, welcher damals die Aufgabe übernommen hatte, die Resultate der
physikalischen Forschung im Jahresberichte den Chemikern ausführlich mitzutheilen, verstand die Überführungsverhältnisse nicht und wollte mir in dem

Referate über meine zweite Mittheilung die gröbsten Fehler nachweisen Als ich dieselben zurückwies, wurde meine für die Chemiker inhaltreiche dritte Mittheilung nur einer Titelanzeige (Jahresber 1859, S 36) gewürdigt Diese Handlungsweise und der Umstand, dass die damaligen ausländischen Berichterstatter meine Aufsätze vollständig ignorirten, hatte zur Folge, dass meine Arbeiten in chemischen Kreisen lange Zeit absolut unbekannt blieben Wie sich leicht aus der heutigen Litteratur nachweisen lässt, huldigen die Chemiker mit wenigen Ausnahmen bezüglich der Elektrolyse noch immer den Irrthümern von BERZELIUS und lassen in ihren Theorieen diese fundamental wichtige Erscheinung und das FARADAY'sche Gesetz unberücksichtigt. Und doch werden alle Erklärungen, welche auf der Stärke der sogenannten Affinität beruhen, durch dasselbe hinfällig und erscheinen demjenigen, welcher sich die unerbittlichen Consequenzen der elektrolytischen Thatsachen klar gemacht hat, als leere Phrasen "

HITTORF geht nun im einzelnen dazu über, die Beobachtungen von BLEEKRODE mit seinem Satze „Elektrolyte sind Salze" zu vergleichen Unter sachgemässer Betonung der Übergangsstufen, welche in dieser Beziehung wie in jeder anderen vorhanden und zu erwarten sind, legt er wiederholt den Zusammenhang zwischen chemischer Reaktionsfähigkeit und elektrolytischer Leitfähigkeit dar, in dieser Sache ist auf seine früheren Auseinandersetzungen S 866 u ff zu verweisen Der bemerkenswertheste Punkt in diesen Erörterungen ist die Thatsache, dass die wasserfreien Halogenwasserstoffsauren im flüssigen Zustande nicht leitend sind Die Beobachtung war schon von GORE gemacht worden und BLEEKRODE hatte sie bestätigt HITTORF gesteht, dass er diese interessante Thatsache nicht erwartet hat, kann aber nicht finden, dass sie seinem allgemeinen Satze gefährlich wird „Diesem isolirenden Verhalten der Wasserstoffverbindungen im wasserfreien Zustande geht parallel die Schwierigkeit des Austausches gegen andere Salze, welche sie dann zeigen Die interessanten Versuche von GORE[1] lehren, dass basische Oxyde und kohlensaure Salze keine Veränderung in Berührung mit der tropfbar flüssigen wasserfreien Salzsäure erleiden Sie zeigen, dass das Resultat, welches PELOUZE schon vor 50 Jahren in dem Aufsatze[2] „Über den Einfluss des Wassers auf eine grosse Anzahl chemischer Reaktionen" mittheilte, allgemein gültig ist Der letztgenannte Chemiker fand nämlich, dass die freien Sauren, in absolutem Alkohol gelöst, sich ganz anders als im Wasser verhalten, nämlich des Austausches mit den meisten anderen Salzen unfähig sind und insbesondere die kohlensauren Salze nicht mehr zersetzen " Über die Ursache dieser Eigenthümlichkeit vermag HITTORF allerdings nur Vermuthungen zu äussern, erst der zehn Jahre später sich entwickelnden Theorie der elektrolytischen Dissociation war die Aufklärung vorbehalten

---

[1] Philos Mag (4) 29. 541 1865
[2] Ann chim phys (2) 50. 314 u 434 1832 — POGG Ann 26. 343 1832

HITTORF's Schlussworte sind „Ich darf meine Rechtfertigung mit der Versicherung schliessen, dass die Überzeugung, welche ich bezüglich der chemischen Natur der Elektrolyte aus meinen früheren Studien gewonnen habe, durch die Versuche von BITEKRODE nur befestigt worden ist Wer den Satz „Elektrolyte sind Salze“ nicht festhält, dem muss die Elektrochemie wieder das Chaos werden, welches ich in der Einleitung zu schildern versuchte Es ist hohe Zeit, dass aus Lehrbüchern der Physik und der Chemie die Irrthümer, welche die Autorität von BERZELIUS hineingebracht hat, verschwinden, und dass die sogenannte elektrische Spannungsreihe, in welche die von jenen falschen Ideen geleitete Phantasie des schwedischen Forschers die elementaren Stoffe ordnen wollte und welcher die thatsächlichen Verhältnisse so sehr widersprechen, nicht mehr abgedruckt wird Die Chemie der Zukunft kehrt niemals zur elektrochemischen Theorie von BERZELIUS oder einer ähnlichen zurück Dagegen wird sie den Thatsachen der Elektrochemie und ihren unerbittlichen Consequenzen Rechnung tragen müssen “

Fig. 233. Rudolf Kohlrausch.

Siebzehntes Kapitel.

Die elektrochemischen Spannungserscheinungen.

1. Vorerinnerung. Wie bei verschiedenen Gelegenheiten betont worden ist, lag der wesentlichste Grund für den Streit der beiden Theorieen der elektrochemischen Erscheinungen in den von Volta aufgefundenen Thatsachen der Spannungserscheinungen bei der Berührung zweier Metalle. Zwar hatte sich allmählich herausgestellt, dass ein einwandfreier Nachweis für das Vorhandensein einer solchen Spannung auf den meisten Wegen, die Volta eingeschlagen hatte, nicht zu erreichen war; ein Versuch war aber übrig geblieben, der den Voltaisten als entscheidend galt, und den auch Faraday bei Gelegenheit seines Kampfes gegen die Contacttheorie nicht angegriffen

59*

hatte Es war dies der Condensatorversuch, der Versuch, dass ein aus zwei
verschiedenen Metallen gebildeter Condensator, zwischen dessen Platten sich
nur Luft befindet, nach der metallischen Verbindung der Platten und der
darauf erfolgenden Trennung derselben sich elektrisch geladen zeigt Die
Ordnung und ungefahre Grosse der Spannung erwies sich ubereinstimmend
mit der, welche man beim Eintauchen derselben beiden Metalle in Wasser
fand, allerdings mit einem merkwurdigen Unterschiede Wahrend beim
Condensatorversuche sich das Zink nach der Trennung positiv gegen das
Kupfer erweist, hat in einer Kette aus den beiden Metallen, die man in eine
wasserige Flussigkeit taucht, das Zink negative Spannung gegen das Kupfer
Fur die Voltaisten lag darin keine Schwierigkeit, denn gerade dies Resultat
muss auftreten, wenn man die elektromotorische Kraft in die Beruhrungsstelle
zwischen den beiden Metallen verlegt Um dies einzusehen, denke man sich
der Einfachheit wegen das Elektrometer, mittelst dessen die Spannung beobachtet wird, aus dem gleichen Metalle, wie die eine Condensatorplatte, z B
aus Kupfer hergestellt Die Kupferplatte der Zink-Kupferkette sei zur Erde
abgeleitet, habe also die Spannung Null Dann wird auch nach der VOLTA'-
schen Theorie das Zink die Spannung Null haben mussen, da zwischen den
Metallen und dem Wasser keine Erregung stattfinden soll An der Stelle
aber, wo die Zinkplatte mit dem Kupfer des Elektrometers in Verbindung
gesetzt wird, entsteht eine elektromotorische Wirkung in der Art, dass das
Kupfer gegen das Zink negativ wird, und das Elektrometer muss negative
Elektricitat anzeigen, die aber nach dieser Ansicht nicht vom Zink herruhrt,
sondern von dem Metall des Elektrometers, wo dies das Zink beruhrt Ganz
das gleiche Ergebniss wird erhalten, wenn man das Elektrometer aus Zink
oder einem anderen Metall hergestellt denkt, jedesmal sind Metallberuhrungen
in solcher Zahl und Ordnung vorhanden, dass die thatsachlich eintretende
Spannung der von der Theorie vorhergesagten entspricht

Dass dies so sein kann, ohne dass darum die Theorie als richtig anerkannt zu werden braucht, liegt, wie gleichfalls erinnert sein soll, in dem
Umstande begrundet, dass immer die Zahl der Beruhrungen verschiedener
Stoffe grosser ist, als die Zahl der zwischen ihnen moglichen unabhangigen
Messungen der Spannung Dadurch ist bedingt, dass man noch eine vollkommen willkurliche Annahme uber diese machen darf, ohne dass man mit
den Thatsachen irgendwie in Widerspruch zu gerathen braucht, und ebenso
widerspruchsfrei, wie nach der VOLTA'schen Annahme, lassen sich die Erscheinungen darstellen, wenn man die Spannung zwischen verschiedenen
Metallen gleich Null setzt, und nur die Beruhrungen zwischen den Metallen
und den Nichtmetallen oder Leitern zweiter Klasse als wirksam ansieht Man
wird dann allerdings genothigt, auch die Luft als einen Leiter zweiter Klasse
anzusehen, was mit den isolirenden Eigenschaften derselben in einigem Widerspruch steht Indessen braucht immerhin dieser Einwand nicht als ein absoluter angesehen zu werden, da ein unbedingter Unterschied zwischen
einem Leiter und einem Nichtleiter schwerlich angenommen werden darf

Der Condensatorversuch erklärt sich dann folgendermaassen Das Zink wird gegen Luft, wie gegen Wasser negativ, das Kupfer positiv elektrisch Verbindet man beide Metalle mit einander, so macht man dadurch ihre Spannung gleich, und der in der Kette Kupfer-Luft-Zink vorhandene Spannungsunterschied findet sich nicht mehr zwischen den Metallen vor, sondern in der dazwischenliegenden Luft Das Zink ist negativ gegen Luft, wird es daher auf die Spannung Null gebracht, so muss die an das Zink grenzende Luft positiv erscheinen Ebenso ist es mit dem Kupfer, es ist positiv gegen Luft, und wird, wenn es seinerseits auf die Spannung Null gebracht ist, die angrenzende Luft negativ erscheinen lassen Diese Ladungen der Lufthülle sind es aber, welche wir nach der Trennung des Condensators am Elektrometer messen, darum muss das Kupfer beim Condensatorversuch auch bei der zweiten Annahme negativ, das Zink positiv erscheinen

Von den Vertretern der chemischen Theorie hatte sich in dem bisher behandelten Zeitraume keiner zu dieser Überlegung, welche den Streit im Wesentlichen beendet hatte, durchgearbeitet Vielmehr war von diesen, vor allen von DE LA RIVE auf das Zustandekommen der Spannung wenig eingegangen worden, man begnügte sich mit der Behauptung, dass diese durch chemische Vorgänge bedingt sei, ohne dass ein klarer Ausspruch der Bedingungen bewerkstelligt worden wäre, die erfüllt sein müssen, damit der chemische Vorgang elektrisch wirksam wird Denn dass zahllose chemische Processe stattfinden, ohne von sichtbaren elektrischen Erscheinungen begleitet zu sein, steht ausser Zweifel, es ist also noch nothwendig ein besonderer Umstand vorhanden, welcher für die elektrischen Erscheinungen nothwendig ist, und den aufzufinden die eigentliche Lebensfrage der chemischen Theorie war Statt dessen sehen wir DE LA RIVE sich mit dem Hinweis begnügen, dass zwar jedem chemischen Vorgang ein proportionaler elektrischer entspreche, dass aber ein grösserer oder geringerer Theil der erzeugten Elektricität sich während des Vorganges innerhalb der reagirenden Massen ausgleichen könne, ohne für unsere Instrumente sichtbar zu werden

Wir können DE LA RIVE hieraus keinen besonderen Vorwurf machen, denn zu der Zeit der Aufstellung seiner chemischen Theorie war das elektrolytische Gesetz noch nicht bekannt, und der Zusammenhang zwischen der Leitung der Elektricität in Elektrolyten und den entsprechenden chemischen Vorgängen nicht durchschaut Aber auch FARADAY ist es nicht gelungen, diesen Schritt zu thun, zu welchem ihn die Kenntniss seines Gesetzes allerdings befähigt hatte, ihm waren noch nicht die elektrochemischen Anordnungen bekannt, welche dem theoretischen Ideal sich so weit als möglich annähern Erst DANIELL verwirklichte durch seine Kette dieses Ideal eines elektrochemischen Apparates, an welchem diese entscheidende Frage beantwortet werden konnte, selbst hat er freilich sich mit der Frage nicht beschäftigt.

Als dann durch JOULE der Zusammenhang zwischen der (als Wärme gemessenen) chemischen Energie und der elektrischen aufgedeckt wurde, war die Daniell'sche Kette die erste, und auch fast die einzige, welche einen Vergleich in dieser Beziehung ermöglichte. Für die chemische Theorie war dies ein ungemein erheblicher Fortschritt, es handelte sich um nichts weniger, als den endlichen klaren Ausdruck für den immer vorausgesetzten, noch niemals aber zahlenmässig nachgewiesenen ursächlichen Zusammenhang der chemischen Erscheinungen mit den elektrischen. Die Frage, wie die gesammte Spannung des Daniellelementes sich auf die vier Berührungsstellen vertheilt, die in dieser Kette vorhanden sind, wurde allerdings hierbei nicht beantwortet, denn die gefundene Beziehung enthält nur einen Zusammenhang zwischen der gesammten messbaren Spannung der Kette und der gesammten chemischen Energie des entsprechenden Vorganges, lasst aber die Frage nach der Vertheilung dieser Grossen auf die verschiedenen Stellen der Kette offen. Dagegen brachte die Nothwendigkeit, zu dem Zwecke der theoretischen Berechnung der elektromotorischen Kraft die Warmeentwickelung eines bestimmten chemischen Vorganges zu berechnen, es mit sich, dass der Rechnung wesentlich nur solche Ketten unterzogen wurden, in welchen solche genau definirbare Processe verlaufen, diese sind es aber gerade, welche jene Bedingung des gesetzmässigen Zusammenhanges zwischen der Menge der chemisch veränderten Stoffe und der bewegten Elektricität erfullen.

So hat denn der erhebliche von Joule angebahnte Fortschritt, obwohl die Richtigkeit seines Gedankens namentlich nach seiner erneuten Darlegung und zahlenmässigen Bestatigung durch William Thomson allgemein anerkannt wurde, doch den endgultigen Sieg der chemischen Theorie nicht bewerkstelligen konnen, dazu gehorte nothwendig ausser dem Nachweis der Beziehung zwischen den Gesammtwerthen der Spannung und der chemischen Energie noch die Analyse der einzelnen Spannungen in der Kette. So sehen wir denn diese Aufgabe von verschiedenen Forschern bearbeitet. Zuerst ganz im Sinne der Volta'schen Theorie, und obwohl jeder Versuch, die Zahlenwerthe für die elektromotorische Kraft bei der sogenannten Metallberuhrung mit einer auch nur massigen Genauigkeit zu bestimmen, an der ungemein grossen Veranderlichkeit eben dieser Werthe scheiterte, und bis auf den heutigen Tag gescheitert ist, so hat dieser uble Ausfall des Versuches, fur die Volta'sche Theorie die grundlegenden Zahlen zu messen, die Uberzeugung von ihrer Bedeutung nicht etwa erschuttert, sondern im Gegentheil durch eine Art Reaktionswirkung gesteigert. In der Veranderlichkeit der beobachteten Werthe sah man nicht den Nachweis, dass noch unbeherrschte Einflusse, von denen die Volta'sche Theorie nichts wusste, die Zahlen maassgebend beeinflussen, sondern man sah darin nur die grosse Schwierigkeit, zu der genauen Kenntniss jener mystischen Werthe vorzudringen, deren Ermittelung der so lange vertheidigten Theorie die unerschutterliche Grundlage geben sollte, und mit der Schwierigkeit wuchs der Eifer und der Glauben.

Die chemische Theorie befand sich in diesem Punkte nicht in gunstiger Lage. Wenn sie auch die Bedeutung der nach der Volta'schen Methode

erhaltenen Ergebnisse anzuzweifeln und sie auf minimale chemische Vorgänge
zurückführen möchte, so hatte sie doch nichts bestimmtes an die Stelle zu
setzen und besass keine Methode, welche ihr gestattet hatte, ihrerseits die
vorgelegten Zahlen, so schwankend sie waren, durch bessere, nach einwurfs-
freier Methode gefundene zu ersetzen. Alles, was sie zu sagen vermochte,
war, dass zwischen Stoffen, die auf einander keine chemische Wirkung ausüben, auch keine elektrische Spannung entstehen könne, und dass somit
kein Grund vorliegt, an der Berührungsstelle zweier Metalle eine elektromotorische Kraft anzunehmen. Aber man muss gestehen, dass ein solches
Argument nur auf den eine Wirkung äussern wird, der bereits von der
Richtigkeit der chemischen Theorie überzeugt ist.

Diesen Verhältnissen entsprechend beschränken sich die Versuche, in
die Vertheilung der Spannungen an der VOLTA'schen Kette einzudringen,
zunächst ausschliesslich auf die Wiederholung und zahlenmässige Ausgestaltung des VOLTA'schen Verfahrens. Dabei macht sich derselbe Umstand
geltend, welchen wir wiederholt in der Entwickelungsgeschichte unseres Gebietes zu bemerken Gelegenheit gehabt haben. Während der erste Forscher,
der sich mit der Frage beschäftigt und die Unsicherheit dieser Bestimmungen
kennen gelernt hat, seinen eigenen Zahlen gegenüber sich durchaus skeptisch
verhält, und ihnen nur einen ganz vorläufigen Charakter zuspricht, hegen
die späteren nicht mehr Zweifel über die prinzipielle Zulässigkeit des Verfahrens, sondern nur über die mehr oder weniger grosse Zweckmässigkeit
der verschiedenen möglichen Ausführungsformen. Erst spät wird ein unabhängiger Weg gefunden, auf welchem sich der Spannungsunterschied zwischen
verschiedenen Metallen zeigen musste, wenn er vorhanden wäre. Die auf
diesem zweiten Wege erhaltenen Ergebnisse erwiesen sich als im vollständigsten Gegensatze zu den VOLTA'schen Zahlen stehend, und es konnte
darum nicht fehlen, dass die Anhänger der alten Anschauung die Richtigkeit des neuen Weges in Frage stellten. Die Vertreter der chemischen
Anschauung ihrerseits sind die Unterstützung, welche sie hier finden konnten,
lange nicht gewahr geworden, weil der neue Weg ganz nach physikalisch-
mathematischer Seite lag. Denn diese neue Methode der Messung von
Spannungsunterschieden zwischen Metallen beruhte auf den Erscheinungen
der Wärmeentwickelung und -absorption an der Verbindungsstelle der Metalle, wenn durch beide ein elektrischer Strom geleitet wird, und schien
zunächst mit unserer Frage nichts zu thun zu haben.

Endlich gehört der neuesten Zeit noch die Auffindung eines dritten
Weges an, welcher wieder mehr auf chemischer Seite liegt, und welcher
in Übereinstimmung mit den eben erwähnten Forschungen gleichfalls dazu
geführt hat, dass den Metallen die Erzeugung erheblicher elektromotorischer
Kräfte bei gegenseitiger Berührung nicht zugesprochen werden kann. Dieser
von LIPPMANN und HELMHOLTZ gangbar gemachte Weg beruht auf den Erscheinungen der Oberflächenspannung bei der Polarisirung von Quecksilberoberflächen, und hat nicht nur jene alte Frage nach der Thätigkeit der

Metalle entschieden, sondern auch die Zahlenwerthe aller in der Kette vorhandenen einzelnen Spannungen zu messen gestattet.

Dies ist in grossen Zügen der Entwickelungsgang, welchen die vorliegende Frage genommen hat. Wir gehen nun dazu über, die einzelnen Abschnitte dieses langen Weges kennen zu lernen, und das Spiel der verzögernden und beschleunigenden Kräfte zu verfolgen, welche auf die Fortbewegung der Wissenschaft in dieser Richtung eingewirkt haben.

2. Die Arbeiten von R. Kohlrausch. Seit der Zeit, wo Erman und Ritter die Spannungserscheinungen an den Polen der Volta'schen Kette untersucht hatten (S. 265), war keine neue Arbeit über den Zusammenhang der elektroskopischen Eigenschaften der Volta'schen Ketten erschienen, obwohl durch die Aufstellung der Ohm'schen Theorie ein besonderes Interesse dafür entstanden war. Es lag dies wesentlich an dem Missverhältniss, welches zwischen der Empfindlichkeit der Elektroskope und der des Galvanometers bestand; waren doch auch jene Messungen nur grobe Schätzungen gewesen, obwohl die vielfach gesteigerte Spannung vielgliedriger Säulen untersucht wurde.

Mit der Herstellung eines empfindlichen Elektrometers hatten sich dann mehrere Physiker beschäftigt; zu einer Entwickelung gelangte aber zunächst nur ein von Dellmann[1] angegebener Apparat. Dieser war ursprünglich nicht zu dem Zwecke erfunden worden, ein Präcisionsinstrument zu werden, sondern sollte im Gegentheil nur möglichste Einfachheit und Wohlfeilheit anstreben; so bestand es in seiner ersten Gestalt aus einem Zuckerglase, einigen Drähten und Korken, wie Fig. 234 zeigt. Der wesentlichste Theil war ein an einem Seidenfaden aufgehängter Hebel aus sehr dünnem Silberdrahte, dessen beide Arme etwas aus der Mittelebene herausgebogen waren, so dass zwischen ihnen ein Streifen von leitendem Material Platz fand. Nachdem beide gleichzeitig geladen worden waren, stiessen sie sich ab, bis die Torsion des Fadens der abstossenden Kraft das Gleichgewicht hielt.

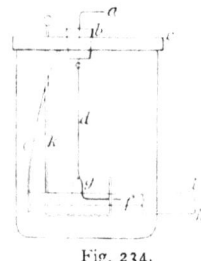

Fig. 234.
Nach Dellmann.

Unter den Händen von Rudolf Kohlrausch[2] entwickelte sich das Instrumentchen zu einem genauen wissenschaftlichen Hilfsmittel, welches der Elektrik eine Anzahl wesentlicher Dienste geleistet hat. Der Vergleich der Fig. 235, welche die Anordnung von Kohlrausch darstellt, mit der Fig. 234 macht den schnellen Entwickelungsprocess des Apparates sehr anschaulich.

Zum Verständniss der Fig. 235 sei angegeben, dass der aus dünnstem Silberdraht gefertigte drehbare Hebel, der rechts bei a sichtbar ist, an einem Glasfaden hängt, welcher durch die oben gezeichnete Vorrichtung einer messbaren Torsion unterworfen werden kann. Die zu messende elektrische Spannung wird dem Hebel durch die Zuleitung $m\,m$ mitgetheilt, welche gehoben und gesenkt

[1] Pogg. Ann. 55, 301. 1842; 58, 49. 1843   [2] Ebenda 72, 353. 1847.

werden kann; m berührt beim Heben zunächst den festen Bügel $a\,a$, dessen Arme so gebogen sind, dass sie den Hebel zwischen sich aufnehmen können. Auch der feste Hebel kann gehoben und gesenkt werden; in ersterer Lage berührt der den drehbaren Hebel, in der zweiten lässt er ihn frei. Soll daher das Instrument zum Messen benutzt werden, so stellt man den Hebel senkrecht zum Bügel, hebt den Bügel und die Zuleitung, wodurch alle drei Theile metallisch verbunden sind; alsdann wird erst die Zuleitung gesenkt und abgetrennt, sodann der Bügel gesenkt und der Hebel freigegeben. Dreht man dann den Träger des Glasfadens in die Nulllage zurück, so folgt der Hebel nicht, sondern bleibt infolge der Abstossung unter einem Winkel stehen, den man mit der Lupe q an dem Kreise K ablesen kann. Das ringförmige Glasgefäss r enthält concentrirte Schwefelsäure, um das Innere trocken und gut isolirend zu halten.

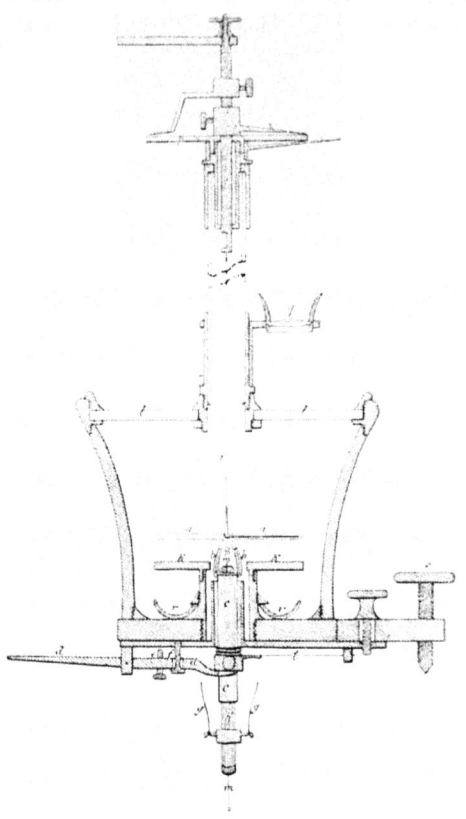

Fig. 235. Nach R. Kohlrausch.

Über die Handhabung des Elektrometers, die erforderlichen Correkturen und die Berechnung der Resultate giebt Kohlrausch alsdann eine musterhaft sorgfältige Untersuchung, bei welcher er zeigt, dass das Instrument für viele Zwecke der Coulomb'schen Drehwage vorzuziehen ist. Auf diese Einzelheiten ist hier nicht einzugehen.

Die erste Aufgabe, welche Kohlrausch mit seinem neuen Hilfsmittel zu lösen unternahm, war, die von der Ohm'schen Theorie vorausgesetzte Übereinstimmung der „elektroskopischen Kraft" mit der elektromotorischen Kraft, wie sie in der bekannten Formel Ohm's auftritt, nachzuweisen. Dass dieser Nachweis gelang, geht aus dem Titel der Arbeit[1] hervor, in welcher er über seine Ergebnisse berichtet: „Die elektromotorische Kraft ist der elektroskopischen Spannung an den Polen der geöffneten Kette proportional," wozu er bemerkt: „die Richtigkeit der in der Überschrift aufgestellten Behauptung

---

[1] Pogg. Ann. **75**, 88 u. 220. 1848.

ist gewisss von den meisten Physikern stillschweigend angenommen worden,
obschon eine direkte Bestätigung derselben wegen der Unvollkommenheit
der Messwerkzeuge nicht versucht werden konnte". Allerdings war auch
das DELLMANN'sche Elektrometer in der verbesserten Form nicht empfindlich
genug, um die Spannung eines einzelnen Elementes mit einem genügend
kleinen Fehler messen zu lassen, und KOHLRAUSCH meint, dass „es wohl
ausser dem Bereiche der Möglichkeit liegen möchte, die Empfindlichkeit
eines Elektrometers bis zur genauen Angabe dieser ausnehmend geringen
Spannung selbst zu steigern". KOHLRAUSCH construirte deshalb dazu einen
Condensator mit möglichst constanter Verstärkungszahl, um die zu messende
Spannung entsprechend zu erhöhen, und giebt an, dass es ihm dadurch gelungen sei, die elektroskopische Spannung einfacher VOLTA'scher Ketten fast
mit derselben Genauigkeit zu messen, mit welcher man ihre elektromotorischen Kräfte galvanometrisch bestimmt.

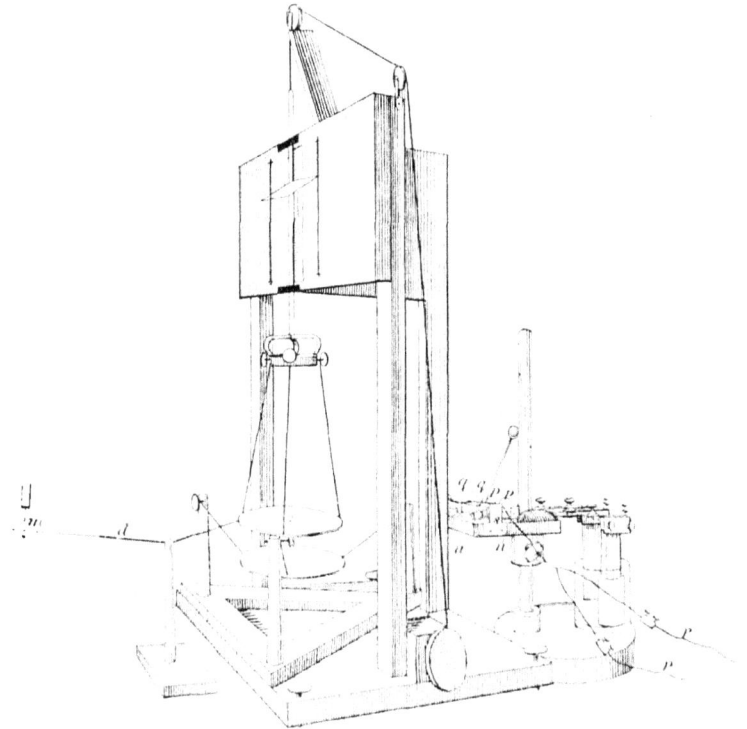

Fig. 236. Nach R. KOHLRAUSCH.

Der Condensator ist nach der von KOHLRAUSCH mitgetheilten Zeichnung
in Fig. 236 abgebildet. Man erkennt die beiden horizontal angebrachten
Platten, die der besseren Isolirung wegen an Seidenschnüren hängen. Die

untere liegt fest, die obere ist durch eine Führung parallel sich selbst verschiebbar, die stets gleich sich herstellende kleine Entfernung der beiden Platten wird dadurch erzielt, dass die untere an drei Stellen ihres Umfanges kleine angeschmolzene Platten von Schellack trägt, deren Dicke die gegenseitige Lage der beiden Platten bestimmt. In *dm* sieht man die Zuleitung zum Elektrometer, hinter dem Condensator ist das zu messende Element angebracht.

Anfangs erhielt KOHLRAUSCH nicht die Übereinstimmung seiner Zahlen, die er nach der Genauigkeit seiner Messhülfsmittel erwarten durfte, die Ursache dafür ergab sich bald darin, dass seine inconstanten Ketten sehr schnell nach dem Öffnen ihre Spannung vermehrten, so dass sie grösser war als die, welche sie während des Stromschlusses und der galvanometrischen Messung zeigten. Um dieser Fehlerquelle zu entgehen, brachte er die in *ppqq* angedeutete Wippe an, welche ihm ermöglichte, die Spannung unmittelbar nach dem Öffnen des Stromes zu messen, und erhielt auf diese Weise folgende Vergleichstabelle. In derselben bedeuten die Zahlen der ersten Reihe die galvanometrisch gemessenen elektromotorischen Kräfte, die der beiden anderen Reihen sind die elektroskopischen Spannungen, und zwar in der ersten Spalte aus Ausschlagswinkeln, in der zweiten aus den Torsionswinkeln berechnet, welche erforderlich waren, um jedesmal dieselbe Ablenkung der Nadel herzustellen. Die Übereinstimmung lässt, wie man sieht, nichts zu wünschen übrig, wobei bemerkt werden mag, dass die Zahlen der obersten Reihe einander willkürlich gleich gesetzt worden sind, um die Werthe der drei Spalten auf vergleichbares Maass zu bringen.

		Elektro motorische Kraft	Spannung der geöffneten Kette I	II
1	Zink in Zinkvitriol Platin in Salpetersäure von 1,357 spec Gew	28,22	28 22	28,22
2	Zink in Zinkvitriol, jedoch die Salpetersäure von 1,213 spec Gew	28 43	27 71	27 75
3	Zink in Zinkvitriol, Kohle in Salpetersäure von 1,213 spec Gew	26,29	26 13	26 19
4	Zink in Zinkvitriol Kupfer in Kupfervitriol	18 83	18 88	19,06
5	a) Silber in Cyankalium-Kochsalz-Kupfer in Kupfervitriol	14,03	14 27	14 29
	b) Desgleichen, später	13,67	13 94	13 82
	c) Desgleichen, noch später	12 53	12 35	12 20

„Ein Blick auf diese Zahlen wird hinreichen, um den Satz, dass die elektromotorische Kraft der Spannung der frisch geöffneten Kette proportional ist, ausser allen Zweifel zu setzen."

An der GROVE'schen Kette machte KOHLRAUSCH noch eine Beobachtung, welche von einigem Interesse ist, wenn sie auch nicht weiter verfolgt worden ist. „Bei dieser letzteren (der Kette mit Salpetersäure von 1,213) zeigte sich aber am deutlichsten, dass die Spannung der geöffneten Kette und die elektromotorische Kraft denselben Grund haben. Sobald nämlich die Kette geschlossen war, stiegen Blasen an der Platinplatte empor, die Spannung der nun momentan geöffneten Kette war nur noch 12,93, die elektromotorische Kraft, so gut sie bei der Unruhe der Nadel zu bestimmen war, 12,8

Plötzlich hörte die Gasbildung auf, und die Galvanometernadel, welche auf
47 gestanden hatte, setzte sich in Bewegung und legte, ohne dass an der
eingeschalteten Drahtmasse das geringste geändert wurde, in 1 bis 2 Minuten
den Weg bis 59 zurück Damit war rücksichtlich der Triebkraft der Zustand eingetreten, wie ihn die Messungen Nr 2 angeben Diese Erscheinung
habe ich mehrmals beim Gebrauch einer schwachen Säure beobachtet "
Hierzu bemerkt auch POGGENDORFF in einer Anmerkung, dass auch ihm dieses
Verhalten bekannt sei (Pogg Ann 53, 444 1841) An der angeführten
Stelle ist die Erscheinung auch ganz richtig dahin gedeutet, dass es sich
um eine plötzliche Änderung des chemischen Vorganges handelt In der
ersten Art wirkt die Kette, um es kurz auszudrücken, wie eine SMEE'sche,
d h die Salpetersäure wird nur als Säure, nicht als Oxydationsmittel beansprucht, in der zweiten Art wirkt die Salpetersäure oxydirend, und damit
hängt die höhere elektromotorische Kraft zusammen POGGENDORFF hat das
Argument zu Gunsten der chemischen Theorie, welches in diesem Versuche
liegt, gar wohl gefühlt, denn er fügt hinzu „Es ist wohl schwer zu sagen,
ob diese Änderung (des chemischen Vorganges) Ursache oder Wirkung des
Sprunges sei, aber so viel ist einleuchtend, dass die Anhänger der chem-
schen Theorie aus diesem Vorgange keine Stütze ihrer Ansicht entnehmen
können, denn der erwähnte Process ist in seinen beiden Stufen kein rein
chemischer Process, sondern ein von dem elektrischen Strom selbst bewirkter
Process, bei dem noch dazu, da er am Platin vorgeht, kein Metall gelöst
wird " Thatsächlich ist die Erscheinung ein vorzügliches Beispiel dafür, wie
mit der Änderung des chemischen Vorganges auch die elektromotorische
Kraft sich sprungweise ändert, obwohl alle Contacte die gleichen bleiben.
Es ist nur das eine dabei auffallend, dass sich keiner der Anhänger der
chemischen Theorie dieses vortrefflichen Argumentes zu bedienen gewusst hat

    Von dem Nachweise der Übereinstimmung zwischen der elektromoto-
schen Kraft und der elektroskopischen Spannung bei verschiedenen Ketten
ging KOHLRAUSCH alsbald[1] zu dem Nachweise der Spannungsvertheilung in
dem Stromkreise der einfachen Kette über Auch hier waren ihm ERMAN
und RITTER für den Fall der Säule vorausgegangen, doch bot immerhin der
Nachweis der gleichen Verhältnisse an der einfachen Kette ein genügendes
Interesse Auch diese Versuche wurden mit Hülfe des DELLMANN'schen Elektrometers und des Condensators ausgeführt

    „Ein sehr feiner langer Draht bildete in Form eines Zickzackes den
Schliessungsbogen der einfachen Kette Zu dem Ende war er mit Hülfe
von Stecknadeln auf einen leichten Holzrahmen so gespannt, dass alle Windungen gleiche Länge hatten

    „o Wird ein Punkt dieses Drahtes abgeleitet und ein anderer Punkt,
welcher dem positiven Strome entgegen liegt, mit dem Condensator ver-

bunden und so geprüft, so zeigte dieser positive Elektricität, lag aber der geprüfte Punkt auf der anderen Seite des abgeleiteten, so entstand eine negative Ladung

„b) Lag dieselbe Drahtlänge zwischen dem abgeleiteten und dem geprüften Punkte, so zeigte das Elektrometer genau dieselbe Spannung an, wo auch im Schliessungsbogen die Prüfung vorgenommen wurde

„c) Blieb irgend ein Punkt beständig abgeleitet und wurden nun successive immer weiter von ihm abliegende Punkte geprüft, so steigerte sich die Elektricität und zwar genau proportional den zwischenliegenden Drahtlängen Nehmen wir irgend eine Längeneinheit an, mit welcher wir die Drahtlängen messen, so wächst also bei jeder Längeneinheit die Elektricität um gleich viel, und wenn wir dieses auf die Längeneinheit erfolgende Wachsthum das Gefälle der Elektricität nennen, so würde also aus diesen Versuchen hervorgehen, dass in einem homogenen Theile des Schliessungsbogens von unverändertem Querschnitt das Gefälle überall dasselbe ist "

Ein zweiter Versuch betraf den Einfluss der verschiedenen Drahtdicke auf das Gefälle „Gleiche Längen von verschieden dickem Silberdrahte wurden gewogen, woraus das Verhältniss ihrer Querschnitte sich ergab Nachdem sie in der Weingeistflamme an dem einen Ende zusammengeschmolzen waren, wurde ein Zickzack aus ihnen gebildet, welches zur Hälfte aus dem dickeren, zur Hälfte aus dem feineren Drahte bestand und mit diesem Schliessungsbogen die Kette geschlossen

„a) In einem einzelnen der beiden Theile dieses Bogens herrschte überall dasselbe Gefälle

„b) Wurde das eine Ende des feinen Drahtes abgeleitet und das andere Ende desselben geprüft, wobei das Elektrometer Elektricität von der Stärke *E* zeigte, und wurde nun mit der dickeren Hälfte des Zickzackes ebenso verfahren, so zeigte sich hier eine Elektricität *e*, welche sich zu *E* verhielt, wie der Querschnitt des dünneren Drahtes zu dem des dickeren Mit anderen Worten es verhielten sich die Gefälle umgekehrt, wie die Querschnitte

„c) Blieb ein Punkt in dem dickeren Drahte abgeleitet und wurde nun allmählich die Prüfung nach dem dünneren Drahte hin fortgesetzt, so zeigte sich bei der Ankunft in diesem keineswegs ein Sprung in der elektrischen Spannung, sondern nur ein rascheres Wachsen von da an Der letzte Querschnitt des dicken und der erste des dünnen haben also keine verschiedene Spannung der Elektricität "

Weitere Versuche bezogen sich auf Schliessungskreise aus verschiedenen Metallen, die Widerstände der Drähte waren vorher auf galvanometrischem Wege bestimmt worden Als Ergebniss verzeichnet KOHLRAUSCH

„a) Dass bei Drähten von verschiedenem Metalle, aber gleichem Querschnitt, die Gefälle direkt wie die specifischen Widerstände der Metalle,

„b) bei Drähten von verschiedenem Metalle und ungleichem Querschnitt die Gefälle direkt wie die specifischen Widerstände und umgekehrt wie ihre Querschnitte sich verhalten werden "

War somit alles, was über den metallischen Schliessungskreis auszusagen war, geprüft worden, so blieb noch übrig, den flüssigen Leiter ebenso zu untersuchen. Zu diesem Zwecke diente die in Fig. 237 dargestellte parallelepipedische Wanne voll Kupfervitriollösung, in welche einerseits ein Kupferblech eingesenkt war, das die eine Schmalseite völlig ausfüllte, an dem anderen Ende stand ein Thonbecher mit Zinkvitriollösung und einer Zinkplatte, so dass das Ganze ein DANIELL'sches Element darstellte. Die Spannung wurde an verschiedenen Stellen durch feine, bis auf die untere Querschnittsfläche isolirte Kupferdrähte (Fig. 237) abgeleitet, welche an beliebigen Stellen in die Flüssigkeit getaucht werden konnten. Diese Anordnung diente einerseits dazu, nachzuweisen, dass das Gesetz von dem Gefälle der Spannung auch für den flüssigen Leiter gilt, andererseits, dass in einem gegebenen Querschnitt des Leiters überall die gleiche Spannung herrscht.

„Die vorigen Versuche bestätigen in allen Stücken die OHM'sche Ansicht von der elektroskopischen Beschaffenheit der geschlossenen Kette. OHM giebt aber mehr; seine Theorie lehrt die elektroskopische Kraft jeder einzelnen Stelle aus der Gesammtspannung der offenen Kette und der Kenntniss der reducirten Längen aller einzelnen Theile genau vorherbestimmen. Es soll jetzt ein Versuch vorgelegt werden, welcher, die früheren in sich fassend, als Prüfung der gesammten Theorie angesehen werden kann. . . .

„Die Anordnung des Versuches wird leicht aus Fig. 237 zu entnehmen sein. Ein hölzerner, mit Wachs innen überzogener und mit drei Stellschrauben versehener Kasten enthält die DANIELL'sche Kette . . . geschlossen wird die Kette durch einen langen, im Zickzack geformten, sehr feinen Draht, welcher durch Hülfe von Stecknadeln auf einen leichten Holzrahmen gespannt ist. Die Enden dieses Drahtes sind an zwei dicke Kupferdrähte gelöthet, welche in dem Holzrahmen stecken und in die Quecksilbernäpfchen c und d eintauchen. Soll nun die Kette geöffnet werden, so neigt man den Rahmen vorn über. In der

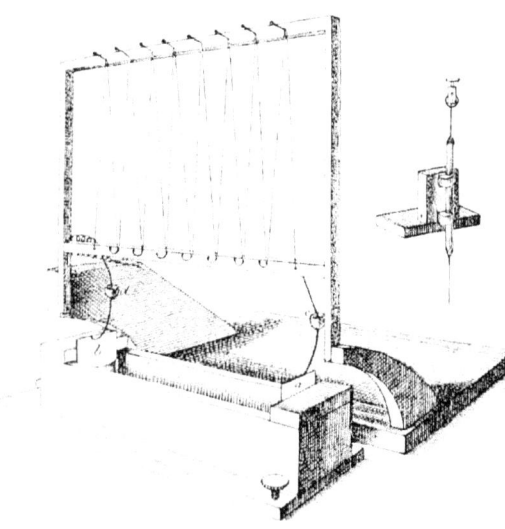

Fig. 237. Nach R. KOHLRAUSCH.

Figur bemerkt man, wie diese Bewegung bewerkstelligt worden ist; eine Spiralfeder zieht den Rahmen zurück, ein Stift bei c verhindert aber sein weiteres Zurückweichen, so dass er zum Schlusse der Kette aufrecht steht. . ."

An dieser Zusammenstellung nimmt nun KOHLRAUSCH die Messung der
Spannung an den verschiedenen Stellen vor. Bevor er auf die Berechnung
seiner Ergebnisse eingeht, erörtert er noch die verschiedenen möglichen
Annahmen über den Sitz der elektrischen Spannung in der DANIELL'schen
Kette, und zeigt, dass das thatsächliche Ergebniss der Messung von diesen
Annahmen unabhängig ist, da durch den zur Messung dienenden ableiten-
den Kupferdraht dem Gesetz der Spannungsreihe gemäss immer wieder die
gleichen Spannungen herauskommen müssen, wie man sich die Einzelwerthe
auch vertheilt denkt. Geht man beispielsweise von der Drahtleitung zur
Kupferplatte und der Vitriollösung über, so kann man nicht erwarten, den
Spannungsunterschied zwischen dem Kupfer und der Lösung, welcher an
dieser Stelle besteht, am Elektrometer zu Gesichte zu bekommen, denn
durch die Prüfelektrode (Fig 237) wird gerade eine gleiche und entgegengesetzte Spannung, wie die zwischen der Kupferplatte und der Lösung
zwischen diese und das Elektrometer gebracht, so dass sich die Lösung verhalten muss, wie ein metallischer Leiter. Dies fand sich denn auch durch
den Versuch bestätigt, und daher war es möglich, den Verlauf der Spannung
in der ganzen Zusammenstellung zu berechnen und mit der Messung zu
vergleichen, nachdem die Widerstände der einzelnen Theile des Stromkreises
für sich gemessen worden waren. In der nachstehenden Tabelle sind die
Ergebnisse des Versuches und der Rechnung mit einander verglichen, indem
die Kette geschlossen war und der Quecksilbernapf d abgeleitet war

						Berechnet	Beobachtet
a) Der zweite untere Winkel des Zickzacks						0,93	0,93
b) „ vierte „ „ „						1,86	1,83
c) „ sechste „ „ „						2,80	2,60
d) Das Quecksilbernäpfchen c der Kupfertafel						3,73	3,70
e) Die Lösung des Kupfervitriols 2.02 Zoll von der Kupferplatte						4,80	5,03
f) „ „ „ 4.02 „ „ „						5,86	5,91
g) „ „ „ 6 „ „ „						6,91	6,93
h) „ „ „ 8 „ „ „						7,98	7,96

Die vorstehenden Zahlen zeigen, wenn auch der Grad der Übereinstimmung in einigen Fällen zu wünschen übrig lässt, die OHM'sche Theorie in
einem solchen Maasse erfüllt, dass an deren Geltung, auch was die elektroskopischen Eigenschaften des Stromkreises der einfachen Kette anlangt, nicht
der mindeste Zweifel bestehen kann.

3 Die einzelnen Spannungen. Nach der Erledigung der Messungen
zur OHM'schen Theorie der Ketten wendete KOHLRAUSCH sich der Frage zu,
wie die einzelnen Spannungen in der DANIELL'schen Kette vertheilt sind.
Um hierauf eine Antwort zu erlangen, musste er sich eines Condensators
bedienen, der nicht nur die beiden Metalle, sondern auch die beiden Flüssigkeiten einander gegenüber zu stellen gestattete. Ersteres konnte leicht durch
Platten aus Zink und Kupfer erreicht werden, das letztere ermöglichte er
dadurch, dass er die Flüssigkeit durch Fliesspapier aufsaugen liess, das auf

einer Glasplatte ausgebreitet war, und solche Platten mit entsprechenden Metallplatten verband Zwar war der Faktor des lezten Condensators von dem des ersten verschieden, doch liess sich diese Verschiedenheit durch passende Anordnung der Messungen mittelst Rechnung beseitigen Im einzelnen ergaben seine Versuche das Folgende

Die Messungen am Zink-Kupfer-Condensator ergaben fur die Spannung zwischen den beiden Metallen 4,17, welche Grosse in der Folge mit Zn | Cu bezeichnet werden wird Wurden die beiden Metalle einer DANIELL'schen Kette mit den gleichnamigen Platten des Condensators verbunden, so wurde die Spannung F = 4,51 erhalten „F besteht nun aus der Differenz der elektrischen Erregungen zwischen Zink und Zinkvitriol und zwischen Kupfer und Kupfervitriol, indem, wie sich nachher zeigen wird, die beiden Vitriole bei ihrer gegenseitigen Beruhrung ganz oder fast ganz neutral verhalten. Es kann also F durch Zn | ZnSO^4 − Cu | CuSO^4 dargestellt werden, und so ist, weil hier derselbe Condensator gebraucht wurde, die Gleichung gegeben

$$Zn \,|\, Cu \,(Zn \,|\, ZnSO^4 - Cu \,|\, CuSO^4) = 4,17 \quad 4,51.$$

„Ich bediente mich nun einer Methode, welche Hr. BUFF (Ann der Chemie und Pharm **42**, 5) angegeben hat, um die elektrischen Differenzen zwischen Metallen und Flussigkeiten ungetrubt von fremden Einflussen zu erhalten Zu dem Ende ward als untere Condensatorplatte die Zinkplatte benutzt, als obere eine Glasplatte, auf welcher eine mit Zinkvitriol getränkte Scheibe mit Loschpapier lag Nachdem die Zinkplatte durch einen Zinkdraht mit dem Zinkvitriol verbunden war, zeigte der letztere positive Elektricitat, und zwar mit der Starke 4,41 Es darf aber diese Zahl nicht in unmittelbare Beziehung zu den oben gefundenen Zahlen gesetzt werden, weil hier ein Condensator von anderer condensirender Kraft gebraucht ist "

Ein ahnlicher mit Kupfervitriol angestellter Versuch ergab, als die Zinkplatte des Condensators mit diesem durch einen Kupferdraht verbunden wurde, − 2,94 Hieraus folgt die zweite Gleichung

$$Zn \,|\, ZnSO^4 \,(Zn \,|\, Cu - Cu \,|\, CuSO^4) = 4,41 \quad 2,94$$

„Aus den beiden gefundenen Gleichungen lässt sich aber das Verhaltniss der Grosse der einzelnen Erregungen auf algebraischem Wege ableiten. Wird die elektrische Differenz zwischen Zink und Kupfer durch die Zahl 4,17 vorgestellt, so ist die Differenz zwischen Zink und Zinkvitriol gleich 5,21 und die zwischen Kupfer und Kupfervitriol gleich 0,70

„Das sieht nun so freilich recht hubsch aus, aber man darf diesen Zahlen ein zu grosses Gewicht nicht beilegen " Und nun setzt KOHLRAUSCH mit bemerkenswerther Unparteilichkeit gegen seine eigenen Bestimmungen die mannigfaltigen Fehlerquellen auseinander, welche die Ergebnisse truben konnen Eine andere Versuchsreihe, die er als die abweichendste bezeichnet, hatte die Zahlen zu 4,17, 6,07 und 1,56 statt der fruheren ergeben, wo die erste des Vergleiches wegen beiderseits gleich gesetzt worden ist

Um nun noch die oben erwähnte Frage nach der gegenseitigen Erregung der beiden Flüssigkeiten zu prüfen, wurde zuerst der Condensator aus Zink und Zinkvitriol hergestellt und gemessen Alsdann wurde das Zinkvitriol auf der Glasplatte durch Kupfervitriol ersetzt, von dem die Ableitung durch einen mit Zinkvitriol getränkten Faden bewerkstelligt wurde „Dadurch fand nun dieselbe Ladung des Condensators statt, wie in dem anderen Falle, wenigstens so genau, dass die kleinen Abweichungen vollkommen in die Fehlergrenzen der Beobachtungen fallen Sollte dennoch eine Erregung zwischen den beiden Vitriolen stattfinden, so beträgt sie schwerlich mehr als $\frac{1}{20}$ von der Differenz zwischen Zink und Kupfer "

Die durch die Studie am Daniell-Element angebahnte Untersuchung der elektromotorischen Kräfte zwischen den Metallen und den Flüssigkeiten wurde von KOHLRAUSCH nach kurzer Zeit fortgesetzt,[1] indem er die Stellung einiger anderer Metalle in der Spannungsreihe zu ermitteln suchte In der Einleitung dazu macht er mit Recht aufmerksam, dass alle galvanometrischen Methoden immer nur Summen von Spannungen geben, und dass alle Gleichungen, welche man mit Hülfe solcher Messungen bilden kann, immer mindestens eine Unbekannte zu viel enthalten, so dass sie nicht numerisch aufgelöst werden können So darf man z B bei den Versuchen von POGGENDORFF (S 719) für das Verhalten der Flüssigkeit zu den Metallen jede beliebige Annahme machen, ohne dass die vorhandene Beziehung gestört wird, wenn man das VOLTA'sche Spannungsgesetz als gültig annimmt, ebendeshalb können solche Versuche nichts über den wirklichen Spannungsunterschied zwischen den Metallen allein lehren Auch entgeht ihm nicht, dass selbst der „äusserste Standpunkt der chemischen Theorie" mit POGGENDORFF'S Messungen verträglich ist, denn die Beziehungen bleiben auch bestehen, wenn man die Erregung zwischen den Metallen gleich Null setzt „Will man die elektrischen Differenzen der Metalle ohne den störenden Zutritt der Flüssigkeiten studieren, so bleibt der Gebrauch der Magnetnadel ausgeschlossen, und als Untersuchungsmittel nach unserem jetzigen Stande der Wissenschaft nur der Condensator mit dem Elektrometer übrig "

Nun entstand aber die Schwierigkeit, dass der von der Entfernung der Platten abhängige Faktor des Condensators schwerlich gleich erhalten werden kann, wenn man verschiedene Platten benutzen muss Um sich hiervon unabhängig zu machen, verfuhr KOHLRAUSCH in folgender Art

„Verbindet man mit den Condensatorplatten eine Elektricitäts-Quelle k in der Art, dass man den Pol, welcher $+E$ liefert, durch in die Spannungsreihe gehörige Körper mit der positiveren, den anderen mit der negativeren verbindet, so bekommt der Condensator eine Ladung, welche der Elektricitäts-Quelle $k + d$ entspricht, wenn d die elektrische Differenz der beiden Metalle vorstellt, aus denen der Condensator besteht Verknüpft man aber in der umgekehrten Weise, so bekommt man eine Ladung, welche der

Elektricitäts-Quelle $k - d$ angehört. Beide Ladungen sind, als an demselben Condensator entstanden, der Kraft ihrer Elektricitäts-Quellen proportional, also durch das Elektrometer vergleichbar. Wurde mithin dieses für die erste Ladung den elektrischen Werth a, für die zweite den Werth b gegeben haben, so würde die Elektricitäts-Quelle k zu der elektrischen Differenz d sich verhalten, wie $\frac{(a + b)}{2}$ zu $\frac{(a - b)}{2}$. Es leuchtet ein, dass es für diese Methode ganz gleichgültig sein muss, welcher Natur die constante Elektricitäts-Quelle ist, und dass man sich einer Hydrokette, allerdings der einzigen hier brauchbaren Quelle bedienen darf."

Bis hier ist alles methodisch in schönster Ordnung. Nun aber macht sich Kohlrausch das Bedenken, dass es keine ganz constante Hydrokette gebe, und um den hierin liegenden Fehler zu vermeiden, verfährt er so, dass er zwei Condensatoren neben einander untersucht, einen von Zink und Kupfer und den zweiten von den zu untersuchenden Metallen. Der Werth k der benutzten Hydrokette (einer Daniell'schen) wird dann nach dem Ergebniss der Messung an dem Kupfer-Zink-Condensator bestimmt, und damit dann die Spannung des anderen Condensators verglichen. Diese Methode wäre einwurfsfrei, wenn bewiesen wäre, dass ein Kupfer-Zink-Condensator immer unveränderlich die gleiche Spannung besitzt. Kohlrausch hat offenbar in dem damaligen Stadium seiner Versuche eine solche Annahme für „selbstverständlich" gehalten, denn er hat die Thatsache, dass hier eine Annahme vorliegt, nicht einmal besonders hervorgehoben. Man wird nicht fehl gehen, wenn man dieses Übersehen des sonst so musterhaft kritischen Beobachters seiner festen Überzeugung von der Richtigkeit der Contacttheorie zuschreibt, die ihm einen Zweifel an der Gültigkeit der Voraussetzung bestimmter und constanter Spannungsunterschiede zwischen den Metallen gar nicht kommen liess. In der Folge hat allerdings Kohlrausch selbst das Beste dazu gethan, die Truglichkeit dieser Voraussetzung, wenigstens soweit sie die Ergebnisse der Condensatorversuche anlangt, im Einzelnen nachzuweisen.

Vor der Ausführung der Versuche überzeugte sich Kohlrausch noch, dass an der Stelle massiver Platten sich solche von beliebigem Metall anwenden lassen, die mit einer Schicht des zu untersuchenden Metalles überzogen sind; es war dies insofern wichtig, als sich dadurch manche Metalle in die Messungen einbeziehen liessen, die sonst nicht zugänglich gewesen waren. Die Zahlenergebnisse sind, wenn die Differenz Zink | Kupfer gleich 100 gesetzt wird, und Zink immer eines der Metalle ist. Platin 107, Gold 113, Silber 106, Eisen 75. Nach dem Gesetz der Spannungsreihe müssen nun hieraus folgende Werthe gefunden werden: $Fe \mid Cu = 25$, $Fe \mid Pt = 32$, $Fe \mid Au = 38$, $Fe \mid Ag = 31$, thatsächlich wurde beobachtet $Fe \mid Cu = 32$, $Fe \mid Pt = 32$, $Fe \mid Au = 40$, $Fe \mid Ag = 30$, bis auf den ersten Werth also eine ziemlich gute Übereinstimmung.

„Mit dem Blei ging es mir schlecht, oder vielmehr so, dass sich die

Nothwendigkeit ergiebt, den Condensator anders einzurichten. Eine massive Bleiplatte war noch ganz blank mit ihren Lackstellen versehen, konnte aber erst am anderen Tage geprüft werden, wo sie schon ihren Glanz zumeist verloren hatte. Sie wurde gegen eine Kupferplatte geprüft, und es stellten sich an diesem Tage für Pb Cu die Zahlen 92,7 und 90,1 heraus, am folgenden Tage 81,9 und am dritten 74,0. Aller Glanz war jetzt auch verschwunden und das Blei ganz angelaufen." Ähnliche Ergebnisse wurden mit anderen Metallen, insbesondere Zinn beobachtet, so dass Kohlrausch seine Untersuchung mit folgendem „Bedenken" schliesst.

„Statt die Arbeit mit anderen Metallen fortzusetzen, breche ich sie hier vorerst ab. Die Versuche mit dem Bleie zeigen zu Genüge, dass die Ergebnisse nur dann Werth haben, wenn die Oberflachen der Condensatorplatten rein metallisch sind, und so möchte es vorerst am nöthigsten sein, diese so einzurichten, dass sie ganz frei von Lack sind und jeden Augenblick abgeputzt werden können. Wer kann auch dafür einstehen, dass nicht die an der Oberflache der Metalle condensirten Gase, wie sie es bei den Moser'schen Bildern gethan, so auch hier eine Rolle spielen? So gern ich auch der Ansicht wäre, dass meine Messungen die Stelle der edlen Metalle in der Spannungsreihe einigermaassen richtig bestimmen, so will ich doch nicht leugnen, dass ich neue Versuchsreihen mit neuen Instrumenten anzustellen für nöthig erachte. Der Grund, weshalb ich dennoch eine halbfertige Arbeit veroffentliche, ist, abgesehen davon, dass der grosste Theil dessen, was ich geschrieben habe, doch geschrieben werden musste, in unseren Zeitverhältnissen zu suchen,[1] welche eine Unterbrechung der Arbeiten als möglich erscheinen lassen."

4. Kohlrausch's spatere Arbeit. Aus dem von Kohlrausch beklagten halbfertigen Zustande ist dann die Arbeit nicht herausgekommen. Drei Jahre spater veroffentlichte er einen Nachtrag[2] dazu, von dem er gleichfalls erklart, dass er nur unvollstandig sei, und nur veroffentlicht werde, weil von anderer Seite die gleiche Frage in Angriff genommen sei. Der Nachtrag „liegt schon seit anderthalb Jahren und wartet auf Vollendung, doch haben mich interessantere Untersuchungen aus diesem Gebiete gedrangt, da eine genauere Bestimmung der Zahlen schwerlich einen praktischen Zweck hat, das Theoretische mir aber trotz der ungenauen Zahlen ziemlich versichert erscheint."

Kohlrausch hatte inzwischen einen Condensator gebaut, welcher den früher gestellten Anforderungen entsprach, und mit demselben in der That ziemlich abweichende Ergebnisse erhalten. Eine Anschauung des Condensators giebt Fig. 238, er besteht aus zwei aufrecht stehenden Platten, die vermittelst einer entsprechenden Anzahl von Feinbewegungen einander genau parallel gestellt, und nach stattgehabter Entfernung wieder auf gleichen

---

[1] Die Arbeit ist datirt: Cassel, den 15. October 1850
[2] Pogg. Ann. 88, 464. 1853

Abstand genähert werden können. Um die erforderlichen Schaltungen bequem ausführen zu können, ist mit Hülfe von Quecksilbernäpfchen ein Schaltbrett hergestellt, welches wie folgt beschrieben wird:

„Ein hölzerner, mit Blei ausgegossener Klotz trägt eine Anzahl isolirter Quecksilbernäpfchen und ebenso eine Anzahl Kupferhaken, um diese Näpfchen mit der Erde verbinden zu können. In der Figur ist die Einrichtung so getroffen, dass gleichzeitig mit zwei Condensatoren gearbeitet werden kann.

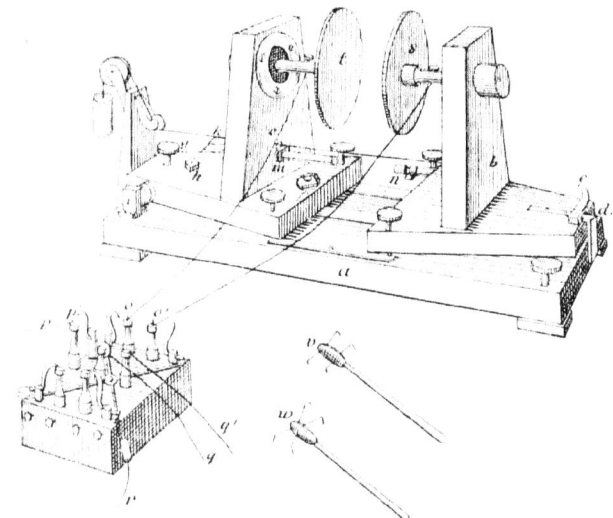

Fig. 238. Nach R. KOHLRAUSCH.

„Was die am Rande befindlichen fünf Quecksilbernäpfchen betrifft, welche wie Spielkegel aussehen, so steckt ihr unterer hölzerner Theil im Klotz und wird durch seitliche Klemmschrauben in richtiger Höhe erhalten; der mittlere, etwas hellere Theil stellt das Schellack vor; das Messingnäpfchen selbst trägt an der Seite einen hervorragenden Stift.

„In den Trägern der Condensatorplatten sind durch Klemmschrauben feine Drähte befestigt, die mittelst eines kleinen angelötheten Ringes an die Stifte der Quecksilbernäpfchen o und o' gehängt werden. Das eintauchende Ende der Drähte ist amalgamirt.

„Die beiden isolirten und ebenfalls mit Klemmschrauben versehenen Näpfchen haben unten Messingschrauben, welche in den Klotz eingeschoben sind. Mit diesen Näpfchen werden durch die Drähte q, q' die Pole der constanten Kette verbunden.

„Die Kupferhaken sind in geschlitzten Holzsäulchen beweglich. Werden sie in das Quecksilber getaucht, so ist das betreffende Näpfchen nach der Erde abgeleitet, denn das andere Ende des Hakens ist durch einen zwischengelötheten, feinen Spiraldraht mit einem metallischen Kreuz in Verbindung, welches seinerseits durch die Fortsetzung r mit der Erde communicirt.

„Der Draht p verbindet das Quecksilbernäpfchen p' mit dem Zuleitungsdraht des Elektrometers. . . .

„Der Gebrauch des Condensators ist nun sehr einfach. Sei z. B. s eine Zinkplatte, t eine Kupferplatte, q' der Draht, welcher zum Zinkpole der

Daniell'schen Kette führt, g der zum Kupferpol führende, so erfordert die früher (S 943) gegebene Methode zur Bestimmung der elektrischen Differenzen der Metalle die Messung drei verschiedener Ladungen des Condensators erstens, wenn die Condensatorplatten unmittelbar mit einander verbunden werden, zweitens, wenn die Ladung durch Verbindung des Zinkpols der Daniell'schen Kette mit der Zinkplatte, und der Kupferplatte mit dem Kupferpole geschieht, und drittens, wenn diese Verbindung umgekehrt gemacht wird

„Das erste erreicht man, wenn man die Näpfchen a und a' metallisch verbindet, das zweite, wenn man diese beiden Näpfchen mit den beiden mittleren durch die kleine Vorrichtung v und das dritte, wenn man sie durch die Vorrichtung w verbindet Die Enden der Drähte in diesen aus zwei Drähten, Schellack und Holz bestehenden Vorrichtungen sind amalgamirt "

Mit diesen Mitteln konnte Kohlrausch nun untersuchen, in welchem Maasse die beim Blei beobachteten Thatsachen, dass die Spannung je nach dem Oberflächenzustande der Platte verschieden ausfiel, sich bei anderen Metallen wiederholte Es ergab sich, dass dies fast überall auf das Deutlichste der Fall war, insbesondere verhielt sich das Zink sehr veränderlich in dem Sinne, dass eine frisch gescheuerte Platte gegen eine oxydirte positiv war Kupfer ändert sich viel langsamer

Mit Rücksicht auf diese Veränderungen ergaben möglichst frische Platten die folgenden Zahlen gegen Zink, wobei wieder Zn Cu = 100 gesetzt ist Ag = 109, Au = 115, Pt = 123 „Doch wage ich nicht, die Zahlen auf ein paar Einheiten zu garantiren " Gegen die früher (S 944) mitgetheilten Werthe sind ziemlich bedeutende Unterschiede vorhanden

Auch die Versuche über die Spannungsunterschiede zwischen den Metallen und Flüssigkeiten führten nun zu anderen Zahlen Setzt man wieder wie früher $Zn\,Cu = 4{,}17$, so kommt $Zn\,ZnSO^4 = 3{,}196$ und $Cu\,CuSO^4 = 2{,}671$

Wie man sieht, handelt es sich um recht erhebliche Unterschiede, welche wohl Anlass hatten geben sollen, die Grundlagen des Verfahrens einer neuen Prüfung zu unterziehen In der Folge sehen wir die gleiche Erscheinung immer sich wiederholen, jeder Beobachter, welcher die Constanten der Volta'schen Theorie zu messen unternimmt, hat sich auf das Bitterste über die Unbeständigkeit der beobachteten Werthe zu beklagen, und die Abweichungen, welche die Zahlen der verschiedenen Forscher von einander zeigen, müssen jeden unbefangenen Zuschauer zu der Überzeugung bringen, dass die Grössen, welche bei diesen Versuchen gemessen werden, noch in höchstem Maasse von Umständen abhängig sind, welche man nicht in der Gewalt hat Der dazu gehörige Schluss, dass die nach der Condensatormethode gefundenen Zahlen keinen Anspruch auf die Bedeutung haben, welche ihnen in der Volta'schen Theorie zugeschrieben wird, ist allerdings von den mit solchen Aufgaben beschäftigten Forschern nicht gezogen worden

und bis auf den heutigen Tag wird noch von vielen diesen Werthen, deren
schwankende Beschaffenheit bei jedem neuen Bestimmungsversuch nur immer
deutlicher zu Tage getreten ist, eine grundlegende Bedeutung für die Theorie
der Volta'schen Ketten und der Elektricitätserregung überhaupt beigelegt.
Es lässt sich dies nur aus dem Umstande erklären, dass die Theorie bestand,
lange bevor die schwankende Beschaffenheit ihrer Grundlage zu Tage getreten war, und dass es sehr schwer ist, die Herrschaft einer einmal angenommenen Theorie zu brechen und die einer nicht angenommenen herzustellen, selbst wenn zu Gunsten der letzteren die experimentellen Gründe viel
deutlicher sprechen, als für die erste

5 Weitere Spannungsmessungen An die Arbeiten von Kohlrausch zur Bestimmung der Spannungsunterschiede zwischen Metallen unter
sich und mit Flüssigkeiten schlossen sich viele andere, welche im Wesen die
gleichen Resultate gaben, wie jene grundlegende Untersuchung An diesen
Arbeiten sieht man am deutlichsten, in welchem Maasse eine vorgefasste
Meinung blind gegen die Thatsachen machen kann Weil nach der Volta'-
schen Hypothese die Metalle gegen einander grosse Spannungsunterschiede
haben sollten, verschloss man sich gegen die Erkenntniss, dass die mittelst
des Condensators, der einzigen vorhandenen Methode, gemessenen Werthe
ausserordentlich weit von der Beständigkeit und Bestimmtheit entfernt waren,
welche von so allgemeinen Naturconstanten beansprucht werden muss.
Einer der betheiligten Forscher nach dem anderen klagt darüber, dass die
beobachteten Spannungen so ungemein von unbeherrschbaren Zufälligkeiten
abhängen, und wenn auch für diese Unregelmässigkeiten die stets bereite
Theorie Auskunft durch angenommene oder nachgewiesene Oberflächen-
schichten gab, so war damit allerdings eine augenblickliche Ausflucht gegeben, aber kein Mittel, für die grundlegenden Grössen der Theorie irgendwelche einwurfsfreien Zahlenwerthe zu finden. Trotzdem sehen wir einen
Forscher nach dem anderen sich der hoffnungslosen Aufgabe hingeben, und
heute sind nach all der Arbeit diese Zahlen nicht wesentlich genauer bekannt, als R Kohlrausch sie uns seinerzeit kennen gelehrt hatte, alle Ver-
feinerung der Messhilfsmittel hat zu nichts gedient, als die Veränderlichkeit
der Zahlen deutlicher ins Licht treten zu lassen

Der Zeit nach sind die ersten weiteren Arbeiten, nach denen von
R Kohlrausch, die von W Hankel ausgeführten [1] Die Methode war wieder
die des Condensators, nur war das Dellmann'sche Elektrometer durch eines
eigner Construction ersetzt, welches wesentlich aus einem Behrens'schen
S 290) mit mikroskopischer Ablesung bestand Um gegen die Veränderlichkeit
frisch geputzter Platten gesichert zu sein, wurden alle Messungen gegen eine
unverändert bleibende Kupferplatte ausgeführt, deren Zustand als dauernd
angenommen wurde Über die grosse Abhängigkeit des elektromotorischen

---

[1] Abhandlungen der kgl sächs Ges der Wiss, phys-math Klasse, 6, 1 und 7, 585
1864 1865

Zustandes der Platten von der vorangegangenen Behandlung wird Folgendes mitgetheilt

„Die nachfolgenden Versuche werden darthun, dass die Spannung, welche bei den zuvor beschriebenen Messungen zwischen Zink und Kupfer sich zeigt, gar sehr von der Beschaffenheit dieser Oberflächen abhängt, weshalb es nothwendig wird, stets genau anzugeben, in welchem Zustande sich die Oberflachen der Platten befunden haben, oder welchen Operationen sie zuvor unterworfen worden sind, selbst die edlen Metalle verandern durch blosses Liegen an der Luft ihre Oberflachen Ferner werden durch Wasser und andere Flussigkeiten, auch wenn man die Platten sofort nach dem Benetzen damit wieder abtrocknet, Anderungen erzeugt, und unter Umstanden so schnelle, dass ein infolge der blossen Annaherung der Hand eingetretener Beschlag einer Platte, der sofort wieder verschwindet, hinreicht, um merkliche Modificationen hervorzurufen "

Gegenuber solchen Erfahrungen muss billig gefragt werden, ob denn uberhaupt die Moglichkeit vorhanden ist, eine unveranderte Oberflache irgend einer Metallplatte zur Messung zu bringen Denn die in solchen Fallen eintretenden Anderungen haben alle die Eigenschaft, dass sie langsam aufhoren, mithin in den ersten Augenblicken nach der Behandlung der Platte mit den Reinigungsmitteln am schnellsten verlaufen Dadurch bleibt jeder einzelne Versuch dem Einwande ausgesetzt, dass die grosste Anderung bereits vor sich gegangen ist, bevor die erste Messung hat ausgefuhrt werden konnen Und neben dieser unuberwindlichen Schwierigkeit ist noch die andere, noch bedenklichere vorhanden, dass namlich uberhaupt keine Reinigungsoperation im Stande ist, eine wirklich reine Oberflache zu liefern Denn immer muss die Platte mit anderen Stoffen, den Reinigungsmitteln, beruhrt und gerieben werden, und man kann hundert gegen eins wetten, dass von diesen Stoffen sich Bestandtheile auf der Oberflache der Platte ansammeln mussen Dass man durch bestimmte Reinigungsmethoden schliesslich constante Werthe erlangen kann, beweist nichts, als dass durch das Verfahren eine stets gleichbleibende Verunreinigung der Oberflache erzeugt wird, keineswegs aber, dass die Oberflache rein ist Um ein Bild von der Veranderlichkeit solcher Platten zu geben, seien die Versuche mit einer Goldplatte angefuhrt, bei welcher man sie am wenigsten erwartet „Der grosste Ausschlag, den eine frisch geputzte Goldplatte gab, war — 0,65 Skalentheile, er sank in $^1{_2}$ bis $^3{_4}$ Minuten auf — 0,50 Skth , nach einer neuen halben Minute auf — 0,40, und nach 10 Minuten betrug er nur noch — 0,20 Skth "

Das Gleiche wird aus der von HANKEL schliesslich zusammengestellten Tabelle (S 952) ersichtlich, welche die beobachteten Werthe und ihre Veranderlichkeit angiebt

Zum Verstandniss der Tabelle sei bemerkt, dass die Spannung zwischen frisch gereinigtem Zink und Kupfer gleich 100 gesetzt worden ist, dass aber, um Zeichenwechsel zu vermeiden, die Stellung des Zinks mit 200. und die des Kupfers demgemass mit 100 bezeichnet worden ist Wie man sieht, betragt in einem Falle die Veränderlichkeit fast den ganzen Betrag des Spannungsunterschiedes zwischen Zink und Kupfer, also etwa $^3/_4$ Volt in moderner Messung.

Name des Metalles	Ort in der Spannungsreihe				Betrag der grössten beobachteten Veränderung
	unmittelbar nach dem Putzen	1—2 Tage	4—7 Tage	länger als 2 Monate	
		nach dem Putzen			
Aluminium	225		165	130	85
Amalgamirtes Zink	200?	—	—	—	—
Zink	200	188		157	43
Kadmium	176		164	130	37
Zinn	177	—	164	152	25
Blei	156	—	135	131	21
Antimon	134	—	122	113	18
Wismuth	128	116	110	106	22
Neusilber	125	—		105	20
Messing	122	110	—	—	
Quecksilber	110	60	—	—	50
Eisen	116	—	100	92	24
Stahl	109	—	—	93	16
Gusseisen	108	—	—	96	12
Kupfer	100	—	86	—	14
Gold	100	—	81	—	19
Palladium	85	—	—	—	—
Silber	83	—	70	82	12
Coke	78	—	78	—	—
Platin	77	—	—	—	—

Als ein weiteres Beispiel solcher Unterschiede sollen die Beobachtungen Hankel's an einer Kadmiumplatte dienen. Die gegossene Platte war anfangs etwas zu klein gerathen; sie gab in diesem Zustande sofort nach dem Putzen den obenstehenden Werth 176, d. h. 24 gegen Zink. Als nun die Platte durch Hämmern ausgedehnt worden war, gab sie, ebenfalls gleich nach dem Putzen, den Werth 19 gegen Zink; der erste nach dem Hämmern und Abschleifen erhaltene Werth war gar nur 12!

Ein zweiter Theil von Hankel's Arbeit ist der Messung der Spannung zwischen Metallen und Flüssigkeiten gewidmet. Auch hier machten sich ausserordentlich schnell vor sich gehende Veränderungen geltend, die zwar an sich nicht ohne Interesse sind, den erhaltenen Werthen aber jede bestimmte theoretische Bedeutung rauben. Das Verfahren bestand darin, dass ein oben eben geschliffener Trichter mit aufgebogener Röhre so unter der oberen Platte des Condensators angebracht wurde, dass die in ihn gegossene Flüssigkeit mit ihrer oberen Fläche die untere Platte des Condensators ersetzte. In die aufgebogene Röhre des Trichters wurde nun das zu prüfende Metall getaucht, und der Spannungsunterschied zwischen den beiden Flächen des Condensators gemessen. Von früher her war der Spannungsunterschied zwischen dem Metall und der oberen Condensatorplatte bekannt, durch Abziehen derselben von der eben beobachteten Spannung, welche die Summe der Spannungen Metall Wasser und Metall Condensatorplatte darstellt, konnte dann die Spannung Metall Wasser erhalten werden. Nachstehende Beschreibung eines Versuches giebt eine weitere Verdeutlichung des Verfahrens.

„Auf den Rand des leeren Trichters wurde eine in der früher angegebenen Weise polirte Zinkplatte gelegt, und ihre Differenz gegen die obere, seit langer Zeit in der Luft ruhig schwebende Kupferplatte in bekannter Weise gemessen. Das Elektrometer zeigte einen Ausschlag von — 8,49 Skth.

„Darauf wurde an die Stelle der Zinkplatte eine frisch geputzte Kupferplatte gelegt, und gleichfalls ihre Spannung gegen die obere kupferne Condensatorplatte gemessen. Der erhaltene Ausschlag betrug — 0,18 Skth.

„Nach Entfernung der Kupferplatte wurde der Trichter mit destillirtem Wasser gefüllt, und sodann nach dem Niederlassen der oberen Condensatorplatte bis zu dem gewohnten Abstande von 10 Theilstrichen des Ocularmikrometers ein durch Putzen mit Schmirgelpapier polirtes und durch einen dünnen Kupferdraht mit der Erde in leitender Verbindung stehendes Kupferstuck in die Flüssigkeit der mit dem Trichter zusammenhangenden seitlichen Rohre getaucht. Die obere Condensatorplatte war ebenfalls mit der Erde in leitende Verbindung gesetzt worden, diese letztere Verbindung wurde aber noch während des Eintauchens des Kupferstuckes in das Wasser aufgehoben. Nach dem Aufziehen der oberen Condensatorplatte musste das Elektrometer einen Ausschlag zeigen, der der im Augenblicke der Unterbrechung der zuletzt genannten Ableitung vorhandenen Spannung entsprach. Im vorliegenden Falle beobachtete ich einen Ausschlag von 0,96 Skth.

„Das Kupferstuck blieb ruhig eingetaucht. Als dann nach ungefähr $^3/_4$ bis 1 Minute die obere Condensatorplatte wieder niedergelassen und nach Aufhebung ihrer Ableitung zur Erde wieder emporgezogen wurde, gab das Elektrometer einen Ausschlag von — 0,21 Skth.

„Bei Wiederholung eben dieses Verfahrens nach abermals $^3/_4$ bis 1 Minute fand ich einen Ausschlag von + 0,09 Skth. Zehn Minuten nach dem Eintauchen betrug der Ausschlag + 0,38 Skth und blieb von da an für längere Zeit constant.

„Aus der Differenz der mittelst der Zink- und Kupferplatte erhaltenen Ausschlage 8,49 — 0,18 Skth ergiebt sich die Grösse des Ausschlages, welcher der Spannung Zn Cu entspricht, = 8,31 Skth.

„Aus der Vergleichung der mit der Kupferplatte und der beim Eintauchen des Kupferstuckes in Wasser beobachteten Ausschlage lässt sich ferner die zwischen Wasser und Kupfer eintretende elektrische Spannung berechnen und mittelst des soeben gegebenen Werthes in der von uns gewählten Einheit Zn Cu ausdrucken.

„Bildete nämlich die polirte Kupferplatte die untere Condensatorfläche, so wurde ein Ausschlag von — 0,18 erhalten. Derselbe stieg auf — 0,96,

als die untere Condensatorfläche aus Wasser bestand, in welches ein frisch
polirtes Kupferstück soeben eingetaucht wurde. Daraus folgt, dass bei diesem
Versuche im Momente des Eintauchens das Wasser gegen das Kupfer positiv
war, und zwar betrug diese Spannung in Skalentheilen des Elektrometers
0,96 — 0,18 = 78 Skalentheil, oder nach der von uns gewählten Einheit
+ 0,09 Zn | Cu "

HANKEL hat nun mit grosser Geduld das Verhalten einer Anzahl Metalle
gegen Wasser je nach der Dauer der Berührung untersucht Als allgemeines
Ergebniss spricht er aus, dass alle Metalle im ersten Augenblick negativ
gegen Wasser sind, doch verschiebt sich die Spannung sehr bald nach der
positiven Seite Die unedlen Metalle, wie Zink, zeigen kaum Spuren dieser
ersten negativen Stellung, und werden sehr schnell positiv, doch glaubt
HANKEL auch bei ihnen ein entsprechendes Verhalten annehmen zu dürfen
Wir werden später auf dies Ergebniss zurückzukommen haben

6 Spätere Versuche   Ein weiterer Beobachter in dem dornigen Gebiete der messenden Bestimmung der zwischen den Metallen am Condensator
merklichen Spannungen war F. GERLAND [1] Seine Messungen zeigen des
weiteren, dass so viele verschiedene Zahlen erhalten werden, als Beobachter
sich bethätigen, es hat demnach kaum einen besonderen Werth, auf sie
naher einzugehen Dagegen verdient ein Irrthum erwähnt zu werden, welchen
er hier begeht, und welcher sich später mehrfach wiederholt hat Indem er
im Sinne der chemischen Theorie die Erwägung macht, dass voraussichtlich
die in der Luft enthaltene Feuchtigkeit die Ursache des Spannungsunterschiedes sein muss, da sonstige Verschiedenheiten der Gase, in denen der
VOLTA'sche Versuch angestellt wird, keinen merklichen Einfluss ausüben,
schliesst er, dass es eine Bestätigung der chemischen Theorie wäre, wenn
die mittelst des Condensators in Luft gemessenen Spannungsunterschiede
zwischen verschiedenen Metallen gleich denen in Wasser gemessenen sein
würden Da quantitative Messungen nicht vorliegen, vergleicht er die entsprechenden Spannungsreihen, und deutet das Ergebniss im ungünstigsten
Sinne für die chemische Theorie Das umgekehrte würde richtiger gewesen
sein und entspricht, wie wir jetzt wissen, den Thatsachen.

Bei dieser Gelegenheit giebt GERLAND nun die unrichtige Ableitung,
nach welcher die elektrische Differenz zweier Metalle gleich dem halben
Unterschiede zwischen den elektrischen Erregungen der Metalle und Wasser
sein soll Der hier begangene Irrthum beruht darauf, dass GERLAND annimmt,
es werde eine bestimmte Elektricitätsmenge durch die Berührung der
Metalle mit Wasser freigemacht, während der Inhalt des VOLTA'schen Gesetzes dahin lautet, dass unabhängig von der erforderlichen Elektricitätsmenge
eine bestimmte Spannung sich herstellt Es liegt somit nicht, wie GERLAND [2]
bemerkt, ein Fehler bei WEBER (Experimentalphysik II, 825) vor, der ganz
richtig beide Differenzen einander gleich setzt, sondern bei ihm selbst Ahn-

[1] Pogg. Ann 133, 513 1868   [2] Ebend 137, 552 1869

liche Fehler sind auch in der Folge begangen worden, weshalb hier die Erwähnung von Interesse ist

Die Mittheilung seiner Messungsergebnisse leitet GIRI AND mit den charakteristischen Worten ein „So leicht es ist, mit dem beschriebenen Apparate Ladungen zu bekommen, so schwer ist es, mit ihm solche zu erhalten, von denen man sicher sein kann, dass sie nicht in zufälligen Störungen ganz oder theilweise ihren Grund haben"

An die hier geschilderten Arbeiten haben sich in der Folge noch zahlreiche ähnliche angeschlossen, deren Ergebnisse von denen der ersten zwar insofern verschieden waren, als andere Zahlen gefunden wurden, der allgemeine Charakter derselben, die grosse Unbestimmtheit und Veränderlichkeit blieb der gleiche Auch auf den Einwand von DE LA RIVE, dass die beobachteten elektromotorischen Kräfte durch den Einfluss der umgebenden Gase entstehen, wurde Rücksicht genommen, und da nach dieser Richtung noch die entscheidendsten Beobachtungen gemacht wurden, so mögen sie hier erwähnt werden

Von WILLIAM THOMSON ist[1] ein Verfahren zum Nachweis und zur Messung des scheinbaren Spannungsunterschiedes angegeben worden, welches zwar anscheinend von den früheren Methoden wesentlich verschieden ist, thatsächlich aber auf das gleiche, nämlich den Spannungsunterschied eines Luftcondensators aus zwei verschiedenen Metallen herauskommt Der Versuch beruht auf der unmittelbaren Anwendung des von demselben Forscher erfundenen Halbring- und Quadrantelektrometers, und da dieses Instrument für die Entwickelung der Experimentalforschung auf diesem Gebiete von einiger Bedeutung geworden ist, so soll hier etwas näher auf seine Geschichte eingegangen werden

Als ältestes Datum seiner Erfindung giebt WILLIAM THOMSON selbst das Jahr 1857 an, in welchem er die erste Nachricht darüber in italienischer Sprache[2] veröffentlicht hat In der That findet sich hier das Wesentliche des Instrumentes bereits so vollständig angegeben, dass der nachfolgende ausführliche Auszug der italienischen Abhandlung gleichzeitig als älteste Mittheilung und als sachgemässe Darstellung des Prinzipes dienen kann

Diese erste Darstellung WILLIAM THOMSON's hat ihr besonderes geschichtliches Interesse dadurch, dass sie den Zusammenhang seines Instrumentes mit den älteren Formen der Elektrometer durch die eigene Darstellung des Erfinders hervortreten lässt, ein Zusammenhang, dessen Vorhandensein später vollständig in den Hintergrund getreten ist

„1) Idiostatisches Abstossungselektrometer

„Die Gestalt des elektroskopischen Elektrometers, welcher ich bisher nach vielen Versuchen den Vorzug gegeben habe, ist eine Abänderung des

---

[1] Proc Litt and Philos Soc Manchester 21 Jan 1862 — Ges Abhandl I 308

[2] Atti dell Accademia pontificia de' nuovi Lincei 11, 177, 1857 Sessione del 7 Marzo 1858 (In der deutschen Übersetzung von WILLIAM THOMSON's gesammelten Abhandlungen Berlin 1890, S 258, ist irrthümlich das Datum dieser Mittheilung auf den 1 Februar 1857 angegeben)

DELLMANN'schen Elektrometers, das in POGGENDORFF's Annalen beschrieben ist. Wie bei dem DELLMANN'schen Elektrometer und der von FARADAY verbesserten COULOMB'schen Drehwage dient ein Glasfaden dazu, den beweglichen Zeiger zu tragen, und die elektrische Kraft wird durch die Torsionselasticität angezeigt. In Nachahmung des Instrumentes von DELLMANN (welches ich mit grosser Befriedigung 1857 in Kreuznach durch die Freundlichkeit seines Erfinders in Thätigkeit gesehen habe), benutzte ich einen festen Leiter, welcher zwei metallische Streifen trägt, welche so angeordnet sind, dass sie einen länglichen, leichten und beweglichen Streifen abstossen; der eine und der andere von beiden muss zu Anfang des Versuches elektrisirt werden. Mein Instrument weicht aber von dem DELLMANN's dadurch ab, dass durch seine Anordnung der bewegliche Leiter in beständiger Verbindung mit dem festen gehalten wird vermittelst eines feinen Platindrahtes, der an der Mitte des ersten befestigt ist und ein kleines Gewicht von Glas oder Blei trägt; dies hängt untergetaucht in Schwefelsäure, die in einem Gefässe von Blei enthalten ist, das den untersten mittleren Theil des festen Stückes bildet. Dieser feste Theil ist isolirt auf der Spitze eines langen Trägers aus Krystallglas (3 bis 4 Zoll sind ausreichend) in der Mitte eines gläsernen Gehäuses befestigt. Der bewegliche Leiter ist an einem sehr feinen Glasfaden aufgehängt, der 4 oder 5 Zoll lang ist, und wie bei der COULOMB'schen Wage von einem getheilten Kreise herabhängt. Die Form des beweglichen Leiters, welche vielleicht am besten für ein Instrument zu genauen Beobachtungen geeignet ist, besteht wie bei DELLMANN aus einem Stück feinen Metalldrahtes, in der

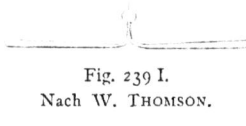

Fig. 239 I.
Nach W. THOMSON.

Mitte gewunden, um eine bequeme Aufhängung zu ermöglichen, und an den Enden ein wenig durch Schlagen mit einem Hammer abgeplattet: er bildet so eine Nadel von etwa zwei Zoll Länge, Fig. 239 I. Ich habe diese Nadel noch nicht in meinem Elektrometer versucht, sondern bediene mich für Vorlesungszwecke eines doppelten Streifens von Goldpapier. Die letzte dieser Formen, die ich

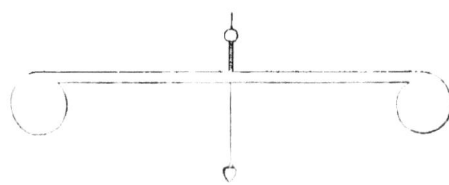

Fig. 239 II.   Nach W. THOMSON.

versucht habe, hat die Gestalt II und ist einfach hergestellt, indem zwei Stücke Goldpapier zusammengeklebt und in die angegebene Form geschnitten worden sind. Diese Nadel ist $4^{1}/_{2}$ Zoll lang und ungefähr in den Verhältnissen der Figur. Ich habe es wichtig gefunden, wenn sie sich krümmt, und ihre Enden aus ihrer Ebene heraustreten, dass sie durch Ankleben eines sehr feinen Glasfadens versteift werden muss; auch muss sie in eine sehr trockene Atmosphäre gebracht werden, drei oder vier Tage lang, wenn sie sich gekrümmt hat. Alsdann wirkt sie wie ein sehr bequemes Elektrometer und ist empfindlicher, als irgend eines meiner Goldblattelektroskope. Ich ziehe es diesem vor, um die elementare Theorie der VOLTA'schen und galvanischen Versuche mit Hülfe des Condensators zu zeigen. . . .

„2) Heterostatisches Elektrometer und Elektroskop.

„Ich habe gleichfalls zwei oder drei Formen sehr empfindlicher Elektroskope construirt, mit denen ich unmittelbar die elektrische Spannung eines einfachen Kupfer-Zink-Paares ohne die Hülfe des Condensators zeigen kann. Über die beste Form dieses Instrumentes zu genaueren Untersuchungen bin ich noch nicht ganz im reinen; doch will ich kurz eine Form beschreiben, um in Vorlesungen unmittelbar die Spannungswirkung eines einfachen Zink-Kupfer-Paares, oder die bei der schnellen Trennung zweier 2- bis 3-zölliger Platten von Zink und Kupfer zu zeigen. Für Vorlesungen habe ich eine Form bequem gefunden, welche die positive und negative Elektricität durch entgegengesetzte Bewegungen unterscheiden lässt.

„Der feste Leiter in dieser Zusammenstellung besteht wesentlich aus den beiden Hälften eines breiten Ringes (aus Messingblech, aussen $4^1/_2$, innen $3^5/_8$ Zoll im Durchmesser), Fig. 240, der durch einen auf den inneren Rand gelötheten cylindrischen Streifen verstärkt ist. (Ohne diesen Streifen geht es nicht, wenn man nicht den Ring aus viel stärkerem Messingblech in den Verhältnissen, wie sie die Figur angiebt, herstellt. Ich habe die Absicht, ein neues Instrument in solcher Weise an Stelle des beschriebenen herstellen zu lassen, und ich hoffe, es empfindlicher zu finden.) Dieser Ring wurde zunächst ganz gedreht und dann mittelst einer feinen Säge auf die Hälfte geschnitten. Die beiden Hälften werden durch

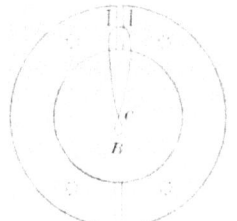

Fig. 240.
Nach W. THOMSON.

Glasstäbe auf einem Fusse festgehalten und sind durch Schrauben und Führungen einstellbar, so dass sie in dieselbe Horizontalebene gebracht und voneinander nur durch eine so dünne Luftschicht getrennt festgestellt werden können, als es nur ohne metallische Berührung möglich ist. (Bei meinem gegenwärtigen Instrumente, das ziemlich roh ist, beträgt die Entfernung der beiden Stücke längs des Sägeschnittes etwa $^1/_{30}$ Zoll.) Zwei an diesen Messingstücken befestigte Drähte gehen durch zwei Öffnungen in der Wand des Glasgefässes und bilden die Prüfelektroden des Instrumentes; ein Streifen von vergoldetem Papier, etwa $^3/_8$ Zoll breit, in der Form ausgeschnitten, wie die Fig. 240 zeigt, und im Gleichgewicht gehalten durch ein Gewichtchen von Glas oder Metall, befindet sich an einem feinen Glasfaden in C aufgehängt; auch ist mit guter metallischer Verbindung ein dünner Platindraht daran befestigt. Dieser Platindraht hängt mit einem gläsernen Gewicht am Ende unter der Oberfläche der Schwefelsäure, die in einem bleiernen Becher enthalten ist, der auf einem mit der inneren Belegung einer Leidener Flasche verbundenen

Ständer steht; die Flasche befindet sich in dem gläsernen Gehäuse des Elektrometers.[1] Die Flasche wird von aussen durch eine an ihr befestigte horizontale Elektrode elektrisirt; diese erstreckt sich an einer Seite bis zur Wand

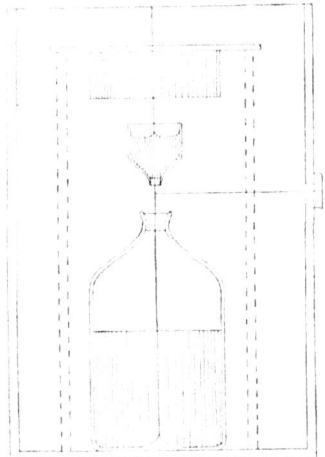

des Gehäuses, wo sich eine Öffnung befindet,
die man nach Belieben öffnen und schliessen
kann. Ist die Flasche geladen, so schliesst
man diese Öffnung, bis man die Ladung erneuern muss.

„Ist das Glas der Flasche sorgfältig gewählt, so können zwei oder drei Tage vergehen, bevor es nöthig wird, die Ladung
zu erneuern für alle Arten von Versuchen. Bei
meinem gegenwärtigen Instrumente schätze
ich, dass sie nach wenigen Stunden erneuert
werden muss, da es von geringer Empfindlichkeit ist.

„Hat man sich die verschiedenen Theile
derartiger Instrumente und ihre Anordnung
klar gemacht, so sieht man leicht, dass, wenn
die eine Hälfte des Ringes mit der Erde, die
andere Hälfte mit einer Elektricitätsquelle in

Fig. 241. Nach W. Thomson.

Verbindung gesetzt wird, sich der Zeiger C nach der einen oder der anderen
Seite bewegt wird, je nachdem die Elektricität mit der des Zeigers gleich
oder entgegengesetzt ist. Die Empfindlichkeit eines solchen Instrumentes ist
derartig, dass, wenn ich abwechselnd die eine der Hauptelektroden (die mit
den Halbringen verbundenen Drähte) mit der Hand, und die andere mit
einem Stück Kupfer oder Zink berühre, der Zeiger einen sichtbaren Ausschlag nach entgegengesetzter Richtung macht. Sind die Stücke Zink und
Kupfer mit den beiden Hauptelektroden verbunden, und ich berühre das
Zink der einen, das Kupfer der anderen mit den Händen, so lässt der
Zeiger eine beträchtliche Wirkung erkennen. Ist die dauernde Elektrisirung
des Zeigers +, so wird er gegen den Halbring gehen, welcher mit der Hand
berührt wird, und wird so die Spannung eines einzelnen Elementes Zink-
Kupfer zeigen.

„Auch die Volta'sche Contactelektricität lässt sich sehr bequem mit
dem gleichen Instrumente zeigen: um dies zu thun, ist nur nöthig, die
Scheiben von Zink und Kupfer (welche gewöhnlich gebraucht werden, um
den Versuch mit dem Condensator zu zeigen) mittelst dünner Drähte mit
den Hauptelektroden in Verbindung zu setzen; nachdem man sie an den
gläsernen Handgriffen gegen einander gedrückt hat, trennt man sie schnell
mit einer Bewegung, die senkrecht zu ihrer Berührungsfläche ist. Augen-

---

[1] „Der Platindraht, welcher das eingetauchte Gewicht von Blei trägt, ist zwei oder drei
Mal länger, im Verhältniss zu den anderen Theilen, als in der Figur gezeichnet."

blicklich bewegt sich der Zeiger nach dem Halbringe, welcher mit dem Kupfer verbunden ist, und zeigt den negativen Charakter des Kupfers und den positiven des Zinks"

Nach einigen Bemerkungen über die Herstellung des Zeigers aus dünnem Aluminiumblech beschreibt Thomson ferner einige Versuche zur Theorie des galvanischen Stromes, erwähnt die Herstellung eines absoluten Elektrometers, ohne auf dessen Beschreibung einzugehen, und erklärt schliesslich die von ihm eingeführten Ausdrucke „idiostatisch" und „heterostatisch" Ein idiostatisches Elektrometer macht Angaben, die nur von der zugeführten Elektricität 'des zu untersuchenden Korpers abhangen, so ist ein gewohnliches Goldblattelektroskop idiostatisch Ein heterostatisches Instrument enthalt dagegen bereits irgend eine Elektrisirung, von deren Zeichen und Betrage der Sinn und die Grosse des Ausschlages abhangt Das Bohnenberger'sche Elektrometer ist heterostatisch Das beschriebene Elektrometer ist es gleichfalls „In einem reinen heterostatischen Gebilde ist die auftretende Kraft einfach proportional dem Potential, oder dem Unterschied der Potentiale, die gemessen werden"

In der Folge ist nur eine Anderung von Belang vorgenommen worden an Stelle des einfachen Sägeschnittes durch den Ring sind zwei senkrecht zu einander stehende angebracht worden, so dass der Ring in vier Quadranten zerfallt, welche übers Kreuz mit einander verbunden sind Man erreicht dadurch den Vortheil, dass die Nadel nicht mehr einseitig zu sein braucht, sondern symmetrisch um die Drehaxe ausgeführt werden kann, gleichzeitig erhoht sich die Empfindlichkeit Diese wurde weiter gesteigert und bestandiger gemacht, indem man die Quadranten zu hohlen Kastchen ausbildete, in deren Innerem die Nadel schwingt

Der S 955 erwahnte Versuch besteht nun darin, dass die beiden Halbringe (der älteren Form) aus zwei verschiedenen Metallen, z B Zink und Kupfer, hergestellt wurden Nachdem die Nadel über den einen Spalt gebracht und die metallische Verbindung der beiden Halbringe hergestellt worden ist, führt man der Nadel eine elektrische Ladung zu Ist diese positiv, so wendet sie sich zum Kupfer, ist sie negativ, zum Zink, zum Zeichen, dass ersteres als negativ, letzteres als positiv elektrischer Korper nach aussen wirkt

So abweichend die aussere Gestalt des Versuches erscheint, so ist er doch nichts, als der gleiche Condensatorversuch, von dem bisher die Rede gewesen ist, nur dass das Elektrometer unmittelbar mit den Erregerplatten verbunden ist Und es bleibt auch derselbe Einwand bestehen Der Versuch beweist, dass Kupfer durch die Luft negativ wirkt, und Zink positiv, ob aber der Sprung in der Spannung der beiden leitend verbundenen Metalle an ihrer Beruhrungsstelle unter einander, oder an ihren Beruhrungsstellen mit der Luft befindlich ist, darüber sagt der Versuch nichts mehr, als jene älteren Auch die gleiche Veranderlichkeit der hier auftretenden Spannungen wird von Thomson erwahnt

An diesen Versuch von WILLIAM THOMSON knüpft nun J. BROWN an, indem er ihn mit verschiedenen Metallen in verschiedenen Gasen wiederholte. Seine Ergebnisse sind entscheidend.

In einer „Theorie der VOLTA'schen Wirkung" betitelten Abhandlung[1] spricht er sich folgendermaassen aus

„Die Entstehung eines Potentialunterschiedes durch VOLTA'sche Wirkung wird von Einigen primär dem Unterschiede der chemischen Anziehung zwischen den beiden Elementen eines VOLTA'schen Paares für einen Bestandtheil (Ion) eines zusammengesetzten Stoffes (Elektrolyts) zugeschrieben, der mit beiden in Berührung steht, wobei das Element mit der grösseren Verwandtschaft das positive ist. Von Anderen wird behauptet, dass sie einfach von der „Berührung" der beiden Elemente, ohne Dazwischenkunft eines dritten Stoffes, herrührt, und sie ist in dem Falle zweier Metalle wie Kupfer und Zink ihrer gegenseitigen chemischen Anziehung zugeschrieben worden.[2] FARADAY konnte indessen keinen Strom bei der Verbindung zweier Metalle entdecken (Zinn und Platin), obwohl die Wärmeentwickelung bedeutend war[3] (S. 964), und er nahm an, dass die Quelle der Energie in der VOLTA'schen Kette die chemische Verbindung des aktiven Ions mit der positiven Platte sei, indem Zersetzung nothwendig zur Entwickelung dieser Art Elektricität sei. Es können zahlreiche alte Versuche angeführt werden, welche zeigen, in welchem Maasse die elektrischen Beziehungen in den VOLTA'schen Paaren verändert werden können, ohne dass ihre Berührung verändert wird.

„Die nachstehenden Versuche scheinen ausreichend zu sein, die Wahrheit der erstgenannten (chemischen) Theorie nachzuweisen.

„Wird eine Spannungsreihe A durch Eintauchen verschiedener Metallpaare in einen oxydirenden Elektrolyt und Messung des entstehenden Stromes gebildet, und eine zweite B durch die Benutzung von Condensatorplatten in der gewöhnlich von den Contacttheoretikern angewendeten Methode, so findet man die beiden Reihen auffallend übereinstimmend. Der einfachste Schluss scheint zu sein, dass die sogenannte „Contactkraft" auf die Anwesenheit einer Schicht zwischen den Platten zurückzuführen ist, welche Wasser, Kohlendioxyd oder andere Sauerstoffverbindungen enthält,[4] welcher Schicht man alle Eigenschaften eines oxydirenden Elektrolyts zuschreiben kann, mit Ausnahme ihrer Leitfähigkeit.

„Bilden wir eine A-Reihe mit einem anderen Elektrolyten, welcher ein anderes aktives Ion, z. B. Schwefel enthält, so erhalten wir eine völlig andere Reihe, welche nach der Bemerkung von Professor FLEMING JENKIN[5] „gänzlich anormal und unvereinbar mit der einfachen Potentialtheorie" ist.

[1] Philos. Mag. 6, 142. 1878
[2] Sir WILLIAM THOMSON, Electrostatics and Magnetism, § 400, — TAIT, Recent Advances, p 305 u. ff
[3] Philos Transactions 1834, p 436　　　[4] G. WIEDEMANN, Galvanismus p 12.
Electricity and Magnetism p 217

„Ist aber die chemische Theorie richtig, so müssen wir bei der Bildung einer E-Reihe, wenn wir für die gewöhnliche, Wasser und andere Sauerstoffverbindungen enthaltende Atmosphäre eine andere nehmen, die eine passende Schwefelverbindung enthält, die Anomalie verschwinden sehen, und wir müssen die gleiche Reihe erhalten, wie vorher mit dem schwefelhaltigen Elektrolyten Um dies zu prüfen, wurde der folgende Versuch angestellt. Von der Thatsache ausgehend, dass Eisen gegen Kupfer in einem oxydirenden Elektrolyten wie Wasser positiv ist, während Kupfer gegen Eisen in einer Lösung, die Schwefelkalium oder einen ähnlichen Elektrolyten enthält, positiv ist, verfertigte ich einen Condensator mit Scheiben von $4\frac{1}{2}$ Zoll Durchmesser, eine von Kupfer, die andere von Eisen, und beide gut aufeinander geschliffen Die eiserne Scheibe war an dem unteren Ende eines eisernen Stabes festgeschraubt, der in einer Messingröhre glitt, die in dem hölzernen Deckel eines Glasgefässes mit Schellack festgemacht war. Das Gefäss stand auf einem hölzernen Untersatze, durch dessen Mitte sich ein ähnlicher isolirter Stab erhob, welcher die Kupferscheibe trug. Für die Bewegung der Scheiben parallel zu einander und für die Füllung des Gefässes mit Gasen waren die erforderlichen Mittel vorhanden

„Um die durch den „Contact" der Platten erregte Ladung zu messen, diente ein Quadrant-Elektrometer, das eine Ablenkung von 5 mm für die Spannung einer Bichromatzelle gab. Wurden die Condensatorplatten in gewöhnlicher Luft zur Berührung gebracht, mit den entgegengesetzten Quadrantenpaaren verbunden und dann entfernt, so bewegte sich der Lichtzeiger über 1 cm und zeigte, dass das Eisen positiv war, wie erwartet. Alsdann wurde Schwefelwasserstoff in das Glasgefäss geleitet, als dann die Verbindung und Trennung der Platten wiederholt wurde, erwies sich das Eisen negativ und der Lichtfleck bewegte sich etwa 3 cm entgegen seiner ersten Richtung. Dies wurde einigemale wiederholt, und als nach dem Versuche die Kupferplatte untersucht wurde, zeigte sie sich von tief blauer Farbe, während das Eisen kaum verändert war. Es ist zu bemerken, dass hier die einzige Veränderung in den Umständen des Versuches die Änderung der Atmosphäre war, welche die Platten umgab. Alle Contacte blieben dieselben, und in der schwefelhaltigen Atmosphäre erlangten die Platten die gleiche elektrische Beziehung, wie wenn sie in einen schwefelhaltigen Elektrolyten getaucht worden wären. Selbst das Spannungsverhältniss zwischen den Platten in Luft und Schwefelwasserstoff ist nahe gleich dem Verhältniss ihrer elektromotorischen Kräfte in Wasser und einer Lösung von Schwefelkalium

„Der nächste Versuch scheint in ausgesprochener Weise die Ansicht zu bestätigen, dass der Potentialunterschied zwischen zwei Metallen wesentlich, wenn nicht vollständig, von dem Unterschiede ihrer Verwandtschaften zu einem Element oder einer Verbindung in der umgebenden Atmosphäre bestimmt ist. Der Versuch ist eine Abänderung eines von Sir WILLIAM THOMSON beschriebenen (Papers on Electricity and Magnetism 317. „„Ein isolirter

Metallstab, welcher sich um eine Axe drehen kann, die senkrecht zu der
Ebene eines Metallringes ist, der zur Hälfte aus Zink, zur anderen Hälfte
aus Kupfer besteht, und dessen Hälften zusammengelöthet sind, dreht sich
vom Zink gegen das Kupfer, wenn er mit Glaselektricität, und vom Kupfer
gegen das Zink, wenn er mit Harzelektricität elektrisirt wird."" An Stelle

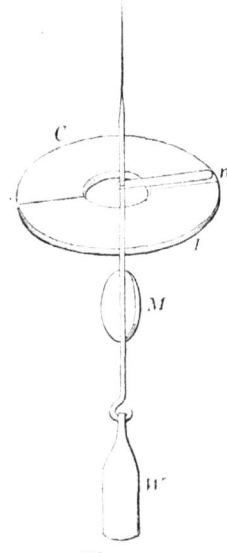

eines Ringes aus Kupfer und Zink benutzte ich einen
aus Kupfer und Eisen, CI, von 3,1 Zoll äusserem
Durchmesser und mit einer Öffnung von 1 Zoll. Er
stand auf einem Dreifuss innerhalb eines gläsernen
Gehäuses mit ebenen Wänden, welches durch einen
Gummischlauch mit einem Entwickelungsapparat für
Schwefelwasserstoff verbunden werden konnte. Um
das erste Auftreten dieses Gases zu erkennen, war
im Inneren des Gehäuses ein Stück Bleipapier ange-
bracht. Auf dem Gehäuse stand eine senkrechte
Glasröhre mit einem Torsionskopf, von dem ein
Platindraht von 0,0025 Zoll Durchmesser und 19 Zoll
Länge herabhing, der die Nadel oder den Stab n von
dünnem Aluminiumblech trug ($1\,^1/_2$ Zoll lang und
$^3/_{16}$ Zoll breit), ferner einen Spiegel von 4 Fuss
Brennweite und ein Glasgewicht W, das in ein Gefäss
mit Wasser tauchte, um die Schwingungen zu be-
ruhigen. Der Dreifuss mit dem Ringe ruhte auf drei
Schrauben, die von aussen bethätigt werden konnten,

Fig. 242.
Nach J. Brown.

und mittelst deren die Ringebene so gestellt werden
konnte, dass gleiche Ausschläge nach beiden Seiten
der Nulllinie erhalten wurden. Die Nadel hing 1 oder 2 mm über dem
Ringe, möglichst nahe an der Verbindungsstelle der beiden Metalle, und
mit dem Aufhängefaden im Mittelpunkte des Ringes. Sie wurde durch
Verbindung mit dem positiven oder negativen Pole einer Winter'schen Elektrisirmaschine geladen.

„Bei Vorversuchen mit einem Kupfer-Zink-Ringe wurden Ablenkungen
von 5 cm nach beiden Seiten mit Leichtigkeit erhalten. Mit dem Kupfer-
Eisen-Ringe ergaben sich indessen nur Ablenkungen von $^1/_2$ bis 1 cm, wobei
sich das Eisen wie Zink gegen das Kupfer verhielt. Da das Potential der
Nadel unter den angewendeten Verhältnissen nicht constant gehalten werden
konnte, so wechselte der Betrag der Ablenkung beständig; wurde aber die
Maschine sorgsam gehandhabt, so waren diese Veränderungen gering und
störten das Ergebniss nicht. Das Folgende ist ein Auszug meiner Auf-
zeichnungen über die dritte Ausführung des Versuches. Die Nadel war
negativ geladen und der Ausschlag betrug etwa $^1/_2$ cm gegen das Eisen;
das Gehäuse wurde nun mit dem Schwefelwasserstoffentwickler verbunden
und dieser durch Schwefelsäure in Thätigkeit versetzt. Nach $2^1/_2$ Minuten
begann das Bleipapier sich an den Rändern dunkel zu färben; eine halbe

Minute später ging die Nadel durch die Nulllinie und wendete sich nach dem Kupfer des Ringes; der Ausschlag war etwa $\frac{1}{2}$ cm. Nun wurde die Nadel mit dem positiven Leiter verbunden und wendete sich unmittelbar gegen das Eisen; wieder negativ gemacht, ging sie zum Kupfer; und so fort, bis etwa 10 Minuten nach dem Zuleiten des Gases die Ausschläge unbestimmt wurden, indem sich das Kupfer mit Sulfid bedeckt hatte, welches keine Verwandtschaft zum Schwefel hat."

Diese Versuche wurden bald darauf vervielfältigt und verfeinert;[1] unter Weglassung der Einzelheiten bezüglich der technischen Ausführung seien die neuen Thatsachen angegeben.

„Da Kupfer in Wasser negativ gegen Nickel ist, in Salzsäure aber positiv, so wurde ein Ring aus diesen beiden Metallen gemacht. Hier war die Ablenkung in Luft etwa 4 cm, Kupfer war negativ. Nun wurde Chlorwasserstoffgas in das Gehäuse geleitet: nach einigen Schwankungen überschritt die negativ geladene Nadel den Nullpunkt und wendete sich zum Kupfer; die Ablenkung wuchs langsam bis 1,5 cm. Der Zufluss des Gases wurde dann unterbrochen, und die Ablenkung nahm langsam ab. Nach vier Stunden war sie auf 1 mm gefallen. Dann wurde sie wieder grösser; die Zuführung frischen Gases veranlasste sie aber, kleiner zu werden, eine Erscheinung, deren Erklärung nicht leicht ist. Die Umkehrung des Potentials der beiden Metalle beim Zulassen des Gases war indessen vollkommen entschieden. Der Versuch wurde nicht wiederholt wegen der ätzenden Wirkung, die den Apparat zu zerstören drohte. Das Verhältniss der Potentialunterschiede ist natürlich nur angenähert, da der Apparat sich nicht für genaue Messungen eignete.

„In einer einfachen VOLTA'schen Zelle, die aus einer Kupfer- und einer Zinkplatte besteht, die beide in eine oxydirende Flüssigkeit tauchen. fliesst der durch den chemischen Vorgang der Kette veranlasste Strom in der Flüssigkeit vom Zink zum Kupfer. Trennen wir daher den Elektrolyt durch eine nichtleitende Platte, so muss positive Elektricität sich auf der Seite gegen das Zink ansammeln, und negative an der Seite gegen das Kupfer. Um dies zu erweisen, wurden auf eine Kreisscheibe von dünnem Vulcanit, die in der Mitte eine Öffnung und dazu einen radialen Schlitz cd hatte, zwei Segmente von Papier befestigt. Diese wurden mit Wasser befeuchtet und das Ganze in dem Apparat an Stelle des Ringes aus zwei Metallen gesetzt. Die Nadel wurde über den Schlitz cd gebracht und von den Punkten a und b des Papiers wurden zwei Streifen von feuchtem Filtrirpapier nach aussen geführt. Die äusseren Enden

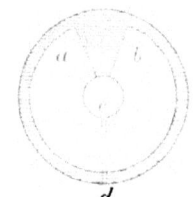

d

Fig. 243.

Nach J. BROWN.

derselben lagen neben einander auf einer Vulcanitplatte. Die Berührung eines der Enden mit einem Stücke Zink oder Kupfer, oder mit einem Ende

[1] Philos. Mag. **7**, 109. 1879.

eines zusammengelotheten Zink-Kupfer-Paares brachte auf die elektrisirte Nadel keine messbare Wirkung hervor, wurde aber auf das eine Ende das Zink, auf das andere das Kupfer des Paares gelegt, so wich alsbald der Lichtfleck des Zeigers um etwa 10 cm aus, und zeigte, dass das mit dem Zink berührte Papier positiv war. Wurde ein Kupfer-Eisen-Paar benutzt, so war die Seite des Eisens positiv, als aber ein Tropfen Kaliumsulfid auf das feuchte Papier an die Stelle der Berührung mit dem Kupfer gebracht wurde, wurde die Kupferseite positiv. War das Paar Kupfer-Eisen nicht zusammengelothet, sondern durch einen Tropfen Wasser verbunden, so erfolgte keine Ablenkung, oder nur eine sehr geringe, die Zufügung von etwas Kaliumsulfid verursachte eine starke Ablenkung der Nadel und der mit dem Kupfer in Berührung stehende Theil war nun negativ wegen des Stromes, der durch den verbindenden Tropfen vom Kupfer zum Eisen floss."

Eine dritte ausführlichere Mittheilung erschien dann im Jahre 1886 [1] Diese enthielt eine weitere Anzahl ähnlicher Versuche, bei denen die Verhältnisse nach Möglichkeit abgeändert waren. An Stelle der stark auf die Metalle einwirkenden Gase Schwefelwasserstoff und Chlorwasserstoff wurde in einigen Versuchen Ammoniak angewendet, dem man eine solche Wirkung nicht wohl zuschreiben darf, das Ergebniss war dasselbe, dass die Polarität eines Kupfer-Eisenpaares sich umkehrte, wie sie es auch thut, wenn man eine Kette aus den beiden Metallen und Wasser zusammenstellt und dann Ammoniak hinzufügt.

Weiter geht BROWN auf die Auseinanderlegung der Vorstellungen ein, die man sich von der Vertheilung der Spannungen bei dem VOLTA'schen Versuche und ähnlichen Anordnungen machen muss, die Auffassung wird am kürzesten dadurch gekennzeichnet, dass man die Luft als einen Elektrolyten betrachtet. Zwar findet sich eine solche Ansicht nicht unmittelbar hier ausgesprochen, und die chemische Theorie unseres Verfassers besitzt noch ziemlich viel von der Unbestimmtheit, welche der DE LA RIVE'schen Gestalt der chemischen Theorie zum Vorwurf zu machen war. In dem Lichte der neueren Entwickelung lassen sich indessen die Ergebnisse und Betrachtungen BROWN's am einfachsten in dieser Art zusammenfassen, der Unterschied besteht wesentlich darin, dass er das Vorhandensein eines elektrolytischen Oberflächenhäutchens als den wesentlichsten Umstand betrachtet und die Luft als einen vollständigen Isolator ansieht.

In dieser Richtung ist von besonderem Interesse ein Versuch, bei dem zwei möglichst ebene Platten von Zink und Kupfer durch eine Schraubenvorrichtung einander auf eine sehr geringe Entfernung genähert wurden. Die Platten waren in einen Stromkreis geschlossen, der ausserdem ein galvanisches Element, ein Galvanometer und ein Telephon enthielt. Bei grosser Nähe, die indessen von der vollständigen Berührung noch entfernt war, ging ein schwacher Strom durch den Zwischenraum der beiden Platten, der im Galvanometer eine (unregelmässig wechselnde) Ablenkung und im Telephon ein zischendes Geräusch hervorbrachte. Die Dicke der Schichten wurde annähernd mit einer Mikrometerschraube bestimmt und etwa 0,002 Zoll, also $1/_{20}$ Millimeter, gefunden. Der Widerstand entsprach bei dieser Anordnung etwa 100 Ohm im Condensator.

Waren diese Versuche auch wohl geeignet, weitere Belege zu der Unsicherheit zu liefern, mit welcher die Volta'sche Theorie gerade in ihren Grundlagen behaftet ist, so konnte durch sie doch nur nachgewiesen werden, dass der „Fundamentalversuch" niemals den wahren Potentialunterschied zwischen den beiden Metallen giebt, sondern der Ausdruck eines ziemlich unbestimmten elektrochemischen Vorganges ist. Wie sich thatsächlich die Spannungen vertheilen, geht aus diesen Versuchen nicht hervor, und sie zeigen auch keinen Weg, der zu diesem Ziele führen konnte.

7. Ein neuer Weg. Die Versuche, die Summe der drei Spannungen in der einfachen Kette mittelst des Condensators in ihre Summanden aufzulosen, beruhten auf der stillschweigend oder ausdrücklich gemachten Voraussetzung, dass bei dem aus zwei Metallen zusammengesetzten geschlossenen Condensator Spannungen nur an einer Stelle, nämlich an der Berührungsstelle der beiden Platten, vorhanden seien. Die mitgetheilten Versuche haben, zunächst durch die Unbestandigkeit der Messungsergebnisse, sodann auf unmittelbarere Weise durch das Experiment von BROWN gezeigt, dass die Voraussetzung unhaltbar ist. Damit ist der Bankerott der ganzen Methode ausgesprochen, und wenn die Frage überhaupt beantwortet werden sollte, so musste dies auf einem ganz neuen Wege geschehen.

Ein solcher neuer Weg wurde erst im Jahre 1867 gangbar gemacht. Er lag in einer Richtung, in welcher man ihn nicht vermuthet hatte, nämlich nach der Seite der thermoelektrischen und der reciproken elektrothermischen Vorgänge.

Über die ersteren ist bereits (S. 380) das Geschichtliche mitgetheilt worden, dass der Entstehung elektrischer Ströme durch Temperaturunterschiede ein Erscheinungsgebiet der Entstehung von Temperaturunterschieden durch elektrische Ströme entsprechen musse, ist ein Gedanke, der uns heute zwar ziemlich gelaufig ist, seinerzeit begegnete die entsprechende Beobachtung zunächst dem Zweifel und sodann der Missachtung.

Es war im Jahre 1834, dass der Uhrmacher und Liebhaber der Physik PELTIER[1] diese Beobachtung machte, welche völlig unerwartet war, und wegen dieser Beschaffenheit lange Zeit nicht beachtet wurde, da in ihr kein Zusammenhang mit anderen Thatsachen zu finden war. Die Erscheinung besteht darin, dass, wenn ein Strom durch einen aus verschiedenen Metallen zusammengesetzten Leiter geht, an den Stellen, wo diese zusammen-

---

[1] Ann. chim. phys. **56**. 371. 1834.

stossen, je nach der Reihenfolge der Metalle und der Richtung des Stromes bald Wärme, bald Kälte entsteht, so dass die bis dahin als allgemein angesehene Wirkung des elektrischen Stromes, die durchsetzten Leiter zu erwärmen, in diesem Falle eine Ausnahme erleidet: der Strom kann auch abkühlend wirken.

PELTIER kam auf diese Entdeckung durch die abnormen Ergebnisse, welche er bei seinen Versuchen erhielt, die relative Leitfähigkeit des Wismuths und des Antimons zu bestimmen. Es entstanden dabei Ströme von entgegengesetzter Richtung, wie die, welche er für den Zweck der Messung durch die Erwärmung der Löthstelle eines thermoelektrischen Paares aus Kupfer und Zink erzeugt hatte, und da er diese mit Recht durch die thermoelektrischen Wirkungen des Wismuths veranlasst vermuthete, bemühte er sich die Temperaturunterschiede an den Verbindungsstellen der verschiedenen Metalle so genau wie möglich zu messen. Zu diesem Zwecke construirte er sich eine thermoelektrische Zange, welche an die verschiedenen Stellen des Stromkreises gebracht wurde und deren Temperatur wenigstens relativ angab.

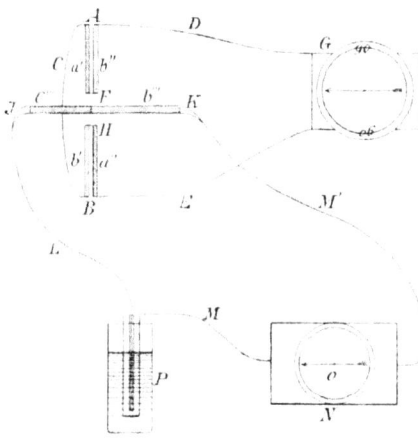

Fig. 244. Nach PELTIER.

Auf diesem Wege fand er zuerst, dass die beiden Löthstellen eines Metalles zwischen Drähten von einem anderen Metalle durch einen und denselben Strom verschieden stark erwärmt werden. „An der Löthstelle Zink-Eisen wurde, indem der negative Strom vom Zink zum Eisen ging, die Temperatur um 30° erhöht; durch den positiven Strom um 13°. (Die Grade sind solche des Galvanometers, nicht Temperaturgrade.) An der Löthstelle Kupfer-Zink gab der negative Strom, wenn er vom Kupfer zum Zink ging, 26°, der positive 14°. Dies einzige Beispiel muss hinreichen, um die Thatsache festzustellen; die vollständige Tafel der verschiedenen Differenzen, welche die Verbindung verschiedener Metalle verursacht, würde eine besondere Arbeit verlangen, ohne dass dadurch der Wissenschaft ein Fortschritt zu Theil würde.

„Es giebt andere Metalle, welche nicht nur eine geringere Temperaturerhöhung geben, sondern an deren Löthstellen man eine erhebliche Erniedrigung beobachtet. Diese Metalle sind solche, die krystallisiren, wie Wismuth und Antimon, und wahrscheinlich auch Arsenik. Roheisen, dessen Korn wie krystallisirt ist, hat sie mir in einem sehr geringen Grade gegeben; mit weichem Eisen in Drahtform habe ich sie nicht erhalten können.

„Ich habe eine Platte von Wismuth an eine von Kupfer gelöthet und diesen zusammengesetzten Leiter von einem elektrischen Strom von wachsender Stärke durchsetzen lassen; folgende Ergebnisse habe ich an der Löthstelle erhalten, an welcher der negative Strom eintrat:

ein Strom von	. . . .	15°	20"	28°	30°	35"
gab eine Temperatur von		−2,5"	−4,5°	−4,5°	0°	+4°.

„An der positiven Löthstelle fand eine Temperaturerhöhung von 10" bis 50° statt."

Somit verhält sich diese Zusammenstellung für stärkere Ströme wie die früher untersuchten, welche nur eine Verschiedenheit der Erwärmung, nicht aber entgegengesetzte Temperaturänderungen ergaben.

Über die Ursache dieser Erscheinung äussert PELTIER die ziemlich unbestimmte Vermuthung, dass sie von der ungleichen Leitfähigkeit der Metalle für die Elektricität herrühren, verschiebt aber die Entscheidung, da er über diese Grösse noch keine genügenden Messungen hat anstellen können.

Um den Einwand zu prüfen, welchen einige Physiker gemacht hatten, dass die mit der thermoelektrischen Zange beobachteten Ströme nicht von Temperaturänderungen an den berührten Stellen, sondern von einer Art Induction herrühren, änderte PELTIER den Versuch dahin ab, dass er an Stelle der Zange ein Luftthermoskop von einfacher Einrichtung, Fig. 245, anwendete; das Ergebniss war das gleiche.

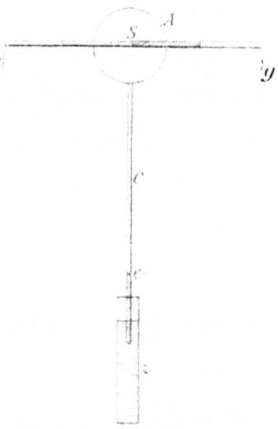

Wie man sieht, hatte PELTIER nicht erkannt, dass zwischen den von ihm beobachteten Erscheinungen und den thermoelektrischen ein enger Zusammenhang besteht. Die Aufdeckung desselben erfolgte erst sehr viel später; sie war eine Frucht der inzwischen entwickelten Thermodynamik in ihrer Anwendung auf die elektrischen Erscheinungen. Das Verdienst dieses Fortschrittes kommt zunächst WILLIAM THOMSON[1] zu; nur wenig später veröffentlichte CLAUSIUS[2]

Fig. 245. Nach PELTIER.

eine ganz ähnliche Arbeit, die unabhängig zu den gleichen Formeln führte. Der wesentliche Unterschied zwischen beiden Theorieen besteht darin, dass THOMSON die sogenannte CARNOT'sche Function noch als im wesentlichen unbekannt und empirisch aus gewissen Daten (über Dampfdruck und latente Wärme des Wassers) abzuleiten ansah, während CLAUSIUS bereits die absolute Temperatur des Gasthermometers als den Ausdruck der fraglichen Function erkannt hatte. Das gemeinsame Ergebniss beider Ableitungen ist eine Beziehung zwischen der thermoelektromotorischen Kraft und dem Betrage der

---

[1] Philos. Mag. (4) 3, 529. 1852. — Vorgel. der Edinb. Roy. Soc. am 15. Dec. 1852.
[2] Pogg. Ann. 90, 513. 1853. — Vorgel. der Berliner Akad. im Nov. 1853.

Peltier-Wirkung an der Grenzstelle zweier Metalle, die in ihrer einfachsten Gestalt die folgende Form annimmt $\frac{dp}{dT} = \frac{W}{ET}$, wo $\frac{dp}{dT}$ die thermoelektrische Kraft die Veränderung der Spannung p mit der Temperatur T, W die beim Durchgang der Elektricitätsmenge E entwickelte Wärme darstellt und die Temperatur T in absoluter Zählung oder von -273^0 unter dem Eispunkt ab gerechnet ist

Dieser Zusammenhang zwischen den beiden Grossen rührt nun daher, dass die Peltier'sche Wärme als die Folge eines Potentialunterschiedes aufgefasst wird, der an der Lothstelle der beiden Metalle besteht. Infolge dieses Unterschiedes kann die Elektricität nicht anders als unter Abgabe oder Aufnahme von Energie durch diese Sprungstelle der Spannung gehen, ebenso wie eine Wassermenge einen Niveauunterschied nicht ohne positive oder negative Arbeitsleistung überwinden kann Bestimmt man, um in dem letzteren Bilde zu bleiben, die Wassermenge und den Betrag der aufgenommenen oder ausgeschiedenen Energie, so kann man hieraus den Unterschied der Wasserhöhen berechnen, wenn diese nicht unmittelbar zugänglich sind In gleicher Weise kann man aus der Messung des bethätigten Energiebetrages und der durchgegangenen Elektricitätsmenge die Spannung berechnen, welche im positiven oder negativen Sinne an der Lothstelle vorhanden ist

Um diese hydromechanische Analogie auf die elektrischen Verhältnisse zu übertragen, machen wir folgende Überlegung Aus dem Gesetz von Joule hatte sich mittelst des Ohm'schen Gesetzes die einfache Formel $Q = \pi i$ ergeben (S 766), d h die in der Zeiteinheit entwickelte Wärme Q ist der elektromotorischen Kraft π und der Stromstärke i proportional, und beide sind gleich, wenn sie in übereinstimmendem Maasse gemessen werden Sind von diesen Grossen zwei bekannt, so kann man aus einer entsprechenden Messung die dritte ableiten Misst man also in einem gegebenen Falle die Stromstärke und die Wärmeentwickelung, so kann man daraus den vorhandenen Spannungsunterschied berechnen. Dieser Spannungsunterschied kann nun von zweierlei Art sein, er kann einerseits von dem Widerstande des Leiters herrühren und ist dann unabhängig von der Stromrichtung Zweitens kann an der Grenzstelle zweier Leiter ein dauernder Spannungsunterschied bestehen Die von diesem verursachte Wärmeentwickelung muss von der Richtung des Stromes abhängig sein Denn geht der Strom in der Richtung, dass der Spannungsunterschied, in gleicher Richtung gerechnet, eine Erhöhung der Spannung ergiebt, so muss an einer solchen Stelle elektrische Arbeit geleistet werden, und die dazu erforderliche Energie wird als Wärme aus der Umgebung aufgenommen, findet umgekehrt in der Richtung des Stromes ein Fall der Spannung statt, so verschwindet aus dem Strome an dieser Stelle ein entsprechender Betrag der elektrischen Energie, und dieser muss in der Gestalt von Wärme erscheinen Solche Vorgänge, bei welchen je nach dem Sinne des Stromes Wärme verschwindet oder entwickelt wird, sind nun die von Peltier entdeckten, und daher kann

man aus dem Betrage dieser Warmewirkungen auf den Betrag
der an der Grenzflache zweier Leiter vorhandenen Spannung
schliessen

Dieser uns jetzt ziemlich einfach erscheinende Schluss ist seinerzeit weder
von W Thomson noch von Clausius gezogen oder ausgesprochen worden

Der erste, bei dem ich eine klare Erkenntniss dieser Beziehung aufgefunden habe, ist F P le Roux, der in einer am 20 August 1866 vor der
Pariser Akademie gelesenen Abhandlung[1] uber die thermoelektrischen Erscheinungen den folgenden Satz ausspricht „Wenn in einem Stromkreise Absorptionen oder Entwickelungen von Warme stattfinden
welche der Stromstarke proportional sind und demgemass mit
der Stromrichtung ihr Zeichen andern, so entsprechen diese Wirkungen proportionalen elektromotorischen Kraften von gleichem
oder entgegengesetztem Sinne, deren Sitz offenbar an den Stellen
ist, wo sich diese Absorptionen oder Entwickelungen der Warme
geltend machen"

le Roux wendet den Satz nur auf thermoelektrische Verhaltnisse an,
indem er verspricht, bei einer anderen Gelegenheit auf seine Bedeutung fur
hydroelektrische Ketten zuruckzukommen, diese letztere Arbeit ist indessen
leider nicht erschienen Aus der ersten seien folgende Darlegungen wiedergegeben

„Ich habe die Peltier'sche Wirkung beim Durchgange eines Stromes
zwischen Kupfer und einer Anzahl von Metallen gemessen Nehmen wir
beispielsweise das Paar Kupfer-Wismuth

„Ich stellte eine Art Hufeisen aus zwei rechtwinkligen Staben von Wismuth her, die gleichen Querschnitt und gleiches Gewicht hatten und an
ihren oberen Enden durch ein Querstuck aus demselben Metall verbunden
waren An jedes untere Ende wurden Kupferstreifen gelothet, welche unter
einander so gleich wie moglich waren, durch diese wurde die Verbindung
mit der Saule hergestellt Die beiden Arme des Hufeisens tauchen in
Calorimeter von vergoldetem Messing mit 120 g Wasser, diese Calorimeter
stehen auf drei Spitzen von Holz, sind umgeben von Cylindern aus polirtem
Weissblech und mit Deckel und Ruhrer versehen In jedes taucht ein in
Zehntelgrade getheiltes Thermometer, da der Zwischenraum zwischen je
zwei Theilstrichen etwa 1 mm betragt, so lasst sich leicht ein Hundertstel-
grad schatzen

„Wegen der Bequemlichkeit der Arbeit wie der Sicherheit der Ergeb-
nisse ist es wichtig, wie gleich auseinandergesetzt werden soll, dass der
Strom eine vollkommen constante Intensitat beibehalt Es folgt nun eine
Beschreibung der benutzten Batterie u s w

„Nehmen wir an, um eine Vorstellung zu haben, dass der Strom in
das rechte Calorimeter eintritt, in diesem geht er daher vom Kupfer zum

---

[1] Ann chim phys (4) 10, 201 1867

Wismuth und bringt eine Erwärmung hervor Im linken Calorimeter geht
er vom Wismuth zum Kupfer und bedingt Abkühlung Daneben erwärmt
sich aber jedes Calorimeter um einen Betrag, welcher dem Widerstande der
eingetauchten Leiter proportional ist, es sind alle Vorsichtsmaassregeln getroffen, um diese Erwärmung so gleich wie möglich zu machen Indessen
wird dieses Ergebniss selten erreicht, gewöhnlich findet zwischen den beiden
Zweigen des Paares eine kleine Ungleichheit der Widerstande statt Waren
keine hiervon herrührenden Ungleichheiten vorhanden, so würde der Unterschied der Temperaturerhöhungen beider Calorimeter den doppelten Werth
der Peltier-Wärme angeben, wenn man von den Wärmeverlusten durch
Strahlung und Leitung absieht Um diesen Unterschied herausfallen zu
lassen, kehrt man den Strom um und lasst ihn ebenso lange, wie das erste
Mal gehen bei gleicher Intensität, die Summe der Unterschiede der Erwär-
mungen der beiden Calorimeter am Ende jeder dieser beiden Perioden giebt
den vierfachen Werth der Wärmeentwickelung, welche man messen will "

Auf diese Weise hat nun H. Roux die Werthe der folgenden Tabelle
ermittelt Um die beobachteten Wärmemengen auf eine bekannte elektromotorische Kraft zurückzuführen, ist er davon ausgegangen, dass bei dem
Daniell'schen Element die chemische und die elektrische Wärme sehr nahe
gleich sind Indem er diese für ein Gramm-Äquivalent gleich 236 K nahm,
und die beobachtete Wärmeentwickelung auf die gleiche Elektricitätsmenge,
welche ein Gramm-Äquivalent Kupfer im Daniell'schen Element abscheidet,
bezog, konnte er durch Division der beobachteten Wärmemenge mit 236
die entsprechende elektromotorische Kraft oder Spannung berechnen, welche
an der Berührungsstelle der verschiedenen Metalle thätig ist Demgemäss
beziehen sich die nachstehenden Werthe auf die Kraft der Daniell'schen
Kette als Einheit Alle Metalle sind gegen Kupfer gemessen

Legirung SbCd mit 20 Procent Wismuth .	0,0149
Antimon des Handels	0,0055
Eisen	0,0028
Cadmium	0,00055
Zink	0,0004
Neusilber	− 0,0027
Reines Wismuth	− 0,0218
Wismuth mit 10 Procent Antimon	− 0,0294

Die fünf ersten Metalle geben eine Temperaturerniedrigung im Sinne
des positiven Stromes, bei ihnen steigt also die Spannung beim Übergange
vom Kupfer zum Metall, bei den übrigen ist es umgekehrt

Wie man sieht, sind die Spannungsunterschiede zwischen den verschiedenen Metallen weit davon entfernt, den mittelst des Condensators gemessenen,
die der Volta'schen Theorie entsprechen, gleich zu sein, sie sind von ganz
anderer Grössenordnung, hundertmal kleiner, als jene, und auch im übrigen
ohne ersichtliche Beziehung zu ihnen So entspricht der grösste Volta'sche
Spannungsunterschied dem Element Kupfer-Zink Nach dem Ergebniss der
Messungen der Peltier-Wärme ist gerade dieser Unterschied der kleinste

8 Die Arbeiten von EDLUND Wenn auch die Messungsergebnisse der Arbeit von LE ROUX Beachtung fanden, so scheint die theoretische Überlegung, welche er ihnen hinzufügte, keine Aufmerksamkeit erregt zu haben So erklärt es sich, dass einige Jahre später, und wieder mit gleichem negativen Erfolge nach aussen ganz ähnliche Betrachtungen von einem Physiker am anderen Ende Europas angestellt worden sind In einer am 14 April 1869 vor der schwedischen Akademie gelesenen Abhandlung[1] setzt E. EDLUND auseinander, dass die Bedeutung der von PELTIER beobachteten Abkühlungserscheinungen darin liege, dass mit ihrer Hülfe die wahren Potentialunterschiede zwischen den Metallen unabhängig von ihrer wechselnden Oberflächenbeschaffenheit sich bestimmen lassen Seine allgemeinen Darlegungen decken sich im Wesentlichen mit denen seines Vorgangers, doch sollen sie wiedergegeben werden, um den Leser mit dem fraglichen Gedanken um so vertrauter zu machen

„Angenommen, man habe einen Elektromotor von ganz beliebiger Beschaffenheit, dessen Pole vermittelst eines Leiters mit einander vereinigt sind Wenn die elektromotorische Kraft gleich c und der gesammte Widerstand im Elektromotor zusammen mit dem im Leiter gleich l ist, so ist die ganze vom Strom entwickelte Wärmemenge gleich $\frac{c^2}{l^2} l = c \cdot \frac{c}{l}$ oder, wenn s die Stromstärke bedeutet, $= c s$ Aber ebensoviel Wärme muss nach dem eben angeführten im Elektromotor verschwinden oder in Elektricität verwandelt werden Daselbst geschieht also eine Wärmeabsorption, welche der elektromotorischen Kraft, multiplicirt mit der Stromstärke, proportional ist Wenn man zwei Elektromotore hat, deren elektromotorische Kräfte c und c sind, und diese in gleicher Richtung wirken, so beträgt die ganze vom Strom entwickelte Wärmemenge $\frac{(c+c')^2}{l^2} l_{,} = (c + c') s_{,}$ wenn $s_{,}$ und $l_{,}$ die Stromstärke und den ganzen Widerstand bieten Diese Wärmemenge muss also in beiden Elektromotoren zusammen absorbirt werden Hieraus folgt, dass in jedem Elektromotor eine Wärmeabsorption entsteht, welche der gemeinschaftlichen Stromstärke, multiplicirt mit der elektromotorischen Kraft proportional ist Das Resultat wird natürlich dasselbe, wenn auch eine grössere Zahl von Elektromotoren da ist, sobald diese nur in gleicher Richtung wirken

„Wenn die elektromotorischen Kräfte in entgegengesetzter Richtung wirken und c grösser als c' ist, so erhält man einen Strom in der Richtung der ersteren Kraft. Die ganze vom Strom entwickelte Wärmemenge wird in diesem Falle $= (c - c') s_{,,}$ wenn $s_{,,}$ die Stromstärke ist Eine ebenso grosse Wärmemenge muss in den beiden Elektromotoren verschwinden Aber in dem ersteren wird die Wärmemenge $c s_{,,}$ absorbirt, welche grösser ist, als die vom Strom erzeugte Der Unterschied zwischen beiden oder $c' s_{,,}$ muss also in dem anderen Elektromotor erzeugt werden, so dass die algebraische Summe der Wärme, welche entsteht, und der, welche verschwindet, gleich

---

[1] POGG Ann **137.** 474 1869

Null werden kann Hieraus folgt also, dass, wenn ein Strom einen Elektromotor in entgegengesetzter Richtung gegen den Strom durchgeht, welcher
von diesem erzeugt wird, in demselben Elektromotor eine Warmeproduktion
entsteht, welche dem Produkte der elektromotorischen Kraft in die Stromstarke proportional ist Hieraus ergiebt sich also das Schlussresultat Wenn
ein galvanischer Strom einen Elektromotor in derselben Richtung
durchlauft, wie der Strom, welcher vom Elektromotor erzeugt
wird, so entsteht Absorption von Warme, geht der Strom dagegen
in entgegengesetzter Richtung, so entsteht Produktion von Warme,
die Warmemenge, welche im ersten Falle absorbirt und im letzten
producirt wird, ist proportional der durchgegangenen Stromstarke,
multiplicirt mit der elektromotorischen Kraft an der Stelle, wo
die Warmeveranderung geschieht"

Die Anwendung auf die elektromotorischen Krafte an der Beruhrungsstelle verschiedener Metalle ergiebt sich hieraus unmittelbar, und die PELTIER-
schen Erscheinungen stellen sich hiernach als ein Mittel dar, diese Krafte
zu messen EDLUND macht alsbald darauf aufmerksam, dass nach diesem
Verfahren sich ganz andere Zahlen ergeben konnten, als nach der ublichen
Condensatormethode, und verspricht, so bald als moglich Messungen in dieser
Richtung auszufuhren

Im Jahre 1870 theilte dann EDLUND die ersten Ergebnisse seiner Versuche uber die Bestimmung der Spannungsunterschiede zwischen Metallen
nach der angegebenen Methode mit [1] Auf das Verfahren und die erhaltenen
Zahlen soll nicht eingegangen werden, da in einer spateren Arbeit beide
verbessert worden sind Nur das allgemeine Resultat muss erwahnt werden
die aus den PELTIER-Erscheinungen erschlossenen Spannungsunterschiede
zeigten nicht den mindesten Zusammenhang mit den nach der Condensatormethode gewonnenen Werthen „Es ist deshalb hochst wahrscheinlich, dass
die elektrische Spannung (bei der Condensatormethode) nicht ausschliesslich
von dem Contact zwischen den beiden Metallen, sondern von der Gas- oder
Wasserschicht, die auf ihrer Oberflache condensirt wird, abhangig ist, eine
Ansicht, fur die bekanntlich mehrere Grunde sprechen Dahingegen zeigt
es sich, dass die thermo-elektrische Reihe mit der fur die elektromotorischen
Krafte gleich ist Die Metalle, welche beim Contact mit einander die grosste
elektromotorische Kraft erzeugen, geben auch den grossten thermoelektrischen
Strom bei der Erwarmung der Contactstelle, aber diese thermoelektrischen
Strome sind nicht bei allen Combinationen proportional den entsprechenden
elektromotorischen Kraften "

Die Hauptabhandlung EDLUND's [2] bestatigte dies vorlaufige Ergebniss in
allen Punkten Das Verfahren bestand darin, dass die beiden Beruhrungsstellen des zu untersuchenden Metallpaares in die beiden gleich gebauten
Gefasse eines Differential-Luftthermometers eingesetzt wurden, die dem

Quadrat der Stromstärke proportionale „Joule'sche" Wärme wirkte dann
gleichmässig auf beide Seiten des Thermometers und brachte in dem zwischen
beiden befindlichen Manometer keinen Ausschlag hervor; die Peltier-Wirkung
war dagegen auf beiden Seiten entgegengesetzt und verursachte in dem einen
Gefäss eine relative Abkühlung, in dem anderen eine entsprechende Erwärmung, so dass der Ausschlag verdoppelt wurde. Die Figuren 246 und 247

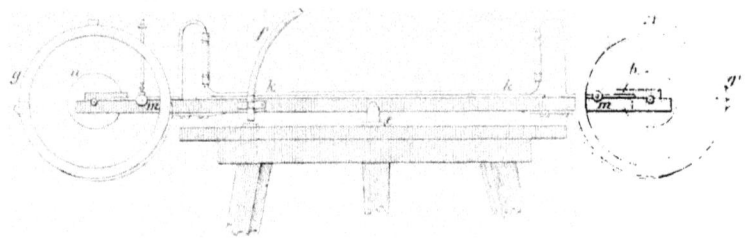

Fig. 246. Nach Edlund.

geben eine Vorstellung von der Anordnung; a und b sind die beiden von
den Schutzhüllen g und g' umgebenen Gefässe des doppelten Luftthermometers; kk ist die Verbindungsröhre, in welcher sich ein flüssiger Index

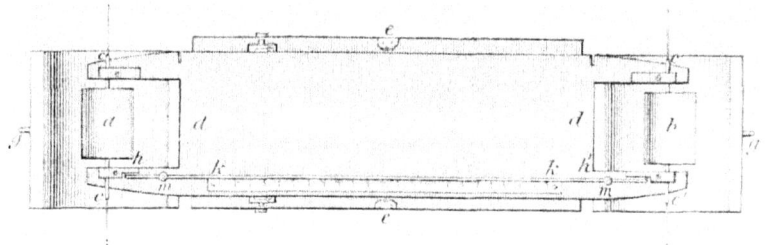

Fig. 247. Nach Edlund.

befindet, und die die in den beiden Gefässen entstehenden Druckverschieden-
heiten abzulesen gestattet, nachdem der ganze Apparat einen am Gradbogen k
abzulesenden Winkel gegen die Horizontalebene erhalten hat; cc und $c'c'$ sind
die dem Versuch unterworfenen Drähte. Die elektrischen Verbindungen
sind nicht gezeichnet.

Das endliche Ergebniss seiner Untersuchung fasst Edlund schliesslich in
die folgenden Sätze zusammen:

„1) Die elektrische Spannungsreihe der Metalle, wie sie gegründet auf
elektroskopische Versuche aufgestellt worden ist, steht in keinem unmittelbaren Zusammenhange mit den elektromotorischen Kräften beim Contact
der Metalle, weshalb man von dieser Reihe nicht auf die Grösse oder die
Beschaffenheit dieser Kräfte schliessen kann.

„2) Die Ordnung der Metalle in der elektromotorischen und der thermoelektrischen Reihe ist vollkommen dieselbe.

„3) Die contact-elektromotorische Kraft für die elf untersuchten Metallcombinationen nimmt mit der Temperatur zu, wenn die Versuche bei einer Temperatur angestellt werden, die nicht + 30 Grade übersteigt

„4 Die thermo-elektrischen Kräfte, welche bei gegebenen Metallcombinationen bei einer gegebenen Temperaturveränderung entstehen, sind nicht proportional den elektromotorischen Kräften derselben Metallcombinationen"

Der Satz 4 hat sich in der Folge als unrichtig ergeben, die PELTIER-Wirkungen sind den thermoelektrischen Kräften allerdings proportional

Es geht dies aus einer späteren Untersuchung von H JAHN[1] hervor, der die PELTIER-Wärmen mittelst des Eiscalorimeters maass und folgende Vergleichstabelle für die durch die Stromstärke Eins entwickelte Wärme erhielt.

	Berechnet	Gefunden	
Cu Ag	− 4,95	− 4,13	− 2,12 Mikrovolt
Cu Fe	−26,4	−31,6	−11,28 „
Cu Pt	+ 3,27	+ 3,30	+ 1,40 „
Cu Zn	− 3,53	− 5,85	− 1,51 „
Cu Cd	− 6,17	− 6,16	− 2,64 „
Cu Ni	+46,8	+43,6	+20,03 „

Während ein Theil der Zahlen sehr gut stimmt, zeigen sich bei anderen Abweichungen Doch muss bemerkt werden, dass die beobachteten Grossen sich als Unterschiede der gesammten und der JOULE'schen Wärme ergaben und häufig weniger als den zehnten Theil der ersteren betrugen, so dass eine starke relative Vermehrung der Versuchsfehler vorhanden ist

Die in letzter Reihe verzeichneten Zahlen geben die thermoelektromotorischen Kräfte der bezeichneten Metalle für einen Grad Temperaturunterschied bei Null Grad in Mikrovolt. Mit 273, der Temperatur des Eispunktes in absoluter Zahlung multiplicirt, geben sie den Spannungsunterschied, der zufolge der Theorie zwischen den Metallen bestehen muss

Die von H. ROUX und EDLUND übereinstimmend gezogenen Schlüsse über die wahren Potentialunterschiede der Metalle blieben zunächst vollkommen unbeachtet, und wurden nicht einmal einer Widerlegung gewürdigt Dagegen entstand für die beiden, wie es scheint unbekannter Weise, ein Eideshelfer in dem hervorragenden englischen Physiker JAMES CLERK MAXWELL, welcher in seinem berühmten Werke über die Elektricität und den Magnetismus[2] genau den gleichen Gedanken entwickelte und dabei betonte, dass dies Verfahren das einzige einwurfsfreie sei, um die fraglichen Grossen zu bestimmen[3]

[1] WIED Ann **34**, 755 1888

[2] A treatise on Electricity and Magnetism I, § 249 1873

[3] Die Beweiskraft der von H ROUX, EDLUND und MAXWELL benutzten Überlegung bezüglich der Messung der wahren Contactkraft zwischen den Metallen aus der PELTIER'schen Erscheinung wurde von F KOHLRAUSCH (POGG Ann **157**, 601 1875) auf Grund einer besonderen Hypothese in Frage gestellt, welche darauf hinauslauft, dass es als im Wesen des elektrischen Stromes begründet angesehen wird, dass er von einer Wärmebewegung begleitet ist, und umgekehrt Es nimmt gemäss dieser Annahme mit anderen Worten strömende Elektricität Wärme mit und strömende Wärme Elektricität

Wir brauchen auf die Durchführung dieser Hypothese im Einzelnen nicht einzugehen Es

Durch diese Überlegungen und Versuche war von den über die elektromotorische Kraft der Ketten vorliegenden Frage eine beantwortet worden die Spannung zwischen den verschiedenen Metallen ist jedenfalls nicht die Ursache des Spannungsunterschiedes an den beiden Polen einer Volta'schen Kette Denn jener Betrag hatte sich nach der einzigen Methode, welche dafür zur Verfügung stand, als verschwindend klein im Verhältniss zu dem zu erklärenden Werthe ergeben Folglich musste dieser letztere an den anderen vorhandenen Berührungsstellen, denen zwischen Metallen und Elektrolyten, gesucht werden Die Beantwortung der hier auftretenden Fragen geschah in zwei Stufen, zunächst wurde der Zusammenhang zwischen der chemischen und der elektrischen Energie in der Kette in richtiger Form ermittelt, wodurch die Berechnung der elektromotorischen Kraft aus den Wärmetönungen der chemischen Vorgänge in sachgemässer Weise möglich gemacht wurde Diese Theorie gab von dem Gesammtbetrage der elektromotorischen Kraft allerdings Rechenschaft, wie dieser sich aber auf die beiden wirksamen Berührungsstellen vertheilt, konnte auch diese neue Theorie nicht beantworten

Dieser letzte Aufschluss wurde wiederum auf einem ganz fern abliegenden Wege gefunden Ähnlich wie die Peltier-Wirkung die Messung des Spannungsunterschiedes an einer einzigen Berührungsfläche gestattete, während alle anderen Methoden immer nur Summen von mehreren Spannungen ergaben, so wurde auch für die Berührung zwischen Metallen und Elektrolyten ein Weg gefunden, der eine einzelne Spannung ergab Dadurch konnte der letzte Schritt gethan werden, und gegenwärtig sind wir über den Betrag aller einzelnen Spannungen, wie sie z B an den vier Berührungsstellen der Daniell'schen Kette vorkommen, ausreichend unterrichtet Wir wissen, dass nicht nur nach dem eben dargelegten zwischen den beiden Metallen Zink und Kupfer kein Potentialunterschied besteht, der ein Tausendstel Volt überschritte, sondern dass dies auch für die Berührungsstelle der beiden Lösungen (wenn man beiderseits die Sulfate von gleicher molekularer Concentration benutzt) gilt Von dem Betrage der gesammten elektromotorischen

gelingt mittelst derselben ganz wohl, von den bekannten Erscheinungen ein Bild zu geben zur Entdeckung unbekannter hat sie aber nicht geführt und kann deshalb in dieser Beziehung als entbehrlich bezeichnet werden Daneben aber scheint sie mit einigen Thatsachen die auf anderen Gebieten bekannt sind, in Widerspruch zu stehen Wenn in einem neutralen Leiter durch Influenz eine ungleiche Vertheilung der Elektricität bewerkstelligt worden ist so ist dies durch einen elektrischen Strom geschehen, und da dieser nach der Hypothese Wärme mitgenommen hat, so muss die Temperatur des Leiters verschieden geworden sein Jetzt lassen wir den Leiter in diesem Zustande verweilen die elektrische Ladung kann sich unter günstigen Verhältnissen viele Stunden halten, während es nicht möglich ist ein Gleiches für die entstandene Temperaturungleichheit zu behaupten, da wir für Wärme keinen Isolator kennen Es muss also ein umgekehrter Wärmestrom eintreten, der aber keinen proportionalen Strom von Elektricität mit sich führen kann, die elektrische Ladung bleibt ja bestehen während sie sonst verschwinden musste.

Man darf daher annehmen, dass durch diese Hypothese die Gültigkeit der oben dargelegten Betrachtungen nicht erschüttert oder widerlegt ist

Kraft 1,1 Volt liegen 0,5 Volt an der Grenzstelle Zink Zinksulfat und die übrigen 0,6 Volt an der Grenzstelle Kupfersulfat Kupfer Die Darlegung der beiden Entwickelungsstufen dieser Frage wird der Gegenstand der nun folgenden Mittheilungen sein

9 Die Reform der thermochemischen Theorie der elektromotorischen Kraft Während in der eben geschilderten Weise das älteste Dogma in dem Gebiete der elektromotorischen Kräfte, die Lehre von der Contactelektricität der Metalle, überwunden war, bereitete sich gleichzeitig ein anderer Umschwung vor, welcher sich auf einen anderen, nicht weniger hartnäckig festgehaltenen Satz bezog Auch hier zeigt sich die Erscheinung, dass die begriffliche Bewältigung der aufgedeckten Verhältnisse, so einfach sie uns jetzt erscheint, seinerzeit so fern lag, dass die vorhandenen Beobachtungen zunächst unbeachtet gelassen, und dass später die Versuche, Rechenschaft von diesen zu geben, mehr oder weniger schroff abgelehnt wurden Der hier verlaufende Streit hat in seinen einzelnen Phasen die grösste Ähnlichkeit mit dem Streit der beiden Theorieen des Galvanismus, und hier wie dort ist das Schlussergebniss des Streites erst sehr viel später anerkannt als mitgetheilt worden Auch insofern ist Übereinstimmung vorhanden, als zwar die Gründe der Neuerer gegen die alten Theorieen gut waren, nicht aber, wenigstens zunächst nicht, das Neue, was sie an die Stelle des Alten setzen wollten Erst die stufenweise Verbesserung an dieser Seite hat das Wesentliche für die schliessliche Entscheidung geliefert

Die erste auffällige Beobachtung wurde im Jahre 1875 an Flüssigkeitsketten gemacht, ihre theoretische Tragweite, so bedeutend sie war, wurde allerdings gar nicht richtig gewürdigt Bei Gelegenheit von Untersuchungen über die Leitfähigkeiten von Elektrolyten, bei denen Berührungsstellen zwischen verschiedenen Lösungen vorkamen (S 904), stellte A PAALZOW einige Beobachtungen über Flüssigkeitsketten an[1] und bemerkte dabei zunächst, dass deren elektromotorische Kraft nicht verschieden ist, ob die Flüssigkeiten mit einer scharfbegrenzten Trennungsfläche an einander grenzen, oder eine Vermischung über kürzere oder längere Strecken stattgefunden hat. PAALZOW beschreibt, auf welchem Wege er anfänglich scharfbegrenzte Trennungsflächen erhalten hatte, und fährt dann fort „Als ich nun eine solche Kette compensirt hatte und durch Umrühren mit einem Glasstabe der Reihe nach die Trennungsflächen zerstörte, blieb die elektromotorische Kraft dieselbe und die Nadel der WIEDEMANN'schen Bussole blieb ruhig auf Null

So überraschend dieses Resultat war, so hatte es doch vorhergesehen werden können, denn nur bei festen Körpern ist eine scharfe Trennungsfläche möglich, bei Flüssigkeiten wird eine solche niemals existiren, es wird sich sofort eine neue Schicht aus dem Gemische der beiden Flüssigkeiten bilden Bei einer sogenannten scharfen Trennungsfläche werden wir dann mit einem kleinen Intervall, bei einer durch Umrühren zerstörten auf einem

---

[1] Pogg Ann Jubelband 645, 1874

grosseren alle Mischungsgrade finden, und fur diesen Unterschied allein giebt es keinen zureichenden Grund, eine Änderung der elektromotorischen Kraft zu erwarten"

PAALZOW geht weiter zu Erörterungen über die Quelle der Kraft in den Flüssigkeitsketten über „Nach dem Prinzip von der Erhaltung der Kraft erwarten wir für den Strom, welchen die Hydroketten liefern, einen Ersatz in der Kette selbst In der bisher betrachteten Kette Zinkvitriol Schwefelsäurehydrat | Wasser | Zinkvitriol würde man diesen Ersatz in den calorischen Processen zwischen den sie constituirenden Flüssigkeiten suchen Von diesen heben sich die chemischen Processe, wie früher gezeigt, ihren calorischen Werthen nach auf, es findet nur eine mechanische Verschiebung der Flüssigkeiten statt Es bleiben also für den Ersatz nur die Diffusionsprocesse übrig Diesen ihn zuzuschreiben, halte ich für unmöglich, seitdem ich eine Kette gefunden habe, bei welcher durch die Diffusionsprocesse nur Kälte geliefert wird und welche dennoch einen kräftigen Strom liefert Es ist dies die Combination Zinkvitriol | Salzsäure | essigsaures Zinkoxyd Zinkvitriol zwischen Zinkelektroden Von den hier zu betrachtenden Diffusionsprocessen liefert Salzsäure mit Zinkvitriol gemischt eine Temperaturerniedrigung, ebenso Salzsäure mit essigsaurem Zinkoxyd, essigsaures und schwefelsaures Zinkoxyd mit einander gemischt zeigen gar keine Temperaturveränderung

„Nun unterscheide ich aber bei den Hydroketten überhaupt die chemischen und Diffusionsprocesse, welche auch bei der offenen Kette auftreten müssen, von denen, welche erst durch den Schluss der Kette hervorgerufen werden, nur den calorischen Werthen der letzteren kann der Ersatz für die Stromarbeit zugeschrieben werden Es möge dies an dem DANIELL'schen Elemente erläutert werden Wählt man für dasselbe amalgamirtes Zink, welches vor dem Schlusse des Elements fast gar nicht angegriffen wird, dann ist nach dem Schlusse der ganze calorische Werth des chemischen Processes in der Kette der Stromarbeit äquivalent Wird aber nicht amalgamirtes Zink zu derselben genommen, so sind zwei chemische Vorgänge zu unterscheiden die Auflösung des Zinks, welche auch bei offener Kette eintreten würde, und diejenige, welche der Strom erst veranlasst hat Ich habe mich durch den Versuch davon überzeugt, dass die rein chemische Auflösung des Zinks in der geschlossenen Kette gleich der ist, welche auch in der offenen Kette auftreten würde, und dass die Stromarbeit nur der Zinkmenge entspricht, welche durch den Strom aufgelöst wird

„Wollte man die Stromarbeit der Flüssigkeitsketten den calorischen Werthen der Diffusionsprocesse zuschreiben, so durften das nur diejenigen sein, welche erst in der geschlossenen Kette auftreten, und es musste der Nachweis geliefert werden, dass der Diffusionsprocess in der geschlossenen Kette anders erfolgt, als in der offenen Zur Zeit fehlt derselbe Aber nach den Erfahrungen an der Kette Zinkvitriol Salzsäure essigsaures Zink Zinkvitriol konnte man hier die Stromarbeit weder dem einen, noch dem anderen zuschreiben, da ja hier durch die Diffusion nur Kälte producirt wird

„Ich neige daher, wenigstens für die Flüssigkeitsketten, der Ansicht
Norris zu, dass die Ströme, welche sie liefern, ähnlichen Ursprungs wie
die Thermoströme sind, und dass der Ersatz für die Stromarbeit in der von
aussen absorbirten Wärme zu suchen ist. Mit den experimentellen Belegen
dieser Ansicht bin ich noch beschäftigt."

In diesen Überlegungen ist Richtiges und Falsches mit einander vermischt. Die Unterscheidung zwischen primärer und secundärer Wirkung in
der Kette ist vollkommen richtig, wenn auch nicht hier zum ersten Male
ausgesprochen, die Ansicht aber, dass ein unter Wärmeabsorption verlaufender chemischer Vorgang nicht die Ursache eines Stromes sein könne, beruht auf einer Verwechselung, die nicht selten begangen worden ist und
noch begangen wird. Der zweite Hauptsatz der mechanischen Wärmetheorie,
welcher von CLAUSIUS in der Gestalt formulirt worden ist: die Wärme kann
nicht von selbst von einem kälteren zu einem wärmeren Körper,
ist von seinem Entdecker dahin erläutert worden, dass bei keinem Kreisprocesse[1] Arbeit irgend welcher Art aus Wärme entstehen könne, wenn alle
vorhandene Wärme von gleicher Temperatur war. Bei der von PAALZOW
untersuchten Kette entsteht allerdings elektrische Energie, während gleichzeitig Wärme von constanter Temperatur sich in diese und andere Formen
der Energie verwandelt, es ist dies aber nicht die Folge eines Kreisprocesses,
sondern eines einseitig verlaufenden Vorganges, welcher zu dauernden Änderungen der wirkenden Stoffe, nämlich zu chemischen Vorgängen zwischen
ihnen führt. Solche Vorgänge aber, welche unter Aufnahme von Wärme
aus der Umgebung (die constante Temperatur haben kann) andere Arbeit
leisten können, sind wohlbekannt, als Beispiel sei die Verdampfung einer
Flüssigkeit angeführt. Lässt man diese unter geeigneten Umständen stattfinden, so kann man aus ihr Arbeit gewinnen, während die Flüssigkeit sich
freiwillig abkühlt. Hier geht also Wärme ohne Schwierigkeit aus einem
kälteren Körper in einen wärmeren über, wenn man die durch die Verdampfung zu erhaltende Arbeit beispielsweise dazu benutzt, um eine Luft-
masse zusammenzudrücken, die sich dabei über die Temperatur der Umgebung erwärmt, es ist dies aber auch kein Kreisprocess, sondern ein einseitig verlaufender Vorgang, nach dessen Ende die wirkenden Stoffe in einem
anderen Zustande sind, als zu Anfang.

Auch der schliesslich angedeutete Vergleich mit einer Thermokette ist
nicht ganz zutreffend. Eine solche wirkt nur, wenn an ihr Temperaturunterschiede hervorgebracht werden, und verbraucht Wärme von höherer Temperatur als die der Umgebung zur Stromarbeit.

Dagegen gestattet PAALZOW's Beobachtung einen anderen Schluss von
nicht geringer Bedeutung. Seine Kette ist ein bündiger Beweis gegen die
Annahme, dass in den Ketten die elektrische Energie der Wärmeentwickelung

---

[1] Unter einem Kreisprocesse versteht man einen solchen Vorgang, nach dessen Ablauf
alle thätigen Stoffe wieder in den einen Zustände sind, wie zu Anfang.

der entsprechenden chemischen Vorgänge äquivalent sei. Wäre dies der
Fall, wie Helmholtz vorläufig vermuthet, Thomson und seine Nachfolger als
sicher angenommen hatten, so konnten offenbar nur solche chemische Vorgänge einen elektrischen Strom in der Kette geben, welche Wärme entwickeln, chemische Vorgänge, welche unter Wärmeaufnahme verlaufen,
mussten elektrisch indifferent sein. Durch den Nachweis, dass dies nicht
der Fall ist, und dass chemische Vorgänge, die unter Wärmeverbrauch verlaufen, allerdings eine wirksame Kette geben können, ist unzweifelhaft bewiesen, dass die gemachte Voraussetzung falsch ist und dass zwischen der
chemischen und der elektrischen Energie mehr oder weniger grosse Unterschiede bestehen können.

Es hat später ziemlich langer Kämpfe bedurft, jenen Irrthum bezüglich
des Verhältnisses zwischen chemischer und elektrischer Wärme klarzustellen,
und auch die Paalzow'sche Kette ist für diesen Zweck, wenn auch nicht
von ihrem Entdecker, verwerthet worden.

10 Erörterungen von Edlund. Der Widerspruch, welchen Edlund
zwischen den bis dahin als richtig angesehenen Werthen für die Spannung
zwischen den Metallen und den nach seiner Methode vermöge der Peltier-
Wirkung sich ergebenden gefunden hatte, ist für ihn unzweifelhaft auch die
Ursache gewesen, die andere, bis dahin nicht bezweifelte Ansicht in dem
gleichen Gebiete, die Frage nach dem Zusammenhang zwischen dem Betrage
der als Wärme bei dem Vorgange erscheinenden chemischen Energie der
Kette und der elektrischen Energie, welche sie liefert, der Prüfung zu unter-
ziehen. Wir haben (S. 786) gesehen, wie aus der vorläufigen Annahme, die
Helmholtz gemacht hatte, und der einmaligen Bestätigung derselben, die
W. Thomson gefunden hatte, sich schnell die Überzeugung herausgebildet
hatte, dass es sich hier um ein allgemeines Naturgesetz handele, trotzdem
ausser dem Falle des Daniell'schen Elementes fast alle anderen untersuchten
Fälle dieser Annahme widersprachen, man hatte sich nach dem Vorgange
Bosscha's (S. 788) hier mit der weiteren willkürlichen Annahme geholfen,
dass in der Kette neben den eigentlichen elektrochemischen Vorgängen noch
weitere, ihnen proportionale stattfinden, welche zur Entstehung der elektrischen Energie nichts beitragen, und aus diesem Grunde ein anderer Grund
ist in der That nicht beigebracht worden, als secundäre Vorgänge angesehen
und bezeichnet wurden.

Edlund hat als der erste[1] das erhebliche Verdienst, die Unvereinbarkeit
dieser Ansicht, die im Bewusstsein der damaligen Forscher allmählich den
Rang eines unbezweifelbaren Naturgesetzes eingenommen hatte, mit experimentellen Thatsachen nachgewiesen und die Unabhängigkeit jener beiden
Energiegrossen ausgesprochen zu haben.

„Aus den experimentellen Versuchen, die angestellt worden sind, um
die Wärmeerscheinungen in der galvanischen Säule und in deren Leitungen

---

[1] Pogg. Ann. **159** 420 1876

kennen zu lernen, hat man den Schluss gezogen, dass die Warmemenge, welche in Folge des Durchgangs des Stromes durch die ganze Leitung (die Saule darin mitverstanden) wahrend einer bestimmten Zeit entsteht, ebenso gross ist, wie die Warmemenge, welche in der Saule selbst durch die chemischen Vorgange in derselben Zeit hervorgerufen wird, wobei man jedoch vorausgesetzt hat, dass der Strom keine aussere Arbeit verrichte, z B inducire, chemische Zersetzungen bewirke u dergl mehr, und dass unter den genannten Vorgangen nur die verstanden werden mussten, welche primar sind und mit der Strombildung in direkter Verbindung stehen   Um im Folgenden diese beiden Warmemengen von einander unterscheiden zu konnen, wollen wir diejenige, welche durch den Gang des Stromes durch die Leitung verursacht wird, die galvanische Warme, und die Warmemenge, welche durch die chemischen Vorgange in der Saule entsteht, die chemische Warme nennen   Man hat dann aus den angestellten Versuchen den Schluss gezogen, dass unter der erwahnten Voraussetzung die chemische Warmemenge der galvanischen an Grosse gleich sei   Wenn die galvanische Warmemenge gw genannt wird, so ist nach dem bekannten Gesetz von Joule $gw = Mi^2 lt$, wo M eine Constante ist und i die Stromstarke, l den Leitungswiderstand in der Saule und der Leitung zusammen und t die Zeit, wahrend welcher der Strom in Thatigkeit ist, bedeuten   Bezeichnet E die elektromotorische Kraft der Saule, so kann man auch $gw = M Eit$ schreiben, woraus man in Folge des gezogenen Schlusses $kw = M Eit$ erhalt, wenn kw die durch die primaren chemischen Vorgange in der Saule entwickelte Warme bedeutet   Wenn n die Anzahl der chemischen Aquivalente bedeutet, welche durch die Wirkung des Stromes an der positiven Polscheibe der Saule zersetzt werden, so ist nach dem elektrolytischen Gesetz $n = mit$, wo m eine Constante bedeutet, welche von der Beschaffenheit der elektrolytischen Flussigkeit unabhangig ist   Man schliesst hieraus, dass $kw = \dfrac{Mn E}{m}$, und also für ein Aquivalent $kw = \dfrac{M E}{m}$, woraus folgt, dass die Warmemenge, welche in der Saule von den primaren chemischen Vorgangen erzeugt wird, wahrend an der positiven Polscheibe ein Aquivalent zersetzt wird, ein Maass der elektromotorischen Kraft der Saule ist

„Wenn die galvanische Warme wirklich ebenso gross wie die primare chemische ist, so kann man folglich gewissermaassen sagen, dass die ganze Wirksamkeit des Stromes nur darin besteht, dass derselbe die chemische Warme nach allen Theilen der geschlossenen Leitungsbahn herumfuhrt und davon an jeder Stelle gerade so viel absetzt, als dem Widerstande an derselben Stelle entspricht, obgleich es allerdings sehr schwer ist, sich einen klaren Begriff von dem wirklichen physikalischen Process bei diesem Herumfuhren zu bilden   Wenn man durch ein direktes Messen der in der Saule entstandenen Warmemenge finden wurde, dass diese Warmemenge grosser als die durch den Durchgang des Stromes verursachte galvanische Warmemenge ware, oder mit anderen Worten die Warmemenge uberstiege, welche

der Strom in einem metallischen Leiter von gleichem Widerstande mit dem
der Säule hervorrufen würde, so musste man annehmen, dass dieser Wärme-
überschuss von den secundären Processen, die in der Säule stattfinden mögen
und mit der Strombildung nichts gemein haben, herzuleiten sei. Auf diese
Weise hat man auch solche Überschüsse in den Fällen, wo sie beobachtet
worden sind, zu erklären gesucht. Ist eine chemische Zersetzungszelle oder
ein Voltameter in die Leitung eingeschaltet, so dass der Strom Gelegenheit
hat, z. B. Wasser zwischen Platinpolen zu zersetzen, so kann nach der dargelegten Betrachtungsweise nicht alle primäre chemische Wärme, welche
in der Säule entsteht, in galvanische Wärme übergehen, sondern ein Theil
derselben wird zu der mechanischen Arbeit, die zur Erzeugung der polari-
sations-elektromotorischen Kraft und der chemischen Zersetzung in der Zersetzungszelle erforderlich ist, verbraucht. Man kann sich vorstellen, dass
dies auf die Weise zugehe, dass der zu dieser Arbeit nothwendige chemische
Wärmevorrath durch den Strom aus der Säule in die Zersetzungszelle geführt wird, wo derselbe für den genannten Zweck angewandt wird. In der
Zersetzungszelle kann folglich keine andere Wärmeentwickelung entstehen,
als die, welche durch den Gang des Stromes durch die elektrolytische Flüssigkeit verursacht wird. Die Wärmeerzeugung, welche man in der Zersetzungszelle erhält, muss also derjenigen gleich sein, die beim Gange des Stromes
durch einen metallischen Leiter, dessen Widerstand dem der Flüssigkeit
gleich ist, hervorgerufen wird. Da man nun beim direkten Messen die in
der Zersetzungszelle entstandene Wärmemenge grösser als die galvanische
gefunden hat, so hat man die Ursache davon in den secundären chemischen
Processen, die dort stattfinden mögen und vom Strome unabhängig sind,
gesucht.

„Schon vor mehreren Jahren habe ich eine andere Erklärung der fraglichen Wärmeerscheinungen gegeben.[1] Diese Erklärungsweise war in Kürze
die folgende. Wenn der Strom keine äussere Arbeit verrichtet, besteht
seine ganze Wirkung darin, dass er Wärme in dem durchgegangenen Leiter
hervorruft. Nachdem der Strom aufgehört hat, findet man von der Thätigkeit der Säule keine anderen Produkte, als die chemischen Veränderungen
in der Säule, und die Wärme, die theils in der Säule, theils in der äusseren
Leitung entstanden ist. Es ist aber einleuchtend, dass diese Wärmemenge
den chemischen Veränderungen äquivalent sein muss, das heisst mit anderen
Worten, dass die erzeugte Wärmemenge gerade so gross sein muss, wie die
Wärmemenge, welche durch dieselben chemischen Veränderungen entstanden
wäre, wenn kein Strom stattgefunden hatte, denn sonst hätte man ja entweder chemische Arbeit oder Wärme aus Nichts erhalten. Der Strom hat
also im Ganzen gar keine Wärme erzeugt, seine totale Wärmeproduktion ist
gleich Null. Nun weiss man aber, dass der Strom, um den galvanischen
Leitungswiderstand zu überwinden, eine gewisse mechanische Arbeit ver-

---

[1] Oefvers Kg. Vet. Akad. Vorhandl. 1869 — Pogg. Ann. 137 474 1869

richtet, und diese Arbeit geht in Wärme über. Der Strom bringt also in
der Leitung eine wirkliche Produktion von Wärme hervor. Weil aber die
totale Wärmeproduktion des Stromes gleich Null sein muss, kann dies nur
dadurch geschehen, dass ein Verbrauch von Wärme an irgend einer Stelle
der Leitung stattfindet, und diese Stelle kann natürlich keine andere sein,
als die, wo die elektromotorische Kraft ihren Sitz hat. Man kommt folglich
zu dem Resultate, dass die elektromotorische Kraft, um den Strom hervorzubringen, eine Wärmemenge verbraucht, die ebenso gross ist, wie die galvanische Wärmemenge, die der Strom, um den galvanischen Leitungswiderstand zu überwinden, in der Leitung erzeugt. Der Wärmeverbrauch der
elektromotorischen Kraft ist also gleich $g w$, doch folgt hieraus nicht, dass
dieser Verbrauch auch gleich $k w$ sei, oder dass $g w$ und $k w$ dieselbe
Grösse haben.

„Wenn nur ein einziger Elektromotor in die geschlossene Leitung eingeschaltet ist, und dieselbe Bezeichnung wie vorher beibehalten wird, so hat
man $g w = M i^2 / t = M E i t$. Im Elektrometer wird also in der Zeiteinheit
eine Wärmemenge verbraucht, welche dem Produkte der elektromotorischen
Kraft und der Stromstärke proportional ist. Während der Auflösung eines
Äquivalents Zink wird also die ganze, vom Elektromotor verbrauchte Wärmemenge $g w = \dfrac{M E}{m}$. Dies gilt, wie man auch i verändern mag, d. h. wie
auch die Stromstärke vermehrt oder vermindert wird. Sind zwei Elekto-
motoren E und E' in derselben Richtung thätig, so muss in der Zeiteinheit
die ganze Wärmeconsumption in beiden zusammen $M(E + E') i'$ werden,
wenn i' die entstandene Stromstärke bezeichnet. Hieraus wird deutlich $M E i'$
im ersteren und $M E' i'$ im letzteren verbraucht. Wenn E grösser als E'
ist, und der eine Elektromotor in entgegengesetzter Richtung gegen den
anderen wirkt, so wird die ganze verbrauchte Wärmemenge $M(E - E') i''$,
wenn i'' die Stromstärke bezeichnet. Im ersten Elektromotor wird nun die
Wärmemenge $M E i'$ verbraucht, diese ist aber grösser, als die ganze Wärmemenge, welche der Strom infolge des Leitungswiderstandes erzeugt. In
dem anderen Elektromotor muss deshalb eine Wärmemenge erzeugt werden,
die mit $M E' i''$ gleich ist. Folglich, wenn der Strom in derselben Richtung,
in welcher die elektromotorische Kraft wirkt, den Elektromotor durchläuft,
wird eine Wärmemenge verbraucht, die dem Produkt der elektromotorischen
Kraft und der Stromstärke proportional ist, geht aber der Strom in entgegengesetzter Richtung, so wird statt dessen eine ebenso grosse Wärmemenge erzeugt.

Man sieht hieraus, dass die beiden Betrachtungsarten in einer Hinsicht
mit einander übereinstimmen, nämlich darin, dass die Wärmesumme, die der
Strom im Ganzen erzeugt, gleich Null ist, aber in dem einen Falle wird die
Wärme, welche der chemische Process in der Säule hervorbringt, nach den
verschiedenen Theilen der Leitung herumgeführt, im anderen Falle wird
diese Wärme vom Strom überall in der Leitung wirklich erzeugt, jedoch

ist die ganze erzeugte Wärmemenge derjenigen gleich, welche die elektromotorische Kraft verbraucht. In anderen Hinsichten führen beide Betrachtungsweisen zu verschiedenen Resultaten, so ist ε B nach der einen Betrachtungsweise die primäre chemische Wärmemenge der galvanischen Wärmemenge gleich, weshalb auch die erstere ein Maass der elektromotorischen Kraft abgiebt, nach der anderen hingegen können die beiden genannten Wärmemengen verschieden sein, und infolge dessen kann die primäre chemische Wärmemenge nicht als Maass für die elektromotorische Kraft dienen u. s. w."

Es ist vielleicht für das Verständniss dieser wichtigen Frage von Nutzen, sie noch einmal mit etwas anderen Worten gestellt und beantwortet zu sehen. Die ältere, von EDLUND bekämpfte Ansicht besagt, dass die gesammte als Wärme auftretende chemische Energie sich in elektrische verwandelt, wenn der chemische Vorgang in einer VOLTA'schen Säule stattfindet. Nun wird die elektrische Energie durch das Produkt ihrer beiden Faktoren elektromotorische Kraft und Elektricitätsmenge, ausgedrückt. Von diesen beiden Faktoren ist der eine bereits bestimmt, denn gemäss dem FARADAY'schen Gesetze entspricht einer bestimmten Stoffmenge, welche in der Kette eine chemische Veränderung erleidet, eine proportionale Elektricitätsmenge, und alle Ketten ohne Ausnahme setzen dieselbe Elektricitätsmenge in Bewegung, wenn chemisch äquivalente Stoffmengen in ihnen umgesetzt werden. Beziehen wir somit die Rechnung auf solche chemisch äquivalente Stoffmengen so sind die entsprechenden chemischen Wärmen je nach der Natur der Reaktionen verschieden, und ebenso nach den Voraussetzungen die elektrischen Energieen. In den letzteren ist aber der eine Faktor, die Elektricitätsmenge, immer derselbe, folglich muss der andere Faktor, die elektromotorische Kraft, die ganze Veränderlichkeit enthalten, und daher der chemischen Wärme proportional sein.

Nun ist es durch keinen Umstand als nothwendig erwiesen, dass in der Kette die entstehende chemische Energie gleich der als Wärme gemessenen verschwindenden chemischen Energie ist. In der Dampfmaschine z. B. ist Entsprechendes bei weitem nicht der Fall, von der chemischen Energie der Kohle tritt nur etwa $^1/_{10}$ als mechanische Arbeit auf, die übrigen $^9/_{10}$ gehen in Wärme über, und ähnlich verhält es sich mit vielen Energieumwandlungen. Es ist daher sehr wohl möglich, dass die in der Kette entstehende elektrische Energie weniger, ja auch dass sie mehr beträgt, als die verschwindende chemische Energie, wir dürfen nur erwarten, dass der Unterschied der beiden durch die Änderung einer anderen Energiemenge sichtbar wird, als Wärmeentwickelung, wenn die chemische Energie kleiner ist, als die elektrische, als Wärmeabsorption, wenn das umgekehrte der Fall ist.

Da ferner die elektrische Energie dem Produkt von Elektricitätsmenge und Spannung proportional ist, so wird in einem geschlossenen Stromkreise, wo die Elektricitätsmenge constant ist, überall dort elektrische Energie verschwinden, wo die Spannung abnimmt, und an ihrer Stelle muss eine

proportionale Wärmemenge erscheinen (wenn wir andere Umwandlungen
ausschliessen), umgekehrt erfolgt überall, wo die Spannung im Sinne der
Stromrichtung zunimmt, eine Vermehrung der elektrischen Energie, und
dies ist nicht möglich, ohne dass an derselben Stelle eine gleiche Menge
einer anderen Energie, z. B. Wärme, verschwindet. Dies ist der Grund,
warum in einem Elektromotor, d. h. in einem Gebilde, in welchem die
Spannung eine plötzliche Änderung erleidet, Wärme, oder allgemein Energie
verbraucht wird, wenn ein Strom ihn in der Richtung durcheilt, in welcher
er selbst einen Strom hervorrufen würde. Denn in dieser Richtung ist im
Elektromotor ein Sprung von niederer zu höherer Spannung vorhanden,
und jede Elektricitätsmenge, welche über diese Stelle geschickt wird, bedarf
zu ihrer Hebung auf die höhere Spannung eines proportionalen Energie-
aufwandes.

Es bietet sich hier wieder von selbst das schon von Ohm benutzte Bild
des Wasserstromes dar. Man denke sich einen ringförmig in sich zurücklaufenden Kanal, welcher die Leitung darstellt. An einer Stelle sei eine
Vorrichtung, z. B. ein Wasserrad, angebracht, welche das Wasser auf eine
höhere Lage hebt, das Rad werde durch einen Motor angetrieben, dessen
Energieverbrauch man messen kann. Lässt man den Motor an, so wird er
eine Energiemenge verbrauchen, welche der in Bewegung gesetzten Wassermenge (Elektricitätsmenge) und der Hebung des Wassers (Spannung der
Elektricität) proportional ist. Diese Energie wird bei der Bewegung des
Wassers durch den Kanal wieder in Gestalt von Wärme abgesetzt. Jede
Bewegung des Wassers in dem ursprünglichen Sinne ist mit einem entsprechenden Energieverbrauch an der Stelle des Rades verknüpft, weil dort
eine Hebung stattfindet, jede entgegengesetzte Bewegung des Wassers lässt
umgekehrt eine entsprechende Menge Energie an der gleichen Stelle frei
werden, welche, wenn sie keine andere Form annehmen kann, nothwendig
als Wärme erscheinen muss.

Zwischen der Strömungsenergie und dem Energieaufwand des Motors
muss also nothwendig Gleichheit bestehen, keineswegs aber braucht diese
Gleichheit sich auf eine dritte Energieform zu beziehen, aus welcher der
Motor gespeist wird. Ist z. B. dieser Motor eine Dampfmaschine, so wird
diese an chemischer Energie der erforderlichen Kohlen etwa das Zehnfache
von der Energie beanspruchen, welche sie in Gestalt von mechanischer
Arbeit an den Strom abgiebt, die übrigen neun Zehntel erscheinen im
Kühlwasser als Wärme. Ersetzen wir aber die Dampfmaschine durch eine
solche, die mit verflüssigter Kohlensäure getrieben wird, so findet umgekehrt an der Arbeitsstelle eine bedeutende Wärmeabsorption statt, ein Theil
dieser Wärme geht in Strömungsenergie über, während ein anderer zur
Überführung der flüssigen Kohlensäure in gasförmige dient. Diese Umstände geben ein Bild dafür, wie die chemische Energie in der Kette sowohl
grösser, wie kleiner sein kann, als die elektrische Energie, welche in ihr
entsteht.

Edlund geht nun dazu über, die beiden Betrachtungsweisen an den Versuchen von Favre und Raoult (S 790) einer Prüfung zu unterwerfen, und findet nur die zweite den Thatsachen entsprechend Zunächst werden die Unterschiede, welche von beiden zwischen der galvanischen und chemischen Wärme gefunden und auf „secundäre" chemische Vorgänge geschoben worden sind, erörtert, und es wird der Widerspruch hervorgehoben, der darin liegt, dass bei ebendemselben Vorgange (der Entwickelung von Wasserstoff an Platin) diese secundäre Wärme bald positiv, bald negativ sein soll Dann aber geht Edlund zu der Berechnung einiger Versuche von Raoult über die Wärmeentwickelung in Zersetzungszellen über und erlangt hier eine zahlenmässige Bestätigung seiner Anschauungen

Raoult hatte verdünnte Schwefelsäure und Kupfersulfat mit verschiedenen Stromstärken und verschiedenen Elektroden zersetzt und dabei folgende lokalen Wärmeentwickelungen erhalten

Bei der Zersetzung des Wassers

	e	L	L'
A	2,04	14808 cal	14293 cal
B	1 75	7596	7303
C	2,16	17626 „	17162 „

Bei der Zersetzung des schwefelsauren Kupferoxyds

A	1,50	7594 cal	8396 cal
B	1,58	7997 „	8157 „
C	1,36	2828 „	2809 „

Unter e stehen die beobachteten elektromotorischen Kräfte der Polarisation in Einheiten der Daniell'schen Kette, unter L die lokale Wärme

Achtet man nun darauf, dass nach den übereinstimmenden Versuchen der beiden genannten Forscher für die einem Äquivalent entsprechende elektrische Arbeit des Daniell'schen Elements 23900 cal in Rechnung gesetzt werden können, so wird man die lokale Wärme berechnen können, wenn man von dem Produkt dieser Zahl mit der unter e stehenden elektromotorischen Kraft der Polarisation, die ja in Daniell-Einheiten ausgedrückt ist, die zur chemischen Zersetzung des Wassers resp des Kupfersulfats in seine Bestandtheile verbrauchten Wärmemengen abzieht Diese betragen nach den Versuchen der gleichen Forscher 34462 resp 29605 cal, führt man die Rechnung aus, so erhält man die oben unter L' verzeichneten Zahlen, welche von denen unter L um nicht mehr abweichen, als die Versuchsfehler gestatten, und dadurch die Richtigkeit der Rechnungsweise bestätigen

Unter den weiteren Bestätigungen seiner Auffassung, welche Edlund beibringt, sei noch die folgende wegen ihrer Anschaulichkeit erwähnt

„W Thomson und später Bosscha haben folgenden Versuch angestellt [1] Zwei gleiche Voltameter wurden mit derselben Quantität schwefelsauren Wassers gefüllt und dann nach einander in die Leitung einer starken galvanischen Kette eingeschaltet Die Elektroden in dem einen Voltameter

---

[1] Pogg Ann **103**, 487 1858

bestanden beide aus Platin, in dem anderen aber war nur die positive Elektrode aus diesem Metalle, wogegen die negative aus amalgamirtem Zink bestand. Obgleich derselbe Strom die beiden Voltameter durchlief und folglich eine gleiche chemische Zersetzung in beiden stattfand, so stieg doch die Temperatur in dem Voltameter, welche Zink zur negativen Elektrode hatte, viel schneller als im anderen. Bosscha ist der Ansicht, dass das Vermögen des Zinks, den Wasserstoff aus dem aktiven in den gewöhnlichen Zustand überzuführen, von demjenigen verschieden ist, welches das Platin in dieser Hinsicht besitzt.

„Ich habe den Versuch wiederholt und dasselbe Resultat erhalten. Bei Anwendung der zweiten Vorstellungsweise ist es leicht, die Ursache der verschiedenen Temperaturerhöhungen zu finden. In den beiden Voltametern befindet sich eine elektromotorische Kraft, welche in entgegengesetzter Richtung gegen den Strom der Kette wirkt. In dem Voltameter, dessen beide Elektroden aus Platin bestehen, wird diese Kraft ausschliesslich von der Polarisation des Wasserstoffs und Sauerstoffs verursacht. In dem anderen Voltameter scheidet sich auch Sauerstoff auf das Platin und Wasserstoff auf den Zink aus, aber ausser der Polarisation, die hieraus entsteht, wirkt dies Voltameter überdies als eine Säule entgegengesetzter Richtung gegen den Strom. Dass das Platin-Zinkgefäss eine grössere Gegenkraft als das andere Gefäss entwickelt, davon kann man sich leicht überzeugen, indem man erst das eine Gefäss in die Stromleitung einschaltet, dann dieses wieder herausnimmt und statt dessen das andere hereinsetzt. Man findet dann, dass der Strom der Kette bedeutend mehr durch das Platin-Zinkgefäss, als durch das andere geschwächt wird. Die Wärmemenge, welche daraus entsteht, dass der Strom in entgegengesetzter Richtung gegen die in den beiden Voltametern wirkenden elektromotorischen Kräfte läuft, muss deshalb im Platin-Zinkgefäss grösser als im anderen werden."

11. Untersuchungen von F. Braun. Etwas später als Edlund und auf Grund wesentlich anderer Betrachtungen gelangte F. Braun[1] zu der gleichen Ansicht, dass die von Helmholtz und Thomson angenommene Proportionalität zwischen Wärmeentwickelung und elektromotorischer Kraft thatsächlich nicht vorhanden ist. Obwohl seine ersten Erörterungen über den Gegenstand noch mancherlei Irrthümliches enthalten, haben sie doch ihren Werth, da sie ihn zu der experimentellen Verfolgung der Frage veranlassten und so die einigermaassen zweifelhaften theoretischen Betrachtungen durch unzweifelhafte Versuchsergebnisse ergänzten und verstärkten.

Der Kernpunkt von Braun's Betrachtungen ist die Frage, ob die elektrische und die chemische Energie sich ohne Rest ineinander und in mechanische Energie verwandeln lassen, oder ob auch hier ein Verhalten wie bei der Wärme vorliege. Bei der letzteren hat es sich bekanntlich ergeben, dass niemals die gesammte Wärme, welche von irgend einer Wärmequelle bestimmter Temperatur geliefert wird, sich in mechanische Arbeit oder andere Energie durch einen Kreisprocess verwandeln lasst, sondern nur ein Bruchtheil, der gegeben ist durch den Quotienten aus dem Unterschiede der Temperaturen, zwischen denen die Maschine arbeitet, dividirt durch die absolute Temperatur der Warmequelle. Die Frage Braun's war, ob die genannten anderen Energieen ähnliche Eigenschaften aufweisen.

In die Einzelheiten seiner Untersuchung, die er an einzelnen bestimmten Beispielen durchführt, brauchen wir Braun nicht zu folgen, sein Ergebniss fasst er dahin zusammen

„Stellt man die Grossen, um welche es sich hier handelt, nach ihrem Verwandlungswerth geordnet zusammen, so wurden sie die Reihenfolge haben

„1 elektrische potentielle Energie,

„2) mechanische Arbeit,

„3 Warme,

so dass 1) fast vollstandig in 2, und vollstandig in 3 , 2) vollstandig in 3 , aber nur theilweise in 1 , 3) im Allgemeinen niemals vollstandig weder in 1 , noch in 2, ubergefuhrt werden kann "

Heute wissen wir, dass dies Ergebniss nicht richtig ist Mechanische und elektrische Energie, wie wir sie zu messen pflegen, sind vollstandig ineinander verwandelbar, wenigstens im theoretischen Sinne, praktisch ist die Umwandlung der einen Energie in die andere bis zu dem Betrage von 90 Procent eine Leistung, welche die Technik mit Sicherheit auszuführen vermag Für die Warme gilt dagegen das Gesagte

Um nun von diesen Betrachtungen den Ubergang auf die chemischen Vorgange zu machen, denkt sich Braun, dass durch diese stets zuerst Warme erzeugt wird Die hierbei auftretenden beobachtbaren Temperaturen sind allerdings viel zu gering, als dass man den als elektrische Energie zu erhaltenden Betrag hieraus ableiten konne „Bei der chemischen Vereinigung aber muss, wenn auch nur eine sehr kurze Zeit lang das Molekul, welches sich eben gebildet hat, eine sehr hohe Temperatur besitzen Wenn es gelange, diese, die Verbindungstemperatur selbst, als hochste Temperatur einer arbeitenden Maschine zu verwenden, so wurde man ungleich gunstigere mechanische Effekte erzielen Dies scheint aber einzutreten wenn man die chemische Umsetzung im Kreise eines geschlossenen Stromes vor sich gehen lasst In diesem Falle wird das Molekul selbst zur arbeitenden Maschine, die Warme von hoher Temperatur wird nicht erst ubertragen auf Warme von niederer Temperatur, sondern sofort in diejenige Bewegungsform umgesetzt, welche man stromende Elektricitat nennt und welche ihrerseits dann Arbeit vollbringen kann "

Diese Betrachtungen sind interessant durch die Unbefangenheit, mit welcher die thermodynamischen Ableitungen mit molekularhypothetischen Annahmen vermischt werden, ohne dass dem Autor der Ubergang von dem sicheren Boden der ersteren auf das trugerische Gebiet der letzteren ins Bewusstsein zu treten scheint Es entspricht dies der Denkweise, welche

noch bis auf den heutigen Tag die vorherrschende ist, obwohl eine täglich
sich mehrende Erfahrung uns zeigt, dass wirklich bleibende Ergebnisse nur
auf dem ersten Boden sich gewinnen lassen, und dass die molekularen Betrachtungen, sobald sie über das Gebiet der chemischen Erscheinungen hinausgehen, zu deren Darstellung sie ausgebildet worden sind, regelmässig
in die Brüche führen   Auch in diesem Falle war es nicht anders, und
Braun hat die Tragweite seiner werthvollen Beobachtungen erheblich durch
die hypothetische Gestaltung abgeschwächt, welche er ihnen geben zu
müssen glaubte

Auf seine erste theoretische Abhandlung liess F Braun zwei Jahre
später eine zweite folgen,[1] in welcher er zur Bestätigung seiner Zweifel an
der Gültigkeit des Thomson'schen Satzes ein umfangreiches experimentelles
Material beibringt   Die Arbeit hat eine bedeutende Aufmerksamkeit erregt
und so die oft wiederholte Erfahrung bestätigt, dass theoretische Zweifel
und Widersprüche einem allgemein angenommenen Gedanken gegenüber so
lange wirkungslos zu bleiben pflegen, bis der Gegensatz auf einen Punkt
geführt worden ist, welcher dem unmittelbaren Versuche zugänglich ist und
durch ihn entschieden werden kann   So war es auch nach Veröffentlichung
der Arbeiten Braun's für die Anhänger des Thomson'schen Satzes die erste
Sorge, die Bündigkeit der Versuche Braun's anzuzweifeln und die auf-
gewiesenen Abweichungen auf „Nebenreaktionen" zurückzuführen

Braun's Gesichtspunkte ergeben sich aus den folgenden Einleitungs-
worten seiner Abhandlung

„Gegen die Thomson'sche Theorie, obschon sie durch die Daniell'sche
und einige andere Kettencombinationen bewiesen zu werden scheint, habe
ich vor einiger Zeit Widerspruch erhoben   Sie setzt stillschweigend voraus,
dass chemische Energie eine mit mechanischer Arbeit wesentlich gleiche,
d h unbeschränkt in sie verwandelbare Energieform ist   Nun sind uns
Fälle bekannt, in welchen ebenso gut wie in der geschlossenen Kette alle
Bedingungen dafür erfüllt sind, dass sich die chemische Energie vollständig
in mechanische Arbeit umsetzen könnte (z B bei den Explosionen einer
Gaskraftmaschine , wir wissen aber, dass dies thatsächlich nicht eintritt, dass
die potentielle chemische Energie, welche während des chemischen Vorganges in andere Energieformen übergeht, sich ebenso verhält wie Wärme,
welche dem schon gebildeten Verbindungsprodukte von aussen zugeführt
wird   In der That, die dissociirbaren Verbindungen (und dissociirbar sind
in letzter Instanz wohl alle), speciell die in einen festen und einen flüssigen
resp gasförmigen Körper zerfallenden Stoffe scheinen unbedingt die Annahme zu fordern, dass chemische Energie von der Energieform der Wärme
ist, da man durch Zuführen einer der Verbindungsenergie gleichen Wärmemenge wieder den ursprünglichen Gehalt an potentieller Energie im System
herbeiführen kann   Durch derartige Erwägungen war ich zu der Ansicht

gekommen, welche in meiner ersten auf den Gegenstand bezüglichen Publikation stillschweigend zu Grunde gelegt ist, und von ihr ausgehend hatte ich weitere Schlüsse gezogen Insbesondere den folgenden Bei jedem chemischen Process, welcher innerhalb einer Kette Zersetzungszelle, nach dem FARADAY'schen Gesetz verläuft, geht ein Theil, aber auch nur ein Theil der Verbindungswärme in Stromarbeit über, der Rest der chemischen Wärme bleibt als solche im Element und macht einen Bestandtheil der sogenannten „Wärme durch secundäre Processe" aus Denjenigen Bruchtheil der chemischen Energie, welcher in Stromenergie verwandelt wird, will ich den elektromotorischen Nutzeffekt des Processes nennen Er soll nach meinen früheren Betrachtungen um so geringer sein, je leichter die im elektrolytischen Process entstehende oder zerfallende Verbindung durch die Wärme dissocirt wird

„Wenden wir diese Betrachtung auf die DANIELL'sche Kette an, so musste ihre elektromotorische Kraft bestimmt sein aus der Zahlengleichung

$$D = x \quad Zn, O, SO^3 aq - y \quad Cu, O, SO^3 aq , \qquad 1$$

wo x und y echte Brüche sind [1] Thatsächlich wissen wir aber , dass mit sehr grosser Annäherung auch

$$D = Zn, O, SO^3 aq - Cu, O, SO^3 aq \qquad 2$$

ist, und aus Gleichung 2 hat man seither immer geschlossen, dass $x = y = 1$ sei, wie es die THOMSON'sche Theorie verlangt"

Die Versuche, welche BRAUN zur Prüfung der THOMSON'schen Theorie angestellt hat, sind sehr zahlreich Aus ihnen lassen sich folgende Schlüsse ziehen

„Diejenigen Elemente, welche combinirt sind aus den Sulfaten von Zink, Kupfer und Cadmium zeigen eine sehr gute Übereinstimmung mit der THOMSON'schen Theorie Das Gleiche gilt für die Acetate dieser drei Metalle" Nimmt man nun an, dass bei diesen Verbindungen alle chemische Energie in elektrische übergeht, und berechnet aus der elektromotorischen Kraft der Ketten, in welche Bleiacetat eingeht, die Wärmeentwickelung bei der Bildung des letzteren, so findet man Werthe zwischen 145 und 153 der benutzten Einheiten, während die wirkliche Wärme nur 132 beträgt Der Unterschied ist viel grosser, als durch die Beobachtungsfehler zu erklären wäre, und die Ketten mit Bleiacetat haben daher die Eigenschaft, dass sie sich beim Stromdurchgang abkühlen müssen Umgekehrt verhalten sich die Silbersalze, die chemische Wärme ist um etwa 35 Einheiten grösser als die elektrische, und die Ketten erwarmen sich beim Stromdurchgange mehr, als ihnen infolge ihres Widerstandes nach dem JOULE'schen Gesetz zukommt Dies gilt für den Fall, dass das Silber in der Kette Kathode ist wirkt es umgekehrt als Anode, so würde beim Stromdurchgange die entsprechende Wärmemenge

---

[1] „Das Zeichen aq hinter der Formel bedeutet dass die angegebene Verbindung in Wasser gelöst ist, die Klammern drücken die Wärmeentwickelung bei der Verbindung der in derselben befindlichen Elemente oder Atomgruppen aus "

verschwinden Auf „secundare Processe" lasst sich das Ergebniss nicht zuruckfuhren, denn weder die Silber- noch die Bleielektrode hat in den angewendeten Losungen eine Polarisation, welche 0,003 Daniell uberschreitet.

„Die Annahme, dass in den Combinationen der Sulfate und Acetate von Zink, Kupfer und Cadmium die ganze chemische Energie der einzelnen an den Elektroden sich abspielenden Processe in Stromarbeit ubergehe, fuhrt also in ihren Consequenzen zu unlosbaren Widerspruchen "

Nachdem BRAUN noch eine weitere Zahl solcher Widerspruche aufgezeigt hat, geht er zu der Frage uber, auf welche Weise die Abweichungen von der THOMSON'schen Theorie zu erklaren seien Er stellt die Alternative, entweder auf einen Zusammenhang der beiden in Betracht kommenden Grossen ganz zu verzichten, oder anzunehmen, dass an jeder Elektrode nur ein Bruchtheil der dort erscheinenden chemischen Energie in elektrische ubergehe Die Coefficienten des elektrischen Nutzeffektes x und y (S 989) lassen sich freilich aus den vorhandenen Beobachtungen nicht unmittelbar bestimmen, vielmehr kann eine beliebig grosse Zahl von Werthen angenommen werden, welche die Bedingungen erfullen, doch glaubt BRAUN zunachst durch Benutzung solcher Metalle, deren Verbindungswarmen mit den in Betracht kommenden Elementen moglichst klein ist, zu Grenzwerthen gelangen zu konnen, zwischen denen diese Coefficienten liegen mussen Jedenfalls war es ihm moglich, worauf er grossen Werth legt, die Coefficienten x und y immer so zu bestimmen, dass sie kleiner als Eins waren, dass also fur den Ubergang in elektrische Energie immer nur ein Theil der chemischen in Anspruch genommen zu werden brauchte

In einer folgenden Arbeit,[1] welche zunachst der Widerlegung einer Anzahl von F EXNER mitgetheilter Betrachtungen und Messungen gewidmet ist, giebt BRAUN einen Weg an, auf welchem er zu einer unmittelbaren Bestimmung der „Arbeitsfahigkeiten" fur die in seinen Ketten erfolgenden chemischen Vorgange zu gelangen hofft. EXNER hatte in seiner Arbeit die elektromotorischen Krafte von Ketten, die nur aus Grundstoffen zusammengesetzt sind, zu messen geglaubt (z B zwei Metalle in flussigem Brom) und die erhaltenen Zahlen in Ubereinstimmung mit seiner Annahme uber die vollstandige Umwandlung der chemischen Warme in elektrische Energie gefunden Bei der Prufung dieser Angaben stellten sich die erheblichsten Widerspruche heraus, die gefundenen elektromotorischen Krafte waren kleiner, als sie sein sollten Als Beispiel diene eine Kette, welche aus Blei, Brom und Platin zusammengesetzt war, sie gab eine elektromotorische Kraft von 1,20 Dan , wahrend aus den Warmetonungen sich 1,29 berechnet Wahrend hier noch ganz wohl von einer Ubereinstimmung geredet werden konnte, gab eine Kette aus Zink mit sorgfaltig getrocknetem Brom gleich nach der Herstellung 0,52, nach $2\frac{1}{2}$ Monaten 0,12 Dan , wahrend der berechnete Werth 1,52 betragt Hier kann von einer Ubereinstimmung nicht mehr die Rede sein. Endlich soll noch das Element Silber-Jod-Kohle angeführt werden, es gab 0,60 bis 0,63, berechnet ist 0,55. Hier ist die elektromotorische Kraft merklich höher, als die berechnete. Da diese Thatsache den Ansichten Braun's einigermaassen entgegen war, so hat er die Bestimmung wiederholt, doch nie eine Zahl erhalten, welche der berechneten gleich kam.

Die so gewonnenen Zahlen benutzte nun Braun, um seine „Nutzeffekte" zu berechnen. Für die Zusammenstellung Silber, Brom, Kohle war beispielsweise die elektromotorische Kraft 0,84 Dan gefunden worden. Indem Braun annahm, dass diese Kraft von der einzig möglichen chemischen Wirkung zwischen den Bestandtheilen, der Bildung des Bromsilbers, herrühre (was eine nicht unbedenkliche Annahme war), konnte er folgende Schlüsse machen. Eine Kette Zink, Bromzink, Bromsilber Silber, gab 0,80 Dan. Diese Kraft ist die Differenz zwischen dem Nutzeffekt des Zinkbromids und dem des Silberbromids, somit ist der Nutzeffekt des Zinkbromids gleich 0,80 + 0,84 = 1,64. Die Wärmetönung entspricht einer Kraft von 1,82, somit ist der Coefficient, welcher den Antheil der umwandelbaren Energie bei der Bildung des Zinkbromids angiebt, $\frac{1,64}{1,84} = 0,92$.

Auf ähnliche Weise berechnete er für eine grosse Anzahl von chemischen Verbindungen die Nutzeffekte, und erhielt im Allgemeinen Zahlen für die Coefficienten, welche unterhalb der Einheit lagen, seiner Theorie entsprechend. Nur bei einigen Jodverbindungen, insbesondere bei dem eben erwähnten Jodsilber ergaben sich die umwandelbaren Energiemengen grösser, als die Wärmetönungen. „Dieses sonderbare Resultat fällt weg, der Nutzeffekt wird kleiner als Eins, wenn man die Hypothese macht, dass man die Verbindungswärme mit gasförmigem Jod einzuführen habe." Braun sucht nun auch diese Annahme weiter zu begründen, es ist nicht erforderlich, hierauf einzugehen, weil sich beweisen lasst, dass die latenten Schmelz- und Dampfwärmen überhaupt nichts mit der elektromotorischen Kraft zu thun haben, und dass z. B. bei der Temperatur und dem Druck, bei welchen festes, flüssiges und gasförmiges Jod neben einander existiren, alle drei, wenn sie Glieder einer Volta'schen Kette sein können, auch dieselbe elektromotorische Kraft geben müssen.

Zum Schluss giebt Braun einige bemerkenswerthe Betrachtungen, welche die Überlegung zum Inhalte haben, dass auch möglicherweise die auf die beschriebene Weise bestimmten Arbeitsfähigkeiten chemischer Vorgänge bestimmend für die rein chemischen, ohne Mitwirkung der Elektricität erfolgenden gegenseitigen Verdrangungserscheinungen sind. „Dem von Berthelot aufgestellten Prinzip der maximalen Wärmetönung hatten wir dann ein anderes zu substituiren, welches mit mehr Recht den Namen „„Prinzip der maximalen Arbeitsfähigkeit"" führen könnte." Indessen glaubt Braun dennoch, dass Thatsachen vorliegen, die sich nicht dieser Form fügen, und will seine Bemerkung nur als eine Vermuthung gelten lassen.

Diese Arbeiten haben, wie schon bemerkt, einen bedeutenden Einfluss ausgeübt. Obwohl gegenwärtig fast alles an den theoretischen Betrachtungen als abänderungsbedürftig bezeichnet werden muss, so liegt den mitgetheilten Erwägungen doch ein richtiger Kern zu Grunde, welcher nur einer anderen und sachgemässeren Ausprägung bedurfte, um einen grossen Fortschritt in der Auffassung des Problems zu bedingen. Ich gehe daher nicht auf eine Kritik der einzelnen Aufstellungen ein, aus den Arbeiten, über die alsbald zu berichten ist, ergiebt sich diese Kritik und die Scheidung des Richtigen von dem Vergänglichen von selbst.

12. Die Forschungen von WILLARD GIBBS. Mitten in die Zeit hinein, wo in Deutschland die Frage nach dem Verhältniss der chemischen und galvanischen Wärme in Angriff genommen und ihrer Lösung näher geführt wurde, fällt die Veröffentlichung der Arbeit eines amerikanischen Forschers, in der die Frage wesentlich im gleichen Sinne entschieden wurde, in welchem kurz darauf HELMHOLTZ sie beantwortete. Allerdings wurde diese Übereinstimmung erst in viel späterer Zeit bekannt, denn es hat nicht leicht in der Geschichte der Wissenschaft eine Arbeit gegeben, bei welcher die Bedeutung in solchem Missverhältniss zu der Beachtung gestanden hatte, die sie zunächst gefunden hat. Es ist die Rede von der grossen Abhandlung von WILLARD GIBBS „Über das Gleichgewicht heterogener Stoffe"[1]

Um die Bedeutung dieser Arbeit zu bezeichnen, braucht nur gesagt zu werden, dass ein sehr bedeutender Theil der Gesetze und Beziehungen, welche inzwischen in der allgemeinen (der sogenannten physikalischen) Chemie entdeckt worden sind, und welche zu einer so erstaunlichen Entwickelung dieses Gebietes in dem letzten Jahrzehnt geführt haben, sich in derselben mehr oder weniger ausführlich dargelegt findet. In beispiellos umfassender und vollständiger Weise sind die Fragen behandelt, welche die Gleichgewichtszustände zusammengesetzter Systeme zum Gegenstande haben, und neben den gewöhnlich allein betrachteten Einflüssen, wie sie Druck und Temperatur auf diese Zustände haben, finden sich die Wirkungen der Schwere, der Elasticität, der Oberflächenspannung, der Elektricität erörtert. Nur langsam hat die experimentelle Forschung die Wege zu gehen begonnen, deren Richtung und Ziele sich in dieser Arbeit bezeichnet finden, und noch jetzt harrt eine Fülle wissenschaftlicher Schätze ihres experimentellen Abbaues, der an vielen Stellen fast ein einfacher Tagebau zu nennen ist.

Gegenüber solchen Verhältnissen muss man fragen: Warum hat die Arbeit keinen ihrer Bedeutung entsprechenden Erfolg gehabt, warum sind nicht alsbald nach ihrem Erscheinen die Wirkungen eingetreten, die später auf anderem Wege stattgefunden haben? Die Antwort ist eine mehrfache. Vor allen Dingen trägt die Schuld die recht schwer zugängliche Gestalt, in

---

[1] Transactions of the Connecticut Academy, III, 1876—1878. — Deutsch in W. GIBBS, Thermodynamische Studien, Leipzig 1892.

welcher der Verfasser seine Ergebnisse niedergelegt hat. In streng mathematischer Formulirung mit so concentrirtem Text, dass das Verständniss jeder Seite die ernsthafteste Mitarbeit des Lesers fordert, führt uns der Verfasser durch seine 700 Gleichungen, nur selten die erhaltenen Ergebnisse durch anschauliche Anwendungen erläuternd. Die Abhandlung ist zu inhaltreich gewesen, um eine unmittelbare Wirkung zu äussern; wenn ihr Inhalt, statt auf 300 Seiten zusammengedrängt zu sein, mit Rücksicht auf den Leser in den fünffachen Raum auseinander gezogen gewesen, und der Welt nicht auf einmal, sondern in einzelnen, zeitlich hinreichend getrennten Abhandlungen mitgetheilt worden wäre, so hätten es die zeitgenössischen Forscher leichter gehabt, sich der hier enthaltenen Schätze zu bemächtigen. Noch jetzt, wo die dort ausgesprochenen Gedanken weite Verbreitung gefunden haben, ist das Studium der Abhandlung nicht leicht, und die Kenntniss ihres Inhaltes nicht so verbreitet, wie sie sein sollte.

Für unseren Gegenstand sind wesentlich die Darlegungen über die elektromotorischen Kräfte wichtig; sie gehören glücklicherweise zu den wenigen Theilen des Werkes, wo sich einiges Eingehen auf experimentelle Einzelheiten findet. Auch hier soll unter Weglassung des mathematischen Ansatzes das wesentliche Ergebniss in des Autors eigenen Worten gegeben werden. Nach der Aufstellung der Gleichung für die möglichen Änderungen, die in einer Zelle infolge des Stromdurchganges stattfinden können, fährt Gibbs fort: „Die auf die Wärmezufuhr oder die Änderung der Entropie bezüglichen Grössen werden bei Betrachtung der Ketten, deren Temperatur als constant angenommen wird, häufig vernachlässigt. Es wird mit anderen Worten häufig angenommen, dass weder Wärme, noch Kälte beim Durchgange des Stromes durch einen vollkommenen elektrochemischen Apparat hervorgebracht wird ... und dass in der Zelle nur Wärme durch Vorgänge secundärer Natur erzeugt werden kann, welche nicht nothwendig und unmittelbar mit dem Vorgange der Elektrolyse verknüpft sind.

„Diese Annahme scheint durch keinen genügenden Grund gerechtfertigt zu sein. Es ist in der That leicht, einen Fall zu finden, in welchem die elektromotorische Kraft völlig durch das von der Entropie abhängige Glied bestimmt wird, während alle anderen Glieder in der Gleichung verschwinden. Dies gilt für Grove's Gasbatterie, welche mit Wasserstoff und Stickstoff geladen ist (S. 692). In diesem Falle geht der Wasserstoff zum Stickstoff über — ein Vorgang, welcher die Energie der Zelle nicht ändert, wenn diese bei constanter Temperatur erhalten wird. Die vom äusseren Drucke gethane Arbeit ist offenbar gleich Null, ebenso die Gravitationsarbeit. Dennoch wird ein elektrischer Strom hervorgebracht. Die vom Strom geleistete oder leistbare) Arbeit ist ein Äquivalent der Arbeit oder eines Theiles derselben, welche durch die Diffusion der Gase ineinander gewonnen werden könnte. Diese ist, wie Lord Rayleigh gezeigt hat,[1] gleich der Arbeit, welche durch

---

[1] Philos. Mag. **49**. 311. 1875.

die Ausdehnung der einzeln genommenen Gase auf das gemeinsame End-
volum bei constanter Temperatur gewonnen werden kann. Sie ist, gleich
der Zunahme der Entropie des Gebildes, multiplicirt mit der Temperatur.

„Es ist möglich, die Construction der Zelle so abzuändern, dass Stickstoff oder ein neutrales Gas nicht nöthig ist. Die Zelle werde aus einer
U-förmigen Röhre von genügender Höhe gebildet, und enthalte reinen Wasserstoff von sehr ungleichem Druck (z. B. eine und zwei Atmosphären),
welch letztere durch passend belastete Kolben, die in den Schenkeln der
Röhren gleiten, constant erhalten werden. Der Druckunterschied der Gasmassen an beiden Polen muss natürlich durch den Höhenunterschied des
angesäuerten Wassers im Gleichgewicht gehalten werden. Es ist kaum daran
zu zweifeln, dass ein solcher Apparat eine elektromotorische Kraft haben
wird, welche in der Richtung eines Stromes wirkt, der Wasserstoff aus der
dichteren in die weniger dichte Masse überführt. Sicherlich könnte das Gas
durch die Wirkung einer äusseren elektromotorischen Kraft nicht ohne Aufwand von soviel elektromotorischer Arbeit in entgegengesetzter Richtung
bewegt werden, als der mechanischen Arbeit, das Gas aus einem Schenkel
in den anderen zu pumpen, gleich ist. Und könnten wir durch eine passende Modification der metallenen Elektroden die passiven Widerstände auf
Null reduciren, so dass der Wasserstoff umkehrbar von einer Masse zur
anderen ohne endliche Änderung der elektromotorischen Kraft geführt werden
könnte, so würde der einzig mögliche Werth der elektromotorischen Kraft
durch den Ausdruck $T \frac{d\eta}{dt}$ [1] in sehr grosser Annäherung bestimmt werden.
Es ist zu bemerken, dass, obwohl die Schwere in einer derartigen Zelle eine
grosse Rolle spielt, indem sie den Druckunterschied in den Wasserstoffmassen
erhält, die elektromotorische Kraft der Schwere nicht zugeschrieben werden
kann, da die Arbeit der Schwere bei dem Übergange des Wasserstoffs aus
der dichteren Masse in die dünnere negativ ist.

„Weiter ist es völlig unwahrscheinlich, dass die durch Concentrations-
unterschiede von Salzlösungen verursachten elektrischen Ströme (wie in
einer Zelle, welche Zinksulfat zwischen Zinkelektroden oder Kupfersulfat
zwischen Kupferelektroden enthält, wobei die Salzlösungen an den Elektroden
verschiedene Concentration haben), welche neuerdings von den Herren Helmholtz und Moser S. 1001) untersucht worden sind, sich auf solche Fälle beschränken, in denen das Vermischen der Lösungen verschiedener Concentration Wärme entwickelt. Denn in den Fällen, wo die Vermischung der
beiden verschieden concentrirten Lösungen keine Wärme entwickelt oder
bindet, müsste die elektromotorische Kraft in einer solchen Zelle gleich Null
sein. Und wenn bei der Vermischung Kälte entsteht, so würde dieselbe
Regel nur einen Strom zulassen, durch den der Unterschied der Concentration gesteigert wird. Derartige Schlussfolgerungen sind aber mit der von
Professor Helmholtz gegebenen Theorie der Erscheinung ganz unverträglich.

T = absolute Temperatur, η = Entropie, e = Elektricitätsmenge.

„Ein noch schlagenderes Beispiel von der Nothwendigkeit, die Änderungen der Entropie bei den a-priori-Bestimmungen der elektromotorischen
Kraft in Betracht zu ziehen, liefern Elektroden von Zink und Quecksilber
in einer Lösung von Zinksulfat. Da Wärme bei der Auflösung des Zinks
in Quecksilber absorbirt wird, so wird die Energie der Zelle durch den
Transport von Zink zum Quecksilber bei constanter Temperatur vermehrt.
Dennoch wirkt bei dieser Zusammenstellung die elektromotorische Kraft so,
dass ein solcher Transport stattfindet. Das Element zeigt gewisse Anomalien, wenn eine erhebliche Zinkmenge mit dem Quecksilber vereinigt ist.
Die elektromotorische Kraft ändert ihre Richtung, so dass dieser Fall gewöhnlich als eine Illustration des Satzes citirt wird, nach welchem die elektromotorische Kraft in solcher Richtung wirkt, dass die Energie der Zelle
vermindert wird, d. h. dass solche Änderungen hervorgebracht oder ermöglicht werden, welche, wenn sie unmittelbar stattfinden, Wärme entwickeln.
Was aber auch die Ursache der elektromotorischen Kraft sein mag, welche
in der Richtung vom Amalgam durch den Elektrolyt zum Zink beobachtet
worden ist (und welche nach den Bestimmungen des Hrn. GAUGAIN[1] nur
$\frac{1}{25}$ von der ist, welche zwischen Zink und reinem Quecksilber nach der
entgegengesetzten Richtung stattfindet), so können doch diese Anomalien
nicht die allgemeinen Schlüsse beeinträchtigen, mit denen allein wir es hier
zu thun haben. Sind die Elektroden reines Zink und ein Amalgam mit
nicht mehr Zink, als das Quecksilber ohne Verlust seiner Flüssigkeit lösen
kann, und ist die einzige Wirkung des Stromes, ausser der thermischen, die
Übertragung des Zinks von der einen Elektrode zur anderen — Bedingungen,
welche möglicherweise nicht bei allen den angeführten Versuchen erfüllt
gewesen sind, welche aber in einer theoretischen Untersuchung vorausgesetzt
werden dürfen, und welche sicher nicht als unverträglich mit der Thatsache
anzusehen sind, dass bei der Auflösung des Zinks in Quecksilber Wärme
gebunden wird — so ist es unmöglich, dass die elektromotorische Kraft die
Richtung hat, dass der Strom Zink vom Amalgam zum reinen Zink überträgt. Denn da das durch den elektrolytischen Vorgang aus dem Amalgam
entfernte Zink unmittelbar darauf wieder im Quecksilber aufgelöst werden
könnte, so würde eine solche Richtung der elektromotorischen Kraft die
Möglichkeit bedingen, eine unbegrenzte Menge elektromotorischer und daher
auch mechanischer Arbeit zu erlangen, ohne anderen Aufwand von Wärme,
als solcher von der constanten Temperatur der Zelle.

„Keiner der betrachteten Fälle bedingt Verbindungen nach constanten
Verhältnissen und die elektromotorischen Kräfte sind ausser dem Falle der
Zelle mit Elektroden von Zink und Quecksilber sehr klein. Es kann mög-
licherweise vermuthet werden, dass bezüglich solcher Zellen, in denen Ver-
bindungen nach bestimmten Verhältnissen stattfinden, die elektromotorische
Kraft sich genau genug aus der Verminderung der Energie ohne Rücksicht

[1] Comptes rendus **42**. 430. 1856.

auf die Entropie berechnen liesse. Jedoch scheint der Vorgang der chemischen Verbindung im Allgemeinen nicht die Möglichkeit anzudeuten, dass aus der Verbindung von Stoffen durch beliebige Processe ein der entwickelten Wärme äquivalenter Betrag von mechanischer Arbeit erlangt werden könnte.

„Beispielsweise liefert 1 kg Wasserstoff beim Verbrennen mit 8 kg Sauerstoff zu flüssigem Wasser unter dem Drucke einer Atmosphäre eine Wärmemenge, welche in runder Zahl 34000 Calorien beträgt. . . . Diese Wärme kann aber nicht bei jeder beliebigen Temperatur erhalten werden. Eine sehr hohe Temperatur hat die Wirkung, die Verbindung der Elemente mehr oder weniger zu verhindern. So kann nach Hrn. SAINTE-CLAIRE DEVILLE[1] die durch Verbrennung von Sauerstoff und Wasserstoff erzielte Temperatur nicht erheblich, wenn überhaupt, 2500° C. übersteigen, was bedingt, dass weniger als die Hälfte des vorhandenen Wasserstoffs und Sauerstoffs sich bei dieser Temperatur vereinigen können. Dies gilt für die Verbrennung unter dem Drucke einer Atmosphäre. Nach den Bestimmungen von Professor BUNSEN[2] bezüglich der Verbrennung im geschlossenen Raume kann nur ein Drittel der Mischung von Sauerstoff und Wasserstoff bei der Temperatur von 2850° und dem Drucke von zehn Atmosphären eine chemische Vereinigung erfahren, und nur etwas mehr als die Hälfte, wenn durch die Beimischung von Stickstoff die Temperatur auf 2024° herabgedrückt worden ist und der Druck nach Abzug des auf den Stickstoff kommenden Theiles etwa drei Atmosphären beträgt.

„Nun sind 10 Calorien bei 2500° anzusehen als umkehrbar verwandelbar in eine Calorie bei 4° und die mechanische Arbeit, die der Energie von 9 Calorien äquivalent ist. Wenn daher alle 34000 Calorien, die bei der Verbindung von Sauerstoff und Wasserstoff frei werden, bei der Temperatur von 2500° und keiner höheren erlangt werden könnten, so könnten wir die elektromotorische Arbeit eines vollkommenen elektrochemischen Apparates, in welchem die Elemente bei gewöhnlicher Temperatur und bei atmosphärischem Druck verbunden oder getrennt werden, als $^9/_{10}$ der 34000 Calorien ansehen, und die im Apparat entwickelte oder verbrauchte Wärme würde $^1/_{10}$ von 34000 Calorien betragen. Dies würde natürlich eine elektromotorische Kraft von $^9/_{10}$ des Betrages ergeben, welche aus der Annahme der vollständigen Umwandelbarkeit aller 34000 Calorien in elektrische oder mechanische Arbeit berechnet werden kann. Nach allen Anzeichen ist aber die Schätzung der Temperatur von 2500 als der, bei welcher wir alle Verbindungswärme erlangen können, bedeutend zu hoch,[3] und wir müssen den

[1] Comptes rendus 44, 199. 1857. — 64, 67. 1867.
[2] Pogg. Ann. 131, 161. 1867.
[3] „Wenn die allgemein angenommenen Vorstellungen über das Verhalten der Gase bei hohen Temperaturen nicht ganz irrig sind, so ist es möglich, den allgemeinen Charakter eines Vorganges, welcher höchstens solche Schwierigkeiten bedingt, wie sie in theoretischen Erörterungen vernachlässigt werden anzugeben, durch welchen Wasser in getrennte Massen von Wasserstoff und Sauerstoff verwandelt werden kann, ohne anderen Aufwand, als den der dem

theoretischen Betrag der zur Elektrolyse des Wassers erforderlichen elektromotorischen Kraft als erheblich unter $^{1}/_{10}$ jenes Betrages liegend ansehen,
den wir unter der Voraussetzung berechnen, dass alle beim Vorgang aus-
tretende Energie elektromotorisch wirksam ist."

W. Gibbs führt die gleichen Überlegungen weiter an dem Beispiele der
Chlorwasserstoffsäure durch und weist auf eine Anzahl von Thatsachen hin,
die von Favre ermittelt worden sind, und seiner Auffassung entsprechen,
während sie mit der Annahme einer vollständigen Umwandlung der chemischen Energie in elektrische im Widerspruch stehen. Von allgemeinerer
Wichtigkeit sind dann wieder die folgenden Darlegungen über den Einfluss,
welchen die latente Wärme der Aggregatzustandsänderung auf die elektromotorische Kraft haben müsste, wenn die ältere Ansicht richtig wäre.

„Es geschieht oft in einer galvanischen oder elektrolytischen Zelle, dass
ein an einer Elektrode freiwerdendes Gas theilweise als solches erscheint,
theils von der elektrolytischen Flüssigkeit und theils von der Elektrode absorbirt wird. In solchen Fällen wird eine geringe Veränderung der Umstände, welche die elektromotorische Kraft nicht merklich beeinflusst, verursachen, dass das Ion ganz auf die eine der drei erwähnten Arten ausgeschieden wird, wenn der Strom genügend schwach ist. Dies bedingt
einen erheblichen Unterschied in der Energiedifferenz der Zelle, und die
elektromotorische Kraft kann sicherlich nicht in allen diesen Fällen aus
dieser allein berechnet werden. Die Correctur wegen der gegen den äusseren Druck geleisteten Arbeit, wenn das Ion als Gas in Freiheit gesetzt wird,
hilft uns nicht zu der Ausgleichung dieser Unterschiede, denn aus der genaueren Betrachtung geht hervor, dass die Correctur die Verschiedenheit im
Allgemeinen vergrössern wird. Ebensowenig ist klar, welchen von diesen
Fällen wir als normal, und welchen als mit secundären Vorgängen behaftet
anzusehen haben.

„Giebt es überhaupt einen Fall, bei welchem secundäre Vorgänge ausgeschlossen sind, so können wir erwarten, dass dies eintritt, wenn das Ion
der Substanz nach identisch mit der Elektrode ist, an welcher es abge-
lagert wird, oder von welcher aus es sich in den Elektrolyt begiebt. Aber
auch in diesem Falle entgehen wir der Schwierigkeit der verschiedenen
Formen nicht, in welchen der Stoff erscheinen kann. Ist die Temperatur
des Versuches gleich dem Schmelzpunkt des Metalles, aus dem die Elektrode
besteht und welches das Ion bildet, so wird eine kleine Änderung der Temperatur die Ursache sein, dass das Ion sich im festen oder im flüssigen

Energieunterschiede der Materie in den beiden Zuständen entsprechenden Wärme, die weit
unterhalb 2500° geliefert werden kann. Die wesentlichsten Theile des Vorganges werden sein
1. Verdampfung des Wassers und Erhitzung desselben auf ein Temperatur bei der ein erheblicher Theil dissociirt ist. 2. theilweise Trennung des Sauerstoffs und Wasserstoffs durch Fil-
tration. 3. Abkühlung der beiden Gasmassen bis der in ihnen enthaltene Dampf verdichtet ist.
— Eine kleine Rechnung ergiebt, dass bei einem stetigen Vorgange alle bei der Abkühlung der
Produkte erhaltene Wärme zur Erhitzung neuer Wassermengen benutzt werden kann.

Zustande ausscheidet, oder wenn der Strom umgekehrt verlauft, dass es aus
einem festen oder aus einem flussigen Korper austritt. Da hierdurch eine
erhebliche Anderung im Energieunterschiede bedingt wird, so erhalten wir
verschiedene Werthe oberhalb und unterhalb des Schmelzpunktes des Metalles, wenn wir nicht auf die Anderung der Entropie Rucksicht nehmen.
Die Erfahrung deutet nicht auf solche Unterschiede hin,[1] und aus der Gleichung ergiebt sich, dass kein Unterschied vorhanden zu sein braucht, da
dieser, die Schmelzwarme eines elektrochemischen Aquivalents des Metalles,
sich aus der Gleichung heraushebt.

„Wenn thatsachlich solche Unterschiede vorhanden waren, so wurde es
leicht sein, Anordnungen zu erfinden, bei denen die von einem Metall beim
Ubergang aus dem flussigen in den festen Zustand entwickelte Warme ohne
weiteren Aufwand in elektromotorische und daher mechanische Arbeit umgewandelt werden konnte."

13. HELMHOLTZ' Eingreifen. Unabhangig von den eben mitgetheilten
Darlegungen von WILLARD GIBBS arbeitete sich auch HELMHOLTZ zu ahnlichen
und in einigen wesentlichen Punkten noch weiter entwickelten Ansichten
hindurch. Infolge des Umstandes, dass sich diese Arbeiten uber einen
langeren Zeitraum erstrecken, in welchem sich die Ansichten, mit denen
der grosse Forscher an die Aufgabe herantrat, wesentlich geandert haben,
besitzen wir hier ein ausgezeichnetes Beispiel fur die Uberwindung einer ohne
hinlangliche Prufung angenommenen, weil „selbstverstandlich" erschienenen
Ansicht durch die sorgfaltige und unerschrockene Verfolgung widersprechen-
der Einzelergebnisse.

Es ist bereits erwahnt worden, dass HELMHOLTZ in seiner Schrift uber
die Erhaltung der Kraft aus dieser Annahme, dass sich die chemische
Energie vollstandig in elektrische verwandele, den Betrag der entsprechenden
elektomotorischen Kraft berechnet hatte, dass er aber gleichzeitig die Annahme selbst mit einiger Zuruckhaltung aufgestellt hatte. Erst im Jahre
1873 begann er sich experimentell mit derartigen Fragen zu beschaftigen,
und wir finden ihn zunachst, vermuthlich durch den Einfluss der Veroffentlichung von WILLIAM THOMSON (S. 777), ganz und gar auf dem von diesem
eingenommenen Standpunkte, indem er die Moglichkeit der Wasserzersetzung
durch Krafte, die unterhalb des aus der Verbrennungswarme berechneten

---

[1] H. D. RVOTT hat mit einem galvanischen Element experimentirt, welches eine Elektrode
von Wismuth in Beruhrung mit wismuthhaltiger Phosphorsaure enthalt (Comptes rendus 68
643, 1869). Da das Metall beim Schmelzen 885 Calorien fur das Aquivalent erfordert, wahrend
ein DANIELL'sches Element etwa 23000 Calorien elektromotorischer Arbeit fur ein Aquivalent
des Metalls liefert, so musste der Ubergang des Wismuths aus dem festen Zustande in den
flussigen eine Anderung der elektromotorischen Kraft um 0,037 eines DANIELL'schen Elementes bedingen. Bei dem Versuch von RVOTT zeigte sich aber kein plotzlicher Sprung in
der elektromotorischen Kraft in dem Augenblicke, wo das Wismuth seinen Aggregatzustand
andert. That sachlich verursachte eine Temperaturveranderung von etwa 15° oberhalb zu 15°
unterhalb der Schmelztemperatur nur eine Anderung der elektromotorischen Kraft um 0,002
eines DANIELL'schen Elementes. Versuch mit Blei und Zinn gaben ahnliche Resultate."

„theoretischen" Werthes liegen, leugnet, dass sie dem Gesetz von der Erhaltung der Energie widersprechen würde. Seine Worte sind

„Es ist bekannt, dass wenn ein Daniell'sches Zink-Kupfer-Element durch
eine Wasserzersetzungszelle mit Platinelektroden geschlossen wird, ein Strom
entsteht von schnell abnehmender Stärke, der bei der gewöhnlichen Art,
den Versuch anzustellen, zwar nach kurzer Zeit sehr schwach wird, aber
selbst nach sehr langer Zeit nicht ganz aufhört. Wir wollen diesen Strom
den polarisirenden nennen. Wenn wir nachher die Zersetzungszelle von
dem Daniell'schen Elemente trennen, und ihre Platinplatten mit dem Galvanometer[2] verbinden, so erhalten wir einen anderen Strom, den depolarisirenden, der in der Zersetzungszelle entgegengesetzte Richtung hat als
der polarisirende, und ebenfalls anfangs stark ist, unter den gewöhnlichen
Bedingungen der Beobachtung aber meist bald bis zum Unwahrnehmbaren
schwindet.

„Es ist im Wesentlichen dieser einfache Versuch, auf den sich meine
Untersuchungen beziehen. Die zu lösende Frage war, worauf beruht die,
wie es scheint, unbegrenzt lange Fortdauer des polarisirenden Stromes? In
einer Kette von der angegebenen Zusammensetzung kann nämlich, wenn
nicht noch andere Veränderungen darin vorgehen, die nach dem
Faraday'schen Gesetze erfolgende elektrolytische Leitung in den Flüssigkeiten
nicht zu Stande kommen ohne eine Verletzung des Gesetzes von der Erhaltung der Kraft. Wenn nämlich keine anderen Aquivalente potentieller
Energie verbraucht werden, musste in einer solchen Kette das mechanische
Aquivalent der in dem Stromkreise erzeugten Wärme gleich sein dem Arbeits-
aquivalent der bei der Elektrolyse wirksam gewordenen und verbrauchten
chemischen Kräfte. Letzteres ist aber, wenn die Zersetzung nach dem Gesetze der elektrolytischen Aquivalente vor sich geht, negativ, und kann also
nicht einer durch den Strom zu erzeugenden positiven Wärmearbeit gleich
sein. Wasserzersetzung kann also, wenn das Faraday'sche Gesetz ausschliesslich gültig ist, durch ein Daniell'sches Element auch in der minimalsten
Menge nicht dauernd unterhalten werden. In der That wird ein Freiwerden
der Gase, welche das Wasser zusammensetzen, bei dem oben beschriebenen
Versuche nicht beobachtet, wenn auch der Strom noch so lange fortdauert."

Helmholtz erledigt dann noch einige andere Annahmen, die man machen
konnte, um von dem Strom Rechenschaft zu geben, indem er zeigt, dass,
welche Zwischenzustände man auch für die beiden Gase annehmen möge,
die gesammte Arbeit für das freie Erscheinen derselben immer die gleiche
bleibt, und geht dann dazu über, auf Grund der von ihm sogenannten Con-
vectionserscheinungen die Thatsachen zu erklären. Mit dieser Seite
der Frage haben wir uns hier nicht zu beschäftigen. Von Belang ist nur
die mit Sicherheit ausgesprochene Ansicht, dass durch elektrische Energie
nicht ein chemischer Vorgang hervorgebracht werden könne, welcher mehr

---

[1] Pogg. Ann. 150, 483, 1873.   [2] Im Original steht unrichtiger Volta.

Wärme verbraucht, als durch die Umwandlung der elektrischen Energie geliefert werden kann. Die auf S. 804 erwähnten Versuche von FAVRE sind bereits ein Beweis dafür, dass eine solche Ansicht irrthümlich ist, denn dort ist Chlorwasserstoff unter Wärmeabsorption elektrolytisch zersetzt, und diese Wärmeabsorption ist unmittelbar gemessen worden.

In der That kennen wir eine grosse Anzahl anderer Vorgange, welche freiwillig unter Wärmeaufnahme erfolgen, indem sie gleichzeitig nach aussen Arbeit leisten, alle diese, wie z. B. die Verdampfung des Wassers bei constanter Temperatur unter Überwindung eines entsprechenden Druckes, müssten nicht möglich sein, wenn die angewandte Schlussweise richtig wäre. Der Irrthum in der Schlussweise liegt darin, dass das Gesetz der Erhaltung der Energie jedesmal in solchen Fällen aufrecht erhalten werden kann, indem der arbeitende Körper den erforderlichen Zuschuss von Energie als Wärme aus seiner Umgebung aufnimmt. Dieser Betrag ist genau gleich dem, den das Gesetz verlangt, und von einer Verletzung desselben ist keine Rede. Wohl aber liegen Gesetzmassigkeiten nach anderer Seite, der des zweiten Hauptsatzes vor, welche die hier möglichen Vorgange regeln. HELMHOLTZ selbst hat zur Aufklärung dieser Gesetze in dem weiteren Verlauf seiner Arbeiten wesentlich beigetragen.

Den gleichen Standpunkt nahm HELMHOLTZ noch acht Jahre später ein, denn in seiner FARADAY-Vorlesung vor der Londoner chemischen Gesellschaft[1] äussert er sich sehr positiv in solchem Sinne.

„Wenden wir das FARADAY'sche Gesetz an, so muss ein bestimmter Betrag von Elektricität, welcher durch den Stromkreis geht, einem bestimmten Betrage chemischer Zersetzung entsprechen, welche in jeder elektrolytischen Zelle desselben Stromkreises stattfindet. Nach der Theorie der Elektricität ist die durch eine solche bestimmte Elektricitätsmenge beim Stromdurchgange gethane Arbeit proportional der elektromotorischen Kraft zwischen beiden Enden des Leiters. Sie sehen daher, dass die elektromotorische Kraft einer galvanischen Kette proportional sein muss und thatsächlich auch ist der Wärme, welche durch alle chemischen Vorgange in allen elektrolytischen Zellen während des Durchganges derselben Elektricitätsmenge erzeugt wird. In den Zellen der galvanischen Batterie werden chemische Kräfte in den Stand gesetzt, Arbeit zu leisten, in den Zellen, wo Zersetzung stattfindet, muss Arbeit gegen die entgegengerichteten chemischen Kräfte geleistet werden, der Rest der geleisteten Arbeit erscheint als die durch den Strom entwickelte Wärme, soweit als sie nicht verbraucht wird, um Magnete zu bewegen, oder andere Arbeitsaquivalente zu leisten.

„Sie sehen, das Gesetz von der Erhaltung der Energie verlangt, dass die elektromotorische Kraft jeder Kette genau dem Gesammtbetrage der chemischen Kräfte entsprechen muss, welche ins Spiel kommen, und zwar nicht nur die gegenseitigen Anziehungen der Ionen, sondern auch diese geringeren molekularen Anziehungen, welche durch das Wasser und die anderen Bestandtheile der Flüssigkeit hervorgebracht werden."

14. Die Überwindung des Irrthums. Inzwischen hatte Helmholtz die elektrochemischen Probleme noch nach einer anderen Seite zu bearbeiten begonnen, indem er sich, möglicherweise durch die inzwischen aufgetundenen Widersprüche jener älteren Ansicht über die elektromotorischen Kräfte mit der Erfahrung veranlasst, die Aufgabe stellte, auf anderem, von der Betrachtung der Wärmeentwickelung unabhängigem Wege, elektromotorische Kräfte zu berechnen. Den Weg hatte er denn auch im Jahre 1877 gefunden [1] und wenn auch scheinbar das Ergebniss nur von bescheidener Beschaffenheit war, da es sich auf eine einzige, bis dahin kaum beachtete Art von Ketten bezog, so hat doch die spätere Entwickelung der Sache gelehrt, dass in der That in diesem ersten Versuch die entscheidenden Gedanken bereits berührt worden sind, welche zu der späteren Entwickelung des Gebietes und zu der Ausdehnung der gefundenen Lösung auf Ketten aller Art geführt haben. Wesentlich für die Kennzeichnung des neuen Weges ist, dass zur Lösung der Aufgabe nicht mehr wie früher nur der erste Hauptsatz der mechanischen Wärmetheorie benutzt wird, sondern dass der zweite dabei eine entscheidende Rolle spielt [2].

Die Aufgabe, mit der sich HELMHOLTZ in dieser Arbeit beschäftigt, ist die der Concentrationsketten, der Gedankengang dabei ist der folgende.

Wenn zwei Salzlösungen von ungleicher Concentration einander berühren so suchen sie ihre Gehaltsverschiedenheit auszugleichen, indem die Lösung von der Seite der grösseren zu der der geringeren Concentration diffundirt. Nun giebt es zwei Wege, um die Verschiedenheit des Gehaltes auf umkehrbarem Wege unter Arbeitsleistung auszugleichen. Man kann entweder aus der verdünnteren Lösung so viel Wasser verdampfen lassen, dass dieses, wenn man es der concentrirteren Lösung hinzufügt, die beiden Lösungen gleich macht. Oder man kann in die beiden Lösungen Elektroden aus demselben Metall, welches sie enthalten, setzen, und diese leitend mit einander verbinden. Dann entsteht ein Strom, welcher so wirkt, dass die concentrirtere Lösung durch Ausscheidung des Metalles und Fortwanderung des Anions verdünnter, die verdünnte Lösung durch Auflösen des Metalles unter Mitwirkung des hingewanderten Anions concentrirter wird. Bei beiden Vorgangen lässt sich Arbeit gewinnen, bei dem ersten, weil der Dampfdruck über der verdünnten

---

[1] Monatsber. Berl. Akad. 26 Nov. 1877 — Wied. Ann. 3 201 1878.

[2] Auf eine Darlegung des Inhaltes und der Entwickelung des zweiten Hauptsatzes kann hier nicht eingegangen werden, es würde dies ein eigenes Buch erfordern. Doch soll bemerkt werden, dass in dem Texte dieser Darlegungen soviel von dem Wesen dieses wichtigen Satzes zur Anschauung kommen wird, dass auch der Leser, dem dieser nicht geläufig ist, auf keine unüberwindlichen Schwierigkeiten des Verständnisses stossen wird, wenn ihm auch freilich die beträchtliche Gedankenarbeit, welche von der älteren Gestalt dieses Satzes zu den von HELMHOLTZ gefundenen Anwendungsformen desselben geführt hat, nicht vollkommen anschaulich werden kann.

Losung grosser ist, als uber der concentrirten, also der Dampf mit dem Unterschied der beiden Drucke von jener zu dieser uberzugehen bestrebt ist. Bei dem zweiten Vorgange stellt der elektrische Spannungsunterschied, welcher zwischen den beiden Elektroden besteht, eine solche Arbeitsquelle dar, deren Betrag gleich diesem Unterschied, multiplicirt mit der durchgehenden Elektricitatsmenge ist. Die letztere aber ist durch das FARADAY'sche Gesetz und die HITTORF'sche Uberfuhrungszahl bestimmt, denn wie auf S. 834 dargelegt worden ist, betragt die Concentrationsanderung an den Elektroden nicht soviel, als dem elektrochemischen Aquivalent der durchgegangenen Strommenge entspricht, sondern ist ein durch das Verhaltniss der Wanderungsgeschwindigkeiten bestimmter Bruchtheil davon.

Da nun beide Vorgange umkehrbar ausgefuhrt werden konnen, so muss nach einem allgemeinen Gesetze, welches als der zweite Hauptsatz der Energetik bezeichnet werden kann, und welches dahin lautet, dass der bei umkehrbaren Vorgangen zu gewinnende Arbeitsbetrag nur von dem Anfangs- und Endzustande des Gebildes, nicht aber von der Beschaffenheit der Zwischenzustande abhangt, der beiderseits zu berechnende Arbeitsbetrag gleich gross sein. Daraus folgt, dass eine Gleichung bestehen muss zwischen den Dampfdrucken und Dampfvolumen der Salzlosungen einerseits, und der elektromotorischen Kraft der Concentrationskette, sowie der Uberfuhrungszahl des vorhandenen Elektrolyts andererseits. Man kann also jede dieser Grossen berechnen, wenn die anderen gegeben sind, und erhalt insbesondere aus den Dampfdrucken der Losungen und der Uberfuhrungszahl die elektromotorische Kraft der Concentrationskette.

So bescheiden dies Ergebniss im Verhaltniss zu dem fruher als richtig angesehenen, welches aus der Warmeentwickelung die elektromotorische Kraft jeder beliebigen Kette zu berechnen gestattete (S. 771), auch erscheinen mag, da es nur eine besondere Art von Ketten betrifft, deren Vorhandensein nach den ersten, 70 Jahre alten Beobachtungen von BUCHOLZ und RITTER (S. 187) inzwischen vollig in Vergessenheit gerathen war, so hatte es doch wenigstens den einen unleugbaren Vorzug, dass es richtig war, was leider von dem anderen nicht gesagt werden konnte. In der Folge hat sich aber diese so anspruchslos auftretende Arbeit als bahnbrechend fur die richtige Auffassung der Ketten aller Art erwiesen, und wenn wir gegenwartig im Stande sind, fast alle Fragen in diesem Gebiete, prinzipiell gesprochen, zu beantworten, so ist es nur die Fortentwickelung der hier niedergelegten Gedanken, zunachst durch HELMHOLTZ selber, dann durch andere Forscher gewesen, welche uns dies Ziel hat erreichen lassen. Es sind deshalb die allgemeineren Betrachtungen dieser Abhandlung, so weit sie ohne den beigefugten mathematischen Apparat verstandlich sind, nachstehend wiedergegeben [1]

Die Abhandlung beginnt mit einer Auseinandersetzung des Begriffes der Uberfuhrungszahl, die wir nicht zu wiederholen brauchen, sie schliesst mit dem Satze „Ist das Metall der Elektrode gleich demjenigen, welches in der Lösung enthalten ist, so ist das ganze Resultat der Elektrolyse dasselbe, als wenn ein Aquivalent Metall von der Anode an die Kathode und 1 — m Aquivalent Salz in der Lösung von der Kathode zur Anode geführt wäre"

„Wenn nun die Salzlösung an der Kathode concentrirter ist, als an der Anode, so werden durch diese Überführung die Unterschiede der Concentration ausgeglichen. Die Flüssigkeit nähert sich hierdurch dem Gleichgewichtszustande, dem die Anziehungskräfte zwischen Salz und Wasser auch in den Vorgängen der Diffusion zustreben, nämlich dem Zustande gleichmässiger Vertheilung des Salzes. Also werden die in dieser Richtung wirkenden chemischen Kräfte ihrerseits auch wiederum den elektrischen Strom der in ihrem Sinne wirkt, unterstützen können"

„Dass nun die hierbei eintretende Arbeit der chemischen Kräfte in diesem Falle nach demselben Gesetze, wie andere elektrolytische chemische Processe als elektromotorische Kraft wirkt, lässt sich aus der mechanischen Wärmetheorie herleiten

„Einen reversiblen Process ohne Temperaturänderung, wie er zur Anwendung des Carnot'schen Gesetzes gefordert wird, können wir uns auf folgende Weise herstellen

„1) Wir lassen in die Anode das Quantum positiver Elektricität E langsam in constantem Strome eintreten, nehmen dagegen aus der Kathode das Quantum $+ E$ weg, oder, was zu demselben Resultate führt, wir lassen $+ \frac{1}{2} E$ in die Anode ein-, $- \frac{1}{2} E$ austreten, umgekehrt an der Kathode. Wenn P_a und P_j die Werthe der elektrostatischen Potentialfunction für die beiden Elektroden sind, so ist

$$E(P_a - P_j)$$

die Arbeit, welche geleistet werden muss, um diese Durchströmung zu bewerkstelligen. Ist die Dauer der Durchströmung gleich t so ist die Stromintensität nach elektrostatischem Maass gegeben durch die Gleichung

$$\mathfrak{J} t = E.$$

„2) Unter dem Einflusse dieser Durchströmung kommt in der elektrolytischen Zelle, die wir mit zwei gleichartigen Metallelektroden versehen und mit einer Lösung desselben Metalles von ungleicher Concentration gefüllt denken, eine Überführung des Salzes im Elektrolyten zu Stande. Die Veränderung, welche dadurch im Zustande der Flüssigkeit entsteht, können wir aber dadurch beseitigen, dass wir aus allen Schichten der Flüssigkeit wo der Strom die Lösung verdünnt so viel Wasser, als zugeführt wird, verdampfen lassen, umgekehrt, wo der Strom die Flüssigkeit concentrirt, die entsprechende Menge von Wasser durch Niederschlag von Dämpfen zuführen. Wenn man in dieser Weise den Zustand innerhalb der Flüssigkeit vollkommen constant erhält, so muss das Anion ganz an seiner Stelle bleiben weil sich von diesem an keinem Ende etwas ausscheidet, und nichts dazukommt. Vom Kation muss dagegen durch jeden Querschnitt der Strombahn

ein der Stromstärke vollkommen aequivalente Menge gehen, da an der
Anode ein volles Aequivalent aufgelöst, an der Kathode niedergeschlagen
wird. Da nun die Verschiebung des Anions gegen das Wasser sich zu der
des Kations gegen das Wasser wie $(1 - n)$ zu n verhält, so muss das Wasser
mit einer Geschwindigkeit vorwärts gehen, welche $1 - n$ von der des Kations beträgt. Wenn also ein elektrolytisches Aequivalent des Salzes verbunden ist mit q Gewichtstheilen Wasser, und durch ein Flächenstück $d\varpi$
der Strom von der Dichtigkeit i die Quantität $i\,d\varpi$ des Kations, in Aequi-
valenten ausgedrückt, führen soll, so müssen durch dasselbe $q\,(1 - n)\,i\,d\varpi$
Gewichtstheile Wasser gehen, um die Theile des Anions an ihrer Stelle zu
erhalten.

„Diese $q\,(1 - n)\,i\,d\varpi$ betragende Menge Wasser führt mit sich als aufgelöste Bestandtheile $(1 - n)\,i\,d\varpi$ Aequivalente des Kations, sowie des Anions.
Die Elektrolyse treibt durch denselben Querschnitt $n\,i\,d\varpi$ des Kations
vorwärts und $1 - n\,i\,d\varpi$ des Anions rückwärts, daher in Summa ein Aequivalent des Kations vorwärts geht, und das Anion an seiner Stelle bleibt.“

Nach Ausführung einer entsprechenden Rechnung erhält dann HELMHOLTZ
das Resultat: „Das Wasser also, welches sich im ganzen Inneren sammelt,
und nach unserer Voraussetzung durch Verdampfung entfernt werden soll,
wird gerade genügen, um an den Elektrodenflächen wieder niedergeschlagen
die dort verlangte Zufuhr zu geben. Hierbei kann natürlich sowohl die
Ansammlung des Wassers im Inneren, wie der Niederschlag an der Oberfläche stellenweise auch negative Werthe haben.

„3. Die Verdampfung, beziehentlich wo sie negativ ist, der Niederschlag
des Dampfes kann so geführt werden, dass man durch Zuleitung der Wärme
zu jedem der Volumelemente die Temperatur während der Verdampfung
constant erhält. Solange Wasser aus einem Volumelemente entfernt werden
soll, lässt man den Dampf damit in Berührung. Schliesslich trennt man
beide, und lässt den Dampf unter weiterer Zuführung von Wärme bei constanter Temperatur sich so weit dehnen, bis er einen bestimmten Druck p_1
erreicht hat. Wo die Verdampfung negativ sein soll, wird der Dampf
natürlich aus dem Druck p_1 entnommen, und unter Abgabe von Wärme bei
constanter Temperatur zunächst ohne, nachher mit Berührung der Flüssigkeit comprimirt, bis er Wasser geworden ist. Da der Dampf, der mit den
concentrirteren Theilen der Flüssigkeit in Berührung ist, geringeren Druck
hat, als der mit verdünnteren Theilen in Berührung stehende, so wird bei
der Verdampfung Arbeit gewonnen, wenn das Wasser aus den verdünnten
Theilen in die concentrirten übertragen wird, verloren, wenn umgekehrt.

„4. Die elektrische Strömung kann so langsam gemacht werden, dass
die dem Quadrat ihrer Intensität proportionale Wärmeentwickelung wegen
Widerstandes der Leitung verschwindend klein wird im Vergleich mit denjenigen Wirkungen, die wir bisher besprochen haben, und die der ersten
Potenz der Intensität proportional sind.

„Ebenso könnte die Diffusion, welche zwischen den verschieden concentriiten Theilen der Lösung vor sich geht, durch Einschaltung enger Verbindungsröhren auf ein Minimum zurückgeführt werden, ohne dass die elektromotorische Kraft des Apparates, die wir berechnen wollen, dadurch geändert wird

„Wir können deshalb diese beiden irreversiblen Processe vernachlässigen und das Carnot-Clausius'sche Gesetz auf die reversiblen anwenden Da alle an dem Process theilnehmenden Körper dauernd gleiche Temperatur haben sollen, und alle dieselbe, so kann keine Wärme in Arbeit und durch die reversiblen auch keine Arbeit in Wärme verwandelt werden Es muss also die Summe der gewonnenen und verlorenen Arbeiten, für sich genommen, gleich Null sein, und ebenso die Summe der ab- und zugeführten Wärme"

Helmholtz geht nun dazu über, diese Überlegung in Formeln zu kleiden, indem er die elektrische und die bei der Verdampfung und Wiederverdichtung zu gewinnende mechanische Arbeit berechnet Diese Rechnung soll nicht wiedergegeben werden, das Ergebniss, welches unter der Voraussetzung erhalten wird, dass die Änderung des Dampfdruckes nach dem Gesetze von Wüllner dem Salzgehalt proportional ist, und dass der Wasserdampf den Gasgesetzen folgt, hat die Gestalt

$$P_k - P_0 = b \; T \left[1 - n \; \log \frac{q_a}{q_k} \right],$$

wo b und T Constanten sind, und q eine der Concentration umgekehrt proportionale Grösse ist, die man als die Verdünnung bezeichnen kann, die Zeichen k und a beziehen sich auf die Kathode, resp Anode

Die Prüfung der Formel wurde sowohl in relativer Weise vorgenommen indem aus einer Anzahl von Messungen an Kupfersulfatlösungen verschiedenen Gehaltes das Verhältniss der elektromotorischen Kräfte $P - P_0$ zwischen je zwei Lösungen ermittelt wurde, wodurch die Constante der Gleichung nicht ihrem absoluten Werthe nach bekannt zu sein brauchte Ferner aber ging Helmholtz zu der Berechnung der Constanten in absolutem Maasse über, indem er für diesen Zweck Messungen der Dampfdrucke über Kupfersulfatlösungen benutzte, welche auf seine Veranlassung von J Moser ausgeführt worden waren Beide Berechnungen gaben eine ausreichende Übereinstimmung zwischen Beobachtung und Theorie Auf ihre Wiedergabe kann hier verzichtet werden, da später die gleichen Fragen in einfacheren Formen behandelt werden sollen

Durch die Ergebnisse dieser Arbeit war Helmholtz in einen vollständigen Widerspruch mit seinen früheren Ansichten gekommen Denn seine Schlussgleichung enthielt als bestimmende Grössen für die elektromotorische Kraft die Überführungszahl und die Concentrationen seiner Salzlösungen dagegen durchaus kein Glied, das der Wärmeentwickelung bei dem hier stattfindenden Vorgange, der Verdünnung der Salzlösung entsprach Ja man konnte aus der Formel abnehmen, dass auch die verdünntesten Lösungen, bei denen die Verdünnungswärmen bis zur Unmerklichkeit abnehmen, elektromotorische Kräfte von derselben Grössenordnung geben

müssen, wie concentrirtere. Dazu kam, dass einige der untersuchten Stoffe,
wie Chlorzink, Wärmeentwicklung, andere Wärmeabsorption bei der Verdünnung zeigen, während die elektromotorische Kraft ganz unabhängig davon immer so liegt, dass die in der concentrirteren Lösung stehende Elektrode als Kathode wirkt.

Solche Widersprüche konnten einem Manne wie HELMHOLTZ nicht verborgen bleiben, und er war auch nicht der Mann dazu, sie in den Hintergrund zu schieben, und sich ihrer Beachtung zu entziehen. Vielmehr lässt
sich mit Sicherheit annehmen, dass gerade das Auftreten dieser Widersprüche
ihn zu der Prüfung seiner Ausgangspunkte veranlasst hat, und dass wir
diesem Umstande die Fortschritte verdanken, die wir ihn alsbald machen
sehen. Schon ein Jahr nach jener FARADAY-Vorlesung hat er den neuen
Gesichtspunkt gewonnen, von dem aus eine widerspruchsfreie Betrachtung
der elektrochemischen Vorgänge möglich war, und es beginnt die Veröffentlichung seiner drei Abhandlungen zur Thermodynamik der chemischen
Vorgänge, welche auf die Entwickelung der Sache einen so grossen Einfluss
ausgeübt haben.

Das Resultat der hier niedergelegten Gedankenarbeit lässt sich leicht in
Worte fassen. Für die Umwandlung in andere Energieformen ist im allgemeinen nie die gesammte Energie maassgebend, welche bei einer gegebenen Änderung eines Gebildes frei wird, sondern ein anderer Energiebetrag,
welchen HELMHOLTZ die freie Energie nennt. Diese freie Energie kann
kleiner oder auch grösser sein, als die Gesammtenergie.

Je nach den Bedingungen, welchen die Umwandlung unterworfen ist,
erlangt die freie Energie verschiedene Definitionen. Für uns steht die Form,
welche HELMHOLTZ zunächst betrachtet hat, und welche von allen auch die
wichtigste ist, im Vordergrunde: es ist die freie Energie bei constanter Temperatur, oder die freie Energie im engeren Sinne. Für diese gilt offenbar
Folgendes. Ist für einen Vorgang die freie Energie gleich der Änderung
der gesammten, so geht alle auftretende Energie in die neue Form über,
und kein Antheil derselben erscheint in unverwandelbarer Gestalt als Wärme.
Ist, wie das der häufigste Fall ist, die freie Energie kleiner als die Änderung der gesammten, so erscheint der Überschuss als Wärme und das Gebilde erhöht seine Temperatur. Ist schliesslich die freie Energie grösser, so
muss Energie als Wärme aus der Umgebung aufgenommen werden, und
das Gebilde kühlt sich freiwillig ab, wenn die Umwandlung stattfindet.
Wenden wir diese Sätze auf die Umwandlung chemischer Energie in elektrische an, so erhalten wir die möglichen Fälle des Verhaltens VOLTA'scher
Ketten, wie sie von RAOULT und FAVRE beobachtet worden sind (S. 798).
Die Kenntniss dieser wesentlichen Gesichtspunkte wird das Verständniss der
nachfolgenden Darlegungen von HELMHOLTZ erleichtern, die er in seiner ersten
Abhandlung zur Thermodynamik chemischer Vorgänge[1] niedergelegt hat.

_____

[1] Sitz.-Ber. d. Berl. Akad., 2. Febr. 1882. — Ges. Abhandl. II, 958.

„Die bisherigen Untersuchungen über die Arbeitswerthe chemischer
Vorgänge beziehen sich fast ausschliesslich auf die bei der Herstellung und
Lösung der Verbindungen auftretenden oder verschwindenden Wärmemengen
Nun sind aber mit den meisten chemischen Veränderungen Änderungen des
Aggregatzustandes und der Dichtigkeit des betreffenden Körpers unlöslich
verbunden Von diesen letzteren aber wissen wir schon, dass sie Arbeit in
zweierlei Form zu erzeugen oder zu verbrauchen fähig sind, nämlich
erstens in der Form von Wärme, zweitens in der Form von anderer
unbeschränkt verwandelbarer Arbeit Ein Wärmevorrath ist bekanntlich
nach dem von Herrn Clausius präciser gefassten Carnot'schen Gesetze nicht
unbeschränkt in andere Arbeitswerthe verwandelbar, wir können das immer
nur dadurch und dann auch nur theilweise erreichen, wenn wir den nicht
verwandelten Rest der Wärme in Körper von niederer Temperatur übergehen lassen Wir wissen, dass beim Schmelzen, Verdampfen, bei Ausdehnung von Gasen auch Wärme aus den umgebenden gleich temperirten
Körpern herbeigezogen werden kann, um in andere Form überzugehen
Da solche Veränderungen, wie gesagt, unlöslich mit den meisten chemischen
Vorgängen verbunden sind, so zeigt schon dieser Umstand, dass man auch
bei den letzteren nach der Entstehung dieser zwei Formen von Arbeits-
äquivalenten fragen und sie unter den Gesichtspunkt des Carnot'schen Gesetzes stellen muss Bekannt ist längst, dass es von selbst eintretende und
ohne äussere Triebkraft weitergehende chemische Processe giebt, bei denen
Kälte erzeugt wird Von diesen Vorgängen wissen die bisherigen theoretischen Betrachtungen, welche nur die zu entwickelnde Wärme als Maass
für den Arbeitswerth der chemischen Verwandtschaftskräfte betrachten, keine
Rechenschaft zu geben [1] Sie erscheinen vielmehr als Vorgänge, welche
gegen die Verwandtschaftskräfte zu Stande kommen Der Hauptsache nach
ist die ältere Ansicht, die ich selbst in meinen früheren Schriften vertreten
habe, allerdings gerechtfertigt Es ist keine Frage, dass namentlich in den
Fällen, wo die mächtigeren Verwandtschaftskräfte wirken, die stärkere Wärmeentwickelung mit der grösseren Verwandtschaft zusammenfällt, soweit letztere
durch die Entstehung und Lösung der chemischen Verbindungen zu erkennen ist Aber beide fallen doch nicht in allen Fällen zusammen Wenn
wir nun bedenken, dass die chemischen Kräfte nicht bloss Wärme, sondern
auch andere Formen von Energie hervorbringen können, letzteres sogar,
ohne dass irgend eine der Grösse der Leistung entsprechende Änderung der
Temperatur in den zusammenwirkenden Körpern einzutreten braucht, wie
z B bei den Arbeitsleistungen der galvanischen Batterien so scheint es mir
nicht fraglich, dass auch bei den chemischen Vorgängen die Scheidung
zwischen dem freier Verwandlung in andere Arbeitsformen fähigen Theile
ihrer Verwandtschaftskräfte und dem nur als Wärme erzeugbaren Theile
vorgenommen werden muss Ich werde mir erlauben, diese beiden Theile

---

[1] B Rathke Über die Prinzipien der Thermochemie in Abhandl d Naturforsch Gesellsch
zu Halle, Bd XV

der Energie im Folgenden kurzweg als die freie und die gebundene Energie zu bezeichnen. Wir werden später sehen, dass die aus dem Ruhezustande und bei constant gehaltener gleichmässiger Temperatur des Systems von selbst eintretenden und ohne Hülfe einer äusseren Arbeitskraft fortgehenden Processe nur in solcher Richtung vor sich gehen können, dass die freie Energie abnimmt. In diese Kategorie werden auch die bei constant erhaltener Temperatur eintretenden von selbst und fortschreitenden chemischen Processe zu rechnen sein. Unter Voraussetzung unbeschränkter Gültigkeit des Clausius'schen Gesetzes würden es also die Werthe der freien Energie, nicht die der durch die Wärmeentwickelung sich kundgebenden gesammten Energie sein, die darüber entscheiden, in welchem Sinne die chemische Verwandtschaft thätig werden kann.

„Die Berechnung der freien Energie lässt sich der Regel nach nur bei solchen Veränderungen ausführen, die im Sinne der thermodynamischen Betrachtungen vollkommen reversibel sind. Dies ist der Fall bei vielen Lösungen und Mischungen, die innerhalb gewisser Grenzen nach beliebigen Verhältnissen hergestellt werden können. Auf solche beziehen sich z. B. die von G. Kirchhoff[1] über Lösungen von Salzen und Gasen angestellten Untersuchungen. Für die nach festen Äquivalenten geschlossenen chemischen Verbindungen im engeren Sinne dagegen bilden die elektrolytischen Processe zwischen unpolarisirbaren Elektroden einen wichtigen Fall reversibler Vorgänge. In der That bin ich selbst durch die Frage nach dem Zusammenhange zwischen der elektromotorischen Kraft solcher Ketten und den chemischen Veränderungen, welche in ihnen vorgehen, zu dem hier zu entwickelnden Begriff der freien chemischen Energie geführt worden. Denn auch hier drängten sich Fragen auf, wie die, ob und wann die latente Wärme der sich entwickelnden Gase oder die durch Auskrystallisiren eines bei der Elektrolyse erzeugten Salzes freigewordene Wärme auf die elektromotorische Kraft Einfluss habe oder nicht. Die von mir am 26 November 1877 gemachte Mittheilung „„Über galvanische Ströme, verursacht durch Concentrationsunterschiede““ (S. 1001) fällt schon in dieses Gebiet hinein."

Helmholtz geht nun dazu über, auf den Fall einer umkehrbaren Kette die beiden Hauptsätze der mechanischen Wärmetheorie anzuwenden, indem er den Zustand des Elements als durch seine Temperatur und die von einem bestimmten Ausgangspunkte aus gerechnete Elektricitätsmenge, die im positiven oder negativen Sinne durch das Element gegangen ist, bestimmt ansieht. Vermöge der gewöhnlichen Methoden, wie sie z. B. auch für die Ermittelung des Zusammenhanges zwischen der latenten Wärme der Dämpfe und der Änderung des Dampfdruckes mit der Temperatur benutzt worden sind, gelangt er zu einer Gleichung, die in vereinfachter Gestalt folgende Form hat

$$dQ = T\,\frac{dP}{dT}\,dt$$

[1] Pogg. Ann. 103, 177 u. 206, 1858; 104, 612, 1858.

Hier bedeutet dQ die Wärmemenge, welche der Kette zugeführt werden muss, damit sie beim Stromdurchgange ihre Temperatur beibehalt, T ist die absolute Temperatur, P die elektromotorische Kraft und $d\varepsilon$ die durchgegangene Elektricitätsmenge. Da bei constanten Ketten dQ und $d\varepsilon$ einander proportional sind, so kann man die Gleichung für diesen Fall auch schreiben

$$Q = \varepsilon T \frac{dP}{dT}$$

Die Deutung des Ausdruckes ist leicht, $\frac{dP}{dT}$ ist die Veränderlichkeit der elektromotorischen Kraft mit der Temperatur, und die Gleichung besagt demnach: nimmt die elektromotorische Kraft mit der Temperatur zu, so muss der Kette während des Stromdurchganges Wärme zugeführt werden, damit ihre Temperatur constant bleibt, d. h. die Kette kühlt sich freiwillig ab, nimmt dagegen mit steigender Temperatur die elektromotorische Kraft ab, so erwärmt sich die Kette. Nun ist die Grosse Q, die zuzuführende Wärme, folgendermaassen bestimmt. In der Kette verschwindet der Energiebetrag, welcher als elektrische Energie nach aussen geht, es entsteht dagegen dort die Energiemenge, welche durch den chemischen Vorgang frei wird. Ist der erste Betrag kleiner, als der letzte, so muss der Kette Wärme zugeführt werden, wenn sie ihre Temperatur beibehalten soll, und umgekehrt. Somit lässt sich die Deutung der Gleichung auch so aussprechen. Ist die elektrische Wärme grosser, als die chemische, so nimmt die elektromotorische Kraft mit der Temperatur zu, ist sie kleiner, so erfolgt Abnahme. Bestimmt man also die Veränderlichkeit der elektromotorischen Kraft mit der Temperatur, so kann man daraus die „locale" Wärme in der Kette berechnen.

Gleichzeitig sieht man, unter welchen Bedingungen der Thomson'sche Satz richtig ist: er gilt für solche Ketten, deren elektromotorische Kraft sich nicht mit der Temperatur ändert. Zufällig hat gerade die Daniell'sche Kette diese Eigenschaft, und daraus hatte sich die zu enge Auffassung der gegenseitigen Beziehung der beiden Energieen ergeben.

Nachdem Helmholtz diesen besonderen Fall behandelt hat, erörtert er die Verallgemeinerung, welcher die Betrachtung unterzogen werden kann, indem an Stelle der beiden elektrischen Veränderlichen ε und P beliebige andere Veränderliche treten, welche mit jenen nur die Eigenschaft gemein zu haben brauchen, dass das Produkt von je zweien eine Energie ist, und dass je einer von diesen Faktoren als zustandsbestimmender Parameter aufzufassen ist. In die Einzelheiten der mathematischen Erörterungen wollen wir ihm nicht folgen, die allgemeinen Ergebnisse hat er selbst in der oben wiedergegebenen Einleitung auseinandergesetzt.

15. Die freie Energie. Um den wichtigen Begriff der freien Energie dem Leser noch besser vertraut zu machen, wird es zweckmässig sein, eine Anzahl von Satzen, welche Robert von Helmholtz, der früh-

verstorbene begabte Sohn des grossen Forschers, zusammengestellt hat,[1] anzuführen

„1 Jedem (chemischen) Körper oder System von Körpern kommt ein bestimmtes Quantum von **freier Energie** zu, welches nur von seiner Temperatur und seinem augenblicklichen Zustand (z B Aggregatzustand) abhängt, nicht aber von dem Wege, auf welchem dieser Zustand erreicht wurde

„Davon zu unterscheiden ist die Gesammtenergie, welche ausser der freien Energie noch das Aquivalent der im Körper enthaltenen unverwandelbaren Wärme umfasst

„2) Die Arbeit, welche durch irgend eine isotherme Zustandsänderung (z B chemischen Process, Lösung, Aggregatänderung, Änderung der Capillarfläche) in maximo geleistet werden kann, ist zu messen durch die eintretende Abnahme der freien Energie, während die Differenz der Gesammtenergie das Maximum der gewöhnlichen Wärmeabgabe angiebt

„Die freie Energie spielt also für chemische Systeme dieselbe Rolle, wie die potentielle Energie für mechanische

„3) Demgemäss ist ein chemisches System nur dann im stabilen Gleichgewicht, wenn seine freie Energie den kleinsten bei der herrschenden Temperatur möglichen Werth angenommen hat

„Von selbst eintretende Processe sind daher immer solche, welche das System von einem Zustande grosserer zu dem der kleinsten freien Energie hinführen

„Beides gilt nicht von der Gesammtenergie, z B nimmt dieselbe bei Kaltemischungen von selbst, d h durch Aufnahme ausserer Wärme zu. .

„4) Im Allgemeinen kann man also sagen, dass, wenn zwei Zustände eines Körpers in gegenseitiger Berührung vorkommen, ohne sich zu stören, dieselben gleiche freie Energie besitzen müssen

„5) Unter den möglichen isothermen Zustandsänderungen sind speciell die reversiblen die günstigsten Denn nur sie leisten wirklich das Maximum der Arbeit, welche die Abnahme der freien Energie misst. Darum können aber auch, wenn zwei isotherm-reversible, jedoch sonst beliebige Wege zur Verfügung stehen, die geleisteten Arbeitsgrossen unmittelbar gleich gesetzt und auf diese Weise Beziehungen zwischen den beiderseitigen Kräften und Wegparametern gewonnen werden

„Auch die bei diesen Processen auftretenden Wärmemengen sind vom Wege unabhängig, namlich gleich der Differenz der nicht verwandelbaren Wärme Dieselbe ist aber nicht identisch mit der sogenannten Wärmetönung chemischer Processe, welche vielmehr nur durch einen vollständig irreversiblen, d h arbeitslosen Process mit wenigstens gleichen Endtemperaturen geliefert wird, und der Änderung der Gesammtenergie entspricht.

„6 Ist im Besonderen der von dem Zustande *A* in den Zustand *B* überzuführende Körper ein verdampfbarer, so ist ein stets verwendbarer isotherm-reversibler Process der folgende. Man verwandelt den im Zustande A befindlichen Körper in seinen gesättigten Dampf, verändert dann dessen Druck isotherm und ausser Berührung mit etwa nicht verdampften Theilen des Körpers, bis der dem Zustande B entsprechende Sättigungsdruck des Körpers erreicht ist. Darauf comprimirt man wieder in Berührung mit schon vorher im Zustande B befindlichen Substanztheilen. Dann wird sich der Dampf als Körper B niederschlagen. Diesen Process werde ich kurz den Verdampfungsprocess nennen. Die von ihm gelieferte Arbeit ist mit Hülfe des MARIOTTI-GAY-LUSSAC'schen Gesetzes oder einer anderen Zustandsgleichung für Dampfe in Dampfdrucken ausdruckbar.

„7) Allgemein ergiebt sich dabei, dass dem Zustande grösserer freier Energie auch grösserer Dampfdruck, Zuständen gleicher freier Energie auch gleiche Dampfdrucke entsprechen, und umgekehrt."

16. HELMHOLTZ' zweite Abhandlung. Einige Monate nach seiner ersten Mittheilung veröffentlichte HELMHOLTZ seine zweite Abhandlung zur Thermodynamik chemischer Vorgänge [1].

Die Mittheilung enthält wesentlich die Darlegung eines theoretisch besonders einfachen Falles, in welchem aus den Dampfdrucken die elektromotorische Kraft berechnet werden kann (vergl. S. 1001). Es ist dies der Fall zweier gegen einander geschalteter Ketten aus Zink, Zinkchlorid, Quecksiberchlorür, Quecksilber. „Ein Strom, der in der Richtung vor sich geht, wie ihn die elektromotorische Kraft dieser Elemente zu erzeugen strebt, löst Zink auf, während eine aequivalente Menge des Chlorürs reducirt wird und ihr Chlor abgiebt. Es entsteht also neugebildetes Zinkchlorid, $ZnCl^2$, was in Losung übergeht. Andererseits zerfällt ungelöstes, festes Quecksilbersalz, Hg^2Cl^2, in Hg^2, welches sich dem übrigen Quecksilber zumischt, und Cl^2, welches an das Zink tritt. Bei umgekehrter Stromrichtung wird im Gegentheil Zink aus der Losung reducirt und neues Mercurochlorid gebildet. Bei verschiedener Concentration der Flüssigkeit ändert sich in diesen Vorgängen nur, dass das neugebildete Zinkchlorid in eine anders concentrirte Losung desselben Salzes eintritt, beziehentlich das ausgeschiedene aus einer solchen austritt. Ausser den chemischen Kräften, welche die Bildung des Chlorzinks auf Kosten des Kalomels begünstigen, kommen noch in Betracht diejenigen, welche das gebildete Chlorzink in die wässerige Lösung überzuführen suchen, diese werden in den verdünnteren Losungen, wie gleich von vornherein zu vermuthen ist, wirksamer sein, als in concentrirteren. In der That zeigen die Versuche sogleich, dass die verdünnteren Losungen den Elementen eine grössere elektromotorische Kraft geben.

„Wenn man, wie bei den Versuchen geschah, zwei Elemente mit verschieden concentrirten Losungen einander entgegensetzt, so wird ein Strom, der durch beide geht, in einem so viel $ZnCl^2$ bilden, als im anderen zerlegt

[1] Sitzungsber. Berl. Akad., 27. Juli 1882 — Ges. Abhandl. II, 979

wird. Aber wenn in eine verdünntere Lösung Chlorzink eintritt, und dieselbe Quantität aus einer concentrirteren austritt, so wird dies ein Vorgang
sein, der Arbeit leisten, also auch als elektromotorische Kraft einen Strom
erregen kann. Dieser Process ist übrigens bei geringer Stromintensität, bei
welcher die dem Quadrate derselben proportionale Wärmeentwickelung im
Schliessungsbogen verschwindet, und nur die der Intensität direkt proportionalen Grössen zu beachten sind, vollkommen reversibel.

„Nun können wir aber die Concentration einer solchen Lösung auch
auf einem zweiten, vollkommen reversiblen Wege, nämlich durch Verdunstung
ändern. Erstens müssen wir die Wassermenge dW aus reinem Wasser
verdampfen lassen. Dann müssen wir den Dampf ausser Berührung mit
Wasser sich weiter dehnen lassen, bis er das specifische Volum des über
der Salzlösung stehenden gesättigten Dampfes hat . Endlich ist der
Dampf mit der Salzlösung unter dem constant bleibenden Drucke zu com-
primiren."

Indem Helmholtz diese Rechnung allgemein ansetzt, kann er durch
Subtraction der zu zwei verschiedenen Concentrationen gehörigen Arbeitswerthe die Arbeit berechnen, welche der Überführung des Wassers aus der
weniger concentrirten in die concentrirtere Lösung entspricht. Für die zahlenmässige Ausrechnung ist die Kenntniss der Dampfdrucke über den verschiedenen Lösungen von Zinkchlorid erforderlich. Helmholtz bedient sich
für diesen Zweck einer Reihe von Messungen, welche unter seiner Leitung
von J. Moser ausgeführt worden waren. Das Ergebniss war, dass die be-
berechnete elektromotorische Kraft in einem bestimmten Falle im Mittel
0,11541 Volt betrug, während die Berechnung je nach den benutzten Formeln 0,11579 und 0,11455 ergab. Die Übereinstimmung ist also genügend.

„Ein bemerkenswerther Zug in diesen Vorgängen scheint mir darin zu
liegen, dass die Anziehung des Wassers zu dem zu lösenden Salze einen so
grossen Theil der wirksamen chemischen Kräfte zwischen den sich gegenseitig verdrängenden Elementen (Zink und Quecksilber) ausmachen kann.
In den vorliegenden Messungen beträgt die elektromotorische Kraft der
Lösung allein etwa nur ein Achtel von der ganzen Kraft der concentrirteren Lösung. Aber die Kraft der Lösung kann sich bei den weiteren
Verdünnungen, welche nicht mehr hinreichende Constanz für genauere Messungen hatten, noch erheblich vermehren, und nach der gegebenen Formel
könnte sich diese Kraft bei immer weiter wachsenden Werthen der Verdünnung bis zu jedem beliebigen Grade steigern. Daraus würde folgen,
dass in sehr verdünnten Lösungen oder in ganz salzfreien Säuren Metalle,
die wir sonst als unoxydirbar in der betreffenden Säure betrachten, sich
spurenweise bis zu einer gewissen Grenze unter Wasserstoffentwickelung
würden lösen können. Ich bemerke, dass ganz ähnliche Verhältnisse auch
bei der Lösung der Gase nach der mechanischen Wärmetheorie stattfinden
müssen, woraus sich zum Theil ganz veränderte Ansichten über das Wesen
der galvanischen Polarisation ergeben möchten."

Die letzten Bemerkungen enthalten, wie oft bei HELMHOLTZ, den Kern einer ganzen weiteren Gedankenreihe von grosser Wichtigkeit. Die fragliche Formel ergiebt die freie Energie ε für den Übergang des Wassers von einer verdünnteren zu einer concentrirteren Lösung in der Gestalt $\varepsilon = K \log \frac{c'}{c''}$, wo c' und c'' die beiden Concentrationen sind, und K eine Constante bedeutet. Lässt man die Concentration c gleich Null werden, so wird die freie Energie unendlich gross, d. h. keine Kraft kann verhindern, dass etwas von dem Salz in das reine Wasser übergeht. Das gilt ganz allgemein, reines Wasser muss nicht nur die unlöslichsten Stoffe, sondern auch die edelsten Metalle bis zu einem bestimmten Betrage lösen, mit anderen Worten es giebt überhaupt kein reines Wasser, sondern alles Wasser enthält etwas von allem gelöst, womit es in Berührung war. Dieser Gedanke erweitert unseren Gesichtskreis in sehr bedeutendem Maasse, und hat in der Folge vielfach zu einer richtigeren und fruchtbaren Auffassung chemischer Verhältnisse geführt.

Eine dritte und letzte Abhandlung elektrochemischen Inhaltes veröffentlichte HELMHOLTZ im folgenden Jahre [1] Sie beschäftigt sich mit den Erscheinungen der galvanischen Polarisation und wird im Zusammenhange mit anderen Arbeiten über die gleiche Frage später besprochen werden. Für uns von Interesse ist die Einleitung, in welcher HELMHOLTZ das Verhältniss seiner Forschungen zu denen von W. GIBBS, BRAUN und Anderen darlegt.

„Zur Vorgeschichte der in meiner ersten Mittheilung zur Thermodynamik chemischer Vorgänge vom 2. Februar 1882 entwickelten Sätze erlaube ich mir hier nachzutragen, dass zunächst Lord RAYLEIGH in einem von der Royal Institution am 5. März 1875 gehaltenen Vortrage es als allgemeines Prinzip ausgesprochen hat, dass nicht die Wärmeentwickelung allein über die Möglichkeit entscheidet, ob eine chemische Veränderung in bestimmter Richtung eintrete, sondern dass dies nur geschehen könne, wo dabei die Entropie (dissipation of energy) wachse, oder wenigstens nicht abnehme [2]

„Dass die Wärmeentwickelung allein genommen namentlich nicht für die Grösse der elektromotorischen Kräfte galvanischer Elemente entscheidend sei, hat Herr F. BRAUN in einer Reihe von Aufsätzen vom Jahre 1878 anfangend ausgesprochen und durch eine Anzahl wichtiger Versuche erwiesen. Die theoretischen Anschauungen freilich, von denen er in den ersten dieser Aufsätze ausgegangen ist, namentlich der Satz, dass „„die chemische Energie von der Natur der Wärme sei““, dass jeder chemische Vorgang zunächst immer nur Wärme erzeuge, und dass es nur von zufälligen Nebenumständen abhange, wie viel von der hohen Temperatur der eben verbundenen Atome in reversible Arbeit anderer Art verwandelt werde, ist meines Erachtens in

---

[1] Sitzungsber. Berl. Akad., 31. Mai 1883 — Ges. Abhandl. III, 92
[2] Das hier Lord RAYLEIGH durch HELMHOLTZ zugeschriebene Verdienst kommt thatsächlich HORSTMANN zu, der die Anwendung des zweiten Hauptsatzes auf chemische Erscheinungen in prinzipiell richtiger Weise bereits 1873 (HELMHOLTZ' Annalen 170, 192 1873) dargelegt hat.

Widerspruch mit den Thatsachen, welche zeigen, dass galvanische Ketten auch unter Bindung von Wärme arbeiten können. Ein Process, wie ihn Herr Exner dort angenommen hat, würde nicht reversibel sein, und also, wenn er bei der Auflösung eines Metalles eintritt, nicht auch bei der Ausscheidung desselben in gleicher Weise vor sich gehen können. Da übrigens der genannte Autor sich neuerdings mit meiner analytischen Formulirung des Princips einverstanden erklärt hat, so wird weitere Discussion dieser theoretischen Frage nicht nöthig sein.

„Die grosse Vereinfachung der thermodynamischen Sätze ferner, welche sich durch die Darstellung der Energie und Entropie eines Körpersystems durch die Differentialquotienten einer Integralfunction ergiebt, hat vor mir schon im Jahre 1877 Herr Massieu gefunden und wenigstens für zwei Variable vollständig durchgeführt, aber ohne Beziehung auf chemische Processe. In sehr umfassender und allgemeiner Weise sind endlich die thermodynamischen Beziehungen für moleculare und chemische Vorgänge in Körpersystemen, die aus beliebig vielen verschiedenen Stoffen zusammengesetzt oder gemischt sind, von Herrn J. W. Gibbs (1878) analytisch entwickelt worden. Herrn Massieu's charakteristische Function ist darin ebenfalls gefunden und Kraftefunction für constante Temperatur genannt. Die allgemeinen Ergebnisse aller dieser Untersuchungen zeigen natürlich keine wesentlichen Unterschiede, soweit sie einfach Folgerungen aus den wohlbekannten Principien der Thermodynamik sind.

„Für die Theorie der galvanischen Polarisation haben nun diese Folgerungen aus der Thermodynamik deshalb grosse Wichtigkeit, weil sich zeigt, dass der Überschuss freier Energie des Knallgases über die des Wassers in hohem Grade von dem Druck abhängt, während die Wärmeentwickelung bei der Verbindung davon fast unabhängig ist. So lange man die elektromotorische Kraft der Polarisation nach letzterer berechnen zu müssen glaubte (was ich selbst in meinen früheren Arbeiten gethan habe), musste sie als eine fast unveränderliche Grösse erscheinen, und das machte gewisse Vorgänge bei der Polarisation eines Voltameters fast unerklärlich. Wenn man aber die elektromotorische Kraft nach der freien Energie berechnet, so erscheint sie im höchsten Grade veränderlich mit der Gassättigung der letzten den Elektroden anliegenden Flüssigkeitsschichten, und dadurch wird die Erklärung eines grossen Theiles der Polarisationserscheinungen wesentlich verändert, und das meiste, was bisher rathselhaft war, erscheint verständlich."

17. Prüfung der Helmholtz'schen Formel. Das Ergebniss der Theorie von Helmholtz, insbesondere der Zusammenhang zwischen der losen Wärme und der Veränderlichkeit der elektromotorischen Kraft mit der Temperatur dem Temperaturcoefficienten) der umkehrbaren Ketten wurde bald der Gegenstand einiger experimenteller Untersuchungen, doch nur mit halbem Erfolge. Zuerst beschäftigte sich unter Helmholtz' Leitung S. Czapski[1]

[1] Wied. Ann. 21, 209, 1884.

mit der Frage, etwas später auf Braun's Veranlassung A. Gockel.[1] Das
Verfahren war etwas verschieden, indem Czapski die Unterschiede der elektromotorischen Kraft maass, welche sich bei Veränderung der Temperatur
an den ganzen Ketten zeigten, während Gockel alle einzelnen thermoelektromotorischen Kräfte an den Berührungsstellen der verschiedenen Bestandtheile seiner Ketten bestimmte, und den hieraus sich ergebenden Gesammtbetrag der Veränderlichkeit mit der Temperatur durch Summirung berechnete.
Zur Prüfung der Formel ist wohl das erste Verfahren als das rationellere
zu bezeichnen, da bei dem zweiten die Versuchsfehler der einzelnen Bestimmungen sich summiren und das Ergebniss entsprechend unsicherer
machen

Aus beiden Untersuchungen ging hervor, dass zwar qualitativ die Helmholtz'sche Theorie mit den Messungen übereinstimmte insofern, als das
Zeichen des Temperaturcoefficienten und das der localen Wärme die erforderte
Gleichheit zeigten, die Zahlenwerthe der beiden Grossen wiesen aber nicht
die theoretische Beziehung zu einander auf, sondern zeigten Abweichungen,
die zum Theil erheblich waren und über die zu erwartenden Versuchsfehler
hinausgingen Insbesondere die mit Mercurosalzen, wie Calomel, angesetzten
Ketten, die wegen ihrer Bestandigkeit und bequemen Messbarkeit besonders
geeignet schienen, die Theorie zu prüfen, zeigten grosse und regelmässige
Abweichungen in dem Sinne, dass die Temperaturcoefficienten viel zu klein
im Verhältniss zu den aus den thermochemischen Zahlen berechneten localen
Warmeentwickelungen waren Keiner von beiden hatte unmittelbare calorimetrische Messungen an seinen Ketten gemacht, sondern sie hatten beide
die Zahlen von J Thomsen als vollkommen zuverlassig benutzt

Das Urtheil, welche beide über das Ergebniss ihrer Messungen fallen,
zeigt eine bemerkenswerthe Verschiedenheit Czapski, der Schuler Helmholtz', ist überzeugt, dass die Theorie richtig sein muss und sucht die
Ursache der Abweichung wesentlich in der Unsicherheit der thermochemischen Daten Gockel, der unter der Leitung Braun's gearbeitet hatte, und
deshalb der genannten Theorie kuhler gegenuber stand, betont, dass die
thermochemischen Daten so weite Fehlergrenzen nicht erwarten lassen, wie
sie thatsachlich aufgetreten sind, und erklart strict, dass die Theorie unrichtig sein musse Insbesondere hat er bei Thermoketten mit Quecksilber,
Quecksilberchlorur und verschiedenen gelosten Chloriden sehr verschiedene
Temperaturcoefficienten erhalten, und findet mit Recht diese Thatsache unvereinbar mit der Theorie von Helmholtz Indessen hat sich inzwischen
diese Beobachtung als unrichtig erwiesen

Die Aufklarung kam dann schliesslich auf eine unerwartete Weise es
ergab sich ein bedeutender Fehler in den thermochemischen Zahlen für
Quecksilber, der kein gewohnlicher Messungsfehler war, sondern in der Wahl
einer ungeeigneten Reaktion (die für sich richtig gemessen war, die aber

---

[1] Wied Ann **24.** 618 1885

anders verlief, als in der Berechnung vorausgesetzt wurde) lag. Verbessert man diesen Fehler,[1] so fallen die grossen Abweichungen fort, und es bleiben in der That nur solche noch übrig, welche sich durch die Versuchsfehler erklären lassen.

Versuche, bei denen sowohl die elektrischen wie die thermischen Grossen an denselben Ketten gemessen wurden, sind endlich von H. JAHN[2] ausgeführt worden, und haben zu einer vollständigen Bestätigung der Theorie von HELMHOLTZ geführt, wie aus der nachstehenden Zusammenstellung hervorgeht.

Kupfer-Zink-Sulfat	− 4,2	− 4,3
Kupfer-Blei-Acetat	− 54,4	− 48,4
Silber-Zink-Chlorid	+ 46,6	+ 51,5
„ „ „	+ 21,8	+ 26,4
„ „ „	+ 22,4	+ 25,4
Silber-Zink-Bromid	+ 11,6	+ 13,3
Silber-Blei-Nitrat	+ 79,5	+ 78,9
Silber-Kupfer-Nitrat	+ 89,2	+ 89,2

Die erste Spalte giebt die Zusammensetzung der Kette in leicht verständlicher Weise, Kupfer-Zink-Sulfat bedeutet beispielsweise die DANIELL'sche Kette aus Kupfer- und Zinkelektroden in den Lösungen ihrer Sulfate. Die drei Zink-Silber-Chloridketten enthalten Chlorzinklösungen von verschiedener Concentration. Die Zahlen geben die secundären oder localen Wärmen in der Kette, und zwar in erster Reihe die unmittelbar beobachteten, in zweiter die aus dem Temperaturcoefficienten berechneten. Wenn auch die Zahlen noch ziemlich grosse Unterschiede erkennen lassen, so ist zu bedenken, dass sie als Differenzen viel grösserer Werthe auftreten, die ihrerseits mit Versuchsfehlern behaftet sind, so dass eine bedeutende Häufung der relativen Fehler eintritt.

18. Die einzelnen Potentialunterschiede. Durch die theoretischen Fortschritte von W. GIBBS und HELMHOLTZ war der Zusammenhang zwischen der elektromotorischen Kraft der Ketten und dem chemischen Vorgange, der in ihnen verläuft, vollkommen klar gelegt worden, die erhaltenen Formeln beziehen sich indessen nur auf die Gesammtkraft der Kette und lassen die Frage nach der Vertheilung dieser Kraft auf die einzelnen Berührungsstellen unbeantwortet. Das Scheitern der Bemühungen, die Frage nach der VOLTA'schen Methode des Luftcondensators zu beantworten, und die elektrothermischen Thatsachen in ihrer Deutung durch LE ROUX und EDLUND hatten die Annahme erheblicher Potentialsprünge an den Berührungsstellen der Metalle vollends ihres Haltes beraubt. Es blieb also nur der Schluss übrig, dass die elektromotorischen Kräfte an den Berührungsstellen der Metalle mit den Elektrolyten, oder allenfalls an der Berührungsstelle der letzteren liegen mussten, der zweite Fall war leicht aus-

[1] W. NERNST, Zschr. f. phys. Chemie 2, 23. 1888.
[2] WIED. Ann. 28, 21. 1886.

zuschliessen, da es zahlreiche Ketten giebt, in denen nur eine einzelne elektrolytische Flüssigkeit vorhanden ist, und die dennoch wesentlich dieselbe elektromotorische Kraft haben, wie die Ketten aus gleichen Metallen mit verschiedenen Elektrolyten. Dies stimmte sehr gut mit dem Ergebniss der thermodynamischen Behandlung der Ketten überein: war die Änderung der chemischen Energie (der freien, nicht der gesammten) die Ursache der elektromotorischen Kraft, so musste geschlossen werden, dass der Ort der letzteren mit dem Orte zusammenfällt, wo die Änderung der chemischen Energie und ihre Umwandlung in elektrische stattfindet, d. h. an den Berührungsstellen der Metalle mit den Elektrolyten, denn der chemische Vorgang ist wesentlich auf diese Stellen beschränkt.

Wie aber die Spannung sich auf die beiden Berührungsstellen, z. B. Kupfer Kupfersulfat und Zink Zinksulfat in der Daniell'schen Kette vertheilt, war durch jenen theoretischen Fortschritt nicht entschieden, und konnte auch durch ihn nicht entschieden werden. Denn der chemische Vorgang, die Auflösung des Zinks und die Fällung des Kupfers waren zwar örtlich getrennt, aber zeitlich untrennbar, und es war mit den vorhandenen Kenntnissen nicht möglich, die entsprechende Frage zu beantworten: welcher Antheil der gesammten Wärmeentwickelung kommt der Fällung des Kupfers, und welcher der Lösung des Zinks zu? Hier mussten ganz andere Betrachtungen eintreten, und zwar solche, welche eine gesonderte Behandlung der einzelnen Elektrode gestatteten.

Der Weg, welcher zu diesem Ziele geführt hat, war ähnlich wie der elektrothermische Weg bezüglich der Frage nach den Spannungsunterschieden zwischen zwei Metallen ein ganz unerwarteter. Die ersten Anfänge haben wir bereits kennen gelernt, sie reichen in die ersten Jahre der Volta'schen Kette zurück, und wir finden, wie bei so vielen anderen wichtigen Dingen, J. W. Ritter unter den ersten, die sich damit beschäftigt haben. Die Thatsachen, um die es sich hier handelt, sind die Bewegungserscheinungen am polarisirten Quecksilber (S. 170).

Nach den ersten Beobachtungen Ritter's über diesen Gegenstand haben sich im Laufe der Zeit zahlreiche Forscher mit diesen merkwürdigen und unerklärlichen Erscheinungen beschäftigt. Da keiner von ihnen etwas wesentliches zum Verständniss der Sache beigebracht, wenn auch fast jeder neue Formen der Erscheinungen beschrieben hat, die noch keineswegs alle vollkommen ins Klare gesetzt worden sind, so begnüge ich mich mit einer Zusammenstellung der Litteratur[1] in der unterstehenden Anmerkung.

---

[1] Ritter, Voigt's Magazin **4**, 637. 1802. — Hellwig, Gilb. Ann. **32**, 289. 1809. — Gerboin, Ann. de Chimie **41**, 196. 1802. — Erman, Gilb. Ann. **32**, 261. 1809. — Herschel, Philos. Trans. 1824, 162. — Pfaff, Schweigg. Journ. **49**, 190. 1826. Schweigger, Ebenda 324. — Nobili, Schweigg. Journ. **44**, 45. 1828. — Sturias, Ann. chim. phys. **34**, 192. 1827. — Runge, Pogg. Ann. **8**, 107. 1826 und eine Reihe weiterer Arbeiten in derselben Zeitschrift. — Draper, Philos. Mag. **26**, 185. 1845. — Paalzow, Pogg. Ann. **104**, 419. 1858.

Die wissenschaftliche Bewältigung dieser Dinge datirt von dem Jahre 1873, wo von einem bis dahin unbekannten Forscher eine Erstlingsarbeit unter dem Titel Beziehungen zwischen den capillaren und den elektrischen Erscheinungen veröffentlicht wurde [1] GABRIEL LIPPMANN, der Verfasser dieser Arbeit, setzte seine Untersuchungen später fort, und im Anschluss an seine Forschungen hat sich dann eine Gedankenreihe von erheblicher Wichtigkeit entwickelt Der Anfang jener ersten Abhandlung lautet

„Vorliegende Untersuchung wurde im Laboratorium des Herrn Professor KIRCHHOFF ausgeführt, dem ich für seinen Rath und gütige Unterstützung meinen herzlichsten Dank schuldig bin — Es wäre wohl schwierig gewesen, die Beziehung zwischen den elektrischen Variabeln und den sogenannten Capillarconstanten a priori aufzusuchen, ich gelangte in der That nur allmählich dazu, indem ich von einem Experiment ausging, das ich Herrn Professor W KUHNE in Heidelberg verdanke, und das im Folgenden besteht Ein Quecksilbertropfen wird in verdünnte Schwefelsäure gebracht, welche eine Spur von gelöstem doppeltchromsaurem Kali enthält, ein blanker Eisendraht wird in der Nähe so befestigt, dass er in die Säure taucht und den Rand des Quecksilbertropfens berührt Sobald die Berührung stattgefunden hat, geräth der Tropfen in regelmässige Schwingungen, welche Stunden lang dauern können Die Verwandtschaft dieser Erscheinung mit den Bewegungen von Quecksilberelektroden (siehe G WIEDEMANN, Galv § 368 1872) ist auffallend und die Erklärung offenbar dieselbe. Sie wäre folgende nach der bisher angenommenen Anschauung Die chromsäurehaltige Flüssigkeit würde die Oberfläche des Tropfens oxydiren und so eine Abflachung desselben hervorbringen Bei dieser Berührung mit dem Eisen bildet sich eine Eisen-Quecksilberkette Der entstehende Strom würde die Oberfläche elektrolytisch reduciren, der Tropfen sich contrahiren, der Contact mit dem Eisen aufgehoben sein Dann würde dasselbe Spiel wieder beginnen, und so immer weiter Wenn man hinreichend concentrirte Chromlösungen nimmt, so sieht man diese Vorgänge wirklich stattfinden Hier bei verdünnter Lösung bleibt aber die Oberfläche immer blank In der That haben messende Versuche bewiesen, dass die Polarisation der Oberfläche eines Quecksilbertropfens mit Wasserstoff die Zusammenziehung desselben bewirkt, und dass man also nur an die bekannte depolarisirende Wirkung der Chromsäure zu denken braucht, um sich die beschriebene Bewegung zu erklären

„Versuche, die ich nun ausführlicher mittheilen will, haben gezeigt dass die Capillarconstante (Oberflächenspannung, Coefficient der LAPLACE'schen Formel) an den Berührungsflächen von Quecksilber und verdünnter Schwefelsäure eine stetige Function ist von der elektromotorischen Kraft der Polarisation an derselben Oberfläche."

Die Abhandlung verbreitet sich dann über folgende Gegenstände Veränderung der Capillarconstante mit der elektromotorischen Kraft der Polarisation, das Capillarelektrometer, die Elektrocapillar-Kraftmaschine, Elektricitätsentwickelung und Polarisation bei Capillarerscheinungen, Polarisation durch Capillarkräfte. Über die wichtigsten Theile der Arbeit sei nachstehend mit den Worten des Autors berichtet:

„Der Apparat bestand aus einer vertikalen kalibrirten Glasröhre GG', die von unten mittelst eines Gummischlauches in Verbindung stand mit einem Quecksilberreservoir A (Fig. 248). Das Quecksilber stieg also in die Röhre GG', erlitt aber daselbst eine Capillardepression, die mit dem Kathetometer gemessen wurde, und aus der die Capillarconstante nach bekannter Weise ermittelt wurde. Der obere Theil der Glasröhre war mit verdünnter Schwefelsäure ($^1/_{11}$ Vol. Säure) gefüllt, welche den Quecksilbermeniscus M benetzte und sich durch den Glasheber H bis in das Glasgefäss B fortsetzte, welches gleichfalls mit der verdünnten Säure· gefüllt war. Der Boden dieses Gefässes war mit einer Quecksilberschicht B bedeckt, die als zweite Elektrode dienen sollte. Die Capillardepression des Queck-

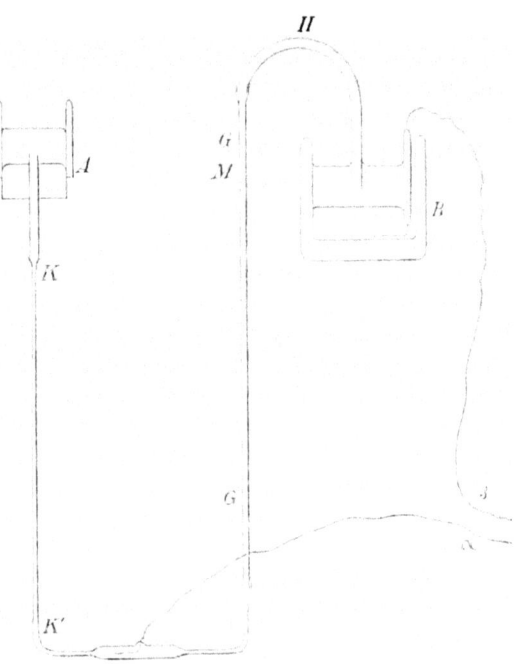

Fig. 248. Nach LIPPMANN.

silbers in der Röhre GG' wurde natürlich von dem Druck der verdünnten Säure corrigirt. Um eine bekannte EKP (elektromotorische Kraft der Polarisation) in M hervorzurufen, wurden die beiden Quecksilbermassen, nämlich die in B und die Masse AM respektive mit zwei Punkten PQ des Schliessungskreises eines Daniells verbunden mittelst der zwei Platindrähte α und β, die man die Pole des Apparates nennen kann. Ein Zweigstrom durchlief den Apparat, der nun als Zersetzungszelle arbeitete, und zwar so lange, bis die hervorgerufene EKP gleich war dem Potentialunterschiede zwischen P und Q. Dann steht die EKP zu der elektromotorischen Kraft eines Daniell im selben Verhältniss, wie der Widerstand PQ zu dem Widerstande des ganzen Schliessungskreises des Daniells. Dieses Verhältniss liess sich aus der Ablenkung einer in diesen Schliessungskreis eingeschalteten Tangentenbussole ableiten. Das Verhältniss der Quecksilberoberflächen in

M und in *B* wurde absichtlich sehr klein genommen, damit die *E K P* in *M* allein in Betracht komme; denn es ist ersichtlich, dass eine Elektricitäts-menge, welche genügt, um in *M* eine beliebige Wasserstoffpolarisation her-vorzurufen, auf der viele zehntausendmal grösseren Fläche *B* keine merkliche Sauerstoffpolarisation geben wird. So hatte man denn aus den Angaben der Bussole die *E K P* in *M*, aus den Angaben des Kathetometers die gleich-zeitige Capillarconstante. Um in *M* die *E K P* auf Null zu reduciren, braucht man nur eine einfache metallische Schliessung zwischen α und β einzu-schalten. — Die zu messenden Grössen sind nicht gering. So ist die De-pression in einer Röhre vom Radius 0,32 mm gleich 14,0 mm für *E K P* = 0. Für *E K P* = 1 Daniell ist sie 18,90 mm; die Niveauänderung also 4,90, gleich 0,35 der anfänglichen Depression. Die Capillarconstante ist demnach gleich 30,4 für *E K P* = 0; gleich 40,6 für *E K P* = 1 Daniell.«

LIPPMANN beschreibt nun eine andere Form des Versuches, bei welchem eine aufrecht stehende Röhre angewendet wurde, die am Ende zu einer

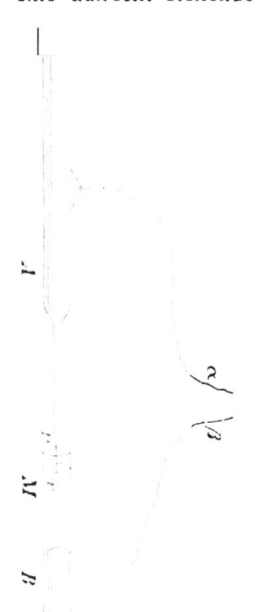

Fig. 249. Nach LIPPMANN.

sehr feinen, etwas kegelförmigen Capillare ausgezogen war und mit dieser in ein Glas mit Schwefelsäure tauchte, auf dessen Boden sich Quecksilber befand (Fig. 249). Es wurde zunächst der Druck für *E K P* = 0 bestimmt, bei welchem das Quecksilber an einer bestimmten, mit dem Mikroskop abgelesenen Stelle der Capillare sich befand; dann wurde eine be-stimmte *E K P* angelegt, und der Druck verändert, bis wieder das Quecksilber an derselben Stelle er-schien. Es verhalten sich, gemäss der Theorie der Capillarität, alsdann die Capillarconstanten wie die Drucke, da der Meniscus in beiden Fällen die gleiche Gestalt hatte, indem er an derselben Stelle der Röhre entstand. In dem untersuchten Falle betrug der anfängliche Druck für *E K P* = 0,750 mm; nach Einschaltung eines Daniell mussten 260 mm Quecksilber dazugeschaltet werden, welche 0,35 des anfänglichen Werthes ausmachen, wie früher ge-funden.

Auf Grund dieser Beobachtungen construirte nun LIPPMANN ein äusserst empfindliches Elektrometer, welches er das Capillar-Elektrometer nannte. Seine Einrichtung entspricht der eben beschriebenen zweiten Versuchsanordnung; die umstehenden, einer späteren Veröffentlichung LIPP-MANN's entnommenen Figuren 250 und 251 geben eine Anschauung von der Einrichtung des Apparates. Fig. 250 ist schematisch; man erkennt in *A* die obere Quecksilbersäule, welche durch den sehr kleinen Meniscus in der unten befindlichen Capillare am Ausfliessen verhindert wird; der Stand des letz-teren wird durch das Mikroskop *M* abgelesen. In der Fig. 251 ist die Ein-

richtung zum Hervorbringen und Messen des Zusatzdruckes ersichtlich; durch
die Schraube I' wird ein Gummiball zusammengepresst und die in ihm
enthaltene Luft drückt einerseits auf das Quecksilber in der Röhre A,
andererseits auf das des seitlich stehenden Manometers. Jedem Stande des
Manometers entspricht eine bestimmte zwischen α und β eingeschaltete

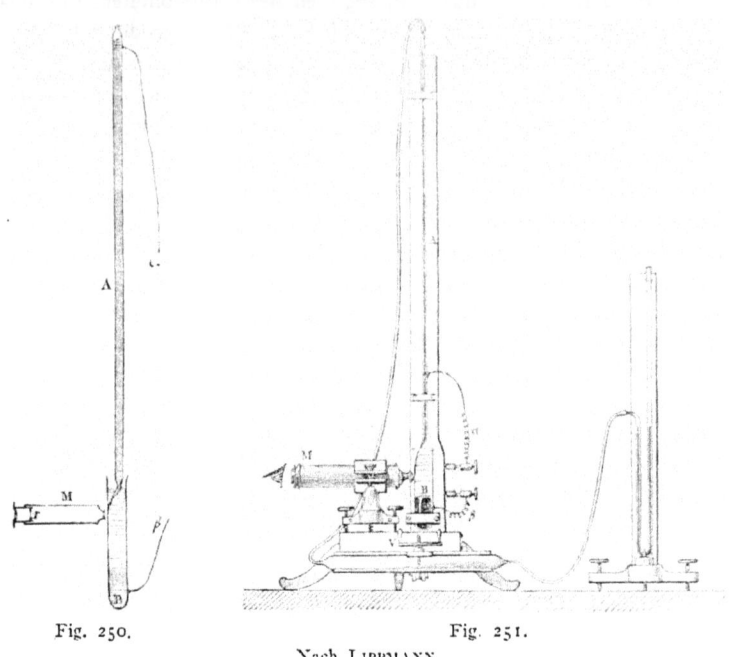

Fig. 250. Fig. 251.

Nach LIPPMANN.

elektromotorische Kraft. LIPPMANN bemerkt hierzu: „Sehr überraschend aber
war bei allen diesen Versuchen, wo der Kreis geschlossen war, d. h. wo
zwischen α und β entweder ein einfacher Draht oder eine constante elektromotorische Kraft eingeschaltet war, die Constanz der Resultate, d. h. der
Capillarconstante, und die Unveränderlichkeit der Gleichgewichtslage des
Meniscus. Man war ja von jeher an gewisse „Störungen" gewöhnt, die in
Capillarversuchen bei der gewöhnlichen Anordnung, d. h. ohne elektrische
Schliessung vorkommen, und die sich auch natürlich hier wiederfanden,
sobald α und β von einander isolirt blieben. Diese Störungen bestehen
darin, dass 1. die Gleichgewichtslage eine verschiedene ist, je nach dem
Sinne der eben vorhergegangenen Bewegung der Quecksilbersäule; 2. dieselbe sich bei einer Erschütterung, z. B. beim Anklopfen plötzlich ändern
kann; 3. dass sich ausserdem die Gleichgewichtslage mit der Zeit langsam
ändert, und nur nach Stunden sich zu verschieben aufhört. — Schloss man
aber die Leitung, indem man z. B. einen einfachen Draht zwischen α und β
einschaltete, so verschwand plötzlich jede Unregelmässigkeit, und es ward

unmöglich, eine solche wieder hervorzurufen, d. h. die Gleichgewichtslage wurde dermaassen constant, dass sich der Meniscus auf das Fadenkreuz immer wieder einstellte mit einer Schärfe, die trotz der angewandten 220fachen Vergrösserung nichts zu wünschen übrig liess. Es gelang auch übrigens, die Ursache dieser Störungen nachzuweisen (S. 1025)."

Eine andere interessante Anwendung der von ihm erschlossenen Erscheinungen zeigte LIPPMANN in der Erbauung eines Capillar-Motors. „Ein solcher Motor, der im physikalischen Institut zu Heidelberg sich befindet,

Fig. 252. Nach LIPPMANN.

besteht aus einem mit verdünnter Schwefelsäure à $15\,^0/_0$ Vol. gefüllten Glaskasten KK', der zwei Gläser bb' enthält, welche zum Theil mit Quecksilber gefüllt sind. Diese Quecksilbermassen bb' können respective durch Platindrähte cc', deren oberer Theil vor der Berührung mit der Säure durch Glasröhrchen geschützt ist, mit den Polen eines Daniells D in Verbindung gesetzt werden. In der Schliessung ist eine Wippe W enthalten, welche diese Verbindungen umzukehren erlaubt, so dass jede Quecksilbermasse sich successive mit Wasserstoff polarisirt. Auf jeder Quecksilbermasse schwimmt ein Bündel Glasröhren BB', welche etwa 2 mm Durchmesser haben und oben und unten offen sind; ca. 300 dieser Röhren bilden ein vertikales Bündel, welches durch Platindrähte zusammengehalten ist, und 60 mm Höhe, 60 mm Durchmesser hat. In der Axe jedes Bündels ist ein Glasstab mit eingeklemmt, welcher die Rolle des Stieles eines Stempels spielt Die untere Halfte des Bundels taucht in Quecksilber, wahrend die obere unter der Saure steht und ganz mit derselben gefullt ist Das Bundel schwimmt frei auf dem Quecksilber, es bleibt deswegen vertikal, weil der Glasstab, der ihm als Stiel dient, in einen metallischen Bugel *l l'* gefasst ist, dessen untere Enden nicht frei sind, sondern in die untere Seite eines doppelten horizontalen Hebels eingreifen, welcher um eine feste horizontale Axe drehbar ist und wie ein Wagbalken oscilliren kann, an ihm hangen die beiden Bundel gleichsam nach oben, wie die Wageplatten nach unten, und halten sich das Gleichgewicht Mittelst des vertikalen Bugels *l*, der Stange *s* und des Krummzapfens *z* kann die oscillirende Bewegung vom Hebel in eine drehende des Schwungrades *R* umgesetzt werden, die Welle des Schwungrades tragt einen zweiten Krummzapfen *z'*, der die Wippe in Bewegung setzt. Das Ganze erinnert stark an gewisse Schiffsdampfmaschinen Wird nun die Maschine mittelst der Schraubenklemmen *o o'* in Verbindung mit einem Daniell gesetzt, so polarisirt sich die eine Quecksilbermasse mit Wasserstoff, die andere mit Sauerstoff Auf der einen Seite werden die Capillarconstante, die Capillardepression *m* und zwischen den Rohren, und somit die Kraft, mit welcher das Bundel in die Hohe getrieben wird, um 0,35 ihres Werthes vergrossert, und dies Bundel steigt in die Hohe, auf der anderen Seite findet das Entgegengesetzte statt Das Rad fangt an, sich zu drehen, nach vollendeter Excursion wird der Strom durch die Wippe umgelegt, und das Spiel fangt im entgegengesetzten Sinne wieder an "

Diese Maschine hat zwar keine praktische Bedeutung gewonnen, ist aber als der Typus einer neuen Art der Erzeugung mechanischer Energie aus elektrischer von bedeutendem Interesse Wenn man sie dreht, ohne dass die Klemmschrauben mit einer Kette verbunden sind, so ergiebt sie sich als eine Stromquelle, und ein zwischen den Klemmschrauben angebrachtes Galvanometer wird abgelenkt Der Zusammenhang zwischen den capillaren und den elektrischen Erscheinungen ist also ein umkehrbarer, wie der Strom eine Anderung der Oberflache hervorruft, so bringt eine Anderung der Oberflache einen Strom hervor

„Diese Strome lassen sich auf einfache Weise erzeugen und messen

„Zur Messung diente der bereits beschriebene Apparat (Fig 248) Die Pole $\alpha \beta$ wurden respective mit den Enden eines Spiegelgalvanometers von 2000 Windungen verbunden Um einen Versuch zu machen, wurde das Quecksilberreservoir *A* entweder gesenkt oder gehoben, dadurch anderte sich das Niveau in der Glasrohre, zugleich schlug die Galvanometernadel aus, und zwar genugte es, Niveauanderungen von einigen Millimetern vorzunehmen, um Messungen machen zu konnen, man erhalt sonst solche Strome, dass der nicht astasirte Magnet an die Hemmung schlagt Wenn das Niveau gehoben wird, vergrossert sich die Beruhrungsflache des Quecksilbers mit der Saure in *M* Dann zeigt das Galvanometer einen Strom an, der durch die verdünnte Säure von der sich vergrössernden Elektrode zur anderen geht. Bei der Senkung ändert sich der Sinn des Stromes.

„Es wurde mit verschiedenen Hubhöhen und verschiedenen Glasröhren experimentirt. Sei a der beobachtete Ausschlag des Galvanometers, l die Hubhöhe, r der Radius der Röhre; alle gefundenen Zahlen genügten der Bedingung:

$$\frac{a}{2\pi r l} = \text{const} = a_0,$$

das heisst: die entwickelte Elektricitätsmenge ist der Vergrösserung der Oberfläche proportional und von deren Form unabhängig.“

Lippmann theilt nun die Bestimmung dieser Elektricitätsmenge in absolutem Maasse mit. Sein Ergebniss lässt sich anschaulich in dem Satze wiedergeben: „Darnach würde eine Oberflächenvergrösserung von 1 m² eine Elektricitätsmenge entwickeln, die nahezu 130 mg Wasser zersetzen würde. ...

„Man kann dieselben elektrischen Ströme auf sehr einfache Weise erzeugen. Ein Glasgefäss enthält Quecksilber und verdünnte Schwefelsäure.

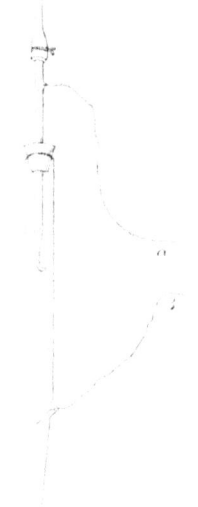

Ein Glastrichter, mit Quecksilber gefüllt, wird so befestigt, dass seine untere feine Öffnung in die Säure taucht. Wenn nun die zwei Quecksilbermassen, die in dem Glasgefäss und die in dem Trichter respective mit den Drahtenden eines Galvanometers verbunden sind, so bleibt die Nadel so lange abgelenkt, als das Ausfliessen des Quecksilbers dauert. Die Ausdehnung der Oberfläche eines jeden sich bildenden Tropfens bedingt die Entstehung des Stromes.

„Man kann den Trichter durch ein ausgezogenes Rohr, das Gefäss durch ein zweites ähnliches Rohr ersetzen und so den einfachen Elektromotor (Fig. 253) construiren. Dann fliesst das Quecksilber durch beide Röhren hindurch; wenn der stationäre Zustand erreicht ist, bleibt die Ablenkung der Galvanometer constant.“

Eine weitere Folge der Umkehrbarkeit der Erscheinung ist die, dass die Berührungsflächen zwischen Quecksilber und Säure sich polarisiren müssen, wenn man sie dehnt oder verkleinert. Darauf beruht die Polarisation durch Capillarkräfte. „Wenn man nach aufgehobener metallischer Verbindung zwischen den Polen $\alpha\beta$ eine Verschiebung des Quecksilbers vornimmt, befindet man sich eben in den gewöhnlichen Umständen, da man ja bisher in Capillarversuchen für eine elektrische Schliessung nicht gesorgt hat. Dann bemerkt man Erscheinungen, von denen ein Theil als „unerklärte Störungen“ wohl bekannt ist. Wenn man das Reservoir A hebt, also die Oberfläche in M vergrössert und zugleich den Pol β zur Erde ableitet, so ladet sich der Draht α mit freier negativer Elektricität, wie dies mittels des Thomson'schen

Fig. 253.
Nach Lippmann.

Elektrometers constatirt wurde, der Ausschlag des Elektrometers kann so gross werden, als hätte man seine Pole mit denen eines Daniell'schen Bleches verbunden. Zugleich bemerkt man, dass die Depression in der Glasröhre grösser ist, als bei geschlossener Leitung. Mit anderen Worten, die Capillarconstante ist grösser, als vorher. Nun ist die Vergrösserung der elektromotorischen Kraft zwischen Quecksilber und verdünnter Säure mit gleichzeitiger Vergrösserung der Capillarconstante der gemeinsamen Oberfläche eben das, was man Polarisation durch Wasserstoff nennt, man wird also die Erscheinung so deuten: wenn man auf mechanischem Wege die Berührungsfläche zwischen Quecksilber und saurem Wasser vergrössert, polarisirt sich dieselbe dadurch mit Wasserstoff.«

Es wird gut sein, alsbald einem möglichen Irrthum zuvorzukommen, welcher an dieser Stelle durch die gewählte ungenaue Ausdrucksweise entstehen könnte. Unter Polarisation mit Wasserstoff darf nur eine kathodische Polarisation verstanden werden, ob bei dem erwähnten Vorgange freier Wasserstoff an der Fläche erscheint, oder nur eine vorhandene anodische oder Sauerstoffpolarisation geringer wird, kann durch die Versuche nicht entschieden werden. Offenbar hat Lippmann die unausgesprochene Voraussetzung gemacht, dass die Berührungsfläche zwischen Quecksilber und Säure an und für sich polarisationsfrei sei, und alsdann giebt es allerdings für die beobachtete Verschiebung nach der kathodischen Seite keinen anderen Ausdruck. Inzwischen hat sich in der Folge herausgestellt, dass die „natürliche" Grenzfläche zwischen Quecksilber und Säure allerdings einen Potentialunterschied in einem solchen Sinne besitzt, wie er einer anodischen Polarisation entsprechen würde, unter diesen Bedingungen ist man nicht berechtigt, die bei der Vergrösserung der Fläche auftretende Verschiebung des Potentialunterschiedes zwischen den beiden Stoffen als eine Polarisation mit Wasserstoff zu bezeichnen.

„Darauf begründet sich ein recht frappanter Versuch, den man mit dem Capillarelektrometer ausführen kann. Wenn man durch Anblasen oder Saugen mit dem Munde den Luftdruck über der Quecksilbersäule variiren lässt, so kann man ganz ohne Anstrengung die Quecksilbersäule in der feinen Spitze in Bewegung setzen, dies aber nur so lange, als die metallische Schliessung zwischen α und β besteht. Wird diese aufgehoben, so wird momentan das Quecksilber unbeweglich, wie festgefroren. Dies erklärt sich so: wenn man z. B. hineinbläst, so fängt die Quecksilberfläche an, sich zu vergrössern, dabei polarisirt sie sich, und die Vergrösserung der Capillarconstante bedingt eine Vergrösserung des Capillardruckes, die für die Lunge unüberwindlich ist. Das Entgegengesetzte findet beim Saugen statt."

In ausführlicherer und zum Theil auch methodisch abgerundeterer Gestalt hat Lippmann dann seine Arbeit zwei Jahre später in französischer Sprache veröffentlicht,[1] die Gesammtheit der von ihm untersuchten Er-

---

[1] Ann. chim. phys. (5) 5, 494. 1875.

scheinungen fasst er in die beiden Gesetze zusammen, welche er auch mathematisch formulirt:

„Die Oberflächenspannung an der Trennungsfläche zwischen verdünnter Schwefelsäure und Quecksilber ist eine Function der an dieser Fläche bestehenden elektrischen Differenz.

„Wenn man durch mechanische Mittel die Oberfläche ändert, so ändert sich die elektrische Differenz dieser Oberfläche in solchem Sinne, dass die zufolge des ersten Gesetzes entwickelte Oberflächenspannung der Fortsetzung der Bewegung widerstrebt.“

Von grosser Wichtigkeit ist noch, die Form der Function kennen zu lernen, welche zwischen Oberflächenspannung und elektrischer Differenz besteht. In der beistehenden Fig. 254 ist der Verlauf nach LIPPMANN wiedergegeben; als Abscissen sind die elektrischen Spannungsunterschiede in DANIELL-Einheiten, als Ordinaten die Werthe der Oberflächenspannung aufgetragen. Wie man sieht, erreicht bei dem Werthe von von etwa 0,9 Da-

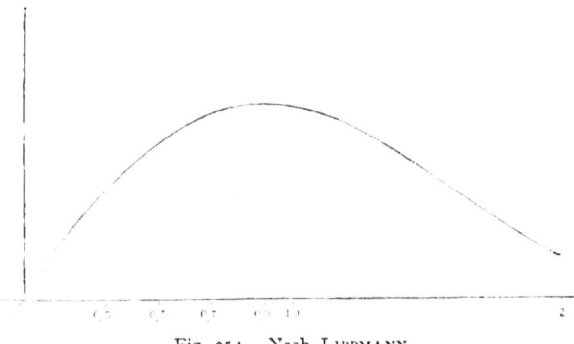

Fig. 254. Nach LIPPMANN.

niell die Oberflächenspannung ein Maximum. Diese Thatsache wird sich später als von grosser Bedeutung erweisen.

Was die mathematische Theorie anlangt, welche LIPPMANN von den Vorgängen giebt, so ist sie rein formaler Natur und zeigt, in welcher Weise unter der Voraussetzung, dass die Vorgänge umkehrbar sind (was sehr nahe zutrifft) der Verlauf der Spannungscurve mit den elektrischen Capacitätsgrössen der Trennungsfläche zusammenhängt. Über die Art, wie die gegenseitige Beeinflussung der beiden Grössen zu Stande kommt, hat er sich nicht geäussert.

Wie alle neuen und ungewohnten Dinge hatte auch die Entdeckung LIPPMANN's zunächst ziemlich eifrigen Widerspruch erfahren, doch vermochte der Entdecker leicht, die Irrthümer seiner Gegner nachzuweisen.[1] Allerdings ist durch diese Gegnerschaft wenigstens in Deutschland einige Zeit lang eine eingehendere Beschäftigung mit diesen Sachen behindert worden, und noch jetzt macht sich vielfach eine geringe Vertrautheit mit diesen schönen und interessanten Erscheinungen geltend.

19. Die Theorie der Doppelschichten. In der bisher dargelegten

[1] WIED. Ann. 11, 316. 1880.

Gestalt scheint die von LIPPMANN untersuchte Erscheinung mit unserem Problem, der Frage nach dem Betrage der Potentialunterschiede an der Grenzfläche zwischen Metall und Elektrolyt, keinerlei Zusammenhang zu haben. Dass thatsächlich ein solcher, und zwar in sehr inniger Weise besteht, ist dann durch HELMHOLTZ nachgewiesen worden.

HELMHOLTZ' Arbeiten über diese Frage nehmen ihren Ausgang von seinen Untersuchungen über die galvanische Polarisation. In weiterem Ausbau der von VARLEY und MAXWELL betonten Ähnlichkeit einer Zersetzungszelle mit einem Condensator von ungeheurer Capacität wurde er dazu geführt, nach den beiden Belegungen dieses Condensators zu fragen. In seinen Studien über elektrische Grenzschichten vom Jahre 1879[1] stellte er dann zuerst den Begriff der elektrischen Doppelschicht auf. Wenn zwei Leiter an einander grenzen, welche trotz der Berührung auf einem verschiedenen Potential stehen, so muss an ihrer Grenzfläche eine Anhaufung freier Elektricitäten stattfinden, die an ihrem Ausgleiche durch die Ursache gehindert werden, welche den Spannungsunterschied hervorgebracht hat. Solches findet z. B. an den Berührungsstellen der Metalle mit den Elektrolyten statt. Die beiderseits angehauften entgegengesetzten Elektricitäten vermehren ihre Menge im umgekehrten Verhältnisse ihres Abstandes, so dass das Produkt desselben gleich bleibt, die hierbei aufgehaufte Energiemenge ist proportional dem Quadrat des Spannungsunterschiedes und umgekehrt proportional dem Abstande beider Schichten. Die Energiemenge würde also unendlich gross werden, wenn die beiden elektrischen Schichten sich bei der Berührung der Stoffe unendlich nahe kamen, da es aber einen Widerspruch enthält, dass an einer endlichen Menge Materie eine unendliche Menge Energie enthalten sein könne, so muss die Entfernung der beiden elektrischen Schichten eine endliche sein, und sie ergiebt sich aus der Messung der Capacität solcher Systeme, d. h. aus der Messung der Elektricitätsmenge, welche zur Ladung eines polarisirbaren Systems zu einem bestimmten Potential erforderlich ist. Die Beobachtungen geben für diese Zahl Grossen, die um ein zehnmilliontel Millimeter sich bewegen (vgl S. 909)

Die Anwendung der Begriffe auf die von LIPPMANN untersuchten elektrocapillaren Erscheinungen erfolgte bei Gelegenheit einer von HELMHOLTZ veranlassten Untersuchung über diesen Gegenstand. Während nach der experimentellen Seite diese von A. KÖNIG durchgeführte Arbeit[2] nicht einwurfsfrei erscheint, da alle späteren Untersuchungen in Bezug auf einen wichtigen Punkt (die Gleichheit des Maximalwerths der Oberflächenspannung in verschiedenen Elektrolyten) abweichende Verhältnisse gezeigt haben, so bedingen die von HELMHOLTZ hinzugefügten Bemerkungen allerdings einen erheblichen Fortschritt auch über den von LIPPMANN (S. 1027) erreichten Standpunkt hinaus

[1] WIED. Ann. 7, 337. 1879.   [2] WIED. Ann. 16, 1. 1882.

Nach einigen Bemerkungen über das an einer polarisirten Fläche bestehende Gleichgewicht fährt HELMHOLTZ fort

„Dass wir bei wirklich ausgeführten Versuchen über galvanische Polarisation uns diesem Gleichgewicht bis auf eine fast verschwindend kleine
Differenz genähert haben, erkennen wir daraus, dass die elektrische Bewegung, der vorher bestehende galvanische Strom aufhört, oder nur in
verschwindend kleinen Bruchtheilen seiner ursprünglichen Stärke bestehen
bleibe Dem Potentialunterschiede, der dann noch zwischen mindestens
einer der Elektroden und der Flüssigkeit, meistens aber zwischen beiden
Elektroden und der letzteren bestehen muss, wird an der Grenzfläche selbst
eine elektrische Doppelschicht entsprechen, wie eine solche sich nach den
allgemeinen Gesetzen der Elektricitätsvertheilung an jeder Fläche ausbilden
muss, an der ein Sprung im Werthe des Potentials stattfindet Ich habe
schon früher nachgewiesen, dass die Grösse der Potentialdifferenz P durch
das Moment der Doppelschicht m gegeben ist, indem

$$P = 4\pi m$$

Unter Moment der Doppelschicht verstehe ich die Dichtigkeit der positiven
Flächenbelegung, multiplicirt mit dem Abstande von der negativen Flächenbelegung Jede elementare Elektricitätsmenge in einer solchen Doppelschicht
wird abgestossen von der benachbarten gleichnamigen Menge derselben
Schicht, angezogen durch die entgegengesetzte der anderen Schicht Da
aber die Theile der eigenen Schicht näher sind, als die gleich grossen der
entgegengesetzten, und näher den tangentialen Richtungen in der Fläche
liegen, so wird die Abstossung in der Richtung der Fläche die Anziehung
überwiegen und in jeder mit einer Doppelschicht belegten Fläche muss die
elektrostatische Kraft eine Dehnung der Fläche hervorzubringen streben.
Wenn also die elektrisirte Fläche eine capillare Contractionskraft von gewisser Grösse hat, so wird die mit einer Doppelschicht belegte Fläche eine
Verminderung der capillaren Spannung zeigen müssen Es wäre also unter
diesen Umständen zu erwarten, dass die capillare Spannung im unbeladenen
Zustande eine Maximum sein müsste

„Nun haben wir es bei den polarisierten Elektrodenflächen offenbar mit
einer viel complicirteren Anordnung zu thun, da die Elektricität, welche im
Elektrolyten sich anhäuft, nach FARADAY's Gesetz jedenfalls ponderable Ionen
des Elektrolyten mit herangeführt hat Aber die eben angestellte Betrachtung
lässt sich noch erheblich verallgemeinern auf einem Wege, der schon von
Herrn LIPPMANN eingeschlagen ist, wobei nur die Voraussetzung festgehalten
zu werden braucht, dass die Kräfte, unter deren Einfluss die Grenzschichten
sich bilden, conservative Kräfte seien, und die dabei eintretenden Änderungen
daher vollkommen reversibel Das thatsächliche Vorhandensein der Rever-
sibilität dieser Processe ist durch die Versuche von Herrn LIPPMANN gleichzeitig grossentheils bestätigt worden "

Helmholtz geht nun auf eine rechnerische Erörterung ein, indem er
die Arbeiten bestimmt, welche zur Vergrösserung einer mit einem Elektro-

lyten in Berührung stehenden Elektrodenfläche erforderlich ist, und gelangt dadurch zu der einfachen Gleichung, in der 7 die Oberflächenspannung, P den Potentialunterschied und ε die Dichtigkeit der Elektricität in der Grenzfläche bedeutet

$$\frac{d7}{dP} = -\varepsilon$$

„Letztere Gleichung sagt aus, dass für einen Grenzwerth der Oberflächenspannung 7 die Dichtigkeit der Elektricität $\varepsilon = 0$ sein musse. Ausserdem zeigt die Gleichung, dass der absolute Werth der angesammelten Elektricität ε durch Messungen von 7 und P in absolutem Maasse gefunden werden kann

„Die Voraussetzung, dass es conservative Kräfte sind, die das Gleichgewicht an der polarisirten Fläche bestimmen, führt also notwendig zu der Vorraussetzung, dass in diesem Zustande der maximalen Spannung der Oberfläche die letztere frei von jeder elektrischen Doppelschicht sei und dass eben dann auch kein Potentialunterschied zwischen dem Quecksilber und der Flüssigkeit bestehe. Diese Folgerung kann durch weitere Versuche geprüft werden, da man jede Ladung der Quecksilberfläche durch schnelle Vergrösserung derselben, wie sie beim Abtropfen vorkommt, muss beseitigen können

„Faraday's elektrolytisches Gesetz, dessen strenge Gültigkeit alle spateren Versuche nur bestätigt haben, zeigt, dass, wo keine Elektrolyse möglich ist, auch keine Elektricität vom Metall zum Elektrolyten oder umgekehrt übergehen kann. Einen scheinbaren Widerspruch dagegen konnte man in den bekannten älteren Versuchen über galvanische Ströme, die durch ungleichzeitiges Eintauchen zweier gleichartigen Elektroden in die gleiche Flüssigkeit erregt werden, zu finden glauben. Diese zeigen allerdings, dass sogar ohne vorangegangene Stromwirkung an der zuerst eingetauchten Platte in den ersten Sekunden oder Minuten nach dem Eintauchen Veränderungen vor sich zu gehen pflegen, welche den Potentialunterschied zwischen dem Metall und der Flüssigkeit verändern

„Das Quecksilber, als Elektrode angewendet, hat bei den hierhergehörigen Versuchen einen wichtigen Vortheil vor den festen Metallen. Seine Berührungsfläche mit der Flüssigkeit ist dehnbar und kann beliebig verkleinert oder vergrossert werden, und wenn man die oberflächlichen Theile des Quecksilbers sich in eine Reihe von Tropfen sammeln und abfallen lässt, so können sich fortdauernd aus dem Inneren des reinen Metalles neue Theile an der Oberfläche entwickeln, die vorher weder mit der Luft, noch mit der Flüssigkeit in Berührung gewesen waren. In der That hat auch schon Hr. Quincke, wie mir scheint mit Recht, auf die Analogie der durch schnell abtropfendes Quecksilber erregten Ströme mit denen aufmerksam gemacht, welche bei festen Metallen durch ungleichzeitiges Eintauchen erregt werden

„Der Sinn dieser von selbst eintretenden Veränderung an der Oberfläche

der neugebildeten Quecksilberoberfläche ergiebt sich aus Hrn Lippmann's
und Hrn Quincke's Beobachtungen Nach des letzteren sehr mannigfaltigen
Versuchen geht der positive Strom, der durch abtropfendes und sich im
unteren Theile des Elektrolyten wieder sammelndes Quecksilber erzeugt wird,
in den bisher untersuchten Elektrolyten immer in der Richtung des tropfenden Quecksilbers, d h dass die sich unten sammelnde Quecksilbermasse, an
deren Oberfläche die Schichten, die die Änderung hervorgebracht haben,
sich concentriren, hat positiveres Potential, als die obere durch Abtropfen
immer wieder erneuerte Fläche

„Eine solche Potentialdifferenz erfordert eine elektrische Doppelschicht,
deren positive Hälfte im Inneren des unteren Quecksilbers, die negative
dagegen, am Anion der Flüssigkeit haftend, in der Flüssigkeit liegt. Dadurch ist der Sinn der elektrischen Ladung gegeben, welche sich mit massiger
Geschwindigkeit an der Oberfläche des Quecksilbers bildet Dass diese Geschwindigkeit eine massige ist, folgt aus dem Umstande, dass ein langsamer
Tropfenstrom schwache Potentialunterschiede hervorbringt, dass diese aber,
wie Hr Quincke gezeigt hat, bei wachsender Geschwindigkeit des Tropfen-
stromes sich bald einem Maximum nähern, welches durch weitere Steigerung
der Geschwindigkeit nicht mehr überschritten wird Dies letztere wird eintreten, sobald die neuen Theile der oberen Quecksilberfläche so schnell in
Tropfen übergehen, dass sie sich nicht mehr merklich laden können, ehe
sie abreissen, und daher die obere Fläche in vollständig unverändertem Zustande bleibt

„Nach Faraday's Gesetz würde der hierbei vor sich gehende Eintritt
positiver Elektricität in das Metall nur vermittelst einer Elektrolyse stattfinden, die einen Stoff beträfe, der eine noch geringere Anziehung zur positiven Elektricität hat, als das Quecksilber Zunächst wäre hier an den
atmosphärischen Sauerstoff zu denken, dem man, wenn er elektrisch neutral
in der Flüssigkeit aufgelöst, ausreichende Verwandtschaft zur negativen Elektricität zuschreiben konnte, um diese dem Quecksilber zu entziehen, und
dafür positive an das Metall abzugeben Die Langsamkeit der Ladung
würde sich dadurch erklären, dass dieser gelöste Sauerstoff nur in geringer
Menge vorhanden ist, und nur langsam durch Diffusion erneuert werden
kann   Wäre einer der in grösserer Menge vorhandenen Bestandtheile der
Flüssigkeit an der Elektrolyse schuld, so würde wohl dieser ganze Process
der Ladung zweier sich berührender Flächen in unwahrnehmbar kurzen
Zeitperioden zu Stande kommen können

„Ich möchte aber die hier hingestellte Hypothese ausdrücklich als eine
solche anerkannt wissen Für das Folgende genügt uns zunächst die Thatsache, dass unter den bisher eingehaltenen Bedingungen der Versuche
Quecksilber in Berührung mit elektrolytischer Flüssigkeit sich nur langsam
positiv gegen die Flüssigkeit ladet

„Die Langsamkeit dieser Ladung bei beschränkter Diffusion hat sich
übrigens viel auffallender in Hrn Lippmann's Versuchen mit dem Capillar-

elektrometer gezeigt, insofern der feine Quecksilberfaden desselben aus jedem
Grade der Ablenkung, wenn er so gut isolirt, als der Apparat das gestattet,
sich selbst überlassen bleibt, allmählich sich immer wieder einer bestimmten
Gleichgewichtslage nähert, die verschieden ist von der, die frisch abgetropftes
Quecksilber annimmt. In der feinen Capillarrohre des Lippmann'schen Instrumentes geschieht die Diffusion nur ausserordentlich viel langsamer, als
in den besprochenen Tropfapparaten, und braucht Stunden, während eine
unmittelbare elektrolytische Ausgleichung mit der Säure, falls eine solche
möglich wäre, im Querschnitt der Rohre ohne Verzögerung von Statten
gehen könnte.

„Daraus schliesse ich, dass wenn eine schnell abtropfende
und übrigens isolirte Quecksilbermasse durch die tropfende Spitze
mit einem Elektrolyten in Berührung ist, das Quecksilber und der
Elektrolyt kein verschiedenes Potential haben können. Denn
hätten sie es — wäre z. B. das Quecksilber positiv — so würde
jeder fallende Tropfen eine Doppelschicht an seiner Oberfläche
bilden, welche + E aus dem Quecksilber wegnähme und dessen
positives Potential immer kleiner und kleiner machte, bis es dem
der Flüssigkeit gleich wäre."

Dieser letzte Satz ist nun, obwohl Helmholtz diesen Schluss nicht selbst
gezogen hat, der Ausgangspunkt der erwähnten wichtigen Entwicklung gewesen. Durch den ganzen Streit über den Sitz der elektromotorischen Kraft
in der Volta'schen Kette zog sich die Schwierigkeit, dass eine Messung der
an den einzelnen Stellen der Berührung befindlichen Spannungen nicht zu
ermöglichen war, da bei jeder experimentellen Anordnung immer mehr Berührungsstellen entstanden, als unabhängige Messungen ausführbar waren.
Der von den Gegnern der Contacttheorie an dem Condensatorversuch gemachte Einwand lässt sich gleichfalls in der Gestalt aussprechen, das dabei
die Voraussetzung gemacht ist, an den Berührungsstellen zwischen Metall
und Luft bestehe keine Spannung, was auf keine Weise bewiesen worden
ist. Hier ist endlich ein Mittel gegeben, ein Metall und einen Elektrolyten
so zu verbinden, dass zwischen beiden kein Potentialunterschied besteht, und
dadurch wird das bis dahin vollkommen unzugängliche Gebiet der einzelnen
Spannungen zwischen verschiedenen Körpern der Messung zugänglich. Es
ist eine bemerkenswerthe Erscheinung, dass dieser wichtige Schluss weder
von Helmholtz selbst, noch von A. König, der sich unter Helmholtz' Leitung
mit Versuchen über den Gegenstand beschäftigte, gezogen worden ist. Dies
geschah erst fünf Jahre später durch W. Ostwald.

Im Anschluss an diese Darlegung theilt Helmholtz Versuche von
A. König mit, aus denen sich eine Bestätigung der oben gezogenen Schlüsse
ergiebt. Wenn eine schnell abtropfende Quecksilbermasse durch einen metallischen Leiter mit einem Quecksilbertropfen verbunden wurde, der sich
in derselben Flüssigkeit befand, so nahm dieser das Maximum der Oberflächenspannung an, und seine Oberflächenspannung verminderte sich, wenn

irgend eine elektromotorische Kraft zwischen geschaltet wurde, unabhangig
von der Richtung dieser Ebenso ergab sich, dass, wenn eine vorhandene
Quecksilberoberflache plotzlich erneuert wurde, sie eine hohere Oberflachenspannung aufwies, als vorher „Quecksilber, dessen Oberflache seit langerer
Zeit mit einem lufthaltigen Elektrolyten in Beruhrung ist, wird also im allgemeinen positiv geladen sein, und bedarf der Wasserstoffzufuhrung durch
einen kathodischen Strom, um in seiner Capillarspannung zuzunehmen Das
ist der von Herrn LIPPMANN vorzugsweise beobachtete gewohnliche Fall
Dehnung der Flache verdunnt die vorhandene elektrische Doppelschicht derselben und vermindert dadurch den Potentialunterschied zwischen Quecksilber und Elektrolyten Dadurch wird die vorhandene elektromotorische
Kraft der Zelle in dem Sinne geandert, dass ein anodischer Strom be-
gunstigt wird Jenseits des Maximums muss aber sich alles dies umgekehrt
verhalten "

20 Messung absoluter Potentialunterschiede Nachdem HELM-
HOLTZ die Sache bis unmittelbar an den Punkt gefuhrt hatte, wo seine Uberlegungen die Moglichkeit ergaben, das alte Hauptproblem der VOLTA'schen
Kette zu losen, liess er sie ruhen, um nie mehr wieder auf sie zuruckzukommen Welches der Grund dieser Zuruckhaltung war, lasst sich schwerlich vermuthen, im Zusammenhange damit mag gestanden haben, dass er
bis an sein Lebensende ein Anhanger der VOLTA'schen Theorie insofern
gewesen zu sein scheint, als er die nach der Condensatormethode gefundenen
grossen Potentialunterschiede zwischen den Metallen fur reell ansah, und sie
einer von den verschiedenen Metallen verschieden ausgeubten „Anziehung
fur die Electricitat" zuschrieb

Der erste Versuch, auf Grund der Uberlegungen von HELMHOLTZ in das
Problem der einzelnen Spannungsunterschiede einzudringen, wurde dann von
BICHAT und BLONDLOT[1] gemacht Indem sie ein LIPPMANN'sches Capillarelektrometer mit zwei verschiedenen Flussigkeiten fullten und fur jede die
elektromotorische Kraft aufsuchten, durch deren Einschaltung das Quecksilber bis zum Maximum der Oberflachenspannung polarisirt wurde, ermittelten
sie die Potentialunterschiede, welche im gewohnlichen Zustande zwischen
diesen Flussigkeiten und dem Quecksilber bestehen[2] Aus je zwei so untersuchten Flussigkeiten und zwei Elektroden von Quecksilber bildeten sie nun
eine Kette, und maassen deren elektromotorische Kraft Da aus den vorigen

---

[1] Comptes rendus 100, 701 1885

[2] Damit die angewandte elektromotorische Kraft nur auf die zu untersuchende Grenzflache
wirkt, nimmt man diese moglichst klein und begrenzt den Elektrolyten andererseits durch eine
recht grosse Quecksilberflache Bringt man nun zwischen beide Quecksilbermassen eine bestimmte elektromotorische Kraft, so wird durch die erfolgende Polarisation auf den beiden
Flachen eine gleiche Elektricitatsmenge zugleich mit chemisch aquivalenten Mengen entgegengesetzter Ionen ausgeschieden Da aber die Potentialanderung durch die Polarisation der pro
Flache verbraucht ausgeschiedenen Ionenmenge proportional ist (S 908), so betragt sie z B nur
¹⁄₁₀₀₀ der grossen Elektrode wenn diese 1000 Mal grosser ist, als die kleinere, was experimentell leicht zu erreichen ist Der Kunstgriff ruhrt von LIPPMANN her

Versuchen die Potentialunterschiede zwischen dem Quecksilber und den Flüssigkeiten bekannt war, so konnten sie durch Abziehen dieser Werthe von der der Gesammtkraft den Potentialunterschied zwischen den Flüssigkeiten erhalten, auf dessen Bestimmung ihre Arbeit gerichtet war

Die Erkenntniss indessen, dass in jenen Überlegungen von Helmholtz in der That die Lösung der Hauptfrage vorhanden sei, wurde erst 1887 durch W. Ostwald[1] ausgesprochen Unter Benutzung des Ergebnisses von le Roux und Edlund (S 969), dass zwischen den Metallen keine Potentialunterschiede von Belang bestehen, zeigte er, dass mittelst einer Quecksilber-Tropfelektrode sich die Potentialunterschiede beliebiger Metalle und Elektrolyte messen lassen, und bestimmte gleichzeitig mit einer Anzahl solcher Grossen die Grenzen der Genauigkeit, innerhalb welcher auf diese Weise die Messung ausführbar war

Aus der Mittheilung seien folgende Stellen angeführt

„Die gebräuchlichen galvanometrischen und elektrometrischen Methoden zur Bestimmung der elektromotorischen Kraft geben diese stets als eine Summe von mindestens drei Potentialunterschieden, welche nicht in ihre Bestandtheile aufgelöst werden kann Den theoretischen Erörterungen über den Sitz der elektromotorischen Kraft im galvanischen Element, sowie über das Verhältniss zwischen chemischer und galvanischer Energie wird durch diesen Umstand eine Schranke gezogen, welche sich wiederholt als im höchsten Maasse hinderlich erwiesen hat

„Das Problem ist offenbar ein fundamentales Zu seiner Lösung sind bereits einige Schritte geschehen, den letzten und entscheidenden hat man bisher zu thun versäumt Was zunächst die Potentialunterschiede an den Berührungsstellen der Metalle anlangt, so hat Edlund sehr wahrscheinlich gemacht, dass dieselben mittelst der Peltier'chen Wirkung gemessen werden können Sie haben sich als sehr klein ergeben und übersteigen nach den Messungen von le Roux meist nicht den Werth von wenigen Millivolts "

Nach einem Bericht über die Versuche von Bichat und Blondlot und nach ihrer Bemerkung, dass das Verfahren mit dem Capillarelektrometer oft dadurch unausführbar wird, dass das Quecksilber seine Beweglichkeit verliert, heisst es weiter

„Nachstehend werde ich eine Methode beschreiben, welche von diesem Übelstande frei ist Sie gestattet nicht nur Potentialunterschiede zwischen Flüssigkeiten, sondern auch solche zwischen Flüssigkeiten und Metallen unmittelbar zu messen und ermöglicht dadurch die Beantwortung einer grossen Reihe von Fragen, die bisher unzugänglich waren Die Methode beruht auf der Anwendung einer tropfenden Elektrode, welche schon vor langer Zeit von W. Thomson zur Messung von Luftpotentialen angegeben worden ist Für Flüssigkeiten bedient man sich des Quecksilbers

---

[1] Festschrift der Polytechnischen Schule zu Riga, Riga 1887 — Ztschr f phys Chemie **1**, 583 1887

„In einer Untersuchung über elektrische Grenzschichten äussert sich H. von Helmholtz S. 1031: „„Daraus schliesse ich, dass wenn eine schnell abtropfende und übrigens isolirte Quecksilbermasse durch die tropfende Spitze mit einem Elektrolyten in Berührung ist, das Quecksilber und der Elektrolyt kein verschiedenes Potential haben können. Denn hätten sie es, wäre z. B. das Quecksilber positiv, so würde jeder fallende Tropfen eine Doppelschicht an seiner Oberfläche bilden, welche positive Elektricität aus dem Quecksilber wegnähme, und dessen positives Potential kleiner und kleiner machte, bis es dem der Flüssigkeit gleich wäre""

„Eine abtropfende Quecksilbermasse ist somit eine Elektrode, mittelst deren man Flüssigkeiten mit dem Elektrometer ohne Potentialänderung verbinden kann. Die Anwendung dieses Ergebnisses auf die Messung einzelner Potentialunterschiede ist evident. Im Gegensatz zu allen anderen Elektroden bringt die Tropfelektrode keinen neuen unbekannten Potentialunterschied in den Versuch und gestattet somit, jedes von einer Flüssigkeit behauptete Potential direkt mit einer beliebigen Genauigkeit zu messen.

„Dabei ist freilich vorausgesetzt, dass die Entladung des Quecksilbers vollständig erreicht wird. In Berührung z. B. mit verdünnter Schwefelsäure ladet sich Quecksilber zwar nicht absolut momentan, aber doch ziemlich schnell positiv. Durch die Tropfenbildung wird diese Ladung immer wieder entfernt, und es wird sich aus dem Kampf zwischen Ladung und Entladung ein Zustand zwischen beiden feststellen, der dem letzteren um so näher kommt, je grösser die in der Zeiteinheit gebildete Tropfenoberfläche im Verhältniss zu der sich ladenden Grenzfläche der Elektrode ist. Durch einen von A. König[1] ausgeführten Versuch wird erwiesen, dass eine annähernd vollständige Entladung durch eine Tropfelektrode erreicht werden kann, innerhalb welcher Grenzen aber noch Ladung nachbleibt, geht aus dem Versuch nicht hervor.

„In diesem Zustande befand sich die Angelegenheit, als ich (im April 1886) den Plan fasste, Flüssigkeitspotentiale mittelst tropfender Quecksilberelektroden zu messen. Die Ausführung des Planes war unmittelbar davon abhängig, wie weit auf diesem Wege eine Entladung der Elektroden zu erzielen war.

„Ich begann damit, zwei Tropftrichter mit etwa 60 cm langen Röhren mit Ausflussspitzen zu versehen und sie isolirt neben einander aufzustellen. Die Ausflussspitzen waren so eng, dass das Quecksilber, womit die Trichter gefüllt wurden, in Form eines Staubes austrat, wenn die Spitzen in eine Flüssigkeit gebracht wurden. Ich liess beide Spitzen sich in derselben Flüssigkeitsmasse entladen und verband das Quecksilber des einen Trichters mit der Erdleitung, das des anderen mit dem Elektrometer. War die Entladung eine vollständige, so musste das Elektrometer in Ruhe bleiben. Dies war im Allgemeinen nicht der Fall, beide Spitzen zeigten meist einen sehr merklichen Potentialunterschied, bis zu 0,1 Volt

„Da das Quecksilber sich gegen die meisten Flüssigkeiten (es wurde gewöhnlich verdünnte Schwefelsäure benutzt) positiv ladet, so folgt, dass die Tropfelektrode, welche sich positiv gegen die andere zeigte, schlechter war als diese Die schlechtere Spitze wurde nun geändert, gelang es, sie zu verbessern, so wurde sie meist besser, als die andere Jetzt wurde diese in Arbeit genommen und verbessert, und so abwechselnd weiter Doch gelang es mir nicht, auf diesem Wege zwei hinlänglich gleich wirkende Spitzen zu erhalten, Unterschiede von einigen Hundertsteln Volt blieben bestehen und liessen sich nicht beseitigen, auch änderte sich das Verhältniss zweier Spitzen häufig während des Gebrauches

„Um mich nun zu überzeugen, wie weit die Entladung vollständig war, führte ich den Versuch von König in folgender Form aus Ein Lippmann'sches Capillar-Elektrometer wurde mit verdünnter Schwefelsäure beschickt und mit einem Tropftrichter leitend verbunden, welcher sich in verdünnter Schwefelsäure von gleicher Beschaffenheit (aus demselben Vorrath) entlud Das unten angesammelte Quecksilber wurde mit der Erdleitung verbunden und der Meniskus durch Anwendung des erforderlichen Druckes wieder an das Fadenkreuz des Ablese-Mikroskops gebracht Wenn ich jetzt zwischen den Tropftrichter und das Elektrometer positive oder negative elektromotorische Kräfte einschaltete, so sank in beiden Fällen der Quecksilberfaden des Elektrometers Dies geschah aber erst, wenn die elektromotorischen Kräfte ziemlich bedeutend, 0,05 bis 0,1 Volt waren, innerhalb dieser Grenzen hatten sie gar keinen Einfluss, obwohl das Elektrometer sonst noch 0,0002 Volt erkennen liess. Dieser Versuch zeigte also nur, dass die Entladung annähernd erreicht war Es liess sich aber doch erkennen, dass die Entladung nicht ganz vollständig war, denn bei Einschaltung positiver Kräfte wurde der Quecksilberfaden viel eher in Bewegung gesetzt, als mit negativen Kräften Eine Verschiebung liess sich schon bemerken bei + 0,05 Volt, aber andererseits bei — 0,08 bis — 0,10 Volt [1]

„So unbefriedigend der Versuch in dieser Form war, so lehrte er doch, dass die Entladung der von mir angewandten Tropfelektroden noch nicht vollständig erfolgte Es begann nun für mich eine Reihe von Versuchen, die Tropfelektroden zu verbessern, welche meine Geduld auf die härteste Probe gestellt haben Die einzelnen Stationen dieses langen Weges zu schildern, würde zu weit führen, ich begnüge mich, die Form der Tropfelektroden zu beschreiben, welche ich schliesslich als die zweckmässigste erkannt habe Dieselbe ergab sich aus der Beobachtung, dass es für jede Ausflussspitze von bestimmter Beschaffenheit einen bestimmten Druck giebt, bei welchem sie sich am vollständigsten entladet, niedere, sowie auch höhere Drucke bedingen eine Verschlechterung Dieser kritische Druck der sich

---

[1] „Diese Beobachtungen zeigen deutlich die grosse Unempfindlichkeit der Methode von Bichat und Blondlot (S 141)"

innerhalb einiger Centimeter Quecksilber ohne Schaden ändern darf) ist um
so höher, je kleiner die Ausflussöffnung ist. Sucht man für mehrere gegebene Spitzen diesen Druck auf und vergleicht ihre Wirkungen, so überzeugt
man sich, dass man auf diese Weise ziemlich übereinstimmende Elektroden
erlangen kann. Dabei erweisen sich meist die feineren Spitzen, welche mit
höherem Druck arbeiten, als die besseren. Doch ist auch das Umgekehrte
zu beobachten, so dass ausser dem Querschnitt der Öffnung noch ihre
Form einen nicht unbedeutenden Einfluss auf die Güte der Elektrode hat   .

„Ob die besten auf diesem Wege herstellbaren Tropfelektroden vollkommen genau das gleiche Potential annehmen, wie die Flüssigkeit, kann
nicht in Frage kommen, sondern nur, wie gross die unter allen Umständen
noch vorhandenen Unterschiede sind. Um dies festzustellen, suchte ich den
Versuch von A. König genauer zu gestalten. Während nämlich die elektromotorische Kraft, welche das Maximum der Oberflächenspannung erzielt,
innerhalb der Grenze von etwa 0,1 Volt wechseln kann, ohne dass jene
merklich verschieden ausfällt, kann man unter der wohlbegründeten Voraussetzung,[1] dass oberhalb und unterhalb des Maximums die Änderung der
Oberflächenspannung mit dem Potentialunterschied symmetrisch verläuft,
mit viel grösserer Genauigkeit jene zum Maximum gehörige elektromotorische
Kraft bestimmen. Man sucht zu diesem Zwecke je zwei zusammengehörige
Werthe der elektromotorischen Kraft auf, bei welchen die Oberflächenspannung gleich gross ist, das Mittel aus beiden ist der gesuchte Werth"

Beim Vergleich der Versuchsergebnisse mit dem Capillarelektrometer
und der Tropfelektrode fand sich, dass beide zwar nahelegende, aber nie
identische Werthe gaben, die Trofelektrode blieb immer etwas zurück, wie
zu erwarten war, und zwar betrug der Unterschied durchschnittlich 0,05 Volt
und stieg in einzelnen Fällen auf 0,12 Volt an. Ostwald beschreibt ein
Verfahren, um durch Anwendung zweier Elektroden von verschiedener Güte
die erforderliche Correction zu ermitteln, und zeigt, dass sich dadurch der
Fehler auf durchschnittlich weniger als 0,01 Volt einschränken lässt. Indessen
soll auf diese Einzelheiten nicht eingegangen werden, da in der Folge die
Tropfelektroden so weit verbessert worden sind, dass solche Correctionen
nicht mehr erforderlich waren.

„Ehe ich zur Beschreibung der mittelst tropfender Elektroden untersuchten Erscheinungen übergehe, will ich noch einige gelegentlich während
der Vorarbeiten gemachte Beobachtungen und Messungen besprechen, an
die sich ein Interesse knüpft.

„Bekanntlich hat Lippmann gezeigt, dass die Oberflächenspannung zwischen Quecksilber und einer elektrolytischen Flüssigkeit eine stetige Function
des dort herrschenden Potentialunterschiedes ist. Ist letzterer gleich Null, so
muss nach Helmholtz jene einen höchsten Werth annehmen, der von der

---

[1] A. d. Phil. Mag. 5. 20. 126. 1885." Es hat sich später erwiesen, dass die
. . . in allen Fällen nicht zutrifft, indes fällt der dadurch bedingte Fehler hier nicht

Natur der Flüssigkeit bis auf secundäre Abweichungen unabhängig ist. Ich beobachtete die in der folgenden Tabelle gegebenen „natürlichen" Oberflächenspannungen, d. h. solche, welche sich ohne Anwendung äusserer elektromotorischer Kräfte herstellten, indem ich die Quecksilbersäulen mass, welche zur Einstellung des Quecksilbersäulens auf den Nullstrich der Okularscala im Capillarelektrometer erforderlich waren, sie sind unter A verzeichnet. Unter e stehen die elektromotorischen Kräfte, nach deren Einschaltung die Oberflächenspannung den Maximalwerth annahm, unter B die zugehörigen Quecksilberhöhen. Endlich sind unter e und B' weitere Werthe von eingeschalteter elektromotorischer Kraft und zugehörigem Quecksilberdruck verzeichnet.

Lösung	A	e	B	e'	J	B−B'
H²SO⁴ = 2 l	485	870	640	370	575	65
„ = 20 l	489	880	640	380	598	42
„ = 200 l	502	890	642	390	604	38
H³PO⁴ = 3 l	504	900	630	400	606	33
„ = 30 l	510	900	641	400	608	33
„ = 300 l	524	910	642	410	615	27
HCl = 1 l	547	590	638	90	579	59
„ = 10 l	561	590	642	90	589	53
„ = 100 l	564	650	644	150	605	39
HBr = 10 l	534	570	639	10	547	92
„ = 100 l	547	530	644	30	580	64

„Die Werthe der der Oberflächenspannung proportionalen Quecksilberhöhen sind in Millimetern gegeben, die der elektromotorischen Kräfte in Millivolts. Man sieht zunächst, dass die „natürlichen" Oberflächenspannungen unter A sehr verschieden, von 485 bis 564 schwankend sich erweisen. Bringt man dieselben auf das Maximum B, so verschwinden diese Unterschiede fast völlig, die Werthe bewegen sich zwischen 638 und 644, weichen also um nicht ganz ein halbes Procent vom Mittel ab. Dies ist wohl als ein experimenteller Beweis für die Richtigkeit des Schlusses, zu welchem v. HELMHOLTZ auf theoretischem Wege gelangt war, anzusehen, dass die fraglichen Maximalwerthe die eigentlichen, von secundären Einflüssen befreiten Oberflächenspannungen sind. Die vorhandenen Unterschiede rühren indessen nicht von Versuchsfehlern her, sondern von der verschiedenen Beschaffenheit der entsprechenden Lösungen, welche kleine Abweichungen der beobachteten Art von vornherein erwarten liessen. Denn die eigenen Oberflächenspannungen der verschiedenen Salzlösungen sind verschieden, und demgemäss auch die an der Grenzfläche mit Quecksilber.

„Von grossem Interesse sind die folgenden Spalten. Die elektromotorischen Kräfte e' betragen jedesmal 500 mv weniger, als die, welche den Maximalwerth geben, die zugehörigen Oberflächenspannungen B sind also durch eine Polarisation von jedesmal 500 mv entstanden. Sie sind keineswegs gleich, die Unterschiede B − B' schwanken von 27 bis 92 mm. Die gleiche Polarisation bewirkt also nicht eine gleiche Änderung der Ober-

flächenspannung, sondern eine von der Natur und Concentration der Lösung
in hohem Maasse abhängige. Die hier auftretenden Grossen stehen in engster
Beziehung mit den molekularen Dimensionen der polarisirenden Ionen und
können zur Bestimmung der letzteren dienen (S. 1028). Indessen soll an
dieser Stelle auf solche Anwendungen nicht eingegangen werden, da uns
dies zu weit vom Hauptgegenstande entfernen würde, ich begnüge mich mit
der Bemerkung, dass nach den vorstehenden Zahlen zwischen den molekularen Distanzen der Doppelschichten bei verschiedenen Elektrolyten sehr
bedeutende Unterschiede bestehen."

Oswald ging nun dazu über, das Verfahren auf die Messung der
Potentialunterschiede zwischen verschiedenen Metallen und Elektrolyten anzuwenden, indem er diese zusammenstellte, in den Elektrolyten eine Tropfelektrode brachte, und den zwischen dieser und dem Metalle vorhandenen
Spannungsunterschied mass. Von der Mittheilung der Zahlenwerthe soll
Abstand genommen werden, da sie später durch andere ersetzt worden sind.
Auch hier machten sich wieder die von allen Forschern in diesem Gebiete
beobachteten und beklagten Unregelmässigkeiten geltend, deren Quelle erst
später aufgedeckt worden ist.

Über die allgemeinen Ergebnisse werden die folgenden Bemerkungen
gemacht.

„Die Natur des Metalles hat auf die fraglichen Werthe offenbar den
grössten Einfluss. Zink und Cadmium werden in allen untersuchten Sauren
negativ, Kupfer, Antimon, Wismuth, Silber und Quecksilber in allen positiv,
Zinn, Blei und Eisen zeigen positive und negative Werthe von 0,1 bis 0,2 Volt.
Im Mittel erhält Zink das Potential — 0,7 Volt, Cadmium — 0,3, Zinn, Eisen
und Blei ± 0, Kupfer + 0,3 bis 0,4, Wismuth + 0,4, Antimon + 0,3, Silber
+ 0,5 und Quecksilber + 0,8 Volt. Das ist ein Ausdruck der „Spannungsreihe" der Metalle in wässerigen Lösungen, welche im Grossen und Ganzen
von der Natur der letzteren nur in secundärer Weise beeinflusst wird, wenigstens so lange einigermaassen analoge Stoffe, d. h. solche, welche ähnliche
Reactionen auf die Metalle ausüben, in Betracht kommen.

„Die Natur der gelösten Säure hat indessen innerhalb dieser engeren
Grenzen eine sehr ausgeprägte Bedeutung. Insbesondere unterscheiden sich
die Halogenwasserstoffsauren auf das deutlichste von den Sauerstoffsauren,
welche eine gesonderte Gruppe für sich bilden.

„Ein Überblick über die Sauerstoffsauren zeigt zunächst, dass bei den
meisten Metallen die beobachteten Werthe innerhalb der Grenzen von etwas
mehr als einem Zehntelvolt unabhängig von der Natur der Sauren sind.
Namentlich bei verdünnteren Lösungen tritt diese Beziehung ein, die nur in
einzelnen Fällen durch Ausnahmen durchbrochen wird.

„Die Halogenwasserstoffsauren weisen besondere Verhältnisse auf, indem
sie untereinander und von den Sauerstoffsauren viel mehr verschieden sind,
als die letzteren unter sich.

„Auch für den Einfluss der Verdünnung lassen sich einige allge-

neine Gesetzmässigkeiten aufstellen In bei weitem den meisten Fällen rücken
lie Zahlen mit steigender Verdünnung nach der negativen Seite negative
'otentiale werden numerisch grösser, positive kleiner Gleichzeitig nähern
ich die mit verschiedenen Säuren erhaltenen Werthe einander mit zuneh-
nender Verdünnung, so dass vorhandene Unterschiede sich ausgleichen und
lie oben erwähnten Gesetzmässigkeiten bei grosser Verdünnung genauer zu-
reffen, als bei geringer

„Ob der Einfluss der Verdünnung gross oder klein ist, hangt sowohl
'on der Natur des Metalles, wie von der Säure ab Zink, Eisen, Wismuth
ind Metalle, bei welchen die Verdünnung der Säuren grosse Veränderungen
n dem erwähnten Sinne mit sich bringt, bei Cadmium, Blei, Kupfer, Wis-
nuth, Silber und Quecksilber sind die Werthe viel weniger veränderlich
nsbesondere sind die Zahlen dann meist unabhängig von der Verdünnung,
venn das Salz, welches durch die Einwirkung der Säure auf das Metall ent-
teht oder entstehen könnte, unlöslich ist

„Regeln solcher Art, wie die eben angegebenen, rufen naturgemäss die
'rage nach ihrer Ursache, und nach der Ursache der vorhandenen Aus-
iahmen hervor, diese Frage aber führt zu der weiteren, wodurch die beob-
ichteten Potentialunterschiede überhaupt bedingt sind

„Der alte Kampf zwischen der Contacttheorie und der chemischen Theorie
Jes Galvanismus ist gegenwärtig wohl ziemlich allgemein im Sinne H Davy's
entschieden, wonach die Potentialdifferenz durch die Berührung chemisch
verschiedener Stoffe bedingt wird — der Contacttheorie entsprechend —,
vährend die zur Unterhaltung des galvanischen Stromes erforderliche Energie
Jurch den chemischen Process beschafft wird, wodurch die chemische Theorie
zu ihrem Rechte kommt Nun wird aber durch das Faraday'sche elektro-
ytische Gesetz eine ganz bestimmte Beziehung zwischen beiden Gebieten
zegeben, nach welcher die elektromotorische Kraft durch die Stromenergie
n eindeutiger Weise bestimmt wird es wird somit die verfügbare chemische
Energie die mögliche und nothwendige elektromotorische Kraft bedingen
Die frühere Annahme, dass sich die chemische Energie glattauf in elektrische
verwandle, ist von W Gibbs, H von Helmholtz, F Braun und Anderen
als unhaltbar erwiesen worden, gegenwärtig weiss man, dass nur ein bestimmter Bruchtheil der chemischen Energie in elektrische verwandelbar ist

„Der chemische Vorgang nun, welcher in dem untersuchten Falle möglich ist, und wohl auch mehr oder weniger stattfindet, ist die Zersetzung
der Säurelösungen durch die Metalle unter Bildung der entsprechenden Salze
und unter Freiwerden von Wasserstoff, und es liegt die Frage vor, in welcher
Beziehung die Energieänderungen bei diesen Vorgängen zu den beobachteten
Potentialunterschieden stehen

„Von Andrews ist schon vor langer Zeit der Satz ausgesprochen worden,
dass die Wärmetönung bei der Zersetzung einer Säure durch ein Metall nur
von der Natur des letzteren, nicht aber von der der Säure abhänge Die
spatere Forschung hat den Satz als nicht vollkommen richtig erwiesen, der-

selbe ist nur annähernd wahr und erleidet in einigen Fällen bedeutende Ausnahmen Der entsprechende galvanische Parallelsatz würde dahin lauten,
dass die elektromotorische Kraft zwischen Metall und Säure wesentlich von
der Natur des ersteren, und viel weniger von der der letzteren bedingt wird
Dies ist auch thatsächlich der Fall, wie oben hervorgehoben wurde Die
Ausnahmen von ANDREWS'schen Satze treten namentlich bei den Verbindungen
der Halogene, insbesondere mit Silber und Quecksilber auf, wo gleichfalls
die Potentialunterschiede sich unregelmässig verhalten.

„Aber noch weiter gehen die auf den ersten Blick zu erkennenden
Analogien Von den untersuchten Metallen zersetzten Zink, Cadmium, Eisen
und allenfalls Zinn die wässerigen Säuren unter Wärmeentwickelung, die
übrigen würden dagegen hierzu Wärme verbrauchen, wenn der Vorgang
stattfände Von den zuerstgenannten Metallen werden die beiden ersten
immer, die beiden anderen meist negativ in Säuren, die anderen, Kupfer,
Wismuth, Antimon, Silber und Quecksilber, nehmen ein positives Potential
an Es steht also offenbar das Zeichen der Wärmetönung des wirklichen
oder möglichen chemischen Vorganges in engster Beziehung zu dem Zeichen
der elektrischen Differenz [1]"

OSTWALD führt nun einen zahlenmässigen Vergleich zwischen den gemessenen Potentialunterschieden und den aus den Wärmeströmungen berechneten Werthen, und fährt fort

„Wie man sieht, stimmen in den seltensten Fällen die beobachteten
elektromotorischen Kräfte mit den aus den Wärmetönungen berechneten
numerisch überein, während ein Parallelgehen in den meisten Fällen unzweideutig vorhanden ist Man könnte fragen, ob nicht die früher erwähnte
Unvollkommenheit in der Entladung der Tropfelektrode die Ursache davon
ist Doch sind fast alle berechneten elektromotorischen Kräfte kleiner (oder
negativ grösser) als die beobachteten, die Fehler der Tropfelektrode aber
liegen im entgegengesetzten Sinne. .

„Man könnte ferner die Annahme machen, dass die in Betracht zu
ziehende Reaktion nicht die Ausscheidung von molekularem Wasserstoff, H_2,
sei, sondern die von einzelnen Wasserstoffatomen Da durch die Verbindung von Wasserstoffatomen zu Molekeln unzweifelhaft Wärme entwickelt
wird, so würde der Ausscheidung des atomistischen Wasserstoffes eine geringere positive Wärmeentwickelung, resp ein grösserer Wärmeverbrauch
entsprechen Dadurch würden allerdings die beobachteten und die berechneten Zahlen einander näher rücken Indessen ist die freilich nur erst
ziemlich hypothetisch bestimmte Verbindungswärme der Wasserstoffatome [2]
so gross gefunden worden (rund 1000 K für 1 g Wasserstoff), dass überhaupt
keines der untersuchten Metalle unter dieser Annahme negative Potentiale
zeigen könnte

    [1] Lehrb. d. der Allg. Chemie Bd. II Leipzig 1887 "
    [2] WIEDEMANN, WIED Ann 18, 500 1883 "

„Auch mussten dann die in der letzten Spalte verzeichneten Differenzen constante Werthe zeigen, was bei weitem nicht der Fall ist [1]

„Die vorstehenden Zahlen sind somit auch in ihrer Art eine Bestätigung des Satzes, dass die chemische Energie nicht völlig in elektrische übergehen kann Demgemäss bietet der Fall, wo bei der Reaktion zwischen Säure und Metall Wärme frei wird, dem Verständniss weiter keine Schwierigkeit statt der Potentialdifferenz, welche der ganzen chemischen Energiedifferenz entspricht, erscheint nur ein Bruchtheil davon Der andere Fall aber, wo das Zeichen der Wärmetönung und dem entsprechend das Zeichen der Potentialdifferenz sich umkehrt, ist viel schwieriger zu verstehen Der entsprechende chemische Vorgang wäre nicht eine Bewegung des Säureradikals zum Metall, sondern eine Entfernung desselben, nicht eine Bildung, sondern eine Zerlegung des Metallsalzes mit Hilfe von freiem Wasserstoff

„Ein derartiger Vorgang findet nun in wägbarem Maasse sicher nicht statt Doch braucht man deshalb diese Betrachtung nicht von der Hand zu weisen, da die Potentialdifferenz eben nicht durch den wirklich stattfindenden, sondern so zu sagen durch den potentiellen Vorgang, durch die Natur der sich berührenden Stoffe bedingt wird Die in allen Lösungen von Elektrolyten nach der wohlbegründeten Annahme von CLAUSIUS vorhandenen freien Ionen können auch den erwähnten Vorgang in unwägbarem Maasse bedingen Doch muss freilich zugestanden werden, dass diese Vorstellungen noch nicht zu genügender Klarheit durchgearbeitet sind, um eine befriedigende Darstellung der Erscheinungen zu geben

„Etwas anschaulicher gestalten sich molekulare Betrachtungen Nach dem FARADAY'schen Gesetz sind zwar die jeder Valenz entsprechenden Elektricitätsmengen an den Ionen gleich gross, die Erfahrung verlangt aber den Zusatz, dass das Potential dieser Elektricitätsmengen bei der Wechselwirkung der Ionen sehr verschiedene Werthe haben kann Bilden sich nun an der Berührungsstelle des Elektrolyts mit dem Metall die elektrischen Doppelschichten aus, so wird es von dem Werth der Potentiale der verschiedenen in Wechselwirkung tretenden Ionen (Metall, Säureradikal, Wasserstoff) abhängen, welches Potential das Metall zeigen wird Hierdurch erscheint insbesondere der Wechsel des elektrischen Zeichens mit dem Wechsel der Reaktionswärme erklärlich

„Ich habe die hypothetischen Veranschaulichungen der oben mitgetheilten Beobachtungen absichtlich in grösster Kürze angedeutet Bei dem ungeheuren Umfang des neuerschlossenen Gebietes und der fast völligen Unbekanntschaft mit den Hauptpunkten desselben ist in erster Linie eine weitere experimentelle Durchforschung desselben von Nöthen, die theo-

---

[1] „Durch Bestimmung der Temperaturcoefficienten, mit welchen die untersuchten Potentialunterschiede behaftet sind, würden sich die zugehörigen Wärmetönungen gemäss der v. HELMHOLTZ'schen Theorie ermitteln lassen Ich habe noch nicht die Zeit gefunden entsprechende Untersuchungen auszuführen "

retische Nachkonstruktion darf nicht in die Einzelheiten gehen, bevor diese
selbst mannigfaltig und sicher genug festgestellt sind "

Die letzten Theile dieser Darlegungen geben manchen Bemerkungen
Raum und dürfen keinen Anspruch erheben, eine befriedigende Erklärung
der beobachteten Erscheinungen zu enthalten   Sie sind mitgetheilt worden,
um an einem weiteren Beispiele die Unsicherheit zu zeigen, welche vor der
Aufstellung der Theorie von ARRHENIUS in der Beurtheilung fast aller elektrochemischen Verhältnisse herrschte   In dem gleichen Hefte der Zeitschrift
für physikalische Chemie, in dem diese Abhandlung abgedruckt war, ist die
Arbeit enthalten, die die Grundlage aller weiteren Fortschritte in unserem
Gebiete bildet, und von der aus auch die hier beschriebenen Vorgänge ihre
sachgemässe Aufklärung gewonnen und ihre eigentliche Fruchtbarkeit ent-
faltet haben

Fig. 255. Hermann Helmholtz. (Bildniss aus den achtziger Jahren.)

Achtzehntes Kapitel.

Einzelne Fortschritte der Elektrochemie bis zur Aufstellung der Theorie der elektrolytischen Dissociation.

1. Allgemeines. Ähnlich wie die Aufstellung des Gesetzes von der Erhaltung der Energie einen plötzlichen und bedeutenden Fortschritt in dem Verständniss der elektrochemischen Erscheinungen bewirkte, fand eine wesentlich veränderte und verallgemeinerte Auffassung in diesem Gebiete durch die Aufstellung der Theorie der elektrolytischen Dissociation statt. Auch sind beide Epochen insofern ähnlich, als sie durch eine Anzahl einzelner Fortschritte und theilweiser Erkenntnisse vorbereitet sind, welche dem rückwärtsschauenden Auge des Geschichtsforschers wie ganz unmittelbare Annäherungen an den Hauptpunkt des Fortschrittes erscheinen und leicht den Eindruck erwecken, als sei der schliesslich entscheidende Schritt nur ein sehr kleiner gewesen. Um sich hiervon ein richtiges Bild zu verschaffen, braucht man indessen nur auf die unmittelbare Wirkung zu achten, welche eben dieser Schritt hervorbringt: der mehr oder weniger eifrige Widerspruch

der Zeitgenossen pflegt darüber keinen Zweifel zu lassen, wie lebhaft der Gegensatz des neuen Gedankens zu dem üblichen Anschauungskreise empfunden wird.

Dem entsprechend sind es zwei Leitmotive, die sich aus dem Chorus der "Merker", der Vertreter des jeweils orthodoxen Anschauungskreises, bei bedeutenden Fortschritten immer wieder heraushören lassen. Zunächst wird der Vorwurf der Neuerung, des Widerspruchs gegen "anerkannte Wahrheiten" erhoben, indem als Grundlage für das verwerfende Urtheil gewöhnlich die Giltigkeit derjenigen Ansichten angenommen wird, welche durch die neue Einsicht als unzureichend gekennzeichnet werden. Hat sich dann dieses Stadium erfolgreich überwinden lassen, so ertönt die zweite Weise: die Sache ist nicht neu. Dann werden jene früher erwähnten Vorstufen zu dem entscheidenden Schritte hervorgesucht, und es wird klärlich bewiesen, dass man schon lange so weit war. Erst nachdem auch diese Stufe überwunden ist, tritt die unbefangene, streng abwägende geschichtliche Einschätzung in ihre Rechte und giebt Jedem das Seine.

Aus diesem Grunde ist es nöthig, bevor wir an die Schilderung des letzten und wichtigsten Kapitels unserer Geschichte gehen, noch einmal die einzelnen Fäden aufzunehmen, die in den früheren Kapiteln angesponnen sind, und sie bis zu dem Punkte zu verfolgen, wo sie in das Gewebe der heutigen Elektrochemie übergegangen sind. Wir werden dadurch in den Stand gesetzt, einerseits wahrzunehmen, wie schwierig, ja unmöglich es war, innerhalb des älteren Anschauungsgebietes zu der einfachen Auffassung der Erscheinungen, zu der wissenschaftlichen Beherrschung des täglich anwachsenden Thatsachenvorrathes zu gelangen, und andererseits, wie unwiderstehlich eben diese Thatsachen auf jene allgemeinen Auffassungen hindrängten, deren klarer Ausspruch im Jahre 1887 erfolgte. Ein besonderes eindringliches Beispiel bot uns bereits die Lehre von der elektrolytischen Leitfähigkeit, andere finden sich in den Kapiteln über den Sitz der elektromotorischen Kraft und den inneren Vorgang der VOLTA'schen Kette, und noch an vielen anderen Punkten. Der Eindruck der Zusammenhangslosigkeit, welchen diese vorbereitende Übersicht nothwendig machen muss, giebt den Zustand der Wissenschaft in jener Zeit vollkommen sachgemäss wieder, und bietet den passenden Hintergrund für das geschlossene und einheitliche Bild, welches uns die heutige Elektrochemie Dank jenem grossen Fortschritt gewährt.

Derartige Zustände in der Wissenschaft bringen häufig alsbald das Hilfsmittel hervor, welches in Ermangelung einer zusammenfassenden Theorie die Bewältigung des Thatsachenmateriales ermöglicht: die sachgemässe litterarische Verarbeitung desselben. So besitzen wir auch in dem Gebiete der Elektrik ein Werk, welches der Wissenschaft in solchem Sinne sehr bedeutende Dienste geleistet hat, und welches in seinen aufeinanderfolgenden Auflagen seit dem Jahre 1861 jeweils ein sehr vollständiges Bild von dem Thatsachenbestand des Galvanismus gegeben hat. Es ist dies die von G. WIEDEMANN 1861 zum ersten Male herausgegebene, gegenwärtig in

vierter Auflage erscheinende „Lehre vom Galvanismus und Elektromagnetismus", welche in der dritten Auflage zu einer Lehre von der Elektricität
erweitert wurde. Es war dies lange fast das einzige Werk, aus welcher über
die Thatsachen der Elektrochemie Zusammenhängendes zu erfahren war,
und ist auch noch gegenwärtig, was die Zusammenstellung des erfahrungsmässigen Materiales anlangt, an Vollständigkeit und Zuverlässigkeit nicht
übertroffen. Durch diese Eigenschaften gewähren die in den aufeinanderfolgenden Auflagen enthaltenen Darstellungen des experimentellen wie
des theoretischen Zustandes der entsprechenden Perioden ein vorzügliches
Bild für die stufenweise Entwickelung des Gebietes und sind eine un-
schätzbare Fundgrube litterarischer Nachweise für jeden Arbeiter und Schriftsteller in der Elektrik.

2. Die elektrolytische Abscheidung der Leichtmetalle. Der von
Davy so erfolgreich betretene Weg der elektrolytischen Reduktion der Leichtmetalle (S. 206) führte zunächst nicht weiter, als bis zur Herstellung von
Kalium und Natrium; von ihm und seinen Zeitgenossen finden sich zwar
einige Mittheilungen, nach denen auch die Metalle der alkalischen Erden
reducirt sein sollen, indessen handelt es sich hier nur um die Amalgame
und die reinen Metalle sind nicht dargestellt worden. Der erste weitere
Schritt wurde dann fast ein halbes Jahrhundert später durch ROBERT BUNSEN
gethan,[1] welcher das Magnesium aus dem geschmolzenen Chlorid darstellen
lehrte. „Geschmolzenes Chlormagnesium wird so leicht durch den Strom
zersetzt, dass man daraus in kurzer Zeit mit wenigen Kohlenzinkelementen
einen mehrere Gramm schweren
Metallregulus erhalten kann. . . .

„Als Zersetzungszelle dient ein
ungefähr $3\frac{1}{2}$ Zoll hoher und 2 Zoll
weiter Porzellantiegel (Fig. 256), der
durch ein bis zur halben Tiefe hin-
einreichendes Diaphragma $a\,a$ in
zwei Hälften getheilt ist, in deren
einer das abgeschiedene Chlor auf-
steigt und von dem in der anderen
abgesetzten Magnesium fern gehalten wird. Das Diaphragma lässt sich
aus einem dünnen Porzellandeckel
herstellen, den man mittelst eines
Schlüsseleinschnittes wie Glas leicht

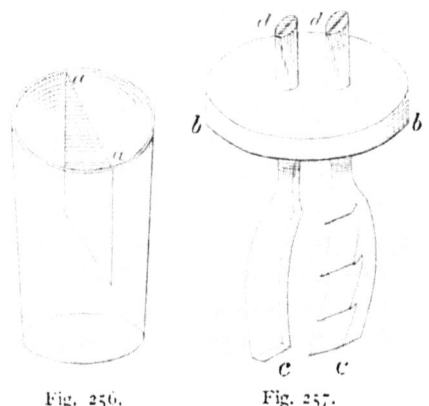

Fig. 256.   Fig. 257.
Nach R. BUNSEN.

brechen und in die passende Gestalt bringen kann. Der Tiegel wird mit
einem aus einem gewöhnlichen Ziegelstein gefeilten, doppelt durchbohrten
Deckel (Fig. 257) bedeckt, durch welchen die beiden Pole $c\,c$ gesteckt sind.
Man feilt diese Pole aus derselben Masse, woraus die Cylinder der Zink-

[1] Ann. d. Chemie und Pharm. **82**, 137. 1882.

Kohlenketten gefertigt werden, dies gelingt ohne Schwierigkeit, da diese Kohlenmasse eine solche Beschaffenheit hat, dass sie sich bohren, drechseln, feilen, und selbst mit Schraubengewinden versehen lasst. Zur Befestigung der Kohlenpole im Deckel dienen die Kohlenkeile dd, zwischen welchen man auch die beiden Platinstreifen zur Zu- und Ableitung des Stromes einklemmt. Die sageformigen Einschnitte am negativen Pole sind zur Aufnahme des reducirten Metalles bestimmt, welches in Gestalt eines Regulus darin haften bleibt. Ohne diese Vorrichtung wurde dasselbe in der specifisch schwereren Flussigkeit aufsteigen und an der Oberflache theilweise wieder verbrennen. Man beginnt den Versuch damit, dass man den Tiegel sammt seinem Deckel mit den darin befestigten Polen bis zum Rothgluhen erhitzt, mit geschmol-zenem Chlormagnesium bis an den Rand vollgiesst, und dann die Kette in dem soeben angedeuteten Sinne schliesst. Um aber die zu jeder Zeit des Versuches reducirte Menge Magnesium und den Gang der Operation verfolgen zu konnen, muss die Stromstarke mittelst einer eingeschalteten Tangentenbussole von Zeit zu Zeit beobachtet werden. Nennt man den Radius des Bussolenringes in Millimetern gemessen R, T die absolute Intensitat der horizontalen Componente des Erdmagnetismus, und φ den Ablenkungswinkel der Nadel, so ist bekanntlich die absolute Intensitat des Stromes $\mathcal{J} = \dfrac{RT}{2\pi} \operatorname{tg} \varphi$. Ist ferner w das elektrochemische Aquivalent des Wassers, d. h. die in Milligrammen ausgedruckte Wassermenge, welche in der Sekunde durch die Stromeinheit zersetzt wird, so ist die in der Zeit t durch den Strom $\mathcal{J}$ zersetzte Wassermenge $\dfrac{w\, t\, R\, T}{2\pi} \operatorname{tg} \varphi$. In diesem Ausdrucke ist T je nach der Zeit und dem Orte der Beobachtung variabel, und bedarf daher einer besonderen Bestimmung. Da aber das elektro-chemische Aquivalent des Wassers mit grosser Scharfe ermittelt ist, so lasst sich mit Hulfe desselben der Werth von T oder die Intensitat des horizon-talen Theiles des Erdmagnetismus durch einen einfachen Versuch leicht finden, bei welchem man nun die Wassermenge w zu bestimmen hat, welche ein mit einer Weber'schen Tangentenbussole gemessener Strom in der Zeit t zersetzt."

Bessel beschreibt nun eingehender seine zu solchem Zweck angestellten Versuche, welche die allerersten elektrochemischen Arbeiten sind, bei denen die benutzten Stromstarken in absolutem Maasse angegeben sind, und giebt auch fur einen Reduktionsversuch mit Chlormagnesium die entsprechenden Angaben. „Die dieser Stromquantitat entsprechende Menge reducirten Mag-nesiums betragt daher 4,096 g. Der wirklich erhaltene Regulus wog aber mit Einschluss der kleineren abgeschiedenen Metallkorner nur 2,450 g, also ungefahr ⅗ der theoretischen Menge. Diese Differenz muss ausserordentlich gering erscheinen, wenn man erwagt, dass ein Theil des reducirten Metalles als feinzertheiltes Pulver im Chlormagnesium zuruckbleibt, ein anderer Theil aber auf Kosten des an der Anode abgeschiedenen Chlors wieder ver-brennt.

„Nach der Leichtigkeit, mit der das Magnesium durch den Strom abgeschieden wird, hatte man erwarten sollen, dass auch Baryum, Calcium und Strontium sich auf demselben Wege würden darstellen lassen Allein die Zersetzungen der Chlorure und Jodure dieser Metalle bieten sehr sonderbare Erscheinungen und Schwierigkeiten dar, auf die ich in einer späteren Arbeit zurückkommen werde "

Von den versprochenen weiteren Mittheilungen sind zunächst solche über die Herstellung des Aluminiums[1] von Bunsen veröffentlicht worden Nach der Bemerkung, dass er sich in seiner ersten Abhandlung weitere Mittheilungen vorbehalten habe, fährt er fort „Obgleich Hr Deville sich seitdem mit demselben Gegenstande und namentlich mit der Bereitung des von Wöhler entdeckten Aluminiums im Grossen beschäftigt hat, scheint mir dessenungeachtet eine kurze Mittheilung des Verfahrens nicht überflüssig, durch welches man nach der von mir angegebenen Methode das Aluminium in grösseren regulinischen Massen und zwar leichter noch als das Magnesium gewinnen kann, wenn man sich zur Reduktion eines der bekannten Doppelchlorure des Aluminiums bedient, welche die zur Elektrolyse nöthige Schmelzbarkeit zeigen "

Bunsen schildert nun zunächst ein bequemes Verfahren, um durch Erhitzen von mit Kohle gemischter Thonerde im Chlorstrome beliebige Mengen Chloraluminium zu bereiten „Wird die so erhaltene Chlorverbindung mit Kochsalz zu gleichen Atomen in einer Digerirflasche erwärmt, so erhält man das bekannte, weit unter 200^0 schmelzbare Chloraluminium-Natrium, aus dem das Aluminium nach der in meiner Arbeit über das Magnesium angegebenen Methode reducirt werden kann Da sich das Metall bei niederer Temperatur pulverförmig ausscheidet, so trägt man während der Elektrolyse allmählich so viel pulverisirtes geschmolzenes Kochsalz in die Mischung ein, dass man die Temperatur endlich beinahe bis zum Schmelzpunkt des Silbers steigern kann Nach beendigtem Versuch findet man in der erkalteten Chlorverbindung das Metall in grossen regulinischen Kugeln, die man durch Eintragen in weissglühend geschmolzenes Kochsalz, in dem sie untersinken, zu einem Regulus zusammenschmelzen kann, der sich leicht zu quadratzollgrossen Blechen aushämmern lässt "

Zum Schluss erwähnt Bunsen, dass sich sein Schüler Dr Matthiessen aus London mit der Abscheidung des Natriums, Calciums u s w beschäftige und bereits günstige Ergebnisse erhalten habe Die ausführliche Mittheilung[2] erschien im Jahre 1855, sie enthält eine Anzahl technischer Einzelheiten von Interesse, auch erwies sich, dass die früheren Beobachter reines Calcium nicht in Handen gehabt hatten, da seine Eigenschaften andere waren, als die beschriebenen Prinzipiell Neues ist indessen hier nicht zu erwähnen

Sowohl bei Bunsen wie bei seinem Schüler spielt ein von dem ersteren

---

[1] Pogg Ann **92**, 648 1854
[2] Ann der Chemie und Pharm **93**, 277 1855

aufgestellte Satz, dass mit der Dichte des Stromes seine Kraft, Verwandtschaften zu überwinden, zunimmt, eine grosse und nicht ganz sachgemasse
Rolle. Die viel erörterte Stelle[1] lautet

„Den wichtigsten Einfluss auf die chemischen Wirkungen übt die
Dichtigkeit des Stromes aus, d. h. die Stromstarke, dividirt durch die
Polflache, an der die Elektrolyse erfolgt. Mit dieser Dichtigkeit wachst die
Kraft des Stromes, Verwandtschaften zu überwinden. Leitet man z. B. einen
Strom von gleichbleibender Starke durch eine Losung von Chromchlorid in
Wasser, so hangt es von dem Querschnitt der reducirenden Polplatte ab,
ob man Wasserstoff, Chromoxyd, Chromoxydul oder metallisches Chrom
erhalt. Ein nicht minder erhebliches Moment bildet die relative Masse der
Gemengtheile des vom Strome durchflossenen Elektrolyten. Vermehrt man
z. B. bei stets gleichbleibender Stromstarke und Poloberflache den Chrom-
chlorürgehalt der Losung, so erreicht man bald einen Punkt, bei welchem
die Chromoxydulausscheidung von einer Reduktion des Metalles begleitet
und endlich von dieser ganz verdrangt wird"

Diese Beobachtungen sind noch heute von grosster Bedeutung fur die
elektrolytische Abscheidung leicht oxydirbarer Metalle, ihre Deutung beruht
auf der Frage der sogenannten Nebenreaktionen. Die Stromleitung
wird in dem besprochenen Falle so gut wie ausschliesslich von den Chrom-
ionen besorgt. Findet die elektrolytische Ausscheidung langsam an einer
grossen Elektrode statt, so hat das ausgeschiedene Metall Zeit, sich auf
Kosten des Wassers zu oxydiren, oder besser gesagt, es scheidet sich statt
des Metalles Wasserstoff ab, dabei muss die Losung basisch werden, da an
der Anode eine aquivalente Menge Chlor entweicht. Je grosser die Stromdichte wird, um so weniger kann diese Nebenreaktion stattfinden, und man
gelangt so zu einer Grenze, bei der das Ion, welches die Leitung bewerkstelligt, sich auch allein an der Elektrode abscheidet.

3. Elektrolyse organischer Verbindungen. Wahrend in den
Arbeiten von DANIELL (S. 614) der wohlgelungene Versuch gemacht worden
war, in die Constitution der gelosten anorganischen Elektrolyte durch die
Untersuchung der Ergebnisse der elektrolytischen Zersetzung einzudringen,
wurde ein ahnlicher Schritt bezuglich der organischen Verbindungen von
KOLBE[2] versucht. Kolbe hatte fruher[3] beobachtet, dass der galvanisch ausgeschiedene Sauerstoff eine besonders starke oxydirende Wirkung ausubt,
und gedachte sich der zerlegenden Wirkung des Stromes in dem folgenden
Falle zu bedienen

„Von der Hypothese ausgehend, dass die Essigsaure eine gepaarte
Oxydsaure sei,[4] welche Methyl als Paarling enthalt, hielt ich es jenen nicht

[1] Ann. 91, 619. 1853.
[2] Ann. der Chemie und Pharm. 69, 257. 1849.
[3] Mem. and Proc. of the Chemical Society 3, 285. 1851.
[4] Zur Erklärung, die zur Auffassung diene, dass damals die Formel der Oxalsaure als die
... geschrieben wurde, und daher mit dem zusammenfiel, was wir jetzt

für unwahrscheinlich, die Elektrolyse möchte eine Spaltung derselben in ihre beiden zusammengepaarten Bestandtheile etwa in der Weise bewirken, dass infolge gleichzeitiger Wasserzersetzung am positiven Pole Kohlensaure als Oxydationsprodukt der Oxalsaure, am negativen eine Verbindung von Methyl mit Wasserstoff, nämlich Grubengas, auftreten Die vermuthete Zersetzung ist, wie sich aus den nachstehenden Versuchen ergiebt, zwar nicht genau in dem ausgesprochenen Sinne erfolgt, aber die Resultate sind darum nicht minder interessant, und durften eine noch grossere Beachtung verdienen, da sie uns die Aussicht eroffnen, durch die elektrolytische Zersetzung organischer Verbindungen uber ihre chemische Constitution wichtige Aufschlusse zu erhalten "

Die Versuche, welche Kolbe anstellte, betrafen hauptsächlich das Kaliumsalz der Valeriansaure Bei der Elektrolyse entstand Kohlensaure, Wasserstoff, ein riechendes kohlenstoffhaltiges Gas und schliesslich ein flussiger Kohlenwasserstoff, der Valyl genannt wurde, nebst einer geringen Menge eines Esters Von diesen Produkten erschien an der Kathode nur Wasserstoff, alle anderen an der Anode Von einer Zerlegung der Saure in dem angenommenen Sinne konnte also nicht die Rede sein Dagegen war allerdings das erwartete Radikal der Valeriansaure erschienen, denn der flussige Kohlenwasserstoff entsprach der Formel C^4H^9 in der damaligen Schreibweise, heute wurde er C^5H^{18} formulirt werden, da die Dampfdichte gleich 4,05 gefunden wurde Das riechende Gas, das dem Wasserstoff beigemischt war, erwies sich als der Formel C^4H^4 entsprechend, es war nach der heutigen Bezeichnung ein Butylen Endlich enthielt die rohe olformige Flussigkeit neben dem „Valyl" noch Butylvalerat (valeriansaures Valyloxyd nach Kolbe's Bezeichnung)

„Die oxydirende Wirkung des im Kreise des galvanischen Stromes sich ausscheidenden Sauerstoffes bringt demnach in der Auflosung des valeriansauren Kalis dreierlei Erscheinungen hervor

1) Die Zerlegung der Saure selbst in Valyl und Kohlensaure,

$$HO\ (C^5H^9,C^2O^3) + O = C^4H^9 + 2CO^2 + HO$$
$$\text{Valeriansäure} \qquad\qquad \text{Valyl}$$

2) Die Zerlegung des Valyls in Ditetrylgas und Wasser,

$$C^4H^9 + O = 2C^4H^4 + HO$$
$$\text{Valyl} \qquad\qquad \text{Ditetryl}$$

3) Eine direkte Oxydation des Valyls zu Valyloxyd, welches letztere im Entstehungsmomente sich dann mit freier Valeriansaure verbindet,

$$C^4H^9 + O + (C^4H^9C^2O^3 = C^4H^9O\ C^4H^9C^2O^3$$
$$\text{Valyl} \qquad\quad \text{Valeriansäure} \qquad\quad \text{valeriansaures Valyloxyd}$$

„Die beiden letzten Processe scheinen neben und vollig unabhangig von einander vor sich zu gehen Es ist mir indes nicht gelungen, genau

---

Carboxyl COOH, nennen Es handelt sich also wesentlich um die Geltendmachung der Ansicht, welche heute als gultig angesehen wird die Umstände zu ermitteln, welche die Bildung des einen oder des anderen Produktes vorzugsweise begünstigen."

Eine weitere Versuchsreihe betraf die Zerlegung des Kaliumsalzes der Essigsäure. Die erhaltenen Produkte waren im Wesentlichen Kohlensäure und „Methyl", nämlich ein Gas, das KOLBE als C^2H^3 formulirte, ganz entsprechend seiner Voraussetzung über die Bestandtheile der Essigsäure, nur dass es auch an der Anode, nicht an der Kathode erschien. Die heutige Formel des Gases ist C^2H^6 und sein Name Äthan.

Diese Arbeiten KOLBE's erregten zu ihrer Zeit ein bedeutendes Aufsehen, da sie den experimentellen Beweis für seine theoretische Auffassung der Constitution der Säuren zu enthalten schienen. Indessen hat er sie nicht fortgesetzt, obwohl der Titel den Vermerk „Erste Abhandlung" trägt. Auch hat sich in der Folgezeit ergeben, dass die von KOLBE isolirten Kohlenwasserstoffe die doppelte Molekulargrösse besassen, als den angenommenen Radikalen zukommen musste, die letzteren haben sich als nicht existenzfähig erwiesen.

Was die elektrochemische Auffassung des Vorganges bei der Elektrolyse der untersuchten Salze anlangt, so waren sie, wie aus den angeführten Worten KOLBE's hervorgeht, ganz irrthümlich. Zu jener Zeit waren die Untersuchungen von DANIELL (S. 614) bereits veröffentlicht, und LIEBIG hatte auch auf rein chemischem Gebiete die neuere Auffassung der Salze als aus Metall und Säureradikal bestehend bereits zur Geltung gebracht; KOLBE wäre also wohl in der Lage gewesen, sich ein sachgemässeres Bild von dem stattfindenden Vorgange zu machen. Indessen wurden zu jener Zeit die Ergebnisse physikalisch-chemischer Versuche von den „reinen" Chemikern noch weit weniger beachtet, als dies heute zu geschehen pflegt, und so dauerte es noch eine betrachtliche Zeit, bis die richtigen Gesichtspunkte gefunden wurden.

Da die Arbeit trotz des grossen Interesses, das sich an ihre Ergebnisse geknüpft hatte, weder von KOLBE, noch von einem anderen Forscher alsbald fortgeführt worden ist, so dauerte es eine lange Zeit, bis die richtigen Gesichtspunkte für den Vorgang der Elektrolyse bei Salzen organischer Säuren gefunden und ausgesprochen wurden; dies geschah erst 1864 durch KEKULÉ[1] in einer gleichfalls nur begonnenen, nicht fortgesetzten Arbeit. Seine Darlegungen, die man heute in kürzerer und einfacherer Gestalt aussprechen würde, lauten:

„Wenn der galvanische Strom auf die wässerige Lösung des Salzes einer organischen Säure einwirkt, so wird zunächst, wie bei nahezu allen metallhaltigen Verbindungen, am negativen Pol das Metall in Freiheit gesetzt. Kann dieses das Wasser zersetzen, so wird Wasserstoff abgeschieden und es findet gleichzeitig an der Hydrode (— Pol) Anhäufung von Base statt. Der Rest des organischen Salzes wird durch die molekularen Zersetzungen,

[1] Ann. d. Chem. und Pharm. 131, 79, 1864.

welche den Strom ausmachen, fortwährend nach dem positiven Pol hingeschoben und kann sich dort in zweierlei Weise verhalten Er kann entweder, wenn das organische Molekul unmittelbar mit der Elektrode in Berührung steht, in einfachere Bestandtheile zerfallen, es kann andererseits, wenn das organische Salz durch Wasser von der Elektrode getrennt ist, zersetzend auf dieses einwirken, dadurch wird Sauerstoff in Freiheit gesetzt und gleichzeitig die organische Saure regenerirt, die sich deshalb an der Oxode (+ Pol) anhauft

,Die Zersetzung der organischen Saure kann dabei immer als secundare Reaktion angesehen werden Man kann annehmen, sie werde durch den Sauerstoff hervorgerufen, der sich als Gas entwickelt haben wurde, wenn keine oxydirbare Substanz zugegen gewesen ware Die Produkte dieser Zersetzung lassen sich daher mit einer gewissen Wahrscheinlichkeit aus folgenden Betrachtungen voraussehen

„Der am + Pol verwendbare Sauerstoff muss dem Wasserstoff aquivalent sein, der am − Pol in Freiheit gesetzt wird, er muss also auch aquivalent sein der Menge Metall, die im organischen Salz enthalten ist, er wird mithin direkt durch die Basicität der Saure angezeigt Da ferner ein Molekul Wasser die zur Oxydation von zwei Aquivalenten Metall nothige Menge Sauerstoff liefern kann, so sieht man leicht, dass bei zweibasischen Sauren die Reaktion zwischen einem Molekul Wasser stattfinden kann, dass bei einbasischen Sauren dagegen zwei Moleküle des organischen Salzes mit einem Molekul Wasser in Wirkung treten mussen u s w

„Die Basicität einer Saure wird nun ausserdem ausgedrückt durch die Anzahl derjenigen Sauerstoffatome, die direkt und vollstandig an Kohlenstoff gebunden, nach der Ausdrucksweise der Typentheorie im Radikal enthalten sind Man hat also mit der Anzahl der so gebundenen Sauerstoffatome, oder wenn man will, mit der Anzahl der Carbonylradikale einen zweiten Maassstab für den Grad der Oxydation Man weiss ferner, dass der durch zwei seiner Verwandtschaftseinheiten an den Sauerstoff gebundene Kohlenstoff (Radical Carbonyl) sich bei vielen Reaktionen von der organischen Gruppe loslost, dass er bei Oxydationen z B als Kohlensaure austritt Man kann daher mit ziemlicher Wahrscheinlichkeit erwarten, dass er auch bei elektrolytischen Oxydationen als Kohlensaure abgeschieden wird, indem er den zur volligen Oxydation nothigen Sauerstoff der organischen Gruppe entzieht

„Man sieht aus dieser Betrachtung, dass aus der Basicität allein folgende Werthe abgeleitet werden konnen

„1) Die Anzahl der Moleküle des organischen Salzes, die auf ein Molekul Wasser in Wirkung treten, 2) die Menge des am − Pole frei werdenden Wasserstoffs, 3) die Menge der durch die Zersetzung entstehenden Kohlensaure Daraus lasst sich dann die wahrscheinliche Zusammensetzung des Hauptproduktes herleiten

„Man könnte diese Betrachtungen durch die folgende allgemeine Formel ausdrücken, in welcher n die Basicität der Säure bezeichnet:

$$C_{m+n}H_oM_nO_{p+n} + \frac{n}{2}H^2O = C_mH_oO_{p-n} + nCO_2 + \frac{n}{2}M^2O + \frac{n}{2}H^2.$$

„Diese Formel ist direkt anwendbar, wenn die Säure zweibasisch (oder überhaupt paarbasisch ist; alle Glieder müssen mit 2 multiplicirt werden, wenn die Säure einbasisch (oder überhaupt unpaar-basisch) ist. Man hat dann:

$$2C_{m+n}H_oM_nO_{p+n} + nH_2O = 2C_mH_oO_{p-n} + 2nCO_2 + nM_2O + nH_2.$$

„Ich lege diesen Formeln nicht mehr Werth bei, als sie verdienen, und ich will für den Augenblick nur darauf aufmerksam machen, dass sie direkt andeuten, dass alle Säuren, deren Basicität ebenso gross ist, als ihre Atomigkeit, bei der Zersetzung durch den galvanischen Strom Kohlenwasserstoffe erzeugen müssen.

„Man könnte die Produkte der Zersetzung solcher Säuren durch den Strom auch direkt aus den rationellen Formeln ableiten, z. B.:

zweiatomig-zweibasische Säuren	einatomig-einbasische Säuren	
$\dfrac{C_n''H_{2n}}{(CO)_2O_2}$	$\dfrac{C_n'H_{2n-1}}{CO.O}$	$\dfrac{C_n'H_{2n+1}}{CO.O}$
M_2	M	M

„Es ist einleuchtend, dass diese Formeln nur dann eine Zersetzung ausdrücken, wenn diese in voller Reinheit verläuft. Man sieht aber leicht ein, dass die Reaktion durch die mannigfaltigsten Umstände gestört oder gewissermaassen getrübt werden kann. Es ist zunächst denkbar, dass die Oxydation ganz aufhört, obwohl der Strom die Flüssigkeit durchstreicht. Es findet dies dann statt, wenn die Flüssigkeit allzu verdünnt ist, und für zweibasische Säuren auch dann, wenn die Lösung am positiven Pole stark sauer geworden ist. Es ist weiter möglich, dass die Oxydation auf halbem Wege einhält, oder mit anderen Worten, dass der Rest des organischen Salzes sich nicht in die kleinstmöglichen Gruppen spaltet, sondern dass Produkte einer weniger weitgehenden Zerstörung gebildet werden, die der angewandten Substanz noch näher stehen. Es kann endlich vorkommen, dass das nach den oben mitgetheilten Gleichungen entstehende Produkt sehr leicht zersetzbar oder oxydirbar ist; man kann dann die Bildung secundärer Zersetzungsprodukte erwarten.

„Was schliesslich den am — Pole in Freiheit gesetzten Wasserstoff angeht, so kann derselbe sich entweder als Gas entwickeln oder er kann chemisch auf die angewandte Substanz einwirken; der letztere Fall wird dann eintreten, wenn die organische Säure die Eigenschaft besitzt, sich additionell mit dem Wasserstoff vereinigen zu können, oder wenn sie, wie die meisten Nitrokörper und einige andere Substanzen, durch nascirenden Wasserstoff reducirt werden kann."

Wenn auch der Gedanke der vorstehenden Darlegungen etwas umständlicher zum Ausdruck gekommen ist, als nöthig, so ist er doch vollkommen richtig und sachgemäss. Heute würden wir sagen, dass das Salz einer organischen Säure R COOM bei der Elektrolyse in die beiden Ionen RCOO und M gespalten wird, und dass der Complex R COO nach dem Verlust seiner elektrischen Ladung an der Anode unbeständig wird und meist in R und CO^2 zerfällt, welches erstere je nach seiner Zusammensetzung weitere Schicksale erfährt.

Die Versuche, welche Kekulé angestellt hat, beziehen sich auf die Salze einiger zweibasischen Säuren. So gab, den Voraussetzungen gemäss, bernsteinsaures Natron, $C^2H^4\genfrac{}{}{0pt}{}{COONa}{COONa}$, bei der Elektrolyse Kohlendioxyd und Äthylen, C^2H^4, fumarsaures Salz, $C^2H^2\genfrac{}{}{0pt}{}{COONa}{COONa}$, gab Kohlendioxyd und Acetylen, C^2H^2. Weitere Versuche mit anderen Salzen waren noch nicht abgerundet genug, um sie mitzutheilen, und Kekulé verspricht, Genaueres in einer späteren Abhandlung zu geben, indessen hat auch diese spätere Abhandlung das Schicksal gehabt, nicht an das Licht der Welt zu kommen.

Den gleichen theoretischen Standpunkt, wie Kekulé, nimmt in einer später erschienenen Arbeit Emil-Alfred Bourgoin[1] ein, wenn es auch in seiner Darstellung den Anschein hat, als sei er der Autor der Theorie. An einer Anzahl weiterer Beispiele zeigt er die möglichen Reaktionen, welche der Säurerest je nach den verschiedenen Versuchsumständen erfahren kann, und er fasst seine Ergebnisse in die folgenden Sätze zusammen.

„1) Der Strom wirkt auf gleiche Weise auf die anorganischen wie organischen Säuren und ihre Salze: er scheidet das basische Element, Wasserstoff oder Metall, ab, welches an den negativen Pol geht, während der Rest der Säure oder des Salzes an den positiven Pol geht.

„Dies ist die ursprüngliche Wirkung des elektrischen Stromes.

„2) Das Wasser ist kein Elektrolyt: es wird durch den Strom bei der Elektrolyse der Säuren und Salze nicht zersetzt und wirkt nur als Lösungsmittel oder hydratisirend.

„3) Die organischen Säuren und ihre Salze geben je nach den Umständen, unter denen man arbeitet, am positiven Pole Erscheinungen der Hydratation oder der Oxydation.

„Hydratation — Die Elemente der wasserfreien Säure bilden innerhalb des Wassers die gewöhnliche Säure zurück, wie das der Fall bei den Mineralsäuren ist.

„Oxydation — 1 Fall. Der dem basischen Element entsprechende Sauerstoff reagirt auf die Elemente der anhydrischen Säure und bringt eine erste regelmässige Oxydation hervor, der Abkürzung wegen schlage ich vor, dies die charakteristische Reaktion der organischen Säure zu nennen.

„2 Fall. Die Säure erfährt eine tiefere Oxydation und ergiebt verschiedenartige Oxydationsprodukte."

---

[1] Ann. chim. phys. (4) 14 157 1868.

Nach einigen weiteren Sätzen über Concentrationsänderungen an den Polen, die sich durch die HITTORF'schen Arbeiten erledigen, schliesst BOUR-GOIN seine Arbeit mit dem Ausspruch „Der Strom kann uns nicht die Constitution der organischen Säuren aufdecken, und die als rationell aus-gegebenen Formeln, die sich auf seine Wirkung gründen, haben keinerlei wissenschaftlichen Werth"

Seit jener Zeit haben die hier angeregten Fragen fast vollständig geruht, und erst in unseren Tagen sind sie wieder erörtert worden

4 Einheiten und Constanten Durch die Aufstellung der Beziehung zwischen elektromotorischer Kraft und Wärmeentwickelung, sowie durch die entsprechende Entwickelung der anderen Gebiete der Elektrochemie waren, wie auch in der allgemeinen Elektrik, die Bedürfnisse nach messenden Be-stimmungen und, als Grundlage für diese, nach allgemeinen Einheiten ent-standen Die Aufgabe, solche allgemein gültige Einheiten aufzustellen, war, wie berichtet (S 654), durch die Aufstellung des absoluten Maasssystems von GAUSS und WEBER bereits gelöst worden, die Annahme desselben liess in-dessen lange genug auf sich warten Es ist bemerkenswerth, dass es schliess-lich nicht wissenschaftliche, sondern technische Bedürfnisse waren, welche den Ausschlag gaben, und eine Einigung über allgemein angenommene Grundmaasse zu Stande brachten Gegenwärtig ist bekanntlich jener GAUSS-WEBER'sche Grundgedanke in der gesammten Elektrik, der wissenschaftlichen wie der technischen, allgemein durchgeführt, ehe es aber so weit gekommen war, sind eine ganze Anzahl anderer Versuche gemacht worden, von denen auch einige während einiger Zeit Erfolg gehabt haben Da die ausführliche Darstellung der Entwickelungsgeschichte dieser Angelegenheit der Aufgabe dieses Werkes zu fern liegt, so muss auf sie verzichtet werden, so vielfach interessant sie auch sein würde

Die erste elektrische Grösse, welche in befriedigender Weise festgestellt wurde, war die Elektricitätsmenge, und zwar geschah dies, wie bereits mitgetheilt, indem mit Hülfe des FARADAY'schen Gesetzes die auf absolute elektromagnetische Einheiten bezogene Elektricitätsmenge festgestellt wurde, die mit einem Milligramm Wasserstoff verbunden ist und sich in einem Elek-trolyt gleichzeitig mit diesem bewegt Bereits WEBER hatte eine solche Messung ausgeführt (S 655) und einige Zeit darauf wurde eine sorgfältige Neubestimmung derselben durch CASSELMANN[1] im Auftrage BUNSEN's ausge-führt Auch hat dieser darauf hingewiesen (S 1046), dass umgekehrt mittelst des elektrochemischen Aequivalents der Elektricitätseinheit oder, wie wir uns kurzer ausdrücken können, mittelst der FARADAY'schen Constanten absolute Messungen von Elektricitätsmengen auf die einfachste Weise ausgeführt werden können Dieses Prinzip ist bis auf den heutigen Tag in Anwendung ge-blieben, und die im Jahre 1893 erfolgte gesetzliche Bestimmung der elek-

[1] Über die Kohlenzinkkette, Dissert Marburg

trischen Einheiten macht bezüglich der Elektricitätsmenge von der Definition mittelst der FARADAY'schen Gesetzes Gebrauch.

Von weiteren elektrischen Einheiten ist die der Spannung oder des elektrischen Potentials dann zuerst Gegenstand einer sorgfältigen Definition gewesen.

Als bequemste Norm bot sich zunächst das DANIELL'sche Element dar, dessen Beständigkeit von allen Beobachtern bestätigt worden war. Indessen gaben doch auch DANIELL'sche Ketten, die auf verschiedene Weise zusammengestellt waren, zuweilen ziemlich verschiedene Werthe, und es war deshalb ein verdienstliches Unternehmen, die Ursachen dieser Schwankungen zu erforschen, um sie womöglich zu beseitigen. Eine solche Arbeit verdanken wir dem schwedischen Physiker A. F. SVANBERG,[1] dem es alsbald nach seinen Angaben gelungen war, die Schwankungen auf weniger als ein Tausendstel des Werthes der elektromotorischen Kraft herabzudrücken.

Zunächst stellte SVANBERG fest, in welchem Grade die elektromotorische Kraft von der Concentration der benutzten Flüssigkeiten abhing. Dabei ergab es sich, dass sie zunahm, wenn die Kupferlösung concentrirter wurde. Beim Zink war der Einfluss verschieden, je nachdem gewöhnliches oder amalgamirtes Zink benutzt wurde, bei gewöhnlichem Zink war die elektromotorische Kraft, wenn Zinksulfat angewendet wurde, um so grösser, je verdünnter die Zinklösung war, wurde aber Schwefelsäure benutzt, so sank die elektromotorische Kraft. Wurde aber amalgamirtes Zink benutzt, so dass keine Gasentwickelung stattfand, so war die Kraft mit Säure grösser, als die mit Zinkvitriol, in letzterem hatten beide Arten Zink die gleiche Kraft.

Diese Bezugsgrösse der elektromotorischen Kraft ist sehr lange im Gebrauch gewesen, namentlich da sie G. WIEDEMANN in seinem grossen Werke über den Galvanismus[2] angenommen hatte und durchgängig benutzte. Später hat sie freilich der systematischen Definition, die sich aus dem GAUSS-WEBER'schen System ergab, weichen müssen, das Prinzip indessen, die elektromotorische Kraft praktisch durch Bezugnahme auf eine bestimmte Kette zu definiren, ist gleichfalls bis jetzt im Gebrauch geblieben.

Prinzipiell ist nun durch die Definition der beiden Faktoren der elektrischen Energie, der Elektricitätsmenge und der Spannung das System der elektrischen Einheiten vollkommen festgelegt, indem alle anderen elektrischen Grossen sich durch diese beiden mit Hülfe von zeitlichen und räumlichen Grossen ausdrücken lassen. Doch hat es sich praktisch erwiesen, noch ein reproducirbares Grundmaass für eine dritte elektrische Grosse einzuführen, den Widerstand. Die Ursache dazu ist, dass von allen elektrischen Grossen Widerstände am leichtesten sich herstellen, vergleichen, und unverändert aufbewahren lassen. Deshalb sind die meisten elektrischen Messmethoden auf die Anwendung gemessener Widerstände gegründet, und man braucht

[1] POGG. Ann. **73**, 290. 1848.
[2] Die Lehre vom Galvanismus und Elektromagnetismus, Braunschweig 1861.

nur beispielsweise die von WHEATSTONE (S 638) gegebenen Methoden daraufhin anzusehen, um die Bemerkung bestätigt zu finden

Einer der ersten, welche einen bestimmten Widerstand als Einheit defi-
nirten, war LENZ,[1] welcher als solche einen Fuss Kupferdraht „No 11" benutzte Ähnlich verfuhr WHEATSTONE, nur dass er statt einer Nummer der
Drahtlehre das Gewicht von einem Fuss seines Drahtes angab er sollte
100 Gran wiegen Dies war allerdings ein Fortschritt, aber kein genügender,
denn es stellte sich alsbald heraus, dass „Kupfer" keine ausreichende Bestimmung war, denn einmal ändert dieses seinen Widerstand beträchtlich
mit der Temperatur, und dann zeigen verschiedene Kupferproben so bedeutende Verschiedenheiten ihres Widerstandes, dass jede Genauigkeit vereitelt wird Dies zeigte sich auch bei dem ersten Versuche, die Physiker
auf eine bestimmte Widerstandsgrosse zu einigen, welchen JACOBI im Jahre
1848 machte,[2] indem er an verschiedene namhafte Elektriker Kupferdrahte
versandte mit der Bitte, deren Widerstand als Einheit bei ihren Untersuchungen anzunehmen Leider waren die Drahte entweder nicht mit genügender Sorgfalt abgeglichen worden, oder sie hatten sich später stark
verändert, jedenfalls stellte es sich bald heraus, dass die verschiedenen
JACOBI'schen Einheiten sehr bedeutende Unterschiede unter einander zeigten

Inzwischen entwickelte sich die elektrische Telegraphie und machte die
Frage nach einer Einheit des Widerstandes dringend Zunächst entstanden
in den verschiedenen Verwaltungen lokale Einheiten, gerade wie es bei der
Ausbildung der Langen- und Gewichtseinheiten zugegangen war Durch
einen wohlüberlegten Vorschlag, und insbesondere durch die Herstellung
praktischer und genauer Messapparate hatte dann seit dem Jahre 1860
WERNER SIEMENS[3] die nach ihm benannte Einheit in allgemeinen Gebrauch
eingeführt Die SIEMENS'sche Einheit ist definirt als der Widerstand eines
Quecksilberfadens von 1 qmm Querschnitt und 1 m Lange bei 0° Sie hatte
allen früher vorgeschlagenen gegenüber den Vorzug, dass die mit der
Structur des Metalles zusammenhangenden Verschiedenheiten, welche in
ihren Ursachen noch unbekannt waren, und jede genaue Definition ver-
eitelten, wegen des flüssigen Zustandes des Quecksilbers wegfielen, zudem
ist kaum ein Metall so leicht rein herzustellen, wie dieses Durch diese
Umstande, und namentlich durch die grosse Verbreitung der von der Firma
SIEMENS & HALSKE hergestellten und auf die Quecksilbereinheit bezogenen
Messapparate ist diese Grosse etwa zwanzig Jahre lang in fast allgemeinem
Gebrauch gewesen

Allerdings begann fast unmittelbar nach der Aufstellung der Quecksilbereinheit ein Kampf gegen diese, welcher ihr anfangs keinen erheblichen
Abbruch thun konnte, im Laufe der Zeit aber doch zu ihrer Verdrangung
geführt hat Es sind dies die Bemühungen, das WEBER'sche absolute Maass
des Widerstandes herzustellen und als Norm zu benutzen

[1] l . . . Ann. 15, 105 1838   [2] Comptes rendus 34, 277 1848
[3] . . . Ann. 110, 1 1860

WEBER selbst hatte nicht unterlassen, bei Gelegenheit der Entwickelung seines Systems einen gegebenen Draht zu untersuchen, und seinen Widerstand in absoluten Einheiten auszudrucken, auch waren Copieen dieses Widerstandes von anderen Physikern benutzt worden, doch gelangte auch dieses Maass seinerzeit nicht zu allgemeiner Einführung. Auf den Vorschlag WILLIAM THOMSON's, der sich mehrfach mit dieser Frage beschäftigt hatte, ernannte im Jahre 1861 die British Association for the Advancement of Science, eine freie wissenschaftliche Gesellschaft, zur Untersuchung und Förderung dieser Frage einen Ausschuss, der sich zunächst dafür entschied, die WEBER'sche Widerstandseinheit ihren Arbeiten zu Grunde zu legen, und der dann mit Geldmitteln, die zum Theil von der Londoner Royal Society herrührten, die praktische Herstellung der WEBER'schen Einheit unternahm.

Zur Ausführung der Arbeiten vereinigten sich CLERK MAXWELL und FLEMING JENKIN, welche ihre Ergebnisse 1863 und 1864 der British Association mittheilten. Fur den praktischen Gebrauch sollte nicht die WEBER'sche Einheit unmittelbar dienen, da sie viel zu klein ist, sondern eine, die 10000000000 mal grosser ist, als diese auf Millimeter und Sekunde bezogene Einheit. Gleichzeitig wurde auf den Vorschlag von LATIMER CLARK die neue Einheit auf den Namen OHM's getauft, indem sie Ohmad genannt wurde. Dieser Name ist der kurzeren Form Ohm beibehalten worden, ebenso das Prinzip, die Einheiten nach verdienten Mannern des Gebietes zu benennen, freilich ist durch eine Reihe von Umstanden, die auch anders hatten gestaltet werden können, keiner von den beiden Schopfern des absoluten Maasssystems, weder GAUSS noch WEBER, in angemessener Weise berucksichtigt worden.

Diese ersten Versuche zur Einführung fanden zunächst keinen besonderen Anklang, obwohl der Ausschuss eine grossere Anzahl von Copieen der „Ohmad" herstellen liess, die er theils an namhafte Physiker verschenkte, theils auch kauflich abliess. Namentlich auf dem Continente blieb die SIEMENS'sche Einheit fast in alleiniger Anwendung.

Dieser Zustand anderte sich erst mit der Entwickelung der Elektrotechnik. Bis dahin war bei dem Betriebe der elektrischen Telegraphen fast ausschliesslich Widerstande in Frage gekommen, und ein Anlass, andere Grossen zu benutzen, trat kaum ein. Mit der Einführung der elektrischen Energie in die technischen Betriebe mussten aber nothwendig Messungen von Spannungen, magnetischen Feldern, Inductionscoefficienten u. dergl. vorgenommen werden, und hier erst traten die Vorzuge des WEBER'schen Systems, welches alle diese Grossen in Zusammenhang brachte, unabweislich in den Vordergrund. Beendet wurde diese Entwickelung durch einen internationalen elektrischen Congress, der 1881 in Paris tagte und folgende Beschlusse fasste:

1) Als Grundeinheiten der elektrischen Maasse gelten das Centimeter, die Maasse eines Gramms und die Sekunde.

2. Die bis jetzt angewandten Einheiten, das Ohm und Volt,[1] behalten ihre gegenwärtigen Bedeutungen: 10^9 für ersteres und 10^8 für letzteres.

3. Die Widerstandseinheit Ohm wird dargestellt durch eine Quecksilbersäule von 1 qmm Querschnitt bei 0° C.

4. Eine internationale Commission soll beauftragt werden, durch neue Versuche die Länge einer Quecksilbersäule von 1 qmm Querschnitt bei 0° zu bestimmen, welche den Werth Ohm darstellt.

5. Man nennt Ampère die Stromstärke, welche ein Volt in einem Ohm hervorruft.

6. Man bezeichnet als Coulomb die Elektricitätsmenge, welche durch ein Ampère in einer Sekunde geliefert wird.

7. Man definirt als Farad die Capacität, welche durch die Bedingung bestimmt ist, dass ein Coulomb in einem Farad ein Volt giebt.

Die Commission, von der unter Punkt 4 die Rede ist, beschloss das Ohm als den Widerstand einer Quecksilbersäule von 106 cm Länge und 1 qmm Querschnitt bei 0° festzustellen, obwohl aus den verschiedenen Messungen, die vorlagen, bereits wahrscheinlich wurde, dass der wahre Werth etwas grösser ist. Im Jahre 1893 ist dieser Werth abgeändert und auf 106,3 cm festgesetzt worden, diese letztere Zahl ist wahrscheinlich auf $1/_{1000}$ genau. Die erste Einheit der British Association war auf 104,8 cm bestimmt worden, enthielt also einen Fehler von 1,5 Procent. Die seitdem von anderen hervorragenden Physikern bestimmten Werthe schwankten zwischen dieser Zahl und 107,1 und es bestätigte sich auf diese Weise das von WERNER SIEMENS erhobene Bedenken gegen die Einführung der absoluten Einheit, die darauf hinausgingen, dass man Widerstände sehr viel genauer copiren und vergleichen kann, als man den absoluten Werth herstellen kann; WILLIAM THOMSON hatte dagegen um jene Zeit, als der erste Ausschuss der British Association tagte, gesagt, es würde gut möglich sein, die Einheit alsbald auf $1/_{1000}$ genau zu erhalten.

Um die verschiedenen Einheiten von einander zu unterscheiden, ist man übereingekommen, das OHM von 106,0 cm das legale, das neuere von 106,3 cm das internationale zu nennen. Die vom Curatorium der physikalisch-technischen Reichsanstalt ausgearbeiteten Bestimmungen, die sehr ähnlich auch für die meisten anderen Länder angenommen sind, lauten:

„Als Ohm gilt der elektrische Widerstand einer Quecksilbersäule von der Temperatur des schmelzenden Eises, deren Länge bei durchweg gleichem Querschnitt 106,3 cm und deren Masse 14,452 g beträgt, was 1 qmm Querschnitt der Säule gleich geachtet werden darf.

„Ein unveränderlicher Strom hat die Stärke von 1 Amp., wenn er . . 0,001118 g Silber in einer Sekunde mittlerer Sonnenzeit niederschlägt."

Die Definition der Einheit der elektromotorischen Kraft mit Hülfe eines

---

[1] Volt ist die Einheit der elektromotorischen Kraft oder Spannung, die elektromotorische Kraft eines DANIELL'schen Elementes beträgt 1,07 Volt.

Normalelementes, z B des von LATIMER CLARK[1] Quecksilber, Merkurosulfat, gesättigte Lösung von Zinksulfat, amalgamirtes Zink), steht noch aus

5 Die galvanische Polarisation   Durch die Beziehung der elektromotorischen Kräfte der Ketten vom Typus der DANIELL'schen auf die Wärmeentwickelung der in ihnen stattfindenden chemischen Reaktion hatte sich ein Gesichtspunkt ergeben, welcher in gleicher Gestalt auf alle anderen, von chemischen Vorgängen abhängigen elektromotorischen Kräften anwendbar war   Von solchen anderen Vorgängen waren es wesentlich die der galvanischen Polarisation, auf welche sich gleiche Betrachtungen anwenden liessen, und wir haben bereits gesehen, wie in den Arbeiten von BOSSCHA, FAVRE und RAOULT (S 787 u ff) solche versucht worden sind, ohne allerdings zu einem befriedigenden Ergebnisse zu führen   Auch die von diesen Forschern zur Erklärung angenommene Hypothese der secundären Reaktionen erwies sich als unhaltbar, und es ist bereits S 999 mitgetheilt worden, wie die hier auftretenden Widersprüche HELMHOLTZ zu der richtigen Theorie der Ketten geführt haben   HELMHOLTZ hat dann nicht versäumt, die gefundenen richtigeren Anschauungen auf die Polarisationserscheinungen anzuwenden, und wir verdanken ihm in diesem Gebiete neben der Ermittelung der allgemeinen Grundlagen auch den Nachweis einer Anzahl von secundären Umständen welche gerade den meist untersuchten Vorgang der Polarisation bei der Elektrolyse der verdünnten Schwefelsäure zwischen Platinelektroden in seinen Einzelheiten verstehen lehrte

Bevor wir indessen auf die Darstellung dieser letzten Fortschritte eingehen, wird es gut sein, auf die ältere Entwickelung bis zu diesem Punkte einen schnellen Rückblick zu werfen

Eine erste Gesetzmässigkeit, die freilich nur unter bestimmten Bedingungen zur Geltung kommt, ist von SVANBERG[2] mitgetheilt worden   Er stellte einer Zinkplatte in verdünnter Schwefelsäure Platten von verschiedenen anderen Metallen gegenüber, leitete den Strom von drei DANIELL'schen Elementen durch, und bestimmte die entstandene kathodische Polarisation   Diese erwies sich als nahezu unabhängig von der Natur des zweiten Metalles, wenn dessen Oberfläche nur polirt war, denn sie betrug in seinen Einheiten[3] für Platin 3,09, Kupfer 2,98, Eisen 3,08, Silber 2,71, sogar Zink gab die Zahl 2,95 „Das Verhalten wäre folglich ein solches, wie wenn der Wasserstoff durch die Wirkung des Stromes auf der Oberfläche aller Metalle zu gleichem Dichtigkeitsgrad condensirt wurde und der solchergestalt verdichtete Wasserstoff dem für die Metalle gültigen elektromotorischen Gesetze folgte, nämlich die Kraft bloss abhinge von den äussersten in die Flüssigkeit tauchenden Metallen .   Dies Gesetz kann indessen nicht absolut sein, sondern bloss angenähert für negative Metalle gelten "

Etwa um dieselbe Zeit beschäftigte sich WILHELM BEETZ[4] mehrfach mit

---

[1] Journ Tel Eng 7. 53 1878   [2] POGG Ann 73 208 1848

[3] Die elektromotorische Kraft eines DANIELL-Elementes beträgt in diesen Einheiten 15,6

[4] POGG Ann 77, 103 1849 — Ebenda 90 42 1853

den Polarisationserscheinungen und ihren Zusammenhang mit den elektromotorischen Kräften der entsprechenden GROVE'schen Gasketten. Von seinen Zahlenergebnissen sei erwähnt, dass er die elektromotorische Kraft der Sauerstoff-Wasserstoffkette viel kleiner, etwa nur halb so gross fand, wie die Polarisation bei der elektrolytischen Ausscheidung der beiden Gase aus „Wasser", d. h. verdünnter Schwefelsäure, denn der erste Werth betrug nicht viel mehr, als die elektromotorische Kraft eines DANIELL-Elementes. Dagegen stimmten bei der Elektrolyse der Salzsäure beide Werthe nahezu überein

Wie Chlor verhielt sich Brom und Jod, BEETZ giebt darüber folgende Vergleichstabelle

	Polarisation	Elektrom. Kraft
Jod	3,59	3,36
Brom	4,89	6,98
Chlor	10,58	10,10
Wasserstoff	19,08	17,89
Chlor + Wasserstoff	28,83	27,99

Die Einheit ist so, dass die elektromotorische Kraft einer DANIELL'schen Kette 21,22 beträgt Die Übereinstimmung ist recht befriedigend Die angegebenen einzelnen Polarisationen sind gegen eine „unveränderte" Platinplatte gemessen, d. h. gegen eine solche, an welcher keine Polarisation vorgenommen worden war Es ist dies allerdings eine schlechte Methode, da eine Platinplatte je nach der vorangegangenen Behandlung ganz verschiedene Stellen in der Spannungsreihe einnimmt.

Im übrigen ist aus den Zahlen für die elektromotorischen Kräfte verschiedener Gasketten ersichtlich, dass diese auf das Deutlichste mit den chemischen Verwandtschaften der Gase zu einander zusammenhangen. Auf diesen Umstand einzugehen, fühlte BEETZ als Anhänger der Contacttheorie keine Veranlassung Die von BEETZ gefundene Reihenfolge, bei der indessen viele scheinbare (durch Verunreinigungen, insbesondere Sauerstoffgehalt der Gase veranlasste) Grössen vorhanden sind, lasse ich nebst den Zahlenwerthen der elektromotorischen Kräfte folgen, die Einheit ist die frühere

Chlor 31,49, Brom 27,97, Sauerstoff 23,98, Stickstoffoxydul 21,33, Cyan 21,16, Kohlensäure 20,97, Stickoxyd 20,52, Luft 20,50, Schwefelkohlenstoff 19,60, Äthylen 18,36, Phosphor 16,06, Kohlenoxyd 13,02, Schwefelwasserstoff 3,05, Wasserstoff 0,00

Die Zahlen sind, wie ersichtlich, alle auf Wasserstoff bezogen, und geben somit die Kraft einer Kette, deren zweites Glied Wasserstoff ist Alle anderen Gase zeigen sich dabei negativ gegen Wasserstoff. Zink in verdünnter Schwefelsäure steht um 19,68 Einheiten hinter dem Wasserstoff. Als Elektrolyt diente in allen Fällen verdünnte Schwefelsäure 1 . 100, ob die Natur desselben einen Einfluss auf die Grösse der Kraft übt, ist nicht untersucht worden

Ähnlichen Arbeiten, wie diese, deren Inhalt wesentlich Zahlen als „schätzbares Material" bringt, weitere Schlüsse aber thunlichst vermeidet,

konnen wir im Verlaufe unserer Geschichte häufig begegnen, wenn wir auch
nicht Anlass haben werden, viel Notiz von ihnen zu nehmen. Es entspricht
diese Art zu arbeiten, einem um jene Zeit weit verbreiteten Zuge der wissenschaftlichen Forscher. Die üblen Folgen des wüsten Speculirens waren an
den Naturphilosophen offenbar geworden, und die Generation, welche ihre
Entwickelung in der darauf folgenden Periode der Ernüchterung durchge-
macht hatte, wich allen weitergehenden Erörterungen mit einer bewussten
Scheu aus. In dem Bedürfniss, streng auf dem Boden der Wirklichkeit zu
bleiben, verwechselten sie jene haltlosen Phantasieen mit den Bestrebungen,
zwischen verschiedenen Erscheinungsgebieten Zusammenhange, die sich in
Gestalt von bestimmten Gleichungen darstellen lassen, aufzustellen, und ver-
warfen alles, was über den engen Kreis der unmittelbaren Beobachtung
hinauszugehen schien. Dieser Geistesrichtung, welche vielleicht am scharf-
sten bei dem Berliner Physiker MAGNUS ausgeprägt war, erschien nicht nur
die „Speculation" im Allgemeinen als verwerflich, sondern auch die Verbindung der mathematischen mit der experimentellen Physik, und es haben
sich aus jener Zeit drastische Ausserungen erhalten, in denen solchen Uber-
zeugungen Ausdruck gegeben wurde.

Es braucht wohl kaum besonders hervorgehoben zu werden, dass eine
solche Erscheinung keineswegs in der besonderen Beschaffenheit der zu
jener Zeit thätigen Männer ihren Ursprung gehabt hat, sondern als die
normale und unvermeidliche Reaktionserscheinung dem vorhergegangenen
Excess gegenüber zu erwarten war. Es wäre daher kurzsichtig, aus diesem
Verhalten jenen Männern einen besonderen Tadel machen zu wollen. Für
die Entwickelung der Naturwissenschaften, namentlich in Deutschland, war
die Reaktion nicht nur unvermeidlich, sondern auch wohlthätig und im
hohen Maasse nutzlich, freilich ist ein Heilmittel, so segensreich es wirken
kann, darum doch kein Nahrungsmittel. Die Wissenschaft hat bald jene
Hungerkur, nachdem sie ihre Wirkung gethan hatte, aufgegeben, wenn auch
nicht ohne hernach wieder einige Zeit in das entgegengesetzte Extrem zu
verfallen, von dem sie sich in der Gegenwart wieder zu befreien scheint.

Einen bedeutsameren methodischen Fortschritt machte dann die Lehre
von der galvanischen Polarisation durch eine Arbeit von A. CROVA,[1] indem
dieser an die Stelle der ziemlich unbestimmt gebliebenen allgemeinen Erfahrung, dass die Polarisation mit der Stromstärke wächst, einen bestimmten
Formelausdruck setzte, dessen Ubereinstimmung mit der Erfahrung er in
einigem Umfange nachwies. Ist auch dieser Ausdruck zunächst nichts mehr,
als eine Interpolationsformel gewesen, deren Form dem Verlauf der Erscheinung möglichst entsprechend gewählt worden war, ohne dass sie durch
irgend einen inneren Grund gerechtfertigt worden wäre, so war doch ein
wichtiger Fortschritt insofern dabei vorhanden, als die Formel zu der Bildung
eines neuen Begriffes führte, der sich in der Folge als recht bedeutungsvoll

---

[1] Ann. chim. phys. 60, 413. 1863.

erwiesen hat Die Formel lautet $P = C - N e^{-Iu}$, wo C, N und u Constanten sind, wahrend e die Basis der naturlichen Logarithmen, P die elektromotorische Kraft der Polarisation und I die Stromstarke ist Lasst man I von Null bis Unendlich wachsen, so andert sich P zwischen zwei bestimmten Grenzen, denn fur $I = 0$ ist $P = C - N$ und fur $I = \infty$ ist $P = C$. Die Polarisation kann also zwischen den Grenzen $C - N$ und C wachsen, $C - N$ ist die Anfangspolarisation und C das Maximum der Polarisation Wenn auch in neuerer Zeit mehr und mehr ersichtlich geworden ist, dass es ein Maximum der Polarisation im eigentlichen Sinne nicht giebt, indem diese fortwahrend, wenn auch nur mit langsamer Beschleunigung bei steigender Stromstarke wachst, so hat sich doch der andere Begriff, die Anfangspolarisation, als um so wichtiger bewiesen Der Werth $C - N$ entspricht dem Falle, dass die Stromstarke Null ist, d h dass eben die elektromotorische Kraft der Batterie die Gegenkraft der Polarisation zu uberwinden beginnt Dieser Werth ist also in viel besserem Sinne ein Maass fur die „Kraft", welche zur Uberwindung der entgegenstehenden chemischen Verwandtschaft erforderlich ist, als das prasumirte Maximum der Polarisation Indessen hat Crova diese Seite seiner Formel gerade nicht hervorgehoben und die Verwerthung des Begriffes des Minimums der Polarisation ist erst der neueren Zeit vorbehalten geblieben

Bezuglich des Einflusses verschiedener Umstande auf die Polarisation kam Crova zu dem Ergebnisse, dass der Druck uberhaupt keinen messbaren Einfluss ausubt (was nicht richtig ist), wahrend mit steigender Temperatur die Polarisation kleiner wird Sie folgt ubrigens bei 100° denselben Gesetzen, wie bei niedriger Temperatur und auch die Constante N behalt ihren Werth, nur C verandert sich Dies folgt daraus, dass die Curven, welche die Polarisation in ihrer Abhangigkeit von der Stromstarke darstellen, bei verschiedenen Temperaturen einander parallel bleiben In Worten heisst dies, dass das Minimum und das Maximum der Polarisation durch die Temperatur in gleichem Betrage verandert werden

Andert man die polarisirte Oberflache (es wurden immer Platinelektroden in verdunnter Schwefelsaure benutzt), so zeigt sich der Maximalwerth in solchem Sinne veranderlich, dass er mit Verkleinerung der Flache steigt, das Minimum der Polarisation ist dagegen von der Elektrodenflache unabhangig, wie das auch zu erwarten war, da es die Polarisation fur die Stromstarke Null darstellt In der That hat hier Crova versaumt, zu beachten, dass die entscheidende Grosse fur die Polarisation nicht die Stromstarke, sondern die Stromdichte, d h die Stromstarke, dividirt durch die Oberflache der Elektrode ist Ferner wurde die Beobachtung von Poggendorff bestatigt s 679, dass der Zustand der Oberflache einen ungemein erheblichen Einfluss auf die Grosse der Polarisation ausubt Crova schliesst aus der Gesammtheit dieser Versuche, dass die elektromotorische Kraft der Polarisation innerhalb gewisser Grenzen von der Masse der auf der Oberflache der Elektroden condensirten Gase abhangt „Thatsachlich ist, so lange keine

Gasentwickelung auf der Oberfläche stattfindet, die elektromotorische Kraft des Voltameters gleich der der Säule, wenn deren Kraft von Null bis zu dem Werthe der Anfangspolarisation ansteigt, darüber hinaus tritt Gasentwickelung ein, und indem die Intensität des Stromes, der durch das Voltameter geht, sowie die an der Oberfläche der Platten entwickelte Gasmenge zunimmt, fährt die Polarisation fort, langsamer und langsamer zu wachsen. Auf diese Weise wird man zu der Vorstellung geführt, dass auch während der Gasentwickelung die Änderung der elektromotorischen Kraft des Voltameters von der Zunahme der Gasverdichtung an der Oberfläche der Platten herrührt, dass diese Verdichtung um so langsamer anwächst, je erheblicher die Gasentwickelung bereits ist, und dass sie sich einer bestimmten Grenze nähert, welche erreicht ist, wenn die Gasentwickelung hinreichend schnell geworden ist. Die Wärme vermindert diese Verdichtung, und wir haben gesehen, dass sie die Polarisation um einen constanten Betrag vermindert welches auch die Geschwindigkeit der Gasentwickelung sei. Endlich musste die Natur dieser Verdichtung ganz verschieden von der sein, welche man durch eine Steigerung des Druckes erreichen kann."

Um die erhaltenen Ergebnisse zu prüfen, benutzte CROVA noch das andere Verfahren der Messung der Polarisation, indem er durch eine mechanische Vorrichtung, eine „Wippe" (S 679), das Voltameter von dem zersetzenden Strome abtrennte, und es gleichzeitig mit dem messenden Kreise verband. Seine Wippe bestand aus zwei auf derselben Axe sitzenden Rädern, in welche je acht radiale Streifen aus Metall eingelegt waren, die unter sich und mit einem Ring auf der Axe in leitender Verbindung standen, von einander waren sie isolirt. Durch passend angebrachte Federn wurde der Strom ab- und zugeleitet, und die Federn konnten so gestellt wurden, dass die Voltameterplatten entweder unmittelbar nach ihrer Abtrennung von der Kette in den messenden Kreis geschaltet wurden, oder eine beliebige Zeit später, ebenso konnte die relative Dauer der Berührung beliebig verändert werden.

Mittelst dieses Apparates wurde zunächst die wichtige Thatsache bewiesen, dass der depolarisirende Strom bei genügend rascher Drehung der Räder die gleiche Stärke hatte, wie der polarisirende, die durch den letzteren ausgeschiedenen Zersetzungsprodukte gaben also bei ihrer Verbindung die gleiche Elektricitätsmenge aus, welche für ihre Zerlegung erforderlich gewesen war.

Ferner wurde ermittelt, dass alle Flüssigkeiten Polarisation mit allen Elektroden geben, wenn auch oft sehr kleine. Gewöhnlich wird ein Metall in der Lösung eines seiner Salze als unpolarisirbar angesehen, es ist es indessen keineswegs im strengen Sinne, sondern nähert sich nur diesem Zustande bei Strömen von geringer Dichtigkeit. CROVA sucht die Ursache dieser Erscheinung darin, dass das frisch abgeschiedene Metall immer negativ gegen älteres sei, indessen ist diese Erklärung nicht richtig. Es ist vielmehr ein Concentrationsstrom (S 1001), auf welchen die Polarisation in solchen

Fällen zurückzuführen ist. Durch die Elektrolyse wird zwar die gesammte Zusammensetzung einer solchen Voltameterflüssigkeit nicht geändert, wohl aber ihre Concentration an den beiden Elektroden, indem diese an der Anode grösser, an der Kathode kleiner wird, als zuvor. Da nun zwei gleiche Elektroden, in verschieden concentrirte Lösungen ihrer Salze tauchend, einen Spannungsunterschied in solchem Sinne zeigen, dass durch den verursachten elektrischen Strom dieser Unterschied ausgeglichen werden würde, so ist die Ursache einer „Polarisation" ersichtlich. Nur ist es keine Ionenpolarisation, wie man die gewöhnliche nennen könnte, sondern eine Concentrationspolarisation.

Weiter wurde mit dem Apparat eine Bestätigung der früheren Formeln über die Abhängigkeit der Polarisation von der Stromstärke erhalten.

Der Betrag der Polarisation in verdünnter Schwefelsäure wurde immer etwas grösser, als die elektromotorische Kraft zweier DANIELL'scher Elemente gefunden; wurden zwei solche dem Depolarisationsstrome, wie er vom Unterbrecher geliefert wurde, entgegengestellt, so machte sich ein kleiner Uberschuss an elektromotorischer Kraft zu Gunsten des Voltameters geltend.

Um sich schliesslich Rechenschaft zu geben, in welcher Art die Veränderlichkeit der elektromotorischen Kraft im Voltameter zu Stande kommt, da es sich doch immer um dieselben Stoffe handelt, und in den bekannten Fällen die Menge derselben auf die elektromotorische Kraft keinen Einfluss hat (dicke oder dünne Zinkplatten geben genau die gleiche Spannung), weist CROVA auf den einzigen ihm bekannten Fall hin, wo thatsächlich eine Abhängigkeit der elektromotorischen Kraft von der Stoffmenge (genauer von der Concentration) stattfindet. Es ist dies beim Zinkamalgam der Fall. Wenn in einem solchen der Gehalt von 5 Procent bis auf 0,8 Procent abnahm, konnte er keine Änderung der elektromotorischen Kraft einer damit gegen Kupfer in Kupfersulfat gebauten Kette beobachten, bei 0,4, 0,16 und 0,11 Procent sank diese aber auf 0,92, 0,90 und 0,77 ihres früheren Werthes, und CROVA spricht die Vermuthung aus, dass auch das Gesetz der Abnahme der Kraft mit dem Gehalte einen ähnlichen Gang zeigen würde, wie die Polarisation. Die Ursache dieser Veränderlichkeit schreibt er der mit der relativen Menge zunehmenden „Verwandtschaft" des Quecksilbers zu dem anderen Metalle zu, und er weist auf eine Anzahl ähnlicher Beobachtungen von GAUGAIN und E. BECQUEREL hin.

Heute wissen wir, dass die Erscheinung der Abhängigkeit der elektromotorischen Kraft von der Concentration der betheiligten Stoffe ganz allgemein ist, und dass nur die Stoffe constanter Concentration, wie die reinen Metalle, eine von der Menge unabhängige elektromotorische Stellung besitzen. So wird man denn auch mit Interesse von den nachstehenden Darstellungen CROVA's Kenntniss nehmen, wenn diese auch in einigen Punkten das Rechte verfehlen.

„Wirklich hat auch in dem Falle eines Voltameters mit angesäuertem Wasser die elektromotorische Kraft des direkten Stromes die Folge, dass zuerst die Molekeln des Wassers, oder vielmehr der Verbindung SO H (Äquivalentformel) gerichtet werden, so dass die Atome des Wasserstoffs nach dem negativen Pole, die des Sauerstoffs oder des Radikals SO' nach dem positiven weisen, alsdann findet ihre Zersetzung statt

„Alsdann strebt aber der auf der negativen Platte abgeschiedene Wasserstoff, die nichtzersetzten Moleküle nach der gerade entgegengesetzten Richtung zu stellen, das Gleiche thut der auf der positiven Platte abgeschiedene Sauerstoff Die Summe der beiden Wirkungen subtrahirt sich von dem ursprünglichen Strome Wenn das Metall, aus welchem die Elektrodenplatten bestehen, keine Wirkung auf die Gase hätte, die sich an ihren Oberflächen entwickeln, so würde die Summe der eben besprochenen Wirkungen constant sein und gleich der, welche die einzelnen Gase ausüben, die Polarisation müsste dann unabhängig von der Gasmenge, die sich an den Polen entwickelt, also auch unabhängig von der Stromstärke sein Aber eben dadurch, dass die Platinplatten auf ihrer Oberfläche eine gewisse Gasmenge verdichten, üben sie auf diese eine Anziehung aus und vermindern die Kraft, mit welcher sie die Moleküle des Wassers im umgekehrte Sinne zu richten streben So lange die Gasschicht sehr dünn ist, macht sich der Einfluss des Metalls in hohem Grade geltend, und die Kraft der Polarisation kann sich von Null bis zu einer gewissen Grenze ändern, über diese hinaus macht sich der Einfluss des Metalls in dem Maasse, als die Masse des angehauften Gases auf den Platten zunimmt, immer weniger und weniger geltend und wird schliesslich unmerklich Die Polarisation, d h die Summe der elektromotorischen Wirkungen, welche von den Gasen auf die Flüssigkeit ausgeübt werden, wird mehr und mehr von dem fremden Einflusse befreit, den die Natur der Metallplatten ausübt, und nähert sich einer Grenzpolarisation, welche die ausschliesslich von der Natur der Gase herrührende ist "

So zutreffend diese Darstellung in manchen Stücken ist, bleibt sie doch eine Aufklärung darüber schuldig, woher der grosse Einfluss der Oberflächenbeschaffenheit der Elektroden auf den Grenzwerth der Polarisation rührt Die nothwendige Ergänzung liegt in der Berücksichtigung der Übersättigungserscheinungen, deren Stätte die Elektroden sind, die Gase entwickeln sich keineswegs augenblicklich, sowie die entsprechende Sättigung der Flüssigkeit eingetreten ist, sondern erst, wenn ein mehr oder weniger erheblicher Überschuss vorhanden ist Daher rührt es, dass die Concentration der abgeschiedenen, aber noch nicht in Gasform übergegangenen Elemente sehr viel grösser wird, als dem Gleichgewichtszustande entspricht, damit wächst auch die elektromotorische Kraft der Polarisation, und alle Umstände, welche Einfluss auf die Übersättigung haben, werden auch den Grenzwerth beeinflussen müssen Als ein solcher Umstand ist in erster Linie die Oberflächenbeschaffenheit der Elektrode zu nennen

6 Die Untersuchungen von Helmholtz Es ist schon bemerkt worden (S 999), dass die ersten experimentellen Arbeiten, durch welche Helmholtz zu seiner Theorie der Volta'schen Ketten geführt wurde, sich

auf die Polarisation bezogen und dass er damals[1] noch in der irrthümlichen
Vorstellung befangen war, dass die Wärmeentwickelung des chemischen Vorganges der elektromotorischen Kraft proportional sei. Daraus glaubte er
umgekehrt schliessen zu müssen, dass durch eine geringere elektromotorische
Kraft, als dem Wärmeverbrauch eines bestimmten Zersetzungsvorganges entspricht, der betreffende Stoff nicht elektrolytisch zersetzt werden könnte.
Gegen diesen Schluss lagen Widersprüche in dem Verhalten des Wassers
oder vielmehr der verdünnten Schwefelsäure gegen geringe elektromotorische
Kräfte vor, und diese Widersprüche bilden den Ausgangspunkt von HELM-
HOLTZ' Untersuchungen. Als erste Erscheinung, deren Wirksamkeit die
dauernden schwachen Ströme erklären kann, welche eintreten, wenn beispielsweise ein Voltameter mit Platinplatten in verdünnter Schwefelsäure und ein
DANIELL-Element in einen Kreis geschaltet werden. Der Verbindungswärme
der abgeschiedenen Gase Wasserstoff und Sauerstoff würde eine elektromotorische Kraft von etwa 1,3 Daniell entsprechen, und daher dürfte, den eben
erwähnten Ansichten gemäss, ein DANIELL-Element überhaupt keinen Strom
durch das Voltameter schicken können. Thatsächlich beobachtet man einen
Strom, wenn auch einen schwachen, welcher beliebig lange andauern kann.
Zur Erklärung dieses Stromes giebt HELMHOLTZ folgende Betrachtungen.

„Wenn nun ein elektrischer Strom durch eine Wasserzersetzungszelle
geht, deren Flüssigkeit Wasserstoff gelöst enthält, oder deren Elektroden ihn
occludirt haben, so wird an derjenigen Elektrode, zu welcher der Strom den
Sauerstoff hindrängt, dieser wieder zu Wasser werden können, indem eine
entsprechende Menge gelösten Wasserstoffs aus der Flüssigkeit oder occlu-
dirten Wasserstoffs aus der Elektrode dazu verbraucht wird. Andererseits
wird statt dieses bisher freien (wenigstens nicht mit Sauerstoff chemisch vereinigten) Wasserstoffs eine gleiche Menge elektrolytisch ausgeschiedenen
Wasserstoffs an der anderen Elektrode wieder erscheinen und entweder in
der Flüssigkeit sich lösen, oder, wenn Zeit und Raum dazu ist, in die Platinelektrode selbst hineingedrängt werden. Obgleich hierbei also Elektrolyse in
der Flüssigkeit stattfindet, kommen doch schliesslich beide Produkte der Elektrolyse nicht zum Vorschein, sondern das Endresultat ist, dass freier Wasserstoff an oder in der einen Elektrode verschwindet und an der anderen in
vermehrter Menge wieder auftritt. Ich möchte mir erlauben, für diesen Vorgang, der bei den Polarisationsströmen eine hervorragende Rolle spielt, den
Namen der elektrolytischen Convection vorzuschlagen. Es ist bei diesem
Processe von der den Strom treibenden elektromotorischen Kraft nicht die
Arbeit gegen die chemischen Verwandtschaftskräfte des Wasserstoffs und
Sauerstoffs zu leisten, welche geleistet werden muss, wenn Wasser in diese
seine beiden Elemente endgültig getrennt werden soll, und elektrolytische
Convection kann deshalb durch eine schwache elektromotorische Kraft
unterhalten werden, welche durchaus nicht im Stande ist, Wasser wirk-

lich zu zersetzen, wie z. B. durch die Kraft von einem DANIELL'schen Elemente.

„Das Gleiche gilt, wenn die Flüssigkeit sauerstoffhaltig ist, oder die Platinplatten Sauerstoff occludirt enthalten sollten. Dann verschwindet durch die elektrolytische Convection freier Sauerstoff auf der einen Seite, während die gleiche Menge auf der anderen Seite zum Vorschein kommt.

„Der auf solche Weise bei dem Vorgange der Convection an der einen Elektrode frei gewordene Wasserstoff oder Sauerstoff ist, soweit er nicht in der Elektrode occludirt wird, offenbar ebenso frei in der Flüssigkeit zu diffundiren, durch Strömungen in derselben fortgeführt zu werden, beziehentlich sich als Gas zu entwickeln, wie die bei der gewöhnlichen Elektrolyse entwickelten Gase. Indem er in die Flüssigkeit diffundirt, wird er auch wieder an die andere Elektrode gelangen können, um wieder der elektrolytischen Convection zu verfallen und auf diese Weise in fortdauerndem Kreislaufe einen gewissen Grad elektrischer Strömung unterhalten zu können.

„Ein DANIELL'sches Element kann also in einer Wasserzersetzungszelle mit Platinelektrode nicht bloss dann, wenn die Flüssigkeit mit Luft in Berührung ist, einen nie aufhörenden schwachen Strom unterhalten, sondern auch in einem vollkommen abgeschlossenen Gefässe, wenn dessen Elektroden mit Sauerstoff gesättigt sind und seine Flüssigkeit Sauerstoff aufgelöst enthält."

Das Gleiche gilt offenbar auch für Wasserstoff. HELMHOLTZ prüfte die Richtigkeit seiner Ansichten durch die Herstellung eines Voltameters mit möglichst gasfreier Flüssigkeit, dies erreichte er entweder durch lange fortgesetztes Auspumpen mit der Quecksilberluftpumpe, oder durch elektrolytischen Verbrauch des im Überschuss vorhandenen Gases. Ein solches Voltameter liess zwar bei Anbringung einer elektromotorischen Kraft einen Strom erkennen, dieser blieb aber nicht bestehen, sondern nahm schnell auf ein unmessbares Minimum ab.

„Wenn nun die elektromotorische Kraft des DANIELL'schen Elements in unserem Falle keine sichtbare Wasserzersetzung zu Stande bringt, so bringt sie doch Polarisation an der Elektrode hervor, und diese ist selbst ein Arbeitsäquivalent. Denn die polarisirten Platten sind nachher, von dem polarisirenden Element getrennt, im Stande, selbstständig für eine gewisse Zeit einen elektrischen Strom hervorzubringen, also Wärme im Leitungsdraht zu entwickeln, beziehentlich bei passender Anordnung alle anderen Formen der Arbeit zu leisten, welche galvanische Ströme leisten können. Im Zustande der Polarisation haben wir es offenbar mit einer veränderten Anordnung der ponderablen Atome und der Elektricitäten in der Zersetzungszelle und in den Elektroden zu thun, über deren besondere Beschaffenheit wir hier keine specielleren Annahmen zu machen oder Vermuthungen aufzustellen nöthig haben, so lange es sich nur um die Berücksichtigung der Arbeitswerthe handelt. Der Zustand der Polarisation ist zu betrachten als ein neuer Gleichgewichtszustand, dem die Zersetzungszelle

unter dem Einflusse der Elektrisirung der Elektroden zustrebt, und der, wenn
die an den Elektroden angehaufte Elektricität sich entladen kann, wieder in
den Zustand elektrisch neutralen Gleichgewichts zuruckstrebt Da aber zur
Herstellung eines Gleichgewichts in einem begrenzten System von Korpern,
wie die Zersetzungszelle ist, immer nur ein endlicher Betrag von Arbeit
nöthig ist, so kann die Herstellung der Polarisation immer nur einen Strom
von endlicher Dauer geben, oder einen solchen, dessen Intensität sich asymptotisch der Null nähert. und der polarisirende Strom könnte im Ganzen
nur ebenso viel Elektricität in der einen Richtung stromen machen, als der
depolarisirende in der entgegengesetzten Richtung

„In so weit dies der Fall ist — und meine Versuche zeigen, dass man
in gasfreien Flussigkeiten und bei gasfreien Elektroden einem solchen Zustande wenigstens sehr nahe kommen kann — wirkt die Zersetzungszelle
wie ein Condensator von sehr grosser Capacität. In der That, wenn man
nach der gewöhnlichen Vorstellungsweise negativ geladenen Sauerstoff der
einen Elektrode, positiv geladenen Wasserstoff der anderen Elektrode genähert denkt, aber so, dass der Austausch der Elektricität zwischen der
Elektrode und den genannten Bestandtheilen des Wassers nicht moglich ist,
so wird sich auf der Elektrode selbst die entsprechende Menge der entgegengesetzten Elektricität anhaufen konnen, und jede Elektrode wurde dann
mit der Flussigkeit einen Condensator von verschwindend kleiner Dicke der
isolirenden Schicht und eben deshalb von ungeheurer Capacität bilden
Diese Analogie ist neuerdings von den Herren Varley[1] und Maxwell[2] betont worden

„In der That entsprechen die Erscheinungen, welche bei Einschaltung
eines polarisirbaren Plattenpaares in einem Stromkreis entstehen, in ihren
Hauptzugen denen, die ein Condensator von sehr grosser Capacität darbieten wurde. Der polarisirende Strom ist der Strom, welcher den Condensator ladet, der depolarisirende der, welcher ihn entladet Man muss sich
die Capacität des Condensators nur so gross vorstellen, dass seine Ladung
und Entladung wahrnehmbare Zeitraume, Sekunden oder Minuten in Anspruch nimmt "

Helmholtz stellt sich nun die Frage, ob der andauernde Strom in einer
gewohnlichen Zersetzungsstelle mit der unvollstandigen Isolirfahigkeit der
Zwischenschicht eines schlechten Condensators in Vergleich zu setzen sei,
so dass man der Faraday'schen Ansicht gemäss ihr einen Rest metallischer
Leistungsfähigkeit im Elektrolyt zuschreiben konnte, doch gelangt er zu der
Überzeugung, dass eine solche Annahme nicht erforderlich ist, indem die
oben dargelegten Erscheinungen der elektrolytischen Convection vollstandige
Auskunft über die thatsachlich zu beobachtenden Erscheinungen giebt

Die vorstehend wiedergegebene Arbeit ist in mehrfacher Hinsicht be-

[1] Proc. of Roy. Society, 12 Jan 1871
[2] A Treatise on Electricity and Magnetism Oxford 1873 I, 322

merkenswerth. Sie ist die erste einer Reihe von überaus wichtigen Untersuchungen, welche Helmholtz über elektrochemische Fragen angestellt hat,
und es finden sich in ihr eine ganze Anzahl von Gedankenansätzen, aus
denen sich später wichtige Fortschritte entwickelt haben. Aber auch das
thatsächliche und Anschauungsmaterial, welches sie bringt, hat einen bedeutenden Einfluss auf die Entwickelung der hier behandelten Fragen geübt, und
eine strengere Auffassung der Erscheinungen eingeführt, als sie bis dahin
erlangt worden war. Wir werden in der Folge vielfach auf die hier niedergelegten Gedanken zurückzukommen haben.

Wie sich aus diesen Keimen dann die richtige Theorie der elektromotorischen Kräfte entwickelt hat, ist bereits S. 999 geschildert worden.
Helmholtz ist dann zehn Jahre später in seiner dritten und letzten Abhandlung über die Thermodynamik chemischer Vorgänge[1] auf die Erscheinungen
der galvanischen Polarisation auf Grundlage der Theorie der freien Energie
wieder eingegangen, und er zeigt auch auf diesem Gebiete, wie gross die
Aufklärung ist, die man durch derartige Betrachtungen erlangen kann.

In der Einleitung stellt Helmholtz das Verhältniss fest, in welchem sich
seine Forschungen mit denen von Willard Gibbs, Braun und Anderen befinden, und weist auf den wesentlichen Unterschied hin, welchen die Betrachtung der freien Energie im Gegensatz zu der früher üblichen Betrachtung
der gesammten Energie für die Elektrolyse gerade in dem bekanntesten
Falle, wo Sauerstoff und Wasserstoff entstehen, ergiebt. Die freie Energie
ist vom Druck und der Gassättigung in hohem Maasse abhängig, die Wärmeentwickelung fast gar nicht. Demgemäss ist auch die elektromotorische
Kraft der Polarisation nicht, wie ältere irrthümliche Theorieen voraussetzen
liessen, nahezu unabhängig von jenen Grossen, sondern in weitestem Umfange
abhängig, wie dies auch die Erfahrung gezeigt hat. Helmholtz fasst seine
Vorstellungen über den Vorgang der Elektrolyse folgendermaassen zusammen:

„Die Grundvorstellungen, von denen ich immer ausgegangen bin, und
die ich festhalte, sind das Gesetz von der Constanz der Energie und die
strenge Gültigkeit von Faraday's elektrolytischem Gesetz. Letzterem entsprechend halte ich die Voraussetzung fest, dass Elektricität der Flüssigkeit
an die Elektroden nur unter äquivalenter chemischer Zersetzung übergehen
kann, und dass dieser Übergang nicht stattfinden kann, vielmehr die Grenzfläche wie eine vollkommen isolirende Zwischenschicht wirkt, wenn die zur
Zerlegung der chemischen Verbindungen nöthige Arbeit nicht durch die
vorhandenen elektrischen Kräfte geleistet werden kann.

„Wenn in einem Voltameter die beiden Elektroden elektrisch geladen
werden und verschiedenes Potential erhalten, so werden zunächst, dem Abfall des Potentials entsprechend, elektrische Kräfte im Inneren der Flüssigkeit wirksam, welche $+E$ gegen die Kathode, $-E$ gegen die Anode treiben.
Diese Bewegung der Elektricität geschieht, wie wir wissen, niemals ohne die

---

[1] Sitzungsber. der Berl. Akad. 31. Mai 1883. — Ges. Abh. III. 92.

Bewegung der Ionen der Elektrolyten, an denen die bewegte $+E$ und $-E$ hat. Es geht also positiv geladener Wasserstoff $H+$ $H-$ zur negativ geladenen Kathode, und negativ geladener Sauerstoff $-O-$ an die positiv geladene Anode. Wenn es nachher zur Entwicklung der Gase kommt, so sind die ausgeschiedenen Gase elektrisch neutral. Also muss nach dem consequent durchgeführten Prinzip des FARADAY'schen Gesetzes der entwickelte Wasserstoff $H+$ $H-$ sein und den frei gewordenen Sauerstoff entweder $-O-$ $+O+$ oder $-O+$. Da die Molekeln des entwickelten Sauerstoffs aus zwei oder Ozon drei Atomen bestehen, so halte ich die erste Form wahrscheinlicher, Ozon würde sein $-O-$ $+O-$ $+O+$.

„Die hierbei entstandene Ansammlung von $(H+)$ an der negativ geladenen Kathode und von $(-O-)$ an der positiv geladenen Anode ergiebt zunächst die condensatorischen Ströme zu den sich polarisirenden Elektroden. Bei diesen verhalten sich die beiden Elektrodenflächen wie zwei Condensatorflächen von colossaler Capacität, letztere bedingt durch den ausserordentlich geringen, nur molekularen Abstand der entgegengesetzt geladenen beiden Schichten. Verbindet man die beiden Elektroden nach Ausschaltung der Batterie durch einen einfachen Leitungsdraht, so entladen sich die beiden Condensatoren wieder, und geben den depolarischen Strom. Der hierbei stattfindenden Electricitätsbewegung, welche die Grenzen des flüssigen Leiters nicht überschreitet, scheinen die chemischen Kräfte innerhalb der Flüssigkeit gar keinen Widerstand entgegenzusetzen, da unter dem Einflusse vertheilender Kräfte sich elektrolytische Leiter ebenso vollständig in elektrostatisches Gleichgewicht setzen, wie metallische. Das zeigt bis zu einem hohen Grade von Genauigkeit Sir WILLIAM THOMSON water dropping collector, in dem die schwächsten elektrostatischen Kräfte die Oberfläche der sich lösenden Wassertropfen bis zum vollkommensten elektrostatischen Gleichgewicht zu laden im Stande sind. Ich selbst habe in möglichst luftleer gemachten Zersetzungszellen die bei sehr geringen elektromotorischen Kräften leicht zu constatirende Proportionalität zwischen elektromotorischer Kraft und Grösse der condensatorischen Ladung bis hinab zu 0,0001 Daniell verfolgen können. Dagegen ist der Übergang der Elektricität von den geladenen Ionen der Grenzschicht an das Metall offenbar dem Widerstande der chemischen Kräfte unterworfen. Erst die elektrische Entladung der Ionen löst definitiv die chemische Verbindung. Solange sie noch nicht entladen sind, können sie noch aus der Ansammlung an den Grenzschichten bei langsamer Schwächung der sie festhaltenden elektrischen Anziehungskraft ohne in Be-

HELMHOLTZ setzt hier die Wasserstoffionen, der Formel des freien Wasserstoffes entsprechend, als aus zwei Atomen bestehend voraus. Gegenwärtig wissen wir, dass Wasserstoff- ..halbe Molekulargrösse des gasförmigen Wasserstoffes haben. Ebenso ist das andere Wasser nicht zweiwerthiger Sauerstoff, sondern das einwerthige Hydroxyl OH. In ... war es der Text zu ändern, um ihn mit den inzwischen erlangten Kenntnissen .. halten. Der Wesensgehalt der Darlegungen wird durch diese Umstände nur in

tracht kommende Wärmeentwickelung in ihre frühere Verbindung zurückkehren Dies führt zum Schluss, dass der mächtigste und wesentlichste
Theil der chemischen Kräfte, der namentlich die eigentlich typischen Verbindungen zusammenhält, in der verschiedenen Anziehung der elementaren
Substanzen gegen die beiden Elektricitäten begründet ist Faraday's Gesetz
zwingt dabei zu der Annahme, dass jede Valenzstelle jedes Elements immer
mit einem ganzen Äquivalent, sei es positiver sei es negativer Elektricität
geladen sei, und dass die Grösse dieser elektrischen Äquivalente ebenso unabhängig von dem Stoffe ist, mit welchem sie sich verbinden, wie die Atomgewichte der einzelnen chemischen Elemente unabhängig sind von den Verbindungen, die sie eingehen, gerade so, als wäre die Elektricität selbst in
Atome getheilt

„Dass die elektrischen Kräfte, die hierbei in Betracht kommen, durchaus nicht zu klein sind, um die grossen bei den chemischen Scheidungen
und Wiedervereinigungen auftretenden Arbeitsbeträge zu leisten, ergiebt sich,
wenn man die colossale Grösse der bei diesen Processen ausgetauschten
elektrischen Äquivalente berücksichtigt Meine in der Faraday'schen Lec-
ture veröffentlichte Berechnung ergiebt, dass wenn das an den Atomen von
1 mg Wasserstoff haftende $+ E$ auf eine Kugel, dass $- E$ auf eine andere,
ein Kilometer entfernte ohne Verlust übertragen werden könnte, beide Kugeln sich mit dieser Kraft anziehen würden, welche der Schwere von
102180 kg gleich sein müsste Eben wegen der colossalen Grösse dieser
Ladungen der Atome sind auch die verhältnissmässig schwachen Anziehungskräfte, welche ein oder zwei Daniell'sche Elemente in einer elektrolytischen
Flüssigkeit hervorbringen, verhältnissmässig so grosser Leistungen fähig
Schwach sind diese Kräfte nur den kleinen Mengen freier Elektricität gegenuber, welche durch unsere Elektrisirmaschinen geliefert werden

„Die für die Herstellung des elektrischen Gleichgewichts nöthige Ausbildung der elektrischen Doppelschichten erklärt einen grossen und wesentlichen Theil der Vorgänge bei der Polarisation, nämlich die starken An-
fangsströme bei Ladung und Entladung der Elektroden Erheblich verlängert werden können diese Ströme, wenn gleichzeitig Occlusion eines oder
beider Gase im Metall der Elektroden vorkommt Aber keiner dieser Processe erklärt die unbegrenzte Dauer der Ströme bei schwächeren elektromotorischen Kräften "

Die nun folgenden Auseinandersetzungen über die Erscheinungen der
Convection stimmen im Wesentlichen mit den bereits früher erwähnten
(S 1066) Darlegungen überein, so dass sie hier übergangen werden können

Ebenso ist hier nicht auf die Rechnungen einzugehen, durch welche
Helmholtz die freie Energie des Knallgases bestimmt Es ergiebt sich, dass
diese mit dem Logarithmus des Volums der Gase veränderlich ist ähnlich
wie bei den Concentrationsketten, S 1005, und somit alle Werthe zwischen
Null und Unendlich annehmen kann Das Gleiche gilt für die entsprechenden elektromotorischen Kräfte Auch die Berücksichtigung der Lösungs-

erscheinungen führt zu ähnlichen Betrachtungen. Endlich erfährt ein weiterer Umstand Berücksichtigung, der bis dahin nicht in Betracht gezogen war, nämlich die Bildung der Gasblasen.

Wenn eine Gasblase in einer Flüssigkeit vorhanden ist, so hat das eingeschlossene Gas nicht nur den hydrostatischen Druck, welcher der Tiefe der Blase unter der Flüssigkeitsoberfläche entspricht, sondern dazu einen weiteren Druck, welcher dadurch entsteht, dass sich die Oberfläche der Blase in Folge der Capillarkraft zu verkleinern strebt. Dieser Druck ist um so grösser, je kleiner die Blase ist, und zwar nimmt er umgekehrt proportional dem Radius der Blase zu, erlangt also für die kleinsten Blasen die grössten Werthe. Wenn daher in der Flüssigkeit noch keine Blase vorhanden ist, so ist für die Entstehung einer solchen ein sehr viel grösserer Druck zu überwinden, als für die Vergrösserung einer bereits vorhandenen Blase, und daraus ergiebt sich ein sehr bedeutender Widerstand gegen die erste Ausscheidung gasförmiger Zersetzungsprodukte bei der Elektrolyse, welcher in einer entsprechenden Vergrösserung der Polarisation seinen Ausdruck findet. „Die elektrolytischen Gase zeigen ein entsprechendes Verhalten. Man muss anfangs eine grössere elektromotorische Kraft gebrauchen, um die ersten Blasen zu erhalten, als nachher nöthig ist, um die Entwickelung zu unterhalten. Wenn diese begonnen ist, kann man in kleineren Schritten zu schwächeren Kräften absteigen. Dann steigen die Blasen schliesslich nur noch von einer oder einigen Stellen des Drahtes auf. Unterbricht man die Entwickelung auch nur auf wenige Minuten durch zu grosse oder zu schnelle Abschwächung der elektromotorischen Kraft, so muss man von neuem eine viel grössere Kraft zur Einleitung eines neuen Blasenstromes einführen. Offenbar hat sich dann die Rissstelle zwischen Flüssigkeit und Elektrode geschlossen und muss neu gebildet werden.

„Es kann daher der Anfang der Blasenbildung von vielen kleinen Zufälligkeiten an der Oberfläche der Elektroden abhängen. Platinirtes Platin bildet leichter Blasen als glattes.

„Auf die elektromotorische Gegenkraft des Voltameters, d. h. auf die Grösse, die man als Stärke der Polarisation zu bezeichnen pflegt, muss die Gasentwickelung einen wesentlichen Einfluss haben insofern, als die chemische Arbeit nach dem oben gegebenen Theorem von der Gasbeladung der letzten Flüssigkeitsschichten abhängt und diese durch die Entwickelung der Gasblasen herabgesetzt wird. Dann könnte auch die Erklärung für die verschiedene elektromotorische Kraft der galvanischen Elemente mit einer Flüssigkeit liegen, in denen sich Wasserstoff an verschiedenen Metallen entwickelt. Wo die Blasen sich schwer bilden, wird der Wasserstoff sich in einer mit diesem Gase stärker gesättigten Flüssigkeit ausscheiden müssen, wo mehr freie Energie verlangt. Dies könnte an den unedlen Metallen im Gegensatz zum Platin der Fall sein und ihr abweichendes Verhalten erklären. Diese Umstände erschweren nun auch in hohem Grade die Messung der elektromotorischen Kräfte, welche im gegebenen Falle nöthig sind, um eine andauernde Gasentwickelung einzuleiten, und zwar ist das Hinderniss für die Blasenbildung verhältnissmässig grösser in den Fällen, wo die Flüssigkeit geringere Gasmengen enthält, weil aus diesen schwerer an einem gegebenen Punkte diejenige Gasmenge zu sammeln sein wird, welche nöthig ist, um den bei gleicher Grösse der Gasblasen gleichbleibenden capillaren Druck der capillaren Fläche das Gleichgewicht zu halten Hierzu wird bei gleich grossen Blasen immer dieselbe Menge Gas herbeigeschafft werden müssen, während die Menge, welche den Druck der über der Flüssigkeit stehenden Atmosphäre trägt, diesem Drucke proportional ist, so dass in demselben Maasse mehr Gas zur Füllung der Blase verlangt wird, als die Flüssigkeit mehr davon enthält" [1]

7 Oxydations- und Reduktionsketten Schon wiederholt ist betont worden, dass der Grund, weshalb die chemische Theorie der Volta'schen Ketten nicht längst den Sieg über die Contacttheorie erfochten hat, zu einem grossen Theile in der ungenügenden Beantwortung der Frage liegt, wie ein chemischer Vorgang beschaffen sein musse, damit er elektrisch

---

[1] An dieser Stelle möge die Veröffentlichung einer Reihe von schnell auf einander folgenden Publicationen erwähnt werden, welche im Jahre 1878 begannen und in ungewöhnlichem Maasse das Interesse der betheiligten Forscher erregten Es wurden dann die von DE LA RIVE aufgestellten Ansichten der radikalen chemischen Theorie unter Zuziehung der HELM-HOLTZ-THOMSON'schen Meinung von der Proportionalität zwischen Wärmetönung und elektromotorischer Kraft vertreten Der Verfasser derselben, FRANZ EXNER, brachte ein grosses Zahlenmaterial bei, welches überall auf das Beste zu den Ansichten passte die dadurch bewiesen werden sollten Bei der alsbald von verschiedenen Seiten vorgenommenen Prüfung dieses Materials ergaben sich allerdings fast unglaubliche Resultat Fast nirgends konnten die mitgetheilten Zahlen bestätigt werden, ja es wurden Fälle nachgewiesen in denen die zu erwartenden Zahlen irrthümlich berechnet worden waren, und wo dennoch die Beobachtungen mit den Berechnungen auf das Beste übereinstimmten

So ist denn von diesen Arbeiten trotz der mit grosser Ausdauer geführten Vertheidigung derselben durch ihren Verfasser nichts in den Bestand der Wissenschaft übergegangen auch sind die Ansichten, die ihnen zu Grunde liegen, soweit sie neu waren als irrthümlich erwiesen worden und haben keinen weiteren Anklang gefunden Nur wegen der grossen Breite welche diese Angelegenheit in der elektrochemischen Litteratur eingenommen hat ist hier ihre geschichtliche Erwähnung nöthig gewesen, das nachstehende Litteraturverzeichniss wird dem Leser der sich für diese Episode aus irgend einem Grunde interessirt es leicht machen die Belege für die angegebenen Verhältnisse zu prüfen

EXNER, Sitzungsber Wien Akad **77** Febr 1878, WIED Ann **5** 388 1878 — Derselbe, Sitzungsber **77**, Mai 1878, WIED Ann **6** 336 1879 — Dieselbe Sitzungsber **79** Juli 1878, WIED Ann **6**, 353 1879 — Derselbe, Sitzungsber **80** Juli 1879 WIED Ann **9**, 591 1880 — Derselbe, Sitzungsber **80** Dec 1879 WIED Ann **10** 205 1880 — BELTZ, WIED Ann **10**, 348 1880 — EXNER, Sitzungsber **81** Mai und Juli 1880 WIED Ann **11**, 1034 und 1036 1880 — Derselbe, Sitzungsber **82** Nov 1880 WIED Ann **12** 230 1881 — BELTZ, WIED Ann **12**, 290 1881 — SCHÜTZENBERGER, WIED Ann **12** 307 und 319 1881 — JULIUS, WIED Ann **13** 270 1881 — HALLOCK WIED Ann **16**, 56 und 82 1882 — EXNER, Sitzungsber **84** Juli 1881 WIED Ann **15** 412 1881 — Derselbe, Sitzungsber **86** 551 1882 — URBANS WIED Ann **30** 600 1887 — EXNER Sitzungsber **95**, März 1887 WIED Ann **32** 55 1887 — HALLWACHS, WIED Ann **32** 64 1887 u s w

wirksam wird. Es muss zugestanden werden, dass erst in jüngster Zeit die hier zu erfüllende Bedingung in das allgemeinere Bewusstsein überzugehen begonnen hat, und bis auf den heutigen Tag findet sich in den wenigsten Lehrbüchern eine klare Auseinandersetzung dieser Bedingung, ja kaum jemals die Aufstellung der Frage überhaupt.

Es ist dies um so auffallender, als die Frage bereits in den Anfangszeiten der Elektrochemie richtig gestellt und richtig beantwortet worden ist, freilich haben die Arbeiten, in denen sich Frage und Antwort findet, kaum irgend welche Beachtung gefunden. Der Grund hierfür ist wie schon mehrfach in ähnlichen Fällen darin zu suchen, dass die vorgetragenen richtigen Ansichten sich nur schwer mit den üblichen chemischen Vorstellungen vereinigen liessen, und an den letzteren zu zweifeln, wagte bis vor kurzer Zeit kaum einer.

Der hier zu erörternde Punkt ist bereits mehrfach berührt worden, es handelt sich um die schon von RITTER gefundene Erkenntniss, dass nur solche chemische Vorgänge elektrisch wirksam sind, welche sich in zwei Theile zerlegen lassen, die zwar gleichzeitig, aber örtlich getrennt, an den beiden Elektroden verlaufen. Das DANIELL'sche Element bietet hierfür das beste Beispiel dar. Sein chemischer Vorgang besteht in der Fällung einer Kupfersulfatlösung durch metallisches Zink, eine Reaktion, die sofort eintritt, sowie man die beiden Stoffe mit einander in Berührung bringt. In der DANIELL'schen Kette finden die beiden Theile, aus denen der Vorgang besteht, gleichzeitig aber von einander getrennt statt, das metallische Zink wird an der Anode aufgelöst, und gleichzeitig das Kupfersulfat an der Kathode zersetzt. Durch die räumliche Trennung der beiden reagirenden Stoffe wird bewirkt, dass die Reaktion nur in dem Maasse stattfinden kann, als sich die entgegengesetzten Elektricitäten an den beiden Metallen ausgleichen können, und diese Elektricitätsbewegung ist nach dem FARADAY'schen Gesetz dem Betrage des gleichzeitigen chemischen Vorganges proportional. Daraus ergiebt sich ein anderer Ausdruck der gleichen Erkenntniss: elektrisch wirksam sind nur die Vorgänge in der Kette, die dem FARADAY'schen Gesetz gemäss erfolgen, alle Vorgänge, für welche die Bedingungen örtlich zusammen vorhanden sind, finden ohne Beziehung auf dies Gesetz statt, und kommen daher elektrisch nicht in Betracht. Endlich kann man überlegen, um diese wichtige Sache von allen Seiten anzuschauen, dass dem FARADAY'schen Gesetz nur solche Vorgänge unterliegen, bei denen die Ionen des vorhandenen Elektrolyts betheiligt sind, alle elektrochemisch wirksamen Reaktionen müssen sonach Ionenreaktionen sein.

Diese weiteren Gesichtspunkte sind, wie bemerkt, erst spät allgemein verstanden, wenn auch schon früh ausdrücklich ausgesprochen worden. Der Forscher, bei welchem ich sie zuerst in genügender Gestalt angetroffen habe, ist ein sonst nicht weiter bekannt gewordener Engländer, namens R. ARROTT, über welchen selbst POGGENDORFF's biographisches Handwörterbuch nichts bringt.

Seine Arbeit[1] bezieht sich auf Ketten aus einem Metall und zwei Flüssigkeiten, einer reducirenden und einer oxydirenden, wie sie schon von Davy
(S. 157) gebaut worden waren, ihre Wirkungen schliesst er an die Erscheinungen der Polarisation an. Seine in mancher Beziehung bemerkenswerthe
Abhandlung hat allerdings zu ihrer Zeit keine Beachtung gefunden, und erst
in der neuesten Zeit ist der hier gebahnte Weg wieder begangen worden.

„Nachdem ich seit einiger Zeit mit der Untersuchung einiger bemerkenswerther Volta'scher Wirkungen beschäftigt gewesen bin, die in bisher noch
nicht beobachteten oder wenigstens nicht ihrer Wichtigkeit entsprechend
bearbeiteten Fällen eintreten, sehe ich mich veranlasst, die Ergebnisse meiner
Untersuchungen mitzutheilen.

„Es ist eine Thatsache, welche jedem bekannt ist, der die Erscheinungen
bei der chemischen Zersetzung durch Elektricität sorgfältig beobachtet hat,
dass die in der zersetzten Flüssigkeit befindlichen Elektroden die Eigenschaft
annehmen, einen Strom in der entgegengesetzten Richtung hervorzubringen,
wenn sie mit einander verbunden werden, ohne dass sie aus der Flüssigkeit entfernt worden sind.

„Ich habe beobachtet, dass ein Strom in vielen Fällen hervorgebracht
wird, wo aus der Natur der angewandten Flüssigkeiten die Entstehung des
Stromes weder auf die Neutralisation von Säure und Alkali, noch auf die
Wirkung der Flüssigkeiten auf die angewandten Metalle zurückgeführt werden
kann. So fand ich, dass die Lösungen von Ferro- und Ferrisalzen einen
Strom hervorbringen, wenn sie mit einander in Berührung gebracht und
durch Platin verbunden werden, das Ferrisalz wird reducirt und das Ferrosalz oxydirt.

„Der Strom schien in diesem Falle von der Oxydation und Reduktion
der Flüssigkeiten mit Hülfe der Elemente des Wassers, das zersetzt wurde,
herzurühren, und es erschien wahrscheinlich, dass bei der Anwendung von
Stoffen, welche eine grössere Anziehung zu Sauerstoff und Wasserstoff besitzen, auch grössere Wirkungen beobachtet werden könnten. Von diesem
Gesichtspunkte aus versuchte ich Lösungen von Chlor und fand die Wirkung
bedeutend verstärkt. Alsdann versuchte ich es mit einer Lösung von Jod in
Wasser und in einer Lösung von Jodkalium, die Wirkung war sehr schwach,
und dies ist genau, was zu erwarten war, denn Jod hat fast eine gleiche
Tendenz, sich mit Sauerstoff wie mit Wasserstoff zu verbinden, wie aus der
Art hervorgeht, in welcher es das Wasser zersetzt. Zu der Zeit, wo ich
diese Versuche machte, wusste ich nicht, dass Schönbein mittelst Chlor einen
Strom erhalten hatte.

„Wir haben eine äusserst einfache und hübsche Veranschaulichung
dieser Wirkungen in dem Falle der Eisensalze. Werden zwei Röhren an
einem Ende mit Gyps verschlossen, und füllt man die eine mit Ferro-, die
andere mit Ferrisulfat, und setzt beide in ein Gefäss mit verdünnter Schwefel-

---

[1] Philos. Mag. 22, 427 1843. Vorgelegt der Chem. Soc. am 15. Nov. 1842.

68*

säure, so bemerkt man keine Änderung, wenn man rothes Blutlaugensalz zu dem Ferrisalz, und Schwefelcyankalium zu dem Ferrosalz fügt, werden aber die beiden Lösungen durch einen Platinstreifen verbunden, so treten augenblicklich Zeichen von Oxydation in der einen, von Reduktion in der anderen auf. Auch habe ich einen Apparat in der Form einer Batterie erbaut, welcher gleichzeitig die fragliche Wirkung erläutert und als eine bequeme und sparsame Vorrichtung zur Anstellung der gewöhnlichen galvanischen Versuche dienen kann. Sie besteht aus sechs kleinen cylindrischen Gefässen, in welchen Röhren aus gebranntem Thon befestigt sind. Kleine Cylinder von Platinblech, 0,6 Zoll breit und 1,5 Zoll lang, stehen in den porösen Röhren, und ausserhalb derselben breitere Cylinder von 1,8 Zoll Durchmesser und 1,5 Zoll Höhe. Das Ganze war als Kette verbunden, indem der äussere Cylinder des ersten Gefässes mit dem inneren des zweiten u. s. f. verbunden war, die poröse Röhre wurde dann mit starker Salpetersäure und das Gefäss mit einer Lösung von Schwefelkalium gefüllt. Diese Anordnung entspricht vollkommen der Daniell'schen Kette, nur dass die metallischen Flächen ausschliesslich aus Platin bestanden.

„Mit einem Apparat von obenstehenden Abmessungen habe ich im Voltameter 0,5 Kubikzoll der gemischten Gase in der Minute erhalten, und die Wirkung blieb während mehrerer Stunden unter geringer Abnahme beständig.

„Ich finde, dass die Stoffe, welche unter ähnlichen Umständen einen Strom hervorbringen, sehr zahlreich sind, z. B. die Oxyd- und die Oxydulsalze des Eisens, Zinns und Mangans, alkalische Sulfide, Hyposulfite, Hypophosphite oder eine Wasserstoffsäure auf der einen Seite, und Chlor oder Salpeter- oder Chromsäure auf der anderen.

„Die Stärke der Wirkung ist übrigens bei den verschiedenen Zusammenstellungen sehr verschieden, so ist sie mit Eisensalzen sehr gering, während mit Chlor oder Salpetersäure und einem Alkalisulfid eine solche Stärke hervorgebracht wird, dass die Wirkung eines einzigen Paares genügt, Wasser zu zersetzen.

„Man bemerkt, dass jede Zusammenstellung aus einem oxydirenden und einem reducirenden Stoffe besteht, und die eintretende Änderung ist in allen die gleiche: der oxydirende Stoff wird reducirt, und der reducirende oxydirt.

„Benutzen wir einen Stoff, z. B. Chlor allein, so findet das entsprechende Element des Wassers nichts, womit es sich verbinden kann, und wird abgeschieden, in diesem Falle ist aber die Intensität der Wirkung sehr vermindert.

„Die Art, in welcher die Versuche ausgeführt wurden, ist sehr einfach. Ein kleines Gefäss aus gebranntem Thon war innerhalb eines Weinglases befestigt, die beiden Flüssigkeiten wurden dann in dies Gefäss und das Weinglas gegossen, bis sie in gleicher Höhe standen, auf diese Weise waren sie in inniger Berührung, während ihre wirkliche Mischung nur sehr langsam vor sich ging, dann wurden Metallplatten, die in allen Fällen aus Platin be-

standen, in die Flüssigkeiten getaucht, sie waren vorher sorgfältig mit Salpetersäure und Kali gereinigt und mit Wasser gewaschen

„Ich will nun die Schlüsse auseinandersetzen, zu denen ich bezüglich
der Gesetze gelangt bin, welche die Wirkung der gewöhnlichen Volta'schen
Batterie, sowie die in den oben beschriebenen Anordnungen regeln

„Ich finde diese in vollkommener Übereinstimmung mit denen der gewöhnlichen mechanischen Kräfte, nämlich dass Wirkung und Gegenwirkung
einander gleich und entgegengesetzt sind Wenn ein Metall aus seiner Lösung reducirt wird, so scheint die gleiche Gegenwirkung als eine Consequenz
aus dem Gesetz der festen elektrolytischen Wirkung zu folgen, und in Fällen,
wo kein fester Stoff ausgeschieden wird, gilt das gleiche Gesetz

„Um dies zu beweisen und gleichzeitig zu zeigen, dass die Wirkung
nicht von irgend einem besonderen Zustande des Metalles abhängt, füllte
ich ein poröses Gefäss mit einer Mischung von starken Lösungen von
schwefelsaurem Eisenoxydul- und -oxydsalz, dies Gefäss wurde dann in
ein anderes, mit derselben Mischung gefülltes, gestellt, eine Platinplatte wurde
in jedes Gefäss gebracht, und der Kreis durch ein empfindliches Galvanometer geschlossen Es fand nicht die geringste Wirkung statt Die Platten
wurden nun mit den Polen einer Batterie verbunden, und die durchgehende
Strommenge mittelst des Voltameters gemessen In den Lösungen entwickelte
sich kein Gas, auch wurde kein Eisen reducirt, aber die Menge des Oxyd-
salzes nahm auf der einen Seite zu, und die des Oxydulsalzes auf der
anderen   Nachdem so Maass Gas gesammelt worden waren, wurde die
Batterie entfernt, und die Platten wie früher durch ein Galvanometer verbunden Es entstand ein kräftiger Strom in der entgegengesetzten Richtung
des Batteriestromes, die Wirkung war mit frischen Platten die gleiche, und
wenn diese einfach mit Wasser gewaschen wurden, konnten sie aus einem
Gefäss in das andere gebracht werden, ohne dass der kleinste Einfluss auf
den Strom hervorgebracht wurde, vorausgesetzt, dass auch die Verbindung
mit dem Galvanometer gewechselt wurde Das Ganze wurde wieder mit
der Batterie derart verbunden, dass der Strom in der entgegengesetzten
Richtung des früheren Batteriestromes durchgehen musste, und als So Maass
Gas wieder gesammelt und die Batterie entfernt worden war, konnte nicht
der geringste Strom beobachtet werden, als die Platten mit dem Galvanometer verbunden wurden, und alles befand sich in genau dem Zustande,
wie zu Anfang Die Kraft der Lösung, einen Strom hervorzubringen, nimmt
stufenweise ab, wird aber nicht eher vollständig aufgehoben, bevor der
zweite oder Rückstrom den gleichen Betrag erreicht hat, wie der erste Die
Menge des Rückstromes kann nicht genau ohne Hülfe der Batterie, welche
ihn beschleunigt, gemessen werden, denn die Lösungen vermischen sich erfahrungsmässig unvermeidlich, und daraus entstehen grosse Irrthümer Ein
gleicher Versuch wurde mit Salpetersäure ausgeführt, welche grosse Mengen
von niederen Oxydationsstufen des Stickstoffs enthielt, und ergab völlig
ähnliche Resultate

. Auch wenn der Kreis vollständig metallisch, aber nicht homogen ist, findet ein Rückstrom statt, denn die in einer thermoelektrischen Kette entwickelte Wärme verursacht einen Strom in der umgekehrten Richtung, wie der erzeugende. In diesem Falle können wir aber nicht den Betrag bestimmen, da es unmöglich ist, die Wärme davor zurückzuhalten, dass sie sich ausbreitet und in die Theile vordringt, welche kalt bleiben sollen. Möglicherweise findet das Gleiche in einem homogenen Kreise statt, und nur die äusserst geringe Intensität, welche nur der gleich ist, welche den Strom zum Durchgang veranlasst, verhindert uns daran, ihn zu beobachten.

„Aus diesen und ähnlichen Beobachtungen kann man als ein allgemeines Gesetz aufstellen, dass, wenn ein Strom durch eine Reihe von Leitern geht, er einen Zustand hervorruft, welcher einen gleichen und entgegengesetzten Strom verursachen kann, vorausgesetzt, dass die hervorgebrachten Änderungen dauernd sind.

„Es kann die Gültigkeit dieses Gesetzes in allen Fällen bewiesen werden, in denen eine Flüssigkeit im Stromkreise ist, mit der einzigen Ausnahme des Falles, wo zwei Stücke desselben Metalls durch eines ihrer Salze verbunden sind, hier sind die Erscheinungen die gleichen, als wenn ein rein metallischer Stromkreis vorhanden wäre (FARADAY).

„Diese Ergebnisse scheinen zu zeigen, dass etwas von der Natur einer Kraft durch den Strom geleitet wird, und die Erscheinungen der Spannung scheinen diesen Gedanken sehr zu unterstützen, denn hier haben wir Körper, die wirklich in Bewegung gesetzt werden.

„Nehmen wir nun an, dass jede Molekel fähig ist, eine anziehende Kraft auf jede andere Molekel in seiner Nachbarschaft auszuüben, so sind die Erscheinungen des VOLTA'schen Stromes genau dieselben, welche aus einer solchen Anziehung hervorgehen müssen, und die VOLTA'sche Wirkung scheint chemische Wirkung unter einer anderen Gestalt zu sein, indem die Wirkung in dem einen Falle zwischen Molekeln stattfindet, welche sich in sehr geringen Entfernungen befinden, und im anderen zwischen solchen in einer erheblichen und sichtbaren Entfernung.

„Wird irgend eine Zahl von Molekeln oder verschiedenen Stoffen neben einander gebracht, so dass sie sich frei bewegen können, so ordnen sie sich derart an, dass ihre Kräfte sich im Gleichgewicht befinden, und bis dieser Zustand erreicht ist, befinden sich die Molekeln in einem Zwangszustande. Wenn z. B. Chlor, Wasserstoff und Wasser in Berührung gebracht werden, so verbinden sie Chlor und Wasserstoff zu Chlorwasserstoff, und dies ist ein Gleichgewichtszustand. Die Form, in welcher dieser Zustand erreicht wird, scheint der folgende zu sein Das Atom Cl verbindet sich mit dem vorher mit O verbunden gewesenen H, während das O sich mit dem freien H vereinigt, so dass ClH und HO gebildet werden, befinden sich aber Cl und H von einander entfernt und durch Wasser getrennt,

(H) (O) (H) (O) (H) (Cl), so kann keine Wirkung stattfinden, denn die Molekeln
können keine solche Anordnung finden, dass ein vollständiger Kreis gebildet
wird, ohne welchen sie ihre Anziehung nicht ausüben können. Wird aber

H und Cl durch ein Metall verbunden (H) (O) (H) (O) (H) (Cl) einen Körper,

dessen atomistische Constitution der einer Flüssigkeit ähnlich ist, so ist der
Kreis geschlossen, HCl wird gebildet und das Gleichgewicht wiederhergestellt. Die Anziehung, welche vorher zwischen H und Cl bestanden hatte,
war wegen deren grossen Nähe nicht zur Beobachtung gelangt; nun aber
pflanzt sie sich durch den ganzen Stromkreis fort, und wir haben dadurch
die Mittel, die hervorgebrachten Erscheinungen zu beobachten.

„Ist Cl das einzige freie Element, so ordnen sich die Atome folgender-

massen (Cl) (H) (O) indem Cl und H sich verbinden und O frei gemacht wird,

sind O und Cl in dem Augenblicke der Entwickelung des O nicht in Berührung, sondern in einiger Entfernung, so haben wir dieselben Erscheinungen
wie im ersten Falle, nur dass das O, weil es nichts findet, womit es sich
verbinden kann, an der Oberfläche des Metalls in Freiheit gesetzt wird. In
diesem Falle geht die Wirkung viel schneller vor sich, als wenn kein Metall
angewendet wird, in Folge der grossen Anziehung zwischen den positiven
und negativen Atomen des Platins[1] (denn die Anziehung durch den Stromkreis ist gleich der stärksten Anziehung an irgend einem Punkte desselben).
Es ist nicht nothwendig, dass die auf solche Weise wirkenden Atome elementare Stoffe seien, denn zusammengesetzte Stoffe, wie Cyan, viele Neutralsalze und organische Verbindungen wirken in gleicher Weise.

„Das Ergebniss der Wirkung ist dasselbe, ob wir die Flüssigkeiten einfach mischen, oder aus ihnen wie oben einen VOLTA'schen Kreis bilden.
Mischen wir z. B. ein Äquivalent Cl mit einem Äquivalent SnCl,[2] so wird
Äquivalent SnCl[2] gebildet. Wenn wir, anstatt die Flüssigkeiten zu mischen,
sie in poröse Gefässe thun, die wir in verdünnte Salzsäure stellen, und sie
durch einen Streifen Platin verbinden, so ist das Ergebniss dasselbe, wie
früher, und die Menge der Säure bleibt dieselbe, da sie bloss gedient hat,
die Flüssigkeiten mit einander zu verbinden, und entbehrt werden könnte,
wenn nicht die unvermeidliche Vermischung, welche bei unmittelbarer Berührung der beiden Flüssigkeiten eintreten würde, die Ergebnisse sehr unbefriedigend machen würde. Nehmen wir an Stelle der oben genannten
Lösungen das Proto- und Perchlorid des Eisens, so dauert die Bildung

---

[1] Der Text lautet: „in consequence of the great attraction between the zincous and the
chlorous Atoms of the platina" und ist wahrscheinlich so zu deuten, dass der Verfasser das
Platin als aus polarisirbaren Atomen, wie eine Flüssigkeit, bestehend annimmt.

[2] Der Verfasser schreibt die seiner Zeit gebräuchlichen Äquivalentformeln; SnCl ist Zinnchlorür, SnCl[2] Zinnchlorid.

des Per- und Protochlorids an, bis die Menge dieser Salze in beiden Gefässen gleich wird

Daraus geht hervor, dass das Ergebniss das gleiche sein würde, wie es durch Diffusion hervorgebracht wird

„Die Wirkung ist, wie früher erwähnt, ähnlich bei H und Cl, bei Cl und HO HS HJ KO KS KJ, es wird Wasserstoff- und Metallchlorid gebildet, und das verbundene Radikal wird abgeschieden Dies Gesetz ist allgemein, und gilt für gewöhnliche chemische Reaktionen, hier aber sind die Ergebnisse durch die secundaren Umstande geandert, unter denen die Abscheidung stattfindet So wird kein Sauerstoff entwickelt, wenn Cl zu KO gefügt wird, doch ist dieses Verschwinden des Sauerstoffs ein durchaus secundares Ergebniss, da der Sauerstoff im Augenblicke seiner Bildung in Berührung mit Cl und KO ist, von denen er absorbirt wird unter Bildung von Kaliumchlorat Bei der VOLTA'schen Anordnung kann aber kein solches Resultat entstehen, denn der Sauerstoff ist im Augenblicke seiner Entwicke-lung nicht in Berührung mit Cl, und erscheint deshalb als Gas Ein anderer Unterschied zwischen VOLTA'scher und chemischer Wirkung ist der, dass bei der ersteren Stoffe sich verbinden, welche bei einfacher Mischung ohne Wirkung auf einander sind, wie z B Sauerstoff und Wasserstoff Dies ruhrt aber von der kräftigen Anziehung der Platinmolekeln her, welche auf den Sauerstoff und den Wasserstoff wirken Dadurch wird die Intensität bis zu dem Punkte gesteigert, dass Verbindung eintritt

„Es wird nun ersichtlich, weshalb kein Strom durch die Verbindung einer Säure und eines Alkalis erzeugt werden kann, ist z B Kali mit Salz-säure in Berührung, so haben wir einfach einen Austausch der Elemente, indem K mit Cl sich verbindet, während der befreite Sauerstoff mit dem H der Salzsäure sich verbindet, $\begin{matrix}\text{Cl} & \text{H} \\ \text{K} & \text{O}\end{matrix}$ ⎱Wasser und der Strom ist daher auf die vier Elemente beschränkt, welche in diesem Falle nicht auseinander ge-nommen werden können, dasselbe gilt für Schwefelsäure, indem SO⁴ für Cl gesetzt wird Salpetersäure, Chromsäure und mehrere andere Stoffe können in ganz verschiedenem Sinne wirken Das ganze Atom NO⁶+H ist fähig, wie Cl zu wirken, indem sie sich mit dem positiven Bestandtheil der Verbindung vereinigt, welche damit in Berührung ist, und das Radikal in Freiheit setzt, wie bei der Kette aus Salpetersäure und Kali von BECQUEREL. In diesem Falle aber wird die Säure zu Stickoxyd und -peroxyd reducirt Der Zuwachs der Intensität bei der Anwendung von Kali scheint durch die Verwandtschaft desselben zu einer weiteren Menge Sauerstoff und die Bildung von Kaliumperoxyd verursacht zu sein, welches unmittelbar durch Wasser zersetzt wird, nimmt man Baryt, so wird kein Sauerstoff ent-wickelt

„Die Veränderungen, welche eintreten, wenn organische Stoffe so an-geordnet werden, dass ein Strom gebildet wird, bieten ein interessantes Feld

fur Untersuchungen, und es scheint wahrscheinlich, dass viele als katalytisch
bezeichnete Wirkungen das Ergebniss von Wirkungen solcher Natur sind
Denn es ist nicht nothwendig, dass der die Flussigkeiten verbindende Stoff
ein Metall ist, jeder leitende Stoff wird den gleichen Zweck erfullen, auch
ist es nicht nothwendig, dass der Stoff eine merkliche Grosse hat, denn ein
einzelnes Atom kann eine veranderte Anordnung von Molekeln des Stoffes
hervorrufen, mit dem es in Beruhrung ist, wie in dem Falle von gemischten
Sauerstoff und Wasserstoff das Platin durch die Anziehung seiner Atome,
und diese veranderte Anordnung wird von der Natur des Stoffes abhangen,
welcher die Zersetzung verursacht, indem die Anordnung der Atome, welche
die gewohnlichen Molekeln zusammensetzen, bei beiden ahnlich ist

„„Hieraus wird hervorgehen, dass Volta'sche Wirkung nichts anderes
als chemische ist, die unter besonderen Umstanden stattfindet, welche uns
ermoglichen, viele von den Erscheinungen zu beobachten, zu deren Entstehung
sie Anlass giebt, und welche wir in den gewohnlichen Fallen nicht beobachten konnen, und dass die chemische Wirkung das Resultat der Tendenz
der Molekeln ist, sich in den Gleichgewichtszustand zu begeben, ahnlich wie
das mechanische Krafte thun ""

Wenn man in diesen Auseinandersetzungen die Vorstellung der mechanischen Krafte zwischen den Atomen durch die rationellere der Unterschiede
der freien Energie der Stoffe vor und nach der Reaktion ersetzt, wird man
sie fast durchgangig zutreffend finden   Indessen sind sie, wie schon erwahnt,
ohne alle Wirkung geblieben, und heute, wo die gleichen Fragen behandelt
werden, ergiebt sich, dass die Angelegenheit eben dort wieder aufgenommen
werden muss, wo Arrott sie gelassen hat   Ihre letzte Aufklarung hat auch
sie in der Theorie der elektrolytischen Dissociation gefunden

8 Accumulatoren   Die altere Geschichte der jetzt zu so hoher Bedeutung gelangten secundaren Saulen oder Accumulatoren ist schon gegeben
worden, sie ist wesentlich in den Arbeiten von J W Ritter S 176 enthalten
Inzwischen ist noch die Wippe von Poggendorff und die Thomson'sche Po-
larisationsbatterie zu nennen, welche beide bestimmte Aufgaben mit Hulfe
der Polarisationsstrome zu losen lehrten

Auch die neuere Entwickelung der Sache hat einen rein wissenschaftlichen Ausgangspunkt genommen in einer Arbeit von Gaston Planté uber
das Verhalten der verschiedenen Metalle bezuglich des secundaren Stromes
nach der Polarisation [1] Es ergab sich, dass die grosste Wirkung beim Silber
stattfand, darnach kam das Blei   Uber die Ursache war Planté ganz im
klaren wenn die ubrigen Bedingungen gleich sind, ist der secundare Strom
um so starker, je mehr das gebildete Oxyd gegenuber dem Metall elektronegativ ist   Bei dem Silber findet sich diese Eigenschaft im hochsten Grade
Das durch die Saule gebildete Oxyd dieses Metalls[2] ist elektronegativer als
selbst das Platin

---

[1] Comptes rendus **49**, 402 1859   [2] Es ist Silbersuperoxyd gemeint

„Der stärkste secundäre Strom bei der Anwendung von angesäuertem Wasser wird von Silberelektroden hervorgebracht, nach dem Silber kommt Blei, Zinn, Kupfer, Gold, Platin und Aluminium."

In einer etwas späteren Mittheilung ist dann die Verwendung dieses Ergebnisses zur Construction kräftiger Ladungssäulen enthalten.[1] „Die besondere Untersuchung, welche ich über diese Ströme angestellt habe, hat mir gezeigt, dass die von Bleielektroden in angesäuertem Wasser gelieferte elektromotorische Gegenkraft etwa $2^1/_2$ mal so gross ist, wie die von platinirten Platinelektroden, und $6^1/_2$ mal grösser als die von Elektroden aus gewöhnlichem Platin. Diese elektromotorische Kraft ist, obwohl sie von Platten aus demselben Metall geliefert wird, erheblich grösser als die eines Elements nach GROVE oder BUNSEN, es rührt dies von der grossen Verwandtschaft des Bleisuperoxyds zum Wasserstoff her, welche bereits von DE LA RIVE so glücklich für die Herstellung VOLTA'scher Ketten verwerthet worden ist. Ich habe gefunden, dass der Werth dieser elektromotorischen Kraft sehr nahe gleich 1,5 ist, wenn man die eines BUNSEN'schen Elements zur Einheit nimmt.

„Diese Beobachtungen haben mich veranlasst, eine secundäre Säule zu erbauen, welche wie ich hoffe, den Physikern von Nutzen sein wird. Die, welche ich der Akademie vorzulegen die Ehre habe, besteht aus 9 Elementen, die eine Oberfläche von 10 Quadratmetern haben. Jedes Element ist aus zwei langen und breiten Streifen von Blei gebildet, welche unter Trennung durch ein grobes Gewebe schneckenförmig aufgewickelt sind und in angesäuertes Wasser mit $^1/_{10}$ Schwefelsäure tauchen. Der Hauptstrom, welcher zur Bethätigung dieser Batterie erforderlich ist, hängt von der Art ab, wie die 9 secundären Paare verbunden sind. Sind sie so angeordnet, wie in dem vorgelegten Apparate, dass sie zu drei Elementen von der dreifachen Oberfläche vereinigt sind, so genügen 5 kleine BUNSEN-Elemente, deren ringförmige Zinke 7 cm tief eintauchen, um nach einigen Minuten der Einwirkung einen Funken von aussergewöhnlicher Stärke zu geben, wenn man den Kreis der Batterie schliesst. Der Apparat wirkt genau wie ein Condensator, denn er gestattet, in einen Augenblick die Arbeit zusammenzudrängen, welche die Säule binnen einer gewissen Zeit geliefert hat."

Die ausführliche Darstellung der Ergebnisse PLANTÉ's findet sich in einer Arbeit, welche am 22. Juni der Pariser Akademie eingereicht worden ist,[2] diese bringt einige weitere Angaben über besondere Formen und Anwendungen der Ladungssäule, aber keinen Fortschritt von Belang. Der bereits in der ersten Mittheilung angegebene theoretische Standpunkt, dass die Ursache der Wirkung in der Bildung des Bleisuperoxydes liege, wird etwas eingehender ausgeführt.

Der wesentliche Fortschritt, welchen PLANTÉ über diesen Standpunkt hinaus machte, liegt in der Entdeckung der beträchtlichen Vergrösserung

der Capacität, welche die Bleiplatten nach längerem Gebrauch, d. h. nach
wiederholter Ladung und Entladung annehmen. Die Mittheilungen darüber
sind 1879 in einem besonderen Werke[1] erfolgt, in welchem sich auch weitere
Angaben über die Herstellung solcher secundärer Ketten finden. Die weitere
Entwickelung der Sache, insbesondere die Erfindung FAURE's, durch Überziehen der Bleiplatten mit einem Gemisch von Mennige und Schwefelsäure
von vornherein eine grosse Capacität zu erlangen, haben ausschliesslich
technisches Interesse.

9. Elektromotorische Kräfte zwischen Flüssigkeiten. Abgesehen
von vereinzelten Messungen, welche R. KOHLRAUSCH mittelst eines Condensators anstellte S. 944, rühren die ersten Bestimmungen der elektromotorischen Kraft der Flüssigkeitsketten von L. DU BOIS-REYMOND[2] her. Dieser
war bei Gelegenheit seiner Arbeiten über die elektrischen Erscheinungen im
Thierkörper auf solche Kräfte gestossen, und vermittelst der von ihm ausgebildeten POGGENDORFF'schen Methode S. 650 konnte leicht eine systematische Untersuchung der Verhältnisse in Angriff genommen werden.
DU BOIS-REYMOND begnügte sich zunächst mit einem allgemeinen orientirenden Einblick in das neue Gebiet und veranlasste dann einen seinen Schüler,
JACOB WORM-MÜLLER,[3] zu einer systematischen Untersuchung desselben. Wenn
auch bei diesem ersten Angriff das Gebiet noch keineswegs erobert war, so
wurden doch einige Beziehungen gefunden, welche sich ziemlich allgemein
bewährt haben und welche später ihre theoretische Begründung fanden, so
insbesondere, dass die beobachteten Kräfte ganz wesentlich von der Concentration der benutzten Lösungen abhingen und in arithmetischer Reihe zu-
nahmen, wenn die Verdunnung einer Lösung sich in geometrischer Reihe
änderte. Allerdings waren die elektromotorischen Kräfte der Flüssigkeitsketten in noch höherem Grade als die der gewöhnlichen Ketten nur als
Summen von mehreren Einzelwerthen zu erhalten, und die Zerlegung dieser
Grossen in ihre Summanden konnte nur vermuthungsweise versucht werden.
Leider war WORM-MÜLLER bei der Deutung seiner Zahlen in eine ganz verfehlte Richtung gerathen, indem er annahm, dass das Wasser als Glied der
Flüssigkeitsketten keine elektromotorische Kraft gegen die verschiedenen
Lösungen entwickelt, sondern nur die Lösungen gegen einander. Dadurch
verfehlte er auch die Deutung der zwischen den verschiedenen Lösungen
wirkenden Kräfte. Gegenwärtig wissen wir, dass gerade umgekehrt das
Wasser die grössten Kräfte gegen die Lösungen entwickelt. WORM-MÜLLER
hatte auch seinerseits auf diese Vermuthung kommen können, da er vielfach die Beobachtung machen musste, dass die Ketten, in denen Wasser als
ein Glied vorhanden war, eine sehr veränderliche, von der Beschaffenheit des
Wassers frisch destillirt oder alt abhängige Kraft aufwiesen.

[1] Recherches sur l'electricite. Paris 1879.
[2] REICHERT und DU BOIS-REYMOND, Archiv 1867, 455.
[3] Untersuchungen über Flüssigkeitsketten. Leipzig 1861. — POGG. Ann. 140, 114. 1870.

Was die thermoelektrischen Erscheinungen anlangt, so sind, wie erwähnt, die ersten, welche überhaupt beobachtet worden sind, an den Berührungsstellen zwischen Metallen und Elektrolyten gefunden worden (S 303) Als dann Seebeck S 379 die thermoelektrischen Erscheinungen zwischen Metallen allein und Peltier die Umkehrung derselben, die durch den Strom hervorgebrachten Wärmeerscheinungen an den Grenzflächen, beobachtet hatte, lag es nahe, auch an den Berührungsstellen zwischen verschiedenen Elektrolyten nach ähnlichen Erscheinungen zu suchen   Dass solche vorhanden sind, wurde dann von Wild[1] gezeigt, welcher die thermoelektrischen Vorgänge an der Grenzfläche zweier Elektrolyte nachwies und genauer untersuchte   Die Umkehrung gelang ihm nicht, weder er, noch du Bois-Reymond, der vor ihm[2] den Versuch angestellt hatte, konnte beim Durchleiten eines Stromes durch die Grenzfläche zweier Elektrolyte eine von der Stromrichtung abhängige Wärmeerscheinung beobachten

Die Ursache hiervon lag wesentlich in den viel ungünstigeren Bedingungen dieses Versuches bei den Elektrolyten, welche gleichzeitig eine relativ sehr geringe Leitfähigkeit und grosse Wärmecapacität besitzen, so dass die durch den Widerstand veranlasste Wärmeentwickelung viele Male grösser ist, als die „Peltier-Wärme", und daneben die hervorgebrachte Temperaturänderung viel kleiner   Dass dennoch derartige Wirkungen vorhanden sind, wurde durch Carl Schultz-Sellack[3] nachgewiesen, welcher mit Hülfe von Differentialthermometern das Vorhandensein und den Sinn von Peltier-Wirkungen beobachten konnte   Es wurden sowohl Luftthermometer, wie thermoelektrische Ketten angewendet, doch gelang nur der Nachweis der Wirkung, für eine einigermaassen zuverlässige Messung waren die beobachteten Wirkungen zu klein

10 Photoelektrische Erscheinungen   Vorgänge, bei welchen das Licht elektrochemische Erscheinungen hervorruft, sind zuerst durch Edm Brecquerel, den Sohn von Antoine Becquerel, beobachtet worden   Nach einigen vorläufigen Mittheilungen seit 1839 gab er im Jahre 1843[4] eine genauere Beschreibung seines photoelektrischen Apparates, in der Form, wie er ihn zu seinen weiteren Versuchen beibehalten hat

„Der Apparat, Fig 258, besteht zunächst aus einem länglichen Tisch von 2 bis 3 m Länge, der mit einem getheilten Maassstab versehen ist, längs dessen sich eine quadratische Holztafel mit sehr geringer Reibung verschieben lässt, welche ein Wassergefäss trägt

„Dieses Wassergefäss ist ein Würfel von 1 Decimeter Seite   Darin befindet sich Wasser, welches durch sehr wenig Natriumsulfat oder einige Tropfen Salpeter- oder Schwefelsäure schwach leitend gemacht ist, und in dieses tauchen zwei Platten von Silber, jede 25 qcm gross und von geringer Dicke   Diese laufen in zwei silberne Stäbe aus, die an zwei kupfernen

[1] Pogg Ann 103, 353 1858   [2] Monatsber der Berl. Akad, Juli 1856
[3] Pogg Ann 141, 167 1870   [4] Ann chim phys 9 268 1843

Säulen befestigt sind. Diese Säulen stehen auf der Holztafel und gestatten, die beiden Platten mit den Enden eines sehr empfindlichen Galvanometers mit langem Draht zu verbinden. Vor dem Wassergefäss sind auf der Tafel zwei Schirme angebracht: der eine ist von Kupfer und enthält einen Spalt von 1 cm Breite und der Höhe des Gefässes, der Mitte desselben entsprechend,

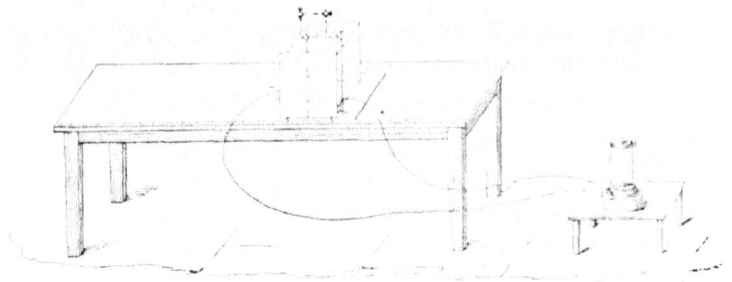

Fig. 258. Nach E. BECQUEREL.

so dass, wenn man Licht auf den Schirm fallen lässt, nur der Theil der Silberplatte unmittelbar hinter der Öffnung erleuchtet wird und die Wirkungen der Strahlung empfängt. Mittelst zweier Platten, welche genähert oder entfernt werden können, wie bei den Diffractionsapparaten, kann der Spalt nach Belieben breiter oder schmäler gemacht werden.

„Der zweite Schirm ist ganz undurchsichtig und weiss bemalt, er steht unmittelbar vor dem ersten, wenn man jede Wirkung der Strahlung aufheben und den Theil des Sonnenspektrums kennen lernen will, welcher auf die Mitte des ersten Schirmes fällt.

„Es ist nothwendig, das Gefäss mit Wasser zu füllen, welches sehr wenig leitet, denn der Versuch lehrt, dass, je besser die Flüssigkeit leitet, um so geringer die Stärke der zu beobachtenden Ströme ist; so kann es geschehen, dass man überhaupt keine Wirkung beobachtet, wenn man zu stark angesäuertes Wasser nimmt.

„Das Actinometer muss in einem vollkommen dunklen Zimmer stehen, in welches das Licht nur durch eine Öffnung im Fensterladen eindringen kann, und es ist am besten, das Galvanometer in einem anderen Zimmer unterzubringen. Nachdem man die Oberflächen der Platten gut gereinigt hat, setzt man eine derselben Joddämpfen aus, bis die Schicht des Jodsilbers gelblich erscheint. Das Jodiren muss so stattfinden, dass nicht das mindeste Licht auf die Platten fällt, und das Innere des Dunkelzimmers muss durch eine sehr entfernt aufgestellte Kerze erleuchtet sein, damit das Jodid nicht beeinflusst wird.

„Sind die Platten jodirt, so stellt man sie in das Wassergefäss, welches an drei Seiten geschwärzt und mit Wasser gefüllt ist, derart, dass eine Platte ihre jodirte Seite dem Spalt im Schirme zuwendet, während die jodirte Seite der anderen Platte gegen eine der schwarzen Seiten des Gefässes gewendet ist, so dass sie nicht das geringste von den chemischen Strahlen erhält, welche die andere Platte beeinflussen. Sind sie an den kupfernen Fäden befestigt, so verbindet man sie mit den Enden eines vorzüglichen Galvanometers mit langem Draht.

„Im ersten Augenblicke entsteht ein ziemlich kräftiger elektrischer Strom, welcher von der Ungleichheit der Platten herrührt, überlässt man aber den Apparat sich selbst, so bleibt die Nadel zuweilen auf Null stehen oder wenige Grade neben dem Nullpunkte. Ist sie nicht auf Null, so bringt man einen kleinen Magnetstab von ferne heran, mit dem man die Lage des astatischen Paares beeinflusst, bis es auf Null zurückgeführt ist ."

Lässt man nun auf die eine Platte des so vorgerichteten Apparates Licht fallen, so zeigt sich ein elektrischer Strom, der mit der Stärke des Lichtes zunimmt und daneben von der Wellenlänge desselben abhängig ist. Auch zeigt sich ein Unterschied, je nachdem man die Platte schon belichtet hatte oder nicht, während auf unbelichtete Platten das rothe Licht nur eine sehr geringe Wirkung hat, wird die Platte, nachdem sie einmal belichtet worden ist, auch gegen Roth empfindlich. BECQUEREL unterschied daher anfangende und fortsetzende Strahlen, doch bezieht sich die beobachtete Erscheinung nicht auf die Beschaffenheit der Strahlen, sondern durch die erste Belichtung ist die empfindliche Schicht eine andere geworden und hat demnach auch andere photoelektrische Eigenschaften erlangt.

In einer späteren Abhandlung[1] theilte BECQUEREL zunächst ein Verfahren mit, um möglichst empfindliche und constante Platten zu erlangen, wobei sich herausstellte, dass je nach der Behandlung der Platten die erzeugten Ströme bald in der einen, bald in der anderen Richtung gingen. Für irgend eine Theorie dieser Erscheinungen ist ein solcher Umstand natürlich eine grosse Schwierigkeit, und so sieht sich auch BECQUEREL ausser Stande, in dieser Beziehung etwas beizubringen.

Dagegen zeigte er, dass die photoelektrischen Erscheinungen sehr allgemein auftreten, es bedarf dazu nicht besonders präparirter Platten, sondern mit hinreichend empfindlichen Messinstrumenten kann man fast immer elektrische Erregungen beobachten, wenn man eine von zwei gleichartigen, in einem Elektrolyten befindlichen Elektroden belichtet. Ähnliche Erscheinungen wurden von GROVE, HANKEL[2] und Anderen beobachtet, so liefern nach GOUY und RIGOLLOT[3] zwei bis zum Rothwerden oxydirte Kupferplatten in verdünnten Lösungen eines Halogensalzes sehr ausgeprägte photoelektrische Erscheinungen, und von MINCHIN[4] ist eine sehr grosse Zahl von Zusammenstellungen untersucht und beschrieben worden, durch welche zum Theil sehr bedeutende Wirkungen entstehen.

Aus diesen Untersuchungen ist so viel klar geworden, dass es sich um eine Veränderung der elektromotorischen Kraft zwischen der Elektrode und

[1] Ann. chim. phys. (3) 32, 176, 1851.   [2] WIED. Ann. 1, 402, 1877.
[3] Compt. rend. 106, 1470, 1888.   [4] Philos. Mag. (5) 31, 207, 1891.

der umgebenden Flüssigkeit handelt. Diese entsteht und verschwindet sehr schnell und wird am grössten in wenig leitenden Flüssigkeiten[1]. Den Versuch einer Theorie dieser Vorgänge hat GOUY[2] gemacht, doch ist hier noch fast Alles von der Zukunft zu erwarten.

11. Zum FARADAY'schen Gesetz. Es ist schon wiederholt bemerkt worden, dass die Erkenntniss der ganzen Tragweite des FARADAY'schen Gesetzes eine Sache langer Arbeit und weitreichender wissenschaftlicher Entwickelung gewesen ist. Während es zuerst wesentlich nur als ein Gesetz aufgefasst wurde, welches die bei der Elektrolyse auftretenden Mengen zersetzter Substanz bestimmt, hat schon FARADAY selbst betont, dass es auch auf die Vorgänge in der VOLTA'schen Kette selbst Anwendung finden musse, und es ergab sich allgemein, dass sämmtliche Elektricitätsbewegungen in einem Elektrolyt durch das Gesetz bestimmt und von ihm abhangig sind.

Für den Fall der Kette lautet das Gesetz dahin, dass bei der Auflösung von einem Äquivalent des positiven Metalls immer die gleiche Elektricitätsmenge entwickelt werden muss, gleichgültig, welches Metall angewendet wird und welche chemische Reaktion im Übrigen stattfindet. Wohlgemerkt handelt es sich hier um die Elektricitätsmenge, nicht um die elektrische Energie, diese letztere tritt aber dem Gesetz zufolge ausschliesslich in dem Werthe der entsprechenden elektromotorischen Kraft auf und hat auf die Elektricitätsmenge keinen Einfluss.

Dieser Theil des FARADAY'schen Gesetzes ist von BERNARD RINALDI[3] in eingehender Weise geprüft und, wie zu erwarten war, bestätigt worden. Da in dieser Arbeit noch mancherlei andere nicht unwichtige Dinge zur Sprache gekommen sind, rechtfertigt sich ein Eingehen darauf. Denn es wurde bei dieser Gelegenheit gleichzeitig ein anderer Punkt berührt, nämlich, ob einem und demselben Elemente verschiedene elektrische Äquivalente zukommen können. So ist das Eisen im Chlorür mit zwei, im Chlorid mit drei Atomen Chlor verbunden. Nach dem FARADAY'schen Gesetz muss es bei seiner Ausscheidung aus dem ersteren zwei, aus dem letzteren drei Äquivalente Elektricität abgeben. Nun scheidet sich aus Eisenchlorid an der Kathode aus schwachen Strömen überhaupt kein Eisen ab, sondern es wird Eisenchlorür gebildet, bei grösserer Stromdichte entsteht auch Eisen. Doch ist hier der Einwand möglich, dass alsdann das Eisen secundär aus zuerst gebildetem Chlorür entstanden sei, und die Frage ist nicht ganz unzweifelhaft beantwortet.

Diese Lücke füllen nun die Versuche von RINALDI dadurch aus, dass er das FARADAY'sche Gesetz nicht für die Ausscheidung, sondern für die Auf-

---

[1] Die stärksten von MISCHIN beobachteten Wirkung finden statt, wenn man als leitende Flüssigkeit organische Stoffe, wie Aceton u. dgl. verwendet, deren Leitfähigkeit äusserst gering ist. Deshalb müssen die Wirkungen auch mit einem Elektrometer beobachtet werden, ein Galvanometer ist nicht anwendbar.

[2] Comptes rendus **107** 837, 1888.　　　[3] Ann. chim. phys. (4) **11** 137, 1867.

losung des Metalls zur Prufung brachte Wenn je nach der Natur des Losungsmittels ein und dasselbe Metall auf die gleiche geloste Menge verschiedene Elektricitatsmengen in Bewegung setzt, so ist der Einwand der secundaren Wirkung (der ohnehin nicht sehr stichhaltig ist) vollig ausgeschlossen und die Moglichkeit bewiesen, dass in der That gleich zusammengesetzte, z B elementare Ionen verschiedene Elektricitatsmengen enthalten konnen, welche naturlich, den chemischen Gesetzen gemass, in einfachen rationalen Verhaltnissen stehen mussen

Die Versuchsanordnung war sehr einfach Ein Porzellangefass, welches der besseren Isolation wegen (uberflussiger Weise) mit Wachs in einem zweiten grosseren befestigt war, enthielt die Kathode von Platin oder Kohle in einer geeigneten oxydirenden Flussigkeit Darin stand das porose Gefass mit der zweiten Flussigkeit, und das zu prufende Metall wurde mittelst der Zange festgehalten und in die Flussigkeit gesenkt Von den beiden Elektroden wurde der Strom in den einen Draht eines Differentialgalvanometers geleitet, durch den anderen Draht ging der Strom eines ahnlich eingerichteten Elementes, in welchem Zink die Anode bildete Dadurch, dass die Metalle mehr oder weniger tief eingetaucht wurden, d. h. durch Veranderung des Widerstandes der Kette, wurden beide Strome gleich stark gemacht, so dass das Differentialgalvanometer keinen Ausschlag gab War der Strom genugend lange geschlossen gewesen, so wurden die beiden Metalle herausgenommen und gewogen Um beim Zink die ortliche Wirkung auszuschliessen, wurde es in eine Losung von Kochsalz gethan, aussen befand sich gewohnlich Salzsaure, so dass sich Wasserstoff an der Kathode entwickelte.

Auf diese Weise ergab sich, dass Kupfer, welches in seinen gewohnlichen Salzen zweiwerthig ist, sich in Chlornatrium und Salzsaure sowie in ammoniakalischen Flussigkeiten als einwerthiges Metall lost Wismuth und Antimon sind dreiwerthig, Zinn je nach dem Losungsmittel zwei- oder vierwerthig

Eisen konnte nicht anders als zweiwerthig gelost werden, auch wenn sich Kaliumchlorat oder -bichromat an der Anode befanden. Wurde etwas gelbes Blutlaugensalz zur Losung gesetzt, so liess sich erkennen, dass auch bei Gegenwart der oxydirenden Flussigkeiten in unmittelbarer Nahe der Kathode immer die Reaktion der Ferrosalze auftrat, das Ferrisalz entstand erst in einiger Entfernung von derselben

Zinn loste sich fast nur zweiwerthig, nur in einer alkalischen Losung von Kaliumnitrat und in Alkalipolysulfiden erwies es sich als vierwerthig Quecksilber wurde von Cyankalium zweiwerthig gelost, von anderen Losungsmitteln einwerthig Tellur ging in Salzsaure zweiwerthig, in Alkalien vierwerthig in Losung

Fur die Deutung seiner Versuche bedient sich RINAULT einer von H BECQUEREL ausgesprochenen Regel, wonach die Zahl der negativen Atome, die in der Verbindung sind, maassgebend fur ihr elektrolytisches Verhalten sein soll, indem durch den gleichen Strom immer so viel Metall ausgeschieden

werden soll, als mit je einem Atom Halogen verbunden ist Zu jener Zeit war
der Ausspruch ziemlich richtig, da man damals noch kaum mehrwerthige
Anionen zu formuliren pflegte, während mehrwerthige Kationen vielfach bekannt
waren. Später hat man einsehen müssen, dass eine solche Regel ebensowenig
haltbar ist, wie eine sich auf die Kationen beziehende es in dieser Form wäre
Die hier vorhandenen Schwierigkeiten liegen nicht in dem elektrochemischen
Theil der Beziehung, denn dieser lautet einfach dahin, dass chemisch äquivalente Mengen gleiche Elektricitätsmengen transportiren Vielmehr liegt die
Schwierigkeit allein auf rein chemischem Gebiete, in der Aufklärung des
Verhältnisses zwischen chemischen Äquivalenten und Atomgewichten Erstere
sind rein erfahrungsmässige Zahlen, die unter anderem ergeben, dass einem
und demselben Element unter Umständen verschiedene Äquivalente zukommen
können, überall aber sind die chemischen Äquivalente identisch mit den
elektrischen Die Atomgewichte dagegen sind hypothetische Grössen, über
sie können die Meinungen getheilt sein und sind es gewesen das Verhältniss des FARADAY'schen Gesetzes zu diesen Zahlen ist also nicht ein durch
die Erfahrung bestimmtes, sondern es muss durch eine Definition mit Rücksicht auf die Definition der Atomgewichte willkürlich festgelegt werden Hält
man diese Voraussetzungen fest, so wird man keine Schwierigkeiten finden,
in den zuweilen etwas verwirrenden Verhandlungen über diese Frage den
richtigen Standpunkt einzunehmen

12 Das Dilemma von LIPPMANN Für den offenbaren Widerspruch,
in welchem die gebräuchlichen chemischen Vorstellungen sich mit den einfachen Thatsachen der elektrolytischen Elektricitätsbewegung befinden, ist
unter anderem die nachstehende Darlegung LIPPMANNS[1] ein Beispiel Sie
liefert den passendsten Übergang zu dem folgenden Kapitel, und man kann
ihr nur den einen Vorwurf machen, dass sie die unvermeidliche Consequenz
nicht gezogen hat, auf welche ihre Erörterungen hinführen

„Es sei eine in einem Glasgefäss enthaltene Wassermenge durch einen
Platindraht mit dem Erdboden in Verbindung gesetzt Wenn man diesem
Wasser eine geriebene Harzstange nähert, so wird die positive Elektricität
des Bodens angezogen und auf der Oberfläche des Wassers ausgebreitet
Da der Platindraht als Eintritts-Elektrode einer Fluth von positiver Elektricität dient, so bekleidet er sich mit Sauerstoffblasen in einer der eintretenden Elektricität proportionalen Menge, dies geschieht wenigstens, wenn man
eine Elektrode von sehr kleiner Oberfläche anwendet, z B eine WOLLASTON-
sche Spitze Die Sauerstoffentwickelung unter diesen Umständen ist übrigens
eine wohlbekannte Thatsache, sie ist namentlich durch Herrn BUFF und
Herrn SORET bestätigt

„Da der Sauerstoff in Freiheit gesetzt worden ist, so muss der mit ihm
verbundengewesene Wasserstoff überschüssig in dem Wasser oder auf dessen
Oberfläche bleiben Dieser der Ladung proportionale Überschuss von Wasser-

stoff bleibt gewissermaassen versteckt, so lange das Wasser elektrisch bleibt,
er entwickelt sich aber im Augenblicke der Entladung

„Es reicht hin, die Harzstange zu entfernen   Die Ladung, die durch
Influenz festgehalten worden war, fliesst durch die Platinspitze in den Boden   Da diese Spitze die Ausfluss-Elektrode einer positiven Elektricitatsfluth
ist, bekleidet sie sich mit Wasserstoffblasen   Der versteckte Wasserstoff kommt also bei der Entladung wieder zum Vorschein, und zwar vollstandig

„Denn nach dem FARADAY'schen Gesetz entwickelt dieselbe Elektricitatsmenge, die beim Eintritt 1 Aq Sauerstoff frei gemacht hat, beim Austritt
1 Aq Wasserstoff

„Da der versteckte Wasserstoff vollstandig wieder erscheinen muss, so
kann man keinen Theil wieder davon entfernen, weder durch Diffusion, noch
durch Oxydation, noch irgend einen physikalischen oder chemischen Vorgang, welcher die elektrische Ladung unverandert lasst   Mit anderen Worten
der versteckte Wasserstoff ist weder verbunden, noch gelost, und dennoch
ist er wirklich da, weil man ihn durch Entfernung der Harzstange in Freiheit setzen kann

„Ubrigens liessen sich die Worte verbunden und gelost nur auf
Wasserstoff anwenden, welcher im Inneren einer gewissen Masse enthalten
ware, hier aber haben wir zum ersten Male, wie es scheint, ein Beispiel
einer anderen Art von materieller Verknupfung   Der versteckte Wasserstoff
ist ganz an der Oberflache des Wassers enthalten, ich meine in dem Theil
des Korpers, in welchem die elektrische Ladung sich ausgebreitet befindet

„In der That kann man jeden Theil der inneren Wassermasse durch
Luft ersetzen, so lange man die Oberflache nicht verandert, andert sich die
elektrische Ladung und folglich auch die Menge des versteckten Wasserstoffes nicht. Man kann also die Masse aushohlen, ohne die Menge des
versteckten Wasserstoffes zu andern, folglich befindet sich dieser an der
Oberflache

„Ebenso enthalt eine entgegengesetzt elektrisirte Wassermasse einen der
elektrischen Ladung proportionalen Uberschuss von Sauerstoff"

Fig. 259. SVANTE ARRHENIUS.

Neunzehntes Kapitel.

Die Theorie der elektrolytischen Dissociation.

1. Allgemeines. Die Elektrochemie ist in dem Jahre 1887 in ein wesentlich neues Stadium getreten, indem in diesem Jahre eine Ansicht aufgestellt worden ist, welche in einem ungeahnten Umfange eine ganze Anzahl von bisher ungelöst gebliebenen Problemen zu erledigen und eine geschlossene Theorie der elektrochemischen Erscheinungen zu entwickeln gestattet hat. Vermöge dieser Theorie sind nicht nur die meisten bisher bekannten Thatsachen des Gebietes in gegenseitigen Zusammenhang und logische Ordnung gebracht worden, sondern eine Reihe noch nicht bekannt gewesener Erscheinungen und Beziehungen konnte durch sie vorausgesehen werden; die Voraussicht hat sich durchgängig an der Erfahrung bestätigt. Wir sind somit in unserer Geschichte in der ungewöhnlich günstigen Lage, nicht nur äusserlich, sondern auch sachlich einen Abschluss des Entwickelungsganges und ein deutliches und ansehnliches Ziel unserer Wanderung aufweisen zu können, indem die meisten und wichtigsten Fragen, die uns bisher beschäftigt haben, ihre befriedigende Lösung finden. Dass damit die ganze wissenschaftliche Angelegenheit selbst nicht abgeschlossen ist, braucht kaum betont zu werden. Die Eigenschaft jeder guten zusammenfassenden und aufklärenden Theorie, dass sie neben der Erledigung einer Anzahl von älteren Problemen eine Fülle von neuen Aufgaben bringt, kommt der hier zu besprechenden Anschauung im höchsten Maasse zu; und so ist die Zeit des Abschlusses der älteren Aufgaben der Elektrochemie auch die Zeit ihrer

lebendigsten Weiterentwickelung geworden. Nur ist der Charakter der Entwickelung gegenwärtig ein ganz anderer geworden. Während die älteren Arbeiten mehr an kühne und mehr oder minder glückliche Streifzüge in unbekanntes Land von unübersehbarer Ausdehnung gemahnen, welche uns zwar mit mancherlei Wundern und Merkwürdigkeiten aus diesem Gebiete bekannt machten, einen Überblick über die ganze Gestalt desselben aber nicht ermöglichten, sind wir jetzt in der Lage, ein allgemeines Bild von der Form und Beschaffenheit des Landes und seines Inhaltes uns machen zu können, und der vom Zufall, Glück und Instinkt abhängige Forschungsreisende — oder Abenteurer — wird durch den systematisch vordringenden Arbeiter ersetzt.

Zu dieser entscheidenden Wendung hat eine ganze Reihe von Umständen mitgewirkt. Ist auch die eben erwähnte neue Auffassung des Zustandes der elektrolytischen Leiter, die wir SVANTE ARRHENIUS verdanken, der Mittelpunkt dieser neuen Entwickelung gewesen, so hatte doch der Fortschritt nicht entfernt der sein können, der wirklich stattgefunden hat, wenn nicht auf einer ganzen Anzahl anderer, für die Sache gleichfalls in Frage kommender Gebiete, insbesondere der Lehre von der chemischen Energie, gleichzeitig Fortschritte von nicht geringem Belang gemacht worden waren. Selten sind die zur Vollendung des „grossen Werkes" erforderlichen Umstände in so kurzer Zeit und unter so günstigen allgemeinen Verhältnissen zusammengetroffen, wie in diesem Falle, und selten hat demgemäss eine wissenschaftliche Frage grossen Umfanges eine so alle Erwartung übersteigende Entwickelung erfahren, wie die Frage nach dem Zusammenhange der chemischen und elektrischen Erscheinungen in der VOLTA'schen Kette.

Bei der Darstellung dieser Entwickelung wird es daher nöthig sein, etwas weiter auszugreifen, und die wesentlichsten Thatsachen aus der neueren allgemeinen Chemie gleichfalls kurz zu erwähnen. Es ist schon mehrfach betont worden, dass die Entwickelung der Elektrochemie in dem Umstande ein wesentliches Hinderniss gefunden hatte, dass die allgemeinen Gesetze der chemischen Vorgänge, soweit sie die dabei stattfindenden Änderungen der Energie und die zu gewinnenden Arbeitsleistungen anlangen, bis in die neueste Zeit unbekannt geblieben waren. Als diese Lücke ausgefüllt worden war, liess auch die Anwendung der gefundenen Gesetze auf die elektrochemischen Vorgänge nicht auf sich warten, und hat alsbald die werthvollsten Früchte gezeitigt.

2. ARRHENIUS' erste Abhandlung. Im Juni 1883 legte SVANTE ARRHENIUS der schwedischen Akademie der Wissenschaften eine Arbeit über die galvanische Leitfähigkeit sehr verdünnter wässeriger Lösungen vor, welche 1883 gedruckt wurde.[1] Das allgemeine Ergebniss der Arbeit war, dass die Lösungen bei grosser Verdünnung ihre Leitfähigkeit sehr nahe proportional dem Gehalt an elektrolytischer Substanz ändern. Bei grösserer Concentration

[1] Bih. K. Svenska Vet. Akad. Handl. 8, No. 13, 1884.

finden hiervon Abweichungen in solchem Sinne statt, dass die Leitfähigkeit weniger schnell zunimmt, als dem steigenden Gehalt entspricht Der Betrag der Abweichung ist bei verschiedenen Stoffen sehr verschieden und bei chemisch ähnlichen Stoffen übereinstimmend Er fasst selbst seine Ergebnisse in die folgenden Sätze zusammen

„1) Die Leitfähigkeit einer elektrolytischen Lösung ist proportional der Menge des gelösten Elektrolyts oder der Zahl der gelösten Molekeln, wenn die anderen Umstände als unveränderlich angesehen werden können

„2) Sind zwei oder mehrere Salze in demselben nichtleitenden Lösungsmittel aufgelöst, so ist die Leitfähigkeit der Lösung gleich der Summe der Leitfähigkeiten, welche die Lösung besitzen würde, wenn einmal nur das eine Salz, das andere Mal das andere allein aufgelöst wäre

„3) Die Leitfähigkeit einer verdünnten Salzlösung ist gleich der Summe der Leitfähigkeiten der Salzlösung, indem das Lösungsmittel als nichtleitend betrachtet wird, plus der eigenen Leitfähigkeit des Lösungsmittels" Dieser Satz ist besonders wichtig, um die stets vorhandene eigene Leitfähigkeit des Lösungsmittels, z B des Wassers, die meist von der Gegenwart anderer Elektrolyte herrührt, von denen es sehr schwer völlig zu befreien ist, in Rechnung zu bringen Er ist anfangs mehrfach angezweifelt worden, hat sich aber in der Folge als im Wesentlichen stichhaltig erwiesen

„4) Wenn bei der Verdünnung einer Lösung die Leitfähigkeit sich nicht proportional dem Gehalt ändert, so muss nothwendig ein chemischer Vorgang in der Lösung durch den Zusatz des Lösungsmittels stattfinden

„5) Sind zwei Stoffe gleichzeitig gelöst, und findet der Satz 2 keine Anwendung, so muss ein chemischer Vorgang zwischen den beiden Stoffen stattgefunden haben "

Besondere Verhältnisse zeigten sich bei den sehr verdünnten Lösungen der starken Säuren und Basen, denn hier nähert sich das Verhältniss zwischen Leitfähigkeit und Gehalt die molekulare Leitfähigkeit nicht einem grössten Grenzwerthe, sondern nimmt bei sehr grossen Verdünnungen wieder ab Arrhenius führte mit Recht diese Erscheinungen auf Vorgänge zwischen dem gelösten Stoffe und den im Wasser vorhandenen Verunreinigungen zurück

Weiter wird der Vorgang der elektrolytischen Leitung den üblichen Ansichten gemäss als mit einer Reibung zwischen den Ionen des Elektrolyts und dem Lösungsmittel verbunden angesehen, und aus einer Betrachtung der hierbei maassgebenden Umstanden werden die folgenden weiteren Sätze abgeleitet

„7) Der Widerstand einer elektrolytischen Lösung ist um so grösser, je grösser die innere Reibung ist

„8) Der Widerstand einer elektrolytischen Lösung ist um so grösser, je complicirter die Ionen sind

„9) Der Widerstand einer elektrolytischen Lösung ist um so grösser, je grösser das Molekulargewicht des Lösungsmittels ist "

Von diesen Sätzen ist der letzte wahrscheinlich mit den Thatsachen im Widerspruch, da die Leitfähigkeit sehr verdünnter Lösungen in Aceton grösser ist, als die der entsprechenden wässerigen Lösungen

Diese Sätze dienen nur dazu, die Veränderlichkeit der Leitfähigkeit zu erklären, welche die Elektrolyte mit veränderlicher Verdünnung zeigen Zu diesem Ende betrachtet Arrhenius die gelösten Zustände als zum grösseren oder geringeren Theil aus complexen Molekeln bestehend, indem er sich auf eine Darlegung in Fittica's Handwörterbuch der Chemie[1] stützt, in welcher für diese Annahme einige Gründe angegeben werden, die man heute allerdings als wenig bindend anerkennen würde Je complexer der gelöste Stoff ist, um so schlechter muss er leiten, andererseits ist es eine ganz gerechtfertigte Annahme, dass die Complexität mit steigender Verdünnung geringer wird, wobei die Leitfähigkeit den Beobachtungen gemäss zunimmt Dies wird in folgenden Sätzen ausgesprochen

„10) Die Complexität einer Salzlösung ist um so grösser, je leichter die Bestandtheile des Salzes Doppelverbindungen bilden

„11) Die wässerigen Lösungen aller Elektrolyte enthalten den gelösten Elektrolyten mindestens theilweise im Zustande molekularer Complexe.

„12) Verdünnt man die Lösung eines normalen Salzes, so nähert sich die Complexität asymptotisch einer unteren Grenze

„13) Die Grenze, der sich die Complexität eines gelösten normalen Salzes bei äusserster Verdünnung annähert, ist für alle normalen Salze vom gleichen Grade Wahrscheinlich wird diese Grenze erst erreicht, wenn die Salze sich in einfache Molekeln zertheilt haben, wie sie durch die chemische Molekularformel dargestellt werden "

Wie man aus diesen Darlegungen sieht, ist bei Arrhenius bereits der Grundgedanke vorhanden, dass die Zunahme der molekularen Leitfähigkeit mit steigender Verdünnung das Zeichen für einen Vorgang ist, der an und mit dem Elektrolyten stattfindet Nur suchte er ihn in entgegengesetzter Richtung, als er sich später herausgestellt hat Nicht der Übergang complexer Molekeln in einfache, sondern der Übergang der einfachen Molekeln in ihre Theilstücke oder Ionen hat sich als der bestimmende Grund erwiesen Dass Arrhenius damals jene Ansicht haben konnte, liegt zum Theil daran, dass Mittel zur Bestimmung der Molekulargrösse gelöster Stoffe noch nicht bekannt waren, denn die erste Arbeit von van't Hoff über den Gegenstand erschien erst zwei Jahre später Gleichzeitig ersieht man hieraus, welchen grossen Einfluss die Auffindung dieser Mittel auf die Entwickelung rationeller Ansichten über den Zustand gelöster Elektrolyte haben musste, in der That ist später gerade auf diesem Wege der Gedanke der elektrolytischen Dissociation entstanden

Unmittelbar auf diesen ersten, experimentellen Theil seiner Arbeit liess Arrhenius einen theoretischen folgen, in welchem ein neuer wichtiger Ge-

danke auftritt, der des Zusammenhanges zwischen elektrischer Leitfähigkeit und chemischer Reaktionsfähigkeit. Zwar hatte schon
HITTORF (S. 866) auf den hier vorhandenen Zusammenhang hingewiesen,
doch war erst ARRHENIUS in der Lage, ihn zahlenmässig zu verfolgen, und
den Satz von der Proportionalität der beiden auszusprechen.

Zunächst beginnt ARRHENIUS damit, für den auch ihm offenbar nicht
ganz befriedigend erscheinenden Begriff der Complexität der gelösten Elektrolyten einen anschaulicheren zu entwickeln. Er weist zu diesem Zwecke
auf die Verhältnisse beim Ammoniak hin, wo man in der Lösung ein Gemisch von Ammoniak, NH^3, und Ammoniumhydroxyd, NH^4OH, annehmen
könne. Das erste ist als Nichtleiter, das andere als Elektrolyt anzusehen,
und da die Menge des Hydroxyds mit steigender Verdünnung zunehmen
muss, so muss dies auch die molekulare Leitfähigkeit thun.

Von den Säuren, die damals bezüglich ihrer Leitfähigkeit bekannt waren,
verhält sich die Essigsäure ganz ähnlich wie das Ammoniak. Über diese
wird bemerkt: „In welcher Beziehung sich die beiden Antheile der leitende
oder aktive und der nichtleitende oder inaktive von einander unterscheiden,
bleibt aufzuklären. Wahrscheinlich ist der aktive Theil wie beim Ammoniak
eine Verbindung des inaktiven Stoffes mit dem Lösungsmittel. Oder es mag
der Unterschied zwischen dem aktiven und dem inaktiven Theil in rein
physikalischen Eigenschaften bestehen, wie weiter unten gezeigt werden soll."
Die Stelle, auf welche hier verwiesen wird, enthält folgende Überlegung.
Alle elektrolytisch leitenden Theile müssen des doppelten Austausches fähig
sein, den sich ARRHENIUS den damaligen Ansichten entsprechend so vor-
stellte, dass die sich austauschenden Molekeln einen geschlossenen Kreis
bilden müssen, worauf die gegenseitige Umwechselung der Theilmolekeln
stattfinden kann. Wenn nun ein Elektrolyt auf solche Art constituirt ist,
dass in einer gegebenen Zeit nur ein Theil $\frac{1}{n}$ desselben an solcher Bewegung theilnehmen kann, so ist offenbar der Coefficient seiner Aktivität
gleich $\frac{1}{n}$. Es ist also nicht nöthig, dass ein chemischer Unterschied zwischen
den beiden Antheilen bestehe.

ARRHENIUS' Vorstellungen über den Vorgang des doppelten Austausches
und der davon abhängigen elektrolytischen Leitung sind interessant kennen
zu lernen, da sie der Punkt sind, in welchem später seine eigene Entwickelung eingesetzt hat. „Wenige Hypothesen sind von der wissenschaftlichen Welt so allgemein angenommen, wie die von WILLIAMSON und CLAUSIUS.
Diese Hypothese nimmt bekanntlich an, dass eine elektrolytisches Molekel in
einer Lösung in zwei Ionen getheilt ist, welche frei beweglich sind, wenn
auch kein Strom durch die Lösung geht. Wenn aber das Kation der einen
Molekel in die Nachbarschaft des Anions einer anderen gelangt, so können
sich die beiden Ionen verbinden, worauf das Anion der ersten Molekel und
das Kation der zweiten, wenn sie sich nicht mit einander verbinden, zwischen

die anderen Molekeln hineinwandern, bis sich jedes mit dem entgegengesetzten Ion verbindet In diesem Falle werden neue Ionen frei und setzen den Vorgang fort

Nun wollen wir die Folgerungen aus dieser Hypothese entwickeln Alle Ionen sind mit einer gewissen Menge Elektricität verbunden, die Anionen mit negativer, die Kationen mit positiver Aus Symmetriegründen[1] sind diese Mengen für alle Ionen gleich gross Wenn sich nun das Kation einer Molekel mit dem Anion einer anderen, und das Kation dieser mit dem Anion einer dritten verbindet u s f, so kann der Vorgang nur dadurch schliessen, dass das Kation der letzten Molekel sich mit dem Anion der ersten verbindet oder mit einem von diesem in Freiheit gesetzten Anion Natürlich geschieht dies alles so schnell, dass man annehmen kann, dass das erste Kation sich mit dem zweiten Anion in demselben Augenblicke verbindet, wo das letzte Kation an das erste Anion tritt Während dieser Vorgang stattfindet, hat sich offenbar eine gewisse Menge Elektricität die mit einem Ion verbundene in einer geschlossenen Linie bewegt Wir wollen die beschriebene Erscheinung einen Kreisstrom nennen In einem Elektrolyt finden demnach bestandig Kreisströme statt

„Indessen konnte man vermuthen, dass die Kreisströme aufhören mussen, weil man nicht annehmen darf, dass der Widerstand gegen diese Strome gleich Null ist, namentlich, wenn man den Widerstand als ein Reibungshinderniss gegen die Bewegung der Ionen auffasst Dennoch geschieht dies nicht, weil, wenn die Energie des Kreisstromes durch den Widerstand vermindert wird, diese sich in Wärme verwandelt, d h die Temperatur der Lösung wird höher Wenn man nun wie gewöhnlich annimmt, dass die gesammte Energie das Streben hat, dass ein bestimmter Bruchtheil derselben als Bewegung der Ionen vorhanden ist (wie dies Hr Clausius annimmt), so wird sich bald ein beweglicher Gleichgewichtszustand herstellen, welcher dadurch gekennzeichnet ist, dass der Energieverlust der Kreisströme in einer gewissen Zeit durch eine gleiche Energiemenge compensirt wird, die aus der Umwandlung der gesammten Energie herstammt "

Aus diesen Darlegungen ersieht man besonders deutlich, welche Schwierigkeiten für eine wirklich befriedigende Analyse der Erscheinungen die beiden stillschweigend angenommenen Hypothesen von dem Zusammenhang der Ionen und von der kinetischen Natur der Wärme machen, wenn man sie vollständig durchführen will Auch hat es nicht an Widerspruch gegen diese Darstellung von Arrhenius gefehlt, doch fällt ein solcher sicherlich weniger den gezogenen Schlüssen, als der Beschaffenheit der Ausgangspunkte zur Last

Aus seinen Betrachtungen leitet Arrhenius nun die elektrolytischen Gesetze ab, indem er insbesondere die Nothwendigkeit des Faraday'schen

---

[1] Dieser Satz kann strenger bewiesen werden, was im folgenden Paragraphen geschehen wird

Gesetzes nachweist, wenn man das Gesetz, dass niemals freie positive oder negative Elektricität allein erzeugt werden kann, voraussetzt. Ferner zieht er den wichtigen Schluss „Jeder Stoff, welcher durch doppelte Zersetzung chemisch auf einen Elektrolyten einwirkt so dass dessen Ionen getrennt werden), ist gleichfalls eine Elektrolyte, und dasselbe sind die Produkte der Umsetzung" Auch dieser Satz ist vielfach angezweifelt worden, gegenwärtig ist er in so vielen Fällen bewiesen worden, dass an seiner allgemeinen Gültigkeit kein Zweifel bestehen kann

Was nun die Hauptfrage, den Zusammenhang zwischen der Leitfähigkeit und der chemischen Affinität oder Reactionsfähigkeit der Elektrolyte anlangt, so spricht Arrhenius den Satz aus „Die molekulare Leitfähigkeit des aktiven Antheils einer Säure in verdünnter Lösung ist constant und unabhängig von der Natur der Säure"

Dieser Satz enthält einen falschen und einen richtigen Bestandtheil. Der Beweis beruht auf der falschen Voraussetzung, dass die Wanderungsgeschwindigkeit des Anions der Säure in unbegrenzter Verdünnung unabhängig von dessen Natur ist. Der Irrthum welcher indessen später auch von Anderen begangen worden ist war dadurch entstanden, dass man anfangs fast nur Salze mit einfachen anorganischen Anionen untersucht hatte, deren Wanderungsgeschwindigkeiten von einander wenig verschieden sind. Als später eine grössere Zahl von Fällen zur Kenntniss gelangte, musste man sich überzeugen, dass es sich hier bloss um eine Annäherung handelt und dass die Wanderungsgeschwindigkeiten gesetzmässig verschieden sind. Der obenstehende Satz muss daher umgeformt werden in Die molekulare Leitfähigkeit des aktiven Antheils einer Säure ist konstant und gleich der Summe der Wanderungsgeschwindigkeiten des Anions und des Wasserstoffs. Aus diesem Satze ergeben sich alsbald die weiteren von Arrhenius ausgesprochenen Folgerungen „Je besser die verdünnte Lösung einer Säure leitet, um so grösser ist ihr aktiver Antheil", und unter Anwendung der Betrachtung, dass nur der aktive Antheil des doppelten Austausches fähig ist „Eine Säure ist um so stärker, je grösser ihr Aktivitätscoefficient ihre molekulare Leitfähigkeit) ist" Derselbe Satz gilt auch für Basen

Diese weitreichenden Schlussfolgerungen konnte Arrhenius seinerzeit nur auf wenige Thatsachen stützen, da damals nur fünf oder sechs Säuren gleichzeitig in Bezug auf ihre Leitfähigkeit und auf ihre chemische „Stärke" untersucht waren. Doch hat er sich in der Zukunft mit einer geringen Abänderung, welche auf dem eben angegebenen Umstande beruht als vollkommen richtig bewahrt, derart, dass gegenwärtig die elektrische Methode alle anderen für diesen Zweck verdrängt hat. Der Nachweis dieser Beziehung in einer grösseren Anzahl von Fällen über dreissig wurde unmittelbar nach der Veröffentlichung von Arrhenius' Arbeit durch W. Ostwald geführt [1]

---

[1] Journ. f. prakt. Chemie 30. 39 1884

An diese grundlegenden Ansichten knüpft ARRHENIUS nun eine Ableitung der allgemeinen Gleichgewichtsverhältnisse zwischen Elektrolyten, die wir hier trotz ihres wissenschaftlichen Werthes nicht vollständig wiedergeben, da sie sich viel mehr auf chemische, als auf elektrische Fragen bezieht

Nur einige Bemerkungen, welche sich in der Folge auch als für die uns hier beschäftigenden Aufgaben wesentlich herausgestellt haben, sollen Erwähnung finden So insbesondere die, dass bei sogenannten unlöslichen Stoffen immer eine bestimmte, wenn auch noch so geringe Löslichkeit vorausgesetzt werden muss, woraus sich das erfahrungsmässig für die entsprechenden heterogenen Gleichgewichte aufgestellte Gesetz, dass die wirksame Menge unlöslicher Stoffe konstant ist, unmittelbar ergiebt Ferner hat ARRHENIUS betont, dass der Aktivitätscoefficient der gelösten Stoffe von der Verdünnung in verschiedenem Maasse abhängig ist, und dass deshalb ein constantes Verhältniss der Affinitätsgrössen z B zweier Säuren nicht bestehen kann Vielmehr muss, da alle Säuren bei unendlicher Verdünnung schliesslich vollkommen aktiv werden, das Verhältniss der Aktivität und daher das der Affinität zweier Säuren sich um so mehr der Einheit nähern, als die Verdünnung grösser wird Auch dieser Satz und der entsprechende, dass alle Säuren bei maximaler Verdünnung gleich stark werden müssen, hat in der Folge durchaus Bestätigung gefunden Die Kühnheit seiner Aufstellung ist um so bemerkenswerther, als die zu jener Zeit vorliegenden Thatsachen nur wenig zu seiner Unterstützung beitrugen und die aus diesen Thatsachen gezogenen Anschauungen weit von solchen Schlüssen entfernt waren Auch in diesem Falle ergaben Versuche, welche W OSTWALD anstellte, um möglichst „starke" Säuren ausfindig zu machen,[1] dass es wirklich ein Maximum für die Stärke der Säuren giebt, und dass eine Vereinigung aller Umstände, die für die Beförderung der Stärke bekannt waren, keine weitere Steigerung über dies Maximum hinaus (das bei der Salz- und Salpetersäure nahezu erreicht ist) nicht zu bewerkstelligen vermochte

Endlich beschäftigt sich ARRHENIUS noch mit der bereits von HESS beobachteten und von allen späteren Thermochemikern wiedergefundenen Thatsache, dass für viele Säuren und Basen die Wärmeentwickelung bei der Neutralisation in verdünnter Lösung den gleichen Werth, unabhängig von der Natur der Säure und der der Base, hat „Der Einfachheit wegen wollen wir die Wärmeentwickelung bei der Umwandlung eines Stoffes aus dem aktiven Zustande in den inaktiven die Aktivitätswärme dieses Stoffes nennen

„Verbindet sich nun eine Säure mit einer Basis, beide als vollkommen aktiv vorausgesetzt, so darf man diesen Vorgang als die Verdrängung einer schwachen Säure des Wassers aus ihrem Salze (dem basischen Hydrat) durch eine starke Säure ansehen Wenn daher das Wasser vollkommen aktiv wäre wie die Salze der starken Säure und des Wassers, so würde die

[1] Journ f prakt Chemie 30, 255. 1884

Neutralisationswärme des Wassers (als Säure betrachtet gemäss der eben ausgesprochenen Hypothese gleich der der starken Säure sein Das heisst, es wurde keine Wärmeentwickelung stattfinden Verwandelt sich nun das vollkommen aktive Wasser in inaktives, so wird seine Aktivitätswärme frei gemacht. Thatsächlich muss man annehmen, dass unmittelbar nach seiner Bildung das Wasser vollkommen aktiv ist, denn es bildet sich durch das Zusammentreffen seiner Ionen H und OH, die mit Bewegung behaftet sind Die Aktivität geht indessen augenblicklich verloren und es entsteht gewöhnliches, fast inaktives Wasser Auf diese Weise wird bewiesen, dass die Neutralisationswärme bei dem Übergange einer Säure und einer Basis, die vollständig aktiv sind, in Wasser und ein gewöhnliches Salz nichts als die Aktivitätswärme des Wassers ist "

Auch mit dieser Betrachtung hat ARRHENIUS wesentlich das Rechte getroffen, und wie verschieden auch sich in der Folge die Auffassung des Neutralisationsvorganges entwickelt hat, das ist doch geblieben, dass es sich hierbei um einen Vorgang handelt, an dem das gebildete Wasser entscheidend betheiligt ist und nicht das Anion der Säure und das Kation der Basis

Schliesslich soll die allgemeine Bemerkung gemacht werden, dass bereits in dieser ersten Arbeit sich die grosse Bedeutung ankündigt, welche die Untersuchung der elektrischen Verhältnisse für die Beurtheilung der chemischen Vorgänge inzwischen gewonnen hat Was seinerzeit von BERZELIUS erfolglos angestrebt worden ist, die Entwickelung einer elektrochemischen Affinitätslehre, hat hier seine wissenschaftliche Unterlage gewonnen, und es sind zur Zeit bereits gegründete Aussichten vorhanden, dass das Gebiet dieser Beziehungen weit über das der gewöhnlich so genannten Elektrolyte hinausreichen wird, da in letzter Linie jeder nicht metallisch leitende Stoff als Elektrolyt im weiteren Sinne aufzufassen ist

3 Prüfung und Bestätigung Die beiden Abhandlungen von ARRHENIUS erregten, da ihr Verfasser noch völlig unbekannt war und dem behandelten Gegenstande zu jener Zeit von der Mehrzahl der Forscher wenig Interesse entgegengetragen wurde, nur geringe Aufmerksamkeit und fanden, wo man sie beachtete, keinen besonders freundlichen Empfang An einer Stelle indessen war das Gegentheil der Fall

Seit einer Reihe von Jahren hatte W OSTWALD[1] sich mit der Frage beschäftigt, wie die sogenannte Affinitätsgrösse oder die chemische Verwandtschaft der verschiedenen Stoffe zu messen sei, und seine Arbeiten hatten sich aus experimentellen Gründen wesentlich auf Säuren bezogen Dabei hatte er gefunden, dass für die verschiedenartigsten Wirkungen dieser Stoffe bestimmte Coefficienten maassgebend sind, welche von der Natur der stattfindenden Reaktion unabhängig und für die verschiedenen Säuren charakteristisch sind. Ob die Wirkung der Säuren in der Zersetzung gelöster oder in der Auflösung unlöslicher Salze, in der Inversion des Zuckers, der Ver-

---

[1] Journ f prakt Chemie 18. 385 1877

seitung der Ester oder Amide sich aussert, immer findet sie nach Maassgabe bestimmter „Affinitatscoefficienten" statt, welche sich somit als wichtige Grossen allgemeinsten Charakters herausstellten

Die Messung solcher Affinitatscoefficienten war ursprunglich ungemein muhsam, mit seinen ersten Bestimmungen an drei oder vier Sauren hatte Ostwald etwa ein halbes Jahr zugebracht Wenn auch spater andere Methoden gefunden wurden, durch welche die Ergebnisse weit schneller erhalten werden konnten, so war doch dem Satze von Arrhenius gegenuber, dass die Affinitatscoefficienten der elektrischen Leitfahigkeit der betreffenden Losungen proportional seien, ein doppeltes Interesse vorhanden Einmal konnte die Bedeutung der gefundenen Coefficienten auf ein neues und unerwartetes Gebiet ausgedehnt werden, sodann aber war, wenn sich die Beziehung bestatigte, ein ungemein ausgiebiges Mittel zur Messung dieses Coefficienten gegeben, durch welches die Kenntniss dieser Werthe sich sehr bedeutend erweitern liess

Ostwald beeilte sich demgemass, die Gultigkeit jener Beziehung zu prufen, das Ergebniss war eine glanzende Bestatigung der Theorie von Arrhenius, wie aus der nachstehenden ersten Mittheilung[1] uber den Gegenstand hervorgeht

„Da nach dem Faraday'schen Gesetz jedes elektrolytische Atom unabhangig von seiner Natur eine gleiche Elektricitatsmenge transportirt, so ist das Leitungsvermogen fur Elektricitat, eine gleiche Zahl von elektrolysirbaren Molekulen vorausgesetzt, nur abhangig von der Geschwindigkeit, mit welcher die Ionen den Transport ausfuhren Diese aber hangt wieder, der von Clausius entwickelten Theorie der Elektrolyse gemass, wesentlich von der Fahigkeit der Elektrolyte ab, ihre Ionen auszutauschen Von dieser Fahigkeit wird nun auch die Geschwindigkeit der chemischen Reaktionen bedingt In meinen Studien zur chemischen Dynamik[2] habe ich gezeigt, dass die Geschwindigkeiten irgend welcher unter dem Einfluss von Sauren verlaufender Reaktionen unter einander proportional sind, so dass sie durch eine bestimmte Eigenschaft jeder speciellen Saure bedingt erscheinen, welche ich ihre Affinitatsgrosse genannt habe, es liegt somit der Schluss nahe, dass die Reaktionsgeschwindigkeiten dem elektrischen Leitungsvermogen der Sauren proportional sind

„Zur experimentellen Prufung dieser Anschauung habe ich seit einem halben Jahre Vorarbeiten gemacht, die indessen durch andere Arbeiten vielfach unterbrochen wurden Inzwischen ist durch eine Ideenreihe, die auf anderem Wege zu einem gleichen Resultat fuhrt, Hr Svante Arrhenius zu ahnlichen Versuchen geleitet worden und hat dieselben, sowie eine aus ihnen entwickelte, sehr beachtenswerthe Theorie der chemischen Verwandtschaft in zwei Abhandlungen veroffentlicht[3] Dem Autor dieser Abhandlungen, die

[1] Journ f prakt Chemie 30, 39 1884

[2] Journ f prakt Chemie (2) 27, 1 1883, 28, 149 1883.

[3] Bihang till K Svenska Vet Akad Handl 8, No 13 u 14 1884

zu dem Bedeutendsten gehören, was auf dem Gebiete der Verwandtschaftslehre publicirt worden ist, kommt nicht nur die Priorität der Publikation,
sondern auch die der Idee zu, denn obwohl mir die Wahrscheinlichkeit von
Beziehungen zwischen den Affinitätsgrössen und den Leitungsfähigkeiten seit
der Veröffentlichung von Kohlrausch's grundlegenden Arbeiten über die
letzteren nahegetreten war, habe ich die oben mitgetheilten Überlegungen
erst machen können, nachdem ich die allgemeinen Gesetzmässigkeiten der
Geschwindigkeiten chemischer Reaktionen erkannt hatte, d h seit etwa
einem halben Jahre Nun ist aber die Arbeit von S Arrhenius bereits am
6. Juni 1883 der schwedischen Akademie vorgelegt worden, veröffentlicht
wurde sie, wie es scheint, etwa im Mai dieses Jahres, zu meiner Kenntniss
gelangte sie im Juni dieses Jahres, als der Verfasser die Freundlichkeit hatte,
sie mir zuzuschicken

„Ich gebe diese Einzelnheiten, um, indem ich die Unabhängigkeit meiner
Bestrebungen auf diesem Gebiete von Arrhenius' Arbeiten darlege, nicht in
den Schein einer unmotivirten Prioritätsreklamation zu gerathen Andererseits ist aber die Angelegenheit bedeutend genug, um die Veröffentlichung
meinerseits inzwischen angestellter Versuche zu rechtfertigen, durch welche
das nicht eben erhebliche Vergleichsmaterial welches dem schwedischen
Forscher zu Gebote stand, sehr betrachtlich erweitert wird Ich hebe gleich
hervor, dass die Proportionalität zwischen dem elektrischen Leitungsvermögen
und den Constanten der Geschwindigkeit chemischer Reaktionen sich in
weitem Umfange bestätigt hat, so dass die Bestimmung des ersteren sich den
Methoden der Affinitätsbestimmung gleichwerthig anreiht

„Meine Versuche habe ich an normalen Säurelösungen nach der vor-
zuglichen Methode von Kohlrausch[1] mit den Wechselströmen eines kleinen
Inductoriums und dem Telephon ausgeführt Da es sich um vergleichende
Messungen handelt, benutzte ich als constanten Vergleichswiderstand in dem
einen Zweige der Wheatstone-Kirchhoff schen Anordnung ein mit verdünnter
Salzsäure gefülltes Widerstandsgefäss von gleicher Grösse wie das, welches
die zu untersuchenden Flussigkeiten aufnahm, dadurch wurde gleichzeitig der
Einfluss der Temperatur auf Fehler zweiter Ordnung herabgemindert Die
Bestimmungen sind im Übrigen nur vorläufige, die ich durch genauere
zu ersetzen beabsichtige, sowie ich in den Besitz der erforderlichen
feineren Messinstrumente gelangt sein werde, sie können Fehler von 3 bis
5 Procent ihres Werthes enthalten Immerhin ist diese Genauigkeit bei
Weitem ausreichend, um die fragliche Beziehung über jeden Zweifel zu
erheben

„In der nachfolgenden Tabelle habe ich das Leitungsvermögen der angegebenen Säuren unter I verzeichnet, indem das der Salzsäure = 100 gesetzt
wurde Unter II sind die Geschwindigkeitsgrössen verzeichnet, welche ich
bei der Katalyse des Methylacetats durch dieselben Säuren erhalten habe,

---

[1] Wied Ann 11, 653. 1880

unter III die entsprechenden Werthe für die Inversion des Rohrzuckers. Eine Übereinstimmung, wie sie die drei Reihen bieten, habe ich selbst nicht erwartet, dieselbe ist wohl geeignet, jeden Zweifel an der Bedeutung der Affinitätsgrössen zu heben.

	I	II	III
1　Salzsäure, HCl	100	100	100
2　Bromwasserstoff, HBr	101,0	98	111
3　Salpetersäure, HNO^3	99,6	92	100
4　Äthylsultonsäure, $C^2H^5 SO^2OH$	79,9	98	91
5　Isäthionsäure, $C^2H^4OH SO^2OH$	77,8	98	92
6　Benzolsulfonsäure, $C^6H^5 SO^2OH$	74,8	99	104
7　Schwefelsäure H^2SO^4	65,1	73,9	73,2
8　Ameisensäure, HCOOH	1,68	1,31	1,53
9　Essigsäure, $CH^3 COOH$	0,424	0,345	0,400
10　Monochloressigsäure, $CH^2Cl COOH$	4,90	4,30	4,84
11　Dichloressigsäure, $CHCl^2 COOH$	25,3	23,0	27,1
12　Trichloressigsäure, $CCl^3 COOH$	62,3	68,2	75,4
13　Glycolsäure, $CH^2OH COOH$	1,34	—	1,31
14　Methylglycolsäure, $CH^2 OCH^3 COOH$	1,76	—	1,82
15　Äthylglycolsäure, $CH^2 OC^2H^5 COOH$	1,30	—	1,37
16　Diglycolsäure, $O(CH^2 COOH)^2$	2,58	—	2,67
17　Propionsäure, $C^2H^5 COOH$	0,325	0,304	—
18　Milchsäure, $C^2H^4OH COOH$	1,04	0,90	1,07
19　β-Oxypropionsäure, $C^2H^4OH COOH$	0,606	—	0,80
20　Glycerinsäure, $C^2H^3(OH)^2 COOH$	1,57	—	1,72
21　Brenztraubensäure, $C^2H^3O COOH$	5,60	6,70	6,49
22　Buttersäure, $C^3H^7 COOH$	0,316	0,300	—
23　Isobuttersäure, $C^3H^7 COOH$	0,311	0,286	0,335
24　Oxyisobuttersäure, $C^3H^6OH COOH$	1,24	0,92	1,06
25　Oxalsäure, $(COOH)^2$	19,7	17,6	18,6
26　Malonsäure, $CH^2(COOH)^2$	3,10	2,87	3,08
27　Bernsteinsäure, $C^2H^4(COOH)^2$	0,581	0,50	0,55
28　Äpfelsäure, $C^2H^3OH(COOH)^2$	1,34	1,18	1,27
29　Weinsäure, $C^2H^2(OH)^2(COOH)^2$	2,28	2,30	—
30　Traubensäure, $C^2H^2(OH)^2(COOH)^2$	2,23	2,30	—
31　Brenzweinsäure, $C^3H^6(COOH)^2$	1,08	—	1,07
32　Citronensäure, $C^3H^4(OH)(COOH)^3$	1,66	1,63	1,73
33　Phosphorsäure, $PO(OH)^3$	7,27	—	6,21
34　Arsensäure, $AsO(OH)^3$	5,38	—	4,81

„Bedenkt man, dass weder die Temperatur, noch die Verdünnung bei den drei verglichenen Versuchsreihen dieselbe war, so darf man die Übereinstimmung der drei Reihen, deren Unterschiede im Übrigen ganz gesetzmässig verlaufen, wohl befriedigend nennen.

„In Bezug auf die weitgehenden Consequenzen, welche aus diesem Ergebniss gezogen werden können, muss ich auf die oben citirten Arbeiten von S. Arrhenius verweisen. Auch findet sich wohl in Zukunft Gelegenheit, auf die Verschiedenheit der Vorstellungen einzugehen, welche der genannte Forscher und ich uns von der Natur der chemischen Verwandtschaft machen."

In einer etwas später veröffentlichten Arbeit[1] wurden diese Ergebnisse durch genauere Messungen bestätigt und auf verschiedene Verdunnungen erweitert. Die Einzelheiten brauchen nicht wiedergegeben zu werden, da sie durch spätere Untersuchungen uberholt worden sind, von allgemeinen Ergebnissen seien die folgenden erwähnt.

Zunächst fand sich, dass bei den schlechter leitenden Sauren die molekulare Leitfähigkeit annähernd proportional der Quadratwurzel aus der Verdunnung zunahm. Fur einzelne Falle hatte bereits Kohlrausch diese Beziehung bemerkt, hier trat sie allgemein auf. Ferner stellte es sich heraus, dass vollig entsprechend den Ansichten von Arrhenius ein Maximum der Leitfähigkeit der Sauren vorhanden ist, welches von keinem Stoffe uberschritten wird. Auch ergaben sich deutliche Anzeichen, dass dieser Maximalwerth nahezu der gleiche war, dem auch die anderen Sauren zustrebten, was gleichfalls der Theorie von Arrhenius entspricht. Die Verhältnisse mehrbasicher Sauren wiesen deutliche Abweichungen auf, uber welche indessen erst bei späteren Arbeiten Klarheit geschafft wurde.

Die Gesetzmassigkeit, nach welcher sich die molekulare Leitfähigkeit der Sauren mit der Verdunnung ändert, bildete dann den Gegenstand einer dritten Mittheilung,[2] deren Einleitungsworte sind „Der unerwartet grosse Wechsel, welchen die Reaktions- und die dieser proportionale elektrische Leitfähigkeit schwacher Sauren bei zunehmender Verdunnung zeigt, scheint die Bedeutung der von mir nach verschiedenen Methoden ubereinstimmend gefundenen Affinitäts- oder Reaktionswerthe der Sauren auf ein ziemlich geringes Maass herabzudrucken. Denn wenn auch die Gultigkeit dieser Zahlenwerthe fur die Reaktionsfähigkeit unabhängig von der besonderen Art der Reaktion bestehen bleibt, und diese somit unzweifelhaft das messen, was man die Affinität oder Starke der Sauren nennt, so kann doch der Charakter von Naturconstanten nicht ferner Werthen beigelegt werden, die unter Umstanden bei wachsender Verdunnung sich wie 1 zu 100 andern.

„Die Frage nach den Gesetzen, welchen die Reaktions- oder was dasselbe ist, die elektrische Leitfähigkeit der Sauren unterliegt, musste daher erheblich vertieft werden, insbesondere muss es erforscht werden, ob nicht der Einfluss der Verdunnung, der bald so uberaus gross, bald sehr gering ist, sich nicht selbst gesetzmassig darstellen lässt. Ich hoffe nun zeigen zu konnen, dass derartige Gesetze vorhanden sind. Es hat sich ergeben, dass der Einfluss der Verdunnung auf die Leitfähigkeit der verschiedensten Sauren durch eine und dieselbe Function ausgedruckt wird, dergestalt, dass die Natur der Saure eine Constante darin bestimmt. Diese Constante lässt sich aus einer einzigen Beobachtung ableiten, und durch sie ist die jedem Verdunnungsgrade zugehorige Leitfähigkeit im Voraus gegeben."

Die fragliche Gesetzmassigkeit ergab sich folgendermaassen. Zunächst wurde an einer grosseren Zahl starker Sauren nachgewiesen, dass ihre

---

[1] Journ. f. prakt. Chemie 30, 225, 1884.   [2] Ibnda 31, 433, 1885.

molekulare Leitfähigkeit sich bei steigender Verdünnung einem Maximum nähert, welches für die verschiedenen Säuren nahezu dasselbe ist. Ob die Werthe wirklich völlig gleich sind, wurde unentschieden gelassen, in der Folge hat es sich herausgestellt, dass eine Gleichheit nicht stattfindet, sondern nur eine ziemlich grosse Annäherung. Die schwachen Säuren vermehren sämmtlich ihre molekulare Leitfähigkeit schnell mit steigender Verdünnung und zwar immer in der Weise, dass die Zunahme der Leitfähigkeit für gleiche Verhältnisse der Steigerung der Verdünnung um so geringer wird, je grösser die Leitfähigkeit schon selbst ist. ,Aber noch weit enger sind die Beziehungen zwischen den verschiedenen Säuren. Dem Werth 1,76, welchen Ameisensäure bei 2 Liter zeigt, kommt der der Buttersäure bei 32 Liter, 1,81 nahe. Die weiteren Werthe sind

Ameisensaure			Buttersaure		
2 Liter		1,76	32 Liter	.	1,81
4 ,,		2,47	64 ,,	.	2,56
8 ,		3,43	128 ,,	.	3,59
16 ,		4,80	256 ,,		5,04
32 ,,	.	6,63	512 ,,	.	7,02
64 ,,	.	9,18	1024 ,	.	9,74
128 ,		12,6	2048 ,,		13,4
256 ,,		17,0	4096 ,,	.	18,0
512 ,,		22,4	8184 ,,	.	23,8
1024 ,,		29,0	16384 ,,	.	31,5

„Beide Reihen verlaufen vollkommen parallel, indem die Werthe für Buttersäure immer um etwa 5 Procent grösser sind. Ameisensäure und Buttersäure haben also stets nahezu gleiches molekulares Leitvermögen, wenn letztere 16 mal verdünnter ist, als erstere.

„Versucht man, diese Beziehungen auf die anderen Säuren gleichfalls anzuwenden, so gelingt dies ohne Schwierigkeiten, wir kommen somit zu dem Schlusse, dass die Verdünnungen, bei denen die molekularen Leitfähigkeiten der einbasischen Säuren gleiche Werthe haben, stets in constanten Verhältnissen stehen. . Betrachtet man die Logarithmen der Verdünnungen und die zugehörigen molekularen Leitfähigkeiten als Coordinaten einer Curve, so erscheinen die den einzelnen Säuren zugehörigen Züge als Theile einer und derselben Curve, welche allen Säuren gemeinsam ist. Nur muss, um den Anschluss der einzelnen Säuren zu bewirken, der Anfangspunkt auf der Axe der Logarithmen der Verdünnungen für jede Säure besonders gewählt werden. . Dies Ergebniss ist identisch mit dem eben gefundenen, denn wenn gleiche Werthe der Leitfähigkeit verschiedener Säuren sich bei gleichen Verhältnissen der Verdünnungen ergeben, so müssen die Logarithmen der Verdünnungen constante Unterschiede zeigen. Da es sich hier ohne Zweifel um ein Naturgesetz von allgemeiner Beschaffenheit handelt, von dem nach meinen bisherigen Erfahrungen an 90 bis 100 einbasischen Säuren keine Ausnahme vorhanden ist, so liegt der Gedanke nahe, dass die fragliche Curve sich durch einen verhältnissmässig einfachen analytischen Ausdruck müsse darstellen lassen Meine Bemühungen, denselben zu finden, haben indessen bisher zu keinem Erfolg geführt, welcher mich befriedigt"

Auf die angestellten Versuche in dieser Richtung braucht nicht eingegangen zu werden Die zu jener Zeit vorliegenden Beobachtungen waren durch eine stetig wirkende Fehlerquelle getrübt, welche zwar an sich nicht bedeutend war,[1] aber die Eigenschaft besass, beständig zunehmend Abweichungen von den wahren Werthen zu verursachen, so dass hierdurch das richtige Bild einseitig verzerrt wurde Während so zwar die allgemeinen Verhältnisse der Leitfähigkeit der Säuren, insbesondere deren Abhängigkeit von ihrer Natur und Zusammensetzung, in einem weiten Umfange sich aufklären liessen,[2] blieb die Frage nach dem wahren Verdünnungsgesetz ungelöst [3]

4 Die Theorie der Lösungen In diesem hoffnungsvollen Anfange der Neuentwickelung der elektrochemischen Beziehungen waren zwei dunkle und schwierige Punkte geblieben, von deren Aufklärung der weitere Fortschritt abhängig war Einmal waren die Betrachtungen, durch welche sich ARRHENIUS den so tiefgreifenden Unterschied zwischen den leitenden oder aktiven und den nichtleitenden oder inaktiven Molekeln zu verdeutlichen suchte, wenig befriedigend, und verlangten dringend eine Verbesserung Andererseits erwies sich bei jedem neu untersuchten Stoff das „Verdünnungsgesetz" für die Leitfähigkeit der Säuren als immer zutreffend, und die Frage nach einem rationellen Ausdruck dafür und seine Beziehung auf anderweit bekannte Thatsachen musste nothwendig beantwortet werden, ehe hier an einen erheblichen Fortschritt zu denken war

Beide Aufgaben sind bald darauf gelöst worden, und zwar nicht nur diese beiden Aufgaben, sondern auch noch viele andere, die uns bereits früher auf anderem Gebiete entgegengetreten waren Es geschah dies durch J H VAN'T HOFF's Theorie des osmotischen Druckes

Seit dem Anfange des Jahrhunderts ist die Thatsache bekannt, dass beim Übereinanderschichten verschieden concentrirter Lösungen desselben Stoffes sich dieser entgegen der Schwere aus den unten liegenden concen-

---

[1] Sie lag in einem geringen Ammoniakgehalt des zu den Verdünnungen benutzten Wassers

[2] Journ f prakt Chemie 32, 300 1885

[3] Es ist dem Verfasser wohl erinnerlich, dass er bei seinen Bemühungen, eine fragliche Formel zu finden, auch den jetzt als richtig erkannten Ausdruck versucht hat, und er mit Grund der bekannten Thatsache, dass die Leitfähigkeit zuerst proportional der Quadratwurzel aus der Verdünnung und nachher langsamer bis zu einem Maximum wächst ziemlich nahe liegt Die oben erwähnte Fehlerquelle verursachte aber regelmässige und stetig zunehmende Abweichungen, so dass die Formel verworfen wurde Als später die richtige Formel mit theoretischer Grundlage entwickelt wurde, wollte es ein günstiges Geschick, dass in dem inzwischen bezogenen neuen Wohnorte des Verfassers sich ein Wasser erhalten liess welches von diesem Fehler fast frei war, und dass gleichzeitig mit der besseren Theorie auch bessere Messungen erhalten wurden, die sich einander gut anschlossen

tieten Schichten in die höher befindlichen verdünnteren begiebt, und dass
diese Bewegung nicht eher aufhört, als bis eine vollständig gleichförmige
Vertheilung des gelösten Stoffes eingetreten ist. Stört man diese Bewegung durch Einschaltung einer Zwischenwand, welche dem Durchtritt
des gelösten Stoffes Hindernisse in den Weg stellt, so macht sich ein
Druck auf die Wand geltend. Namentlich in den Zellen der Pflanzen und
Thiere sind solche Erscheinungen bemerkbar, und die Frage nach den Verhältnissen der von dieser ungleichen Bewegung des Lösungsmittels und der
gelösten Stoffe herrührenden Erscheinungen, welchen man den Namen der
osmotischen gab, hat die Botaniker und Physiologen um so mehr beschäftigt, als man ihre Bedeutung für die im Organismus zu Stande kommenden Vorgänge nicht nur nicht verkannt, sondern zu Zeiten sogar ein wenig
überschätzt hatte.

Im Jahre 1877 machte die experimentale Seite der Angelegenheit durch
die Arbeiten des Botanikers WILHELM PFEFFER, damals in Bonn, einen wichtigen Fortschritt. Während die von den älteren Forschern in diesem Gebiete ausgeführten Untersuchungen sich immer auf Scheidewände bezogen
hatten, die zwar Lösungsmittel und gelösten Stoff mit verschiedener Leichtigkeit durchliessen, aber schliesslich doch für beide durchgängig waren,
hatte PFEFFER feste Scheidewände hergestellt, welche nur dem Lösungsmittel
den Durchgang gestatten, für den gelösten Stoff aber eine ebenso undurch-
dringliche Schicht darstellen, wie eine Wand von Glas oder Metall. Es
gehörte einige Kühnheit dazu, eine solche Möglichkeit auch nur anzunehmen, und nur die in dieser Beziehung ganz unzweideutigen Erscheinungen
im lebenden Organismus, in welchen solche Stofftrennungen durch dünnste
Zellhäute sich sehr häufig nachweisen lassen, konnten zu Versuchen in dieser
Richtung ermuthigen. Dadurch, dass er zwei Lösungen, die sich gegenseitig unter Bildung eines Niederschlages von colloider Beschaffenheit fallen,
in den Zwischenräumen eines Gefässes aus porösen Thon zusammentreffen
liess, gelangte er zu solchen halbdurchlässigen Schichten.[1] So hat eine
auf solche Weise erzeugte Schicht von Ferrocyankupfer die Eigenschaft, von
einer wässerigen Zuckerlösung zwar das Wasser, nicht aber den Zucker
durchtreten zu lassen, und innerhalb solcher Schichten machen sich die von
den gelösten Stoffen herrührenden oder osmotischen Drucke in ihrem
ganzen Betrage geltend.

Stellt man nämlich eine mit solchen Scheidewänden versehene osmotische
Zelle, die Zuckerlösung enthält, in reines Wasser und verschliesst sie mit
einem Manometer, so nimmt man wahr, dass das Manometer bald einen
Druck anzeigt, welcher langsam zunimmt und schliesslich bei einem ganz
bestimmten Werthe stehen bleibt. Die auf diese Weise entstehenden Drucke
sind von auffälliger Grösse, eine einprocentige Zuckerlösung giebt z. B. etwa
⅔ Atmosphären. Sie rühren unzweifelhaft von dem gelösten Körper her,

---

[1] Die erste Herstellung der „Niederschlagsmembranen" und der Nachweis ihrer Undurch-
lässigkeit für bestimmte Stoffe rührt von TRAUBE her.

denn sie sind erstens der Concentration desselben proportional, und andererseits können sie vom Wasser nicht herrühren, denn das Wasser vermag in solchen Zellen überhaupt keinen dauernden Druck auszuüben, da die Zellen Wasser durchfiltriren lassen, wenn man sie mit reinem Wasser füllt, und dieses unter Druck setzt

Die Erscheinung war zur Zeit ihrer Entdeckung für die Physiker ganz unverständlich PFEFFER theilte seine Beobachtungen R CLAUSIUS mit, erregte aber keinen Glauben bei ihm, und als er ihn schliesslich veranlasst hatte, sich die Versuche selbst anzusehen, war ein schweigendes Kopfschütteln alles, was CLAUSIUS zur Sache äusserte [1] Auch blieben in der weiteren Zeit diese Beobachtungen den Physikern und Chemikern meist ganz unbekannt, und PFEFFER verfolgte sie nur nach der physiologischen Seite, nachdem er sie nach der physikalischen soweit durchgearbeitet hatte, als er dessen für seine Zwecke bedurfte

Durch ein zufälliges Gespräch auf einem gemeinsamen Spaziergange mit seinem botanischen Collegen DE VRIES, der sich gleichfalls vom physiologischen Standpunkte aus mit den Spannungserscheinungen in Pflanzenzellen beschäftigte, wurde VAN 'T HOFF auf die hier vorliegenden merkwürdigen Thatsachen aufmerksam gemacht Ihm traten sie vor allen Dingen als physikalische Erscheinungen gegenüber, und er suchte ihre allgemeinen Beziehungen festzustellen Diese fand er in der Analogie zwischen dem gelösten und dem gasförmigen Zustande

Dass zwischen beiden eine Ähnlichkeit besteht, war schon zu wiederholten Malen ausgesprochen worden, zunächst ziemlich unbestimmt, bestimmter unter Anderen von HORSTMANN [2] in dem Satze, dass wegen der übereinstimmenden Form der Gesetze des chemischen Gleichgewichts bei Gasen und bei gelösten Stoffen die Entropiefunction bei beiden die gleiche Gestalt haben müsse Von diesen allgemeinen Äusserungen war aber zu der bestimmt formulirten Anschauung VAN'T HOFF's noch ein wesentlicher Schritt zu thun, der in der Auffassung des osmotischen Druckes als einer dem Gasdrucke wesensgleichen Grosse lag

Auf die Entwickelung dieses Gedankens und den Nachweis, dass thatsächlich unter Benutzung des osmotischen Druckes sich für jeden gelösten Stoff eine Gleichung zwischen dem osmotischen Druck, dem Volum und der Temperatur aufstellen lässt, welche nicht nur der Form nach mit der Gasgleichung $pv = RT$ übereinstimmt, sondern, was noch viel wichtiger ist, in welcher die Constante R für die gleiche Stoffmenge in der Lösung denselben Werth hat, wie für den Gaszustand, [3] kann hier nicht näher eingegangen werden Nach dem, was eben über die freie Energie gesagt worden ist, liegt

---

[1] Persönliche Mittheilung in den Vort — Später hat sich CLAUSIUS allerdings genauer geäussert doch ist er nie näher auf diese Dinge eingegangen

[2] LIEBIG's Ann 170, 205 1873

[3] Die Einzelheiten dieser wichtigen Entdeckung können nachgesehen werden in des Verfassers Lehrb der Allgem Chemie 2 Aufl I 651 u ff

die Bedeutung dieses Fortschrittes auf der Hand Während früher die von
einem chemischen Vorgange leistbaren Arbeitsbetrage nur für den gasförmigen Zustand berechenbar waren, ermöglichte die Theorie van't Hoff's
die Anwendung derselben Formeln auf gelöste Stoffe, und gestattete so
unmittelbar die elektromotorischen Kräfte für die Vorgänge zwischen solchen
zu berechnen Beispielsweise ergiebt die Berechnung des Unterschiedes der
freien Energie des gelösten Salzes für den Durchgang der Elektricitätsmenge
Eins durch eine Concentrationskette (S. 1002) unmittelbar die elektromotorische Kraft derselben, ohne dass man der Kenntniss des Dampfdruckes oder
einer anderen Eigenschaft der Lösungen bedarf [1]

5 Eine Schwierigkeit Indessen entstand der Lösungstheorie von
van't Hoff alsbald eine sehr erhebliche Schwierigkeit Während eine grosse
Anzahl von Stoffen sich ohne Widerspruch den mannigfaltigen Gesetzen
fügten, welche sich aus der sachgemässen Anwendung der Theorie des osmotischen Druckes auf die an den Lösungen stattfindenden Vorgänge, insbesondere die des Gefrierens und Verdampfens, ergaben, zeigte sich eine
Reihe von Stoffen widerspenstig, und zwar in einem Sinne, welcher von
dem bisherigen Standpunkte nicht vorausgesehen werden konnte Die auf-
fälligste Gesetzmässigkeit nämlich, die sich aus der Theorie des osmotischen
Druckes ergeben hatte, war die folgende Bei Gasen ist bekanntlich, wenn
man chemisch vergleichbare oder „molekulare" Mengen derselben der Betrachtung unterzieht, die Constante R der Gasgleichung von der Art des
Stoffes unabhängig Daraus ging hervor, dass auch bei Lösungen die
Zahlenwerthe gewisser Grössen (die durch die Constante R bestimmt sind)
für äquimolekulare Mengen der gelösten Stoffe von deren Natur unabhängig
werden müssen So muss beispielsweise der Einfluss, den der gelöste Stoff
auf den Gefrierpunkt der Lösung hat, für äquimolekulare Mengen verschiedener Stoffe gleich gross sich erweisen Dies traf in vielen Fällen zu,
in anderen, und zwar sehr wichtigen, aber nicht, die Ausnahmen betrafen
zumeist die bekanntesten Stoffe, wie die Salze und Säuren der anorganischen
Chemie Wären diese Ausnahmen solche gewesen, wie sie bei manchen
organischen Stoffen auftraten, dass nämlich die aus den Beobachtungen zu
berechnenden Molekulargewichte zu gross gewesen waren, so hatte die
Sache keine besondere Schwierigkeit gemacht, sie erwiesen sich aber zu
klein, und das war weniger leicht zu erledigen Zu grosse Molekulargewichte war man nämlich lange gewohnt gewesen, sie kommen verhältnissmässig häufig vor, und hatten ihre Erklärung durch die Annahme einer
molekularen Condensation, einer Verbindung mehrerer Molekeln zu einer
einzigen erhalten Zu kleine Molekulargewichte liessen sich aber auf diese Art
freilich nicht erklären, und van't Hoff half sich vorläufig formal dadurch, dass

[1] In dem angeführten und allen ähnlichen Fällen wird allerdings die Frage etwas durch
die Dissociation des gelösten Salzes verwickelt insofern die aus dem Molekulargewicht berech-
te noch mit einem Faktor zu versehen ist, doch macht dieser Umstand keine
prinzipielle Schwierigkeit

er die Constante R in der Gasgleichung $pv = RT$ mit einem Coefficienten i versetzte, so dass letztere die Gestalt $pv = iRT$ annahm

6 Andere Zeichen der Zeit Während durch die oben geschilderte Arbeit von ARRHENIUS, dem damals völlig unbekannten jungen Physiker, nach langer Pause der erste namhafte theoretische Fortschritt in der Auffassung der elektrochemischen Erscheinungen eingeleitet worden war, regte sich das Interesse an diesen Dingen auch an anderen Orten In besonders deutlicher Gestalt trat ein solches an das Tageslicht, als im Jahre 1885 durch OLIVER LODGE an die British Association for the Advancement of Science ein Bericht über den wissenschaftlichen Zustand der Frage von der Elektrolyse erstattet wurde, und auf eine Anregung desselben Physikers hin ein „Electrolysis-Committee" gegründet wurde, welches das vorhandene Material auf dem Gebiete sammeln, wichtige Fragen lösen und die ganze Angelegenheit nach Möglichkeit fördern sollte In den folgenden Jahren ist dies Committee wiederholt zusammengetreten und hat einen lebhaften Briefwechsel mit verschiedenen Gelehrten unterhalten, von einem bestimmten Erfolg dieser Thätigkeit kann aber kaum die Rede sein Es ist dies nur ein Beweis dafür, dass sich zwar vorgeschriebene Messungen, Catalogisirungen oder ähnliche Arbeiten mit festem Programm auf solche Weise organisiren lassen, nicht aber Entdeckungen und wissenschaftliche Fortschritte, die von neuen Gedanken abhangen Solche werden immer der schöpferischen Thätigkeit Einzelner überlassen bleiben müssen Auch hat sich den Mitgliedern dieser Vereinigung, zu der die namhaftesten Physiker Englands gehören, inzwischen offenbar diese Wahrheit gleichfalls aufgedrängt, da sie in den letzten Jahren nicht mehr zusammengetreten ist, und auch eine begonnene Thätigkeit in Bezug auf die Sammlung und Zusammenstellung der in dies Gebiet schlagenden Arbeiten, die mit solchen Mitteln ganz wohl ausführbar ist, aufgegeben oder aufgeschoben hat

7 Die Theorie der freien Ionen Der interessanteste Theil aus der Thätigkeit des Electrolysis-Committee für unsere Geschichte ist ein Brief, welchen ARRHENIUS im Anfang des Jahres 1887 an den Schriftführer desselben, OLIVER LODGE, gerichtet hat,[1] und der die erste Nachricht über den fundamentalen Gedanken enthält, durch welchen ARRHENIUS die letzte Entwickelung der Elektrochemie begründet hat

„In dem Folgenden beabsichtige ich mitzutheilen, dass ich eine Methode gefunden habe, um das Dissociationsverhältniss oder den Aktivitätscoefficienten eines Stoffes zu bestimmen Aus Ihren letzten Arbeiten vermuthe ich, dass Sie ein besonderes Interesse an dieser Frage nehmen werden

„In einer ungemein geistreichen und wichtigen Abhandlung, die neulich in den Verhandlungen der schwedischen Akademie veröffentlicht worden ist, hat VAN'T HOFF gezeigt, dass, wenn eine Gramm-Molekel eines beliebigen

---

[1] Sixth Circular des British Association Committee for Electrolysis May 1887

Stoffes gleichförmig in einem gegebenen Raume vertheilt ist, sei es als Gas, oder gelöst in einer Flüssigkeit, er auf die Wände des Raumes den gleichen Druck ausübt, welches auch die Natur des Körpers und des Lösungsmittels und der leere Raum als solches betrachtet) sei

„Dies Gesetz ist auf den von RAOULT bezüglich der Erniedrigung des Gefrierpunktes erhaltenen Zahlen begründet, und befindet sich in voller Ubereinstimmung mit der Erfahrung, auch beruht es auf starken theoretischen Beweisen Nachdem ich die Beweise untersucht habe, kann ich kaum irgend einen Zweifel an der Gültigkeit dieses Gesetzes haben

„Eigenthümlicherweise treten aber für ein Lösungsmittel, nämlich Wasser, sehr bedeutende Ausnahmen auf der Druck ist grosser, als das obige Gesetz verlangt Doch giebt es einen analogen Fall, wenn der Stoff gasförmig ist, nämlich den Fall des Jods (ebenso des Broms und Chlors) bei hoher Temperatur Dies wird einwandsfrei dadurch erklärt, dass man die Jodmolekeln als bei höherer Temperatur dissocirt ansieht

„Dementsprechend ist es natürlich, anzunehmen, dass die Stoffe, welche zu grosse Drucke in wässerigen Lösungen geben, gleicherweise dissocirt sind

„Andererseits war ich im Jahre 1883 durch den Umstand, dass die molekulare Leitfähigkeit sehr verdünnter Lösungen sich einem bestimmten Werthe nähert, zu dem Schlusse geführt, dass bei unbegrenzter Verdünnung alle Elektrolyte in einfachere (aktivere) Molekeln zerlegt werden Nach der WILLIAMSON-CLAUSIUS'schen Hypothese werden die Ionen der aktiven Molekeln als frei von einander betrachtet mit anderen Worten, aktive Molekeln sollen in ihre Ionen dissocirt sein Wird diese Hypothese gemacht, so muss für jede verdünnte Lösung das Dissociationsverhältniss gleich dem Verhältniss der vorhandenen molekularen Leitfähigkeit zu der Leitfähigkeit bei unendlicher Verdünnung, d h zu dem Maximum der molekularen Leitfähigkeit sein

„Geht man von dieser Hypothese aus, so kann man nun das Verhältniss des Druckes eines Elektrolyts zu dem Drucke bestimmen, welchen er ausüben würde, wenn er nicht dissocirt wäre Dieses Verhältniss nennt VAN'T HOFF i, und es kann leicht aus RAOULT's Zahlen berechnet werden Stimmen die beiden berechneten Werthe überein, so wird es sich zeigen, ob unsere Hypothese richtig ist Ich habe diese Rechnung gemacht, und hier sind die Zahlen für 1 g des Stoffes, gelöst in 100 g Wasser

„Die erste Spalte giebt die aus RAOULT's Daten berechnete Zahl, die zweite Spalte die aus der Leitfähigkeit berechnete. Die in der Tabelle aufgeführten Zahlen sind $1 + (n - 1)\alpha$, wo α der Aktivitätscoefficient und n die Zahl der Ionen in der Molekel ist, i B 3 für $BaCl^2$, 3 für H^2SO^4, 2 für $NaOH$ oder HCl u s w

(Tabelle siehe Seite 1111)

„Die mit C bezeichneten Zahlen in der ersten Spalte rühren nicht von RAOULT her, sondern von älteren Versuchen RÜDORFF's Die Zahlen der zweiten Spalte sind berechnet nach OSTWALD für Säuren und Basen, nach

KOHLRAUSCH für die meisten Salze, für einige auch nach LONG, GROTRIAN,
KLEIN und OSTWALD Für die besser leitenden Salze mögen die Zahlen um
10 bis 15 Procent falsch sein, da vielfach Inter- und Extrapolation erforderlich war Für schlechterleitende Salze sind die möglichen Fehler kleiner,
und für die Säuren und Basen ist er höchstens 5 Procent Über die Genauigkeit von RAOULT's Zahlen bin ich nicht im Klaren, ein Fehler von
5 bis 10 Procent erscheint möglich Besonders zu bemerken ist, dass die
Leitfähigkeiten bei 18° oder 25° gemessen worden sind, die Gefrierpunkts-
erniedrigungen um 0° Mit Rücksicht auf diese Umstände erscheinen mir
die Zahlen ziemlich übereinstimmend, ausgenommen die neun, welche mit
einem ' versehen sind Von diesen sind zwei ältere von RAOULT und die
übrigen gedenke ich nachzuprüfen Ich werde voraussichtlich im nächsten
Jahre an diese Arbeit gehen können Das Verhalten der Kieselfluorwasser-
stoffsäure ist aus ihrer theilweisen Dissociation nach OSTWALD in SiO^2 und
$6HFl$ erklärlich

I Nichtleiter			III Säuren					
						KNO^3	1 67	1 81
						$NaNO^3$	2 82	1 82
Methylalkohol	0,94	1,00	HCl	1 98	1,90	$AmNO^3$	1 73	1 81
Äthylalkohol	0,94	1 00	HBr	2,03	1 94	$KC^2H^3O^2$	1 86	1 83
Propylalkohol	0,93	1,00	HI	2,03	1 94	$NaC^2H^3O^2$	1 73	1 74
Glycerin	0,92	1 00	$HFSiF^6$	2 46	1 75	HCOOK	1 90	1 83
Mannit .	0,97	1,00	HNO^3	1,94	1,92	$AgNO^3$	1 60	1 86
Invertzucker	1,04	1,00	$HClO^3$	1,97	1,91	$KClO^3$	1 78	1 83
Milchzucker	0,98	1,00	$HClO^4$	2,09	1,94	K^2CO^3	2 26	2 38
Rohrzucker	1 00	1,00	H^2SO^4	2 06	2 19	Na^2CO^3	2 18	2 22
Phenol .	0,84	1,00	H^2SeO^4	2 10	2 31	K^2SO^4	2 11	2 33
Chloral	1,02	1,00	H^2PO^4	2,32	1 24	Na^2SO^4	1 91	2 24
Aceton	0,92	1,00	H^2SO^3	1 03	1 28	Am^2SO^4	2 00	2 17
Äther	0 90	1,00	H_2S	1 04	1 00	K^2CO^4	2 45	2 32
Äthyl-Acetat	0,96	1,00	HIO^3	1 30	1 73	$BaCl^2$	2 65	2 54
Acetamid	0,96	1,00	PHO^3	1 20	1 46	$SrCl^2$	2 76	2 50
			BHO^4	1,11	1 10	$CaCl$	2 70	2 50
			HCN	1 03	1,00	$CuCl^2$	2 58	—
			Ameisensäure	1 04	1 03	$ZnCl^2$	—	2 40
II Basen			Essigsäure	1 03	1 01	Ba_2NO^6	2 11	2 15
			Buttersäure	1 01	1 01	Sr_2NO^3	2 25	2 25
$BaHO^2$	2,69	2,67	Oxalsäure	1 25	1 49	Ca_2NO^3	2 02	2 35
$SrHO^2$	2,61	2,72	Weinsäure	1 05	1 11	Pb_2NO^3	2 02	2 68
$CaHO^2$	2,59	2,49	Äpfelsäure	1 08	1 07	Cu_2HPO^4	1 68	1 66
$LiHO$	2,02	1,83	Milchsäure	1 04	1 03	$MgCl^2$	2 41	2 49
$NaHO$	1,96	1,88				H_2Cl^2	1 11	1 05
KHO	1 91	1 93	IV Salze			$CdFl^2$	2 6	0 94	1 56
$TlHO$	1 79	1,90	KCl	1,82	1 86	Cd_2NO^6	2 32	2 46
Me^4NOH .	1,99	—	NaCl	1 90	1 82	$CdSO^4$	0 75	1 35
Et^4NOH	—	1 92	LiCl	1 90	1 73	$MgSO^4$	1 04	1 40
NH^3	1,03	1 01	AmCl	1 88	1 84	$FeSO^4$	1 00	1 55
$MeNH^2$	1,00	1,03	KI	1 90	1 92	$CuSO^4$	0 97	1 55
$EtNH^2$	1 00	1 04	KBr	1 90	1 92	$ZnSO^4$	0 98	1 38
$PhNH^2$	0 83	1,00	KCN	1 74	1 88			

„Ich glaube daher, dass man nun sagen kann, dass die meisten Elektrolyten in massiger Verdunnung erheblich dissociirt sind. Beispielsweise.

LiOH	94 Procent	Essigsaure nur etwa	1 Procent
NaOH	88 „	KCl	86 „
KOH	93 „	K²SO⁴	67 „
HCl	90 „	BaCl²	77 „
H²SO⁴	60 „	MgSO⁴	10 „

jeder Stoff in seinem hundertfachen Gewicht Wasser gelost

„Wie oben bemerkt, uben die anderen versuchten Losungsmittel keinen dissocirenden Einfluss auf die gelosten Stoffe aus. Die wenigen hieruber angestellten Versuche beweisen, dass diese Losungen auch schlechte Leiter oder Nichtleiter sind. Ist die obige Hypothese richtig, so kann es nur der geloste Stoff sein, nicht das Wasser, welcher leitet, denn nur der erstere ubt den „osmotischen" Druck aus

„Ich hoffe, dass, obwohl ich mich nur kurz ausgesprochen habe, mein Gedankengang verstandlich sein wird. Da die Hypothese noch nicht zu einem Experimentum crucis gefuhrt hat, so kann sie nicht als vollkommen gewiss angesehen werden, doch glaube ich, dass die obenstehende Tabelle von Ihnen als genugend erachtet werden wird, um sie fur eine Discussion reif zu machen. Von chemischer Seite werden wahrscheinlich Einwendungen erhoben werden, doch sind diese, so weit ich sie kenne, nicht besonders gefahrlich "

Die ausfuhrliche Darlegung dieses Gedankens gab ARRHENIUS dann kurze Zeit darauf in den Berichten der schwedischen Akademie vom 8 Juni und 9 November 1887, zuganglicher ist die Abhandlung in dem ersten Bande der Zeitschrift fur physikalische Chemie [1] In dieser ausfuhrlicheren Abhandlung werden zunachst die gleichen Gesichtspunkte geltend gemacht, wie in dem mitgetheilten Briefe. Dann folgt eine Tabelle, welche bedeutend ausgedehnter ist als jene, aber sachlich das Gleiche enthalt. Auch uber die moglichen chemischen Einwendungen gegen seine Theorie aussert sich ARRHENIUS recht kurz „Die Einwendungen, welche von chemischer Seite wahrscheinlich hervorgehoben werden konnen, sind hauptsachlich dieselben, welche gegen CLAUSIUS' Hypothese erfunden worden sind und welche ich fruher in der oben angefuhrten Schrift) als vollkommen unhaltbar darzustellen gesucht habe. Eine Wiederholung dieser Einwande durfte also ziemlich uberflussig sein. Nur einen Gesichtspunkt will ich hervorheben obgleich der geloste Korper gegen die Wand des Gefasses einen osmotischen Druck ausubt, ganz als ob er in seine Ionen theilweise dissociirt ware, so ist doch die Dissociation, die hier in Frage kommt, nicht vollig gleich mit der, die z. B. beim Zerfallen eines Ammoniumsalzes bei hoheren Temperaturen vorkommt. Im ersten Falle sind namlich die Produkte der Dissociation (die Ionen mit sehr grossen Quantitaten Elektricitat von entgegengesetzter Art geladen, wodurch gewisse Bedingungen die Incompressibilität der Electricität) eintreten, aus denen folgt, dass die Ionen nicht ohne einen grossen Aufwand von Energie in merkbarem Grade von einander getrennt werden können. Dagegen kann man bei gewöhnlicher Dissociation, wo keine solchen Bedingungen vorkommen, im Allgemeinen die Produkte der Zersetzung von einander trennen."

ARRHENIUS zieht nun aus der Annahme einer mehr oder weniger vollständigen Dissociation eine Reihe wichtiger Schlüsse, welche einen weiten Vergleich der Theorie mit den Beobachtungen ermöglichen. Diese Prüfungen gruppiren sich alle um den Satz, dass die Eigenschaften einer verdünnten Salzlosung additiv in Bezug auf die der beiden Ionen sein müssen. Das heisst Folgendes. Da die verdünnten Lösungen der Salze wesentlich ihre beiden Ionen enthalten, so müssen ihre Eigenschaften die Summen der Eigenschaften sein, welche den beiden Ionen einzeln zukommen. Nun ist es meist nicht möglich, die Eigenschaften der Ionen einzeln zu messen, da diese eben nicht einzeln vorkommen. Hat man aber zwei Salze AB und AB', so ist der Unterschied der Zahlenwerthe, welche irgend eine Eigenschaft für diese hat, gleich $A + B - A + B' = B - B'$, wenn wir mit den Buchstaben A und B gleichzeitig diese Eigenschaftswerthe bezeichnen. Für ein anderes Salzpaar $A'B$ und $A'B'$ beträgt der Unterschied $A' - B - A' - B' = B - B'$, hat also wieder den früheren Werth. Es ist daher der Unterschied der Eigenschaftswerthe solcher Salzpaare, welche ein gemeinsames Ion enthalten, von der Natur dieses Ions unabhängig, und diese Beziehung lässt sich allerdings leicht an der Erfahrung prüfen. Thatsächlich war ein solches Verhalten der Salze längst experimentell aufgefunden worden, bevor die Theorie es als nothwendig nachwies.

Am deutlichsten werden diese Verhältnisse, wenn man eine ganze Reihe von Salzen so ordnet, wie es die nachstehende Tabelle andeutet.

$A + B$	$A - B'$	$A + B'$	$A - B$
$A' + B$	$A' + B'$	$A' + B$	$A' + B$
$A'' + B$	$A'' + B'$	$A'' - B'$	$A - B'$
$A''' + B$	$A''' + B'$	$A''' + B'$	$A - A$

Dann müssen die Unterschiede der Eigenschaftswerthe zwischen allen Gliedern von je zwei horizontalen oder vertikalen Reihen einander gleich sein. Bildet ferner man diese Unterschiede gegen die Glieder irgend einer Reihe z. B. der ersten horizontalen und der ersten vertikalen, so erhält man Summanden, die man zu den Werthen, welche den Gliedern jener ersten Reihen angehören, nur zu addiren braucht, um den Werth jedes entsprechenden Gliedes der Tabelle zu finden. Solche Summanden sind von VALSON, der sie bei der Dichte der Salzlösungen gefunden hatte, Moduln genannt worden, und das Vorhandensein einer Modularbeziehung ist eine Folge von der additiven Beschaffenheit der Eigenschaften der betreffenden Stoffe.

Solche Modularbeziehungen weist ARRHENIUS nun an einer sehr grossen

Anzahl verschiedener Eigenschaften der Salzlösungen nach   Insbesondere
sind es die specifischen Gewichte und Volume, die Brechungsverhältnisse,
die Capillaritätserscheinungen, das elektrische Leitvermögen (vergl S 918),
die Gefrierpunktserniedrigung, die Thermoneutralität   Den interessantesten
Fall bildet die Neutralisationswärme   Es ist schon erwähnt worden, dass ARR-
HENIUS bereits auf Grund seiner älteren unvollkommeneren Theorie von der
Aktivität der leitenden Molekeln zu dem Schlusse gelangt war, dass die
Neutralisationswärme aller Säuren und Basen, vollständige Aktivität vorausgesetzt, gleich gross sein muss, doch war der damalige Beweis nicht eben
durchsichtig   Nach der Theorie der freien Ionen ist die Sache sehr einfach   In einer Säure ist das Anion und der Wasserstoff getrennt vorhanden,
in der Basis ebenso das Kation und das Hydroxyl   Verbinden sich beide
zu einem Neutralsalz, so ist in dessen Lösung Anion und Kation gleichfalls
getrennt, diese haben also keine Veränderung erfahren   Nur Wasserstoff
und Hydroxyl sind nicht mehr getrennt, sondern haben sich zu Wasser verbunden   Der Vorgang der Neutralisation besteht also im Grenzfalle ausschliesslich in der Wasserbildung aus den beiden Ionen Wasserstoff und
Hydroxyl, dieser Vorgang ist aber bei allen Säuren und Basen derselbe,
und daher ist auch die dabei stattfindende Wärmeentwickelung dieselbe.

Dies ist der wesentlichste Inhalt jener Abhandlung, welche seitdem einen
so grossen Einfluss auf die Entwickelung der Elektrochemie ausgeübt hat
Der Widerspruch, welchen ARRHENIUS vorausgesehen hatte, blieb nicht aus,
und in den nächsten Jahren hatten die wenigen Anhänger der Ansicht von
ARRHENIUS ungemein viel zu thun, um Angriffe gegen diese abzuwehren.
Zwar handelte es sich bei diesen Angriffen meist um Missverständnisse, aus
der Zähigkeit aber, mit der diese Missverständnisse immer wieder begangen
wurden, ging doch hervor, wie sehr die neue Ansicht allen gewohnten Vorstellungen der Chemiker widersprach

Jedoch war für die Entwickelung dieses Gedankenkreises um jene Zeit dadurch ein sehr günstiger Umstand eingetreten, dass soeben die Zeitschrift
für physikalische Chemie ins Leben getreten war, deren Herausgeber
W OSTWALD und VAN'T HOFF sich die Vertretung der neuen Anschauungen
zur Pflicht machten   Ohne ein solches Organ wäre es den neuen Gedanken
leicht ebenso schlecht gegangen, wie so vielen anderen fundamentalen
Änderungen der Ansichten, z B der Idee von der Erhaltung der Energie,
die auch etwa zehn Jahre ein geduldetes Dasein führen musste (wenn sie
überhaupt Aufnahme fand , ehe ihr das Recht zugestanden wurde, in den
wissenschaftlichen Zeitschriften zu existiren

S M PLANCK über die molekulare Constitution verdünnter
Lösungen   In demselben Heft der Zeitschrift für physikalische Chemie, in
dem die Abhandlung von ARRHENIUS über die Dissociation der in Wasser gelösten Stoffe erschien, veröffentlichte MAX PLANCK eine kurze Arbeit, welche auf
anderem Wege zu einem ähnlichen Ergebnisse führte, wie jene Untersuchung.
Durch die Entwickelung einer von dem Entropiebegriff ausgehenden Theorie,

die er auf verdünnte Lösungen anwandte, war er zu den gleichen Formeln für den Einfluss gelöster Stoffe auf dem Gefrierpunkt und den Dampfdruck verdünnter Lösungen gelangt, wie sie van 't Hoff auf Grund des Begriffes des osmotischen Druckes entwickelt hatte. Er fand ebenso, wie van 't Hoff, die an den Salzlösungen erhaltenen Erscheinungen im Widerspruch mit den gebräuchlichen Anschauungen über die Molekularbeschaffenheit der gelösten Salze, ging aber einen Schritt weiter als dieser. Statt durch Einführung eines Coefficienten, wie des van 't Hoff'schen „i", sich formal mit dem Widerspruch abzufinden, hob er ihn hervor, und sprach aus, dass hier eine Dissociation vorliegen musse „Wir können demnach folgende Sätze aussprechen. In den verdünnten Lösungen in Essigsäure, Ameisensäure, Benzol, Nitrobenzol existiren die Moleküle der meisten gelösten Stoffe in normaler Grosse i = 1, nur für gewisse Stoffe, die Raoult 1 e namhaft gemacht hat, wird i = 1/2, d. h. es existiren in der Lösung Doppelmoleküle. In wässrigen Lösungen erleiden dagegen im Gegensatz zu Raoult's Annahme die meisten mineralischen Stoffe eine Zersetzung, deren Grad durch den Werth von i bestimmt wird. Für die gelösten Baryum- und Strontiumchlorüre fand Raoult i B die molekulare Gefrierpunktserniedrigung ungefähr = 50. Daraus folgt i nahezu = 3, d. h. die Molekülzahl ist in der Lösung nahezu verdreifacht."

Über die Art der Dissociation und die bei derselben entstehenden Produkte, sowie überhaupt über die chemische Seite der Frage sprach sich Planck nicht aus. Auch fehlt jeder Hinweis auf den Zusammenhang mit der elektrolytischen Leitfähigkeit. So werthvoll daher auch seine Schlussfolgerung für die Bestätigung der Ansichten von Arrhenius waren, welche wesentlich die Betrachtungen von van 't Hoff benutzten, so kann die Arbeit doch nicht als von gleicher Bedeutung für die Entwickelung unserer Ansichten, wie die von Arrhenius angesehen werden.

9. Weitere Entwickelung der Dissociationstheorie. Der Übergang der noch ziemlich unbestimmten Idee der „aktiven Molekeln" zu der bestimmten der dissocirten Ionen war, wie wir gesehen haben, bei Arrhenius durch den Einfluss der Theorie der Lösungen von van 't Hoff bewerkstelligt worden, wobei gleichzeitig diese Theorie selbst von einer recht unbequemen Schwierigkeit, die in dem Coefficienten i lag, befreit worden war. Die gegenseitige Befruchtung der Theorieen beider ging indessen noch viel weiter, und dieser Fortschritt wurde durch W. Ostwald bewerkstelligt.

Die Lehre von der Dissociation und die damit zusammenhängende vom chemischen Gleichgewicht hatte um jene Zeit bereits ziemlich erhebliche Fortschritte gemacht. Nachdem diese Erscheinungen zunächst qualitativ durch Deville bearbeitet und durch die Bemühungen einerseits der Schüler Deville's, insbesondere Debray und Isambert, von G. Wiedmann andererseits auch für die einfacheren Fälle quantitive Gesetze ermittelt worden waren, wurde die umfassende Theorie solcher Erscheinungen für den Fall der Gase in allgemeiner Weise aufgestellt. Den Grundgedanken hierzu, die Anwendung der Thermodynamik und insbesondere der Lehre von der Entropie, hatte HORSTMANN gegeben, die allgemeine Entwickelung der hierher gehörigen Formeln und deren Anwendung auf die wenigen damals bekannten Fälle verdanken wir WILLARD GIBBS, der auch diese Fragen in seiner oben (S 992) erwähnten Abhandlung in fast erschöpfender Weise bearbeitet hatte. Spätere Forscher hatten einzelne besondere Aufgaben behandelt und in W. OSTWALD's Lehrbuch der allgemeinen Chemie war das in dem Gebiet bekannt Gewordene übersichtlich bearbeitet. Es war also hier ein einigermaassen bekannter und bebauter Boden vorhanden, der nur deshalb keine reichlicheren Früchte trug, weil es nur verhältnissmässig wenig gasförmige Verbindungen giebt, und unter diesen wieder nur ein geringer Bruchtheil die Erscheinungen des chemischen Gleichgewichts in messbarer Weise beobachten lasst. Im Gegensatze dazu treten solche bei gelösten Stoffen unvergleichlich viel reichlicher und mannigfaltiger auf.

Dieses Verhältniss einer guten Theorie ohne rechtes Object, und eines ausgiebigen Objects ohne gute Theorie wurde nun mit einem Male anders, als VAN'T HOFF die Gültigkeit der Gasgesetze und ARRHENIUS das Stattfinden der Dissociation in Lösungen nachgewiesen hatte. Alle die Formeln für die chemischen Gleichgewichte der Gase fanden Anwendung, viele von ihnen wurden hier zum ersten Male geprüft, und in allen Fällen war der Umfang der möglichen Prüfung ungemein viel weiter, als ihn die Gase bisher gestattet hatten.

Die erste kurze Mittheilung über die Anwendung dieses Theiles der Gasgesetze auf die dissocirten Lösungen wurde im Januar 1888[1] gemacht. Eine weitere Mittheilung erfolgte einige Monate später[2] und bald darauf theilten VAN'T HOFF und REICHER mit, dass sie die Formel gleichfalls geprüft und mit der Erfahrung im besten Einklange gefunden hatten.[3]

Jene erste Mittheilung OSTWALD's „Zur Theorie der Lösungen" lautete:

„Die Untersuchungen von VAN'T HOFF, PLANCK und ARRHENIUS über verdünnte Lösungen[4] haben in neuester Zeit dazu geführt, eine vollständige Analogie derselben mit Gasen nachzuweisen. Eines der merkwürdigsten Ergebnisse dieser Forschungen ist, dass die nach dem gewöhnlichen Sprachgebrauch durch die kräftigsten Verwandtschaften zusammengehaltenen Verbindungen, wie z. B. Chlorkalium, Chlorwasserstoff, Kaliumhydroxyd, thatsächlich in verdünnten Lösungen als in sehr weitgehendem Maasse dissocirt angesehen werden müssen.

„Da dieses Ergebniss auf Grundlage zum mindesten sehr plausibler, wenn nicht unzweifelhafter Voraussetzungen nach den Gesetzen der Thermodynamik abgeleitet worden ist, lässt sich, so sehr es die gebräuchlichen Anschauungen geradezu auf den Kopf stellt, nicht viel dagegen sagen. Ehe man aber zu einer derartigen Wandlung der Anschauung sich entschliesst, hat man das Bedürfniss, die Berechtigung derselben einer möglichst scharfen Prüfung zu unterziehen.

[1] Zeitschr. f. phys. Chemie 2, 36 1888.   [2] Ebenda 2 270 1888
[3] Ebenda 2 777 1888   [4] Ebenda 1, 481 577 und 631 1887

„Eine solche Prüfung wird erzielt, wenn man möglichst weitgehende Consequenzen der Theorie zieht, um sie mit der Erfahrung zu vergleichen Die vorliegenden Zeilen bezwecken die Entwickelung einer derartigen Consequenz und die vorläufige Mittheilung der Ergebnisse ihrer Prüfung

„Wenn die Elektrolyte in wässerigen Lösungen dissociirt sind, und dazu Gesetzen unterliegen, welche den Gasgesetzen analog sind, so müssen die für Gase entwickelten Dissociationsgesetze auch für die Lösungen Anwendung finden Im einfachsten Falle, wo eine Molekel in zwei zerfällt, führt nun die Theorie zu folgender für Gase gültigen Formel [1]

$$R \log \frac{p}{p_1 p_2} = \frac{q}{T} + \text{const},$$

welche für constante Temperatur und den Fall, dass keines der Zersetzungsprodukte überschüssig vorhanden ist, die Gestalt

$$\frac{p}{p_1^2} = c$$

annimmt, wo p der Druck des unzersetzten, p_1 der des zersetzten Antheiles und c eine Constante ist

„Nun lässt sich nach den oben erwähnten Arbeiten der „Druck" in der Lösung proportional den vorhandenen Mengen u und u_1 der Stoffe und umgekehrt proportional dem Volum setzen, die Gleichung wird, da $p\ p_1 = \frac{u}{v}\ \frac{u_1}{v}$, zu $\frac{u}{u_1^2} v = c$ Ferner lassen sich die Mengen u und u_1 aus dem elektrischen Leitvermögen berechnen, wie ARRHENIUS l c gezeigt hat Nennt man μ die molekulare Leitfähigkeit eines Elektrolyts beim Volum v und μ_∞ den Grenzwerth der Leitfähigkeit bei unendlicher Verdünnung, so ist $u\ u_1 = (\mu_\infty - \mu_\cdot)\ \mu_\cdot$, da die Leitfähigkeit $\mu_\cdot$ proportional der dissociirten Menge des Elektrolyts u_1 ist Daraus folgt als für alle binaren Elektrolyte gültiges Verdünnungsgesetz

$$\frac{\mu_\cdot (\mu_\infty - \mu_\cdot)}{\mu_\cdot^2} v = \text{const}$$

„Die Prüfung dieser Beziehung lässt sich mit grosser Schärfe an den Säuren und Basen ausführen, über welche zahlreiche Messungen der elektrischen Leitfähigkeit vorliegen Unter Vorbehalt künftiger eingehender Mittheilungen begnüge ich mich einstweilen hervorzuheben, dass das Ergebniss meiner Rechnungen mit aller Entschiedenheit zu Gunsten der Theorie spricht Die Formel enthält nicht nur sämmtliche allgemeine Gesetze, welche ich über den Einfluss der Verdünnung auf Säuren und Basen, zusammen über hundert Stoffe, früher empirisch gefunden habe, sondern sie führt auch zu numerischen Ergebnissen, die zum Theil vollständig stimmen, zum Theil Abweichungen aufweisen, deren Betrag von der Grössenordnung derjenigen ist, welche man an Gasen constatirt hat '

Während so auf einer Seite die Dissociationstheorie die wünschenswertheste Unterstützung und Bestätigung erfuhr, erregten ihre Voraussetzungen

---

[1] „OSTWALD, Allg Chemie II, 725 1 Aufl 1887 '

und Schlusse gleichzeitig mannigfaltigen Widerspruch, der sich allerdings
zunächst mehr mündlich als schriftlich äusserte   Gelegentliche Angriffe[1]
konnten zwar erledigt werden,[2] doch erschien es nothwendig, die neuen
Anschauungen, welche sich aus der elektrolytischen Dissociationstheorie ergeben hatten, im Zusammenhange zu erörtern und nach einigen noch unberührt gebliebenen Seiten mit der Erfahrung zu vergleichen   Diesem Zwecke
war zunächst die oben erwähnte zweite Mittheilung „über die Dissociationstheorie der Elektrolyte" von W Ostwald gewidmet, aus der die wesentlichsten Erörterungen hier eine Stelle finden mögen

„Selten hat ein glücklicher Gedanke in so hohem Maasse Licht über
weite und schwierige Gebiete geworfen, wie die von Arrhenius[3] entwickelte
Idee, dass die Elektrolyte in wasserigen Lösungen in meist ziemlich weitgehendem Maasse in ihre Ionen dissocirt sind   Der Genannte hat gezeigt, wie die bisher unerklarten Anomalien, welche sich in Bezug auf die
Beeinflussung des Gefrierpunktes und des Dampfdruckes durch Salze, Sauren
und Basen gezeigt haben, durch jene Annahme verschwinden, und Arrhenius hat insbesondere weiterhin die sehr umfassende Übereinstimmung
dargelegt, in welcher die Thatsachen der elektrolytischen Leitfähigkeit mit
jenen stehen

„Trotzdem scheinen diese Anschauungen bei den Fachgenossen Bedenken
zu erregen   Man scheut sich, Stoffe, welche ‚durch die kraftigsten Verwandtschaften zusammengehalten werden', wie Chlorkalium, Chlorwasserstoffsaure,
Kaliumhydroxyd, als in der Lösung dissocirt anzusehen, man kann sich
nicht denken, dass Kaliumatome, welche einzeln in wasserigen Flussigkeiten
herumschwimmen, nicht auf das Wasser einwirken sollten, um Kaliumhydroxyd
und Wasserstoff zu bilden

„Diese Bedenken sind indessen nur scheinbare   Einerseits liegt eine
Verwechselung zwischen den Verwandtschaften, welche die Elemente einer
Verbindung zusammenhalten, und denen, welche diese Verbindung anderen
Stoffen gegenuber bethatigt, vor   Beide Eigenschaften sind nicht ubereinstimmend, sondern entgegengesetzt   Je energischer ein Stoff zu reagiren im
Stande ist, um so leichter spaltet er seine Atome ab, und je fester seine
Elemente verbunden sind, um so trager muss er reagiren. Wenn Stoffe,
wie Salzsaure und Kali mit grosster Leichtigkeit unter Verlust von Wasserstoff oder Hydroxyl auf andere Korper reagiren, so durfen wir doch nicht
schliessen, dass sie dieselben besonders festhalten, wenn andererseits Methan
und Alkohol den Wasserstoff oder das Hydroxyl nur schwierig und langsam, oder nur unter besonders energischen Einflussen aufgeben, so konnen
wir die Verwandtschaft, welche diese mit dem ubrigen Molekularcomplex
verbindet, schwerlich anders als stark und schwierig zu uberwinden bezeichnen   Die Uberlegungen aber befinden sich in voller Übereinstimmung
mit der Annahme, dass die Elektrolyte, d h diejenigen Stoffe, welche durch

[1] Zeitschr f phys Chemie 2, 241 1888   [2] Ebenda 2, 243 und 343 1888
[3] Zeitschr f phys Chem 1, 631 1887 "

die Fähigkeit, leicht und schnell zu reagiren, ausgezeichnet sind, sich leicht in ihre Ionen trennen, bezw. in wässeriger Lösung mehr oder weniger dissociirt sind.

„Was den zweiten Punkt anlangt, so hat ARRHENIUS bereits darauf hingewiesen, dass der Zustand der Ionen mit ihren enormen elektrischen Ladungen in keiner Weise vergleichbar mit dem der betreffenden Elemente im sogenannten freien Zustande ist. Ein Stück Zink, das von Salzsäure im gewöhnlichen Zustande heftig angegriffen wird, verliert diese Eigenschaft völlig, wenn man es mit dem positiven Pole eines galvanischen Elementes von passender elektromotorischer Kraft in Verbindung setzt. Es ist eine altbekannte Thatsache, dass der elektrische Zustand die chemischen Affinitäten in mannigfaltigster Weise abändert; es kann somit nicht Wunder nehmen, dass die freien Kaliumatome, welche in einer Lösung von Chlorkalium existiren, durch ihre sehr bedeutenden positiven Ladungen an der Einwirkung auf das Lösungswasser verhindert werden. Geben sie aber, wie bei der Elektrolyse einer Chlorkaliumlösung geschieht, ihre Elektricität an der Kathode ab, so wirken sie alsbald auf das Wasser, und bilden Kaliumhydroxyd und Wasserstoff.

„Um sich die hier obwaltenden Verhältnisse anschaulich zu machen, denke man sich folgenden ‚selbstverständlichen‘ Versuch ausgeführt. Zwei Gefässe A und B seien mit Chlorkaliumlösung gefüllt und isolirt aufgestellt; durch den mit derselben Lösung gefüllte Heber H seien sie zunächst leitend verbunden. Jetzt nähere man dem Gefässe A einen z. B. negativ elektrisch geladenen Körper; durch die Influenzwirkung desselben werden in dem leitenden System

Fig. 260. Nach OSTWALD.

AHB die Elektricitäten getrennt, A wird positiv, B negativ elektrisch. Entfernt man jetzt den Heber H und darauf den Körper K, so behält man A positiv und B negativ geladen. Es ist der alte elementare Influenzversuch, nur an einem Leiter zweiter Klasse ausgeführt.

„Nun kann aber in dem Leiter zweiter Klasse nach dem Gesetz von FARADAY die Elektricität nicht anders, als gleichzeitig mit den Ionen wandern. Dass A positiv elektrisch wird, kann somit nur auf die Weise geschehen, dass positiv elektrische Kaliumatome sich in A versammeln; in B häufen sich negativ elektrische Chloratome an. Die Menge beider hängt von der Intensität der Influenzwirkung ab. Bleibt nach der Trennung A positiv elektrisch, so kann dies nicht anders stattfinden, als indem positiv geladene unverbundene Kaliumatome in der Flüssigkeit enthalten sind. Entsprechendes gilt für B. Führt man, um A zu entladen, einen mit der Erde verbundenen Platindraht in die Lösung ein, so schwimmen die Kaliumatome zu ihm hin, geben ihre Elektricität ab und wirken alsbald in gewöhnlicher Weise auf das Wasser ein, indem sie Kalium bilden und Wasserstoff entwickeln, welcher, wenn die Elektricitätsmenge gross genug war, in Bläschen erscheint, in jedem Falle aber den Platindraht polarisirt. . . .

„Ausser den thermodynamischen und den aus den elektrostatischen Verhältnissen geschöpften Gründen für die Annahme der Dissociation der Elektrolyte giebt es noch solche chemischer Natur, insbesondere erfahren die empirischen Affinitätsgesetze eine bis in die letzten Einzelheiten durchführbare Erklärung und Veranschaulichung durch diese Theorie, wie das theilweise schon von ARRHENIUS gezeigt worden ist

„Durch meine während einer Reihe von Jahren fortgesetzten Bemühungen, die Affinitätseigenschaften der Stoffe in Maass und Zahl auszudrucken, hat sich ergeben, dass die Wirkungen der Sauren durch Coefficienten geregelt werden, welche unabhängig von der Beschaffenheit des chemischen Vorganges sind Diese immer wiederkehrenden Affinitätscoefficienten sind der elektrischen Leitfähigkeit sehr nahe proportional Im Lichte der von ARRHENIUS entwickelten Anschauungen sind diese Affinitätscoefficienten nichts als die Maasszahlen des Dissociationszustandes der Sauren. Je mehr eine Saure, deren specifische Wirkung in dem Austausch ihres Wasserstoffatoms gegen andere Elemente oder Atomgruppen besteht, in Wasserstoff und das andere Ion dissociirt ist, um so leichter erfolgt die Verbindung dieses Ions, oder des Wasserstoffs, mit anderen Gruppen

„Befindet sich daher eine Saure in einem bestimmten Dissociationszustande, so wird jede Wirkung, die sie zu üben vermag, nach Maasgabe dieses Zustandes, der unabhängig von dem Objekt ist, auf das sie wirkt, erfolgen Damit ist die Nothwendigkeit für die Existenz der Affinitätscoefficienten, und gleichzeitig die Bedingung, unter welcher sie rein in die Erscheinung treten, gegeben Üben nämlich vorhandene andere Stoffe einen Einfluss auf den Dissociationszustand aus, so muss der Affinitätscoefficient einen anderen Werth annehmen ARRHENIUS zeigt in der nachstehenden Abhandlung, wie die bisher völlig räthselhaften Einflusse, welche die Gegenwart neutraler Salze auf die Wirkungsfähigkeit freier Sauren hat, durch solche Änderungen des Dissociationszustandes sich nicht nur begreifen, sondern auch numerisch vorausberechnen lassen.

„Was nun das Verhältniss der Affinitätscoefficienten zu der elektrischen Leitfähigkeit anlangt, so wurde schon bei früherer Gelegenheit hervorgehoben, dass beide zwar annähernd, aber nicht genau proportional sind Die elektrolytische Leitfähigkeit hängt in erster Linie davon ab, wie gross die Anzahl freier Ionen ist, in zweiter aber davon, wie schnell diese Ionen wandern. Denkt man sich bei verschiedenen Sauren die Dissociation vollständig, so wird der Theil der Leitfähigkeit, welcher von der Wanderungsgeschwindigkeit des Wasserstoffs abhängt, überall gleich sein, der Theil dagegen, welcher von der Wanderungsgeschwindigkeit des negativen Ions bedingt wird, hängt von der Beschaffenheit dieses Ions ab

„Da die Wanderungsgeschwindigkeit des Wasserstoffs die der schnellsten negativen Ionen um nicht als das Fünffache übertrifft, so können die Unterschiede im Allgemeinen nicht gross sein, denn selbst wenn das negative Ion sich gar nicht bewegte, könnte die Leitfähigkeit der entsprechenden

Saure nur um $\frac{1}{6}$ kleiner sein als die der bestleitenden, vollständige Dissociation, wie erwähnt. Vorausgesetzt. Bei weitem der grösste Theil der ungemein beträchtlichen Unterschiede in der Leitfähigkeit der freien Sauren kommt somit auf Rechnung des Dissociationszustandes. Wenn man den letzteren in erster Annäherung der elektrischen Leitfähigkeit einfach proportional setzt, so kann der dadurch begangene Fehler im äussersten Falle nicht mehr als 16 Proc betragen und wird meist sehr viel kleiner sein

„Aus dem Gesagten ergiebt sich, dass die Bestimmung des Dissociationszustandes die erste und wichtigste Aufgabe ist, die uns hier entgegentritt Dieselbe ist, wie ARRHENIUS a a O gezeigt hat, durch den Vergleich der für den nicht dissocirten Stoff berechneten mit den thatsächlich eintretenden Änderungen des Dampfdruckes und Gefrierpunktes möglich, am genauesten geschieht sie aber mit Hülfe der elektrischen Leitfähigkeit, denn diese ist einfach proportional der Anzahl dissocirter Ionen. Auf diesem Gebiete ergeben sich daher die ausgiebigsten und genauesten Hilfsmittel, um die Dissociationstheorie der Elektrolyte auf ihre Fähigkeit, die thatsächlichen Erscheinungen darzustellen, zu prüfen

„Für die wässerigen Lösungen der Elektrolyte sind nun folgende Gesetzmässigkeiten empirisch gefunden worden

„1) Die molekulare Leitfähigkeit aller Elektrolyte nimmt mit steigender Verdünnung zu und nähert sich asymptotisch einem Maximalwerth

„2) Diese Maximalwerthe sind für Sauren einerseits, Basen andererseits und drittens für Salze, bezogen auf aquivalente Mengen von gleicher Grössenordnung, aber nicht völlig gleich

„3) Die Maximalwerthe lassen sich als Summen zweier Grossen darstellen, von denen die eine nur vom positiven, die andere nur vom negativen Ion abhängt

„4) Für Elektrolyte von grösseren Concentrationen, sowie für schwache Sauren und Basen gilt das letztere Gesetz nicht, eine Annäherung daran zeigt sich, wenn man Gruppen von Salzen vergleicht, deren Ionen gleichwerthig sind

„5) Schlechtleitende Elektrolyte, wie schwache Sauren und Basen, vermehren ihre molekulare Leitfähigkeit sehr schnell mit steigender Verdünnung Bei einbasischen Sauren und einsauren Basen zeigt sich dabei die Beziehung, dass die Leitfähigkeit zuerst proportional der Quadratwurzel aus der Verdünnungsgrade (dem Volum) zunimmt

„6) Die Zunahme der molekularen Leitfähigkeit erfolgt bei allen einbasischen Sauren und einsauren Basen nach dem gleichen Gesetz Vergleicht man solche Elektrolyte bei Verdünnungen, bei welchen ihre Leitfähigkeiten gleiche Bruchtheile des Maximalwerthes sind, so stehen die Verdünnungsgrade oder Volume in constantem Verhältniss

„Alle diese empirischen Gesetzmässigkeiten lassen sich als nothwendige Folgerungen aus der Dissociationstheorie ableiten Es braucht dazu nur noch der weitere, von VAN'T HOFF ausführlich begründete Satz hinzugezogen zu werden, dass die Stoffe in verdünnten Lösungen Gesetzen folgen, die den Gasgesetzen vollkommen analog sind."

OSTWALD wiederholt nun die S. 1117 gegebene Ableitung der Formel:

$$\frac{\mu_\infty (\mu_\infty - \mu_v)}{\mu_v^2} v = c,$$

und fährt fort:

„Diese Gleichung muss, wenn die Dissociationstheorie der Elektrolyte richtig ist, das gesammte Verhalten der elektrischen Leitfähigkeit binärer Elektrolyte ausdrücken. Wir wollen sie mit den oben zusammengestellten empirischen Thatsachen Punkt für Punkt vergleichen:

„1) Lässt man v unbegrenzt wachsen, so muss der Bruch $\dfrac{\mu_\infty (\mu_\infty - \mu_v)}{\mu_v^2} = \dfrac{c}{v}$

sich der Null nähern. Da μ_v einen endlichen Werth hat, so muss $\mu_\infty - \mu_v$ bei steigender Verdünnung kleiner, d. h. μ_v immer grösser werden, bis es beim Grenzwerth μ_∞ anlangt.

„2) und 3) Der Werth μ_∞ ist die Leitfähigkeit des vollständig dissociirten Elektrolytes. Da in demselben die beiden Ionen sich unabhängig bewegen, so setzt sich μ_∞ aus den Bewegungsantheilen der Ionen rein additiv zusammen, ohne dass in Betracht kommt, mit welchem anderen Ion vorher eine Verbindung stattfand. Vergleicht man solche Elektrolyte, welche ein gleiches Ion haben, und deren anderes Ion keine grossen Verschiedenheiten in der Wanderungsgeschwindigkeit zeigt, so müssen die Summen beider Geschwindigkeiten von gleicher Grössenordnung sein.

„4) Bei Lösungen von endlicher Concentration gelten diese Beziehungen im Allgemeinen nicht, weil in die Leitfähigkeit als Faktor der Dissociationsgrad eingeht, welcher von Fall zu Fall verschieden sein kann. Die grösste Verschiedenheit zeigt derselbe bei Säuren und Basen; Salze dagegen, namentlich solche von analoger Formel, befinden sich erfahrungsgemäss bei gleicher Verdünnung in annähernd gleichem Dissociationszustande. In diesem Falle sind die molekularen Leitfähigkeiten gleiche Bruchtheile der Maximalwerthe und die oben erörterten additiven Eigenschaften derselben bleiben bestehen, nur dass nicht die eigentlichen Geschwindigkeiten der Ionen, sondern dieselben, multiplicirt mit dem Dissociationsgrad, die Addenden bilden.

„5) Bei schlechtleitenden Basen und Säuren, wo μ_v gegen μ_∞ klein ist, bleibt $\mu_\infty - \mu_v$ nahezu constant und die Formel giebt $\mu_v^2 = v \cdot \text{const}$. Das heisst: wenn die Leitfähigkeit gering ist, so wächst sie mit steigender Verdünnung so, dass ihr Quadrat dem Volum proportional, oder sie selbst der Quadratwurzel aus dem Volum proportional zunimmt.

„6) In der Gleichung $\dfrac{\mu_v (\mu_\infty - \mu_v)}{\mu_v^2} \cdot v = c$ hängt, wenn man die gemessenen Leitfähigkeiten auf den Maximalwerth bezieht, nur die Constante c von der Natur des Elektrolytes ab; alle Elektrolyte ändern somit ihre auf das Maximum bezogene Leitfähigkeit nach demselben Gesetz. Bestimmt man die

Verdunnungen v_1, v_2 für mehrere Elektrolyte, bei welchen die relative Leitfähigkeit gleich ist, so werden in der Formel die Werthe $\frac{\mu_z \cdot \mu_t - \mu}{\mu_t}$ gleich und wir haben $\frac{v_1}{c_1} = \frac{v_2}{c_2} = \frac{v_3}{c_3} =$ oder $v_1 : v_2 : v_3 = c_1 : c_2 : c_3$, d. h. die Verdunnungen, bei welchen die relativen Leitfähigkeiten verschiedener Elektrolyte gleiche Werthe annehmen, stehen in constanten Verhältnissen, welche nur von der Natur der Elektrolyte abhängen.

„Aber nicht nur die allgemeinen Verhältnisse der Elektrolyte werden durch die Dissociationstheorie dargestellt, sondern die Formel lässt noch eine exakte numerische Bestätigung zu. Schreibt man sie in der Gestalt

$$\frac{m^2}{(1 - m)v} = C ,$$

wo $m = \frac{\mu_v}{\mu_z}$ die auf das Maximum bezogene Leitfähigkeit bedeutet, so muss ein binarer Elektrolyt durch alle Verdunnungen hindurch denselben Werth für die Constante C geben. Dies trifft nun vollkommen zu, die Grösse C erweist sich in so weitem Umfange constant, wie nie die Dissociationsformel an gasförmigen Verbindungen geprüft wurde und geprüft werden konnte."

Es werden nun Tabellen über verschiedene Säuren mitgetheilt, welche durch die Unveränderlichkeit der nach der vorstehenden Formel berechneten Constanten C die Richtigkeit der Formel beweisen. Dieser Befund wurde sehr bald darauf durch Messungen von van't Hoff und Reicher[1] bestätigt, welche ihre Mittheilung mit den Worten schliessen: „Es ist wohl überflüssig, auf die treffliche Bestätigung hinzuweisen, welche hiermit das Ostwald'sche Verdünnungsgesetz erfahren hat, kein einziger Fall von gewöhnlicher Dissociation ist innerhalb so weiter Grenzen geprüft worden."

Nur wenig später als von Ostwald ist die Anwendung der für Gase gültigen Dissociationsgesetze auf gelöste Elektrolyte von M. Planck[2] versucht worden, es stand ihm indessen kein geeignetes Versuchsmaterial zu Gebote und so misslang der Versuch.

Indessen erreichte auch diese Auseinandersetzung nicht vollkommen ihren Zweck. Selbst von namhaften Physikern wurde die Bündigkeit der oben (S. 1119) benutzten, auf der vollkommenen Gültigkeit des Faraday'schen Gesetzes beruhenden Beweisführung in Zweifel gezogen und diesen Zweifeln mit einem gewissen Ingrimm Ausdruck gegeben. Es ist eine häufig zu beobachtende Erscheinung, dass ein neuer Gedanke, der eine bedeutende Umgestaltung des Denkens nothwendig macht, schon an und für sich in dem Erhaltungsgesetz der wissenschaftlichen Anschauungen oder dem intellectuellen Trägheitsgesetze eine Gegnerschaft findet, die um so heftiger sich zu äussern pflegt, je erheblicher der erforderte Umschwung ist und je unsicherer die vorgebrachten Gegengründe sich erweisen. Auch in diesem Falle blieben diese Erscheinungen nicht aus, und ihr Ablauf musste abgewartet werden,

---

[1] Zeitschr. f. phys. Chemie 2. 777. 1888.   [2] Wied. Ann. 34. 147. 1888.

bevor eine ruhige Prüfung der Sachlage an Stelle des leidenschaftlichen Kampfes in den Vordergrund trat

Die Hauptschwierigkeit blieb immer die Annahme der freien Ionen, die man sich durchaus nicht anders als mit den Eigenschaften der betreffenden Elemente behaftet denken mochte Bewusst oder unbewusst war es immer wieder dieser Umstand, welcher als wesentlichster Widerspruch empfunden wurde Sonst wäre es nicht erklärlich gewesen, wie gegen die Theorie mit grösstem Eifer Gründe hatten geltend gemacht werden können, die nicht den Zweck hatten, eine einfachere oder klarere Auffassung der betreffenden Thatsachen zu ermöglichen, sondern deren einzige Qualifikation darin bestand, dass sie Aussicht gaben, der Dissociationstheorie Verlegenheiten zu bereiten

Aus dieser Zeit des Kampfes soll noch die nachstehende, von OSTWALD und NERNST geschriebene Mittheilung „über freie Ionen" auszugsweise wiedergegeben werden, welche einige wesentliche Punkte der Angelegenheit beleuchtet und einiges zur Beendigung des Streites beigetragen haben dürfte [1]

„Die von CLAUSIUS eingeführte Annahme, dass in elektrolytisch leitenden Flüssigkeiten ein Theil der elektrolytischen Molekeln in die Ionen zerfallen sei, hat bekanntlich in neuerer Zeit von S ARRHENIUS insofern eine Entwickelung erfahren, als er den Bruchtheil der Gesammtmenge des Elektrolyts bestimmen lehrte, welcher unter gegebenen Verhältnissen in Ionen zerfallen ist Als übereinstimmendes Ergebniss einer ganzen Anzahl verschiedener Bestimmungsmethoden stellte sich heraus, dass nicht, wie bisher angenommen war, ein verschwindend kleiner Antheil des Elektrolyts die Zerlegung erfährt, sondern dass bei den meisten Neutralsalzen, sowie den starken Säuren und Basen umgekehrt nur ein kleiner Bruchtheil unzerlegt in der Lösung existirt, während die Hauptmenge sich in Ionen zu spalten pflegt

„Während man mit der älteren unbestimmten Theorie sich so gut wie ausnahmslos einverstanden erklärt hat, stösst die neuere bestimmte Form derselben immer noch auf Widerspruch. Zwar ist durch einen von uns[2] der Nachweis geführt worden, dass man in elektrostatisch geladenen Elektrolyten freie Ionen annehmen muss, wenn man sich nicht mit den Grundgesetzen der Elektricitätslehre in Widerspruch setzen will, doch ist die Möglichkeit der experimentellen Ausführung des dort angegebenen Versuchsschemas uns gegenüber gesprächsweise von so maassgebender Seite in Zweifel

[1] Zeitschr f phys Chemie 3, 120 1889 — Die im Texte erwähnte Veranlassung wurde durch A KUNDT gegeben, welcher bei einem Besuche der beiden, damals in dem Verhältnisse von Professor und Assistent zu einander stehenden Verfasser der Note seinen Zweifel an der Möglichkeit der wirklichen Ausführung des S 1119 schematisirten Versuches auf sehr energische Weise aussprach Nach ihrer Rückkehr nach Leipzig nahmen sie am folgenden Tage die Versuche auf und innerhalb weniger Stunden waren diese so weit gediehen, dass der Erfolg an den früher Collegen berichtet werden konnte Den erwarteten Eindruck zu Gunsten der neuen Ansichten hat er allerdings nicht sofort gemacht

[2] Zeitschr f phys Chemie 2, 271 1888 " (S 1119)

gezogen worden, dass wir es für unsere Pflicht gehalten haben, auch in experimenteller Richtung jeden möglichen Zweifel zu entfernen.

„Bekanntlich sind die bei elektrolytischen Vorgängen bewegten Electricitätsmengen ausserordentlich gross gegenüber denen, welche elektrostatisch gehandhabt werden können, und um elektrolytische Wirkungen statischer Electricität zu beobachten, ist daher eine besondere Feinheit der Mittel erforderlich. Wurden wir doch u. a. darauf hingewiesen, dass ein bis zur Schlagweite geladener Luftcondensator eine nach Quadratkilometern zu bemessende Ausdehnung haben müsse, um bei der Entladung nur 1 mg Wasserstoff in Freiheit zu setzen.

„Doch ist 1 mg Wasserstoff sehr viel mehr, als zum Nachweis der Elektrolyse erforderlich ist. Diese Menge nimmt einen Raum von 12 bis 13 ccm unter gewöhnlichen Verhältnissen ein. Überlegt man, dass man unter der Lupe leicht ein Bläschen von 0,1 mm Durchmesser, unter dem Mikroskop ein solches von 0,01 mm sehen kann, so schrumpft die erwähnte riesige Ausdehnung des Condensators erheblich, nämlich auf den zehnmillionsten, resp. zehntausendmillionsten Theil ein, und seine Seiten bemessen sich nur mehr nach Decimetern oder Centimetern.

„Die günstigsten Verhältnisse, welche wir für die Beobachtung der kleinen Wasserstoffmengen aufzufinden wussten, liegen in den Capillaren des LIPPMANN'schen Elektrometers vor, und in der That gelingen die Versuche mittelst desselben so leicht, dass sie mit den geringsten Mitteln und ohne jede besondere Maassnahme ausgeführt werden können. Folgende Anordnung gestattet bequemes und sicheres Arbeiten.

„Ein mit einem Glashahn versehenes Rohr von 30 bis 40 cm Länge wird an einem Ende zu einer Capillare ausgezogen, deren Lumen so bemessen wird, dass der Druck des bis zur Höhe eingefüllten Quecksilbers soeben den capillaren Gegendruck überwindet und das Metall auszutropfen beginnt. Man befestigt die Röhre senkrecht in einem Halter und lässt ihre Spitze in verdünnte Schwefelsäure tauchen. Durch Saugen am oberen Ende wird das Quecksilber in der Capillaren gehoben und die Schwefelsäure dringt nach, durch passendes Handhaben des Hahnes bringt man dann die Grenzfläche zwischen Quecksilber und Schwefelsäure an einen geeigneten Ort, etwa in der Mitte der Capillare. Ein in das Rohr eingeschmolzener Platindraht vermittelt die Leitung zum Quecksilber. Mit dieser Vorrichtung haben wir folgende Versuche gemacht.

„1) Ein grosser Glaskolben wurde mit verdünnter Schwefelsäure gefüllt, nachdem sein Bauch aussen mit Stanniol beklebt und sein Hals der besseren Isolirung wegen mit Schellack gefirnisst war. Der Inhalt des Kolbens stand durch einen nassen Faden mit der Schwefelsäure des vorbeschriebenen Instrumentes, das wir Capillarelektrode nennen wollen, in Verbindung, der Kolben selbst war durch eine Hartgummiplatte, auf der er stand, isolirt. Der positive Pol einer kleinen Elektrisirmaschine wurde mit der äusseren Belegung des Kolbens in Verbindung gebracht, das Quecksilber der Capillar-

elektrode mit der Erde verbunden Sowie die Elektrisirmaschine in Bewegung gesetzt wurde, ging der Meniscus der Capillarelektrode heftig nach
oben, und in demselben Augenblicke hatten sich mehrere Glasblaschen ausgeschieden, welche den Quecksilberfaden an einigen Stellen getheilt hatten

„Untersuchen wir nun die Vorgange naher Durch Zuführung positiver
Elektricität an die aussere Belegung des Kolbens wurde die negative Elektricität im Inneren desselben angezogen und festgehalten, die positive dagegen abgestossen Letztere ging durch den Faden in die Capillarelektrode
uber, und durch den Platindraht der letzteren in die Erde Ein geschlossener
Strom ist nicht vorhanden, die ganze eintretende Bewegung der Elektricität
geschieht durch Influenz

„Nun beruht der von einem von uns (a a O) gegebene Beweis für das
Dasein freier Ionen in elektrisch geladenen Elektrolyten auf dem FARADAY'-
schen Gesetz, nach welchem in Elektrolyten die Elektricität nicht anders als
gleichzeitig mit den Ionen sich bewegt Fande, wie uns von hochgeschatzter
Seite als moglich eingewendet wurde, bei der Influenzwirkung eine metallische Leitung durch den Elektrolyten statt, so ware kein Grund für das
Auftreten von Wasserstoff an der Elektrode vorhanden, umgekehrt beweist
letzteres, dass elektrolytische Leitung stattfand, d. h. das freie Ionen vorhanden waren und sich bewegt hatten

„Es findet sonach in Ubereinstimmung mit der früheren Betrachtung
(S 1119) folgendes statt

„In dem Maasse, als sich die aussere Belegung des Kolbens positiv
ladet, findet eine Anziehung der negativen Ionen SO^4 der Schwefelsaure
statt Die positiven Ionen H werden dagegen abgestossen und verschieben
sich durch den nassen Faden bis an das Quecksilber, wo sie ihre Elektricität
abgeben und als gewohnlicher Wasserstoff erscheinen

„Man konnte gegen diesen Versuch einwenden, dass durch das Glas
hindurch eine elektrolytische Elektricitätsbewegung stattfinden konnte, so
dass die Ausscheidung von Wasserstoff von dieser, und nicht von der In-
fluenzelektricität herruhre Dieser Einwand entfallt schon dadurch, dass die
benutzte Leidnerflasche ihre Ladung sehr gut hielt, er wird ausserdem durch
folgenden Versuch widerlegt.

„2) Wahrend die aussere Belegung des Kolbens mit der Erde verbunden ist, fuhrt man der Schwefelsaure im Inneren desselben mittelst eines
nassen Fadens positive Elektricität zu Dann unterbricht man die Leitung
zur Elektrisirmaschine und stellt, ebenfalls mittelst eines nassen Fadens, die
Verbindung der Schwefelsaure des Kolbens mit der der Capillarelektrode
her, wahrend das Quecksilber derselben zur Erde abgeleitet ist Alsbald
zeigen sich die gleichen Erscheinungen wie fruher, der Quecksilberfaden
zuckt nach oben und zwischen ihm und der Schwefelsaure sind Gasblaschen
sichtbar

„Die Erklarung dieses Versuches ist ganz ahnlich der des ersteren
Indem die Elektrisirmaschine positive Elektricität der Schwefelsaure zufuhrt,

neutralisirt sie die negativen Ionen derselben, welche an der Stelle, wo der nasse Faden den Conductor berührt, sich mit dem Metall desselben verbinden. Die positiven Ionen ordnen sich den Gesetzen der statischen Elektricität gemäss an der Oberfläche des Leiters, insbesondere der äusseren Belegung gegenüber an. Verbindet man alsdann die Schwefelsäure durch Vermittelung der Capillarelektrode mit der Erde, so bewegt sich die positive Elektricität mit dem Wasserstoff bis zum Quecksilber, erstere geht dort weiter, der letztere bleibt unelektrisch zurück und scheidet sich gasförmig aus .

„4) Verbindet man das obere Quecksilber eines Lippmann'schen Capillarelektrometers mit einer isolirt aufgestellten Metallkugel und unterwirft diese durch Nähern und Entfernen von geriebenen Glas- oder Ebonitstangen einer Influenzwirkung, so bewegt sich der Quecksilberfaden des Elektrometers um erhebliche Strecken in dem vorauszusehenden Sinne. Die Bewegungen im Capillarelektrometer entstehen bekanntlich durch Änderungen der Oberflachenspannung, welche ihrerseits durch Änderungen der Potentialdifferenz der elektrischen Doppelschicht an der Grenzfläche von Quecksilber und Schwefelsäure bedingt werden. Es findet mit anderen Worten durch die Influenzwirkung eine Polarisation des Quecksilbermeniscus statt. Eine Polarisation kann aber nur durch materielle Änderungen an der Grenzschicht hervorgerufen werden, die Elektricitätsbewegung, welche bei diesem Versuche in der Schwefelsäure des Elektrometers bewirkt wird, ist somit eine elektrolytische, d. h. mit Ionenbewegung verbundene, und selbst diese äusserst geringen Elektricitätsmengen werden nicht etwa durch eine Spur metallischer Leitung vermittelt.

„Um schliesslich uns davon zu überzeugen, dass bei den gewählten Dimensionen ein Auftreten deutlich sichtbarer Elektrolyse nichts Unwahrscheinliches hat, wurde Versuch 1) unter Berücksichtigung der quantitativen Verhältnisse wiederholt. Es hatten unter gewöhnlichen Temperatur- und Druckverhältnissen $6{,}3 \times 10^{-7}$ ccm H in der Capillare zum Vorschein kommen müssen.

„Thatsächlich fand sich in ihr nach Beendigung des Versuches ein Gasbläschen vor, dessen Länge etwa das Doppelte des inneren Durchmessers der Capillare betrug. Schätzen wir das Volum des Gasbläschens als Ellipsoid mit den Axen 1, r und $2l$, so ergiebt sich dasselbe zu $4{,}3 \times 10^{-7}$ ccm, also in einer Übereinstimmung mit dem berechneten Werthe, welche in Anbetracht der vielen eingehenden Faktoren, die theilweise mit sehr grosser Unsicherheit behaftet sind, als genügend angesehen werden kann.

„Es steht somit fest, dass die Elektricitätsbewegung in Elektrolyten dem Faraday'schen Gesetz entsprechend nur unter gleichzeitiger Bewegung ponderabler Massen, der Ionen, erfolgen kann, und dass somit in elektrostatisch geladenen Elektrolyten eine der Elektricitätsmenge entsprechende Anzahl freier Ionen vorhanden sind. Dieselben werden sich, den elektrostatischen Gesetzen gemäss, wesentlich an der Oberfläche des Leiters anordnen.

„Es kann nun aber noch die Frage aufgeworfen werden, ob nicht diese freien Ionen erst im Augenblicke der elektrostatischen Ladung in Freiheit gesetzt worden sind, so dass gleichzeitig mit der Scheidung der Elektricitaten eine Art Elektrolyse im Inneren der Flussigkeit selbst verbunden ware Gegen diese Annahme hat indessen schon Clausius seine unwiderlegt gebliebenen Einwande erhoben,[1] welche wesentlich darauf hinauslaufen, dass die Elektricitatsbewegung in Elektrolyten den allerschwachsten elektromotorischen Impulsen gehorcht, was nicht moglich ware, wenn die Elektricitat vorher eine merkliche Arbeit leisten musste Durch die nachfolgenden Betrachtungen hoffen wir zu erweisen, dass eine solche Annahme nicht nur den von Clausius angefuhrten Verhaltnissen widerspricht, sondern auch zu Consequenzen fuhrt, die mit den Hauptsatzen der Thermodynamik unvereinbar sind

„Denken wir uns zunachst einen metallischen Leiter in Form einer sehr dunnen horizontalen Kreisscheibe angeordnet, welche um eine durch ihren Mittelpunkt gehende senkrechte Axe drehbar ist An einer Stelle sei oberhalb wie unterhalb der Scheibe je eine Platte eines Condensators angebracht; zwischen beiden bestehe eine bestimmte Potentialdifferenz Setzt man die Scheibe in Bewegung, so ist dazu keine Arbeit erforderlich, vorausgesetzt, dass die Bewegung so langsam ist, dass die durch die Verschiebung der Elektricitaten in dem Leiter von sehr kleinem Widerstande bedingte Joule'sche Warme, die dem Quadrat der Stromstarke proportional ist, vernachlassigt werden kann Ersetzen wir jetzt die Metallscheibe durch einen gleichgeformten Elektrolyten, so ist zur Drehung desselben, wenn das Coulomb'sche Gesetz auch fur elektrolytische Leiter Geltung hat, gleichfalls keine Arbeit erforderlich Nimmt man nun an, dass bei der elektrostatischen Ladung eines Elektrolyten Arbeit zur Trennnng der Ionen verbraucht werde, so muss dieselbe als Warme der Umgebung entzogen werden, und der Theil des Elektrolyts, welcher zwischen die Condensatorplatten tritt, muss sich abkuhlen Beim Austritt aut dem elektrischen Felde werden sich die Ionen wieder vereinigen und eine gleiche Warmemenge erzeugen Wir hatten somit einen Apparat, in welchem wir ohne Arbeitsaufwand fortdauernd Temperaturdifferenzen erzeugen konnen, was dem zweiten Hauptsatze widerspricht."

An diesen anschaulichen Beweis schloss sich noch ein rechnerischer, welcher zu denselben Ergebnissen fuhrte. Auch die bei diesen Beweisen gemachte Voraussetzung, dass sich ein elektrolytischer Leiter bezuglich seiner elektrostatischen Wirkungen vollkommen wie ein metallischer verhalte, wurde gepruft und mit der Erfahrung im Einklange gefunden, indem die Ladung einer Elektrisirmaschine durch einen elektrolytischen, mit der Erde verbundenen Schirm nach aussen ebenso unwirksam gemacht werden konnte, wie durch ein metallisches Gehause Auch hierdurch wird die Nothwendigkeit der Annahme freier Ionen bewiesen

---

[1] „Pogg Ann 101, 338 1857 "

Zum Schluss stellen die Verfasser die Erscheinungen der elektrolytischen Stromleitung gemäss der Theorie von Arrhenius dar und zeigen, in welch einfacher Weise sich diese Räthsel, die seit Nicholson und Carlisle die wissenschaftliche Welt beschäftigt hatten, auf Grund jener Annahme lösen lassen

„Es sei ein Elektrolyt, etwa eine Lösung von Chlorkalium, gegeben, in welchem an zwei Querschnitten die Potentiale $+ I$ und $- I$ herrschen Die erste Wirkung wird darin bestehen, dass sich dem Ohm'schen Gesetz gemäss eine elektrostatische Ladung von $+ I$ bis $- I$ auf der Oberfläche des Leiters herstellt, die, wie oben nachgewiesen wurde, durch eine Ansammlung positiver, resp negativer Ionen an der Oberfläche hervorgebracht wird Hierdurch wird, wie das von Kirchhoff für metallische Leiter auseinandergesetzt wurde, eine Triebkraft auf die im Inneren vorhandenen Elektricitäten in dem Sinne hervorgerufen, dass die negative Elektricität nach einer, die positive nach der anderen Seite sich bewegt In Elektrolyten ist aber die Elektricität an die Ionen gebunden, die Triebkraft, welche für die beiden Elektricitäten gleich und entgegengesetzt wirkt, setzt die Ionen mit Geschwindigkeiten in Bewegung, welche umgekehrt proportional den Reibungswiderständen sind, welche sie erfahren Die in der Zeiteinheit transportirte Elektricitätsmenge ist also proportional erstens der Potentialdifferenz, zweitens der Anzahl freier Ionen, drittens der Summe der Wanderungsgeschwindigkeit der letzteren

„Dies ist der primäre Vorgang bei der elektrolytischen Leitung, wie er sich z. B realisiren lässt, wenn man einen in sich geschlossenen Leiter zweiter Klasse in einem ungleichförmigen Magnetfelde bewegt Die gegen die elektrodynamischen Kräfte hierbei geleistete Arbeit erscheint als Joul'sche Wärme im Leiter

„Verwickeltere Verhältnisse treten ein, wenn die Elektricität in einem aus Leitern erster und zweiter Klasse gebildeten System in Bewegung gesetzt wird Wir nennen die Theile des ersteren, welche an den Elektrolyt grenzen, Elektroden An diesen verlässt die Elektricität ihre Träger, die Ionen, um sich auf eine noch nicht näher gekannte Weise die vielleicht der im Elektrolyt stattfindenden ähnlich ist) im Metall fortzubewegen Die Ionen bleiben unelektrisch zurück und bilden, da sie in diesem Zustande nicht beständig sind, entweder miteinander Molekeln wie H, Cl und andere elementare Ionen), oder sie reagiren auf das Lösungsmittel (wie das Ion der Schwefelsäure, SO^4, welches nach der Gleichung $2 SO^4 + 2 H^2O = 2 H^2SO^4 + O^2$ Schwefelsäure und Wasserstoff giebt, oder endlich, sie reagiren auf die Substanz der Elektrode, wenn diese von geeigneter Beschaffenheit ist

„Der Übergang der Elektricität von den Ionen auf die Elektroden erfolgt im Allgemeinen nicht ohne weiteres, sondern er setzt eine bestimmte Potentialdifferenz voraus Solange diese nicht erreicht ist, verhält sich das aus Elektrolyt und Elektrode gebildete System wie ein Condensator, indem sich an der Berührungsfläche eine Ansammlung von gleichnamig geladenen Ionen herstellt, welche die entgegengesetzte Elektricität in der Elektrode bindet und die gleichnamige abströmen lässt. Es bedingt somit, wie bekannt, auch die geringste elektromotorische Kraft in einem zusammengesetzten System einen Strom, derselbe dauert aber nur an, bis der Condensator geladen ist, und hört dann auf, falls Convection ausgeschlossen ist. Wir können hier des weiteren nur auf die grundlegenden Arbeiten hinweisen, durch welche v. HELMHOLTZ diesen Theil der elektrolytischen Vorgänge ins Klare gesetzt hat."

· 10. Die Theorie der isohydrischen Lösungen. Während so der meist vergebliche Versuch gemacht wurde, die zahlreichen Gegner der neuen Anschauungen durch Auseinandersetzungen von Fall zu Fall zu überzeugen, wurde das erfolgreichere Verfahren nicht verabsäumt, möglichst viele neue Gebiete der Herrschaft der Theorie zu unterwerfen und dadurch ihre wissenschaftliche Bedeutung zu erweisen. Diese Art der Arbeit, gleichsam mit dem Speer in der einen und der Kelle in der anderen Hand, ist der Sache selbst zuträglich gewesen, da sie in die Thätigkeit eine gewisse Frische und Lebendigkeit brachte, die sonst vielleicht nicht vorhanden gewesen wäre; auch ist es auf die Dauer der Erfolg nicht ausgeblieben.

Zunächst nahm ARRHENIUS die Anwendung der Gesetze der Gasdissociation auf gelöste Elektrolyte auf und wies nach,[1] dass sich aus ihnen eine Anzahl Beziehungen ableiten lassen, welche er selbst vorher[2] empirisch gefunden hatte. Es handelt sich um die gegenseitige Beeinflussung mehrerer Elektrolyte in Bezug auf ihre elektrische Leitfähigkeit. ARRHENIUS hatte bezüglich derselben, ohne damals noch von irgend einer bestimmten Theorie geleitet zu sein, eine Anzahl von Gesetzen gefunden, die wesentlich auf das Folgende herauskommen. Mischt man zwei beliebige Lösungen verschiedener Säuren[3] mit einander, so zeigt sich die Leitfähigkeit des Gemisches verschieden von der Summe der Leitfähigkeiten der Bestandtheile. Doch giebt es im Allgemeinen zu jeder Lösung der einen Säure eine solche der anderen,[4] dass keine gegenseitige Veränderung der Leitfähigkeit bei der Vermischung eintritt. ARRHENIUS nannte solche Lösungen isohydrisch und fand für sie folgende Sätze: Lösungen, die in einem bestimmten Verhältniss vermischt, isohydrisch sind, sind es in allen Verhältnissen; und verschiedene Lösungen, die einzeln mit einer und derselben bestimmten Lösung isohydrisch sind, sind es auch unter einander.

---

[1] Zeitschr. f. phys. Chemie 2, 284. 1888.   [2] WIED. Ann. 30, 51. 1887.

[3] Es wurden für die Versuche Lösungen von Säuren benutzt, weil diese eine viel grössere Veränderlichkeit des Leitvermögens mit der Verdünnung zeigen, als Neutralsalze, und somit etwaige Beziehungen sicherer zur Anschauung bringen mussten.

[4] Dies gilt thatsächlich nur unter der Einschränkung, dass zwar zu jeder Lösung der schwächeren von beiden Säuren eine Lösung der stärkeren existirt, für die das im Text Gesagte richtig ist, während für die concentrirteren Lösungen der stärkeren Säure von einem bestimmten Gehalte ab eine entsprechende Lösung der schwächeren nicht mehr möglich ist. Auf die obenstehenden Darlegungen hat diese Einschränkung, die im übrigen gleichfalls sich aus der Theorie voraussagen liess, keinen Einfluss.

Nun sind Sauren solche Elektrolyte, welche ein bestimmtes Ion gemeinsam besitzen, namlich das Ion Wasserstoff. Unter Berucksichtigung dieser Thatsache und unter Benutzung der bereits bekannten Gesetze uber das chemische Gleichgewicht konnte Arrhenius nicht nur die eben ausgesprochenen Gesetze theoretisch ableiten, sondern alsbald auch eine Reihe weiterer merkwurdiger Thatsachen erklaren, welche bis dahin vollkommen unverstandlich gewesen waren. Die auffalligste unter diesen war der ungemein grosse Einfluss, welchen die Gegenwart von Neutralsalzen auf gewisse von freien Sauren oder Basen bewirkte Reaktionen ausubt. So wird beispielsweise die Inversion des Rohrzuckers durch Essigsaure auf einen kleinen Bruchtheil ihrer Geschwindigkeit herabgesetzt, wenn man der Losung Natriumacetat hinzusetzt. Ebenso verlangsamen Ammoniaksalze in einem ganz ausserordentlichen Maasse die Verseifung von Estern durch freies Ammoniak. Arrhenius hatte sich, gleichfalls vor Aufstellung der Theorie der freien Ionen, mit dieser Frage beschaftigt[1] und dabei festgestellt, dass die letztere Wirkung ausschliesslich den Ammoniaksalzen eigen ist und von anderen Salzen nicht ausgeubt wird. Ebenso findet der oben erwahnte Einfluss auf die Wirkung der Essigsaure nur durch Acetate statt, nicht durch andere Salze.

Die Theorie der elektrolytischen Dissociation gab nun von diesen Erscheinungen einfache Rechenschaft. In einer Losung von Ammoniak ist ein kleiner Theil des vorhandenen Ammoniumhydroxyds in seine Ionen NH_4 und OH dissocirt, und es findet zwischen diesen Ionen und dem unzersetzten Ammoniumhydroxyd ein Gleichgewicht statt, welches von den Concentrationen der drei Bestandtheile abhangt und sich verschiebt, wenn man eine andert. Bezeichnen die Formeln gleichzeitig die Concentrationen, so giebt die Theorie des chemischen Gleichgewichts die einfache Beziehung

$$\frac{NH_4 \times OH}{NH_4OH} = \text{Const}$$

Setzt man nun zu der Losung von Ammoniak ein Ammoniumsalz, so vermehrt man dadurch sehr stark den Faktor NH_4, denn die Ammoniumsalze sind fast vollstandig dissocirt. Dadurch muss in demselben Verhaltnisse der Faktor OH kleiner werden, denn da die Dissociation des Ammoniumhydroxyds nur gering ist, so kann die Vergrosserung des Faktors NH_4OH, des nichtdissocirten Ammoniumhydroxyds, auch nur wenig betragen. Nun hangt aber die Geschwindigkeit der Verseifung von der Concentration des Hydroxyls ab und muss daher eine sehr bedeutende Verminderung erfahren, wie es auch der Versuch ergeben hat. Ja, so weit ging die Ubereinstimmung der Theorie mit dem Versuch, dass auch der zahlenmassige Betrag dieses Einflusses aus den anderweit vorliegenden Messungen uber die Leitfahigkeit des Ammoniaks sich vorausberechnen liess und in bester Ubereinstimmung mit den Beobachtungen gefunden wurde. Alle diese Bestatigungen der elektrolytischen Dissociationstheorie waren um so werthvoller, als das bezugliche Versuchsmaterial gesammelt worden war, bevor an eine solche Anwendung desselben gedacht werden konnte.

---

[1] Zeitschr. f. phys. Chemie 1, 110 1887.

In der gleichen Gedankenrichtung bewegt sich eine andere Arbeit von Arrhenius,[1] welche die allgemeinen Gleichgewichtserscheinungen zwischen Elektrolyten zum Gegenstande hat. Auch hier haben sich die aus den älteren Arbeiten über die Stärke oder Avidität der Säuren und die theilweise Zersetzung der Neutralsalze durch solche gezogenen experimentellen Schlüsse aus theoretischen Betrachtungen gewinnen lassen, gleichzeitig ergab die Theorie der elektrolytischen Dissociation vielfach eine weitere und allgemeinere Auffassung, als bis sie dahin möglich gewesen war. Doch kann auf diese Dinge nicht näher eingegangen werden, da ihre Bedeutung mehr auf rein chemischem Boden, als auf elektrochemischem liegt.

Dasselbe gilt von den gleichzeitigen Arbeiten W Ostwald's über den Zusammenhang zwischen der Zusammensetzung und Constitution der Säuren und ihren in der elektrischen Leitfähigkeit zu Tage tretenden Affinitätsgrössen[2] An einem etwa 240 Stoffe umfassenden Versuchsmaterial konnten derartige Zusammenhänge in ausgiebigster Weise nachgewiesen werden, so dass alsbald die gewonnenen Einsichten benutzt werden konnten, um schwebende chemische Fragen zu entscheiden, in der Folge sind diese Arbeiten von zahlreichen Forschern fortgesetzt worden.

Näher mit unserer Frage steht dagegen eine Arbeit im Zusammenhange, durch welche Arrhenius[3] wieder an einem Beispiele die Fähigkeit der neuen Ansichten zeigte, unerwartete Erscheinungen voraussagen zu lassen. Es handelt sich hier um den Unterschied, den die Temperaturänderung auf die Leitfähigkeit der beiden Klassen von Leitern zeigt. Metalle vermindern sie bekanntlich bei steigender Temperatur, Elektrolyte vermehren sie, und dies Verhalten ist so allgemein, dass sich allmählich die Überzeugung herausbildete, es müsse so sein, und der umgekehrte Fall sei grundsätzlich unmöglich. Auf Grund der folgenden Überzeugung erwartete Arrhenius, dass bei Elektrolyten auch der umgekehrte Fall eintreten könne, und es gelang ihm alsbald, Beispiele hierfür ausfindig zu machen.

Der Übergang eines nicht dissociirten Stoffes in Ionen muss wie jede Zustandsänderung mit positiven oder negativen Warmewirkungen verbunden sein. Der Betrag solcher Warmewirkungen ist der Messung nicht unzugänglich. Denn nach den Darlegungen von S 1114 ist die Neutralisationswärme beliebiger völlig dissociirter Säuren und Basen constant und gleich der Bildungswarme des Wassers aus seinen Ionen. Wie erwähnt, hat die Beobachtung diesen Schluss bestätigt, die fragliche Warmetönung ist rund 135 K. Wenn man nun eine Säure hat, welche nur theilweise dissociirt ist, und sie giebt mit einer ganz dissociirten Basis eine Neutralisationswärme, die geringer ist, als 135 K, so muss ihre Dissociation Warme verbrauchen, ist dagegen die Neutralisationswärme grösser, so muss sie Warme bei der Dissociation entwickeln. Die Messungen der Thermochemiker, insbesondere von J Thomson, zeigen eine ganze Anzahl von Sauren, welche zum zweiten Falle gehoren, unter ihnen zeichnen sich z B Schwefelsaure und die Sauren des Phosphors durch grosse Neutralisationswarmen und daher positive Dissociationswarmen aus

Andererseits steht nach den Gesetzen der Thermodynamik das chemische Gleichgewicht in einem engen Zusammenhang mit der Warmetonung, und zwar so, dass bei einer Erhohung der Temperatur sich immer das Gleichgewicht im Sinne der mit Warmeverbrauch verbundenen Reaktion verschiebt, und umgekehrt Demgemass muss die Dissociation der Phosphorsaure mit steigender Temperatur geringer werden Da weiter die elektrische Leitfähigkeit mit dem Betrage der Dissociation zu- und abnimmt, so ist in diesem Umstande eine vermindernde Ursache für die Leitfähigkeit gegeben

Allerdings ist dieser Einfluss nicht der einzige, denn gleichzeitig nehmen mit steigender Temperatur die Reibungswiderstande, die das Ion bei seiner Wanderung erfahrt, ziemlich schnell ab, und dieser Umstand bewirkt die so allgemeine Zunahme der Leitfähigkeit der Elektrolyte mit der Temperatur Es galt daher, solche Stoffe zu finden, bei denen der erste Einfluss den zweiten uberwiegt Eine entsprechende Rechnung zeigte Arrhenius, dass bei gewissen Losungen von unterphosphoriger Saure und von Phosphorsaure die beiden Umstande so zusammenwirken, dass zuerst die Leitfähigkeit mit steigender Temperatur wie gewohnlich zunehmen, dann ein Maximum erreichen, und dann wieder kleiner werden muss Entsprechende Versuche waren leicht auszufuhren, und sie ergaben alsbald eine vollige Bestatigung der unerwarteten Beziehung und gleichzeitig einen schlagenden Beweis fur die Sicherheit, mit welcher die Dissociationstheorie die Verhaltnisse im voraus zu beurtheilen gestattete

11 Die Theorie der Volta'schen Ketten Wenn ein Gas an einen leeren Raum grenzt, so tritt sofort eine sehr schnelle Bewegung ein, die zu einer gleichformigen Vertheilung des Gases in dem gesammten Raume führt Stellt man die analoge Erscheinung bei Losungen her, indem man uber eine Losung irgend eines Stoffes das reine Losungsmittel schichtet, so tritt gleichfalls die Bewegung ein, sie ist aber sehr langsam und erfordert Tage und Wochen fur dasselbe Ergebniss, welches die Gase in Sekunden zeigen. Woran liegt dieser grosse Unterschied, da doch nach der Theorie von van't Hoff die gleichen Drucke auf die gleichen Massen wirken? Die Antwort ist leicht zu geben wahrend das Gas bei seiner Ausbreitung keine erheblichen Hindernisse erfahrt, mussen die Theilchen des gelosten Stoffes einen bedeutenden Reibungswiderstand bei der Bewegung durch das Losungsmittel uberwinden

Somit ergiebt sich aus dieser Betrachtung zunachst die Ursache der Diffusionserscheinungen, und uberlegt man, dass der Druckunterschied, welcher in zwei aneinandergrenzenden Schichten der Losung von verschiedener Concentration wirksam ist, eben diesem Concentrations-unterschiede proportional ist, so hat man auch die Grundlage einer Theorie der Diffusion.

welche mit der von Fick aufgestellten und an der Erfahrung bestätigten übereinstimmt. Weiter kann man aber aus den gemessenen Geschwindigkeiten der Diffusionsbewegung unter gegebenen Umständen die Reibungswiderstände berechnen, welche der gelöste Stoff erfährt. Sie ergeben sich als sehr bedeutend.

Diese naheliegenden Schlüsse aus der Theorie von VAN'T HOFF wurden von WALTER NERNST 1888[1] ausgesprochen und zunächst auf die Diffusion indifferenter Stoffe angewendet. Als er jedoch auch gelöste Elektrolyte der Betrachtung unterzog, ergab sich ein neuer Umstand. Da die Ionen in den Lösungen eine individuelle und gesonderte Existenz führen, so müssen sie auch individuelle Diffusionsgeschwindigkeiten haben. Daraus folgt aber, dass bei der Diffusion einer elektrolytischen Lösung gegen reines Wasser eine Trennung der Ionen eintreten muss, indem das schnellere Ion vorausgeht, und das langsamere zurückbleibt. Daraus folgt aber weiter, dass elektromotorische Kräfte zwischen den verschiedenen Theilen der Lösung auftreten müssen. Denn die Ionen sind mit ihren elektrischen Ladungen verbunden und nehmen sie mit sich, wandert also wie z. B. bei den Säuren das Kation schneller, als das Anion, so muss der verdünntere Theil der Lösung, in welchen die Wasserstoffionen vordringen, positiv gegen den concentrirteren sein, in welchem die langsameren Anionen zurückgeblieben sind.

Die Folgerungen, welche sich aus dieser Überlegung für die Diffusion ergeben, sollen nicht näher erörtert werden, nur möge bemerkt werden, dass durch diese Potentialunterschiede das langsamere Ion beschleunigt, das schnellere zurückgehalten wird, bis schliesslich doch die Diffusion beider Ionen mit gleicher Geschwindigkeit erfolgt. Dadurch gestaltet sich die Theorie der Diffusion gelöster Elektrolyte viel verwickelter, als die indifferenter Stoffe, doch hat NERNST für die einfachsten Fälle die entsprechenden Gleichungen gegeben. Die erhaltenen Formeln gaben Anlass zu einem bemerkenswerthen Vergleich.

Durch die Messungen der elektrischen Leitfähigkeit des Elektrolytes war nämlich F. KOHLRAUSCH (S. 922) bereits in der Lage gewesen, die Bewegungswiderstände zu berechnen, welche die Ionen in der Lösung erfahren, wenn sie von bekannten elektrostatischen Kräften getrieben werden. Man musste nun erwarten, dass die aus solchen Beobachtungen berechneten Reibungswiderstände, welche die Ionen bei ihrem elektrischen Antrieb durch die Lösung erfahren, gleich den aus den Diffusionserscheinungen berechneten Reibungswiderständen ausfallen müssen, welche sich bei dem Antritt der Ionen durch den osmotischen Druck zeigen. Das Ergebniss dieses von NERNST vorgenommenen Vergleiches erwies die Angemessenheit dieser Betrachtungen, beide Widerstandscoefficienten zeigten sich nicht nur der Grossenordnung nach übereinstimmend, sondern fielen auch zahlenmässig so nahe zusammen, als man immer nur erwarten konnte.

[1] Zeitschr. f. phys. Chemie 2, 613. 1888.

Neben diesem an sich hinlänglich interessanten Ergebnisse fand sich auf gleichem Wege noch eine andere Ausbeute, welche sich in der Folge als noch weit wichtiger erweisen sollte. Es ist eben erwähnt worden, dass durch die verschiedene Wanderungsgeschwindigkeit der Ionen bei der Diffusion eines gelösten Elektrolyten sich elektromotorische Kräfte zwischen den verschieden concentrirten Theilen herausstellen. Solche elektromotorische Kräfte müssen naturgemäss auch auftreten, wenn überhaupt zwei verschieden concentrirte Lösungen eines Elektrolyten an einander grenzen, und somit war die Möglichkeit gegeben, nicht nur das Auftreten von Spannungen an den Grenzflächen verschiedener Lösungen, d. h. die Existenz von Flüssigkeitsketten (S. 706) zu erklären, sondern man konnte sogar die hier vorhandenen Spannungen aus anderweit zu bestimmenden Grössen vorausberechnen.

Dieser Schluss findet sich in der erwähnten Arbeit nur angedeutet; seine Entwickelung und Prüfung erfuhr er erst im folgenden Jahre in NERNSTs Habilitationsschrift über die elektromotorische Wirkung der Ionen [1].

Durch diese Arbeit wurde den neuen Theorieen ein bis dahin noch unberührtes Feld erschlossen. Denn während die oben geschilderten Arbeiten von ARRHENIUS und OSTWALD sich um die Erscheinungen der elektrischen Leitfähigkeit und die damit zusammenhängenden Fragen des chemischen Gleichgewichts in Lösungen gruppirten, fand sich hier das immense Gebiet der elektromotorischen Kräfte zum ersten Male auf dem neuen Wege in Angriff genommen und, wie gleich hinzugefügt werden mag, zum grossen Theile erobert. Zwar lagen hier bereits die Arbeiten von HELMHOLTZ vor, welche die Frage allgemein für die Fälle gelöst hatten, in denen man irgend einen anderen berechenbaren Vorgang ausfindig machen konnte, mittelst dessen das Ergebniss des Stromdurchganges durch eine Zelle rückgängig gemacht wird. Aber solche Vorgänge hatten sich nur in ganz beschränktem Maasse ausfindig machen lassen.

Weiter führte der Weg, welchen NERNST ging. Er verfolgte die oben angedeutete, bei der Betrachtung der Diffusion aufgefundene Spur, welche ihn in folgerichtiger Ausbildung der zunächst gewonnenen Anschauungen zu der Möglichkeit führte, das Problem der allgemeinen VOLTA'schen Kette wenigstens formal zu lösen; die Auffindung aller hier auftretenden Zahlenwerthe und damit die Vollendung der Analyse war allerdings einer späteren Zeit vorbehalten.

Die erste Frage, welche NERNST behandelt, ist die nach dem Potentialunterschied zwischen zwei verschieden concentrirten Lösungen desselben Elektrolyten. Indem er die beim Durchgange der Elektricitätsmenge Eins durch die Trennungsfläche erfolgenden Concentrationsänderungen bestimmt, kann er nach dem Gesetze von VAN'T HOFF die zugehörige Arbeit berechnen; diese auf die Elektricitätsmenge Eins bezogene Arbeit ist aber numerisch

[1] Zeitschr. f. phys. Chemie 4, 129. 1889.

gleich dem Potentialunterschied an der Trennungsstelle So ergiebt sich die Formel $E' - E'' = \frac{u-v}{u+v} p_0 \, ln \frac{p'}{p''}$, wo E' und E'' die beiden Potentiale der Losungen, p' und p'' die osmotischen Drucke in ihnen (die den Concentrationen proportional sind), u und v die Wanderungsgeschwindigkeiten der beiden Ionen und ln den naturlichen Logarithmus bezeichnet, p_0 ist eine von der Wahl der Einheiten abhangige Constante. Aus der Formel ergiebt sich zunachst, dass, wenn beide Ionen gleich schnell wandern, also $u - v = 0$ ist, gar keine Potentialunterschiede auftreten, ferner, dass die elektromotorische Kraft $E' - E''$ nur von dem Verhaltniss der beiden osmotischen Drucke p' und p'' abhangt, nicht von ihren absoluten Werthen Stellt man also zwei Ketten her, indem man in einer alle Losungen n mal concentrirter nimmt als in der anderen, so mussen sie beide gleiche Potentialunterschiede zeigen Allerdings wird hierbei die Gultigkeit der Losungsgesetze und vollstandige Dissociation vorausgesetzt NERNST hat diesen letzten Satz als allgemeines Prinzip, welches er das Superpositionsprinzip nannte, seinen anderen Erorterungen vorausgeschickt.

Da ein Mittel, die einzelnen Spannungen an den Beruhrungsflachen verschieden concentrirter Losungen zu messen, nicht vorhanden war, so musste NERNST, um eine experimentelle Prufung seiner Formel zu erlangen, sich Flussigkeitsketten construiren, in denen die verschiedenen auftretenden Spannungen alle berechenbar waren, was sich mit Hulfe des Superpositionsprinzips auch ausfuhren liess Die Ergebnisse der Versuche stimmten mit der Rechnung dem Sinne und der Grossenordnung nach uberall zusammen, auch die zahlenmassige Ubereinstimmung mochte in Anbetracht der Haufung der Versuchsfehler als genugend erscheinen, wenn sie auch zu wunschen ubrig liess

Um nun den Ubergang von diesem Punkte auf die gewohnlichen VOLTA'-schen Ketten zu finden, mussten entsprechende Betrachtungen uber die Vorgange an den Elektroden angestellt werden. Der einfachste Fall ist hier der eines Metalls in der Losung eines seiner Salze Hier wissen wir, dass jede Elektricitatsbewegung mit dem Eintritt von Metall in den Elektrolyt oder umgekehrt proportional verbunden ist Gleichzeitig mit der Elektricitatsbewegung erfolgt also eine osmotische Arbeit, indem das Element das betreffenden Ions aus dem Zustande, in welchem es in der Elektrode befindlich war, in den Zustand der Losung versetzt wird (oder umgekehrt), und berechnen wir diese Arbeit fur die Elektricitatsmenge Eins, so erhalten wir wieder die vorhandene elektrische Spannung

Nun lasst sich diese Berechnung nicht vollstandig ausfuhren, da wir fur den Zustand des Ionenelements im Metall kein Maass haben; wohl aber konnen wir die Unterschiede dieser Arbeit berechnen, welche eintreten, wenn das Ion in der Losung einmal den Gegendruck p', ein andermal den Druck p'' findet, und die Rechnung ergiebt, dass die Arbeit und somit auch die elektrische Spannung dem Logarithmus des osmotischen Druckes proportional ist. Die unbekannte, von der Beschaffenheit der Elektrode abhangige Grosse erscheint

als eine unbekannte Integrationconstante. Nernst macht darauf aufmerksam,
dass man diese Grösse formal so behandeln kann, als wäre sie ein Druck,
und erhält für die Spannung E an der Elektrode dadurch den Ausdruck
$E = K \ln \dfrac{p}{P}$, wo p der osmotische Druck der Metallionen, K ein von den
Maasseinheiten abhängiger Faktor und P die eben erwähnte Integrations-
constante ist, die von der Natur des Metalls abhängt. Um nun dies eine
anschauliche Deutung zu erlangen, stellt Nernst folgende Betrachtung an:

„Die Thatsache, dass bei der Verdampfung fester und flüssiger Körper
die Molekeln desselben in einen Raum getrieben werden, in welchem sie
unter einem bestimmten Drucke sich befinden, nämlich dem Partialdrucke
des bei diesem Vorgange entstehenden Gases, gab Veranlassung dem ver-
dampfenden Körper ein Expansionsvermögen zuzuschreiben; den Druck
unter welchem sich die gasförmigen Verdampfungsprodukte befinden, nachdem Gleichgewichtszustand eingetreten ist, bezeichnet man als die Damp-
tension des betreffenden Körpers.

„Wenn wir nun im Sinne der van't Hoff'schen Theorie annehmen,
dass auch die Molekeln eines in Lösung befindlichen Körpers unter einem
bestimmten Drucke stehen, so müssen wir einer in Berührung mit einem
Lösungsmittel sich auflösenden Substanz ebenfalls ein Expansionsvermögen
zuschreiben, weil auch hier ihre Molekeln in einen Raum hineingetrieben
werden, in welchem sie unter einen gewissen Druck gelangen; offenbar wird
jeder Körper so weit in Lösung gehen, bis der osmotische Partialdruck der
bei diesem Vorgange entstehenden Molekeln der „Lösungstension" des Körpers gleich geworden ist.

„Demgemäss haben wir in der Verdampfung und Auflösung gänzlich
analoge Vorgänge zu erblicken, was übrigens schon mehrfach vermuthet
worden ist, jedoch ohne Kenntniss des osmotischen Druckes einer sicheren
Begründung entbehrte.

„So einfach und beinahe selbstverständlich diese Betrachtungen sind, so
führen sie doch unmittelbar zu manchen weitgehenden und bemerkenswerthen
Schlussfolgerungen, die eine Prüfung der van't Hoff'schen Theorie von ganz
neuen Gesichtspunkten aus ermöglichen; hier sei jedoch nur auf das für
unseren augenblicklichen Zweck Wichtige hingewiesen.

„Wie wir offenbar für jedes Gas einen, sei es festen, sei es flüssigen
Körper ausfindig machen können, dessen Dampf- oder Dissociationsspannung
mit dem Drucke dieses Gases in Concurrenz tritt, welcher also, sei es durch
einfache Verdampfung, sei es durch Zersetzung, letzteres entwickelt, so werden
wir auch für jede in Lösung und zwar im freien Bewegungszustande befindliche Molekel, daher auch für jedes Ion, die Existenz von Substanzen annehmen müssen, bei deren Auflösung Molekeln dieser Gattung entstehen.
Da liegt es nun sehr nahe, oder bietet sich vielleicht als einzige Möglichkeit
dar, um den eben ausgesprochenen Satz aufrecht zu erhalten, nämlich den
Metallen die Fähigkeit zuzuschreiben, als Ion in Lösung gehen zu können,

Hiernach besässe jedes Metall in Wasser eine eigenthümliche Lösungstension, deren Grösse mit P bezeichnet werden möge

„Beachten wir nun, was für Vorgänge entstehen, wenn wir ein Metall von der elektrolytischen Lösungstension P in eine Lösung eines aus diesem Metall gebildeten Salzes eintauchen, in welch letzterer die Ionen dieses Metalles unter dem Drucke p stehen. Es sei zunächst $P > p$, so werden im ersten Augenblicke der Berührung, getrieben von diesem Überdrucke, eine Anzahl $+$ geladener metallischer Ionen in Lösung gehen. Indem so durch letztere eine gewisse $+$ Elektricitätsmenge aus dem Metall in die Lösung transportirt wird, erhält die Flüssigkeit eine positive Ladung, welche sich in Gestalt der in ihr enthaltenen positiven Ionen an ihrer Oberfläche anordnet, gleichzeitig wird natürlich im Metall eine entsprechende Menge $-$ Elektricität frei, welche gleichfalls an die Oberfläche geht. Man erkennt unmittelbar, dass an der Berührungsfläche von Metall und Elektrolyt sich die beiden Elektricitäten in Form einer Doppelschicht anhäufen müssen, deren Existenz bekanntlich durch Herrn v. HELMHOLTZ schon vor einiger Zeit auf ganz anderem Wege wahrscheinlich gemacht worden ist.

„Diese Doppelschicht liefert nun eine Kraftcomponente, welche senkrecht zur Berührungsfläche von Metall und Lösung gerichtet ist und die metallischen Ionen aus dem Elektrolyten zum Metall hinzutreiben sucht, der elektrolytischen Lösungstension somit entgegenwirkt. Der Gleichgewichtszustand wird offenbar so beschaffen sein, dass beide Kraftäusserungen sich aufheben, als schliessliches Resultat erhalten wir das Auftreten einer elektromotorischen Kraft zwischen Metall und Elektrolyt, welche einen galvanischen Strom in der Richtung von Metall zur Flüssigkeit veranlasst, wenn durch irgend welche Vorrichtungen das Zustandekommen ermöglicht wird.

„Wenn $P < p$, findet natürlich der umgekehrte Vorgang statt, es treten aus dem Elektrolyten so lange metallische Ionen heraus und schlagen sich auf dem Metall nieder, bis die elektrostatische Kraftcomponente die hierdurch entstandene $+$Ladung des Metalls und $-$Ladung des Flüssigkeit dem osmotischen Druck das Gleichgewicht hält. Es tritt somit wiederum eine elektromotorische Kraft zwischen Metall und Elektrolyt auf, welche unter geeigneten Bedingungen hier einen galvanischen Strom in entgegengesetzter Richtung veranlassen würde. In beiden Fällen sind, entsprechend der ausserordentlich grossen elektrostatischen Capacität der Ionen, die Mengen Metall, die in Lösung gehen bezw. ausfallen, sehr klein.

„Wenn schliesslich $P = p$ ist, befindet sich im ersten Augenblick der Berührung Metall und Elektrolyt im Gleichgewicht, es tritt somit zwischen beiden keine Potentialdifferenz auf. Wenn wir diese Betrachtung mathematisch formuliren, gelangen wir sofort auf einem neuen Wege wiederum zu den früheren Gleichungen.

„Da P der Natur der Sache nach immer einen positiven Werth haben muss, so folgt, dass für $p = 0$, d. h. in reinem Wasser, sich alle Metalle unendlich stark negativ laden, dies Resultat steht in engster Beziehung zu dem kurzlich von Hrn v Helmholtz erhaltenen, wonach sich für eine Concentrationskette, deren einer Pol von reinem Wasser bespult wird, unendlich starke elektromotorische Krafte ergeben, welche einen in der Kette vom letzteren Pol zum anderen verlaufenden galvanischen Strom zu veranlassen suchen Der Umstand, dass wir zu etwas physikalisch so Unmoglichem, wie unendliche Potentialdifferenzen gelangen, bedeutet naturlich, dass Metall und reines Wasser neben einander nicht existiren konnen, dies stimmt sehr gut mit den obigen Entwickelungen, in denen wir den Metallen die Fahigkeit zuschrieben, spurenweise als Ion in Losung gehen zu konnen "

Auf Grund dieser Betrachtungen entwickelt Nernst zunachst die Theorie der Concentrationsketten, und gelangt zu den gleichen Schlussergebnissen, wie Helmholtz sie auf thermodynamischen Wege erlangt hatte, nur dass in seinen Formeln die drei vorhandenen Spannungen gesondert auftreten wahrend Helmholtz bloss ihre Summe erhalten hatte Eine Anzahl von Messungen ergab eine gute Bestatigung der Theorie

Weiter werden einige Messungen uber Flussigkeitsketten mit Elektrolyten, die ein gemeinsames Ion enthalten, mitgetheilt, doch wird deren Theorie nicht durchgefuhrt, dies geschah erst spater[1] durch Max Planck, der die allgemeine Theorie der Flussigkeitsketten entwickelte Auch weitere Rechnungen und Messungen uber elektrolytische Thermoketten mussen hier ubergangen werden Zum Schluss erortert Nernst die Verhaltnisse galvanischer Elemente, indem er zu dem Begriff der umkehrbaren Elektroden erster Art (ein Metall in der Losung seines Salzes den der umkehrbaren Elektroden zweiter Art fugt, deren Typus durch eine Elektrode von Quecksilber unter einer Losung eines Chlorids und bedeckt mit Quecksilberchlorur gegeben ist Durch die Gegenwart dieses „unloslichen" Salzes verlaufen die Erscheinungen gerade so, als wenn die Elektrode „aus einer metallisch leitenden Modification des Chlors bestande," denn beim Stromdurchgange vermehrt oder vermindert sich die Concentration des Chlors im Elektrolyt, wie sich die des Metalls bei einer Elektrode erster Art verandert Indessen hat Ostwald spater[2] gezeigt, dass thatsachlich dieser Fall auf den ersten zuruckkommt, und nur durch die bestimmte Loslichkeit des „unloslichen" Salzes der formale Anschein einer zweiten Art Elektroden bewirkt wird

Die Theorie der gewohnlichen Volta'schen Ketten konnte nicht vollstandig behandelt werden, da die Kenntniss der maassgebenden Grossen P, der „Losungstensionen" der verschiedenen Metalle, noch ausstand Die vorher erhaltenen Ergebnisse waren gewonnen worden, indem diese unbekannten Grossen durch Benutzung zweier gleicher Elektroden in der Kette ausgeschaltet wurden Zu weiteren Schlussfolgerungen bot sich noch der Umstand, dass diese Grossen P von der Concentration der Ionen im

_____

[1] Wied Ann 40. 561 1891
[2] Lehrbuch der allgemeinen Chemie II Aufl 2 I 878 1893

72

Elektrolyt unabhangig sein musste, einige bezuglich der Abhangigkeit der Spannung des DANIELL'schen Elements von der Concentration der beiden Losungen bereits fruher beobachtete Thatsachen ergaben sich damit in guter Uberenstimmung

„Suchen wir schliesslich die Wirkungskreise der galvanischen Elemente durch einen Vergleich zu veranschaulichen, so durfte folgende Maschine ein genahertes Bild davon geben In einem Reservoir befinde sich flussige Kohlensaure, in einem zweiten eine dieselbe lebhaft absorbirende Substanz, z B Atzkalk, und dazwischen eine Cylinder- und Kolbenvorrichtung, um die Druckdifferenzen in Arbeit umzusetzen Die Maschine arbeitet so lange, bis alle Kohlensaure sich verfluchtigt hat, gerade wie ein DANIELL-Element bis zum Verbrauch des Zinks wirksam ist "

Durch diese Arbeit war ein sehr bedeutender Fortschritt in der Elektrochemie angebahnt. Auf den hier eingeschlagenen Wegen hat sich spater[1] eine vollstandige Theorie der galvanischen Erscheinungen entwickeln lassen, welche uberall den Thatsachen entspricht und in dem ganzen Bereiche der Beobachtungen in diesem vielbebauten Gebiete kaum irgendwo prinzipiell einen Rest gelassen hat Auch die in den Schlussworten von NERNST's Arbeit ausgesprochene Hoffnung „Schliesslich werden wir uns, wenn es gelingen sollte, die elektrolytischen Losungstensionen, d h die Druckgrossen, welche die umkehrbaren Elektroden charakterisiren, im absoluten Maasse zu ermitteln, einen wesentlichen Fortschritt in der Beantwortung der Fragen versprechen durfen, die seit VOLTA's Zeiten die Physiker beschaftigen", ist inzwischen in Erfullung gegangen [2]

12 Zusammenfassung Auf die eben geschilderten, in den kurzen Zeitraum dreier Jahre zusammengedrangten grundlegenden Arbeiten folgte naturgemass eine Periode, in welcher der Ausbau im Einzelnen begonnen wurde und die zahlreichen Aufgaben, welche die neuen Anschauungen stellten, zur Bearbeitung gelangten Zu einem zusammenfassenden Uberblick kam es dann im Beginn des Jahres 1893, wo W. OSTWALD gelegentlich der Neubearbeitung der Elektrochemie fur die zweite Auflage seines „Lehrbuches der allgemeinen Chemie" das ganze Gebiet einer Betrachtung von den neuen Gesichtspunkten aus unterzog Das Ergebniss dieser Bearbeitung ubertraf alle Erwartungen, obwohl dem Verfasser die Ausgiebigkeit der neuen Theoreen aus vielfacher Erfahrung wohl bekannt war, hatte er sich auf die Fulle der Ergebnisse nicht gefasst gemacht, die ihm bei dieser Gelegenheit fast ungesucht entgegentraten [3]

---

[1] OSTWALD, Lehrb d allgem Chemie 2, I, 1893   [2] A a O S. 946 1893

[3] Ein Zeugniss hierfur ist in dem fraglichen Werke selbst stehen geblieben Vor der eigentlichen Bearbeitung hatte der Verfasser eine geschichtliche Einleitung in die Elektrochemie gegeben und schloss diese mit den Worten „Es ist somit alle Aussicht vorhanden, dass auf ... Wege die vollstandige und controlirbare Theorie des VOLTA'schen Elementes sich wird finden lassen, so dass das Problem desselben nach fast genau hundertjahriger Arbeit seine Losung erhalt Am Schlusse des Buches war diese Hoffnung in Erfullung gegangen

Von den einzelnen Resultaten sei zunächst die Vervollständigung der Theorie der umkehrbaren Ketten erwähnt. Dass sich die „Elektroden zweiter Art" auf solche erster Art zurückführen liessen, ist schon bemerkt worden. Weitere Erörterungen betrafen die Theorie der anomalen Spannungen. Es giebt gewisse Lösungen, in welchen die Metalle keineswegs ihre gewöhnlichen Spannungen zeigen, sondern weit abweichende, so hatte schon Ewon beobachtet, dass Silber in Cyankalium etwa den Platz von Zink in Schwefelsäure einnimmt. Ostwald wies nun darauf hin, dass die Metalle in solchen Fällen sich immer verhalten, als wären sie weniger edel, und dass die Abweichungen nur in solchen Fällen auftreten, wo die Metalle mit den vorhandenen Elektrolyten complexe Verbindungen bilden.

Der Begriff der complexen Verbindungen war bereits viel früher[1] von Ostwald aufgestellt worden, um einen Ausdruck für die sogenannten anomalen analytischen Reaktionen zu schaffen. Während nämlich die Salze eines Metalls, die in gewöhnlicher Weise in die Ionen dissociirt sind, übereinstimmende Reaktionen aufweisen, zeigen sich in gewissen Fällen abweichende Erscheinungen. Ein Beispiel ist das Ferrocyankalium, welches keine Eisenreaktion zeigt, obwohl es Eisen enthält. Es wurde nachgewiesen, dass in allen solchen Fällen das betreffende Metall nicht als Ion vorhanden ist, sondern einen Bestandtheil eines zusammengesetzten Ions, in dem erwähnten Falle des Ferrocyanions, Fe CN$_6$, bildet. Gleichzeitig wurde betont, dass theoretisch gesprochen immer eine, wenn auch noch so kleine Menge des complexen Ions dissociirt sein muss, allerdings kann diese Menge oft so gering sein, dass sie sich jedem analytischen Nachweis entzieht.

Diese Überlegungen liessen sich unmittelbar für das Verständniss der anomalen Potentiale verwerthen. Aus der S. 1138 gegebenen Formel $L = K ln \dfrac{P}{p}$ geht hervor, dass für das Potential L nur der osmotische Druck p der Metallionen in Frage kommt, hat der Elektrolyt daher die Beschaffenheit, dass diese verschwinden, indem das Metall in eine complexe Verbindung übergeht, so muss der Druck p sehr klein werden,[2] und damit die entsprechende Spannung zwischen dem Metall und dem Elektrolyt eine wesentlich andere, und zwar in solchem Sinne, wie es der Versuch ergeben hat. Durch solche Betrachtungen und ähnliche, die sich auf schwerlösliche Salze beziehen, liessen sich sämmtliche anomalen Potentiale erklären, und damit war es möglich, alle Fälle der umkehrbaren Elektroden der Theorie zu unterwerfen. Eine Anzahl Arbeiten, die in Veranlassung dieser theoretischen Erwägungen von Ostwald's Schülern unternommen worden waren[3] be-

[1] Zeitschr. f. phys. Chemie 3 506 1889.

[2] Gleich Null kann der Druck p nie werden, wie sich theoretisch ergiebt und mit der Erfahrung ergiebt.

[3] Behrend, Elektrometrische Analyse. Zeitschr. f. phys. Chemie 11 466 1893 — Brandenburg, Abnorme elektrische Kräfte des Quecksilbers ebenda 11 552 1893 — Brandenburg, Über die Bedeutung der elektromotorischen Kraft auf elektrolytische Metalltrennungen,

statigten durchgangig die Folgerungen dieser Theorie und zeigten ihre vielfaltige Anwendbarkeit

Ein zweiter Fall anomaler elektromotorischer Krafte tritt, wie schon angedeutet, ein, wenn das betreffende Metall mit dem Elektrolyten ein „unlos-
liches" Salz bildet. Aus Betrachtungen, die schon von HELMHOLTZ (S 1013)
gegeben worden sind, folgt, dass prinzipiell gesprochen, kein Salz unloslich
ist, wenn auch die Loslichkeit haufig geringer ist, als dass sie sich mit den
gewohnlichen Hilfsmitteln nachweisen liesse. Somit muss, wenn auch der
Elektrolyt so beschaffen ist, dass er mit dem Metall der Elektrode ein „un-
losliches" Salz giebt, doch in jenem eine bestimmte, wenn auch sehr kleine
Concentration der betreffenden Metallionen vorhanden sein, und diese regelt
dann den osmotischen Druck p und damit das Potential E der Elektrode

Aus dieser Uberlegung folgt der interessante Schluss, dass die Empfindlichkeit einer chemischen Fallungsreaktion und die elektromotorische Kraft
der entsprechenden Kette einen parallelen Gang zeigen mussen, denn beide
wachsen mit abnehmender Loslichkeit des Niederschlages. So reagiren Bromide
empfindlicher auf Silbersalze als Chloride, und Jodide empfindlicher als
Bromide, dem entsprechend nehmen die Potentiale einer Silberelektrode in
der gleichen Reihenfolge zu, wenn sie mit Chloriden, Bromiden oder Jodiden
in Beruhrung ist

Weiter lasst sich die Messung solcher Potentiale zur Bestimmung der
Loslichkeit „unloslicher" Salze verwenden, da sich aus der gemessenen
Spannung im Vergleich mit der, welche ein Elektrolyt mit bekanntem Gehalt an Metallionen ergiebt, der osmotische Druck und daher die Concentration der Metallionen in der Losung des „unloslichen" Salzes berechnen
lasst. Es ist von GOODWIN (a a O) nachgewiesen worden, dass solche Messungen mit den unmittelbaren Bestimmungen, wo solche moglich sind, gleiche
Ergebnisse liefern, sie haben aber den Vorzug, dass sie bis in so geringe
Concentrationen brauchbar sind, wo alle anderen Methoden versagen. In
dieser Beziehung stellen solche Bestimmungen gegenwartig bei weitem das
empfindlichste Mittel zum Nachweis und zur Messung bestimmter Stoffe dar,
und sie ubertreffen das bisher empfindlichste Verfahren, die Spektralanalyse,
um mindestens ebenso viel, als diese ihrer Zeit sich den gewohnlichen
Methoden des analytischen Nachweises uberlegen gezeigt hatte

13 Oxydations- und Reductionsketten Gasketten Wahrend
auf solche Weise sich die Theorie derjenigen Ketten vollstandig hatte aufstellen
lassen, in welchen die Elektroden sich chemisch an dem Vorgange betheiligen,
blieb eine Anzahl von Ketten ubrig, bei welchen der ganze chemische Vorgang im Elektrolyten verlauft, und den Elektroden nur die Rolle der Leiter
der Elektricitat verbleibt. Es waren dies die von H DAVY zuerst beob-

ebenda 12, 97 1891 — ZENGHELIS, Uber die elektromotorischen Krafte unloslicher und complexer Salze, ebenda 12, 298 1891 — GOODWIN, Studien zur VOLTA'schen Kette, ebenda 12,
577, 1893

achteten, dann von Arrott's 1074 näher untersuchten Ketten, welche aus einer oxydirenden und einer reducirenden Flüssigkeit nebst zwei unangreifbaren Elektroden bestehen. Die Frage, ob in solchen Ketten die Spannung an der Berührungsstelle der beiden Flüssigkeiten oder in den beiden Elektroden befindlich ist, konnte zunächst durch eine von W. Beetz ausgeführte Untersuchung im zweiten Sinne entschieden werden. Es ergab sich, dass die elektromotorische Kraft solcher Ketten eine rein additive Grösse ist, d. h. sich aus zwei Summanden zusammensetzt, die den Elektroden einzeln zukommen, die Art der Zusammensetzung der beiden Elektroden mit ihren Flüssigkeiten zu Ketten ist ganz ohne Einfluss.

Um nun zu verstehen, wie durch eine derartige Zusammensetzung eine elektromotorische Kraft entstehen kann, muss man sich der Bedingungen erinnern, welche überhaupt für die Volta'sche Kette erforderlich sind. Es hatte sich ergeben, dass in einer Kette ein chemischer Vorgang derart stattfinden muss, dass ein Theil desselben an der einen, der andere an der anderen Elektrode sich vollzieht, gleichzeitig müssen diese Vorgänge mit dem Uebertritt gleicher Mengen entgegengesetzter Elektricitäten aus dem Elektrolyt in die Elektroden verbunden sein. Wie sind denn diese Bedingungen in unserem Falle erfüllt?

Die Antwort ergiebt sich, wenn man überlegt, dass Oxydationsmittel immer solche Stoffe sind, welche negative Ionen bilden oder positive verschwinden lassen, umgekehrt verhalten sich die Reductionsmittel. Die Bestätigung dieses Satzes ergiebt sich alsbald, wenn man irgend welche Fälle untersucht. Stellen wir beispielsweise eine Kette aus Chlorwasser und Eisenchlorür zusammen, und verbinden beide Flüssigkeiten durch Platinelektroden, so zeigt sich ein Strom, indem positive Elektricität durch den Draht vom Chlor zum Eisenchlorür geht. Denn das Chlor hat die Tendenz, in negativ geladene Chlorionen überzugehen, die Elektrode muss daher die entsprechende Menge positiver Elektricität abführen. Umgekehrt haben die positiv zweiwerthigen Ferroionen die Tendenz, noch eine dritte Einheit positiver Elektricität aufzunehmen, um in dreiwerthige Ferriionen überzugehen. Stelle man die elektrische Leitung her, so können beide Vorgänge gleichzeitig und proportional erfolgen, indem die beim Chlor freiwerdende positive Elektricität zur Ferroelektrode übergeht, und die Bedingungen einer constanten Kette sind gegeben.

Durch diese Betrachtungen ist auch das Räthsel der Grove'schen Gaskette (S. 685) gelöst. Sauerstoff und Wasserstoff sind nichts als Oxydations- und Reductionsmittel, und zwar ist der im Elektrolyten gelöste Theil der wirksame, der gasförmige Antheil dient nur, um die Concentration des ersteren constant zu halten. Ostwald hat diese Theorie bis in ihre Einzelheiten entwickelt, wobei sich mehrere Folgerungen ergaben, die mit den

[1] Zeitschr. f. phys. Chem. 10, 387 1892.   [2] Ostwald, Lehrbuch II 1, Nr. 1893.
[3] Ebenda II 1, 843 1893.

älteren Messungen im Widerspruch standen, während andere überhaupt noch nicht experimentell geprüft waren. In einer dadurch veranlassten Arbeit von F. SMALL.[1] über diese Frage ergab sich indessen eine so vollständige Bestätigung der aus der Theorie gezogenen Schlussfolgerungen, dass an deren Gültigkeit kein Zweifel mehr übrig blieb.

Gleichzeitig fand sich auf diesem Wege ein doppeltes Ergebniss bezüglich einer sehr alten und einer sehr neuen Frage. Die alte Frage war die nach der Stromquelle bei der Saure-Alkali-Kette von BECQUEREL (S 438). Da die Verbindung einer Saure mit einer Basis kein Oxydations- und Reductionsvorgang ist, kann er nicht elektromotorisch wirken, und wenn dennoch ein Strom erfolgt, so muss dieser eine andere Ursache haben. Als solche erkannte OSTWALD die Gegenwart des Sauerstoffes aus der Luft an den beiden Elektroden. Sauerstoff hat die Tendenz, in das negative Ion Hydroxyl überzugehen, und ist daher ein Oxydationsmittel. Nun muss aber zugegeben werden, dass die Concentration des gelösten Luftsauerstoffs in den beiden Lösungen einer BECQUEREL'schen Kette ziemlich gleich sein wird, und daher keine Ursache für eine elektromotorische Kraft vorhanden ist. Dies ist zwar richtig, dafür besteht aber ein grosser Unterschied in Bezug auf den osmotischen Gegendruck der Hydroxylionen, und dieser ist die gesuchte Ursache. In der Kahlosung ist der Gegendruck sehr bedeutend, da das Kali fast vollständig in Kaliumionen und Hydroxylionen dissociirt ist. In der Saurelosung würde man anzunehmen geneigt sein, dass die Concentration der Hydroxylionen Null ist, da dort ein Überschuss von Wasserstoffionen vorhanden ist, die sich mit jenen verbinden können. Indessen ist dies aus den mehrfach betonten Gründen nicht möglich, da sonst die elektromotorische Kraft unendlich gross sein würde, vielmehr ist eine allerdings sehr geringe Menge Hydroxylionen vorhanden, deren Betrag gesetzmässig mit der Dissociation des Wassers in Wasserstoff und Hydroxyl zusammenhangt und diese wichtige Grosse kennen lehrt. Dies ist die neue Frage, und führt man die entsprechende Rechnung aus, so findet man, dass reines Wasser etwa ein Zehnmilliontel normal in Bezug auf seine Ionen ist, d h dass in zehn Millionen Liter Wasser etwa 1 g Wasserstoff- und 17 g Hydroxylionen vorhanden sind.

Unmittelbar, nachdem OSTWALD diese Zahl zum ersten Male berechnet hatte, wurde der gleiche Werth auf verschiedenen anderen Wegen bestimmt, und es gehört zu den glänzendsten Ergebnissen der an solchen Siegen reichen Geschichte der neueren Elektrochemie, dass alle diese von einander unabhängigen und auf gänzlich verschiedene Messungen sich beziehenden Wege zu dem gleichen Zahlenergebnisse führten.[2]

Schliesslich mögen noch die Fortschritte erwähnt werden, welche die

[1] Ztschr. f phys. Chemie 14, 577 1894

[2] OSTWALD, Zeitschr. f phys. Chemie 11, 52 1893 — WIJS, ebenda 11, 492 und 12, 514 1893 — ARRHENIUS, ebenda 11, 826 1893 — BREDIG, ebenda 11, 829 1893 — NERNST, ebenda 14, 155 1894 — KOHLRAUSCH und HEYDWEILLER, ebenda 14, 317 1994

Theorie der Elektrolyse und Polarisation durch die neuen Ansichten erfahren hat. Es ist schon mehrfach erwähnt worden, dass der unglückliche Gedanke eines Polarisationsmaximums unbillig viel Zeit und Kraft in Anspruch genommen hat, ohne zu einem anderen Ergebniss zu führen, als dass jeder Forscher je nach der Art seiner Versuchsanordnung andere Werthe für diese vermeintliche Constante erhielt. Die richtige Frage ist nicht die nach einem Maximum der Polarisation, welches es nicht giebt, wie man sich durch die Anwendung der Betrachtungen von Hrn. u. s. w. S. 1072 überzeugen kann, sondern die nach dem Minimum der Polarisation, d. h. der kleinsten elektromotorischen Kraft, welche einen stetigen Strom durch eine gegebene Zusammenstellung von Elektrode und Elektrolyt treibt. Diese Kraft wird offenbar gleich sein der elektromotorischen Kraft, die von vornherein an dieser Grenzfläche besteht, und wird daher nach der S. 1138 gegebenen Formel zu berechnen sein. Es ist dabei nicht einmal die Kenntniss der einzelnen Spannungen erforderlich, sondern man kann sich mit den experimentell unmittelbar zugänglichen Summen begnügen, indem man irgend eine beliebige constante Elektrode willkürlich zum Nullpunkt macht. Man erhält auf diese Weise die einzelnen Spannungswerthe plus oder minus einer unbekannten, aber für alle gleichen Constanten.

Diese Zurückführung des Polarisationsproblems auf seine einfachste Gestalt ist wesentlich das Ergebniss der Arbeiten von Le Blanc[1] welcher zuerst die systematische Erforschung der Polarisationsminima sich zur Aufgabe gemacht hat und gleichzeitig die Erscheinungen an den Elektroden einzeln der Messung unterzog. Bei Gelegenheit dieser Arbeiten hat sich gleichzeitig ein anderer Fortschritt der Erkenntniss geltend gemacht, welcher in der Beseitigung des lange benutzten Begriffes der secundären Reaktionen liegt. Man findet bis auf den heutigen Tag fast überall z. B. die Elektrolyse der Alkalisalze an der Kathode so geschildert, dass zuerst durch den Strom das Alkalimetall abgeschieden werde und dann dieses das Wasser unter Freiwerden von Wasserstoff zersetze. Die Messung der Polarisation an einer solchen Kathode ergiebt aber, dass die dort vorhandene elektromotorische Kraft viel geringer ist, als die vom Metall unter den vorhandenen Umständen entwickelte, es ist also gar nicht möglich, dass dies sich abscheidet. Vielmehr muss man den an der Kathode entwickelten Wasserstoff, dem auch die dort vorhandene Polarisation entspricht, als das primäre Produkt der Elektrolyse ansehen. Es ist nöthig, zwischen den Ionen, welche die Leitung der Elektricität besorgen, und denen welche an der Elektrode unelektrisch abgeschieden werden, sorgfältig zu unterscheiden. Die Elektricitätsleitung erfolgt proportional der Concentration und der Wanderungsgeschwindigkeit der vorhandenen Ionen, zur Abscheidung gelangen dagegen diejenigen Ionen, deren Umwandlung in den unelektrischen Zustand den geringsten Spannungsunterschied erfordert. Es ist ersichtlich, dass beide

[1] Ztschr. f. phys. Chemie 8, 299. 1891; 12, 333. 1893.

keineswegs die gleichen zu sein brauchen In dem erwähnten Falle wird
die Leitung allerdings durch das Alkalimetall besorgt, an der Kathode sind
aber neben den Ionen des letzteren noch Wasserstoffionen vom dissocirten
Lösungswasser vorhanden, und da die Umwandlung der letzteren in den
unelektrischen Zustand den geringsten Spannungsaufwand erfordert, so werden
sie abgeschieden Der entsprechende Betrag an Hydroxylionen bleibt im
Wasser, und von diesen rührt die alkalische Reaktion her, die sich an der
Kathode ausbildet

14 Die Lösung des VOLTA'schen Problems. Indem wir uns nunmehr zu dem Abschlusse unserer gesammten Erörterungen wenden, schicken
wir uns an, die allgemeine Antwort auf die Hauptfrage der Elektrochemie
zu geben Welches sind die Spannungen an den verschiedenen Berührungsflächen der Bestandtheile einer VOLTA'schen Kette?

Zunächst ist zu erinnern, dass bei der Berührung der Metalle nur sehr
kleine Spannungswerthe auftreten (S 970), das Gleiche gilt in den meisten
Fällen für die Berührung der Flüssigkeiten unter sich Der Sitz der elektromotorischen Kraft fällt mit dem Sitze der chemischen Vorgänge in der Kette
zusammen und ist in den Berührungsflächen zwischen Metallen und Elektrolyten zu suchen Wie diese Werthe einzeln zu bestimmen sind, ist gleichfalls schon (S 1034) gezeigt worden, doch fällt von dem gegenwärtig erreichten Standpunkte so viel weiteres Licht auf die ganze Frage, dass sie hier
noch einmal aufzunehmen ist.

Wenn die Aufgabe so gestellt wird gegeben ist ein Metall und ein
Elektrolyt, wie gross ist der Potentialunterschied zwischen beiden? so muss
die Beantwortung abgelehnt werden denn die Aufgabe ist unbestimmt. Ein
Elektrolyt, welcher von dem Metall noch nichts enthält, mit dem er in Berührung steht, kann nicht in diesem Zustande bleiben, er muss alsbald etwas
davon in Gestalt von Ionen aufnehmen Die Spannung, welche sich nun
herstellt, ist nach der Formel von NERNST (S. 1138) von der Concentration
abhängig, in welcher das fragliche Ion vorhanden ist; so lange diese Concentration zufällig bleibt, ist die Angabe eines bestimmten Spannungsunterschiedes unmöglich Diese Betrachtung giebt eine Erklärung dafür, weshalb
die verschiedenen Beobachter so verschiedene Werthe für derartige Zusammenstellungen gefunden haben Sie zeigt auch, dass die auf S 1039
erwähnten Messungen von W OSTWALD dem gleichen Einwande unterliegen,
und es entsteht die Frage, ob derartige Bestimmungen nicht unter solchen
Bedingungen ausgeführt werden können, welche eine vollständige Bestimmtheit des Problems gestatten

Die Antwort ist, dass dies möglich ist, und dass schon unter jenen Versuchen einige sind, bei denen die wesentliche Bedingung einer bestimmten
Concentration des in Betracht kommenden Ions, hier des Quecksilberions,
erfüllt war In dem Falle nämlich, dass die untersuchte Säure ein „unlös-
liches" Salz mit dem Quecksilber bildet, sind die Spuren des Metalls, die
vermöge der oxydirenden Wirkung des Luftsauerstoffes in Lösung gehen,

vollkommen ausreichend, um eine Sättigung der Lösung zu bewerkstelligen, eine weitere Oxydation bringt einen Niederschlag des Salzes hervor, ohne die Concentration zu ändern, und so sind die erforderlichen constanten Verhältnisse hergestellt. Der Fall, in welchem diese Bedingungen am günstigsten zusammentreffen, ist der des Quecksilbers in Berührung mit einem Chloride, wobei sich Spuren von „unlöslichem" Quecksilberchlorür bilden. für diesen ergiebt sich nach den übereinstimmenden Messungen von Ostwald[?] Paschen[?] (der die Methode der Tropfelektroden nicht unerheblich vervollkommnet hat und Rothmund[?], der ein anderes Verfahren, das des Maximums der Oberflächenspannung, anwendete, dass zwischen Quecksilber und einer normalen Chlorkaliumlösung der Potentialunterschied 0,560 Volt in solchem Sinne beträgt, dass das Metall positiv, der Elektrolyt negativ ist. Auf diese „Normalelektrode" lassen sich nun alle anderen Spannungen beziehen, indem man sie mit den zu untersuchenden Metallen und Flüssigkeiten zu einer Kette zusammenstellt und von dem gesammten Werthe der Spannung den Betrag von 0,560 Volt sachgemäss in Abrechnung bringt, auch ist gegebenen Falles auf die geringe Spannung zwischen den beiden Elektrolyten Rücksicht zu nehmen (vergl. S. 1140.

Auf solche Weise sind die wichtigsten Spannungsunterschiede zwischen Metallen und den normalen Lösungen ihrer Salze gemessen worden. Dabei hat es sich herausgestellt, dass die alte „Spannungsreihe" im wesentlichen richtig bestimmt ist, wenigstens was die Reihenfolge der Metalle anlangt. Die absoluten Werthe[1] gestalten sich derart, das Magnesium, Zink, Aluminium, Cadmium und Eisen negativ gegen den Elektrolyten sind, und zwar um 1,22, 0,61, 0,22, 0,19 und 0,09 Volt. Blei, Kupfer, Quecksilber und Silber sind dagegen positiv um 0,10, 0,56, 0,99 und 1,05 Volt. Der Wasserstoff nimmt eine Mittelstellung ein, wie das schon von Berzelius vermuthet worden ist, er steht zwischen Blei und Kupfer nahe am ersteren.

15. Rückblick und Schluss. Lassen wir die einzelnen Punkte des letzten Kapitels nochmals an unserem Geiste vorüberziehen, so muss es einen auffälligen Eindruck machen, wie fast die ganze Ernte der Arbeit von Generationen durch die wenigen Männer unter Dach gebracht worden ist, von denen in diesem Kapitel die Rede war. Von einem Punkte aus, aus den Räumen des Leipziger physikalisch-chemischen Instituts sind nach Veröffentlichung von Arrhenius' grundlegender Abhandlung fast alle die Arbeiten ausgegangen, durch welche die alten Räthsel ihre Lösung gefunden haben und Gebiet auf Gebiet dem Reiche der wissenschaftlichen Elektrochemie hinzugefügt wurde. In der Geschichte der Wissenschaften sind nur wenige Beispiele für eine derart zusammengedrängte Gestalt des Fortschrittes vorhanden, am besten sind vielleicht diese Ereignisse mit der Durchführung der antiphlogistischen Theorie der Chemie durch Lavoisier und seine Arbeits-

---

[1] A. a. O.   [2] Wied. Ann. 41 p. 1890
[3] Zeitschr. f. phys. Chemie 15 1 1895.
[4] Ostwald, Lehrb. II, 1 946. — Neumann Zeitschr. f. phys. Chem. 14 229 1894.

genossen zu vergleichen   Auch hier waren es wenige Männer, die in ge-
meinsamer Arbeit die Gedanken entwickelten, die zuerst mit Hohn und Zorn
abgelehnt und bekämpft, doch schliesslich ihren Weg durch die Welt machten
und der Wissenschaft ein neues Gesicht gaben

Die Ähnlichkeit zwischen den beiden Ereignissen geht aber wohl noch
weiter, wir werden nicht irren, wenn wir gerade in dem Umstande, dass,
ebenso wie damals, die von ARRHENIUS verkündete neue Lehre zuerst fast
nur Gegner und nur ganz wenige Anhänger gefunden hat, die Ursache dafür suchen, dass die reichen Früchte, welche sie liefern konnte, nur eben
diesen Wenigen zufielen   Bis in die letzten Jahre, wo sie endlich als berechtigt von der wissenschaftlichen Welt anerkannt zu werden begann, hat
von dem übrigen Kreise der Chemiker und Physiker sich fast niemand der
Hilfsmittel bedienen wollen, welche die Theorie der freien Ionen gewährte;
kann es dann Wunder nehmen, dass die Schätze, welche sie erschloss, jenen
nicht in die Augen fielen, die sie entweder von vornherein als unsinnig ab-
lehnten, oder sich mit ihr nur beschäftigten, um sie zu „widerlegen"?

Heute ist das schon anders geworden   Eine ganze Anzahl litterarischer
Erscheinungen der allerletzten Zeit, welche sich mehr oder weniger unmittelbar auf die oben skizzirte Darstellung der neuen Lehren stützen, giebt den
Beleg dafür, dass der Sieg dieser Ideen auch der grossen Allgemeinheit
gegenüber endgültig errungen ist   Wenn nach einigen Jahren die weitere Entwickelungsgeschichte der Elektrochemie zu schreiben sein wird, so wird dem
Leser bereits ein wesentlich anderes Bild entgegentreten   An Stelle der wenigen,
eng unter einander verbundenen Forscher wird eine grosse Zahl solcher aus
den verschiedensten Mittelpunkten der Wissenschaft sein, denen die weiteren
Fortschritte des Gebietes zu danken sein werden, und in der Breite, welche
durch eine gleichzeitige rapide technische Entwickelung die Angelegenheit
dann angenommen haben wird, werden leicht die engen Anfänge vergessen
werden, von denen sie ausgegangen ist   Denn die Bedeutung, welche
gerade die Elektrochemie für die nächste Gestaltung der Culturwelt annehmen
wird, lässt sich kaum überschätzen   Es ist hier nicht der Ort, darzulegen,
wie von dieser Seite für eine nahe Zukunft eine Umwälzung zu erwarten
ist, welche an Bedeutung der durch die Dampfmaschine verursachten nicht
nachstehen wird [1]   Wenn aber diese Entwickelung sich vollzogen haben
wird, so wird es dem Culturforscher jener Zeit wiederum merkwürdig und
lehrreich sein, alle die Keime kennen zu lernen, aus denen der gewaltige
Baum erwachsen ist, und er wird mit Nachsicht auf den in dem vorliegenden Werke gewagten ersten Versuch blicken, den Lehrinhalt der Elektrochemie aus ihrer Entwickelungsgeschichte begreiflich zu machen

---

[1] Zeitschr. f. phys. Chemie 15, 415 1894

Autoren-Register.

Berichtigungen und Zusätze.

S. 2 Z. 8 von oben lies „dasselbe" statt „derselbe"
„ 2 „ 9 „ „ „ „es" statt „er"
„ 2 „ 21 „ „ „ „Ungehörigen" statt „Angehörigen"
„ 7 „ 5 „ „ „ „vorhandenen" statt „fraglichen"
„ 13 Anmerkung „ „75, B 372 1785" statt „65, B 372 1775"
„ 41 Z. 8 von oben „ „1790" statt „1793"
„ 50 „ 17 „ unten hat „und Geschmicks-" auszufallen
„ 62 „ 14 „ oben lies „Kette" statt „Platte"
„ 94 „ 18 „ unten „ „Anziehung umgekehrt proportional" statt „Anziehung proportional"
„ 145 „ 14 „ oben „ „Silber" statt „Kupfer"
„ 166 „ 11 „ unten „ „GRUNER" statt „GRUBER"
„ 168 „ 3 „ „ „ „GRUNER" statt „GRUBER"
„ 175 „ 13 „ oben „ „mittelst" statt „mittelt"
„ 181 „ 6 „ unten „ „(S 180)" statt „(S 181)"
„ 183 „ 8 „ oben hat „bald" auszufallen
„ 189 „ 12 „ „ lies „einer" statt „keiner"
„ 210 ist die Anmerkung zwischen Anführungszeichen zu setzen
„ 211 „ „ „ „
„ 223 Z. 20 von unten lies „Versuchen" statt „Vessuchen"
„ 247 „ 1 „ „ Die Bemerkung findet sich in „Annales de chimie, 73, 336" (CAMPETTI ist wegen Heimweh 1810 nach Italien zurückgekehrt)
„ 265 „ 15, 16 „ „ lies „mit denen wir uns jetzt beschäftigen wollen" statt „zu denen wir uns jetzt wenden wollen"
„ 268 „ 20 „ „ „regelmassigen" statt „segelmassigen"
„ 275 „ 1 „ oben füge hinzu „Um dieselbe Zeit machte ALDINI einen ähnlichen Versuch in kleinerem Maassstabe (Philos Magazine 15, 288 1803).
„ 305 „ 11 „ „ ist hinter „war" einzuschalten „sie hat u a auch gefunden, dass die elektrische Kraft an Säulen, an COULOMB's Wage geprüft, nicht der Zahl der Platten proportional ist" (Philos Mag 16, 91 1863)
„ 338 „ 17 „ „ ist nach „können" einzuschalten „Vgl FECHNER, POGG Ann 44, 37 1838"
„ 377 „ 9 „ „ ist nach „beschrieb" hinzuzufügen Eine dieser Abhandlungen findet sich im Philos Mag 60, 253 1822
„ 382 Die Nummern der Abschnitte 6 6 7 8 verschieben sich zu 6 7 8 9
„ 391 Die Unterschrift unter Fig 105 hat zu lauten Nach OHM
„ 393 Die Unterschrift unter Fig 106/107 hat zu lauten Nach OHM
„ 419 Z. 9 von oben lies „Fig 105" statt „das"
„ 420 „ 7 „ „ ist nach „gezeigt" hinzuzufügen POHL hat auch viel später nichts von der OHM'schen Theorie begriffen POGG Ann 54, 590
„ 450 „ 10 „ „ lies „Verhältniss" statt „Verhältnisse"
„ 547 „ 16 „ unten „ „Chemiker" statt „Physiker"
„ 602 „ ganz unten fehlt ² vor „Philos Transactions"
„ 639 „ 15 von oben hat das Wort „umgekehrt" auszufallen
„ 799 „ 6 „ unten lies „Abfall" statt „Anfall"
„ 811 „ 14 „ oben hat das Komma hinter „POGGENDORFF" auszufallen
„ 811 „ 21 „ unten hat „und" vor „häufig" auszufallen
„ 902 „ 12 „ „ lies WHEATSTONE statt WOLLASTON
„ 913 „ 9 „ „ „ „u a WIEDEMANN" statt „u A WIEDEMANN"

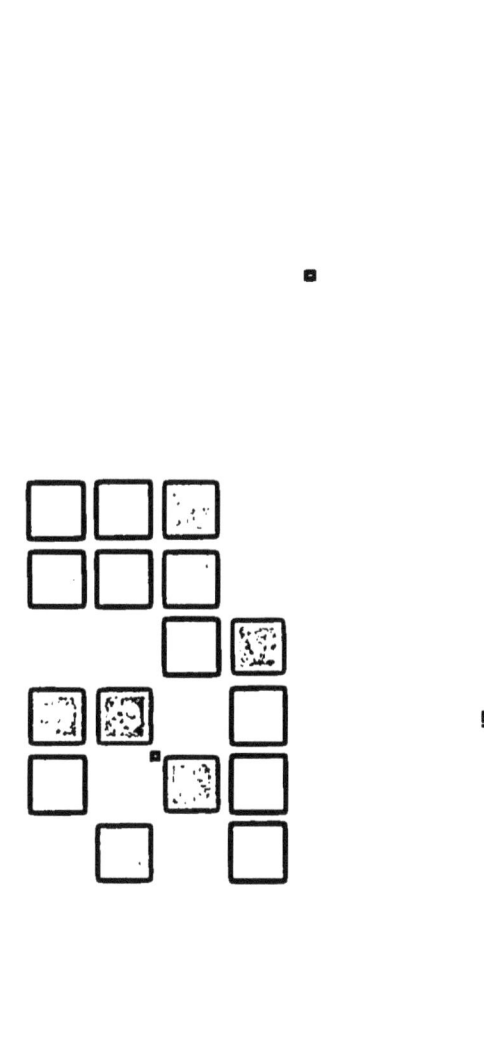

9 781362 014560